BOUQUINS

Collection fondée par Guy Schoeller

DES MÊMES AUTEURS

Jean Tulard :

- *La Révolution française,* avec Pierre Gaxotte, Fayard, 1976.
- *Les Révolutions,* Fayard, 1985.
- *Nouvelle Histoire de Paris : la Révolution,* Hachette, 1989.
- *La Contre-Révolution* (direction de la publication), Perrin, 1990.
- *Fouché*, Fayard, 1998.
- *La Province au temps de Napoléon,* S.P.M., 2003.

Jean-François Fayard :

- *Dictionnaire d'histoire de France* (en collaboration), Perrin, 1981.
- *Des Enfants sans Histoire,* Le livre blanc de l'enseignement de l'Histoire, Perrin, 1984 (ouvrage couronné par l'Académie française).
- *La Justice révolutionnaire,* Robert Laffont, 1987.
- *Au cœur de la Révolution,* Albin Michel, 1988.

Alfred Fierro :

- *La Société de géographie,* Paris, 1983.
- *Inventaire des manuscrits de la société de géographie,* Paris, 1984.
- *Le Pré carré. Géographie historique de la France,* Paris, Robert Laffont, 1986.
- *Bibliographie analytique des biographies collectives imprimées de la France contemporaine,* Paris, 1986.
- *Inventaire des photographies sur papier de la société de géographie,* Paris,1986.
- *Histoire et Dictionnaire de Paris,* Paris, coll. « Bouquins », Robert Laffont,1996.
- *Les Français vus par eux-mêmes : Le Consulat et l'Empire,* Paris, coll. «Bouquins», Robert Laffont, 1998.
- *La Vie des Parisiens sous Napoléon,* Napoléon 1er éditions , 2003.

HISTOIRE ET DICTIONNAIRE DE LA RÉVOLUTION FRANÇAISE

1789-1799

par

JEAN TULARD
directeur d'études à l'École pratique des hautes études
professeur à la Sorbonne
membre de l'Institut

JEAN-FRANÇOIS FAYARD
diplômé de l'École des hautes études en sciences sociales,
docteur en Histoire

ALFRED FIERRO
conservateur à la Bibliothèque historique de la Ville de Paris

LE GRAND LIVRE DU MOIS

ÉDITION EXCLUSIVEMENT RÉSERVÉE
AUX ADHÉRENTS DU CLUB « LE GRAND LIVRE DU MOIS »
15 RUE DES SABLONS 75116 PARIS

ISBN : 2-7028-2076-X

Dépôt légal : mars 2005 - N° d'éditeur : 45971/67

PREMIÈRE PARTIE

LES ÉVÉNEMENTS

par Jean Tulard

INTRODUCTION

La Révolution ne se déroule pas selon un développement harmonieux, elle est coupée de ralentissements suivis de brusques accélérations. Elle n'offre pas le spectacle cohérent d'un groupe homogène cherchant à s'emparer du pouvoir au détriment d'un autre groupe non moins homogène, mais elle est le fruit de luttes contradictoires pour ne pas dire absurdes. Ne va-t-elle pas jusqu'à donner le sentiment qu'elle se dévore elle-même, Mirabeau dénonçant l'Ancien Régime avant d'être dénoncé par Barnave, lequel est dénoncé par Brissot que dénonce Desmoulins que Robespierre à son tour envoie à la guillotine avant d'être guillotiné lui-même. La Révolution s'achève enfin, ou tout au moins s'essouffle, sans que tous les problèmes à l'origine de cet immense bouleversement aient été résolus.

Peut-être, contrairement au mot de Clemenceau, serait-il préférable de parler de *plusieurs* révolutions plutôt que de *la* Révolution.

Chateaubriand l'a écrit, ce sont les privilégiés qui ont commencé la Révolution. A la faveur de la crise des finances royales, une partie de la noblesse a tenté de remettre en cause les principes de l'absolutisme tels que les avait définis Louis XIV. Derrière les grands mots puisés chez les philosophes ou dans la guerre d'indépendance de l'Amérique se cachent les idées d'un Retz, d'un Fénelon ou d'un Saint-Simon. C'est la revanche des grands féodaux, des vaincus de la Fronde, des tenants de la polysynodie qui est attendue de la réunion des états généraux. La première révolution fut parlementaire et nobiliaire, s'appuyant sur le petit peuple des villes que l'on se préparait à gruger une nouvelle fois. Mais la Grande Peur dissipe les illusions. On attendait la Fronde, c'est la jacquerie qui surgit. Ces mouvements désordonnés de paysans, jadis si facilement réprimés, prennent maintenant plus de consistance et d'efficacité. C'est que la monarchie aux prises avec ses nobles révoltés est incapable de rétablir l'ordre. C'est aussi que les insurrections de paysans reposent sur des revendications précises : davantage de terre et moins de charges fiscales. Mots d'ordre plus ou moins nets mais qui sont à l'origine des châteaux qui flambent et des seigneurs que l'on moleste. Dans la nuit du 4 août, la noblesse doit renoncer à ses droits féodaux, ce qu'elle n'avait assurément pas prévu quand elle réclamait la réunion des états généraux. Ces droits féodaux – moins lourds qu'on ne l'a dit parfois –, la noblesse avait souvent contribué à les ressusciter sous Louis XVI ; elle périt à cause d'eux. Souvent symboliques – la girouette, le banc à l'église... –, ils entraînèrent la noblesse dans leur chute en raison même de ce caractère symbolique. Les aristocrates avaient ouvert la boîte de Pandore.

La révolution paysanne ne fut-elle qu'une flambée épargnant d'ailleurs de nombreuses régions ? Une fois les droits seigneuriaux définitivement abolis, les biens d'Église confisqués et vendus souvent à des associations de paysans ou à une petite bourgeoisie rurale, les fermages payés désormais en papier-monnaie dévalué, les produits et les salaires en hausse, le mouvement paysan parut se calmer. Il glissa même dans la contre-révolution, par réaction contre la politique de déchristianisation, les réquisitions et la conscription établie sous le Directoire.

Tout n'était pas fini pour autant. Une autre révolution était née. Celle des bourgeois des villes et des petites agglomérations rurales, la bourgeoisie des talents plutôt que celle des affaires. Que voulait la bourgeoisie ? Sieyès en a exposé les idées dans son fameux pamphlet *Qu'est-ce que le tiers état ?* Elle se révoltait contre la réaction nobiliaire qui l'écarta, sous Louis XVI, des commandements de l'armée, des grandes charges de l'État et des dignités de l'Église, tout le contraire du siècle de Louis XIV, « ce long règne de vile bourgeoisie », disait Saint-Simon. En pleine ascension économique et intellectuelle, la bourgeoisie se voyait fermer les rangs de cette noblesse qu'elle enviait et jalousait. L'humiliation de Mme Roland ou de Barnave, à travers leur famille, les a rejetés dans la Révolution. « Qu'est-ce qui a fait cette révolution ? », interrogeait Napoléon ; et de répondre : « La vanité, la liberté n'a été qu'un prétexte. »

La révolution bourgeoise balaie les privilèges de la noblesse et du clergé, mais pour mieux asseoir les siens. Avec elle triomphe la liberté économique qui s'accompagne pour les ouvriers de l'interdiction de s'associer et de faire grève. Elle réserve la fonction publique à l'instruction et à l'argent, c'est-à-dire à elle seule. Elle ne néglige pas pour autant la terre, base de toute considération sociale : c'est elle qui donne le signal de la curée sur les biens nationaux, après avoir applaudi, sauf pour certains de ses membres déjà propriétaires ruraux, à la destruction de la féodalité. Non que toute la bourgeoisie ait profité du bouleversement de 1789 : les rentiers qui ont prêté à l'État, les propriétaires de charges, le grand négoce militaire et le commerce de luxe ont terriblement souffert ainsi que les propriétaires qui ne perçoivent désormais leurs fermages et leurs loyers que sous la forme d'assignats dévalués. En revanche d'habiles spéculateurs, des hommes de loi expérimentés, des manufacturiers et toute une petite bourgeoisie rurale que symbolisent le Père Grandet ou le principal personnage de *La Dot de Suzette,* le roman composé par Fiévée en 1797, bâtissent en un temps rapide d'imposantes fortunes à travers fournitures aux armées, acquisition de biens nationaux ou placements en Bourse. Est-ce pour autant le triomphe du capitalisme ? Face au morcellement des exploitations, à l'aberrante législation minière, comme l'écrit Guy Antonetti, on peut s'interroger. Dans sa conquête du pouvoir politique et économique, la bourgeoisie s'est appuyée sur le prolétariat des villes. Après avoir servi de force d'appui à la révolte des parlements, ce petit peuple urbain d'artisans, de compagnons et de domestiques est devenu le fer de lance de la révolution bourgeoise. Son rôle est prépondérant dans la prise de la Bastille, le 14 juillet 1789, dans l'assaut donné aux Tuileries, le 10 août 1792, ou dans la chute de la Gironde le 2 juin 1793. Mais d'alliée de la révolution bourgeoise, la révolution prolétarienne entend aller plus loin. Deux fois, d'abord avec les « Enragés » en l'an II, puis avec les « babouvistes » sous le Directoire, qui proclament : « La Révolution française *(celle faite par la bourgeoisie)* n'est que l'avant-courrière d'une autre révolution bien plus grande, bien plus solennelle et qui sera la dernière », la révolution politique de la liberté menace de déboucher sur la révolution sociale de l'égalité. Cette révolution prolétarienne brisée par la bourgeoisie se termine sur un échec : la condition ouvrière en sort aggravée par la loi Le Chapelier et le triomphe du libéralisme économique. Mais grâce aux Enragés puis, dans une moindre mesure, aux babouvistes, dont l'action fut surtout clandestine, une prise de conscience s'est opérée. La classe ouvrière se donne des ancêtres. Épuisée, vaincue par son allié bourgeois, la révolution urbaine s'essouffle après les émeutes de germinal et de prairial et le désarmement des faubourgs parisiens. Avec elle, c'est la Révolution qui s'arrête.

Deux perdants : les privilégiés (noblesse et clergé) et les ouvriers des villes ; deux gagnants : la nouvelle bourgeoisie et de larges fractions du monde rural.

La Révolution est faite sur le plan social. La prépondérance des *notables* est établie au détriment de la noblesse et du clergé. Mais la Révolution n'est pas terminée sur le plan politique. D'où l'embarras des historiens à en fixer le terme : Michelet l'arrête au 9 thermidor, Gaxotte et Lefebvre au 18 brumaire, Aulard et, dans une certaine mesure, Soboul, qui réunit Directoire et Consulat en un seul volume, en 1804 ; Tocqueville reste imprécis. L'absolutisme avait sans doute vécu. Fondé sur le droit divin, il était condamné par les « lumières » et plus encore par la faiblesse d'un roi que paralysait de surcroît la crise de ses finances. Une monarchie à l'anglaise, avec une chambre des pairs où nobles et bourgeois se seraient côtoyés, était la solution à laquelle les plus sages ou les plus lucides, un Mirabeau ou un Mounier, ont rêvé un moment. En refusant de passer, pour des raisons d'ailleurs compréhensibles, de l'état de monarque absolu à celui de souverain constitutionnel, Louis XVI, heurté par ailleurs dans ses convictions par le tour antireligieux pris par la Révolution, porte une large part de responsabilité dans cet échec. N'avait-il pas déjà imprudemment rétabli les parlements supprimés par Maupeou et qui lancèrent la Révolution ? Jouant trop souvent un double jeu, maladroit et hésitant, Louis XVI, en dépit d'une incontestable dignité, a compromis le prestige de la monarchie. Il fut surtout victime d'une guerre dont il approuva le déclenchement : par son attitude ambiguë, il laissa aux révolutionnaires le monopole du patriotisme.

L'expérience républicaine ne fut pas plus heureuse, passant de la terreur sanglante et souvent aveugle d'un comité de conventionnels fanatiques aux coups d'État périodiques de pentarques corrompus. La disparition de Louis XVII empêcha une régence à laquelle tout le monde songea, de Robespierre à Barras.

La République ayant échoué, la dictature militaire à laquelle avaient rêvé La Fayette et Dumouriez échut au général Bonaparte. Dictature de salut public destinée à consolider les conquêtes et les profits de la Révolution, mais dictature vouée à être éphémère, comme toutes les dictatures.

Ainsi le vide politique laissé par l'effondrement de la monarchie n'a-t-il pas été comblé.

« La Révolution est finie », assure Bonaparte. Notre récit s'achève sur ces fortes paroles. Mais le lecteur se doute bien, quant à lui, que la Révolution de 1789 est loin d'avoir trouvé son terme.

CHAPITRE PREMIER

Les origines de la Révolution

La France de 1789 est loin d'offrir l'image sereine que l'on attendrait d'un pays qui vient d'assurer l'indépendance des États-Unis d'Amérique, dont la langue est parlée par l'élite de l'Europe et que les cours de cette même Europe copient en faisant construire des imitations du palais de Versailles.

LA FRANCE EN 1789

Tableau brillant à première vue que celui offert par la France. Certes elle présente un aspect inachevé : sa frontière du nord demeure vulnérable ; au sud-est Nice et la Savoie appartiennent au Piémont ; Avignon et le comtat Venaissin sont des enclaves pontificales. France inachevée à l'intérieur même de ses frontières : Mirabeau parle d'une « agrégation inconstituée de peuples désunis ».

Mais la France est l'un des pays les plus peuplés de l'Europe. Elle comprend, vers 1770, 26 600 000 habitants et, en 1775, 27 millions ; dix ans plus tard, elle atteint 27 650 000 âmes. Elle a probablement dépassé les 28 millions en 1789.

Contrairement à une opinion courante, la croissance de la population, considérée sur l'ensemble du XVIIIe siècle, aurait été relativement modeste en comparaison de celle d'autres États : 32 % contre 80 % à la Russie et 61 % à l'Angleterre. Mais si la part de la France dans l'Europe tend à se réduire de 24 à 20 %, elle demeure encore suffisamment forte pour permettre au pays de tenir tête aux coalitions des autres nations du continent. Le facteur démographique a été un atout déterminant dans les victoires militaires de la France jusqu'à l'affrontement avec les masses russes.

On a longtemps cru à un essor de la population autour des années 1750, essor dû aux progrès de l'hygiène et à la révolution agricole. Cet essor est contesté aujourd'hui [1]. Les historiens de la médecine ont tendance à retarder les progrès de la thérapeutique, et l'image d'un bouleversement de l'agriculture a été remise en cause, même si des améliorations sont observables [2].

A partir de 1770, la restriction volontaire des naissances (« les funestes secrets inconnus à tout animal autre que l'homme », comme dit Moheau) a tempéré l'euphorie et l'optimisme que semblait engendrer le XVIIIe siècle, sans qu'il soit toutefois facile d'en mesurer avec précision les effets.

Reste que les épidémies s'espacent et que, dans les grandes plaines céréalières, les investissements augmentent. La mortalité infantile serait en régression et, s'il y a recul de l'âge du mariage, ce recul a surtout pour effet d'accroître le nombre des naissances illégitimes.

Notons par ailleurs que la croissance démographique est inégale : forte dans le Nord, l'Alsace, la Franche-Comté et le Berry, moyenne dans la région parisienne et à l'Ouest, dans le Massif central et le Midi, faible en Normandie. La nuptialité est plus importante dans le Nord, l'Est et le Sud que dans les provinces de l'Ouest, dans les villes que dans les campagnes.

L'essor urbain est incontestable : 650 000 habitants à Paris, 150 000 à Lyon, 109 000 à Marseille et autant à Bordeaux que suivent Rouen, Nantes, Lille et Toulouse.

Au total, dans la période 1780-1789, on aurait compté 2 408 000 mariages, 10 618 000 naissances et 9 442 000 décès, la natalité l'emportant en définitive sur la mortalité.

LA PROSPÉRITÉ

A cette relative euphorie démographique s'ajoute une euphorie économique. La France est un pays riche. Du moins en apparence. Cette prospérité repose surtout sur le commerce extérieur qui a plus que quadruplé depuis la mort de Louis XIV et a atteint, à la veille de la Révolution, 1 061 millions. Commerce colonial fondé sur l'exclusif qui interdit aux îles d'avoir leur propre industrie et réserve le monopole de la vente de leurs productions exotiques à Bordeaux, Nantes ou La Rochelle notamment. Les succès remportés dans la guerre de l'Indépendance américaine ont donné un coup de fouet aux relations avec les Antilles et stimulé le fameux trafic triangulaire qui permet aux navires de ne jamais voguer avec des cales vides (produits locaux au départ de France, échange sur les côtes d'Afrique avec des esclaves que l'on débarque ensuite à l'usage des planteurs des îles tandis que l'on charge la canne à sucre qui sera raffinée dans l'arrière-pays des ports).

En 1788 les colonies françaises (Antilles, comptoirs des Indes, Guyane et île de Gorée au Sénégal) emploient un armement de 164 000 tonneaux et 23 000 hommes (Saint-Domingue représentant près de la moitié de l'effectif). Elles fournissent 90 000 tonnes de sucre,

20 000 tonnes de café, 5 000 tonnes de coton, 900 tonnes d'indigo qui sont en grande partie réexportées. Simple commerce d'entrepôt sans effet sur l'activité nationale ? En fait le commerce colonial fait travailler tout un arrière-pays, non seulement pour le raffinage des produits bruts mais pour les échanges avec les négriers d'Afrique : toiles locales contre bois d'ébène. Bordeaux exporte aussi pour 13 millions d'articles industriels à destination des îles dépourvues d'activités autres que coloniales. Dans le même domaine Le Havre prend son essor après la guerre de Sept Ans tandis que décline Saint-Malo.

Les colonies forment donc une composante essentielle de la prospérité française et plus particulièrement de la façade atlantique du royaume. C'est ce que Montesquieu explique au chapitre XXI de *L'Esprit des lois :* « L'objet des colonies est de faire le commerce à de meilleures conditions qu'on ne le fait avec les peuples voisins avec lesquels tous les avantages sont réciproques. » Les colonies n'ont donc qu'un but : servir à l'enrichissement de la métropole.

Le commerce intérieur, grâce à l'amélioration du réseau routier, suit un mouvement comparable. Le chiffre d'affaires de la foire de Beaucaire passe de 6 millions vers lá fin du XVIIe siècle à 41 millions en 1788. Essor à mettre en rapport avec les progrès de l'industrie. C'est le textile qui joue depuis longtemps un rôle moteur : la soie à Lyon, le coton à Rouen et Mulhouse, le lin et le chanvre à Laval, la laine à Sedan, Elbeuf et Abbeville, la bonneterie à Troyes. Les innovations techniques s'y multiplient : les inventions d'Arkwright et de Cartwright, principalement le *water-frame* et la *mule-jenny,* sont introduites en France. Un phénomène de concentration s'esquisse : les entreprises de Martin et Elesselles à Amiens, de Leclerc à Brive... On ne saurait oublier la grande réputation acquise par l'industrie du luxe dans la capitale et les progrès accomplis par la métallurgie et les mines de houille. A la suite de l'arrêté de 1744 établissant que les mines ne pourraient être exploitées qu'en vertu d'une concession royale, on voit se développer de grandes compagnies à Alès, Carmaux et Anzin. Il s'agit de sociétés par actions où se mêlent hommes d'affaires et nobles novateurs comme le prince de Croÿ ou le chevalier de Solages [3]. En 1789, la compagnie d'Anzin compte 4 000 ouvriers et 600 chevaux. Elle utilise 12 machines à vapeur. L'extraction du charbon produit 3 750 000 quintaux. Dans l'industrie métallurgique, la fonte au coke supplante la fonte au bois. Au Creusot, en 1787, marteaux-pilons et machines à vapeur font leur apparition.

Le fait nouveau, « c'est l'emprise du capitalisme commercial sur la fabrication [4] ». Il se traduit par l'extension de l'industrie rurale. L'édit de 1762, qui autorise les habitants des campagnes à fabriquer toute espèce d'étoffes sans appartenir à une corporation, n'a pu que favoriser ce type d'activité. Dans des régions pauvres comme la Bretagne ou le bas Maine, les habitants trouvent dans le finissage des toiles un complément de ressources. En Flandre, en Picardie, en haute Normandie, l'artisan rural est sous la dépendance de manufacturiers,

LA FRANCE EN 1789
(d'après *Les grandes dates de l'histoire de France*, Larousse, 1986)

sortes de négociants-entrepreneurs qui lui distribuent la matière première, et lui fournissent les métiers. Les travailleurs urbains se plaignent amèrement de cette concurrence.

La révolution industrielle fondée sur le machinisme et la concentration industrielle n'en est encore qu'à ses débuts : dispersion de la main-d'œuvre, routine des techniques, faibles investissements. L'artisanat demeure prépondérant.

Cette France de la fin du XVIIIe siècle reste profondément agricole. C'est vers la terre que se porte l'intérêt qu'il soit financier ou purement scientifique. Seule la terre, dit-on, donne plus qu'elle ne reçoit, alors que l'industrie ne fait que transformer une matière première en un produit élaboré. Sociétés d'agriculture et traités d'agronomie se multiplient ; les investissements se portent volontiers vers l'exploitation rurale tandis que des privilèges fiscaux importants sont accordés dans les années soixante aux défrichements.

Mais en dépit de cet intérêt, l'expansion des terres cultivables a connu de fortes variations. La jachère continue à régner malgré les campagnes en faveur de la prairie artificielle : manque d'instruction, routine ou méfiance, souci d'assurer des pacages au bétail. Autant de bonnes raisons de laisser reposer la terre un an sur deux ou trois. Les rendements augmentent non dans les pays de haute productivité céréalière, mais paradoxalement dans les régions moins riches du Nord.

On discerne surtout un phénomène de concentration des métairies et d'agrandissement des exploitations, conditions nécessaires à toute modernisation [5]. La diffusion des lumières changerait-elle peu à peu les mentalités ? Difficile de le dire, tant la France paraît en retard sur sa puissante voisine anglaise.

De là le malaise qui menace de succéder soudain à l'euphorie dans les campagnes. Que la récolte devienne mauvaise et le petit propriétaire, établi sur des terres pauvres, où l'on ne peut entreprendre que des cultures sans gros investissements (vigne, olivier, tabac, houblon), ne disposera plus d'excédents négociables. Victime du partage successoral, vivant mal, il devra alors songer à vendre, malgré son attachement profond à la propriété, à moins que le seigneur, ce qui est le cas dans l'Albigeois par exemple, n'accepte un retard des paiements. Difficultés aussi pour le fermier qui s'inquiète : les baux montent plus vite depuis 1780 que les prix agricoles. De cette montée des prix agricoles, le métayer ne profite pas : les métairies, borderies, closeries de faible étendue et de médiocre pouvoir productif condamnent leur exploitant à l'autarcie.

Quant à la masse des salariés (l'écrasante majorité de la population rurale), celle des journaliers, des domestiques de ferme, des bergers, des batteurs en grange, des vignerons et des voituriers, elle attend depuis dix ans, constate le voyageur anglais Arthur Young, à propos de la Touraine, une augmentation de ses gages. Avec un salaire de douze à dix-huit sous, comment un journalier pourrait-il faire vivre sa famille quand le pain est à deux sous la livre, le bœuf à cinq sous, le porc à six sous et le lard à dix sous, quand le vin vaut cinq sous la pinte ? Seuls à disposer de quelque excédent monétaire, les artisans de village (tonneliers, maréchaux-ferrants, charpentiers, meuniers ou cabaretiers) deviennent vulnérables en temps de crise. Le plus frappé est le colporteur, trait d'union avec la ville, qui éprouve de plus en plus de mal à se faire rembourser les avances consenties sur la taille, une règle à encoches sur laquelle il note les quantités livrées.

Morosité des campagnes vers 1787. Morosité aussi de la petite noblesse qui vit en contact avec les paysans. Que l'on songe à la description de Combourg par Chateaubriand. Évoquant la fête de l'Angevine, n'observe-t-il pas : « Du moins une fois l'an, on voyait à Combourg quelque chose qui ressemblait à de la joie. »

LA MONARCHIE

La France est gouvernée par un monarque absolu de droit divin. L'autorité du souverain n'a ni limites ni contrôle, hormis la volonté de Dieu. L'État s'incarne dans le roi, loi vivante, fusion de tous les pouvoirs. Ce monarque absolu, établi à Versailles depuis Louis XIV, gouverne assisté de ministres (le contrôleur général des Finances, le garde des Sceaux et les quatre secrétaires d'État à la Guerre, à la Marine, aux Affaires étrangères et à la Maison du roi). La France est divisée en quarante gouvernements, correspondant le plus souvent à d'anciennes divisions féodales, sur lesquels s'est greffé un autre découpage : la généralité, à la tête de laquelle est placé un intendant que le roi peut révoquer à tout moment et qui dispose de pouvoirs étendus de justice, police et finances. Les généralités se divisent en diocèses, bailliages ou élections que dirigent des subdélégués, nommés par le roi. Sous les ordres des ministres, des intendants et des subdélégués, un monde hiérarchique de commis.

Cette fonction publique est la condition même de l'ascension sociale. Elle est source de richesse mais surtout de considération. Les charges sont recherchées, mais leur vénalité les réserve aux milieux aisés puis à la seule noblesse. Il y a déjà pléthore de commis et Peuchet forge le mot de « bureaucratie ». Qu'importe ! Le prestige de l'administration royale est considérable à l'étranger. C'est ainsi que Joseph II, le souverain autrichien, faisait demander vers 1775, à son ambassadeur à Paris, un rapport détaillé sur l'administration policière de la capitale. Le mémoire du commissaire Lemaire fut lu et, paraît-il, très apprécié à Vienne où l'on vanta l'excellence des serviteurs de la monarchie française [6]. Plus encore que l'administration, c'est la cour qui entoure le roi qui est admirée sur le continent. Cette société aristocratique particulièrement brillante est composée de quelques centaines de personnes présentées au roi et vivant à la cour ou dans les hôtels du faubourg Saint-Germain. Le train de vie de ces privilégiés est fastueux : résidences somptueuses, luxe de la table, collections d'œuvres d'art.

C'est la fameuse « douceur de vivre » dont parle Talleyrand, réservée certes à une minorité mais qui est le reflet d'une civilisation à son apogée.

En réalité, derrière la splendide façade de Versailles et la prospérité des ports de l'Atlantique se dissimule une triple crise morale, financière et socio-économique.

LA CRISE MORALE

Les « philosophes », à la faveur de la crise qui suivit la mort de Louis XIV, n'ont cessé d'étendre leur influence. « Le philosophe, lit-on dans l'*Encyclopédie,* n'admet rien sans preuve ; il n'acquiesce point à des notions trompeuses ; il pose exactement les limites du certain, du probable et du douteux. » C'est donc remettre en cause le principe d'autorité déjà dénoncé au siècle précédent par Descartes et les libertins ; c'est contester les traditions les mieux établies, s'attaquer aux croyances les plus solides. La révolution est dans les esprits avant de passer dans les faits.

Le premier, Montesquieu a contesté la concentration des pouvoirs dans la main du monarque. Si l'exécutif, qui décide de la paix et de la guerre, veille à l'exécution des lois et à la sécurité intérieure, doit être laissé au roi, car, dans ce domaine, « un seul agit mieux que plusieurs », le pouvoir législatif – comprenons la rédaction et l'approbation des lois – appartient en principe au peuple ou à ses représentants. Quant au pouvoir de juger, il doit être réservé à des corps spécialisés comme les parlements, auxquels appartenait justement Montesquieu. Cette séparation des pouvoirs est la condition essentielle de la défense de la liberté.

Voltaire lui aussi attaque le gouvernement monarchique. L'absolutisme est vain dans son principe, dit-il, car il ne repose pas sur les lois de la raison mais sur le caprice du souverain. Il est source d'injustice et d'arbitraire. Voltaire condamne de même le fanatisme religieux : « Puissent tous les hommes se souvenir qu'ils sont frères ; qu'ils aient en horreur la tyrannie », écrit-il dans la « prière à Dieu » du *Traité de la tolérance.* Selon lui l'esprit humain ne peut prétendre résoudre des problèmes qui le dépassent : Dieu, l'âme, la matière. « Pourquoi sommes-nous ? Pourquoi y a-t-il des êtres ? Qu'est-ce que le sentiment ? Je l'ignore profondément et je l'ignorerai toujours. » Il importe donc de ne pas régler sa vie sur des théories métaphysiques mais sur un idéal moral. L'homme doit construire lui-même son propre bonheur, un bonheur fondé sur le travail et la bienfaisance. Au christianisme ardemment combattu il oppose un déisme vague et une religion « gendarme » nécessaire, estime-t-il, au peuple.

Avec Rousseau, dont l'influence fut énorme, la philosophie se radicalise. Montesquieu demeurait attaché aux prérogatives des parlementaires dont il avait fait partie ; Voltaire était un bourgeois aisé, indifférent à la misère populaire. Rousseau va plus loin, s'en prenant à la société même. Tout le bien chez l'homme vient de la nature, tout le mal de la société qui l'a aliéné et l'a corrompu. S'il est impossible de revenir à l'état de nature, du moins peut-on s'en rapprocher. Une bonne constitution sera donc celle qui garantira dans la mesure du possible la liberté et l'égalité primitive. L'éducation devra s'en remettre à l'instinct de l'enfant : « Celui-ci ne doit rien faire par obéissance. Les mots d'obéir et de commander seront proscrits de son dictionnaire, encore plus ceux de devoir et d'obligation. » Il découvrira dans la nature et non au sein de l'Église les preuves de l'existence de Dieu : « L'idée de création me confond et passe ma portée ; je la crois autant que je puisse la concevoir, mais je sais que Dieu a formé l'univers et tout ce qui existe, qu'il a tout fait, tout ordonné. » Au-delà de la condamnation d'une société oppressive, c'est l'idée même de la déchéance de l'homme par le péché originel qui est remise en question.

La grande machine de guerre contre ce qu'on allait appeler l'Ancien Régime fut constituée par l'*Encyclopédie,* vaste dictionnaire dont la publication s'est échelonnée de 1751 à 1772. A l'origine simple entreprise de librairie visant à exploiter la curiosité du public pour les sciences, l'*Encyclopédie* fût transformée par Diderot en un ouvrage « à la gloire de l'esprit humain se libérant du joug des préjugés ». Les auteurs y affirmaient leur croyance en un progrès continu des connaissances ; ils prêchaient la tolérance qui consiste « à ne pas haïr ceux qui ne pensent pas comme nous » ; ils réclamaient la disparition des préjugés et des contraintes économiques au nom de la liberté ; ils prônaient une morale naturelle destinée à faire le bonheur de l'humanité. Dix-sept volumes et des recueils de planches assurèrent à l'*Encyclopédie* un retentissement considérable. La personnalité des rédacteurs – Diderot, d'Alembert, Morellet, Marmontel, Quesnay, Mably, Raynal, Condorcet – fut pour beaucoup dans ce succès de librairie. L'ouvrage excita la curiosité scientifique mais il fit surtout beaucoup pour le développement de l'esprit de libre examen. Les attaques se développaient selon la méthode des renvois exposée par Diderot : « Il y aurait un grand art et un avantage infini dans les renvois. Toutes les fois par exemple qu'un préjugé national mériterait du respect, il faudrait à son article particulier l'exposer respectueusement avec tout son cortège de vraisemblance et de séduction, mais renverser l'édifice de fange, dissiper un vain amas de poussière, en renvoyant aux articles où des principes solides servent de base aux vérités opposées. » Exemple, l'article *Cordelier,* très respectueux, et l'article *Capuchon*, violemment satirique. L'empirisme de l'Anglais Locke, le sensualisme de Condillac et le rationalisme cartésien donnèrent à l'édifice ses clefs de voûte.

Œuvre de lecture difficile, cet énorme dictionnaire ne pouvait toucher qu'un public restreint [7]. La comédie se mit au service de la philosophie. En 1784 est enfin représenté sur scène *Le Mariage de Figaro,* achevé en 1778 mais censuré pendant six ans. Le public applaudit la célèbre tirade de Figaro contre la noblesse : « Parce que vous êtes un grand seigneur, vous vous croyez un grand génie !... Noblesse, fortune, un rang, des places ; tout cela rend si fier ! Qu'avez-vous fait pour tant de biens ? Vous vous êtes donné la peine de naître, et rien de plus : du reste homme assez ordinaire ! Tandis que moi, morbleu ! perdu dans la foule obscure, il m'a fallu déployer plus de science et de calculs pour subsister seulement, qu'on n'en a mis depuis cent ans à gouverner toutes les Espagnes. »

Le pamphlet, l'almanach, le cours public assurent une large diffusion aux « lumières », ainsi désigne-t-on les idées nouvelles. La mode joue un rôle déterminant : la philosophie est l'engouement du jour ; on veut connaître les philosophes parce que l'on croit ne pas pouvoir les ignorer. Cet engouement est fait de curiosité et de convenance comme le montrent un Mercier ou un Sénac de Meilhan. L'Église est la première à se laisser prendre au phénomène : de nombreux ecclésiastiques ont souscrit à l'*Encyclopédie* et les inventaires des bibliothèques montrent l'extraordinaire diffusion des œuvres de Voltaire et de Rousseau dans les milieux bourgeois.

En province on ne veut pas être en reste. Lyon fait un triomphe au *Mariage de Figaro* le 5 juillet 1785. Les académies – y compris l'Académie française – suivent le mouvement. Nombreux sont les sujets de concours portant sur les idées nouvelles. Ainsi l'académie de Châlons pose-t-elle entre 1776 et 1783 les questions suivantes : « Quel est le meilleur plan d'éducation pour le peuple ? Quels sont les remèdes à la mendicité ? Quels sont les moyens les moins onéreux à l'État et au peuple pour conserver et entretenir les grands chemins ? Quelles pourraient être en France les lois pénales les moins sévères ? Quel plan d'éducation pourrait être donné aux femmes ? » Les préférences vont aux plus hardis : Brissot est couronné deux fois [8]. La société royale de Metz repousse en 1787 le vieil idéal académique fondé sur les belles-lettres : « Elle aspire plus à l'utilité qu'à l'éclat, aux progrès de la sagesse publique et de la raison générale qu'à la gloire des lettres. » Lyon propose : « Quelles vérités et quels sentiments importe-t-il le plus d'inculquer aux hommes pour leur bonheur ? » Parmi les réponses, notons celle d'un jeune officier, Bonaparte, qui affirme : « L'homme est né pour être heureux *(c'est nier le péché originel)* ; la nature, mère éclairée, l'a doué de tous les organes nécessaires au but de sa création. Le bonheur n'est donc que la jouissance de la vie la plus conforme à son organisation. » Et de s'exclamer : « O Rousseau, pourquoi faut-il que tu n'aies vécu que soixante ans ! Pour l'intérêt de la vertu, tu eusses dû être immortel... » Preuve que l'armée elle-même est gagnée aux idées nouvelles. Dans la diffusion des lumières, le rôle des sociétés de pensée et des loges maçonniques a été déterminant. Ce sont elles qui font alors *l'opinion* [9].

La censure, sous Malesherbes, directeur de la librairie et protecteur de Rousseau, perd toute efficacité. Une contre-offensive avait bien été menée par Fréron dont *L'Année littéraire,* à partir de 1754, porta des coups sensibles aux philosophes. Tandis que le jésuite Feller, l'abbé Guenée et quelques ecclésiastiques de second rayon multipliaient les réfutations, Palissot ridiculisait en 1760 Voltaire, Rousseau et Diderot dans une amusante comédie, *Les Philosophes*, où le retour à l'état de nature cher au Genevois s'accompagnait d'une marche à quatre pattes. Boncerf traçait de son côté le portrait du vrai philosophe : celui qui respecte la tradition. En vain.

Le courant était trop difficile à remonter. Le philosophe règne en maître sur l'opinion. Il réclame qu'il soit fait table rase des préjugés et des privilèges. La monarchie sort ébranlée de ce vent de contestation qui menace d'emporter les institutions économiques et la société elle-même fondée sur la division en trois ordres, dont les deux premiers (clergé et noblesse) bénéficient de privilèges qui apparaissent de plus en plus odieux, à mesure que se précise une grave crise financière, au tiers état qui supporte seul l'écrasante pression fiscale.

LA CRISE FINANCIÈRE

La monarchie se débat en effet dans une crise financière qui n'a cessé de s'aggraver. De la Régence au règne de Louis XVI s'est créé un déficit des finances royales dû à un constant accroissement des dépenses et à un phénomène général d'inflation. La hausse des prix entraînant celle des traitements y a sa part de responsabilité. Le budget de la guerre ne cesse de se gonfler : 60 millions en 1740, 106 en 1788. C'est que les dernières opérations ont été le plus souvent maritimes ou lointaines provoquant des dépenses considérables. La guerre d'Amérique à elle seule aurait coûté près de deux milliards.

Un secteur contesté : les dépenses de la cour. Elles ne représentent en réalité que 6 %. Atteignant 27 millions, le chiffre des pensions concerne surtout d'anciens soldats ou serviteurs de l'État et les grosses allocations sont peu nombreuses. Mais leur impopularité, depuis que Necker en a révélé le montant, est grande.

En revanche, on oublie dans la critique des finances royales le service des intérêts des emprunts : 318 millions en 1788, soit 50 % des dépenses. Trop d'emprunts ont été émis. Le fardeau en est maintenant particulièrement lourd.

Les rentrées ne permettent pas de rétablir l'équilibre. L'impôt direct est fixe : 24 millions pour la taille depuis 1780. Créé en 1749, le vingtième a un rendement déplorable faute d'une connaissance de la matière imposable soumise au prélèvement de 5 % de son revenu net. De surcroît, ce système fiscal est critiqué en raison des inégalités opposant pays d'états à pays d'élection (les plus chargés) et privilégiés largement exemptés aux plus pauvres écrasés par les agents de l'État.

L'impôt indirect (gabelles, aides, traites) n'a aucune élasticité puisqu'il est affermé. Le dernier bail, du 1er janvier 1787, a été conclu pour 6 ans au chiffre de 150 millions.

Des dépenses difficilement compressibles, des recettes inélastiques et d'un médiocre rendement : la situation semble sans remède. Seule solution [10] : un prélèvement sur la rente foncière. Mais le propriétaire est le plus souvent un privilégié, noble ou ecclésiastique. Turgot a cru pouvoir réussir sans banqueroute ni emprunt, ni augmentation d'impôts, par une simple amélioration de la production entraînant nécessairement un accroissement des rentrées fiscales.

L'édit du 13 septembre 1774 proclama la liberté du commerce et de la circulation des grains. C'était frapper un certain nombre de spéculateurs comme le prince de Conti. Turgot parvint à briser leur résistance lors de la « guerre des farines ». Le 5 janvier 1776, il abolissait les corporations dont les physiocrates affirmaient qu'elles paralysaient, par une réglementation trop minutieuse, l'essor de l'industrie. Pour soulager les paysans et les conduire à travailler davantage sur leurs champs, la corvée royale fut supprimée. Une subvention territoriale perçue sur tous les propriétaires, privilégiés ou non, devait la remplacer.

Turgot songeait également à une hiérarchie d'assemblées représentatives (municipalités de paroisse, d'arrondissement, de province, aboutissant à une municipalité nationale) qui auraient été associées à la gestion des affaires publiques.

Mais il se heurta à la résistance du Parlement de Paris, supprimé par Louis XV mais imprudemment rétabli par Louis XVI. Défenseurs des privilégiés, les parlementaires refusèrent, le 4 mars 1776, d'enregistrer les édits abolissant les corporations et la corvée royale. L'idée d'une subvention territoriale pesant sur tous hérissait le Parlement qui protesta solennellement : « Tout système qui, sous une apparence d'humanité et de bienfaisance, tendrait, dans une monarchie bien ordonnée, à établir entre les hommes une égalité de devoirs et à détruire les distinctions nécessaires, amènerait bientôt le désordre, suite inévitable de l'égalité absolue et produirait le renversement de la société... Quels ne seraient donc point les dangers d'un projet produit par un système inadmissible d'égalité dont le premier effet est de confondre tous les ordres de l'État en leur imposant le joug uniforme de l'impôt territorial ! » Et les parlementaires de rappeler la division de la société en ordres : « Le service personnel du clergé est de remplir toutes les fonctions relatives à l'instruction, au culte religieux, et de contribuer au soulagement des malheureux par ses aumônes. Le noble consacre son sang à la défense de l'État et assiste de ses conseils le souverain. La dernière classe de la nation qui ne peut rendre à l'État des services aussi distingués, s'acquitte envers lui par les tributs, l'industrie et les travaux corporels. »

Le roi dut imposer les édits par un lit de justice, le 12 mars. Victoire à la Pyrrhus qui condamnait Turgot. Le 12 mai 1776, à la suite d'une cabale menée par la reine, il était disgracié [11]. Après le bref passage de Cluny au contrôle général, un banquier genevois, Necker, prit la direction des Finances.

Confronté à la guerre d'Amérique, Necker ne trouva de meilleure solution, pour remplir les caisses de l'État, que d'emprunter. Vieux réflexe de banquier. Mais pour donner confiance aux futurs prêteurs, il imagina de publier le tableau des recettes et des dépenses pour l'année 1781. Ce tableau indiquait un budget en excédent de 10 millions. Necker avait tout simplement fait l'impasse sur les dépenses militaires. Le succès de curiosité fut en tout cas considérable : 100 000 exemplaires du *Compte rendu* auraient été vendus en quelques semaines. On sait que Bonaparte le lut et l'annota [12]. Ce qui révolta l'opinion, c'est le montant des dépenses de la cour. Marie-Antoinette ne le pardonna pas à Necker. Lorsque celui-ci voulut instituer des assemblées provinciales, reprenant ainsi les municipalités de Turgot, il se heurta à une vive opposition. L'expérience fut d'abord limitée à une assemblée des trois ordres dans le Berry. A peine formée, l'assemblée réclama un « partage fraternel des charges publiques ». Elle demanda également qu'à l'avenir ses membres ne soient pas désignés par le roi mais tiennent leur mandat des administrés. On découvrit à cette occasion que l'idée de l'égalité devant l'impôt, comme celle de la participation des représentants de la nation au gouvernement, avaient cheminé dans l'opinion.

Une nouvelle expérience fut tentée à Montauban en 1779. Mais lorsque Necker demanda l'extension à toutes les provinces du royaume, il se heurta à la timidité du roi qui craignait une résistance violente des parlements. Necker dut se retirer le 19 mai 1781 [13]. Ni Joly de Fleury, ni Lefèvre d'Ormesson, ses successeurs, n'avaient une politique bien définie. A la fin de 1783, Louis XVI appela au Contrôle général un ancien intendant, Calonne, alors âgé de cinquante-deux ans. Séduisant, compétent, nourri d'idées physiocratiques, il n'ignore pas alors qu'il est impossible d'augmenter les impôts existants. Après avoir beaucoup emprunté, et devant la menace d'une banqueroute de l'État, il établit un plan en six points :

1. Réduction du principal de la taille de 1/10.
2. Remplacement, comme l'avait suggéré Turgot (mais son édit n'avait pas été appliqué), de la corvée royale par une contribution en argent mais limitée à la taille et au vingtième de façon à ne pas heurter les privilégiés.
3. Création d'un impôt territorial dû par la terre, donc par tous les propriétaires, payable en nature et dont le taux varierait selon la qualité de la terre (de 2,5 % à 5 %). En contrepartie disparaîtraient le vingtième et la capitation.
4. Libre exportation des grains.
5. Généralisation des assemblées provinciales.
6. Remboursement des dettes du clergé [14].

Calonne reprend ainsi des éléments du programme de Turgot et des idées de Necker. Comme eux, il découvre la nécessité d'un impôt dû par la terre, donc pesant sur tous, privilégiés ou non, et l'obligation d'associer les sujets du roi à la répartition de cet impôt.

Mais comme il n'ignore pas qu'il risque de se heurter, comme ses prédécesseurs, au refus du Parlement, il fait convoquer par le roi une assemblée de notables en février 1787. Cette assemblée comprend 144 membres dont 7 princes du sang, 40 représentants de la noblesse (dont La Fayette et le duc de La Rochefoucauld), une douzaine de prélats, 33 parlementaires, 12 députés des pays d'états, 26 représentants des municipalités.

Cette assemblée est dominée par les privilégiés. Elle accepte donc les projets sur la taille et le commerce des grains, mais elle repousse l'impôt territorial. Une perception en nature permettrait de connaître rapidement la matière imposable, ce dont ne veulent pas les privilégiés. Une subvention en argent rencontre d'autres difficultés.

Pour faire passer leur refus devant l'opinion, les notables réclamèrent la suppression immédiate de la gabelle.

Calonne à son tour en appela à l'opinion en publiant ses projets sous le titre de *Collection de mémoires présentés à l'assemblée des notables*. Il les avait fait précéder d'un avertissement rédigé par l'avocat Gerbier. Une formule résume la philosophie de la subvention territoriale : « Paieront plus seulement ceux qui ne payaient pas assez. » Les non-privilégiés pouvaient espérer bénéficier d'une réduction de 30 millions sur la taille.

La reine, une nouvelle fois, intervint auprès de Louis XVI. Le 8 avril 1787, Calonne était congédié.

Bouvard de Fourqueux lui succéda, sans aucun résultat. Le 1er mai 1787, l'archevêque de Toulouse Loménie de Brienne devenait chef du conseil royal des finances. Il ne put que reprendre le programme de Calonne en sollicitant des notables le vote d'un impôt territorial de 80 millions payable en argent. Il y ajouta une forte augmentation sur le droit de timbre (impôt qui pesait sur les actes sous seing privé) et la transformation de la capitation en un impôt additionnel d'après le loyer.

Le 23 mai 1787, les notables terminent leurs travaux sans avoir rien accordé. Ils demeurent murés dans leur égoïsme. Les privilégiés ne veulent pas des réformes qui porteraient atteinte à un système fiscal qui les épargne et à un régime économique qui les comble.

Brienne doit retourner devant le Parlement de Paris. Celui-ci enregistre sans difficulté les édits votés par les notables (commerce du grain, corvée...). Il refuse l'augmentation du timbre et s'oppose à la subvention. S'érigeant en représentation nationale, il réclame communication des états de finances. Il affirme : « Alarmés d'un déficit qui semble monter à une somme énorme, frappés des désordres qui l'ont produit et qui pourraient se perpétuer, nous avons formulé le vœu de voir la nation assemblée préalablement à tout impôt nouveau ; elle seule, instruite de la véritable position des finances, peut extirper de grands abus et offrir de grandes ressources. »

Comme les notables, les parlementaires réclament la réunion des états généraux.

Le 6 août 1787, le roi impose l'enregistrement des édits par un lit de justice. Mais le 13, le Parlement riposte en déclarant nulle et illégale la transcription des édits et demande à nouveau la convocation des états généraux. Le 15 août, le Parlement de Paris est exilé pour un temps à Troyes. A Paris, l'agitation gagne la rue. Le peuple n'appelle plus Marie-Antoinette que « Madame Déficit » ou « l'Autrichienne ». « On mettrait les gens en prison, écrit l'ambassadeur d'Autriche Mercy-Argenteau, on n'aurait point raison du mal. Le prestige du roi est profondément ébranlé et ne pourra être relevé sans beaucoup de peine et de temps. » Les parlements de province suivent le mouvement. Le gouvernement doit retirer les édits.

Devenu Premier ministre, le 22 août 1787, Loménie de Brienne tente d'en revenir à l'emprunt. Mais la séance du Parlement du 19 novembre 1787 devient particulièrement agitée quand le roi tente d'imposer l'enregistrement de l'emprunt. « C'est illégal ! » s'écrie le duc d'Orléans. « Si, c'est légal parce que je le veux », réplique Louis XVI pour une fois plein de fermeté et qui exile son cousin à Villers-Cotterêts tandis que deux lettres de cachet sont lancées contre les opposants.

L'opposition se fait plus violente. Le Parlement condamne les lettres de cachet comme contraires « au droit public et naturel ». S'inspirant de l'attitude de Maupeou sous Louis XV, Brienne paraît résolu à supprimer le Parlement si fâcheusement ressuscité par Louis XVI. Les parlementaires prennent les devants. Par l'arrêt du 3 mai 1788, ils proclament : « La France est une monarchie gouvernée par le roi suivant les lois. De ces lois, plusieurs qui sont fondamentales embrassent et consacrent : le droit de la nation d'accorder librement les subsides par l'organe des états généraux régulièrement convoqués... le droit, sans lequel tous les autres sont inutiles, de n'être arrêté, par quelque ordre que ce soit, que pour être remis sans délai entre les mains des juges compétents. » C'est une déclaration de guerre à la monarchie absolue.

Brienne essaie l'intimidation en faisant arrêter les principaux meneurs de l'opposition parlementaire, d'Éprémesnil et Monsabert. Ceux-ci se réfugient au Parlement qui les déclare placés sous la sauvegarde de la loi et décide de siéger en permanence. Quand l'officier venu les arrêter au nom du roi demande qu'on lui désigne les deux parlementaires, tous les conseillers s'écrient d'une seule voix : « Nous sommes tous d'Éprémesnil et Montsabert [15]. » Il faudra une séance de trente heures (5 et 6 mai 1788) avant qu'ils ne se livrent. Deux jours plus tard, Louis XVI mettait le Parlement de Paris « en vacances » et lui substituait une cour plénière. Il enlevait ainsi aux parlementaires le contrôle législatif et financier. L'opération visait à briser l'opposition parlementaire et à faire passer les réformes, seule solution pour sortir de la crise financière. Mais elle fut mal préparée auprès de l'opinion qui prit parti pour les conseillers.

La province bougea ; un flot de libelles représentant le plus souvent le Parlement de Paris comme victime du despotisme royal submergea la France. Révolte des privilégiés mais qui put s'appuyer sur un mouvement populaire abusé par les parlementaires.

A son tour, l'assemblée du clergé, réunie du 5 mai au 5 juin 1788, se déclarait solidaire du Parlement de Paris, refusait le don gratuit et réclamait la convocation des états généraux. L'agitation touchait aussi bien la Bretagne que le Béarn, Dijon et Toulouse étaient gagnés. Partout les intendants, quelque peu dépassés, renonçaient à maintenir l'ordre.

C'est en Dauphiné qu'eurent lieu les troubles les plus graves. Quand, l'intendant Caze de la Bove voulut exiler le parlement de Grenoble, en révolte contre l'autorité royale, les Grenoblois prirent parti pour les conseillers et bombardèrent du haut des toits les soldats du roi : ce fut, le 7 juin, la journée des tuiles. Il fallut céder et réinstaller le Parlement. Réunis à Vizille, le 21 juillet, les notables de la ville, dans une assemblée où se retrouvaient des membres, des trois ordres, invitèrent les provinces à s'unir contre le despotisme et à refuser le paiement de l'impôt tant que les états généraux ne seraient pas convoqués.

La révolte venait à l'origine des parlementaires et masquait, derrière des idées démagogiques qui abusaient le peuple, la défense des privilèges. Cette révolte affaiblissait l'administration royale en la coupant en deux : d'un côté les acquéreurs de charges, les officiers, solidaires dans l'ensemble du Parlement de Paris ; de l'autre les commissaires, les agents du pouvoir royal qui tenaient leur autorité de lettres de commission (les intendants notamment) qui, nommés et révoqués par le roi, lui restaient fidèles. L'armée elle-même, traversée par une crise due au fait que les grades étaient désormais donnés en priorité aux nobles, semblait traversée de courants contradictoires.

LA CRISE ÉCONOMIQUE

Comment expliquer un tel déchaînement de violence physique et verbale accompagnant la révolte des parlementaires ? C'est qu'une crise économique, qui précipite les antagonismes, secoue depuis 1788 le royaume. Ernest Labrousse en a donné un schéma resté classique, même si les études locales ne le confirment pas toujours [16].

Selon lui, la crise a commencé par un long mouvement de baisse du prix du froment entre 1776 et 1786, à la différence des baisses courtes dues à de bonnes récoltes. Phénomène voisin pour le vin. Le profit du fermier s'effondre. L'embauche s'en ressent. On relève de nombreuses plaintes contre les bas prix.

Pour stimuler les échanges, la déclaration du 17 juin 1787 autorise les exportations de froment qui atteignent quinze millions en 1788. Du coup le marché intérieur se vide.

Survient la mauvaise récolte de 1788. Année humide avec de gros orages en juillet qui ravagent les récoltes de Normandie, de Champagne et des Flandres. Un quart de la production est perdu dans certaines régions. L'hiver de 1788-1789 sera rigoureux, la récolte de 1789 médiocre.

Cette fois les prix flambent : de 75 à 100 % dans le Nord-Est et l'Est ; 50 % dans le Nord-Ouest. De cette hausse ne profitent toutefois que les propriétaires qui ont de larges excédents négociables, soit une minorité.

La peur de manquer crée une psychose – pas toujours justifiée – de disette qui provoque elle-même le stockage des grains dans l'attente d'une montée encore plus grande des prix. De là une raréfaction du blé sur les marchés.

Dans le même temps l'industrie commence à subir les contrecoups du traité de libre-échange signé avec la Grande-Bretagne. Le traité de 1786 ouvre la France aux textiles anglais. Or pendant la guerre d'Amérique la France a été privée de coton et les prix ont subi une hausse énorme qui n'a pu être compensée comme en Angleterre par le bas prix de la fabrication. La France est incapable de supporter la concurrence de sa voisine et son industrie s'en trouve fortement ébranlée.

Malchance supplémentaire : dans la soie, la récolte de 1787 est désastreuse. Ajoutons-y une crise de la laine en rapport avec de mauvaises rentrées de fourrage. Concurrence anglaise et manque de matières premières précipitent la crise de l'industrie textile, une crise si grave que Tolozan, inspecteur du commerce, prévoit au début de 1788 plus de 200 000 chômeurs. En Champagne la moitié des métiers sont arrêtés. Même proportion pour la soierie lyonnaise et dans les centres normands d'Elbeuf ou Louviers. Partout la baisse des salaires est rude.

La crise agricole trouve son prolongement dans les villes et vient accroître ainsi le désarroi de l'industrie. L'immense marché rural se ferme à partir du moment où le fermier ne dispose plus que de recettes médiocres ou inexistantes et que le salarié agricole est sans travail. Le colporteur trouve porte close. La gêne s'étend à tous les secteurs de l'activité industrielle, y compris le luxe. Le faubourg Saint-Antoine à Paris ne compte plus le nombre d'ouvriers sans travail.

LA CRISE SOCIALE

La crise économique aggrave les antagonismes sociaux déjà latents. Dans les campagnes domine un prolétariat de valets, journaliers, batteurs en grange, vignerons, qui n'a que ses gages pour subsister. Il représente au moins 40 % de la population rurale. C'est lui qui est frappé en premier par la crise. La révolte contre le maître (propriétaire exploitant ou fermier) sera à l'origine de bien des troubles. Des bandes de chômeurs parcourent les campagnes en semant la terreur.

Crise agricole mais aussi crise de l'industrie rurale touchée comme les autres. Les ressources complémentaires dont disposaient l'hiver un certain nombre de paysans s'évanouissent. De là l'inquiétude sinon la misère.

Le maître lui-même (petit propriétaire qui exploite des parcelles qui ont souvent moins de deux hectares, fermier qui se débat avec des baux trop courts ou métayers) doit faire face à la réaction féodale qui s'est développée sous le règne de Louis XVI.

La crise l'a déjà frappé de plein fouet. Le paysan propriétaire vend des céréales, du vin. Il est donc touché par la mauvaise récolte. L'observation vaut pour le fermier – même aisé lorsqu'il regroupe plusieurs terres dans son exploitation ; il assiste à la défaite de son profit tandis que monte la rente foncière. Situation encore plus grave pour le métayer, type largement répandu (sept métayers pour un fermier) qui ne dispose que rarement d'un stock négociable et ne cesse, comme le montrent toutes les sources, de s'appauvrir dans la mesure où est rejeté sur lui le poids de l'impôt, notamment le vingtième.

Et voilà que ce monde de la terre se trouve confronté à une aggravation volontaire du régime seigneurial.

Certes le servage a disparu des domaines royaux depuis l'édit de 1779 et n'apparaît plus que comme une survivance anachronique. Mais soucieux, face à l'érosion monétaire née de l'inflation, d'obtenir un meilleur rendement de leurs ressources foncières pour continuer à tenir leur rang, nombreux sont les propriétaires nobles qui font procéder, entre 1780 et 1789, à la révision de leurs terriers, ces registres contenant le dénombrement des déclarations des particuliers relevant d'une seigneurie et indiquant les tenures et les droits qui y sont attachés. Les lettres patentes du 20 août 1786 en mettent la révision à la charge... des redevables. Les feudistes employés à ces révisions s'acharnent d'autant plus que le propriétaire leur abandonne parfois jusqu'à la moitié du surplus qu'ils font rentrer. Beugnot, dans ses *Mémoires*, a montré la dureté avec laquelle procédaient les agents du duc de Nivernais. Chateaubriand a rappelé, dans une page fameuse des *Mémoires d'outre-tombe*, comment son père avait fait revivre certains droits féodaux attachés au domaine de Combourg.

Toute contestation passait devant les parlements dont la jurisprudence était favorable aux seigneurs. Les droits féodaux (il vaudrait mieux dire « seigneuriaux ») étaient divers (le cens, redevance en argent, légère car fixée depuis longtemps ; le champart payable en nature et représentant souvent un tiers de la récolte ; les corvées personnelles ou réelles ; les lods en produits...), mais non cumulables (qui paie le cens n'est pas soumis au champart), variables selon les régions, moins lourds qu'on ne l'a cru longtemps mais dans l'ensemble mal supportés en raison de leur caractère contraignant ou humiliant (droits honorifiques tels que préséances ou distinctions diverses).

La réaction seigneuriale a paru d'autant plus odieuse qu'elle survenait en période de difficultés. La crise faisait apparaître le seigneur, grâce aux redevances perçues en nature, comme le grand profiteur de la hausse du prix des grains en période de disette. Même si, très souvent, certains historiens l'ont rappelé en vain [17], les seigneurs acceptaient de remettre le cens ou le champart à une autre année, pléthorique celle-là. Le paysan devait aussi verser au clergé la dîme, de l'ordre en moyenne du treizième de la récolte. Le paysan voyait, avec ces redevances (s'il les versait), s'envoler son surplus négociable. La perte de ce surplus lui rendait impossible l'achat des produits proposés par le colporteur. La mauvaise récolte faisait le malheur de la petite industrie urbaine qui travaillait pour le marché rural.

Ainsi, face aux privilégiés, se créa, inconsciemment, un front commun ville-campagne qui donna au tiers état une éphémère unité. La crise exacerba les tensions. Journaliers et manouvriers sans travail furent à l'origine des premières violences dans les campagnes. Des émeutes éclatèrent à Paris, les 15, 16 et 17 août 1787, les 4, 5, 6 et 9 mai 1788 et pendant les mois d'août et de septembre de cette même année [18].

Qui participe alors à ces journées parisiennes ? Nous sommes ici mieux renseignés que sur les violences campagnardes. On trouve surtout, dans ces émeutes qui précèdent 1789, à côté des dames de la halle et des ouvriers sans travail, le monde de la basoche, clercs et avocats qui dépendaient du Parlement. L'exil des parlementaires condamnait le monde judiciaire au chômage. Déjà le développement de la juridiction administrative des bureaux du contrôle général leur avait porté un coup très dur en provoquant la diminution des procès jugés au Parlement et à la Cour des Aides. Les réformes envisagées par Calonne puis Brienne lésaient de nombreux intérêts. Elles devenaient causes de désordres. Pour maintenir l'ordre, le roi ne peut même plus compter sur l'armée touchée elle aussi par la réaction nobiliaire. L'édit de Ségur de 1781 n'a-t-il pas réservé l'accès à l'épaulette sans passer par le rang aux seuls titulaires de trois degrés de noblesse prouvés par des actes originaux et non par de simples attestations. L'École militaire est fermée à la roture. Désormais pour monter dans la hiérarchie, il faut compter avec une vitesse ralentie pour les non-nobles, lente pour la noblesse pauvre de province, accélérée pour les fils de courtisans. « Ainsi l'armée française était le théâtre de beaucoup de mécontentements provoqués par des tassements de la pyramide hiérarchique. Beaucoup d'hommes de valeur de la bourgeoisie devaient se contenter de servir comme bas officiers et empêchaient de monter à ce grade des soldats d'origine populaire [19]. »

Un malaise qui explique l'apathie de l'armée en 1789 alors que le désordre des esprits gagne la rue. Les tensions sociales pouvaient-elles pour autant être contenues ? On découvrit quelle erreur avait été pour la monarchie le rétablissement des parlements. Mais la menace valait pour la monarchie absolue plus que pour l'institution elle-même. Tout dépendait en fait du roi.

LOUIS XVI

Né en 1754, Louis XVI ne manquait pas d'intelligence mais de caractère. Sa popularité restait grande mais celle de la reine, compromise involontairement dans l'affaire du Collier [20], dénoncée pour ses origines autrichiennes (être autrichien était mal vu depuis la guerre de Sept Ans dont les maux étaient imputés au cabinet de Vienne), avait volé en éclats. Le prestige de la monarchie en souffrit. Que pouvait faire de surcroît Louis XVI avec des finances ruinées, une armée en crise et une administration divisée entre officiers, titulaires de leur charge et en révolte contre le roi, et commissaires restés fidèles mais sans grands moyens d'action ?

Rien n'était pourtant perdu. Trois transformations étaient inévitables. Introduire d'abord la justice fiscale. Il était nécessaire d'établir un impôt proportionnel sur les revenus « quels qu'ils fussent et quels que fussent ceux qui les recevaient [21] ».

Donner ensuite plus de cohérence à l'action gouvernementale par l'institution d'un conseil de cabinet.

Rendre enfin aux Français le droit de représentation, au moins à travers des états généraux régulièrement convoqués.

D'autres réformes de structure auraient suivi d'elles-mêmes : la séparation du judiciaire et de l'administratif, l'organisation d'un corps de fonctionnaires, le passage d'une société d'ordres à une société de classes... sans que l'idée monarchique en soit altérée, bien au contraire, mais à condition que le roi conserve jusqu'au bout l'initiative des réformes et que celles-ci ne donnent pas l'impression d'avoir été imposées.

A ce prix, en 1788, le roi pouvait peut-être éviter une révolution [21].

CHAPITRE II

Les états généraux

L'ultime bataille de l'absolutisme se livre dans l'été de 1788.

Loménie de Brienne tente de renverser un courant de plus en plus hostile à la monarchie en ressuscitant par des libellistes à gages la vieille alliance du roi et du tiers contre la noblesse accusée de sédition. En vain. De surcroît la détresse du trésor public limite son action. Devant la banqueroute qui se profile, il cède. Par l'arrêt du conseil en date du 8 août 1788, les états généraux sont convoqués pour le 1er mai 1789.

Survenu trop tard, ce grave recul qui condamne la monarchie absolue mais non le principe monarchique ne peut empêcher, le 16 août, la suspension des paiements de l'État. Le 25, Loménie de Brienne se retire. Necker est rappelé. Comme il rassure, banquiers et commerçants avancent 75 millions, ce qui sauve provisoirement le trésor. En retour, par la déclaration royale du 23 septembre 1788, les parlements sont rétablis dans toutes leurs prérogatives. C'est une nouvelle capitulation.

LES ÉLECTIONS

En convoquant les états généraux, Loménie de Brienne avait laissé en suspens deux questions : combien le tiers état aurait-il de députés ? Comment voterait-on aux états ?

Le tiers représentait 90 % de la population : devait-on lui donner un nombre de représentants proportionnel à son importance ou égal à celui des deux ordres privilégiés ? Voterait-on aux états par députés ou par ordre ? Si l'on adoptait la procédure suivie en 1614, les privilégiés resteraient maîtres du jeu ; dans le cas contraire, le tiers se trouverait en mesure d'imposer sa volonté.

C'est alors que le double jeu des privilégiés apparut en plein jour. Ils voulaient la convocation des états généraux non pour introduire plus de justice dans la fiscalité mais pour limiter à leur profit l'autorité royale.

Lorsque le Parlement de Paris fut consulté sur la représentation du tiers, il répondit, en septembre 1788, qu'il fallait « conserver la forme observée en 1614 » : représentation égale des trois ordres et vote par ordre. Du coup sa popularité s'effondra.

A son tour, l'assemblée des notables, rappelée du 6 novembre au 12 décembre, approuva la position du Parlement. En face, un comité des Trente, partisan du doublement du tiers et du vote par tête, ainsi que de l'égalité civile et fiscale, se constitua et lança une vigoureuse campagne. L'abbé Sieyès publiait en janvier 1789 une brochure appelée à un grand retentissement : *Qu'est-ce que le tiers état ?* A la question ainsi posée, il répondait : « Tout ». « Qu'a-t-il été jusqu'à présent ? », continuait-il : « Rien ! ». « Que demande-t-il ? A devenir quelque chose. » Le problème de l'absolutisme était déjà dépassé. Comme le soulignait Mallet du Pan, c'était désormais la guerre entre le tiers état et les deux ordres privilégiés qui passait au premier plan. Deux partis s'opposaient : les aristocrates d'un côté, les patriotes de l'autre. Brusque accélération des événements qui en précédait d'autres.

Louis XVI devait arbitrer. Pressé par les princes de ne pas sacrifier la noblesse et harcelé par Necker qui l'invitait à faire des concessions au tiers état, le roi adopta, le 27 décembre 1788, une position médiane : il accorda le doublement du tiers mais ne se prononça pas sur la question du vote par tête ou par ordre. Rien n'était résolu.

Le 1er janvier 1789, le marquis de Bombelles notait dans son journal : « Nous entrons dans une année qui sera bien remarquable pour l'histoire de France. C'est dans son cours que se balanceront, que se heurteront, que se traiteront les plus grands intérêts. Un roi, livré à l'insouciance de quelques-uns de ses ministres, aux combinaisons personnelles et intéressées des autres et à la dangereuse audace de M. Necker, cédera aux orages qui s'accumulent et qu'il eût été si possible de conjurer. Pour se venger de quelques négligences, de quelques légèretés pardonnables, des Grands se séparent des intérêts de leurs égaux. Personne ne se sent ni les talents ni l'énergie qu'il faudrait à des chefs de parti et chacun, sans se rendre compte de ce qu'il désire, agit confusément, contribue ridiculement à l'augmentation du désordre, uniquement parce que nous nous sommes lassés d'être la première nation du monde [1]. »

Les élections aux états généraux commencèrent en février 1789. Leur organisation avait été prévue dans le règlement du 24 janvier 1789. Le bailliage, division administrative pourtant dépassée au profit de la généralité, servit de cadre électoral. Toutefois les bailliages étant de taille inégale, le nombre des délégués fut variable. Les bailliages de première classe eurent, comme en 1614, une députation directe, ceux de deuxième classe furent regroupés.

Les désignations étaient différentes selon les ordres. Tous les nobles avaient le droit de vote : ils se réunissaient en assemblée plénière au chef-lieu du bailliage pour y élire leurs députés (sauf dans les bailliages secondaires où ils désignaient un quart des leurs pour participer aux opérations électorales de l'assemblée du bailliage principal). Dans le cas du clergé, on avait distingué le séculier du régulier. Les évêques et tous les curés participaient directement aux travaux de l'assemblée du bailliage ; chanoines et religieux y envoyaient des représentants, généralement à raison d'un par communauté, ce qui entraînait leur sous-représentation par rapport aux curés dont la prédominance avait été voulue, semble-t-il, par Necker. Ainsi furent élus un nombre important de curés patriotes, issus du tiers dont ils partageaient les soucis.

Au sein du tiers lui-même, il suffisait d'avoir vingt-cinq ans et d'être inscrit au rôle des impositions (le règlement du 23 avril en précisa pour Paris le montant : six livres, ce qui écartait près de la moitié des chefs de famille). L'élection se faisait à plusieurs degrés. Dans les campagnes, c'est la paroisse qui constituait la base initiale sous la forme d'une assemblée primaire. Cette assemblée désignait, à raison d'un pour trois cents feux, des délégués à l'assemblée de bailliage.

A la ville c'est le cadre de la corporation qui avait été retenu, chaque corporation de métier ayant un délégué pour cent membres. Ceux qui n'appartenaient à aucun corps de métier élisaient deux pour cent d'entre eux comme délégués. A Paris toutefois, on vota par quartiers. Représentants des villes et des paroisses se confondaient ensuite dans l'assemblée de bailliage où ils élisaient les deux députés au scrutin secret [2].

La diversité des modes de désignation explique d'inévitables flottements. La campagne a battu son plein entre janvier et mars 1789. La participation semble avoir été très forte. A partir du cas de Dijon, on a pu mettre en lumière le rôle dans les villes de comités composés de médecins, chirurgiens, hommes de loi surtout, qui se substituèrent pour influencer les électeurs aux officiers municipaux et aux corporations [3]. Il ne faut pas négliger non plus le contexte économique et social. Des révoltes paysannes éclatèrent en février 1789 dans le Dauphiné ; elles gagnèrent la Provence, le Languedoc ; la Bretagne elle-même ne fut pas épargnée. Étaient visées les rentes seigneuriales. On observait des refus fréquents de payer les grains de rente pour la nouvelle année. Dans certains endroits, les paysans reprenaient les communaux ou détruisaient les fours banaux. Révolte aussi contre les impôts de consommation et plus particulièrement les aides dans le Midi. Des greniers à sel furent pillés.

Dans les villes l'émeute avait pour cause soit une demande d'augmentation de salaire, soit la peur de la disette. A Reims, les 11 et 12 mars 1789 l'assaut fut donné par une foule de miséreux aux greniers ecclésiastiques, aux boulangeries et aux convois de blé. Des scènes identiques se déroulèrent à Marseille le 23 mars et à Aix le 24.

A Paris, les désordres qui entraînèrent le saccage des établissements Réveillon firent une vive impression. A l'origine une rumeur concernant deux manufacturiers, Réveillon et Henriot, qui auraient jugé le salaire de leurs ouvriers trop élevé. En riposte, une manifestation s'acheva par le pillage des demeures des deux industriels en avril 1789. Les autorités réagirent en isolant le faubourg Saint-Antoine où se trouvait l'entreprise de Réveillon et en faisant feu sur les émeutiers. Il y eut de nombreux tués. Dès le 29 avril, deux manifestants qui avaient été arrêtés furent pendus. Les insurgés étaient surtout des ouvriers du meuble, du bâtiment ou du port de Paris qui résidaient soit au faubourg Saint-Antoine, soit au faubourg Saint-Marcel. La plupart n'avaient pas trente ans et étaient nés en province. On peut y voir l'indice qu'il s'agissait plutôt d'une émeute de la faim et du chômage alors que ces graves incidents furent présentés comme un complot préparé par des agents à la solde du duc d'Orléans, les émeutiers s'étant engouffrés à la suite du carrosse de la duchesse qui avait exigé des soldats qui gardaient la demeure et les ateliers de Réveillon un libre passage pour n'avoir pas à faire un détour. En mai presque tout le pays semble en proie à l'émeute. Taine recense plus de 400 révoltes d'avril à juillet 1789. « La hausse cyclique des prix qui, pour la première fois, affecte toutes les régions, en est la cause. La crise de 1770 était restée régionale ; celle de 1775 n'avait touché que Paris, celle de 1778 le Midi, celle de 1782-1784 avait atteint plusieurs régions mais successivement. Pour la première fois en 1788-1790, la crise s'étend simultanément à tout le territoire [4]. » Elle a pour conséquence une véritable guerre sociale dans certains endroits. L'intendant de Bretagne écrit à Necker que la sédition est surtout « contre les nobles et les grands propriétaires auxquels on reproche de faire des amas de grains ».

Certes, il ne faut pas généraliser, mais l'annonce d'élections aux états généraux et l'espoir de réformes qu'elle a engendré ont eu pour effet d'encourager les troubles dans le royaume. Le résultat des élections en a-t-il été faussé ? Il semble que ce soient surtout les incertitudes de la procédure qui aient eu des effets désastreux. Impossible aujourd'hui encore de connaître le chiffre exact des députés : 1118 ou 1196. Il y eut des élus en trop, des circonscriptions ayant désigné des députés sans autorisation ; mais en compensation on enregistra des refus de siéger et des démissions sans que soit toujours éclairci le problème des suppléants [5].

Dans les rangs du clergé (300 membres environ) dominaient les curés face à une cinquantaine d'évêques et de grands vicaires (Talleyrand-Périgord, archevêque de Reims, Conzié, archevêque de Tours, Fontanges, archevêque de Toulouse, La Rochefoucauld, archevêque de Rouen...). Plus proches du peuple, aussi pauvres en général que leurs paroissiens (ils étaient réduits à la portion congrue), ces prêtres venus de la campagne étaient hostiles aux privilèges. Parmi eux, l'abbé Grégoire, élu par le clergé de Nancy et dont les idées annoncent la démocratie chrétienne. Ils pouvaient compter sur l'appui de certains membres du haut clergé, réputés « libéraux », comme Talleyrand, évêque d'Autun et neveu de l'archevêque de Reims [6]. La noblesse elle-même était divisée. Ses 300 députés se trouvaient partagés par des courants contradictoires. Si tous les grands noms, ou presque, y figuraient, on trouvait aussi de « petits nobliaux », souvent plus attachés à leurs prérogatives que tel ou tel « grand seigneur », comme Noailles ou La Rochefoucauld-Liancourt, et une forte proportion de nobles de robe.

On évalue à près d'une centaine les « libéraux » tournés soit vers l'Angleterre dont ils admirent les mœurs parlementaires, soit vers l'Amérique qui paraît à certains, dont La Fayette, plus démocratique. On parle aussi d'une tendance orléaniste favorable au duc d'Orléans, premier prince du sang et élu à Crépy-en-Valois.

Face à ces éléments avancés, la majorité reste pourtant fidèle au passé. Beaucoup commencent déjà à évoluer, à l'exemple du comte d'Antraigues. En 1788, celui-ci publiait un mémoire sur les états généraux où il se prononçait contre la monarchie absolue et la noblesse héréditaire et écrivait : « Ce fut sans doute pour donner aux plus héroïques vertus une patrie digne d'elles que le ciel voulut qu'il existât des républiques ; et peut-être pour punir l'ambition des hommes, il permit qu'il s'élevât des rois et des maîtres ; mais toujours juste, même dans ses châtiments, Dieu permit qu'au fort de leur oppression il existât pour les peuples asservis des moyens de se régénérer. » Élu par la sénéchaussée de Villeneuve-de-Berg, il défend des idées radicalement opposées aux états généraux [7].

Ces divisions et ces retournements privent la représentation de la noblesse de toute homogénéité.

Le tiers état offre davantage d'unité. De là sa force. Parmi les 578 (ou 598) députés, ni paysans ni ouvriers ; essentiellement des bourgeois. Les hommes de loi dominent : avocats comme Robespierre, Mounier, Barnave, Buzot, Thouret, procureurs, magistrats, intendants, à l'image de Malouet. Ils vont introduire dans les débats un juridisme tatillon. A côté de ces robins, des propriétaires (parfois désignés sous le vocable de laboureurs), des maîtres de forges (venus du Nord ou de l'Est), des manufacturiers, des négociants (envoyés surtout par les ports). La bourgeoisie d'affaires est faiblement représentée par rapport à la bourgeoisie à talents. On relève la présence de quelques médecins comme Campmas ou Fos de Laborde, d'écrivains (Volney, célèbre pour ses *Ruines*) et d'universitaires (Salomon de la Saugerie à Orléans). Un peu à l'écart : quelques gros fermiers comme Bourgeois de Villers-Cotterêts.

A Paris les vingt députés du tiers comprennent cinq avocats (dont Camus, Tronchet et Treilhard), quatre notaires, un conseiller au Châtelet (Garnier), un procureur au Châtelet (Berthereau), soit une majorité d'hommes de loi auxquels s'ajoutent quatre négociants, deux consuls, un médecin (Guillotin), un receveur général des Finances (Anson), deux écrivains (l'abbé Sieyès et Démeunier) et un académicien (Bailly). Ont été écartés des négociants ou des hommes d'affaires comme Boscary ou Perrégaux [8]. Certains nobles ont réussi à se faire élire par les assemblées du tiers : Mirabeau à Aix, Flaschslanden à Haguenau.

Dans le même temps que l'on procédait aux élections étaient rédigés des cahiers de doléances. Il en fut composé au niveau des paroisses comme à celui des corporations. On en aurait compté plus de 50 000. Aucun modèle n'était imposé par l'administration. De là l'étonnante variété de ces cahiers : les sujets vont de questions strictement locales à de véritables traités politiques. Le style est souvent plein d'emphase, mais parfois on relève des accents d'une naïveté touchante. Si les autorités ne fixèrent aucune règle, des modèles circulèrent comme les fameuses *Instructions du duc d'Orléans*, œuvre de Choderlos de Laclos à l'intention des apanages du duc mais qui inspirèrent de nombreux cahiers en dehors de ces apanages [9].

On n'oubliera pas que ces cahiers sont porteurs de doléances : on ne saurait donc en tirer un tableau de la France en 1789 puisqu'ils en représentent les ombres et non les réussites [10].

La première impression donnée est celle d'un souci de préserver les diversités régionales face à la centralisation monarchique. Ainsi la noblesse de Dijon donne-t-elle le ton. Elle formule le vœu que les états généraux reconnaissent « le droit des habitants, dans chaque province, de conserver leurs lois, coutumes, usages et tribunaux particuliers, et, dans les pays d'états, leur constitution, sans que, dans aucun cas, il pût être fait aucun changement que de la volonté de la province ». La noblesse bretonne proteste contre le règlement royal du 16 mars et refuse de prendre part aux opérations électorales. Refus hautain de privilégiés ; mais c'est aussi le tiers de Morlaix qui réclame que la constitution bretonne soit conservée dans son intégrité. Rien ne doit se faire sans l'accord du peuple breton.

En Normandie on rappelle la charte du duché ; l'Artois revendique son originalité ; Sedan invoque ses immunités ; l'Alsace refuse tout recul de barrières douanières. A Dijon, ce sont les lettres patentes de 1483 que l'on ressort ; en Provence on ne reconnaît le roi de France que sous la qualité de comte de Provence ; la Navarre se veut royaume indépendant. Les cahiers envisagent aussi, avec inquiétude, « l'état obscurément connu des finances ». « Justement indignée, la noblesse de Crépy demande que l'état actuel des finances, le produit des subsides déjà établis, les dépenses d'absolue nécessité, le montant du déficit, son origine, ses causes soient soumis à la recherche des états généraux. » Le régime fiscal est largement mis en cause : injuste, arbitraire, scandaleux sont les termes qui reviennent le plus souvent.

La grande revendication concerne les droits féodaux. On les juge trop divers et injustes : « Il est impossible, lit-on dans un cahier, de donner un détail de ces droits et des abus qu'ils entraînent... Ici le pauvre n'a pas le droit de faire du feu dans sa chaumière, s'il ne l'achète chèrement du seigneur ; ce droit existe à Brovès sous la dénomination de fouage. Là le laboureur n'a pas le droit de nourrir ses bestiaux de l'herbe qui croît dans son champ, le seigneur ayant prétention sur les herbages du territoire ; ce droit existe à Romaluette sous le nom de relarguier. Ailleurs les seigneurs ont la prétention de vendre leurs denrées avant que les habitants vendent les leurs. » Même légers ces droits sont mal supportés ; c'est le cas du champart, inférieur souvent à la dîme revendiquée par le clergé, mais que rend odieux la manière dont il est prélevé.

Le rentabilité de ces droits est mise en cause : « Peut-être trouverait-on, calcul fait, que les banalités sont d'un bien mince produit et loin de valoir aux seigneurs ce qu'elles coûtent au peuple », déclare le tiers de Nemours à propos de l'obligation de porter les grains au moulin seigneurial. On déplore l'état des fours seigneuriaux qui brûlent trop fréquemment le pain, mais comment s'y soustraire ? Le droit de chasse est le plus dénoncé : « Ce qui résiste des grains est détruit au moment de la récolte par les seigneurs qui viennent avec des amis. »

Toujours sur le plan économique est remis en cause le système des jurandes et maîtrises, supprimé un moment par Turgot mais rétabli en avril 1777. Il s'agit, disent les cahiers, de « privilèges exclusifs qui resserrent dans un cercle étroit l'exercice des arts et métiers ». « Tout homme, explique le tiers de Domfront, tient de la nature le droit d'user de ses dons, est comptable de l'usage qu'il en fait envers la société ; mais il voudrait en vain s'acquitter de ce devoir si, au don du génie, il ne joint celui de la fortune. Il n'a pas la liberté de choisir la profession qui lui convient ; l'ignorance privilégiée a acheté le droit de le réduire à l'inaction. »

C'est dans le domaine politique que l'on trouve les idées les plus audacieuses. Le cahier de doléances du tiers de Paris est significatif. Il propose une révolution libérale. La base est « la souveraineté nationale d'où découlent les droits de la nation à savoir la disposition de tout pouvoir politique, de la force publique, de l'impôt pour assurer son bonheur ». Les grands principes proclamés dans le cahier sont : l'égalité, la liberté individuelle, de parole et de religion, l'inviolabilité de la propriété. Les états généraux devront refuser tout impôt avant reconnaissance de ces principes. Une constitution devrait reprendre ces idées pour en permettre l'application.

A travers les cahiers de doléances se dessinent déjà les grandes lignes du programme à remplir : établissement d'une constitution, amendement du régime féodal, assouplissement des corporations, modification du système fiscal et même réformes religieuses, le clergé étant souvent pris à partie et pas seulement en tant qu'ordre privilégié.

Complot ? Probablement non. Ce sont les idées du temps qui ont triomphé avec le développement des lumières. Le besoin de modifications se fait sentir sous des influences intérieures mais aussi étrangères : l'exemple américain est souvent invoqué bien que mal connu. Il convient de ne pas oublier que cette demande de changements s'accompagne d'une affirmation d'un profond amour pour le roi, d'une défense et illustration de la noblesse, d'un refus de la part du clergé d'une trop grande tolérance envers les protestants.

L'OUVERTURE DES ÉTATS GÉNÉRAUX

La réunion des états généraux était prévue pour le 4 mai 1789. Dès le 2, Louis XVI reçut les représentants de la nation. Les députés du tiers durent attendre « trois mortelles heures » avant de s'incliner devant le roi, encadré de ses deux frères, qui ne disait rien. Seul Gérard, qui avait revêtu un costume de paysan breton, eut droit à un « bonjour, bonhomme ». C'était peu.

La cérémonie du 4 mai fut une procession du Saint-Sacrement à laquelle assistèrent le roi, la cour et les trois ordres. La noblesse arborait la veste de drap d'or et le chapeau à la Henri IV ; le haut clergé se drapait dans ses capes rouges ou violettes ; le troisième ordre, vêtu de noir, semblait assister à l'enterrement de ses espoirs. Après la procession, on entendit un sermon de l'évêque de Nancy, La Fare, qui se transforma en mercuriale. Le roi dormait. « Louis XVI, ayant sommeillé, put se déclarer satisfait : il montra un visage souriant. C'était approuver le geste de l'évêque. Les députés s'en réjouirent : le bon roi se réhabilitait. Il allait assurément, à la séance du lendemain, indiquer les remèdes, et premièrement demander aux trois ordres de se fondre pour travailler au bien commun du royaume [11]. »

La séance du lendemain eut lieu dans la salle des Menus-Plaisirs, aménagée par Paris. Elle commença à huit heures du matin par l'appel des députés. De cette séance, Bombelles nous a laissé une remarquable évocation : « L'appel des députés des trois ordres a été très long. Le clergé, ainsi que dans la salle des notables, s'est tenu à la droite ; la noblesse ici a été placée à gauche, et le tiers état en face du trône. Le roi arrivé et assis, la reine sous le dais, mais plus bas que le trône, s'est assise sur un fauteuil ; ses belles-sœurs et tantes, assises à sa gauche, étaient sur un degré inférieur ; les princes frères du roi et les princes de son sang étaient assis à la droite du trône, mais formant un quart de cercle jusqu'aux marches, qui divisaient le parquet, où étaient les députés, de la haute partie où étaient le trône et les grands du royaume.

« Le roi a prononcé très noblement et très intelligiblement un discours aussi sage, aussi convenable qu'il était possible de le désirer. Il a été écouté avec attention et sensibilité. Ce qui n'est excusable que par ce dernier sentiment, c'est qu'il a été interrompu par des battements de mains. La fin du discours, très bien reprise par Sa Majesté, n'a pas été moins vivement applaudie et accompagnée du cri de "Vive le roi !"

« Il faut dire qu'avant son arrivée, on avait applaudi successivement (et surtout de la part du tiers) M. Necker, M. Bergasse, M. le duc d'Orléans et l'évêque de Nancy. M. de Mirabeau a été hué, par la crainte que la plus saine partie de l'assemblée a eue qu'il ne fût applaudi. Après le discours du roi est venu celui de M. de Barentin, le garde des Sceaux. Son organe est si faible qu'à peine a-t-on pu l'entendre dans le tiers de la salle, et son discours sage n'avait rien de cette éloquence entraînante et nécessaire en pareille circonstance.

« Enfin est venu le tour de M. Necker qui, contre toute règle, et empiétant sur tous les autres départements, a tenu l'assemblée par trois heures de lecture. Au bout d'une petite demi-heure la voix du grand homme s'est enrouée ; il avait un lecteur tout prêt, dont l'organe était plus avantageux. Le discours a été applaudi avant d'être entendu. Bientôt il a fatigué les plus intrépides partisans de M. Necker. Les trois ordres ont été mécontents. Le roi a levé la séance dès que son ministre des Finances a eu cessé de faire lire, et par là les gens qui voulaient parler n'ont osé commencer les débats, comme M. de Mirabeau, entre autres, en avait l'intention [12]. »

Le tiers état attendait que la vérification des pouvoirs se fît en commun, première étape vers une assemblée générale. Il quitta la séance profondément déçu. Les privilégiés ne semblaient pas prêts aux concessions ; le roi ne paraissait pas vouloir tenir son rôle d'arbitre. La violence devenait inévitable.

CHAPITRE III

La victoire du tiers

De mai à juillet 1789, la Révolution bascule dans la violence. Le « dérapage » dans le sang ne date pas de 1792, mais de l'été 89.

LE SERMENT DU JEU DE PAUME

Le 6 mai, Bombelles note dans son journal : « Les ordres se sont assemblés aujourd'hui dans leurs chambres respectives (le tiers dans la grande salle de l'hôtel des Menus où avait eu lieu, la veille, l'assemblée générale des trois ordres ; le clergé et la noblesse au premier étage, le clergé dans l'aile gauche et la noblesse dans l'aile droite). Le tiers état est resté inactif parce que ses instigateurs veulent que la vérification des pouvoirs se fasse les trois ordres assemblés, et que les ordres du clergé et de la noblesse paraissent vouloir se vérifier chacun entre eux, comme cela eut lieu dans les précédentes tenues des états généraux. Les voix, dans l'ordre de la noblesse ont été de 188 contre 46 pour rester séparés d'ordre à cet égard. Le clergé a opiné, mais avec une moindre majorité, pour le même avis. M. de Mirabeau a parlé avec une telle véhémence dans la chambre du tiers que ses plus zélés partisans ont eu de l'humeur. M. Mounier, chef de la députation du Dauphiné, a eu plus de succès. Ces premiers débats ne servent qu'à faire juger de la force des athlètes [1]. »

Le roi étant resté indécis, chaque ordre a donc agi, le 6, selon ses préférences. Clergé et noblesse s'engagèrent dans la voie d'une vérification séparée des pouvoirs des députés. Le tiers, qui avait souhaité une vérification commune, se trouvait ainsi en minorité. On s'orientait vers une organisation conforme aux états de 1614, où chaque ordre avait siégé à part, sauf dans les assemblées plénières. Mais les députés du tiers ne l'entendaient pas ainsi. Aucune réforme n'eût été votée. Ils refusèrent de « se constituer », c'est-à-dire de former un bureau, d'établir un règlement, de rédiger des procès-verbaux. On perdit de la sorte cinq semaines en vaines tentatives de conciliation. Puis, passant à l'offensive, le tiers où s'affirmait l'autorité de quelques chefs – Mirabeau, Sieyès, Bailly, Mounier, Barnave, Camus et Le Chapelier – invita, le 10 juin, les deux autres ordres à se joindre à lui.

Le tiers précisait que, de toute manière, il se considérerait comme le représentant de toute la nation et procéderait à l'appel de tous les députés, noblesse et clergé inclus. C'était sortir de l'impasse par la force. La noblesse fit connaître son refus ; le clergé tergiversa. Sans se préoccuper de ces divergences, l'assemblée du tiers fit procéder à l'appel de tous les députés, le 12 juin. Le lendemain, trois curés, dont le nom devait être appelé ce jour-là, se joignirent au tiers ; six autres, dont Grégoire, suivirent le 14, et dix le 16 juin.

Le 17, sur proposition de Sieyès, les députés du tiers « considérant qu'ils représentaient les quatre-vingt-seize centièmes de la nation », se déclarèrent « Assemblée nationale ». Soucieuse d'affirmer aussitôt son autorité, cette Assemblée nationale autorisa provisoirement la perception des impôts traditionnels tout en se réservant le droit de revenir sur la nouvelle organisation fiscale.

Ébranlé, le clergé votait, le 19 juin, la réunion. Dans les rangs de la noblesse, la motion recueillait 80 suffrages. Toutefois le haut clergé et la majorité de la noblesse n'entendaient pas céder. Ils firent pression sur le roi. Louis XVI avait été vivement ému par la mort de son fils, le Dauphin, survenue le 4 juin, et il s'était retiré à Marly. Son entourage demanda que fût engagée l'épreuve de force. Le souverain ne s'y résolut qu'à moitié.

Lorsque, le 20 juin 1789, les députés de l'Assemblée nationale vinrent siéger dans la grande salle de l'hôtel des Menus, ils trouvèrent celle-ci fermée sous prétexte de travaux en vue de la séance royale du 23. Le prétexte était un peu gros. Les députés se rassemblèrent dans une salle proche, celle du Jeu de paume. Là, tandis que le public se mêlait à eux, ils prêtèrent un serment rédigé par Target et lu par Bailly :

« L'Assemblée nationale, considérant qu'appelée à fixer la constitution du royaume, opérer la régénération de l'ordre public et maintenir les vrais principes de la monarchie, rien ne peut empêcher qu'elle ne continue ses délibérations dans quelque lieu qu'elle soit forcée de s'établir, et qu'enfin partout où ses membres sont réunis, là est l'Assemblée nationale :

« Arrête que tous les membres de cette assemblée prêteront, à l'instant, serment solennel de ne jamais se séparer et de se rassembler partout où les circonstances l'exigeront, jusqu'à ce que la constitution du royaume soit établie et affermie sur des fondements solides, et que ledit serment étant prêté, tous les membres et chacun en particulier confirmeront par leur signature cette résolution inébranlable [2]. »

Il n'y eut qu'un refus.

Le 22 juin, les députés, installés cette fois dans la grande nef de l'église Saint-Louis, y reçurent 150 membres du clergé et 2 représentants de la noblesse. Rien n'était pourtant décidé tant que le roi n'avait pas fait connaître sa volonté.

C'est dire avec quelle impatience fut attendue l'assemblée plénière du 23.

Le roi parla. Il acceptait le consentement de l'impôt et des emprunts par les états, la liberté de la presse et espérait que les privilégiés se rallieraient au principe de l'égalité fiscale. Mais l'effet de ces concessions (annoncées le 5 mai, elles auraient mis fin à la Révolution) fut annulé par le ton cassant du monarque et la menace de dissolution au cas où le tiers entendrait imposer le vote par tête. « Si vous m'abandonniez dans une si belle entreprise, seul, je ferai le bien de mes peuples. Je vous ordonne de vous séparer tout de suite et de vous rendre demain matin dans les salles affectées à votre ordre pour reprendre vos délibérations. »

Cette fois le roi s'était prononcé : on siégerait par ordre. La haute noblesse l'avait emporté. Rien ne garantissait de surcroît que le souverain tiendrait les promesses faites dans son discours.

Le tiers état resta immobile après le départ du roi, tandis que la noblesse et une partie du clergé se retiraient. Le maître des cérémonies, le marquis de Dreux-Brézé, venant rappeler les ordres de Louis XVI, s'attira une double réplique. Celle de Bailly fut : « Une nation assemblée ne peut recevoir d'ordres » ; Mirabeau fit de la surenchère : « Nous sommes ici par la volonté du peuple et nous n'en sortirons que par la force des baïonnettes [3]. »

C'était la révolte ouverte face à l'autorité royale et cette révolte s'accompagna d'un véritable défi : l'assemblée décréta l'inviolabilité de ses membres. Le roi avait-il les moyens d'imposer sa volonté ? L'armée cantonnée à Versailles semblait peu sûre, les gardes-françaises tenaient des propos séditieux, et le peuple avait envahi les cours du château sans rencontrer de résistance. Louis XVI ne réagit pas. Le 23 juin marque la fin de l'absolutisme. La révolution politique est faite : l'assemblée a pu affirmer ses droits face au souverain sans opposition de celui-ci. Le 24 juin, la majorité du clergé venait siéger avec le tiers ; le 25, c'était au tour de 47 nobles dont le duc d'Orléans, Duport et La Rochefoucauld de prendre place à l'Assemblée nationale. Deux jours plus tard, le roi cédait et invitait son « fidèle clergé et sa fidèle noblesse » à se joindre au tiers. La victoire de celui-ci était complète. La monarchie absolue avait vécu.

LE 14 JUILLET

Si Louis XVI avait fait preuve d'inertie, son entourage, notamment ses deux frères, le comte de Provence et le comte d'Artois, comme la reine elle-même et les courtisans, ne pouvait se résigner à la défaite du roi et songeait à la revanche. Le roi eut-il la main forcée ? On assista, après le 26 juin, à d'importants mouvements de troupes.

Le 8 juillet, Bombelles note : « Le régiment de Royal-Allemand, arrivé hier à la Muette, campe dans le bois de Boulogne. Quatre régiments suisses campent dans le Champ-de-Mars. Provence-infanterie est arrivé aujourd'hui à Saint-Denis et le train d'artillerie a été établi à midi à l'hôtel des Invalides. Ces sages précautions ont donné lieu à une motion de M. de Mirabeau, en même temps qu'il a retiré celle des grains [4]. On croit que le silence de M. de Mirabeau a été acheté et qu'il est payé en même temps pour avoir proposé, avec l'éloignement des troupes, que le roi soit gardé par des milices bourgeoises auxquelles serait également confiée la garde de Paris.

« M. l'archevêque de Vienne, au lieu d'écarter cette motion, l'a favorisée et s'est rendu à 6 heures du soir chez le roi pour demander à Sa Majesté quand il lui plairait de recevoir une députation chargée de lui demander le renvoi des troupes. Le roi a préliminairement répondu que ces troupes n'avaient aucune destination qui dut attirer l'attention et l'inquiétude des états généraux. M. le maréchal de Broglie s'est cru obligé de pénétrer dans le cabinet du roi pour fortifier Sa Majesté contre une attaque aussi scandaleuse à sa dignité et à l'autorité qui n'appartient qu'à elle seule [5]. »

C'est au total trente mille hommes qui sont concentrés dans la région parisienne et placés sous l'autorité du maréchal de Broglie. Mais celui-ci est âgé de soixante-dix ans et a pour adjoint le général suisse Besenval, un peu trop léger.

Après avoir affirmé son autorité le 23 juin, l'Assemblée nationale s'était mise au travail. Le 3 juillet, l'archevêque de Vienne, Lefranc de Pompignan, que Bombelles présente comme gagné aux idées nouvelles, avait été élu à la présidence et, le 7 juillet, les députés décidaient de prendre le titre d'Assemblée nationale constituante.

Un comité de constitution fut formé avec Mounier pour rapporteur. Le 11 juillet, La Fayette suggérait qu'une déclaration des droits de l'homme soit placée en tête de la constitution. « Jusqu'à cette date, a-t-on pu faire remarquer, l'assemblée s'était montrée fort modérée. Bien entendu, elle n'avait pas un instant mis en question le caractère monarchique du nouveau régime. Pour elle, la France devait demeurer une monarchie héréditaire. Elle n'avait pas même discuté la prérogative royale et elle n'envisageait pas que la nouvelle constitution pût être promulguée sans avoir été ratifiée par le roi. Elle concevait la souveraineté comme indivise, en quelque sorte, entre le roi et l'assemblée. La majorité des députés n'avaient pas encore adopté la théorie que Sieyès avait développée dans son fameux essai *Qu'est-ce que le tiers état ?* et qui établissait la suprématie du pouvoir constituant sur tous les autres. Il ne semble même pas qu'en ce début de juillet les députés aient voulu abattre toutes les institutions anciennes et construire sur une table rase une France entièrement nouvelle [6]. » Seul l'absolutisme a vécu. Pour le reste, on s'en remettait encore à un certain empirisme que devaient guider les « lumières ». On trouve chez les députés des attitudes communes dues à cette inspiration ; le « complot » n'est pas évident [7]. Mais les mouvements de troupes finirent par inquiéter l'assemblée. On a vu comment, le 8, Mirabeau se fit l'interprète de ses collègues. Les députés votèrent un texte priant le roi d'éloigner les troupes de la région parisienne. Le ton était respectueux et faisait même état d'une possible contagion révolutionnaire des soldats.

Louis XVI ne répondit que le 10, affirmant que cette concentration n'avait pour but que la prévention de nouveaux désordres et la protection des délibérations de l'assemblée. Il ne réussit pas à calmer les inquiétudes des députés, et l'émotion gagna Paris où se profilait le spectre de la disette : queues aux portes des boulangers et déception devant la mauvaise qualité du pain. On rendait responsable les droits d'entrée de l'octroi et des receveurs furent pris à partie aux barrières de la capitale.

Des signes de nervosité se faisaient jour : une « mouche » de la police était malmenée le 8 ; des attroupements se formaient dans les cabarets autour des soldats des gardes-françaises qui manifestaient leur volonté de déserter ; des officiers étaient hués par leurs propres troupes. Une constatation s'imposait peu à peu : l'armée n'était pas sûre.

Appelé au ministère, le baron de Breteuil vint renforcer la coterie contre Necker. Marie-Antoinette et les frères du roi, pour une fois unis, pressaient Louis XVI de renvoyer Necker, tenu responsable – non sans raisons – des désordres. Le roi finit par céder et, le 11, fit connaître sa décision à Necker qui s'inclina. Étaient également renvoyés Montmorin et Puysegur qui avaient soutenu Necker. Une équipe homogène était donc mise en place sous l'autorité de Breteuil. Elle comprenait, outre Breteuil, qui s'était réservé les Finances, Barentin à la Justice (il conservait les Sceaux), de Broglie à la Guerre et le duc de La Vauguyon aux Affaires étrangères. Mais Breteuil n'avait aucun plan et l'importance du renvoi de Necker semble avoir complètement échappé au roi. Certains refus de participer au gouvernement (celui de Castries notamment) auraient dû l'alarmer.

Tandis que Breteuil restait passif, Paris bougeait. La nouvelle du renvoi de Necker avait été connue dans la capitale le 12 juillet. Elle provoqua une vive émotion. Le départ de Necker, c'était la banqueroute de l'État et donc la ruine des rentiers. C'était aussi la disette car l'on prétendait, à tort ou à raison, que Necker en imposait aux spéculateurs.

Au Palais-Royal, propriété du duc d'Orléans, où la police n'avait pas le droit de pénétrer (ce qui en avait fait depuis 1787 un lieu de perpétuelle agitation), des orateurs lançaient des harangues enflammées. Parmi eux, Camille Desmoulins. Monté sur une table, il appelait les Parisiens à l'insurrection : « Citoyens, vous savez que la nation avait demandé que Necker lui fût conservé, on l'a chassé ! Peut-on vous braver plus insolemment ? Après ce coup ils vont tout oser et, pour cette nuit, ils méditent, ils disposent peut-être, une Saint-Barthélemy des patriotes ! Aux armes [8] ! aux armes ! Prenons tous des cocardes vertes, couleur de l'espérance... »

Tandis que les théâtres fermaient, des cortèges parcouraient la capitale. Besenval donnait alors ordre au Royal-Allemand, que commandait le prince de Lambesc, de dégager les Tuileries. Des civils furent blessés ; la rumeur publique en amplifia le nombre. L'émeute éclata, soutenue par les gardes-françaises. Besenval ne sut pas faire face. Au lieu d'écraser aussitôt l'insurrection, il laissa celle-ci s'organiser. Pillages et incendies de barrières marquèrent la journée du 13. L'anarchie s'installait, trouvant ses troupes dans les chômeurs et les affamés qui pullulaient dans la capitale.

A l'Hôtel de Ville s'étaient réunis un certain nombre d'électeurs qui avaient participé aux opérations de désignation des députés aux états généraux. Devant la carence des autorités municipales, ils prirent la décision de former un comité permanent et de constituer une milice bourgeoise. Au départ rien de révolutionnaire : à la présidence du comité est porté le prévôt des marchands lui-même, Flesselles, maire de Paris ; dans les rangs de la milice ne doivent être appelés que des « citoyens connus ».

Restait à armer la milice. Flesselles eut-il une hésitation avant de franchir le pas ou fut-il victime de son incapacité ? Ce fut cette quête des armes qui entraîna la foule vers la Bastille, le 14 juillet. On s'en prit d'abord, ce jour-là, aux Invalides que le gouverneur Sombreuil ne put préserver du pillage. On y trouva trente mille fusils qui furent distribués aux assaillants.

Une autre partie des manifestants vint réclamer à la Bastille, forteresse-prison, des armes et de la poudre. Y voyait-on un symbole de l'absolutisme [9] ou simplement un dépôt d'armes ?

Ce qui est certain c'est que le gouverneur, le comte de Launay, perdit la tête avant qu'on ne la lui coupât. Les assaillants (dont certains

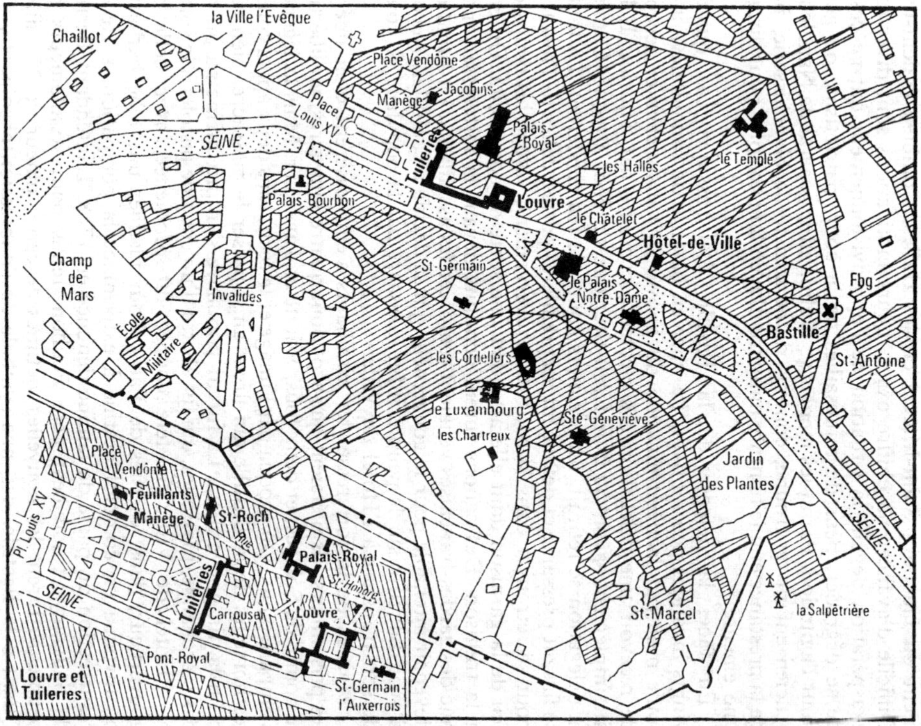

LE THÉATRE DES ÉVÉNEMENTS
(d'après *La vie politique en France*, R. Rémond, A. Colin, tome 1)

reçurent en juin 1790 le titre de vainqueurs de la Bastille) étaient essentiellement des artisans du faubourg Saint-Antoine (menuisiers, ébénistes, serruriers), probablement sans travail, mais on y trouvait aussi des cordonniers, marchands de vin, teinturiers, chapeliers, quelques bourgeois et des soldats venus d'autres quartiers de Paris, principalement du faubourg Saint-Marcel et des Halles. Combien étaient-ils ? Difficile d'avancer un chiffre exact. Leurs motivations sont diverses : exaspération devant la situation de l'approvisionnement qui ne cesse de se dégrader, peur de représailles de la cour, patriotisme ou goût pour l'agitation. Parmi les meneurs : Hulin, futur général de Napoléon. Ancien enfant de troupe, commis d'une société de blanchisserie, il a de la prestance et une teinture militaire. Il n'en faut pas plus pour diriger une émeute.

En face, la défense de la Bastille était assurée par quatre-vingts invalides peu motivés. La mise en batterie de canons devant la foule montrait la détermination du gouverneur mais celui-ci accepta de recevoir une délégation des électeurs conduite par Thuriot. Il lui fit simplement savoir qu'il ne ferait tirer que s'il était attaqué. Comme la délégation se retirait, les premiers coups de feu éclatèrent. La foule, se faisant pressante et défonçant les premières portes, celles de l'avancée pour se retrouver dans la cour du gouvernement, essuya les coups de feu de la garnison dont elle attendait une sorte de complicité. On cria à la trahison. Des canons furent conduits devant la forteresse tandis que des gardes-françaises venaient renforcer les assaillants. La situation devenait intenable pour le gouverneur qui se décida à capituler. Accusé d'avoir fait tirer sur le peuple, il fut massacré par la populace au cours de son transfert à l'Hôtel de Ville.

Maîtres de la forteresse, les assaillants s'empressèrent d'en libérer les prisonniers. Ils n'étaient que sept dont quatre faussaires, un libertin, le comte de Solages, et deux fous, Whyte et Tavernier. Mais la légende s'empara d'eux. On évoqua par l'image et le récit, tous deux apocryphes, les horreurs de la Bastille qui firent ainsi passer le massacre, bien réel celui-là, du gouverneur. La fureur populaire s'en prit même au prévôt des marchands, Flesselles, qui fut abattu d'un coup de pistolet à la sortie de l'Hôtel de Ville. Sa tête coupée fut promenée, avec celle du gouverneur, dans les rues de Paris. Pour justifier une telle barbarie, on invoqua un complot destiné à exterminer la population, sorte de résurrection du pacte de famine dénoncé en 1788. L'intendant Bertier de Sauvigny et son beau-père Foullon, tenus pour « affameurs du peuple », furent les nouvelles victimes de cette rumeur, le 23 juillet. Quant à la Bastille, devenue symbole de l'oppression absolutiste, elle fut démolie. Un entrepreneur, Palloy, fut chargé de la destruction et vendit les matériaux à titre de « souvenirs ». Les assaillants, vrais ou faux, transformés en héros, furent récompensés par un décret du 19 juin 1790 qui leur décerna un diplôme.

Farce tragique, telle pourrait apparaître la chute de la Bastille [10], mais son retentissement fut considérable.

Une nouvelle fois, Louis XVI céda. A trop céder, ne compromettait-il pas l'avenir de la monarchie ? Le 15 juillet, il annonçait à l'assemblée le retrait des troupes ; le 16, il rappelait Necker.

Exploitant la chute de la Bastille, les électeurs parisiens avaient transformé le comité permanent de l'Hôtel de Ville en une commune de Paris dont Bailly fut élu maire tandis que La Fayette, encore auréolé de son prestige de combattant de l'indépendance américaine, était appelé à la tête de la milice bourgeoise baptisée garde nationale. Le 17 juillet, Louis XVI se rendit à Paris. C'était reconnaître la nouvelle municipalité. N'allait-il pas jusqu'à accepter la cocarde tricolore, qui unissait le blanc de la monarchie au bleu et au rouge de la ville de Paris, gage de « l'alliance auguste et éternelle entre le monarque et le peuple » ?

L'entourage du roi ne s'y trompa point. Les chefs de la faction aristocratique prirent le parti d'émigrer. Le comte d'Artois choisit la route des Pays-Bas avant de rejoindre Turin ; le suivirent dans l'exil le prince de Condé, les Polignac, le maréchal de Broglie et Breteuil.

LA RÉVOLUTION MUNICIPALE

L'effondrement de la monarchie absolue gagna la province. Peu de villes échappèrent à l'effacement – plus ou moins total – des autorités antérieures au 14 juillet. Les intendants, restés sans instructions, furent balayés comme représentants d'un pouvoir absolu désormais abhorré. Les municipalités furent soit écartées par la force, ainsi à Strasbourg, soit mises en minorité comme à Dijon, Bordeaux ou Nantes. Les délégués aux élections des états généraux s'installèrent, forts de leur mandat, dans les hôtels de ville. Il s'agissait souvent d'une poignée d'avocats, de médecins ou de négociants. Mais leur nouveau pouvoir fut parfois contesté. A Lyon, l'effet de surprise passé, les tenants de l'Ancien Régime reprirent l'initiative. A Toulouse, les autorités se maintinrent avec la complicité des éléments révolutionnaires ; à Aix, elles s'appuyèrent sur l'armée. État d'anarchie spontanée d'où sortit ce que Taine devait appeler la « municipalisation » de la France. Peu de villes furent épargnées.

Partout le pouvoir royal se dissolvait. « Il n'y a plus de roi, plus de parlement, plus d'armée, plus de police », observe un contemporain. Il faudrait ajouter : « Plus d'impôt ». Les rumeurs les plus folles couraient et ce sont elles qui ont provoqué cette anarchie. On parlait de complot aristocratique, de pacte de famine, d'invasion étrangère... Foullon avait été massacré pour avoir dit – du moins le prétendait-on – qu'il ferait manger de l'herbe au peuple. Quant à Bertier de Sauvigny, on affirmait, sans preuves, qu'il avait fait sciemment couper les blés encore verts. D'où venaient ces rumeurs ? On ne sait. Y eut-il une action concertée ? Dans certaines villes peut-être, mais le désordre paraît souvent n'obéir à aucun plan délibéré. A Rouen, les troubles qui éclataient le 12 juillet se traduisaient par des actes de luddisme ;

en août, l'émeute prenait un tour fiscal : saccage des octrois et des bureaux des aides ; s'y ajoutait le pillage des boulangeries et des réserves de grains. A partir de septembre, la nouvelle milice bourgeoise prit les choses en main et l'ordre fut rétabli [11].

LA GRANDE PEUR

Au désordre urbain répondait la révolte agraire. Elle ne fut pas générale, mais ses effets impressionnèrent. Des bandes de pillards parcouraient les campagnes, détruisant les moissons, pillant les récoltes, affamant les habitants. Il s'agissait habituellement de journaliers sans travail et de mendiants, peu dangereux à l'origine. Le monde rural était par tradition contestataire. Mais la peur des « brigands » se répandit vite, la France étant aussi coutumière de ce type de peur, qui rejoignait celle du complot aristocratique. Le phénomène prit donc une subite ampleur dans la seconde quinzaine de juillet, les conditions atmosphériques se révélant propices. « Pour un tourbillon de poussière, pour une fumée dans la campagne, les villageois sonnent le tocsin, se rassemblent. Tout le monde s'enfuit, chassant les bêtes et emportant les effets, chargés à la hâte dans des charrettes. Les plus hardis s'arment de fusils, de faux, de broches, de croissants et font des patrouilles de deux à trois lieues à la ronde. Et parfois, comme à Bourgoin, le 27 juillet, la panique ayant cessé et la municipalité voulant renvoyer les villageois, ceux-ci s'y refusent et crient à la trahison. "Ce sont les seigneurs qui veulent nous faire saccager ; puisque nous n'avons pas trouvé d'ennemis, nous irons visiter les nobles et les curés qui soutiennent les nobles", ajoute-t-on [12]. » Toute la rancœur accumulée par les droits féodaux, même légers, remonte à la surface. La peur se transforme en révolte antiseigneuriale.

Georges Lefebvre a distingué plusieurs courants [13]. La peur des Mauges et du bocage poitevin serait la première chronologiquement. On peut en suivre les étapes. Contrecoup des événements de Nantes du 20 juillet, la panique gagne les vallées de la Sèvre et de la Maine, touche Cholet puis Mortagne, le 21, se répand dans les Mauges, affolant Thouars, Bressuire et Parthenay. Le 23, la peur suscite des désordres à Secondigny. Émeutes à Chartres, Dreux, Nonancourt et Laigle : le Maine et la Sarthe touchés : d'Alençon au Mans, un vent de folie semble souffler sur les campagnes.

Dans l'Est et le Sud-Est, la peur est engendrée par la révolte des paysans comtois qui se répercute jusqu'à Dijon. Le Midi n'est pas épargné : la peur court le long de la vallée du Rhône, de Villefranche à Arles, en passant par Vienne, Valence et Tarascon. Les campagnes de Rodez et d'Albi connaissent des mouvements voisins.

Pourtant, de vastes régions sont restées à l'écart : la Bretagne, l'Alsace, une grande partie de la Normandie, les campagnes montpelliéraines, l'arrière-pays de Toulon, le Bordelais, la Flandre et l'Ardenne. Là, les émotions furent isolées.

Le phénomène de la Grande Peur fut-il spontané ? Les révolutionnaires parlèrent d'un complot aristocratique : « Les alarmes qui se sont répandues presque le même jour dans tout le royaume, écrit Maupetit, un contemporain, semblent être la suite du complot formé et le complément des projets désastreux qui devaient mettre toute la France en feu. Car on ne peut imaginer que, dans le même jour et au même instant, presque partout le tocsin ait sonné, si des gens répandus à dessein n'eussent pas donné l'alarme. » Mais les contre-révolutionnaires en rejetèrent la paternité sur leurs adversaires. On parla d'agents du duc d'Orléans envoyés aux quatre coins du royaume. En fait, à l'origine de la Grande Peur, il faut distinguer la révolte agraire contre les droits seigneuriaux, la crainte des brigands (pas toujours absurde) et celle des aristocrates dans certaines régions. Ici on confie au noble Dufort de Cheverny le commandement d'une milice de défense ; ailleurs c'est un château qui brûle. La peur amplifia et déforma le moindre événement. Tout se confondit dans l'esprit des contemporains. Plus grave : l'armée refusa de sévir contre des « citoyens ». Il devint vite impossible de rétablir un semblant d'ordre.

LA NUIT DU 4 AOÛT

La peur engendre la peur. La crainte des brigands avait conduit dans certains villages les paysans à s'armer et à donner l'assaut aux châteaux, symboles du pouvoir féodal. Mais ces châteaux n'avaient pas pour seuls propriétaires des nobles : la propriété bourgeoise était importante et se trouvait également visée. Le manque de nouvelles ou l'exagération de celles qui parvenaient à Versailles provoquèrent à leur tour l'affolement. Exemple, cette lettre venue du Mâconnais : « Nous sommes ici depuis huit jours livrés à toutes les horreurs de la destruction, châteaux, maisons bourgeoises, pillés, brûlés, dévastés. L'on ne cesse de pendre, de fusiller ces forcenés. Les travaux de la campagne sont abandonnés pour faire une garde forcée autour des villages par ceux-là mêmes qui veulent tout abîmer. » La menace sur la propriété bourgeoise est mise en lumière par Puthod de Maison-Rouge, toujours à propos des troubles du Mâconnais : « Les brigands n'en voulaient d'abord qu'aux châteaux dans l'intention d'anéantir tous les terriers. Mais, insatiables, ils attaquent présentement les bourgeois ; ils démolissent ou brûlent leurs maisons, et leur aigreur contre les riches et contre les heureux est telle qu'il suffit d'être au-dessus du besoin pour éprouver leur rapacité. Ils vont jusque chez le laboureur lui enlever inhumainement le souper qui l'attend, lui et sa famille, au retour d'un travail pénible. » Au mieux s'il n'y a pas incendie, on observe un refus de payer la dîme et le champart par anticipation sur la loi à venir.

A Versailles, l'assemblée se divisait à chaque séance. Le 1er août 1789,

Thouret, pourtant accusé d'avoir « embrassé les principes des aristocrates », avait été élu président par 406 voix contre 402 à Sieyès, homme de la Révolution. Des remous s'étaient manifestés à Paris. Thouret remit sa démission le 3 août. « Ce fut comme un coup mortel pour la liberté de l'assemblée », observait Marmontel. Désormais les pressions des éléments avancés sur l'assemblée ne pouvaient que s'amplifier. Le Chapelier l'emportait pour la présidence, le 3 août. C'est donc lui qui ouvrit les débats le 3 au soir sur un rapport de Salomon concernant « les détails affligeants reçus de plusieurs provinces où la sûreté des personnes, la conservation des propriétés et le paiement des impôts étaient mis en péril. Un député s'exclama : « C'est la guerre des pauvres contre les riches ! », remarque qui résumait assez bien les sentiments de nombreux membres de l'assemblée.

D'une manière générale, on répugnait à une attitude trop répressive pour des raisons excellement dégagées par Montgaillard : « Appréhendant de trop fortifier le pouvoir royal, l'assemblée lui refusa une aide suffisante pour la répression des troubles, dans l'idée malheureusement fondée (selon Montgaillard) que les conseillers de l'autorité royale excitaient les troubles. »

La cause des maux n'était pas ignorée des députés. La question des droits féodaux se trouvait au premier plan. Le cens annuel payable en argent ne pesait pas lourd, mais le champart, même s'il frappait un nombre limité de terres, touchait jusqu'à un tiers de la récolte, ce qui était dur en période de disette. Il en allait de même pour les cens en nature (foin, volailles, bois, vin) et la dîme au clergé. Quant à la corvée, au droit de chasse et de colombier, à celui de banvin ou de garenne, ces charges étaient de plus en plus mal supportées. Les cahiers de doléances étaient remplis, on l'a vu, de vœux contre les droits féodaux : « Qu'est-ce que la propriété quand les terres sont serves ? » interrogeait le tiers de Rennes. « La féodalité est notre plus grand fléau », affirmait celui de Vannes. Si les troubles de 1788 avaient été essentiellement provoqués par la hausse du prix du pain, ils prenaient dans l'été 89 un tour nettement antiseigneurial.

L'assemblée sentait la situation lui échapper. Voulut-elle la ressaisir au cours de la séance qui se tint dans la nuit du 4 août ?

Ce soir-là, le président avait commencé par donner lecture d'un projet d'arrêté relatif à la sûreté du royaume qui avait été renvoyé au comité de rédaction.

A peine cette lecture fut-elle faite, note le député breton Coroller, qu'au même instant se leva M. le vicomte de Noailles. Le procès-verbal résume ainsi son discours qui fit sensation :

« Comment établir le gouvernement ? Par la tranquillité publique. Comment l'espérer, cette tranquillité ? En calmant le peuple, en lui montrant qu'on ne lui résiste que dans ce qu'il est intéressant pour lui de conserver. Pour parvenir à cette tranquillité si nécessaire, je propose :

« 1. Qu'il soit dit, avant la déclaration projetée par le comité, que les représentants de la nation ont décidé que l'impôt serait payé par tous les individus du royaume, selon la proportion de leurs revenus.

« 2. Que toutes les charges publiques seront à l'avenir supportées également par tous.

« 3. Que tous les droits féodaux seront rachetables par les communautés en argent, ou échangés sur le prix d'une juste estimation, c'est-à-dire d'après le revenu d'une année commune prise sur dix années de revenu.

« 4. Que les corvées seigneuriales, les mainmortes et autres servitudes personnelles seront détruites sans rachat [14]. »

Le duc d'Aiguillon prit le relais. Le vicomte de Noailles, cadet de maison, passait pour sans fortune et son sacrifice pouvait faire sourire. Il n'en allait pas de même pour le duc d'Aiguillon, le seigneur de France le plus riche en propriétés féodales après le roi.

Selon les journaux, un véritable transport aurait saisi l'assemblée. Gorsas parle d'« enthousiasme universel », Brissot d'un « sentiment généreux s'emparant des âmes de tous les privilégiés ». Il semble qu'il y ait eu plutôt un effet de surprise et d'hésitation, surtout sur les bancs de la noblesse.

Pourtant, d'Aiguillon allait moins loin que Noailles puisqu'il demandait seulement le rachat des droits féodaux :

« L'Assemblée nationale, considérant que le premier et le plus sacré de ses devoirs est de faire céder les intérêts particuliers et personnels à l'intérêt général ;

« Que les impôts seraient beaucoup moins onéreux pour les peuples s'ils étaient répartis également sur tous les citoyens en raison de leurs facultés ;

« Que la justice exige que cette exacte proportion soit observée :

« Arrête que les corps, villes, communautés et individus qui ont joui jusqu'à présent de privilèges particuliers, d'exemptions personnelles, supporteront à l'avenir tous les subsides, toutes les charges publiques, sans aucune distinction, soit pour la quotité des impositions, soit pour la forme de leurs perceptions.

« L'Assemblée nationale, considérant en outre que les droits féodaux et seigneuriaux sont aussi une espèce de tribut onéreux qui nuit à l'agriculture et désole les campagnes ;

« Ne pouvant se dissimuler néanmoins que ces droits sont une propriété et que toute propriété est inviolable :

« Arrête que tous ces droits seront à l'avenir remboursables à la volonté des redevables, au denier 30, ou à tel autre denier qui, dans chaque province, sera jugé plus équitable par l'Assemblée nationale, d'après les tarifs qui lui seront présentés.

« Ordonne enfin, l'Assemblée nationale, que tous ces droits seront exactement perçus et maintenus comme par le passé, jusqu'à leur parfait remboursement [15]. »

Legrand, avocat du roi au bailliage de Châteauroux, répliqua par une analyse juridique très fouillée du régime féodal. Il distingua « les différentes espèces de droits féodaux : ceux qui représentent vraiment la féodalité ; ceux qui ne sont que de véritables impôts, ou une sorte de privilèges exclusifs ; enfin ceux qui ne sont qu'une usurpation du droit de souveraineté, ou une violation du droit naturel ».

D'autres interventions suivirent : Le Guen de Kerengal, propriétaire cultivateur et député de Bretagne qui parlait en habit de paysan (c'était en réalité un commerçant en toiles), Lapoule, avocat à Besançon, réfutant le point de vue selon lequel les droits féodaux pourraient être assimilés à une propriété légitime... Tous s'exprimèrent au milieu des applaudissements et des cris d'enthousiasme. C'était à qui se ferait le plus acclamer. Dupont de Nemours s'efforça d'élever le débat : « Depuis longtemps les communes s'intéressent à la conservation des propriétés et à la sûreté des personnes de messieurs de la noblesse. La noblesse rend aujourd'hui aux communes une égale et mutuelle justice. Ces généreux sacrifices inspirent le plus vif attendrissement. Cependant, messieurs, ce n'est pas seulement par l'éloquence et la dignité des proclamations que vous ferez cesser les désordres publics. »

Le duc du Châtelet, soucieux de se faire pardonner la répression qui avait suivi l'affaire Réveillon, fit à son tour de la surenchère sur ses prédécesseurs. Le Peletier de Saint-Fargeau devait aller encore plus loin. Il crut devoir stipuler « que la renonciation aux privilèges et immunités pécuniaires s'appliquât à la présente année, et que les communes des campagnes ressentissent sur-le-champ ce soulagement, par la cotisation des nobles et des autres exempts, faite à leur décharge, dans la forme qui serait jugée la plus convenable par les assemblées provinciales ».

Jusqu'alors silencieux, le clergé se trouvait à son tour poussé aux sacrifices. L'évêque de Chartres, Lubersac, proposa la suppression du droit de chasse ; on demanda qu'une taxe en argent soit désormais substituée à la dîme avec possibilité de rachat.

La vénalité des charges fut à son tour condamnée par Raymond de Richier. Toutes les barrières s'effondraient au milieu de l'enthousiasme. A leur tour, provinces et villes abandonnaient leurs privilèges et leurs droits. Abandon consigné au procès-verbal : « Les députés des provinces appelées pays d'états, se livrant à l'impulsion de leur générosité, ou se prévalant de celle de leurs commettants, exprimée par leurs cahiers, ou enfin la présumant, et se rendant en quelque sorte garants de leur ratification, ont offert la renonciation aux privilèges de leurs provinces pour s'associer au régime nouveau, que la justice du roi et celle de l'assemblée préparaient à la France entière. »

C'est tout l'Ancien Régime, fondé sur une société divisée en trois ordres et sur la notion de privilège, qui s'écroule dans la nuit du 4 août. A la révolution politique du 23 juin répond la révolution sociale du 4 août. Nuit extravagante où ce que ni Turgot ni Calonne n'avaient pu obtenir par la raison, et dans une proportion plus limitée, est soudain concédé en quelques heures dans un mouvement de folle générosité par les privilégiés au milieu des cris d'enthousiasme et des pleurs de joie.

Le bilan est considérable à lire le procès-verbal de cette mémorable séance : « Abandon de la qualité de serf et de la mainmorte, sous quelque dénomination qu'elle existe ; faculté de rembourser les droits seigneuriaux ; abolition des juridictions seigneuriales ; suppression du droit exclusif de la chasse, des colombiers, des garennes ; taxe en argent représentative de la dîme ; rachat possible de toutes les dîmes, de quelque espèce que ce soit ; abolition de tous privilèges et immunités pécuniaires ; égalité des impôts de quelque espèce que ce soit ; admission de tous les citoyens aux emplois civils et militaires ; déclaration de l'établissement prochain d'une justice gratuite et de la suppression de la vénalité des offices ; abandon du privilège particulier des provinces et des villes ; abandon des privilèges de plusieurs villes, Paris, Lyon, Bordeaux, etc. ; suppression du droit de déport et vacat, des annates, de la pluralité des bénéfices ; destruction des pensions obtenues sans titres ; réformation des jurandes. »

Les journaux du lendemain exalteront ces sacrifices. « Il semblait que les deux premiers ordres se disputaient de zèle et d'amour pour le bien des peuples. Tous les cœurs étaient animés du plus saint enthousiasme. Tous les ordres confondus annonçaient ce mélange heureux des enfants de la mère commune », écrit le rédacteur du *Courrier national*. Et d'ajouter : « C'est maintenant, disait-on à la noblesse, que vous mériterez l'amour et le respect des peuples. Vous serez leurs amis, et, sans recourir aux ressources honteuses d'une aristocratie qui a mis l'État à deux doigts de sa ruine, vous trouverez dans les communes cet attachement, ce zèle d'autant plus précieux qu'ils seront l'ouvrage de la liberté et de leur confiance. »

Le roi, qui dormait profondément sans doute, n'en fut pas moins associé à ces décisions et reçut le titre de « Restaurateur de la liberté française ».

Les décisions votées dans la nuit résultèrent-elles d'un mouvement spontané ? On l'a cru. Mais le comte d'Antraigues est formel : « On se tromperait étrangement si l'on croyait que ces séances de l'après-dîner, si imprévues pour la plupart des députés, ne sont amenées de loin, ménagées avec art et calculées d'avance par le parti dominateur de l'assemblée. Celle du 4 août 1789 est en ce genre une des plus mémorables. Cette séance du 4 août était ménagée depuis un mois ; les événements du 14 juillet servirent encore à la hâter ; car le grand art de ceux qui maîtrisent l'assemblée fut toujours de faire tourner les obstacles en moyens. Pour engager la plus grande partie de l'assemblée à consentir à tous les décrets du 4 août, il avait fallu : 1. imposer silence par la terreur à tous ceux qui devaient naturellement s'y opposer ; 2. anéantir les plus sages règlements de l'assemblée elle-même, qui mettaient un frein aux délibérations précipitées [16]. » Mais le comte d'Antraigues n'en dit pas suffisamment et de surcroît il était devenu hostile, on l'a vu, aux changements. Y eut-il manœuvre ? Souhaitait-on aller aussi loin ? Dans l'intérêt de qui ? Et qui fut dupe ?

On peut pourtant considérer que, le 4 août, la révolution est faite. Reste à reconstruire.

LE DÉCRET DU 11 AOÛT

La partie en réalité n'était pas définitivement jouée. Il fallait mettre en forme les décisions votées. L'enthousiasme tombé, les désaccords apparurent. Le marquis de Ferrières ne cachait pas son hostilité et le baron de Guithermy criait partout qu'« aucun de ceux qui firent des sacrifices dans cette nuit mémorable n'avait le droit d'en faire ». Montlosier devait être plus brutal : « L'œuvre des brigands fut sanctionnée par un autre brigandage appelé la nuit du 4 août. » Les décisions demeurèrent pourtant acquises. On se contenta de limiter les conséquences d'une nuit un peu folle. Furent déclarés abolis sans indemnité le servage, le droit de chasse et les justices seigneuriales qui restèrent toutefois provisoirement en activité. Tous les autres droits étaient déclarés rachetables et continueraient d'être payés jusqu'à leur remboursement.

C'est la dîme qui donna lieu, le 10 août, aux plus âpres discussions. Mirabeau affirmait qu'elle était « un tribut oppressif que l'on voudrait couvrir du beau nom de propriété ». Lanjuinais et Sieyès défendaient en revanche l'idée du rachat. Le clergé finit par céder devant les orateurs du tiers qui exposèrent que le rachat surchargerait les redevables.

Le décret du 11 août consacra donc l'abolition de la féodalité. Il proclama l'égalité civile et fiscale, l'abolition des privilèges et de la vénalité des charges.

LA DÉCLARATION DES DROITS DE L'HOMME

Cette révolution sociale devait être consacrée par une déclaration des droits de l'homme dont Mounier exposa la nécessité : « Pour qu'une constitution soit bonne, il faut qu'elle soit fondée sur les droits de l'homme et qu'elle les protège ; il faut connaître les droits que la justice naturelle accorde à tous les individus, il faut rappeler tous les principes qui doivent former la base de toute espèce de société et que chaque article de la Constitution puisse être la conséquence d'un principe. » Et de conclure : « Cette déclaration devra être courte, simple et précise. »

L'idée d'une déclaration venait d'Amérique mais se heurtait à des réticences. C'est un noble, le comte de Montmorency, qui les leva, le 1er août : « L'objet de toute constitution politique, comme de toute union sociale, ne peut être que la conservation des droits de l'homme et du citoyen. Les représentants du peuple se doivent donc à eux-mêmes, pour guider leur marche, ils doivent à leurs commettants qui ont à connaître et à juger leurs motifs, à leurs successeurs qui ont à jouir de leur ouvrage et à le perfectionner, aux autres peuples qui peuvent apprécier et mettre à profit leur exemple, ils doivent enfin, sous tous les rapports, donner à leur patrie, comme préliminaire indispensable de la Constitution, une déclaration des droits de l'homme et du citoyen [17]. »

Mirabeau et Sieyès furent les principaux rédacteurs de cette déclaration, discutée et votée du 20 au 26 août 1789. Auparavant avait été rejetée une déclaration des devoirs de l'homme.

Machine de guerre contre l'Ancien Régime, la Déclaration des droits de l'homme niait l'absolutisme et les privilèges, l'arbitraire judiciaire et l'intolérance religieuse. Elle proclamait : « Les hommes naissent et demeurent libres et égaux en droits ; les distinctions sociales ne peuvent être fondées que sur l'utilité commune. » Elle énumérait les droits naturels et imprescriptibles de l'homme : « La liberté, la propriété, la sûreté et la résistance à l'oppression. » Elle dégageait un certain nombre de principes : « Tout homme est présumé innocent jusqu'à ce qu'il ait été déclaré coupable » ou encore « Nul ne doit être inquiété pour ses opinions, même religieuses, pourvu que leur manifestation ne trouble pas l'ordre public. » Elle confirmait la nécessité d'une séparation des pouvoirs. Idée nouvelle : « Le principe de toute souveraineté réside essentiellement dans la nation ; nul corps, nul individu ne peut exercer d'autorité qui n'en émane expressément. »

Cette déclaration restait en fait très prudente. N'affirmait-elle pas dans son dernier article : « La propriété étant un droit inviolable et sacré, nul ne peut en être privé, si ce n'est lorsque la nécessité publique, légalement constatée, l'exige évidemment, et sous la condition d'une juste et préalable indemnité. » Il n'était fait mention ni de l'esclavage, ni du suffrage universel, ni du droit au travail, ni de la liberté de commercer, ni de l'égalité des sexes.

Œuvre de circonstance, destinée à marquer surtout les conquêtes obtenues contre le roi et les ordres privilégiés, la Déclaration des droits de l'homme n'en eut pas moins un grand retentissement.

LES JOURNÉES DES 5 ET 6 OCTOBRE 1789

Le but de la Déclaration des droits de l'homme était de prémunir la nation contre un retour offensif des anciens principes. Mais le pouvoir royal demeurait. La sanction de Louis XVI était nécessaire pour l'entrée en vigueur des décisions prises dans la nuit du 4 août. Or, à la fin de septembre le roi n'avait toujours rien signé. Les ministres revenus avec Necker ou nommés depuis (l'archevêque de Bordeaux Champion de Cicé à la Justice, Saint-Priest à la Maison du roi, Montmorin aux Affaires étrangères, La Tour du Pin à la Guerre, le comte de La Luzerne à la Marine) n'inspiraient pas confiance. De plus, sous l'impulsion de Mounier, une partie de l'assemblée paraissait résolue à accorder au roi un droit de veto qui eût paralysé les décisions des représentants du peuple. La Révolution était finie pour un Mounier, un Malouet, un Virieu, un Lally, un Clermont-Tonnerre. Tel n'était pas l'avis d'un Barnave, d'un Duport ou d'un Lameth qui s'appuyaient sur les députés bretons réunis dans un club à Versailles, le « club breton » précisément. Ces députés qui se qualifiaient de « patriotes » pouvaient s'appuyer sur Paris et la garde nationale, la presse populaire et certains clubs. Ils avaient pour eux ce nouveau pouvoir, l'opinion.

L'agitation politique toucha le Palais-Royal à la fin du mois d'août. Un marquis de Saint-Hurugue avait pris l'initiative d'une marche sur Versailles pour protester contre le veto absolu que l'assemblée paraissait disposée à accorder au roi. Cette marche fut arrêtée par la garde nationale, mais la tentative inquiéta les modérés. Mounier, Malouet, Bergasse, Maury, Cazalès, Montlosier et bien d'autres réclamaient le transfert de l'assemblée à Soissons ou Compiègne, loin de ce Paris d'où venaient les pressions. C'est Louis XVI qui refusa.

A nouveau les modérés essuyèrent une double défaite dans la rédaction de la Constitution : le 11 septembre n'était voté qu'un veto suspensif pour le roi ; le 10, le principe des deux chambres, défendu par Mounier, avait été repoussé. Il se confirmait que la faction que l'on appelait le « côté de la reine » pratiquait la politique du pire.

Dans le but de précipiter une nouvelle épreuve de force ? On pouvait s'interroger. Louis XVI n'appelait-il pas à Versailles le régiment de Flandre caserné à Douai ? Il n'entendait pas donner son accord à l'arrêté prévoyant la disparition de la féodalité et se préparait à l'épreuve de force. Le 18 septembre, il avait répondu à l'assemblée qui demandait sa sanction : « L'abolition des droits seigneuriaux qui dégradent l'homme est juste. » Mais il ajoutait : « Il est des redevances personnelles qui, sans porter aucun sceau d'humiliation, sont d'une utilité importante pour tous les propriétaires de terres ; ne serait-ce pas aller bien loin que de les abolir sans aucune indemnité ? » Dans le cas de rachat, le tenancier devrait, selon lui, racheter les redevances annuelles et les droits de mutation. C'était défendre les propriétés « légitimes » de la noblesse et du clergé.

A l'inquiétude des patriotes devant l'attitude du roi s'ajoutait la crise économique. A Paris, les queues s'allongeaient à la porte des boulangeries. L'approvisionnement était difficile. Malgré le décret du 29 août sur la libre circulation des grains, le blé restait dans les greniers par suite des calculs des spéculateurs et de la peur de manquer qui favorisait la constitution de stocks. Le pain était à treize sous et demi les quatre livres. Le numéraire était rare et le chômage frappait l'industrie de luxe comme le monde des domestiques. Les manifestations contre la cherté de la vie et pour une hausse des salaires se multipliaient. Dépassée, la municipalité limitait son action à l'ouverture de quelques ateliers de charité à l'École militaire et à Montmartre.

Les nouvelles les plus extravagantes circulaient. On s'arrachait les journaux, devenus nombreux depuis l'ouverture des états généraux. La préférence allait aux « patriotes » : *L'Ami du peuple* de Marat, ancien médecin d'origine suisse, disciple de Rousseau, *Les Révolutions de Paris* de Loustallot, *Le Courrier de Paris à Versailles* de Gorsas ou encore *Le Discours de « la Lanterne » aux Parisiens* de Camille Desmoulins. Tous dénonçaient les intrigues des aristocrates et les manœuvres de la cour. Ils contribuaient à alimenter les discussions des assemblées de district. Chaque district parisien s'érigeait en effet en municipalité autonome face à une assemblée des représentants de la commune sans grand pouvoir faute d'une constitution municipale. Le maire, Bailly, comme le commandant de la garde nationale, La Fayette, étaient constamment débordés. Des meneurs apparaissaient : Santerre et Danton. Des violences antireligieuses se produisaient dans les paroisses de Saint-Jacques-la-Boucherie et Saint-Nicolas-des-Champs.

C'est dans cette atmosphère troublée que parvinrent la nouvelle de l'arrivée du régiment de Flandre à Versailles et les détails d'un banquet tenu au château et où l'on aurait foulé aux pieds la cocarde tricolore, attaqué l'assemblée et chanté, en présence de la famille royale : « O Richard, ô mon roi... »

Dès le 4 octobre, au Palais-Royal, des femmes avaient réclamé du pain et agité l'idée d'aller en réclamer au roi. Le projet d'une expédition à Versailles se précisait peu à peu. Gardes-françaises et gardes nationaux ne cachaient pas qu'ils ne s'opposeraient en aucune manière à ce projet, inspiré peut-être par des agents du duc d'Orléans [18]. Le lendemain, un rassemblement de femmes – fort peu spontané – devant l'Hôtel de Ville se transforma rapidement, sous l'action d'anciens vainqueurs de la Bastille comme Maillard, en une marche sur Versailles. Objectif déclaré : demander du pain au roi. Des arrière-pensées animaient vraisemblablement les meneurs.

A Versailles cependant, l'assemblée délibérait sur le refus du roi de sanctionner la Déclaration des droits de l'homme. Louis XVI déclarait en effet : « Elle contient de très bonnes maximes propres à guider vos travaux, mais des principes susceptibles d'applications et même d'interprétations différentes ne peuvent être justement appréciés, et n'ont besoin de l'être qu'au moment où leur véritable sens est fixé par les lois auxquelles ils doivent servir de première base. »

La rédaction de la Constitution se trouvait ainsi suspendue. A une telle décision, Robespierre répliquait : « La réponse du roi est contraire aux droits de la nation ; ce n'est pas au roi à censurer la Constitution que la nation veut se donner. » Barère affirmait que la Déclaration des droits de l'homme n'avait pas à être approuvée par Louis XVI. Mirabeau souhaitait que le roi fût prié de s'expliquer [19].

Vers quatre heures et demie, les femmes, conduites par Maillard, arrivèrent sous la pluie et une partie des manifestants envahit l'assemblée. Les députés, sous la pression populaire, chargèrent leur président, Mounier, d'aller demander au roi l'acceptation pure et simple de la Déclaration des droits et une amélioration du ravitaillement de Paris.

Le roi était rentré de la chasse par le parc. Les gardes du corps tenaient la foule en respect mais des incidents aggravèrent la tension. Une délégation de femmes étant parvenue, sous la conduite de Mounier, auprès du souverain, Louis XVI promit de faire remettre tout le pain qui se trouvait à Versailles et donna des ordres pour faire venir des blés de Senlis et de Noyon. La délégation reprit la route de Paris pour aller porter les ordres à la municipalité.

La pression restant forte, Louis XVI accepta les articles de la Constitution déjà rédigés et la Déclaration des droits. En fait, il ne cédait que pour mieux préparer son départ. Tandis que le comte d'Estaing organisait – fort mal – la résistance, Saint-Priest suggérait de fuir en Normandie. Tout était préparé, malgré les difficultés rencontrées auprès de la garde nationale, quand le roi changea d'avis sur le conseil de Necker. De son côté, l'assemblée devait faire face aux sarcasmes de la foule : « Du pain, du pain, pas tant de longs discours ! » Enfin La Fayette n'arriva qu'à dix heures du soir avec ses gardes nationaux mouillés par la pluie et épuisés par la marche. Les courtisans le saluèrent du cri de « Voilà Cromwell ! » mais lui-même, devant Louis XVI, se montra humble. Le roi put se croire en sécurité. La Fayette invita l'assemblée à lever la séance, l'assurant qu'il avait la situation bien en main.

Mais vers six heures du matin, les manifestants qui stationnaient toujours devant le château, après avoir dansé, chanté et bu à la santé des patriotes, envahirent la cour du château. Une escarmouche s'engagea avec les gardes du corps : deux furent tués et leur tête portée au bout d'une pique. Les assassins se lancèrent dans le grand escalier conduisant aux appartements de la reine. Des portes furent enfoncées et Marie-Antoinette dut se réfugier chez le roi.

Finalement La Fayette, réveillé, accourut. Une fois encore, il était trop tard. Il parvint simplement à convaincre gardes du corps et gardes nationaux de fraterniser. Le roi, Marie-Antoinette et le dauphin se montrèrent au balcon doré de la cour de marbre où ils furent acclamés. Puis le roi reparut au balcon. « A Paris ! » cria la foule. « Mes amis, répondit Louis XVI, j'irai à Paris avec ma femme et mes enfants ; c'est à l'amour de mes bons et fidèles sujets que je confie ce que j'ai de plus précieux. » Les manifestants fraternisèrent avec les gardes du corps, sous l'œil attendri de La Fayette, mais ne se dispersèrent pas. Ils attendaient le départ du roi.

A une heure, le canon annonça que le roi quittait Versailles. Le cortège prit l'avenue de Paris. En tête des gardes nationaux portant un pain au bout des baïonnettes, puis des chariots de blé et de farine entourés de femmes et de forts de la halle armés de piques ou brandissant des branches d'arbre ; les gardes du corps sans armes, le régiment de Flandre et les gardes suisses précédaient le carrosse du roi dans lequel avaient pris place Marie-Antoinette, Monsieur, Madame Élisabeth, le dauphin, sa sœur, Madame Royale et la gouvernante des enfants, Mme de Tourzel. La Fayette chevauchait derrière ; d'autres voitures emmenaient une centaine de députés et la foule fermait la marche avec le gros des gardes nationaux, criant : « Nous ramenons le boulanger, la boulangère et le petit mitron. »

A l'entrée de Paris, Bailly reçut le roi. Le cortège n'arriva qu'à huit heures à l'Hôtel de Ville où le maire répéta les paroles du roi affirmant qu'il se trouverait toujours avec plaisir et confiance au milieu des citoyens de sa bonne ville de Paris. Sur la place la foule applaudit. A dix heures, le roi arrivait enfin aux Tuileries prévues pour l'accueillir.

Sur proposition de Mirabeau et de Barnave, l'assemblée avait déclaré qu'elle était inséparable de la personne du roi : c'était décider implicitement son transfert à Paris.

Mounier et les monarchiens (Malouet, Clermont-Tonnerre, Lally-Tollendal) avaient cru pouvoir arrêter la Révolution en donnant à la monarchie une forme constitutionnelle qui eût respecté le pouvoir du roi. Ils étaient les premiers vaincus des journées des 5 et 6 octobre et Mounier devait choisir l'émigration.

L'aile gauche de l'assemblée l'emportait. Louis XVI acceptait la Déclaration des droits de l'homme et un veto suspensif. La nuit du 4 août avait ruiné l'édifice social de l'Ancien Régime. Beaucoup pouvaient penser à leur tour la Révolution terminée.

Mais le retour du roi à Paris était lourd de conséquences. Désormais Louis XVI était prisonnier de Paris et l'assemblée se trouvait elle-même exposée aux manifestations de violence. Depuis le 23 juin, deux pouvoirs légaux s'affrontaient : le roi et l'assemblée. Une nouvelle puissance apparue le 14 juillet prenait maintenant la direction des événements. Ses réactions dépendaient d'un mauvais approvisionnement, d'une aggravation du chômage ou de rumeurs incontrôlées exploitées par d'habiles meneurs.

Le 6 octobre ouvrait dans l'histoire de la Révolution une phase nouvelle. Le problème de l'abaissement de la monarchie absolue était dépassé.

CHAPITRE IV

La Constitution de 1791

Les désordres s'apaisèrent en partie après l'installation du roi à Paris. Il y eut une phase d'agitation dans les campagnes entre décembre 1789 et février 1790, visant à l'abolition complète des droits seigneuriaux, mais agitation limitée à la haute Bretagne, au Périgord et à la région parisienne principalement. Elle se calma au printemps 1790, pour renaître en action antifiscale vers janvier 1791. De nouvelles flambées très sporadiques en Flandre, en Brie et de façon générale en Ile-de-France furent observées au cours de l'été de 1791. Rien de menaçant pour l'autorité de l'assemblée. Les villes restèrent nerveuses mais sans fortes réactions. Au temps des luttes succédait celui des réformes. Il fallait reconstruire la France.

LES DÉBATS A LA CONSTITUANTE

L'assemblée vint siéger à Paris, en novembre 1789, dans la salle du Manège, longue et étroite, où la tribune des orateurs se trouvait placée à une extrémité et celle du président à l'autre bout. Une barre était prévue pour recevoir les pétitionnaires. Le public assistait aux débats dans les tribunes et interrompait souvent par des clameurs, des applaudissements ou des injures, les députés. Le travail législatif était préparé par des comités : comité de constitution, comité des droits féodaux, comité des finances... dont les travaux étaient discutés en séance, celle-ci ayant lieu le matin puis l'après-midi, après six heures.

Il n'y avait pas de partis politiques organisés mais des tendances. Le 11 septembre 1789, à Versailles, lors du vote sur le droit de veto absolu à accorder au roi, les députés s'étaient partagés en deux groupes, les partisans du veto se plaçant à la droite du président, les tenants d'une monarchie limitée par la volonté populaire venant siéger à gauche.

En fait l'assemblée était partagée entre divers courants. Les aristocrates entendaient défendre l'ordre ancien fondé sur la monarchie absolue de droit divin et sur les privilèges. Ils avaient comme chefs de file le vicomte de Mirabeau, frère du tribun, célèbre surtout pour sa corpulence qui lui avait valu le surnom de Mirabeau-Tonneau, Cazalès, officier d'origine, l'un des meilleurs orateurs de l'assemblée, Montlosier, gallican convaincu, l'abbé Maury, fils de cordonnier, redouté pour ses effets oratoires un peu gros mais efficaces, « un grenadier déguisé en séminariste », disait-on.

Les monarchiens, plus modérés, regroupaient des nobles libéraux comme Clermont-Tonnerre ou Lally-Tollendal. On y trouvait aussi l'ancien intendant de la marine Malouet. Souhaitant s'en tenir aux réformes adoptées dans la nuit du 4 août, ils redoutaient un emballement du cours de la Révolution. Dès le 6 octobre, conscients que la situation ne pouvait que se dégrader, leurs chefs, Mounier et Bergasse, avaient choisi la voie de l'émigration.

Les constitutionnels formaient la majorité de l'assemblée. C'étaient essentiellement des hommes de loi : Target, Tronchet, Thouret, Le Chapelier, Camus, Merlin de Douai, Lanjuinais, Durand de Maillane auxquels s'ajoutaient quelques nobles libéraux comme La Rochefoucauld-Liancourt, Montmorency et Talleyrand, sans oublier l'abbé Sieyès dont la réputation était plus fondée sur ses silences que sur ses talents oratoires. Plus à gauche on trouvait « le triumvirat » Barnave-Lameth-Duport. Admirable orateur, le premier était fils d'un avocat de Grenoble, d'origine protestante, avocat lui-même et auteur en 1788 d'une brochure contre les droits féodaux. Au moment de la prise de la Bastille, il approuva certains excès : « Le sang qui coule est-il donc si pur ? » Charles de Lameth avait combattu avec ses deux frères, Alexandre et Théodore, en faveur de l'indépendance américaine. Duport, bien qu'il n'eût qu'une trentaine d'années, était l'aîné. Juriste intègre, ce magistrat était l'inspirateur du groupe : « Ce que Duport pense, Barnave le dit et Lameth le fait. »

A l'extrême gauche de l'assemblée on relevait la présence de Pétion, un avocat de Chartres, de Buzot, autre avocat, de Dubois-Crancé et de Robespierre.

Né à Arras, issu d'une famille pauvre, orphelin de bonne heure, élève boursier au collège Louis-le-Grand, avocat, président de l'académie d'Arras et député de ce bailliage aux états généraux, Robespierre était peu écouté à l'assemblée et devait suivre, malgré des idées puisées dans Rousseau et auxquelles il tenait, le courant général. « Si M. de Mirabeau est le flambeau de la Provence, M. de Robespierre est la chandelle d'Arras », disait-on par raillerie.

A l'écart des partis : Mirabeau. Déconsidéré sur le plan moral, il dominait l'assemblée par son talent oratoire et son écrasante personnalité. Ses discours étaient préparés par son « atelier » où se retrouvaient les Genevois Clavière et Dumont, le pasteur Reybaz, le provençal Pellenc et le futur préfet de la Seine Frochot.

Dans la coulisse agissaient la cour, Monsieur, comte de Provence, et le duc d'Orléans qui avait pour conseiller, en dehors de Laclos, Sillery et même, pour un temps, Mirabeau.

Les députés se retrouvaient dans des clubs où, mêlés à leurs partisans, ils reprenaient les débats de l'assemblée. Les aristocrates avaient le « Salon français », les monarchiens le « Club des amis de la constitution monarchique », précédemment « Club des impartiaux ». Gorsas devait déclarer : « Le but avoué de ce club est de s'opposer à l'esprit de républicanisme qui germe dans toutes les têtes. »

Les patriotes, qui avaient formé à Versailles le « Club breton », prirent l'habitude de se retrouver, après les journées d'octobre, au couvent des Jacobins de la rue Saint-Honoré. La « Société des amis de la Constitution » devint donc le club des Jacobins que Desmoulins présentait ainsi : « Dans la propagation du patriotisme, c'est-à-dire de la philanthropie, cette nouvelle religion qui va conquérir l'univers, le club ou l'Église des Jacobins semble être appelé à la même primatie que l'église de Rome dans la propagation du christianisme. Déjà tous les clubs ou assemblées ou églises de patriotes qui se forment partout sollicitent en naissant sa correspondance, lui écrivent en signe de communion [1] »... Le club des Jacobins a en effet très vite essaimé en province. L'article Ier du règlement adopté en février 1790 prévoyait :

« L'objet de la Société des amis de la Constitution est :

« 1. de discuter d'avance les questions qui doivent être décidées dans l'Assemblée nationale ;

« 2. de travailler à l'établissement et à l'affermissement de la Constitution ;

« 3. de correspondre avec les autres sociétés du même genre qui pourront se former dans le royaume [2]. »

De ce club devait se détacher celui, plus modéré, des Feuillants, le 16 juillet 1791. Ces sociétés exigeaient de leurs adhérents une cotisation d'un taux souvent élevé qui réservait leur fréquentation à une bourgeoisie aisée. De là la création, en avril 1790, d'une société plus populaire, celle des amis des droits de l'homme qui s'installa aux Cordeliers, sur la rive gauche. Dans les quartiers parisiens apparurent aussi des sociétés fraternelles ouvertes aux classes inférieures.

Division également dans la presse entre une « droite » et une « gauche ». Les aristocrates lisaient *L'Ami du roi* de l'abbé Royer et *Les Actes des apôtres* de Rivarol, le plus caustique des journalistes (« Monsieur de Mirabeau est capable de tout, même d'une bonne action »), auxquels se joignirent d'autres plumes non moins acérées : Suleau, Peltier, Champcenetz [3]... Les modérés avaient *Le Moniteur* de Panckoucke qui donnait le résumé des débats de l'assemblée, *Le Journal de Paris* et *L'Ami des patriotes.* Au camp des idées avancées appartenaient *Le Courrier de Paris* de Gorsas, *Les Annales patriotiques* de Carra, *Le Patriote français* de Brissot (le premier à avoir fondé un journal en avril 1789), *Les Révolutions de Paris* de Prudhomme et Loustalot, *Les Révolutions de France et de Brabant* de Camille Desmoulins, et surtout, célèbre pour sa violence, *L'Ami du peuple* de Marat qui commença à paraître le 12 septembre 1789.

A l'exception du *Moniteur,* c'est une presse d'idées et non d'informations, où s'affrontent les doctrines et les hommes plutôt que les faits. Ces feuilles étaient très lues à Paris et faisaient l'objet de commentaires et de discussions en province.

LE PROBLÈME FINANCIER

Le premier problème, du moins le plus urgent, concernait l'effondrement des recettes fiscales. A cet effondrement on peut assigner des causes économiques : haut prix des grains et marasme des manufactures, émigration des capitaux et ruine du commerce de luxe. Mais il faut également faire intervenir les révoltes fiscales. Dès le de 14 juillet, les barrières furent brûlées, les bureaux de l'octroi incendiés. Dans une époque aussi troublée, il était impossible d'attendre le moindre zèle de la part des agents du fisc. Les rôles de la taille étaient en retard en Champagne, en Dauphiné, en Bretagne et dans les pays d'états malgré le décret du 17 décembre 1789 qui avait décidé l'imposition des biens « au lieu de leur situation ».

En 1788, les fermes avaient un rendement de 153 millions ; en 1790, elles étaient tombées à 18 millions ; en 1788, le total des aides représentait 52 millions ; il n'était plus que de 14 millions deux ans plus tard. Du coup le déficit du trésor s'était accru. En janvier 1790 les recettes étaient de 15 millions par mois, les dépenses atteignaient jusqu'à 70 millions.

Impossible d'emprunter à court terme ; pas question d'anticipation et la caisse d'escompte était au bout de ses possibilités.

Il fallait donc emprunter à long terme. Necker proposa au début d'août un emprunt de 30 millions à 4,5 % puis, fin août, un emprunt de 80 millions à 5 %. Les difficultés économiques, la peur, l'insécurité condamnaient ces deux emprunts à l'échec. Necker en vint alors à l'idée d'établir une contribution patriotique du quart du revenu. Seraient exonérés les revenus inférieurs à 400 livres. L'impôt serait remboursé dès que le crédit de l'État aurait été rétabli. Le principe fut voté en octobre. Les déclarations devaient être établies avant le 1er janvier 1790 et la taxe payable par tiers les 1er avril 1790, 1791 et 1792. En réalité la masse des contribuables s'abstint ou fit de fausses déclarations. La loi du 27 mars 1790 donna à la déclaration de revenus un caractère obligatoire. En vain. Les résultats furent nuls.

Les dons patriotiques sollicités au début de septembre 1789 ne donnèrent pas de meilleurs résultats : à peine un million au début de mars 1790 [4].

On dut recourir à des moyens révolutionnaires. Le 10 octobre 1789, Talleyrand proposait la nationalisation des biens du clergé. Cette solution rapporterait 2 milliards et comblerait ainsi la dette publique. Ancien agent général du clergé, Talleyrand ne parlait pas à la légère. Cette expropriation serait accompagnée d'une indemnisation sous forme de traitements, l'État prenant à sa charge les frais du culte. Les premiers chiffres évoqués, bien supérieurs à la portion congrue des curés, suscitèrent l'intérêt dans les rangs de ces derniers.

Pouvait-on nationaliser les biens du clergé ? N'était-ce pas attenter au droit de propriété prévu dans la déclaration qui devait précéder la Constitution ? Les juristes Treilhard et Thouret affirmaient que le clergé n'était que l'administrateur de ses biens. Dès le 6 août, Buzot avait déclaré : « Je soutiens que les biens ecclésiastiques appartiennent à la nation. » L'Église ne venait-elle pas de renoncer à la dîme ?

Réplique de Maury et des députés du clergé : l'établissement religieux est une personne morale et comme tel il peut posséder. L'opération de nationalisation serait une confiscation substituée à une banqueroute. Exproprier l'Église, c'était aller au-devant des pires dangers. Non seulement on risquait de tarir le recrutement du clergé, fondement de la société, mais c'était le principe même de la propriété privée qui était en jeu. « La propriété est une et sacrée pour nous comme pour vous, s'exclamait Maury. Nos propriétés garantissent les vôtres. Nous sommes attaqués aujourd'hui, mais ne vous y trompez pas. Si nous sommes dépouillés, vous le serez à votre tour [5]. »

L'assemblée écarta le principe d'une contribution exceptionnelle sur le clergé comme l'idée d'une aliénation partielle de ses biens. La tentation était trop forte. Faut-il aller plus loin et affirmer que la volonté des constituants était de détruire l'ordre au profit d'une nation d'individus citoyens ? Serait visée aussi la fondation pieuse. Turgot dans l'article « Fondations » de l'*Encyclopédie* avait condamné cette pratique comme stérile et contraire à l'ordre naturel. « La confiscation des biens du clergé est à la fois un expédient financier, une manifestation d'anticléricalisme et une opération politique destinée à la destruction définitive des ordres. Mais elle est plus que tout cela. Elle est encore, en effet, l'expression d'une nouvelle philosophie de l'histoire. Au défi glorieux des fondateurs de l'ancienne chrétienté, cette philosophie oppose l'inexorable temps des hommes, celui qui fait passer toutes choses [6]. »

Le 2 novembre 1789, les biens d'Église furent mis à la disposition de la nation. L'assemblée décréta que tout curé recevrait au moins 1 200 livres, non compris le logement et le jardin de la cure.

Deux buts étaient fixés à la vente de ces biens : l'extinction de la dette publique mais aussi « l'accroissement heureux surtout parmi les habitants des campagnes du nombre des propriétaires ».

La vente posait toutefois des problèmes. Une telle quantité de terres mises le même jour sur le marché pouvait provoquer un effondrement de leur valeur vénale. Et l'État avait de surcroît un besoin immédiat d'argent. La loi du 19 décembre 1789 créa des assignats émis par l'État mais gagés par les biens d'Église, ceux de la Couronne et des congrégations supprimées. Ces assignats étaient des bons du Trésor portant intérêt à 5 %, admis de préférence dans les achats de biens nationaux. L'émission prévue était de 400 millions correspondant à la somme des biens mis en vente.

Les opérations commencèrent en 1790. En avaient été exceptés les biens des ordres militaires, ceux des fabriques et des institutions de charité ou d'enseignement, exceptions révoquées en 1791. D'emblée étaient condamnés des monuments aussi vénérables que Cluny, Fontevraud ou Jumièges, des centaines d'abbayes et de prieurés. « Depuis des siècles, la piété chrétienne y avait accumulé des trésors, livres et manuscrits, riches ornements et précieux vases sacrés, tableaux et sculptures, boiseries et fers forgés. En quelques années, l'immense patrimoine disparaît, vendu à l'encan, dispersé. Les bâtiments sont littéralement désossés, dépecés. On enlève tout, les livres, les bois, les marbres, les grilles, les balustres, jusqu'aux poignées des portes, jusqu'aux parquets pour être vendus à part [7]. »

Les premières ventes furent prévues aux enchères par lots non fractionnés, malgré les suggestions du comité de mendicité qui proposait d'éteindre, par la distribution de petits lots, la pauvreté en France.

Le décret du 17 mars 1790 décida un transfert des biens aux municipalités. Souci d'exproprier immédiatement l'Église ? Facilité accordée ainsi aux acquéreurs en leur assurant un intermédiaire moins gênant que ne l'aurait été l'ancien propriétaire ? Peu de gens en effet auraient osé acheter des biens d'Église alors qu'ils firent l'acquisition sans scrupules de biens désormais municipaux.

Le 14 mai 1790 fut définie la procédure des ventes. L'estimation des biens était faite sur la base du revenu. Les municipalités les payaient par quinze obligations annuelles à intérêt de 5 %. Les reventes aux particuliers s'effectuaient dans les quinze jours qui suivaient après affichage de la liste des biens et de leur estimation et annonce du jour de la vente, celle-ci se déroulant au chef-lieu du district. Mais les particuliers pouvaient aussi s'adresser directement aux directoires des districts et des départements. Fermes et métairies étaient vendues en bloc.

De longs délais étaient accordés pour le paiement : vente au comptant jusqu'à concurrence de 12 % pour les champs, de 30 % pour les bois, de 20 % pour les étangs. Le surplus était payé en 12 annuités égales avec intérêt de 5 %.

Ces ventes connurent immédiatement un énorme succès : enchères acharnées, estimations dépassées. C'est un gigantesque transfert de propriété qui s'esquisse dans les derniers mois de 1790.

LA CONSTITUTION

La question financière théoriquement résolue, l'élaboration de la Constitution et la réorganisation administrative de la France absorbèrent désormais l'attention.

La Déclaration des droits de l'homme avait posé les principes. Restait à les appliquer.

Trois problèmes constitutionnels furent débattus : le droit de suffrage, le pouvoir du roi, le nombre des chambres.

La souveraineté résidait dans la nation, c'est-à-dire chez tous les citoyens sans « autre distinction que le mérite et le talent », mais les députés, s'inspirant des idées des philosophes, ne voulurent accorder le droit de vote qu'aux propriétaires. Dès juillet 1789, Sieyès distinguait les citoyens actifs qui jouiraient des droits politiques complets et les citoyens passifs qui n'auraient que des droits naturels et civils. La distinction entre ces deux catégories passait par la fortune. Le 29 septembre, le comité de constitution retenait la distinction et demandait le paiement d'un impôt direct égal au moins à la valeur de trois journées de travail pour obtenir la qualité de citoyen actif. Robespierre s'y opposa : la loi est l'expression de la volonté générale ; le suffrage doit être en conséquence universel. Grégoire fit jouer la corde sentimentale : « Il est temps d'honorer l'indigent ; il a des devoirs à remplir comme citoyen, quoique sans fortune ; il suffit qu'il ait un cœur français. » En vain. Furent également exclus du droit de vote les serviteurs à gages et les débiteurs insolvables.

Pour l'éligibilité aux assemblées locales, on admit le paiement d'un impôt de dix journées de travail ; pour l'éligibilité à l'Assemblée nationale, le taux fut fixé au marc d'argent, mais était exigée aussi la possession d'une propriété foncière. Le marc d'argent fut finalement supprimé le 27 août 1791, à l'issue d'une violente campagne des journaux démocratiques contre « l'aristocratie des riches ». « Pour faire sentir l'absurdité de ce décret, notait Desmoulins, il suffit de dire que Jean-Jacques Rousseau, Corneille et Mably n'auraient pas été éligibles. A cette date la France comptait 4 298 360 citoyens actifs sur

24 millions d'habitants. A peine les trois quarts étaient éligibles. « La bourgeoisie accaparait le pouvoir [8]. »

La nécessité de la séparation des pouvoirs proclamée par Montesquieu ne fut pas mise en doute, mais par lequel des trois pouvoirs commencer ? Castellane et Lameth firent décider que l'on traiterait d'abord du pouvoir de la nation puis de la sanction royale. Mounier et Bergasse, qui inspiraient le comité de constitution, ne cachaient pas leur admiration pour le système anglais des deux chambres. Mounier préconisait un sénat composé de 300 membres, de plus de 35 ans, disposant de 10 000 livres de revenus immobiliers. Sieyès, Tronchet et Rabaut Saint-Étienne virent dans cette assemblée la reconstitution d'une nouvelle aristocratie : après avoir tant lutté pour réunir les trois ordres, serait-il politique de les séparer ? Le projet fut repoussé.

Cette défaite précipita l'élimination du parti anglais du comité de constitution. Mounier, Lally, Bergasse et Champion de Cicé cédèrent la place à Thouret, Target et Tronchet, partisans d'une législation vraiment nationale.

Une seule chambre, élue pour deux ans, reçut le pouvoir législatif. Elle discutait et votait les lois. La sanction du roi était-elle nécessaire ? Sieyès le niait ; Mounier et Mirabeau (qui se rapprochait de la cour) proposaient un droit de veto absolu ; La Fayette, influencé par l'exemple américain, suggérait seulement un veto suspensif. On s'en tint au veto suspensif pour la durée de deux législatures.

On passa au pouvoir exécutif. Louis par la grâce de Dieu roi de France et de Navarre devint Louis par la grâce de Dieu et de la loi constitutionnelle de l'État roi des Français. Il régnait en vertu de la Constitution et devait prêter serment d'être fidèle à la nation et à la loi. Sa personne était inviolable et sacrée.

Le roi nommait et révoquait les ministres, mais devait les prendre en dehors de l'assemblée où ils ne pouvaient paraître qu'appelés (désir d'assurer au roi une plus grande prérogative, mais crainte aussi de la corruption possible des députés et moyen d'éliminer Mirabeau). Le souverain désignait les ambassadeurs et les chefs militaires. La guerre ne pouvait être décidée que par un décret du corps législatif rendu sur la proposition du roi et sanctionné par lui.

La France était divisée en 83 départements, chaque département en districts et chaque district en cantons.

Cette division répondait à deux objectifs que Mirabeau avait dégagés : d'une part, « après avoir aboli les prétentions et les privilèges, il serait imprudent de laisser subsister une administration qui pourrait offrir des moyens de les réclamer et de les reprendre » ; d'autre part, « après avoir détruit l'aristocratie, il ne convenait pas de conserver de trop grands départements : l'administration y serait, par cela même, nécessairement concentrée en très peu de mains, et toute administration concentrée devient aristocratique ». Dès septembre 1789, le comité de constitution animé par Thouret et où siégeaient Target, Bureaux de Puzy et Dupont de Nemours se mit au travail. Le 3 novembre, Thouret présentait un plan qui divisait la France en 80 carrés égaux, de 324 lieues carrées de superficie, à partir de Paris comme centre et en s'éloignant en tous sens jusqu'aux frontières du royaume. Chacun d'eux était partagé en 9 divisions de 36 lieues carrées de superficie portant le nom de communes, chacune d'entre elles étant divisible en 9 divisions de 4 lieues carrées appelées cantons [9].

Vision de géomètre que Mirabeau tailla en pièces au nom du réalisme et des impératifs de la géographie. Barnave imposa pourtant le chiffre de 80. Le décret du 15 janvier 1790 retint le chiffre de 83.

D'après le décret du 22 décembre 1789, l'administration du département appartenait à 36 membres élus pour deux ans parmi les citoyens actifs qui nommaient également les députés. Huit d'entre eux formaient le directoire du département, « toujours en activité » ; le conseil de département fixait les règles de chaque partie de l'administration, ordonnait les travaux et les dépenses générales du département et recevait les comptes de la gestion du directoire.

Au-dessous, l'administration du district comprenait 12 membres dont 4 formaient le directoire du district assisté d'un conseil de district. La loi du 14 décembre 1789 uniformisait l'administration municipale dont le chef prenait le titre de maire. Les citoyens actifs de chaque commune élisaient les officiers municipaux au nombre de 3 pour une population inférieure à 500 habitants, de 6 de 500 à 3 000 habitants, de 9 jusqu'à 10 000 et de 21 au-dessus de 100 000. Ils élisaient des notables dont le nombre était double de celui des membres du corps municipal. Les uns et les autres avaient un mandat de deux ans et étaient renouvelables par moitié chaque année. Les officiers municipaux et les notables formaient le conseil général de la commune.

Le corps municipal avait à gérer les biens de la commune, régler les dépenses locales, répartir et percevoir les contributions directes. Le conseil général de la commune était convoqué par l'administration municipale pour les affaires importantes (aliénation ou acquisition d'immeubles).

A tous les échelons de l'organisation, département, district ou commune, un procureur-syndic (aidé parfois d'un substitut) élu avec pour mission d'être « l'avocat de la légalité et de l'intérêt public ».

Cette organisation marquait une réaction face à l'œuvre centralisatrice menée par la monarchie en France. Intendants, subdélégués et autres agents du pouvoir royal disparaissaient. Il n'y avait plus d'intermédiaires entre les départements et le pouvoir exécutif. Les nouveaux administrateurs des départements se trouvaient, de par leur élection, entièrement indépendants du pouvoir central qui ne pouvait les révoquer. Or ils se trouvaient chargés, « sous l'inspection du corps législatif de répartir les contributions directes, d'en surveiller la répartition, de payer les dépenses assignées, et sous l'autorité et l'inspection du roi d'assurer le soulagement des pauvres, la police des mendiants et vagabonds, l'inspection des hôpitaux, la surveillance de l'éducation publique, l'entretien des routes et des canaux, le maintien de la sûreté publique [10] ».

Face à un pouvoir central faible, ou en période de crise, chaque département forme un petit État indépendant. Les forces centrifuges n'allaient-elles pas jouer ? Déjà des désordres se produisaient en Corse au cours du mois d'octobre.

Paris, placé sous tutelle monarchique depuis la Fronde, ne retrouva son autonomie que par le décret du 21 mai-27 juin 1790. Les cahiers de doléances avaient demandé « que la ville soit administrée par des magistrats élus par tous les citoyens ». En vue des élections aux états généraux, la ville de Paris, composée alors de quartiers, fut divisée en 60 districts par le règlement royal du 13 avril 1789. Un arrêté municipal du 30 août soumit l'administration de chaque district à un comité de 16 à 24 membres, chargé de faire exécuter les ordres venus de l'Hôtel de Ville. Après les élections, les districts se maintinrent et tentèrent même de constituer un comité central.

Lorsque le 6 octobre 1789, le roi vint s'installer à Paris ainsi que l'assemblée, le problème du statut de Paris se posa avec une plus grande acuité. La capitale faisait peur. Lors du découpage des départements, on avait parlé d'une région parisienne de 320 lieues carrées englobant Senlis et Fontainebleau. Un courant s'y opposa. On proposa de limiter le département à la ville et sa banlieue. Mais la municipalité de Paris revendiqua un département capable d'assurer l'approvisionnement de la cité. Peut-être espérait-on qu'ainsi fondue dans un département rural la ville en recevrait des influences modératrices. Sieyès proposait un compromis : trois lieues de rayon et une administration spéciale, « une sorte de département dans un autre ».

Consultés, les districts de Paris votèrent : 33 en faveur du grand département et 24 pour le petit, 3 s'en remettant à la sagesse de la Constituante. Ce fut la solution du petit Paris qui l'emporta. Paris eut trois districts (Paris, Saint-Denis et Bourg-la-Reine). Il fut enveloppé par le département de Seine-et-Oise avec Versailles pour chef-lieu, divisé en 9 districts [11].

Le décret du 21 mai-27 juin 1790 fit enfin sortir l'administration municipale de Paris du provisoire. Dans le grand débat : liberté ou tutelle de l'État, c'est la liberté qui l'emporta. La droite de l'assemblée avait développé l'idée – contre Robespierre – que « s'il était possible qu'il y eut une ville dans le royaume qui pût être soumise à une dépendance particulière de l'administration générale, c'était sans contredit la ville de Paris ». Ce furent pourtant les libéraux qui triomphèrent et imposèrent le droit commun pour Paris. Ni faveur ni subordination [12].

La municipalité fut composée d'un maire et de 16 administrateurs, de 32 membres du conseil, 96 notables, d'un procureur de la commune et de deux substituts. Paris était divisé en 48 quartiers ou sections « que l'on tâchera, disait la loi, d'égaliser autant qu'il sera possible relativement au nombre des citoyens actifs ». C'était donc la population en droit de voter et non la superficie qui commandait. « Ces 48 sections, ajoutait le législateur, ne pourront être regardées que comme des sections de la commune. » Circonscriptions électorales, les sections formaient aussi des subdivisions administratives. A la tête de chacune d'elles était placé un comité civil composé de 16 membres qui secouait le commissaire de police et donnait à l'Hôtel de Ville les éclaircissements demandés. On n'avait pas retiré aux sections le droit de réunion. Il suffisait de l'avis de 50 citoyens actifs pour en obtenir la convocation. Les sections reprirent le rôle des districts et se transformèrent en moteurs de la Révolution à Paris. Peuchet, un administrateur, s'en inquiéta dès novembre 1790 : « Ce que l'anarchie des districts a produit renaîtra bientôt sous le régime des sections si, passant les limites de leurs pouvoirs, elles s'occupent des délibérations lorsque la loi de leur existence n'a pu leur attribuer que des fonctions électives. » Le nouveau visage administratif donné à la France était lourd de menaces : risque de sécession des nouveaux départements, rôle révolutionnaire des sections à Paris. Mais en 1790 on se voulait optimiste. Pour célébrer l'union retrouvée, on imagina la fête de la Fédération.

LE 14 JUILLET 1790

La date du 14 juillet 1790 est tout aussi importante que celles du 23 juin 1789 qui vit s'effondrer l'absolutisme ou du 4 août qui marqua la fin de la société d'ordres. Le 14 juillet 1790, l'unité de la France s'achève. Aux révolutions politique et sociale succède la révolution nationale.

Dans de nombreuses villes et dans des villages s'étaient formées, dès le mois de juillet 1789, sur l'exemple de Paris, des gardes nationales. Elles avaient un but défensif, mais, isolées, que pouvaient-elles faire ? Plusieurs localités du Dauphiné songèrent à se fédérer pour assurer une défense commune. Réunis à Étoile, près de Valence, le 28 novembre 1789, leurs représentants jurèrent « de rester à jamais unis, de protéger la circulation des grains et de soutenir les lois émanées de l'Assemblée nationale ». Exemple contagieux. Des fédérations se créèrent au niveau des provinces puis entre provinces pour lutter « contre l'ennemi du dehors et du dedans ». Ce mouvement devait recevoir sa consécration officielle le 14 juillet 1790.

Une première fête avait eu lieu au mois de février 1790 à Pontivy ; une autre, le 30 mai, réunit à Lyon 50 000 représentants de l'Est et du Midi. Il y eut également des cérémonies de ce type à Strasbourg et à Lille ; Paris devait, en conclusion, accueillir les gardes nationaux de toutes les provinces.

La cérémonie était prévue au Champ-de-Mars, vaste esplanade qu'il fallut transformer en « une petite vallée dominée sur ses deux côtés par des talus en gradins ». Douze mille ouvriers furent embauchés mais, leur nombre étant insuffisant, les travaux n'avançaient pas, et, le 4 juillet on crut qu'ils ne seraient pas terminés à temps. Des volontaires de toutes conditions se présentèrent alors. Citons un témoignage : « Ceux qui ont vu, il y a peu de jours, le Champ-de-Mars et qui le revoient aujourd'hui, sont surpris de la métamorphose qui s'y est opérée. Cette plaine immense a été transformée tout à coup en un vaste et superbe cirque. C'est sans exemple et jamais on n'a vu, chez aucun peuple, travailler avec autant d'ardeur et de zèle ; d'après les bruits qui couraient que ces travaux ne seraient pas finis pour les fêtes du 14 juillet, tous les habitants de Paris et même des environs, hommes, femmes, enfants et tous les ordres religieux se sont empressés avec une ardeur incroyable à ces pénibles travaux ; la pluie et le mauvais temps n'ont fait qu'animer leur courage [13]. » Dans Paris on chante le *Ça ira* du chansonnier Ladé :

Ah ! Ça ira ! ça ira ! ça ira !
Du législateur tout s'accomplira.
Celui qui s'élève, on l'abaissera,
Mais qui s'abaisse, on l'élèvera !

De toutes les régions venaient des délégués des gardes nationales : 1 pour 100 gardes. Ils logeaient le plus souvent chez l'habitant. En bordure de Seine avait été édifié un arc de triomphe sous lequel passèrent les fédérés le 14 juillet. Il portait l'inscription :

Nous ne vous craindrons plus
Subalternes tyrans
Vous qui nous opprimez
Sous cent noms différents.

Au centre du Champ-de-Mars, Talleyrand, évêque d'Autun, célébra la messe sur l'autel de la patrie. « Ne me faites pas rire », aurait-il murmuré à l'abbé Louis. Il pleuvait à torrents, juste courroux du ciel. Mais les rangs serrés des fédérés qui s'étendaient de la tribune royale placée devant l'École militaire jusqu'à l'arc de triomphe, ne manifestèrent aucune impatience. Un orchestre et des salves d'artillerie réchauffaient leur enthousiasme. La Fayette, dégainant son épée, prononça solennellement sur l'autel de la patrie le serment repris par la foule : « Je jure d'être fidèle à la nation, à la loi et au roi. » En revanche, malgré les conseils de Mirabeau, Louis XVI ne quitta pas la tribune où il était abrité pour jurer fidélité à la Constitution. Son serment n'en fut pas moins applaudi. L'enthousiasme semblait général. Après la cérémonie, un banquet de 25 000 couverts fut offert aux fédérés. Les jours suivants on dansa sur la place de la Bastille, il y eut des feux d'artifice, des illuminations et une ascension d'aéronef.

Dans toutes les villes on célébra avec le même transport la Fédération. L'événement le méritait. Le serment de fidélité à la nation marquait l'acte de naissance de la France. Jusqu'alors le royaume s'était constitué par annexions successives au domaine royal de provinces ou de cités achetées, conquises ou héritées. C'est à travers le serment de leurs fédérés, par libre consentement, que ces provinces et ces cités se proclamaient françaises.

Cette fois la Révolution semblait bien finie, tous ses objectifs paraissant atteints. En fait, elle n'en était qu'à ses débuts.

LES ERREURS FINANCIÈRES

La belle unanimité du 14 juillet 1790 fut rapidement brisée. Trois facteurs ont joué un rôle déterminant : la création – qui devait se révéler funeste – de l'assignat comme papier-monnaie, la Constitution civile du clergé et la dissolution de l'autorité publique.

C'est ce facteur qui fut le premier signe apparent des craquements. Tandis que, malgré une bonne récolte en 1790, persistait un malaise agraire que traduisaient encore quelques jacqueries dans le Périgord et le Bourbonnais, le malaise social avait gagné l'armée dont les cadres étaient désorganisés par l'émigration. Des heurts se produisaient entre officiers nobles et soldats patriotes. Les problèmes militaires avaient fait l'objet d'un débat en décembre 1789 mais sans résultat. En août 1790, la garnison de Nancy se soulevait après le refus des officiers d'accorder aux soldats le contrôle des caisses de régiment. Encouragé par un vote de la Constituante du 16 août, condamnant l'insubordination des troupes comme « crime de lèse-majesté », le marquis de Bouillé réprima avec une extrême dureté la mutinerie : vingt exécutions et une quarantaine d'envois aux galères. La Fayette approuva ces décisions. Du coup, il suscita la méfiance des patriotes. Une méfiance qui s'étendit peu à peu à l'assemblée et au roi et qui allait devenir facteur de peurs et de nouveaux désordres. On saisit moins alors l'importance de la révolution financière que constituait l'établissement de l'assignat.

La nationalisation des biens du clergé mettait à la disposition de l'assemblée, on l'a vu, un actif considérable. L'étendue du passif laissé par l'Ancien Régime ne fut connu qu'en août 1790. La dette constituée coûtait en intérêts annuels 167 737 819 livres. Elle était estimée à 1 321 millions pour la dette perpétuelle, à 1 018 millions pour la rente viagère. Le service de cette dette exigeait 257 millions et demi chaque année. Les dépenses publiques montaient à 360 millions. Au total le poids des contributions publiques se voyait chiffré à 641 millions, somme plus élevée que sous l'Ancien Régime. Seul moyen : se servir des biens nationaux pour éteindre les 1 902 millions formant la dette non constituée et par conséquent les 89,5 millions d'intérêts qu'elle coûtait [14]. Mais comme on ignorait la valeur exacte de ces biens, l'assignat avait paru le procédé le plus commode.

Fallait-il en faire toutefois un papier-monnaie ? Une émission trop considérable d'assignats reposant sur un gage insuffisamment déterminé et stable exposait la Constituante à se lancer dans une aventure dangereuse en cas de crise de confiance.

Ne valait-il pas mieux comme le suggérait Talleyrand, établir de simples titres qui s'échangeraient contre les biens nationaux et ne serviraient qu'à cet usage ? Le débat du 27 août 1790 servit à porter l'estocade contre Necker qui avait perdu la confiance de l'assemblée. Le banquier mettait en garde contre le projet d'une émission de 1 900 millions d'assignats. Il en fallait assez pour terminer l'année puisqu'il n'en circulait que 330 millions, mais cette première émission était déjà loin d'être au pair avec le numéraire. Une trop forte émission achèverait de faire disparaître la monnaie avec les conséquences qu'il était facile de deviner.

Gouy d'Arsy riposta en l'accusant de refuser cette émission pour continuer à rester l'homme indispensable grâce à ses expédients à court terme. Mirabeau développa des idées opposées à celles du ministre : « Quand la pénurie des espèces nous tourmente, quand les métiers, les arts, les manufactures, le commerce demandent à grands cris d'être sustentés, est-ce une mesure de restauration, je vous en fais juges, que celle qui ne met pas un écu réel ou fictif dans les affaires ? Dans ce nouveau système de liberté le commerce, les arts, l'agriculture doivent prendre un nouvel essor et demanderont sans doute pour s'alimenter de nouveaux moyens dont l'imagination ne peut fixer l'étendue... Nous avons un pressant besoin de moyens qui favorisent les affaires : les assignats-monnaie, en même temps qu'ils payent la dette, nous fournissent ces moyens d'émulation, d'activité, de restauration. Vous hésiteriez à les adopter comme une mesure de finance que vous les embrasseriez comme un moyen sûr et actif de la Révolution. Partout où se placera un assignat-monnaie, là sûrement reposera avec lui un vœu secret pour le crédit des assignats, un désir de leur solidité... là seront des hommes qui voudront que la conversion de ce gage soit effectuée, que les assignats soient échangés contre les biens nationaux, et comme le sort de la Constitution tient à la sûreté de cette ressource, vous compterez un défenseur nécessaire de vos mesures, un créancier intéressé à vos succès [15]. » On ne pouvait mieux définir le double rôle que l'assignat était appelé à jouer : financier et politique. Mais inévitablement lié à la confiance que devait inspirer le régime de monarchie constitutionnelle, il était condamné à périr avec elle et à entraîner la Révolution dans le cycle infernal de l'inflation. Mirabeau l'emporta sur Necker qui remit sa démission, le 3 septembre 1790, et partit dans l'indifférence générale.

Le débat reprit à l'assemblée, les partisans de l'assignat-monnaie, Anson, Barnave, Pétion et Montesquiou se firent éloquents. « L'assignat, affirmait Montesquiou, épargne au peuple l'intérêt de 2 300 millions. Le peuple qui paiera 120 millions de moins, ne nous accusera certainement pas d'imprudence. Il ne haïra pas ces assignats qui l'auront sauvé. C'est contre cette économie de 120 millions que viendront se briser tous les efforts de ceux qui repoussent les assignats. » Dans le cas contraire, comme disait Thomas Lindet, on « étoufferait » la Constitution sous le poids des impôts. Cerutti résumait dans une brochure tous les avantages de l'assignat-papier-monnaie : « Les assignats sont : 1. une délégation authentique, non sur le Mississippi de Law, mais sur le Pérou de l'Église ; 2. un supplément au numéraire qui forcera peu à peu l'argent à circuler pour l'avantage même de celui qui le possède ; 3. une combinaison politique pour assurer la vente rapide des biens du clergé ; 4. une balance commerciale qui doit rétablir la proportion rompue entre les marchés des provinces et celui de Paris, entre le royaume qui produit et la capitale qui consomme ; 5. une combinaison salutaire et morale qui obligera l'agioteur de renfermer son papier dans son portefeuille et de devenir capitaliste, et le capitaliste de verser son portefeuille sur les terres et de devenir agriculteur [16]. »

Les adversaires de l'assignat-monnaie, Talleyrand et Dupont de Nemours, Montlosier et Bergasse à l'assemblée, Lavoisier et Condorcet au-dehors, en dénonçaient les périls. Dupont de Nemours fut le plus incisif dans sa fameuse brochure, *Effet des assignats sur le prix du pain :* « On dit que les assignats vaudront l'argent. Si cela est, comme il n'y aura pas plus de pain et plus de vin qu'auparavant, ceux qui voudront avoir du pain ou du vin avec des assignats ou avec de l'argent, seront donc obligés de donner plus d'assignats ou plus d'argent pour la même quantité de pain ou de vin. Ceux qui proposent de faire pour deux milliards d'assignats et qui font leurs embarras comme s'ils étaient de bons citoyens ont donc pour objet de faire monter le pain de 4 livres à 20 sous, la bouteille de vin commun à 16, la viande à 18 sous la livre. Ils disent que cela n'arrivera pas, parce qu'avec des assignats on achètera les biens du clergé mais ils attrapent le peuple, car les biens du clergé ne pourront pas être vendus tous au même moment, du jour au lendemain... Les assignats resteront donc assez longtemps sur la place et dans le commerce. Pendant ce temps-là, les marchandises à l'usage du peuple et surtout le pain se vendront le double et il se fera de bons coups aux dépens des citoyens. » Consultées, les places de commerce étaient hostiles : 27 villes sur 33 se prononçaient contre une émission trop forte d'assignats ; 6 y étaient favorables dont Rennes et Bordeaux. Mirabeau se fit encore plus pressant : « J'entends les Américains dire aux Français : Nous avons créé pendant notre Révolution du mauvais papier-monnaie, et cependant ce papier tel quel nous a sauvés ; sans lui notre Révolution était impossible. »

L'assemblée hésitait. Le décret du 29 septembre 1790, voté à une faible majorité, renforçait l'assignat-monnaie mais n'accordait pas les deux milliards que réclamaient ses partisans. Il n'y eut que 800 millions à cours forcé sans intérêts qui s'ajoutèrent aux 400 dont l'intérêt devait être supprimé. Malgré ce frein, l'assemblée se condamnait, elle ou ses successeurs, à émettre autant d'assignats qu'il en faudrait pour éteindre une dette dont le chiffre exact était inconnu.

D'emblée l'assignat vouait la Révolution à l'inflation.

Quant au système fiscal, il allait encore accentuer les inconvénients de l'assignat. « Quand on a le moyen de suffire à ses besoins avec une fabrique de papier et une imprimerie, on est, même malgré soi, fort peu disposé à affronter l'impopularité réservée à quiconque veut obtenir des populations des sacrifices nécessaires mais désagréables [17]. » Aux anciennes taxes, profondément injustes, on substitua le principe de l'égalité devant l'impôt. Une contribution foncière fut instituée : une somme fixée chaque année par l'assemblée devait être répartie entre les départements puis entre les communes au prorata des revenus de chacun. Mais la loi du 23 novembre 1790 fit porter sur les municipalités la responsabilité de la répartition de l'impôt ainsi que la manière de l'établir selon des calculs compliqués. Sur 40 000 municipalités, il y en avait 20 000 au moins dont les officiers ne savaient ni lire ni écrire ; on ne pouvait espérer leur concours pour les problèmes fiscaux. De là une première pagaille.

La contribution mobilière, également instituée, posait d'autres problèmes car il était encore plus difficile d'évaluer les revenus que la valeur des terres. Les dispositions de la loi du 13 janvier 1791 obligèrent les municipalités à de nouveaux calculs pour lesquels elles n'étaient nullement préparées [18].

Comme la contribution mobilière n'atteignait qu'imparfaitement les revenus commerciaux – déjà soulagés après la suppression des jurandes et maîtrises des taxes de l'Ancien Régime –, on créa une patente proportionnelle au loyer de la boutique. Mais là encore surgissait une difficulté : comment imposer les petits commerces villageois ? L'application de la patente ne fut vraiment rigoureuse que dans les villes.

C'est donc aux communes que revenait le soin de collecter les contributions (le mot se substituant à celui d'*impôt*). Mais il fallait pour la centralisation des sommes un personnel compétent et stable. On établit des receveurs, mais on commit l'erreur de les faire élire pour six ans, avec possibilité de réélection, par les administrations de district. Comment n'auraient-ils pas été sensibles dans ces conditions, aux pressions diverses ?

On ne s'étonnera pas de constater que les impôts rentrèrent très mal dès la mise en application du système.

Dans le domaine des impôts indirects, les octrois furent supprimés le 19 février 1791 (à Paris, les manifestants avaient anticipé en brûlant les barrières) ainsi que le monopole d'État du tabac. C'était se priver d'utiles ressources. Les droits d'enregistrement furent limités par la loi du 5 décembre 1790.

On voit donc se préciser, dès 1790, les causes de la crise financière et économique qui manquera emporter la Révolution. Si, au début de 1791, l'émission massive d'assignats a paru, d'une part, favoriser la vente des biens nationaux (le paysan, traditionnellement méfiant, s'empressant de changer son papier contre de la bonne terre) et, d'autre part, stimuler la reprise du commerce (le papier-monnaie est une incitation à dépenser davantage), très vite, elle a déclenché une hausse des prix et provoqué une pénurie monétaire. La petite monnaie disparut et il fallut, souvent par l'intermédiaire de caisses patriotiques, imprimer des petites coupures ou billets de confiance. La confusion devint totale, surtout à partir du moment où l'assemblée se résignant à mettre en circulation des assignats de cinq livres, certaines caisses patriotiques firent faillite. La méfiance devint totale. L'assignat amorça aussitôt un mouvement de dévaluation tandis que la bonne monnaie (« les espèces sonnantes ») disparaissait de la circulation.

LES ERREURS RELIGIEUSES

La nationalisation des biens d'Église s'accompagnait d'une promesse d'indemnisation sous forme de traitements. Le clergé entrait, par ce biais, dans la société civile. Comme elle, il devait donc être réformé. Dès l'automne de 1789, l'assemblée s'empara du problème. Hâte suspecte qui traduisait une volonté hostile. La Déclaration des droits de l'homme avait affirmé la volonté de tolérance des députés, tolérance combattue par le clergé qui souhaitait pour le catholicisme un statut dominant.

Au nom de la liberté, les vœux des religieux étaient suspendus dès le 28 octobre 1789 et abolis le 13 janvier 1790 sur proposition de Treilhard. Le décret du 13 février stipulait : « La loi ne reconnaîtra plus de vœux solennels monastiques de personnes de l'un ni de l'autre sexe : déclare en conséquence que les ordres et congrégations régulières où l'on fait de pareils vœux sont et demeureront supprimés en France, sans qu'il puisse en être établis de semblables à l'avenir. » Ainsi disparaissaient les ordres monastiques : Carmes, Bénédictins... mais non les congrégations hospitalières ou enseignantes à vœux simples. Le 20 février par ailleurs était réglé le problème des pensions à servir aux religieux sortant des cloîtres.

En ce qui concerne la réforme du clergé séculier, un premier projet présenté par Durand de Maillane fut repoussé. Le deuxième rapport dû à Martineau, un avocat parisien, déposé le 21 avril 1790, était adopté après quelques modifications sous le titre de Constitution civile du clergé. Cette constitution marquait le triomphe du gallicanisme mais ne touchait pas au dogme. « Nous sommes une convention nationale. Nous avons assurément le pouvoir de changer la religion mais nous ne le ferons pas », déclarait Camus [19]. Les constituants se contentèrent de donner à l'Église de France une organisation civile qui fut l'œuvre des juristes et non des théologiens.

Les articles de la Constitution civile du clergé se répartissaient en plusieurs titres : offices ecclésiastiques, nominations aux bénéfices, traitements et pensions...

La carte des diocèses était simplifiée : elle reproduisait celle des départements. A la tête des diocèses des évêques dont dix métropolitains : Rouen, Reims, Besançon, Rennes, Paris, Bourges, Bordeaux, Toulouse, Aix et Lyon.

Dans un souci de simplification de nombreuses paroisses furent supprimées : quatre mille environ. Elles étaient administrées par des curés. Disparaissaient chanoines, chapelains, archidiacres...

D'après le concordat de 1516, les évêques étaient nommés par le roi et institués par le pape. Quant aux curés, ils étaient désignés par les collateurs naturels et recevaient l'institution de l'évêque. Désormais, comme tous les titulaires de charges publiques, évêques et curés devaient être élus, les premiers par l'assemblée des électeurs du département, les seconds par l'assemblée des électeurs du district. Pour être candidat, il fallait avoir au moins quinze ans de ministère pour un évêché, cinq ans pour une cure. L'institution serait donnée à l'évêque non plus par le pape mais par le métropolitain.

Évêques et curés étaient tenus de prêter, en présence des officiers municipaux, du peuple et du clergé, le serment solennel « de veiller avec soin sur les fidèles du diocèse, d'être fidèles à la nation, à la loi et au roi, de maintenir de tout leur pouvoir la Constitution décrétée par l'Assemblée nationale et acceptée par le roi ».

En contrepartie les traitements étaient élevés : 50 000 livres par an pour l'évêque métropolitain de Paris, 20 000 pour les autres évêques. Répartis en huit classes, les curés percevaient des émoluments s'étageant de 1 200 à 6 000 livres. Déjà comblés, les curés avaient également la nomination des vicaires. Comment n'auraient-ils pas voté à l'assemblée en faveur de la Constitution civile ?

Toutefois des problèmes se posaient. L'assemblée avait-elle le pouvoir de modifier les circonscriptions ecclésiastiques ? « Le territoire, en cette matière, écrit Jabineau, ce n'est ni les champs, ni les maisons, ce sont des personnes, des êtres spirituels, des âmes. Régler souverainement le territoire, c'est revêtir tel individu de l'autorité nécessaire pour commander dans l'ordre du salut et imposer l'obligation naturelle de lui obéir. Or si ce droit peut appartenir à l'autorité séculière, il appartient à un prince païen comme à un prince chrétien. »

L'assemblée pouvait-elle supprimer unilatéralement le concordat de 1516 ? Avait-elle le droit de rompre le lien que l'institution établissait entre le pape et les évêques ?

Conscients de la difficulté, les évêques de l'assemblée avaient supplié le pape de se prononcer. Mais Pie VI tardait. Craignait-il pour sa possession d'Avignon ?

Dès le 22 juillet, Louis XVI, embarrassé, faisait savoir qu'il acceptait la Constitution civile du clergé mais qu'il demandait un délai avant de la promulguer. Le lendemain il recevait des brefs du pape, datés du 10 juillet, par lesquels Pie VI condamnait la Constitution. Trop tard. Les archevêques ministres Champion de Cicé et Lefranc de Pompignan [20] supplièrent le pape de s'engager dans la voie d'un compromis tandis que Montmorin, ministre des Affaires étrangères, recommandait à Bernis, ambassadeur de France à Rome, de prêcher la modération à Pie VI. Le 24 août 1790, le roi sanctionnait le décret. Il connaissait à cette date la position pontificale mais espérait encore dans un arrangement. C'est l'obligation du serment, le 26 novembre, qui précipita le schisme. Beaucoup d'évêques protestaient contre la Constitution, de Mgr d'Aviau, archevêque de Vienne à Mgr de La

Marche, évêque de Saint-Pol de Léon, dont l'évêché avait été supprimé. Le silence du pape, les hésitations du roi aggravaient un malaise provoqué par le fait que c'est une majorité laïque qui réformait l'Église et non l'Église qui se réformait elle-même, comme cela aurait dû être le cas. Pour prévenir ces résistances, Voidel, député de la Moselle, demanda que les officiers ecclésiastiques en fonction fussent astreints à prêter le serment prévu. Le principe en fut voté par l'assemblée mais le roi fit attendre sa sanction. Il envoya un courrier à Rome à destination de Bernis. Mais le consistoire des cardinaux resta ferme. Le 23 décembre, l'assemblée s'impatienta. Le 26, le roi, « la mort dans l'âme », cédait et sanctionnait le décret sur le serment. Le clergé avait huit jours pour le prêter. Entre le 26 décembre 1790 et le 4 janvier 1791, 105 députés ecclésiastiques s'y soumirent, dont Grégoire. Beaucoup furent sensibles à la pression populaire qui se manifestait dans les tribunes. Mais les autres résistèrent. On tenta de les faire céder lors du dernier jour. A quatre exceptions près, ce fut peine perdue. Avec les rétractations, il n'y eut au total que 99 jureurs à l'assemblée sur 250 députés du clergé astreints au serment. C'était le premier signe de résistance à la Constitution civile du clergé. L'épiscopat refusa massivement le serment que prêtèrent seulement Talleyrand, Loménie de Brienne, Jarente, évêque d'Orléans et Lafont de Savine, évêque de Viviers. Dans les rangs du bas clergé, malgré les pressions, on distingua sept cas : 1. le serment est prêté purement et simplement ; 2. le serment est d'abord refusé, puis prêté ; 3. le serment est prêté avec restriction ; 4. le serment est prêté puis en partie rétracté ; 5. le serment est prêté puis rétracté ; 6. le serment est refusé avec explication ; 7. le serment est refusé purement et simplement [21].

La statistique des serments varie selon les régions : 8 % de jureurs dans le Bas-Rhin, 17 % dans la Mayenne, 19 % dans le Nord, 23 % dans le Pas-de-Calais, 71 % dans la Haute-Saône, 84 % dans le Cher, 90 % dans le Loiret, 96 % dans le Var. Lorsque furent connus les brefs du pape condamnant la Constitution civile, les rétractations furent un peu partout très nombreuses. Impossible d'avancer des chiffres précis. Il paraît toutefois à travers les évaluations que les non-jureurs furent en définitive les plus nombreux.

Ce refus de jurer entraînait, d'après la loi, une destitution. Il fallait remplacer les non-jureurs : 80 sièges épiscopaux et 20 000 cures furent ainsi soumis à élection.

Les élections épiscopales se déroulèrent entre janvier et mai 1791. La participation fut très faible, essentiellement laïque. Des catholiques mais aussi des protestants furent appelés à voter. Des élus se désistèrent après coup, comme le curé Jallet dans les Deux-Sèvres. Furent élus aux évêchés d'anciens curés (55), six chanoines, quatorze religieux et six professeurs. Milieu social d'origine modeste, contrastant avec l'épiscopat d'Ancien Régime.

Les nouveaux évêques, élus souvent par un nombre restreint de votants, furent sacrés par Talleyrand qui avait renoncé à son évêché, assisté de Gobel, évêque *in partibus* de Lydda et Dubourg-Miroudot, évêque *in partibus* de Babylone. « La cérémonie fut conforme en tous points au rituel : les nouveaux évêques sont sans doute schismatiques au jugement de l'Église, mais au même jugement, les formes de l'ordination ayant été respectées, ils sont évêques [22]. » Les évêques informèrent toutefois le pape de leur élection. Les élections des curés furent plus mouvementées. Il avait fallu remanier les circonscriptions, ce qui retarda les désignations. Les protestations étaient vives dans les villages qui perdaient leur desservant quand, des agglomérations voisines – et souvent rivales – conservaient le leur. De surcroît les candidats étaient peu nombreux et le refus des nouveaux élus fréquent (le quart se récusa dans la Sarthe, la moitié dans la Vendée).

Le plus grave vint ensuite : deux clergés s'affrontèrent. Les « romains », non jureurs, n'entendaient pas laisser la place aux nouveaux. Beaucoup d'évêques de l'Ancien Régime ayant émigré, il y eut peu de conflits à la tête des diocèses, sauf à Blois où Themines et Grégoire engagèrent « une bataille de mitres » [23]. C'est au niveau des paroisses que l'insermenté et l'assermenté s'affrontèrent. Les nouveaux curés trouvaient l'église privée de cloches et d'ornements sacerdotaux quand un chat enfermé dans le tabernacle ne leur sautait pas au visage. On leur jetait des pierres et on refusait leurs sacrements. Mais les partisans des jureurs se vengeaient sur les vieilles dévotes qui suivaient les offices du réfractaire en les fessant publiquement ou les promenant sur le dos d'un âne, le corps tourné vers la queue. La charité chrétienne semblait oubliée ; la paix publique paraissait menacée.

En un moment où les troubles agraires diminuaient considérablement en intensité, après l'été orageux de 1789, grâce à la vente des biens nationaux et à l'espoir de disparition des droits féodaux, les problèmes religieux prenaient le relais, développant une atmosphère de guerre civile.

Ils devaient être à l'origine d'un grave événement qui compromit l'avenir de la Constitution élaborée par l'assemblée : la fuite du roi.

LA FUITE DU ROI

L'idée d'une fuite du roi avait été agitée dès le 16 juillet 1789 par l'ambassadeur d'Espagne. Le comte d'Artois suggérait Metz mais Louis XVI refusa.

En septembre le projet fut à nouveau évoqué, si l'on en croit le gouverneur Morris, l'Américain.

La monarchie transférée à Paris, le roi devenait prisonnier de sa capitale. Mirabeau invitait Louis XVI à se réfugier en Normandie ; le fermier général Augeard prit de son côté des initiatives qui n'aboutirent pas. Peu après le marquis de Favras imaginait, avec l'appui du comte de Provence, un « enlèvement du roi vers Metz ou Péronne ». La conjuration fut découverte et Favras exécuté, sans avoir parlé, en février 1790.

Jusque-là le roi avait été indécis. Marie-Antoinette finit par le convaincre. Des contacts furent alors pris avec Bouillé, l'homme qui avait réprimé la révolte militaire de Nancy. Il importait de ne pas sortir de France pour préserver le prestige de la monarchie. Bouillé recommandait la place forte de Montmédy.

Les tantes du roi fournirent un précédent. Pour des raisons religieuses elles avaient choisi de quitter la France pour Rome mais elles furent arrêtées à Arnay-le-Duc. Un vif débat s'organisa à l'assemblée sur le problème de ce départ. Aucune loi ne pouvait l'empêcher, comme le fit remarquer Mirabeau. Les tantes du roi purent donc poursuivre leur voyage.

Toutefois l'émotion fut grande. Un journaliste particulièrement violent déclarait, le 29 février 1791 : « La femme Capet veut se faire enlever avec le gros Louis par La Fayette et les chevaliers du poignard. »

Des nobles fidèles à la monarchie s'étaient en effet rendus, le 28 février 1791, aux Tuileries pour y protéger le roi au moment où une tentative était organisée contre le château de Vincennes, autre symbole du despotisme de l'Ancien Régime. La rumeur prétendit qu'on avait, à l'aide d'agents provocateurs, attiré l'attention sur Vincennes pour permettre au roi de se sauver de Paris. Aussi les mesures de précaution furent-elles renforcées.

Cependant rien n'était encore décidé. La mort de Mirabeau, le 2 avril 1791, donna au roi l'impression d'être sans bouclier face à l'assemblée. Un grave incident fit le reste. Le 18 avril 1791, comme le roi se rendait avec sa famille au château de Saint-Cloud, il en fut empêché par la garde nationale et par des manifestants d'origine bourgeoise, selon le témoignage de Cabanis [24]. Pourquoi cette intervention, pour une fois non exclusivement populaire ? La nouvelle avait couru que le roi venait de changer de confesseur et avait pris un réfractaire. S'il choisissait un non-assermenté alors qu'il avait lui-même approuvé la Constitution civile du clergé, n'était-ce pas qu'il jouait le double jeu ? La méfiance s'instaurait entre le roi et les 48 sections de Paris qui venaient d'être créées en mai 1790 et occupaient une place de plus en plus grande dans la capitale, bien que dominées encore par la bourgeoisie.

Pour désarmer cette méfiance, le roi faisait savoir, le 23 avril, qu'il avait adressé une circulaire aux principaux souverains d'Europe, les informant qu'il approuvait la Révolution, née des abus de l'Ancien Régime et qu'il se plaçait à sa tête. Mais, dans le même temps, Louis XVI, par une note secrète, désavouait les termes de cette circulaire.

La préparation de la fuite se précisait. Étaient dans le secret l'intendant de la Maison du roi et le Suédois Fersen, que l'on disait l'amant de la reine et qui avait, de toutes manières, ses entrées aux Tuileries. Les ministres, Thevenard à la Marine, Tarbé aux Finances,

Duportail à la Guerre et même Delessart à la Justice avaient été tenus à l'écart ; seul Montmorin, aux Affaires étrangères depuis 1787 et lié à Mirabeau, aurait été dans la confidence selon Mme de Tourzel, la gouvernante des enfants royaux.

On avait arrêté une date pour éviter la présence d'une femme de chambre du dauphin qui pouvait tout révéler. Mais comme elle ne quitta en définitive son service que plus tard, le départ fut retardé de 24 heures, ce qui compromit le plan élaboré par Bouillé.

On ne sait pas exactement par quelle porte des Tuileries sortit Louis XVI. La garde du palais revenait à La Fayette, commandant de la garde nationale. A-t-il joué un jeu subtil ? Laisser échapper permettait soit de se faire proclamer chef de l'État à sa place, comme une sorte de Washington français, soit, en le rattrapant facilement, de donner des gages aux révolutionnaires et dissiper ainsi leur méfiance.

« Les fugitifs surent se glisser dans la cour des princes. Ils y trouvèrent un carrosse de louage conduit par un cocher qui n'était autre que Fersen. Mme de Tourzel et les enfants y montèrent et partirent sans encombre vers les quais puis s'arrêtèrent rue de l'Échelle. Cependant Mme Élisabeth, puis le roi, et enfin la reine, rejoignirent la voiture vers minuit et demi. L'évasion hors du Louvre s'était effectuée sans encombre ; la sortie hors de Paris s'accomplit aussi aisément, les commis de la barrière Saint-Martin étant en fête, à l'occasion d'une noce. C'est alors que la famille royale trouva la berline qui devait les conduire au but. Ils s'engagèrent sur la route, enclins à croire que le plus difficile était fait [25]. »

C'est le lendemain matin, 21 juin, à 7 heures que fut découvert le départ du roi. Aussitôt La Fayette, Bailly et Alexandre de Beauharnais qui présidait l'assemblée, se concertèrent. La situation était dramatique : l'avenir de la Constitution se trouvait en jeu. Ils mirent au point une explication qui ménageait l'avenir : les ennemis de la Révolution avaient enlevé le roi. L'idée aurait été soufflée par un ancien conseiller au parlement d'Aix, membre influent de l'assemblée, Dandré.

Il fallait aller vite car l'agitation gagnait Paris et les cris de « trahison ! » prenaient de la consistance. On parlait d'une intervention militaire sur la capitale. Les assemblées de section décidaient de siéger en permanence. A la Constituante régnaient l'embarras et la confusion. Au club des Cordeliers, l'indignation était extrême. Chez les Jacobins, Robespierre s'exclamait : « Ce jour pouvait être le plus beau de la Révolution ; il peut le devenir encore ! » Et de dénoncer les complicités parisiennes : « C'est au milieu de nous, c'est dans cette capitale que le roi fugitif a laissé les appuis sur lesquels il compte pour rendre sa rentrée triomphale. » C'était lancer la chasse aux suspects et dénoncer le maintien des ministres en place ainsi que les chefs militaires. Danton ne fut pas moins violent. Quant à Brissot il voyait dans cette affaire l'économie faite par la nation des 25 millions de la liste civile. *Le Spectateur national* proclamait : « Ni roi, ni régence, ni lieutenance générale. La nation seule. »

Jusqu'à Châlons, la berline royale n'avait pas eu de problèmes, mais, au-delà, les soldats placés sur la route pour la protection de la voiture avaient attiré l'attention des paysans qui crurent à des manœuvres d'intimidation visant au rétablissement des droits seigneuriaux. Il y eut des heurts et les troupes furent dispersées.

A Sainte-Menehould Louis XVI fut reconnu par Drouet, le maître de poste, qui alerta la municipalité. Celle-ci lui ordonna de se lancer à la poursuite de la voiture. Le roi fut rattrapé à Varennes où la population l'empêcha de repartir sans que les soldats de Bouillé aient eu le temps d'intervenir. A dire vrai ces troupes n'étaient pas sûres.

La nouvelle de l'arrestation du roi parvint à l'assemblée, le 22, à 10 heures du soir. Les députés modérés dénoncèrent un complot de Bouillé et réclamèrent des mesures pour assurer la sécurité du roi. Trois députés furent envoyés au-devant de Louis XVI sur la route du retour : Pétion, Latour-Maubourg et Barnave. L'information s'était répandue dans presque toute la France quand les commissaires de la Constituante rejoignirent le roi à Épernay. Long voyage que celui du retour et sur lequel Pétion a laissé une longue relation, pleine de naïveté (il crut que la sœur de Louis XVI, Mme Élisabeth, était tombée amoureuse de lui). Le roi n'atteignit en effet Paris que le 25 juin. L'entrée se fit dans le plus profond silence : ni acclamations ni injures. « Le concours du peuple était immense, note Pétion. Il semblait que tout Paris et ses environs s'étaient réunis. Les toits des maisons étaient couverts d'hommes, de femmes, d'enfants. Les barrières en étaient hérissées ; les arbres en étaient remplis. Tout le monde avait le chapeau sur la tête ; le silence le plus majestueux régnait. La garde nationale portait le fusil la crosse en l'air. »

Qu'allait-on faire du roi ?

Le désordre menaçait de gagner la France où l'annonce de la fuite de Louis XVI avait fait sensation. Un nouveau phénomène de peur se déclarait dans le Nord, en Lorraine, en Champagne puis dans le Sud-Ouest et en Bretagne, de Saint-Brieuc et Lamballe à Brest et Lorient. Partout on prenait les armes pour organiser la résistance aux Autrichiens dans le Nord et l'Est, aux Anglais en Bretagne et aux Espagnols dans le Midi. A nouveau des châteaux brûlèrent et des seigneurs qui n'avaient pas encore émigré, furent molestés. Ce fut le cas en Gascogne et en Picardie. Parfois les manifestations prenaient une tournure antimonarchique. Ainsi la garde nationale d'Arras proclamait : « Oublions que nous avons un roi. » Bonaparte, jeune officier, notait sur ses cahiers : « Vingt-cinq millions d'hommes ne peuvent pas vivre en république est un adage impolitique [26]. »

Non seulement la confiance dans la Constitution en cours d'élaboration sortait fortement diminuée, mais l'assignat baissait : 30 à 35 %, tandis que des sorties imposantes de capitaux se produisaient en direction de la Suisse, aggravant la situation financière.

L'armée fut ébranlée par un puissant mouvement d'émigration d'officiers, soit à proximité des Pays-Bas, soit à l'est. Beaucoup refusaient en effet de prêter le nouveau serment qui les mettait sous les ordres exclusifs de l'assemblée et non du roi. Pour assurer la couverture des frontières, on dut faire appel aux volontaires. Ainsi s'esquissait un conflit entre armée de ligne et armée nationale.

LE MOUVEMENT RÉPUBLICAIN

C'est dans ce contexte que se développait l'idée de République. Tandis que la majorité de l'assemblée cherchait à minimiser les conséquences de la fuite du roi, les clubs réclamaient le jugement des souverains. « La reine n'est qu'une citoyenne et le roi, en qualité de premier fonctionnaire du royaume, est soumis aux lois », affirmait Robespierre. En revanche Malouet défendait l'inviolabilité de Louis XVI. Interrogé, celui-ci justifiait son départ par les menaces dont il avait été l'objet et affirmait qu'il n'avait jamais voulu quitter la France. Il reconnaissait que « l'opinion était en faveur de la Constitution » comme il s'en était rendu compte, disait-il, dans son voyage. On s'orientait donc vers l'absolution du roi. Maís les clubs ne l'entendaient pas ainsi. Les Cordeliers appuyés par un mécontentement ouvrier développé depuis la fermeture des ateliers de charité et l'interdiction par la loi Le Chapelier du 14 juin 1791 de toute association, de tout attroupement ou mouvement de grève de la part d'ouvriers, menaient une campagne de pétitions depuis le 9 juillet pour que le sort du roi soit tranché par la nation. Ne voulant point être en reste, les Jacobins adoptèrent le principe d'une pétition très légaliste qui envisageait le remplacement du roi. Présentée sur l'autel de la patrie, lors du 14 juillet, la pétition en fut retirée lorsque fut connue la décision de l'assemblée qui, travaillée par Barnave, désormais séduit par la cour, avait proclamé l'innocence de Louis XVI en imposant la fiction de l'enlèvement. Elle avait décidé que la Constitution serait soumise au roi et que, s'il l'acceptait, il pourrait reprendre l'exercice de ses pouvoirs. « Allons-nous terminer la Révolution, allons-nous la recommencer ? Un pas de plus serait un acte funeste et coupable, un pas de plus dans la ligne de la liberté serait la destruction de la royauté, dans la ligne de l'égalité la destruction de la propriété. »

Tandis qu'une scission s'opérait aux Jacobins d'où se retiraient les modérés qui fondaient un nouveau club, celui des Feuillants, le 16 juillet, les sociétés fraternelles de Paris prenaient le relais et déposaient le 17 juillet au Champ-de-Mars un texte qui proclamait que « le délit de Louis XVI est prouvé, que ce roi a abdiqué » et qu'il fallait « convoquer un nouveau pouvoir constituant pour procéder d'une manière vraiment nationale, au jugement du coupable et surtout au remplacement et à l'organisation d'un nouveau pouvoir exécutif [27] ». Les Parisiens étaient invités à venir signer en masse cette pétition. La municipalité après avoir interdit tout attroupement, confia à La Fayette le soin d'assurer le maintien de l'ordre. La loi martiale fut proclamée et le drapeau rouge déployé sur l'Hôtel de Ville. Au Champ-de-Mars, des gens, pour la plupart mal vêtus, poussaient des cris : « A bas le drapeau rouge ! A bas les baïonnettes ! Point de roi ! » La garde nationale tira. Ce fut la panique. On compta au moins cinquante tués. Il y eut des arrestations : Vincent, Momoro... Des ordres furent lancés contre Desmoulins, Santerre, Robert... Marat parvint à se cacher ; Danton s'enfuit en Angleterre. Les Cordeliers furent fermés jusqu'au 7 août.

Répression sévère, mais qui ne pouvait masquer une réalité : l'idée de République, jugée encore absurde en 1789, commençait à entrer dans les esprits.

LA CONSTITUTION DE 1791

A l'assemblée le débat sur la Constitution avait repris. Le 5 août 1791, le texte était distribué aux députés. De longues discussions lui furent consacrées. On rendit au roi le droit de grâce ; les ministres furent autorisés à venir à l'assemblée pour participer aux séances ; on modifia le régime électoral : le marc d'argent cessa d'être exigé pour être éligible, mais on éleva le cens nécessaire pour obtenir le droit d'être électeur. Principal inspirateur des modifications, Barnave, désormais gagné à la cour où son influence avait remplacé celle de Mirabeau depuis les liens noués dans le carrosse royal lors du retour de Varennes, écrivait à Marie-Antoinette : « La révision est achevée. Si elle excite les plaintes des classes privilégiées *(car il faut reconnaître qu'aucun privilège n'a été rétabli)* elle donnera satisfaction à tous les partisans éclairés du gouvernement monarchique. »

La Constitution fut votée le 3 septembre ; le 14, le roi ayant accepté la Constitution, vint prêter serment à l'assemblée. L'événement fut suivi de nombreuses fêtes. On donna des représentations gratuites dans les théâtres et tout Paris dansa dans les rues. Fausse unanimité : les Jacobins s'opposaient aux Feuillants ; le chômage persistait et la reine écrivait à Vienne pour solliciter une intervention militaire.

Considérant pourtant sa mission comme achevée, la Constituante décidait de se séparer le 30 septembre 1791. Thouret, son dernier président, s'exclamait dans son discours de clôture : « L'Assemblée nationale a donné à l'État une Constitution qui garantit également et la royauté et la liberté. » Fatale illusion. Rien n'était résolu. La Constitution civile du clergé divisait la France en deux camps irréconciliables ; l'assignat déclenchait déjà un puissant mouvement d'inflation ; le roi n'était pas déterminé à suivre la Constitution et rêvait d'une intervention étrangère tandis que les éléments les plus avancés des clubs parisiens songeaient, eux, à le détrôner.

CHAPITRE V

La chute de la monarchie

Les inquiétudes qu'aurait dû inspirer la situation de la France avaient été noyées dans l'optimisme que suscitait l'élection d'une nouvelle assemblée. On pouvait espérer que la mise en application de la Constitution mettrait fin à l'ère des désordres. En fait celle-ci ne faisait que commencer.

LES DÉBUTS DE LA LÉGISLATIVE

La Constituante avait décidé que ses membres seraient inéligibles à l'Assemblée législative de façon à laisser la place à des hommes nouveaux. Décision qui ne devait que rarement être imitée par la suite.

La procédure des élections était bien moins démocratique que celle qui avait présidé à la désignation des députés aux états généraux. Le suffrage censitaire réservait à la bourgeoisie la représentation nationale. Deux tours étaient prévus. Le premier qui consistait à nommer dans les assemblées primaires des électeurs avait eu lieu en juin, avant la fuite de Varennes, sauf à Paris où 20 sections n'achevèrent les opérations qu'après l'annonce de cet événement. Le second tour eut lieu, alors que les esprits étaient en pleine ébullition, entre le 29 août et le 5 septembre. Il n'y eut pas de conflits de programmes ou d'idées. L'écrasante majorité des députés était d'origine bourgeoise (propriétaires et avocats dominaient, mais on comptait 26 prêtres constitutionnels, 28 médecins et des savants comme Guyton-Morveau). Il s'agissait de notables ayant déjà brigué un mandat local ou des fonctions judiciaires. Ainsi dans l'Aisne, Quinette, ancien notaire, était-il administrateur du département comme Jean de Bry, Ducreux et Joly, Prudhomme juge de paix, Fiquet procureur-syndic du district de Soissons. Ils sont élus en raison de leur notoriété et de leur expérience de ce type d'élection. Même chose dans le Tarn : Esperon était maire d'Albi, Gausserand juge au tribunal de district et Larroque-Labécède membre du directoire du département. Tous affichent des idées modérées à l'exception de quelques députés de Paris comme Brissot et Condorcet ou en province d'un Couthon et d'un Chabot.

La Constituante avait commis une erreur en s'effaçant volontairement. Les nouveaux députés se montrèrent d'emblée hésitants et inexpérimentés. On le vit lorsque l'assemblée, après avoir vérifié ses pouvoirs, prévint le roi et se prépara à le recevoir. Quel serait le cérémonial ? Couthon fit voter le décret du 5 octobre :

« 1. Au moment où le roi entrera dans l'assemblée, tous les membres se tiendront debout et découverts.

« 2. Le roi arrivé au bureau, chacun des membres pourra s'asseoir et se couvrir.

« 3. Il y aura au bureau deux fauteuils semblables, placés sur la même ligne, et celui qui sera à la gauche du président sera destiné pour le roi.

« 4. Dans le cas où, soit le président, soit tout autre membre de l'assemblée aurait été préalablement chargé par elle d'adresser la parole au roi, il ne lui donnera, conformément à la Constitution, d'autre titre que celui de roi des Français. La même chose sera observée dans les députations qui pourront être envoyées au roi.

« 5. Lorsque le roi se retirera, les membres de l'assemblée seront, comme à son arrivée, debout et découverts [1]. »

C'était, en appliquant strictement la Constitution, placer sur un même pied le pouvoir exécutif et le pouvoir législatif. Le décret fut interprété comme portant atteinte à la dignité royale et *Les Révolutions de Paris* s'empressèrent de souligner le fait : « Quand le peuple entendra dire que le roi n'est qu'un fonctionnaire public, qu'on ne l'appelle plus que le roi des Français, que la majesté est réservée à Dieu et aux nations ; quand il verra l'Assemblée nationale jouir de cette supériorité que lui donnent les lois de la nature et de la raison, il appréciera la valeur d'un roi, et les rois appréciés à leur juste valeur sont peu à craindre. »

Le passage du rang de représentant de Dieu sur terre à celui d'officier public était un peu trop rapide pour ne pas choquer. Les députés modérés de la Législative, après s'être laissés emporter par l'éloquence d'un Vergniaud, député de Bordeaux jusqu'alors inconnu, se ressaisirent. Le décret fut rapporté le 6 octobre, et, le lendemain, le président de l'assemblée, Pastoret, reçut avec déférence Louis XVI qui fut l'objet d'une manifestation d'enthousiasme de la part des députés.

De tels renversements de situation révélaient à l'opinion que la Législative était une assemblée particulièrement vulnérable aux pressions. On allait en avoir confirmation par la suite.

Ce n'est que peu à peu que des tendances à défaut de partis s'affirmèrent dans ses rangs. A droite les Feuillants qui portaient le nom du club né de la scission d'avec les Jacobins, se comptaient au nombre de 260 environ. Soumis aux mots d'ordre du triumvirat de la précédente assemblée, Barnave, Duport et Lameth, ils étaient également fascinés par La Fayette. Partisans d'une application stricte de la Constitution mais voyant dans la monarchie constitutionnelle et dans les réformes entreprises sous la Constituante un aboutissement et non un point de départ, ils considéraient que la Révolution était terminée. Ils souhaitaient éviter tout dérapage analogue à la fuite du roi qui avait failli compromettre l'avenir du nouveau régime, mais, contrairement au parti de la cour à peu près absent de l'assemblée, ils étaient hostiles à tout retour au passé. Dans leurs rangs : Théodore de Lameth, frère du triumvir, Vaublanc, l'architecte Quatremère de Quincy, Jaucourt, Ramond, Lemontey, Mathieu-Dumas.

A gauche, 130 députés inscrits aux Jacobins pour la plupart. Venus de Paris ou des ports de l'Atlantique et de la Méditerranée, ils subissaient l'ascendant de Brissot (d'où leur nom de brissotins plus courant que celui de Girondins popularisé par Lamartine) et avaient pour orateurs les députés de Bordeaux, Vergniaud, Guadet, Gensonné et Grangeneuve, pour conscience Condorcet et pour égérie la belle épouse d'un ancien inspecteur des manufactures, Roland. Issus de la moyenne bourgeoisie, démocrates par tempérament mais modérés par intérêt, ils devaient tenir compte d'une extrême gauche qui groupait des membres du club des Cordeliers comme Basire, Chabot et Merlin, ainsi que des individualités qui avaient nom Couthon ou Carnot.

Le centre, appelé aussi Marais, était symbolisé par Pastoret, « une cervelle de renard dans une tête de veau » disait de lui Rivarol, et Beugnot futur préfet du Consulat. Pour l'élection du président de l'assemblée, les Feuillants imposèrent Pastoret qui l'emporta facilement sur le Jacobin Garran de Coulon. Les débats de la Législative trouvaient leur prolongement dans les clubs et les assemblées générales des sections de Paris peu à peu envahies par les citoyens passifs.

Les clubs réunissaient surtout une bourgeoisie aisée (la cotisation au club des Jacobins était de 24 livres) à laquelle venait se mêler, plus particulièrement aux Cordeliers, tout un monde de boutiquiers et d'artisans.

La province ne restait pas indifférente. On comptait 152 filiales du club des Jacobins en 1790, 406 en 1791. A Lille des prêtres constitutionnels, des médecins et des industriels animaient le club des Jacobins et restaient en relations constantes avec les autres sociétés : Douai, Arras, Dunkerque, Valenciennes... Dans l'Est, également patriote car directement menacé par une intervention étrangère, Strasbourg jouait un rôle de pilote avec son club issu d'un cabinet littéraire. Nancy et Metz avaient aussi leurs clubs. Celui de Dijon en Bourgogne était l'un des plus avancés sur le plan politique en raison de l'influence qu'y exerçait Guyton de Morveau.

Lyon restait une ville modérée, malgré la franc-maçonnerie qui y était encore puissante, mais il n'en allait pas de même à Grenoble, Toulon et Marseille où les clubs professaient des idées tout aussi avancées qu'à Dijon. A Toulouse, face aux entreprises contre-révolutionnaires s'était fondée la Société du club littéraire et patriotique des Cent. Là encore la bourgeoisie maçonnique formait l'élément dominant. Bordeaux avait des activités comparables. Dans l'Ouest, Rennes, Brest et Nantes apparaissaient, toujours grâce à leurs clubs, comme des centres de patriotes en terre de contre-révolution [2]. Tous ces clubs diffusaient des mots d'ordre et constituaient un puissant moyen d'action sur l'opinion. Ils étaient relayés de surcroît par des journaux comme la *Chronique strasbourgeoise* d'Hermann. D'abord modérés, les clubs glissèrent peu à peu, surtout après la fuite du roi, vers des idées de plus en plus républicaines. A Montpellier, sous l'influence de Cambon, le club des Jacobins écrivait à la Constituante, le 27 juin 1791 : « Faites de la France une république. La race des rois est malfaisante. » Et à Strasbourg on écrit : « Si le roi commet un crime contre l'État, il faut le raccourcir d'une tête aussi bien qu'on ferait au plus humble porcher. »

En face les Jacobins ne trouvent que peu d'adversaires. L'émigration a privé la contre-révolution de ses cadres (châtelains ou officiers). Seuls les prêtres réfractaires mènent le combat mais dans des conditions difficiles. La violence suffit toujours pour en imposer aux masses : le courant jacobin ne rencontrera pas de résistance, sauf dans l'Ouest, après la journée du 10 août.

LES PREMIÈRES DIFFICULTÉS

La situation laissée par la Constituante était loin d'être saine. Face au problème colonial, elle avait esquivé les difficultés. Sur rapport de Barnave, le décret du 8 mars 1790 avait institué des assemblées, mais sans trancher entre la souveraineté nationale et les aspirations autonomistes. Le 15 mai 1791, elle affirmait que « le corps législatif ne délibérera jamais sur l'état politique des gens de couleur qui ne seraient pas nés de père et de mère libres ». Si l'on admettait, malgré les pressions d'un Moreau de Saint-Méry, les hommes de couleur libres dans la communauté, on consacrait le principe de l'esclavage. A Saint-Domingue les Noirs et les métis se soulevèrent au cours du mois d'août 1791. Les plantations brûlèrent. Le 27 octobre la nouvelle parvint à l'assemblée. Les modérés dénoncèrent aussitôt la responsabilité des amis des Noirs et des démocrates. Millet alla même jusqu'à faire l'apologie de l'esclavage. Brissot riposta, le 1er décembre 1791, en dénonçant le système d'assemblées mis en place par la Constituante et qui favorisait la volonté de séparation des colons. Il réclama une plus juste représentation à laquelle participeraient tous les hommes libres, mais ne dit rien des esclaves. Vergniaud et Guadet souhaitaient ménager les armateurs de Bordeaux. Les nouvelles parvenues en janvier puis en février 1792 prenant un tour inquiétant, les Girondins firent voter, en opposition avec la législation précédente le décret du 28 mars qui stipulait que « les hommes de couleur et nègres libres doivent jouir ainsi que les colons blancs de l'égalité des droits politiques ». Mais on éludait la question de l'esclavage.

Conséquence de la révolte de Saint-Domingue : le café, le sucre et le rhum qui avaient pris une place non négligeable dans les consommations de la métropole, n'arrivaient plus. Le prix des denrées coloniales monta, ajoutant au renchérissement de la vie déjà provoqué par la baisse de l'assignat. Des désordres éclatèrent sur les marchés ; on dénonçait les accapareurs et on réclamait le maintien autoritaire des prix. A Étampes, le maire, Simoneau, qui avait refusé la taxation, fut massacré par la foule, le 3 mars 1792.

Dans les campagnes les paysans découvraient que les redevances féodales n'avaient pas disparu : elles étaient simplement rachetables. De la déception on passa à la colère : des châteaux furent incendiés dans le Centre et dans le Midi.

Le conflit entre réfractaires et constitutionnels persistait. Des troubles avaient éclaté en Vendée où les réfractaires remariaient et rebaptisaient à la suite des cérémonies célébrées par les assermentés. En Lozère des paysans s'en prenaient aux patriotes de Mende.

Avignon, encore enclave pontificale, était à feu et à sang. Les partisans de l'annexion à la France, avec pour chefs Jourdan Coupe-Tête et Duprat, s'étaient emparés de la ville et avaient imposé comme principal officier municipal Lescuyer. A la nouvelle du décret d'annexion d'Avignon à la France, les pontificaux se soulevèrent et massacrèrent Lescuyer. Les patriotes ripostèrent à leur tour par une tuerie d'aristocrates dont les corps furent jetés dans la Tour de la Glacière.

LE PROBLÈME DES ÉMIGRÉS

Plus menaçant encore était le problème de l'émigration. La Législative s'inquiétait de voir s'élever le nombre des émigrés. Ce n'était plus seulement les régions frontalières mais l'ensemble du pays qui était touché. Aux anciens seigneurs s'ajoutaient les cadres de l'armée.

La première émigration avait été « de sécurité ». Mallet du Pan, journaliste suisse, écrivait : « Quiconque considérera impartialement les seules et véritables causes de l'émigration, les trouvera dans l'anarchie. Si la liberté individuelle n'eut pas été formellement menacée, si l'on n'avait pas mis en pratique le dogme insensé prêché par les factieux que les crimes de la multitude sont les jugements du ciel, la France eût conservé les trois quarts de ses fugitifs. » Et en effet, comme le constatait une aristocrate : « On nous brûlait, on nous assassinait dans nos châteaux, on nous massacrait. » A trop citer le journal de M. d'Espinchal parti dès le 17 juillet 1789, dans la suite du comte d'Artois, et qui, de Bruxelles à Cologne et de Lucerne à Naples, mêle bals masqués et réceptions, intrigues galantes et excursions [3], on a fini par oublier cet aspect de l'émigration : la nécessité de se mettre en sécurité.

Puis l'honneur entra en jeu. « Dès que le mot d'honneur fut appliqué à ceux qui partaient, le mot d'égoïsme et de peur à ceux qui restaient, tout le troupeau sauta. On ne courut plus devant la gloire, on s'enfuit devant le déshonneur. Voilà ce que fut l'émigration : un douloureux sacrifice suivi d'une loyale duperie [4]. »

Le comte d'Artois est à l'origine de ce mouvement. « Il ne suffit pas de se mettre à l'abri des vexations, il faut encore opposer une digue à la Révolution », écrit l'abbé Georgel. Une telle conception de l'émigration ne pouvait que finir par inquiéter la Législative. A l'hémorragie d'hommes s'ajoutait une menace pour la Révolution.

A la cour de Turin de 1789 à 1791 succéda, autour du comte de Provence et non plus du seul comte d'Artois, celle de Coblence où les deux frères de Louis XVI trouvèrent refuge. Le prince-évêque de Trèves, Clément-Wenceslas de Saxe était le frère de Marie-Josèphe de Saxe, la mère de Louis XVI. Il offrit au comte d'Artois le château de

Schönbornlust qui devint le quartier général de l'émigration, même si les princes préférèrent la ville de Coblence elle-même.

Des projets y furent élaborés. A l'époque de la cour de Turin, on avait constitué « un maquis royaliste », le camp de Jales, en Ardèche, avec lequel des troupes d'émigrés venues de Turin auraient assuré une jonction. La manœuvre avait échoué, mais les militaires du camp s'étaient regroupés à l'étranger. De son côté le comte de Bussy avait formé une légion bourguignonne. Mirabeau-Tonneau, frère du tribun, pouvait s'appuyer sur une force de 1 800 hommes au moment où il mourut. Mais c'est au prince de Condé, ancien de la guerre de Sept Ans et bon stratège, que revint l'organisation d'une véritable armée. N'en exagérons pas l'importance. Condé ne parvint qu'à former une vingtaine de régiments ne dépassant pas les 400 recrues. « Certains de ces régiments, tels ceux de Vexin, de Dillon, de Berwick, de Wittgenstein, avaient une instruction sérieuse ; les formations de cavalerie, Royal-Allemand, Saxe, Bercheny, chasseurs de Polignac, se montrèrent excellents au combat en dépit de leur recrutement hétéroclite [5]. » Hétéroclite est le mot qui convient le mieux pour qualifier cette armée qui entendait faire la reconquête de la France. « C'était, reconnaît Chateaubriand qui en fut, la dernière représentation de l'ancienne France militaire, un assemblage confus d'hommes faits, de vieillards, d'enfants, descendus de leurs colombiers, jargonnant normand, breton, picard, auvergnat, gascon, provençal, languedocien. Un père servait avec ses fils, un beau-père avec son gendre, un oncle avec ses neveux, un frère avec un frère, un cousin avec un cousin. Cet arrière-ban, tout ridicule qu'il paraissait, avait quelque chose d'honorable et de touchant parce qu'il était animé de convictions sincères [6]. » Damas dans ses *Mémoires* est moins indulgent : « Concentrée à l'intérieur autour du roi, la noblesse eût peut-être sauvé la monarchie ; au-delà des frontières, il n'y eut peut-être plus que milliers de braves gens, mauvais soldats, indisciplinés et indisciplinables et quelques centaines d'oisifs pleins d'honneur et d'inconvénients, souvent à charge et rarement intéressants [7]. »

Ce qui faisait surtout défaut c'était la cohésion politique. Des divergences sérieuses opposaient le comte de Provence au comte d'Artois sur l'avenir de la France au moment de la reconquête. Calonne jouait au Premier ministre avec le maréchal de Broglie, le marquis de Jaucourt et d'Avaray comme conseillers. Breteuil de son côté s'efforçait de gagner la Prusse et l'Autriche à la cause royale. Chacun travaillait en fait pour lui.

Mais la menace pour la Révolution était réelle. Dès le 1er août 1791, la Constituante avait pris un décret contre les émigrés, mais ses effets avaient été annulés par l'amnistie générale.

Louis XVI, les 13 et 14 octobre 1791, avait exhorté les officiers à retourner à leur poste, mais il s'agissait surtout dans sa pensée de prévenir des mesures plus sévères. Brissot appelait en effet les députés à considérer comme criminels les émigrés non rentrés dans un délai de deux mois et à confisquer leurs biens. Le comité de législation lui emboîta le pas et l'assemblée finit par voter un décret dans ce sens le 9 novembre. Le comte de Provence, par un autre décret du 31 octobre, était sommé de rentrer sous peine d'être déchu de ses droits au trône.

Le 29 novembre, l'assemblée votait un autre décret touchant les ecclésiastiques réfractaires. Était déclaré suspect tout prêtre refusant le serment ; il perdait sa pension et se voyait menacé de deux ans d'emprisonnement. Les partages d'église entre constitutionnels et insermentés étaient interdits.

Le roi opposa son veto aux décrets sur les émigrés et les réfractaires. Il ne faisait qu'user de son droit. Mais il apparaissait ainsi comme le protecteur des ennemis de la Révolution. La presse dénonça aussitôt le veto, « ce boulet que l'Assemblée nationale s'est condamnée à traîner avec elle ».

L'EUROPE FACE A LA RÉVOLUTION

Louis XVI continuait à espérer une intervention militaire des autres souverains.

Les événements de Paris avaient été suivis dans toute l'Europe avec une grande attention depuis la chute de la Bastille. Écrivains, savants, avocats ou médecins s'enflammaient en Allemagne, en Angleterre ou en Italie pour la Révolution française. De Kant à Wordsworth, de Goethe à Forster, ce n'était qu'un cri d'enthousiasme, une admiration bruyante pour les idées nouvelles.

Les chancelleries, il est vrai, gardaient leur sang-froid. A l'est, on était surtout préoccupé par un nouveau partage de la Pologne et on se réjouissait de l'impossibilité où se trouvait la France de le contrecarrer. En Angleterre on savourait les événements de Paris comme une revanche de l'aide apportée par Louis XVI aux insurgés américains.

Au demeurant la Révolution se faisait rassurante. Elle « déclarait la paix au monde » et affirmait : « La nation française renonce à entreprendre aucune guerre dans la vue de faire des conquêtes et n'emploiera jamais ses forces contre la liberté d'aucun peuple. »

Mais de l'absence de guerres de conquête à l'annexion pure et simple d'une province à la demande de ses habitants insurgés, la différence parut mince après la transformation d'Avignon et du comtat Venaissin en un département français : le Vaucluse.

De plus les idées révolutionnaires gagnaient le Rhin et le nord de l'Italie. Volney s'exclamait le 18 mai 1790 : « Vous allez délibérer pour l'univers et dans l'univers. » Et Mirabeau de surenchérir : « Nous travaillons pour le genre humain. » On avait vu défiler à la Constituante, le 19 juin 1790, sous la houlette du baron rhénan Anacharsis Cloots, un cortège d'Anglais, d'Allemands, d'Espagnols, d'Italiens et de Turcs, « premiers plénipotentiaires de la paix, ambassadeurs du genre humain ». Sur un point plus précis les princes possessionnés allemands en Alsace s'inquiétaient des revendications de leurs paysans qui entendaient voir appliquer les réformes décidées dans la nuit du 4 août. Dans son rapport à la Constituante, Merlin de Douai avait réfuté toute compétence de l'empire. Il ne reconnaissait d'autres règles que celles de la justice et répudiait tous les contrats, « fruits des erreurs des rois et des ruses de leurs ministres ». Les ci-devant fiefs régaliens d'Alsace n'étaient, assurait-il, que des propriétés soumises à la souveraineté française comme toute l'Alsace. Mais les princes allemands ne l'entendaient pas ainsi. L'arrestation de Louis XVI à Varennes créait enfin un précédent fâcheux pour le prestige des autres souverains. L'empereur Léopold qui avait succédé à Joseph II le 27 février 1790, ne pouvait entièrement rester sourd aux appels de sa sœur Marie-Antoinette. Louis XVI ayant été suspendu après l'échec de Varennes, il dut se décider à agir. Le 10 juillet 1791, il proposait aux souverains d'Europe d'envoyer en commun une déclaration à la Constituante, la priant de respecter « la liberté pleine et entière » de Louis XVI. Pour avoir les mains libres, il traitait avec la Turquie à Sistowa, le 4 août. Mais Montmorin, sur la suggestion de Barnave, chargeait le marquis de Noailles, ambassadeur à Vienne, de rassurer l'empereur : Louis XVI serait rapidement rétabli sur le trône. Rassuré, Léopold, lors de l'entrevue de Pillnitz avec le roi de Prusse, disposé quant à lui à faire la guerre, se retrancha derrière la nécessité d'un consensus général des puissances. La déclaration du 27 août se contenta d'affirmer : « L'empereur et le roi de Prusse regardent la situation où se trouve actuellement le roi de France comme un objet d'un intérêt commun à tous les souverains de l'Europe. Ils espèrent que ceux-ci ne refuseront pas d'employer, conjointement avec eux, les moyens les plus efficaces, relativement à leurs forces, pour mettre le roi de France en état d'affermir, dans la plus parfaite liberté, les bases d'un gouvernement monarchique également convenable aux droits des souverains et au bien-être de la nation française. Alors, et dans ce cas, l'empereur et le roi de Prusse sont résolus d'agir promptement, d'un mutuel accord, avec les forces nécessaires pour obtenir le but proposé et commun. »

LA DÉCLARATION DE GUERRE

En France un courant se développait en faveur de la guerre. Le roi ne pouvait qu'y trouver avantage. Ou le conflit était victorieux et son prestige en sortait rehaussé, ou il tournait mal et les puissances européennes le rétablissaient dans ses anciennes prérogatives. Le 7 octobre, il affirmait devant l'assemblée, trahissant son arrière-pensée : « J'espère que nous ne serons troublés par aucune agression du dehors. J'ai pris, depuis que j'ai accepté la Constitution, et je continue de prendre les mesures qui m'ont paru les plus propres à fixer l'opinion des puissances étrangères à notre égard et à entretenir avec elles l'intelligence et la bonne harmonie qui doivent nous assurer la paix *(applaudissements)*. J'en attends les meilleurs effets, mais cette espérance ne me dispensera pas de suivre avec activité les mesures de précaution que la prudence a dû prescrire *(nouveaux applaudissements)* [8]. »

La Fayette était partisan de la guerre : il en attendait le commandement d'une armée qui, jointe à la garde nationale, chasserait les Jacobins.

La gauche de l'assemblée souhaitait également la guerre. Répondant au discours de Louis XVI du 7 octobre, Brissot, le 20, affirmait que la France n'avait rien à craindre de la guerre. Les peuples étaient favorables aux idées françaises et abandonneraient leurs rois dès le début du conflit. « Si le gouvernement de Londres nous hait, s'exclamait-il, le peuple anglais aime notre Révolution. » La Russie lui semblait peu dangereuse et la Prusse se ruinait à payer des soldats qui lui obéissaient mal. Ministre des Affaires étrangères, Montmorin aurait pu redresser ces jugements erronés, mais, accusé de complicité dans la fuite du roi, il devait remettre sa démission le 31 octobre.

Son remplaçant fut difficile à trouver. Précédemment ministre de l'Intérieur, Claude De Lessart (ou Delessart), un ancien protégé de Necker, prit sa succession. Bertrand de Molleville eut la Marine, Tarbé les Finances, Duport-Dutertre, la Justice. Le comte Louis de Narbonne, seule forte personnalité de ce ministère reçut le portefeuille de la Guerre. Fils naturel de Louis XV et de la duchesse de Narbonne-Lara, il était poussé par Mme de Staël qui aurait souhaité en faire le successeur de Montmorin, mais Marie-Antoinette s'y était opposée. L'intervention de Barnave avait permis de lui attribuer les problèmes militaires.

Soucieux de plaire à l'assemblée, Narbonne allait, contre le vœu de Duport-Dutertre et de Lessart, se rallier à l'idée de la guerre que réclamaient avec une fougue de plus en plus grande les Brissotins. Ainsi Isnard, député du Var, lançait-il, le 29 novembre : « La France est devenue le peuple le plus marquant de l'univers ; il faut que sa conduite réponde à sa nouvelle destinée. Esclave, il fut intrépide et grand, libre serait-il faible et timide ? Un peuple en état de révolution est invincible, l'étendard de la liberté est celui de la victoire... Disons à l'Europe que les Français voudraient la paix, mais que, si on les force à tirer l'épée, ils en jetteront le fourreau bien loin et n'iront le chercher que couronnés des lauriers de la victoire. Disons à l'Europe que nous respecterons toutes les Constitutions des divers empires, mais que, si les cabinets des cours étrangères tentent de susciter une guerre des rois contre la France, nous leur susciteront une guerre des peuples contre les rois [9]. »

Le courant belliciste fut conforté par la venue de Louis XVI à l'assemblée, le 14 décembre, pour y annoncer que si, après le 15 janvier, les rassemblements d'émigrés n'avaient pas été dispersés par l'électeur de Trèves, il entrerait en guerre contre l'électorat. Et Narbonne de surenchérir : « Le cri de la guerre sera le signal de l'ordre. »

Aux inquiétudes de certains ministres feuillants, conscients que la

France n'est pas prête pour une guerre et que cette guerre risque de compromettre l'avenir de la Constitution, vint s'ajouter aux Jacobins, la voix de Robespierre : « Je ne viens point caresser l'opinion du moment, ni flatter la puissance dominante. Je ne veux non plus conseiller un lâche système de faiblesse. Je veux aussi la guerre, mais comme l'intérêt de la nation le veut. Domptons nos ennemis intérieurs et marchons ensuite contre nos ennemis extérieurs, si alors il en existe encore [10] ! » Priorité donc aux adversaires de l'intérieur : « Non, Coblentz n'est point une seconde Carthage ; le siège du mal n'est point à Coblentz, il est au milieu de nous. Avant de courir à Coblentz, mettez-vous au moins en état de faire la guerre... Il ne faut point déclarer la guerre actuellement. Il faut avant tout faire fabriquer partout des armes sans relâche. Il faut armer les gardes nationaux, il faut armer le peuple. »

Mais Brissot le pulvérisa : « La Révolution a bouleversé toute la diplomatie. Quoique les nations ne soient pas encore libres, toutes pèsent dans la balance politique, les rois sont forcés de compter avec elles. » Hérault de Séchelles, ancien avocat général au Parlement de Paris et qui siégeait à gauche, soutint que la guerre permettrait de briser la contre-révolution en permettant d'appliquer des dispositions que l'état de paix pourrait faire trouver trop rigoureuses. C'était annoncer la Terreur. En vain Robespierre revint-il à la charge : « Avant de vous égarer dans la politique et dans les États des princes de l'Europe, commencez par ramener vos regards sur votre position intérieure ; remettez l'ordre chez vous avant de porter la liberté ailleurs. » On s'acheminait, avec la crise provoquée par les rassemblements armés d'émigrés sur le Rhin, vers une épreuve de force avec l'Allemagne.

Mais voici que cette guerre tant souhaitée par les brissotins parut s'éloigner. Léopold invitait en effet l'électeur de Trèves à dissoudre les groupes d'émigrés et l'archevêque s'inclinait. Le 21 décembre 1791, il informait Paris de sa décision. Mais le chancelier Kaunitz ajoutait que si l'archevêque de Trèves était néanmoins attaqué, l'Autriche volerait à son secours.

Le 14 janvier Gensonné s'emparait de la menace de Kaunitz pour proposer un projet de décret invitant le roi à demander à l'empereur « au nom de la nation française » de faire savoir qu'il s'engageait à ne rien entreprendre contre la France. Guadet allait jusqu'à dénoncer un prétendu « comité autrichien » dont la reine serait l'inspiratrice.

Brissot prit ensuite la parole pour prononcer un véritable réquisitoire contre l'Autriche. Mais dans la lutte qui s'annonçait, la France avait besoin d'alliés. On imaginait que la Prusse, en souvenir de l'hospitalité accordée par Frédéric II à Voltaire, n'interviendrait pas. On escomptait une alliance anglaise en échange de Tabago et des îles de France et de Bourbon. On allait jusqu'à envisager de céder Calais et Dunkerque. Certains parlaient même de donner la couronne de Louis XVI au duc d'York. Talleyrand fut envoyé à Londres mais sa mission se solda en février 1792 par un total échec. Il en fut de même à Berlin pour Ségur.

Mais les brissotins ne désarmaient pas. Ils prirent pour cible le médiocre de Lessart. Le renvoi de Narbonne par le roi qu'il avait excédé, le 9 mars, et son remplacement par le colonel de Grave, fournit le prétexte rêvé pour abattre les ministres feuillants. L'assemblée, à l'annonce de la disgrâce de Narbonne, déclara que le ministre « emportait les regrets de la nation ». Vergniaud rendit de Lessart responsable de ce renvoi et le fit décréter d'accusation. Terrifiés, les autres ministres remirent leur démission. Ce fut une formation girondine que le roi, faute de mieux, dut accepter.

De Grave resta à la Guerre ; Lacoste eut la Marine, Duranton la Justice. Le banquier Clavière reçut les Finances et Roland l'Intérieur. Tous les deux appartenaient au clan girondin. Les Affaires étrangères revinrent à Charles François du Périer dit Dumouriez qui avait fait ses premières armes lors de la guerre de Sept Ans, rempli diverses missions en Italie, en Espagne et en Pologne, commandé à Cherbourg, trempé dans la diplomatie secrète avant d'embrasser les idées révolutionnaires et de recevoir le commandement de Niort, ville où il se lia au girondin Gensonné. Dumouriez était un admirateur fervent de la Prusse et un ennemi de l'Autriche. D'une grande habileté, il avait su se concilier également l'intendant de la liste civile du roi, Laporte, et c'est sur la recommandation de ce dernier que Louis XVI l'accepta comme ministre.

Dumouriez était résolu à faire la guerre. Et lui aussi avait des arrière-pensées : la défaite, en emportant le trône, en ferait un dictateur ; la victoire en consolidant la monarchie, en ferait un connétable.

D'emblée il renvoya les chefs de bureau suspects de complaisance avec l'Autriche et les remplaça par des hommes nouveaux : Bonne-Carrère, nommé directeur général, Lebrun, premier commis et futur ministre, Noël pour les affaires allemandes. Un mouvement diplomatique accompagna ces changements dans l'administration centrale.

Le plan de Dumouriez était simple : « Se tenir sur une défensive exacte partout où des montagnes comme les Alpes et les Pyrénées, la mer ou une rivière comme le Rhin présentaient une barrière naturelle et porter la guerre au-dehors partout ailleurs. » Partout ailleurs, c'est-à-dire au nord, dans les Pays-Bas autrichiens qui venaient de se soulever récemment contre Vienne et où la répression avait laissé des traces, et au sud, dans les États du royaume de Sardaigne jusqu'aux Alpes.

Dans le même temps Dumouriez espérait détacher les petites puissances allemandes de la cause autrichienne ; il escomptait la neutralité de la Suède où Gustave III venait d'être assassiné. Après s'être montré menaçant, il pensait pouvoir gagner le roi de Sardaigne en lui promettant Milan alors possession autrichienne.

Résolu à frapper le premier, il adressait le 27 mars 1792 un véritable ultimatum à Vienne : si les armements autrichiens se poursuivaient, la France les considérerait comme une véritable déclaration de guerre.

Les initiatives de Dumouriez ne suscitèrent aucune réprobation du roi ; bien au contraire. Marie-Antoinette envoyait en effet à Vienne un émissaire secret, Goguelat, pour faire savoir au cabinet autrichien, qu'aussitôt la guerre déclarée, « une grande partie de la nation se rallierait autour du trône et aiderait les libérateurs ».

Or, à Vienne, le pacifique Léopold était mort le 1er mars. François II qui le remplaça, âgé seulement de vingt-quatre ans, était d'esprit plus belliqueux.

Tous les éléments nécessaires à l'éclatement d'un conflit se trouvaient donc réunis.

Lorsque le rejet de l'ultimatum français fut connu, l'Assemblée législative se réunit le 20 avril. Il n'y eut qu'un orateur en faveur de la paix, Becquey, représentant de la Haute-Marne. Pastoret lui-même ouvrit le feu : « La liberté va triompher ou le despotisme va nous détruire. Jamais le peuple français ne fut appelé à de plus hautes destinées. Nous ne pouvons douter du succès d'une guerre entreprise sous de si généreux auspices, la victoire sera fidèle à la liberté. » Le Toulousain Mailhe hurlait : « Le peuple veut la guerre, hâtez-vous de céder à sa généreuse impatience. » Merlin de Thionville eut une formule qui devait rester célèbre : « Il faut déclarer la guerre aux rois et la paix aux nations ! »

Le décret décidant la guerre ne rencontra que sept opposants dont Becquey, Théodore de Lameth, Jaucourt et Mathieu Dumas. Voté dans une atmosphère d'enthousiasme, il était ainsi rédigé : « L'Assemblée nationale, délibérant sur la proposition formelle du roi, considérant que la cour de Vienne, au mépris des traités, n'a cessé d'accorder une protection ouverte aux Français rebelles, qu'elle a provoqué et formé un concert avec plusieurs puissances de l'Europe contre l'indépendance et la sûreté de la nation française, que François Ier, roi de Hongrie et de Bohême [11], a, par ses notes des 18 mars et 7 avril derniers, refusé de renoncer à ce concert ; que malgré la proposition qui lui a été faite par la note du 11 mars 1792, de réduire de part et d'autre à l'état de paix les troupes sur les frontières, il a continué et augmenté des préparatifs hostiles ; qu'il a formellement attenté à la souveraineté de la nation française en déclarant vouloir soutenir les prétentions des princes allemands possessionnés en France auxquels la nation française n'a cessé d'offrir des indemnités ; qu'il a cherché à diviser les citoyens français et à les armer les uns contre les autres, en offrant aux mécontents un appui dans le concert des puissances ; considérant enfin que le refus de répondre aux dernières dépêches du roi des Français ne laisse plus d'espoir d'obtenir par la voie d'une négociation amicale le redressement de ces différents griefs, et équivaut à une déclaration de guerre, décrète qu'il y a urgence. L'Assemblée nationale décrète que la nation française, fidèle aux principes consacrés dans la Constitution, de n'entreprendre aucune guerre dans la vue de faire des conquêtes et de n'employer jamais ses forces contre la liberté d'aucun peuple, ne prendra les armes que pour le maintien de sa liberté et de son indépendance ; que la guerre qu'elle est forcée de soutenir n'est point une guerre de nation à nation, mais la juste défense d'un peuple libre contre l'injuste agression d'un roi.

« Que les Français ne confondront jamais leurs frères avec leurs véritables ennemis, qu'ils ne négligeront rien pour adoucir le fléau de la guerre, pour ménager et conserver les propriétés et pour faire tomber sur ceux-là seuls qui se ligueront contre sa liberté tous les malheurs inséparables de la guerre.

« Qu'elle adopte d'avance tous les étrangers qui, abjurant la cause de ses ennemis viendront se ranger sous ses drapeaux et consacrer leurs efforts à la défense de sa liberté, qu'elle favorisera même par tous les moyens en son pouvoir leur établissement en France.

« Délibérant sur la proposition formelle du roi, et après avoir décrété l'urgence, décrète la guerre contre le roi de Hongrie et de Bohême. »

A l'annonce de la guerre, la Bourse, encore modeste alors, monta. Dans sa *Chronique de Paris*, Condorcet, approuvant cette « croisade de la liberté », lançait le mot d'ordre : « Paix aux chaumières, guerre aux châteaux ! »

LA GUERRE

Lourde responsabilité que celle prise par les brissotins et Dumouriez en engageant la France dans une guerre pour laquelle elle n'est pas prête.

Non seulement la conjoncture économique était défavorable (l'argent faisait défaut) mais l'armée n'était pas en état d'affronter un adversaire. L'émigration lui avait en effet enlevé cadres (6 000 sur 9 000 officiers) et soldats. Narbonne avait tenté de compléter les effectifs en incorporant dans les troupes de ligne des volontaires venus de la garde nationale, mais il s'était heurté aux réticences de l'assemblée et aux problèmes d'amalgame.

L'armée se composait de 150 000 hommes dont 110 000 fantassins, 30 000 cavaliers et 10 000 artilleurs. Elle avait été renforcée, dès 1791, de volontaires, des jeunes venus du monde de l'échoppe et de la boutique [12]. Ces « habits bleus » s'opposaient aux troupes anciennes, les « habits blancs ».

L'arrivée des contingents départementaux qui suivit le grand élan patriotique de 1792 se fit dans le plus grand désordre. Le Nord et l'Est organisèrent rapidement leurs bataillons. Le Jura par exemple en fournit sept, prêts en six semaines ; la Meurthe, les Vosges, le Haut-Rhin firent des miracles. Mais le Sud-Ouest était à la traîne. Paris qui aurait dû fournir six bataillons, n'en envoya que trois.

Le matériel manquait. Un adjudant-général écrivait à Brissot : « Les tentes, les marmites, les bidons, les canons, les munitions, les outils n'arrivent que successivement et en petit nombre ; quand on a une chose, l'autre manque... Le soldat est défiant, mutin et mal discipliné ; les plaintes sont inutiles parce qu'il n'y a plus de moyens de punir. Nous n'avons que des troupes très neuves, très négligentes et très peu accoutumées aux fatigues, qui murmurent quand les officiers exigent des choses qui leur paraissent pénibles. Ce n'est pas avec des adresses, des pétitions, des fêtes et des chansons qu'on résiste à des troupes aguerries, disciplinées, faites à la tactique et commandées par d'excellents officiers [13]. » La désertion fit des ravages, surtout dans la cavalerie. Ainsi les hussards de Saxe disparurent de leur camp dans la nuit du 9 au 10 mai.

Du coup l'offensive déclenchée le 28 avril en Belgique avec pour objectif de surprendre les Autrichiens, se transforma en désastre. Le général Dillon fut massacré par ses propres troupes. Robespierre triomphait : « Quand les orateurs qui nous excitaient à la guerre, écrivait-il dans son *Défenseur de la Constitution*, nous montraient les armées autrichiennes désertant les étendards du despotisme pour voler sous le drapeau tricolore, et le Brabant tout entier s'ébranlant pour accourir au-devant de nos lois ; nous pouvions nous attendre à un début plus heureux, nous devions croire qu'on avait pris les mesures nécessaires pour réaliser ces magnifiques prédictions ! »

Ce sont les affaires de Pologne qui sauvèrent la Révolution. La Russie poussait la Prusse et l'Autriche à intervenir en France pour avoir les mains libres à l'est. Prussiens et Autrichiens n'étaient pas dupes. Eux-mêmes divergeaient quant au sort de la Pologne. Tandis que l'Autriche souhaitait maintenir l'existence d'un État polonais, la Prusse s'engageait dans la guerre avec la France avec l'arrière-pensée d'un démembrement définitif du royaume polonais.

Le choix du duc de Brunswick comme général en chef des forces austro-prussiennes aggrava encore les temporisations des alliés. Brunswick était peu favorable à un conflit avec la France. Plus philosophe que guerrier, « il était de ceux qui manquent la victoire pour s'être trop préoccupés d'assurer la retraite ». Il pratiquait une stratégie prudente, toute de tâtonnements et de précautions.

Lors de la conférence de Sans-Souci, le 12 mai, le roi de Prusse fit décider une marche sur Paris. Les alliés comptaient sur 100 000 Autrichiens, 42 000 Prussiens et l'armée de Hesse-Cassel, seul prince allemand à intervenir directement. S'y ajoutaient 20 000 émigrés. A ce sujet, Mallet du Pan avait reçu mission de la reine, sur la suggestion de Montmorin qui continuait à conseiller la cour, de prévenir les frères du roi de ne pas participer à la coalition pour éviter d'exciter le sentiment national contre eux-mêmes et contre Louis XVI. Il fallait garder au conflit le caractère d'une guerre étrangère. Mais par ailleurs Louis XVI invitait les alliés à faire savoir « avec force à l'Assemblée nationale, aux corps administratifs, aux ministres, aux municipalités, aux individus qu'on les rendrait responsables personnellement et particulièrement, dans leurs corps et biens, de tous attentats commis contre la personne du roi, contre celle de la reine et de leur famille, contre les vies et propriétés de tous les citoyens ». On trouvait en germe dans ces instructions le manifeste qu'allait lancer le duc de Brunswick.

LA CHUTE DE LA MONARCHIE

Devant le péril, l'assemblée siégeait en permanence. Le 7 mai 1792, elle décrétait la déportation des prêtres réfractaires sur simple dénonciation. Le 29, elle décidait la dissolution de la garde constitutionnelle du roi. Le 8 juin enfin, elle décidait qu'un camp de 20 000 fédérés venus des départements serait formé devant Paris pour la fête du 14 juillet.

Louis XVI céda sur la question de la dissolution de sa garde constitutionnelle dont le chef, le duc de Brissac, fut déféré devant la Haute Cour instituée à Orléans pour y juger les crimes contre la nation. En revanche il opposa son veto aux deux autres décrets.

Les divergences éclatèrent aussi au sein du ministère. Dumouriez prenait ses distances vis-à-vis des brissotins. Il s'entendait fort mal avec le ministre de la Guerre Servan qui avait remplacé, le 10 mai, l'incapable de Grave. Roland ayant voulu sermonner le roi, celui-ci, encouragé par Dumouriez, le renvoya ainsi que Servan et Clavière. D'obscurs Feuillants, Chambonas, Lajard et Terrier-Monciel les remplacèrent.

Dumouriez conseillait au roi de sanctionner les décrets pour gagner du temps en attendant des victoires qui, confortant l'autorité de Dumouriez, lui permettrait de balayer les éléments avancés de l'assemblée. Louis XVI refusa de le suivre. Dumouriez se tourna alors vers la Législative, mais il y fut mal accueilli lorsqu'il révéla la gravité de la situation militaire qui infirmait toutes ses prédictions. Il ne lui restait plus qu'à donner sa démission de ministre et à prendre un commandement à l'armée du Nord.

La Fayette crut-il son heure venue ? Il écrivit à l'assemblée une lettre menaçante où il dénonçait les intrigues des Jacobins. Le centre et la droite en votèrent l'impression.

Les Girondins (ce terme l'emportait peu à peu sur celui de *brissotins*) s'inquiétèrent. Le péril militaire se précisait. Leur influence diminuait à l'assemblée et ils avaient dû abandonner le ministère.

En liaison avec les Jacobins et surtout la municipalité de Paris, ils organisèrent une marche sur les Tuileries, le 20 juin 1792.

La municipalité était en effet tenue par le Girondin Pétion. Bailly avait remis sa démission le 19 septembre 1791, encore sous le coup de la fusillade du Champ-de-Mars. La Fayette s'était porté candidat à sa succession, abandonnant, le 8 octobre, le commandement de la garde nationale. C'était lâcher la proie pour l'ombre. Son élection paraissait acquise à la mairie. Mais son adversaire, Pétion, obtint 63 % des suffrages. La reine avait, dit-on, encouragé à voter contre La Fayette. En fait ce dernier fut surtout victime de la défection massive de la bourgeoisie conservatrice (10 % seulement des citoyens actifs prirent part au vote) tandis que les éléments avancés venus des professions économiques se mobilisaient. Le procureur-syndic Manuel prit pour substitut le cordelier Danton. D'un seul coup les autorités parisiennes basculaient dans le camp démocrate.

La garde nationale cessa d'autre part d'être sûre après le départ de La Fayette. La loi du 28 juillet 1791 avait certes rappelé qu'elle ne devait être composée que de citoyens actifs, mais on y avait maintenu les citoyens passifs admis au début de la Révolution à condition qu'ils ne fussent pas « malintentionnés ».

Les clubs avaient retrouvé leur activité, malgré la loi du 30 septembre 1791 qui entendait leur interdire toute pétition, toute dénonciation, toute correspondance avec d'autres clubs, mesures combattues efficacement par Robespierre aux Jacobins qui s'étaient remis du coup porté par la scission des Feuillants. Les sociétés fraternelles s'étaient multipliées à l'instar des Amis des droits de l'homme et du citoyen dont la création revint à Chaumette.

L'action des feuilles démocrates se faisait de plus en plus sentir : *Les Révolutions de Paris, L'Ami du peuple, Le Patriote français, Le Thermomètre du jour* de Dulaure, *L'Orateur du peuple...*

La misère fournissait aux démocrates des troupes combatives et exaspérées par la loi Le Chapelier qui interdisait coalitions et attroupements. Un exutoire avait été fourni par les engagements de volontaires prévus par la loi du 22 juin 1791. Le renvoi des travailleurs provinciaux des ateliers de charité dissous aurait dû alléger le poids du chômage, mais les secours distribués contribuaient à détourner beaucoup d'ouvriers de leurs départements d'origine où ils n'auraient pas bénéficié d'une pareille assistance. La vie chère augmentait le nombre des pauvres. Des pillages de convoi et des saccages de boutiques au début de 1792 avaient révélé la nervosité du petit peuple à Paris. On prenait goût à la violence ; plus grave, on s'armait. « C'est alors que la pique devint tout ensemble le symbole de la force populaire, l'emblème souvent représenté, la menace brandie, mais aussi l'arme distribuée partout à ceux qui n'étaient dotés ni de fusils ni d'uniformes, qui ne pouvaient appartenir à la garde nationale [14]. » Il y eut une pétition des dix mille piques et Robespierre lui-même déclarait : « Cette arme est en quelque sorte sacrée. »

La fête devenait aussi une forme de combat. D'un côté, le 15 avril 1792, étaient célébrés les Suisses de Châteauvieux, victimes de la répression ; de l'autre, on exaltait, le 3 juin, Simoneau, maire d'Étampes, massacré pour s'être opposé à la taxation sur les marchés.

On s'acheminait ainsi vers l'épreuve de force.

La journée du 20 juin ne fut qu'un brouillon de celle du 10 août. Le prétexte invoqué : célébrer le quatrième anniversaire du serment du Jeu de paume en plantant sur la terrasse des Feuillants aux Tuileries un arbre de la liberté. Bien encadrés par des meneurs comme le brasseur Santerre ou Fournier dit l'Américain, par Legendre et Saint-Huruge, les manifestants demandèrent à être reçus par l'assemblée. Celle-ci voulut passer outre, mais les couloirs furent envahis. On admit une délégation dont le chef s'exprima avec violence : « Le peuple est debout. Le sang coulera ou l'arbre de la liberté que nous allons planter fleurira en paix. Les ennemis de la patrie s'imaginent-ils que les hommes du 14 juillet sont endormis. Leur réveil est terrible. »

Terrorisée, l'assemblée accepta un défilé des manifestants devant elle. Le défilé dura trois heures et donna lieu à des scènes qui écœurèrent les députés. Certains agitateurs étaient en effet dans un état d'ébriété avancé. Le président Français de Nantes assura « ses braves compatriotes » que l'assemblée n'hésiterait pas à réprimer « les crimes des conspirateurs ».

Mais la foule ne se contenta pas de bonnes paroles et se dirigea vers le château. Celui-ci n'était pas gardé. Les portes furent forcées. Le roi parut. Il était, selon tous les témoignages, fort calme. Il fut bousculé, injurié ; on l'invita à rappeler les ministres girondins, à sanctionner les décrets et à chasser les prêtres. Louis XVI déclara que ce n'était ni l'heure, ni le lieu. Il accepta le bonnet rouge et un verre de vin, mais ne céda pas. Pétion mit fin à l'occupation vers six heures du soir ; il déclara qu'il ne fallait pas que la réponse du roi eût l'air de lui être arrachée par la force, mais qu'il s'en portait garant. Les manifestants se retirèrent sans violence.

L'indignation fut générale en province où le sentiment monarchique restait fort. On avait outragé la personne sacrée du roi. La Fayette revint de l'armée et parut à l'assemblée le 28 juin où il fut acclamé. L'opinion se retournait en faveur du roi. La Fayette aurait pu redresser la situation par un coup de force militaire mais il se heurta au refus de la reine. La cour dénonça ses *don quichotteries* quand les Jacobins parlaient de *monkeries*. « Mieux vaut périr que d'être sauvés par M. de La Fayette », aurait dit Marie-Antoinette. Ayant appris que le roi devait, le 29, passer une revue de la garde nationale, La Fayette avait souhaité profiter de l'occasion pour prendre la tête de ses anciens soldats et marcher sur le club des Jacobins. L'entourage de Louis XVI prévint Pétion qui annula le défilé. La Fayette, découragé, regagna les frontières.

Le 3 juillet, Vergniaud montait à la tribune de l'assemblée pour flétrir l'attitude du général. Il fut applaudi jusque sur les bancs de la droite. Le mouvement de réaction monarchique qui avait suivi le 20 juin était désormais enrayé. Louis XVI avait laissé passer sa dernière chance. Les démocrates avaient eu peur mais ils tenaient leur revanche. On attendait les fédérés convoqués à Paris pour la commémoration du 14 juillet. Ceux de Brest et de Marseille, partis entre le 19 et le 22 juin, semblaient animés d'intentions peu favorables au roi. On chantait dans les rues de Paris :

Nous le traiterons, Gros Louis, biribi,
A la façon de Barbarie, mon ami,
Gros Louis, biribi.

Sur le plan militaire cependant la situation s'aggravait. L'invasion du territoire par Brunswick, suivi de l'armée des émigrés, commençait, et la France ne semblait pas en mesure d'y faire face. Le 11 juillet, la Législative proclamait la patrie en danger : « Des troupes nombreuses

s'avancent vers nos frontières ; tous ceux qui ont horreur de la liberté s'arment contre notre Constitution. Citoyens ! La patrie est en danger. »
Déjà le 28 juin, au club des Jacobins, Robespierre et Brissot avaient lancé un appel à l'union. Le 2 juillet, l'assemblée autorisa les gardes nationaux à se rendre à la fête de la Fédération du 14 juillet. Le 3, Vergniaud dénonçait « la trahison » du roi, cause des défaites.

Celui-ci répondait, le 7 juillet, par la suspension de Pétion et de Manuel. C'était trop tard et maintenant dangereux. Pétion était devenu l'homme le plus populaire de la faction girondine. La confirmation de sa suspension, le 12, déclencha la colère des patriotes. Les députés levèrent illégalement la suspension. Louis XVI ne réagit pas.

Déjà les demandes de déchéance du roi, suspect de connivence avec l'ennemi, se multipliaient. Mais l'assemblée hésitait à franchir ce pas alors pourtant que les ministres feuillants présentaient leur démission. Condorcet parlait seulement de rendre le roi impuissant.

On vit même une brève tentative de réconciliation générale à la demande de l'évêque de Lyon, Lamourette. Celui-ci, dans un bel effet oratoire, ayant fait appel à l'union de tous devant le danger menaçant la patrie, « toute l'assemblée fut soudain debout, les bras en l'air ». Et le témoin de poursuivre : « Les députés levaient leurs chapeaux et les faisaient jouer en l'air. Les tribunes trépignaient ; les voûtes retentissaient de joie, d'applaudissements. L'ivresse avait saisi toutes les têtes. » L'ivresse est en effet le mot qui convient. Sous la pression des événements, les nerfs craquaient.

Le départ des Feuillants (Duranthon, Terrier-Monciel, Lajard) du ministère avait en réalité aiguisé l'appétit de pouvoir des Girondins. Vergniaud et Guadet nouèrent des liens avec la cour par l'intermédiaire du peintre Boze. Le roi tergiversa, obligeant la Gironde à désavouer l'agitation populaire qu'elle avait contribué à exciter. Le 26 juillet, Brissot changeant de répertoire, s'exclamait : « S'il existe des hommes qui tendent à établir à présent la République sur les débris de la Constitution, le glaive de la loi doit frapper sur eux comme sur les amis actifs des deux chambres et sur les contre-révolutionnaires de Coblentz. »

Le 4 août, Vergniaud intervient pour demander que soit annulée la délibération de la section de Mauconseil déclarant ne plus reconnaître Louis XVI comme roi des Français.

La fête du 14 juillet avait montré à quel degré d'excitation on en était arrivé. Le roi fut injurié au moment où il prêta serment. « Quand il monta à l'autel, on crut voir la victime sainte s'offrant volontairement au sacrifice », écrit un témoin favorable à Louis XVI [15].

De plus en plus nombreux dans Paris (ils étaient 5 314 à la fin de juillet), les fédérés y introduisaient un élément supplémentaire d'agitation. Le 30, six cents Marseillais entraient dans la capitale en chantant l'hymne de l'armée du Rhin composé un peu auparavant par un jeune officier à Strasbourg, Rouget de l'Isle. Ce chant devint *La Marseillaise*. Il invitait à aller combattre l'ennemi, mais les fédérés ne manifestaient aucune hâte à rejoindre le front des opérations. « Aucun de nous n'ira sur les frontières, proclamaient-ils si le roi n'est pas suspendu. » Le mot suspension fit bientôt place à celui de déchéance.

La proclamation de « la patrie en danger » excitait de plus en plus les passions et exacerbait le patriotisme. Des estrades pavoisées de tricolore recevaient les engagements volontaires. Mais les soldats qui partaient entendaient ne pas laisser « la trahison des Tuileries » derrière eux. L'idée de trahison était dans tous les esprits et la méfiance quasi générale atteignait maintenant les Girondins eux-mêmes ; Vergniaud était qualifié de « Barnave deux ».

Le 29 juillet Robespierre réclamait aux Jacobins la suspension du roi et l'élection d'une Convention nationale. Le mot fut repris dans les sections de Paris sous l'impulsion de celle du Théâtre-Français (le quartier de l'Odéon où se retrouvaient Danton, Desmoulins, Fabre d'Églantine, Manuel et quelques autres). La proposition de déchéance du roi fut formulée dès le 20 juillet par La Fontaine de Grenelle.

Pour la faire passer dans les faits, il fallait une occasion. Le duc de Brunswick la fournit. Les émigrés qui suivaient les forces prussiennes demandaient qu'on opposât la terreur à la terreur. Un manifeste fut rédigé par un certain M. de Linon. Il menaçait Paris de subversion totale si l'on touchait à la famille royale et promettait les pires châtiments aux habitants qui oseraient se défendre. Ce manifeste fut connu à Paris le 1er août ; il enflamma les esprits contrairement à ce que l'on avait espéré. Les sections reprirent leur demande de déchéance du roi. Les Marseillais avaient obtenu 5 000 cartouches de l'administration municipale en vue d'une épreuve de force.

Le 9 août au soir, les députés de la Législative se séparèrent tout en sachant que les sections se préparaient au combat. A 23 h 45, la grosse cloche des Cordeliers se mit à sonner. D'autres églises répondirent. C'est Danton qui aurait donné le signal. Tout était prêt. De 20 heures à 21 heures, les sections s'étaient réunies pour désigner des commissaires avec mission d'intimider ou remplacer les membres du conseil général de la Commune de Paris jugés trop modérés. A 23 heures, les commissaires étaient à l'Hôtel de Ville où ils obtenaient sans problèmes une salle destinée à abriter leurs délibérations. Ainsi s'établissait, parallèlement à la commune légale, un pouvoir insurrectionnel qui allait la supplanter.

Aux Tuileries, le commandant de la garde nationale, Mandat, avait donné des ordres fermes. Des Suisses étaient également mis en place ainsi que deux cents gentilshommes, chevaliers de Saint-Louis. La résistance s'organisait. Mais le procureur-syndic du département Roederer qui survint joua « un rôle fort dissolvant » [16]. De son côté le maire, Pétion, s'enfermait dans ses appartements de l'Hôtel de Ville, laissant la place libre aux insurgés.

Mandat fut convoqué à la mairie ; il hésitait, craignant un piège ou une diversion. Soucieux de légalité, Roederer lui conseilla d'obéir. Le procureur-syndic ignorait, il est vrai, la formation d'un conseil général parallèle à l'Hôtel de Ville. Parti sans escorte, Mandat fut, dès son arrivée, entouré, déclaré déchu de son commandement et finalement abattu. Le brasseur Santerre prit sa place. A son tour, le conseil général officiel de la Commune fut déclaré suspendu. Comme il protestait, l'assemblée des commissaires lui déclara : « Lorsque le peuple se met en état d'insurrection, il retire tous les pouvoirs pour les reprendre. » Impressionné, le conseil général leva la séance et se retira.

Les insurgés (fédérés et membres des sections) entreprirent de cerner les Tuileries. On réveilla le roi pour lui faire passer en revue la garde nationale et stimuler l'ardeur de cette dernière à défendre le château. Mais le roi ne trouva pas les mots qui convenaient. « Je le vois encore, écrit Frénilly, passant devant notre front, muet, soucieux, se dandinant, semblant nous dire ; tout est perdu [17]. » Déjà les canonniers faisaient défection. Roederer prêchait la capitulation et estimait que le roi devait se réfugier au Manège où s'étaient réunis à la hâte quelques députés. Le procureur-syndic prit la tête du cortège, suivi des ministres, de gardes nationaux et de la famille royale. A l'assemblée le roi prit place à gauche du président qui était Vergniaud. Celui-ci ne put s'empêcher de faire un discours. La famille royale s'installa dans la loge du logographe.

A 8 heures du matin, les Tuileries avaient été investies tandis que les Suisses se retiraient à l'intérieur du palais. Les insurgés étaient à proximité du château lorsque la fusillade éclata. Elle fit une centaine de blessés et de morts dans les rangs de l'insurrection et permit aux Suisses une contre-offensive tandis que les assaillants s'enfuyaient. Mais l'émeute fut renforcée par la colonne qui venait du faubourg Saint-Antoine et qui était formée essentiellement d'artisans et d'ouvriers sans travail.

A l'assemblée, la fusillade qui avait été entendue de la salle des délibérations provoqua une forte émotion. Sous la pression des députés, le roi signa un billet ordonnant aux Suisses de cesser le feu et de regagner leurs casernes. Ils obéirent mais comme ils opéraient leur mouvement, ils furent cernés et massacrés dans des conditions ignobles par les émeutiers. Un déferlement de violence secoua la foule des envahisseurs, une fois le danger passé : gentilshommes comme Clermont-Tonnerre ou d'Hallouville, journalistes à l'exemple de Suleau, ou simples domestiques connurent un sort funeste. Il y aurait eu 800 morts. La Terreur était lancée. La Commune insurrectionnelle avait adressé des envoyés à la Législative pour l'informer qu'elle souhaitait la réunion d'une nouvelle assemblée et la déchéance du roi. Guadet qui avait remplacé Vergniaud à la présidence, tenta vainement de gagner du temps. Le roi fut finalement suspendu « jusqu'à ce que la Convention nationale eût prononcé ».

Le 11, les députés décidèrent que la famille royale serait internée au Luxembourg, mais la Commune qui établissait déjà sa dictature, déclara qu'elle seule avait le droit de disposer de Louis XVI. Une nouvelle fois les députés cédèrent. Le 12, le roi et sa famille étaient confiés à la Commune qui les interna au Temple.

Louis XVI n'était pas le seul perdant de la journée. Les Girondins avaient montré leur impuissance. Le vrai vainqueur c'était Danton. On le vit bien lors de la formation d'un conseil exécutif provisoire destiné à régler les affaires réservées auparavant au roi et à ses ministres. Danton fut le premier élu par 222 voix sur 285 votants à la Législative et reçut la Justice. Monge, le mathématicien, eut la Marine et Lebrun, une créature de Dumouriez, les Relations extérieures. La Gironde limita les dégâts : Roland fut ministre de l'Intérieur, Servan se vit attribuer la Guerre et Clavière les Finances, poste qui lui était familier.

Le renversement de la monarchie laissait pourtant entiers tous les problèmes dont le plus pressant était l'invasion de la France par les alliés.

CHAPITRE VI

La Commune insurrectionnelle

Jusqu'au 10 août 1792, la violence a toujours eu pour contrepoint le souci de respecter les apparences légales. Mais voici que l'intrusion d'une Commune insurrectionnelle de Paris dans le cours des événements, commune qui, sans autre légitimité que celle de la force, n'hésite pas à intervenir politiquement, non seulement dans la capitale mais aussi en province, fait brusquement basculer la Révolution du monde des robins dans celui des sans-culottes. Le juriste cède le pas au militant.

LES SECTIONS

Les quarante-huit sections de Paris prévues par la loi du 21 mai-27 juin 1790, n'avaient cessé de prendre de l'importance depuis leur création. Divisions électorales, elles avaient, par l'intermédiaire de leurs assemblées regroupant les citoyens actifs de la circonscription, multiplié les ingérences dans les affaires politiques. En novembre 1790, un administrateur municipal, Peuchet, s'en était inquiété dans une intervention publiée par *Le Moniteur :* « Ce que l'anarchie des districts a produit renaîtra bientôt sous le régime des sections si, passant les limites de leurs pouvoirs, elles s'occupent des délibérations lorsque la loi de leur existence n'a pu leur attribuer que des fonctions électives. » Et de parler « d'indiscipline politique » [1]. Il revint à la charge, le 18 février 1791, et dénonça la dictature, au sein de ces sections, d'une minorité de citoyens. La Constituante comprit le danger. La loi du 21 mai 1790 fut complétée par le décret du 18-22 mai 1791. Les assemblées de communes ne pouvaient être ordonnées ou provoquées que par des objets d'administration purement municipale. Toute autre convocation devait être regardée comme inconstitutionnelle. A Paris les citoyens devaient formuler leur demande de réunion d'une assemblée de section par une note désignant le thème d'intérêt municipal sur lequel ils entendaient délibérer. Armé de ce décret, la municipalité se montra résolue à mettre fin à toute forme d'empiètement.

Mais les sections refusèrent de se soumettre. La guerre fournit le prétexte recherché. La section des Postes demandait dès le 24 juillet 1792 la permanence des sections qui fut accordée, sur la proposition de Thuriot, par la Législative. Les sections purent désormais se réunir librement. Ce qui ne signifiait nullement des réunions ininterrompues du matin au soir. « En temps ordinaire, les assemblées commençaient à cinq ou six heures du soir et il était procédé aussitôt à l'ordre du jour par les membres présents, quel qu'en fût le nombre ; elles se terminaient généralement avant onze heures. Ce n'est que dans les cas exceptionnels que l'assemblée, décidant qu'elle ne désemparerait pas avant la fin des troubles, prolongeait sa séance jusqu'au résultat des événements [2]. »

Le 1er juillet 1792, l'Assemblée législative ayant déclaré que les séances des corps administratifs seraient publiques, les sections établirent des tribunes dans leur salle de délibérations, tribunes qu'envahirent aussitôt des agitateurs. L'innovation eut pour effet d'écarter progressivement les citoyens actifs modérés que rebutaient menaces et injures venues des tribunes.

Sous la pression des tribunes, les sections firent preuve, à partir de ce moment, d'une démagogie de plus en plus virulente. Le 25 juillet 1792, la section du Louvre demandait pour tous le droit de citoyen actif ; ce droit, la section du Théâtre-Français l'accordait de sa propre autorité aux habitants de sa circonscription, le 27 juillet. Dès le 23 juillet, la section de La Fontaine de Grenelle avait réclamé la déchéance de Louis XVI ; le 31 juillet, la section de Mauconseil n'hésitait pas à la proclamer.

Jusqu'alors les sections avaient délibéré en ordre dispersé et sans connaître leurs décisions réciproques. En juillet un bureau central de correspondance était mis en place entre les quarante-huit sections qui purent coordonner ainsi leurs efforts. L'agitation prit un tour nouveau.

La Commune laissa donc s'établir, à côté d'elle, une nouvelle puissance « sans règle ni garantie » [3] qui n'aspirait qu'à la remplacer. C'était chose faite le 10 août.

LE CONSEIL GÉNÉRAL INSURRECTIONNEL

A la municipalité provisoire de 1789 puis à la municipalité constitutionnelle de 1790 succède donc, au petit matin du 10 août, une Commune insurrectionnelle. L'évolution du vocabulaire est le reflet de l'accélération de la Révolution.

Le nouveau conseil général est formé par ces agitateurs apparus dans les tribunes et par des citoyens actifs d'idées avancées. Le nombre des membres a varié en fonction du comportement des sections qui ont nommé et révoqué des commissaires en toute illégalité. Plus de cinq cent vingt-six personnes vont ainsi siéger au conseil général.

Sont maintenus toutefois le maire Pétion, le procureur-syndic Manuel ainsi que les seize administrateurs confinés dans des besognes purement matérielles.

Ces nouveaux venus auraient-ils pu s'imposer dans la situation troublée régnant à Paris ?

Le chômage ne reculait pas malgré le départ des volontaires. Dans les métiers du luxe on répugnait à une reconversion. Le meuble, le papier peint, l'orfèvrerie étaient durement touchés. Les indigents, nombreux surtout dans les quartiers de l'est (faubourgs Saint-Antoine et Saint-Marcel) formaient une masse de manœuvres facile à utiliser. La crise des finances municipales (disparition de l'octroi, mauvaises rentrées) paralysait l'assistance. D'autant que l'approvisionnement de Paris coûtait cher.

Le spectre de la famine ne cessait de tourmenter les Parisiens. Si la situation était meilleure pour les farines, depuis la révolte de Saint-Domingue le cours du sucre s'était envolé. On dénonçait les accapareurs et on pillait les épiceries du faubourg Saint-Antoine. Le café au lait était devenu courant dans l'alimentation du matin : les femmes étaient furieuses devant la rareté et le prix élevé de cette denrée coloniale ; elles réclamaient une taxation et à plusieurs reprises elles attaquèrent des voitures de livraison.

Les divisions du clergé – jureurs contre réfractaires – et les conflits au niveau des paroisses rurales dont l'écho parvenait jusqu'à Paris, accréditaient l'idée que la contre-révolution était derrière l'Église et renforçaient un puissant courant anti-clérical plus viscéral qu'inspiré par les lumières. Des manifestants s'en prenaient aux fidèles des prêtres non conformistes au cours de scènes jugées scandaleuses par les autorités elles-mêmes, scènes qui eurent notamment pour théâtre le collège des Lombards, rue des Carmes ou le couvent des Augustines anglaises de la rue des Fossés-Saint-Victor. La méfiance s'étendait maintenant à ceux-là même qui avaient accepté la Constitution civile du clergé. D'ailleurs comment reconnaître un réfractaire d'un jureur ?

Sous la pression de la Commune, la Législative moribonde accumule les décrets : suppression des congrégations séculières (18 août) ; interdiction du costume ecclésiastique, sauf pour les constitutionnels (18 août) ; déportation à la Guyane de tous les prêtres soumis au serment de 1791 qui n'auront pas quitté la France à la date du 26 août ; obligation, à la suite d'un vote de la Législative, de prêter un nouveau serment auquel ne sont plus seulement astreints les fonctionnaires ecclésiastiques, mais tous les prêtres sans distinction : « Je jure d'être fidèle à la nation, de maintenir de tout mon pouvoir la liberté, l'égalité, la sûreté des personnes et des propriétés et de mourir, s'il le faut, pour l'exécution de la loi. » Sur la fin, la Législative ira encore plus loin : suppression du casuel, interdiction des processions, transfert à la monnaie des « ustensiles du culte en or et en argent » ainsi que des cloches, enfin, le 20 septembre, laïcisation de l'état civil. L'Église constitutionnelle est en définitive atteinte aussi durement que les réfractaires puisqu'elle perd ses richesses et la tenue des registres paroissiaux qui assurait son prestige social.

L'opposition prenait par ailleurs un ton violent entre les Girondins et la Commune insurrectionnelle, jetant le trouble parmi les patriotes. Brissot dénonçait « l'usurpation et la dictature de la nouvelle municipalité ». A quoi, le conseil général répondait, par l'intermédiaire de Tallien : « Tout ce que nous avons fait, le peuple l'a sanctionné. Si vous nous frappez, frappez aussi le peuple qui a fait la Révolution du 14 juillet, qui l'a consolidée le 10 août et qui la maintiendra. »

Enfin les nouvelles du front ne cessaient de créer un climat d'exaltation et de peur qui jouait ainsi sur les nerfs des Parisiens. Elles prenaient en effet un tour alarmant. Deux armées autrichiennes s'avançaient vers la Lorraine ; l'une commandée par Clerfayt progressait à travers la Belgique, l'autre, sous Hohenlohe, à travers le Palatinat. Objectif : assurer la jonction avec l'armée prussienne venue par le Luxembourg puis gagner Châlons et la route de Paris.

Les Prussiens, premiers arrivés, se heurtaient à de sérieuses difficultés. Une pluie froide et incessante accentuait la fatigue des étapes forcées. L'accueil des populations était hostile, contrairement aux affirmations des émigrés. Le pillage pratiqué trop systématiquement par les Prussiens ne pouvait que difficilement leur concilier les habitants. Le patriotisme, parfois engourdi, se réveillait et servait les intérêts de la Révolution. En eût-il été de même si l'armée des émigrés s'était présentée seule ou en avant des forces d'invasion ? Du coup les forces françaises ne se débandaient plus comme en Belgique, lors des premiers assauts : à Fontoy, le 19 août, l'engagement avait été rude.

Toutefois Longwy bombardée le 22 août capitulait le lendemain. Le 29, l'armée du duc de Brunswick se trouvait devant Verdun que défendait une garnison de 4 500 soldats, volontaires ou gardes nationaux. Le 31 août, le bombardement de Verdun commençait. Le commandant Beaurepaire était partisan de résister, mais il se heurtait à la municipalité soucieuse par une capitulation d'éviter la destruction de la ville. Le 2 septembre, Beaurepaire fut trouvé mort à l'hôtel de ville. Suicide ? Assassinat ? Verdun se rendit. L'empressement des habitants envers le vainqueur fut jugé excessif. On parla des « vierges de Verdun » venues saluer le roi de Prusse comme « un libérateur » et distribuer des dragées aux officiers. La route de Paris était désormais ouverte. Brunswick était à Verdun, Clerfayt à Stenay, séparant les forces de Kellermann de celle de Dumouriez, derniers remparts de la Révolution.

L'idée de trahison ou de complot se répandait dans la capitale. La Fayette n'avait-il pas tenté de marcher sur Paris après avoir fait arrêter les commissaires de l'assemblée ? Il avait dû fuir le 19 août à travers le Luxembourg et était tombé aux mains des Autrichiens. Luckner tenait des propos inciviques et avait été remplacé par Kellermann. A l'armée du Midi Montesquiou n'était pas sûr mais indispensable. Et à l'arrière, aristocrates et prêtres réfractaires n'attendaient qu'un signal, murmurait-on, pour égorger les patriotes et faire place nette pour l'armée des émigrés.

A l'annonce de la prise de Longwy, le conseil exécutif prit peur. Roland et Servan voulaient fuir à Blois. Danton s'y opposa et fit approuver par l'assemblée une levée de trente mille hommes. Son énergie rassura.

La Législative avait décidé d'envoyer trente commissaires dans les départements et aux armées. Le conseil exécutif en dépêcha douze, choisis par Danton, dans seize départements. Il s'agissait d'exciter « l'énergie du peuple » afin de provoquer des enrôlements et de ranimer l'ardeur de l'armée. La Commune de Paris voulut aussi envoyer ses propres commissaires. C'était affirmer une autorité rivale de celle du conseil exécutif et de l'assemblée. Après le 3 septembre, elle en expédia vingt-quatre dans les départements voisins de Paris et dans l'Ouest. Les résultats ne furent pas heureux. Ils effrayèrent sans stimuler. Ainsi, à Lisieux, Momoro et Dufour allèrent jusqu'à réclamer la loi agraire, provoquant l'épouvante des gros fermiers et les précipitant dans le camp de la contre-révolution. Ailleurs, arrestation de suspects, épuration des autorités et mise en place de comités de surveillance intimidèrent les notables mais ne les disposèrent pas en faveur de Paris. C'est que la Commune se radicalisait. Elle réclamait des mesures contre les adversaires de la Révolution. Sous sa pression, le 17 août, était créé un tribunal criminel qui entrait aussitôt en fonction. Le journaliste royaliste Du Rozoi fut l'une de ses premières victimes. Mais ce tribunal parut bientôt trop lent et trop indulgent. La chasse aux émigrés et aux réfractaires s'amplifia. Depuis le 11 août les municipalités avaient pouvoir d'arrêter les auteurs de crimes contre la sûreté de l'État, et de procéder à des visites domiciliaires. Des prêtres furent alors enfermés au séminaire Saint-Firmin et aux Carmes. Le 26 août, la cérémonie funèbre en l'honneur des morts du 10 août surexcita les esprits. On criait vengeance.

LES MASSACRES DE SEPTEMBRE

Depuis le 25 août se répandait l'idée qu'un complot se préparait dans les prisons où se trouvaient incarcérés les suspects. L'imagination des Parisiens en grossissait le nombre comme elle exagérait la rapidité de l'invasion ennemie. Il y avait alors dans les prisons parisiennes (Abbaye, Conciergerie, Châtelet, Grande Force et Petite Force, Bicêtre) quelque trois mille détenus dont le tiers (aristocrates, prêtres, soldats suisses des Tuileries) avait été arrêté après l'insurrection du 10 août. Le reste relevait du droit commun. Pour éviter l'engorgement (mais ce prétexte dissimulait peut-être une arrière-pensée), les prêtres réfractaires avaient été, on l'a vu, concentrés au couvent des Carmes, rue de Vaugirard et au séminaire Saint-Firmin rue Saint-Victor.

La rumeur courait que les royalistes allaient libérer et armer tous ces prisonniers, droits communs compris, et les lancer contre les patriotes. Elle fut accréditée par Danton lui-même dans sa proclamation du 25 août : « Vous avez des traîtres dans votre sein ; eh ! sans eux, le combat serait bientôt fini, mais votre active surveillance ne peut manquer de les déjouer. » Roland, responsable de l'Intérieur, ne parlait-il pas des « cruelles vengeances » auxquelles se livreraient, en cas de succès, les « hommes atroces » qui dirigent la contre-révolution ? Marat, quant à lui, appelait directement au meurtre : « Le dernier parti, qui est le plus sûr et le plus sage, est de se porter en armes à l'Abbaye, d'en arracher les traîtres, particulièrement les officiers suisses et leurs complices, et de les passer au fil de l'épée. » Marat n'est pas seul. On lit dans *L'Orateur du peuple* de Fréron : « Les prisons regorgent de scélérats ; il est urgent d'en délivrer la société sur-le-champ. » Et Carra de surenchérir dans *Les Annales patriotiques et littéraires* : « Frappez les perfides qui sont au sein de la France [4]. »

L'appel fut entendu. Le 26 août, on avait appris la chute de Longwy. On jugeait la situation de Paris désespérée : la menace du duc de Brunswick se précisait. Le dimanche 2 septembre, dans l'après-midi, tandis que tonnait le canon d'alarme, des voitures remplies de prêtres conduits en déportation furent interceptées et conduites à l'Abbaye et aux Carmes. Le massacre commença aussitôt. On compte cinquante massacreurs environ dont les noms sont connus : des artisans, savetiers, limonadiers, menuisiers, vinaigriers, charrons ou serruriers auxquels s'étaient mêlés des fédérés marseillais et bretons. C'est un huissier, Maillard, déjà rencontré lors des journées du 14 juillet, du 5 octobre et du 10 août qui préside à l'Abbaye une sorte de tribunal populaire. Les massacres durèrent quatre jours, gagnant, les 3, 4 et 5 septembre, Saint-Firmin, le Châtelet, la Force puis la Salpêtrière où se trouvaient les filles publiques et Bicêtre où étaient enfermés des enfants. Partout les égorgeurs se laissèrent aller aux pires excès. Restif de la Bretonne a laissé le récit (peut-être arrangé) de la mort de la princesse de Lamballe : « Je vis paraître une femme, pâle comme son linge, soutenue par un guichetier. On lui dit d'une voix rude : "Crie vive la nation !" – "Non, non" disait-elle. On la fit monter sur un monceau de cadavres. On lui répéta de crier : "Vive la nation !" Elle refusa dédaigneusement. Alors un tueur la saisit, arracha sa robe et lui ouvrit le ventre. Elle tomba et fut achevée comme les autres. Je voulus fuir, mes jambes faiblirent. Je m'évanouis. Quand je revins à moi, je vis la tête sanglante. On m'a dit qu'on fut la laver, la friser, la mettre au bout d'une pique et la porter sous les croisées du Temple. Cruauté inutile ! elle ne pouvait pas être aperçue [5]. »

Échappèrent au massacre l'abbé Sicard, de l'Institut des sourds-muets, Sombreuil et Cazotte qui durent leur salut à l'intervention de leurs filles, et Geoffroy Saint-Hilaire.

Parmi les victimes : l'ancien ministre Montmorin et l'archevêque d'Arles.

Il y aurait eu entre 1 090 et 1 395 individus massacrés.

Prisons visitées	Nombre de prisonniers	Nombre d'exécutions	%
BERNARDINS	75-76	73	96 à 97 %
SAINT-FIRMIN	91-93	75-76	80 à 83 %
CHÂTELET	269	215-223	79 à 82 %
CARMES	150-160	115	71 à 76 %
ABBAYE	238	139-179	58 à 75 %
CONCIERGERIE	500	250-350	50 à 70 %
BICÊTRE	411	162-172	39 à 41 %
GRANDE FORCE	408	160-168	39 à 41 %
SALPÊTRIÈRE	270	35	12 %
PETITE FORCE	110	1	1 %
TOTAL	2 522-2 535	1 225-1 392	de 48 à 55 %

La répartition des victimes serait la suivante : 72 % de prisonniers de droit commun, 17 % de prêtres, 6 % de Suisses, 5 % de politiques [6]. On le voit : il y eut une nette prépondérance des prisonniers de droit commun parmi les victimes. Les plus visés furent d'ailleurs les faux-monnayeurs, accusés d'être responsables de la dépréciation des assignats.

Qui porte la responsabilité de ces massacres ? On a parlé de mouvement spontané et de justice populaire. Et en effet la province connut au même moment des massacres à Reims, Meaux, Lyon et Versailles. Mais la Commune de Paris ne peut être absoute. Au demeurant, le substitut du procureur, « le rectiligne » Billaud-Varenne, a toujours justifié les exécutions sommaires de septembre. Dès le 3, le comité de surveillance envoyait une circulaire signée notamment de Panis, Sergent et Marat : « La Commune de Paris se hâte d'informer ses frères de tous les départements qu'une partie des conspirateurs féroces détenus dans ses prisons a été mise à mort par le peuple, actes de justice qui lui ont paru indispensables pour retenir par la terreur les milliers de traîtres cachés dans ses murs, au moment où il allait marcher à l'ennemi. Et sans doute, la nation entière, après la longue suite de trahisons qui l'ont conduite sur les bords de l'abîme, s'empressa d'adopter ce moyen si nécessaire de salut public, et tous les Français s'écrieront comme les Parisiens : "Nous marchons à l'ennemi, mais nous ne laisserons pas derrière nous ces brigands pour égorger nos enfants et nos femmes." Frères et amis, nous nous attendons qu'une partie d'entre vous va voler à notre secours et nous aider à repousser les légions innombrables des satellites des despotes conjurés à la perte des Français. Nous allons ensemble sauver la patrie et nous vous devrons la gloire de l'avoir retirée de l'abîme [7]. »

On trouvait sur ce document la signature de Deforgues, secrétaire de Danton et le contreseing du ministère de la Justice.

Mais Danton joua par ailleurs un rôle modérateur en s'opposant à Marat qui souhaitait englober dans les massacres les Girondins. Il rappela que la priorité devait revenir à « l'expulsion des ennemis ».

La responsabilité des massacres retomba finalement sur la Commune et son comité de surveillance. Mais personne n'osa alors les désavouer, ni Robespierre qui se tut, ni Danton qui affirma : « Je me fous bien des prisonniers, qu'ils deviennent ce qu'il pourront ! », ni Roland, ni Pétion. Ils en furent donc les complices.

Quels buts s'assignaient les massacreurs ? Terroriser les adversaires de la Révolution et intimider les modérés ? C'est probable. Profiter du massacre pour éliminer Brissot et ses partisans ? C'est moins sûr. Faut-il aussi invoquer une explosion « sociale » née de la peur du rétablissement de l'Ancien Régime [8] ? Mais la Législative avait eu soin de prévenir une crise de ce type en décidant le 14 août la mise en vente des biens des émigrés par petits lots, l'abolition sans indemnité, le 25 août, des redevances féodales soumises à rachat, et les réquisitions de grains par les directoires de district, le 9 septembre. De surcroît les massacreurs n'invoquèrent pas, semble-t-il, de revendications sociales. Restif de la Bretonne a présenté une autre hypothèse : « Quel fut donc le véritable et premier motif de cette boucherie ? Plusieurs personnes pensent que c'était effectivement pour que les volontaires, en partant pour les frontières, ne laissassent pas leurs femmes et leurs enfants à la merci des brigands, que les tribunaux pouvaient renvoyer absous, que des malveillants pouvaient faire évader, etc. J'ai voulu savoir la vérité et je l'ai peut-être enfin trouvée. On ne voulait qu'une chose : se débarrasser des prêtres réfractaires. Quelques-uns même voulaient se défaire de tous. Or, on sentit qu'il y avait encore du fanatisme et qu'un acte pareil, dirigé contre les prêtres nommément, et contre eux seuls, révolterait certaines gens. La déportation, loin de remplir son but, ne faisait que mettre les prêtres dans le cas d'une émigration plus dangereuse peut-être que leur séjour. Qu'en fallait-il faire ? Les anéantir. Si on l'avait pu autrement qu'en les tuant, on ne les aurait pas tués. On les tua donc. Et pour étourdir sur cette exécution illégale, on arrangea l'affaire des prisons. »

Les conséquences de ces journées sanguinaires furent énormes. Elles firent horreur et déconsidérèrent la Révolution à l'extérieur. En province, les notables, oubliant les troubles de leurs propres villes, s'indignèrent contre Paris déjà coupable d'avoir renversé la monarchie. L'antagonisme entre la capitale et le reste de la France en sortit renforcé.

Mais les massacres de Septembre eurent dans l'immédiat un autre effet. Ils firent peur. Les modérés se cachèrent. Les Girondins qui avaient songé à maintenir la royauté y renoncèrent. L'idée de république triomphait.

CHAPITRE VII

La République

C'est dans une atmosphère troublée que se déroulèrent les élections à la Convention chargée de donner à la France une nouvelle constitution. Elles eurent lieu au suffrage universel, contrairement à celles qui avaient présidé à la désignation de la Législative. Mais elles furent entachées de terribles irrégularités en sorte qu'on ne saurait dire que la Convention ait été le reflet exact de la France de 1792. Elle n'en représenta que les éléments les plus avancés. Dès le 8 novembre 1792 un député au nom symbolique, Polycarpe Pottofeux, comprit qu'il n'avait rien à faire dans cette assemblée et remit sa démission.

LES ÉLECTIONS

C'est Vergniaud qui avait proposé, le 11 août 1792, au nom de la commission extraordinaire formée à la suite de la chute de la monarchie, un décret qui prévoyait : « Article Ier : Le peuple français est invité à former une Convention nationale. » Dans l'article 2, le décret donnait à cette assemblée le droit de donner à la France une nouvelle constitution : « Le chef du pouvoir exécutif est provisoirement suspendu de ses fonctions, jusqu'à ce que la Convention nationale ait prononcé les mesures qu'elle croira devoir adopter pour assurer la souveraineté du peuple. » Les modalités d'élection à cette assemblée furent adoptées, sur proposition de Guadet :

« Article Ier : Les assemblées primaires nommeront le même nombre d'électeurs que lors des dernières élections.

« Article 2 : La distinction des Français en citoyens actifs et non actifs sera supprimée. Pour être admis, il suffira d'être âgé de vingt et un ans, domicilié depuis un an, vivant de son revenu ou du produit de son travail et n'étant pas en état de domesticité.

« Article 3 : Pour être éligible, il faut avoir 25 ans et répondre aux conditions ci-dessus évoquées.

« Article 4 : Chaque département nommera le même nombre de représentants que pour la Législative.

« Article 5 : Les élections se feront selon le même mode que pour la Législative.

« Article 6 : Les assemblées primaires sont invitées à revêtir leurs représentants d'une confiance illimitée. »

A Paris, les assemblées primaires nommèrent les électeurs le 26 août et les jours suivants. L'assemblée électorale, forte de 990 membres désigna les 24 députés et les huit suppléants entre le 5 et le 23 septembre. Robespierre fut élu le premier puis Danton et les responsables des massacres de Septembre, Marat, Panis et Sergent. Les Montagnards dominèrent avec l'élection de l'avocat Billaud-Varenne, de l'ancien comédien Collot d'Herbois, de Camille Desmoulins, Fabre d'Églantine, homme de confiance de Danton, du boucher Legendre, d'Osselin, Laignelot, Robert, Lavicomterie, Boucher de Saint-Sauveur, tous partisans de la République. Étaient également élus le frère de Robespierre, le peintre David, le procureur de la Commune Manuel et le duc d'Orléans, rebaptisé Philippe-Égalité. Il n'y eut que deux modérés : Dussaulx et Raffron de Trouillet. Ni Brissot ni Condorcet, hostiles à la Commune, ne passèrent à Paris.

L'assemblée électorale de la capitale imposa à ses députés un mandat leur enjoignant de voter : « 1. l'abolition absolue de la royauté et la peine de mort contre ceux qui proposeraient de la rétablir ; 2. la forme d'un gouvernement républicain ».

Sur le procès-verbal de l'assemblée électorale on lit également : « Des canonniers de la section de 1792 sont introduits ; ils partent pour les frontières ; l'orateur de la députation demande à prêter devant les électeurs le serment de vaincre les ennemis de la liberté. Pendant qu'avec le canon ils assurent la liberté de leur pays, ils espèrent que les députés à la Convention établiront sur des bases inébranlables un bon gouvernement républicain. A ce mot l'assemblée tout entière se lève et, aux acclamations des citoyens qui se trouvent dans les tribunes, jure la République [1]. »

Ainsi Paris anticipait sur les décisions de la future Convention. En province, les assemblées primaires se réunirent dans chaque canton à la fin du mois d'août et l'assemblée électorale siégea au chef-lieu de département au début de septembre. Il y avait autant de tours de scrutin que de candidats à élire. La lenteur des opérations fut la première cause des abstentions. La pratique du vote à haute voix et l'exclusion des citoyens soupçonnés d'incivisme, comme les pressions diverses, réduisirent encore le nombre des participants.

Nombreuses furent les assemblées primaires qui appelèrent, comme à Paris, à la haine de la royauté et des rois. « Nous sommes las du régime des rois, des nobles et des prêtres, proclamait celle de Montmirail, dans la Sarthe. Nous ne voulons plus de ces honnêtes gens-là. Brunswick et ses pareils nous traiteront, s'ils veulent, de factieux, de républicains, de sans-culottes ; peu nous importent les mots, pourvu que le crime cesse de présider à nos affaires. Qu'ils ne comptent pas effrayer les habitants des campagnes, qu'ils n'attendent de nous aucune espèce de composition. » On retrouvait les mêmes idées en Loiret, en Charente-Inférieure, en Seine-et-Oise, en Seine-et-Marne. Le

LA FRANCE SOUS LA CONVENTION
(d'après *Les grandes dates de l'histoire de France*, Larousse, 1986)

mot de république fut prononcé dans les Bouches-du-Rhône, et dans le Jura. En revanche d'autres assemblées primaires demandèrent le maintien de la monarchie.

Rappelons que les nouveaux élus avaient pour mission de fixer la forme du gouvernement : ces adresses étaient donc normales. Mais dans l'ensemble à quelques exceptions près, il y eut un grand écart entre le ton de Paris et la province.

« La nation, malgré l'alliance du roi avec l'étranger, avait peine à se détacher à jamais de la monarchie qui avait fait sa grandeur et qui avait tant travaillé à son unité [2]. »

Il n'y eut pas en revanche d'opposition très nette entre Girondins et Montagnards dans les départements. On désigna surtout des notables. Les hommes qui se réclamaient de Brissot furent élus triomphalement dans leurs départements d'origine : la Gironde pour Vergniaud, Guadet, Gensonné, Ducos et Boyer-Fonfrède, l'Eure-et-Loir pour Brissot et Pétion, les Bouches-du-Rhône pour Barbaroux, l'Orne pour Valazé, l'Eure pour Buzot et Lindet. Les départements envahis du Nord et de l'Est furent en revanche sensibles au discours des Montagnards : Ruhl dans le Bas-Rhin, Reubell dans le Haut-Rhin, Merlin de Douai dans le Nord, Quinette et Saint-Just dans l'Aisne (qui désigna aussi Condorcet), Carnot et Lebas dans le Pas-de-Calais... Certains députés furent élus par plusieurs départements comme Carra, sept fois (Bouches-du-Rhône, Charente, Eure, Loir-et-Cher, Orne, Somme, Saône-et-Loire qu'il choisit en définitive), Condorcet, cinq fois, Paine, quatre fois, Sieyès, trois fois. L'assemblée était assez homogène sur le plan social : les éléments populaires en furent absents.

Mais déjà s'esquissait à travers ces élections une géographie électorale avec départements modérés et départements avancés.

VALMY

Une bonne nouvelle parvint à Paris au moment où la Convention commençait à siéger : la victoire de Valmy.

La partie s'était jouée en Argonne que traversaient cinq défilés : Le Chêne-Populeux (de Sedan à Rethel), la Croix-aux-Bois où passait la route de Stenay à Vouziers, le défilé de Grandpré menant de Stenay à Reims, la Chalade et enfin les Islettes conduisant de Verdun à Paris Pour garder ces défilés Dumouriez n'avait que dix-huit mille hommes dont la moitié venait, il est vrai, de régiments de ligne exercés. Le reste était formé de gardes nationaux. Dumouriez disposait surtout d'une excellente artillerie de soixante pièces.

Dillon occupa les défilés du Sud et Beurnonville fut appelé à quitter le camp de Maulde près de Valenciennes pour prendre position au passage du Chêne-Populeux. Kellermann qui avait une armée indépendante fut invité à faire sa jonction en venant par étapes forcées de Metz. De son côté Dumouriez s'installa à Grandpré. Il écrivait au ministre de la Guerre Servan : « Le camp de Grandpré et celui des Islettes sont les Thermopyles, mais je serai plus heureux que Léonidas. »

Il avait toutefois négligé le défilé de la Croix-aux-Bois que forcèrent des détachements autrichiens, menaçant de le tourner. Dumouriez imagina alors de laisser l'ennemi s'avancer et de se placer derrière lui pour lui couper ses lignes de communication, l'obligeant ainsi à interrompre sa marche sur Paris pour se retourner contre les troupes françaises. Il établit son camp à Sainte-Menehould sur un plateau qui s'appuyait à gauche sur la route de Paris et s'étendait à droite le long de l'Aisne. Il était couvert par des hauteurs entre la Bionne et l'Auve. La lenteur des Prussiens que commandaient le roi lui-même et le duc de Brunswick permit la jonction de Beurnonville et Kellermann.

Mis en confiance, Dumouriez écrivait à Servan : « Notre affaire est sûre. Les Prussiens sont accablés de maladies, exténués de fatigue et mourants de faim ; leur armée achèvera de se fondre dans la Champagne pouilleuse. C'est à présent mon tour. » Objectif : « Ruiner l'adversaire sans se battre. » Plan audacieux qui affolait Paris où l'on ne comprenait pas l'attitude de Dumouriez placé sur les arrières des Prussiens au lieu de leur couper la route de Paris.

L'impatience du roi Frédéric-Guillaume soucieux d'en découdre avec les Français fit tomber les Prussiens dans le piège tendu par Dumouriez. Ils vinrent s'établir entre la Bionne et la route de Châlons face à l'armée française dont le dispositif était excellent. Le duc de Chartres, fils du duc d'Orléans, occupait au centre la butte du moulin de Valmy, Stengel celle de l'Yvron avec, à droite, Beurnonville. Seule la butte de la lune échappait à Dillon et Chazot.

La bataille s'engagea dans l'après-midi du 20 septembre. Jusqu'à 1 heure le brouillard avait dissimulé les positions françaises. Quand il les découvrit, Brunswick hésita, mais le roi voulait livrer bataille. Un tir d'artillerie de 54 bouches à feu prépara l'assaut des Prussiens. D'après une relation française : « L'ennemi forma son infanterie en trois colonnes serrées qui firent mine de vouloir attaquer Valmy ; ce mouvement fut exécuté avec une précision extraordinaire. Les Prussiens s'avancèrent de deux cents pas, jusqu'à mille deux cents mètres de la butte, en pelotons et compagnies, à pas lents, à découvert sous le feu de notre canon, conservant toujours ses distances ; et lorsqu'elle eut dépassé l'armée de Kellermann à la hauteur du village de La Chapelle, elle se forma en bataille, présentant une ligne imposante de plus de soixante mille hommes [3]. »

Les Français restèrent impassibles sous la mitraille. Les cris de « Vive la nation ! » partirent même de leurs rangs. Pourtant ce ne fut ni ce sang-froid ni cet enthousiasme qui ébranlèrent les Prussiens, mais une batterie adossée au moulin de Valmy sur la butte. Un officier prussien avouera : « Ce fut surtout une de ces batteries qui décida du résultat de la journée ; cette batterie, adossée à un moulin à vent, tint notre infanterie en échec et l'empêcha de donner [4]. »

L'explosion d'un caisson dans le camp français donna quelque espoir aux Prussiens, espoir de courte durée. Une nouvelle attaque fut repoussée. Brunswick en conclut : « *Hier schlagen wir nicht* » (ici nous ne les battrons pas) et donna l'ordre de la retraite.

Le bilan des pertes fut peu élevé : 300 morts du côté français, 180 chez les Prussiens, l'engagement s'étant surtout ramené à une canonnade. Bien des hypothèses ont été présentées pour expliquer la reculade prussienne : les liens maçonniques entre Dumouriez et Brunswick ; les ambitions de ce dernier de vouloir devenir roi de France, ce qui le contraignait à ne pas faire couler le sang de ses futurs sujets. On a été jusqu'à invoquer « l'achat » de Brunswick grâce aux bijoux de la Couronne volés, à l'instigation de Danton, au garde-meuble [5]. Le Régent fut en effet retrouvé dans sa collection. Aucune preuve décisive confirmant ces hypothèses n'a pu être avancée.

Plus vraisemblablement la retraite des Prussiens eut pour raison immédiate l'épuisement physique (De l'aveu de l'un d'eux : « L'épreuve la plus terrible que nous eûmes alors, ce fut la diarrhée et l'affreuse dysenterie qui en était habituellement la conséquence. Les hommes ressemblaient à des spectres et avaient de la peine à se traîner. ») et pour cause lointaine les dissensions entre Autriche et Prusse ainsi que l'amorce d'un nouveau partage de la Pologne. La Prusse aurait craint de s'engager trop profondément en France laissant ainsi la Russie libre d'agir à sa guise à Varsovie. On ne saurait enfin oublier la supériorité du canon Gribauval sur son homologue prussien.

Le retentissement de la bataille fut énorme. Non seulement Paris était sauvé, les Prussiens battant en retraite, mais, pour la première fois, une armée aussi réputée que celle du Grand Frédéric avait dû reculer devant des forces présentées – à tort d'ailleurs – comme composées de volontaires sans véritable expérience (il s'agissait en fait pour une bonne part de régiments de ligne – il n'y avait que deux bataillons de volontaires de 1791 et même des Allemands dans les rangs français [6]) mais animées par le sentiment patriotique. Goethe a contribué à accréditer cette image dans sa *Campagne de France* lorsqu'il s'exclame : « A la nuit tombante, le hasard avait réuni un cercle au centre duquel on ne put même pas, comme d'habitude, allumer un feu. La plupart restaient silencieux, quelques-uns causaient, mais, à vrai dire, personne n'était en état de réfléchir ni de porter un jugement. Enfin, on me demanda de dire ce que je pensais de tout cela, car il m'était souvent arrivé d'égayer et de réconforter la compagnie par de brèves sentences. Cette fois je dis : "De ce lieu et de ce jour, date une nouvelle époque de l'histoire du monde, et vous pourrez dire : j'y étais". »

LES DÉBUTS DE LA CONVENTION

Le 20 septembre 1792, vers cinq heures et demie du soir, les députés de la Convention se réunirent en séance privée dans la salle des Cent

Suisses pour procéder à la vérification des pouvoirs. Le premier président fut Pétion.

Le lendemain les députés prirent place officiellement dans la salle du Manège en se substituant à la Législative que présidait pour la dernière fois François de Neufchâteau. La transmission des pouvoirs fut très solennelle.

Les trois cents députés présents entendirent Danton déclarer qu'il ne pouvait y avoir de constitution que celle acceptée par le peuple ; les personnes et les biens seraient sous la sauvegarde de la nation. C'était rassurer ; c'était aussi se séparer de Marat et de la Commune de Paris. Celle-ci rappela son existence par l'intermédiaire de Collot d'Herbois qui proposa l'abolition de la royauté. Il fut suivi à l'unanimité. Le 22, Billaud-Varenne, reprenant l'offensive, faisait décréter que les actes publics porteraient désormais la date de l'an I de la République. Le 25 enfin, sur proposition de Couthon, la Convention adoptait la célèbre formule : « La République française est une et indivisible. »

La situation politique devenait plus claire : « Cela n'était plus, comme avant le 10 août, les contresens d'une monarchie avec un monarque hostile à son principe et une assemblée entraînée par les événements à traiter en ennemi le pouvoir qu'elle avait mission de maintenir. Ce n'était pas d'avantage, comme depuis le 10 août, le contresens d'une monarchie sans monarque [7]. »

PREMIERS AFFRONTEMENTS ENTRE GIRONDINS ET MONTAGNARDS

L'unanimité de façade qu'avait montrée la Convention ne dépassa pas le 25 septembre 1792. Les Girondins qui sentaient qu'ils disposaient de la majorité à l'assemblée et entendaient prendre leur revanche des frayeurs du début de septembre, quand leurs chefs Roland et Brissot avaient été inquiétés, lancèrent l'assaut contre la Montagne. Lasource, député du Tarn, s'engagea le premier : « Il faut, s'exclama-t-il, que Paris soit réduit à un quatre-vingt-troisième d'influence comme chacun des départements. » Rebecqui, des Bouches-du-Rhône prit le relais en dénonçant la volonté de dictature de Robespierre. Principal accusé : Marat qui brandit un pistolet et menaça de se tuer si on le décrétait d'accusation. Tout en se gardant de soutenir « l'ami du peuple », Danton s'efforça de calmer les débats et lança un appel à l'union : « Ce n'est pas sans frémir que les Autrichiens apprendront cette sainte harmonie. » En vain.

Les Girondins relancèrent l'attaque contre Marat mais le débat tourna court avec la proposition de Couthon de proclamer la République française une et indivisible, comme on l'a vu plus haut.

Le 9 octobre, Danton avait abandonné le ministère de la Justice à Garat. Le 10, il dut, comme tout ministre à sa sortie de charge, rendre des comptes. Il ne put se justifier sur les dépenses secrètes et l'assemblée refusa de lui donner quitus sur ce point. Du coup Danton parut « politiquement diminué ».

A son tour, Robespierre fut sur la sellette le 25 octobre. Louvet, le charmant auteur des *Amours du chevalier de Faublas,* député du Loiret, s'acharna contre Robespierre : « Robespierre, je t'accuse de t'être continuellement produit comme un objet d'idolâtrie ; je t'accuse d'avoir tyrannisé par tous les moyens d'intrigue et d'effroi l'assemblée électorale du département de Paris ; je t'accuse enfin d'avoir évidemment marché au suprême pouvoir. » Robespierre ne put lui non plus se justifier entièrement et se retrancha derrière la nécessité de l'action : « Toutes ces choses étaient illégales, aussi illégales que la Révolution, que la chute du trône et de la Bastille, aussi illégales que la liberté elle-même. On ne peut vouloir une révolution sans révolution. »

Tout le conflit se reporta autour d'un projet de garde départementale. Buzot proposait que chaque département envoyât à la Convention pour la protéger quatre fantassins et deux cavaliers par député soit quatre mille cinq cents hommes. Il ne fut pas entendu. La Commune protesta lorsque des fédérés vinrent à Paris se proposer pour la défense de l'assemblée. Des cérémonies de fraternisation furent finalement organisées par la Commune surmontant ses réticences. Un service commun fut mis en place le 18 janvier et, en définitive, noyauté par la municipalité. La Gironde avait échoué. « La conséquence essentielle de ces attaques fut de dresser définitivement la Montagne contre la Gironde et de susciter la formation d'un tiers parti, le parti des flegmatiques comme le nomma Camille Desmoulins [8]. »

C'est sur la question de Paris et des responsabilités de la Commune que se produisit un clivage entre les députés et que se formèrent sinon des partis au sens moderne, du moins des groupes ou clans.

LES PARTIS

Le nombre des députés devait être le même qu'à la Législative. Mais les départements des Bouches-du-Rhône et de la Drôme désignèrent chacun deux députés supplémentaires pour représenter le Vaucluse qui ne devait être organisé en département que le 25 juin 1793. Il y eut donc 749 députés. Par le jeu des décès et des annexions 154 députés nouveaux ou suppléants siégèrent à l'assemblée. On compta au total 903 conventionnels. Sur ces 903, 96 avaient appartenu à la Constituante et 189 à la Législative ; 245 étaient des hommes de loi (notaires ou avocats) et 379 avaient exercé des responsabilités locales (Berlier en Côte-d'Or, Campmas dans le Tarn, Poullain-Grandprey dans les Vosges...). On y trouvait des prêtres ou anciens prêtres comme Grégoire, Lindet, Saurine, Laplanche ou Sieyès, un ancien capucin Chabot, des pasteurs comme Rabaut Saint-Étienne ou Lasource. Du peintre David à l'acteur Boursault, de l'auteur du *Tableau de Paris* Louis Sébastien Mercier au chimiste Fourcroy, les talents n'étaient pas absents.

Quelques officiers : Barras, Carnot, Rochegude ou l'ancien mousquetaire Dubois-Crancé. Il y eut même un Anglais déclaré citoyen français, Thomas Paine.

La Gironde regroupait dans ses rangs des notables provinciaux ayant exercé des responsabilités locales et auxquels la Commune de Paris inspirait méfiance et dégoût. Ils récusaient la centralisation et demandaient plus de liberté pour les départements à l'égard de la capitale. En dépit de la décentralisation amorcée par la Constituante, ils avaient le sentiment que tout se décidait à Paris. Avocats ou hommes de loi, ils étaient soucieux de légalité et répugnaient aux mesures d'exception. Le droit primait dans leurs préoccupations le réalisme politique. Commerçants, industriels ou représentant des grands ports de Nantes, Bordeaux ou Marseille, ils étaient hostiles au dirigisme économique, aux mesures de taxation notamment que désiraient les sans-culottes parisiens. La propriété était sacrée à leurs yeux et ils redoutaient une mise en cause de ce « droit naturel ».

Leurs meilleurs orateurs, qui s'étaient déjà illustrés à la Législative, venaient de Bordeaux : les avocats Vergniaud, Guadet et Gensonné supplantèrent peu à peu les anciens chefs du mouvement, Brissot et Pétion. De très grandes figures : Barbaroux, élu de Marseille, l'ancien constituant Buzot, le journaliste Gorsas qui représentait la Seine-et-Oise, le parfumeur Isnard, représentant du Var, le frivole Louvet et le grave Rabaut Saint-Étienne... Conscience du groupe : Condorcet. Les principaux Girondins se retrouvaient dans le salon de leur égérie : Mme Roland. Ils ont pour journaux : *Le Patriote français* de Brissot, le *Courrier des départements* de Gorsas, les *Annales patriotiques* de Carra et *La Chronique de Paris* où écrit Condorcet.

Sur les bancs de la Montagne, autour de la députation de Paris que dominait le triumvirat Robespierre, Danton, Marat, se retrouvaient des hommes aussi divers que l'ancien oratorien Fouché, Couthon déjà membre de la Législative, Saint-Just député de l'Aisne, Lebas du Pas-de-Calais, un ancien trésorier de France Amar, désigné par l'Isère, Vadier, président du tribunal de Mirepoix et qui avait siégé à la Constituante, les avocats Treilhard et Merlin de Douai... Coalition hétérogène et fluctuante dont les membres fréquentaient les deux grands clubs parisiens des Jacobins et des Cordeliers. Eux aussi avaient leurs journaux, non seulement ceux de Marat, Hébert ou Desmoulins, mais les *Nouvelles politiques* de Monestier et le *Journal des hommes libres* de Duval.

Les Montagnards se différencient peu sur le plan social des Girondins et pas davantage sur le plan patriotique. Peut-être sont-ils un peu moins aisés, plus marginaux. Ils représentent les aspirations de la bourgeoisie moyenne et surtout des classes populaires, artisans et boutiquiers qui souffrent du chômage et de la cherté de la vie. Mais ils comprennent aussi que l'avenir de la Révolution passe par la satisfaction des revendications paysannes. Ils sont pour la guerre à outrance jusqu'à la victoire. « Fonder une république sur les principes de l'égalité et de l'intérêt général », tel est le programme que trace Robespierre à la Montagne. Bien avant le 10 août, les Montagnards étaient résolus à renverser la monarchie à l'inverse des Girondins, républicains par nécessité. Élus de Paris dont ils entendaient faire le centre de la France, ils ne sont pourtant pas les prisonniers de la Commune avec laquelle ils prennent vite leurs distances. Mais dans l'intérêt du petit peuple ou pour la conduite de la guerre, ces bourgeois n'hésitent pas à prendre des mesures d'exception et se résignent plus facilement que les Girondins à la taxation des denrées de première nécessité ou à l'établissement de la Terreur.

Entre ces deux groupes : le Marais ou la Plaine, c'est-à-dire la plus grande partie des députés. Plutôt favorable à la Gironde, le Marais s'en détacha rapidement devant son impéritie. Certains se rallièrent à la Montagne tels Hérault de Séchelles, ancien avocat général au Parlement de Paris, le gros négociant Cambon, Lindet ou Carnot (de tendance modérée comme allait le montrer son attitude sous le Directoire) ; d'autres attendirent leur heure, précipitant le moment venu la chute de Robespierre : Cambacérès, Sieyès ou Boissy d'Anglas.

Il n'y avait pas de réglementation détaillée des débats. Une commission présenta un projet discuté les 26, 27 et 28 septembre. Le bureau comprenait un président qui ne pouvait être réélu que quinze jours au plus tôt après la fin de ses fonctions, et six secrétaires. Le président maintenait l'ordre. Pour le rétablir il se couvrait, ce qui devait imposer silence aux députés.

Les séances commençaient à neuf heures du matin par la lecture du procès-verbal des débats précédents. Il n'y avait qu'une seule séance par jour dont la durée était fixée au minimum à six heures. On votait par assis et levé. Si une majorité n'apparaissait pas nettement, il était procédé à un appel nominal. Tout citoyen pouvait assister aux débats mais uniquement des tribunes. L'assemblée pouvait recevoir des députations ou pétitions auxquelles était consacrée la séance du dimanche.

Le travail préalable se faisait dans les comités au nombre d'une vingtaine. En octobre 1793 on distinguera : le comité des décrets, le comité des procès-verbaux, le comité des pétitions, le comité des inspecteurs de la salle, le comité de constitution établi dès le 29 septembre 1792, le Comité de sûreté générale depuis le 2 octobre 1792, le comité d'instruction publique, le comité des secours publics, le comité de division, le comité d'agriculture, le comité de commerce établi le 2 octobre 1792, le comité des finances qui comptera jusqu'à quarante-deux membres, le comité des domaines, le comité de liquidation, le comité de l'examen des comptes, le comité de la guerre et des armées, le comité de la marine, le comité colonial et le comité diplomatique.

S'y ajoute le service des archives qui conserve les minutes des procès-verbaux dont les députés reçoivent un exemplaire.

La salle des séances fut d'abord celle du Manège, préparée par l'architecte Paris : un long rectangle avec au centre, presque accolé au mur, le bureau du président et en contrebas les six secrétaires. En face d'eux la barre et au-dessus d'elle, la tribune pour les orateurs. Les rangées étaient disposées perpendiculairement aux côtés les plus longs du rectangle alors que les tribunes du public étaient nichées en demi-cercle dans les deux extrémités de la salle [9]. Les voix les plus fortes avaient peine à s'y faire entendre et étaient facilement couvertes par les murmures. Le 10 mai 1793, la Convention s'installait dans ses nouveaux locaux du palais des Tuileries aménagés par Gisors : une salle étroite de vingt mètres de large et soixante-quinze mètres de long. « Les législateurs prenaient place sur dix rangées de banquettes à dossier, étagées en ampithéâtre semi-elliptique, derrière lequel courait un couloir de dégagement. Aux députés suppléants étaient réservées des tribunes séparées dans les angles sud-ouest et nord-ouest. Devant eux, au centre de l'hémicycle, les représentants du peuple avaient à la fois les tables du président et des secrétaires avec, un peu en avant et au-dessous, la tribune de l'orateur... Dans l'hémicycle était la barre où s'arrêtaient les députations ; elles attendaient leur tour dans une salle placée sous les gradins supérieurs des députés. Derrière le bureau présidentiel, contre le mur du Carrousel, Gisors avait utilisé les renforcements entre les piliers de pierre porteurs des combles pour organiser trois étages de tribune. En bas s'ouvraient trois loges : celles de droite et de gauche accueillaient les délégations admises aux honneurs de la séance ; celle du centre était en fait, derrière les draperies tombantes, un petit salon réservé au président. Deux rangées de tribunes se trouvaient au-dessus. Enfin une vaste arcade, avec deux étages de gradins trouait chacun des petits côtés. Là s'entassait la foule des auditeurs. Environ mille quatre cents citoyens pouvaient ainsi assister aux débats des députés [10]. » L'éclairage était assuré par des lampadaires sur le rebord des tribunes du premier étage et de chaque côté du bureau. La Convention possédait aussi une buvette et restauration, la loge des logographes et la tribune des journalistes, au premier étage, derrière le président. Tel est le décor dans lequel se dérouleront les séances les plus mémorables : « J'atteste, disait Chasles, le 15 mai 1793, que cette salle tuera la Montagne, tuera la République et tuera la Constitution. » Et Couthon : « Elle est peut-être plus majestueuse que l'autre salle, ce qu'il y a de sûr, c'est qu'elle est moins commode et que la voix s'y perd beaucoup plus. »

Les députés n'avaient pas d'uniforme. Il fut seulement prévu pour les représentants en mission, en avril 1793. Certains parlementaires avaient une tenue soignée comme Robespierre, Saint-Just ou Hérault de Séchelles ; d'autres affectaient un certain débraillé comme Danton.

L'indemnité journalière des représentants était de dix-huit livres. Elle ne fut augmentée qu'en janvier 1795. Des indemnités supplémentaires étaient allouées aux commissaires. Le logement était à la charge des conventionnels. Ils s'établirent le plus souvent près de la Convention : cent soixante logeaient rue et faubourg Saint-Honoré, vingt-six, rue

Saint-Thomas du Louvre, vingt-deux quai Voltaire et rue de Beaune, vingt rue de Richelieu, douze rue Nicaise [11]. Ils se regroupaient souvent par département dans une même rue. Ajoutons que tout un personnel administratif gravitait autour de la Convention : employés de bureau, logographes, huissiers, personnel d'entretien...

LE PROCÈS DU ROI

Avant même de rédiger une constitution, il fallait régler le sort de Louis XVI, toujours prisonnier au Temple mais progressivement éloigné de sa famille.

Les preuves manquaient contre lui lorsque fut providentiellement découverte l'armoire de fer des Tuileries qui contenait des papiers secrets. Le 5 décembre la Convention s'attribuait le droit de le juger et l'autorisait à prendre des défenseurs qui furent Malesherbes, de Sèze et Tronchet.

Les Montagnards étaient divisés. Robespierre ne voulait pas d'un procès : « Louis dénonçait le peuple comme rebelle ; la Révolution et le peuple ont fait que lui seul était rebelle ; Louis ne peut donc être jugé, il est déjà jugé, il est condamné ou la République n'est point absoute. » Marat en revanche estimait son procès utile « pour l'instruction du peuple ». De son côté la Gironde souhaitait sauver le roi ou retarder à tout le moins l'exécution de la sentence, sinon la sentence elle-même. Tel fut le sens des interventions de Vergniaud le 31 décembre ou de Brissot le lendemain. Un rôle non négligeable fut joué par les tribunes d'où les partisans de la Montagne firent pression sur le Marais. L'action des royalistes se limita à chanter dans certaines rues, sur l'air du *Pauvre Jacques* : « O mon peuple, que vous ai-je fait ? »

Les avocats de Louis XVI développèrent l'idée de l'inviolabilité du roi inscrite dans la Constitution de 1791. Si l'on entendait le juger comme homme, il devait alors bénéficier de garanties (jury...) que lui refusait la Convention.

Le 11 janvier, s'estimant suffisamment informée, l'assemblée décréta qu'elle voterait successivement sur la culpabilité, la ratification par le peuple de la sentence et la peine. Le scrutin devait avoir lieu par appel nominal à la tribune avec possibilité de motiver son vote. Sur la première question, 28 députés étant absents (malades ou en mission), 3 omis au procès-verbal et 11 se récusant, les 707 autres répondirent par l'affirmative. La Convention déclarait à l'unanimité « Louis Capet coupable de conspiration contre la sûreté générale de l'État ». Pour le deuxième scrutin, il y eut 29 absents, 9 abstentions ; 287 députés se prononcèrent pour la ratification populaire, 424 votèrent contre. C'était une défaite pour la Gironde qui avait cru pouvoir ainsi retarder le verdict.

La séance qui suivit fut probablement l'une des plus dramatiques de l'histoire de la Convention. Elle dura 36 heures, du 16 janvier vers 10 heures du matin au 17 vers 10 heures du soir. L'appel nominal des députés se prolongea plus longtemps que prévu, chaque député ou presque motivant son vote. Le Girondin Mailhe, de la Haute-Garonne, fut le premier appelé. Il vota pour la mort mais esquissa une ultime manœuvre : « Si la mort a une majorité, je crois qu'il serait digne de la Convention d'examiner s'il ne serait pas utile de retarder le moment de l'exécution. » Plusieurs députés se rallièrent à cette motion. Les résultats donnèrent d'abord 366 voix pour la mort sur 721 votants (majorité absolue : 361). Mais il y eut contestation et nécessité d'un contre-appel. On compta 387 voix pour la mort contre 334 sur 721 votants, mais l'on déduisit les voix qui s'étaient prononcées en faveur de la proposition de Mailhe. Cette révision donna 361 voix pour la mort, soit exactement la majorité absolue [12].

Restait le problème du sursis à l'exécution du roi. Les résultats du dernier vote furent proclamés le 20 janvier 1793, vers une heure du matin. Sur 690 votants, le sursis fut rejeté par 380 voix contre 310. La majorité était cette fois plus nette que sur la peine : pressions ultimes ? Lassitude ?

Dans l'après-midi, Garat, ministre de la Justice, vint informer Louis XVI de sa condamnation. Le roi passa la soirée avec un prêtre insermenté, l'abbé Edgeworth qui devait l'accompagner, le lendemain, 21 janvier, jusqu'à la place de la Révolution (aujourd'hui place de la Concorde) où l'échafaud était dressé.

Le temps était maussade, les boutiques fermées, les ateliers désertés. On avait massé 20 000 hommes. A dix heures, le carrosse qui conduisait le roi et qu'entouraient 1 500 hommes, arriva sur la place. Louis XVI en descendit après quelques instants d'attente, manifesta quelque résistance quand Sanson voulut lui lier les mains et lui couper les cheveux puis monta fermement à l'échafaud. Il voulut parler mais sur l'ordre de Santerre qui commandait le dispositif de sécurité, les tambours couvrirent sa voix. « Peuple, je suis innocent ! Je pardonne... » Il criait encore quand le couperet tomba. Sa tête fut montrée à la foule qui hurla : « Vive la nation ! »

Il n'y eut aucune réaction si ce n'est l'assassinat par le garde du corps Philippe de Paris, dans un restaurant du Palais-Royal devenu Palais-Égalité, du riche parlementaire Le Peletier de Saint-Fargeau qui avait voté la mort du monarque. Les efforts du baron de Batz pour tenter de délivrer le roi au moment où on le conduisait à l'échafaud s'étaient révélés vains.

L'exécution de Louis XVI marquait une profonde coupure avec le passé et cette rupture était volontaire. « En jetant la tête du roi en défi à la contre-Révolution, on s'interdisait volontairement tout retour en arrière [13]. » « Il n'y a plus moyen de reculer », écrivait Marat. Et Lebas, autre régicide, de s'exclamer : « Nous voilà lancés, les chemins sont rompus derrière nous ; il faut aller de l'avant, bon gré, mal gré, et c'est à présent surtout qu'on peut dire : vivre libre ou mourir ! [14] »

CHAPITRE VIII

La première coalition

Valmy avait sauvé Paris en ébranlant l'alliance austro-prussienne, l'exécution de Louis XVI favorisa en revanche la formation d'une coalition qui regroupa la presque totalité de l'Europe des rois contre la France des régicides. A l'euphorie succéda l'angoisse ; désormais la guerre passait au premier plan : levées d'hommes, réquisitions, développement d'une industrie d'armements, menaces sur les frontières mais aussi difficultés d'approvisionnement et accroissement de l'inflation, privations et misères. Si la Révolution continue à se durcir, c'est la guerre qui en est la cause principale, une guerre qui ne va cesser, jusqu'à la victoire de Fleurus, d'occuper les esprits.

LES VICTOIRES

La victoire de Valmy fut le signal d'un spectaculaire redressement. Face au roi de Sardaigne, un ci-devant, le général Anselme avait pris l'offensive. Les troupes levées par Victor-Amédée III en Savoie étaient peu nombreuses et nullement motivées ; le soutien logistique du Piémont leur manquait. Appuyé par la flotte de Truguet, Anselme s'empara sans coup férir de Nice, le 29 septembre 1792. La ville fut livrée au pillage. On y établit une administration d'inspiration jacobine qui réclama « l'annexion à la primitive patrie dont les Niçois n'auraient jamais dû être séparés ».

De son côté, Montesquiou, autre ci-devant, entrait dans Chambéry, le 24 septembre, contraignant les Sardes à évacuer la Savoie. L'accueil de cette province fut chaleureux : le rattachement de la Savoie à la France fut demandé par le syndic de Chambéry. Combien de Savoyards ne passaient-ils pas déjà en France comme ramoneurs, montreurs d'animaux ou même maîtres d'école. Déjà des fugitifs, révolutionnaires de conviction, avaient formé une légion des Allobroges.

Cependant que Genève s'agitait, des troupes françaises étaient entrées dans l'évêché de Bâle. Une République indépendante de Rauracie était proclamée. Indépendante était beaucoup dire. L'évêque de Paris, Gobel, ancien vicaire de l'évêque de Bâle, s'y rendait comme commissaire du pouvoir exécutif.

Un autre ci-devant, le général Custine, dont la popularité venait de ses grosses moustaches, se couvrait de gloire sur le Rhin : Spire tombait le 25 septembre 1792, Worms le 5 octobre, Mayence le 21 octobre et Francfort se trouvait à son tour menacé. Dès le 24 octobre un club jacobin était inauguré à Mayence et Custine y affirmait : « Nous ne faisons cette guerre que pour n'en plus faire à l'avenir, pour punir les iniquités qu'on a exercées contre nous, pour faire connaître aux peuples qui sont nés pour être libres les droits de l'homme. »

Les Prussiens, alors que la route de Paris leur restait ouverte au soir de Valmy, avaient préféré se retirer. La mésentente avec l'Autriche s'aggravait et Dumouriez nourrissait en secret le rêve d'un renversement d'alliances. Un échange de prisonniers fournit prétexte à négociations. Les Prussiens en profitèrent pour se retirer sans dommages, couvrant la retraite des Autrichiens et des Hessois. Verdun, Longwy, Thionville étaient libres.

Au nord, les Autrichiens qui assiégeaient Lille abandonnèrent la partie, le 7 octobre, à l'annonce du retrait prussien à l'est. Ils se retirèrent en Belgique.

Le territoire national était donc libéré. Cette libération fut suivie d'une contre-offensive victorieuse. Dumouriez entendait en effet conquérir la Belgique. Une conquête qu'il jugeait facile en raison du soulèvement récent des Pays-Bas autrichiens qui supportaient impatiemment la domination de Vienne. C'était, à ses yeux, préserver la frontière du Nord et affaiblir cette maison de Habsbourg à l'égard de laquelle l'animait une haine furieuse. C'était aussi renflouer les finances de la République grâce au numéraire belge et consolider l'assignat. Il espérait également un surcroît de popularité qui lui permettrait de réussir là où La Fayette avait échoué en devenant le protecteur de la République, ou un possible régent en attendant la majorité de Louis XVII. Comme Robespierre, Dumouriez pressentait que la Révolution s'achèverait par la dictature d'un général. Ce serait lui.

Il s'était rendu à Paris où il avait été acclamé par la Convention lorsqu'il avait annoncé qu'il se préparait à attaquer le Brabant pour marcher au secours des Belges prêts à se révolter. Le conseil exécutif lui confia le commandement en chef de l'expédition avec mission « d'affranchir les peuples opprimés et poursuivre jusqu'à son territoire le plus mortel ennemi de la République » (comprenons l'Autriche). Il recevait le titre de lieutenant général des armées de la République. Le ministre des Affaires étrangères lui écrivait : « La France entière vous regarde comme son héros, vous avez l'estime, la confiance du conseil exécutif ; il n'entend pas que vous puissiez être gêné par aucune prétention, par aucun obstacle étranger. Vous aurez la suprématie, le commandement général, la prééminence sur tous les généraux, carte blanche enfin [1]. »

La composition de son armée reflétait pourtant les contradictions de Dumouriez. A son état-major on relevait la présence du duc de Chartres, le fils du duc d'Orléans, rebaptisé Philippe-Égalité. Dans le même temps Dumouriez obtenait de Santerre, commandant de la garde nationale de Paris une partie de l'artillerie de la capitale. Les volontaires de 1791 ne s'étaient engagés que pour libérer le territoire et maintenant que l'objectif était atteint, beaucoup rentraient chez eux. Dumouriez leur fit lancer un appel par la Convention : « Les Romains ont-ils abandonné leurs armes quand Porsenna était encore aux portes de Rome ? L'ennemi a-t-il passé le Rhin ? A-t-il reconnu la majesté de la République et la majesté du peuple ? Soldats, voilà le terme de vos travaux [2] ! »

Dumouriez disposait pour sa campagne d'une armée de 40 000 hommes et pouvait compter sur deux autres armées de 20 000 hommes. En face, le duc de Saxe-Teschen n'avait que 26 000 soldats en ordre dispersé, le gros de ses forces étant concentré devant Mons. L'avantage numérique était pour Dumouriez, l'audace également. Il vint attaquer Saxe-Teschen à Mons. La route de Valenciennes à Mons était bordée par un ruisseau marécageux jusqu'au village de Jemmapes ; elle continuait ensuite vers la frontière par Quarignon. Sur la rive droite du ruisseau la plaine était accidentée : les Autrichiens s'établirent sur les hauteurs, de Quarignon à Mons, les Français en contrebas, la droite vers Mons, la gauche vers Quarignon. La bataille s'engagea le 6 novembre, à sept heures du matin. Dumouriez, sur la gauche, s'empara de Quarignon ; à midi, le duc de Chartres, sur l'ordre de Dumouriez, attaquait le centre autrichien à Jemmapes. Après un moment de débandade, l'assaut français fut victorieux et le dispositif autrichien enfoncé. Dumouriez porta alors tout son effort sur la droite, près de Mons, et fit craquer la ligne ennemie. « Bataille simple, d'attaque directe et simultanée contre tout le front ennemi. A aucun moment, Dumouriez n'a eu l'idée de concentrer ses forces sur un point quelconque pour briser la ligne autrichienne [3]. »

La victoire de Jemmapes est toute révolutionnaire ; elle est l'œuvre de fédérés et de volontaires, peu exercés mais qui marchent en avant au chant de *La Marseillaise* et aux cris de « Vive la République ! ». Mons tombé, la Belgique était conquise en un mois. Bruxelles cédait le 14 novembre, Liège le 28 ; le siège d'Anvers ne dura que quatre jours. Le retentissement de Jemmapes fut considérable. Le ministre Lebrun, qui venait d'être l'heureux père d'une petite fille, lui donnait les prénoms de Jemmapes-Dumouriez !

Restait à organiser la conquête. Les partisans de l'annexion à la France n'étaient qu'une minorité en Belgique ; l'influence dominante appartenait aux Statistes, partisans d'une république belge gouvernée par des États. Dumouriez prit soin de les ménager en invitant les représentants de la Convention à s'arrêter à la frontière pour respecter l'autonomie belge, en imposant une stricte discipline à ses troupes et en lançant aux Belges une habile proclamation : « Brave nation belge, nous entrons sur votre territoire pour vous aider à planter l'arbre de la liberté, sans nous mêler en rien à la Constitution que vous voudrez adopter ! Pourvu que vous adoptiez la souveraineté du peuple et que vous renonciez à vivre sous des despotes quelconques, nous serons vos frères, vos amis, vos soutiens... Nous respecterons vos propriétés et vos lois [4]. »

Mais, à y regarder de plus près, Dumouriez n'avait pas entamé le potentiel militaire des Autrichiens. Réfugiés entre Meuse et Rhin, ceux-ci pouvaient se refaire, faute d'avoir été poursuivis énergiquement. On peut se demander si Dumouriez n'aurait pas dû commencer son offensive par la Meuse pour écraser ainsi Saxe-Teschen.

Mais est-il le seul responsable de cette erreur et de cette mollesse à poursuivre les Autrichiens ? Il s'explique dans une lettre à Lebrun : « J'ai beau battre les Autrichiens, cette superbe expédition se terminera mal, parce qu'on contrarie tous mes plans, parce qu'on tyrannise le pays, parce que des spéculateurs avides, soutenus par les bureaux de la Guerre accaparent toutes les subsistances, sous prétexte de nourrir l'armée et la laissent manquer de tout [5]. » Le nouveau ministre de la Guerre, Pache, ancien protégé de Roland mais qui s'était brouillé avec la Gironde, affectait de protéger les éléments les plus révolutionnaires de l'armée et peuplait le ministère de commis travaillant en bonnet rouge, ce qui n'était pas grave, mais d'une parfaite incompétence. Pache aurait saboté le ravitaillement de l'armée française, contrainte de vivre sur le pays et par conséquent de s'aliéner ses habitants.

Le 30 novembre, la Convention envoyait quatre commissaires en Belgique auprès de Dumouriez dont Danton et Delacroix. Ces commissaires, dont le comportement sur le plan de l'honnêteté fut par ailleurs déplorable, entrèrent en conflit avec Dumouriez dont ils condamnèrent la politique libérale. En vain Dumouriez prêchait-il pour une Belgique indépendante – elle formerait « une barrière beaucoup plus solide que celle des places fortes et beaucoup moins dispendieuse » –, Danton et Delacroix penchaient pour la réunion.

Le décret du 27 novembre 1792, portant annexion de la Savoie, condamnait la politique de Dumouriez. Grégoire s'exclamait : « Nous avons juré : point de conquêtes ! Mais si des peuples renfermés dans les bornes de la République française désirent l'affiliation politique, ne devons-nous pas les recevoir ? » Les principes laissaient la place au réalisme : comment ne pas être tenté par les richesses du clergé belge au moment où l'assignat donnait des signes inquiétants de défaillance ? Lâchant Dumouriez, Lebrun expliquait que la France, par l'annexion de la Belgique, augmenterait sa population de trois millions, son armée de quarante mille soldats et ses revenus de quatre cents millions de livres. Les commissaires de la Convention renchérissaient : « Le salut de la République est dans la Belgique ; ce n'est que par l'union de ce riche pays à notre territoire que nous pouvons rétablir nos finances et continuer la guerre. » La justification, au nom du réalisme, vint de Cambon, membre influent du comité des finances : « Il faut nous déclarer pouvoir révolutionnaire dans les pays où nous entrons ; il est inutile de nous cacher ; les despotes savent ce que nous voulons. Point de demi-révolution ! Tout peuple qui ne voudra pas ce que nous proposons ici sera notre ennemi et méritera d'être traité comme tel ! [6] » En conséquence, proposait Cambon, ne seront électeurs et éligibles que les citoyens ayant prêté le serment de liberté et d'égalité ; les biens des communautés ecclésiastiques, du prince et de ses satellites seront pris comme gages des frais de guerre et comme moyens de renforcer le crédit des assignats.

Du coup la Convention approuva le rapport des commissaires, le 15 décembre 1792. Des instructions furent envoyées aux commissaires nationaux : « Nous ne sommes point guidés par l'ambition turbulente des conquêtes ; nous ne voulons dominer ni asservir aucun peuple ; plus que jamais, nous respectons l'indépendance des nations. » Mais : « Malheur au peuple qui essayera de s'affranchir, s'il ne rompt au même instant toutes ses chaînes. Toute révolution veut une puissance provisoire qui ordonne ses mouvements désorganisateurs, qui fasse en quelque sorte démolir avec méthode. »

La décision d'imposer les vues françaises en Belgique devait susciter une vive réaction contre ce « décret terrible », « attentatoire à la souveraineté du peuple belge ».

LA RUPTURE AVEC L'ANGLETERRE

La politique de conquêtes de la France ne pouvait qu'inquiéter l'Angleterre et l'Europe.

La Convention multipliait en effet les proclamations et les discours du genre : « Le salut de la République est dans la Belgique. » Pourquoi ? Parce que la Belgique est sur la rive gauche du Rhin qui doit être la frontière naturelle de la France. L'idée une fois lancée se retrouve sous toutes les plumes, de Brissot à Custine, du Girondin Faure au patriote allemand Forster. Danton la reprend dans son discours du 31 janvier où il demande que l'annexion de la Belgique suive celle de Nice : « Je dis que c'est en vain qu'on veut faire craindre de donner trop d'étendue à la République. Ses limites sont marquées par la nature. Nous les atteindrons toutes des quatre coins de l'horizon, du côté du Rhin, du côté de l'Océan, du côté des Alpes. Là doivent finir les bornes de notre République, et nulle puissance humaine ne pourra nous empêcher de les atteindre. On vous menace des rois, vous avez déclaré la guerre aux rois ; vous leur avez jeté le gant et ce gant est la tête du tyran. » Le 14 février, Carnot renchérissait : « Les limites anciennes et naturelles de la France sont le Rhin, les Alpes et les Pyrénées ; les parties qui en ont été démembrées ne l'ont été que par usurpation [7]. »

Du 1er au 30 mars 1793, une série de quinze décrets prévoit l'annexion de la Belgique et de la principauté de Salm (2 mars), de la République de Rauracie transformée en département du Mont-Terrible (23 mars), de parties du Palatinat (14 mars) et des Deux-Ponts (20 mars), des pays enfin compris entre la Moselle et le Rhin (30 mars).

L'exécution de Louis XVI vint s'ajouter aux inquiétudes que suscitait cette politique d'annexions. Où s'arrêterait la France ?

A Londres on avait gardé sur le cœur l'aide apportée par la France aux insurgés américains. La rupture de l'équilibre européen au profit de Paris et surtout l'annexion de la Belgique, menace directe pour les côtes anglaises, ne pouvaient que précipiter une rupture que l'on avait eu le souci d'éviter jusque-là.

Pitt ne souhaitait pas la guerre – il s'était lancé dans de grandes réformes financières – mais la tentation était grande de profiter de la supériorité navale de la Grande-Bretagne pour écraser la marine française renaissante. Pitt craignait-il également la contagion des idées révolutionnaires ? Sheridan avait déclaré à Chauvelin, notre représentant à Londres : « Les Anglais, même les libéraux, veulent des réformes selon la méthode nationale des réformes constitutionnelles ; ils s'indignent d'un appel à la révolte venant de l'étranger, fussent-ils partisans de la mise en accusation du ministère. L'Angleterre a jadis donné l'exemple d'une révolution ; si elle le suit aujourd'hui, ce sera à sa manière et avec ses propres forces [8]. » Ancien whig, Burke avait lancé un vigoureux pamphlet contre les idées nouvelles, dès 1790 : *Réflexions sur la Révolution française*. Pitt de son côté devait avouer : « Je me suis interdit toute intervention dans les affaires intérieures de la France, mais il m'est impossible de voir sans une inquiétude sérieuse la forte augmentation des indices qui manifestent son intention d'exciter des désordres dans les pays étrangers sans égard aux droits des pays neutres et en suivant des vues de conquête et d'agrandissement. » Pendant le procès de Louis XVI, il écrivait à Chauvelin : « Je suis obligé de vous prier de permettre que j'évite l'honneur de vous voir. » (sic.)

Le 24 janvier 1793 la rupture était consommée. Chauvelin recevait l'ordre de quitter l'Angleterre dans les huit jours. Pourtant ce n'est pas le cabinet britannique qui déclara la guerre mais la Convention, le 1er février. Kersaint y avait échauffé les esprits. Ce capitaine de vaisseau avait fait remarquer que l'Angleterre était vulnérable du côté de l'Irlande et du côté de l'Inde où Tippoo Sahib luttait contre la domination britannique.

Kersaint avait également proposé la création d'un comité de défense générale qui donnerait une impulsion unique à l'effort de guerre et qui serait composé de représentants des principaux comités de la Convention. Il importait en effet de reconstituer un pouvoir exécutif englouti le 10 août et abandonné aux mains de ministres de plus en plus effacés. Le 4 janvier 1793 furent élus vingt-quatre membres dont Brissot et Kersaint pour la diplomatie, Dubois-Crancé pour la guerre et Cambon pour les finances. La majorité était aux mains de la Gironde. Pache fut écarté de la Guerre et remplacé par Beurnonville. Toutefois ce premier comité fonctionna mal. Thibaudeau, alors conventionnel, montre dans ses *Mémoires* « le comité mandant à chaque instant les ministres et les autorités. Les membres de la Convention pouvaient assister à ses séances et un certain nombre y était toujours absents. Les affaires les plus secrètes se traitaient donc comme publiquement et le conseil exécutif était tiraillé dans tous les sens, ne sachant à qui répondre, à qui obéir ni comment remplir ses devoirs ».

LA PREMIÈRE COALITION

La rupture avec l'Angleterre fut suivie d'autres ruptures : l'Espagne rompit au début de mars et, le 18, la Convention lui déclara la guerre. Le 22 mars, la plupart des princes de l'Empire germanique rejoignaient la Prusse et l'Autriche, suivis de la quasi-totalité des États italiens, à l'exception de Gênes et de Venise. A Rome, notre représentant Bassville était assassiné par la populace. Le Portugal avait suivi la Grande-Bretagne. La Russie ne dissimulait pas son hostilité et Catherine II n'avait pas de mots assez durs contre la France, sans toutefois bouger. La Suède restait hésitante. Ne restaient neutres, en dehors de Gênes et Venise, que le Danemark et la Suisse.

Pour faire face à cette coalition, la Convention votait, le 24 février 1793, une levée de trois cent mille hommes et décidait l'émission de trois milliards d'assignats. Étaient réquisitionnés les hommes valides de dix-huit à quarante ans. Le directoire en opérait la répartition par district et le directoire de district par commune.

Le 16 mars 1793 Danton demandait une taxe sur les riches et l'établissement du Tribunal révolutionnaire : « Soyons terrible pour dispenser le peuple de l'être, organisons un tribunal, non pas bien – cela est impossible – mais le moins mal qu'il se pourra afin que le glaive de la loi pèse sur la tête de tous ses ennemis. » Il proposait de déclencher la guerre économique contre l'Angleterre : « Quel est le point central du mouvement de nos ennemis ? C'est le cabinet britannique. Pitt sait bien qu'ayant tout à perdre, il ne doit rien épargner. Prenons la Hollande et Carthage est à nous ! L'Angleterre ne peut plus vivre que par le commerce : que la Hollande soit conquise à la liberté et l'aristocratie commerciale elle-même qui domine en ce moment le peuple anglais, furieuse que le ministère anglais se soit mêlé de la coalition des despotes et de voir son commerce anéanti, sera la première à renverser le gouvernement qui l'aura entraînée. Elle renversera ce ministère stupide qui a cru que les talons de l'Ancien Régime pouvaient étouffer le génie de la liberté qui plane sur la France. Ce ministère renversé par l'intérêt même du commerce, le parti de la liberté se montrera car il n'est pas mort, il vous attend, et si vous faisiez votre devoir, si la France marchait contre les ennemis de la liberté, tous les peuples se donneraient la main et l'univers serait libre [9]. »

Mélange étonnant de réalisme et de naïveté. Pitt parle moins mais agit plus : sept traités d'alliance et six de subsides sont signés en dix mois. Au début d'avril, se réunit la première conférence des puissances coalisées contre la France.

Coup dur pour la Révolution : la défection de Dumouriez. Il avait été indigné par le pillage des commissaires, Danton en tête, aussitôt imité par les éléments extrémistes. Ce qu'il avait prévu se produisait : la défection de la population. De surcroît il fut battu à Neerwinden, le 18 mars, par les Autrichiens et en rendit responsables les bureaux de la Guerre. La Convention lui envoya Danton qui tenta de le raisonner, puis de nouveaux commissaires : Bancal, Camus, Lamarque et Quinette. Dumouriez était résolu à marcher sur Paris et à tenter ce que La Fayette n'avait pu réussir : une contre-révolution. Il s'entendit avec son adversaire autrichien le prince de Cobourg sur les bases d'un armistice. Il livra à l'ennemi les commissaires de la Convention et le ministre Beurnonville. Mais lorsqu'il voulut retourner son armée contre Paris, celle-ci ne le suivit pas, en sorte qu'il dut, le 3 avril 1793, passer à l'ennemi avec onze généraux et le duc de Chartres. Alors que La Fayette avait été enfermé à Olmütz, Dumouriez reçut des passeports pour la Suisse et vécut désormais d'une pension de l'Angleterre.

Sa défection eut un contrecoup immédiat : la domination française sur la Belgique se trouvait menacée par une attaque autrichienne.

La situation était identique sur les bords du Rhin. Le 1er janvier 1793, étaient arrivés à Mayence les représentants de la Convention Reubell et Merlin de Thionville. Ils pratiquèrent une politique active d'assimilation. « Nous municipalisons », affirmait Merlin qui ajoutait : « La France comptera bientôt un département de plus. » Le 21 mars était proclamée « la réunion de l'Allemagne libre à la République française ». Forster, l'un des habitants favorables à la Révolution, était envoyé à la Convention avec l'adresse suivante : « La nature elle-même a voulu que le Rhin fût la frontière de la France. » Vœu sans effet. Là encore la contre-offensive prussienne, bénéficiant de la complicité des habitants, lassés des exactions des Français et de leurs amis, investissait Mayence.

Les conquêtes de la Révolution se trouvaient au printemps de 1793 remises en cause.

L'INSURRECTION DE LA VENDÉE

Les départements avaient du mal à suivre l'impulsion donnée par Paris au cours des événements. Tout allait trop vite au gré de la province. Les dernières insurrections paysannes dataient de septembre et octobre 1792. L'abolition des droits féodaux (quand les titres n'existaient plus), mesure décidée par la Législative, avait calmé les fureurs des paysans. La vie chère et la disette étaient moins sensibles dans les villes de province qu'à Paris. L'influence des prêtres insermentés restait grande. Au moment où les passions auraient pu s'apaiser, la levée de 300 000 hommes fut mal accueillie en raison de son caractère impératif. Jusqu'alors on avait fait appel à des volontaires. Le procédé de désignation des partants exacerba les passions dans les endroits où le tirage au sort ne fut pas choisi. Les résistances se développèrent. Si les départements frontières et Paris prenaient conscience du danger, ailleurs le refus fut parfois violent. Trois centres principaux : Normandie et Bretagne (Calvados, Orne, Sarthe, Mayenne, Ille-et-Vilaine, Côtes-du-Nord, Finistère, Morbihan, Loire-Inférieure), quelques départements de l'Est (Doubs, Côte-d'Or, Aube, Bas-Rhin), enfin le Midi (Ardèche, Aveyron, Lot, Dordogne, Gironde, Tarn, Hérault [10]).

Dans la région de la Lozère et de l'Ardèche, un ancien constituant, Charrier, prit la tête d'une bande armée, s'empara de Marvejols au nom de Louis XVII, puis de Mende. L'agitation ne se calma qu'en mai. Capturé, Charrier fut exécuté à Rodez. D'autres troubles éclatèrent dans le Midi. Mais c'est en Vendée que l'on passa du désordre à l'insurrection armée mettant en danger les autorités.

Quelles furent les causes de cette insurrection ? Le facteur religieux a été important. L'influence du clergé était grande dans ces pays de bocage où il constituait un trait d'union entre des fermes dispersées. Certes ce clergé avait accueilli plutôt favorablement la Révolution. Un traitement valait mieux pour ces curés souvent misérables à la portion congrue. Mais le tour pris par les événements, l'obligation du serment, la condamnation par le pape de la Constitution civile du clergé, tout provoqua un taux élevé de réfractaires à l'ouest. Les persécutions contre les « bons prêtres » mirent le feu aux poudres.

Les désillusions du monde paysan doivent être également prises en compte. L'insurrection de la Vendée eut une base populaire incontestable. Les paysans qui avaient beaucoup attendu de la Révolution constatèrent bientôt qu'ils étaient encore plus imposés que sous l'Ancien Régime. En revanche la libération des charges féodales fut, semble-t-il, plus tardive que dans d'autres régions [11]. La vente des biens nationaux aggrava la déception. Bourgeois et même prêtres furent les principaux acquéreurs. L'antagonisme déjà ancien des villes et des campagnes en sortit renforcé. Mais l'insurrection trouva aussi ses effectifs en milieu urbain : tisserands de Cholet ruinés par la conjoncture ou petits boutiquiers dont le débouché était essentiellement rural. La perte des privilèges pour les habitants des Marches séparant les provinces de Bretagne, d'Anjou et de Poitou comme le désir de se venger des exactions des gardes nationaux, « tyranneaux de village », ont pu jouer un rôle. L'exécution du roi fit peut-être plus impression sur la noblesse locale que sur les paysans, mais ceux-ci acceptèrent mal la levée de trois cent mille hommes. La perspective d'aller combattre au loin était insupportable à des gens profondément enracinés et qui se méfiaient traditionnellement de « la grande route ».

L'or anglais n'a joué aucun rôle à l'origine d'une émeute qui fut spontanée. Certes des intrigues s'étaient nouées autour de la personnalité du marquis de La Rouairie, un ancien combattant de la guerre d'Indépendance des États-Unis qui avait créé en 1791 une association bretonne tendant à restaurer une monarchie tempérée par l'ancienne constitution de la France et respectueuse des vieilles libertés de la Bretagne [12]. Il avait reçu des assurances du comte d'Artois et avait pu regrouper des hommes aussi différents que Picot de Limoëlan ou Jean Cottereau, le futur Jean Chouan. Mais si plusieurs plans d'insurrection furent établis, ils ne purent aboutir. La conjuration fut découverte et plusieurs de ses membres exécutés le 18 juin 1793. Le marquis de La

Rouairie, malade, était mort le 30 janvier. Il avait eu en 1791 un homologue en la personne du marquis de La Lézardière qui ne fut pas plus heureux que lui. Des incidents eurent lieu également à Bressuire. Tout indiquait une certaine nervosité à laquelle Paris n'a pas prêté suffisamment attention.

Du 3 au 9 mars 1793 des désordres éclatèrent à Cholet, Chemillé... Prétexte : le tirage au sort. La nouvelle de la levée a été connue le 2 à Cholet ; le 3, cinq cents jeunes gens se rassemblent à Cholet pour manifester contre le tirage au sort. La force publique intervient, le rassemblement se reforme avec la même revendication à May-sur-Èvre. Les révoltés constituent des bandes. « Le mercredi 13 mars, sur les cinq heures du soir, il se présenta dans le bourg de Saint-Pierre une quantité de gens attroupés et armés de fusils, brocs, fourches, faux et autres instruments, ayant tous des cocardes blanches et décorés d'une petite médaille carrée en étoffe sur lesquelles sont brodées différentes figures telles que des croix, de petits cœurs percés de piques et autres signes de cette espèce. Tous ces gens criaient : “Vive le roi et nos bons prêtres !”... [13] » Ils malmènent gardes nationaux et représentants de l'autorité. Les grandes villes de l'Ouest, Angers, Rennes ou Nantes ne furent pas touchées. La Bretagne et le Maine, comme la Normandie, connaîtront surtout la guérilla connue sous le nom de « chouannerie ». La présence de nombreuses troupes et l'existence de gardes nationales actives eurent un effet dissuasif. Il n'en alla pas de même au sud de la Loire, en Vendée. Du 10 au 13 mars, la rébellion se rendit maîtresse de Challans, Legé, Palluan. Les premiers chefs étaient des perruquiers comme Gaston Bourdic, des métayers, un chirurgien, Joly, des tailleurs et des cordonniers. Puis s'imposent un voiturier Cathelineau et un garde-chasse Stofflet. Ce n'est qu'ensuite que les insurgés se tournèrent vers les nobles qui n'avaient pas émigré : Bonchamps, Charette, Elbée, Lescure et La Rochejaquelein. Ceux-ci furent souvent réticents à l'origine. « Êtes-vous devenus fou ? » s'exclame Charette quand on vient le chercher dans son manoir de Fontclose. La religion devient un facteur d'unité, Cathelineau est l'un des premiers à arborer l'insigne du Sacré-Cœur. Royalistes, les nobles donnèrent la coloration politique de l'émeute. Ils comprirent vite les possibilités qu'offrait à la lutte armée le bocage. D'emblée la violence s'installe. Maître de Machecoul, Souchu, un ancien chef de bureau du district, fait procéder à des exécutions sommaires : 500 morts peut-être. La férocité ne fut pas que républicaine. Les Marches, les Mauges, le Bocage sont parcourus par des bandes armées qui prennent, le 20 mars, le titre d'armée catholique et royale. Cholet tombe le 14 mars. La ville de Saumur est menacée.

La Convention réagit par le décret du 19 mars qui met hors la loi les chefs de l'insurrection. Trois généraux sont choisis pour rétablir l'ordre : Berruyer à Angers, Boulard aux Sables et Beyssier à Nantes. Boulard est le premier en action : Gaston Bourdic est tué le 15 avril. Beyssier reprend Machecoul et Souchu est exécuté. Tout accès vers la mer semble interdit aux insurgés. Mais Berruyer est moins heureux dans les Mauges. Les républicains sont battus aux Aubiers le 13 avril, ce qui remet en cause les succès de Boulard et Beyssier. Au début de mai, Elbée avec 40 000 hommes peut attaquer Bressuire puis Thouars. Les Vendéens sont à Parthenay le 10 mai. Ils échouent devant Fontenay le 16 ; Elbée est grièvement blessé. Mais l'échec n'est que provisoire. Le 25 mai 1793, Fontenay tombe enfin. Seuls Nantes et les Sables échappent encore à l'insurrection.

CHAPITRE IX

Le Comité de salut public

La trahison de Dumouriez marquait un tournant dans l'évolution de la Révolution. Elle introduisait un climat de défiance, chacun accusant son adversaire de s'être compromis avec le général félon. Robespierre dénonçait les liens de la Gironde avec Dumouriez, mais les Girondins ripostaient en rappelant que le fils de Philippe-Égalité – qui siégeait sur les bancs de la Montagne – avait suivi Dumouriez dans sa désertion. La méfiance, rappelle Garat dans ses *Mémoires*, s'étendit à tous les généraux : Montesquiou était dénoncé pour avoir voulu ouvrir la Savoie aux Piémontais ; Servan se voyait accusé de tractations avec les Espagnols. Les rumeurs les plus folles circulaient. Il importait de réagir.

DU COMITÉ DE DÉFENSE AU COMITÉ DE SALUT PUBLIC

Le comité de défense générale nommé en janvier 1793 n'avait fait que refléter les luttes des factions à travers ses 24 membres. Isnard, un Girondin, proposa de réduire le nombre de ses membres à 15. La réforme échoua en partie puisque la Convention s'arrêta au chiffre de 25. Le nouveau comité fut désigné le 26 mars. Y entrèrent Danton et Robespierre mais aussi Buzot et Vergniaud, Fabre d'Églantine et Desmoulins, Condorcet et Cambacérès, Barère et Dubois-Crancé. C'était un parfait résumé des tendances qui divisaient la Convention, mais quelle efficacité en attendre ?

Les Girondins revinrent à la charge en demandant une concentration plus grande. Idée reprise par Danton et Barère. Elle aboutit au décret du 6 avril créant un Comité de salut public chargé d'accélérer et de surveiller l'action des ministres dont il pouvait suspendre les arrêtés. Il coordonnait toutes les mesures touchant la défense intérieure comme extérieure, sans véritables contraintes financières mais sous contrôle de la Convention.

Cette création prenait place dans un ensemble exceptionnel de mesures [1].

26 mars : désarmement des suspects. Étaient touchés, non seulement les suspects définis par la loi (ci-devant nobles avec leurs agents et leurs domestiques, sauf ceux employés à l'armée, prêtres réfractaires...) mais ceux que certaines autorités (directoires des départements ou des districts, communes) pouvaient frapper de suspicion. Les noms des locataires devaient être affichés à l'entrée des maisons.

27 mars : décret mettant hors la loi les aristocrates et armant les citoyens de piques.

28 mars : loi sur les émigrés : ils sont déclarés morts civilement et leurs biens sont confisqués.

29 mars : peine de mort contre « quiconque sera convaincu d'avoir composé ou imprimé des ouvrages ou écrits qui provoqueraient la dissolution de la représentation nationale, le rétablissement de la royauté ou de tout autre pouvoir attentatoire à la souveraineté du peuple ».

1er avril : suppression de l'inviolabilité des députés. La Convention peut décréter d'accusation ceux de ses membres contre lesquels « il y aura de fortes présomptions de complicité avec les ennemis de la liberté, de l'égalité et du gouvernement républicain ».

5 avril : accroissement des pouvoirs du Tribunal révolutionnaire. Le décret du 10 mars 1793 avait prévu qu'il ne pouvait juger les crimes de conspiration et délits nationaux que sur décret d'accusation porté par la Convention. Désormais l'accusateur public peut faire arrêter et juger tous les prévenus de ces crimes sur simple dénonciation des autorités constituées, à l'exception des députés, des ministres et des généraux.

Le même jour est décidée la formation dans chaque grande ville d'une garde de citoyens choisis parmi les moins fortunés.

9 avril : des commissaires de la Convention sont institués. Ils sont envoyés auprès des onze armées de la République : 12 à l'armée du Nord, 4 à celle des Ardennes, 4 à celle de la Moselle, 10 à l'armée du Rhin, 4 à celle des Alpes, 4 à celle d'Italie, 4 à celle des Pyrénées orientales, 4 à celles des Pyrénées occidentales, 4 à l'armée des côtes de Brest, 4 à celle des côtes de Cherbourg, 3 en Corse [1]... Ils se concertent avec les généraux pour les nominations, surveillent les fournitures et la conduite des officiers, accélèrent l'armement et l'équipement. Ils adressent tous les jours au Comité de salut public le journal de leurs opérations et envoient tous les mois un rapport à la Convention.

13 avril : peine de mort contre quiconque proposera de négocier ou traiter avec une puissance qui n'aura pas reconnu la République française.

LA CONFÉRENCE D'ANVERS

La situation internationale justifiait ces mesures. Le 8 avril 1793 s'était tenue à Anvers une conférence réunissant lord Auckland représentant de la Grande-Bretagne en Hollande, le duc d'York chef de l'armée anglaise débarquée sur le continent, le prince d'Orange, le ministre de Prusse à La Haye, le général prussien Knobelsdorf, le représentant de l'Autriche en Hollande le comte Stahremberg et le comte de Metternich envoyé par l'empereur François II aux Pays-Bas. Y assistait également le prince de Cobourg en train de chasser les Français de Belgique. D'emblée, lord Auckland dissipait toutes les équivoques : l'action de la coalition avait pour but de réduire la France à un véritable « néant politique ». « Chacune des puissances coalisées, affirmait-il, doit chercher à faire des conquêtes et à garder ce qu'elle aura conquis. » S'adressant à Cobourg, le représentant du roi George s'exclame : « Prenez toutes les places frontières de votre côté et procurez-vous une bonne barrière pour les Pays-Bas. Quant à l'Angleterre, je le dis franchement, elle veut faire des conquêtes et elle les gardera. » Conquêtes envisagées : Dunkerque et des « convenances dans les colonies françaises ».

La conférence d'Anvers a permis aux historiens français, à Albert Sorel puis à Marcel Dunan, de montrer que du côté de la coalition, se trouvait « le vieil appétit des puissances d'Ancien Régime de dépecer le voisin comme la Pologne en avait fourni un premier exemple [2] ».

Mais passer à l'acte restait difficile en raison des divisions des alliés. Les Autrichiens étaient les plus intéressés à la guerre contre la France en raison de la parenté du chef de leur maison avec le roi et la reine de France. Mais Thugut, qui dirigeait la politique étrangère ne perdait pas de vue les intérêts de son pays. Il ne se pressait pas de reconnaître Louis XVII ou, à défaut, la régence du comte de Provence. « Quel est le but de la guerre ? », interrogeait-il. « Est-ce la restauration de la monarchie française ? » Poser la question dans une lettre à son ambassadeur à Saint-Pétersbourg Cobenzl, c'était déjà émettre un doute. Thugut songeait alors à un échange des Pays-Bas contre la Bavière. Ce qui l'avait surtout irrité c'était le second partage de la Pologne opéré en l'absence de l'Autriche. Il espérait des compensations en Alsace. La Prusse était, sur le papier, la grande bénéficiaire du nouveau partage polonais, mais Frédéric-Guillaume tenait à obtenir un accord officiel de la diète que celle-ci lui refusait, comptant sur l'Angleterre où l'opinion ne dissimulait pas son indignation, et sur l'Autriche tenue à l'écart. De surcroît, les Prussiens n'entendaient pas laisser à Vienne la possibilité de trouver des compensations en Alsace. Frédéric-Guillaume décida d'arrêter son effort de guerre, en se contentant de bloquer Mayence.

Catherine II, en Russie, était agacée par le comportement des émigrés français. Pour un Richelieu ou un Langeron, elle devait subir un Conzié ou un des Cars dont le comportement suffisant l'irritait. La position du ministre des Affaires étrangères, Markof, se résumait dans les propos qu'il tenait au représentant autrichien : « On peut tout se promettre de l'entreprise contre la France. Il est de l'intérêt de toutes les puissances de détruire l'anarchie qui s'est établie dans ce pays et de couper court par là à la contagion qui menace toute l'Europe. D'un autre côté, il ne convient sans doute ni à votre cour, ni à plusieurs autres que la France reprenne sa première prépondérance. Il paraît que ces deux objets peuvent fort bien se combiner ensemble et s'exécuter à la fois ; emparez-vous des provinces françaises qui sont à votre convenance. Que l'Espagne, la Sardaigne s'agrandissent aussi de leur côté aux dépens de cette puissance. L'Angleterre ne s'oubliera pas. Ceci fait, travaillons tous de concert à donner à ce qui restera de la France un gouvernement monarchique stable et permanent ; elle deviendra puissance de second ordre qui ne sera plus redoutable à personne et on fera disparaître ainsi le foyer de la démocratie qui a pensé embraser toute l'Europe. » Markof promettait à Thugut la Flandre française, l'Alsace et la Lorraine, mais Thugut voulait Cracovie et le démembrement total et définitif de la Pologne. Aux objections de Markof, Cobenzl répondait avec réalisme : « Nous ne vous demandons la Pologne que comme un pis-aller ; nous préférons les conquêtes en France, mais ces conquêtes ne sont pas faites, et malgré tous nos efforts et la ferme résolution où nous sommes de les continuer, il est possible de n'y pas réussir lorsque la résistance est aussi opiniâtre que nous la trouvons à chaque pas. »

Sous la pression russe, la diète polonaise abandonnait, le 23 juillet 1793, les territoires que revendiquait Catherine II. La frustration de la Prusse en fut renforcée. Elle manifesta sa volonté de ne plus participer à la coalition contre la France tant que sa part de Pologne ne lui serait pas donnée. Elle n'obtint satisfaction que le 25 septembre. Les *Mémoires* de Massebach, l'un des principaux officiers prussiens, révèlent que, ce chantage satisfait, la Prusse ne montra pas une ardeur plus grande à reprendre la guerre contre la France : « Nous avions ce que nous voulions : un morceau de la Pologne. »

De son côté Cobourg se limitait à une guerre de siège : Condé le 12 juillet, Valenciennes, le 28. Les alliés disposaient d'une écrasante supériorité numérique : deux cent quatre-vingt mille hommes pouvaient déferler sur Paris.

Les dissensions des coalisés à propos de la Pologne les paralysèrent. Plus grave encore : leur refus d'intervenir en France au nom d'un idéal politique (la restauration du pouvoir monarchique dans un pays dont les frontières seraient respectées après cette restauration) et leur volonté, ouvertement affichée, de démembrer la France donnaient à la cause républicaine la caution du patriotisme. C'est le territoire national que défendait la Convention régicide face à une coalition de rois prêts à le dépecer.

CHAPITRE X

La chute des Girondins

Le péril extérieur n'avait en rien reconstitué l'unité de la Convention. L'opposition entre Girondins et Montagnards s'exacerbait au contraire chaque jour malgré un patriotisme commun et une même origine sociale. La crise qui menaçait de déchirer l'assemblée devint bientôt inévitable.

LA SITUATION ÉCONOMIQUE

Une situation économique désastreuse avait réveillé dès février les antagonismes à la Convention. Le prix du blé ne cessait de monter, pulvérisant les cours qui avaient précédé la Révolution. La récolte de 1792 avait été bonne mais les effets de l'assignat pesaient sur les prix. La valeur du papier-monnaie était incertaine, avec une nette tendance à la baisse. Le blé, denrée de première nécessité, restait en revanche une valeur sûre. En conséquence on préférait garder son grain plutôt que de l'échanger contre un papier qui ne cessait de se déprécier. Libéré des charges féodales, moins astreint qu'auparavant par l'échéance des impôts, qu'il s'arrangeait pour mal payer ou ne pas payer du tout, le paysan pouvait attendre. Il stockait. Du coup le blé se faisait rare.

On a fait intervenir un autre facteur : le renchérissement de la terre. Les ventes de biens nationaux furent en effet souvent, du moins au début, prétexte à surenchères. Ajoutons-y la montée des salaires à mesure que les levées d'hommes raréfiaient la main-d'œuvre rurale ainsi que le poids des réquisitions par l'armée dans certaines régions.

Face à cette montée du prix du blé, la Convention devait-elle réagir ? Les Girondins préconisaient la liberté économique. Mais les délégations se faisaient de plus en plus nombreuses à la barre de l'assemblée pour y demander l'établissement d'un maximum pour les grains et les farines. Face aux réalités de la vie quotidienne les municipalités ne restaient pas inactives : elles achetaient du blé qu'elles délivraient gratuitement ou aux prix anciens. A Lyon, Marseille ou Rouen, les autorités se remboursaient par des impôts supplémentaires levés sur les riches ou des souscriptions volontaires [1].

A Paris, où les achats étaient plus importants, la Commune perdait chaque jour douze mille livres à proposer un pain bon marché. Seulement les autres commerçants, concurrencés par ce secteur public qui vendait à perte, renonçaient. Aussi le pain se faisait-il plus rare encore. Les Girondins se servaient de cet exemple pour réclamer la liberté des prix. En vain. A l'Hôtel de Ville, Pache, l'ancien ministre de la Guerre, leur protégé devenu leur ennemi, avait succédé comme maire de Paris, le 14 février 1793, au modéré Chambon.

Les longues queues aux portes des boulangeries favorisaient la propagande de nouveaux venus, désignés sous les noms d'exclusifs, enragés ou encore exagérés. Parmi eux : Jacques Roux, un prêtre, membre de la Commune où il représentait la section des Gravilliers. Les Enragés demandaient l'établissement d'un maximum des prix et dénonçaient les accapareurs.

En février la hausse prit un tour inquiétant, touchant aussi bien le sucre et le savon que le pain. C'est alors que se produisirent, les 24 et 25 février, des scènes de pillage d'une extrême violence. L'ordre ne fut rétabli que le 26 au soir.

Les Girondins, par l'intermédiaire de Salles, accusèrent Marat d'avoir approuvé les pillards. L'assemblée passa outre.

La riposte de la Montagne ne se fit pas attendre. Cependant qu'une petite bande s'en allait briser, le 9 mars, les imprimeries des journaux girondins, *La Chronique de Paris* de Condorcet, rue Serpente [2], et *Le Courrier des départements* de Gorsas, rue Tiquetonne, des manifestants réclamaient le 10 mars à la Convention l'épuration des traîtres et l'établissement d'un gouvernement fort. Robespierre prenait le relais : « Il faut, proclamait-il, que l'exécution des lois soit confiée à une commission fidèle, d'un patriotisme épuré. » Il préconisait « une unité d'action qui fait la force d'un gouvernement » et appelait à briser « la barrière » qui existait entre la Convention et le conseil exécutif. Le mouvement avait sans doute était concerté car, à son tour, Danton se fit entendre : « Citoyens, vous n'avez point à délibérer, vous avez à agir. » Et Cambacérès apportait sa caution de juriste à cet abandon de la séparation des pouvoirs qui avait paralysé l'action de l'assemblée et à quoi se raccrochaient pourtant les Girondins : « Tous les pouvoirs vous ont été confiés ; vous devez les exercer tous ; il ne doit y avoir aucune séparation entre le corps qui délibère et celui qui fait exécuter. Il ne faut point suivre ici le principe ordinaire... »

Les Girondins tentèrent en vain des manœuvres de diversion, ils ne purent empêcher la création du Tribunal révolutionnaire et le vote des mesures d'exception évoquées au chapitre précédent et qui renforçaient les moyens d'action de l'exécutif [3].

L'élection du nouveau Comité de salut public consacra leur perte d'influence. Barère obtint 360 voix, Delmas, Bréard et Cambon un peu moins, Danton 233. Le Comité devait siéger deux fois par jour, avant et après les séances de la Convention. Deux bureaux de correspondance, l'un avec les représentants en mission et l'autre avec les ministres, expédiaient ses ordres.

Aucun des nouveaux ministres n'appartenait désormais à la faction girondine : Garat à l'Intérieur, Gohier à la Justice, Bouchotte à la Guerre (en remplacement de Beurnonville) et Dalbarade à la Marine. Seuls Lebrun et Clavière faisaient figure de survivants. Les Montagnards dominaient les comités et leur influence l'emportait sur celle des

Girondins auprès du Marais conscient que, devant le péril extérieur, les atermoiements de la Gironde risquaient d'être néfastes à la République.

Les Girondins pouvaient-ils toutefois compter sur la province ? Certes Bordeaux votait une adresse attaquant les « anarchistes de la Montagne », Marseille faisait la chasse aux sans-culottes et Lyon grondait. Mais déjà les partisans des Girondins étaient noyautés et dépassés par des éléments contre-révolutionnaires.

Danton était alors l'homme fort, l'orateur écouté, le symbole de cette énergie que l'on souhaitait insuffler au gouvernement. Soucieux d'éviter une cassure définitive ou penchant déjà vers le modérantisme, il était prêt à un rapprochement avec les Girondins. Avec une incroyable maladresse ce sont ces mêmes Girondins, pourtant dangereusement menacés, qui refusèrent la main tendue.

L'OFFENSIVE GIRONDINE

Le 1er avril 1793, Lasource dénonçait les relations de Danton avec Dumouriez : il affirmait que le général félon avait souhaité rétablir la royauté après avoir dissous la Convention. Il pouvait compter, affirmait Lasource, sur la complicité de Danton et de Delacroix. Le premier répliquait aussitôt : « Les scélérats (comprenons les Girondins), ils voudraient rejeter leurs crimes sur nous ! » Et se tournant vers Robespierre et ses amis, il déclarait : « Vous avez mieux jugé que moi. » C'était renoncer à la politique de conciliation avec la Gironde qu'il avait entreprise. « Plus de composition avec eux », jurait-il. Maladroitement, les Girondins avaient ressoudé le triumvirat Robespierre-Danton-Marat.

Robespierre reprit ses attaques, le 3 avril : « Je déclare que la première mesure de salut public à prendre est de décréter d'accusation tous ceux qui sont prévenus de complicité avec Dumouriez et notamment Brissot. » Sous la présidence de Marat, le club des Jacobins lançait à ses adhérents, le 5 avril, un ordre de mobilisation contre les Girondins : « Oui, frères et amis, la contre-révolution est dans le gouvernement, dans la Convention nationale ! Levons-nous ! Oui, levons-nous tous ! Mettons en arrestation tous les ennemis de notre Révolution et toutes les personnes suspectes. Exterminons sans pitié tous les conspirateurs si nous ne voulons pas être exterminés nous-mêmes. Aux armes ! Nous saurons combattre et mourir ![4] » Les sections s'agitaient, surtout celles des Gravilliers et du Théâtre-Français ; toutefois celles de l'Ouest, sur la rive droite, restaient modérées ; rive gauche, Beaurepaire, le Panthéon et l'Unité hésitaient. La section du Bon Conseil dissipait toute ambiguïté : « Depuis assez longtemps la voix publique vous désigne les Vergniaud, les Guadet, les Gensonné, les Brissot, les Barbaroux, les Louvet, les Buzot... Qu'attendez-vous pour les frapper du décret d'accusation ? »

La séance du 10 avril à la Convention montra à quel paroxysme des passions on en était arrivé. Ce ne fut qu'un échange d'injures de part et d'autre. Marat était décrété d'arrestation le 12 avril pour avoir signé comme président des Jacobins la motion incendiaire du 5 avril. Après vote nominal, par 222 voix contre 92 et 41 abstentions, il était décrété d'accusation. Victoire à la Pyrrhus pour les Girondins. L'ami du peuple s'était caché ; il se constitua prisonnier la veille de sa comparution devant le Tribunal révolutionnaire. Il s'y présenta en martyr de la liberté et fut acquitté le 24. La foule le porta en triomphe.

La Commune de Paris plaça aussitôt le conflit sur le plan économique. Le procureur général-syndic Lhuillier convoqua une assemblée des maires et officiers municipaux de Paris et des communes de banlieue qui rédigea une adresse violente condamnant la politique préconisée par les Girondins : « Qu'on n'objecte pas le droit de propriété ! Le droit de propriété ne peut être le droit d'affamer ses concitoyens. Les fruits de la terre, comme l'air, appartiennent à tous les hommes. Nous venons demander : 1. la fixation du maximum du prix du blé dans toute la République ; 2. l'anéantissement du commerce des grains ; 3. la suppression de tout intermédiaire entre le cultivateur et le consommateur ; 4. un recensement général de tout le blé après chaque récolte. »

Le débat à la Convention fut interrompu à plusieurs reprises par des manifestations populaires, notamment les 30 avril et 1er mai. Le 4, la Convention votait un premier décret sur les subsistances : « Immédiatement après la publication du présent décret, prévoyait l'article 1, tout marchand, cultivateur ou propriétaire sera tenu de faire à la municipalité du lieu de son domicile la déclaration de la quantité et de la nature des grains et farines qu'il possède... Les officiers municipaux, indiquait l'article 4, sont autorisés à faire des visites domiciliaires chez les citoyens possesseurs de grains ou farines qui n'auraient pas fait la déclaration prescrite par l'article 1. » D'après l'article 6 : « Il ne pourra être vendu de grains ou farines que dans les marchés publics ou ports où l'on a coutume d'en vendre, à peine d'une amende. » L'article 25 abordait le problème du maximum. Le prix moyen était calculé en fonction des prix au 1er janvier et au 1er mai. Ce maximum pouvait décroître toutefois : au 1er juin, il devait être réduit d'un dixième, d'un vingtième sur le prix restant au 1er juillet, d'un trentième au 1er août et d'un quarantième au 1er septembre. La peine de mort frappait ceux qui étaient convaincus d'avoir « gâté, perdu ou enfoui des grains et farines [5] ».

Les esprits ne se calmaient pas pour autant. La Gironde crut possible de s'attirer les modérés et principalement les propriétaires en dénonçant l'installation de l'anarchie et les menaces sur la propriété. Manœuvre dangereuse : « Celui qui n'est pas pour le peuple, celui qui a des culottes dorées, est l'ennemi-né de tous les sans-culottes », tonnait Robespierre au club des Jacobins. Riches contre pauvres : tel était le sens que prenait le conflit Girondins-Montagnards par la maladresse des premiers. Sens absurde puisque les Girondins n'étaient pas plus riches que les Montagnards.

Patriotes contre agents de l'ennemi, tel devint aussi le conflit par l'entremise de Camille Desmoulins qui lançait le 19 mai un ignoble pamphlet contre Brissot, *Fragment de l'histoire secrète de la Révolution* ou *Histoire des brissotins.* Il accusait, sans preuves (« en matière de conspiration, il est absurde de demander des faits démonstratifs »), les Girondins d'avoir pactisé avec les Anglais et les Prussiens, de préparer la restauration de la royauté et de vouloir diviser la France en vingt ou trente républiques fédératives de façon à supprimer la République. Le ton se faisait salace en évoquant le cocuage de Roland ou franchement injurieux quand les brissotins étaient traités de « reptiles » et autres gentillesses [6].

Brissot riposta en demandant la révocation de la Commune de Paris et la fermeture du club des Jacobins. A la faveur d'incidents provoqués dans les tribunes par des spectateurs, Guadet proposait, le 18 mai, un décret prévoyant la cassation des autorités parisiennes et la réunion à Bourges des suppléants des députés. Sentant le danger, Barère fit décider la création d'une commission de douze membres chargés de prendre les mesures nécessaires à la tranquillité publique. Seuls des Girondins et des modérés y furent élus, le 20 mai : Boyer-Fonfrède, Rabaut Saint-Étienne, Kervelegan, Saint-Martin-Valogne, Viger, Gomaire, Bertrand-La Hosdinière, Boilleau, Mollevault, Larivière, Bergoeing et Gardien. La commission ordonnait, le 24 mai, l'arrestation d'Hébert pour un article de son *Père Duchesne* : « La grande dénonciation du *Père Duchesne* à tous les sans-culottes des départements, au sujet des complots formés par les brissotins, les Girondins, les rolandins, les buzotins, les pétionistes et toute la foutue séquelle des complices de Capet et de Dumouriez, pour faire massacrer les braves Montagnards, les Jacobins, la Commune de Paris, afin de donner le coup de grâce à la liberté et de rétablir la royauté. »

Les Girondins l'emportaient. Mais Hébert étant substitut de la Commune, celle-ci vint réclamer sa liberté. Elle s'attira de la part d'Isnard une vive réplique qui eut toutefois le tort d'évoquer un peu trop le manifeste du duc de Brunswick : « Si par ces insurrections toujours renaissantes il arrivait qu'on portât atteinte à la représentation nationale, je vous le déclare au nom de la France entière, Paris serait anéanti ; bientôt on chercherait sur les rives de la Seine si Paris a existé. »

Réplique de Robespierre, le lendemain aux Jacobins : « Quand le peuple est opprimé, quand il ne lui reste plus que lui-même, celui-là serait un lâche qui ne lui dirait pas de se lever. C'est quand toutes les lois sont violées, c'est quand le despotisme est à son comble, c'est quand on foule aux pieds la bonne foi et la pudeur que le peuple doit s'insurger. Ce moment est arrivé [7]. »

Une manifestation aboutit à la suppression de la commission, le 27 mai. Elle fut toutefois rétablie, le 28, par 279 voix contre 238.

Les sections de Paris – au moins 33 d'entre elles – se réunirent à l'Évêché le 29 mai. Des meneurs, le chimiste Hassenfratz, Varlet, Guzman, Dobsen qui prit la tête d'un comité révolutionnaire de neuf membres, se déclaraient résolus à l'épreuve de force [8].

Le scénario du 10 août se répéta. Le 31 mai, à six heures du matin, les membres du comité dit de l'Évêché se rendaient à l'Hôtel de Ville pour y montrer les pouvoirs illimités que leur avaient, disaient-ils, confiés les sections dans leur majorité. Un conseil général provisoire insurrectionnel était mis en place. Il invitait à prêter serment. Un ancien commis de barrière, Hanriot, chef de bataillon, était investi du commandement de la force armée. Un agitateur Leclerc interrompit le service des postes.

Le Comité de salut public ne s'opposa pas à ces décisions. Vergniaud dans un effet d'éloquence à l'antique proclamait : « Je demande que nous jurions de mourir tous à notre poste. »

Mais la riposte de Danton ne tarda pas : « Le canon a tonné. Si Paris, par une convocation trop solennelle, trop retentissante, n'a voulu qu'avertir tous les citoyens de vous demander une justice éclatante, Paris a encore bien mérité de la patrie. Je demande la suppression de la commission des Douze et le jugement de la conduite particulière de ses membres. Il faut donner justice au peuple ! » « Quel peuple ?, interrompt-on sur les bancs de la Gironde – Quel peuple ? dites-vous. Ce peuple est immense, ce peuple est la sentinelle avancée de la République [9]. »

Tandis que sonnait le tocsin et que tonnait le canon, l'adresse des sections qui parvint à l'assemblée était menaçante : le peuple de Paris s'était levé le 14 juillet pour commencer la Révolution, le 10 août pour abattre la tyrannie, le 31 mai pour châtier les traîtres. C'était rappeler face à une révolution bourgeoise l'existence d'un autre courant révolutionnaire, essentiellement parisien, et qui entendait aller plus loin.

Vergniaud tenta de séparer les sections parisiennes de la commune de Paris proprement dite en demandant que la Convention nationale soit placée en quelque sorte sous leur protection. Il faisait décréter que « les sections de Paris ont bien mérité de la patrie pour le zèle qu'elles ont mis aujourd'hui à rétablir l'ordre, à faire respecter les personnes et les propriétés (*mot clef*) et à assurer la liberté et la dignité de la représentation nationale ».

De son côté la Commune s'efforçait de récupérer le mouvement en éliminant les éléments suspects comme l'Espagnol Guzman. Dans le courant de l'après-midi, des membres du conseil général s'entendirent avec ceux du comité révolutionnaire pour rédiger une motion qui fut lue à la Convention. Les points étaient au nombre de 14 : 1. décret d'accusation contre 22 Girondins ; 2. même chose contre les Douze ; 3. création d'une armée révolutionnaire des sans-culottes dans toutes les villes, bourgs et hameaux, forte de vingt mille hommes à Paris ; 4. création d'ateliers pour la fabrication d'armes pour les sans-culottes ; 5. le pain à trois sous la livre ; 6. arrestation de Lebrun et Clavière ;

7. destitution de l'administration des postes et épuration de toutes les administrations ; 8. désarmement, arrestation et condamnation de tous les suspects ; 9. droit de vote réservé aux seuls sans-culottes ; 10. accroissement du Tribunal révolutionnaire ; 11. création d'ateliers-asiles pour les vieillards et les infirmes ; 12. emprunt forcé sur les riches d'un total d'un milliard ; 13. paiement immédiat d'indemnités aux défenseurs de la patrie ; 14. épuration du Comité de salut public et du conseil exécutif.

Vergniaud fit appel au peuple, mais en vain. Monté à la tribune et n'en finissant plus, Robespierre fut invité par un Girondin à conclure. Il répondit : « Oui, je vais conclure, et contre vous ; ma conclusion c'est le décret d'accusation contre tous les complices de Dumouriez et contre tous ceux qui ont été désignés par les pétitionnaires [10]. »

Malgré les menaces, la Convention choisit la solution du compromis. Elle vota finalement que la force armée de Paris resterait en réquisition, que le Comité de salut public mènerait une enquête et que la commission des Douze serait cassée. Elle ne souhaitait pas aller plus loin.

Ainsi le coup d'État lancé le 31 mai contre les Girondins avait-il échoué. L'adresse présentée à la Convention avait fait peur : le Marais se sentit solidaire de la Gironde.

LE 2 JUIN 1793

Pourtant l'emprise sur les Girondins se resserrait. Roland avait pris la fuite mais son épouse fut arrêtée sur ordre du comité révolutionnaire. Lebrun et Clavière étaient placés en état de surveillance le 1er juin. Marat appelait à l'insurrection.

A sept heures du soir, le 1er juin, le canon d'alarme fut à nouveau tiré.

Aux Jacobins, Leclerc s'exclamait : « L'agonie des aristocrates commence. La Commune est debout, le peuple se porte à la Convention. Vous êtes peuple, vous devez vous y rendre. »

A l'assemblée, les représentants des sections demandaient l'arrestation des Girondins et de leurs complices. La séance prit fin à minuit sans véritable décision.

Le 2 juin à l'aube, le comité révolutionnaire prenait les décisions suivantes : « Le commandant Hanriot fera dès le matin environner la Convention d'une force armée respectable, de manière que les chefs de la faction puissent être arrêtés dans le jour, dans le cas où la Convention refuserait de faire droit sur la demande des citoyens de Paris. »

Une députation se chargea de porter une nouvelle adresse à la Convention cependant qu'Hanriot investissait les Tuileries. Il disposait du personnel soldé des sections et de canons braqués dans la direction des portes de l'assemblée.

La séance avait commencé à dix heures. Après lecture de différents rapports, Lanjuinais avait protesté contre les mouvements de troupes observés à proximité des Tuileries, puis avait été introduite la délégation des sections venue lire l'adresse rédigée par le comité révolutionnaire. La Convention renvoya l'adresse au Comité de salut public mais, une nouvelle fois, n'entendit pas aller plus loin. Les tribunes se vidèrent alors et quelques Girondins réussirent à s'enfuir avant un blocus complet des Tuileries. Soldats et manifestants empêchaient les députés de sortir.

Soucieux de trouver un compromis, Barère suggérait au nom du Comité de salut public que les députés dénoncés se suspendissent volontairement. Isnard remit alors sa démission, suivi de Lanthenas, Fauchet et Dussaulx. Il était maintenant cinq heures du soir et Mallarmé céda la présidence à Hérault de Séchelles. La pression devenant intenable, Delacroix suggéra le vote d'un décret ordonnant à la force armée de se retirer. Proposition de Barère : la Convention le notifierait elle-même aux soldats. Hérault prit la tête d'un cortège de députés précédés d'huissiers pour se rendre au-devant des troupes qui encerclaient la Convention. Geste à la romaine qui n'ébranla pas Hanriot qui n'avait sûrement pas lu Plutarque. « Hérault de Séchelles, répond Hanriot, as-tu servi jusqu'à ce jour la cause du peuple ? Le peuple attend que tu le serviras jusqu'à la fin ; mais je te déclare, au nom de ce même peuple qui est debout, que la Convention ne sortira pas qu'elle ne lui ait fait justice... » On ne sait trop si Hérault répond ; ni ce qu'il répond ; cependant les murmures se font entendre dans la foule des députés qui se pressent derrière leur président. Hanriot fait volte-face et revenant vers sa troupe commande d'une voix tonnante : « Aux armes ! Canonniers à vos pièces ! » Les soldats croisent la baïonnette, les canonniers braquent les pièces et brandissent les mèches allumées, des cris de : « Nous voulons les traîtres ! Vive la Montagne ! se font entendre... Hérault, aristocrate et démagogue amateur, n'insiste pas... Peut-être par la cour des Suisses, pourra-t-on gagner la rue Saint-Honoré et la liberté. Vaine tentative ; la procession rentre dans le château, le traverse, pour essayer du côté jardin, puisqu'il n'y a point d'issue du côté cour. Tout le long du jardin des Tuileries, ce sont les mêmes barrages vivants qui poussent les mêmes cris. Au bout de ce long chemin d'humiliation est le pont tournant qui franchit le fossé séparant le jardin de la place de la Révolution. Le pont est gardé, et le poste oppose aux objurgations du président le même refus obstiné. Les hommes d'Hanriot sont fidèles à la consigne [11]. » Arbitre de la situation, Hanriot infligeait une terrible humiliation à la Convention. Mais il restait de marbre devant Marat qui criait : « Il vous faut un chef, vous ne pouvez pas vous sauver seuls ! » Comprenant qu'il faisait fausse route en sollicitant la dictature, « l'ami du peuple » invitait finalement les députés à regagner la salle des séances. Les représentants obéirent. On hésita une heure, puis fut voté un décret d'arrestation contre 29 députés (dont 10 membres de la commission des Douze).

Parmi eux : Vergniaud, Buzot, Barbaroux, Isnard et Guadet. Pour faire bonne mesure on y joignit les ministres Clavière et Lebrun. Il n'y eut pas d'appel nominal. La Gironde avait perdu.

Citons Lamartine : « Ce parti tomba de faiblesse et d'indécision, comme le roi qu'il avait renversé. La République qu'il avait fondée s'écroula sur lui après huit mois seulement d'existence. On honora ce groupe de républicains pour ses intentions, on l'admira pour ses talents, on le plaignit pour ses malheurs, on le regretta à cause de ses successeurs... On se demanda après la disparition de ce parti quelle était son idée et s'il en avait une ? L'histoire se demande à son tour si le triomphe de la Gironde au 31 mai aurait sauvé la République ? Non, les Girondins n'avaient en eux aucune de ces conditions. La pensée, l'unité, la politique, la résolution, tout leur manquait. Ils avaient fait la Révolution sans la vouloir ; ils la gouvernaient sans la comprendre. La Révolution devait se révolter contre eux et leur échapper [12]. »

La chute des Girondins annonçait, comme le 10 août 1792 ou le 21 janvier 1793, une nouvelle accélération du cours de la Révolution. Les Girondins avaient jusqu'alors freiné les décisions de la Montagne au nom de la légalité. Désormais le salut public primait le droit. Mais derrière ce conflit entre deux tendances de la révolution « bourgeoise » se précisait, à travers l'adresse en 14 points du comité de l'Évêché, la menace d'une autre révolution qui entendait aller plus loin sur le plan social.

CHAPITRE XI

La crise de l'été 1793

Le coup de force parisien contre les Girondins provoqua une nouvelle révolte en province qui vint s'ajouter à l'insurrection de la Vendée : elle toucha les grandes villes du Midi et près de soixante départements. Dans le même temps la Convention devait faire face à l'est, au nord et sur les Pyrénées à l'invasion des forces de la coalition. La République parut perdue.

L'INSURRECTION FÉDÉRALISTE

Dès le 6 juin, 52 députés protestèrent contre l'exclusion des Girondins et la violation de la représentation nationale. Douze jours plus tard, 19 autres députés se joignirent à eux puis encore 5 nouveaux par la suite.

En province l'attitude des sections parisiennes le 2 juin indigna les administrations départementales où les Girondins comptaient de nombreux partisans. Certes les départements autour de Paris (Seine-et-Oise, Seine-et-Marne, Oise, Marne, Somme, Ardennes, Aube, Yonne...) restèrent fidèles à la Convention ainsi que ceux du Centre (Indre, Cher, Creuse, Corrèze, Cantal, Allier...). Mais le Jura en revanche demanda la réunion à Bourges des députés suppléants pour soustraire l'assemblée aux pressions de Paris. Montpellier réclamait la convocation d'assemblées primaires. La Meurthe tenta de réunir un congrès rassemblant des représentants de l'Alsace et de la Lorraine. Toutefois la Moselle adhéra au coup d'État et la Meurthe ne bougea pas. A Strasbourg, où les sections étaient en opposition avec la municipalité, Ruhl parvint à empêcher la rupture. « Il y a désaccord momentané et profond entre Paris et la France. De plus, pour la première fois, le grand parti patriote, qui dans les provinces mène ardemment depuis quatre ans la lutte contre le parti des aristocrates, se scinde. L'insurrection fédéraliste met aux prises patriotes contre patriotes. Le bloc révolutionnaire se brise, et les aristocrates s'insinuent dans tous les intervalles de rupture [1]. » Sans doute les campagnes ne suivirent-elles pas toujours les villes et ce ne furent pas des départements unanimes qui se dressèrent contre Paris. Mais le fédéralisme issu des grandes agglomérations de Normandie, du Sud-Ouest et du Sud-Est, n'en était pas moins redoutable. Proclamant son droit à l'insurrection pour résister à l'oppression, il pouvait s'appuyer sur Caen, Bordeaux, Bayonne, Marseille, Toulon et Lyon. Mais loin d'encourager un mouvement centrifuge des provinces, les Girondins tentèrent une reconquête du pouvoir central à partir de leurs bases régionales.

L'assemblée centrale des cinq départements de Normandie leva une armée sous le commandement de Wimpffen. A Lyon, le 29 mai, 23 sections sur 32 marchaient contre l'hôtel de ville aux mains des partisans de Chalier, jadis proche des Girondins mais qui s'était fait élire contre eux à la présidence du district [2]. Un nouveau comité des sections fit arrêter les principaux Jacobins. Les ouvriers en soie, restés groupés en corporation, bien qu'opposés aux marchands-fabricants, appuyèrent le mouvement dont bien vite la contre-révolution prit la direction. Le 17 juillet Chalier était exécuté. A Marseille fut déclenchée une chasse aux Jacobins [3] tandis que Toulon, sous l'influence des royalistes, maîtres de la municipalité le 12 juillet, se livrait aux Anglais le 27 août. Bordeaux enfin, fief de la Gironde, expulsait les représentants de la Convention. En Corse Paoli relançait le mouvement d'indépendance [4]. Réagissant contre le découpage en département les provinces parurent un moment vouloir se reconstituer. Le mot d'ordre était en tout cas, contre Paris, la formation d'une fédération de départements plus ou moins autonomes et égaux.

Apogée de la révolte fédéraliste : le 13 juillet, Marat était assassiné dans sa baignoire par Charlotte Corday, venue de Caen, l'un des centres de l'insurrection.

LA VENDÉE

En Vendée, l'insurrection avait triomphé à Fontenay, le 25 mai. Réunis en conseil à Châtillon-sur-Sèvre, les principaux chefs du soulèvement préparèrent, sous l'impulsion de l'abbé Bernier curé de Saint-Laud d'Angers, un plan d'opérations. Les mots d'ordre étaient contenus dans une adresse aux Français lancée le 27 mai : « Le signe de la croix de Jésus-Christ et l'étendard royal l'emportent de toutes parts sur les drapeaux sanglants de l'anarchie. Nous connaissons le vœu de la France, il est le nôtre ; c'est de retrouver et de conserver à jamais notre sainte religion catholique, apostolique et romaine, c'est d'avoir un roi qui nous serve de père. »

Trois conseils supérieurs étaient institués : le conseil civil et le conseil ecclésiastique avaient pour mission d'annuler les mesures révolutionnaires dans les pays libérés – et notamment la vente des biens nationaux. Le conseil militaire désigna un généralissime qui fut Cathelineau, un père de famille encore jeune (trente-cinq ans), ancien tisserand et colporteur, d'une profonde piété. Il disposait non d'une armée mais de bandes dont les membres se reconnaissaient à un sacré-cœur en laine rouge cousu sur l'habit, à des cocardes blanches accrochées aux chapeaux ou à des chapelets enroulés autour du cou. L'armement était hétéroclite : fusils de chasse, piques, fourches ou haches. Mais l'on s'approvisionna bientôt sur les bleus tués ou faits prisonniers. La tactique était redoutable : à proximité de l'ennemi, on s'égaillait et on le surprenait par un feu nourri venu des sentes, des ravins ou des haies. Mais les Vendéens, vainqueurs ou vaincus, avaient tendance à se disperser après le combat. « Si la révolte était permanente, la guerre restait intermittente. »

En face la confusion était grande. L'armée des côtes maritimes avait été instituée par le décret du 30 avril et divisée en trois : les côtes de La Rochelle avec Biron, les côtes de Brest sous Canclaux et les côtes de Cherbourg commandées par Wimpffen qui allait passer à la Gironde. Mais la composition de ces armées était hétéroclite ; on y trouvait : le bataillon des vainqueurs de la Bastille dont Rossignol, la légion des chasseurs du Nord avec Westermann et la légion germanique où servaient Augereau et Marceau. S'y ajoutaient les bataillons envoyés par la capitale. « Ils étaient composés, raconte Mercier du Rocher, de tout ce que cette ville renfermait de plus impur ; c'étaient des hommes qui s'étaient vendus cinq cents francs et que les sections avaient armés et équipés. Ils prouvaient par leur conduite que les hommes achetés ne valent rien pour la guerre. » La présence d'un nombre élevé de représentants en mission ajoutait à la confusion. Toujours Mercier du Rocher : « Je voyais avec peine une armée de dix mille hommes à Saumur qui restait dans la plus grande torpeur. Les rues étaient couvertes d'aides de camp qui traînaient de grands sabres et portaient de longues moustaches, de commissaires du pouvoir exécutif qui prêchaient l'anarchie et la loi agraire, le meurtre et l'assassinat. Je voyais des histrions transformés en généraux, des joueurs de gobelets, des escamoteurs traînant après eux les catins les plus dégoûtantes, occuper des grades dans l'armée ou des emplois dans les vivres, les fourrages et les charrois, et ces insectes corrupteurs avaient encore l'insolence de se dire républicains [5]. »

Le 9 juin, Saumur tombait aux mains des insurgés. Le rassemblement de toutes leurs forces et leur volonté de combattre leur avaient assuré l'avantage. Le 10 juin, les Vendéens étaient sur la rive droite de la Loire. Soutenu par La Rochejaquelein, Stofflet proposait de marcher sur Paris, mais les autres chefs firent des objections. Ils redoutaient pour leurs troupes un éloignement des bases. Alors que la capitale ne pouvait offrir aucune résistance, on choisit de descendre la Loire sur la rive droite pour soulever la Bretagne. Paris était sauvé [6].

LES FRONTIÈRES

La situation n'était pas moins critique aux frontières. En vain la France avait tenté par sa diplomatie de s'assurer des alliances et de briser la coalition : Constantinople refusait le 8 juin de reconnaître notre ambassadeur Descorches. Des négociations avaient été engagées avec la Suède par l'intermédiaire de Staël : elles n'aboutirent pas, la Suède réaffirmant sa neutralité le 3 septembre. La Prusse repoussa les avances de Custine, Londres celles d'un certain Matthews chargé par le ministre Lebrun d'une mission secrète. A l'Autriche on avait suggéré un échange de la reine et du dauphin contre Beurnonville et les représentants livrés à l'ennemi par Dumouriez lors de sa trahison. Semonville, envoyé à Constantinople et passant par Florence, reçut mission d'annoncer un rapprochement austro-français pour inquiéter la Prusse. Maret fut chargé d'une mission identique à Naples. Semonville et Maret furent arrêtés, alors qu'ils traversaient le territoire neutre des Grisons, le 24 juillet. Vienne choisissait de continuer la guerre.

Une guerre catastrophique pour la France. Sur les Pyrénées il fallut contenir les attaques espagnoles. Dagobert les repoussa au sud du Tech. En Savoie, le roi de Sardaigne, soucieux d'aider les insurgés de Lyon, fit envahir les vallées de Maurienne, de Tarentaise et de Faucigny. Investie par les Prussiens, le 14 avril, Mayence résista jusqu'au 23 juillet : la garnison obtint les honneurs de la guerre et fut autorisée à revenir en France à condition de ne pas servir aux frontières pendant un an. Mayence tombée, les Prussiens bloquèrent Landau tandis que les Autrichiens occupaient la basse Alsace.

Au nord, Cobourg, avec plus de cent mille hommes, avait franchi la frontière le 9 avril. Dampierre, successeur de Dumouriez, fut tué le 8 mai en battant en retraite. Custine prit sa succession mais ne put empêcher la prise de Condé. Il fut convoqué à Paris, le 13 juillet, arrêté et exécuté. Son successeur, Kilmaine, fut à son tour révoqué pour impéritie le 16 août. La route de Paris était ouverte.

Dans le même temps, les Anglais s'emparaient de Tabago, de Saint-Pierre-et-Miquelon et de Pondichéry. La Martinique et la Guadeloupe tombaient en avril 1794.

Barère proclamait à la Convention : « La République n'est plus qu'une grande ville assiégée. »

LA CONSTITUTION DE 1793

Convoquée pour rédiger une nouvelle constitution, la Convention s'était mise aussitôt au travail. Le 29 septembre 1792 avait été élu un comité de constitution de neuf membres, essentiellement des Girondins. Condorcet en fut le principal animateur. En fait ce comité ne commença à travailler qu'après le procès de Louis XVI. Il adopta le projet de Condorcet qui prévoyait un pouvoir exécutif de sept membres, élus au suffrage universel pour deux ans et choisis hors d'une assemblée élue elle aussi au suffrage universel et qui recevait le pouvoir législatif. Le pouvoir financier revenait à trois commissaires de la République également élus au suffrage universel. A la base de la souveraineté populaire, des assemblées primaires de 400 à 900 citoyens où ceux-ci se prononçaient sur les nouvelles lois.

Saint-Just critiqua vivement le projet auquel il reprocha d'instituer « une royauté des ministres ». D'autres projets ayant été présentés, la Convention nomma une nouvelle commission, le 4 avril. Mais celle-ci s'enlisa rapidement devant le flot des propositions. Le 13 mai 1793, Condorcet demandait à l'assemblée de trancher. Une déclaration des droits lui fut soumise. Elle suscita de violentes polémiques entre Girondins et Montagnards. Les Girondins affirmaient que les droits individuels primaient le droit social. Les Montagnards leur opposaient la déclaration lue par Robespierre aux Jacobins, le 21 avril 1793. « L'égalité des droits, y proclamait-il, n'est qu'une chimère. » Mais, après cette affirmation, il se refusait à ranger la propriété parmi les droits naturels. « La propriété c'est le droit qu'a chaque individu de jouir et de disposer de la portion de biens qui lui est garantie par la loi. Ce droit est borné, comme tous les autres, par l'obligation de respecter les droits d'autrui. » Il ne pouvait donc être « inviolable et sacré ». En revanche, Robespierre faisait du « droit au travail » et du droit à l'assistance des droits naturels fondamentaux : « La société est obligée de pourvoir à la subsistance de tous ses membres, soit en leur procurant du travail, soit en assurant des moyens de subsistance à ceux qui sont hors d'état de travailler. »

On aboutit à un compromis : la propriété resta un droit naturel mais on retint du discours de Robespierre que « les secours publics sont une dette sacrée[7] ».

La chute des Girondins laissa le champ libre aux Montagnards. Ils terminèrent au plus vite la rédaction de la Constitution pour témoigner de leur efficacité. Remanié par l'adjonction de Saint-Just, principal rédacteur du projet avec Hérault de Séchelles, le comité déposait son travail le 10 juin. Il était adopté le 24.

La Constitution de 1793 organisait le suffrage universel. Une assemblée élue pour un an seulement au scrutin uninominal direct formait le corps législatif. En face : un pouvoir exécutif de vingt-quatre membres choisis par l'assemblée sur une liste préparée par les assemblées primaires à raison d'un candidat par département. Toutes les lois, mais non les décrets, étaient soumises à référendum par le peuple quand il y avait opposition d'une partie des assemblées primaires.

Dans chaque commune était prévue une administration municipale, dans chaque district une administration intermédiaire, dans chaque département une administration centrale. Les officiers municipaux étaient élus par les assemblées de commune, les administrateurs par les assemblées électorales de département et de district. Municipalités et administrations étaient renouvelées tous les ans par moitié. Administrateurs et officiers municipaux ne pouvaient en aucun cas modifier les actes du corps législatif ni en suspendre l'exécution. C'était là une réaction contre le fédéralisme. On faisait par ailleurs à ce fédéralisme une concession en proclamant que « l'insurrection était le plus sacré des droits et le plus indispensable des devoirs ».

La Constitution fut soumise à un référendum qui se déroula dans une France en proie à la guerre civile. Paris vota du 2 au 4 juillet ; le département, Bourges et Château-Thierry le 7 juillet. La consultation se poursuivit pendant un mois puis à mesure des reconquêtes. Des assemblées primaires votaient encore en décembre et le dernier vote eut lieu le 4 avril 1794 à Châteaulin. Le nombre des électeurs était évalué à sept millions : 1 868 924 seulement exprimèrent leur opinion. Les troubles et la difficulté des communications expliquent que trois électeurs sur quatre se soient abstenus. Il y aurait 1 714 266 oui sans conditions et près de 12 000 non.

LE GOUVERNEMENT RÉVOLUTIONNAIRE

La Constitution de l'an I ne fut jamais appliquée. Le 10 octobre 1793, Saint-Just déclarait : « Dans les circonstances où se trouve la République, la Constitution ne peut être établie ; on l'immolerait par elle-même, elle deviendrait la garantie des attentats contre la liberté parce qu'elle manquerait de la violence nécessaire pour les réprimer. »

Le 10 octobre, les conventionnels décrétèrent que « le gouvernement provisoire de la France serait révolutionnaire jusqu'à la paix ».

La Commune insurrectionnelle du 10 août avait déjà réclamé un tel gouvernement. Le 13 décembre 1792, Cambon rappelait à son tour la nécessité d'un pouvoir révolutionnaire : « Tous ceux, disait-il, qui jouissent d'immunités ou de privilèges sont nos ennemis. Il faut les détruire. Autrement notre propre liberté serait en péril. Les peuples chez lesquels les armées de la République ont porté la liberté n'ayant pas l'expérience nécessaire pour établir leurs droits, il faut que nous nous déclarions "pouvoir révolutionnaire" et que nous détruisions l'Ancien Régime qui les tenait asservis. Aucune institution du régime ancien ne doit exister lorsque le pouvoir révolutionnaire se montre. »

En décembre 1792, dans un discours dont les thèmes furent repris en février, Robespierre opposait l'ordre constitutionnel à l'ordre uniforme. « Ce dernier est soumis à des règles moins uniformes et moins rigoureuses, parce que les circonstances où il se trouve sont orageuses et mobiles et surtout parce qu'il est forcé de déployer sans cesse des ressources nouvelles et rapides pour répondre à des dangers nouveaux et pressants. Le gouvernement révolutionnaire doit aux bons citoyens toute la protection nationale et ne doit aux ennemis du peuple que la mort. » Et de conclure : « Il faut organiser le despotisme de la liberté pour écraser le despotisme des rois. » Billaud-Varenne fit à son tour la théorie du nouveau gouvernement dans un rapport du 18 novembre 1793 : « Le gouvernement sera terrible pour les conspirateurs, coercitif envers les agents publics, sévère pour les prévarications, redoutable aux méchants, protecteur des opprimés, inexorable aux oppresseurs, favorable aux patriotes, bienfaisant pour le peuple [8]. »

La Convention était le centre unique de l'impulsion du gouvernement. De l'assemblée émanaient les comités dont le principal était le Comité de salut public apparu en 1793 sous la forme d'un comité de défense générale. Il conserva dans ses attributions la guerre et la diplomatie. Jusqu'en 1793 il avait manqué d'efficacité. Après la chute de la Gironde il fut remanié. Cinq membres lui furent ajoutés dont Hérault de Séchelles, Couthon et Saint-Just. Danton disparut mais Robespierre fit son entrée le 27 juillet. Billaud-Varenne et Collot d'Herbois y furent appelés le 6 septembre. On arriva à un effectif de douze membres : Robespierre, Couthon, Saint-Just, Carnot, Barère, Jean Bon Saint-André, Prieur de la Marne, Prieur de la Côte-d'Or, Lindet, Billaud-Varenne, Collot d'Herbois, constamment réélus. Les ministres étaient subordonnés au comité dont les décisions étaient prises collectivement.

Avec la Terreur, la police occupa une place de premier plan. Le Comité de sûreté générale « chargé de veiller à la sûreté de l'État », et définitivement constitué le 17 octobre 1792, se posa en rival du Comité de salut public. Il était dominé par Vadier, ancien conseiller au présidial de Pamiers. David, Lebas, Amar, Elie Lacoste en formèrent l'ossature. Parmi ses agents Senar et Héron étaient particulièrement redoutés.

Au comité des finances Cambon, député de l'Hérault, fut le rapporteur de toutes les grandes mesures financières. Chargé du financement de la guerre, il rappelait, à propos des abus de certains généraux, la procédure à suivre : « Un général ne doit que commander, c'est à l'ordonnateur à veiller aux approvisionnements, au payeur de l'armée à les solder, au contrôleur à les examiner et à rendre compte à la Trésorerie, laquelle les fait passer à la Convention qui les renvoie au comité des finances institué à cet effet [9]. » Cambon fut le créateur du Grand Livre de la dette nationale adopté le 24 août 1793. Son but était : 1. d'introduire plus de clarté dans le tableau de la dette publique ; 2. d'augmenter les ressources du Trésor en imposant la dette par un impôt comparable à l'impôt foncier ; 3. de contracter un emprunt. Tous les soirs la Trésorerie présentait au Comité de salut public le compte des opérations de la journée.

La centralisation devenait une nécessité, d'autant que les administrations départementales avaient été compromises dans l'insurrection fédéraliste. Billaud-Varenne réclamait, le 18 novembre 1793, une diminution de leur influence. La loi du 4 décembre 1793 supprima les conseils généraux et les procureurs-syndics. Les administrations de district héritèrent de leurs attributions.

Pour reprendre les départements en main, la Convention développa l'envoi en mission de certains de ses membres en province. Habit chamarré, écharpe tricolore à la ceinture, panache au chapeau (c'est ainsi que David représente le conventionnel Milhaud), ces proconsuls étaient investis de larges pouvoirs mais restaient subordonnés à la Convention et pouvaient être rappelés à tout moment. Ils devaient correspondre au moins tous les dix jours avec le Comité de salut public. Dans les départements, ils s'appuyèrent sur les sociétés populaires qui s'arrogèrent souvent des droits qu'elles n'avaient pas, et sur les comités de surveillance établis dans chaque commune à partir du 21 mars 1793.

Le Comité de salut public eut aussi ses agents secrets comme Jullien, envoyé en mission d'inspection dans le Midi.

Le gouvernement révolutionnaire devait non seulement être centralisé pour être efficace mais aussi terrible pour démoraliser ses ennemis. « Il faut, disait Billaud-Varenne, que l'épée de Damoclès plane désormais sur toute la superficie de la France. »

A Paris le Tribunal révolutionnaire fut renforcé : 16 juges au lieu de 5, 60 jurés au lieu de 12, 5 substituts pour l'accusateur public. Le personnel était nommé par les Comités de salut public et de sûreté générale. Herman, président du tribunal criminel du Pas-de-Calais, succéda à Montané, un modéré, le 28 août. Les jugements devaient être exécutés dans les vingt-quatre heures sans possibilité de recours. Les tribunaux criminels ordinaires pouvaient lui adresser les affaires qui paraissaient de son ressort. Sur le modèle de Paris des tribunaux révolutionnaires furent établis à Strasbourg, Brest ou Nancy.

A Paris, pendant les trois mois de l'été 1793, le Tribunal jugea 202 accusés dont 139 furent acquittés. Le rythme s'accrut avec le vote de la loi des suspects, le 17 septembre, sur rapport de Merlin. Étaient réputés suspects : « 1. ceux qui, soit par leur conduite, soit par leurs relations, soit par leurs propos ou par leurs écrits, se sont montrés partisans de la tyrannie, du fédéralisme et ennemis de la liberté ; 2. et 3. ceux qui n'auraient pas justifié de l'acquit de leurs devoirs civiques, ou obtenu leurs certificats de civisme ; 4. les fonctionnaires suspendus ou destitués ; 5. ceux des ci-devant nobles, ensemble les maris, femmes, pères, mères, fils ou filles, frères ou sœurs et agents d'émigrés qui n'ont pas constamment manifesté leur attachement à la Révolution ; 6. tous les émigrés, à dater du 1er juillet 1789 ; et enfin les prévenus de délits à l'égard desquels il serait déclaré n'y avoir pas lieu à accusation, ou qui seraient acquittés des accusations portées contre eux... Les comités de surveillance établis d'après le décret du 21 mars sont chargés de dresser, chacun dans son arrondissement, la liste des gens suspects, de décerner contre eux les mandats d'arrêt et de faire apposer les scellés sur leurs papiers [10]. »

Le 3 octobre, Amar fit confirmer par la Convention la mise hors la loi de 18 Girondins. Osselin demandait un décret d'arrestation contre les 75 qui avaient protesté contre l'exclusion de la Gironde, mais Robespierre s'y opposa.

Le procès des 21 Girondins (Brissot, Vergniaud, Gensonné, Carra, Fauchet, Lasource, Boilleau, Lacaze, Dufriche-Valazé, Sillery...) commença le 24 octobre et fut arbitrairement clos le 30. Ils étaient exécutés le lendemain. Marie-Antoinette – au terme d'une ignoble parodie de justice où l'on s'en prit à la mère autant qu'à la reine pour en faire une nouvelle Agrippine – les avait précédés le 16 octobre. Philippe-Égalité périt le 6 novembre, Mme Roland le 8, Bailly le 10, Manuel le 14, Barnave le 28... Pour assurer le ravitaillement de la capitale et briser l'ennemi intérieur, était organisée une armée révolutionnaire de 6 000 fantassins et 1 200 cavaliers ou canonniers choisis par la commune et le département. Les grades étaient soumis à élection et l'état-major nommé par le conseil exécutif et confirmé par le Comité de salut public. Le général Ronsin, assisté des généraux Boulanger et Parein, en reçut le commandement [11].

Mis en place de façon empirique et non systématique, ce gouvernement révolutionnaire qui sacrifiait les grands principes à la nécessité de la victoire allait montrer rapidement son efficacité.

LES VICTOIRES INTÉRIEURES

La chance de la Convention fut l'absence de liens non seulement entre les coalisés aux frontières et les royalistes à l'intérieur (l'Angleterre n'apporta aucun appui logistique à la Vendée) mais aussi l'ignorance dans laquelle se tinrent à l'ouest le fédéralisme et l'insurrection vendéenne.

Le fédéralisme souffrit d'hétérogénéité. Il était constitué de cinq foyers : Caen à l'ouest, Bordeaux au sud-ouest, Marseille et Toulon au sud-est, Lyon dans le sillon rhodanien et la Franche-Comté à l'est. Ces foyers étaient isolés ; seuls les insurgés du Sud-Est, de Lyon et de l'Est pouvant espérer faire leur jonction. Toulouse et Montauban, en résistant, empêchèrent une liaison entre l'Ouest et le Sud-Ouest.

Un simple engagement à Pacy-sur-Eure suffit à disperser les forces de l'Ouest le 13 juillet. Quand les 400 Bordelais qui marchaient sur Paris apprirent la nouvelle, ils se dispersèrent d'eux-mêmes. Sous le commandement de Brune, une armée reprit Bordeaux le 16 octobre. Le sort des derniers Girondins en liberté fut tragique : Guadet, Grangeneuve et Salles furent exécutés à Bordeaux le 19 juin 1794, Barbaroux le 25. Buzot et Pétion se suicidèrent le 26.

Tandis que le représentant en mission Bassal calmait la Franche-Comté, Carteaux empêchait la jonction de Nîmes et de Marseille.

A Lyon le siège débuta le 9 août, sous les ordres de Dubois-Crancé puis de Couthon. A la suite d'une sortie désespérée, le royaliste Précy, qui avait pris la tête de l'insurrection, réussit à s'enfuir le 8 octobre. Les forces républicaines entraient dans la ville le 9. Le 30 octobre, Collot d'Herbois et Fouché furent chargés de mener la répression dans la cité et de venger Chalier. Le décret du 12 octobre avait annoncé à l'article 3 : « La ville de Lyon sera détruite. Tout ce qui fut habité par le riche sera démoli. » Et l'article 4 proclamait : « Le nom de Lyon sera effacé du tableau des villes de la République. La réunion des maisons conservées portera le nom de Ville affranchie... Il sera élevé sur les ruines de Lyon une colonne qui attestera à la postérité les crimes et la punition des royalistes de cette ville avec cette mention : Lyon fit la guerre à la Liberté. Lyon n'est plus. » Deux mille Lyonnais furent condamnés à mort par une justice sommaire et expéditive et les mitraillades de Lyon entrèrent dans les annales de l'horreur. Seul Carrier fit mieux à Nantes.

La ville de Marseille avait été reprise aux fédéralistes le 25 août 1793. Barras y fit instituer un tribunal révolutionnaire chargé de châtier les coupables et de confisquer les biens des aristocrates en vue d'indemniser les partisans de la Convention. Parmi les victimes, l'important négociant Hugues qui, bien que sourd et aveugle, fut guillotiné.

Toulon résistait en dépit des opérations menées par Carteaux puis Doppet et enfin Dugommier. Un jeune officier d'artillerie, Bonaparte, avait inspiré le plan d'attaque qui fut mis en application le 15 décembre ; le 16, la principale redoute ennemie tombait. Le 19, les républicains conduits par les représentants Barras, Robespierre jeune, Fréron et Salicetti, entraient dans la place. La répression fut sévère. Toulon, devenu Port-de-la-Montagne, tomba de 30 000 à 7 000 habitants. Le 22 décembre Bonaparte était proposé au grade de général de brigade.

De leur côté les Vendéens avaient poussé jusqu'à Nantes mais leur assaut contre la ville échoua le 29 juin 1793 et Cathelineau fut mortellement blessé. Son armée se dispersa. Il fallut élire un nouveau généralissime : Elbée l'emporta et eut Stofflet comme major général.

Chez les républicains, sur rapport de Barère, un décret précisa, le 1er août, les conditions dans lesquelles seraient menées les opérations : « Les forêts seront abattues, les repaires des bandits seront détruits, les récoltes seront coupées pour être portées sur les derrières de l'armée et les bestiaux seront saisis. Les femmes, les enfants et les vieillards seront conduits dans l'intérieur ; il sera pourvu à leur subsistance et à leur sûreté avec tous les égards dus à l'humanité [12]. »

Les républicains disposaient des 15 000 Mayençais de Kléber qui furent dirigés vers Nantes. Kléber pénétra en basse Vendée, repoussant Charette, mais celui-ci reçut l'appui de l'armée d'Elbée et Kléber fut battu à Torfou le 19 septembre. On ironisa, en Vendée, sur l'armée de « fayence » au lieu de Mayence.

Le 1er octobre, Barère présentait un nouveau rapport : « La Vendée et encore la Vendée ! Voilà le chancre politique qui dévore le cœur de la République. C'est là qu'il faut frapper ! C'est là qu'il faut frapper d'ici au 20 octobre, avant l'hiver, avant l'impraticabilité des routes, avant que les brigands trouvent l'impunité dans le climat et dans la saison. D'un coup d'œil vaste et rapide, le Comité a vu dans ce peu de mots tous les vices de la Vendée : trop de représentants, trop de généraux, trop de division morale, trop de divisions militaires, trop d'indiscipline dans les succès, trop de faux rapports dans le récit des événements, trop d'avidité, trop d'amour de l'argent et de la durée de la guerre dans une grande partie des chefs et des administrateurs. Voilà les maux. Voici les remèdes [13]. » Le décret qui suivit sépara la Loire-Inférieure de l'armée des côtes de Brest et la réunit à l'armée des côtes de La Rochelle. Quatre colonnes pénétrèrent en Vendée par Saumur, Fontenay, Nantes et Les Sables. Pris en tenaille, les principaux chefs de la Vendée furent battus à Cholet le 17 octobre et durent repasser la Loire à Florent-le-Vieil.

Elbée hors de combat, un nouveau généralissime fut désigné : La Rochejaquelein. Il hésitait entre plusieurs partis et choisit finalement de prendre la direction de Granville où il espérait joindre les Anglais. Des insurgés bretons et normands, autour de Cadoudal ou de Jean Chouan, se rallièrent aux Vendéens. Mais les insurgés perdirent du temps et le représentant en mission Lecarpentier eut le temps de fortifier Granville et d'y résister, le 14 novembre, aux furieuses attaques des Vendéens. Il fallut revenir sur les Ponts-de-Cé et la Loire. Pendant ce temps un nouveau chef, Marceau, avait réorganisé l'armée républicaine. Il surprit les Vendéens au Mans, le 12 décembre. La lutte fut atroce. « On ne voit partout que des cadavres, écrit un témoin républicain, des fusils, des caissons renversés ou démontés ; parmi les cadavres, beaucoup de femmes nues, que les soldats ont dépouillées et qu'ils ont tuées après les avoir violées [14]. »

La retraite se transforma en débandade après Laval. Les Vendéens survivants, cernés à Savenay, près de Saint-Nazaire, furent massacrés ou fusillés après leur reddition, le 23 décembre.

La répression qui suivit fut épouvantable. Dès le 17 janvier 1794, le général Grignon avait donné comme mot d'ordre à ses troupes : « Je vous ordonne de livrer aux flammes tout ce qui sera susceptible d'être brûlé et de passer au fil de la baïonnette tout ce que vous rencontrerez d'habitants sur votre passage. » Un autre général Turreau s'exclamait : « La Vendée doit être un cimetière national. » Le capitaine Dupuis écrivait à sa sœur, en janvier 1794 : « Partout où nous passons, nous portons la flamme et la mort. L'âge, le sexe, rien n'est respecté. C'est atroce mais le salut de la République l'exige... Quelle guerre ! Nous n'avons pas vu un seul individu sans le fusiller. Partout la terre est jonchée de cadavres. » Il y aurait eu 117 000 disparus pour l'ensemble des quatre départements : Vendée, Maine-et-Loire, Loire-Inférieure et Deux-Sèvres. Un habitant sur huit aurait péri. Le pourcentage des biens immobiliers détruits s'élèverait à 20 % [15]. Dans le cas précis de la Chapelle-Basse-Mer ce sont 25 % de la population qui ont été massacrés et 35 % du nombre d'habitats qui ont été détruits [16].

De nombreuses commissions militaires sévirent. Près d'Angers, une commission de recensement fit fusiller 1 896 prisonniers entre le 12 janvier et le 10 février, puis 292 à la Haie-des-Bonhommes. A Nantes, Carrier, conseillé par Lambertye, un ouvrier carrossier promu adjudant général, décida de noyer les prisonniers puisque le commandant militaire de la place, Boivin, refusait de fournir des pelotons d'exécution. Dans la nuit du 9 au 10 décembre, des prêtres, puis des suspects et des « brigands » furent ainsi exécutés. Le total monterait à 2 800-4 600 [17]. Mariages républicains et femmes fondues vives pour en obtenir une graisse particulière, ces atrocités relèvent-elles de la légende ou de la réalité ? L'utilisation de « la baignoire nationale » est en tout cas prouvé et Carrier, désavoué, fut rappelé le 8 février 1794.

Le général Turreau fut pire. Ses colonnes infernales pillèrent et incendièrent la Vendée. Loin de la pacifier, Turreau contribua à exaspérer la Vendée. Charette et Stofflet reprirent les armes et connurent des succès en avril. Une nouvelle guerre de Vendée commençait.

LES VICTOIRES EXTÉRIEURES

Aux frontières, on observait une même amélioration de la situation militaire.

Le 14 août 1793, Barère, au nom du Comité de salut public avait donné lecture d'une adresse à la nation sur la levée en masse : « Aux armes, Français ! Aux armes ! Levez-vous tous ! Accourez tous ! La liberté appelle le bras de tous ceux dont elle vient de recevoir les serments. » Mais Danton jugeait cette proclamation inefficace et réclamait une mobilisation partielle de la première classe de réquisition. Finalement, le 23 août, sur nouveau rapport de Barère, la Convention décrétait que jusqu'au moment « où les ennemis auront été chassés du territoire de la République, tous les Français sont en réquisition permanente pour le service des armées ». « Nul ne pourra se faire remplacer pour le service auquel il aura été requis. » La levée était générale, mais les citoyens de la première réquisition (célibataires ou veufs sans enfants de dix-huit à vingt-cinq ans) « marchaient les premiers » [18].

Toutefois ce sont surtout les hésitations de Cobourg qui sauvèrent la frontière du Nord. Les coalisés commirent l'erreur de disperser leurs efforts. Le duc d'York alla attaquer Dunkerque tandis que Cobourg commençait le siège du Quesnoy et que les Prussiens marchaient sur

Trèves pour aider le duc de Brunswick. Houchard parvint à dégager Dunkerque mais ne sut pas profiter de sa victoire à Hondschoote les 6 et 8 septembre. Au lieu de poursuivre York, il enleva Menin aux Hollandais le 13 septembre, mais York l'en délogea le 15. Dès le 12 septembre, Cobourg s'était emparé du Quesnoy et investissait Maubeuge le 23. Houchard fut destitué et remplacé par Jourdan.

Pour la première fois un officier jeune et sorti du rang (il venait d'être promu général le 27 mai 1793) assurait le commandement. Carnot le rejoignit le 8 octobre. Les Français se comptaient 50 000 plus les 20 000 soldats enfermés dans Maubeuge. L'Autrichien Clerfayt occupait une ligne en demi-cercle autour de la place, du Val à droite à Wattignies à gauche et Doulers au centre. L'attaque française porta, le 15 octobre, sur les deux ailes mais échoua au centre et à droite. C'est sur Wattignies que Carnot décidait de porter l'effort le lendemain. L'adversaire y fut enfoncé et aurait été anéanti si Chancel qui commandait à Maubeuge avait opéré une sortie. L'ennemi dut lever le siège et reculer. L'offensive autrichienne était contenue au Nord.

A l'est, l'Alsace étant envahie, pour refouler les Austro-Prussiens, Hoche et Pichegru prirent le commandement des armées de Moselle et du Rhin avec les représentants Baudot et Lacoste, Saint-Just et Lebas à leurs côtés. Pichegru, grâce à sa tactique de harcèlement, reprit la ligne de la Zorn puis de la Moder, du 18 novembre au 15 décembre. Hoche alla de son côté attaquer les Autrichiens à Frœschwiller et Woerth, tandis que Pichegru entrait dans Haguenau.

Le 26 décembre, Hoche commandant l'ensemble des forces françaises (Pichegru lui avait été subordonné malgré Saint-Just et Lebas) prit d'assaut le Geisberg malgré la résistance des Austro-Prussiens que commandaient le duc de Brunswick et Wurmser. Le lendemain Hoche entrait dans Wissembourg et Landau était débloquée le 28. Là encore la frontière était sauvée. Les Espagnols étaient contenus sur les Pyrénées. Dès octobre Kellermann avait repris la Savoie.

L'effort de guerre entrepris par le Comité de salut public portait ses premiers fruits. Tandis que les vieux généraux étaient destitués et guillotinés, de nouveaux chefs, jeunes et ardents, comme Hoche et Jourdan, s'appuyant sur l'inépuisable réservoir d'hommes que constituait la France et pratiquant, avec ces armées nationales dont Guibert avait prédit l'avènement, l'offensive à outrance, balayaient les armées de mercenaires que leur opposait la coalition européenne. En l'an II, la France découvrit qu'elle était, grâce à sa démographie, à la jeunesse de ses généraux et à la motivation de ses soldats, la première puissance militaire de l'Europe.

CHAPITRE XII

La chute des factions

C'est au moment où la Montagne semblait victorieuse qu'elle se divisa. En réalité, formée d'individualités brillantes et lieu de réunion de factions diverses et parfois opposées, elle n'avait jamais eu de véritable unité : l'hostilité à la Gironde a été son seul ciment. Pour triompher, elle avait dû s'appuyer sur le petit peuple de Paris dont – constituée essentiellement de bourgeois plus ou moins aisés ou d'aristocrates marginaux comme Hérault de Séchelles – elle ne partageait pas les aspirations, sans y être totalement indifférente.

LES ENRAGÉS

L'accroissement de la misère et les difficultés d'approvisionnement avaient entraîné le développement à Paris et dans certaines villes de province comme Lyon avec les « chaliers » d'un mouvement hostile non plus à l'aristocratie en particulier mais aux riches en général. Du plan politique on était insensiblement passé, après le 10 août, à la revendication sociale. Ce mouvement s'appuyait sur les éléments les plus démunis des faubourgs ouvriers. Si les paysans avaient obtenu ou étaient sur le point d'obtenir la satisfaction de la plus grande partie de leurs demandes (l'abolition de la féodalité, un accès plus large à la propriété, un système fiscal plus équitable) il n'en allait pas de même des « bras nus » dans les villes. A Paris la disparition du commerce de luxe avait porté le chômage au cœur du faubourg Saint-Antoine, les salaires ne pouvaient suivre le mouvement d'inflation déclenché par l'apparition de l'assignat et le ravitaillement se faisait de plus en plus difficile ; les plus défavorisés furent les plus atteints. Pire, la guerre et l'inflation favorisaient certaines parties de la bourgeoisie et le contraste se dessina rapidement entre l'opulence des nouveaux riches et la détresse populaire. La Révolution, loin d'assurer l'égalité proclamée, enrichissait les uns et appauvrissait les autres. De plus les ouvriers se trouvaient dans l'impossibilité de se défendre, la loi Le Chapelier les ayant privés du droit de coalition.

En janvier 1792, une vive agitation avait secoué les quartiers pauvres de Paris à l'annonce de la hausse du prix du sucre. Des délégations avaient accusé devant la Législative « les vils accapareurs et les infâmes capitalistes ». Pétion fut l'un des rares à souligner l'aspect social de ces premières revendications : « Le peuple s'irrite contre la bourgeoisie, il s'indigne de son ingratitude, il se rappelle les services qu'il lui a rendus, il se rappelle qu'ils étaient tous frères dans les beaux jours de la liberté. »

Procureur de la Commune de Paris, Chaumette reprit cette analyse au début de 1793 : « Le pauvre a fait comme le riche, et plus que le riche, la Révolution. Tout est changé autour du pauvre, lui seul est resté dans la même situation et il n'a gagné à la Révolution que le droit de se plaindre de sa misère. C'est à Paris surtout que son désespoir s'aigrit de la désespérante disproportion qui existe entre le riche et lui. La Révolution, en procurant au riche la liberté, lui a donné immensément ; elle a aussi donné au pauvre la liberté, l'égalité ; mais pour vivre libre, il faut vivre, et, s'il n'existe plus de proportion raisonnable entre le prix du travail du pauvre et le prix des denrées nécessaires à l'existence, le pauvre ne peut plus vivre [1]. »

Quelques grèves sporadiques des garçons boulangers puis des charpentiers et des tailleurs de pierre avaient traduit la nervosité du monde du travail. En 1793, face à la vie chère, les manifestations se multiplièrent. Faute de vastes manufactures et de concentrations ouvrières, elles choisirent à Paris le cadre des sections pour s'exprimer.

La première cause de conflit entre la Convention et les aspirations populaires se situa en février 1793 lorsqu'une délégation des 48 sections vint présenter une pétition demandant l'établissement d'un maximum pour le prix du blé. La Convention protesta vivement au nom de la liberté économique. Les députés de Paris désavouèrent le lendemain la pétition : « Le devoir des représentants du peuple n'est pas seulement de donner du pain au peuple comme de la pâture aux plus vils animaux. Est-ce au moment où il faut repousser les attaques des despotes qu'il faut compromettre la cause de la liberté par une précipitation funeste et insensée ? Un peuple digne de la liberté supporte les inconvénients inséparables d'une grande révolution... L'abondance ne règne point dans nos murs. La ruine du despotisme, le règne de l'égalité, le triomphe des principes de l'éternelle justice reconnus, voilà une partie de nos dédommagements. » Signèrent Robespierre, Danton, Marat, Billaud-Varenne, Collot d'Herbois, David [2]...

Le 25 février 1793, il y eut des pillages de boutiques. Robespierre les désavoua : « Quand le peuple se lève, ne doit-il pas avoir un but digne de lui ? De chétives marchandises doivent-elles l'occuper ? Le peuple doit se lever, non pour recueillir du sucre, mais pour terrasser les brigands. » C'était manifester une totale incompréhension de la misère des ouvriers et petites gens de Paris. Le 1er mai, les sections du faubourg Saint-Antoine répliquaient par la bouche d'un ouvrier tapissier du nom de Musine : « Depuis longtemps vous promettez un maximum général de toutes les denrées nécessaires à la vie... Toujours promettre et rien tenir. Faites des sacrifices ; que la majeure partie de vous oublie qu'il est propriétaire. La Révolution n'a encore pesé que sur la classe indigente ; il est temps que le riche, que l'égoïste soit aussi, lui, républicain, et qu'il substitue son bien à son courage. Voilà nos moyens de sauver la chose publique. Si vous ne les adoptez pas, nous vous déclarons que nous sommes en état d'insurrection : dix mille hommes sont à la porte de cette salle. » La Convention resta sourde à ce langage.

Spontané et improvisé à l'inverse des insurrections, le mouvement manquait de porte-parole capables d'exprimer ses revendications. Il les trouva chez ceux qu'on appela « les enragés » : Jacques Roux, Théophile Leclerc, Jean Varlet.

Fils d'un officier, Jacques Roux s'était fait prêtre avant de choisir de vivre parmi les modestes artisans du quartier des Gravilliers. « Députés de la Montagne, s'exclamait-il, que n'êtes-vous montés depuis le troisième jusqu'au neuvième étage des maisons de cette ville révolutionnaire ; vous auriez été attendris par les larmes et les gémissements d'un peuple immense, sans pain et sans vêtement, réduit à cet état de détresse et de malheur par l'agiotage et les accaparements [3]. » Même origine (son père était ingénieur des Ponts et Chaussées) et même discours chez le journaliste Leclerc : « Trois heures de temps passées à la porte d'un boulanger formerait plus un législateur que quatre années de résidence sur les bancs de la Convention [4]. » Quant à Varlet, commis des postes après de brillantes études au collège d'Harcourt, il s'exprimait en termes identiques : « Depuis quatre ans, toujours sur la place publique, dans les groupes du peuple, dans la sans-culotterie, dans la guenille que j'aime, j'ai appris que naïvement et sans contrainte, les pauvres diables des greniers raisonnaient plus sûr, plus hardiment que les beaux messieurs, les grands parleurs, les savants tâtonneux ; s'ils veulent apprendre de la bonne science, qu'ils aillent comme moi courir le peuple [5]. » Sous la pression des Enragés, la Convention avait, le 3 mai 1793, fait un premier pas dans la voie de la taxation : elle institua un maximum pour le prix des grains. « Le décret portait de sérieuses atteintes à la liberté individuelle, au droit de propriété. Les ventes ou achats de grains au-delà de la taxe étaient passibles d'une amende et de la confiscation des marchandises échangées. Tout détenteur de grains était tenu d'en faire la déclaration et les officiers municipaux autorisés à faire des visites domiciliaires. En cas de non-déclaration ou de déclaration frauduleuse, les stocks étaient confisqués. Les agents de l'autorité pouvaient requérir tout détenteur de grains d'en apporter aux marchés la quantité jugée nécessaire. Ils pouvaient aussi requérir des ouvriers pour battre les grains en gerbes, en cas de refus de la part des détenteurs [6]. »

Mais la réaction était prévisible : les cultivateurs cessèrent d'apporter leurs grains sur les marchés. Carnot avouait, le 8 juillet : « Les cultivateurs avides cachent leurs grains dans l'espérance de le vendre plus cher après l'expiration du maximum. » Une autre raison, prévue par Barbaroux, avait joué : on taxait le blé mais non les autres marchandises dont les cultivateurs se portaient acquéreurs. « Si vous ne payez pas le blé à son prix, le fermier ne sèmera pas. Et que lui répondrez-vous, s'il vous dit : Vous avez taxé le grain, c'est fort bien, mais taxez aussi les chevaux et les bœufs que j'achète pour labourer mon champ ; taxez nos faucheurs, nos moissonneurs, nos batteurs en grange, les habits, les chemises, les bas, les sabots dont nous nous servons tous... »

La situation s'aggrava dans l'été au point que, le 4 septembre, les ouvriers parisiens se rassemblèrent devant l'Hôtel de Ville et ne se dispersèrent, après une manifestation le lendemain à la Convention, que sur la promesse d'un maximum établi pour les prix de toutes les denrées de première nécessité. Le 22 septembre une nouvelle émeute éclata devant l'inertie de la Convention. La loi du 29 septembre institua le maximum général.

Les denrées touchées par la mesure étaient la viande fraîche, la viande salée et le lard, le beurre, l'huile douce, le bétail, le poisson salé, le vin, l'eau-de-vie, le vinaigre, le cidre, la bière, le bois à brûler, le charbon de bois, le charbon de terre, la chandelle, l'huile à brûler, le sel, la soude, le sucre, le miel, le papier blanc, les cuirs, les fers, la fonte, le plomb, l'acier, le cuivre, le chanvre, le lin, les laines, les étoffes, les toiles, les matières premières qui servent aux fabriques, les sabots, les souliers, les colza et rabette, le savon, la potasse, le tabac.

A quelques exceptions près, le maximum du prix de toutes ces denrées et marchandises était, pour toute l'étendue du territoire de la République, et jusqu'au mois de septembre prochain, « le prix que chacune d'elles avait en 1790, tel qu'il est constaté par les mercuriales ou le prix courant de chaque département, et le tiers en sus de ce même prix, déduction faite des droits fiscaux ». L'établissement se faisait dans le cadre du district. Un maximum des salaires était également prévu, « au même taux qu'en 1790, auquel il sera ajouté la moitié de ce prix en sus ». Un système répressif était mis en place. « Toutes personnes qui vendraient ou achèteraient les marchandises énoncées en l'article Ier, au-delà du maximum du prix déterminé et affiché dans chaque département, paieront une amende solidaire du double de la valeur de l'objet vendu et applicable au dénonciateur : elles seront inscrites sur la liste des personnes suspectes et traitées comme telles. L'acheteur ne sera pas soumis à la peine portée ci-dessus, s'il dénonce la contravention du vendeur ; et chaque marchand sera tenu d'avoir un tableau apparent dans sa boutique, portant le maximum ou le plus haut prix de ses marchandises. » Pour les salaires : « Les municipalités pourront mettre en réquisition et punir, selon le cas, de trois jours de détention, les ouvriers, les fabricants et les différentes personnes de travail qui se refuseraient sans causes légitimes à leurs travaux ordinaires [7]. »

Les sections avaient demandé que le maximum des denrées ne dépassât pas les prix de 1790 et que le maximum des salaires fût doublé par rapport à cette époque. La déception fut grande. Il y eut des émeutes en octobre à la porte des épiceries. Le 2 novembre Barère introduisait un correctif à la loi : le prix de toutes les marchandises et non plus seulement des denrées de première nécessité serait taxé ; les prix seraient fixés « au centre » et non plus à la discrétion des communes.

Pour faire appliquer ces mesures avait été instituée, on l'a vu, l'armée révolutionnaire qui sillonnait les zones d'approvisionnement.

Comme les cultivateurs avaient saboté la loi du 4 mai, les commerçants sabotèrent celle du 29 septembre. De son côté la Convention acceptait difficilement d'être défiée par des meneurs qui, à l'exception de Jacques Roux, membre de la Commune de Paris, ne disposaient d'aucun mandat et dont la campagne contre la vie chère et l'agiotage rencontrait de plus en plus d'écho. Son inquiétude et son indignation grandirent lors du discours que tint Jacques Roux devant elle, le 25 juin 1793 : « La liberté n'est qu'un vain fantôme quand une classe d'hommes peut affamer l'autre impunément. L'égalité n'est qu'un vain fantôme quand la contre-révolution s'opère de jour en jour par les prix des denrées auxquels les trois quarts des citoyens ne peuvent atteindre sans verser des larmes... Les riches... depuis quatre ans ont profité des avantages de la Révolution. L'aristocratie marchande, plus terrible que l'aristocratie nobilière et sacerdotale, s'est fait un jeu cruel d'envahir les fortunes individuelles et les trésors de la République. » Ces propos déclenchèrent de violentes réactions. Collot d'Herbois accusa Jacques Roux d'être un agent de la contre-révolution. Et Thuriot de s'exclamer : « Vous venez d'entendre professer à cette barre les principes monstrueux de l'anarchie. » Robespierre parla d'une pétition « dont le motif semblait populaire mais qui, au fond, était incendiaire[8] ». Malgré une demande d'arrestation présentée par Thuriot, l'assemblée n'osa sévir. Roux était acclamé deux jours plus tard au club des Cordeliers.

Mais les Montagnards déclenchèrent contre lui une campagne habile visant à le faire passer pour un contre-révolutionnaire pratiquant la surenchère démagogique. Son exclusion du conseil général de la Commune fut sollicitée par Chaumette ; aux Cordeliers Robespierre, Collot d'Herbois, Hébert, Legendre l'accablèrent, le traitant « d'agent du fanatisme, du crime et de la perfidie ». Mis dans l'impossibilité de répondre, Jacques Roux fut exclu du club et l'adresse qu'il avait lue à la Convention désavouée par les Cordeliers. La section des Gravilliers l'abandonna à son tour. Robespierre surenchérit aux Jacobins.

Le développement de l'agitation des sections lors de l'aggravation de la question des subsistances, le 28 juillet, permit de nouvelles attaques, notamment de Réal, responsable de l'approvisionnement à l'Hôtel de Ville. Roux fut arrêté, mais remis en liberté le 27 août, faute de motifs valables d'incarcération. Le 5 septembre, il était à nouveau appréhendé. Il aurait dû être jugé par le Tribunal de police correctionnelle mais ce tribunal lui joua un mauvais tour : il se déclara incompétent et le renvoya devant le Tribunal révolutionnaire, moyen infaillible de condamner Roux. Plutôt que la guillotine, celui-ci préféra se donner la mort le 10 février 1794.

Leclerc qui publiait un nouvel *Ami du peuple* depuis la mort de Marat, comprit la leçon. Certes son journal connaissait un grand succès, mais une vive attaque de Desfieux au club des Jacobins lui tint lieu d'avertissement. Les chefs de la Montagne avaient conservé un trop grand prestige pour être heurtés de front. Il arrêta sa publication en septembre, renonça à toute activité politique et quitta Paris pour s'enrôler dans un bataillon de la réquisition.

Varlet ayant présenté à la Convention le 17 septembre une pétition contre le décret limitant les réunions de section à deux par semaine, il fut pris à partie par Basire et Robespierre. Incarcéré le lendemain, il n'était remis en liberté que le 14 novembre. « Libre mais neutralisé [9]. »

La répression s'étendit au mouvement féministe de Claire Lacombe, une comédienne qui avait joué un rôle dans les journées des 5-6 octobre et fondé la Société des femmes révolutionnaires.

Les tentatives d'avancée sociale de la Révolution furent donc brisées dès l'automne de 1793. La Révolution serait « bourgeoise » et ne ferait rien pour les ouvriers.

LES HÉBERTISTES

Les hébertistes étaient plus redoutables que les Enragés. Ils pouvaient en effet s'appuyer sur la Commune de Paris dont Pache était devenu le maire avec Chaumette pour procureur-syndic et Hébert pour substitut. Le journal d'Hébert, *Le Père Duchesne* était particulièrement populaire auprès des sans-culottes. Les hébertistes s'appuyaient aussi sur le ministre de la Guerre où Vincent était l'adjoint de Bouchotte et sur l'armée révolutionnaire commandée par Ronsin. Ils disposaient d'appuis au Comité de salut public avec Billaud-Varenne et Collot d'Herbois. Enfin le club des Cordeliers avait été noyauté par Vincent, particulièrement efficace.

Si Roux avait été facilement brisé, les problèmes d'approvisionnement subsistaient après la mauvaise récolte de 1793. Les aspirations du petit peuple des villes à plus de justice sociale n'avaient pas désarmé, même si l'enthousiasme commençait à diminuer. « La propriété n'a de base que l'étendue des besoins physiques », proclamait une pétition du 2 septembre. La Révolution n'était pas finie pour le faubourg Saint-Antoine. Une place était libre après l'assassinat de Marat en juillet et l'arrestation de Roux en septembre. Hébert l'occupa.

Indiscutablement, il était moins sincère que Roux. Fut-il manœuvré par le baron de Batz qui le poussa machiavéliquement à une surenchère démagogique visant à ruiner la Révolution ? C'est probable, même si le jeu de Batz fut souvent très personnel [10]. Entendait-il s'emparer du pouvoir ? Son comportement le prouve amplement. La question des subsistances était un puissant levier.

Hébert avait mené depuis la fin de juin une vigoureuse campagne dans son journal contre les accapareurs. Dans le nº 263, il proclamait : « Il y a trop longtemps que les pauvres bougres de sans-culottes souffrent et tirent la langue ; c'est pour être heureux qu'ils ont fait la Révolution [11]. » Il approuva la loi portant la peine de mort contre l'accaparement le 16 juillet 1793. Il proposait un plan d'organisation du ravitaillement qui rejoignait les idées des Enragés : « Que la République s'empare de toute la moisson en indemnisant les cultivateurs ; que le blé, le vin, le cidre et toutes les denrées soient partagées entre tous les départements suivant la population. Qu'il soit donné des secours aux vieillards et aux infirmes. » La concurrence de la feuille de Leclerc n'en était pas moins vive. De là de nouvelles outrances verbales en août. Mais Hébert prit grand soin de se démarquer des Enragés en évoquant la protection des propriétés dans son numéro 253.

Lors de la journée du 4 septembre 1793, quand, on l'a vu, des manifestants, exaspérés par la pénurie, envahirent l'Hôtel de Ville, il sut manœuvrer pour se retrouver à leur tête lorsqu'ils se rendirent le lendemain à la Convention. S'il atténua leur combativité, il sut renforcer alors sa popularité.

Pendant tout le mois de septembre, il déclencha une violente campagne terroriste, participant au procès de Marie-Antoinette, saluant l'exécution des Girondins. Mais c'est sur le plan de la déchristianisation qu'il allait s'attirer les foudres de Robespierre. Vers la fin d'octobre, dans le numéro 301 du *Père Duchesne*, on lisait : « Par la vertu de sainte Guillotine, nous voilà délivrés de la royauté ; à ton tour, bougre de calotte... Quel pacte infâme que celui du trône et de l'autel. » Et de faire référence à Jésus : « Ah, foutre, si le sans-culotte Jésus revenait sur la terre, comme il serait content de voir tous les voleurs chassés du Temple, car il était l'ennemi juré des prêtres. »

Le 5 octobre, la Convention avait adopté le calendrier révolutionnaire sur rapport de Romme : le premier jour de la République commençait le 22 septembre 1792. L'année était divisée en douze mois de trente jours, chaque mois en trois décades remplaçant la semaine, le décadi prenant la place du dimanche. Les noms des mois avaient été choisis par Fabre d'Églantine.

Rapidement la déchristianisation prit un tour violent avec la multiplication des actes de vandalisme à l'égard des églises, des objets du culte et des cimetières. Dans la Nièvre, Fouché faisait placer à l'entrée de ces derniers : « La mort est un sommeil éternel. » Il ordonnait aux prêtres de se marier et faisait détruire croix et statues. Son voisin, dans le Cher, Laplanche, ancien moine, procédait de la même façon. Même politique de la part de Dumont dans la Somme Dans le Loir-et-Cher, au témoignage de Dufort de Cheverny, l'agent national Hésine « fit des processions civiques : un âne, chargé de tous les attributs pontificaux, avait une mitre sur la tête et une étole au cou. Hésine, avec une chasuble, une étole au côté et un bâton à croix dans les mains, menait avec les Enragés tout le scandale et brûlait le missel sur la place publique [12]. » La Révolution se voulait désormais antireligieuse.

A Paris, Chaumette, le procureur-syndic de la Commune imposa à Gobel, l'évêque de Paris, de renoncer à ses fonctions épiscopales. Le malheureux dut aller déposer, en cortège, sa croix pectorale et son anneau sur le bureau de la Convention. Sommé de l'imiter, Grégoire, évêque du Loir-et-Cher refusa, mais d'autres cédèrent.

Le 10 novembre, une grande fête de la Raison fut organisée à Notre-Dame. Il y eut un défilé avec des musiciens et des chanteurs, des jeunes filles vêtues de blanc et de nobles vieillards. A l'intérieur de la cathédrale avait été édifiée une montagne en carton que couronnait un temple grec. Autour : les bustes de Voltaire, Rousseau et Franklin. Du temple sortit une artiste de l'Opéra qui figurait la Raison.

La Convention avait boudé la cérémonie : on vint lui redonner le spectacle à domicile avant de repartir pour Notre-Dame où une nouvelle fois la déesse Raison sortit de son temple.

Le 23 novembre, la Commune fit fermer tous les édifices du culte à Paris. Aux saints furent substitués les martyrs de la Révolution : Marat, Chalier et Le Peletier.

La déchristianisation fut mal accueillie par la majorité de la Convention. Non que le sentiment religieux y fut particulièrement vif, mais les députés avaient été heurtés par la débauche de mauvais goût des manifestations. Peut-être aussi, en bons voltairiens, redoutaient-ils la diffusion de l'athéisme dans le peuple.

Une rupture apparut rapidement, après la fête de la Raison, entre la Convention et la commune hébertiste. Robespierre prenait ses distances au club des Jacobins, le 21 novembre. Danton, de son côté, condamnait cette mascarade, et, le 6 décembre, la Convention rappelait le principe de la liberté des cultes. Ces excès permirent de développer en décembre une campagne de modération lancée par Desmoulins.

Hébert sentit le vent et prit aussitôt ses distances à l'égard de la déchristianisation : « Il faut laisser mourir le fanatisme de sa belle mort. » Mais en revanche il prit parti contre l'influence des Indulgents : « Point de pitié pour les ennemis de la patrie. La Convention, en mettant la Terreur à l'ordre du jour, a sauvé la patrie ; si elle parlait d'indulgence, elle se perdrait avec nous. » Le ton est donné : « Si le rasoir national cessait un seul instant d'être suspendu sur la nuque des contre-révolutionnaires que deviendraient les patriotes ? » Il dénonçait « une nouvelle clique de modérés, de feuillants, d'aristocrates nommés phélipotins (allusion à Phelippeaux, ami de Danton) soudoyés par l'Angleterre pour remplacer les brissotins et brouiller les cartes à la Convention, en dénonçant les meilleurs patriotes ».

Hébert ne pouvait pourtant ignorer le malaise social né de la cherté des subsistances. A-t-il songé à l'utiliser en sa faveur par un coup de force ? La disette précipita l'agitation en mars 1794. Lors d'un débat aux Cordeliers qui souhaitaient agir « contre la modération qui risquait de gagner l'assemblée », il s'exclamait, le 4 mars, soutenu par ses partisans, Vincent, Momoro et Ronsin : « Quels sont les moyens de nous en délivrer ? L'insurrection. Oui, l'insurrection ; et les Cordeliers ne seront pas les derniers à donner le signal qui doit frapper à mort les oppresseurs. » Tandis que Carrier parlait d'une « sainte insurrection », on voila la Déclaration des droits de l'homme.

Le Comité de salut public s'inquiéta, après avoir entendu, le 6, Barère dénoncer les manœuvres des agitateurs. Les hébertistes préparaient-ils un coup d'État ? Collot d'Herbois esquissa une tentative de réconciliation entre le comité et les hébertistes que les modérés entravèrent. Pache, Hanriot, Bouchotte prirent prudemment leurs distances à l'égard d'Hébert.

« Un seul pas en arrière perdrait la République », écrivait ce dernier dans le dernier numéro du *Père Duchesne*. Dans la nuit du 23 au 24 ventôse (13-14 mars), il était arrêté en même temps que Ronsin, Vincent et Momoro. On les amalgama lors du procès aux « agents de l'étranger » comme Cloots, Pereira et Proli. Le 24 mars, ils étaient guillotinés. Il n'y eut pas de réaction des faubourgs : lassitude ? Discrédit des hébertistes ?

Leur chute marquait une nouvelle fois la volonté de la Convention de ne pas céder aux revendications populaires. Elle ne signifiait nullement pour autant un retour en arrière.

LES INDULGENTS

Le 5 décembre 1793, Camille Desmoulins publiait le premier numéro du *Vieux Cordelier*. Un deuxième numéro suivit le 10 décembre. Il attaquait Hébert qui, en 1790 encore, se présentait comme un bon catholique et un fidèle sujet du roi. N'était-il pas devenu ultra-révolutionnaire en 1793 pour se faire pardonner ses erreurs antérieures ? En fait son terrorisme contribuait à diviser les patriotes. Desmoulins faisait en revanche l'éloge de Robespierre. Le retentissement du *Vieux Cordelier* fut énorme. On était las de la Terreur. Desmoulins osait dire tout haut ce que beaucoup pensaient tout bas.

Quelles raisons avaient poussé le journaliste ? L'appui de Danton. Celui-ci était devenu un bourgeois aisé [13], il venait de se remarier et il était persuadé que les Français souhaitaient l'arrêt ou la diminution des exécutions [14]. Son attitude en fit le point de convergence de toutes les oppositions : les royalistes pensaient à une restauration, la bourgeoisie des manufactures et du commerce à la fin du dirigisme institué par le maximum, les Girondins à une amnistie. Danton ne pouvait ignorer qu'il devenait ainsi l'adversaire du Comité de salut public ; il s'en serait même vanté si l'on en croit les *Mémoires* de Garat.

Une autre raison, moins avouable poussait Danton : la corruption de son entourage. Parmi les étrangers venus s'établir en France, beaucoup avaient flairé la possibilité de faire de bonnes affaires : l'Anglais Boyd, le Neuchâtelois Perrégaux, l'Espagnol Guzman, le Belge Proli, les frères Frey. Beaucoup gravitaient autour de Danton et de son entourage.

Des députés d'affaires comme Julien de Toulouse, Delaunay, Chabot et Basire, sur les conseils du baron de Batz – toujours lui – avaient monté une opération sur la Compagnie des Indes. Le 8 octobre 1793,

Delaunay présenta un décret qui définissait les modalités de la liquidation de cette société. Un amendement rédigé par Fabre d'Églantine prévut que cette liquidation serait faite par l'État. Mais le texte publié au *Bulletin des lois*, après falsification par Fabre, Chabot et Delaunay, stipulait que ce serait la compagnie qui effectuerait sa propre liquidation. Les conditions devenaient plus avantageuses. Les députés furent « récompensés ». Mais Fabre, pour détourner une éventuelle accusation, dénonça à Robespierre et au Comité de sûreté générale un vaste complot de l'étranger dans lequel il impliqua Chabot, Basire, Hérault de Séchelles, Proli et Frey. Chabot et Basire dénoncèrent à leur tour un complot qui réunissait le baron de Batz, Fabre d'Églantine, Julien et Proli. Le Comité ordonna l'arrestation de Delaunay, Chabot et Basire. Fabre, l'ami de Danton était menacé. Il fallait détourner l'orage en attaquant les excès de la Terreur. Danton se fit l'allié de Robespierre dans sa lutte contre l'athéisme. Phelippeaux prit le relais en dénonçant l'action de Rossignol et de Ronsin en Vendée. Les numéros 3 et 4 du *Vieux Cordelier* se firent précis : « Pourquoi la clémence serait-elle devenue un crime dans la République ? » Robespierre parut hésiter.

Lorsqu'on découvrit la signature de Fabre sur le faux décret supprimant la Compagnie des Indes, l'Incorruptible se ressaisit. Il fit rappeler Saint-Just et Lebas alors en mission ; il blâma Desmoulins. Le 13 janvier Fabre d'Églantine était arrêté. Le péril devenait pressant pour les dantonistes, mais ils pouvaient compter sur la popularité de Danton et sur le général Westermann qui travaillait les milieux militaires à Paris.

Au Comité de salut public, en opposition peut-être avec Robespierre qui avait été l'ami de Danton et de Desmoulins, Billaud-Varenne présenta un véritable réquisitoire contre Danton. On conseilla à celui-ci la fuite : « On n'emporte pas la patrie à la semelle de ses souliers », répondit-il, désavouant par ailleurs l'émigration. Rentré à Paris le 29 mars, il fut arrêté le 30 en même temps que Camille Desmoulins, Phelippeaux et Delacroix. Lindet, seul, au Comité de salut public, refusa de signer le décret d'arrestation. La Convention approuva la décision après avoir entendu Robespierre mais non Danton. Rien n'était pourtant perdu pour le tribun qui avait été l'inspirateur de la création du Tribunal révolutionnaire et qui y comptait des amis. Il pouvait espérer un acquittement à la Marat. Mais le pari était hasardeux : « Danton ignorait ou négligeait trois éléments de taille : le gouvernement était presque unanime à réclamer sa tête ; le Tribunal révolutionnaire n'était plus ce qu'il avait été ; la capitale enfin, mise au courant de son arrestation dans la matinée, ne réagit pas [15]. » Les dantonistes furent amalgamés aux « pourris », Fabre, qui fit figure de principal accusé au Tribunal, Basire, Chabot... Pour faire bonne mesure, on ajouta Hérault de Séchelles. La logique du Comité était parfaite : on frappait des révolutionnaires corrompus par l'argent.

Le procès s'ouvrit le 13 germinal (2 avril), dans l'ancienne Grand

Chambre du Parlement. Le Tribunal était présidé par Herman, fidèle robespierriste, mais Fouquier-Tinville, le procureur, placé là par Danton, n'était pas sûr et fut surveillé par le substitut Fleuriot-Lescot. Les débats furent dominés par la forte personnalité de Danton. Son interrogatoire occupa la plus grande partie de l'audience du 14 germinal. Mots à l'emporte-pièce, effets oratoires, saillies plus ou moins apocryphes. Le 15 germinal, le Tribunal prit peur. Saint-Just arracha un décret à la Convention : « Tout prévenu de conspiration qui résistera ou insultera à la justice nationale sera mis hors des débats sur-le-champ. » Le 16, les jurés s'estimant suffisamment informés, le procès s'arrêta et les accusés furent mis hors des débats. La sentence était la mort. Elle fut appliquée le jour même et Danton le dernier exécuté.

Les Enragés (et dans une moindre mesure les hébertistes) ont échoué dans leur volonté de faire avancer la Révolution dans la voie d'une plus grande justice sociale. Elle n'ira pas plus loin. Mais il n'est pas encore temps de l'arrêter, malgré les succès intérieurs et extérieurs. Danton l'apprend à ses dépens.

CHAPITRE XIII

La vie quotidienne sous la Terreur

Deux occupations pour les Parisiens sous la Terreur : la queue aux portes des boulangeries dès le petit jour pour y acheter le « pain noir de l'égalité » et le spectacle de la guillotine l'après-midi où l'on conspue dans leur charrette ceux que l'on acclamait la veille à la Convention. Mêmes occupations, à une échelle plus réduite dans les villes de province. Pour les paysans le rythme des champs reste immuable, mais dans de nombreux villages la cloche de l'église a cessé de donner l'heure et la réquisition s'est substituée aux redevances féodales. Les routes enfin, défoncées par les charrois sont encombrées de soldats, de vagabonds, de migrants divers qui montent à Paris pour y trouver qui un travail, qui un refuge. Le canon tonne aux frontières, mais la peur de l'invasion est dissipée.

LA GUERRE

La guerre est loin d'être populaire. Certes il y eut en 1792 des enrôlements volontaires et la raison n'en fut pas uniquement le chômage : c'est le cas d'un Fricasse notamment. Mais dans beaucoup de communes, il fallut user de contraintes pour réunir le contingent demandé : tirage au sort ou vote, fortes rasades de vin et versement d'argent. « Le gendarme Maisonneuve dépense 73 livres et 10 sols, dont 70 aux auberges et 3 livres 10 sols à faire battre la caisse, pour engager neuf recrues à Saint-Georges-sur-Loire [1]. »

Il s'ensuivit une forte désertion à la fin de 1792. La levée de février 1792 se heurta à son tour à de vives résistances. Plus que l'action de la contre-révolution, c'est la réticence du paysan à quitter son village où il vivait en autarcie, qui a joué un rôle prépondérant. Il fallut envoyer 82 commissaires de la Convention. « Dans le district de Saint-Étienne, la désignation au scrutin provoqua partout de vives réclamations, et malheureusement les ennemis de la chose publique, soulignaient les représentants Pressavin et Reverchon, profitaient de ces moyens pour attiser le feu de discorde et retarder le recrutement. Ailleurs les hommes de la réquisition ne veulent partir qu'après avoir recueilli une certaine somme ; à Izieux, ils réclament 1 200 livres par tête, et à Firminy ils n'entendent désigner le mode de choisir les 18 soldats constituant le contingent de la Commune que lorsqu'il aura été recueilli une somme de 7 200 livres à partager entre ces derniers [2]. »

Le déficit en hommes fut élevé. Dubois-Crancé proposait une conscription nationale ; d'autres exigeaient la levée en masse. Le 12 août 1793, une députation de la Commune de Paris vint la réclamer par la bouche de Réal. Le décret fut voté le 23 : « Dès ce moment jusqu'à celui où les ennemis auront été chassés du territoire de la République, tous les Français sont en réquisition permanente pour le service des armées. » La réquisition se serait opérée plus facilement que les levées.

A cette armée, il fallait fournir vêtements, armes et munitions, ainsi que la subsistance. L'équipement d'un volontaire coûtait cher :

Un habit, veste et deux culottes : 129 livres 8 sols 3 deniers
Trois chemises : 24 livres
Un chapeau : 7 livres
Deux paires de bas : 10 livres
Deux paires de guêtres : 11 livres 8 sols 6 deniers
Deux paires de souliers : 18 livres
Deux cols : 2 livres 3 sols, 3 deniers
Trois brosses : 1 livre
Deux piques : 1 livre
Un sac de peau : 18 livres
Un sac de toile : 6 livres 8 sols
Une giberne : 8 livres [3].

Une paire de chaussures faisait la distance Paris-Poitiers.

On encouragea les dons patriotiques en nature ou en argent. En revanche les réquisitions d'armes à feu ne donnèrent pas de grands résultats. Il fallut imprimer une nouvelle impulsion à l'industrie de guerre : exploitation des mines de fer, multiplication des forges, extraction du salpêtre, comme « le sel vengeur », pour la poudre. Pour fusil : le modèle 1777, une arme à pierre, pesant près de cinq kilos avec sa baïonnette, tirant au maximum quatre coups en trois minutes, et portant à 600 m, mais la bonne portée restant à 250.

Le décret du 8 octobre 1793 mit en réquisition les chevaux. On appliqua le maximum général aux marchés de la guerre sans pouvoir toutefois mettre un terme aux malversations des fournisseurs.

Dans les premiers mois de 1793, on avait amené sur les champs de bataille des soldats qui n'avaient suivi qu'une préparation sommaire. Les résultats furent souvent désastreux. Le 27 septembre la Convention décréta que les réquisitionnaires levés en exécution de la loi du 23 août ne seraient pas envoyés immédiatement en première ligne. Dès février 1793 avait été également pratiqué l'amalgame.

L'indiscipline fut la principale plaie des armées révolutionnaires [4]. Les principales causes tenaient à la suspicion des soldats envers des officiers jugés contre-révolutionnaires, à la lecture des feuilles patriotiques, au sentiment égalitaire fortement développé dans les troupes et à l'élection de l'encadrement. Maraude, ivrognerie, suicides... On dut pour stimuler l'ardeur des hommes développer la propagande : presse, harangue, envoi de représentants en mission... La discipline fut renforcée en l'an II. Discipline et ardeur nouvelle furent alors les causes des victoires.

LE MONDE RURAL

« Le sol de la France est maintenant fertilisé par l'engrais de la liberté », affirmait un orateur de la Société d'agriculture [5]. De son côté l'allemand Charles Lauckhard observait : « Entre autres fables, les émigrés nous avaient raconté que, par suite de l'anarchie où se trouvait le pays, les Français avaient presque complètement cessé de cultiver les champs. C'était un mensonge impudent, comme le prouvait l'état des campagnes, aussi bien en Lorraine que dans le petit pays de Clermont et même dans la pauvre et pouilleuse Champagne. L'agriculture y était manifestement florissante, les jardins bien cultivés et les villages témoignaient de l'activité et de l'aisance de leurs habitants [6]. »

Pourtant la récolte de 1793 fut médiocre, faute de pluies. Les mauvais résultats furent aggravés par le refus des paysans d'envoyer leurs grains à la ville où les prix étaient soumis au maximum. En 1794 de violents orages compromirent une récolte prometteuse. On dut faire appel dans de nombreuses régions à la pomme de terre malgré les résistances qu'elle suscitait.

La vente des biens nationaux est, après la récolte, la principale préoccupation des campagnes. S'y ajoutent les réquisitions et le maximum qui provoquent l'irritation. Les nouvelles politiques ne semblent pas susciter, sauf dans les petites bourgades, beaucoup de curiosité. Dans sa chronique journalière, le « bourgeois d'Évreux » ne mentionne ni les massacres de Septembre ni le 9 Thermidor [7]. En revanche la déchristianisation fut souvent mal vécue car elle avait une influence sur la vie des campagnes. Peu de divorces, mais la volonté de maintenir la cérémonie religieuse du mariage et de l'enterrement. « En traversant Souillac, note un voyageur, je traversai un hameau dont tous les habitants étaient à genoux sur leur porte. J'en demandai la raison : on me répondit qu'on disait vêpres à une lieue de là [8]. »

Finalement la hiérarchie rurale n'a pas été bousculée : artisans ruraux et petits notables, gros fermiers et moyens exploitants restent au sommet. Ce sont souvent eux qui ont acheté les biens d'Église et d'émigrés. Ont disparu par ailleurs les officiers de la seigneurie chargés des droits féodaux et les décimateurs. Les plus pauvres sont toujours aussi démunis et le décret pris en leur faveur le 8 messidor an II ne fut jamais appliqué.

LES VILLES

Ce sont les villes qui changent. Bordeaux, Lyon, Marseille ont été victimes de la guerre civile : activité économique (soie ou commerce colonial) anéantie, bourgeoisie décimée, maisons détruites... A Lyon les démolitions avaient commencé dès le 22 octobre par le château de Pierre Scise, l'arsenal et les rues voisines. La commission Parein, lors du rappel de Fouché le 27 mars 1794, avait fait fusiller ou guillotiner 1 667 personnes.

Aux frontières c'est la guerre qui fait des ravages. Valenciennes est particulièrement éprouvée comme Verdun ou Thionville. La disette enfin frappe toute population urbaine, même dans les provinces réputées riches. Les autorités d'Abbeville écrivent au Comité de salut public : « Nous mettons sous vos yeux un tableau déchirant et bien dur pour des cœurs sensibles, nous venons vous entretenir de nos calamités. Nos espérances sont déçues, nous ne pouvons compter que sur de faibles ressources, la dépouille dernière ayant été faible en blé et nulle en avoine, orge, pamelle. Nos ressources sont encore atténuées par l'extraction journalière qu'en font les commissaires des districts environnants. Nous n'avons la subsistance assurée que pour le lendemain. Il n'est plus temps de s'aveugler, nous ressentons les horreurs de la disette, les portes des boulangers sont obstruées de monde [9]. »

PARIS

C'est Paris qui attire pourtant tous les regards. Le séjour de la capitale est interdit par la loi de police générale du 16 avril 1794 aux anciens nobles. La Bourse est fermée en juin 1793. Les prêtres, même constitutionnels, se cachent. Marat a prévenu dans l'été 93 : « Jacobins j'ai une vérité à vous dire : vous ne connaissez pas vos plus mortels ennemis ; ce sont les prêtres constitutionnels. Ils voulaient établir leur trône sacerdotal sur les ruines de la liberté. Ne caressez plus les erreurs populaires ; coupez les racines de la superstition [10]. » Les églises sont fermées par ordre de la Commune. Pas question de chômer ouvertement le dimanche et respect du décadi. Pourtant de nombreux signes montrent, même dans les faubourgs populaires, une évidente hostilité, surtout de la part des femmes, à la déchristianisation.

A Paris règne le sans-culotte : bonnet phrygien, carmagnole et ample pantalon rayé boutonné à la veste, une pique à la main, un sabre au côté si la situation l'exige. Les grosses moustaches et la pipe complètent le portrait. Son langage proscrit le terme de *monsieur* au profit de celui de *citoyen*. Le tutoiement s'impose aux « hommes libres », même s'il irrite Robespierre [11] et la Montagne. Comme le calendrier révolutionnaire a proscrit les noms de saints, les vrais sans-culottes se débaptisent (Gracchus, babeuf) et donnent à leurs enfants de nouveaux prénoms. Sans aller toujours jusqu'au pittoresque Chiendent Pluviose, on note pour les garçons, dans l'ordre d'importance [12] :

Nature : Narcisse, Héliotrope, La Rose, Fleur d'Orange, Jasmin, Myrtil, Abricot, Anana, Aubépine, Fleur d'épine, La Violette, Hyacinthe, Laurier, Muguet, Olive, Romarin, Rose, Rosier.

Mois : Floréal, Fructidor, Thermidor, Germinal, Messidor.

Héros : Guillaume Tell, Bara, Marat, Rousseau, Viala, Voltaire.

Antiquité : Brutus, Regulus, Scevola, Achille, Alcibiade, Cassius, Caton, Daphnis, Fabricius, Hercule, Mars, Pompée, Tircis.

Vertus : Égalité, Sans Peur, Liberté, La Guerre, Montagne, Unité, Redoute, Vengeur, La Victoire.

Le sans-culotte se doit d'assister aux assemblées de section et aux réunions des clubs ; il assure un service à la garde nationale.

Ses ressources ? Souvent celles d'un employé ou d'un commissaire de section, soit 5 livres par jour. C'est peu car la nourriture coûte cher à Paris. Cinq livres c'est le prix d'un repas au cabaret ou à l'auberge. Les loyers sont élevés. Rappelons l'absence de ségrégation sociale : dans une même maison la bourgeoisie habite au rez-de-chaussée et les plus pauvres dans les étages supérieurs. « Veut-on connaître la fine fleur de la sans-culotterie, que l'on visite les galetas des ouvriers », s'exclame Hébert [13].

Le mobilier évolue : il porte les symboles du temps. Il en va de même pour la porcelaine et la faïence qui portent des inscriptions républicaines comme « la liberté ou la mort ».

Les jeux de société subissent la même évolution. Aux échecs, le roi et la reine comme la tour et le fou voient leurs pouvoirs modifiés puis la reine devient l'adjudant et le roi le tyran auquel il faut faire échec. Mêmes modifications pour les cartes [14].

Le gros problème est celui des subsistances. La consommation de pain se situe à 3 livres pour un travailleur adulte. Il ne dispose au plus fort de la Terreur que d'une livre. Des cartes de rationnement doivent être délivrées. Dans chaque section on recense les citoyens et les listes sont envoyées au comité des subsistances. Les quantités de farine sont délivrées aux boulangers en fonction des ménages à nourrir. Chaque chef de famille a une carte portant son nom, un numéro et des colonnes pour y inscrire les quantités reçues. En 1794 la ration tombera à 250 grammes [15]. La viande manque à son tour ; une livre paraît nécessaire. Le vin est indispensable au sans-culotte : il fait souvent quelques excès de ce que *Le Père Duchesne* appelle « la goutte patriotique ».

Le niveau d'instruction du sans-culotte est inégal. Beaucoup ne savent ni lire ni écrire : les mots d'ordre sont diffusés verbalement par des lecteurs publics qui commentent, comme Varlet, journaux et pamphlets. Les sociétés populaires jouent aussi leur rôle. Mais certains sans-culottes ont lu les feuilles de Marat, Hébert et Leclerc dont la disparition les laisse désemparés.

Qui sont ces sans-culottes [16] ?

	Comités civils	*Comités révolutionnaires*	*Sociétés populaires*
Vivant de leurs biens	26,2 %	4,6 %	
Chefs d'entreprise	2,3 %	2,8 %	0,7 %
Professions libérales et employés	12,2 %	15,3 %	8,7 %
Artisans	34,9 %	45,3 %	41,6 %
Commerçants	23,6 %	18,5 %	15,7 %
Ouvriers salariés et domestiques	0,8 %	9,9 %	20,1 %

Les femmes sont exclues du militantisme, la Révolution affirmant un caractère nettement antiféministe. Chaumette invite les épouses à se consacrer aux seuls soins domestiques : « Il est affreux, il est contraire aux lois de la nature qu'une femme veuille se faire homme. Depuis quand est-il permis aux femmes d'abjurer leur sexe et de se faire homme ? Depuis quand est-il d'usage de voir la femme abandonner les soins pieux de son ménage, le berceau de ses enfants, pour venir sur la place publique dans la tribune aux harangues ? La nature nous a-t-elle donné des mamelles pour allaiter nos enfants ? La nature a dit à la femme : « Sois femme [17]. » C'est en vain qu'Olympe de Gouges revendique pour elle des droits politiques : « La loi doit être l'expression de la volonté générale ; toutes les citoyennes et citoyens doivent concourir personnellement, ou par leurs représentants, à sa formation ; elle doit être la même pour tous ; toutes les citoyennes et tous les citoyens, étant égaux à ses yeux, doivent également être admissibles à toutes dignités, places et emplois publics, selon leurs capacités, et sans autres distinctions que celles de leurs vertus et de leurs talents [18]. » Elle finit sur l'échafaud après avoir dépeint Robespierre comme « un animal amphibie » et Marat comme « un avorton de l'humanité ».

La Révolution a quand même ses militantes. Les tricoteuses font partie du paysage de la Terreur, véritables harpies suant la haine et le fanatisme. Elles ne sont pas pour autant représentatives des femmes de Paris : beaucoup, en l'absence de l'époux, travaillent dans la boutique, dans les ateliers ou comme chambrelans. Ce sont elles qui font la queue devant les boulangeries. Elles sont nombreuses à affronter de réelles difficultés : « On voit des femmes, note un rapport, avec quatre, cinq et même six enfants, qui ont été ouvrières en gaze, en dentelle, réduites à coucher dans un peu de paille sur le carreau, à vivre de pain et d'eau, et qui ont grand peine à obtenir les secours de première nécessité [19]. »

Paris change : les hôtels de la noblesse sont vides, les couvents servent de prisons et les noms des rues sont modifiés : la rue Saint-Honoré devient rue de la Convention, la rue Saint-Lazare rue Solon, la rue Saint-Nicolas rue de l'Homme libre.

La saleté des rues est le trait qui frappe le plus. La chasse aux suspects est l'autre caractéristique. Les dénonciations pleuvent et un certificat de civisme, d'ailleurs obligatoire, ne met pas à l'abri d'une arrestation décidée par les comités révolutionnaires des sections. Les prisons sont pleines. les maisons d'arrêt nouvellement instituées, le Luxembourg, le Port-Libre (Port-Royal), les Carmes, les Bénédictins, Saint-Lazare sont relativement supportables ; il n'en va pas de même de la Force, des Madelonnettes et surtout de la Conciergerie, antichambre de la mort. Nougaret, Riouffe, Réal, Beugnot et le peintre Hubert Robert nous ont fait connaître ce qu'était la vie quotidienne dans les prisons [20].

Les personnes arrêtées pour maniement suspect d'argent ou accaparement sont peu nombreuses. Être noble ou étranger est plus dangereux ; on est souvent appréhendé pour propos séditieux ou fréquentation de prêtres ou d'aristocrates. Sont également réputés suspects les fonctionnaires suspendus, les personnes dépourvues de certificat de civisme, les parents d'émigrés, etc. « Les suspects arrêtés appartiennent dans leur plus grande majorité aux classes populaires urbaines [21]. » Une répartition statistique donne en effet 17,6 % de privilégiés, 27,8 % de membres de la haute bourgeoisie ou des professions libérales, 28,9 % de représentants des classes populaires urbaines et 25,7 % de fonctionnaires.

On ne s'en presse pas moins au théâtre pour y applaudir les pièces de circonstance : *La Prise de Toulon*, *Le Siège de Thionville* ou *Les Brigands de Vendée*. On ovationne *Les Petits Montagnards* de Valcour lorsqu'un personnage s'exclame : « Jésus fut un homme juste mais il ne fut pas Dieu. » On rit béatement au *Jugement dernier des rois* de Sylvain Maréchal lorsque le roi d'Espagne affirme : « Si j'en réchappe, je me fais sans-culotte » et le pape : « Et moi je prends femme. » 701 chansons auraient été composées en 1794. A côté de Ladié, le « chansonnier des sans-culottes », citons Coupigny, Valcour ou Marie-Joseph Chénier. « Point de République sans fête nationale, point de fêtes nationales sans musique », tel est le mot d'ordre. On joue

« Veillons au salut de l'Empire » dont le succès est éclipsé par la *Carmagnole* et par le *Ça ira* tandis que pullulent les hymnes à la liberté.

Terreur, disette et déchristianisation : en ces trois mots se résume le premier semestre de 1794 tandis que s'éloigne aux frontières le bruit du canon.

CHAPITRE XIV

Robespierre

Après la chute des factions, la République se confondit avec Robespierre. A l'étranger on parlait volontiers de « la France de Robespierre », du « gouvernement de Robespierre », des « armées de Robespierre ». C'était sans doute excessif, mais l'on ne pouvait échapper à l'idée que l'on s'acheminait vers une dictature qui serait celle de l'Incorruptible. C'est ce qui perdit en définitive Robespierre qu'il ait ou non aspiré au pouvoir suprême.

LE RENFORCEMENT DU GOUVERNEMENT RÉVOLUTIONNAIRE

Robespierre se trouvait sans rivaux susceptibles de l'éclipser : les Girondins avaient péri sur l'échafaud ainsi que Danton et Hébert, Marat avait fini poignardé. La Révolution n'avait plus qu'un tribun : Robespierre. Mais celui-ci n'était pas pour autant le maître du Comité de salut public et sa victoire sur les factions avait été celle du Comité tout entier.

La première conséquence de la chute des dantonistes et des hébertistes fut le renforcement du gouvernement révolutionnaire. La Convention demeurait le centre de l'impulsion et les comités devaient lui rendre compte de leurs actes. Mais des vingt et un comités de l'an II, seuls les Comités de salut public et de sûreté générale exerçaient un réel pouvoir avec le comité des finances que continuait d'animer Cambon.

Le Comité de salut public, réélu tous les mois, conserva désormais une grande stabilité et une relative indépendance. Robespierre, Couthon et Saint-Just (souvent en mission) dirigeaient la politique générale, Barère avait la diplomatie, Carnot la guerre, Jean Bon Saint-André, Lindet, Prieur de la Marne et Prieur de la Côte-d'Or s'occupaient de l'intendance. Billaud-Varenne et Collot d'Herbois des problèmes intérieurs. Mais cette spécialisation n'était que théorique ; dans la pratique, les membres du Comité étaient solidaires et signaient toutes les décisions.

Même stabilité pour le Comité de sûreté générale : Amar, David, Vadier, Lebas, Voulland, Bayle en furent les principaux animateurs.

Le Comité avait dans ses attributions « tout ce qui est relatif aux personnes et à la police générale et intérieure ».

Les six ministres disparurent le 12 germinal an II (1er avril 1794) et furent remplacés par douze commissions : 1. Administrations civiles, police et tribunaux ; 2. Instruction publique ; 3. Agriculture et arts ; 4. Commerce et approvisionnements ; 5. Travaux publics ; 6. Secours publics ; 7. Transports, postes et messageries ; 8. Finances ; 9. Organisation et mouvements des armées de terre ; 10. Marine et colonies ; 11. Armes, poudres et exploitation des mines ; 12. Relations extérieures. Les membres des commissions furent élus le 18 avril.

Le rôle des administrations départementales, suspectes de fédéralisme, fut progressivement réduit aux questions de travaux publics et de biens nationaux. Le gouvernement révolutionnaire se reposa sur les districts chargés de « la surveillance et de l'exécution des lois et des mesures de sûreté générale », et sur les communes. Des agents nationaux siégeaient auprès des administrations de district et de commune. Ils étaient l'œil et le bras du gouvernement révolutionnaire ; ils devaient veiller sur l'application des lois et dénoncer les négligences apportées dans leur exécution.

A Paris, la Commune fut remaniée : Fleuriot-Lescot, créature de Robespierre, devint maire, et Payan, ancien juré au Tribunal révolutionnaire et fidèle robespierriste, se substitua à Chaumette.

Dans toute commune ou section de commune se retrouvait un comité révolutionnaire de douze membres qui dressait la liste des suspects, exécutait les visites domiciliaires et procédait aux arrestations.

Rompant avec la politique précédente, le gouvernement révolutionnaire revenait à la centralisation à travers agents nationaux et comités tandis que les sociétés populaires faisaient circuler les mots d'ordre. Cette centralisation eut pour contrepartie un gonflement des bureaux dont se plaignait Saint-Just : « Tous ceux qu'emploie le gouvernement sont paresseux, tout homme en place ne fait rien par lui-même et prend des agents secondaires ; le premier agent secondaire a les siens, et la République est en proie à vingt mille sots qui la corrompent, qui la combattent, qui la saignent... Les représentants du peuple, les généraux, l'administration sont environnés de bureaux comme les anciens hommes des palais. Il ne se fait rien et la dépense pourtant est énorme. Les bureaux ont remplacé la monarchie ; le démon d'écrire nous fait la guerre et l'on ne gouverne point [1]. »

LA GRANDE TERREUR

Sous l'action du Comité de salut public, la Terreur se moralisa et se fit plus efficace. D'un côté les terroristes notoires, Fouché, Barras, Tallien, Carrier étaient rappelés. Leurs excès avaient irrité Robespierre qui craignait le discrédit de la Révolution. Par ailleurs il importait de centraliser la Terreur, en supprimant tribunaux et commissions révolutionnaires des départements, en sorte que « les prévenus soient traduits de tous les points de la République au Tribunal révolutionnaire à Paris ». Ce fut l'objet du décret du 8 mai 1794.

Le 10 juin (22 prairial an II) était votée une loi qui aggravait la Terreur. Le 20 mai, Collot d'Herbois avait échappé à un attentat : un détraqué, Admirat, avait tiré sur lui des coups de feu. Trois jours plus tard on arrêtait une jeune fille Cécile Renault, qui portait sur elle deux couteaux avec lesquels on prétendit qu'elle avait voulu frapper Robespierre. Prétexte ? Ou peur réelle d'un complot aristocratique dont les attentats constitueraient les prodromes ? Couthon, rapporteur de la loi du 22 prairial qui découlait de ces tentatives manquées, affirmait : « Le délai pour punir les ennemis de la patrie ne doit être que le temps de les reconnaître. Il s'agit moins de les punir que de les anéantir. Il n'est pas question de donner quelques exemples, mais d'exterminer les implacables satellites de la tyrannie ou de périr avec la République [2]. » Il n'y eut désormais qu'un Tribunal révolutionnaire divisé en sections et chargé de punir les ennemis du peuple. Étaient réputés ennemis du peuple ceux qui auraient provoqué au rétablissement de la monarchie ou cherché à avilir ou dissoudre la Convention, ceux qui avaient trahi la République dans le commandement des places et des armées, qui avaient cherché à empêcher l'approvisionnement de Paris ou répandu de fausses nouvelles. « La peine portée contre tous les délits dont la connaissance appartient au Tribunal révolutionnaire est la mort », stipulait l'article 7. L'interrogatoire préalable et la présence d'avocats étaient supprimés : « S'il existe des preuves soit matérielles soit morales, il ne sera point entendu de témoins. » Et l'article 16 de préciser : « La loi donne pour défenseurs aux patriotes calomniés des jurés patriotes ; elle n'en accorde point aux conspirateurs [3]. »

C'était accélérer considérablement les débats en supprimant les garanties accordées aux accusés ; l'audition des témoins et les plaidoiries notamment. La loi suscita des protestations. Lecointre demanda l'ajournement. Ruamps réclamait l'impression du décret et son ajournement : « Si cette loi passait sans ces deux formalités, je déclare que je me brûlerais la cervelle. » Robespierre répliqua : « Qu'on examine cette loi. Au premier aspect, on verra qu'elle ne renferme aucune disposition qui ne fût adoptée d'avance par tous les amis de la liberté ; qu'il n'y a pas un seul article qui ne soit fondé sur la justice et la raison ; qu'il n'est aucune de ses parties qui ne soit rédigée pour le salut des patriotes et pour la terreur des aristocrates. Citoyens, on veut vous diviser, on veut vous épouvanter ; eh bien, qu'on le sache donc, c'est nous qui avons défendu une partie de cette assemblée contre les poignards que des hommes animés d'un faux zèle voulaient aiguiser contre nous. Nous nous exposons aux assassins particuliers pour poursuivre les assassins publics ; nous voulons bien mourir, mais nous voulons que la patrie et la Convention soient sauvées [4]. »

D'où venait l'inquiétude de la Convention ? C'est que l'article 20 déclarait « déroger à toutes celles des lois précédentes qui ne concorderaient pas avec le présent décret ». Fallait-il en déduire que les députés pouvaient être mis en accusation sans que la Convention ait été consultée ? Bourdon de l'Oise sut insinuer le doute dans l'esprit de ses collègues qui n'en votèrent pas moins la loi.

La Terreur s'accéléra. 9 294 suspects auraient été arrêtés entre août 1792 et thermidor an II. Une première vague d'arrestations avait eu lieu entre août 1792 et juillet 1793 ; une autre à l'automne 1793 ; une troisième au printemps 1794 [5]. Le nombre des exécutions s'accrut à partir de la loi de prairial : 1 376 en un mois et demi. On fit des amalgames ; il y eut des erreurs dans le tri des accusés (Saint-Pern père pour Saint-Pern fils, un Maurin pour un autre). Le prétexte d'une conspiration des prisons servit à les vider. Dans la nuit du 18 au 19 messidor, 150 individus furent extraits du Luxembourg et conduits à la Conciergerie : ils furent, pour la plupart, guillotinés. Des familles entières – comme les Malezy – montèrent à l'échafaud. Saint-Lazare et les Carmes furent ainsi touchées. Le 9 thermidor, 45 condamnés étaient encore exécutés. La guillotine fut transférée de la place de la Révolution à celle de la Bastille puis à la barrière du « Trône renversé », ce qui entraînait de longs trajets pour les charrettes des condamnés et accroissait les effets psychologiques de la Terreur.

L'ÉCONOMIE DIRIGÉE

Les nécessités de la guerre imposaient la nationalisation de l'économie. Des manufactures nationales d'armes et de munitions furent instituées à Paris, à Bergerac et Moulins. Ailleurs on fournissait les matières premières aux fabricants qui étaient soumis à un contrôle très strict et à la taxation. Dans Paris plus de 200 forges en plein air travaillaient à l'armement. Tous les ouvriers du fer étaient réquisitionnés ; de même les bijoutiers étaient employés à la platinerie. Une importante raffinerie de salpêtre était organisée à Saint-Germain-des-Prés et une gigantesque poudrière à Meudon. Les savants étaient invités à collaborer à la défense nationale : Monge, Hassenfratz, Berthollet rédigèrent des instructions. Pour récupérer le salpêtre, on lessivait les terres des endroits humides et sombres (caves ou celliers).

Le commerce extérieur fut nationalisé [6] : on avait besoin du grand commerce pour assurer les approvisionnements. Il n'y eut pas de nationalisation des mines et pas davantage du ravitaillement civil confié à une commission des subsistances qui devint la commission du commerce et des approvisionnements, le 1er avril 1794.

Si l'on s'orienta un moment vers un type d'économie dirigée, il convient d'observer que cette expérience fut limitée aux besoins des armées. Le gouvernement révolutionnaire n'osa guère s'engager plus loin dans cette voie.

LES MESURES SOCIALES

Hostile à l'économie dirigée, la Convention l'était aussi au partage général des biens.

Le décret du 18 mars 1793 avait prononcé la peine de mort contre les partisans de la loi agraire. Pour les Montagnards, l'idéal paraît avoir été de limiter les grosses fortunes et de multiplier les petits propriétaires. La liberté était à leurs yeux incompatible avec l'inégalité sociale. « Les malheureux sont les puissances de la terre, déclarait Saint-Just. Ils ont le droit de parler en maîtres aux gouvernements qui les négligent. Que l'Europe apprenne que vous ne voulez plus un malheureux ni un oppresseur sur le territoire français ! Que cet exemple fructifie la terre, qu'il y propage l'amour des vertus et le bonheur ! Le bonheur est une idée neuve en Europe. Si vous donnez des terres à tous les malheureux, si vous les ôtez à tous les scélérats, je reconnais que vous faites une révolution [7]. » Saint-Just était-il sincère ? Comment concilier une démocratie sociale de petits propriétaires indépendants et la liberté de l'économie ?

C'est pourtant dans cette perspective que les lois du 26 octobre 1793 et du 6 janvier 1794 avaient institué l'égalité absolue des héritiers, y compris les enfants naturels et qu'à partir de juin fut décidée la vente par petits lots des biens des émigrés, mesure étendue à tous les biens nationaux (établissements charitables, institutions d'enseignement, condamnés...) le 22 novembre 1793. Le 10 juin 1793 avait été autorisé le partage des communaux par tête d'habitant, décision qui fut accueillie diversement.

Mais il fallait faire plus pour les pauvres, si l'on voulait contrebalancer l'influence des hébertistes. Ce fut l'objet des décrets de ventôse. L'idée était d'utiliser en faveur des indigents les biens des suspects dont beaucoup avaient déjà été mis sous séquestre.

Le décret du 8 ventôse (26 février 1794) prévit que les biens des personnes reconnues « ennemies de la Révolution » seraient séquestrés au profit de la République. Le décret du 13 ventôse (3 mars) ordonnait à chaque municipalité d'établir la liste des patriotes indigents de la commune. Tous ces états centralisés à Paris, le Comité de salut public indemniserait les pauvres avec les biens des suspects. Le décret ne précisait pas toutefois si ce serait par distribution des biens ou avec le produit de leur vente.

Le décret du 23 ventôse (13 mars) décidait la création de commissions populaires chargées de juger promptement les ennemis de la Révolution détenus dans les prisons et ainsi d'accroître la quantité de biens confisqués.

L'application de la mesure en montra les ambiguïtés. Dans certains départements on ne retint que les pauvres jugés « patriotes ». Ailleurs les indigents se gardèrent de se faire inscrire : la rumeur avait couru qu'il ne s'agissait que d'un prétexte à l'entrée de force dans des ateliers ou même à la déportation.

On a discuté de la sincérité des décrets de ventôse [8]. Ne s'agissait-il pas d'une mesure de circonstance destinée à calmer Enragés et hébertistes, au mieux d'une simple mesure d'assistance publique mais non d'une véritable redistribution des terres ? Les Montagnards ne doivent être confondus ni avec Jacques Roux ni avec Babeuf [9]. La révolution sociale s'est arrêtée avec la chute des Enragés.

LES VICTOIRES

La situation extérieure s'améliorait. L'action de nos diplomates montrait son efficacité. Barthélémy, en Suisse, sut calmer les appréhensions et les fureurs des cantons à l'annonce de l'annexion de Montbéliard. Aux États-Unis, Genet excitait les républicains contre Washington de façon à entraîner le pays dans la guerre contre l'Angleterre. En revanche on se gardait de toute promesse à la Pologne prévoyant de la sacrifier sur l'autel de l'alliance avec la Prusse.

L'offensive militaire avait repris : l'armée du Nord sous Pichegru devait attaquer la Flandre, l'armée de Sambre avec Jourdan, Charleroi, et celle de la Moselle, Liège. Cobourg, en face, ne sut pas profiter de cet étirement des lignes françaises pour en enfoncer le centre. Il vint attaquer Jourdan dans la plaine de Fleurus et fut battu le 26 juin. Pichegru et Jourdan firent leur jonction à Bruxelles tandis que Cobourg évacuait la Belgique. Liège et Anvers tombaient en effet le 27 juillet. Les Prussiens se replièrent en Westphalie et les Anglais se retirèrent dans le Hanovre.

Au sud, Dugommier envahissait la Catalogne, Moncey occupait Saint-Sébastien. Sur les Alpes, l'invasion de l'Italie était proposée par le général Bonaparte. Toutes les frontières étaient maintenant libérées de la pression ennemie.

La guerre maritime était toutefois moins favorable à la France. Les Anglais étaient maîtres de la Méditerranée. Dans l'Atlantique, un grand convoi venant des États-Unis fut attaqué par Howe. Villaret de Joyeuse vint livrer bataille, les 28-29 mai et 1er juin, et, malgré de sérieuses pertes dont le *Vengeur*, il obligea Howe à renoncer.

La situation des colonies était préoccupante, mais non désespérée. Les comptoirs de l'Inde étaient tombés ainsi que Saint-Pierre-et-Miquelon, mais non le Sénégal. Les Antilles étaient menacées [10]. La guerre civile ravageait Haïti, malgré la reconnaissance aux Noirs libres de la pleine condition de citoyen, le 28 mars 1792. Envoyés en mission, les commissaires français, dont Sonthonax, avaient à affronter une situation difficile. Pour s'assurer l'appui des Noirs, la Convention abolit l'esclavage, le 4 février 1794. La mesure eut pour effet de rallier à la France tous les chefs noirs dont Toussaint-Louverture.

Victor Hugues avait repris de son côté la Guadeloupe et tentait d'arracher la Martinique aux Anglais. Si ceux-ci prenaient l'avantage, nos colonies leur opposaient une résistance acharnée.

Ce redressement de la situation militaire contribuait à rendre inutile et impopulaire la Terreur que l'on identifiait à Robespierre. La justification d'une menace aux frontières avait disparu et le péril intérieur s'estompait. Barère aura un mot très juste : « Les victoires s'acharnaient sur Robespierre. »

L'ÊTRE SUPRÊME

Le Comité de salut public s'était inquiété des effets pernicieux de la déchristianisation. Le 27 octobre 1793, il écrivait au représentant André Dumont : « Il nous est apparu que dans vos dernières opérations vous avez frappé trop violemment sur les objets du culte catholique. Il faut bien se garder de fournir aux contre-révolutionnaires hypocrites qui cherchent à allumer la guerre civile aucun prétexte qui semble justifier leurs calomnies. Il ne faut pas leur présenter l'occasion de dire que l'on viole la liberté des cultes et qu'on fait la guerre à la religion en elle-même [11]. »

Le 21 novembre Robespierre protestait contre les excès engendrés par le culte de la Raison : « De quel droit des hommes inconnus jusqu'ici dans la carrière de la Révolution, viendraient-ils chercher au milieu de tous ces événements les moyens d'usurper une fausse popularité, d'entraîner les patriotes même à de fausses mesures et de jeter parmi nous le trouble et la discorde ? De quel droit viendraient-ils troubler la liberté des cultes, au nom de la liberté et attaquer le fanatisme par un fanatisme nouveau ? De quel droit feraient-ils dégénérer les hommages solennels rendus à la vérité pure en des farces ridicules [12] ? » Et de rappeler que la Convention n'avait pas proscrit le culte catholique.

Saint-Just, dans un discours du 26 février prenait le relais : « Nous sommes inondés d'écrits dénaturés : là on déifie l'athéisme intolérant et fanatique ; on croirait que le prêtre s'est fait athée et que l'athée s'est fait prêtre. »

Mathieu de l'Oise présenta un peu plus tard un projet de fêtes décadaires qui seraient « placées sous les auspices de l'Être suprême » et consacrées à une vertu particulière. Robespierre s'en fit le rapporteur. Le mot d'*Être suprême* venait des philosophes déistes : il fut la réplique aux déchristianisateurs. Sans doute le culte de l'Être suprême risquait-il d'instaurer une religion d'État. Mais l'idée était conforme aux théories de Mably, inspirateur de Saint-Just qui avait écrit : « Dieu est le garant du pacte que nous avons fait en entrant en société. »

Le 7 mai 1794, Robespierre prononçait à la Convention un discours sur les rapports des idées morales et des principes républicains. « Le fondement de la société, affirmait-il, c'est la morale, et une morale est vaine si elle n'est accompagnée de sanctions. Quelle meilleure sanction que la sanction divine ? Sans ce juge secret et omniscient triompheraient l'égoïsme et les intérêts les plus vils. L'athéisme est immoral et aristocratique ; l'idée de l'Être suprême et de l'immortalité de l'âme est un rappel continuel à la justice ; elle est donc sociale et républicaine. »

La Convention adopta aussitôt le décret dont l'article Ier reconnaissait l'existence de l'Être suprême et l'immortalité de l'âme. Les articles 2 et 3 énuméraient les devoirs envers l'Être suprême : haine des tyrans, respect des faibles, pratique de la justice... Les articles suivants instituaient une série de fêtes célébrant des journées révolutionnaires ou des vertus. La liberté des cultes était maintenue mais les « prédications fanatiques » punies.

Le 8 juin eut lieu la fête de l'Être suprême. A cinq heures du matin les Parisiens furent invités à sortir de leurs maisons qu'ils avaient décorées pendant la nuit de guirlandes de fleurs et de feuillages. Les sections partirent à 8 heures pour les Tuileries, les citoyennes en blanc, les citoyens portant des branches de chêne et les enfants des corbeilles de fleurs. La cérémonie avait été réglée par David et la musique était de Mehul.

A dix heures arriva la Convention qui avait élu Robespierre président pour la circonstance. L'Incorruptible lut un court sermon puis les chœurs de l'Opéra entonnèrent l'hymne « Père de l'Univers, suprême intelligence ». Robespierre mit le feu à une statue de l'Athéisme en étoupe et la Sagesse incombustible qui était nichée à l'intérieur, apparut... barbouillée de suie.

On se rendit ensuite au Champ-de-Mars : les sections par ordre alphabétique, trois musiques militaires, un char de la Liberté traîné par huit bœufs, les députés avec des gerbes de fleurs. Comme président, Robespierre, en frac bleu, précédait ses collègues. Le cortège fit le tour d'une montagne symbolique où l'on montait par des sentiers abrupts au milieu de tombeaux, d'une pyramide et d'un temple grec. On reprit « Père de l'Univers... ». Au dernier couplet, une canonnade éclata, les assistants s'embrassèrent puis se dispersèrent tandis que la Convention regagnait en corps la salle des séances.

La fête de l'Être suprême marqua l'apothéose de Robespierre, mais elle amorça également un mouvement d'opposition contre la personne de l'Incorruptible de plus en plus soupçonné d'aspirer à la dictature.

LE NEUF THERMIDOR

Les intrigues contre Robespierre se développèrent à partir de juin. On l'accusa, non de vouloir aggraver la Terreur mais de souhaiter l'arrêter pour se réserver la popularité d'une telle mesure. Il semblerait que Robespierre ait en effet désavoué certains excès, si l'on en croit ce que dira Napoléon à Sainte-Hélène : « Il confessait qu'à l'armée de Nice il avait vu de longues lettres de lui (Robespierre) à son frère, blâmant les horreurs des commissaires conventionnels qui perdraient, disait-il, la Révolution par leur tyrannie et leurs atrocités... Après avoir renversé les factions (*observait Cambacérès*), l'intention de Robespierre avait été le retour à l'ordre et à la modération [13]. » La rumeur fut répandue que Robespierre voulait signer la paix avec l'Autriche et restaurer Louis XVII dont il deviendrait le régent [14]. Sans doute faut-il utiliser avec prudence ces affirmations. Elles mettent toutefois en lumière un côté modéré chez Robespierre qui fut occulté après sa chute lorsqu'on en fit, pour reprendre un mot de Napoléon, « le bouc émissaire » de la Terreur. Rumeurs ou non, la discorde s'établissait entre les membres du gouvernement révolutionnaire.

Le Comité de sûreté générale avait mal accueilli la création d'un bureau de police au Comité de salut public dont il attribuait la création à Robespierre. Il se sentait dépossédé de ses attributions par le comité rival. Aussi Vadier, l'un de ses membres les plus influents, monta-t-il en épingle, dans le but de ridiculiser Robespierre, l'affaire Catherine Théot, le 15 juin. Il s'agissait d'une vieille femme qui était l'objet d'un culte particulier. Elle prophétisait l'avènement d'un nouveau messie : Robespierre, laissait entendre Vadier. L'enquête de Senar montrait simplement que l'Incorruptible avait accordé en effet un certificat de civisme à Dom Gerle, ancien constituant et adepte de Catherine Théot. Irrité, Robespierre chercha maladroitement à enterrer l'affaire. Si l'on en croit Fouquier-Tinville lors de son procès, « c'est ce qui occasionna la division entre les membres des comités et ce qui amena la journée du 9 thermidor [15] ».

L'épuisement nerveux des membres des comités a joué un rôle déterminant dans la crise. Rivalité entre Carnot et Saint-Just pour la direction des opérations militaires, critiques incessantes de Billaud-Varenne et de Carnot à l'égard de Robespierre : « Tu es un dictateur ! » L'atmosphère devint telle que Robespierre s'abstint de paraître au Comité. Il se montrait toutefois aux Jacobins pour y critiquer la politique suivie et y faire exclure ses adversaires dont Fouché. Il ne revint au Comité que le 5 thermidor à la faveur d'une réunion sur laquelle les témoignages divergent. Ce qui est certain c'est que la rupture fut consommée entre Robespierre et ses adversaires du Comité. Unis face aux hébertistes et aux modérés ou devant les périls extérieurs, les membres du Comité de salut public ne pouvaient que se diviser les dangers écartés.

Tous ceux qui se sentaient menacés par Robespierre (membres des comités ou représentants en mission rappelés comme Fouché, Barras, Tallien...) se rapprochèrent pour faire face à l'épreuve de force.

C'est Robespierre qui se décida à passer à l'attaque en venant prononcer un discours à la Convention, le 8 thermidor (26 juillet). Il entendait en appeler à l'assemblée contre les comités. Il n'était attaqué par ces derniers que parce qu'il n'appartenait à aucune faction, mais à la Convention même. « Voilà au moins six semaines que l'impuissance de faire le bien et d'arrêter le mal m'a forcé à abandonner absolument mes fonctions. Le patriotisme a-t-il été plus protégé ? Les factions plus timides ? La patrie plus heureuse ? » Il faut secouer le joug du comité : « Vous n'êtes pas faits pour être régis, mais pour régir les dépositaires de votre confiance. » Se tournant ensuite vers le centre, Robespierre rappela comment, contre les haines de la Montagne, il avait sauvé 75 amis de la Gironde dans l'assemblée. Puis, assuré sur sa droite, il critiqua le système financier (Cambon et le comité des finances étaient visés), « les agents prévaricateurs » (comprenons les représentants en mission comme Barras), la conduite de la guerre et la Terreur elle-même. « Disons qu'il existe une conspiration contre la liberté publique ; qu'elle doit sa force à une coalition criminelle qui intrigue au sein même de la Convention, que des membres du Comité entrent dans ce complot, que la coalition ainsi formée cherche à perdre les patriotes et la patrie. Quel est le remède à ce mal ? Punir les traîtres, renouveler les bureaux du Comité de sûreté générale, épurer ce comité et le subordonner au Comité de salut public, épurer le Comité de salut public lui-même ; constituer l'unité du gouvernement sous l'autorité suprême de la Convention ; écraser ainsi toutes les factions du poids de l'autorité nationale, pour élever sur leurs ruines la puissance de la justice et de la liberté. »

C'était remettre en cause tout le système du gouvernement révolutionnaire, c'était aussi présenter un violent réquisitoire contre ses agents. Comme l'observe un témoin, M. Williams, la Convention vit « un gouffre » s'ouvrir devant elle. Les finances, la police, la conduite de la guerre, les représentants en mission étaient pris à partie.

A la demande de Couthon, l'assemblée stupéfaite vota l'impression. Mais il y eut des protestations. Cambon monta à la tribune : « Avant d'être déshonoré, je parlerai à la France. » Et de lancer : « Un seul homme paralyse la volonté de la Convention : cet homme, c'est Robespierre ! »

Billaud-Varenne prit le relais : « Il faut arracher le masque. J'aime mieux que mon cadavre serve de trône à un ambitieux que de devenir, par mon silence, complice de ses forfaits. » Amar flétrit « l'amour-propre blessé qui vient troubler l'assemblée ».

Plus direct, Panis demanda des noms. Robespierre refusa. En en nommant dix, il en eut rassuré cent. Tous les conventionnels se crurent visés. « Quand on se vante d'avoir le courage de la vertu, cria l'obscur Charlier, il faut avoir celui de la vérité. Nommez ceux que vous accusez ! » En vain. Robespierre ne précisa pas davantage ses attaques. Du coup l'assemblée se ressaisit et le décret ordonnant l'impression du décret fut rapporté.

Robespierre avait perdu la première manche. Il crut pouvoir l'emporter en se faisant acclamer, le soir, au club des Jacobins, son principal fief avec la Commune de Paris. Il dénonça Collot d'Herbois et Billaud-Varenne qui étaient présents. Ceux-ci alertèrent le Comité de salut public. Collot y apostropha Saint-Just qui préparait son discours du lendemain et promit de le lire le matin du 9 au Comité. Dans la nuit des tractations eurent lieu entre la droite et les terroristes les plus menacés.

Le lendemain matin, 9 thermidor (27 juillet), Saint-Just ne se présenta pas au Comité. Ses membres comprirent à la lecture de son mot (« Vous avez flétri mon cœur ; je vais l'ouvrir à la Convention ») que la partie décisive était engagée.

A l'assemblée, le ton monta rapidement. Saint-Just voulut lire le discours qu'il avait préparé dans la nuit, mais il ne put parler. Tallien puis Billaud-Varenne l'interrompirent avec la complicité du président, Collot d'Herbois. Robespierre tenta à son tour de prendre la parole mais sa voix fut couverte par les cris. La tribune restait occupée par Tallien, Barère et Vadier, Thuriot ayant remplacé Collot d'Herbois à la présidence.

Les députés décrétèrent d'arrestation le général Hanriot, commandant de la garde nationale et Dumas, président du Tribunal révolutionnaire. C'était désarmer Robespierre. Celui-ci ne parvenait pas à parler, couvert par la sonnette du président. Enfin un obscur député, Louchet, demanda l'arrestation de l'Incorruptible. Son frère demanda à être également arrêté. Ce fut ensuite le tour de Lebas, de Couthon et de Saint-Just. Les gendarmes de la Convention se saisirent des cinq hommes. Lorsqu'elle leva la séance, la Convention crut avoir gagné la partie. Hanriot, ivre, avait été empoigné sans trop de problèmes ainsi que Dumas, appréhendé alors qu'il présidait le Tribunal révolutionnaire.

En réalité la municipalité de Paris, aux mains des robespierristes, s'engagea en faveur des cinq députés. A nouveau la Commune se dressait face à la Convention. Le maire fit fermer les barrières et sonner le tocsin à l'annonce de l'arrestation de Robespierre. Défense fut faite aux geôliers de recevoir « les victimes ».

Robespierre, contre son gré, Saint-Just, Lebas, Couthon et Robespierre jeune, libérés, se retrouvèrent à l'Hôtel de Ville. C'était braver la légalité alors que Robespierre avait attendu (naïvement peut-être) d'un procès régulier un acquittement à la Marat. Réunis à l'Hôtel de Ville, Robespierre et ses partisans pouvaient y former un gouvernement provisoire. Encore fallait-il l'imposer à coups de canon à l'assemblée. C'est dans cet esprit que Coffinhal, vice-président du Tribunal révolutionnaire, réussit avec deux cents canonniers à délivrer Hanriot. Il l'invita à tirer sur les Tuileries, mais Hanriot n'osa – ivresse ou respect de la légalité un peu inattendu chez lui quand on se rappelle son attitude lors de la chute de la Gironde – tenter un coup de force. L'assemblée se ressaisit. Elle mit hors la loi Robespierre et les rebelles de la Commune. Elle donna le commandement des troupes qui lui étaient fidèles à Barras, le seul militaire en son sein qui eut quelque énergie. Des commissaires furent envoyés dans les sections pour y expliquer les décisions de la Convention et y rallier des partisans.

A l'Hôtel de Ville où Robespierre paralysait la résistance par son pointillisme juridique, Fleuriot-Lescot avait fait proclamer à son tour la mise hors la loi de quatorze députés dont Collot d'Herbois, Tallien, Carnot et Fouché « ennemis du peuple qui ont osé plus que Louis XVI, puisqu'ils ont mis en arrestation les meilleurs patriotes ».

Mais l'anarchie régnait à l'Hôtel de Ville. Hanriot était incapable de prendre la tête des forces rassemblées à la hâte devant la municipalité. La pluie qui éclata vers minuit fit le vide.

Gagnant la place de Grève par les quais, Barras surgit avec ses troupes dans un Hôtel de Ville presque désert. Un des gendarmes de la Convention, Meda, tira une balle qui fracassa la mâchoire de Robespierre au moment où celui-ci s'apprêtait à signer un appel aux armes. C'est du moins le récit que fit Meda. Tandis que Lebas se faisait sauter la cervelle, Augustin Robespierre, en tentant de s'évader par une corniche, tombait et était ramassé à demi mort. Coffinhal rendu furieux par l'inaction du général Hanriot, le précipita par une fenêtre : on le ramassa sur un monceau d'ordures, un œil arraché. Couthon qui s'était dissimulé sous une table, fut découvert et balancé dans un escalier où l'on retrouva le lendemain le paralytique tout sanguinolent. Seul Saint-Just se laissa arrêter sans perdre son sang-froid. « C'est bien toute une guenille humaine, éclaboussée de sang et de boue qu'on allait jeter le lendemain dans la charrette du bourreau [16]. »

Hors la loi, les vaincus du 9 thermidor durent se contenter d'une simple reconnaissance d'identité par Fouquier-Tinville devant le Tribunal révolutionnaire.

Vingt-deux robespierristes montèrent à l'échafaud, ce 10 thermidor (28 juillet) à 7 heures du soir. Fleuriot-Lescot, le maire de Paris, fut exécuté le dernier. Le lendemain soixante et onze autres robespierristes étaient à leur tour exécutés.

Le peuple assista passivement à ces exécutions. Il était las de la Terreur et n'identifiait pas sa cause à celle de Robespierre. Le maximum des salaires, rigoureusement appliqué dans le barème du 23 juillet, avait aggravé la détresse des ouvriers parisiens face à la montée des prix au marché noir. De plus la Commune réprima brutalement un premier mouvement d'agitation en juillet, se privant ainsi de l'appui de la masse populaire. On entendit des cris de « F... le maximum » au passage de la charrette de Robespierre.

« Paris redevint très gai, note Michelet. Il y eut famine, il est vrai, mais le Perron (*la Bourse*) rayonnait, le Palais-Royal était plein, les spectacles combles [17]. »

Mais contrairement à ce qu'écrivit Michelet, la Révolution ne s'arrêtait pas à Robespierre. Elle apparut comme un simple déplacement de majorité parlementaire. C'est la Terreur qui se voyait remise en cause. La révolution sociale à laquelle certains de ses thuriféraires ont voulu associer Robespierre, s'était arrêtée depuis longtemps : avec la chute des Enragés. La chute des babouvistes allait confirmer son épuisement.

CHAPITRE XV

Les Thermidoriens

Robespierre tombé, on sut que la Révolution n'irait pas plus loin. Trop lié à la Terreur, le mouvement des sans-culottes était discrédité. Les dernières « journées » des faubourgs parisiens furent facilement écrasées. Une réaction politique et économique se développait mais elle ne signifiait pas un retour à l'Ancien Régime : les royalistes l'apprirent à leurs dépens le 13 vendémiaire. Entre 1794 et 1795, la Révolution se fige ; elle sera bourgeoise.

LA RÉACTION MORALE

La réaction qui suivit la chute de Robespierre fut d'abord morale. La vertu fondée sur la guillotine devenait pesante. Désormais, comme le rappelle Michelet, on souhaite vivre, comprenons savourer le moment qui passe, se jeter à corps perdu dans le plaisir. Plaisir rapide, frénétique, grossier, plaisir-provocation à l'égard de la mort : on danse aux Carmes et dans l'ancien cimetière Saint-Sulpice. On organise des bals des victimes où ne sont admis que ceux qui ont eu au moins un parent guillotiné. Si l'on ne danse pas, on mange ou plutôt on « baffre ». « La goinfrerie est la base de la société actuelle », écrit Mercier dans son *Nouveau tableau de Paris.* Les extravagances vestimentaires suivent. Mme Tallien donne le ton. A peine sortie de prison, elle paraît au bal de l'Opéra les orteils cerclés de carlins d'or ; un autre soir, si l'on en croit le récit des frères Goncourt dans leur *Histoire de la société française sous le Directoire* : « La Tallien se montre la gorge enserrée dans une rivière de diamants ; le diamant en sa chaîne ondulante côtoie les seins d'un contour d'étincelles, mettant comme une rampe de feu à ces orbes proconsulaires ; il s'abaisse, il se relève à chaque battement de cœur, faisant jaillir sur la peau mille étoiles enflammées. » Rivale de Mme Tallien, Mme Hamelin possède l'art d'être vêtue sans le paraître, au point qu'on ne sait si elle est nue ou habillée. Elle impose les paillettes proscrites par la vertu robespierriste.

On ne voit rien sans
Paillette

affirme une chanson.

Autres beautés à la mode : Mme Récamier, épouse d'un riche banquier, et la veuve du général Alexandre de Beauharnais guillotiné sous la Terreur. Elle sera bientôt remarquée par Bonaparte.

Le relâchement des mœurs se traduit par un accroissement du

nombre des divorces. Introduit par la loi du 20 septembre 1792, facilité par le décret pris par la Convention le 28 décembre 1793 qui raccourcissait le délai nécessaire au remariage, le divorce est encore simplifié le 23 avril 1794 puisque l'on admet comme motif une simple séparation de fait de six mois entre les époux. Toutefois la Convention s'inquiète bientôt de l'effet d'une telle mesure : « Le mariage, s'exclame Mailhe, le 15 thermidor an III, n'est plus qu'une affaire de spéculation. On prend une femme comme une marchandise, en calculant le profit dont elle peut être, et l'on s'en défait aussitôt qu'elle n'est plus d'aucun avantage [1]. » Mais ce qui choque le plus c'est le contraste entre la misère des classes populaires et le luxe de ceux qui se sont enrichis dans la spéculation et qui, la peur de la guillotine disparue, s'étale maintenant au grand jour.

N'exagérons pas toutefois cette réaction limitée à quelques villes, Paris, Lyon ou Bordeaux et qui est devenue légendaire à partir de quelques anecdotes croustillantes recueillies dans les *Mémoires du temps* par les frères Goncourt.

LA RÉACTION POLITIQUE

La réaction politique fut d'une autre ampleur. Les vainqueurs de Robespierre n'avaient pour point commun que leur haine de « l'Incorruptible ». Beaucoup avaient été compromis dans la Terreur ; certains souhaitaient le faire oublier et se rapprochaient du centre de l'assemblée que dominaient, sortant de l'ombre où ils s'étaient prudemment tapis sous Robespierre, les Sieyès, Thibaudeau, Boissy d'Anglas, Durand-Maillane. Ce sont eux qui avaient arbitré en faveur de la Montagne contre la Gironde puis s'étaient prononcés, le 9 thermidor, contre Robespierre. Un parti de gouvernement se constitua entre ces deux tendances, laissant à l'écart les « purs » ou les plus mouillés de la Montagne ainsi que la partie la plus à droite de l'assemblée. Lindet, dans son rapport sur la situation de la République, le 20 septembre 1794, définissait le programme de ceux que l'on appelait les Thermidoriens : « Que vous faut-il, représentants du peuple, pour assurer le bonheur de la France ? De l'union, de la confiance. Ne nous reprochons ni nos malheurs ni nos fautes... La Révolution est faite ; elle est l'ouvrage de tous. Quels généraux, quels soldats n'ont jamais fait dans la guerre que ce qu'il fallait faire, et ont su s'arrêter où la raison froide et tranquille aurait désiré qu'ils s'arrêtassent ? N'étions-nous pas en état de guerre contre les plus nombreux et les plus redoutables ennemis ? La Révolution a coûté des victimes ; des fortunes ont été renversées ; irez-vous autoriser des recherches sur tous les événements particuliers ? Lorsqu'un édifice est achevé, l'architecte, en brisant ses instruments, ne détruit pas ses collaborateurs. » Et Cambacérès dans une proclamation du 9 octobre, emploie la métaphore du navire entre deux écueils : « Le vaisseau de la République, tant de fois battu par la tempête, touche déjà le rivage ; laissez-le s'avancer dans le port en fendant d'un cours heureux une mer obéissante. » Lindet justifiait la Terreur dans le passé et Cambacérès la réprouvait pour l'avenir ; mais tous deux parlaient d'union et annonçaient la fin de la Révolution [2]. » La Convention ne reniait pas l'œuvre accomplie : le 21 septembre 1794, Marat était transféré au Panthéon et le mythique Polycarpe Pottofeux offrait de revenir siéger à la Convention en remplacement de ses collègues de l'Aisne, Condorcet et Saint-Just.

Mais, très vite, la rue dépassa les intentions de la Convention sous la pression des « muscadins », jeunes embusqués des premières réquisitions. Cette « jeunesse dorée », celle des bas blancs et collets noirs, armée de gourdins surnommés « pouvoir exécutif » et que dirigeaient Fréron et Martainville, se mit à molester les colporteurs de feuilles jacobines, à fouetter les anciennes tricoteuses et à briser les bustes de Marat dans les lieux publics. Une campagne de presse fut lancée contre les sans-culottes par *L'Orateur du peuple* de Fréron, *Le Journal des débats* de Bertin, *Le Messager du soir* de Langlois, *L'Ami du citoyen* de Tallien, *L'Accusateur public* de Richer-Serisy. Au théâtre on donnait *Les Aristides modernes ou l'intérieur des comités révolutionnaires* de Ducantel. La pièce suscita des réactions violemment anti-jacobines. On chantait *Le Réveil du peuple :*

Peuple français, peuple de frères,
Peux-tu voir sans frémir d'horreur
Le crime arborer les bannières
Du carnage et de la Terreur ?

Sous cette pression, la Convention évolua. Le 21 août, Bourdon de l'Oise évoqua la nécessaire réintégration des Girondins : chose faite le 8 décembre tandis qu'était supprimée la fête nationale du 31 mai. Ce retour des exclus renforça la droite de la Convention.

Le gouvernement révolutionnaire fut remanié. Le 11 thermidor la Convention avait décrété sur proposition de Tallien que les comités de gouvernement seraient renouvelés par quart chaque mois, les sortants n'étant rééligibles qu'après un intervalle d'un mois. Prieur de la Côte-d'Or et Jean Bon Saint-André furent les premiers écartés, remplacés par Tallien et Thuriot. Attaqués par Méhée de la Touche dans son pamphlet *La Queue de Robespierre* et par Lecointre à la Convention, Billaud-Varenne, Collot d'Herbois et Barère démissionnèrent peu après. David, Jagot et Lavicomterie étaient exclus du Comité de sûreté générale. La prépondérance du Comité de salut public disparut : il y eut 16 comités dont les douze principaux commandaient à chacune des commissions exécutives. Le Comité de salut public était réduit à la diplomatie et à la guerre. Le comité de législation prit en revanche une autorité nouvelle.

La Terreur fut abandonnée : le Tribunal révolutionnaire cessa ses fonctions et Fouquier-Tinville fut emprisonné. Les comités révolutionnaires disparurent. Plus de cinq cents suspects étaient libérés entre le

5 et le 10 août 1794. Carrier était guillotiné le 16 décembre. Aussitôt déposés, les restes de Marat étaient chassés du Panthéon en même temps que ceux de Bara et Viala. La réaction ne cessait de s'amplifier. Une commission d'enquête fut chargée d'examiner les cas de Billaud-Varenne, Collot d'Herbois, Barère et Vadier. Le 2 mars 1794, ils étaient décrétés d'arrestation.

Un mouvement de « terreur blanche » se développa en province : massacres d'anciens terroristes à Lyon, Nîmes, Montélimar, Tarascon et Avignon, exactions diverses commises par des bandes organisées : Compagnons de Jéhu ou du Soleil.

LA RÉACTION RELIGIEUSE

La division du clergé avait été l'une des causes principales des désordres. Les généraux, à la suite de Hoche, rappelaient l'importance du facteur religieux dans la guerre de Vendée. On enregistrait un réveil du catholicisme. Grégoire faisait remarquer que la liberté du culte existait en Turquie mais pas en France.

La Convention souhaitait mettre fin à la crise religieuse. Elle trouva un expédient habile : à la faveur de la discussion du budget de l'Église assermentée, Cambon fit supprimer les crédits pour raison d'économie. La Constitution civile du clergé était ainsi implicitement rapportée. Séparation de l'Église et de l'État, a-t-on dit. En réalité Mgr Leflon [3] a fait observer qu'il s'agissait plutôt de consacrer « la suppression du culte ». Les Thermidoriens entendaient repousser « les prétentions de ceux qui voudraient faire revivre un culte salarié ». Et de rappeler que « le culte est aboli ». Le coup était en effet très dur puisque le salaire attribué aux prêtres constitutionnels était la contrepartie de la nationalisation des biens du clergé. L'Église avait tout perdu.

Le 21 février 1795, Boissy d'Anglas définissait la position des Thermidoriens dans sa présentation du projet de décret tendant à l'établissement de la liberté des cultes. Il présentait le catholicisme comme « servile par nature, auxiliaire du despotisme par essence, abrutissant pour l'espèce humaine ». Mais il admettait que « les pratiques religieuses ne sont pas des délits envers la société ». Réaliste, il notait aussi : « Mieux vaut surveiller ce qu'on ne peut empêcher, régulariser ce qu'on ne peut défendre. »

Les églises demeuraient réservées au culte décadaire et il appartenait aux catholiques de se procurer à leurs frais les édifices du culte. La liberté était toute relative : les processions, les sonneries de cloche, l'habit ecclésiastique, les associations étaient interdits [4].

Singulière liberté dont tentèrent de profiter pourtant constitutionnels et réfractaires. Grégoire regroupa autour de lui Royer, Saurine, Desbois qui fonda les *Annales de la religion* et la *Librairie chrétienne.* Mais les prêtres jureurs étaient de moins en moins nombreux : abdications, mariages, décès, réconciliations avec l'Église romaine (Panisset,

Montault, Charrier de la Roche) les avaient décimés. Ils étaient aussi les premières victimes de la suppression des traitements et ne se différenciaient plus des réfractaires. Ceux-ci étaient divisés : certes, ils opposèrent aux *Annales de la religion* des *Annales catholiques* par les soins de Jauffret et Sicard ; certes leurs messes attiraient la foule (« on fait queue à la messe comme à la porte des boulangeries », notait le *Courrier de l'Égalité*) ; en province surtout leur prépondérance était grande ; mais le décret du 30 mai 1795, en paraissant leur faire une importante concession, se retournait contre eux. Était accordé provisoirement aux citoyens des communes « le libre usage des édifices non aliénés, destinés originairement à l'exercice d'un ou plusieurs cultes ». Mais la concession s'accompagnait de l'obligation d'un serment de soumission aux lois de la République. Les constitutionnels pouvaient s'y soumettre, mais les réfractaires ? Certains déclarèrent ce serment inacceptable, d'autres, sous l'influence de M. Emery, supérieur général de Saint-Sulpice, en admirent le principe. Après l'insurrection royaliste du 13 vendémiaire, la Convention durcit d'ailleurs sa position. Le décret du 6 septembre 1795 bannissait à perpétuité les ecclésiastiques déportés et, en cas de retour, les assimilait aux émigrés. Puis vint, le 29 septembre 1795, l'exigence d'un nouveau serment : « Je reconnais que l'universalité des citoyens français est le souverain et je promets soumission et obéissance aux lois de la République. » Quiconque exerçait le culte sans l'avoir prêté, était aussitôt puni de prison, puis en cas de récidive, de bannissement. Un troisième décret exclut, au moment de la séparation de la Convention, du bénéfice de l'amnistie les ecclésiastiques tombant sous le coup des lois.

Ce retour, fort modeste, à la liberté des cultes répondait à la nécessité de mettre fin aux guerres de l'Ouest. Charette et Stofflet résistaient toujours. Les Thermidoriens étaient prêts aux concessions. Hoche qui avait reçu mission de pacifier la Vendée, le 15 septembre 1794, y poussait beaucoup, multipliant les gestes de bonne volonté et relâchant ses prisonniers. La pacification de la Jaunaye (près de Nantes), fut signée le 17 février 1795 avec les chefs vendéens dont Charette : amnistie, restitution des biens, liberté du culte, dispense du service militaire pour les Vendéens, telles étaient les concessions consenties. Les mêmes conditions furent accordées, le 20 avril 1795, aux chouans, par la pacification de la Prévalaye. En réalité le feu n'était que provisoirement éteint.

LA RÉACTION ÉCONOMIQUE

Le 7 septembre 1794, la Convention avait prorogé le maximum, mais dans le même temps elle avait relâché les mesures de répression et de réquisitions. Aussi le marché noir s'était étendu et bientôt les échanges devinrent libres sur les marchés. Parallèlement manufacturiers, banquiers et négociants menaient l'offensive contre les nationalisations des industries de guerre et contre le contrôle de l'État sur le commerce extérieur. La Convention s'engagea dans la voie des concessions en rendant à l'industrie privée plusieurs manufactures à Toulouse et à Maubeuge et en rétablissant la liberté des importations.

Le 24 décembre 1794, le maximum était supprimé. Disparaissaient les recensements, les visites domiciliaires et les réquisitions. On revint à la liberté du commerce intérieur et extérieur. Mais la suppression du maximum eut pour effet l'effondrement de l'assignat et l'envolée des prix. Le papier-monnaie perdit ce qui lui restait de valeur, et, pour ne pas être payés en assignats dévalués, les paysans cessèrent de ravitailler les villes. La suppression du maximum intervint de surcroît après une récolte insuffisante. On avait certes supprimé également le maximum des salaires, mais la poussée des prix fut plus rapide que celle des salaires : or la suppression du maximum intervint en hiver, à l'époque de la morte-saison pour les journaliers agricoles et les ouvriers du bâtiment. Les classes populaires furent frappées de plein fouet par la disette et le chômage. Circonstance aggravante : l'hiver de 1794-1795 fut long et rigoureux.

GERMINAL ET PRAIRIAL

Les marchés étaient vides, non seulement à Paris mais à Lyon, Bordeaux, Tours et Strasbourg. Partout manquaient le charbon, le bois, la viande et le pain. A Paris la ration de pain ne cessa de baisser : une livre et demie à la fin de février ; en mars elle fut réduite à une livre, en avril et mai elle tomba à une demi-livre et au quart de livre. Longues queues aux portes des boulangeries, souvent en vain. Misère grandissante : de 580 en janvier 1795, sur la base 100 pour 1790, l'index parisien du prix de la vie monta à 720 en mars et à 900 en avril [5]. Les témoignages des rapports de police sont émouvants. 3 janvier 1795 : « Un agent rapporte que, dans le faubourg Saint-Antoine, il a rencontré plusieurs femmes qui pleuraient en s'entretenant de leur misère. Partout il remarque un sentiment profond de tristesse. » 14 janvier : « La viande augmente tous les jours... Il y avait des rassemblements aux portes des boulangers. » 3 mai : « La distribution se fait toujours mal. Une femme, à la vue de son mari exalté et de ses quatre enfants sans pain depuis deux jours, s'est traînée dans le ruisseau en se cognant la tête et s'arrachant les cheveux ; puis elle s'est relevée furieuse comme pour aller se jeter à l'eau. » 11 mai : « On a été obligé de porter des secours à plusieurs malheureux que le besoin a affaiblis au point de ne pouvoir se soutenir. Une citoyenne qui n'avait pas de pain à donner à son enfant l'a attaché à son côté et s'est jetée à l'eau. Un particulier nommé Mattez, désespéré par le besoin, s'est coupé le cou... [6] »

Dès mars 1795 les sections de Montreuil et des Quinze-Vingts, qui englobaient le faubourg Saint-Antoine, envoyèrent des délégations demander à la Convention « du pain et la Constitution ». Deux revendications du mouvement populaire fondamentales : les subsistances et la Constitution démocratique de 1793. Elles furent présentées de façon tumultueuse ce qui provoqua l'irritation de l'assemblée, jadis moins sourcilleuse sur ce genre de désordre. Sieyès réclama « une garantie pour la représentation nationale ». Un décret fut voté qualifiant de crime passible des fers, de la déportation ou de la mort, toute insulte aux députés ou tout attroupement devant la Convention. Et pour montrer son refus de céder, l'assemblée désigna, le 30 mars, une commission de sept membres chargée de préparer les lois organiques de la Constitution, ce qui revenait à écarter le texte de 1793.

Une délégation des Quinze-Vingts, formée d'ouvriers du faubourg Saint-Antoine, se fit menaçante, le 31 mars : « Le peuple veut être enfin libre ; il sait quand il est opprimé, que l'insurrection est un de ses devoirs. » Le lendemain, 1er avril (12 germinal an III), une foule importante d'hommes, de femmes et d'enfants venus des faubourgs envahit la salle des séances de la Convention. Thibaudeau qui présidait et la plupart des députés se retirèrent, mais les Montagnards restèrent à leur place. Les soldats, les sectionnaires et quelques muscadins emmenés par Tallien et Merlin de Thionville rétablirent rapidement l'ordre. Les manifestants sans chefs et sans armes, n'opposèrent qu'une faible résistance. A la reprise de la séance fut décidée la déportation sans jugement de Billaud-Varenne, Collot d'Herbois, Barère et Vadier, et l'arrestation de huit Montagnards dont Amar, Léonard Bourdon, Choudieu et Ruamps (huit autres leur furent adjoints le 5 ; parmi eux : Bayle, Cambon, Crassous, Lecointre, Levasseur, Thuriot ; puis ce fut le tour de Fouché). Le général Pichegru, de passage à Paris, reçut le commandement provisoire de la garde nationale. Les décrets des 10 et 17 avril ordonnèrent le désarmement des sectionnaires connus comme terroristes, épurèrent la garde nationale et autorisèrent le Comité de salut public à faire circuler des troupes au voisinage de Paris sous le prétexte d'assurer le service des subsistances. Remanié, le Tribunal révolutionnaire condamna à mort Fouquier-Tinville.

Le 20 mai 1795 (1er prairial) une nouvelle agitation gagna les milieux populaires. La ration de pain était jugée insuffisante. Le tocsin sonna vers 9 heures pendant qu'on battait la générale. Les manifestants venus des faubourgs Saint-Antoine et Saint-Marceau convergèrent vers la Convention où la séance était présidée par Vernier. Une première invasion de femmes dans la salle de l'assemblée fut repoussée, mais un nouveau flot déborda un service d'ordre peu énergique (ordre de laisser se développer la manifestation ou complicité avec l'émeute ?). Les insurgés furent bientôt maîtres de la Convention où Boissy d'Anglas avait succédé à Vernier à la présidence. Au cours d'une bousculade, un député, Féraud, fut tué, décapité et sa tête présentée au bout d'une pique par les insurgés à Boissy d'Anglas qui salua. Saluait-il la victime ou la justice populaire ? On ne le sut jamais. La confusion avait gagné l'hémicycle où n'étaient restés que les députés montagnards qui siégeaient à la crête de la Montagne – d'ou leur nom de crêtois :

Bourbotte, Romme, Soubrany, Duroy, Goujon, Duquesnoy. Ils votèrent le renouvellement des comités, la permanence des sections et des mesures relatives aux subsistances. Les insurgés se dispersèrent peu à peu vers minuit. Les forces fidèles à la Convention reprirent alors possession de la salle et la séance recommença jusqu'à 3 heures du matin. Les décrets précédents furent annulés et les six montagnards qui les avaient fait voter étaient décrétés d'accusation. On y joignit Albitte, Borie, Le Carpentier, Prieur de la Marne, Ruhl...

La Convention multiplia pendant quelques jours les concessions aux faubourgs alors que le 22 mai, les troupes se rassemblaient à Paris sous le commandement de Menou. Le 23, elles se mirent en marche. Vingt mille hommes encerclèrent le faubourg Saint-Antoine qui capitula. Il fut désarmé [7]. Les 24 et 25 mai, les sections s'épurèrent, livrant armes et insurgés. Il y eut plusieurs centaines d'arrestations. La garde nationale fut purgée de ses éléments populaires. Décrété d'arrestation, le conventionnel Rühl se donnait la mort le 29 mai. Joseph Lebon était traduit devant le tribunal criminel de la Somme et exécuté le 16 octobre. Collot d'Herbois et Billaud-Varenne furent déportés en Guyane. Enfin une commission militaire qui remplaçait le Tribunal révolutionnaire jugea les crêtois. Romme, Goujon, Bouchotte, Soubrany, Duquesnoy et Duroy furent condamnés à mort mais choisirent le suicide. Duquesnoy, Goujon et Romme ne se manquèrent pas, mais Bouchotte, Duroy et Soubrany furent transportés moribonds sous le couperet de la guillotine.

Le décret du 12 juin 1795 proscrit le mot « révolutionnaire ». Le 24 juin était ordonnée la destruction des bâtiments des Jacobins de la rue Saint-Honoré en faveur d'un marché.

L'insurrection de prairial resta localisée à Paris. Il n'y eut de désordres qu'à Rouen et Amiens. Son échec tenait au manque de chefs (même si des mots d'ordre circulèrent), à son absence de préparation, à la lassitude et au scepticisme de ses troupes, à leur épuisement physique et nerveux. Ce n'était plus une révolution, ce n'était qu'une révolte de la faim et de la misère. Les sans-culottes avaient perdu. Ils avaient été les artisans de la défaite de la contre-révolution mais n'avaient servi en définitive que les intérêts des possédants. Ils ne gagnaient rien dans les transformations qui allaient consacrer l'arrivée au pouvoir de leur ancien allié, devenu adversaire : le bourgeois.

LE MOUVEMENT ROYALISTE

La réaction thermidorienne pouvait-elle déboucher sur une restauration monarchique ? Le 8 juin 1795 était annoncée la mort au Temple de Louis XVII. Était-il déjà mort en janvier 1794 et lui avait-on alors substitué un autre enfant [8] ? S'était-il évadé et qui retenir parmi les faux dauphins qui se présentèrent plus tard [9] ? Les conventionnels n'ont-ils pas intentionnellement laissé courir des rumeurs d'évasion pour saper l'autorité du comte de Provence, héritier du trône, et dont l'intransigeance était connue ? Aucune preuve décisive, aucun témoignage valable de l'évasion de Louis XVII n'ont jusqu'ici été présentés. Seul élément troublant : la séquestration de l'enfant. On est donc contraint, dans l'état actuel de nos connaissances, d'admettre la version officielle de la mort de Louis XVII au Temple [10]. Au demeurant, s'il y eut évasion, cette évasion n'a pesé en rien sur la suite des événements. Louis XVII disparaît de la scène politique en 1795.

De régent le comte de Provence devenait roi. D'un tout autre caractère que Louis XVI, bien qu'il ait eu le même précepteur, La Vauguyon, il était d'une vive intelligence et d'un aimable scepticisme puisé principalement dans Horace. Malheureusement il était physiquement presque impotent, ce qui lui ôtait une partie de son prestige.

Avant la Révolution, le comte de Provence avait longtemps espéré que son frère Louis XVI ne pourrait procréer, ce qui lui assurerait la succession ; puis il avait tenté, disait-on, de discréditer ses neveux en faisant accuser Marie-Antoinette d'adultère par d'immondes pamphlets. Monsieur avait ensuite essayé de capter la faveur de l'opinion en s'affichant comme un partisan de la double représentation du tiers et des réformes de Necker. Songeait-il alors à une substitution de souverain ? Compromis dans l'affaire Favras – une tentative manquée d'enlèvement du roi – il n'avait eu qu'un souci : dégager sa responsabilité. Il n'émigra que le 20 juin 1791, plus heureux que son frère.

Prenant déjà le titre de régent, il s'entoura de favoris, dédaignant un Castries ou un Broglie, au profit du comte d'Avaray, de noblesse récente, si l'on en croit Saint-Priest. Son action ne parut à aucun moment inspirée par l'intérêt du roi mais par des considérations personnelles. Partisan de la violence dans la lutte contre la Révolution, il la justifiait ainsi, si l'on en croit les souvenirs de Montgaillard : Robespierre était un tyran parce qu'il était au service de la Révolution, mais s'il eût agi en sens inverse, il n'aurait pas été tyrannique. Dès 1792, le comte de Provence avait multiplié les manifestes. Louis XVI exécuté, il annonçait comme régent son plan : « Rétablir la monarchie sur les bases inaltérables de la Constitution (la monarchie absolue), réformation des abus (en s'appuyant sur la déclaration de Louis XVI le 23 juin 1789), rétablissement de la religion de nos pères (le catholicisme religion d'État), réintégration des magistratures (le rétablissement des anciens parlements), réintégration des Français de tous les ordres (restauration des trois ordres), rendre les propriétés envahies et occupées (restitution des biens nationaux). » C'est exactement le contre-pied de la Révolution.

La mort de Louis XVII ne modifia en rien ses idées : tandis que la disparition de l'enfant portait un coup dur aux modérés qui avaient pu espérer fonder une monarchie constitutionnelle avec un conseil de régence. « C'est une calamité, notait Mallet du Pan. Sa Majesté ne comptait pas comme régent ; on la redoute comme roi. » On redoutait surtout son entourage : Avaray et Mgr de Conzie. Macartney, envoyé par Grenville auprès de Louis XVIII, s'en inquiétait dans une dépêche du 25 septembre 1795 : « J'ai rarement pu découvrir beaucoup de consistance dans leur pensée... Les notions qu'a le roi sont beaucoup moins confuses et moins teintées de préjugés. » Le réquisitoire se faisait précis contre les conseillers du roi : « Il n'est pas peu divertissant de les entendre discourir sur le bonheur passé de toutes les classes sociales. Ils ne conçoivent pas que les classes inférieures aient pu aspirer à s'élever, ni que des talents quelconques puissent donner droit de prétendre aux distinctions. » L'Angleterre aurait voulu que Louis XVIII annonçât des mesures de clémence à l'occasion de son avènement et promît un équilibre entre l'œuvre de la Révolution et la restauration monarchique. C'était aussi l'avis de Mallet du Pan : il souhaitait une restauration sans vengeance, le maintien de l'égalité des droits, la condamnation du système des trois ordres, une représentation des propriétaires et capitalistes. Louis XVIII supportait mal ses pressions : « On imaginait que j'attendais la permission de M. Pitt pour annoncer à mes sujets mes droits et mes sentiments. » La déclaration du 24 juin 1795 prit un tour dépourvu de concessions : « Français, votre roi va vous parler avec toute la sincérité de son cœur. Vous fûtes infidèles à Dieu, à la religion sainte... Il faut revenir à la religion de vos pères. » Roi « par la grâce de Dieu » il vantait les institutions de l'Ancien Régime : « Il faut rétablir ce gouvernement qui fit, pendant quatorze siècles, la gloire de la France et les délices des Français, qui avait fait de notre patrie le plus florissant des États, de vous le plus heureux des peuples. » Avant d'accorder une amnistie, il demandait une contrition complète. Certains en seraient exclus (comprenons les régicides) : « Il est des forfaits dont l'atrocité passe les bornes de la violence. Pour eux le glaive de la justice est réclamé. Français, séparez votre cause de celle-ci. » Seules concessions : Louis XVIII reconnaissait l'égalité des droits politiques de tous les Français et acceptait l'accession de tous aux charges publiques.

L'effet de cette proclamation fut désastreux. Elle découragea les bonnes volontés et aussi les mauvaises que l'on aurait pu acheter. Rien n'annonçait l'habile souverain de la Restauration.

L'action violente, puisque l'on penchait vers elle, pouvait se développer de plusieurs manières : le complot ou l'insurrection.

A Paris se développa l'agence de Lemaître, actif informateur, publiant un bulletin *Le Ventriloque* qui portait en épigraphe : « ventre affamé n'a point d'oreilles », c'est-à-dire qu'il exploitait la disette et la misère contre la Révolution et en faveur d'une restauration monarchique. Il disposait de complices comme l'abbé Brottier, Sourdat ou Despommelles mais ne fut jamais vraiment dangereux [11].

Le 16 juin 1795, sir John Warren embarquait trois mille cinq cents émigrés (certains venus d'Allemagne) et mille cinq cents prisonniers de guerre, à destination de Quiberon. Le débarquement devait se faire en liaison avec un soulèvement des chouans. Mais Hoche avait été averti par des papiers saisis sur certains nobles débarqués auparavant, les chouans se soulevèrent trop tôt, le commandement fut paralysé par la rivalité qui opposait les chefs de l'expédition Puisaye et d'Hervilly, et les renforts arrivèrent trop tard. Hoche réussit à bloquer l'armée royaliste dans la presqu'île et à la capturer le 21 juillet. Puisaye parvint toutefois à s'enfuir. Tallien envoyé sur les lieux fit comparaître les prisonniers devant une commission militaire qui prononça près de 800 condamnations à mort. « Les exécutions de Quiberon firent pendant à la répression du faubourg Saint-Antoine [12]. »

La force ayant échoué, il restait aux royalistes la voie légale. Il leur fallait attendre de prochaines élections : le discrédit des conventionnels comme la lassitude de l'opinion leur ouvraient les perspectives d'une confortable victoire.

LA CONSTITUTION DE L'AN III

Pour terminer la Révolution, la Convention, face au péril de droite et à celui de gauche, devait trouver une voie moyenne.

Au moment des émeutes populaires, elle avait décidé de remettre à une commission composée d'anciens partisans de la Gironde comme Daunou, qui fut le principal rédacteur, Baudin, Creuzé-Latouche, Lanjuinais ou La Revellière-Lépeaux, et à des modérés comme Boissy d'Anglas, son rapporteur ou Thibaudeau, le soin de rédiger une nouvelle constitution, compte tenu du fait que celle de 1793 paraissait totalement inapplicable. La Constitution dite de 1795 fut discutée entre le 4 juillet et le 17 août 1795 et votée le 22 août. Elle était très longue : 377 articles contre 210 en 1791 et 124 en 1793.

La Constitution commençait par une déclaration des droits et des devoirs de l'homme et du citoyen. Déclaration classique dans l'affirmation des droits : « Les droits de l'homme en société sont la liberté, l'égalité, la sûreté, la propriété », proclamait l'article premier. La liberté ? : « Elle consiste à pouvoir faire ce qui ne nuit pas aux droits d'autrui ; l'égalité consiste en ce que la loi est la même pour tous, soit qu'elle protège, soit qu'elle punisse, l'égalité n'admet aucune distinction de naissance, aucune hérédité de pouvoir ; la sûreté résulte du concours de tous pour assurer les droits de chacun ; la propriété est le droit de jouir et de disposer de ses biens, de ses revenus, du fruit de son travail et de son industrie. » On l'a fait remarquer, le ton est moins claironnant qu'en 1791 [13].

L'innovation venait d'un code des devoirs qui annonce surtout M. Prudhomme et la morale bourgeoise qui va s'épanouir au XIXe siècle : « Nul n'est bon citoyen, proclame l'article 4, s'il n'est bon fils, bon père, bon ami, bon époux. » Ou encore, à l'article 2 : « Tous les devoirs de l'homme et du citoyen dérivent de ces deux principes, gravés par la nature dans tous les cœurs : Ne faites pas à autrui ce que vous ne voudriez pas qu'on vous fît – Faites constamment aux autres le bien que vous voudriez en recevoir. »

Proclamé par la Constitution de l'an I, le suffrage universel cédait la place au système censitaire. Boissy d'Anglas s'en expliquait dans son rapport : « L'égalité civile, voilà tout ce que l'homme raisonnable peut exiger. L'égalité absolue est une chimère ; pour qu'elle pût exister, il faudrait qu'il existât une égalité entière dans l'esprit, la vertu, la force physique, l'éducation, la fortune de tous les hommes. En vain la sagesse s'épuiserait-elle pour créer une constitution si l'ignorance et le défaut d'intérêt à l'ordre avaient le droit d'être reçus parmi les gardiens et les administrateurs de cet édifice. Nous devons être gouvernés par les meilleurs, les meilleurs sont les plus instruits et les plus intéressés au maintien des lois. Or, à bien peu d'exceptions près, vous ne trouverez de pareils hommes que parmi ceux qui, possédant une propriété, sont attachés au pays qui la contient, aux lois qui la protègent et qui doivent à cette propriété et à l'aisance qu'elle donne l'éducation qui les a rendus propres à discuter avec sagacité et justesse les avantages et les inconvénients des lois fixant le sort de la patrie. » Et Boissy d'Anglas de conclure dans une formule qui résumait la politique sociale des Thermidoriens : « Un pays gouverné par les propriétaires est dans l'ordre social, celui où les non-propriétaires gouvernent est dans l'état de nature [14]. »

La définition du citoyen était donné par l'article 8 : « Tout homme né et résidant en France, qui, âgé de vingt et un ans accomplis, s'est fait inscrire sur le registre civique de son canton, qui a demeuré depuis pendant une année sur le territoire de la République, et qui paie une contribution directe, foncière ou personnelle, est citoyen français. » Les citoyens se réunissaient en assemblées primaires (quatre cent cinquante à neuf cents citoyens) dans chaque canton. Ces assemblées désignaient les électeurs, les juges de paix, le président de l'administration du canton et les officiers municipaux dans les communes de plus de cinq mille habitants. Il y avait des assemblées communales pour la désignation des agents des communes de moins de cinq mille habitants.

Un électeur, à raison de deux cents citoyens, participait aux assemblées électorales qui élisaient les membres du Corps législatif, ceux du Tribunal de cassation, les hauts jurés, les administrateurs du département, le président, l'accusateur public et le greffier du Tribunal criminel, les juges des tribunaux civils. « Nul ne pourra être électeur, spécifiait l'article 35, s'il n'a vingt-cinq ans accomplis, et s'il ne réunit aux qualités nécessaires pour exercer les droits de citoyens français, l'une des conditions suivantes, savoir : dans les communes au-dessus de six mille habitants, celle d'être propriétaire ou usufruitier d'un bien évalué à un revenu égal à la valeur locale de deux cents journées de travail, ou d'être locataire, soit d'une habitation évaluée à un revenu égal à la valeur de cent cinquante journées de travail, soit d'un bien rural évalué à deux cents journées de travail. Dans les communes au-dessous de six mille habitants, celle d'un propriétaire ou usufruitier d'un bien évalué à un revenu égal à la valeur locale de cent journées de travail. Et dans les campagnes, celle d'être propriétaire ou usufruitier d'un bien évalué à un revenu égal à la valeur locale de cent cinquante journées de travail, ou d'être fermier ou métayer de biens évalués à la valeur de deux cents journées de travail... »

Reprenant à Montesquieu le dogme de la séparation des pouvoirs, la Constitution distinguait soigneusement pouvoir législatif et pouvoir exécutif.

Le Corps législatif était formé de deux assemblées. La faillite de la Législative, chambre unique face au roi qui l'entraîna dans sa chute, puis la dictature sanglante de la Convention avaient ramené aux modèles anglais et américains du bi-camérisme. On prévut un Conseil des Cinq-Cents et un Conseil des Anciens.

Pour être élu au Conseil des Cinq-Cents, il fallait être âgé de trente ans accomplis et avoir été domicilié sur le territoire de la République pendant les dix années ayant précédé l'élection. L'initiative des lois revenait à ce Conseil. Il se faisait trois lectures de la proposition ; l'intervalle entre deux de ces lectures ne pouvait être moindre de dix jours. Le Conseil des Anciens était composé de 250 membres. Pour y siéger, il fallait être âgé de quarante ans, être veuf ou marié, et avoir été domicilié depuis quinze ans sur le territoire de la République. Il approuvait ou rejetait les propositions du Conseil des Cinq-Cents. « Le Conseil des Cinq-Cents étant composé de membres plus jeunes proposera les décrets qu'il croira utiles ; il sera, notait Boissy d'Anglas, la pensée et pour ainsi dire l'imagination de la république ; le Conseil des Anciens en sera la raison ; il n'aura d'autre emploi que d'examiner avec sagesse quelles seront les lois à admettre ou les lois à rejeter, sans pouvoir en proposer jamais. »

Chaque conseil était renouvelé par tiers tous les ans. Les membres sortants pouvaient être réélus pour les trois années suivantes, après quoi il leur fallait attendre un délai de deux ans.

La conception du pouvoir exécutif traduisait une incontestable méfiance à l'égard d'une possible dictature. « Nous vous proposons, déclarait Boissy d'Anglas, de composer le pouvoir exécutif de cinq membres, renouvelés par cinquième tous les ans et de le nommer Directoire. Cette combinaison concentre assez la force du gouvernement pour qu'il soit rapide et ferme, et la divise assez pour rendre chimérique toute prétention d'un des directeurs à la tyrannie. Un chef unique eût été dangereux. Chaque membre présidera pendant trois mois ; il aura pendant ce temps la signature et le sceau de l'État. Par le renouvellement lent et graduel des membres du Directoire, vous y maintiendrez l'esprit d'ordre et de suite et vous réunirez les avantages de l'unité sans en avoir les inconvénients. »

Pourtant le légiste faisait une entorse à la séparation des pouvoirs en chargeant les conseils d'élire les directeurs. Boissy d'Anglas expliquait : « Nous avons craint qu'étant nommé par tous, le Directoire n'acquit une trop grande puissance relativement au Corps législatif dont chaque membre n'était nommé que par une portion de citoyens. Le pouvoir exécutif quoique nommé par les représentants du peuple, ne leur sera point subordonné puisqu'ils ne pourront le révoquer mais seulement le mettre en jugement d'après les formes établies pour les représentants eux-mêmes, c'est-à-dire d'après un décret rendu comme toutes les lois. »

Les Cinq-Cents formaient au scrutin secret une liste décuple du nombre des directeurs à nommer. Les Anciens choisissaient sur cette liste l'élu. Les membres du Directoire devaient être âgés de quarante ans au moins. Tout membre sortant ne pouvait être réélu avant un intervalle de cinq ans. Pour qu'une décision fût valable, la présence de trois membres était nécessaire. Les attributions du Directoire étaient énumérées par la Constitution : sûreté intérieure et extérieure de l'État, disposition de la force armée, nomination des généraux et des ministres (six au moins, huit au plus). Toutefois la Trésorerie échappait au Directoire : elle était confiée à cinq commissaires élus de la même manière que les directeurs.

Le titre VII abordait l'administration départementale et municipale. Il marquait une réaction contre l'autonomie locale poussée à l'extrême sous la Constituante et la Législative et dont les effets avaient été désastreux. Les Thermidoriens amorçaient un retour à la centralisation. Si la Constitution maintenait le département, elle supprimait le district. Chaque département reçut une administration centrale de cinq membres seulement renouvelés par cinquième tous les ans, chaque canton recevait une municipalité formée des agents municipaux de chaque commune. Il y avait une administration municipale dans les communes de plus de cinq mille habitants, dans les autres un agent municipal et un adjoint. Dans les communes excédant cent mille habitants, il y avait au moins trois administrations principales. Un bureau central était chargé des affaires indivisibles. « Réduction du nombre des administrations locales, petit nombre de leurs membres renouvelés par fractions, groupement des communes trop petites pour s'administrer, fractionnement des grandes trop fortes, trop indépendantes, anéantissement de la Commune de Paris, c'est une révolution ou une contre-révolution radicale. Il y a mieux, la Convention restaure la tutelle administrative. En effet désormais le Directoire exécutif nommera auprès de chaque administration départementale ou municipale un commissaire révocable à son gré, chargé de surveiller et de requérir les lois [15]. »

Paris est la grande victime de cette réforme. La loi du 19 vendémiaire an IV supprime le maire remplacé par un collège de cinq membres, divise le territoire de la capitale en douze municipalités, dirigées également de façon collégiale et subordonne des municipalités à l'administration du département réputé plus modéré que Paris. La Commune de Paris, si redoutable auparavant, a vécu [16].

Dans le domaine judiciaire soigneusement séparé de l'exécutif et du législatif, la limite d'âge était fixée à 30 ans et les mandats étaient courts :

deux ans pour les juges de paix, cinq pour les juges des tribunaux départementaux comme pour ceux du Tribunal de cassation, tous étant rééligibles. Leur élection assurait leur indépendance en face de l'État. Était créée également une Haute Cour de justice dont les ressortissants étaient les directeurs et les membres des conseils.

Les conventionnels considéraient avoir réalisé un chef-d'œuvre. Ils prirent un certain nombre de dispositions pour rendre les modifications impossibles. Peut-être souhaitaient-ils aussi se préserver de réformes allant dans le sens d'une restauration monarchique. La procédure de révision s'étalait sur neuf ans. Cette disposition conduisait inévitablement au coup d'État, un coup d'État également contenu dans la séparation trop rigide des pouvoirs imposée par les conventionnels. Tout conflit entre l'exécutif et le législatif ne pouvait déboucher que sur une épreuve de force.

LE 13 VENDÉMAIRE

La Convention n'ignorait pas qu'elle n'avait jamais vraiment représenté la majorité du pays et qu'elle serait balayée aux premières élections qu'elle organiserait.

Pour se maintenir elle inventa un subterfuge que Baudin des Ardennes justifiait ainsi : « La retraite de l'Assemblée constituante vous apprend assez qu'une législature entièrement nouvelle pour mettre en mouvement une constitution qui n'a pas été essayée, est un moyen infaillible de la renverser. » Le subterfuge était le suivant : le futur corps législatif composé de 750 membres, étant renouvelable annuellement par tiers, 250 députés nouveaux seulement seraient élus et 500 conventionnels resteraient en place pour maintenir la continuité. Il y eut des protestations. « Il s'agit, expliqua Baudin, de sauver les intérêts de la République sans blesser ceux des représentants du peuple. » On adopta un compromis. Le décret des deux tiers (deux tiers de conventionnels se retrouvant dans les conseils) serait soumis, comme la Constitution, à l'approbation du corps électoral votant encore au suffrage universel.

On connaît mal les conditions dans lesquelles se déroula la consultation. Il y eut de nombreuses irrégularités, pressions diverses et falsifications. Fiévée a apporté de nombreux exemples pour Paris [17]. D'après le rapport lu à la Convention le 1er vendémiaire an IV (23 septembre 1795), les procès-verbaux d'assemblées primaires étant au nombre de 6 337 (dont 269 n'avaient pas indiqué le nombre de votants et doivent être mises à part), on aurait compté 958 226 votants dont 916 334 auraient approuvé la Constitution contre 41 892. Pour le décret des deux tiers, celles des assemblées primaires qui s'étaient prononcées représentaient 263 131 votants : 167 758 approuvaient le décret, 95 373 le refusaient. Il y eut rectification quelques jours plus tard . 1 057 390 électeurs approuvant la Constitution contre 49 978 ; 205 498 s'étaient prononcés pour le décret des deux tiers, 108 754 le repoussant. Pour le décret des deux tiers l'écart était énorme en comparaison de cinq millions d'électeurs possibles. Le pays ne s'était pas vraiment prononcé et un tiers de ceux qui avaient exprimé leur avis condamnaient cette procédure.

Les royalistes ne cachaient pas leur déception : ils avaient accompli, grâce à Brottier, un travail en profondeur de propagande et de noyautage dans les sections de Paris dont ils se voyaient frustrés. Ainsi dans la section Le Peletier qui siégeait à l'église des Filles Saint-Thomas, au bout de la rue Vivienne, les jacobins menés par Pierre-Nicolas Chrétien étaient éliminés par « les honnêtes gens » Saint-Julien, Rebillard et Thomé [18].

Les sections parisiennes avaient été presque unanimes dans leur vote contre les deux tiers [19] (voir tableau ci-contre).

Les sections protestèrent contre les résultats mais la Convention ne tint pas compte de leurs réclamations.

A l'annonce d'une insurrection à Dreux où l'on avait vu le drapeau blanc, la section Le Peletier prit la tête de l'agitation. Agitation indépendante, affirme Lacretelle dans ses *Dix Années d'épreuves pendant la Révolution,* des agents royalistes et des chefs de la Vendée, mouvement typiquement parisien, fronde anti-conventionnelle. Comme d'autres chefs, Fiévée par exemple, Lacretelle était partisan d'une monarchie constitutionnelle et s'opposait à Richer-Serisy, royaliste pur et dur. Deux tendances se faisaient jour dans le mouvement : une tendance constitutionnelle et une tendance absolutiste. Fiévée y voit l'une des raisons de l'échec du mouvement dont le seul facteur d'unité était constitué par le refus du décret des deux tiers. Les insurgés ne présentaient aucun programme, mais ils pouvaient s'appuyer sur la garde nationale d'où avaient été chassés les ouvriers et qui comprenaient essentiellement les cavaliers et les compagnies d'élite. On comptait aussi sur la jeunesse dorée. Un comité central coordonnait l'action où se retrouvaient des représentants des sections Le Peletier, Tuileries, Champs-Élysées, Butte des moulins, Place Vendôme, Montblanc, Brutus, Bonne Nouvelle, Amis de la Patrie, Droits de l'homme, Arsenal, Fontaine de Grenelle, Unité, Théâtre-Français et Luxembourg.

Conscients du danger les comités de gouvernement, pour permettre une résistance plus efficace, déléguèrent leurs pouvoirs à cinq membres qui formèrent une sorte de Directoire anticipé : Daunou, Letourneur, Merlin de Douai, Barras et Colombel. D'anciens sans-culottes et des officiers sans emploi vinrent proposer leurs services.

L'épreuve de force se dessina le 12 vendémiaire (4 octobre) : la garde nationale des quartiers du centre et de l'est pouvait constituer une redoutable menace pour la Convention qui, en dehors des volontaires des faubourgs baptisés « patriotes de 89 » et regroupés en trois bataillons, ce qui jeta l'affolement dans les quartiers du centre, ne pouvait s'appuyer que sur les troupes du camp des Sablons dont le général, Menou, n'était pas sûr. Déjà un travail d'approche avait été entrepris auprès des soldats par le chansonnier Ange Pitou. Résolu à

	Décret des 2/3		Constitution	
	Pour	*Contre*	*Pour*	*Contre*
Quinze-Vingts	433	139	603	8
Montreuil	?	600	572	59
Brutus		unanimité	unanimité	
Mont-Blanc		unanimité	1 465	4
Invalides		unanimité	1 223	4
Gardes Françaises		rejeté sans précision	1 786	44
Gravilliers		—	1 515	68
Faubourg-Montmartre		—	1 423	
Place Vendôme		—	1 493	29
Muséum		—	1 803	6
Bondy		—	899	3
Champs-Élysées		—	849	31
Unité		—	2 392	24
Droits de l'Homme		—	1 652	63
Arsenal		—	1 380	15
Bon Conseil		—	1 622	29
Halle aux Blés		—	1 655	29
Tuileries		—	1 736	5
Jardin des Plantes		—	1 038	21
Marchés		—	1 147	12
Popincourt		—	846	12
Luxembourg		—	1 784	30
Observatoire		—	996	29
Contrat Social		—	1 761	38
Théâtre-Français		—	2 078	74
Fidélité		—	1 492	26
Bonne Nouvelle		—	1 251	5
Ouest		—	1 658	25
Indivisibilité		—	1 432	12
Finistère		—	695	1
Thermes		—	1 274	44
Fontaine de Grenelle		—	1 844	29
Roule		—	1 100	39
Panthéon-Français		—	1 864	58
Arcis	30	1 338	1 331	37
Lombards	200	650	1 034	36
Poissonnière	4	1 155	1 142	17
Nord		1 200	1 527	17
Temple		1 148	1 551	3
Cité		1 200	1 527	17
Le Peletier	11	1 592	1 521	75
Mail	3	1 482		1 396
Amis de la Patrie	109	2 006	2 115	12
Réunion	109	1 077	1 491	45
Butte des Moulins		1 541	2 459	30
Pont-Neuf		508	509	
Fraternité		871	652	19
Homme Armé		847	1 581	32

faire preuve d'énergie, Barras destitua Menou et prit l'initiative des opérations s'appuyant sur des officiers réputés républicains : Bonaparte, Murat, Brune...

Tout en cherchant une liaison avec Dreux, les insurgés avaient établi un plan d'action contre les Tuileries que l'on souhaitait encercler en marchant le long de la rive droite aux abords de l'église Saint-Roch, et sur la rive gauche. Certains pensaient qu'on ne se battrait pas et que la Convention, intimidée, capitulerait aussitôt. Un ancien des guerres de Vendée, mais dans le camp républicain, Danican, avait reçu le commandement des insurgés : Fiévée a mis en lumière son incapacité [20]. Il fit avancer le 13 vendémiaire (6 octobre) son armée en colonne serrée et compacte, offrant une cible idéale aux canons que Murat avait récupérés aux Sablons et que Bonaparte avait disposés près de Saint-Roch. Napoléon racontera plus tard : « La colonne de Lafond (l'un des chefs de l'insurrection) déboucha par le quai Voltaire, marchant sur le Palais-Royal en battant la charge. Alors les batteries tirèrent ; une pièce de 8, placée au cul-de-sac Dauphin, commença le feu et servit de signal Après plusieurs décharges, Saint-Roch fut enlevé. La colonne de Lafond, prise en tête et en écharpe par l'artillerie placée sur le quai, à la hauteur du guichet du Louvre et à la tête du Pont-Royal, fut mise en déroute ; la rue Saint-Honoré, la rue Saint-Florentin et les lieux adjacents furent balayés. Une centaine d'hommes essayèrent de résister au Théâtre de la République : quelques obus les en délogèrent. A six heures du soir tout était fini. Si l'on entendit de loin en loin quelques coups de canon pendant la nuit, ce fut pour empêcher les barricades que quelques habitants avaient cherché à établir avec des tonneaux. Il y eut environ deux cents tués ou blessés du côté des sectionnaires et presque autant du côté des conventionnels, la plus grande partie de ceux-ci aux portes de Saint-Roch [21]. Barras, qui avait été l'âme de la résistance, ne poussa pas plus loin son avantage. La Convention n'entendait pas se laisser déborder par les Jacobins. On laissa donc les portes de Paris ouvertes et les chefs du mouvement purent s'enfuir. Seuls Lafond et Lebois furent pris et exécutés.

La journée du 13 vendémiaire fut la dernière insurrection parisienne de la Révolution. Elle était la plus originale puisque, pour la première fois, il s'agissait d'un mouvement contre-révolutionnaire et d'un mouvement écrasé par l'armée qui apparaissait ainsi brutalement sur la scène politique. Ce n'était plus le peuple des faubourgs qui descendait dans la rue mais les « bons bourgeois eux-mêmes ». La répression était menée par l'armée qui avait déjà été utilisée en prairial et qui mesurait maintenant son importance. Dans l'entourage de Barras se profilait un certain Bonaparte nommé général en second de l'armée de l'Intérieur, le 8 octobre, général de division le 16, général en chef de l'armée de l'Intérieur le 26. Fulgurante ascension.

L'échec des royalistes s'expliquait par l'impéritie de Danican, la limitation de l'insurrection aux citoyens actifs (ce qui ne signifiait pas obligatoirement combatifs) de certaines sections et à l'absence d'un programme. Danican s'était mis lui-même hors la loi. Le respect de celle-ci fut plus fort que la haine des conventionnels.

La déroute royaliste s'amplifia. Le 13 octobre 1795, l'agent contre-révolutionnaire Lemaître [22] était arrêté et ses papiers saisis. Son agence fut découverte.

En Vendée l'insurrection s'essoufflait. Hoche lui portait des coups terribles, s'efforçant de détacher les populations des chefs insurgés par les promesses d'amnistie ou la menace de représailles. Politique efficace : Stofflet, traqué, était pris le 23 février 1796 et exécuté le 25. Charette à son tour tombait le 19 mars et était exécuté dix jours plus tard. Autichamp se rendait le 14 avril, Cadoudal abandonnait la lutte le 21 juin 1796.

La force échouait une nouvelle fois. Restait à attendre de nouvelles élections.

LES TRAITÉS DE PAIX

Les Thermidoriens ne se contentaient pas de contenir l'insurrection intérieure ; ils remportaient aux frontières de nouveaux succès. Le relâchement de l'autorité avait pourtant accru le nombre des déserteurs et provoqué un abandon de la discipline. « La détresse des armées thermidoriennes est devenue légendaire [23]. » Mais l'élan était donné et ne se ralentit pas.

Pichegru et Jourdan étaient parvenus jusqu'au Rhin. Si Mayence résista, les forces françaises menèrent en revanche une rapide offensive d'hiver en Hollande où elles bénéficièrent de l'appui des adversaires du Stathouder et d'un froid particulièrement vif qui gela toutes les eaux. Daendels, partisan de la France et qui servait sous Pichegru, observait : « La Hollande est maintenant solide, les fleuves qui l'entourent, les inondations qui la couvrent des invasions sont durs comme la terre ; Amsterdam est de plain-pied avec Paris [24]. »

Utrecht tombait le 18 janvier 1795, Groningue le 14 février. Prise dans les glaces, la flotte hollandaise était capturée à la pointe du Helder par quelques centaines de fantassins et de cavaliers. La Hollande était conquise.

Les états généraux se résignèrent à abolir le stathoudérat le 16 février. Puis ils essayèrent de tergiverser. « Il faut, proclamait Sieyès, que les Bataves fassent à l'avenir autant de bien à la France qu'ils ont fait ou voulu faire de mal sous l'influence britannique. » Sieyès et Reubell partirent pour La Haye et un traité de paix fut signé le 16 mai 1795. La République des Provinces-Unies cédait à la France la Flandre hollandaise, Maestricht et Venlo ; elle s'engageait à lui verser à titre d'indemnité de guerre cent millions de florins auxquels s'ajoutèrent de nombreuses œuvres d'art et le cabinet d'histoire naturelle du Stathouder. Elle concluait avec la France une alliance offensive et défensive jusqu'à la fin de la guerre.

La Prusse ne jouait plus depuis longtemps un rôle important dans la coalition. Elle regardait du côté de la Pologne où Russes et Autrichiens esquissaient un nouveau partage. Pitt ayant cessé de payer, Frédéric-Guillaume II cessa de combattre. Du coup le Comité de salut public se mit à espérer une alliance avec Berlin. La paix de Bâle du 5 avril, ratifiée par la Convention le 14, parla simplement de la fin des hostilités. La Prusse reconnaissait l'occupation de la rive gauche du Rhin par la France en échange d'une indemnisation à déterminer lors de la pacification générale. Ainsi libéré à l'ouest, Frédéric-Guillaume II put « imposer la Prusse comme convive au festin polonais ». Le troisième partage de la Pologne, le 24 octobre 1795, fut la suite logique de la paix de Bâle.

Sur les Alpes, l'offensive française avait impressionné le grand-duc de Toscane, propre frère de l'empereur d'Autriche, qui s'était décidé, après des tractations menées par le diplomate Cacault, à signer la paix le 9 février 1795. Du côté des Pyrénées orientales, les Espagnols avaient été refoulés. Pérignon qui avait succédé à Dugommier, tué au combat, s'était emparé de Rosas. L'armée des Pyrénées occidentales avait atteint Bilbao. Des négociations s'ouvrirent. « La reine veut la paix et le roi ne veut rien du tout » ; quant au favori Godoy, « il s'imagine qu'on peut faire la guerre et la paix avec les mêmes moyens », notait un diplomate. Finalement un traité fut signé à Bâle le 22 juillet 1795 par Barthélémy et Yriarte : la France évacuait les territoires espagnols qu'elle avait envahis et recevait Santo-Domingo. Godoy eut le titre de prince de la paix le 4 septembre 1795.

La coalition reposait maintenant sur l'Autriche qui attendait toujours un appui de la Russie. L'offensive française sur le Rhin fut menée par les armées de Sambre et Meuse sous Jourdan, et de Rhin et Moselle sous Pichegru. Par manque de coopération, elle échoua. Mais les Autrichiens, épuisés et soucieux de gagner du temps, proposèrent un armistice le 21 décembre. D'autant qu'en Italie, ils étaient défaits à Loano par Scherer, le 23 novembre, et repoussés jusqu'aux Apennins.

CHAPITRE XVI

Les débuts du Directoire

Il n'y eut pas de rupture entre la période thermidorienne et la mise en place du nouveau régime connu sous le nom de Directoire. Ce Directoire n'était-il pas la création de la Convention thermidorienne ? N'observait-on pas une continuité des personnes comme des problèmes ? L'effondrement de l'assignat, la disette, le maintien de l'ordre, la guerre : la Constitution de 1795 n'avait rien résolu. On attendait du Directoire des solutions, on en attendait surtout la fin de la Révolution. « Il en est d'une grande nation comme d'un grand homme, s'exclamait Boissy d'Anglas, futur sénateur d'Empire. Le but que celui-ci poursuit dans ses travaux, c'est d'obtenir un jour un repos glorieux et plein de dignité. Ainsi une nation qui se livre aux mouvements orageux d'une révolution n'aspire qu'à jouir dans le calme du fruit de ses travaux et des sacrifices qu'elle s'est imposés. » La bourgeoisie ayant conquis le pouvoir, on se serait acheminé vers ce qui devait être en 1830 le régime de juillet, sans la monarchie mais avec les capacités et le cens, si la paix avait pu être établie avec l'Europe. La continuation de la guerre imposa l'épisode du « césarisme ».

LE PERSONNEL POLITIQUE

Du 20 au 29 vendémiaire avaient eu lieu les élections législatives. Le droit de vote était réservé à un petit nombre d'électeurs, selon un critère ploutocratique. De surcroît les abstentions furent nombreuses en sorte que seuls quelque 30 000 personnes auraient en définitive voté.

Réunie pour la dernière fois, le 4 brumaire an IV (26 octobre 1795), la Convention laissait place à ceux des conventionnels déjà élus qui devaient compléter eux-mêmes le chiffre de sortants imposé aux électeurs. Rendant compte de l'opération, *Le Moniteur* indiquait que 379 députés ayant été réélus et les représentants des colonies devant continuer provisoirement à siéger ainsi que ceux de Corse, il restait 105 noms pour compléter les 500 prévus. Il y eut trois tours qui se déroulèrent les 4 et 5 brumaire.

Les électeurs de chaque département avaient dû dresser : 1. une liste principale devant fournir les deux tiers de leur députation ; 2. la liste du nouveau tiers laissé à leur choix ; 3. une liste supplémentaire trois fois plus nombreuse en prévision d'élections multiples d'un même député (39 départements élirent Lanjuinais, 36 Boissy d'Anglas etc.). C'est sur l'ensemble des listes complémentaires que les réélus choisirent leurs collègues au gré de leurs préférences et sans se préoccuper des avis des assemblées locales.

511 conventionnels au total retrouvèrent leur siège dont quatre seulement au titre du tiers laissé au libre choix des électeurs, ce qui en dit long sur l'impopularité des conventionnels. On comptait 195 régicides [1].

Ces députés furent répartis entre les deux chambres. Le 5, on mit dans un vase le nom des députés de plus de quarante ans, mariés ou veufs. On en tira 167 destinés à composer les deux tiers du Conseil des Anciens. Un tirage analogue pour les nouveaux élus fournit 63 noms destinés à compléter le Conseil des Anciens. Les autres furent appelés à siéger au Conseil des Cinq-Cents.

Si les conventionnels repris ne comptaient qu'une minorité de royalistes, une quarantaine environ, le nouveau tiers était formé de 68 modérés et 49 contre-révolutionnaires. Les républicains approuvant le Directoire se comptaient 381 sur 741 députés (dont 45 nouveaux venus). Les exclusifs étaient 64 dont 53 conventionnels [2]. A ne considérer que le nouveau tiers, la poussée à droite était forte : 118 royalistes contre 11 démocrates. Elle était surtout sensible dans le Bassin parisien, la Loire et le Midi.

Rarement la volonté des électeurs fut aussi bafouée qu'en l'an IV. Les Cinq-Cents s'installèrent dans l'ancienne salle de la Constituante dite du Manège où ils élurent Daunou pour président, Reubell, Thibaudeau, Chenier et Cambacérès comme secrétaires. Les Anciens occupèrent le local de la Convention. La Revellière-Lépeaux fut désigné comme président, Lanjuinais, Baudin, Breard et Delacroix étant secrétaires. Les Cinq-Cents portèrent une robe longue et blanche avec ceinture bleue, manteau écarlate en laine et toque de velours bleu. Les Anciens avaient une robe bleu violet avec ceinture écarlate, manteau blanc et toque violette.

Restait à désigner les directeurs. Les Cinq-Cents devaient dresser une liste de 50 personnalités parmi lesquelles les Anciens avaient à choisir les cinq directeurs. Furent élus : La Revellière-Lépeaux avec 216 voix, Letourneur 189, Reubell 176, Sieyès 156 et Barras 129. Mécontent d'avoir vu écarté son projet de constitution, Sieyès renonça : « Ma détermination, affirmait-il, n'est pas du nombre de celles où il faut se soumettre au vœu de la majorité ; je ne puis faire abstraction de ma propre opinion, de mon propre jugement. Il m'est impossible de croire que l'intérêt de mon pays soit d'appeler à une place, où l'on doit pouvoir rallier toutes les confiances, un homme précisément qui, depuis le commencement de la Révolution, a été constamment en butte à tous les partis, à tous sans distinction [3]. »

Pour remplacer Sieyès, les Cinq-Cents présentèrent dix candidats dont Carnot qui avait refusé le portefeuille de la Guerre. Il fut désigné le 4 novembre par 117 voix sur 213 votants.

La veille, les directeurs s'étaient installés au palais du Luxembourg. La Revellière-Lépeaux a laissé dans ses *Mémoires* une pittoresque description de cette installation : « Le 11 brumaire, sur les 9 ou 10 heures du matin, Reubell, Barras, Letourneur et moi, nous nous rendîmes dans le lieu des séances du Comité de salut public. Là nous prîmes un cahier de papier à lettres roulé autour d'une écritoire à calmar, qui contenait un canif et quelques plumes ; puis nous nous rendîmes tous les quatre au Petit Luxembourg, dans une même voiture, entourés au terme de la Constitution, d'une garde de 140 hommes à pied et de 140 hommes à cheval dont le dénuement était tel que les dragons qui formaient le détachement à cheval, montaient en mauvais souliers et en bas de laine percés au lieu de bottes. Nous trouvâmes tous les appartements littéralement nus ; il n'y avait pas un meuble de quelque nature que ce fût. Après une recherche inutile, nous nous réfugiâmes dans un petit cabinet. Le concierge Dupont nous y fit placer une petite table boiteuse, dont un pied était rongé de vétusté, et quatre chaises, le tout lui appartenant. Il nous prêta aussi quelques bûches, car le temps était assez froid... La situation des choses paraissait si désespérée qu'on ne croyait pas à la durée de notre existence politique, aussi personne ne s'empressait de nous servir [4]. »

Les nouveaux maîtres de la France offraient des portraits contrastés. Député d'Angers, ayant échappé de peu à la guillotine comme girondin, La Revellière-Lépeaux était, dira Napoléon à Sainte-Hélène, « de la très petite bourgeoisie, petit, bossu, de l'extérieur le plus désagréable qu'on puisse imaginer. Il écrivait passablement ; son esprit était de peu d'étendue, il n'avait ni l'habitude des affaires ni la connaissance des hommes. Il fut alternativement dominé, selon les temps, par Carnot et Reubell. Le jardin des Plantes et la Théophilanthropie, nouvelle religion dont il avait la manie de vouloir être le fondateur, faisaient toute son occupation. Du reste il était patriote chaud et sincère, honnête homme, citoyen probe et instruit ; il entra pauvre au Directoire et en sortit pauvre. La nature ne lui avait accordé que les qualités d'un magistrat subalterne [5] ». Et Napoléon le connaissait bien puisque La Revellière avait essayé de le convertir à la théophilanthropie et de lui faire épouser sa fille.

Malgré le nombre imposant de voix qu'il avait obtenues, Letourneur n'était qu'un obscur capitaine qui avait représenté la Manche à la Convention, voté la mort du roi et s'était spécialisé dans les questions militaires. La Revellière le dépeint ainsi : « la figure ronde, le teint brun, le front chauve, les jambes un peu arquées » et le dit « un honnête homme mais sans portée et de peu d'esprit ». Il a, à propos de son accession au Directoire, ce mot cruel : « Dans tous les temps on rencontre de tels parvenus sans qu'on puisse dire comment ils sont arrivés. » Jugement que confirme Napoléon : « On a peine à s'expliquer comment Letourneur fut nommé au Directoire ; ce ne peut être que par une de ces bizarreries attachées aux grandes assemblées. Il était de peu d'esprit, de peu d'instruction et d'un petit caractère. Il y avait à la Convention cinq cents députés qui lui étaient préférables ; du reste il était probe et honnête homme ; il sortit (lui aussi) pauvre du Directoire [6]. »

Né a Colmar, Reubell avait présidé la Constituante ; élu à la Convention, il avait participé à la défense de Mayence puis s'était affiché comme anti-jacobin. La Revellière le présente comme peu commode et mal élevé : « Il était grand, assez gros et d'une fort belle prestance malgré des jambes un peu grêles pour la masse de son corps. Sa physionomie aimable et riante lorsqu'il était en gaieté, devenait tout à coup renfrognée ou quinteuse, suivant l'affection du moment. » Ancien avocat, il en avait conservé le goût de l'argutie, mais tous les contemporains rendent hommage à ses qualités : « Tête excellente et un jugement profond. »

Barras était d'une autre envergure, même s'il avait recueilli un nombre de voix très inférieur à celui de ses collègues. Le vicomte de Barras, ancien officier, élu par le Var à la Convention, y avait voté la mort du roi sans commentaire, s'était illustré au siège de Toulon, avait pris le commandement des forces de la Convention contre Robespierre le 9 thermidor et avait à nouveau, on l'a vu, sauvé l'assemblée le 13 vendémiaire en faisant appel à Bonaparte. Pourquoi fut-il si mal élu au Directoire ? Les députés lui reprochaient ses origines aristocratiques, ses mœurs dissolues et son absence de scrupules politiques [7].

Carnot enfin, capitaine du génie sous l'Ancien Régime, représentant du Pas-de-Calais à la Législative puis à la Convention, avait joué un rôle important au sein du Comité de salut public pour les affaires militaires. Artisan de la chute de Robespierre, il faillit être entraîné par elle. La Revellière nous le dépeint « d'une taille au-dessus de la médiocre », un visage marqué par la petite vérole, un gros nez, les yeux couleur d'eau, les cheveux blonds clairsemés, le teint blanc, l'œil rusé, « beaucoup de connaissances et d'idées philosophiques, une grande intelligence et beaucoup d'aptitude pour l'administration dans toutes ses parties [8] ».

Les directeurs se répartirent comme au temps du Comité de salut public la direction des secteurs de l'exécutif : Reubell eut la diplomatie, Carnot, assisté de Letourneur la guerre, La Revellière-Lépeaux l'instruction et la religion, Barras les affaires intérieures.

Première bataille entre les cinq directeurs, une fois le garde-meuble pillé pour donner au Luxembourg le faste nécessaire au prestige du pouvoir : la désignation du secrétaire du Directoire, mémoire et agent d'exécution de ce dernier. Barras voulait imposer Réal, mais celui-ci s'était compromis avec la Commune, au temps de la Terreur, comme substitut. La Revellière-Lépeaux fit passer son protégé, Trouvé, rédacteur en chef du *Moniteur*. Toutefois celui-ci, desservi par son physique juvénile (« l'enfant Trouvé », disait-on) fut rapidement remplacé par Lagarde, ancien avocat au parlement de Douai.

Les directeurs avaient sous leurs ordres des ministres. Dès le 12 brumaire étaient nommés Bénézech à l'Intérieur, Merlin de Douai à la Justice, le général Aubert-Dubayet à la Guerre, Truguet à la Marine et Delacroix aux Relations extérieures. Faipoult reçut un peu plus tard les Finances, remplacé quelque temps après par Ramel. Fut créé par la suite un ministère de la Police générale.

La mise en place des administrations locales ne se fit pas sans difficulté. Il fallut quatre mois pour que l'administration centrale de la Côte-d'Or fût au complet. Le Directoire dut casser plusieurs administrations, surtout dans le Sud-Est (Bouches-du-Rhône, Var, Drôme, Rhône...), le Massif central, le Doubs et l'Ouest. Dans les villes la désignation des municipalités donna lieu à des heurts à Toulouse, au Mans... La loi du 16 novembre 1795 autorisa le Directoire à nommer des administrateurs et des juges dans les départements où les assemblées électorales n'avaient pu assurer toutes les nominations. Les commissaires du Directoire furent choisis dans la bourgeoisie qui avait déjà joué un rôle pendant la Révolution : avoués, notaires qui cumulaient leurs fonctions et leur profession. Ainsi s'établissait ce gouvernement des notables qui allait dominer la province au XIXe siècle.

LA CRISE DES SUBSISTANCES

Le Directoire trouvait dans son héritage le problème des subsistances, problème qui avait joué un rôle déterminant dans les émeutes qui avaient menacé la Convention. Mais vers le printemps de 1796, on constata une nette amélioration, les importations de denrées venues de l'étranger ayant alors atténué la gravité de la situation [9]. Dès le mois de février, le Directoire avait supprimé les distributions de pain et de viande à bas prix. Mais la situation de la capitale demeurait précaire. Le 23 mars, le ministre de l'Intérieur s'inquiétait : il n'y avait de la farine que pour cinq jours, plus de viande et de faibles quantités de bois. Le 26 mars, les distributions durent reprendre pour les indigents, les vieillards, les infirmes et les salariés de la République. Mais l'alerte fut de courte durée. Les difficultés subsistèrent dans la vallée de la Seine, dans le Nord, dans l'Ouest (où l'amélioration ne fut vraiment sensible qu'en septembre), dans le Sud-Est et le mécontentement ne s'atténua que très tardivement.

Il avait fallu importer des grains d'Italie et même d'Algérie (les achats contenant en germe le prétexte de la conquête de 1830), aussi les dépenses avaient été lourdes : elles contribuèrent à aggraver la situation financière.

LE PROBLÈME FINANCIER

La Revellière-Lépeaux a laissé un tableau, resté à juste titre célèbre, de la situation financière du Directoire à ses débuts : « Le Trésor national était entièrement vide, il n'y restait pas un sou. Les assignats étaient sans valeur ; le peu qui leur restait s'évanouissait chaque jour par une chute accélérée. On ne suffisait plus à imprimer dans le cours de la nuit ceux qui étaient indispensablement nécessaires pour satisfaire aux besoins les plus pressants du lendemain... Les revenus publics étaient nuls ; les citoyens avaient perdu l'habitude de payer les contributions. La République ne faisait face à ses dépenses qu'en prodiguant ses capitaux. Tout crédit public était mort et toute confiance éteinte ; rien ne se faisait qu'au comptant dans les transactions particulières, ou qu'avec des intérêts qui rendaient toute négociation impraticable ou ruineuse. Un agiotage effréné avait pris la place du commerce loyal et productif, il corrompait toutes les classes de la société, résultat malheureux mais inévitable de la décadence du signe monétaire. Ce fléau rongeur dévorait la fortune publique et les fortunes particulières au profit d'une horde de fripons qui se jouaient de l'impuissance des lois et du juste mépris dont ils étaient couverts. La dépréciation des assignats, l'effrayante rapidité de leur chute réduisaient le salaire de tous les employés et fonctionnaires publics à une valeur purement nominale. Le besoin d'abord, ensuite l'habitude, les avaient presque tous entraînés au plus honteux brigandage, aux infidélités les plus criminelles. De leur côté, les débiteurs et les fermiers perdaient toute délicatesse et s'acquittaient sans scrupule envers leurs créanciers et leurs propriétaires avec quelques feuilles de papier qui n'avaient plus aucune valeur [10]. »

La crainte du Directoire de voir interrompre le fonctionnement de la planche à billets était telle que, les ouvriers spécialisés dans la fabrication des assignats ayant manifesté quelques velléités de se mettre en grève, les directeurs parlèrent de « conspiration » et firent arrêter les meneurs. On attribua aux grévistes une livre de pain supplémentaire par jour et pour accroître le rendement fut instituée une deuxième imprimerie.

Mais dès que le projet fut connu, les prix flambèrent à nouveau. Le louis qui valait 2 000 livres en papier à l'avènement du Directoire montait aussitôt à 3 000 puis 5 000 livres. Le litre de vin passait de 50 sous en octobre 1794 à 10 et même 30 francs, le boisseau de farine atteignait 225 livres contre 2 en 1790.

« Cent millions d'assignats par jour n'ont pas suffi jusqu'ici au tiers des besoins », indiquait Faipoult au Directoire. Pour sortir du cercle infernal de l'inflation, le Directoire dut faire appel à l'impôt en nature et en argent. Une loi du 22 brumaire ordonna le prélèvement de 250 000 quintaux de grains en acompte de la contribution foncière. Tout retardataire devrait payer un quart supplémentaire, tout récalcitrant verrait la moitié de ses grains confisqués. Les officiers municipaux étaient tenus pour responsables des mauvaises rentrées et auraient à acquitter personnellement le montant entier du contingent de leur commune. Mesure qui eut pour effet d'entraîner de nombreuses démissions parmi les autorités locales. Devant la grève des candidats aux mandats municipaux, on envisagea d'autres solutions. Un impôt progressif fut proposé, mais le rapporteur Dauchy, député de l'Oise, un modéré du nouveau tiers, dénonça la démagogie d'une telle mesure : « L'impôt progressif est injuste, il est impolitique, il est d'une assiette et d'une perception presque impossibles, il est, pour le dire en un mot, le véritable germe d'une loi agraire qu'il faut étouffer dès sa naissance. » Et de résumer en une formule ce qui était la pensée du régime : « Le but de toute société est sa conservation et les États ne prospèrent qu'en attachant le plus possible les citoyens à la propriété, conséquemment en laissant à chacun d'eux les moyens d'améliorer et d'accroître la sienne. » Les Cinq-Cents votèrent l'impression d'un si beau discours [11].

Dauchy suggérait l'idée d'un emprunt forcé. Idée reprise par le Directoire. Cet emprunt fut fixé au chiffre de 600 millions en numéraire et devait être perçu sur le quart le plus riche des contribuables réparti sur une échelle de seize classes versant de 50 à 6 000 livres. Les reçus de l'emprunt forcé pourraient être acceptés en paiement des contributions. « Nous avouons d'avance, déclarait Ramel (qui devait remplacer deux mois plus tard Faipoult), qu'il y aura nécessairement de l'arbitraire et quelques injustices particulières dans la répartition ; aussi n'est-ce pas une taxe que nous vous proposons d'établir, mais un emprunt dont le remboursement réparera toutes les injustices partielles. » La loi du 19 frimaire an IV (10 décembre 1795) institua donc l'emprunt forcé, mais cet emprunt ne pouvait rentrer immédiatement dans les caisses publiques. Aussi le Directoire fut-il autorisé à disposer d'avance de son produit en émettant des rescriptions, sortes de bons qu'il s'engageait à rembourser sur les rentrées de l'emprunt. Les rescriptions englobèrent ensuite la dette batave, les biens nationaux confisqués en Belgique, etc. C'était en revenir au système si décrié sous l'Ancien Régime des « anticipations ».

Dans le même temps la loi du 8 frimaire an IV avait ordonné d'accélérer par tous les moyens la fabrication des monnaies d'or, d'argent et de billon. On frappa pour plus de 72 millions d'écus au type d'« Hercule unissant l'Égalité et la Liberté. » L'argent se trouvait assez facilement depuis le pillage des églises, mais non l'or, plus rare. Il fallut attendre les contributions levées en Italie.

C'était le préambule à une mesure très attendue : la destruction de la planche aux assignats, ces assignats qui avaient atteint la somme astronomique de 45 milliards et demi de francs. Ramel les avait tout à la fois exaltés et critiqués : « Les assignats ont fait la Révolution ; ils ont amené la destruction des ordres et des privilèges, ils ont renversé le trône et fondé la République. Jugez des services qu'ils ont rendus au succès de notre cause par les efforts qu'ont faits nos ennemis pour en ruiner le crédit. » Mais il ajoutait : « L'ouverture d'une mine aussi facile à exploiter a fait confondre la générosité, la munificence avec la prodigalité. Qu'à compter de cet instant, il se fasse dans la partie des dépenses publiques la même économie qui va s'opérer dans les assignats : retranchez-en chaque jour ! »

Le 30 pluviôse an IV (19 février 1796), les planches et tous les instruments servant à leur fabrication (matrices, poinçons...) étaient solennellement brûlés ou détruits place Vendôme. On versifia sur la fin de l'assignat :

C'en est donc fait ! Je gis enfin
Dans ce modeste sarcophage.
Je sus enrichir avec rien
Un peuple rempli de courage.
Il triompha par mon moyen ;
Les rois en ont frémi de rage.
Je fus cher au bon citoyen,
Les malveillants m'ont fait outrage.
Ma vie a fait beaucoup de bien
Et ma mort en fait davantage [12].

Si l'inflation était arrêtée, une masse énorme d'assignats restait en circulation. Comment les réduire ? Ce fut la création par la loi du 28 ventôse an IV (18 mars 1796) des mandats territoriaux. Le mot avait d'abord été prononcé par Defermon qui suggérait de faire vendre 1 600 millions de biens nationaux dont 600 seraient échangés contre des mandats délivrés par la Trésorerie nationale. La loi modifia l'idée : l'émission des mandats était portée à deux milliards quatre cents millions. Ils avaient cours de monnaie et pouvaient être reçus dans toutes les caisses publiques ou privées. En outre, il était possible d'échanger des assignats contre les mandats à raison de 30 contre un. Ce taux permettait aux gros porteurs d'assignats d'acquérir ainsi à bas prix des biens nationaux. Dubois-Crancé fut accusé d'être le chef de file de ces profiteurs. La mesure provoqua en effet un gigantesque gaspillage de biens nationaux dénoncé par les journaux de l'époque. Ici un spéculateur achetait un château qu'il se remboursait par la seule vente des grilles et des balustrades, ailleurs une simple coupe payait le prix d'un bois de 130 arpents. « La République est ruinée sans ressources si les ventes se consomment ainsi, alertait un administrateur. Toute l'hypothèque de la dette nationale va disparaître à vil prix. »

L'inflation reprit aussitôt. Il fallut renoncer aux mandats territoriaux. La loi du 16 pluviôse an V (4 février 1797) les démonétisa comme « inutiles aux transactions envers les citoyens, favorisant des spéculations nuisibles aux intérêts de la Trésorerie et prolongeant une complication dangereuse dans la comptabilité des deniers publics ». Tous les mandats existant dans les caisses publiques étaient annulés sans délai. Ainsi « 45 milliards et demi d'assignats s'étaient fondus en deux milliards quatre cents millions de mandats qui se réduisaient à leur tour à 240 000 francs-numéraire. Un créancier de l'État qui aurait reçu en 1791, 3 000 francs-assignats, en aurait retiré 100 francs-mandat puis un franc-numéraire au retour à la monnaie à valeur réelle [13] ».

La déflation succéda à l'inflation provoquant un effondrement des prix. La mauvaise monnaie était retirée mais la bonne, faute de confiance, continuait à se cacher. Il n'y eut plus de signes monétaires et donc retour à une économie de troc [14].

Autre problème : celui de la dette publique. Héritée de l'Ancien Régime, elle n'avait cessé de s'aggraver. La Convention avait ouvert en 1793 le Grand Livre de la dette publique où avaient été inscrites sous forme de rentes les créances sur l'État. Le montant des rentes perpétuelles inscrites à 5 % s'élevait à 120 millions représentant un capital de 2 milliards 400 millions répartis entre 112 000 titulaires. Il fallait aussi compter avec un arriéré nominal de deux millions de dettes d'origines diverses. Le Trésor avait de surcroît la charge d'environ 70 millions de rentes viagères et pensions à verser à 180 000 individus. L'État avait jusqu'ici payé les arrérages en assignats puis en mandats. La loi du 21 septembre 1796 avait promis qu'un quart serait versé en numéraire, mais cette promesse ne fut pas tenue.

Les lois des 30 septembre-14 décembre 1797 décidèrent une banqueroute des 2/3. Elles consolidaient un tiers de la dette publique et « mobilisaient » les deux autres en les représentant par des bons au porteur de 5 % pour les rentes perpétuelles, de 10 % pour les rentes viagères. L'État n'avait plus à payer que 44 millions de rentes perpétuelles et 25 de rentes viagères, ce dernier chiffre équivalant à un capital de 250 millions. Était en revanche écarté en rentes perpétuelles ou viagères l'équivalent d'un capital de 2 milliards. Certes cet abandon fut initialement camouflé en « mobilisation » ; dans la réalité les bons des 2/3 « mobilisés » émis à 100 livres tombèrent d'emblée à 70 % de leur valeur nominale. La ruine des rentiers de l'État était consommée.

Du moins l'État pouvait-il repartir sur de meilleures bases. Ramel, énergique ministre des Finances, réagit contre l'idée naïve des constituants qui avaient confié à des élus la répartition comme la perception des contributions. C'est à des fonctionnaires indépendants des contribuables, estimait-il, que devaient être confiés l'assiette et le recouvrement des impôts. Ces impôts, Ramel les refondit. La loi du 3 frimaire an VII (23 novembre 1798) réglementa la contribution foncière. Une autre loi, le 3 nivôse an VII (23 décembre 1798) fixa la base de la contribution personnelle à 3 journées de travail pour tout habitant domicilié dans sa commune depuis un an. La contribution mobilière était établie en fonction de la valeur du loyer d'habitation. La taxe sur les poêles et cheminées cédait la place, le 4 frimaire an VII (24 novembre 1798), à une contribution sur les portes et fenêtres. La patente commerciale reçut sa forme définitive le 1er brumaire an VII.

Ramel s'intéressa également aux contributions indirectes. Se gardant de taxer le sel ou les boissons, ce qui aurait rappelé les mauvais souvenirs de l'Ancien Régime, il se limita à la réorganisation des droits sur les poudres et salpêtres, les objets d'or et d'argent, les cartes à jouer et le tabac. L'octroi, dont on avait symboliquement brûlé les barrières, fut rétabli à Paris le 18 octobre 1798.

Ramel s'occupa également de la conservation des hypothèques, du droit de timbre et de l'enregistrement.

Ainsi s'esquissait une politique financière qui préparait le redressement financier du Consulat.

LA CONJURATION DES ÉGAUX

Vie chère et misère n'avaient cessé de renforcer à Paris, mais aussi en province dans des villes comme Toulouse et Grenoble, une gauche révolutionnaire qui s'était déjà exprimée à travers le mouvement des Enragés. Aux rancœurs des conventionnels écartés par la loi d'août 1795, aux nostalgies des anciens Jacobins regroupés dans le club du Panthéon fondé par un journaliste Lebois, en accord au départ avec le Directoire qui y installa un mouchard, vint s'ajouter un ferment idéologique apporté par Gracchus Babeuf [15].

Né en 1760 à Saint-Quentin, d'une famille pauvre qui lui avait assuré une certaine instruction, François Noël Babeuf s'était initié aux luttes des paysans contre les propriétaires comme commissaire à terrier à la fin de l'Ancien Régime. « Ce fut dans la poussière des archives seigneuriales que je découvris les affreux mystères des usurpations de la classe noble. » Il perdit ses économies dans un procès intenté à un seigneur qui était son débiteur.

Type même du prolétaire, il avait découvert dans l'histoire romaine l'histoire des Gracques qui lui inspira son nouveau prénom. Il fut également influencé par le *Code de la nature,* ouvrage paru anonymement en 1755, et par les théories de l'abbé Mably. En 1789, il écrit le *Cadastre perpétuel.* On lit dans le discours préliminaire : « La société n'est qu'une grande famille dans laquelle les divers membres, pourvu qu'ils concourent chacun suivant ses facultés physiques et intellectuelles à l'avantage général, devront avoir des droits égaux. Nous ne pensons pas devoir prétendre à réformer le monde au point de vouloir rétablir exactement la primitive égalité, mais nous tendons à démontrer que tous ceux qui sont tombés dans l'infortune auraient le droit de la redemander si l'opulence persistait à leur refuser des secours honorables et tels qu'ils puissent être signalés comme devant convenir à des Égaux. »

Venu à Paris en 1789, il retournait en Picardie et y semait l'agitation, ce qui lui valut deux incarcérations en 1790 et 1791, et une popularité lui permettant d'être élu, en septembre 1792, administrateur de la Somme. Mais il fut compromis dans une affaire d'adjudication de biens nationaux, dut s'enfuir à Paris où il publia le *Journal de la liberté de la presse* rebaptisé *Le Tribun du peuple* en septembre 1794. L'examen des abonnés de la feuille révèle que ses lecteurs se rattachaient à la bourgeoisie révolutionnaire : anciens conventionnels, médecins, négociants, notaires, essentiellement des Parisiens.

Mûri par ses différents séjours en prison, Babeuf s'interrogeait dans *Le Tribun du peuple* du 15 brumaire an IV (6 novembre 1795) : « Qu'est-ce qu'une révolution politique en général ? Qu'est-ce en particulier que la Révolution française ? Une guerre déclarée entre les patriciens et les plébéiens, entre les riches et les pauvres. » Il précise, le 30 novembre : « La démocratie est l'obligation de remplir par ceux qui ont trop tout ce qui manque à ceux qui n'ont point assez ; tout le déficit qui se trouve dans la fortune des derniers ne procède que de ce que les autres les ont volés. Nous définirons la propriété, nous prouverons que le terroir n'est à personne mais à tous. Nous prouverons que tout ce qu'un individu en accapare au-delà de ce qui peut le nourrir est un vol social, qu'il est donc juste de le reprendre. Le seul moyen d'arriver là est d'établir l'administration commune, de supprimer la propriété particulière, d'attacher chaque homme au talent, à l'industrie qu'il connaît, de l'obliger à en déposer le fruit en nature aux magasins communs et d'établir une seule administration de distribution... Ce gouvernement démontré praticable par l'expérience puisqu'il est celui appliqué aux douze cent mille hommes de nos douze armées (ce qui est possible en petit l'est en grand) est le seul dont il peut résulter un bonheur universel, le bonheur commun, but de la société. »

C'est reprendre le discours des Enragés menaçant la propriété individuelle, c'est aller encore plus loin puisque Babeuf nie « la supériorité des talents et de l'industrie » qui n'est qu'une chimère qui a toujours indûment servi aux complots des conspirateurs contre l'égalité ». Il refuse de donner « aux plus intelligents, aux plus industrieux, un brevet d'accaparement, un titre pour dépouiller impunément ceux qui le sont moins ».

Sous l'influence vraisemblablement d'Amar et de Félix Le Peletier de Saint-Fargeau (frère du conventionnel assassiné) le numéro 34 du *Tribun du peuple* fut une déclaration de guerre contre les Thermidoriens. Babeuf réclame le retour à la Constitution de 1793. L'attaque se fit encore plus précise dans le numéro 35. Babeuf en appelait désormais à une « Vendée plébéienne ». Le Directoire donna l'ordre de le déférer devant le jury d'accusation de la Seine. Babeuf se cacha mais poursuivit la lutte. Il rallia à lui le club du Panthéon qu'animaient, outre Lebois, Darthé, Buonarroti (un Italien venu en 1793 à Paris où il fréquenta l'entourage de Robespierre) et Amar. Ce club comprenait alors près de 2 000 membres. A la suite d'une séance où fut acclamé un numéro du *Tribun du peuple* particulièrement violent, le Directoire ordonnait la fermeture du club, le 27 février 1796, fermeture exécutée par Bonaparte qui se préparait à laisser le commandement de l'armée de l'Intérieur pour celui de l'armée d'Italie.

Babeuf regroupa alors dans un comité insurrectionnel Darthé, Félix Le Peletier, Antonelle, Debon qui avait écrit un livre sur la propriété et le prolifique Sylvain Maréchal chargé de rédiger le « manifeste des Égaux »[16]. Ce manifeste était particulièrement violent : « Peuple de France ! pendant quinze siècles tu as vécu esclave et par conséquent malheureux. Depuis six années tu respires à peine, dans l'attente de l'indépendance, du bonheur et de l'égalité. L'égalité, premier besoin de l'homme et principal nœud de toute association légitime ! Malheur à qui ferait résistance à un vœu aussi prononcé ! La Révolution française n'est que l'avant-courrière d'une autre révolution bien plus grande, bien plus solennelle et qui sera la dernière. Le peuple a marché sur le corps aux rois et aux prêtres coalisés contre lui ; il en fera de même aux nouveaux tyrans, aux nouveaux tartuffes politiques assis à la place des anciens... Il nous faut non pas seulement cette égalité transcrite dans la Déclaration des droits de l'homme et du citoyen, nous la voulons au milieu de nous, sous le toit de nos maisons. Nous consentons à tout pour elle, à faire table rase pour nous en tenir à elle seule. Périssent, s'il le faut, tous les arts, pourvu qu'il nous reste l'égalité réelle. La loi agraire ou le partage des campagnes fut le vœu instantané de quelques soldats sans principes, de quelques peuplades mues par leur instinct plutôt que par la raison. Nous tendons à quelque chose de plus sublime et de plus équitable, le bien commun ou la communauté des biens ! Plus de propriété individuelle des terres, la terre n'est à personne, les fruits sont à tout le monde... Disparaissez enfin, révoltantes distinctions de riches et de pauvres, de grands et de petits, de maîtres et de valets, de gouvernants et de gouvernés ! Peuple de France, ouvre les yeux et le cœur à la plénitude de la félicité : reconnais et proclame avec nous la République des Égaux [17] ! »

Les insurrections populaires, depuis le désarmement des faubourgs, étaient impossibles. Seul pouvait réussir un coup d'État préparé par un noyau d'hommes déterminés s'emparant des principaux leviers de commande (ministères, postes, Trésorerie). Un plan insurrectionnel avait été établi. Principale caractéristique : le secret. Des agents militaires étaient chargés de manœuvres de propagande et d'embauchage auprès des corps de troupes stationnés à Paris. Des chansons séditieuses et l'affichage de placards réclamant « le droit de tout homme à la jouissance de tous les biens » préparaient les esprits. Le Directoire réagit en appelant à la Police un ancien conventionnel, Cochon, et en lançant une proclamation aux Parisiens flétrissant les anarchistes qui voulaient « opérer le partage de toutes les propriétés et relever les échafauds ».

L'occasion attendue par les conjurés vint de la légion de police créée à Paris pour y assurer le maintien de l'ordre et qui, déjà travaillée par la propagande babouviste, se mutina à l'annonce de son envoi aux frontières. Le comité babouviste mit au courant ses agents militaires de ses intentions d'action. L'un d'eux, Grisel, révéla ce plan au Directoire. Le 21 mai 1796, Babeuf était appréhendé avec Buonarroti, et plus de 200 mandats d'arrêt lancés contre les conjurés.

Pour achever de compromettre les conjurés, le gouvernement laissa se développer le coup de force projeté par les babouvistes au camp de Grenelle où ils comptaient sur d'anciens soldats de la légion de police incorporés dans un régiment de dragons. L'affaire du camp de Grenelle fit une vingtaine de morts et provoqua 132 arrestations. Jugés par une commission militaire les auteurs de la tentative manquée d'insurrection militaire furent passés par les armes.

Les conjurés arrêtés précédemment furent traduits devant la Haute Cour de justice constituée à Vendôme. Drouet, l'un des inculpés, par son appartenance au Conseil des Cinq-Cents, relevait en effet de cette juridiction. Il parvint toutefois à s'évader avant le procès. Condamnés à mort le 26 mai 1797, Babeuf et Darthé furent exécutés le lendemain. Condamné à la déportation, Buonarroti écrira plus tard sa *Conspiration pour l'égalité* qui créera la légende babouviste.

LE COURANT RÉACTEUR

Malgré l'échec du 13 vendémiaire et des tentatives de débarquement à Quiberon et à l'île d'Yeu, le véritable péril pour le Directoire se situait à droite. Les élections avaient traduit une forte poussée royaliste, surtout dans le Midi, l'Ouest en revanche, aux mains, dans les villes, d'une bourgeoisie favorable à la Révolution ayant voté en faveur des Thermidoriens. On comptait environ 160 députés royalistes mais ils étaient divisés entre purs (Vaublanc, Barbé-Marbois, Durand de

Maillane, Pastoret, Aymé, agent de la Terreur blanche et le chef de bande Jourdan) et partisans d'une monarchie constitutionnelle (Dupont de Nemours, Mathieu-Dumas, Desmolières). Ils se rencontraient toutefois dans l'ancien hôtel de Bertin à Clichy, d'où leur nom de clichyens. L'offensive parlementaire royaliste fut immédiatement enrayée par l'accusation, lancée contre certains députés de tomber sous le coup de la loi du 27 octobre 1795, qui excluait de toute fonction publique ceux qui avaient appelé à des mesures séditieuses contre les lois des 5 et 13 fructidor. Ainsi fut exclu Job Aymé.

Pourtant la pression royaliste se faisait de plus en plus pressante : substitution dans les administrations locales de modérés aux républicains accusés de babouvisme, démonstrations dans les théâtres, port de signes distinctifs comme le collet noir. Mais les idées royalistes ne pouvaient s'afficher ; elles étaient condamnées à la clandestinité.

Deux stratégies s'opposaient pour hâter la restauration de Louis XVIII : l'action violente par des complots et l'action légale à la faveur du renouvellement annuel des conseils.

Wickham, représentant de l'Angleterre en Suisse avait bâti un véritable réseau contre-révolutionnaire. Il encouragea de nouvelles tentatives d'insurrection. Le marquis de Besignan, originaire de la Drôme qu'il avait tenté de soulever dès 1792, préparait une vaste conspiration qui s'étendait à Lyon et au Sud-Est. Il se rendit auprès de Wickham, mais à son retour, tous ses papiers furent saisis. La police put procéder à une vaste rafle le 6 décembre 1795 et décapiter les réseaux du Midi. La médiocrité et la légèreté de Besignan n'eurent d'égales que celles de Tessonnet en Franche-Comté, bien que Mallet du Pan ait qualifié ce dernier de « jacobin de l'aristocratie ». Le comte de Lamothe ne fut pas plus heureux, ni le baron de Saint-Christol, ni Allier dans le Vivarais. Dans le Sancerrois le comte de Phelippeaux, futur adversaire de Bonaparte à Saint-Jean-d'Acre, essayait de relier sa région à celle de la Vendée pour élargir la carte de l'insurrection. Arrêté, il devait s'évader et même libérer du Temple le fameux marin anglais Sydney Smith. Franche-Comté, Lyonnais, Vivarais, Cher et Maine étaient les principaux foyers de l'action contre-révolutionnaire, mais il aurait fallu imposer un front commun pour rendre ces régions aussi dangereuses que précédemment la Normandie et la Bretagne. C'est l'idée que défendirent Lemerer, député d'Ille-et-Vilaine et La Vauguyon. Mais en vain. Trop isolés les mouvements insurrectionnels étaient voués à l'échec.

Il en était de même pour les complots. L'abbé Brottier, conspirateur infatigable, avait bien mis au point une organisation secrète sous le couvert d'instituts philanthropiques. Subventionné par l'argent anglais, il préparait un coup de main contre le Directoire. La participation des chouans du comte de Rochecot et la promesse du soutien de 15 000 soldats de l'armée de l'Ouest par le général de Beauregard donnaient quelque consistance au projet.

Brottier travaillait en collaboration avec l'ancien capitaine de frégate

Duverne des Presle (Dunan dans la clandestinité) et le colonel Despomelles ainsi qu'avec l'ancien député à la Constituante d'André. L'agence royaliste prit contact avec le chef d'escadron Malo qui avait écrasé la tentative babouviste du camp de Grenelle ; des contacts étaient pris également avec l'adjudant général Ramel qui commandait la garde du Directoire. Un coup de main était prévu contre le Luxembourg sans attendre l'appui des chouans évoqué plus haut. Mais le prince de Carency trahit les conjurés auprès de Barras tandis que Malo et Ramel avertissaient Carnot. Les chefs de l'agence royaliste furent arrêtés le 30 janvier 1797. Ainsi Brottier n'était pas plus heureux que ses prédécesseurs Batz ou Antraigues [18]. Fallait-il jouer plutôt la carte de l'armée ? Certains royalistes le pensaient. Le général Willot avait été contacté, mais il jugeait que l'action parlementaire était préférable. Hoche avait été approché par Mme Turpin de Crissé, mais il refusa de s'engager. On envisagea Kellermann puis Moreau. Le seul à répondre favorablement fut en définitive Pichegru [19].

Carrière curieuse que celle de ce sous-officier de l'Ancien Régime, d'origine modeste, répétiteur à Brienne où il aurait eu comme élève Bonaparte. Au début de la Révolution, Pichegru avait donné des gages à gauche en devenant président des Jacobins de Besançon en 1792, puis en se faisant élire officier par des volontaires et enfin en sollicitant l'appui des bureaux de la Guerre, en 1793, pour devenir général. Nommé à l'armée du Rhin en octobre, il se faisait remarquer par Saint-Just et se voyait appelé au commandement des deux armées du Rhin et de la Moselle au-dessus de Hoche. Il était par la suite replacé sous l'autorité de ce dernier et demandait alors à être muté. Pendant l'hiver de 1794, il fut envoyé à l'armée du Nord. C'est le moment où il s'empara de la flotte hollandaise prise dans les glaces, exploit qui le fit entrer dans la légende. Glissant à droite, ou faisant preuve d'opportunisme, il approuva Thermidor et, de passage à Paris, écrasa la révolte de Germinal. De général jacobin, il devenait l'espoir des modérés.

En avril 1795, il prenait le commandement de l'armée du Rhin. Il trouvait des soldats démoralisés, manquant de tout ; aussi hésita-t-il à engager de grandes opérations. Son immobilité devint vite suspecte. Les royalistes firent des travaux d'approche. Le 17 mai 1795, Ferrand suggérait à Louis XVIII de prendre contact avec le général. Dans le même temps Montgaillard défendait la même idée devant le prince de Condé. Wickham était prêt à subventionner la manœuvre. Montgaillard fut chargé de nouer les contacts avec Pichegru. Un libraire de Neuchâtel, Fauche-Borel, servit d'intermédiaire, d'abord avec Badouville, l'un des adjudants généraux de Pichegru, puis avec Pichegru lui-même. Le 16 août 1795, un premier entretien eut lieu entre le général et le libraire. Un deuxième entretien se déroula quatre jours plus tard. Pichegru se déclarait prêt à passer le Rhin avec une partie de ses troupes et à rejoindre le roi en territoire autrichien. Fauche-Borel et Montgaillard se déclarèrent satisfaits. Mais le prince de Condé demeurait méfiant : Pichegru ne jouait-il pas un double jeu ? Sollicité à nouveau, Pichegru donnait un engagement écrit mais ne bougeait pas. En septembre 1795, il était toujours immobile. Un nouveau contact fut pris par Fauche-Borel le 13 octobre 1795. Pichegru parut plus hésitant ; à la fin de l'année, il faisait savoir que la solution était politique et non militaire : « L'opinion a fait la Révolution ; l'opinion fera la contre-révolution. »

Le 26 décembre, le Directoire rappelait Pichegru sans pouvoir rien lui reprocher de précis. En janvier, lors d'une entrevue avec un agent autrichien, Pichegru aurait donné des renseignements sur les effectifs français en échange d'informations analogues sur l'armée autrichienne, lui permettant d'arguer, s'il était accusé par le Directoire, qu'il s'agissait d'une ruse.

Nanti de l'argent de Wickham, Pichegru, de retour à Paris, engagea une action politique. Les royalistes se voyaient en effet contraints désormais d'adopter une autre stratégie, celle des élections à gagner lors du renouvellement d'une partie des conseils en 1797, où cette fois le décret des deux tiers ne jouerait plus.

Le Directoire avait été prévenu des intentions des monarchistes ; il prit ses dispositions par l'intermédiaire de ses représentants auprès des administrations départementales, les chargeant de faire voter pour les candidats officiels. Par un arrêté du 25 février 1797, il retira le droit de vote dans les assemblées primaires à tous les citoyens inscrits sur une liste d'émigrés et même en instance de radiation. Il fit exiger des électeurs d'abord un serment de haine à la royauté, serment qui fut transformé en une formule plus acceptable promettant attachement et fidélité à la République et à la Constitution de l'an III.

En face, les instituts philanthropiques, subventionnés par Wickham, développèrent grâce à d'André, leur action dans 70 départements. Le clergé vint appuyer les candidats des associations royalistes.

Le 1er germinal an V (21 mars 1797), les assemblées primaires des chefs-lieux de canton désignèrent les électeurs du second degré. Le 20 germinal (9 avril), il était procédé à la désignation des membres des deux conseils renouvelables. Sur 216 anciens conventionnels sortants, 11 seulement furent repris dont deux clichyens Boissy d'Anglas et Sallèles du Lot. Deux autres sortants, Dubois Crancé et Saurine avaient été réélus mais par une assemblée scissionnaire : ils furent invalidés. Le 19 avril, Mallet du Pan constatait : « Sur les 84 anciens départements, 66 ont choisi la pluralité des électeurs parmi les anti-républicains, 8 ne sont ni bons ni mauvais et 10 sont restés fidèles aux Jacobins. A Paris, centre autrefois des forces et des menées de cette faction, et dont l'esprit est plus ou moins le thermomètre des événements, elle a paru dans l'humiliation et le néant... Les députés nommés à Paris sont MM. de Fleurieu, ancien ministre de Louis XVI et gouverneur du dernier dauphin, le comte de Murinais, autrefois maréchal de camp et inspecteur général de cavalerie, Du Fresne, directeur du trésor royal sous les deux ministères de M. Necker, homme droit, inflexible et d'expérience, Emery, de l'Assemblée constituante, de Bonnières, avocat de M. le comte d'Artois, Quatremère de Quincy, le meilleur des députés de l'Assemblée législative de 1791, et Boissy d'Anglas. Le général Pichegru a été nommé député en Franche-Comté. Lyon vient de nommer deux députés parfaits ; l'un d'eux est agent du roi, publiquement connu ; il avait émigré à trois reprises *(Imbert-Colomès ; l'autre était Camille Jordan)* [20]... » Parmi les nouveaux venus, outre ceux cités par Mallet du Pan, on notait Marmontel, l'ancien secrétaire perpétuel de l'Académie française, le général Willot, commandant la 8e division militaire et l'helléniste Vauvilliers.

Les électeurs avaient également à désigner un tiers des nouveaux administrateurs et juges. La même tendance se dessina. Le clergé réfractaire retrouvait son influence.

Toutefois les conseils n'avaient été que partiellement renouvelés et les conventionnels restaient encore puissants en leur sein. Mallet du Pan le reconnaissait : « Ce n'est pas que les nouveaux députés soient de caractère à opérer soudainement une contre-révolution ; leur plan est de temporiser et leur opinion générale est qu'il faut démolir la République pièce à pièce, la Constitution à la main, et sans produire de secousses violentes qui feraient peut-être le triomphe des Jacobins et serviraient de prétexte aux attentats du gouvernement [21]. »

En revanche, au sein du Directoire, Reubell estimait qu'il fallait casser les élections par un vote des conseils en avançant l'argument du rôle joué par l'or anglais dans ces élections. Une loi privant du droit de vote différentes catégories et décidant la déportation des prêtres réfractaires une fois votée, on procéderait à de nouvelles élections. Carnot s'y opposa.

Le nouveau Corps législatif se réunit le 20 mai. Barbé-Marbois fut porté à la présidence des Anciens, Pichegru à celle des Cinq-Cents. Le premier était fils du directeur des monnaies de Metz et avait été intendant de Saint-Domingue, le second restait encore auréolé par ses victoires à l'armée du Nord et fut porté à la présidence par la presque unanimité des Cinq-Cents.

La stratégie royaliste définie par d'André se précisa : « Ce sera assez pour cette année si nous faisons révoquer toutes les lois révolutionnaires et arrêtons toutes les dilapidations des finances. » Il fallait se borner « à préparer les voies d'une manière certaine à ceux qui viendront l'année prochaine et qui doivent tout consommer ». Il importait donc d'attendre la venue d'un nouveau tiers pour assurer la majorité royaliste des conseils et procéder alors de manière parfaitement légale à la restauration de Louis XVIII.

Pour le renouvellement de l'un des directeurs (Letourneur ayant été éliminé par un tirage au sort probablement arrangé, si l'on en croit Thibaudeau), les modérés s'entendirent sur le nom du diplomate Barthélemy. Thibaudeau a expliqué pourquoi Barthélemy obtint 309 voix sur 458 votants aux Cinq-Cents et 138 voix sur 218 aux Anciens : « Barthélemy, absent depuis longtemps, constamment étranger à la Révolution et aux partis qu'elle avait fait naître, considéré au-dehors, jouissant d'une réputation de probité et de modération, ne trouva aucun contradicteur ostensible. » Le choix était-il pourtant heureux ? Mallet du Pan s'interrogeait : « M. Barthélemy va être installé, il aura besoin d'un courage qui n'est guère dans son caractère, il y a déjà nombre de paris qu'il aura abdiqué avant trois mois. »

Barthélemy venait en tout cas renforcer Carnot qui, influencé par son entourage (Beffroy de Reigny, Lacuée, Mathieu-Dumas) et encore bouleversé par son conflit avec Robespierre au Comité de salut public, penchait de plus en plus dans le camp des modérés. Au sein du Directoire le triumvirat Barras-Reubell-La Revellière entrait en conflit avec Carnot et Barthélemy.

La venue de Barthélemy provoqua un renouvellement des ministres. Delacroix céda les Relations extérieures à Talleyrand [22] ; Truguet fut remplacé à la Marine par Pleville Le Pelley. François de Neufchâteau eut l'Intérieur. Hoche avait été désigné à la Guerre et Lenoir-Laroche à la Police. Ils furent remplacés quelques jours après par Scherer et Sotin. Dans l'ensemble Barras avait placé ses hommes contre le vœu de Carnot et Barthélemy, à l'origine pourtant du remaniement.

LE COUP D'ÉTAT DE FRUCTIDOR

Conformément à la stratégie définie par d'André, les conseils rapportèrent la loi du 3 brumaire an IV déclarant inéligibles les émigrés ; ils réorganisèrent la garde nationale et révoquèrent les déportations de prêtres réfractaires.

En riposte, Barras invitait Hoche à rapprocher l'un des corps de l'armée de Sambre et Meuse du cercle constitutionnel tracé autour de Paris et que les militaires ne pouvaient franchir sans prétexte valable. On invoqua la nécessité de renforcer l'armée des côtes de l'Océan. Carnot protesta et Hoche fut désavoué. Il ne cacha pas son dégoût : « Je ne peux plus vivre dans les tripotages. » Mais le coup était porté. L'armée irritée basculait en faveur du Directoire contre les conseils. A l'occasion de l'anniversaire du 14 juillet, Bonaparte lançait à l'armée d'Italie : « Soldats, je sais que vous êtes profondément affectés des malheurs qui menacent la patrie, mais la patrie ne peut courir de dangers réels. Les mêmes hommes qui l'ont fait triompher de l'Europe coalisée sont là. Des montagnes nous séparent de la France, vous les franchirez avec la rapidité de l'aigle s'il le fallait pour maintenir la Constitution, défendre la liberté, protéger le gouvernement et les républicains... Les royalistes dès l'instant qu'ils se montreront auront vécu. Soyez sans inquiétude et jurons par les mânes des héros qui sont morts à côté de nous pour la liberté, jurons sur nos nouveaux drapeaux : guerre implacable aux ennemis de la République et de la Constitution de l'an III. »

Bonaparte envoyait à Paris son aide de camp Lavallette puis Augereau que, le 8 août, le Directoire nommait commandant de la dix-septième division militaire. L'épreuve de force s'engageait. Les préparatifs du Directoire ne pouvaient passer inaperçus. Les conseils comptaient sur la garde nationale et sur Pichegru.

Le 17 fructidor (3 septembre) tandis que les inspecteurs des deux conseils (chargés de leur sécurité) décidaient que l'un d'eux, Vaublanc, proposerait le lendemain la mise en accusation du triumvirat directorial que Pichegru irait arrêter avec la garde du Corps législatif, Barras convoquait Augereau. Il disposait d'un atout maître : la preuve de la trahison de Pichegru. Bonaparte, en Italie, avait en effet mis la main sur le comte d'Antraigues, l'un des principaux agents de la contre-révolution, qu'il avait laissé s'échapper tout en gardant ses papiers. Y figurait un résumé par Montgaillard des tractations de Pichegru avec Condé. Les papiers (après, semble-t-il, quelques épurations) avaient été communiqués à Paris [23]. Moreau avait, de son côté, saisi dans les fourgons de l'autrichien Klinglin d'autres preuves mais les avait gardées par-devers lui.

A l'aube du 18 fructidor (4 septembre 1797), le coup d'État de la majorité directoriale contre les conseils se déclenchait. Les barrières de Paris furent fermées, les abords des Tuileries investis par Augereau et des placards reproduisirent les preuves de la trahison de Pichegru. Les principaux conjurés étaient arrêtés. En vain d'André courut dans les rues de Paris à la recherche de partisans. A 10 heures, les jeux étaient faits. Les députés gouvernementaux se réunirent à l'Odéon pour les Cinq-Cents et à l'École de médecine pour les Anciens. La délibération dura jusqu'au 8. Le soir, les Cinq-Cents mettaient au point les dispositions de la loi que votèrent le lendemain les Anciens et qui contenait d'importantes mesures de répression [24].

La loi du 19 fructidor prévoyait la déportation sans jugement contre 65 citoyens avec sequestre de leurs biens. Étaient visés 11 membres du conseil des Cinq-Cents (dont Gilbert Desmolières), 42 du conseil des Anciens (Rovère, Bourdon...), les directeurs Carnot et Barthélemy, les conspirateurs Brottier, La Villeheurnois et Duverne de Presle, arrêtés précédemment, l'ancien ministre Cochon, les généraux Miranda et Morgan, les journalistes Suard et Mailhe, le policier Dossonville ainsi que le commandant du Corps législatif Ramel. Carnot parvint à s'échapper et à gagner la Suisse. Seuls 48 proscrits furent appréhendés et 17 déportés en Guyane d'où s'évadèrent Pichegru, Willot, Barthélemy, Ramel et Dossonville [25].

La loi du 19 fructidor annulait les élections dans 49 départements, éliminant 140 députés, sans compter les déportés. Les élections aux administrations locales étaient également cassées dans 53 départements et le Directoire recevait le droit de nommer aux places vacantes. D'autres dispositions imposaient aux émigrés de repasser la frontière dans un délai de 15 jours sous peine d'être traduits devant des commissions militaires jugeant sans appel. La loi du 7 fructidor qui avait rappelé les prêtres déportés était abrogée, le Directoire pouvant désormais frapper tous les prêtres s'ils troublaient l'ordre public. Le serment de haine à la royauté et de fidélité à la République et à la Constitution de l'an III était imposé aux prêtres comme aux électeurs. Une loi du 22 fructidor supprimait 42 journaux tandis que leurs rédacteurs à l'exemple d'un Fiévée, se cachaient pour échapper aux poursuites [26]. Restait à procéder au remplacement des deux directeurs éliminés. Deux listes furent dressées par les Cinq-Cents. Sur la première où arrivaient en tête François de Neufchâteau, Merlin de Douai et Masséna, c'est Merlin qui l'emporta aux Anciens par 74 voix sur 139 votants, le 8 septembre, et remplaça Barthélemy, sur la seconde liste, François de Neufchâteau arrivé en tête devant Masséna et Augereau succédait à Carnot, le 9, par 111 voix sur 146 votants. A titre de compensation, Augereau reçut le commandement de l'armée d'Allemagne rendu libre par la mort de Hoche.

La République l'emportait.

CHAPITRE XVII

Les victoires d'Italie

Du Directoire on espérait qu'il terminerait la Révolution et, par-dessus tout qu'il rétablirait la paix générale. Déjà, en 1795, la Prusse, l'Espagne et la Hollande s'étaient retirées de la coalition. On pouvait attendre de l'Autriche une attitude identique. Le point d'achoppement restait le décret par lequel la Convention avait rappelé, le 1er octobre 1795, la nécessité pour la France d'atteindre ses limites naturelles et plus particulièrement la rive gauche du Rhin, comme le soulignait un rapport du Comité de salut public du 30 septembre. Ainsi se trouvaient « ajournées la paix et la fin de la Révolution jusqu'à l'établissement définitif de la République dans ses limites naturelles, les limites de la Gaule de César, les Pyrénées, les Alpes et le Rhin. L'arrêté du conseil exécutif de 1792 portant que les armées françaises ne quitteront pas les armes jusqu'à ce que les ennemis de la République aient été repoussées au-delà du Rhin devint ainsi une loi fondamentale et fixa les destinées de la République [1] ». La guerre devenait inexpiable, l'Angleterre se refusant à laisser la France s'établir en Belgique.

LA CAMPAGNE D'ITALIE

Après les traités de 1795 la France n'avait plus comme adversaires sérieux sur le continent que l'Autriche, le royaume de Sardaigne et quelques petits États italiens, l'Angleterre régnant sur les mers. L'Autriche, impressionnée par l'exemple prussien et sous la pression des princes allemands antibellicistes, proposait un congrès. Mais le

Directoire refusa, préférant une paix séparée. Vienne, soumise à l'influence anglaise, ne pouvait s'y résigner. La guerre continua. Carnot mit au point un plan de campagne prévoyant que deux armées, celles de Jourdan sur le Rhin et de Moreau sur le Danube, iraient dicter la paix à Vienne ; une autre armée, sous Bonaparte, ferait une manœuvre de diversion en Italie du Nord.

Le plan de Carnot échoua en Allemagne. Jourdan, après avoir enlevé Mayence et Francfort, s'avança jusqu'à Ratisbonne, mais contraint de reculer, fut battu à Bamberg en août, à Wurtzbourg en septembre, et ramené jusqu'au Rhin. C'est en combattant à l'arrière-garde que Marceau fut mortellement frappé à Altenkirchen, le 19 septembre 1795. Moreau se voyait à son tour contraint de rétrograder, ce qu'il fit par une retraite jugée admirable.

La victoire vint de Bonaparte qui devait à Barras sa nomination le 3 mars 1796 à la tête de l'armée d'Italie. Les instructions du 6 mars lui fixaient une triple mission : « Séparer les Autrichiens des Piémontais, déterminer le roi de Sardaigne à faire la paix avec la France et attaquer le Milanais avec vigueur. » Dans un deuxième temps « le général en chef cherchera par tous les moyens en son pouvoir à animer les mécontents du Piémont et à les faire éclater contre la cour de Turin ». Suit un article important : « Le général Bonaparte fera lever de fortes contributions, dont la moitié sera versée dans les caisses destinées aux services des diverses administrations et l'autre moitié destinée à payer en numéraire le prêt et la solde de l'armée [2]. »

Une armée autrichienne et une armée sarde fortes de 70 000 hommes attendaient les Français. Franchissant le col de Cadibone, le 11 avril 1796, et passant par la vallée de la Bormida, Bonaparte se glissa entre les deux armées. Il les frappa à tour de rôle : les Autrichiens furent battus à Montenotte, le 12 avril, et à Dego, le 14 ; les Sardes balayés à Millesimo le 13, et, une fois séparés des Autrichiens, écrasés à Mondovi le 22. La route de Turin ouverte, le souverain piémontais Victor-Amédée signait l'armistice de Cherasco puis le traité de Paris le 3 juin 1796. Il abandonnait à la France Nice et la Savoie et devait mourir peu après.

Bonaparte se retourna contre les Autrichiens que commandait Beaulieu. Il les déborda, franchissant le Pô à Plaisance et les contraignant à lui laisser le Milanais sans combat. Retranchés sur l'Adda, ils étaient bousculés à Lodi, le 9 mai. Le 15, Bonaparte était à Milan. Le Directoire entendait profiter des premières victoires de Bonaparte : il lui ordonnait de laisser Kellermann en Lombardie et d'aller combattre le pape pour augmenter les ressources du Directoire par le pillage des États pontificaux. Bonaparte refusa. Depuis Lodi, sûr de lui, il entendait s'affranchir de la tutelle du pouvoir civil. Et c'est lui qui fixait le montant des indemnités que devaient verser les princes vaincus : vingt millions pour le Milanais ; un million plus vingt œuvres d'art pour le duc de Parme, le 9 mai ; dix millions, le 15 mai, pour le duc de Modène.

Les opérations décisives se déroulèrent autour de Mantoue, forteresse qui commandait les débouchés des vallées du Mincio et de l'Adige, voies de passage des Autrichiens vers l'Italie. Bonaparte avait investi Mantoue. En août 1796, une armée de 70 000 hommes commandée par Wurmser tenta de dégager la ville mais fut battue à Lonato, puis, le 5 août, à Castiglione. Un mois plus tard Wurmser lançait une nouvelle offensive. Bonaparte vint à sa rencontre dans la vallée de l'Adige et défit un premier corps autrichien à Roveredo, le 4 septembre, puis Wurmser lui-même à Bassano, le 8 septembre. Contraint de s'enfermer dans Mantoue, Wurmser essaya désespérément d'en sortir mais fut défait le 15 septembre à la bataille de Saint-Georges.

Une troisième armée, sous Alvinzi, était anéantie dans les marais d'Arcole les 15, 16 et 17 novembre, à la suite d'un mouvement tournant de Bonaparte. Ultime effort autrichien en janvier 1797. Alvinzi disposait cette fois de 75 000 hommes. La rencontre eut lieu à Rivoli, le 14 janvier 1797. Ce fut une nouvelle défaite pour l'Autriche. Mantoue capitulait le 2 février 1797.

Bonaparte était libre désormais de se retourner contre Rome. Pie VI, devant la menace, reconnaissait à la France par le traité de Tolentino, le 17 février 1797, la possession d'Avignon et du comtat Venaissin. Il versait une importante contribution de guerre, partie en œuvres d'art, partie en numéraire.

En janvier 1797, Bonaparte provoquait un soulèvement des démocrates à Venise. C'était toute l'Italie du Nord et du Centre qui s'embrasait peu à peu au détriment de l'influence autrichienne.

Le Directoire s'inquiétait pourtant d'une menace d'intervention de la Russie. C'est que Vienne, appuyée par l'Angleterre, appelait au secours Catherine II qui se déclarait prête à envoyer 60 000 hommes sous le commandement de Souvarof. La mort de la tsarine, le 6 novembre 1796, avait empêché cette intervention.

Bonaparte, maître de l'Italie du Nord et assuré sur ses arrières en Italie centrale, forçait le passage de la Piave puis celui du Tagliamento qui lui ouvrait la route de Vienne.

Un armistice était signé le 7 avril 1797. Il avait été proposé par Bonaparte lui-même à son adversaire, l'archiduc Charles, le 31 mars : « Les braves militaires font la guerre et désirent la paix. Avons-nous assez tué de monde et commis assez de maux à la triste humanité. L'Europe, qui avait pris les armes contre la République française, les a posées. Votre nation reste seule, et cependant le sang va couler encore plus que jamais. Nous tuerons de part et d'autre quelques milliers d'hommes de plus, et il faudra bien qu'on finisse par s'entendre, puisque tout a un terme, même les passions haineuses. Vous qui, par votre naissance approchez si près du trône, êtes-vous décidé à mériter le titre de bienfaiteur de l'humanité entière et de vrai sauveur de l'Allemagne ? Quant à moi, si l'ouverture que j'ai l'honneur de vous faire peut sauver la vie à un seul homme, je m'estimerai plus fier de la couronne civique

que je me trouverai avoir méritée, que de la triste gloire qui peut revenir des succès militaires [3]. »

Une suspension des combats avait été conclue à Judenburg, le 7 avril. Les préliminaires de paix furent approuvés à Leoben, le 16 avril. Les deux parties enverraient des plénipotentiaires à Berne pour y conclure la paix définitive. Un congrès était prévu pour régler les problèmes allemands sur la base de l'intégrité de l'empire germanique. L'empereur renonçait à la Belgique et reconnaissait les limites de la France décrétées par les lois de la République, moyennant des compensations à déterminer.

LES NÉGOCIATIONS AVEC L'AUTRICHE

Par la volonté de Bonaparte, la France se trouvait profondément engagée en Italie : en mai, à la suite des « Pâques véronaises » d'avril où des soldats français blessés avaient été massacrés, les troupes de Bonaparte intervenaient à Venise dont elles s'emparaient (la compensation pour l'Autriche était ainsi trouvée) ; en juin, la république de Gênes était transformée, sous la pression française, en République ligurienne ; par la grâce de Bonaparte (toujours lui), la République cisalpine naissait de la réunion du Milanais, de la Lombardie, de Modène et de la Romagne.

A Paris, Reubell s'inquiétait. Responsable de la politique étrangère au sein du Directoire, il l'avait axée sur le Rhin auquel il convenait dans les négociations avec l'Autriche de sacrifier les conquêtes italiennes. Envoyé pour aider, mais en réalité pour surveiller Bonaparte, Clarke avait reçu des instructions précises : « Le Directoire aurait désiré assurer la liberté à tous les peuples qui se sont montrés amis de nos principes, mais il sent plus vraiment encore le besoin de procurer la paix au peuple français ; il vous autorise, quoique à regret, à consentir l'abandon de ces pays. » On ne devait donc en aucun cas sacrifier la paix à la formation dans l'Italie du Nord d'une République sœur. Telle n'était pas l'idée de Bonaparte. Il avait déjà mené, lors des préliminaires de Leoben, une politique personnelle, sans s'occuper du Directoire. Lorsqu'il fut enfin autorisé à négocier la paix définitive, il prévint les plénipotentiaires adverses, le général de Merfeld et le marquis de Gallo, ministre du roi de Naples à Vienne. Les entretiens commencèrent le 26 mai et subirent le contrecoup des événements intérieurs français. L'opposition royaliste qui ne pardonnait pas le 13 vendémiaire, accusait Bonaparte de corruption et d'incapacité. Après le coup d'État de fructidor, pour lequel Bonaparte avait envoyé Augereau, Barras écrivait à son protégé : « Les événements de Fructidor doivent nécessairement réagir au-dehors. Le ton des négociations doit devenir plus élevé. Que la république d'Italie soit affermie, que Mantoue soit à elle, c'est le cri de tous les républicains. Si, avec cela, nous avons la limite du Rhin et que Venise ne soit pas à l'empereur, c'est là une paix digne de Bonaparte[4]. »

Mais de son côté l'Autriche durcissait sa position : aux conférences d'Udine, où Gallo et Merfeld avaient été rejoints par Cobenzl, les plénipotentiaires autrichiens n'acceptaient plus de concessions que sur la Belgique. Le 16 octobre, exaspéré (ou feignant de l'être), Bonaparte aurait jeté à terre et brisé un service de porcelaine. Le lendemain 17, l'apaisement venu, les négociateurs signaient à Passariano, le village où résidait le général, le traité dit de Campoformio, nom d'un autre village où il devait être initialement conclu.

Pourquoi Bonaparte brusqua-t-il les négociations ? Sans doute entendait-il profiter de l'affaiblissement du Directoire désormais à la merci de ses généraux ; il pouvait aussi arguer d'une dépêche de Talleyrand qui avait remplacé Delacroix aux Relations extérieures[5].

Les conditions furent les suivantes : la France recevait les Pays-Bas, la frontière du Rhin (dont Mayence) et parmi les dépouilles de Venise, les îles Ioniennes. L'Autriche reconnaissait la République cisalpine proclamée le 29 juin 1797 et dont l'Adige servirait de limite à l'est ; elle recevait en retour le reste de la Vénétie avec l'Istrie et la Dalmatie. Un congrès prévu à Rastadt devait régler l'indemnisation des princes de la rive gauche du Rhin. Au duc de Modène revenait à titre de dédommagement le Brisgau, terre d'empire proche du Rhin ; une petite principauté sur la rive droite était réservée à l'ancien Stathouder de Hollande en échange de l'adhésion du roi de Prusse. L'Autriche s'engageait à favoriser à Rastadt les projets d'indemnisation proposés par la France.

La paix de Campoformio fut accueillie avec enthousiasme en France et valut à Bonaparte une immense popularité. Une popularité qu'il avait su favoriser par une habile propagande que subventionnait son butin de guerre : journaux exaltant les victoires d'Italie (l'un d'eux, *Journal de Bonaparte et des hommes vertueux,* opposait l'ascétisme et le patriotisme du jeune général à la corruption des membres du Directoire) et imagerie populaire popularisant les batailles de la campagne. Les frères de Bonaparte, Joseph et Lucien, plus encore que son épouse, la veuve du général Beauharnais, favorisaient cette propagande[6].

Surtout Bonaparte pouvait compter sur une armée qui lui était entièrement dévouée. Il avait su, par une pratique habile de proclamations et de communiqués, la souder autour de son chef. Grâce à elle, il avait pu innover en matière de stratégie, utilisant tantôt la manœuvre par débordement qui lui avait permis de s'emparer sans coup férir du Milanais, tantôt la manœuvre en lignes intérieures, favorisant derrière un rideau formé par une avant-garde largement déployée, des opérations destinées à surprendre l'ennemi sur un point faible de son dispositif. Tout reposait sur l'endurance et l'ardeur du soldat. L'armée d'Italie, malgré quelques grognements initiaux devant les exigences d'un jeune général imposé par « les politiques », fut exemplaire. Bonaparte a remporté ses victoires « avec les jambes de ses soldats ». Il devient maintenant un personnage encombrant pour le Directoire. D'autant qu'il a peu de rivaux : Pichegru a été fructidorisé ; Marceau et Hoche sont morts ; Moreau est compromis à droite, Bernadotte à gauche, Augereau manque d'envergure. Seuls Masséna (qui a failli entrer au Directoire), Joubert ou Jourdan pourraient prétendre rivaliser avec Bonaparte, mais ils n'y songent pas.

LES NÉGOCIATIONS AVEC L'ANGLETERRE

Le Directoire avait ratifié à contrecœur la paix de Campoformio. A Vienne, Thugut restait sceptique et renouait avec l'Angleterre pour en obtenir des subsides « supposé que la déloyauté du gouvernement français et le cours ultérieur des événements nécessitassent une reprise des hostilités ».

L'Autriche vaincue, restait l'Angleterre. On avait pourtant osé espérer un rapprochement.

Déjà un danger de guerre avec les États-Unis avait été écarté de justesse. Un traité de commerce ayant été signé entre les États-Unis et la Grande-Bretagne, le Directoire, mécontent de ce rapprochement, avait prétendu assimiler les marchandises neutres transportées sur navires américains aux marchandises anglaises, les faisant ainsi tomber sous le coup des prohibitions. Furieux, Washington rappelait son ambassadeur, Monroe. Se souvenait-il qu'il avait combattu pendant la guerre de Sept Ans, dans les rangs anglais, contre la France ? Ou entendait-il venger son ami La Fayette ? A Paris, par ailleurs, on avait difficilement admis que les États-Unis semblent préférer subitement l'Angleterre à la France, sans se rendre compte que les relations commerciales avec l'ancienne métropole étaient essentielles pour le Nouveau Monde. Un conflit avec les États-Unis aurait été catastrophique pour la France. On en resta aux menaces verbales.

Du côté anglais, le cabinet n'avait pas su exploiter l'éventualité d'une guerre franco-américaine. En fait, on souhaitait la paix en raison de la situation économique et du danger que représentait un débarquement français en Irlande.

Pitt se résignait à envoyer lord Malmesbury à Paris en octobre 1796. La première conférence entre l'ambassadeur anglais et Delacroix eut lieu le 4 novembre 1796. Mais les négociations traînèrent en longueur : on ne parvint à aucun accord sur l'occupation de la Belgique ou sur la restitution des colonies enlevées à la France par l'Angleterre. Les tractations s'interrompirent le 17 décembre. Grenville, le principal responsable de l'ouverture des négociations et l'opinion britannique pensaient que le Directoire tenait à la guerre « comme à la condition de sa propre existence ». Les Français jugeaient de leur côté que le cabinet britannique en voulait plus à la République des régicides qu'à la France proprement dite.

Le projet de débarquement en Irlande fut repris par Truguet.

L'Irlande était, selon un mot de l'époque, « la Vendée » de l'Angleterre. Certes Pitt avait fait de nombreuses concessions, autorisant les Irlandais catholiques à embrasser certaines professions libérales qui leur étaient fermées et permettant aux prêtres catholiques d'enseigner. Mais les presbytériens restaient excités, animés notamment par Wolf Tone et lord Fitzgerald venu à Paris, en mai 1796, promettre un soulèvement des Irlandais partisans d'une République indépendante.

Hoche devenu général en chef des troupes des côtes de l'Océan et l'amiral Morard de Galles partirent de Brest, le 16 décembre 1796, avec 15 vaisseaux, 20 frégates et 50 navires de transport. La date était mal choisie. La tempête dispersa la flotte déjà peu habituée à manœuvrer. Seuls quelques bateaux atteignirent la baie de Bantry. Il fallut rapidement rembarquer [7].

Truguet conçut alors un autre plan : les flottes combinées de la France et de ses alliées, la Hollande et l'Espagne, protégeraient un nouveau débarquement, cette fois plus important.

Ce n'est pourtant pas cette menace qui affola le plus le cabinet britannique. Mais les préliminaires de Leoben annonçaient un retrait des Autrichiens de la coalition réduite désormais à la seule Angleterre. La situation financière était désastreuse. Le 26 avril, pour combler le déficit, Pitt sollicitait du Parlement un crédit supplémentaire de 18 millions de livres sterling, puis, quelques jours après, un emprunt d'un million et demi. La panique grandit quand une série de mutineries provoquées par la dureté des conditions de vie des équipages, secoua la marine. La flotte de la Manche se révoltait le 15 avril 1797 ; l'escadre de réserve s'insurgeait à son tour, à Sheerness, sous la conduite du matelot Parker. Quelques jours plus tard, la flotte de la mer du Nord arborait le drapeau rouge et rejoignait Parker. On put craindre que la jonction des mutins avec les escadres française et hollandaise n'ouvrît la Manche, ces escadres qui pourraient venir bombarder Londres en toute impunité. Si le gouvernement parvint à armer des vaisseaux, à réduire les rebelles et à pendre les mutins, la guerre en souffrit et la Bourse joua à la baisse. Pitt faillit deux fois être mis en minorité. Sous la pression des Whigs, il dut entreprendre de nouvelles négociations.

Ces négociations eurent Lille pour cadre et Maret, qui avait failli avoir la place de Talleyrand, comme intermédiaire. Malmesbury reprit le chemin de la France. Les points de vue semblaient se rapprocher et la paix générale s'esquissait quand survint le coup d'État de fructidor. Carnot et Barthélemy, partisans de la modération, furent écartés et les négociateurs français Letourneur et l'amiral Pleville remplacés par Bonnier et Treilhard, plus intransigeants [8].

Le 20 septembre 1797, excédé, Malmesbury quittait Lille et ne revint pas. La guerre continuait.

CHAPITRE XVIII

Le second Directoire

Le 18 fructidor marque une profonde coupure dans l'histoire du Directoire. La modération fait place à la violence. Le royalisme est pourchassé, écrasé, poursuivi jusqu'à l'étranger : le gouvernement demande à Berne l'expulsion du représentant anglais Wickham, accusé d'avoir financé les candidats monarchistes aux élections. A l'instigation de Paris, le roi de Prusse invite le duc de Brunswick à chasser Louis XVIII de Blankenberg. Le souverain ne pourra trouver une hospitalité, d'ailleurs précaire, qu'à Mittau en Courlande. La persécution religieuse reprend en France, confondant bien souvent réfractaires et jureurs. Cet écrasement de la droite ne pouvait profiter qu'aux Jacobins. Le balancier politique oscille donc à gauche, nécessitant une nouvelle intervention militaire. « C'est un grand malheur pour une nation de trente millions d'habitants et au dix-huitième siècle, d'être obligée d'avoir recours aux baïonnettes pour sauver la patrie », écrit, le 19 septembre 1797, à Talleyrand... le général Bonaparte.

LA NOUVELLE TERREUR ANTICLÉRICALE

Déportations et révocations suivirent le coup d'État de fructidor tandis qu'un serment de haine à la royauté était exigé de tous les fonctionnaires. La persécution s'étendit aux prêtres.

Imprudemment l'ancienne majorité avait tenté d'obtenir une révision des lois religieuses. Le lyonnais Camille Jordan présentait un retentissant rapport, le 17 juin 1797. Évoquant avec nostalgie le rôle tenu jadis pas la religion catholique dans la vie des Français, il demandait l'autorisation pour les fidèles de choisir leurs prêtres à leur gré. Il réclamait le rétablissement des sonneries de cloches et la fin de l'obligation du serment pour le clergé. Le débat avait été violent. Lemerer défendit « la religion de nos pères », à quoi Eschasseriaux répondait : « Vous qui parlez sans cesse de la religion de nos pères, vous ne nous ramènerez pas à d'absurdes croyances, à de vains préjugés, à une délirante superstition. » Le 15 juillet 1796, les Cinq-Cents votaient une résolution abrogeant les lois contre les prêtres réfractaires. Ils étaient suivis peu après par les Anciens, le 7 fructidor. Onze jours plus tard c'était le coup d'État, et, dès le 19 fructidor, les conseils épurés revenaient sur ces dispositions. Étaient passibles de relégation à la Guyane (la guillotine sèche) trois catégories d'ecclésiastiques : ceux qui avaient refusé les serments prévus par les lois de 1792-1793, ceux qui avaient fait l'objet d'arrêtés individuels du gouvernement pour incivisme et ceux qui n'acceptaient pas le tout récent serment de haine à la royauté.

La persécution fut particulièrement dure dans les départements belges, ceux de l'Ouest, de l'Est et du Centre, plus modérée dans le Midi. Il y eut une nouvelle émigration [1]. Sur 11 000 ecclésiastiques visés, 9 000 Belges et 2 000 Français, le dixième seulement fut en définitive atteint. Certains déportés furent interceptés par la flotte anglaise et remis en liberté ; 118 sur 256 moururent des fièvres et d'une nourriture insuffisante en Guyane ; plus nombreux furent ceux qui connurent une effroyable captivité dans l'île de Ré, à Rochefort, dans diverses prisons.

En convoquant un concile national des prêtres constitutionnels en 1797, Grégoire pouvait se croire épargné ainsi que ceux qui avaient reconnu la République. En réalité « les jureurs » devaient compter avec la concurrence des cultes officiels. Ainsi le directeur La Revellière-Lépeaux tentait-il d'imposer la théophilanthropie ou religion des adorateurs de Dieu et amis des hommes. Dans un discours prononcé à l'Institut, le 12 floréal an V, il affirmait : « Lorsqu'on a abattu un culte, quelque antisocial et déraisonnable qu'il fût, il a toujours fallu le remplacer par d'autres, sans quoi, il s'est pour ainsi dire remplacé lui-même en renaissant de ses propres ruines. » Il importait donc de substituer au christianisme une nouvelle religion exposée par Chemin-Depontès dans le *Manuel des théophilanthropes.* Croyances de base : l'existence de Dieu et l'immortalité de l'âme. Vertus exigées : la tolérance et la solidarité. Point de prêtres mais des « officiants » en toge bleu céleste, tunique blanche et ceinture aurore, vêtement tricolore symbolisant le loyalisme républicain. Ces « officiants » célébraient des messes rythmées par des cantiques. Rencontrant l'appui ou l'adhésion de ses confrères de l'Institut, Daunou, Bernardin de Saint-Pierre, Mercier, Delisle de Sales, Valentin Haüy et Creuzé de la Touche, La Revellière installa son culte à Saint-Merri, à Saint-Étienne-du-Mont, à Saint-Germain l'Auxerrois, à Saint-Eustache, à Saint-Sulpice, à Saint-Philippe du Roule et à Notre-Dame. A Saint-Merri, c'est l'organiste Couperin qui tenait l'orgue. Pourtant les théophilanthropes, rebaptisés « filous en troupe », sombrèrent rapidement dans le ridicule. Barras ironisait sur la bosse de La Revellière qui, empêchant de le crucifier, privait la nouvelle religion d'un messie [2].

Le culte décadaire essaya de suppléer la théophilanthropie. Il se célébrait le dixième jour de la semaine, le décadi, que la déchristianisation avait tenté d'imposer à la place du dimanche sans se rendre compte qu'elle allongeait ainsi la semaine au détriment de ceux qui travaillaient. Le 14 germinal an VI, un arrêté du Directoire prévit une stricte application du calendrier républicain. L'obligation du décadi fut précisée et étendue par les lois des 17 thermidor et 23 fructidor an VI. La loi du 13 fructidor an VI institua des fêtes décadaires. On lisait, chaque décadi, en présence des autorités, les lois et circulaires arrivées dans la décade précédente ; on exaltait les traits de civisme, on évoquait les progrès de l'agriculture et des arts mécaniques et on célébrait les mariages. En vain. La force de l'habitude comme les commodités maintinrent le dimanche comme jour de repos.

Le coup le plus dur porté au catholicisme le fut à Rome. Dans la ville les habitants se résignaient mal au pillage des œuvres d'art. Les *zelanti* excitaient la population contre les Français. A la tête de l'ambassade Joseph Bonaparte qui avait à ses côtés le général Duphot, fiancé à Pauline Bonaparte et qui dirigeait les mouvements des partisans de la Révolution. Le 28 décembre 1797, une insurrection tourna mal au Transtevère et les insurgés se réfugièrent à l'ambassade poursuivis par les forces pontificales. Duphot ayant voulu intervenir fut tué. L'ambassadeur demanda immédiatement ses passeports et quitta Rome. La rupture diplomatique entraîna une intervention militaire. Le 20 janvier 1798, Berthier occupait Rome ; le 20 février, après réception de nouveaux ordres, il enlevait Pie VI qui fut déporté en Toscane, à Sienne puis à Florence. En 1799, le Directoire, devant la reprise de la guerre, faisait transférer le souverain pontife en France. Pie VI mourut à Valence le 29 août 1799. Le Sacré Collège avait été dispersé. On put croire l'Église catholique anéantie.

LA POUSSÉE JACOBINE

A partir de l'an VI, la déflation fit sentir ses effets. Les prix s'effondrèrent : l'agriculture fut touchée, habituée jusqu'alors à la hausse, mais aussi l'industrie. Le chômage s'installait tandis que la disparition des signes monétaires paralysait le commerce.

C'est dans ce contexte qu'eurent lieu les nouvelles élections. Elles portaient non plus sur un tiers mais sur plus de la moitié des députés du corps législatif, soit 437 dont 249 du troisième nouveau tiers élus pour trois ans, 138 du deuxième nouveau tiers élus pour 2 ans et 50 du premier nouveau tiers élus pour un an [3]. Élections mouvementées où se multiplièrent les scissions des assemblées primaires et plus encore des assemblées électorales, du 9 au 18 avril 1798. Dans les Landes il y eut trois listes dont deux portaient le nom de « Napoléon Bonaparte général en chef de l'armée d'Angleterre ». Élection invalidée, d'autant que le futur Premier consul n'avait pas l'âge requis. Souvent des royalistes, pratiquant la politique du pire, votèrent pour les exclusifs. Il y eut en conséquence une forte poussée à gauche.

Le Directoire réagit aussitôt. Il s'appuya sur la majorité dont il disposait encore dans les conseils pour faire désigner le 15 floréal (4 mai 1798) une commission qui conclut à une révision des élections. La résolution, défendue aux Cinq-Cents par Marie-Joseph Chenier et Debry, aux Anciens par Régnier et Baudin, devint la loi du 22 floréal an VI (11 mai 1798). Les élus favorables au Directoire furent substitués à leurs adversaires dans la Seine, les Bouches-du-Rhône, l'Ardèche, le Gard, la Corrèze...

« Le coup d'État du 22 floréal, couvert des apparences de la légalité puisque le Corps législatif de la veille s'était chargé d'épurer avant sa réunion celui du lendemain, consolidait le second Directoire comme fructidor avait consolidé le premier, encore que plus d'un élu « avancé » ait pu passer entre les gouttes par le mystère des camaraderies parlementaires ou parce que la commission estima avoir suffisamment assuré la majorité du juste milieu escompté [4]. »

Au renouvellement du Directoire, c'est François de Neufchâteau qui fut désigné par le sort. Le 15 mai 1798, Treilhard était élu à sa place alors que, sorti du Corps législatif depuis moins d'un an, il était à quelques jours près inéligible.

Mais les vainqueurs se divisèrent, frustrant le second Directoire de son succès. La Revellière le rappelle dans ses *Mémoires* : « Chénier eut la faiblesse de contribuer activement à la destruction du Directoire parce qu'on lui avait refusé une préférence injuste qu'il demandait en faveur de son frère l'adjudant-général. Baudin des Ardennes, homme de mérite et que j'ai toujours aimé devint l'un de nos plus cruels adversaires, parce que nous ne lui accordâmes pas l'ambassade de Rome que nous avions déjà donnée, quand il la demanda, à Joseph Bonaparte. Camus, homme si distingué par ses connaissances, sa probité, sa droiture, mais malheureusement très irascible, susceptible à l'excès, à qui nous avions proposé deux ministères, fut encore plus violent, et cela parce que, en le recevant à son retour des prisons d'Autriche, nous avions manqué envers lui à je ne sais quelle étiquette [5]. »

L'EFFORT ÉCONOMIQUE

Face à la crise financière, François de Neufchâteau, lors de son passage au ministère de l'Intérieur, avait compris que la meilleure solution était encore de ranimer l'économie [6].

Dans le domaine agricole, il s'était efforcé de développer les prairies artificielles. Dans une circulaire de thermidor an VI, il déclarait : « Le trèfle est encore inconnu dans une partie de la France, les funestes jachères stérilisent encore un tiers de ce grand territoire. » Il mesurait aussi le danger que faisait courir à la forêt française l'accroissement des défrichements depuis la Révolution. Le déboisement était de surcroît encouragé par des besoins en bois en constante augmentation. François de Neufchâteau réagissait de façon lyrique : « On s'est borné jusqu'à présent à planter dans chaque commune un arbre de la liberté. Un arbre seul est triste. Qu'est-ce qu'un arbre par commune ? Ayez-en plutôt deux devant chaque maison. Semons des bois entiers ! Plantons des forêts vastes ! Élevons à la Liberté des temples naturels sous des portiques de verdure, et que la République, croissant en force avec les arbres qui les composeront, transmette à la postérité l'ombrage de ces bois sacrés ! » Mais, conscient aussi des réalités, le gouvernement décida d'accorder des dégrèvements d'impôts aux reboiseurs par une loi de frimaire an VIII.

François de Neufchâteau imagina une fête de l'agriculture, le 10 messidor an VI où fut chantée une *Marseillaise du laboureur :*

Allons, amis du labourage,
Poussez le soc avec vigueur ;
Charmez les soins de votre ouvrage
Par un chant qui parte du cœur (bis).
Du sein de la moisson naissante,
A vos besoins l'espoir sourit ;
Et sous vos mains partout fleurit
La campagne reconnaissante.

Aux armes, laboureurs. Prenez votre aiguillon ;
Marchez (bis), *qu'un bœuf docile ouvre un large sillon.*

Mais les prix tombaient moins par l'effet des bonnes récoltes que par suite de la déflation. Les 100 kg de blé qui valaient avant 1789 environ 20 francs n'en valaient plus, selon Arnould, que 16 en 1798. Les salaires des journaliers restaient en revanche élevés, ils montèrent même à partir du moment où fut établi le système de la conscription qui touchait surtout le prolétariat rural. Dufort de Cheverny notait, le 1er juillet 1798, pour la région de Blois : « Les journées des ouvriers sont à un prix fou ; un charretier, un laboureur qu'on payait au plus 120 livres a maintenant des gages de 600 livres et le blé ne vaut que vingt sols le boisseau. » Et un mois plus tard : « La tranquillité règne dans le département, comme la misère, pour les propriétaires du moins, car pour les journaliers le vin est à 3 sols, le pain à 2, les journées de 30 ou 40. Il s'ensuit nécessairement que le peuple fait la loi pour son travail. »

L'effort pour développer une agriculture nouvelle, fondée sur les progrès de l'agronomie qu'allait célébrer Pradt dans un livre retentissant *De l'état de la culture en France,* se doublait d'une politique identique en faveur de l'industrie. Non seulement François de Neufchâteau comprit la nécessité d'établir des statistiques précises et rigoureuses, mais il fit encourager, dans le cadre d'une exposition nationale, les innovations techniques. Les découvertes se multiplient sous le Directoire : crayon du chimiste Conté qui remplaça ceux importés d'Angleterre, en 1795, et, la même année, tannage accéléré des cuirs à chaussures – trois semaines au lieu de 27 mois. En 1796, Appert met au point un système de conserves alimentaires ; l'année suivante Vauquelin isole le vert de chrome et la stéréotypie est inventée par la maison Didot qui disposera un peu plus tard d'un procédé de fabrication continue de papier. Desquinemare fonde à Paris l'industrie des toiles imperméables ; Breguet perfectionne les chronomètres de précision.

Quelques grands capitaines d'industrie s'imposent : Oberkampf, Suisse originaire d'Ansbach fixé à Jouy-en-Josas sous l'Ancien Régime, inquiété sous la Terreur, développe son industrie de toiles peintes à partir de 1795 ; le belge Lievin Bauwens introduit mule-jennys, machines à imprimer et navettes volantes [7]. Richard, fils d'un fermier du Calvados, successivement garçon de café, marchand de toiles et courtier en bijoux, rencontre Lenoir, ouvre un magasin rue Montorgueil où il lance la vente à prix fixe et le remboursement, combine tissage et filature et développe ses fabriques de coton à l'abri d'un protectionnisme né de la guerre.

L'ouverture officielle de la première exposition de l'Industrie installée au Champ-de-Mars où Chalgrin avait construit 68 portiques au centre desquels s'élevait le temple de l'industrie eut lieu le 19 septembre 1798. On comptait 110 fabricants dont une majorité venait du département de la Seine. Furent couronnés Conté pour ses crayons, Breguet avec un chronomètre à musique, Gremond et Barré et leurs toiles peintes.

L'intérêt va enfin au commerce. Le négoce intérieur est en plein essor. Dans son *Nouveau Paris* Mercier décrit les boutiques où s'entassent les produits les plus divers et où le sucre et le tabac peuvent cotoyer les livres et les tableaux. Le Directoire est en effet une époque de grande spéculation : « Depuis que les réquisitions et le maximum sont abolis, lit-on dans une gazette de janvier 1795, tout le monde fait du commerce. Ne croyez pas que ce soit chez les marchands en gros, chez ces grands détaillants, dans les grands magasins, les spacieuses boutiques que vous trouverez tout ce dont vous pouvez avoir besoin ; montez dans presque toutes les maisons au deuxième, troisième ou quatrième étage, on vous montrera des comestibles, des draps, toiles et autres objets à vendre [8]. » La pénurie favorisait la constitution d'un marché noir, source de profits pour les plus habiles.

A côté des colporteurs et des marchands ambulants, les boutiques se remarquaient maintenant par leurs devantures et non plus par leurs seules enseignes. « On ne connaissait pas la méthode des annonces ; un seul commerçant à Paris, Marion, se servait de ce moyen ; nous suivîmes son exemple », lit-on dans les *Mémoires de Richard-Lenoir.* Le commerce extérieur est soumis aux fluctuations de la guerre. En l'an IV la France exporte pour 192 millions et importe pour 194 millions, en l'an V ses importations atteignirent 353 millions et ses exportations 211 millions ; en l'an VI la balance est de 298 millions aux importations et de 253 millions aux exportations. En l'an VII, les importations représentent 253 millions et les exportations 300 millions.

Dans l'ensemble la balance commerciale est plutôt favorable. Rompant avec le libre-échangisme de la fin du règne de Louis XVI, la Convention s'était engagée, le 1er mars 1793, dans une politique de prohibition des marchandises anglaises ; le 21 septembre, elle votait un acte de navigation inspiré du modèle britannique. Le 9 octobre, elle proscrivait du territoire « toutes les marchandises fabriquées ou manufacturées en Angleterre, en Écosse, en Irlande et dans tous les pays soumis au gouvernement britannique ». Était puni de vingt ans de fers quiconque coopérait à leur importation ou à leur vente ; était réputée « suspecte » toute personne convaincue de s'en servir. Le Directoire reprit ces dispositions. La loi du 10 brumaire an V

(31 octobre 1796) renouvela l'interdiction d'importer, vendre ou offrir toute marchandise de provenance anglaise ou réputée telle, dont la liste était donnée : étoffes de laine et de coton, boutons, cuirs et peaux, produits de la métallurgie et faïences. Étaient exceptées toutefois les prises des corsaires.

Mais en même temps se développa l'idée sous le Directoire qu'à l'abri de ce protectionnisme il convenait de profiter de l'alliance des républiques-sœurs pour conclure des traités économiques favorables aux intérêts de la France. Le 21 février 1798 était conclu entre la République française et la République cisalpine un accord prévoyant qu'aucune des deux puissances « ne pourra jamais prohiber l'entrée ni la consommation d'aucune marchandise du cru ou de la fabrique de l'autre. Jamais aucune des deux Républiques ne prohibera la sortie d'aucune production de son territoire ou marchandise de ses manufactures à la destination de la République son alliée, si ce n'est passagèrement celle des grains ou des farines, mais seulement en cas de disette ». Les droits d'entrée sur les exportations de chacun des deux partenaires ne pouvaient excéder six pour cent. A la paix générale les marchandises « ne pourront être importées dans les ports de la République cisalpine que sur vaisseaux français ou cisalpins et réciproquement à l'exclusion des vaisseaux de toute nation sous peine de confiscation des bâtiments et cargaisons ». En attendant, les mêmes dispositions sont appliquées au commerce par terre. La maîtrise anglaise de la mer gênait en effet les transactions et les grands ports, Bordeaux, Nantes ou La Rochelle, déjà éprouvés par la guerre civile, souffraient de la perte des colonies et de l'interruption du fameux commerce triangulaire.

Le négoce souffrait aussi du manque de numéraire et le taux de l'intérêt élevé paralysait les opérations financières. Quelques gros négociants créèrent en 1796 une société en commandite qui escomptait à trois mois d'échéance les effets revêtus d'au moins trois signatures, mais ils firent faillite. Le 4 frimaire an VI (24 novembre 1797) apparut une caisse d'escompte du commerce où des dépôts en comptes courants de numéraire et d'effets à recouvrer alimentaient la trésorerie des opérations. La caisse comptait douze actionnaires en 1797 et une centaine un an plus tard, preuve de sa nécessité sur la place de Paris. Elle préfigurait la Banque de France. Ainsi la politique économique du Directoire annonçait-elle l'époque consulaire et impériale.

LA SOCIÉTÉ

La politique du Directoire rencontra l'appui des idéologues, cette caste d'intellectuels qui se posait en gardiens des conquêtes de la Révolution. Ils inspirèrent la fondation de l'Institut de France, un certain nombre de réformes dans le domaine de l'enseignement dont la création des écoles centrales, ancêtres des lycées napoléoniens. C'est au Directoire que la Révolution doit, on le verra plus loin de ne pas présenter un bilan négatif dans le domaine intellectuel.

D'où vient alors la mauvaise réputation du Directoire ? Du spectacle donné par sa société ou du moins l'élite de cette société. C'est Fiévée qui, le premier, a dénoncé en mai 1798 la vulgarité et les mauvaises manières d'un monde de parvenus dans un roman paru anonymement, *La dot de Suzette.* « J'ai fait, annonce l'auteur, un tableau des mœurs actuelles, le sujet l'exigeait ; les vices qui tourmentent la société sont du ressort de la satire. Ce qui me disculpe, c'est que je n'ai voulu désigner personne particulièrement, ce qui me console, c'est que personne, en effet, n'avouera qu'il s'y reconnaît. » Le personnage de Chenu dans le roman évoque les Paulée, Ouvrard et autres Vanlerberghe, enrichis par la spéculation et surtout les fournitures aux armées. « Chenu quitta sa métairie ; il acheta à l'entrée du faubourg de la ville la plus proche une maison considérable par l'étendue des bâtiments *(un bien national)* et qui, cependant, suffisait à peine à contenir les bestiaux qu'il y déposait momentanément et qui se succédaient dans une promptitude vraiment étonnante. Il fit des soumissions, des fournitures, s'associa à des compagnies, prit des commis. Son opulence devint telle qu'il ne la connaissait même plus. » Et ce marchand de bestiaux ne savait ni lire ni écrire [9].

Le portrait n'est pas exagéré. Fils d'un modeste vigneron de Corbigny dans la Nièvre, Leuthraud exerce le métier de garçon perruquier puis délaisse les poudres pour la poudre et acquiert des intérêts dans une fonderie de canons de Moulins. C'est le point de départ d'une énorme fortune : Leuthraud achète l'attelage de douze chevaux du prince de Croÿ, l'hôtel de Salm puis celui de Bagatelle, il obtient même les faveurs d'une beauté à la mode, Mlle Lange, à raison de 10 000 livres par jour. Mais ses affaires tournent mal. Arrêté le 26 juin 1798 pour concussion, ce financier qui donnait le ton est condamné le 19 décembre à quatre ans de fers. La demoiselle Lange trouve un autre protecteur en la personne du brasseur d'affaires et fournisseur aux armées Michel-Jean Simons. Celui-ci lui achète une superbe maison de campagne à Meudon, dominant la Seine et dont Bélanger exécute l'aménagement. Ce qui n'empêche pas Mlle Lange de tromper Simons :

Le Sieur Simons devant la foule
Veut jouir du luxe étalé.
Je conviens que sur l'or il roule,
Mais n'est-il pas aussi roulé ?

Le financier et l'actrice se marieront le 11 février 1798. Talleyrand sera l'un des témoins [10].

L'étalage d'un tel luxe contraste avec la misère d'un peuple affamé. Charles de Constant raconte qu'il a vu presque simultanément une femme se couper la gorge et un père de cinq enfants se jeter d'une fenêtre. « La viande augmente tous les jours. Il y avait des rassemblements aux portes des boulangers » : c'est ce que répètent tous les rapports de police.

Les nouveaux riches, ainsi définit-on, en reprenant le titre d'une pièce d'Armand Charlemagne, ces parvenus dont l'auteur résume ainsi la morale :

Je fis argent de tout. Voilà tout mon secret.
Et c'est l'unique aussi dans le siècle où nous sommes.

Contraste aussi entre la grossièreté de ces parvenus et la distinction de l'ancienne aristocratie. Ce que résument les frères Goncourt en quelques lignes : « Sous l'Ancien Régime, le jour du mardi gras, une heure était donnée aux domestiques pour faire les maîtres. Et c'était un rare spectacle que de voir ces affranchis d'un moment essayer la fortune, la danse, les vins et les tapis, gauches dans cette joie du hasard. Le monde du Directoire donne la même comédie. De l'office, un bon génie l'a porté endormi au salon. Qui s'aviserait de demander à un riche, enrichi d'un coup de dé, de savoir être riche ? Iriez-vous exiger de ce petit peuple, couché laquais, levé seigneur, qu'il soit une société, et du Directoire qu'il ne soit pas une mascarade ?[11] »

Du parvenu on passait rapidement au débauché si l'on en croit Mallet du Pan. Dès le 13 décembre 1795, il écrivait dans sa correspondance avec la cour de Vienne : « Paris est tombé en défaillance. Nul pinceau ne peut rendre le tableau de cette capitale où le pain ne se distribue que tous les deux jours, où chacun voit périr entre ses mains le signe représentatif de sa richesse, où la livre de chandelle coûte 200 francs, où la population se divise en dupes et fripons qui se volent eux-mêmes dans les poches pendant que le gouvernement s'occupe à son tour de les voler. Une licence affreuse, plus de devoirs, de morale, d'honneur, de sentiments, de respect humain. La peinture que la Sainte Bible nous fait des débordements de Sodome n'approchait pas de celle de cette ville prostituée à tous les vices. » Sade publie en 1795 *La Philosophie dans le boudoir* et en 1797 *La Nouvelle Justine suivie de l'Histoire de Juliette sa sœur*[12]. Autre libertin de marque, Rétif de la Bretonne entreprend de réfuter les considérations de *Justine* dans une *Anti-Justine,* encore plus audacieuse. Le 10 septembre 1796, Mallet du Pan renchérissait : « Le tableau de Paris est de plus en plus digne d'horreur : ce sont trente Sodome réunies ; tous les vices y donnent la main à tous les crimes, chacun s'y déteste et s'y friponne, plus d'amis, plus de parents, plus de liens, plus de devoirs ; cinquante mille gueux ou gueuses à qui l'on faisait l'aumône il y a cinq ans, enrichis par la Révolution, tiennent le haut du pavé, tandis que le reste des citoyens vit de pain moisi. La frivolité la plus insouciante accompagne la perversité publique ; chacun ne songe qu'à se divertir et personne n'a le sou. La capitale est partagée entre les fous et les coquins. »

Ce que l'on retient de cette époque, en effet, c'est l'incroyable et la merveilleuse.

Le muscadin apparu sous la réaction thermidorienne était avant tout un adversaire des Jacobins. On lit dans les *Mémoires de Barbaroux* que ce nom est né quand les Marseillais venus à Paris en 1792 baptisaient ainsi les modérés qui tranchaient par leur élégance vestimentaire sur les pantalons et les carmagnoles des sans-culottes. L'expression vient peut-être des Jacobins lyonnais qui désignaient ainsi les réfractaires de la première réquisition militaire. Une autre hypothèse suggère que le mot muscadin viendrait d'une friandise à l'ambre et au musc employée pour parfumer l'haleine. Amaury-Duval a popularisé le personnage dans *La Décade philosophique* en 1794 : « Voici venir un de ces êtres qu'on appelait jadis des fats et que l'on désigne aujourd'hui sous le nom de muscadin ; il marchait en sautillant. Savez-vous pourquoi ce soi-disant citoyen se balance ainsi, forme de si petits pas ? C'est qu'il ne pourrait hâter sa marche sans risquer de partager en deux un vêtement qui doit rester uni. En effet les culottes me paraissent bien serrées. Autant vaudrait aller nu. Et cette poudre qui blanchit ses cheveux, cette petite queue roulant sur un frac d'une forme bizarre, cette cravate en nœud soufflé, ce gilet qui ne descend guère plus bas que l'estomac, et ces souliers qui lui cachent que les doigts de pieds et dans lesquels il paraît à la torture. »

L'incroyable lui succède. Incroyable, ainsi est-il nommé parce que ce mot est son expression favorite qu'il prononce « incoyable ». Roederer le dépeint en 1795 dans *Le Journal de Paris*, sous la rubrique « Médecine » sous le titre *Une nouvelle maladie de la jeunesse nommée le sexa* (abréviation des muscadins pour dire : « qu'est-ce que c'est que ça ? ») : « Les signes pathognomiques de cette génération sont d'abord un relâchement total du nerf optique, ce qui oblige le malade à se servir constamment de lunettes dont la nécessité croît en raison de la proximité des objets et un refroidissement de chaleur naturelle qu'il est difficile de vaincre à moins d'un habit boutonné très serré et d'une cravate sextuplée où le menton disparaît et qui menace de masquer bientôt jusqu'au nez. » Et il note également « une voix réduite à un bourdonnement confus qui ressemble au pz-pz-pz par lequel on appelle un chien de dame. Le jeune homme s'efforçait d'imiter le zézaiement, déjà artificiel, du chanteur Garat qu'il accompagnait d'attitudes mourantes. Il était de bon ton d'éviter le « r ». Le « d » était escamoté dans madame qui devenait « maâme » ; le « ch » cède au « s », en conséquence on parle des « sarmes » d'une beauté à la mode ; le « g » est proscrit ce qui conduit à parler d'un « visase anzélique ».

Le collet aristocratique, vert avant la chute de Robespierre, noir ensuite pour porter le deuil de Louis XVI, la perruque blonde, des sourcils noirs bien arqués, la tête chargée de poudre composent un personnage qui ne passe pas inaperçu.

Les merveilleuses (d'une autre expression à la mode : « C'est méveilleux ») se divisent en Athéniennes et Romaines. Les Athéniennes recherchent la simplicité des tuniques à la Cérès ou à la Minerve, des robes à la Diane ou à la Flore. Les Romaines sont plus portées sur le luxe des bijoux qui doit relever la nudité gazée. Mercier nous offre dans son *Nouveau Paris* une synthèse de la merveilleuse : « Le matin Uphise est une nymphe transparente dans sa robe de linon. Sa perruque a la forme conique d'une ruche ; elle va déjeuner à la campagne, c'est-à-dire à Passy. A trois heures, elle brille de mille attraits. Son châle voltigeant et de couleur rouge la fait prendre pour un papillon aux ailes purpurines, sa perruque à la Bérénice fixe tous les regards. Le soir, quand le soleil est disparu, c'est Diane en robe retroussée qui marche à grands pas. Un croissant de diamants s'échappe du milieu de ses cheveux, étrangers et parfaitement noirs qu'un simple ruban assujettit en toque derrière la tête. Elle cherche à l'Opéra les regards d'un ambassadeur, d'un ministre ou ceux d'un Grec ou d'un Turc. On dit presque tout haut, en la voyant passer, qu'elle chasse la grosse bête. »

Cette mode est copiée en province dans les grandes villes, avec un plus ou moins long décalage. Lyon et Bordeaux ont leurs porteuses de tuniques transparentes.

Parmi les beautés à la mode : Mme Tallien née Cabarrus que le conventionnel a sauvée de l'échafaud le 9 thermidor, et Mme Hamelin, épouse d'un gros financier.

Les amateurs de jolies filles un peu faciles parcourent les arcades du Palais-Royal rebaptisé Maison-Égalité. Bonaparte s'y fit déniaiser. « L'armée du plaisir », comme l'écrit un contemporain, comprend à Paris plus de vingt mille prostituées professionnelles ou occasionnelles. Le Palais-Royal abrite aussi les maisons de jeu où les soldats viennent jouer les arriérés de leur solde. On y trouve les plus réputés des restaurants où les chefs, jadis au service de la noblesse, déploient maintenant leur art pour les nouveaux riches. Les grands restaurants ont nom Février, Very, Meot, Robert ou les frères Provençaux.

On danse beaucoup. En 1798 apparaît la valse importée d'Allemagne par les soldats. La Mésangère, éditeur d'un journal illustré de modes, critique une danse qui consiste « à s'embrasser, se presser, s'entrelacer ».

Mais cette société sait aussi rire d'elle-même. Au théâtre on applaudit les comédies satiriques d'un Picard, d'un Duval, d'un Collin d'Harleville. Elles mettent en scène non seulement l'incroyable et la merveilleuse, mais la marchande de marée. C'est cette dernière qui inspire à l'ancien acteur, précédemment jacobin, Maillot, le personnage de Madame Angot dans *La Poissarde parvenue* créée à l'automne de 1796. Le rôle est interprété par un homme, le comédien corse qui fait s'esclaffer les spectateurs. La critique est souvent si virulente qu'en février 1796, le théâtre Feydau dut être fermé pour « royalisme ». Plus grossier encore le vaudeville où s'illustrent Piis, Barré et Desaugiers, connaît une vogue extraordinaire.

C'est à partir de ces pièces et de témoignages d'opposants qu'on a parlé de la corruption de la société du Directoire. Sans doute a-t-on exagéré. La vie mondaine ne se résume pas aux orgies prêtées à Barras au Luxembourg. Rue de Lille, Mme de Staël fait revivre les fastes littéraires de l'Ancien Régime en souhaitant jouer les égéries d'une

République modérée. Benjamin Constant est l'homme en vue de ce cénacle. On est plus royaliste chez Mme de Vaisnes, chez Mme de Pastoret ou chez la marquise d'Esparbès qui reçoit La Harpe, chantre du néo-catholicisme.

Il y a eu une légende noire du Directoire forgée à la fois par les royalistes et les partisans de Bonaparte.

LE COUP D'ÉTAT DE PRAIRIAL

C'est sur le plan politique que le Directoire s'est discrédité par ses coups d'État incessants.

Les élections de l'an VII concernaient 315 députés des deux conseils. Elles eurent lieu entre le 21 mars et le 9 avril 1799. Les voix conservatrices se portèrent sur les révisionnistes qui se réclamaient de Sieyès. Le Directoire n'osa réagir devant la poussée jacobine qui pouvait s'appuyer sur des généraux comme Bernadotte. A six députés près, tous les nouveaux élus furent validés.

Le tirage au sort avait désigné comme directeur sortant Reubell. Sieyès fut élu à sa place par 118 voix sur 205 suffrages au conseil des Anciens. Il était alors ambassadeur à Berlin où il avait été envoyé pour tenter d'esquisser un rapprochement avec la Prusse, mission qui s'était terminée sur un échec. La Revellière jugeait cette désignation funeste : « Tous, pour différents motifs, nous avions mis opposition à son élévation au Directoire. Chacun de nous sentait l'impossibilité absolue de rien faire avec un tel homme. Moi en particulier, qui avais été, comme membre de la commission des Onze, parfaitement à même de connaître son caractère et ses vues, je regardai comme assurée la ruine très prochaine de la Constitution de l'an III et par suite le renversement de la République. L'entrée de Sieyès au Directoire fut en effet le signal de leur destruction. J'étais certain qu'il voudrait y substituer ses propres conceptions, se faire chef de l'État, et qu'en même temps, incapable de voir les choses dans leur réalité, dépourvu de tout courage, de toute résolution, ne suivant qu'une marche souterraine et détournée, mettant à la place de la dignité et de la gravité qui conviennent à un homme public une morgue et une impertinence telles qu'il est difficile d'en imaginer de pareilles, il ne saurait rien rétablir après avoir tout renversé [13]. » En fait, ce survivant de la Plaine conventionnelle, conscient après les élections de l'an VII, de la pression jacobine, ne serait entré au Directoire que pour empêcher un retour à la Terreur de 1793 [14]. La session s'ouvrit le 20 mai. Dès le 5 juin l'offensive des conseils était lancée contre le Directoire. Au nom des Cinq-Cents, Boulay de la Meurthe exigeait des directeurs une justification de leur politique. Ils gardèrent le silence. A titre d'avertissement les conseils votaient un acte déclarant illégale l'élection de Treilhard. La Revellière et Merlin de Douai étaient partisans de résister, mais Barras se rallia à Sieyès. Gohier était aussitôt élu, le 17 juin, à la place de Treilhard.

Député à la Législative, ministre de la Justice sous la Convention, juge au Tribunal de cassation, il avait donné de nombreux gages à la Révolution. Le lendemain, 18 juin (30 prairial an VII), les Cinq-Cents, jugeant la réponse du Directoire insuffisante, dénonçaient Merlin et La Revellière. Prévoyant un nouveau coup d'État directorial, les conseils prirent les devants. Français de Nantes fit voter aux Cinq-Cents une résolution ratifiée par les Anciens et mettant hors la loi quiconque attenterait à la liberté du Corps législatif. Dans l'après-midi, Barras, d'accord avec Sieyès, invitait La Revellière et Merlin à donner leur démission que venait d'exiger une députation des conseils. Immédiatement les Cinq-Cents proposaient deux listes de candidats aux Anciens sur lesquelles ceux-ci choisirent Roger Ducos pour remplacer Merlin et le général Moulin, qui ne s'était illustré sur aucun champ de bataille, pour succéder à La Revellière.

Le coup d'État de prairial, revanche des conseils sur le Directoire [15], renforça le courant de gauche. Quinette, un ancien régicide, fut nommé ministre de l'Intérieur ; Bernadotte proche des néo-jacobins eut la Guerre et Bourguignon, bientôt remplacé par Fouché, la police. Talleyrand laissa les Relations extérieures au Wurtembourgeois Reinhard. Robert Lindet, qui avait appartenu au Comité de salut public obtint par la suite les Finances et Dubois-Crancé la Guerre tandis que Cambacérès recevait la Justice. Sur 12 directeurs et ministres on comptait sept régicides.

L'influence des néo-jacobins s'accrut dans les assemblées où étaient agitées l'idée d'un emprunt forcé et celle d'une nouvelle loi des otages tandis que les troubles reprenaient dans l'Ouest, le Midi et la Belgique.

CHAPITRE XIX

La deuxième coalition

Le jour même de la ratification de la paix de Campoformio, le Directoire nommait Bonaparte général en chef de l'armée d'Angleterre qu'il invitait à « se rassembler sans délai sur les côtes de l'océan ». C'était désigner le principal et dernier adversaire de la Révolution : la Grande-Bretagne. Mais comment vaincre la « perfide Albion » que sa prépondérance sur les mers semblait rendre invincible ?

LA GUERRE CONTRE L'ANGLETERRE

Pour vaincre l'Angleterre, trois solutions s'offraient :

1. Tenter un débarquement sur ses côtes ou en Irlande ;
2. La ruiner économiquement en fermant la France et ses alliés aux

exportations britanniques de produits manufacturés et de denrées coloniales ;

3. Frapper l'Angleterre dans sa principale source de richesse, l'Inde, alors en révolte contre la domination britannique.

« Il faudra voir comment l'Angleterre supportera un débarquement de 200 000 hommes sur ses côtes », s'exclamait Carnot. Alors que Truguet recommandait une offensive dans l'océan Indien, Hoche protestait : « Que veut-on ? La paix, résultat de la destruction de l'Angleterre ! Or quel espoir de succès vous reste-t-il dans l'Inde ? Pourquoi vous priver gratuitement de si grandes forces, je dis gratuitement, car, en supposant que vous obteniez les plus grands succès, comment les feriez-vous concourir à la paix ? Il est au moins inutile, sinon dangereux de faire quatre mille lieues pour combattre les Anglais qui sont à notre porte. Ne sommes-nous pas assurés que toutes les possessions anglaises nous appartiendront au moment où nous marcherons sur Londres. » C'était compter sans la suprématie maritime de l'Angleterre et la mauvaise volonté de notre flotte, dont Hoche devait dénoncer « l'orgueilleuse ignorance » et « la sotte vanité ». « Notre détestable marine ne peut et ne veut rien faire. »

La tentative de 1796 fut, on l'a vu, un échec. Hoche en conçut un vif désespoir : « Je n'irai plus faire le Don Quichotte sur les mers pour le plaisir de quelques hommes qui voudraient me savoir au fond. » Pendant les conférences de Lille, une nouvelle attaque fut préparée dans les ports hollandais par le parti démocrate qui voulait rendre à la République batave un prestige atteint par la perte de ses colonies. Une escadre de 16 vaisseaux de ligne et 10 frégates fut réunie dans le Texel : elle devait transporter 15 000 hommes placés sous le commandement du général Daendels jusqu'en Irlande où la jonction s'opérerait avec les Irlandais unis, opposants à l'Angleterre. Hoche se joindrait à l'expédition avec 5 000 Français. Mais il mourut le 19 septembre 1797. Quand la flotte hollandaise, longtemps retardée par des vents contraires, se décida à appareiller, elle fut surprise par l'amiral Duncan à Camperdown, le 11 octobre 1797. En mai 1798, le soulèvement des Irlandais unis, préparé par Wolf Tone, éclatait enfin. Mais les rebelles avaient été trahis. Leurs chefs furent arrêtés avant même toute exécution du complot. Le gouvernement proclama la loi martiale et un désarmement général. Le général Lake écrasa en juin les derniers insurgés dans le comté de Wexford. Un nouveau vice-roi, lord Cornwallis, fut nommé à la tête de l'Irlande. Tout espoir de ce côté semblait écarté pour la France.

La lutte économique contre l'Angleterre était fondée sur les annexions et les monopoles commerciaux qui permettaient d'éliminer la concurrence britannique. Mais une telle politique ne pouvait reposer que sur d'incessantes conquêtes et, par ailleurs, l'industrie française n'avait pas encore les moyens de se substituer à sa rivale anglaise sur l'ensemble du continent. De surcroît une tentative d'ouverture des routes transalpines et de commerce par le Rhin ne pouvait produire des effets immédiats en dépit des fières proclamations du *Moniteur* : « Des marchandises flotteront librement depuis Huningue jusqu'à Hersingue et nous verrons la mer du Nord s'allier à la Méditerranée pour répandre les fruits de notre industrie. » Restait la conquête de l'Inde. Chargé des nouveaux projets de débarquement en Irlande ou en Angleterre, Bonaparte ne dissimulait pas son scepticisme. Marmont révèle dans ses *Mémoires* : « Bonaparte se décida à voir par lui-même l'état des choses dans nos ports. Huit jours suffirent pour lui démontrer la disproportion entre les moyens et le but. Il fallait tout créer, et il ne trouvait pas dans le Directoire la force et la tenue nécessaires à des travaux d'une aussi longue haleine [1]. » La situation était en effet désastreuse : des vaisseaux en mauvais état, des équipages indisciplinés, des crédits dérisoires. Bonaparte éluda, laissant au général Humbert le soin de partir en août 1798, avec un millier d'hommes sur trois frégates. Humbert débarqua à Killala, captura l'évêque anglican, défit dans un premier engagement les forces de Cornwallis mais, faute de soutiens locaux, enveloppé par les Anglais, il dut se rendre en septembre. Une expédition partie de Brest fut détruite dans la baie de Donegal et le leader irlandais Wolf Tone se donna la mort. Cet échec donnait raison à Bonaparte qui préférait regarder du côté de l'Inde.

Bonaparte confiait alors en effet à Marmont, en parlant du Directoire : « Il n'y a rien à faire avec ces gens-là. Ils ne comprennent rien de ce qui est grand : il faut en revenir à nos projets sur l'Orient ; c'est là qu'il y a de grands résultats à obtenir. » Un peu plus tôt, il avait confié à Desaix : « L'Europe est une taupinière. Il n'y a de grands empires et de grandes révolutions qu'en Orient où vivent six cents millions d'hommes. » D'Émile Bourgeois à Benoist-Méchin, des historiens ont parlé du rêve oriental de Bonaparte. Citons Bourgeois : « Depuis le mois d'août 1797, Bonaparte songeait à satisfaire son ambition en Orient. C'était le rêve de ses premières années dont ses succès en Italie le rapprochaient insensiblement. En novembre 1796, au lendemain d'Arcole, il étudiait déjà avec ses aides de camp la question des îles Ioniennes, étape nécessaire de l'Italie à demi conquise vers la Grèce qu'il rêvait d'émanciper. Au mois d'août 1797, à Passariano, tandis qu'il confiait à Bourrienne son mépris pour l'Europe et son goût pour les grands empires de l'Orient, il s'assurait des îles Ioniennes, nouait des intrigues avec Poussielgue pour occuper Malte, en chargea Brueys, établit une correspondance avec le pacha Ibrahim et les Albanais par l'intermédiaire du général Chabot. Le démembrement de l'Empire turc lui semblait indiqué et prochain. “Il faut le soutenir ou en prendre notre part”, écrit-il à cette époque. Tous ses confidents et ses flatteurs, ceux qui ont pu pénétrer sa pensée au retour d'Italie, nous le montrent occupé de ces projets [2]. »

Page fameuse mais qui n'emporte pas l'adhésion. Le réalisme politique a sa part dans « le rêve oriental ». Après Campoformio, Bonaparte était devenu le général le plus populaire de la Révolution, mais il ne pouvait monnayer sur le plan politique cette popularité :

il n'avait pas l'âge requis pour être élu au Directoire et l'heure d'un coup d'État n'avait pas encore sonné, le régime n'étant pas alors totalement discrédité. Il fallait tout à la fois prendre ses distances vis-à-vis du régime mais ne pas se faire oublier car la popularité est éphémère. Pourquoi ne pas monter une grande expédition destinée à frapper les esprits et à affaiblir l'Angleterre, sinon aux Indes du moins en Égypte.

Le choix de l'Égypte, mise à la mode par Volney notamment, était commandé par une triple raison : couper l'une des routes de l'Inde à l'Angleterre en occupant l'isthme de Suez ; fonder une colonie apte à produire la canne à sucre et le coton, et qui se substituerait aux Antilles occupées par les Anglais ; s'assurer enfin une base pour une future attaque de l'Inde.

Bonaparte trouva un avocat – un inspirateur peut-être même – du projet en la personne de Talleyrand. C'est que l'idée remontait à l'époque de la guerre de Sept Ans, quand Choiseul, à la recherche de compensations à la suite de la perte de nos colonies des Deux-Indes, envisageait l'occupation de la vallée du Nil, renouant ainsi avec la croisade de Saint-Louis. Choiseul agita souvent l'idée devant le jeune Talleyrand qui la reprit à son compte lorsqu'il présenta à l'Institut, le 3 juillet 1797, un *Mémoire sur les avantages à retirer des colonies nouvelles dans les circonstances présentes.* Dans une lettre du 23 août suivant, il développait pour Bonaparte les avantages d'une expédition en Égypte. Il avait dans les cartons du ministère les suggestions du comte de Saint-Priest, ambassadeur à Constantinople en 1781, qui avait alors conseillé une conquête de l'Égypte. Par la suite, un négociant marseillais établi au Caire et ruiné par les Mamelouks, devenu consul général au Caire de 1793 à 1795, puis à Alexandrie, de 1795 à 1797, avait adressé un mémoire sur les facilités qu'offrait cette conquête en raison de l'affaiblissement de la domination des Mamelouks. Talleyrand défendit le projet devant le Directoire : « L'Égypte fut une province de la République romaine, il faut qu'elle le devienne de la République française. La conquête des Romains fut l'époque de la décadence de ce beau pays, la conquête des Français sera celle de sa prospérité. Les Romains ravirent l'Égypte à des rois illustres dans les arts, les sciences, etc. ; les Français l'enlèveront aux plus affreux tyrans qui aient jamais existé. L'ancien gouvernement de la France s'était longtemps nourri du projet de cette conquête, mais il était trop faible pour s'y livrer. Son exécution était réservée au Directoire, comme le complément de tout ce que la Révolution française a présenté au monde étonné de beau, de grand et d'utile [3]. »

Le Directoire restait réservé, même avec la caution apportée par Bonaparte au projet. On peut croire La Revellière-Lépeaux : « L'idée n'en était jamais venue au Directoire ni à aucun de ses membres. L'ambition et l'orgueil de Bonaparte ne pouvaient plus supporter l'idée de n'être plus en évidence ou d'accepter un emploi qui l'eût placé sous les ordres des directeurs [4]. » Mais il était par ailleurs tentant pour le

Directoire de se débarrasser d'un général encombrant en l'envoyant dans un pays lointain d'où il risquait de ne pas revenir ou, au mieux pour lui, d'y laisser sa popularité. L'expédition était une folie : la France se séparait de son meilleur général et de sa meilleure armée au moment où la guerre menaçait de reprendre sur le continent. Le profit était aléatoire. La flotte française parviendrait-elle même jusqu'à Alexandrie sans être interceptée par Nelson qui patrouillait en Méditerranée ? L'idée de fonder une colonie n'était-elle pas en contradiction avec les principes proclamés par la Révolution ? Et l'on allait envahir un pays sans la moindre déclaration de guerre et sans pouvoir avancer un motif valable.

Sans doute eut-on conscience de ces incohérences. L'alibi trouvé, bien dans la note d'une époque dominée par les idéologues, fut que l'expédition serait « destinée à éclairer le monde et à procurer un trésor aux sciences ». De là la présence d'un Monge, d'un Berthollet et d'un Geoffroy Saint-Hilaire, du géomètre Fourier, du minéralogiste Dolomieu, de l'archéologue Jomard, de l'orientaliste Jaubert, de l'astronome Méchain, du médecin Desgenettes, du cartographe Jacotin, du chimiste Conté, chef de brigade des aérostiers dont Monge affirmait qu'il « avait toutes les sciences dans la tête et tous les arts dans la main ». Il y avait aussi un peintre Redouté, un pianiste Rigel et un poète Parseval de Grandmaison. Au total : 21 mathématiciens, 3 astronomes, 17 ingénieurs civils, 13 naturalistes et autant de géographes, 4 architectes, 8 dessinateurs, 10 artistes mécaniciens, 15 interprètes, 22 imprimeurs...

Le 19 mai 1798, deux cents navires portant une armée de 35 000 hommes, quittaient Toulon. Hommes, matériel et vaisseaux, tout fut réuni en un mois et dans le plus grand secret. L'amirauté anglaise n'a pas entièrement ignoré les préparatifs, mais elle a cru à une expédition contre Constantinople.

Échappant à Nelson, les navires français s'emparèrent de l'île de Malte. Le grand maître de l'ordre des Chevaliers, Ferdinand de Hompesch capitula sans grande résistance. Malte se substituait à la Crète prévue dans les projets antérieurs comme base arrière. Mais les chevaliers étant neutres, s'emparer de l'île apparut comme une provocation.

Le 1er juillet, le débarquement s'effectuait dans la baie d'Alexandrie. Pour justifier cette invasion, Bonaparte avait adressé, le 30 juin, une lettre au pacha d'Égypte : « Toi qui devrais être le maître des beys et que cependant ils tiennent *(les Mamelouks)* sans autorité et sans pouvoir, tu dois voir mon arrivée avec plaisir. Tu es sans doute déjà instruit que je ne viens point pour rien faire contre l'Alcoran ni contre le sultan *(Bonaparte pensait que Talleyrand avait averti Constantinople).* Tu sais que la nation française est la seule et unique alliée que le sultan ait en Europe. Viens donc à ma rencontre, et maudis avec moi la race impie des beys [5]. » Ainsi l'expédition se présentait-elle à la manière des interventions françaises en Belgique et en Italie, comme une guerre de libération contre l'oppression de l'Égypte par une milice de Mamelouks commandée par vingt-quatre beys. Il était d'ailleurs incontestable que cette féodalité réduisait à néant l'autorité des fonctionnaires turcs et opprimait les fellahs.

Le 2 juillet Alexandrie tombait aux mains des Français sans grande résistance. Mais ce fut ensuite la traversée du désert de Damanhour. Le commandement avait choisi pour envahir l'Égypte la période la plus chaude de l'année. Dans leurs uniformes de drap, les soldats, épuisés par la chaleur torride, la soif, le défaut de subsistances, souffrirent épouvantablement [6]. Certains se donnèrent la mort. Deux rencontres à Ramanieh et Chebreiss permirent à Bonaparte de découvrir la tactique des formations au carré pour répondre aux harcèlements des cavaliers. La rencontre décisive avec Mourad Bey et ses Mamelouks eut lieu près du Caire, au pied des Pyramides, le 21 juillet. Les charges des Mamelouks se brisèrent sur les carrés de l'infanterie française. Magallon avait vu juste : la défaite des Pyramides précipita l'effondrement de la domination des Mamelouks. En un combat, Bonaparte avait pratiquement conquis l'Égypte ou du moins s'était assuré la possession du Caire. Libérés de la sujétion des Mamelouks, ses habitants accueillirent plutôt favorablement les Français. Bonaparte triomphait.

Triomphe de courte durée. Le 1er août, la flotte française au repos était surprise dans la rade d'Aboukir par Nelson et à peu près entièrement détruite, à l'exception de quatre vaisseaux. L'amiral anglais prenait sa revanche d'avoir laissé échapper les navires français de Toulon. Il reçut pour sa victoire le titre de baron du Nil et une pension de 2 000 livres sterling. Bonaparte en effet se retrouvait prisonnier de sa conquête.

De surcroît la situation s'aggravait avec l'entrée en guerre de la Turquie en septembre. Talleyrand s'était bien gardé de se rendre à Constantinople pour y expliquer les raisons de l'expédition d'Égypte. Non moins grave fut la révolte du Caire, le 21 octobre, qui coûta la vie au général Dupuy et à Sulkowski, l'un des aides de camp de Bonaparte. Cette terrible insurrection d'origine religieuse, née des privilèges accordés aux juifs et aux chrétiens et de l'autorisation de vendre du vin dans la ville, montrait les limites du ralliement des notables [7]. Tout était pourtant entrepris pour gagner l'opinion : respect des croyances religieuses, réveil de la vie économique, travaux préparatoires à la jonction de la mer Rouge et de la Méditerranée sur l'isthme de Suez, fondation d'un Institut d'Égypte [8]...

Parti à la poursuite de Mourad, Desaix soumettait et organisait la Haute-Égypte, y gagnant le surnom de « Sultan juste ». Les soldats français descendaient jusqu'à Philae comme le prouvent diverses inscriptions. Ils étaient suivis de jeunes savants, souvent polytechniciens, comme Jollois ou Villiers du Terrage qui, sous la direction de Vivant Denon, inventoriaient temples et monuments. « La seule vue des monuments de Dendérah, écrit Villiers dans son journal, suffirait à dédommager des peines et des fatigues du plus pénible voyage... Ce temple a excité l'admiration de l'armée qui a conquis le Saïd ; et c'était une chose vraiment remarquable de voir chaque soldat se détourner spontanément de sa route pour accourir à Tentyris et en contempler les magnifiques édifices [9]. »

Inlassable, Bonaparte correspondait avec les beys de Tripoli et de Tunis, avec le dey d'Alger et le chérif de La Mecque. Il nouait ainsi des relations avec l'ensemble du monde musulman. Que cherchait-il ? A prévenir une guerre sainte ? Ou voyait-il plus loin ? La conquête de l'Égypte serait « la condition préliminaire et la première phase d'un projet plus vaste sur lequel il ne s'est jamais clairement expliqué, mais qui devait tendre à créer, dans l'Orient méditerranéen transformé par lui, une formidable diversion au conflit de la France républicaine avec l'Europe monarchique. L'Égypte n'aurait plus été alors pour lui que la base d'une opération infiniment plus étendue que l'expédition initiale, en même temps que le levier à l'aide duquel il soulèverait le monde musulman [10] ».

LA CAMPAGNE DE SYRIE

Poussé par le sultan de Constantinople, Djezzar, le pacha d'Acre, surnommé « le Boucher [11] », menaçait de marcher sur l'Égypte. S'il s'emparait de l'isthme de Suez, il pouvait asphyxier définitivement Bonaparte dans sa conquête. Il fallait réagir en se portant en Syrie à sa rencontre. C'est ce qu'expliquait Bonaparte au Directoire : « J'ai, dans l'opération que j'entreprends, trois buts : 1. Assurer la conquête de l'Égypte en construisant une place forte au-delà du désert, et, dès lors éloigner tellement les armées de quelque nation que ce soit de l'Égypte, qu'elles ne puissent rien combiner avec une armée européenne qui viendrait débarquer sur les côtes ; 2. Obliger la Porte à s'expliquer, et par là, appuyer les négociations que vous avez sans doute entamées, et l'envoi que je fais à Constantinople sur la grande caravelle turque, du consul Beauchamp ; 3. Enfin ôter à la croisière anglaise les subsistances qu'elle tire de Syrie, en employant les deux mois d'hiver qui me restent à me rendre, par la guerre et des négociations, toute cette côte amie [12]. »

Bonaparte quittait Le Caire le 10 février 1799, laissant le gouvernement de la ville au général Destaing. Tandis que Murat, Reynier, Lannes, Caffarelli et Dommartin avec 13 000 hommes prenaient la direction de Katyeh, une dizaine de bateaux, escortés par trois frégates, devaient transporter le matériel des pièces de siège choisies par Perrée. Le 17 février, Bonaparte arrivait devant El-Arich qui capitulait grâce à une manœuvre nocturne de Reynier. Gaza, Jaffa et Haïfa tombaient à leur tour. En moins d'un mois la moitié de la Palestine était conquise. Bonaparte ne perdait pas de vue pour autant la jonction avec l'Inde en révolte contre les Anglais et écrivait à Tippoo Sahib : « Vous avez été instruit de mon arrivée sur les bords de la mer Rouge avec une armée innombrable et invincible, remplie du désir de vous délivrer du joug de fer de l'Angleterre. Je m'empresse de vous faire connaître le désir que j'ai que vous me donniez, par la voie de Mascate ou de Mokha, des nouvelles de la situation politique dans laquelle vous vous trouvez [13]. »

Mais Bonaparte buta devant Saint-Jean-d'Acre que défendait un ancien condisciple Phelippeaux. La ville était ravitaillée par la flotte anglaise que commandait Sydney Smith. Commencé le 19 mars sous la direction de Caffarelli, le siège s'éternisa. Les sapeurs se heurtaient à une contrescarpe qui ne sauta que le 28. Devinant, d'après les massacres qui avaient eu lieu à Caza et à Jaffa, le sort qui leur était réservé, les assiégés se défendaient farouchement.

Mal à l'aise dans la guerre de position, Bonaparte se retrouva face aux renforts envoyés par le pacha de Damas qui fut repoussé au Mont-Thabor, près de Nazareth, le 16 avril. Bonaparte eut la tentation de s'emparer de Damas, mais choisit de reprendre le siège de Saint-Jean-d'Acre. Pourtant celui-ci, malgré la mort de Phélyppeaux, n'en finissait pas. De plus, la peste prenait dans les rangs français une tournure menaçante. Le 17 mai, Bonaparte se résignait à la retraite. Il lui restait 11 000 hommes. Le 24 mai, il était à Jaffa et au Caire, le 14 juin.

La hâte du retour s'expliquait par la menace d'un débarquement anglo-turc en Égypte. Ce débarquement se produisit à Aboukir, mais fut écrasé par Bonaparte, le 25 juillet. La moitié des janissaires de la garde du pacha était hors de combat. Cette victoire éclipsa le souvenir du précédent désastre naval : « Le nom d'Aboukir était funeste à tout Français, proclamait Bonaparte dans son ordre du jour. La journée du 7 thermidor l'a rendu glorieux ! »

Victoire à la Pyrrhus, car Bonaparte était toujours bloqué dans sa conquête. Les Anglais dénonçaient les atrocités françaises : massacre de soldats français atteints de la peste ou de prisonniers turcs désarmés. En France, où Bonaparte pouvait se croire oublié, on parlait de coup d'État et la situation extérieure se dégradait. Le rêve oriental se transformait en cauchemar.

Bonaparte se résolut à quitter l'Égypte. A Paris, Talleyrand avait songé un moment à négocier avec la Porte, par l'intermédiaire de l'Espagne, un retour du général, moyennant la restitution de l'Égypte [14]. Le successeur de Talleyrand, Reinhard avait rédigé, le deuxième jour complémentaire une lettre pour Bonaparte l'invitant à rentrer avec son armée et lui laissant le choix des moyens. Il n'y en avait pas d'autre qu'un retour du général sans ses hommes. Encore ce retour était-il aléatoire, la flotte anglaise sillonnant la Méditerranée. C'est pourtant cette solution que choisit Bonaparte.

Une proclamation à l'armée d'Égypte lui annonçait : « Les nouvelles d'Europe m'ont décidé à partir pour la France. Je laisse le commandement au général Kléber. » Bonaparte s'embarquait le 22 août à minuit, emmenant avec lui Murat, Lannes, Berthier, Monge et Berthollet. A Menou, l'un des généraux qu'il laissait en Égypte, il aurait confié : « J'arriverai à Paris, je chasserai ce tas d'avocats qui se moquent de nous et qui sont incapables de gouverner la République, je me mettrai à la tête du gouvernement, je rallierai tous les partis, je rétablirai la République italienne, et je consoliderai cette magnifique colonie [15]. »

LE CONGRÈS DE RASTADT

Le congrès prévu à Rastadt pour régler les différends continentaux entre la Révolution et l'Allemagne aurait pu aboutir sans la mauvaise volonté manifestée de part et d'autre.

Les instructions données par le Directoire à ses plénipotentiaires témoignaient du désir de la France de continuer sa politique de conquête. On y lisait : « Le traité de Campoformio n'est qu'un préliminaire ; il sera dépassé ; l'Empire sera bien forcé d'accepter de nouvelles modifications. »

L'Autriche comme la Prusse avaient accepté secrètement mais formellement la présence française sur la rive gauche du Rhin. Restait à obtenir l'adhésion des membres du Saint Empire. Les indemnisations des princes possessionnés se feraient par sécularisation au détriment de l'Église, selon l'exemple donné lors de la liquidation de la guerre de Trente Ans.

Le congrès s'ouvrit le 10 septembre 1797. Il n'y eut jamais de réunion plénière ou de tables rondes. Bonaparte ne fit que passer. La délégation française comprenait Bonnier, ancien conseiller à la cour des aides de Montpellier, ancien député à la Législative puis à la Convention où il avait voté la mort du roi, déjà négociateur à Lille avec l'Angleterre, Treilhard que remplaça Debry, lui aussi régicide, rapporteur des annexions de Mulhouse et de Genève, et Roberjot, curé défroqué, député suppléant à la Convention où il remplaça Carra, puis ministre à La Haye et tenant de la politique des « limites naturelles ». Ces représentants avaient pris pendant la Terreur des « habitudes de langage et de tenue » qui devaient choquer les diplomates étrangers encore en culottes et perruques. Il faut lire les pages que leur a consacrées Metternich alors jeune diplomate [16]. Il les dépeint « calfeutrés dans leurs appartements et plus sauvages que des ours blancs ». Bonnier a l'air d'un crocheteur et lui apparaît comme de « la quintessence de rustre ». Ce qui surprit, ce furent les marchandages auxquels se livraient les Français. Un membre de la délégation autrichienne notait : « Le congrès ressemble à une Bourse du commerce. Roberjot a tapissé tout son cabinet avec des cartes d'Allemagne ; tout est étiqueté, et à ceux qui viennent le voir, il dit : ce pays, cet évêché, cette abbaye, nous les donnons à un tel, cet autre à tel autre, et ainsi de suite... Un ci-devant prêtre welche vient distribuer à sa fantaisie toute l'Allemagne. »

Toutefois la modération de la Prusse et les complaisances de l'Autriche permirent l'esquisse d'un accord sur la limite du Rhin et les indemnités à accorder.

LES RÉPUBLIQUES SŒURS

C'est la politique suivie par le Directoire dans les Républiques associées à « la Grande Nation » qui empêcha un accord général [17]. La République batave (la Hollande) était divisée entre fédéralistes, unitaires et orangistes partisans de l'ancien Stathouder. Le Directoire s'était d'abord appuyé sur les premiers, puis, le 22 janvier 1798, le général Joubert et l'ambassadeur Delacroix renversaient le gouvernement fédéraliste en appuyant un coup d'État du général Daendels partisan d'une forme unitaire de la République. Sur le modèle français fut établie une Constitution avec cinq directeurs et deux conseils. La République batave était divisée en huit départements. Nouveau coup d'État le 12 juin, toujours par le général Daendels. Il avait « fructidorisé », il « floréalise ». Les baïonnettes tenaient lieu en Hollande de volonté populaire [18].

Même soumission aux généraux et à la politique française en république Cisalpine (Milan). Le 25 avril 1798, le secrétaire de la légation française observait que la République « a deux législations : les ordres de nos généraux et les décrets de ses représentants. Elle a deux gouvernements : les états-majors français et son Directoire. Elle voit s'élever des lois contre des lois ; l'action des unes détruit celle des autres, et le peuple, fatigué de tant de contradictions, ne sachant pas auxquels obéir, se dégoûte du gouvernement républicain ». En 1798, Berthier « fructidorisait » : il éliminait les modérés. Six mois plus tard, le représentant français Trouvé « floréalisait » en écartant les Jacobins. Brune, furieux contre Trouvé, rendait le pouvoir aux Jacobins. Joubert, que le Directoire envoyait aux nouvelles, soutenait le général contre l'ambassadeur. Le 6 octobre 1798, Fouché remplaçait Trouvé, nommé à Stuttgart ; mais, dès le 25 novembre, le même Fouché était rappelé, cédant la place à Rivaud qui remit au pouvoir, par un quatrième coup d'État, les modérés [19].

La République ligurienne (Gênes) était constamment rappelée à l'ordre. Les empiètements s'étendaient aux États indépendants.

Lassé des incessantes exigences des Français installés à Turin, le roi Charles-Emmanuel devait s'enfuir dans son île de Sardaigne, protégé par la flotte anglaise. Joubert, maître du Piémont, le transformait en départements français dans le courant de décembre 1798.

En Suisse, le représentant de la France, Barthélemy avait préservé la neutralité des cantons, mais quand il se retira, des troubles éclatèrent à Bâle, dans le pays de Vaud et à Zurich. Ils avaient pour meneurs les démocrates mais les querelles religieuses contribuaient encore à accroître le désordre. Les démocrates qui s'étaient réfugiés en France, invitèrent le Directoire à intervenir. Celui-ci, invoquant un traité de Charles IX avec Berne en 1565, plaçant les Vaudois, sujets de Berne, sous la protection de la France, envoya des troupes dans le pays de Vaud. Berne protesta et s'attira de notre envoyé, Mengaud, une cinglante réplique : « La majesté de la République française ne se laissera pas avilir par le froissement d'une résistance injurieuse. » Les Bernois ayant riposté furent battus. Les députés du pays de Vaud formèrent à Lausanne une République lémanique.

C'est finalement toute la Suisse qui fut envahie, Berne ayant montré sa faiblesse. Brune, général en chef de l'armée d'Helvétie, se comporta comme en Cisalpine : il imposa d'abord un projet de démembrement de la Suisse en trois Républiques, puis se rallia à l'idée d'une République helvétique centralisée, le 12 avril 1798. Le trésor de Berne fut saisi et le pays largement mis en coupe réglée par le beau-frère de Reubell, Rapinat, qui faisait se demander, assuraient les humoristes :

Si Rapinat vient de rapine
Ou rapine de Rapinat.

Ce fut d'ailleurs ce pillage effréné de la Suisse qui fournit un prétexte aux conseils pour attaquer les directeurs, lors du coup d'État du 30 prairial. Finalement Rapinat fut rappelé et un traité d'alliance offensive et défensive signé le 19 août 1798 avec la République helvétique. Le 26 août, les deux conseils votaient l'annexion de Genève, la patrie de Rousseau, l'un des inspirateurs de la Révolution. Genève devint le chef-lieu du département du Léman. A leur tour, Montbéliard, propriété du duc de Wurtemberg, puis Mulhouse, enclave au sein de l'Alsace, se trouvaient rattachés au territoire français.

A Rome, Joseph Bonaparte, notre représentant, encourageait les démocrates qui profitaient du mécontentement suscité par la lourdeur des impôts, lourdeur qu'expliquaient les exigences françaises formulées lors du traité de Tolentino.

Le 28 décembre 1797, une émeute avait éclaté ; les manifestants, on l'a vu plus haut, se réfugièrent à l'ambassade française et le général Duphot, en voulant intervenir, fut tué par une décharge. Pie VI présenta ses excuses, mais « avec le retard qui caractérise la curie romaine ». L'accident fut transformé par le Directoire en assassinat. Joseph quittait Rome tandis que Berthier marchait sur la ville. Le 10 février 1798, était proclamée la République romaine et Berthier saluait au nom des « enfants des Gaulois » « les mânes de Caton, Brutus et Cicéron ». Arrêté, le pape était déporté en Toscane. La Ville éternelle fut mise au pillage. Trente millions et cinq cents caisses d'objets d'art prirent le chemin de Paris. Le trésor de Rome, joint à celui de Berne, permit le financement de l'expédition d'Égypte.

Peu de protestations suivirent la déposition du pape. L'Espagne se tut. A Vienne, l'empereur réagit avec modération. Le Directoire lui envoya Bernadotte qui fut bien reçu par François II : « Je suis content d'avoir fait la paix avec votre République. Il dépend du Directoire exécutif de l'entretenir. J'ai désiré la paix, elle existe, je la maintiendrai parce que je l'aime et que l'humanité la veut [20]. » Mais le 14 avril 1798, une fête ayant commémoré le départ des volontaires partis combattre en Italie, Bernadotte prit la mouche et fit déployer à l'ambassade un grand drapeau tricolore. Provocation qui entraîna une manifestation :

les vitres de l'ambassade furent brisées. L'empereur présenta des excuses mais Paris rappela son ambassadeur et envoya un courrier à Bonaparte pour l'inviter à différer son départ pour l'Égypte. Mais, impatient de partir, le général répondit qu'il fallait s'en tenir aux excuses de Vienne.

De nouvelles négociations s'ouvrirent à Selz, en Alsace, du 1er juin au 6 juillet 1798. Elles furent menées du côté français par François de Neufchâteau. Cobenzl, du côté autrichien, pensait qu'il « fallait ou bien rétablir l'ancien ordre des choses ou bien, si l'on s'en écarte absolument, que la sécurité et les intérêts de l'Autriche soient garantis ». Cobenzl demandait en conséquence qu'une partie de la Lombardie soit rendue à l'Autriche. La république cisalpine aurait le Piémont et une partie de la Toscane dont le grand-duc recevrait les légations de Bologne et Ferrare. Au roi de Sardaigne reviendraient les États du pape. Engagé par Bonaparte en Italie, le Directoire refusa. « Il ne reste plus à Votre Majesté qu'à prendre les armes, prévenait Cobenzl dans son rapport à François II. La France ne veut ni revenir sur les faits accomplis en Italie et en Suisse, ni étendre nos frontières. » L'Autriche se tourna vers l'Angleterre.

LA DEUXIÈME COALITION

A Londres, Pitt cherchait des alliés. Il avait amorcé un rapprochement avec Constantinople que l'expédition d'Égypte ne pouvait qu'inquiéter. L'occupation de Malte lui assura un allié imprévu. Le tsar Paul Ier avait succédé à sa mère, le 17 novembre 1796. La forte personnalité de la Grande Catherine l'avait tenu jusqu'alors à l'écart des affaires et l'énigme entourant la mort de son père Pierre III, lui avait donné un caractère sombre et tourmenté. Il était profondément hostile à « l'effrénée République française » et avait accueilli avec faveur Louis XVIII à Mittau. Après la prise de Malte, des chevaliers eurent l'idée de lui proposer le titre de grand maître. Flatté, Paul Ier prit définitivement parti contre la France.

Ainsi se nouait une alliance entre l'Angleterre, la Russie et l'Autriche. Restait à s'assurer l'appui de la Prusse.

Frédéric-Guillaume III avait succédé, le 16 novembre 1797, à son père, le deuxième du nom, comme souverain de Prusse. Timide et méfiant, indécis mais personnel, il avait épousé en 1793 une princesse dont la beauté et le brûlant patriotisme devaient en faire une figure de légende : Louise de Mecklembourg-Strelitz. L'influence de la reine et du parti de la guerre qu'elle anima fut surtout sensible plus tard. En 1797, Frédéric-Guillaume III penchait plutôt, avec son principal conseiller Haugwitz, pour une politique de neutralité lucrative.

Un bon connaisseur des affaires allemandes, Caillard, ancien agent à Ratisbonne, avait été envoyé à Berlin, après la signature de la paix. Il avait conquis le roi et l'on avait vu celui-ci prêcher la modération à l'égard de la France. Malencontreusement le Directoire eut l'idée d'envoyer en 1798 un ambassadeur extraordinaire en la personne de Sieyès. Celui-ci souhaitait alors comme Bonaparte prendre ses distances vis-à-vis du régime tout en se signalant par une action d'éclat, l'alliance franco-prussienne tant rêvée par tous les adversaires français de l'Autriche. Seulement Sieyès, prêtre défroqué et régicide, n'avait rien qui pût séduire le nouveau monarque. Celui-ci avait formulé des réserves par l'intermédiaire de son ambassadeur à Paris, Sandoz-Rollin : « Malgré ses assurances, il s'en faut de beaucoup que, vu le caractère profondément dissimulé de l'abbé Sieyès, on puisse compter de la part de celui-ci sur une conduite sage et sur des principes raisonnables. Si donc vous pouvez de bonne foi empêcher son envoi, je désire que vous vous y employiez de votre mieux... [21] » Sieyès fut néanmoins nommé le 15 mai. Ses instructions portaient : « Il s'agit de lier la Prusse à notre système par la conclusion d'un traité d'alliance défensive et offensive, auquel puissent accéder ensuite la Suède, le Danemark, quelques puissances d'Allemagne, et qui devienne la garantie véritable de la paix du continent contre les éternelles intrigues de l'Angleterre, les emportements de la Russie et les ressentiments de l'Autriche. C'est assez dire que, si ce but important ne pouvait être obtenu, il s'agirait d'empêcher au moins que la cour de Prusse, séduite, entraînée, allât grossir le nombre de nos ennemis publics et secrets [22]. »

Reçu le 5 juillet par Frédéric-Guillaume III, Sieyès, imbu de lui-même, froid et sentencieux, produisit une impression déplorable. A Berlin s'étaient aussi rendus le prince Repnin et Cobenzl venus sonder les dispositions de la Prusse et l'entraîner dans la nouvelle coalition. Les papiers de Repnin furent d'ailleurs volés par un secrétaire français qui les communiqua au Directoire.

Si Frédéric-Guillaume III éluda les offres de la Russie et de l'Autriche, il resta également sourd aux appels de Sieyès. Celui-ci devait avouer son échec en janvier 1799 : « Quand je jette les yeux sur le passé, je ne puis m'empêcher de croire que la République pouvait être depuis longtemps en paix avec l'Angleterre et par conséquent avec le continent si elle avait mis la main sur les importantes possessions du roi d'Angleterre en Allemagne. Qui nous en a empêchés ? La Prusse. Je regarde dans l'avenir et je m'assure, par les raisonnements les plus certains, que nous ne pourrons contenir et réprimer l'Angleterre, nous garantir une paix solide, même sur le continent, obtenir une bonne influence politique et commerciale dans le Nord, que par une habile disposition des petits États qui couvrent l'Ems, l'Elbe et le Weser ; or qui nous a empêchés d'effectuer à cet égard le plan qui convient aux intérêts de la République et j'ose dire de l'Europe ? La Prusse [23]. »

De son côté Pitt ne restait pas inactif. Il pouvait compter sur Naples où Nelson avait conduit sa flotte après Aboukir. L'amiral, par l'intermédiaire de lady Hamilton, intime de la reine, avait su contrebalancer en faveur de Londres dans l'esprit du roi Ferdinand l'influence de Gallo, favorable à la paix avec la France.

Pitt décidait par ailleurs Paul Ier à intervenir par une démonstration navale anglo-russe dans le Bosphore pour obliger la Turquie à se joindre à la coalition. Le 4 septembre 1798, le sultan entrait en guerre et préparait une double expédition contre Bonaparte, l'une passant par la Syrie et l'autre conduite par mer, avec le concours des Anglais. La première, on l'a vu, fut arrêtée au Mont-Thabor, la seconde écrasée à Aboukir.

Autre coup dur pour la coalition : l'impatience doublée d'impéritie de la cour de Naples. Poussé par sa femme, Ferdinand avait réuni une armée de 40 000 hommes commandée par l'autrichien Mack et des émigrés français. Sans attendre le roi de Sardaigne que son ministre, Pignatelli, poussait à se joindre à Ferdinand, le souverain napolitain déclarait la guerre à la France, le 22 novembre 1798.

Championnet dut évacuer Rome, le 26 novembre, n'ayant que 15 000 hommes. Les soldats de Ferdinand firent une entrée triomphale dans la Ville éternelle. Pignatelli lançait aussitôt une proclamation à l'Italie du Nord : « Les Napolitains ont sonné les premiers l'heure fatale des Français et, du haut du Capitole, ils annoncent à l'Europe que les rois se sont réveillés. Levez-vous, Piémontais, brisez vos chaînes, écrasez vos oppresseurs ! » Avant que cette proclamation ait rencontré un écho, Macdonald battait les Napolitains à Civita-Castellana, le 4 décembre, et Championnet rentrait dans Rome, le 15 décembre. Les forces françaises marchèrent aussitôt sur Naples. Devant la menace, la cour se réfugia en Sicile dans la nuit du 20 au 21 décembre. Le 11 janvier, Mack acceptait un armistice. Championnet entrait dans Naples où il proclamait la république parthénopéenne. C'était la sixième république sœur de la « Grande Nation ». Habilement le général se conciliait la bourgeoisie et la noblesse ; il promettait de respecter la religion. Lors de la fête populaire de Saint-Janvier, le sang du patron de Naples se liquéfia comme sous la royauté : il approuvait la république parthénopéenne.

De son côté, l'Italie centrale passait sous influence française : à Florence et à Lucques étaient imposés des régimes démocratiques par la force des baïonnettes.

LES DÉFAITES

L'intervention militaire de la Russie, absente jusqu'ici dans la lutte contre la France, allait changer le cours des événements en faveur de la coalition. Paul Ier avait mis à la disposition des coalisés 20 000 hommes amenés en Hollande sur la flotte de la Baltique et 60 000 vétérans des campagnes de Pologne et de Turquie, chargés sous le commandement de Souvorov de se joindre aux forces autrichiennes en Italie du Nord.

Le Directoire redoutait l'intervention d'une telle armée. Il fit jouer la menace et la conciliation. Il annonça qu'il ferait la guerre aux princes allemands qui laisseraient passer les Russes sur leur territoire. Dans le même temps, Talleyrand offrait à Vienne d'évacuer la Suisse et les États romains en échange de la neutralité autrichienne. L'empereur ne répondit pas.

La coalition disposait dans l'immédiat de 300 000 soldats et pouvait espérer en aligner 600 000. La meilleure armée française était prisonnière en Égypte et le Directoire ne pouvait compter que sur les 12 000 hommes de Brune en Hollande (que pouvaient appuyer 25 000 Hollandais), les 10 000 hommes de Bernadotte sur le Rhin, les 40 000 soldats de Jourdan sur le Danube, les 30 000 soldats de Masséna en Suisse, les 40 000 de Scherer sur l'Adige et les 27 000 occupant Naples sous le commandement de Macdonald. Cela faisait un total, bien insuffisant face à l'ennemi, de 170 000 hommes.

Sur le rapport de Jourdan avait été votée, le 23 septembre 1798, une loi astreignant tous les Français de vingt à vingt-cinq ans, formant cinq classes appelées suivant les besoins, à un service militaire d'une durée d'un à cinq ans, mais illimité en temps de guerre. Ce système mettait fin aux levées qui ne pouvaient plus donner de résultats satisfaisants. Toutefois la conscription ne devait immédiatement porter ses fruits.

Bluff ou confiance excessive en ses forces ? Le Directoire adressait un ultimatum au congrès de Rastadt et à l'Autriche, sommant les Allemands d'empêcher les Russes de passer. Se jugeant incompétent, le congrès de Rastadt renvoya la France à la diète de Ratisbonne. L'Autriche quant à elle ne répondit pas, mais laissa Souvorov franchir ses frontières.

Jugeant qu'il s'agissait d'un *casus belli*, Jourdan, le 1er mars 1799, passant le Rhin, entrait en Souabe. Mais il était battu par l'archiduc Charles à Stokach, le 25 mars. Il se faisait rappeler, laissant son commandement à Masséna. De son côté Scherer, vaincu par Kray à Magnano, abandonnait son commandement à Moreau en août. Souvorov, bousculant les Français à Cassano, le 27 avril, les forçait à se replier entre le Pô et le Tanaro.

A Rastadt, c'était la rupture. Le 26 avril, l'Autriche avait ordonné aux plénipotentiaires français de quitter la ville dans les quarante-huit heures. Le 28, les Français se mirent en route à neuf heures du soir dans trois voitures. Aux portes de Rastadt, ils furent assaillis par les hussards de Szekler. Jean Debry, descendu le premier, fut abattu à coups de sabre, mais, en faisant le mort, sauva sa vie. Roberjot et Bonnier étaient quant à eux massacrés. Pourquoi cette sauvage agression ? L'Autriche souhaitait s'emparer des papiers des plénipotentiaires français et notamment des documents établissant les marchandages de la cour de Vienne concernant la cession de la rive gauche du Rhin, mais des soldats dans un excès de zèle assassinèrent les diplomates eux-mêmes [24].

La guerre cependant tournait mal. En tentant d'opérer sa jonction avec Moreau, Macdonald fut défait à la Trébie par Souvorov en juin. Le Directoire destitua Macdonald et rappela Moreau pour lui confier une armée du Rhin en cours de formation. Le commandement de l'armée d'Italie fut remis à Joubert qui avait opéré la réunion du Piémont à la France. Joubert attaqua Souvorov le 15 août à Novi. Sa mort dès les premières charges consomma la défaite des Français. Son successeur, Championnet, fut défait par Melas à Genola. De l'Italie, presque entièrement soumise aux Français avant les opérations, il ne resta bientôt plus que Gênes.

Le 13 septembre 1799, Jourdan, qui avait été élu aux Cinq-Cents, proposait de déclarer la « patrie en danger ». Par 245 voix contre 171, « cette évocation trop lourde de souvenirs » fut repoussée.

A-t-on songé alors à rappeler Bonaparte ? Une lettre en ce sens fut préparée, mais de toutes façons les instructions du général l'autorisaient à revenir quand il le jugerait nécessaire. Parti de lui-même d'Égypte, le 22 août, à un moment où il pouvait juger la situation en Europe désespérée, Bonaparte arriva à Fréjus le 9 octobre, au moment où cette situation venait de se redresser.

L'erreur des généraux russes fut en effet de croire que le nœud de la guerre était en Suisse, que c'est dans ce pays que se livreraient les batailles décisives alors que le soulèvement de la Belgique leur offrait une occasion d'envahir la France par le nord et d'isoler la République batave où avait été prévu un débarquement. De façon absurde, les alliés s'obstinèrent à vouloir chasser les Français de la République helvétique. Ici l'avantage numérique ne jouait plus et le terrain était propice aux manœuvres. Masséna réussit à séparer les armées russes puis à battre à Zurich, d'abord Korsakov le 25 septembre, puis Souvorov lui-même, le 26. Contraint à une retraite désastreuse, furieux contre les Autrichiens, Souvorov invitait Paul Ier à se retirer de la coalition.

Au nord, Brune, commandant l'armée franco-hollandaise, arrêtait le débarquement des forces anglo-russes à Bergen, le 19 septembre et l'emportait à Castricum, le 6 octobre. Le duc d'York dut capituler à Alkmaar.

La République était provisoirement sauvée puisque la ligne du Rhin et la Suisse avaient été préservées et que l'Espagne, au sud, ne s'était pas jointe à la coalition.

CHAPITRE XX

Brumaire

Après le coup d'État de prairial, la Révolution parut connaître un nouveau départ. Il sembla qu'à la relative modération qui avait suivi la chute de Robespierre, allait succéder, sous la pression d'un néo-jacobinisme, un second gouvernement révolutionnaire générateur d'une nouvelle Terreur.

LES NÉO-JACOBINS

Le courant néo-jacobin était sorti renforcé des élections de l'an VII [1]. Le ton était devenu violent, au Manège où ses députés se réunissaient sous l'égide des « Amis de la Liberté et de l'Égalité ». L'appui de plusieurs généraux avait été déterminant face au Directoire. Les faubourgs Saint-Antoine et Saint-Marcel, même désarmés, continuaient à faire peur : on les croyait prêts à une nouvelle insurrection. Dans les administrations de province, les néo-jacobins pouvaient compter sur de nombreux sympathisants. Et la situation extérieure servait leurs intérêts. Jourdan avait proposé de proclamer la patrie en danger, première étape vers un nouveau gouvernement révolutionnaire, pensait-on. La proposition n'avait été écartée que de justesse malgré les souvenirs laissés par la Terreur. Mais les conseils s'étaient ralliés à la loi des otages qui rendait responsables des attentats commis sur des fonctionnaires les parents des émigrés ; ils avaient accepté aussi l'idée d'un emprunt forcé sur les riches. En province les Jacobins semblaient retrouver leur influence : le Nord, le Sud-Ouest toulousain, certaines régions de l'Est pouvaient passer pour acquis à leurs idées. Mais le mouvement jacobin, refuge de tous les mécontents (des royalistes avaient même voté pour lui en l'an VII), n'avait aucune cohérence. Autre faiblesse : en dépit d'un programme modéré par rapport au babouvisme (les revendications des Jacobins étaient surtout politiques), le néo-jacobinisme faisait peur non seulement aux riches mais aux petits propriétaires des campagnes. Enfin les victoires de Zurich et de Bergen avaient affaibli ses positions en rendant inutiles et donc impopulaires les mesures de salut public qu'ils préconisaient. Sieyès avait paru pactiser avec eux lorsqu'il parlait « d'une grande et républicaine énergie ». Mais très vite, il prit ses distances quand les néo-jacobins réclamèrent la distribution de propriétés aux défenseurs de la patrie, l'ouverture d'ateliers contre la misère et la tête des directeurs. La société des Amis de la Liberté et de l'Égalité avait dû émigrer du Manège rue du Bac. Le Directoire fit fermer le club par son ministre de la Police, le 26 thermidor.

LES ROYALISTES

Les royalistes avaient été durement touchés par le coup d'État de fructidor : leurs journaux supprimés, leurs réseaux démantelés, ils ne pouvaient plus compter que sur l'Ouest où l'annonce du système nouveau de la conscription avait suscité un mécontentement comparable à celui soulevé par la levée de 1793. Les divisions s'étaient accentuées entre les partisans d'une royauté constitutionnelle – un Montesquiou, un Fiévée – et les intransigeants regroupés autour du comte d'Artois [2]. Mais, même affaiblis, les royalistes étaient craints. L'idée d'une restauration semblait inéluctable à beaucoup et Joseph de Maistre en décrivait le déroulement dans ses *Considérations sur la France :* après avoir exposé l'idée d'une révolution-châtiment, il annonçait en effet, sans rencontrer alors beaucoup d'écho, une réconciliation-restauration qui anticipait sur les événements de 1814. En août 1799, des réfractaires entraînés par des royalistes se soulevaient et mettaient en péril Toulouse. Ils furent battus à Montréjeau.

LE DIRECTOIRE

Jusqu'en 1799 le Directoire avait su alternativement contenir l'opposition de droite et celle de gauche. Ses partisans se recrutaient dans la clientèle des Thermidoriens, vétérans des assemblées révolutionnaires, au pouvoir depuis la chute de Robespierre. Il était en effet un rempart pour tous ceux qui avaient tiré profit de la Révolution : spéculateurs sur les fournitures aux armées ou la baisse de l'assignat, acquéreurs de biens nationaux – et ils étaient maintenant nombreux dans la paysannerie et la petite bourgeoisie rurale – fonctionnaires (pourtant encore mal payés) et hommes de loi, nantis divers. Deux périls les menaçaient : celui d'une restauration qui entraînerait le retour de la noblesse et la restitution des biens nationaux, celui d'une révolution allant plus loin et remettant en cause la conception même de la propriété. Deux noms symboliques étaient haïs : Condé et Babeuf ; ils représentaient les émigrés et les ventres creux.

Le Directoire pourtant s'usait à force de coups d'État et de manœuvres électorales, d'indifférence aux misères du peuple et de lâcheté en face de ses généraux. Il était devenu si impopulaire, si discrédité qu'il n'avait pu, après les élections de l'an VII, redresser une nouvelle fois la barre. Il s'était incliné devant la nouvelle tendance jacobine et avait dû composer avec elle en sacrifiant Treilhard et La Revellière.

Cette faiblesse le condamnait. Sieyès n'était entré en son sein que pour le mieux pervertir. Plus rapide que Bonaparte, enlisé en Égypte, il avait compris, après son bref exil berlinois, que l'heure était enfin venue de mettre fin à la Révolution.

Le pays était las : quelques Vendéens et chouans mis à part, on aspirait à la fin des luttes civiles comme de la guerre extérieure. Ceux qui n'avaient rien gagné redoutaient un surcroît de misère ; les profiteurs avaient peur maintenant de perdre ce qu'ils avaient obtenu. La Révolution, pour la nouvelle bourgeoisie, était faite ; restait à la consolider. Balzac l'a admirablement montré à travers les personnages de Malin et de Goulard dans *Une ténébreuse affaire.*

Sieyès s'employait à cette consolidation. Il avait depuis longtemps imaginé une constitution qui lui permettrait de prendre sa revanche sur les constituants de 1791 et de 1795, dédaigneux de ses avis. Mais une révision constitutionnelle impliquait, dans ses formes légales, de longs délais : elle ne pouvait être engagée que neuf ans après la formulation de la demande. Un coup d'État était donc nécessaire. Pour le réussir, il fallait un général. Sieyès songea à Joubert, mais celui-ci fut tué à la bataille de Novi [3]. Ce n'était pourtant que partie remise. L'ancien abbé chercha un nouveau sabre.

Ainsi, comme l'avait prévu La Révellière, l'entrée de Sieyès au Directoire fut un ferment de dissolution. Pourtant, malgré son impopularité, ce Directoire, si décrié, pouvait se targuer de tenir la situation militaire en main grâce aux victoires de Zurich et de Bergen. Il avait également entrepris, grâce à Ramel, une œuvre de rénovation financière. Surtout il restait le pouvoir légal face aux attaques des néo-jacobins, aux complots des royalistes et aux intrigues de Sieyès [4].

BONAPARTE

C'est dans ce contexte que parvint la nouvelle du retour de Bonaparte. Lui aussi risquait de se trouver en porte à faux. Les derniers succès de Brune et de Masséna ne justifiaient plus son abandon de l'armée d'Égypte. Mais il arrivait, auréolé d'une éclatante victoire, celle d'Aboukir dont l'annonce avait éclipsé Zurich et Bergen. La popularité de Bonaparte était considérable. Lui-même, semble-t-il, ne la soupçonnait pas aussi grande. Débarqué, le 9 octobre 1799, dans la baie de Saint-Raphaël, il suscita, dès son arrivée, un tel mouvement de curiosité qu'il fut dispensé de l'habituelle et obligatoire quarantaine. A partir d'Avignon, des foules imposantes se pressaient à son passage et l'acclamaient. Le général Boulard affirme dans ses *Mémoires* que « dès cette époque on regardait Bonaparte comme appelé à sauver la France de la crise où l'avaient jeté le pitoyable gouvernement du Directoire et les revers de nos armées. Porté par la vague, Lucien Bonaparte était élu président des Cinq-Cents sur la magie du nom et malgré son jeune âge ». D'où venait cette popularité ? D'une habile propagande commencée au moment des opérations d'Italie. Elle visait à mettre Bonaparte à l'écart de la corruption qui régnait alors pour en faire un général à l'antique, pur et dur, que sa jeunesse avait préservé de toute compromission politique et que son génie faisait voler de victoire en victoire. Les journaux étaient relayés par l'imagerie. Lamartine a raconté dans ses *Mémoires* combien l'avaient fait rêver les images que le colporteur apportait à Milly et où l'on voyait un général empanaché commander ses troupes en grand uniforme à l'ombre des Pyramides. Jaffa, Nazareth, Saint-Jean-d'Acre, autant de noms de la campagne d'Égypte qui ne pouvaient qu'exalter des imaginations nourries des Évangiles. L'opinion avait perdu confiance dans ses dirigeants civils ; elle se méfiait depuis La Fayette et Dumouriez des généraux politiciens. Étrange, fascinant, hors du commun, Bonaparte l'impressionnait. Habilement celui-ci, avant l'expédition d'Égypte, s'était fait élire à l'Institut, à la classe des sciences, au fauteuil de Carnot.

Il pouvait donc compter sur ces idéologues qui faisaient et défaisaient alors les réputations. Il pouvait ajouter leur caution à celle de l'armée.

Son passé contribuait à brouiller les cartes. Bonaparte était d'origine noble, ce qui pouvait rassurer les royalistes ; il avait pourtant déjoué leurs projets le 13 vendémiaire et le 18 fructidor, ce qui constituait un gage sérieux pour les républicains. Nul ne connaissait en définitive ses véritables intentions.

Initialement, il semble que Bonaparte ait limité ses objectifs à son entrée au Directoire. Mais il fut arrêté par la limite d'âge et Gohier, directeur particulièrement rigide, ne voulut accepter aucun arrangement.

Bonaparte songea-t-il à se tourner alors vers l'opposition néo-jacobine ? Il pouvait lui donner des gages, du *Souper de Beaucaire,* composé pour réfuter les arguments des fédéralistes, à l'amitié de Robespierre le Jeune au siège de Toulon. Vers le 10 brumaire, Jourdan avait proposé de donner à Bonaparte « la magistrature suprême » pourvu que la liberté fut garantie et il avait essayé de rencontrer Bonaparte. Mais celui-ci devait compter avec Bernadotte auquel tout l'opposait y compris ses amours : le général avait épousé Désirée Clary précédemment fiancée à Bonaparte. De plus celui-ci ne souhaitait pas relancer la Révolution mais l'arrêter.

Les royalistes ne pouvaient être contactés que par l'intermédiaire de Barras, dont on pense qu'il négociait alors avec eux. Mais Bonaparte ne pardonnait pas à son ancien protecteur sa liaison ancienne avec Joséphine et la corruption qui l'entourait au Luxembourg. Au demeurant Barras avait déjà son général en la personne d'Hedouville. A la recherche d'alliés, Bonaparte était contraint de se tourner vers Sieyès [5]. Talleyrand, Réal, commissaire du Directoire [6] et Fouché, ministre de la Police, servirent d'intermédiaires [7]. Une première rencontre, le 23 octobre 1799, ne donna rien. Sieyès penchait alors pour Moreau mais celui-ci se déroba. L'entrevue décisive eut lieu le 6 novembre. L'ancien abbé exposa son plan : un coup d'État parlementaire, créer un vide de l'exécutif entraînant, comme au 10 août, la chute du législatif. Une commission serait chargée de rédiger une nouvelle constitution. La tâche de faire le vide à la tête de l'exécutif était relativement aisée : la démission de Sieyès entraînerait celle de Roger Ducos ; on achèterait Barras. Comme on pouvait redouter dans les conseils l'opposition des députés jacobins, Bonaparte avait pour mission de les intimider. Il obtint d'avoir un droit de regard sur la nouvelle constitution. On éviterait de trop heurter de front la légalité : la peur d'être mis hors la loi tenaillait les conspirateurs.

LE 18 BRUMAIRE

Dans la nuit du 8 au 9 novembre (du 17 au 18 brumaire) tandis que des mouvements de troupes étaient ordonnés vers les Tuileries [8], des convocations furent adressées aux membres du Conseil des Anciens [9]. Sieyès y disposait de la majorité et c'était ce Conseil qui déterminait constitutionnellement le lieu où devait siéger le Corps législatif. Le 9 novembre, à sept heures trente, les Anciens, encore mal réveillés et un peu surpris par l'agitation militaire régnant autour des Tuileries où ils tenaient leurs séances, apprenaient par Cornet, représentant du Loiret, que la République était menacée. Prenant à son tour la parole, Régnier conseillait de quitter Paris au plus vite pour Saint-Cloud afin de s'y trouver à l'abri de tout coup de main. Affolés, les Anciens votaient le décret suivant :

Article premier. Le Corps législatif est transféré dans la commune de Saint-Cloud. Les deux Conseils siégeront dans les deux ailes du palais.

Article 2. Ils y seront rendus demain 19 brumaire à midi. Toute continuation des fonctions et des délibérations est interdite ailleurs et avant ce temps.

Article 3. Le général Bonaparte est chargé de l'exécution du présent décret ; il prendra toutes les mesures nécessaires pour la sûreté de la représentation nationale.

Article 4. Le général Bonaparte est appelé dans le sein du Conseil pour y recevoir une expédition du décret et prêter serment.

Averti aussitôt, Bonaparte, entouré de son état-major, se rendait aux Tuileries. Il affirmait devant les Anciens : « Citoyens représentants, la République périssait, vous l'avez su et votre décret vient de la sauver. Malheur à ceux qui voudraient le trouble et le désordre je les arrêterai, aidé du général Lefebvre, du général Berthier et tous mes compagnons d'armes... Votre sagesse a rendu ce décret ; nos bras sauront l'exécuter. Nous voulons une République fondée sur la vraie liberté, sur la liberté civile, sur la représentation nationale ; nous l'aurons, je le jure, en mon nom et en celui de mes compagnons d'armes. » Serment repris par les Lefebvre, Berthier et autres Marmont qui entouraient le général en chef. A aucun moment Bonaparte n'a précisé la nature du danger qui menaçait la République. On comprit néanmoins qu'il s'agissait d'éléments avancés du jacobinisme. Dans les jardins des Tuileries, Bonaparte apostropha bruyamment Bottot, secrétaire de Barras. La scène eut lieu devant les soldats qui étaient stationnés devant le palais : « Dans quel état j'ai laissé la France et dans quel état je l'ai retrouvée. Je vous avais laissé la paix et je retrouve la guerre ! Je vous avais laissé des conquêtes et l'ennemi passe nos frontières ! J'ai laissé les millions d'Italie et je retrouve partout des lois spoliatrices et la misère ! Cet état de choses ne peut durer ; avant trois mois, il nous mènerait au despotisme. Mais nous voulons la République, la République assise sur les bases de l'égalité, de la morale, de la liberté civile et de la tolérance politique. Il est temps que l'on rende aux défenseurs de la patrie la confiance à laquelle ils ont tant de droits ! A entendre quelques factieux bientôt nous serions tous des ennemis de la République, nous qui l'avons affermie par nos travaux et notre courage ! Nous ne voyons pas de gens plus patriotes que les braves qui sont mutilés au service de la République [10]. »

L'algarade avait un but bien précis : permettre de connaître les sentiments des soldats. De leur réaction dépendait l'avenir du complot. Bonaparte fut acclamé. Il pouvait compter sur l'armée.

A onze heures, les Cinq-Cents qui siégeaient au Palais-Bourbon eurent connaissance du décret des Anciens. Il y eut des protestations, mais aucune résistance. Tout était légal.

Nouveau pas à franchir : faire le vide à la tête de l'exécutif. Sieyès et Roger Ducos remirent leur démission. Il fallait convaincre Barras pour que la majorité fût atteinte. Talleyrand avait été chargé de l'acheter. Observant les mouvements de troupes, Barras n'insista pas et annonça « qu'il rentrait avec joie dans le rang de simple citoyen ». Talleyrand garda, dit-on, les millions que Bonaparte lui avait confiés pour soudoyer son ancien protecteur.

Moulin et Gohier qui avaient refusé d'imiter Barras furent consignés au Luxembourg sous la garde de Moreau qui se contenta de ce rôle effacé. Il n'y avait plus de Directoire [11].

Lorsque la nuit tomba, la première partie du complot avait parfaitement réussi.

LE 19 BRUMAIRE

La deuxième partie se joua à Saint-Cloud où les Conseils avaient été convoqués le lendemain à midi.

Six mille hommes avaient été rassemblés autour du château. Ils se répandaient en propos hostiles contre les députés qu'ils rendaient responsables du retard apporté au versement de leur solde. Ils avaient d'ailleurs été mis en condition par leurs officiers.

Réunis dans la galerie d'Apollon, les Anciens, sous la présidence de Lemercier, prirent acte, avec des mouvements divers, de la démission du Directoire. Bonaparte parut devant le Conseil : il tint un discours creux et embarrassé, presque inaudible, qui ne produisit qu'une médiocre impression. Mais les opposants et les curieux furent rapidement réduits au silence.

Bonaparte se rendit ensuite dans l'orangerie du château où étaient installés les Cinq-Cents. Les conjurés n'y avaient pas la majorité et les débats avaient pris un tour houleux avant même son arrivée. Cette arrivée ne calma guère les esprits. Interrogé sur les menaces pesant sur la République, interpellé, bousculé, injurié, Bonaparte perdit son sang-froid. Que se passa-t-il exactement. Les récits sont souvent divergents. Lucien Bonaparte, qui présidait le Conseil, ne parvint pas à rétablir le calme. Comme on réclamait la mise hors la loi de son frère, il déposa ses insignes de président pour gagner du temps. Une fois dehors, il aurait improvisé un discours devant les soldats et aurait montré le général qui sortait aussi, hagard, le visage maculé de sang.

A-t-il parlé d'assassinat, de poignards qui auraient été levés sur son frère par des députés [12] ? Exaspérées par l'attente, les troupes faisaient preuve de nervosité. Les tambours se mirent à battre. Murat marcha avec ses grenadiers vers l'orangerie. Leclerc se joignit à lui. Les députés continuaient à discuter dans la plus grande confusion : « Foutez-moi tout ce monde dehors », cria Murat. En cinq minutes la salle des séances fut vidée par les baïonnettes.

Le plan de Sieyès s'écroulait. Le coup d'État devenait militaire et non plus parlementaire ; il échappait à l'ancien abbé au profit de Bonaparte. Injuste retour des choses : la médiocre prestation du général devant les Conseils lui assurait l'avantage. Le dernier mot revenait au sabre.

Il fallait pourtant maintenir une façade légale. A la hâte et dans la confusion, on réunit Anciens et Cinq-Cents favorables au coup d'État : ils décidèrent de combler le vide du pouvoir exécutif par la nomination de trois consuls provisoires, Bonaparte, Sieyès et Roger Ducos. Le Corps législatif était ajourné. Deux commissions recevaient la charge de rédiger une nouvelle Constitution, la quatrième depuis 1789. Bonaparte donna la version officielle des événements dans une proclamation répandue dans la capitale et en province :

« A mon retour à Paris j'ai trouvé la division dans toutes les autorités, et l'accord établi sur cette vérité, que la Constitution était à moitié détruite et ne pouvait sauver la liberté. Tous les partis sont venus à moi, m'ont confié leurs desseins, dévoilé leurs secrets et m'ont demandé mon appui : j'ai refusé d'être l'homme d'un parti. » Déjà apparaît l'essence du bonapartisme : se placer au-dessus des partis. Bonaparte poursuit : « Le Conseil des Anciens m'a appelé : j'ai répondu à son appel. Un plan de restauration générale avait été concerté par des hommes en qui la nation est accoutumée à voir des défenseurs de la liberté, de l'égalité, de la propriété. » Liberté, égalité, propriété : les trois mots clefs de la révolution bourgeoise. Et de continuer : « Ce plan demandait un examen calme, libre, exempt de toute influence et de toute crainte. En conséquence, le Conseil des Anciens a résolu la translation du Corps législatif à Saint-Cloud ; il m'a chargé de la disposition de la force nécessaire à son indépendance. J'ai cru devoir à mes concitoyens, aux soldats périssant dans nos armées, à la gloire nationale acquise au prix de leur sang, d'accepter le commandement.

« Les Conseils se rassemblent à Saint-Cloud ; les troupes républicaines garantissent la sûreté au-dehors ; mais des assassins établissent la terreur au-dedans. Plusieurs députés du Conseil des Cinq-Cents, armés de stylets et d'armes à feu, font circuler tout autour d'eux des menaces de mort... Je porte mon indignation et ma douleur au Conseil des Anciens... Il s'unit à moi par de nouveaux témoignages de sa constante volonté.

« Je me présente au Conseil des Cinq-Cents, seul, sans armes, la tête découverte, tel que les Anciens m'avaient reçu et applaudi ; je venais rappeler à la majorité ses volontés et l'assurer de son pouvoir.

« Les stylets qui menaçaient les députés sont aussitôt levés sur leur libérateur ; vingt assassins se précipitent sur moi et cherchent ma poitrine. »

Voilà accréditée la légende des poignards levés sur Bonaparte. Elle sert de justification à l'intervention militaire :

« Les grenadiers du Corps législatif, que j'avais laissés à la porte de la salle, accourent, se mettent entre les assassins et moi. L'un de ces grenadiers [13] est frappé d'un coup de stylet dont ses habits sont percés. Ils m'enlèvent !

« Au même moment les cris de hors-la-loi se font entendre contre le défenseur de la loi. C'est le cri farouche des assassins contre la force destinée à les réprimer.

« Ils se pressent autour du président, la menace à la bouche, les armes à la main ; ils lui ordonnent de prononcer le *hors la loi ;* l'on m'avertit ; je donne ordre de l'arracher à leur fureur, et six grenadiers du Corps législatif s'en emparent. Aussitôt après, des grenadiers du Corps législatif entrent au pas de charge dans la salle et la font évacuer.

« Les factieux intimidés se dispersent et s'éloignent. La majorité, soustraite à leurs coups, rentre librement et paisiblement dans la salle de ses séances, entend les propositions qui devaient lui être faites pour le salut public, délibère et prépare la résolution salutaire qui doit devenir la loi nouvelle et provisoire de la République. »

Indiscutablement Bonaparte masque la violence du coup de force transformé en une sorte de ballet où les Jacobins sortent quand ses partisans rentrent. La péroraison vise à rassurer ; elle donne aussi son sens au coup d'État : la République a été sauvée d'un complot jacobin liberticide et menaçant les propriétés. « Français, proclame Bonaparte, vous reconnaîtrez sans doute à cette conduite le zèle d'un soldat de la liberté, d'un citoyen dévoué à la République. Les idées conservatrices, tutélaires, libérales, sont rentrées dans leurs droits par la dispersion des factieux qui opprimaient les Conseils, et qui, pour être devenus les plus odieux des hommes, n'ont pas cessé d'en être les plus méprisables [14]. » Telle fut la version officielle des faits.

Le coup d'État s'était déroulé hors des barrières de la capitale par crainte d'une réaction des faubourgs en faveur des néo-jacobins. Paris ne bougea pas. Le ressort révolutionnaire de la capitale était brisé. L'opinion ne souhaitait pas une nouvelle guerre civile. La Révolution semblait finie. Il revenait à Bonaparte d'en consolider les conquêtes : « Liberté, égalité, propriété. »

CHAPITRE XXI

Bilan politique

D'un côté une France plus grande, plus forte militairement, plus unifiée sur le plan administratif ; de l'autre une instabilité politique que traduit l'existence de trois Constitutions en dix ans, une France déchirée en camps ennemis, la guerre civile. Le bilan politique de la Révolution ne peut qu'être nuancé.

LES FRONTIÈRES

La Révolution a introduit plus de rigidité dans la notion jusqu'alors flottante de frontière. En 1789 les chevauchements étaient constants : « Tel territoire relevait de la France simplement pour un impôt concernant les routes, c'était la région entre Landau et Wissembourg ; des villages étaient partagés en deux ou en trois, entre la France et l'évêché de Trèves ou le duché des Deux-Ponts ou les terres de l'évêché de Liège ; des localités comme Bouzonville, à leur gré, pouvaient se classer comme lorraines ou comme dépendant de l'évêché de Liège [1]. »

De plus les enclaves étaient nombreuses de part et d'autre de la frontière du Nord et de l'Est. Il y avait des situations particulières comme celle de l'Alsace depuis les traités de Westphalie.

La Révolution, surtout à partir du moment où elle fut en guerre, considéra non plus les terres mais les populations. Le cas des princes possessionnés d'Alsace est exemplaire : la Constituante légiféra en faveur des populations sans tenir compte des droits des princes étrangers. Elle eut aussi le souci de réduire les enclaves. L'idée fut développée en octobre 1795 par Merlin de Douai à propos du rattachement du pays de Bouillon : « Il serait inconcevable de laisser subsister une enclave qui serait le refuge des malfaiteurs et l'entrepôt d'un commerce interlope. »

Dans le cas du comtat Venaissin fut invoqué le droit des peuples à disposer d'eux-mêmes. Principe repris pour la Savoie le 27 novembre 1792 et pour les Alpes-Maritimes le 31 janvier 1793, ou encore pour Porrentruy en mars 1793. A propos de l'Alsace, Merlin de Douai, le 28 octobre 1790, proclamait : « Aujourd'hui que les rois sont généralement reconnus pour n'être que les délégués et les mandataires des nations dont ils avaient jusqu'à présent passé pour les propriétaires et les maîtres, qu'importent au peuple d'Alsace, qu'importent au peuple français les conventions, qui, dans les temps du despotisme, ont eu pour objet d'unir le premier au second ? Le peuple alsacien s'est uni au peuple français parce qu'il l'a voulu ; c'est donc sa volonté seule et non pas le traité de Munster qui a légitimé l'union [2]... »

On en vint avec la Belgique à une autre justification : celle des frontières naturelles évoquée par Danton et fréquemment reprise par les Thermidoriens ou Reubell sous le Directoire. Idée neuve mais que l'historien Mézeray avait déjà évoquée autrefois en parlant des « frontières naturelles de la Gaule », frontières auxquelles on trouvait des allusions dans l'édition des écrits de Richelieu.

Le territoire national parfaitement délimité par l'Océan, les Pyrénées et les Alpes, devait-il suivre le Rhin tout au long en annexant la rive gauche (« Ce fleuve est la borne naturelle des Gaules », disait Cloots) ou pouvait-on se contenter – point de vue de Carnot – d'une frontière stratégique permettant de mener des contre-offensives ? La politique des frontières naturelles exigeait l'annexion de la Belgique. On a pu parler alors d'anéantissement du peuple belge : il n'y avait pas en effet des Belges rattachés à la France mais des Français auxquels on accorda seulement un régime de transition. Il y eut d'ailleurs des hésitations. Déjà, lors de l'annexion de Nice, Lasource s'était exclamé : « Donner des lois c'est conquérir. » Et Desmoulins à propos de la Savoie : « Craignons de ressembler aux rois en enchaînant la Savoie à la République. »

Idée ancrée par la Révolution : l'impossibilité d'aliéner une partie du territoire de la République. On finit par reconnaître les colonies comme partie intégrante du territoire national.

LA GRANDE NATION

La France révolutionnaire a rapidement montré son impérialisme. Une justification : l'idéologie. Le décret du 15 décembre 1792 promet aux pays occupés une transformation complète : « Dans les pays qui sont ou seront occupés par les armées de la République, les généraux proclameront sur-le-champ au nom de la nation française, la souveraineté du peuple, la suppression de toutes les autorités établies, des impôts ou contributions existants, l'abolition de la dîme, de la féodalité, des droits seigneuriaux, tant féodaux que censuels, fixes ou casuels, des banalités, de la servitude réelle et personnelle, des privilèges de chasse et de pêche, des corvées, de la noblesse et généralement de tous les privilèges. » La sûreté des personnes et des biens est garantie par les articles 2 et 4. Les changements accomplis sont déclarés irréversibles par l'article 11 : « La nation française déclare qu'elle traitera comme ennemi le peuple qui, refusant la liberté et l'égalité, ou y renonçant, voudrait conserver, rappeler ou traiter avec le prince et les castes privilégiées... »

Sous couvert idéologique, la France n'a cessé de s'agrandir. Aux départements formés en 1790 vinrent s'ajouter ceux du Vaucluse (Avignon et comtat Venaissin) du Mont-Blanc (Chambéry) et des

Alpes-Maritimes (Nice). L'occupation des territoires de l'évêque de Bâle provoqua la création d'un département du Mont-Terrible. La conquête de la Belgique entraîna la formation de neuf nouveaux départements : Lys (Bruges), Escaut (Gand), Jemmapes (Mons), Deux-Nèthes (Anvers), Dyle (Bruxelles), Meuse-Inférieure (Maëstricht), Ourthe (Liège), Sambre-et-Meuse (Namur), Forêts (Luxembourg). Le 24 janvier 1798, la rive gauche du Rhin était organisée en quatre départements et Genève, trois mois plus tard constituait celui du Léman.

S'y ajoutèrent les républiques-sœurs. Carnot n'avait en effet cessé de penser que les frontières naturelles entraîneraient la France dans une guerre sans fin ; il défendait l'idée des « petites limites », idée partagée par des généraux et des commissaires aux armées. Kléber déclarait : « Je ne veux être, je ne serai jamais l'instrument passif d'aucun système de conquête qui pût différer un instant la félicité de nos concitoyens. » Et Pagès, dans son *Histoire secrète de la Révolution française :* « On dit que pour avoir une paix durable il faut prendre le Rhin comme frontière. Au contraire, l'agrandissement d'une nation excite l'envie et la haine durable. Une conquête est un germe éternel de guerres et de conflits. La France a promis de renoncer aux conquêtes [3]. »

Sieyès n'en réclamait pas moins une chaîne de républiques sœurs. Le problème se posa avec l'occupation de la Hollande. Le Comité de salut public précisa ses intentions : « Nous pensons que le système à suivre en Hollande est tout à fait différent de celui qu'il fallait suivre dans la Belgique. L'intérêt de la République est que les Hollandais soient rassurés, qu'ils n'émigrent point avec leurs trésors et leur commerce, et que les Anglais, leurs rivaux, ne se réjouissent pas de tout ce qu'ils auraient perdu les premiers. Il faut que leurs propriétés individuelles soient garanties, que la Hollande fournisse à nos approvisionnements, qu'enfin les Bataves, au moins ceux d'outre-Rhin, soient nos alliés et que le Stathoudérat soit écrasé [4]. »

La paix de La Haye du 16 mai 1795 confortait la frontière française sur la Meuse et l'Escaut tout en laissant une existence autonome à une République batave, sœur de la République française.

Les patriotes italiens et suisses accueillirent favorablement cette solution. Il y eut une république cisalpine, création de Bonaparte en Italie, dont l'exemple fut suivi à Gênes, à Rome et à Naples, puis, à l'instigation de Frédéric-César La Harpe et de Pierre Ochs, une République helvétique.

En 1798-1799, l'influence française s'étend à la presque totalité de la péninsule italienne, à l'Allemagne rhénane, à la Suisse et à la Hollande.

Comment expliquer ces succès autrement que par l'héritage de l'Ancien Régime : une population nombreuse et un armement remarquable (le canon Gribeauval et le fusil modèle 1777), une langue répandue dans toute l'Europe et une réputation scientifique incomparable. La Révolution y a ajouté un sens aigu de la propagande et une armée nationale dont Guibert avait prédit les victoires.

UNE FRANCE CENTRALISÉE

L'un des mérites de la Révolution fut de tenter de donner à la France l'unité qui lui manquait, surtout quand fut abolie la monarchie, seul véritable lien entre les provinces. Pour cela il parut utile de détruire l'esprit particulariste des provinces en leur substituant une nouvelle division, le département. Le 15 janvier 1790 la France se retrouva découpée en quatre-vingt-trois départements divisés en cantons et communes. Les provinces perdirent toute existence légale tandis que les départements étaient placés sur un même pied d'égalité et administrés par des autorités locales. La réaction contre le particularisme régional, lié aux souvenirs de la féodalité, s'accompagna en effet, par une singulière incohérence, de la destruction de l'œuvre centralisatrice entreprise sous l'Ancien Régime, au moins depuis Richelieu. Pour être juste, il faut reconnaître que les pouvoirs des intendants s'étaient dissous dans la crise de l'été 89. On en arriva rapidement à une trop grande décentralisation. Conseils et directoires se recrutaient par élection ; en revanche le gouvernement n'était représenté par aucun agent capable d'imposer son autorité. Burke ironisait sur ce système de quatre-vingt-trois pouvoirs indépendants rendant impossible de diriger la France comme un seul corps : « Toutes ces républiques, prophétisait-il, ne supporteront pas longtemps la suprématie de celle de Paris. »

La Révolution avait créé un nouveau problème : centralisation ou fédéralisme. La Montagne défendait la première solution en faisant proclamer en septembre 1792 « la République française une et indivisible ». La Gironde ripostait en réclamant que Paris fût réduit à un quatre-vingt-troisième d'influence comme chacun des autres départements.

Les Girondins vaincus, s'établit la centralisation jacobine. Ce régime de démocratie autoritaire s'atténua sous le Directoire mais l'administration départementale et municipale fut soumise au contrôle d'un commissaire du Directoire qui annonçait le préfet.

Ce qui facilita désormais l'action centralisatrice, ce fut, Tocqueville l'a bien vu, la disparition, dans la nuit du 4 août, des privilèges si nombreux en France mais qui étaient autant de défenses contre l'intervention du gouvernement. Et Tocqueville de noter : « Vous apercevez maintenant un pouvoir central immense qui a attiré et englouti dans son unité toutes les parcelles d'autorité et d'influence qui étaient auparavant dispersées dans une foule de pouvoirs secondaires, d'ordres, de classes, de professions, de familles et d'individus, et comme éparpillées dans tout le corps social. »

LES CONSTITUTIONS

Jusqu'en 1789 les lois fondamentales du royaume (la loi salique par exemple) n'étaient pas écrites ; elles n'en formaient pas moins un ensemble intangible qu'invoque Retz dans ses *Mémoires*.

Désormais la France a une Constitution écrite. Un certain nombre de principes ont été proclamés dans la Déclaration des droits de l'homme qui précède la Constitution de 1791. La souveraineté de la nation est substituée à celle du roi. La loi est désormais « l'expression de la volonté générale. Tous les citoyens ont le droit de concourir personnellement ou par leurs représentants à sa formation ». « Cette souveraineté de la nation, la Constitution la divinise. Elle est une, indivisible, inaliénable, imprescriptible. Inhérente à la nature de l'homme, de droit donc naturel, elle s'impose, intangible même à lui-même. Il ne saurait y porter la main soit pour s'en saisir au regard des autres, soit pour s'en dépouiller. Autant dire qu'elle est de droit divin comme l'était la souveraineté du roi sous le régime déchu et que la Révolution, comme on l'a si souvent noté, n'a changé que le titulaire du pouvoir sans changer sa nature [5]. »

Conséquence : l'établissement d'un régime représentatif. La souveraineté directe est repoussée, malgré Rousseau. Les représentants ne peuvent recevoir un mandat impératif : les députés sont envoyés pour délibérer, or « il est impossible de délibérer, notait Talleyrand, quand on a une opinion forcée ».

Les libertés, bien que proclamées haut et fort, ne seront pas respectées après 1792 : liberté de la presse, liberté des cultes...

Les constituants ont distingué, après Montesquieu, trois pouvoirs : l'exécutif, le législatif et le judiciaire qui se concentraient, avant 1789, dans la personne du roi et qui désormais devront être séparés. Dogme sur lequel la Révolution ne reviendra pas : « Toute société dans laquelle la garantie des droits n'est pas assurée ni la séparation des pouvoirs déterminée, n'a pas de constitution. »

En ce qui concerne le législatif, les révolutionnaires ont hésité entre le monocamérisme qui triomphe en 1791 et le bicamérisme établi en 1795. La vieille méfiance à l'égard de la chambre haute se transforma en 1795 en une méfiance à l'égard de la chambre unique après les excès de la Convention.

Mais où les révolutionnaires ont échoué c'est dans l'établissement d'un pouvoir exécutif durable. A la monarchie absolue de droit divin, ils ont tenté de substituer une monarchie constitutionnelle à l'anglaise qui n'a duré qu'une année. Certes Louis XVI porte la responsabilité de cet échec, mais pouvait-on espérer qu'un changement trop radical puisse immédiatement aboutir ? Le vide de l'exécutif ne pouvait être comblé par un pouvoir collégial et les perpétuels remaniements du Comité de salut public ne purent être atténués que dans la période fin 1793-juillet 1794 où le gouvernement révolutionnaire fonctionna à plein. Mais, parce que révolutionnaire, ce gouvernement n'est que provisoire.

On vit par la suite, dans la Constitution de 1795, les inconvénients d'un pouvoir collégial. Formé de cinq membres, le Directoire fut sans cesse déchiré par les luttes intestines, paralysé par une certaine lenteur de décision et finalement auteur ou victime de coups d'État presque annuels.

La décennie 1789-1799 est celle de l'instabilité politique : trois Constitutions dont deux renversées par la violence et la troisième jugée inapplicable par ses auteurs eux-mêmes ; un parlementarisme à peine né et déjà discrédité par la corruption et la démagogie. Observateur lucide sinon objectif, Fiévée constate : « La Révolution ayant exagéré toutes les espérances populaires et n'ayant produit qu'un plus grand malaise, le peuple, toujours dupe de ceux qui l'exaltent, attendait tant des flatteurs qu'on ne peut rien faire pour lui qui approche de ce qu'on lui avait promis [6]. » Du coup les régimes qui se succédèrent continrent en germe la dictature militaire : La Fayette en 1792, Dumouriez en 1793 et Bonaparte sous le Directoire. Ce dernier réussira là où ses prédécesseurs avaient échoué. Il apparut en effet que le régime représentatif parlementaire mis en place en 1795 ne pouvait déboucher que sur la restauration monarchique ou l'anarchie. L'armée était le seul rempart de la République : une dictature militaire de salut public s'imposait [7]. Mais elle ne pouvait être qu'éphémère. Quelques décennies plus tard, Prévost-Paradol constatera que la France cherche encore son gouvernement. Elle n'a pas retrouvé l'équilibre perdu en 1789.

CHAPITRE XXII

Une nouvelle société

La disparition de la monarchie absolue de droit divin s'est accompagnée de profonds changements sur le plan social. La société d'ordres est engloutie, entraînant avec elle la noblesse et dans une certaine mesure le clergé. Si la barrière juridique – moins rigide qu'on ne l'a dit parfois – séparant la noblesse et le tiers état tombe, l'argent dresse désormais une autre barrière, plus difficile à franchir.

LE BILAN DÉMOGRAPHIQUE

La Révolution a-t-elle saigné démographiquement la France ? L'imperfection de l'appareil statistique et l'insuffisance des recherches rend difficile une réponse précise [1].

Les troubles intérieurs, l'émigration, la guerre, la disette et les épidémies devraient avoir provoqué une chute de la population.

L'émigration aurait correspondu à 1 % de la population, n'ayant pas seulement touché la noblesse mais le clergé et la bourgeoisie compromise dans la révolte fédéraliste. Mais n'ont été vraiment atteints que les départements des frontières (4,5 % pour le Bas-Rhin).

Les estimations concernant les victimes de la Terreur sont incertaines : on connaît la liste des personnes traduites devant le Tribunal révolutionnaire de Paris, mais la répression en province n'est pas encore étudiée avec précision. Greer a recensé 16 600 sentences de mort et avance – compte tenu des exécutions sans jugement – le nombre de 40 000 victimes. Chiffre qui paraît beaucoup trop inférieur à la réalité si l'on tient compte des massacres de Vendée ou de Lyon.

La guerre a provoqué elle aussi bien des pertes humaines. Combien d'hommes appelés ? D'après Daru, 844 000 avant la loi Jourdan établissant la conscription. Les pertes, selon une enquête menée sous le Directoire, s'élèveraient à 14 % [2]. Avec la conscription les demandes ont été accrues. Au total, selon les estimations les plus sérieuses [3], il y aurait eu 203 000 morts pour les années 1792-1794 et 235 000 de 1795 à 1799.

La disette a principalement frappé les grandes villes et a atteint son point culminant à Paris, après la suppression du maximum. Mais il n'y a pas de surmortalité enregistrée même en 1795. On note toutefois un creux des naissances en 1796.

Pourtant les chiffres officiels ne confirment pas une tendance à la baisse. Au contraire : alors que la France comptait en 1791 26 900 000 habitants, elle en aurait eu 27 800 000 en 1796 d'après l'*Almanach national* et le recensement (toujours dans les mêmes limites) de 1801 lui en attribuerait 27 900 000. Au mois d'avril 1796, un rapport de Prony, chef du bureau du cadastre conclut à une croissance de la population, les territoires annexés non comptés.

Cet accroissement serait le suivant :
- 1785 : 16 %.
- 1790 : 0 %.
- 1795 : 36 %.
- 1800 : 12 % [4].

Cette population reste jeune : en 1791, on trouvait 5 500 000 personnes de sexe féminin ayant moins de 19 ans et 5 600 000 de sexe masculin. En 1796, les filles étaient 5 700 000 et les garçons 5 800 000 pour une population de 28 millions d'habitants. Pour la tranche d'âge de 20 à 64 ans, on comptait 7 400 000 femmes en 1791 et 6 900 000 hommes ; cinq ans plus tard il y avait 7 500 000 femmes et 7 000 000 d'hommes. Plus de 65 ans : 700 000 femmes en 1791 contre 600 000 hommes ; la proportion reste la même cinq ans plus tard. Ainsi la France offre-t-elle l'image d'un pays jeune, même si l'on observe, à partir de 1797, un fléchissement de la fécondité dû peut-être à l'établissement du divorce et d'un régime successoral égalitaire. En 1799, la France n'est pas saignée démographiquement : elle vit encore sur l'héritage de l'Ancien Régime. Dans le cas contraire, Napoléon n'aurait pu continuer à faire face aux coalitions européennes.

LA FRANCE RURALE

A côté du caractère immuable des travaux des champs rythmés par les saisons, des changements s'observent dans la vie rurale.

La disparition du régime seigneurial, même effectué en plusieurs étapes puisqu'il faudra attendre la Convention pour que le système féodal soit aboli sans indemnisation le 17 juillet 1793, et que certaines contraintes subsisteront au XIXe siècle, reste néanmoins un événement considérable. Certes, on l'a dit, les droits féodaux étaient souvent légers mais ils n'en demeuraient pas moins contraignants. Leur suppression s'ajoutant à un impôt moins lourd et à la possibilité de payer les fermages en assignats dévalués, ne pouvait qu'assurer une certaine aisance financière aux petits exploitants et aux fermiers. Autre facteur d'aisance : la montée des prix agricoles et celle des salaires des journaliers.

Or c'est le moment où se vendent les biens nationaux, l'autre grand événement qui modifie la vie des campagnes. Le paysan s'est porté acquéreur. Mais il lui a fallu compter, au voisinage des villes, avec la concurrence de la bourgeoisie poussée par la vanité et soucieuse, en période d'inflation, d'investir son argent. Souvent les paysans se sont associés en syndicats pour lutter contre cette concurrence ou acheter des domaines importants. Ce fut le cas en Côte-d'Or, dans le Gard, dans la Nièvre. Ailleurs, dans les régions de propriété morcelée, la poussée d'achat vers les petits domaines fut particulièrement forte.

Difficile toutefois d'esquisser un bilan. Dans son étude sur le morcellement parue en 1885, Foville observait que 500 000 propriétaires nouveaux étaient apparus entre 1789 et 1816. Mais il ne faut pas oublier les effets du décret du 7 mars 1793 imposant le partage égalitaire obligatoire entre héritiers. L'augmentation serait pour la période révolutionnaire de 35 % dans le Nord [5]. Quelle fut la part des « notables ruraux ? » A considérer les sources littéraires – le Père Grandet par exemple – les acquéreurs seraient dans les campagnes des artisans (tonneliers, forgerons...) ou des aubergistes disposant de ressources en liquide, plutôt que des métayers ou des journaliers. Habitués à exploiter la terre des autres – et dans des conditions devenues de plus en plus avantageuses – les fermiers ont-ils toujours eu le réflexe d'acheter ? Probablement s'il s'agissait de terres sur lesquelles ils travaillaient. D'autre part ce sont eux qui ont été les plus favorisés par la Révolution. Comment n'auraient-ils pas investi dans la terre ? Mais gardons-nous de croire en l'anéantissement d'une grande propriété exploitée par fermage de métayage. C'est « la bourgeoisie paysanne » qui sort en définitive gagnante de la Révolution : elle s'est renforcée en richesse et en nombre tout en conservant son homogénéité. Le prolétariat rural est toujours aussi important mais la période – et la tendance va s'accentuer sous l'Empire – est de façon générale, sinon totale, à la hausse pour les gages et les salaires. La crise agraire est ainsi en apparence atténuée, même si l'on assiste, après 1797, à un déclin de la fécondité dans les campagnes. La possibilité qui leur était offerte de garder désormais pour eux la part seigneuriale a-t-elle poussé les paysans à étendre les cultures habituelles, surtout celles des céréales ? Robert Lindet affirmait qu'on n'avait jamais jusqu'alors ensemencé d'aussi grandes surfaces [6]. Malheureusement les extensions de surface ne s'accompagnèrent d'aucun progrès technique : la charrue resta rudimentaire ; on continua à battre au fléau ou à utiliser les chevaux et les mules pour fouler les gerbes sans tenir compte de la découverte d'une machine à battre ainsi que de la brouette à moissonner. La jachère continue à régner dans l'assolement triennal, malgré les efforts des agronomes en faveur des prairies artificielles. La marquise de Marbeuf qui avait tenté dans son exploitation aux confins de la Seine-et-Marne et de la Seine-et-Oise de multiplier les prairies artificielles fut accusée par ses fermiers de vouloir affamer le peuple et guillotinée en 1794 avec son intendant. Succès toutefois pour la pomme de terre qui gagne les départements du Midi. Développement aussi des plantes textiles comme le lin ou le chanvre. En revanche, la disparition des contraintes et la volonté d'étendre les défrichements provoquèrent de graves déboisements.

Le bétail à cornes est rare et médiocre. Les paysans n'en ont jamais compris l'importance pour la production d'engrais naturels et ne s'en servent que comme bêtes de somme. Dans les régions où l'on ne fait pas travailler les bœufs, on les abat entre trois et quatre ans. Les meilleurs bœufs viennent d'Agen et de Bordeaux. Les chevaux du Nord sont supérieurs à ceux du Midi. Ils ont beaucoup souffert des réquisitions imposées par la guerre. Chevaux de trait venus de Bretagne, du Bourbonnais et de Franche-Comté, chevaux de selle normands sont réclamés par l'armée. Des dépôts d'étalons sont envisagés mais ne voient pas le jour. En 1798, la France n'a que deux haras à Rosières dans la Meurthe et à Pompadour dans la Corrèze, plus quatre dépôts d'étalons à Versailles, Angers, Bayeux et dans l'Orne.

Un intérêt particulier est porté au mouton qui ne donne encore qu'une laine de qualité moyenne, sauf dans le Berry. On compte en 1796, 24 millions de bêtes à laine. Pour en améliorer la race, on étudie des croisements avec la race mérinos. Un des articles secrets du traité de paix signé avec l'Espagne en 1795 permet à la France d'importer 50 étalons andalous et 150 juments, 100 béliers et 1 000 brebis mérinos.

La paysannerie a dressé un front à peu près uni (Vendée comprise) contre les droits féodaux. Mais l'apparition de nouveaux propriétaires et l'engagement de l'agriculture dans une voie capitaliste (le problème notamment du partage des communaux et celui des servitudes collectives) ont brisé cette unité. Les réquisitions auraient pu provoquer de nouveaux troubles : blé, paille, chevaux, cuirs, chanvre, fusils de chasse sont enlevés aux paysans en 1793 et 1794. Mais ces réquisitions ont été surtout importantes dans les régions frontalières où les troupes étaient nombreuses rendant impossible toute résistance (28 % des victimes de la Terreur ont été des paysans), et où le patriotisme a pu jouer un rôle déterminant. La conscription fut également impopulaire (à la milice qui se limitait en général à une revue par an pour un homme sur mille cinq cents, se substitua un service plus lourd), mais la menace pesant sur les biens nationaux et l'éventualité d'un retour des droits féodaux ont retenu les paysans dans le camp de la Révolution, même si cette Révolution s'est arrêtée en chemin.

LA FRANCE BOURGEOISE

Autre vainqueur ; le bourgeois.

Du moins une certaine catégorie de bourgeois car les rentiers de l'État victimes de la banqueroute des deux tiers, les propriétaires de charges dépossédés par l'abolition de la vénalité des offices, tous ceux qui vivaient de revenus fonciers ou de loyers et qui ont été payés en assignats, sortent ruinés de l'épreuve. Avocats et médecins, après la destruction des corporations se trouvèrent exposés à la concurrence d'une multitude de charlatans. Mais c'est surtout la bourgeoisie des ports, négociants et armateurs de Bordeaux, Nantes ou Marseille qui ont été frappés de plein fouet par la guerre civile et la guerre maritime.

En revanche, ceux qui ont acheté des biens nationaux (en Ile-de-France, dans le Sud-Est et de façon générale à proximité des villes, les achats bourgeois semblent prépondérants) ont fait d'excellents placements. Bien des fortunes bourgeoises datent de ce transfert de propriété.

Autre forme d'enrichissement : la spéculation sur la dévaluation de l'assignat. S'y ajoutent les fournitures aux armées. L'urgence et la corruption ont supprimé généralement tout contrôle. De peu scrupuleux fournisseurs ont amassé d'énormes fortunes au détriment des soldats. Ouvrard, qui achète le château du Raincy, Hainguerlot, Paulée, Vanlerberghe peuvent mener, la Terreur disparue, un train de vie fastueux. La banque retrouve, après le retrait des assignats, une importance un moment perdue [7]. En apparence seulement car Perrégaux fut l'influent banquier du Comité de salut public. Caisse des comptes courants de Récamier, Caisse d'escompte du commerce, Société générale du commerce à Rouen... font leur apparition ou prennent un nouveau développement. Le cas d'un Périer qui a su diversifier ses investissements est exemplaire : déjà propriétaire à Vizille d'une manufacture d'indiennes et du château, il achète en l'an III des actions des mines d'Anzin. En 1795 il a une fortune évaluée à un million dont une partie en terres. Faut-il en faire le symbole d'un capitalisme qui prendrait alors son essor ? Libérés du carcan des corporations, le bâtiment et le textile (draps, soie) vont bénéficier de la libre concurrence et de l'interdiction de la grève. Mais ils ne connaîtront pas un essor semblable à celui de la sidérurgie où il n'y avait déjà sous l'Ancien Régime ni jurandes ni droit de coalition. L'affirmation d'un essor du capitalisme favorisé par la Révolution doit être nuancée selon les secteurs. Un nouveau pouvoir se dessine : l'administration. La décentralisation avait conduit à l'élection des fonctionnaires mais ceux-ci ne pouvaient se passer de commis (on dit alors des « employés ») qui leur étaient subordonnés. Leur nombre fut toutefois restreint dans les années 1790-1792. Beaucoup venaient de l'administration de l'Ancien Régime.

Il y eut changement avec l'établissement d'un gouvernement révolutionnaire. Les administrations élues furent démantelées ; elles étaient soupçonnées de fédéralisme. En revanche, on multiplia les agents nommés par le pouvoir. La centralisation désormais instituée exigeait pour la transmission des ordres et la surveillance de leur exécution un personnel nombreux et des services nouveaux. Ainsi le Comité de salut public fut divisé, le 6 juin 1793, en six sections spécialisées dotées de bureaux. « D'une façon plus générale, on constate que le nouveau personnel révolutionnaire se développe considérablement dans le cours de l'hiver 1793-1794. Pour s'en tenir à deux exemples, la commission des subsistances emploiera plus de cinq cents agents en avril 1794 ; la population des bureaux du Comité de salut public est multipliée par sept de la fin de 1793 à juin 1794, où elle dépasse le chiffre de quatre cents. Prolifération qui coïncide avec l'effort d'organisation du gouvernement révolutionnaire, mais qui se nourrit aussi elle-même par une sorte d'accélération spontanée, de caractère sociologique [8]. »

Conséquence : une paperasserie envahissante dont on voit l'exemple dans l'exigence de comptes rendus décadaires sur l'exécution des lois. Javogues, alors représentant une mission, s'en plaint, le 4 février 1794 au Comité de salut public : « Il faudrait au moins quatre ou cinq mille commis, qui ne s'entendraient pas, pour débrouiller ce chaos. »

Ainsi s'installe la domination des bureaucrates dans l'hiver 1793-1794. Dufourny déclare aux Jacobins : « Les employés dans les bureaux des ministères forment un corps particulier. Les bureaux sont fermés le soir afin que les commis puissent venir en masse aux Jacobins et aux Cordeliers. Permettre à des fonctionnaires publics d'avoir dans le sein des Jacobins voix délibérative, c'est anéantir la surveillance nécessaire d'un gouvernement libre. » Et Saint-Just de noter : « Il y a dans ces sociétés trop de fonctionnaires, trop peu de citoyens, le peuple y est nul. Ce n'est plus lui qui juge le gouvernement, ce sont les fonctionnaires coalisés, réunissant leur influence [9]. »

Après thermidor la fragmentation du pouvoir contribue à la démultiplication de l'influence des administrations mais aussi à un accroissement du nombre des employés. Mercier dans son *Nouveau Paris* note : « Il n'y a personne qui n'ait à se plaindre soit de l'insolence, soit de l'ignorance, soit de la multitude de commis employés dans les bureaux à tailler des plumes et à obstruer la marche des affaires. Jamais la bureaucratie ne fut portée à un point plus exagéré, plus dispendieux, plus fatigant. Jamais les affaires n'ont autant langui que depuis la création de cette armée de commis qui sont au travail ce que les valets sont au service [10]. »

LA FRANCE MILITAIRE

Progressivement, avec la durée de la guerre et son éloignement du territoire national, l'armée tend à former une société ayant ses propres règles. Le Comité de salut public avait pressenti le danger : amalgame, envoi constant de représentants en mission, exécution de généraux ayant plus ou moins failli (Houchard, Custine...), autant de mesures destinées à soumettre le pouvoir militaire au pouvoir civil. Mais, après la chute de Robespierre, forts de leurs victoires, conscients d'avoir forgé le mythe de la Grande Nation, invités à remplir par le butin les caisses de l'État, sollicités par les hommes politiques pour appuyer leurs coups d'État, les généraux mesurent leur importance. Pour la plupart sortis du rang ou venus pour un tiers environ de la petite noblesse ou de la moyenne bourgeoisie (135 généraux sont nobles et 18 non-nobles en 1792 ; il y a 139 nobles et 63 non-nobles en janvier 1793 ; on compte 107 nobles et 290 non-nobles en janvier 1795 ; les roturiers viennent pour une écrasante majorité des villes), ils font preuve d'une indépendance croissante à l'égard du pouvoir [11]. Un Pichegru en Alsace, un Bonaparte en Italie, un Hoche en Allemagne mènent le plus souvent une politique personnelle. Contrairement aux effets escomptés de la conscription, les soldats sont plus attachés à leurs généraux qu'au gouvernement : c'est le cas de l'armée d'Italie envers Bonaparte. La tradition jacobine reste toutefois très forte encore dans l'armée en 1799.

Ainsi apparaît un nouveau pouvoir.

LA FIN DES PRIVILÉGIÉS

Ce sont les ordres privilégiés qui ont été les grands vaincus de la Révolution.

Dans la nuit du 4 août 1789, la noblesse a perdu ses droits féodaux et ses privilèges. Le 23 juin 1790, la Constituante interdit toutes les qualifications nobiliaires, les armoiries et les livrées. Les nobles n'ont plus d'existence juridique. Souhaitait-on aller plus loin ? Peut-être pas en dépit des châteaux qui flambent. En 1790 Sieyès déclarait qu'il fallait tout refuser à la noblesse comme ordre mais tout accorder aux nobles comme individus [12]. C'est l'émigration qui a braqué les assemblées révolutionnaires contre la noblesse. Une partie des nobles a choisi d'émigrer en Belgique, en Italie, en Allemagne ou en Angleterre. Mais l'exil prévu de courte durée, se révéla long, engendrant la misère : « Je ne voyais plus devant moi que l'hôpital ou la Tamise » confie Chateaubriand. Certains retrouvent une foi perdue [13], d'autres choisissent de combattre dans les rangs de l'armée de Condé.

A l'origine seuls les émigrés furent frappés et leurs biens confisqués par la loi du 26 mars 1793. Mais la méfiance s'étendit à l'ensemble de la noblesse, émigrés ou non, à travers la loi des suspects du 17 septembre 1793. Néanmoins la noblesse ne fournit que 8 à 9 %

des victimes de la Terreur. En 1794, se posait la question de savoir si les enfants d'une mère noble et d'un père bourgeois étaient nobles. La Convention conclut qu'ils ne l'étaient pas. En principe les nobles auraient dû être exclus de l'armée : ils ne le furent pas ; on avait besoin d'eux. Sous le Directoire la loi du 29 décembre 1797 prévut que les nobles seraient privés de leurs droits civiques. Mais elle ne fut pas appliquée. Ainsi Barras resta directeur.

Dans le même temps on assista grâce à des prête-noms, des divorces fictifs et diverses astuces juridiques à une sauvegarde de la propriété nobiliaire. Dans certaines régions (Dombes, Haute-Loire) elle demeura intacte. Les listes des plus riches propriétaires établies sous l'Empire réserveront bien des surprises.

La noblesse n'en a pas moins perdu sa prééminence morale et politique. Autre victime de marque : le clergé. Il est le plus touché. Il sort ruiné de la tourmente. Ses biens ont été confisqués le 2 novembre 1789 en échange d'un salaire qui sera par la suite supprimé. Le clergé régulier est dissous, l'état civil laïcisé. Le clergé séculier s'est divisé sur la Constitution civile du clergé : assermentés et insermentés se disputent les paroisses. La persécution qui frappa d'abord, lors des massacres de Septembre, les réfractaires, s'étend bien vite, avec la politique de déchristianisation menée par les représentants en mission et la Commune de Paris, aux constitutionnels eux-mêmes. Fermetures d'églises, abdications, mariages forcés donnent lieu à des spectacles éprouvants en attendant la déportation ou la guillotine sèche.

La séparation de l'Église et de l'État est officialisée par les Thermidoriens. La deuxième Terreur religieuse a peut-être été plus pernicieuse que la persécution de l'an II car elle semble avoir touché davantage les petites villes et les campagnes. Il n'y a plus de prêtres, plus d'églises, plus de sacrements, plus de dimanche. Toutefois la résistance s'est organisée, preuve de la vitalité de la foi. En août-septembre 1793, « les profanations et la suppression du culte indignent jusqu'à la révolte des habitants de Meymac en Corrèze, les paysans de la Nièvre, près de La Charité, ceux du Berry dans la région de La Guerche. Dans le Tarn, en ventôse, se forment des troupes armées à Lisle et à Rabastens. Chaque fois la répression est terrible [14] ».

Les prêtres clandestins, se déplaçant de nuit et disposant de cachettes le jour, ont été plus nombreux qu'on ne l'a cru : une centaine dans la Sarthe, trois cent trente-six dans l'Orne [15]. Ils tiennent des registres de catholicité, célèbrent la messe, administrent les sacrements. La résistance des religieuses a été popularisée par le martyre des seize carmélites de Compiègne guillotinées le 17 juillet 1794 [16].

L'Église catholique a été durement touchée, moins peut-être que le protestantisme [17], mais on s'apercevra en 1801 « qu'une partie notable de la population a cessé définitivement de pratiquer ou ne pratique plus que de façon irrégulière [18] ».

LES OUVRIERS

La Révolution n'a rien fait pour les ouvriers ; elle leur fut même, au-delà des beaux discours, plutôt hostile.

Dans la nuit du 4 août avaient été abolies les corporations. Les communautés d'arts et métiers subsistèrent encore quelque temps, mais le désordre gagna rapidement. Les perruquiers de Paris vinrent se plaindre : « Une police stricte était établie dans notre communauté ; mais actuellement nos règlements sont méprisés ; nos garçons nous enlèvent nos pratiques que nous leur avons confiées [19]. » Marat protesta contre la suppression des corporations : « Comme il ne sera plus question de faire d'excellents ouvrages pour établir sa réputation, mais de séduire par l'apparence, les ouvrages seront courus et fouettés. Décrié dans un quartier, l'ouvrier ira dans un autre. A l'égard des arts utiles et de première nécessité, l'artisan doit être assujetti à faire preuve de capacité... » La loi des 2-17 mars 1791 supprima néanmoins les corps de métiers et prévut l'établissement d'un impôt. Il n'y eut plus ni jurandes ni maîtrises ; la liberté du travail était proclamée.

Restait le problème des ouvriers. Le 18 août 1789, les garçons tailleurs avaient manifesté au nombre de trois mille en faveur d'un salaire de quarante sous par jour. Quelques semaines plus tard ce fut au tour des garçons perruquiers. Puis les ouvriers cordonniers manifestèrent le 4 septembre. Les charpentiers emboitèrent le pas. Les domestiques réclamèrent de leur côté l'expulsion des Savoyards. Le compagnonnage joua un rôle dans cette agitation. La Commune de Paris, devant l'accroissement des coalitions rappela, le 29 avril 1791, que la liberté devait exister pour tous et qu'il n'était pas juste que les ouvriers puissent recevoir un salaire égal. L'avis resta vain. L'Assemblée constituante vota alors, sur rapport de Le Chapelier, la loi du 14 juin 1791 qui défendit, sous peine d'amende et de prison, à tous ouvriers ou compagnons, de se nommer des présidents ou syndics, de prendre des arrêtés, de tenir des registres, de se concerter dans le but de refuser ou de n'accorder qu'à un prix déterminé leur travail. Tout attroupement d'artisans, d'ouvriers, compagnons ou journaliers serait dissipé par la force. Faute de pouvoir manifester en faveur d'une hausse des salaires, il restera aux ouvriers à demander la taxation des denrées de première nécessité. La loi Le Chapelier en effet ne fut pas rapportée, même au plus fort de la Terreur, quand le Comité de salut public eut le plus besoin de l'appui de la masse ouvrière. Le régime du maximum se révéla désastreux pour les ouvriers. Si le maximum des salaires fut rigoureux, il n'en fut pas de même de celui des prix : cherté et disette caractérisent la Terreur. On parla même d'un « carême civique ». L'agitation s'amplifia en septembre 1793 alors que Chaumette pouvait dire : « C'est la guerre ouverte des riches contre les pauvres. » La Convention tint bon. La suppression du maximum déclencha, après la chute de Robespierre, un formidable mouvement d'inflation. La misère, conséquence de la hausse des prix, fut, on l'a vu, effroyable. Mais les insurrections de la faim en germinal et en prairial furent impitoyablement réprimées.

Un chiffre accablant : les principales victimes de la Terreur ont été pour 31 % des ouvriers.

A la disette s'ajouta le chômage. L'industrie fut démantelée par la Révolution : ruine de l'industrie de l'arrière-pays des ports qui travaillait pour le commerce triangulaire ; effondrement de l'industrie textile déjà fortement éprouvée par le traité de libre-échange signé à la veille de la Révolution et dont la guerre civile précipite le déclin, ainsi la soie lyonnaise ; anéantissement de l'industrie du luxe (le meuble au faubourg Saint-Antoine fut particulièrement éprouvé). La guerre crée, il est vrai, de nouveaux débouchés et de nouvelles activités, mais prix et salaires sont soumis à un contrôle de l'État.

Rien ne fut fait en faveur des pauvres, à l'exception de discours. Sous l'Ancien Régime la charité se chargeait de subvenir à leurs besoins. La Constituante, à travers son comité de mendicité, substitua à l'action de l'Église un vaste programme législatif destiné à « nationaliser » la misère. Mais rien ne fut fait. « Pourquoi l'idéal jacobin, l'État-providence de La Rochefoucauld-Liancourt et de son comité, ne répondit-il pas aux espérances qu'il a fait naître. L'économie du laisser-aller des Thermidoriens l'a peut-être enterré, mais ses lacunes apparaissent avant la chute de Robespierre. La guerre ne peut expliquer complètement ses déficiences [20]. » Manque d'argent dû aux erreurs fiscales, à la crise économique, à l'indifférence aux problèmes régionaux. Pire : « L'abolition des droits féodaux a l'effet imprévu de détruire la base économique de nombreuses institutions charitables, exactement comme les décrets anticléricaux du début de la Révolution provoquent une crise aiguë dans le personnel des hôpitaux [21]. »

En définitive une société nouvelle naît sur les ruines de l'Ancien Régime. Les vainqueurs sont ceux qui ont su placer leur argent et saisir les opportunités offertes par les transformations législatives ou la situation militaire : paysans aisés en 1789, petits artisans ruraux, hommes de loi avertis (notaires ou robins divers), spéculateurs habiles, manufacturiers capables de s'adapter à la conjoncture. Ils vont former avec les survivants de la noblesse et de la vieille bourgeoisie le corps des notables.

Les perdants : le clergé plus que la noblesse avec un recul de la foi, l'abandon de l'assistance et de l'enseignement, la perte de la fortune. Mais la noblesse sort aussi éprouvée de la tourmente, même si elle peut reconstituer, quand elle ne l'a pas préservée, son ancienne assise territoriale.

Deux nouvelles forces : la bureaucratie gonflée par le centralisme jacobin, et l'armée qui a pris avec la guerre une importance nouvelle. Comme l'avait prévu Robespierre, c'est cette dernière qui mettra fin à la Révolution et assurera le triomphe de la bureaucratie et des notables.

CHAPITRE XXIII

Le vandalisme révolutionnaire

C'est dans le domaine culturel que le bilan de la Révolution a été le plus contesté. On a dénoncé son vandalisme inspiré par un fanatisme antireligieux imbécile, l'exécution de savants, d'artistes et de poètes pendant la Terreur, la stérilité du théâtre ou de la peinture sous l'effet d'une idéologie intolérante et d'une censure impitoyable.

LA DISPARITION DES ŒUVRES

Le vandalisme révolutionnaire s'est marqué surtout par les destructions volontaires de monuments. On a invoqué pour sa décharge les précédents de l'Ancien Régime [1] : chanoines qui détruisirent dans les églises médiévales l'art « gothique » donc barbare, monarques ordonnant la vente ou la démolition de châteaux importants dans un souci d'économie, ainsi l'édit pris en 1787 par Louis XVI concernant Vincennes, Blois et La Muette. La conservation n'était pas, avant 1789, considérée comme une fin en soi. Les guerres de religion avaient déjà vu le fanatisme à l'œuvre, mutilant les façades des édifices religieux.

Mais ces précédents n'excusent pas le vandalisme des révolutionnaires. Vandalisme inspiré d'abord par des considérations politiques : le 14 août 1792 la Législative décidait de faire enlever les statues royales édifiées dans les lieux publics. Celles qui étaient en bronze furent fondues pour servir à l'armement. Un an plus tard, le 1er août 1793, c'est la Convention qui ordonnait la destruction des tombeaux de Saint-Denis. Le 23 octobre de la même année, la Commune de Paris exigeait l'enlèvement des statues de la galerie des rois à Notre-Dame : on croyait qu'elles figuraient les anciens rois de France. David proposait de substituer à « ces gothiques simulacres » un statue représentant le peuple français et dont la base serait formée « des débris de ces statues ». Elles furent déposées [2]. « Même sort fut réservé à dix-sept figures ornant la porte communiquant avec l'archevêché. Dans la cour de l'archevêché, aux murs de la basilique, on déposa huit autres statues de six et sept mètres de hauteur. A l'extérieur de Notre-Dame, Varin (entrepreneur de maçonnerie recommandé par David) brisa donc au total soixante-dix-huit grandes statues et douze plus petites, sans compter les colonnes et pièces d'architecture qui les encadraient ni la couronne, les trois fleurs de lys et le blason de France qui ornaient l'escalier des sonneurs. » Même vandalisme à l'intérieur pour les fleurs de lys des aiguilles de l'horloge, les fleurs de lys et autres emblèmes en saillie dans les arceaux. Les emblèmes des vitraux furent recouverts d'une couche de peinture à l'huile grasse [3].

Autres destructions : la statue de Louis XV sur la place qui deviendra la Concorde, celles de Louis XIV place Notre-Dame-des-Victoires et place Vendôme. Notons aussi l'enlèvement du Pont-Neuf de la statue d'Henri IV. Il en va de même en province, à Reims, à Lyon, à Rennes... On s'attaqua aux tapisseries et aux ornements divers quand ils portaient des emblèmes royaux, aux portraits des souverains conservés dans le Garde-Meuble. De nombreux châteaux ont été pillés ; certains furent brûlés. La politique de déchristianisation multiplia les actes de vandalisme à l'égard des églises : les flèches de Notre-Dame et de la Sainte-Chapelle furent démolies. On s'en prit aux statues des saints du portail de Notre-Dame. A Dijon, elles furent martelées ; il en fut de même à Sens où seul subsista un Saint-Étienne du trumeau qui fut affublé d'attributs révolutionnaires. A Chartres, la grande nef fut découverte en son entier jusqu'au transept ce qui produisit 458 164 livres de plomb mais eut des effets désastreux pour le monument.

Un peu partout souffrirent les vitraux tandis que l'on pillait les trésors pour en utiliser le métal : ainsi disparurent de nombreux émaux qui remontaient à l'époque romane. En une nuit, le 21 août 1792, le trésor de Notre-Dame était enlevé [4].

La vente des biens nationaux eut également de graves conséquences : abbayes et couvents furent vendus et souvent démolis. L'abbatiale de Royaumont était détruite en 1791 par son acquéreur, un aristocrate d'ailleurs, le marquis de Travannet, ami pourtant du dernier prieur. Un sort identique fut promis à la chartreuse de Champmol en 1791 et à l'abbatiale de Cluny en 1798. L'abbaye de Jumièges était condamnée à partir de 1795. Un monument aussi ancien que Saint-Martin de Tours se voyait transformé en écurie. On enlevait le plomb des toitures, on récupérait les pierres. Il en fut de même pour certains châteaux : Sceaux était rasé en 1798.

LA DISPARITION DES INSTITUTIONS

Des institutions artistiques qui avaient fait leurs preuves disparurent progressivement victimes du préjugé antimonarchique : l'Académie d'architecture, l'Académie de peinture et de sculpture, l'Académie de France à Rome... Elles furent assimilées à des corporations.

La Constituante songeait à des réformes : elle commença par ouvrir le Salon à tous les artistes français ou étrangers tandis que l'Académie d'architecture perdait la surveillance des bâtiments. C'est en janvier 1793 que la Convention supprima l'Académie de France à Rome. Le 8 août de la même année, après une intervention de David et sur un rapport de Grégoire, la même assemblée supprimait toutes les académies. Seules étaient maintenues les écoles d'art. La mesure toucha aussi les sociétés littéraires ou scientifiques.

LA DISPARITION DES HOMMES

La Terreur s'étendit aux artistes et aux savants trop liés à l'Ancien Régime. Certes Bailly, astronome de l'Académie des sciences fut guillotiné comme ancien maire de Paris et le chimiste Lavoisier comme fermier général. Mais si ce dernier a vraiment inspiré le mot : « La République n'a pas besoin de savants », sa mort condamne la Terreur. Des écrivains comme André Chénier ou Roucher montent à l'échafaud. Connaissent également le couperet de la guillotine l'architecte Mique et le paysagiste Châtelet. Suspects, un peintre comme Hubert Robert, des architectes tels Ledoux ou Bélanger sont emprisonnés : ils ont travaillé pour des aristocrates.

ARTS PLASTIQUES ET MUSIQUE

Ce vandalisme s'est-il accompagné d'une rupture et d'une décadence dans le domaine artistique ?

Sauf peut-être au plus fort de la Terreur, la rupture n'est pas évidente. Certains monuments s'achèvent après 1789. C'est en 1790 que Rondelet, continuant Soufflot, pose la lanterne qui surmonte le dôme de Sainte-Geneviève et que Victor Louis termine la Comédie-Française. Un an plus tard Legrand et Molinos construisent le théâtre Feydeau. Ledoux n'interrompt pas immédiatement son activité. Dans l'art de la sculpture, on voit Houdon représenter Mirabeau après Voltaire et Hubert Robert représenter après tant de ruines romaines la démolition de la Bastille. Le Salon continue à se tenir régulièrement tous les deux ans et devient même annuel, à partir de 1796. On compte sept cent soixante peintures et cent quatre-vingt-quatre sculptures au Salon de 1793. Si le genre léger et même libertin disparaît et si Greuze doit solliciter en 1792 une pension de l'Assemblée législative tandis que Danloux émigre à Londres, Doyen en Russie, que Menageot reste prudemment à Rome et que Mme Vigée-Lebrun voyage à Turin, Bologne, Naples, Vienne et Saint-Pétersbourg, le néo-classicisme triomphe. Chaudet sculpte en pleine Terreur *Cyparisse pleurant un faon qu'il a tué par mégarde* et Guérin peint *le Retour de Marcus Sextus*. Valenciennes et Vernet continuent imperturbablement à représenter sur la toile d'immuables paysages.

David est le symbole de cette continuité. Né en 1748 à Paris, il a été l'élève infidèle de Boucher ; il a obtenu, grâce à Sedaine, un logement au Louvre puis s'est lancé, à partir de 1775, dans les grands sujets : *Antiochus et Stratonice, Belisaire, Le Serment des Horace* Rallié à la Révolution, il continue à peindre tout en siégeant à la Convention, dans le même style froid et ampoulé. Haï, discuté, contesté, David réunit pourtant autour de lui une école où se forment Gros (né en 1771), Gérard (né en 1770), Girodet (né en 1767), mais aussi Ingres, plus âgé.

Même continuité en musique. Le jour de la condamnation à mort de Louis XVI, l'Opéra affichait *Iphigénie en Tauride* de Gluck [5]. Le 16 octobre 1793, jour de l'exécution de Marie-Antoinette, l'Opéra-Comique donnait *Le Tableau parlant* de Grétry qui datait de 1769. Toutefois *Le Moniteur* du 12 mai 1794 condamnait Dalayrac, Berton et Grétry qui continuaient à triompher et demandait le remplacement de « ces miniatures décolorées par des tableaux mâles et vigoureux qui représentent aux républicains l'image de leurs devoirs ». L'Antiquité ici aussi domine dans les créations avec *Toute la Grèce* de Lemoyne ou *Horatius Coclès* de Méhul en 1794.

LES INSTITUTIONS NOUVELLES

Au moment où était discutée la prépondérance des académies, David en 1790 constituait une Commune des arts qui connut en juillet 1793 une brève existence officielle grâce à un décret de la Convention rapporté peu après. En février 1794, se constitua la Société populaire et républicaine des arts qui se réunit au Louvre jusqu'au mois de mai. Finalement le 25 octobre 1795 était créé l'Institut national. Il comprenait trois classes. A la troisième se rattachaient pour moitié les beaux-arts : six architectes, six peintres, six sculpteurs et six musiciens. Ils étaient réunis aux écrivains et aux érudits. Ainsi ressuscitaient les institutions académiques.

Avant cette résurrection les assemblées révolutionnaires avaient organisé d'autres institutions artistiques comme les musées [6]. L'idée remontait au milieu du XVIIIe siècle et avait été agitée par d'Angeviller en 1775 : il souhaitait exposer les tableaux des collections royales dans la grande galerie qui réunissait le Louvre aux Tuileries. Le projet n'eut pas de suite. C'est en 1791 que l'on décida de libérer la grande galerie où logeaient des artistes, et en août 1792 que l'on créa la commission du muséum qui avait pour mission de transférer dans cette galerie les collections royales. Celles-ci furent nationalisées après la chute de la monarchie. On y ajouta des œuvres qui venaient des églises et des couvents, des biens privés des émigrés puis de l'étranger. Le pillage des œuvres d'art dans les pays occupés commença sous la Convention.

La Belgique fut l'une des premières victimes de ce type d'enlèvement (Les Rubens d'Anvers notamment). A partir du traité de Tolentino l'enlèvement prit une tournure officielle : une clause prévoyait une contribution de guerre à la France victorieuse en toiles, sculptures et objets divers. Les chefs-d'œuvre de l'Antiquité prirent le chemin de Paris [7].

Le muséum de la République fut administré par la commission du muséum puis par le Conservatoire du muséum. Ce Conservatoire céda la place en janvier 1797 à un conseil d'administration. Si le néo-classicisme continuait à triompher, le public pouvait contempler les Flamands, les Hollandais et les primitifs italiens.

Parallèlement un musée de l'École française avait été établi à

Versailles. A partir de 1790, Alexandre Lenoir fondait dans le couvent des Petits-Augustins un musée des Monuments français qui pallia les effets du vandalisme révolutionnaire en sauvant de la destruction des sculptures ou des fragments d'architecture de monuments démolis. David intervint à la Convention en faveur de Lenoir. Ouvert en 1793, ce rassemblement d'œuvres devint en avril 1796 le musée des Antiquités et Monuments français qui devait exercer une grande influence.

Dans le décret qui supprimait les académies étaient prévues des institutions de remplacement mais leur création avait été ajournée à des temps plus paisibles.

La Constitution de l'an III prévut dans son article 298 : « Il y a pour toute la République un Institut national chargé de recueillir les découvertes, de perfectionner les arts et les sciences. » La loi du 3 brumaire précisa l'organisation de ce nouvel organisme. Son rapporteur Daunou déclarait : « Ce sera en quelque sorte l'abrégé du monde savant, le corps représentatif de la république des lettres, l'honorable but de toutes les ambitions de la science et du talent, la plus magnifique récompense des grands efforts et des grands succès. » Cette idée « grandiose et majestueuse » devait « effacer en splendeur toutes les académies des rois ». L'Institut devait être « composé de cent quarante-quatre membres résidant à Paris et d'un égal nombre d'associés répandus dans les différentes parties de la République ». Il était divisé en trois classes : 1. sciences physiques et mathématiques ; 2. sciences morales et politiques ; 3. littérature et beaux-arts ; chacune d'elle se divisait en section de six membres, vingt-quatre au total. Pour la première classe : mathématiques, arts mécaniques, astronomie, physique, chimie, histoire naturelle et minéralogie, botanique, anatomie et zoologie, médecine et chirurgie, économie rurale et art vétérinaire ; pour la deuxième : analyse des sensations et des idées (la philosophie), morale, science sociale et législation, économie politique, histoire, géographie ; pour la troisième : grammaire, langues anciennes, poésie, antiquités et monuments, peinture, sculpture, architecture, musique et déclamation.

Chaque classe avait son bureau et sa salle de réunion, mais les trois classes formaient un corps unique ; « Il est temps que la gloire aussi ressente l'influence de l'universelle égalité. » Les membres des trois classes avaient donc le même titre, les mêmes droits, le même uniforme, la même indemnité. Les élections pour chaque classe étaient faites par l'Institut tout entier qui tenait une séance commune chaque mois.

L'Institut devait être pour les conventionnels la clef de voûte intellectuelle et idéologique du système républicain. C'est pourquoi le Directoire reçut mission de désigner lui-même le premier tiers des membres, lequel élirait à son tour les deux autres tiers, après quoi interviendrait le jeu normal de la cooptation.

Dans cette citadelle républicaine, une attention particulière avait été apportée aux sciences morales. Les douze membres initiaux avaient tous donné des gages à la Révolution : Daunou, Sieyès, Cabanis, Cambacérès,

Creuzé de la Touche, Mercier. Les y rejoignirent par élection : La Révelliere-Lépeaux, directeur, et Merlin de Douai, ministre, Grégoire, Lakanal, Pastoret, Garran-Coulon, Dupont de Nemours, l'auteur de *Paul et Virginie*, Bernardin de Saint-Pierre, Deleyre et le philosophe Naigeon. Siégeaient à la classe des sciences : Monge, Berthollet, Lagrange, Laplace, Lamarck, Jussieu, Lacépède... Il y eut par la suite des exclusions. Ce fut le cas après le coup d'État du 18 Fructidor pour Carnot auquel succéda Bonaparte en septembre 1797 [8], Fontanes, Pastoret et Sicard.

PROJETS ET COMMANDES : LA PROPAGANDE

De nombreux projets furent agités sous la Révolution, la plupart restèrent dans les cartons.

L'urbanisme parisien retint à plusieurs reprises l'attention. Les réformes essentielles avaient été accomplies dès le 8 juillet 1783 : la déclaration du roi imposait en effet une largeur minimale aux rues. C'est de cette déclaration qu'il faut faire remonter le plan de Verniquet achevé en 1791 et qui permit l'établissement du projet des artistes. Projet sans suite.

La Révolution eut le goût des concours : concours pour un projet de tribunal dans chacun des douze arrondissements de Paris, pour l'embellissement de plusieurs places de la capitale, pour des arènes couvertes destinées à abriter des fêtes civiques... Rien n'aboutit. En revanche Quatremère de Quincy entreprit de transformer l'église Sainte-Geneviève, à peine achevée, en un temple civique : le Panthéon. Il prévut même une décoration dont subsistent deux grands bas-reliefs, l'un de Lesueur sur les bienfaits de l'instruction publique, l'autre de Chaudet sur le dévouement patriotique. Aux Tuileries fut aménagée la salle où siégea la Convention ; sous le Directoire, le Palais-Bourbon fut transformé par Gisors et Leconte pour abriter les travaux des Cinq-Cents. Des aménagements eurent lieu également au Palais du Luxembourg.

Les événements ont fait par ailleurs l'objet de tableaux commémoratifs souvent commandés par les assemblées. David a joué dans ce domaine un rôle important. En 1790 il reçut commande d'une association de la représentation du serment du Jeu de paume, commande reprise par la Constituante. Il fit de nombreuses esquisses sur des personnages (notamment Bailly) et sur des scènes d'ensemble. Fidèle à l'esthétique néo-classique il avait d'abord envisagé de peindre les députés nus, mais il se ravisa et les habilla. Le tableau ne fut jamais entièrement achevé. En janvier 1793, il entreprit de représenter Le Peletier de Saint-Fargeau qui avait été assassiné par un garde du roi. La Convention lui vota une indemnité qu'il refusa. Quand les événements politiques eurent tourné, la fille de Le Peletier, qui était d'ailleurs royaliste, finit par acquérir ce tableau qu'elle fit disparaître ;

en sorte qu'il n'est connu que par les esquisses de Delecluze ; on y voyait Le Peletier mort, avec au-dessus de lui un glaive qui transpersait son bulletin de vote. L'ancien parlementaire avait voté la mort du roi à la Convention.

C'est à un autre « martyr » de la Révolution que s'attacha ensuite David : Marat, qu'il figura assassiné dans sa baignoire et remit à la Convention en novembre. En mai 1794, la Convention lui commanda deux copies de son œuvre.

D'autres peintres s'exercèrent dans ce genre : on doit à Boilly, peintre de la vie quotidienne, un *Triomphe de Marat*. Le même Boilly représenta l'acteur Chenard en costume de sans-culotte : il faut y lire une exaltation de ce type social en train de faire la Révolution. Regnault adorait mettre son pinceau au service des idées nouvelles ; il peignit *L'Acceptation de la Constitution* puis *La Liberté ou la mort*, peintures froides et allégoriques.

En musique les compositeurs se mettent au service de la Révolution. Il fallut composer des mélodies élémentaires que le peuple pût chanter sans difficulté. C'est ce qu'écrit Framery en 1796 dans son *Avis aux poètes lyriques* : « Musicien de la Révolution, ne veux-tu pas rouler avec elle vers les siècles ? Le pourras-tu si ta mélodie n'est pas simple, facile, à la portée des voix inexercées à qui tout art est inconnu ? Tes chants ne doivent-ils pas retentir dans l'atelier de l'artisan laborieux et adoucir ses rudes travaux ? Charmer les peines du respectable agriculteur [9] ? »

A côté du *Ça ira* apparu en 1790, sur un motif de contredanse pour violon intitulé « le carillon national », et de la *Carmagnole* née dans des conditions mal connues, en 1792, il faut faire une place au *Chant de guerre pour l'armée du Rhin*, composé à Strasbourg, en 1792, par Rouget de l'Isle et repris par les volontaires marseillais, lors de leur entrée à Paris en août 1792, ainsi qu'au *Chant du départ* de Méhul et au *Chant du 14 juillet* de Gossec.

LES FÊTES

Les fêtes n'ont pas été inventées par la Révolution ; l'Ancien Régime les a multipliées : entrées solennelles des souverains, naissances des princes, défilés allégoriques, feux d'artifice et architectures diverses... Il s'agissait de fêtes religieuses ou ordonnées en l'honneur du souverain. Dans la fête révolutionnaire une idéologie nouvelle apparaît ; de plus le peuple cesse d'être spectateur pour devenir acteur. L'artiste en est le *deus ex machina* : l'architecture, la sculpture et la musique s'y combinent dans une organisation qui se veut plus complexe que jadis.

La fête de la Fédération du 14 juillet 1790, commémorant l'anniversaire de la prise de la Bastille, fut la première de ces cérémonies à caractère grandiose : elle avait été ordonnée par l'architecte Cellerier. Autre grande fête, funèbre, celle-là : le 20 septembre 1790. C'est d'ailleurs dans ce type qu'excelle la Révolution. Le transfert des cendres de Mirabeau au Panthéon, au son de la *Symphonie lugubre* de Gossec, fut impressionnant. Plus encore les cérémonies en l'honneur de Le Peletier puis de Marat. Le Peletier, après son assassinat est exposé nu, place Vendôme : le cortège se met en marche vers le Panthéon : « Le corps livide, sanglant, était porté par les citoyens ainsi que les vêtements tenus au bout d'une pique garnie de cyprès et de lauriers. » Pour Marat, ce fut encore plus macabre : « On ne peut point découvrir quelques parties de son corps, écrivait David à la Convention, car vous savez qu'il avait la lèpre et que son sang était gâté. Il a été arrêté que son corps serait exposé couvert d'un drap mouillé qui représenterait la baignoire et qui, arrosé de temps en temps, empêcherait l'effet de la putréfaction. »

David devient en effet, à partir de 1791, l'ordonnateur des fêtes. Il s'assurera souvent la collaboration de Quatremère de Quincy : transfert des cendres de Voltaire en juillet 1791, de Rousseau en octobre. En juin 1792, la fête de la Loi prit la forme d'une cérémonie funèbre en l'honneur du maire d'Étampes, Simoneau, massacré pour avoir voulu faire respecter les lois. Ce type de cérémonie culmine en 1794 avec la fête de l'Être suprême, organisée à l'initiative de Robespierre. Sous le Directoire, il y aura la fête de l'Agriculture puis le défilé des œuvres d'art ramenées d'Italie et où l'on vit les chevaux de Venise véhiculés entre des lions et des dromadaires, le buste de Brutus voisinant avec l'Apollon du Belvédère. « Citoyens, déclarait-on au peuple, l'enlèvement des chefs-d'œuvre d'Italie est justifié par l'exemple des Romains qui, vainqueurs des Grecs s'enrichirent de leurs dépouilles. » La fête du 1er vendémiaire an V avec ses courses de chars et ses joutes sur l'eau, fut, comme l'avait voulu Marie-Joseph de Chénier, « la première olympiade de la République ». Des fêtes eurent lieu aussi en province : à Lyon elles étaient réglées par le sculpteur Chinard.

Ces fêtes furent des échecs : elles manquaient de spontanéité. Le rituel était accablant, triste, sec et souvent ridicule. Tout était trop marqué d'avance.

LA LITTÉRATURE ET LA RÉVOLUTION

Le bilan littéraire de la Révolution est désastreux. Aucune œuvre d'envergure n'a été inspirée par les événements qui se déroulèrent entre 1789 et 1799. Pas de grande poésie, aucune tragédie, nul roman. Beaucoup d'hommes politiques ont été auparavant des hommes de lettres : Louvet, l'auteur du charmant *Faublas*, Fabre d'Églantine lauréat des Jeux floraux de Toulouse et auteur, outre le célèbre *Il pleut bergère*, d'une suite au *Misanthrope*, Mercier qui a composé un *Tableau de Paris* resté classique, Hérault de Séchelles et même Mirabeau dont Apollinaire a redécouvert les œuvres érotiques, mais la Révolution n'a donné naissance à aucun grand écrivain. Il suffit de considérer les pièces représentées sur les théâtres, du *Jugement des rois* à la *Papesse Jeanne* [10]. A quoi attribuer cette atonie sinon à l'impitoyable censure qui s'abat sur les scènes après le 10 août. Par décret du 13 janvier 1791, la Constituante avait mis fin à tout monopole en proclamant la liberté des théâtres. La Terreur remit en cause cette liberté : le 2 janvier 1793, *L'Ami des lois* de Laya est interdit pour esprit antijacobin ; même sort pour *Pamela ou la vertu récompensée* de François de Neufchâteau et arrestation de certains acteurs de la Comédie-Française. Voltaire lui-même n'échappe pas, de façon posthume, à la vigilance des censeurs : *Zaïre* est proscrit, *Mahomet* coupé, le dénouement de *Brutus* modifié. Le 26 avril 1794, les administrateurs de police adressent aux directeurs de salles une circulaire où il leur est enjoint de faire disparaître du répertoire les titres de duc, baron, marquis, comte... « Ces noms de féodalité émanent d'une source trop impure pour qu'ils souillent plus longtemps la scène française. » Un exemple : dans *Le Menteur* de Corneille, la place Royale devient place des Piques.

De la période 1789-1799 émergent pourtant quelques œuvres : *Justine* de Sade, *Les Nuits de Paris* de Rétif de la Bretonne, *La Dot de Suzette* roman de Fiévée que l'on a évoqué plus haut, ainsi que *L'émigré* de Sénac de Meilhan.

Si Laclos se tait après 1789, Sade connaît quant à lui une période de grande activité. En 1784, il a quitté Vincennes pour la Bastille, toujours sous le coup d'une lettre de cachet. Le 2 juillet 1789, il crie de la fenêtre de sa prison qu'on est en train d'égorger les prisonniers de la Bastille. Le 4 juillet, il est transféré à Charenton, sans pouvoir emporter le manuscrit de cet étonnant catalogue de perversités qu'il a compilé dans *Les cent vingt journées de Sodome.* Le 2 avril 1790, l'assemblée abolit les lettres de cachet, il est libre et bientôt inscrit à la section de la place Vendôme comme citoyen actif. Le Théâtre-Italien reçoit cette même année sa pièce *Le Suborneur* et la Comédie-Française *Le Misanthrope par amour.* En 1791, *Oxtiern* triomphe au théâtre Molière tandis que paraît *Justine ou les malheurs de la vertu,* version remaniée des *Infortunes de la vertu,* ouvrage écrit en 1787. Mais Sade est un ci-devant dans le Paris de la Terreur, un seigneur féodal en Provence où son château de Lacoste est pillé en septembre 1792. Bien que président de la section des Piques, Sade devient bien vite suspect. Le 5 décembre 1793, il est arrêté et connaît les prisons de la Terreur après celles de l'Ancien Régime. Dans le même temps, Laclos connaît un sort identique. La Révolution n'a pas été douce aux libertins qui l'avaient pourtant annoncée ou précédée. Libéré le 15 octobre 1794, Sade publie l'année suivante *La Philosophie dans le boudoir,* apologie du libertinage, puis, en 1797, *La Nouvelle Justine suivie de l'Histoire de Juliette sa sœur.* Sous un prétexte moral, Sade offre une suite de scènes de débauche qui culmine dans la messe noire que le pape Pie VI célèbre sur le ventre nu de Juliette [11].

Rétif de la Bretonne, qui réfute Sade dans une *Anti-Justine* encore plus libertine que la Justine du « divin marquis », a publié en 1787

Le Paysan et la Paysanne pervertis. Lié précédemment à Grimod de la Reynière, il vit de 1789 à 1793 dans un modeste logis de la rue de la Bûcherie. Il écrit alors ses *Nuits de Paris* qui contiennent des pages de tout premier ordre sur les massacres de Septembre et forment une chronique des événements. Arrêté lui aussi, sur des dénonciations de son gendre, il est rapidement libéré mais sombre dans la misère. Nommé en 1798 professeur d'histoire à l'école centrale de l'Allier, il ne parvient pas à se résigner à quitter Paris [12].

C'est ce qu'a fait Sénac de Meilhan, ancien intendant d'Aix et de Valenciennes dès 1790. Il voyage à Londres, Aix-la-Chapelle, Rome, Saint-Pétersbourg. Installé à Brunswick il y écrit *L'émigré*, le meilleur témoignage sur la condition des nobles exilés. L'ouvrage, un roman par lettres, paraît en 1797 [13].

LES SCIENCES

Le bilan scientifique de la Révolution, contrairement aux lettres et aux arts, est loin d'être négatif. Outre la formation au sein de l'Institut d'une classe des sciences physiques et mathématiques et la réorganisation du Jardin des Plantes, il faut lui reconnaître le mérite d'avoir simplifié le mode particulièrement complexe des poids et mesures par l'introduction du système décimal. Les principes de base sont fixés le 26 mars 1791 : ce sont le mètre et le gramme. « Le mètre est la mesure de longueur égale à la dix millionième partie de l'arc du méridien terrestre compris entre le pôle boréal et l'équateur. » Quant au gramme, il est « le poids absolu d'un volume d'eau pure égal au cube de la centième partie du mètre et à la température de la glace fondante. » Devenu obligatoire ce système se heurta à des résistances dans les campagnes, et dans les romans de Stendhal et de Balzac par exemple, on continue encore à parler de pieds, de toises et de lieues. Appliqué à l'heure, le système décimal fut un échec mais l'on trouve des montres de cette période où la division décimale apparaît sur le cadran.

D'importantes publications ont lieu dans le domaine scientifique. Laplace publie en 1796 son *Exposition du système du monde,* Lamarck en 1797 ses *Mémoires de physique et d'histoire naturelle,* Lagrange sa *Théorie des fonctions analytiques.* En 1799 paraissent la *Géométrie descriptive* de Monge et les *Leçons d'anatomie* de Cuvier. Parmi les principales découvertes : le télégraphe de Chappe et l'aérostation de Conté.

Dans le domaine des sciences humaines, c'est en rapport avec l'expédition de Bonaparte, la naissance de l'égyptologie, grâce à la découverte de la pierre de Rosette. L'étude des civilisations anciennes a d'ailleurs été mise à la mode par Volney dont *Les Ruines* connurent en 1791 un énorme retentissement.

Un bilan avait été esquissé par Condorcet dans son *Tableau des progrès de l'esprit humain* en 1794.

Les révolutionnaires eurent d'emblée conscience que cet effort scientifique devait s'accompagner d'une unification sur le plan de la langue. Contre les patois on imposa le français, mais comme pour le système décimal la résistance fut vive.

Au mois d'août 1790, l'abbé Grégoire qui présidait le comité des rapports de la Constituante envoya en province un questionnaire relatif aux patois et aux mœurs des gens de la campagne. Les réponses ne couvrirent qu'une partie du territoire : Bretagne, Lorraine, Alsace, Franche-Comté, Gascogne et Provence. Les réponses allèrent dans le sens souhaité par Grégoire : les patois sont un obstacle à l'expansion des « lumières », mais les notables n'entendaient pas pour autant rompre avec leurs attaches provinciales. Les refus furent nombreux. La Flandre répondait que « la suppression des instructions flamandes ne nuirait pas seulement à la chose publique mais qui plus est, qu'elle empêcherait entièrement le bonheur ». Strasbourg plaidait dans le même sens. C'est parce que « l'administration royale ne s'adressait à eux que dans une langue qui leur était totalement inconnue », que les Alsaciens ont été de bonne heure partisans de la Révolution. De la République, ils attendent le droit d'être français dans leur langue et non dans celle de « l'intérieur ».

La lutte contre les patois se transforma en épreuve de force après les rapports de Barère et Grégoire en 1794. Plus question de concessions : l'unité nationale suppose l'uniformité de la langue. « Consacrer au plus, tôt dans une République une et indivisible, l'usage unique et invariable de la langue liberté. » Singulière liberté, a-t-on fait remarquer [14].

L'ENSEIGNEMENT

Pour faire passer ces réformes et consolider les conquêtes de la Révolution, il était nécessaire de réorganiser l'enseignement.

Mirabeau fut le premier à réfléchir sur ce problème dans son *Travail sur l'éducation publique* publié par Cabanis. Mais c'est Talleyrand qui présenta, l'un des premiers, un projet à la Constituante, projet qui reposait sur cinq principes : 1. L'instruction doit exister pour tous ; 2. Elle doit être libre ; 3. Elle doit être universelle quant à son objet ; 4. Elle doit exister pour l'un et l'autre sexe ; 5. Elle doit exister pour tous les âges. Les idées de Talleyrand ne connurent aucune application. Sous la Législative, Condorcet reprit le problème. Il distinguait quatre degrés d'instruction : écoles primaires, écoles secondaires, instituts, lycées et, au sommet, une Société nationale des sciences et des arts. « L'assemblée fit du projet de Condorcet ce qu'elle avait fait de celui de Talleyrand, elle l'applaudit fort, en vota l'impression, et ce fut tout [15]. » A la Convention, Lanthenas présenta quelques idées nouvelles : « L'enseignement devant être commun à tous les citoyens sans distinction de culte, tout ce qui concerne les cultes religieux ne sera enseigné que dans les temples. » Ainsi s'imposait l'idée de la laïcité de l'enseignement. Le 26 juin 1793, Lakanal donnait lecture à l'assemblée d'un nouveau projet : il y aura une école par mille habitants ; il y aura auprès de chaque administration de district un bureau d'inspection chargé de la surveillance et de la partie administrative des écoles nationales ; les instituteurs et les institutrices sont examinés et élus par le bureau d'inspection et leur nomination ratifiée par l'administration du district. On peut en revanche négliger l'essai de Le Peletier de Saint-Fargeau, « mélange de rudesse spartiate et d'idéologie platonicienne, avec quelques traits empruntés à Rousseau ». Romme à son tour développa ses idées : gratuité, laïcité, une école par village et plusieurs degrés d'enseignements.

En définitive les principales réformes intervinrent sous la Convention thermidorienne et le Directoire.

En frimaire an II était votée la loi établissant pour la première fois en France l'obligation scolaire et la gratuité pour tous les enfants de six à huit ans, sous peine d'amende et de retrait des droits civiques. Mais, devant les résistances qui venaient des parents eux-mêmes et les réserves que formulaient certains députés, le décret du 27 brumaire an III (17 novembre 1794) supprima l'obligation. Des écoles primaires étaient instituées à raison d'une école par mille habitants avec des instituteurs choisis par un jury et payés par l'État. La loi du 3 brumaire organisa l'institution autour du canton : elle ne laissait à la charge de l'État que le logement du maître et le local de la classe et prescrivait pour salaire de l'instituteur qu'une rétribution annuelle des élèves, exception faite des indigents, jusqu'à concurrence du quart. C'était marquer un réel retrait par rapport aux dispositions précédentes. On abandonna l'enseignement primaire. François de Neufchâteau le reconnaissait : « Les instituteurs sont chargés d'apprendre à la jeunesse à lire, à écrire, les éléments du calcul et ceux de la morale. Et non seulement ils ne savent pas eux-mêmes ce qu'ils doivent montrer aux autres, mais s'ils en ont quelque teinture, ils ignorent surtout la méthode d'enseigner et ne sont point en état de transmettre leurs connaissances [16]. »

Du coup l'enseignement libre prit son essor. Les bureaux de l'Intérieur devait avouer : « Les écoles primaires sont presque partout désertes. Deux causes y ont contribué : la première est le détestable choix de ce qu'on a appelé des instituteurs ; ce sont presque partout des hommes sans mœurs, sans instruction, et qui ne doivent leur nomination qu'à un prétendu civisme. Le seconde cause est dans la force toujours subsistante des opinions religieuses que les lois ont trop heurtées et pour lesquelles ces instituteurs affectent un mépris insolent [17]. » Vers 1795, les institutions particulières sont à Tourcoing sept fois plus nombreuses que les écoles publiques. On fit fermer plusieurs écoles « libres » « pour observation du dimanche et négligence du décadi, abstention aux fêtes nationales et prières en classe ». En vain : on comptait dans la Seine, en l'an VI, plus de deux cents écoles libres contre cinquante-six écoles publiques.

Pour l'enseignement secondaire, il fallut également attendre la loi du 3 brumaire an IV (25 octobre 1795) où « Daunou avait versé son expérience personnelle d'ancien professeur des collèges d'oratoriens ». Mathématiques, langue française et latin formaient la base d'un enseignement qui réagissait contre la formation classique des jésuites et prétendait englober l'agriculture, l'hygiène, l'économie politique, les arts et métiers.

Une école centrale par département était prévue. L'enseignement était divisé en trois sections. Dans la première, les garçons de douze à quatorze ans apprenaient le dessin, l'histoire naturelle, les langues anciennes et éventuellement vivantes. De quatorze à seize ans étaient enseignées les mathématiques, la physique et la chimie ; au-dessus de seize ans, les élèves étaient initiés aux belles lettres, à l'histoire et à la législation. Chaque école avait une bibliothèque publique, un jardin botanique, un cabinet d'histoire naturelle, un laboratoire de chimie.

Les professeurs étaient « examinés et élus par un jury d'instruction » et cette élection était soumise à l'approbation de l'administration départementale qui pouvait révoquer les enseignants sur avis du jury. Ils touchaient un salaire de deux mille francs (celui des fonctionnaires les mieux payés du département) et avaient droit à leur quote-part dans la rétribution perçue sur chaque élève. Car cet enseignement était payant mais des bourses pouvaient être accordées. Éventuellement logés, les professeurs avaient droit, après vingt-cinq ans, à une retraite égale au traitement de leur dernière année. Il y eut parmi les candidats beaucoup d'anciens prêtres, d'avocats, de médecins et de peintres.

Les écoles centrales furent installées en l'an IV et en l'an V. Certains départements en reçurent jusqu'à cinq (la Seine), trois (le Nord) ou deux (huit départements).

Cet enseignement, particulièrement moderne puisqu'il privilégiait les sciences au détriment de la formation classique, fut vivement critiqué. Dans ses *Vues sur l'organisation de l'instruction publique*, Champagne, futur proviseur du lycée Louis-le-Grand, se plaignait d'une lacune entre les écoles primaires et les écoles centrales ; le passage, selon lui, s'opérait mal. Le caractère antireligieux donné à leur enseignement par certains maîtres contribua à écarter les familles catholiques. Stendhal n'a pas laissé un tableau flatteur des maîtres qu'il eut à l'école centrale de Grenoble où il entrait en 1796.

C'est dans l'enseignement supérieur que les innovations furent les plus nombreuses.

Sur la suggestion de l'Institut, François de Neufchâteau créait en vendémiaire an VII un conseil supérieur de l'instruction publique de dix membres. Il fut chargé de rechercher les moyens de perfectionner l'enseignement supérieur.

Sous l'Ancien Régime, celui-ci était l'apanage des universités, au nombre de vingt-deux, du Collège royal fondé par François Ier, du

Jardin du roi, de l'Observatoire et d'écoles spéciales (Ponts et Chaussées, Mines, Langues...) La Révolution voulut faire table rase. Elle dénonçait dans les universités un repaire d'ecclésiastiques ; leur nombre semblait trop élevé ; beaucoup n'avaient aucun rayonnement. Elles constituaient des corporations privilégiées. La Constituante les avaient provisoirement maintenues, mais la Convention les supprimait le 15 septembre 1793. Elles durèrent pourtant jusqu'en février 1795.

D'importantes réformes furent entreprises par les Thermidoriens. Des écoles spéciales furent alors fondées : l'École centrale des travaux publics, vite devenue l'École polytechnique, le 28 septembre 1794 ; l'École des langues orientales, sur proposition de Lakanal, le 30 mars 1795 pour l'enseignement de l'arabe, du persan, du turc et du grec moderne ; l'École normale supérieure, le 24 octobre 1794 ; le Conservatoire de musique grâce à Sarrette ; le Conservatoire des arts et métiers, le 29 septembre 1794 (il était à la fois un musée où était installée la collection de Vaucanson, et une école où professait notamment Conté. Le Collège du roi rebaptisé Collège de France, put être préservé. Par un décret du 10 juin 1793, l'ancien Jardin du roi devint Muséum d'histoire naturelle : ainsi furent sauvées les collections de Buffon, tandis qu'un enseignement prestigieux y était installé.

Un gros effort était entrepris dans le domaine de l'enseignement médical. La guerre en appelant médecins et chirurgiens privait les populations des campagnes de praticiens. Par le décret du 4 décembre 1794, la Convention créa des écoles de santé à Paris, Montpellier et Strasbourg. L'enseignement se donnait dans les hôpitaux, laboratoires et collections où la pratique doublait la théorie. L'école de Paris comprit douze professeurs et douze adjoints ; à Montpellier, on reprit les anciens membres de la Faculté. La mise en retour de l'école de Strasbourg fut plus longue. Ces trois écoles étaient insuffisantes pour satisfaire à la demande : des administrations départementales organisèrent des jurys médicaux qui délivrèrent des certificats de capacité.

Le vandalisme révolutionnaire a culminé entre 1792 et 1795, suffisamment longtemps pour faire des destructions irréparables. Il fut inspiré par un fanatisme imbécile et le plus souvent injustifié. En revanche, les Thermidoriens, si décriés par ailleurs, eurent le mérite de prendre certaines initiatives dans le domaine de l'enseignement notamment et par là amorçaient le redressement du Consulat.

CONCLUSION

Le principal legs de la Révolution à l'humanité a été la Déclaration des droits de l'homme. Et pourtant nulle époque n'a autant bafoué ces droits au point que son souvenir se confond avec l'image de la guillotine.

Mais c'est la guillotine qui lui donne sa grandeur. Sur la scène politique chaque acteur joue sa tête ; la mort sanctionne la défaite. Quel contraste avec la disparition du débat politique sous l'Empire ou les joutes oratoires sans violences autres que verbales de la Restauration.

La Révolution n'ignore pas la gloire militaire. Les grands capitaines de Napoléon sont issus des rangs des vainqueurs de l'Europe à Jemmapes ou Fleurus. La Grande Nation précède le Grand Empire. Française, la Révolution prend ainsi une dimension européenne puis universelle.

On comprend mieux dans ces conditions la fascination qu'elle a exercée sur les écrivains et les artistes de la période romantique, un Victor Hugo ou un Jules Michelet par exemple. Plus tard, le cinéma, de Gance à Wajda, en passant par Renoir, s'est pris d'enthousiasme pour elle sans en donner une image toujours flattée.

Si nul ne conteste le caractère dramatique de la Révolution, la division se fait très vite sur son apport : a-t-elle détruit un monde parfait ou a-t-elle ouvert la voie à un monde meilleur ?

Au passif : les massacres de Septembre, les hideux agents de la Terreur à Paris et en province, la corruption et l'incapacité, la ruine économique, la guerre civile, le vandalisme borné et les discours creux. A l'actif : les grands principes qui vont dominer le XIXe siècle, la destruction de la féodalité, les victoires aux frontières et le renforcement du sentiment national.

Dans ses *Réflexions sur la Révolution*, Maurras la condamne en bloc ; dans son *Histoire socialiste*, Jaurès ne peut taire son admiration. La Révolution inaugure la division de la France entre une droite et une gauche irrémédiablement opposées sur son bilan.

En réalité si plaidoyers et réquisitoires sont tout aussi aisés, c'est que la Révolution n'a pas d'unité. Quelle meilleure preuve que les divergences sur la date à laquelle elle s'achève ?

La Fronde parlementaire contre l'absolutisme s'arrête au 14 juillet ; la révolte paysanne qui ne fut pas la fille de ce 14 juillet mais le précéda, se calme en grande partie – Vendée exceptée – avec l'abrogation des droits féodaux sans rachat par la Convention ; l'insurrection du prolétariat urbain est décapitée par l'arrestation de Jacques Roux, elle est écrasée en prairial par les Thermidoriens et semble prendre fin avec l'échec de Babeuf.

Michelet interrompt son récit à la mort de Robespierre. C'est trop tard : la fin de Jacques Roux a montré jusqu'où irait la Révolution. C'est trop tôt car Michelet oublie volontairement Napoléon qui sera l'héritier et le consolidateur de cette Révolution. Chateaubriand est mieux inspiré lorsqu'il clôt le livre VI de la troisième partie des *Mémoires d'outre-tombe* sur le spectacle qu'il aurait contemplé à Saint-Denis en 1815 : le conventionnel régicide Fouché venant, avec la caution de l'évêque apostat Talleyrand, jurer foi et hommage à Louis XVIII restauré. Mais pour Chateaubriand ce n'est pas seulement la Révolution qui s'achève sur cette scène. « Sire, aurait-il dit à Louis XVIII, je crois la monarchie finie. » Et le souverain de répondre : « Je suis de votre avis. »

Un nouveau règne commence en effet : celui de ces notables à regard froid et ample bedaine que symbolise Bertin l'Aîné tel que l'a immortalisé Ingres. C'est pour assurer – involontairement – le triomphe de la bourgeoisie que sont morts volontaires en sabots de l'an II et Vendéens au Sacré-Cœur brodé sur la poitrine, aristocrates tendant avec panache leur tête au couperet de la guillotine et conventionnels montant à l'échafaud au terme d'âpres et violents débats où ils ont joué leur vie, tous héros d'une épopée sanglante dont le dénouement ne fut pas à la hauteur des espérances qu'elle avait fait naître.

NOTES DE LA PREMIÈRE PARTIE

LES ÉVÉNEMENTS

CHAPITRE PREMIER

1. Dupaquier, *La population française aux* XVIIe *et* XVIIIe *siècles*, p. 86.
2. Morineau, *Les faux semblants d'un démarrage économique : agriculture et démographie en France au* XVIIIe *siècle*.
3. Richard dans *Noblesse d'affaires au* XVIIIe *siècle* souligne « l'échec de cet essai d'adaptation d'une caste féodale à une économie capitaliste dans le cadre de l'Ancien Régime ».
4. Sée, *La France économique et sociale au* XVIIIe *siècle*, p. 131.
5. Butel dans *L'Europe à la fin du* XVIIIe *siècle*, p. 122.
6. Montbas reproduit de longs rapports dans *La police parisienne sous Louis XVI*.
7. Excellente édition de morceaux choisis avec commentaires d'A. Pons, en 1963.
8. Mornet, *Les origines intellectuelles de la Révolution*, p. 302.
9. C'est Cochin qui a donné les analyses les plus percutantes du phénomène, notamment dans *La Révolution et la libre pensée*. Lire aussi B. Faÿ, *La franc-maçonnerie et la révolution intellectuelle du* XVIIIe *siècle* (1935).
10. Labrousse, *Les origines économiques et sociales de la Révolution* (cours polycopié, 1953), p. 65.
11. Faure, *La disgrâce de Turgot* (1961).
12. Masson *(Napoléon, Manuscrits inédits)* ne donne toutefois que les notes sur le discours de Necker du 5 mai 1789.
13. La littérature sur Necker est abondante mais contradictoire : Chapuisat en 1938 était très critique ; Boscher, *French Finances 1770-1795*, tend à le réhabiliter ainsi que, dans une moindre mesure, G. de Disbach, *Necker*, (1978).
14. Lacour-Gayet, *Calonne*, p. 134-137.
15. Récit détaillé dans Egret, *La prérévolution française, 1787-1788* (1962).
16. *La crise de l'économie française à la fin de l'Ancien Régime et au début de la Révolution* (1944).
17. Dumont donne des exemples précis dans *La Révolution française ou les prodiges du sacrilège*, p. 194.
18. Mousnier, *Les journées révolutionnaires de 1787, 1788 et 1789 à Paris* dans *Mouvements populaires et conscience sociale* (1985).
19. Corvisier dans *L'Europe à la fin du* XVIIIe *siècle*, p. 253.
20. On peut s'en tenir pour le récit des faits au vieux livre de Funck-Brentano, *L'affaire du collier* (1906).
21. Mousnier, *Les institutions de la France sous la monarchie absolue*, t. II, p. 656-658.

CHAPITRE II

1. Marquis de Bombelles, *Journal*, t. II, p. 271.
2. Brette, *Les Constituants*, avertissement. Champion, *La France d'après les cahiers des états généraux*, p. 15.
3. Cochin, *Les sociétés de pensée et la démocratie moderne*, chap. V et VI.
4. Labrousse, *Les origines économiques et sociales de la Révolution.*
5. Brette, *Les Constituants*, avertissement.
6. Sur la façon dont il fut élu : G. Lacour-Gayet, *Talleyrand*, t. I, p. 100.
7. Godechot, *Le comte d'Antraigues*, chap. I.
8. Reinhard, *Nouvelle Histoire de Paris : la Révolution*, p. 68.
9. Laclos, *Œuvres*, éd. Versini, p. 603.
10. Champion, *La France d'après les cahiers de 1789* (1921) ; Goubert et Denis, *1789, les Français ont la parole* (1964).
11. Madelin, *La Révolution*, p. 45.
12. Bombelles, *op. cit.*, p. 307.

CHAPITRE III

1. Bombelles, *op. cit.*, p. 308.
2. Rémond, *La vie politique en France*, t. I, p. 71.
3. Il existe plusieurs versions de ce mot qui fut certainement prononcé : cf. Villat, *La Révolution et l'Empire*, t. I, p. 82 qui s'appuie sur des recherches de Brette et Bourrilly.
4. Motion de Mirabeau dirigée contre Necker sur le peu de soin apporté par le ministre à la Subsistance du peuple. Mirabeau visait sa place (Bombelles, *op. cit.*, p. 342).
5. Bombelles, *op. cit.*, p. 343.
6. Godechot, *La prise de la Bastille*, p. 228.
7. La thèse d'un complot a été soutenue par Gustave Bord, *La conspiration révolutionnaire de 1789* (1909) : parlementaires et maçons seraient tombés d'accord pour « provoquer un mouvement qui placerait à la tête du pouvoir exécutif le duc d'Orléans, grand maître de la franc-maçonnerie en qualité de lieutenant général du royaume ». Ce serait le point de départ d'un changement de dynastie accompagné d'un triomphe des lumières sur le catholicisme. L'idée a été reprise par B. Faÿ dans *La grande Révolution* (1959). Elle est séduisante et vraisemblable, mais les preuves formelles font défaut et les conspirateurs semblent avoir été surtout des apprentis sorciers.
8. Godechot, *op. cit.*, p. 235.
9. Monique Cottret, *La Bastille à prendre.* Dans sa préface. P. Chaunu explique la fonction du mythe par Linguet et Latude.
10. Mistler dans son *14 juillet* met en lumière certains épisodes bouffons de la prise de la Bastille (p. 101).
11. Mazauric dans *Mouvements populaires et conscience sociale*, p. 511-518.
12. Villat, *op. cit.*, p. 41.
13. Lefebvre, La *Grande Peur*, p. 201. Jean Nicolas (« Les mouvements populaires dans le monde rural sous la Révolution », *Bulletin de la Société d'histoire moderne*, n° 3 de 1986) distingue dans les mouvements des actions antiseigneuriales, des émeutes de subsistances, une réaction antifiscale, des demandes d'augmentation des salaires de la main-d'œuvre agricole, un rejet du « haut tiers », comprenons des notables...
14. Kessel, *La nuit du 4 août 1789*, p. 137.
15. *Ibidem*, p. 140.

16. *Ibidem*, p. 127.
17. Tulard, *Les révolutions*, p. 55.
18. C'est l'idée développée par P. Dominique, *Paris enlève le roi* (1972).
19. Sagnac, *La Révolution (1789-1792)* dans *Histoire de France* de Lavisse, t. I., p. 100.

CHAPITRE IV

1. Soboul, *Précis d'histoire de la Révolution française*, p. 135.
2. Maintenant, *Les Jacobins*, p. 13.
3. Bertaud, *Les amis du roi*, *passim*.
4. Pour Guy Antonetti, *Histoire contemporaine politique et sociale*, p. 73, Necker avait les moyens techniques de résoudre la crise par l'intermédiaire de la Caisse d'escompte transformée en Banque nationale. L'assemblée paralysa Necker car « elle craignait qu'en résolvant trop vite et trop facilement les difficultés financières, elle n'offrit au roi la possibilité de se débarrasser d'elle ».
5. Labrousse, *Les origines économiques et sociales de la Révolution*, p. 133.
6. De Viguerie, *Christianisme et Révolution*, p. 57.
7. *Ibidem*, p. 62.
8. Lavisse, *Histoire de France contemporaine*, t. I, p. 165.
9. Villat, *Les assemblées révolutionnaires*, p. 65.
10. *Ibidem*, p. 69.
11. *Cahiers du Centre de recherches et d'études sur Paris et l'Ile-de-France*, n° 10 (mars 1985), p. 139.
12. *L'administration de Paris (1789-1977)*, p. 34.
13. Chiappe, « Le 14 juillet 1790 » dans *Douze moments clés de l'histoire de France*, p. 136.
14. Marion, *Histoire financière de la France*, t. II, p. 131.
15. Marion, *op. cit.*, p. 137.
16. Marion, *op. cit.*, p. 144.
17. Marion, *op. cit.*, p. 176.
18. Godechot, *Les institutions de la France sous la Révolution et l'Empire*, p. 167. La contribution mobilière était composée de cinq taxes différentes : une taxe égale à trois journées de travail due par tous les contribuables : elle conférait le titre de citoyen actif. Une deuxième taxe portait sur les domestiques ; une troisième sur les chevaux et mulets. Il y avait aussi une taxe d'habitation et une taxe « proportionnelle au revenu à raison d'un sol par livre. Les fonctionnaires et les pensionnés étaient taxés d'après leur traitement ». Les charges de famille entraînaient une diminution d'impôts.
19. Viguerie, *op. cit.*, p. 79.
20. L'archevêque de Bordeaux, Champion de Cicé était devenu garde des Sceaux depuis le 4 août 1789. Il fut remplacé par Duport-Dutertre le 21 novembre 1790. Archevêque de Vienne, Lefranc de Pompignan était ministre d'État sans portefeuille.
21. Viguerie, *op. cit.*, p. 89.
22. *Ibidem*, p. 94.
23. Leflon, *La crise révolutionnaire*, p. 77.
24. Reinhard, *La fuite du roi* (cours polycopié), p. 27.
25. *Ibidem*, p. 55.
26. Masson et Biagi, *Napoléon, Manuscrits inédits*, p. 522.
27. Maintenant, *Les Jacobins*, p. 31.

CHAPITRE V

1. Aulard, *Histoire politique de la Révolution française*, p. 173.
2. Sagnac, *La Révolution française* (*Histoire de France contemporaine*, de Lavisse, t. I, p. 280).
3. Duc de Castries, *La vie quotidienne des émigrés*, p. 18.
4. *Ibidem*, p. 51.
5. *Ibidem*, p. 86.
6. *Mémoires d'outre-tombe*, éd. Levaillant (1948), t. I, p. 399.
7. Duc de Castries, *op. cit.*, p. 95.
8. Dunan, *La Révolution française et l'Europe*, t. I, p. 79.
9. *Ibidem*, p. 89.
10. *Ibidem*, p. 92.
11. Il n'était encore que François Ier n'ayant pas été couronné empereur.
12. Bertaud, *La Révolution armée*, p. 69.
13. Dunan, *op. cit.*, p. 128.
14. Reinhard, *Nouvelle Histoire de Paris, la Révolution*, p. 246.
15. Madelin, *La Révolution*, p. 229.
16. *Ibidem*, p. 238.
17. Frénilly, *Souvenirs*, p. 167.

CHAPITRE VI

1. Cité par Mellié, *Les sections de Paris*, p. 95-96.
2. *Ibidem*, p. 107.
3. *Ibidem*, p. 113.
4. Citations extraites de Bluche, *Septembre 1792*, p. 35.
5. Restif de la Bretonne, *Les nuits de Paris*, 100e nuit.
6. Tableaux extraits de Bluche, *op. cit.*, p. 99 et 101.
7. Sagnac, dans *Histoire de France contemporaine*, de Lavisse, t. I, p. 404.
8. Soboul, *Précis d'histoire de la Révolution*, p. 215.

CHAPITRE VII

1. Aulard, *Histoire politique de la Révolution*, p. 239.
2. Pariset, *La Révolution*, *Histoire de France contemporaine*, de Lavisse, t. I, p. 413.
3. Bertaud, *Valmy*, p. 28.
4. *Ibidem*, p. 29.
5. Hypothèse présentée par Robert Christophe dans son *Danton*.
6. Outre le récit de Chuquet (*Les guerres de la Révolution*, t. II), on lira les observations de Roger Dufraisse dans la *Revue universelle* de 1986 qui montrent que la victoire de Valmy ne fut pas celle d'un « peuple en armes ».
7. Dodu, *Le parlementarisme et les parlementaires sous la Révolution*, p. 184.
8. Soboul, *Précis d'histoire de la Révolution française*, p. 225.
9. Janot, « La vie quotidienne de la Convention nationale » (mémoire de maîtrise, Paris-Sorbonne, 1986), p. 79.
10. Boyer, *Les Tuileries sous la Convention*, p. 22-23.
11. Janot, *op. cit.*
12. Les chiffres divergent selon les sources, mais non sur ce total de 361 voix.
13. Furet et Richet, *La Révolution française*, p. 180.
14. Cité par Gaxotte, *La Révolution française*, p. 240.

CHAPITRE VIII

1. Dunan, *La Révolution française et l'Europe,* t. II, première partie, p. 36.
2. *Ibidem,* p. 38.
3. Pariset, *Histoire de France contemporaine* de Lavisse, t. II, p. 31.
4. Dunan, *op. cit.,* p. 40.
5. *Ibidem,* p. 42.
6. *Ibidem,* p. 46.
7. Pariset, *op. cit.,* p. 38.
8. Dunan, *op. cit.,* p. 49.
9. *Ibidem,* p. 55.
10. Pariset, *op. cit.,* p. 75.
11. Petitfrère, *La Vendée et les Vendéens,* p. 228.
12. Godechot, *La contre-révolution,* p. 224.
13. Petitfrère, *op. cit.,* p. 20.

CHAPITRE IX

1. Nous suivons ici Villat, *La Révolution et l'Empire,* t. I, p. 220 et suivantes.
2. *Ibidem,* p. 224.
3. Sorel, *L'Europe et la Révolution française,* t. III, p. 366 ; M. Dunan, *La Révolution française et l'Europe,* t. II, première partie, p. 64.

CHAPITRE X

1. *Histoire de France contemporaine,* de Lavisse, t. II, p. 56.
2. Tulard, *Fiévée,* p. 30.
3. *Histoire de France contemporaine* de Lavisse, t. II, p. 70.
4. *Ibidem,* p. 88.
5. Duvergier, *Collection des lois,* t. V, p. 267.
6. Bertaud, *Desmoulins,* p. 202. Desmoulins avait écrit précédemment un *Jean-Pierre Brissot démasqué.*
7. Soboul, *Précis d'histoire de la Révolution,* p. 251.
8. Sainte-Claire Deville, *La Commune de l'an II,* chap. V.
9. *Histoire de France contemporaine,* de Lavisse, t. II, p. 100.
10. *Ibidem,* p. 103.
11. Sainte-Claire Deville, *op. cit.,* p. 93.
12. *Histoire des Girondins,* t. III, p. 343.

CHAPITRE XI

1. *Histoire de France contemporaine,* de Lavisse, t. II, p. 125.
2. Sur Chalier : la thèse de Takashi Koï, « *Les Chaliers » et les sans-culottes lyonnais* (Lyon, 1975). L'auteur les rapproche plus des « Enragés » de Jacques Roux que des Jacobins de Robespierre. Ils firent peur, ce qui explique le succès à Lyon de la contre-révolution.
3. Commode mise au point dans *L'histoire de Marseille* de P. Guiral.
4. L'étude de Paoli a été renouvelée par les recherches de Defranceschi *La Corse française (30 novembre 1789-15 juin 1794),* ouvrage publié en 1980. L'auteur explique que si le décret du 30 novembre 1789 annexait la Corse, il aurait fallu

prévoir pour l'île « un statut particulier ». La promulgation de la Constitution civile du clergé comme la vente des biens nationaux furent des facteurs de troubles qui expliquent « la prétendue trahison de Paoli ».
5. *Histoire de France contemporaine*, de Lavisse, t. II, p. 130.
6. Chiappe, *La Vendée en armes*, t. I.
7. *Les Constitutions de la France*, p. 72.
8. Godechot, *Les institutions de la France sous la Révolution et l'Empire*, p. 291-293.
9. Notice *Cambon* dans Kuscinski, *Dictionnaire des conventionnels*.
10. Duvergier, *Collection des lois*, t. VI, p. 172.
11. Cobb, *Les armées révolutionnaires, instrument de la terreur dans les départements*, t. I, chap. II.
12. *Histoire de France contemporaine* de Lavisse, t. II, p. 133.
13. *Ibidem*, p. 134.
14. *Ibidem*, p. 202.
15. R. Secher, *Le génocide franco-français : la Vendée-Vengé*. Le mot de génocide et les chiffres présentés par l'auteur ont été contestés de façon trop systématique par Lebrun dans la revue *L'Histoire*. S'il est difficile de présenter des chiffres très précis, l'impression de désolation est notée par tous les contemporains.
16. Secher, *La Chapelle-Basse-Mer, village vendéen* : ici l'auteur peut apporter des indications précises sur « le génocide ».
17. Caron, *La défense nationale*, p. 16.

CHAPITRE XII

1. Citations extraites de Guérin, *La lutte de classes sous la Première République*, t. I, p. 66.
2. *Ibidem*, p. 69.
3. Dommanget, *Jacques Roux, le curé rouge* (1950).
4. Michelet est l'un des premiers à avoir attiré l'attention sur Théophile Leclerc d'Oze.
5. Sur son rôle : Mathiez, *La vie chère et le mouvement social sous la Terreur*, p. 121. Dans son zèle robespierriste, Mathiez paraît bien injuste pour les Enragés.
6. Guérin, *op. cit.*, p. 157.
7. Duvergier, *Recueil des lois*, t. VI, p. 194.
8. Guérin, *op. cit.*, p. 78.
9. *Ibidem*, p. 243.
10. L'idée d'une complicité de Hébert avec Batz a été mise en lumière de façon convaincante, même si la thèse repose surtout sur des présomptions, par A. de Lestapis, *La conspiration de Batz* (1969).
11. Toutes les citations de Hébert sont extraites de l'étude de Soboul *Portraits de révolutionnaires*, p. 159-209.
12. Dumont, *La Révolution française ou les prodiges du sacrilège*, p. 322. L'auteur insiste sur l'antichristianisme de la Révolution et ne pense pas que Robespierre ait été l'adversaire de la déchristianisation.
13. Lefebvre, *Études sur la Révolution française*, p. 104.
14. Bluche, *Danton*, p. 420.
15. *Ibidem*, p. 453.

CHAPITRE XIII

1. Caron, *La défense nationale*, p. 5.
2. *Ibidem*, p. 12.

3. *Ibidem*, p. 25.
4. Bertaud, *La vie quotidienne des soldats de la Révolution, passim.*
5. Cité par Legrand, *Vie et société en Picardie maritime*, p. 312.
6. *Souvenirs de Charles Laukhard, un Allemand en France sous la Terreur*, p. 71.
7. Robiquet, *La vie quotidienne au temps de la Révolution*, p. 113.
8. *Ibidem*, p. 116.
9. Legrand, *op. cit.*, p. 241.
10. Dumont, *les prodiges du sacrilège*, p. 210.
11. Soboul, *Les sans-culottes parisiens en l'an II*, p. 656.
12. Arches, *Les prénoms à Niort pendant la Révolution*, *in 108ᵉ congrès national des sociétés savantes*, p. 127-147.
13. Soboul, *op. cit.*, p. 663.
14. Bianchi, La *révolution culturelle de l'an II*, p. 232.
15. Bertaud, *La vie quotidienne au temps de la Révolution*, p. 57.
16. Bianchi, *op. cit.*, p. 121.
17. Cité par Bertaud, *op. cit.*, p. 209.
18. *Ibidem*, p. 212.
19. *Ibidem*, p. 202.
20. H. Fleischmann, *Les prisons de la Révolution, passim* ; Olivier Blanc, *La dernière lettre.*
21. Matharan, *Suspects et suspicion à Paris*, thèse dactylographiée, p. 572.

CHAPITRE XIV

1. Cité par Thuillier, *Témoins de l'administration* (où se trouve esquissée une intéressante présentation des idées de Saint-Just sur l'administration), p. 43.
2. Lefebvre, *Études sur la Révolution* (reprenant son article sur la loi du 22 prairial an II), p. 120.
3. Recueil de Duvergier, t. VII, p. 192.
4. Campardon, *Le Tribunal révolutionnaire*, t. I, p. 339.
5. Matharan, *Suspects et suspicion à Paris*, thèse dactylographiée, Université de Paris I (1985).
6. Cf. un examen détaillé de cette nationalisation dans Lefebvre, *Le commerce extérieur en l'an II*, article reproduit dans ses *Études sur la Révolution*, p. 239.
7. J. Godechot, *Les Institutions de la Révolution et de l'Empire*, p. 406.
8. G. Lefebvre a montré dans sa préface aux *Questions agraires au temps de la Terreur* que les décrets de ventôse étaient inapplicables. Ils ne reçurent d'ailleurs qu'un commencement d'application (cf. les articles de R. Schnerb pour le Puy-de-Dôme dans *Annales historiques de la Révolution française*, 1929 et 1934).
9. C'est l'opinion développée par Ollivier dans *Saint-Just* où il souligne les faiblesses et le caractère souvent utopique des fameuses *Institutions républicaines* de Saint-Just (Chapitre VI : La fraternité difficile).
10. Sur le détail des opérations, cf. Poyet, *Les guerres des Antilles de 1793 à 1815* (1896).
11. Ollivier, *Saint-Just* (qui serait le rédacteur de la lettre), p. 528.
12. *Ibidem.*
13. *Mémorial de Sainte-Hélène*, t. I, p. 250. En lavant Robespierre des excès de la Terreur, Napoléon entendait aussi justifier son passé de robespierriste au temps du siège de Toulon. Augustin Robespierre avait songé à lui pour un commandement à Paris. On imagine Bonaparte à la place d'Hanriot, le cours du 9 thermidor eût été changé (cf. Tulard, « Robespierre vu par Napoléon », *Actes du colloque Robespierre*, Vienne, 1965).
14. A. Ollivier, *op. cit.* p. 579. Il faut plus se méfier des bulletins de l'agence du

comte d'Antraigues que ne l'a fait l'auteur, mais ils reflètent parfois certaines rumeurs qui peuvent traduire un état de l'opinion.

15. Sur l'affaire Catherine Théot : Lenotre, *Robespierre et la mère de Dieu* (1926), et l'étude d'A. Mathiez dans *La Révolution française* (1901).

16. Madelin, *La Révolution,* p. 381.

17. Michelet, *La Révolution* (La Pléiade), t. II, p. 990.

CHAPITRE XV

1. Dessertine, *Divorcer à Lyon,* p. 72.

2. Pariset dans *Histoire de France contemporaine,* de Lavisse, t. II, p. 245.

3. Leflon, *La crise révolutionnaire,* p. 130.

4. *Ibidem,* p. 132.

5. Soboul, *Précis d'histoire de la Révolution,* p. 365.

6. Gaxotte, *La Révolution française,* p. 365.

7. Récit détaillé dans Tonnesson, *La défaite des sans-culottes* (1959).

8. Hypothèse développée, à partir de notes de blanchisserie, par L. Hastier, *La double mort de Louis XVII* (1951).

9. Sainte-Claire Deville, *A la recherche de Louis XVII* (1946) ; A. Castelot, *Louis XVII* (1968) ; R. Le Conte, *Louis XVII et les faux dauphins* (1924).

10. Solution défendue par M. Garçon, *Louis XVII ou la fausse énigme* (1952).

11. A. Doyon, *Un agent royaliste pendant la Révolution, le Maître* (1969).

12. Gaxotte, *op. cit.*, p. 370.

13. Dunan, *Histoire intérieure du Directoire,* p. 14.

14. Deslandres, *Histoire constitutionnelle de la France,* t. I, p. 322.

15. Dunan, *op. cit.,* p. 22.

16. *L'administration de Paris* (1979), p. 35.

17. Tulard, *Joseph Fiévée,* p. 51.

18. Moyat, *De la bibliothèque à Le Peletier, l'évolution politique d'une section* (mémoire de maîtrise de l'université de Paris-Sorbonne, 1986).

19. Arch. nat, BII 61 ; Zivy, *Le 13 vendémiaire,* p. 24.

20. « Ce général impromptu mit, en espalier sur les marches de l'église Saint-Roch, une partie des gardes nationaux qu'il commandait, pour qu'ils fussent plus commodément atteints par le canon. » (Tulard, *op. cit.*, p. 57).

21. *Correspondance de Napoléon I*er, t. XXIX, p. 52. Le récit donné par Barras dans ses *Mémoires* comme la relation publiée à l'époque par Réal ne donnent pas un rôle important à Bonaparte. Sur celui de Murat : Tulard, *Murat,* p. 7-9.

22. Doyon, *op. cit.*

23. Pariset, *op. cit.,* p. 267.

24. *Ibidem,* p. 268.

CHAPITRE XVI

1. Étude détaillée dans Suratteau, « Les élections de l'an IV », *Annales historiques de la Révolution française,* octobre 1951.

2. Reinhard, *La France du Directoire,* p. 58.

3. Cité par Dunan, *Histoire intérieure du Directoire,* p. 26.

4. *Mémoires,* t. I, p. 316.

5. *Mémoires de Sainte-Hélène* (éd. Dunan), t. I, p. 693.

6. *Ibidem.*

7. Il convient de se méfier de ses *Mémoires.* Ses papiers ont probablement été perdus.

8. La Révellière-Lépeaux, *Mémoires,* t. I, p. 341.

9. Reinhard, *op. cit.*, p. 37.
10. La Révellière-Lépeaux, *Mémoires*, t. I, p. 317.
11. Dunan, *op. cit.*, p. 38.
12. Dunan, *op. cit.*, p. 42.
13. *Ibidem*, p. 44.
14. La politique de compression budgétaire s'accompagna d'un taux d'intérêt exorbitant (10 % dans le Tarn au lieu de 5 % en 1789). « L'anéantissement pratique du crédit et le resserrement du volume de la monnaie métallique aboutirent progressivement à une déflation des prix. La baisse fut générale dans tous les secteurs. Les récoltes abondantes des années V-VII y poussèrent aussi. La dépression sévissait dans le monde rural... » (Chabert, *Essai sur les mouvements des revenus et de l'activité économique en France de 1798 à 1820*, p. 355.)
15. La meilleure mise au point sur ce personnage est celle de Mazauric en 1962.
16. Dommanget, *Babeuf et la conjuration des Égaux* (1922). Dommanget a publié des pages choisies de Babeuf d'où sont extraites les citations de ce livre.
17. Analyse de la composition de la Légion de police par Tulard dans *Annales historiques de la Révolution française*, 1964, p. 38 et suivantes.
18. Sur cette conspiration : Bessand-Massenet, *La vie de conspirateur* (1956).
19. La trahison de Pichegru a suscité de nombreux ouvrages dont le plus documenté reste, malgré son ancienneté, celui de Caudrillier, *La trahison de Pichegru et les intrigues royalistes dans l'Est avant fructidor* (1908) qui conclut, contre Ernest Daudet (*La conjuration de Pichegru*), à la culpabilité du général « entré en relations avec le prince de Condé son ancien protecteur », ce que confirment ses billets et les lettres des agents envoyés auprès de lui : Fauche-Borel, le baron de Vincent, l'émigré Tessonnet, l'avocat strasbourgeois Demougé. J. Godechot conclut de même dans *La contre-révolution*, p. 288.
20. Dunan, *op. cit.*, p. 76.
21. *Ibidem*.
22. Sur les conditions de cette nomination, la meilleure mise au point est celle de M. Poniatowski, *Talleyrand ministre du Directoire*.
23. cité par M. Dunan, *op. cit.*, p. 84.
24. D'après J. Godechot, (*Le comte d'Antraigues*, p. 153), il s'agissait d'une conversation de 33 pages entre Montgaillard et d'Antraigues où Montgaillard révélait à d'Antraigues la trahison de Pichegru et lui demandait les moyens de l'acheter. S'il y eut épuration du portefeuille du comte, c'est qu'il était question, dans ses papiers, d'acheter Bonaparte et qu'on y mettait en cause le général Boulard et d'autres personnes de l'entourage de Bonaparte.
25. Meynier donne, dans le tome I des *Coups d'État du Directoire*, un récit détaillé de l'opération.
26. Sur cette déportation on dispose des témoignages de Barbé-Marbois (*Journal d'un déporté*, 1834) et de Laffon-Ladebat (*Journal de ma déportation*, éd. Masson, 1912).

CHAPITRE XVII

1. Sorel, *L'Europe et la Révolution française*, t. V. Pour Sorel, l'Angleterre porte la responsabilité de la continuation de la guerre. Point de vue opposé dans Guyot, *Le Directoire et la paix de l'Europe*.
2. Dunan, *La Révolution française et l'Europe*, t. II, 2e partie, p. 129.
3. *Ibidem*, p. 132.
4. *Ibidem*, p. 145.
5. Poniatowski, *Talleyrand ministre du Directoire*.

6. Tulard, *Napoléon*, p. 83.
7. Desbrière a analysé cette tentative dans *Projets et tentatives de débarquement aux Iles britanniques.*
8. Ballot, *Les négociations de Lille.*

CHAPITRE XVIII

1. Chiffres dans *La déportation ecclésiastique sous le Directoire* de V. Pierre. Un cas particulier étudié par Picheloup *Les ecclésiastiques français émigrés ou déportés dans l'état pontifical de 1792 à 1800 :* le chiffre fut inférieur à six mille.
2. A. Mathiez, *La théophilanthropie et le culte décadaire*, p. 149 ; les attaques vinrent aussi des constitutionnels comme Grégoire, ainsi que le rappelle Mgr Leflon, *La crise révolutionnaire*, p. 152.
3. Kuscinski, *Les députés du Corps législatif, de l'an IV à l'an VII*, p. 206.
4. Dunan, *Le Directoire*, p. 94.
5. La Révellière-Lépeaux, *Mémoires*, t. II, p. 361.
6. Tulard, « François de Neufchâteau et la politique économique du Directoire », *Journal des savants*, 1966, p. 234-242.
7. Sur Bauwens, Leleux (1969) et sur Oberkampf, le vieux livre encore utile de Laboucherie (1884).
8. Cité par Dunan, *op. cit.*, p. 132.
9. Tulard, *Fievée*, chap. IV.
10. Stern, *Michel-Jean Simons* (1933). Énorme littérature sur Ouvrard : Arthur-Levy (1929) ; Savant (1954) ; Payard (1958).
11. Nombreux exemples dans les frères Goncourt, *Histoire de la société française pendant le Directoire.*
12. G. Lely, *Sade ;* les ouvrages sont accessibles dans les éditions Pauvert puis Fayard (1986).
13. La Revellière-Lépeaux, *Mémoires*, p. 382.
14. Meynier, *Les coups d'État du Directoire*, t. II, p. 207. Pour l'auteur « la situation extérieure domine la politique intérieure et explique la crise ». Le néo-jacobinisme aurait profité des défaites françaises.
15. Meynier, *op. cit.*, insiste sur le fait que l'armée était devenue hostile au Directoire et contribua à son échec en prairial.

CHAPITRE XIX

1. *Mémoires du duc de Raguse*, t. I, p. 347.
2. Bourgeois, *Manuel historique de politique étrangère*, t. II, p. 191.
3. Lacour-Gayet, *Talleyrand*, t. I, p. 308.
4. La Révellière-Lépeaux, *Mémoires*, t. II, p. 340. Il cite Monge comme l'un des porte-parole de Bonaparte.
5. *Correspondance de Napoléon Ier*, t. IV, n° 2719.
6. Certains généraux commencèrent à se demander si le Directoire n'avait pas souhaité l'extermination de l'armée, ce que dément La Révellière dans ses mémoires. Des généraux, comme le père d'Alexandre Dumas, préférèrent rentrer par leurs propres moyens, ce que Bonaparte ne leur pardonna pas.
7. Le point de vue de ces notables, plutôt attentiste, est bien exprimé par Djabarti, *Journal d'un bourgeois du Caire* (trad. fr., 1981).
8. Le décret du 22 août 1798 prévoyait : « Il y aura en Égypte un Institut pour les sciences et les arts, lequel sera établi au Caire. Cet établissement aura principalement pour objet : 1. Le progrès et la propagation des lumières en

Égypte ; 2. La recherche, l'étude et la publication des faits naturels, industriels et historiques de l'Égypte ; 3. de donner des avis sur les différentes questions pour lesquelles il sera consulté. » Il comprenait quatre sections (mathématiques, physique et histoire naturelle, économie politique, littérature et arts) de chacune douze membres.

9. Cité par Benoist-Méchin, *Bonaparte en Égypte*, p. 178. On dispose aussi du témoignage dessiné de Dejuine publié par F. Beaucour (1983).
10. Charles Roux, *Bonaparte gouverneur d'Égypte*, p. 89.
11. Il était célèbre pour ses atrocités, probablement exagérées par la légende.
12. *Correspondance de Napoléon Ier*, n° 3952. Il demandait également des renforts.
13. *Ibidem*, n° 3901, en date du 25 janvier 1799.
14. Bastid, *Sieyès et sa pensée*, p. 233.
15. Cité par Benoist-Méchin, *op. cit.*, p. 274.
16. Sur son rôle, cf. Bertier de Sauvigny, *Metternich* (1986), p. 45.
17. L'ensemble des problèmes posés par les républiques sœurs est magistralement évoqué par J. Godechot dans son livre *La Grande Nation*. On ne peut qu'y renvoyer.
18. Geyl, *La République batave*.
19. Fugier, *Napoléon et l'Italie*, chap. V.
20. Cité par Dunan, *La Révolution française et l'Europe*, t. II, deuxième partie, p. 172.
21. *Ibidem*, p. 174.
22. *Ibidem*, p. 174.
23. *Ibidem*, p. 175.
24. On a prétendu que le Directoire, exaspéré contre ses envoyés obstinés à ne pas provoquer la guerre générale, les aurait fait assassiner. Debry, miraculeusement épargné, aurait été lui-même l'âme de la machination. Pingaud a fait justice de ces accusations dans *Jean de Bry*, p. 128-129.

CHAPITRE XX

1. Le mouvement est étudié par Woloch, *Jacobin Legacy. The Democratic Movement under Directory* (1970).
2. L'abbé de Montesquiou avait reconstitué une agence qui, grâce à ses correspondants informait le roi de l'état de l'opinion (Tulard, *Fiévée*, p. 100).
3. Sieyès détestait Bernadotte qu'il fit écarter du ministère de la Guerre. Augereau et Jourdan passant pour jacobins, Macdonald blessé, Moreau hésitant, restait Joubert dont on attendait de grands succès en Italie. Joubert « ne faisait pas figure d'instrument passif ». Son attitude semble avoir été aussi louvoyante et indéterminée que celle de la plupart des généraux de son temps. Il affectait un républicanisme exalté, et en même temps ne se montrait pas inaccessible aux émissaires du prétendant. Certains l'accusaient même de vouloir se faire chef d'État. Avec le nouveau Directoire, son ton était aussi altier qu'avec le précédent. « Je commanderai l'armée d'Italie aux conditions suivantes, aurait-il dit à Sieyès – Mais on ne fait pas la loi au Directoire ! – On ne la fait pas non plus à un général à qui on donne une armée battue trois fois. » (P. Bastid, *Sieyès et sa pensée*, p. 230).
4. Toutefois Lucien Bonaparte, dans ses *Mémoires*, pense que, sans l'arrivée de son frère, la « réforme républicaine » eût réussi. « Probablement nous eussions succombé sous le parti de Jourdan. Je pense que ce retour imprévu a préservé la France d'une répétition de la Terreur. »
5. Des liens avaient été déjà noués avec Lucien Bonaparte, député aux Cinq-Cents, et Joseph qui, de retour d'Italie, régnait sur une petite cour à Mortfontaine. Dans ses *Mémoires*, Joseph raconte un dîner au Luxembourg où Sieyès, après

avoir développé son idée d'un coup d'État, lui aurait confié : « Je veux marcher avec le général Bonaparte parce que, de tous les militaires, c'est encore le plus civil. » (P. Bastid, *op. cit.*, p. 233).

6. Réal occupait le poste important de commissaire du Directoire exécutif auprès du département de Paris. Initialement protégé de Barras, il avait dépouillé les papiers du général Klingin communiqués après fructidor par Moreau et qui confirmaient la trahison de Pichegru (Bigard, *Le comte Réal*, p. 121 ; l'auteur pense que Réal chercha à rapprocher Bonaparte et Barras).

7. Sur le rôle de Fouché : Madelin, *Fouché*, t. I, p. 263.

8. Bonaparte, sous prétexte d'un voyage, avait fait inviter personnellement un grand nombre d'officiers à venir le voir le 18, vers six heures du matin (Bastid, *Sieyès et sa pensée*, p. 240).

9. Des affiches et des proclamations avaient également été préparées, en dehors de Sieyès, par Regnaud de Saint-Jean d'Angély et Rœderer. Elles flétrissaient les coups d'État de fructidor comme de prairial et furent apposées dès le 18, autour des Tuileries avec la complicité du département où Lecouteulx et Réal étaient gagnés au complot.

10. Cette tirade est reproduite d'après Buchez et Roux dans A. Ollivier, *Le dix-huit brumaire*, p. 194. Bonaparte avait aussi lancé une proclamation aux troupes (*Correspondance de Napoléon Ier*, t. VI, nº 4387).

11. Les ministres se rallièrent sans problème (Fouché, déjà gagné, à la Police, Quinette à l'Intérieur, Cambacérès à la Justice, Reinhard aux Relations extérieures et de façon plus réticente, Lindet aux Finances). Seul Dubois-Crancé, ministre de la Guerre, se tint à l'écart.

12. Tous les récits s'accordent (Meynier, Vandal, Ollivier, Bessand-Massenet...) sur le rôle important de Lucien Bonaparte. Pour P. Bastid (*Sieyès et sa pensée*, p. 246), qui rappelle le fameux discours aux troupes de Lucien contre « les représentants à stylets » qui emporte l'adhésion de la garde des Conseils jusque-là hésitante, c'est pourtant Sieyès qui aurait le premier suggéré l'intervention des troupes.

13. Aulard (« Bonaparte et les poignards des Cinq-Cents » dans *Études et leçons sur la Révolution française*, 3e série, p. 271-289) a confronté les différents témoignages et ne croit pas à la réalité d'une tentative d'assassinat. Le grenadier qui aurait reçu le coup de poignard s'appelait Thomé.

14. Correspondance de Napoléon, t. VI, nº 4389.

CHAPITRE XXI

1. Reinhard, *La France du Directoire*, première partie, p. 17.
2. Godechot, *La Grande Nation*, p. 702.
3. *Ibidem*, p. 91.
4. *Ibidem*, p. 92.
5. Deslandres, *Histoire constitutionnelle de la France*, t. I, p. 78.
6. *Correspondance politique*, t. I, p. 16.
7. Antonetti, *Histoire contemporaine et sociale*, p. 135.

CHAPITRE XXII

1. Dupâquier, *La population française aux XVIIe et XVIIIe siècles*, p. 75.
2. Reinhard, *La France du Directoire*, t. I, p. 20.
3. Henry et Blayo cités par Dupâquier, *op. cit.*, p. 83.
4. *Ibidem*, p. 81.
5. Lefebvre, *Études sur la Révolution*, p. 332.

6. Dunan, *Histoire intérieure du Directoire*, p. 131.
7. Bruguière, *Profiteurs et gestionnaires de la Révolution*.
8. Sautel, « Les Jacobins et l'administration », *Revue de droit public*, 1985, p. 911.
9. Cité par Thuillier, *Témoins de l'administration*, p. 42.
10. Thuillier et Tulard, *Histoire de l'administration française*, p. 14.
11. Six, *Les généraux de la Révolution et de l'Empire*, *passim*.
12. Higonnet, *Class, Ideology and the Rights of Nobles during the French Revolution*.
13. Baldensperger, *Le mouvement des idées dans l'émigration française*, t. II, chap. 3.
14. Viguerie, *Christianisme et Révolution*, p. 227.
15. Flament, *Les prêtres clandestins dans l'Orne pendant la Révolution*, p. 85-89.
16. Sur les prêtres martyrs, Viguerie, *op. cit.*, p. 245-247.
17. Robert, *Les églises réformées en France (1800-1830)*, p. 26-30. L'auteur parle d'effondrement temporaire.
18. Viguerie, *op. cit.*, p. 257.
19. Levasseur, *Histoire des classes ouvrières en France*, t. I, p. 111.
20. A. Forrest, *La Révolution française et les pauvres*, p. 228.
21. *Ibidem*. Nombreux exemples sur la misère en province dans R. Legrand, *Vie et société en Picardie maritime*, chap. v. On se reportera aux observations de Guy Thuillier dans son étude sur les institutions socio-médicales en Nivernais : « Plus d'aumônes, plus d'hôpitaux, tel est le but vers lequel la Convention doit marcher sous cesse car ces deux mots doivent être bannis du vocabulaire républicain, affirme Barère en floréal an II. Malheureusement la destruction du système ancien a conduit, à partir de 1793, à une situation catastrophique : hôpitaux privés de toute ressource, expulsion des religieuses, anarchie médicale... Pour les plus pauvres, le Directoire a été dans les villes une période désastreuse. »

CHAPITRE XXIII

1. Jullian, *L'art en France sous la Révolution et l'Empire*, p. 17.
2. Les têtes des rois ont été retrouvées et identifiées par Michel Fleury qui a publié – en collaboration avec Erlande-Brandenburg – un remarquable album.
3. Gautherot, *Le vandalisme jacobin*, p. 235-237.
4. *Ibidem*, p. 267.
5. Mongrédien, *La musique en France des Lumières au Romantisme*, p. 52.
6. Jullian, *op. cit.*, p. 42.
7. Saunier, *Les conquêtes artistiques de la Révolution et de l'Empire* (1902) ; F. Boyer, « Les responsabilités de Napoléon dans le transfert à Paris des œuvres d'art de l'étranger », *Revue d'Histoire moderne*, oct. 1964.
8. Lacour-Gayet dans *Bonaparte membre de l'Institut* (1921) indique que le général obtint 305 voix, Dillon 166 et Montalembert 123.
9. Mongrédien, *op. cit.*, p. 39.
10. Cf. les pièces publiées par D. Hamiche dans le *Théâtre et la Révolution* , coll. 10/18.
11. Lely, *La vie du marquis de Sade*, chap. XIV et XV.
12. Chadourne, *Restif de la Bretonne* (1958).
13. *Romanciers du XVIIIe siècle*, Bibliothèque de la Pléiade, t. II, p. 1543.
14. M. de Certeau, Julia et Revel, *Une politique de la langue, la Révolution et les patois* (1975).
15. Duruy, *L'instruction publique et la Révolution*, p. 83. Deux études fondamentales sur l'enseignement primaire : Fleury et Valmary, « Les progrès de l'instruction élémentaire de Louis XIV à Napoléon III », *Population*, 1957, p. 71-92 et Trenard, « Alphabétisation et scolarisation dans la région lilloise, 1780-1802 », *Revue du Nord*, 1985, p. 633-648, qui note un ralentissement du mouvement d'alphabétisation qui s'était développé depuis la réforme. Les catégories défavorisées demeurent les mêmes.
16. Cité par Dunan, *Histoire intérieure du Directoire*, p. 512.
17. *Ibidem*, p. 153.

DEUXIÈME PARTIE

CHRONOLOGIE : LA RÉVOLUTION JOUR PAR JOUR

par Alfred Fierro

Ce texte doit beaucoup à l'excellent *Almanach de la Révolution française* de Jean Massin.

	An II 1793-94	An III 1794-95	An IV 1795-96	An V 1796-97	An VI 1797-98	An VII 1798-99	An VIII 1799-1800	An IX 1800-1801
1 vendémiaire	22 sept 1793	22 sept. 1794	23 sept. 1795	22 sept 1796	22 sept. 1797	22 sept. 1798	23 sept. 1799	23 sept. 1800
1 brumaire	22 oct. —	22 oct. —	23 oct. —	22 oct. —	22 oct. —	22 oct. —	23 oct. —	23 oct. —
1 frimaire	21 nov. —	21 nov. —	22 nov. —	21 nov. —	21 nov. —	21 nov. —	22 nov. —	22 nov. —
1 nivôse	21 déc. —	21 déc —	22 déc. —	21 déc. —	21 déc. —	21 déc. —	22 déc. —	22 déc. —
1 pluviôse	20 janv. 1794	20 janv. 1795	21 janv. 1796	20 janv. 1797	20 janv. 1798	20 janv. 1799	21 janv. 1800	21 janv. 1801
1 ventôse	19 févr. —	19 févr. —	20 févr. —	19 févr. —	19 févr. —	19 févr. —	20 févr. —	20 févr. —
1 germinal	21 mars —	21 mars —	21 mars —	21 mars —	21 mars —	21 mars —	22 mars —	22 mars —
1 floréal	20 avr. —	20 avr. —	20 avr. —	20 avr. —	20 avr. —	20 avr. —	21 avr. —	21 avr. —
1 prairial	20 mai —	20 mai —	20 mai —	20 mai —	20 mai —	20 mai —	21 mai —	21 mai —
1 messidor	19 juin —	19 juin —	19 juin —	19 juin —	19 juin —	19 juin —	20 juin —	20 juin —
1 thermidor	19 juil. —	19 juil. —	19 juil. —	19 juil. —	19 juil. —	19 juil. —	20 juil. —	20 juil. —
1 fructidor	18 août —	18 août —	18 août —	18 août —	18 août —	18 août —	19 août —	19 août —
1 sans-culottides	17 sept. 1794	17 sept. 1795	17 sept. 1796	17 sept. 1797	17 sept. 1798	17 sept. 1799	18 sept. 1800	18 sept. 1801
6 —		22 — —				22 — —		

	An X 1801-1802	An XI 1802-1803	An XII 1803-1804	An XIII 1804-1805	An XIV 1805
1 vendémiaire	23 septembre 1801	23 septembre 1802	24 septembre 1803	23 septembre 1804	23 septembre 1805
1 brumaire	23 octobre —	23 octobre —	24 octobre —	23 octobre —	23 octobre —
1 frimaire	22 novembre —	22 novembre —	23 novembre —	22 novembre —	22 novembre —
1 nivôse	22 décembre —	22 décembre —	23 décembre —	22 décembre —	22 décembre —
1 pluviôse	21 janvier 1802	21 janvier 1803	22 janvier 1804	21 janvier 1805	
1 ventôse	20 février —	20 février —	21 février —	20 février —	
1 germinal	22 mars —	22 mars —	22 mars —	22 mars —	
1 floréal	21 avril —	21 avril —	21 avril —	21 avril —	
1 prairial	21 mai —	21 mai —	21 mai —	21 mai —	
1 messidor	20 juin —	20 juin —	20 juin —	20 juin —	
1 thermidor	20 juillet —	20 juillet —	20 juillet —	20 juillet —	
1 fructidor	19 août —	19 août —	19 août —	19 août —	
1 sans-culottides	18 septembre 1802	18 septembre 1803	18 septembre 1804	18 septembre 1805	
—		23 — —			

TABLE DE CONCORDANCE DES CALENDRIERS RÉPUBLICAIN ET GRÉGORIEN

1789

24 janvier Lettres du roi convoquant ses sujets pour les élections aux états généraux et établissant le règlement électoral. Le vote a lieu par ordre, avec doublement des élus du tiers état, et s'étale de mars au 20 mai (à Paris).

27 janvier. Affrontements à Rennes entre nobles et étudiants.

27 avril. Émeute à Paris, au faubourg Saint-Antoine, contre le fabricant de papiers peints Réveillon.

30 avril. Émeute à Marseille, où la foule s'empare de trois forts et tue l'un de leurs commandants, le chevalier de Beausset.
Première réunion à Versailles du « Club breton » réunissant les députés du tiers état de Bretagne.

2 mai. Présentation au roi des députés aux états généraux.

4 mai. Procession des états généraux à Versailles.

5 mai. Ouverture des états généraux par le roi à Versailles.

6 mai. Conflit entre les trois ordres lors de la vérification des pouvoirs des députés. Le tiers refuse de se constituer en chambre particulière et s'installe dans la salle générale, proposant au clergé et à la noblesse de se joindre à lui.

11 mai. La noblesse se constitue en chambre particulière et rejette le principe du vote par tête. Le clergé hésitant suspend la vérification des pouvoirs de ses députés.

20 mai. Le clergé renonce à ses privilèges fiscaux et accepte le principe de l'égalité de tous devant l'impôt.

22 mai. La noblesse abandonne aussi ses privilèges fiscaux et accepte l'égalité devant l'impôt.

23 mai. Échec de la première réunion de conciliation des commissaires nommés par les trois ordres.

25 mai. Échec de la deuxième réunion de conciliation des commissaires des trois ordres.
Arrivée des députés de Paris aux états généraux.

30 mai. Échec d'une troisième réunion de conciliation en présence de commissaires nommés par le roi.
Publication de *De la religion nationale* par l'abbé Claude Fauchet.

1er juin. Élection de d'Ailly comme doyen du tiers état.

3 juin. Remplacement de d'Ailly par Jean Sylvain Bailly comme doyen du tiers état.

4 juin. Mort à Meudon du dauphin Louis Joseph Xavier François, âgé de sept ans. Son frère cadet, âgé de quatre ans, le futur Louis XVII, devient dauphin.
Necker présente un projet d'accord entre les trois ordres que le clergé accepte.

6 juin. Rejet par la noblesse du projet Necker.

10 juin. A l'instigation de Sieyès, le tiers état décide de commencer seul la vérification des pouvoirs des députés des trois ordres.

12 juin. Début de la vérification des pouvoirs des députés par le tiers état.

13 juin. Trois députés du clergé rejoignent le tiers état.

14 juin. Six autres députés du clergé, dont l'abbé Henri Grégoire, rejoignent le tiers état.

17 juin. Constitution du tiers état en Assemblée nationale sur proposition de Sieyès.

19 juin. Réunion du clergé au tiers état votée par 149 voix contre 137.
Présentation du plan de Necker au conseil du roi.

20 juin. Fermeture de la salle de réunion du tiers état sur ordre du roi. Les députés se rassemblent au Jeu de paume et jurent de ne se séparer qu'après avoir donné une Constitution à la France.

21 juin. Réunion du conseil du roi et rejet du plan de Necker.

22 juin. Réunion de l'Assemblée nationale en l'église Saint-

Louis à Versailles, à laquelle participent 150 députés du clergé et 2 de la noblesse.

23 juin. Séance royale. Le roi casse les décisions du tiers et ordonne la délibération par ordres. Après le départ du roi, les députés du tiers état refusent d'évacuer la salle et proclament l'inviolabilité des membres de l'Assemblée nationale.

25 juin. L'Assemblée nationale est rejointe par 47 députés de la noblesse dont Philippe d'Orléans.

27 juin. A la demande du roi, le clergé et la noblesse se réunissent au tiers état. Les états généraux en totalité deviennent Assemblée nationale.

30 juin. Invasion de la prison de l'Abbaye à Paris par la foule qui délivre des gardes-françaises emprisonnés pour avoir assisté aux séances des clubs.

2 juillet. Manifestation au Palais-Royal contre la concentration de troupes autour de Paris.

3 juillet. Élection du duc d'Orléans comme président de l'Assemblée nationale. S'étant récusé, il est remplacé par l'archevêque de Vienne, Lefranc de Pompignan. Lettre du roi à l'Assemblée pour l'informer des mesures prises pour rétablir l'ordre à Paris.

5 juillet. Mise en état de défense de l'hôtel des Invalides.

6 juillet. Création d'un comité de Constitution à l'Assemblée nationale.

7 juillet. Élection des 30 membres du comité de Constitution par l'Assemblée nationale.

8 juillet. Le député Mirabeau demande l'éloignement des troupes de Paris et la création d'une garde bourgeoise dans la capitale.

9 juillet. L'Assemblée nationale se proclame Assemblée nationale constituante.

11 juillet. Renvoi de Necker par le roi qui le remplace par Breteuil.

12 juillet. Troubles à Paris à la nouvelle du renvoi de Necker. Les émeutiers incendient les barrières et le couvent des Lazaristes. L'armée charge la foule devant les Tuileries mais les gardes-françaises sont favorables aux désordres.

13 juillet. Constitution à l'Hôtel de Ville de Paris d'un comité

permanent et formation d'une milice bourgeoise. Refus des gardes-françaises de quitter la capitale.
L'Assemblée nationale constituante se proclame en séance permanente et décrète la responsabilité des ministres du roi.

14 juillet. Prise de la Bastille. Assassinat du gouverneur de Launay et du prévôt des marchands Flesselles.

15 juillet. Le roi annonce à l'Assemblée le renvoi des troupes établies autour de la capitale.
Élection de Jean Sylvain Bailly comme maire de Paris et de La Fayette comme commandant de la garde nationale de la capitale.
Émeute à Dijon et création d'une milice bourgeoise.

16 juillet. Rappel de Necker par le roi.
Destruction de la Bastille décidée par l'assemblée des électeurs parisiens.
Constitution de comités permanents et de milices à Lyon et à Rennes puis dans la plupart des villes.

17 juillet. Visite du roi à Paris, où il est reçu à l'Hôtel de Ville par Bailly et La Fayette qui lui font porter la cocarde tricolore.
Parution de *La France libre* de Camille Desmoulins et publication du premier numéro des *Révolutions de Paris.*
Début de l'émigration : le comte d'Artois, le prince de Condé, le duc de Bourbon, le duc d'Enghien, les de Breteuil, de Broglie, de Polignac... quittent la France.

20 juillet. Début de la « Grande Peur » qui s'étend à presque toute la France.

21 juillet. Émeute à Strasbourg.

22 juillet. Massacre par la foule en place de Grève, à Paris, de l'intendant de la capitale, Bertier de Sauvigny, et de son beau-père, Foulon de Doué, accusés de spéculation sur les grains.

23 juillet. Émeute et assassinats au Mans.

24 juillet. Mise en place d'une nouvelle administration municipale à Paris, formée de 120 représentants élus par les 60 districts de la capitale.

25 juillet. Émeute à Colmar. Insurrections paysannes en Alsace et en Hainaut.

26 juillet. Insurrection paysanne en Mâconnais.

28 juillet. Parution du premier numéro du *Patriote français*, journal de Brissot.

29 juillet. Répression de la révolte paysanne près de Cluny par la milice bourgeoise.

2 août. Le député Salomon demande une répression sévère contre les révoltes paysannes.

4 août. Remaniement ministériel, le roi appelant auprès de Necker des amis de La Fayette : Champion de Cicé, archevêque de Bordeaux, garde des Sceaux, Lefranc de Pompignan, archevêque de Vienne, ministre d'État ayant la feuille des bénéfices, Saint-Priest, ministre de l'Intérieur, La Tour du Pin, ministre de la Guerre.
Dans la nuit, au cours de la séance nocturne de l'Assemblée nationale, abolition des privilèges et rachat des droits féodaux votés.

7 août. Parution du *Projet dévoilé d'endormir le peuple*, où Marat estime insuffisantes les réformes votées durant la nuit du 4 août.
Exposé alarmant de la situation financière de l'État par Necker.

9 août. Emprunt de trente millions décrété par l'Assemblée nationale en réponse à la demande de Necker.

10 août. Décret de l'Assemblée nationale imposant aux militaires de prêter serment « à la Nation, au Roi et à la Loi ».

11 août. Décret de l'Assemblée avalisant les décisions prises durant la nuit du 4 août.
Émeute à Caen.

12 août. Création d'un comité ecclésiastique à l'Assemblée nationale.

13 août. Visite de l'Assemblée nationale au roi pour lui notifier le titre qu'elle lui a décerné de « Restaurateur de la liberté française » et célébration d'un *Te Deum*.

18 août. Première conséquence à l'étranger des événements de France : insurrection des Liégeois qui chassent leur prince-évêque.

20 août. Fondation de la « Société correspondante des colons français » pour défendre les intérêts des colons des Antilles contre les partisans de l'abolition de l'esclavage.

21 août. Début de la discussion sur la Déclaration des droits de l'homme à l'Assemblée nationale.

23 août. Proclamation de la liberté des opinions religieuses par l'Assemblée nationale.

24 août. Proclamation de la liberté de la presse par l'Assemblée nationale.
Parution du premier numéro de *La Chronique de Paris.*

26 août. Adoption par l'Assemblée nationale de la Déclaration des droits de l'homme et du citoyen.

27 août. Demande d'un emprunt de quatre-vingts millions par Necker, celui du 9 août ayant échoué.

28 août. Début de la discussion sur le droit de veto du roi à l'Assemblée nationale.

29 août. Décret de l'Assemblée nationale rétablissant la liberté du commerce des grains.
Parution du premier numéro du *Journal des débats et des décrets.*

30 août. Échec d'une tentative de soulèvement des Parisiens organisée à partir du Palais-Royal par Camille Desmoulins pour exiger la ratification par le roi des décrets du 4 août, empêcher le vote du droit de veto, obliger le roi et l'Assemblée nationale à s'établir à Paris.

31 août. Proposition du comité de constitution de l'Assemblée nationale comportant une Chambre haute et le veto royal.
Nouvel échec des gens du Palais-Royal pour obtenir le soutien de l'administration municipale dans leur lutte contre les projets constitutionnels débattus à l'Assemblée nationale.

9 septembre. Assassinat du maire de Troyes par la populace.

11 septembre. Vote par l'Assemblée nationale d'un droit de veto suspensif d'une durée de deux législatures pour le roi.

12 septembre. Émeute à Orléans.

15 septembre. Publication du *Discours de la Lanterne aux Parisiens* par Camille Desmoulins.

16 septembre. Parution de *L'Ami du peuple* de Marat. Premier numéro du *Journal général de la cour et de la ville.*

18 septembre. Observations et graves réserves du roi à l'Assemblée au sujet des décrets du 4 août. Il demande un nouvel examen des députés.

19 septembre. Élection d'une nouvelle assemblée municipale de 300 représentants par les districts de Paris.

20 septembre. Publication du discours non prononcé de Robespierre, *Contre le veto royal.*

22 septembre. Vote par l'Assemblée nationale du premier article de la Constitution.

23 septembre. Rapport de Treilhard à l'Assemblée nationale sur les biens de l'Église.

29 septembre. Rapport de Thouret à l'Assemblée nationale sur la division territoriale du royaume.

30 septembre. Rapport de Beaumetz sur la réorganisation de la législation criminelle.

1er octobre. Banquet offert par les officiers des gardes du corps à ceux du régiment de Flandre nouvellement arrivé à Versailles. La cocarde tricolore est foulée aux pieds et remplacée, en présence de la reine, par l'emblème de cette dernière, la cocarde noire.

2 octobre. Présentation au roi par l'Assemblée nationale des décrets du 4 août et de la Déclaration des droits de l'homme et du citoyen pour en obtenir la ratification.

3 octobre. Parution du premier numéro des *Annales patriotiques.*

4 octobre. Agitation à Paris à la nouvelle du banquet de Versailles.

5 octobre. Appel à l'insurrection de *L'Ami du peuple.* Marche sur Versailles de milliers de femmes de Paris, rejointes dans la nuit par la garde nationale parisienne et La Fayette.

6 octobre. Invasion du palais de Versailles par la foule. Elle exige et obtient le départ du roi pour Paris et l'accompagne jusqu'aux Tuileries. L'Assemblée nationale proclame son intention de s'installer aussi à Paris.

8 octobre. Décret de réforme de la législation criminelle par l'Assemblée nationale.
Poursuites de la municipalité parisienne contre Marat.

10 octobre. Décret de l'Assemblée nationale qui transforme la titulature royale de « roi de France et de Navarre » en « roi des Français ».
Nomination de La Fayette comme commandant des troupes régulières dans un rayon de quinze lieues autour de Paris.
Proposition d'une nouvelle forme d'exécution capitale par le docteur Guillotin.

12 octobre. Protestation secrète de Louis XVI, contre ce à quoi il a paru souscrire, envoyée au roi d'Espagne par l'intermédiaire de l'abbé de Fontbrune.
Lettre du comte d'Artois à l'empereur Joseph II pour solliciter une intervention armée en France.

13 octobre. Émeute à Alençon.

19 octobre. Première séance de l'Assemblée nationale à Paris dans la chapelle de l'archevêché.

21 octobre. Vote par l'Assemblée nationale de la « loi martiale » destinée à réprimer les émeutes populaires.

22 octobre. Début de la discussion à l'Assemblée nationale du projet de loi réservant le droit de vote aux « citoyens actifs », aux seuls citoyens imposables.

24 octobre. Insurrection générale dans les Pays-Bas autrichiens. Joseph II est déclaré déchu.

28 octobre. Suspension par l'Assemblée nationale du recrutement monastique sous prétexte de l'absence de vocation.

29 octobre. Décret de l'Assemblée nationale dit du « marc d'argent » exigeant de tout éligible une contribution d'au moins un marc d'argent.

31 octobre. Émeute à Ajaccio.

2 novembre. Décret de l'Assemblée nationale mettant les biens ecclésiastiques à la disposition de la nation.
Parution du premier numéro des *Actes des apôtres.*

3 novembre. Décret de l'Assemblée nationale maintenant en vacance tous les parlements, acte de décès de ces derniers.
Début de la discussion sur la nouvelle division administrative de la France.

4 novembre. Triomphe au Théâtre-Français de la tragédie de Marie-Joseph Chénier, *Charles IX.*

7 novembre. Décrets de l'Assemblée nationale excluant les députés de tout poste ministériel, supprimant la distinction entre ordres au sein de l'Assemblée et plaçant les biens ecclésiastiques sous le contrôle de l'État.

9 novembre. Première séance de l'Assemblée nationale dans la salle du Manège, près des Tuileries.

12 novembre. Décret de l'Assemblée nationale prévoyant une municipalité dans chaque ville, bourg ou paroisse rurale.

19 novembre. Création par l'Assemblée nationale d'une Caisse de l'extraordinaire qui devra être alimentée par la vente des biens de l'Église.

24 novembre. Parution du premier numéro du *Moniteur* publié par Panckoucke.

28 novembre. Publication du premier numéro des *Révolutions de France et de Brabant* de Camille Desmoulins.

1er décembre. Décret de l'Assemblée nationale établissant, sous l'impulsion du docteur Guillotin, l'égalité des peines pour tous les citoyens.
Révolte des marins de la flotte à Toulon qui arrêtent l'amiral d'Albert.

3 décembre. Projet lancé par la commune de Dijon d'un « traité fédératif pour faire respecter les décrets de l'Assemblée et l'autorité du Roi ».

9 décembre. Décret de l'Assemblée nationale posant le principe de la division en départements pour faire disparaître les provinces et leurs particularismes.

12 décembre. Arrestation de Marat qui est relâché grâce à la protection de La Fayette.

13 décembre. Émeute à Senlis.

14 décembre. Vote par l'Assemblée nationale de la loi d'organisation municipale.

17 décembre. Décision de l'Assemblée nationale d'utiliser les biens de l'Église pour gager les dettes de l'État.

18 décembre. Victoire des insurgés aux Pays-Bas autrichiens. Bruxelles est évacuée par l'armée autrichienne.

19 décembre. Création des assignats, à l'origine en coupures de mille livres et représentant un bon d'achat privilégié sur les biens de l'Église portant intérêt de 5 %.

22 décembre. Décret de l'Assemblée nationale organisant l'administration départementale.

24 décembre. Décret de l'Assemblée nationale rendant éligibles les non-catholiques, en fait les protestants, le cas des juifs restant réservé.

1790

5 janvier. La municipalité de Bordeaux demande à l'Assemblée nationale d'instituer une fête commémorative du 14 juillet.

7 janvier. Émeute à Versailles pour faire baisser le prix du pain.

12 janvier. Proclamation à Bruxelles des « États-Unis belgiques ».

15 janvier. Fêtes de la Fédération des Bretons et des Angevins à Pontivy. C'est là que le 19 janvier est prêté pour la première fois le serment « Vivre libre ou mourir ! »

18 janvier. Parution de la *Dénonciation contre Necker* de Marat.

21 janvier. Proposition à l'Assemblée nationale du docteur Guillotin de faire décapiter les condamnés à mort à l'aide d'une machine inventée par le docteur Louis.

22 janvier. « Bataille des Cordeliers » : affrontement entre la municipalité de Paris et les forces de police envoyées par elle et la population du district des Cordeliers tentant d'empêcher l'arrestation de Marat.

26 janvier. Première représentation à Vienne de *Cosi fan tutte* de Mozart.

31 janvier. Assemblée fédérative à Valence.

4 février. Prestation du serment civique par les députés de l'Assemblée nationale en présence du roi.

7 février. Émeute à Lyon.

13 février. Décret de l'Assemblée nationale interdisant les vœux religieux et supprimant les ordres religieux contemplatifs.

19 février. Exécution à Paris en place de Grève du marquis de Favras accusé et condamné sans preuve d'avoir comploté contre l'Assemblée nationale et tenté d'enlever le roi.

20 février. Mort à Vienne de l'empereur Joseph II. Son frère Léopold II lui succède.

21 février. Fédération à Dole des gardes nationales d'Alsace, de Bourgogne et de Franche-Comté.

22 février. Émeute à Châteauroux.

23 février. Décret de l'Assemblée nationale instituant l'obligation pour les curés de lire en chaire les décrets de ladite Assemblée.

26 février. Décret de fixation du nom, de l'étendue, des limites et des districts des 83 départements.

28 février. Décret de l'Assemblée nationale sur la constitution de l'armée, abolissant notamment le monopole des grades pour la noblesse.

7 mars. Fédération des milices du département des Vosges.

8 mars. Décret de l'Assemblée nationale maintenant l'esclavage et créant des assemblées coloniales.

15 mars. Décret de l'Assemblée nationale supprimant sans indemnité les droits seigneuriaux prétendument usurpés à l'État ou établis par la force mais maintenant le rachat des redevances foncières.
Décret de l'Assemblée nationale instituant l'égalité des partages lors des successions et supprimant le droit d'aînesse et de masculinité.
Élection de Rabaut Saint-Étienne comme président de l'Assemblée nationale.

16 mars. Décret de l'Assemblée nationale supprimant les lettres de cachet.

17 mars. Décret de l'Assemblée nationale décidant la vente des biens du clergé par les municipalités.

18 mars. Émeute à Bruxelles et défaite des partisans de la Révolution qui se réfugient en France.

20 mars. Proposition de la fédération bretonne que toute la province envoie un homme sur mille en délégation dans la capitale.

21 mars. Décret de l'Assemblée nationale supprimant la gabelle.

29 mars. Condamnation par le pape Pie VI de la Déclaration des droits de l'homme et du citoyen devant le consistoire.

31 mars. Élection de Robespierre comme président du club des Jacobins pour le mois d'avril.

1er avril. Publication du « Livre rouge » contenant la liste et le montant des pensions accordées par le roi.

3 avril. Suppression du monopole commercial de la Compagnie des Indes orientales.

5 avril. Émeute contre-révolutionnaire à Vannes.

6 avril. Émeute à Nîmes opposant catholiques excités par les agents du comte d'Artois et protestants favorables à l'Assemblée nationale.

9 avril. Décret de l'Assemblée nationale mettant à la charge de l'État les dettes du clergé.

14 avril. Décret de l'Assemblée nationale confiant à l'État les dépenses du culte catholique.

17 avril. Décret de l'Assemblée nationale donnant aux assignats valeur de monnaie sans en rendre l'usage obligatoire et réduisant l'intérêt des nouveaux assignats à 3 %.
Mort de Benjamin Franklin à Philadelphie.

18 avril. Manifestation contre-révolutionnaire à Toulouse.

20 avril. Émeute contre-révolutionnaire des catholiques de Nîmes.

26 avril. Traité de paix entre la France et la régence d'Alger.

27 avril. Constitution de la Société des amis des droits de l'homme et du citoyen dite club des Cordeliers du nom du couvent où elle siège.

30 avril. Institution du jury.

1er mai. Émeute contre-révolutionnaire des catholiques à Nîmes.

3 mai. Émeute à Toulon.

5 mai. Décret de l'Assemblée nationale instituant l'élection des juges.

8 mai. Décret de l'Assemblée nationale posant le principe de l'uniformisation des poids et mesures.

10 mai. Création de la commission des poids et mesures.
Le roi finit par accepter les services stipendiés de Mirabeau.
Émeute contre-révolutionnaire des catholiques à Montauban.

12 mai. Fondation de la Société de 1789.

14 mai. Décret de l'Assemblée nationale réglementant la vente des biens du clergé devenus biens nationaux.
Le ministre des Affaires étrangères Montmorin informe l'Assemblée nationale de la tension entre l'Angleterre et l'Espagne et des mesures prises par le roi pour soutenir son cousin espagnol.

15 mai. Début du débat à l'Assemblée nationale pour déterminer si le droit de paix et de guerre appartient au roi ou à la nation.

18 mai. Reparution de *L'Ami du peuple* de Marat.

21 mai. Décret de l'Assemblée nationale remplaçant la division de Paris en 60 districts par 48 sections.

22 mai. Fin du débat sur le droit de paix et de guerre à l'Assemblée nationale : le droit de décider de la paix et de la guerre relève de la nation mais la guerre ne peut être décidée que sur proposition et avec sanction du roi.

23 mai. *Projet de confédération patriotique pour tout le royaume* de Marat.

24 mai. Création d'un Tribunal de cassation.

28 mai. Interdiction du port de la cocarde blanche et obligation pour les officiers d'arborer la cocarde tricolore.

30 mai. Décret de l'Assemblée nationale en vue de la disparition de la mendicité et pour l'établissement d'ateliers de charité.
Fête de la Fédération à Lyon.

31 mai. Fin de la discussion sur la Constitution civile du clergé à l'Assemblée nationale. Le vote article par article s'étend sur six semaines.

1er juin. Parution du premier numéro de *L'Ami du roi.*

2 juin. Publication du premier numéro du *Junius français* par Marat.

3 juin. Insurrection des mulâtres à la Martinique.

5 juin. Proposition par la Commune de Paris de création d'une fédération réunissant tous les départements et d'une garde nationale unique.
Parution du premier numéro du *Journal de la Société de 1789* dirigé par Condorcet.

6 juin. Fête de la Fédération à Lille.

9 juin. Décret de l'Assemblée nationale instituant une fête de la Fédération à Paris le 14 juillet 1790.

10 juin. Insurrection contre-révolutionnaire à Avignon où la municipalité est favorable à la Révolution.

11 juin. Victoire des révolutionnaires à Avignon et dans le comtat Venaissin.

12 juin. Avignon demande sa réunion à la France.

13 juin. Insurrection contre-révolutionnaire à Nîmes et massacre de protestants.
Fête de la Fédération à Strasbourg.

14 juin. Victoire des révolutionnaires à Nîmes grâce à l'intervention des paysans protestants des Cévennes.

16 juin. Fête de la Fédération à Besançon.

19 juin. Abolition par l'Assemblée nationale de la noblesse héréditaire, des titres, ordres militaires, armoiries, livrées et de toute espèce de distinction entre Français.

26 juin. Demande de réunion d'Avignon à la France. L'Assemblée nationale réserve sa réponse pour ne pas heurter le pape dont elle attend l'agrément de la Constitution civile du clergé.
Début des entretiens à Reichenbach entre les représentants de l'Angleterre, de l'Autriche, de la Prusse et des Provinces-Unies en vue d'une éventuelle intervention contre les révolutionnaires.

27 juin. Décrets de l'Assemblée nationale organisant la municipalité parisienne et incorporant Montmartre à la capitale.

29 juin. Fête de la Fédération à Rouen.

3 juillet. Entrevue secrète de Mirabeau et de la reine.
Parution d'un article de Condorcet *Sur l'admission de la femme au droit de cité*, favorable au vote des femmes.

12 juillet. Décret de l'Assemblée nationale adoptant le texte définitif de la Constitution civile du clergé.

14 juillet. Fête de la Fédération au Champ-de-Mars à Paris.
Publication par Marat de *L'Infernal projet des ennemis de la Révolution*.
Fête à Hambourg en commémoration de la prise de la Bastille.

22 juillet. Sanction par le roi de la Constitution civile du clergé.

23 juillet. Réception par le roi d'une lettre du pape laissant entendre qu'il condamnera la Constitution civile du clergé. Elle est gardée secrète.

25 juillet. Émeute et agitation royaliste à Lyon.

26 juillet. Parution de *C'en est fait de nous !* de Marat demandant l'exécution de cinq cents à six cents aristocrates pour sauver la Révolution.

27 juillet. Accord à Reichenbach entre l'Angleterre, l'Autriche, la Prusse et les Provinces-Unies laissant le champ libre à l'Autriche pour reprendre la Belgique et exprimant l'inquiétude de ces quatre pays devant l'évolution politique en France et ses conséquences à l'étranger.

28 juillet. Refus de l'Assemblée nationale de laisser passer par le territoire français les troupes autrichiennes envoyées contre la Belgique.

30 juillet.	Révolte du régiment « La Reine-cavalerie » à Stenay.
31 juillet.	Poursuites contre Marat et Desmoulins décidées par l'Assemblée nationale.
1er août.	Création par l'Assemblée nationale d'un comité diplomatique pour contrôler l'action du roi.
5 août.	Début de l'agitation à Nancy au sein des régiments de Châteauvieux et de Mestre-de-Camp, les soldats réclamant la paye qui leur est due.
8 août.	Dispersion par la force de l'assemblée des colons de Saint-Domingue sur ordre du gouverneur de l'île.
9 août.	Publication d'un nouveau pamphlet de Marat, *On nous endort, prenons-y garde !*
14 août.	Signature de la paix de Varela entre Russie et Suède, Catherine II et surtout Gustave III envisageant d'intervenir contre la Révolution.
16 août.	Décret de l'Assemblée nationale pour le rétablissement de la discipline dans l'armée « par une terreur salutaire ». Création des justices de paix et disparition des tribunaux seigneuriaux.
18 août.	Lettre de La Fayette à Bouillé, commandant de l'armée de Metz, lui demandant de « frapper un grand coup ». Réunion de 20 000 royalistes armés au camp de Jalès, dans le Gard.
21 août.	Création des tribunaux militaires.
26 août.	Décret de l'Assemblée nationale déclarant caduc le pacte de famille entre Bourbons de France et d'Espagne. Émeute à Nancy.
29 août.	Organisation des tribunaux de Paris.
31 août.	Entrée de Bouillé et de ses troupes à Nancy et rétablissement de l'ordre après une bataille les opposant aux soldats révoltés et à la garde nationale de la ville.
2 septembre.	Émeute à Paris à la nouvelle de l'affaire de Nancy.
3 septembre.	Vote par l'Assemblée nationale de félicitations à Bouillé pour son action à Nancy.
4 septembre.	Démission de Necker. L'Assemblée nationale s'attribue la direction du Trésor public.
6 septembre.	Suppression officielle des parlements et autres cours de justice d'Ancien Régime. Émeute à Angers.

7 septembre. Décret de l'Assemblée nationale organisant les Archives nationales.

16 septembre. Mutinerie des équipages de la flotte à Brest.

19 septembre. Fête funèbre à Paris, au Champ-de-Mars, en l'honneur des « défenseurs de l'ordre » tués à Nancy.

23 septembre. Création par l'Assemblée nationale d'une commission de sept députés chargée de réunir en constitution les différents décrets de l'Assemblée.

29 septembre. Décret de l'Assemblée nationale transformant les assignats en papier-monnaie ne portant pas d'intérêt pour les huit cents millions qui doivent être émis.

30 septembre. Parution du premier numéro de *La Feuille villageoise* de Cerutti.

6 octobre. Lettre du roi de France à son cousin Charles IV d'Espagne où il affirme son hostilité à la Constitution civile du clergé.

10 octobre. Demande de démission des ministres adressée par les sections de Paris à l'Assemblée nationale.

12 octobre. Décret de l'Assemblée nationale dissolvant l'assemblée des colons de Saint-Domingue et réaffirmant la légalité de l'esclavage.

13 octobre. Première réunion des « Amis de la Vérité » au cirque du Palais-Royal à Paris.

20 octobre. Démission des ministres. Sur le conseil de La Fayette, le roi les remplace par Duportail à la Guerre, Duport-Dutertre à la Justice, le comte de Fleurieu à la Marine, de Lessart à l'Intérieur, Montmorin gardant les Affaires étrangères.

21 octobre. Décret de l'Assemblée nationale substituant le drapeau tricolore au drapeau blanc fleurdelisé comme emblème de la France.

24 octobre. Fin de la tension entre l'Espagne et l'Angleterre. Privé du soutien de la France, le roi d'Espagne accepte l'ultimatum anglais.

26 octobre. Plan de Fersen pour organiser la fuite de la famille royale présenté à Louis XVI.

29 octobre. Soulèvement des mulâtres du nord de Saint-Domingue.

30 octobre. Présentation de l'*Exposition des principes des évêques députés sur la Constitution civile du clergé* rédigée par Boisgelin et signée de tous les évêques députés à l'Assemblée nationale sauf Talleyrand et Gobel, demandant d'attendre l'approbation du Saint-Siège avant de mettre en application la Constitution civile du clergé.

4 novembre. Insurrection à l'île de France (aujourd'hui l'île Maurice).

22 novembre. L'armée autrichienne pénètre en Belgique et ne rencontre qu'une faible résistance armée.

23 novembre. Affrontement armé à Uzès entre les catholiques et la garde nationale.

25 novembre. Soulèvement des esclaves noirs à Saint-Domingue.

27 novembre. Décret de l'Assemblée nationale enjoignant aux ecclésiastiques de prêter serment de fidélité à la nation, à la loi et au roi, et, implicitement, à la Constitution civile du clergé. Les ecclésiastiques ayant refusé de prêter ce serment, c'est-à-dire l'immense majorité, seront nommés réfractaires.
Loi de l'Assemblée nationale organisant le Tribunal de cassation dont la fonction est limitée aux vices de forme.

29 novembre. Décret de l'Assemblée nationale suspendant l'assemblée de la Martinique et décidant l'envoi de commissaires aux îles du Vent (Petites Antilles).

30 novembre. Décret de l'Assemblée nationale réglant la question du paiement des pensions ecclésiastiques.

2 décembre. Entrée de l'armée autrichienne dans Bruxelles.

3 décembre. Lettre de Louis XVI au roi de Prusse Frédéric-Guillaume II requérant « un congrès européen appuyé d'une force armée » pour l'aider à restaurer son autorité.

12 décembre. Rétablissement du pouvoir de l'empereur sur toute la Belgique.

14 décembre. Note de protestation de l'empereur Léopold II contre la spoliation des princes possessionnés en Alsace.

15 décembre. Suppression de la vénalité et de l'hérédité des offices.

21 décembre. Décret de l'Assemblée nationale supprimant les apanages.
Décret de l'Assemblée nationale décidant l'érection d'une statue de Jean-Jacques Rousseau.

26 décembre. Sanction par le roi du décret du 27 novembre enjoignant au clergé de prêter serment et d'accepter la Constitution civile du clergé.

27 décembre. Serment prêté devant l'Assemblée nationale par 59 des députés ecclésiastiques.

29 décembre. *Adresse de Jean-Paul Marat, l'ami du peuple, à Louis XVI, roi des Français,* brûlot contre la monarchie.

1791

3 janvier. Sommation aux ecclésiastiques de prêter serment sous vingt-quatre heures.

4 janvier. Refus de la plupart des députés ecclésiastiques à l'Assemblée nationale de prêter le serment.

9 janvier. Siège de Carpentras hostile à la Révolution par la garde nationale d'Avignon.
Traité de paix de Iassy entre la Russie et l'Empire ottoman.

12 janvier. Occupation de la principauté de Liège par les troupes autrichiennes et rétablissement du prince-évêque.

13 janvier. Décret de l'Assemblée nationale réglementant la liberté au théâtre.

16 janvier. Décret de l'Assemblée nationale changeant le nom de la maréchaussée de France en gendarmerie nationale.

18 janvier. Décret de l'Assemblée nationale établissant la liberté du commerce avec le Sénégal.

20 janvier. Décret de l'Assemblée nationale sur l'organisation de la justice dans les communes, cantons et départements.

30 janvier. Dénonciation des projets de fuite de la famille royale par Dubois-Crancé au club des Jacobins.

2 février. Début de l'élection par les assemblées électorales des départements des évêques constitutionnels, c'est-à-dire ayant prêté le serment.

19 février. « Mesdames », filles de Louis XV et tantes de Louis XVI, partent pour l'exil.

21 février. Début de la discussion de la loi sur l'émigration à l'Assemblée nationale.

23 février. Installation à Worms du prince de Condé et début d'organisation de l'armée des émigrés.

24 février. Sacre à Paris des premiers évêques constitutionnels par Talleyrand.

27 février. Dislocation par l'armée du camp de Jalès ouvert par les royalistes le 18 août 1790.

28 février. Discussion à l'Assemblée nationale sur l'émigration de « Mesdames » retenues à Arnay-le-Duc par les autorités.
Émeute au faubourg Saint-Antoine et destruction par la foule des parapets du donjon de Vincennes arrêtée par l'arrivée de La Fayette et de la garde nationale.
Rassemblement aux Tuileries de 400 aristocrates armés, notamment de poignards. Arrestation par La Fayette de ces « chevaliers du Poignard ».

2 mars. Suppression des corporations, jurandes et maîtrises, des octrois et des aides, création des patentes.

3 mars. Décret de l'Assemblée nationale envoyant à la fonte l'argenterie de l'Église.

5 mars. Décret de l'Assemblée nationale créant une Haute Cour provisoire à Orléans.

7 mars. Discussion par l'Assemblée nationale d'une loi sur la régence visant à en exclure les femmes.

10 mars. Condamnation publique de la Constitution civile du clergé par le bref *Quod aliquantum* de Pie VI.

12 mars. Décret de l'Assemblée nationale ordonnant l'établissement de listes d'ecclésiastiques jureurs et non-jureurs ou réfractaires.

13 mars. Libération des « chevaliers du Poignard » arrêtés le 28 février.

15 mars. Rupture des relations diplomatiques entre la France et le Saint-Siège.
Élection de Gobel comme évêque constitutionnel de Paris.

19 mars. Émeute à Douai.

20 mars. Décret de l'Assemblée nationale supprimant la Ferme des impôts et la Régie générale.

27 mars. Décret de l'Assemblée nationale confiant l'administration du Trésor public à un comité de trésorerie de six commissaires nommés par le roi.

28 mars. Fermeture du club des Amis de la Constitution monarchique sur ordre de la municipalité parisienne.

29 mars. Début de la maladie de Mirabeau. Rumeur infondée qui l'attribue à un empoisonnement provoqué par la cour.
Émeute contre-révolutionnaire à Toulouse.

2 avril. Mort de Mirabeau.

3 avril. Proposition du département de Paris à l'Assemblée nationale de transformer l'église Sainte-Geneviève, non encore consacrée au culte catholique, en panthéon et d'y inhumer Mirabeau en premier.

4 avril. Transport du corps de Mirabeau au Panthéon.

5 avril. Décret de l'Assemblée nationale instituant le partage égal dans le cas des successions *ab intestat*.

13 avril. Condamnation réitérée de la Constitution civile du clergé par le pape.

17 avril. Le roi fait ses Pâques avec le cardinal de Montmorency, prêtre réfractaire.

18 avril. Voulant se rendre à Saint-Cloud, le roi en est empêché par la garde nationale qui refuse d'obéir à La Fayette, son commandant.

21 avril. Démission de La Fayette de ses fonctions de commandant de la garde nationale de Paris.

22 avril. A la demande des délégués de 42 des 60 bataillons de la garde nationale parisienne, La Fayette reprend sa démission.

27 avril. Décret de l'Assemblée nationale sur l'organisation, les fonctions et les responsabilités ministérielles.
Parution du premier numéro du *Logographe* fondé par Duport et Charles Lameth.

3 mai. Pie VI est brûlé en effigie au Palais-Royal. N'ayant pu obtenir réparation, le nonce Dugnani quitte peu après la France.
Mémoire de Breteuil à Léopold II, le priant d'intervenir après l'affaire de Saint-Cloud du 18 avril.
Nouvelle Constitution pour la Pologne, s'inspirant partiellement des idées révolutionnaires.

7 mai. Début du débat sur les colonies à l'Assemblée nationale.

9 mai. Discussion à l'Assemblée nationale du projet Le Chapelier d'interdiction de pétition pour les citoyens passifs et les collectivités.

10 mai. Création définitive de la Haute Cour pour juger des crimes contre la sûreté de l'État.

15 mai. Fin du débat sur les colonies à l'Assemblée nationale et maintien de l'esclavage.

16 mai. Décret de l'Assemblée nationale pris sous l'impulsion de Robespierre et interdisant aux députés de cette assemblée de se présenter aux élections à la prochaine législature.

17 mai. Expulsion par la municipalité parisienne du club des Cordeliers du couvent homonyme.

18 mai. Émission de six cents millions d'assignats.

22 mai. Vote par l'Assemblée nationale de la loi Le Chapelier réglementant le droit de pétition et l'interdisant aux collectivités.

24 mai. Décision de l'Assemblée nationale d'envoyer trois médiateurs pour essayer de mettre un terme au conflit entre révolutionnaires installés à Avignon et contre-révolutionnaires à Carpentras.

29 mai. Lettre de Fersen à Bouillé pour l'avertir que la fuite du roi est reportée de quelques jours.

30 mai. Décret de l'Assemblée nationale ordonnant le transfert des cendres de Voltaire au Panthéon.

5 juin. Décret de l'Assemblée nationale retirant au roi le droit de grâce.

9 juin. Élection d'Adrien Duport à la présidence du tribunal criminel de Paris.

10 juin. Élection de Robespierre comme accusateur public du tribunal criminel de Paris.

12 juin. Début des élections primaires pour désigner les électeurs qui auront pour tâche de choisir les députés de la future Assemblée législative.

13 juin. Décret de l'Assemblée nationale exigeant des officiers une déclaration d'obéissance et de fidélité à la Constitution.

14 juin. Vote par l'Assemblée nationale de la loi Le Chapelier abolissant les corporations et interdisant grèves et « coalitions » ouvrières.

15 juin.	Installation du comte d'Artois à Coblence, le prince de Condé et ses troupes restant à Worms.
19 juin.	Décret de l'Assemblée nationale portant émission de six cents millions d'assignats.
20 juin.	Fuite du roi, de la reine et de leurs enfants dans la nuit du 20 au 21, en direction de Montmédy. Fuite au même moment de « Monsieur », comte de Provence, et de son épouse, en direction de Mons.
21 juin.	Arrestation du roi et de la famille royale à Varennes dans la nuit du 21 au 22.
22 juin.	Envoi par l'Assemblée nationale de trois commissaires, Barnave, de Latour Maubourg et Pétion, chargés de ramener à Paris le roi « enlevé ».
23 juin.	Rencontre des commissaires de l'Assemblée nationale et de la famille royale à La Ferté-sous-Jouarre. Réception du duc Philippe d'Orléans comme membre du club des Jacobins.
25 juin.	Retour du roi et de la famille royale à Paris. Suspension du roi jusqu'à nouvel ordre votée par l'Assemblée nationale.
26 juin.	Audition du roi par trois commissaires de l'Assemblée nationale, d'André, Duport et Tronchet, sur les circonstances de son « enlèvement ».
27 juin.	Pétition des Jacobins de Montpellier demandant l'institution de la République.
28 juin.	Renonciation par le duc Philippe d'Orléans à ses droits éventuels à la régence.
3 juillet.	Manifestation de chômeurs à Paris.
6 juillet.	Déclaration de l'empereur Léopold II demandant aux autres souverains de se joindre à lui pour exiger le respect de la liberté et de l'honneur du roi de France.
9 juillet.	Décret de l'Assemblée nationale sommant les émigrés de revenir sous deux mois.
11 juillet.	Translation des cendres de Voltaire au Panthéon.
12 juillet.	*Appel à la nation* rédigé par Chaumette, lu au club des Cordeliers.
13 juillet.	Début du débat à l'Assemblée nationale sur la fuite ou l'« enlèvement » du roi.

14 juillet. Fête de la Fédération célébrée une seconde fois au Champ-de-Mars à Paris.

15 juillet. Décret de l'Assemblée nationale proclamant le roi inviolable, ce qui exclut tout jugement.
Décret de l'Assemblée nationale déférant Bouillé par contumace devant la Haute Cour pour avoir enlevé le roi.

16 juillet. Décret de l'Assemblée nationale maintenant la suspension du roi jusqu'à ce qu'on lui ait présenté et qu'il ait ratifié la Constitution.
Scission au club des Jacobins et fondation du club des Feuillants.

17 juillet. Pétition pour la déchéance du roi portée sur l'autel de la patrie au Champ-de-Mars. Émeute dispersée par la garde nationale.

18 juillet. Décret de l'Assemblée nationale réprimant la provocation au meurtre, l'excitation des citoyens à la désobéissance, la publication et le colportage des écrits séditieux, visant les émeutiers du Champ-de-Mars, leurs chefs et leurs publications. Danton s'enfuit en Angleterre, Marat se terre.

19 juillet. Décret de l'Assemblée nationale organisant une police municipale et correctionnelle.

25 juillet. Décret de l'Assemblée nationale poursuivant comme transfuges les officiers déserteurs et émigrés.
Début des négociations entre puissances européennes en vue d'un congrès européen contre la Révolution.

28 juillet. Décret de l'Assemblée nationale portant organisation de la garde nationale.

30 juillet. Décret d'abolition par l'Assemblée nationale des décorations et signes extérieurs de distinction de naissance.

1er août. *Adresse aux Français* de Robespierre.

4 août. Décret de l'Assemblée nationale mettant au point la levée de gardes nationaux, les « volontaires de 1791 ».
Signature de la paix de Sistova entre l'Autriche et l'Empire ottoman.

8 août. Début de la discussion à l'Assemblée nationale sur la Constitution.

9 août. Décret de l'Assemblée nationale proclamant la France indivisible.

11 août. Signature de la paix de Galatz entre la Russie et la Turquie.

15 août. Décret de l'Assemblée nationale interdisant le port d'habits ecclésiastiques en dehors des édifices religieux.

17 août. Décret de l'Assemblée nationale enjoignant aux émigrés de revenir en France sous un mois.

22 août. Début de l'insurrection des esclaves noirs à Saint-Domingue.

23 août. Vote de la loi organique sur la presse.

26 août. Notification à l'Assemblée nationale de l'adjudication du premier milliard de biens nationaux.

27 août. Entrevue à Pillnitz entre l'empereur et le roi de Prusse, en présence de l'électeur de Saxe et du comte d'Artois et publication d'une déclaration commune de Léopold II et Frédéric-Guillaume II affirmant leur volonté de « mettre le roi de France en état d'affermir les bases d'un gouvernement monarchique », déclaration vague mais perçue comme une menace directe par les partisans de la Révolution.

28 août. Décret de l'Assemblée nationale sur le rétablissement de la discipline dans les armées.
Parution du premier numéro de *L'Ami des citoyens* de Tallien.

29 août. Début de l'élection des députés à l'Assemblée législative.

2 septembre. Décret de l'Assemblée nationale supprimant l'ordre des avocats.

3 septembre. Fin du débat sur la Constitution à l'Assemblée nationale.

9 septembre. Retour de Danton à Paris.

13 septembre. Sanction de la Constitution par le roi.

14 septembre. Serment à la Constitution prêté par le roi devant l'Assemblée nationale.
Intégration à la France d'Avignon et du comtat Venaissin après un plébiscite favorable.

16 septembre. Décret de l'Assemblée nationale sur la police de sûreté, la justice criminelle et les jurys.

17 septembre. Suppression des Cours des comptes.

18 septembre. Fête au Champ-de-Mars pour célébrer la Constitution.

19 septembre. Représentation de *Richard Cœur de Lion* de Sedaine et Grétry au Théâtre-Italien et manifestation du public en faveur du roi.

20 septembre. Acclamation du roi par la foule alors qu'il se rend à une représentation à l'Opéra.

23 septembre. Décret de l'Assemblée nationale attribuant le commandement de la garde nationale de Paris à chacun des commandants des six légions à tour de rôle.

25 septembre. Promulgation du code pénal.
Fête offerte par le roi aux Parisiens et don de cinquante mille livres aux pauvres.
Parution des *Ruines ou Méditations sur les Révolutions des Empires* de Volney.

27 septembre. Décret de l'Assemblée nationale déclarant « libre » tout homme vivant en France, quelle que soit sa couleur, ce qui laisse subsister l'esclavage aux colonies.
Citoyenneté française accordée aux juifs.

29 septembre. Décret de l'Assemblée nationale limitant la participation à la garde nationale aux citoyens actifs et à leurs fils.

30 septembre. Dernière séance de l'Assemblée nationale constituante et amnistie pour tous les fauteurs de troubles condamnés depuis 1788.
Première représentation à Vienne de *La Flûte enchantée* de Mozart.

1er octobre. Première séance de l'Assemblée nationale législative. Élection de son président, Pastoret. Nomination par le roi d'un nouveau ministre de la Marine, Bertrand de Molleville qui succède à Thévenard.

4 octobre. Serment de fidélité à la Constitution par l'Assemblée législative.

5 octobre. Décret de l'Assemblée législative sur l'instigation de Couthon abolissant les mots « Sire » et « Majesté », attribuant au roi un siège identique à celui du président de l'Assemblée et autorisant les députés à s'asseoir en sa présence.

6 octobre. Annulation du décret du 5 octobre sur proposition de Hérault de Séchelles.

8 octobre. Démission de La Fayette de son commandement de la garde nationale de Paris en vue de son élection comme maire de la capitale en remplacement de Bailly.

9 octobre. Rapport à l'Assemblée législative de Gallois et Gensonné, envoyés en juillet précédent en Vendée et dans les Deux-Sèvres pour enquêter sur les troubles religieux et contre-révolutionnaires qui s'y déroulent.

16 octobre. Émeute contre-révolutionnaire à Avignon. A la suite de la mort du secrétaire-greffier de la commune, Lescuyer, massacre des détenus de la prison de la Glacière par une bande de révolutionnaires sous les ordres de Jourdan dit « Coupe-Têtes ».

20 octobre. Début de la discussion sur les émigrés à l'Assemblée législative et de la propagande belliciste de Brissot et de ses amis.

22 octobre. Proposition par la Société fraternelle des Halles de déclarer la patrie en danger.
Première représentation au Théâtre Molière de Paris de la pièce du marquis de Sade, *Le Comte Oxtiern, ou Les Malheurs du libertinage.*

25 octobre. Discours de Vergniaud à l'Assemblée législative proposant de prendre l'offensive militairement.

31 octobre. Décret de l'Assemblée législative intimant à Monsieur, frère du roi, de revenir en France sous peine de perdre tout droit à la régence.
Démission du ministre des Affaires étrangères, Montmorin, remplacé par Lessart.

1er novembre. Émission de cent millions d'assignats, portant le total émis à mille neuf cents millions.

6 novembre. Rapport du directoire du département de la Mayenne à l'Assemblée législative annonçant la préparation d'une insurrection contre-révolutionnaire sous la direction des prêtres réfractaires.

9 novembre. Décret de l'Assemblée législative enjoignant aux émigrés de revenir en France avant le 1er janvier 1792, sous peine de confiscation de leurs biens et de condamnation à mort par contumace.

11 novembre. Veto du roi aux décrets du 31 octobre et du 9 novembre mais il demande à ses frères de revenir en France.

12 novembre. Invitation du roi aux émigrés à revenir en France. Circulaire de l'empereur Léopold II reprenant la déclaration de Pillnitz du 27 août.

14 novembre. Élection de Pétion comme maire de Paris avec

6 728 voix contre 3 126 à La Fayette sur 80 000 inscrits, près de 70 000 électeurs s'étant abstenus.

25 novembre. Création d'un comité de surveillance par l'Assemblée législative.
Lettre de la reine à Fersen expliquant le choix par la cour de la politique du pire et de la guerre extérieure.

29 novembre. Décret de l'Assemblée législative enjoignant aux prêtres réfractaires de prêter un serment civique sous peine d'être considérés comme suspects.

2 décembre. Démission de Duportail, ministre de la Guerre. Il est remplacé par le comte de Narbonne.

3 décembre. Refus des frères du roi de lui obéir « à cause de la captivité physique et morale où Sa Majesté est retenue ».
Lettre secrète du roi à Frédéric-Guillaume II de Prusse le requérant d'intervenir militairement de concert avec les autres souverains « pour arrêter ici les factieux, donner les moyens de rétablir un ordre de choses plus désirable, et empêcher que le mal qui nous travaille puisse gagner les autres États de l'Europe ».

5 décembre. Approbation par les frères du roi du plan d'insurrection en Bretagne préparé par La Rouërie.
Mort de Mozart à Vienne.

10 décembre. Ratification par l'empereur de la résolution de la diète de Francfort accordant la protection de l'Empire aux princes possessionnés d'Alsace spoliés par les décrets révolutionnaires.

14 décembre. Annonce du roi à l'Assemblée législative qu'il intime à l'archevêque-électeur de Trèves de disperser les rassemblements d'émigrés sur ses terres avant le 15 janvier 1792.
Discours de Narbonne, en faveur de la guerre, à l'Assemblée législative.

17 décembre. Émission de trois cents millions d'assignats.

19 décembre. Veto du roi au décret du 29 novembre contre les prêtres réfractaires.

21 décembre. Note de l'empereur avisant le gouvernement français qu'il défendra l'archevêque-électeur de Trèves contre une agression militaire de la France et reprenant les éléments de la déclaration de Pillnitz du 27 août.

27 décembre. Nomination des généraux Rochambeau et Luckner comme maréchaux de France à la tête des armées du Nord et du Rhin.

28 décembre. Décret de l'Assemblée législative sur l'organisation de bataillons de volontaires.
Acclamation de la reine à l'Opéra où se joue *Iphigénie en Aulide* de Gluck, notamment lorsque le chœur dit : « Chantons ! Célébrons notre reine ! »

29 décembre. Vote d'un crédit de vingt millions pour la guerre par l'Assemblée législative.

30 décembre. Discours d'Isnard à l'Assemblée législative en faveur d'une « guerre indispensable pour consommer la Révolution ».

31 décembre. Décret de l'Assemblée législative supprimant l'hommage au roi à l'occasion du nouvel an.

1792

2 janvier. Décret de l'Assemblée législative datant du 1er janvier 1789 « l'Ère de la Liberté ».
Arrivée au Havre de Chateaubriand de retour d'Amérique.

9 janvier. Signature du second traité de Iassy entre la Russie et l'Empire ottoman.

16 janvier. Décision de l'Assemblée législative de casser et renouveler complètement la garde personnelle du roi.

17 janvier. Discours de Brissot à l'Assemblée législative en faveur d'une déclaration de guerre à l'empereur.

18 janvier. Décret de l'Assemblée législative privant Monsieur, frère du roi, de ses droits éventuels à la régence.

23 janvier. Pillage à Paris de nombreuses épiceries et spéculation sur le sucre et le café en raison de l'insurrection de Saint-Domingue.

25 janvier. Ultimatum de l'Assemblée législative à Léopold II d'Autriche.
Arrivée à Londres de Talleyrand chargé de tenter un rapprochement avec l'Angleterre.

1er février. Décret de l'Assemblée législative instituant l'obligation d'avoir un passeport pour se déplacer à l'intérieur du royaume.

7 février.	Convention militaire entre l'Autriche et la Prusse visant beaucoup plus un nouveau dépeçage de la Pologne que la répression de la Révolution en France. Première représentation à Vienne du *Mariage secret* de Cimarosa.
9 février.	Décret de l'Assemblée législative confisquant les biens des Français à l'étranger au profit de la nation.
13 février.	Pillage à Montlhéry des magasins des grainetiers.
14 février.	Visite secrète de Fersen à Paris. Émeute à Dunkerque et pillage des magasins du port.
18 février.	Mutinerie du 14e régiment d'infanterie à Béthune.
23 février.	Affrontement entre l'armée et la foule à Beauvais à propos d'un chargement de grains.
26 février.	Occupation de Mende par les paysans des environs menés par leurs curés réfractaires.
1er mars.	Mort de Léopold II à qui succède son fils François II.
3 mars.	Assassinat du maire d'Étampes, Simonneau, par la foule.
7 mars.	Nomination du duc de Brunswick à la tête des forces coalisées de la Prusse et de l'Autriche.
8 mars.	Émeute à Conches réprimée par l'armée.
9 mars.	Renvoi par le roi du ministre de la Guerre, Narbonne, remplacé par le colonel de Grave.
10 mars.	Démission des ministres à la suite de la mise en accusation par l'Assemblée législative de Lessart, ministre des Affaires étrangères, coupable de ne pas avoir averti l'Assemblée de la coalition entre la Prusse et l'Autriche.
12 mars.	Accord entre la Prusse et la Russie pour un second partage de la Pologne.
15 mars.	Constitution du nouveau ministère : Dumouriez aux Affaires étrangères, Lacoste à la Marine, Duranthon à la Justice.
16 mars.	Assassinat de Gustave III de Suède. Son fils, Gustave IV, lui succède.
20 mars.	Autorisation par l'Assemblée législative d'engager les dépenses nécessaires à la fabrication des machines nouvelles devant servir aux exécutions capitales, les guillotines.

23 mars. Nomination par le roi de Roland comme ministre de l'Intérieur et de Clavière aux Finances.

24 mars. Décret de l'Assemblée législative établissant l'égalité politique pour les hommes de couleur libres des Antilles.

25 mars. Ultimatum du ministère à l'Autriche.

30 mars. Accueil triomphal de la foule à Paris pour les Suisses du régiment de Châteauvieux amnistiés et libérés des galères.

5 avril. Décret de l'Assemblée législative supprimant la Sorbonne.

15 avril. Fête à Paris en l'honneur des Suisses du régiment de Châteauvieux, avec pour devise « Liberté, Égalité, Fraternité ».

20 avril. Déclaration de guerre de la France au roi de Hongrie et de Bohême, afin de laisser les États allemands de l'Empire hors du conflit.

21 avril. L'Assemblée législative ordonne l'impression du plan sur l'instruction publique de Condorcet.
Dépréciation de 50 % de l'assignat par rapport à l'or.

25 avril. Le *Chant de guerre pour l'armée du Rhin,* la future *Marseillaise,* est chanté pour la première fois par Rouget de Lisle dans le salon du maire de Strasbourg.

28 avril. Début de la guerre. Offensive française et entrée des troupes de Rochambeau en Belgique.

29 avril. Contre-offensive autrichienne et débandade de l'armée française. Massacre de Dillon qui essayait de regrouper ses troupes.

30 avril. Émission de trois cents millions d'assignats.

5 mai. Décret de l'Assemblée législative ordonnant la levée de trente et un nouveaux bataillons.

6 mai. Passage à l'ennemi du régiment du Royal-Allemand.

8 mai. Démission du ministre de la Guerre, de Grave.

9 mai. Nomination de Servan au ministère de la Guerre.

12 mai. Passage à l'ennemi des régiments de hussards de Saxe et de Bercheny.

17 mai. Parution du premier numéro du *Défenseur de la Constitution* de Robespierre.

19 mai. Entrée de l'armée russe en Pologne.

24 mai. Parution du *Discours sur les moyens de sauver la France et la liberté* du défroqué Jacques Roux.

27 mai. Décret de l'Assemblée législative ordonnant la déportation des prêtres réfractaires.

29 mai. Décret de l'Assemblée législative supprimant la garde constitutionnelle du roi.

8 juin. Décret de l'Assemblée législative portant levée de vingt mille fédérés devant former un camp à proximité de Paris.

11 juin. Veto du roi aux décrets du 27 mai sur les prêtres réfractaires et du 8 juin sur le camp des fédérés.
Lettre du ministre Roland au roi lui faisant grief de ce veto et lui en exposant les conséquences.

12 juin. Renvoi par le roi des ministres Roland, Servan et Clavière, Dumouriez passant des Affaires étrangères à la Guerre.

13 juin. L'Assemblée législative affirme sa confiance dans les ministres congédiés et s'en prend à Dumouriez menacé de mise en accusation.

15 juin. Démission de Dumouriez. Nomination de nouveaux ministres par le roi : Chambonas aux Affaires étrangères, Lajard à la Guerre, Terrier de Monciel à l'Intérieur, Beaulieu aux Finances, Duranthon gardant la Justice et Lacoste la Marine.

17 juin. Nomination par l'Assemblée législative d'une commission de douze membres chargée de superviser les activités des ministres.

20 juin. Mise en place d'un comité insurrectionnel secret avec l'appui de la municipalité parisienne et notamment du procureur général syndic Manuel et du substitut Danton.
Manifestation commémorative de la fuite du roi, prétexte à une émeute populaire et à l'invasion des Tuileries par une foule conduite par Santerre. Le roi est contraint de porter le bonnet rouge et de boire à la gloire de la nation, mais il refuse d'accepter les exigences des émeutiers : rappel des ministres et retrait des veto.

21 juin. Interdiction par l'Assemblée législative de toute réunion de citoyens armés dans son enceinte.

Pétition pour demander des poursuites contre les émeutiers du 20 juin qui recueille vingt mille signatures à Paris.

22 juin. Proclamation du roi sur les événements du 20 juin.

27 juin. Arrivée de La Fayette à Paris.

28 juin. Intervention de La Fayette à l'Assemblée législative pour demander des sanctions contre les fauteurs de troubles, notamment les Jacobins.

29 juin. Échec de la tentative de La Fayette pour prendre le pouvoir à la faveur d'une revue de la garde nationale, Pétion averti ayant annulé la revue.

30 juin. Départ de La Fayette qui rejoint son armée. Il est brûlé en effigie au Palais-Royal.

1er juillet. Décret de l'Assemblée législative rendant publiques les séances de tous les corps administratifs et les mettant ainsi à la merci de mouvements de foule.

2 juillet. Décret de l'Assemblée législative tournant le veto royal en convoquant les fédérés des départements à Paris pour la fête du 14 juillet.

7 juillet. Séance de réconciliation à l'Assemblée législative en présence du roi et sous l'impulsion de l'évêque constitutionnel de Rhône-et-Loire, Lamourette.

9 juillet. Émeute contre-révolutionnaire à Fouesnant réprimée le 10 juillet par la garde nationale de Brest.

11 juillet. Proclamation de « la patrie en danger » par l'Assemblée législative.
Arrivée des fédérés de Toulon à Paris.

14 juillet. Troisième fête de la Fédération au Champ-de-Mars.

15 juillet. Décret de l'Assemblée législative éloignant de Paris les troupes de ligne.
Vote d'une motion aux Cordeliers demandant la convocation d'une Convention, terme emprunté aux Américains avec le sens d'Assemblée constituante.
Demande de déportation du roi aux Jacobins par Billaud-Varenne.
Prise d'Orchies par les Autrichiens.

18 juillet. Déchéance du roi demandée par la commune d'Angers.
Prise de Bavai par les Autrichiens.

23 juillet. Nomination par le roi de nouveaux ministres : la

Guerre à d'Abancourt, la Marine à Dubouchage. Occupation de la Pologne par l'armée russe.

25 juillet. Manifeste de Brunswick menaçant d'une vengeance exemplaire les Parisiens s'ils ne se soumettent pas à leur roi.
Décret de l'Assemblée législative autorisant les sections parisiennes à siéger en permanence.
Arrivée à Paris des fédérés du Finistère.

26 juillet. Banquet civique offert aux fédérés sur la place de la Bastille.

27 juillet. Création d'un organe de liaison, le « bureau central de correspondance », entre les sections de Paris.

28 juillet. Diffusion du manifeste de Brunswick à Paris.

30 juillet. Décret de l'Assemblée législative admettant les citoyens passifs dans la garde nationale.
Abolition de la distinction entre citoyens actifs et passifs dans la section du Théâtre-Français.
Arrivée à Paris du bataillon des fédérés de Marseille qui chante le *Chant de guerre pour l'armée du Rhin* qui va devenir *La Marseillaise.* Au cours du banquet qui leur est offert aux Champs-Élysées, les Marseillais se battent avec les gardes nationaux parisiens favorables à La Fayette.

31 juillet. Émission de trois cents millions d'assignats.
L'autorité du roi n'est plus reconnue par la section de Mauconseil.

3 août. Déchéance du roi demandée par 47 des 48 sections de Paris et présentée à l'Assemblée législative par le maire Pétion.

4 août. Insurrection annoncée pour le 10 août par la section des Quinze-Vingts au cas où l'Assemblée législative ne proclamerait pas la déchéance du roi. Installation, sur demande de la cour, des Suisses cantonnés à Courbevoie et à Rueil au palais des Tuileries en compagnie de nombreux gentilshommes venus défendre le roi.

7 août. Accord entre la Russie et la Prusse pour un nouveau partage de la Pologne dont l'Autriche est exclue.

10 août. Insurrection et prise des Tuileries. Le roi et sa famille se réfugient auprès de l'Assemblée législative.
Décret de l'Assemblée législative suspendant provisoirement le roi et décidant l'élection d'une Convention.

11 août. Élection par l'Assemblée législative d'un « conseil exécutif » remplaçant les ministres : Danton à la Justice, Roland à l'Intérieur, Servan à la Guerre, Clavière aux Finances, Lebrun aux Affaires étrangères, Monge à la Marine.
Autorisation accordée aux municipalités d'arrêter les suspects. Interdiction des journaux royalistes.

12 août. Refus d'obéir à l'Assemblée législative du conseil général de la Somme.

13 août. Internement du roi et de sa famille au Temple.
Actes de la Commune de Paris datés de « l'an I de l'Égalité » à la place de « l'an IV de la Liberté ».

14 août. Décret de l'Assemblée législative mettant en vente les biens des émigrés et ceux des communes.
Nouveau serment « à la Liberté et à l'Égalité » imposé aux ecclésiastiques.
Échec de La Fayette à Sedan pour entraîner son armée sur Paris.
Échec du maire de Strasbourg, Dietrich, pour soulever les troupes de la ville contre les autorités révolutionnaires parisiennes.

15 août. Demande de création d'un « tribunal du peuple » par une délégation de la Commune de Paris conduite par Robespierre. Refus de l'Assemblée législative.

17 août. Nouvelle délégation de la Commune qui menace d'insurrection l'Assemblée législative si elle ne vote pas la création d'un « tribunal criminel » élu par les sections parisiennes. Capitulation de l'Assemblée législative qui vote la mesure demandée.
Émeute dans l'Aude et prise de Carcassonne par les insurgés. Appel à l'armée pour les chasser.

18 août. Suppression par l'Assemblée législative des derniers ordres religieux, les congrégations enseignantes et hospitalières.

19 août. Dumouriez est mis à la tête de l'armée du Nord.
La Fayette se rend aux Autrichiens.
Franchissement de la frontière par l'armée prussienne de Brunswick grossie de l'armée des princes et des émigrés.

20 août. Siège de Longwy par les Prussiens. Kellermann est nommé à la tête de l'armée de Metz à la place de Lückner.

21 août. Inauguration de la guillotine pour exécuter un royaliste, Collenot d'Angremont, jugé sommairement par le Tribunal criminel.

22 août. Début de l'insurrection royaliste en Vendée et prise de Châtillon-sur-Sèvre au cri de « Vive le roi ! ».
La Commune de Paris demande le remplacement de l'appellation de « Monsieur » par celle de « Citoyen ».

23 août. Capitulation de Longwy.

25 août. Décret de l'Assemblée législative abolissant sans indemnité les redevances féodales soumises à rachat.

26 août. Levée de trente mille hommes décrétée par l'Assemblée législative.
Décret de l'Assemblée législative enjoignant aux prêtres ayant refusé le serment du 14 août de quitter la France.
Début des élections à la Convention.

28 août. Envoi par le conseil exécutif et sur demande de Danton de commissaires dotés de pleins pouvoirs dans les départements.

30 août. Siège de Verdun par les Prussiens.
Perquisitions et arrestations massives de suspects dans Paris : environ trois mille personnes sont incarcérées dans les prisons de la capitale.

2 septembre. Début des massacres de Septembre : exécution sommaire, par la foule, des détenus des prisons parisiennes.
Capitulation de Verdun.

4 septembre. Siège de Thionville par les émigrés de l'armée des princes.

8 septembre. Ordre de Lebrun, ministre des Affaires étrangères, d'envahir la Savoie.
Émeute à Tours.

9 septembre. Premier décret sur la réglementation et la taxation du commerce des grains.
Massacre de cinquante-trois prisonniers lors de leur transfert de Versailles à Paris.

10 septembre. Réquisition de tous les objets du culte en or et en argent.

14 septembre. Franchissement de l'Argonne par l'armée prussienne.
Philippe d'Orléans change son nom en celui de Philippe Égalité.

16 septembre. Pillage du Garde-Meuble de la Couronne.

19 septembre. Création du musée du Louvre.

20 septembre. Canonnade de Valmy. La retraite des Prussiens la transforme en première victoire française.
Dernière séance de l'Assemblée législative et vote de l'état-civil et du divorce.
Première séance à huis clos de la Convention et élection de son Bureau.

21 septembre. Première séance publique de la Convention nationale qui décrète que « la royauté est abolie en France ».

22 septembre. Décret de la Convention ordonnant de dater les actes publics de « l'an I de la République française ».
Entrée des troupes françaises en Savoie.

23 septembre. Siège de Lille par les Autrichiens.

24 septembre. Entrée des troupes françaises à Chambéry.

25 septembre. Décret de la Convention proclamant que « la République française est une et indivisible ».

29 septembre. Prise et pillage de Nice par les troupes françaises.

30 septembre. Prise de Spire par l'armée française de Custine.

3 octobre. Occupation de Bâle par les troupes françaises et proclamation de la République rauracienne à la place de l'évêché de Bâle.

5 octobre. Prise de Worms par les troupes françaises de Custine.

7 octobre. Levée du siège de Lille par les Autrichiens.

9 octobre. Nomination de Garat par la Convention comme ministre de la Justice à la place de Danton.

10 octobre. Exclusion de Brissot du club des Jacobins, qui ne compte, au 5 octobre, que 113 députés sur les 749 de la Convention.

11 octobre. Élection du comité de Constitution de la Convention.

12 octobre. Nomination par la Convention de Pache comme ministre de la Guerre à la place de Servan qui a pris le commandement de l'armée des Pyrénées.

14 octobre. Évacuation de Verdun par les Prussiens.

19 octobre. Évacuation de Longwy par les Prussiens.

21 octobre. Prise de Mayence par Custine.
Demande de la réunion de Nice à la France par une poignée de Niçois encadrés par des Marseillais.

22 octobre. Demande de réunion de la Savoie à la France par une « Assemblée nationale des Allobroges » sans aucune valeur représentative.

23 octobre. Prise de Francfort par Custine.

24 octobre. Émission de quatre cents millions d'assignats.
A tous les républicains de France de Brissot.

27 octobre. Invasion de la Belgique par Dumouriez.

1er novembre. Parution des *Préjugés détruits* de Lequinio.

6 novembre. Défaite des Autrichiens à Jemmapes.

7 novembre. Prise de Mons par les troupes françaises.

13 novembre. Début de la discussion à la Convention sur le procès du roi.

14 novembre. Entrée des troupes françaises à Bruxelles.

15 novembre. Nomination de Manuel Godoy comme Premier ministre de l'Espagne.

16 novembre. Déclaration de Chaumette à l'Hôtel de Ville annonçant que toute l'Europe « jusqu'à Moscou sera bientôt francisée, municipalisée, jacobinisée ».

19 novembre. Décret de la Convention s'arrogeant le droit d'intervenir partout où les peuples « voudront recouvrer leur liberté ».

20 novembre. Découverte aux Tuileries de « l'armoire de fer » contenant des documents sur les relations du roi avec Mirabeau et sa correspondance avec les autres souverains.

22 novembre. Insurrection paysanne réclamant la taxation des grains. Partie de Beauce, elle concerne les départements d'Eure-et-Loir, Loir-et-Cher, Indre-et-Loire, Sarthe.

26 novembre. Discours de Brissot à la Convention : « Nous ne pourrons être tranquilles que lorsque l'Europe, et toute l'Europe, sera en feu. »

27 novembre. Décret de la Convention réunissant la Savoie à la France.

28 novembre. Entrée de l'armée française à Liège.

29 novembre. Suppression par la Convention du Tribunal criminel créé le 17 août.
Protestation de l'Angleterre contre le décret du 19 novembre.

30 novembre. Entrée des troupes françaises à Anvers.

1er décembre. Discours de Jacques Roux à la section de l'Observatoire, début de l'action des Enragés.

2 décembre. Prise de Namur par l'armée française.
Perte de Francfort par Custine.
Élection des 122 représentants de la Commune de Paris, dont Jacques Roux.

3 décembre. Discours de Robespierre à la Convention demandant la mort du roi.

4 décembre. Délégation belge à la Convention lui demandant de reconnaître l'indépendance de la Belgique.

6 décembre. Procédure du vote lors du procès du roi adoptée sur la demande de Marat : appel nominal et vote à voix haute, permettant les pressions du public sur les députés.

7 décembre. Répression par l'armée française d'une manifestation en faveur de l'indépendance de la Belgique à Bruxelles.

11 décembre. Comparution du roi (Louis Capet) à la barre de la Convention.

13 décembre. Les Communes et la Chambre des lords soutiennent Pitt et son gouvernement dans leurs préparatifs de guerre contre la France.

14 décembre. Émission de trois cents millions d'assignats.

17 décembre. Arrivée de la flotte française devant Naples dont le roi Ferdinand IV doit accepter les exigences françaises.

25 décembre. Rédaction de son testament par le roi.
Célébration de messes de minuit à Paris malgré l'interdiction de la Commune.

26 décembre. Plaidoirie de de Sèze, avocat du roi, devant la Convention.

27 décembre. Dépôt de la motion Salles à la Convention en faveur d'un appel au peuple du jugement du roi. Discours de Saint-Just contre cette motion.

28 décembre. Intervention du ministre des Affaires étrangères à la Convention, l'informant que la neutralité de l'Espagne dépend du traitement réservé au roi.
Discours de Buzot en faveur de l'appel au peuple et de Robespierre contre cet appel.

30 décembre. Discours de Vergniaud à la Convention en faveur de la motion Salles.

1793

1er janvier. Création par la Convention d'un comité de défense générale de 24 membres.

4 janvier. Rejet de la motion Salle en faveur de l'appel au peuple.

7 janvier. Clôture des débats du procès du roi à la Convention.

11 janvier. Manifestation en faveur du roi à Rouen.

12 janvier. Manifestation en faveur du roi à Paris lors de la représentation de *L'Ami des lois* de Laya à la Comédie-Française, alors nommée Théâtre de la Nation.

13 janvier. Assassinat à Rome de l'ambassadeur de France, Hugon de Bassville, par une foule hostile aux idées révolutionnaires.

15 janvier. Premier vote sur le jugement du roi à la Convention. Il est déclaré coupable de conspiration contre la liberté publique par 707 voix contre 0.

16 janvier. Vote à la Convention sur la peine à infliger au roi, débutant à 20 heures et clos à 20 heures le lendemain.

17 janvier. Résultat à 21 heures du vote sous la pression d'un public déchaîné : 361 voix pour la peine de mort, 360 contre (dont 26 partisans de la peine de mort avec sursis). Refus de la Convention d'un appel au peuple.

20 janvier. Refus du sursis à l'exécution du jugement du roi par la Convention par 380 voix contre 310.
Assassinat du député régicide Michel Le Peletier de Saint-Fargeau.

21 janvier. Exécution du roi. Louis Capet est guillotiné sur la place de la Révolution (ex-place Louis XV et actuelle place de la Concorde) à 10 h 22.

22 janvier. Démission du ministre de l'Intérieur, Roland, remplacé par Garat.

23 janvier. Signature du traité entre la Prusse et la Russie pour le deuxième partage de la Pologne.

24 janvier. Rupture des relations diplomatiques entre la France et l'Angleterre.

28 janvier. *Déclaration du régent de France* du comte de Provence proclamant le dauphin roi sous le nom de Louis XVII.

31 janvier. Proclamation de l'annexion du comté de Nice par la Convention. Danton y réclame l'annexion de la Belgique.

1er février. Déclaration de guerre de la Convention au roi d'Angleterre et au stathouder de Hollande.
Émission de huit cents millions d'assignats.

4 février. Remplacement au ministère de la Guerre de Pache par le général Beurnonville.

8 février. Occupation du duché de Deux-Ponts par les troupes françaises.

12 février. Pétition des sections de Paris rédigée par Jacques Roux et demandant à la Convention une loi sur les subsistances. Hostilité de Marat et de Robespierre à cette pétition.

14 février. Annexion à la France de la principauté de Monaco.
Élection de Pache comme maire de Paris.

15 février. Projet de Constitution présenté à la Convention par Condorcet.

16 février. Dissolution par la Convention de son comité de Constitution.

17 février. Invasion de la Hollande par Dumouriez.

18 février. Échec d'une tentative de débarquement en Sardaigne de la flotte de Toulon.

24 février. Décret de levée de 300 000 hommes par la Convention.
Décret d'amalgame de deux bataillons de volontaires et d'un bataillon de ligne en une demi-brigade.

25 février. Pillage d'épiceries à Paris.

1er mars. Décret de la Convention annexant la Belgique.

3 mars. Début d'insurrection royaliste en Bretagne.

4 mars. Émeute à Cholet contre la levée des « volontaires ».

7 mars. Déclaration de guerre de la Convention au roi d'Espagne.

9 mars. Envoi de représentants en mission dans les départements décidé par la Convention pour accélérer la levée des 300 000 hommes.

10 mars. Échec d'une insurrection organisée par les Enragés à Paris.
Création du Tribunal révolutionnaire par la Convention avec Fouquier-Tinville comme accusateur public.

11 mars. Début de l'insurrection vendéenne, le refus de la conscription faisant dégénérer en conflit ouvert une hostilité déjà évidente aux idées révolutionnaires.

12 mars. L'insurrection vendéenne atteint Saint-Florent et Tiffauges.

13 mars. L'insurrection vendéenne touche Saint-Fulgent, Beaupréau et Montaigu.

14 mars. Prise de Cholet par les insurgés vendéens.

15 mars. Extension de l'insurrection à la Bretagne.

17 mars. Prise de Noirmoutier par les insurgés.

18 mars. Défaite de Dumouriez à Neerwinden.
Décret de la Convention punissant de mort tout partisan de la loi agraire ou de théories subversives sur la propriété, les Enragés étant visés.
Affrontements à Lyon entre partisans et adversaires de la Révolution.

19 mars. Décret de la Convention instituant la peine de mort pour tous les insurgés de la Vendée.
Déroute des troupes républicaines devant les Vendéens au Pont-Charrault.

20 mars. Gohier remplace Garat au ministère de la Justice.

21 mars. Institution de comités révolutionnaires de surveillance dans les communes et leurs sections.

22 mars. Prise de Chalonnes par le chef vendéen Stofflet.

23 mars. Réunion de Porrentruy à la France votée par la Convention.

24 mars. Échec des Vendéens devant les Sables-d'Olonne.

25 mars. Signature d'un traité d'alliance entre l'Angleterre et la Russie contre la France.

26 mars. Soulèvement contre la conscription à Molsheim.

27 mars. Proclamation de Dumouriez contre l'anarchie révolutionnaire.

30 mars. Citation de Dumouriez à comparaître devant la Convention. On lui envoie quatre commissaires et le ministre de la Guerre, Beurnonville.

1er avril. Dumouriez livre aux Autrichiens les commissaires de la Convention et le ministre de la Guerre.
Perte de la Rhénanie par Custine qui laisse une garnison assiégée dans Mayence.

2 avril. Formation d'un comité insurrectionnel des sections de Paris.

3 avril. Décret de la Convention mettant Dumouriez hors la loi. Arrestation de Philippe Égalité et du député girondin Sillery.

4 avril. Échec de Dumouriez dans sa tentative d'entraîner son armée sur Paris.
Choix par la Convention de Bouchotte comme ministre de la Guerre pour remplacer Beurnonville captif.
Élection à la Convention d'un nouveau comité de Constitution.
Formation par les Vendéens d'un conseil de « l'armée catholique et royale ».

5 avril. Passage de Dumouriez chez les Autrichiens.
Élection de Marat à la présidence des Jacobins.

6 avril. Création du Comité de salut public par la Convention.
Première séance du Tribunal révolutionnaire.
Siège de Mayence par les Prussiens.

8 avril. Dénonciation de 22 députés girondins comme contre-révolutionnaires par la section du Bon Conseil.

9 avril. Réunion à Anvers des diplomates de la coalition.

11 avril. Cours forcé de l'assignat décrété par la Convention.

12 avril. Arrestation de Marat votée par la Convention. Il se cache.
Essai positif du télégraphe optique de Chappe.

13 avril. Victoire vendéenne aux Aubiers. Henri de La Rochejaquelein s'écrie : « Si j'avance, suivez-moi ; si je recule, tuez-moi ; si je meurs, vengez-moi ! »

14 avril. Révolte de conscrits réfractaires à Montargis.

15 avril. Le maire de Paris, Pache, demande à la Convention, au nom de 35 des 48 sections, la destitution des 22 députés girondins.

16 avril. Révolte de conscrits réfractaires à Orléans.

21 avril. Projet d'une nouvelle Déclaration des droits de l'homme et du citoyen lue par Robespierre au club des Jacobins.

22 avril. Victoire des Vendéens Bonchamp et d'Elbée à Beaupréau.

23 avril. Acte d'accusation signifié à Marat qui se constitue prisonnier.

24 avril. Acquittement de Marat par le Tribunal révolutionnaire.

29 avril. Reprise de Noirmoutier par les troupes de la Convention.
Constitution d'un comité anti-montagnard à Marseille.

1er mai. Manifestation au faubourg Saint-Antoine et envoi d'une délégation à la Convention pour demander une loi sur le maximum des prix et un emprunt forcé sur les riches.

3 mai. Prise de Bressuire par les Vendéens commandés par Bonchamp et La Rochejaquelein.

4 mai. Décret de la Convention instituant le « maximum décroissant du prix des grains ».
Manifestation à Paris de jeunes gens hostiles à la conscription.

5 mai. Émission de mille deux cents millions d'assignats.
Prise de Thouars par les Vendéens.

10 mai. Installation de la Convention au palais des Tuileries.

16 mai. Défaite des Vendéens devant Fontenay.

20 mai. Décret de la Convention instituant un emprunt forcé de un milliard sur les riches.

22 mai. *Brissot à ses commettants*, brochure où est demandée la dissolution de la Commune de Paris et du club des Jacobins.

23 mai. Prise du camp de Famars dans le Nord par les Autrichiens.

24 mai. Arrestation des Enragés Hébert et Varlet.

25 mai. Prise de Fontenay par les Vendéens.

26 mai. Appel à l'insurrection de Marat et de Robespierre au club des Jacobins.
Rébellion de la Corse sous l'impulsion de Paoli.

27 mai. Libération de Varlet et d'Hébert sous la pression de la rue.

29 mai. Constitution d'un comité secret de la Commune pour préparer l'insurrection contre la Convention.
Révolte de Lyon contre la Convention et arrestation des Montagnards et des Enragés.

31 mai. Insurrection à Paris. Malgré la pression de la rue, la Convention ne cède pas.

2 juin. Nouvelle journée insurrectionnelle. Prisonnière des sans-culottes et de la garde nationale commandée par Hanriot, la Convention est contrainte de voter l'arrestation de 29 députés girondins et des ministres Clavière et Lebrun.

6 juin. Réaction au coup de force du 2 juin lorsqu'il est connu en province : Marseille, Nîmes, Toulouse se révoltent.

7 juin. Révolte de Bordeaux contre les Montagnards.

9 juin. Début de la grande offensive des Vendéens, prise de Saumur.
Révolte du département du Calvados.

10 juin. Fondation du Muséum national d'histoire naturelle.

11 juin. Début de la discussion du projet de Constitution à la Convention.

13 juin. Choix de Destournelles comme ministre des Finances à la place de Clavière et de Beauharnais à la Guerre au poste de Bouchotte.
Réunion à Caen des représentants des départements insurgés : Eure, Calvados, Mayenne, Ille-et-Vilaine, Côtes-du-Nord, Morbihan, Finistère... Au total, environ soixante départements sont hostiles à des titres divers au régime en place à Paris.

16 juin. Refus par Beauharnais du ministère de la Guerre.

18 juin. Prise d'Angers par les Vendéens commandés par d'Elbée et Stofflet.

21 juin. Choix de Desforgues à la place de Lebrun comme ministre des Affaires étrangères.

24 juin. Adoption par la Convention de la Constitution de 1793 ou de l'an I. Elle reconnaît le droit à l'insurrection « quand le gouvernement viole les droits du peuple » et affirme que le but de la société est « le bonheur commun ».

25 juin. Manifeste des Enragés présenté à la Convention par Jacques Roux. Il est hué par les députés.
Décret de la Convention créant le département de Vaucluse à partir du comtat Venaissin annexé.

27 juin. Décret de la Convention soumettant la Constitution adoptée le 24 juin au plébiscite.

28 juin. Discours de Robespierre au club des Jacobins contre les Enragés.

29 juin. Échec de l'attaque vendéenne contre Nantes.

30 juin. Délégation de Jacobins conduite par Robespierre, Hébert et Collot d'Herbois, envoyée au club des Cordeliers pour en obtenir l'exclusion de Jacques Roux et de Leclerc et la suspension de Varlet.

1er juillet. Reprise de Bressuire par les troupes de la Convention.

3 juillet. Prise de Châtillon par les troupes de la Convention commandées par Westermann.

4 juillet. Violente attaque de Marat contre les Enragés.

5 juillet. Reprise de Châtillon par les Vendéens.

6 juillet. Idée d'une « levée en masse » émise par la section du Luxembourg à Paris.

10 juillet. Prise de Condé-sur-Escaut par les Autrichiens.

12 juillet. Destitution par le Comité de salut public de Custine de son commandement de l'armée du Rhin. Révolte de Toulon contre la Convention.

13 juillet. Assassinat de Marat par Charlotte Corday, arrière-petite-nièce de Corneille. Elle déclare à son procès : « J'ai tué un homme pour en sauver cent mille. »
Déroute à Pacy-sur-Eure des troupes fédéralistes de Wimpffen.

16 juillet. Obsèques de Marat enterré aux Cordeliers, Robespierre s'étant opposé à son inhumation au Panthéon.

17 juillet. Condamnation à mort de Charlotte Corday par le Tribunal révolutionnaire.

22 juillet. Décret d'arrestation de Custine par la Convention.

23 juillet. Capitulation des troupes françaises assiégées dans Mayence. Elles peuvent rejoindre le territoire national après signature d'une convention interdisant de les employer sur des théâtres d'opérations extérieures. Elles vont servir en Vendée.

24 juillet. Nomination de Rossignol à la tête de l'armée de la Convention en Vendée.

26 juillet. Décret de la Convention décidant l'installation du télégraphe optique en France.

27 juillet. Élection de Robespierre au Comité de salut public. Décret de la Convention instaurant la peine de mort pour les accapareurs.

28 juillet. Prise de Valenciennes par les Anglo-Hollandais.

29 juillet. Rédaction du *Souper de Beaucaire* par le capitaine Napoléon Bonaparte.

30 juillet. Échec des Vendéens devant Luçon.

31 juillet. Décret de la Convention démonétisant tous les assignats de plus de cent livres émis sous la monarchie.

1er août. Décret de la Convention envoyant en Vendée la garnison ayant capitulé le 23 juillet à Mayence et ordonnant de pratiquer la politique de la terre brûlée dans les départements insurgés.
Adoption des principes du système métrique.
Ouverture et profanation des tombeaux des rois à Saint-Denis.

2 août. Transfert de la reine du Temple à la prison de la Conciergerie.
Démission de Beauharnais de son commandement de l'armée du Rhin.

4 août. Ratification de la Constitution de l'an I. Elle ne sera jamais appliquée.

8 août. Décret de la Convention supprimant les Académies.
Début du siège de Lyon par les troupes de la Convention commandées par Kellermann.

10 août. Commémoration du 10 août 1792 sur l'emplacement de la Bastille.
Promulgation de la Constitution de l'an I par la Convention.

12 août. Division du département de Rhône-et-Loire en deux par constitution des départements du Rhône et de la Loire.

14 août. Défaite des Vendéens devant Luçon.

15 août.	Démission de Garat du ministère de l'Intérieur.
16 août.	Demande de levée en masse du peuple français par les sections parisiennes.
20 août.	Élection de Paré comme ministre de l'Intérieur.
22 août.	Élection de Robespierre à la présidence de la Convention. Arrestation éphémère de Jacques Roux.
23 août.	Décret de levée en masse du peuple français voté par la Convention. Réquisition de tous les hommes de 18 à 25 ans non mariés ou veufs sans enfants. Siège de Dunkerque par les Anglo-Hollandais.
24 août.	Création du grand livre de la Dette publique.
25 août.	Prise de Marseille par les troupes de la Convention.
27 août.	Entrée des troupes anglaises dans Toulon. Libération de Jacques Roux arrêté le 22 août.
28 août.	Condamnation à mort par le Tribunal révolutionnaire de Custine.
29 août.	Fermeture du théâtre du Palais-Royal où était jouée une pièce d'esprit royaliste de François de Neufchâteau.
30 août.	Discours de Royer à la Convention demandant qu'on mette « la Terreur à l'ordre du jour ».
4 septembre.	Manifestation pour demander du pain devant l'Hôtel de Ville de Paris.
5 septembre.	Invasion de la Convention par une foule de sans-culottes. Sous leur pression, la Convention décrète l'arrestation des suspects, la création d'une « armée révolutionnaire » de 6 000 hommes et 1 200 canonniers, la division du Tribunal révolutionnaire en quatre sections, le vote d'un emprunt forcé de cent millions. Nouvelle arrestation de Jacques Roux. Victoire des Vendéens à Chantonnay.
8 septembre.	Victoire des forces de la Convention à Hondschoote sur les Anglo-Hollandais.
9 septembre.	Décret de la Convention organisant l'armée révolutionnaire et en confiant le commandement à Ronsin.
11 septembre.	Décret de la Convention sur le prix maximum des grains étendant les effets du décret du 4 mai 1793 à tout le pays.
12 septembre.	Prise du Quesnoy par l'armée autrichienne.

16 septembre. Défaite des Vendéens de Charette à Montaigu.

17 septembre. Loi des suspects votée par la Convention, donnant des suspects une définition tellement vaste qu'on date de ce texte le début de la Terreur.

18 septembre. Rétablissement du pouvoir révolutionnaire à Bordeaux et début de la Terreur dans cette ville sous l'impulsion des représentants en mission Tallien et Ysabeau.
Arrestation de Varlet.

19 septembre. Début de la Terreur dans la Nièvre sous l'impulsion du représentant en mission Fouché.
Victoire des Vendéens à Torfou.

21 septembre. Décret de la Convention rendant le port de la cocarde tricolore obligatoire pour les femmes.

22 septembre. Victoire des Espagnols à Truillas, dans les Pyrénées-Orientales.

26 septembre. Parution du premier numéro de l'*Anti-Fédéraliste* de Robespierre.

28 septembre. Émission de deux milliards d'assignats.

29 septembre. Décret de la Convention instituant le maximum général des denrées de première nécessité mais aussi des salaires.

2 octobre. Décret de la Convention décidant le transfert de la dépouille de Descartes au Panthéon.
Début d'une politique de « déchristianisation ».

3 octobre. Décret de la Convention traduisant la reine devant le Tribunal révolutionnaire.
Nouvelles mises en accusation de députés de la Convention, portant à 136 le nombre de députés exclus de l'assemblée.

5 octobre. Adoption par la Convention du calendrier révolutionnaire établi par Romme et Fabre d'Églantine, traduisant une volonté de rupture politique mais aussi religieuse avec le passé.

7 octobre.
16 vendémiaire. Destruction symbolique de la sainte ampoule à Reims.

AN II

9 octobre.
18 vendémiaire. Prise de Lyon par les troupes de la Convention.

10 octobre. *19 vendémiaire.* Décret de la Convention après un discours de Saint-Just, instituant que « le gouvernement de la France est révolutionnaire jusqu'à la paix ».
Destruction sur ordre de Fouché des emblèmes religieux dans les cimetières de Nevers et inscription sur leurs portes de la devise « la mort est un sommeil éternel ».
Invasion de la principauté de Montbéliard par les troupes de la Convention.

12 octobre. *21 vendémiaire.* Décret de la Convention ordonnant la destruction de Lyon et l'attribution à ce qui subsistera du nom de Ville-Affranchie. Comparution de la reine devant le Tribunal révolutionnaire.

16 octobre. *25 vendémiaire.* Victoire des troupes de la Convention sur les Autrichiens à Wattignies.
Condamnation à mort et exécution de la reine.

17 octobre. *26 vendémiaire.* Victoire de Kléber et Marceau sur les Vendéens à Cholet.

20 octobre. *29 vendémiaire.* Répression générale contre les Enragés.
Décision des Vendéens d'essayer de rejoindre le port de Granville en Normandie pour être au contact de la flotte anglaise.

21 octobre. *30 vendémiaire.* Décret de la Convention prévoyant la déportation pour tout prêtre réfractaire dénoncé pour incivisme.
Prise de Château-Gontier par les Vendéens.

22 octobre. *1er brumaire.* Arrivée du représentant en mission Carrier à Nantes.

23 octobre. *2 brumaire.* Prise de Laval par les Vendéens qui font leur jonction avec les troupes de Cottereau dit Jean Chouan.

25 octobre. *4 brumaire.* Victoire des Vendéens à Entrammes.

28 octobre. *7 brumaire.* Décret de la Convention interdisant l'enseignement aux ecclésiastiques.

30 octobre. *9 brumaire.* Condamnation à mort des députés girondins par le Tribunal révolutionnaire.
Envoi de Collot d'Herbois et de Fouché à Lyon comme représentants en mission.

31 octobre. *10 brumaire.* Exécution des Girondins.
Adoption du tutoiement dans la correspondance officielle du Comité de salut public.

Taxe de neuf millions sur les riches instituée à Strasbourg par Saint-Just.

6 novembre. *16 brumaire.* Reconnaissance par la Convention du droit des communes à renoncer au culte catholique, ainsi saint Blaise, patron de Ris-Orangis, est-il remplacé par Brutus.

7 novembre. *17 brumaire.* « Déprêtrisation » de presque tous les députés de la Convention.
Exécution de Philippe Égalité.

8 novembre. *18 brumaire.* Exécution de Manon Roland. Elle s'écrie avant d'être guillotinée : « Liberté, que de crimes on commet en ton nom ! »

10 novembre. *20 brumaire.* Fête de la Liberté et de la Raison en la cathédrale Notre-Dame, désormais dénommée temple de la Raison.

11 novembre. *21 brumaire.* Exécution de Bailly, premier maire de Paris.
Nouvelle taxe de cinq millions sur les riches de Nancy décrétée par Saint-Just.

12 novembre. *22 brumaire.* Prise d'Avranches par les Vendéens.

13 novembre. *23 brumaire.* Échec des Vendéens devant Granville.

14 novembre. *24 brumaire.* Nouvel échec des Vendéens devant Granville et repli vers la Loire.
Décret de la Convention décidant le transfert des restes de Marat au Panthéon.

15 novembre. *25 brumaire.* Suppression des loteries jugées immorales par la Convention.

17 novembre. *27 brumaire.* Arrestation de partisans de Danton sur accusation de Robespierre.

20 novembre. *30 brumaire.* Retour à Paris de Danton, retiré à Arcis-sur-Aube depuis le 11 octobre. Il commence à faire campagne pour la paix et propose « l'indulgence » et la réconciliation nationale.
Parodie de culte catholique à la Convention par une délégation de la section de l'Unité accoutrée d'habits sacerdotaux.

23 novembre. *3 frimaire.* Fermeture par ordre de la Commune de tous les lieux de culte de la capitale.

25 novembre.
5 frimaire.
Expulsion des cendres de Mirabeau du Panthéon.

29 novembre.
9 frimaire.
Nomination de Turreau à la tête de l'armée de la Convention en Vendée.

4 décembre.
14 frimaire.
Échec des Vendéens pour prendre Angers et franchir la Loire et repli vers la Sarthe.

5 décembre.
15 frimaire.
Parution du premier numéro du *Vieux Cordelier* de Camille Desmoulins, organe de la campagne pour la paix extérieure et intérieure de Danton.

10 décembre.
20 frimaire.
Prise du Mans par les Vendéens.

12 décembre.
22 frimaire.
Défaite et quasi-destruction des forces vendéennes devant Le Mans.

19 décembre.
29 frimaire.
Prise de Toulon par l'armée de la Convention que dirige Dugommier, au cours de laquelle se distingue le capitaine Bonaparte.

23 décembre.
3 nivôse.
Destruction des restes de l'armée vendéenne à Savenay. Le général Westermann écrit à la Convention : « Il n'y a plus de Vendée. Je viens de l'enterrer dans les marais de Savenay. J'ai écrasé les enfants sous les pieds des chevaux et massacré les femmes. Je n'ai pas un prisonnier à me reprocher. J'ai tout exterminé. »

24 décembre.
4 nivôse.
Décret de la Convention débaptisant Toulon en Port-la-Montagne.

25 décembre.
5 nivôse.
Rapport de Robespierre à la Convention sur les principes du gouvernement révolutionnaire.

28 décembre.
8 nivôse.
Exécution de l'ancien ministre Lebrun et de Dietrich qui fut maire de Strasbourg.

1794

2 janvier.
13 nivôse.
Perte de Noirmoutier par les Vendéens.

8 janvier.
19 nivôse.
Attaque de Robespierre contre Fabre d'Églantine au club des Jacobins.

9 janvier.
20 nivôse.
Exécution du chef vendéen d'Elbée fait prisonnier à Noirmoutier.

11 janvier.
22 nivôse.
Exécution de Lamourette, député à l'Assemblée législative et acteur principal de la réconciliation factice du

7 juillet 1792, dite « baiser Lamourette ». Dénonciation du vandalisme révolutionnaire par Grégoire qui fait décréter le remplacement du latin par le français pour les inscriptions sur les monuments publics.

12 janvier.
23 nivôse. Dénonciation par Amar des malversations financières de Fabre d'Églantine, qui est arrêté le lendemain.

16 janvier.
27 nivôse. Décret de la Convention débaptisant Marseille en Ville-sans-Nom.

17 janvier.
28 nivôse. Création par le général Turreau des « colonnes infernales » pour détruire la Vendée. La moitié de la population du département, soit 300 000 personnes, sera massacrée.

19 janvier.
30 nivôse. Arrivée des Anglais en Corse à l'appel de Paoli.

28 janvier.
9 pluviôse. Rapport de Couppé à la Convention sur les bibliothèques nationales.

29 janvier.
10 pluviôse. Mort de La Rochejaquelein au combat de Nouaillé.

1er février.
13 pluviôse. Décret de la Convention créant la commission nationale des armes et poudres de la République. Élection de Stofflet à la tête de ce qui reste de l'armée vendéenne.

2 février.
14 pluviôse. Rapport de Voulland à la Convention en faveur de la libération de Ronsin et Vincent qui sont libérés malgré l'opposition des « Indulgents ».

4 février.
16 pluviôse. Décret de suppression de l'esclavage aux colonies.

5 février.
17 pluviôse. Rapport de Robespierre à la Convention sur les « principes de morale politique qui doivent guider la Convention nationale dans l'administration intérieure de la République ». Il fait l'apologie de la vertu et de la Terreur.

6 février.
18 pluviôse. Promotion de Bonaparte au grade de général.
Rappel de Carrier de Nantes. Il est l'auteur des noyades de Nantes qui firent près de 5 000 victimes, principalement des prêtres réfractaires.

10 février.
22 pluviôse. Suicide de Jacques Roux dans sa prison.

12 février.
24 pluviôse. Discours de Momoro aux Cordeliers contre les Jacobins et Robespierre accusés de « modérantisme ».

20 février.
2 ventôse.
Décision du club des Cordeliers de publier son journal, appelé *L'Ami du peuple.* Il n'aura que deux numéros.

22 février.
4 ventôse.
Discours de Hébert aux Cordeliers dénonçant non seulement les « Indulgents » (dantonistes) mais aussi les « Endormeurs » (robespierristes).

26 février.
8 ventôse.
Rapport de Saint-Just à la Convention sur le séquestre des biens des suspects.

2 mars.
12 ventôse.
Appel à l'insurrection lancé par Ronsin au club des Cordeliers.

3 mars.
13 ventôse.
Second rapport de Saint-Just à la Convention et vote des décrets constituant les « lois de ventôse ».

4 mars.
14 ventôse.
Nouvel appel à l'insurrection au club des Cordeliers, cette fois par Carrier de retour de Nantes.

6 mars.
16 ventôse.
Rapport de Barère à la Convention dénonçant aussi bien les « Indulgents » que les « prétendus Insurgents » du club des Cordeliers.
Reprise en main du club des Jacobins par Collot d'Herbois, une partie de ses membres ayant été tentés de rejoindre les Cordeliers.

7 mars.
17 ventôse.
Délégation de Jacobins conduite par Collot d'Herbois au club des Cordeliers et semblant de réconciliation.

9 mars.
19 ventôse.
Discours de Vincent au club des Cordeliers contre Collot d'Herbois et les « cromwellistes » (robespierristes). Reprise de l'agitation dans les sections parisiennes.

11 mars.
21 ventôse.
Préparation d'une insurrection par les Cordeliers dénoncée aux Comités de salut public et de sûreté générale.

13 mars.
23 ventôse.
Rapport de Saint-Just à la Convention sur les « conjurations contre le peuple français et la liberté », dénonçant comme comploteurs au service de l'étranger aussi bien les « Indulgents » que les « Exagérés ». Arrestation de Hébert, Momoro, Ronsin, Vincent et de plusieurs autres Cordeliers.

15 mars.
25 ventôse.
Discours de Robespierre à la Convention proclamant que « toutes les factions doivent périr du même coup ».

16 mars.
26 ventôse.
Rapport d'Amar à la Convention contre Fabre d'Églantine.

17 mars.
27 ventôse.
Discours de Saint-Just à la Convention contre Hérault de Séchelles et Simond qui sont arrêtés.

18 mars. *28 ventôse.*	Arrestation de Chaumette.
20 mars. *30 ventôse.*	Arrestation de Hoche, membre du club des Cordeliers. Il sera libéré quelques jours après la chute de Robespierre, le 4 août.
21 mars. *1er germinal.*	Début du procès des « hébertistes » à qui ont été mêlés pour les compromettre des banquiers étrangers, des aristocrates, des contre-révolutionnaires.
24 mars. *4 germinal.*	Condamnation à mort et exécution de tous les accusés du procès des « hébertistes », sauf un mouchard chargé de les accuser. Début de l'insurrection polonaise contre l'occupant russe. Elle est commandée par Kosciuszko.
27 mars. *7 germinal.*	Décret de la Convention supprimant l'armée révolutionnaire jugée favorable aux « hébertistes ». Rappel de Fouché, en mission à Lyon. Arrestation de Condorcet à Bourg-la-Reine.
28 mars. *8 germinal.*	Suicide de Condorcet en prison.
30 mars. *10 germinal.*	Arrestation de Danton, Delacroix, Desmoulins et Phelippeaux.
1er avril. *12 germinal.*	Constitution d'un Bureau de police du Comité de salut public empiétant sur le domaine du Comité de sûreté générale qui devient hostile à Robespierre. Rapport de Carnot à la Convention critiquant à mots couverts Robespierre : « Malheur à une République où le mérite d'un homme, où sa vertu même serait devenue nécessaire ! »
2 avril. *13 germinal.*	Début du procès des « dantonistes » auxquels sont volontairement mêlés pour les compromettre des affairistes et Westermann, boucher de la Vendée. Arrestation de la féministe Claire Lacombe et de l'Enragé Leclerc.
3 avril. *14 germinal.*	Interrogatoire de Danton au Tribunal révolutionnaire, qui se défend avec éloquence et injurie les juges.
4 avril. *15 germinal.*	Décret de la Convention sur demande de Saint-Just excluant des débats quiconque insultera la justice, permettant ainsi de réduire Danton au silence.
5 avril. *16 germinal.*	Condamnation à mort et exécution des « dantonistes ».
8 avril. *19 germinal.*	Accusations de Robespierre contre Fouché au club des Jacobins.

10 avril.
21 germinal.
Début du procès dit de la « conspiration du Luxembourg » rassemblant pêle-mêle des partisans de Hébert, de Danton et diverses personnes de toutes opinions.

11 avril.
22 germinal.
Rapport de Grégoire à la Convention sur les bibliothèques.

13 avril.
24 germinal.
Verdict du procès de la « conspiration du Luxembourg » : 7 acquittements et 19 condamnations à mort, dont Chaumette, la veuve d'Hébert, l'évêque défroqué Gobel, le général Dillon, Lucile Desmoulins.

14 avril.
25 germinal.
Décret de la Convention sur requête de Robespierre ordonnant le transfert de la dépouille de Rousseau au Panthéon.

15 avril.
26 germinal.
Rapport de Saint-Just à la Convention sur la « police générale de la République », accroissant la centralisation.

19 avril.
30 germinal.
Rappel de 21 représentants en mission soupçonnés d'excès ou de malversations financières.
Traité de La Haye par lequel l'Angleterre s'engage à payer 62 000 Prussiens dans la guerre contre la République.
Entrée de Kosciuszko dans Varsovie.

20 avril.
1er floréal.
Rapport à la Convention de Billaud-Varenne sur la « théorie du gouvernement démocratique » annonçant la fin de la guerre une fois le territoire national libéré, mettant en garde contre les ambitions expansionnistes et attaquant indirectement Robespierre : « Tout peuple jaloux de sa liberté doit se tenir en garde contre les vertus mêmes des hommes qui occupent des postes éminents. »

22 avril.
3 floréal.
Exécution de Malesherbes, Le Chapelier, Thouret.

26 avril.
7 floréal.
Affrontement entre Saint-Just et Carnot au Comité de salut public, Saint-Just accusant Carnot de liaisons avec des aristocrates et le menaçant de la guillotine. Carnot traite Saint-Just et, implicitement, Robespierre qui le manipule, de « dictateur ridicule ».

28 avril.
9 floréal.
Exécution de La Tour du Pin, ancien ministre de la Guerre.

1er mai.
12 floréal.
Défaite des troupes espagnoles au Boulou.

7 mai.
18 floréal.
Rapport de Robespierre à la Convention sur les « principes de morale politique qui doivent guider la Convention dans l'administration intérieure de la République ». Il fait décréter que « le peuple français reconnaît l'existence de l'Être suprême et de l'immortalité de l'âme » et instituer des fêtes.

8 mai.
19 floréal.
Exécution de 27 fermiers généraux dont Lavoisier.

10 mai.
21 floréal.
Arrestation de Pache, ancien ministre de la Guerre, maire de Paris, remplacé comme maire par un robespierriste bon teint, Lescot Fleuriot. La Commune n'est plus qu'une émanation du Comité de salut public. Exécution de Madame Élisabeth, sœur de Louis XVI.

11 mai.
22 floréal.
Rapport de Barère à la Convention sur les moyens « d'extirper la mendicité ».

20 mai.
1er prairial.
Prise du Mont-Cenis par l'armée des Alpes.

22 mai.
3 prairial.
Arrestation de Thérésa Cabarrus, maîtresse de Tallien. Prise de Bastia par les Anglais.

26 mai.
7 prairial.
Rapport de Barère à la Convention sur les « crimes de l'Angleterre envers le peuple français ». Décret de la Convention interdisant de faire des prisonniers anglais ou hanovriens.

27 mai.
8 prairial.
Exécution de Jourdan Coupe-Têtes, boucher d'Avignon lors des massacres du 16 octobre 1791.

28 mai.
9 prairial.
Reprise de Collioure, Saint-Elne et Port-Vendres par l'armée des Pyrénées.

1er juin.
13 prairial.
Rapport de Barère à la Convention sur l'éducation républicaine et révolutionnaire.
Création de l'École de Mars à la place de l'École militaire.

2 juin.
14 prairial.
Combat naval au large d'Ouessant. L'amiral Villaret de Joyeuse perd sept navires, dont *Le Vengeur du peuple,* mais le convoi de blé américain parvient à Brest.

4 juin.
16 prairial.
Élection à l'unanimité de Robespierre comme président de la Convention.
Rapport de Grégoire à la Convention concluant à la nécessité d'anéantir les « patois » et d'imposer l'usage de la langue française.

8 juin.
20 prairial.
Fête de l'Être suprême présidée par Robespierre.

10 juin.
22 prairial.
Rapport de Couthon à la Convention sur le Tribunal révolutionnaire, contenant en germe la loi de prairial, accélérant la procédure et supprimant toute garantie judiciaire pour les accusés. Robespierre exige un vote immédiat et unanime. La Convention s'incline mais ne pardonne pas cette attitude dictatoriale.
Parution du premier numéro du *Bulletin des lois.*

11 juin.
23 prairial.
Début de la Grande Terreur. Du 6 avril 1793 au 10 juin 1794, en 430 jours, le Tribunal révolutionnaire avait prononcé 1 251 condamnations à mort ; du 11 juin au 27 juillet, en 47 jours, il en prononcera 1 376 !
Additif à la loi du 22 prairial voté par la Convention et réservant à l'assemblée le droit de faire arrêter ses membres.

12 juin.
24 prairial.
Intervention de Couthon et de Robespierre à la Convention pour demander la révocation de l'additif voté la veille et protégeant les membres de l'assemblée. Robespierre annonce qu'il va demander la tête des « intrigants » qui complotent contre la Révolution mais ne donne aucun nom, laissant planer la menace sur l'assemblée. La Convention cède une fois de plus sous la contrainte mais manifeste une sourde hostilité à Robespierre.

19 juin.
1er messidor.
Émission de un milliard et deux cent cinq millions d'assignats.

21 juin.
3 messidor.
« Consulte » en Corse qui offre la couronne à George III d'Angleterre.

25 juin.
7 messidor.
Prise de Charleroi par les troupes de la Convention.

26 juin.
8 messidor.
Victoire de Jourdan à Fleurus sur les Autrichiens.

29 juin.
11 messidor.
Altercation violente au Comité de salut public. Billaud-Varenne, Carnot et Collot d'Herbois traitent Robespierre de dictateur. Robespierre quitte la réunion et ne revient plus au Comité de salut public avant le 23 juillet.

1er juillet.
13 messidor.
Robespierre dénonce au club des Jacobins une conspiration contre lui ourdie par la Convention et les Comités de salut public et de sûreté générale.

4 juillet.
16 messidor.
Apologie de la Terreur par Barère à la Convention.

8 juillet.
20 messidor.
Prise de Bruxelles par Jourdan et Pichegru.

9 juillet.
21 messidor.
Discours de Robespierre au club des Jacobins où il nie l'existence de listes de proscription établies par lui mais refuse de donner les noms de ceux dont il entend demander la tête.

11 juillet.
23 messidor.
Exclusion de Dubois-Crancé du club des Jacobins sur demande de Robespierre qui lui reproche sa relative clémence durant le siège de Lyon.

14 juillet.
26 messidor.
Fête commémorative sans éclat de la prise de la Bastille et exécution du *Chant du départ*, musique de Méhul, paroles de Marie-Joseph Chénier.
Exclusion de Fouché du club des Jacobins sur demande de Robespierre.

19 juillet.
1er thermidor.
Émeute pro-révolutionnaire victorieuse à Genève.

21 juillet.
3 thermidor.
Arrestation de Bouchotte, chef sans-culotte populaire.

22 juillet.
4 thermidor.
Séance de conciliation entre les Comités de salut public et de sûreté générale sous l'égide de Barère et de Saint-Just.

23 juillet.
5 thermidor.
Seconde séance commune des comités en présence de Robespierre. Réconciliation factice.
Alexandre de Beauharnais est guillotiné.

24 juillet.
6 thermidor.
Discours de Couthon au club des Jacobins, célébrant la réconciliation mais demandant aussi des têtes, sans préciser lesquelles.
Prise de Anvers et de Liège par les troupes de la Convention.

25 juillet.
7 thermidor.
Succès de Dubois-Crancé à la Convention qui lui accorde trois jours pour que les comités établissent un rapport sur lui avant de le mettre éventuellement en accusation. Fureur de Robespierre qui, n'ayant pu obtenir son arrestation immédiate, prépare dans la nuit un grand discours.
Exécution du poète André Chénier.

26 juillet.
8 thermidor.
Violent discours de Robespierre à la Convention pour réclamer la punition des « traîtres » et l'épuration des Comités de salut public et de sûreté générale. La Convention vote, dans un premier temps, l'impression du discours, mais Billaud-Varenne et Cambon l'attaquent et Robespierre refuse de donner les noms de ceux dont il demande la tête. La Convention reprend

son vote initial et renvoie l'examen du discours de Robespierre aux comités.

27 juillet. *9 thermidor.* Vote par la Convention de l'arrestation de Robespierre et de son frère, de Saint-Just, de Couthon, de Lebas. Ils sont libérés par leurs partisans et conduits à l'Hôtel de Ville. Mais la mobilisation populaire est très faible.

28 juillet. *10 thermidor.* A deux heures et demie du matin les troupes fidèles à la Convention s'emparent sans combat de l'Hôtel de Ville et des dirigeants de l'insurrection manquée. Exécution dans la soirée de Robespierre et de son frère, de Saint Just, de Couthon, de Hanriot, au total 22 personnes.

29 juillet. *11 thermidor.* Exécution de 70 personnes de la Commune sous les huées de la foule parisienne qui crie : « A bas le maximum ! » Au total 106 robespierristes sont guillotinés.

5 août. *18 thermidor.* Libération des suspects contre lesquels aucune charge n'est retenue.

9 août. *22 thermidor.* Arrestation de Bonaparte à Nice. Il est libéré le 20 août.

10 août. *23 thermidor.* Décret de réorganisation du Tribunal révolutionnaire.

16 août. *29 thermidor.* Instructions de Carnot prônant une amnistie pour les Vendéens.

24 août. *7 fructidor.* Réorganisation du gouvernement dont les attributions sont réparties entre seize comités.

26 août. *9 fructidor.* *La Queue de Robespierre*, satire de Méhée de La Touche.

29 août. *12 fructidor.* Première manifestation anti-jacobine de la « jeunesse dorée » sur les boulevards à Paris.

30 août. *13 fructidor.* Reprise de Condé-sur-Escaut et libération totale du territoire national de toute occupation étrangère.

31 août. *14 fructidor.* Décret de la Convention soumettant la capitale à un régime administratif spécial, le gouvernement ayant la gestion de Paris.

1er septembre. *15 fructidor.* Fondation du musée des Monuments français.

3 septembre. *17 fructidor.* Parution du premier numéro du *Journal de la liberté* de Gracchus Babeuf.

10 septembre. *24 fructidor.*	Agression contre Tallien. Merlin de Thionville en profite pour dénoncer les Jacobins comme « les chevaliers de la guillotine ».
11 septembre. *25 fructidor.*	Reparution de *L'Orateur du peuple* de Fréron.
13 septembre. *27 fructidor.*	Premier rapport de Grégoire à la Convention sur le vandalisme révolutionnaire.
15 septembre. *29 fructidor.*	Parution du premier numéro de *L'Ami du peuple* du maratiste Chasles.
17 septembre. *1er jour complémentaire de l'an II.*	Début du siège de Maestricht par Kléber.
18 septembre. *2e jour complémentaire.*	Décret de la Convention supprimant le paiement des prêtres et les frais d'entretien des bâtiments religieux, séparation de fait de l'Église et de l'État.
21 septembre. *5e jour complémentaire.*	Inhumation des restes de Marat au Panthéon. Discours de Merlin de Thionville à la Convention décrivant le club des Jacobins comme un « repaire de brigands ».

AN III

23 septembre. *2 vendémiaire.*	Prise d'Aix-la-Chapelle par Jourdan.
1er octobre. *10 vendémiaire.*	Affrontements dans les sections parisiennes entre partisans et adversaires de la Terreur.
3 octobre. *12 vendémiaire.*	Attaques de Legendre à la Convention contre Barère, Billaud-Varenne, Collot d'Herbois. Arrestation de chefs sans-culottes de Paris.
5 octobre. *14 vendémiaire.*	Changement de titre du journal de Babeuf qui devient *Le Tribun du peuple*.
6 octobre. *15 vendémiaire.*	Prise de Cologne par l'armée de Sambre-et-Meuse.
10 octobre. *19 vendémiaire.*	Création d'une École normale d'instituteurs. Défaite et capture de Kosciuszko à Macejowice.
11 octobre. *20 vendémiaire.*	Transfert des restes de Rousseau au Panthéon.
16 octobre. *25 vendémiaire.*	Décret de la Convention interdisant les affiliations et correspondances entre Sociétés.

22 octobre. *1er brumaire.* Création de l'École centrale des travaux publics, embryon de l'École polytechnique.

23 octobre. *2 brumaire.* Rapport de Merlin de Douai à la Convention sur les crimes de Carrier à Nantes.
Prise de Coblence par Marceau.

29 octobre. *8 brumaire.* Institution par la Convention d'une commission de 21 membres pour enquêter avant l'arrestation éventuelle d'un député.
Constitution de la première de ces commissions pour Carrier.

6 novembre. *16 brumaire.* Prise de Varsovie par les Russes de Souvorov.

9 novembre. *19 brumaire.* Attaque du club des Jacobins par les muscadins.

11 novembre. *21 brumaire.* Rapport de la commission des vingt et un favorable à l'inculpation de Carrier.
Nouvelle attaque des muscadins contre le club des Jacobins.

12 novembre. *22 brumaire.* Suspension des séances du club des Jacobins sur ordre de la Convention.

19 novembre. *29 brumaire.* Traité à Londres entre l'Angleterre et les États-Unis contre les corsaires français et pour un blocus des côtes de la France.

20 novembre. *30 brumaire.* Défaite des Espagnols à la Montagne-Noire. Dugommier perd la vie dans la bataille.

23 novembre. *3 frimaire.* Mise en accusation de Carrier votée par la Convention à l'unanimité moins deux voix.

2 décembre. *12 frimaire.* Amnistie promise par la Convention aux Vendéens et chouans déposant les armes sous un mois.

3 décembre. *13 frimaire.* Création d'une commission de seize députés à la Convention pour compléter la Constitution de 1793 par des lois organiques.

4 décembre. *14 frimaire.* Demande de mise en accusation de Lebon.

8 décembre. *18 frimaire.* Réintégration à la Convention des « 73 », les députés girondins survivants.

11 décembre. *21 frimaire.* Reconquête de la Guadeloupe sur les Anglais.

14 décembre. Début du siège de Mayence par Kléber.
24 frimaire.

16 décembre. Condamnation à mort et exécution de Carrier.
26 frimaire.

24 décembre. Abolition par la Convention de la loi du maximum.
4 nivôse.

27 décembre. Rapport de Merlin de Douai à la Convention demandant la mise en accusation de Barère, Billaud-Varenne, Collot d'Herbois et Vadier. Constitution d'une commission de 21 membres pour en décider
7 nivôse.

1795

2 janvier. Rétablissement de la liberté du commerce avec l'étranger.
13 nivôse.

5 janvier. Création de l'Institut des sourds-muets.
16 nivôse.

8 janvier. Passage du Waal gelé par l'armée de Pichegru.
19 nivôse.

10 janvier. Décret de la Convention instituant une fête annuelle commémorant « la juste punition du dernier roi des Français ».
21 nivôse.

13 janvier. Rétablissement de la liberté de culte dans le Morbihan.
24 nivôse.

16 janvier. Pouvoirs illimités accordés par la Convention aux négociateurs avec les Vendéens.
27 nivôse.

19 janvier. Chant pour la première fois, au café de Chartres au Palais-Royal, du *Réveil du peuple*, hymne de la « jeunesse dorée ».
30 nivôse.
Entrée de Pichegru à Amsterdam. Le stathouder se réfugie en Angleterre.

21 janvier. Célébration de l'anniversaire de l'exécution de Louis XVI.
2 pluviôse.

23 janvier. Capture de la flotte hollandaise bloquée par la glace par la cavalerie française au Helder.
4 pluviôse.

30 janvier. Dénonciation de son ancien comité révolutionnaire par la section du Temple.
11 pluviôse.

2 février. Affrontements entre la « jeunesse dorée » et les sans-culottes à Paris.
14 pluviôse.
Assassinat de terroristes arrêtés par les Lyonnais.

3 février.
15 pluviôse. Début de la République batave, satellite politique de la Convention.

5 février.
17 pluviôse. Article du *Moniteur* rappelant le rôle de Marat et de ses écrits dans l'encouragement des excès sanglants de la Révolution.

8 février.
20 pluviôse. Expulsion du Panthéon des restes de Marat, de Bara, de Viala, de Dampierre.

9 février.
21 pluviôse. Signature de la paix entre la République et le grand-duc de Toscane.

12 février.
24 pluviôse. Ouverture de pourparlers à La Jaunaye entre représentants de la Convention et de la Vendée.

14 février.
26 pluviôse. Début des assassinats de Jacobins dans les rues de Lyon.

17 février.
29 pluviôse. Signature des accords de La Jaunaye accordant l'amnistie aux Vendéens, leur reconnaissant la liberté de culte et le droit de conserver leurs armes à l'intérieur de gardes territoriales constituées par eux dans le cadre de la République.

21 février.
3 ventôse. Décret de la Convention sur proposition de Boissy d'Anglas proclamant la liberté des cultes et la séparation de l'Église et de l'État.

22 février.
4 ventôse. Discours de Rovère à la Convention demandant des mesures contre les « terroristes » et justifiant les assassinats de Lyon : « Si vous ne punissez pas ces hommes, il n'est pas un Français qui n'ait le droit de les égorger. »

23 février.
5 ventôse. Décret de la Convention assignant à résidence les fonctionnaires destitués ou suspendus depuis le 10 thermidor, loi des suspects visant les « terroristes ». Assassinat de quatre terroristes dans les prisons de Nîmes.

24 février.
6 ventôse. Création des Écoles centrales départementales sur le rapport de Lakanal.

1er mars.
11 ventôse. Attaque de Fréron à la Convention contre la Constitution de 1793.

2 mars.
12 ventôse. Vote par la Convention de la mise en accusation de Barère, Billaud-Varenne, Collot d'Herbois et Vadier.

5 mars.
15 ventôse. Mesures contre les « terroristes » ayant participé au massacre de la population à Toulon.

8 mars.
18 ventôse.
Réintégration à la Convention des Girondins survivants proscrits les 31 mai et 2 juin 1793.

10 mars.
20 ventôse.
Émeute des sans-culottes de Toulon qui assassinent sept émigrés emprisonnés.

17 mars.
27 ventôse.
Émeute de la faim à Paris.

19 mars.
29 ventôse.
Épuisement des stocks de farine à Paris.
Chute de l'assignat à 8 % de sa valeur initiale.

21 mars.
1er germinal.
Nouvelle émeute à Paris pour réclamer du pain et la Constitution de 1793.
Vote par la Convention sur proposition de Sieyès d'une loi prévoyant la peine de mort pour les auteurs de mouvements séditieux contre la Convention.

28 mars.
8 germinal.
Début du procès de Fouquier-Tinville devant le Tribunal révolutionnaire où il fut un accusateur public servile et zélé.

30 mars.
10 germinal.
Création de l'École des langues orientales.

1er avril.
12 germinal.
Insurrection des sans-culottes parisiens qui envahissent la salle de la Convention, puis l'évacuent à l'arrivée de la garde nationale. Mise de Paris en état de siège par la Convention et déportation sans jugement de Barère, Billaud-Varenne et Collot d'Herbois à la Guyane tandis que huit députés « crétois » (extrême gauche) sont arrêtés.

2 avril.
13 germinal.
Répression de l'agitation au faubourg Saint-Antoine par Pichegru.

3 avril.
14 germinal.
Nomination d'une commission de sept membres par la Convention pour réviser la Constitution.

5 avril.
16 germinal.
Signature de la paix à Bâle entre la Prusse et la République, reconnaissant l'annexion par la France de la rive gauche du Rhin.

10 avril.
21 germinal.
Décret de la Convention ordonnant le désarmement des « terroristes ».

11 avril.
22 germinal.
Décret de la Convention restituant leurs droits civiques à tous les citoyens mis hors la loi après le 31 mai 1793.

14 avril.
25 germinal.
Ratification du traité de Bâle par la Convention.

19 avril.
30 germinal.
Assassinat de six « terroristes » à Bourg-en-Bresse.

20 avril.
1er floréal.
Accords à La Prévalaye entre les représentants de la Convention et ceux des chouans, comparables à ceux de La Jaunaye du 17 février.

23 avril.
4 floréal.
Nomination par la Convention d'une nouvelle commission de onze membres pour réviser la Constitution.

24 avril.
5 floréal.
Pleins pouvoirs donnés par la Convention à son comité militaire pour épurer les états-majors des terroristes. Massacre de terroristes emprisonnés à Lyon.

2 mai.
13 floréal.
Accords à Saint-Florent avec Stofflet et les derniers Vendéens encore en armes.

4 mai.
15 floréal.
Massacre à Lyon de terroristes emprisonnés. Ils vont s'étendre à toutes les régions martyrisées par les révolutionnaires. Ainsi, à Marseille, une femme ayant déclaré au tribunal qu'elle avait fait guillotiner beaucoup de gens et qu'elle en ferait guillotiner encore beaucoup d'autres, une émeute éclate et 25 détenus sont tués par la foule.

7 mai.
18 floréal.
Fouquier-Tinville et 14 jurés du Tribunal révolutionnaire subissent le supplice qu'ils avaient infligé à des milliers de personnes.

16 mai.
27 floréal.
Traité de paix draconien imposé par la Convention à la République batave, comportant occupation militaire, indemnité financière et annexion à la France des pays de la Généralité et de Maestricht, portant la frontière sur la Meuse et le Rhin.

20 mai.
1er prairial.
Insurrection des sans-culottes parisiens au cri de : « Du pain et la Constitution ! » Ils envahissent la Convention et assassinent le député Féraud. Les troupes massées autour de Paris chassent les émeutiers et la Convention vote l'arrestation des députés compromis dans l'émeute, les crétois.

21 mai.
2 prairial.
Nouvelle émeute parisienne et prise de l'Hôtel de Ville.

22 mai.
3 prairial.
Troisième jour d'insurrection à Paris. La Convention prend l'offensive et ses troupes occupent le faubourg Saint-Antoine.

24 mai.
5 prairial.
Désarmement et arrestation des terroristes parisiens.

27 mai.
8 prairial.
Agitation des chouans du Morbihan.

28 mai. *9 prairial.*	Arrestation des derniers membres encore en liberté des Comités de salut public et de sûreté générale en fonction durant la Terreur, sauf Carnot, proclamé « Organisateur de la victoire », Louis du Bas-Rhin et Prieur de la Côte-d'Or.
31 mai. *12 prairial.*	Décret de la Convention supprimant le Tribunal révolutionnaire.
8 juin. *20 prairial.*	Mort de Louis XVII au Temple. Son oncle, le comte de Provence, devient Louis XVIII.
10 juin. *22 prairial.*	Décret de la Convention rayant de la liste des émigrés tous ceux qui ont fui la France après le 31 mai 1793.
12 juin. *24 prairial.*	Début du procès des députés arrêtés à la suite des journées insurrectionnelles des 20-22 mai.
17 juin. *29 prairial.*	Suicide de six des députés condamnés à mort pour leur participation à l'insurrection des 20-22 mai, dont Romme.
23 juin. *5 messidor.*	Rapport de Boissy d'Anglas à la Convention sur le projet de nouvelle Constitution. Rassemblement d'une armée de quatorze mille chouans dans la région de Quiberon.
25 juin. *7 messidor.*	Création du Bureau des longitudes. Reprise des hostilités en Vendée des hommes de Charette.
26 juin. *8 messidor.*	Débarquement d'une armée de quatre mille émigrés dans la baie de Carnac.
30 juin. *12 messidor.*	Échec des émigrés devant Vannes défendu par Hoche et reprise d'Auray aux chouans. Repli des émigrés sur Quiberon.
7 juillet. *19 messidor.*	Siège de la presqu'île de Quiberon par Hoche.
15 juillet. *27 messidor.*	Débarquement à Quiberon de deux mille émigrés conduits par de Sombreuil.
17 juillet. *29 messidor.*	Prise de Vitoria par Moncey qui rejette l'armée espagnole au sud de l'Èbre.
19 juillet. *1er thermidor.*	Prise de Bilbao par Moncey.
20 juillet. *2 thermidor.*	Discours de Sieyès à la Convention critiquant l'idée rousseauiste de contrat social et le rôle nuisible d'un État trop fort.

21 juillet.
3 thermidor. Capitulation des émigrés à Quiberon. 748 d'entre eux seront fusillés.

22 juillet.
4 thermidor. Signature de la paix entre l'Espagne et la République. Cession à la France de la partie orientale de Saint-Domingue.

27 juillet.
9 thermidor. Célébration de la chute de Robespierre. A cette occasion on joue *La Marseillaise* et *Le Réveil du peuple.*

5 août.
18 thermidor. Suppression des certificats de civisme.

9 août.
22 thermidor. Décret de la Convention ordonnant l'arrestation de Fouché et de plusieurs autres députés de la Montagne.

11 août.
24 thermidor. Institution d'une administration de trois membres pour la police de Paris, premier élément de la future préfecture de police.

15 août.
28 thermidor. Création du franc comme unité monétaire.

18 août.
1er fructidor. Rapport de Baudin des Ardennes à la Convention proposant que la prochaine assemblée comprenne deux tiers de conventionnels. Il est adopté.

22 août.
5 fructidor. Adoption de la Constitution de l'an III par la Convention. Elle sera soumise à l'approbation populaire ainsi que le décret des deux tiers du 18 août. Transformation du département de Paris en département de la Seine.

31 août.
14 fructidor. Découpage de la Belgique en neuf départements, avant même que le pays soit annexé.

6 septembre.
20 fructidor. Début du référendum constitutionnel.

13 septembre.
27 fructidor. Insurrection à Châteauneuf-en-Thymerais et à Dreux arborant le drapeau blanc à fleur de lis. Elle est écrasée à Nonancourt par l'armée.

17 septembre. Émeute de la faim à Chartres.
1er jour complémentaire de l'an III.

23 septembre.
1er vendémiaire. Proclamation de la Constitution de l'an III.

AN IV

24 septembre.
2 vendémiaire. Agitation royaliste à Paris.

30 septembre.
8 vendémiaire. Prise de l'île d'Yeu par les Anglais.

1er octobre.
9 vendémiaire.
Annexion de la Belgique votée par la Convention.

4 octobre.
12 vendémiaire.
Agitation royaliste à Paris. Menou, chargé de la réprimer, hésite.

5 octobre.
13 vendémiaire.
Écrasement des contre-révolutionnaires à Paris. Menou destitué par la Convention, c'est Bonaparte sous les ordres de Barras qui dirige la répression, notamment le mitraillage devant l'église Saint-Roch.

7 octobre.
15 vendémiaire.
Établissement de trois commissions militaires pour juger les insurgés.

11 octobre.
19 vendémiaire.
Création des cantons comme unités territoriales.

12 octobre.
20 vendémiaire.
Début des élections aux Conseils des Cinq-Cents et des Anciens.
Réintégration dans l'armée des officiers jacobins destitués.

13 octobre.
21 vendémiaire.
Décret de la Convention arrêtant les poursuites contre les Montagnards.

16 octobre.
24 vendémiaire.
Exécution de Lebon à Amiens.
Décret de la Convention ordonnant l'arrestation de Rovère et Saladin dénoncés comme royalistes par Tallien.
Promotion de Bonaparte au grade de général de division.

21 octobre.
29 vendémiaire.
Fin des élections aux Conseils des Cinq-Cents et des Anciens. 379 conventionnels réélus, les plus modérés, alors que le décret des deux tiers en exige 500.

22 octobre.
30 vendémiaire.
Discussion à la Convention sur les succès royalistes aux élections. Tallien envisage de casser les élections.

23 octobre.
1er brumaire.
Chute de l'assignat à 3 % de sa valeur nominale. Il y a vingt milliards d'assignats en circulation.

25 octobre.
3 brumaire.
Derniers décrets de la Convention visant les prêtres réfractaires et les émigrés.
Création de l'Institut.

26 octobre.
4 brumaire.
Cooptation par les 379 conventionnels réélus des 121 députés manquants pour atteindre les deux tiers dans les nouvelles assemblées.

Nomination de Bonaparte comme commandant en chef de l'armée de l'Intérieur.

31 octobre. *9 brumaire.*	Élection du Directoire exécutif : La Revellière-Lépeaux, Reubell, Letourneur, Barras et Sieyès qui refuse.
3 novembre. *12 brumaire.*	Constitution du ministère : Delacroix aux Relations extérieures, Aubert-Dubayet à la Guerre, Bénézech à l'Intérieur, Merlin de Douai à la Justice, Gaudin aux Finances, Truguet à la Marine.
5 novembre. *14 brumaire.*	Élection de Carnot comme directeur à la place de Sieyès.
7 novembre. *16 brumaire.*	Refus du ministère des Finances par Gaudin.
8 novembre. *17 brumaire.*	Faipoult ministre des Finances.
16 novembre. *25 brumaire.*	Création du club du Panthéon par le maratiste Lebois.
30 novembre. *9 frimaire.*	« Manifeste des plébéiens » dans *Le Tribun du peuple* de Babeuf.
3 décembre. *12 frimaire.*	Création par le Directoire d'un Bureau d'examen des papiers publics et d'un Bureau particulier de surveillance de Paris.
5 décembre. *14 frimaire.*	Décret d'arrestation contre Babeuf, qui se cache.
10 décembre. *19 frimaire.*	Vote d'un emprunt forcé de six cents millions sur les contribuables les plus aisés.
17 décembre. *26 frimaire.*	Évacuation de l'île d'Yeu par les Anglais.
18 décembre. *27 frimaire.*	Libération de « Madame Royale », fille de Louis XVI, échangée contre des prisonniers républicains.
26 décembre. *5 nivôse.*	Échange à Bâle de « Madame Royale » contre Beurnonville, Camus, Lamarque, Quinette, Drouet, Maret et plusieurs autres.
31 décembre. *10 nivôse.*	Armistice sur le Rhin entre Français et Autrichiens.

1796

2 janvier. *12 nivôse.*	Création d'un ministère de la Police générale. Camus, revenu de captivité, le refuse.
4 janvier. *14 nivôse.*	Merlin de Douai accepte le ministère de la Police générale et laisse la Justice à Génissieu.

9 janvier.
19 nivôse.
Arrivée de Reverchon à Lyon pour lutter contre les adversaires de la Révolution dans cette ville.

12 janvier.
22 nivôse.
Destitution par le Directoire de l'administration du département de l'Allier. Au total onze départements vont avoir leurs administrations dissoutes parce que contre-révolutionnaires.

21 janvier.
1er pluviôse.
Commémoration de l'exécution du roi et discours de Reubell contre les extrémistes de gauche.

25 janvier.
5 pluviôse.
Droit de nommer provisoirement les administrateurs municipaux accordé au Directoire.

26 janvier.
6 pluviôse.
Essai de relance de l'insurrection vendéenne par Stofflet.

2 février.
13 pluviôse.
Arrivée au Havre de Wolfe Tone, chef des révolutionnaires irlandais.

4 février.
15 pluviôse.
Démission de Scherer de son commandement en chef de l'armée d'Italie, car il refuse de lancer l'offensive que préconise Bonaparte.

8 février.
19 pluviôse.
Remplacement d'Aubert-Dubayet par Petiet au ministère de la Guerre.

14 février.
25 pluviôse.
Remplacement de Faipoult par Ramel-Nogaret au ministère des Finances.

19 février.
30 pluviôse.
Suppression de l'émission des assignats. Il y a trente-neuf milliards d'assignats en circulation.

20 février.
1er ventôse.
Promulgation par Washington du traité anglo-américain du 19 novembre 1794. Dégradation des relations entre les deux régimes républicains.

23 février.
4 ventôse.
Capture de Stofflet. Il est fusillé le lendemain à Angers.

28 février.
9 ventôse.
Fermeture du club du Panthéon par Bonaparte sur ordre du Directoire.

2 mars.
12 ventôse.
Nomination de Bonaparte comme général en chef de l'armée d'Italie.

9 mars.
19 ventôse.
Astreinte aux autorités constituées de jurer haine à la royauté sous peine de déportation.
Mariage de Napoléon Bonaparte et de Joséphine de Beauharnais.

14 mars. *24 ventôse.*	Remplacement de Pichegru par Moreau à la tête de l'armée de Rhin-et-Moselle, de Moreau par Beurnonville à la tête de l'armée du Nord.
17 mars. *27 ventôse.*	Arrêté du Directoire en vue de l'épuration des administrations de leurs éléments jacobins.
18 mars. *28 ventôse.*	Création de deux milliards quatre cents millions de « mandats territoriaux » en remplacement des assignats et pouvant servir à l'achat de biens nationaux.
23 mars. *3 germinal.*	Capture de Charette. Il est fusillé le 29 mars à Nantes.
27 mars. *7 germinal.*	Arrivée de Bonaparte à Nice où il prend son commandement.
30 mars. *10 germinal.*	Création par Babeuf du « comité insurrecteur de la conspiration pour l'Égalité » avec notamment Sylvain Maréchal et Buonarroti.
2 avril. *13 germinal.*	Éphémère prise de Sancerre par des royalistes. Ils sont écrasés le 9 avril.
3 avril. *14 germinal.*	Mouvement ministériel défavorable aux Jacobins. Élimination de Génissieu dont le ministère de la Justice est pris par Merlin, lequel cède la Police générale à Cochon de Lapparent.
4 avril. *15 germinal.*	Dépréciation de 80 % des mandats territoriaux moins de trois semaines après leur création.
6 avril. *17 germinal.*	Manifeste des Égaux des babouvistes.
10 avril. *21 germinal.*	Début de la campagne d'Italie de Bonaparte.
12 avril. *23 germinal.*	Victoire de Montenotte sur les Autrichiens.
13 avril. *24 germinal.*	Victoire de Millesimo sur les Sardes.
14 avril. *25 germinal.*	Proclamation aux Parisiens du Directoire dénonçant l'agitation « anarchiste ».
15 avril. *26 germinal.*	Victoire de Dego sur les Autrichiens.
20 avril. *1er floréal.*	Diffusion par les Égaux du *Cri du peuple français contre ses oppresseurs.*
21 avril. *2 floréal.*	Victoire de Bonaparte sur les Sardes à Mondovi.

27 avril. *8 floréal.*	Grand succès de la brochure de Benjamin Constant, *De la force du gouvernement actuel de la France et de la nécessité de s'y rallier.*
28 avril. *9 floréal.*	Armistice de Cherasco entre la France et le roi de Sardaigne. Mutinerie de la Légion de police de Paris qui ne veut pas être envoyée aux armées.
2 mai. *13 floréal.*	Licenciement de la Légion de police ordonné par le Directoire. Pourparlers entre les comités babouviste et montagnard en vue d'une action commune contre le Directoire. Ils aboutissent à un accord le 7 mai.
9 mai. *20 floréal.*	Armistice imposé par Bonaparte au duc de Parme.
10 mai. *21 floréal.*	Victoire de Lodi sur les Autrichiens. Arrestation des conspirateurs babouvistes et montagnards.
15 mai. *26 floréal.*	Signature à Paris de la paix entre le Directoire et le roi de Sardaigne qui abandonne à la France la Savoie et Nice. Entrée de Bonaparte dans Milan.
17 mai. *28 floréal.*	Armistice imposé par Bonaparte au duc de Modène.
18 mai. *29 floréal.*	Création du club des Amis de la Liberté et de l'Égalité à Milan avec pour devise : « Liberté, Égalité, Sûreté des propriétés. » Bonaparte crée une garde nationale à Milan et lui donne un drapeau vert-blanc-rouge, celui de l'actuelle république italienne.
19 mai. *30 floréal.*	Proclamation de Bonaparte à Milan promettant « l'indépendance » aux Italiens.
20 mai. *1er prairial.*	Dénonciation de l'armistice sur le Rhin par l'Autriche.
24 mai. *5 prairial.*	Insurrection contre-révolutionnaire à Pavie.
26 mai. *7 prairial.*	Pillage de Pavie par les troupes de Bonaparte.
31 mai. *12 prairial.*	Début des opérations sur le Rhin de Jourdan.
4 juin. *16 prairial.*	Début du siège de Mantoue par Bonaparte, dernière place tenue par les Autrichiens en Italie.

5 juin. *17 prairial.* Signature d'un armistice entre Bonaparte et le roi de Naples.

12 juin. *24 prairial.* Entrée des troupes de Bonaparte dans le nord des États pontificaux, en Romagne.

22 juin. *4 messidor.* Fin de la guerre civile dans l'Ouest avec la soumission de Cadoudal et le départ de Frotté pour l'Angleterre.

23 juin. *5 messidor.* Armistice à Bologne entre Bonaparte et le Saint-Siège qui doit accepter l'occupation de la partie septentrionale de ses États.

27 juin. *9 messidor.* Entrée de Bonaparte à Livourne.
Émeute contre les Français à Faenza.

29 juin. *11 messidor.* Ouverture de la Caisse des comptes courants fondée par plusieurs banquiers dont Perrégaux et Récamier.

4 juillet. *16 messidor.* Émeute contre les Français à Imola.
Victoire de Moreau sur les Autrichiens à Rastadt.

5 juillet. *17 messidor.* *Pastoralis Sollicitudo*, projet de bref du pape Pie VI en faveur d'une reconnaissance de la République par les catholiques de France.

9 juillet. *21 messidor.* Occupation de l'île d'Elbe par les Anglais.

10 juillet. *22 messidor.* Nouvelle descente des Autrichiens commandés par Wurmser en Italie et début de la seconde partie de la campagne d'Italie.

16 juillet. *28 messidor.* Prise de Francfort par Kléber.

18 juillet. *30 messidor.* Entrée de Gouvion-Saint-Cyr dans Stuttgart.

20 juillet. *2 thermidor.* Nomination de Hoche à la tête d'une armée qui doit être envoyée en Irlande.

25 juillet. *7 thermidor.* Prise de Würzbourg par Jourdan.
Armistice accordé au margrave de Bade par Moreau.

31 juillet. *13 thermidor.* Levée du siège de Mantoue par Bonaparte qui se porte au-devant des Autrichiens.

3 août. *16 thermidor.* Victoire de Bonaparte à Lonato.

5 août. *18 thermidor.* Victoire de Bonaparte sur Wurmser à Castiglione. Les Autrichiens refluent sur le Tyrol.

7 août. *20 thermidor.*	Reprise du siège de Mantoue par Bonaparte.
11 août. *24 thermidor.*	Entrée de Jourdan à Nuremberg.
16 août. *29 thermidor.*	Traité de paix entre le Directoire et le duc de Wurtemberg qui cède à la France ses possessions sur la rive gauche du Rhin : Montbéliard, Héricourt, Riquewihr.
18 août. *1er fructidor.*	Signature à San Ildefonso du traité d'alliance entre la France et l'Espagne.
25 août. *8 fructidor.*	Signature de la paix entre le margrave de Bade et le Directoire. Suppression des armées dites de l'Intérieur et des côtes de l'Océan, les insurrections vendéenne et chouanne étant moribondes.
26 août. *9 fructidor.*	Transfert de Paris à Vendôme des comploteurs babouvistes.
30 août. *13 fructidor.*	Troisième intervention autrichienne en Italie sous le commandement de Wurmser.
4 septembre. *18 fructidor.*	Victoire de Bonaparte sur les Autrichiens à Roveredo.
5 septembre. *19 fructidor.*	Signature d'un armistice entre le Directoire et le prince-électeur de Bavière.
8 septembre. *22 fructidor.*	Victoire de Bonaparte sur Wurmser à Bassano.
9 septembre. *23 fructidor.*	Échec d'un soulèvement des partisans de Babeuf manipulés par des agents provocateurs de la police au camp de Grenelle, ce qui permet leur arrestation.
15 septembre. *29 fructidor.*	Repli de Wurmser dans Mantoue.
21 septembre. *5e jour complémentaire de l'an IV.*	Mort du général Marceau au combat d'Altenkirchen.

AN V

23 septembre. *2 vendémiaire.*	Démission de Jourdan du commandement de l'armée de Sambre-et-Meuse repliée derrière le Rhin.
1er octobre. *10 vendémiaire.*	Discours de Ranza à la Société patriotique de Milan prônant l'unité de l'Italie.

4 octobre. Rupture de l'armistice et occupation du duché de
13 vendémiaire. Modène par Bonaparte.

5 octobre. Installation de la Haute Cour de justice à Vendôme
14 vendémiaire. pour y juger les babouvistes.
Déclaration de guerre de l'Espagne à l'Angleterre.

10 octobre. Condamnation à mort par la commission militaire
19 vendémiaire. siégeant à Paris de 32 conjurés du camp de Grenelle, babouvistes et débris de la faction montagnarde.
Évacuation de la Corse par les Anglais.
Traité de paix entre le Directoire et le roi de Naples.

12 octobre. Repli sur le Rhin de l'armée de Rhin-et-Moselle com-
21 vendémiaire. mandée par Moreau.

14 octobre. Manifestation à Milan pour une république de
23 vendémiaire. Lombardie.

16 octobre. Proclamation sous l'impulsion de Bonaparte d'une
25 vendémiaire. république Cispadane comprenant Modène et le nord des États pontificaux.
Mort de Victor-Amédée III de Sardaigne à qui succède Charles-Emmanuel IV.

25 octobre. Contrôle de l'administration de la Lombardie par
4 brumaire. Bonaparte qui désire en tenir éloignés les fonctionnaires du Directoire.

2 novembre. Quatrième intervention autrichienne en Italie. Arrivée
12 brumaire. de deux armées par le Frioul et le Tyrol.

5 novembre. Révocation de l'amiral Villaret de Joyeuse hostile à une
15 brumaire. expédition en Irlande. Il est remplacé par Morard de Galles.

6 novembre. Défaite de Bonaparte à Bassano.
16 brumaire.

7 novembre. Mort de la tsarine Catherine II à qui succède Paul Ier.
17 brumaire.

12 novembre. Échec de Bonaparte à Caldiero.
22 brumaire.

15 novembre. Début de la bataille d'Arcole et épisode du pont
25 brumaire. d'Arcole.

17 novembre. Victoire de Bonaparte à Arcole.
27 brumaire.

21 novembre. Exigibilité du prix des biens nationaux en numéraire
1er frimaire. ou en mandats territoriaux au cours.

4 décembre. Abrogation des articles les plus durs de la loi du
14 frimaire. 3 brumaire an IV (25 octobre 1795) contre les prêtres réfractaires et les émigrés.

15 décembre. Départ de Brest de l'avant-garde de l'expédition
25 frimaire. d'Irlande.

17 décembre. Départ de Brest de Hoche et du gros de l'expédition
27 frimaire. d'Irlande.

23 décembre. Tempête séparant Hoche du reste de l'escadre de
3 nivôse. l'expédition d'Irlande.

24 décembre. Retour en France du gros de l'escadre de l'expédition
4 nivôse. d'Irlande sur ordre de Grouchy, commandant par intérim en l'absence de Hoche.

26 décembre. Parution du premier numéro du *Journal des élections*
6 nivôse. de tendance royaliste.

29 décembre. Arrivée de Hoche à proximité de l'Irlande. Constatant
9 nivôse. l'absence du reste de la flotte, il fait demi-tour.

30 décembre. Installation de l'ambassadeur des États-Unis en France,
10 nivôse. Monroe.

1797

7 janvier. Descente en Italie d'une armée autrichienne comman-
18 nivôse. dée par Alvinczy.

14 janvier. Victoire de Bonaparte sur les Autrichiens à la bataille
25 nivôse. de Rivoli.

15 janvier. Première réunion de la secte des théophilanthropes à
26 nivôse. Paris.

20 janvier. Appel à la révolte des Polonais lancé par Dombrowski
1er pluviôse. que soutient le Directoire.

24 janvier. Nomination de Hoche à la tête de l'armée de
5 pluviôse. Sambre-et-Meuse.

28 janvier. Prise de Trente par Joubert, un des subordonnés de
9 pluviôse. Bonaparte.

30 janvier. Arrestation de comploteurs royalistes, notamment
11 pluviôse. Brottier, Duverne et La Villeheurnois.

2 février.
14 pluviôse. Capitulation de Mantoue et des dernières troupes autrichiennes en Italie.

4 février.
16 pluviôse. Suppression définitive de l'assignat comme monnaie.

9 février.
21 pluviôse. Occupation d'Ancône sur ordre de Bonaparte pour contraindre le pape à négocier.

12 février.
24 pluviôse. Début des négociations entre le Saint-Siège et Bonaparte.

14 février.
26 pluviôse. Défaite de la flotte espagnole au cap Saint-Vincent par les Anglais de l'amiral Jervis.

18 février.
30 pluviôse. Prise de l'île de la Trinité aux Espagnols par les Anglais.

19 février.
1er ventôse. Paix de Tolentino signée entre Bonaparte et le pape, qui cède le comtat Venaissin et les Légations, c'est-à-dire le nord de ses États, à la république Cispadane.

20 février.
2 ventôse. Début du procès de Babeuf et de ses complices devant la Haute Cour de justice à Vendôme.

25 février.
7 ventôse. Exclusion des listes électorales des 120 000 personnes inscrites sur la liste des émigrés.

26 février.
8 ventôse. Prise de commandement de l'armée de Sambre-et-Meuse par Hoche.

1er mars.
11 ventôse. Aveux de Duverne de Presle sur l'Institut philanthropique, organisation monarchiste créée en octobre 1796, et sur le groupe des députés royalistes dits « clichyens ».

2 mars.
12 ventôse. Arrêté du Directoire autorisant la saisie des navires battant pavillon des États-Unis en rétorsion du traité anglo-américain du 20 février 1796.

4 mars.
14 ventôse. Élection de John Adams à la présidence des États-Unis à la place de George Washington.

5 mars.
15 ventôse. Tirage au sort du tiers sortant des députés aux Conseils des Cinq-Cents et des Anciens.

9 mars.
19 ventôse. Début de l'offensive de Bonaparte contre les Autrichiens de l'archiduc Charles.

12 mars.
22 ventôse. Passage du Piave par les forces de Bonaparte.

16 mars.
26 ventôse. Passage du Tagliamento par les troupes de Bonaparte.

18 mars.
28 ventôse.
Évacuation de l'île d'Elbe par les Anglais.

20 mars.
30 ventôse.
Loi imposant aux électeurs, préalablement au vote, un engagement de fidélité au régime.

21 mars.
1er germinal.
Prise de Gradisca et du col de Tarvis par les forces de Bonaparte.

22 mars.
2 germinal.
Prise de Bozen/Bolzano par l'armée de Bonaparte.

23 mars.
3 germinal.
Prise de Trieste par Bernadotte, de Brixen/Bressanone par Joubert, deux lieutenants de Bonaparte.

27 mars.
7 germinal.
Prise de Villach par Masséna.
Promulgation de la Constitution de la république Cispadane.

28 mars.
8 germinal.
Prise de Klagenfurt par Masséna et Bonaparte. Marche sur Vienne des troupes françaises.

7 avril.
18 germinal.
Armistice entre Bonaparte et l'Autriche.

13 avril.
24 germinal.
Négociations à Leoben entre Bonaparte et les représentants de l'Autriche.

16 avril.
27 germinal.
Mutinerie d'éléments de la flotte anglaise à Spithead, la première de toute une série.

17 avril.
28 germinal.
Début de la campagne de l'armée de Sambre-et-Meuse et victoire de Championnet sur les Autrichiens à Altenkirchen.
Émeute anti-française à Vérone, en territoire vénitien occupé par les troupes de Bonaparte.

18 avril.
29 germinal.
Signature des préliminaires de paix à Leoben : l'empereur renonce à la Belgique et renvoie la question du sort de la rive gauche du Rhin à un congrès devant réunir les princes allemands. Convention tenue secrète et démantelant les territoires de Venise : à l'Autriche tout jusqu'à l'Oglio avec l'Istrie et la Dalmatie ; à la France les îles Ioniennes, premier maillon du rêve oriental de Bonaparte.
Résultat des élections partielles aux Conseils : 205 des 216 conventionnels sortants sont battus et de très nombreux royalistes les remplacent.

27 avril.
8 floréal.
Massacre des insurgés de Vérone par les troupes du Directoire.

30 avril. *11 floréal.*	Ratification des préliminaires de Leoben par le Directoire.
2 mai. *13 floréal.*	Déclaration de guerre à Venise par Bonaparte.
11 mai. *22 floréal.*	Mutinerie de la flotte anglaise en mer du Nord.
12 mai. *23 floréal.*	Renversement du patriciat de Venise par les partisans de la Révolution.
16 mai. *27 floréal.*	Négociation de Bonaparte avec le doge.
20 mai. *1er prairial.*	Début de la session des Conseils. Pichegru obtient la présidence du Conseil des Cinq-Cents et Barbé-Marbois celle du Conseil des Anciens. Le tirage au sort élimine Letourneur du Directoire.
22 mai. *3 prairial.*	Échec de l'insurrection des partisans de la Révolution à Gênes.
26 mai. *7 prairial.*	Élection de Barthélemy, un royaliste, comme directeur en remplacement de Letourneur. Condamnation à mort de Babeuf et de Darthé, à la prison des Comparses.
27 mai. *8 prairial.*	Exécution à Vendôme de Babeuf et de Darthé.
29 mai. *10 prairial.*	Ultimatum de Bonaparte au doge de Gênes.
4 juin. *16 prairial.*	Réunion du « Cercle constitutionnel », dit aussi « club de Salm » du nom de l'hôtel où il se réunit, rassemblant les députés républicains modérés, non-terroristes, notamment Daunou, Garat, Réal, Sieyès, Talleyrand, Tallien.
6 juin. *18 prairial.*	Installation de Barthélemy dans les fonctions de Directeur.
10 juin. *22 prairial.*	Occupation de la Dalmatie vénitienne par les Autrichiens.
14 juin. *26 prairial.*	Installation à Gênes d'un gouvernement constitué par Bonaparte, début de la république Ligurienne.
24 juin. *6 messidor.*	Contact entre Barras et Hoche, le Directeur souhaitant faire appel au général pour un coup d'État contre la majorité royaliste des Conseils.

27 juin.
9 messidor.
Abrogation de la loi du 3 brumaire an IV (25 octobre 1795) contre les prêtres réfractaires et les émigrés.

28 juin.
10 messidor.
Débarquement de troupes françaises à Corfou, une des îles Ioniennes.

1er juillet.
13 messidor.
Envoi par Hoche de 15 000 hommes de Rhénanie vers Brest *via* Paris, sous prétexte de recommencer l'expédition d'Irlande.

3 juillet.
15 messidor.
Mémoire de Talleyrand à l'Institut proposant une expédition en Égypte.

9 juillet.
21 messidor.
Fondation de la république Cisalpine avec la Lombardie et la république Cispadane.

16 juillet.
28 messidor.
Conflit au sein du Directoire opposant Barthélemy et Carnot, favorables aux monarchistes, aux trois autres Directeurs, Barras, La Revellière-Lépeaux, Reubell, favorables à la République. Merlin et Ramel gardent les ministères de la Justice et des Finances, Lenoir-Laroche obtient la Police générale, Pléville le Pelley la Marine, François de Neufchâteau l'Intérieur, Talleyrand les Relations extérieures, Hoche la Guerre.

17 juillet.
29 messidor.
Arrivée des troupes de Hoche dans le rayon de douze lieues autour de Paris qui leur est interdit par la Constitution. Agitation de la majorité royaliste des Conseils.

20 juillet.
2 thermidor.
Preuves apportées par Barras à Carnot des relations entre Pichegru et Louis XVIII. Carnot se rallie aux trois Directeurs républicains.

22 juillet.
4 thermidor.
Démission de Hoche du ministère de la Guerre. Il est remplacé par Scherer.

25 juillet.
7 thermidor.
Vote de la loi interdisant toute société s'occupant de politique et permettant la fermeture des clubs et cercles constitutionnels.

26 juillet.
8 thermidor.
Remplacement de Lenoir-Laroche par Sotin au ministère de la Police générale.

27 juillet.
9 thermidor.
Envoi par Bonaparte d'Augereau à Paris pour faire le coup d'État à la place de Hoche.

7 août.
20 thermidor.
Arrivée d'Augereau à Paris.

8 août.
21 thermidor.
Nomination d'Augereau à la tête de la 17e division militaire, celle de Paris.

15 août. *28 thermidor.* Ouverture du premier concile national de l'Église constitutionnelle à Notre-Dame de Paris.

16 août. *29 thermidor.* Lettre de Bonaparte au Directoire souhaitant une intervention militaire en Égypte pour « détruire véritablement l'Angleterre ».

24 août. *7 fructidor.* Abrogation des lois sur la déportation et la réclusion des prêtres réfractaires.

4 septembre. *18 fructidor.* Coup d'État des Directeurs républicains exécuté par Augereau. Arrestation de Barthélemy, de Pichegru et des principaux députés royalistes.

5 septembre. *19 fructidor.* Adoption par les Conseils terrorisés des lois dictées par les Directeurs. Annulation des élections d'environ 200 députés dans 53 départements. Déportation de 65 dirigeants et journalistes royalistes. Rétablissement de la loi du 3 brumaire an IV (25 octobre 1795) abrogée le 27 juin 1797.

8 septembre. *22 fructidor.* Élection de Merlin de Douai et de François de Neufchâteau comme Directeurs à la place de Barthélemy et de Carnot.

14 septembre. *28 fructidor.* Choix de Letourneur pour remplacer François de Neufchâteau, élu Directeur, au ministère de l'Intérieur.

19 septembre. *3e jour complémentaire de l'an V.* Mort de Hoche à Wetzlar.

AN VI

23 septembre. *2 vendémiaire.* Nomination d'Augereau à la tête de l'armée d'Allemagne réunissant les armées de Sambre-et-Meuse et de Rhin-et-Moselle.

24 septembre. *3 vendémiaire.* Choix de Lambrechts pour remplacer Merlin de Douai, élu Directeur, au ministère de la Justice.

29 septembre. *8 vendémiaire.* Instructions du Directoire à Bonaparte pour les négociations avec l'Autriche, prétentions maximales en Allemagne et en Italie et ordre de marcher sur Vienne en cas de refus.

30 septembre. *9 vendémiaire.* « Liquidation Ramel » : banqueroute de deux tiers de la dette de l'État.

10 octobre. *19 vendémiaire.* Enlèvement de la Valteline aux Grisons par Bonaparte qui l'annexe à la république Cisalpine.

17 octobre.
26 vendémiaire. Signature de la paix de Campoformio entre Bonaparte et l'Autriche. L'Autriche obtient Venise et les possessions vénitiennes jusqu'à l'Adige, la France les îles Ioniennes, la Belgique et la rive gauche du Rhin jusqu'au sud de Cologne. Un congrès des princes allemands est prévu à Rastadt pour décider des conditions de la paix avec l'Empire.

18 octobre.
27 vendémiaire. Envoi par Bonaparte de Monge et de Berthier à Paris pour communiquer le traité de Campoformio au Directoire en vue de sa ratification.

26 octobre.
5 brumaire. Arrivée de Monge et de Berthier à Paris. Ratification du traité de Campoformio par le Directoire.

27 octobre.
6 brumaire. Nomination de Bonaparte comme plénipotentiaire de la République au congrès de Rastadt.

4 novembre.
14 brumaire. Division de la rive gauche du Rhin annexée en quatre départements.

7 novembre.
17 brumaire. Division par Bonaparte des îles Ioniennes en trois départements.

16 novembre.
26 brumaire. Mort du roi de Prusse Frédéric-Guillaume II à qui succède Frédéric-Guillaume III.

24 novembre.
4 frimaire. Création de la Caisse d'escompte du commerce.

26 novembre.
6 frimaire. Arrivée de Bonaparte à Rastadt.

28 novembre.
8 frimaire. Ouverture du congrès de Rastadt.

2 décembre.
12 frimaire. Départ de Bonaparte de Rastadt.

5 décembre.
15 frimaire. Retour de Bonaparte à Paris.

9 décembre.
19 frimaire. Nomination de Berthier à la place de Bonaparte à la tête de l'armée d'Italie.

13 décembre.
23 frimaire. Mise en état d'alerte de la flotte de Brest pour le 1er floréal (20 avril 1798) sur la demande de Bonaparte.

21 décembre.
1er nivôse. Débarquement en Irlande discuté entre Bonaparte et l'Irlandais exilé Wolfe Tone.

25 décembre.
5 nivôse. Élection de Bonaparte à l'Institut à la place de Carnot proscrit.

28 décembre. Émeute anti-française à Rome et assassinat du général
8 nivôse. français Duphot.

29 décembre. Excuses du pape au Directoire qui les rejette.
9 nivôse.

1798

3 janvier. Vote des habitants de Mulhouse en faveur du rattachement à la France.
14 nivôse.

5 janvier. Loi prévoyant un emprunt de quatre-vingts millions
16 nivôse. pour la préparation d'une « descente en Angleterre ».

11 janvier. Ordre du Directoire à Berthier, commandant en chef
22 nivôse. de l'armée d'Italie, de s'emparer de Rome.

12 janvier. Plan de Bonaparte pour envahir l'Angleterre exposé
23 nivôse. au Directoire.

15 janvier. Insurrection des habitants du pays de Vaud contre le
26 nivôse. gouvernement de Berne, canton dont ils font alors partie.

18 janvier. Loi autorisant la saisie de tout bateau neutre transpor-
29 nivôse. tant des marchandises anglaises. Occupation de Venise par les Autrichiens.

24 janvier. Proclamation à Lausanne de l'indépendance du pays
5 pluviôse. de Vaud et rupture de tout lien avec Berne.

26 janvier. Intervention des troupes du Directoire contre celles de
7 pluviôse. Berne dans le pays de Vaud.

27 janvier. Nomination du général Brune à la tête des forces
8 pluviôse. françaises en Suisse.

28 janvier. Traité de Mulhouse réunissant cette ville à la France.
9 pluviôse.

8 février. Publication dans *Le Moniteur* d'un projet de Constitu-
20 pluviôse. tion unitaire pour la Suisse.

11 février. Entrée de Berthier et des troupes du Directoire dans
23 pluviôse. Rome.

13 février. Remplacement de Sotin par Dondeau au ministère de
25 pluviôse. la Police générale, le Directoire craignant une victoire jacobine aux prochaines élections.

14 février. Mémoire préconisant la conquête de l'Égypte remis par
26 pluviôse. Talleyrand au Directoire.

Ordre du Directoire au général Brune de s'emparer de Berne.

15 février.
27 pluviôse. Proclamation de la République romaine par le général Berthier.

23 février.
5 ventôse. Rapport de Bonaparte au Directoire en faveur de l'abandon du projet de débarquement en Angleterre au profit d'une expédition en Égypte.

2 mars.
12 ventôse. Prise de Fribourg et de Soleure par les forces du Directoire.

5 mars.
15 ventôse. Acceptation par le Directoire du projet d'expédition en Égypte dont l'exécution est confiée à Bonaparte.

6 mars.
16 ventôse. Prise de Berne par les troupes du Directoire.

9 mars.
19 ventôse. Acceptation par la Diète germanique réunie à Rastadt de l'annexion de la rive gauche du Rhin à la France.

22 mars.
2 germinal. Convocation d'une assemblée à Aarau par le général Brune pour en obtenir la proclamation d'une République helvétique.

27 mars.
7 germinal. Commandement de l'armée d'Helvétie transmis à Schauenburg par Brune qui va prendre la tête de celle d'Italie que vient de quitter Berthier.

29 mars.
9 germinal. Arrivée à Toulon de l'amiral Brueys et de la flotte de l'Adriatique.

4 avril.
15 germinal. Sécularisation des principautés ecclésiastiques décidée par la Diète germanique réunie à Rastadt.

9 avril.
20 germinal. Début des élections du tiers sortant des Conseils des Cinq-Cents et des Anciens.

12 avril.
23 germinal. Promulgation à Aarau d'une Constitution unitaire pour la République helvétique.

18 avril.
29 germinal. Fin des élections aux Conseils des Cinq-Cents et des Anciens.

21 avril.
2 floréal. Proclamation à Aarau d'une République helvétique « une et indivisible ».

26 avril.
7 floréal. Traité de Genève réunissant cette République à la France.

27 avril.
8 floréal. Nomination de l'amiral Bruix au ministère de la Marine à la place de Pléville le Pelley.

2 mai. *13 floréal.*	Victoire de Schauenburg et des troupes du Directoire à Morgarten sur les Suisses hostiles à l'entrée de leur pays dans l'orbite politique de la Révolution française.
4 mai. *15 floréal.*	Départ de Bonaparte pour Toulon. Occupation de Schwyz par les forces du Directoire.
7 mai. *18 floréal.*	Rapport de Bailleul aux Cinq-Cents sur les irrégularités électorales, concluant à l'exclusion des élus d'extrême gauche.
8 mai. *19 floréal.*	Adoption du rapport de Bailleul par le Conseil des Cinq-Cents.
9 mai. *20 floréal.*	Arrivée de Bonaparte à Toulon.
11 mai. *22 floréal.*	Adoption par le Conseil des Anciens de la motion des Cinq-Cents invalidant 106 députés jacobins. Cette mesure a été parfois assimilée à un coup de force et baptisée « coup d'État du 22 floréal ».
15 mai. *26 floréal.*	Élection de Treilhard comme Directeur à la place de François de Neufchâteau éliminé par le tirage au sort.
16 mai. *27 floréal.*	Remplacement de Dondeau par Lecarlier à la tête du ministère de la Police générale.
17 mai. *28 floréal.*	Prise de Sion et du Valais par les troupes du Directoire.
18 mai. *29 floréal.*	Validation de Lucien Bonaparte comme député du Liamone au Conseil des Cinq-Cents.
19 mai. *30 floréal.*	Embarquement à Toulon de Bonaparte vers l'Égypte.
23 mai. *4 prairial.*	Début de l'insurrection irlandaise contre les Anglais, les Irlandais ayant cru que Bonaparte se dirigerait vers leur île.
9 juin. *21 prairial.*	Arrivée de la flotte de Bonaparte devant Malte.
11 juin. *23 prairial.*	Prise de Malte par Bonaparte.
17 juin. *29 prairial.*	Nomination de François de Neufchâteau au ministère de l'Intérieur à la place de Letourneur.
19 juin. *1er messidor.*	Départ de Malte de la flotte transportant Bonaparte et son armée.

28 juin. *10 messidor.*	Arrivée de Nelson et de la flotte anglaise en Égypte, à Alexandrie. N'y voyant pas la flotte française, il repart vers l'ouest.
1er juillet. *13 messidor.*	Arrivée de la flotte française devant Alexandrie.
2 juillet. *14 messidor.*	Prise d'Alexandrie par Bonaparte.
7 juillet. *19 messidor.*	Départ de Bonaparte, d'Alexandrie vers Le Caire.
10 juillet. *22 messidor.*	Victoire de Bonaparte sur les Mamelouks à El-Ramanyeh.
13 juillet. *25 messidor.*	Nouvelle victoire de Bonaparte sur les Mamelouks à Chebreis.
14 juillet. *26 messidor.*	Fin de l'insurrection irlandaise réprimée par l'armée anglaise.
20 juillet. *2 thermidor.*	Arrivée à Syracuse de Nelson et de la flotte anglaise toujours à la recherche de la flotte française.
21 juillet. *3 thermidor.*	Victoire décisive de Bonaparte sur les Mamelouks aux Pyramides.
24 juillet. *6 thermidor.*	Entrée de Bonaparte au Caire.
25 juillet. *7 thermidor.*	Départ de Nelson de Syracuse vers l'Égypte.
1er août. *14 thermidor.*	Destruction par Nelson de la flotte française devant Aboukir.
6 août. *19 thermidor.*	Départ de Rochefort-sur-Mer d'une flotte française transportant un corps expéditionnaire commandé par le général Humbert et chargé de venir en aide à une insurrection irlandaise déjà éteinte.
18 août. *1er fructidor.*	Insurrection des « cantons primitifs », c'est-à-dire Uri, Schwyz et Unterwald, contre la présence française.
19 août. *2 fructidor.*	Traité d'alliance entre la France et la République helvétique consacrant la sujétion de cette dernière.
20 août. *3 fructidor.*	Défaite des « cantons primitifs » suisses.
22 août. *5 fructidor.*	Création par Bonaparte de l'Institut d'Égypte. Débarquement du corps expéditionnaire français à Killala, au nord-ouest de l'Irlande.

24 août. *7 fructidor.*	Victoire du général Humbert sur une troupe d'Anglais à Balayna.
25 août. *8 fructidor.*	Départ de Desaix pour la Haute-Égypte où sont réfugiés des Mamelouks. Érection de Genève en chef-lieu du département du Léman.
27 août. *10 fructidor.*	Victoire de Humbert sur les Anglais à Castlebar et proclamation d'une République irlandaise.
2 septembre. *16 fructidor.*	Répression d'une révolte royaliste dans le sud du Massif central et arrestation de ses chefs, Allier et le marquis de Surville. Révolte des habitants de Malte contre les occupants français qui sont assiégés dans la forteresse de La Valette.
4 septembre. *18 fructidor.*	Convocation au Caire par Bonaparte d'un « Divan général », assemblée de notables égyptiens.
5 septembre. *19 fructidor.*	Promulgation de la loi Jourdan rendant le service militaire obligatoire pour tous les hommes entre vingt et vingt-cinq ans.
8 septembre. *22 fructidor.*	Encerclement de l'armée de Humbert par les Anglais à Ballynamuck.
9 septembre. *23 fructidor.*	Déclaration de guerre de la Turquie à la France.
15 septembre. *29 fructidor.*	Capitulation du général Humbert et du corps expéditionnaire français en Irlande.
16 septembre. *30 fructidor.*	Départ de Brest de la seconde partie du corps expéditionnaire français à destination de l'Irlande.

AN VII

24 septembre. *3 vendémiaire.*	Loi appelant deux cent mille hommes au service militaire. Un tiers seulement obtempère.
5 octobre. *14 vendémiaire.*	Réunion du « Divan général » au Caire.
7 octobre. *16 vendémiaire.*	Victoire de Desaix sur les Mamelouks à Sediman, en Haute-Égypte.
8 octobre. *17 vendémiaire.*	Création par François de Neufchâteau, ministre de l'Intérieur, du Conseil supérieur de l'instruction publique.

11 octobre.
20 vendémiaire.
Désastre naval du corps expéditionnaire français au large de l'Irlande, dans la baie de Donegal : capture de six des huit navires par la flotte anglaise.

12 octobre.
21 vendémiaire.
Insurrection de la paysannerie belge contre le service militaire obligatoire.

15 octobre.
24 vendémiaire.
Inauguration de la première Exposition nationale des fabricants à Paris.

19 octobre.
28 vendémiaire.
Intervention de l'armée autrichienne dans les Grisons qui refusent leur intégration à la République helvétique.

21 octobre.
30 vendémiaire.
Insurrection de la population du Caire contre les Français.

22 octobre.
1er brumaire.
Répression de l'insurrection du Caire par Bonaparte.

24 octobre.
3 brumaire.
Généralisation de l'insurrection des paysans belges contre la conscription obligatoire.

25 octobre.
4 brumaire.
Prise de Zante, dans les îles Ioniennes occupées par les troupes françaises depuis la fin juin 1797, par la flotte russo-turque.

27 octobre.
6 brumaire.
Prise par la flotte russo-turque de Céphalonie, autre île Ionienne aux mains des Français.

30 octobre.
9 brumaire.
Défaite des paysans insurgés du Luxembourg à Clervaux.

1er novembre.
11 brumaire.
Proposition du Directoire, inquiet de l'intervention russe, au gouvernement autrichien : évacuation de la Suisse et de Rome par les troupes françaises si l'Autriche interdit le passage sur son sol aux troupes russes, et ouverture de négociations avec l'Angleterre et l'Empire ottoman en vue de la paix.
Nomination de Joubert à la tête de l'armée d'Italie à la place de Brune.

4 novembre.
14 brumaire.
Arrêté du Directoire ordonnant la déportation des prêtres catholiques belges accusés d'être à l'origine de l'insurrection des paysans belges.

5 novembre.
15 brumaire.
Début du blocus par la flotte russo-turque de l'avant-dernière des îles Ioniennes tenue par les troupes du Directoire, Corfou.

12 novembre.
22 brumaire.
Création d'une agence des contributions dans tous les départements.

13 novembre. *23 brumaire.*	Prise de Diest, à la frontière du Limbourg et du Brabant, par les paysans belges commandés par Emmanuel Rollier.
16 novembre. *26 brumaire.*	Accord entre l'Angleterre et l'Autriche prévoyant le retour de la France dans ses limites de 1789. Prise de Leucade, la quatrième des îles Ioniennes tenue par les Français, par la flotte russo-turque.
22 novembre. *2 frimaire.*	Offensive de l'armée du roi de Naples contre Rome.
23 novembre. *3 frimaire.*	Loi établissant la contribution foncière.
24 novembre. *4 frimaire.*	Loi créant l'impôt sur les portes et fenêtres.
27 novembre. *7 frimaire.*	Prise de Rome par l'armée du roi de Naples.
28 novembre. *8 frimaire.*	Débarquement par la flotte anglaise de 3 000 soldats napolitains en Toscane, près de Livourne.
29 novembre. *9 frimaire.*	Décret d'amalgame des troupes de la république Cisalpine et des troupes françaises afin d'éviter toute tentation nationaliste italienne. Traité de Saint-Pétersbourg scellant l'alliance de la Russie et du royaume de Naples.
4 décembre. *14 frimaire.*	Occupation de Hasselt, capitale du Limbourg belge, par les paysans insurgés qui y sont massacrés par les troupes françaises. C'est la fin de la « guerre des paysans » en Belgique.
5 décembre. *15 frimaire.*	Défaite des troupes napolitaines par l'armée de Rome de Championnet à Civita Castellana.
6 décembre. *16 frimaire.*	Occupation du Piémont par les troupes du Directoire. Ultimatum du Directoire à la Diète germanique réunie à Rastadt depuis le 28 novembre 1797 : la France exige des têtes de pont sur la rive droite du Rhin.
7 décembre. *17 frimaire.*	Occupation de Suez par les troupes de Bonaparte.
8 décembre. *18 frimaire.*	Renonciation au Piémont sous la contrainte des troupes françaises par le roi de Sardaigne qui se retire dans son île, sa dernière possession.
9 décembre. *19 frimaire.*	Acceptation de l'ultimatum français par la Diète germanique de Rastadt.

Nomination de Masséna à la tête de l'armée d'Helvétie en remplacement de Schauenburg.

12 décembre.
22 frimaire.
Vote de la loi sur l'enregistrement.

14 décembre.
24 frimaire.
Reprise de Rome par les troupes françaises de Championnet.

21 décembre.
1er nivôse.
Offensive française sur Naples. Fuite du roi de Naples et de Sicile, Ferdinand IV, qui se réfugie sur le navire amiral de la flotte anglaise de Nelson.

23 décembre.
3 nivôse.
Loi de restructuration de la contribution mobilière.

24 décembre.
4 nivôse.
Départ du Caire de Bonaparte vers Suez.

26 décembre.
6 nivôse.
Arrivée de Ferdinand IV de Naples à Palerme.

29 décembre.
9 nivôse.
Signature d'un traité d'alliance entre l'Angleterre, la Russie et le royaume de Naples et de Sicile. Parmi ses clauses, un projet d'installation d'une armée russe à Jersey pour attaquer la Bretagne !

30 décembre.
10 nivôse.
Projet de creusement d'un canal reliant la Méditerranée à la mer Rouge établi par Bonaparte à Suez.

31 décembre.
11 nivôse.
Prise de Gaète par les troupes de Championnet.

1799

3 janvier.
14 nivôse.
Échec d'une attaque du général Macdonald contre Capoue.

4 janvier.
15 nivôse.
Prise de Lucques par les troupes du Directoire.

9 janvier.
20 nivôse.
Évacuation de Livourne par les troupes du roi de Naples et de Sicile.

10 janvier.
21 nivôse.
Prise de Capoue par les troupes de Championnet. Insurrection des partisans de la Révolution française à Naples.

23 janvier.
4 pluviôse.
Entrée de l'armée française à Naples.

26 janvier. *7 pluviôse.*	Proclamation de la République napolitaine que le Directoire va nommer « Parthénopéenne ».
27 janvier. *8 pluviôse.*	Prise d'Ehrenbreitstein par les troupes du Directoire.
1er février. *13 pluviôse.*	Victoire de Desaix à Assouan sur le reste des troupes des Mamelouks qui parachève la conquête par les Français de la Haute-Égypte.
3 février. *15 pluviôse.*	Conflit entre Championnet et Faipoult qui veulent tous deux commander à Naples.
6 février. *18 pluviôse.*	Expulsion de Faipoult de Naples sur ordre de Championnet.
10 février. *22 pluviôse.*	Départ du Caire de Bonaparte vers la Syrie.
13 février. *25 pluviôse.*	Ordre du Directoire à Championnet de revenir à Paris et nomination à sa place de Macdonald.
15 février. *27 pluviôse.*	Victoire des troupes françaises sur les Turcs à El-Arich.
20 février. *2 ventôse.*	Prise d'El-Arich par les troupes de Bonaparte.
21 février. *3 ventôse.*	Nomination de Milet de Mureau au ministère de la Guerre en remplacement de Scherer appelé à la place de Joubert à la tête de l'armée d'Italie.
24 février. *6 ventôse.*	Décret d'arrestation contre Championnet émis par le Directoire. Concentration par Jourdan des troupes françaises en vue du passage du Rhin. Son armée, dite d'abord de Mayence, va devenir l'armée du Danube.
25 février. *7 ventôse.*	Entrée de Bonaparte à Gaza, en Palestine.
1er mars. *11 ventôse.*	Franchissement du Rhin par Jourdan entre Bâle et Kehl.
2 mars. *12 ventôse.*	Franchissement du Rhin près de Spire par Bernadotte.
3 mars. *13 ventôse.*	Capitulation des troupes françaises de Corfou assiégées depuis le 5 novembre 1798 par une flotte russo-turque, dernière position française dans les îles Ioniennes.
4 mars. *14 ventôse.*	Siège de Jaffa par Bonaparte.

6 mars.
16 ventôse.
Franchissement du Rhin et prise de Coire par l'armée d'Helvétie que commande Masséna.

7 mars.
17 ventôse.
Prise de Jaffa par Bonaparte. Son armée va y contracter la peste.

9 mars.
19 ventôse.
Soulèvement des Calabrais contre les Français.

11 mars.
21 ventôse.
Visite de Bonaparte aux pestiférés de Jaffa, immortalisée par le tableau de Gros.

12 mars.
22 ventôse.
Déclaration de guerre du Directoire au souverain d'Autriche et au grand-duc de Toscane.

14 mars.
24 ventôse.
Arrivée de la flotte anglaise devant Saint-Jean-d'Acre.

19 mars.
29 ventôse.
Siège de Saint-Jean-d'Acre par Bonaparte.

21 mars.
1er germinal.
Entrée des troupes du Directoire en Toscane.

23 mars.
3 germinal.
Échec de Masséna devant Feldkirch.

25 mars.
5 germinal.
Défaite de Jourdan à Stockach.

27 mars.
7 germinal.
Entrée des Autrichiens à Vérone.

28 mars.
8 germinal.
Échec de Bonaparte contre Saint-Jean-d'Acre.

1er avril.
12 germinal.
Second échec de Bonaparte devant Saint-Jean-d'Acre.

3 avril.
14 germinal.
Démission de Jourdan de son commandement de l'armée du Danube.

5 avril.
16 germinal.
Défaite des troupes du Directoire à Magnano.

6 avril.
17 germinal.
Repli de l'armée du Danube à l'ouest du Rhin.

9 avril.
20 germinal.
Début des élections pour le renouvellement du tiers sortant des membres des Conseils.

10 avril.
21 germinal.
Transfert du pape Pie VI en France.

12 avril.
23 germinal.
Nomination de Masséna à la tête de l'armée du Danube. Il garde le commandement de celle d'Helvétie.

14 avril.
25 germinal. Jonction sur le Mincio des armées autrichienne de Melas et russe de Souvorov.

16 avril.
27 germinal. Victoire de Bonaparte au Mont-Thabor sur l'armée turque.

17 avril.
28 germinal. Prise de Livourne par les troupes françaises.

18 avril.
29 germinal. Fin des élections pour le renouvellement du tiers sortant des membres des Conseils des Cinq-Cents et des Anciens. Défaite des partisans du gouvernement au profit de l'extrême gauche.

21 avril.
2-floréal. Nomination de Moreau à la tête de l'armée d'Italie en remplacement de Scherer.

23 avril.
4 floréal. Dissolution de la Diète germanique de Rastadt ouverte le 28 novembre 1797.

24 avril.
5 floréal. Troisième échec de Bonaparte contre Saint-Jean-d'Acre.

27 avril.
8 floréal. Victoire de Souvorov sur Moreau à Cassano.

28 avril.
9 floréal. Assassinat des plénipotentiaires français à la Diète germanique de Rastadt par des soldats autrichiens.

29 avril.
10 floréal. Entrée de Souvorov et des troupes russes à Milan.

1er mai.
12 floréal. Nouvel échec de Bonaparte devant Saint-Jean-d'Acre.

6 mai.
17 floréal. Insurrection contre-révolutionnaire dans la région d'Arezzo en Toscane.

10 mai.
21 floréal. Dernier échec de Bonaparte devant Saint-Jean-d'Acre.

16 mai.
27 floréal. Remplacement de Reubell éliminé par tirage au sort par Sieyès.

17 mai.
28 floréal. Levée du siège de Saint-Jean-d'Acre par Bonaparte.

18 mai.
29 floréal. Mort de Beaumarchais.

19 mai.
30 floréal. Débarquement anglais près d'Ostende.

20 mai.
1er prairial. Échec et rembarquement des Anglais à Ostende.

24 mai. *5 prairial.*	Siège de Naples par les paysans du royaume de Naples insurgés contre les Français.
26 mai. *7 prairial.*	Entrée des Autrichiens et des Russes dans Turin.
4 juin. *16 prairial.*	Bataille indécise à Zurich. Les Autrichiens ne peuvent vaincre Masséna.
5 juin. *17 prairial.*	Évacuation de Zurich par Masséna.
14 juin. *26 prairial.*	Retour de Bonaparte au Caire.
16 juin. *28 prairial.*	Conflit entre le Directoire et la majorité aux Conseils des Anciens et des Cinq-Cents qui reproche aux Directeurs la gravité de la situation militaire et demande des mesures de « salut public ».
17 juin. *29 prairial.*	Vote par les Conseils des Cinq-Cents et des Anciens d'une loi cassant l'élection de Treilhard du 15 mai 1798. Élection à sa place d'un homme plus à gauche, Gohier.
18 juin. *30 prairial.*	Démission de La Revellière-Lépeaux et de Merlin de Douai menacés de mise en accusation par les Conseils. Barras et Sieyès sont épargnés parce que jugés plus à gauche.
19 juin. *1er messidor.*	Défaite de Macdonald à la Trébie devant l'armée russe de Souvorov. Capitulation de la garnison française de Naples. Élection de Roger Ducos comme Directeur à la place de Merlin de Douai.
20 juin. *2 messidor.*	Élection de Moulin comme Directeur à la place de La Revellière-Lépeaux.
22 juin. *4 messidor.*	Nomination de Quinette au ministère de l'Intérieur en remplacement de François de Neufchâteau.
23 juin. *5 messidor.*	Nomination de Bourguignon à la place de Duval au ministère de la Police générale.
28 juin. *10 messidor.*	Emprunt forcé de cent millions sur les riches pour équiper de nouvelles troupes. Prise de Sienne et massacre des partisans italiens de la Révolution par les paysans insurgés de Toscane.
29 juin. *11 messidor.*	Nomination de Bourdon de Vatry à la place de Bruix au ministère de la Marine.
2 juillet. *14 messidor.*	Nomination de Bernadotte au ministère de la Guerre en remplacement de Milet de Mureau.

5 juillet. *17 messidor.*	Nomination de Joubert à la tête de l'armée d'Italie et de Championnet à celle de l'armée des Alpes.
6 juillet. *18 messidor.*	Fondation de la « Réunion d'amis de la Liberté et de l'Égalité, séante au Manège », résurgence du club des Jacobins.
7 juillet. *19 messidor.*	Prise de Florence par les contre-révolutionnaires toscans.
12 juillet. *24 messidor.*	Vote d'une loi des otages, instituant des listes d'otages dans chaque département. Mise en accusation par le Conseil des Cinq-Cents des anciens Directeurs, la Revellière-Lépeaux, Merlin de Douai, Reubell, Treilhard et du général Scherer.
14 juillet. *26 messidor.*	Toast du général Jourdan « à la résurrection des piques » lors de la commémoration du 14 juillet. Intervention de Sieyès contre les néo-jacobins.
17 juillet. *29 messidor.*	Prise d'Aboukir par une armée turque transportée par la flotte anglaise.
20 juillet. *2 thermidor.*	Nomination de Cambacérès au ministère de la Justice à la place de Lambrechts, de Reinhard aux Relations extérieures à la place de Talleyrand, de Lindet aux Finances à la place de Ramel, de Fouché à la Police générale à la place de Bourguignon.
25 juillet. *7 thermidor.*	Victoire de Bonaparte sur l'armée turque débarquée à Aboukir.
30 juillet. *12 thermidor.*	Capitulation de la garnison française de Mantoue.
6 août. *19 thermidor.*	Prise de Muret par une troupe de royalistes qui menace un temps Toulouse. Révolte royaliste à Bordeaux.
13 août. *26 thermidor.*	Fermeture de la « Réunion d'amis de la Liberté et de l'Égalité » sur les instances de Sieyès.
14 août. *27 thermidor.*	Reprise de Muret aux royalistes.
15 août. *28 thermidor.*	Défaite et mort de Joubert à Novi.
18 août. *1er fructidor.*	Rejet de justesse (217 voix contre 214) de la mise en accusation des Directeurs La Revellière-Lépeaux, Merlin de Douai, Reubell, Treilhard et du général Scherer.

20 août. *3 fructidor.*	Écrasement de l'insurrection royaliste du Sud-Ouest à Montréjeau.
23 août. *6 fructidor.*	Départ de Bonaparte d'Égypte en compagnie de quelques amis sur la frégate *La Muiron.* Il a choisi Kléber pour lui succéder à la tête de l'armée d'Égypte.
27 août. *10 fructidor.*	Débarquement d'une armée anglaise au Helder. Une armée russe la rejoint.
29 août. *12 fructidor.*	Mort de Pie VI à Valence. Nomination de Championnet au commandement de l'armée d'Italie.
31 août. *14 fructidor.*	Prise de la flotte hollandaise au Texel par les Anglais.
4 septembre. *18 fructidor.*	Marche de Brune sur Alkmaar vers l'armée anglo-russe débarquée au Helder.
8 septembre. *22 fructidor.*	Prise de Suze par Championnet.
10 septembre. *24 fructidor.*	Échec de Brune contre l'armée anglo-russe.
13 septembre. *27 fructidor.*	Demande de proclamation de la « patrie en danger » par Jourdan devant le Conseil des Cinq-Cents.
14 septembre. *28 fructidor.*	Refus du Conseil des Cinq-Cents de proclamer « la patrie en danger ». Démission de Bernadotte du ministère de la Guerre sur demande de Sieyès qui le soupçonne de préparer un coup d'État pro-jacobin et le remplace par Dubois-Crancé.
15 septembre. *29 fructidor.*	Réunion des chefs royalistes chouans et vendéens, notamment Autichamp, Bourmont, Cadoudal, pour préparer un soulèvement.
19 septembre. *3e jour complémentaire de l'an VII.*	Victoire de Brune à Bergen sur l'armée anglo-russe.

AN VIII

23 septembre. *1er vendémiaire.*	Débarquement de Frotté en Normandie pour y diriger l'insurrection royaliste.
25 septembre. *3 vendémiaire.*	Début de la bataille de Zurich mettant aux prises Masséna et l'armée russe de Korsakov.

26 septembre. Victoire de Masséna à Zurich.
4 vendémiaire.

29 septembre. Retraite de Souvorov.
7 vendémiaire.

2 octobre. Échec de Brune qui évacue Alkmaar.
10 vendémiaire.

6 octobre. Victoire de Brune à Castricum sur l'armée anglo-russe.
14 vendémiaire.

9 octobre. Arrivée de Bonaparte à Saint-Raphaël.
17 vendémiaire.

11 octobre. Installation de Souvorov à Feldkirch.
19 vendémiaire.

13 octobre. Manifestation de joie à Paris à la nouvelle du retour
21 vendémiaire. de Bonaparte en France.

14 octobre. Refus de Moreau de faire le coup d'État souhaité par
22 vendémiaire. Sieyès.
Prise du Mans par les chouans de Bourmont.

16 octobre. Arrivée de Bonaparte à Paris.
24 vendémiaire.

17 octobre. Réception de Bonaparte par le Directoire.
25 vendémiaire. Évacuation du Mans par les chouans de Bourmont.

18 octobre. Signature à Alkmaar d'une convention d'évacuation de
26 vendémiaire. l'armée anglo-russe.

19 octobre. Prise de Nantes par les chouans commandés par
27 vendémiaire. d'Andigné et Châtillon.

20 octobre. Perte du Mans par les chouans.
28 vendémiaire.

23 octobre. Élection de Lucien Bonaparte à la présidence du
1er brumaire. Conseil des Cinq-Cents.
Rappel des troupes russes par le tsar Paul Ier.

26 octobre. Prise de Saint-Brieuc par les chouans, mais ils échouent
4 brumaire. à Vannes.

27 octobre. Perte de Saint-Brieuc par les chouans qui échouent
5 brumaire. devant Vire.

29 octobre. Échec des Vendéens devant Cholet. Affaissement de
7 brumaire. l'insurrection royaliste de l'Ouest.

1er novembre. Entrevue de Sieyès et de Bonaparte et accord en vue
10 brumaire. du coup d'État.

3 novembre.
12 brumaire.
Entrevue entre Fouché, ministre de la Police générale, et Bonaparte. Fouché s'engage à ne pas entraver le déroulement du coup d'État.

6 novembre.
15 brumaire.
Banquet offert à Bonaparte et à Moreau par les Conseils des Cinq-Cents et des Anciens.

7 novembre.
16 brumaire.
Proposition de Jourdan à Bonaparte de faire le coup d'État en faveur de la gauche jacobine et refus de Bonaparte.

8 novembre.
17 brumaire.
Dîner de Bonaparte chez Cambacérès et mise au point des détails du coup d'État.

9 novembre.
18 brumaire.
Dénonciation d'un complot « terroriste » aux Anciens et décision de transfert des Conseils à Saint-Cloud. Bonaparte est nommé au commandement des troupes de Paris. Démission de Barras, Roger Ducos et Sieyès de leurs fonctions de Directeurs. Mise en garde à vue par Moreau des deux autres Directeurs, Gohier et Moulin.

10 novembre.
19 brumaire.
Échec de Bonaparte devant les Cinq-Cents qui refusent d'abroger la Constitution. Lucien Bonaparte lève la séance avant que Napoléon soit mis hors la loi. L'armée chasse les députés de la salle. Deux commissions élisent trois consuls provisoires : Bonaparte, Sieyès et Roger Ducos.

11 novembre.
20 brumaire.
Entrée en fonction des consuls et nomination de ministres : Berthier à la Guerre, Gaudin aux Finances, Fouché garde la Police générale, Cambacérès la Justice.

12 novembre.
21 brumaire.
Nomination de Laplace au ministère de l'Intérieur et de Bourdon à la Marine.

22 novembre.
1er frimaire.
Nomination de Talleyrand au ministère des Relations extérieures et de Forfait à la Marine à la place de Bourdon choisi le 12 novembre précédent.

1er décembre.
10 frimaire.
Refus par Bonaparte du projet de Constitution de Sieyès.

12 décembre.
21 frimaire.
Adoption du projet de Constitution de Daunou et élection des trois consuls : Bonaparte comme Premier consul, Cambacérès comme deuxième consul et Lebrun comme troisième consul.

15 décembre.
24 frimaire.
Promulgation de la Constitution de l'an VIII et début officiel du Consulat.

CONCORDANCE DES CALENDRIERS GRÉGORIEN ET RÉVOLUTIONNAIRE

SEPTEMBRE – OCTOBRE

VENDÉMIAIRE

Le 1er répond au 23 septembre

ÈRE RÉPUBLICAINE			an 2	an 3	an 4	an 5	an 6	an 7	an 8	an 9	an 10	an 11	an 12	an 13	an 14
PRODUCTIONS NATURELLES ET INSTRUMENTS RURAUX	NOMS DES JOURS RÉPUBLICAINS		1793	1794	1795	1796	1797	1798	1799	1800	1801	1802	1803	1804	1805
			JOURS DU CALENDRIER GRÉGORIEN												
Raisin.	Primidi.	1	22	22	23	22	22	22	23	23	23	23	24	23	23
Safran.	Duodi.	2	23	23	24	23	23	23	24	24	24	24	25	24	24
Châtaigne.	Tridi.	3	24	24	25	24	24	24	25	25	25	25	26	25	25
Colchique.	Quartidi.	4	25	25	26	25	25	25	26	26	26	26	27	26	26
CHEVAL.	*Quintidi.*	5	26	26	27	26	26	26	27	27	27	27	28	27	27
Balsamine.	Sextidi.	6	27	27	28	27	27	27	28	28	28	28	29	28	28
Carotte.	Septidi.	7	28	28	29	28	28	28	29	29	29	29	30	29	29
Amaranthe.	Octidi.	8	29	29	30	29	29	29	30	30	30	30	1	30	30
Panais.	Nonidi.	9	30	30	1	30	30	30	1	1	1	1	2	1	1
CUVE.	DECADI.	10	1	1	2	1	1	1	2	2	2	2	3	2	2
Pomme de terre.	Primidi.	11	2	2	3	2	2	2	3	3	3	3	4	3	3
Immortelle.	Duodi.	12	3	3	4	3	3	3	4	4	4	4	5	4	4
Potiron.	Tridi.	13	4	4	5	4	4	4	5	5	5	5	6	5	5
Réséda.	Quartidi.	14	5	5	6	5	5	5	6	6	6	6	7	6	6
ÂNE.	*Quintidi.*	15	6	6	7	6	6	6	7	7	7	7	8	7	7
Belle-de-nuit.	Sextidi.	16	7	7	8	7	7	7	8	8	8	8	9	8	8
Citrouille.	Septidi.	17	8	8	9	8	8	8	9	9	9	9	10	9	9
Sarasin.	Octidi.	18	9	9	10	9	9	9	10	10	10	10	11	10	10
Tournesol.	Nonidi.	19	10	10	11	10	10	10	11	11	11	11	12	11	11
PRESSOIR.	DECADI.	20	11	11	12	11	11	11	12	12	12	12	13	12	12
Chanvre.	Primidi.	21	12	12	13	12	12	12	13	13	13	13	14	13	13
Pêche.	Duodi.	22	13	13	14	13	13	13	14	14	14	14	15	14	14
Navet.	Tridi.	23	14	14	15	14	14	14	15	15	15	15	16	15	15
Amaryllis.	Quartidi.	24	15	15	16	15	15	15	16	16	16	16	17	16	16
BOEUF.	*Quintidi.*	25	16	16	17	16	16	16	17	17	17	17	18	17	17
Aubergine.	Sextidi.	26	17	17	18	17	17	17	18	18	18	18	19	18	18
Piment.	Septidi.	27	18	18	19	18	18	18	19	19	19	19	20	19	19
Tomate.	Octidi.	28	19	19	20	19	19	19	20	20	20	20	21	20	20
Orge.	Nonidi.	29	20	20	21	20	20	20	21	21	21	21	22	21	21
TONNEAU.	DECADI.	30	21	21	22	21	21	21	22	22	22	22	23	22	22

OCTOBRE – NOVEMBRE

BRUMAIRE

Le 1er répond au 22 octobre

ÈRE RÉPUBLICAINE			an 2	an 3	an 4	an 5	an 6	an 7	an 8	an 9	an 10	an 11	an 12	an 13	an 14
PRODUCTIONS NATURELLES ET INSTRUMENTS RURAUX	NOMS DES JOURS RÉPUBLICAINS		1793	1794	1795	1796	1797	1798	1799	1800	1801	1802	1803	1804	1805
			JOURS DU CALENDRIER GRÉGORIEN (ÈRE GRÉGORIENNE)												
Pomme.	Primidi.	1	22	22	23	22	22	22	23	23	23	23	24	23	23
Céleri.	Duodi.	2	23	23	24	23	23	23	24	24	24	24	25	24	24
Poire.	Tridi.	3	24	24	25	24	24	24	25	25	25	25	26	25	25
Betterave.	Quartidi.	4	25	25	26	25	25	25	26	26	26	26	27	26	26
OIE.	*Quintidi.*	5	26	26	27	26	26	26	27	27	27	27	28	27	27
Héliotrope.	Sextidi.	6	27	27	28	27	27	27	28	28	28	28	29	28	28
Figue.	Septidi.	7	28	28	29	28	28	28	29	29	29	29	30	29	29
Scorsonère.	Octidi.	8	29	29	30	29	29	29	30	30	30	30	31	30	30
Alisier.	Nonidi.	9	30	30	31	30	30	30	31	31	31	31	1	31	31
CHARRUE.	DECADI.	10	31	31	1	31	31	31	1	1	1	1	2	1	1
Salsifis.	Primidi.	11	1	1	2	1	1	1	2	2	2	2	3	2	2
Macre.	Duodi.	12	2	2	3	2	2	2	3	3	3	3	4	3	3
Topinambour.	Tridi.	13	3	3	4	3	3	3	4	4	4	4	5	4	4
Endive.	Quartidi.	14	4	4	5	4	4	4	5	5	5	5	6	5	5
DINDON.	*Quintidi.*	15	5	5	6	5	5	5	6	6	6	6	7	6	6
Chervi.	Sextidi.	16	6	6	7	6	6	6	7	7	7	7	8	7	7
Cresson.	Septidi.	17	7	7	8	7	7	7	8	8	8	8	9	8	8
Dentelaire.	Octidi.	18	8	8	9	8	8	8	9	9	9	9	10	9	9
Grenade.	Nonidi.	19	9	9	10	9	9	9	10	10	10	10	11	10	10
HERSE.	DECADI.	20	10	10	11	10	10	10	11	11	11	11	12	11	11
Bacchante.	Primidi.	21	11	11	12	11	11	11	12	12	12	12	13	12	12
Azerole.	Duodi.	22	12	12	13	12	12	12	13	13	13	13	14	13	13
Garence.	Tridi.	23	13	13	14	13	13	13	14	14	14	14	15	14	14
Orange.	Quartidi.	24	14	14	15	14	14	14	15	15	15	15	16	15	15
FAISAN.	*Quintidi.*	25	15	15	16	15	15	15	16	16	16	16	17	16	16
Pistache.	Sextidi.	26	16	16	17	16	16	16	17	17	17	17	18	17	17
Macjon.	Septidi.	27	17	17	18	17	17	17	18	18	18	18	19	18	18
Coing.	Octidi.	28	18	18	19	18	18	18	19	19	19	19	20	19	19
Cormier.	Nonidi.	29	19	19	20	19	19	19	20	20	20	20	21	20	20
ROULEAU.	DECADI.	30	20	20	21	20	20	20	21	21	21	21	22	21	21

NOVEMBRE - DÉCEMBRE

FRIMAIRE

Le 1er répond au 21 novembre

JOURS DU CALENDRIER GRÉGORIEN

ÈRE RÉPUBLICAINE			an 2	an 3	an 4	an 5	an 6	an 7	an 8	an 9	an 10	an 11	an 12	an 13	an 14
PRODUCTIONS NATURELLES ET INSTRUMENTS RURAUX	NOMS DES JOURS RÉPUBLICAINS		1793	1794	1795	1796	1797	1798	1799	1800	1801	1802	1803	1804	1805
			ÈRE GRÉGORIENNE												
Raiponce.	Primidi.	1	21	21	22	21	21	21	22	22	22	22	23	22	22
Turneps.	Duodi.	2	22	22	23	22	22	22	23	23	23	23	24	23	23
Chicorée.	Tridi.	3	23	23	24	23	23	23	24	24	24	24	25	24	24
Nèfle.	Quartidi.	4	24	24	25	24	24	24	25	25	25	25	26	25	25
COCHON	*Quintidi.*	5	25	25	26	25	25	25	26	26	26	26	27	26	26
Mâche.	Sextidi.	6	26	26	27	26	26	26	27	27	27	27	28	27	27
Chou-fleur.	Septidi.	7	27	27	28	27	27	27	28	28	28	28	29	28	28
Miel.	Octidi.	8	28	28	29	28	28	28	29	29	29	29	30	29	29
Genièvre.	Nonidi.	9	29	29	30	29	29	29	30	30	30	30	1	30	30
PIOCHE.	DECADI.	10	30	30	1	30	30	30	1	1	1	1	2	1	1
Cire.	Primidi.	11	1	1	2	1	1	1	2	2	2	2	3	2	2
Raifort.	Duodi.	12	2	2	3	2	2	2	3	3	3	3	4	3	3
Cèdre.	Tridi.	13	3	3	4	3	3	3	4	4	4	4	5	4	4
Sapin.	Quartidi.	14	4	4	5	4	4	4	5	5	5	5	6	5	5
CHEVREUIL.	*Quintidi.*	15	5	5	6	5	5	5	6	6	6	6	7	6	6
Ajonc.	Sextidi.	16	6	6	7	6	6	6	7	7	7	7	8	7	7
Cyprès.	Septidi.	17	7	7	8	7	7	7	8	8	8	8	9	8	8
Lierre.	Octidi.	18	8	8	9	8	8	8	9	9	9	9	10	9	9
Sabine.	Nonidi.	19	9	9	10	9	9	9	10	10	10	10	11	10	10
HOYAU.	DECADI.	20	10	10	11	10	10	10	11	11	11	11	12	11	11
Érable-sucre.	Primidi.	21	11	11	12	11	11	11	12	12	12	12	13	12	12
Bruyère.	Duodi.	22	12	12	13	12	12	12	13	13	13	13	14	13	13
Roseau.	Tridi.	23	13	13	14	13	13	13	14	14	14	14	15	14	14
Oseille.	Quartidi.	24	14	14	15	14	14	14	15	15	15	15	16	15	15
GRILLON.	*Quintidi.*	25	15	15	16	15	15	15	16	16	16	16	17	16	16
Pignon.	Sextidi.	26	16	16	17	16	16	16	17	17	17	17	18	17	17
Liège.	Septidi.	27	17	17	18	17	17	17	18	18	18	18	19	18	18
Truffe.	Octidi.	28	18	18	19	18	18	18	19	19	19	19	20	19	19
Olive.	Nonidi.	29	19	19	20	19	19	19	20	20	20	20	21	20	20
PELLE.	DECADI.	30	20	20	21	20	20	20	21	21	21	21	22	21	21

DÉCEMBRE – JANVIER

NIVÔSE

ÈRE RÉPUBLICAINE [1]			an 2	an 3	an 4	an 5	an 6	an 7	an 8	an 9	an 10	an 11	an 12	an 13	an 14
Productions naturelles et instruments ruraux	Noms des jours républicains		1793	1794	1795	1796	1797	1798	1799	1800	1801	1802	1803	1804	1805
			Jours du calendrier grégorien												
Tourbe.	Primidi.	1	21	21	22	21	21	21	22	22	22	22	23	22	22
Houille.	Duodi.	2	22	22	23	22	22	22	23	23	23	23	24	23	23
Bitume.	Tridi.	3	23	23	24	23	23	23	24	24	24	24	25	24	24
Soufre.	Quartidi.	4	24	24	25	24	24	24	25	25	25	25	26	25	25
Chien.	*Quintidi.*	5	25	25	26	25	25	25	26	26	26	26	27	26	26
Lave.	Sextidi.	6	26	26	27	26	26	26	27	27	27	27	28	27	27
Terre végétale.	Septidi.	7	27	27	28	27	27	27	28	28	28	28	29	28	28
Fumier.	Octidi.	8	28	28	29	28	28	28	29	29	29	29	30	29	29
Salpêtre.	Nonidi.	9	29	29	30	29	29	29	30	30	30	30	31	30	30
FLÉAU.	Decadi.	10	30	30	31	30	30	30	31	31	31	31	•	31	31
Granit.	Primidi.	11	31	31	•	31	31	31	•	•	•	•	•	•	•

ÈRE RÉPUBLICAINE			an 2	an 3	an 4	an 5	an 6	an 7	an 8	an 9	an 10	an 11	an 12	an 13
Productions naturelles, etc.	Noms des jours, etc.		1794	1795	1796	1797	1798	1799	1800	1801	1802	1803	1804	1805
			Jours du calendrier grégorien											
FLÉAU.	Decadi.	10	•	•	•	•	•	•	•	•	•	1	•	•
Granit.	Primidi.	11	•	1	•	•	•	1	1	1	1	2	1	1
Argile.	Duodi.	12	1	2	1	1	1	2	2	2	2	3	2	2
Ardoise.	Tridi.	13	2	3	2	2	2	3	3	3	3	4	3	3
Grès.	Quartidi.	14	3	4	3	3	3	4	4	4	4	5	4	4
Lapin.	*Quintidi.*	15	4	5	4	4	4	5	5	5	5	6	5	5
Silex.	Sextidi.	16	5	6	5	5	5	6	6	6	6	7	6	6
Marne.	Septidi.	17	6	7	6	6	6	7	7	7	7	8	7	7
Pierre-à-chaux.	Octidi.	18	7	8	7	7	7	8	8	8	8	9	8	8
Marbre.	Nonidi.	19	8	9	8	8	8	9	9	9	9	10	9	9
VAN.	Decadi.	20	9	10	9	9	9	10	10	10	10	11	10	10
Pierre-à-plâtre.	Primidi.	21	10	11	10	10	10	11	11	11	11	12	11	11
Sel.	Duodi.	22	11	12	11	11	11	12	12	12	12	13	12	12
Fer.	Tridi.	23	12	13	12	12	12	13	13	13	13	14	13	13
Cuivre.	Quartidi.	24	13	14	13	13	13	14	14	14	14	15	14	14
Chat.	*Quintidi.*	25	14	15	14	14	14	15	15	15	15	16	15	15
Étain.	Sextidi.	26	15	16	15	15	15	16	16	16	16	17	16	16
Plomb.	Septidi.	27	16	17	16	16	16	17	17	17	17	18	17	17
Zinc.	Octidi.	28	17	18	17	17	17	18	18	18	18	19	18	18
Mercure.	Nonidi.	29	18	19	18	18	18	19	19	19	19	20	19	19
CRIBLE.	Decadi.	30	19	20	19	19	19	20	20	20	20	21	20	20

1. L'année 1793 finit le 11 nivôse ; l'an 2, qui a commencé le 22 septembre, continue. Même opération pour les années 1794, 1795, etc.

JANVIER – FÉVRIER

PLUVIÔSE

Le 1er répond au 20 janvier

ÈRE RÉPUBLICAINE			ÈRE GRÉGORIENNE — JOURS DU CALENDRIER GRÉGORIEN											
Productions naturelles et instruments ruraux	Noms des jours républicains		an 2	an 3	an 4	an 5	an 6	an 7	an 8	an 9	an 10	an 11	an 12	an 13
			1794	1795	1796	1797	1798	1799	1800	1801	1802	1803	1804	1805
Lauréole.	Primidi.	1	20	21	20	20	20	21	21	21	21	22	21	21
Mousse.	Duodi.	2	21	22	21	21	21	22	22	22	22	23	22	22
Fragon.	Tridi.	3	22	23	22	22	22	23	23	23	23	24	23	23
Perce-neige.	Quartidi.	4	23	24	23	23	23	24	24	24	24	25	24	24
TAUREAU.	*Quintidi.*	5	24	25	24	24	24	25	25	25	25	26	25	25
Laurier-thym.	Sextidi.	6	25	26	25	25	25	26	26	26	26	27	26	26
Amadouvier.	Septidi.	7	26	27	26	26	26	27	27	27	27	28	27	27
Mézéréum.	Octidi.	8	27	28	27	27	27	28	28	28	28	29	28	28
Peuplier.	Nonidi.	9	28	29	28	28	28	29	29	29	29	30	29	29
COGNÉE.	DÉCADI.	10	29	30	29	29	29	30	30	30	30	31	30	30
Ellébore.	Primidi.	11	30	31	30	30	30	31	31	31	31	1	31	31
Brocoli.	Duodi.	12	31	1	31	31	31	1	1	1	1	2	1	1
Laurier.	Tridi.	13	1	2	1	1	1	2	2	2	2	3	2	2
Avelinier.	Quartidi.	14	2	3	2	2	2	3	3	3	3	4	3	3
VACHE.	*Quintidi.*	15	3	4	3	3	3	4	4	4	4	5	4	4
Buis.	Sextidi.	16	4	5	4	4	4	5	5	5	5	6	5	5
Lichen.	Septidi.	17	5	6	5	5	5	6	6	6	6	7	6	6
If.	Octidi.	18	6	7	6	6	6	7	7	7	7	8	7	7
Pulmonaire.	Nonidi.	19	7	8	7	7	7	8	8	8	8	9	8	8
SERPETTE.	DÉCADI.	20	8	9	8	8	8	9	9	9	9	10	9	9
Thlaspi.	Primidi.	21	9	10	9	9	9	10	10	10	10	11	10	10
Thymelé.	Duodi.	22	10	11	10	10	10	11	11	11	11	12	11	11
Chiendent.	Tridi.	23	11	12	11	11	11	12	12	12	12	13	12	12
Traînasse.	Quartidi.	24	12	13	12	12	12	13	13	13	13	14	13	13
LIÈVRE.	*Quintidi.*	25	13	14	13	13	13	14	14	14	14	15	14	14
Guède.	Sextidi.	26	14	15	14	14	14	15	15	15	15	16	15	15
Noisetier.	Septidi.	27	15	16	15	15	15	16	16	16	16	17	16	16
Ciclamen.	Octidi.	28	16	17	16	16	16	17	17	17	17	18	17	17
Chélidoine.	Nonidi.	29	17	18	17	17	17	18	18	18	18	19	18	18
TRAÎNEAU.	DÉCADI.	30	18	19	18	18	18	19	19	19	19	20	19	19

VENTÔSE

Le 1er répond au 19 février

FÉVRIER - MARS

ÈRE RÉPUBLICAINE			JOURS DU CALENDRIER GRÉGORIEN											
			an 2	an 3	an 4	an 5	an 6	an 7	an 8	an 9	an 10	an 11	an 12	an 13
PRODUCTIONS NATURELLES ET INSTRUMENTS RURAUX	NOMS DES JOURS RÉPUBLICAINS		ÈRE GRÉGORIENNE 1794	1795	1796	1797	1798	1799	1800	1801	1802	1803	1804	1805
Tussilage.	Primidi.	1	19	20	19	19	19	20	20	20	20	21	20	20
Cornouiller.	Duodi.	2	20	21	20	20	20	21	21	21	21	22	21	21
Violier.	Tridi.	3	21	22	21	21	21	22	22	22	22	23	22	22
Troène.	Quartidi.	4	22	23	22	22	22	23	23	23	23	24	23	23
BOUC.	*Quintidi.*	5	23	24	23	23	23	24	24	24	24	25	24	24
Asaret.	Sextidi.	6	24	25	24	24	24	25	25	25	25	26	25	25
Alaterne.	Septidi.	7	25	26	25	25	25	26	26	26	26	27	26	26
Violette.	Octidi.	8	26	27	26	26	26	27	27	27	27	28	27	27
Marsaut.	Nonidi.	9	27	28	27	27	27	28	28	28	28	1	28	28
BÊCHE.	DECADI.	10	28	1	28	28	28	1	1	1	1	2	29	1
Narcisse.	Primidi.	11	1	2	29	1	1	2	2	2	2	3	1	2
Orme.	Duodi.	12	2	3	1	2	2	3	3	3	3	4	2	3
Fumeterre.	Tridi.	13	3	4	2	3	3	4	4	4	4	5	3	4
Vélar.	Quartidi.	14	4	5	3	4	4	5	5	5	5	6	4	5
CHÈVRE.	*Quintidi.*	15	5	6	4	5	5	6	6	6	6	7	5	6
Épinard.	Sextidi.	16	6	7	5	6	6	7	7	7	7	8	6	7
Doronic.	Septidi.	17	7	8	6	7	7	8	8	8	8	9	7	8
Mouron.	Octidi.	18	8	9	7	8	8	9	9	9	9	10	8	9
Cerfeuil.	Nonidi.	19	9	10	8	9	9	10	10	10	10	11	9	10
CORDEAU.	DECADI.	20	10	11	9	10	10	11	11	11	11	12	10	11
Mandragore.	Primidi.	21	11	12	10	11	11	12	12	12	12	13	11	12
Persil.	Duodi.	22	12	13	11	12	12	13	13	13	13	14	12	13
Cochléaria.	Tridi.	23	13	14	12	13	13	14	14	14	14	15	13	14
Pâquerette.	Quartidi.	24	14	15	13	14	14	15	15	15	15	16	14	15
THON.	*Quintidi.*	25	15	16	14	15	15	16	16	16	16	17	15	16
Pissenlit.	Sextidi.	26	16	17	15	16	16	17	17	17	17	18	16	17
Sylvie.	Septidi.	27	17	18	16	17	17	18	18	18	18	19	17	18
Capillaire.	Octidi.	28	18	19	17	18	18	19	19	19	19	20	18	19
Frêne.	Nonidi.	29	19	20	18	19	19	20	20	20	20	21	19	20
PLANTOIR.	DECADI.	30	20	21	19	20	20	21	21	21	21	22	20	21

MARS – AVRIL

JOURS DU CALENDRIER GRÉGORIEN

GERMINAL

Le 1er répond au 24 mars

ÈRE RÉPUBLICAINE			an 2	an 3	an 4	an 5	an 6	an 7	an 8	an 9	an 10	an 11	an 12	an 13
PRODUCTIONS NATURELLES ET INSTRUMENTS RURAUX	NOMS DES JOURS RÉPUBLICAINS		1794	1795	1796	1797	1798	1799	1800	1801	1802	1803	1804	1805
Primevère.	Primidi.	1	21	22	20	21	21	22	22	22	22	23	21	22
Platane.	Duodi.	2	22	23	21	22	22	23	23	23	23	24	22	23
Asperge.	Tridi.	3	23	24	22	23	23	24	24	24	24	25	23	24
Tulipe.	Quartidi.	4	24	25	23	24	24	25	25	25	25	26	24	25
POULE.	*Quintidi.*	5	25	26	24	25	25	26	26	26	26	27	25	26
Blette.	Sextidi.	6	26	27	25	26	26	27	27	27	27	28	26	27
Bouleau.	Septidi.	7	27	28	26	27	27	28	28	28	28	29	27	28
Jonquille.	Octidi.	8	28	29	27	28	28	29	29	29	29	30	28	29
Aulne.	Nonidi.	9	29	30	28	29	29	30	30	30	30	31	29	30
COUVOIR.	DECADI.	10	30	31	29	30	30	31	31	31	31	1	30	31
Pervenche.	Primidi.	11	31	1	30	31	31	1	1	1	1	2	31	1
Charme.	Duodi.	12	1	2	31	1	1	2	2	2	2	3	1	2
Morille.	Tridi.	13	2	3	1	2	2	3	3	3	3	4	2	3
Hêtre.	Quartidi.	14	3	4	2	3	3	4	4	4	4	5	3	4
ABEILLE.	*Quintidi.*	15	4	5	3	4	4	5	5	5	5	6	4	5
Laitue.	Sextidi.	16	5	6	4	5	5	6	6	6	6	7	5	6
Mélèze.	Septidi.	17	6	7	5	6	6	7	7	7	7	8	6	7
Ciguë.	Octidi.	18	7	8	6	7	7	8	8	8	8	9	7	8
Radis.	Nonidi.	19	8	9	7	8	8	9	9	9	9	10	8	9
RUCHE.	DECADI.	20	9	10	8	9	9	10	10	10	10	11	9	10
Gainier.	Primidi.	21	10	11	9	10	10	11	11	11	11	12	10	11
Romaine.	Duodi.	22	11	12	10	11	11	12	12	12	12	13	11	12
Marronnier.	Tridi.	23	12	13	11	12	12	13	13	13	13	14	12	13
Roquette.	Quartidi.	24	13	14	12	13	13	14	14	14	14	15	13	14
Pigeon.	*Quintidi.*	25	14	15	13	14	14	15	15	15	15	16	14	15
Lilas.	Sextidi.	26	15	16	14	15	15	16	16	16	16	17	15	16
Anémone.	Septidi.	27	16	17	15	16	16	17	17	17	17	18	16	17
Pensée.	Octidi.	28	17	18	16	17	17	18	18	18	18	19	17	18
Myrtille.	Nonidi.	29	18	19	17	18	18	19	19	19	19	20	18	19
GREFFOIR.	DECADI.	30	19	20	18	19	19	20	20	20	20	21	19	20

ÈRE GRÉGORIENNE

FLORÉAL

Le 1er répond au 20 avril

AVRIL – MAI

ÈRE RÉPUBLICAINE			ÈRE GRÉGORIENNE — JOURS DU CALENDRIER GRÉGORIEN											
Productions naturelles et instruments ruraux	Noms des jours républicains		an 2	an 3	an 4	an 5	an 6	an 7	an 8	an 9	an 10	an 11	an 12	an 13
			1794	1795	1796	1797	1798	1799	1800	1801	1802	1803	1804	1805
Rose.	Primidi.	1	20	21	19	20	20	21	21	21	21	22	20	21
Chêne.	Duodi.	2	21	22	20	21	21	22	22	22	22	23	21	22
Fougère.	Tridi.	3	22	23	21	22	22	23	23	23	23	24	22	23
Aubépine.	Quartidi.	4	23	24	22	23	23	24	24	24	24	25	23	24
ROSSIGNOL.	*Quintidi.*	5	24	25	23	24	24	25	25	25	25	26	24	25
Ancolie.	Sextidi.	6	25	26	24	25	25	26	26	26	26	27	25	26
Muguet.	Septidi.	7	26	27	25	26	26	27	27	27	27	28	26	27
Champignon.	Octidi.	8	27	28	26	27	27	28	28	28	28	29	27	28
Hyacinthe.	Nonidi.	9	28	29	27	28	28	29	29	29	29	30	28	29
RÂTEAU.	DÉCADI.	10	29	30	28	29	29	30	30	30	30	1	29	30
Rhubarbe.	Primidi.	11	30	1	29	30	30	1	1	1	1	2	30	1
Sainfoin.	Duodi.	12	1	2	30	1	1	2	2	2	2	3	1	2
Bâton-d'or.	Tridi.	13	2	3	1	2	2	3	3	3	3	4	2	3
Camérisier.	Quartidi.	14	3	4	2	3	3	4	4	4	4	5	3	4
VER-À-SOIE.	*Quintidi.*	15	4	5	3	4	4	5	5	5	5	6	4	5
Consoude.	Sextidi.	16	5	6	4	5	5	6	6	6	6	7	5	6
Pimprenelle.	Septidi.	17	6	7	5	6	6	7	7	7	7	8	6	7
Corbeille-d'or.	Octidi.	18	7	8	6	7	7	8	8	8	8	9	7	8
Arroche.	Nonidi.	19	8	9	7	8	8	9	9	9	9	10	8	9
SARCLOIR.	DÉCADI.	20	9	10	8	9	9	10	10	10	10	11	9	10
Statice.	Primidi.	21	10	11	9	10	10	11	11	11	11	12	10	11
Fritillaire.	Duodi.	22	11	12	10	11	11	12	12	12	12	13	11	12
Bourrache.	Tridi.	23	12	13	11	12	12	13	13	13	13	14	12	13
Valériane.	Quartidi.	24	13	14	12	13	13	14	14	14	14	15	13	14
CARPE.	*Quintidi.*	25	14	15	13	14	14	15	15	15	15	16	14	15
Fusain.	Sextidi.	26	15	16	14	15	15	16	16	16	16	17	15	16
Civette.	Septidi.	27	16	17	15	16	16	17	17	17	17	18	16	17
Buglose.	Octidi.	28	17	18	16	17	17	18	18	18	18	19	17	18
Sénevé.	Nonidi.	29	18	19	17	18	18	19	19	19	19	20	18	19
HOULETTE.	DÉCADI.	30	19	20	18	19	19	20	20	20	20	21	19	20

MAI – JUIN

PRAIRIAL

Le 1er répond au 20 mai

ÈRE RÉPUBLICAINE			an 2	an 3	an 4	an 5	an 6	an 7	an 8	an 9	an 10	an 11	an 12	an 13
PRODUCTIONS NATURELLES ET INSTRUMENTS RURAUX	NOMS DES JOURS RÉPUBLICAINS		ÈRE GRÉGORIENNE 1794	1795	1796	1797	1798	1799	1800	1801	1802	1803	1804	1805
			JOURS DU CALENDRIER GRÉGORIEN											
Luzerne.	Primidi.	1	20	21	19	20	20	21	21	21	21	22	20	21
Hémérocalle.	Duodi.	2	21	22	20	21	21	22	22	22	22	23	21	22
Trèfle.	Tridi.	3	22	23	21	22	22	23	23	23	23	24	22	23
Angélique.	Quartidi.	4	23	24	22	23	23	24	24	24	24	25	23	24
CANARD.	*Quintidi.*	5	24	25	23	24	24	25	25	25	25	26	24	25
Mélisse.	Sextidi.	6	25	26	24	25	25	26	26	26	26	27	25	26
Fromental.	Septidi.	7	26	27	25	26	26	27	27	27	27	28	26	27
Martagon.	Octidi.	8	27	28	26	27	27	28	28	28	28	29	27	28
Serpolet.	Nonidi.	9	28	29	27	28	28	29	29	29	29	30	28	29
FAULX.	DECADI.	10	29	30	28	29	29	30	30	30	30	31	29	30
Fraise.	Primidi.	11	30	31	29	30	30	31	31	31	31	1	30	31
Bétoine.	Duodi.	12	31	1	30	31	31	1	1	1	1	2	31	1
Pois.	Tridi.	13	1	2	31	1	1	2	2	2	2	3	1	2
Acacia.	Quartidi.	14	2	3	1	2	2	3	3	3	3	4	2	3
CAILLE.	*Quintidi.*	15	3	4	2	3	3	4	4	4	4	5	3	4
Œillet.	Sextidi.	16	4	5	3	4	4	5	5	5	5	6	4	5
Sureau.	Septidi.	17	5	6	4	5	5	6	6	6	6	7	5	6
Pavot.	Octidi.	18	6	7	5	6	6	7	7	7	7	8	6	7
Tilleul.	Nonidi.	19	7	8	6	7	7	8	8	8	8	9	7	8
FOURCHE.	DECADI.	20	8	9	7	8	8	9	9	9	9	10	8	9
Barbeau.	Primidi.	21	9	10	8	9	9	10	10	10	10	11	9	10
Camomille.	Duodi.	22	10	11	9	10	10	11	11	11	11	12	10	11
Chèvre-feuille.	Tridi.	23	11	12	10	11	11	12	12	12	12	13	11	12
Caille-lait.	Quartidi.	24	12	13	11	12	12	13	13	13	13	14	12	13
TANCHE.	*Quintidi.*	25	13	14	12	13	13	14	14	14	14	15	13	14
Jasmin.	Sextidi.	26	14	15	13	14	14	15	15	15	15	16	14	15
Verveine.	Septidi.	27	15	16	14	15	15	16	16	16	16	17	15	16
Thym.	Octidi.	28	16	17	15	16	16	17	17	17	17	18	16	17
Pivoine.	Nonidi.	29	17	18	16	17	17	18	18	18	18	19	17	18
CHARIOT.	DECADI.	30	18	19	17	18	18	19	19	19	19	20	18	19

JUIN - JUILLET

MESSIDOR

Le 1er répond au 19 juin

ÈRE RÉPUBLICAINE			an 2	an 3	an 4	an 5	an 6	an 7	an 8	an 9	an 10	an 11	an 12	an 13
PRODUCTIONS NATURELLES ET INSTRUMENTS RURAUX	NOMS DES JOURS RÉPUBLICAINS		1794	1795	1796	1797	1798	1799	1800	1801	1802	1803	1804	1805
			JOURS DU CALENDRIER GRÉGORIEN											
Seigle.	Primidi.	1	19	20	18	19	19	20	20	20	20	21	19	20
Avoine.	Duodi.	2	20	21	19	20	20	21	21	21	21	22	20	21
Oignon.	Tridi.	3	21	22	20	21	21	22	22	22	22	23	21	22
Véronique.	Quartidi.	4	22	23	21	22	22	23	23	23	23	24	22	23
MULET.	*Quintidi.*	5	23	24	22	23	23	24	24	24	24	25	23	24
Romarin.	Sextidi.	6	24	25	23	24	24	25	25	25	25	26	24	25
Concombre	Septidi.	7	25	26	24	25	25	26	26	26	26	27	25	26
Échalotte.	Octidi.	8	26	27	25	26	26	27	27	27	27	28	26	27
Absinthe.	Nonidi.	9	27	28	26	27	27	28	28	28	28	29	27	28
FAUCILLE.	DECADI.	10	28	29	27	28	28	29	29	29	29	30	28	29
Coriandre.	Primidi.	11	29	30	28	29	29	30	30	30	30	1	29	30
Artichaut.	Duodi.	12	30	1	29	30	30	1	1	1	1	2	30	1
Giroflée.	Tridi.	13	1	2	30	1	1	2	2	2	2	3	1	2
Lavande.	Quartidi.	14	2	3	1	2	2	3	3	3	3	4	2	3
CHAMOIS.	*Quintidi.*	15	3	4	2	3	3	4	4	4	4	5	3	4
Tabac.	Sextidi.	16	4	5	3	4	4	5	5	5	5	6	4	5
Groseille.	Septidi.	17	5	6	4	5	5	6	6	6	6	7	5	6
Gesse.	Octidi.	18	6	7	5	6	6	7	7	7	7	8	6	7
Cerise.	Nonidi.	19	7	8	6	7	7	8	8	8	8	9	7	8
PARC.	DECADI.	20	8	9	7	8	8	9	9	9	9	10	8	9
Menthe.	Primidi.	21	9	10	8	9	9	10	10	10	10	11	9	10
Cumin.	Duodi.	22	10	11	9	10	10	11	11	11	11	12	10	11
Haricot.	Tridi.	23	11	12	10	11	11	12	12	12	12	13	11	12
Orcanète.	Quartidi.	24	12	13	11	12	12	13	13	13	13	14	12	13
PINTADE.	*Quintidi.*	25	13	14	12	13	13	14	14	14	14	15	13	14
Sauge.	Sextidi.	26	14	15	13	14	14	15	15	15	15	16	14	15
Ail.	Septidi.	27	15	16	14	15	15	16	16	16	16	17	15	16
Vesce.	Octidi.	28	16	17	15	16	16	17	17	17	17	18	16	17
Blé.	Nonidi.	29	17	18	16	17	17	18	18	18	18	19	17	18
CHALÉMIE.	DECADI.	30	18	19	17	18	18	19	19	19	19	20	18	19

JUILLET - AOÛT

THERMIDOR

Le 1er répond au 19 juillet

JOURS DU CALENDRIER GRÉGORIEN

ÈRE RÉPUBLICAINE			an 2	an 3	an 4	an 5	an 6	an 7	an 8	an 9	an 10	an 11	an 12	an 13
PRODUCTIONS NATURELLES ET INSTRUMENTS RURAUX	NOMS DES JOURS RÉPUBLICAINS		1794	1795	1796	1797	1798	1799	1800	1801	1802	1803	1804	1805
Épeautre.	Primidi.	1	19	20	18	19	19	20	20	20	20	21	19	20
Bouillon-blanc.	Duodi.	2	20	21	19	20	20	21	21	21	21	22	20	21
Melon.	Tridi.	3	21	22	20	21	21	22	22	22	22	23	21	22
Ivraie.	Quartidi.	4	22	23	21	22	22	23	23	23	23	24	22	23
BÉLIER.	*Quintidi.*	5	23	24	22	23	23	24	24	24	24	25	23	24
Prêle.	Sextidi.	6	24	25	23	24	24	25	25	25	25	26	24	25
Armoise.	Septidi.	7	25	26	24	25	25	26	26	26	26	27	25	26
Carthame.	Octidi.	8	26	27	25	26	26	27	27	27	27	28	26	27
Mûre.	Nonidi.	9	27	28	26	27	27	28	28	28	28	29	27	28
ARROSOIR.	DÉCADI.	10	28	29	27	28	28	29	29	29	29	30	28	29
Panis.	Primidi.	11	29	30	28	29	29	30	30	30	30	31	29	30
Salicot.	Duodi.	12	30	31	29	30	30	31	31	31	31	1	30	31
Abricot.	Tridi.	13	31	1	30	31	31	1	1	1	1	2	31	1
Basilic.	Quartidi.	14	1	2	31	1	1	2	2	2	2	3	1	2
BREBIS.	*Quintidi.*	15	2	3	1	2	2	3	3	3	3	4	2	3
Guimauve.	Sextidi.	16	3	4	2	3	3	4	4	4	4	5	3	4
Lin.	Septidi.	17	4	5	3	4	4	5	5	5	5	6	4	5
Amande.	Octidi.	18	5	6	4	5	5	6	6	6	6	7	5	6
Gentiane.	Nonidi.	19	6	7	5	6	6	7	7	7	7	8	6	7
ÉCLUSE.	DÉCADI.	20	7	8	6	7	7	8	8	8	8	9	7	8
Carline.	Primidi.	21	8	9	7	8	8	9	9	9	9	10	8	9
Caprier.	Duodi.	22	9	10	8	9	9	10	10	10	10	11	9	10
Lentille.	Tridi.	23	10	11	9	10	10	11	11	11	11	12	10	11
Aunée.	Quartidi.	24	11	12	10	11	11	12	12	12	12	13	11	12
LOUTRE.	*Quintidi.*	25	12	13	11	12	12	13	13	13	13	14	12	13
Myrthe.	Sextidi.	26	13	14	12	13	13	14	14	14	14	15	13	14
Colza.	Septidi.	27	14	15	13	14	14	15	15	15	15	16	14	15
Lupin.	Octidi.	28	15	16	14	15	15	16	16	16	16	17	15	16
Coton.	Nonidi.	29	16	17	15	16	16	17	17	17	17	18	16	17
MOULIN.	DÉCADI.	30	17	18	16	17	17	18	18	18	18	19	17	18

ÈRE GRÉGORIENNE

AOÛT - SEPTEMBRE

FRUCTIDOR

Le 1er répond au 18 août

ÈRE RÉPUBLICAINE			JOURS DU CALENDRIER GRÉGORIEN											
			ÈRE GRÉGORIENNE											
PRODUCTIONS NATURELLES ET INSTRUMENTS RURAUX	NOMS DES JOURS RÉPUBLICAINS		an 2 1794	an 3 1795	an 4 1796	an 5 1797	an 6 1798	an 7 1799	an 8 1800	an 9 1801	an 10 1802	an 11 1803	an 12 1804	an 13 1805
Prune.	Primidi.	1	18	19	17	18	18	19	19	19	19	20	18	19
Millet.	Duodi.	2	19	20	18	19	19	20	20	20	20	21	19	20
Lycoperde.	Tridi.	3	20	21	19	20	20	21	21	21	21	22	20	21
Escourgeon.	Quartidi.	4	21	22	20	21	21	22	22	22	22	23	21	22
SAUMON.	*Quintidi.*	5	22	23	21	22	22	23	23	23	23	24	22	23
Tubéreuse.	Sextidi.	6	23	24	22	23	23	24	24	24	24	25	23	24
Sucrion.	Septidi.	7	24	25	23	24	24	25	25	25	25	26	24	25
Apocyn.	Octidi.	8	25	26	24	25	25	26	26	26	26	27	25	26
Réglisse.	Nonidi.	9	26	27	25	26	26	27	27	27	27	28	26	27
ÉCHELLE.	DÉCADI.	10	27	28	26	27	27	28	28	28	28	29	27	28
Pastèque.	Primidi.	11	28	29	27	28	28	29	29	29	29	30	28	29
Fenouil.	Duodi.	12	29	30	28	29	29	30	30	30	30	31	29	30
Épine-vinette.	Tridi.	13	30	31	29	30	30	31	31	31	31	1	30	31
Noix.	Quartidi.	14	31	1	30	31	31	1	1	1	1	2	31	1
TRUITE.	*Quintidi.*	15	1	2	31	1	1	2	2	2	2	3	1	2
Citron.	Sextidi.	16	2	3	1	2	2	3	3	3	3	4	2	3
Cardière.	Septidi.	17	3	4	2	3	3	4	4	4	4	5	3	4
Nerprun.	Octidi.	18	4	5	3	4	4	5	5	5	5	6	4	5
Tagette.	Nonidi.	19	5	6	4	5	5	6	6	6	6	7	5	6
HOTTE.	DÉCADI.	20	6	7	5	6	6	7	7	7	7	8	6	7
Églantier.	Primidi.	21	7	8	6	7	7	8	8	8	8	9	7	8
Noisette.	Duodi.	22	8	9	7	8	8	9	9	9	9	10	8	9
Houblon.	Tridi.	23	9	10	8	9	9	10	10	10	10	11	9	10
Sorgho.	Quartidi.	24	10	11	9	10	10	11	11	11	11	12	10	11
ÉCREVISSE.	*Quintidi.*	25	11	12	10	11	11	12	12	12	12	13	11	12
Bigarade.	Sextidi.	26	12	13	11	12	12	13	13	13	13	14	12	13
Verge-d'or.	Septidi.	27	13	14	12	13	13	14	14	14	14	15	13	14
Maïs.	Octidi.	28	14	15	13	14	14	15	15	15	15	16	14	15
Marron.	Nonidi.	29	15	16	14	15	15	16	16	16	16	17	15	16
PANIER.	DÉCADI.	30	16	17	15	16	16	17	17	17	17	18	16	17

JOURS complémentaires — SEPTEMBRE

ÈRE RÉPUBLICAINE			an 2	an 3	an 4	an 5	an 6	an 7	an 8	an 9	an 10	an 11	an 12	an 13	
NOMS DES FÊTES RÉPUBLICAINES	NOMS DES JOURS RÉPUBLICAINS COMPLÉMENTAIRES		1794	1795	1796	1797	1798	1799	1800	1801	1802	1803	1804	1805	ÈRE GRÉGORIENNE
De la Vertu.	Primidi.	1	17	18	16	17	17	18	18	18	18	19	17	18	JOURS DU CALENDRIER GRÉGORIEN
Du Génie.	Duodi.	2	18	19	17	18	18	19	19	19	19	20	18	19	
Du Travail.	Tridi.	3	19	20	18	19	19	20	20	20	20	21	19	20	
De l'Opinion.	Quartidi.	4	20	21	19	20	20	21	21	21	21	22	20	21	
Des Récompenses.	*Quintidi.*	5	21	22	20	21	21	22	22	22	22	23	21	22	
De la Révolution.	Sextidi.	6	"	"	21	"	"	"	"	"	"	"	22	"	

L'Ère républicaine a fini le 31 décembre 1805.

TROISIÈME PARTIE

LE MONDE A L'ÉPOQUE DE LA RÉVOLUTION

par Jean Tulard

INTRODUCTION

Comme l'avaient souhaité les membres de la Constituante en votant, en prélude à la Constitution de 1791, la Déclaration des droits de l'homme – et non du Français – la Révolution de 1789 prit une dimension universelle. Les révolutionnaires parisiens eurent très vite le souci d'exporter leurs idées puis leurs armées dans la vieille Europe. La France, on l'a vu, n'a cessé de s'étendre entre 1791 et 1799, la monarchie un peu effacée sur le plan diplomatique de Louis XVI, faisant place dix ans plus tard à la Grande Nation et à son réseau de républiques sœurs. Mais il se produisit aussi une réaction de rejet de la part des grandes monarchies, sans parler d'une partie de la France, à l'égard d'idées jugées subversives. Ces idées, qualifiées alors de françaises, n'étaient pourtant pas entièrement originales ni vraiment nationales : elles puisaient une partie de leur inspiration aux États-Unis d'Amérique et en Angleterre ; elles devaient beaucoup à un philosophe suisse réfugié en France et à un philosophe français réfugié près de la Suisse. Le XVIIIe siècle fut celui du cosmopolitisme et non du repliement frileux des nations sur elles-mêmes. A côté des échanges idéologiques, des liens économiques s'étaient tissés entre pays avec la naissance d'un capitalisme moderne. De là la dimension vite européenne de la Révolution française. Une révolution qui atteint aussi les Amériques : celle du Nord touchée dans son commerce avec le vieux continent, celle du Sud, encore colonisée et qui commence à secouer ses chaînes à la faveur de l'affaiblissement des puissances colonisatrices. La Turquie, enjeu des rivalités européennes, est ébranlée dans toutes les parties d'un empire qui va des Balkans au Proche-Orient. En s'emparant, en 1798, de l'Égypte, province ottomane, les Français visent en réalité l'Inde, source de la richesse anglaise où éclate la révolte de Tippoo Sahib qui met un moment en danger la domination britannique. Seuls la Chine et le Japon restent à l'écart. Ainsi la Révolution française ne peut-elle être isolée d'un contexte européen et même mondial.

CHAPITRE PREMIER

L'Europe politique en 1789

Pour comprendre les réactions qui suivirent en Europe l'annonce des événements de France, il importe de dessiner le tableau politique de cette Europe.

I. LA DIVERSITÉ POLITIQUE

A la fin du XVIIIe siècle, l'Europe offre une grande diversité de régimes politiques.

LES MONARCHIES ABSOLUES

L'Europe méditerranéenne connaît encore la monarchie absolue développée sur le modèle français et liée à la dynastie des Bourbons. Dans ce type de gouvernement le roi règne sans autres limites que la volonté de Dieu : « Un seul Dieu et un seul prince. » Un monarque de droit divin est à la tête d'un État fortement centralisé.

C'est le cas en Espagne où la volonté de Louis XIV d'installer à Madrid un membre de sa famille pour assurer la sécurité de la France sur la frontière pyrénéenne a porté ses fruits avec le « pacte de famille » signé le 15 août 1761. Le gouvernement espagnol s'inspire de l'exemple français. Le roi est assisté de secrétaires d'État et du conseil de Castille ; des intendants le représentent dans les provinces. Charles III a su donner au pouvoir royal une autorité de moins en moins discutée. Roi d'Espagne en 1759, il avait été, de 1734 à cette date, souverain des Deux-Siciles et auparavant duc de Parme et de Piacenza. Sa mort, en 1788, fut une catastrophe pour la péninsule Ibérique. Son successeur, Charles IV, marié à une Italienne, Marie-Louise de Parme, était singulièrement falot, ignorant et apathique ne retrouvant son énergie que dans la chasse. Il laissa le pouvoir au ministre Floridablanca, chef du parti des robins. Convoquées en septembre 1789, les cortes de Castille prêtèrent sans problème serment de fidélité au nouveau souverain. Si la puissance espagnole reposait encore sur un empire colonial imposant, des Philippines à l'Amérique du Sud, elle traînait une énorme dette publique estimée à trois milliards de livres, et son armée n'était pas à la hauteur de sa flotte, bien loin elle-même de « l'invincible armada ».

Au sud de la péninsule italienne, le royaume des Deux-Siciles est également, depuis 1734, soumis à une branche cadette des Bourbons. Ferdinand III y a succédé à son père Charles III appelé à régner sur l'Espagne. Comme Charles IV, Ferdinand III est un souverain faible dominé par son épouse Marie-Caroline, sœur de Marie-Antoinette. Le royaume présente une forte concentration urbaine à Naples dont le port conserve une grande importance stratégique et commerciale, et une Sicile assez misérable.

Autre monarchie absolue : le Portugal qui s'appuie, comme l'Espagne, sur un empire colonial dont le Brésil est le principal fleuron. Depuis 1774 y règne doña Maria. Elle a arrêté les réformes de Pombal qui s'était efforcé de sortir le pays de sa léthargie. Son confesseur a une totale emprise sur elle.

La monarchie absolue apparaît en 1789 comme un type de gouvernement anachronique et arbitraire. Le progrès des lumières a sapé les fondements religieux de cette forme de royauté. Déjà Turgot déconseillait à Louis XVI de se faire sacrer. Pourtant les attaques des philosophes n'entament son crédit ni en Espagne ni à Naples où elle peut s'appuyer sur une censure vigilante et sur une noblesse et un clergé d'autant plus puissants que la bourgeoisie est peu développée.

LE DESPOTISME ÉCLAIRÉ

Un nouveau type de gouvernement est apparu au XVIIIe siècle : le despotisme éclairé, expression à laquelle il faudrait préférer celle d'absolutisme éclairé, puisqu'il s'agissait en réalité d'adapter la monarchie absolue aux lumières. On se trouvait en face d'une alliance entre le pouvoir et la philosophie, destinée à assurer le bonheur du peuple. Alors que le monarque absolu invoquait l'autorité divine, le despote éclairé parlait au nom de l'ordre naturel.

Trois expériences ont influencé l'Europe : Frédéric II en Prusse, Joseph II en Autriche et Catherine II en Russie. Le modèle a connu une grande diffusion en Allemagne et en Italie où l'on a singé les trois principaux souverains de l'Europe continentale.

Le vrai modèle fut Frédéric II de Prusse. A son avènement, l'État sur lequel il régnait, ne comptait que 120 000 km^2 ; il en atteignait 200 000 à sa mort en 1786. Le nombre des habitants était passé de 2 500 000 à 6 000 000. Non seulement l'armée prussienne était devenue la première d'Europe, mais entre 1740 et 1786, c'est tout le visage de la Prusse qui avait été remodelé : colonisation de la Silésie, tolérance religieuse (au moins en faveur des juifs), nouvelle législation, accroissement des revenus de l'État, administration de fer destinée à maintenir l'unité d'un pays fait de « raccommodages et de rapiéçages ». Tel était le bilan du parangon des despotes éclairés, protecteur de Voltaire (il finit par se brouiller avec lui), écrivain (on lui doit un *Anti-Machiavel*) et musicien (il composa un concerto pour flûte).

Fils de cet Auguste-Guillaume si durement traité par Frédéric II pendant la guerre de Sept Ans, Frédéric-Guillaume II trouvait dans l'héritage de son oncle une administration efficace, une armée remarquable et des caisses bien remplies. Mais il manquait de connaissances et de fermeté pour parfaire l'œuvre entreprise. De plus sa vie privée devint objet de scandale. Marié en 1765 à Élisabeth-Christine, fille du duc de Brunswick, il avait fait annuler cette union pour épouser Frédérique-Louise de Hesse-Darmstadt qu'il délaissa à son tour pour la comtesse de Voss puis la comtesse Doenhof. Ses maîtresses étaient nombreuses : parmi elles Wilhelmine Enke, dont il fit une comtesse de Lichtenau, prit sur lui un ascendant désastreux. Très vite la cour de Berlin, selon Mirabeau qui écrivit son histoire, fut livrée à « des prêtres, des visionnaires et des filles ». Les principaux conseillers du roi, le Saxon Bischoffswerder, promu général-major et Wöllner, ancien prêtre devenu en 1788 ministre de la Justice, tous les deux liés aux milieux théosophiques, étaient haïs par l'opinion.

L'armée ne tarda pas à perdre son ancienne efficacité : généraux trop âgés, relâchement de la discipline, multiplication des exemptions. Le règlement de 1792 eut beau rappeler le principe du service militaire, les dispenses accordées en grande quantité écartèrent du service des armes l'élite de la Prusse. De son côté l'administration périclitait tandis qu'échouait un projet d'impôt général. On découvrit brusquement que les caisses de l'État étaient vides, conséquence des largesses inconsidérées du roi en faveur de la noblesse. L'intolérance devint la règle. L'édit du 9 juillet 1788 soumit l'enseignement des pasteurs à une étroite surveillance et décida que serait fermé l'accès de l'Église à tous les candidats dont la doctrine ne serait pas reconnue pure et orthodoxe, seul moyen de la sauver de « l'infection ». La censure fut rétablie le 19 décembre 1788. En vain. Ce qui était interdit à Berlin pouvait être publié à Dresde et à Hambourg. On vit paraître une foule de pamphlets contre le roi et son entourage. Étaient dénoncés « la mauvaise administration des finances, les vices de la perception des impôts, l'état déplorable des voies de communication, l'accroissement inique des privilèges de la noblesse ».

Si le prestige de la Prusse à l'extérieur demeure intact, le pays entre dans une période de déclin dont l'effondrement de 1806 sera le naturel aboutissement.

Autre despote éclairé, Joseph II qui a succédé à Marie-Thérèse, le 29 novembre 1780. Le souverain de Vienne a entrepris, dès son avènement une série de réformes dictées « par la raison ». Le 15 janvier 1781 il a proclamé aboli le servage « comme contraire à la dignité et à la liberté humaine » ; il a annoncé également l'égalité de tous ses sujets devant la loi et devant l'impôt ; il a signé, le 20 octobre 1781, un édit de tolérance. Mais, dans le même temps, il renforce l'autorité absolue du souverain et place le clergé autrichien sous sa tutelle : c'est le « joséphisme » équivalent du gallicanisme en France. Il a par ailleurs conservé la plupart des institutions qui servaient à asseoir l'autorité du monarque, notamment le Conseil d'État.

Son action se solde pourtant par un échec. Il s'est heurté en effet aux résistances nationales dans un empire où se retrouvaient Allemands, Magyars, Polonais, Belges, Italiens... Sa volonté d'unification du patrimoine des Habsbourg a suscité une vive hostilité et réveillé les particularismes locaux. « Toutes les réformes de Joseph II, note Victor-L. Tapié, réforme agraire, réforme de la féodalité, réforme religieuse diminuant le nombre des gens d'Église et enlevant un certain prestige à la carrière ecclésiastique, réforme économique enfin, tendaient à faire monter de la paysannerie une nouvelle couche sociale. Or la langue que va adopter cette nouvelle classe sociale, c'est l'allemand. D'où vient l'idée de Joseph II que, dans l'avenir, tous ses sujets parleront allemand. Il admet très bien que, surtout à la campagne, les gens continueront de parler le dialecte. Mais il n'imagine guère qu'un paysan éclairé ne finisse pas par connaître l'allemand. » Paradoxalement, c'est l'Aufklärung qui se retourne contre Joseph II. Le nouvel ordre économique et social a favorisé les réveils régionaux. Ernest Denis écrira : « Il voulait former un État et il a créé des peuples. »

Troisième grand despote éclairé, Catherine II de Russie qui s'appuya un temps sur Diderot auquel elle offrit de reprendre en Russie la publication de l'*Encyclopédie.* Elle avait également invité d'Alembert en Russie pour y devenir le précepteur du prince héritier ; mais celui-ci refusa.

En 1767, Catherine II convoquait une commission chargée de publier un nouveau code. Cette commission était élue. Ce fut l'occasion pour elle, tout en adaptant les lois russes aux principes européens (car la Russie est à ses yeux partie prenante de l'Europe), de rappeler la nécessité d'une monarchie absolue : « Un grand royaume suppose l'autorité autocrate dans la personne qui le gouverne. Il faut que la promptitude des résolutions supplée à la distance des lieux où elles sont envoyées. » Ce gouvernement autocratique lui paraît conciliable avec l'idée de liberté. « L'objet et le but d'un gouvernement monarchique est la gloire des citoyens, de l'État et du prince. Et de cette gloire, il résulte un esprit de liberté qui peut produire d'aussi grandes choses et peut-être contribuer autant au bonheur des sujets que la liberté elle-même. » Défense des droits de la personne humaine dans les procédures judiciaires, tolérance religieuse, problème du servage sont abordés dans les « instructions » données par Catherine II à la commission. On y trouve l'exposé de la doctrine du despotisme éclairé tel que le conçoit l'impératrice. Elle entend lutter contre le retard économique de la Russie et l'associer à l'évolution de l'Europe, sans sacrifier ses propres prérogatives.

Le bilan de Catherine II sera décevant sur le plan industriel et commercial : l'empire russe continue à stagner (agriculture aux rendements médiocres, économie fermée, niveau de vie très bas). Dans le domaine administratif d'importantes réformes sont lancées en 1775 : cinquante gouvernements au lieu de vingt ; séparation des finances et de la justice ; à la tête des provinces des gouverneurs assistés de conseils. Mais le pouvoir de la noblesse sort renforcé de ces réformes et le servage persistera jusque dans la seconde moitié du XIXe siècle. D'autres exemples de despotes éclairés pourraient être cités, de l'archiduc Léopold, frère de Joseph II, en Toscane, aux nombreuses cours allemandes copiant l'exemple de Frédéric II, mais en 1789 cette forme de gouvernement a déjà beaucoup perdu de son prestige.

LA MONARCHIE PARLEMENTAIRE : L'EXEMPLE ANGLAIS

Depuis la révolution de 1688, l'Angleterre offre l'exemple d'une monarchie de type parlementaire qui fait l'admiration d'un Voltaire et d'un Montesquieu mais dont l'extension paraît impossible dans les pays où n'existent ni une noblesse éclairée ni une puissante bourgeoisie. Les nouveaux rois de la dynastie de Hanovre (George Ier qui régna de 1714 à 1727 puis George II de 1727 à 1760) ne parlaient pas anglais et ne s'intéressaient qu'à leur patrie d'origine. Ils laissèrent donc leurs ministres gouverner seuls. Ainsi s'établit l'usage que le roi règne mais ne gouverne pas ; il choisit ses ministres parmi les députés de la majorité ; les membres du cabinet que préside un Premier ministre sont solidairement responsables devant les Communes que les ministres ont le droit de dissoudre pour faire procéder à de nouvelles élections. Dans le cas où les électeurs renvoient au Parlement des députés hostiles au gouvernement, celui-ci doit se retirer. Le Parlement siège à Londres et comprend deux Chambres ; les Lords nommés par le roi (la dignité est héréditaire) et les Communes formées par 588 députés élus pour sept ans à raison de deux députés par comté, ville ou bourg.

C'est devant ce système d'élections et les garanties judiciaires offertes aux sujets anglais que s'extasiaient les philosophes. En réalité, il ne fallait pas regarder de trop près le régime électoral qui ne permettait qu'une représentation très infidèle du peuple anglais. Les électeurs étaient en petit nombre : propriétaires dans les campagnes et membres des corporations dans les villes. Dans certains bourgs jadis importants mais déchus, on ne comptait que de trois à quatre électeurs (un seul électeur nommait deux représentants à Old Saruam). Non seulement les candidats achetaient le plus souvent les électeurs mais ces députés étaient à leur tour achetés par le gouvernement. Bref la corruption régnait à tous les niveaux.

Deux partis s'opposaient dans l'Angleterre de la fin du XVIIIe siècle. Les whigs, favorables à l'idée de liberté et au développement économique, se recrutaient parmi les banquiers, manufacturiers et commerçants ; sur le plan religieux ils étaient proches des dissidents (puritains, calvinistes), hostiles à la fois au catholicisme et à l'anglicanisme. Leur chef était Fox. En revanche les tories défendaient les intérêts des grands propriétaires terriens (*landed men*), de l'Église anglicane et d'une monarchie qu'ils souhaitaient forte et respectée. C'est sur les tories que s'appuie George III lorsqu'il monte sur le trône en 1760. Il va trouver dans le Second Pitt un fidèle allié. Fils de lord Chatham, cet excellent orateur arrive au pouvoir en 1783. Il est convaincu que rien n'est plus nuisible au gouvernement que les divisions des partis et qu'il importe de donner plus de prestige à la prérogative royale ; il souhaite d'autre part mettre fin à la corruption parlementaire. Pour faire aboutir son programme, il procède, en accord avec George III, à la dissolution des Communes en 1784. Fox s'y oppose en vain. Les élections ont lieu en avril. Les whigs perdent 160 sièges et Fox lui-même est difficilement élu. Désormais, fort d'une puissante majorité et du soutien de l'opinion, Pitt peut faire prévaloir ses idées. Il est résolu à accorder au roi plus d'importance dans la direction des affaires extérieures. Ironie du sort : la santé délabrée de George III laisse finalement à Pitt l'initiative dans tous les domaines.

Très bon financier, Pitt remet le budget en équilibre en faisant appel au système des impôts indirects, pesant de préférence sur les objets de luxe. De 1786 à 1793 fut constitué un fonds d'amortissement de la dette publique. Triomphe du libéralisme avec le traité franco-anglais du 26 septembre 1786 qui ouvre à l'industrie britannique le marché français. Mais Pitt ne peut imposer la réforme électorale souhaitée. Le bill qui prévoyait d'enlever leurs franchises à trente-six bourgs en décadence et à attribuer les sièges à des circonscriptions plus peuplées, est finalement repoussé.

Ainsi, bien qu'admirée par les philosophes, la monarchie parlementaire anglaise est encore loin d'offrir les conditions du régime politique idéal.

LES RÉPUBLIQUES OU CONFÉDÉRATIONS

Un type de régime politique retient l'attention en raison de sa forme républicaine et par suite de la crise qu'il traverse en cette fin du XVIIIe siècle : la Confédération.

Le premier cas est celui de la Suisse qui réunit treize cantons dont sept sont catholiques (les plus anciens : Uri, Zug, Schwyz, Unterwald, Fribourg, Soleure, Lucerne), quatre protestants (Zurich, Bâle, Schaffhouse et Berne) et deux mixtes (Glaris et Appenzell). L'autre cas est celui des Provinces-Unies, regroupant Hollande, Frise, Utrecht, Zélande, Overijssel, Gueldre et Groningue. Ces Confédérations sont des républiques oligarchiques où cantons et provinces ont leur propre gouvernement dominé par un patriciat dont l'autorité est de plus en plus contestée. Les conflits religieux se greffent sur les oppositions sociales : on compte dans les Provinces-Unies deux tiers de protestants contre un tiers de catholiques. De surcroît chaque Confédération a sous sa tutelle des populations sans droits politiques : le pays de Vaud qui dépend de Berne, le Brabant septentrional pour les Provinces-Unies. Ce sont autant de foyers d'agitation politique. A l'affaiblissement de la prospérité économique qui a caractérisé les deux Confédérations s'ajoute une crise politique qui en remet en cause les fondements.

II. L'INACHÈVEMENT DE CERTAINS ÉTATS

Cette Europe de la fin du XVIIIe siècle n'offre pas seulement le spectacle d'une grande diversité politique mais aussi celui de l'inachèvement de deux nations, l'allemande et l'italienne, pour le plus grand profit de leur voisine, la France.

L'Italie demeure une simple expression géographique divisée en quatorze États : le royaume de Piémont-Sardaigne, les possessions de la maison d'Autriche (Milanais, Mantouan), les républiques de Venise et de Gênes, la principauté de Monaco, le grand-duché de Toscane, les duchés de Parme et de Modène, la République de Lucques, la principauté de Piombino, les États pontificaux, la république de San Marino, le royaume des Deux-Siciles et l'ordre de Malte. L'unité italienne est un vieux rêve qui renaît périodiquement. Mais d'où viendra l'initiative de cette unification ? Du Sud, c'est-à-dire du royaume de Naples ? Ou du Nord et par conséquent du royaume de Piémont-Sardaigne dont les frontières englobent également la Savoie et Nice ? Le roi de Sardaigne a resserré ses liens avec la France : les deux frères de Louis XVI ont épousé deux princesses de Savoie. Mais Victor-Amédée III ne semble pas prêt à s'engager dans la voie difficile de l'unification de la péninsule. A Naples Ferdinand III est dépourvu de toute envergure. Venise s'est mise à part : cette république aristocratique dont les patriciens forment le Grand Conseil, où le doge est élu à vie mais dont le Sénat formé de cent vingt membres possède la réalité du pouvoir, est en complète décadence. La république de Gênes, son ancienne rivale est empêtrée dans son rôle de place d'emprunts et paralysée par une structure politique voisine de celle de Venise. Quant à Rome, force temporelle tout autant que spirituelle, elle est soumise à un gouvernement pontifical archaïque. Élu pape en 1775, Pie VI est avant tout un autocrate et un théocrate fermé aux idées de changement. En définitive, l'idée d'unité n'est agitée que dans certains milieux intellectuels sans grands moyens d'action.

L'Allemagne offre une mosaïque encore plus grande d'États. Lors des traités de Westphalie, en 1648, tout l'art des diplomates a été de doser rapports et antagonismes de façon à assurer la paix de l'Europe grâce à l'impuissance d'un monde germanique divisé.

Joseph II à Vienne a essayé de donner quelque homogénéité à l'ensemble hétéroclite sur lequel il règne (Hongrie, Bohême, Galicie,

Milanais, Pays-Bas) en les germanisant. Espère-t-il ainsi renforcer sa position en Allemagne ? Mais il doit compter avec la Prusse vers laquelle regardent les États protestants. L'unification ne peut venir que de Vienne ou de Berlin. Les électorats de Bavière et de Saxe (deux millions d'âmes chacun), le Brunswick (700 000 habitants), le Wurtemberg (650 000) et Bade (200 000) ne sont pas en mesure de rivaliser avec la Prusse et l'Autriche.

Certes l'Allemagne, à la différence de l'Italie, connaît une organisation unitaire, mais celle-ci reste théorique. L'empereur du Saint Empire romain germanique, « qui n'était, plaisantait Voltaire, ni saint, ni romain, ni empire », n'a que les apparences du souverain. Le budget dont il dispose en tant qu'empereur est dérisoire. Il n'a sous son autorité qu'un vice-chancelier et quelques employés. Il ne peut réunir une armée qu'avec l'accord de la diète. Celle-ci offre elle-même une image particulièrement complexe. Trois collèges la composent. Celui des Électeurs, que préside l'archevêque de Mayence, comprend huit membres : cinq temporels (le roi de Bohême - en fait le souverain autrichien, le margrave de Brandebourg, c'est-à-dire le roi de Prusse, le duc de Saxe, le duc de Bavière et celui de Hanovre, par ailleurs roi d'Angleterre) et trois ecclésiastiques (Trèves, Cologne et Mayence). Le collège des princes, dont la présidence alterne entre l'archiduc d'Autriche et l'archevêque de Salzbourg, est formé de deux bancs, celui des princes religieux et celui des princes temporels. Enfin le collège des villes est présidé par Ratisbonne. Cet ensemble vermoulu et archaïque est incapable de maintenir la cohésion de l'Allemagne, mais il paralyse aussi toute initiative. On s'en aperçut lorsque l'empereur proposa en 1785 à l'Électeur palatin d'échanger la Bavière contre les Pays-Bas autrichiens. Charles-Théodore aurait vu ses revenus s'accroître et Joseph II eût donné une cohésion plus grande à ses possessions. Cet échange bouleversait toutefois l'équilibre de l'Allemagne. Entraînant l'adhésion des petites principautés, Frédéric II s'y opposa. En fait l'affrontement Nord-Sud, catholiques-protestants, Prusse-Autriche est un facteur de paralysie pour le colosse germanique. L'unité de l'Allemagne paraît de plus en plus impossible. Goethe interroge : « L'Allemagne ? Mais où se trouve-t-elle ? Je ne sais où trouver ce pays. »

III. LES TROUBLES RÉVOLUTIONNAIRES AVANT 1789

La Révolution française n'a pas éclaté dans un ciel serein en Europe. Elle a été précédée par de nombreux désordres sur le continent et en Angleterre. Ces désordres seraient pour M. Jacques Godechot la conséquence de l'indépendance américaine. Il a parlé à ce sujet d'une « révolution atlantique » dont les événements français ne seraient que la principale péripétie.

Les émeutes qui éclatent en Irlande vers 1780 ont bien en effet pour cause la révolution américaine. Les insurgés entendaient profiter de l'affaiblissement de l'autorité anglaise. De plus l'Irlande était frappée par une crise économique due à l'effondrement de ses exportations. Enfin elle disposait avec les *Irish Volunteers*, levés pour faire face à la menace d'un débarquement, d'une force de pression non négligeable.

Au même moment Londres était secouée par les « Gordon Riots » de juin 1780, insurrection anticatholique organisée par l'association protestante de lord George Gordon et qui vira à l'émeute sociale avec pillage des maisons des riches et assaut contre la Banque d'Angleterre. Huit jours de désordre, trois cents morts et la chute du cabinet North. A l'arrière-plan, là encore, la guerre d'Indépendance.

La fin de cette guerre déçut les Hollandais. La reprise espérée du commerce avec les États-Unis ne prit pas les proportions attendues. La politique du stathouder Guillaume V précipita la crise. Il ne cessait de renforcer son autorité dans le secret espoir de devenir roi. Il était soutenu dans sa tentative par les orangistes, parti qui regroupait la vieille noblesse, les calvinistes et le prolétariat des chantiers maritimes. Contre les prétentions de Guillaume V s'élevaient les bourgeois libéraux et les patriotes (Boll, Van der Kemp, Schimmelpenninck) dont la cocarde noire – par opposition à la cocarde orange des partisans du stathouder – symbolisait les aspirations démocratiques. En 1784, ils avaient obtenu le renvoi du duc de Brunswick, tuteur de Guillaume V qui en avait fait le chef de l'armée. Mais les patriotes voulaient plus : la destitution du stathouder. Le 22 septembre 1786 éclatait une révolution visant à restaurer les institutions républicaines et à établir un État unitaire. Les patriotes tinrent bientôt six provinces sous leur contrôle. Mais Guillaume V était par sa femme Whilhelmina le beau-frère du nouveau souverain de Prusse Frédéric-Guillaume II et il pouvait compter sur le soutien anglais. Pendant que la flotte britannique croisait le long des côtes, les troupes prussiennes envahissaient les Provinces-Unies et occupaient La Haye. Favorable aux patriotes, la France hésita à s'engager. De surcroît le radicalisme des insurgés leur aliéna l'opinion modérée. A la fin de septembre 1787, la révolution était vaincue et le stathouder retrouvait ses anciens pouvoirs. Contrairement à leur attente les patriotes n'avaient reçu aucune aide de la France ; c'est pourtant dans ce pays que les chefs de l'insurrection trouvèrent refuge.

Les Belges prirent le relais. Les Pays-Bas supportaient mal la tutelle de l'Autriche ; elle leur devint insupportable sous Joseph II. Ici la guerre d'Indépendance ne joue plus grand rôle ; ce sont les réformes religieuses de l'empereur qui déclenchèrent l'émeute ; elles choquaient les sentiments religieux d'une large partie de la population. La suppression des vieilles juridictions, dans un but d'unification, heurta les susceptibilités locales ; l'apparition d'intendants laissait trop apparaître la volonté de reprise en main des Pays-Bas par Joseph II. L'annulation de la charte de « la Joyeuse Entrée » par laquelle Joseph II s'était engagé à respecter les droits de la Belgique mit le feu aux poudres. « Statistes » qui représentaient les corps privilégiés et démocrates recrutés dans la petite et la moyenne bourgeoisie prirent la tête du mouvement mais ils se divisèrent rapidement : les statistes voulaient le maintien de l'Ancien Régime et les démocrates appelés aussi vonckistes (regroupés dans la société patriotique avec l'avocat liégeois Doutrepont) exigeaient des réformes profondes et l'unification des provinces belges.

A l'automne de 1789, des patriotes belges réfugiés en Hollande constituèrent, avec l'appui de la Prusse, une armée qui envahit les Pays-Bas. Le 10 décembre 1789, l'émeute triomphait à Bruxelles. Le chef des statistes, Van der Noot, déclarait l'empereur déchu. Une assemblée nationale réunie le 10 janvier 1790 proclama l'indépendance du pays. Grâce à son esprit de conciliation qui contrastait avec l'intransigeance de son prédécesseur, Léopold II, nouveau souverain autrichien, parvint à s'entendre avec les statistes et, fort de leur appui, réoccupa les Pays-Bas tandis que les vonckistes se réfugiaient en France.

La menace d'une insurrection continuait à planer sur l'Irlande administrée par un lord-lieutenant qui n'y résidait que pendant la durée des rares sessions d'un Parlement formé de deux Chambres d'où étaient exclus les catholiques. En fait aucun bill voté par ce Parlement n'était appliqué avant d'avoir été approuvé par le conseil privé d'Angleterre et le Parlement anglais s'attribuait le droit de légiférer sur des affaires purement irlandaises. En 1782, les Irlandais, mécontents d'un tel régime, rencontrèrent l'appui à Londres de Fox. Ils obtinrent l'indépendance législative et la suppression de tout contrôle du conseil privé. Le ministère anglais conserva toutefois un droit de veto sur les actes du Parlement de Dublin. Les insuffisances du nouveau système apparurent bientôt : la majorité catholique continuait d'être exclue du Parlement ; de plus la situation économique était mauvaise ; l'agriculture ne se relevait pas, l'industrie restait primitive et la liberté complète des échanges avec l'Angleterre continuait à être refusée. A partir de 1787, le mouvement insurrectionnel reprit dans le Sud.

La Suisse elle-même n'était pas épargnée. A Genève, démocrates (les natifs) et patriciens s'opposaient avec violence. Les premiers revendiquaient les droits politiques que les seconds leur refusaient obstinément. Au printemps de 1782, les natifs, après deux jours de combat, s'emparèrent de la ville. Avec la complicité d'une large partie de la bourgeoisie, ils constituèrent un gouvernement révolutionnaire. Mais Berne, Zurich et le Piémont envoyèrent des troupes qui rétablirent l'ancien système politique. La France avait également pris parti pour le patriciat, Vergennes affirmant que les démocrates étaient des agents de l'Angleterre. Toutefois, après l'écrasement de l'insurrection en novembre 1782, la France accueillait de nombreux patriotes comme le banquier Clavière, Reybaz ou Étienne Dumont.

Ainsi, précédant la Révolution française, des troubles sérieux avaient déjà agité l'Europe occidentale.

Ils ont eu pour origine la diffusion des lumières, la lecture des philosophes propageant les idées de tolérance et de liberté, une volonté d'émancipation de tous les jougs spirituels ou matériels qui secoue la société éclairée du XVIIIe siècle. Mais il faut faire intervenir également aspirations nationales et facteurs religieux : la Belgique supporte impatiemment la domination autrichienne et l'Irlande catholique veut s'affranchir de la tutelle de la protestante Angleterre. Les clivages sociaux ne sont pas moins importants : patriciens contre bourgeois, l'adhésion des masses populaires faisant la décision. C'est le cas en Belgique, où, faute d'avoir l'appui des paysans, l'insurrection est condamnée à l'échec. La conjoncture économique tient aussi son rôle. Si l'indépendance des États-Unis d'Amérique a servi de détonateur, les troubles qui secouent l'Europe semblent indépendants les uns des autres. Ils naissent de situations particulières. Il n'en ira plus de même après 1789. La France qui a accueilli les patriotes hollandais, belges ou suisses, devient alors un modèle d'où partent mots d'ordre, idées et schémas constitutionnels. Désormais un esprit révolutionnaire souffle sur l'Europe.

CHAPITRE II

L'Europe économique et sociale en 1789

Cette Europe déchirée offre-t-elle au moins une image de prospérité ?

I. LA DÉMOGRAPHIE EUROPÉENNE

Démographiquement l'Europe de la fin du XVIIIe siècle offre une certaine homogénéité. Jean-Pierre Poussou y relève trois traits qui concernent essentiellement la partie occidentale et centrale du continent : une population surtout rurale (près de 80 %), une forte densité sur les superficies occupées (35 habitants au kilomètre carré), un monde jeune. Autre caractéristique : l'accroissement du peuplement se fait par mouvement naturel, sans intervention de l'immigration. Il y a en revanche une émigration relativement importante (autour de trois millions de personnes pour l'ensemble du siècle) à destination de l'Amérique du Nord (plus d'un million et demi de personnes dont 85 % en provenance des îles britanniques), des Antilles françaises (100 000 départs) et de l'Amérique latine (les Portugais étaient plus nombreux en direction du Brésil que les Espagnols vers le Mexique), toutefois le mouvement se ralentit considérablement à partir de 1789. Dernier trait, la curiosité générale pour les problèmes démographiques : traités théoriques, dictionnaires et gazettes se multiplient. Une figure domine : Malthus, né en 1766, qui publie en réponse à l'ouvrage de Godwin, *Enquiry Concerning Political Justice*, paru en 1793, son célèbre

Essay on the Principle of Population as it Affects the Future Improvement of the Society. With Remarks on the Speculations of M. Godwin, M. Condorcet and others Writers de 1798. Face à l'optimisme du XVIIIe siècle que symbolise un Condorcet convaincu de la perfectibilité du genre humain, Malthus dénonce un accroissement inconsidéré de la population qui romprait l'équilibre entre cette population et les ressources de la terre : « La puissance d'accroissement de la population est infiniment plus grande que celle de la terre à produire les subsistances de l'homme. La population, quand elle n'est pas freinée, augmente selon une progression géométrique ; les subsistances seulement selon une progression arithmétique. Or, comme les lois de la nature imposent à l'homme de se nourrir, il faut équilibrer les effets de ces deux pouvoirs inégaux. » Seul frein : la détresse des classes inférieures empêchant un trop fort accroissement naturel. Paru sans nom d'auteur, l'ouvrage eut un énorme retentissement. L'auteur allait le modifier pour le faire passer du pamphlet au traité scientifique.

En 1789, la France fait figure de « géant démographique », selon l'expression de Jean-Pierre Poussou, avec ses 28 millions d'habitants rassemblés sur « un espace homogène et resserré ». Ne peuvent rivaliser avec elle que les États hasbourgeois qui englobent 26,5 millions de sujets, et la Russie avec plus de 20 millions d'âmes. Mais le peuplement de l'empire autrichien est particulièrement hétérogène, à l'image de sa carte très discontinue ; quant à la Russie elle est victime de son immensité qui se révélera pourtant une force en 1812.

Nations moyennes : l'Angleterre avec 7,7 millions d'Anglais (mais il faut y ajouter 4,5 millions d'Irlandais et 1,6 million d'Écossais) et l'Espagne qui compte 10,5 millions de sujets.

L'Allemagne comprend 22,5 millions d'habitants mais, on l'a vu, elle est fortement morcelée. Seule compte véritablement la Prusse forte de 6 millions d'hommes. Même observation pour l'Italie : 17 millions d'habitants, mais le morcellement des États est tel que là encore seul le royaume des Deux-Siciles dépasse les 5 millions.

Mettons à part la Pologne amputée par plusieurs partages avant de disparaître de la carte. Le Portugal avec 2,9 millions d'habitants, les Provinces-Unies avec 2 millions et la Suisse 1,6 million apparaissent comme de petits États sur le plan du peuplement.

Le poids de la démographie a été déterminant dans les guerres qui ont opposé la France au reste de l'Europe.

II. L'ÉCONOMIE EUROPÉENNE

L'économie européenne est à la veille de la Révolution en pleine croissance. Croissance au demeurant inégale selon les pays. C'est la façade atlantique, stimulée par le commerce colonial, qui connaît un remarquable essor, mais cet essor se fait au détriment d'autres franges maritimes, la Méditerranée notamment. L'innovation agricole a précédé dans la partie la plus riche de l'Europe, la révolution industrielle. Agriculture et industrie progressent de toute manière sur un rythme inégal, et l'avance de la Grande-Bretagne sur le continent semble impossible à rattraper.

C'est en Angleterre en effet qu'apparaissent les mutations les plus profondes dans la production agricole. Évolution plutôt que révolution, même si la prise de conscience de ces transformations s'opère dans la seconde moitié du XVIIIe siècle.

Toutes les régions de l'Angleterre ne sont pas touchées par ces améliorations. Arthur Young est là pour en témoigner. Le Norfolk jouit d'une bonne réputation, mais ailleurs règnent encore les terres en friches. Principaux facteurs d'évolution ? D'abord la commercialisation des produits – les *corn laws* encourageant, grâce à une prime à l'exportation, les agriculteurs à développer une production supérieure à celle d'une simple économie de subsistance. Intervient ensuite la forte montée des prix agricoles dans la décennie 1760-1770, montée encore sensible en 1775 et qui a assuré des rentes substantielles aux propriétaires ainsi que de solides profits aux fermiers. Ces capitaux ont été réinvestis dans l'agriculture. Notons à ce sujet le rôle tenu par les *country banks* dans le financement des innovations. Autre élément favorable : la structure de la propriété. Dominent les grands domaines où les fermiers apportent le cheptel, les semences, les engrais et les bras, le *landlord* (propriétaire) fournissant la terre et les bâtiments. Le mode d'exploitation associant culture et élevage comme le système des enclosures furent également déterminants. Notons enfin le succès rencontré dans la haute société par la littérature agronomique.

Les innovations ont porté essentiellement sur le remembrement des terres, sur les assolements où les plantes fourragères ont fait disparaître la jachère, sur l'importance accordée au bétail (de nouvelles races de mouton), sur le recul des terres en friches et sur l'emploi d'un nouveau matériel où domine le fer. Mais ces observations ne valent que pour certaines régions et pour les grandes fermes. « L'Angleterre est le pays où l'agriculture a fait les plus grands progrès, note Pictet dans son *Cours d'agriculture anglaise* paru à Genève en 1808, mais elle offre dans plusieurs de ses provinces l'exemple d'une culture imparfaite ou barbare. Vastes communaux presque inutiles, marais pestilentiels susceptibles de dessèchement, instruments aratoires d'une construction défectueuse et d'un emploi ruineux, races de bestiaux dégénérées, perte évidente de temps et de force dans l'application des bras ou des animaux de travail, persévérance opiniâtre dans la triste méthode des jachères, enfin assolements qui ruinent le sol. » « Tout particulier, continue Pictet, qui a réussi à amasser quelques livres sterling, trouve une petite ferme proportionnée à ses moyens, et s'il a de la conduite et du bonheur il monte graduellement jusqu'au rang de gros fermier. Presque tous ceux qui sont en état d'acheter un domaine l'achètent au lieu de prendre une ferme ; et presque toujours l'achat de ce domaine leur ôte les moyens de le cultiver convenablement. Un autre obstacle aux améliorations existe dans la manière dont les fermiers sont élevés. Ils ont presque tous commencé par être domestiques ou ouvriers de la terre. Ils n'ont pour connaissance que ce qu'ils ont appris de la routine de leurs maîtres. » C'est bien dégager les freins de la « révolution » agricole anglaise. Révolution peut donc sembler un mot excessif. La progression démographique a précédé la progression agricole mais ne l'explique pas.

D'autres pays ont aussi innové sur le continent mais les progrès ont été le plus souvent limités à une région particulièrement fertile. En Allemagne, c'est la Rhénanie qui est à la pointe du progrès. La rive gauche du Rhin et l'Alsace voient disparaître la jachère, s'accroître les exportations de blé et s'améliorer l'élevage. Tabac, lin et vins connaissent un grand essor et assurent à la région rhénane une incontestable prospérité. C'est que le marché urbain (allemand et hollandais) présente une demande sans cesse accrue que traduit l'augmentation de la part des produits agricoles dans le trafic rhénan. Innovations aussi en Saxe, dans le Hanovre et en Silésie, mais les résultats, faute de débouchés importants, y sont moins spectaculaires.

En Espagne une offensive en faveur de la culture intensive et des clôtures se heurte à la résistance des éleveurs que soutiennent certains ministres comme Aranda ou Floridablanca. Seule la Catalogne, grâce au marché urbain de Barcelone et des villes de la côte, développe l'irrigation qui supprime la jachère et favorise les plantes fourragères. Arthur Young ne cache pas son admiration devant les rendements de blé obtenus en *regadiu* ou dans les zones d'irrigation maraîchère. Le vignoble de Catalogne est également réputé depuis 1760.

Autre expérience de culture intensive, en Italie du Nord cette fois. Les Vénitiens ont fait de gros investissements en terre ferme : recul de la jachère, amélioration des techniques aratoires, développement de l'élevage. Mais ailleurs, dans les Pouilles comme en Sicile, domine la culture extensive.

Ces améliorations ont eu des conséquences sur le développement de l'industrie. Rostow a développé l'idée qu'une révolution agricole était nécessaire pour favoriser le *take-off* d'un pays. C'est elle qui fournit à la révolution industrielle les hommes, les capitaux et les marchés.

Le schéma a été contesté pour l'Angleterre. Reprenant des travaux antérieurs, Paul Butel observe : « Dans la formation de la main-d'œuvre industrielle les nouvelles techniques et les enclosures ont joué un rôle assez faible. Elles ont plutôt augmenté la demande de main-d'œuvre agricole, diminué le sous-emploi saisonnier en exigeant beaucoup de travail pour le remembrement, la clôture, les défrichements, les soins du cheptel. Jusque vers 1830 les départs de la terre des journaliers n'ont été qu'épisodiques. Le recrutement des ouvriers s'est fait sur place dans les régions industrielles, profitant de la croissance démographique postérieure à 1750. »

Autre thèse contestée : celle des investissements des bénéfices de la terre dans l'industrie. C'est l'inverse qui se serait produit : les manufacturiers, à la recherche de notoriété, ont acheté de grandes propriétés.

Enfin le marché agricole, s'il n'est pas négligeable pour l'industrie, n'a pas le rôle qu'on lui prête. Les besoins en fer de la marine et l'importance des débouchés continentaux ont été plus déterminants dans la révolution industrielle anglaise que les commandes en outillage de l'agriculture.

Le triomphe du *factory system* anglais repose sur deux principes : la naissance d'une nouvelle source d'énergie, le charbon, et la multiplication des machines qui se substituent à l'effort humain (navette de Kay en 1733, Jenny d'Hargreaves en 1770, Waterframe d'Arkwright et à la même époque, mule de Crompton en 1779, métier à tisser de Cartwright en 1787). Les conséquences de ces transformations sont immédiates. La waterframe, incompatible avec le travail à domicile, a besoin de la force motrice de l'eau et exige une installation coûteuse ; elle nécessite la fondation d'une fabrique. Des concentrations d'ouvriers vont donc s'opérer autour de Manchester, dans le Lancashire, dans les vallées de la chaîne Pennine, le long de la Mersey et en Écosse, dans la région de Glasgow, le long de la Clyde. Puis la force motrice de l'eau devient insuffisante et la machine à vapeur entre dans la pratique à partir de 1781. Première filature à vapeur dans le Nottingham : 1785. En 1790, ce type de filature s'est répandu partout.

Les innovations techniques eussent été insuffisantes sans les améliorations apportées dans les transports. Comme le souligne Paul Butel, en deux décennies, de 1760 à 1780, les grands centres industriels du Nord furent reliés à ceux des Midlands ; dans les années 1770, Bristol et Liverpool sur l'Atlantique communiquaient avec les ports de la mer du Nord ; en 1790, grâce aux canaux de Coventry et d'Oxford, Londres était réintégré dans le complexe économique.

Secteur de pointe : le coton, fondé sur la force hydraulique et la vapeur. En 1788, on compte 145 filatures. A la même date, les importations de coton brut sont trois fois plus élevées qu'en 1778. La crise de 1788 ne sera que passagère.

La consommation de fer en Angleterre est, à la même époque, le double de celle de la France. En 1740, la production de fonte était de 17 350 tonnes ; elle passe en 1788 à 68 300 tonnes.

Ce qui stimule la métallurgie c'est d'abord le progrès du machinisme dans les autres industries et la demande croissante de machines. De là une branche nouvelle de la métallurgie : la construction des machines. La machine à vapeur va accroître la production. C'est en 1781 qu'une machine à vapeur est mise au point par James Watt qui, à Soho, près de Birmingham utilise le principe de la puissance d'expansion de la vapeur pour faire tourner une roue dont le mouvement peut être communiqué par un système de transmissions à d'autres roues, à d'autres machines, à d'autres métiers. La machine à vapeur va donc actionner des souffleries, des marteaux-pilons, des laminoirs. Elle crée elle-même de nouveaux besoins en chaudières, cylindres ou pistons que doit satisfaire la métallurgie dont l'essor est ainsi stimulé.

Cette avance industrielle de l'Angleterre ne doit pas être perdue de vue lorsqu'on veut comprendre la période 1789-1799.

Le continent n'ignore pas les innovations anglaises et envoie à Londres techniciens et hommes d'affaires. Mais il ne peut rivaliser. Les raisons de ce retard ? Pays plus vastes et plus morcelés ; préférence accordée, par paresse ou routine, au bois – abondant – sur le charbon qu'il faut extraire ; méfiance à l'égard des investissements industriels – la terre restant la source de toute considération ; mauvaise utilisation ou absence d'utilisation des voies d'eau ; absence de qualification d'une main-d'œuvre essentiellement paysanne. L'État ne joue pas son rôle, se limitant à quelques interventions plus spectaculaires qu'efficaces. Seules quelques régions connaissent en Europe un essor industriel voisin du modèle anglais. C'est le cas de la Rhénanie, grâce au fleuve, au débouché hollandais et à de riches campagnes où la main-d'œuvre est abondante. La soie à Krefeld, le coton à Wuppertal, Barmen et Elberfeld, le lin à Cologne, Aix-la-Chapelle et Gladbach, les draps dans la même région relèvent le défi anglais. Un exemple : Johan Gottfried Bruegelman, marchand à Elberfeld, utilise les inventions anglaises en installant à Ratingen, près de Düsseldorf, des ateliers de construction mécaniques avec 1 600 broches et 80 ouvriers.

Mais ailleurs les industries fondées sur l'artisanat ont été durement éprouvées par la concurrence anglaise. En Silésie, les toiles de lin, jadis réputées, ne purent résister au coton britannique. Quant au charbon, la Ruhr se caractérise encore par la grande dispersion des mines et une petite exploitation de type artisanal. En Silésie, malgré l'intervention de l'État et l'apparition de la pompe à vapeur, les résultats demeurent modestes.

Dans l'ensemble prédominent sur le continent les formes traditionnelles de l'industrie : artisanat urbain ou marchand-entrepreneur utilisant une main-d'œuvre rurale. Loin de se combler, le retard sur l'Angleterre s'aggrave.

Mais où l'avance britannique s'affirme avec le plus de force, c'est dans le domaine du crédit et du commerce. La Grande-Bretagne a été la première à demander à l'emprunt un soutien aux finances publiques. Londres s'est engagé très tôt dans les prêts à l'étranger.

Certes, parmi les principaux marchés de capitaux, il faut aussi compter, à côté de Londres, avec Paris, Genève, Francfort et Amsterdam, chaque place ayant sa spécialité propre. Toutefois, non seulement certaines places, comme Genève et Amsterdam sont victimes des désordres politiques, mais en Angleterre le crédit commercial a connu un essor plus grand que sur le continent. L'appareil bancaire longtemps limité aux besoins du gouvernement et des riches propriétaires, essentiellement concentré à Londres, a été élargi aux demandes des marchands exportateurs et des grossistes ; il a atteint ensuite le négoce et la fabrique. Glasgow, dès 1750, Liverpool, Bristol sont le siège d'une révolution bancaire en miniature avec le développement de banques privées.

Faut-il y voir l'une des raisons du dynamisme du commerce anglais ? Les activités des ports britanniques sont orientées vers les exportations de produits manufacturés de l'industrie locale et les réexportations de produits coloniaux et de cotonnades de l'Inde. L'Angleterre importe le chanvre et le lin, le bois et le fer pour ses constructions navales, de la soie, des vins et du blé. Trois grandes aires dans ce commerce : l'Europe occidentale (Hollande, Allemagne, France) représente 39 % des exportations. Le traité franco-anglais de 1786 a permis à l'Angleterre de tripler ses envois à destination de la France. L'Europe du Nord et celle de la Méditerranée ont une place plus réduite. Le marché colonial n'est pas moins important mais l'indépendance des États-Unis lui a porté un coup sensible.

La supériorité anglaise profite du déclin de ses rivaux. Les effets de la guerre d'Amérique puis la guerre civile de 1786-1787 ont joué un rôle dans la crise du commerce hollandais, liée également aux difficultés de l'industrie drapière. Mais cette crise ne doit pas être exagérée. La Hollande compte, en 1786, 1871 navires contre 486 aux villes de la Hanse, et elle possède, dans les périodes de crise frumentaire, la possibilité de ventes avantageuses de blé.

La Hanse est devenue une concurrente redoutable qui va tenter de profiter de la crise hollandaise. Hambourg est le débouché obligé de la Prusse et de la Silésie et les ports hanséates assurent la liaison entre Europe méridionale et Europe du Nord.

Tandis que les rivalités commerciales s'exacerbent, des solidarités financières se créent dans une Europe en pleine mutation économique. Malgré les crises locales, l'Europe donne une impression de prospérité. Mais ce capitalisme commercial triomphant est bien trop engagé dans les affaires des vieux régimes politiques, trop lié à leurs forces et plus encore à leurs faiblesses pour ne pas se trouver exposé aux contrecoups de la Révolution française et de ses suites. Le réveil sera terrible pour de nombreuses places financières de l'Europe.

CHAPITRE III

Les problèmes diplomatiques en 1789

L'attention de l'Europe est tournée en 1789 vers l'est. Deux démembrements s'y préparent ou y sont déjà engagés : ceux de la Pologne et de l'empire turc.

I. LE PROBLÈME POLONAIS

Vaste plaine sans frontières naturelles, carrefour de peuples et de religions (Allemands protestants, Russes orthodoxes, Polonais et Lituaniens catholiques), la Pologne apparaissait à ses voisins comme une proie séduisante et facile.

Les institutions paralysaient toute tentative de défense. Cette république de Pologne avait à sa tête un roi. La monarchie était élective et le souverain n'avait aucun pouvoir. Toute l'autorité était concentrée dans une diète formée de deux Chambres : le Sénat (140 magnats) et les Nonces (170 membres de la petite ou moyenne noblesse). Les décisions prises par la diète devaient l'être à l'unanimité. Une seule opposition (le *liberum veto*) suffisait à tout arrêter. La diète était alors déchirée et elle se séparait. Sur cinquante-cinq diètes entre 1652 et 1764, quarante-huit furent déchirées. Dans ces conditions, tout gouvernement devenait impossible. Il fallait réunir les nobles dans une confédération où le *liberum veto* était supprimé. Mais ce type de consultation entraînait de nouveaux délais. Quant à l'armée, garante de l'indépendance, elle était mal équipée et composée essentiellement d'officiers (un pour trois soldats). La structure sociale enfin était celle d'un pays féodal : pas de bourgeoisie entreprenante ; une prédominance de la grande propriété et du servage. Comment Prussiens, Autrichiens et Russes n'auraient-ils pas songé à profiter de la faiblesse de la Pologne « pour partager le gâteau » selon l'expression de Frédéric-Guillaume de Prusse.

Chaque État poussait ses pions sur l'échiquier polonais. Pour empêcher toute réforme, Catherine II et Frédéric II avaient signé un traité d'alliance et imposé sur le trône en 1764 un favori de Catherine, Stanislas Poniatowski. Celui-ci déçut son attente en entreprenant une réorganisation du royaume et en tentant de faire abolir le *liberum veto*. « Depuis que je suis à la place que j'occupe, confiait-il, je n'ai pas cessé de dire que tant qu'il n'y aura pas un tiers état bourgeois, plus honoré et plus nombreux, tant qu'il n'y aura pas de paysans cultivateurs moins assujettis, la Pologne ne sera jamais ce qu'elle pourrait être, au moral et au physique. » Stanislas Poniatowski créa une commission d'éducation nationale ; il songea à un impôt territorial ainsi qu'à l'affranchissement des serfs. Mais il ne put compter sur l'appui ni de l'Autriche ni de la France qui le considéraient comme une créature de Catherine II. Ce furent pourtant les Russes qui mirent fin, par une intervention militaire, à ses tentatives de réforme.

Frédéric II, inquiet des progrès de ses voisins autrichien et russe au détriment des Turcs, cherchait une compensation en Pologne et poussait au démembrement du royaume « au nom de l'équilibre européen ». Le traité de partage fut finalement signé le 25 juillet 1772, « par crainte de la décomposition totale de l'État polonais ». L'Autriche reçut le comté de Zips et la Galicie avec 2 600 000 habitants, Frédéric II la Prusse polonaise moins Dantzig et Thorn, soit 700 000 âmes ; Catherine II eut la partie de la Lituanie en deçà du Dniepr, soit

1 600 000 sujets nouveaux. La diète résista un an, puis céda devant la force. Elle s'engageait à ne pas modifier la Constitution.

Le démembrement de 1772 favorisa en fait une prise de conscience en Pologne. La Constitution du royaume devait être amendée si l'on ne voulait pas s'exposer à de nouvelles capitulations. En 1788, la diète se transformait en diète constituante et décidait de modifier l'organisation politique de la Pologne. Frédéric-Guillaume II de Prusse, le neveu du Grand Frédéric, l'y encourageait. Après deux ans de travaux, la diète promulguait en 1791 une Constitution qui transformait la Pologne en monarchie héréditaire et abolissait le *liberum veto*. La séparation des pouvoirs était proclamée : au roi l'exécutif assisté d'un conseil (*straz*) formé du primat et de cinq ministres ; à la diète, toujours composée de deux Chambres, le pouvoir législatif ; la religion catholique perdait sa prépondérance puisque était proclamée la tolérance.

Cette tolérance suscita les réserves du clergé et des tenants de la tradition en Pologne. Si en France l'accueil fut favorable – avec quelques fausses notes comme Méhée de la Touche rappelant l'oppression du paysan –, l'attitude de Catherine II du côté russe ne laissa peser aucune équivoque : « Si je n'avais les preuves en main, jamais je n'aurais pu croire que le roi de Pologne fût aussi ingrat et peu avisé que je l'ai trouvé dans ces quatre années. Il faut qu'il soit mené, ou tombé en imbécillité, pour se laisser entraîner dans des démarches aussi nuisibles, aussi contraires au bien-être de la Pologne, à la probité, à la reconnaissance. » Immédiatement Catherine II protesta au nom du traité de 1772. Les Polonais se tournèrent vers Frédéric-Guillaume II mais celui-ci qui avait espéré, en échange de son appui, obtenir Dantzig, avait vu sa demande rejetée par la diète. Il se joignit à Catherine II pour obtenir d'une autre manière la citadelle convoitée. Face à cette double menace que ne compensait aucun appui extérieur (la France était trop loin et engagée dans la Révolution), les Polonais étaient de surcroît divisés. Certains favorables au *liberum veto* formèrent même une ligue à Targowica. On vit Potocki, Radziwill et Branicki venir en aide aux envahisseurs russes et prussiens.

En mars-avril 1793, la Pologne connut un nouveau partage : la Prusse s'attribua Thorn et Dantzig, la Russie la plus grande partie de la Lituanie. Ce partage a sauvé la France d'une intervention russe. « Vous voulez que je plante là mes intérêts, écrivait Catherine II à Grimm, pour m'occuper de la jacobinière de Paris. Non, je l'abattrai et je combattrai en Pologne, mais pour cela je ne m'en occuperai pas moins des affaires de France. » L'Autriche n'a pas participé à ce partage : ses partenaires lui avaient en effet promis des compensations du côté de la Bavière.

La diète dite du « silence » ne put s'opposer une nouvelle fois au démembrement du pays : les Russes déclarèrent tenir ce silence pour un acquiescement.

Les patriotes polonais ne pouvaient admettre une telle situation. Kosciuszko, un officier qui avait combattu en Amérique avec La

Fayette, vint en France, il n'y trouva que des encouragements. En Pologne l'unanimité se faisait contre la Prusse et la Russie. En mars 1794 l'insurrection éclatait à Cracovie. En avril, Kosciuszko lançait un appel au soulèvement sans distinction de classes et de religions. Le 4, il remportait à Raclawice une victoire importante sur le général russe Denisov. Le mouvement gagna Wilno et Varsovie. Aux magnats s'ajoutait le petit peuple. Le boucher Sierakowski et le cordonnier Kilinski figuraient parmi les principaux meneurs. Par les décrets de Polianec du 7 mai 1794, Kosciuszko supprima la corvée mais n'osa toutefois abolir entièrement le régime féodal. En conséquence il n'offrit pas un programme susceptible de lui rallier tous les paysans. Il ne put empêcher les exécutions des membres de la ligue de Targowica, ce qui lui aliéna une partie de l'aristocratie. Il dut surtout compter avec une intervention de la Prusse qui dégagea ses forces de France pour intervenir en Pologne. Les Prussiens occupèrent rapidement Cracovie. Dès juillet, ils assiégeaient Varsovie, mais ne purent s'en emparer. En septembre, Dombrowski lançait une contre-offensive qui tourna court. Résolus à en finir, les Russes, sous le commandement de Souvorov, écrasèrent à Maciejowice Kosciuszko. « *Finis Poloniae* », proclamait le héros de l'indépendance.

L'Autriche, écartée du partage de 1793, voulait maintenant sa part. Les négociations aboutirent à un traité qui supprimait définitivement le royaume de Pologne, le 24 novembre 1795. La Russie annexa la Courlande, la Lituanie et Wilno ; l'Autriche reçut Cracovie et la Prusse Varsovie avec Vola.

En définitive Catherine II avait obtenu la plus grande partie de la Pologne mais il s'agissait de terres peu peuplées et habitées par des populations allogènes. Prusse et Autriche se partageaient la Pologne proprement dite. Le roi abdiqua le 25 novembre et alla finir ses jours en Russie. De nombreux patriotes prirent le chemin de l'exil en espérant reprendre la lutte. « Dans les anciens territoires devenus provinces russes, prussiennes ou autrichiennes, écrit Victor-L. Tapié, nobles et paysans étaient demeurés sur les domaines. Ainsi la vie de la société polonaise continuait dans les formes féodales préservées, il est vrai. Mais la religion, la langue, les traditions en un mot, n'étaient pas mortes et, si le système économique ne permettait pas de susciter des forces nouvelles, son immobilité en revanche garantissait la préservation des anciennes valeurs et des anciennes fidélités. Seulement il était bien clair que la libération ne pouvait plus venir que du dehors. Les partages avaient été l'œuvre des puissances adversaires de la Révolution française. Or la lutte n'était pas terminée. Bon gré, mal gré, les chances de la Pologne se trouvaient du côté de la Révolution et si conservatrices que fussent encore les manières de penser et de vivre de nombreux Polonais, ils n'avaient rien à espérer que des propagateurs de la Révolution. »

II. L'EMPIRE OTTOMAN

Autre proie convoitée à l'Est : l'Empire ottoman. En 1768, la guerre russo-turque avait révélé les fissures de la domination de Constantinople sur les Balkans. L'insurrection du Péloponnèse durement réprimée avait témoigné du réveil des peuples chrétiens placés sous le joug des Turcs. La destruction de la flotte ottomane à Tchesmé, la défaite sur terre des Turcs à Izmaïl montraient l'ampleur du déclin militaire de Constantinople. Les Russes étaient déjà maîtres de la Moldavie et de la Valachie. C'est le partage de la Pologne qui sauva Constantinople. Finalement Turcs et Russes signèrent la paix de Kaïnardji le 21 juillet 1774.

Il ne s'agissait en fait, dans l'esprit de Catherine II que d'une trêve dans la marche de la Russie vers le Bosphore. De son côté Joseph II convoitait Belgrade et une partie de la Bosnie. Le rapprochement d'intérêts détermina l'entrevue des deux souverains à Saint-Pétersbourg et l'alliance de mai 1781. Fut agité « le grand projet grec », comprenons le démembrement de l'empire turc. A la Russie tous les territoires sur la rive gauche du Dniestr ; à l'Autriche une partie de la Valachie, Belgrade, le nord de la Serbie et de la Bosnie. Avec la Moldavie et la Valachie on ferait un État dace sous protectorat autrichien tandis que Bulgarie, Roumélie, Macédoine et Grèce devaient former un empire grec sous influence russe. Les possessions asiatiques du sultan étaient abandonnées à la France et à l'Angleterre. Celles-ci étaient toutefois hostiles à ce démembrement qui tourna court. Catherine II se contenta d'annexer la Crimée en 1784.

Devant les provocations répétées des Russes, les Turcs ripostèrent par une déclaration de guerre, le 16 août 1787. Les forces ottomanes battirent les Autrichiens devant Belgrade et, passant le Danube, envahirent le banat de Temesvàr. Mais leur flotte fut détruite le 8 juillet 1788, sur la mer Noire, par les Russes qui l'emportèrent sur terre à Otchakof, le 17 décembre. Les Autrichiens se ressaisirent et s'emparèrent de Belgrade en octobre 1790. De leur côté les Russes prenaient Bucarest, et Souvorov massacrait 26 000 Turcs à Izmaïl. Victoires inutiles : Prussiens et Anglais, inquiets de cette expansion qui remettait en cause l'équilibre européen, poussaient contre la Russie le roi de Suède Gustave III qui se jeta sur la Finlande et menaça, en juillet 1788, Saint-Pétersbourg. De son côté la Prusse encourageait, on l'a vu, un réveil des Polonais.

Toutefois, devant les progrès de la Révolution française, Gustave III se décida à traiter avec la Russie. De son côté, aux prises avec le soulèvement de la Belgique où les réformes de Joseph II avaient provoqué, on se le rappelle, une insurrection, l'Autriche négocia avec les Turcs à Sitova, le 4 août 1791. Seule à supporter le poids de la guerre, Catherine II faisait la paix à son tour avec Constantinople par le traité de Jassy du 9 janvier 1792.

Les affaires polonaises n'avaient pas seulement sauvé la France en retenant l'attention des chancelleries ; elles avaient évité à l'Empire ottoman un effondrement en Europe.

CHAPITRE IV

La civilisation européenne

Cette Europe si diverse en 1789 offre par la grâce du cosmopolitisme tant à la mode bien des traits communs, au point que l'on peut parler d'une civilisation européenne des lumières. Rousseau a été accueilli à Paris et Voltaire à Potsdam ; Diderot se rend à Saint-Pétersbourg et Rivarol est couronné à Berlin. Musiciens, peintres, architectes se déplacent à travers l'Europe, sollicités, sans souci de leur nationalité, par les souverains ou les mécènes, les États ou les fortunes privées.

LA SOCIÉTÉ

Premier trait de cette société : l'essor urbain. La population des villes européennes est évaluée vers 1790 à 22 millions d'habitants : ports de la façade atlantique en pleine expansion, villes-résidences du centre de l'Europe, capitales régionales. Toutefois, derrière Londres (un million d'habitants) et Paris (650 000), les villes de plus de 200 000 âmes sont peu nombreuses : Amsterdam, Vienne, Dublin, Moscou et Berlin. Au-dessus de cent mille habitants on recense : Lisbonne, Liverpool, Hambourg, Bordeaux, Marseille, Lyon, Copenhague, Saint-Pétersbourg, Gênes, Venise, Florence, Varsovie, Milan, Séville, Copenhague...

Liée à cet essor urbain, on note la montée de la bourgeoisie observée surtout dans les villes portuaires et industrielles. Dans les ports un patriciat local, déjà ancien, consolide sa domination sociale et économique. Dans les cités industrielles une nouvelle bourgeoisie d'affaires se met en place. Elle est d'origine diverse, « la révolution technique » n'exigeant pas encore de trop gros capitaux. Les intérêts de ces deux types de bourgeoisie, en Allemagne comme en France, en Italie du Nord ou aux Pays-Bas, divergent mais s'allient contre l'aristocratie.

Vers 1780, Jean Meyer évalue l'ensemble des membres des noblesses européennes entre trois millions et quatre millions de personnes. Le déclin de l'aristocratie est commun à la plupart des pays et précède la Révolution. Frédéric II a contribué par ses campagnes à ruiner matériellement la noblesse prussienne et, à titre de compensation, lui a réservé le monopole de la propriété terrienne en 1775 mais c'est pour mieux laisser à la bourgeoisie le commerce et l'artisanat. En Espagne on assiste à une réduction autoritaire des nobles : les plus pauvres sont éliminés sans pitié. Si les grands magnats polonais ont pu survivre aux premiers partages, la petite noblesse est opprimée car l'occupant redoute qu'elle prenne la tête d'un mouvement de résistance nationale. C'est dans une perspective voisine que les Habsbourg entrent en conflit avec la noblesse hongroise. Partout les États soucieux de renforcer leur autorité, dans la seconde moitié du XVIIIe siècle, ont pour souci essentiel de comprimer les aristocraties. Celles-ci se défendent plus ou moins bien, imprégnées qu'elles sont des idées philosophiques. La réaction nobiliaire, notée en France, s'observe aussi en Allemagne et en Italie du Nord. Elle est aussi souvent, rappelle Jean Meyer, « traduction, parfois socialement très cruelle, de soucis de bons gestionnaires ». De là des rapprochements entre fractions de la noblesse et de la bourgeoisie, entre la cour et le négoce.

L'Europe reste en 1789 un continent de paysans. La diversité est naturellement grande, mais va dans le sens d'une amélioration juridique : suppression du servage en Bade vers 1783, au Danemark en 1788, avec toutefois des coups d'arrêt comme en Bavière.

Dans les campagnes la variété des conditions est considérable. En Bohême la patente du 1er novembre 1781 a aboli le servage ou plus exactement la possession de corps. En Russie le régime seigneurial semble s'être plutôt aggravé sous Catherine II : on voit même des serfs (*dvorovié*) ayant eux-mêmes des serfs. Il y a les serfs des grands domaines et les serfs de la couronne. Même situation en Prusse où Frédéric II n'a fait que renforcer la caste des junkers : les paysans demeurent donc dans leur immense majorité des serfs soumis à la corvée et attachés héréditairement à la glèbe. En revanche leur condition est infiniment plus favorable en Angleterre, aux Pays-Bas et en Italie où il n'y a que des paysans libres.

Deux types de société s'opposent : là où la bourgeoisie n'est guère développée survit le vieux système féodal ; là où l'on note une importante classe moyenne, la condition des paysans s'est fortement améliorée.

LE DÉVELOPPEMENT INTELLECTUEL

Cette Europe est celle du grand essor des sciences. Certes les savants ne sont pas encore des spécialistes : d'Alembert est à la fois mathématicien et physicien. La recherche est à la mode, beaucoup d'amateurs éclairés ont donc un cabinet de physique. Le savant n'est pas en général un professionnel. Créateur de la chimie moderne, Lavoisier est fermier général. Mais les gouvernements portent intérêt au mouvement scientifique. Frédéric II réorganise l'Académie de Berlin ; il y attire nombre d'étrangers, français surtout. C'est le géomètre Maupertuis qui la préside, puis Lagrange. De grandes expéditions ont été organisées par l'Angleterre (Cook qui reconnut la Nouvelle-Zélande et une partie des côtes de l'Australie entre 1758 et 1771) ou la France (le voyage de La Pérouse).

Parmi les découvertes les plus importantes, le thermomètre à mercure, mis au point en Angleterre par Fahrenheit en 1724, en France par Réaumur en 1730 et en Suède par Celsius en 1742, montre une convergence des recherches à travers des pays différents. De même c'est l'Écossais Watt qui transforme la machine à vapeur imaginée par Papin au temps de Louis XIV et en fait, vers 1778, un générateur de force économique. Déjà se dessinent des applications pratiques comme le chariot à vapeur de Cugnot ou le bateau du marquis de Jouffroy. Les découvertes les plus remarquables touchent à l'électricité (reconnaissance de l'étincelle électrique et des corps conducteurs) et vont de la bouteille de Leyde au paratonnerre de Franklin. Tandis que naît la chimie moderne avec Lavoisier, l'Anglais Priestley (qui obtient l'oxygène) et le Suédois Scheele (inventeur du chlore), les sciences naturelles doivent beaucoup à un autre Suédois, Linné, et à Buffon qui meurt en 1788. Le Jardin des Plantes de Paris attire les savants de tous les pays.

Ainsi l'Europe connaît-elle des progrès scientifiques qui lui assurent une avance considérable sur le reste du monde.

LES ARTS

Une certaine unité de ton domine sur le continent. Si l'architecture conserve l'aspect imposant des grandes constructions du XVIIe siècle (Versailles restant un modèle inégalé), l'on note pourtant que la majesté froide de l'époque précédente se tempère d'élégance, la décoration s'enrichit, les lignes de façades s'allègent. Dans le décor intérieur, aux couleurs froides du Grand Siècle succèdent le bleu pastel ou le vert d'eau ; bronzes, pilastres et tapisseries, grands tableaux et ornements gréco-romains s'effacent au profit des miniatures et des lyres, des sculptures aériennes et des torsades. Du Petit Trianon au Zwinger de Dresde, on retrouve la même fantaisie décorative. Après 1760 toutefois, l'art antique redevient à la mode en France et l'Europe suit avec un certain décalage.

Peintres et sculpteurs français sont recherchés dans toute l'Europe par les collectionneurs. A Potsdam on trouve par exemple des œuvres maîtresses de Watteau et de Lancret. Seule l'Angleterre échappe à cette emprise avec Gainsborough décédé en 1788 et Reynolds qui meurt en 1792.

Même universalisme en musique : Gluck, né dans le Palatinat bavarois, est appelé par Marie-Antoinette à Paris où il fait jouer notamment *Iphigénie en Tauride*. On lui oppose un Italien, Piccinni, et cette querelle entre musique allemande et musique italienne divise Paris et Versailles. Haydn, qui disparaît en 1809, est jugé en Allemagne comme l'un des maîtres de la musique symphonique. Quant à Mozart, longtemps considéré comme un enfant prodige, il va de Munich à Bruxelles, de Paris à Londres et de Lyon à Genève. Il meurt en 1791, laissant inachevée sa dernière œuvre, le *Requiem*. Au même moment Beethoven se révèle avec sa *Cantate sur la mort de Joseph II.* Sur le plan littéraire, mêmes échanges. Ducis adapte Shakespeare en France et Diderot y lance Stern, le *Werther* de Goethe est traduit en Italie et en Angleterre. Tout s'entremêle et Goethe parle d'une littérature universelle, *Weltliteratur*. La franc-maçonnerie a favorisé ces brassages d'idées dans une Europe déchirée entre le rationalisme des lumières et le renouveau du mysticisme.

En dépit des réseaux bancaires et du cosmopolitisme des salons, du goût prononcé des voyages et des échanges artistiques, l'Europe n'est pourtant qu'un nom : disparité des types de société et des régimes politiques, féroces rivalités entre nations prédominent. Plus grave et formant contraste avec les rêves d'universalité d'un Goethe, s'opère une évolution dans le sens de l'individualisation des peuples et des nations. Polonais, Magyars ou Irlandais entendent affirmer leur identité malgré les oppressions subies. Avec la Révolution française va se produire un formidable éveil des nationalités.

CHAPITRE V

L'Europe et la Révolution

Les chancelleries européennes n'ont d'abord vu dans la Révolution qui éclatait en France que l'affaiblissement d'un puissant voisin. L'Angleterre y trouvait une revanche éclatante à l'aide que Louis XVI avait apporté aux États-Unis et Sheridan proclamait qu'il n'y avait plus désormais qu'un grand vide sur la carte de l'Europe à la place de la France.

L'opinion, sur le continent comme en Angleterre, s'enflamma en sens contraire, à l'annonce des événements survenus à Paris. De Kant, interrompant sa promenade quotidienne dans l'attente des nouvelles de France à Goethe exaltant les transformations françaises dans *Hermann et Dorothée,* de Priestley à Wordsworth, partout c'était l'enthousiasme. Un enthousiasme qui ne pouvait qu'inquiéter les despotes éclairés, désormais démodés, condamnés, menacés.

LA RUSSIE

Catherine II affichait son dédain. N'écrivait-elle pas à Grimm, le 27 novembre 1789 : « Je vous avoue que je n'aime pas la justice sans la justice, ni les barbares exécutions à la lanterne. Je ne saurais croire non plus au grand talent de savetiers et cordonniers pour le gouvernement et la législation. Faites écrire une seule lettre par mille personnes, donnez-leur à mâcher chaque terme et vous verrez ce qui arrivera. » Ne va-t-elle pas, comme l'a fort bien souligné Victor-L. Tapié, jusqu'à invoquer les philosophes contre la Révolution. Elle s'exalte au spectacle de l'émigration dont elle ne voit que l'aspect faussement romanesque. « Si j'étais moi, M. d'Artois, M. de Condé, je saurais faire usage de ces 300 000 chevaliers français ; morgué, ils sauveraient la patrie ou je mourrais », affirme-t-elle à Grimm, le 13 janvier 1791. Après Varennes, c'est un cri du cœur : « Je n'ai jamais regardé la cause du roi comme étrangère aux têtes couronnées. Je la regarde comme la cause des rois. Elle est celle-là même de tous les gouvernements établis que l'assemblée criminelle offense tous également. » Catherine II va même jusqu'à se rapprocher de Gustave III, son précédent adversaire, communiant avec lui dans la même haine de la Révolution. Un débarquement en Normandie de troupes russo-suédoises est même prévu dans un traité signé le 19 octobre 1791.

Mais les problèmes polonais finirent par absorber Catherine II. Pas au point toutefois de perdre de vue les conséquences des événements de France. Redoutant l'influence des loges maçonniques, elle fit arrêter Novikov, le rédacteur de la revue *Le Bourdon,* déporter Radistchev, auteur d'un *Voyage de Saint-Pétersbourg à Moscou,* où il dénonçait les misères du servage, et proscrire toute imprimerie dans le cercle de Moscou. Elle accorda des subsides aux émigrés mais refusa d'envoyer des troupes. Ce n'est que lorsque les affaires polonaises furent définitivement tranchées, en 1795 comme on l'a vu plus haut, qu'elle envisagea l'envoi d'un corps de 60 000 hommes commandé par Souvorov. Son nouveau favori Zoubov l'entraîna toutefois vers un nouveau démembrement de la Turquie : il proposait de frapper l'Empire ottoman par l'intermédiaire de la Perse. Elle mourut brusquement d'une crise d'apoplexie le 16 novembre 1796.

L'ALLEMAGNE

En Autriche, Joseph II devait constater l'échec de ses réformes. A sa mort en 1790, c'est son frère Léopold II qui fut élu empereur. Depuis 1765, Léopold gouvernait la Toscane où il avait succédé à son père François, l'époux de Marie-Thérèse. Lui aussi avait joué au despote éclairé, s'occupant des paysans et n'épargnant pas l'Église. On n'attendait donc pas une rupture dans la politique suivie par Joseph au moment de l'avènement de Léopold ; celui-ci dut pourtant compter avec un profond mécontentement. Les grands propriétaires avaient été atteints dans leurs intérêts par les mesures agraires : suppression de la corvée, menace de l'établissement d'un impôt foncier sur les terres nobles... Le malaise religieux n'était pas moins grand. Enfin, avant même la mort de Joseph II, des troubles avaient éclaté en Hongrie et en Bohême. Léopold pouvait-il espérer être couronné en Hongrie, ce qui avait été refusé à Joseph II ? La diète hongroise accepta de négocier. Les revendications des nobles (Esterhazy, Batthyany, Andrassy) visaient à tout ramener à l'état antérieur aux réformes de Joseph II, c'est-à-dire au pacte de 1741, au moment où Marie-Thérèse avait pris l'engagement de respecter les libertés du royaume. Face à la montée de la Révolution française, Léopold qui avait besoin de soldats en cas de guerre, se voyait contraint à des concessions. On rétablit donc l'ancienne Constitution et l'usage du latin (à défaut du magyar que refusaient les Roumains de Transylvanie, les Croates, les Serbes et les Saxons). La conséquence en fut la préservation du régime traditionnel des ordres et la prépondérance de la noblesse.

Mêmes concessions en Bohême : la diète présenta des revendications touchant les impôts et la langue nationale devant lesquelles s'inclina Léopold qui fut couronné à Prague, le 6 septembre 1791.

Ces concessions ont probablement freiné la propagation des idées subversives dans l'empire. En 1795, on découvrit en Hongrie l'existence d'une société secrète de soixante-quinze membres qui préparait un soulèvement national. Mais ce mouvement, dit des Jacobins hongrois, qu'animait un ancien moine, Martinovi, manquait de ramifications. Les champions des lumières et de l'indépendance étaient par ailleurs hostiles à la Révolution française. Tel était le cas notamment de l'évêque Kindermann. L'exécution de Marie-Antoinette renforça encore l'hostilité envers la France qui ne sut pas exploiter les revendications nationales. Bien au contraire, la guerre que Léopold II aurait pu éviter et que François II, qui lui succéda en 1792, engagea presque de gaieté de cœur, devait souder les différentes composantes de la marqueterie hasbourgeoise.

En Prusse, le jeu diplomatique conserva longtemps une certaine ambiguïté. Le ministre de Prusse à Paris, le comte von der Goltz avait entretenu des relations amicales avec certains membres de la Constituante. C'était l'époque où des officiers prussiens organisaient l'armée belge contre Joseph II et protégeaient les Liégeois contre le prince-évêque, le comte d'Hoensbroeck. Les Prussiens ne se retirèrent de Liège qu'en avril 1790.

Mais par la suite, les sentiments des Prussiens évoluèrent. C'est Bischoffswerder qui, le premier, songea à une contre-révolution. L'agitation paysanne dans les petites principautés allemandes, du Haut-Rhin au Palatinat, y fut pour beaucoup. L'émeute qui éclata sur les domaines du comte de Schoenburg dans la Saxe électorale (les paysans refusèrent de payer leurs charges et assommèrent les exécuteurs de la justice) fit sensation.

Hertzberg, conseiller de Frédéric-Guillaume II, le poussait à revendiquer la basse Vistule et la Baltique, mais il se heurta à l'Angleterre. Le traité de Reichenbach, le 27 juillet 1790, réconcilia l'Autriche et la Prusse sur la base d'un *statu quo* oriental et du rétablissement par l'accord de La Haye du 10 décembre, de l'autorité autrichienne en Belgique. Hertzberg disgracié et remplacé par Lucchesini qui invitait Frédéric-Guillaume à devenir « l'Agamemnon de l'Europe monarchique », on se prit à rêver d'un partage de la France.

Mais Frédéric-Guillaume était surtout soucieux de ne pas laisser les mains libres à la Russie en Pologne.

S'il se déclara solidaire de l'Autriche, conformément aux accords de Pillnitz, et entra en guerre contre la France en 1792. Dès qu'il découvrit à Valmy que les Français résisteraient, il ralentit son effort et finit même par se dégager de la première coalition. Son prestige en souffrit beaucoup. Certes la Prusse s'était agrandie en dehors de sa part polonaise des deux principautés d'Ansbach et de Bayreuth qui lui furent cédées par le margrave Christian-Frédéric, neveu du Grand Frédéric, mais la détresse financière de l'État prussien était grande, l'immoralité répandue dans les classes élevées et l'administration abandonnée à des hommes médiocres comme le silésien Hoym. Frédéric-Guillaume II mourut le 16 novembre 1797, à cinquante et un ans. Son fils, Frédéric-Guillaume III rejetait les mœurs dissolues de la cour. Il réagit aussitôt, en diminuant les dépenses, en stimulant l'activité industrielle, en introduisant des réformes dans l'armée. Sa popularité fut alors grande : il la partagea avec son épouse Louise, fille du duc de Mecklembourg-Strelitz. Celle-ci eut une grande influence sur lui ainsi que l'intrigant Lombard. Haugwitz dirigea la politique extérieure.

Les petits États allemands étaient contraints de s'aligner sur l'Autriche et la Prusse face à la Révolution française. Ce fut le cas au sud pour le margrave de Bade, Charles-Frédéric (1738-1811), pour l'Électeur de Bavière, Charles-Théodore qui régna de 1777 à 1799 et pour celui du Wurtemberg Charles-Eugène qui devait mourir en 1793.

Au nord, la Saxe était en décadence, à l'image de l'université de Leipzig, désormais concurrencée par celle d'Iéna. Le dernier des Électeurs, Frédéric-Auguste, amorça une modeste tentative de redressement pendant la période révolutionnaire. Le Hanovre était gouverné par le roi d'Angleterre. Au Mecklembourg subsistait un régime nobiliaire féodal que menaçaient directement les idées de la Révolution.

Le problème des princes possessionnés d'Alsace créa entre États allemands une relative solidarité. L'avènement de François II et son couronnement en juillet 1792 parurent devoir galvaniser les énergies. Mais Valmy mit fin aux illusions sur une guerre rapide et facile. L'occupation de la rive gauche du Rhin faisait de la France une puissance allemande qu'il importait de ménager ; les idées révolutionnaires, grâce à l'action des Jacobins allemands, gagnaient du terrain dans l'Allemagne du Sud. Charles-Théodore en Bavière fit son possible pour maintenir une relative neutralité. Le landgrave de Hesse-Kassel fit des ouvertures, au début de 1794, à la Convention. A Wilhelmsbad, le 26 septembre, il amorçait un rapprochement avec le margrave de Bade puis avec le duc de Wurtemberg. Ils renouvelèrent la ligue des princes en assurant la défense de leurs frontières sans considération des buts particuliers des deux grandes puissances d'Allemagne. Le front commun germanique devant la Révolution française volait en éclats dès 1794. L'Autriche devait se retrouver seule.

L'ANGLETERRE

En Angleterre Pitt avait été surpris par la rapidité des événements survenus à Paris. Le 17 février 1792, il croyait encore à la paix. La Révolution était d'ailleurs populaire dans l'île. Des droits de l'homme de Paine à l'*Human Justice* de Godwin, tout un courant démocratique se développait. Des sociétés se créaient comme celle de la Révolution où le docteur Price faisait applaudir les idées nouvelles. Des liens se tissaient entre sociétés londoniennes et clubs français. On se donnait du titre de citoyen ; on appelait le roi « le premier magistrat » ; on plantait des arbres de la liberté ; on réclamait le suffrage universel. Le mouvement gagnait les artisans et déjà se profilait le spectre des « niveleurs ». Le contexte économique s'y prêtait : dès 1791, la *corn law* avait été aggravée ; la récolte de 1792 fut médiocre et le prix du pain augmenta. Des émeutes éclatèrent tandis que l'agitation gagnait l'Irlande durement éprouvée. Contagion venue du continent ? Épris de paix, Pitt ne le pensait pas de prime abord mais les massacres de Septembre et l'afflux d'émigrés finirent par l'inquiéter. D'autant que la propagande démocratique gagnait du terrain. En Écosse, Muir créait la « Société de la Constitution et du peuple » ; ailleurs on achetait des canons pour les envoyer aux Français. Des clubs acclamaient des mots d'ordre qui reflétaient les idées révolutionnaires. Burke, qui publiait ses *Réflexions sur la Révolution,* dénonçait le péril aux Communes et rompait avec Fox. Il y eut deux débats mouvementés, le 9 février 1790 puis le 6 mai 1791. Les whigs mirent en contradiction Burke avec son passé : « Si de tels principes sont dangereux pour la Constitution, s'exclamait Fox, ces principes étaient ceux de mon honorable ami, de qui je les ai appris durant la guerre d'Amérique. Il disait qu'il ne saurait pas lancer un bill d'accusation contre un peuple... Pour moi, instruit par mon honorable ami que la révolte d'un peuple n'arrive pas sans provocation, je vois avec joie la Constitution de la France fondée sur ces droits de l'homme qui servent de base à la Constitution britannique. » Ce fut la rupture entre les deux hommes.

Provoquée par l'exécution de Louis XVI, la guerre vint à point pour favoriser les poursuites contre les démocrates : Paine, Muir et les autres. Un vaste système de dénonciations volontaires fut inauguré par la Société pour la protection de la liberté et de la propriété. Procès et déportations se multiplièrent. Pitt obtint le 12 mai 1794 la suspension de l'*habeas corpus.* Il n'y eut toutefois qu'une seule exécution, celle de Ward. Les 4 et 10 novembre 1795, deux nouvelles lois restrictives prévurent que toute contestation de la monarchie serait considérée comme acte de haute trahison et que les réunions séditieuses devraient être immédiatement dispersées. Toute résistance entraînait la peine de mort. Reste que l'Angleterre supporta désormais le poids principal de la guerre et que la prospérité établie par Pitt s'écroula. Faute d'envoyer des troupes sur le continent, Londres subventionna les campagnes de la première coalition. Elles coûtèrent cher. La confiance s'envola : pour empêcher la multiplication des faillites, Pitt proposa d'émettre des billets de l'Échiquier pour cinq mois, billets destinés à servir de prêts aux négociants, banquiers ou industriels en difficulté. La crise fut enrayée ou du moins reportée sur les finances publiques. Aux dépenses indirectes de la guerre s'ajoutait l'aide financière directe aux coalisés. Ainsi l'Autriche sollicitait un emprunt de 4 600 000 livres sterling que Fox dénonçait en ces termes au début de 1795 : « Pourquoi l'empereur a-t-il recours à notre crédit ? Uniquement parce qu'il n'en a pas lui-même. Le prêt qui lui est fait n'est qu'un subside déguisé, et ce n'est pas une opération loyale. J'ai peu de confiance dans la probité des souverains absolus. » A nouveau, Vienne sollicita un emprunt d'un million et demi de livres. Il fallut établir des impôts nouveaux rien que pour assurer le paiement des intérêts des emprunts. Le vin, les liqueurs, le café, le thé furent taxés. La dette publique atteignit bientôt huit millions de livres.

Après la chute de Robespierre, quand on eut le sentiment que le pouvoir était passé en France aux mains des modérés, l'opinion commença à réclamer la paix et à supporter impatiemment les charges qui découlaient de la guerre. Le 29 octobre 1795, une violente manifestation se produisit sur le passage de George III : « Pas de Pitt, pas de guerre, pas de famine ! » Malgré l'égoïsme de l'aristocratie terrienne peu touchée et même enrichie par la montée du prix du blé, il fallut dans l'hiver interdire les exportations de céréales et imposer un pain de seconde qualité. « Si je me démettais aujourd'hui de mon emploi, déclarait Pitt à Wilberforce, avant six semaines c'en serait fait de ma tête. »

Aux émeutes de la faim vint s'ajouter l'aggravation du problème irlandais. La position de Pitt avait été définie dès 1785 : « Entre la Grande-Bretagne et l'Irlande, deux systèmes seulement sont possibles. L'un consiste à soumettre complètement le plus petit pays au plus grand, de telle sorte que tout le travail du premier ne profite qu'au second, ainsi que cela a eu lieu jusqu'ici. Le second établit l'égale répartition et la communauté des avantages ; il ne cherche que l'intérêt général du royaume sans en opprimer une partie. »

En Irlande même les dissidents fondaient des clubs républicains ; les paysans attaquaient leurs seigneurs saxons, les libéraux prêchaient l'émancipation. Des concessions étaient donc indispensables : une loi de 1793 permit aux catholiques de devenir électeurs mais non encore éligibles. Ils formèrent alors des sociétés de *defenders* et trouvèrent dans le gouverneur lord Fitzwilliam un appui appréciable. Malheureusement le gouverneur fut renvoyé en mars 1795. Ce renvoi fut le signal d'une aggravation de la tension. Des Irlandais comme O'Connor et Wolf Tone s'entendirent en France avec Clarke, d'origine irlandaise, et Hoche.

La paix espérée dans le discours du Trône du 6 octobre 1796 s'estompait. Burke, avant de mourir, l'avait jugée « régicide ». Rejoignant les grands propriétaires, les gros financiers, qui s'enrichissaient grâce aux prises maritimes, étaient hostiles à l'arrêt des hostilités. Face à une menace d'invasion dont on ignorait si elle frapperait directement l'Angleterre ou atteindrait l'Irlande, on leva une milice de vingt mille cavaliers tandis qu'on renforçait la milice ordinaire. Des taxes nouvelles sur le thé, le sucre, les transactions immobilières furent votées.

1797 fut une année « terrible ». La crise financière ne cessait de s'aggraver. La rareté du numéraire avait pour cause la nécessité de solder les troupes autrichiennes en espèces. L'encaisse métallique de la Banque d'Angleterre en souffrait. Il fallut imposer le cours forcé des billets de banque.

Autre événement dramatique : la révolte de la marine. Une première insubordination contre une discipline jugée trop rigoureuse avait secoué la flotte de Portsmouth en avril. Une commission d'enquête donna raison aux mutins. La seconde révolte qui toucha les vaisseaux gardant l'embouchure de la Tamise fut plus sérieuse. L'animateur en était un marin du *Sandwich,* Richard Parker. Cette fois la contagion des idées révolutionnaires françaises était évidente : le drapeau rouge fut arboré. L'Angleterre se trouva sans défense pendant quelques semaines. Mais les excès de Parker lassèrent ses camarades. Bientôt isolé, il fut arrêté et pendu. En juin, tout était rentré dans l'ordre mais l'alerte avait été chaude.

La révolte de la flotte eut pour conséquence de développer l'impopularité des whigs soupçonnés d'être trop favorables à la France. Fox cessa même de fréquenter les Communes tandis que Gillray dans ses caricatures le dénonçait comme traître. De nouvelles mesures de répression furent prises : les sociétés de correspondance étaient interdites. Wakefield, auteur d'un pamphlet subversif, fut condamné à deux ans de réclusion.

L'échec des tentatives de débarquement du général Hoche n'avait pas mis fin aux espoirs irlandais. Une révolte générale avait été fixée au 23 mai 1798. La police avertie par des mouchards fit saisir O'Connor. L'Église prit le relais. Nouveau secrétaire d'État d'Irlande, Castlereagh affirmait : « Les prêtres conduisent les masses au combat... C'est une conjuration jacobine qui emploie des instruments cléricaux, l'ardente bigoterie des papistes servant mieux les chefs républicains que le mécontentement froid et calculateur des presbytériens. »

Si le mouvement fut durement réprimé, la tentative manquée d'insurrection avait convaincu Pitt d'unir plus étroitement l'Irlande à l'Angleterre. Il invoqua les nécessités de la guerre contre la France : « Nous voyons le point sur lequel l'ennemi commun des sociétés civilisées nous croit attaquables : la prudence ne nous oblige-t-elle pas à fortifier ce point vulnérable, engagés comme nous le sommes dans la lutte de la liberté contre le despotisme, de la propriété contre la rapine, de la religion et de l'ordre contre l'impiété et l'anarchie ? » Combattu par Sheridan, il reçut l'appui de Canning. Le Parlement irlandais, après le Parlement anglais, se résigna à cette union.

Certes l'Angleterre entendait montrer ainsi qu'elle poursuivrait la guerre contre la France jusqu'au bout, pourtant les nuages de toutes sortes s'assombrissaient dans le ciel britannique et les partisans de la paix, inquiets de la situation financière, des succès militaires de la France sur le continent et de la possibilité de réactions désespérées en Irlande, se faisaient plus nombreux. Ils durent pourtant attendre 1801.

LES PROVINCES-UNIES

La Hollande était entrée dans la guerre, le 2 février 1793. Les armées françaises pénétrèrent alors dans le Brabant hollandais mais ne purent s'y maintenir. Clubs et sociétés patriotiques avaient paru un moment se ranimer, mais l'un des chefs, Gogel, avouait que « la populace est du parti Orange ». C'est le froid exceptionnel de la fin de décembre 1794, gelant tous les cours d'eau, qui permit à l'armée française de s'emparer facilement de la Hollande. Le stathouder dut s'enfuir en Angleterre et les patriotes prirent le pouvoir. Les Provinces-Unies devinrent une République batave, sœur de la République française.

L'ESPAGNE

Si Charles III avait paru engager l'Espagne dans la voie des réformes, son successeur Charles IV fut incapable de continuer l'œuvre entreprise. C'était un Louis XVI, plus gauche encore, plus mou, que dominait son épouse Marie-Louise de Parme, d'une sensualité sans frein. Charles IV conserva le ministre de son père, Floridablanca, cependant que les cortes de Castille convoquées en septembre 1789 prêtaient serment de fidélité au nouveau roi sans difficulté.

Floridablanca était hostile à la France révolutionnaire sans toutefois vouloir rompre avec elle. On le vit bien en 1790 : les Anglais ayant occupé l'île de Nootka sur la côte de Californie, l'Espagne réclama l'appui de Paris. Louis XVI donna l'ordre d'armer quinze vaisseaux et l'Angleterre céda. Mais Floridablanca redoutait tellement les idées françaises qu'il soumit, par un édit de juillet 1791, tous les étrangers résidant en Espagne à une surveillance humiliante : ils devaient prêter serment de fidélité au roi d'Espagne et à la religion catholique.

Ayant maladroitement dénoncé au roi les débauches de son épouse, Floridablanca fut disgracié et remplacé par le chef de ce qu'on appelait le « parti aragonais », Aranda. Dans le conseil entrait un jeune homme de vingt-cinq ans, Godoy, que l'on savait être l'amant de la reine. La popularité des souverains en souffrit.

A l'inverse de Floridablanca, Aranda était favorable aux idées françaises. On prétendait qu'il avait introduit la franc-maçonnerie en Espagne. Aussi, suspect au clergé et à la cour, fut-il écarté dès le mois d'août 1792 et remplacé par Godoy.

Deuxième enfant d'un pauvre hidalgo de Badajoz, Godoy valait plus par sa prestance que par son intelligence. Il ne devait sa rapide ascension qu'à l'appui de la reine. Sans doute ne souhaitait-il pas la guerre avec la France, mais l'exécution de Louis XVI, un Bourbon comme le souverain espagnol, rendait la rupture inévitable. C'est d'ailleurs la Convention qui déclara la guerre la première à l'Espagne, le 7 mars 1793. Godoy ne se résigna à ouvrir les hostilités que sous la pression de l'opinion unanime, le 4 avril.

Tous les Français suspectés de jacobinisme furent expulsés. Les dons patriotiques atteignirent 73 millions de livres, attestant la popularité de la guerre et la haine de la Révolution française.

Les opérations alternèrent succès (Ricardos et Caro poussèrent un moment jusqu'à Bayonne et Perpignan) et revers (l'invasion de la Catalogne). Godoy ne voulait pas d'une continuation des hostilités. La guerre épuisait les finances royales ; la Catalogne menaçait de faire sécession ; les rapides progrès de la marine anglaise devenaient alarmants. Après la bataille de la Mouga, en novembre 1794, la paix parut possible. Robespierre avait été renversé à Paris par des modérés avec lesquels des négociations pouvaient s'engager sans déshonneur. Le traité de Bâle du 22 juillet 1795 permit à l'Espagne de sortir de la première coalition contre la France. Godoy reçut le titre de « prince de la Paix ».

Malgré l'hostilité d'une partie de la cour, de l'Inquisition et du clergé, il alla plus loin en signant une alliance avec la République française, le 27 juin 1796. Ce fut le traité de Saint-Ildefonse.

Godoy se rendit rapidement compte de son erreur. Non seulement l'opinion espagnole ne lui avait gardé aucune reconnaissance d'avoir signé la paix, mais, en s'engageant dans la guerre contre l'Angleterre au côté de la France, il se l'aliéna entièrement, surtout lorsque survint la nouvelle que la flotte espagnole venait d'être défaite par les escadres britanniques au cap Saint-Vincent, le 14 février 1797. Changeant complètement de politique, il tenta alors de se rapprocher de la Grande-Bretagne, mais il fut écarté au mois de mars 1798. Saavedra le remplaça.

Toutefois Godoy conservait ses entrées à la cour. En février 1799, Saavedra, malade, quitta le ministère. Le roi n'osa rappeler immédiatement Godoy. Ce fut don Luis Mariano de Urquijo, distingué par la reine, qui prit la tête des affaires, resserrant les liens avec la France, au point de justifier le surnom que Burke avait donné à l'Espagne, « le fief du régicide ». Godoy ne revint au pouvoir qu'en décembre 1800.

Godoy prétendit qu'en s'entendant avec le Directoire il avait préservé l'Espagne de la contagion révolutionnaire. Il existait pourtant dans la péninsule un mouvement philosophique, celui des libéraux modérés à l'image de Campomanes, auteur de plusieurs ouvrages d'histoire et d'économie, de Moratin, dont l'adaptation de *Tartuffe* eut des ennuis avec l'Inquisition, et de Jovellanos, poète, jurisconsulte et homme d'État qui souhaitait secouer le joug de la tradition et appelait notamment à une modernisation de l'agriculture.

Les progrès scientifiques, commencés sous le règne de Charles III, furent poursuivis sous son successeur. Le Collège royal de médecine dut pourtant tenir compte de l'opposition du clergé. Le *Journal des nouvelles découvertes des sciences physiques qui se rattachent à l'art de guérir* fut supprimé en 1791, mais rétabli en 1793 par Godoy. En fait seule une élite était touchée, celle qui devait constituer, sous Napoléon, le groupe des *Afrancesados*.

LE PORTUGAL

A l'inverse de l'Espagne, le Portugal avait sombré, depuis l'arrêt des réformes de Pombal, dans une totale léthargie. A l'annonce des événements parisiens, la reine dona Maria prit des mesures énergiques : un ordre royal du 19 décembre 1789 défendit aux marins français de se montrer à terre avec la cocarde tricolore. Au mois de mars 1790, tous les prêtres étaient invités à combattre en chaire les idées révolutionnaires.

La reine ayant donné des signes de démence, c'est son fils don João, prince du Brésil, qui prit le gouvernement en main. Bigot, superstitieux, maladroit, le prince manquait surtout d'énergie. Sans déclarer formellement la guerre à la France, le Portugal se joignit à la coalition. Ses troupes participèrent aux campagnes de Roussillon et de Catalogne. Après la paix de Bâle, l'Espagne se retrouva dans le camp français tandis que le Portugal restait l'allié de l'Angleterre. Le régent essaya alors de temporiser. Finalement un traité fut signé le 10 août 1797 entre le représentant du Portugal Araujo et le Directoire : les limites de la Guyane française étaient reportées jusqu'au río Vincent Pinson et une indemnité de dix millions devait être versée à la France. Les Anglais empêchèrent le régent de ratifier l'accord. En représailles, le Directoire fit jeter le malheureux Araujo en prison où il fut retenu jusqu'en décembre 1797. Un nouvel effort de guerre fut entrepris, mais parallèlement se poursuivirent des négociations avec la France : elles ne devaient aboutir que sous Bonaparte.

L'ITALIE

La péninsule italienne fut beaucoup plus touchée que l'Espagne par la Révolution française.

Elle n'avait pas été capable d'opposer un front uni à sa redoutable voisine. Deux souverains auraient pu prendre la tête d'une croisade : le roi de Sardaigne Victor-Amédée III ou le roi des Deux-Siciles Ferdinand IV. Le premier disposait d'une solide armée de trente mille hommes mais restait prisonnier d'idées absolutistes désuètes ; le second avait une flotte imposante de quarante vaisseaux mais son indolence le conduisait à abandonner le pouvoir à son épouse Marie-Caroline et à son favori Acton.

Les ducs de Parme et de Modène ne comptaient pas, le grand-duc de Toscane Léopold Ier paraissait surtout épris de paix et les républiques de Venise et de Gênes embarrassées, la première par le délabrement de sa flotte, la seconde par une politique bancaire tous horizons, souhaitaient adopter une position neutre. Restait Rome où régnait Pie VI, farouchement hostile à la Révolution, surtout depuis qu'il avait perdu Avignon, mais dont l'autorité spirituelle ne compensait pas le tragique manque de moyens.

L'opinion ne pesait guère. « Partout l'esprit local tenait lieu d'esprit public, les privilèges partiels de libertés générales et les habitudes de principes. » Noblesse et clergé étaient hostiles à la Révolution qui avait aboli les droits féodaux et la dîme, les privilèges politiques et les préjugés religieux. Solidement encadrés par l'Église vivant en symbiose avec l'aristocratie, les paysans, peu évolués, ne pouvaient fournir de prises aux idées nouvelles. Seule la classe moyenne, peu développée au Sud, mais de plus en plus nombreuse au Nord, formée des professions libérales, des commerçants et des manufacturiers, était réceptive aux changements. La persistance de l'esprit local devait aussi fournir des centres à la propagande révolutionnaire. En se ralliant à la France, certaines villes prenaient position contre leurs rivales ou se libéraient du joug d'un trop puissant voisin en s'assurant un appui extérieur. Enfin le Milanais supportait impatiemment la domination autrichienne.

Il n'y eut pas de confédération comme l'avait espéré le pape sur la suggestion du cardinal Orsini. Victor-Amédée III, alarmé par les troubles que suscitait la proximité de la France dans ses États, estimait lui aussi que l'entente était la condition du succès, mais le pape jalousait le Piémont et n'entendait pas lui laisser l'initiative d'une coalition. Alfieri avait raison de proclamer : « On travaille à former une ligue italienne ; elle sera conclue quand les Français boiront l'eau de la Trebbia et du Tanaro. »

Ferdinand IV céda dès qu'il vit, le 17 septembre 1792, une flotte française mouillée devant le port de Naples, l'invitant à reconnaître les changements survenus en France. Le roi de Sardaigne se retrouva sans alliés. La Législative lui avait offert la Lombardie en échange de son alliance, il fit arrêter l'envoyé français Semonville et signa un accord avec l'Autriche, le 25 juillet 1792. Mal lui en prit. Quinze jours suffirent à Montesquiou pour occuper la Savoie, et huit à Anselme pour s'emparer de Nice. Ces populations votèrent leur annexion à la France.

La plupart des États italiens rejoignirent le Piémont lors de la coalition qui suivit l'exécution de Louis XVI. Mais le roi de Naples ne fit rien en faveur de Toulon qu'il aurait pu secourir. Le roi de Piémont-Sardaigne fut battu à Saorgio en 1794 et à Loano en 1795. Il perdit le Val d'Aoste. Cette série d'échecs allait rendre possible une invasion de la péninsule par la France, provoquant la dislocation de la coalition et encourageant les aspirations révolutionnaires de nombreuses petites villes du Piémont et de Lombardie. A Bologne, deux jeunes gens, Zamboni et De Rolandis, arborèrent la cocarde tricolore italienne et appelèrent le peuple aux armes contre le gouvernement du pape en novembre 1794. A Turin, des clubs se fondèrent en liaison avec la France. A Naples, les loges maçonniques poursuivirent leur agitation. Une terrible répression suivit. Elle eut pour effet de détacher la classe moyenne des trônes. Chargés d'impôts dus à la guerre, mécontents de l'aveuglement des princes trop soumis au clergé et à l'aristocratie militaire, les bourgeois italiens, qui avaient craint jusqu'alors des mouvements populaires, commencèrent à regarder du côté de la France. Tel fut le cas d'un Verri, d'un Beccaria, d'un Parini ou d'un patricien comme Melzi.

La campagne d'Italie menée par Bonaparte secoua fortement la péninsule. l'occupation de la Lombardie donna le signal de manifestations populaires de plus en plus nombreuses. Le 13 mai 1796, lors de son entrée à Milan, le général en chef rencontra un accueil chaleureux. Il ne négligea aucun effort pour se concilier l'opinion, promettant la liberté du culte aux prêtres, l'unité de l'Italie aux patriotes, la reprise des affaires aux commerçants. Moment privilégié. L'organisme que le général installe avec des hommes comme Melzi ou Parini va pourtant décevoir. C'est que le nouveau gouvernement doit faire face aux exigences financières incessantes de Bonaparte puis de Paris avec l'enlèvement des plus belles œuvres d'art. L'arbitraire de généraux comme Despinoy, gouverneur militaire de Milan, finit par faire regretter les Autrichiens. On est passé de la tutelle tatillonne de Vienne à celle, cupide et incohérente, de Paris. Des désordres éclatèrent. Le sac de Pavie rappela à l'ordre les plus excités.

Même déception à Bologne après l'occupation de la ville par les forces d'Augereau en juin 1796. Pourtant l'Émilie se souleva dans l'été et cette insurrection permit à Bonaparte de s'emparer de Modène. A Bologne, le Sénat abdiqua et rédigea une Constitution calquée sur celle de la France, reprenant les principes de souveraineté populaire et d'égalité de la Constitution de 1795. Puis les territoires de Modène et des légations se transformèrent en un seul État à l'initiative d'un jeune avocat de Bologne, Aldini, afin de se défendre contre les incursions autrichiennes. Une assemblée réunie le 16 octobre établit entre Bologne, Ferrare, Modène et Reggio un lien fédératif. Le 30 décembre 1796, un congrès accueillait avec enthousiasme Marmont. La Romagne fut annexée et la Cispadane ainsi constituée alla se fondre dans la Lombardie et former sous le nom de république Cisalpine un État de 3 200 000 habitants. C'était la première manifestation du grand mouvement d'unité nationale que souhaitaient ardemment les patriotes italiens. La république Cisalpine apparaissait comme l'embryon d'un État italien unifié.

Dans le même temps l'influence française se faisait de plus en plus pressante. Après le massacre de prisonniers français à Vérone, Venise dut abandonner ses États de terre ferme lors des stipulations de Leoben avant de perdre son indépendance lors de la signature du traité de Campoformio qui la fit passer sous administration autrichienne. Le 8 janvier 1798, les troupes impériales entraient dans une ville tombée dans un état de totale prostration.

A Gênes où le Sénat avait évité de se compromettre, la propagande française favorisa la formation d'un parti démocratique constitué de patriciens, de commerçants et de prêtres qui tenta de s'emparer du pouvoir, le 21 mai 1797. Bonaparte imposa une Constitution et le nouvel État prit le nom de république Ligurienne.

Le traité de Campoformio, œuvre de Bonaparte qui imposa ses volontés au Directoire fut signé le 17 octobre 1797. La république Cisalpine en sortait consolidée, enrichie des États vénitiens à l'ouest de l'Adige. Le centre de gravité de la politique extérieure française se déplaçait du Rhin vers les Alpes.

A la fin de novembre 1797, Bonaparte quittait Milan, après avoir doté la République d'une Constitution à la française avec cinq directeurs, un Conseil de *seniori* et un Conseil de *juniori*. Il partait après avoir nommé lui-même les directeurs et les membres des Conseils, ce qui laissait peu de doute quant à la dépendance de la République vis-à-vis de la France.

Si Milan était devenu le refuge de tous les patriotes de la péninsule, et un espoir pour les partis avancés, les exigences du Directoire ruinèrent le prestige de la nouvelle république. Le 31 janvier 1798, Talleyrand faisait signer aux membres du Directoire cisalpin convoqués à Paris un traité d'alliance qui les contraignait à payer un subside annuel de trente millions destinés à entretenir une armée d'occupation de 25 000 hommes. Les Conseils tentèrent de résister mais durent s'incliner.

Une série de coups d'État acheva de ruiner l'autorité des dirigeants cisalpins. Le premier fut préparé le 31 août 1798 par le ministre de France, Trouvé, au détriment des éléments avancés. Une Constitution modérée fut mise en place. Mais le commandant de l'armée d'occupation, Brune, favorable aux patriotes, plaida leur cause à Paris et revint avec un nouveau ministre, Fouché. Puis le Directoire changea à nouveau de politique, remplaçant Fouché par Rivaud et Brune par Joubert. Tant d'incohérence, qui n'aboutissait qu'à mettre en lumière les ingérences françaises, ne pouvait que susciter le mécontentement des élites comme de la masse. La république Cisalpine succomba sans beaucoup de résistance, sous l'invasion austro-russe de 1799 qui suivit la formation de la deuxième coalition contre la France.

Dans l'intervalle, le Directoire, à la faveur de l'agitation partie de l'ouest et gagnant Astie, occupait Turin, le 3 juillet 1798, puis, après l'abdication du souverain piémontais en décembre 1798, annexait deux mois plus tard le Piémont. Les tendances particularistes des Piémontais empêchèrent seules une fusion avec la république Cisalpine.

En 1798, le meurtre du général Duphot avait fourni le prétexte souhaité à l'entrée des troupes françaises dans Rome. La déchéance du pape fut proclamée le 15 février : sept consuls étaient désignés, un arbre de la liberté fut planté au Capitole et une Constitution imposée par Masséna sur le modèle français. La révolte des paysans s'étendit à l'Ombrie. La répression fut cruelle mais insuffisamment efficace pour arrêter en juillet 1799 une occupation par les Napolitains qui chassèrent les Français.

Il est vrai que le royaume de Naples lui-même n'avait pas été épargné. Championnet y avait fondé, débordant les instructions du Directoire, une république Parthénopéenne, appuyé par des patriotes comme Pagano, un juriste et le botaniste Cirillo, tous admirateurs de Rousseau. Une Constitution fut rédigée par Pagano.

A Championnet succéda MacDonald qui multiplia les excès. Les provinces se soulevèrent. Débarqué à Reggio, le cardinal Ruffo rassembla les mécontents, s'empara de la Calabre et chassa les Français des Abruzzes, des Pouilles et de Campanie. MacDonald dut se retirer de Naples, le 5 mars 1799, et se replier sur Rome. Maître de Naples, le 13 juin, Ruffio laissa s'y développer, au nom du roi, de terribles représailles contre les patriotes.

La Toscane avait été occupée par les forces du Directoire en mars 1799 mais les forces austro-russes intervinrent, obligeant MacDonald, menacé d'être coupé, à abandonner Rome et à remonter vers le nord. En octobre 1799, l'influence française sur l'Italie semblait avoir vécu. Une réaction se dessinait. Alfieri avait condamné l'engouement pour tout ce qui venait de Paris. Mais c'était au nom de l'*Italie*. Foscolo prend le relais. Lui aussi défend la pensée nationale face à l'invasion des *gallicismes*. L'Italie se redécouvre et rêve à nouveau d'une unité retrouvée.

LA SUISSE

La neutralité de la Suisse ne fut guère respectée pendant la période révolutionnaire.

Les insurgés genevois avaient trouvé refuge en France. Les Dumont, Clavière et autres Reybaz ne pouvaient que pousser à une intervention française dans les cantons. Le club helvétique de Paris animé par les Vaudois, qu'avaient bannis les conseils de Fribourg et de Berne, s'attachait à travailler les régiments suisses en France et à préparer des insurrections. En retour les cantons avaient déjà accueilli de nombreux émigrés et la Diète fédérale avait protesté contre le serment imposé en France aux régiments suisses. Si Zurich restait modéré, Berne se montrait volontiers contre-révolutionnaire. La neutralité ambiguë de l'évêché de Bâle, de la principauté de Neuchâtel et de Genève les laissait vulnérables, d'autant que le pays de Vaud était prêt à un nouveau soulèvement.

De 1792 à 1798, la crise fut pourtant évitée dans les relations franco-suisses. En janvier 1792 Barthélemy était désigné comme chargé d'affaires de la France. Ce diplomate de tradition devait rester six ans en poste, soutenant le principe de la neutralité helvétique. Mais il dut faire face aux intrigues du nonce, des ministres d'Autriche et d'Angleterre (dont Wickham) et aux manœuvres de publicistes comme Mallet du Pan. Pourtant, malgré les troubles de Staefa en 1794 et 1795, et ceux de Saint-Gall, malgré le passage incessant du côté de Bâle d'armées régulières ou de fuyards, la Confédération maintint sa neutralité.

Appelé à siéger au Directoire, Barthélemy quitta la Suisse et avec lui disparut un facteur de modération. Après son départ les exigences françaises se précisèrent : demande du rappel de l'« espion » Wickham, croisières sur le lac de Lugano pour empêcher la contrebande, création de la république Cisalpine qui menaçait de s'étendre aux bailliages italiens de la Confédération. La paix de Campoformio enleva aux Grisons la Valteline, Bornio et Chiavenna réunis au nouvel État italien. La pression française se fit plus précise quand le Directoire se mit à convoiter les richesses suisses pour rétablir les finances délabrées de la France. L'occupation des débouchés du Jura, des vallées de Saint-Imier et de Moutier annonçait une intervention prochaine. Le représentant de la France, Mengaud, invoquait comme prétexte la présence d'émigrés sur le sol helvétique.

Sous la pression populaire, Bâle, Lucerne, Zurich, Schaffhouse se donnèrent des Constitutions démocratiques. Le 24 janvier 1798, les petites villes du pays de Vaud se soulevèrent : le prétexte d'une intervention française était trouvé. A Paris, Bonaparte rencontrait le tribun bâlois Pierre Ochs, lors d'un dîner chez Reubell le 8 décembre 1797. Ochs avait préparé une Constitution calquée sur le modèle français. Un Vaudois, ancien précepteur du tsar Alexandre Ier, Frédéric César La Harpe, adressait à son tour au Directoire une pétition invitant les Français à faire respecter les libertés du pays de Vaud.

Mengaud à Bâle, Desportes à Genève, Mangourit dans le Valais, encourageaient les agitateurs. L'attaque de Berne fut décidée par Paris. Elle devait se faire au Sud-Ouest par le pays de Vaud et au Nord-Ouest par l'évêché de Bâle, deux territoires particulièrement troublés. Le 26 janvier 1798, le général Ménard puis Brune pénétraient dans le pays de Vaud et y proclamaient la République alémanique. Devant la progression des troupes françaises, Berne s'affola. Le 5 mars, la ville capitulait. Le Trésor de Berne fut pillé, une contribution de quinze millions exigée. Brune et le commissaire du Directoire Rapinat se signalèrent par leurs excès.

On se demande
si Rapinat vient de rapine
ou rapine de Rapinat,

murmurait-on.

Le Valais fut détaché de la Suisse ainsi que Mulhouse, tandis que le sort de Neuchâtel était réservé. Genève, si jalouse de son indépendance, fut annexée.

Au mois d'avril 1798, une assemblée proclama la République helvétique. Son territoire était réparti en dix-neuf cantons dont les autorités relevaient du pouvoir central formé par un Directoire de cinq membres et deux Chambres législatives. C'était la Constitution rédigée par Ochs. Toutefois, ni Ochs ni La Harpe ne furent élus au Directoire. La nouvelle République signa un traité d'alliance offensive et défensive avec la France. Ochs et La Harpe furent imposés au Directoire par Rapinat en juin 1798. Les Nidwaldais révoltés contre la Constitution étaient écrasés le 9 septembre par le général Schauenbourg. Mais l'insurrection reprit avec la formation de la deuxième coalition contre la France. Divisée elle-même, la Suisse devint un champ de bataille qui opposa Masséna aux Russes. La victoire du général français à Zurich en septembre 1799 sauva la République helvétique. Néanmoins Ochs s'était retiré et La Harpe, en tentant de se débarrasser du Corps législatif suisse, fut lui-même renversé au début de 1800.

LA SUÈDE ET LES PAYS DU NORD DE L'EUROPE

Au moment de la visite de Gustave III à Versailles en 1784, l'alliance franco-suédoise se trouvait à son zénith. Mais la rupture suivit lorsque la Suède attaqua en 1788 Catherine II, avec les encouragements de Berlin et de Londres. Le ministre d'alors, Montmorin, pensait en effet qu'en se lançant dans une telle entreprise la Suède s'exposait à un partage comparable à celui que venait de connaître la Pologne. « Gustave III est un souverain d'une imagination un peu folle », disait-on à Versailles. L'ambassadeur de France fut même rappelé.

La victoire navale de Walkiala, le 29 avril 1790, parut donner raison à Gustave III dans ce qui semblait surtout une guerre de prestige. Mais le manque de subsides obligea l'armée suédoise, après une offensive victorieuse, à se replier sur la Finlande. Finalement, le 15 août 1790, était signé à Värelä un traité de paix provisoire entre la Russie et la Suède. Ce fut le point de départ d'un rapprochement entre les deux pays, malgré les efforts de l'Angleterre et de la Prusse. A son tour, la France s'inquiétait et envoyait un nouvel ambassadeur, mais il était trop tard. Gustave III, après l'échec de la fuite de Louis XVI, où un Suédois, Fersen, avait joué un grand rôle, se lançait dans une croisade monarchique contre la Révolution française. Le 21 octobre 1791, Russie et Suède signaient une alliance défensive.

Toutefois, le 16 mars 1792, pendant un bal à l'Opéra, Gustave III fut mortellement blessé dans un attentat perpétré par des nobles lassés de ses excès despotiques. Le 29 mars, le roi succombait à ses blessures. Le régent, son frère, le duc de Sudermanie, s'empressa d'abandonner l'idée d'une croisade contre-révolutionnaire. La Suède était en effet, à cette époque, un pays endetté avec une armée dont les officiers n'étaient plus payés depuis deux ans. Il fallait avant tout rétablir la prospérité. De là les négociations engagées avec la France. Moyennant un subside de seize millions de livres, la Suède aurait dû promettre de ne pas participer aux opérations militaires contre la France. Mais les discussions n'aboutirent pas, malgré les efforts de Verniniac, le représentant de la France à Stockholm, et de M. de Staël pour la Suède. Elles reprirent en ventôse an III avec l'envoi de Rivals à Stockholm. Nouvel échec. Finalement était signé, en fructidor, un traité secret. Mais la Suède conserva son double jeu.

Entre la France et le Danemark (auquel était unie la Norvège) subsistèrent pendant toute la période des liens commerciaux, l'importation de grains étant essentielle pour la France. La volonté de Copenhague de rester neutre dans le conflit franco-anglais fut plusieurs fois affichée. Copenhague rompit même avec Londres en 1797 puis en 1800 en adhérant à la ligue des neutres. Sous la régence du prince Frédéric, et grâce à l'impulsion de Bernstorff, la libre circulation du blé et du bétail avait été instituée en 1788 dans le royaume. La loi douanière de 1797 étendit cette liberté aux échanges extérieurs. En 1800, la loi sur les guildes levait tout obstacle au développement de l'industrie. Dès 1787, les serfs avaient été déclarés libres tandis que l'on modernisait l'agriculture. Au Danemark, l'économie semblait prendre le pas sur la politique.

Pas un pays en définitive qui ne soit resté indifférent devant la Révolution française. Mais les réactions sont commandées par les intérêts et par la géographie. Trop éloignée, la Russie fait preuve d'un manque de pugnacité qu'illustre la défaite de Zurich ; l'Espagne se sent trop proche de la France pour entrer en guerre avec elle. La Prusse, désemparée par la disparition de Frédéric-II et sans main ferme pour la diriger, louvoie ; l'Italie est divisée.

Seules deux puissances paraissent devoir relever le défi français : l'Autriche sur terre et l'Angleterre sur les mers.

CHAPITRE VI

Les États-Unis

La guerre maritime menée entre 1793 et 1801 dans l'Atlantique eut des conséquences désastreuses sur le commerce américain, rendant difficile la neutralité des États-Unis dans le conflit qui opposait la Révolution française à la monarchie anglaise. Ainsi les États-Unis se trouvèrent entraînés, malgré eux, dans le jeu diplomatique européen et mis en face de nouvelles difficultés au moment où ils se trouvaient confrontés à deux problèmes : la détresse des finances et la nécessité de se donner un gouvernement fédératif.

LA FIN DE LA GUERRE

En 1781, le papier-monnaie américain avait perdu toute valeur. On avait émis alors pour 200 millions de dollars. Lorsqu'il fallut se rendre à l'évidence, il ne restait que la solution de l'emprunt. Le pays était alors trop pauvre ; le Congrès s'adressa à la France, à l'Espagne et aux Pays-Bas. Il obtint de Paris 45 millions de livres dont 10 à titre gracieux, de l'Espagne 4 millions et de la Hollande 10 millions. La dette extérieure s'élevait à la fin de la guerre, selon certaines estimations à 48 millions de livres.

Les résolutions votées par le Congrès de 1776 avaient prévu – en même temps que l'indépendance – l'organisation d'une Confédération. En 1781, la première Constitution américaine se présenta sous la forme d'un document fort court où les treize États contractaient entre eux une union perpétuelle et constituaient une Confédération appelée « États-Unis d'Amérique ». Chaque État conservait sa souveraineté. Les intérêts généraux étaient débattus dans un Congrès composé de délégués nommés par la législature de chaque État. Ce Congrès avait seul le droit de déclarer la guerre et de signer la paix, de conclure des alliances et des traités de commerce, de contracter des emprunts et d'arbitrer les conflits entre États le constituant. L'assentiment de neuf États au moins était nécessaire pour la validité des décisions prises dans le domaine financier ou militaire ; sept suffisaient dans les autres cas. En dehors des sessions siégeait un comité permanent. Aucun amendement ne pouvait être introduit s'il n'avait pas été ratifié par les législatures de tous les États.

En 1783, la fin de la guerre parut devoir mettre un terme à toutes les difficultés. Il n'en fut rien. Sous l'influence de Fox, le ministère anglais fit appliquer un système de restrictions commerciales envers les États-Unis qui déséquilibra la balance commerciale américaine. Les importations furent en moins d'un an trois fois plus élevées que les exportations. Par ailleurs l'Angleterre défendit tout commerce entre les Antilles britanniques et les États-Unis. Cette fois les manufactures américaines, qui s'étaient multipliées à la faveur de la guerre, donnèrent des signes inquiétants de défaillance.

Dans le même temps, l'union semblait impossible. Le Congrès réclamait le pouvoir de lever un droit de 5 % *ad valorem* sur toutes les importations. S'y ajoutèrent la nécessité d'instituer une Cour fédérale avec juridiction d'appel et le pouvoir de contraindre les États négligents à s'acquitter de leurs contributions. « Il est nécessaire, affirmait Charles Pinckney, représentant de la Caroline du Sud, d'informer les États de la situation réelle. Il faut que le gouvernement soit investi de nouveaux pouvoirs ou c'est la chute du gouvernement fédéral. S'il ne peut opérer ces réformes lui-même par une pression constante sur les membres de la Confédération, il doit convoquer une Assemblée constituante. » L'idée finit par s'imposer lors de la conférence d'Annapolis. Une convention générale se réunit à Philadelphie en mai 1787 : il devait en sortir la Constitution votée le 16 juillet. Elle naquit du compromis entre grands et petits États, New York, New Jersey ou Delaware d'un côté, Massachusetts ou Virginie de l'autre.

Chaque État envoyait au Congrès un nombre de représentants proportionnel à sa population et invariablement deux sénateurs. La législature nationale recevait le pouvoir de légiférer dans les questions générales : commerce extérieur, monnaie, emprunts, taxes perçues par les agents fédéraux. Un président était élu pour quatre ans par des électeurs désignés dans chaque État. Il était flanqué d'un vice-président dont l'unique attribution était de présider le Sénat et qui était appelé à le remplacer en cas de décès.

La convention s'attacha à définir les pouvoirs du président, fixa les principes de l'organisation judiciaire et de l'interprétation constitutionnelle des lois.

Le 17 septembre 1787, le texte de la Constitution était publié. L'opinion se divisa alors en fédéralistes et antifédéralistes, les premiers partisans de la nouvelle constitution, alors que les antifédéralistes trouvaient que le texte allait trop loin et ruinait la souveraineté des États. Lutte âpre dans laquelle s'engagèrent Hamilton, Madison et Jay. Ces trois hommes publièrent une série de quatre-vingt-cinq études d'octobre 1787 à mars 1788 – réunies sous le titre de *The Federalist* – en faveur de la Constitution. Le Delaware, le New Jersey et la Pennsylvanie donnèrent leur adhésion en décembre 1787, la Géorgie et le Connecticut au début de 1788, suivis par le Massachusetts ; au printemps, le Maryland et la Caroline du Sud imitèrent cet exemple. Le New Hampshire se ralliait en juin. La Virginie hésitait. Des leaders comme Monroe ou Mason étaient hostiles ; ils s'appuyaient sur les grands planteurs. Mais Jefferson, qui était en France, fit savoir qu'il valait mieux ratifier ce texte, à partir du moment où le principe des amendements était admis. En juin New York basculait dans le camp des adhérents. La Caroline du Nord et le Rhode Island cessant leur opposition, le Congrès, par une résolution votée le 13 septembre 1788, déclarait la Constitution approuvée.

Le 4 mars suivant, Washington, le héros de l'indépendance, était élu à l'unanimité comme président. Candidat des fédéralistes, John Adams devint vice-président, l'emportant de peu sur Clinton, gouverneur de l'État de New York.

Les sénateurs furent désignés par les législateurs, les représentants par la population. Partout, sauf en Virginie, furent élus des fédéralistes. Philadelphie fut le siège provisoire du nouveau gouvernement. Les chambres vinrent s'y installer en avril et la présidence de Washington fut inaugurée le dernier jour de ce même mois. « Les États-Unis terminaient leur révolution au moment même où la France commençait la sienne. »

LES ÉTATS-UNIS EN 1789

Les États-Unis s'étendent alors d'est en ouest, de la côte atlantique au Mississippi. Au nord les grands lacs forment la limite avec le Canada resté anglais, malgré les efforts des Américains pour l'entraîner dans l'indépendance. Au sud, le 31° degré indique la frontière entre les États-Unis et les Florides que l'Espagne a récupérées en 1783. La population s'est accrue de 45 % entre 1775 et 1789 :

	BLANCS	NOIRS	TOTAL
1775	2 250 000	500 000	2 750 000
1783	2 600 000	650 000	3 250 000
1790	3 181 000	748 000	3 929 000

La population était inégalement répartie. La Virginie était l'État le plus peuplé avec 748 000 habitants soit le cinquième de la population générale. La Pennsylvanie suivait avec 434 000 âmes, la Caroline du Nord 394 000, le Massachusetts 379 000, l'État de New york 340 000, le Maryland 320 000. La Caroline du Sud et le Connecticut dépassaient les 200 000. Deux États suivaient avec plus de 100 000 habitants et trois n'atteignaient pas ce seuil. On comptait également 290 000 pionniers établis dans le Maine, le Vermont, le Kentucky et le Tennessee qui n'étaient pas encore suffisamment peuplés pour constituer des États. La population noire était essentiellement concentrée dans les États du Sud.

Les différences sociales étaient grandes selon les États : le Massachusetts prônait l'égalité des conditions, la division de la propriété et des mœurs puritaines, comme le Connecticut, « petite république d'agriculteurs » ; en revanche la Virginie et la Caroline du Sud offraient le spectacle d'une aristocratie de planteurs régnant sur des armées d'esclaves. Le Sud restait de peuplement britannique quand le Nord accueillait des éléments hollandais, allemands, irlandais, écossais, suédois... Les contrastes du paysage reflétaient les différences de peuplement et d'activité. Au nord, en dehors des cités (ports côtiers comme New York qui comprend 20 000 habitants avec une forte minorité hollandaise, ou villes « historiques » comme Philadelphie et ses 30 000 habitants, ou encore villes frontières comme Albany) dominait la forêt. Au sud les champs de tabac ou de canne à sucre ainsi que les rizières introduisaient une plus grande diversité. Des mœurs plus faciles, le goût du luxe qui s'étalait dans les somptueuses demeures des grands propriétaires caractérisaient le Sud ; le Nord était puritain : un théâtre ne fut établi à Boston qu'à la fin du premier mandat de Washington. Peu à peu une vie intellectuelle se développait. On comptait quarante-trois journaux en 1783 qui paraissaient trois fois par semaine. Le premier quotidien fut fondé à Philadelphie en 1784. L'anglicanisme avait été durement frappé par l'indépendance. Dès 1786 le *Religious Freedom Act* abolissait toute contribution forcée pour le soutien d'une Église et consacrait la liberté de conscience. Voté en Virginie sur la proposition de Jefferson, il rencontra rapidement l'adhésion des autres États. En 1783, Wesley avait décidé de séparer l'Église méthodiste américaine du méthodisme anglais. A leur tour les presbytériens se réorganisèrent. Les interdits contre les catholiques furent levés. Une église catholique était fondée à Boston en 1789. On comptait alors 45 000 catholiques blancs ou noirs.

Au point de vue économique, pas encore de grandes villes manufacturières. Les principales industries sont des fonderies, des fabriques de chapeaux... La pêche et les exportations de coton et de tabac sont les principales activités des ports.

LES FÉDÉRALISTES AU POUVOIR

Devenu président, Washington forma un cabinet où se côtoyaient Hamilton son ancien aide de camp, aux Finances, et Jefferson aux Affaires étrangères. Le problème le plus urgent était celui du redressement économique. Sur la proposition de Madison, le Congrès vota le premier tarif douanier des États-Unis. Protectionniste, il assurait de surcroît un revenu régulier au gouvernement fédéral. Des droits d'accise sur les spiritueux furent également votés pour accroître les ressources de l'Union. Une Banque des États-Unis était fondée et ses opérations commencèrent en 1792. Le crédit restauré, le gouvernement put emprunter, à 5 %, le retour à la confiance entraînant une reprise de la prospérité.

Pour mener à bien cette politique, Hamilton n'avait pas caché qu'il s'etait inspiré des méthodes anglaises. Mais il se heurta aux réticences de Jefferson, méfiant par principe devant toute spéculation financière. Jefferson fit décider que la capitale des États-Unis serait établie sur les bords du Potomac – le transfert du gouvernement eut lieu en 1800 – puis il partit à l'assaut de son rival en s'appuyant sur les antifédéralistes qui avaient pris le nom de « républicains ». Ces derniers – avec pour chefs Madison et Monroe – réclamaient une limitation du pouvoir fédéral. Au contraire, Hamilton, comme Adams et Washington lui-même dans ses dernières années souhaitaient le renforcement du gouvernement central. La création de la Banque nationale avait mis en lumière les oppositions entre les deux camps. Les républicains avaient dénoncé les facilités qu'une banque assurerait au pouvoir fédéral en lui permettant notamment de contracter sans limites des emprunts. Mais les rivalités s'effacèrent lors du renouvellement du mandat de Washington réélu à l'unanimité comme président.

Les problèmes intérieurs subsistaient : plusieurs localités refusèrent le droit d'accise et Washington dut envoyer des troupes en Pennsylvanie. Les Indiens harcelaient les pionniers du Nord-Ouest : en 1790, le général Harman était vaincu par eux. Chargé de le venger, Saint-Clair ne fut pas plus heureux. Wayne parvint enfin à pacifier les tribus et un traité fut signé en 1795. Après le Vermont et le Kentucky, le Tennessee devint en 1796 le seizième État de la Confédération.

C'est pourtant la politique étrangère qui accapara Washington lors de son second mandat. Alors que les fédéralistes, favorables à l'Angleterre, condamnaient la Révolution française qui venait d'éclater et défendaient une politique de neutralité, les républicains s'étaient enthousiasmés pour les événements parisiens et inclinaient à entrer dans la lutte que menait la France contre les monarchies européennes. Paris envoya Genet, précédemment ministre à Saint-Pétersbourg, plaider la cause française. Il sollicita une alliance qui « ne tint compte ni des obligations des traités ni du droit des gens ». Son voyage de Charleston à Philadelphie fut triomphal. Washington, hostile à la France révolutionnaire, coupa court à ces manifestations en lançant, le 22 avril 1793, une proclamation de neutralité. Irrité par cette attitude, Genet en appela au peuple américain. Maladresse impardonnable : il fut abandonné par les républicains et désavoué par son gouvernement. Fauchet le remplaça. Autre source de difficultés : le refus de l'Angleterre de retirer ses garnisons, des postes situés dans le nord-ouest des États-Unis, malgré les stipulations du traité de Versailles. La déclaration de neutralité avait, de surcroît, été mal accueillie à Londres où, par l'ordre en conseil du 6 novembre 1793, fut interdit aux neutres tout commerce avec la France. Le Congrès riposta, le 26 mars 1794, par le vote d'un embargo de deux mois sur les navires partant des ports américains à destination de l'Angleterre. On put croire à la guerre. Mais Washington ne la souhaitait pas. Elle eût été désastreuse pour l'économie naissante et le crédit américain. Il envoya à Londres Jay qui signa, le 19 novembre 1794, un traité commercial et politique. Ce traité suscita l'irritation des républicains, bien qu'il ait consacré l'évacuation immédiate des postes anglais de l'Ouest. Jefferson avait choisi de se retirer d'un gouvernement qui subissait de plus en plus l'emprise des fédéralistes. A son tour, Hamilton, contesté par le Congrès sur sa gestion, décidait de se retirer. Washington devenait en conséquence la cible des attaques de la presse et du Congrès. Il préféra ne pas solliciter un troisième mandat en 1796.

Cette habile retraite laissait intact son prestige. « Seul le nom du libérateur de l'Amérique peut prendre place sur la première page de la tragédie célébrant le libérateur de Rome » : c'est en ces termes que l'écrivain italien Alfieri dédiait à Washington, en 1789, sa pièce consacrée à Brutus.

Symbole de l'indépendance, Washington est resté en retrait dans les débats politiques et financiers qui ont suivi la paix. Peu brillant intellectuellement, à l'inverse d'un Jefferson ou d'un Hamilton, il vaut surtout par son sens pratique et plutôt terre à terre. Il a géré les affaires publiques comme son domaine du Mount Vernon. Il avait les qualités du bon paysan : l'endurance et la ténacité ; l'imagination lui faisait défaut. Ce pragmatique agissait par devoir ; après la guerre, il se montra hésitant sur l'avenir de l'Amérique. Il ne comprit pas la Révolution française dont les excès le choquaient ; il craignait un nouveau conflit avec l'Angleterre ; il ne saisit pas le rayonnement que les États-Unis pourraient exercer sur le continent américain. Bien vite, moderne Cincinnatus, il revint à la terre. Il devait mourir en 1799. Sa succession fut très ouverte. Hamilton, l'auteur du redressement financier, était trop impopulaire. C'était la rançon de ses qualités d'homme d'État. Le choix des fédéralistes se porta sur le vice-président Adams, resté dans l'ombre de Washington. Les républicains avaient Jefferson pour leader, mais sa candidature fut desservie par le zèle intempestif du représentant de la France, Adet, successeur de Fauchet, qui se déclara trop ouvertement en faveur du républicain. John Adams l'emporta de peu. Jefferson dut se contenter de la vice-présidence. Sous Adams, la politique extérieure continua à occuper le premier plan. La France avait mal accueilli l'accord commercial anglo-américain qui était contraire aux accords de 1778. Monroe, représentant des États-Unis à Paris, avait été rappelé par Washington qui le jugeait trop favorable aux républicains français. Ceux-ci refusèrent d'accueillir son remplaçant, un fédéraliste, et firent saisir les cargaisons de plusieurs navires marchands. Le ton monta mais Adams refusa de se laisser entraîner. Il y eut quelques affrontements entre frégates françaises et américaines ; Washington fut nommé commandant en chef, mais la guerre fut évitée.

Cette guerre aurait pu sauver les fédéralistes du désastre électoral ; ils tombèrent, victimes des difficultés intérieures. Les conseillers du président Adams cherchèrent à réprimer les attaques de la presse républicaine contre la politique belliqueuse des fédéralistes. Disposant de la majorité au Congrès, ils firent passer deux lois, l'*Alien Law*, dirigée contre les étrangers, réfugiés politiques ou émissaires d'autres pays, et la *Sedition Law* punissant les écrits séditieux. Le parti républicain dénonça dans ces lois une violation des garanties sur la liberté individuelle introduites dans la Constitution par un amendement de 1791. Jefferson fit plus ; il développa la théorie que les États avaient le droit de considérer comme nulles des lois votées par la législature nationale mais contraires à l'esprit comme à la lettre de la Constitution. Précédent qui sera invoqué en 1861.

Vigoureusement menée, la campagne contre des lois de circonstance, qui ne devaient avoir qu'une application temporaire, retourna l'opinion contre les fédéralistes qui perdirent de surcroît en 1799 leur chef charismatique. Les républicains dénoncèrent la centralisation excessive développée au détriment des États, la multiplication des fonctionnaires, les dépenses exagérées, l'esprit belliqueux de la politique étrangère et une tentation monarchique chez le président. Propagande couronnée de succès : aux élections de 1800, Jefferson était élu président et Burr vice-président par soixante-treize voix contre soixante-cinq à Adams et Pinckney. L'ère de Jefferson s'ouvrait.

LE CANADA

Le Canada ne s'était pas joint à l'insurrection des colonies anglaises grâce à la modération de son gouverneur Carleton qui avait laissé à la religion catholique le libre exercice de son culte. Fort de l'appui de 20 000 colons loyalistes qui avaient fui les États-Unis en 1783 pour s'établir au nord des lacs et sur la rive gauche du Saint-Laurent, Haldimand, successeur de Carleton, mena une politique violemment francophobe. En 1786, il était rappelé et remplacé par son prédécesseur, Carleton, devenu lord Dorchester. Le Parlement anglais, sous son influence, vota une Constitution, dite de 1791, qui divisa le Canada en deux provinces : le Bas-Canada ou vallée du Saint-Laurent (Montréal et Québec) à dominante française, et le Haut-Canada (la région des Grands Lacs) peuplé essentiellement de colons anglais. Le Haut-Canada n'avait que 40 000 habitants, le Bas-Canada en comptait 160 000, dont 20 000 Anglais. Chaque province eut son gouvernement particulier et un parlement spécial (50 députés pour le Bas-Canada, 16 pour le Haut-Canada). Un gouverneur royal servait de trait d'union entre les deux provinces. Lord Dorchester, après avoir mis en application la Constitution, se retira en 1796 ; il fut remplacé par Robert Prescott puis par Milnes. L'antagonisme, malgré la Constitution, subsista entre protestants anglais tournés essentiellement vers le commerce et catholiques français (renforcés par de nombreux prêtres réfractaires fuyant la France) orientés plutôt vers l'agriculture.

CHAPITRE VII

L'Amérique du Sud

L'empire hispano-américain reste à la fin du XVIIIe siècle un monde encore mal connu dont les étrangers sont soigneusement tenus à l'écart. La façade atlantique, du Rìo de La Plata à l'embouchure de l'Orénoque, offre une succession de colonies espagnoles, seulement interrompue par le Brésil et les Guyanes. La façade Pacifique s'étend de l'île de Chiloé au sud à la baie de San Francisco au nord. Outre le Mexique, l'Espagne occupe sur la partie septentrionale du continent, les Florides, la Louisiane et, en théorie, le Texas et les terres situées à l'ouest du Mississippi.

LA MISE EN VALEUR DE L'EMPIRE ESPAGNOL

Cet immense domaine ne répond plus aux espoirs mis en lui. L'ancien système commercial fondé sur l'exclusivisme espagnol et le monopole de Cadix a été remis en cause par une formidable contrebande et les guerres maritimes du XVIIIe siècle. Un coup décisif fut donné au commerce de Cadix par l'établissement d'un service régulier entre La Corogne et les ports espagnols d'Amérique en 1764, puis par les liens commerciaux établis l'année suivante entre Cuba et les pays de La Plata. En 1774, les colonies espagnoles furent autorisées à échanger entre elles leur propre production et celle de la métropole. L'interdiction était maintenue pour les marchandises étrangères. Toutefois la contrebande n'en continua pas moins à battre son plein.

Les mines d'or et d'argent du Mexique et du Pérou produisaient, dans les dernières années du XVIIIe siècle, environ 180 millions de livres dont le cinquième appartenait au roi. Mais la moitié de cette somme restait en Amérique pour les frais d'administration.

Pas d'industrie en raison de la stricte application du pacte colonial, sauf à Quito, à cause des difficultés d'accès. L'agriculture, en revanche, était assez prospère, surtout dans la Nouvelle-Espagne.

A côté de cette puissante Nouvelle-Espagne dont la capitale est Mexico, la vice-royauté du Pérou qui couvrait toute l'Amérique du Sud au début du XVIIIe siècle, a été démembrée par la création des vice-royautés de la Nouvelle-Grenade (Santa Fe de Bogotà) puis de Buenos Aires. Le pouvoir suprême était détenu par les vice-rois entourés d'une cour dont l'étiquette était comparable à celle de Madrid. Au nombre de onze à la fin du siècle (y compris celle de Manille), les *audiencias* rendaient la justice et avaient également pouvoir de présenter des remontrances et d'en référer au roi et au Conseil des Indes.

Tout se décidait en fait à Madrid, au sein du Conseil des Indes. Vice-rois, capitaines généraux et juges étaient espagnols. L'aristocratie locale se trouvait écartée du pouvoir politique au profit du fonctionnaire métropolitain mû uniquement par les perspectives d'une carrière lucrative.

Lors de son voyage « aux régions équinoxiales du Nouveau Continent », en 1799, Alexandre de Humboldt note que la prééminence de la métropole imprègne également la hiérarchie sociale. L'aristocrate américain, même possédant d'immenses estancias et de gigantesques troupeaux d'esclaves, qu'il fasse partie du groupe turbulent des *letrados* ou du patriciat marchand des *porteños*, passe après le fonctionnaire espagnol. Du moins la classe des créoles retrouve-t-elle son unité dans la haine des Espagnols d'Espagne (les *chapetones*, les *gauchupines*) et dans l'exclusion des métis (intendants de plantations, contremaîtres dans les mines, petits commerçants) souvent instruits, toujours ambitieux et qui cherchent à se glisser dans la haute société.

Plus bas sont les anciens maîtres du pays, les Indiens, encadrés par le clergé et qui constituent une masse rurale généralement docile. Plus bas encore les esclaves noirs, importés en Amérique par la traite. Ils sont 800 000 dont l'abbé Nuix dans *La Humanidad de los Espanoles en Indias*, juge la condition comme un mal nécessaire.

LES CAUSES D'INSURRECTION

Lorsque l'Espagne, vaincue par la France en 1795, signe la paix de Bâle et se range aux côtés du Directoire, elle se trouve coupée de ses colonies par la flotte anglaise. Le 18 novembre 1797, les ports américains sont ouverts aux navires neutres. De 1788 à 1796, on a compté dans les ports du Chili 26 navires venus d'Amérique du Nord ; on en recense 226 de 1797 à 1808. Le volume des exportations d'Amérique du Nord en direction de l'hémisphère Sud décuple à partir de 1797. C'est en vain qu'un ordre royal du 20 avril 1799 tente d'annuler l'autorisation du 18 novembre 1797.

Avec les marchandises pénètrent les idées nouvelles : on découvre les principes qui ont présidé à la libération et à l'édification des États-Unis ; on s'exalte à la lecture des philosophes français. La vie universitaire s'anime autour des grandes universités de Mexico ou de Lima. Des journaux paraissent, comme *El Mercurio peruano, La Gaceta de Mexico* ou *El Telegrafo de Buenos-Aires,* qui exposent les théories à la mode en Europe. Vaste bouillonnement des esprits qui sert de prélude à la révolution qui va secouer cette partie du continent et l'affranchir de la tutelle espagnole.

Par réaction, cette tutelle se fait plus oppressive. Humboldt note : « Les vice-rois et les gouverneurs prirent des mesures qui, bien loin de calmer l'agitation des colons, contribuèrent à augmenter leur mécontentement. On prohiba l'établissement des imprimeries dans les villes de quarante à cinquante mille habitants ; on considéra comme suspects d'idées révolutionnaires de paisibles citoyens qui, retirés à la campagne, lisaient en secret les ouvrages de Montesquieu, de Robertson ou de Rousseau. Lorsque la guerre éclata entre l'Espagne et la France, on traîna dans les cachots de malheureux Français qui étaient établis au Mexique depuis vingt à trente ans. »

Déjà les premiers signes de révolte se font jour. Humboldt décrit la tentative d'insurrection qui secoua le Venezuela en 1796. « Un riche négociant de Caracas, don Josef Espana, et un officier du corps des ingénieurs, don Manuel Wal, résidant à la Guayra, conçurent le projet hardi de rendre indépendante la province du Venezuela et de réunir à cette province celles de la Nouvelle-Andalousie, de la Nouvelle-Barcelone, de Maracaïbo et de la Guyane sous le nom d'États-Unis de l'Amérique méridionale. Les confédérés furent arrêtés avant que le soulèvement général pût avoir lieu. »

A quelles raisons attribuer cet échec ? Prophétique, Humboldt explique : « Malgré la tranquillité de caractère et l'extrême docilité du peuple dans les colonies espagnoles, malgré la situation particulière des habitants qui, dispersés sur une vaste étendue de pays, jouissent de cette liberté individuelle qui naît toujours d'un grand isolement, des agitations politiques auraient été plus fréquentes depuis l'établissement de l'indépendance des États-Unis, et surtout depuis 1789, si la haine mutelle des castes et la crainte qu'inspire aux Blancs et à tous les hommes libres le grand nombre de Noirs et d'Indiens n'avaient arrêté les effets du mécontentement populaire. » Les événements de Saint-Domingue et des Antilles françaises rendirent les colons plus circonspects.

LE BRÉSIL

Possession portugaise, le Brésil compte vers 1789 plus de deux millions d'habitants. Rio de Janeiro en est la capitale depuis 1765. Sous l'autorité de vice-rois intelligents et entreprenants, comme le marquis de Savradio, Minas, Rio, São Paulo sont colonisés : on y observe le développement de la culture du café parallèlement à l'extension de la canne à sucre et au progrès du riz et du tabac.

Introduit en 1727, le café est d'abord cultivé pendant une cinquantaine d'années dans la capitainerie du Para puis gagne Rio et se développe autour de la baie. Tandis que les petits *sitiantes* pratiquent surtout les cultures vivrières, les *fazendeiros*, disposant de vastes armées d'esclaves, se spécialisent dans la culture du café qui se fait sur brûlis. Le Brésil du Sud est intégré dans l'économie après 1777, quand la paix est rétablie avec l'Espagne dans le Rio Grande do Sul. De grands domaines d'élevage, les estancias, y sont créés, c'est l'apparition du *gaucho* et le début des exportations de viande séchée (*xarque*). L'industrie est prohibée. Une activité textile, qui s'était implantée dans le Minas Gerais, est supprimée en 1785. Seule est tolérée une petite production artisanale, comme la fabrication du sucre blanc. C'est le régime du pacte colonial qui est appliqué au Brésil. Il y est plus rigoureux que dans le domaine hispanique mais ne peut empêcher la contrebande. Le cycle de l'or semble s'achever en raison de l'épuisement des placers, des mauvaises conditions d'exploitation et d'une administration trop tatillonne. La fermentation des idées gagne le Brésil à son tour, malgré les efforts des vice-rois. Elle touche surtout les ports du Nordeste et les villes minières. Est dénoncé l'écart entre les riches commerçants ou planteurs et la masse des *caboclos.* En 1789 éclate à Minas la conspiration de Tiradentes. Réprimée, elle a pourtant révélé un sentiment national brésilien. On en mesurera les conséquences en 1808.

CHAPITRE VIII

Le Pacifique

L'Amérique découverte, la reconnaissance du Pacifique devait suivre. Balboa avait ouvert la voie en 1513. En 1811, Humboldt, dans son *Essai politique sur le Royaume de Nouvelle-Espagne,* n'examinait pas moins de huit projets de liaison entre les deux océans, à travers les Amériques. On croyait à la possibilité d'une liaison commode entre l'Atlantique et l'Extrême-Orient à travers le continent américain. Mais l'exploration du Pacifique revêt aussi, au XVIIIe siècle, un aspect scientifique, cet océan demeurant mal connu.

LES VOYAGES D'EXPLORATION

A la fin du XVIIIe siècle la recherche se veut méthodique : « Un regard superficiel jeté en passant sur la configuration du sol, sur les mœurs et les habitudes du peuple qui l'habite, ne suffira plus à ce qu'on attend de lui. » C'est à une marine savante qu'incombe le travail et les savants accompagnent désormais les navigateurs. Les Académies s'en mêlent.

La fin du XVIIIe siècle est encore marquée par l'expédition de La Pérouse dont il faut rappeler les étapes. Le 1er août 1785, *La Boussole* et *L'Astrolabe* avaient appareillé de Brest sous le commandement du capitaine de vaisseau La Pérouse pour une mission préparée par Louis XVI et visant à achever la description du globe terrestre. Deux cent vingt personnes étaient à bord dont dix-sept ingénieurs, savants ou artistes. De cette expédition deux séries de notes et dessins furent rapportées en France, en janvier 1787, à partir de Macao, par l'un des savants de l'expédition, puis, en septembre de la même année, de Petropavlovsk, par Barthélemy de Lesseps. S'y ajoute une lettre datée du 7 février 1788, de Botany Bay, dans la baie de Sidney, au directeur des ponts et arsenaux de la marine.

Après avoir traversé l'Atlantique l'expédition entreprit la double traversée du Pacifique, du sud au nord, de la Conception du Chili à l'Alaska, puis d'est en ouest, de la Californie à Macao. Dans la première relation on trouve la description de l'île de Pâques et de ses statues dont la découverte est attribuée à La Pérouse. Dans le second envoi, La Pérouse raconte son escale à Macao puis à Manille, sa navigation le long des côtes de Chine, de Corée et sa découverte entre Sakhaline et Hokkaido du détroit de La Pérouse.

Dans la lettre écrite de Botany Bay, La Pérouse mentionne le massacre de certains membres de l'expédition dans l'archipel de Samoa, le 11 décembre 1787. De l'Australie, atteinte le 26 janvier 1788, La Pérouse entendait rejoindre la Nouvelle-Calédonie puis la Nouvelle-Guinée et enfin l'île de France (île Maurice) en décembre 1788. Mais on ne devait plus avoir de nouvelles de La Pérouse. Une expédition fut montée en 1791 sous les ordres de d'Entrecasteaux. Elle comprenait deux frégates. Elle tourna court en raison des querelles entre savants et marins, de la mort de son commandant et de l'annonce de l'exécution de Louis XVI. Les survivants ne rapportèrent en 1795 aucun élément d'information sur la disparition de La Pérouse. Ce n'est qu'en 1826 qu'un capitaine anglais trouvera dans l'île de Vanikoro en Mélanésie des vestiges de *L'Astrolabe* et de *La Boussole*.

LES RIVALITÉS COMMERCIALES

Les mers d'Europe accueillent seules les échos qui déchirent le continent depuis 1792-1793. Mais dans le Pacifique s'exacerbent les impérialismes économiques.

Bien que Manille continue à drainer toujours vers le Mexique les produits de la Chine et de l'Inde par l'intermédiaire des Chinois, des métis et des neutres, les Espagnols n'ont pas su s'ouvrir le marché chinois ni les Indes. Formalités oiseuses et taxes pesantes achèvent de paralyser le trafic d'Acapulco. Le déclin de la domination espagnole aux Philippines s'amorce.

Les Hollandais sont aux prises avec de grandes difficultés à Java. Ils doivent en effet compter avec les Anglais dont Penang dépasse en 1795 Malacca, qui tombe d'ailleurs cette même année. Le commerce britannique a ses comptoirs à Sumatra, Benkoulen et Tapanouli. Mais c'est le système même de la Compagnie hollandaise des Indes qui est mis en cause. En ruinant les populations soumises à des cultures forcées ou à des restrictions imposées, il précipite la faillite de la Compagnie plus encore que la concurrence anglaise. Devenue République batave, la Hollande abolit le 1er janvier 1800 sa Compagnie des Indes vieille de deux siècles.

A l'Espagne et à la Hollande en déclin, succède dans le monde océanien l'Angleterre.

Lieu de déportation pour les convicts, l'Australie va devenir une base anglaise. Les premiers déportés arrivent à Botany Bay le 18 janvier 1788. Les Anglais vont revendiquer également la Nouvelle-Zélande, les Nouvelles-Hébrides, les Fiji, les Samoa, les îles de la Société. Toutefois une partie de l'Australie échappe encore à la colonisation anglaise. De 1792 à 1802, il n'y a pratiquement plus de convois. En 1800, sur 6 000 habitants, il n'y a que 254 colons. Comme le remarque Jean-Paul Faivre : « Malgré sécheresses ou inondations, vents brûlants du sud-est et disette, la colonie se développe aux frais de la métropole qui fournit longtemps non seulement les objets fabriqués mais une partie du ravitaillement. La houille, découverte en 1797 à Coal Cliff par des naufragés, est longtemps la seule ressource minière : on en exporte au Cap à partir de 1800. Des relations actives s'ouvrent entre Sidney, la Chine, le Bengale, les États-Unis. Les baleiniers anglo-américains en font leur escale et les armateurs locaux pêchent la baleine en Tasmanie et en Nouvelle-Zélande. »

L'influence anglaise ne cesse de s'étendre. Aux îles Hawaii, le chef local Kamehameha conclut un traité avec la Grande-Bretagne le 25 février 1794. Il en profite pour asseoir sa domination sur ses voisins. De leur côté les missionnaires protestants partent à l'assaut de Tahiti, en 1797.

Peu à peu s'impose une évidence : lancés par la France les voyages d'exploration du Pacifique ont finalement profité à l'Angleterre, tandis que se profilent à l'horizon Russes et Américains.

CHAPITRE IX

Proche-Orient et Afrique

L'Empire ottoman avait été ébranlé dans sa partie balkanique par les idées révolutionnaires. L'occupation des îles Ioniennes par les armées de la Révolution mit celles-ci en contact direct avec les Grecs soulevés dans la région du Magne. Mais cette propagande ne devait porter ses fruits que plus tard. Entre Paris et Constantinople les relations s'étaient peu à peu refroidies avant même l'expédition française en Égypte et malgré la mission d'Aubert-Dubayet en 1796. Monté sur le trône en 1789, Selim III s'inquiétait de la présence française à Corfou.

LE DÉCLIN PERSE

Tandis que l'autorité de Constantinople chancelait en dehors de l'Anatolie, la Perse était entrée, depuis le renversement en 1722 du dernier Séfévide par la révolte afghane, dans une période d'anarchie. Aga Mohammed de la tribu turque des Kadjars, ancien soutien des Séfévides, s'emparait du trône en 1786, prenant de vitesse les intrigues russes et ottomanes. Le « tsar de Géorgie », Héraclius, s'étant placé en 1783, sous protectorat russe, le nouveau shah refusa de reconnaître cet agrandissement des Russes au sud du Caucase. En 1795, il envahit la Géorgie et pilla Tiflis. La mort de Catherine II empêcha les Russes de venger un tel affront. Mais Mohammed était assassiné en 1797 et la dynastie Kadjar s'enfonça désormais dans une longue suite d'échecs.

En Arabie, Abd al Wahhab, qui mourut en 1791, dénonçait l'impiété turque et entendait proscrire le café et le tabac. Ce retour à l'orthodoxie primitive de l'Islam, sous la houlette des wahhabites, se fit au détriment de l'influence de Constantinople.

L'AFRIQUE DU NORD

Si le Maroc, qui entretenait de bonnes relations avec la France, était indépendant (le sultan Moulay Yazid mourait en 1792, laissant le trône à un souverain plus énergique, Moulay Suléiman), le pacha de Tripoli, le bey de Tunis et le dey d'Alger, qui vivaient de la course, étaient en principe placés sous la suzeraineté du sultan de Constantinople. Ils s'en étaient, dans la réalité, affranchis. Les rapports avec la France restaient excellents. Le 27 mars 1790, le traité entre Paris et Alger était renouvelé pour cent ans. La zone de protection côtière de la France était réduite de trente milles à portée effective des canons. Victime de la disette et de la ruine de ses finances, la France fit de gros achats de céréales dans la régence et obtint du dey plusieurs prêts à partir de 1793 dont deux cent cinquante mille francs en 1793, un million en 1795 (remboursé en 1798). La France emprunta également deux millions en 1795 à deux juifs livournais, Busnach et Bacri, qui avaient le monopole de l'exportation des grains.

Lors de la prise de Malte par les Français, la libération des prisonniers musulmans valut à la France une grande popularité dans les États barbaresques. Mais Constantinople leur enjoignit de déclarer la guerre à la France en raison de l'occupation de l'Égypte. Les deys et beys rompirent les relations avec Paris sans se livrer toutefois à de véritables hostilités. Dès lors le Directoire ne put ni acheter des grains ni emprunter. Talleyrand essaya vainement de renouer les contacts.

La rupture avait eu pour cause l'expédition d'Égypte. Magallon et Dubais-Thinville avaient signalé l'état de léthargie dans lequel semblait être tombé le pays sous le régime féodal des Mamelouks. Le déclin de l'Égypte a peut-être été exagéré, mais il n'en reste pas moins vrai que le régime mis en place par les Mamelouks s'écroula en une seule bataille, celle des Pyramides.

On a vu les difficultés rencontrées par les Français. Bonaparte divisa la basse et la moyenne Égypte en seize provinces gouvernées chacune par un général assisté d'un divan de janissaires commandés par un aga, d'un intendant copte et d'un agent français. L'administration financière fut laissée aux mains des coptes sous un intendant général, El Ghouary. Les impôts anciens furent maintenus mais leur répartition se fit selon des règles plus équitables. Napoléon se posa d'ailleurs en conservateur des coutumes et continuateur des traditions. Mais dans le même temps il stimulait la vie économique, faisait étudier le percement de l'isthme de Suez, ressuscitait le passé de l'Égypte. Ainsi la voie était-elle ouverte à un réveil du pays : Méhémet-Ali devait en profiter.

Au sud du continent africain, la colonisation hollandaise s'était rapidement développée. En 1795, il y avait seize mille colons dont un tiers à Capetown, plus mille cinq cents fonctionnaires. S'ils avaient soumis sans problème les Hottentots, il n'en alla pas de même avec les Bantous. La guerre « cafre » fit rage en 1789.

Pour mettre en valeur les terres, les colons utilisèrent le système de l'esclavage. Ils ne réussirent pas à acclimater le ver à soie et le tabac ; la vigne, les céréales et l'élevage s'adaptèrent en revanche parfaitement.

Avec l'occupation de la Hollande, en 1795, les ponts furent rompus avec la métropole. Les Anglais en profitèrent pour s'installer au Cap malgré les réticences de colons républicains. L'administration resta la même mais passa sous la direction du Colonial Office qui se substitua à la Compagnie hollandaise. La colonie y gagna, les Anglais abolissant certaines entraves à la liberté économique. Mais, profitant de l'envoi de troupes britanniques en Inde, les Boers se révoltèrent en accord avec certaines tribus noires. Une nouvelle guerre « cafre » en fut la conséquence. Elle dura de 1799 à 1803. L'Angleterre ne se maintint qu'avec difficultés.

A l'Est, l'Abyssinie a perdu son ancienne puissance. Le négus n'a plus qu'une autorité nominale sur les gouverneurs des provinces. L'Afrique noire demeure mal connue et les changements qui s'y produisent (fondation des empires des Bambaras, des Haoussas ou du Darfour ; déclin du Bénin tandis que le Dahomey s'abîme dans les conflits tribaux à partir de 1797) n'ont eu aucun écho en Europe. La fondation en 1788 de l'Association africaine de Londres se fixait pour but l'exploration méthodique du continent et un jeune chirurgien écossais Mungo Park atteignait le cours du Niger en 1795, à Ségou, par la voie de la Gambie mais l'Afrique noire n'était en réalité considérée que comme un réservoir d'esclaves. La Guinée était un vaste entrepôt où Français, Hollandais et Anglais venaient s'approvisionner. Les Français opéraient au Sénégal, les Hollandais en Côte-d'Ivoire et les Anglais sur la Côte-de-l'Or. La guerre maritime puis la suppression de l'esclavage par la Convention perturbèrent quelque peu le trafic de bois d'ébène.

CHAPITRE X

Les Indes

L'Inde n'est pas restée à l'écart des luttes européennes. Les rivalités coloniales (Français contre Anglais) y étaient exacerbées par les oppositions entre puissances colonisatrices en Europe même.

L'INDE DU NORD

Arrêtée après le départ de Clive en 1767, l'expansion britannique dans l'Inde septentrionale reprit sous Warren Hastings qui porta, de 1774 à 1785, le titre de gouverneur général de l'Hindoustan britannique. Cette pénétration fut favorisée par les divisions des puissances qui se partageaient le Nord : l'empereur Alam II chassé de Delhi et réduit aux villes de Korah et Allahabad ; le radjah de Bénarès Sheït Singh ; le nabab-vizir de l'Aoudh Shoudja-Ud-Daoula ; les Rohillas, de race afghane qui tenaient Delhi, les princes du Rajpoutana et la confédération des Marathes. A la frontière de l'Afghanistan, les raids étaient désormais contenus par une puissance nouvelle, celle des sikhs. Les divisions politiques recouvraient des divisions religieuses : l'empereur, l'Aoudh et les Rohillas étaient musulmans ; les rajpoutes, les sikhs et les Marathes se rattachaient à l'hindouisme.

Autant d'éléments favorables à la pénétration anglaise. Les Britanniques étaient solidement établis dans le Bengale : l'administration financière y appartenait aux Anglais, la justice et la police demeuraient l'apanage de l'ancien souverain. Il y avait en conséquence deux capitales : à Calcutta était établie la Compagnie britannique ; à Mourchédabad régnait le soubab placé sous la tutelle d'un naïb-soubab, Mohamed Riza, de confession mulsumane. Puis, à la demande de la Compagnie, il y eut simplification. Quand Hastings quitta l'Inde en 1785, le Bengale était complètement soumis, Bénarès annexé, l'Aoudh soumis, la présidence de Bombay agrandie au détriment des Marathes, Madras préservée des visées françaises ou indigènes. Hastings eut pour successeurs John Macpherson (1785-1786), lord Cornwallis (1786-1793) et John Shore (1793-1798). Fait nouveau : la puissance montante du Sindhia dans le Nord-Ouest. D'origine modeste, Ranadji, le Sindhia, dont le père avait servi le Peshva des Marathes Baladji I Visnavath, s'est rendu maître de la moitié du Malva vers le milieu du XVIIIe siècle. Toutefois, tous ses fils périssent dans des batailles à l'exception de Madhava Rao qui reprend Delhi en 1771 pour le compte d'Alam II. Mais pouvait-il, lui un hindou, se « faire le serviteur du trône mongol » ? Ne valait-il pas mieux les Anglais que l'Islam ? Le Sindhia hésita. Les événements décidèrent pour lui. Le nouveau vizir de l'empereur Alam II, le Persan Mirza-Nadjaf, travaillait alors à la reconstitution de l'Empire avec l'appui de contingents européens, commandés par René Madec, le comte de Moidavre, le chevalier de Crécy, que rejoignit un autre chef de bande, Sombre, après la défaite des Djats. Ces Européens devinrent bientôt le fer de lance de l'Empire. Les Marathes furent vaincus à Mirath en 1779 et la reconstitution de l'ancienne puissance de Timour parut sur le point d'aboutir, à la grande inquiétude des Anglais qui préféraient miser sur le Sindhia Madhava. Mais Sombre mourut en 1778, Mirza-Nadjaf en 1782, tandis que René Madec quittait l'Inde en 1780, recommandant aux agents de la France de soutenir l'empereur.

Face au Grand Moghol, le Sindhia Madhava Rao s'attacha les services d'un autre aventurier, Benoît de Boigne, né à Chambéry en 1751, soldat en France puis dans les rangs de l'armée russe alors en guerre contre la Turquie. Il s'était rendu en Perse puis en Égypte avant de débarquer à Madras vers 1778. Par la convention de Mattrah en 1784, Boigne obtint du Sindhia des subsides pour lever deux bataillons. Il enrôla des officiers français et anglais et forma des recrues indigènes. L'effet de ces mesures se fit rapidement sentir : en 1784, la campagne de Bundelkhand se terminait victorieusement. Le Grand Moghol appela le Sindhia à Delhi et lui confia le commandement de l'armée impériale. Le Sindhia entreprit de soumettre la puissante confédération des Rajpoutes. La bataille décisive eut lieu à Lalsot, près de Djaipour et dura trois jours, en mai 1787. Boigne allait s'assurer l'avantage lorsque les troupes du Moghol passèrent à l'ennemi. Parmi les raisons de cette défection : les intrigues de cour et les antipathies religieuses. Les chefs militaires musulmans, dont Ismaïl-beg, ne pouvaient accepter l'autorité d'un hindou comme le Sindhia. Celui-ci se trouva en 1787 dans une situation difficile : supplanté à la cour d'Alam II par Ghoulam-Kadir, il était tenu en échec dans ses États par Ismaïl-beg et abandonné par Boigne qui se retirait à Luknoä pour y faire du commerce.

Mais Ghoulam-Kadir et Ismaïl-beg se discréditèrent à Delhi par leurs excès, écrasant la ville de contributions, dépouillant le harem du Grand Moghol et faisant arracher les yeux au souverain, le 10 août 1788. Le Sindhia marcha sur Delhi qui fut reprise le 14 août. Renversé par ses coreligionnaires, le Grand Moghol était rétabli par un idolâtre. L'Inde n'en était pas à un paradoxe près.

La victoire du Sindhia fut totale grâce au retour de Boigne qui, sous le drapeau de Savoie, bleu à croix blanche (autre paradoxe), organisa une armée de treize bataillons, mille cavaliers et soixante canons que renforcèrent des Français comme Peron ou Drugeon, des Suisses, des Irlandais et des Italiens. Parmi les fantassins figuraient des Afghans, des sikhs et des Persans. Choulam fut pris et mis à mort, le 3 mars 1789. Défaits le 19 juin puis le 10 septembre 1790, les Rajpoutes implorèrent la paix. Ismaïl-beg fut emprisonné à Agra. Un chef local, Toukadji, le deuxième des Holkar, qu'appuyait une autre armée européenne, commandée par le Breton du Drenec, avait tenté de se révolter : il fut anéanti au défilé de Lakhairi, le 20 septembre 1792. Mongols, Rajpoutes, Marathes et sikhs avaient tour à tour été défaits, mais le Sindhia se garda de se heurter aux Anglais. Il maintint la fiction de l'empire Moghol et, au sein de la confédération marathe, reconnut l'autorité du Peshva de Pouna. Mais il mourut subitement le 12 février 1794. Assassiné, dit-on, sur l'ordre d'un favori du Peshva, Nana Farnavis. Il ne laissait pas d'héritier direct et son pouvoir revint à un neveu, Daoulat. Celui-ci entra rapidement en conflit avec le nouveau Peshva. Craignant de se voir entraîner dans une guerre avec l'Angleterre, Benoît de Boigne préféra prendre ses distances avec l'héritier du grand Sindhia en septembre 1796, abandonnant son commandement à Perron. Sa fortune était évaluée alors 6 385 000 francs. En 1798, il épousait une émigrée Mlle d'Osmond et se fixait en 1802 à Chambéry. Sous l'Empire, il présida le conseil général de son département et fut fait comte par le roi de Sardaigne en 1822.

Lucidement il avait observé que la puissance du grand Sindhia n'avait pu se développer qu'en raison de l'abstention de l'Angleterre dans le Nord-Ouest. Tippoo Sahib devait être moins heureux dans la péninsule proprement dite.

L'INDE PÉNINSULAIRE

En 1763, au lendemain du traité de Paris, on distinguait dans la péninsule indienne les cinq comptoirs français (Mahé, Chandernagor, Karikal, Pondichéry et Yanaon), les présidences anglaises de Madras et Bombay, le nabab de Carnatic, le Nizam Ali, les radjahs de Tanjore et de Travancore ainsi que les Marathes. S'y ajoutait le royaume de Mysore dont la population était de race et de langue dravidiennes, parlant le houlba sur la côte ouest et le tamoul à l'est. Un chef de guerre musulman, Haïder-Ali s'était imposé au radjah en 1760 et, sans le détrôner, l'avait cantonné dans son palais tout en prenant le titre de nabab. En 1762, il était déjà maître d'une large portion du territoire de Bedhore et étendait son pouvoir jusqu'au voisinage des Marathes. Ceux-ci lui firent la guerre, imités par les Anglais de Bombay et de Madras. Un premier traité avec les Britanniques, en 1769, ne fut pas honoré par la compagnie qui ne soutint pas Haïder lorsqu'il fut attaqué par les Marathes. Haïder ne l'oublia pas. Au moment de la guerre d'Amérique, il reçut armes et munitions de France, recruta des déserteurs européens et conclut la paix avec les Marathes. Assuré de l'appui du nizam, il lança l'attaque contre Arcote en août 1780 tandis que son fils Tippoo Sahib anéantissait le corps anglais de Baillie, venu de Madras. Après Arcote tombèrent la plupart des places du Carnatic. L'arrivée d'une flotte française à Pondichéry l'avait incité à poursuivre l'offensive mais il fut battu à Porto-Novo, le 1er juillet.

Loin d'être découragé, Haïder-Ali continua la lutte. Tippoo Sahib, avec 20 000 Indiens renforcés par les 400 Européens de Lally, anéantit à Tanjore l'armée de Braitwaite. L'action de Suffren dans l'océan Indien et un débarquement français à Porto-Novo parurent renforcer Haïder mais il mourut en décembre 1782.

Tippoo Sahib fut proclamé sans difficultés sultan de Mysore. Il disposait d'une armée de 100 000 indigènes et de 1 300 Européens. Le général anglais Eyre Coote n'avait que 11 500 Indiens et 3 000 Européens. Il aurait dû être écrasé à Vandavachy mais il fut sauvé par une manœuvre de diversion de l'armée anglaise de Bombay sous le commandement du général Mathews qui avait envahi le littoral du royaume de Mysore. Tippoo le repoussa avec l'appui français. C'est d'ailleurs dans une sortie à Gondeloä assiégé par les Anglais, le 25 juin 1783, que Bernadotte, alors sergent, fut blessé et fait prisonnier. Suffren gagnait une bataille navale décisive qui rejetait la flotte anglaise sur Madras. La situation des Britanniques semblait désespérée quand parvint la nouvelle de la paix de Versailles. Les Français récupéraient les cinq comptoirs agrandis mais ils devaient abandonner tout soutien à Tippoo. Celui-ci, vainqueur à Mangalore, le 2 janvier 1784, dut à son tour négocier, le 12 mars, sur la base de la restitution mutuelle des territoires conquis. Son prestige était alors considérable. Il disposait d'une armée bien entraînée et qui avait déjà battu les Anglais. L'État sur lequel il régnait était homogène : on n'y parlait que des dialectes dravidiens. Mysore, Mangalore, Malabar, Bangalore étaient sous sa coupe.

De 1789 à 1799, l'histoire de l'Inde péninsulaire est dominée par le conflit qui oppose lord Cornwallis à Tippoo Sahib.

Les prédécesseurs de Cornwallis – mis à part la courte administration de Macpherson (1785-1786) – étaient des aventuriers : Clive et Hastings. Cornwallis appartenait à la haute aristocratie. Né en 1738, il avait fait ses débuts de soldat pendant la guerre de Sept Ans et s'était illustré dans la guerre d'Amérique en remportant les victoires de Camden et Guilford avant de signer la capitulation de Yorktown. Lord depuis 1762, soutenu par Pitt, il disposait d'importantes ressources en hommes et en argent pour appliquer sa politique.

Son adversaire, Tippoo Sahib, plus jeune (il avait hérité à trente-quatre ans de l'empire de Mysore), tranchait également sur les autres chefs que les Anglais avaient eu à affronter. Plus cultivé, il était aussi plus intolérant, opérant des conversions de force à l'Islam, notamment parmi ses sujets du Malabar, et haïssant profondément les Anglais. Ses réformes économiques et financières lui permirent de se constituer un important trésor de guerre. La cour, sous son règne, fut fastueuse : « On vantait ses jardins de Seringapatam, ses éléphants richement caparaçonnés, ses tigres à collier d'or, les joyaux de son trésor, les danses de ses bayadères. » (*cf.* Rambaud, *Histoire générale.*) A l'inverse du Sindhia, il n'hésita pas à prendre les titres royaux de sultan et de padichāh, et à frapper monnaie à son coin. Son armée comprit jusqu'à 150 000 hommes, sans compter les corps français, 2 000 canons et 700 éléphants. En 1787, il avait envoyé trois ambassadeurs à Versailles, mais Louis XVI se désintéressa de l'Hindoustan. Les Anglais en revanche prenaient au sérieux la puissance naissante du sultan et Cornwallis cherchait le prétexte approprié pour l'abattre. Une attaque de Tippoo contre Travancore fournit l'occasion attendue. Le 1er juin 1790, les Anglais faisaient alliance avec les Marathes, ennemis naturels de Mysore et passaient un accord avec le nizam. Chacun des trois coalisés s'engageait à ne conclure aucune paix séparée avec Mysore. Les territoires enlevés à Tippoo seraient partagés entre ses vainqueurs.

Trois armées furent mises sur pied : celle du Carnatic, sous Medows, devait forcer les passes du Goujalhatty pour pénétrer au cœur même du royaume de Myrose ; celle de Bombay, commandée par Abercromby, devait s'emparer du Malabar et faire sa jonction avec la première ; la troisième, sous les ordres de Maxwell, devait se rendre maîtresse du Baramahal. En fait Tippoo fit voler en éclats le plan anglais. C'est lui qui, surgissant en septembre 1790 des passes de Goujalhatty, culbuta la première armée britannique, puis, se portant sur le Baramahal, en chassa Maxwell dans le courant de novembre. Seul Abercromby parvint à se maintenir dans le Malabar.

L'appui français que sollicita Tippoo à Pondichéry lui aurait permis d'écraser la troisième armée et de récupérer la partie orientale de son royaume. L'aide attendue ne vint pas. De son côté Cornwallis modifia ses plans. Il décida de porter tous ses efforts sur le Bangalore qui tombait, le 22 mars 1791. Mais l'offensive sur Seringapatam tourna court faute de ravitaillement et les forces anglaises durent se replier sur Bangalore. Elles reprirent l'attaque en mai 1791 et parvinrent jusqu'à Arikera, à dix-huit kilomètres de Seringapatam. Une sanglante bataille s'y déroula le 15 mai. Victorieux mais incapable de s'emparer de la capitale de Tippoo Sahib, Cornwallis dut se replier. Résolu à en finir, il prépara une troisième offensive, recomposant son parc d'artillerie et réunissant 40 000 buffles de trait pour le transport du matériel. Le 1er février 1792, il reprit la marche sur Seringapatam avec l'aide des Marathes et des forces du nizam. La ville fut investie par les trois armées prévues dont Abercromby venu de Bombay. Le 19 mars 1792, Tippoo Sahib capitulait. Son royaume fut amputé du Nord donné aux Marathes, des nababies de Kadapah, Karnaoul et Savanore concédées au nizam, du Malabar et du Baramahal qui revinrent aux Anglais. Cornwallis se garda toutefois d'anéantir le Mysore qui devait, dans son esprit, faire contrepoids aux Marathes.

D'autres problèmes surgissaient ailleurs. La guerre entre la France et l'Angleterre, à partir de mars 1793, remettait en cause les accords du traité de Paris. Un des premiers actes de la Révolution avait été l'abolition de la Compagnie des Indes dont les bureaux de Paris furent réunis à ceux du Trésor public. Sous la Convention, par décret du 10 octobre 1793, la vente de ses marchandises fut confiée aux agents de quatorze États. Sur place, les divisions des Français précipitèrent la ruine des cinq comptoirs. Le 1er mars 1790, s'était réunie à

Pondichéry une assemblée générale des citoyens qui prêta serment à la nation, à la loi et au roi. Mais dès 1791, les événements se précipitèrent avec une révolte des Cipayes, et Karikal prétendit se séparer de Pondichéry et ne plus relever que de la métropole. A Yanaon les colons chassaient le gouverneur ; même situation à Chandernagor qui refusait l'autorité de Pondichéry. Le désordre était presque total à Mahé. L'annonce de l'exécution du roi provoqua de nouveaux troubles facilitant l'intervention anglaise. Floyd s'empara sans beaucoup de difficultés de Pondichéry, le 23 août 1793, tandis que la foule des Blancs criait : « Vive Louis XVII ! » et les Hindous : « Vive les Habits rouges nos libérateurs ! » Mahé avait capitulé le 6 juillet ; Karikal, Yanaon et Chandernagor l'imitèrent. C'était un autre succès pour Cornwallis.

Successeur de Cornwallis, John Shore, qui fut gouverneur de 1793 à 1797, pratiqua une politique beaucoup plus timorée. S'il s'empara de tous les établissements hollandais dont le littoral de Ceylan et les Moluques, il refusa d'intervenir, en dépit du traité d'alliance de 1769, dans le conflit qui opposait le nizam au nouveau Sindhia et aux Marathes. Malgré un contingent européen que commandait le Français Raymond, le nizam fut battu à la bataille de Beder, en mars 1795, par les forces de Boigne. Contraint de signer un traité humiliant, il ne pardonna pas aux Anglais l'absence d'aide officielle.

En 1797, John Shore eut pour successeur Richard Cowley (ou Colley), ancien lord de la Trésorerie et membre du conseil privé, qui allait devenir marquis de Wellesley. Sous ses ordres Arthur Cowley, le futur Wellington. Le nouveau gouverneur qui devait rester aux Indes jusqu'en 1805 eut à faire face à une nouvelle révolte de Tippoo Sahib qui préparait depuis longtemps sa revanche.

Dès 1794, en effet, Tippoo Sahib avait envoyé des émissaires à Constantinople pour en obtenir des secours. L'année suivante, il avait encouragé la révolte contre le nizam de son fils Ali-Djah, finalement défait par Raymond. En 1796, il avait noué des contacts avec l'Afghanistan pour prendre à revers les Marathes et les Anglais. En avril 1797, Tippoo se laissait séduire par un corsaire français Ripaud qui se fit passer pour envoyé du Directoire. Le sultan crut à la possibilité d'une alliance avec la France.

De son côté Wellesley ne pouvait rester sans réagir devant les actes de provocation que multipliait Seringapatam : serment de haine aux Anglais, relations avec l'île de France... Le gouverneur s'efforça de reconstituer l'ancienne coalition ; il obtint du nizam, après la mort de Raymond, le renvoi des officiers français et l'implantation de bataillons anglais par le traité du 1er septembre 1798. Toutefois les Marathes refusèrent de s'allier aux Anglais : le Sindhia n'entendait pas se séparer de son armée française et redoutait l'impérialisme britannique. Il promit seulement de rester neutre.

La nouvelle du débarquement de Bonaparte en Égypte rendait nécessaire aux yeux de Wellesley d'écraser au plus vite le royaume de Mysore. Des contacts furent en effet rapidement pris entre Bonaparte

– qui pouvait faire passer des troupes dans l'Hindoustan par la mer Rouge et la mer d'Oman, libres de toute flotte anglaise – et Tippoo Sahib. Le 25 janvier 1799, le général en chef écrivait au sultan : « Vous avez déjà été instruit de mon arrivée sur les bords de la mer Rouge, avec une armée innombrable et invincible, remplie du désir de vous délivrer du joug de fer de l'Angleterre. Je m'empresse de vous faire connaître le désir que j'ai que vous me donniez, par la voie de Mascate et de Moka, des nouvelles de la situation politique dans laquelle vous vous trouvez. Je désirerais même que vous puissiez envoyer à Suez ou au Grand Caire quelque homme adroit qui eût votre confiance, avec lequel je puisse conférer. » Le 8 novembre 1798, Wellesley avait fait savoir à Tippoo Sahib qu'il connaissait les relations de celui-ci avec les Français. Il lui dépeignait ces derniers comme « professant des principes d'anarchie et de confusion propres à détruire votre propre autorité et la religion que vous révérez ». Wellesley proposait le maintien de la paix et la reconnaissance du royaume de Mysore contre la rupture de toutes les relations avec la France et le renvoi des mercenaires. Tippoo Sahib répondit en éludant ; il s'efforçait de gagner du temps en attendant une aide française.

En février 1799, l'armée du Carnatic, sous Harris, avec 40 000 hommes, et l'armée de Bombay, commandée par Stuart et forte de 6 420 soldats, envahirent le Mysore. Tippoo parvint à arrêter Stuart mais ne put empêcher Harris d'occuper Bangalore démantelé depuis la guerre précédente. Le 25 mars, la bataille de Malvelly, où combattit Arthur Wellesley, tourna à l'avantage des forces britanniques. La jonction opérée entre l'armée du Carnatic et celle de Bombay, les envahisseurs vinrent mettre le siège devant Seringapatam le 24 avril. Le 4 mai, la citadelle tombait. Tippoo Sahib avait été tué dans les combats. Arthur Wellesley devint gouverneur de la place. Le royaume de Mysore fut démantelé : Mysore était restitué à l'ancienne dynastie représentée par Mummadi-Krishnaradj ; une autre partie revint au nizam. Les Anglais se réservèrent tout le littoral de l'Ouest et dans l'intérieur Seringapatam ainsi que Bangalore. Les Marathes obtinrent la partie septentrionale qu'ils n'occupèrent pas et qui fut repartagée entre les Anglais et le nizam. La disparition du puissant royaume de Mysore laissant sans contrepoids la puissance marathe, c'est elle que devait affronter Wellesley dans la seconde partie de son administration.

Le bilan restait en définitive largement positif en cette fin du XVIIIe siècle pour les Anglais, grâce aux actions de Cornwallis et de Wellesley. On ne pouvait en dire autant de l'influence française.

CHAPITRE XI

L'Extrême-Orient

Si l'Inde est un champ de bataille où s'affrontent les impérialismes anglais et français, le reste de l'Asie paraît plus calme dans la période de 1789-1799.

LA CHINE

Des événements européens la Chine ne subit les contrecoups qu'à travers le commerce de Canton.

Depuis 1736 règne l'aîné des trois fils de l'empereur Young-Tching. Il a pris comme nom de règne K'ien-Long. Grand lettré (on lui doit de nombreuses œuvres poétiques dont un éloge de la ville de Moukden, berceau de sa famille, dont le père Amiot donna une traduction française), bon administrateur (il porta le nombre des provinces de quinze à dix-huit), organisateur de campagnes victorieuses contre les Éleuthes et nouveau maître du Si-Kiang, il se maintint à la tête de l'empire jusqu'en 1796, date de son abdication. La dynastie mandchoue était alors à son apogée et traitait de haut les « barbares » qui venaient commercer avec elle.

Canton restait le port obligé pour les Européens. Les Anglais qui en rapportaient le thé et la soie brute souhaitaient y élargir leur commerce. Une première mission dirigée par le colonel Cathcart perdit celui-ci en 1788. Le 3 mai 1792, Londres désigna comme nouvel ambassadeur lord Macartney. L'expédition, forte de trois vaisseaux, quittait Portsmouth, le 26 septembre. Des médecins, un sinologue, un dessinateur et une escorte militaire faisaient partie de l'expédition. Comme interprète deux jeunes Chinois trouvés à Naples et dont l'inexpérience allait coûter cher à Macartney. Objectif : obtenir le droit de commercer à Ning-Po, au Chou-San et à T'ien-Tsin, un entrepôt à Pékin et la suppression de la taxe de transit entre Canton et Macao.

L'ambassade passa par Madère, Ténériffe, Rio de Janeiro, Batavia, enfin Tourane. Débarquant à Toung-tcheou, elle arriva à Pékin le 21 août 1793. Ce fut l'échec. L'empereur était parti pour Dje-Hol, en Mongolie, où Macartney essaya vainement de le convaincre. Le père de Grammont donne la raison de cet insuccès : « Ces messieurs, comme sont tous les étrangers qui ne connaissent la Chine que par les livres, ignoraient le train, les usages, l'étiquette de cette cour. Par surcroît de malheur, ils avaient amené avec eux un interprète chinois encore moins instruit. De là il est arrivé : 1. qu'ils sont venus ici sans apporter aucun présent ni pour les ministres d'État ni pour les fils de l'empereur ;

2. qu'ils ont manqué au cérémonial du pays dans leur salut fait à l'empereur sans pouvoir en expliquer la raison d'une manière satisfaisante ; 3. qu'ils se sont présentés sous des habits trop simples et trop ordinaires ; 4. qu'ils n'ont pas eu soin de graisser la patte aux différentes personnes qui avaient soin de leurs affaires ; 5. qu'il manquait à leur demande le style, le ton du pays. Une autre raison de leur mauvais succès, ce sont les intrigues d'un missionnaire portugais qui, s'étant imaginé que cette ambassade nuirait au commerce de son pays, n'a pas manqué, en conséquence, de semer bien des propos défavorables à la nation anglaise. Ajoutez à cela que l'empereur est vieux, qu'il y a des cabales partielles, des artificieux dans tous les pays. D'ailleurs tous les grands, les favoris de l'empereur sont avides de présents, de richesses. » Témoignage intéressant sur l'état politique de l'empire chinois en 1793. Macartney quitta la Chine, le 17 mars 1794 sans avoir rien obtenu.

Les Hollandais prirent le relais grâce à Van Bram, chef du comptoir de la Compagnie des Indes orientales à Canton. Un de ses agents arriva à Pékin le 17 janvier 1795 mais fut tout aussi malheureux que Macartney. Cantonnés dans le Nord, les Russes n'obtinrent dans la même période aucun avantage substantiel. Arrivés en 1785 à Canton, les Américains n'y tiennent encore qu'un rôle effacé. Vers 1802 le mouvement des navires étrangers à Canton ne dépasse pas 56 000 tonneaux. Ainsi, au moment même où l'art chinois connaissait une grande vogue en Europe, la Chine maintenait, à l'exception de Canton, sa politique de fermeture à l'égard de l'Occident.

LE JAPON

Le Japon est résolument à l'écart. Il traverse alors une crise sérieuse. Les shoguns Tokugawa qui dirigent le pays depuis le début du XVIIe siècle ont choisi le repli. Il n'y a pas de relations officielles entre la Chine et la Corée. Seuls les Pays-Bas conservent quelques liens commerciaux parmi les puissances occidentales. A l'intérieur, les Tokugawa s'efforcent de maintenir la paix, mais la démographie reste stagnante (26 millions d'habitants). Les famines et les épidémies font des ravages, notamment lors de la période 1781-1788. Terres cultivables fractionnées à l'extrême, sol hypothéqué, misère générale sont les caractéristiques du Japon à la fin du XVIIIe siècle.

Dans le reste de l'Asie, notons la fin des guerres entre le Siam et la Birmanie. Le traité de 1793 attribuait aux Birmans la côte du Tenasserim. Ils étaient déjà maîtres de l'Arakan, ce qui les conduisait jusqu'à Chittagong dont les Anglais avaient pris possession en 1760. Le gouverneur Shore envoya, auprès de Badoun-Meng, Michael Symes, qui signa en 1795 avec le roi d'Ava un traité commercial. La Compagnie des Indes installa aussitôt à Rangoon un résident, le capitaine Hiram Cox. Celui-ci fut reçu en février 1797 par Badoun-Meng, mais n'obtint aucun résultat. Chargé par Wellesley d'une seconde mission, Cox succomba aux fatigues du voyage.

L'Asie restait difficilement pénétrable pour les Européens. Une exception aurait pu se produire : la péninsule indochinoise. Anglais et Hollandais avaient échoué au Tonkin mais dans le Sud, les missionnaires avaient établi une présence française. En 1787, l'évêque d'Adran Pigneau de Béhaine avait porté secours au seigneur de Huê, Nguyên-Anh, chassé par la révolte des Tây-son. En échange, la France avait reçu Tourane et Poulo Condor. La timidité du ministre des Affaires étrangères Montmorin faillit compromettre l'entreprise. Le matériel et le ravitaillement vinrent néanmoins de l'île de France et de Pondichéry. Des volontaires accoururent, comme Dayot, qui leva les premières cartes hydrographiques de l'Indochine, ou Chaigneau. L'armée du Tonkin devint vite redoutable. Nguyên-Anh prit Saigon en 1788, Huê en 1801 et Hanoi en 1802. Comme vassal de la Chine, il gouverna une Indochine pour la première fois unifiée et à laquelle il donna le nom de Viêt-nam. Mais les Français ne tirèrent pas dans l'immédiat tout le bénéfice attendu de cette pénétration.

CHAPITRE XII

L'Europe en 1799

Quel tableau offre l'Europe en cette fin d'année 1799, après une décennie de révolutions et de guerres ?

LA CARTE DE L'EUROPE

C'est au niveau territorial que les bouleversements apparaissent comme les plus spectaculaires.

Face à une France qui a atteint ses frontières naturelles, la plupart des États européens sortent affaiblis de la guerre.

L'Autriche a perdu la Belgique désormais divisée en départements français, et le Milanais, devenu une république Cisalpine à l'existence toutefois très menacée en 1799. Son influence en Italie du Nord comme sur les bords du Rhin s'efface au profit de celle de la France. La Prusse a également dû renoncer à ses ambitions rhénanes et a perdu sa réputation d'invincibilité militaire. Les difficultés financières limitent ses possibilités d'action. La Hollande d'où le stathouder a été chassé, est devenue une république-sœur de la France. La Suisse, jadis sous domination du patriciat, constitue désormais la République helvétique, sœur elle aussi de la France et soumise à son influence.

En Italie, le royaume de Piémont-Sardaigne a volé en éclats : Nice, la Savoie et le Piémont sont passés à la France. La papauté a failli perdre sa puissance temporelle et Pie VI est mort en exil, prisonnier des Français. Le roi de Naples lui-même a été contraint un moment de se réfugier en Sicile pour fuir les Français qui ont fondé une éphémère république Parthénopéenne. L'Italie est en ébullition et l'idée de son unité fait des progrès dans l'opinion.

La Scandinavie n'est pas exempte de remous tandis qu'en Espagne, Charles IV, Marie-Louise et son amant Godoy discréditent la monarchie des Bourbons.

Deux colosses semblent seuls en mesure de s'opposer à la France. A l'est, il faut compter avec la Russie mais son intervention militaire en 1799 tourne mal pour elle. A l'ouest, l'Angleterre demeure invaincue. Bien plus elle sort renforcée de la guerre grâce à sa domination maritime incontestée. Affaibli vers 1780 par l'indépendance américaine, son empire colonial ne cesse de s'agrandir au détriment des alliés de la France et de la France elle-même. Toutefois, le gouvernement britannique doit faire face à des opérations de plus en plus ruineuses pour ses finances et doit compter avec le redoutable problème irlandais.

Si, en 1789, Sheridan voyait un grand vide sur la carte de l'Europe à la place de la France, il n'en est plus de même dix ans plus tard, en dépit d'une situation militaire tendue. Grâce à la diffusion de sa langue, à sa forte démographie, à l'universalité de ses principes et à une stratégie fondée sur l'offensive, la France s'est imposée à l'Europe.

LES TRANSFORMATIONS SOCIALES

A la veille de la Révolution, une partie de l'Europe se trouvait engagée dans la voie de réformes sociales et économiques sous l'influence des despotes éclairés. Une autre, sous des monarchies absolues, en Italie du Sud ou en Espagne, se figeait dans une résistance désespérée aux progrès des lumières.

La société s'est-elle transformée en 1799 ? Il convient de distinguer entre les pays passés sous domination française où les principes révolutionnaires ont été introduits, et le reste de l'Europe où l'impact de 1789 a été souvent faible et même nul dans les plus attardés des pays où le catholicisme, profondément ancré dans les consciences et qui assure au clergé une position privilégiée, a joué un rôle de frein face à une Révolution française considérée d'emblée comme satanique.

Tocqueville a montré que la révolution a éclaté dans les pays où la condition paysanne était relativement favorable. Ailleurs, elle ne connaît aucune amélioration. Songeons à la description donnée par Radichtchev dans son *Voyage de Saint-Pétersbourg à Moscou,* publié en 1790. Rien n'a changé non plus dans une grande partie de l'Allemagne.

Les deux faits majeurs paraissent être la remise en cause de la noblesse et l'essor de la bourgeoisie.

Jean Meyer évalue l'ensemble des membres de la noblesse vers 1780 en Europe à quatre millions de personnes ; en 1800, le nombre est réduit à deux millions. C'est bien sûr la France qui a été touchée. Mais la noblesse polonaise a, elle aussi, en grande partie disparu. En Espagne il y a eu une réduction autoritaire du nombre des nobles : on en comptait 722 000 en 1784 ; ils ne sont plus que 400 000 en 1800. C'est la petite noblesse pauvre qui a été éliminée.

La pauvreté apparaît comme incompatible avec le maintien de la noblesse. Or cette noblesse un peu partout en Europe (avec des exceptions en Angleterre) sort terriblement ébranlée, sur le plan matériel, de la tourmente de la décennie 1789-1799. Plus grave encore, le doute s'introduit en elle. On a assisté en France à la suppression de la noblesse et l'exemple risque de devenir contagieux. On discute en Allemagne sur les fondements de toute aristocratie, notamment à partir des idées de Brandes.

La montée de la bourgeoisie est en revanche accélérée par la destruction de la féodalité et les réformes économiques. Le phénomène le plus remarquable est celui de la constitution, dans les villes industrielles, d'une grande bourgeoisie d'affaires, d'origine diverse, qui va rivaliser bientôt avec les patriciats des villes portuaires. Mais on ne saurait négliger la montée du nombre des fonctionnaires en rapport avec l'accroissement dans l'ensemble de l'Europe du rôle de l'État.

CONSÉQUENCES ÉCONOMIQUES DE LA RÉVOLUTION EN EUROPE

Il faut attendre 1792 pour que la Révolution française bouleverse l'économie européenne. Auparavant, seule la dénonciation du traité de libre échange, signé avec l'Angleterre par la France, en 1786, avait introduit un élément nouveau en modifiant le cours des exportations britanniques. La véritable rupture est marquée par la guerre. Les nations qui affrontent la France en 1792 sont avant tout autarciques, aussi le conflit continental a-t-il eu surtout des conséquences financières en obérant des budgets publics déjà en déséquilibre. En revanche la guerre maritime – avec l'apparition de l'Angleterre – a entraîné des bouleversements profonds dans les échanges internationaux ; elle a favorisé l'industrialisation du continent privé des produits anglais par le blocus ; elle a enfin permis à la Grande-Bretagne de consolider son avance agricole et industrielle.

La supériorité maritime des Anglais provoqua l'interruption ou du moins des restrictions au commerce des pays continentaux en guerre avec la Grande-Bretagne. Les ports hollandais et français déclinent alors que Hambourg se développe (ses importations coloniales en 1801 sont comparables en quantité à celles de Bordeaux en 1789). C'est par la Hanse que s'engouffrent les marchandises anglaises à destination de l'Europe centrale. Lisbonne profite également de la crise du trafic français : réception des cotons du Brésil et redistribution des denrées coloniales et produits manufacturés anglais. En Toscane, Livourne est un entrepôt anglais florissant tandis que s'efface Marseille. Barcelone a doublé le chiffre de son commerce colonial de 1786 à 1795, mais la reprise de la guerre lui porte un coup très dur.

Industries frappées : les constructions navales hollandaises, les toiles de lin des Flandres et d'Allemagne (touchées comme celles de l'ouest de la France par l'arrêt des exportations vers les marchés américains et la concurrence des cotonnades), les indiennes privées de leurs sources d'approvisionnement.

En plein essor à l'abri du *self-blocus* décidé par la France, les industries belge et rhénane. A Gand, les premières fabriques de coton imprimé avaient été fondées vers 1770. On compte huit fabriques en 1781, dix en 1790, treize en 1793, dix-neuf en 1799. Les premières Waterframes apparaissent en 1795 ; des machines sont importées d'Angleterre par Hambourg. Les débouchés assurés vers la Rhénanie, les Provinces-Unies et l'Espagne sont pour beaucoup dans cet essor auquel il faut associer le charbon.

Le bilan en 1799 reste néanmoins défavorable pour l'Europe tandis que s'affirme la suprématie anglaise.

Suprématie commerciale : non seulement l'Angleterre s'empare des colonies de ses rivales (Martinique, Grenade, Ceylan), mais elle se substitue à la France dans la partie de l'Europe touchée par la guerre. Par Hambourg, l'Angleterre déverse ses produits sur l'Allemagne, la Pologne, la Hongrie. Une contrebande active maintient ouverts les débouchés italiens, suisses, français ou hollandais. Les échanges avec les États-Unis ont pris une nouvelle ampleur : les Américains sont le deuxième fournisseur de l'Angleterre et son deuxième client.

Suprématie industrielle : le coton connaît en dix ans une formidable expansion. Les exportations passent de 4 millions de livres sterling en 1781-1783 à 10 millions entre 1795 et 1797. Le coton représente en 1800 5 % du revenu national total. Par ailleurs la valeur de la production lainière est passée de 7 millions de livres sterling en 1770 à 10 millions en 1800. La production de charbon dépasse les dix millions de tonnes vers 1800 (elle n'est que de un million en France). L'agriculture, en raison des difficultés rencontrées dans les importations, augmente sa production de blé : de 17,9 millions de *quarters* en 1790 à 19 millions en 1800.

Seul point noir : l'investissement. La guerre, d'abord financée par l'emprunt, entraîne, après la crise monétaire de 1797 (qui provoqua une suspension de la convertibilité de la livre), un effort fiscal qui détourne les capitaux des investissements. Toutefois l'agriculture n'est pas touchée. L'arrêt des importations et la hausse des prix incitent les grands propriétaires à investir dans leurs exploitations. Le recul des investissements industriels aurait en revanche, pour certains économistes, provoqué un ralentissement de la croissance, coton et métallurgie exceptés.

En définitive, deux forces s'affrontent en Europe, au début de la première décennie du XIXe siècle : l'Angleterre maritime et industrielle et la France forte de ses principes et de ses armées.

CONCLUSION

En 1799, l'Afrique ne compte pas, vaste réservoir d'esclaves et base sur la côte méditerranéenne d'États-pirates. L'Océanie demeure mal connue. L'Asie est l'enjeu de rivalités coloniales en Inde et de convoitises commerciales en Chine. L'Amérique n'est libérée qu'en partie du joug colonial. Tout se joue en Europe.

Si la suprématie maritime de l'Angleterre paraît difficile à contester, la prépondérance continentale de la France n'a cessé de s'affirmer. La France révolutionnaire a rompu avec l'idéal de Vergennes. L'idée de Grande Nation se confond avec un froid impérialisme ; l'universalité des principes couvre une guerre de conquête. L'équilibre européen est brisé. En arrivant au pouvoir, Bonaparte retrouve une armée jeune et belliqueuse, habituée à parcourir le continent et qu'il semble difficile de renvoyer dans ses foyers. La Révolution de 1789 a libéré en France les plus folles ambitions territoriales face à une Europe des rois qui mesure le danger mais ne parvient pas encore à s'entendre dans une vaste coalition, victime de ses rivalités passées et de ses intérêts présents.

RÉFÉRENCES BIBLIOGRAPHIQUES DE LA TROISIÈME PARTIE

CHAPITRE PREMIER

LAVISSE et RAMBAUD, *Histoire générale*, t. VIII (1896).
Ph. SAGNAC, *La fin de l'Ancien Régime et la révolution américaine* (1952).
R. MOUSNIER, E. LABROUSSE et M. BOULOISEAU, *Le XVIIIe siècle* dans *Histoire générale des civilisations*, t. V (1953).
J. GODECHOT, *Les révolutions 1770-1799* (1965).
F. BLUCHE, *Le despotisme éclairé* (1968).
CORVISIER (sous la direction de), *L'Europe à la fin du XVIIIe siècle*, (1985).

Quelques études par pays :

J. PIRENNE, *Histoire de la Belgique*, t. V et VI (1920-1925).
CHAPUISAT, *La Suisse et la Révolution française* (1945).
A. RENAUDET, *L'Angleterre de 1714 à 1789* (cours polycopié, 1943).
V.-L. TAPIÉ, *L'Europe centrale et orientale de 1689 à 1796* (cours polycopié, 1953).
J. SARRAILH, *L'Espagne éclairée de la seconde moitié du XVIIIe siècle* (1954).
P. GEYL, *La révolution batave* (1971).

CHAPITRE II

R. MARX, *La révolution industrielle en Grande-Bretagne des origines à 1850* (1970).
P. LÉON, *Histoire économique et sociale du monde*, t. III (1978).
Contributions de P. BUTEL et J.-P. POUSSOU dans *L'Europe à la fin du XVIIIe siècle* (1985).

CHAPITRE III

A. FUGIER, *La Révolution française et l'empire napoléonien*, t. IV de *L'histoire des relations internationales* (1961).

CHAPITRE IV

B. FAŸ, *La franc-maçonnerie et la révolution intellectuelle du XVIIIe siècle* (1935).

R. Pomeau, *L'Europe des lumières* (1966).
P. Chaunu, *La civilisation des lumières* (1971).
R. Mousnier, *Progrès technique et progrès scientifique au XVIIIe siècle* (1958).

CHAPITRE V

A. Sorel, *L'Europe et la Révolution française* (1885-1904).
Lavisse et Rambaud, *Histoire générale*, t. VIII (1896).
M. Dunan, *La Révolution française et l'Europe* (cours polycopié, 1954).
J. Godechot, *La Grande Nation* (1956).

CHAPITRE VI

R. Lacour-Gayet, *Histoire du Canada* (1968).
R. Lacour-Gayet, *Histoire des États-Unis*, t. I (1976).

CHAPITRE VII

J. Tulard, *L'Amérique espagnole en 1800* (1966).
H. Barbagelata, *La Révolution française et l'Amérique latine* (1936).
P. Monbeig, *Le Brésil* (1954).
G. Freyre, *Maîtres et esclaves* (1952).

CHAPITRE VIII

J.-P. Faivre, *L'expansion française dans le Pacifique* (1953).

CHAPITRE IX

C.-A. Julien, *Histoire de l'Afrique du Nord* (1931).
R. Cornevin, *Histoire de l'Afrique* (1956).
H. Deschamps, *Histoire de l'Afrique noire*, t. I (1974).
De la Jonquière, *L'expédition d'Égypte* (1900-1907).
J.-A. Lesourd, *L'Union sud-africaine* (1951).

CHAPITRE X

Lavisse et Rambaud, *Histoire générale*, t. VIII (1896).
The Cambridge History of India, t. V (1929).

CHAPITRE XI

L. Dermigny, *La Chine et l'Occident. Le commerce à Canton au XVIIIe siècle* (1964).

QUATRIÈME PARTIE

DICTIONNAIRE DE LA RÉVOLUTION

sous la direction de Jean-François Fayard
avec le concours d'Alfred Fierro et Jean Tulard

A

ABATTOIRS. Appelés « tueries » ou « écorcheries », établis à Paris à la Croix-Rouge, à l'Apport-Paris, dans plusieurs rues dont la rue des Boucheries, les rues Montmartre, Saint-Martin, Traversine, les abattoirs appartenaient presque tous à des abbayes à la fin de l'Ancien Régime. Le passage des troupeaux à travers la capitale occasionnait des accidents, les abattoirs étaient trop petits, mal aérés, dégageaient des odeurs malsaines et les fonderies de suif à leurs abords étaient un danger d'incendie. Dès la veille de la Révolution, leur éloignement du centre de la ville avait été préconisé. Ce n'est qu'en 1810, par le décret du 10 février, que fut décidée la construction des cinq abattoirs périphériques : du Roule, de Montmartre, de Popincourt, d'Ivry et de Vaugirard.

ABBAYE, voir **PRISONS**.

ABJURATION DU CLERGÉ. Sous la pression de l'opinion publique, et par souci de se faire bien voir de leurs collègues, le 17 brumaire an II (7 novembre 1793), l'évêque constitutionnel Gobel et plusieurs ecclésiastiques députés à la Convention renoncent solennellement devant cette assemblée à la prêtrise. Gobel déclare : « Je renonce à mes fonctions de ministre du culte catholique ; mes vicaires font la même déclaration, nous déposons sur votre bureau nos lettres de prêtrise. Puisse cet exemple consolider le règne de la liberté et de l'égalité. Vive la République ! » Lindet, Coupé de l'Oise, plusieurs autres prêtres, le pasteur protestant Julien de Toulouse se « déprêtrisent » aussitôt devant les députés en invoquant le principe d'égalité et leur désir d'être semblables aux autres hommes. Sieyès décide de faire de même trois jours plus tard, mais Grégoire s'y refusera toujours farouchement. Cette abjuration du clergé affaiblit considérablement et discrédite aux yeux des croyants la hiérarchie et le clergé constitutionnels et prélude à l'introduction du culte de la Raison.

ABOLITION (lettre d'). On appelait lettres d'abolition, sous l'Ancien Régime, les lettres par lesquelles le roi faisait remise d'une peine à un condamné. Les lettres d'abolition générale effaçaient non seulement la peine, mais aussi la condamnation. Considérées comme un abus et une atteinte au sacro-saint principe révolutionnaire de l'Égalité, ces lettres d'abolition furent supprimées en 1791 avec les lettres de grâce et les commutations de peine. Le droit de grâce fut rétabli sous le Consulat et subsiste toujours comme une prérogative du président de la République.

ABOUKIR (bataille d'). Ayant retrouvé la flotte française trop tard, alors qu'elle avait déjà débarqué Bonaparte et l'armée d'Orient, Nelson l'attaque en rade d'Aboukir, le 1er août 1798. L'amiral Brueys commet l'erreur d'engager le combat alors que ses vaisseaux sont encore au mouillage. Après dix-huit heures de combat, la flotte française est anénantie, Brueys emporté par un boulet. Le corps expéditionnaire français est pris au piège, prisonnier de sa conquête. Il y eut deux autres batailles d'Aboukir. Les 24 et 25 juillet 1799, une armée turque débarquée par les Anglais est rejetée à la mer par Bonaparte. Le 8 mars 1801, le général anglais Abercromby battit Menou et le rejeta dans Alexandrie.

ABOYEURS. C'est ainsi qu'on nommait durant la Révolution les crieurs de journaux et de libelles qui vendaient par les rues de la capitale en criant des boniments pour appâter la clientèle. Chaque journal avait ses aboyeurs et les rixes entre vendeurs de tendances politiques opposées étaient fréquentes. La pratique de la vente à la criée des journaux n'a disparu que récemment avec l'invasion des villes par l'automobile et l'accroissement du vacarme dans les rues qui rend à peu près inaudible la voix humaine.

ACADÉMIE D'ARCHITECTURE. Créée par Colbert en 1671, confirmée par lettres patentes en 1717, l'Académie d'architecture comptait 24 membres élus. Elle fut supprimée en 1767 et recréée avec une nouvelle organisation en 1775, formée de 32 architectes membres titulaires, de 16 membres associés et de 12 correspondants. Comme les académies de peinture et de sculpture, elle avait ses prix et ses pensionnaires à Rome. Elle fut supprimée en 1793.

ACADÉMIE FRANÇAISE. Fondée par Richelieu en 1635, l'Académie française, comme toutes les autres académies, déplaît aux révolutionnaires entichés d'égalité. Mirabeau en demande la suppression, Marat raille les « quarante fainéants ». La dernière séance se tient le 5 août 1793, en présence de quatre membres seulement. Le 8, un décret de la Convention supprime toutes les Académies. Le 3 brumaire an IV (25 octobre 1795), cette même assemblée crée l'Institut national des sciences et des arts où l'Académie n'a pas sa place. Elle ne renaît que le 3 pluviôse an IX (23 janvier 1803) sous le nom de « section de langue et de littérature françaises ».

ACADÉMIE DES SCIENCES. A la différence de l'Académie française, l'Académie des sciences jouit d'un grand renom en 1789. Ses membres offrent d'ailleurs leurs services à la Constituante, le 12 août 1790. L'élaboration du système métrique se fait sous son égide, elle est consultée à plusieurs reprises, notamment au sujet de la refonte des assignats, de la production du salpêtre. Mais elle finit cependant par être supprimée, au nom du principe d'égalité, le 8 août 1793. La Convention la recrée, le 3 brumaire an IV (25 octobre 1795) comme première classe de l'Institut, sous le nom de « classe de sciences physiques et mathématiques ».

ACADÉMIE ROYALE DE DANSE, voir **ÉCOLE ROYALE DE DANSE**.

ACADÉMIES, voir **UNIVERSITÉS**.

ACCAPAREMENT (loi sur l'). En raison de la spéculation sur les grains et les farines, le prix du pain atteint un niveau qui entraîne des émeutes dans la capitale au début de 1793. Sur rapport de Collot d'Herbois, la loi sur l'accaparement est votée le 26 juillet 1793. Elle punit de mort le stockage clandestin de denrées alimentaires et exige que les commerçants mettent en vente leurs marchandises à des prix fixés par les pouvoirs publics. Les municipalités ont la possibilité de nommer des commissaires aux accaparements pour vérifier les déclarations et confisquer les marchandises dissimulées, dont une partie revient aux éventuels dénonciateurs.

ACCUSATEUR PUBLIC. C'est le décret du 1er décembre 1790 qui institue auprès de chaque tribunal criminel un magistrat chargé de poursuivre l'accusation au nom du roi, les autres juges devant être élus. En sus, l'accusateur public a dans ses attributions la surveillance des officiers de police du département. Le décret du 17 août 1792 fixe à deux le nombre des accusateurs publics pour chaque tribunal. Les deux premiers accusateurs publics du tribunal criminel de Paris sont Lallier et Réal. Le décret du 10 mars 1793, qui institue le tribunal révolutionnaire, nomme un accusateur public assisté de deux substituts auprès de ce tribunal. Faure est le premier accusateur public nommé, mais il renonce à ses fonctions et c'est Fouquier-Tinville qui le remplace.

ACHATS (comité des). Ce comité fut créé par la Convention pour remplacer les administrations militaires. Il avait le droit exclusif d'acheter les fournitures nécessaires aux armées à partir du 1er août 1793, court-circuitant ainsi le ministère et les généraux, afin de mettre théoriquement un terme aux malversations des fournisseurs des armées.

ACIER. Tributaire de l'Angleterre et de l'Allemagne pour ses besoins en acier, important chaque année de ces pays quelque quatre millions de tonnes, la France en guerre à partir de 1792 est obligée de se suffire à elle-même, ce qui amène au développement de l'extraction du charbon et du fer un peu partout sur le territoire.

ACTE DE NAVIGATION. À l'imitation de l'Angleterre, soucieuse au temps de Cromwell de développer sa marine, la France révolutionnaire, par l'acte de navigation du 21 septembre 1793, réserve le commerce extérieur du pays aux navires battant pavillon français. Étant donné les circonstances, la guerre avec l'Angleterre notamment, cet acte de navigation n'a aucune conséquence concrète.

ACTES PUBLICS. L'édit de Villers-Cotterets avait, sous le règne de François Ier, banni le latin de la rédaction des actes publics, le décret de la Convention du 22 juillet 1794 interdit de les rédiger dans une langue autre que le français, excluant ainsi l'alsacien, le basque, le béarnais, le breton, le flamand de la vie publique.

ACTES DES APÔTRES. Fondé par Peltier, le journal nommé *Les Actes des Apôtres* paraît du 2 novembre 1789 à octobre 1791. Rédigé par une vingtaine de personnes dont Montlosier, Clermont-Tonnerre, Suleau, Mirabeau et Rivarol, il est l'organe des partisans de la monarchie, certains de ses rédacteurs penchant pour le maintien de la monarchie absolue, d'autres prônant plutôt la monarchie constitutionnelle. D'un ton satirique très marqué, avec de remarquables textes de Rivarol, ce journal ridiculise les partisans de la Révolution. L'émigration de la plupart de ses collaborateurs amène la cessation des *Actes des Apôtres*.

ACTEURS. Victimes de préjugés, placés en marge par l'Église, les comédiens demandent en 1790 à la Constituante de les reconnaître comme des citoyens à part entière. Clermont-Tonnerre, Mirabeau et Robespierre prennent notamment leur défense et leurs droits sont reconnus, mais l'Église catholique reste réticente et le curé de Saint-Sulpice refuse de marier Talma en cette même année 1790. Le revers de la médaille est la suspension, le 1er janvier 1791, de toutes les pensions versées par le roi aux acteurs. Ces derniers se voient, en outre, reprocher leurs relations privilégiées avec la cour et on les accuse d'entretenir des correspondances avec les émigrés. La plupart d'entre eux, à part quelques énergumènes tentés par l'agitation révolutionnaire, restent fidèles à la royauté et le manifestent notamment à l'occasion de la représentation, en août 1793, au Théâtre de la Nation, de la pièce de François de Neufchâteau, *Paméla ou la Vertu récompensée*.

ACTIONS D'ÉCLAT. Soucieuse de tenir la comptabilité des actions héroïques des révolutionnaires, la Convention décréta qu'un recueil périodique des « belles actions » serait publié et diffusé aux municipalités et aux armées pour susciter de nouveaux sacrifices. Les artistes furent invités à mettre leurs plumes et leurs pinceaux au service de la Révolution pour perpétuer dans le plus pur style « pompier » le souvenir des actions d'éclat. Une colonne fut dressée au Panthéon pour inscrire les noms des héros.

ADMINISTRATION. Dès le début de la Révolution disparaissent les divisions administratives de l'Ancien Régime. A leur place les Constituants mettent un cadre unique et homogène pour tout le territoire, découpant le territoire en 83 départements. A la tête du département se trouve un conseil élu de 36 membres qui choisit en son sein un bureau exécutif nommé directoire et comptant 8 membres. Il est assisté par un procureur-syndic, élu pour quatre ans, représentant le roi et chargé de requérir l'application des lois. Le département est divisé en districts administrés eux aussi par un conseil élu de 12 membres, un directoire de 4 membres et un procureur-syndic. A l'échelon inférieur du canton, unité électorale de base et ressort d'un juge de paix, ne se trouve aucune administration. A l'échelon élémentaire se situe la commune issue de la loi du 4 décembre 1789. Elle est administrée par un conseil municipal présidé par un maire. Un procureur de la commune, lui aussi élu, représente les intérêts du roi et des citoyens. Soucieuse d'avoir un meilleur contrôle de l'administration départementale et locale jugée trop favorable aux Girondins, la Convention montagnarde destitue la plupart des conseils généraux des départements, chargeant les représentants en mission de choisir des éléments politiquement sûrs. La loi du 14 frimaire an II (4 décembre 1793) supprime les conseils généraux et les procureurs. Les administrations des districts sont aussi épurées par les représentants en mission et placées par la loi de frimaire sous le contrôle direct de la Convention. Les procureurs deviennent des agents nationaux dépendant du Comité de salut public. Seules les administrations communales voient leurs pouvoirs accrus par cette loi qui leur confie la police locale, mais les procureurs sont, là aussi, remplacés par des agents nationaux.

Tout ce système mis en place sous la Terreur disparaît avec elle. Le Directoire supprime les districts et rétablit une hiérarchie administrative. Le département est dirigé par un directoire élu de 5 membres dépendant du ministère de l'Intérieur. Il est assisté, on ferait mieux d'écrire surveillé, par un commissaire central rendant compte au ministre. Les administrations cantonales fonctionnent sur le même modèle, quant aux administrations municipales privilégiées sous la Terreur, elles sont supprimées dans toutes les communes de moins de cinq mille habitants et remplacées par un agent municipal élu. Les communes de plus de cinq mille habitants ont une administration dont le nombre d'élus est fonction de la population. Les villes importantes sont découpées en arrondissements ayant chacun sa municipalité avec un bureau central commun. Un commissaire du Directoire surveille la municipalité. C'est avec le Consulat que se met en place l'administration moderne de la France qui dure jusqu'à nos jours.

ADRESSES. Les adresses se présentent sous forme de lettres ou de proclamations destinées à la nation tout entière pour lui expliquer certains faits ou lui faire connaître la politique suivie par le gouvernement, pour adresser éventuellement des protestations ou des félicitations. En usage sous l'Ancien Régime, les adresses se comptent par milliers entre le discours du roi lors de l'ouverture des états généraux et le coup d'État du 18 brumaire. Parmi les principales, on peut citer l'adresse de la Constituante sur ses travaux, du 11 février 1790, rédigée par Talleyrand, celle sur la Constitution civile du clergé, œuvre de Mirabeau, l'adresse aux Français après la fuite du roi, la proclamation de la Convention justifiant la proscription des Girondins, etc.

AÉROSTATS. La première expérience d'aérostation dans le monde est faite à Annonay en 1782 par les frères Montgolfier. Les ballons mis au point ont un succès considérable. Pilâtre de Rozier et le marquis d'Arlandes sont les deux premiers hommes à avoir quitté le sol à bord d'un ballon libre. Blanchard traverse la Manche avec Jefferies. Quoique d'opinions monarchistes, les Montgolfier ne sont pas inquiétés durant la Terreur. Les montgolfières sont utilisées pour la première fois par les militaires à la bataille de Fleurus et au siège de Charleroi, en 1794, comme observatoires aériens. Joseph-Michel Montgolfier sera fait membre de l'Institut et décoré de la Légion d'honneur par Napoléon en 1807.

AFFAIRES ÉTRANGÈRES. Jusqu'à la chute de la monarchie, c'est au roi qu'incombent les relations politiques et les négociations avec les puissances étrangères. Les actes sont intitulés « de la part du roi des Français, au nom de la nation ». Le ministre des Affaires étrangères est chargé de surveiller l'application des traités et d'assurer la protection des intérêts de la France à l'étranger. Il rend compte chaque année à l'Assemblée de son activité et de l'emploi des fonds attribués à son ministère. Sous le Directoire, la titulature est changée, et le ministère s'intitule des « Relations extérieures ». Les ministres successifs sous la Révolution ont été Montmorin de Saint-Hérem (1787-1791), de Lessart (1791-1792), Dumouriez, de Chambonas, Bigot de Sainte-Croix, Lebrun en 1792, de Forgues (1793), Hermann, Buchot, Mangourit, Miot en 1794, Delacroix (1795-1797), Talleyrand (1797-1799).

AFFICHES. L'affichage à Paris ayant pris une grande extension, les afficheurs sont réunis en corporations à partir de 1780, et leur nombre fixé à 40. On assiste à une véritable avalanche d'affiches en 1788 et 1789 et les assemblées sont contraintes de légiférer pour contrôler et réglementer l'affichage. Le papier de couleur blanche est réservé aux actes de l'administration et il est décrété qu'aucune affiche ne pourrait être placardée sous un nom collectif mais qu'il y aurait obligatoirement mention de tous les citoyens ayant contribué à la rédaction. Durant la Terreur, les hôteliers et logeurs eurent l'obligation d'afficher les noms des personnes qu'ils hébergeaient. Avec la loi du 28 germinal an IV, le visa de la police devient obligatoire ainsi que la mention sur l'affiche, non seulement de son ou de ses auteurs, mais aussi du nom et de l'adresse de l'imprimeur, sous peine de dix mois d'emprisonnement, deux ans en cas de récidive. La loi du 5 nivôse an V frappe en outre les affiches d'un droit de timbre.

AGENTS NATIONAUX. Les agents nationaux sont créés par le décret du 14 frimaire an II (4 décembre 1793) pour représenter le gouvernement auprès des administrations des districts et des communes. Les procureurs-syndics de districts et les procureurs des communes sont, sauf incompatibilité politique, désignés comme agents nationaux. Ils ont une redoutable puissance, exerçant leur contrôle aussi bien sur les autorités constituées que sur les particuliers, et leur domaine d'intervention est extrêmement vaste puisqu'ils ont pour tâche la surveillance de l'application des lois et des décisions de la Convention et de ses comités. Purgés de leurs éléments terroristes après le 9 thermidor, les agents nationaux sont supprimés le 28 germinal an III (17 avril 1795).

AGIOTAGE. Ce mot, apparu au début du XVIIIe siècle, stigmatise la spéculation malhonnête et s'applique pour la première fois dans le langage populaire aux spéculations autour de la banque de Law, sous la Régence. Durant la Révolution se manifeste une nouvelle forme d'agiotage sous forme de spéculation sur les biens nationaux mis en vente et surtout sous la forme hautement impopulaire du stockage des produits alimentaires de première nécessité et de leur vente à des prix très élevés au marché noir. La Convention décréta sans grand succès que les agioteurs seraient bannis, leurs biens confisqués, puis qu'ils seraient exposés en public avec une pancarte portant *agioteur* sur la poitrine. Toutes ces mesures n'eurent que des résultats très limités, les révolutionnaires et les députés à la Convention étant les premiers à s'enrichir par l'achat à des prix ridiculement sous-estimés des biens nationaux. Lire à ce sujet le très récent ouvrage de Michel Bruguière, *Gestionnaires et profiteurs de la Révolution*.

AGRICULTURE. A la fin de l'Ancien Régime, l'agriculture est en net progrès. On ne connaît plus de famines comme sous le règne de Louis XIV, tout au plus y a-t-il des disettes localisées liées à des accidents climatiques exceptionnels ou à des calamités naturelles. On ne meurt plus de faim dans les campagnes sous le règne de Louis XVI. L'énorme amélioration du réseau routier, la libre circulation des grains enfin admise en 1774, l'exemple donné par quelques grands seigneurs férus d'agronomie, La Rochefoucauld-Liancourt notamment, ont amené une amélioration générale de la situation. L'introduction des méthodes nouvelles, telles que les prairies artificielles, la lente vulgarisation de la pomme de terre, l'extension des surfaces cultivées aux dépens des friches et des jachères, la création des premières écoles vétérinaires à Lyon (1763) et Alfort (1766), voilà autant d'éléments de progrès dans l'agriculture et l'élevage. Restent des freins institutionnels et des obstacles dans les mentalités, des routines comme le droit de « vaine pâture » qui stérilise bien des terres. A la veille de la Révolution, la condition des paysans français est vraisemblablement la meilleure qui soit en Europe. Ils représentent environ 90 % de la population. Le servage n'existe plus que pour une infime minorité dans l'Est, la petite propriété n'a cessé de progresser : elle représentait 20 % du territoire agricole en 1680, elle en couvre 40 %, un siècle plus tard. Les droits féodaux si décriés sont devenus insignifiants après les dépréciations successives de la monnaie et n'ont plus qu'un aspect archaïque et vexatoire pour certains : droits exclusifs de pêche et de chasse, par exemple. La fiscalité royale est bien plus pesante, absorbant plus du tiers du revenu paysan. La Révolution est une véritable aubaine pour la paysannerie, du moins pour sa couche supérieure, pour ses éléments dynamiques. Elle a d'abord des satisfactions d'amour-propre : le paysan français a enfin le droit de chasser – il tient encore farouchement aujourd'hui à ce privilège de seigneur ! – et de clôturer ses terres à sa guise. Mais surtout, la paysannerie va avoir une occasion unique de satisfaire sa passion, sa « soif » de terre. En quelques années, dans toutes les communes, des milliers d'hectares vont être disponibles, parfois à vil prix, pour ceux qui ont quelques moyens financiers : biens nationaux, c'est-à-dire les immenses domaines ruraux de l'Église catholique, les biens des émigrés, les biens communaux dont le partage est décidé par la Convention. Une révolution foncière a lieu dans l'obscurité des campagnes tandis que se déroule sur la scène parisienne une tragédie sanglante vouée à l'échec. La révolution paysanne, elle, réussit et donne à la France du XIXe siècle une classe rurale de petits et moyens possédants innombrables. Mais, si la paysannerie française est satisfaite de cette immense redistribution de terres, elle est vite lasse de l'agitation des villes, exaspérée d'être payée en « monnaie de singe », en assignats chaque jour plus dépréciés, d'être taxée, soumise à réquisition. La réponse du monde rural se fait sentir dès 1793. Plutôt que de vendre leurs excédents à vil prix, les paysans réduisent leur production à leurs besoins personnels, désertent les foires et les marchés. Il n'est pas besoin d'inventer des complots, des spéculateurs, des affameurs royalistes pour comprendre la fin des villes entre 1794 et 1797. Le retour au libéralisme et à une monnaie saine suffisent pour faire réapparaître la nourriture dans ces villes.

AIDES. A l'origine, dans la société féodale du Moyen Age, les aides sont une obligation pécuniaire du vassal à l'égard de son seigneur, exigibles dans des circonstances bien précises. En fait, à partir du XIVe siècle, les aides ont été transformées par le pouvoir royal en une taxe sur les marchandises et les boissons. Avec l'institution des octrois, les aides se limitent à une taxe sur les boissons alcoolisées, le vin en particulier. Exigées à chaque transport, à chaque point de transit, fondées sur un système complexe tenant compte non seulement de la quantité mais du degré d'alcool, pratiquée par une administration fiscale tatillonne et omniprésente, impliquant de constantes perquisitions, les aides étaient extrêmement impopulaires en 1789, et les cahiers de doléances, notamment dans les régions vinicoles, demandaient avec insistance la suppression de cette taxe jugée « tyrannique ». Elles furent supprimées par la Constituante avec les autres impôts indirects.

AIDES DE CAMP. C'est le 5 octobre 1790 que l'Assemblée constituante créa le corps des aides de camp. Leur fonction fut définie ainsi : distribuer les ordres des généraux, surveiller l'ordonnance des camps, veiller sur les approvisionnements, les logements, etc., bref sur l'intendance en général. 136 aides de camp furent nommés, dont les grades s'échelonnaient de capitaine à colonel et les appointements de 1 800 à 9 000 livres.

AIGUES-MORTES (nom révolutionnaire : Fort-Péletier).

AIGUILLON (Armand Désiré de Vignerot Duplessis-Richelieu, duc d') (Né à Paris, le 31 octobre 1761, mort à Hambourg, le 4 mai 1800). Après avoir servi dans les chevau-légers de la garde du roi, d'Aiguillon devient colonel du régiment de Royal-Pologne en septembre 1788. Député de la noblesse de la sénéchaussée d'Agen aux états généraux, il est un des plus chauds partisans de la Révolution à ses débuts et l'un des chefs du club breton. Il est un des premiers représentants de la noblesse à se réunir au tiers état. Alors que Noailles demande la suppression sans indemnité des servitudes personnelles, d'Aiguillon, plus grosse fortune du royaume après le roi, monte à la tribune dans la nuit du 4 août pour proposer le rachat à très faible taux des droits féodaux et renoncer à ses privilèges nobiliaires. Cela lui vaut l'hostilité de la droite monarchique. On prétend l'avoir vu, déguisé en poissarde, les 5 et 6 octobre 1789, lors de l'invasion de Versailles par la foule. Mirabeau, l'ayant rencontré sur sa route, lui aurait crié : « Passe ton chemin, salope ! » La vie politique d'Aiguillon se termine avec la Constituante. Revenu dans l'armée, maréchal de camp à l'armée du Rhin, il réprouve l'insurrection du 10 août 1792, est décrété d'accusation et doit émigrer. Il s'installe à Hambourg et y demeure jusqu'à sa mort.

AÎNESSE (droit d'). Déjà attesté, dans l'Ancien Testament, par l'épisode d'Esaü et de Jacob notamment, le droit d'aînesse permettait, sous l'Ancien Régime, d'éviter le morcellement des patrimoines familiaux et débordait largement de la société nobiliaire sur la bourgeoisie et même la paysannerie. En vertu de ce droit, l'aîné des enfants s'attribuait préalablement à tout partage un « préciput » consistant généralement dans la meilleure partie de la succession, puis recevait au cours du partage la « part avantageuse » consistant dans la moitié ou les deux tiers de ce qu'il restait à partager. Au nom du principe d'égalité et pour affaiblir la structure familiale rigide correspondant à ce mode de succession, la Constituante abolit le droit d'aînesse par les lois des 15-28 mars 1790 et 8-15 avril 1791. Napoléon restaura partiellement le droit d'aînesse en instituant les majorats. La Restauration tenta de le rétablir aussi, au moins partiellement, mais la Chambre des pairs rejeta le projet de loi, le 8 avril 1826.

AIRS NATIONAUX. Très soucieuse de l'encadrement idéologique des masses, la Convention veilla à la diffusion de chants patriotiques dont les plus célèbres furent qualifiés d'airs nationaux, notamment *La Marseillaise*, le *Ça ira* et *Le Chant du départ*. Le 1er vendémiaire an V (22 septembre 1796), une proclamation du Directoire lue au Champ-de-Mars désignait les musiciens qui avaient bien mérité de la patrie : « Au premier rang des compositeurs républicains, la nation place et proclame : le citoyen Rouget de l'Isle, le véritable Tyrtée français, par l'influence de son chant marseillais dont il est le poète et le compositeur tout ensemble ; le citoyen Gossec, l'un des cinq inspecteurs du Conservatoire de musique, connu par vingt-trois morceaux de musique, et qui ne laisse guère échapper une seule fête civique sans offrir son tribut de talent à la patrie ; le citoyen Méhul, également inspecteur au Conservatoire, dont le Chant du départ rivalise avec l'hymne marseillais, et connu par six autres morceaux dignes de sa réputation... »

ALARMISTES. C'est ainsi qu'on dénommait les propagateurs de fausses nouvelles susceptibles de semer le trouble. Dès le début des hostilités contre l'Autriche, les « alarmistes », des agents royalistes et des contre-révolutionnaires selon les autorités révolutionnaires, firent courir les rumeurs les plus invraisemblables et les plus contradictoires. Barère réclama contre ces alarmistes le vote d'un décret de déportation qui fut refusé, la sagesse des députés l'emportant sur une répression aveugle et stupide. Toutes les périodes troublées ont leur lot de nouvelles alarmistes et de propagateurs plus ou moins conscients des plus énormes « bobards ».

ALBITTE (Antoine Louis) (Né à Dieppe, le 30 décembre 1761 ; mort à Rossiénié, en Pologne, le 23 décembre 1812). Avocat à Dieppe, Albitte est élu à l'Assemblée législative en septembre 1791 et s'y occupe surtout de questions militaires. Membre du club des Jacobins, il s'interpose entre Guadet et Robespierre lors de leurs premiers affrontements en avril 1792. Élu à la Convention par la Seine-Inférieure, il se pose à nouveau en conciliateur entre Montagnards et Girondins, n'hésite pas à déclarer que les outrances de Marat servent les ennemis de la Révolution. Ayant voté la mort lors du procès du roi, il réclame la plus grande sévérité contre les émigrés et l'institution d'une commission chargée d'examiner la conduite des généraux. Représentant en mission à l'armée des Alpes, il prêche la clémence à Marseille : « Si on punissait... tous les coupables, les trois quarts au moins de la population disparaîtraient », écrit-il. Mais, sous l'influence de Fouché et de Collot d'Herbois à Lyon, il croit devoir prendre des mesures excessives dans l'Ain et se fait tancer par le Comité de salut public. Resté Montagnard après la chute de Robespierre, il revient à Dieppe à la fin de la session de la Convention et en devient maire en 1796. On le trouve dans l'armée sous le Consulat et l'Empire, comme adjudant général et sous-inspecteur aux revues. Il meurt d'épuisement à la fin de la retraite de Russie. Girod de l'Ain écrit dans ses *Souvenirs* à propos d'Albitte : « Le pauvre homme, à cette époque où je le retrouvais sous-inspecteur aux revues, était bien revenu des erreurs de sa jeunesse et bien désillusionné du brillant et terrible rôle qu'il avait rempli vingt ans auparavant. »

ALEXANDRE (Charles Alexis) (Né à Paris, le 8 décembre 1759, mort à Paris, le 1er septembre 1825). Courtier de change, Alexandre accueille la Révolution avec enthousiasme et prend part aux mouvements populaires de 1789 à 1792, s'illustrant le 20 juin et le 10 août, devenant un personnage en vue. Son action lui vaut une place de commissaire des guerres à l'armée des Alpes. En juin 1793, on envisage même de le nommer ministre de la Guerre à la place de Bouchotte. Sous le Directoire, au départ de Letourneur, il est porté comme candidat Directeur, mais c'est Barthélemy, soutenu par les royalistes, qui l'emporte. Alexandre, devenu chef de division au ministère de la Guerre, fait ensuite partie du Tribunat, où il se révèle un piètre orateur. A la suppression de cette assemblée, il est chef de division puis directeur de l'administration des droits réunis. C'était un personnage pittoresque mais sans talent, qui reconnaît lui-même n'avoir jamais eu « la sotte vanité de se croire un personnage, ni même la pensée de jouer un rôle dans les affaires ».

ALIMENTATION. La base de l'alimentation à l'époque révolutionnaire est le pain, quel que soit le milieu envisagé. Chez les paysans, il peut être trempé dans une maigre soupe (souvent aux choux) ou accompagner quelques légumes (la pomme de terre n'est pas encore très répandue, c'est le triomphe des raves, carottes, pois et fèves). En ville, et notamment à Paris, où le dîner pris en fin d'après-midi, vers 17 h-18 h, se substitue au souper, le pain accompagne de la viande froide ou du poisson ; le matin, il a été trempé en tartines beurrées dans du lait ou du café. Le rosbif ou l'entrecôte sont réservés pour le soir. L'usage du pâté en croûte persiste également. Les fruits forment souvent le dessert. Les sucreries ont souffert de la ruine du commerce colonial. Il est impossible de déterminer la valeur nutritive des repas qui sont alors pris. Indiscutablement, c'est le pain qui fournit l'essentiel : on en consomme de 400 à 500 grammes par jour, beaucoup plus qu'actuellement.

ALKMAAR (convention d'). Le 27 août 1799, une flotte anglaise débarque au Helder une armée anglo-russe commandée par le duc d'York. Brune bat cette armée et contraint son chef à signer, le 18 octobre 1799, la convention d'Alkmaar, pratiquement une capitulation qui stipule le réembarquement et l'évacuation de la Hollande par les vaincus.

ALLÉGORIES. L'époque révolutionnaire est féconde en allégories politiques de toutes sortes : un niveau symbolise l'Égalité, une cocarde blanche est un signe de ralliement royaliste, la cocarde noire, autrichienne, est l'emblème de la reine, la cocarde tricolore est portée par les « patriotes » ; la pique est l'arme de l'homme libre, du bon républicain, la charrue symbolise la paysannerie, le compas les forces intellectuelles, le faisceau représente l'union... La Liberté fut généralement représentée sous les traits d'une jeune femme, vêtue à l'antique d'une tunique, tenant un joug brisé et élevant un bonnet rouge au bout d'une pique ; l'Égalité et la Fraternité furent représentées plus simplement par un niveau et un faisceau.

ALLEMAGNE. Conglomérat de 360 États, le Saint Empire romain germanique s'étend d'Ypres et Ostende à Koenigsberg et Danzig. Ce qu'on nomme Allemagne est le cœur de cet empire dominé par l'empereur Habsbourg, maître des Pays-Bas (Belgique actuelle), de l'Autriche, de la Bohême, de la Hongrie et de la Galicie polonaise, une puissance où dominent les peuples non-germaniques, et la Prusse qui étend son emprise surtout au nord, à l'est de l'Elbe. Puissances secondaires, la Bavière, le Wurtemberg, la Hesse, la Saxe, le Hanovre dont le souverain est roi d'Angleterre, jouent un rôle d'appoint. D'abord coalisées contre le gouvernement révolutionnaire, la Prusse et l'Autriche font ensuite bande à part, la Prusse profitant de l'engagement autrichien à l'Ouest pour opérer un second partage de la Pologne avec la Russie excluant le troisième larron de Vienne. A la suite des traités de Campio-Formio (1797) et de Lunéville (1801), la France annexe la rive gauche du Rhin. De longues négociations entamées à Rastadt au lendemain de Campo-Formio aboutiront en 1803 à un remodelage profond des principautés allemandes et à la mort du Saint Empire romain germanique, le 1er août 1806. L'Allemagne proprement dite ne naîtra qu'en 1871 sur le plan politique.

ALLEMAGNE (armée d'). Elle fut formée en octobre 1797 par la réunion des armées de Sambre-et-Meuse et de Rhin-et-Moselle et confiée à Augereau. Arrivée à Cologne en novembre suivant, elle fut à nouveau divisée en deux armées, du Rhin et de Mayence.

ALLOBROGES, voir **SAVOIE**.

ALMANACHS. Les almanachs se présentaient à l'origine sous forme d'estampes. Ils ont pris ensuite des aspects très divers selon l'époque et les clientèles. L'astrologie et le calendrier qui constituaient au départ l'essentiel du texte se sont enrichis dès la fin du XVIIe siècle de recueils de poésies, de rébus, de calembours. Des almanachs burlesques, galants, même érotiques, sont apparus, de même que des recueils généalogiques, militaires ou administratifs, s'ajoutant à des recueils destinés à guider paysans et jardiniers dans leurs cultures. A la fin de l'Ancien Régime, toutes les catégories sociales ont leurs almanachs. Il était fatal qu'avec la Révolution apparaisse en sus une catégorie d'almanachs politiques servant la propagande des différents partis. Parmi les plus célèbres, il faut citer l'*Almanach du Père Gérard*, œuvre de Collot d'Herbois, l'*Almanach du Père Duchêne* dû à Hébert, l'*Almanach de l'Abbé Maury*, l'*Almanach de tous les saints de la Constituante*, l'*Almanach des émigrants*, l'*Almanach du Bonhomme Richard*, ceux de la *République des républicains*, *des prisons*, *des gens de biens*, *des douze ministres*, *des petits génies*, *du Trou Madame*, *des journées mémorables de la Révolution*... Il paraît en moyenne 50 à 60 almanachs par an à Paris entre 1789 et 1794, puis la production tombe entre 20 et 30 entre 1795 et 1799.

ALPES (armée des). Formée sur le Var en octobre 1792 sous les ordres d'Anselme, c'est elle qui s'empare de Nice. Elle est ensuite unie à celle d'Italie sous le commandement de Kellermann en mai 1793. Une partie de ses éléments participe à la lutte contre l'insurrection lyonnaise. En septembre 1793, Doppet remplace Kellermann. Il est remplacé à son tour par Dumas puis par Kellermann en 1794. L'armée des Alpes fusionne ensuite avec celle d'Italie.

ALQUIER (Charles Jean Marie) (Né à Talmont, Vendée, le 13 octobre 1752, mort à Versailles, le 4 février 1826). Avocat à La Rochelle, procureur du Roi en 1785, Alquier est élu aux états généraux par le tiers état de la sénéchaussée de La Rochelle et se signale à l'Assemblée par son anticléricalisme. Président du tribunal de Seine-et-Oise durant la Législative, il laisse massacrer les prisonniers transférés d'Orléans à Versailles au début de septembre 1792. Élu de ce département à la Convention, il est envoyé dès le 22 septembre en mission à Lyon pour enquêter sur les fraudes dans les fournitures à l'armée et étend ses investigations jusqu'à Montpellier. Revenu à la fin de décembre, il vote pour la mort avec sursis lors du procès du roi. D'avril à juin 1793, il fait partie du Comité de sûreté générale. Une réputation, semble-t-il justifiée, de lâcheté s'attache à lui après son refus de se rendre en mission en Bretagne et en Franche-Comté, régions en insurrection. Soupçonné de relations avec le baron de Batz, suspect à Robespierre, il organise sous la Convention thermidorienne la Hollande conquise. Élu au Conseil des Anciens, il demande la suppression du clergé régulier en Belgique. A sa sortie de l'Assemblée, le 20 mai 1798, il refuse le poste de consul à Tanger et se fait nommer ministre plénipotentiaire en Bavière jusqu'à la dissolution du congrès de Rastadt. En octobre 1799, il devient receveur général du département de Seine-et-Oise. Après le coup d'État de Brumaire, il obtient l'ambassade de Madrid, passe en 1801 à Florence puis à Naples. Après l'occupation de ce royaume par l'armée impériale, il remplace le cardinal Fesch à Rome. Cet anticlérical est séduit par le pape et ne réussit pas à lui imposer en douceur la tutelle française. Rappelé, fait chevalier puis baron d'Empire, il est envoyé à Stockholm où il échoue à nouveau dans ses efforts pour faire entrer la Suède dans le système du blocus continental. Affecté à Copenhague, rappelé à la Restauration, il est exilé jusqu'en 1818 et autorisé à rentrer en France sur la requête de Boissy d'Anglas. Kuscinski juge fort équitablement que « esprit fin et inventif, bon diplomate et bon courtisan, Alquier n'était point ce qu'on est convenu d'appeler un caractère ».

ALTENKIRCHEN (bataille d'). Cette localité située à une trentaine de kilomètres au nord de Coblence fut le théâtre de deux grandes batailles. Le 4 juin 1796, Kléber y défit les Autrichiens. Le 19 septembre 1796, ils prirent leur revanche et l'archiduc Charles battit Jourdan qui dut repasser le Rhin. C'est au cours de cette seconde bataille que Marceau fut mortellement blessé.

AMALGAME. C'est sur la proposition faite le 25 janvier 1793 par Dubois-Crancé que la Convention décrète, le 21 février suivant, l'amalgame. La jeune République possède, en effet, deux armées au début de 1793 : l'ancienne armée royale et les bataillons de volontaires nationaux. Le résultat est qu'il existe des bataillons pléthoriques de volontaires aux officiers élus et de squelettiques régiments aux effectifs rongés par la désertion et l'émigration, suivant les règlements de l'Ancien Régime. L'amalgame consiste à fusionner ces deux armées en associant deux bataillons de volontaires et un bataillon de ligne pour constituer une unité nouvelle, la demi-brigade. Le mélange de troupes anciennes et de jeunes volontaires doit aussi permettre de contrôler l'esprit des soldats, d'éviter la défection des militaires de profession minoritaires au milieu de républicains, et d'améliorer la formation des jeunes volontaires au contact de l'expérience des anciens. L'amalgame se mit assez lentement en place à partir des instructions du 10 janvier 1794 et ne fut vraiment réalisé que deux ans après.

AMAR (Jean-Pierre André) (Né à Grenoble, le 11 mai 1755, mort à Paris, le 21 décembre 1816). Avocat au parlement de Grenoble, Amar est élu par l'Isère à la Convention. Peu bavard mais insinuant, il sait se faire apprécier des dirigeants de la Montagne. Envoyé avec Merlino en mission dans l'Isère et l'Ain pour accélérer la levée des 300 000 hommes au début de 1793, il procède à des arrestations si massives que des délégués viennent demander la libération de centaines de prisonniers à la Convention. Après l'éviction des Girondins, Amar entre au Comité de sûreté générale le 16 juin et y reste jusqu'à la chute de Robespierre. C'est lui qui dépose le rapport demandant le renvoi devant le tribunal révolutionnaire de 41 députés et l'arrestation des 75 signataires de la protestation contre les émeutes des 31 mai et 2 juin. Adversaire acharné des Girondins, Amar se range parmi les adversaires de Robespierre, le 9 thermidor. Il est cependant arrêté comme « terroriste » le 1er avril 1795 et libéré à la faveur de l'amnistie du 4 brumaire an IV. Il conspire avec Babeuf mais échappe à la condamnation lors du procès de la conjuration des Égaux. Vivant désormais dans l'obscurité, il tombe dans la dévotion et le mysticisme, se plongeant dans les œuvres de Swedenborg.

AMBASSADEURS. Au début de la Révolution, en 1790, le roi avait 34 représentants à l'étranger, ambassadeurs, ministres, envoyés, touchant au total près de deux millions et demi de traitement. Dans les *Révolutions de Paris,* Prudhomme s'élève contre ces dépenses : « Qui croirait que nous avons, chez tous les petits princes d'Allemagne ou d'Italie, des ministres qui nous coûtent jusqu'à 30 000, 40 000 et 50 000 livres, sans compter leurs secrétaires qui ont 3 000 livres pour faire toute la besogne ? » Durant l'époque révolutionnaire, le personnel diplomatique fut souvent remplacé ou relayé par des missions confiées à des généraux ou à de simples citoyens. Plusieurs représentants de la République à l'étranger périrent dans l'exercice de leurs fonctions : Hugon de Bassville, le 14 janvier 1793, à Rome, le général Duphot, le 27 décembre 1797, toujours à Rome dans un attentat visant Joseph Bonaparte, les plénipotentiaires au Congrès de Rastadt, Roberjot et Bonnier, le 28 avril 1799.

AMBULANCES. Connues dès le règne d'Henri IV, les ambulances se développent durant les guerres des XVIIe et XVIIIe siècles. C'est Larrey qui eut le premier l'idée non plus de les installer à l'arrière des armées, mais de les rendre mobiles et de les amener sur le champ de bataille pour relever les blessés pendant le combat. Ces premières ambulances volantes furent expérimentées avec succès sous la Convention par les chirurgiens militaires Larrey et Percy.

AMENDE HONORABLE. Punition infamante de l'Ancien Régime, l'amende honorable frappait les faussaires, faux-monnayeurs, banqueroutiers, conspirateurs et auteurs de crimes de lèse-majesté. Elle consistait dans l'aveu public du crime commis. Il y avait deux catégories d'amende honorable. l'amende simple ou sèche se faisait à genoux et tête nue devant la cour ou dans la chambre du Conseil. L'amende *in figuris* avait lieu en public devant le portail central de Notre-Dame et devant la Bourse pour les faussaires. Le condamné était à genoux, la corde au cou, un cierge à la main, un écriteau portant le motif de sa condamnation sur la poitrine. Il lisait la sentence et avouait son crime devant la foule. Les deux derniers cas d'amende honorable eurent lieu en 1790. Les deux frères Agasse, faussaires suppliciés le 8 février 1790, obtinrent dispense du Parlement de faire amende honorable face à la Bourse. Le marquis de Favras la fit devant Notre-Dame, devant une foule immense, le 19 février suivant, avant d'être pendu. L'amende honorable fut supprimée par la Constituante en

1791. Rétablie sous la Restauration, uniquement pour les crimes de sacrilège, jamais utilisée, elle fut à nouveau supprimée en 1830.

AMÉRIQUE (guerre d'). La révolte des colons des 13 colonies anglaises d'Amérique du Nord en 1774 se transforme bien vite en guerre pour l'indépendance. L'habile propagande de leur représentant à Paris, Benjamin Franklin, leur attire la sympathie d'une grande partie des jeunes nobles désœuvrés, avides d'idéal et de gloire militaire. Le premier, le jeune La Fayette s'embarque dès 1777 pour aller combattre aux côtés des « insurgents ». En 1780, le roi se laisse convaincre de prendre sa revanche de la guerre de Sept Ans et de venger la perte du Canada en envoyant à l'aide des colons américains un corps expéditionnaire commandé par Rochambeau. La capitulation de Yorktown en octobre 1781 marque le tournant de la guerre, et la victoire américaine est consacrée par le traité de Versailles du 3 septembre 1783 qui reconnaît l'indépendance des États-Unis d'Amérique. Cet événement lointain a des répercussions directes et profondes en France. D'une part, la guerre a vidé le trésor royal et accentué une crise financière qui va rendre nécessaire la convention d'états généraux, amorce de la Révolution ; de l'autre, les idées de liberté et d'indépendance associées à celle d'égalité, colportées par les anciens combattants d'Amérique, vont progresser et devenir le thème principal de la Révolution française. Jacques Godechot n'a pas eu tort de parler de « révolution atlantique », il y a réellement un lien entre les révolutions américaine et française et le terme de Convention est emprunté à la Convention constitutionnelle américaine.

AMI DES CITOYENS (L'). Feuille hebdomadaire lancée par souscription en août 1791, *L'Ami des citoyens* est dirigée par Tallien et orientée contre la politique modérée des Feuillants. À partir de 1792, l'orientation en est nettement radicale et cette publication devient l'organe de membres de la commune de la tendance de Pétion et de Manuel. A partir d'octobre 1794, *L'Ami des citoyens,* toujours contrôlé par Tallien, mais publié officiellement par Méhée de La Touche, devient la tribune des Thermidoriens de l'aile droite. Tallien se démarque de cette publication au début décembre 1794. Elle adopte à partir de février 1795 le titre de *Spectateur français* et paraît jusqu'au début avril, changeant à nouveau de titre, sous le nom de *L'Ami des sans-culottes* et sous la plume de Duchosal, les bureaux de souscription demeurant au domicile de Tallien, 17, rue de la Perle.

AMI DU PEUPLE (L'). Journal de Marat, *L'Ami du peuple* a plusieurs fois varié de titre et paru du 12 septembre 1789 au 14 juillet 1793. On a estimé son tirage a un peu plus de deux mille exemplaires. Sa parution a été interrompue chaque fois que Marat a dû se cacher pour échapper à des poursuites judiciaires. Ce quotidien de huit pages *in-octavo* coûtait assez cher. L'abonnement annuel valant 48 livres est ramené à partir de mars 1791 à 36 livres. Il est donc improbable qu'il ait été acheté par le « menu peuple ». Sa diffusion populaire s'est plutôt effectuée par le biais de lectures publiques dans les clubs, les assemblées de sections, les cafés et le jardin du Palais-Royal. Marat prétend qu'après avoir observé un ton modéré durant les deux premiers mois de publication, il s'était senti obligé d'employer un langage trivial voire ordurier afin d'amener le peuple à sa lecture. Il se pose d'emblée dans cette feuille en « œil du peuple », observant et jugeant les députés de l'Assemblée, tel un censeur romain. *L'Ami du peuple* est, en effet, surtout un journal de dénonciation. Marat voit partout des traîtres, des comploteurs. Il commence par dénoncer la municipalité parisienne, le Châtelet, Necker, le maire Bailly, Mirabeau, La Fayette, s'attaquant ensuite seulement au roi en personne. Seul Robespierre est épargné. Marat est l'apologiste de l'insurrection et de la violence populaire et ne voit de solution que dans une exécution massive des contre-révolutionnaires, estimant d'abord à cinq cents les têtes qu'il faut faire tomber puis montant progressivement jusqu'à cent mille. Seul des journalistes de la Révolution, Marat fait l'apologie de la dictature comme moyen d'assurer le triomphe de la Révolution, le dictateur providentiel ne pouvant être, bien entendu, que lui-même. Avocat d'une société de libre entreprise, Marat rejette toute idée de partage égal des terres et des biens, demandant seulement que les plus défavorisés reçoivent une part plus grande des biens nationaux mis en vente. Il n'est pas non plus un adepte fervent de la République et ne s'y rallie que le 22 septembre 1792. Sa préférence va à une monarchie constitutionnelle aux pouvoirs très limités ou à une dictature populaire. Ses appels au meurtre des suspects dans *L'Ami du peuple* sont responsables des massacres des premiers jours de septembre 1792 dans les prisons de Paris et dans plusieurs villes de province. Il est aussi à l'origine de l'émeute du 25 février 1793 par ses incitations au pillage et à l'exécution des accapareurs. Son rôle a été également décisif dans la chute des Girondins. Sa mort a interrompu la campagne qu'il commençait contre les Enragés, le maximum et le cours forcé des assignats. Il est mort avant d'assister au triomphe de la dictature qu'il souhaitait, incarnée non par lui mais par Robespierre.

AMI DU ROI (L'). Journal royaliste, *L'Ami du roi* est fondé le 1er juin 1790 par l'abbé Royou, beau-frère du propriétaire de *L'Année littéraire*, Fréron. Aidé par Corentin et Geoffroy, il fait de ce journal la première feuille royaliste, tirant à quatre mille ou cinq mille exemplaires, deux fois plus que *L'Ami du peuple* de Marat. *L'Ami du roi* prend d'abord pour programme la déclaration royale du 23 juin 1789, soulignant la nécessité de réformes, puis, à mesure que les oppositions se radicalisent, finit par prôner le retour pur et simple à l'Ancien Régime, incitant les officiers à déserter, prophétisant un soulèvement armé contre le pouvoir constitutionnel, présentant la Révolution comme un complot contre la monarchie et la propriété. Assigné devant la Haute Cour, le 21 mai 1792, l'abbé Royou se cacha et mourut un mois plus tard, le 21 juin 1792. Il y eut aussi deux autres journaux paraissant simultanément sous le titre de *L'Ami du roi*, mais beaucoup moins lus, publiés par d'anciens collaborateurs de Royou, Montjoye et Crapart.

AMIRAUTÉ (L'). Juridiction civile et criminelle de l'Ancien Régime, l'Amirauté siégeait à Paris auprès de la Table de marbre du Palais de justice et possédait de grands sièges auprès des principaux parlements ainsi que des sièges particuliers dans les différents ports. Le tribunal de Paris s'intitulait Amirauté de France et traitait du commerce maritime en appel, le parlement jugeant en dernier ressort pour les affaires criminelles. L'Amirauté de France et tous les tribunaux dépendant d'elle furent supprimés par décret de la Constituante du 6 novembre 1790.

AMIS DE LA CONSTITUTION (Société des), **voir JACOBINS**.

AMIS DE LA CONSTITUTION MONARCHIQUE, voir **MONARCHIENS**.

AMIS DE LA LIBERTÉ ET DE L'ÉGALITÉ (Société des), voir **JACOBINS**.

AMIS DE LA PATRIE (section des). Cette section fut d'abord le district de la Trinité puis la section du Ponceau et devint en 1795 le quartier de la Porte Saint-Denis. Elle correspond au boulevard Saint-Denis, aux rues Saint-Martin, aux Ours, Saint-Denis.

AMIS DES ARTS (Société des). Cette association fut fondée en mars 1790 par de Wailly, membre des Académies de peinture et d'architecture, afin d'encourager les artistes. Le montant des souscriptions versées par ses membres servait à acquérir des œuvres d'art pour les collections de la Société.

AMIS DES DROITS DE L'HOMME (Société des), voir **CORDELIERS**.

AMIS DES NOIRS (Société des). C'est le 19 février 1788 que fut fondée la Société des amis des Noirs, au 3 de la rue Française à Paris, sous la direction de Brissot, Clavière, Mirabeau, Carra, Cerisier, Valady et Duchesnay. Elle comptait 141 membres au début de 1789, dont Condorcet, La Fayette, Loménie de Brienne, l'abbé Grégoire, le duc de La Rochefoucauld et Pétion. La Société des amis des Noirs fit campagne dans la presse pour l'abolition de l'esclavage dans *Le Patriote français*, *L'Analyse des papiers anglais*, *Le Courrier de Provence*, *La Chronique de Paris*, entre 1789 et 1793. Brissot fut la cheville ouvrière de cette association dont le président était le banquier Clavière. Le règlement avait été rédigé par Condorcet ainsi que la déclaration de principe. Le radicalisme utopique de la Société, qui voulait une émancipation immédiate des esclaves dans les colonies anglaises, lui aliéna la sympathie des sociétés abolitionnistes anglaises, plus pragmatiques parce que au contact des réalités coloniales. Dès juillet 1789, Clarkson, venu à Paris, souligna les divergences entre les deux mouvements, les abolitionnistes anglais souhaitant en priorité l'abolition de la traite des nègres et non celle de l'esclavage dans les colonies. Grâce à la propagande de Brissot, quarante-neuf cahiers de doléances sur six cents mentionnèrent dans leurs revendications l'abolition de l'esclavage. La coalition des planteurs et des grands négociants des ports de Bordeaux, Nantes et le Havre combattit les entreprises de la Société des amis des Noirs qui ne put faire triompher son point de vue à la Constituante. L'insurrection de Saint-Domingue et l'aggravation de la crise politique en France rendirent définitivement stérile l'action de cette société dominée par l'idéologie et non par le souci d'une efficacité pragmatique.

AMIS DU ROI, voir **SOCIÉTÉ DES AMIS DE LA CONSTITUTION MONARCHIQUE**.

AMIS ET AMIES DE LA VÉRITÉ (Société des), voir **CERCLE SOCIAL**.

AMNISTIE. De 1789 à 1802, plusieurs amnisties furent décrétées afin de faire disparaître un certain nombre de condamnations à caractère politique. La première date du 14 août 1789. Une ordonnance du roi accorde le pardon à tous les soldats ayant quitté leurs corps depuis le 1er juin à condition qu'ils réintègrent leur unité avant le 1er octobre. La deuxième amnistie est rendue par décret de la Constituante, le 13 septembre 1791, en faveur des personnes arrêtées à l'occasion de la fuite du roi. Elle est aussitôt suivie, le 14 du même mois, d'une amnistie destinée aux personnes poursuivies pour activités révolutionnaires. La quatrième amnistie, accordée par la Législative, le 19 mars 1792, est limitée aux crimes et délits commis à Avignon et dans le comtat Venaissin. La cinquième, votée par la Convention sur proposition de Carnot, le 2 décembre 1794, est offerte aux insurgés de l'Ouest acceptant de déposer les armes dans un délai d'un mois. La sixième est votée le 26 octobre 1795, par la Convention sur le point de se séparer, et libère tous les détenus politiques, supprime toutes les poursuites pour des faits ayant trait à la Révolution. En sont toutefois exclus les conspirations de vendémiaire, les prêtres déportés, les émigrés, les fabricants de faux assignats. La septième amnistie, en date du 22 août 1796, est destinée aux militaires recherchés pour des délits commis dans les départements de l'Ouest avant le 14 juillet précédant. Une huitième amnistie élargit, le 18 janvier 1798, le bénéfice de l'amnistie à tous les délits et crimes militaires sans distinction de lieu. La neuvième et dernière amnistie est accordée sous le Consulat, le 26 avril 1802, à tous les émigrés qui rentreront en France avant le 23 septembre 1802 et accepteront de prêter serment à la Constitution, un millier d'émigrés restant nominalement exceptés de cette amnistie.

AMORTISSEMENT (Caisse d'). C'est en France qu'eurent lieu les premiers essais d'amortissement des emprunts publics par l'intermédiaire d'une caisse de l'État. Les États-Unis adoptèrent ce système en 1793, mais il ne fut rétabli en France qu'en 1816.

ANARCHISTES. C'est ainsi qu'on nomma durant la Révolution les gens qui profitèrent des troubles pour s'organiser en bandes armées et piller, mais aussi pour provoquer des troubles politiques et de l'agitation sociale, des provocateurs, en quelque sorte.

ANCIEN RÉGIME. L'expression « ancien régime » est popularisée par l'ouvrage d'Alexis de Tocqueville, *L'Ancien Régime et la Révolution*, paru en 1858, reprise par Hippolyte Taine dans *Les Origines de la France contemporaine : l'Ancien Régime**, en 1875. Ce terme marque la rupture entre un ordre ancien et un ordre nouveau issu de la Révolution. Le mot apparaît dès 1790 dans la correspondance envoyée par Mirabeau au roi : « Comparez le nouvel état de chose avec l'Ancien Régime », écrit-il. Et, le 2 octobre 1791, lors de la dernière séance de la Constituante, Noailles déclare : « L'Assemblée a fait comme les ministres de l'Ancien Régime. » L'Ancien Régime est défini *a contrario* dans le préambule de la Constitution de 1791 qui décrète l'abolition « des institutions que blessaient la liberté et l'égalité des droits », c'est-à-dire de la noblesse, des distinctions d'ordres ou héréditaires. Après le 10 août 1792, l'emprisonnement puis l'exécution du roi font que la notion d'Ancien Régime est étendue de l'ordre social à l'ordre politique, le régime monarchique devenant le symbole du passé. La notion d'Ancien Régime sert de repoussoir à l'ordre nouveau révolutionnaire. L'Ancien Régime est politiquement « monarchique absolu et soumis à l'arbitraire du bon plaisir ; socialement, il est fondé sur l'inégalité des droits, sur la féodalité et sur les

* Cf. collection « Bouquins », Robert Laffont, 1986

ordres et corps privilégiés ; religieusement, sur l'obligation catholique ». En pratique, cette expression recouvre tout ce qui s'est passé « en France entre le premier Valois et le dernier Bourbon » (P. Goubert). A. de Tocqueville a fort justement écrit : « Les Français ont fait, en 1789, le plus grand effort auquel se soit jamais livré aucun peuple afin de couper, pour ainsi dire, en deux, leur destinée et de séparer par un abîme ce qu'ils avaient été jusque-là de ce qu'ils voulaient être désormais. »

ANCIENS (Conseil des), voir **CONSEIL DES ANCIENS**.

ANDIGNÉ (Louis Marie Antoine Auguste Fortuné, comte d') (Né à Saint-Gault, Mayenne, le 12 janvier 1765, mort à Fontainebleau, le 1er février 1857). Major en 1789, d'Andigné émigre et sert dans l'armée des princes en 1792 et 1793 avant de quitter l'armée de Condé pour l'Angleterre. De là, il se rend à l'armée royaliste en Bretagne, où on lui demande de faire reporter le débarquement au moment même où il se produit de façon désastreuse à Quiberon. Investi par le vicomte de Scépeaux du commandement des forces de la région de Segré, Andigné, qu'on appelle aussi le chevalier de Sainte-Gemme, du nom du village où il a établi son quartier général, s'empare de Segré en janvier 1796, mais est ensuite écrasé à Cossé-le-Vivien. Après quelques autres escarmouches, il signe la paix, le 14 mai 1796. A la reprise des hostilités, en septembre 1799, d'Andigné est à la tête d'une des colonnes qui marchent sur Nantes et s'en emparent. Envoyé négocier avec le Premier consul à Paris, d'Andigné refuse de se mettre au service de ce dernier. Revenu en Anjou, il signe avec Bourmont la paix pour l'Anjou et le Maine, le 4 février 1800. Arrêté après l'attentat de la rue Saint-Nicaise, d'Andigné finit par s'évader en août 1802. Bonaparte l'autorise à revenir en France et à vivre en résidence surveillée à Grenoble. On l'arrête à nouveau après la découverte de la conspiration de Cadoudal. Il s'évade au bout de quatre mois et se réfugie en Allemagne. Revenu avec les Bourbons, il se voit confirmer le grade de maréchal de camp que lui avait accordé le comte d'Artois en 1795 et devient pair de France. Ses souvenirs reflètent l'esprit d'un homme honnête, modeste et loyal.

ANDRÉ (Antoine Balthazar Joseph, baron d') (Né à Aix-en-Provence, le 2 juillet 1759, mort à Aix-en-Provence, le 16 juillet 1825). Conseiller au parlement d'Aix, Joseph d'André est élu aux états généraux par la noblesse de la sénéchaussée de sa ville natale. Suivant le duc d'Orléans, il se rallie au tiers état. Membre du Comité de constitution, il préside à deux reprises l'Assemblée et devient un des chefs du parti fidèle à la monarchie. Il n'en vote pas moins la suspension du pouvoir exécutif après la fuite du roi. A la dissolution de la Constituante, il reste à Paris et y crée une grande entreprise d'épicerie qui lui vaut le sobriquet d'« Épicier » de la part des journalistes révolutionnaires. Accusé d'accaparement et soupçonné de complot avec les émigrés, il doit quitter la France pour s'établir à Londres puis en Autriche où il se met au service du comte de Provence, bientôt Louis XVIII. Actif agent royaliste, il revient ouvertement en France et se fait élire en 1797 au Conseil des Cinq-Cents. Il échappe de justesse au coup d'État du 18 fructidor et se réfugie à nouveau en Autriche. Après dix années de service pour Louis XVIII, découragé par la victoire de Napoléon à Wagram, il laisse son fils entrer dans l'armée impériale et se consacre à l'agriculture, créant une ferme modèle près de la capitale autrichienne. A son retour en France, Louis XVIII lui pardonne sa défection de 1809 à 1814 et le nomme directeur général de la Police, puis intendant de la Maison du roi à la seconde Restauration.

ANDRIEUX (François Guillaume Jean Stanislas) (Né à Strasbourg, le 6 mai 1759, mort à Paris, le 10 mai 1833). Clerc d'un procureur au Châtelet, ami de Collin d'Harleville, Andrieux fait une carrière littéraire et administrative. Reçu avocat en 1789, il entre dans les services de la liquidation de la Dette. Après la chute des Girondins, il juge préférable d'aller respirer l'air de la campagne chez son ami Collin d'Harleville. Il reparaît sous le Directoire, réussit à se faire élire au Conseil des Cinq-Cents, puis au Tribunat en 1800, mais en est éliminé dès 1802, en compagnie de Benjamin Constant et Daunou, pour avoir fait preuve d'esprit d'indépendance. « On ne s'appuie que sur ce qui résiste », aurait-il lancé à Bonaparte qui lui reprochait son opposition. Membre de l'Institut depuis 1796, de l'Académie française en 1802, il enseigne la grammaire et les belles-lettres à l'École polytechnique de 1804 à 1816, est professeur de littérature française et de morale au Collège de France à partir de 1814. Son œuvre est aimable mais de peu de valeur : pièces de théâtre comme *Anaximandre* (1782), *Les Étourdis, ou le Mort supposé* (1788), contes tels *Le Meunier de Sans-Souci*.

ANGE, voir **LANGE**.

ANGLETERRE. Les dirigeants anglais ne manifestent pas d'emblée une hostilité marquée contre la Révolution qui s'accomplit en France. Peut-être sont-ils même secrètement ravis de voir leur adversaire héréditaire sombrer dans les luttes intestines. De même, l'opinion publique salue-t-elle avec sympathie la naissance de ce qu'elle pense devoir être une monarchie parlementaire. Mais les premières violences scandalisent les Britanniques, et les écrits antirévolutionnaires de Burke suscitent une approbation presque unanime, témoignage du revirement rapide de l'opinion. Le gouvernement de Pitt n'envisage cependant nullement l'ouverture d'hostilités et laisse la Prusse et l'Autriche faire la guerre. Il ne juge nécessaire d'intervenir qu'après l'exécution de Louis XVI et surtout après l'occupation des Pays-Bas autrichiens (actuelle Belgique) par les armées de la Révolution. L'installation de la France à Anvers semble avoir été un motif déterminant dans la décision de Pitt d'entrer en guerre. C'est d'ailleurs la Convention qui prend l'initiative de la déclaration de guerre, le 1er février 1793. Les troupes du duc d'York se joignent aux Prussiens et aux Autrichiens aux Pays-Bas, tandis que la Corse est offerte au roi George III par Paoli. La plupart des possessions françaises outre-mer tombent rapidement entre les mains des Britanniques assurés de la maîtrise des mers. L'or anglais finance largement les entreprises des émigrés et de la contre-révolution en France. Les traités de Bâle et de La Haye en 1795 laissent l'Angleterre seule face à une France alliée à partir de 1796 à l'Espagne. A son tour, la République tente de porter la guerre chez l'ennemi avec l'expédition d'Irlande qui échoue lamentablement. L'expédition d'Égypte est également un rude coup pour l'Angleterre qui voit la route des Indes menacée par l'armée de Bonaparte. La paix d'Amiens en 1802 permet à la France de retrouver la plupart de ses possessions outre-mer.

ANGLETERRE (armée d'). Le rassemblement de cette armée en vue de l'invasion de l'Angleterre fut décidé par le Directoire le 5 brumaire an VI (26 octobre 1797). Bonaparte en fut nommé général en chef, mais c'est Desaix qui assura le commandement. Le quartier général était à Bruges. La commandèrent successivement Kilmaine, Moulin et Hédouville. L'armée d'Angleterre fut chargée de réprimer la chouannerie en 1799, puis fut dissoute.

ANGOULÊME (nom révolutionnaire : Montagne-Charente).

ANGOULÊME (Marie Thérèse Charlotte de France, duchesse d') (Née à Versailles, le 19 décembre 1778, morte à Gorizia, dans le Frioul, le 19 octobre 1851). Fille de Louis XVI et de Marie-Antoinette, connue aussi sous le nom de Madame Royale, la duchesse d'Angoulême partage la captivité de ses parents et de son jeune frère au Temple après le 10 août 1792. Après l'exécution de ses parents, elle reste avec sa tante, Madame Élisabeth, sœur du roi. Le 9 mai 1794, cette dernière est à son tour guillotinée. Le 19 décembre 1795, elle est échangée contre l'ex-ministre de la Guerre, Beurnonville, l'ancien maître de poste de Varennes, Drouet, Maret et Semonville, et quatre conventionnels livrés par Dumouriez aux Autrichiens. Le 10 juin 1799, elle est mariée par Louis XVIII à son cousin, le duc d'Angoulême. Revenue en France à la Restauration, elle reprend le chemin de l'exil à la chute de Charles X. Profondément marquée par les scènes d'insurrection et par la captivité, « l'orpheline du Temple » triste et douce s'est transformée une fois adulte, s'enfermant dans son rôle de victime, énergique et obstinée mais sèche, impassible et étroite d'esprit. Elle avait laissé un testament à n'ouvrir qu'un siècle après sa mort. Les tenants de la survie de son frère, Louis XVII, les partisans des faux dauphins, en attendaient beaucoup. Ils furent très déçus, car le document ne contenait rien de nouveau.

ANNALES DE LA RELIGION. Cette gazette portait en sous-titre, *ou Mémoires pour servir à l'histoire du XVIIIe siècle, par une société d'amis de la religion et de la patrie,* et avait pour principaux rédacteurs l'abbé Grégoire, Lanjuinais, Royer, Desbois de Rochefort, Saint-Marc, tous de tendance janséniste. Elle parut de mai 1795 à novembre 1803.

ANNALES PATRIOTIQUES. Fondé par Mercier et Carra, ce journal dénonça dès sa parution, le 3 octobre 1789, les adversaires de la Révolution. Il eut une diffusion importante et joua un rôle dans la mise en condition de l'opinion et dans la préparation des mouvements de foule et des journées parisiennes. Il fut le premier à lancer l'idée du Comité autrichien dirigé par la reine. Jusqu'en 1792, les *Annales patriotiques* furent le journal le plus lu et le plus populaire au club des Jacobins. La situation du journal devint beaucoup plus précaire ensuite, lorsqu'il tenta de maintenir sa neutralité entre Girondins et Montagnards.

ANNALES POLITIQUES. Fondé par Linguet en 1777, ce journal eut une parution irrégulière. Il attaqua très vivement le pouvoir dans les années 1780 et suivantes et fut même brûlé par ordre du Parlement. C'est pour des articles publiés à cette époque à la louange de l'empereur

Joseph II et du roi d'Angleterre George III, afin d'obtenir des subsides d'eux, que Linguet fut envoyé à l'échafaud en 1794.

ANNEXION. La Révolution naissante avait proclamé ses intentions pacifiques, et la Constituante avait déclaré la paix au monde, annonçant que la nation française renonçait à toute guerre de conquête, le 22 mai 1790. Le comtat Venaissin posa bien vite un cas de conscience et l'annexion en fut retardée jusqu'au 14 septembre 1790. Lorsqu'elle fut enfin proclamée, ce fut en invoquant le principe du « droit des peuples à disposer d'eux-mêmes », sur la demande des populations intéressées. Dès le début de la guerre, le problème se posa du sort des territoires occupés par les armées de la Révolution : Savoie, Nice, Pays-Bas autrichiens (Belgique actuelle), rive gauche du Rhin. Les révolutionnaires eurent une période d'hésitation puis décidèrent de créer un glacis de républiques sœurs afin de protéger la patrie de la Révolution d'une Europe hostile, affirmant le droit de la République à imposer son idéologie aux autres pays. Après des simulacres de consultation populaire, la Savoie et Nice furent annexées au nom du droit à « l'autodétermination », dirions-nous aujourd'hui. En revanche, mise à part une frange infime de révolutionnaires, les provinces « belgiques » et rhénanes se révélèrent très hostiles à la Révolution et à ses armées d'occupation vivant sur le pays et payant en assignats dépourvus de toute valeur. C'est alors que fut invoquée pour justifier ces annexions la théorie des « frontières naturelles ». Des plébiscites furent toutefois organisés sous la contrainte pour que l'annexion eût l'air d'être ratifiée par les populations. En fait s'amorçait une politique expansionniste de la France au nom des principes de la Révolution. Les victoires de Bonaparte en Italie, débordant largement le cadre des prétendues frontières naturelles, révélèrent le caractère conquérant et nationaliste de la France révolutionnaire. Les guerres de l'Empire ne furent que la continuation logique des victoires révolutionnaires.

ANNUAIRE. Ce mot fut substitué à ceux, devenus alors impropres, de calendrier et d'almanach, lorsque, en 1795, la division de l'année selon le calendrier républicain fut entrée en usage. Cette appellation s'applique aujourd'hui à des publications savantes annuelles ou à la liste officielle des abonnés au téléphone...

ANOBLISSEMENT. L'anoblissement était un titre de noblesse accordé par le roi en récompense de services rendus ou pour se procurer de l'argent. On estime à quatre mille environ les charges anoblissantes qui existaient en France à la veille de la Révolution.

AN PREMIER DE LA LIBERTÉ. C'est le nom donné à la période qui s'étend de la prise de la Bastille au 14 juillet 1790. Il y a ensuite l'an deuxième et l'an troisième de la Liberté, jusqu'à l'établissement de la République, le 22 septembre 1792.

ANSELME (Jacques Bernard Modeste d') (Né à Apt, Vaucluse, le 22 juillet 1740, mort à Paris, le 17 septembre 1814). Après avoir servi aux Baléares, en Allemagne, en Corse, avoir participé à la guerre en Amérique, de 1780 à 1783, d'Anselme est aide de camp de Rochambeau quand la France entre en guerre. Envoyé à l'armée du Midi, il prend Nice le 29 septembre 1792, mais est suspendu en décembre et accusé de brigandage et de pillage lors de la capitulation de Nice. Son habile défense lui permet de s'en tirer avec une mise à la retraite en avril 1793. Il reprend temporairement du service sous le Directoire comme inspecteur des troupes du Midi, de décembre 1798 à janvier 1801. Son nom figure sur la façade sud de l'Arc de triomphe de l'Étoile.

ANTHOINE (François Paul Nicolas) (Né à Boulay, Moselle, le 17 mars 1758, mort à Metz, le 19 août 1793). Avocat à Boulay, Anthoine est élu par le tiers état du bailliage de Sarreguemines aux états généraux. Il y manifeste un des premiers des opinions républicaines et intervient fréquemment au club des Jacobins. Maire de Metz à la dissolution de la Constituante, il est vite suspendu à cause de ses activités « ultra-révolutionnaires » et revient à Paris où ses discours enflammés font merveille au club des Jacobins. Il prend une part active à l'insurrection du 10 août. Élu par la Moselle à la Convention, il est dénoncé par Léonard Bourdon pour avoir décrit Robespierre comme un Tartuffe qui se serait introduit dans la famille Duplay pour vivre à ses crochets. Il refuse de se justifier, « car cela regarde un individu et non la Société, qui, dans ce cas, ne serait qu'une faction ». Il vote la mort lors du procès de Louis XVI et meurt peu après une mission dans la Meurthe et la Moselle afin d'accélérer la levée des trois cent mille hommes.

ANTI-BRISSOTIN (L'). Cette feuille consacrée à la lutte contre Brissot et sa politique a paru du 22 octobre 1793 au 15 février 1794. Elle avait comme devise : « Où le droit et la liberté sont toutes choses, les inconvénients ne sont rien. »

ANTILLES, voir **COLONIES**.

ANTOINE (Jacques Denis) (Né à Paris, le 6 août 1733, mort à Paris, le 24 août 1801). Après avoir débuté comme simple maçon, Antoine est préféré aux architectes Boullée et Moreau pour la construction du nouvel hôtel des Monnaies. Il effectue aussi des travaux au Palais de justice, succède à Ledoux à la direction des travaux aux barrières de Paris. Sa réputation s'étend au-delà des frontières, et il se voit confier des constructions en Angleterre, en Suisse et en Espagne. Membre de l'Académie d'architecture en 1766, de l'Institut en 1799, ami de Soufflot, il ne s'est pas mêlé des événements politiques durant la Révolution, mais a quand même passé quelque temps en prison en décembre 1793 avec les fonctionnaires des Monnaies.

ANTONELLE (Pierre Antoine, marquis d') (Né à Arles, le 17 juin 1747, mort à Arles, le 26 novembre 1817). Cet officier démissionne en 1782 pour vivre des revenus de ses grands domaines et publie en 1788 un *Catéchisme du tiers état* qui connaît un grand succès. Il est le premier maire élu d'Arles. Rompant avec ses origines aristocratiques, il épouse les opinions les plus avancées et contribue à l'annexion du comtat Venaissin à la France. Élu à l'Assemblée législative par les Bouches-du-Rhône, membre actif du club des Jacobins, il est envoyé le 11 août 1792 signifier à La Fayette la déchéance du roi, mais arrêté à Sedan. Juré au tribunal révolutionnaire, il assiste au procès de Marie-Antoinette et des Girondins. Au cours de ce dernier, c'est lui qui met fin aux débats en déclarant que « la conscience des jurés est suffisamment éclairée », ce qui met un terme aux interrogatoires et supprime la plaidoirie de la défense. Excédé par ses interventions intempestives, Fouquier-Tinville le fait exclure du jury puis emprisonner le 28 novembre 1794. Libéré après le 9 thermidor, il continue à professer des opinions révolutionnaires, fait paraître le *Journal des hommes libres* et *Le Démocrate constitutionnel* où il s'en prend vivement aux Directeurs. Arrêté comme complice de la conjuration des Égaux, il fait l'apologie de la paix civile et du gouvernement lors du procès et obtient sa relaxation. Deux élections au Conseil des Cinq-Cents d'Antonelle sont cassées. Il est assigné à résidence au début du Consulat et, dégoûté de la politique, finit par se retirer à Arles. En 1814, il publie une brochure royaliste, *Le Réveil d'un vieillard.* Ses incohérences confirment le jugement sévère de ceux qui l'ont connu : Audiffret disait de lui qu'il était « un épicurien, un libertin, un cerveau brûlé dans toute l'étendue du terme ». Le clergé d'Arles, qui n'avait pas oublié son rôle durant la Révolution, lui refusa la sépulture religieuse.

ANTRAIGUES (Louis Emmanuel Henri Alexandre de Launay, comte d') (Né à Montpellier, le 25 décembre 1753, mort à Barnes, près de Londres, le 22 juillet 1812). L'ancienneté de sa noblesse était contestée. Entré dans les gardes du corps, grâce à la protection de son oncle, le comte de Saint-Priest, alors ministre, il les quitte pour fréquenter Voltaire et Rousseau, voyage à travers l'Europe et le Proche-Orient jusqu'en Égypte. Revenu en France en 1779, il se lie avec Chamfort, Laharpe, Mirabeau, devient l'amant de la Saint-Huberty, chanteuse d'opéra. En 1788 paraît son *Mémoire sur les états généraux* où il s'élève contre la noblesse héréditaire et affirme que le droit de légiférer n'appartient qu'aux états généraux. Cela ne l'empêche pas d'être élu par la noblesse du Vivarais aux états généraux. Après avoir défendu le vote par ordre, il demande l'abandon par la noblesse de ses exemptions fiscales, parle en faveur des droits de l'homme puis défend le *veto* royal. Dès la fin de septembre 1789, il s'est rendu suspect à tous les camps et ne paraît plus à l'Assemblée. Après avoir fait paraître deux *Discours* où il accuse les Orléans d'intriguer à la Constituante, il se décide à émigrer. De Suisse, il publie plusieurs brochures contre-révolutionnaires et projette avec les Espagnols l'invasion du Sud de la France. En juin 1793, il entre à la légation espagnole à Venise. La paix signée par l'Espagne, il passe au service de la Russie et fait partie de la légation russe à Venise, il maintient parallèlement d'étroites relations avec l'ambassadeur anglais, Drake. Il est en même temps l'agent secret du comte de Provence et obtient de lui, pour la Saint-Huberty qu'il a secrètement épousée, la décoration de l'ordre de Saint-Michel. Il entretient des agents en Corse, en Languedoc, correspond avec Pichegru, se flatte publiquement de faire éliminer les partisans de la République par les moyens les plus divers. Le Directoire décide de s'en débarrasser. Arrêté à Trieste en mai 1797 et conduit à Milan, il fait à Bonaparte les révélations souhaitées, moyennant quoi on le laisse s'évader le 29 août. Accusé de légèreté ou même de trahison par ses amis, délaissé par eux, il se crée de nouvelles relations avec le Premier ministre autrichien Thugut et le prince Czartoriski, leur servant d'informateur. Nommé conseiller d'État par le tsar Alexandre en 1803, conseiller à la légation russe en Saxe, il y poursuit ses intrigues jusqu'à ce que le gouvernement impérial exige son départ. Passé à Londres, il finit par lasser le gouvernement russe qui lui retire sa représentation. Il livre alors au gouvernement anglais les articles secrets du traité de Tilsitt et en obtient une pension importante en échange. A son accession au ministère des Affaires étrangères, Canning en fait son correspondant pour les Affaires françaises. Il est assassiné avec son épouse par un domestique italien, qui est lui-même aussitôt abattu, tandis que le gouvernement anglais fait sur-le-champ saisir ses papiers, cet assassinat ayant un arrière-goût de crime politique. Le comte d'Antraigues fut assurément un des plus grands aventuriers de son temps.

AOÛT (journée du 10). Le 10 août 1792 marque l'agonie de la monarchie. Il n'a fallu que trois ans pour que la France unanimement royaliste se retrouve républicaine. Le renvoi de Necker et la prise de la Bastille qui l'a suivi, la fuite à Varennes et la sanglante pétition au Champ-de-Mars, la déclaration de guerre, le 20 avril 1792, et les défaites qui s'annoncent immédiatement après, la colère suscitée par l'utilisation du véto par le roi et la suspicion de ses sympathies pour l'ennemi, autant de marches conduisant à la République. Une répétition générale a précédé le 10 août. Le détonateur est le refus de Louis XVI de signer trois décrets de la Législative dissolvant sa garde constitutionnelle, ordonnant l'arrestation et la déportation des prêtres réfractaires, établissant un camp de 20 000 fédérés sous Paris. Le 20 juin, les foules parisiennes déferlent sur les Tuileries et les investissent, obligent le roi à coiffer le bonnet phrygien et à boire un verre de vin à la santé de la nation. Louis XVI ne cède pas. La Législative se divise entre ceux qui estiment que le roi a été offensé et que le pouvoir légal, exécutif et législatif, est menacé par les sections parisiennes, et ceux qui pensent qu'il faut contraindre le roi à céder en utilisant tous les moyens. Le coup de force manqué de La Fayette et sa défection, la lente avance des Prussiens conduisent l'Assemblée à proclamer « la patrie en danger », procédure qui permet la mise en application des décrets malgré le véto royal. Travaillés par les sections parisiennes, les fédérés venus de province, notamment de Brest et de Marseille, forment une masse de manœuvre idéale pour le comité insurrectionnel clandestin. Le 9 août au soir, il fait sonner le tocsin et les sections, à ce signal, envoient leurs délégués constituer une Commune insurrectionnelle qui évince la municipalité légale avec la complicité du maire Pétion et organise l'attaque des Tuileries. Au palais, le roi, privé de sa garde constitutionnelle dissoute, dispose de 900 Suisses, de 200 gendarmes, de quelques centaines de gentilshommes et de royalistes venus se mettre à son service, de 2 000 gardes nationaux. Ces derniers, déjà peu sûrs, passent à l'insurrection après que leur commandant, Mandat, attiré dans un véritable guet-apens, eut été assassiné sur les marches de l'Hôtel de Ville. Le roi passe en revue ses troupes mais n'ose les haranguer et rentre au palais. Dès 9 heures du matin, les éléments avancés de l'insurrection se présentent aux grilles. La garde nationale pactise bien vite avec eux. A 10 heures, avant même que le combat ait commencé, Louis XVI s'est déjà laissé persuader par Roederer, le procureur-syndic du département, de quitter les Tuileries pour se placer sous la protection de l'Assemblée siégeant au Manège. Les premiers assauts ayant été repoussés par les Suisses, les insurgés reviennent avec des renforts. Le roi envoie alors un billet à ses troupes, leur demandant de mettre bas les armes. Les insurgés massacrent 600 des 900 Suisses, aisément reconnaissables à leurs uniformes rouges. De son côté, l'Assemblée vote la suspension du roi et, sous la pression de la Commune insurrectionnelle triomphante, lui livre la famille royale qui est enfermée au Temple. C'est la fin de la monarchie française.

AOÛT (nuit du 4). Durant le printemps et l'été 1789, les troubles se multiplient à travers la France rurale, les paysans s'insurgeant contre les taxes, les droits seigneuriaux et féodaux, incendiant parfois les châteaux. C'est ce qu'on a nommé la « Grande Peur ». Cette crise est l'occasion rêvée pour les partisans de la Révolution, minoritaires à la Constituante, pour tenter d'imposer un règlement légal à ces troubles grâce à l'abolition des privilèges. La séance débute le soir du 4 août 1789 par le dépôt d'un projet de décret garantissant les « droits sacrés » de la propriété. Le vicomte de Noailles prend alors la parole pour demander qu'on discute plutôt des plaintes des paysans et qu'on les décharge du poids des droits féodaux. Le duc d'Aiguillon prend le relais en élargissant le débat et en proposant la suppression de toutes les exemptions fiscales et de tous les privilèges dont peuvent jouir les individus, les ordres, les corporations, les villes, les différentes provinces du pays. Les orateurs se succèdent, chacun annonçant qu'il renonce à ses privilèges. Prise d'une vague d'euphorie, l'Assemblée, toutes tendances confondues, vote l'abolition de tous les privilèges, malgré quelques voix dissonantes qui ne peuvent se faire entendre au milieu du brouhaha enthousiaste qui submerge la salle des séances. Lorsque la séance est levée, à deux heures du matin, les institutions de l'Ancien Régime ont été jetées à bas : ont été supprimées les pensions royales, les offices, toutes les immunités corporatives, municipales, provinciales, les exemptions de taxes et les privilèges. Le rachat des droits seigneuriaux est prévu. L'égalité devant l'impôt a été votée. Louis XVI est proclamé « restaurateur de la liberté française ». Les jours suivants, du 6 au 11 août, la Constituante examine article par article le décret qui doit enregistrer les décisions prises le 4 août. Les opposants osent rarement encourir l'impopularité pour s'être prononcés contre les mesures décidées. Le roi répugne à signer le décret qui entérinerait sa promulgation. Les journées des 5 et 6 octobre le forceront à changer d'avis.

APANAGES. Constitués de dotation en terres pour les princes cadets de la famille royale, les apanages sont abolis, le 20 décembre 1790. La Constituante décrète que les princes seront entretenus sur la liste civile par des rentes dites « apanagères ». La rente est fixée à deux millions par an pour chacun des trois princes, Provence, Artois et Orléans. Les apanages disparaissent avec la royauté. Napoléon les rétablit pour les membres de sa famille.

APOCALYPSE (L'). Rédigé par Chaboud, inspiré par Mirabeau, ce journal a paru de mars 1790 à mars 1791, à raison d'un numéro par semaine. Il a compté en tout 56 numéros et portait comme devise : *ad majorem regis gloriam,* ce qui exprimait suffisamment ses sentiments royalistes. Son adversaire, *La Chronique de Paris,* le décrivait comme un « journal aristocratique composé dans un séminaire où l'on affecte des sentiments patriotiques ».

APOTHÉOSE. Ressuscitant un rituel antique, la Révolution fit des cérémonies funéraires spéciales en l'honneur de ceux qui étaient considérés par elle comme des grands hommes. Le Panthéon fut affecté à l'inhumation de ces grands hommes. L'inhumation était précédée de rites nommés apothéoses. Le premier à bénéficier de ce traitement fut Mirabeau. Il fut suivi par Voltaire, Marat, Jean-Jacques Rousseau, Bara, etc. Sur le fronton du Panthéon, la Constituante fit inscrire : « Aux grands hommes, la patrie reconnaissante. »

APPEL AU PEUPLE. Dans la Rome antique, au temps de la République, les condamnés étaient autorisés à s'adresser au peuple considéré comme tribunal suprême. Les adversaires de la condamnation à mort du roi demandèrent qu'on ait recours à cette procédure, mais la Convention rejeta l'appel au peuple par 423 voix contre 291. Le nom d'appel au peuple fut aussi donné sous le Consulat à l'approbation par les assemblées primaires des lois instituant le consulat décennal, puis le consulat à vie et l'empire héréditaire. On appellerait aujourd'hui cela plébiscite ou référendum. Les constitutions de 1793 et de l'an III firent aussi l'objet d'une ratification populaire par appel au peuple.

APPEL NOMINAL. La Convention décida au début du procès du roi que chaque représentant serait appelé nominativement à la tribune pour y exprimer à haute et intelligible voix, publiquement, son vote. Ainsi les partisans de la condamnation à mort espéraient-ils, à juste titre, qu'un certain nombre de députés, craignant des représailles au cas où ils ne voteraient pas la mort, iraient contre leur conscience. En cas de vote à bulletin secret, il est plus que douteux qu'il se serait dégagé une majorité en faveur de la mort. Quatre appels nominaux eurent lieu successivement pour répondre aux quatre questions posées sur la culpabilité, l'appel au peuple, la nature de la peine et le sursis.

APPRENTISSAGE. Condition nécessaire sous l'Ancien Régime pour accéder à la plupart des professions manuelles, l'apprentissage fut supprimé en même temps que tous les privilèges des corporations par la loi du 2 mars 1791. La Constituante établit une liberté totale et se borna à fixer un âge minimum pour l'apprenti. Cette réglementation n'entra en application qu'avec la loi du 13 avril 1803.

APPROVISIONNEMENTS. Sous la Révolution, les difficultés d'approvisionnement de Paris furent grandes. Il n'y eut certains jours qu'un jour de farine d'avance. La Commune fut contrainte d'organiser des convois armés pour aller réquisitionner le blé dans les départements entourant Paris. Lavoisier avait estimé en 1789 les approvisionnements annuels de la ville à 100 000 tonnes de pain, 70 000 bœufs, 180 000 vaches, 120 000 veaux, 360 000 moutons, 35 000 porcs, près de 700 000 hectolitres de vin.

ARBITRAGE. La loi du 24 juin 1790 appelle l'arbitrage « le moyen le plus naturel et le plus raisonnable de terminer les contestations ». La Constitution de 1793 attribua à des « arbitres publics » élus pour un an le droit de juger seuls et sans intermédiaires les contestations. Le grand nombre des abus entraîna leur suppression par la loi du 18 mars 1800 qui rétablit les avoués près de tous les tribunaux d'arrondissement.

ARBRE DE LA LIBERTÉ. Les « arbres de mai » plantés pour célébrer l'arrivée du printemps ont inspiré les arbres de la liberté. Le premier fut planté en mai 1790 par le curé d'un village de la Vienne pour commémorer l'installation des autorités municipales. La cérémonie fut largement racontée dans la presse et imitée dans tout le pays. L'arbre de la liberté était généralement orné de rubans et de cocardes tricolores et souvent coiffé d'un bonnet phrygien. On estime à 60 000 le nombre d'arbres plantés en 1792. Les armées de la République et de l'Empire en répandirent la coutume jusqu'en Pologne. La plupart de ces arbres furent déracinés à la Restauration.

ARCHEVÊCHÉS. La France comptait en 1789 dix-huit archevêchés : Lyon, Paris, Rouen, Reims, Tours, Bourges, Albi, Bordeaux, Auch, Narbonne, Toulouse, Arles, Aix, Vienne, Embrun, Besançon, Cambrai. Ils furent tous supprimés en 1791. Le Concordat de 1801 rétablit dix sièges archiépiscopaux : Lyon, Paris, Rouen, Tours, Bourges, Bordeaux, Toulouse, Aix, Besançon, Malines (Belgique actuelle).

ARCHITECTURE. Quand on fait la guerre, il n'y a pas d'argent pour construire des palais et faire de l'urbanisme, sinon à coups de canons. Vignon commença le Temple de la Gloire (la Madeleine). L'Empire le termina, comme il commandita Brongniart, constructeur de la Bourse. La colonne Vendôme, l'arc de triomphe du Carrousel, l'arc de triomphe de l'Étoile (terminé en 1840), sont des réalisations de Napoléon, non de la Révolution, qui fut stérile en architecture.

ARCHIVES NATIONALES. Créées par les décrets des 4 et 7 septembre 1790, les Archives nationales furent organisées par la Convention qui les plaça sous l'autorité de Camus, au retour de captivité de ce dernier, en décembre 1795. Primitivement installées dans le couvent des Capucins de la rue Saint-Honoré, elles furent ensuite au Palais-Bourbon, puis à l'hôtel Soubise où elles se trouvent aujourd'hui. Sous la Révolution, de nombreuses destructions d'archives eurent lieu sous prétexte de détruire les titres féodaux.

ARCOLE (bataille d'). Faisant le blocus de Mantoue, Bonaparte apprend qu'une armée autrichienne de 28 000 hommes arrive sous les ordres d'Alvinczi pour le forcer à lever le siège. Désireux d'engager la bataille avant qu'Alvinczi ait été renforcé par une autre armée de 20 000 hommes descendant la vallée de l'Adige et commandée par Davidovitch, Bonaparte prend l'offensive, coupe les communications arrière d'Alvinczi, le séparant de Davidovitch. Le 14 novembre 1796, Masséna et Augereau attaquent en vain le village d'Arcole, sans arriver à s'emparer du pont de bois qui enjambe l'Alpone. Bonaparte essaie à son tour, échoue, est à deux doigts d'être capturé. C'est finalement le général Guieu qui prend Arcole à revers, mais les troupes d'Alvinczi peuvent se replier par le défilé de Villanova. Ayant quitté le village durant la nuit, les Français doivent reprendre le village et le pont au cours d'une bataille qui dure du 15 au 17 novembre 1796. En trois jours, les Autrichiens perdent 7 000 hommes et 11 canons, les Français plus de 4 500 hommes. Mais Alvinczi n'est plus capable de dégager Mantoue, il est refoulé sur Montebello et Bonaparte réoccupe Vérone.

ARDENNES (armée des). Confiée à La Fayette au commencement de la guerre, l'armée des Ardennes fut, après la défection de son général en chef, confiée à Dumouriez. A la suite du passage aux Autrichiens de ce dernier, elle fut réunie à l'armée du Nord en avril 1793.

ARÉNA (Barthélemy) (Né à Saint-Florent, Corse, le 17 août 1753, mort à Montenero, près de Livourne, en Italie, le 19 avril 1832). Avocat au Conseil supérieur de Corse, protégé de Paoli, Aréna adhère avec enthousiasme à la Révolution, est élu député suppléant du tiers état de l'île aux états généraux, approuve le décret du 30 novembre 1789 proclamant la Corse « partie intégrante du territoire français » et se rend avec une délégation à Londres pour demander à Paoli de revenir dans sa patrie. Grâce à ce dernier, Aréna est élu administrateur du département, procureur général-syndic et député à la Législative, mais en cinquième position, ce qui le brouille avec son protecteur. Sa maison est brûlée par des partisans de Paoli et, à la dissolution de l'Assemblée, Aréna n'a d'autre recours que de s'installer à Calvi, seule ville restée fidèle à la République, le reste de l'île étant aux mains des paolistes et de leurs alliés anglais. Une fois les paolistes vaincus, c'est à Aréna qu'est confié le rétablissement de l'ordre en Balagne. Élu au Conseil des Cinq-Cents par le Golo, Aréna est un défenseur des valeurs jacobines, un des orateurs les plus ardents du Manège. Adversaire résolu du coup d'État, il s'efforce en vain de frapper Bonaparte, le 18 brumaire. Les journaux fabriquent la légende d'un poignard qu'il aurait brandi. Assigné à résidence à Toulon, il finit par se retirer à Livourne où il achève paisiblement son existence.

ARÉNA (Joseph Antoine) (Né à L'Île-Rousse, Corse, le 30 mai 1771, guillotiné à Paris, le 30 janvier 1801). Frère de Barthélemy, Joseph Antoine Aréna devient capitaine de la garde nationale de sa ville natale le 1er janvier 1790, à moins de dix-neuf ans. Lieutenant-colonel en second du 4e bataillon de volontaires corses en mars 1792, il suit la même courbe politique que son aîné et se brouille avec Paoli qui l'envoie sur le continent en novembre 1792. Capitaine après l'expédition manquée contre la Sardaigne, Aréna prend part au siège de Toulon, se fait remarquer par sa bravoure et est promu adjudant général chef de bataillon. Élu au Conseil des Cinq-Cents par le Golo, comme son frère, il le quitte lors du renouvellement de 1798 et devient chef de brigade de gendarmerie. Démissionnaire après le coup d'État du 18 brumaire, Joseph Antoine Aréna cherche par tous les moyens à abattre son compatriote corse parvenu au pouvoir et se laisse entraîner dans une conspiration vite démasquée par la police. L'attentat de la rue Saint-Nicaise, dans lequel ils ne sont pour rien, scelle le sort des conjurés qui sont condamnés à mort.

ARENBERG, voir **LAMARCK**.

ARGENT. La circulation de l'argent fut une des premières préoccupations de l'Assemblée constituante qui souhaitait en faciliter la diffusion. Pétion proposa, le 2 octobre 1789, d'autoriser le prêt à intérêt sur de simples billets à ordre. Il se fit alors une spéculation sur l'argent qui provoqua des émeutes à Paris en 1790 et 1791, notamment dans la rue Vivienne et autour du Palais-Royal où se trouvaient des changeurs qui exigeaient de 8 % à 10 % pour donner de l'argent en échange des billets. L'Assemblée décida de supprimer ces abus en déclarant l'argent comme une marchandise et en autorisant sa libre circulation, ce qui entraîna d'autres abus et amena la suppression de cette liberté. Durant la Terreur, un décret accorda une récompense aux dénonciateurs d'argent caché.

ARISTOCRATES. Ce mot, qui ne figure pas dans le *Dictionnaire de l'Académie* de 1786 (où l'on trouve seulement aristocratie, aristocratique et aristocratiquement), appartient au vocabulaire politique et se rencontre fréquemment, par exemple, chez Montesquieu. Il se charge en 1788-1789 d'une valeur affective nouvelle et désigne péjorativement les partisans de l'ordre féodal et seigneurial, la noblesse essentiellement, encore qu'à l'Assemblée le terme s'applique aux deux ordres de la noblesse et du clergé. Ce mot prend une importance accrue après la nuit du 4 août 1789 qui abolit les ordres et donc la noblesse. Le mot « noble » aboli est remplacé par « aristocrate ». Dès le 14 août, un libelle s'intitule *La Découverte du complot des aristocrates.* L'obsession d'un complot fomenté par les privilégiés pour recouvrer leur position perdue est dans l'air dès le printemps de 1789, engendre la « Grande Peur » de l'été suivant et ne fait que se développer avec l'émigration des princes et d'une partie importante de la noblesse, le complot aristocratique devenant dans l'imagination populaire une entreprise internationale destinée à dresser l'Europe contre la Révolution. Progressivement, le terme aristocrate en arrive à stigmatiser tout opposant à la Révolution, quelles que soient ses origines sociales, et en 1792 *La Carmagnole* et le *Ça ira* promettent la lanterne à tous les aristocrates. A partir de 1795, le mot perd de son importance et est en partie relayé par les appellations nouvelles de « clichyen » et de « muscadin ».

ARKWRIGHT (Sir Richard) (Né à Preston, le 23 décembre 1732, mort à Cromford, le 3 août 1792). Coiffeur et barbier à ses débuts, Arkwright est amené, en traitant des cheveux avant de les vendre aux perruquiers, à s'intéresser aux procédés de filature. Il met au point avec l'horloger Kay une machine à tisser. Après avoir utilisé des chevaux pour actionner ses métiers, il a l'idée d'employer l'énergie hydraulique et s'établit à Cromford, dans le Derbyshire, en 1771. Fabriquant d'abord des bas de coton puis du calicot, améliorant sans cesse la productivité de sa machine, il vend son brevet à de nombreux industriels du nord et du centre de l'Angleterre à partir de 1775. En 1782, son entreprise emploie plus de cinq mille personnes. En 1779, une première émeute ouvrière détruit son usine de Chorley, dans le Lancashire. En 1781, il est obligé de faire un procès à neuf industriels ayant copié ses brevets sans payer les droits, mais le perd en 1785. Entre-temps, son invention s'est diffusée et touche des dizaines de milliers d'employés. Certains font partir d'elle le début de l'ère industrielle moderne avec son minutage strict et la coopération étroite de nombreux ouvriers avec la machine. Fait chevalier en 1786, Arkwright, malgré la perte de la propriété de son brevet, reste jusqu'à sa mort le maître du marché du filé de coton.

ARMÉE. Contrainte à la guerre, certes, mais aussi intolérante, belliqueuse et conquérante, la Révolution s'appuie largement sur l'armée qui finira par s'imposer par l'intermédiaire de Bonaparte. Les 102 régiments et 110 000 hommes de l'infanterie, les 24 régiments de dragons, les 6 régiments de hussards, au total 32 000 cavaliers de 1789, ne sont rien par rapport aux masses que la Révolution va aligner sur les champs de bataille. Cette armée royale est constituée de volontaires enrôlés pour trois, quatre ou huit ans, encadrés par des officiers nobles. En dehors des six régiments envoyés en Amérique en 1780, elle n'a pas combattu depuis 1763. Des séries de réformes ont provoqué un mécontentement général et l'emploi des troupes à partir de 1788 pour assurer le maintien de l'ordre n'a fait qu'accroître un désarroi qui se transforme rapidement en indiscipline et insubordination. L'antagonisme entre noblesse et tiers état sur le plan politique se reflète dans les mauvaises relations entre les officiers et leurs hommes. L'armée est si peu sûre que le roi n'ose l'engager pour rétablir l'ordre à Paris, les 13 et 14 juillet 1789, alors qu'il dispose pourtant de 60 000 soldats aux environs de la ville. D'ailleurs, le 17 juillet suivant, à Rennes, les troupes refusent d'obéir et crient : « Vive le tiers ! » Dans son *Mémoire sur les états généraux,* le comte d'Antraigues dépeint très justement l'état d'esprit de l'armée : « Un militaire indécis entre les ordres des ministres et la voix de sa conscience, effrayé de sa désobéissance, mais plus effrayé encore des assassinats qu'on lui commande, n'osant briser les liens de la discipline, mais les relâchant sans cesse... » L'insubordination atteint un point critique avec la révolte à Nancy des Suisses de Châteauvieux et des régiments du Roi-Infanterie et de Mestre de Camp. La répression est sévère, mais l'évolution politique va faire en un an de mutins des héros et des victimes. L'affrontement au sein de l'armée entre « patriotes » et « aristocrates » se traduit par la démission et l'émigration de 6 000 officiers dès la fin de 1791. Cette armée en décomposition est incapable de faire front dès le printemps de 1792, lors des premiers affrontements avec les Autrichiens. La Législative déclare, le 11 juillet 1792, la « patrie en danger » et décide d'adjoindre aux troupes de ligne les volontaires de la garde nationale – constituée dès juillet 1789 – qui se sont enrôlés pour un service actif depuis déjà près d'un an. Ce sont ces volontaires, ces « fédérés » venus de la province mais surtout connus par leurs contingents marseillais qui vont accueillir comme premier acte de guerre l'attaque des Tuileries, le 10 août 1792, puis le massacre des Suisses désarmés. Grâce à ces troupes fraîches, inexpérimentées mais enthousiastes, l'ennemi est contenu au nord, puis la Belgique envahie après la victoire de Jemmapes (6 novembre 1792), les Prussiens rebroussent chemin après la canonnade de Valmy (20 septembre 1792), tandis que la Savoie et Nice sont occupées par les armées des Alpes et du Var. Ces volontaires de 1791, engagés pour un an, sont libérés à la fin de 1792 et la Convention décide de pourvoir à leur remplacement par une levée de 300 000 hommes, votée le 24 février 1793. Le décret n'ayant pas prévu le mode de désignation de ces conscrits, les conditions de choix varient fortement d'une commune à l'autre et le refus de servir une République hostile à Dieu et au Roi entraîne le soulèvement d'une grande partie de l'Ouest. Les insoumis sont légion en milieu paysan, mais, grâce à la levée de ceux qui acceptent de partir, les armées comptent plus d'un million d'hommes au début de 1794. C'est alors que commence à s'appliquer le principe de l'amalgame voté dès février 1793, qui prévoit la constitution des demi-brigades réunissant deux bataillons de volontaires et un de troupes de ligne. Des règles d'avancement uniformes sont établies pour les officiers, combinant l'ancienneté et l'élection par la troupe de trois candidats parmi lesquels les officiers déjà en place choisissent. Cet amalgame effectué sous forme « d'enbrigadement » est long à se réaliser et ne devient effectif qu'au début de 1796. Les généraux commandant les armées de la République sont jeunes, souvent issus des cadres de sous-officiers de l'Ancien Régime. Les unités sont regroupées au sein de divisions réunissant les différentes armes et comptant environ 10 000 hommes. Après la dislocation de la première coalition en 1795, la paix presque revenue, les effectifs fondent et tombent à moins de 400 000 en 1796 et 1797, malgré la poursuite d'hostilités avec l'Empereur et l'Angleterre. Cette armée compte à peine 3 % de soldats issus de l'ancienne armée royale. Elle est fréquemment sollicitée par le pouvoir politique pour rétablir l'ordre à l'intérieur, en germinal, en prairial, en vendémiaire (1795), au camp de Grenelle (1797). Constatant la corruption du monde civil, la faiblesse du pouvoir politique, soldats et généraux se sentent le droit d'intervenir. La situation est mûre, la voie est libre pour une dictature militaire.

ARMÉE CATHOLIQUE ET ROYALE. C'est le nom donné aux insurgés vendéens réunis en juin 1793 sous les ordres de Cathelineau. Ses principaux chefs furent Charette, Bonchamps, d'Elbée, La Rochejaquelein, Lescure. Les généraux en chef furent successivement Cathelineau, d'Elbée, Henri de La Rochejaquelein, son frère Louis, Fleuriot et Sapinaud.

ARMÉES RÉVOLUTIONNAIRES. Tandis que les armées de la Révolution se battent contre l'ennemi aux frontières, dans l'Ouest, à Lyon, à Toulon, existent aussi depuis le décret du 5 septembre 1793 des « armées révolutionnaires », forces créées « pour comprimer la Contre-Révolution et exécuter les mesures de la Convention ». Constituées de militants des clubs et sociétés révolutionnaires, souvent issus des plus basses couches de la population urbaine, appâtés par la solde et par la possibilité de fructueuses rapines, ces armées révolutionnaires, une quarantaine au total, toutes sauf celle de Paris cantonnée dans des actions très localisées, jouent un rôle important dans la lutte religieuse, faisant fermer les églises, saisissant les cloches et les objets du culte, traquant les prêtres réfractaires, imposant le calendrier révolutionnaire et les nouvelles fêtes civiques, multipliant les mascarades anticatholiques. Elles jouent aussi un rôle non négligeable dans l'approvisionnement des villes, saisissant les récoltes et le bétail. Les exactions de ces armées révolutionnaires, leur contrôle par la lie de la société et les extrémistes, inquiètent le Comité de salut public qui procède à leur licenciement progressif durant l'hiver 1793-1794.

ARMES (commission des), voir **COMMISSION DES ARMES.**

ARMES (manufactures d'). Le comité militaire de l'Assemblée se préoccupa dès 1791 de créer de nouvelles manufactures d'armes à Paris, Autun et Moulins, appartenant à l'État. A Paris, où il n'y avait jamais eu une telle entreprise, on dut réquisitionner et former en hâte tous les ouvriers du fer disponibles. Alors qu'après quinze mois d'existence les deux manufactures de province n'avaient toujours rien livré, celle de Paris fournissait en novembre 1793 plus de 1 000 fusils par jour, et forgeait des canons. Les ateliers de la forge étaient établis au Luxembourg et place de l'Indivisibilité. Mais la fabrication était excessivement coûteuse : une baïonnette qui aurait dû revenir à 4 francs en coûtait 15. Aussi décida-t-on la création d'une quatrième manufacture à la Charité-sur-Loire. 72 000 fusils furent aussi commandés à l'ancienne et renommée manufacture de Liège. En août 1793, les ateliers de Paris comptaient 633 ouvriers répartis dans toute la ville. Une commission des armes fut créée le 1er février 1794 pour superviser la fabrication des armes et la Convention décréta, le 8 juillet 1795, que tous les ouvriers de dix-huit à vingt-cinq ans employés dans les manufactures et ateliers de réparations d'armes, dans les aciéries, les forges, fonderies de canons, poudreries et usines de salpêtre seraient exceptés de la réquisition militaire.

ARMOIRE DE FER. Au début de mai 1792, le roi fit aménager dans un mur du palais des Tuileries un cabinet secret, une armoire de fer, nous dirions aujourd'hui une chambre forte, où il dissimulait sa correspondance privée avec notamment La Fayette, Dumouriez, Mirabeau. En novembre 1792, alors que se préparait le procès du roi, le serrurier Gamain, qui avait aménagé la cachette, révéla l'existence de l'armoire de fer. Les documents qu'elle contenait furent publiés par ordre de la Convention sous le titre : *Pièces imprimées d'après le décret de la Convention nationale du 5 décembre 1792 (l'an II de la République).* Les documents ne prouvaient nullement une trahison du roi, mais leur dissimulation puis leur découverte firent le plus grand tort à la cause royale dans l'opinion. Gamain reçut pour salaire de sa dénonciation une pension de 12 000 livres.

ARMOIRIES. Signes distinctifs des familles nobles, mais aussi de bien des bourgeois et même de ruraux dans certaines régions de France, notamment dans l'Alsace germanique, les armoiries furent abolies par décret de la Constituante du 20 juin 1790, de même que les livrées, les titres de noblesse et la noblesse elle-même. Un délai de trois mois fut accordé en province pour effacer toute trace d'armoiries sur les meubles et immeubles, mais à Paris il fut exigé qu'elles aient disparu avant le 14 juillet. Seuls les étrangers furent autorisés à conserver livrées et armoiries. Les armoiries furent rétablies par l'Empire.

ARPAJON (nom révolutionnaire : Francval).

ARPENT. Unité de mesure de superficie, l'arpent variait notablement d'une région à l'autre. Il existait un « arpent d'ordonnance » ou arpent des eaux et forêts, valant 51 ares, un « arpent commun » de 42 ares 21 centiares et un « arpent de Paris » de 34 ares 19 centiares. L'arpent fut supprimé avec l'introduction du système métrique, mais beaucoup de paysans comptent encore aujourd'hui en utilisant cette ancienne mesure conjointement à l'hectare.

ARRONDISSEMENT. Subdivision administrative du département, l'arrondissement fut créé par la loi du 28 pluviôse an VIII (17 février 1800) qui établissait les structures administratives qui ont subsisté jusqu'à nos jours : département, arrondissement, canton, commune. Une unité intermédiaire s'avérant indispensable, entre le département, la quarantaine de cantons et les quatre cents à six cents communes qui le composent, les Constituants avaient découpé le département en une dizaine de districts. Les administrations de district, ayant laissé un souvenir exécrable à cause de leur rôle durant la Terreur, furent supprimées au début du Directoire. Le Consulat créa les arrondissements pour les remplacer, mais diminua leur nombre de moitié : les districts étaient au nombre de huit à dix par département, il n'y eut plus que de trois à cinq arrondissements administrés par des sous-préfets.

ARSENAUX. Établis principalement dans les régions frontalières, les arsenaux ont toujours joué un rôle important dans l'approvisionnement des armées. Les plus grands arsenaux étaient les arsenaux maritimes de Brest et de Toulon. Au début des hostilités, en 1792, les arsenaux n'avaient guère plus de 220 000 fusils. L'arsenal de Paris n'avait plus guère d'importance depuis le règne de Louis XIV. Un édit royal de 1788 en décida la suppression et la construction d'un nouveau quartier à l'emplacement de ses bâtiments. Mais la guerre retarda la réalisation de ce projet qui ne commença à être réalisé qu'à partir de 1806. Pendant la Révolution, l'Arsenal servit de dépôt pour les poudres et salpêtres, ce qui excitait l'inquiétude du voisinage. C'est sous le Directoire que commença la mise en vente des terrains destinés au lotissement.

ARTHUR (Robert Jean-Jacques) (Né à Paris, en 1761, guillotiné à Paris, le 30 juillet 1794). Fabricant de papiers peints, d'origine anglaise, Arthur est un membre actif du club des Jacobins. Ami de Collot d'Herbois et de Robespierre, il semble bien avoir fait partie du petit comité qui organisait les émeutes populaires. Il est président du district des Jacobins-Saint-Honoré en 1790 et membre du conseil général de la commune insurrectionnelle, le 12 août 1792, mais la quitte dès le 18. D'août à novembre 1792, il préside la section des Piques, ex-section de la place Vendôme. Candidat à la Convention contre Philippe-Égalité, il n'obtient qu'une voix, la sienne. Il aurait été parmi les organisateurs des massacres de septembre. Critique très violent des Girondins en octobre et novembre, il entre finalement à la Commune de Paris en remplacement de Robespierre, le 26 novembre. Ses interventions à la tribune des Jacobins contre Roland, Clavière, Danton, Delacroix sont précieuses à « l'Incorruptible ». Le 9 thermidor, Arthur est un des plus fidèles et des derniers soutiens de Robespierre qu'il accompagne à l'échafaud.

ARTILLERIE. A la veille de la Révolution, l'artillerie est composée de 7 régiments, de 6 compagnies de mineurs, de 9 compagnies d'ouvriers, ainsi que l'ordonnance de 1776 l'a définie. Chaque régiment se compose de deux bataillons de canonniers et de sapeurs, et quatre compagnies de bombardiers. Les 11 000 hommes sont commandés par le lieutenant général de Gribeauval. Au début de 1792, à la veille de la guerre, le roi propose la création de 9 compagnies d'artillerie à cheval, fortes chacune de 76 hommes. Cette artillerie montée sert pour la première fois à Valmy et joue un rôle décisif à la bataille d'Arlon. Elle est portée à 30 compagnies dès 1793. En février 1794 sont constitués 9 régiments d'artillerie légère ou volante, d'un effectif de 6 compagnies, avec un effectif de 514 hommes. Développée par Sorbier, l'artillerie sera encore perfectionnée par Bonaparte, lui-même issu de cette arme. La première école spéciale d'artillerie fut instituée en septembre 1791 et établie à Châlons-sur-Marne. Il n'existait auparavant que des écoles régimentaires à Auxonne, Besançon, La Fère, Douai, Metz, Strasbourg, Valence.

ARTISTES. Peintres, sculpteurs, architectes se rallièrent en grand nombre à la Révolution en 1789. Le 7 septembre 1789, les femmes des artistes se présentèrent vêtues de blanc à la tribune de la Constituante et déposèrent leurs bijoux sur le bureau de l'Assemblée pour aider à rembourser la dette publique. Pour compenser la disparition des pensions royales, La Revellière-Lépeaux fit créer en 1790 des gratifications et des pensions pour les jeunes artistes. Les peintres, du moins ceux qui faisaient partie de l'école de David, se firent les propagandistes de la Révolution avant de devenir ceux de l'Empire.

ARTOIS (Charles Philippe, comte d') (Né le 9 octobre 1757 à Versailles, mort à Gorizia, le 6 novembre 1836). Frère cadet de Louis XVI, le comte d'Artois passe sa jeunesse à la chasse et au jeu, collectionnant chevaux et maîtresses. Superficiel, vaniteux, borné, il se déclare très tôt partisan de la monarchie absolue, traite de « canaille » les députés aux états généraux et s'enfuit à l'étranger dans la nuit du 16 au 17 juillet 1789. Établi à Turin de septembre 1789 à mai 1791, il crée avec Condé un comité aux activités contre-révolutionnaires, entretenant des relations avec les divers souverains d'Europe et encourageant l'agitation en France. Il retrouve son frère, le comte de Provence, qui a pu passer la frontière alors que la famille royale avait été interceptée à Varennes, et s'établit avec lui à Coblence, le 7 juillet 1791. Ils y constituent une armée d'émigrés qui suit les troupes de Brunswick et partage leur lamentable échec après Valmy. Établi à Hamm, en Westphalie, le comte d'Artois se rend en février 1793 à la cour de Russie pour persuader la tsarine Catherine d'entrer en guerre contre la République, puis tente d'entrer en contact avec le gouvernement anglais qui l'éconduit. En août 1794, il est toutefois invité par le duc d'York à assister aux opérations des troupes anglaises aux Pays-Bas. Lorsqu'il parvient enfin à obtenir l'autorisation d'entrer en Angleterre, c'est, le 7 août 1795, pour apprendre la catastrophe de Quiberon. Ayant convaincu les Britanniques d'envoyer une seconde expédition, il échoue avec elle à l'île d'Yeu et doit se rembarquer, le 18 novembre, après avoir tenté en vain d'établir le contact avec Charette. Couvert de dettes, il vit d'une pension du gouvernement anglais à Holyrood, non loin d'Edimbourg, jusqu'en août 1799, obtenant alors l'autorisation de s'établir à Londres. Depuis la mort de Louis XVII au Temple, il a pris le titre de Monsieur, et Louis XVIII, son frère, lui a confié la direction des entreprises royalistes dans l'Ouest. Ses représentants à Paris, Hyde de Neuville et Coigny, gênent les manœuvres de Louis XVIII. Peut-être est-ce le comte d'Artois qui a autorisé le complot de Cadoudal contre Bonaparte ? La mort de sa maîtresse, Mme de Polastron, en 1805, provoque chez lui une crise mystique et transforme ce libertin en dévôt. En 1809, il vient vivre auprès de Louis XVIII à Hartwell. Chef du parti ultra-royaliste à la Restauration, il succède à son frère sous le nom de Charles X, le 16 septembre 1824, garde Villèle comme chef de gouvernement, puis prend Martignac en janvier 1828, constitue enfin un ministère Polignac, le 8 août 1829, qui provoque par ses ordonnances l'insurrection des 27, 28 et 29 juillet 1830 et la chute du régime. Remplacé par Louis-Philippe, Charles X s'embarque à Cherbourg pour l'exil. Revenu à Holyrood, il s'installe à Prague en octobre 1832, puis, au début de 1836, à Gorizia, dans le Frioul, où il meurt du choléra.

ARTS (jury des). Ce jury fut institué en 1793 pour juger les concours de peinture, sculpture et architecture. Il comptait 50 membres choisis par la Convention sur une liste établie par le comité d'instruction publique. Chaque juré devait motiver par écrit son choix. Le procès-verbal des trois concours était imprimé, affiché et distribué aux concurrents.

ARTS ET MÉTIERS (Conservatoire national des), voir **CONSERVATOIRE NATIONAL DES ARTS ET MÉTIERS**.

ASILE (droit d'). Les églises, les couvents et les demeures de certains hauts personnages bénéficiaient au Moyen Age d'un privilège d'inviolabilité établi par l'usage. Ce droit, contesté par les rois et même par la papauté, était presque tombé en désuétude en 1789 et ne subsistait plus guère que pour l'hôtel du grand prieur de Malte, nommé le Temple, où aucun criminel ne pouvait être arrêté, même sur l'ordre du roi. Au nom de l'égalité civile, ce droit fut supprimé par la Constituante.

ASSEMBLÉE DES ÉLECTEURS PARISIENS. La ville de Paris avait un mode d'élection spécial pour ses représentants aux états généraux. L'assemblée des électeurs parisiens comptait environ 350 membres. Ses délibérations furent très laborieuses et durèrent plus d'un mois. Le dernier élu, Sieyès, n'arriva aux états généraux que quinze jours après l'ouverture des états.

ASSEMBLÉE DES NOTABLES. Conscient de la crise financière à laquelle l'État se trouve confronté, le contrôleur général des finances Calonne propose des réformes fondamentales dont l'élément essentiel est un impôt sur la terre frappant indifféremment tous ceux qui la possèdent et la cultivent, y compris la noblesse et le clergé jusqu'alors exempts, les autres éléments étant la création d'assemblées provinciales, la transformation de la corvée royale en impôt en argent, le remboursement de ses dettes par le clergé grâce à la vente des droits féodaux qu'il détient. Ces réformes impliquaient la suppression des assemblées du clergé et des états provinciaux, qui y sont a priori hostiles, de même que les parlements solidaires des autres privilégiés. Calonne a donc recours à un expédient qui n'avait pas été utilisé par la monarchie depuis près de deux siècles, la réunion d'une assemblée de notables désignés par le roi, à qui l'on demandera d'avaliser ce train de réformes. Louis XVI dresse une liste de 144 notables : sept princes du sang, trente-six ducs, pairs, maréchaux de France, des prélats, des officiers issus des cours souveraines, des représentants des états provinciaux, des maires de grandes villes. L'assemblée des notables se tient du 22 février au 25 mai 1787, à Versailles. Entièrement composée de privilégiés à qui l'on demande de renoncer à leurs avantages, l'assemblée rejette toutes les propositions de Calonne qui décide alors d'en appeler à l'opinion publique en faisant imprimer et diffuser son projet, le 31 mars 1787. Les notables obtiennent du roi le renvoi de Calonne, le 7 avril et son remplacement par Loménie de Brienne. Ce dernier négocie avec l'assemblée et les parlements, obtient d'eux un emprunt de 67 millions qui permet d'éviter une banqueroute. Avant d'être renvoyés, les notables réclament, par la voix de La Fayette, la convocation des états généraux, qu'ils espèrent bien utiliser pour s'assurer le contrôle de la monarchie. Une seconde assemblée des notables est convoquée en novembre-décembre 1788 pour évoquer la question du doublement des députés du tiers état afin de rendre sa représentation égale à celle des deux autres ordres réunis. Comme le parlement de Paris, l'assemblée des notables est d'avis qu'il y a lieu de procéder de la même façon que lors des précédents états généraux, en 1614. Le vote ayant eu lieu par ordre, le nombre de députés de chaque ordre est considéré comme dépourvu de signification.

ASSEMBLÉE CONSTITUANTE, voir **ASSEMBLÉE NATIONALE CONSTITUANTE.**

ASSEMBLÉE DU CLERGÉ. Composée d'évêques et de prêtres élus par les provinces ecclésiastiques du royaume, l'assemblée du clergé est convoquée par le roi en mai 1788, à la demande de Brienne qui pense qu'elle va voter selon ses vœux un important « don gratuit », c'est-à-dire une contribution financière volontaire aux finances royales, et entériner le programme de réformes. Il n'en est rien : le clergé refuse le don gratuit et condamne les réformes en invoquant les franchises et privilèges « reconnus par les lois fondamentales de la monarchie ». Ce refus contraint Brienne à demander la convocation des états généraux.

ASSEMBLÉE LÉGISLATIVE. Le 1er octobre 1791, l'Assemblée législative succède à l'Assemblée nationale constituante. Elle va siéger moins d'un an. Forte de 745 députés, tous novices, les Constituants s'étant volontairement interdit toute rééligibilité, elle est divisée en plusieurs courants. Sur la droite, on trouve les « constitutionnels » ou Feuillants, issus d'une scission des Jacobins, au nombre d'environ 250, avec des orateurs comme Mathieu Dumas, Girardin, Jaucourt, dont les chefs ne font pas partie de l'Assemblée et se nomment La Fayette, Barnave. Au centre, quelque 350 députés sont attachés à la Constitution et aux principes révolutionnaires. Parmi eux des hommes comme Bigot de Préameneu, Lacépède ou Pastoret, mais aucun meneur. A gauche de l'Assemblée siègent environ 150 députés liés au club des Jacobins, d'où vont sortir les futurs Girondins Brissot, Condorcet, Guadet, Isnard, Vergniaud et les futurs Montagnards Carnot, Lindet... Il existe enfin un petit groupe à l'extrême-gauche avec Basire, Chabot, Couthon, Merlin de Thionville. Nettement plus à gauche que la Constituante, la Législative est affaiblie par deux éléments : ses députés sont inexpérimentés, ses chefs et ses centres de décision se situent à l'extérieur. L'utilisation du véto royal contre les décrets de l'Assemblée visant les émigrés et les prêtres réfractaires, la guerre et les premiers revers vont relancer le processus de journées insurrectionnelles pour forcer la main à Louis XVI. Une première manifestation contre les Tuileries se révèle un échec, le roi ayant bu le verre de vin de l'humiliation jusqu'à la lie et coiffé le bonnet phrygien sans céder et sans signer les décrets litigieux. Paralysée, l'Assemblée proclame « la patrie en danger », le 11 juillet 1792. La solution de la crise vient d'une nouvelle « journée ». Le 10 août 1792, les Tuileries sont prises par les fédérés venus de province et par les habituels émeutiers sectionnaires de Paris. Le roi se réfugie à l'Assemblée qui le déclare « suspendu » et le livre deux jours plus tard à la Commune insurrectionnelle. Sous la pression de cette Commune, elle adopte une série de mesures extraordinaires : création d'un tribunal spécial, séquestre des biens des émigrés, déportations des prêtres réfractaires. Totalement dépassés par les événements, les députés, du moins ceux qui continuent à siéger, environ 300, tous de gauche, déclarent leur mission terminée et invitent le peuple à élire, les 26 août et 2 septembre, une nouvelle assemblée constituante nommée, à l'imitation des États-Unis, Convention. L'Assemblée législative se sépare le 20 septembre 1792, jour de la bataille de Valmy. La Convention se réunit pour la première fois le lendemain.

ASSEMBLÉE NATIONALE, voir **ASSEMBLÉE NATIONALE CONSTITUANTE** et **ÉTATS GÉNÉRAUX.**

ASSEMBLÉE NATIONALE CONSTITUANTE. Réunis le 5 mai 1789, les états généraux s'érigent en Assemblée nationale le 17 juin et en Assemblée nationale constituante le 7 juillet 1789. En deux mois, le tiers état s'est emparé du pouvoir législatif et s'est arrogé le droit de rédiger une constitution, se mettant ainsi en position de définir et de restreindre les pouvoirs du roi. L'insurrection parisienne des 13-14 juillet effraie le roi et le dissuade vraisemblablement de dissoudre par la force armée cette Assemblée devenue si puissante. La « Grande Peur » du début de l'été vient opportunément aider à l'abolition des droits féodaux dans la nuit du 4 août. Le 27 août est voté le préambule de la Constitution, la Déclaration des droits de l'homme et du citoyen, comportant l'égalité devant la loi, la liberté d'expression et l'inviolabilité de la propriété notamment. Les journées des 5 et 6 octobre contraignent le roi à ratifier les décrets d'août et l'obligent à s'installer à Paris, à proximité immédiate des foules manipulées qui vont lui dicter ses actes. Établie à proximité du palais des Tuileries, dans la salle du Manège, après un bref séjour à l'archevêché, l'Assemblée n'est pas divisée en partis au sens moderne du terme. On distingue cependant grossièrement les « aristocrates » ou partisans de l'ordre ancien qui siègent à la droite du président de séance, et les « patriotes » qui siègent à sa gauche. Ces « patriotes » se scindent très vite en « modérés » ou monarchiens qui souhaitent une monarchie constitutionnelle à l'anglaise avec deux chambres, une Chambre haute comme celle des lords devant contrebalancer les possibles outrances des communes, et en « avancés » ou « constitutionnels » qui veulent une chambre unique. Les principaux orateurs sont Cazalès et l'abbé Maury à droite, Clermont-Tonnerre, Malouet, Mounier au centre droit, Bailly, La Fayette, Mirabeau, Sieyès au centre, le « triumvirat » de Barnave, Duport et Lameth au centre gauche, et à l'extrême gauche, Buzot, Pétion et Robespierre, alors peu connus et guère écoutés. Dès le 10 septembre 1789, l'Assemblée adopte le principe d'une chambre unique. Le lendemain, elle vote un veto suspensif au roi. Redoutant l'influence de Mirabeau, les députés adoptent une motion excluant les membres de la Constituante des postes ministériels afin de lui barrer la route du pouvoir exécutif, le 7 novembre 1789. Aux prises avec la très grave crise financière qui avait motivé la convocation des états généraux, les députés croient avoir trouvé la solution dans la confiscation des biens de l'Église catholique, leur transformation en propriété de la nation, en biens nationaux, et dans leur vente à l'encan. Décidée le 2 novembre, cette confiscation entre en vigueur avec les décrets des 17 mars et 17 avril 1790. Pour obtenir des ressources financières immédiates, les constituants décident la création d'assignats, bons du trésor portant un intérêt de 5 % et pouvant servir de moyen de paiement lors de l'achat de biens nationaux. Soucieux de remplacer la naissance par le mérite et la richesse qui en est issue, les députés abolissent les privilèges, les corporations, les ententes et les associations professionnelles avec la loi Le Chapelier. L'œuvre de la Constituante est immense et variée. Elle concerne aussi bien le redécoupage administratif du pays en départements qu'une réorganisation de la justice et de ses règles, qu'une transformation du clergé avec la Constitution civile du clergé. Après la fuite à Varennes et la fusillade du Champ-de-Mars, le 17 juillet 1791, les députés prennent peur en constatant qu'ils sont débordés par la rue. Par crainte de l'extrême gauche, les triumvirs se rapprochent tardivement du centre et proposent une révision de la Constitution de 1791, tendant à la création d'une deuxième chambre, à l'accroissement du cens électoral et au renforcement des pouvoirs du roi. Mais ils se heurtent à la méfiance de la droite et échouent. Les constituants se séparent le 30 septembre 1791. Ils ne peuvent être réélus à la future Assemblée législative, ayant d'eux-mêmes décidé de s'en exclure : « Il ne nous restait qu'une grande faute à faire et nous n'y manquâmes pas », avoue Malouet.

ASSEMBLÉES COLONIALES, voir **COLONIES.**

ASSEMBLÉES DE DÉPARTEMENT. Ces assemblées furent créées par la Constituante en 1790 pour administrer les départements. Elles comptaient 36 membres et se divisaient en un Conseil et un Directoire de 8 membres qui exerçait le pouvoir exécutif. Ces assemblées étaient élues pour quatre ans par les électeurs des assemblées primaires ou cantonales et étaient renouvelables par moitié tous les deux ans.

ASSEMBLÉES PRIMAIRES. Le règlement royal du 24 janvier 1789 pour les élections aux états généraux stipule pour le tiers état que sont électeurs tous les hommes « nés Français ou naturalisés, âgés de vingt-cinq ans, domiciliés et compris au rôle des contributions ». Ces électeurs forment une assemblée primaire qui choisit des députés électeurs qui se rendent au chef-lieu du bailliage ou de la sénéchaussée pour élire les représentants du tiers état aux états généraux.

ASSEMBLÉES PROVINCIALES. C'est Turgot qui conçoit avec Dupont de Nemours l'idée d'une représentation régionale nouvelle, mais il est renvoyé avant d'avoir pu présenter son projet. C'est Necker qui crée en 1778 et 1779 les premières assemblées provinciales en Berry et en haute Guyenne. Le roi choisit un certain nombre de personnalités qui en cooptent d'autres, les élus du tiers état étant aussi nombreux que ceux du clergé et de la noblesse réunis. Necker espère réduire grâce à ces assemblées le pouvoir des intendants et des parlements, mais limite au départ leur compétence à la levée de taxes et aux travaux d'intérêt général. Au vu de résultats satisfaisants, Calonne présente un plan de Dupont de Nemours à l'assemblée des notables de février 1787 prévoyant une hiérarchie de conseils allant de la paroisse à l'assemblée provinciale, où le droit de vote serait fonction d'un certain revenu et où les distinctions d'ordre sont supprimées. Ces assemblées doivent avoir dans leurs attributions une nouvelle taxe foncière devant se substituer aux « vingtièmes », administrer l'assistance publique, les travaux publics. L'assemblée des notables admet le principe des assemblées provinciales mais demande le maintien de la distinction des ordres et davantage de pouvoirs pour atteindre une auto-administration provinciale sous le contrôle des intendants. Établies en juin 1787, ces assemblées provinciales comptent une moitié d'élus du tiers état, un quart d'élus de la noblesse, un quart d'élus du clergé, le vote se faisant par tête et non par ordre. Des conditions de cens limitent le corps électoral à ceux qui paient plus de 10 livres d'impôt pour les assemblées de paroisses, à ceux qui en paient 30 et plus pour les assemblées de district. Le roi nomme la moitié des membres de l'assemblée provinciale qui cooptent les autres membres, ce qui enlève toute représentativité élective à ces représentants. L'imminence de la convocation des états généraux fait que Necker les suspend en 1788, après un an d'existence. La Révolution fait rapidement oublier cette tentative de représentation provinciale.

ASSEMBLÉES SECONDAIRES. Les assemblées secondaires sont constituées par les députés électeurs choisis par les assemblées primaires. Elles élisent les députés du tiers état aux états généraux.

ASSIGNATS. Une fois décidée la vente des biens du clergé au profit de la nation, la Constituante vote l'émission de 400 millions d'assignats, c'est-à-dire de « billets assignés sur les biens du clergé ». Cette somme est destinée à une caisse nouvellement créée pour rembourser les dettes de l'État, la Caisse de l'extraordinaire. Cette première émission de 400 millions est composée exclusivement de billets de 1 000 livres portant intérêt à 5 %. L'assignat n'est donc à la fin de 1789 qu'une valeur mobilière gagée sur les biens immobiliers enlevés à l'Église. Les 14-20 avril 1790, les constituants transforment les biens du clergé jusqu'alors sous séquestre en biens nationaux, dont la vente (on les estime à plus de 3 milliards de livres) doit permettre le remboursement de la dette publique et le comblement du déficit prévu dans le budget de 1790. Le taux d'intérêt de l'assignat est réduit de 5 % à 3 % et une nouvelle émission de 800 millions décidée pour le 29 septembre 1790, comportant cette fois-ci des coupures de 1 000, 300 et 200 livres. A peu près complètement ignorant des questions financières, ce parlement d'avocats ignore superbement les avertissements inquiets de Maury et Talleyrand. En effet, cette injection brutale de 1 200 millions de livres dans un pays dont le stock de monnaie métallique est de 2 200 millions provoque un mouvement inflationniste et une dépréciation rapide de l'assignat, la monnaie métal étant thésaurisée selon le vieil adage : « La mauvaise monnaie chasse la bonne. » Dès le 27 septembre 1790, l'Assemblée est contrainte de décréter le cours forcé de l'assignat, puis d'émettre des coupures de plus en plus petites : 50 livres le 8 octobre 1790, 5 livres le 6 mai 1791, 10 sous le 4 janvier 1792. La colossale déperdition de valeur de l'assignat se juge par sa perte de valeur par rapport au métal. Elle est de 10 % en avril 1790 – c'est-à-dire qu'un assignat de 1 000 livres ne peut être échangé que contre 900 livres de monnaie métallique –, de 18 % en octobre 1791, de 28 % en novembre 1792, de 48 % en décembre 1793, de 76% en novembre 1794, de 92 % en mars 1795 : à cette dernière date, contre un assignat de 1 000 livres, on n'obtient plus que 80 livres de monnaie en métal ! Les émissions sont en rapport avec cette énorme dépréciation : il y a 1 630 millions d'assignats en juin 1791, 4 000 millions en octobre 1792, 9 000 millions en septembre 1793, 14 000 millions, 14 milliards en février suivant. Le 7 janvier 1795, la Convention décide l'émission de 30 milliards d'un seul coup, triplant ainsi la masse monétaire, désorganisant complètement l'économie avec l'inflation monstrueuse qui s'ensuit. Le 19 février 1796, la planche à billets est solennellement détruite et l'assignat échangé à partir de mars contre un nouveau billet, le mandat territorial, à raison d'un mandat contre 30 assignats. Moins d'un an plus tard, en février 1797, le mandat ne vaut plus officiellement que 1 % de sa valeur monétaire initiale. Aussi le Directoire procède-t-il à sa démonétisation pour revenir à la monnaie métallique. Comme on ne dispose plus alors que de 300 millions de livres en métal, la déflation est très brutale et l'effondrement des prix impressionnant, mais la situation monétaire est à peu près assainie. Voir le tableau p. 544.

ASSISTANCE PUBLIQUE. A la veille de la Révolution, les secours

◀ **COURS DES ASSIGNATS DEPUIS LEUR CRÉATION JUSQU'AU 1er GERMINAL AN IV***

100 livres assignats donnent en numéraire :

1789	
Août	98
Décembre	95
1790	
Janvier	96
Mars	94
Juin-Juillet	85
Août	92
Septembre-octobre	91
Novembre	90
Décembre	92
1791	
Janvier-février	91
Avril	89
Mai-juin	85
Juillet	87
Août	79
Septembre	82
Octobre	84
Novembre	82
Décembre	77
1792	
Janvier	72
Février	61
Mars	59
Avril	68
Juin	57
1792 (suite)	
Septembre	72
Novembre	73
Décembre	72
1793	
Janvier	51
Avril	43
Mai	52
Juin	36
Juillet	23
Août	22
Octobre	28
Novembre	33
Décembre	48
1794	
Janvier	40
Mars-avril	36
Juin	30
Juillet	34
Août	31
Septembre-octobre	28
Novembre	24
Décembre	20
1795	
Janvier	18
Février	17
Mars	14

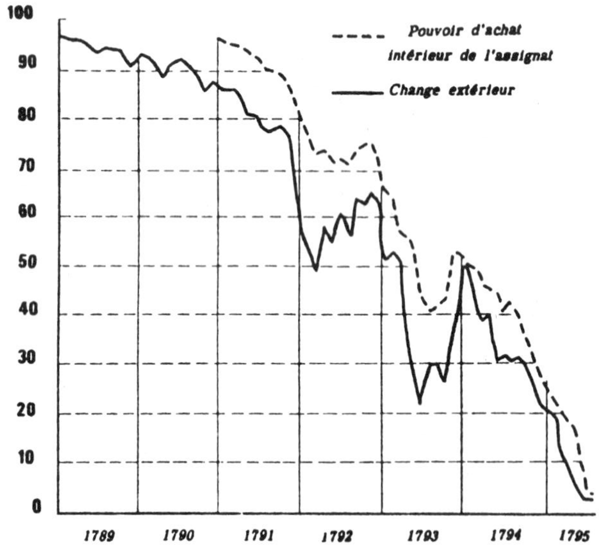

* D'après Pierre Caron (tableau de dépréciation du papier-monnaie, Paris 1909).

aux pauvres et aux indigents sont distribués par l'Église qui assure le fonctionnement des hôpitaux, hospices, asiles, orphelinats. Privée de ses biens par la Constituante et désormais incapable d'assurer financièrement la prise en charge de l'assistance, l'Église est remplacée par l'État, l'Assemblée proclamant que l'assistance publique est « un des devoirs les plus sacrés de la nation ». Mais, faute de moyens financiers, la plupart des établissements de soins et de secours périclitent rapidement, les grands principes n'ayant jamais guéri les maladies ni rempli les ventres creux. C'est la Convention qui tente de reprendre cette question en créant un comité des secours publics et en décidant que les pauvres seraient pris en charge par l'État. On en profite pour interdire l'aumône, le 19 mars 1794, et la mendicité, le 15 octobre suivant. Une loi du 28 juin 1793 organise sur le papier l'assistance aux filles mères et aux enfants trouvés, prévoyant une maternité par district et des hospices nationaux pour les enfants. La loi du 11 mai 1794 ouvre un grand livre de la Bienfaisance nationale, prévoyant des secours pour les vieux travailleurs, les infirmes, les blessés, les veuves et les orphelins de la guerre, bref une sorte de Sécurité sociale, mais tout cela reste sur le papier faute de moyens financiers. Une nouvelle loi, celle du 11 juillet 1794, nationalise l'assistance et dépouille les hôpitaux de leur patrimoine, leur enlevant toute ressource et obligeant la plupart à fermer, d'autant que le personnel hospitalier religieux est l'objet de persécutions. Le 8 avril 1795, la Convention décrète la suppression de toutes les sociétés privées s'occupant d'assistance. Devant une situation proprement apocalyptique pour les indigents et les malades sans ressources, la Convention doit faire marche arrière, renoncer à la mise en vente des biens des hôpitaux en août 1795 et décider que l'assistance relèvera désormais de la bienfaisance privée, un reniement qui ressemble beaucoup à un abandon à leur sort des plus déshérités. S'il invoque beaucoup moins les principes révolutionnaires, le Directoire se soucie davantage du sort des indigents et prend des mesures pratiques : organisation d'hospices civils en octobre 1796, gérés par des commissions administratives nommées par les municipalités, bureaux de bienfaisance créés à partir de novembre 1796 et confiés aussi aux municipalités. Sous le Consulat et l'Empire, les sociétés philanthropiques privées sont fortement appuyées par les autorités administratives.

ASSURANCES. Apparues dès le XIVe siècle pour le commerce maritime, très répandues dans des nations comme l'Angleterre, les Pays-Bas ou l'Italie, les assurances ne furent introduites que tardivement en France. Les premières furent les assurances contre l'incendie en 1754, suivies par les assurances sur la vie en 1787, auxquelles le roi accorda un privilège de quinze ans, mais que la Convention supprima par un décret du 24 août 1793. Les assurances ne prirent vraiment leur essor en France qu'à partir de 1816 avec l'établissement de la Société mutuelle. Elles s'imposèrent définitivement avec les ordonnances royales de 1819.

ASTRONOMIE. Dirigé par les Cassini, l'Observatoire de Paris prit une part importante au développement de l'astronomie dans le monde au XVIIIe siècle. L'*Histoire de l'astronomie moderne* de Bailly eut un énorme retentissement en 1782. Les principaux astronomes de l'époque révolutionnaire, outre Bailly qui périt sur l'échafaud, furent Lalande, Méchain, Delambre, Lagrange et Laplace. Le Bureau des longitudes fut créé en 1795.

ATELIERS DE CHARITÉ. Pour utiliser les nombreux sans emploi qui erraient par les rues de Paris en 1789, la Constituante créa des ateliers de charité où étaient admis à travailler tous les hommes âgés de seize ans au moins, à condition qu'ils aient pu prouver leur état d'indigence par des attestations des propriétaires des maisons où ils habitaient. Bientôt, ces ateliers furent encombrés et les indigents des campagnes environnantes affluèrent à leur tour. L'entassement de ces populations autour des ateliers, notamment à Montmartre, inquiétait les populations locales, si bien qu'on dut installer des canons aux barrières proches de Montmartre. Coûtant 900 000 livres par mois et ne fournissant aucun travail réel, accroissant l'insécurité, ces ateliers de charité furent supprimés dès 1791. Une nouvelle expérience, tentée en 1848, fut aussi désastreuse.

ATHÉISME. Cette doctrine niant l'existence de Dieu n'était répandue à la veille de la Révolution que dans les milieux des philosophes où elle était très minoritaire, la plupart des penseurs de ce temps étant au moins déistes. Sous la Révolution, l'athéisme fut prêché dans les milieux populaires en 1793 et 1794 par Anacharsis Cloots, Chaumette, Hébert et plusieurs autres membres de la Commune de Paris. La fête du 10 août 1793 en l'honneur de la Constitution fut une occasion de manifester les idées athées et cela déplut profondément à Robespierre, qui fit condamner au printemps 1794 les partisans de l'athéisme, hébertistes ou enragés, les accusant d'être des agents de l'étranger payés pour déconsidérer la Révolution par leurs excès contre la religion. Déclarant que « l'athéisme est aristocratique », il fit voter par la Convention un décret dont l'article 1er reconnaissait l'existence de l'Être Suprême et l'immortalité de l'âme.

ATTRIBUTS DE LA ROYAUTÉ. Le sceptre, la couronne et le manteau royal constituaient les attributs de la royauté. Lors des séances royales, Louis XVI parut toujours sur son trône avec ses attributs. Il ne les portait cependant plus lors de la Fête de la Fédération, le 14 juillet 1790. Après la proclamation de la République, la Convention ordonna la destruction des attributs de la royauté.

ATTROUPEMENTS. L'agitation parisienne en 1789 déboucha sur plusieurs émeutes qui avaient pour origine des attroupements, c'est-à-dire des rassemblements de personnes qui s'excitaient les unes les autres et finissaient par provoquer des troubles. La loi martiale fut parfois appliquée contre ces attroupements, mais elle constituait un remède excessif. Aussi, après la sanglante affaire du Champ-de-Mars du 17 juillet 1791, sur rapport de Bailly, fut voté un décret sur la répression des émeutes et attroupements. Il y était notamment écrit : « Tout homme qui, dans un attroupement ou une émeute, aura fait entendre un cri de provocation au meurtre, sera puni de trois ans de la chaîne, si le meurtre ne s'est pas commis, et comme complice du crime, s'il y a lieu. »

AUBERT-DUBAYET (Jean-Baptiste Annibal) (Né à la Mobile, en Louisiane, le 19 avril 1757, mort à Constantinople, le 17 décembre 1797). Après avoir participé avec le grade de lieutenant à la guerre d'indépendance américaine, Aubert-Dubayet quitte l'armée et se retire en Dauphiné. Favorable aux idées révolutionnaires, il fonde à Grenoble la première société populaire de France. Député de l'Isère à la Législative, il y défend La Fayette et tente d'obtenir l'éloignement de Paris des fédérés en armes qui affluaient sur Paris et allaient être utilisés pour l'insurrection du 10 août. Retourné aux armées à la dissolution de l'assemblée, il sert à l'armée du Rhin, commande la garnison de Mayence jusqu'à sa capitulation, le 21 juillet 1793. Après s'être justifié devant la Convention, il est envoyé contre les Vendéens à la fin d'août. Mais, battu à Clisson, il est rappelé à Paris dès le 6 octobre et incarcéré à l'Abbaye. Libéré à la chute de Robespierre et retiré à Grenoble, il reprend sa carrière militaire à la demande de Kléber en janvier 1795 et se bat sous les murs de Mayence. Mis à la tête d'une éphémère armée destinée à une expédition aux Indes, puis à celle des côtes de Cherbourg, de mai à novembre 1795, il est nommé ministre de la Guerre le 3 novembre, puis ambassadeur à Constantinople, le 8 février 1796.

AUBIER (Emmanuel, baron d') (1749-1835). Gentilhomme ordinaire de la Maison du Roi, Emmanuel d'Aubier sert d'informateur au roi à partir de la fin mars 1791 et d'agent de liaison avec les députés du côté droit de l'Assemblée. Il remplit ces fonctions jusqu'au 10 août 1792, est présent auprès de Louis XVI durant cette journée et l'accompagne jusqu'au Temple avant d'émigrer. Il demande en vain un passeport à Dumouriez puis à Malesherbes pour assister au procès du roi. Devenu chambellan du roi de Prusse, il reprend ses fonctions à la cour de France à la Restauration.

AUBRY (François) (Né à Paris, le 12 décembre 1747, mort à Demerary, Guyane néerlandaise, le 17 juillet 1798). Ancien élève de l'École d'artillerie de La Fère, Aubry est colonel de la garde nationale de Nîmes en 1790 et maire de cette ville. Le Gard l'élit à la Convention. A peine arrivé à Paris, il est envoyé en mission sur les côtes de la Méditerranée, en Languedoc et en Roussillon. Lors du procès du roi, il vote pour l'appel au peuple, puis pour la mort avec sursis. Actif, ambitieux et intrigant au dire de Kuscinski, Aubry profite de ses compétences de militaire de carrière pour tenter de s'opposer à l'amalgame des volontaires avec les anciennes troupes, mais Dubois-Crancé fait triompher cette fusion. Nommé général de brigade le 15 mai 1793, il est affecté à l'armée des côtes de Cherbourg, d'où il envoie une protestation contre l'arrestation des Girondins. Cela lui vaut d'être arrêté le 3 octobre 1793. Libéré seulement en décembre 1794, il revient à la Convention. Membre du Comité de salut public, il affecte Bonaparte à l'armée de l'Ouest et, sur le refus de ce dernier, le fait rayer des cadres. On lui a aussi reproché d'avoir favorisé la promotion de ses amis et de s'être nommé général de division alors qu'il dirigeait le comité de la guerre. Député au Conseil des Cinq-Cents, il s'affirme très hostile aux Directeurs et favorable à la monarchie. Proscrit après le coup d'État du 18 fructidor, il est arrêté sur ordre d'Augereau, envoyé à Rochefort et embarqué pour la Guyane. Il s'évade de Sinnamary, le 3 juin 1798 avec sept autres déportés, mais meurt peu après.

AUDREIN (Yves Marie) (Né à Goarec, Côtes-du-Nord, le 14 octobre 1741, mort à Briec, Finistère, le 19 novembre 1800). Professeur au collège de Quimper puis préfet des études au collège Louis-le-Grand, Audrein ne cachait pas ses opinions « patriotes » et on l'aurait entendu déclarer : « Vive la Liberté, mes amis, au diable la cagoterie. » Lors de la mise en application de la Constitution civile du clergé, il fut nommé premier vicaire de l'évêque du Morbihan et peu après élu par ce département à la Législative. Il s'y montra un des plus violents à l'égard des prêtres réfractaires. Élu à la Convention, il vota pour l'appel au peuple, pour la mort et pour le sursis. Son amitié avec Grégoire ne fut sans doute pas étrangère à sa nomination comme évêque de Quimper, le 22 juillet 1798. Il ne manifesta aucun esprit de conciliation mais brava au contraire des populations favorables au clergé réfractaire et aux chouans. Il fut arrêté lors d'un de ses déplacements aux environs de Quimper par une bande de chouans, qui le fusillèrent. Le concile de 1801 fit célébrer une messe pour son âme à Notre-Dame mais personne ne prononça son oraison funèbre.

AUGEREAU (Charles Pierre François) (Né à Paris, le 21 octobre 1757, mort à La Houssaye [Seine-et-Marne], le 12 juin 1816). Fils d'un domestique et d'une fruitière, né rue Mouffetard, Augereau s'engage comme soldat en 1774, passe au service de la Prusse en 1777, puis à celui du roi de Naples en 1786. Revenu en France et engagé volontaire, il fait une rapide carrière dans les armées de la République. Capitaine de hussards en juin 1793, lieutenant-colonel et aide de camp du général Rossignol en Vendée en septembre suivant, il est général de division à l'armée des Pyrénées-Orientales, le 23 décembre de la même année et dirige toutes les opérations sur le front espagnol jusqu'à la paix en 1795. Envoyé à l'armée d'Italie en septembre 1795, il est à Montenotte, Millesimo, Lodi, Castiglione, Arcole. Bonaparte l'envoie à Paris en février 1797 présenter les drapeaux pris à l'ennemi. Nommé commandant de la 17ᵉ division militaire à Paris, le 17 août 1797, il est chargé de l'exécution du coup d'État du 18 fructidor an V. Mais ses espoirs d'être nommé Directeur sont déçus et on l'envoie commander en septembre les armées de Sambre-et-Meuse et de Rhin-et-Moselle, puis celle d'Allemagne en octobre, enfin celle du Rhin en décembre 1797 avant la dissolution de cette dernière en février 1798. Les royalistes, conscients de sa déception, tentent en vain de l'attirer dans leur camp et, quand la Haute-Garonne l'élit au Conseil des Cinq-Cents en avril 1799, il siège à la gauche républicaine. Opposé au 18 brumaire, il se rallie cependant à Bonaparte et obtient le commandement de l'armée française en Batavie en décembre 1799. Maréchal d'Empire, le 19 mai 1804, duc de Castiglione en 1808, il fait la campagne d'Austerlitz, est à Iéna, à Eylau où il est blessé, en Espagne, à Leipzig en 1813. Rallié à Louis XVIII, il est rayé de la liste des maréchaux au retour de l'île d'Elbe mais participe cependant au Champ de Mai. Soldat courageux mais dépourvu de caractère, Augereau a bâti une belle fortune sur ses pillages durant les guerres.

AUGUIS (Pierre Jean-Baptiste) (Né à Melle, Deux-Sèvres, le 19 octobre 1747, mort à Melle, le 17 février 1810). Président du tribunal du district de Melle en 1791, Auguis siège comme élu des Deux-Sèvres à la Législative et à la Convention. Très effacé, « un homme nul, sans discernement et sans acquit » selon un rapport de police, il siège dans le Marais, vote pour le sursis et la détention lors du procès du roi. On l'envoie avec Carra dans son département d'origine et en Vendée en mars 1793 pour surveiller la levée des 300 000 hommes. Jusqu'en juillet, ils se débattent dans d'insurmontables difficultés au milieu d'un pays insurgé. Dans ses *Mémoires*, Mercier du Rocher leur reproche d'avoir encore accru la panique et le désordre dans les rangs républicains. Resté dans l'obscurité jusque après le 9 thermidor, Auguis est envoyé en août 1794 avec Serres épurer les administrations des Bouches-du-Rhône et de l'Ardèche. La libération de centaines de prisonniers suscite une insurrection des Jacobins de Marseille qu'il faut réprimer avec des troupes venues de Toulon. Membre du Comité de sûreté générale à son retour, Auguis joue un rôle important dans la répression de l'émeute du 1er prairial an III (21 mai 1795) en chargeant à la tête du bataillon de la section Le Peletier les insurgés qui avaient envahi la Convention. Envoyé à l'armée des Pyrénées occidentales, il y arrive au moment où la paix se conclut. Membre du Conseil des Cinq-Cents puis de celui des Anciens, il approuve le coup d'État de brumaire et siège au Corps législatif jusqu'à sa mort.

AUMÔNIERS. Les aumôniers étaient des ecclésiastiques attachés à la personne du roi, de la reine, des princes et des princesses, chargés de distribuer en leur nom des aumônes aux pauvres et de célébrer pour eux des offices religieux. Il y avait à la cour, en 1789, un premier aumônier, Roquelaure, évêque de Senlis, un aumônier ordinaire, un maître de l'oratoire, un confesseur, huit aumôniers par quartier, un chapelain ordinaire et huit chapelains par quartier. Le grand aumônier nommait des aumôniers aux armées et s'intitulait évêque des armées. La grande aumônerie fut supprimée en 1790, son dernier titulaire étant l'évêque de Metz, Montmorency-Laval. Elle fut rétablie par Napoléon pour son oncle, le cardinal Fesch.

AUTEL DE LA PATRIE. Témoignage de ferveur patriotique, l'autel de la patrie se présentait comme une construction pyramidale, couverte de drapeaux, de feuillages et de cartouches portant des slogans patriotiques. Le premier autel de la patrie fut édifié par Cadet de Vaux sur sa propriété de Franconie-la-Garenne. Le 14 juillet, à l'occasion de la Fête de la Fédération, fut élevé au Champ-de-Mars un autel gigantesque sur lequel se tenait le clergé devant officier, dirigé par Talleyrand. La Fayette y prononça le serment à la Constitution. Un décret du 6 juillet 1792 de la Législative prescrivit la construction d'un autel de la patrie dans chaque commune, portant l'inscription : « Le citoyen naît, vit et meurt pour la patrie. »

AUTEURS. C'est la Constituante qui vota en 1791 les premiers textes protégeant les droits des auteurs. Ils stipulaient qu'on ne pouvait représenter les pièces de théâtre et éditer les livres sans l'accord formel de leurs auteurs. Les héritiers des auteurs étaient propriétaires de leurs ouvrages cinq années durant après leur décès. Le Directoire porta la durée des droits des héritiers d'auteurs dramatiques à dix ans. Elle est aujourd'hui de cinquante ans. Une Société des auteurs dramatiques fut créée en février 1792 pour défendre les droits de ces auteurs. Elle existe toujours.

AUTICHAMP (Charles Marie Auguste Joseph de Beaumont, comte d') (Né à Angers, le 8 août 1770, mort à La Rochefatou, Deux-Sèvres, le 6 octobre 1859). Capitaine au régiment de Condé en 1789, Autichamp émigre puis revient en France et se fait admettre dans la garde constitutionnelle du roi. Quoique cette dernière ait été licenciée, le 5 juin 1792, il continue son service et échappe de justesse au massacre le 10 août. Réfugié en Anjou chez son cousin et beau-frère, Bonchamps, il devient un des chefs de l'insurrection vendéenne, participe au siège de Nantes en juin 1793, remporte la bataille de Chantonnay, le 5 septembre, repousse Turreau aux Ponts-de-Cé, le 12 septembre. Après les défaites de Cholet et de Beaupréau, il s'empare du passage de la Loire à Varades et permet aux Vendéens de franchir la Loire et de prendre Ancenis. Après la mort de Bonchamps, il commande une des colonnes qui tentent en vain de prendre Granville, le 14 octobre. Capturé au Mans, il n'est pas exécuté. Libéré après la pacification de Saint-Florent, il reprend les armes avec Stofflet. Ce dernier fusillé, il devient le chef des débris de l'armée royaliste de l'Anjou et du haut Poitou et, conscient de la faiblesse et de la désorganisation de ses troupes, négocie avec Hoche en mai 1796. La paix revenue, il vit quelque temps à Paris puis doit se cacher, car tombant sous le coup de la loi des otages. Quoique favorable à la paix lors des discussions de La Jonchère, il reprend la guerre en 1799, échoue devant Cholet et est battu aux Aubiers. Autichamp fait sa soumission le 18 janvier 1800 et vit dans la retraite jusqu'à la chute de l'Empire. Durant les Cent-Jours, il lève une petite armée de Vendéens et prend Cholet sans combat, mais est vaincu à la Roche-Servière, les 19 et 20 juin 1815. Fait pair de France et inspecteur général de l'infanterie par Louis XVIII, il prend sa retraite à l'avènement de Louis-Philippe et favorise l'aventure de la duchesse de Berry en 1832, ce qui l'oblige à s'exiler durant sept ans. Homme courageux mais pondéré, Autichamp fut un des rares survivants de la Vendée militaire.

AUTRICHE. Après la mort de Joseph II, en 1790, son frère cadet, Léopold II, trouve une situation critique. Frère de la reine Marie-Antoinette, il signe avec le roi de Prusse la déclaration de Pillnitz, le 27 août 1791, mais engage en même temps l'électeur de Trèves à disperser les rassemblements d'émigrés en armes sur son territoire. Sa mort précipite les événements, car son successeur, François II, marque tout de suite son hostilité à la Révolution en demandant dès son avènement, en mars 1792, le rétablissement de la monarchie française sur les bases de la déclaration de Louis XVI du 23 juin 1789. La Législative déclare alors la guerre à l'empereur, le 20 avril 1792. Le Habsbourg régnant à Vienne est, en effet, empereur du Saint Empire romain germanique. Ses domaines s'étendent au sud-est de cet empire et sont très minoritairement germaniques, pour l'Autriche seulement car l'archiduc d'Autriche est roi de Bohême et de Hongrie. A partir de leurs possessions des Pays-Bas (l'actuelle Belgique), les Autrichiens envahissent le nord de la France, sont ensuite refoulés et chassés sur la rive droite du Rhin. Cet engagement autrichien à l'Ouest met l'Autriche en situation difficile à l'Est. Exclue du partage de la Pologne de 1793, elle parvient toutefois à obtenir sa part dans le troisième et dernier partage de 1795 qui marque la disparition pour plus d'un siècle de l'État polonais. Abandonnée par la Prusse qui a signé la paix à Bâle en 1795, l'Autriche subit tout le poids de la guerre sur le Rhin et en Italie. Elle signe la paix à Campo-Formio en octobre 1797, mais adhère bien vite à la deuxième coalition suscitée par la Russie à la fin de 1798. Battue en Allemagne à Hohenlinden, en Italie à Marengo, elle doit à nouveau signer la paix à Lunéville, en février 1801.

AUTRICHIEN (comité), voir **COMITÉ AUTRICHIEN**.

AUTRICHIENNE (l'). Dès que fut décidé le mariage du dauphin, futur Louis XVI, avec Marie-Antoinette, fille de Marie-Thérèse d'Autriche, se forma à la cour de Versailles un parti hostile à cette union considérée comme contraire aux intérêts diplomatiques de la France. Lorsque Marie-Antoinette arriva à Versailles, en 1770, Madame Adélaïde, fille de Louis XV, l'affubla du surnom de « l'Autrichienne ». Ce surnom lui resta et fut utilisé lorsque la guerre fut déclarée à l'Autriche pour faire passer la reine pour un agent de son pays natal.

AVARAY (Antoine Louis François de Bésiade, comte puis duc d') (Né le 8 janvier 1759, mort à Madère le 4 juin 1811). Maître de la garde-robe de Monsieur, Avaray organise sa fuite en juin 1791. Il est, à Coblence, le capitaine de ses gardes et devient le favori du futur Louis XVIII, « celui dont le crédit l'emporte sur tous les crédits, celui enfin qui réunit toute l'influence sans en avoir les fonctions », écrit le duc de Sérent. Rédacteur de la déclaration de Vérone, il finit par faire rompre au roi sa liaison avec Mme de Balbi afin de devenir l'unique confident de ce dernier. Créé duc par Louis XVIII en 1799, il l'accompagne à Mittau, à Varsovie puis en Angleterre, est le maître de la politique du roi en exil. Puisaye ayant accusé d'Avaray d'avoir tenté de le faire assassiner, Louis XVIII prend vivement sa défense, parlant de d'Avaray comme de « l'homme qui, par vingt années des plus signalés services, possède la plénitude de ma confiance ». Sa tuberculose s'aggravant sous le climat anglais, d'Avaray part en août 1810 rétablir sa santé à Madère et meurt moins d'un an plus tard. Le roi rédige lui-même son épitaphe.

AVEUGLES. La première organisation qui s'occupait des aveugles, œuvre de la Société philanthropique, comptait douze élèves et était installée à Paris, au 18 de la rue Notre-Dame-des-Victoires. Dirigée à partir de 1786 par Valentin Haüy, qui avait inventé un procédé typographique en relief pour apprendre à lire aux jeunes aveugles, elle fut transformée par un décret du 28 septembre 1791 de la Constitution en Institut national des jeunes aveugles et installée dans le couvent désaffecté des célestins. Dépourvu de moyens financiers, l'Institut – devenu des « Aveugles-Travailleurs » – eut beaucoup de peine à se maintenir. En 1795, la Convention accorda une subvention, mais transforma l'établissement en ateliers. Sous le Directoire, cet Institut fut annexé aux aveugles des Quinze-Vingts.

AVIGNON (annexion d'). Depuis le XIVe siècle possession des papes, enclave dans le royaume de France, Avignon et le comtat Venaissin étaient à la veille de la Révolution administrés par un vice-légat du pape. Il y avait une sourde hostilité entre l'administration pontificale et une bourgeoisie commerçante de fabricants en soieries qui revendiquaient une place plus importante dans l'administration de la ville et du Comtat. La Révolution française fut une incitation pour eux à s'emparer du pouvoir. En mars 1790, ils étaient les maîtres à Avignon et revendiquaient les mêmes droits que ceux qui avaient été acquis dans le royaume. Sur le refus du pape, ils votèrent, le 12 juin 1790, la réunion d'Avignon à la France. Dans les campagnes du Comtat, une partie des populations souhaitait maintenir des liens avec Rome. Une petite guerre civile s'engagea, mais, grâce au soutien des militants révolutionnaires de la Drôme et des Bouches-du-Rhône voisines, les partisans de la Révolution finirent par triompher. Après de longues discussions, la Constituante finit par décider l'annexion après un plébiscite où 102 000 des 150 000 votants optèrent pour la France. Annexés le 12 septembre 1791, le comtat Venaissin et Avignon furent le lieu d'une sanglante vengeance des révolutionnaires triomphants qui massacrèrent, dans la nuit du 16 au 17 octobre 1791, plus de 60 partisans du pape détenus dans la prison de la Glacière. Le pape Pie VI protesta en vain, le 3 mars 1792, déniant aux peuples le « droit de renverser les empires ». En été 1793, regrettant amèrement leur intégration à un État devenu terroriste, les Avignonnais rejoignirent la révolte fédéraliste inspirée par la Gironde. Vaincus, ils eurent droit à un tribunal révolutionnaire spécial qui envoya à la guillotine, de juin à août 1794, 332 « contre-révolutionnaires ».

AVOCATS. Les avocats constituaient la très grande majorité des élus du tiers état aux états généraux et une forte proportion des députés des assemblées successives de la Révolution. Le 2 septembre 1790, au nom de l'égalité, la Constituante supprima l'ordre des avocats et interdit le port d'un costume distinctif par ces derniers. Il n'y eut plus que des « défenseurs officieux ». Pour limiter les abus, la loi du 12 mars 1804 exigea la licence en droit pour plaider devant les tribunaux. Le costume des avocats fut remis en usage et l'ordre rétabli par décret du 14 décembre 1810.

AVOUÉS. Les avoués représentent les plaideurs devant la justice mais laissent les plaidoiries aux avocats. Ils portaient sous l'Ancien Régime le nom de procureurs. Les décrets des 29 janvier et 20 mars 1791 les supprimèrent. Ils furent rétablis par la loi du 27 ventôse an VIII (18 mars 1800).

B

BABEUF (François Noël, dit Gracchus) (Né à Saint-Quentin, le 23 novembre 1760, guillotiné à Vendôme, le 27 mai 1797). Clerc chez un commissaire à terrier, domestique, puis commissaire à terrier lui-même à Roye, Babeuf imagine un vaste plan de réforme fiscale qu'il présente en vain aux autorités en 1787 et qu'il publie en le modifiant après la chute de la Bastille sous le titre de *Cadastre perpétuel*. Il contribue à la rédaction du cahier de doléances du bailliage de Roye, est arrêté en 1790 pour avoir fait circuler une pétition demandant l'abolition de la plupart des taxes et impôts et libéré grâce à Marat. Après plusieurs tentatives pour se faire élire à diverses fonctions dans la Somme, il entre au conseil général de ce département en septembre 1792. Aussitôt en conflit avec ses collègues, compromis dans une affaire de faux en écriture, condamné par contumace à vingt ans de fers, il vient se cacher à Paris. Sylvain Maréchal lui trouve un emploi de secrétaire à la commission des subsistances de la ville de Paris. Découvert par les autorités de la Somme et arrêté, il obtient l'annulation de la procédure engagée contre lui grâce à Thibaudeau. Libéré après le 9 thermidor, il est employé par le conventionnel Guffroy comme homme de paille et directeur d'un *Journal de la liberté de la presse*, mais rompt rapidement avec lui, est arrêté pour un article contre Tallien et incarcéré sept mois à Arras. A peine libéré, il reprend son activité journalistique et décide en même temps de passer à l'action en octobre 1795. Le 29 mars 1796 est constitué un « directoire secret de salut public » réunissant Babeuf, Antonelle, Félix Le Pelletier et Sylvain Maréchal, qui entreprend de « révolutionniser le peuple » avec des tracts et des placards. Inquiet, le Directoire introduit un de ses agents, le capitaine Grisel, dans la conjuration. A l'heure voulue, la police arrête Babeuf et une cinquantaine d'autres personnes et le gouvernement lance une campagne de presse pour faire croire que, grâce à la diligence des autorités, le pays vient d'échapper à un très grave danger. Babeuf envoie un message au Directoire, se déclarant prêt à « négocier » avec lui « comme de puissance à puissance » et proposant d'utiliser son influence dans les milieux « démocrates » pour les rallier au pouvoir, en échange de quoi la conjuration serait considérée comme « nulle et non avenue ». Aucune réponse n'est faite à cette grotesque proposition. Le gouvernement est décidé à en finir avec cet « agitateur » déjà plusieurs fois arrêté et condamné. L'affaire est soumise à la Haute Cour siégeant à Vendôme. Le procès, dont les quarante-cinq audiences sont particulièrement bruyantes et désordonnées, dure du 27 février au 26 mai 1797. Seuls Babeuf et Darthé – obscur personnage qui s'était montré particulièrement arrogant envers le tribunal – sont condamnés à mort pour avoir voulu renverser le régime et rétablir la constitution de 1793. Les quatre principaux complices de Babeuf s'en tirent fort bien : Antonelle et Lepelletier de Saint-Fargeau sont acquittés, Buonarotti est condamné à la déportation mais ne quitte pas les prisons françaises. Quant à Sylvain Maréchal, il n'est même pas arrêté. Babeuf tente de se suicider à l'audience mais rate aussi sa fin et meurt sur l'échafaud. Gérard Walter a bien montré le côté dérisoire de la conspiration dite des Égaux, que les historiens marxistes ont amplifiée démesurément afin de mettre en valeur Babeuf dont l'importance n'est pas négligeable au niveau de la doctrine socialiste, dans la préhistoire du socialisme.

BAC (droit de). Sous l'Ancien Régime, les seigneurs avaient le droit exclusif d'établir des bacs sur les cours d'eau dépendant de leur autorité. Ce droit fut aboli tardivement par la loi du 25 août 1792.

BADE (pays de). Parallèle à l'Alsace de l'autre côté du Rhin, le pays de Bade est une des premières régions menacées par la Révolution. Le margrave se joint à la première coalition, mais signe la paix en 1796. C'est sur son territoire, à Rastadt, que s'ouvre en 1797 le congrès de Rastadt.

BAGATELLE (château de). C'est le comte d'Artois qui fit construire Bagatelle en 1779, à proximité de la Seine et du bois de Boulogne. Propriété de la nation à la Révolution, le château fut loué à des particuliers et servit pour des fêtes publiques. Il fut rendu au comte d'Artois à la Restauration.

BAGNES. Les bagnes ne firent leur apparition qu'en 1748. Auparavant, les condamnés aux travaux forcés étaient envoyés aux galères. Le premier bagne fut établi à Toulon en 1748. Il fut suivi par ceux de Brest (1750) et de Rochefort (1767). La Constituante attribua la direction des bagnes à l'administration de la marine et créa de nouveaux bagnes à Lorient, Cherbourg et au Havre pour les déserteurs et les marins révoltés.

BAILLE (Pierre Marie) (Né peut-être à Marseille, vers 1753, mort à Toulon, le 2 septembre 1793). Ami de Barbaroux, élu grâce à lui député des Bouches-du-Rhône à la Convention, Baille le trahit dès son arrivée à l'Assemblée en allant siéger avec les Montagnards. Il vote pour la mort lors du procès du roi. La Convention l'envoie, le 30 avril 1793, à l'armée d'Italie, avec Beauvais. Ils se font haïr de la bourgeoisie toulonnaise par la violence de leurs mesures : arrestations massives, incorporations forcées dans l'armée, cours forcé de l'assignat, saisies, réquisitions... Ayant quitté Toulon pour Nice, le 3 juin, ils commettent l'erreur d'y revenir le 18 juillet alors que vient d'éclater la révolte des sections royalistes de la ville. Ils sont arrêtés et Baille se pend dans sa cellule peu avant de comparaître devant un tribunal.

BAILLEUL (Jacques Charles) (Né à Bordeaux-Saint-Clair, Seine-Maritime, le 12 décembre 1762, mort à Paris, le 18 mars 1843). Avocat au Parlement de Paris puis au Havre en 1790, un des principaux membres du club Saint-François de cette ville, Bailleul est élu par la Seine-Inférieure à la Convention. Un des plus modérés parmi les Girondins, il vote pour l'appel au peuple et pour la détention dans le procès du roi. Ayant signé la protestation contre l'arrestation de ses amis girondins, il est arrêté à Provins où il se cachait, le 3 octobre 1793. Il échappe à la mort grâce à la chute de Robespierre et reparaît à la Convention en décembre 1794, où il se signale par son ardeur dans la lutte contre les restes de la Montagne. Membre du Comité de sûreté générale, il demande la création d'une commission extraordinaire pour juger les terroristes et l'épuration de la Convention de ses éléments extrémistes, mais fait aussi arrêter et envoyer devant un tribunal militaire Cormatin et plusieurs autres chefs royalistes. Élu au Conseil des Cinq-Cents par vingt-quatre départements, il est dans la ligne politique du Directoire, frappant tantôt sur sa gauche, tantôt sur sa droite, faisant de grands discours après l'affaire du camp de Grenelle et demandant l'arrestation de cinquante-deux députés et journalistes après le 18 fructidor. Membre du Tribunat sous le Consulat, il fait preuve d'esprit d'indépendance et est éliminé lors du renouvellement de 1802. En 1804, il est nommé directeur des droits réunis dans la Somme. On lui doit de nombreuses brochures, des pièces de vers et des comédies.

BAILLIAGE. Bailliages et sénéchaussées, circonscriptions judiciaires de l'Ancien Régime, au nombre de 373 en 1789, servirent de circonscriptions électorales pour les élections aux états généraux, mais 198 seulement de ces circonscriptions furent le siège d'élections à la députation, les bailliages les plus petits étant intégrés dans des unités plus grandes et n'ayant que des élections secondaires, c'est-à-dire choisissant des électeurs qui se rendaient pour voter au bailliage principal.

BAILLY (Jean Sylvain) (Né à Paris, le 15 septembre 1736, guillotiné à Paris, le 12 novembre 1793). Astronome, membre de l'Académie des sciences, couvert d'honneurs par la monarchie, Bailly a sans doute rêvé de devenir le Benjamin Franklin de la France et s'est lancé dans la politique. Auteur d'une *Requête des habitants de Paris au Roi* pour demander un mode d'élection plus démocratique aux états généraux pour les Parisiens, il en est le premier bénéficiaire. Apprenant son élection, Louis XVI s'exclame : « J'en suis bien aise, c'est un honnête homme. » Choisi comme doyen du tiers état, il devient président de l'Assemblée constituante jusqu'au 2 juillet 1789. C'est lui qui aurait répondu à Dreux-Brézé lui intimant de faire évacuer les lieux lors de la fameuse séance du Jeu de Paume : « Je crois que la nation assemblée ne peut pas recevoir d'ordres. » Élu maire de Paris, il accueille le roi, le 17 juillet, en lui disant : « Le peuple a reconquis son roi », et lui fait porter la cocarde tricolore. Profondément choqué par les atrocités des émeutiers, n'ayant pu sauver du massacre son gendre Bertier, il écrit dans ses *Mémoires* : « Quelle magistrature que celle qui n'a pas l'autorité d'empêcher le crime commis sous ses yeux. » Détesté des royalistes, bafoué par les révolutionnaires, insulté quotidiennement dans la presse par Marat et Desmoulins, il voit son autorité bien faible s'effriter chaque jour et sa popularité est réduite à néant après le massacre du Champ-de-Mars du 17 juillet 1791. Comprenant que sa carrière est terminée, il donne sa démission et assure l'intérim jusqu'à l'élection à la mairie, le 18 novembre, de Pétion. Il quitte Paris mais ne suit pas le conseil de ses amis de se rendre à Londres et préfère s'établir à Nantes. La proscription des Girondins et la guerre civile dans la région lui font quitter cette ville pour se réfugier chez son collègue Laplace à Melun. Arrivé le 5 septembre 1793, il est arrêté dès le lendemain et transféré à Paris. Appelé à témoigner dans le procès de Marie-Antoinette, traité en accusé, il n'a aucun moyen de se défendre contre un tribunal qui le déclare « servilement vendu au tyran ». Son exécution est conçue comme une cérémonie expiatoire du « crime du 17 juillet » et a donc lieu au Champ-de-Mars où il doit subir durant plus de deux heures les sévices de la foule.

BAINS PUBLICS. Un premier établissement de bains publics fut ouvert en 1761 sur la Seine, près du Pont-Royal, et un privilège d'exploitation fut accordé à un certain Poithevin. Un peu plus tard, Turquin ouvrit des bains où les baignoires étaient parcourues par un flux d'eau courante et nomma son établissement « Bains chinois ». Il créa aussi des écoles de natation. A la Révolution, les privilèges des baigneurs étuvistes furent supprimés ainsi que leur corporation. Le nom bre des maisons de bains s'accrut alors sensiblement à travers toute la ville, les pompes de Chaillot et de Passy permettant d'acheminer l'eau de la Seine dans tous les quartiers. Il y avait environ 300 bains publics en 1800 et 500 au début de la Restauration.

BAÏONNETTE. Cette arme ajoutée au canon du fusil fit son apparition en France en 1642 sur les champs de bataille, mais était utilisée depuis le XVIe siècle et tire son nom de Bayonne, lieu où on commença à la fabriquer. En 1703, Vauban obtint que tous les fusils en soient munis. La baïonnette fut très utilisée par les soldats de la Révolution, les charges à la baïonnette permettant de compenser l'insuffisante préparation des jeunes conscrits, leur lenteur notamment à recharger des fusils d'un maniement compliqué, tâche que les militaires de profession exécutaient deux fois plus rapidement qu'eux. Aussi les généraux de la Révolution préféraient-ils lancer leurs troupes à l'assaut, baïonnette au canon, que d'échanger des feux de salve avec l'ennemi. On attribue à Mirabeau, le 23 juin 1789, à l'issue de la séance royale, la célèbre phrase : « Nous sommes ici par la volonté du peuple, nous n'en sortirons que par la force des baïonnettes. »

BÂLE. Soumis théoriquement à l'autorité de l'évêque, le territoire de Bâle est scindé entre une ville protestante et une campagne catholique restée fidèle au prince-évêque établi à Pruntrutt. Faisant état d'un traité de 1780, les Français occupèrent le pays en 1793, créant une République de Rauracie puis procédant à l'annexion pure et simple sous forme du département du Mont-Terrible.

BÂLE (traités de). C'est dans cette ville que furent signés deux traités. Le premier traité de Bâle, du 5 avril 1795, consacre la paix entre la République française et la Prusse, cette dernière cédant ses possessions sur la rive gauche du Rhin et obtenant, par une clause secrète, la promesse d'indemnités territoriales sur la rive droite et d'un quasi-protectorat sur l'Allemagne du Nord. Le second traité de Bâle, signé le 22 juillet 1795, met un terme à la guerre entre la France et l'Espagne, cette dernière cédant à la France sa part de Saint-Domingue.

BALS. Il n'y eut jusqu'en 1715 d'autres bals qu'à la Cour. Ils étaient régis par une étiquette minutieuse et coûtaient fort cher, suscitant le mécontentement populaire. Le premier bal public eut lieu à l'Opéra et fut suivi, dans la seconde moitié du XVIIIe siècle, par une série de bals organisés par des particuliers, source de fructueux bénéfices : bal Ruggieri ouvert en 1766 aux Porcherons, Wauxhall d'hiver en 1767, rue de Bondy, le Colisée aux Champs-Élysées en 1771, le Ranelagh en 1774, la Redoute chinoise en 1781, le Wauxhall d'été au boulevard Saint-Martin, le Jardin des grands marronniers en 1787 au haut du faubourg Saint-Martin, la Grande Chaumière au boulevard Montparnasse en 1788. Puritaine, la Révolution limita les bals, exigeant une déclaration préalable à la police, ne permettant pas qu'on danse avant quatre heures de l'après-midi et après onze heures du soir. La vie reprit ses droits après la mort de Robespierre et les bals se multiplièrent avec un goût effréné de plaisir succédant à trois ans de terreur sanguinaire. Il y eut même des bals dits des victimes, où l'on ne pouvait entrer que si l'on avait eu un parent guillotiné : les hommes y avaient les cheveux coupés autour du cou, comme par le bourreau, et les femmes portaient un châle rouge en souvenir de Charlotte Corday. Les principaux bals du Directoire étaient Tivoli, les Folies de Chartres, le Jardin de Paphos, le Pavillon de Hanovre, Idalie. On dansait aussi au Palais-Royal, aux Halles, à la Bastille.

BANALITÉ. Monopole seigneurial sous l'Ancien Régime, les banalités contraignaient les paysans à utiliser le moulin banal, le four banal ou le pressoir banal pour le raisin, appartenant à leur seigneur moyennant une redevance. Le moulin banal excitait particulièrement la fureur des paysans qui étaient contraints d'y porter leur grain à moudre, le meunier en position de monopole imposant un prix excessif pour ses services. Les cahiers de doléances expriment beaucoup plus d'hostilité contre les meuniers que contre le principe de la banalité. Les banalités furent abolies sans indemnité en juillet 1793.

BANCAL DES ISSARTS (Jean Henri) (Né à Saint-Martin-de-Londres, Hérault, le 23 novembre 1750, mort à Paris, le 27 mai 1826). Notaire au Châtelet de Paris, Bancal des Issarts vend sa charge en 1788 pour se consacrer à la politique mais ne peut se faire élire à aucune fonction à Paris. Il se replie alors sur Clermont-Ferrand, y créant une Société des Amis de la Constitution sur le modèle parisien, s'en attribuant la présidence. Après plusieurs échecs à diverses élections, il est élu par le Puy-de-Dôme à la Convention. Éperdument amoureux de Mme Roland, il se range sous son influence parmi les éléments modérés de cette assemblée, entre au comité de constitution et au comité d'instruction publique. Envoyé avec trois autres députés et le ministre de la Guerre Beurnonville auprès de Dumouriez, il est livré avec eux par ce dernier aux Autrichiens. Sa captivité lui permet d'échapper à la mort qui frappe la plupart de ses amis girondins. Libéré en échange de la fille de Louis XVI, en novembre 1795, il siège obscurément au Conseil des Cinq-Cents jusqu'en mai 1797, puis se retire à Clermont-Ferrand où il publie *Du nouvel ordre social fondé sur la religion* et sombre dans le mysticisme, se mettant à l'étude de l'hébreu et du grec pour pouvoir lire la Bible dans le texte original.

BANNIÈRES. Les bannières, morceaux de tissu de formes et de couleurs variées, servaient à l'origine à distinguer et rallier les combattants sur les champs de bataille, à distinguer les corporations et les confréries lors des fêtes et cérémonies religieuses. Abolies par la Révolution parce que marques distinctives contraires au principe d'égalité, d'uniformité, serait-on tenté de dire, les bannières firent une apparition le jour de la Fête de la Fédération : le 14 juillet 1789, on distribua aux députés les quatre-vingt-trois bannières des départements nouvellement créés, qui consistaient en un carré blanc sur lequel étaient peints une couronne de chêne et le nom du département, reflet de l'imagination débordante de la Constituante !

BANQUE DE FRANCE. Une assemblée des députés du commerce réunie à Paris, le 14 décembre 1796, proposa la création d'une banque de France, mais le Directoire s'y opposa. L'idée fut reprise l'année suivante par le notaire Gabion et le jurisconsulte Monnier. Bonaparte la fit sienne et créa la Banque de France, le 13 février 1800 (24 pluviôse an VIII), qui fusionna avec la Caisse des comptes courants et fut installée à l'hôtel Massiac, place Vendôme.

BANQUEROUTE. Profondément traumatisés par la banqueroute de Law, sous la Régence, les Français sont soumis à la fin de l'Ancien Régime à des opérations financières qui ressemblent fort à des banqueroutes partielles. Ainsi l'abbé Terray réduit-il les taux des rentes viagères, ajourne-t-il le paiement des rentes échues et des assignations sur le trésor public. En 1789, le royaume est au bord de la banqueroute. La vente des biens nationaux et l'émission d'assignats permettent tant bien que mal de survivre, mais la Révolution est contrainte à la « banqueroute des deux tiers » que consacre la loi du 9 vendémiaire an VI (30 septembre 1797) : la dette publique est réduite des deux tiers, le troisième tiers, dit « tiers consolidé » étant inscrit au grand livre de la Dette publique tandis que les deux premiers sont remboursés en bons au porteur, véritable « monnaie de singe » qui perd presque aussitôt toute valeur.

BANQUES. Le système bancaire français est très faible à la veille de la Révolution, très en retard par rapport aux pays voisins d'Europe du Nord. Encore, la plupart des banquiers opérant en France sont-ils étrangers, genevois le plus souvent. La Constituante, fidèle au principe de liberté, supprime toute contrainte pour les banques et sociétés financières et fait disparaître en 1793 la Caisse d'escompte, seule banque autorisée jusqu'alors par l'État à émettre des billets. Les principales banques fondées au début de la Révolution furent la Caisse d'épargne et la Caisse de commerce. Sous le Directoire apparurent la Caisse des comptes courants, la Caisse d'escompte et de commerce, le Comptoir commercial et bien d'autres établissements moins importants. La Banque de France fut une des premières créations du Consulat, ainsi que la Caisse d'amortissement.

BANQUETS. Jusqu'en 1792, Louis XVI respecta l'usage d'offrir un banquet aux dames de la Halle venant présenter leurs vœux à la famille royale pour le premier de l'an. Il était aussi coutume de tenir des banquets réunissant les officiers des différents régiments, notamment à l'occasion de changements de garnison. Le plus célèbre fut celui donné à Versailles, le 1er octobre 1789 par les officiers des gardes du corps à ceux de la maison du roi et du régiment de Flandre, où l'on foula aux pieds la cocarde tricolore. Un banquet de quinze mille couverts fut servi, le 14 juillet 1790, à l'occasion de la fête de la Fédération, dans les jardins de la Muette, aux délégués des départements. Un troisième grand banquet eut lieu le 16 brumaire an VIII (7 novembre 1799) dans le temple de la Victoire, ex-église Saint-Sulpice. Il était offert par les représentants du peuple aux généraux Moreau et Bonaparte et réunissait sept cent cinquante convives. Deux jours plus tard, Bonaparte prenait le pouvoir.

BARA (François Joseph) (Né à Palaiseau, le 30 juillet 1779, tué près de Saint-Maixent, le 7 décembre 1793). Neuvième enfant d'un garde-chasse du prince de Condé, trop jeune pour s'engager dans l'armée, Joseph Bara sert de domestique à un ami de son père, Desmarres, à l'armée de Bressuire. Alors qu'il promène deux chevaux à travers prés, il est assailli par des voleurs qui le tuent pour s'emparer des montures. Desmarres signale le fait au ministre de la Guerre et sollicite une pension pour la mère de l'enfant. Barère lit sa lettre à la Convention et Robespierre, soucieux d'utiliser cette mort innocente à des fins politiques, monte à la tribune pour demander les honneurs du Panthéon pour cette jeune victime. Le théâtre et la chanson se chargent de fabriquer la légende du jeune tambour qui, pris par les Vendéens et sommé de crier « Vive le roi », serait mort en criant « Vive la République ». Gustave Bord a démonté le mécanisme de la légende de Bara.

BARBARESQUES (États). On comprenait sous ce nom les quatre États musulmans actuels du Maroc, d'Algérie, de Tunisie et de Libye dont les corsaires infestaient la Méditerranée, encore au XVIIIe siècle. Ces États rendirent des services à la Révolution en lui vendant du blé dont ils étaient alors exportateurs. C'est à cause d'une dette non payée par le gouvernement révolutionnaire que le dey d'Alger frappa de son chasse-mouches l'ambassadeur de France, motivant ainsi l'expédition d'Alger de 1830.

BARBAROUX (Charles Jean-Marie) (Né à Marseille, le 6 mars 1767, mort à Bordeaux, le 25 juin 1794). Avocat passionné de physique et de politique, Barbaroux a une activité débordante dans la région marseillaise et devient secrétaire de la commune de Marseille. Il est à l'origine du bataillon des Marseillais qui se rend à Paris et joue un rôle très important le 10 août 1792. Élu à la Convention par les Bouches-du-Rhône, il est subjugué à Paris par Mme Roland. Après s'être prononcé pour l'appel au peuple, il vote la mort du roi sans sursis. Réfugié en Normandie après la proscription des Girondins, il rencontre à Caen Charlotte Corday qui lui écrit de Paris. Après la défaite des fédéralistes en Normandie, il gagne Bordeaux par mer. Craignant d'être découvert, il quitte sa cachette avec Buzot et Pétion, dans la nuit du 17 au 18 juin 1794. A l'approche d'une patrouille, ses compagnons s'enfuient à travers bois. Gêné par son embonpoint, Barbaroux, sur le point d'être rejoint, se tire un coup de pistolet qui lui fracasse la mâchoire. On le transporte à Castillon puis à Bordeaux où on le porte moribond sur l'échafaud. Orateur remarquable, à la voix chaude et prenante, jouissant d'une grande popularité à Marseille, Barbaroux fut le fidèle exécutant de la politique conçue par Mme Roland pour laquelle il éprouvait une véritable dévotion.

BARBÉ DE MARBOIS (François) (Né à Metz, le 31 janvier 1745, mort à Paris, le 14 janvier 1837). Après une carrière diplomatique en Allemagne puis aux États-Unis, Barbé de Marbois est nommé en 1786 intendant général des îles Sous-le-Vent. En 1789, il doit fuir devant les colons de Saint-Domingue réclamant l'autonomie. Les députés de cette île à la Constituante l'accusent d'avoir monopolisé les farines, mais il n'a pas de peine à se justifier. Revenu au département des Affaires étrangères, envoyé à la diète de Ratisbonne puis à Vienne, il se retire sur ses terres durant la Terreur et est nommé maire de Metz après la chute de Robespierre. Le département de la Moselle l'envoie siéger au Conseil des Anciens, ce qui suscite une campagne contre lui du *Journal des hommes libres* qui lui reproche des sentiments royalistes. Tallien le signale comme indésirable dans une assemblée républicaine. On trouve son nom en février 1797 sur une liste de futurs ministres saisie chez l'agent royaliste Berthelot de La Villeheurnois. Il tente d'atténuer les effets de cette découverte en faisant l'éloge de Bonaparte vainqueur en Italie, mais il n'en est pas moins arrêté et mis sur la liste des déportés après le coup d'État du 18 fructidor. Relégué à Cayenne, il ne revient qu'après le 18 brumaire. Bonaparte le fait conseiller d'État puis ministre du Trésor et le charge de négocier la cession de la Louisiane aux États-Unis. Nommé en 1808 premier président de la Cour des comptes, comte de l'Empire, il est un des premiers à se rallier à la Restauration et devient garde des sceaux au retour de Gand du roi. Il perd son ministère à la suite des intrigues de Monsieur, mais est fait marquis par Louis XVIII et siège presque jusqu'à sa mort à la Chambre des pairs.

BARBIERS. Sous l'Ancien Régime, barbiers et perruquiers achetaient leurs offices. A l'abolition des offices et des corporations, en 1791, un édit royal ordonna le remboursement de la valeur de leurs offices aux titulaires.

BARBOTIN (Louis) (Né à Fontenay-le-Comte, le 15 novembre 1762, mort au Tallud, près de Parthenay, le 28 janvier 1848). Prêtre réfractaire, Barbotin devient l'aumônier de Cathelineau en mars 1793, puis de l'armée catholique et royale tout entière. C'est lui qui chante le *Te Deum* célébrant la victoire des Vendéens à Cholet. Remarquable orateur, il sait fanatiser les paysans et les mener à la bataille, à laquelle il prend fréquemment part. Son influence est contrebalancée ensuite par celle du prétendu évêque d'Agra et surtout de l'abbé Bernier. Il est, avec Bernier et Stofflet, de ceux que le représentant en mission Dornier a donné ordre de prendre « à quelque prix que ce soit, de ruse ou de force ». Il échappe cependant à tous les pièges jusqu'à la pacification définitive sous le Consulat. La violence de ses propos entraîne son arrestation à l'automne 1802, sa détention pendant six mois puis son exil jusqu'en 1806. Étienne Arago en a fait un des personnages de son roman, *Les Bleus et les Blancs.*

BARENTIN (Charles Louis François de Paule de) (Né à Paris, le 1er juillet 1738, mort à Paris, le 30 mai 1819). Conseiller au Parlement de Paris, président de la Cour des aides, Barentin soutient les projets de Calonne à l'Assemblée des notables de 1787. Il ne cache pas son hostilité à la convocation des états généraux et sa préférence pour un accord avec les parlements. Il n'aime guère Necker et se déclare hostile au doublement de la représentation du tiers état souhaité par ce dernier, ce qui lui vaut de devenir la cible de tous les partisans du changement.

Comme garde des Sceaux, il fait respecter la liberté du vote et s'oppose à ce que certains hauts personnages soient députés de droit. Prévoyant le pire, il aurait souhaité que les états généraux se réunissent à Soissons, le roi résidant à Compiègne. Le 5 mai 1789, après le discours du roi, Barentin, garde des Sceaux, exhorte les députés à refuser « les innovations dangereuses que les ennemis du bien public voudraient confondre avec les changements heureux et nécessaires qui doivent amener la régénération, le premier vœu de Sa Majesté ». Considéré à tort comme responsable du renvoi de Necker, il est sacrifié, le 16 juillet 1789, par le roi. On l'accuse en novembre d'avoir fomenté un complot contre Paris, mais il est acquitté par le tribunal du Châtelet, ce qui fait dire au peuple de Paris que cette juridiction est « la grande buanderie de la reine ». Réfugié en Italie, Barentin attend le roi à Montmédy, mais Louis XVI ne dépasse pas Varennes. En Angleterre durant la majeure partie de son émigration, il ne revient qu'avec Louis XVIII qui le fait chancelier honoraire.

BARÈRE (Bertrand) (Né à Tarbes, le 10 septembre 1755, mort à Tarbes, le 13 janvier 1841). Avocat au parlement de Toulouse, se faisant appeler de Vieuzac avant la Révolution, Barère est un plaideur habile, un homme intelligent au physique agréable. Il se fait élire par le tiers état de la sénéchaussée de Bigorre aux états généraux et produit la meilleure impression dans le salon de Mme de Genlis, qui écrit de lui : « C'était le seul homme que j'aie vu arriver du fond de sa province avec un ton et des manières qui n'auraient jamais été déplacés dans le grand monde et à la Cour. » A l'Assemblée, ses propos se radicalisent rapidement et on trouve sous sa plume dès 1790 : « Tant que le mot de roi ne sera pas proscrit de toutes les langues, l'esprit humain n'aura jamais qu'une théorie imparfaite de l'art social. » Il fait paraître le journal des séances de la Constituante sous le titre *Le Point du jour*. Juge au tribunal de cassation des Hautes-Pyrénées pendant la durée de la Législative, il est élu par ce département à la Convention. Classé comme Montagnard, il s'en prend très violemment à Marat, demandant qu'on l'arrête ou qu'on le mette à l'asile d'aliénés de Charenton. Mais sa réputation commence à s'établir lorsqu'il préside la Convention durant le procès du roi. Son discours emporte la conviction des hésitants tentés par la solution de l'appel au peuple proposée par Vergniaud. Il est élu le premier au Comité de salut public le 7 avril 1793 et seul réélu avec Lindet au renouvellement du 10 juillet. Il y joue un rôle très important, s'occupant des affaires étrangères, de la marine, des questions militaires, de l'instruction publique, rédigeant plus de cent cinquante rapports. Robespierre, appréciant sa capacité de travail, aurait dit : « Dès qu'un travail se présente, Barère est disposé à s'en charger. Il sait tout, il connaît tout, il est propre à tout. » Surnommé par Alquier « Anacréon de la guillotine », Barère semble avoir pourtant sauvé la vie de quelques suspects, notamment le général Colbert de Chabanais et le député Soulavie, et des Jacobins le dénoncent à plusieurs reprises pour sa modération, à quoi Robespierre rétorque : « Je déclare que j'ai vu dans Barère un homme faible, mais jamais l'ennemi du bien public. » Sur l'expectative les 8 et 9 thermidor, il finit par se rallier aux adversaires de Robespierre quand il les voit assurés de la victoire. Ce tardif soutien lui vaut la rancune des Thermidoriens. Inculpé, incarcéré à l'île d'Oléron puis à Saintes, il s'évade à la veille de sa déportation à Madagascar et se cache à Bordeaux. Élu par les Hautes-Pyrénées au Conseil des Cinq-Cents, il voit son élection annulée et doit vivre dans la clandestinité jusqu'au coup d'État du 18 brumaire auquel il donne publiquement son adhésion par une lettre publiée dans *Le Moniteur*. De 1803 à 1807, il est chargé d'établir des rapports hebdomadaires sur l'état de l'opinion publique. Présenté en 1805 et 1810 comme candidat au Corps législatif par les Hautes-Pyrénées, il est chaque fois rejeté par le Sénat. Éphémère député à la Chambre des Cent-Jours, il est frappé de bannissement comme régicide par l'ordonnance du 25 juillet 1815 et vit en exil en Belgique jusqu'à la révolution de juillet 1830. Élu à la Chambre des députés par les Hautes-Pyrénées, il voit son élection cassée pour vice de forme mais a la consolation de siéger au conseil général jusqu'en 1840. Ses plus ardents défenseurs mettent en valeur ses qualités de travailleur et son éloquence d'orateur mais doivent convenir qu'il « n'était pas ce qu'on appelle un caractère » (Kuscinski).

BARNAVE (Antoine Pierre Joseph Marie) (Né à Grenoble, le 21 septembre 1761, guillotiné à Paris, le 29 novembre 1793). Avocat à vingt ans, Barnave est avec Mounier un des esprits les plus brillants du Dauphiné et le meneur en 1788 de la première journée révolutionnaire, à l'occasion de l'exil du parlement de Grenoble, la Journée des tuiles. Son *Avis aux campagnes du Dauphiné* à la fin de 1788 est un véritable appel à la révolte. Élu par le tiers état du Dauphiné aux états généraux, il séduit par l'intelligence et la vivacité de ses interventions et est un des rares orateurs du temps capable de s'exprimer sans utiliser des notes. Mirabeau disait de lui : « Il est impossible de parler avec plus de raison, d'énergie et d'élégance. » Sa jeunesse, sa spontanéité l'entraînent à des imprudences oratoires. Ne s'écrie-t-il pas, Lally-Tollendal dénonçant le massacre par les émeutiers de Foulon et de Bertier : « On veut nous attendrir, messieurs, en faveur du sang qui a été versé hier à Paris : ce sang était-il donc si pur ? » Ami des frères Lameth et de Duport, il forme avec eux l'état-major de l'opposition, attaque Mirabeau, rédige le règlement du club des Jacobins. Sa popularité atteint son apogée en octobre 1790 lorsqu'il est élu à la présidence de l'Assemblée. Il est ensuite attaqué sur sa gauche par l'abbé Grégoire, Brissot, Marat qui lui reprochent de prendre la défense des colons de Saint-Domingue contre les Noirs. Barnave fait alors de la surenchère sur la gauche, exigeant en janvier 1791 le serment immédiat des prêtres à la Constitution civile du clergé, accusant le club monarchique « d'attirer les citoyens dans des pièges en donnant au peuple du pain empoisonné ». Devenu plus modéré après la mort de Mirabeau, Barnave est chargé avec Pétion de ramener à Paris la famille royale arrêtée à Varennes. Il tombe éperdument amoureux de la reine, croyant pouvoir la « convertir » à son idéologie de la liberté et de l'égalité. Il devient ainsi le défenseur de la monarchie et fait un grand discours sur l'inviolabilité du roi. Mais ses entreprises sont contrecarrées à l'Assemblée par Pétion et Robespierre. Il établit alors, avec les frères Lameh et Duport, une correspondance politique secrète avec la reine, la pressant d'intervenir auprès de l'empereur pour qu'il cesse de soutenir les émigrés et accepte la monarchie constitutionnelle française. Sa popularité s'effrite très vite et ses adversaires le présentent comme « vendu » à la cour. S'étant

31 janvier 1792, très mal reçu, il est obligé d'installer l'ambassade à Baden. Contraint à de nombreuses démarches par les incidents entre révolutionnaires et soldats suisses, puis par l'abolition de la monarchie et l'invasion de la Savoie ainsi que l'occupation de Porrentruy, il réussit cependant à maintenir les relations entre les deux pays, notamment les échanges commerciaux permettant à la France de continuer à recevoir de Suisse des vivres et des chevaux pour ses armées. Il s'entremet aussi à propos des émigrés et prêtres réfractaires réfugiés notamment dans le canton de Vaud. Négociateur de la paix de Bâle, il amène la Prusse et l'Espagne à la paix en 1795. Élu Directeur en juin 1797 en remplacement de Letourneur, il est arrêté pour ses opinions royalistes après le coup d'État du 18 fructidor et déporté. Il s'évade de Guyane avec Pichegru en juin 1798 et se rend aux États-Unis puis en Angleterre. Rayé de la liste des émigrés après Brumaire, il revient en France, entre au Sénat nouvellement créé, est fait comte de l'Empire en 1808. Pair de France, ministre d'État en octobre 1815, Barthélemy est élevé à la dignité de marquis par Louis XVIII en 1818.

BASIRE (Claude) (Né à Dijon, le 21 octobre 1761, guillotiné le 5 avril 1794). Commis aux archives des États de Bourgogne, Basire est élu par la Côte-d'Or à l'Assemblée législative où il siège à l'extrême gauche et se signale au club des Jacobins par la violence de ses interventions. C'est lui qui demande la dissolution de la garde du roi. Il joue un rôle très important lors de la préparation de l'insurrection du 10 août et fait partie des commissaires désignés par la Législative, le 2 septembre, au moment des massacres dans les prisons. Élu à la Convention, il est choisi comme vice-président du premier Comité de sûreté générale. Ennemi juré des Girondins, il s'en prend aussi à Marat qu'il juge extrémiste. Il s'oppose notamment, le 4 décembre, à Buzot qui demande la peine de mort contre quiconque proposerait le rétablissement de la royauté, s'exclamant : « Voulez-vous que l'on prétende que votre République n'est établie que par la force d'une faction, qu'elle repose sur une loi de sang et non sur le vœu libre d'un peuple ? » Cela lui vaut d'être soupçonné d'être favorable au duc d'Orléans et à une restauration de la monarchie. Il aggrave les suspicions en penchant plutôt pour la modération à Lyon où il a été envoyé en mission en février 1793. Le 5 septembre, il demande des mesures extrêmes contre les nobles et les prêtres non mariés et l'épuration des comités, mais le 10 novembre, il prend la défense du député Lecomte-Puyraveau et s'écrie à la tribune de la Convention : « Quand donc finira cette boucherie de députés ? Il est temps de cesser la terreur contre les représentants. » Dès lors son « modérantisme » est dénoncé au club des Jacobins. Son amitié avec Chabot, compromis avec les Autrichiens, sert de prétexte à son arrestation le 17 novembre 1793. Après sa mort, le Directoire reconnut son innocence en accordant une pension à sa veuve.

BASOCHE (la). La basoche est le nom porté par la communauté des clercs du Parlement de Paris. Il y avait aussi une basoche du Châtelet et une autre réunissant les clercs de la Chambre des comptes. Très favorables à la Révolution, les basochiens brûlent en effigie Loménie de Brienne et Calonne, participent à la prise de la Bastille. Ils forment un bataillon de volontaires, à l'uniforme rouge, et participent à la marche sur Versailles, les 5 et 6 octobre 1789.

La municipalité, supportant difficilement leur indépendance, les supprime par un arrêté du 18 juin 1790 et les incorpore dans la garde nationale. Comme toutes les autres corporations, la basoche est supprimée par le décret du 13 février 1791.

BASSAL (Jean) (Né à Béziers, le 12 septembre 1752, mort à Paris, en 1802). Prêtre de la congrégation de la Mission, ayant adhéré à la Constitution civile du clergé, Bassal fut élu curé de Saint-Louis de Versailles, puis député de Seine-et-Oise à l'Assemblée législative. Il y siégea à gauche, fut favorable à la demande d'amnistie pour les auteurs des massacres d'Avignon et demanda la mise en accusation du duc de Brissac, commandant de la garde du roi. Réélu à la Convention, il vota la mort pour Louis XVI. Pendant l'été 1793, il fut en mission dans le Jura pour organiser la lutte contre l'insurrection de cette région. Il resta fidèle à ses opinions après la chute de Robespierre et présida le club des Jacobins en septembre et octobre 1794, fut inquiété et accusé d'avoir encouragé le pillage des hôtels des émigrés à Versailles, mais échappa à la proscription. A la dissolution de la Convention, il fut « recasé » dans les services secrets et envoyé à Bâle. Bonaparte le chargea ensuite d'examiner les archives du Sénat de Venise puis le fit nommer secrétaire du consul de la République romaine. Le consul Visconti le fit renvoyer après l'avoir accusé de connivence avec les agioteurs et de tripotage dans la caisse du consulat. Bassal devint alors secrétaire du général Championnet à Naples, et fut accusé en même temps que lui de vols, exactions et dilapidations. Réfugié à Bâle, il se présenta à la justice une fois le péril passé et, Championnet ayant été rétabli dans son commandement, reprit ses fonctions de secrétaire auprès de lui.

BASSE-GEÔLE. Jusqu'en 1804, la Basse-Geôle est l'unique dépôt pour les cadavres repêchés dans la Seine ou ramassés dans les rues de Paris. C'est un local creusé au fond d'une tour du Grand Châtelet. En 1804, on choisit un nouveau bâtiment, une ancienne boucherie près du pont Saint-Michel sur la rive droite de la Seine. C'est alors que l'appellation Basse-Geôle disparaît pour faire place à celle de Morgue.

BASSVILLE (Nicolas Jean Hugou de) (Né à Abbeville en 1753, assassiné à Rome, le 14 janvier 1793). Précepteur, auteur de romans et de poésies légères, Bassville voyage beaucoup en accompagnant dans leur tour d'Europe deux jeunes Américains qu'il est chargé d'instruire. Il est quelque temps secrétaire de Mirabeau en Prusse. A la Révolution, Bassville se lance dans la politique et devient un des rédacteurs du *Mercure national*. S'étant prononcé pour la République après le massacre du Champ-de-Mars, il est engagé par le ministre girondin des Affaires étrangères, Lebrun-Tondu, et envoyé comme secrétaire d'ambassade à Naples. De là, il part à Rome comme chargé d'affaires de la République française. La population romaine, très montée contre la France après l'annexion à la République du comtat Venaissin, reprochant aux Français leur irréligion et leurs provocations dans les rues de Rome, par le port notamment de la cocarde tricolore, il a l'imprudence de sortir en carrosse en faisant porter à ses laquais la cocarde honnie. La foule se précipite sur eux et il est poignardé dans les locaux de l'ambassade où il s'est réfugié.

BASTILLE (prise de la). Antique forteresse et prison, la Bastille ne contient en 1789 que sept prisonniers ! Elle a pour garnison 30

Suisses et 80 invalides de guerre. Les partisans de la Révolution, inquiets de la concentration des troupes autour de Paris et du renvoi de Necker, appris le 12 juin, haranguent la foule, Camille Desmoulins annonçant au Palais-Royal une « Saint-Barthélemy » des patriotes. Des heurts se produisent sur la place Louis-XV (de la Concorde actuelle) entre la foule et les soldats du Royal-Allemand chargés de maintenir l'ordre. Le 13 juillet se constitue à l'Hôtel de Ville un comité permanent qui décide la formation d'une milice civique. Le 14 au matin, la foule s'empare de 3 000 fusils aux Invalides et de quelques canons, puis marche sur la Bastille pour y chercher la poudre qui lui fait défaut. Le gouverneur de la Bastille, Launay, s'affole, tente de négocier, laisse pénétrer des émeutiers jusque dans les cours. Des coups de feu partent, la fusillade fait une centaine de morts et dure quatre heures. Le gouverneur capitule pour arrêter le massacre. C'est lui qui est massacré alors qu'on lui avait promis la vie sauve. Événement tout à fait secondaire, la prise de la Bastille a été transformée en symbole de la victoire du peuple sur la tyrannie, incarnée par cette vieille prison où l'on enfermait aux siècles précédents les victimes de lettres de cachet.

BATAILLES, voir au nom de la bataille.

BATAILLON. L'infanterie française est formée en 1789 de régiments divisés en bataillons. Il y a, en 1789, 92 régiments d'infanterie, 19 à quatre bataillons, 72 à deux bataillons. Seul, le régiment de grenadiers de France forme un bataillon de douze compagnies. Il y a aussi 12 bataillons de chasseurs royaux. Le premier bataillon du régiment est commandé par un major, le second par un lieutenant-colonel. Lorsque sont créées les demi-brigades, un chef de bataillon devient le commandant de cette unité.

BÂTARDS. L'Ancien Régime distinguait les enfants légitimes et les bâtards, ou enfants naturels, nés hors mariage. La Convention proclame, par la loi du 12 brumaire an II (2 novembre 1793), l'égalité entre ces deux sortes d'enfants, à condition que le bâtard soit reconnu par ses parents. La loi est rétroactive jusqu'au 14 juillet 1789 et exclut les enfants adultérins et incestueux.

BATAVE (République). Lorsqu'elle déclare la guerre à l'Angleterre en février 1793, la Convention la déclare aussi aux Provinces-Unies (Pays-Bas actuels). Mais les armées révolutionnaires n'envahissent pas la Hollande avant l'hiver de 1794-1795. Elles profitent alors du grand froid qui a fait geler les voies d'eau et leur permet le passage à pied sec. Le stathouder Guillaume V s'enfuit en Angleterre et une République batave est proclamée. D'abord favorables à la Révolution, les Bataves déchantent bien vite et n'apprécient guère que le traité de La Haye de mai 1795 les oblige à verser 100 millions de florins à leurs « protecteurs » français, à consentir des cessions territoriales, à payer l'entretien d'une armée française de 25 000 hommes sur leur territoire et à conclure une alliance offensive et défensive avec la France, une situation qui n'est pas sans faire penser à une occupation. Une Convention nationale élue au printemps de 1796 se divise en fédéralistes et centralistes. Un projet hybride est rejeté par la population consultée en août 1797. Une seconde assemblée est alors élue où les centralistes sont très minoritaires. Les vaincus requièrent alors l'intervention de l'ambassadeur de France, Noël, et du chef de l'armée d'occupation, Beurnonville.

La nouvelle Convention est « purgée » de vingt-deux députés fédéralistes. La nouvelle Constitution est donc centraliste et les provinces sont remplacées par huit départements. Mais, sa tâche terminée, la Convention refuse de se dissoudre. Les armées françaises doivent à nouveau s'immiscer dans les affaires intérieures de la république-sœur en juin 1798 et faire une nouvelle « purge », chez les centralistes cette fois. Les Bataves n'ont que des malheurs dans l'alliance française : leur flotte est taillée en pièces par l'Angleterre à Camperdown en octobre 1797, puis, en octobre 1799, une armée anglo-russe débarque dans le nord de la Hollande. Transformée en royaume de Hollande pour Louis Bonaparte de 1806 à 1810, la République batave est ensuite intégrée à l'Empire français. Les Pays-Bas renaissent en 1814 et reçoivent en compensation de vingt ans de présence française les ex-Pays-Bas autrichiens. Après seize années de cohabitation difficile, le divorce est prononcé en 1830 avec la naissance de la Belgique.

BÂTIMENTS DU ROI (service des), voir **SERVICE DES BÂTIMENTS DU ROI**.

BATZ (Jean-Pierre, baron de) (Né à Goutz, Gers, le 25 janvier 1754, mort à Chadieu, Puy-de-Dôme, le 10 janvier 1822). Gascon débrouillard et spéculateur habile, le baron de Batz est élu par la noblesse des sénéchaussées de Nérac et d'Albret aux états généraux et devient un spécialiste des questions financières à l'Assemblée, présidant le comité de liquidation. Il émarge sur la cassette du roi, envoie de l'argent aux émigrés avant d'émigrer à son tour puis de revenir muni de passeports en règle. Il tente en vain de sauver le roi avant son exécution, puis s'introduit au Temple mais ne peut faire évader la reine. Ami de Chabot, il a grâce à lui des informations de première main sur les activités du Comité de sûreté générale dont ce capucin défroqué est un membre influent. Il compromet Delaunay d'Angers, Julien de Toulouse et d'autres conventionnels dans des spéculations sur les fonds publics, notamment sur les actions de la Compagnie des Indes. Il disparaît à temps, tandis que ses amis sont arrêtés et guillotinés. Robespierre en fait une des têtes de la conspiration contre-révolutionnaire en le dénonçant à la tribune de la Convention et en faisant mettre sa tête à prix. Muni de faux passeports, le baron de Batz est vu partout, jamais arrêté, sauf lorsqu'il prend part à l'insurrection du 13 vendémiaire, mais il réussit à se faire libérer. Il semble avoir renoncé à toute activité politique à partir du Consulat. Louis XVIII lui donne la croix de Saint-Louis et le fait maréchal de camp.

BAUDIN (Pierre Charles Louis) (Né à Sedan, le 18 décembre 1748, mort à Paris, le 14 octobre 1799). Maire de Sedan en 1790 puis député des Ardennes à l'Assemblée législative, Baudin est envoyé en août 1792 auprès de La Fayette et demande le 19 sa mise en accusation. Élu à la Convention, il fait partie de la Commission des archives. Lors du procès du roi, il vote pour l'appel au peuple, pour le bannissement à la paix et pour le sursis. Il vote, en revanche, le 13 avril 1793, pour la mise en accusation de Marat. Ses opinions modérées peuvent s'exprimer librement après le 9 thermidor. Il fait alors partie de la commission dite des onze, chargée d'élaborer une nouvelle constitution et, président de la Convention, prononce l'éloge des députés morts victimes de la tyrannie. Élu au Conseil des Anciens, Baudin combat les intrigues royalistes du parti clichyen mais désapprouve la violation de la Constitution que représente le 18 fructidor, l'intervention de l'armée dans le « rayon constitutionnel ». C'est son intervention qui fait rejeter les propositions d'indemnités pour les acquittés du complot babouviste et d'amnistie pour Barère. Déçu que le Directoire lui ait préféré Joseph Bonaparte comme ambassadeur à Rome, il meurt d'émotion à l'annonce du retour d'Égypte de Bonaparte. Dans l'éloge funèbre qu'il prononça aux Anciens, Garat eut ces propos d'un sublime grotesque : « Qu'il est fragile le vase dans lequel nous promenons, au milieu de tant de dangers, cette étincelle de vie toujours prête à s'éteindre ! Les secousses même de la joie qui la rendent plus brillante suffisent donc quelquefois pour l'éteindre subitement. »

BAUDOT (Marc Antoine) (Né à Liernolles, Allier, le 18 mars 1765, mort à Moulins, le 23 mars 1837). Médecin à Charolles, député suppléant de Saône-et-Loire à l'Assemblée législative, Baudot est appelé à y siéger le 10 juillet 1792 après la démission de Desplaces. Réélu à la Convention, il fait partie dans la Montagne du groupe dantoniste. Il vote la mort lors du procès du roi et siège peu, étant la plupart du temps en mission, dans le Sud-Ouest et à l'armée des Pyrénées, en Alsace et à l'armée du Rhin. Son ardeur révolutionnaire lui fait tenir des propos de ce genre : « Les phrases longues appartiennent aux monarchies, le laconisme est le propre d'une République. Dix lignes suffisent pour chaque objet de pétition : ceux qui en écriront davantage seront suspectés de vouloir mettre des longueurs à la Révolution. » Voici ce qu'il écrit à propos des juifs d'Alsace, de Bordeaux et de Bayonne : « Partout ils mettent la cupidité à la place de l'amour de la patrie et leurs ridicules superstitions à la place de la raison ; aussi je me demande s'il ne conviendrait pas de s'occuper d'une régénération guillotinière à leur égard. » Ayant imposé Hoche à la tête de l'armée du Rhin, Baudot est en conflit ouvert avec Saint-Just et Lebas, autres commissaires de la Convention arrivés après lui, qui préfèrent Pichegru. En congé au moment du 9 thermidor, il doit se réfugier à Venise pour échapper aux poursuites durant la réaction thermidorienne. Il ne joue plus dès lors aucun rôle, voyage aux États-Unis sous le Consulat et l'Empire, doit s'exiler en Suisse et en Belgique, comme régicide, au retour des Bourbons, ne revient qu'à l'avènement de Louis-Philippe.

BAVIÈRE. Entrée en 1793 dans la guerre contre la République française par crainte de la contagion révolutionnaire, la Bavière y joue un rôle réduit. Elle perd ses possessions à l'ouest du Rhin, Juliers et Deux-Ponts, mais redoute bien davantage son voisin autrichien que la France. Après la paix de Paris du 24 août 1801, c'est dans une alliance durable avec la France consulaire et impériale que s'engage ce pays.

BAYLE (Moïse Antoine Pierre Jean) (Né à Chêne, près de Genève, le 16 juillet 1755, mort entre 1812 et 1815). Protestant établi à Marseille, Bayle devient, à la faveur de la Révolution, procureur général-syndic des Bouches-du-Rhône, rapide et brillante promotion pour un obscur commis aux écritures. Grâce à l'appui de Barbaroux, il est élu par les Bouches-du-Rhône à la Convention, où il s'empresse de devenir un maratiste fervent, reniant son protecteur. Ce dernier, dans les Mémoires qu'il écrivit durant sa proscription, le traite non sans raison d'homme « inepte et souple », car

Bayle a publié coup sur coup, au moment du procès du roi, deux brochures, l'une en faveur de l'appel au peuple, l'autre contre ce même appel au peuple. En définitive, Bayle vote pour la mort du roi sans appel et sans sursis. Il est envoyé avec Boisset dans la Drôme et les Bouches-du-Rhône pour hâter la levée des 300 000 hommes, en mars 1793. Leurs décisions contradictoires provoquent l'anarchie et l'insurrection à Marseille d'où ils s'enfuient en hâte pour venir se justifier à la barre de la Convention le 1er juin. Entré au Comité de sûreté générale le 14 août, il le quitte après le 9 thermidor. Incarcéré durant la réaction thermidorienne, il est finalement libéré sans jugement à la dissolution de la Convention. Relégué désormais dans des emplois de bureau subalternes qu'il n'aurait jamais dû quitter, il est, au dernier emploi qu'on lui connaisse, contrôleur principal des Droits réunis à Malmedy en 1811.

BEAUHARNAIS (Alexandre François Marie, vicomte de) (Né à Fort-Royal, aujourd'hui Fort-de-France, à la Martinique, le 28 mai 1760, guillotiné à Paris, le 23 juillet 1794). Militaire ayant servi principalement au régiment de la Sarre et en Amérique sous Rochambeau, Beauharnais fut élu par la noblesse du bailliage de Blois aux états généraux. Il fut un des premiers à rallier le tiers état et devint membre du comité militaire de l'Assemblée qu'il présida à deux reprises, notamment au moment de la fuite du roi à Varennes. Revenu à l'armée à la dissolution de l'Assemblée constituante, il fut nommé chef d'état-major à l'armée du Rhin en août 1792. Général de division le 8 mars 1793, il remplaça Diettmann à la tête de l'armée du Rhin le 23 mai suivant et refusa le ministère de la Guerre que lui offrait la Convention. Ayant échoué dans sa tentative de déblocage de Mayence, il démissionna de son commandement le 18 août et se retira sur ses terres à La Ferté-Beauharnais (Loir-et-Cher). Traduit devant le tribunal révolutionnaire et accusé d'être responsable de la capitulation de Mayence, il fut condamné et exécuté le même jour. Son épouse, Joséphine Tascher de La Pagerie, se remaria avec Napoléon Bonaparte.

BEAULIEU (Claude François) (Né à Riom en 1754, mort à Marly, le 26 septembre 1827). Beaulieu se lance dans le journalisme à la Révolution, collabore aux *Nouvelles de Versailles*, devient rédacteur en chef de la *Suite des Nouvelles de Versailles* puis des *Nouvelles de Paris.* Il collabore à plusieurs autres journaux et défend avec talent la monarchie constitutionnelle. Avec la Terreur et la fin de la liberté de la presse, il se retrouve emprisonné à la Conciergerie puis au Luxembourg, mais échappe à la guillotine et retrouve ses activités à la mort de Robespierre. Auteur d'un *Mémoire adressé à la Nation pour Marie-Thérèse-Charlotte de Bourbon, fille de Louis XVI* qui a un succès certain en 1795, il fonde le 1er mai 1796 le journal monarchiste *Le Miroir.* Il échappe à la déportation en se cachant après le coup d'État du 18 fructidor. Il rédige sous le Consulat une des premières histoires de la Révolution, source aujourd'hui trop négligée, les *Essais historiques sur les causes et les effets de la Révolution de France.* Secrétaire du préfet de l'Oise sous l'Empire, il collabore sous la Restauration au *Mémorial religieux* et à la première édition de la *Biographie* de Michaud.

BEAUMARCHAIS (Pierre Augustin Caron de) (Né à Paris, le 24 janvier 1732, mort à Paris, le 18 mai 1799). Horloger, professeur de musique des filles de Louis XV, puis engagé dans des activités d'agent secret, Beaumarchais mélange allègrement les affaires de cœur, les négociations diplomatiques, la traite des nègres, le trafic d'armes avant d'ajouter le théâtre à ses multiples talents. L'auteur du *Barbier de Séville* (1775) et du *Mariage de Figaro* (1784) est le même homme qui fait la chasse aux libelles injurieux contre la Du Barry et Marie-Antoinette et qui vend des armes aux « insurgents » américains pour le compte du roi et pour son plus grand profit personnel. Fondateur de la Société des auteurs dramatiques, impliqué dans des histoires louches, traîné plusieurs fois en justice, Beaumarchais continue à faire des affaires sous la Révolution. Il touche 500 000 livres d'avance pour la livraison de 60 000 fusils qu'il devait faire venir de Hollande mais ne livre rien du tout, se retrouve à la prison de l'Abbaye à la veille des massacres de septembre 1792 et n'y échappe que grâce au procureur de la Commune, Manuel, qui le fait libérer à temps. Beaumarchais s'enfuit aussitôt à Londres et ne revient en France qu'après la mort de Robespierre.

BEAUMETZ ou **BEAUMEZ** (Bon-Albert Briois de) (Né à Arras, le 23 décembre 1759, mort à Calcutta après mars 1801). Premier président du Conseil d'Artois en succession de son père en 1785, Beaumetz est élu aux états généraux par la noblesse d'Artois. Il accepte la réunion des trois ordres et siège au centre gauche de l'Assemblée avec Clermont-Tonnerre, intervenant souvent, demandant l'abolition de la torture préalable de la procédure judiciaire et prônant l'émission de 800 millions d'assignats, entre autres. A la dissolution de la Constituante, il devient membre du directoire du département de Paris et tente en vain de freiner la montée de la violence révolutionnaire, encore plus que son collègue et ami Talleyrand. Il émigre après le 10 août 1792, se rend en Allemagne puis en Angleterre où il retrouve Talleyrand. Ils partent tous deux pour les États-Unis au printemps 1794. Ayant épousé la fille du général Knox et pris la nationalité américaine, Beaumez s'embarque pour l'Inde en mai 1796 avec sa femme et s'établit à Calcutta où l'on perd sa trace après une dernière lettre envoyée par lui en mars 1801.

BEAUPREY, voir **PLET-BEAUPREY.**

BEAUREPAIRE (Nicolas Joseph) (Né à Coulommiers, le 7 janvier 1740, tué à Verdun, le 2 septembre 1792). Engagé dans l'armée en 1757, capitaine en 1786, Beaurepaire prend sa retraite en Anjou en 1791. Élu lieutenant-colonel du 1er bataillon de Mayenne-et-Loire en septembre 1791, il est envoyé à Verdun avec son unité au début de mai 1792. Arrivé le 2 juin, ayant perdu par désertion le quart de ses hommes en chemin, qui ont bu, paraît-il, plus de mille bouteilles de champagne lors du passage du bataillon à Épernay, Beaurepaire se trouve exercer le commandement en chef de Verdun et y organise la défense. Le 31 août, la ville est sommée de se rendre par un émissaire du duc de Brunswick. Beaurepaire s'oppose à la capitulation que souhaitent les habitants et la municipalité ainsi que la plupart des officiers. Il meurt le 2 septembre d'un coup de pistolet dans la tête. La ville se rend et ses hommes emportent le cadavre de leur chef à Sainte-Menehould où le député Delaunay forge la légende du suicide de Beaurepaire « en présence des fonctionnaires publics lâches et parjures ». Le théâtre et la littérature révolutionnaires exploitent aussitôt le thème, des cérémonies ont lieu à Paris et l'on propose le transfert de la dépouille au Panthéon. Il semble plus vraisemblable que Beaurepaire ait été assassiné par ceux qui souhaitaient la reddition de Verdun.

BEAUVAIS DE PRÉAU (Charles Nicolas) (Né à Orléans, le 1er août 1745, mort à Montpellier, le 28 mars 1794). Médecin à l'Hôtel-Dieu et à l'hôpital Saint-Sulpice, Beauvais de Préau est député de Paris à la Législative et à la Convention. Il vote pour la mort lors du procès du roi. Obscur député, il est passé à la postérité pour son inaction malheureuse à Toulon en mai 1793, où, avec son collègue Baille, il hésite entre les factions tout en laissant se multiplier les exactions. Ayant quitté Toulon pour Nice, le 3 juin, ils ont la bêtise d'y revenir le 18 juillet alors que les royalistes viennent d'y prendre le pouvoir. Tandis que Baille se pend dans sa prison, Beauvais passe quatre mois au secret avant d'être délivré par les troupes révolutionnaires. Dans un état déplorable, il est transporté à Montpellier où il meurt. La municipalité de cette ville décide que « le corps de ce martyr de la liberté serait brûlé au milieu d'une pompe civique et que ses cendres, recueillies dans une urne, seraient envoyées à la Convention ».

BEAUX-ARTS. Quand la guillotine fonctionne, quand la parole est aux canons et aux fusils, il est rare que l'art s'épanouisse. Imprégnés d'art et de culture antiques, hostiles à la « légèreté » de l'Ancien Régime finissant, les artistes révolutionnaires n'ont pas donné dans la nuance. La peinture est ce qui a le mieux subi l'épreuve de deux siècles. Propagandiste de la Révolution, adulateur de Napoléon, David incarne bien la peinture académique antiquisante de son temps. Gérard, Girodet, Guérin se montrèrent un peu plus subtils que leur maître. Gros se fit le peintre de l'épopée militaire de Bonaparte, Prud'hon se montra plus sensible à la peinture du XVIIIe siècle. Des peintres comme Boilly, Debucourt, Isabey excellèrent dans le portrait et les scènes de genre. En sculpture et gravure, l'époque est un véritable désert. Voir aussi « Musique » et « Architecture ».

BEFFARA (Louis). Archétype, du commissaire de police. Électeur aux états généraux, il fut élu commissaire de police de la section du Mont-Blanc. Maintenu en place sous la Terreur, puis sous la Réaction thermidorienne et enfin sous Napoléon. Beffara est connu pour avoir donné le premier la date exacte de naissance de Molière et avoir écrit divers ouvrages sur le théâtre lyrique conservés à la bibliothèque de l'Opéra.

BELGIQUE. En 1789, les territoires qui vont constituer la Belgique en 1830 sont divisés en deux parties : le plus gros de ce territoire constitue les Pays-Bas autrichiens, la vallée de la Meuse dépend de l'évêque de Liège. Les réformes décidées par Joseph II pour moderniser le pays sont mal perçues et mettent à bas les institutions traditionnelles. Des émeutes éclatent et les Autrichiens sont chassés des Pays-Bas en automne 1789. Cette révolution brabançonne se double d'une révolte, également victorieuse, des Liégeois. Mais les vainqueurs se divisent, les troupes autrichiennes réoccupent les Pays-Bas. La guerre entre la France et l'Autriche à partir d'avril 1792 fait du Nord de la France et des régions limitrophes un champ de bataille. Jemmapes amène les armées françaises, Neerwinden ramène les Autrichiens. Entre-temps, la politique anticléricale des révolutionnaires, les exactions commises par des troupes contraintes de vivre sur le pays, ont singulièrement refroidi les sympathies des Belges pour les Français. Après Fleurus, en juin 1794, les Français reviennent pour de bon, toujours aussi intolérants et pillards. Malgré l'hostilité des populations, l'annexion est proclamée, le 1er octobre 1795, et le pays, agrandi de quelques territoires enlevés aux Provinces-Unies voisines, divisé en neuf départements. L'introduction de la conscription en 1798 provoque un soulèvement en pays flamand qui s'étend ensuite aux Ardennes et au Luxembourg. La répression est sévère, avec de nombreuses exécutions et des déportations massives de prêtres. Le Consulat et le Concordat de 1801 ramènent le calme.

BELGIQUE (armée de). Après Valmy, une partie de l'armée de Dumouriez est transformée en armée de Belgique. Le 20 octobre 1792, elle entre en campagne par Valenciennes et marche sur Mons et Tournai. Vainqueur à Jemmapes, le 16 novembre, Dumouriez entre dans Bruxelles. Le 2 décembre, toute la Belgique est conquise. La défaite de Neerwinden, le 17 mars 1793, fait perdre le pays. Peu après, Dumouriez, après avoir échoué à soulever ses troupes contre la Convention, se livre aux Autrichiens. L'armée de Belgique est alors réunie à celle des Ardennes et devient désormais l'armée du Nord.

BELLE-ÎLE-EN-MER (nom révolutionnaire : Île-de-l'Unité).

BÉNÉZECH (Pierre) (Né en 1749 à Montpellier, mort au Cap, en Haïti, le 13 juin 1802). Propriétaire des *Affiches, annonces et avis divers,* feuille d'annonces payantes, et directeur du bureau de correspondance avec les colonies, Bénézech devient en 1791 administrateur du département de Seine-et-Oise. Son sens de l'organisation et son honnêteté lui valent d'être appelé à présider la 11e commission gouvernementale de l'armement. Il accélère la production minière, la fabrication des armes, crée une manufacture à Versailles et lance une grande campagne de récolte du salpêtre. Passé à l'administration du génie, il y fait la connaissance de Bonaparte. Au rétablissement, le 3 novembre 1795, des ministères, il a la charge de celui de l'Intérieur, qui englobe l'agriculture, les lettres et les arts, l'instruction publique et les subsistances. Il fait baisser le prix du pain et poursuit les spéculateurs, libère le commerce, rouvre bibliothèques, musées et écoles supprimés. Il organise aussi l'échange de la fille de Louis XVI contre les conventionnels prisonniers des Autrichiens. Les papiers saisis chez La Villeheurnois ayant établi ses liens avec les royalistes, il est destitué le 31 juillet 1797 et échappe de justesse à la déportation après le coup d'État du 18 fructidor. Ayant apporté son adhésion à Bonaparte après Brumaire, il entre au conseil d'État, devient administrateur des Tuileries et préfet du Palais. Il postule le poste de préfet colonial au Cap-Français (Cap-Haïtien aujourd'hui) et y meurt de la fièvre jaune.

BERGASSE (Nicolas) (Né à Lyon, le 24 janvier 1750, mort à Paris, le 28 mai 1832). Avocat lié avec les salons des philosophes, Bergasse devient célèbre lors du procès Kornmann qui l'oppose à Beaumarchais. Auteur d'une *Lettre sur les États généraux,* il se fait élire à ceux-ci par le tiers état de la sénéchaussée de Lyon. Siégeant au centre droit, lié au parti monarchien, il cesse de venir à l'Assemblée après son transfert à Paris, mais publie de nombreux libelles où il critique la constitution de 1791 qu'il qualifie de « grande absurdité ». Devenu un des conseillers secrets du roi à partir d'octobre 1790, il lui aurait dicté les réponses qu'il devait faire aux députés enquêteurs au retour de Varennes et le discours qu'il devait prononcer à l'Assemblée. Après s'être caché au lendemain du 10 août 1792, Bergasse demande à faire partie du conseil de défense de Louis XVI. Ayant quitté Paris après son exécution, il est arrêté le 7 décembre 1793 à Bagnères-de-Bigorre où il tentait de se faire oublier. Emprisonné à Tarbes, il a la chance de croupir dans cette prison jusqu'au 25 juillet 1794. Lorsqu'on le transfère et le juge à Paris, la Terreur est terminée. Condamné à la détention jusqu'à la paix, il est mis en liberté provisoire, le 13 janvier 1795. Il vit dès lors en rédigeant des mémoires pour les procès et ne se mêle plus de politique. A la Restauration, il devient conseiller d'État et présente un projet de constitution ultra-réactionnaire. Conseiller du tsar Alexandre, il lui aurait inspiré l'idée de la Sainte-Alliance.

BERGOEING (François). (Né à Saint-Macaire le 31 mars 1750, mort à Saint-Macaire le 28 novembre 1829). Chirurgien à Bordeaux, il fut élu à la Convention où il refusa de noter la mort de Louis XVI. Membre de la commission des Douze, il fut entraîné dans la chute de la Gironde. Réintégré dans l'Assemblée, il s'opposa au 13 vendémiaire puis siégea au Conseil des Cinq-Cents.

BERLIER (Théophile) (Né à Dijon, le 1er février 1761, mort à Dijon, le 12 septembre 1844). Avocat au parlement de Dijon puis président du directoire du département de la Côte-d'Or, Berlier est élu par ce dernier à la Convention. Lors du procès du roi, il vote pour la mort avec sursis, déclarant : « L'humanité gémit, mais ma conscience commande. » Quoique peu marqué politiquement et hors du jeu des factions, il est apprécié pour ses compétences de juriste et entre au Comité de salut public à la chute des Girondins, le 5 juin 1793, mais n'est point réélu le 10 juillet suivant. On l'envoie à l'armée du Nord. Mais sa principale activité se situe au Comité de législation où il joue un rôle important, prévenant les plus excités du danger présenté par des mesures extrémistes risquant de se retourner contre leurs auteurs. Le 9 thermidor, auquel il assiste en spectateur, lui donne raison. Il est membre de la commission des onze chargée d'élaborer une nouvelle constitution, puis siège au Conseil des Cinq-Cents. Bonaparte le fait entrer au Conseil d'État et le crée comte en 1808, malgré l'opposition témoignée par Berlier à la proclamation de l'Empire et au principe d'hérédité. La Restauration l'exile comme régicide à Bruxelles et il ne rentre en France qu'à l'avènement de Louis-Philippe. La Revellière-Lépeaux, dans ses *Mémoires*, a brossé de Berlier un portrait féroce : « Berlier, petit Montagnard obscur, croyant faire de l'esprit et de l'éloquence lorsqu'il ne faisait que du pédantisme, affectait alors un patriotisme exagéré... Dans la commission, Berlier, sur chaque proposition faite, quand il y était présent, ne manquait pas d'émettre, *pour l'intérêt du peuple*, un avis différent du nôtre, avis prononcé avec une pédantesque élégance et souvent entrecoupé d'un *citoyen, mes collègues*, dont l'articulation emphatique était tout à fait plaisante. »

BERNADOTTE (Jean-Baptiste Jules) (Né à Pau, le 26 janvier 1763, mort à Stockholm, le 8 mars 1844). Engagé à dix-sept ans comme simple soldat, Bernadotte était adjudant en 1790. La guerre lui assura une rapide promotion. A l'armée du Nord, à la division Kléber, il devint général de brigade le 29 juin 1794, de division le 22 octobre suivant. Il passa le Rhin à Neuwied le 15 septembre 1795, prit part à la prise de Kreutznach, le 1er décembre, repassa le Rhin à Neuwied en juin 1796, occupa Nuremberg en août, fut vaincu à Neumarkt le 23 et quitta provisoirement l'armée pour cause de maladie le 31 août, mais reparut dès le 9 septembre. Envoyé en Italie au début de 1797, il fut chargé de l'occupation du Frioul, présenta au Directoire, le 3 août, les drapeaux pris à l'ennemi. Nommé ambassadeur à Venise en février 1798, il quitta la ville le 14 avril après une émeute anti-française. Envoyé à l'armée de Mayence puis commandant en chef l'armée d'observation du Bas-Rhin, il prit Mannheim et assiégea Philipsbourg en février 1799. Nommé commandant de l'aile gauche de l'armée du Danube, le 28 mars 1799, il démissionna et vint à Paris accuser les Directeurs de la défaite des armées françaises en Allemagne. Ministre de la Guerre du 3 juillet au 14 septembre 1799, il démissionna de nouveau à la suite d'intrigues de Sieyès. Il refusa de participer au 18 brumaire, mais ses relations avec la famille Bonaparte (il avait épousé Désirée Clary, sœur de la femme de Joseph Bonaparte) favorisèrent son ascension. Maréchal d'Empire le 19 mai 1804, il fut à Austerlitz. Nommé prince de Pontecorvo en juin 1806, il fit les campagnes contre la Prusse et la Russie en 1806 et 1807, celle de 1809 contre l'Autriche. Élu prince héréditaire de Suède par les états généraux d'Oerebro le 21 août 1810, adopté par le roi Charles XIII, il prit part à la coalition de 1813 contre Napoléon, devint roi de Suède et de Norvège le 5 février, sous le nom de Charles XIV. Par son destin exceptionnel, Bernadotte est comparable à Bonaparte.

BERNARD DE SAINTES (André Antoine Bernard des Jeuzines, dit) (Né à Corme-Royal, Charente-Maritime, le 21 juin 1751, mort à Funchal, le 19 octobre 1818). Avocat avant la Révolution, Bernard se fait élire par la Charente-Inférieure à l'Assemblée législative, puis à la Convention. Il vote la mort lors du procès du roi et entre au Comité de sûreté générale le 23 janvier 1793. Mais il est surtout actif dans des missions en province, en Charente et Charente-Inférieure d'abord, dans le Doubs, l'Ain et le Jura d'août à décembre. Après avoir destitué la quasi-totalité des autorités de ces départements, il fait procéder à des arrestations massives et à des jugements expéditifs. Il écrit le 4 octobre au Comité de salut public pour se plaindre de ne pas avoir assez de guillotines : « Il en faudrait au moins une par district ; les prêtres réfractaires rognent chaque jour très inutilement nos subsistances. » Le 10 octobre, il occupe militairement la principauté de Montbéliard, possession du duc de Wurtemberg. Renonçant à ses prénoms, il s'attribue celui « révolutionnaire » de Pioche-Fer. Déchristianisateur enthousiaste, il interdit les enterrements religieux ce qui lui vaut les attaques de Robespierre le jeune qui, de passage à Besançon et à Vesoul, recueille les plaintes contre lui. Aussi se joint-il aux adversaires des deux frères lors du 9 Thermidor. Il est cependant dénoncé comme « robespierriste » et emprisonné jusqu'à la dissolution de la Convention. Sa carrière est désormais terminée au plan politique. Membre du conseil général de la Charente-Inférieure, il reprend son métier d'avocat sous l'Empire. Frappé par la loi contraignant les régicides à l'exil, il s'embarque pour l'Amérique, mais, son bateau ayant fait naufrage sur les côtes de Madère, il s'établit à Funchal et y meurt. Son corps est jeté à la mer, les autorités ecclésiastiques ayant refusé l'inhumation « parce qu'il n'a donné aucune démonstration d'être catholique ».

BERNARDIN DE SAINT-PIERRE (Jacques Henri) (Né au Havre, le 19 janvier 1737, mort à Eragny-sur-Oise, Val-d'Oise, le 21 janvier 1814). Ingénieur, officier, coureur de jupons et grand voyageur, ami de Jean-Jacques Rousseau dont il partage le mauvais caractère, Bernardin de Saint-Pierre connaît la célébrité avec son *Voyage à l'Île de France*, en 1773. Les *Études de la Nature* parues en 1784 ont un immense succès. *Paul et Virginie* consacre sa gloire en 1788 et lui procure assez d'argent pour s'acheter une petite maison au faubourg Saint-Marcel où il vit la Révolution sans y rien comprendre. Nommé intendant du Jardin des Plantes en 1792, cet apologiste de la dégustation du melon en famille, puisqu'il est fait pour être découpé en tranches, est appelé à enseigner la morale à l'École normale nouvellement créée. Bonaparte, qui a une grande admiration pour lui, lui accorde une pension, un logement au Louvre et un siège à l'Académie française.

BERNIER (Étienne Alexandre Jean-Baptiste Marie) (Né à Daon-sur-Mayenne, Mayenne, le 31 octobre 1762, mort à Paris, le 1er octobre 1806). Curé réfractaire, Bernier rejoint les insurgés vendéens en juin 1793 et organise administrativement et religieusement la région révoltée. Il se prête consciemment à l'imposture de l'évêque d'Agra et, chassé par Charette, passe chez Stofflet. Rendu responsable de la mort de Marigny, il organise, contre la volonté de Charette et de Sapinaud, une véritable principauté en Anjou et en haut Poitou. Devinant l'échec de l'insurrection, il négocie la paix de Saint-Florent-le-Vieil. Stofflet ayant repris les hostilités en janvier 1796, Bernier l'attire dans un guet-apens et le fait tomber aux mains des républicains. Désigné après l'exécution de Stofflet comme agent général des armées catholiques et royales, Bernier en donne le commandement militaire à d'Autichamp. Après le 18 brumaire, il s'offre comme médiateur et parvient à obtenir la signature de la paix définitive à Montfaucon. Suspect à la fois aux républicains et aux royalistes, il est choisi par Bonaparte pour négocier le Concordat avec la papauté. Après sa signature, on lui confie la fixation des nouvelles circonscriptions ecclésiastiques et la difficile tâche d'obtenir la démission des titulaires. Espérant le chapeau de cardinal et le diocèse de Paris en récompense de ses services, il doit se contenter d'Orléans.

BERNIS (François Joachim de Pierre, cardinal de) (Né à Saint-Marcel-en-Vivarais, Ardèche, le 22 mai 1715, mort à Rome, le 3 novembre 1794). Abbé de cour fréquentant les plus grands salons de Paris, « bien joufflu, bien frais, bien poupin », au dire de Marmontel, Bernis entre à l'Académie française pour ses poésies et obtient une pension grâce à Mme de Pompadour. En 1750, il obtient l'ambassade de Venise, puis négocie l'alliance avec l'Autriche avant de devenir en 1757 secrétaire d'État aux Affaires étrangères. Archevêque d'Albi en 1764, il se rend à Rome en 1766 et fait élire pape Clément XIV, puis Pie VI en 1774. Bernis n'est pas surpris par les débuts de la Révolution. Il prête serment à la Constitution civile du clergé avec des réserves, est privé de son titre d'archevêque et ses biens sont vendus aux enchères. Resté à Rome, il y accueille généreusement les émigrés français qui affluent.

BERTHIER (Louis Alexandre) (Né à Versailles, le 20 novembre

1753, mort à Bamberg, le 1er juin 1815). Ingénieur géographe, Berthier fait une carrière militaire et participe dans l'armée de Rochambeau à la guerre d'indépendance américaine. Il est nommé major général de la garde nationale de Versailles, le 15 juillet 1789. Maréchal de camp à l'armée du Nord, chef d'état-major de La Fayette puis de Luckner, il est destitué après le passage de La Fayette chez les Autrichiens et la suspension de Luckner. On l'autorise à servir comme volontaire dans l'Ouest en mai 1793 et il devient chef d'état-major de Biron. Il n'est réintégré dans son grade qu'en mars 1795 comme chef d'état-major de l'armée des Alpes et d'Italie. Bien vite général de division et chef d'état-major de Bonaparte, il devient son ami et son confident. Devenu général en chef de l'armée d'Italie le 9 décembre 1797, il occupe Rome le 9 février 1798 et fait proclamer la République romaine. Le 8 mars, il est nommé chef d'état-major de l'armée d'Angleterre. Son élection au Conseil des Cinq-Cents par la fraction dissidente de l'assemblée électorale du Rhône est cassée et, nommé chef d'état-major de l'armée d'Orient, il s'embarque pour l'Égypte avec Bonaparte. Revenu avec ce dernier en France en octobre 1799, il devient ministre de la Guerre du 11 novembre 1799 au 4 avril 1800. Il suit Napoléon dans toutes ses campagnes tout en étant ministre de la Guerre du 8 octobre 1800 au 9 août 1807. Maréchal d'Empire, prince de Neuchâtel et Vallengrin, exécutant scrupuleux et docile des volontés de l'empereur, il meurt par défenestration, assassinat ou suicide ?

BERTHOLLET (Claude Louis, comte) (Né à Talloires, Haute-Savoie, le 9 décembre 1749, mort à Arcueil, le 6 novembre 1822). Docteur en médecine en 1768, Berthollet vient étudier la chimie à Paris en 1772, entre à l'Académie des sciences en 1780, devient directeur des teintures des Gobelins en 1784 et publie les *Éléments de l'art de la teinture* en 1791. Avec Lavoisier, Guyton de Morveau et Fourcroy, il travaille à une nouvelle nomenclature de la chimie. Membre de la Commission des Monnaies en 1792, de la commission d'agriculture, professeur de chimie à l'École normale en 1794, un des fondateurs de l'École polytechnique où il enseigne la chimie, il entre à l'Institut dès sa fondation. Berthollet est envoyé par le Directoire en Italie pour y choisir et faire transporter à Paris les œuvres d'art confisquées par les armées révolutionnaires. Il accompagne Bonaparte en Égypte et crée l'Institut d'Égypte. Entré au Sénat à sa création, fait comte de l'Empire, il consacre ses dernières années à la statique chimique et énonce les lois dites de Berthollet.

BERTIER DE SAUVIGNY (Louis Bénigne François de) (Né à Paris, le 24 mars 1737, assassiné à Paris, le 22 juillet 1789). Fils et successeur de l'intendant de Paris, Bertier manifeste une très grande hostilité à Necker qui le démet. Il recouvre son poste au renvoi de ce dernier et parvient à assurer de façon satisfaisante le ravitaillement de Paris et des troupes que le roi fait masser aux environs, au début de juillet 1789. Les révolutionnaires le couvrent de calomnies, le dénoncent comme affameur et suppôt de la tyrannie. Arrêté sans mandat le 18 juillet par des révolutionnaires à Compiègne, il est massacré sur la place de l'Hôtel de Ville de Paris où on l'a ramené et ses restes mutilés sont exhibés dans les rues. Certains ont attribué son assassinat à une vengeance de Necker ou à l'action des agents du duc d'Orléans.

BERTRAND DE LA HOSDINIÈRE. (Charles Ambroise) (Né à la Carneille dans l'Orne, le 25 mai 1756, mort au même lieu le 30 mai 1819). Procureur du roi, il fut envoyé par le Calvados à la Convention. Il y vota la mort du roi. Membre de la commission des Douze, il fut arrêté après la chute de la Gironde puis libéré. Il siégea aux Cinq-Cents où il se montra partisan zélé du Directoire. Brumaire mit fin à sa carrière.

BERTRAND DE MOLEVILLE (Antoine François, comte) (Né à Toulouse en 1744, mort à Paris, le 19 octobre 1818). Maître des requêtes puis intendant de Bretagne en 1784, Bertrand de Moleville est contraint par une émeute à abandonner son poste à la fin de 1788. Il se montre très vite hostile aux états généraux et suggère au roi de les dissoudre. Louis XVI lui confie en octobre 1791 le ministère de la Marine, mais, attaqué par le comité de marine de l'Assemblée, il doit donner sa démission en mars 1792. Le roi lui confie alors la direction d'une police secrète chargée de la surveillance des Jacobins. Il est dénoncé par Carra comme un des meneurs du Comité autrichien. Après avoir tenté d'organiser l'évasion et la fuite du roi après le 10 août, décrété d'arrestation, il s'enfuit en Angleterre où il rédige ses *Mémoires* et une *Histoire de la Révolution de France*. Il ne revient en France qu'à la Restauration.

BESENVAL (Pierre Joseph Victor, baron de) (Né à Soleure, Suisse, le 14 octobre 1721, mort à Paris, le 27 juin 1794). Après avoir fait toutes les campagnes du règne de Louis XV, puis la guerre d'indépendance américaine, Besenval, homme de taille imposante, séduisant et plein d'esprit, réussit à entrer dans les grâces de la reine Marie-Antoinette. Nommé à la tête des troupes massées autour de Paris au début de juillet 1789, il témoigne d'une grande indécision, donnant des ordres vagues pour ne pas se compromettre. Déféré au tribunal du Châtelet, il obtient son acquittement et vit dans une obscurité confinant à la clandestinité jusqu'à sa mort naturelle, en pleine Terreur. Ses *Mémoires*, publiés par le vicomte de Ségur entre 1805 et 1807, sont surtout un recueil d'anecdotes frivoles, voire scandaleuses.

BESSIÈRES (Jean-Baptiste, duc d'Istrie) (Né à Prayssac, Lot, le 6 août 1768, tué à Rippach, en Saxe, le 1er mai 1813). Capitaine de la garde nationale de Prayssac en 1789, Bessières est désigné par le département du Lot pour servir dans la garde constitutionnelle du roi. A la dissolution de ce corps, le 5 juin 1792, il entre dans la garde nationale parisienne, mais, resté fidèle à la monarchie, se bat pour le roi le 10 août. Il doit se cacher après le triomphe de l'insurrection et s'engage le 1er novembre 1792 dans la légion des Pyrénées. Il se bat sur les Pyrénées jusqu'à la paix en 1795, devient capitaine et passe ensuite à l'armée d'Italie en 1796 et 1797. Il se fait remarquer à Lodi et à Millesimo, est choisi par Bonaparte pour commander sa compagnie des guides, prend part aux batailles de Roveredo, d'Arcole, de Rivoli, de La Favorite et porte au Directoire les drapeaux enlevés aux Autrichiens durant ces combats. Bessières commande ensuite les guides durant la campagne d'Égypte et revient en France sur le même bateau que Bonaparte. Il est à ses côtés le 18 brumaire, est nommé commandant de la garde à cheval des nouveaux consuls. A Marengo en 1800, général de division en 1802, Bessières est fait maréchal d'Empire le 19 mai 1804. Il fait les campagnes de l'Empire à la tête de la garde, est à Austerlitz, à Iéna, à Eylau et à Friedland, puis en Espagne, à Essling et à Wagram. Fait duc d'Istrie en mai 1809, il commande la cavalerie de la garde durant la campagne de Russie, est tué en Saxe par un boulet.

BESTIAUX. D'après l'estimation de Lavoisier, la France comptait en 1789, 2 700 000 bœufs de labour, 389 000 bœufs de boucherie, 4 000 000 de vaches, 20 000 000 de moutons, 4 millions de porcs. On importait pour 6 500 000 livres environ de ces bestiaux et on en exportait pour 4 500 000 seulement. Paris dévorait 70 000 bœufs, 18 000 vaches, 120 000 veaux, 360 000 moutons et 35 000 porcs. La consommation totale des villes était de 400 000 bœufs, 450 000 vaches, 1 500 000 veaux, 3 750 000 moutons, 440 000 porcs. Les campagnes avaient une consommation approximative de 3 000 000 de porcs, 1 500 000 moutons, 600 000 veaux et 6 000 vaches. Les marchés de bestiaux les plus importants autour de Paris étaient à Sceaux et à Poissy.

BEUGNOT (Jacques Claude) (Né à Bar-sur-Aube, le 25 juillet 1761, mort à Bagneux, près de Paris, le 24 juin 1835). Lieutenant général du présidial de Bar-sur-Aube à la veille de la Révolution, Beugnot se rallie aux idées nouvelles et, nommé procureur général-syndic de l'Aube, est élu par ce département à la Législative. Il y siège sur les bancs des modérés, défend les prêtres réfractaires, fait décréter d'accusation Carra et Marat, le 3 mai 1792, prend la défense du garde des Sceaux, Duport-Dutertre. Il ne paraît plus à l'Assemblée après le 10 août. On l'arrête sous la Terreur et il partage la cellule du Girondin Clavière qui se poignarde sous ses yeux à la Conciergerie. Transféré à la Force, il est libéré après le 9 thermidor. Retiré dans son département, il est appelé au ministère de l'Intérieur par Lucien Bonaparte après le 18 brumaire et joue un rôle important dans la mise en place du nouveau personnel préfectoral. Lui-même s'attribue la Seine-Inférieure. Entré au Conseil d'État en 1806, comte de l'Empire en 1810, il est ministre de l'Intérieur dans le gouvernement provisoire en 1814. Chargé par Louis XVIII de la Police puis de la Marine, il devient directeur général des Postes après Waterloo avant d'être élu à la Chambre des députés et d'être fait pair en 1830.

BEURNONVILLE (Pierre de Riel, comte puis marquis de) (Né à Champignolle, Aube, le 10 mai 1752, mort à Paris, le 23 avril 1821). Fils d'un charron, Riel sert aux Indes et à l'île Bourbon. Il est colonel de la compagnie des Suisses du comte d'Artois lorsque débute la Révolution. Aide de camp de Luckner à l'armée du Rhin le 6 mars 1792, il passe à celle du Nord et sert sous Dumouriez. On le trouve à Valmy, à Jemmapes. La Convention l'élit, le 4 février 1793, ministre de la Guerre. Envoyé avec quatre commissaires de l'Assemblée à l'armée du Nord pour ramener Dumouriez dans le droit chemin, il est livré par ce dernier aux Autrichiens et emprisonné à Olmütz. Échangé contre la fille de Louis XVI, le 3 novembre 1795, il est adjoint au ministre de la Guerre avant d'être mis à la tête de l'armée du Nord et des troupes de Batavie en mars 1796, puis à celle de Sambre-et-Meuse, alternant les deux commandements jusqu'à la fin de 1798. Ayant favorisé le coup d'État du 18 brumaire, il est envoyé par Bonaparte comme ministre plénipotentiaire à Berlin et chargé de négocier la paix avec la Russie, puis nommé ambassadeur de France en Espagne en 1802. Fait sénateur et comte de l'Empire, mais frustré du bâton de maréchal qu'il ambitionnait, membre du gouvernement provisoire le 3 avril 1814, il favorise le retour de Louis XVIII. Mis hors la loi durant les Cent-Jours, il obtient du roi la pairie, un marquisat et le maréchalat tant convoité. Son nom figure sur la face nord de l'Arc de triomphe.

BEYSSER (Jean-Michel) (Né à Ribeauvillé, Haut-Rhin, le 4 novembre 1753, guillotiné à Paris le 13 avril 1794). Après avoir servi de 1769 à 1778 au régiment de Lorraine-dragons, Beysser passe au régiment suisse de Meuron aux ordres de la compagnie des Indes néerlandaises et ne reparaît en France qu'en 1788. Major des dragons nationaux à Lorient en juillet 1789, il connaît, grâce à la guerre, une rapide promotion. Général de brigade et commandant la place de Nantes, il repousse les Vendéens à la fin de juin 1793. Mais, ayant signé le manifeste fédéraliste, le 5 juillet, il doit se réfugier à Lorient. S'étant présenté à la Convention le 2 août, il est rétabli dans son grade. Mais, battu par les Vendéens à Montaigu le 17 septembre, il est arrêté et emprisonné à l'Abbaye le 2 octobre. Le tribunal révolutionnaire le condamne à mort en même temps que Dillon, Chaumette et Gobel. Cet Alsacien jovial et buveur « fit des chansons jusque sous la guillotine » (Michelet).

BIAUZAT (Jean-François Gaultier de) (Né à Vodable, Puy-de-Dôme, le 23 octobre 1739, mort à Paris, le 22 février 1815). Après un noviciat de jésuite interrompu par la suppression de l'ordre, Biauzat devient avocat à Clermont-Ferrand. Ses *Doléances sur les surcharges que les gens du peuple supportent en toute espèce d'impôt*, parues en 1788, favorisent son élection par le tiers état de la sénéchaussée de Clermont aux états généraux. Maintenant une correspondance assidue avec ses électeurs, il fonde aussi *Le Journal des débats et décrets*, étendant ainsi à toute la France ses rapports à ses commettants. Élu maire de Clermont-Ferrand, organisateur du département du Puy-de-Dôme, il préfère donner sa démission au bout d'un an pour rester à Paris comme juge au tribunal du IVe arrondissement. Trop modéré pour ses électeurs parisiens, il n'est pas renouvelé dans ses fonctions de juge et retourne à Clermont en 1793. Là aussi, les terroristes ont pris le pouvoir, et il se retrouve en prison jusqu'à la mort de Robespierre. Libéré, il est remis à la tête de la municipalité jusqu'en juillet 1795. Il revient alors à Paris où il est nommé commissaire du pouvoir exécutif près le tribunal de cassation. Juré lors du procès de la conspiration des Égaux, juge au tribunal de cassation en septembre 1797, il bénéficie de l'amitié de Cambacérès au début du Consulat et devient commissaire du gouvernement près le tribunal de la Seine avant d'être conseiller à la cour d'appel de Paris.

BIBLIOTHÈQUE DE L'HOMME PUBLIC. Fondée en février 1790 par l'abbé Balestrier de Canilhac, cette revue bibliographique des ouvrages savants paraissant en Europe avait pour collaborateurs Condorcet, Peyssonnel, Le Chapelier et de nombreux autres philosophes, juristes et savants. Elle cessa de paraître avec l'aggravation de la situation et la déclaration de guerre, en avril 1792.

BIBLIOTHÈQUE DE LA VILLE. Constituée de la bibliothèque léguée à la ville de Paris par Moriau en 1759 et de la bibliothèque de l'ordre des avocats, vendue à sa dissolution, la Bibliothèque de la Ville occupa plusieurs emplacements, à l'hôtel

Lamoignon, rue Saint-Antoine, à l'Hôtel-de-Ville. Elle fut incendiée en mai 1871 par les Communards en même temps que les bâtiments de l'Hôtel de Ville. Reconstituée sous la IIIe République, elle a retrouvé ses locaux primitifs au 24 de la rue Pavée, à l'hôtel Lamoignon.

BIBLIOTHÈQUE DU ROI. Constituée sous Charles VIII après qu'une première bibliothèque, rassemblée par Charles V, eut été dispersée pendant la guerre de Cent Ans, la Bibliothèque du roi, augmentée par le dépôt légal et les largesses des souverains, fut installée à son actuel emplacement en 1724. Elle comptait environ deux cent mille volumes en 1789 et se divisait en cinq départements : livres imprimés, médailles et antiques, gravures, titres et généalogie. En 1790, la bibliothèque connut un enrichissement colossal avec l'arrivée des bibliothèques monastiques confisquées à la suite de la nationalisation des biens du clergé. La Bibliothèque du roi était ouverte au public deux jours par semaine, les mardis et les vendredis de 9 heures à midi.

BIBLIOTHÈQUE NATIONALE. Héritière de la Bibliothèque du roi après l'abolition de la monarchie, la Bibliothèque nationale s'accrut entre 1792 et 1800 des bibliothèques confisquées aux armées et des pillages dans les pays occupés par les armées révolutionnaires.

BICAMÉRISME. Les députés admirateurs du système politique anglais souhaitaient en 1789 voir adopter une dualité parlementaire, avec une Chambre Basse et une Chambre Haute, comme les Chambres des Communes et des Lords de Londres. Les principaux défenseurs du bicamérisme étaient Bergasse, Champion de Cicé, Clermont-Tonnerre, Lally-Tollendal, Mounier. Les monocaméristes soutenaient qu'un tel système amènerait la reconstitution de l'aristocratie et finirent par l'emporter à la Constituante, le 10 septembre 1789. Le bicamérisme fut ressuscité par le Directoire qui créa à côté du Conseil des Cinq-Cents un Conseil des Anciens.

BICÊTRE, voir **HOPITAUX** et **PRISONS.**

BICHAT (François Marie Xavier) (Né à Thoirette, Jura, le 14 novembre 1771, mort à Paris, le 22 juillet 1802). Bichat commence ses études médicales à l'Hôtel-Dieu de Lyon en 1791 où il vit le drame du siège de la ville. Affecté ensuite à l'hôpital de Bourg-en-Bresse puis à l'Hôtel-Dieu à Paris, il y suit l'enseignement de Desault et continue la publication des travaux de ce dernier après sa disparition en 1795. En septembre 1798, Bichat ouvre un laboratoire, rue des Carmes, et y enseigne l'anatomie, la chirurgie et la physiologie, en pratiquant l'expérimentation sur des animaux vivants, ce qui fait de lui un des fondateurs de la physiologie expérimentale. Son cours a un succès énorme en raison de la nouveauté de ses méthodes. Il fait paraître en 1799 un *Traité des membranes,* puis des *Recherches physiologiques sur la vie et la mort,* une *Anatomie générale appliquée à la physiologie et à la médecine* et une *Anatomie descriptive.* Bien qu'il n'ait pas le titre de docteur en médecine, il est nommé en janvier 1801 médecin à l'Hôtel-Dieu de Paris. Épuisé par un travail excessif, il meurt des suites d'une chute. Corvisart, annonçant son décès à Bonaparte, écrivit : « Personne, en si peu de temps, n'a fait tant de choses et aussi bien. »

BIENFAISANCE (bureau de). Existant déjà avant la Révolution, le Bureau de bienfaisance avait pour mission de porter des secours à domicile. Il y en eut un par arrondissement à Paris à partir de 1795. Ces bureaux furent placés en 1803 sous le contrôle de l'administration générale des hospices. Il y avait alors 86 936 indigents à Paris.

BIENNE (république de). Cette ville située au bord du lac du même nom, en Suisse, demanda en février 1798 à faire partie de la République française, ce qui lui fut accordé. Bienne fait actuellement partie du canton de Berne.

BIENS COMMUNAUX. C'est ainsi qu'on nomme les terres soumises à un régime d'indivision entre les habitants de la commune. Ce sont des pâquis, des forêts ou des landes. Les paysans jouissent de droits d'usage sur ces terres : glanage, vaine pâture, affouage... Les cahiers de doléances exprimèrent en 1789 leur hostilité au partage de ces biens que proposait la monarchie. La Constituante décréta la mise en vente des terres labourables, et le partage entre les habitants des terres incultes fut voté par la Législative en 1792. Le partage ne se fit, en pratique, qu'assez rarement et le Directoire en abolit l'obligation.

BIENS DES CONDAMNÉS. Les biens des condamnés pour crimes contre-révolutionnaires sont mis sous séquestre et réunis aux biens nationaux, les familles ne gardant que les objets mobiliers. Le décret du 14 floréal an III (4 avril 1795) restitue, sauf quelques exceptions, les biens confisqués en vertu de jugements des tribunaux révolutionnaires.

BIENS DES ÉMIGRÉS. Le 31 octobre 1791, une série de décrets rend les émigrés qui ne rentreront pas sous deux mois passibles de la peine de mort et de la confiscation de leurs biens. Aussi, à partir du 1er janvier 1792, sont-ils intégrés avec les biens ecclésiastiques dans les biens nationaux. Des primes sont offertes à ceux qui font connaître des biens dissimulés ou ayant échappé au séquestre. En 1802, Bonaparte promulgue un sénatus-consulte qui restitue aux émigrés les biens non encore vendus.

BIENS ECCLÉSIASTIQUES. Les biens appartenant au clergé et aux communautés religieuses sont nommés biens ecclésiastiques. Ils représentent une fortune colossale en biens fonciers, peut-être 20 % des terres du royaume. Sur proposition de Mirabeau, ils sont mis à la disposition de la nation et vendus en exécution des décrets des 13 mai et 16 juillet 1790, comme biens nationaux.

BIENS NATIONAUX. Cette appellation recouvre sous la Révolution deux catégories de biens mis à la disposition de l'État : les biens ecclésiastiques vendus en exécution des décrets des 13 mai et 16 juillet 1790, les biens des émigrés visés par les décrets des 2 septembre 1792 et 3 juin 1793. L'ensemble représente environ 6 milliards de livres. Dès 1791, une grande partie de ces biens est vendue. Sous la Terreur, un effort est fait pour favoriser l'achat par les pauvres et les indigents, mais, dans l'ensemble, ce sont des paysans aisés et des bourgeois qui acquièrent ces terres, profitant souvent de la dépréciation des assignats qui servent à les payer. Grâce à la vente des biens nationaux, le nombre des propriétaires terriens a doublé entre 1789 et 1815.

BILLAUD-VARENNE (Jacques Nicolas Billaud, dit) (Né à La Rochelle, le 23 avril 1756, mort en Haïti, le 13 juin 1819). Avocat sans clientèle, auteur d'une comédie, *La Femme comme il n'y en a plus*, jouée et sifflée dans sa ville natale, Billaud quitte La Rochelle pour devenir préfet des études au collège de Juilly. Il abandonne l'enseignement à la fin de 1784, soit que son père ait réussi à le convaincre de reprendre le métier plus honorable d'avocat, soit que ses supérieurs oratoriens aient découvert qu'il occupait ses loisirs à écrire des poésies quelque peu lestes. Il épouse en 1786 la fille naturelle d'un fermier général et, nanti d'une petite pension par son père, vit désormais à l'abri du besoin, ajoutant même à son nom celui de Varenne, village voisin de La Rochelle où son père possède une ferme. Dévoré par le besoin d'écrire, il publie plusieurs brochures où il s'en prend à la religion et au *Despotisme des ministres de France,* pavé anonyme de mille pages. L'ouvrage a un certain succès et pourtant Billaud-Varenne n'arrive pas à se faire une place dans le monde politique. Il ne parvient même pas à se faire nommer électeur de son district parisien en 1789. « Certes, il n'était pas très communicatif, ses manières d'aborder les gens manquaient d'aménité et il tenait même à accentuer l'air renfrogné et maussade qu'il s'était volontairement donné... Il "tranchait" trop et n'arrivait pas à s'imposer aux habitants de son quartier » (G. Walter). Même au club des Jacobins, où il est un auditeur assidu, il n'arrive pas à s'imposer. Au moment de la fuite du roi à Varennes, il s'enhardit à monter à la tribune et propose de discuter du gouvernement convenant à la France, républicain ou monarchique. L'audace de ce propos lui vaut d'être exclu du club des Jacobins, Danton l'accueille fraternellement aux Cordeliers. Réintégré aux Jacobins, il en est secrétaire, le 17 avril 1792, et vice-président, le 2 juillet. Après le 10 août, il succède à Danton comme substitut du procureur de la Commune. Ce personnage sombre et farouche donne toute sa dimension dans cette fonction. Sa responsabilité dans les massacres de septembre est écrasante. Méhée lui attribue ces paroles : « Respectables citoyens, vous venez d'égorger des scélérats ; vous avez sauvé la patrie ; la France entière vous doit une reconnaissance éternelle ; la municipalité ne sait comment s'acquitter envers vous... Je suis chargé de vous offrir à chacun vingt-quatre livres. » Billaud lui-même parle à propos de ces assassinats de « vengeances nationales ». Élu député de Paris à la Convention, il demande l'accélération du procès du roi et vote la mort. En mars et avril 1793, on le trouve en mission en Bretagne. Il joue un rôle important dans la chute et la proscription des Girondins, les 31 mai et 2 juin. Après une mission dans le Nord, il est élu président de la Convention, le 5 septembre, et demande le jugement en priorité des ministres Clavière et Lebrun et de la reine. Le 6, il entre au Comité de salut public avec son ami Collot d'Herbois. Tous deux soutiennent la politique de Robespierre et de Saint-Just et partagent avec eux la responsabilité de l'élimination des dantonistes et des hébertistes. Billaud-Varenne le reconnaît explicitement dans ses *Mémoires,* où il s'accuse d'avoir « assassiné la liberté » en envoyant à la guillotine Danton et Robespierre. Car il porte aussi la responsabilité de la chute de ce dernier. Ne s'écrie-t-il pas à la tribune de la Convention, le 8 thermidor, s'opposant à l'envoi dans les départements du discours de Robespierre : « J'aime mieux que mon cadavre serve de trône à un ambitieux que de devenir, par mon silence, le complice de ses forfaits. » D'abord épargné par les Thermidoriens dont il avait facilité le triomphe, il les indispose par un discours menaçant au club des Jacobins, le 4 novembre 1794. Une commission de vingt et un membres est constituée le 27 décembre pour examiner la conduite de Barère, Billot, Collot et Vadier. Condamné à la déportation, Billaud est d'abord enfermé à Cayenne puis relégué à Sinnamari. Grâcié après le 18 brumaire, il ne veut pas reconnaître le nouveau régime et reste à Cayenne, cultivant un petit domaine. En 1816, la Guyane, occupée depuis sept ans par les Portugais, redevient française et, Billaud, craignant sans doute les vexations des Bourbons, s'embarque pour New York puis s'installe en Haïti. Ses dernières paroles auraient été : « Mes ossements, du moins, reposeront sur une terre qui veut la liberté ; mais j'entends la voix de la postérité qui m'accuse d'avoir trop ménagé le sang des tyrans d'Europe. »

BILLETS DE CONFIANCE. C'est le nom donné aux billets émis par des particuliers sur papier libre. Ces lettres de change ou reconnaissances de dettes à usage personnel furent parfois revêtues d'une apparence officielle par l'apposition frauduleuse des timbres des sections parisiennes. La municipalité prit un arrêté, le 12 août 1791, interdisant formellement cette pratique.

BIRON (Armand Louis de Gontaut, duc de Lauzun puis de) (Né à Paris, le 13 avril 1747, guillotiné à Paris, le 31 décembre 1793). Héritier d'une fortune colossale, Biron la dilapida en quelques années et paya ses dettes grâce aux gains tirés des victoires de ses chevaux aux courses. Admis dans le cercle des familiers de la reine, célèbre pour ses conquêtes féminines, il fut placé par la rumeur publique au rang des amants de Marie-Antoinette. Son projet d'alliance entre la France et la Russie fut présenté au Conseil du Roi mais n'eut aucun succès. Se piquant de comprendre quelque chose à la politique, il n'hésita pas à suivre les conseils de Mirabeau et se fit élire aux états généraux par la noblesse du Quercy. Cet écervelé notoire témoigna de plus de sens politique que bien de ses contemporains aristocrates lorsque, à la fin de la nuit du 4 août, il s'écria, éberlué : « Messieurs, qu'est-ce que nous avons fait ? » A la dissolution de la Constituante, il demanda à revenir dans l'armée, où il s'était signalé sous les ordres de Rochambeau en Amérique. Il fut le chef d'état-major de ce dernier à l'armée du Nord, puis commanda l'armée du Rhin en juillet 1792, celle d'Italie à la fin de l'année, prit enfin le commandement des armées luttant contre l'insurrection vendéenne à la fin de mai 1793. Il se heurta au général Rossignol, un civil improvisé militaire mais jouissant de la confiance de la Convention, et fut rappelé à Paris. Ayant eu le tort de présenter une justification écrite précise mais d'une ironie peu appréciée par le Comité de salut public, il fut jeté en prison le 16 juillet. On sembla l'y oublier et cet esprit persifleur y confia au comte Beugnot, son compagnon de cellule : « Il y a trop longtemps que ces gens-là m'ennuient ; ils vont me faire couper le cou, mais au moins tout sera fini. » Lorsqu'il comparut, le 25 décembre 1793, devant le tribunal révolutionnaire, on lui demanda de décliner son identité et il répondit : « Chou, navet, Biron, comme vous voudrez. » Aux reproches qu'on lui fit sur sa conduite militaire en Vendée, il rétorqua non sans raison : « Vous ne savez pas ce que vous dites, vous êtes des ignorants qui n'entendez rien à la guerre. Finissez vos questions. » Condamné à mort, il quitta la salle en disant : « Ma foi, mes amis, c'est fini ; je m'en vais. » Lorsqu'on vint le chercher pour la guillotine, il acheva paisiblement son repas, offrit à boire à son gardien et partit vers la mort en témoignant d'une sérénité socratique.

BIROTTEAU (Jean Bonaventure Blaise Hilarion) (Né à Perpignan, le 21 octobre 1758, mort à Bordeaux, le 24 octobre 1793). Avocat à Perpignan à la fin de l'Ancien Régime, Birotteau devient administrateur municipal de sa ville natale et secrétaire du district à la Révolution avant d'être élu par les Pyrénées-Orientales à la Convention où il se range parmi les Girondins. Personnage brouillon et émotif, il s'en prend maladroitement à la Commune de Paris et aux « septembriseurs ». Il vote la mort du roi assortie du sursis. Le 19 décembre 1792, il commet une faute majeure en demandant à la Convention le transfert de l'Assemblée dans un autre département, ce qui lui attire la réplique de Buzot : « Tu nous perds ! » Le 1er avril 1793, il dénonce Fabre d'Églantine pour avoir proposé au Comité de sûreté générale le rétablissement de la monarchie comme seul moyen de sauver la patrie, ce qui lui vaut la haine des dantonistes. Arrêté le 2 juin avec ses amis girondins, il s'échappe avec l'aide de son collègue et compatriote catalan Cassanyès et se rend à Lyon où il incite la population à marcher contre la Montagne. Les royalistes ayant pris la tête du mouvement insurrectionnel dans cette ville, il se rend à Bordeaux où il est arrêté et guillotiné sous les fenêtres de Tallien, alors représentant en mission dans la Gironde.

BLANQUI (Jean Dominique) (Né à Drap, Alpes-Maritimes, le 23 avril 1757, mort à Paris, le 31 mai 1832). Fabricant de cuirs ou professeur de mathématiques et de physique avant la Révolution, porté parfois aussi comme homme de loi, Blanqui émerge comme député des Alpes-Maritimes à la Convention après la réunion du comté de Nice à la France. Ayant été parmi les soixante-quinze signataires de la protestation contre l'arrestation des Girondins, il est arrêté à son tour le 3 octobre 1793. Il narre avec beaucoup de complaisance et quelque exagération sa détention dans *Mon agonie de dix mois*. Libéré après la chute de Robespierre, il est élu au Conseil des Cinq-Cents par les Alpes-Maritimes. Sous-préfet de Puget-Théniers jusqu'à la fin de l'Empire, il revient à la vie privée sous la Restauration. Son fils Auguste, comploteur éternel et toujours malchanceux, a eu plus de célébrité que lui.

BLEUS. C'est ainsi que les Vendéens nommaient les soldats de la République, à cause de la couleur de leur uniforme.

BO (Jean-Baptiste Jérôme) (Né à Mur-de-Barrez, Aveyron, le 1er juillet 1743, mort à Fontainebleau, le 15 mai 1814). Médecin dans sa ville natale, procureur-syndic du district, Bo est élu par l'Aveyron à l'Assemblée législative puis à la Convention. Il vote pour la mort lors du procès du roi. Son activité se situe surtout en province où il est un des représentants en mission les plus actifs. D'abord dans le Tarn et l'Aveyron, puis envoyé en Corse, il est arrêté par les fédéralistes marseillais et emprisonné trois mois jusqu'à sa libération par les troupes du général Carteaux. On l'envoie alors à l'armée des Ardennes, dans la Marne et l'Aube. Révolutionnaire zélé, « missionnaire de la Terreur », il écrit de Reims : « L'argenterie des églises va prendre des formes plus républicaines... Les fourrages destinés à nos armées sont logés majestueusement dans la cathédrale. » Envoyé ensuite à Nantes pour remplacer Carrier, il s'y montre plus clément que son prédécesseur. Il est en mission à l'armée des Pyrénées occidentales lorsqu'il est décrété d'accusation avec neuf autres représentants en mission un peu trop expéditifs. Après trois mois de prison, l'amnistie votée par la Convention à la veille de sa dissolution lui rend la liberté. Il végète comme chef de bureau sous le Directoire puis se retire à Fontainebleau après le 18 brumaire pour y reprendre l'exercice de la médecine.

BOILLEAU (Jacques) (Né à Avallon le 25 mai 1751, exécuté à Paris le 31 octobre 1793). Avocat à Avallon, il fut élu par le département de l'Yonne à la Convention. Compromis avec les Girondins, il fut condamné à mort avec eux.

BOILLY (Louis Léopold) (Né à La Bassée, Nord, le 5 juillet 1761, mort à Paris, le 4 janvier 1845). Portraitiste et peintre de sujets amoureux, Boilly est suspect aux révolutionnaires à cause de ses tableaux « contraires aux bonnes mœurs ». Il se fait pardonner en exécutant un *Triomphe de Marat* aujourd'hui au Musée de Lille et est admis à la Société républicaine des arts. On lui doit aussi, au fil des circonstances politiques, un *Banquet des Girondins* et une *Arrestation de Garat.* Mais la préférence de Boilly va aux scènes de genre : le *Jardin des Tuileries,* les *Incroyables,* les *Coucous sur la place de la Concorde...* Sous l'Empire, il alterne fresques officielles, portraits et scènes de genre qui font surtout son succès. Ses œuvres témoignent d'un grand souci de vérité et ses portraits sont très ressemblants. Un des plus célèbres est celui de Lucile Desmoulins.

BOIS COMMUNAUX. Les communes furent tenues par un décret de la Législative du 24 août 1792 de conserver en indivision les bois communaux, exclus du partage des biens communaux. Quelques ventes ayant quand même eu lieu, un projet de loi adopté en 1798 autorisa l'administration centrale à revoir et à annuler éventuellement ces aliénations.

BOISGELIN (Jean-de-Dieu Raymond de) (Né à Rennes, le 27 février 1732, mort à Angervilliers, Essonne, le 22 août 1804). Évêque de Lavaur en 1765, archevêque d'Aix en 1770, membre de l'Académie française en 1776, Boisgelin prononce les oraisons funèbres du dauphin, fils de Louis XV, du roi Stanislas de Pologne, duc de Lorraine et de la dauphine ainsi que le discours du sacre de Louis XVI. Membre de la première Assemblée de notables en 1787, il est élu aux états généraux par le clergé de la sénéchaussée d'Aix et s'oppose à la réunion des trois ordres, à l'abandon des biens du clergé, à la suppression de la dîme mais offre 400 millions au nom de l'Église de France. Il tente d'empêcher l'adoption de la Constitution civile du clergé en proposant la réunion d'un concile national. Ayant échoué, il refuse de prêter serment et émigre en Angleterre en 1792. Revenu en France après la signature du Concordat, il est nommé archevêque de Tours en 1802, fait des vœux pour le Consulat à vie, est créé cardinal en janvier 1803 puis sénateur peu avant sa mort.

BOISSET (Joseph Antoine) (Né à Montboucher, Drôme, le 7 octobre 1748, mort à Montboucher, le 15 septembre 1813). Avocat à Montélimar et administrateur de ce district en 1790, Boisset est élu par la Drôme à la Convention. Il vote la mort pour le roi, mais est surtout chargé de missions dans les départements : organisation de la levée en masse dans la Drôme et les Bouches-du-Rhône, puis dans l'Ardèche, l'Aveyron, l'Hérault, la Haute-Garonne, l'Aude, l'Ariège. Il entre en conflit avec plusieurs sociétés populaires locales et écrit au Comité de sûreté générale, le 4 février 1794 : « Les intrigants d'Agde, de Cette et de Montpellier doivent me dénoncer, je vous en préviens... Les déclarations des malheureux habitants des campagnes, qui ont été pillés et taxés par la horde des scélérats qui veut régner, font mouvoir les passions. » Accusé par les Jacobins de Nîmes d'avoir destitué le maire, un maratiste, il est finalement sommé de rentrer à Paris, le 21 février. Après la chute de Robespierre, on l'envoie dans l'Ain, l'Allier, la Saône-et-Loire, destituer les « terroristes » mis en place par le Comité de salut public et libérer les nobles, parents d'émigrés et prêtres réfractaires. En avril 1795, c'est dans l'Ain, l'Isère et le Rhône qu'il se charge de désarmer les nostalgiques de la Terreur. « Il ne faut pas qu'un seul des scélérats qui ont opprimé leurs concitoyens, qu'un seul suppôt de la tyrannie conserve les moyens de nuire », écrit-il. Son habileté manœuvrière lui permet de s'adapter à la nouvelle situation politique et il est élu par la Drôme au Conseil des Anciens, réélu en 1798 par l'Ardèche. Après brumaire, il revient dans son pays où il est modestement inspecteur des poids et mesures puis conseiller de préfecture.

BOISSY D'ANGLAS (François Antoine) (Né à Saint-Jean-Chambre, Ardèche, le 8 décembre 1756, mort à Paris, le 20 octobre 1826). De souche protestante, avocat au Parlement de Paris avant d'acheter la charge de maître d'hôtel de Monsieur et de se consacrer entièrement aux lettres, Boissy d'Anglas est élu aux états généraux par le tiers état de la sénéchaussée d'Annonay. Il joue un rôle très effacé et n'intervient pratiquement pas à la tribune, ce qui s'explique largement par le bégaiement léger dont il est affligé. Durant la Législative, il exerce les fonctions de procureur général-syndic de l'Ardèche. Élu par ce département à la Convention, il y est aussi discret, siégeant sur les bancs de la Plaine. Lors du procès de Louis XVI, il déclare : « Il s'agit moins pour moi d'infliger un juste châtiment que de procurer la paix intérieure. » Aussi vote-t-il pour l'appel au peuple, pour la détention et le bannissement à la paix, pour le sursis à l'exécution. Il proteste par écrit après l'arrestation des Girondins, mais s'abaisse à flatter Robespierre dans son *Essai sur les fêtes nationales*, comparant celui-ci lorsqu'il parle de l'Être suprême, à Orphée « enseignant aux hommes les premiers principes de la civilisation et de la morale ». A la chute de Robespierre, il jette bas le masque et ne cache plus ses opinions hostiles à la Terreur. Il entre au Comité de salut public « régénéré » et débarrassé de ses éléments « terroristes », fait rouvrir la Bourse et rétablir la liberté des cultes sans signes extérieurs. Accusé par les Jacobins d'entretenir la pénurie de vivres à Paris, il se voit affligé du surnom de Boissy-Famine. C'est lui qui préside la Convention le jour de l'émeute du 1er prairial (21 mai 1795) : on lui présente la tête du député Féraud au bout d'une pique ; il se lève et la salue respectueusement. Son sang-froid dans des circonstances aussi dramatiques lui vaut une immense popularité parmi ses collègues députés. Membre de la commission des onze chargée d'élaborer une nouvelle constitution, il s'en est vu attribuer la paternité, et les opposants l'ont dénommée *Constitution Babebibobou* par allusion à son bégaiement. En fait, s'il en est le rapporteur, c'est Daunou qui la défend devant la Convention. Élu au Conseil des Cinq-Cents par soixante-douze départements, il s'exclame : « Ils me nomment plus qu'un roi ! » Affilié au parti clichyen, il est victime de la répression contre les royalistes après le 18 fructidor, réussit à se cacher et à échapper à la déportation. Peu avant Brumaire, sentant proche la fin du Directoire, il se constitue prisonnier. Amnistié par Bonaparte qui le tient en grande estime, il entre au Tribunat et le préside, puis au Sénat en 1804, est fait comte de l'Empire en 1808. Il apprend à La Rochelle la déchéance de l'empereur en avril 1814 et y souscrit, est fait pair de France par Louis XVIII. Quoiqu'il se soit à nouveau rallié à Napoléon durant les Cent-Jours, il est réintégré dans la pairie après trois semaines d'exclusion seulement par le roi qui ne lui en tient guère rigueur. Il est vrai que Boissy d'Anglas a toujours été royaliste de cœur, même aux heures les plus sombres de la Révolution.

BOMBARDIERS. Il subsistait encore en 1789 des bombardes, pièces d'artillerie lançant des boulets de pierre. On comptait quatre compagnies de 71 bombardiers dans chacun des sept régiments d'artillerie, formant une cinquième division de cette arme. Lors de la réorganisation de l'artillerie, en 1791, les bombardiers furent supprimés.

BONAL (François de) (Né au château de Bonal, Lot-et-Garonne, le 9 mai 1734, mort à Munich, le 3 septembre 1800). Évêque de Clermont en 1776, Bonal est élu par le clergé de la sénéchaussée de Clermont aux états généraux. Hostile depuis longtemps aux idées nouvelles, il tente de s'opposer à la réunion des trois ordres, puis se fait élire à la tête du Comité ecclésiastique de l'Assemblée constituante. Il vote contre la mise des biens du clergé à la disposition de la nation demandée et obtenue par Talleyrand. Il proteste en février 1790 contre la suppression des ordres religieux. Bonal fait tout son possible pour retarder l'adoption de la Constitution civile du clergé, proposant d'attendre les explications du pape puis de réunir un concile national. Le 2 janvier 1791, il fait sa soumission au serment mais réserve tout ce qui relève du spirituel. Louis XVI lui ayant demandé s'il pouvait recevoir la communion pascale d'un prêtre assermenté, Bonal lui conseille d'y renoncer. Sa lettre est retrouvée dans l'armoire de fer aux Tuileries et produite au cours du procès du roi. Émigré à la fin de 1791, après avoir signé avec vingt-cinq autres évêques et cent quinze ecclésiastiques une déclaration collective condamnant le régime, il se rend à Bruxelles puis à La Haye. Arrêté par les forces républicaines à leur entrée en Hollande, condamné à la déportation, il se rend en Allemagne et en Suisse et meurt à Munich.

BONALD (Louis Gabriel Ambroise, vicomte de) (Né au château de Monna, près de Millau, le 2 octobre 1754, mort au château de Monna, le 23 novembre 1840). Ancien mousquetaire du roi, maire de Millau de 1785 à 1789, Bonald devient en 1790 président de l'administration centrale de l'Aveyron. Il démissionne l'année suivante pour n'avoir pas à mettre en application la Constitution civile du clergé et se rend à l'armée de Condé, où il sert jusqu'en 1795. Établi ensuite en Suisse, il publie son premier ouvrage en 1796 : *Théorie du pouvoir politique et religieux dans la société civile*, apologie de la monarchie. Revenu en 1797 en France, il y vit dans la clandestinité jusqu'à sa radiation de la liste des émigrés en 1802, publiant un *Essai analytique sur les lois naturelles de l'ordre social* (1800), *Du divorce* (1801), *Législation primitive* (1802). Collaborateur au *Mercure de France*, conseiller à l'Université, il entre au Conseil de l'Instruction publique au retour des Bourbons, représente l'Aveyron à la Chambre des députés de 1815 à 1822. Louis XVIII le fait vicomte en 1821, ministre d'État en 1822, pair de France en 1823. Un des chefs du parti ultra-royaliste, Bonald est surtout l'idéologue de la monarchie chrétienne et le théoricien du parti légitimiste. Sa pensée a été relayée par celle de Maurras.

BONAPARTE (Lucien), 1775-1840. Frère cadet de Napoléon, il était le troisième fils de Charles Bonaparte. Tout jeune, il s'était lié avec Paoli qui le surnommait son « petit philosophe », mais ayant pris parti pour la Convention, Lucien, par ses imprudences, compromit sa famille et dut fuir avec elle son île natale. Il entra dans l'administration des vivres militaires, se faisant appeler Brutus Bonaparte et fréquentant les clubs. Commissaire des guerres à l'armée du Rhin grâce à la protection de son frère, puis commissaire en Corse, il réussit en germinal an VI à se faire élire député du département du Liamone au Conseil des Cinq-Cents sans avoir l'âge légal. Il y parla en faveur des veuves de guerre et pour la liberté illimitée de la presse. Il fut aussi un actif propagandiste pour son frère Napoléon alors en Égypte. Président du Conseil des Cinq-Cents, il permit la réussite du coup d'État, le 19 brumaire, en déposant ses insignes, évitant ainsi à son frère d'être mis hors la loi. Il sut ensuite galvaniser les troupes, les déterminant à intervenir contre les députés. Il s'entendait mal avec son frère Napoléon et dut échanger le portefeuille de l'Intérieur contre une ambassade à Madrid. Lors de la vente de la Louisiane, il entra en conflit avec son frère et se brouilla avec lui à propos de son remariage avec Mme Doubertthon. Il renoua avec Napoléon au moment des Cent-Jours puis vécut retiré en Italie.

BONAPARTE (Napoléon), 1769-1821. Spectateur indifférent des débuts de la Révolution, Napoléon la terminera conformément à la prédiction de Robespierre sur le rôle des généraux.

Né à Ajaccio le 15 août 1769 (sa date de naissance sera contestée sans preuve sérieuse par Chateaubriand qui voulait le vieillir d'un an afin de le faire naître avant l'annexion de la Corse), il appartient à la petite « noblesse » corse. Son père Charles Bonaparte a été nommé député aux états généraux de Corse près du roi en 1778 et a emmené pour la première fois Napoléon ainsi que son frère aîné Joseph sur le continent. Le 1er janvier 1779, Napoléon entre au collège d'Autun. En mai 1779, il passe au collège militaire de Brienne. En octobre 1784, il entre à l'École militaire de Paris. Il en sort le 28 octobre 1784, 42e sur 58 promus. Il est en garnison à Valence. Il lit beaucoup et songe surtout à la Corse. En septembre 1786, il obtient une permission, il ne rentrera qu'en septembre 1787 ; nouveau séjour dans son île natale le 1er janvier 1788. Ce n'est qu'en juin qu'il rejoint son régiment à Auxonne. Il participe au maintien de l'ordre mais considère sans déplaisir la Révolutien naissante. A l'inverse de plusieurs de ses camarades officiers, il n'émigre pas mais accepte au contraire de prêter serment de fidélité à la nation, à la loi et au roi. En fait, c'est la Corse qui l'occupe. Paoli y est à la tête de l'agitation. Troisième séjour de Bonaparte dans l'île de septembre 1789 à février 1791. Il se mêle aux luttes politiques, soutenant Paoli. De retour à Auxonne, il rédige et publie sa lettre à Buttafuoco, où il stigmatise cet adversaire de Paoli. La Corse continue à absorber ses pensées. Il y séjourne de septembre 1791 à mai 1792. Il est à Paris lorsque se produit la prise des Tuileries. Il en gardera une grande méfiance envers la capitale. Octobre 1792 : nouveau séjour en Corse. L'expédition de Sardaigne tourne court en février 1793 et Bonaparte se brouille avec Paoli. En juin, il doit fuir la Corse avec sa famille. Il arrive à Toulon le 13 juin 1793. Il participe au siège du port insurgé avec l'appui des Anglais. Il a choisi son camp en rédigeant une brochure intitulée *Le Souper de Beaucaire*. Il est pour la Montagne contre l'insurrection fédéraliste qui s'est compromise avec la contre-révolution. Il se lie avec les représentants en mission, Robespierre le jeune, Saliceti son compatriote, Ricord, Albitte et Gasparin. Il conquiert la notoriété au siège de Toulon où Saliceti lui confie le commandement de l'artillerie de Carteaux où il remplace Dammartin blessé. Il fréquente aussi de jeunes officiers qui ont nom Marmont, Junot, Duroc, Suchet... Son dispositif face au Petit Gibraltar sera déterminant dans la prise du port. Le 18 décembre les Anglais l'évacuent. Les représentants du peuple proposent, le 22, Bonaparte au grade de général de brigade. La protection de Robespierre le jeune lui fait espérer un commandement dans les projets d'attaque de l'Italie. On le sollicite pour la garde nationale de Paris. Qu'il eût pris la place d'Hanriot et le cours du 9 thermidor aurait changé. Classé « robespierriste », il est inquiété par la réaction qui suit la chute de l'Incorruptible. Il n'est lavé de toute accusation que le 9 août 1794. Invité à servir à l'ouest, il préfère une mise en congé. En septembre 1795, il est rayé de la liste des généraux employés par le Comité de salut public. Période difficile pour lui : sa carrière semble brisée.

Le coup d'État du 13 vendémiaire (5 octobre 1795) le remet en selle. Pour défendre la Convention, Barras fait appel à d'anciens officiers jacobins. Grâce aux canons que Murat est allé chercher aux Sablons, Bonaparte canonne les insurgés royalistes. Le 16 octobre il est nommé général de division et devient général en chef de l'armée de l'Intérieur le 26. Marié à Joséphine de Beauharnais le 9 mars 1796, il part prendre le commandement en chef de l'armée d'Italie le 11 mars. Son plan qui consiste à séparer les Piémontais des Autrichiens et à les battre à tour de rôle fait merveille. Il entre à Milan le 15 mai 1796. Puis ce sont les opérations autour de Mantoue qui capitule le 2 février 1797. Bonaparte est bientôt en mesure d'imposer à l'Autriche la paix de Campoformio. Il a su mettre en relief ses victoires par une habile campagne de presse, fondant des journaux à sa dévotion. Sa popularité est considérable et lui vaut d'être élu à l'Institut le 25 décembre 1797 dans la classe des sciences physiques et mathématiques.

Popularité encombrante et fragile que celle de Bonaparte. Encombrante pour le Directoire, fragile pour Bonaparte qui doit l'entretenir par d'autres actions d'éclat. Plutôt que de risquer un problématique débarquement en Angleterre ou en Irlande, le jeune général choisit, avec l'appui de Talleyrand, d'occuper l'Égypte, province de l'empire ottoman en fait indépendante. Il s'embarque le 19 mai 1798. La victoire des Pyramides lui ouvre la route du Caire, mais, sa flotte ayant été anéantie à Aboukir, il se voit prisonnier de sa conquête. Il tente de remonter vers Constantinople par la Syrie mais il est arrêté en mars-mai 1799 à Saint-Jean-d'Acre.

Il ne peut plus rien espérer en Orient. Il choisit donc le retour. Sa popularité est restée intacte en France. Il le constate dès son arrivée en octobre 1799. On cherche un sabre ou un sauveur. Ce sera lui. Le coup d'État de Brumaire le conduira au Consulat, au Consulat à vie en 1800, à l'Empire en 1804. Il abdiquera deux fois en 1814 et en 1815 et mourra le 5 mai 1821 à Sainte-Hélène, prisonnier des Anglais.

BONCHAMP ou BONCHAMPS (Charles Melchior Artus, marquis de) (Né à Juvardeil, Maine-et-Loire, le 10 mai 1760, mort à Saint-Florent-le-Vieil, le 18 octobre 1793). Après avoir servi en Inde et en Amérique du Nord pendant la guerre d'indépendance, Bonchamp quitte l'armée après la révolte du régiment auquel il appartient à Landau et se retire sur ses terres en Anjou. Ne nourrissant au départ aucune prévention contre le pouvoir révolutionnaire, il aurait été presque contraint par ses amis et ses tenanciers de prendre leur tête au moment de l'insurrection vendéenne. Sans illusion sur l'issue du conflit, il se distingue par ses qualités d'organisateur et de meneur d'hommes. Il constitue en quelques jours deux compagnies équipées à ses frais qui constituent le noyau de la grande armée vendéenne. Élu en mars 1793 chef des Vendéens insurgés, il s'empare de Montjeau et de Chalonnes, soulève les régions de Saint-Florent et de Cholet, prend Thouars mais ne peut entraîner ses hommes sur Saumur. A la mort de Cathelineau en juillet 1793, on lui préfère d'Elbée comme général en chef de l'armée catholique et royale. On lui reproche, en effet, sa tendance à refuser les folles entreprises qui passe pour de la mollesse et de l'indécision. Blessé aux Ponts-de-Cé, il se fait porter sur un brancard et emporte la bataille de Torfou, puis celle de Montaigu mais est battu à Clisson et à Saint-Symphorien, les 22 et 30 septembre 1793. D'Elbée et lui sont grièvement blessés à la bataille de Cholet, le 17 octobre. Ramené à Beaupréau puis à Saint-Florent, il exige qu'on épargne la vie de plusieurs milliers de prisonniers républicains que les Vendéens veulent exécuter et meurt peu après l'avoir obtenu.

BONET DE TREYCHES (Joseph Balthazar) (Né à Saint-Jeures, Haute-Loire, le 28 mars 1757, mort à Paris, le 8 août 1828). Avocat du Puy, Bonet de Treyches devient juge de paix du district de Monistrol et administrateur du département de la Haute-Loire au début de la Révolution tandis que son père siège aux états généraux. Il lui succède sur les bancs cette fois de la Convention. Modéré, il vote pour l'appel au peuple, pour la mort et pour le sursis lors du procès du roi. Lié avec les Girondins sans faire vraiment partie de leur groupe, il est décrété d'accusation, le 3 octobre 1793, mais réussit à se réfugier en Suisse tandis que son père est emprisonné au Puy, accusé de fédéralisme. Revenu à la Convention après la chute de Robespierre, il est chargé d'une mission dans l'Ardèche, la Haute-Loire et la Loire pour la surveillance des mines et des manufactures d'armes. Il siège jusqu'en 1797 au Conseil des Cinq-Cents, puis est nommé administrateur du Théâtre des Arts, agent comptable à l'Opéra, entre enfin au Corps législatif en décembre 1809. Exilé en 1816, il est autorisé à revenir en France en 1818, n'étant pas complètement un régicide.

BONHOMME RICHARD (Almanach du). Œuvre de Benjamin Franklin, l'*Almanach du Bonhomme Richard* est un recueil de maximes à caractère économique, telles que : « Aide-toi, le ciel t'aidera », « Un aujourd'hui vaut deux demains », « A cuisine grasse, testament maigre », « Chat ganté ne prend pas de souris », « Faute d'un clou on perd le cheval, et faute du cheval le cavalier est perdu »... Traduit dans les principales langues, cet ouvrage eut un immense succès. Il y eut aussi un *Journal du Bonhomme Richard,* fondé par Lemaire, qui parut du 20 juin 1795 au 26 octobre 1796, soit 462 numéros, et dont la devise était : « Respect au malheur et à la vertu ! Guerre aux vices et à la tyrannie ! »

BONNET ROUGE. Apparu au début de l'été 1791, le bonnet rouge fut le signe de ralliement du parti populaire et symbolisa la liberté retrouvée, par allusion au bonnet phrygien des esclaves de l'Antiquité. Brissot se fit le propagandiste de ce couvre-chef dans *Le Patriote français.* Les riches patriotes le firent peindre comme armoiries sur leurs voitures. Le 20 juin 1792, Louis XVI fut contraint de s'en coiffer. On en présenta un à Marie-Antoinette qui le plaça sur la tête du dauphin. Les révolutionnaires le portaient couramment en 1793. Marat s'affichait à la Convention en carmagnole, bonnet rouge, et sabots. La Convention décréta le 18 septembre 1793 que « les galériens ne seraient plus coiffés à l'avenir du bonnet rouge qui devenait l'emblème du civisme et de la liberté ». En 1794, la Commune de Paris décida que les enterrements seraient conduits par un commissaire civil portant un bonnet rouge orné de la cocarde tricolore. Lors de l'abjuration de l'évêque Gobel et de ses coadjurateurs, ils se présentèrent à la Convention en bonnet rouge. Après le 9 thermidor, la mode passa et les derniers bonnets rouges disparurent au début du Consulat.

BONNEVILLE (Nicolas de) (Né à Évreux, le 15 mars 1760, mort à Paris, le 9 novembre 1828). Bonneville vit de petits travaux littéraires à Paris, fait des traductions de l'anglais et de l'allemand que d'Alembert lui a procurées, s'initie à la franc-maçonnerie en 1786 en Angleterre et se lance frénétiquement dans la politique à la veille de la convocation des états généraux, faisant paraître un journal, *Le Tribun du peuple.* Il devient président du district des Carmes à la fureur de Marat qui ambitionnait la place. Il installe à l'entrée de son imprimerie une *Bouche de fer* destinée à recueillir les plaintes et les libelles des mécontents et fonde avec l'abbé Fauchet le Cercle social, le 13 octobre 1790, fait paraître des écrits extravagants dans le journal intitulé *La Bouche de fer.* Le premier à avoir tutoyé le roi dans une lettre où il l'appelait « mon père », Bonneville demande la liberté de la presse, l'abolition du culte catholique, le partage des terres, et dans son livre, *De l'esprit des religions,* publié en 1791, propose une religion universelle qui aurait pour prêtres les philosophes et les savants. Il ne parvient à se faire élire ni à la Législative ni à la Convention. Hostile à la violence sanguinaire, il dénonce les massacres de septembre 1792, ce qui lui vaut les attaques de Marat, prend le parti des Girondins et est arrêté lui-même. La mort de Robespierre lui rend sa liberté. Toujours miséricordieux aux persécutés, il cache le royaliste Barruel-Beauvert proscrit après le 18 fructidor. Il est mis en prison pour avoir comparé Bonaparte à Cromwell, sans arrière-pensée hostile d'ailleurs. Nodier dit de lui qu'il était « le cœur le plus simple et le plus exalté » qu'il eût connu. Bonneville végète d'un petit commerce de livres au Quartier latin jusqu'en 1828, tenant jusqu'au bout des propos plus ou moins cohérents sur le bonheur du genre humain.

BONS AU PORTEUR. La Législative décréta, le 27 août 1792, que tous les effets publics au porteur, qu'ils concernent l'État, les compagnies privées ou des sociétés par actions, seraient soumis à l'enregistrement. Le 30 janvier 1799, le Directoire décida que les bons au porteur destinés aux rentiers ne pourraient être donnés en paiement des impôts qu'au préposé du fisc, et il ordonna la fabrication de bons de 20 à 25 francs pour le paiement des arrérages des rentes et pensions.

BORDEAUX (nom révolutionnaire : Commune-Franklin).

BOSC D'ANTIC (Louis Augustin Guillaume) (Né à Paris, le 29 janvier 1759, mort à Montmorency, le 10 juillet 1828). Secrétaire de l'intendance des Postes, Bosc d'Antic, passionné de minéralogie et de botanique, fait la connaissance de Mme Roland et de son époux au cours de Jussieu, en 1780. Amoureux éperdu mais platonique de cette dernière, il devient un membre actif du club des Jacobins et se fait un ardent propagandiste au comité de correspondance, servant les idées girondines. Devenu ministre, Roland le fait nommer administrateur des Postes, le 11 mai 1792. Arrêté le 31 mai 1793, Bosc est relâché peu après, tente de sauver ses protecteurs, puis s'occupe de leur petite fille. Se consacrant désormais aux sciences naturelles, admis à l'Institut grâce à Cuvier, en 1806, Bosc publie une monumentale *Encyclopédie méthodique d'agriculture* à partir de 1813, puis une *Histoire naturelle des crustacés* en 1828. Il avait déjà fait paraître en 1797 une *Histoire naturelle des coquilles* en cinq volumes.

BOUCHE (Charles François) (Né à Allemagne, Basses-Alpes, le 17 mars 1737, mort à Paris, le 19 août 1795). Avocat au parlement d'Aix-en-Provence, Bouche est élu par le tiers état de la sénéchaussée d'Aix aux états généraux. Esprit exalté, il oscille entre les extrêmes, défend la religion « sans laquelle aucune société ne peut exister », mais exige la suppression du costume religieux, vote pour le maintien de l'ancienne organisation provinciale mais demande la destruction des emblèmes « rappelant la servitude ». Membre du tribunal de cassation des Bouches-du-Rhône à la dissolution de la Constituante, il ne joue plus aucun rôle politique jusqu'à sa mort.

BOUCHE DE FER. Édité par Nicolas de Bonneville, supervisé par Fauchet, *La Bouche de fer* est l'organe du Cercle social dont elle reproduit trois fois par semaine, puis quotidiennement à partir du 22 juin 1791, les délibérations. On y trouve aussi des commentaires sur *Le Contrat social* de Rousseau par Fauchet, des discours de Condorcet, des pétitions du club des Cordeliers. Cette publication commence à paraître en octobre 1790 et disparaît le 28 juillet 1791. La souscription est de 36 livres par an et se trouve liée à l'appartenance au Cercle social. Quiconque est abonné est automatiquement membre du Cercle, ce qui permet de gonfler les effectifs en considérant comme membres de simples souscripteurs. Le titre provient d'une boîte à lettre en fer affectant la forme d'une gueule de lion, installée au siège du cercle, 4, rue du Théâtre-Français, où tout le monde était invité à déposer ses propositions ou ses dénonciations.

BOUCHER (Antoine Sauveur) (Né à Paris, le 27 juin 1723, mort à Bruxelles, le 22 septembre 1806). Appelé aussi Boucher Saint-Sauveur, avocat lorsque débute la Révolution, Boucher se lie avec Marat et le cache à plusieurs reprises. Président en 1791 de la Société des Droits de l'homme et du citoyen, il est élu par Paris à la Convention, vote la mort lors du procès du roi, entre au Comité de sûreté générale le 14 septembre 1793. Ce maratiste septuagénaire s'y montre d'une grande humanité, faisant libérer de nombreux nobles et prêtres réfractaires. Dénoncé pour cela, il démissionne, ce qui lui vaut une grande popularité après la chute de Robespierre. Il est élu au Conseil des Anciens par l'Indre-et-Loire, puis termine son existence comme inspecteur de la loterie.

BOUCHERIE. La corporation des bouchers disparut avec toutes les autres corporations, le 2 mars 1791. En juillet suivant, l'administration municipale fut chargée de l'inspection et de la taxation de la viande de boucherie. Pendant les guerres, l'armée absorbant d'immenses quantités de viande, l'approvisionnement de Paris fut assez difficile. La municipalité dut restreindre le nombre des bouchers, exigea d'eux un cautionnement pour pouvoir mieux les surveiller et les sanctionner en cas d'infraction, notamment de vente de viandes avariées. Certains quartiers étaient des lieux privilégiés de commerce de boucherie : la Croix-Rouge, Montmartre, la rue Traversine, Saint-Jacques-de-la-Boucherie. Les abattoirs installés en plein centre de Paris, supprimés sur le papier en 1790, ne disparurent qu'en 1808 avec la construction de nouvelles installations. D'après Young, le prix de vente moyen de la viande en 1789 était le suivant : 7 sous pour une livre de bœuf, autant pour le mouton, 7 sous 6 deniers pour le veau. Les prix fixés par le maximum en 1794 sont de 14 sous pour la livre de bœuf, 15 sous pour le veau, 14 sous pour le mouton, 15 sous pour le porc frais et une livre pour le porc salé, soit un doublement des prix en cinq ans.

BOUCHESEICHE (Jean-Baptiste) (Né à Chaumont le 14 octobre 1760, mort à Chaillot le 4 janvier 1825). Il avait étudié et professé chez les frères de la doctrine chrétienne et fut l'un des meilleurs géographes de la Révolution avec *La Géographie nationale ou la France divisée en départements* (1790), *Description abrégée de la France* (1796), ainsi qu'une traduction en 1800 d'un ouvrage anglais : *Description et géographie de l'Indoustan*. De géographe il devint policier s'occupant des mœurs, d'abord au bureau central, puis à la Préfecture de police sous le Consulat.

BOUCHOTTE (Jean-Baptiste Noël) (Né le 25 décembre 1754 à Metz, mort au Ban-Saint-Martin, près de Metz, le 7 juin 1840). Engagé à dix-neuf ans dans l'armée, Bouchotte est capitaine en 1788. Il se range en 1789 parmi les partisans de la Révolution, réprime deux révoltes militaires à Cambrai et sauve la ville des Autrichiens en 1792. Il est soudain promu ministre de la Guerre après la trahison de Dumouriez et la capture du ministre Beurnonville par l'ennemi, le 4 avril 1793. Ministre durant un an, il est entouré d'ennemis. Les généraux traitent de haut cet officier de troupe sorti du rang. Les dantonistes ne manquent pas de l'accabler à la moindre occasion, ne lui ayant pas pardonné d'avoir favorisé la diffusion aux armées du journal de leur ennemi, Hébert. Deux fois, Bouchotte remet sa démission, mais personne ne veut de ce poste périlleux. Modeste et laborieux mais sans envergure et sans autorité auprès de collaborateurs médiocres, imposés le plus souvent par des hommes politiques influents, il fait de son mieux pour satisfaire les besoins d'une armée hétéroclite, minée par les désertions et les sabotages contre-révolutionnaires, dépouillée par des fournisseurs aux armées et des hauts fonctionnaires malhonnêtes. Déchargé de ses fonctions à la suppression des ministères en avril 1794, Bouchotte est emprisonné après la chute de Robespierre et libéré par la loi d'amnistie votée par la Convention au moment de sa dissolution. Sa carrière politique est désormais terminée. Désireux d'obtenir au moins le grade de général, il adressera en vain des mémoires à tous les ministres de la Guerre, s'abaissant même à voter « oui » au vote sur le Consulat décennal pour obtenir une pension de cinq mille francs.

BOUILLÉ (François Claude Amour, marquis de) (Né au château de Cluzel-Saint-Eble, Haute-Loire, le 19 novembre 1739, mort à Londres, le 14 novembre 1800). Entré à quatorze ans dans l'armée, Bouillé fait toutes les guerres de la fin du règne de Louis XV. Au début de la guerre d'indépendance américaine, il s'empare des îles de la Dominique, de Tabago, de Saint-Eustache. Il est, au début de la Révolution, commandant en chef de la Lorraine, de l'Alsace et de la Franche-Comté. Il maintient fermement l'ordre et réprime la révolte de la garnison de Nancy au début de septembre 1790. L'Assemblée lui vote des félicitations et le roi voit en lui un soutien. Aussi est-ce à lui qu'on s'adresse pour organiser la fuite de la famille royale. Il réunit six régiments de cavalerie et les échelonne sur la route. A l'annonce de l'arrestation du roi à Varennes, il passe au Luxembourg et écrit à l'Assemblée pour revendiquer la responsabilité de cet « enlèvement ». Après s'être mis au service de Condé et avoir combattu à l'armée des princes en 1792, à celle du duc d'York en 1793, il se retire à Londres et y meurt.

BOULANGERIE. Corporation sous l'Ancien Régime, la boulangerie exigeait cinq années d'apprentissage et quatre années de compagnonnage. La farine était vendue à Paris dans quinze grands marchés où venaient s'approvisionner les quelque 500 ou 600 boulangers de la ville et des faubourgs. En 1789, il y eut plusieurs fois des ruptures de stock de farine, et le manque de pain entraîna des émeutes. On dut faire garder les boulangeries par des hommes en armes et limiter la quantité de pain vendue à chaque personne. *Les Révolutions de Paris* du 20 octobre 1789 relatent le massacre d'un boulanger par une foule en colère. La Constituante décréta aussitôt la loi martiale. Proclamée en théorie par la Constituante, la liberté de la boulangerie fut entravée en réalité par les disettes, la taxation et les mesures prises contre l'accaparement. Le 22 août 1790, une loi donna à chaque municipalité le droit de fixer le nombre des boulangers autorisés à exercer et de taxer le prix du pain. Pendant la Révolution les boulangeries se sont multipliées à Paris : 600 environ en 1789, 2 000 en 1799. Une telle concurrence nuisait à la prospérité de ce commerce. Alors que sous l'Ancien Régime, aucun boulanger ne cuisait moins de deux sacs de farine par jour, ceux du Directoire en étaient souvent réduits à un demi-sac, faute de clients. La différence entre les boulangeries tenait dans l'importance des cuissons, le nombre des ouvriers et la proportion des pains de fantaisie. « Le boulanger ne recherchait pas alors les voies luxueuses, mais les rues populeuses et fréquentées. La boutique était défendue par une grille composée de gros barreaux faisant saillie en encorbellement sur la voie publique. Derrière cette grille se plaçaient quelques pains servant d'enseigne. Dans la boutique, comptoir et tablettes étaient en bois et d'une simplicité primitive » (Feyeux, *La Boulangerie parisienne*).

BOULARD (Henri François Maurille de) (Né à Paris, le 25 novembre 1746, mort à La Rochelle, le 29 novembre 1793). Entré dans l'armée à seize ans, capitaine en 1775, colonel en 1791 après trente années de service, Boulard fut élevé à titre provisoire au rang de général de brigade par les représentants du peuple Niou et Troullard, le 21 mars 1793, et chargé de défendre la Basse-Vendée. A la tête de la colonne des Sables-d'Olonne, il enleva La Mothe-Achard aux Vendéens insurgés, le 3 avril. Ses origines nobles l'obligèrent à donner sa démission le 30 juillet suivant et il mourut peu après.

BOULOGNE-SUR-MER (nom révolutionnaire : Port-de-l'Union).

BOURBON (île). Cette île inhabitée de l'océan Indien fut découverte en 1513 par un navigateur portugais. La France en prit possession en 1638 et le gouverneur de Madagascar y installa douze déportés en 1643. La colonisation fut confiée à la Compagnie des Indes orientales en 1664. Il y avait 2 000 habitants en 1717. Le développement de la culture du café et l'importation d'esclaves noirs firent monter la population à 60 000 en 1789, dont 10 000 Blancs et 50 000 esclaves. Rebaptisée île de la Réunion en 1793, Bourbon resta à l'écart des troubles révolutionnaires. Elle devint l'île Bonaparte sous l'Empire et fut occupée par les Anglais de 1810 à 1815.

BOURBOTTE (Pierre) (Né à Vault-de-Lugny, Yonne, le 5 juin 1763, guillotiné à Paris, le 17 juin 1795). Membre de l'administration du département de l'Yonne, Bourbotte est envoyé par ses administrés à la Convention. Il y siège sur les bancs de la Montagne et vote la mort pour le roi. Mais l'essentiel de son activité se situe en province où il est constamment en mission. Après des séjours à Orléans et à Tours, il passe à l'armée des côtes de La Rochelle où il se bat courageusement et reçoit plusieurs blessures. « Achille de la Vendée » selon Michelet, il est à Saumur, à Aubigné, à Thouarcé, à Cholet, au Mans. Écœuré par les massacres, il demande son rappel à Paris puis est envoyé à l'armée du Rhin. Après vingt mois sur les champs de bataille, il retrouve la Convention débarrassée de Robespierre. Hostile aux Thermidoriens, rêvant toujours de Révolution, il assiste à l'émeute populaire du 1er prairial an III (20 mai 1795) et se fait nommer par les insurgés l'un des quatre commissaires chargés de remplacer le Comité de sûreté générale. Il est arrêté peu après, jugé par une commission militaire et condamné à mort. Il se poignarde à la lecture de la sentence, mais ne réussit qu'à se blesser grièvement. On le traîne jusqu'à la guillotine et on l'exécute.

BOURDON (François Louis) (Né au Rouy-le-Petit, Somme, le 11 janvier 1758, mort à Sinnamary, en Guyane, le 22 juin 1798). Procureur au Parlement de Paris, tempérament ambitieux mais brouillon, Bourdon réussit à se faire élire à la Convention comme député de l'Oise grâce à une supercherie : ce département avait élu Léonard Bourdon, mais, le procès-verbal de l'assemblée électorale ayant omis de mentionner le prénom, François-Louis Bourdon rajouta sur ce document la mention « substitut du procureur à Paris et l'un des vainqueurs de la Bastille ». Léonard ayant aussi été élu par le Loiret, François-Louis peut tranquillement usurper le siège de l'Oise et se faire dès lors appeler Bourdon de l'Oise. Ce raté malhonnête, intrigant, agité, occupe la tribune, dépose sans cesse des motions extravagantes, se querelle avec tout le monde, dénonce à tour de bras collègues et voisins. Robespierre note à son propos dans son carnet : « Il joint la perfidie à la fureur ». Après avoir voté la mort du roi, il est un des plus violents contre les Girondins. Envoyé en Vendée, il y sème la zizanie parmi les chefs républicains. Exclu du club des Cordeliers, menacé de l'être de celui des Jacobins, il attaque Robespierre qui vient de prononcer un discours menaçant « quelques intrigants plus méprisables que les autres parce qu'ils sont hypocrites » en lui criant : « On vient de dire assez clairement que j'étais un scélérat ! » A quoi Robespierre rétorque froidement : « Je n'ai pas nommé Bourdon ; malheur à qui se nomme lui-même. » Certains le mettent parmi les conspirateurs qui font tomber Robespierre, au même rang que Tallien, ce qui est lui faire un bien grand honneur. Sous la Convention thermidorienne, il est un des plus fougueux accusateurs des vaincus, dénonçant Châles, Choudieu, Montaut, Romme. Il entre au Comité de sûreté générale et préside la Convention. Élu au Conseil des Cinq-Cents, il se lance dans des spéculations financières et fait partie du groupe clichyen. Il est arrêté après le coup d'État du 18 fructidor an V (4 septembre 1797) et déporté avec d'autres députés royalistes à la Guyane où il meurt. Bourdon fut un des personnages les plus immondes de l'époque révolutionnaire, menteur, délateur, ivrogne. Baudot écrit dans ses *Notes historiques* à son propos : « Chez lui, entre la raison et la folie, il n'y avait que l'espace d'un cheveu. »

BOURDON (Léonard) (Né à Alençon, le 6 novembre 1754, mort à Breslau, le 29 mai 1807). Avocat sous le nom de Bourdon de La Crosnière, secrétaire de Sénac de Meilhan et directeur d'une importante institution d'éducation pour jeunes gens, Léonard Bourdon voit dans la Révolution une occasion de parvenir, et sa « grande gueule » lui permet d'acquérir une réelle influence à sa section des Gravilliers. Délégué de celle-ci à l'Hôtel de Ville, le 10 août 1792, il préside l'assemblée qui s'érige en commune insurrectionnelle. Chargé de surveiller le transfert des prisonniers de la Haute Cour d'Orléans à Paris, il les laisse massacrer à Versailles et se partage leur or avec Fournier l'Américain. Substitut du procureur de la Commune à son retour, il est accusé d'avoir détourné l'argent qu'on lui avait confié pour acheter du grain dans le Loiret mais parvient à étouffer l'affaire. Il est élu à la Convention par le Loiret et l'Oise, opte pour le Loiret et laisse François-Louis Bourdon usurper le siège de l'Oise au terme d'une vive polémique. Il vote la mort lors du procès du roi, est chargé d'organiser la levée des 300 000 hommes dans le Jura et la Côte-d'Or, s'arrête à Orléans où il mène grand train et se livre à divers trafics. S'étant battu une nuit d'ivresse, il présente cet incident comme une tentative de meurtre. La Convention décrète la ville d'Orléans en état de rébellion, fait arrêter quarante otages dont neuf sont exécutés. Compromis dans des mascarades antireligieuses, Léonard Bourdon sait faire marche arrière à temps et échappe à la guillotine qui attend les hébertistes. Mais, sentant monter la défiance et l'hostilité de Robespierre, il se rallie à ses adversaires et accompagne Barras, le 9 thermidor, lors de l'attaque de l'Hôtel de Ville. Dénoncé pour les excès commis sous la Terreur, il est arrêté. L'amnistie votée par la Convention à sa séparation le sauve. Sous le Directoire, on le retrouve agent commercial à Hambourg. Après le 18 brumaire, il fait partie de l'administration des hôpitaux militaires.

BOURG-EN-BRESSE (nom révolutionnaire : Bourg Regenere).

BOURGEOISIE. C'est au Moyen Age qu'apparaît la bourgeoisie, classe urbaine, au départ habitants d'une ville fortifiée (bourg), qui se distinguent des prêtres, des nobles ou gens de guerre et des paysans des campagnes. Cette classe sociale monte en nombre, richesse et puissance avec le développement des relations internationales, des routes et moyens de transport, du commerce et de l'industrie. Le règne de Louis XIV est qualifié déjà par Saint-Simon de « règne de vile bourgeoisie ». Au XVIIIe siècle, la bourgeoisie est encore plus puissante. C'est la seule classe du royaume qui épargne et se renforce en rachetant ses biens à la noblesse et en prêtant à l'État monarchique. Aussi s'inquiète-t-elle de voir son débiteur si mal géré et condamne-t-elle les dépenses somptuaires de la cour et les pensions versées aux courtisans, parasites fainéants. A une époque où les philosophes font l'éloge du travail et critiquent le clergé et les moines pour leur inutilité sociale, il est compréhensible que la cour soit aussi visée. La réaction nobiliaire provoquée par l'appauvrissement de cet ordre et son souci de se réserver l'exclusivité de certaines fonctions, notamment dans l'armée, ne fait que renforcer les griefs de la bourgeoisie contre l'Ancien Régime. Rejetés dans le tiers état, les bourgeois s'en font en 1789 la tête et le porte-parole, menant le peuple à la Révolution. Essentiellement faite pour lui assurer le pouvoir, cette dernière réprime impitoyablement les amorces de révolution sociale en faveur des couches les plus déshéritées de la société. Ayant obtenu le pouvoir, la bourgeoisie devient un défenseur farouche au XIXe siècle de l'ordre qu'elle a réussi à établir.

BOURG-LA-REINE (nom révolutionnaire : Bourg-Égalité).

BOURG-SAINT-MAURICE (nom révolutionnaire : Nargue-Sarde).

BOURGUIGNON-DUMOLARD (Claude Sébastien), 1760-1829. Fils d'un notaire, il était en 1789 procureur du bailliage de Grésivaudan. Il devient substitut du procureur de la commune de Grenoble en 1790, puis passa dans les bureaux du Comité de sûreté générale pendant la Terreur. Chef de division à l'Intérieur puis secrétaire général du ministère de la Justice, il est appelé, avant Fouché, au ministère de la Police générale, du 23 juin au 20 juillet 1799, ce qui ne lui laissa guère le temps de se mettre en valeur. Il fut magistrat à Paris sous l'Empire.

BOURMONT (Louis Auguste Victor de Ghaisne, comte de) (Né au château de Bourmont, à Freigné, Maine-et-Loire, le 2 septembre 1773, mort à Freigné, le 27 octobre 1846). Émigré en Italie avec son père, qui est aide de camp du comte d'Artois, Bourmont se retrouve ensuite à l'armée des émigrés à Coblence, puis dans la cavalerie noble de Condé. Revenu en Anjou en 1795, il est le principal lieutenant du vicomte de Scépeaux. Ayant accepté l'accord de pacification proposé par Hoche, il part pour la Suisse. Revenu en 1797 pour traiter avec Pichegru, il est contraint de s'enfuir à Londres après le 18 fructidor. Bourmont reprend les armes lors du soulèvement de 1799 avec le grade de maréchal de camp que lui a accordé Louis XVIII, comme commandant en chef de l'armée royaliste dans le Maine, le Perche, le pays Chartrain et le Vendômois. Le 14 octobre 1799, il prend Le Mans. Après le 18 brumaire, il tente de faire échouer les négociations de paix, mais doit signer, le 4 février 1800, une capitulation honorable. Ménagé par Bonaparte qui essaie de se le rallier, Bourmont continue à militer à Paris pour la cause royaliste. Aussi l'implique-t-on dans l'enlèvement de Clément de Ris et l'arrête-t-on en 1801. Il s'évade en 1804 et se réfugie en Espagne et au Portugal. C'est là que les troupes de Junot le rejoignent. Bourmont offre alors ses services à ce général qui les accepte et le prend comme officier d'ordonnance. Il sert l'Empire jusqu'à sa chute et accueille la Restauration avec enthousiasme. Il est de l'expédition d'Espagne en 1823, ministre de la Guerre dans le cabinet Polignac en 1829-1830, prend Alger et devient maréchal de France au moment où le régime s'effondre. On le trouve ensuite dans l'équipée de la duchesse de Berry en 1832.

BOURREAU, voir **EXÉCUTEUR**.

BOURSAULT-MALHERBE (Jean-François Boursault, dit) (Né à Paris, le 19 janvier 1750, mort à Paris, le 25 avril 1842). Destiné par ses parents au barreau, Boursault préfère le théâtre et joue dans une troupe ambulante. Directeur de théâtre à Palerme, il revient en France en 1789 pour prendre la direction du Grand-Théâtre de Marseille. Il fait construire un théâtre à Paris, la Salle Molière, inaugurée le 1er juin 1791, qui périclite faute de public, s'occupe aussi de politique, prend part à l'émeute du 20 juin 1792 puis aux massacres de Septembre, est élu deuxième suppléant à la Convention. Sa déconfiture incite Roland à lui confier la garde du mobilier des Tuileries afin qu'il ait un logement et un salaire, tandis que le club des Jacobins l'exclut pour cause de banqueroute, le 30 décembre 1792. Boursault remplace Manuel à la Convention, le 19 mars suivant. Il reste dans l'ombre et échappe ainsi à la proscription qui frappe ses amis girondins. On l'envoie en octobre 1793 organiser une levée de chevaux pour l'armée en Bretagne. Il se heurte à Carrier à Nantes, est accusé d'avoir profité de ses fonctions pour s'enrichir. Attaqué par Robespierre, il ne peut obtenir sa réinscription au club des Jacobins, et le 9 thermidor vient sauver une carrière politique bien compromise et une tête menacée de la guillotine. Envoyé en août 1794 aux armées des côtes de Brest et de Cherbourg, il destitue le maire sans-culotte de Caen et beaucoup de partisans de la Terreur. On le charge ensuite d'apaiser les esprits excités par les abus du représentant Maignet dans le Vaucluse. Son élection aux Cinq-Cents dans ce département ayant été cassée, il revient à la vie privée et achète des biens nationaux. On le retrouve adjudicataire du nettoyage de la voirie de Paris, puis des jeux en 1818, enfin propriétaire de l'Opéra-Comique en 1829.

BOURSE DE PARIS. Acheté par le roi en 1719, l'hôtel Mazarin fut donné à la Compagnie des Indes. L'arrêt du Conseil du 24 septembre 1724 y établit la Bourse de Paris. On y entrait par la rue Vivienne. Elle fut fermée le 27 juin 1793 et ne rouvrit que le 26 avril 1795. Ce n'est qu'en 1826 qu'elle fut installée dans le bâtiment édifié par Brongniart à partir de 1808.

BOYER-FONFRÈDE (Jean-Baptiste) (Né à Bordeaux, le 5 décembre 1765, guillotiné à Paris, le 31 octobre 1793). Riche négociant bordelais, possesseur de plantations à Saint-Domingue, marié à la sœur de son meilleur ami, Jean-François Ducos, Boyer-Fonfrède s'établit en 1785 avec son épouse en Hollande et ne revient dans sa ville natale qu'en juillet 1789. Il joue un rôle essentiel dans la révolution qui suit à Bordeaux la prise de la Bastille et organise une armée patriotique bordelaise. Il s'en prend violemment au parlement local moribond, se porte au secours militairement des patriotes de Montauban. Membre très actif de la Société des amis de la Constituante à Bordeaux, il n'est pas choisi pour représenter la Gironde à la Législative, mais élu à la Convention en septembre 1792, en douzième et dernière position, derrière Vergniaud et Ducos. Ducos et lui s'efforcent d'éviter la rupture entre Montagnards et Girondins. Épargnés par la proscription du 2 juin 1793, ils manifestent si ouvertement leur désapprobation des arrestations et prennent tant la défense de Vergniaud que Billaud-Varenne les dénonce comme amis de ce dernier et obtient leur arrestation. Le 3 octobre, ils retrouvent Vergniaud à la Conciergerie, sont compris dans le procès des Girondins et montent ensemble sur l'échafaud.

BOZE (Joseph) (Né à Martigues, le 6 février 1745, mort à Paris, le 17 janvier 1826). Peintre favori de Louis XVI, qui le nomme « peintre breveté de la guerre », Boze peint surtout à la veille de la Révolution des portraits et des miniatures. Sa clientèle appartient à la cour, mais, au Salon de 1791, il expose aussi des portraits de Robespierre et de Marat et s'inscrit au club des Jacobins. Cité au procès de Marie-Antoinette et ayant déclaré qu'il n'avait jamais eu l'occasion de lui parler, il est arrêté pour une déposition jugée favorable à la reine par les révolutionnaires qui auraient souhaité un témoignage accablant. Libéré à la mort de Robespierre, il part pour l'Angleterre et ne revient en France qu'en 1798. Après le 18 brumaire, il travaille pour Bonaparte, à la Restauration, il peint le portrait de Louis XVIII qui le fait comte.

BRÉARD (Jean-Jacques), dit Bréard-Duplessis (Né à Québec, le 11 octobre 1751, mort à Paris, le 2 janvier 1840). Conseiller en l'élection de Marennes en 1789, Bréard devient maire de Marennes en janvier 1790, administrateur du district, vice-président de l'administration de la Charente-Inférieure en novembre. Élu par ce département à la Législative en août 1791, puis à la Convention, il fait partie du premier Comité de salut public mais le quitte prudemment, « pour cause de maladie », un mois avant son renouvellement. Envoyé à Brest en août 1793, il laisse à ses collègues Tréhouart puis Jeanbon-Saint-André le soin de réorganiser la marine tandis que lui s'occupe de faire établir un tribunal révolutionnaire. A nouveau « malade » et de retour à Paris, il soutient, le 25 avril 1794, le projet d'expulsion de Paris de tous les nobles et fait partie de la commission chargée de centraliser les papiers des députés arrêtés ou hors la loi. Bréard favorise en coulisses la chute de Robespierre et entre au Comité de salut public trois jours plus tard. Membre influent de la nouvelle majorité thermidorienne, il est élu par la Charente-Inférieure au Conseil des Anciens et entre, après le 18 brumaire, au Corps législatif. Exilé comme régicide à la Restauration, il vit difficilement à Mons jusqu'à son retour en France à l'avènement de Louis-Philippe.

BRETEUIL (Louis Auguste Le Tonnelier, baron de) (Né à Azay-le-Féron, Indre, le 7 mars 1730, mort à Paris, le 2 novembre 1807). Après une carrière dans la diplomatie, Breteuil obtient en 1783 le département de la Maison du roi et de Paris. C'est lui qui fait arrêter le cardinal de Rohan impliqué dans l'Affaire du Collier. Son hostilité à Calonne l'oblige à démissionner après une cabale montée par les partisans de ce dernier. Mais, ayant gardé la confiance du roi, il est consulté par lui sur l'évolution de la situation et lui conseille une série de mesures répressives énergiques pour venir à bout de l'agitation en juin et juillet 1789. Après la prise de la Bastille, Breteuil émigre en Suisse, puis à Hambourg, porteur d'une lettre de Louis XVI lui donnant pouvoir pour « traiter avec les cours étrangères et proposer en son nom toutes les mesures qui pourraient tendre à rétablir l'autorité royale et la tranquillité intérieure du royaume » (G. Walter). Le comte de Provence lui conteste la validité de ce pouvoir et Breteuil finit par se soumettre en 1792. Il vit désormais obscurément et rentre à Paris en 1802 pour y mourir.

BREVETS D'INVENTION. Prenant modèle sur l'Angleterre, la Constituante vota, le 31 décembre 1790, une loi donnant à l'inventeur le droit exclusif d'appliquer le procédé trouvé par lui et d'en tirer des revenus après avoir déposé un brevet d'invention, de perfectionnement ou d'importation. Un décret de septembre 1792 précisa les conditions d'application, avec notamment un article 16 qui stipulait : « Tout inventeur qui, dans l'espace de deux ans à compter de la date de la patente, n'aura pas mis sa découverte en activité, sera déchu de sa patente. »

BREVETS DE MAÎTRISE. Cette attestation remise aux apprentis qui, ayant remis leur chef-d'œuvre, étaient admis à la maîtrise de leur métier, fut supprimée en même temps que les corporations. Afin de favoriser les enrôlements dans l'armée, la Législative autorisa en 1792 les commissaires de la caisse de l'extraordinaire à rembourser le montant de leur brevet de maîtrise à tous ceux qui partaient volontairement à la guerre.

BRIEZ (Philippe Constant Joseph) (Né à Douai, le 11 juin 1759, mort à La Celle-Saint-Amand, Belgique, le 23 juin 1795). Avocat au parlement de Flandre, Briez est élu procureur-syndic du district de Valenciennes au début de la Révolution et ensuite à la Convention par le département du Nord. Il vote pour la mort lors du procès du roi, puis est envoyé en mission en avril 1793 à l'armée du Nord. Il a l'imprudence d'écrire une lettre rédigée en termes courtois au prince de Cobourg pour lui demander de délivrer les commissaires de la Convention livrés par Dumouriez, lettre qui déchaîne les accusations à la tribune de l'Assemblée. Son collègue Du Bois Du Bais est rappelé mais on n'ose faire de même avec lui, étant donné sa popularité à Valenciennes et dans toute la région. Il reste dans cette ville jusqu'à sa capitulation, le 28 juillet 1793. Revenu à la Convention, il s'en prend au Comité de salut public, l'accusant de ne pas avoir pris les mesures nécessaires pour éviter la défaite. Absent au moment de cette attaque, Robespierre déclare que l'attitude de Briez est suspecte et qu'il aurait dû mourir à Valenciennes plutôt que capituler. Terrorisé, Briez s'excuse humblement et essaie de se faire oublier. Le 28 juillet 1794, on l'adjoint à Laurent pour l'administration de la Belgique. Il y meurt de maladie moins d'un an plus tard.

BRIGADES. Ce nom désignait sous l'Ancien Régime des corps de troupe aux effectifs très variables : ensemble de huit bataillons d'infanterie ou de huit escadrons de cavalerie, bataillon de douze compagnies de grenadiers. On appelait aussi brigade un poste formé de deux cavaliers de la maréchaussée (actuelle gendarmerie). On envisagea en 1788 de diviser l'armée en brigades d'environ deux mille hommes mais cette réforme ne fut pas réalisée. En 1793, lorsqu'on remplaça les régiments d'infanterie par des demi-brigades, les brigades devinrent la réunion de deux de ces demi-brigades, soit six bataillons.

BRIGANDAGE. C'est le nom donné aux exactions commises par des bandes d'hommes armés qualifiés de brigands. Il y eut de nombreuses bandes de brigands durant les années troublées de la Révolution. La peur des « brigands » est à l'origine des troubles paysans du printemps et de l'été 1789. Il est vrai d'ailleurs que des bandes d'errants parcouraient alors les campagnes. Les autorités révolutionnaires par la suite assimilèrent à des brigands tous ceux qui refusaient obéissance au régime, insurgés vendéens, émigrés, chouans. Le Directoire vit une recrudescence du brigandage proprement dit. Le Midi était particulièrement touché : agressions à main armée, attaques de diligences, pillage des recettes municipales, mais le Nord avec ses sinistres chauffeurs ne fut pas épargné. Les effectifs sont variables, mais la géographie du brigandage n'évoluera pas. Départements les plus touchés : l'Ardèche, la Drôme, le Vaucluse, le Var, les Basses-Alpes, le Gard, les Bouches-du-Rhône, l'Hérault, l'Aveyron, la Haute-Garonne, la Lozère. L'Est est relativement calme. A l'Ouest il est difficile de distinguer les brigands des insurgés. La loi du 8 pluviôse an IX instituant des tribunaux spéciaux et supprimant le jury permit de porter un coup d'arrêt sérieux aux bandes qui ravageaient le pays et dont l'exploit le plus fameux reste l'attaque du courrier de Lyon.

BRISSOT (Jacques Pierre), dit de Warville (Né à Chartres, le 15 janvier 1754, guillotiné à Paris, le 31 octobre 1793). « La vanité fut mon premier mobile ; le désir de la fortune fut mon second », reconnaît lui-même Brissot. Emporté dans un tourbillon d'aventures médiocres, écrivain à gages, emprisonné pour dettes puis embastillé pour des pamphlets contre la reine publiés à Londres, compromis dans un complot organisé au Palais-Royal, il passe souvent la Manche, anglicise le nom du village beauceron d'Ouarville en Warville, est envoyé aux États-Unis par le banquier Clavière. A son retour, il tente en vain de se faire élire aux états généraux. Fondateur du *Patriote français,* il entre dans la commune provisoire de Paris mais échoue à la Commune constitutionnelle établie le 7 octobre 1792. Enfin élu par Paris à la Législative, il siège parmi les Girondins à la gauche de l'assemblée. Très écouté par les députés, il demande la déchéance du roi après Varennes et se fait, contre Robespierre, l'apôtre de la guerre. Accusé de soutenir La Fayette, il l'accuse devant le club des Jacobins de haute trahison, le 28 juin 1792. Il tergiverse ensuite, recule la mise en accusation, se compromet le 26 juillet en faisant ajourner la discussion sur la déchéance du roi. Hué, appelé scélérat et traître ce jour-là, il voit, le 10 août, réalisée par la rue, la déchéance qu'il avait retardée. Le 1er septembre commence l'offensive de Robespierre contre lui, qui déclare devant la Commune : « Personne n'ose nommer les traîtres. Eh bien ! moi, pour le salut du peuple, je les nomme ; je dénonce le liberticide Brissot, la faction de la Gironde... je les dénonce pour avoir vendu la France à Brunswick et pour avoir reçu d'avance le prix de leur lâcheté... » Le lendemain, le domicile de Brissot est envahi par des hommes en armes et ses papiers sont soigneusement examinés par des commissaires qui se retirent après avoir constaté qu'ils ne contenaient rien de contraire à l'intérêt de la nation. Élu à la Convention par le Loiret, l'Eure et l'Eure-et-Loir, Brissot est dénoncé aux Jacobins dès le 23 septembre 1792 pour avoir écrit dans son journal que la Convention était partagée en deux partis dont l'un est qualifié de « désorganisateur ». Rayé de la liste des Jacobins, le 12 octobre, il est couvert de critiques et de calomnies venant des Jacobins, de Chabot, de Marat, de Camille Desmoulins notamment. On l'accuse d'avoir organisé les massacres de Septembre pour faire disparaître un ennemi personnel emprisonné, on dit que la « faction brissotine » veut faire assassiner le roi par crainte qu'il ne la désigne comme sa complice. Membre du Comité diplomatique et du Comité de défense générale à la Convention, Brissot vote pour l'appel au peuple lors du procès du roi, puis pour la mort avec sursis. Après la trahison de Dumouriez, le 3 avril 1793, Robespierre accuse Brissot d'être l'ami intime de ce général et d'avoir noué les fils de cette conspiration qui avait abouti à une déclaration de guerre désastreuse. La Convention refuse la mise en accusation de Brissot et de ses amis. Mais, le mois suivant, Brissot, dans une brochure *A mes commettants*, commet l'erreur de demander la fermeture du club des Jacobins et la dissolution de la municipalité parisienne. Le 2 juin 1793, il est décrété d'accusation comme chef d'une conspiration contre la République. En fuite, il est arrêté à Moulins, ramené à Paris et enfermé à l'Abbaye puis à la Conciergerie où il écrit ses *Mémoires*. Au tribunal, Hébert l'accuse d'avoir rédigé, de connivence avec la cour, la pétition du Champ-de-Mars afin d'y faire massacrer les patriotes. On le prétend riche à millions, on le dit royaliste. Le 30 octobre 1793, il est condamné à mort avec ses collègues girondins et guillotiné le lendemain. Présenté comme le chef des Girondins, il ne l'a nullement été. Meillan écrit dans ses *Mémoires :* « C'était un homme de cabinet, studieux, sédentaire, d'une société douce et paisible, mais dépourvu de l'audace sans laquelle on n'est jamais chef en aucun genre. Il avait une facilité de caractère qui le plaçait à la suite des autres plutôt qu'à leur tête. » Et le Montagnard Baudot déclare dans ses *Notes historiques :* « Brissot, du reste, était un homme probe, bon citoyen, horriblement calomnié par Robespierre, et pour prendre ma part du mal, injustement persécuté par la Montagne. »

BRISSOTINS, voir **GIRONDINS**.

BRIVAL (Jacques) (Né à Tulle, le 14 février 1751, mort à Constance, le 16 octobre 1820). Procureur du roi au bailliage de Tulle, Brival est élu en 1790 procureur de la commune de Tulle puis député de la Corrèze à la Législative. Il envoie régulièrement des rapports à ses électeurs et une partie de ses émoluments de députés pour les pauvres de la ville, ce qui lui facilite son élection à la Convention. C'est lui qui lance la formule de « chevaliers du poignard » pour l'entourage de Marie-Antoinette et qui propose la fonte des statues des rois de France pour en faire des canons. Il vote la mort du roi « dans le plus bref délai » et se réjouit de la chute de la Gironde. Envoyé en mission dans son département, la Vienne et la Haute-Vienne, il y installe les autorités révolutionnaires, mais on lui reproche cependant une attitude trop tolérante. Rappelé le 30 février 1794, il se fait l'apologiste de Robespierre pour mieux le frapper le 9 thermidor, signant en tant que secrétaire suppléant de la Convention l'acte d'arrestation de l'Incorruptible et s'en vantant ouvertement au club des Jacobins, ce qui lui vaut d'être hué et expulsé. La Convention thermidorienne l'envoie dans le Loiret, le Loir-et-Cher et l'Indre-et-Loire épurer les autorités révolutionnaires. Il parle avec une rare violence contre les enfants de Louis XVI, soutenant « qu'après avoir coupé l'arbre, il fallait en extirper toutes les racines qui ne pouvaient porter que des fruits empoisonnés ». Il est plus discret une fois élu au Conseil des Cinq-Cents mais se déclare en faveur du 18 fructidor et défend la mémoire des « Derniers Montagnards ». Après brumaire, Brival devient juge au tribunal d'appel de Limoges. Banni comme régicide à la Restauration, il meurt fou à Constance.

BROCHURES, voir **ÉCRITS**.

BROGLIE (Victor François, duc de) (Né au château de Broglie, Eure, le 19 octobre 1718, mort à Münster, le 30 mars 1804). Considéré comme le meilleur général de la fin du règne de Louis XV, fait maréchal de France en 1759, Broglie est appelé au commandement des troupes rassemblées autour de Versailles et de Paris, le 11 juillet 1789, et nommé le 12, après le renvoi de Necker, ministre de la Guerre. Trois jours plus tard, constatant l'incurie du pouvoir royal et les premiers symptômes de la désagrégation dans l'armée, il donne sa démission. Assailli par la populace à Verdun et à Metz, il se retire à Luxembourg. Accusé à l'Assemblée de conspirer contre la Révolution, lavé de ce soupçon grâce à l'intervention de son fils, il refuse la réintégration dans ses grades et dignités et se rend auprès des émigrés. C'est lui qui commande leurs troupes en 1792 lors de la campagne en Champagne qui se termine à Valmy. Membre du conseil du comte de Provence après la mort de Louis XVI, il sert à partir de 1794 à la solde de l'Angleterre puis de la Russie. Retiré à Riga en 1798, puis à Münster, il y meurt au moment où il envisageait de revenir en France.

BROTTIER (Charles) (Né à Tannay, Nièvre, le 22 mai 1751, mort à Cayenne, le 12 septembre 1798). Ecclésiastique, professeur de mathématiques à l'École militaire, collaborateur à *L'Année littéraire* et au *Journal de la France*, l'abbé Brottier, arrêté comme suspect, est libéré après le 9 thermidor. Accusé d'avoir pris part à l'insurrection royaliste du 13 vendémiaire an IV (5 octobre 1795), Brottier est arrêté puis relâché. Accrédité avec le chevalier Duverne de Presle par Louis XVIII pour agir en son nom, il conspire et s'efforce de rassembler les royalistes autour de lui. Sans doute trahi, Brottier est arrêté, le 30 janvier 1797. Au cours de son procès, il avoue avoir servi d'intermédiaire entre Louis XVIII et ses partisans en France mais refuse de livrer les noms de ses complices. Condamné à la déportation, à la « guillotine sèche », il meurt au bout d'un an de séjour à la Guyane.

BRUEYS D'AIGALLIERS (François Paul) (Né à Uzès, le 11 février 1753, tué à Aboukir, le 1er août 1798). Marin à treize ans, Brueys commande la flûte *Le Barbeau* en 1788. La Révolution le promeut capitaine de vaisseau à la fin de 1792 puis le destitue comme noble en 1793. Réintégré en 1795, il est major général sous Morard de Galles pendant l'expédition d'Irlande. Promu contre-amiral en novembre 1796, il s'empare des îles Ioniennes et des navires vénitiens mouillés à Corfou. Bonaparte le remarque et le fait désigner comme commandant en chef de la flotte destinée à transporter l'expédition d'Égypte. Il réussit à atteindre Malte sans encombre puis Alexandrie, le 1er juillet 1798. Nelson l'attaque dans la rade d'Aboukir, le 1er août suivant. Blessé à mort, il saute avec tout l'équipage de son navire, *L'Orient*. Bonaparte disait à ceux qui faisaient valoir la faute qu'il avait commise en restant à l'ancre au moment de l'attaque anglaise : « Si, dans ce funeste événement, il a commis des fautes, il les a expiées par sa fin glorieuse. »

BRUIX (Eustache) (Né à Saint-Domingue, le 17 juillet 1759, mort à Paris, le 17 mars 1805). Entré dans la marine en 1778, Bruix est lieutenant de vaisseau au début de la Révolution, capitaine le 1er janvier 1793, destitué comme noble en octobre suivant. Retiré aux environs de Brest, il rédige un mémoire sur les *Moyens d'approvisionner la marine par les seules productions du territoire français* que Bonaparte lit et apprécie. Rappelé au service en 1795, Bruix est chef de division, adjoint à l'amiral Morard de Galles durant l'expédition d'Irlande. Hoche le remarque et le fait nommer contre-amiral en mai 1797. Ministre de la Marine du 28 avril 1798 au 11 juillet 1799, il prend lui-même la tête d'une flotte qui, partie de Brest, tente en vain de ravitailler l'expédition d'Égypte. Vice-amiral, le 13 mars 1799, il est mis dans le secret de la préparation du coup d'État de Brumaire. Bonaparte le nomme amiral en 1801 et conseiller d'État l'année suivante. Bruix est chargé de la flottille du camp de Boulogne en vue d'un débarquement en Angleterre. Il y déploie toute son énergie mais meurt de la tuberculose.

BRUMAIRE (coup d'État du 18). Régime instable, obligé de procéder régulièrement à des coups d'État pour éliminer à sa gauche et à sa droite des forces politiques ou des majorités parlementaires qui lui sont hostiles, le Directoire est vaincu pour la première fois, le 30 prairial an VII (18 juin 1799) par une majorité néo-jacobine qui oblige à la démission les Directeurs La Revellière-Lépeaux et Merlin de Douai pour les remplacer par Roger Ducos et le général Moulin. La direction de Barras n'est plus assurée et il craint d'être à son tour éliminé, ainsi que Sieyès. C'est ce dernier qui prend l'initiative de chercher un général pour lui confier un nouveau coup d'État. Il songe à Joubert, mais ce dernier est tué à Novi, le 15 août 1799. Sieyès se rabat sur Bonaparte, débarqué d'Égypte, le 9 octobre 1799. Le coup d'État se déroule en deux temps. Le 18 brumaire an VIII (9 novembre 1799), le Conseil des Anciens est avisé qu'un complot contre la République est en préparation à Paris. Il décide de se transférer à Saint-Cloud avec les Cinq-Cents. Bonaparte est nommé commandant de la garnison de Paris. Sieyès et Roger Ducos, dans le complot, démissionnent de leurs fonctions de Directeurs, Barras s'y résigne, les deux autres Directeurs, Gohier et Moulin, sont consignés par la troupe au Luxembourg. Le lendemain, Bonaparte se présente à Saint-Cloud. Il est très mal reçu par les Anciens, ne peut parler, doit être dégagé par ses officiers. Lucien Bonaparte, président des Cinq-Cents ce jour-là, ne peut davantage se faire entendre. Les soldats chargés de la garde des Conseils, harangués par Lucien, menés par Murat, dispersent les députés. On rassemble quelques élus favorables au coup d'État et on leur fait voter le remplacement des Directeurs par trois consuls provisoires : Bonaparte, Sieyès et Roger Ducos. La dictature prônée par Marat en 1789 est en place.

BRUNE (Guillaume Marie Anne) (Né à Brive-la-Gaillarde, le

13 mai 1763, assassiné à Avignon, le 2 août 1815). Imprimeur et journaliste au début de la Révolution, capitaine dans la garde nationale de Paris en 1789, Brune est un ami de Danton et fréquente le club des Cordeliers. Il joue un rôle important lors de l'affaire du Champ-de-Mars et ne commence sa carrière militaire qu'avec sa nomination comme adjudant-major au 2e bataillon de volontaires de Seine-et-Oise. Sa promotion est rapide grâce à son soutien politique : il est à l'état-major de l'armée du Nord sous Dumouriez puis chef d'état-major de l'armée dite de Pacification envoyée contre les forces girondines de Wimpfen. Vainqueur de ce dernier à Pacy-sur-Eure, il est fait général de brigade, le 18 août 1793 et combat à Hondschoote. Il fait en 1795 la connaissance de Bonaparte à Paris et le suit à l'armée d'Italie. Après Arcole et Rivoli il est nommé général de division en novembre 1797, dirige les armées d'Helvétie puis d'Italie avant de prendre la tête des forces françaises en Batavie et de refouler une armée anglo-russe qui s'était emparée du Helder. Devenu un des principaux collaborateurs de Bonaparte après le 18 brumaire, conseiller d'État, maréchal en 1804, général en chef de l'armée du camp de Boulogne, il aurait été disgrâcié pour avoir mentionné dans la convention du 27 octobre 1807 avec les Suédois l'armée « française » au lieu de l'armée de « Sa Majesté Impériale et Royale ». Aussi, après une disponibilité de sept ans, se rallie-t-il volontiers à Louis XVIII qui le fait pair de France et gouverneur de la Provence. Il est pourtant massacré par une bande de royalistes lors de son passage à Avignon.

BRUNSWICK (Charles Guillaume Ferdinand, duc de) (Né à Wolfenbüttel, le 9 octobre 1735, mort à Ottensen, le 10 novembre 1806). Général au service de la Prusse, Brunswick se distingue particulièrement durant la guerre de Sept Ans et acquiert la réputation d'être un des plus grands hommes de guerre de son temps. La Prusse et l'Autriche lui confient le commandement de leurs troupes après la convention de Pillnitz. Après avoir publié un manifeste menaçant les habitants de la capitale de représailles s'il était fait quelque mal à Louis XVI, le 25 juillet 1792, il entre en Champagne avec son armée mais n'ose livrer une bataille décisive et se retire après la canonnade de Valmy. Commandant en chef des troupes prussiennes en 1793, il donne sa démission en janvier 1794, n'ayant pu s'entendre avec son collègue autrichien Wurmser. Le roi de Prusse lui demande de sortir de sa retraite en 1806 et de prendre la tête de l'armée prussienne. Blessé aux yeux à la bataille d'Auerstädt, il meurt durant la retraite.

BRUNSWICK (manifeste de). Cette déclaration, faite le 25 juillet 1792 par le duc de Brunswick, général en chef des armées prussiennes et autrichiennes, menace de représailles la ville de Paris s'il est porté atteinte à la famille royale : « S'il est fait la moindre violence, le moindre outrage à leurs Majestés, le roi, la reine et la famille royale, s'il n'est pas pourvu immédiatement à leur sûreté, à leur conservation et à leur liberté, elles (les Majestés impériale et royale) en tireront une vengeance exemplaire et à jamais mémorable, en livrant la ville de Paris à une exécution militaire et à une subversion, et les révoltés coupables d'attentats aux supplices qu'ils auront mérités. » Connu à Paris le 1er août, le manifeste servit de détonateur, de prétexte à l'insurrection du 10 août.

BRUTUS. Héros de la Révolution française, Brutus n'est pas comme le croient la plupart des gens, l'assassin de Jules César. Celui que les révolutionnaires ont pris pour idole est Lucius Junius Brutus, personnage à demi légendaire du VIe siècle avant l'ère chrétienne, qui chassa Tarquin de Rome et y établit la République. Les révolutionnaires admiraient particulièrement son héroïsme : n'avait-il pas fait exécuter ses deux fils, favorables à Tarquin et à la monarchie !

BUDGET. L'Ancien Régime ignorait ce qu'était un budget, c'est-à-dire un état des prévisions de recettes et de dépenses établi pour l'année à venir. On essayait d'équilibrer recettes et dépenses à la sauvette et l'imprévision était la règle générale. C'est Necker qui tenta le premier d'y voir clair et d'établir un véritable budget avec son compte rendu de 1781. Il y estimait les recettes à 264 millions et les dépenses à 254 millions, s'attribuant ainsi le mérite d'un excédent. Boisgelin a montré que le compte rendu de Necker était des plus faux : les recettes s'élevaient à 437 millions et les dépenses à 526 millions et l'excédent était en réalité un déficit de 89 millions. Dans son compte rendu du 5 mai 1789, le même Necker donnait 475 millions de recettes et 531 millions de dépenses, un déficit de 56 millions. Mais le plus grave était la dette de l'État qui s'élevait à 4 467 millions et qui absorbait pour son paiement la plus grande partie des recettes. Durant la Révolution, la situation ne fut pas plus brillante que sous la monarchie. Croulant sous les dépenses extraordinaires, dues notamment à la guerre, la République n'eut pas davantage de budget que le roi. On commença à présenter quelque chose qui ressemblait à un budget sous le Consulat, mais ce n'est qu'avec la Restauration que la pratique d'un budget prévisionnel des recettes et dépenses de l'État s'établit de façon sérieuse.

BULLETIN DES LOIS. Dans l'affreux et sanglant désordre de la Terreur, la Convention et le Comité de salut public, soucieux de canaliser et de coordonner les actions, se rendirent compte qu'il fallait créer un organe pour informer les administrations, notamment en province, de ce qui se votait à Paris. C'est pourquoi, le décret du 14 frimaire an II (4 décembre 1793) créa le *Bulletin des lois*, « recueil officiel des lois, ordonnances et règlements qui les régissent ». Une commission fut spécialement créée pour superviser l'envoi de cette publication dans toutes les communes. Le premier numéro du *Bulletin des lois* parut seulement en mai 1794.

BULLETIN NATIONAL. L'Assemblée législative décida, le 3 septembre 1792, la publication quotidienne par une Commission extraordinaire d'un *Bulletin national* qui donnerait des informations sur les opérations militaires et les actions décidées par le gouvernement. Ce *Bulletin*, destiné à combattre les rumeurs qui couraient alors sur la réelle déconfiture des armées de la France, devait être expédié par le ministère de l'Intérieur à tous les départements et districts pour être affiché dans toutes les communes de plus de deux mille habitants. Il devait aussi être envoyé à tous les bataillons de l'armée.

BUONAROTTI (Philippe Michel) (Né à Pise, le 11 novembre 1761, mort à Paris, le 16 septembre 1837). Gentilhomme florentin, protégé du grand-duc de Toscane, futur empereur Léopold II, Buonarotti est disgrâcié et exilé en raison de son enthousiasme pour la Révolution française. Réfugié en Corse, il y publie le *Giornale patriotico di Corsica,* est expulsé par Paoli sur Livourne. Ayant accompagné Saliceti à Paris, il s'inscrit aux Jacobins et la Convention le fait citoyen français. On lui confie diverses missions, on l'envoie en Sardaigne propager les idées révolutionnaires, en Corse, puis on le charge de la police des pays conquis de langue italienne. Accusé d'abus de pouvoir et incarcéré durant la Convention thermidorienne, il bénéficie de l'amnistie générale. Ayant fait connaissance de Babeuf en prison, il est compromis dans la conjuration des Égaux en tant que membre du « directoire insurrectionnel ». Condamné à trois ans de déportation, il s'en tire avec un emprisonnement en France. Sa vie politique est désormais terminée. Ayant fait paraître en 1828 une *Histoire de la conspiration pour l'égalité, dite de Babeuf,* Buonarotti a été idéalisé par les historiens socialistes, alors qu'il n'était qu'un aristocrate italien brillant mais écervelé et superficiel.

BUREAU DE BIENFAISANCE, voir **BIENFAISANCE.**

BUREAU DE CORRESPONDANCE. Ce bureau était chargé sous l'Ancien Régime de la recette des pensions, rentes et revenus et des affaires contentieuses, sous la direction du lieutenant de police.

BUREAU DE PLACEMENT. Le premier bureau de ce genre date de janvier 1790 à Paris, sous le patronage de la municipalité. Il est chargé de placer les domestiques après s'être assuré de leurs mœurs et de leurs compétences.

BUREAU DE SÛRETÉ. C'est en fait un bureau de police chargé des objets volés. Il reçoit les dépositions des victimes et donne des ordres de recherches.

BUREAU DE VILLE. Sous la juridiction du prévôt des marchands et des échevins, le Bureau de Ville s'occupait sous l'Ancien Régime des recettes de la municipalité, de la répartition des impôts directs et des droits d'octroi.

BUREAU DES LONGITUDES. C'est le décret de la Convention du 7 messidor an III (25 juin 1795) qui crée à l'Observatoire de Paris le Bureau des longitudes pour étudier les phénomènes atmosphériques et faire des recherches astronomiques. Il est composé de quatre astronomes (Delambre, Cassini, Lalande, Méchain), deux géomètres (Lagrange et Laplace), deux marins (Borda et Bougainville), du géographe Buache et du dessinateur Carochez. Il est chargé de rédiger la *Connaissance des temps* et un *Annuaire.*

BUREAU DES NOURRICES. Attesté au moins depuis le XIIIe siècle, à l'époque sous le nom de bureau de recommanderesses, le Bureau des nourrices est établi à Paris au 18 de la rue Sainte-Apolline. Ce bureau a pour attribution le recrutement des nourrices et doit veiller à leur sérieux et à leur bonne santé. En 1785, le préfet de police, Le Noir, décerne la première médaille à la meilleure nourrice. En or et à l'effigie de la reine, elle porte : « A la bonne nourrice. »

BUREAUX CENTRAUX. La constitution de l'an III établit des bureaux centraux dans les villes divisées en plusieurs municipalités pour y gérer les affaires communes qui ne pouvaient être partagées entre les différents arrondissements. Une de leurs principales attributions était la police. Ces bureaux centraux furent supprimés par le décret du 28 pluviôse an VIII (17 février 1800) et remplacés à Paris par une préfecture de police et dans les départements par des commissariats centraux.

BUREAUX DU CONTRÔLE. Créés par un édit de 1669, les Bureaux du contrôle avaient pour fonction de percevoir les droits de contrôle d'insinuation et de certains deniers dus pour les ventes et successions. Abolis officiellement par la loi du 5-19 décembre 1790, ces droits furent transformés en droits d'enregistrement et les Bureaux du contrôle devinrent les bureaux de l'enregistrement.

BURKE (Edmond) (Né à Dublin, le 1er janvier 1728, mort à Beaconsfield, le 9 juillet 1797). Membre de la Chambre des communes, grand orateur, surnommé le « Cicéron britannique », Burke défendit une politique libérale, fut favorable aux revendications des colons d'Amérique et à la tolérance envers les catholiques irlandais. Il dénonça les abus aux Indes et fut un « whig » éclairé, désireux d'adapter les institutions à l'évolution sociale et politique, écrivant que « lorsque de vieilles institutions n'ont plus de raison d'être, il est absurde de n'en préserver que le fardeau ». Il fut pourtant un des ennemis les plus implacables de la Révolution française et mit en garde ses compatriotes contre tout risque de contagion idéologique dans ses *Réflexions sur la Révolution en France* parues en octobre 1790. Le livre eut un succès immense et le chargé d'affaires français à Londres écrivait en février 1791 que cet ouvrage « a réuni toute la nation anglaise contre nous ». Burke y démontrait que la Révolution française ne pouvait faire qu'œuvre nuisible, car elle était fondée sur des idées théoriques et intemporelles alors que des réformes durables doivent être adaptées au tempérament et au passé historique de chaque peuple. Il montrait fort bien que le mouvement révolutionnaire français ne pouvait se terminer que par une dictature militaire. Sa conception organique des institutions eut une influence très grande sur la pensée politique.

BUZOT (François Nicolas Léonard) (Né à Évreux, le 1er mars 1760, mort à Saint-Magne, Gironde, le 18 juin 1794). Avocat à Évreux, Buzot est élu par le tiers état de cette ville aux états généraux. Il y siège à l'extrême-gauche avec Prieur de la Marne et Robespierre. Après la session, il est nommé juge au tribunal d'Évreux. Lors d'un séjour à Paris, cet homme, « jeune et austère figure, ardente et mélancolique » (Michelet), marié à une femme stupide et beaucoup plus âgée que lui, tombe sous le charme de Mme Roland. Envoyé par l'Eure siéger à la Convention, il y est la voix de sa maîtresse et attaque aussitôt Danton, que Mme Roland détestait après lui avoir fait pourtant quelques avances, et Robespierre. S'en prenant aux élus de Paris et à la Commune, il demande la création d'une garde départementale pour protéger l'assemblée contre les émeutiers menés par une faction : « Il faut que la Convention soit entourée d'une force tellement imposante que non seulement nous n'ayons rien à craindre, mais que nos départements soient assurés que nous n'avons rien à craindre. » Au début du procès du roi, pour embarrasser la Montagne, il fait voter la peine de mort pour quiconque proposerait ou tenterait de rétablir la royauté. Le 16 décembre 1792, il demande le bannissement de tous les Bourbons, visant ainsi Philippe-Égalité et provoquant Camille Desmoulins à un discours favorable à ce dernier. Il vote pour l'appel au peuple et pour la mort avec sursis à la fin du procès. Lorsque, le 12 février 1793, des pétitionnaires viennent demander à la Convention l'établissement d'une loi du maximum pour empêcher la spéculation sur les vivres, il répond que les Parisiens n'ont pas à se plaindre, car ils ne produisent rien et ce sont les départements qui les nourrissent. Il vote contre la création du tribunal révolutionnaire et du Comité de salut public. Le 13 avril, il demande l'expulsion de Marat : « Quant à Marat, je le pense et je le déclare, la majorité de Paris applaudira au décret qui chassera cet homme impur du sanctuaire de la liberté ; dans nos départements, on bénira le jour où vous aurez délivré l'espèce humaine d'un homme qui la déshonore. » Il propose la fermeture du club des Jacobins : « Voyez cette Société jadis célèbre ; il n'y reste pas trente de ses vrais fondateurs. On n'y trouve que des hommes perdus de crimes et de dettes. Lisez ses journaux et voyez si, tant qu'existera cet abominable repaire, vous pouvez rester ici. » Décrété d'arrestation le 2 juin, il s'enfuit à Évreux puis à Caen. Après la déroute des forces fédéralistes, il passe en Bretagne avec Guadet, Pétion et Louvet et s'embarque à Quimper pour Bordeaux. Cachés chez des amis, ils apprennent la mort de Mme Roland. Craignant d'être découverts, ils quittent leur refuge. Surpris par une patrouille, Barbaroux se suicide tandis que Pétion et Buzot vont se cacher dans les bois, puis se suicident. On retrouvera huit jours plus tard leurs corps à moitié dévorés par des loups. Les *Mémoires* de Buzot, écrits durant sa proscription, ont été publiés en 1823 et en 1866 et le révèlent tourmenté et idéaliste, disciple de Rousseau et fervent lecteur de Plutarque.

C

ÇA IRA. Cette chanson date de mai ou juin 1790. L'auteur des paroles était un chanteur des rues nommé Ladré qui les mit sur une musique très populaire de contredanse, *Le Carillon national* de Bécourt. Le texte était à l'origine tout à fait innocent. Il fut perverti en appel à la haine sociale par les sans-culottes qui demandaient la pendaison des adversaires (« aristocrates ») de la Révolution :

Les aristocrates à la lanterne,
Les aristocrates on les pendra.

Le *Ça ira* fut peut-être encore plus populaire que *La Marseillaise* et survécut au 9 thermidor. Le Directoire ordonna même qu'il fût chanté à chaque représentation théâtrale. Il disparut à l'aube du Consulat.

AH ! ÇA IRA

Ah ! ça ira, ça ira, ça ira,
Le peuple en ce jour sans cesse répète,
Ah ! ça ira, ça ira, ça ira.
Malgré les mutins tout réussira.
Nos ennemis confus en restent là,
Et nous allons chanter alleluia.
Ah ! ça ira, ça ira, ça ira.
Quand Boileau jadis du clergé parla,
Comme un prophète il a prédit cela ;
En chantant ma chansonnette,
Avec plaisir on dira :
Ah ! ça ira, ça ira, ça ira.
Suivant les maximes de l'Évangile
Ah ! ça ira, ça ira, ça ira,
Du législateur tout s'accomplira,
Celui qui s'élève on l'abaissera
Et qui s'abaisse l'on élèvera.
Ah ! ça ira, ça ira, ça ira.
Le vrai catéchisme nous instruira,
Et l'affreux fanatisme s'éteindra.
Pour être à la loi docile,
Tout Français s'exercera.
Ah ! ça ira, ça ira, ça ira.
Pierrot et Margot chantent à la [guinguette :
Ah ! ça ira, ça ira, ça ira.
Réjouissons-nous, le bon temps [viendra.
Le peuple français jadis à quia,
L'aristocrate dit mea culpa.
Ah ! ça ira, ça ira, ça ira.
Le clergé regrette le bien qu'il a,
Par justice la nation l'aura,
Par le prudent La Fayette,
Tout trouble s'apaisera,
Ah ! ça ira, ça ira, ça ira.
Par les flambeaux de l'auguste [Assemblée,
Ah ! ça ira, ça ira, ça ira.
Le peuple armé toujours se gardera,
Le vrai d'avec le faux l'on connaîtra,
Le citoyen pour le bien soutiendra,
Ah ! ça ira, ça ira, ça ira.

Quand l'aristocrate protestera,
Le bon citoyen au nez lui rira
Sans avoir l'âme troublée,
Toujours le plus fort sera,
Ah ! ça ira, ça ira, ça ira.
Petits comme grands sont soldats
[dans l'âme,
Ah ! ça ira, ça ira, ça ira.
Pendant la guerre, aucun ne trahira.
Avec cœur tout bon Français
[combattra,
S'il voit du louche hardiment parlera,
Ah ! ça ira, ça ira, ça ira.
La Fayette dit : Vient qui voudra,
Le patriotisme leur répondra
Sans craindre ni feu ni flamme :
Le Français toujours vaincra,
Ah ! ça ira, ça ira, ça ira.

CABANIS (Pierre Jean Georges) (Né à Cosnac, Corrèze, le 5 juin 1757, mort à Paris, le 5 mai 1808). Confié par son père au poète Roucher, Cabanis est poussé par ce dernier vers la carrière des lettres tout en étant contraint par sa famille à des études de médecine. Logé à Auteuil chez Mme Helvetius, il s'y lie avec Condillac, Franklin, Garat, Volney. Adepte fervent des idées nouvelles, membre du club des Amis de la Constitution, il devient le médecin et l'ami de Mirabeau, l'aide dans ses travaux, lui fournissant des *Observations sur les hôpitaux* et un *Rapport sur l'éducation publique.* Accusé d'avoir empoisonné Mirabeau, il se justifie dans le *Journal de la maladie et de la mort de H.-G.-V. Riquetti-Mirabeau.* C'est lui qui fournit aux Girondins à la veille de la proscription les poisons dont certains vont faire usage, notamment son ami Condorcet. Suspect à partir de juillet 1793, il ne sort plus de la maison de Mme Helvetius jusqu'à la mort de Robespierre. Entré à l'Institut en 1796, élu par la Seine au Conseil des Cinq-Cents, lié avec Sieyès, il entre grâce à lui dans l'entourage de Bonaparte. C'est à lui qu'est due la proclamation affichée dans les rues de Paris le 19 brumaire. Un des premiers nommés au Sénat conservateur, le 23 novembre 1799, il est pourtant suspect au Premier consul en raison de ses liens avec les « idéologues » et doit vivre dans une semi-retraite après le complot dit du Sénat. On ne l'en inhume pas moins au Panthéon en 1808.

CABINET DE CURTIUS. Ce cabinet de cire, ancêtre lointain du musée Grévin, présentait des effigies des célébrités du temps. Le 12 juillet 1789, la populace envahit ce cabinet, situé au Palais-Royal, en enleva les bustes de Necker et du duc d'Orléans et les promena triomphalement dans les rues de Paris.

CABINET DES ESTAMPES. Constitué sous Louis XIV, partie de la Bibliothèque du roi, le cabinet des Estampes rassemblait les œuvres des graveurs célèbres, mais aussi toutes sortes d'illustrations populaires, scènes de genre ou de batailles, gravures de piété, caricatures, et des cartes géographiques. Il fut intégré à la Bibliothèque nationale à sa création et y est toujours.

CABINET DES MÉDAILLES. C'est François Ier qui a l'idée de réunir des médailles et monnaies. D'abord au Louvre, le cabinet des Médailles est transféré en 1667 à la Bibliothèque du roi, où furent fabriqués de splendides médailliers qui existent toujours. On ajouta aux médailles des objets d'art et des antiquités, notamment le camée de Constantin, le trône dit de Dagobert. Tous ces trésors se trouvent encore aujourd'hui à la Bibliothèque nationale.

CABINET NOIR. Le Cabinet noir est né en même temps que l'administration des postes. C'est le nom qu'on donne à des services qui décachètent et lisent les lettres, puis les referment sans laisser de traces. Pratique courante pour surveiller la correspondance des hauts personnages sous l'Ancien Régime, la surveillance du courrier s'est prolongée sous la Révolution et l'Empire. Le Cabinet noir a progressivement disparu avec le développement du courrier postal qui a rendu le contrôle de millions de lettres de plus en plus aléatoire. Le progrès du viol des correspondances s'est accompagné d'une amélioration technique considérable des méthodes cryptographiques.

CADASTRE. Sous l'Ancien Régime, on appelait cadastre le registre public servant à l'assiette des tailles. En 1790, la Constituante, pour asseoir le nouvel impôt foncier, décida l'arpentage systématique de la France, la levée de cartes et l'établissement de registres de propriété. Il n'y eut pas de début d'exécution en raison des événements. Le projet fut repris en 1801. La loi du 15 septembre 1807 marque le début d'une réalisation qui s'étale jusqu'en 1840. La confection du cadastre se continue de nos jours.

CADET DE GASSICOURT (Charles Louis) (Né à Paris, le 23 janvier 1769, mort à Paris, le 21 novembre 1821). Avocat puis pharmacien pour reprendre les activités de son père, Cadet de Gassicourt s'intéresse aussi à la Révolution. Il écrit des chansons patriotiques et un *Cahier de réformes, ou Vœux d'un ami de l'ordre*. C'est lui qui est à la tête de la section du Mont-Blanc qui marche sur la Convention le 13 vendémiaire an IV (5 octobre 1795), ce qui lui vaut une condamnation par contumace annulée plus tard par le jury criminel de la Seine. Pharmacien de l'empereur, il accompagne Napoléon dans plusieurs campagnes, est secrétaire de la section de pharmacie à la création de l'Académie de médecine, et du conseil de salubrité qu'il contribue à faire établir. On lui doit une œuvre des plus diverses : *Dictionnaire de chimie, Le Tombeau de Jacques Molai ou Histoire secrète et abrégée des initiés anciens et modernes, L'Esprit des sots passés, présents et à venir,* des poésies, des pièces de théâtre. Dans ses *Mémoires*, le baron Thiébault prétend que Cadet de Gassicourt était fils naturel de Louis XV.

CADET DE GASSICOURT (Louis Claude) (Né à Paris, le 24 juillet 1731, mort à Paris, le 17 octobre 1799). Fils d'un chirurgien, Cadet de Gassicourt est un pharmacien estimé et prospère. Apothicaire-major aux Invalides, commissaire du roi pour la chimie près la manufacture de Sèvres, membre du Service de pharmacie de Paris, entré à l'Académie des sciences en 1766, il a publié de très nombreux mémoires de physique, de chimie et de pharmacie. Possesseur de la plus importante pharmacie du royaume, il est d'une grande générosité, nourrit les indigents, soutient financièrement les artistes, compte parmi ses amis les principaux rédacteurs de l'*Encyclopédie*, d'Alembert, Condorcet, Bailly. Son épouse, Marie-Thérèse Françoise Boisselet aurait séduit le roi Louis XV et Charles-Louis Cadet serait né de cette liaison.

CADOUDAL (Georges) (Né le 1er janvier 1771 à Kerléano-en-Brech, Morbihan, guillotiné à Paris, le 25 juin 1804). Clerc de notaire, Cadoudal est réfractaire à la levée des 300 000 hommes décrétée par la Convention et rejoint les insurgés à Fougères. A l'armée de Bonchamps jusqu'à Savenay, il est capitaine de cavalerie. Revenu en Bretagne, il organise une insurrection à Brest, mais est pris le 30 juin 1794 et emprisonné avec toute sa famille à Brest. Sa mère et un de ses oncles périssent durant leur captivité tandis qu'il réussit à s'évader. En relation avec La Bourdonnaie et avec Londres, Cadoudal proteste contre un éventuel accord de paix au printemps de 1795 et se rend à Carnac en juin 1795 pour préparer le débarquement des émigrés et des Anglais. Mais, ceux-ci s'étant laissé enfermer dans Quiberon, il ne peut effectuer le mouvement tournant prévu. Devenu chef des insurgés en août 1795, Cadoudal est, reconnaît son adversaire Hoche, un redoutable chef de guerre et un excellent manœuvrier. Il est cependant contraint de traiter et de faire la paix en juin 1796. Parti en Angleterre à la fin de 1797 chercher des soutiens et des fonds, Cadoudal reparaît le 17 avril 1799 et s'empare de Sarzeau. Maître du Morbihan, ayant reçu, des Anglais, canons, argent et trente mille fusils, il est arrêté dans son expansion victorieuse par le 18 brumaire et contraint à la paix. Bonaparte lui aurait offert un commandement dans l'Ouest avec le grade de général qu'il aurait refusé. Craignant d'être arrêté, Cadoudal repart pour Londres, est reçu en vainqueur et nommé par Louis XVIII commandant en chef de l'armée de l'Ouest. Il débarque dans la presqu'île de Rhuys dans la nuit du 5 au 6 juin 1800, décidé à rallumer l'insurrection, mais la victoire de Marengo détruit ses espoirs. Impliqué dans l'attentat de la machine infernale, il décide de s'emparer de Bonaparte et débarque à nouveau en août 1803. En relation avec Moreau et Pichegru, il est trahi et capturé le 9 mars 1804 après une farouche résistance qui coûte la vie à deux de ses agresseurs. D'une force herculéenne, doué d'une prodigieuse mémoire et d'une intelligence certaine, Cadoudal est un des personnages les plus intéressants de la contre-révolution.

CADRAN BLEU (Le). Situé boulevard du Temple, Le Cadran bleu était un restaurant fameux au début de la Révolution, où se réunissaient les auteurs dramatiques dont les pièces étaient jouées sur les boulevards. C'est là que se réunirent à plusieurs reprises les dirigeants qui préparaient l'insurrection du 10 août 1792.

CAFÉ. A la veille de la Révolution, le café consommé en France provenait de la partie française de Saint-Domingue, qui en produisait 45 à 50 millions de livres, de la Martinique qui en fournissait à peu près 10 millions, de la Guadeloupe où il en poussait pour 6 à 7 millions. Aussi cette denrée abondante ne coûtait-elle que 10 à 12 sous la livre. La guerre navale et la perte des colonies en firent monter le prix à 5 et 6 francs, et la pratique de mélanges commença à se répandre. On mélangeait le café avec des glands, des châtaignes, de l'orge, du seigle. Un Suisse fit fortune au faubourg Saint-Germain en mettant au point un mélange meilleur que les autres, utilisant les racines de chicorée.

CAFFARELLI (Louis Marie Joseph Maximilien) (Né au Falga, Haute-Garonne, le 13 février 1756, mort le 27 avril 1799). Élève de l'École du génie à Mézières, capitaine en 1791, Caffarelli refuse de prêter serment à la République en 1792 et se retrouve en prison. Réintégré dans l'armée en avril 1795 comme chef de bataillon et sous-directeur des fortifications à l'armée de Sambre-et-Meuse, sous les ordres de Kléber, puis de Marceau, il perd une jambe au passage de la Nahe. Promu général de brigade, il continue à servir avec une jambe de bois, commandant le génie à l'armée d'Angleterre et à l'armée d'Orient. On le voit à l'action à la prise de Malte et d'Alexandrie, il fortifie le Caire, est au combat de Salalieh, à la prise de Jaffa, au siège de Saint-Jean-d'Acre où il perd le bras droit et meurt des suites de sa blessure. Ses activités militaires ne l'ont pas empêché de prendre une part active aux travaux scientifiques de l'expédition d'Égypte. Bonaparte avait une estime particulière pour lui et disait : « Caffarelli, au moins, n'est pas un idéologue », ajoutant que « c'était un homme de bien, brave soldat, fidèle aussi, bon citoyen ».

CAHIERS DE DOLÉANCES. Depuis les états généraux de 1484, il était de tradition que la réunion des états fut accompagnée de la rédaction de cahiers de doléances où les populations exprimaient leurs plaintes et demandaient des réformes. Ces cahiers constituaient un relevé de ce que le député élu devait demander, un aide-mémoire et presque un mandat impératif. Chaque ordre et chaque bailliage avait ses cahiers. Le duc d'Orléans avait répandu un modèle de cahier qui fut assez largement reproduit grâce à ses agents. Dans l'ensemble, ces milliers de cahiers ont un ton modéré. Leurs revendications sont extrêmement variées, parfois contradictoires. En général, les électeurs du tiers état ont demandé la suppression des droits féodaux, l'égalité devant les impôts, une justice plus simple et une définition des droits des sujets face au pouvoir royal, leur garantissant une certaine liberté individuelle.

CAISSE DE CONFIANCE. Cette caisse est issue d'une pétition des citoyens de Paris à la Constituante en 1791. Elle était destinée aux indigents et aux pauvres et échangeait des assignats contre des billets de 3, 6 et 12 livres, et donnait 10% de la somme en monnaie métallique. Pour un assignat de 50 livres, on recevait 45 livres en papier et 5 livres en pièces de monnaie.

CAISSE D'ESCOMPTE. Fondée par Turgot, la Caisse d'escompte encaissait à 4% par an les lettres de change à deux ou trois mois de terme. Ses billets ayant cours forcé à Paris, elle fut en mesure de venir plusieurs fois en aide au Trésor royal. Elle lui prêta 80 millions en janvier 1790, 20 millions en juin suivant, 30 millions en septembre, puis 45 millions en promesse d'assignats. Elle fut supprimée, le 24 août 1793.

CAISSE DE L'EXTRAORDINAIRE. Fondée par un décret de la Constituante du 10 décembre 1789, la Caisse de l'extraordinaire devait encaisser les fonds provenant de la contribution patriotique, de la vente des biens nationaux et de toutes les autres recettes dites extraordinaires de l'État. Ses ressources devaient servir à payer les capitaux de toutes les dettes de l'État afin d'arriver à leur extinction. Elle fut supprimée le 1er janvier 1793 et intégrée au Trésor public.

CAISSE DE L'ORDINAIRE. C'était la caisse habituelle des revenus publics. Elle avait l'administration des moyens de finances. Si elle avait un excédent, elle le versait à la Caisse de l'extraordinaire ; si elle avait un déficit, elle le comblait par un prélèvement sur la Caisse de l'extraordinaire.

CAISSE DES INVALIDES DE LA MARINE. Créée par Colbert pour venir en aide aux vétérans invalides des marines de commerce et de guerre, à leurs parents, leurs veuves et leurs enfants, la Caisse des invalides de la marine fut conservée par la Constituante. La Convention, qui supprima toutes les caisses particulières, consentit en 1793 à faire exception pour cette institution, mais ordonna le versement au Trésor public de ses fonds, qui s'élevaient alors à 2 500 000 livres, contre le paiement d'un intérêt annuel de 5%.

CAISSE DU CLERGÉ. Cette caisse payait tous les six mois les pensions et les rentes ecclésiastiques avec le produit des décimes. Elle fut supprimée le 30 septembre 1790.

CAISSE HYPOTHÉCAIRE, voir **HYPOTHÈQUES**.

CAISSE PATRIOTIQUE. Cette caisse fut fondée en septembre 1791 pour éviter au public les risques de vol ou de perte des assignats par le dépôt de ces assignats. Les dépositaires pouvaient faire des mandats au fur et à mesure de leurs besoins et la caisse les payait. Le capital de cette caisse s'élevait à 12 millions en 1792.

CAISSES. On donne le nom de caisse à des établissements de commerce ou de finances publics ou privés. La première, la Caisse des emprunts, fut créée sous Louis XIV. Les principales caisses de l'époque révolutionnaire sont la Caisse d'emprunts et de prêts publics, la Caisse du commerce, la Caisse des comptes courants.

CAISSES CIVILES. On nomme caisses civiles les caisses installées dans les mairies des districts et au chef-lieu des départements. Elles étaient gérées par l'administration municipale du lieu ou par l'administration du département pour le chef-lieu. Le 22 mars 1796, sur ordre du Conseil des Cinq-Cents, les scellés furent apposés sur toutes ces caisses pour procéder à la vérification des comptes.

CAISSES MILITAIRES. Établies dans chaque régiment, les caisses militaires étaient victimes de détournements et de dilapidations, ce qui provoqua des révoltes de garnisons dont la solde n'était pas payée. Le 27 août 1793, la Convention décréta que le numéraire se trouvant dans ces caisses serait versé dans celles des payeurs généraux des armées ou des départements. En échange, les caisses militaires reçurent des assignats, à raison de 150 livres d'assignats pour 100 livres de monnaie métallique.

CALENDRIER RÉPUBLICAIN. Les hommes de la Révolution étaient tout à fait conscients de la rupture qu'ils créaient et l'astronome Lalande écrivait dans *Le Moniteur*, dès le 17 mai 1790 : « Le moment où La France vient d'être régénérée, où l'amour de la liberté fait... des conquêtes étendues... n'est-il pas le moment de proposer un changement de calendrier ? » Il propose de faire débuter l'année au 1er avril, avec le printemps. Le même *Moniteur* paraît, le 14 juillet 1790, avec la mention du « premier jour de la deuxième année de la liberté ». Le 21 août 1792, il est daté de « l'an quatrième de la liberté et le premier de l'égalité ». Le 24 septembre suivant apparaît la mention « An premier de la République française ». Dans cet esprit de refus du passé, la Convention confie à son comité d'instruction publique le soin d'établir un calendrier nouveau. Ce comité regroupe des savants et des hommes de lettres. Les premiers suggèrent le système décimal et apportent leurs connaissances des temps astronomiques, les seconds leur inspiration antichrétienne. Le résultat est une année de 12 mois de 30 jours avec 5 jours supplémentaires (6 pour les années bissextiles) à la fin de l'année. Les mois se décomposent en trois décades. Les jours se nomment primidi, duodi... décadi. Le poète Fabre d'Églantine a inventé les noms des mois : sonorités graves mais moyennes pour l'automne (vendémiaire, brumaire, frimaire), lourdes et longues pour l'hiver (nivôse, pluviôse, ventôse), gaies et brèves pour le printemps (germinal, floréal, prairial), sonores et larges pour l'été (messidor, thermidor, fructidor). La première année républicaine débute le 22 septembre 1792. Le 5 octobre 1793, la Convention adopte le calendrier républicain qui entre presque aussitôt en vigueur. Les prénoms chrétiens sont remplacés par des appellations inspirées de l'Antiquité : Gracchus, Brutus, mais aussi d'actualité, comme Marat ou Lepeletier, quand ce ne sont pas des noms comme Montagne, Groseille, Citrouille, Châtaigne... Ainsi que l'écrit Fabre d'Églantine, « les réalités de la Raison sont substituées aux visions de l'ignorance ».

CALOMNIE. Les accusations calomnieuses ont joué un rôle important dans la Révolution, contribuant à envenimer les choses et à accroître les tensions. Les fauteurs de troubles ne se sont pas privés d'abuser de la liberté de la presse pour faire courir les bruits les plus infâmes. En 1794, une motion demandant la répression des écrits calomnieux ne fut pas retenue par la Convention. Sous le Directoire, Daunou et Pastoret déposèrent en vain des propositions de loi visant à déférer les calomniateurs devant la police correctionnelle ou le jury. Il fallut attendre 1810 et le Code pénal pour qu'une loi punisse la calomnie de six mois de prison et d'une forte amende.

CALONNE (Charles Alexandre de) (Né à Douai, le 20 janvier 1734, mort à Paris, le 29 octobre 1802). Procureur général au parlement de Douai, maître des requêtes et procureur général de la commission chargée d'instruire le procès des magistrats du parlement de Rennes, Calonne aura à porter durant toute sa vie le poids des calomnies forgées contre lui par les parlementaires mâtés. Intendant de la généralité de Metz en 1766, de celle de Flandre en 1778, Calonne est un gestionnaire avisé qui développe notamment le port de Dunkerque. Il serait l'auteur de la brochure *Les Comment ?* qui montre en 1781 que le compte rendu de Necker au roi est fallacieux. Appelé au contrôle général des Finances, Calonne estime que pour redresser la situation, il faut répartir plus équitablement l'impôt et libérer le commerce et l'industrie de règlements désuets. Son plan est présenté au roi en 1786. Ne voulant pas réunir des états généraux et sachant que les parlements n'accepteraient aucune mesure contre les privilégiés, le roi, sur la proposition de Calonne, réunit une assemblée des notables. Le haut clergé et la noblesse ayant refusé de payer des impôts, Calonne est limogé, le 9 avril 1787, pour avoir voulu faire, deux ans trop tôt, une nuit du 4 août. Les parlements ayant voulu l'assigner devant eux, il s'exile à Londres et y publie sa justification. Revenu en France au début de 1789 et ayant posé sa candidature aux états généraux devant la noblesse du bailliage de Bailleul, il n'est pas élu et repart pour l'Angleterre. Appelé par le comte d'Artois, il joue un rôle important de 1790 à 1792 et on l'a parfois nommé le « ministre de l'émigration ». Il développe d'emblée le thème que la Révolution est un danger pour l'Europe entière et que tous les princes doivent se liguer contre elle. S'étant ruiné au service des princes, il disparaît de la scène politique en 1795 et ne revient en France qu'en 1802. Son action réformatrice, si elle avait pu aboutir en 1787, aurait peut-être permis de faire l'économie de la Révolution, mais l'aveuglement des privilégiés et la haine des robins parlementaires étaient là pour l'en empêcher.

CAMBACÉRÈS (Jean-Jacques Régis de) (Né à Montpellier, le 18 octobre 1753, mort à Paris, le 1er mai

1824). Conseiller à la Cour des comptes de Montpellier, Cambacérès ne réussit pas à se faire élire aux états généraux par la noblesse de la sénéchaussée de Montpellier, mais devient cependant président du tribunal criminel de l'Hérault. Ce département l'élit à la Convention. Tempérament prudent, Cambacérès adhère aux idées révolutionnaires du bout des lèvres et devine bien vite que la violence va dominer les débats parlementaires. Lors du procès du roi, il vote la culpabilité du roi et fait une déclaration si confuse qu'il est bien difficile de deviner s'il est ou non partisan de la mort. Il vote, en tout cas, pour le sursis. Il s'abstient de prendre part à l'affrontement entre Gironde et Montagne et, après la victoire de cette dernière, se cantonne dans ses travaux au comité de législation. Sorti de sa réserve après le 9 thermidor, il entre au Comité de salut public et le préside. Il s'oppose à la libération du dauphin et de sa sœur, déclarant : « Il y a peu de danger à tenir en captivité les individus de la famille Capet, il y en a beaucoup à les expulser. » Selon certains historiens, lui seul aurait détenu la clé de la prétendue énigme du Temple, comme le laisse supposer cette phrase prononcée par lui le 3 pluviôse an III (23 janvier 1795) : « Lors même qu'il aura cessé d'exister (Louis XVII), on le retrouvera partout et cette chimère servira longtemps à nourrir les coupables espérances. » Suspect de « modérantisme », il n'est pas choisi comme Directeur, mais est élu au Conseil des Cinq-Cents. Il aurait été étranger au coup d'État de Brumaire. Il en est cependant un des grands bénéficiaires et devient le Deuxième consul. Il joue un rôle essentiel auprès de Napoléon, notamment dans la préparation du Concordat et du Code civil. Président du Sénat, archi-chancelier, duc de Parme, il sert fidèlement et obséquieusement. Banni comme régicide à la Restauration, il est autorisé à revenir en France dès 1818. Cambacérès a prêté le flanc à la critique par son goût immodéré de la « représentation », ses accoutrements extravagants, ses tenues constellées de décorations. La Revellière-Lépeaux l'a croqué avec justesse dans ses *Mémoires* : « Plus fameux encore par sa puérile vanité que connu par les talents désignés dont il était réellement pourvu, homme fin, souple, délié, ambitieux, il s'était rapproché successivement de tous les partis qui avaient dominé la Convention. Mais, toujours calme et maître de lui-même, il ne s'était prononcé dans chacun d'eux qu'autant que cela était nécessaire d'abord à la conservation de sa personne et subsidiairement pour obtenir part aux affaires. »

CAMBON (Pierre Joseph) (Né à Montpellier, le 10 juin 1756, mort à Saint-Josse-ten-Noode, le 15 février 1820). Négociant en toiles, élu député sur une seconde liste qui n'est pas validée, Cambon n'en assiste pas moins au serment du Jeu de paume avant de rentrer à Montpellier, où il fonde la Société des Amis de l'égalité, affiliée au club des Jacobins. Après la fuite du roi à Varennes, il y fait voter une adresse à la Constituante vigoureusement antimonarchique : « Il ne nous manque pour être romains que la haine et l'expulsion des rois. Nous avons la première, nous attendons de vous la seconde. » Elle soulève une vive émotion et la réprobation de beaucoup au club des Jacobins. Élu par l'Hérault à la Législative, Cambon y entre avec une réputation de spécialiste des questions financières liée à sa qualité de négociant. Il présente un rapport sur l'état de la trésorerie du royaume qui éblouit ses collègues ignorants. A la Convention, il subjugue « littéralement l'assemblée par la solennité et la prolixité de son débit fortement teinté d'accent méridional et par la cascade des millions qu'il faisait jouer avec une prodigieuse aisance. A l'en croire, la situation financière du pays ne faisait que s'améliorer » (G. Walter). Mais Cambon n'a pas que des admirateurs. Ses adversaires lancent l'expression « camboniser » pour dire « semer la pagaille dans les finances publiques ». Renseigné par le banquier Aigoin qu'il a placé près de Cambon, Robespierre accable de sarcasmes le comité des finances dans son discours du 8 thermidor. Cambon se rebiffe, monte à la tribune, se justifie et prend l'offensive, disant : « Il est temps de dire la vérité tout entière : un seul homme paralysait la volonté de la Convention entière ; cet homme est celui qui vient de faire le discours, c'est Robespierre ; ainsi, jugez. » Galvanisant l'énergie de ses collègues, Cambon fait annuler le décret ordonnant l'impression du discours de Robespierre. Ce même jour, il aurait écrit à son père : « Demain, de Robespierre ou de moi, l'un des deux sera mort. » Mais le triomphe des Thermidoriens scelle aussi le destin de Cambon. Attaqué de partout, il a l'imprudence de prendre la tête de l'émeute du 12 germinal an III et de se laisser élire maire de Paris par la foule. Décrété d'arrestation, il doit se cacher jusqu'à l'amnistie d'octobre 1795. Retiré à Montpellier, il est exilé comme tous les autres régicides au retour des Bourbons et meurt en exil près de Bruxelles. Le rôle de Cambon a été mis en valeur et même exagéré par la plupart des historiens pour qui il servait de « repoussoir » à la masse d'incapables et de prévaricateurs qui avaient géré les finances de la République. Michelet l'a nommé « le redoutable personnage en qui fut l'âme de Colbert sous les formes de la Terreur ». Depuis, dans son *Histoire financière de la France,* Marcel Marion a bien détruit cette légende.

CAMP DE JALES, voir **JALES**.

CAMPAGNES, voir **ÉGYPTE**, **ITALIE**.

CAMPAN (Jeanne Louise Henriette Genest ou Genêt, madame) (Née à Paris, le 6 octobre 1752, morte à Mantes, le 16 mars 1822). Lectrice de Mesdames, filles de Louis XV, puis femme de chambre de Marie-Antoinette, Jeanne Genest épouse en 1774 Dominique François Berthollet, dit Campan, fils du secrétaire du cabinet de la reine. Leur union ne dure guère et la séparation de biens interviendra en 1790. Sa liaison avec le constituant Beaumetz attire quelque temps la suspicion de la reine. Elle n'est pas du voyage à Varennes, étant en cure au Mont-Dore. Le 10 août 1792, elle échappe de peu au massacre. On ne l'autorise pas à accompagner la famille royale au Temple. Retirée à Coubertin, dans la vallée de Chevreuse, Mme Campan vit en donnant des cours, puis en ouvrant sous le Directoire un pensionnat de jeunes filles à Saint-Germain-en-Laye qui connaît une grande vogue, les nouveaux riches ayant à cœur de faire élever leurs filles chez une ancienne femme de chambre de la reine. La consécration vient lorsque Joséphine lui confie sa fille Hortense. Bonaparte la met à la tête de la maison d'éducation créée par lui à Écouen. La Restauration lui cause bien des ennuis : Écouen est supprimé, on murmure qu'elle aurait échappé à l'arrestation au lendemain du 10 août en livrant des papiers confidentiels... Ses *Mémoires* exagèrent le degré d'intimité qu'elle put avoir avec Marie-Antoinette et contiennent beaucoup d'anecdotes fantaisistes.

CAMPMAS (Jean François) (1746- ?). Docteur à Monestiès dans le Tarn, il est élu aux états généraux par la première sénéchaussée du Languedoc. Il paraît n'avoir jamais pris la parole. Ne pas le confondre avec Pierre Jean Louis Campmas, également député du Tarn mais à la Convention où il vota la mort du roi, fut commissaire du Directoire à Albi puis magistrat dans cette ville avant d'être proscrit comme régicide par la seconde Restauration.

CAMPOFORMIO (traité de). C'est dans cette ville de Vénétie Julienne que Bonaparte et Cobenzel signèrent, le 17 octobre 1797, la paix qui mettait un terme à plus de cinq années de guerre entre la France et l'Autriche. Cette dernière renonçait à ses possessions des Pays-Bas et sur la rive gauche du Rhin, annexées par la France. Elle abandonnait le Milanais et reconnaissait la République cisalpine, mais recevait en compensation la Vénétie jusqu'à l'Adige, l'Istrie et la Dalmatie, l'archevêché de Salzbourg. Il était convenu que se réunirait à Rastadt un congrès de tous les princes possessionnés du Saint Empire romain germanique pour régler les questions les concernant.

CAMUS (Armand Gaston) (Né à Paris, le 2 avril 1740, mort à Montmorency, le 2 novembre 1804). Avocat du clergé de France, janséniste et gallican, Camus s'acquiert du renom avec ses *Lettres sur la profession d'avocat* (1772) et sa traduction de l'*Histoire des animaux* d'Aristote lui ouvre les portes de l'Académie des inscriptions et belles-lettres en 1785. Enthousiasmé par la Révolution, il se fait élire aux états généraux par le tiers état de Paris. Nommé archiviste de l'Assemblée, il est à l'origine de la création des Archives nationales. Il découvre et communique à ses collègues le « Livre rouge » contenant la liste des pensions payées par le Trésor royal. Il se fait haïr par ses anciens clients en faisant voter la Constitution civile du clergé, fait supprimer les annates versées à la papauté et pousse à l'annexion du comtat Venaissin. C'est encore lui qui obtient la suppression de tous les titres de noblesse. Élu par la Haute-Loire à la Convention, il est envoyé en mission à l'armée de Dumouriez et ne peut voter lors du procès du roi, mais envoie une lettre où il se déclare pour la mort et contre le sursis. Envoyé de nouveau à l'armée du Nord, il est livré aux Autrichiens avec ses collègues par Dumouriez et ne rentre, après trente-trois mois de captivité, qu'à la fin de 1795, après avoir été échangé contre la fille de Louis XVI. Nommé par la Convention au Conseil des Cinq-Cents, il refuse les ministères des Finances et de la Police qu'on lui propose mais accepte du Consulat le titre de « garde des Archives générales », une fin bien terne pour un ambitieux que Michelet décrivit comme « l'un des plus fermes caractères de l'Assemblée ».

CANAUX. La France du XVIIIe siècle a accordé une grande importance au développement de ses voies navigables. Dès octobre 1790, la Constituante avait décidé la création d'un grand canal unissant la Marne, la Seine et l'Oise. Cette même année fut décidée l'ouverture du canal de Charolais. En 1791, on approuva un projet de canal d'irrigation des régions de Marseille et de Marignane, les travaux du canal de Givors et de celui de Tournon, ainsi qu'une étude visant à rendre la Juine navigable d'Étampes à son embouchure dans l'Essonne, puis de l'Essonne de ce point à Corbeil et jusqu'à sa source près de Pithiviers. De Pithiviers, on envisageait un canal jusqu'à la Loire. En 1792, des décrets furent pris pour joindre l'Aube à la Seine et à l'Oise, le Rhône au Rhin, la Vilaine à la Rance, l'Oise à la Sambre, l'Aisne et l'Escaut. En 1798, on pensait canaliser la Meuse jusqu'au Rhin et développer le canal du Languedoc. Bien entendu, tous ces projets ne quittèrent pas le papier.

CANCLAUX (Jean-Baptiste Camille, comte de) (Né à Paris, le 2 août 1740, mort à Paris, le 27 décembre 1817). Ce militaire est maréchal de camp en 1788. En 1790, on le charge de vérifier les comptes des régiments et de recueillir les doléances de la troupe. En 1792, il est envoyé dans l'Ouest avec le grade de général réprimer les troubles qui commencent à faire tache d'huile. Mis à la tête de l'armée de l'Ouest en avril 1793, il repousse l'attaque vendéenne sur Nantes le 23 juin. Destitué en octobre, car suspect de fédéralisme, il est réintégré après le 9 thermidor et rétabli dans ses fonctions de général en chef de l'armée de l'Ouest. Il prête main-forte à Hoche lors de l'affaire de Quiberon et bat Charette à Montaigu et à Mortagne-sur-Sèvre avant de négocier une trêve et de laisser la place à Hoche. Ambassadeur à Naples en 1797-1798, il se rallie à Bonaparte après le 18 brumaire, est fait sénateur et comte de l'Empire.

CANONS D'ALARME. C'était le nom donné aux pièces d'artillerie installées dans les différents quartiers de Paris et dont on se servait pour avertir la population d'avoir à se rassembler car des événements graves étaient en cours et pour appeler les citoyens à se réunir en armes. Le plus connu, celui du Pont-Neuf, tira durant tout l'après-midi du 2 septembre 1792, alors qu'on massacrait les détenus des prisons parisiennes. Le canon d'alarme se fit encore entendre pour appeler à l'émeute contre la Convention, le 2 juin 1793.

CANTON. Créé par l'Assemblée constituante en décembre 1789, le canton est la seule circonscription qui ne soit pas dotée d'une administration propre. Il est plutôt une unité territoriale. Les municipalités cantonales n'auront plus tard qu'une existence éphémère, les communes recouvrant rapidement leur indépendance.

CAPBRETON (nom révolutionnaire : Capbrutus).

CAPET. Après le 10 août 1792, le roi est suspendu puis jugé. Il n'est plus question de le nommer Majesté, Sire, Louis XVI. Les révolutionnaires lui inventent alors le nom de Capet en souvenir d'Hugues Capet, fondateur de la dynastie dont les Bourbons sont un rameau.

CAPITAINE. L'officier à la tête d'une compagnie a le grade de capitaine. Un décret de mars 1791 établit quatre classes de capitaines et fixe les règles de leur avancement.

CAPITAINE GARDE-CÔTES. Toutes les côtes du royaume étaient réparties en 1789 en 110 capitaineries dont chacune était commandée par un capitaine garde-côtes chargé de la défense des côtes et de l'organisation, dans les paroisses de sa juridiction, de compagnies de garde-côtes. Chaque capitainerie comptait environ deux mille garde-côtes. Tout cela fut supprimé en 1791.

CAPITAINE-GÉNÉRAL. C'est le titre pris par les gouverneurs des colonies sous le Consulat et l'Empire.

CARABOTS. C'est le nom donné aux sans-culottes de Normandie. Ils portaient au bras un ruban à l'extrémité duquel pendait une tête de mort et qui portait la devise : « L'exécution de la loi ou la mort. » Les carabots se rallièrent aux Girondins en juin-juillet 1793, s'enrôlèrent dans l'armée de Wimpfen et furent vaincus à Vernon.

CARÊME CIVIQUE. C'est le nom que donnèrent les paysans à la privation de viande qu'ils subirent en 1794 du fait de la disette, des réquisitions et des privations de toute sorte qu'ils eurent à endurer pendant la Terreur. La viande était alors réservée aux malades et aux infirmes.

CARMAGNOLE (La). Après la prise, en septembre 1792, par l'armée du Var, de la citadelle piémontaise de Carmagnola, un chansonnier inconnu prit le nom de cette forteresse, on ne sait pourquoi, comme titre d'une chanson ordurière contre la famille royale emprisonnée au Temple. Le nom de carmagnole fut aussi attribué à une veste et un pantalon en cuir qu'affectionnaient les sans-culottes. Porter une carmagnole particulièrement sale et dépenaillée était le comble du chic sans-culotte.

LA CARMAGNOLE

Chantons notre victoire,
Vive le son (bis).
Chantons notre victoire
Vive le son du canon.

Veto femelle avait promis
De faire égorger tout Paris.
Ses projets ont manqué
Grâce à nos canonniers.

Dansons la carmagnole
Vive le son (bis)
Dansons la carmagnole
Vive le son du canon.

Veto-le-mâle avait promis
D'être fidèle à son pays,
Mais il y a manqué
Le fourbe est encagé.

Dansons la carmagnole, etc.

Antoinette avait résolu (bis)
De nous faire tomber sur le cul
(bis)
Mais son coup est manqué
Elle a le nez cassé.

Chantons notre victoire, etc.

Son mari, se croyant vainqueur,
Connaissait peu notre valeur.
Va, Louis, gros paour,
Du Temple dans la tour.

Danse la carmagnole (sic), etc.

Les Suisses avaient tous promis
Qu'ils feraient feu sur nos amis
Mais comme ils ont sauté,
Comme ils ont tous dansé.

Chantons notre victoire, etc.

Quand Antoinette vit la tour,
Elle voulut faire mi-tour,
Elle avait mal au cœur
De se voir sans honneur.

Dansons la carmagnole, etc.

Lorsque Louis vit fossoyer
A ceux qu'il voyait travailler
Il disait que pour peu
Il était dans ce lieu.

Danse la carmagnole, etc.

Le patriote a pour amis
Tous les bons enfants du pays,
Oh, nous nous soutiendrons
Tous au son des canons.

Dansons la carmagnole, etc.

L'aristocrate a pour amis
Les royalistes de Paris.
Aucuns ne le soutiendront,
Tous ces lâches fuiront.

Dansons la carmagnole, etc.

Les gens d'armes avaient promis
Qu'ils soutiendraient tous leur pays.
Oh, ça n'a pas manqué
Au son du canonnier.

Dansons la carmagnole, etc.

Amis, restons toujours unis,
Ne craignons pas nos ennemis,
S'ils viennent attaquer
Nous les ferons sauter.

Chantons notre victoire, etc.

Oui, nous nous souviendrons
[toujours
Des sans-culottes des faubourgs ;
A leur santé buvons,
Vivent ces bons lurons.

Dansons la carmagnole, etc.

CARMÉLITES. En juin 1794, on arrête à Compiègne les seize religieuses du carmel local. Transférées à Paris et accusées de « machiner contre la République » dans leur couvent, elles sont guillotinées, le 17 juillet 1794.

CARMES, voir **PRISONS**.

CARNAVALET (hôtel). Cet hôtel parisien du XVIe siècle fut choisi pendant la Révolution pour héberger les bureaux de la direction de la librairie. On y créa ensuite une bibliothèque et un musée consacrés principalement à la Révolution.

CARNOT (Lazare Nicolas Marguerite) (Né à Nolay, Côte-d'Or, le 13 mai 1753, mort à Magdebourg, le 2 août 1823). Élève à l'École du Génie de Mézières, Carnot est capitaine au début de la Révolution. Il est élu par le Pas-de-Calais à la Législative où il joue un rôle important au Comité militaire. Réélu à la Convention, il est envoyé en mission à l'armée des Pyrénées occidentales. A son retour, il vote la mort pour le roi avant de repartir cette fois pour l'armée du Nord et a la chance d'être absent le jour où ses collègues sont arrêtés par Dumouriez et livrés aux Autrichiens. Le 4 août 1793, il entre au Comité de salut public malgré l'opposition de Robespierre, qui l'a connu alors qu'il était en garnison à Arras et n'éprouve aucune sympathie pour lui. Une des principales décisions alors prises est de procéder à l'amalgame des volontaires et des troupes de ligne. Les victoires de Hondschoote (8 septembre 1793) et de Wattignies (16 octobre) laissent un répit à la Révolution et augmentent l'autorité de Carnot qui est en personne à Wattignies. Aidé de son ami Prieur de la Côte-d'Or et d'officiers d'Ancien Régime, ci-devant nobles, qu'il protège, Carnot se montre énergique, autoritaire et expéditif. Il redresse la situation et réorganise l'armée tout en devant affronter l'hostilité ouverte des hébertistes et des Enragés et les intrigues sournoises de Robespierre désireux d'être le seul maître au Comité de salut public. La victoire de Fleurus (26 juin 1794) renforce sa position, l'élimination de Robespierre est baptisée par lui « révolution » et il prend une part active à sa chute le 9 thermidor. Il échappe à la proscription qui frappe les membres du Comité de salut public grâce à l'intervention d'un obscur député qui, au moment où l'on va mettre aux voix le décret le frappant, s'exclame : « Oserez-vous porter la main sur celui qui a organisé la victoire dans les armées de la République ? » De cette époque date son titre d'Organisateur de la victoire. Élu au Conseil des Anciens par la Sarthe, Carnot entre au Directoire comme spécialiste des affaires militaires. Ce modéré est aussi mal à l'aise sous le nouveau régime que du temps de la Terreur. Ballotté entre Thermidoriens et royalistes, absorbé par la reconstitution de l'armée en 1796 après les succès et la paix de l'année précédente, restructurant les forces pour constituer des armées d'Italie, d'Allemagne et d'Angleterre, il est cruellement pris en tenaille après le succès électoral royaliste au renouvellement de mai 1797. Letourneur est remplacé par un homme aux sympathies royalistes, Barthélemy. Barras, Reubell et La Revellière-Lépeaux souhaitent prendre de vitesse l'agitation monarchiste tandis que Carnot refuse le coup de force. Le 18 fructidor an V (4 septembre 1797), les troupes d'Augereau arrêtent Barthélemy et de nombreux députés royalistes. Carnot désapprouve le coup d'État, s'enfuit et se réfugie en Suisse. Il ne revient qu'après le 18 brumaire. Bonaparte le nomme ministre de la Guerre, le 2 avril 1800, mais ne peut s'entendre avec lui et obtient sa démission le 29 août suivant. Appelé à siéger au Tribunat, Carnot s'y montre aussi peu souple, vote contre le Consulat à vie et contre l'Empire. Ministre de l'Intérieur pendant les Cent-Jours, il s'exile au retour de Louis XVIII et meurt en Prusse. Ses cendres ont été ramenées au Panthéon en 1889. Napoléon aurait dit de lui, selon Las Cases : « Carnot était travailleur, sincère dans tout, mais sans intrigues, et facile à tromper. »

CARRA (Jean-Louis) (Né à Pont-de-Veyle, Ain, le 9 mars 1742, guillotiné à Paris, le 31 octobre 1793). Aventurier autodidacte, secrétaire de l'hospodar de Moldavie et auteur d'une *Histoire de la Moldavie et de la Valachie* (1777), rédacteur de l'*Encyclopédie*, employé à la Bibliothèque du roi sur recommandation du cardinal de Rohan, Carra se jette à corps perdu dans la Révolution. Auteur d'un *Avis au tiers état de la Bresse sur la nomination des députés aux états généraux*, de *L'Orateur des états généraux*, rédacteur des *Annales patriotiques et littéraires*, il bâcle après la prise de la Bastille des *Mémoires historiques et authentiques sur la Bastille* qui ont un franc succès. Très excité, il intervient constamment au club des Jacobins, rapporte en les enflant les rumeurs les plus extravagantes, faisant grosse impression sur les ignorants mais passant pour un fou auprès des gens instruits. Partisan de la guerre à l'empereur en 1791, il se lie avec Brissot qui trouve en lui un auxiliaire zélé de sa politique belliciste, est nommé garde à la Bibliothèque royale sur recommandation de Mme Roland. Il fait partie du comité insurrectionnel qui prépare le 10 août. Élu par six départements à la Convention, il y intervient à tout propos, dénonçant les contre-révolutionnaires les plus divers. Carra vote la mort lors du procès du roi, est envoyé en Vendée en mars 1793 avec Auguis pour surveiller la levée des 300 000 hommes. Ils se débattent en pleine insurrection, ajoutant encore au désarroi des forces républicaines. Mais ce sont ses relations passées avec les Girondins qui le perdent. Le 28 juillet, la Convention le met en accusation pour conspiration contre le gouvernement et activités royalistes. Il est jugé et exécuté avec les chefs de la Gironde.

CARRIER (Jean-Baptiste) (Né à Yolet, Cantal, le 16 mars 1756, guillotiné à Paris, le 16 décembre 1794). Auvergnat, dur au travail, âpre au gain, taciturne et hargneux, noyant sa solitude et son ennui dans l'alcool, Carrier parvient à force de travail à devenir procureur à Aurillac en 1785. La Révolution l'enflamme et il s'y consacre totalement, d'autant que son office a été supprimé. Mais ses concitoyens d'Aurillac se méfient longtemps de cet homme à la fois sombre et renfermé et d'une exaltation à la limite du dérangement mental. Ce n'est qu'après le 10 août 1792, à la faveur de la victoire des extrémistes, qu'il parvient à s'imposer aux électeurs du Cantal et à entrer à la Convention. D'abord effacé au sein de cette assemblée, il vote la mort lors du procès du roi, et sa carrière ne commence vraiment que lorsqu'il est envoyé en mission en Normandie pour combattre en été 1793 les fédéralistes girondins. Après l'effondrement de leur résistance, il est, le 14 août, envoyé en Bretagne pour mâter l'insurrection royaliste. C'est là que s'épanouit enfin sa folie criminelle, racontée dans tous les livres. Installé à Nantes, il organise des noyades par centaines, inventant des « bateaux à soupape » et organisant des « mariages républicains » qui consistent à attacher ensemble deux personnes nues de sexe différent et à les jeter dans la Loire, ce « fleuve révolutionnaire », comme il ose l'écrire dans un de ses rapports. Le chiffre des victimes peut être estimé à dix mille. Pendant ce temps, Carrier fait bombance, organise des orgies nocturnes en utilisant les « suspectes » de la haute société nantaise. Des mesures irréfléchies de taxation et de réquisition ruinent le commerce de la ville. Non content de dénoncer la modération des autres représentants en mission, Francastel, Prieur de la Marne, Tréhouart, il prêche la répression la plus féroce : « Il vous est ordonné, écrit-il au général Haxo, d'incendier toutes les maisons des rebelles, d'en massacrer tous les habitants et d'en enlever toutes les subsistances. » Il envoie des bourgeois nantais prisonniers vers Paris avec ordre de les faire disparaître et peste : « J'avais écrit à Francastel, à Angers, de les faire noyer en cet endroit, mais le foutu coquin n'a pas osé le faire. » Tréhouart ayant arrêté un brigand, Le Batteux, qui pillait les campagnes au nom de Carrier, ce dernier le dénonce au Comité de salut public comme contre-révolutionnaire et fédéraliste. Le Comité penche pour Carrier, mais Jullien, fils du conventionnel de la Drôme, agent de ce Comité, ayant, lors de son passage à Nantes, constaté la folie meurtrière de Carrier, corrobore les dires de Tréhouart. On rappelle enfin Carrier, le 8 février 1794. Ce dernier, qui craignait que Robespierre ne lui demandât des comptes, se réjouit de la mort du « tyran ». Les Thermidoriens le laissent d'abord tranquille. Mais, couverts d'injures par lui, disposant des témoignages accablants pour Carrier du comité révolutionnaire de Nantes, ils le font décréter d'accusation, le 3 septembre 1794. Maladroitement, Carrier rejette toute responsabilité et dit avoir agi selon les consignes venant de la Convention, faisant le procès de l'assemblée et s'écriant : « Tout est coupable ici, jusqu'à la sonnette du président. Vous serez tous enveloppés dans une proscription inévitable. » Ce « missionnaire de la Terreur », selon Michelet, a laissé un souvenir tellement sanglant dans la région nantaise, que cet historien a pu recueillir, des décennies plus tard, de nombreux témoignages dont il fait état dans l'*Histoire de la Révolution française*.

CARROUSEL (place du). Située à l'est des Tuileries, divisée au début de la Révolution en trois cours, la place du Carrousel fut l'endroit par où les insurgés pénétrèrent dans les Tuileries, le 10 août 1792. La guillotine y fonctionna et on y enterra en 1793, au pied de deux arbres de la liberté, un certain Lazowski qui s'était distingué, le 10 août, en tirant au canon contre le palais. Après la mort de Marat, la place du Carrousel fut affublée d'une pyramide à l'intérieur de laquelle se trouvaient le portrait, la baignoire, la lampe et l'écritoire de la victime de Charlotte Corday. En 1798, la place du Carrousel fut rebaptisée place de la Réunion. Elle reprit son premier nom en 1814.

CARTEAUX (Jean-Baptiste François) (Né à Gouhenans, Haute-Saône, le 31 janvier 1751, mort à Paris, le 12 avril 1813). Enfant de troupe à l'âge de huit ans, Carteaux quitte l'armée en 1779 pour se consacrer à la peinture sur émail, peint le roi et la reine, quitte la France avec une musicienne en 1782, abandonnant sa femme. Il vit en Allemagne, Russie et Pologne et revient en 1788. Aide de camp du général de La Salle, le 14 juillet 1789, il devient celui de La Fayette, le 16 juillet. On lui doit en 1790 le tableau *La Fête de la Fédération* et un portrait équestre de Louis XVI. Fait chevalier de Saint-Louis le 15 juillet 1792, il fait le coup de feu le 10 août suivant du côté des insurgés. Après une série de rapides promotions, on le trouve adjudant-général chef de brigade à l'armée des Alpes en mai 1793. Les représentants en mission accélèrent encore son ascension, le faisant général de brigade le 21 juin et de division le 19 août 1793. Ses principaux titres de gloire sont, à ce moment, la prise d'Orange et la défaite des insurgés de Provence à Cadenet. Entré à Marseille, le 25 août, il est mis à la tête de l'armée destinée à lutter contre l'insurrection royaliste dans le Midi. Il met le siège devant Toulon et triomphe grâce aux qualités de Dugommier et de Bonaparte. Il prend sur lui de faire arrêter le président du tribunal militaire, qui se suicide. La Convention le destitue pour cet abus de pouvoir et le fait incarcérer à la Conciergerie, le 24 décembre 1793. Carteaux est libéré après la mort de Robespierre mais écarté lors de la réorganisation des états-majors en juin 1795 et autorisé à, pour ne pas dire prié, de prendre sa retraite. Il resurgit le 13 vendémiaire en offrant ses services aux Directeurs pour réprimer l'insurrection. Ses médiocres prestations le font mettre à nouveau à la retraite en février 1797. On lui redonne cependant des tâches subalternes. Bonaparte nomme ce militaire incapable administrateur de la Loterie, puis administrateur civil et commandant de la minuscule principauté de Piombino.

CARTES A JOUER. Les jeux de cartes furent changés durant la Révolution. Les rois laissèrent la place aux « philosophes » Voltaire, Rousseau, La Fontaine et Molière, les reines aux vertus républicaines, les valets à quatre réquisitionnaires républicains. D'autres jeux remplacèrent les rois par des génies, les dames par des libertés, les valets et les as par des lois. En novembre 1793, les artistes du Théâtre national offrirent au conseil général de la Commune de Paris un jeu où les rois étaient remplacés par des sages, les dames par des vertus, les valets par des braves. Ils ajoutaient avec humour que ceux qui tiendraient les cartes seraient les vices.

CARTES DE SÛRETÉ. Délivrées par les comités civils des sections, ces cartes de sûreté étaient de deux sortes : les unes étaient destinées aux citoyens domiciliés à Paris, les autres aux non-résidents obligés de résider ou autorisés à vivre à Paris. Elles portaient la description de leur détenteur et tout citoyen qui en était dépourvu devenait suspect. En 1794 et 1795, il était nécessaire de posséder un certificat de paiement des impositions pour les obtenir. Elles devinrent obligatoires en 1797 pour sortir du canton de Paris.

CASTELLANE (Boniface Louis André de) (Né à Paris, le 4 avril 1758, mort à Paris, le 21 février 1837). Officier de cavalerie, colonel en 1789, Castellane est un admirateur des philosophes et un partisan des idées nouvelles. Il est élu par la noblesse du bailliage de Châteauneuf-en-Thymerais aux états généraux, est l'un des premiers à rallier le tiers état et réclame le rappel de Necker, le 13 juillet 1789. Hostile à un culte d'État et partisan de la liberté de conscience, contre le *veto* absolu du roi, favorable aux émeutiers de Provence, Castellane sape de son mieux la monarchie qui a fait sa fortune. Après la session de la Constituante, il reprend son rang dans l'armée, est promu maréchal de camp, le 20 mars 1792. Les mesures frappant le clergé et surtout les émigrés suscitent ses réserves tardives et il se décide à démissionner de ses fonctions après le 10 août. Retiré dans son château d'Aubergenville, il y est arrêté en mars 1794 et relâché après la chute de Robespierre. Bonaparte le nomme préfet des Basses-Pyrénées en 1802 et comte de l'Empire en 1810. Louis XVIII le fait pair et marquis.

CASTELSARRASIN (nom révolutionnaire : Mont-Sarrazin).

CASTIGLIONE (bataille de). C'est près de cette ville de Lombardie, au sud-est de Brescia, que Bonaparte remporta une grande victoire sur les Autrichiens commandés par Wurmser, le 5 août 1796. C'est grâce à la fougue d'Augereau, qui enfonça le centre ennemi, que la bataille fut gagnée. Napoléon le fit duc de Castiglione.

CASTRIES (Armand Charles Augustin de La Croix, duc de) (Né à Paris, le 23 mai 1756, mort à Paris, le 19 janvier 1842). Après s'être distingué durant la guerre d'indépendance américaine, notamment au siège de Yorktown, Castries prend la succession de son père à la lieutenance générale du Lyonnais, Forez et Beaujolais en 1782. Il est ensuite envoyé à Saint-Domingue, créé duc en 1784, exerce divers commandements militaires. Maréchal de camp à la veille de la Révolution, le duc de Castries ne cache pas ses opinions très libérales. La noblesse de la prévôté et du vicomté de Paris l'élit aux états généraux. Hostile par principe à la réunion des trois ordres, devinant que l'avenir de la noblesse est lié à celui de la monarchie, il devient très vite un défenseur des prérogatives royales et s'oppose à La Fayette. Ayant eu un duel avec Charles de Lameth et l'ayant légèrement blessé, il est traité d'assassin par la presse jacobine et une troupe d'émeutiers pille le 12 novembre 1790 son hôtel sans que la police intervienne. Le duc de Castries quitte alors Paris pour rejoindre sa femme et ses enfants qui séjournaient alors chez Necker à Coppet. Engagé dans l'armée des émigrés, il lève en 1794 sa propre troupe soldée par les Anglais et dissoute un an après. Il revient en France à la Restauration et Louis XVIII le fait pair et duc héréditaire.

CATHELINEAU (Jacques) (Né au Pin-en-Mauges, Maine-et-Loire, le 5 janvier 1759, mort à Saint-Florent le-Vieil, le 14 juillet 1793). Voiturier mais aussi un peu commerçant, homme simple et très pieux, Cathelineau est entraîné dans l'insurrection par son curé, l'abbé Cantiteau. Le 13 mars 1793, après avoir réuni autour de lui une trentaine de parents et d'amis, il se lance dans la guerre et s'empare du château de Jallais puis de Chemillé, le lendemain. Avec trois mille hommes, il se joint à Stofflet, prend avec lui Cholet, Vihiers et Chalonnes, le 19 mars. Il prend Beaupréau, le 23 avril, Thouars, le 5 mai, bat à La Châtaigneraie le général Chalbos, le 14 mai, mais est battu à Fontenay le 16. Trois jours après la prise de Saumur (9 juin), Lescure et d'Elbée se mettent d'accord pour désigner Cathelineau comme général en chef de l'armée catholique et royale, une façon de flatter les masses paysannes qui constituaient l'essentiel de l'armée en mettant un de leurs représentants à leur tête. Angers tombe le 23 juin. Désireux de prendre Nantes pour disposer d'un port, Cathelineau arrive à pénétrer dans la ville mais est blessé à mort dans l'action. On le transporte mourant jusqu'à Saint-Florent-le-Vieil. Michelet écrit à ce sujet : « La Vendée, frappée du coup, n'alla pas plus loin. Ils l'avaient cru invulnérable ; ils furent tous blessés à l'âme ; si profondément blessés, qu'ils ne s'en sont jamais relevés. »

CATHERINE II (Née à Stettin, le 2 mai 1729, morte à Saint-Pétersbourg, le 17 novembre 1796). Fille du prince d'Anhalt-Zerbst, Sophia-Augusta est choisie par la tsarine Elisabeth comme épouse de son héritier, le prince Peter-Ulrich de Holstein-Gottorp, en 1745. Son mari monte sur le trône en 1762 et exaspère l'aristocratie russe par sa germanophilie. Aussi prend-elle la direction d'un complot et le fait-elle assassiner après six mois de règne. Son règne est marqué par l'expansion de la Russie au détriment des Turcs et des Polonais dont le royaume est démembré. Admiratrice de la France et adepte des philosophes, Catherine II est profondément choquée par la Révolution française. Elle reçoit à bras ouverts les émigrés, encourage toutes les entreprises contre la France républicaine et met un terme aux réformes entreprises en Russie, mais refuse jusqu'à sa mort d'engager militairement son pays.

CAVAIGNAC (Jean-Baptiste) (Né à Gourdon, le 10 janvier 1763, mort à Bruxelles, le 24 mars 1829). Avocat au parlement de Toulouse, membre du directoire du département du Lot en 1790, Cavaignac est élu par ses administrés à la Convention. Il vote la mort lors du procès du roi et siège peu à l'assemblée, étant surtout en mission. On l'envoie à l'armée des côtes de Brest, d'où il proteste contre l'arrestation des Girondins, puis à Nantes et en Vendée, dans les Pyrénées où il est chargé de lever des chevaux pour l'armée. On lui confie l'épuration dans les départements de l'Isère et de la Drôme mais il refuse pour rester à l'armée des Pyrénées occidentales. Dénoncé pour un viol à Bayonne, il se disculpe et est envoyé à l'armée du Rhin et Moselle. Il réussit à échapper aux poursuites sous la Convention thermidorienne. Le 1er prairial an III (21 mai 1795), il est à la tête des troupes chargées de la protection de la Convention et se révèle incapable d'empêcher l'irruption des émeutiers dans la salle des séances. Le 13 vendémiaire, il assiste Barras dans la répression de l'insurrection. Il siège peu de temps au Conseil des Cinq-Cents, étant éliminé par le tirage au sort. Remplissant des fonctions mineures sous le Consulat et l'Empire, Cavaignac est exilé comme régicide à la Restauration.

CAVALERIE. Il y avait, en 1789, 62 régiments de cavalerie, composés chacun de trois escadrons de deux compagnies. En 1791, la cavalerie fut réorganisée et les régiments changèrent de nom. Il y eut 24 régiments de cavalerie, 6 régiments de hussards, 18 régiments de dragons, 12 régiments de chasseurs, deux régiments de carabiniers.

CAZALÈS (Jacques Antoine Marie de) (Né à Grenade, Haute-Garonne, le 1er février 1758, mort à Engalin près de Mauvezin, Gers, le 25 octobre 1805). Capitaine aux chasseurs de Flandre en 1789, Cazalès s'engage dans le mouvement en faveur des réformes dès 1787. Rejeté par la noblesse de Toulouse puis de Cahors en raison de ses opinions et encore plus de sa trop petite et trop fraîche noblesse, il réussit à se faire élire aux états généraux par la noblesse du bailliage de Rivière-Verdun. Il se distingue tout de suite par ses dons d'orateur et, contrairement à ses opinions antérieures, se signale par sa défense de la monarchie, s'opposant à la réunion des trois ordres et à toutes les mesures qui affaiblissent le pouvoir royal. Il soutient notamment que l'Assemblée ne peut donner une constitution à la France puisqu'elle n'a pas été élue pour cela. Il s'élève contre le serment imposé au roi, contre la Constitution civile du clergé, prend la défense des émigrés et des réfractaires, se bat à deux reprises en duel avec Barnave, ridiculise Robespierre et sa manie des complots. Il offre à deux reprises et en vain sa démission de député pour quitter Paris, est arrêté et ramené, la deuxième fois après Varennes, échappant de peu au massacre par la foule. Il finit par s'enfuir, est mal reçu à Coblence par les frères du roi qui n'apprécient pas la liberté de son langage et son indépendance d'esprit. Revenu en France, il demande en vain à être un des défenseurs du roi lors de son procès, et devient un agent du comte de Provence, remplissant des missions à Toulon et en Suisse en 1793. Émigré à Londres où il vit dans l'entourage de Burke, il revient en France après la prise de pouvoir par Bonaparte et vit dans la retraite.

CAZOTTE (Jacques) (Né à Dijon, le 17 octobre 1719, guillotiné à Paris, le 25 Septembre 1792). Dans l'administration de la Marine, Cazotte séjourne de 1746 à 1760 à la Martinique. Revenu en France, il se consacre à la littérature, publie des poésies, un opéra-comique, *Les Sabots* et des nouvelles, comme *Le Lord impromptu* et *Le Diable amoureux*, pleines d'imagination et d'un style remarquable. Ayant adhéré vers 1775 à la secte des Martinistes, il devient de plus en plus mystique, voit dans la Révolution une inspiration diabolique et écrit à la famille royale pour lui proposer divers plans pour la combattre, présentant aussi un projet d'évasion. Cette correspondance est saisie après le 10 août 1792 chez l'intendant de la liste civile. Elle sera publiée en 1798 sous le titre de *Correspondance mystique*, ce qui en indique bien le contenu. Emprisonné à l'Abbaye, Cazotte échappe aux massacres de Septembre grâce à sa fille qui obtient son élargissement. Acquitté par la justice populaire, il est inculpé de nouveau et condamné à mort par le tribunal exceptionnel créé le 17 août et exécuté.

CÉLIBATAIRES. Le 27 octobre 1790, la Constituante, malgré ses grands principes d'égalité, décida qu'il convenait d'imposer davantage les célibataires. Le 19 février 1793, la Convention mit les célibataires et les veufs en état de réquisition permanente à la dispositon du ministère de la Guerre. Enfin, le 26 juillet 1795, elle décréta que les hommes et les femmes non mariés âgés de plus de trente ans seraient imposés d'un quart de plus que les gens mariés sur tous les impôts.

CENS ELECTORAL. La Constitution de 1791 établit un suffrage censitaire à deux degrés. Pour être électeur, il faut payer un impôt direct au moins égal à 3 journées de travail de manœuvre. Pour être électeur au second degré, c'est-à-dire pour choisir les députés, il faut au moins 10 journées de travail de contributions directes. Quant aux candidats à la députation, ils doivent payer au moins un marc (244 grammes) d'argent, l'équivalent d'une cinquantaine de livres ou de 50 journées de travail. La Constitution de l'an III ou de 1795 élargit le droit de vote à tous les citoyens payant une contribution directe ; ils font partie des assemblées primaires. Chaque assemblée nomme un électeur à raison de deux cents citoyens. Pour être électeur il faut :

1) Dans les communes au-dessus de six mille habitants être propriétaire ou usufruitier d'un bien évalué à un revenu égal à la valeur locale de 200 journées de travail, ou être locataire, soit d'une habitation évaluée à un revenu égal à la valeur de 150 journées de travail, soit d'un bien rural évalué à 200 journées de travail.

2) Dans les communes au-dessous de six mille habitants être propriétaire ou usufruitier d'un bien évalué à un revenu égal à la valeur locale, de 150 journées de travail, soit d'un bien rural évalué à 100 journées de travail.

3) Dans les campagnes être propriétaire ou usufruitier d'un bien évalué à un revenu égal à la valeur locale de 150 journées de travail ou être fermier ou métayer de biens évalués à la valeur de 200 journées de travail. Il n'y a pas de condition d'éligibilité.

CENSEUR DES JOURNAUX (Le). Ce journal rédigé par Gallois et Langlois des Gravilliers parut du 29 août 1795 au 4 septembre 1797, et fut supprimé par le coup d'État du 18 fructidor.

CENTIMES ADDITIONNELS. Pour les dépenses communales, le Conseil des Cinq-Cents vota le 7 fructidor an VI (24 août 1798) la création des centimes additionnels, qui existent toujours aujourd'hui.

CENTRE (armée du). Constituée à la veille de la déclaration de guerre et cantonnée en Champagne, l'armée du Centre n'eut qu'une existence éphémère et disparut après la canonnade de Valmy et l'évacuation du territoire français par les Prussiens.

CERCLE SOCIAL. Fondé au début de 1790 par l'abbé Fauchet, le Cercle social se transforma en club en octobre de cette même année. Les réunions hebdomadaires étaient consacrées à l'analyse du *Contrat social* de Jean-Jacques Rousseau, à la revendication de droits pour les femmes et pour les pauvres. Ayant eu peut-être jusqu'à cinq mille membres – mais il est vrai qu'étaient comptés comme membres tous les souscripteurs à son journal, *La Bouche de fer* – le Cercle social présentait une menace pour les clubs plus modérés. Les Jacobins l'attaquèrent vigoureusement, surtout après que, au départ de Fauchet pour son évêché de Caen, le Cercle social fut tenté par l'extrémisme. Le Cercle social fut impliqué dans l'affaire du Champ-de-Mars, publia plus de 180 libelles et journaux, dont *La Bouche de fer*, *La Sentinelle* et *La Chronique du mois*. Il finit par être subventionné par les Girondins et fut fermé à leur chute, en juin 1793.

CERCLES CONSTITUTIONNELS. Établis par le Directoire afin de soutenir sa politique contre la droite et la gauche, contre les royalistes et les néo-jacobins, les cercles constitutionnels eurent des membres prestigieux comme Mme de Staël, Talleyrand, Benjamin Constant, Sieyès, Marie-Joseph Chénier, Jourdan, Tallien. Le premier s'ouvrit à Paris en juin 1795. Il y en eut aussi dans toutes les grandes villes de France. Ils disparurent au début du Consulat, n'ayant plus de raison d'être.

CÉRÉMONIES, voir **FÊTES**.

CÉRÉMONIES FUNÈBRES. Le cérémonial religieux de l'Ancien Régime ne fut pas supprimé sans contrepartie. Les inhumations de

« grands hommes » comme Mirabeau, Lepeletier, Marat, les transferts au Panthéon des restes de Voltaire et de Rousseau furent l'occasion de cérémonies à la pompe grandiose.

CERTIFICAT DE CIVISME. Ce certificat, délivré à Paris par le conseil général de la Commune, attestait que son possesseur avait rempli ses devoirs civiques. C'était, en quelque sorte, une attestation de bonne conduite et d'orthodoxie politique. En principe réservé aux responsables des affaires publiques, ce certificat fut demandé par beaucoup durant la Terreur. Il fut supprimé au début de septembre 1795.

CERTIFICAT D'INDIGENCE. Le certificat d'indigence était exigé des veuves et des orphelins des citoyens morts en service commandé pour obtenir des secours ou des pensions. Il était délivré par les municipalités et visé par le directoire du district. A Paris, c'étaient les comités de bienfaisance qui l'établissaient, le comité civil de la section et l'administration départementale qui le visaient.

CERTIFICAT DE RÉSIDENCE. Ce certificat fut exigé en 1795-1796 pour le paiement des pensions et traitements et servait à prouver que son titulaire n'avait pas émigré.

CERTIFICAT DE VIE. Le décret de la Convention du 17 fructidor an II (3 septembre 1794) stipulait que les certificats de vie des étrangers originaires d'un pays en guerre avec la France devaient être signés par deux représentants de pays neutres avant d'être admis par la trésorerie nationale.

CERUTTI (Joseph Antoine Joachim) (Né à Milan, le 13 juin 1738, mort à Paris, le 4 février 1792). Jésuite auteur de discours brillants qui lui valent d'être couronné par les académies de Montauban et de Toulouse, Cerutti est chargé en 1760 de la défense de son ordre menacé et rédige une *Apologie générale des Jésuites* et deux autres ouvrages qui n'empêchent pas la dissolution de l'ordre en France. Le quittant alors, ce jeune arriviste parvient à s'infiltrer dans l'entourage du dauphin et à en obtenir une pension. Mais, malgré ses coquetteries avec les philosophes, il porte toujours l'étiquette jésuite. En 1770, il parvient à se faire nommer secrétaire de la duchesse de Brancas et passe quinze années auprès d'elle à Fléville, non loin de Nancy. Voyant dans la Révolution naissante une nouvelle occasion de parvenir, il se met au service des Orléans et publie un *Mémoire pour le peuple français* qui contient les idées reprises ensuite dans la Déclaration des droits de l'homme et présente des considérations sur le mode de représentation aux états généraux. Célèbre grâce au succès de cette publication, Cerutti vit sur les thèmes qu'il y a développé, sans se rendre compte que les événements les ont vite rendus périmés. Il aide Mirabeau dans la rédaction de ses discours, soutient Necker, La Fayette, Bailly, lance un journal destiné à répandre chez les ruraux et sous une forme atténuée les idées nouvelles, *La Feuille villageoise*. Cerutti réussit à s'infiltrer dans l'assemblée électorale de Paris, en fait réformer le mode de recrutement, s'en fait nommer secrétaire adjoint, secrétaire général, président, administrateur de Paris, et enfin parvient à se faire élire à l'Assemblée législative. Il a réussi mais la mort l'attend peu après.

CHABOT (François) (Né à Saint-Geniez-d'Olt, Aveyron, le 23 octobre 1756, guillotiné à Paris, le 4 avril 1794). Capucin à Rodez, Chabot est troublé dans ses convictions religieuses par la lecture des philosophes. Dès 1788, son évêque lui interdit de prêcher dans son diocèse. Un des premiers à quitter son couvent à la suppression des ordres monastiques et à adhérer à la Constitution civile du clergé, il est recommandé à l'abbé Grégoire, évêque de Blois, qui déplore son inconduite notoire et déclare dans ses *Mémoires* : « Tel est ce capucin Chabot dont on m'a vanté les mœurs et la conduite et dont je ne puis louer que les talents. Dieu veuille que sa mort tragique ait expié ses torts. » Profitant de sa position, Chabot se fait élire par le Loir-et-Cher à la Législative. Associé à Basire et à Merlin de Thionville, il attaque violemment le roi et la cour, dénonce le comité autrichien, accuse La Fayette de collusion avec ce dernier et de trahison. Le 25 juillet 1792, il demande la déchéance du roi. Le 2 septembre, délégué par l'Assemblée pour éviter les massacres dans les prisons, il ne fait rien, prétendant qu'on ne peut arrêter la « justice du peuple ». Réélu à la Convention, il exagère le « sans-culottisme », c'est-à-dire le débraillé de sa tenue pour faire sans doute oublier son ancien état ecclésiastique. Après avoir voté la mort lors du procès du roi, il est nommé membre du Comité de sûreté générale où il dénonce plusieurs de ses collègues, notamment Condorcet. On l'envoie avec Bo installer les autorités révolutionnaires dans le Tarn et l'Aveyron en mars 1793. Il déclare à Castres devant le comité révolutionnaire de cette ville, le 24 mars : « Quelle est ma loi ? demanderez-vous. Je réponds : la loi naturelle, celle qui dit : Pauvres, allez chez les riches ; filles, allez avec les garçons. Obéissez à tous vos instincts. » Il fait arrêter de nombreux suspects, mais en fait libérer tout autant moyennant des compensations. Car Chabot est très porté sur la bonne chère et les filles et ses besoins d'argent sont importants. En juillet, il est à Amiens où des troubles ont éclaté. Il est incapable d'apaiser les esprits et doit s'enfuir. Non réélu au Comité de sûreté générale le 14 septembre, il est à ce moment déjà compromis avec deux espions autrichiens liés au baron de Batz et épouse leur sœur pour une dot de deux cent mille livres. Outre ses relations avec les frères Frey, on va bientôt lui reprocher ses spéculations dans la liquidation de la Compagnie des Indes en compagnie de Fabre d'Églantine. Ses beaux-frères ayant été arrêtés comme espions, il intervient et les fait relâcher. Lors du procès des Girondins, il accable ces derniers de dénonciations mensongères, espérant ainsi éloigner de lui la suspicion. Le 17 novembre, il est cependant arrêté, bien qu'il ait dévoilé auparavant à Robespierre, toujours pour se dédouaner, les machinations financières de Fabre d'Églantine. Emprisonné au Luxembourg, il rate son suicide par empoisonnement et fait partie de la même fournée d'accusés que les frères Frey, Fabre d'Églantine, son ami Basire, Danton, Desmoulins et Héraut de Séchelles, ces trois derniers ayant été ajoutés afin de les compromettre dans des complots et des escroqueries où ils n'étaient nullement impliqués. Ce triste sire, calomniateur, dénonciateur, débauché, monte sur l'échafaud en leur compagnie.

CHABROUD (Jean-Baptiste Charles) (Né à Vienne, Isère, le 5 mars 1750, mort à Paris, le 1er février 1816). Avocat à Vienne, élu aux états généraux par le tiers état du Dauphiné, Chabroud prend une part active aux débats sur l'organisation du pouvoir judiciaire. Son rapport sur les journées des 5 et 6 octobre 1789 fait grand bruit, le duc d'Orléans et Mirabeau ayant été mis en cause. Traité de « blanchisseuse de Mirabeau et du duc d'Orléans », de « dégraisseur ordinaire de la maison d'Orléans » dans les journaux royalistes, il joue ensuite un rôle mineur à l'assemblée mais se signale par son hostilité au roi, surtout après la fuite à Varennes. Élu à la Cour de cassation lorsque la Constituante se sépare, il y reste jusqu'en 1797 et reprend alors sa profession d'avocat. Napoléon le fait entrer au Conseil d'État, les Bourbons l'en expulsent à leur retour.

CHALIER (Joseph) (Né à Beaulard, près de Suse, en Piémont, en 1757, guillotiné à Lyon, le 15 juillet 1793). D'abord novice chez les Dominicains puis représentant en soieries, Chalier figure parmi les « vainqueurs » de la Bastille. Revenu à Lyon pour y propager la Révolution, il y devient officier municipal en novembre 1790 et témoigne d'une très grande activité. On l'élit président du tribunal de commerce local en mai 1792. Après le 10 août, Chalier se répand en propos incendiaires contre les riches et devient l'idole des ouvriers en soieries réduits au chômage par l'émigration. Candidat aux fonctions de maire, il est battu par Nivière-Chol, candidat des Girondins modérés. Mais son ami Laussel devient procureur de la Commune et lui-même devient président du district de Lyon, ce qui lui permet d'agiter les banlieues ouvrières. Mais le prolétariat, dépendant matériellement du patronat et immature politiquement, ne lui assure qu'un soutien fort instable. Profitant de la démission de Nivière-Chol, Chalier organise, le 6 février 1793, un coup de force, prend d'assaut l'hôtel de ville, organise un tribunal populaire et une dictacture particulièrement sanglante qui lui aliène en quelques jours l'immense majorité de la population. Nivière-Chol est réélu triomphalement le 18 février, les locaux des sociétés populaires sont saccagés par les vainqueurs et Chalier doit se cacher. Il en appelle à la Convention qui lui envoie, le 2 mars, Basire, Legendre et Rovère. A la tête d'une petite troupe, ils installent un ami de Chalier, Bertrand, à la mairie, et commencent à dresser, sous la direction de Chalier, des listes de proscription tandis qu'un impôt forcé de 6 millions est décrété. La bourgeoisie lyonnaise, menacée dans sa vie et dans ses biens, se révolte, le 29 mai. L'infime minorité montagnarde est facilement vaincue. Chalier est arrêté, jugé et guillotiné. Le bourreau novice doit s'y reprendre à trois fois pour lui trancher le cou. La mort de Chalier donne le signal du siège de Lyon par les armées de la Convention.

CHAMBON (Aubin du) voir **DU CHAMBON**.

CHAMBON DE MONTAUX (Nicolas) (Né à Brévannes, Val-de-Marne, le 21 septembre 1748, mort à Paris, le 2 novembre 1826). Médecin en chef de la Salpêtrière, premier médecin des armées, inspecteur des hôpitaux militaires, membre de la Société royale de médecine, auteur de nombreux ouvrages, Nicolas Chambon s'engage dans la politique en 1789, est commissaire pour la proclamation des curés constitutionnels de Paris, administrateur des impositions et des finances de la ville en 1790, membre de la société des Jacobins. Médecin de Brissot, il est élu maire de Paris le 1er décembre 1792, succédant à Pétion. N'ayant accepté cette tâche qu'à contrecœur, il est rapidement débordé par les événements et accusé de modérantisme. Il donne sa démission le 4 février 1793 à la suite des protestations suscitées par l'interdiction de *L'Ami des lois*, pièce de Laya, se retire à Blois et s'y fait oublier.

CHAMBRE HAUTE, voir **BICAMERISME**.

CHAMBRES DE COMMERCE. Les premières chambres de commerce furent établies en France au XVe siècle, la plus ancienne étant celle de Marseille. Un arrêt du Conseil du roi de 1700 ordonna la constitution à Paris d'un conseil général de commerce où seraient représentées les principales villes du royaume, ce qui entraîna la multiplication rapide des chambres de commerce. La Constituante abolit les chambres de commerce par un décret du 27 septembre 1791. Elles furent rétablies en 1802.

CHAMBRES DES COMPTES. Il y avait, à la fin de l'Ancien Régime, 12 chambres des comptes établies à Paris, Dijon, Nevers, Rouen, Grenoble, Nantes, Aix-en-Provence, Nancy, Bar-le-Duc, Bordeaux, Clermont-Ferrand et Montauban. D'elles dépendaient toutes les administrations financières du royaume. La chambre des comptes de Paris, présidée par Nicolaï, refusa en août 1787 d'enregistrer les édits royaux créant le timbre et l'impôt territorial et envoya ses félicitations à la Constituante après le 14 juillet 1789. Cela ne la sauva pas de la suppression, avec toutes les autres Chambres des comptes, au début de 1791. La Comptabilité nationale remplaça les chambres des comptes. Cet organisme d'une très médiocre efficacité fut remplacé par Napoléon en 1807 par la Cour des comptes.

CHAMFORT (Sébastien Roch Nicolas, dit) (Né à Clermont-Ferrand, le 6 avril 1741, mort à Paris, le 13 avril 1794). Un des écrivains les plus prisés par les salons sous l'Ancien Régime, brillant et spirituel, auteur de poésies et de pièces de théâtre, Chamfort est lecteur de Madame Elisabeth en 1789. Il s'enthousiasme pour la Révolution, est secrétaire du club des Jacobins en 1790-1791. Ami de Mirabeau, il écrit pour lui discours et rapports, collabore à plusieurs journaux dont *Le Mercure*. Roland le nomme en 1792 directeur de la Bibliothèque nationale. Dénoncé au Comité de sûreté générale pour des propos hostiles à la Terreur, il est arrêté, tente de se suicider et meurt d'une intervention chirurgicale tentée pour le sauver. La partie la plus célèbre et seule lue aujourd'hui de son œuvre a été publiée en 1795 par son ami Ginguené : *Maximes, caractères et anecdotes*.

CHAMP-DE-MARS (fusillade du). Après la fuite du roi, les révolutionnaires les plus exaltés demandèrent sa déchéance. Sous l'impulsion du club des Cordeliers et du Cercle social, une pétition fut déposée sur l'autel de la patrie au Champ-de-Mars, demandant l'organisation d'un nouveau pouvoir exécutif, bref, la République, alors que l'Assemblée avait accepté la fiction d'un « enlèvement du roi ». La pétition partit du Cercle social, le 15 juillet 1791 au soir, et quelque cinq mille personnes l'accompagnèrent au club des Jacobins où elle arriva ves 11 heures du soir. Les Jacobins, plus modérés, refusèrent de la signer et décidèrent qu'ils rédigeraient leur propre pétition, ce qui fut fait par Brissot, Choderlos de Laclos, Danton, Sergent, Lanthenas, le lendemain matin. Mais une partie des Jacobins, choqués par la nature de cette pétition, firent alors sécession et se retirèrent pour fonder le club des Feuillants. Le club des Cordeliers se réunit aussi le 16 juillet au matin et invita ses membres à se réunir au Champ-de-Mars pour signer la pétition des Jacobins. Vers midi, ce jour, Danton lut le texte à une foule de deux cents à trois cents personnes. Il demandait à l'Assemblée de considérer la fuite du roi comme une abdication et de pourvoir à son remplacement, par tous les moyens constitutionnels. Ce dernier mot émut certains qui y virent un moyen de faire accéder le duc d'Orléans au trône, ce qui n'est pas improbable, Laclos, un des rédacteurs, étant un agent du duc. Danton déclara alors que la pétition allait faire l'objet d'une nouvelle rédaction. Le 16 au soir, après une longue et passionnée discussion, le club des Jacobins décida de retirer purement et simplement sa pétition pour ne pas entrer en conflit avec la Constituante. Le 17 juillet au matin, la foule afflua pour signer la pétition. A midi, un représentant des Jacobins annonça le retrait de la pétition. Les Cordeliers en rédigèrent aussitôt une nouvelle à caractère nettement républicain, puisqu'elle demandait le remplacement du roi par un conseil exécutif. Mais la découverte et l'exécution par la foule de deux hommes dissimulés sous l'autel de la patrie fournit alors le prétexte au maire Bailly pour déclarer la loi martiale et décréter toute manifestation illégale. La Fayette, chef de la garde nationale, se rendit au Champ-de-Mars pour disperser la foule, évaluée par certains à cinquante mille personnes. Une partie des gens attroupés commença à se disperser, mais certains éléments se heurtèrent aux forces de l'ordre. Un coup de feu partit et la fusillade commença. Il y eut entre trente et cinquante morts. La Constituante profita de l'affaire du 17 juillet pour entamer des poursuites contre Danton, Desmoulins et Marat qui parvinrent à s'enfuir, contre Hébert, Momoro, Vincent qui furent arrêtés et contre bien d'autres membres des clubs et des sections. Le club des Cordeliers dut cesser ses réunions jusqu'en août et le Cercle social dut fermer son club. La fusillade du Champ-de-Mars eut la monarchie pour prétexte, mais elle traduit en fait le refus du pouvoir parlementaire de se laisser dominer par les mouvements de foule. Il n'en sera pas toujours capable, à cause de ses divisions, les années suivantes.

CHAMPION DE CICÉ (Jérôme Marie) (Né à Rennes, le 3 septembre 1735, mort à Aix-en-Provence, le 19 août 1810). Évêque de Rodez en 1770, archevêque de Bordeaux en 1781, vivant fastueusement des revenus de l'abbaye d'Ourscamp, Champion de Cicé assiste à l'assemblée de notables de 1787. D'opinions libérales, il est élu par le clergé de la sénéchaussée de Bordeaux aux états généraux et propose dès mai 1789 que le clergé renonce à ses privilèges fiscaux. A son domicile se réunissent les curés hostiles à la majorité conservatrice des évêques. Un des premiers prélats à rejoindre le tiers état, il fait partie du comité de constitution et rapporte le projet devant l'Assemblée. Louis XVI le nomme garde des Sceaux, le 3 août 1789. Également détesté par la droite et l'extrême gauche, Champion de Cicé a une politique hésitante, publiant la Constitution civile du clergé mais refusant de prêter le serment qu'elle impose, dissimulant aussi longtemps que possible la condamnation du pape. Il démissionne le 20 novembre 1790, publie des lettres et instructions contre le serment des prêtres, puis quitte la France lorsque la Constituante se sépare. A Bruxelles puis en Hollande, il se voit refuser l'autorisation de se rendre à Rome et se réfugie en Angleterre en 1795. Rentré en France en 1802, il est nommé archevêque d'Aix et fait comte de l'Empire en 1808.

CHAMPION DE VILLENEUVE (Anne Clément Félix) (1748-1844). Né à Versailles, le 3 novembre 1748, avocat au Parlement de Paris à l'âge de dix-neuf ans, secrétaire du cabinet de la comtesse de Provence en 1784, avocat aux conseils du roi en 1787, Champion de Villeneuve adhère avec modération aux idées nouvelles en 1789. Il est alors membre de l'administration des établissements publics à Paris et président du district du Petit-Saint-Antoine. Le roi l'envoie comme commissaire extraordinaire enquêter sur les troubles à Avignon et dans le comtat Venaissin et il dépose son rapport sur le bureau de l'Assemblée, le 17 novembre 1791. Le 21 juillet 1792, Louis XVI le nomme ministre de l'Intérieur. Pour amadouer la Commune de Paris, Champion lui propose une visite des Tuileries qu'elle refuse. Il est reconnu et blessé quelques jours plus tard lors d'une émeute dans le faubourg Saint-Antoine. Ayant quitté son ministère après le triomphe de l'insurrection du 10 août 1792 qu'il a été incapable de juguler, Champion a beau se présenter devant la Législative pour affirmer sa loyauté à l'Assemblée, il n'en est pas moins disgrâcié et mal vu par tous. Il vit dans l'oubli jusqu'au Consulat qui en fait un conseiller de la préfecture de la Seine. Il est préfet intérimaire, le 20 mars 1815, à l'entrée de Napoléon dans Paris. On le trouve ensuite comme avocat au Conseil du roi et à la Cour de cassation. Il meurt en 1844, presque centenaire, dans la propriété de son gendre, aux Boulands (Loiret).

CHAMPIONNET (Jean Étienne) (Né à Valence, le 14 avril 1762, mort à Antibes, le 9 janvier 1800). Après une jeunesse aventureuse, un séjour à Barcelone comme cuisinier notamment, Championnet est de retour à Valence en 1788 et se porte volontaire dans le 6e bataillon de la Drôme après avoir fait partie de la garde nationale de sa ville natale. Élu commandant de ce bataillon en août 1792, il réprime l'insurrection du Jura. On le trouve ensuite à l'armée de la Moselle avec Hoche. Il débloque Landau, prend Spire et Worms, est promu général de brigade en février 1794. A l'armée de Sambre-et-Meuse, présent à la prise d'Arlon, général de division, le 10 juin 1794, il s'empare de Juliers et de Cologne en octobre 1794. Il fait toutes les campagnes sur le Rhin, est mis à la tête d'une division de l'armée d'Angleterre en janvier 1798 avant d'être envoyé en Italie comme commandant en chef de l'armée de Rome en octobre 1798. Il s'empare de Naples en janvier suivant et y établit la république parthénopéenne. Rappelé par le Directoire et arrêté à Milan sur ordre de Faypoult, il est accusé de désobéissance et de malversations sur les fonds publics de l'ex-royaume de Naples. Acquitté par le tribunal militaire de Grenoble, il est nommé commandant en chef de l'armée des Grandes Alpes, le 5 juillet 1799, puis de l'armée d'Italie, le 29 août. Installé à Gênes, battu à Genola, le 4 novembre, il meurt d'une épidémie qui frappe ses troupes.

CHANSONS. On chante beaucoup sous la Révolution. Mais le fameux *Il pleut bergère* de Fabre d'Églantine est délaissé au profit de l'hymne révolutionnaire ou de la chanson politique. Ce dernier genre connaît un engouement que confirment les chiffres : 116 chansons politiques en 1789, 261 en 1790, 308 en 1791, 325 en 1792, 590 en 1793 et 701 l'année suivante. Dans un milieu où un homme sur deux ne sait lire ni le journal ni un pamphlet, la chanson est un formidable véhicule d'idées. Tandis qu'un Ladré compose le *Ça ira*, Ange Pitou de son côté propose des complaintes d'inspiration royaliste. Bataille de chansons au refrain facile à retenir qui ne font pas disparaître entièrement la romance sentimentale mais la relèguent au second plan, lui donnant un caractère contre-révolutionnaire.

CHANT DU DÉPART (Le). Hymne national composé pour fêter l'anniversaire de la prise de la Bastille, *Le Chant du départ* fut composé pour la musique par Méhul, pour les paroles par Marie-Joseph Chénier. D'un ton sévère et majestueux, il eut un grand succès et fut souvent chanté par la troupe sur les champs de bataille.

LE CHANT DU DÉPART

UN REPRÉSENTANT DU PEUPLE.

La Victoire, en chantant, nous ouvre
[la barrière ;
La liberté guide nos pas ;
Et, du nord au midi, la trompette
[guerrière
A sonné l'heure des combats.
Tremblez, ennemis de la France,
Rois ivres de sang et d'orgueil ;
Le peuple souverain s'avance :
Tyrans, descendez au cercueil.
La République nous appelle ;
Sachons vaincre, ou sachons périr ;
Un Français doit vivre pour elle ;
Pour elle un Français doit mourir.

CHŒUR DES GUERRIERS.

La République nous appelle, etc.

UNE MÈRE DE FAMILLE.

De nos yeux maternels ne craignez
[point les larmes ;
Loin de nous de lâches douleurs !
Nous devons triompher quand vous
[prenez les armes ;
C'est aux rois à verser des pleurs.
Nous vous avons donné la vie ;
Guerriers, elle n'est plus à vous :
Tous vos jours sont à la patrie ;
Elle est votre mère avant nous.

CHŒUR DES MÈRES DE FAMILLE.

La République nous appelle, etc.

DEUX VIEILLARDS.

Que le fer paternel arme la main des
[braves ;
Songez à nous aux champs de Mars :
Consacrez dans le sang des rois et
[des esclaves
Le fer béni par vos vieillards ;
Et, rapportant sous la chaumière
Des blessures et des vertus,
Venez fermer notre paupière,
Quand les tyrans ne seront plus.

CHŒUR DES VIEILLARDS.

La République nous appelle, etc.

UN ENFANT.

De Barra, de Viala, le sort nous fait
[envie ;
Ils sont morts, mais ils ont vaincu :
Le lâche accablé d'ans n'a point
[connu la vie ;
Qui meurt pour le peuple a vécu.
Vous êtes vaillants, nous le sommes ;
Guidez-nous contre les tyrans :
Les républicains sont des hommes ;
Les esclaves sont des enfants.

CHŒUR DES ENFANTS.

La République nous appelle, etc.

UNE ÉPOUSE.

Partez, vaillants époux, les combats
[sont vos fêtes ;
Partez, modèles des guerriers ;
Nous cueillerons des fleurs pour en
[ceindre vos têtes ;
Nos mains tresseront vos lauriers ;
Et, si le temple de mémoire
S'ouvrait à vos mânes vainqueurs,
Nos voix chanteront votre gloire ;
Et nos flancs portent vos vengeurs.

CHŒUR DES ÉPOUSES.

La République nous appelle, etc.

UNE JEUNE FILLE.

Et nous, sœurs des héros, nous, qui
[de l'hyménée
Ignorons les aimables nœuds.
Si pour s'unir un jour à notre destinée
Les citoyens forment des vœux,

Qu'ils reviennent dans nos murailles,
Beaux de gloire et de liberté,
Et que leur sang dans les batailles
Ait coulé pour l'égalité !

CHŒUR DES JEUNES FILLES.

La République nous appelle, etc.

TROIS GUERRIERS.

Sur le fer, devant Dieu, nous jurons
[à nos pères,
A nos épouses, à nos sœurs,
A nos représentants, à nos fils, à nos
[mères,
D'anéantir les oppresseurs.
En tous lieux, dans la nuit profonde
Plongeant la féodalité,
Les Français donneront au monde
Et la paix et la liberté.

CHŒUR GÉNÉRAL.

La République nous appelle ;
Sachons vaincre, ou sachons périr :
Un Français doit vivre pour elle ;
Pour elle un Français doit mourir.

CHANTILLY (nom révolutionnaire : Champ-Libre).

CHAPPE (Claude) (Né à Brulon, Sarthe, le 25 décembre 1763, mort à Paris, le 23 janvier 1805). Physicien, intéressé par la communication à distance, Chappe essaie d'utiliser les sons puis l'électricité, enfin des panneaux ayant une face blanche et une autre noire. Ce dernier procédé est expérimenté avec succès les 2 et 3 mars 1791 entre Brulon et Parcé. Aidé par deux de ses frères, Chappe fait des essais à Paris et présente son invention à la Législative le 22 mars 1792, lui donnant le nom de tachygraphe bientôt transformé en télégraphe : c'est un système de signaux transmis par des mouvements d'aiguilles autour d'un axe, actionnées par des roues et des poulies. Le 1er avril 1793, Romme fait un rapport favorable à la Convention et une première ligne reliant Paris à Lille est décidée le 4 août. Le 15 août 1794, le télégraphe transmet la nouvelle de la reddition du Quesnoy. Le 3 octobre est décidée la construction d'une ligne de Paris à Landau. Proclamé bienfaiteur de la patrie, Chappe essaie de commercialiser son invention et de l'employer pour le commerce et la météorologie. Copié, concurrencé par de nouveaux procédés inspirés du sien, il finit par se suicider.

CHAPTAL (Jean Antoine Claude) (Né à Nojaret, Lozère, le 5 juin 1756, mort à Paris, le 30 juillet 1832). Médecin en 1776, Chaptal obtient en 1780 une chaire de chimie et un laboratoire à l'université de Montpellier. Il fait paraître des *Éléments de chimie* en 1790. Axé sur les applications pratiques de la chimie, il découvre divers procédés dont un de fabrication de l'alun et améliore les méthodes de vinification. D'abord favorable aux idées révolutionnaires, il fait paraître un *Catéchisme à l'usage des bons patriotes* en 1790, mais est vite excédé par les outrances sanguinaires et adhère au mouvement fédéraliste. Il doit se cacher dans les Cévennes jusqu'à ce que Carnot et Prieur de la Côte-d'Or lui demandent de venir les voir à Paris en décembre 1793. Nommé inspecteur du Comité de salut public pour les poudres et salpêtres dans onze départements du Midi, il obtient des résultats si remarquables que Berthollet le réclame pour diriger la poudrerie de Grenelle. Il y fait passer la fabrication journalière de salpêtre de 8 000 à 35 000 livres, mais prévient le Comité de salut public des dangers qu'entraîne cette production massive. Le 31 août 1794, la catastrophe prévue arrive, tuant plus de mille personnes. Malgré ce drame et ses opinions fédéralistes, quoique son dossier ait été transmis trois fois à Fouquier-Tinville, Chaptal échappe à la guillotine. De 1795 à 1798, il revient à Montpellier où il développe ses usines. En mars 1798, il ouvre une fabrique de produits chimiques à Paris, aux Ternes. En avril, il remplace Berthollet à la chaire de chimie de l'École polytechnique et entre à l'Académie des sciences en mai. Le Premier consul le nomme au Conseil d'État, puis le fait ministre de l'Intérieur de 1801 à 1804. Son œuvre est considérable : statistique générale de la France, grands travaux, réorganisation des hôpitaux et des professions médicales, lutte contre la mendicité, refonte et extension de l'enseignement public. Sénateur et comte de l'Empire, pair de France en 1819, Chaptal est aussi un grand industriel et son ouvrage, *L'Industrie française*, paru en 1819, est un bilan de la production nationale entre 1789 et 1819.

CHARETTE (François Athanase de Charette de la Contrie, dit) (Né à Couffé, Maine-et-Loire, le 21 avril 1763, fusillé à Nantes, le 29 mars 1796). Officier de marine, Charette participe à la défense des Tuileries, le 10 août 1792. Il aurait, selon ses biographes, été mis à la tête de l'insurrection vendéenne par les paysans qui l'auraient presque contraint à prendre leur tête. Il reprend Machecoul aux républicains, le 10 juin 1793, et devient maître de tout le pays de Retz, établissant son quartier général à Légé. Il ne joue qu'un rôle mineur lors de l'attaque manquée contre Nantes, les 29 et 30 juin. A la mort de Cathelineau, d'Elbée est préféré comme général en chef de l'armée catholique et royale. Adjoint de Royrand, Charette est déçu par l'échec devant Luçon, le 14 août, abandonne les autres chefs vendéens qui n'arrêtent pas de se chamailler et revient à Légé. Il renvoie ses soldats paysans et, à la tête de son seul état-major, tente de rallier la grande armée vendéenne près de Cholet. Avec Bonchamps et Joly, il bat Hoche à Torfou et à Montaigu puis revient à Légé. Charette s'empare ensuite de l'île de Noirmoutier. Le 5 décembre, bloqué dans les marais de Bouin par Haxo et Jordy, il s'échappe de justesse, perdant son artillerie. Chef des débris de la Vendée militaire, il réunit ses troupes à celles de Stofflet et de Marigny, fait fusiller ce dernier par un « conseil de guerre » choisi par ses soins, finit par traiter avec la République et signer l'accord de paix de La Jaunaie, le 17 février 1795. Le 23 juillet, il reprend les armes sur la promesse des Anglais d'un débarquement à l'île d'Yeu qu'il attend en vain. Quoique nommé par Louis XVIII commandant en chef de l'armée royale, il voit ses forces se débander et finit par être capturé le 22 mars 1796 à La Chabotterie. On le juge et le fusille à Nantes.

CHARLES IV (Né à Portici, le 12 novembre 1748, mort à Rome, le 19 janvier 1819). Fils de Charles III à qui il succède en 1788, Charles IV d'Espagne est un personnage faible sous la coupe de Godoy, amant de sa femme. Hostile à la France révolutionnaire, il déclare la guerre, le 7 mars 1793, au régime qui a guillotiné son cousin. Menée mollement, cette guerre se termine au bout de deux ans à la paix de Bâle du 22 juillet 1795. Entraîné par Napoléon dans la guerre contre l'Angleterre, il voit sa flotte détruite à Trafalgar et doit abdiquer lors de l'entrevue de Bayonne, en 1808, en faveur de l'Empereur qui nomme son frère, Joseph Bonaparte, roi d'Espagne. Charles IV réside à Compiègne puis à Marseille jusqu'en 1811 et finit son existence en Italie.

CHARLES X, voir **ARTOIS**.

CHARLES D'AUTRICHE (Né à Florence, le 5 septembre 1771, mort à Vienne, le 30 avril 1847). Troisième fils de l'empereur Léopold II, frère de François II et neveu de la reine Marie-Antoinette, l'archiduc Charles commande en 1793 l'avant-garde de l'armée du prince de Cobourg. Il est nommé feld-maréchal et gouverneur des Pays-Bas en 1794. C'est ce jeune homme de vingt-trois ans qui défait les armées de Jourdan et de Moreau en 1796, prend Kehl en 1799, bat Masséna à Zurich en juin 1801. Ministre de la Guerre de 1806 à 1809, il n'a pas le temps suffisant pour réorganiser l'armée autrichienne et perd la bataille de Wagram en juillet 1809. Sa défaite et ses idées libérales contribuent à sa disgrâce et il disparaît à moins de quarante ans de la scène politique.

CHARLIER (Louis Joseph) (Né à Châlons-sur-Marne, le 24 septembre 1754, mort à Paris, le 23 février 1797). Procureur dans sa ville natale en 1789, Charlier est un des rédacteurs du cahier de doléances du tiers état du bailliage de Châlons et devient administrateur du district de cette cité en 1790. Élu par la Marne à la Législative, il se signale dès le début par une déclaration démagogique qui plaît beaucoup au public des tribunes mais fait douter ses collègues législateurs de son équilibre mental. Comme on discute du mode de recrutement de l'armée, Charlier déclare cette délibération inutile, s'exclamant : « A-t-on besoin de recrutement lorsque vingt-cinq millions d'hommes sont armés ! » Et il ajoute devant la stupeur générale : « Je ne crains point le reproche d'exagération, parce que les femmes et les enfants ont aussi des cœurs patriotes... Qu'est-ce que l'armée ? C'est la France entière. Tous les citoyens français sont l'armée. Pourquoi la recruter ? Le tocsin sonnant, tous les patriotes seront sous les armes. » Et de proposer qu'avant de décider un mode de recrutement, l'Assemblée se prononce sur la question de savoir si. en général, l'armée serait recrutée. Toutes ses interventions sont marquées par la violence et la déraison. Réélu à la Convention, Charlier propose d'interdire aux députés de dîner avec les ministres. Partisan d'un terrorisme total, c'est un des plus acharnés contre le roi et contre les Girondins. Il fait adopter la motion suivante : « Tout citoyen qui reconnaîtra un émigré ou un prêtre déporté, rentré en France, est autorisé à l'arrêter. Tout émigré ou prêtre déporté rentré sera exécuté dans les vingt-quatre heures. » Le 8 thermidor, il coupe la parole à Robespierre et lui lance : « Quand on se vante d'avoir le courage de la vertu, il faut avoir celui de la vérité. Nommez ceux que vous accusez. » Il figure parmi les « tombeurs » de Robespierre et est chargé d'épurer les sociétés populaires de Lyon de leurs éléments les plus révolutionnaires. Réélu au Conseil des Anciens, en proie à la manie de la persécution, il finit par se suicider.

CHARTRES (Louis-Philippe, duc de) (Né à Paris, le 6 octobre 1773, mort à Claremont, en Angleterre, le 26 août 1850). Fils aîné du duc d'Orléans, Louis-Philippe est poussé par son père à participer au mouvement révolutionnaire et devient à dix-huit ans membre du club des Jacobins. Il assiste à Valmy et est fait maréchal de camp. Dumouriez le prend comme aide de camp et Louis-Philippe le suit lorsqu'il passe chez les Autrichiens, ce qui lui évite la guillotine qui attend son père. En exil jusqu'à la Restauration, il monte sur le trône après les Trois Glorieuses et règne de 1830 à 1848 avant d'être à son tour renversé.

CHASLES (Pierre Jacques Michel) (Né à Chartres, le 9 juin 1753, mort à Paris, le 21 juin 1826). Chanoine à Chartres, Chasles prête le serment à la Constitution civile du clergé et devient maire de Nogent-le-Rotrou. Candidat à l'évêché de Chartres, il échoue mais entre, en compensation, serait-on tenté d'écrire, à la Convention. Montagnard, membre actif du club des Jacobins, il s'y voit fréquemment reprocher son ancien état et s'écrie un jour, exaspéré : « On m'a reproché d'être prêtre ; je m'applaudis d'avoir été prêtre parce que, en vivant avec eux, c'est-à-dire avec tout ce qu'il y a de plus corrompu dans l'univers, j'ai appris à mépriser et à combattre les scélérats qu'on nomme prêtres. » Hostile à ce qu'on accorde des défenseurs au roi, il vote la mort à la fin du procès. Envoyé en Seine-et-Oise et dans l'Eure-et-Loir accélérer la levée des 300 000 hommes, il accuse les généraux de l'armée de l'Ouest de vivre dans un « faste oriental ». Un des plus acharnés contre les Girondins, il est envoyé en août 1793 à l'armée du Nord et y déploie un tel zèle qu'il devient suspect, personne n'ayant oublié qu'il rédigeait en 1790 une feuille royaliste, *Le Correspondant d'Eure-et-Loir.* Ainsi s'explique cette lettre au Comité de salut public du représentant Duquesnoy : « Cet ex-chanoine est plus propre à faire la contre-révolution que la révolution. Faites-le rappeler bien vite. » On l'accuse aussi d'avoir pris la fuite lorsque Cambrai a été menacé. Rappelé à la Convention, il y paraît s'appuyant sur des béquilles et se fait passer pour un grand blessé de guerre. Suspect après le 9 thermidor, il se lance dans le journalisme, est impliqué dans l'insurrection de germinal an III, dénoncé le 1er avril 1795, arrêté sur la proposition d'un autre Thermidorien, Bourdon de l'Oise, et libéré grâce à l'amnistie votée par la Convention à sa séparation. Impliqué dans le complot babouviste mais remis rapidement en liberté, il obtient un bureau de tabac sous le Consulat et ne fait plus parler de lui.

CHASSE. Réservé aux seigneurs, interdit aux paysans, le droit de chasse faisait l'unanimité contre lui dans les cahiers de doléances. Aboli dès le 11 août 1789 par la Constituante, il y eut, le jour de l'ouverture de la chasse, quatre jours plus tard, le 15 août, une véritable Saint-Barthélemy de la faune sauvage. Des millions de paysans se répandirent sur leurs terres et sur celles des grands seigneurs, envahissant jusqu'au parc de Versailles. Le soir du 15 août, des charretées de gibier entraient dans Paris. Le 20 avril 1790, la Constituante vota une loi pour prévenir les abus de la chasse, mais ne prévit aucune répression pour les délits. Aussi le carnage continua-t-il jusqu'à ce que la loi introduise des mesures répressives en 1810. Les abus de la chasse ont eu souvent des conséquences désastreuses pour la forêt française, en net recul depuis la Révolution.

CHASSET (Charles-Antoine) (Né à Villefranche-sur-Saône, le 5 mars 1745, mort à Tournus, le 10 septembre 1824). Avocat et maire de sa ville natale, député du tiers état de Beaujolais aux états généraux, Chasset s'y occupe surtout des affaires ecclésiastiques, faisant voter la suppression des dîmes et demandant la mise à la disposition de la nation des biens du clergé. Juge au tribunal de cassation de Rhône-et-Loire pendant la Législative, il est élu par ce département à la Convention. Il y vote contre l'appel au peuple et pour la détention jusqu'à la paix à la fin du procès du roi. Chasset lutte avec les Girondins contre Marat et la Commune de Paris. Il proteste contre le coup de force du 31 mai 1793, s'enfuit à Lyon et s'y met à la tête de la résistance. A la chute de la ville, il se réfugie en Suisse. Ses concitoyens de Villefranche l'ayant élu au Conseil des Cinq-Cents, il reparaît et parvient à faire valider son élection malgré l'opposition de ceux qui le considèrent comme un émigré. Il obtient même le paiement de ses indemnités de Conventionnel durant son absence de l'assemblée du 1er juillet 1793 à la séparation des députés. Sorti du Conseil le 20 mai 1797, il devient chef de division au ministère de l'Intérieur avant d'être élu au Conseil des Anciens en mai 1798. Favorable au coup d'État de Brumaire, Chasset devient sénateur et comte de l'Empire. Exilé par Louis XVIII, il est autorisé à revenir en 1818.

CHATEAUBRIAND (Armand de) (Né à Saint-Malo, le 15 mars 1768, fusillé à Paris, le 31 mars 1809). Cousin de l'illustre écrivain, Armand de Chateaubriand émigre et se joint à l'armée des princes. Au licenciement des troupes de Condé, il passe en Bretagne et fait de fréquents voyages entre Jersey et la côte bretonne, servant d'agent de liaison entre Londres et les royalistes de l'intérieur. On ne compte pas moins de vingt-cinq voyages de septembre 1794 à août 1797. Lors du traité d'Amiens, il ne figure pas sur la liste d'amnistie et le gouvernement français obtient des Anglais son expulsion de Jersey pour Londres où il végète. Revenu dans l'île à la réouverture des hostilités, il débarque, le 1er octobre 1808, à Saint-Cast, pour recueillir des informations sur l'esprit public à Paris. Il confie cette tâche à son ami Boisé-Lucas et attend à Saint-Cast. Il est pris au moment où il rembarque pour Jersey. On trouve sur lui la correspondance des princes, il est condamné à mort, malgré les suppliques de François-René de Chateaubriand adressées à l'Empereur et à Fouché, et fusillé dans la plaine de Grenelle.

CHATEAUBRIAND (François René, vicomte de) (Né à Saint-Malo, le 4 septembre 1768, mort à Paris, le 4 juillet 1848). Quelques mois sous-lieutenant au régiment de Navarre en 1786, Chateaubriand se fait mettre en congé à la mort de son père. Présenté à la cour par son frère aîné, il fréquente aussi les milieux littéraires parisiens et publie en 1790 dans l'*Almanach des Muses* un poème bien peu original intitulé *L'Amour de la campagne*. Égocentrique totalement absorbé dans ses chimères, Chateaubriand ne prend même pas conscience du drame révolutionnaire qui est en train de se jouer et s'embarque pour l'Amérique au printemps de 1791. Revenu en France en janvier 1792, il émigre bien vite, passe quelques mois à l'armée des princes, est blessé au siège de Thionville et va vivre en Angleterre où il publie en 1797 l'*Essai historique, politique et moral sur les révolutions anciennes et modernes, considérées dans leurs rapports avec la Révolution française*. Très affecté par la mort de sa mère en 1798, il revient à une sensibilité chrétienne marquée et, de nouveau en France en mai 1800, y fait paraître *Atala* et *Le Génie du christianisme* publié en 1802. Après avoir tâté de la diplomatie, il fait un grand voyage au Proche-Orient en 1806 et publie en 1811 l'*Itinéraire de Paris à Jérusalem*. La chute de l'Empereur lui est l'occasion de faire paraître un pamphlet contre le vaincu : *De Buonaparte et des Bourbons*. Ministre d'État, pair de France sous Louis XVIII, il joue un rôle important dans la diplomatie de la fin du règne avant d'être éliminé sous la pression des ultras. Il devient alors un des porte-parole des libéraux mais proteste contre la proclamation de Louis-Philippe. Sa carrière politique est désormais terminée et il peut se consacrer à l'écriture.

CHÂTEAUNEUF-RANDON (Alexandre Paul Guérin du Tournel, marquis de Joyeuse, comte de) (Né à Tarbes, le 18 octobre 1757, mort à Épervans, Saône-et-Loire, le 22 octobre 1827). Issu de la plus haute noblesse du Gévaudan, Châteauneuf-Randon entre aux états généraux à la démission du marquis d'Apchier dont il est le suppléant, le 1er septembre 1789. Il y est très effacé, se contentant de voter les mesures hostiles à l'Église et à la monarchie. Président du directoire de la Lozère pendant la durée de la Législative, il est envoyé par ce département à la Convention. Siégeant avec la Montagne, il vote la mort de « Louis le dernier », selon son « aimable » expression et se signale au siège de Lyon par une répression que les extrémistes trouvent insuffisante. Aussi le dénoncent-ils comme ci-devant noble, mais il reçoit un brevet de bon terroriste de Couthon lui-même. Envoyé de nouveau en mission dans la Lozère et les départements avoisinants, il y procède de manière expéditive, faisant raser les murailles et les clochers de Saint-Flour. On le trouve ensuite à l'armée des Pyrénées. Revenu à Paris après le 9 thermidor, il renie bien vite ses amis montagnards, se fait élire au Comité de salut public et obtient enfin le grade de général de division qu'il briguait depuis un certain temps déjà. Sa carrière militaire ne vaut guère mieux que la politique et il est destitué par Jourdan, le 24 mars 1799, pour avoir décrété intempestivement la levée en masse dans les départements du Bas et du Haut-Rhin. Bonaparte tente de l'utiliser puis le réforme pour incapacité, le 21 mai 1801. Se disant dénué de ressources, Châteauneuf-Randon apitoie le Premier consul qui finit par le nommer préfet des Alpes-Maritimes, le 3 décembre 1801. Mais il faut le révoquer dès le 12 mars suivant. Emprisonné pour dettes à Sainte-Pélagie, il y reste cinq ans, ce qui lui évite l'exil infligé aux autres régicides. L'exterminateur des royalistes de Lyon a l'audace de demander la croix de chevalier de Saint-Louis en 1820, mais, bien sûr, ne l'obtient pas.

CHÂTEAU-SALINS (nom révolutionnaire : Salins-Libre).

CHÂTEAU-THIERRY (nom révolutionnaire : Château-Égalité).

CHÂTELET. Tribunal subordonné au Parlement et prison pour les criminels en attente de jugement, le Châtelet de Paris se divisait en Grand et Petit Châtelet jusqu'en 1780. A cette époque, la prison du Petit-Châtelet fut supprimée et détruite, remplacée par celle de la Force. On comptait 305 détenus en mai 1783, 350 en mai 1790. Les prisonniers du Châtelet avaient la réputation d'être de redoutables criminels : lorsque les émeutiers ouvrirent les prisons, le 13 juillet 1789, ils se refusèrent à attaquer le Châtelet, ne voulant pas en libérer les détenus. La cour de justice du Châtelet, après avoir jugé les premiers cas de « lèse-nation », fut supprimée par la loi du 25 août 1790 et cessa ses fonctions le 24 janvier 1791. La prison subsista. Il y avait 269 détenus, le 2 septembre 1792, quand les massacres de prisonniers commencèrent et 215 à 220 d'entre eux furent égorgés ou étripés par la foule. Tous étaient de dangereux criminels mais aucun n'avait trempé dans un quelconque complot aristocratique.

CHÂTELET, voir **DU CHÂTELET**.

CHAUFFAGE. Le bois reste le seul élément de chauffage, de là son importance. L'approvisionnement en bois de Paris se faisant de Clamecy et du Morvan par voies d'eau. Dans les campagnes, depuis la disparition de l'administration des eaux et forêts, les bois sont dévastés par les paysans qui viennent y chercher leur chauffage. A Paris l'Allemand Reichardt condamne la manière dont les habitants de la capitale se chauffent : « En général les feux de cheminée que l'on n'entretient même pas toute la journée n'arrivent pas à échauffer les appartements. Ce n'est que dans quelques maisons bien closes, où les cheminées sont constamment garnies de bois de bonnes essences que l'on a chaud. Presque partout, portes et fenêtres joignent mal et donnent passage à des courants d'air. Les portes à deux battants, les hautes fenêtres à l'italienne, s'ouvrant du parquet au plafond et que les gens de service ne ferment presque jamais complètement, les cheminées trop large, tout cela forme un ensemble d'ouvertures qui prend environ le tiers de la surface des murs d'une pièce. Dans ces conditions, même des chambres de dimensions réduites ne peuvent être garanties du froid. Mais ce qui contribue principalement à les refroidir, c'est la coutume universelle de laisser les portes ouvertes. » L'hiver de 1795 fut particulièrement rigoureux et de nombreuses personnes moururent de froid. L'approvisionnement en bois, en raison du gel de la Seine, ne put se faire normalement.

CHAUFFEURS. C'est le nom qu'on donnait aux bandes de brigands qui ravageaient nuitamment les campagnes, attaquant les fermes isolées en Beauce, basse et haute Normandie, et même dans certaines régions de l'Est et du Midi durant le Directoire. Ce nom leur venait de ce qu'ils brûlaient les pieds de leurs victimes pour leur faire avouer où elles cachaient leur argent.

CHAUMETTE (Pierre Gaspard, dit Anaxagoras) (Né à Nevers, le 24 mai 1763, guillotiné à Paris, le 13 avril 1794). Expulsé du collège pour mauvaise conduite, engagé comme mousse à treize ans, Chaumette suit des leçons d'anatomie de 1782 à 1786 à l'hôtel-Dieu de Nevers, puis accompagne le médecin anglais Thuck durant ses voyages en France. Enfin libéré de cette tâche, il se précipite à Paris en septembre 1790, se présentant comme étudiant en médecine, tenant des propos ultra-révolutionnaires et vivant d'expédients jusqu'à ce qu'il trouve un emploi aux *Révolutions de Paris*, en décembre 1790. Un des meneurs du club des Cordeliers, il comprend très vite l'intérêt de s'appuyer sur les couches les plus pauvres, les moins instruites, les plus crédules et les plus maniables de la population parisienne. Il propose en vain au club, le 22 juin 1791, après la fuite à Varennes, l'abolition de la royauté. On fait appel à ses services pour préparer la journée insurrectionnelle du 20 juin 1792, répétition avant celle du 10 août. Il devient après cette dernière membre de la Commune révolutionnaire, est nommé procureur le 12 décembre. En tant que tel, il joue un rôle très important, portant à la Convention les demandes, parfois les exigences des sans-culottes parisiens : loi sur les suspects, tribunal révolutionnaire, impôt sur les riches sont votés sous la pression de la rue dont Chaumette est la voix. Quand, le 5 septembre 1793, la Terreur est mise « à l'ordre du jour », Chaumette s'en fait un exécuteur zélé. Il y ajoute sa haine d'homosexuel pour les prostituées, prononçant le 1er octobre un terrible réquisitoire contre les filles publiques que la Convention juge excessif. Le 10 octobre, il revient décrire les « caractères » auxquels on peut reconnaître les suspects. Au début de novembre, il est à la tête de ceux qui exigent la déchristianisation et organise des mascarades religieuses qui lui attirent l'hostilité de Robespierre, ce dernier lui reprochant aussi des accusations fantaisistes contre la reine. Chaumette modère alors ses ardeurs et fait même l'apologie de « l'Incorruptible » : « Voici la boussole qui doit maintenant diriger toutes nos opinions », s'abaisse-t-il à dire. Son sort est néanmoins scellé. Robespierre, convaincu que Chaumette est une marionnette dans les mains de Cloots en qui il voit un agent de l'étranger, le fait arrêter comme complice d'une « conspiration des prisons ». L'acte d'accusation lui reproche de vouloir « anéantir toute sorte de morale, étouffer tout principe de vertu, persuader aux peuples voisins que la nation française en était venue au dernier degré de dissolution ». Totalement absurde aussi est l'accusation que « l'or de Pitt payait Chaumette de son infâme trahison », mais le tribunal révolutionnaire n'en est pas à un mensonge près pour condamner d'avance un homme jugé par Robespierre. « Fouine à museau pointu, propre à tremper dans le sang » selon Michelet, Chaumette est aussi, selon le même auteur, un « parleur ingénieux et adroit, homme matériel et lâche qui n'eut jamais la force d'être un scélérat et garde un cœur ».

CHAUVEAU-LAGARDE (Claude François) (Né à Chartres, le 21 janvier 1756, mort à Paris, le 20 février 1841). Un des avocats les plus connus de Paris en 1789, Chauveau-Lagarde est favorable à la Révolution à ses débuts. On lui doit une *Théorie des états généraux, ou la France régénérée* parue en 1789. Mais il doit bien vite déchanter. Ayant par sa plaidoirie fait acquitter le général Miranda, le 16 mai 1793, Marat le dénonce comme faisant libérer des coupables. Il a la charge de la défense du duc Du Châtelet, de Bailly, de Mme Roland, de Charlotte Corday. Quoique la cause de cette dernière soit jugée d'avance, Chauveau-Lagarde a l'audace, devant un public menaçant, d'expliquer sinon de justifier le geste de sa cliente par « l'exaltation du fanatisme politique » qui l'a contrainte à son geste homicide. Il assume la défense des Girondins et notamment de son ami Brissot, chartrain comme lui et presque du même âge que lui, puis celle de Marie-Antoinette. Après la sentence, il est convoqué devant le Comité de sûreté générale et se voit accuser d'avoir trop bien défendu la reine. Au procès de Madame Elisabeth, il lui est interdit de s'entretenir avec l'accusée. La loi du 22 prairial an II (10 juin 1794) ayant supprimé tout droit à la défense pour les accusés, Chauveau-Lagarde retourne à Chartres. On vient l'y arrêter et il échappe à la mort grâce au 9 thermidor qui lui rend sa liberté. Mêlé à l'insurrection royaliste du 13 vendémiaire et condamné à mort par contumace, il attend que la tourmente s'apaise, se constitue alors prisonnier, est jugé et acquitté. Il obtient en 1797 l'acquittement de l'abbé Brottier et de plusieurs autres comploteurs royalistes, plaide pour les ravisseurs de Clément de Ris, pour le général Jourdan, pour le général Dupont, alliant l'audace à l'éloquence. En 1828, il est nommé conseiller à la Cour de cassation.

CHÉNIER (André Marie de) (Né à Constantinople, le 30 octobre

1762, guillotiné à Paris, le 25 juillet 1794). Après une expérience militaire peu concluante, Chénier passe trois ans à Londres comme attaché d'ambassade. Dès le début de la Révolution, il désapprouve les excès et se laisse facilement entraîner vers la contre-révolution par son ami François de Pange. Membre de la Société de 1789, il s'en prend à Marat dont il déteste les appels au meurtre dans son *Avis aux Français sur leurs véritables ennemis.* Membre du club des Feuillants en 1791, collaborateur du *Journal de Paris,* il s'engage à fond dans la lutte contre le club des Jacobins auquel son jeune frère, Marie Joseph, appartient. Polémiste à la plume acérée, André Marie de Chénier est inscrit sur la liste des suspects après les massacres de Septembre et arrêté le 7 mars 1794. Il est condamné et exécuté le même jour, le 7 thermidor, deux jours avant que ne tombe à son tour la tête de Robespierre. Son œuvre poétique, essentiellement manuscrite à sa mort, a été publiée en 1819.

CHÉNIER (Marie Joseph Blaise de) (Né à Constantinople, le 28 août 1764, mort à Paris, le 10 janvier 1811). Ne goûtant pas davantage la vie militaire que son frère aîné, André Marie, Marie Joseph Chénier décide, comme lui, de se consacrer aux lettres, mais le devance dans cette carrière, faisant jouer en 1785 et 1786 *Edgar ou le Page supposé,* un drame, et *Azémire,* une tragédie, pièces toutes deux copieusement sifflées par le public parisien et la cour à Fontainebleau. Une autre pièce, *Charles IX,* fait un triomphe en 1789. Lié avec Danton, membre du club des Jacobins, grand révolutionnaire alors que son frère manifeste son hostilité aux violences et aux propos extrémistes, Marie Joseph est un des dirigeants du club des Jacobins. La Seine-et-Oise l'élit à la Convention où il siège à la Montagne et vote la mort pour le roi. Son rôle est surtout important comme chantre officiel de la Révolution, comme organisateur habile de la propagande révolutionnaire. Sur le plan politique, c'est un faible qui répugne à la violence mais la laisse faire. Il essaie timidement d'intervenir en faveur des Girondins, tente de sauver son frère, reproche non sans prudence de langage sa sévérité à Robespierre. Il ne dissimule pas sa joie de la chute de ce dernier et devient un des personnages de la Convention thermidorienne et du Directoire, siégeant au Comité de sûreté générale puis au Conseil des Cinq-Cents. Il approuve le coup d'État de Bonaparte et entre au Tribunat. G. Walter, qui a longuement étudié les deux Chénier, voit en lui « un parfait spécimen de ces intellectuels, dits "de gauche", enthousiastes, sincères, mais faibles et impulsifs, dont l'attachement à la cause révolutionnaire ne saura jamais être durable et profond ».

CHERASCO (armistice de). Signé le 28 avril 1796 entre le roi de Sardaigne et Bonaparte, cet armistice mettait fin à la guerre entre la France et le royaume de Sardaigne, définitivement vaincu après la bataille de Mondovi. La France obtenait le droit de passage en Piémont pour continuer la guerre contre l'Autriche et la reconnaissance de son annexion de Nice et de la Savoie. L'armistice fut transformé en traité de paix, le 14 mai suivant.

CHERUBINI (Louis Charles Zénobie Salvator Marie) (Né à Florence, le 14 septembre 1760, mort à Paris, le 15 mars 1842). Élève de Sarti, auteur d'un premier opéra, *Quinto Fabio,* en 1780, Cherubini est appelé au Théâtre royal de Londres en 1785, puis se fixe à Paris en 1788, faisant représenter *Démophon* à l'Opéra. Il obtient la direction d'un théâtre italien, les « Bouffes », qui joue un certain nombre de pièces de 1789 à 1792, notamment *Lodoïska.* Sous l'impulsion de Cherubini se développe alors la musique dite d'effet qui caractérise *Élisa ou le mont Saint-Bernard, Médée, Hôtellerie portugaise, Les Deux Journées* créées par lui et jouées sous la Révolution. Nommé un des trois inspecteurs des études lors de la création du Conservatoire de musique, en 1795, il est peu apprécié par Bonaparte qui juge sa musique trop bruyante. Aussi accepte-t-il de se rendre à Vienne pour composer un opéra. Arrivé au début de 1805, il est convoqué par Napoléon installé dans la capitale autrichienne après sa victoire d'Austerlitz. L'Empereur lui dit : « Puisque vous voilà, monsieur Cherubini, nous ferons de la musique ensemble ; vous dirigerez mes concerts. » Et Cherubini de revenir à Paris dans les bagages de Napoléon. Louis XVIII le fait surintendant de la musique.

CHEVAL. Le cheval dispose à la fin du XVIIIe siècle d'un monopole de services dont il n'a été dépossédé que dans la seconde moitié du XIXe siècle : la poste, le transport individuel ou collectif, la traction ne se peuvent concevoir sans lui. On évalue environ à trois millions le nombre des chevaux en France. S'il est nécessaire, l'élevage du cheval est peu lucratif. Celui du cheval de trait rapporte plus que celui d'un cheval léger, mais le mulet, très recherché, est plus rentable, car il se vend à six mois. Il vaut mieux le bœuf « qui fournit son travail dès deux ans, puis sa viande, sa graisse et son cuir après dix ou onze ans de loyaux services ». Il n'en reste pas moins qu'à la fin du XVIIIe siècle, l'aristocratie a fait son choix. Son intérêt va au pur-sang, défini ainsi en 1791 : « Cheval arabe ou anglais qui, par filiation non interrompue et sans souillure, descend par père et mère des chevaux arabes importés et naturalisés en Angleterre. » L'anglomanie qui sévit en 1785 explique cet engouement. Mais l'on vante aussi le cheval espagnol. En France pas de chevaux racés mais les Boulonnais et les Percherons qui sont pour le trait lourd. Encore eux-mêmes sont-ils concurrencés. Tous les chevaux de Versailles sont anglais et les chevaux de roulage, pour les trois cinquièmes, viennent d'Allemagne, de Hollande ou des Pays-Bas autrichiens à la veille de la Révolution. La Révolution a aggravé la situation du cheval par le nouveau système fiscal : mulets et chevaux sont compris par l'Assemblée dans les éléments de l'impôt personnel et mobilier : 3 francs par cheval de selle, 12 par cheval de voiture. L'Empire fera disparaître cette taxation. Ses effets furent en effet nocifs. De surcroît les incessantes réquisitions pour les charrois et la cavalerie, les problèmes de remonte, la désorganisation des haras et la médiocrité des vétérinaires n'ont pas arrangé l'élevage des chevaux.

CHEVALIERS DU POIGNARD. Le 28 février 1791, plusieurs centaines de gentilshommes se présentèrent aux Tuileries. Le bruit ayant couru qu'un attentat se préparait contre le roi, ils venaient lui offrir leurs services. Portant pistolets et poignards, ils furent baptisés par les « patriotes » « chevaliers du poignard » et accusés d'avoir voulu enlever le roi et sa famille.

CHODERLOS DE LACLOS, voir **LACLOS.**

CHOLET (bataille de). Quartier général de l'insurrection vendéenne de mai à octobre 1793, Cholet fut l'objet d'une bataille qui commença le 17 octobre 1793 et dura deux jours. Les « bleus » de Kléber finirent par l'emporter sur les paysans vendéens menés par Bonchamps, d'Elbée, La Rochejaquelein et Lescure. Le 18 mars 1794, la ville fut reprise sans combat par les Vendéens, les troupes républicaines l'ayant évacuée après l'avoir totalement saccagée.

CHOUAN (Jean Cottereau, dit Jean) (Né à Saint-Berthevin, Mayenne, le 31 octobre 1767, tué le 25 juillet 1794). Le plus connu des quatre frères Cottereau, Jean Chouan a été un des chefs de l'insurrection dans le Maine et la Normandie qui a été nommée de son surnom la chouannerie. Comme beaucoup de jeunes sur les confins de la Bretagne, Jean Chouan se livre à la contrebande du sel, et le cri du chat-huant est son signe de reconnaissance. L'action de la famille Cottereau est importante au niveau local. Les exploits des frères Chouan sont nombreux mais leur fin est tragique : Pierre est guillotiné à Laval, François meurt de ses blessures, deux de leurs sœurs sont exécutées comme espionnes à Laval, leur mère est tuée au Mans. Jean Chouan tombe dans une escarmouche, le 25 juillet 1794, deux jours avant la chute de Robespierre.

CHOUANNERIE. Bien distincte de la Vendée avec laquelle on la confond souvent, la chouannerie se situe dans le Maine et la Bretagne, approximativement dans un rectangle délimité par Saint-Brieuc et Lorient à l'Ouest, Alençon, Le Mans et La Flèche à l'est. Le nom chouan vient sans doute du cri du chat-huant, signe de ralliement nocturne des Chouans. La chouannerie précède la Vendée et apparaît dès 1791. Elle est, au départ, le fait de faux-saulniers, contrebandiers du sel réduits à la misère par la liberté de commerce de cette denrée, de petits paysans très pauvres et très pieux, de mécontents, plus tard aussi de réfractaires au service militaire. La noblesse est loin de jouer dans ce mouvement le rôle qu'elle exerce en Vendée pour le commandement militaire. Il n'y a d'ailleurs pas d'armée, mais de petites bandes presque insaisissables. Les chefs chouans sont des paysans ayant nom Cottereau, quatre frères, dont l'aîné, surnommé Jean Chouan, donnera son nom à l'insurrection, Tristan-Lhermitte, Taillefer, Coquerel, Treton dit Jambe d'Argent,... En Bretagne, des nobles les encadrèrent : le chevalier de Boishardy, les frères Picquet du Boisguy, ainsi que Cadoudal. En basse Normandie, Frotté jouait un rôle dominant. A la différence de la Vendée, unanimement soulevée, la chouannerie ne disposait pas d'un territoire, les villes et certains villages étant restés républicains tandis que certains cantons passaient à une révolte larvée ou ouverte. Il y eut cependant une « petite Vendée » dans le bas Maine en 1793, contrôlée par le prince de Talmont. La chouannerie fut très difficile à réduire, ses effectifs n'ayant pas été décimés dans de grandes batailles comme ceux de la Vendée militaire, ses chefs étant nombreux, ses groupes armés faibles et dispersés. En automne 1799, le mouvement eut un regain de vigueur et s'empara quelques jours du Mans. Bonaparte obtint la paix par des mesures d'apaisement très larges, tout en faisant tuer Frotté en février 1800.

CHOUDIEU (Pierre René) (Né à Angers, le 20 novembre 1761, mort à Paris, le 9 décembre 1838). D'abord militaire, Choudieu préfère le droit. Procureur à Angers en 1789, il est élu major de la garde nationale de la ville et réprime l'insurrection des ouvriers des ardoisières en septembre 1790. Élu par le Maine-et-Loire à la Législative puis à la Convention, il fait partie des éléments les plus violents, accuse le ministre de la Guerre Duportail d'envoyer les hommes sans armes vers les frontières, demande l'amnistie pour les Suisses révoltés du régiment de Châteauvieux, vote la mort pour le roi. Envoyé en mission dans son département pour surveiller la levée des 300 000 hommes, il assiste à l'embrasement de la Vendée et de ses marges angevines. Installé à Saumur, il essaie d'organiser les forces républicaines et se heurte à Philippeaux qu'il traite de « nouveau César ». Ce dernier le dénonce à la Convention comme un incapable et obtient son rappel. Envoyé en février 1794 à l'armée du Nord, il est absent de Paris le 9 thermidor. A son retour, il dénonce les Thermidoriens et prend part à l'émeute du 12 germinal an III (1er avril 1795). Arrêté et enfermé à Ham puis à Sedan, il est libéré par l'amnistie votée par la Convention. On l'arrête une nouvelle fois comme complice de Babeuf, mais il est acquitté. Il aurait été impliqué dans l'attentat de la rue Saint-Nicaise. Devançant l'arrestation, il va se cacher à Leyde, en Hollande, et ne revient qu'à la chute de l'Empire. Exilé au retour des Bourbons comme régicide, il vit à Bruxelles jusqu'à la révolution de 1830.

CHRONIQUE DE PARIS (La). Fondée le 24 août 1789 par Millin et Noël, *La Chronique de Paris* parut jusqu'au 25 août 1793. Elle eut au départ un grand succès et couvrait très largement l'actualité politique et militaire, mais aussi la vie culturelle et artistique.

CHRONIQUE DU MOIS (La). Rédigée par Auger, Bonneville, Brissot, Broussonnet, Clavière, Collot d'Herbois, Condorcet, Dussaulx, Garran de Coulon... *La Chronique du mois* eut vingt et un numéros de novembre 1791 à juillet 1793. Le prospectus de lancement énumérait les collaborateurs, tous « patriotes » qui avaient « réuni leurs lumières pour payer ensemble à la chose publique leur dette de citoyen ».

CIMETIÈRES. Au plus fort de la lutte anti-religieuse, Fouché, représentant en mission dans la Nièvre, fit apposer à l'entrée des cimetières : « La mort est un sommeil éternel. » La Commune de Paris fit disparaître tous les emblèmes religieux dans les cimetières de la ville, les remplaçant par une statue du Sommeil. Certaines fosses communes devinrent célèbres à cause des personnalités qu'on y enterra, notamment celles de la Madeleine, de Picpus, des Errancis, de Sainte-Marguerite.

CINQ ET SIX OCTOBRE (Journées des), voir **OCTOBRE** (Journées des cinq et six).

CISALPINE (république). Ayant vaincu les Autrichiens et les Sardes, imposé à Cherasco la paix à ces derniers, Bonaparte remodèle de sa propre autorité le visage politique de l'Italie du Nord. Il crée au nord du Pô la république Cisalpine, constituée du Milanais, du Mantouan, de la Valteline, précédemment liée aux cantons suisses, de la Vénétie occidentale, à l'ouest de l'Adige. Cette république, créée à la fin de 1796, avec Milan pour capitale, est dirigée sur le modèle français par un directoire de cinq membres assisté d'un Grand Conseil. C'est en fait une émanation pure et simple de Bonaparte. En juin 1797, ce dernier lui adjoint la république Cispadane. Un traité signé le 21 février 1798 impose à la république l'entretien d'une armée française de 25 000 hommes, d'une armée nationale de 22 000 hommes et le versement de 18 millions. En 1802, elle est transformée en République italienne, en 1805 en royaume d'Italie.

CISPADANE (république). Organisée par Bonaparte en décembre 1796, après la victoire de Lodi, la république Cispadane est constituée du duché de Modène et de la partie septentrionale des États du pape, Émilie et Romagne, avec Bologne et Ferrare. En mars 1797, une constitution sur le modèle du Directoire français est votée à Modène par une Assemblée constituante. Mais, dès juin 1797, cette république est jointe à la république Cisalpine qu'elle jouxte au sud du Pô.

CISRHÉNANE (république). Cet État mort-né fut conçu en 1797 à partir des territoires occupés par la République française sur la rive gauche du Rhin. On envisagea une république sœur sur le modèle des satellites batave et cisalpin. Hoche accepta avec enthousiasme de réunir quelques partisans de la Révolution originaires de cette région. Ces « collaborateurs » proclamèrent, le 5 septembre 1797, leur sécession du Saint Empire romain germanique et établirent à Bonn un Bureau central pour la future république Cisrhénane. La mort de Hoche, le 19 septembre, le coup d'État du 18 fructidor, firent avorter le projet. Reubell, qui remplaçait Carnot au Directoire, était un fervent partisan de la frontière du Rhin pour la France. En outre, le traité de Campoformio accordait à la France la rive gauche du Rhin. Dès novembre 1797, les ex-Cisrhénans furent priés de voter leur incorporation à la France sous forme de quatre départements créés pour la circonstance : ils le firent sans enthousiasme par 57 000 voix sur 260 000 électeurs.

CITOYEN. Défini par le *Dictionnaire de l'Académie* en 1786 comme « habitant d'une ville, d'une cité », le citoyen désigne dès la campagne électorale de 1788-1789 l'homme devenu libre par rapport au sujet du roi. Le 10 brumaire an II (31 octobre 1793), la Convention bannit les termes de « madame » et de « monsieur » et les remplace par des citoyennes et citoyens. Par la même occasion, le tutoiement est rendu obligatoire et le vouvoiement interdit.

CITOYEN ACTIF. De 1789 à 1792, les lois électorales définissent trois degrés de citoyens habilités à voter. Le plus élevé est constitué par les citoyens éligibles à l'Assemblée nationale. Viennent ensuite les citoyens éligibles à des fonctions au niveau du département, du district ou de la municipalité. A la base se trouvent les citoyens actifs qui ont le droit de voter pour choisir les élus municipaux et les électeurs qui voteront pour élire les administrateurs de district et de département et les représentants à l'Assemblée. Pour être citoyen actif, il faut être de sexe masculin, avoir plus de vingt-cinq ans, être domicilié dans le canton depuis au moins un an, ne pas être fonctionnaire ni en situation de banqueroute ou de faillite, payer un impôt direct au moins égal à trois jours de salaire d'un ouvrier non qualifié. Un serment civique de fidélité à la Constitution, à la nation, à la loi et au roi est exigé. Une statistique publiée par l'Assemblée nationale, le 27 mai 1791, évalue le nombre des citoyens actifs à 4 298 360, soit 15,6 % de la population totale du pays et environ 61 % de la population mâle âgée de plus de vingt-cinq ans. Pour être éligible à des fonctions d'administrateur communal, de district ou de département, et pour être électeur au niveau du district, du département et de l'Assemblée, il faut payer un impôt direct égal au moins à dix journées de travail d'un manœuvre. Pour être élu député, l'impôt direct versé doit être égal ou supérieur à un marc (244,5 grammes) d'argent, équivalant à 51 livres. Le rôle du citoyen actif n'est pas limité au vote. Il est obligatoirement membre de la garde nationale locale. A Paris, des objections furent souvent présentées par une frange assez importante de tout petits bourgeois non imposés et donc exclus de la catégorie des citoyens actifs. Après la fuite du roi et l'affaire du Champ-de-Mars, l'Assemblée révisa la Constitution dans un sens moins démocratique. Si le marc d'argent pour l'éligibilité à la députation fut supprimé, les impôts exigés pour être citoyen actif furent considérablement augmentés. Cette révision inscrite dans la constitution de 1791 devait avoir effet en 1793 seulement, mais n'entra pas en vigueur avant 1795 et la Constitution de l'an V. La distinction entre citoyens actifs et passifs, c'est-à-dire exclus de la vie politique, fut abolie après le décret du 11 juillet 1792 déclarant « la patrie en danger », les citoyens passifs étant admis à faire partie de la garde nationale. Après l'insurrection du 10 août 1792, le droit de vote fut aussi accordé aux citoyens passifs et les critères fiscaux furent abolis jusqu'en 1795.

CITOYEN PASSIF, voir **CITOYEN ACTIF**.

CLAIRFAYT (Joseph de Croix, comte de Clerfayt ou) (Né à Bruille, Hainaut, le 14 octobre 1733, mort à Vienne, le 21 juillet 1798). Feld-maréchal au service de l'Autriche, Clairfayt se bat contre les Turcs durant la guerre de Sept Ans. En 1792, il est à la tête du corps d'armée autrichien qui accompagne Brunswick et pénètre en Champagne avant d'être arrêté à Valmy. Il remporte plusieurs victoires sur les Français aux Pays-Bas, notamment celle de Neerwinden, le 18 mars 1793, prend Le Quesnoy mais est battu à Wattignies. En 1795, il repousse trois armées françaises et délivre Mayence assiégée. Ayant signé un armistice jugé défavorable à son pays, il est envoyé en Hongrie et remplacé sur le Rhin par l'archiduc Charles.

CLARKE (Henri Jacques Guillaume) (Né à Landrecies, Nord, le 17 octobre 1765, mort à Neuwiller, Bas-Rhin, le 28 octobre 1818). Militaire sorti de l'École de Paris, Clarke est lieutenant-colonel au début de la guerre. Il sert à l'armée du Rhin, participe à la prise de Spire, défend le passage de la Nahe et la retraite sur Worms. Nommé par les représentants aux armées au grade de général de brigade en mai 1793, il est suspendu comme suspect en octobre et arrêté. Relâché, il se cache jusqu'à la fin de la Terreur et retrouve un commandement en novembre 1795 grâce à Carnot. Fait aussitôt après général de division, il est envoyé en Italie pour négocier avec l'Autriche et surveiller Bonaparte. Il se lie, en fait, très étroitement avec lui, ce qui lui vaut d'être rappelé par le Directoire et laissé sans emploi en novembre 1797, sauf une négociation en vue d'un traité d'alliance avec la Sardaigne. Aussi seconde-t-il sans hésitation Bonaparte, le 18 brumaire. Sa carrière est brillante sous l'Empire : comte de Hunebourg, duc de Feltre, ministre de la Guerre à la place de Berthier en 1807, maréchal de France. Très apprécié de l'Empereur pour sa ponctualité et ses qualités de travailleur, Clarke se rallie à Louis XVIII en 1814 et devient ministre de la Guerre de 1815 à 1817.

CLAUZEL (Jean-Baptiste) (Né à Lavelanet, Ariège, le 21 septembre 1746, mort à Paris, le 2 juillet 1803).

Ce commerçant devient maire de sa ville natale en 1790 avant d'être député de l'Ariège à la Législative et à la Convention. Montagnard, il vote la mort du roi, refuse la mise en accusation de Marat tout en déclarant être « très éloigné d'adopter tous les principes de ce fanatique ami de la Révolution ». Quoique adversaire des Girondins, il fait voter le maintien du traitement des députés arrêtés. En mission à l'armée des Pyrénées orientales à partir de la fin août, il est brusquement rappelé en novembre 1793. Parmi les auteurs de la chute de Robespierre, il combat les Jacobins sous la Convention thermidorienne, entre au Comité de sûreté générale, fait fermer le club, dénonce et fait arrêter après l'insurrection de prairial les irréductibles de la Montagne, propose aussi l'arrestation de Barère, de Billaud-Varenne et de Collot. De retour à l'armée des Pyrénées orientales, il la trouve dans le désordre à la veille de la signature de la paix, va sévir contre les royalistes qui menacent de prendre le pouvoir à Toulouse. Clauzel siège ensuite au Conseil des Anciens où il se signale par son hostilité contre les prêtres et les émigrés. Favorable au coup d'État de Brumaire, il est nommé au Corps législatif.

CLAVIÈRE (Étienne) (Né à Genève, le 27 janvier 1735, mort à Paris, le 8 décembre 1793). Financier genevois lié au parti démocratique de cette petite république, Clavière est contraint à l'exil en 1782 quand les troupes de Berne rétablissent l'ordre à Genève. Réfugié en Irlande, il tente en vain d'y implanter une manufacture d'horlogerie et s'enrichit en spéculant. En 1789, alléché par les relents de Révolution venus de Paris, il vient s'y installer. Principal collaborateur de Mirabeau pour les questions financières, ami de Brissot avec qui il partage le goût de la littérature et des opérations en bourse, membre comme lui de la Société des Amis des Noirs, il est l'administrateur-gérant de la Compagnie d'assurances sur la vie, un des rédacteurs du *Courrier de Provence* de Mirabeau et est inscrit au club des Jacobins. Député suppléant de Paris à la Législative, il est imposé par Brissot comme ministre des Contributions en mars 1792. Particulièrement agressif à l'égard de la cour, il est renvoyé le 20 juin mais repris après le 10 août. Il partage le destin des Girondins, est arrêté le 2 juin 1793 mais, jouissant peut-être de quelque protection occulte, ne figure pas dans le procès dit des vingt-deux en octobre 1793. Apprenant qu'on allait le déférer au Tribunal révolutionnaire le 9 décembre, il se poignarde la veille dans sa cellule. Sa femme s'empoisonne en apprenant sa mort.

CLERGÉ (assemblée du), voir **ASSEMBLÉE DU CLERGÉ**

CLERGÉ (Constitution civile du), voir **CONSTITUTION CIVILE DU CLERGÉ**

CLERMONT-TONNERRE (Stanislas, comte de) (Né au château d'Hamonville, commune de Landres-aux-Quatre-Tours, Meurthe-et-Moselle, le 8 novembre 1757, assassiné à Paris, le 10 août 1792). Colonel au régiment de Royal-Navarre, ami de Rousseau et des encyclopédistes, lié aussi avec Couthon et Sieyès, homme cultivé, bon orateur, fervent admirateur de la monarchie constitutionnelle anglaise, Clermont-Tonnerre se lance dans la politique en 1789. Il rédige les cahiers de doléances de la noblesse de Meaux et se fait élire par celle de Paris aux états généraux. Cet officier de salon, ce courtisan affable, beau parleur, superficiel et paresseux scie lui-même la branche sur laquelle prospère sa futilité, en croyant se faire un nom et une fortune politique. C'est lui qui est à la tête des quarante-sept députés de la noblesse qui vont rejoindre le tiers état, le 25 juin 1789. Ne sachant que rabâcher les charmes du système politique anglais, il se déconsidère bien vite et sa popularité ainsi que sa réputation d'intelligence sont bien vite réduites à néant. Réveillé de ses généreuses illusions par les journées des 5 et 6 octobre 1789, il comprend enfin la force et le danger des mouvements de foule orchestrés en sous-main. Aussi crée-t-il avec Malouet le club des Impartiaux pour contrebalancer l'influence de celui des Jacobins. Créé en janvier 1790, ce club est ravagé par une émeute suscitée par les Jacobins concurrents, et l'entreprise réduite à néant. Ayant fait voter le *veto* suspensif pour le roi, Clermont-Tonnerre est attaqué par Mirabeau, Brissot, Robespierre, présenté comme l'ennemi du peuple. Il publie une *Analyse de la Constitution* en 1791, où il remet en cause, un peu tard, son action passée, et se retire de la vie politique à la dissolution de la Constituante, craignant pour sa vie et ses biens. Reconnu dans la rue par la foule, il est frappé, poursuivi jusque dans l'hôtel de Mme de Brassac où il s'est réfugié, et défenestré, le 10 août 1792.

CLÉRY (Jean-Baptiste Cant-Hanet, dit) (Né à Jardy, dans le parc de Versailles, le 11 mai 1759, mort à Hetzing, en Autriche, le 27 mai 1809). Valet de chambre du dauphin, dès sa naissance en 1785, Cléry obtient d'entrer au service du roi au Temple, le 26 août 1792 et y reste jusqu'après la mort de Louis XVI, son dévouement à ce dernier lui ayant valu quelques semaines de détention supplémentaire. Enfermé de nouveau à la Force du 25 septembre 1793 jusqu'à la chute de Robespierre, il finit par émigrer. Autorisé à rentrer en France en 1801, il ne revient qu'en 1803, puis repart auprès de Madame à Varsovie et à Vienne. Son *Journal* sur la captivité au Temple, paru à Londres simultanément en français et en anglais, eut immédiatement un énorme succès et a connu de nombreuses éditions. Il ne faut pas le confondre avec ses *Mémoires*, œuvre satirique apocryphe, parue aussi à Londres, en 1800, due à Daujon, ancien commissaire de la Commune au Temple.

CLICHY (club de). C'est dans un local au bas de la rue de Clichy que ce club se forma après la chute de Robespierre. Il était constitué au départ de Conventionnels qui, presque tous, avaient été arrêtés durant la Terreur. On y trouvait Mathieu Dumas, Camille Jordan, Royer-Collard, le général Willot,... A la fermeture du club des Jacobins en novembre 1794, le danger provenant de l'extrême gauche s'estompant, les membres les plus républicains du club de Clichy le quittèrent, ne sentant plus la nécessité d'un groupe de pression contre un danger presque disparu. Après une période de sommeil, le club de Clichy recommence à jouer un rôle important au début du Directoire. Il est le point de ralliement des nouveaux députés de tendance républicaine modérée comme Siméon ou Tronçon Ducoudray, mais aussi de partisans d'une restauration de la monarchie comme Imbert-Colomès ou Lemerer. Il accueille aussi d'anciens conventionnels de droite comme Boissy d'Anglas et Henry-Larivière. Le club de Clichy entretient d'étroits rapports avec la presse de droite, *L'Éclair, Le Véridique, Le Messager du soir, Les Nouvelles politiques.* Après les élections de 1797, le club de Clichy semble en position de dominer les Conseils grâce aux nouveaux députés, puisqu'il compte environ

300 élus sur 750 au total. La division se fait entre partisans intransigeants du rétablissement de la royauté autour de Gilbert-Desmolières, qui entraîne quelque 80 députés, tandis que les modérés autour de Mathieu Dumas essaient d'éviter l'affrontement avec le Directoire. Le club de Clichy parvient à retrouver son unité pour faire élire Barthélemy, son candidat, au Directoire. Le coup d'État du 18 fructidor marque la fin de son existence et un certain nombre de ses membres sont déportés à la Guyane.

CLOCHES. La Révolution se montra bien ingrate avec les cloches. Elles eurent un rôle très important au début pour ameuter les populations, notamment à Paris, où elles sonnèrent le tocsin pendant toute la nuit du 14 au 15 juillet 1789. On les entendit pendant toutes les grandes journées insurrectionnelles, puis elles furent victimes du sentiment antireligieux, servirent à fabriquer de la monnaie et des canons pour l'armée. La Convention décréta que chaque paroisse n'en pourrait plus avoir qu'une seule. En Vendée et dans l'Ouest, c'est à l'insurrection contre la république régicide et anticatholique que les cloches appelèrent.

CLOOTS (Jean-Baptiste, baron) (Né à Gnadenthal, près de Clèves, le 24 juin 1755, guillotiné à Paris, le 24 mars 1794). Maître d'une immense fortune à la mort de son père, ayant reçu une éducation « européenne » et voyagé à travers tout le continent, Cloots s'enthousiasme pour la Révolution et vient s'établir à Paris à la fin de 1789. La fortune de ce « pigeon » attire aussitôt les parasites et les courtisans autour de lui tandis qu'on rit sous cape de la lourdeur de son accent étranger et de sa façon d'exprimer les idées les plus simples dans des termes ampoulés et grandiloquents. Ses « trouvailles » plus ou moins grotesques sont innombrables. Se faisant appeler Anacharsis, il s'arroge « la magistrature de la voix et de la plume », siège au « tribunal de l'incorruptibilité », se dit « revêtu d'un ministère nouveau en France, celui de la censure politique ». Il organise une grotesque « ambassade du genre humain » à la Constituante avec des figurants déguisés, délivre aux étrangers venus assister à la fête de la Fédération des certificats de présence datés du « chef-lieu du Globe », qu'il signe en s'attribuant le titre d'« Orateur du genre humain à l'Assemblée nationale de France ». Se faisant l'apologiste d'une guerre révolutionnaire à toute l'Europe, il entre dans le jeu de Brissot et est désormais considéré par Robespierre comme un agent de l'étranger. Élu à la Convention par l'Oise, il fait l'apologie des massacres de Septembre, « scrutin épuratoire dans les prisons », au cours duquel le peuple s'était, dit-il, « montré grand et généreux ». D'abord favorable au « vertueux Roland », mais indésirable pour son épouse, il se venge de son éviction par un pamphlet curieusement intitulé *Ni Marat ni Roland* où il s'en prend surtout à ce dernier. Après s'être débarrassé des Girondins, Robespierre s'en prend aux extrémistes et agités de tout poil sur sa gauche. Dénoncé par Saint-Just en même temps que les hébertistes comme agent de l'étranger et athée, il est arrêté et guillotiné.

CLUB BRETON, voir **JACOBINS** (club des).

CLUB DE 1789. Les éléments les plus modérés du club breton, ne voulant pas rejoindre le club des Jacobins, s'installèrent au Palais-Royal et y fondèrent le club de 1789. Il comptait parmi ses membres

Bailly, La Fayette, La Rochefoucauld, Le Chapelier, Mirabeau, Sieyès. La popularité et l'audience de ce club décrurent au fur et à mesure de la montée de la violence et des dangers. Ses restes servirent à créer le club des Feuillants.

CLUB DES ÉCHECS. Organisation royaliste installée au Palais-Royal devenu Palais-Égalité, le club des échecs fut fermé par un arrêté du Directoire du 8 ventôse an IV (26 février 1796).

CLUB DES IMPARTIAUX, voir **IMPARTIAUX** (club des).

CLUB MONARCHIQUE, voir **SOCIÉTÉ DES AMIS DE LA CONSTITUTION MONARCHIQUE.**

CLUBS. Ce mot d'origine anglaise désigne à partir de 1788 des sociétés se réunissant régulièrement pour discuter des affaires politiques. Pour être membre d'un club, il faut être admis, coopté par les autres membres et payer une cotisation annuelle. Les clubs révolutionnaires sont très largement issus des sociétés de pensée du XVIIIe siècle, académies savantes, mais aussi sociétés de lecture ou organisations maçonniques plus ou moins secrètes. Parmi les clubs pré-révolutionnaires, il faut citer le club de Valois autour du duc d'Orléans et la Société des Trente. Les clubs révolutionnaires sont généralement issus des réunions nécessaires aux députés pour préparer les débats aux états généraux puis à l'Assemblée constituante. Le premier est constitué par les élus du tiers état de Bretagne et prend le nom de club breton. C'est dans son sein que se seraient préparées toutes les mesures importantes votées durant l'été de 1789. Il quitte Versailles en même temps que l'Assemblée, en octobre 1789, pour s'installer à Paris dans le réfectoire du couvent des Jacobins de la rue Saint-Honoré et prend le nom de Société des Amis de la Constitution, mais on le connaît surtout sous l'appellation de club des Jacobins. D'autres clubs naissent par scission de lui comme les Feuillants, ou se créent pour défendre des lignes politiques spécifiques, comme le club des Impartiaux ou la Société de 1789. En avril 1790 se fonde le club des Cordeliers. Le Cercle social peut aussi être considéré comme un club. Les clubs les plus puissants ont des ramifications en province qui relaient sur le terrain leurs activités politiques. Sous le Directoire apparaît une nouvelle génération de clubs. L'extrême gauche crée en novembre 1795 le club du Panthéon, la droite, ayant compris bien tardivement l'importance politique de ces organisations, fonde l'Institut philanthropique qui a des succursales dans soixante-dix départements et surtout le club de Clichy où se réunissent les députés hostiles au Directoire. Quant à ce dernier, il patronne les cercles constitutionnels. Mais les clubs du Directoire sont loin d'avoir les effectifs et l'audience des clubs du début de la Révolution.

CLUBS, voir aussi au nom des clubs : **CLICHY, CORDELIERS, JACOBINS...**

CLUBS (Journal des), voir **JOURNAL DES CLUBS.**

CLUBS DE FEMMES, voir **FEMMES.**

COALITION (première). L'Assemblée législative déclare, le 20 avril 1792, la guerre au « roi de Bohême-Hongrie », subtilité qui permet d'éviter d'entraîner le Saint Empire romain germanique dans le conflit aux côtés de son empereur. Les autres puissances européennes, sauf la Prusse qui soutient l'Autriche, ne bougent pas. Ce n'est qu'après l'occupation de la Belgique et d'Anvers – et non après l'exécution du roi, qui n'est que le prétexte à la guerre – que l'Angleterre s'émeut. Pitt, son Premier ministre, noue la première coalition au printemps de 1793, réunissant autour de l'Autriche et de la Prusse déjà en guerre, l'Angleterre, les Provinces-Unies, le Saint Empire, le Piémont-Sardaigne, l'Espagne. En 1793, la situation est très critique pour la jeune République, attaquée sur toutes ses frontières, avec les Anglais à Toulon et en Corse. Les victoires de ses armées désagrègent rapidement la coalition : le grand-duché de Toscane retire sa symbolique adhésion en février 1795, la Prusse signe la paix à Bâle en avril, les Provinces-Unies assujetties et transformées en République batave deviennent l'alliée de la France, l'Espagne signe à Bâle en juillet 1795 sa propre défection. Seules restent l'Autriche et l'Angleterre. C'est l'Autriche qui porte tout le poids militaire de la guerre, se battant sur deux fronts, sur le Rhin et en Italie. Les victoires de Bonaparte en Italie la contraignent à la paix de Campoformio en octobre 1797. L'Angleterre reste seule.

COALITION (deuxième). L'Angleterre isolée et menacée par les expéditions d'Irlande et d'Égypte, trouve, grâce à cette dernière, de nouveaux alliés : la prise de Malte amène la déclaration de guerre de la Russie, car le tsar est protecteur des chevaliers qui tiennent l'île, l'invasion de l'Égypte entraîne l'entrée en guerre de l'Empire ottoman, qui exerce la suzeraineté sur ce pays. Ainsi se noue la deuxième coalition, dans le prolongement immédiat, sans rupture, de la première. Le royaume de Naples se joint en décembre 1798 à la coalition. L'empereur ayant autorisé le transit des troupes russes à travers le Saint Empire, le Directoire lui déclare la guerre, le 12 mars 1799. La coalition connaît d'importants succès initiaux, refoule les armées révolutionnaires sur le Rhin et en Italie. Une armée anglo-russe débarque même en Hollande du Nord. Mais l'échec de ce débarquement et la défaite des Russes à Zurich en septembre 1799 amènent le retrait du tsar, les victoires de Moreau à Hohenlinden, de Bonaparte à Marengo, en 1800, contraignent l'Autriche à la paix de Lunéville en février 1801. Le roi de Naples fait aussi la paix en mars, suivi définitivement par la Russie puis la Turquie en octobre. L'Angleterre elle-même signe la paix d'Amiens, le 25 mars 1802. La Révolution n'a pas eu un jour de paix depuis le 20 avril 1792. L'Empire devra faire face à cinq nouvelles coalitions.

COBENZL (Jean Philippe, comte de) (Né à Laibach (Ljubljana), le 28 mai 1741, mort à Vienne, le 30 août 1810). Conseiller d'État en 1767, réorganisateur de l'administration des douanes autrichiennes, vice-chancelier d'État, Cobenzl est chargé de négocier avec les révoltés des Pays-Bas mais ces derniers le récusent. Ministre des Affaires étrangères de l'Autriche de 1792 à 1794, il devient ambassadeur à Paris après la paix de Lunéville et jusqu'en 1805.

COBOURG (Frédéric Josias, duc de Saxe-Cobourg, dit) (Né à Cobourg, le 26 décembre 1737, mort à Cobourg le 26 février 1815). Au service de l'Autriche depuis la guerre de Sept Ans, Cobourg est mis à la tête de l'armée autrichienne destinée à envahir la France en 1792. Il remporte d'abord plusieurs victoires, mais est vaincu par Jourdan à Fleurus en 1794 et doit abandonner son commandement. Son nom, associé à celui de Pitt, est devenu sous la Terreur le symbole de la coalition de l'Europe contre la Révolution.

COCARDE. Insigne militaire dont l'usage se répand au début du XVIIIe siècle, la cocarde se porte en général sur une coiffure. Elle est en papier et parfois en tissu. Un arrêt de 1767 ordonne qu'elle soit en basin blanc. Seule l'infanterie la porte. Le 11 juillet 1789, Camille Desmoulins, haranguant la foule dans les jardins du Palais-Royal, met à son chapeau une feuille prise à l'arbre le plus proche, cocarde improvisée. Le 14 juillet 1789, des cocardes aux couleurs de la ville de Paris, rouge et bleu, sont distribuées par la municipalité. Pour les « patriotes » les cocardes blanches (royale) et noires (autrichienne) deviennent des emblèmes séditieux. L'épisode du banquet des gardes du corps, le 1er octobre 1789, où la cocarde nationale est foulée aux pieds, déclenche la colère populaire et constitue un excellent prétexte pour la marche sur Versailles des 5 et 6 octobre 1789. La cocarde tricolore est décrétée obligatoire par la Convention, même pour les femmes. Un autre décret ordonne la traduction devant un tribunal militaire de quiconque arracherait ou tenterait d'arracher la cocarde tricolore.

COCARDE NATIONALE (La). Ce journal ne parut que du 4 janvier au 17 avril 1790. Ses seize numéros contiennent des informations sur tout ce qui a trait à l'armée, car il s'adressait essentiellement aux gardes nationaux.

COCHON DE LAPPARENT, voir **LAPPARENT**.

CODE ADMINISTRATIF. Les premiers articles du code administratif furent adoptés en novembre 1798, sur rapport de Duplantier.

CODE CIVIL. La Convention décida la rédaction d'un Code civil pour remplacer et unifier la législation de l'Ancien Régime. Cambacérès, rapporteur du comité de législation, posa les principes de ce code dans la séance du 22 août 1793, et lança en même temps l'idée d'un code criminel et d'un code de procédure civile. Les travaux de la soixantaine de séances consacrées à ces sujets furent utilisés par Bonaparte, sur recommandation de Cambacérès, pour la rédaction du Code civil en 1800.

CODE CRIMINEL. Un édit pour la réforme des lois criminelles avait été promulgué par Louis XVI dès 1788. Il prescrivait un délai entre la signification des condamnations à mort et leur exécution, la suppression de l'interrogatoire sur la sellette et de la question préalable. En 1789, l'Assemblée demanda que la procédure soit publique et les condamnations acquises à la majorité des deux tiers. Elle abolit la torture. Elle institua six tribunaux criminels à Paris en mars 1791. On substitua à la potence et à la hache un mode d'exécution unique et moderne, la guillotine, et on s'en servit abondamment pour les opposants politiques. Plusieurs articles du Code criminel furent présentés en 1797 par Merlin de Douai et adoptés, mais l'essentiel fut fait sous l'Empire. Le Code criminel fut adopté en 1808.

CODE RURAL. En 1790 et 1791, la Constituante décréta la codification des lois ayant trait à l'agriculture, mais les choses n'allèrent pas plus loin.

COFFINHAL (Jean-Baptiste) (Né à Vic-sur-Cère, Cantal, le 7 novembre 1762, guillotiné le 6 août 1794 à Paris). Le plus jeune de trois frères, tous impliqués dans la Révolution et tous trois juristes, Jean-Baptiste

Coffinhal végète comme clerc de procureur à Paris quand commence la Révolution. Il se lance à corps perdu dans l'agitation politique sans beaucoup de succès, ne faisant pendant trois ans qu'« agiter la poussière des clubs » selon l'expression de Mirabeau. Commissaire de police de sa section, il prend part à l'attaque des Tuileries, le 10 août 1792, et est peu après nommé juge au Tribunal criminel extraordinaire créé le 17 août. De là il passe au Tribunal révolutionnaire et devient l'ami de Fouquier-Tinville. Colosse doué d'une voix de basse lugubre, Coffinhal impressionne par son aspect extérieur. « Ses yeux noirs et couverts d'épais sourcils, son teint jaune et atrabilaire portaient l'effroi dans l'âme des accusés », écrit Michaud, qui le dit « d'un caractère fort sombre ». C'est lui qui, président du tribunal qui avait à juger Lavoisier, a eu la formule célèbre : « La République n'a pas besoin de savants ni de chimistes. » Il s'illustre par son art de « trafiquer » les comptes rendus des procès, notamment celui des hébertistes qu'il préside avec une malhonnêteté particulière et une sévérité exemplaire. A la chute de Robespierre, il réussit à fuir l'Hôtel de Ville et à se cacher dans l'île des Cygnes. Finalement trahi et livré à la police, il est mené tout seul à la guillotine sous les sarcasmes de la foule qui lui rend les sinistres plaisanteries dont il avait l'habitude d'accabler ses victimes.

COIFFURE. La Révolution condamne la perruque mais n'interdit pas les cheveux poudrés (ce qui est le cas de Robespierre). Mais le sans-culotte porte les cheveux pendants et se coiffe d'une toque de fourrure grossière ou d'un bonnet phrygien. Il ne doit pas accorder un grand soin à ses cheveux. Ceux-ci sont coupés pour les condamnés à la guillotine. C'est la fin du règne des grands coiffeurs style Léonard. Sous la réaction thermidorienne les femmes portent les cheveux courts et frisés à la Caracalla. Les incroyables recherchent l'excentricité : cheveux taillés en crête sur le front ou encore en oreilles de chien sur les tempes ou enfin en chignon sur la nuque.

COLLECTEURS. C'était le nom donné aux employés chargés sous l'Ancien Régime de percevoir les impôts, la taille et la gabelle. Ils furent supprimés à la Révolution.

COLLÈGE DE FRANCE. Fondé en 1530 par François Ier, le Collège royal n'eut ses locaux propres qu'en 1778, œuvre de Chalgrin. En 1789, plusieurs professeurs émigrèrent, mais les cours continuèrent. Le Collège royal devint le Collège national puis le Collège de France.

COLLÈGES. Il ne restait en 1789 que 10 collèges de la faculté des arts. Ils furent tous supprimés.

COLLETS NOIRS. C'est le nom donné aux partisans de la monarchie en 1797, qui portaient comme signe de ralliement des perruques blondes et des collets noirs.

COLLIER DE LA REINE (affaire du). C'est la comtesse de La Motte qui monta cette escroquerie. Elle proposa au cardinal de Rohan de le réconcilier avec la cour, moyennant l'offre à la reine d'un collier de diamants valant 1 600 000 livres. Le cardinal acheta le collier à crédit aux bijoutiers Bassange et Boehmer et le remit à un prétendu émissaire de la reine, en fait l'amant de la comtesse de La Motte. Démontées, les pièces du collier furent vendues à Londres. L'affaire éclata au grand jour lorsque le cardinal ne put faire face à ses échéances : les bijoutiers s'adressèrent alors à la reine qui n'en pouvait mais et ignorait jusqu'à l'existence de ce collier. Le roi fit arrêter le cardinal de Rohan, la comtesse de La Motte et d'autres complices. L'affaire fut jugée devant le Parlement et eut un énorme retentissement qui tourna au discrédit de la cour. Le naïf cardinal fit figure de martyr, la reine fut mise en accusation pour son goût des parures et du luxe. Le jugement du 31 mai 1786 relaxa le cardinal et condamna la comtesse de La Motte à la prison à vie à la Salpêtrière, d'où elle ne tarda pas à s'évader pour se réfugier à Londres. Cette escroquerie contribua largement à ternir l'image de la cour et de la reine à la veille de la Révolution.

COLLOT D'HERBOIS (Jean-Marie Collot, dit) (Né à Paris, le 19 juin 1749, mort à Cayenne, le 8 juin 1796). Acteur dans une troupe ambulante, directeur du théâtre de Lyon en 1787, auteur de quelques pièces, Collot se fixe à Paris en 1789, y écrit et y fait jouer une « pièce nationale », *La Famille patriote ou la Fédération.* Secrétaire du club des Jacobins, il se distingue dans la défense des Suisses révoltés du régiment de Châteauvieux. Un des auteurs du 10 août 1792, membre de la Commune révolutionnaire, il est élu par les Parisiens à la Convention. Il approuve les massacres de Septembre, fait diverses missions à Nice, dans la Nièvre et le Loiret, puis l'Oise et l'Aisne, est absent lors du vote sur la mort du roi, mais a précisé par avance qu'il était pour son exécution. Entré au Comité de salut public, le 6 septembre 1793, il est chargé avec Fouché de punir la rébellion de Lyon. Après une mascarade antireligieuse en l'honneur des mânes de Chalier, ils laissent faire les massacres de la plaine des Brotteaux où l'on exécute au canon et à la mitraille des milliers de suspects. Rappelés à Paris, ils se justifient devant la Convention, mais déjà se dessine l'affrontement entre Robespierre et Collot d'Herbois. « Cabotin », bénéficiant d'un beau timbre de tragédien et d'une parfaite diction quoiqu'un peu affectée, Collot est la « trompette de la Révolution », un organe fait pour répéter sans cesse les lieux communs, les slogans imaginés par Robespierre et les implanter dans les têtes. Or, il commet l'erreur de croire qu'il est autre chose qu'un porte-voix et de vouloir se mettre à penser et à s'opposer à « l'Incorruptible ». Grâce à son soutien et à celui de Billaud-Varenne, les conjurés peuvent renverser Robespierre le 9 thermidor. Mais Collot, dont la conduite à Lyon est comparable à celle de Carrier à Nantes, ne saurait traverser impunément la réaction thermidorienne. Son cas est examiné avec celui des autres terroristes. Par égard pour l'aide qu'il a apportée au moment de la chute de Robespierre, il échappe à la guillotine mais est envoyé à la Guyane. Là, il commence à « révolutionner » les Noirs et doit être incarcéré au fort de Sinnamari, où il est atteint par les fièvres. Il meurt en arrivant à l'hôpital de Cayenne.

COLOMBEL ou COLLOMBEL (Pierre) (Né à Argueil, Seine-Maritime, le 5 septembre 1755, mort à Paris, le 24 janvier 1841). Commerçant et peut-être maire de Pont-à-Mousson, Colombel est élu comme suppléant à la Convention par la Meurthe et siège à partir du 22 juillet 1793. On le trouve en août 1793 à l'armée du Nord puis il entre au Comité de sûreté générale. Durant la Convention thermidorienne, il est en mission dans le Tarn, la Haute-Garonne et le Gers, dissout les administrations dites « terroristes », fait fermer le club des Jacobins de Toulouse et libérer de nombreux suspects. Choisi comme ex-conventionnel pour entrer au Conseil des Cinq-Cents, il est élu en 1798 au Conseil des Anciens. Candidat au Directoire lors du remplacement de François de Neufchâteau, il est battu par Treilhard. Colombel proteste contre le transfert des Conseils à Saint-Cloud et est exclu de la représentation nationale au lendemain du 18 brumaire. Revenu à la vie privée, il est à nouveau inquiété en 1813 et éloigné de Paris pour avoir « propagé des nouvelles dans un mauvais esprit ».

COLONEL. Le colonel est l'officier supérieur qui commande un régiment d'infanterie ou de cavalerie. Les colonels furent appelés « mestre de camp général » de 1780 à 1788, puis reprirent le nom de colonel jusqu'au 21 février 1793. A cette date, les régiments ayant été transformés en demi-brigades, les colonels furent nommés chefs de brigade. Ils reprirent le nom de colonel en 1803.

COLONIES. Il ne restait à la France en 1789, après la perte de l'Inde et du Canada en 1763, comme colonies que la moitié occidentale de Saint-Domingue, la Martinique, Sainte-Lucie, la Guadeloupe, Tabago, la Guyane, Saint-Pierre et Miquelon en Amérique ; en Afrique, Gorée, Saint-Louis, Ouidah, l'île de France et Bourbon ; cinq comptoirs en Inde. Ces colonies étaient administrées par un gouverneur assisté d'assemblées coloniales assez semblables aux assemblées provinciales de France. Il y avait au total en 1789, dans l'ensemble des colonies, 55 000 Blancs, 32 000 mulâtres et Noirs libres, près de 600 000 esclaves. Les colonies dépendaient administrativement du ministère de la Marine. Si la Constituante fut favorable à l'idée coloniale, elle dut subir diverses pressions : le club de l'hôtel Massiac, composé de planteurs et de nobles, était partisan du maintien des privilèges des colons blancs ; le comité colonial de la rue de Provence, présidé par le marquis Gouy d'Arcy, acceptait, au nom des colons de Saint-Domingue, des réformes, mais très modérées ; les armateurs des ports de la Manche et de l'Atlantique étaient pour l'abolition de la loi de 1784 sur les libertés commerciales ; enfin la société des amis des Noirs réclamait la suppression graduelle de l'esclavage et l'établissement de l'égalité civile aux colonies comme en France. La guerre maritime et la révolte des esclaves mirent en péril les colonies françaises. Dès 1793, les Anglais s'emparaient de Tabago (qui comptait beaucoup de colons anglais), de Saint-Pierre et Miquelon ainsi que de Pondichéry. En 1794, la Guadeloupe et la Martinique tombaient. Mais Victor Hugues reprit la Guadeloupe le 29 septembre 1794 puis Sainte-Lucie, la Grenade, la Dominique mais non la Martinique. A Saint-Domingue, ruinée par la révolte des esclaves, s'imposait Toussaint-Louverture. Les Mascareignes étaient en dissidence. Le bilan colonial de la Révolution, malgré l'expédition d'Égypte, paraît désastreux.

COLONNES INFERNALES. On nomme ainsi deux choses complètement différentes. La première colonne infernale fut celle qui constituait la division d'avant-garde de l'armée des Pyrénées orientales, formée par Latour-d'Auvergne de tous les grenadiers de l'armée, au nombre de huit mille. Elle entra en action au printemps de 1793 contre les Espagnols et fut dissoute à la paix en 1795. Plus connues sont les colonnes infernales formées durant la guerre de Vendée par le général Turreau, qui se livrèrent en 1794 à la destruction et aux massacres systématiques, tuant les civils, femmes et enfants surtout, par dizaines de milliers. Ces tueries n'ayant fait que renforcer la résistance des Vendéens survivants, la Convention adopta une politique de compromis qui aboutit à la pacification du pays en 1795.

COLPORTEURS. C'était le nom donné aux crieurs et vendeurs de journaux à Paris. Ils étaient inscrits sur un registre spécial et devaient arborer à la boutonnière une médaille de cuivre portant : « La publicité est la sauvegarde du peuple. Bailly », d'un côté, « La loi et le roi, 1789 », de l'autre. Au nombre de 120 au début de 1789, ils étaient environ 300 à la fin de l'année et les années suivantes.

COMÉDIE-FRANÇAISE, voir **THÉÂTRES.**

COMÉDIENS, voir **ACTEURS.**

COMITÉ AUTRICHIEN. Il n'existe aucune preuve formelle de l'existence du comité autrichien, mais il semble qu'il y ait eu à la cour un groupe de pression, discret mais influent, en faveur d'une alliance diplomatique entre France et Autriche, contre tout rapprochement avec la Prusse et l'Angleterre. On cite comme ses membres les plus importants Bertrand de Molleville, ministre de la Marine en 1792, et Montmorin, ministre des Affaires étrangères de 1787 à 1791. Durant la Révolution, ce comité soutint une politique intérieure hostile à tout abandon de pouvoir par le roi. Le comité autrichien reçut son nom, non point à cause de la politique qu'il préconisait, mais parce qu'on prétendait que la reine Marie-Antoinette, l'Autrichienne, en faisait partie et influençait le roi en ce sens. Les historiens contemporains estiment que le rôle de la reine a été très exagéré par les contemporains qui, tels Brissot ou Marat, voyaient partout la main de la reine et du comité autrichien.

COMITÉ CENTRAL RÉVOLUTIONNAIRE. Né à la Commune de Paris et établi à l'Évêché, il prépara les journées insurrectionnelles des 31 mai et 2 juin 1793 qui aboutirent à l'élimination des Girondins. Parmi ses animateurs : Dobsen, président de la section de la cité.

COMITÉ D'INSTRUCTION PUBLIQUE. Complètement indifférents aux questions d'instruction publique, les députés à la Constituante en confient l'étude à leur comité de constitution. C'est avec la Législative qu'est créé un comité d'instruction publique, qui n'a aucun plan mais démolit tout ce qui existait précédemment en faisant décider par l'Assemblée, le 18 août 1792, « qu'aucune partie de l'enseignement public ne sera confiée à aucune des maisons des ci-devant congrégations d'hommes et de filles ». Le comité d'instruction publique de la Convention noircit beaucoup de papier sur l'initiative de Condorcet, Grégoire, Lakanal, Lindet, Romme. C'est à partir de ses propositions que fonctionne en France à partir de 1795 l'instruction publique.

COMITÉ DE DÉFENSE GÉNÉRALE. Créé par la Convention, le 1er janvier 1793, ce comité devait servir d'intermédiaire entre l'assemblée et les ministres. Mais ses 18 membres furent vite débordés par l'ampleur et l'urgence des problèmes. Le comité de défense générale se transforma alors en Comité de salut public.

COMITÉ DE JUDICATURE. Ce comité fut chargé de la liquidation des offices d'Ancien Régime en 1790. Il présenta un rapport établissant la liquidation d'une centaine de compagnies, parlements et juridictions diverses avant d'être remplacé par un bureau de liquidation.

COMITÉ DE L'HÔTEL-DE-VILLE, voir **COMITÉ DES ÉLECTEURS**.

COMITÉ DE LÉGISLATION. Comité de la Convention, le comité de législation avait dans ses attributions la surveillance des corps administratifs et judiciaires et la proposition de textes à ce sujet. La Convention lui accorda aussi des pouvoirs de contrôle sur la vente des biens des émigrés.

COMITÉ DE SALUT PUBLIC. Le Comité de salut public, après une phase exploratoire sous forme de comité de défense générale, se constitue le 6 avril 1793. Il est chargé de servir de lien entre la Convention et les ministres. Il exerce en fait le pouvoir exécutif, les ministres n'ayant aucun rôle de décision et se bornant à obéir à ses ordres. Fort d'abord de 9 membres, dont Barère, Cambon et Danton, renouvelé tous les mois, il prend sa forme définitive à la chute des Girondins. Il est alors divisé en 6 sections : Correspondance générale, Affaires étrangères, Guerre, Marine, Intérieur, Pétitions. Après l'élimination de Danton, en juillet, se met en place l'équipe qui va gouverner la France pendant la Terreur. Du 5 septembre 1793 au 9 thermidor (27 juillet 1794), 12 hommes sont « au gouvernement » : 8 sont avocats, deux ingénieurs militaires, un pasteur après avoir été capitaine dans la marine marchande, un acteur. 7 font partie du club des Jacobins, 2 des Cordeliers (Billaud-Varenne et Collot d'Herbois), 3 sont choisis pour leurs compétences (les officiers du génie Carnot et Prieur de la Côte-d'Or pour la guerre ; l'avocat Lindet qui s'est fait une spécialité de la politique des subsistances pour ravitailler Paris et les armées). Le comité est en fait dominé par Robespierre appuyé par Couthon et Saint-Just. Pendant un an, il dirige de façon dictatoriale la France, décidant de la politique étrangère aussi bien qu'intérieure, nommant et révoquant les généraux, dirigeant les représentants en mission, rédigeant les mandats d'arrêt... Cette puissance est encore accrue lorsque les ministres sont supprimés, le 1er avril 1794, et remplacés par des commissions du gouvernement. Quant aux députés qui contrôlent théoriquement le Comité de salut public en l'élisant chaque mois, ils font le gros dos et rentrent littéralement la tête dans les épaules de peur de la guillotine. Ils finiront par prendre leur revanche, le 9 thermidor, et le Comité de salut public ne sera plus qu'un organisme aux pouvoirs limités à la conduite de la guerre jusqu'à sa dissolution en même temps que la Convention.

COMITÉ DE SÛRETÉ GÉNÉRALE. Créé par la Convention, le 2 octobre 1792, le Comité de sûreté générale n'est d'abord que le prolongement du Comité des recherches des assemblées précédentes, avec comme attributions « tout ce qui est relatif aux personnes et à la police générale et intérieure ». Fort de 30 membres, puis réduit à 12, tous Montagnards, il prend une puissance redoutable sous la Terreur. Du 13 septembre 1793 au 27 juillet 1794 (9 thermidor), ce sont les mêmes hommes qui assument la police de la terreur. Parmi eux, le peintre David, Amar, Le Bas, Vadier. C'est ce comité qui s'occupe de toutes les grandes affaires, telles que le procès des Girondins et des « fédéralistes » ou le scandale de la Compagnie des Indes. Mais l'ingérence croissante du Comité de salut public dans les questions de police, l'animosité des membres du Comité de sûreté générale contre Robespierre, à qui les athées Amar et Vadier reprochent le culte de la Raison, entraînent le passage de ce comité dans le camp opposé à « l'Incorruptible ». Après la chute de ce dernier, partiellement renouvelé seulement, le Comité de sûreté générale fera la chasse aux robespierristes.

COMITÉ DES ÉLECTEURS. La foule qui envahit l'Hôtel de Ville, le 13 juillet 1789, n'y trouva que les électeurs des districts de Paris, qui étaient dépourvus de toute autorité administrative. L'Assemblée nationale fit alors réunir le prévôt des marchands, les échevins, les délégués du roi et les électeurs, et leur demanda de se constituer en un comité des électeurs ou comité de l'Hôtel de Ville, siégeant en permanence et très largement dominé par les électeurs. C'est ce comité qui dirigea, les 13 et 14 juillet 1789, les insurgés, leur indiquant où trouver les fusils, les canons et la poudre pour s'armer. Il créa ensuite la garde nationale et désigna Bailly comme maire. Le roi avalisa ces dispositions et légalisa cette organisation.

COMITÉ DES RECHERCHES. Constitué par l'Assemblée constituante, le 28 juillet 1789, le comité des recherches comprit 12 membres, renouvelés chaque mois. Il fut ensuite porté à 30 membres et renouvelé par moitié chaque mois. Il intervint en juillet 1790 lors de troubles à Soissons, fit des rapports sur les émeutes de Nîmes, s'occupa de chasser les mendiants de la capitale..., traita des principaux troubles et des complots politiques, fit apposer les scellés sur les papiers du roi lors de la fuite à Varennes, bref, fut le ministère de la Police de la Constituante et disparut avec elle.

COMITÉ DES RECHERCHES DE LA COMMUNE. Créé à la fin de 1789 pour rétablir un peu d'ordre dans Paris et recevoir les dénonciations des complots et conspirations, le comité des recherches de la Commune avait le droit de faire arrêter et d'interroger les suspects, de rassembler des preuves contre eux. Ses premiers membres furent élus au sein de l'assemblée municipale en novembre 1789. Il requit la mise en accusation du garde des Sceaux, Barentin, du ministre de la Guerre, Puységur, du maréchal de Broglie, du baron de Besenval, du marquis d'Autichamp... Attaqué par la droite et par la gauche, il fut dissous le 13 octobre 1791, ses papiers déposés au département de police.

COMITÉ DIPLOMATIQUE. Composé de 18 membres et de 6 suppléants, le comité diplomatique de la Législative puis de la Convention fut, plus que les ministres des Affaires étrangères, le responsable de la politique étrangère de la France durant la Révolution.

COMITÉ INSURRECTEUR. C'est ainsi qu'on nomma le comité chargé de préparer l'insurrection du 10 août 1792. Il comprenait des représentants des fédérés venus de province, des délégués des faubourgs comme Santerre, Westermann, Lazowski, Lagrey, Garin. Le comité directeur comptait cinq membres : Vangeois, grand vicaire de l'évêque de Blois, Debesse, originaire de la Drôme, Guillaume, professeur à Caen, Simon, journaliste de Strasbourg, Galisson, de Langres. Il se réunissait au cabaret du Soleil-d'Or, rue Saint-Antoine, et au Cadran-Bleu, boulevard du Temple. C'est lui qui donna le signal de l'insurrection dans la nuit du 9 au 10 août.

COMITÉ MILITAIRE. Ce comité fut créé par l'Assemblée constituante, le 1er octobre 1789, sur proposition de Wimpfen. Composé de 12 membres, il devait, en collaboration avec le ministre de la Guerre, présenter un plan de réorganisation de l'armée. Ce plan ne fut présenté qu'en octobre 1794, par un comité militaire émanant de la Convention. Il fut inséré au *Bulletin national* par ordre de l'Assemblée.

COMITÉS. Les travaux des assemblées de la Révolution étaient préparés en comités avant d'être présentés pour discussion et vote. Leur nombre s'accrut progressivement. Il n'y avait, à l'origine, que 3 comités à la Constituante. Les 7 comités de la Législative devinrent 23 sous la Convention. Les plus célèbres furent les Comités de salut public et de sûreté générale.

COMITÉS DE CONSTITUTION. Les constitutions de l'époque révolutionnaire furent préparées par des comités spéciaux qui les présentèrent ensuite pour discussion, amendement et vote aux assemblées. Le comité de constitution qui rédigea celle de 1791 comptait 30 membres. La constitution de 1793 fut l'œuvre d'un comité de 9 membres assistés de 6 suppléants. La constitution de l'an III ou de 1795 fut préparée par un comité de 11 membres, parmi lesquels Daunou, Boissy d'Anglas, Louvet, Lanjuinais, Thibaudeau. La Constitution consulaire de l'an VIII ou de 1800 fut l'œuvre d'un comité mixte composé de 6 membres du Conseil des Anciens et de 6 autres du Conseil des Cinq-Cents, dont Lucien Bonaparte, Boulay de la Meurthe et Daunou.

COMITÉS DE GOUVERNEMENT. En septembre 1794, la Convention réorganisa les différents comités qui exerçaient le gouvernement du pays, précisa leurs attributions, fixa leur nombre et leur composition. Il y eut 16 comités, renouvelés par quart tous les mois et comptant de 12 à 16 membres, sauf le comité de finances qui en comptait 48. Ces comités étaient : le comité de finances, de législation, d'instruction publique, d'agriculture et des arts, de commerce et d'approvisionnement, des travaux publics, mines et carrières, des transports, postes et messageries, le comité militaire, ceux de la marine et des colonies, des secours publics, de division, des procès-verbaux, décrets et archives, des pétitions, correspondance et dépêches, des inspecteurs du Palais national.

COMITÉS DE SURVEILLANCE RÉVOLUTIONNAIRE. La loi de la Législative du 11 avril 1792 avait confié la police de sûreté générale aux administrations locales. Les municipalités créèrent alors des comités dits de surveillance ou encore révolutionnaires, et bien des sociétés populaires s'arrogèrent aussi un pouvoir de police. Il y eut, au total, quelque vingt mille comités sur tout le territoire, infrastructure indispensable au règne de la Terreur. Les sociétés populaires affiliées au club des Jacobins formaient une bonne partie de cette infrastructure policière omniprésente. Le décret du 21 mars 1793 légalisa ces comités en ordonnant pour chaque commune la création d'un comité de surveillance de 12 citoyens. Chargés au départ de surveiller uniquement les étrangers et les suspects, ils reçurent, par le décret du 17 septembre 1793, un pouvoir de police pour arrêter tous « les ennemis de la liberté ». Enfin, la loi du 14 frimaire an II (4 décembre 1793) les intégra dans l'organisation du gouvernement révolutionnaire sous le contrôle des Comités de salut public et de sûreté générale. L'abandon de la Terreur après le

9 thermidor marque la disparition de tous ces comités.

COMITÉS RÉVOLUTIONNAIRES, voir **COMITÉS DE SURVEILLANCE RÉVOLUTIONNAIRE.**

COMMERCE. Les cahiers de doléances réclamaient souvent la liberté du commerce intérieur. La Constituante déclara dès le 27 août 1789 la circulation des grains totalement libre à l'intérieur du royaume. En 1790, elle supprima toutes les taxes intérieures telles que les octrois, les péages, les douanes. Cependant, les difficultés d'approvisionnement des villes, la rareté de la farine et la cherté du pain entraînèrent des émeutes et obligèrent le gouvernement à s'arroger le droit de réquisitionner les grains. Sous la Convention, les Montagnards, partisans d'un dirigisme outrancier, votèrent un arsenal de décrets limitant strictement l'exercice du commerce : lois sur l'accaparement, sur le maximum des prix... Une commission des subsistances tenta de contrôler la production agricole et industrielle et le réseau commercial. Mais les paysans, payés en assignats qui ne valaient pas davantage que le papier sur lequel ils étaient imprimés, firent la grève des marchés officiels et vendirent leurs denrées au marché noir. Après la chute de Robespierre, la Convention rétablit le libéralisme économique, mais la vertigineuse dépréciation des assignats et mandats territoriaux entraîna une inflation prodigieuse qui ne fut jugulée que par la suppression de cette « monnaie de singe » et le retour à la monnaie métallique. On tomba alors dans une déflation très marquée et la situation ne commença à s'améliorer qu'avec le retour de la sécurité et de la paix au début du Consulat. Quant au commerce extérieur, il fut presque réduit à néant par la guerre et le blocus maritime anglais.

COMMISSAIRES AUX ARMÉES. C'est ainsi qu'on appelait les députés de la Convention envoyés comme représentants en mission auprès des armées pour y exercer un contrôle à peu près total qui les fit nommer « proconsuls ». Ils pouvaient destituer les généraux, faire des réquisitions, lever des contributions extraordinaires. Leur uniforme était un habit bleu à revers rouges, un chapeau rond orné de trois plumes aux couleurs nationales, une écharpe tricolore à la ceinture. Leur action fut souvent décisive pour les victoires mais aussi les défaites, car, si certains se révélèrent d'excellents meneurs d'hommes ou même des tacticiens remarquables, d'autres ne firent qu'accroître le désordre et la confusion dans les armées qu'ils inspectaient. On les nommait aussi représentants en mission, mais cette catégorie regroupait non seulement les commissaires aux armées mais aussi les représentants envoyés dans les départements.

COMMISSAIRES CONCILIATEURS. Nom donné aux représentants des trois ordres qui se réunirent au lendemain de la convocation des états généraux afin de s'entendre sur la vérification en commun des pouvoirs des députés.

COMMISSAIRES DE POLICE. Chargés de faire respecter l'ordre dans les villes et d'exécuter les décisions du lieutenant général de police, les commissaires de police ont été créés en 1699 à Paris. Ils étaient deux ou trois par quartier à la veille de la Révolution. On les réorganisa en 1791 et on créa des commissaires de police dans les villes de plus de dix mille habitants pour assister les juges de paix et les officiers municipaux dans leurs fonctions d'officiers de police. En 1792, ils furent soumis à l'élection et nommés pour deux ans, par la loi du 28 mai qui resta valable durant toute la Révolution. Elle fixait aussi qu'ils seraient reconnaissables à leur coiffure aux trois couleurs nationales.

COMMISSAIRES DES GUERRES. Les commissaires des guerres étaient chargés de l'administration et de l'entretien des armées. Ils étaient divisés en commissaires ordonnateurs et commissaires des guerres. Ils furent réorganisés en 1791 et leur nombre fixé à 23 par la loi du 14 octobre pour les commissaires ordonnateurs et autant pour les commissaires des guerres. En mai 1792, il fut porté à 25. Les commissaires ordinaires étaient 134 en 1791, 142 en 1792. Ils furent plus tard remplacés par les intendants militaires.

COMMISSAIRES DU DIRECTOIRE. Ces agents du pouvoir central avaient à charge la surveillance des administrations départementales et correspondaient directement avec le Directoire. Des commissaires locaux exerçaient la même fonction auprès des municipalités.

COMMISSAIRES EN MISSION. C'est ainsi qu'on nommait sous la Constituante et la Législative, les agents de ces assemblées ou du Conseil exécutif provisoire ou encore de la Commune de Paris envoyés en province ou aux armées pour y exercer le contrôle du pouvoir central. Sous la Convention, ce sont des députés qu'on envoie, appelés représentants en mission ou commissaires aux armées.

COMMISSAIRES-PRISEURS. Ces officiers chargés d'estimer les meubles et objets saisis et de les vendre aux enchères, d'abord nommés huissiers priseurs, puis commissaires lorsque leurs charges furent jointes aux offices de commissaires créés en 1712 pour exercer la police dans ces ventes, furent avec les notaires et les huissiers une des rares catégories d'officiers d'Ancien Régime qui survécurent. Ils reçurent une organisation nouvelle par la loi du 27 ventôse an IX (18 mars 1801), modifiée par celle d'avril 1816.

COMMISSION DE SANTÉ. Créée en février 1794 par la Convention, subordonnée au comité de secours, la commission de santé était chargée de s'occuper de l'état sanitaire des armées. Forte de 12 membres à l'origine, elle fut portée à 15 en 1795 et dénommée conseil de santé.

COMMISSION DES ARMES. Créée le 1er février 1794 (13 pluviôse an II), la commission des armes était constituée de trois membres nommés par la Convention, sur présentation du Comité de salut public. Elle avait pour tâche de diriger les manufactures d'armes sur tout le territoire, des sabres, piques et autres armes blanches à l'artillerie de terre et de mer. Disposant de pleins pouvoirs pour la fabrication des armes et les marchés la concernant, ayant un droit de réquisition, la Commission des armes reçut une dotation initiale de 40 millions de la Convention pour subvenir aux dépenses les plus urgentes.

COMMISSION DES DOUZE. Disposant toujours d'une majorité à la Convention mais attaqués par Marat et les Montagnards à cause de la défection de Dumouriez et des défaites militaires, les Girondins craignent un coup de force contre l'Assemblée. Le 15 avril 1793, 33 des 48 sections de Paris font une pétition demandant l'expulsion de la Convention de 22 députés girondins. Le 1er mai, six mille manifestants encerclent la Convention et l'obligent à voter un décret instituant un prix maximum pour le blé. Le 18 mai, Guadet attaque violemment la Commune de Paris, l'accuse de comploter contre la représentation nationale, ce qui est vrai, et demande sa dissolution. Barère, à la recherche d'un compromis entre Montagnards et Girondins, propose la création d'une commission de 12 députés pour enquêter sur les agissements de la Commune, ce qui est accepté par l'assemblée, le 20 mai. Ces députés, tous issus de la Plaine ou de la Gironde, interrogent le maire, Pache, le ministre de l'Intérieur, Garat, ordonnent l'arrestation de Hébert, Marino et Varlet. Le 25 mai, à une députation de la Commune venue protester à la barre de la Convention, le président de la Convention, Isnard, répond en menaçant Paris de destruction si la Commune se rebelle contre l'Assemblée. Le 27, l'agitation s'accroît dans Paris et les députés Montagnards font croire à leurs collègues apeurés que le calme reviendrait aussitôt si la commission des Douze était supprimée. Les députés, peu nombreux en séance, cèdent, suppriment la commission et libèrent les prisonniers. Le lendemain, revenus en force, les Girondins font recréer la commission par 279 voix contre 238. La foule dans les tribunes manifeste de façon menaçante son mécontentement, les députés montagnards empêchent Rabaut de lire le rapport de la commission et la Convention capitule à nouveau, libérant une nouvelle fois les prisonniers. Le 31 mai, l'insurrection éclate, la Convention cède et supprime la commission des Douze mais refuse de livrer les 22 députés girondins. Les Montagnards et la Commune doivent récidiver, le 2 juin, pour que la Convention leur abandonne enfin les Girondins.

COMMISSION DES VINGT-QUATRE. Cette commission fut constituée le 1er octobre 1792 pour dresser l'inventaire des papiers trouvés aux Tuileries dans l'armoire de fer.

COMMISSION LÉGISLATIVE INTERMÉDIAIRE. Nom donné à la commission créée le 18 brumaire pour remplacer les Conseils des Anciens et des Cinq-Cents et préparer la Constitution de l'an VIII.

COMMISSIONS ADMINISTRATIVES, voir **COMMISSIONS EXÉCUTIVES.**

COMMISSIONS DE GOUVERNEMENT, voir **COMMISSIONS EXÉCUTIVES.**

COMMISSIONS EXÉCUTIVES. Après avoir suspendu le roi, le 10 août 1792, la Législative nomma un conseil exécutif provisoire pour administrer le pays. Il était composé de 6 ministres et fut dissous par la Convention qui le remplaça le 1er avril 1794 par 12 commissions dites tantôt administratives, tantôt exécutives, tantôt de gouvernement. C'étaient les commissions suivantes : administration, police et tribunaux ; instruction publique ; agriculture et arts ; commerce et approvisionnements ; travaux publics ; secours publics ; transports, postes et messageries ; finances ; organisation et mouvement des armées de terre ; marine et colonies ; armes et poudres ; relations extérieures. Chaque commission était formée de deux commissaires et dépendait directement du Comité de salut public. Ces commissions furent supprimées par le Directoire et les ministères rétablis.

COMMISSIONS MILITAIRES, voir **COURS MARTIALES.**

COMMISSIONS POPULAIRES. Dites populaires ou révolutionnaires, ces commissions furent créées durant la Terreur pour remplacer les tribunaux criminels dans certains districts. Elles furent les auxiliaires zélés de la répression. A Paris, une commission populaire de 5 membres eut pour mission le recensement des suspects, la libération des innocents et la traduction devant le tribunal révolutionnaire de tous les autres. Toutes ces commissions furent supprimées le 11 thermidor, deux jours après la mort de Robespierre.

COMMISSIONS RÉVOLUTIONNAIRES, voir **COMMISSIONS POPULAIRES**.

COMMUNE DE PARIS. C'est ainsi que fut nommé le gouvernement municipal de Paris entre 1789 et 1795. La municipalité parisienne d'Ancien Régime, composée de notables, est balayée le 13 juillet 1789 et remplacée par un comité des électeurs qui crée la garde nationale locale et désigne Bailly comme maire. Le roi ratifie ces mesures après le 14 juillet. La loi municipale du 14 décembre 1789 donne une forme légale aux municipalités constituées en juillet 1789. Une loi complémentaire du 21 mai 1790, promulguée le 27 juin, définit le gouvernement municipal de Paris. Il est composé de 144 membres, 3 pour chacune des 48 sections constituant la ville après la suppression des 60 districts. Le « corps municipal » est composé de 48 élus des sections choisis parmi les 144 membres précédemment choisis. 16 de ces 48 élus forment le « bureau municipal » présidé par le maire. Les 32 autres non membres du bureau municipal constituent le « conseil municipal ». Il existe enfin un « conseil général de la commune » réunissant le conseil municipal et 96 représentants des sections, 2 par section. Le conseil général de la commune a des pouvoirs très larges, dépassant la simple gestion des affaires municipales. Il peut, par exemple, taxer les denrées et en fixer le prix, appeler les forces armées (la garde nationale) de la ville et même proclamer la loi martiale. Un procureur de la commune assisté de deux substituts, élus pour deux ans, a pour tâche de défendre les intérêts des administrés. Dès le début, des tensions se manifestent entre la Commune et les districts, ces derniers prétendant imposer à leurs élus des mandats impératifs, leur dicter leur attitude et leur vote au conseil général. En période de crise, lors du 10 août 1792, des 31 mai et 2 juin 1793, les sections élisent des commissaires spéciaux qui se réunissent, débordent la Commune et exercent le pouvoir effectif, le temps d'une insurrection et d'un coup d'État. Ce système complexe et fragile est bien vite mis à rude épreuve. Mal vu pour avoir proclamé la loi martiale au moment de la pétition du Champ-de-Mars, accusé d'être responsable de la fusillade du 17 juillet 1791, Bailly est remplacé, le 16 novembre suivant, par Pétion, et on adjoint Danton comme substitut au procureur Manuel. Avec l'aide de Danton, cette commune légale est balayée le 9 août 1792 au soir et une commune insurrectionnelle est proclamée. Après le 10 août, elle se fait reconnaître par la Législative et porte l'effectif de ses membres à 288. C'est elle qui oblige l'Assemblée à lui livrer le roi, l'enferme au Temple, fait créer un tribunal extraordinaire, organise ou laisse faire les massacres de Septembre, prépare les élections à la Convention en rayant des listes électorales ceux dont elle n'apprécie pas les opinions. Pétion ayant refusé d'être réélu en novembre, le maire devient Chambon, en décembre, Pache, le 14 février 1793, tandis que Chaumette occupe le poste de procureur avec Hébert et Réal comme substituts. C'est la Commune qui fournit l'appoint insurrectionnel nécessaire à la minorité montagnarde de la Convention pour éliminer les Girondins, les 31 mai et 2 juin 1793. C'est encore sous la pression de la Commune qu'est mise en place la Terreur. Mais les mascarades antireligieuses de Chaumette et Hébert exaspèrent Robespierre qui finit par faire arrêter et exécuter les hébertistes. La Commune est épurée, Pache est démis, le 11 mai 1794, et remplacé par une créature de Robespierre, totalement inconnue, le Bruxellois Fleuriot-Lescot. Cette Commune amoindrie est incapable de venir au secours de celui même qui l'a mutilée, et s'effondre avec Robespierre, le 9 thermidor. Le maire et 87 membres du conseil général portent leur tête sur l'échafaud. La Constitution de l'an III démantèle le pouvoir municipal parisien, remplaçant la Commune par deux commissions, administrative et financière, divisant Paris en 12 arrondissements ayant chacun un maire, un bureau central contrôlé par le Directoire assurant la coordination. La dictature de Paris sur l'État est abolie.

COMMUNES. C'est le nom que prirent dès 1789 les paroisses religieuses transformées en unités administratives de base de la France, ce qu'elles sont toujours aujourd'hui.

COMPAGNIE DES INDES. Cette compagnie possédait le monopole du commerce à l'est du Cap de Bonne-Espérance. Son privilège est aboli par la Constituante en avril 1791. En août 1793, la Convention décrète sa suppression et confie sa liquidation à une commission de 6 membres qui se livre à des opérations frauduleuses en liaison avec des banquiers et même des agents royalistes comme le baron de Batz. Julien, Delaunay et surtout Fabre d'Églantine sont compromis dans cette affaire, ce dernier ayant même été accusé de falsification du décret de liquidation. On profite de ce scandale pour impliquer tous les dantonistes et amis de Fabre d'Églantine dans un procès commun et les expédier à l'échafaud.

COMPAGNIES DE JÉHU. Les compagnies de Jéhu ou de Jésus se constituent dans la région de Lyon en 1795 et pourchassent les Jacobins compromis dans la Terreur. On estime à plusieurs milliers leurs victimes, dont cent vingt en une fois dans une prison. Cette phase de « terreur blanche », peut-être inspirée par les émigrés royalistes, dure de janvier à juin 1795 et cesse après l'envoi de représentants en mission par la Convention et le remplacement des autorités municipales complices de ces actions.

COMPAGNIES DU SOLEIL. A l'instar des compagnies de Jéhu dans le Lyonnais, se constituent au début de 1795 les compagnies du Soleil qui opèrent en Provence et dans le Gard. Ces bandes armées, encouragées par certains représentants en mission, massacrent les Jacobins, notamment dans les prisons de Toulon, Marseille et Tarascon. Les Jacobins ripostent en s'insurgeant dans Toulon et en prenant le contrôle de la ville, jusqu'à ce qu'ils soient écrasés par une force armée constituée de gardes nationaux royalistes et de compagnons du Soleil. Il y a plusieurs centaines de morts et la violence persiste en 1796, sans doute entretenue par des agents royalistes ou anglais.

COMPIÈGNE (nom révolutionnaire : Marat-sur-Oise).

COMPLOT DE L'ŒILLET. C'est ainsi qu'on nomme un projet d'évasion de la Conciergerie de la reine Marie-Antoinette. Ourdi par le chevalier Gonsse de Rougeville, avec la complicité de l'administrateur des prisons Michonis, il n'était guère sérieux. Rougeville lança deux œillets dissimulant un billet derrière le poêle de la cellule de la reine. Celle-ci répondit par l'intermédiaire du gendarme Gilbert. L'affaire fut dénoncée au Comité de salut public et n'alla pas plus loin.

COMPLOTS, voir **CONSPIRATIONS.**

COMPOSITEURS. En février 1791, une délégation « d'auteurs lyriques », c'est-à-dire de compositeurs de musique, se présenta à la barre de l'Assemblée pour demander la protection de la propriété des œuvres musicales. Le décret du 19 juillet 1793 accorda aux compositeurs l'exclusivité de la vente et de la distribution de leurs œuvres leur vie durant et prolongea ce droit de dix ans après leur décès pour les héritiers.

COMPTABILITÉ NATIONALE. Après avoir demandé, le 4 juillet 1791, l'apuration des comptes de la nation, la Constituante crée, le 16 septembre suivant, un bureau de comptabilité de 15 membres. Ces 15 commissaires sont divisés en 5 sections et reçoivent les comptes des trésoriers, receveurs, percepteurs, payeurs, administrateurs des finances. Le nouveau système de comptabilité nationale entre en vigueur au 1er octobre 1791. Les bureaux de la comptabilité générale sont installés à l'hôtel de Serilly, rue Vieille-du-Temple. Le 18 mai 1794, Cambon fanfaronne devant la Convention : « La trésorerie nationale est organisée de manière à ce que tous les soirs elle puisse donner au Comité de salut public le résultat des opérations de la journée. » La réalité est beaucoup moins brillante. La Comptabilité nationale est supprimée par le Consulat et remplacée en 1807 par la Cour des comptes.

COMTAT VENAISSIN, voir **AVIGNON**.

CONCIERGERIE, voir **PRISONS.**

CONDÉ (Louis Joseph de Bourbon, prince de) (Né à Paris, le 9 août 1736, mort à Paris, le 13 mai 1818). Prince du sang, militaire à la carrière bien remplie, Condé fait construire l'actuelle Chambre des députés dite aussi Palais-Bourbon et embellir Chantilly. Il émigre aussitôt après la prise de la Bastille et organise une armée à Worms tandis que les frères du roi établissent leur quartier général à Coblence. Soucieux de contrôler étroitement les mouvements des émigrés, les Autrichiens et les Prussiens le tiennent à l'écart des opérations militaires en 1792 et le subordonnent à un général autrichien en 1793. Stationnée sur les bords du Rhin en 1794 et 1795, l'armée de Condé passe ensuite sous le contrôle de l'Angleterre, de l'Autriche et de la Russie qui assurent successivement son entretien. En 1797, après la paix de Campoformio, Condé et son armée passent en Russie. En 1801, Condé dissout son armée et se rend en Angleterre. Revenu avec ses cousins, il reprend à la Restauration ses fonctions de grand maître de la Maison du roi.

CONDÉ-SUR-ESCAUT (nom révolutionnaire : Nord-Libre).

CONDORCET (Jean Antoine Nicolas de Caritat, marquis de) (Né à Ribemont, Aisne, le 17 septembre 1743, mort à Bourg-la-Reine, le 29 mars 1794). Mathématicien, membre de l'Académie des sciences, aristocrate aux idées libérales, « le dernier des philosophes » selon l'expression de Michelet, Condorcet était un précurseur de la révolution, non un révolutionnaire. Son passage du monde des idées abstraites et de la spéculation philosophique à l'univers cruel des luttes politiques fut un désastre. Il voyait les réformes sociales réalisées par étapes, en adaptation à l'évolution des mœurs, trouvait trop hâtive la convocation des états généraux et souhaitait une meilleure information des électeurs sur les choix à faire. Il exposa un remarquable projet d'instruction publique qui n'eut aucune suite, proposa l'ouverture de comptes courants et de caisses d'épargne pour diminuer la quantité d'assignats en circulation. Élu à la Convention nationale, il vota lors du procès du roi pour l'appel au peuple et la détention perpétuelle, s'alignant généralement sur le vote des Girondins. Ayant échappé à la proscription, le 2 juin 1793, il fut accusé le 8 juillet par Chabot d'être un conspirateur et un ennemi de la République pour avoir critiqué le projet de constitution adopté le 24 juin précédent. Après s'être caché quelque temps, Condorcet fut arrêté à Clamart et emprisonné à Bourg-la-Reine. Il s'empoisonna dans sa cellule.

CONDORCET (Marie Louise Sophie de Grouchy, marquise de) (Née au château de Villette, près de Meulan, au printemps 1764, morte à Paris, le 8 septembre 1822). Mariée à Condorcet, le 28 décembre 1786, Sophie de Grouchy tient à l'hôtel des Monnaies un des salons les plus brillants de Paris, fréquenté par les philosophes et les encyclopédistes. Très favorable aux idées nouvelles, elle ouvre sa maison aux idéologues et aux agitateurs politiques et pousse son mari à s'engager aux côtés des Girondins. Déchantant bientôt devant la grossièreté, le manque d'éducation et de finesse de la nouvelle classe politique, elle montre un mépris moqueur à l'égard des nouveaux maîtres de la France et se voit vite haïe et calomniée. A la mort de son mari, en mars 1794, elle se retrouve dans la misère jusqu'à ce que la Convention thermidorienne lui rende une partie de ses biens. Rouvrant son salon elle se lie avec Mallia-Garat puis Fauriel, accueille les idéologues opposants à l'Empire, est un peu inquiétée au moment de la conjuration de Malet, en 1812.

CONFISCATIONS. La confiscation des biens des condamnés est une pratique très ancienne. Au Moyen Age déjà, la confiscation des fiefs des vassaux rebelles était admise. Cette peine fut abolie par la Constituante en 1790 mais rétablie par la Législative en août 1792. Le décret du 19 mars 1793 et celui du 22 octobre suivant ordonnèrent la confiscation des biens des émigrés et des personnes condamnées par le Tribunal révolutionnaire ; cela expliquant de nombreuses condamnations à mort prononcées par ledit tribunal, notamment celle des fermiers généraux, personnes réputées pour leur fortune.

CONGRÉGATIONS. Les associations religieuses et ecclésiastiques, dites congrégations, furent supprimées par la Législative le 6 avril 1792, qui inclut aussi les congrégations laïques, même celles qui se consacraient exclusivement aux soins des malades. Les biens des congrégations furent considérés comme biens nationaux. L'Assemblée supprima les costumes des religieux, fixa leur traitement et accorda des pensions aux membres des congrégations particulières.

CONSCRIPTION. Le principe de la conscription ou du service militaire obligatoire pour tous les Français fut proposé à la Constituante dès le 12 septembre 1789, mais fut repoussé par l'Assemblée. C'est

Jourdan qui le fit adopter par le Directoire, le 5 septembre 1798. Tous les hommes de vingt à vingt-cinq ans y étaient soumis. Les conscrits étaient divisés suivant leur âge en cinq classes, les plus jeunes étant appelés en premier lorsque le besoin de troupes fraîches se faisait sentir.

CONSEIL DE SANTÉ, voir **COMMISSION DE SANTÉ**.

CONSEIL DES ANCIENS. C'est la Chambre haute prévue par la Constitution de l'an III, formée de 250 députés, qui doivent être âgés d'au moins quarante ans. Ils sont élus pour trois ans, dont un tiers renouvelable chaque année. Le vote positif des Anciens est nécessaire pour que soit adopté tout texte émanant du Conseil des Cinq-Cents. Mais le Conseil des Anciens n'a pas l'initiative des lois ni le droit de les amender. Il a cependant seul le droit de fixer le lieu de réunion des Conseils, ce qui sera utile pour le coup d'État du 18 brumaire. Les auteurs de la Constitution de l'an III ont voulu deux chambres pour éviter la dictature jacobine de la Convention. Le Conseil des Anciens est conçu comme un frein. L'âge et le nombre réduit des députés doivent faire de cette assemblée un lieu de réflexion calme et ordonné et non le cirque plein de vociférations de l'assemblée précédente. Mais les auteurs de la Constitution n'ont pas voulu en faire une chambre comme celle des lords en Angleterre. Les Anciens ne sont pas de nature différente des Cinq-Cents, ils sont élus exactement de la même manière. L'exécutif des Directeurs est élu par les Anciens sur une liste présentée par les Cinq-Cents, à raison de dix noms pour un Directeur. La principale faille de ce système est la règle du renouvellement par tiers de l'assemblée qui entraîne une instabilité permanente et un changement de majorité à peu près chaque année.

CONSEIL DES CINQ-CENTS. Composé de 500 députés comme son nom l'indique, âgés d'au moins trente ans, ce conseil est élu pour trois ans et renouvelable annuellement par tiers. Le Conseil des Cinq-Cents a l'initiative des lois, mais celles-ci doivent être obligatoirement votées par les Anciens pour être promulguées. Les députés des Cinq-Cents et des Anciens sont élus de la même façon. Chaque conseil possède une garde de 1 500 hommes et aucune troupe n'a le droit d'approcher à plus de 60 km du lieu de séance des assemblées. Comme pour les Anciens, la faiblesse des Cinq-Cents réside dans le renouvellement annuel par tiers qui met tous les ans les assemblées en situation de changer de majorité.

CONSEIL DU ROI. Le Conseil du roi est composé en 1789 de cinq conseils : le conseil d'État ou conseil d'En Haut ; le conseil des dépêches, pour les affaires intérieures ; le conseil des finances et du commerce ; le conseil de la guerre, le conseil privé. Il réunit 30 conseillers d'État et 80 maîtres des requêtes. La loi du 25 mars 1791 supprime le Conseil du roi.

CONSEIL EXÉCUTIF PROVISOIRE. Le roi ayant été suspendu, le 10 août 1792, l'Assemblée juge nécessaire de confier le pouvoir exécutif à un conseil provisoire. Il est constitué de six ministres : Danton pour la Justice, Monge pour la Marine, Lebrun-Tondu pour les Relations extérieures, Roland pour l'Intérieur, Servan pour la Guerre, Clavière pour les Finances, Danton ayant la signature générale. Le Conseil exécutif provisoire garde ses fonctions sous la Convention jusqu'au 12 germinal an II (1er avril 1794), date à laquelle il est remplacé par 12 commissions dites exécutives, de gouvernement ou administratives.

CONSEIL GÉNÉRAL DE LA COMMUNE DE PARIS, voir **COMMUNE DE PARIS**.

CONSEIL SUPÉRIEUR DE L'INSTRUCTION PUBLIQUE. Créé en octobre 1798, le conseil supérieur de l'instruction publique est composé de 10 membres de l'Institut et chargé d'étudier les perfectionnements à apporter à l'enseignement supérieur.

CONSEILS D'ARRONDISSEMENT. Ils sont créés par la loi du 28 pluviôse an VIII (17 février 1800) qui établit les arrondissements, circonscriptions intermédiaires jugées indispensables entre les communes et le département. Les arrondissements sont au nombre d'environ 3 à 5 par département alors que les districts supprimés en 1795 étaient de 8 à 10.

CONSEILS DE GUERRE, voir **COURS MARTIALES**.

CONSEILS DE RÉVISION. Ce sont des tribunaux militaires qui statuent sur les jugements des conseils de guerre. Ils ont été créés par la loi du 6 avril 1796. La loi du 1er décembre 1797 ordonne qu'il en soit créé un dans chaque place investie ou assiégée, dont la fonction ne peut excéder la durée du siège. Des conseils de révision en matière de recrutement sont aussi institués en 1798, chargés de réviser les opérations de conscription et de statuer sur les exemptions.

CONSEILS GÉNÉRAUX. Issus de la loi du 28 pluviôse an VIII (17 février 1800), le conseil général constitue l'assemblée représentative du département. Il est, sous le Consulat et l'Empire, choisi par le chef de l'exécutif, Bonaparte/Napoléon, sur une liste de notables départementaux.

CONSERVATEUR (Le). Portant le sous-titre *Journal politique, philosophique et littéraire*, dirigé par Garat, Daunou et Joseph-Marie Chénier, ce journal a paru de septembre 1797 à la fin de juillet 1798. Il était subventionné par le Directoire qui achetait deux mille exemplaires de chaque numéro pour les diffuser auprès des armées.

CONSERVATOIRE DE MUSIQUE. Créé en 1783 par le baron de Breteuil dans l'hôtel des Menus-Plaisirs, le Conservatoire de musique, où on enseigne la musique instrumentale et la danse, s'enrichit en 1786 d'une école de déclamation pour le Théâtre-Français. Au début de la Révolution, il est connu sous le nom de « Musique du dépôt des gardes-françaises » et sert largement à la musique des armées et aux fêtes, puis est fermé à la fin de 1789. Il rouvre en 1793 sous le nom d'Institut national de musique et est réorganisé sur rapport de Marie-Joseph Chénier, le 3 août 1795.

CONSERVATOIRE NATIONAL DES ARTS ET MÉTIERS. C'est le décret du 19 vendémiaire an III (10 octobre 1794) qui créa le Conservatoire national des arts et métiers pour réunir « les nombreuses séries des moyens employés par l'industrie pour produire ». Il fut installé et se trouve toujours dans les locaux de l'ancienne abbaye de Saint-Martin des Champs, dans la rue Saint-Martin, à Paris. C'est le rapport de l'abbé Grégoire au nom du comité d'instruction publique qui fut à l'origine de cette création et de ce choix. Sous le Directoire, le 6 mai 1798, on y installa toutes les machines, métiers et autres instruments et outils jusqu'alors conservés au Louvre, à Charonne, dans l'hôtel Mortagne (collections provenant de Vaucanson) et rue de l'Université où se trouvaient surtout des machines agricoles et des instruments aratoires. Une bibliothèque fut installée dans le réfectoire de l'abbaye.

CONSPIRATION DE BATZ, voir **BATZ**.

CONSPIRATION DES ÉGAUX, voir **BABEUF**.

CONSPIRATIONS. La paranoïa est un des caractères des époques révolutionnaires. Brissat n'affirmait-il pas, d'ailleurs, dans un discours prononcé au club des Jacobins le 30 décembre 1791 : « Je l'avouerais, Messieurs, je n'ai qu'une crainte, c'est que nous ne soyons pas trahis... Nous avons besoin de grandes trahisons, notre salut est là... » ? On imagina un grand nombre de conspirations durant les dix années que dura la Révolution, certaines réelles, d'autres imaginaires, d'autres encore forgées par le pouvoir pour discréditer ses ennemis. Citons pêle-mêle, dans l'ordre chronologique : « conspiration de la cour » pour disperser les états généraux, « conspiration du camp de Jalès » en 1790, « conspiration de Lyon », la même année, « conspiration de Bouillé » pour organiser la fuite du roi en 1791, « conspiration du comité autrichien », « conspiration de la Gironde » inventée après coup par les Montagnards, « conspiration de l'Ouest », appellation parfois donnée à l'insurrection vendéenne, « conspiration de Dumouriez », « conspiration de l'étranger », « conspiration d'Hébert », qui aurait voulu faire évader Louis XVII, « conspiration dantoniste », « conspiration des prisons », qui permit de guillotiner les épouses notamment de Camille Desmoulins et d'Hébert, « conspiration du 9 thermidor », « conspiration du 12 germinal », « conspiration de prairial », « conspiration royaliste du 13 vendémiaire », « conspiration de Babeuf », « conspiration royaliste de La Villeheurnois », « conspiration royaliste de Pichegru », « conspiration du 18 brumaire », la seule qui ait réussi. On pourrait citer encore des dizaines d'autres « conspirations » inventées par des feuilletonnistes en mal de copie. Les thèmes dominants sont le « complot aristocratique » destiné à affamer le peuple, puis, après les premières défaites militaires, le « complot de l'étranger ». Quant aux adversaires de la Révolution, ils attribuent son succès à un travail souterrain de longue haleine, œuvre de trois groupes, les adversaires de la religion, les protestants et les francs-maçons. Dès 1790, le comte Ferrand fait paraître *Les Conspirateurs démasqués* où il dénonce ce travail de sape, relayé ensuite par les abbés Lefranc et Barruel. L'historien A. Cochin, au début de ce siècle, dénonce le complot des philosophes, « groupe d'hommes unis par leur seule volonté et pour leur seul bien », utilisant les loges maçonniques comme relais.

CONSTANT (Benjamin Constant de Rebecque, dit Benjamin) (Né à Lausanne, le 25 octobre 1767, mort à Paris, le 8 décembre 1830). Chambellan à la cour de Brunswick de 1788 à 1794, Constant suit de loin la Révolution pour laquelle il s'enthousiasme. En juillet 1794, revenu à Lausanne, il fait la connaissance de Germaine Necker, Mme de Staël et débute avec elle une liaison fameuse. En mai 1795, tous deux débarquent à Paris et Constant fait l'apologie du Directoire naissant dans sa brochure, *De la force du gouvernement actuel et de la nécessité de s'y rallier*. Après le coup d'État du 18 fructidor, il écrit à Barras pour le remercier d'avoir « sauvé la République et la liberté du monde », offre ses services, brûlant de tâter de la politique, s'inscrit au club de Salm. Il parvient enfin à « percer » lorsque Bonaparte le fait entrer au tribunat. Mais, sous l'influence de Madame de Staël, il y joue à l'opposant et s'en voit éliminé dès 1802. En 1803, il est prié de quitter la France avec sa maîtresse. En 1815, durant les Cent-Jours, Napoléon l'occupe à rédiger l'Acte additionnel aux Constitutions de l'Empire. Journaliste libéral durant la Restauration, il n'arrive jamais à se faire réellement une place sur la scène politique. S'il est passé à la postérité, c'est pour son roman *Adolphe*, où apparaît bien l'indécision et l'ambiguïté de sa personnalité.

CONSTITUANTE (Assemblée), voir **ASSEMBLÉE NATIONALE CONSTITUANTE.**

CONSTITUTION CIVILE DU CLERGÉ. Suivant ses grands principes, notamment d'égalité, l'Assemblée constituante prive le clergé de son caractère particulier et s'assure par là de sa colossale fortune pour tenter de combler le gouffre budgétaire. En premier lieu, dès novembre 1789, elle vote la mise à la disposition de la nation des biens du clergé devenus ainsi biens nationaux. Le 13 février 1790, elle supprime certains ordres religieux, « des fainéants qui passent leur temps à prier ». Du 29 mai au 12 juillet 1790, elle discute et vote la Constitution civile du clergé, présentée par l'abbé Grégoire, Camus et Treilhard. D'inspiration gallicane, elle ramène le nombre des évêchés à 83, un par département, regroupés en 10 arrondissements métropolitains dirigés par des archevêques. Archevêques, évêques, curés doivent être élus par les citoyens, l'investiture canonique étant donnée aux prêtres par l'évêque, aux évêques par l'archevêque, le pape étant avisé de l'élection. Tous doivent, avant d'entrer en fonction, prêter serment de fidélité à la nation et au roi ainsi qu'à la Constitution. L'obligation du serment entraîne aussitôt la cassure entre prêtres constitutionnels ou jureurs et prêtres réfractaires ou insermentés. Le roi, après avoir longtemps hésité, donne son aval à la Constitution civile du clergé, le 24 août. Le pape la condamne par deux brefs en mars et avril 1791. Le clergé se divise. Tous les évêques sauf 7 refusent le serment, beaucoup de prêtres font de même : 92 % dans la Moselle et le Bas-Rhin, 80 % dans le Nord et l'Ouest. Le conflit politique révolutionnaire s'aggrave d'un conflit religieux. Un an plus tard s'y ajoutera le conflit militaire avec l'étranger. Toutes les erreurs qui étaient à faire ont été faites.

CONSTITUTION DE 1791. C'est à partir des rapports du comité de constitution que l'Assemblée nationale élabore la Constitution. De juillet à octobre 1789, elle définit les pouvoirs du roi. La France est une monarchie héréditaire dirigée par un « roi des Français, par la grâce de Dieu et la loi constitutionnelle de l'État ». Le roi dispose du pouvoir exécutif, désigne et renvoie les ministres qu'il doit choisir en dehors de l'Assemblée. Il peut retarder pendant quatre ans par son veto suspensif la promulgation des lois. Un nouveau cadre territorial est établi par le remplacement des circonscriptions d'Ancien Régime par des départements, districts, cantons et municipalités. Pour la représentation nationale, les députés répugnent à une démocratie directe. La loi électorale limite le droit de suffrage aux hommes de plus de vint-cinq ans payant un impôt direct équivalant à trois journées de travail au moins. Ces citoyens actifs élisent des assemblées du second degré formées d'hommes payant au moins dix jours de travail de contributions directes qui choisissent les députés, lesquels doivent payer une contribution directe égale au moins à un marc d'argent (244 grammes) ou environ cinquante et une journées de travail. La « Constitution française » est proclamée le 3 septembre 1791. Elle est divisée en sept titres et deux cent huit articles que précède une Déclaration des droits de l'homme et du citoyen. La souveraineté de la nation s'exprime dans le droit de représentation et dans la délégation du pouvoir législatif à une Assemblée nationale unique, dans l'exercice du pouvoir exécutif « délégué » au roi, et dans la délégation du pouvoir judiciaire à des juges élus par le peuple. Le roi choisit les ministres et les réunit, est chef suprême de l'administration, des armées, nomme les ambassadeurs et veille sur la « sûreté intérieure du royaume ». Le pouvoir législatif est confié à l'Assemblée nationale législative qui « propose et décrète les lois », règle les dépenses publiques, statue sur l'administration, décrète la guerre et ratifie les traités. La Constitution civile du clergé complète dans le domaine religieux la Constitution de 1791.

CONSTITUTION DES 3-14 SEPTEMBRE 1791 *

L'Assemblée nationale, voulant établir la Constitution française sur les principes qu'elle vient de reconnaître et de déclarer, abolit irrévocablement les institutions qui blessaient la liberté et l'égalité des droits. – Il n'y a plus ni noblesse, ni pairie, ni distinctions héréditaires, ni distinctions d'ordres, ni régime féodal, ni justices patrimoniales, ni aucun des titres, dénominations et prérogatives qui en dérivaient, ni aucun ordre de chevalerie, ni aucune des corporations ou décorations pour lesquelles on exigeait des preuves de noblesse, ou qui supposaient des distinctions de naissance, ni aucune autre supériorité, que celle des fonctionnaires publics dans l'exercice de leurs fonctions. – Il n'y a plus ni vénalité ni hérédité d'aucun office public. – Il n'y a plus, pour aucune partie de la nation, ni pour aucun individu, aucun privilège ni exception au droit commun de tous les Français. – Il n'y a plus ni jurandes, ni corporations de professions, arts et métiers. – La loi ne reconnaît plus ni vœux religieux, ni aucun autre engagement qui serait contraire aux droits naturels ou à la Constitution.

TITRE PREMIER

DISPOSITIONS FONDAMENTALES GARANTIES PAR LA CONSTITUTION

La Constitution garantit, comme droits naturels et civils : – 1° Que tous les citoyens sont admissibles aux places et emplois, sans autre distinction que celle des vertus et des talents ; – 2° Que toutes les contributions seront réparties entre tous les citoyens également, en proportion de leurs facultés ; – 3° Que les mêmes délits seront punis des mêmes peines, sans aucune distinction des personnes. – La Constitution garantit pareillement, comme droits naturels et civils : – La liberté à tout homme d'aller, de rester, de partir, sans pouvoir être arrêté ni

---

* Voir « Déclaration des droits de l'homme ».

détenu, que selon les formes déterminées par la Constitution ; – La liberté à tout homme de parler, d'écrire, d'imprimer et publier ses pensées, sans que ses écrits puissent être soumis à aucune censure ni inspection avant leur publication, et d'exercer le culte religieux auquel il est attaché ; – La liberté aux citoyens de s'assembler paisiblement et sans armes, en satisfaisant aux lois de police ; – La liberté d'adresser aux autorités constituées des pétitions signées individuellement. – Le pouvoir législatif ne pourra faire aucune loi qui porte atteinte et mette obstacle à l'exercice des droits naturels et civils consignés dans le présent titre, et garantis par la Constitution ; mais comme la liberté ne consiste qu'à pouvoir faire tout ce qui ne nuit ni aux droits d'autrui, ni à la sûreté publique, la loi peut établir des peines contre les actes qui, attaquant ou la sûreté publique ou les droits d'autrui, seraient nuisibles à la société. – La Constitution garantit l'inviolabilité des propriétés, ou la juste et préalable indemnité de celles dont la nécessité publique, légalement constatée, exigerait le sacrifice. – Les biens destinés aux dépenses du culte et à tous services d'utilité publique appartiennent à la nation, et sont dans tous les temps à sa disposition. – La Constitution garantit les aliénations qui ont été ou qui seront faites suivant les formes établies par la loi. – Les citoyens ont le droit d'élire ou choisir les ministres de leurs cultes. – Il sera créé et organisé un établissement général de *secours publics*, pour élever les enfants abandonnés, soulager les pauvres infirmes, et fournir du travail aux pauvres valides qui n'auraient pas pu s'en procurer. – Il sera créé et organisé une *instruction publique*, commune à tous les citoyens, gratuite à l'égard des parties d'enseignement indispensables pour tous les hommes, et dont les établissements seront distribués graduellement, dans un rapport combiné avec la division du royaume. – Il sera établi des fêtes nationales pour conserver le souvenir de la Révolution française, entretenir la fraternité entre les citoyens, et les attacher à la Constitution, à la patrie et aux lois. – Il sera fait un code des lois civiles communes à tout le royaume.

TITRE II

DE LA DIVISION DU ROYAUME, ET DE L'ÉTAT DES CITOYENS

Art. 1er. Le royaume est un et indivisible ; son territoire est distribué en quatre-vingt-trois départements, chaque département en districts, chaque district en cantons.

2. Sont citoyens français, – Ceux qui sont nés en France d'un père français ; – Ceux qui, nés en France d'un père étranger, ont fixé leur résidence dans le royaume ; – Ceux qui, nés en pays étranger d'un père français, sont venus s'établir en France, et ont prêté le serment civique ; – Enfin ceux qui, nés en pays étranger, et descendant, à quelque degré que ce soit, d'un Français ou d'une Française expatriés pour cause de religion, viennent demeurer en France et prêtent le serment civique.

3. Ceux qui, nés hors du royaume de parents étrangers, résident en France, deviennent citoyens français après cinq ans de domicile continu dans le royaume s'ils y ont en outre acquis des immeubles, ou épousé une Française, ou formé un établissement d'agriculture ou de commerce, et s'ils ont prêté le serment civique.

4. Le pouvoir législatif pourra, pour des considérations importantes, donner à un étranger un acte de naturalisation, sans autres conditions que de fixer son domicile en France et d'y prêter le serment civique.

5. Le serment civique est : *Je jure d'être fidèle à la nation, à la loi et au roi, et de maintenir de tout mon pouvoir la Constitution du royaume, décrétée par l'Assemblée nationale constituante aux années* 1789, 1790 *et* 1791.

6. La qualité de citoyen français se perd, – 1° Par la naturalisation en pays étranger ; – 2° Par la condamnation aux peines qui emportent la dégradation civique, tant que le condamné n'est pas réhabilité ; – 3° Par un jugement de contumace, tant que le jugement n'est pas

anéanti ; – 4° Par l'affiliation à tout ordre de chevalerie étranger, ou à toute corporation étrangère qui supposerait, soit des preuves de noblesse, soit des distinctions de naissance, ou qui exigerait des vœux religieux.

7. La loi ne considère le mariage que comme contrat civil. – Le pouvoir législatif établira pour tous les habitants, sans distinction, le mode par lequel les naissances, mariages et décès seront constatés ; et il désignera les officiers publics qui en recevront et conserveront les actes.

8. Les citoyens français, considérés sous le rapport des relations locales qui naissent de leur réunion dans les villes et dans certains arrondissements du territoire des campagnes, forment les *communes*. – Le pouvoir législatif pourra fixer l'étendue de l'arrondissement de chaque commune.

9. Les citoyens qui composent chaque commune ont le droit d'élire à temps, et suivant les formes déterminées par la loi, ceux d'entre eux qui, sous le titre d'*officiers municipaux*, sont chargés de gérer les affaires particulières de la commune. – Il pourra être délégué aux officiers municipaux quelques fonctions relatives à l'intérêt général de l'État.

10. Les règles que les officiers municipaux seront tenus de suivre dans l'exercice, tant des fonctions municipales que de celles qui leur auront été déléguées pour l'intérêt général, seront fixées par les lois.

TITRE III

DES POUVOIRS PUBLICS

Art. 1er. La souveraineté est une, indivisible, inaliénable et imprescriptible ; elle appartient à la nation : aucune section du peuple ni aucun individu ne peut s'en attribuer l'exercice.

2. La nation, de qui seule émanent tous les pouvoirs, ne peut les exercer que par délégation. – La Constitution française est représentative ; les représentants sont le Corps législatif et le roi.

3. Le pouvoir législatif est délégué à une Assemblée nationale composée de représentants temporaires, librement élus par le peuple, pour être exercé par elle, avec la sanction du roi, de la manière qui sera déterminée ci-après.

4. Le gouvernement est monarchique : le pouvoir exécutif est délégué au roi, pour être exercé, sous son autorité, par des ministres et autres agents responsables, de la manière qui sera déterminée ci-après.

5. Le pouvoir judiciaire est délégué à des juges élus à temps par le peuple.

CHAPITRE PREMIER

De l'Assemblée nationale législative

Art. 1er. L'Assemblée nationale formant le Corps législatif est permanente, et n'est composée que d'une chambre.

2. Elle sera formée tous les deux ans par de nouvelles élections. – Chaque période de deux années formera une législature.

3. Les dispositions de l'article précédent n'auront pas lieu à l'égard du prochain Corps législatif, dont les pouvoirs cesseront le dernier jour d'avril 1793.

4. Le renouvellement du Corps législatif se fera de plein droit.

5. Le Corps législatif ne pourra être dissous par le roi.

SECTION PREMIÈRE. *Nombre des représentants. Bases de la représentation*

Art. 1er. Le nombre des représentants au Corps législatif est de sept cent quarante-cinq, à raison des quatre-vingt-trois départements dont le royaume est composé, et indépendamment de ceux qui pourraient être accordés aux colonies.

2. Les représentants seront distribués entre les quatre-vingt-trois départements, selon les trois proportions du territoire, de la population et de la contribution directe.

3. Des sept cent quarante-cinq représentants, deux cent quarante-sept sont attachés au territoire. – Chaque département en nommera trois, à l'exception du département de Paris, qui n'en nommera qu'un.

4. Deux cent quarante-neuf représentants sont attribués à la population. – La masse totale de la population active du royaume est divisée en deux cent quarante-neuf parts, et chaque département nomme autant de députés qu'il a de parts de population.

5. Deux cent quarante-neuf représentants sont attachés à la contribution directe. – La somme totale de la contribution directe du royaume est de même divisée en deux cent quarante-neuf parts, et chaque département nomme autant de députés qu'il paie de parts de contribution.

SECTION II. *Assemblées primaires. Nomination des électeurs*

Art. 1er. Pour former l'Assemblée nationale législative, Les citoyens actifs se réuniront tous les deux ans en assemblées primaires dans les villes et dans les cantons. – Les assemblées primaires se formeront de plein droit le second dimanche de mars, si elles n'ont pas été convoquées plus tôt par les fonctionnaires publics déterminés par la loi.

2. Pour être citoyen actif, il faut, – Être né ou devenu français ; – Être âgé de vingt-cinq ans accomplis ; – Être domicilié dans la ville ou dans le canton depuis le temps déterminé par la loi ; – Payer, dans un lieu quelconque du royaume, une contribution directe au moins égale à la valeur de trois journées de travail, et en représenter la quittance ; – N'être pas dans un état de domesticité, c'est-à-dire de serviteur à gages ; – Être inscrit, dans la municipalité de son domicile, au rôle des gardes nationales ; – Avoir prêté le serment civique.

3. Tous les six ans, le Corps législatif fixera le *minimum* et le *maximum* de la valeur de la journée de travail, et les administrateurs des départements en feront la détermination pour chaque district.

4. Nul ne pourra exercer les droits de citoyen actif dans plus d'un endroit, ni se faire représenter par un autre.

5. Sont exclus de l'exercice des droits de citoyen actif : – Ceux qui sont en état d'accusation ; – Ceux qui, après avoir été constitués en état de faillite ou d'insolvabilité, prouvé par pièces authentiques, ne rapportent pas un acquit général de leurs créanciers.

6. Les assemblées primaires nommeront des électeurs en proportion du nombre des citoyens actifs domiciliés dans la ville ou le canton. – Il sera nommé un électeur à raison de cent citoyens actifs présents ou non à l'assemblée. – Il en sera nommé deux depuis cent cinquante-un jusqu'à deux cent cinquante, et ainsi de suite.

7. Nul ne pourra être nommé électeur s'il ne réunit aux conditions nécessaires pour être citoyen actif, savoir : – Dans les villes au-dessus de six mille âmes, celle d'être propriétaire ou usufruitier d'un bien évalué sur les rôles de contribution à un revenu égal à la valeur locale de deux cents journées de travail, ou d'être locataire d'une habitation évaluée sur les mêmes rôles à un revenu égal à la valeur de cent cinquante journées de travail ; – Dans les villes au-dessous de six mille âmes, celle d'être propriétaire ou usufruitier d'un bien évalué sur les rôles de contribution à un revenu égal à la valeur locale de cent cinquante journées de travail, ou d'être locataire d'une habitation évaluée sur les mêmes rôles à un revenu égal à la valeur de cent journées de travail ; – Et dans les campagnes, celle d'être propriétaire ou usufruitier d'un bien évalué sur les rôles de contribution à un revenu égal à la valeur locale de cent cinquante journées de travail, ou d'être fermier ou métayer de biens évalués sur les mêmes rôles à la valeur de quatre cents journées de travail. – A l'égard de ceux qui seront en même temps propriétaires ou usufruitiers d'une part, et locataires, fermiers ou métayers de l'autre, leurs facultés à ces divers titres seront cumulées, jusqu'au taux nécessaire pour établir leur éligibilité.

SECTION III. *Assemblées électorales. Nomination des représentants*

Art. 1er. Les électeurs nommés en chaque département se réuniront pour élire le nombre des représentants dont la nomination sera attribuée à leur département, et un nombre de suppléants égal au tiers de celui des représentants. – Les assemblées électorales se formeront de plein droit le dernier dimanche de mars, si elles n'ont pas été convoquées plus tôt par les fonctionnaires publics déterminés par la loi.

2. Les représentants et les suppléants seront élus à la pluralité absolue des suffrages, et ne pourront être choisis que parmi les citoyens actifs du département.

3. Tous les citoyens actifs, quel que soit leur état, profession ou contribution, pourront être élus représentants de la nation.

4. Seront néanmoins obligés d'opter, les ministres et les autres agents du pouvoir exécutif révocables à volonté, les commissaires de la trésorerie nationale, les percepteurs et receveurs des contributions directes, les préposés à la perception et aux régies des contributions indirectes et des domaines nationaux, et ceux qui, sous quelque dénomination que ce soit, sont attachés à des emplois de la maison militaire et civile du roi. – Seront également tenus d'opter les administrateurs, sous-administrateurs, officiers municipaux et commandants des gardes nationales.

5. L'exercice des fonctions judiciaires sera incompatible avec celles de représentant de la nation, pendant toute la durée de la législature. – Les juges seront remplacés par leurs suppléants, et le roi pourvoira par des brevets de commission au remplacement de ses commissaires auprès des tribunaux.

6. Les membres du Corps législatif pourront être réélus à la législature suivante, et ne pourront l'être ensuite qu'après l'intervalle d'une législature.

7. Les représentants nommés dans les départements ne seront pas représentants d'un département particulier, mais de la nation entière, et il ne pourra leur être donné aucun mandat.

SECTION IV. *Tenue et régime des assemblées primaires et électorales*

Art. 1er. Les fonctions des assemblées primaires et électorales se bornent à élire ; elles se sépareront aussitôt après les élections faites, et ne pourront se former de nouveau que lorsqu'elles seront convoquées, si ce n'est au cas de l'article 1er de la section II et de l'article 1er de la section III ci-dessus.

2. Nul citoyen actif ne peut entrer ni donner son suffrage dans une assemblée, s'il est armé.

3. La force armée ne pourra être introduite dans l'intérieur sans le vœu exprès de l'assemblée, si ce n'est qu'on y commît des violences ; auquel cas, l'ordre du président suffira pour appeler la force publique.

4. Tous les deux ans, il sera dressé, dans chaque district, des listes par cantons des citoyens actifs, et la liste de chaque canton y sera publiée et affichée deux mois avant l'époque de l'assemblée primaire. – Les réclamations qui pourront avoir lieu, soit pour contester la qualité des citoyens employés sur la liste, soit de la part de ceux qui se prétendront omis injustement, seront portées aux tribunaux pour y être jugées sommairement. – La liste servira de règle pour l'admission des citoyens dans la prochaine assemblée primaire, en tout ce qui n'aura pas été rectifié par des jugements rendus avant la tenue de l'assemblée.

5. Les assemblées électorales ont le droit de vérifier la qualité et les pouvoirs de ceux qui s'y présenteront, et leurs décisions seront exécutées provisoirement, sauf le jugement du Corps législatif lors de la vérification des pouvoirs des députés.

6. Dans aucun cas et sous aucun prétexte, le roi, ni aucun des agents nommés par lui, ne pourront prendre connaissance des questions relatives à la régularité des convocations, à la tenue des assemblées, à la forme des élections, ni aux droits politiques des citoyens, sans préjudice des fonctions des commissaires du roi dans les cas déterminés par la loi, où les questions relatives aux droits politiques des citoyens doivent être portées dans les tribunaux.

SECTION V. *Réunion des représentants en Assemblée nationale législative*

Art. 1er. Les représentants se réuniront, le premier lundi du mois de mai, au lieu des séances de la dernière législature.

2. Ils se formeront provisoirement en

assemblée, sous la présidence du doyen d'âge, pour vérifier les pouvoirs des représentants présents.

3. Dès qu'ils seront au nombre de trois cent soixante-treize membres vérifiés, ils se constitueront sous le titre d'*Assemblée nationale législative :* elle nommera un président, un vice-président et des secrétaires, et commencera l'exercice de ses fonctions.

4. Pendant tout le cours du mois de mai, si le nombre des représentants présents est au-dessous de trois cent soixante-treize, l'Assemblée ne pourra faire aucun acte législatif. – Elle pourra prendre un arrêté pour enjoindre aux membres absents de se rendre à leurs fonctions dans le délai de quinzaine au plus tard, à peine de trois mille livres d'amende, s'ils ne proposent pas une excuse qui soit jugée légitime par l'Assemblée.

5. Au dernier jour de mai, quel que soit le nombre des membres présents, ils se constitueront en Assemblée nationale législative.

6. Les représentants prononceront tous ensemble, au nom du peuple français, le serment de *vivre libres ou mourir.*– Ils prêteront ensuite individuellement le serment de *maintenir de tout leur pouvoir la Constitution du royaume, décrétée par l'Assemblée nationale constituante, aux années* 1789, 1790 *et* 1791 ; *de ne rien proposer ni consentir, dans le cours de la législature, qui puisse y porter atteinte, et d'être en tout fidèles à la nation, à la loi et au roi.*

7. Les représentants de la nation sont inviolables : ils ne pourront être recherchés, accusés ni jugés en aucun temps, pour ce qu'ils auront dit, écrit ou fait dans l'exercice de leurs fonctions de représentants.

8. Ils pourront, pour faits criminels, être saisis en flagrant délit, ou en vertu d'un mandat d'arrêt ; mais il en sera donné avis, sans délai, au Corps législatif ; et la poursuite ne pourra être continuée qu'après que le Corps législatif aura décidé qu'il y a lieu à accusation.

CHAPITRE II
De la royauté, de la régence et des ministres

SECTION PREMIÈRE. *De la royauté et du roi*

Art. 1er. La royauté est indivisible, et déléguée héréditairement à la race régnante, de mâle en mâle, par ordre de primogéniture, à l'exclusion perpétuelle des femmes et de leur descendance. – (Rien n'est préjugé sur l'effet des renonciations, dans la race actuellement régnante.)

2. La personne du roi est inviolable et sacrée ; son seul titre est *roi des Français.*

3. Il n'y a point en France d'autorité supérieure à celle de la loi ; le roi ne règne que par elle, et ce n'est qu'au nom de la loi qu'il peut exiger l'obéissance.

4. Le roi, à son avènement au trône, ou dès qu'il aura atteint sa majorité, prêtera à la nation, en présence du Corps législatif, le serment *d'être fidèle à la nation et à la loi, d'employer tout le pouvoir qui lui est délégué à maintenir la Constitution décrétée par l'Assemblée nationale constituante, aux années* 1789, 1790 *et* 1791, *et à faire exécuter les lois.* – Si le Corps législatif n'est pas assemblé, le roi fera publier une proclamation dans laquelle seront exprimés ce serment et la promesse de le réitérer aussitôt que le Corps législatif sera réuni.

5. Si, un mois après l'invitation du Corps législatif, le roi n'a pas prêté ce serment, ou si, après l'avoir prêté, il le rétracte, il sera censé avoir abdiqué la royauté.

6. Si le roi se met à la tête d'une armée et en dirige les forces contre la nation, ou s'il ne s'oppose pas par un acte formel à une telle entreprise qui s'exécuterait en son nom, il sera censé avoir abdiqué la royauté.

7. Si le roi, étant sorti du royaume, n'y rentrait pas après l'invitation qui lui en serait faite par le Corps législatif, et dans le délai qui sera fixé par la proclamation, lequel ne pourra être moindre de deux mois, il serait censé avoir abdiqué la royauté. – Le délai commencera à courir du jour où la

proclamation du Corps législatif aura été publiée dans le lieu de ses séances ; et les ministres seront tenus, sous leur responsabilité, de faire tous les actes du pouvoir exécutif, dont l'exercice sera suspendu dans la main du roi absent.

8. Après l'abdication expresse ou légale, le roi sera dans la classe des citoyens, et pourra être accusé et jugé comme eux pour les actes postérieurs à son abdication.

9. Les biens particuliers que le roi possède à son avènement au trône sont réunis irrévocablement au domaine de la nation : il a la disposition de ceux qu'il acquiert à titre singulier ; s'il n'en a pas disposé, ils sont pareillement réunis à la fin du règne.

10. La nation pourvoit à la splendeur du trône par une liste civile, dont le Corps législatif déterminera la somme à chaque changement de règne, pour toute la durée du règne.

11. Le roi nommera un administrateur de la liste civile, qui exercera les actions judiciaires du roi, et contre lequel toutes les actions à la charge du roi seront dirigées, et les jugements prononcés. Les condamnations obtenues par les créanciers de la liste civile seront exécutoires contre l'administrateur personnellement, et sur ses propres biens.

12. Le roi aura, indépendamment de la garde d'honneur qui lui sera fournie par les citoyens gardes nationales du lieu de sa résidence, une garde payée sur les fonds de la liste civile ; elle ne pourra excéder le nombre de douze cents hommes à pied, et de six cents hommes à cheval. – Les grades et les règles d'avancement y seront les mêmes que dans les troupes de ligne ; mais ceux qui composeront la garde du roi rouleront pour tous les grades exclusivement sur eux-mêmes, et ne pourront en obtenir aucun dans l'armée de ligne. – Le roi ne pourra choisir les hommes de sa garde que parmi ceux qui sont actuellement en activité de service dans les troupes de ligne, ou parmi les citoyens qui ont fait depuis un an le service de gardes nationales, pourvu qu'ils soient résidents dans le royaume, et qu'ils aient précédemment prêté le serment civique. – La garde du roi ne pourra être commandée ni requise pour aucun autre service public.

SECTION II. *De la régence*

Art. 1er. Le roi est mineur jusqu'à l'âge de dix-huit ans accomplis ; et pendant sa minorité, il y a un régent du royaume.

2. La régence appartient au parent du roi le plus proche en degré, suivant l'ordre de l'hérédité au trône, et âgé de vingt-cinq ans accomplis, pourvu qu'il soit Français et regnicole, qu'il ne soit pas héritier présomptif d'une autre couronne, et qu'il ait précédemment prêté le serment civique. – Les femmes sont exclues de la régence.

3. Si un roi mineur n'avait aucun parent réunissant les qualités ci-dessus exprimées, le régent du royaume sera élu ainsi qu'il va être dit aux articles suivants.

4. Le Corps législatif ne pourra élire le régent.

5. Les électeurs de chaque district se réuniront au chef-lieu de district, d'après une proclamation qui sera faite dans la première semaine du nouveau règne, par le Corps législatif, s'il est réuni ; et, s'il était séparé, le ministre de la Justice sera tenu de faire cette proclamation dans la même semaine.

6. Les électeurs nommeront en chaque district, au scrutin individuel et à la pluralité absolue des suffrages, un citoyen éligible et domicilié dans le district, auquel ils donneront, par le procès-verbal de l'élection, un mandat spécial borné à la seule fonction d'élire le citoyen qu'il jugera en son âme et conscience le plus digne d'être élu régent du royaume.

7. Les citoyens mandataires nommés dans les districts, seront tenus de se rassembler dans la ville où le Corps législatif tiendra sa séance, le quarantième jour, au plus tard, à partir de celui de l'avènement du roi mineur au trône, et ils formeront l'assemblée électorale qui procèdera à la nomination du régent.

8. L'élection du régent sera faite au scrutin individuel, et à la pluralité absolue des suffrages.

9. L'assemblée électorale ne pourra s'occuper que de l'élection, et se séparera aussitôt que l'élection sera terminée ; tout

autre acte qu'elle entreprendrait de faire, est déclaré inconstitutionnel et de nul effet.

10. L'assemblée électorale fera présenter, par son président, le procès-verbal de l'élection au Corps législatif, qui, après avoir vérifié la régularité de l'élection, la fera publier dans tout le royaume par une proclamation.

11. Le régent exerce, jusqu'à la majorité du roi, toutes les fonctions de la royauté, et n'est pas personnellement responsable des actes de son administration.

12. Le régent ne peut commencer l'exercice de ses fonctions, qu'après avoir prêté à la nation, en présence du Corps législatif, le serment *d'être fidèle à la nation, à la loi et au roi, d'employer tout le pouvoir délégué au roi, et dont l'exercice lui est confié pendant la minorité du roi, à maintenir la Constitution décrétée par l'Assemblée nationale constituante, aux années* 1789, 1790 *et* 1791, *et à faire exécuter les lois.* – Si le Corps législatif n'est pas assemblé, le régent fera publier une proclamation, dans laquelle seront exprimés ce serment et la promesse de le réitérer aussitôt que le Corps législatif sera réuni.

13. Tant que le régent n'est pas entré en exercice de ses fonctions, la sanction des lois demeure suspendue ; les ministres continuent de faire, sous leur responsabilité, tous les actes du pouvoir exécutif.

14. Aussitôt que le régent aura prêté le serment, le Corps législatif déterminera son traitement, lequel ne pourra être changé pendant la durée de la régence.

15. Si, à raison de la minorité d'âge du parent appelé à la régence, elle a été dévolue à un parent plus éloigné, ou déférée par élection, le régent qui sera entré en exercice continuera ses fonctions jusqu'à la majorité du roi.

16. La régence du royaume ne confère aucun droit sur la personne du roi mineur.

17. La garde du roi mineur sera confiée à sa mère ; et s'il n'a pas de mère, ou si elle est remariée au temps de l'avènement de son fils au trône, ou si elle se remarie pendant la minorité, la garde sera déférée par le Corps législatif. – Ne peuvent être élus pour la garde du roi mineur, ni le régent et ses descendants, ni les femmes.

18. En cas de démence du roi notoirement reconnue, légalement constatée, et déclarée par le Corps législatif après trois délibérations successivement prises de mois en mois, il y a lieu à la régence tant que la démence dure.

SECTION III. *De la famille du roi*

Art. 1er. L'héritier présomptif portera le nom de *prince royal.* – Il ne peut sortir du royaume sans un décret du Corps législatif et le consentement du roi. – S'il en est sorti, et si, étant parvenu à l'âge de dix-huit ans, il ne rentre pas en France après avoir été requis par une proclamation du Corps législatif, il est censé avoir abdiqué le droit de succession au trône.

2. Si l'héritier présomptif est mineur, le parent majeur, premier appelé à la régence, est tenu de résider dans le royaume. – Dans le cas où il en serait sorti, et n'y rentrerait pas sur la réquisition du Corps législatif, il sera censé avoir abdiqué son droit à la régence.

3. La mère du roi mineur ayant sa garde, ou le gardien élu, s'ils sortent du royaume, sont déchus de la garde. – Si la mère de l'héritier présomptif mineur sortait du royaume, elle ne pourrait, même après son retour, avoir la garde de son fils mineur devenu roi, que par un décret du Corps législatif.

4. Il sera fait une loi pour régler l'éducation du roi mineur et celle de l'héritier présomptif mineur.

5. Les membres de la famille du roi appelés à la succession éventuelle au trône jouissent des droits de citoyen actif, mais ne sont éligibles à aucune des places, emplois ou fonctions qui sont à la nomination du peuple. – A l'exception des départements du ministère, ils sont susceptibles des places et emplois à la nomination du roi ; néanmoins ils ne pourront commander en chef aucune armée de terre ou de mer, ni remplir les fonctions d'ambassadeurs, qu'avec le consentement du Corps législatif, accordé sur la proposition du roi.

6. Les membres de la famille du roi, appelés à la succession éventuelle au

trône, ajouteront la dénomination de *prince français* au nom qui leur aura été donné dans l'acte civil constatant leur naissance, et ce nom ne pourra être ni patronymique, ni formé d'aucune des qualifications abolies par la présente Constitution. – La dénomination de *prince* ne pourra être donnée à aucun autre individu, et n'emportera aucun privilège, ni aucune exception au droit commun de tous les Français.

7. Les actes par lesquels seront légalement constatés les naissances, mariages et décès des princes français, seront présentés au Corps législatif, qui en ordonnera le dépôt dans ses archives.

8. Il ne sera accordé aux membres de la famille du roi aucun apanage réel. – Les fils puînés du roi recevront, à l'âge de vingt-cinq ans accomplis, ou lors de leur mariage, une rente apanagère, laquelle sera fixée par le Corps législatif, et finira à l'exécution de leur postérité masculine.

SECTION IV. *Des ministres*

Art. 1er. Au roi seul appartiennent le choix et la révocation des ministres.

2. Les membres de l'Assemblée nationale actuelle et des législatures suivantes, les membres du Tribunal de cassation, et ceux qui serviront dans le haut jury, ne pourront être promus au ministère, ni recevoir aucune place, don, pension, traitement ou commission du pouvoir exécutif ou de ses agents, pendant la durée de leurs fonctions, ni pendant deux ans après en avoir cessé l'exercice. – Il en sera de même de ceux qui seront seulement inscrits sur la liste du haut jury, pendant tout le temps que durera leur inscription.

3. Nul ne peut entrer en exercice d'aucun emploi, soit dans les bureaux du ministère, soit dans ceux des régies ou administrations des revenus publics, ni en général d'aucun emploi à la nomination du pouvoir exécutif, sans prêter le serment civique, ou sans justifier qu'il l'a prêté.

4. Aucun ordre du roi ne pourra être exécuté, s'il n'est signé par lui et contresigné par le ministre ou l'ordonnateur du département.

5. Les ministres sont responsables de tous les délits par eux commis contre la sûreté nationale et la Constitution ; – De tout attentat à la propriété et à la liberté individuelle ; – De toute dissipation des deniers destinés aux dépenses de leur département.

6. En aucun cas, l'ordre du roi, verbal ou par écrit, ne peut soustraire un ministre à la responsabilité.

7. Les ministres sont tenus de présenter chaque année au Corps législatif, à l'ouverture de la session, l'aperçu des dépenses à faire dans leur département, de rendre compte de l'emploi des sommes qui y étaient destinées, et d'indiquer les abus qui auraient pu s'introduire dans les différentes parties du gouvernement.

8. Aucun ministre en place, ou hors de place, ne peut être poursuivi en matière criminelle pour fait de son administration, sans un décret du Corps législatif.

CHAPITRE III

De l'exercice du pouvoir législatif

SECTION PREMIÈRE. *Pouvoirs et fonctions de l'Assemblée nationale législative*

Art. 1er. La Constitution délègue exclusivement au Corps législatif les pouvoirs et fonctions ci-après : – 1° De proposer et décréter les lois : le roi peut seulement inviter le Corps législatif à prendre un objet en considération ; – 2° De fixer les dépenses publiques ; – 3° D'établir les contributions publiques, d'en déterminer la nature, la quotité, la durée et le mode de perception ; – 4° De faire la répartition de la contribution directe entre les départements du royaume, de surveiller l'emploi de tous les revenus publics, et de s'en faire rendre compte ; – 5° De décréter la création ou la suppression des offices publics ; – 6° De déterminer le titre, le poids, l'empreinte et la dénomination des monnaies ; – 7° De permettre ou de défendre l'introduction des troupes étrangères sur le territoire français, et des forces navales étrangères dans les ports du royaume ; – 8° De statuer annuellement, après la proposition du roi, sur le nombre d'hommes et de vaisseaux dont les armées de terre et de mer seront composées, sur la solde et le nombre d'individus de chaque grade ; sur les règles d'admission et d'avancement, les formes de l'enrôlement et du dégagement, la formation des équipages de mer ; sur l'admission des troupes ou des forces navales étrangères au service de la France, et sur le traitement des troupes en cas de licenciement ; – 9° De statuer sur l'administration et d'ordonner l'aliénation des domaines nationaux ; – 10° De poursuivre devant la Haute Cour nationale la responsabilité des ministres et des agents principaux du pouvoir exécutif ; – D'accuser et de poursuivre devant la même cour ceux qui seront prévenus d'attentat et de complot contre la sûreté générale de l'État ou contre la Constitution ; – 11° D'établir les lois d'après lesquelles les marques d'honneurs ou décorations purement personnelles seront accordées à ceux qui ont rendu des services à l'État ; – 12° Le Corps législatif a seul le droit de décerner les honneurs publics à la mémoire des grands hommes.

2. La guerre ne peut être décidée que par un décret du Corps législatif, rendu sur la proposition formelle et nécessaire du roi, et sanctionné par lui. – Dans le cas d'hostilités imminentes ou commencées, d'un allié à soutenir, ou d'un droit à conserver par la force des armes, le roi en donnera, sans aucun délai, la notification au Corps législatif, et en fera connaître les motifs. Si le Corps législatif est en vacances, le roi le convoquera aussitôt. – Si le Corps législatif décide que la guerre ne doit pas être faite, le roi prendra sur-le-champ des mesures pour faire cesser ou prévenir toutes hostilités, les ministres demeurant responsables des délais. – Si le Corps législatif trouve que les hostilités commencées soient une agression coupable de la part des ministres ou de quelque autre agent du pouvoir exécutif, l'auteur de l'agression sera poursuivi criminellement. – Pendant tout le cours de la guerre, le Corps législatif peut requérir le roi de négocier la paix ; et le roi est tenu de déférer à cette réquisition. – A l'instant où la guerre cessera, le Corps législatif fixera le délai dans lequel les troupes élevées au-dessus du pied de paix seront congédiées, et l'armée réduite à son état ordinaire.

3. Il appartient au Corps législatif de ratifier les traités de paix, d'alliance et de commerce ; et aucun traité n'aura d'effet que par cette ratification.

4. Le Corps législatif a le droit de déterminer le lieu de ses séances, de les continuer autant qu'il le jugera nécessaire et de s'ajourner. Au commencement de chaque règne, s'il n'est pas réuni, il sera tenu de se rassembler sans délai. – Il a le droit de police dans le lieu de ses séances, et dans l'enceinte extérieure qu'il aura déterminée. – Il a le droit de discipline sur ses membres ; mais il ne peut prononcer de punition plus forte que la censure, les arrêts pour huit jours, ou la prison pour trois jours. – Il a le droit de disposer, pour sa sûreté et pour le maintien du respect qui lui est dû, des forces qui, de son consentement, seront établies dans la ville où il tiendra ses séances.

5. Le pouvoir exécutif ne peut faire passer ou séjourner aucun corps de troupes de ligne, dans la distance de trente mille toises du Corps législatif ; si ce n'est sur sa réquisition ou avec son autorisation.

SECTION II. *Tenue des séances, et forme de délibérer*

Art. 1er. Les délibérations du Corps législatif seront publiques, et les procès-verbaux de ses séances seront imprimés.

2. Le Corps législatif pourra cependant, en toute occasion, se former en *comité général.* – Cinquante membres auront le droit de l'exiger. – Pendant la durée du comité général, les assistants se retireront, le fauteuil du président sera vacant, l'ordre sera maintenu par le vice-président.

3. Aucun acte législatif ne pourra être délibéré et décrété que dans la forme suivante.

4. Il sera fait trois lectures du projet de décret, à trois intervalles, dont chacun ne pourra être moindre de huit jours.

5. La discussion sera ouverte après chaque lecture ; et néanmoins, après la première ou seconde lecture, le Corps

législatif pourra déclarer qu'il y a lieu à l'ajournement ou qu'il n'y a pas lieu à délibérer ; dans ce dernier cas, le projet de décret pourra être représenté dans la même session. – Tout projet de décret sera imprimé et distribué avant que la seconde lecture puisse en être faite.

6. Après la troisième lecture, le président sera tenu de mettre en délibération, et le Corps législatif décidera s'il se trouve en état de rendre un décret définitif, ou s'il veut renvoyer la décision à un autre temps, pour recueillir de plus amples éclaircissements.

7. Le Corps législatif ne peut délibérer, si la séance n'est composée de deux cents membres au moins, et aucun décret ne sera formé que par la pluralité absolue des suffrages.

8. Tout projet de loi qui, soumis à la discussion, aura été rejeté après la troisième lecture, ne pourra être représenté dans la même session.

9. Le préambule de tout décret définitif énoncera : 1° les dates des séances auxquelles les trois lectures du projet auront été faites ; 2° le décret par lequel il aura été arrêté, après la troisième lecture, de décider définitivement.

10. Le roi refusera sa sanction au décret dont le préambule n'attestera pas l'observation des formes ci-dessus : si quelqu'un de ces décrets était sanctionné, les ministres ne pourront le sceller ni le promulguer, et leur responsabilité à cet égard durera six années.

11. Sont exceptés des dispositions ci-dessus, les décrets reconnus et déclarés urgents par une délibération préalable du Corps législatif ; mais ils peuvent être modifiés ou révoqués dans le cours de la même session. – Le décret par lequel la matière aura été déclarée urgente en énoncera les motifs ; et il sera fait mention de ce décret préalable dans le préambule du décret définitif.

SECTION III. *De la sanction royale*

Art. 1er. Les décrets du Corps législatif sont présentés au roi, qui peut leur refuser son consentement.

2. Dans le cas où le roi refuse son consentement, ce refus n'est que suspensif. – Lorsque les deux législatures qui suivront celle qui aura présenté le décret, auront successivement représenté le même décret dans les mêmes termes, le roi sera censé avoir donné la sanction.

3. Le consentement du roi est exprimé sur chaque décret par cette formule signée du roi : *Le roi consent et fera exécuter.* – Le refus suspensif est exprimé par celle-ci : *Le roi examinera.*

4. Le roi est tenu d'exprimer son consentement ou son refus sur chaque décret, dans les deux mois de la présentation.

5. Tout décret auquel le roi a refusé son consentement, ne peut lui être représenté par la même législature.

6. Les décrets sanctionnés par le roi, et ceux qui lui auront été présentés par trois législatures consécutives, ont force de loi, et portent le nom et l'intitulé de *lois*.

7. Seront néanmoins exécutés comme lois, sans être sujets à la sanction, les actes du Corps législatif concernant sa Constitution en assemblée délibérante ; – Sa police intérieure, et celle qu'il pourra exercer dans l'enceinte extérieure qu'il aura déterminée ; – La vérification des pouvoirs de ses membres présents ; – Les injonctions aux membres absents ; – La convocation des assemblées primaires en retard ; – L'exercice de la police constitutionnelle sur les administrateurs et sur les officiers municipaux ; – Les questions, soit d'éligibilité, soit de validité des élections. – Ne sont pareillement sujets à la sanction, les actes relatifs à la responsabilité des ministres, ni les décrets portant qu'il y a lieu à accusation.

8. Les décrets du Corps législatif concernant l'établissement, la prorogation et la perception des contributions publiques, porteront le nom et l'intitulé de *lois*. Ils seront promulgués et exécutés sans être sujets à la sanction, si ce n'est pour les dispositions qui établiraient des peines autres que des amendes et contraintes pécuniaires. – Ces décrets ne pourront être rendus qu'après l'observation des formalités prescrites par les articles 4, 5, 6, 7, 8 et 9 de la section II du présent chapitre ; et le Corps législatif ne pourra y insérer aucune disposition étrangère à leur objet.

SECTION IV. *Relations du Corps législatif avec le roi*

Art. 1er. Lorsque le Corps législatif est définitivement constitué, il envoie au roi une députation pour l'en instruire. Le roi peut, chaque année, faire l'ouverture de la session, et proposer les objets qu'il croit devoir être pris en considération pendant le cours de cette session, sans néanmoins que cette formalité puisse être considérée comme nécessaire à l'activité du Corps législatif.

2. Lorsque le Corps législatif veut s'ajourner au-delà de quinze jours, il est tenu d'en prévenir le roi par une députation, au moins huit jours d'avance.

3. Huitaine au moins avant la fin de chaque session, le Corps législatif envoie au roi une députation, pour lui annoncer le jour où il se propose de terminer ses séances. Le roi peut venir faire la clôture de la session.

4. Si le roi trouve important au bien de l'État que la session soit continuée, ou que l'ajournement n'ait pas lieu, ou qu'il n'ait lieu que pour un temps moins long, il peut à cet effet envoyer un message, sur lequel le Corps législatif est tenu de délibérer.

5. Le roi convoquera le Corps législatif, dans l'intervalle de ses sessions, toutes les fois que l'intérêt de l'État lui paraîtra l'exiger, ainsi que dans les cas qui auront été prévus et déterminés par le Corps législatif avant de s'ajourner.

6. Toutes les fois que le roi se rendra au lieu des séances du Corps législatif, il sera reçu et reconduit par une députation ; il ne pourra être accompagné dans l'intérieur de la salle que par le prince royal et par les ministres.

7. Dans aucun cas, le président ne pourra faire partie d'une députation.

8. Le Corps législatif cessera d'être corps délibérant, tant que le roi sera présent.

9. Les actes de la correspondance du roi avec le Corps législatif seront toujours contre-signés par un ministre.

10. Les ministres du roi auront entrée dans l'Assemblée nationale législative ; ils y auront une place marquée. – Ils seront entendus, toutes les fois qu'ils le demanderont, sur les objets relatifs à leur administration, ou lorsqu'ils seront requis de donner des éclaircissements. – Ils seront également entendus sur les objets étrangers à leur administration, quand l'Assemblée nationale leur accordera la parole.

CHAPITRE IV

De l'exercice du pouvoir exécutif

Art. 1er. Le pouvoir exécutif suprême réside exclusivement dans la main du roi. – Le roi est le chef suprême de l'administration générale du royaume : le soin de veiller au maintien de l'ordre et de la tranquillité publique lui est confié. – Le roi est le chef suprême de l'armée de terre et de l'armée navale. – Au roi est délégué le soin de veiller à la sûreté extérieure du royaume, d'en maintenir les droits et les possessions.

2. Le roi nomme les ambassadeurs et les autres agents des négociations politiques. – Il confère le commandement des armées et des flottes, et les grades de maréchal de France et d'amiral. – Il nomme les deux tiers des contre-amiraux, la moitié des lieutenants-généraux, maréchaux de camp, capitaines de vaisseau, et colonels de la gendarmerie nationale. – Il nomme le tiers des colonels et des lieutenants-colonels, et le sixième des lieutenants de vaisseau. – Le tout en se conformant aux lois sur l'avancement. – Il nomme, dans l'administration civile de la marine, les ordonnateurs, les contrôleurs, les trésoriers des arsenaux, les chefs des travaux, sous-chefs des bâtiments civils, la moitié des chefs d'administration et des sous-chefs de constructions. – Il nomme les commissaires auprès des tribunaux. – Il nomme les préposés en chef aux régies des contributions indirectes, et à l'administration des domaines nationaux. – Il surveille la fabrication des monnaies, et nomme les officiers chargés d'exercer cette surveillance dans la commission générale et dans les hôtels des Monnaies. – L'effigie du roi est empreinte sur toutes les monnaies du royaume.

3. Le roi fait délivrer les lettres patentes, brevets et commissions, aux fonctionnaires publics ou autres qui doivent en recevoir.

4. Le roi fait dresser la liste des pensions et gratifications, pour être présentée au Corps législatif à chacune de ses sessions, et décrétée, s'il y a lieu.

SECTION PREMIÈRE. *De la promulgation des lois*

Art. 1er. Le pouvoir exécutif est chargé de faire sceller les lois du sceau de l'État, et de les faire promulguer. – Il est chargé également de faire promulguer et exécuter les actes du Corps législatif qui n'ont pas besoin de la sanction du roi.

2. Il sera fait deux expéditions originales de chaque loi, toutes deux signées du roi, contre-signées par le ministre de la Justice, et scellées du sceau de l'État. – L'une restera déposée aux archives du sceau, et l'autre sera remise aux archives du Corps législatif.

3. La promulgation sera ainsi conçue : « N. (*le nom du roi*), par la grâce de Dieu et par la loi constitutionnelle de l'État, roi des Français, à tous présents et à venir, salut. L'Assemblée nationale a décrété, et nous voulons et ordonnons ce qui suit : » – (*La copie littérale du décret sera insérée sans aucun changement.*) – « Mandons et ordonnons à tous les corps administratifs et tribunaux, que par les présentes ils fassent consigner dans leurs registres, lire, publier et afficher dans leurs départements et ressorts respectifs, et exécuter comme loi du royaume. En foi de quoi nous avons signé ces présentes, auxquelles nous avons fait apposer le sceau de l'État. »

4. Si le roi est mineur, les lois, proclamations et autres actes émanés de l'autorité royale, pendant la régence, seront conçus ainsi qu'il suit : « N. (*le nom du régent*) régent du royaume, au nom de N. (*le nom du roi*), par la grâce de Dieu et par la loi constitutionnelle de l'État, roi des Français, etc., etc. »

5. Le pouvoir exécutif est tenu d'envoyer les lois aux corps administratifs et aux tribunaux, de faire certifier cet envoi, et d'en justifier au Corps législatif.

6. Le pouvoir exécutif ne peut faire aucune loi, même provisoire, mais seulement des proclamations conformes aux lois, pour en ordonner ou en rappeler l'exécution.

SECTION II. *De l'administration intérieure*

Art. 1er. Il y a dans chaque département une administration supérieure, et dans chaque district une administration subordonnée.

2. Les administrateurs n'ont aucun caractère de représentation. – Ils sont agents élus à temps par le peuple, pour exercer, sous la surveillance et l'autorité du roi, les fonctions administratives.

3. Ils ne peuvent ni s'immiscer dans l'exercice du pouvoir législatif, ou suspendre l'exécution des lois, ni rien entreprendre sur l'ordre judiciaire, ni sur les dispositions ou opérations militaires.

4. Les administrateurs sont essentiellement chargés de répartir les contributions directes, et de surveiller les deniers provenant de toutes les contributions et revenus publics dans leur territoire. – Il appartient au pouvoir législatif de déterminer les règles et le mode de leurs fonctions, tant sur les objets ci-dessus exprimés, que sur toutes les autres parties de l'administration intérieure.

5. Le roi a le droit d'annuler les actes des administrateurs de département, contraires aux lois ou aux ordres qu'il leur aura adressés. – Il peut, dans le cas d'une désobéissance persévérante, ou s'ils compromettent par leurs actes la sûreté ou la tranquillité publique, les suspendre de leurs fonctions.

6. Les administrateurs de département ont de même le droit d'annuler les actes des sous-administrateurs de district, contraires aux lois ou aux arrêtés des administrateurs de département, ou aux ordres que ces derniers leur auront donnés ou transmis. – Ils peuvent également, dans le cas d'une désobéissance persévérante des sous-administrateurs, ou si ces derniers compromettent par leurs actes la sûreté ou la tranquillité publique, les suspendre de leurs fonctions, à la charge d'en instruire le roi, qui pourra lever ou confirmer la suspension.

7. Le roi peut, lorsque les administrateurs de département n'auront pas usé du pouvoir qui leur est délégué dans l'article ci-dessus, annuler directement les actes des sous-admi-

nistrateurs, et les suspendre dans les mêmes cas.

8. Toutes les fois que le roi aura prononcé ou confirmé la suspension des administrateurs ou sous-administrateurs, il en instruira le Corps législatif. – Celui-ci pourra ou lever la suspension, ou la confirmer, ou même dissoudre l'administration coupable, et, s'il y a lieu, renvoyer tous les administrateurs ou quelques-uns d'eux aux tribunaux criminels, ou porter contre eux le décret d'accusation.

SECTION III. *Des relations extérieures*

Art. 1er. Le roi seul peut entretenir des relations politiques au-dehors, conduire les négociations, faire des préparatifs de guerre proportionnés à ceux des États voisins, distribuer les forces de terre et de mer ainsi qu'il le jugera convenable, et en régler la direction en cas de guerre.

2. Toute déclaration de guerre sera faite en ces termes : *De la part du roi des Français, au nom de la nation.*

3. Il appartient au roi d'arrêter et de signer, avec toutes les puissances étrangères, tous les traités de paix, d'alliance et de commerce, et autres conventions qu'il jugera nécessaires au bien de l'État, sauf la ratification du Corps législatif.

CHAPITRE V

Du pouvoir judiciaire

Art. 1er. Le pouvoir judiciaire ne peut, en aucun cas, être exercé par le Corps législatif ni par le roi.

2. La justice sera rendue gratuitement par des juges élus à temps par le peuple, et institués par lettres patentes du roi, qui ne pourra les refuser. – Ils ne pourront être, ni destitués que pour forfaiture dûment jugée, ni suspendus que par une accusation admise. – L'accusateur public sera nommé par le peuple.

3. Les tribunaux ne peuvent ni s'immiscer dans l'exercice du pouvoir législatif, ou suspendre l'exécution des lois, ni entreprendre sur les fonctions administratives, ou citer devant eux les administrateurs, pour raison de leurs fonctions.

4. Les citoyens ne peuvent être distraits des juges que la loi leur assigne, par aucune commission, ni par d'autres attributions et évocations que celles qui sont déterminées par les lois.

5. Le droit des citoyens, de terminer définitivement leurs contestations par la voie de l'arbitrage, ne peut recevoir aucune atteinte par les actes du pouvoir législatif.

6. Les tribunaux ordinaires ne peuvent recevoir aucune action au civil, sans qu'il leur soit justifié que les parties ont comparu, ou que le demandeur a cité sa partie adverse devant les médiateurs pour parvenir à une conciliation.

7. Il y aura un ou plusieurs juges de paix dans les cantons et dans les villes ; le nombre en sera déterminé par le pouvoir législatif.

8. Il appartient au pouvoir législatif de régler le nombre et les arrondissements des tribunaux, et le nombre des juges dont chaque tribunal sera composé.

9. En matière criminelle, nul citoyen ne peut être jugé que sur une accusation reçue par des jurés, ou décrétée par le Corps législatif, dans les cas où il lui appartient de poursuivre l'accusation. – Après l'accusation admise, le fait sera reconnu et déclaré par des jurés. – L'accusé aura la faculté d'en récuser jusqu'à vingt, sans donner de motifs. – Les jurés qui déclareront le fait, ne pourront être au-dessous du nombre de douze. – L'application de la loi sera faite par des juges. – L'instruction sera publique, et l'on ne pourra refuser aux accusés le secours d'un conseil. – Tout homme acquitté par un jury légal ne peut plus être repris ni accusé à raison du même fait.

10. Nul homme ne peut être saisi que pour être conduit devant l'officier de police ; et nul ne peut être mis en arrestation ou détenu, qu'en vertu d'un mandat des officiers de police, d'une ordonnance de prise de corps d'un tribunal, d'un décret d'accusation du Corps législatif, dans le cas où il lui appartient de le prononcer, ou d'un jugement de condamnation à prison ou détention correctionnelle.

11. Tout homme saisi et conduit devant l'officier de police sera examiné sur-le-champ, ou, au plus tard, dans les

vingt-quatre heures. – S'il résulte de l'examen qu'il n'y a aucun sujet d'inculpation contre lui, il sera remis aussitôt en liberté ; ou, s'il y a lieu de l'envoyer à la maison d'arrêt, il y sera conduit dans le plus bref délai, qui, en aucun cas, ne pourra excéder trois jours.

12. Nul homme arrêté ne peut être retenu, s'il donne caution suffisante, dans tous les cas où la loi permet de rester libre sous cautionnement.

13. Nul homme, dans le cas où sa détention est autorisée par la loi, ne peut être conduit et détenu que dans les lieux légalement et publiquement désignés pour servir de maison d'arrêt, de maison de justice ou de prison.

14. Nul gardien ou geôlier ne peut recevoir ni retenir aucun homme qu'en vertu d'un mandat ou ordonnance de prise de corps, décret d'accusation ou jugement mentionné dans l'article 10 ci-dessus, et sans que la transcription en ait été faite sur son registre.

15. Tout gardien ou geôlier est tenu, sans qu'aucun ordre puisse l'en dispenser, de représenter la personne du détenu à l'officier civil ayant la police de la maison de détention, toutes les fois qu'il en sera requis par lui. – La représentation de la personne du détenu ne pourra de même être refusée à ses parents et amis, porteurs de l'ordre de l'officier civil, qui sera toujours tenu de l'accorder, à moins que le gardien ou geôlier ne représente une ordonnance du juge, transcrite sur son registre, pour tenir l'arrêté au secret.

16. Tout homme, quelle que soit sa place ou son emploi, autre que ceux à qui la loi donne le droit d'arrestation, qui donnera, signera, exécutera ou fera exécuter l'ordre d'arrêter un citoyen, ou quiconque, même dans les cas d'arrestation autorisée par la loi, conduira, recevra ou retiendra un citoyen dans un lieu de détention non publiquement et légalement désigné, et tout gardien ou geôlier qui contreviendra aux dispositions des articles 14 et 15 ci-dessus, seront coupables du crime de détention arbitraire.

17. Nul homme ne peut être recherché ni poursuivi pour raison des écrits qu'il aura fait imprimer ou publier sur quelque matière que ce soit, si ce n'est qu'il ait provoqué à dessein la désobéissance à la loi, l'avilissement des pouvoirs constitués, la résistance à leurs actes, ou quelques-unes des actions déclarées crimes ou délits par la loi. – La censure sur les actes des pouvoirs constitués est permise : mais les calomnies volontaires, contre la probité des fonctionnaires publics et la droiture de leurs intentions dans l'exercice de leurs fonctions, pourront être poursuivies par ceux qui en sont l'objet. – Les calomnies et injures contre quelques personnes que ce soit, relatives aux actions de leur vie privée, seront punies sur leurs poursuites.

18. Nul ne peut être jugé, soit par la voie civile, soit par la voie criminelle, pour fait d'écrits imprimés ou publiés, sans qu'il ait été reconnu et déclaré par un jury : 1° s'il y a délit dans l'écrit dénoncé ; 2° si la personne poursuivie est coupable.

19. Il y aura pour tout le royaume un seul Tribunal de cassation, établi auprès du Corps législatif. Il aura pour fonctions de prononcer : – Sur les demandes en cassation contre les jugements rendus en dernier ressort par les tribunaux ; – Sur les demandes en renvoi d'un tribunal à un autre, pour cause de suspicion légitime ; – Sur les règlements de juges et les prises à partie contre un tribunal entier.

20. En matière de cassation, le Tribunal de cassation ne pourra jamais connaître du fond des affaires ; mais, après avoir cassé le jugement qui aura été rendu sur une procédure dans laquelle les formes auront été violées, ou qui contiendra une contravention expresse à la loi, il renverra le fond du procès au tribunal qui doit en connaître.

21. Lorsque, après deux cassations, le jugement du troisième tribunal sera attaqué par les mêmes moyens que les deux premiers, la question ne pourra plus être agitée au Tribunal de cassation, sans avoir été soumise au Corps législatif, qui portera un décret déclaratoire de la loi, auquel le Tribunal de cassation sera tenu de se conformer.

22. Chaque année, le Tribunal de cassation sera tenu d'envoyer à la barre du Corps législatif une députation de huit de ses membres, qui lui présenteront

l'état des jugements rendus, à côté de chacun desquels seront la notice abrégée de l'affaire, et le texte de la loi qui aura déterminé la décision.

23. Une Haute Cour nationale, formée des membres du Tribunal de cassation et de hauts jurés, connaîtra des délits des ministres et agents principaux du pouvoir exécutif, et des crimes qui attaqueront la sûreté générale de l'État, lorsque le Corps législatif aura rendu un décret d'accusation. – Elle ne se rassemblera que sur la proclamation du Corps législatif, et à une distance de trente mille toises au moins du lieu où la législature tiendra ses séances.

24. Les expéditions exécutoires des jugements des tribunaux seront conçues ainsi qu'il suit : – « N. (*le nom du roi*), par la grâce de Dieu et par la loi constitutionnelle de l'État, roi des Français, à tous présents et à venir, salut. Le tribunal de... a rendu le jugement suivant : » – » *(Ici sera copié le jugement dans lequel il sera fait mention du nom des juges.)* – « Mandons et ordonnons à tous huissiers sur ce requis, de mettre ledit jugement à exécution, à nos commissaires auprès des tribunaux d'y tenir la main ; et à tous commandants et officiers de la force publique de prêter main-forte, lorsqu'ils en seront légalement requis. En foi de quoi, le présent jugement a été signé par le président du tribunal et par le greffier. »

25. Les fonctions des commissaires du roi auprès des tribunaux seront de requérir l'observation des lois dans les jugements à rendre, et de faire exécuter les jugements rendus. – Ils ne seront point accusateurs publics, mais ils seront entendus sur toutes les accusations, et requerront, pendant le cours de l'instruction pour la régularité des formes, et avant le jugement pour l'application de la loi.

26. Les commissaires du roi auprès des tribunaux dénonceront au directeur du jury, soit d'office, soit d'après les ordres qui leur seront donnés par le roi : – Les attentats contre la liberté individuelle des citoyens, contre la libre circulation des subsistances et autres objets de commerce, et contre la perception des contributions ; – Les délits par lesquels l'exécution des ordres donnés par le roi dans l'exercice des fonctions qui lui sont déléguées, serait troublée ou empêchée ; – Les attentats contre le droit des gens ; – Et les rébellions à l'exécution des jugements et de tous les actes exécutoires émanés des pouvoirs constitués.

27. Le ministre de la Justice dénoncera au Tribunal de cassation, par la voie du commissaire du roi, et sans préjudice du droit des parties intéressées, les actes par lesquels les juges auraient excédé les bornes de leur pouvoir. – Le tribunal les annulera ; et, s'ils donnent lieu à la forfaiture, le fait sera dénoncé au Corps législatif, qui rendra le décret d'accusation, s'il y a lieu, et renverra les prévenus devant la Haute Cour nationale.

TITRE IV

DE LA FORCE PUBLIQUE

Art. 1er. La force publique est instituée pour défendre l'État contre les ennemis du dehors, et assurer au-dedans le maintien de l'ordre et l'exécution des lois.

2. Elle est composée de l'armée de terre et de mer, de la troupe spécialement destinée au service de l'intérieur, et subsidiairement des citoyens actifs, et de leurs enfants en état de porter les armes, inscrits sur le rôle de la garde nationale.

3. Les gardes nationales ne forment ni un corps militaire, ni une institution dans l'État ; ce sont les citoyens eux-mêmes appelés au service de la force publique.

4. Les citoyens ne pourront jamais se former ni agir comme gardes nationales, qu'en vertu d'une réquisition ou d'une autorisation légale.

5. Ils sont soumis, en cette qualité, à une organisation déterminée par la loi. – Ils ne peuvent avoir dans tout le royaume qu'une même discipline et un même uniforme. – Les distinctions de grade et la subordination ne subsistent que relativement au service et pendant sa durée.

6. Les officiers sont élus à temps, et ne peuvent être réélus qu'après un intervalle de service comme soldats. – Nul ne commandera la garde nationale de plus d'un district.

7. Toutes les parties de la force publique employées pour la sûreté de l'État contre les ennemis du dehors, agiront sous les ordres du roi.

8. Aucun corps ou détachement de troupes de ligne ne peut agir dans l'intérieur du royaume, sans une réquisition légale.

9. Aucun agent de la force publique ne peut entrer dans la maison d'un citoyen, si ce n'est pour l'exécution des mandements de police et de justice, ou dans les cas formellement prévus par la loi.

10. La réquisition de la force publique dans l'intérieur du royaume appartient aux officiers civils, suivant les règles déterminées par le pouvoir législatif.

11. Si les troubles agitent tout un département, le roi donnera, sous la responsabilité de ses ministres, les ordres nécessaires pour l'exécution des lois et le rétablissement de l'ordre, mais à la charge d'en informer le Corps législatif, s'il est assemblé, et de le convoquer, s'il est en vacance.

12. La force publique est essentiellement obéissante ; nul corps armé ne peut délibérer.

13. L'armée de terre et de mer, et la troupe destinée à la sûreté intérieure, sont soumises à des lois particulières, soit pour le maintien de la discipline, soit pour la forme des jugements et la nature des peines en matière de délits militaires.

TITRE V

DES CONTRIBUTIONS PUBLIQUES

Art. 1er. Les contributions publiques seront délibérées et fixées chaque année par le Corps législatif, et ne pourront subsister au-delà du dernier jour de la session suivante, si elles n'ont pas été expressément renouvelées.

2. Sous aucun prétexte, les fonds nécessaires à l'acquittement de la dette nationale et au paiement de la liste civile, ne pourront être ni refusés ni suspendus. – Le traitement des ministres du culte catholique pensionnés, conservés, élus ou nommés en vertu des décrets de l'Assemblée nationale constituante, fait partie de la dette nationale. – Le Corps législatif ne pourra, en aucun cas, charger la nation du paiement des dettes d'aucun individu.

3. Les comptes détaillés de la dépense des départements ministériels, signés et certifiés par les ministres ou ordonnateurs généraux, seront rendus publics par la voie de l'impression, au commencement des sessions de chaque législature. – Il en sera de même des états de recette des diverses contributions, et de tous les revenus publics. – Les états de ces dépenses et recettes seront distingués suivant leur nature, et exprimeront les sommes touchées et dépensées, année par année, dans chaque district. – Les dépenses particulières à chaque département et relatives aux tribunaux, aux corps administratifs et autres établissements, seront également rendues publiques.

4. Les administrateurs de département et sous-administrateurs ne pourront ni établir aucune contribution publique, ni faire aucune répartition au-delà du temps et des sommes fixés par le Corps législatif, ni délibérer ou permettre, sans y être autorisés par lui, aucun emprunt local à la charge des citoyens du département.

5. Le pouvoir exécutif dirige et surveille la perception et le versement des contributions, et donne tous les ordres nécessaires à cet effet.

TITRE VI

DES RAPPORTS DE LA NATION FRANÇAISE AVEC LES NATIONS ÉTRANGÈRES

La nation française renonce à entreprendre aucune guerre dans la vue de faire des conquêtes, et n'emploiera jamais ses forces contre la liberté d'aucun peuple. – La Constitution n'admet point de droit d'aubaine. – Les étrangers, établis ou non en France, succèdent à leurs parents étrangers ou français. – Ils peuvent contracter, acquérir et recevoir des biens situés en France, et en disposer de même que tout citoyen français, par tous les moyens autorisés par les lois. – Les étrangers qui se trouvent en France, sont soumis aux mêmes lois criminelles et de police que les citoyens français, sauf les conventions arrêtées avec les puissances étrangères ; leur personne, leurs biens, leur industrie, leur culte, sont également protégés par la loi.

TITRE VII

DE LA RÉVISION DES DÉCRETS CONSTITUTIONNELS

Art. 1er. L'Assemblée nationale constituante déclare que la nation a le droit imprescriptible de changer sa Constitution ; et, néanmoins, considérant qu'il est plus conforme à l'intérêt national d'user seulement, par les moyens pris dans la Constitution même, du droit d'en réformer les articles dont l'expérience aurait fait sentir les inconvénients, décrète qu'il y sera procédé par une assemblée de révision en la forme suivante :

2. Lorsque les trois législatures consécutives auront émis un vœu uniforme pour le changement de quelque article constitutionnel, il y aura lieu à la révision demandée.

3. La prochaine législature et la suivante ne pourront proposer la réforme d'aucun article constitutionnel.

4. Des trois législatures qui pourront par la suite proposer quelques changements, les deux premières ne s'occuperont de cet objet que dans les deux derniers mois de leur dernière session, et la troisième à la fin de sa première session annuelle, ou au commencement de la seconde. – Leurs délibérations sur cette matière seront soumises aux mêmes formes que les actes législatifs ; mais les décrets par lesquels elles auront émis leur vœu ne seront pas sujets à la sanction du roi.

5. La quatrième législature, augmentée de deux cent quarante-neuf membres élus en chaque département, par doublement du nombre ordinaire qu'il fournit pour sa population, formera l'assemblée de révision. – Ces deux cent quarante-neuf membres seront élus après que la nomination des représentants au Corps législatif aura été terminée, et il en sera fait un procès-verbal séparé. – L'assemblée de révision ne sera composée que d'une chambre.

6. Les membres de la troisième législature qui aura demandé le changement, ne pourront être élus à l'assemblée de révision.

7. Les membres de l'assemblée de révision, après avoir prononcé tous ensemble le serment de *vivre libres ou mourir*, prêteront individuellement celui de *se borner à statuer sur les objets qui leur auront été soumis par le vœu uniforme des trois législatures précédentes ; de maintenir au surplus, de tout leur pouvoir, la Constitution du royaume, décrétée par l'Assemblée nationale constituante, aux années* 1789, 1790 *et* 1791 ; *et d'être en tout fidèles à la nation, à la loi et au roi.*

8. L'assemblée de révision sera tenue de s'occuper ensuite, et sans délai, des objets qui auront été soumis à son examen : aussitôt que son travail sera terminé, les deux cent quarante-neuf membres nommés en augmentation se retireront, sans pouvoir prendre part, en aucun cas, aux actes législatifs. – Les colonies et possessions françaises dans l'Asie, l'Afrique et l'Amérique, quoiqu'elles fassent partie de l'empire français, ne sont pas comprises dans la présente Constitution. – Aucun des pouvoirs institués par la Constitution n'a le droit de la changer dans son ensemble ni dans ses parties, sauf les réformes qui pourront y être faites par la voie de la révision, conformément aux dispositions du titre VII ci-dessus. – L'Assemblée nationale constituante en remet le dépôt à la fidélité du Corps législatif, du roi et des juges, à la vigilance des pères de famille, aux épouses et aux mères, à l'affection des jeunes citoyens, au courage de tous les Français. – Les décrets rendus par l'Assemblée nationale constituante, qui ne sont pas compris dans l'acte de Constitution, seront exécutés comme lois ; et les lois antérieures auxquelles elle n'a pas dérogé, seront également observées, tant que les uns ou les autres n'auront pas été révoqués ou modifiés par le pouvoir législatif. – L'Assemblée nationale, ayant entendu la lecture de l'acte constitutionnel ci-dessus, et après l'avoir

approuvé, déclare que la Constitution est terminée, et qu'elle ne peut y rien changer. Il sera nommé à l'instant une députation de soixante membres, pour offrir dans le jour, l'acte constitutionnel au roi.

CONSTITUTION DE L'AN I. Afin de combattre les Girondins qui affirment que la Convention a été élue pour rédiger une Constitution et non pour se perpétuer au pouvoir comme assemblée de gouvernement, les Montagnards bâclent, du 3 au 9 juin 1793, juste après avoir proscrit les 22 chefs de la Gironde, la Constitution de l'an I, texte démagogique destiné à apaiser la province inquiète des coups de force successifs de Paris et du viol de la souveraineté de la représentation nationale par la Commune et les sections. Cette Constitution jamais appliquée, qui n'était pas destinée à l'être, dont l'application était différée jusqu'à « la paix », comporte une nouvelle Déclaration des droits de l'homme et du citoyen où apparaissent les idées nouvelles de suffrage universel, de droit au travail, de droit à l'instruction, de droit à la pétition, de droit à l'insurrection au cas où le gouvernement ne correspondrait plus aux vœux de la majorité, de droit au bonheur enfin, idée copiée sur les États-Unis. Afin de satisfaire la province, il est écrit qu'une loi peut être rejetée si un dixième des électeurs des assemblées primaires, dans au moins la moitié des départements, en demande le rejet. L'assemblée électorale du département, choisie par les assemblées primaires, élit un candidat au conseil exécutif, pris sur une liste nationale. L'intervention permanente possible des citoyens dans la vie législative est une garantie contre les abus de la Convention, mais une garantie illusoire, puisque ce texte n'est qu'un leurre destiné à apaiser l'insurrection de la plus grande partie de la France contre la dictature parisienne.

ACTE CONSTITUTIONNEL DU 24 JUIN 1793 (AN Ier) ET DÉCLARATION DES DROITS DE L'HOMME ET DU CITOYEN

DÉCLARATION DES DROITS DE L'HOMME ET DU CITOYEN

Le peuple français, convaincu que l'oubli et le mépris des droits naturels de l'homme sont les seules causes des malheurs du monde, a résolu d'exposer, dans une déclaration solennelle, ces droits sacrés et inaliénables, afin que tous les citoyens, pouvant comparer sans cesse les actes du gouvernement avec le but de toute institution sociale, ne se laissent jamais opprimer et avilir par la tyrannie ; afin que le peuple ait toujours devant les yeux les bases de sa liberté et de son bonheur, le magistrat la règle de ses devoirs, le législateur l'objet de sa mission. – En conséquence, il proclame en présence de l'Être suprême, la Déclaration suivante des droits de l'homme et du citoyen :

Art. 1er. Le but de la société est le bonheur commun. – Le gouvernement est institué pour garantir à l'homme la jouissance de ses droits naturels et imprescriptibles.

2. Ces droits sont l'égalité, la liberté, la sûreté, la propriété.

3. Tous les hommes sont égaux par la nature et devant la loi.

4. La loi est l'expression libre et solennelle de la volonté générale ; elle est

la même pour tous, soit qu'elle protège, soit qu'elle punisse ; elle ne peut ordonner que ce qui est juste et utile à la société ; elle ne peut défendre que ce qui lui est nuisible.

5. Tous les citoyens sont également admissibles aux emplois publics. Les peuples libres ne connaissent d'autres motifs de préférence dans leurs élections que les vertus et les talents.

6. La liberté est le pouvoir qui appartient à l'homme de faire tout ce qui ne nuit pas aux droits d'autrui ; elle a pour principe la nature, pour règle la justice, pour sauvegarde la loi ; sa limite morale est dans cette maxime : *Ne fais pas à un autre ce que tu ne veux pas qui te soit fait.*

7. Le droit de manifester sa pensée et ses opinions, soit par la voie de la presse, soit de toute autre manière, le droit de s'assembler paisiblement, le libre exercice des cultes, ne peuvent être interdits. – La nécessité d'énoncer ces droits suppose ou la présence ou le souvenir récent du despotisme.

8. La sûreté consiste dans la protection accordée par la société à chacun de ses membres pour la conservation de sa personne, de ses droits et de ses propriétés.

9. La loi doit protéger la liberté publique et individuelle contre l'oppression de ceux qui gouvernent.

10. Nul ne doit être accusé, arrêté ni détenu, que dans les cas déterminés par la loi et selon les formes qu'elle a prescrites. Tout citoyen, appelé ou saisi par l'autorité de la loi, doit obéir à l'instant ; il se rend coupable par la résistance.

11. Tout acte exercé contre un homme hors des cas et sans les formes que la loi détermine, est arbitraire et tyrannique ; celui contre lequel on voudrait l'exécuter par la violence, a le droit de le repousser par la force.

12. Ceux qui solliciteraient, expédieraient, signeraient, exécuteraient ou feraient exécuter des actes arbitraires, sont coupables et doivent être punis.

13. Tout homme étant présumé innocent jusqu'à ce qu'il ait été déclaré coupable, s'il est jugé indispensable de l'arrêter, toute rigueur qui ne serait pas nécessaire pour s'assurer de sa personne, doit être sévèrement réprimée par la loi.

14. Nul ne doit être jugé et puni qu'après avoir été entendu ou légalement appelé, et qu'en vertu d'une loi promulguée antérieurement au délit. La loi qui punirait des délits commis avant qu'elle existât, serait une tyrannie ; l'effet rétroactif donné à la loi serait un crime.

15. La loi ne doit décerner que des peines strictement et évidemment nécessaires ; les peines doivent être proportionnées au délit et utiles à la société.

16. Le droit de propriété est celui qui appartient à tout citoyen, de jouir et de disposer à son gré de ses biens, de ses revenus, du fruit de son travail et de son industrie.

17. Nul genre de travail, de culture, de commerce, ne peut être interdit à l'industrie des citoyens.

18. Tout homme peut engager ses services, son temps ; mais il ne peut se vendre ni être vendu ; sa personne n'est pas une propriété aliénable. La loi ne reconnaît point de domesticité ; il ne peut exister qu'un engagement de soins et de reconnaissance entre l'homme qui travaille et celui qui l'emploie.

19. Nul ne peut être privé de la moindre portion de sa propriété, sans son consentement, si ce n'est lorsque la nécessité publique légalement constatée l'exige, et sous la condition d'une juste et préalable indemnité.

20. Nulle contribution ne peut être établie que pour l'utilité générale. Tous les citoyens ont le droit de concourir à l'établissement des contributions, d'en surveiller l'emploi et de s'en faire rendre compte.

21. Les secours publics sont une dette sacrée. La société doit la subsistance aux citoyens malheureux, soit en leur procurant du travail, soit en assurant les moyens d'exister à ceux qui sont hors d'état de travailler.

22. L'instruction est le besoin de tous. La société doit favoriser de tout son pouvoir les progrès de la raison publique, et mettre l'instruction à la portée de tous les citoyens.

23. La garantie sociale consiste dans l'action de tous pour assurer à chacun la jouissance et la conservation de ses

droits ; cette garantie repose sur la souveraineté nationale.

24. Elle ne peut exister, si les limites des fonctions publiques ne sont pas clairement déterminées par la loi, et si la responsabilité de tous les fonctionnaires n'est pas assurée.

25. La souveraineté réside dans le peuple ; elle est une et indivisible, imprescriptible et inaliénable.

26. Aucune portion du peuple ne peut exercer la puissance du peuple entier ; mais chaque section du souverain assemblée doit jouir du droit d'exprimer sa volonté avec une entière liberté.

27. Que tout individu qui usurperait la souveraineté, soit à l'instant mis à mort par les hommes libres.

28. Un peuple a toujours le droit de revoir, de réformer et de changer sa Constitution. Une génération ne peut assujettir à ses lois les générations futures.

29. Chaque citoyen a un droit égal de concourir à la formation de la loi et à la nomination de ses mandataires ou de ses agents.

30. Les fonctions publiques sont essentiellement temporaires ; elles ne peuvent être considérées comme des distinctions ni comme des récompenses, mais comme des devoirs.

31. Les délits des mandataires du peuple et de ses agents ne doivent jamais être impunis. Nul n'a le droit de se prétendre plus inviolable que les autres citoyens.

32. Le droit de présenter des pétitions aux dépositaires de l'autorité publique, ne peut, en aucun cas, être interdit, suspendu ni limité.

33. La résistance à l'oppression est la conséquence des autres droits de l'homme.

34. Il y a oppression contre le corps social, lorsqu'un seul de ses membres est opprimé ; il y a oppression contre chaque membre, lorsque le corps social est opprimé.

35. Quand le gouvernement viole les droits du peuple, l'insurrection est pour le peuple, et pour chaque portion du peuple, le plus sacré des droits et le plus indispensable des devoirs.

ACTE CONSTITUTIONNEL

De la République

Art. 1er. La République française est une et indivisible.

De la distribution du peuple

2. Le peuple français est distribué, pour l'exercice de sa souveraineté, en assemblées primaires de cantons.

3. Il est distribué, pour l'administration et pour la justice, en départements, districts, municipalités.

De l'état des citoyens

4. Tout homme né et domicilié en France, âgé de vingt et un ans accomplis ; – Tout étranger âgé de vingt et un ans accomplis, qui, domicilié en France depuis une année, – Y vit de son travail, – Ou acquiert une propriété, – Ou épouse une Française, – Ou adopte un enfant, – Ou nourrit un vieillard ; – Tout étranger enfin qui sera jugé par le Corps législatif avoir bien mérité de l'humanité, – Est admis à l'exercice des droits de citoyen français.

5. L'exercice des droits de citoyen se perd, – Par la naturalisation en pays étranger ; – Par l'acceptation de fonctions ou faveurs émanées d'un gouvernement non populaire ; – Par la condamnation à des peines infamantes ou afflictives, jusqu'à réhabilitation.

6. L'exercice des droits de citoyen est suspendu, – Par l'état d'accusation ; – Par un jugement de contumace, tant que le jugement n'est pas anéanti.

De la souveraineté du peuple

7. Le peuple souverain est l'universalité des citoyens français.

8. Il nomme immédiatement ses députés.

9. Il délègue à des électeurs le choix des administrateurs, des arbitres publics, des juges criminels et de cassation.

10. Il délibère sur les lois.

Des assemblées primaires

11. Les assemblées primaires se composent des citoyens domiciliés depuis six mois dans chaque canton.

12. Elles sont composées de deux cents citoyens au moins, de six cents au plus, appelés à voter.

13. Elles sont constituées par la nomination d'un président, de secrétaires, de scrutateurs.

14. Leur police leur appartient.

15. Nul n'y peut paraître en armes.

16. Les élections se font au scrutin ou à haute voix, au choix de chaque votant.

17. Une assemblée primaire ne peut, en aucun cas, prescrire un mode uniforme de voter.

18. Les scrutateurs constatent le vote des citoyens qui, ne sachant pas écrire, préfèrent voter au scrutin.

19. Les suffrages sur les lois sont donnés par *oui* et par *non.*

20. Le vœu de l'assemblée primaire est proclamé ainsi : *Les citoyens réunis en assemblée primaire de... au nombre de... votants, votent pour ou votent contre, à la majorité de...*

De la représentation nationale

21. La population est la seule base de la représentation nationale.

22. Il y a un député en raison de quarante mille individus.

23. Chaque réunion d'assemblées primaires, résultant d'une population de trente-neuf à quarante-un mille âmes, nomme immédiatement un député.

24. La nomination se fait à la majorité absolue des suffrages.

25. Chaque assemblée fait le dépouillement des suffrages, et envoie un commissaire pour le recensement général, au lieu désigné comme le plus central.

26. Si le premier recensement ne donne point de majorité absolue, il est procédé à un second appel, et on vote entre les deux citoyens qui ont réuni le plus de voix.

27. En cas d'égalité de voix, le plus âgé à la préférence, soit pour être ballotté, soit pour être élu. En cas d'égalité d'âge, le sort décide.

28. Tout Français exerçant les droits de citoyen, est éligible dans l'étendue de la République.

29. Chaque député appartient à la nation entière.

30. En cas de non-acceptation, démission, déchéance ou mort d'un député, il est pourvu à son remplacement par les assemblées primaires qui l'ont nommé.

31. Un député qui a donné sa démission ne peut quitter son poste qu'après l'admission de son successeur.

32. Le peuple français s'assemble tous les ans, le 1er mai, pour les élections.

33. Il y procède, quel que soit le nombre des citoyens ayant droit d'y voter.

34. Les assemblées primaires se forment extraordinairement, sur la demande du cinquième des citoyens qui ont droit d'y voter.

35. La convocation se fait, en ce cas, par la municipalité du lieu ordinaire du rassemblement.

36. Ces assemblées extraordinaires ne délibèrent qu'autant que la moitié, plus un, des citoyens qui ont droit d'y voter, sont présents.

Des assemblées électorales

37. Les citoyens réunis en assemblées primaires, nomment un électeur à raison de deux cents citoyens présents ou non ; deux depuis trois cent un jusqu'à quatre cents ; trois depuis cinq cent un jusqu'à six cents.

38. La tenue des assemblées électorales et le mode des élections sont les mêmes que dans les assemblées primaires.

Du Corps législatif

39. Le Corps législatif est un, indivisible et permanent.

40. Sa session est d'un an.

41. Il se réunit le 1er juillet.

42. L'Assemblée nationale ne peut se constituer, si elle n'est composée au moins de la moitié des députés, plus un.

43. Les députés ne peuvent être recherchés, accusés ni jugés en aucun temps, pour les opinions qu'ils ont énoncées dans le sein du Corps législatif.

44. Ils peuvent, pour fait criminel, être saisis en flagrant délit ; mais le mandat d'arrêt ni le mandat d'amener ne peuvent

être décernés contre eux qu'avec l'autorisation du Corps législatif.

Tenue des séances du Corps législatif

45. Les séances de l'Assemblée nationale sont publiques.

46. Les procès-verbaux de ses séances sont imprimés.

47. Elle ne peut délibérer si elle n'est composée de deux cents membres au moins.

48. Elle ne peut refuser la parole à ses membres, dans l'ordre où ils l'ont réclamée.

49. Elle délibère à la majorité des présents.

50. Cinquante membres ont le droit d'exiger l'appel nominal.

51. Elle a le droit de censure sur la conduite de ses membres dans son sein.

52. La police lui appartient dans le lieu de ses séances, et dans l'enceinte extérieure qu'elle a déterminée.

Des fonctions du Corps législatif

53. Le Corps législatif propose des lois, et rend des décrets.

54. Sont compris, sous le nom général de *loi*, les actes du Corps législatif concernant, – La législation civile et criminelle ; – L'administration générale des revenus et des dépenses ordinaires de la République ; – Les domaines nationaux ; – Le titre, le poids, l'empreinte et la dénomination des monnaies ; – La nature, le montant et la perception des contributions ; – La déclaration de guerre ; – Toute nouvelle distribution générale du territoire français ; – L'instruction publique ; – Les honneurs publics à la mémoire des grands hommes.

55. Sont désignés sous le nom particulier de *décret*, les actes du Corps législatif concernant, – L'établissement annuel des forces de terre et de mer ; – La permission ou la défense du passage des troupes étrangères sur le territoire français ; – L'introduction des forces navales étrangères dans les ports de la République ; – Les mesures de sûreté et de tranquillité générales ; – La distribution annuelle et momentanée des secours et travaux publics ; – Les ordres pour la fabrication des monnaies de toute espèce ; – Les dépenses imprévues et extraordinaires ; – Les mesures locales et particulières à une administration, à une commune, à un genre de travaux publics ; – La défense du territoire ; – La ratification des traités ; – La nomination et la destitution des commandants en chef des armées ; – La poursuite de la responsabilité des membres du conseil, des fonctionnaires publics ; – L'accusation des prévenus de complots contre la sûreté générale de la République ; – Tout changement dans la distribution partielle du territoire français ; – Les récompenses nationales.

De la formation de la loi

56. Les projets de loi sont précédés d'un rapport.

57. La discussion ne peut s'ouvrir et la loi ne peut être provisoirement arrêtée que quinze jours après le rapport.

58. Le projet est imprimé et envoyé à toutes les communes de la République, sous ce titre : *Loi proposée.*

59. Quarante jours après l'envoi de la loi proposée, si, dans la moitié des départements, plus un, le dixième des assemblées primaires de chacun d'eux, régulièrement formées, n'a pas réclamé, le projet est accepté et devient *loi.*

60. S'il y a réclamation, le Corps législatif convoque les assemblées primaires.

De l'intitulé des lois et des décrets

61. Les lois, les décrets, les jugements et tous les actes publics sont intitulés : *Au nom du peuple français, l'an... de la République française.*

Du conseil exécutif

62. Il y a un conseil exécutif composé de vingt-quatre membres.

63. L'assemblée électorale de chaque département nomme un candidat. Le Corps législatif choisit sur la liste générale les membres du conseil.

64. Il est renouvelé par moitié à chaque législature, dans les derniers mois de sa session.

65. Le conseil est chargé de la direc-

tion et de la surveillance de l'administration générale ; il ne peut agir qu'en exécution des lois et des décrets du Corps législatif.

66. Il nomme, hors de son sein, les agents en chef de l'administration générale de la République.

67. Le Corps législatif détermine le nombre et les fonctions de ces agents.

68. Ces agents ne forment point un conseil ; ils sont séparés, sans rapports immédiats entre eux ; ils n'exercent aucune autorité personnelle.

69. Le conseil nomme hors de son sein les agents extérieurs de la République.

70. Il négocie les traités.

71. Les membres du conseil, en cas de prévarication, sont accusés par le Corps législatif.

72. Le conseil est responsable de l'inexécution des lois et des décrets, et des abus qu'il ne dénonce pas.

73. Il révoque et remplace les agents à sa nomination.

74. Il est tenu de les dénoncer, s'il y a lieu, devant les autorités judiciaires.

Des relations du conseil exécutif avec le Corps législatif

75. Le conseil exécutif réside auprès du Corps législatif ; il a l'entrée et une place séparée dans le lieu de ses séances.

76. Il est entendu toutes les fois qu'il a un compte à rendre.

77. Le Corps législatif l'appelle dans son sein, en tout ou en partie, lorsqu'il le juge convenable.

Des corps administratifs et municipaux

78. Il y a dans chaque commune de la République une administration municipale ; – Dans chaque district, une administration intermédiaire ; – Dans chaque département, une administration centrale.

79. Les officiers municipaux sont élus par les assemblées de commune.

80. Les administrateurs sont nommés par les assemblées électorales de département et de district.

81. Les municipalités et les administrations sont renouvelées tous les ans par moitié.

82. Les administrateurs et officiers municipaux n'ont aucun caractère de représentation. – Ils ne peuvent, en aucun cas, modifier les actes du Corps législatif, ni en suspendre l'exécution.

83. Le Corps législatif détermine les fonctions des officiers municipaux et des administrateurs, les règles de leur subordination, et les peines qu'ils pourront encourir.

84. Les séances des municipalités et des administrations sont publiques.

De la justice civile

85. Le code des lois civiles et criminelles est uniforme pour toute la République.

86. Il ne peut être porté aucune atteinte au droit qu'ont les citoyens de faire prononcer sur leurs différends par des arbitres de leur choix.

87. La décision de ces arbitres est définitive, si les citoyens ne se sont pas réservé le droit de réclamer.

88. Il y a des juges de paix élus par les citoyens des arrondissements déterminés par la loi.

89. Ils concilient et jugent sans frais.

90. Leur nombre et leur compétence sont réglés par le Corps législatif.

91. Il y a des arbitres publics élus par les assemblées électorales.

92. Leur nombre et leurs arrondissements sont fixés par le Corps législatif.

93. Ils connaissent des contestations qui n'ont pas été terminées définitivement par les arbitres privés ou par les juges de paix.

94. Ils délibèrent en public. – Ils opinent à haute voix. – Ils statuent en dernier ressort, sur défenses verbales, ou sur simple mémoire, sans procédures et sans frais. – Ils motivent leurs décisions.

95. Les juges de paix et les arbitres publics sont élus tous les ans.

De la justice criminelle

96. En matière criminelle, nul citoyen ne peut être jugé que sur une accusation reçue par les jurés ou décrétée par le Corps législatif. – Les accusés ont des conseils choisis par eux, ou nommés d'office. – L'instruction est publique. –

Le fait et l'intention sont déclarés par un jury de jugement. – La peine est appliquée par un tribunal criminel.

97. Les juges criminels sont élus tous les ans par les assemblées électorales.

Du Tribunal de cassation

98. Il y a pour toute la République un Tribunal de cassation.

99. Ce tribunal ne connaît point du fond des affaires. – Il prononce sur la violation des formes, et sur les contraventions expresses à la loi.

100. Les membres de ce tribunal sont nommés tous les ans par les assemblées électorales.

Des contributions publiques

101. Nul citoyen n'est dispensé de l'honorable obligation de contribuer aux charges publiques.

De la trésorerie nationale

102. La trésorerie nationale est le point central des recettes et dépenses de la République.

103. Elle est administrée par des agents comptables nommés par le conseil exécutif.

104. Ces agents sont surveillés par des commissaires nommés par le Corps législatif, pris hors de son sein et responsables des abus qu'ils ne dénoncent pas.

De la comptabilité

105. Les comptes des agents de la trésorerie nationale et des administrateurs des deniers publics sont rendus annuellement à des commissaires responsables, nommés par le conseil exécutif.

106. Ces vérificateurs sont surveillés par des commissaires à la nomination du Corps législatif, pris hors de son sein, et responsables des abus et des erreurs qu'ils ne dénoncent pas. – Le Corps législatif arrête les comptes.

Des forces de la République

107. La force générale de la République est composée du peuple entier.

108. La République entretient à sa solde, même en temps de paix, une force armée de terre et de mer.

109. Tous les Français sont soldats ; ils sont tous exercés au maniement des armes.

110. Il n'y a point de généralissime.

111. La différence des grades, leurs marques distinctives et la subordination ne subsistent que relativement au service et pendant sa durée.

112. La force publique, employée pour maintenir l'ordre et la paix dans l'intérieur, n'agit que sur la réquisition par écrit des autorités constituées.

113. La force publique, employée contre les ennemis du dehors, agit sous les ordres du conseil exécutif.

114. Nul corps armé ne peut délibérer.

Des Conventions nationales

115. Si, dans la moitié des départements plus un, le dixième des assemblées primaires de chacun d'eux, régulièrement formées, demande la révision de l'acte constitutionnel, ou le changement de quelques-uns de ses articles, le Corps législatif est tenu de convoquer toutes les assemblées primaires de la République, pour savoir s'il y a lieu à une Convention nationale.

116. La Convention nationale est formée de la même manière que les législatures, et en réunit les pouvoirs.

117. Elle ne s'occupe, relativement à la Constitution, que des objets qui ont motivé sa convocation.

Des rapports de la République française avec les nations étrangères

118. Le peuple français est l'ami et l'allié naturel des peuples libres.

119. Il ne s'immisce point dans le gouvernement des autres nations ; il ne souffre pas que les autres nations s'immiscent dans le sien.

120. Il donne asile aux étrangers bannis de leur patrie pour la cause de la liberté. – Il le refuse aux tyrans.

121. Il ne fait point la paix avec un ennemi qui occupe son territoire.

De la garantie des droits

122. La Constitution garantit à tous les Français l'égalité, la liberté, la sûreté

la propriété, la dette publique, le libre exercice des cultes, une instruction commune, des secours publics, la liberté indéfinie de la presse, le droit de pétition, le droit de se réunir en sociétés populaires, la jouissance de tous les droits de l'homme.

123. La République française honore la loyauté, le courage, la vieillesse, la piété filiale, le malheur. Elle remet le dépôt de sa Constitution sous la garde de toutes les vertus.

124. La Déclaration des droits et l'acte constitutionnel sont gravés sur des tables au sein du Corps législatif et dans les places publiques.

CONSTITUTION DE L'AN III. Avant de se séparer, la Convention se décide enfin à faire ce pour quoi elle a été élue, rédiger une Constitution, une vraie, celle de l'an I n'ayant été qu'un peu de poudre aux yeux pour essayer de calmer la colère de la province contre Paris. Du 21 mars au 22 août 1795, la Convention, dans le cadre d'un comité de constitution où dominent des modérés comme Daunou ou Boissy d'Anglas, élabore une très longue Constitution de 377 articles, toujours précédée de la Déclaration des droits de l'homme et du citoyen. Le titre I maintient le cadre administratif départemental, cantonal et communal, mais supprime le district trop lié aux atrocités de la Terreur. Les titres II, III et IV, fixent les conditions pour être électeur et la compétence des assemblées électorales. Sont électeurs tous les hommes de plus de vingt et un ans payant un impôt direct. Ils constituent l'assemblée primaire du canton et élisent des électeurs dont les impôts doivent atteindre de cent à deux cents journées de travail et dont le nombre est fonction de la population de la circonscription, le nombre total des électeurs étant d'environ 30 000 pour toute la France. Le titre V confie le pouvoir législatif à deux assemblées, le Conseil des Anciens (250 députés âgés d'au moins quarante ans) et celui des Cinq-Cents (500 députés âgés de plus de trente ans). Les Cinq-Cents élaborent et proposent les lois, le Conseil des Anciens ne peut les amender mais doit les adopter ou les rejeter. Ce bicamérisme n'a pas de base sociale comme en Angleterre où la Chambre des lords représente la noblesse, ni de base politique puisque les élus des deux assemblées sont choisis par un corps électoral identique, à la différence du Sénat et de la Chambre des députés depuis la IIIe République. Il est fondé sur la notion d'âge, les législateurs espérant que des hommes plus âgés seront un frein aux débordements possibles des Cinq-Cents. Les conseils sont soumis à un renouvellement annuel par tiers qui doit permettre d'éviter la dictature d'une assemblée comme celle de la Convention. Le pouvoir exécutif est collégial et confié à cinq Directeurs élus par le Conseil des Anciens sur une liste de 50 noms dressée par le Conseil des Cinq-Cents. Ils sont renouvelables par cinquième tous les ans et non rééligibles avant cinq ans, autant d'obstacles à toute tentative de dictature. Le Directoire nomme et révoque les ministres, dirige l'administration, la politique extérieure, mais les finances lui échappent et sont confiées à une Commission de trésorerie de cinq membres élue de la même façon que lui. L'organisation de la justice est basée sur le principe de la séparation des pouvoirs. Les juges sont élus et il leur est interdit de se mêler du pouvoir législatif et de « faire aucun règlement ». Pour les relations extérieures, les Conseils ont le droit de guerre et de paix, les Directeurs la direction de la diplomatie et des opérations militaires. Cette Constitution vise à établir une république de notables s'appuyant sur 30 000 électeurs fortunés.

CONSTITUTION DU 5 FRUCTIDOR AN III (22 AOÛT 1795) DE LA RÉPUBLIQUE FRANÇAISE

PROCLAMÉE LOI FONDAMENTALE DE LA RÉPUBLIQUE,
EN VERTU DE L'ACCEPTATION DU PEUPLE,
LE 1er VENDÉMIAIRE AN IV (25 SEPTEMBRE 1795)

DÉCLARATION DES DROITS ET DES DEVOIRS DE L'HOMME ET DU CITOYEN

Le peuple français proclame, en présence de l'Être suprême, la déclaration suivante des droits et des devoirs de l'homme et du citoyen :

Droits

Art. 1er. Les droits de l'homme en société sont la liberté, l'égalité, la sûreté, la propriété.

2. La liberté consiste à pouvoir faire ce qui ne nuit pas aux droits d'autrui.

3. L'égalité consiste en ce que la loi est la même pour tous, soit qu'elle protège, soit qu'elle punisse. – L'égalité n'admet aucune distinction de naissance, aucune hérédité de pouvoirs.

4. La sûreté résulte du concours de tous pour assurer les droits de chacun.

5. La propriété est le droit de jouir et de disposer de ses biens, de ses revenus, du fruit de son travail et de son industrie.

6. La loi est la volonté générale, exprimée par la majorité des citoyens ou de leurs représentants.

7. Ce qui n'est pas défendu par la loi ne peut être empêché. – Nul ne peut être contraint à faire ce qu'elle n'ordonne pas.

8. Nul ne peut être appelé en justice, accusé, arrêté ni détenu, que dans les cas déterminés par la loi, et selon les formes qu'elle a prescrites.

9. Ceux qui sollicitent, expédient, signent, exécutent ou font exécuter des actes arbitraires, sont coupables, et doivent être punis.

10. Toute rigueur qui ne serait pas nécessaire pour s'assurer de la personne d'un prévenu, doit être sévèrement réprimée par la loi.

11. Nul ne peut être jugé qu'après avoir été entendu ou légalement appelé.

12. La loi ne doit décerner que des peines strictement nécessaires et proportionnées au délit.

13. Tout traitement qui aggrave la peine déterminée par la loi, est un crime.

14. Aucune loi, ni criminelle, ni civile, ne peut avoir d'effet rétroactif.

15. Tout homme peut engager son temps et ses services, mais il ne peut se vendre ni être vendu ; sa personne n'est pas une propriété aliénable.

16. Toute contribution est établie pour l'utilité générale ; elle doit être répartie entre les contribuables, en raison de leurs facultés.

17. La souveraineté réside essentiellement dans l'universalité des citoyens.

18. Nul individu, nulle réunion partielle de citoyens ne peut s'attribuer la souveraineté.

19. Nul ne peut, sans une délégation légale, exercer aucune autorité, ni remplir aucune fonction publique.

20. Chaque citoyen a un droit égal de concourir, immédiatement ou médiatement, à la formation de la loi, à la nomination des représentants du peuple et des fonctionnaires publics.

21. Les fonctions publiques ne peuvent devenir la propriété de ceux qui les exercent.

22. La garantie sociale ne peut exister si la division des pouvoirs n'est pas établie, si leurs limites ne sont pas fixées, et si la responsabilité des fonctionnaires publics n'est pas assurée.

CONSTITUTION

Art. 1er. La République française est une et indivisible.

2. L'universalité des citoyens français est le souverain.

TITRE PREMIER

DIVISION DU TERRITOIRE

3. La France est divisée en ... départements.

4. Les limites des départements peuvent être changées ou rectifiées par le Corps législatif ; mais, en ce cas, la surface d'un département ne peut excéder cent myriamètres carrés (quatre cents lieues carrées moyennes).

5. Chaque département est distribué en cantons, chaque canton en communes. – Les cantons conservent leurs circonscriptions actuelles. – Leurs limites pourront néanmoins être changées ou rectifiées par le Corps législatif ; mais, en ce cas, il ne pourra y avoir plus d'un myriamètre (deux lieues moyennes de deux mille cinq cent soixante-six toises chacune) de la commune la plus éloignée du chef-lieu du canton.

6. Les colonies françaises sont parties intégrantes de la République, et sont soumises à la même loi constitutionnelle.

7. Elles sont divisées en départements, ainsi qu'il suit : l'île de Saint-Domingue, dont le Corps législatif déterminera la division en quatre départements au moins, et en six au plus ; la Guadeloupe, Marie-Galande, la Désirade, les Saintes, et la partie française de Saint-Martin ; La Martinique ; la Guyane française et Cayenne ; Sainte-Lucie et Tabago ; L'Ile de France, les Séchelles, Rodrigue, et les établissements de Madagascar ; L'île de la Réunion ; Les Indes-Orientales, Pondichéry, Chandernagor, Mahé, Karical et autres établissements.

TITRE II

ÉTAT POLITIQUE DES CITOYENS

8. Tout homme né et résidant en France, qui, âgé de vingt et un ans accomplis, s'est fait inscrire sur le registre civique de son canton, qui a demeuré depuis pendant une année sur le territoire de la République et qui paie une contribution directe, foncière ou personnelle, est citoyen français.

9. Sont citoyens, sans aucune condition de contribution, les Français qui auront fait une ou plusieurs campagnes pour l'établissement de la République.

10. L'étranger devient citoyen français, lorsque, après avoir atteint l'âge de vingt et un ans accomplis et avoir déclaré l'intention de se fixer en France, il y a résidé pendant sept années consécutives, pourvu qu'il y paie une contribution directe, et qu'en outre il y possède une propriété foncière, ou un établissement d'agriculture ou de commerce, ou qu'il y ait épousé une femme française.

11. Les citoyens français peuvent seuls voter dans les assemblées primaires, et être appelés aux fonctions établies par la Constitution.

12. L'exercice des droits de citoyen se perd, – 1° Par la naturalisation en pays étranger ; – 2° Par l'affiliation à toute corporation étrangère qui supposerait des distinctions de naissance, ou qui exigerait des vœux de religion ; – 3° Par l'acceptation de fonctions ou de pensions offertes par un gouvernement étranger ; – 4° Par la condamnation à des peines afflictives ou infamantes, jusqu'à réhabilitation.

13. L'exercice des droits de citoyen est suspendu, – 1° Par l'interdiction judiciaire pour cause de fureur, de démence ou d'imbécilité ; – 2° Par l'état de débiteur failli, ou d'héritier immédiat, détenteur, à titre gratuit, de tout ou partie de la succession d'un failli ; – 3° Par l'état de domestique à gages, attaché au service de la personne ou du ménage ; – 4° Par l'état d'accusation ; – 5° Par un jugement de contumace, tant que le jugement n'est pas anéanti.

14. L'exercice des droits de citoyen n'est perdu ni suspendu que dans les cas exprimés dans les deux articles précédents.

15. Tout citoyen qui aura résidé sept années consécutives hors du territoire de la République, sans mission ou autorisation donnée au nom de la nation, est réputé étranger ; il ne redevient citoyen français qu'après avoir satisfait aux conditions prescrites par l'article 10.

16. Les jeunes gens ne peuvent être inscrits sur le registre civique, s'ils ne prouvent qu'ils savent lire et écrire, et exercer une profession mécanique. – Les opérations manuelles de l'agriculture appartiennent aux professions mécani-

ques. – Cet article n'aura d'exécution qu'à compter de l'an XII de la République.

TITRE III

ASSEMBLÉES PRIMAIRES

17. Les assemblées primaires se composent des citoyens domiciliés dans le même canton. – Le domicile requis pour voter dans ces assemblées s'acquiert par la seule résidence pendant une année, et il ne se perd que par un an d'absence.

18. Nul ne peut se faire remplacer dans les assemblées primaires, ni voter pour le même objet dans plus d'une de ces assemblées.

19. Il y a au moins une assemblée primaire par canton. – Lorsqu'il y en a plusieurs, chacune est composée de quatre cent cinquante citoyens au moins, de neuf cents au plus. – Ces nombres s'entendent des citoyens présents ou absents, ayant droit d'y voter.

20. Les assemblées primaires se constituent provisoirement sous la présidence du plus ancien d'âge ; le plus jeune remplit provisoirement les fonctions de secrétaire.

21. Elles sont définitivement constituées par la nomination au scrutin d'un président, d'un secrétaire et de trois scrutateurs.

22. S'il s'élève des difficultés sur les qualités requises pour voter, l'assemblée statue provisoirement, sauf le recours au tribunal civil du département.

23. En tout autre cas, le Corps législatif prononce seul sur la validité des opérations des assemblées primaires.

24. Nul ne peut paraître en armes dans les assemblées primaires.

25. Leur police leur appartient.

26. Les assemblées primaires se réunissent, – 1° Pour accepter ou rejeter les changements à l'acte constitutionnel, proposés par les assemblées de révision ; – 2° Pour faire les élections qui leur appartiennent suivant l'acte constitutionnel.

27. Elles s'assemblent de plein droit le 1er germinal de chaque année, et procèdent, selon qu'il y a lieu, à la nomination, – 1° Des membres de l'assemblée électorale ; – 2° Du juge de paix et de ses assesseurs ; – 3° Du président de l'administration municipale du canton, ou des officiers municipaux dans les communes au-dessus de cinq mille habitants.

28. Immédiatement après ces élections, il se tient dans les communes au-dessous de cinq mille habitants, des assemblées communales qui élisent les agents de chaque commune et leurs adjoints.

29. Ce qui se fait dans une assemblée primaire ou communale au-delà de l'objet de sa convocation, et contre les formes déterminées par la Constitution, est nul.

30. Les assemblées, soit primaires, soit communales, ne font aucune autre élection que celles qui leur sont attribuées par l'acte constitutionnel.

31. Toutes les élections se font au scrutin secret.

32. Tout citoyen qui est légalement convaincu d'avoir vendu ou acheté un suffrage, est exclu des assemblées primaires et communales, et de toute fonction publique, pendant vingt ans ; en cas de récidive, il l'est pour toujours.

TITRE IV

ASSEMBLÉES ÉLECTORALES

33. Chaque assemblée primaire nomme un électeur à raison de deux cents citoyens, présents ou absents, ayant droit de voter dans ladite assemblée. Jusqu'au nombre de trois cents citoyens inclusivement, il n'est nommé qu'un électeur. – Il en est nommé deux depuis trois cent un jusqu'à cinq cents ; – Trois depuis cinq cent un jusqu'à sept cents ; – Quatre depuis sept cent un jusqu'à neuf cents.

34. Les membres des assemblées électorales sont nommés chaque année, et ne peuvent être réélus qu'après un intervalle de deux ans.

35. Nul ne pourra être nommé électeur, s'il n'a vingt-cinq ans accomplis, et s'il ne réunit aux qualités nécessaires pour exercer les droits de citoyen français, l'une des conditions suivantes, savoir : – Dans les communes au-dessus de six mille habitants, celle d'être

propriétaire ou usufruitier d'un bien évalué à un revenu égal à la valeur locale de deux cents journées de travail, ou d'être locataire, soit d'une habitation évaluée à un revenu égal à la valeur de cent cinquante journées de travail, soit d'un bien rural évalué à deux cents journées de travail ; – Dans les communes au-dessous de six mille habitants, celle d'être propriétaire ou usufruitier d'un bien évalué à un revenu égal à la valeur locale de cent cinquante journées de travail, ou d'être locataire, soit d'une habitation évaluée à un revenu égal à la valeur de cent journées de travail, soit d'un bien rural évalué à cent journées de travail ; – Et dans les campagnes, celle d'être propriétaire ou usufruitier d'un bien évalué à un revenu égal à la valeur locale de cent cinquante journées de travail, ou d'être fermier ou métayer de biens évalués à la valeur de deux cents journées de travail. – A l'égard de ceux qui seront en même temps propriétaires ou usufruitiers, d'une part, et locataires, fermiers ou métayers de l'autre, leurs facultés à ces divers titres seront cumulées jusqu'au taux nécessaire pour établir leur éligibilité.

36. L'assemblée électorale de chaque département se réunit le 20 germinal de chaque année, et termine, en une seule session de dix jours au plus, et sans pouvoir s'ajourner, toutes les élections qui se trouvent à faire, après quoi elle est dissoute de plein droit.

37. Les assemblées électorales ne peuvent s'occuper d'aucun objet étranger aux élections dont elles sont chargées : elles ne peuvent envoyer ni recevoir aucune adresse, aucune pétition, aucune députation.

38. Les assemblées électorales ne peuvent correspondre entre elles.

39. Aucun citoyen, ayant été membre d'une assemblée électorale, ne peut prendre le titre d'électeur, ni se réunir, en cette qualité, à ceux qui ont été avec lui membres de cette même assemblée. – La contravention au présent article est un attentat à la sûreté générale.

40. Les articles 18, 20, 21, 23, 24, 25, 29, 30, 31 et 32 du titre précédent, sur les assemblées primaires, sont communs aux assemblées électorales.

41. Les assemblées électorales élisent, selon qu'il y a lieu, – 1° Les membres du Corps législatif ; savoir : les membres du Conseil des Anciens, ensuite les membres du Conseil des Cinq-Cents ; – 2° Les membres du tribunal de cassation ; – 3° Les hauts-jurés ; – 4° Les administrateurs du département ; – 5° Les président accusateur public et greffier du tribunal criminel ; – 6° Les juges des tribunaux civils.

42. Lorsqu'un citoyen est élu par les assemblées électorales pour remplacer un fonctionnaire mort, démissionnaire ou destitué, ce citoyen n'est élu que pour le temps qui restait au fonctionnaire remplacé.

43. Le commissaire du Directoire exécutif près l'administration de chaque département est tenu, sous peine de destitution, d'informer le Directoire de l'ouverture et de la clôture des assemblées électorales : ce commissaire n'en peut arrêter ni suspendre les opérations, ni entrer dans le lieu des séances ; mais il a droit de demander communication du procès-verbal de chaque séance dans les vingt-quatre heures qui la suivent ; et il est tenu de dénoncer au Directoire les infractions qui seraient faites à l'acte constitutionnel. – Dans tous les cas, le Corps législatif prononce seul sur la validité des opérations des assemblées électorales.

TITRE V

POUVOIR LÉGISLATIF

Dispositions générales

44. Le Corps législatif est composé d'un Conseil des Anciens et d'un Conseil des Cinq-Cents.

45. En aucun cas, le Corps législatif ne peut déléguer à un ou plusieurs de ses membres, ni à qui que ce soit, aucune des fonctions qui lui sont attribuées par la présente Constitution.

46. Il ne peut exercer par lui-même, ni par des délégués, le pouvoir exécutif, ni le pouvoir judiciaire.

47. Il y a incompatibilité entre la qualité de membre du Corps législatif et l'exercice d'une autre fonction publique,

excepté celle d'archiviste de la République.

48. La loi détermine le mode du remplacement définitif ou temporaire des fonctionnaires publics qui viennent à être élus membres du Corps législatif.

49. Chaque département concourt, à raison de sa population seulement, à la nomination des membres du Conseil des Anciens et des membres du Conseil des Cinq-Cents.

50. Tous les dix ans, le Corps législatif, d'après les états de population qui lui sont envoyés, détermine le nombre de membres de l'un et de l'autre conseil que chaque département doit fournir.

51. Aucun changement ne peut être fait dans cette répartition, durant cet intervalle.

52. Les membres du Corps législatif ne sont pas représentants du département qui les a nommés, mais de la nation entière, et il ne peut leur être donné aucun mandat.

53. L'un et l'autre conseil est renouvelé tous les ans par tiers.

54. Les membres sortant après trois années peuvent être immédiatement réélus pour les trois années suivantes, après quoi il faudra un intervalle de deux ans pour qu'ils puissent être élus de nouveau.

55. Nul, en aucun cas, ne peut être membre du Corps législatif durant plus de six années consécutives.

56. Si, par des circonstances extraordinaires, l'un des deux conseils se trouve réduit à moins des deux tiers de ses membres, il en donne avis au Directoire exécutif, lequel est tenu de convoquer, sans délai, les assemblées primaires des départements qui ont des membres du Corps législatif à remplacer par l'effet de ces circonstances : les assemblées primaires nomment sur-le-champ les électeurs, qui procèdent aux remplacements nécessaires.

57. Les membres nouvellement élus pour l'un et pour l'autre conseil, se réunissent, le 1er prairial de chaque année, dans la commune qui a été indiquée par le Corps législatif précédent, ou dans la commune même où il a tenu ses dernières séances, s'il n'en a pas désigné une autre.

58. Les deux conseils résident toujours dans la même commune.

59. Le Corps législatif est permanent : il peut néanmoins s'ajourner à des termes qu'il désigne.

60. En aucun cas, les deux conseils ne peuvent se réunir dans une même salle.

61. Les fonctions de président et de secrétaire ne peuvent excéder la durée d'un mois, ni dans le Conseil des Anciens, ni dans celui des Cinq-Cents.

62. Les deux conseils ont respectivement le droit de police dans le lieu de leurs séances, et dans l'enceinte extérieure qu'ils ont déterminée.

63. Ils ont respectivement le droit de police sur leurs membres ; mais ils ne peuvent prononcer de peine plus forte que la censure, les arrêts pour huit jours, et la prison pour trois.

64. Les séances de l'un et de l'autre conseil sont publiques : les assistants ne peuvent excéder en nombre la moitié des membres respectifs de chaque conseil. – Les procès-verbaux des séances sont imprimés.

65. Toute délibération se prend par assis et levé : en cas de doute, il se fait un appel nominal ; mais alors les votes sont secrets.

66. Sur la demande de cent de ses membres, chaque conseil peut se former en comité général et secret, mais seulement pour discuter, et non pour délibérer.

67. Ni l'un ni l'autre de ces conseils ne peut créer dans son sein aucun comité permanent. – Seulement chaque conseil a la faculté, lorsqu'une matière lui paraît susceptible d'un examen préparatoire, de nommer parmi ses membres une commission spéciale, qui se renferme uniquement dans l'objet de sa formation. – Cette commission est dissoute aussitôt que le Conseil a statué sur l'objet dont elle était chargée.

68. Les membres du Corps législatif reçoivent une indemnité annuelle : elle est, dans l'un et l'autre conseil, fixée à la valeur de trois mille myriagrammes de froment (six cent treize quintaux trente-deux livres).

69. Le Directoire exécutif ne peut faire passer ou séjourner aucun corps de troupes dans la distance de six myriamè-

tres (douzes lieues moyennes) de la commune où le Corps législatif tient ses séances, si ce n'est sur sa réquisition ou avec son autorisation.

70. Il y a près du Corps législatif une garde de citoyens pris dans la garde nationale sédentaire de tous les départements, et choisis par leurs frères d'armes. – Cette garde ne peut être au-dessous de quinze cents hommes en activité de service.

71. Le Corps législatif détermine le mode de ce service et sa durée.

72. Le Corps législatif n'assiste à aucune cérémonie publique, et n'y envoie point de députations.

CONSEIL DES CINQ-CENTS

73. Le Conseil des Cinq-Cents est invariablement fixé à ce nombre.

74. Pour être élu membre du Conseil des Cinq-Cents, il faut être âgé de trente ans accomplis, et avoir été domicilié sur le territoire de la République pendant les dix années qui auront immédiatement précédé l'élection. – La condition de l'âge de trente ans ne sera point exigible avant l'an septième de la République : jusqu'à cette époque, l'âge de vingt-cinq ans accomplis sera suffisant.

75. Le Conseil des Cinq-Cents ne peut délibérer, si la séance n'est composée de deux cents membres au moins.

76. La proposition des lois appartient exclusivement au Conseil des Cinq-Cents.

77. Aucune proposition ne peut être délibérée ni résolue dans le Conseil des Cinq-Cents, qu'en observant les formes suivantes : – Il se fait trois lectures de la proposition ; l'intervalle entre deux de ces lectures ne peut être moindre de dix jours. – La discussion est ouverte après chaque lecture ; et néanmoins, après la première ou la seconde, le conseil des cinq-cents peut déclarer qu'il y a lieu à l'ajournement, ou qu'il n'y a pas lieu à délibérer. – Toute proposition doit être imprimée et distribuée deux jours avant la seconde lecture. – Après la troisième lecture, le Conseil des Cinq-Cents décide s'il y a lieu ou non à l'ajournement.

78. Toute proposition qui, soumise à la discussion, a été définitivement rejetée après la troisième lecture, ne peut être reproduite qu'après une année révolue.

79. Les propositions adoptées par le Conseil des Cinq-Cents s'appellent *résolutions*.

80. Le préambule de toute résolution énonce, – 1° Les dates des séances auxquelles les trois lectures de la proposition auront été faites ; 2° l'acte par lequel il a été déclaré, après la troisième lecture, qu'il n'y a pas lieu à l'ajournement.

81. Sont exemptes des formes prescrites par l'article 77, les propositions reconnues urgentes par une déclaration préalable du Conseil des Cinq-Cents. – Cette déclaration énonce les motifs de l'urgence, et il en est fait mention dans le préambule de la résolution.

CONSEIL DES ANCIENS

82. Le Conseil des Anciens est composé de deux cent cinquante membres.

83. Nul ne peut être élu membre du Conseil des Anciens, – S'il n'est âgé de quarante ans accomplis ; – Si de plus il n'est marié ou veuf ; – Et s'il n'a pas été domicilié sur le territoire de la République pendant les quinze années qui auront immédiatement précédé l'élection.

84. La condition de domicile exigée par le précédent article, et celle prescrite par l'article 74, ne concernent point les citoyens qui sont sortis du territoire de la République avec mission du gouvernement.

85. Le Conseil des Anciens ne peut délibérer si la séance n'est composée de cent vingt-six membres au moins.

86. Il appartient exclusivement au Conseil des Anciens d'approuver ou de rejeter les résolutions du Conseil des Cinq-Cents.

87. Aussitôt qu'une résolution du Conseil des Cinq-Cents est parvenue au Conseil des Anciens, le président donne lecture du préambule.

88. Le Conseil des Anciens refuse d'approuver les résolutions du Conseil des Cinq-Cents qui n'ont point été prises dans les formes prescrites par la Constitution.

89. Si la proposition a été déclarée urgente par le Conseil des Cinq-Cents, le Conseil des Anciens délibère pour approuver ou rejeter l'acte d'urgence.

90. Si le Conseil des Anciens rejette l'acte d'urgence, il ne délibère point sur le fond de la résolution.

91. Si la résolution n'est pas précédée d'un acte d'urgence, il en est fait trois lectures : l'intervalle entre deux de ces lectures ne peut être moindre de cinq jours. – La discussion est ouverte après chaque lecture. – Toute résolution est imprimée et distribuée deux jours au moins avant la seconde lecture.

92. Les résolutions du Conseil des Cinq-Cents, adoptées par le Conseil des Anciens, s'appellent *lois*.

93. Le préambule des lois énonce les dates des séances du Conseil des Anciens auxquelles les trois lectures ont été faites.

94. Le décret par lequel le Conseil des Anciens reconnaît l'urgence d'une loi, est motivé et mentionné dans le préambule de cette loi.

95. La proposition de la loi, faite par le Conseil des Cinq-Cents, s'entend de tous les articles d'un même projet : le Conseil des Anciens doit les rejeter tous, ou les approuver dans leur ensemble.

96. L'approbation du Conseil des Anciens est exprimée sur chaque proposition de loi par cette formule, signée du président et des secrétaires : *Le Conseil des Anciens approuve...*

97. Le refus d'adopter pour cause d'omission des formes indiquées dans l'article 77, est exprimé par cette formule, signée du président et des secrétaires : *La Constitution annule...*

98. Le refus d'approuver le fond de la loi proposée est exprimé par cette formule, signée du président et des secrétaires : *Le Conseil des Anciens ne peut adopter...*

99. Dans le cas du précédent article, le projet de loi rejeté ne peut plus être présenté par le Conseil des Cinq-Cents qu'après une année révolue.

100. Le Conseil des Cinq-Cents peut néanmoins présenter, à quelque époque que ce soit, un projet de loi qui contienne des articles faisant partie d'un projet qui a été rejeté.

101. Le Conseil des Anciens envoie dans le jour les lois qu'il a adoptées, tant au Conseil des Cinq-Cents qu'au Directoire exécutif.

102. Le Conseil des Anciens peut changer la résidence du Corps législatif ; il indique, en ce cas, un nouveau lieu et l'époque à laquelle les deux conseils sont tenus de s'y rendre. Le décret du Conseil des Anciens sur cet objet est irrévocable.

103. Le jour même de ce décret, ni l'un ni l'autre des conseils ne peuvent plus délibérer dans la commune où ils ont résidé jusqu'alors. – Les membres qui y continueraient leurs fonctions se rendraient coupables d'attentat contre la sûreté de la République.

104. Les membres du directoire exécutif qui retarderaient ou refuseraient de sceller, promulguer et envoyer le décret de translation du Corps législatif, seraient coupables du même délit.

105. Si, dans les vingt jours après celui fixé par le Conseil des Anciens, la majorité de chacun des deux conseils n'a pas fait connaître à la République son arrivée au nouveau lieu indiqué, ou sa réunion dans un autre lieu quelconque, les administrateurs de département, ou à leur défaut, les tribunaux civils de département convoquent les assemblées primaires pour nommer des électeurs qui procèdent aussitôt à la formation d'un nouveau Corps législatif, par l'élection de deux cent cinquante députés pour le Conseil des Anciens, et de cinq cents pour l'autre conseil.

106. Les administrateurs de département qui, dans le cas de l'article précédent, seraient en retard de convoquer les assemblées primaires, se rendraient coupables de haute trahison et d'attentat contre la sûreté de la République.

107. Sont déclarés coupables du même délit tous citoyens qui mettraient obstacle à la convocation des assemblées primaires et électorales, dans le cas de l'article 106.

108. Les membres du nouveau Corps législatif se rassemblent dans le lieu où le Conseil des Anciens avait transféré ses séances. – S'ils ne peuvent se réunir dans ce lieu, dans quelque endroit qu'ils se trouvent en majorité, là est le Corps législatif.

109. Excepté dans le cas de l'article

102, aucune proposition de loi ne peut prendre naissance dans le Conseil des Anciens.

De la garantie des membres du Corps législatif

110. Les citoyens qui sont ou ont été membres du Corps législatif, ne peuvent être recherchés, accusés ni jugés en aucun temps, pour ce qu'ils ont dit ou écrit dans l'exercice de leurs fonctions.

111. Les membres du Corps législatif, depuis le moment de leur nomination jusqu'au trentième jour après l'expiration de leurs fonctions, ne peuvent être mis en jugement que dans les formes prescrites par les articles qui suivent.

112. Ils peuvent, pour faits criminels, être saisis en flagrant délit ; mais il en est donné avis, sans délai, au Corps législatif, et la poursuite ne pourra être continuée qu'après que le Conseil des Cinq-Cents aura proposé la mise en jugement, et que le Conseil des Anciens l'aura décrétée.

113. Hors le cas du flagrant délit, les membres du Corps législatif ne peuvent être amenés devant les officiers de police, ni mis en état d'arrestation, avant que le Conseil des Cinq-Cents ait proposé la mise en jugement, et que le Conseil des Anciens l'ait décrétée.

114. Dans les cas des deux articles précédents, un membre du Corps législatif ne peut être traduit devant aucun autre tribunal que la Haute Cour de justice.

115. Ils sont traduits devant la même cour pour les faits de trahison, de dilapidation, de manœuvres pour renverser la Constitution, et d'attentat contre la sûreté intérieure de la République.

116. Aucune dénonciation contre un membre du Corps législatif ne peut donner lieu à poursuite, si elle n'est rédigée par écrit, signée et adressée au Conseil des Cinq-Cents.

117. Si, après y avoir délibéré en la forme prescrite par l'article 77, le Conseil des Cinq-Cents admet la dénonciation, il le déclare en ces termes : – *La dénonciation contre... pour le fait de... datée... signée de... est admise.*

118. L'inculpé est alors appelé : il a, pour comparaître, un délai de trois jours francs ; et lorsqu'il comparaît, il est entendu dans l'intérieur du lieu des séances du Conseil des Cinq-Cents.

119. Soit que l'inculpé se soit présenté ou non, le Conseil des Cinq-Cents déclare, après ce délai, s'il y a lieu ou non à l'examen de sa conduite.

120. S'il est déclaré par le Conseil des Cinq-Cents qu'il y a lieu à examen, le prévenu est appelé par le Conseil des Anciens : il a, pour comparaître, un délai de deux jours francs ; et s'il comparaît, il est entendu dans l'intérieur du lieu des séances du Conseil des Anciens.

121. Soit que le prévenu se soit présenté ou non, le Conseil des Anciens, après ce délai, et après y avoir délibéré dans les formes prescrites par l'article 91, prononce l'accusation, s'il y a lieu, et renvoie l'accusé devant la Haute Cour de justice, laquelle est tenue d'instruire le procès sans aucun délai.

122. Toute discussion, dans l'un et dans l'autre conseil, relative à la prévention ou à l'accusation d'un membre du Corps législatif, se fait en comité général. – Toute délibération sur les mêmes objets est prise à l'appel nominal et au scrutin secret.

123. L'accusation prononcée contre un membre du Corps législatif entraîne suspension. – S'il est acquitté par le jugement de la Haute Cour de justice, il reprend ses fonctions.

Relations des deux conseils entre eux

124. Lorsque les deux conseils sont définitivement constitués, ils s'en avertissent mutuellement par un messager d'État.

125. Chaque conseil nomme quatre messagers d'État pour son service.

126. Ils portent à chacun des conseils et au directoire exécutif les lois et les actes du Corps législatif ; ils ont entrée à cet effet dans le lieu des séances du directoire exécutif. – Ils marchent précédés de deux huissiers.

127. L'un des conseils ne peut s'ajourner au-delà de cinq jours sans le consentement de l'autre.

Promulgation des lois

128. Le directoire exécutif fait sceller et publier les lois et les autres actes du Corps législatif dans les deux jours après leur réception.

129. Il fait sceller et promulguer, dans le jour, les lois et actes du Corps législatif qui sont précédés d'un décret d'urgence.

130. La publication de la loi et des actes du Corps législatif est ordonnée en la forme suivante : *« Au nom de la République française, (loi)* ou *(acte du Corps législatif)... Le directoire ordonne que la loi ou l'acte législatif ci-dessus sera publié, exécuté, et qu'il sera muni du sceau de la République. »*

131. Les lois dont le préambule n'atteste pas l'observation des formes prescrites par les articles 77 et 91, ne peuvent être promulguées par le directoire exécutif, et sa responsabilité à cet égard dure six années. – Sont exceptées les lois pour lesquelles l'acte d'urgence a été approuvé par le Conseil des Anciens.

TITRE VI

POUVOIR EXÉCUTIF

132. Le pouvoir exécutif est délégué à un directoire de cinq membres, nommé par le Corps législatif, faisant alors les fonctions d'assemblée électorale, au nom de la nation.

133. Le Conseil des Cinq-Cents forme, au scrutin secret, une liste décuple du nombre des membres du directoire qui sont à nommer, et la présente au Conseil des Anciens, qui choisit, aussi au scrutin secret, dans cette liste.

134. Les membres du directoire doivent être âgés de quarante ans au moins.

135. Ils ne peuvent être pris que parmi les citoyens qui ont été membres du Corps législatif, ou ministres. – La disposition du présent article ne sera observée qu'à commencer de l'an neuvième de la République.

136. A compter du premier jour de l'an V de la République, les membres du Corps législatif ne pourront être élus membres du directoire ni ministres, soit pendant la durée de leurs fonctions législatives, soit pendant la première année après l'expiration de ces mêmes fonctions.

137. Le directoire est partiellement renouvelé, par l'élection d'un nouveau membre, chaque année. – Le sort décidera, pendant les quatre premières années, de la sortie successive de ceux qui auront été nommés la première fois.

138. Aucun des membres sortants ne peut être réélu qu'après un intervalle de cinq ans.

139. L'ascendant et le descendant en ligne directe, les frères, l'oncle et le neveu, les cousins au premier degré, et les alliés à ces divers degrés, ne peuvent être en même temps membres du directoire, ni s'y succéder, qu'après un intervalle de cinq ans.

140. En cas de vacance par mort, démission ou autrement, d'un des membres du directoire, son successeur est élu par le Corps législatif dans dix jours pour tout délai. – Le Conseil des Cinq-Cents est tenu de proposer les candidats dans les cinq premiers jours, et le Conseil des Anciens doit consommer l'élection dans les cinq derniers. – Le nouveau membre n'est élu que pour le temps d'exercice qui restait à celui qu'il remplace. – Si néanmoins ce temps n'excède pas six mois, celui qui est élu demeure en fonctions jusqu'à la fin de la cinquième année suivante.

141. Chaque membre du directoire le préside à son tour durant trois mois seulement. – Le président a la signature et la garde du sceau. – Les lois et les actes du Corps législatif sont adressés au directoire, en la personne de son président.

142. Le directoire exécutif ne peut délibérer, s'il n'y a trois membres présents au moins.

143. Il se choisit, hors de son sein, un secrétaire qui contresigne les expéditions, et rédige les délibérations sur un registre où chaque membre a le droit de faire inscrire son avis motivé. – Le directoire peut, quand il le juge à propos, délibérer sans l'assistance de son secrétaire ; en ce cas, les délibérations sont rédigées sur un registre particulier, par un des membres du directoire.

144. Le directoire pourvoit, d'après les lois, à la sûreté extérieure ou intérieure

de la République. – Il peut faire des proclamations conformes aux lois et pour leur exécution. – Il dispose de la force armée, sans qu'en aucun cas, le directoire collectivement, ni aucun de ses membres, puisse la commander, ni pendant le temps de ses fonctions, ni pendant les deux années qui suivent immédiatement l'expiration de ces mêmes fonctions.

145. Si le directoire est informé qu'il se trame quelque conspiration contre la sûreté extérieure ou intérieure de l'État, il peut décerner des mandats d'amener et des mandats d'arrêt contre ceux qui en sont présumés les auteurs ou les complices ; il peut les interroger : mais il est obligé, sous les peines portées contre le crime de détention arbitraire, de les renvoyer par-devant l'officier de police, dans le délai de deux jours, pour procéder suivant les lois.

146. Le directoire nomme les généraux en chef ; il ne peut les choisir parmi les parents ou alliés de ses membres, dans les degrés exprimés par l'article 139.

147. Il surveille et assure l'exécution des lois dans les administrations et tribunaux, par des commissaires à sa nomination.

148. Il nomme hors de son sein les ministres, et les révoque lorsqu'il le juge convenable. – Il ne peut les choisir au-dessous de l'âge de trente ans, ni parmi les parents ou alliés de ses membres, aux degrés énoncés dans l'article 139.

149. Les ministres correspondent immédiatement avec les autorités qui leur sont subordonnées.

150. Le Corps législatif détermine les attributions et le nombre des ministres. – Ce nombre est de six au moins et de huit au plus.

151. Les ministres ne forment point un conseil.

152. Les ministres sont respectivement responsables, tant de l'inexécution des lois, que de l'inexécution des arrêtés du directoire.

153. Le directoire nomme le receveur des impositions directes de chaque département.

154. Il nomme les préposés en chef aux régies des contributions indirectes et à l'administration des domaines nationaux.

155. Tous les fonctionnaires publics dans les colonies françaises, excepté les départements des Iles de France et de la Réunion, seront nommés par le directoire jusqu'à la paix.

156. Le Corps législatif peut autoriser le directoire à envoyer dans toutes les colonies françaises, suivant l'exigence des cas, un ou plusieurs agents particuliers nommés par lui pour un temps limité. – Les agents particuliers exerceront les mêmes fonctions que le directoire, et lui seront subordonnés.

157. Aucun membre du directoire ne peut sortir du territoire de la République, que deux ans après la cessation de ses fonctions.

158. Il est tenu, pendant cet intervalle, de justifier au Corps législatif de sa résidence. – L'article 112 et les suivants, jusqu'à l'article 125 inclusivement, relatifs à la garantie du Corps législatif, sont communs aux membres du directoire.

159. Dans le cas où plus de deux membres du directoire seraient mis en jugement, le Corps législatif pourvoira, dans les formes ordinaires, à leur remplacement provisoire durant le jugement.

160. Hors les cas des articles 119 et 120, le directoire, ni aucun de ses membres, ne peut être appelé, ni par le Conseil des Cinq-Cents, ni par le Conseil des Anciens.

161. Les comptes et les éclaircissements demandés par l'un ou l'autre conseil au directoire, sont fournis par écrit.

162. Le directoire est tenu, chaque année, de présenter, par écrit, à l'un et à l'autre conseil, l'aperçu des dépenses, la situation des finances, l'état des pensions existantes, ainsi que le projet de celles qu'il croit convenable d'établir. – Il doit indiquer les abus qui sont à sa connaissance.

163. Le directoire peut, en tout temps, inviter par écrit le Conseil des Cinq-Cents à prendre un objet en considération ; il peut lui proposer des mesures, mais non des projets rédigés en forme de lois.

164. Aucun membre du directoire ne peut s'absenter plus de cinq jours, ni s'éloigner au-delà de quatre myriamètres (huit lieues moyennes) du lieu de la résidence du directoire, sans l'autorisation du Corps législatif.

165. Les membres du directoire ne peuvent paraître, dans l'exercice de leurs fonctions, soit au-dehors, soit dans l'intérieur de leurs maisons, que revêtus du costume qui leur est propre.

166. Le directoire a sa garde habituelle, et soldée aux frais de la République, composée de cent vingt hommes à pied, et de cent vingt hommes à cheval.

167. Le directoire est accompagné de sa garde dans les cérémonies et marches publiques, où il a toujours le premier rang.

168. Chaque membre du directoire se fait accompagner au-dehors de deux gardes.

169. Tout poste de force armée doit au directoire et à chacun de ses membres les honneurs militaires supérieurs.

170. Le directoire a quatre messagers d'État, qu'il nomme et qu'il peut destituer. – Ils portent aux deux conseils législatifs les lettres et les mémoires du directoire ; ils ont entrée à cet effet dans le lieu des séances des conseils législatifs. – Ils marchent précédés de deux huissiers.

171. Le directoire réside dans la même commune que le Corps législatif.

172. Les membres du directoire sont logés aux frais de la République, et dans un même édifice.

173. Le traitement de chacun d'eux est fixé, pour chaque année, à la valeur de cinquante mille myriagrammes de froment (dix mille deux cent vingt-deux quintaux).

TITRE VII

CORPS ADMINISTRATIFS ET MUNICIPAUX

174. Il y a dans chaque département une administration centrale, et dans chaque canton une administration municipale au moins.

175. Tout membre d'une administration départementale ou municipale doit être âgé de vingt-cinq ans au moins.

176. L'ascendant et le descendant en ligne directe, les frères, l'oncle et le neveu, et les alliés aux mêmes degrés, ne peuvent simultanément être membres de la même administration, ni s'y succéder qu'après un intervalle de deux ans.

177. Chaque administration de département est composée de cinq membres ; elle est renouvelée par cinquième tous les ans.

178. Toute commune dont la population s'élève depuis cinq mille habitants juqu'à cent mille, a pour elle seule une administration municipale.

179. Il y a dans chaque commune dont la population est inférieure à cinq mille habitants, un agent municipal et un adjoint.

180. La réunion des agents municipaux de chaque commune forme la municipalité de canton.

181. Il y a de plus un président de l'administration municipale, choisi dans tout le canton.

182. Dans les communes dont la population s'élève de cinq à dix mille habitants, il y a cinq officiers municipaux ; – Sept, depuis dix mille jusqu'à cinquante mille ; – Neuf, depuis cinquante mille jusqu'à cent mille.

183. Dans les communes dont la population excède cent mille habitants, il y a au moins trois administrations municipales. – Dans ces communes, la division des municipalités se fait de manière que la population de l'arrondissement de chacune n'excède pas cinquante mille individus et ne soit pas moindre de trente mille. – La municipalité de chaque arrondissement est composée de sept membres.

184. Il y a, dans les communes divisées en plusieurs municipalités, un bureau central pour les objets jugés indivisibles par le Corps législatif. – Ce bureau est composé de trois membres nommés par l'administration de département, et confirmés par le pouvoir exécutif.

185. Les membres de toute administration municipale sont nommés pour deux ans, et renouvelés chaque année par moitié ou par partie la plus approximative de la moitié, et alternativement par la fraction la plus forte et par la fraction la plus faible.

186. Les administrateurs de département et les membres des administrations municipales peuvent être réélus une fois sans intervalle.

187. Tout citoyen qui a été deux fois de suite élu administrateur de département ou membre d'une administration municipale, et qui en a rempli les fonctions en vertu de l'une et l'autre élection, ne peut être élu de nouveau qu'après un intervalle de deux années.

188. Dans le cas où une administration départementale ou municipale perdrait un ou plusieurs de ses membres par mort, démission ou autrement, les administrateurs restants peuvent s'adjoindre en remplacement des administrateurs temporaires, et qui exercent en cette qualité jusqu'aux élections suivantes.

189. Les administrations départementales et municipales ne peuvent modifier les actes du Corps législatif, ni ceux du directoire exécutif, ni en suspendre l'exécution. – Elles ne peuvent s'immiscer dans les objets dépendant de l'ordre judiciaire.

190. Les administrateurs sont essentiellement chargés de la répartition des contributions directes et de la surveillance des deniers provenant des revenus publics dans leur territoire. – Le Corps législatif détermine les règles et le mode de leurs fonctions, tant sur ces objets, que sur les autres parties de l'administration intérieure.

191. Le directoire exécutif nomme, auprès de chaque administration départementale et municipale, un commissaire qu'il révoque lorsqu'il le juge convenable. – Ce commissaire surveille et requiert l'exécution des lois.

192. Le commissaire près de chaque administration locale doit être pris parmi les citoyens domiciliés depuis un an dans le département où cette administration est établie. – Il doit être âgé de vingt-cinq ans au moins.

193. Les administrations municipales sont subordonnées aux administrations de département, et celles-ci aux ministres. – En conséquence, les ministres peuvent annuler, chacun dans sa partie, les actes des administrations de département, et celles-ci les actes des administrations municipales, lorsque ces actes sont contraires aux lois ou aux ordres des autorités supérieures.

194. Les ministres peuvent aussi suspendre les administrations de département qui ont contrevenu aux lois ou aux ordres des autorités supérieures ; et les administrations de département ont le même droit à l'égard des membres des administrations municipales.

195. Aucune suspension ni annulation ne devient définitive sans la confirmation formelle du directoire exécutif.

196. Le directoire peut aussi annuler immédiatement les actes des administrations départementales ou municipales. – Il peut suspendre ou destituer immédiatement, lorsqu'il le croît nécessaire, les administrateurs, soit de département, soit de canton, et les envoyer devant les tribunaux de département, lorsqu'il y a lieu.

197. Tout arrêté portant cassation d'actes, suspension ou destitution d'administrateur, doit être motivé.

198. Lorsque les cinq membres d'une administration départementale sont destitués, le directoire exécutif pourvoit à leur remplacement jusqu'à l'élection suivante ; mais il ne peut choisir leurs suppléants provisoires que parmi les anciens administrateurs du même département.

199. Les administrations, soit de département, soit de canton, ne peuvent correspondre entre elles que sur les affaires qui leur sont attribuées par la loi, et non sur les intérêts généraux de la République.

200. Toute administration doit annuellement le compte de sa gestion. – Les comptes rendus par les administrations départementales sont imprimés.

201. Tous les actes des corps administratifs sont rendus publics par le dépôt du registre où ils sont consignés, et qui est ouvert à tous les administrés. – Ce registre est clos tous les six mois, et n'est déposé que du jour qu'il a été clos. – Le Corps législatif peut proroger, selon les circonstances, le délai fixé pour ce dépôt.

TITRE VIII

POUVOIR JUDICIAIRE

Dispositions générales

202. Les fonctions judiciaires ne peuvent être exercées ni par le Corps législatif, ni par le pouvoir exécutif.

203. Les juges ne peuvent s'immiscer dans l'exercice du pouvoir législatif, ni faire aucun règlement. – Ils ne peuvent arrêter ou suspendre l'exécution d'aucune loi, ni citer devant eux les administrateurs pour raison de leurs fonctions.

204. Nul ne peut être distrait des juges que la loi lui assigne, par aucune commission, ni par d'autres attributions que celles qui sont déterminées par une loi antérieure.

205. La justice est rendue gratuitement.

206. Les juges ne peuvent être destitués que pour forfaiture légalement jugée, ni suspendus que par une accusation admise.

207. L'ascendant et le descendant en ligne directe, les frères, l'oncle et le neveu, les cousins au premier degré, et les alliés à ces divers degrés, ne peuvent être simultanément membres du même tribunal.

208. Les séances des tribunaux sont publiques ; les juges délibèrent en secret ; les jugements sont prononcés à haute voix ; ils sont motivés, et on y énonce les termes de la loi appliquée.

209. Nul citoyen, s'il n'a l'âge de trente ans accomplis, ne peut être élu juge d'un tribunal de département, ni juge de paix, ni assesseur de juge de paix, ni juge d'un tribunal de commerce, ni membre du tribunal de cassation, ni juré, ni commissaire du directoire exécutif près les tribunaux.

De la justice civile

210. Il ne peut être porté atteinte au droit de faire prononcer sur les différends par des arbitres du choix des parties.

211. La décision de ces arbitres est sans appel, et sans recours en cassation, si les parties ne l'ont expressément réservé.

212. Il y a, dans chaque arrondissement déterminé par la loi, un juge de paix et ses assesseurs. – Ils sont tous élus pour deux ans, et peuvent être immédiatement et indéfiniment réélus.

213. La loi détermine les objets dont les juges de paix et leurs assesseurs connaissent en dernier ressort. – Elle leur en attribue d'autres qu'ils jugent à la charge de l'appel.

214. Il y a des tribunaux particuliers pour le commerce de terre et de mer ; la loi détermine les lieux où il est utile de les établir. – Leur pouvoir de juger en dernier ressort ne peut être étendu au-delà de la valeur de cinq cents myriamètres de froment (cent deux quintaux vingt-deux livres).

215. Les affaires dont le jugement n'appartient ni aux juges de paix ni aux tribunaux de commerce, soit en dernier ressort, soit à la charge d'appel, sont portées immédiatement devant le juge de paix et ses assesseurs, pour être conciliées. – Si le juge de paix ne peut les concilier, il les renvoie devant le tribunal civil.

216. Il y a un tribunal civil par département. – Chaque tribunal civil est composé de vingt juges au moins, d'un commissaire et d'un substitut nommés et destituables par le directoire exécutif, et d'un greffier. Tous les cinq ans on procède à l'élection de tous les membres du tribunal. – Les juges peuvent être réélus.

217. Lors de l'élection des juges, il est nommé cinq suppléants, dont trois sont pris parmi les citoyens résidant dans la commune où siège le tribunal.

218. Le tribunal civil prononce en dernier ressort, dans les cas déterminés par la loi, sur les appels des jugements, soit des juges de paix, soit des arbitres, soit des tribunaux de commerce.

219. L'appel des jugements prononcés par le tribunal civil se porte au tribunal civil de l'un des trois départements les plus voisins, ainsi qu'il est déterminé par la loi.

220. Le tribunal civil se divise en sections. – Une section ne peut juger au-dessous du nombre de cinq juges.

221. Les juges réunis dans chaque tribunal nomment entre eux, au scrutin secret, le président de chaque section.

De la justice correctionnelle et criminelle

222. Nul ne peut être saisi que pour être conduit devant l'officier de police ; et nul ne peut être mis en arrestation ou détenu qu'en vertu d'un mandat

d'arrêt des officiers de police ou du directoire exécutif, dans le cas de l'article 145, ou d'une ordonnance de prise de Corps, soit d'un tribunal, soit du directeur du jury d'accusation, ou d'un décret d'accusation du Corps législatif, dans le cas où il lui appartient de le prononcer, ou d'un jugement de condamnation à la prison ou détention correctionnelle.

223. Pour que l'acte qui ordonne l'arrestation puisse être exécuté, il faut, 1° qu'il exprime formellement le motif de l'arrestation, et la loi en conformité de laquelle elle est ordonnée ; 2° qu'il ait été notifié à celui qui en est l'objet, et qu'il lui en ait été laissé copie.

224. Toute personne saisie et conduite devant l'officier de police sera examinée sur-le-champ, ou dans le jour au plus tard.

225. S'il résulte de l'examen qu'il n'y a aucun sujet d'inculpation contre elle, elle sera remise aussitôt en liberté ; ou, s'il y a lieu de l'envoyer à la maison d'arrêt, elle y sera conduite dans le plus court délai qui, en aucun cas, ne pourra excéder trois jours.

226. Nulle personne arrêtée ne peut être retenue, si elle donne caution suffisante, dans tous les cas où la loi permet de rester libre sous cautionnement.

227. Nulle personne, dans le cas où sa détention est autorisée par la loi, ne peut être conduite ou détenue que dans les lieux légalement et publiquement désignés pour servir de maison d'arrêt, de maison de justice ou de maison de détention.

228. Nul gardien ou geôlier ne peut recevoir ni retenir aucune personne qu'en vertu d'un mandat d'arrêt, selon les formes prescrites par les articles 222 et 223, d'une ordonnance de prise de corps, d'un décret d'accusation ou d'un jugement de condamnation à prison ou détention correctionnelle, et sans que la transcription en ait été faite sur son registre.

229. Tout gardien ou geôlier est tenu, sans qu'aucun ordre puisse l'en dispenser, de présenter la personne détenue à l'officier civil ayant la police de la maison de détention, toutes les fois qu'il en sera requis par cet officier.

230. La représentation de la personne détenue ne pourra être refusée à ses parents et amis porteurs de l'ordre de l'officier civil, lequel sera toujours tenu de l'accorder, à moins que le gardien ou geôlier ne représente une ordonnance du juge, transcrite sur son registre, pour tenir la personne arrêtée au secret.

231. Tout homme, quelle que soit sa place ou son emploi, autre que ceux à qui la loi donne le droit d'arrestation, qui donnera, signera, exécutera ou fera exécuter l'ordre d'arrêter un individu, ou quiconque, même dans le cas d'arrestation autorisée par la loi, conduira, recevra ou retiendra un individu dans un lieu de détention non publiquement et légalement désigné, et tous les gardiens ou geôliers qui contreviendront aux dispositions des trois articles précédents, seront coupables du crime de détention arbitraire.

232. Toutes rigueurs employées dans les arrestations, détentions ou exécutions, autres que celles prescrites par la loi, sont des crimes.

233. Il y a dans chaque département, pour le jugement des délits dont la peine n'est ni afflictive ni infamante, trois tribunaux correctionnels au moins, et six au plus. – Ces tribunaux ne pourront prononcer de peines plus graves que l'emprisonnement pour deux années. – La connaissance des délits dont la peine n'excède pas, soit la valeur de trois journées de travail, soit un emprisonnement de trois jours, est déléguée au juge de paix, qui prononce en dernier ressort.

234. Chaque tribunal correctionnel est composé d'un président, de deux juges de paix ou assesseurs de juges de paix de la commune où il est établi, d'un commissaire du pouvoir exécutif, nommé et destituable par le directoire exécutif, et d'un greffier.

235. Le président de chaque tribunal correctionnel est pris tous les six mois et par tour, parmi les membres des sections du tribunal civil du département, les présidents exceptés.

236. Il y a appel des jugements du tribunal correctionnel par-devant le tribunal criminel du département.

237. En matière de délits emportant peine afflictive ou infamante, nulle per-

sonne ne peut être jugée que sur une accusation admise par les jurés, ou décrétée par le Corps législatif, dans le cas où il lui appartient de décréter l'accusation.

238. Un premier jury déclare si l'accusation doit être admise ou rejetée : le fait est reconnu par un second jury, et la peine déterminée par la loi est appliquée par des tribunaux criminels.

239. Les jurés ne votent que par scrutin secret.

240. Il y a dans chaque département autant de jurys d'accusation que de tribunaux correctionnels. – Les présidents des tribunaux correctionnels en sont les directeurs, chacun dans son arrondissement. – Dans les communes au-dessus de cinquante mille âmes, il pourra être établi par la loi, outre le président du tribunal correctionnel, autant de directeurs de jurys d'accusation que l'expédition des affaires l'exigera.

241. Les fonctions de commissaire du pouvoir exécutif et de greffier près le directeur du jury d'accusation, sont remplies par le commissaire et par le greffier du tribunal correctionnel.

242. Chaque directeur du jury d'accusation a la surveillance immédiate de tous les officiers de police de son arrondissement.

243. Le directeur du jury poursuit immédiatement, comme officier de police, sur les dénonciations que lui fait l'accusateur public, soit d'office, soit d'après les ordres du directoire exécutif : - 1° Les attentats contre la liberté ou la sûreté individuelle des citoyens ; – 2° Ceux commis contre le droit des gens ; – 3° La rébellion à l'exécution, soit des jugements, soit de tous les actes exécutoires émanés des autorités constituées ; – 4° Les troubles occasionnés et les voies de fait commises pour entraver la perception des contributions, la libre circulation des subsistances et des autres objets de commerce.

244. Il y a un tribunal criminel pour chaque département.

245. Le tribunal criminel est composé d'un président, d'un accusateur public, de quatre juges pris dans le tribunal civil, du commissaire du pouvoir exécutif près le même tribunal, ou de son substitut et d'un greffier. – Il y a dans le tribunal criminel du département de la Seine un vice-président et un substitut de l'accusateur public : ce tribunal est divisé en deux sections ; huit membres du tribunal civil y exercent les fonctions de juges.

246. Les présidents des sections du tribunal civil ne peuvent remplir les fonctions de juges au tribunal criminel.

247. Les autres juges y font le service, chacun à son tour, pendant six mois, dans l'ordre de leur nomination, et ils ne peuvent, pendant ce temps, exercer aucune fonction au tribunal civil.

248. L'accusateur public est chargé, – 1° De poursuivre les délits, sur les actes d'accusation admis par les premiers jurés ; – 2° De transmettre aux officiers de police les dénonciations qui lui sont adressées directement : – 3° De surveiller les officiers de police du département, et d'agir contre eux suivant la loi, en cas de négligence ou de faits plus graves.

249. Le commissaire du pouvoir exécutif est chargé, – 1° De requérir, dans le cours de l'instruction, pour la régularité des formes, et avant le jugement, pour l'application de la loi ; – 2° De poursuivre l'exécution des jugements rendus par le tribunal criminel.

250. Les juges ne peuvent proposer aux jurés aucune question complexe.

251. Le jury de jugement est de douze jurés au moins : l'accusé a la faculté d'en récuser, sans donner de motifs, un nombre que la loi détermine.

252. L'instruction devant le jury de jugement est publique, et l'on ne peut refuser aux accusés le secours d'un conseil qu'ils ont la faculté de choisir, ou qui leur est nommé d'office.

253. Toute personne acquittée par un jury légal ne peut être reprise ni accusée pour le même fait.

Tribunal de cassation

254. Il y a, pour toute la République, un tribunal de cassation. – Il prononce, – 1° Sur les demandes en cassation contre les jugements en dernier ressort rendus par les tribunaux ; – 2° Sur les demandes en renvoi d'un tribunal à un autre, pour cause de suspicion légitime ou de sûreté publique ; – 3° Sur les règlements de

juges et les prises à partie contre un tribunal entier.

255. Le tribunal de cassation ne peut jamais connaître du fond des affaires ; mais il casse les jugements rendus sur des procédures dans lesquelles les formes ont été violées, ou qui contiennent quelque contravention expresse à la loi, et il renvoie le fond du procès au tribunal qui doit en connaître.

256. Lorsque après une cassation, le second jugement sur le fond est attaqué par les mêmes moyens que le premier, la question ne peut plus être agitée au tribunal de cassation, sans avoir été soumise au Corps législatif, qui porte une loi à laquelle le tribunal de cassation est tenu de se conformer.

257. Chaque année, le tribunal de cassation est tenu d'envoyer à chacune des sections du Corps législatif, une députation qui lui présente l'état des jugements rendus, avec la notice en marge et le texte de la loi qui a déterminé le jugement.

258. Le nombre des juges du tribunal de cassation ne peut excéder les trois quarts du nombre des départements.

259. Ce tribunal est renouvelé par cinquième tous les ans. – Les assemblées électorales des départements nomment successivement et alternativement les juges qui doivent remplacer ceux qui sortent du tribunal de cassation. – Les juges de ce tribunal peuvent toujours être réélus.

260. Chaque juge du tribunal de cassation a un suppléant élu par la même assemblée électorale.

261. Il y a près du tribunal de cassation un commissaire et des substituts, nommés et destituables par le directoire exécutif.

262. Le directoire exécutif dénonce au tribunal de cassation, par la voie de son commissaire, et sans préjudice du droit des parties intéressées, les actes par lesquels les juges ont excédé leurs pouvoirs.

263. Le tribunal annule ces actes ; et s'ils donnent lieu à la forfaiture, le fait est dénoncé au Corps législatif, qui rend le décret d'accusation, après avoir entendu ou appelé les prévenus.

264. Le Corps législatif ne peut annuler les jugements du tribunal de cassation, sauf à poursuivre personnellement les juges qui auraient encouru la forfaiture.

Haute Cour de justice

265. Il y a une Haute Cour de justice pour juger les accusations admises par le Corps législatif, soit contre ses propres membres, soit contre ceux du directoire exécutif.

266. La Haute Cour de justice est composée de cinq juges et de deux accusateurs nationaux tirés du tribunal de cassation, et de hauts-jurés nommés par les assemblées électorales des départements.

267. La Haute Cour de justice ne se forme qu'en vertu d'une proclamation du Corps législatif, rédigée et publiée par le Conseil des Cinq-Cents.

268. Elle se forme et tient ses séances dans le lieu désigné par la proclamation du Conseil des Cinq-Cents. – Ce lieu ne peut être plus près qu'à douze myriamètres de celui où réside le Corps législatif.

269. Lorsque le Corps législatif a proclamé la formation de la Haute Cour de justice, le tribunal de cassation tire au sort quinze de ses membres dans une séance publique ; il nomme de suite, dans la même séance, par la voie du scrutin secret, cinq de ces quinze : les cinq juges ainsi nommés sont les juges de la Haute Cour de justice ; ils choisissent entre eux un président.

270. Le tribunal de cassation nomme, dans la même séance, par scrutin, à la majorité absolue, deux de ses membres, pour remplir à la Haute Cour de justice les fonctions d'accusateurs nationaux.

271. Les actes d'accusation sont dressés et rédigés par le Conseil des Cinq-Cents.

272. Les assemblées électorales de chaque département nomment, tous les ans, un jury pour la Haute Cour de justice.

273. Le directoire exécutif fait imprimer et publier, un mois après l'époque des élections, la liste des jurés nommés pour la Haute Cour de justice.

TITRE IX

DE LA FORCE ARMÉE

274. La force armée est instituée pour défendre l'État contre les ennemis du dehors, et pour assurer au-dedans le maintien de l'ordre et l'exécution des lois.

275. La force publique est essentiellement obéissante : nul corps armé ne peut délibérer.

276. Elle se distingue en garde nationale sédentaire et garde nationale en activité.

De la garde nationale sédentaire

277. La garde nationale sédentaire est composée de tous les citoyens et fils de citoyens en état de porter les armes.

278. Son organisation et sa discipline sont les mêmes pour toute la République ; elles sont déterminées par la loi.

279. Aucun Français ne peut exercer les droits de citoyen, s'il n'est inscrit au rôle de la garde nationale sédentaire.

280. Les distinctions de grade et la subordination n'y subsistent que relativement au service et pendant sa durée.

281. Les officiers de la garde nationale sédentaire sont élus à temps par les citoyens qui la composent, et ne peuvent être réélus qu'après un intervalle.

282. Le commandement de la garde nationale d'un département entier ne peut être confié habituellement à un seul citoyen.

283. S'il est jugé nécessaire de rassembler toute la garde nationale d'un département, le directoire exécutif peut nommer un commandant temporaire.

284. Le commandement de la garde nationale sédentaire, dans une ville de cent mille habitants et au-dessus, ne peut être habituellement confié à un seul homme.

De la garde nationale en activité

285. La République entretient à sa solde, même en temps de paix, sous le nom de gardes nationales en activité, une armée de terre et de mer.

286. L'armée se forme par enrôlements volontaires, et, en cas de besoin, par le mode que la loi détermine.

287. Aucun étranger qui n'a point acquis les droits de citoyen français, ne peut être admis dans les armées françaises, à moins qu'il n'ait fait une ou plusieurs campagnes pour l'établissement de la République.

288. Les commandants ou chefs de terre et de mer ne sont nommés qu'en cas de guerre ; ils reçoivent du directoire exécutif des commissions révocables à volonté. La durée de ces commissions se borne à une campagne ; mais elles peuvent être continuées.

289. Le commandement général des armées de la République ne peut être confié à un seul homme.

290. L'armée de terre et de mer est soumise à des lois particulières, pour la discipline, la forme des jugements et la nature des peines.

291. Aucune partie de la garde nationale sédentaire, ni de la garde nationale en activité, ne peut agir, pour le service intérieur de la République, que sur la réquisition par écrit de l'autorité civile, dans les formes prescrites par la loi.

292. La force publique ne peut être requise par les autorités civiles que dans l'étendue de leur territoire ; elle ne peut se transporter d'un canton dans un autre, sans y être autorisée par l'administration du département, ni d'un département dans un autre, sans les ordres du directoire exécutif.

293. Néanmoins, le Corps législatif détermine les moyens d'assurer par la force publique l'exécution des jugements et la poursuite des accusés sur tout le territoire français.

294. En cas de danger imminent, l'administration municipale d'un canton peut requérir la garde nationale des cantons voisins ; en ce cas, l'administration qui a requis et les chefs des gardes nationales qui ont été requises, sont également tenus d'en rendre compte au même instant à l'administration départementale.

295. Aucune troupe étrangère ne peut être introduite sur le territoire français, sans le consentement préalable du Corps législatif.

TITRE X

INSTRUCTION PUBLIQUE

296. Il y a dans la République, des écoles primaires où les élèves apprennent à lire, à écrire, les éléments du calcul et ceux de la morale. La République pourvoit aux frais de logement des instituteurs préposés à ces écoles.

297. Il y a, dans les diverses parties de la République, des écoles supérieures aux écoles primaires, et dont le nombre sera tel, qu'il y en ait au moins une pour deux départements.

298. Il y a pour toute la République un institut national chargé de recueillir les découvertes, de perfectionner les arts et les sciences.

299. Les divers établissements d'instruction publique n'ont entre eux aucun rapport de subordination ni de correspondance administrative.

300. Les citoyens ont le droit de former des établissements particuliers d'éducation et d'instruction ainsi que des sociétés libres pour concourir aux progrès des sciences, des lettres et des arts.

301. Il sera établi des fêtes nationales pour entretenir la fraternité entre les citoyens et les attacher à la Constitution, à la patrie et aux lois.

TITRE XI

FINANCES

Contributions

302. Les contributions publiques sont délibérées et fixées chaque année par le Corps législatif. A lui seul appartient d'en établir. Elles ne peuvent subsister au-delà d'un an si elles ne sont expressément renouvelées.

303. Le Corps législatif peut créer tel genre de contribution qu'il croira nécessaire ; mais il doit établir chaque année une imposition foncière et une imposition personnelle.

304. Tout individu qui, n'étant pas dans le cas des articles 12 et 13 de la Constitution, n'a pas été compris au rôle des contributions directes, a le droit de se présenter à l'administration municipale de sa commune, et de s'y inscrire pour une contribution personnelle égale à la valeur locale de trois journées de travail agricole.

305. L'inscription mentionnée dans l'article précédent ne peut se faire que durant le mois de messidor, de chaque année.

306. Les contributions de toute nature sont réparties entre tous les contribuables à raison de leurs facultés.

307. Le directoire exécutif dirige et surveille la perception et le versement des contributions, et donne à cet effet tous les ordres nécessaires.

308. Les comptes détaillés de la dépense des ministres, signés et certifiés par eux, sont rendus publics au commencement de chaque année. – Il en sera de même des états de recette des diverses contributions et de tous les revenus publics.

309. Les états de ces dépenses et recettes sont distingués suivant leur nature ; ils expriment les sommes touchées et dépensées, année par année, dans chaque partie d'administration générale.

310. Sont également publiés les comptes des dépenses particulières aux départements, et relatives aux tribunaux, aux administrations, au progrès des sciences, à tous les travaux et établissements publics.

311. Les administrations de département et les municipalités ne peuvent faire aucune répartition au-delà des sommes fixées par le Corps législatif, ni délibérer ou permettre, sans être autorisées par lui, aucun emprunt local à la charge des citoyens du département, de la commune ou du canton.

312. Au Corps législatif seul appartient le droit de régler la fabrication et l'émission de toute espèce de monnaies, d'en fixer la valeur et le poids et d'en déterminer le type.

313. Le directoire surveille la fabrication des monnaies, et nomme les officiers chargés d'exercer immédiatement cette inspection.

314. Le Corps législatif détermine les contributions des colonies et leurs rapports commerciaux avec la métropole.

Trésorerie nationale et comptabilité

315. Il y a cinq commissaires de la trésorerie nationale, élus par le Conseil des Anciens, sur une liste triple présentée par celui des Cinq-Cents.

316. La durée de leurs fonctions est de cinq années : l'un d'eux est renouvelé tous les ans, et peut être réélu sans intervalle et indéfiniment.

317. Les commissaires de la trésorerie sont chargés de surveiller la recette de tous les deniers nationaux ; – D'ordonner les mouvements de fonds et le paiement de toutes les dépenses publiques consenties par le Corps législatif ; – De tenir un compte ouvert de dépense et de recette avec le receveur des contributions directes de chaque département, avec les différentes régies nationales, et avec les payeurs qui seraient établis dans les départements ; – D'entretenir avec lesdits receveurs et payeurs, avec les régies et administrations, la correspondance nécessaire pour assurer la rentrée exacte et régulière des fonds.

318. Ils ne peuvent rien faire payer, sous peine de forfaiture, qu'en vertu, – 1° D'un décret du Corps législatif, et jusqu'à concurrence des fonds décrétés par lui sur chaque objet ; – 2° D'une décision du directoire ; – 3° De la signature du ministre qui ordonne la dépense.

319. Ils ne peuvent aussi, sous peine de forfaiture, approuver aucun paiement, si le mandat, signé par le ministre que ce genre de dépense concerne, n'énonce pas la date, tant de la décision du directoire exécutif, que des décrets du Corps législatif, qui autorisent le paiement.

320. Les receveurs des contributions directes dans chaque département, les différentes régies nationales, et les payeurs dans les départements, remettent à la trésorerie nationale leurs comptes respectifs ; la trésorerie les vérifie et les arrête.

321. Il y a cinq commissaires de la comptabilité nationale, élus par le Corps législatif, aux mêmes époques et selon les mêmes formes et conditions que les commissaires de la trésorerie.

322. Le compte général des recettes et des dépenses de la République, appuyé des comptes particuliers et des pièces justificatives, est présenté par les commissaires de la trésorerie aux commissaires de la comptabilité, qui le vérifient et l'arrêtent.

323. Les commissaires de la comptabilité donnent connaissance au Corps législatif des abus, malversations, et de tous les cas de responsabilité qu'ils découvrent dans le cours de leurs opérations ; ils proposent dans leur partie les mesures convenables aux intérêts de la République.

324. Le résultat des comptes arrêtés par les commissaires de la comptabilité est imprimé et rendu public.

325. Les commissaires, tant de la trésorerie nationale que de la comptabilité, ne peuvent être suspendus ni destitués que par le Corps législatif. Mais, durant l'ajournement du Corps législatif, le directoire exécutif peut suspendre et remplacer provisoirement les commissaires de la trésorerie nationale au nombre de deux au plus, à charge d'en référer à l'un et l'autre conseil du Corps législatif, aussitôt qu'ils ont repris leurs séances.

TITRE XII

RELATIONS EXTÉRIEURES

326. La guerre ne peut être décidée que par un décret du Corps législatif, sur la proposition formelle et nécessaire du directoire exécutif.

327. Les deux conseils législatifs concourent, dans les formes ordinaires, au décret par lequel la guerre est décidée.

328. En cas d'hostilités imminentes ou commencées, de menaces ou de préparatifs de guerre contre la République française, le directoire exécutif est tenu d'employer, pour la défense de l'État, les moyens mis à sa disposition, à la charge d'en prévenir sans délai le Corps législatif. – Il peut même indiquer, en ce cas, les augmentations de force et les nouvelles dispositions législatives que les circonstances pourraient exiger.

329. Le directoire seul peut entretenir des relations politiques au-dehors,

conduire les négociations, distribuer les forces de terre et de mer, ainsi qu'il le juge convenable, et en régler la direction en cas de guerre.

330. Il est autorisé à faire les stipulations préliminaires, telles que des armistices, des neutralisations, il peut arrêter aussi des conventions secrètes.

331. Le directoire exécutif arrête, signe ou fait signer avec les puissances étrangères, tous les traités de paix, d'alliance, de trêve, de neutralité, de commerce, et autres conventions qu'il juge nécessaires au bien de l'État. – Ces traités et conventions sont négociés au nom de la République française, par des agents diplomatiques nommés par le directoire exécutif et chargés de ses instructions.

332. Dans le cas où un traité renferme des articles secrets, les dispositions de ces articles ne peuvent être destructives des articles patents, ni contenir aucune aliénation du territoire de la République.

333. Les traités ne sont valables qu'après avoir été examinés et ratifiés par le Corps législatif ; néanmoins les conditions secrètes peuvent recevoir provisoirement leur exécution, dès l'instant même où elles sont arrêtées par le directoire.

334. L'un et l'autre conseil législatif ne délibèrent sur la guerre ni sur la paix qu'en comité général.

335. Les étrangers, établis ou non en France, succèdent à leurs parents étrangers ou français ; ils peuvent contracter, acquérir et recevoir des biens situés en France, et en disposer de même que les citoyens français, par tous les moyens autorisés par les lois.

TITRE XIII

RÉVISION DE LA CONSTITUTION

336. Si l'expérience faisait sentir les inconvénients de quelques articles de la Constitution, le Conseil des Anciens en proposerait la révision.

337. La proposition du Conseil des Anciens est, en ce cas, soumise à la ratification du Conseil des Cinq-Cents.

338. Lorsque, dans un espace de neuf années, la proposition du Conseil des Anciens, ratifiée par le Conseil des Cinq-Cents, a été faite à trois époques éloignées l'une de l'autre de trois années au moins, une assemblée de révision est convoquée.

339. Cette assemblée est formée de deux membres par département, tous élus de la même manière que les membres du Corps législatif, et réunissant les mêmes conditions que celles exigées par le Conseil des Anciens.

340. Le Conseil des Anciens désigne, pour la réunion de l'assemblée de révision, un lieu distant de vingt myriamètres au moins de celui où siège le Corps législatif.

341. L'assemblée de révision a le droit de changer le lieu de sa résidence, en observant la distance prescrite par l'article précédent.

342. L'assemblée de révision n'exerce aucune fonction législative ni de gouvernement ; elle se borne à la révision des seuls articles constitutionnels qui lui ont été désignés par le Corps législatif.

343. Tous les articles de la Constitution, sans exception, continuent d'être en vigueur tant que les changements proposés par l'assemblée de révision n'ont pas été acceptés par le peuple.

344. Les membres de l'assemblée de révision délibèrent en commun.

345. Les citoyens qui sont membres du Corps législatif au moment où une assemblée de révision est convoquée, ne peuvent être élus membres de cette assemblée.

346. L'assemblée de révision adresse immédiatement aux assemblées primaires le projet de réforme qu'elle a arrêté. – Elle est dissoute dès que ce projet leur a été adressé.

347. En aucun cas, la durée de l'assemblée de révision ne peut excéder trois mois.

348. Les membres de l'assemblée de révision ne peuvent être recherchés, accusés ni jugés, en aucun temps, pour ce qu'ils ont dit ou écrit dans l'exercice de leurs fonctions. – Pendant la durée de ces fonctions, ils ne peuvent être mis en jugement, si ce n'est par une décision des membres mêmes de l'assemblée de révision.

349. L'assemblée de révision n'assiste

à aucune cérémonie publique : ses membres reçoivent la même indemnité que celle des membres du Corps législatif.

350. L'assemblée de révision a le droit d'exercer ou faire exercer la police dans la commune où elle réside.

TITRE XIV

DISPOSITIONS GÉNÉRALES

351. Il n'existe entre les citoyens d'autre supériorité que celle des fonctionnaires publics, et relativement à l'exercice de leurs fonctions.

352. La loi ne reconnaît ni vœux religieux, ni aucun engagement contraire aux droits naturels de l'homme.

353. Nul ne peut être empêché de dire, écrire, imprimer et publier sa pensée. – Les écrits ne peuvent être soumis à aucune censure avant leur publication. – Nul ne peut être responsable de ce qu'il a écrit ou publié, que dans les cas prévus par la loi.

354. Nul ne peut être empêché d'exercer, en se conformant aux lois, le culte qu'il a choisi. – Nul ne peut être forcé de contribuer aux dépenses d'un culte. La République n'en salarie aucun.

355. Il n'y a ni privilège, ni maîtrise, ni jurande, ni limitation à la liberté de la presse, du commerce, et à l'exercice de l'industrie et des arts de toute espèce. – Toute loi prohibitive en ce genre, quand les circonstances la rendent nécessaire, est essentiellement provisoire et n'a d'effet que pendant un an au plus, à moins qu'elle ne soit formellement renouvelée.

356. La loi surveille particulièrement les professions qui intéressent les mœurs publiques, la sûreté et la santé des citoyens ; mais on ne peut faire dépendre l'admission à l'exercice de ces professions, d'aucune prestation pécuniaire.

357. La loi doit pourvoir à la récompense des inventeurs ou au maintien de la propriété exclusive de leurs découvertes ou de leurs productions.

358. La Constitution garantit l'inviolabilité de toutes les propriétés, ou la juste indemnité de celles dont la nécessité publique, légalement constatée, exigerait le sacrifice.

359. La maison de chaque citoyen est un asile inviolable : pendant la nuit, nul n'a le droit d'y entrer que dans le cas d'incendie, d'inondation, ou de réclamation venant de l'intérieur de la maison. – Pendant le jour, on peut y exécuter les ordres des autorités constituées. – Aucune visite domiciliaire ne peut avoir lieu qu'en vertu d'une loi, et pour la personne ou l'objet expressément désigné dans l'acte qui ordonne la visite.

360. Il ne peut être formé de corporations ni d'associations contraires à l'ordre public.

361. Aucune assemblée de citoyens ne peut se qualifier de société populaire.

362. Aucune société particulière, s'occupant de questions politiques, ne peut correspondre avec une autre, ni s'affilier à elle, ni tenir des séances publiques, composées de sociétaires et d'assistants distingués les uns des autres, ni imposer des conditions d'admission et d'éligibilité, ni s'arroger des droits d'exclusion, ni faire porter à ses membres aucun signe extérieur de leur association.

363. Les citoyens ne peuvent exercer leurs droits politiques que dans les assemblées primaires ou communales.

364. Tous les citoyens sont libres d'adresser aux autorités publiques des pétitions ; mais elles doivent être individuelles ; nulle association ne peut en présenter de collectives, si ce n'est les autorités constituées et seulement pour des objets propres à leur attribution. – Les pétitionnaires ne doivent jamais oublier le respect dû aux autorités constituées.

365. Tout attroupement armé est un attentat à la Constitution ; il doit être dissipé sur-le-champ par la force.

366. Tout attroupement non armé doit être également dissipé, d'abord par voie de commandement verbal, et, s'il est nécessaire, par le développement de la force armée.

367. Plusieurs autorités constituées ne peuvent jamais se réunir pour délibérer ensemble ; aucun acte émané d'une telle réunion ne peut être exécuté.

368. Nul ne peut porter des marques distinctives qui rappellent des fonctions

antérieurement exercées, ou des services rendus.

369. Les membres du Corps législatif, et tous les fonctionnaires publics, portent, dans l'exercice de leurs fonctions, le costume ou le signe de l'autorité dont ils sont revêtus : la loi en détermine la forme.

370. Nul citoyen ne peut renoncer, ni en tout ni en partie, à l'indemnité ou au traitement qui lui est attribué par la loi, à raison de fonctions publiques.

371. Il y a dans la République uniformité de poids et de mesures.

372. L'ère française commence au 22 septembre 1792, jour de la fondation de la République.

373. La nation française déclare qu'en aucun cas elle ne souffrira le retour des Français qui, ayant abandonné leur patrie depuis le 15 juillet 1789, ne sont pas compris dans les exceptions portées aux lois rendues contre les émigrés ; et elle interdit au Corps législatif de créer de nouvelles exceptions sur ce point. – Les biens des émigrés sont irrévocablement acquis au profit de la République.

374. La nation française proclame pareillement, comme garantie de la foi publique, qu'après une adjudication, légalement consommée de biens nationaux, quelle qu'en soit l'origine, l'acquéreur légitime ne peut en être dépossédé, sauf aux tiers réclamants à être, s'il y a lieu, indemnisés par le trésor national.

375. Aucun des pouvoirs institués par la Constitution n'a le droit de la changer dans son ensemble ni dans aucune de ses parties, sauf les réformes qui pourront y être faites par la voie de la révision, conformément aux dispositions du titre XIII.

376. Les citoyens se rappelleront sans cesse que c'est de la sagesse des choix dans les assemblées primaires et électorales, que dépendent principalement la durée, la conservation et la prospérité de la République.

377. Le peuple français remet le dépôt de la présente Constitution à la fidélité du Corps législatif, du directoire exécutif, des administrateurs et des juges ; à la vigilance des pères de famille, aux épouses et aux mères, à l'affection des jeunes citoyens, au courage de tous les Français.

CONSTITUTION DE L'AN VIII. Au lendemain du coup d'État du 18 brumaire, une commission de 12 membres est chargée d'élaborer une nouvelle Constitution, sous la supervision de Bonaparte et de Sieyès. Ce dernier prévoit un « grand électeur à vie » assisté de deux consuls ayant la charge des affaires intérieures et extérieures. Bonaparte refuse ce rôle de « cochon à l'engrais » et impose une constitution où, selon le mot d'une dame de la Halle parisienne, « il n'y avait que Bonaparte ». C'est Daunou qui rédige le texte définitif, signé dès le 13 décembre 1799 et soumis à plébiscite. La Constitution de l'an VIII ne contient plus de Déclaration des droits en préambule. Elle accorde le droit de vote à tous les citoyens. Ces derniers élisent à plusieurs niveaux une partie des leurs sur des « listes de confiance » communales et départementales. Il y a ainsi, pour 8 millions d'électeurs, 800 000 noms sur les listes de confiance communales, 80 000 sur les listes de confiance départementales et 8 000 sur la liste de confiance nationale. Cette construction pyramidale a été imaginée par Sieyès suivant le principe : « l'autorité vient d'en haut, la confiance d'en bas ». Trois assemblées sont prévues. Le Sénat conservateur de 80 membres inamovibles, se cooptant sur des listes présentées par le Premier consul, veille à la constitutionnalité des lois et désigne les membres des assemblées législatives à partir de la liste de confiance nationale. Le pouvoir législatif est détenu par le tribunat et le Corps législatif de 100 et 300 membres respectivement. Les tribuns élaborent les projets de lois et les transmettent au Corps législatif qui ne peut que les voter ou les refuser mais n'a pas le droit de les discuter.

L'exécutif est confié à trois consuls élus par le Sénat pour 10 ans et rééligibles. Le Premier consul est Bonaparte, le second Cambacérès, le troisième Lebrun. Les second et troisième consuls n'ont qu'un rôle consultatif, le pouvoir étant pour l'essentiel dans les mains du Premier consul : il possède l'initiative des lois et les promulgue, nomme ministres et ambassadeurs, officiers et juges, décide des dépenses publiques, dirige les armées et la diplomatie. Les ministres sont nommés par lui et responsables devant lui seul. Il s'agit d'une dictature déguisée.

CONSTITUTION DE LA RÉPUBLIQUE FRANÇAISE DU 22 FRIMAIRE AN VIII (13 DÉCEMBRE 1799)

TITRE PREMIER

DE L'EXERCICE DES DROITS DE CITÉ

Art. 1er. La République française est une et indivisible. – Son territoire européen est distribué en départements et arrondissements communaux.

2. Tout homme né et résidant en France, qui, âgé de vingt et un ans accomplis, s'est fait inscrire sur le registre civique de son arrondissement communal, et qui a demeuré depuis pendant un an sur le territoire de la République, est citoyen français.

3. Un étranger devient citoyen français, lorsque après avoir atteint l'âge de vingt et un ans accomplis, et avoir déclaré l'intention de se fixer en France, il y a résidé pendant dix années consécutives.

4. La qualité de citoyen français se perd, – Par la naturalisation en pays étranger ; – Par l'acceptation de fonctions ou de pensions offertes par un gouvernement étranger ; – Par l'affiliation à toute corporation étrangère qui supposerait des distinctions de naissance ; – Par la condamnation à des peines afflictives ou infamantes.

5. L'exercice des droits de citoyen français est suspendu, par l'état de débiteur failli, ou d'héritier immédiat détenteur à titre gratuit de la succession totale ou partielle d'un failli ; – Par l'état de domestique à gages, attaché au service de la personne ou du ménage ; – Par l'état d'interdiction judiciaire, d'accusation ou de contumace.

6. Pour exercer les droits de cité dans un arrondissement communal, il faut y avoir acquis domicile par une année de résidence, et ne l'avoir pas perdu par une année d'absence.

7. Les citoyens de chaque arrondissement communal désignent par leurs suffrages ceux d'entre eux qu'ils croient les plus propres à gérer les affaires publiques. Il en résulte une liste de confiance, contenant un nombre de noms égal au dixième du nombre des citoyens ayant droit d'y coopérer. C'est dans cette première liste communale que doivent être pris les fonctionnaires publics de l'arrondissement.

8. Les citoyens compris dans les listes communales d'un département désignent également un dixième d'entre eux. Il en résulte une seconde liste dite départementale, dans laquelle doivent être pris les fonctionnaires publics du département.

9. Les citoyens portés dans la liste départementale désignent pareillement un dixième d'entre eux : il en résulte une troisième liste qui comprend les citoyens de ce département éligibles aux fonctions publiques nationales.

10. Les citoyens ayant droit de coopérer à la formation de l'une des listes mentionnées aux trois articles précédents, sont appelés tous les trois ans à pourvoir au remplacement des inscrits décédés, ou absents pour toute autre cause que l'exercice d'une fonction publique.

11. Ils peuvent, en même temps, retirer de la liste, les inscrits qu'ils ne jugent pas à propos d'y maintenir, et les remplacer

par d'autres citoyens dans lesquels ils ont une plus grande confiance.

12. Nul n'est retiré d'une liste que par les votes de la majorité absolue des citoyens ayant droit de coopérer à sa formation.

13. On n'est point retiré d'une liste d'éligibles par cela seul qu'on n'est pas maintenu sur une autre liste d'un degré inférieur ou supérieur.

14. L'inscription sur une liste d'éligibles n'est nécessaire qu'à l'égard de celles des fonctions publiques pour lesquelles cette condition est expressément exigée par la Constitution ou par la loi. Les listes d'éligibles seront formées pour la première fois dans le cours de l'an IX. – Les citoyens qui seront nommés pour la première formation des autorités constituées feront partie nécessaire des premières listes d'éligibles.

TITRE II

DU SÉNAT CONSERVATEUR

15. Le Sénat conservateur est composé de quatre-vingts membres, inamovibles et à vie, âgés de quarante ans au moins. – Pour la formation du Sénat, il sera d'abord nommé soixante membres : ce nombre sera porté à soixante-deux dans le cours de l'an VIII, à soixante-quatre en l'an IX, et s'élèvera ainsi graduellement à quatre-vingts par l'addition de deux membres en chacune des dix premières années.

16. La nomination à une place de sénateur se fait par le Sénat, qui choisit entre trois candidats présentés, le premier par le Corps législatif, le second par le tribunat, et le troisième par le Premier consul. – Il ne choisit qu'entre deux candidats, si l'un d'eux est proposé par deux des trois autorités présentantes : il est tenu d'admettre celui qui serait proposé à la fois par les trois autorités.

17. Le Premier consul sortant de place, soit par l'expiration de ses fonctions, soit par démission, devient sénateur de plein droit et nécessairement. – Les deux autres consuls, durant le mois qui suit l'expiration de leurs fonctions, peuvent prendre place dans le Sénat, et ne sont pas obligés d'user de ce droit. – Ils ne l'ont point quand ils quittent leurs fonctions consulaires par démission.

18. Un sénateur est à jamais inéligible à toute autre fonction publique.

19. Toutes les listes faites dans les départements en vertu de l'article 9 sont adressées au Sénat : elles composent la liste nationale.

20. Il élit dans cette liste les législateurs, les tribuns, les consuls, les juges de cassation, et les commissaires à la comptabilité.

21. Il maintient ou annule tous les actes qui lui sont déférés comme inconstitutionnels par le tribunat ou par le gouvernement : les listes d'éligibles sont comprises parmi ces actes.

22. Des revenus de domaines nationaux déterminés sont affectés aux dépenses du Sénat. Le traitement annuel de chacun de ses membres se prend sur ces revenus, et il est égal au vingtième de celui du Premier consul.

23. Les séances du Sénat ne sont pas publiques.

24. Les citoyens *Sieyès et Roger-Ducos*, consuls sortants, sont nommés membres du Sénat conservateur : ils se réuniront avec le second et le troisième consul nommés par la présente Constitution. Ces quatre citoyens nomment la majorité du Sénat, qui se complète ensuite lui-même, et procède aux élections qui lui sont confiées.

TITRE III

DU POUVOIR LÉGISLATIF

25. Il ne sera promulgué de lois nouvelles que lorsque le projet en aura été proposé par le gouvernement, communiqué au tribunat, et décrété par le Corps législatif.

26. Les projets que le gouvernement propose sont rédigés en articles. En tout état de la discussion de ces projets, le gouvernement peut les retirer ; il peut les reproduire modifiés.

27. Le tribunat est composé de cent membres, âgés de vingt-cinq ans au moins ; ils sont renouvelés par cinquième tous les ans, et indéfiniment rééligibles

tant qu'ils demeurent sur la liste nationale.

28. Le tribunat discute les projets de loi ; il en vote l'adoption ou le rejet. – Il envoie trois orateurs pris dans son sein, par lesquels les motifs du vœu qu'il a exprimé sur chacun de ces projets sont exposés et défendus devant le Corps législatif. – Il défère au Sénat, pour cause d'inconstitutionnalité seulement, les listes d'éligibles, les actes du Corps législatif et ceux du gouvernement.

29. Il exprime son vœu sur les lois faites et à faire, sur les abus à corriger, sur les améliorations à entreprendre dans toutes les parties de l'administration publique, mais jamais sur les affaires civiles ou criminelles portées devant les tribunaux. – Les vœux qu'il manifeste en vertu du présent article, n'ont aucune suite nécessaire, et n'obligent aucune autorité constituée à une délibération.

30. Quand le tribunat s'ajourne, il peut nommer une commission de dix à quinze de ses membres, chargée de le convoquer si elle le juge convenable.

31. Le Corps législatif est composé de trois cents membres, âgés de trente ans au moins ; ils sont renouvelés par cinquième tous les ans. – Il doit toujours s'y trouver un citoyen au moins de chaque département de la République.

32. Un membre sortant du Corps législatif ne peut y rentrer qu'après un an d'intervalle ; mais il peut être immédiatement élu à toute autre fonction publique, y compris celle de tribun, s'il y est d'ailleurs éligible.

33. La session du Corps législatif commence chaque année le 1er frimaire, et ne dure que quatre mois ; il peut être extraordinairement convoqué durant les huit autres par le gouvernement.

34. Le Corps législatif fait la loi en statuant par scrutin secret, et sans aucune discussion de la part de ses membres, sur les projets de loi débattus devant lui par les orateurs du tribunat et du gouvernement.

35. Les séances du tribunat et celles du Corps législatif sont publiques ; le nombre des assistants soit aux unes, soit aux autres, ne peut excéder deux cents.

36. Le traitement annuel d'un tribun est de quinze mille francs ; celui d'un législateur, de dix mille francs.

37. Tout décret du Corps législatif, le dixième jour après son émission, est promulgué par le Premier consul, à moins que, dans ce délai, il n'y ait eu recours au Sénat pour cause d'inconstitutionnalité. Ce recours n'a point lieu contre les lois promulguées.

38. Le premier renouvellement du Corps législatif et du tribunat n'aura lieu que dans le cours de l'an X.

TITRE IV

DU GOUVERNEMENT

39. Le gouvernement est confié à trois consuls nommés pour dix ans, et indéfiniment rééligibles. – Chacun d'eux est élu individuellement, avec la qualité distincte ou de premier, ou de second, ou de troisième consul. – La Constitution nomme Premier consul le citoyen *Bonaparte*, ex-consul provisoire ; second consul, le citoyen *Cambacérès*, ex-ministre de la justice ; et troisième consul, le citoyen *Lebrun* ex-membre de la commission du Conseil des Anciens. – Pour cette fois, le troisième consul n'est nommé que pour cinq ans.

40. Le Premier consul a des fonctions et des attributions particulières, dans lesquelles il est momentanément suppléé, quand il y a lieu, par un de ses collègues.

41. Le Premier consul promulgue les lois ; il nomme et révoque à volonté les membres du conseil d'État, les ministres, les ambassadeurs et autres agents extérieurs en chef, les officiers de l'armée de terre et de mer, les membres des administrations locales et les commissaires du gouvernement près les tribunaux. Il nomme tous les juges criminels et civils autres que les juges de paix et les juges de cassation, sans pouvoir les révoquer.

42. Dans les autres actes du gouvernement, le second et le troisième consuls ont voix consultative : ils signent le registre de ces actes pour constater leur présence ; et s'ils le veulent, ils y consignent leurs opinions ; après quoi la décision du Premier consul suffit.

43. Le traitement du Premier consul

sera de cinq cent mille francs en l'an VIII. Le traitement de chacun des deux autres consuls est égal aux trois dixièmes de celui du Premier.

44. Le gouvernement propose les lois, et fait les règlements nécessaires pour assurer leur exécution.

45. Le gouvernement dirige les recettes et les dépenses de l'État, conformément à la loi annuelle qui détermine le montant des unes et des autres ; il surveille la fabrication des monnaies, dont la loi seule ordonne l'émission, fixe le titre, le poids et le type.

46. Si le gouvernement est informé qu'il se trame quelque conspiration contre l'État, il peut décerner des mandats d'amener et des mandats d'arrêt contre les personnes qui en sont présumées les auteurs ou les complices ; mais si, dans un délai de dix jours après leur arrestation, elles ne sont mises en liberté ou en justice réglée, il y a, de la part du ministre signataire du mandat, crime de détention arbitraire.

47. Le gouvernement pourvoit à la sûreté intérieure et à la défense extérieure de l'État ; il distribue les forces de terre et de mer, et en règle la direction.

48. La garde nationale en activité est soumise aux règlements d'administration publique : la garde nationale sédentaire n'est soumise qu'à la loi.

49. Le gouvernement entretient des relations politiques au-dehors, conduit les négociations, fait les stipulations préliminaires, signe, fait signer et conclut tous les traités de paix et d'alliance, de trêve, de neutralité, de commerce et autres conventions.

50. Les déclarations de guerre et les traités de paix, d'alliance et de commerce, sont proposés, discutés, décrétés et promulgués comme des lois. – Seulement les discussions et délibérations sur ces objets, tant dans le tribunat que dans le Corps législatif, se font en comité secret, quand le gouvernement le demande.

51. Les articles secrets d'un traité ne peuvent être destructifs des articles patents.

52. Sous la direction des consuls, le conseil d'État est chargé de rédiger les projets de lois et les règlements d'administration publique, et de résoudre les difficultés qui s'élèvent en matière administrative.

53. C'est parmi les membres du conseil d'État que sont toujours pris les orateurs chargés de porter la parole au nom du gouvernement devant le Corps législatif. – Ces orateurs ne sont jamais envoyés au nombre de plus de trois pour la défense d'un même projet de loi.

54. Les ministres procurent l'exécution des lois et des règlements d'administration publique.

55. Aucun acte du gouvernement ne peut avoir d'effet, s'il n'est signé par un ministre.

56. L'un des ministres est spécialement chargé de l'administration du trésor public : il assure les recettes, ordonne les mouvements de fonds et les paiements autorisés par la loi. Il ne peut rien faire payer qu'en vertu, 1° d'une loi, et jusqu'à la concurrence des fonds qu'elle a déterminés pour un genre de dépenses ; 2° d'un arrêté du gouvernement ; 3° d'un mandat signé par un ministre.

57. Les comptes détaillés de la dépense de chaque ministre, signés et certifiés par lui, sont rendus publics.

58. Le gouvernement ne peut élire ou conserver pour conseillers d'État, pour ministres, que des citoyens dont les noms se trouvent inscrits sur la liste nationale.

59. Les administrations locales établies soit pour chaque arrondissement communal, soit pour des portions plus étendues du territoire, sont subordonnées aux ministres. Nul ne peut devenir ou rester membre de ces administrations, s'il n'est porté ou maintenu sur l'une des listes mentionnées aux articles 7 et 8.

TITRE V

DES TRIBUNAUX

60. Chaque arrondissement communal a un ou plusieurs juges de paix élus immédiatement par les citoyens pour trois années. – Leur principale fonction consiste à concilier les parties, qu'ils invitent, dans le cas de non-conciliation, à se faire juger par des arbitres.

61. En matière civile, il y a des tribunaux de première instance et des tribunaux d'appel. La loi déter-

mine l'organisation des uns et des autres, leur compétence, et le territoire formant le ressort de chacun.

62. En matière de délits emportant peine afflictive ou infamante, un premier jury admet ou rejette l'accusation : si elle est admise, un second jury reconnaît le fait ; et les juges, formant un tribunal criminel, appliquent la peine. Leur jugement est sans appel.

63. La fonction d'accusateur public près un tribunal criminel est remplie par le commissaire du gouvernement.

64. Les délits qui n'emportent pas peine afflictive ou infamante sont jugés par des tribunaux de police correctionnelle, sauf l'appel aux tribunaux criminels.

65. Il y a, pour toute la République, un tribunal de cassation, qui prononce sur les demandes en cassation contre les jugements en dernier ressort rendus par les tribunaux ; sur les demandes en renvoi d'un tribunal à un autre pour cause de suspicion légitime ou de sûreté publique ; sur les prises à partie contre un tribunal entier.

66. Le tribunal de cassation ne connaît point du fond des affaires ; mais il casse les jugements rendus sur des procédures dans lesquelles les formes ont été violées, ou qui contiennent quelque contravention expresse à la loi ; et il renvoie le fond du procès au tribunal qui doit en connaître.

67. Les juges composant les tribunaux de première instance, et les commissaires du gouvernement établis près ces tribunaux, sont pris dans la liste communale ou dans la liste départementale. – Les juges formant les tribunaux d'appel, et les commissaires placés près d'eux, sont pris dans la liste départementale. – Les juges composant le tribunal de cassation, et les commissaires établis près ce tribunal, sont pris dans la liste nationale.

68. Les juges, autres que les juges de paix, conservent leurs fonctions toute leur vie, à moins qu'ils ne soient condamnés pour forfaiture, ou qu'ils ne soient pas maintenus sur les listes d'éligibles.

TITRE VI

DE LA RESPONSABILITÉ DES FONCTIONNAIRES PUBLICS

69. Les fonctions des membres soit du Sénat, soit du Corps législatif, soit du tribunat, celles des consuls et des conseillers d'État, ne donnent lieu à aucune responsabilité.

70. Les délits personnels emportant peine afflictive ou infamante, commis par un membre soit du Sénat soit du tribunat, soit du Corps législatif, soit du conseil d'État, sont poursuivis devant les tribunaux ordinaires, après qu'une délibération du corps auquel le prévenu appartient a autorisé cette poursuite.

71. Les ministres prévenus de délits privés, emportant peine afflictive ou infamante, sont considérés comme membres du conseil d'État.

72. Les ministres sont responsables, 1° de tout acte de gouvernement signé par eux, et déclaré inconstitutionnel par le Sénat ; 2° de l'inexécution des lois et des règlements d'administration publique ; 3° des ordres particuliers qu'ils ont donnés, si ces ordres sont contraires à la Constitution, aux lois et aux réglements.

73. Dans les cas de l'article précédent, le tribunat dénonce le ministre par un acte sur lequel le Corps législatif délibère dans les formes ordinaires, après avoir entendu ou appelé le dénoncé. Le ministre mis en jugement par un décret du Corps législatif, est jugé par une Haute Cour, sans appel et sans recours en cassation. – La Haute Cour est composée de juges et de jurés. Les juges sont choisis par le tribunal de cassation, et dans son sein ; les jurés sont pris dans la liste nationale : le tout suivant les formes que la loi détermine.

74. Les juges civils et criminels sont, pour les délits relatifs à leurs fonctions, poursuivis devant les tribunaux auxquels celui de cassation les renvoie après avoir annulé leurs actes.

75. Les agents du gouvernement, autres que les ministres, ne peuvent être poursuivis pour des faits relatifs à leurs fonctions, qu'en vertu d'une décision du conseil d'État : en ce cas, la poursuite a lieu devant les tribunaux ordinaires.

TITRE VII
DISPOSITIONS GÉNÉRALES

76. La maison de toute personne habitant le territoire français est un asile inviolable. – Pendant la nuit, nul n'a le droit d'y entrer que dans le cas d'incendie, d'inondation, ou de réclamation faite à l'intérieur de la maison. – Pendant le jour, on peut y entrer pour un objet spécial déterminé ou par une loi, ou par un ordre émané d'une autorité publique.

77. Pour que l'acte qui ordonne l'arrestation d'une personne puisse être exécuté, il faut, 1° qu'il exprime formellement le motif de l'arrestation, et la loi en exécution de laquelle elle est ordonnée ; 2° qu'il émane d'un fonctionnaire à qui la loi ait donné formellement ce pouvoir ; 3° qu'il soit notifié à la personne arrêtée, et qu'il lui en soit laissé copie.

78. Un gardien ou geôlier ne peut recevoir ou détenir aucune personne qu'après avoir transcrit sur son registre l'acte qui ordonne l'arrestation : cet acte doit être un mandat donné dans les formes prescrites par l'article précédent, ou une ordonnance de prise de corps, ou un décret d'accusation, ou un jugement.

79. Tout gardien ou geôlier est tenu, sans qu'aucun ordre puisse l'en dispenser, de représenter la personne détenue à l'officier civil ayant la police de la maison de détention, toutes les fois qu'il en sera requis par cet officier.

80. La représentation de la personne détenue ne pourra être refusée à ses parents et amis porteurs de l'ordre de l'officier civil, lequel sera toujours tenu de l'accorder, à moins que le gardien ou geôlier ne représente une ordonnance du juge pour tenir la personne au secret.

81. Tous ceux qui, n'ayant point reçu de la loi le pouvoir de faire arrêter, donneront, signeront, exécuteront l'ordre d'arrestation d'une personne quelconque ; tous ceux qui, même dans le cas de l'arrestation autorisée par la loi, recevront ou retiendront la personne arrêtée, dans un lieu de détention non publiquement et légalement désigné comme tel, et tous les gardiens ou geôliers qui contreviendront aux dispositions des trois articles précédents, seront coupables du crime de détention arbitraire.

82. Toutes rigueurs employées dans les arrestations, détentions ou exécutions, autres que celles autorisées par les lois, sont des crimes.

83. Toute personne a le droit d'adresser des pétitions individuelles à toute autorité constituée, et spécialement au tribunat.

84. La force publique est essentiellement obéissante : nul corps armé ne peut délibérer.

85. Les délits des militaires sont soumis à des tribunaux spéciaux, et à des formes particulières de jugement.

86. La nation française déclare qu'il sera accordé des pensions à tous les militaires blessés à la défense de la patrie, ainsi qu'aux veuves et aux enfants des militaires morts sur le champ de bataille ou des suites de leurs blessures.

87. Il sera décerné des récompenses nationales aux guerriers qui auront rendu des services éclatants en combattant pour la République.

88. Un institut national est chargé de recueillir les découvertes, de perfectionner les sciences et les arts.

89. Une commission de comptabilité nationale règle et vérifie les comptes des recettes et des dépenses de la République. Cette commission est composée de sept membres choisis par le Sénat dans la liste nationale.

90. Un corps constitué ne peut prendre de délibération que dans une séance où les deux tiers au moins de ses membres se trouvent présents.

91. Le régime des colonies françaises est déterminé par des lois spéciales.

92. Dans le cas de révolte à main armée, ou de troubles qui menacent la sûreté de l'État, la loi peut suspendre, dans les lieux et pour le temps qu'elle détermine, l'empire de la Constitution. – Cette suspension peut être provisoirement déclarée, dans les mêmes cas, par un arrêté du gouvernement, le Corps législatif étant en vacance, pourvu que ce corps soit convoqué au plus court terme par un article du même arrêté.

93. La nation française déclare qu'en aucun cas elle ne souffrira le retour des Français qui, ayant abandonné leur patrie depuis le 14 juillet 1789, ne sont pas compris dans les exceptions portées aux lois rendues contre les émigrés ; elle inter-

dit toute exception nouvelle sur ce point. – Les biens des émigrés sont irrévocablement acquis au profit de la République.

94. La nation française déclare qu'après une vente légalement consommée de biens nationaux, quelle qu'en soit l'origine, l'acquéreur légitime ne peut en être dépossédé, sauf aux tiers réclamants à être, s'il y a lieu, indemnisés par le trésor public.

95. La présente Constitution sera offerte de suite à l'acceptation du peuple français.

CONSULATS. Représentation à l'étranger des activités commerciales de la France, les consulats appartenaient avant 1789 à l'administration, tantôt des Affaires étrangères, tantôt de la marine. En 1792, il y avait 98 agents dans les consulats et 45 commis dans les bureaux du ministère des Affaires étrangères. En octobre 1793, les bureaux propres aux consulats furent supprimés à l'administration centrale.

CONTI (Louis François Joseph de Bourbon, prince de) (Né à Paris, le 1er septembre 1734, mort à Barcelone, le 13 mars 1814). Maréchal de camp, Conti est un bon gestionnaire et s'inquiète du délabrement des finances du royaume. Il intervient à l'Assemblée des notables de 1788 sur ce sujet. Hostile au doublement du tiers, il émigre avec Condé après le 14 juillet 1789 mais revient en 1790, prête le serment civique et vit à l'écart à Paris, sans prendre part aux intrigues de la contre-révolution. Emprisonné cependant durant la Terreur, il est libéré en août 1795 et quitte la France pour finir son existence en Espagne.

CONTRAINTE PAR CORPS. En vigueur sous l'Ancien Régime pour dettes, frais de justice et de nourrice, la contrainte par corps est limitée à partir de décembre 1789, en raison des incidents qu'elle suscitait, à des cas bien établis par la justice. Elle est supprimée en août 1792 pour les frais de nourrice. En 1798, elle est réglementée de façon détaillée et en sont exclus les septuagénaires, les mineurs et les femmes. Aucun jugement ne peut être signifié moins de dix jours après sa signification au contraignable, aucune arrestation ne peut avoir lieu avant et après le coucher du soleil, non plus que le décadi et les jours de fêtes républicaines, non plus que pendant la durée des assemblées électorales, dans l'enceinte d'un tribunal ou d'une assemblée ou même à l'intérieur des locaux d'une administration.

CONTRAT SOCIAL. Tirée de l'œuvre homonyme de Jean-Jacques Rousseau, l'idée de contrat social remonte à la Réforme et a été développée par des auteurs comme Locke, Hobbes, Grotius, Pufendorf. Le roi incarne sous l'Ancien Régime le principe d'unité dans une société aux innombrables particularismes ; Rousseau lui substitue le corps social tout entier, conçu comme une association librement voulue d'individus se soumettant à une loi commune. Le corps social doit être inaliénable et indivisible et exprimer la volonté commune. Cette volonté commune doit émaner également de tous et être appliquée également à tous, exprimer la volonté du corps social du bien commun. La pensée de Rousseau a eu une influence profonde sur les hommes de la Révolution, des plus modérés aux plus extrémistes. Durant la Convention, l'opposition entre la nécessité d'une représentation de la nation à travers une assemblée et la suprématie théorique de la volonté générale, a constitué la pierre d'achoppement du gouvernement représentatif et provoqué des coups d'État maquillés en émeutes et insurrections montées par d'infimes minorités au nom d'un intérêt général qu'elles ne représentaient nullement.

CONTRE-RÉVOLUTION. En face des théories révolutionnaires, une pensée contre-révolutionnaire se développe très tôt, avec Burke dès 1790, Mallet du Pan, Joseph de Maistre. Impuissante à s'exprimer pacifiquement, sa presse étant baillonnée, ses partisans massacrés à partir du 10 août 1792, la contre-révolution est affaiblie par l'émigration qui la prive d'une partie de ses soutiens à l'intérieur du pays. On estime à 150 000 au moins le nombre des émigrés, dont un grand nombre d'officiers qui auraient pu encadrer une paysannerie peu favorable aux excès des révolutionnaires parisiens. Les regroupements royalistes du camp de Jalès avaient montré la faiblesse des contre-révolutionnaires avant le 10 août, la force des insurrections vendéenne, lyonnaise, bordelaise, toulonnaise, du mouvement chouan dans l'Ouest prouve à l'évidence qu'à partir de 1793, la majeure partie du pays est hostile à la Montagne et à la Terreur qu'elle est obligée d'imposer pour asseoir son emprise. Sous la Convention thermidorienne et le Directoire, les tentatives de restauration monarchique s'épuisent en complots, la nation, lassée des luttes politiques, se bornant à voter anarchiquement dans un sens ou dans l'autre, rendant le pouvoir législatif redoutablement instable, jusqu'à ce que Bonaparte instaure sa dictature.

CONTRE-SEING. C'est ainsi qu'est appelée la signature d'un subordonné au-dessous de la signature principale. Sous l'Ancien Régime, la signature du roi était suivie de celle d'un secrétaire d'État. Le contre-seing de la Constituante donna lieu à de très nombreux abus et à des falsifications éhontées. Pour les limiter, l'Assemblée décréta que les contre-seings seraient « connus et enregistrés » et donnés à la poste qui les vérifierait avant envoi. La poste ayant été affermée en 1798, le Directoire supprima franchises et contre-seings.

CONTRIBUTION PATRIOTIQUE. Cette amère pilule, dorée de la devise « patriotique », fut décrétée le 1er octobre 1789, à la demande de Necker, pour faire face à la banqueroute de l'État. Demandée à tous les habitants du royaume, elle devait n'être perçue qu'une fois et être égale « au quart du revenu de chaque citoyen ». Le paiement s'effectua, déjà, par tiers : au 1er avril 1790, au 1er avril 1791, au 1er avril 1792. Elle fut très difficile à faire entrer dans les caisses de l'État, étant donné l'ampleur du sacrifice demandé et les circonstances politiques.

CONTRIBUTIONS. Le mot « contribution » remplace le terme d'impôt à l'automne de 1789. L'article 13 de la Déclaration des droits de l'homme précise que « la contribution commune est indispensable... qu'elle est répartie également entre tous les citoyens à raison de leurs facultés ». La Constitution de l'an I, dans son article 101, annonce : « Nul citoyen n'est dispensé de l'honorable obligation de contribuer aux charges publiques. » L'Assemblée constituante met sur pied un système fiscal qui va durer jusqu'en 1914 et qui est fondé sur 3 contributions. La contribution foncière touche les propriétés foncières, les terres, à proportion de la surface possédée. Son assiette doit être établie à partir d'un cadastre. La contribution mobilière concerne tous les revenus issus d'autre chose que la terre ou le commerce, notamment les rentes et les bénéfices industriels. Elle est fondée sur les « signes extérieurs de richesse », loyers, nombre de domestiques. Les bénéfices commerciaux sont frappés par la patente. En novembre 1798, pour tenter de redresser la situation financière, le Directoire crée une quatrième contribution, taxant les portes et fenêtres. Les impôts indirects, supprimés en raison de leur impopularité, sont discrètement réintroduits : droits d'enregistrement des actes notariés, droit de timbre, droit sur le tabac.

CONTRIBUTIONS PUBLIQUES (ministère des). Créé le 13 avril 1791, ce ministère est l'ancêtre du ministère des Finances. Il eut trois titulaires, Tarbé (1791-1792), Clavière (23 mars 1792-15 juin 1793) et Destournelles. Le ministère fut supprimé le 1er avril 1794 et remplacé par une des douze commissions exécutives alors créées, celle des Finances. Cette dernière laissa la place au ministère des Finances à la fin de septembre 1795.

CONTRÔLEUR GÉNÉRAL DES FINANCES. Le Contrôleur général des Finances avait pour fonction, sous l'Ancien Régime, de contrôler et d'enregistrer tous les actes ayant trait aux finances, paiements, perceptions, transferts de fonds, etc. Necker fut le dernier contrôleur général des Finances qui devint ensuite le ministre des Finances.

CONTRÔLEURS. Le nom de contrôleur appliqué sous l'Ancien Régime aux fonctionnaires chargés de vérifier les comptes des différentes administrations resta en usage dans les administrations nées de la Révolution.

CONVENTION. Après le 10 août 1792 et la suspension du roi, la Législative estime nécessaire la convocation d'une nouvelle Assemblée constituante pour faire face à la situation et élaborer une Constitution qui tienne compte de l'abolition prochaine de la monarchie. Nommée Convention à l'imitation des États-Unis, cette assemblée se réunit le 21 septembre 1792. Jusqu'à leur élimination, le 2 juin 1793, elle est dominée par les brissotins ou Girondins. Elle vote la mort du roi, affronte l'insurrection en Vendée, subit des échecs militaires aux frontières et la défection de Dumouriez. Du 2 juin 1793 au 27 juillet 1794 (9 thermidor an II), la Convention est dominée par les Montagnards. Elle assume les pouvoirs exécutif et législatif, organise la défense de la République sur les frontières et le régime de la Terreur à l'intérieur pour imposer son pouvoir à une province plus que réticente. Avec les Comités de salut public et de sûreté générale est mis en place le gouvernement « révolutionnaire ». Vivant sous la menace permanente d'arrestation et d'exécution, la majorité des députés, nommée la Plaine, vote servilement les mesures présentées par ces comités, accepte l'élimination des adversaires de Robespierre : dantonistes, hébertistes, Enragés... Affaibli par ces purges successives, divisé, le gouvernement révolutionnaire finit par tomber lui-même sous les coups de ses adversaires, le 9 thermidor. Jusqu'à la fin de la session de la Convention, le 26 octobre 1795, le pouvoir est au mains de ceux qui ont abattu Robespierre. Cette période a été appelée de façon impropre et volontairement malhonnête « réaction thermidorienne ». Il ne s'agit nullement d'une « réaction » ou d'une « contre-révolution ». Les hommes au pouvoir après le 9 thermidor sont des régicides, des républicains fermement décidés à maintenir le régime, qui frappent alternativement tous ceux qui, nostalgiques de la Terreur, les menacent sur leur gauche, et tous ceux qui souhaitent rétablir la royauté.

CONZIÉ (Joachim François Mamert) (Né à Poncins, Ain, le 18 mars 1736, mort à Amsterdam, le 8 mai

1795). Évêque de Saint-Omer en 1769, archevêque de Tours en 1775, Conzié est élu par le clergé de Touraine aux états généraux. Il s'y montre un des partisans les plus fermes de l'Ancien Régime et signe toutes les protestations émises par le groupe royaliste et catholique de l'Assemblée. Le directoire du district de Tours l'ayant sommé de prêter serment à la Constitution civile du clergé, il répond, le 11 février 1791 : « Je suis disposé à faire le sacrifice, non seulement de mes biens temporels, mais aussi de ma vie, plutôt que de prêter le serment exigé. » Il démissionne peu après de ses fonctions de député et émigre. A Coblence, le comte de Provence lui demande de faire partie de son « conseil de gouvernement ».

CORDAY (Marie Anne Charlotte de) (Née à Saint-Saturnin-des-Ligneries, près de Sées, Orne, le 27 juillet 1768, guillotinée à Paris, le 17 juillet 1793). D'une famille pieuse et royaliste, Charlotte Corday voit ses deux frères émigrer pour s'engager dans l'armée de Condé. Effacée mais têtue, « sublime et raisonneuse », comme l'écrit Michelet, Charlotte Corday poignarde Marat pour sauver le monde et rétablir la paix, faisant le raisonnement suivant, toujours selon Michelet : « La Loi est la Paix même. Qui a tué la Loi au 2 juin ? Marat surtout. Le meurtrier de la Loi tué, la Paix va refleurir. La mort d'un seul sera la vie de tous. » Et il ajoute : « Pensée étroite autant que haute. Elle vit tout en un homme ; dans le fil d'une vie, elle crut couper celui de nos mauvaises destinées, nettement, simplement, comme elle coupait, fille laborieuse, celui de son fuseau. »

CORDELIERS (club des). Fondé sous le nom de Société des amis des droits de l'homme et du citoyen, appelé club des Cordeliers du nom du couvent où il s'installe, ce club s'ouvre en avril 1790. Situé à gauche du club des Jacobins, animé au départ par Danton et Marat, il joue un rôle fondamental dans l'organisation de l'agitation à Paris, le recrutement de la municipalité et le noyautage des sections à son profit. L'assistance aux séances du club se situe entre 300 et 400 membres. Ainsi la pétition présentée le 12 juillet 1791 porte-t-elle 381 signatures, par exemple. La souscription mensuelle pour en être membre est faible : 2 sous. Malgré un public populaire, la direction du club est aux mains d'une bourgeoisie aisée ainsi que l'a montré Mathiez. Parmi ses orateurs habituels, outre Danton et Marat, figurent Camille Desmoulins, Legendre, Santerre, Bonneville, Dulaure, Fréron. Franchement républicain après la fuite à Varennes, impliqué dans l'affaire du Champ-de-Mars, le 17 juillet 1791, le club des Cordeliers est la courroie de transmission des révolutionnaires lorsqu'ils désirent faire un coup de force. Aucune journée insurrectionnelle ne peut avoir lieu sans l'appui des Cordeliers qui contrôlent les sections et partiellement la Commune de Paris. Ils sont au 10 août 1792, aux 31 et 2 juin 1793. Après la mort de Marat, le club est dominé par Hébert et Vincent qui adoptent une position ultra-révolutionnaire et mettent en cause le pouvoir des Montagnards, exigeant des mesures terroristes de plus en plus fortes, des lois sociales du même type que celles précédemment demandées par les Enragés. En mars 1794, Robespierre décide de s'en débarrasser. Les principaux meneurs du club des Cordeliers sont arrêtés, inculpés de conspiration pour renverser la Convention et exécutés. Le club est obligé de se purger lui-même et de faire une humiliante soumission aux Jacobins. Le 9 thermidor, il ne bougera pas pour venir au secours de ceux qui l'ont abattu. Les Cordeliers dureront, végéteront jusqu'en avril 1795 et auront le plaisir, avant de voir leur club fermé, d'assister à la disparition du club des Jacobins.

CORPORATIONS. Associations de travailleurs de la même profession possédant des statuts particuliers, régies par des droits et des devoirs réciproques, les corporations possédaient le monopole du travail dans leurs branches. Elles étaient souvent mises en cause dans les cahiers de doléances au nom de la liberté de travail. Supprimées par Turgot en 1774, rétablies à sa chute en 1776, mises en cause par les décisions de la nuit du 4 août abolissant tous les privilèges, les corporations furent définitivement supprimées sur la proposition d'Allardes, par le décret du 17 mars 1791.

CORPS LÉGISLATIF. Créé par la Constitution de l'an VIII qui institue le Consulat, le Corps législatif est composé de 300 membres choisis par le Sénat dans la liste nationale de notabilités. Ces législateurs sont nommés pour cinq ans et renouvelables par cinquième tous les ans. Ils votent les lois proposées par l'autre assemblée législative, le tribunat, mais n'ont ni le droit de les discuter ni celui de les amender. Par dérision, on les a parfois nommé « les 300 muets ».

CORSAIRES. Sous l'Ancien Régime existaient déjà les corsaires, équipages de navires employés par des particuliers pour faire la guerre et attaquer les vaisseaux marchands des pays ennemis. Ces corsaires possédaient des lettres de marque délivrées par le roi et les autorisant à cette activité, nommée guerre de course. La Révolution, dont la marine de guerre était réduite presque à néant par l'émigration des officiers et l'insubordination ou l'inexpérience des équipages, eut aussi recours à des corsaires, véritables entrepreneurs de guerre navale se payant par les prises de navires ennemis. Le plus célèbre, basé dans l'océan Indien, fut Surcouf.

COSSÉ (Louis Hercule Timoléon de, duc de Brissac) (Né à Paris, le 14 février 1734, assassiné le 9 septembre 1792). Un des plus grands personnages de la cour de Louis XV et de Louis XVI, maréchal de France, grand panetier, gouverneur de Paris, Cossé-Brissac est nommé en 1791 commandant en chef de la garde constitutionnelle du roi. Le 29 mai 1792, l'Assemblée décrète la dissolution de ce corps soupçonné d'opinions exagérément royalistes et l'inculpation de son chef accusé d'y faire régner un esprit contre-révolutionnaire et d'avoir fait prêter à ses hommes le serment d'accompagner le roi partout où il se rendrait. Envoyé à la prison d'Orléans en attendant d'être jugé par la Haute Cour, Cossé-Brissac est ensuite transféré à Versailles, mais les prisonniers, séparés de leur escorte, sont livrés à une bande d'égorgeurs qui les réclamaient et Cossé-Brissac est mis à mort, son cadavre mutilé et dépecé.

COSTUMES. Au nom de l'égalité, la Révolution abolit en 1789 toutes les marques distinctives d'habillement : l'épée fut interdite aux gentilshommes, la robe aux gens de loi, la soutane et les habits monastiques aux ecclésiastiques. Dans l'infanterie, l'uniforme blanc fut remplacé par un uniforme bleu. Mais la vanité survivant à tous les régimes, l'abbé Grégoire proposa en septembre 1795, au nom du comité d'instruction publique, de distinguer par un costume approprié les députés et les fonctionnaires publics qui, servant la Nation, étaient un peu plus « égaux » que les autres. Aussi la Convention précisa-t-elle, avant de se dissoudre, les costumes qui devaient être portés sous le Directoire, des Directeurs aux juges en passant par les députés aux conseils, les ministres, les huissiers et les magistrats des principales cours.

CÔTES DE BREST (armée des). Cette armée avait dans ses attributions en 1793 les côtes de Bretagne jusqu'à l'embouchure de la Loire. Elle fut, l'année suivante, réunie à celle des côtes de Cherbourg.

CÔTES DE CHERBOURG (armée des). Cette armée fut formée au début de 1793 pour la défense des côtes de la Manche contre la menace anglaise. Wimpfen en fut le premier commandant mais, passé aux Girondins après leur chute, fut destitué et remplacé par Sepher qui se servit de ses troupes pour combattre l'insurrection fédéraliste en Normandie et entra avec elle dans Caen. Elle fut, l'année suivante, unie à celle des côtes de Brest sous le commandement en chef de Hoche.

CÔTES DE L'OCÉAN (armée des). Cette armée fut constituée par la réunion des armées des côtes de Brest et des côtes de Cherbourg et placée sous le commandement en chef de Hoche. C'est elle qui termina la guerre dans l'Ouest en 1797.

CÔTES DE LA ROCHELLE (armée des). Chargée de la défense des côtes atlantiques entre les estuaires de la Loire et de la Gironde contre la menace anglaise, l'armée des côtes de la Rochelle eut surtout à se battre contre l'insurrection vendéenne et fut mise en déroute à plusieurs reprises. Elle eut pour généraux Chalbos, Biron qui fut guillotiné, Beysser qui le fut aussi, Rossignol qui fut destitué comme pillard et incapable. En octobre 1793, on réunit ce qui en restait à l'armée de l'Ouest.

COTTEREAU, voir **CHOUAN**.

COUP D'ÉTAT, voir aux mois des coups d'État : **BRUMAIRE, FLORÉAL, FRUCTIDOR, PRAIRIAL.**

COUR. La cour de Louis XVI, malgré toutes les critiques dont on l'a accablée, était beaucoup plus vertueuse que celle de Louis XV, les scandales y étaient plus rares, de même que les bals et les fêtes. Les goûts de la reine n'étaient pas aussi dispendieux que les mauvaises langues le disaient et ce n'est pas la bergerie de Trianon qui ruinait le trésor royal. La noblesse qui entourait la famille royale se dispersa ou émigra dès la venue aux Tuileries du souverain, en octobre 1789, et la cour ne fut plus que l'ombre de ce qu'elle avait été.

COUR (conspiration de la). C'est ainsi qu'on a nommé la tentative du roi de dissoudre les états généraux et de rétablir le calme à Paris en faisant venir des troupes autour de Paris et de Versailles au début de juillet 1789. Cet épisode de la Révolution culmina avec le renvoi de Necker et la prise de la Bastille, puis la reculade du roi. On peut difficilement parler d'un complot de la cour mais plutôt d'une tentative avortée du roi pour rétablir son autorité pleine et entière.

COUR DE CASSATION, voir **TRIBUNAL DE CASSATION**.

COUR DES AIDES. Tribunal où étaient jugées en dernier recours toutes les affaires concernant les aides ou droits indirects, la Cour des aides fut abolie en même temps que ces impôts très impopulaires par les lois des 7 et 11 septembre 1790.

COUR DES COMPTES, voir **CHAMBRES DES COMPTES**.

COURONNES CIVIQUES. A l'imitation des Romains qui décernaient des couronnes ou des branches de chêne aux légionnaires qui s'étaient distingués, la Révolution accorda des couronnes civiques à ceux qui se firent remarquer par leur courage ou leur vertu civique.

COURRIERS. Dans sa dernière séance, en septembre 1792, la Législative adopta un projet d'organisation des courriers pour porter les dépêches de l'Assemblée et des ministres aux armées et dans les départements. Ces courriers étaient choisis parmi les citoyens élus dans chaque section, qui recevaient un traitement de 600 livres par an et une indemnité de 4 livres par jour lorsqu'ils étaient en mission.

COURS D'APPEL. La Constituante n'avait prévu aucune juridiction d'appel : les tribunaux de première instance connaissaient en appel des jugements rendus par des tribunaux de même niveau. C'est la loi du 27 ventôse an VIII (18 mars 1800), qui crée une juridiction d'appel spécifique qui prend le nom de cour d'appel avec le sénatus-consulte du 28 floréal an XII (17 mai 1804). Il y en a 28 au départ, comptant chacune de 20 à 40 conseillers, avec un premier président, des présidents de chambres, un procureur général et des avocats généraux et substituts.

COURS MARTIALES. De 1789 à 1793, les conseils de guerre furent nommés cours martiales. Il y en avait un par division militaire, composé d'un grand juge, commissaire ordonnateur, avec des juges suppléants pris dans les capitaines en retraite, des commissaires des guerres remplissant le rôle du ministère public. On distinguait un jury d'accusation de 9 membres et un jury de jugement de 36 membres. En 1793, la Convention remplaça les cours martiales par des tribunaux criminels militaires puis par des conseils militaires en 1794. La loi du 12 brumaire an V (2 novembre 1796) recréa les conseils de guerre. En 1798 furent institués les conseils de révision.

COURSES DE CHEVAUX. Les courses de chevaux commencèrent à être à la mode sous le règne de Louis XVI. En 1789, des courses avaient lieu au bois de Boulogne et à Charenton. Les troubles de la Révolution entraînèrent le déclin de ce divertissement qui continua cependant au ralenti. Sous le Directoire, Franconi organisait des courses de chevaux qui faisaient partie du programme des fêtes publiques au Champ-de-Mars et sur l'esplanade des Invalides. Des courses publiques furent instituées par Napoléon en 1807.

COURTOIS (Edme Bonaventure) (Né à Troyes, le 15 juillet 1754, mort à Bruxelles, le 6 décembre 1816). Simple receveur de district à Arcis-sur-Aube au début de la Révolution, Courtois doit à l'appui de son camarade de collège, Danton, d'être élu par l'Aube à la Législative, puis à la Convention, où il se montre très discret. Il vote pour la mort lors du procès du roi, est envoyé à l'armée du Nord au début de mai 1793 et rappelé le 30 juillet sur accusation de malversations et de dilapidations des deniers de l'État. Trop insignifiant pour être arrêté, il assiste terrorisé à la mise en accusation de son ami et bienfaiteur Danton, à son arrestation et à son procès. Il prend sa revanche après le 9 thermidor en se faisant nommer membre de la commission chargée d'examiner les papiers saisis chez Robespierre et confier la rédaction du rapport sur les résultats de ce dépouillement. Il devient alors un personnage puissant dont dépendent les vies et les carrières de bien des hommes politiques du temps. Il manipule à son gré les documents, en faisant sans doute disparaître une partie. Élu au Comité de sûreté générale, il entre ensuite au Conseil des Anciens et prête son concours à Bonaparte pour le coup d'État de Brumaire. Il en est récompensé par un siège au Tribunat, qu'il perd en 1802 à la suite de tripotages et de malversations. En janvier 1816, ses papiers sont saisis et il doit partir pour l'exil comme régicide.

COUTHON (Georges Auguste) (Né à Orcet, Puy-de-Dôme, le 22 décembre 1755, guillotiné à Paris, le 28 juillet 1794). Avocat, paralysé à partir de 1788 par des douleurs rhumatismales qui immobilisent totalement la partie inférieure de son corps en 1791, Couthon ne peut se faire élire aux états généraux, mais, devenu président du tribunal de Clermont, en 1790, il est élu à la Législative par le Puy-de-Dôme, puis réélu à la Convention. Également lié au début avec Robespierre et avec le ménage Roland, il ne se décide à soutenir Robespierre et à rompre avec les Roland qu'en novembre 1792, lorsque Louvet s'en prend directement et violemment à « l'Incorruptible ». Il se montre désormais un adversaire acharné des Girondins. Après avoir voté la mort à l'issue du procès du roi, il entre au Comité de salut public, le 30 mai 1793. Envoyé en mission à Lyon, il met aussi en place des administrations révolutionnaires dans son Puy-de-Dôme. A la chute de Lyon, il ne peut se résoudre à exécuter totalement le décret du 20 octobre ordonnant la destruction de la ville et se voit rappelé à Paris où il reprend sa place au Comité de salut public. Il est aux côtés de Robespierre lorsque celui-ci demande l'accélération de la justice révolutionnaire et dénonce le complot ourdi contre lui. Il tombe avec lui et est exécuté en compagnie des deux Robespierre et de Saint-Just. Michelet a fort bien compris le personnage et l'a nommé « Robespierre même », « sa seconde âme ».

COUTUMES. Règles fixées par un usage souvent centenaire, les coutumes régissaient la France à la fin de l'Ancien Régime et variaient considérablement d'une région à l'autre. Des coutumiers rassemblaient l'ensemble des usages de chaque province. L'ordonnance de Montilz-lès-Tours de 1454 prescrivait la rédaction officielle de ces coutumes. Elle se fit jusqu'à la fin du XVIe siècle. La coutume de Paris fut rédigée en 1510. Il y avait près de 300 coutumes en France en 1789, dont 60 coutumes générales de provinces. Les coutumes ont été utilisées par les législateurs pour rédiger le Code civil qui en tient assez largement compte.

COUVENTS. On estime à 10 000 le nombre des couvents en France à la veille de la Révolution. Il y en avait 110, 42 pour les hommes, 68 pour les femmes à Paris. La Constituante supprima tous ces couvents en 1790 en même temps qu'elle abolissait les vœux monastiques et interdisait le costume religieux.

CRASSOUS (Joseph Augustin) (Né à La Rochelle en 1745, mort en 1829). Il représenta la Martinique à la Convention. Siégeant à la Montagne, il s'illustra comme représentant en mission en Seine-et-Oise où il fit démolir clochers et châteaux. Victime de la réaction thermidorienne, il devint ensuite juge en Belgique.

CRÊTE, CRÊTOIS. Après le 9 thermidor, on nomma crête ou crêtois les députés montagnards siégeant à la « crête de la Montagne », tout en haut de l'hémicycle, dans sa partie gauche. Lors de la journée insurrectionnelle du 1er prairial an III (20 mai 1795), les crêtois tentèrent de prendre le pouvoir. Profitant de l'invasion de la Convention, Soubrany se fit nommer président et créa une commission de quatre membres chargée de remplacer le Comité de salut public et d'exercer le pouvoir exécutif. C'étaient Bourbotte, Duquesnoy, Duroy, Prieur de la Marne. L'échec du mouvement mit fin aux crêtois qui furent jugés et envoyés en déportation, ou se suicidèrent en prison.

CREUZÉ-LATOUCHE (Jacques Antoine) (Né à Châtellerault, le 18 septembre 1749, mort à Paris, le 23 octobre 1800). Avocat à Paris, puis lieutenant général civil et criminel en la sénéchaussée de Poitiers, Creuzé-Latouche est élu à l'assemblée provinciale du Poitou en 1787, aux états généraux en 1789. Il y joue un rôle mineur, mais est membre actif du club des Jacobins. Pendant la durée de la Législative, il est juge à la Haute Cour d'Orléans. La Vienne l'envoie à la Convention. Il y siège dans le Marais, vote pour l'appel au peuple, pour la détention, pour le sursis, bref, contre la mort dans le procès du roi, se prononce en faveur de la mise en accusation de Marat. Prudent, il refuse de se rallier à une faction mais reste l'ami des Roland et recueille leur petite fille après leur mort. Entré au Comité de salut public après la chute de Robespierre, il est un des rédacteurs de la Constitution qui donne naissance au Directoire. Siégeant au Conseil des Anciens, puis des Cinq-Cents, il adhère au coup d'État de Brumaire et entre au Sénat.

CRISE ÉCONOMIQUE. L'effervescence politique de la fin de l'Ancien Régime fut largement favorisée par la crise économique. De mauvaises récoltes en 1787 et 1788 firent monter fortement le prix du pain dans certaines régions tandis qu'à Paris le gouvernement vendait à perte le blé importé. Beaucoup de Français se rallièrent à la Révolution en croyant qu'elle allait résoudre les problèmes économiques. Ils durent vite déchanter car les troubles n'ont jamais favorisé l'expansion économique. La guerre aggrava encore une situation difficile en faisant disparaître les produits coloniaux arrêtés par le blocus maritime des Anglais. La vertigineuse dépréciation de l'assignat désorganisa une économie déjà très affaiblie. Les mesures dirigistes de la Terreur, la loi du maximum, les décrets contre les accapareurs, la réquisition des grains, les emprunts forcés, la fermeture de la Bourse, les cartes de ravitaillement, provoquèrent l'instauration d'une économie de pénurie généralisée flanquée d'un marché noir omniprésent et florissant. La famine provoqua largement les émeutes de germinal et de prairial. La situation ne commença à s'améliorer sérieusement qu'avec un retour au libéralisme économique, à un système monétaire métallique, à une vraie monnaie après la destruction des assignats, à de bonnes récoltes en 1797 et 1798.

CUISINE. Avec la Régence apparaît en France la recherche d'une cuisine raffinée. Louis XVI aimait la bonne chère et la plupart des personnages importants, notamment les fermiers généraux, attachaient une grande importance à leur table : Beaujon, Douet de La Boulaye, de Laborde, Mirabeau, Danton, Cambacérès, Talleyrand. Mais l'émigration, la proscription du luxe, les problèmes d'approvisionnement ont rendu difficile sous la Terreur les progrès de la gastronomie. Il faut attendre la réaction thermidorienne, pour que Grimod de la Reynière en rappelle les règles. Il publiera par la suite son fameux *Almanach des gourmands.*

CUIVRE. A la veille de la Révolution, la France importait pour 7,5 millions de livres de cuivre, bronze et laiton. Les mines de l'Ariège, des hautes Pyrénées, de l'Aveyron, du Rhône et du haut Rhin en fournissaient environ un demi-million. L'insuffisance de cette production devint grave avec la guerre. La Convention se servit de cette pénurie comme argument pour faire disparaître les cloches, envoyées à la fonte.

CULTE CATHOLIQUE. Seul reconnu par l'État monarchique à la veille de la Révolution, le culte catholique fut pris en charge par les constituants qui, en échange, confisquèrent l'énorme patrimoine de l'Église et lui imposèrent la Constitution civile du clergé. Très rapidement, les révolutionnaires pratiquèrent une politique hostile au culte catholique, n'autorisant qu'un lieu de culte par paroisse, fermant de nombreuses églises, confisquant les cloches. Quant aux ordres monastiques, ils furent purement et simplement supprimés. Robespierre envisagea le remplacement du culte catholique par celui de la déesse Raison. D'une indifférence confinant à l'hostilité, le Directoire établit la séparation de l'Église et de l'État. C'est le Concordat de 1801 qui fit retrouver au culte catholique une position officielle très amoindrie par rapport à ce qu'il était en 1789.

CULTE DE L'ÊTRE SUPRÊME, voir **ÊTRE SUPRÊME** (Culte de l').

CULTE DE LA RAISON, voir **RAISON** (culte de la).

CULTE DÉCADAIRE. Le culte décadaire fut institué avec le calendrier républicain, qui faisait disparaître toute référence au christianisme. Les fêtes chrétiennes furent alors remplacées par des fêtes révolutionnaires, placées le décadi, dixième jour, seul chômé. Le 23 fructidor an VI (9 septembre 1798), une loi régla le culte révolutionnaire du décadi. On devait lire en grande pompe, en présence des enfants des écoles, les textes de loi dernièrement votés. Les mariages étaient célébrés exclusivement ce jour-là. Un *Bulletin décadaire* devait diffuser cette nouvelle foi. Il n'eut pas davantage de succès que la religion qu'il devait propager. Celle-ci disparue le 26 juillet 1800.

CURES. Avant la Révolution, les curés vivaient du casuel et des produits de la dîme. Leurs revenus variaient beaucoup d'une cure à l'autre. Au nombre d'environ 35 000, les curés avaient une très grande importance dans les paroisses : ils instruisaient les enfants, parlaient en chaire, distribuaient les aumônes, confessaient, enregistraient naissances et décès. Aux états généraux, beaucoup de curés, élus du clergé, se rallièrent au tiers état dont ils se sentaient proches. La politique antireligieuse du gouvernement, le schisme entre curés jureurs et réfractaires, affaiblirent beaucoup l'influence du clergé paroissial.

CUSTINE (Adam Philippe, comte de) (Né à Metz, le 4 février 1740, guillotiné à Paris, le 28 août 1793). Officier admirateur des méthodes militaires prussiennes, Custine est aussi un partisan des idées nouvelles et combat en Amérique aux côtés des « insurgents ». En 1789, la noblesse de sa ville natale l'élit aux états généraux. Il est un des premiers à se rallier au tiers état, vote la Déclaration des droits de l'homme mais prend la défense des émigrés et des biens du clergé, défend les prérogatives royales. Redevenu militaire et promu lieutenant général à la dissolution de l'Assemblée, il s'efforce de rétablir la discipline dans la troupe. Dès le début de la guerre, le 29 avril 1792, il prend Porrentruy. Nommé à la place de Luckner à la tête de l'armée du Rhin, il s'empare de Spire, Worms et Mayence en septembre et octobre 1792. Il perd une partie de son artillerie en tentant de marcher sur Francfort, doit abandonner Mayence et se replier sur Landau et Wissembourg. Custine offre alors sa démission qui est refusée, Robespierre déclarant même aux Jacobins : « J'estime sa franchise, ce général a bien servi la patrie. » Custine envoie alors une lettre à l'Assemblée où il laisse entendre que la patrie ne peut être sauvée que par un dictateur et que ce dictateur ne peut être qu'un général. Attaqué par les Jacobins, il obtient cependant de la Convention le commandement en chef des armées réunies du Rhin, du Nord, de la Moselle et des Ardennes avec pour mission la reconquête de la Belgique. La chute des Girondins, la dénonciation par Hébert sur des pièces produites par le secrétaire général du ministère de la Guerre, Vincent, des rapports de Custine avec le haut commandement austro-prussien, entraînent la convocation à Paris de Custine et son arrestation dès son arrivée, le 22 juillet 1793. Après un procès raccourci sur les menaces d'Hébert et de Robespierre, il est condamné et guillotiné.

CUVIER (Jean Léopold Nicolas Frédéric, dit Georges) (Né à Montbéliard, le 23 août 1769, mort à Paris, le 13 mai 1832). Naturaliste, sujet wurtembourgeois jusqu'à l'annexion de Montbéliard à la France, Cuvier est, durant les débuts de la Révolution, précepteur chez le comte d'Héricy, non loin de Fécamp. L'abbé Tessier le fait nommer en mars 1795 professeur d'histoire naturelle aux Écoles centrales. Il entre à l'Institut en décembre de la même année, puis au Collège de France à la mort de Daubenton en 1800. Sa carrière se déroule principalement sous l'Empire. Cuvier a réuni une collection unique au monde au Muséum, jeté les bases de l'anatomie comparée et fait faire des progrès décisifs à la paléontologie.

D

DAENDELS (Hermann Wilhelm, comte) (Né à Hatten, dans la province de Gueldre, aux Pays-Bas, mort à Saint-Georges d'Elmina, sur la côte de Guinée, aujourd'hui au Ghana, le 2 mai 1818). Membre de l'insurrection de 1787 contre le stathouder, Daendels se réfugie en France à la défaite et travaille à Dunkerque dans une briqueterie. En 1792, il devient lieutenant-colonel du 4ᵉ bataillon de la Légion franche étrangère et sert à l'armée du Nord. Nommé général de brigade par le représentant Choudieu, il se distingue par son courage et devient général de division à la fin de 1794. On lui confie une division hollandaise sur le Rhin en 1796. Daendels s'immisce dans les affaires intérieures de son pays qui entre dans l'orbite de la France avec la formation d'un Directoire batave. Les éléments jacobins ayant pris le dessus, il est chargé d'imposer des éléments plus modérés et commande de 1798 à 1801 la 1ʳᵉ division de l'armée chargée de défendre la Hollande, sous les ordres de Brune. Il combat les Anglo-Russes à Bergen, Alkmaar et Castricum en septembre octobre 1799. Démissionnaire en 1802, il est nommé lieutenant général par le roi Louis de Hollande en 1806 et fait campagne contre la Prusse. Gouverneur général des Indes néerlandaises, il débarque à Java le 1ᵉʳ janvier 1808 et y reste jusqu'en 1811. Revenu en France, il fait la campagne de Russie. Il meurt en Guinée où le gouvernement hollandais l'a envoyé reprendre possession de ses comptoirs occupés par les Anglais durant l'Empire.

DAGOBERT DE FONTENILLE (Luc Siméon Auguste) (Né à La Chapelle-en-Juger, Manche, le 8 mars 1736, mort à Puigcerda, le 18 avril 1794). De petite noblesse, favorable aux idées révolutionnaires, Dagobert est major du bataillon de chasseurs royaux du Dauphiné en 1788, colonel en mai 1792, au début de la guerre, envoyé à l'armée du Var où il remporte plusieurs succès avant d'être affecté à l'armée des Pyrénées-Orientales comme général de division. Il prend le camp espagnol de Montlouis puis Puigcerda, le 29 août 1793. Général en chef de l'armée après la destitution de Barbentane, en septembre, il renonce à cette responsabilité après un échec à Truillas pour reprendre la tête de la division de Cerdagne avec laquelle il remporte plusieurs victoires. Il s'empare d'Urgel le 10 avril 1794 mais meurt de maladie peu après. La Convention décida que son nom serait gravé sur la colonne élevée au Panthéon.

DALAYRAC (Nicolas) (Né à Muret, le 8 juin 1743, mort à Paris, le 27 novembre 1809). Avocat puis sous-lieutenant aux gardes du comte d'Artois, Dalayrac est passionné par la musique, fréquente Philidor, Monsigny, Grétry, obtient des commandes de riches amateurs de musique et publie quelques quatuors à cordes. Mais c'est grâce à des comédies mêlées de musique qu'il parvient à s'imposer, telles *L'Éclipse totale* jouée en 1782, puis *Le Corsaire, Maison à vendre, Nina, Les deux petits Savoyards, Camille, Adolphe et Clara, Azemia.* Ne s'intéressant qu'à son art, il parvient à traverser la Révolution sans encombre, écrivant des chants patriotiques avant de devenir le compositeur préféré de Napoléon qui le fait chevalier de la Légion d'honneur.

DAMAS (Charles César, comte de) (Né à Paris, le 28 octobre 1758, mort à Paris, le 15 mars 1829). Aide de camp de Rochambeau durant la guerre d'Amérique, gentilhomme d'honneur de Monsieur, comte de Provence, Damas est colonel de son régiment de dragons à partir de 1788. En juin 1791, il est en garnison à Saint-Mihiel, à la tête de quatre-vingts cavaliers seulement, en raison de la désorganisation de l'armée. Mis au courant du projet de fuite du roi, il est chargé d'assurer le relais de Clermont-en-Argonne et de conduire le souverain et sa famille jusqu'à Varennes. Arrivée à Clermont, le 20 juin, la troupe éveille l'hostilité de la population. Damas finit par renvoyer ses hommes dans leurs cantonnements. Lorsque arrive la berline de la famille royale, Damas attire l'attention sur elle par ses maladresses. La foule, renforcée par la garde nationale et des gens de Varennes, fait échouer l'évasion. Arrêté le 22 juin, Damas profite de l'amnistie décrétée par la Constituante. Il émigre en octobre 1791, dès sa libération, devient le capitaine des gardes du comte de Provence. Ayant fait naufrage avec Choiseul-Stainville devant Calais, il n'est pas condamné et peut retourner en Allemagne, où Louis XVIII le fait maréchal de camp en octobre 1796. Revenu en France en 1801, il se tient à l'écart. Louis XVIII, à son retour, le fait pair de France et lieutenant-général, Charles X lui accorde le titre de duc.

DAMES D'HONNEUR. Apparues sous Catherine de Médicis, nommées d'abord filles d'honneur puis dames du palais, les dames d'honneur constituaient l'entourage immédiat de la reine et l'accompagnaient quand elle apparaissait en public. Les dames d'honneur disparurent après la journée du 10 août 1792. L'empereur Napoléon les rétablit pour l'impératrice Joséphine. On nommait « dames d'atour » les personnes chargées de la toilette de la reine.

DAMES DE LA HALLE. Les marchandes des halles de Paris et celles de la place Maubert formaient une sorte de corporation qui avait coutume de se rendre à la cour pour présenter des compliments au roi, à la reine et à la famille royale à l'occasion de la naissance de princes ou de princesses, de mariages, de victoires militaires. Le premier janvier, ces dames de la halle venaient offrir un bouquet au roi et à la reine et leur souhaiter une heureuse nouvelle année. Il était de tradition de leur offrir un banquet à cette occasion et de leur faire remettre une gratification en argent. Ce sont ces mêmes dames de la halle qui marchèrent en tête de la foule, les 5 et

6 octobre 1789, et ramenèrent la famille royale à Paris. Les marchandes de morue offrirent à nos soldats partant pour la guerre tout l'argent provenant des objets du culte de leur confrérie dissoute. Le 30 octobre 1793, les dames de la halle infligèrent une raclée mémorable aux féministes de la Société des femmes révolutionnaires qui prétendaient les contraindre à porter le bonnet rouge.

DAMPIERRE (Auguste Marie Henri Picot, marquis de) (Né à Paris, le 19 août 1756, mort le 9 mai 1793 à Valenciennes). Entré dans les gardes-françaises en 1772, démissionnaire en 1780, Dampierre voyage, se rend notamment en Prusse dont il admire l'armée, reprend du service en 1784 sous les ordres du duc de Chartres. Aide de camp de Rochambeau en décembre 1791, colonel en février 1792, il participe à la bataille de Valmy. Rallié aux idées révolutionnaires, il a la confiance de ses soldats, mais se heurte à ses chefs, notamment à Dumouriez, qui lui reprochent son caractère emporté et son insubordination. Il est le principal artisan par son audace de la victoire de Jemmapes. Se méfiant de lui, Dumouriez l'éloigne au moment où il passe chez les Autrichiens. Dampierre dénonce la trahison de son chef, proclame ses convictions républicaines et se voit chargé de maintenir l'ordre dans une armée désorganisée par le passage à l'ennemi de son chef. Il parvient à prendre le camp de Famars, le 15 avril 1793, résiste à un ennemi supérieur en nombre malgré les entraves mises par les représentants en mission qui se méfient de cet aristocrate. Blessé mortellement, le 8 mai 1793, il expire le lendemain à Valenciennes. La Convention lui accorde les honneurs du Panthéon, mais, en janvier 1794, Couthon demande que les restes de Dampierre en soient retirés « pour que ce général qu'on avait cru d'abord patriote, qu'on reconnaît aujourd'hui pour un traître, ne soit plus confondu avec les amis et les défenseurs de la patrie ». C'est Danton qui défend la mémoire de Dampierre et obtient l'ajournement de la décision.

DANICAN (Louis Michel Auguste Thévenet, dit) (Né à Paris, le 28 mars 1764, mort à Itzehoe, dans le Holstein, le 17 décembre 1848). Engagé en 1779 dans la marine, dans les gendarmes de la reine en 1787, réformé peu après avec ce corps, Danican entre dans la garde nationale parisienne le jour du 14 juillet 1789. Il est lieutenant à la légion du Midi en 1792, devient lieutenant-colonel à son arrivée à l'armée du Centre, se bat en Vendée, est promu général de brigade à la fin de septembre 1793. Après la déroute des forces républicaines à Entrammes et son repli sur Angers, il devient suspect. Suspendu de son commandement, il est sauvé par Dubois-Crancé qui le fait réintégrer en avril 1794. Il est affecté dans l'Ouest, en Bretagne, en basse Normandie, dans le Maine. Démissionnaire en septembre 1795, il dénonce à la Convention les généraux républicains qui ont servi avec lui en Vendée pour les atrocités commises. Le 13 vendémiaire an IV (5 octobre 1795), il accepte de se mettre à la tête des sections royalistes. Il prend la fuite après la défaite, se rend auprès des princes en Allemagne et devient leur agent. Revenu en cachette à Paris, il échappe de justesse à la police au moment du 18 fructidor. Réfugié en Suisse, il dirige des intrigues incessantes et se voit même accusé, sans preuve, d'avoir participé à l'assassinat des plénipotentiaires français à Rastadt. Passé en Piémont, nommé au nom du roi maréchal de camp par Willot en juin 1800, il finit par se retirer en Angleterre. Revenu en France à la Restauration, il est éconduit et n'est même pas reconnu dans son grade de général. Il repart pour l'Angleterre puis pour le Holstein où il meurt.

DANSE, voir **ÉCOLE ROYALE DE DANSE**.

DANTON (Georges Jacques) (Né à Arcis-sur-Aube, le 26 octobre 1759, guillotiné à Paris, le 5 avril 1794). Clerc chez un procureur à Paris en 1780, puis avocat en 1787, Danton adhère avec enthousiasme au mouvement révolutionnaire. Orateur puissant et écouté du club des Cordeliers, il s'attaque fréquemment et vivement à la Commune et au maire Bailly, prend la défense de Marat, le 22 janvier 1790, lui permettant de s'enfuir. Décrété lui-même d'arrestation pour cela en mars, il échappe à la prison grâce à son élection comme membre de la Commune provisoire. Il se distingue ensuite par sa défense des Suisses révoltés de Nancy, attaque vivement, au club des Jacobins, La Fayette et les modérés en 1790-1791. Tenu pour un des organisateurs de la pétition antimonarchique du Champ-de-Mars et pour responsable du massacre qui s'ensuit, le 17 juillet 1791, Danton est à nouveau menacé d'arrestation et doit se réfugier au mois d'août en Angleterre. Englobé dans l'amnistie votée par la Constituante lors de sa séparation ; depuis janvier administrateur du département de Paris, il est élu second substitut du procureur de la Commune, le 6 décembre 1791. Son rôle auprès du maire Pétion et du procureur Manuel est essentiel. Quoiqu'il n'ait pris aucune part à la journée du 20 juin, convaincu qu'il fallait en finir avec la monarchie, il est le principal artisan de l'insurrection du 10 août 1792, fait arrêter Mandat, commandant en chef de la garde nationale, obtient la déchéance du roi et est nommé ministre de la Justice. Il s'adjoint Camille Desmoulins et Fabre d'Églantine, fait entrer au comité judiciaire de son ministère Barère, Collot d'Herbois, Paré et Robespierre. Ne voulant pas être le subordonné de son rival, Robespierre refuse et en garde une blessure d'amour-propre qui va coûter cher à Danton. Dominant le ministère de sa personnalité, Danton intervient dans les affaires de son collègue Servan de la Guerre. Seul Montagnard dans un gouvernement de tendance girondine, il aurait souhaité accélérer le cours de la justice et faire tomber quelques têtes pour apaiser la soif de sang du peuple parisien, mais n'en a pas le temps. Après avoir proclamé à la Législative qu'il y avait trente mille traîtres dans le pays, il laisse faire les massacres dans les prisons au début de septembre. A Grandpré, inspecteur des prisons, qui lui dit son inquiétude, il répond : « Je me fous bien des prisonniers ; qu'ils deviennent ce qu'ils pourront ! » Et il ajoute, toujours ce même 2 septembre 1792, s'adressant à Prudhomme : « Le peuple veut se faire justice lui-même de tous les mauvais sujets qui sont dans les prisons. » Le 3 septembre, quand on lui apprend les premières exécutions sommaires, il déclare : « Cette exécution était nécessaire pour apaiser le peuple de Paris... C'est un sacrifice indispensable ; d'ailleurs le peuple ne se trompe pas... *Vox populi, vox Dei,* c'est l'adage le plus vrai, le plus républicain que je connaisse. » Élu à la Convention, Danton donne sa démission de ministre après avoir annoncé la victoire de Valmy. Dans cette assemblée où s'opposent, dès l'ouverture de la session, Girondins et Montagnards, il se veut un conciliateur. Les Girondins demandant une garde départementale pour protéger la représentation nationale des violences de la tourbe parisienne, Danton proclame : « Quant à moi, je n'appartiens pas à Paris ; je suis né dans un département vers lequel je tourne toujours mes regards avec un sentiment de plaisir ; mais aucun de nous n'appartient à tel ou tel département : il appartient à la France entière. » A la suite de son intervention, la Convention décrète la République française « une et indivisible ». Il défend Marat que les Girondins dénoncent, mais ajoute en conclusion : « Je déclare à la Convention nationale, je déclare à la République entière que je n'aime pas l'individu Marat. J'ai fait l'expérience de son tempérament : il est non seulement volcanique et acariâtre, mais insociable. Après un tel aveu, qu'il me soit permis de dire que je suis sans parti et sans faction, que ma pensée m'appartient, que je suis décidé à mourir plutôt que d'être la cause d'un déchirement dans la République. » De décembre 1792 à février 1793, Danton est principalement en Belgique pour organiser le pays conquis par Dumouriez. Il n'apparaît à la Convention que pour voter la mort du roi. Son indulgence pour Dumouriez lui est vivement reprochée et laisse des stigmates après le passage de ce dernier à l'ennemi. Les Girondins prennent, par la voix de Lasource, Danton, Marat, Hébert pour cibles de leurs attaques. Arrêté le 25 mai 1793, Hébert est libéré le 29 sur intervention de Danton. Le 31 mai, la Commune exige l'arrestation de vingt-deux Girondins. Le 2 juin, c'est la fin de la Gironde. Du 6 avril au 10 juillet 1793, Danton appartient au Comité de salut public où il s'occupe plus particulièrement, avec Barère, des Affaires étrangères. Contre Robespierre, il est d'avis de rechercher la paix. On l'accuse d'avoir reçu, à l'occasion de tractations avec l'ennemi, des subsides de l'étranger. Les échecs en Vendée, l'insuccès de la diplomatie secrète empêchent sa réélection, le 10 juillet. Très actif à la Convention qu'il préside du 25 juillet au 8 août, il fait voter la levée en masse. Souffrant, il va se reposer à Arcis-sur-Aube du 12 octobre au 21 novembre. Profitant de son absence, Robespierre s'acharne à ruiner son prestige. Prévenu et revenu en hâte, Danton s'en prend aux mascarades antireligieuses de Hébert et de Chaumette, propose des mesures de clémence. Après une apparence de réconciliation avec Robespierre, le 3 décembre, aux Jacobins, les attaques contre lui reprennent de plus belle. Camille Desmoulins ayant entrepris dans *Le Vieux Cordelier*, à l'instigation de Danton, une campagne antiterroriste, Robespierre décide d'en finir, maintenant qu'il est débarrassé sur sa gauche des hébertistes. Prévenu, Danton, insouciant, s'exclame : « Ils n'oseront pas. » Comme on le presse de fuir, il a la fameuse réplique : « On n'emporte pas la patrie à la semelle de ses souliers. » Sur un rapport aussi stupide que truqué de l'exécuteur désigné par Robespierre, Saint-Just, Danton est arrêté le 30 mars 1794 en compagnie de Delacroix, Camille Desmoulins et Phelippeaux. Le procès est bien connu. La tonitruante voix de Danton ébranle un tribunal révolutionnaire pourtant à la botte de « l'Incorruptible » et Saint-Just doit faire voter en hâte un décret portant que tout prévenu de conspiration qui insulterait à la justice nationale serait mis hors des débats. Ainsi le procès peut-il s'achever hors de la présence des accusés. La fin courageuse de Danton sur l'échafaud a été racontée dans bien des livres. Caractère, personnalité exceptionnelle, Danton a été réhabilité à la fin du XIXe siècle par des historiens comme Bougeart, Robinet, Aulard, puis Mathiez, élève et ennemi juré d'Aulard, s'est fait un devoir d'élever une statue à Robespierre en rabaissant avec la minutie d'un maniaque tous les actes de Danton, traquant, à travers les comptes, les opérations financières de ce dernier pour établir qu'il était corrompu, vénal, vendu à l'étranger. La destruction de « l'idole pourrie » devait permettre son remplacement par le fanatisme incarné de l'« Incorruptible ».

DANTON (Louise Gély, Madame) (Née en 1777, morte à Paris, le 28 juillet 1856). « Jovial et grandiose » (R. Rolland), « tout ensemble lion et homme » (Michelet), Danton attirait les femmes malgré sa laideur. Quatre mois après le décès de Gabrielle Charpentier, il se remariait, le 1er juin 1793, devant un prêtre réfractaire, avec une jeune fille de seize ans, Louise Gély. Dix mois plus tard, elle était veuve et certains lui ont reproché d'avoir détourné Danton de la politique, d'avoir causé indirectement sa perte en lui faisant préférer les charmes agrestes et familiaux d'Arcis-sur-Aube au chaudron infernal de la Convention. Deux ans plus tard, elle se remariait avec Claude François Étienne Dupin, futur baron d'Empire.

DANTONISTES, voir **INDULGENTS**.

DANUBE (armée du). Cette armée, constituée sous les ordres de Jourdan, entra en campagne au début de 1799, traversa la Forêt-Noire et tenta de s'emparer du bassin supérieur du Danube. L'archiduc Charles parvint à l'arrêter et, après le départ de Jourdan, à la refouler sur le Rhin dès le mois d'avril. Masséna fut mis à la tête de l'armée du Danube qui, réunie à celle d'Helvétie, parvint à repousser les Autrichiens et les Russes après la victoire de Zurich.

DAUBENTON (Louis Jean-Marie) (Né à Montbard, le 29 mai 1716, mort à Paris, le 1er janvier 1800). Docteur en médecine en 1741, ami de Buffon, également natif de Montbard, Daubenton est appelé par ce dernier à Paris en 1742 et devient, en 1745, garde et démonstrateur du cabinet du roi au Jardin des Plantes. Grâce à ses efforts et à ceux de Buffon, la zoologie, la géologie et la minéralogie font leur entrée dans l'enseignement et dans les collections de cet établissement. Daubenton collabore à l'immense *Histoire naturelle* de Buffon de 1749 à 1767. A l'Académie des sciences dès 1744, il devient membre résident de la section d'anatomie et de zoologie en novembre 1795. On doit aussi à Daubenton l'introduction du mouton mérinos en France en 1767 et une *Instruction pour les bergers et les propriétaires de troupeaux* qui a un grand succès et qu'on nomme souvent *Catéchisme des bergers*. Une édition en est décidée par la Convention en 1795 « aux frais de la nation », mais elle ne paraîtra qu'en 1802. Ses études sur les moutons valent au « berger Daubenton » un certificat de civisme délivré par la section des sans-culotte. Président élu du Jardin des Plantes en 1790, puis directeur en 1793 du Muséum d'histoire naturelle qui l'a remplacé, Daubenton y occupe aussi la chaire de géologie et publie un *Tableau méthodique des minéraux*. On lui doit également des articles dans de nombreuses revues, une collaboration à l'*Encyclopédie* et à l'*Encyclopédie méthodique*. Choisi par Bonaparte comme sénateur, il est frappé d'apoplexie à la première réunion de cette assemblée.

DAUCHY(Luc Jacques Édouard) (Né à Saint-Just dans l'Oise le 12 octobre 1757, mort dans le même lieu le 17 juillet 1817). Maître de poste, il fut élu aux état généraux où il se montra partisan des réformes. Administrateur de l'Oise, il siégea au Conseil des Cinq-Cents mais fut proscrit au 18 fructidor. Rallié à Bonaparte, il devint préfet de l'Empire.

DAUNOU (Pierre Claude François) (Né à Boulogne-sur-Mer, le 18 août 1761, mort à Paris, le 20 juin 1840). Prêtre en 1788, professeur de philosophie et de théologie, Daunou prononce l'éloge funèbre des émeutiers de la Bastille. Prêtre jureur, il devient en 1791 le grand vicaire de l'évêque constitutionnel du Pas-de-Calais. Élu par ce département à la Convention, il refuse de voter la mise en accusation puis la mort du roi, proteste contre l'arrestation des Girondins, ce qui lui vaut de figurer parmi les « 73 » envoyés en prison. Remis en liberté à l'élimination de Robespierre, il entre au Comité de salut public et rapporte la Constitution de l'an III. C'est lui qui est à l'origine de la loi créant l'Institut. Il fait partie de la commission chargée de réprimer l'insurrection royaliste de vendémiaire. Entré au Conseil des Cinq-Cents, il est le principal auteur et le rapporteur de la loi du 3 brumaire an IV sur l'instruction publique. On lui confie la présidence de la commission chargée d'organiser la République romaine en 1798. Le projet de Constitution qu'il présente à Bonaparte après le 18 brumaire est repoussé comme trop libéral. Au Tribunat, Daunou est jugé trop hostile et pas assez souple. Éliminé avec les autres « idéologues » en 1802, il devient, en 1804, archiviste de l'Empire. Député libéral à la Restauration, pair de France en 1839, Daunou a surtout été le grand organisateur des Archives de France.

DAUPHIN. Titre donné à l'héritier présomptif de la couronne, le nom de dauphin s'est appliqué aux deux fils de Louis XVI. Le premier, Louis Joseph François Xavier, né le 22 octobre 1781, mourut en juin 1789. Le second, beaucoup plus célèbre, d'abord duc de Normandie du vivant de son aîné, Louis-Charles, naquit le 27 mars 1785. Il fut enfermé avec la famille royale au Temple après le 10 août 1792 et y mourut, très vraisemblablement, le 8 juin 1795. Des légendes ont été fabriquées peu après, évoquant une évasion ou une substitution, et on a compté une quarantaine de faux dauphins, dont un Américain, un certain Leroy, mort à New York, qui a laissé son nom à une rue de la ville, et un Noir des îles Seychelles. Il est troublant que personne n'ait jamais revendiqué cette substitution ou cette évasion, surtout à l'époque de la Restauration.

DAVID (Jacques Louis) (Né à Paris, le 30 août 1748, mort à Bruxelles, le 29 décembre 1825). Premier grand prix de Rome en 1775, membre de l'Académie royale de peinture en 1783, David est un peintre à la mode à la veille de la Révolution. On le rencontre dans les salons du duc d'Orléans et le comte d'Artois lui commande un tableau. Cela ne l'empêche pas en 1789 de se poser en chef des « artistes patriotes » et de peindre un *« Serment du Jeu de paume »*. On lui confie l'organisation des cérémonies du transfert des cendres de Voltaire au Panthéon et de la fête en l'honneur des Suisses du régiment de Châteauvieux. Il organise la pompe funèbre en l'honneur de Le Peletier de Saint-Fargeau, puis la fête commémorative de la chute de la royauté, le 10 août 1793. Marie-Joseph Chénier, jaloux de ses succès, disait de ces cérémonies : « Des fêtes colossales dans leur objet, petites dans leur exécution. » Élu à la Convention, il associe sa mission d'artiste et son devoir de militant révolutionnaire. Le jour du massacre des prisonniers à La Force, posté à l'entrée de la prison, il croque posément les cadavres qui s'accumulent. A la terrasse du café de la Régence, il guette le passage de la charrette emportant Marie-Antoinette ou Danton à l'échafaud. De même peint-il Marat baignant dans son sang. Au Comité de sûreté générale où il siège, il se fait un devoir de dénoncer les ennemis de la Révolution, de préférence d'autres artistes, concurrents gênants. D'un sens politique médiocre, David se place à la remorque du maître de la Révolution. « Tout ce que fait Robespierre est utile et nécessaire pour le bien public. C'est lui, et lui seul qui a raison. Et ceux qui ne sont pas d'accord avec lui doivent être considérés comme des ennemis de la France et de la liberté » (G. Walter). Mais voici le 9 thermidor. David se terre. Il reparaît à la Convention pour apprendre qu'il vient d'être exclu du Comité de sûreté générale. Terrorisé, l'ex-terroriste se répand en accusations contre l'infâme Robespierre qui « l'a trompé » et qui « l'a abusé par ses sentiments hypocrites ». Les Thermidoriens, saisis de pitié devant un être aussi bête et aussi veule, le laissent libre. Mais, deux jours après, Joseph Le Bon tente de sauver sa tête avec les mêmes arguments que David. Il faut donc sévir. On enferme quelque temps David avec ses pinceaux et son chevalet. Décidé, mais un péu tard, à se consacrer désormais uniquement à son art, David se prosterne aux pieds de Bonaparte au lendemain du 18 brumaire, devient « peintre de l'Empereur », affecte de son mieux les manières de la cour. Hélas ! Louis XVIII n'a pas oublié le régicide sous la façade du peintre et David doit finir son existence en exil.

DAVOUT (Louis Nicolas d'Avout ou) (Né à Annoux, Yonne, le 10 mai 1770, mort à Paris, le 1er juin 1823). Sous-lieutenant à l'École militaire de Paris en 1788, Davout est d'emblée un fervent révolutionnaire : on le met aux arrêts pour avoir refusé de porter un toast « à la santé du roi » et en avoir porté un « à la santé de la nation », puis pour avoir pris la défense d'une mutinerie. Démissionnaire, il s'engage comme volontaire dans un bataillon de l'Yonne en septembre 1791 et se fait élire lieutenant-colonel. A l'armée du Nord, il est à la bataille de Neerwinden, le 18 mars 1793, et fait tirer par ses hommes sur Dumouriez lorsque ce dernier passe à l'ennemi, le 4 avril suivant. En juin 1793, il est envoyé en Vendée et y est promu général de brigade puis de division, mais refuse cette dernière promotion et doit donner sa démission à la fin août pour se conformer au décret excluant les nobles de l'armée. Il demande à reprendre du service en septembre 1794, est général de brigade à l'armée des côtes de Brest, puis à celle de Rhin-et-Moselle. Il prend Mannheim, en juin 1795, mais est fait prisonnier trois mois plus tard et échangé. On le trouve à l'attaque de Kehl, au passage du Rhin, en avril 1797. Il saisit à Offenbourg la correspondance de Pichegru. Suivant Bonaparte en Égypte, il est capturé par les Anglais durant la traversée de retour. Libéré peu après, maréchal en 1804, il est de toutes les campagnes de l'Empire, prend une part capitale à Austerlitz, triomphe à Iéna et à Auerstädt, se distingue à Eylau, est fait duc d'Auerstädt en juin 1808, se signale à nouveau à Eckmühl et à Wagram, commande le 1er corps de la Grande Armée en Russie, défend Hambourg en 1814. Ministre de la Guerre durant les Cent-Jours, il est sur la touche après le second retour de Louis XVIII.

DEBRY (Jean Antoine Joseph de Bry, dit) (Né à Vervins, le 25 novembre 1760, mort à Paris, le 6 janvier 1834). Avocat à Vervins, administrateur du département de l'Aisne en 1790, Debry est élu par ce département à la Législative. Sans opinions bien tranchées, mais décidé à se faire un nom, il se distingue par ses excès démagogiques, proposant de faire marquer au fer rouge sur la joue les prêtres réfractaires qui auraient fomenté des troubles, ou de créer un corps de mille deux cents volontaires nommés « tyrannicides » chargés d'abattre les souverains étrangers et leurs généraux. Réélu à la Convention, il siège au Marais, se gardant bien de se compromettre dans un camp ou dans l'autre. Élu au Conseil des Cinq-Cents, il a l'heureuse idée de faire offrir au général Bonaparte au nom de la « nation reconnaissante », les drapeaux plantés à Arcole au milieu de l'armée autrichienne. Seul survivant des plénipotentiaires de Rastadt, il est comblé par Napoléon qui n'a pas oublié ce qu'il a fait pour lui. Appelé au Tribunat, préfet du Doubs, baron de l'Empire, il est un des premiers à arborer la cocarde blanche en 1814. Mais cela ne saurait faire oublier son vote régicide et il doit s'exiler en Belgique jusqu'à la chute de Charles X.

DÉCADI (culte du), voir **CULTE DÉCADAIRE**.

DÉCHÉANCE DU ROI. C'est après la fuite à Varennes que fut pour la première fois évoquée la déchéance du roi. La pétition déposée au Champ-de-Mars, le 17 juillet 1791, réclamait cette déchéance. La Constituante vota la veille un texte stipulant que « le roi serait censé avoir abdiqué si, après avoir prêté serment à la Constitution, il le rétractait, ou s'il participait à une attaque armée contre la nation. Dans ces deux cas, il pouvait être mis en jugement comme un simple citoyen ». Le roi ayant accepté la Constitution, le 13 septembre 1791, toute la procédure mise en route au moment de Varennes devint caduque. Cependant, l'idée de déchéance avait été évoquée et, le 20 juin 1792, les manifestants crièrent : « A bas le véto, déchéance ! » La résolution des sections parisiennes du 3 août 1792 réclamait la déchéance du roi. Le 10 août, la Commune de Paris la demanda à son tour. Lorsque le roi se fut réfugié auprès de la Législative, ce même jour, cette dernière vota la suspension du roi et refusa la déchéance pour ne pas agrandir son pouvoir « par aucune usurpation », repoussant à la réunion de la Convention la décision finale à prendre. Ce fut un des premiers soins de la nouvelle assemblée de proclamer l'abolition de la royauté et la République, le 21 septembre 1792, mais la déchéance ne fut jamais prononcée.

DÉCHRISTIANISATION. L'an II voit le triomphe d'une politique systématique de déchristianisation. On passe de la proscription des prêtres réfractaires à l'interdiction du culte. Il s'agit de bannir le christianisme d'une vie quotidienne qu'il a profondément imprégnée : croix et images pieuses sont détruites, les fêtes religieuses interdites. Le mouvement commence le 5 octobre 1793 avec le décret sur le calendrier révolutionnaire et se trouve amplifié par la volonté de certains représentants en mission comme Fouché qui, dans la Nièvre, interdit toute manifestation extérieure du culte. Appuyés par les armées révolutionnaires, les représentants vont ensuite passer à la fermeture et au pillage des églises. Point culminant : la cérémonie du culte de la Raison à Notre-Dame le 10 novembre 1793. Mais la Convention s'inquiète d'un mouvement qui n'est pas l'application d'une décision prise au sommet et qui risque de détacher les catholiques de la Révolution. Un discours rappelle à l'ordre les hébertistes. Le mouvement va décroître, pour repartir après le coup d'État du 18 fructidor.

DÉCLARATION DE GUERRE, voir **GUERRE** (déclaration de).

DÉCLARATION DE PILLNITZ, voir **PILLNITZ**.

DÉCLARATION DES DROITS DE L'HOMME, voir **DROITS DE L'HOMME**.

DÉCORATIONS. Au nom du principe d'égalité, la Constituante supprima toutes les décorations, le 30 juillet 1791, sauf l'ordre de Saint-Louis qui ne fut aboli que le 28 juillet 1793. Le Directoire rétablit des récompenses nationales pour les armées de la République. La Constitution de l'an VIII institua des récompenses individuelles ; armes d'honneur, grenades d'or. Bonaparte créa l'ordre de la Légion d'honneur.

DÉCOUVERTES. L'essentiel de la découverte de la terre est achevé dès le milieu du XVIIIe siècle. Les seules régions restant à explorer sont aux pôles, dans l'océan Pacifique et au cœur du continent africain. Sous le règne de Louis XVI, La Pérouse part en 1786 pour un voyage autour du monde. Il meurt à Vanikoro sans que personne ne l'apprenne. Aussi envoie-t-on en 1791 une expédition à sa recherche, forte de deux navires, à laquelle prennent part d'Entrecasteaux et Dupetit-Thouars. Il faut aussi signaler les voyages de Péron et de Baudin, mais le grand voyageur de la fin du XVIIIe siècle, avec Cook, est Vancouver.

DECRÈS (Denis, comte puis duc) (Né à Châteauvillain, Haute-Marne, le 18 juin 1761, assassiné à Paris, le 7 décembre 1820). Engagé dans la marine à l'âge de dix-huit ans, dans l'escadre de l'amiral de Grasse, présent à la bataille des Saintes, en 1782, Decrès est aux Indes quand débute la Révolution. On l'envoie en France en octobre 1793 demander des secours pour l'Ile de France. A son arrivée à Lorient, le 10 avril 1794, il est arrêté comme noble. On le conduit à Paris où on le relâche. Il est réintégré dans son grade de capitaine de vaisseau en juin 1795 et assiste en tant que chef de division au ratage de l'expédition d'Irlande en 1796. Promu contre-amiral en 1798, il commande l'escadre légère de l'expédition d'Égypte, couvre le débarquement à Malte, parvient à échapper à la destruction et à se réfugier à Malte après le désastre d'Aboukir. Attaqué par trois vaisseaux anglais alors qu'il essaie de forcer le blocus, ayant à son bord 200 malades et 1 000 soldats, il est obligé de se rendre après avoir mis deux de ses adversaires hors de combat et perdu la moitié de son équipage. Échangé, il est honoré d'un sabre que lui remet personnellement le Premier consul. Du 1er octobre 1801 à la fin de l'Empire, il exerce les fonctions de ministre de la Marine et est fait duc. Il meurt des suites d'un incendie allumé par un domestique ayant voulu le tue. pour le voler.

DÉCRET. La signification de ce mot est totalement différente suivant les époques. Sous l'Ancien Régime, il fait partie du vocabulaire de la procédure criminelle. Il y a alors trois sortes de décrets : 1. décret d'assignation ; 2. décret d'ajournement personnel, l'équivalent de notre actuel mandat d'amener ; 3. décret de prise de corps, équivalent du mandat d'arrêt d'aujourd'hui.

Avec la Constituante, le terme de décret prend son sens moderne : textes émanant du Corps législatif et ayant force de loi. Sous le Directoire, le décret est remplacé par une « résolution », mais il reparaît sous l'Empire.

DÉCRETS DE VENTÔSE, voir **VENTÔSE** (décrets de).

DÉCRETS DES DEUX TIERS. Les décrets des 5 et 13 fructidor an III (23 et 31 août 1795), votés par la Convention peu avant sa séparation, sont destinés à assurer la réélection de la majorité de ses membres et à les maintenir au pouvoir. Ils stipulent que les deux tiers des futurs députés des Conseils des Anciens et des Cinq-Cents doivent appartenir à l'ex-Convention, soit 500 des 750 élus. La ratification de ces décrets par les électeurs est laborieuse : 205 498 oui contre 108 754 non et des millions d'abstentions.

DÉFENSEURS DE LA PATRIE (Journal des), voir **JOURNAL DES DÉFENSEURS DE LA PATRIE**.

DEFERMON (Jacques), dit Defermon des Chapelières (Né à La Basse-Chapelière près de Maumusson, Loire-Atlantique, le 15 novembre 1752, mort à Paris, le 20 juillet 1831). Procureur postulant au parlement de Rennes en 1783, Defermon prend une part importante à l'agitation en Bretagne à la veille de la convocation des états généraux, s'oppose à la noblesse et au parlement, fait partie du comité de surveillance constitué par le tiers état après les troubles du 6 février 1789, rédige l'« Adresse aux Bretons » et signe en mai une lettre au roi demandant l'égalité sociale. Élu aux états généraux par le tiers état de la sénéchaussée de Rennes, il travaille énormément au sein des différents comités de constitution, de la marine, des finances. Président du tribunal criminel de Rennes après la session, il est élu par l'Ille-et-Vilaine à la Convention. Très hostile à la condamnation du roi, bête noire de Marat, proche des Girondins sans toutefois participer avec eux à la lutte contre la Montagne, il signe la protestation contre leur arrestation, le 2 juin 1793, mais n'est décrété d'accusation que le 3 octobre. Vivant caché en Bretagne jusqu' à la mort de Robespierre, Defermon reprend sa place à la Convention en décembre 1794, fait partie du Comité de salut public d'avril à septembre 1795. Adversaire des Montagnards, il demande l'arrestation de Bouchotte, Pache, Prieur de la Marne, du général Rossignol. Élu par l'Ille-et-Vilaine au Conseil des Cinq-Cents, il est un des soutiens de Bonaparte en brumaire. Ce dernier le fait entrer au Conseil d'État, le nomme ministre d'État, directeur des finances et comte de l'Empire en 1808. Favorable à Napoléon II durant les Cent-Jours, il encourt la vengeance de Louis XVIII qui oublie le combat de Defermon en faveur de Louis XVI lors du procès et le bannit jusqu'en 1822.

DEFORGUES (François Louis Michel Chemin des Forgues, dit) (Né à Vire, le 29 septembre 1759, mort à Maincy, Seine-et-Marne, le 10 septembre 1840). Secrétaire de Danton, Deforgues est entraîné par lui dans la politique. Membre de la Commune insurrectionnelle du 10 août 1792, il est nommé chef de bureau et siège au comité de surveillance. Il figure donc parmi les signataires de la circulaire du 3 septembre 1792, véritable appel au meurtre des prisonniers : « La Commune de Paris se hâte d'informer ses frères de tous les départements qu'une partie des conspirateurs féroces détenus dans les prisons a été mise à mort par le peuple :

actes de justice qui lui ont paru indispensables pour retenir par la terreur les légions de traîtres cachés dans ses murs... et sans doute la nation entière, après la longue suite de trahisons qui l'ont conduite sur les bords de l'abîme, s'empressera d'adopter ce moyen si nécessaire du salut public... » Secrétaire général du Comité de salut public au temps où Danton le domine, il est adjoint au ministre de la Guerre, Bouchotte. Il est même proposé par Hérault de Séchelles comme ministre des Affaires étrangères mais laisse la direction réelle de son ministère à son secrétaire général, Miot de Mélito. Deforgues tente de s'interposer entre Robespierre et Danton et les réunit plusieurs fois à dîner. Hébert, peu avant son arrestation, dénonce Deforgues comme « ministre étranger aux affaires ». On l'arrête trois jours après Danton. De sa prison, Deforgues implore Robespierre au nom de leurs relations passées et prétend n'avoir jamais vu Danton en particulier. Pour une fois apitoyé, Robespierre le laisse croupir en prison. Libéré après le 9 thermidor, Deforgues est inquiété par les Thermidoriens pour la circulaire assassine du 3 septembre 1792, prétend impudemment ne pas l'avoir signée et sauve sa tête grâce à l'amnistie votée par la Convention à sa séparation. Le Directoire le nomme ambassadeur en Hollande puis l'envoie en Italie. Bonaparte le nomme consul à la Nouvelle-Orléans puis le révoque et le fait placer en résidence surveillée. Se posant en victime de l'« usurpateur corse », il obtient une pension à la Restauration.

DÉGUISEMENTS. Les déguisements furent fréquents à l'époque révolutionnaire. Ce n'étaient plus les divertissements masqués de l'Ancien Régime, mais une façon d'échapper aux recherches et aux persécutions. Beaucoup de gens aisés adoptèrent des mises très modestes, les nobles se vêtirent comme des gens du peuple. Certaines femmes s'habillèrent en hommes pour aller se battre, telles les demoiselles Fernig ou Rose Bouillon. Quant aux déguisements masqués, ils furent interdits par la police dès 1790. En 1794, lors d'émeutes de la faim aux portes des boulangeries parisiennes, des hommes furent pris habillés en femmes et la Convention décréta dans sa séance du 7 août que « tout homme trouvé déguisé en femme serait puni de mort ».

DELACROIX (Charles) (Né à Givry-en-Argonne, Marne, le 15 avril 1741, mort à Bordeaux, le 26 octobre 1805). Avocat, premier commis du contrôle général des Finances, renvoyé « peu honorablement » selon les *Mémoires* de La Revellière-Lépeaux, Delacroix devient administrateur de la Marne en 1790 et ce département l'envoie siéger à la Convention. Il vote la mort lors du procès du roi, est représentant en mission en Seine-et-Oise. Resté neutre dans les luttes entre factions, Delacroix devient un Thermidorien actif, épure les administrations dans les Ardennes et la Meuse, se voit accusé de sévérité envers les Jacobins vaincus : « Delacroix traite les patriotes de ce département avec une verge de fer », proteste Levasseur à la Convention. Revenu en Seine-et-Oise, il y fait fermer les sociétés populaires. Entré au Conseil des Anciens, il devient ministre des Relations extérieures du Directoire. La Revellière-Lépeaux écrit encore à son sujet : « On ne pouvait lui refuser des talents ; mais il était lourd et entêté, défauts qui nuisent beaucoup aux succès dans la diplomatie. » Ses négociations avec lord Malmesbury échouent et il quitte le ministère le 19 juillet 1797. Nommé ambassadeur en Hollande, il y favorise le mouvement démocratique qui, vainqueur en janvier 1798, est éliminé en juin. Cela provoque son rappel. Il est préfet des Bouches-du-Rhône puis de la Gironde sous le Consulat.

DELACROIX (Jean-François) (Né à Pont-Audemer, le 3 avril 1753, guillotiné à Paris, le 5 avril 1794). Engagé à dix-huit ans dans la gendarmerie royale, Delacroix, dit aussi Lacroix, fait ensuite des études de droit et s'établit avocat à Anet. Élu procureur général-syndic du département d'Eure-et-Loir en 1790 puis juge au Tribunal de cassation, il entre à la Législative puis à la Convention. Résolu à se tailler une place, il s'inscrit au club des Jacobins et évolue d'abord dans le groupe qu'on a appelé la faction d'Orléans. Il est redouté pour la violence de ses attaques contre les ministres, la cour, le roi lui-même. Ami de Danton, à qui il ressemble par sa stature imposante et sa voix sonore, il s'oppose à deux reprises à Robespierre et lui cloue le bec, signant ainsi deux fois sa condamnation à mort. Envoyé par Danton à l'armée du Nord, il ne revient à Paris que quelques jours pour voter la mort du roi, puis repart auprès de Dumouriez. Comme Danton, il est abusé par ce dernier et le défend devant la Convention jusqu'à sa défection. Entré avec Danton, le 7 avril 1793, au Comité de salut public, Delacroix s'y défend contre les attaques des Girondins et contribue à leur chute, le 31 mai. En revanche, le 2 juin, il se heurte à Hanriot qui assiège la Convention avec les insurgés. Les Girondins éliminés, Robespierre s'en prend à lui, lui reprochant d'avoir défendu Dumouriez et de s'être enrichi par ses pillages en Belgique. Éliminé le 11 juillet du Comité de salut public, Delacroix part à la fin août en mission dans l'Eure-et-Loir et la Seine-Inférieure. On le rappelle à la fin de janvier 1794 pour l'accuser pêle-mêle de s'être enrichi en Belgique, d'avoir connu et protégé les intrigues de Dumouriez, d'avoir favorisé la contre-révolution dans la Seine-Inférieure, d'être le complice d'une bande de fabricants de faux assignats. Le rapport de Saint-Just, monument d'hypocrite amalgame, l'accuse d'être une « âme impure, suspecte, hypocrite, perfide ». Amateur de plaisirs, avide d'argent, certes, mais le portrait de Saint-Just est bien noir. Delacroix est jugé et expédié à la guillotine avec Danton.

DELAMBRE (Jean-Baptiste Joseph) (Né à Amiens, le 19 septembre 1749, mort à Paris, le 19 août 1822). Élève et collaborateur de l'astronome Lalande, Delambre fait des observations sur le passage de Mercure sur le Soleil, établit les tables d'Uranus, du Soleil, de Saturne, de Jupiter et de ses satellites. Élu à l'Académie des sciences en février 1792, il est chargé en juin suivant de mesurer avec Méchain l'arc du méridien de Paris entre Dunkerque et Barcelone. Commençant à partir de Dunkerque, il est dénoncé à plusieurs reprises par les Jacobins locaux qui l'accusent de faire des signes aux ennemis de la République du haut des clochers où il fait ses relevés. Emprisonné plusieurs fois, il est, à la suppression de l'Académie des sciences, intégré à la commission temporaire des Poids et Mesures. Révoqué en décembre 1793, il doit abandonner son travail au niveau de Pithiviers. Il le reprend en juin 1795 et le termine en novembre 1798. La longueur du mètre est déterminée enfin en avril 1799. Entré à l'Institut à sa création, en décembre 1795, Delambre est nommé inspecteur général de l'enseignement par le Premier consul. Il succède en 1805 à Lalande au Collège de France, devient en 1808 trésorier de l'Université. Le meilleur astronome de son temps, Delambre a publié de nombreux travaux, dont une *Base du système métrique décimal* en trois volumes.

DELAPORTE, voir **LAPORTE**.

DELAUNAY (Joseph) (Né à Angers, le 24 décembre 1752, guillotiné à Paris, le 5 avril 1794). Avocat à Angers et commandant de la garde nationale de cette ville au début de la Révolution, délégué à la fédération de Pontivy puis à la grande Fédération du 14 juillet 1790, Delaunay est élu par le Maine-et-Loire à la Législative, puis à la Convention. Tout en siégeant sur les bancs de la Montagne, il ne néglige pas de faire sa cour à Mme Roland. Choudieu l'a dépeint fort justement comme « d'un caractère faible et se laissant dominer par les femmes ». Il vote la mort du roi et condamne les massacres de Septembre. Mais Delaunay est surtout connu pour s'être laissé entraîner dans des spéculations lors de la liquidation de la Compagnie des Indes. Il dépose un projet que Robespierre fait rejeter. Renvoyé en commission pour être remanié, le projet est falsifié par Delaunay et Chabot, qui biffent le mot projet et le remplacent par celui de décret pour faire croire qu'il a été adopté et le faire insérer au *Bulletin des lois*. L'affaire est découverte, Chabot donne les noms de Delaunay et de Fabre d'Églantine et les compères, inclus dans le procès de Danton pour compromettre ce dernier, sont exécutés le même jour que lui.

DELBREL (Pierre) (Né à Moissac, le 1er juillet 1764, mort à Moissac, le 2 mars 1846). Avocat général près la cour des aides de Montauban, président du tribunal de district et commandant de la garde nationale en 1790, Delbrel s'enrôle en mars 1792 dans le 4e bataillon de la Moselle puis apprend son élection à la Convention par le Lot. Il vote la mort du roi avec sursis, puis est envoyé à l'armée du Nord et assiste à la bataille de Hondschoote comme aide de camp de Jourdan. On le trouve en août 1794 à l'armée des Pyrénées-Orientales et à la bataille de Saint-Sébastien en novembre. Élu en 1797 au Conseil des Cinq-Cents par le Lot, Delbrel est surtout connu par son attitude le 18 brumaire. A la tribune lorsque Bonaparte entre dans la salle du Conseil, il s'écrie : « Les baïonnettes ne nous effraient pas ! Nous sommes libres ici ! » et refuse d'évacuer la salle. Un grenadier lui aurait appuyé sa baïonnette sur la poitrine et il aurait refusé de céder. Le grenadier l'aurait alors pris à bras-le-corps et l'aurait emporté hors de la salle. C'est du moins ce que Delbrel raconte dans ses Mémoires, intitulés *Tableau de ma conduite*. Condamné à la déportation, il se réfugie chez Murat qui obtient sa libération et son pardon. Président du tribunal civil de Moissac sous l'Empire, il doit s'exiler comme régicide à la Restauration, mais est autorisé à rentrer en 1818.

DELESSART, voir **LESSART**.

DELILLE (Jacques) (Né à Aigueperse, Puy-de-Dôme, le 22 juin 1738, mort à Paris, le 1er mai 1813). Abbé en commende de Saint-Séverin, titulaire de la chaire de poésie latine au Collège de France, l'abbé Delille se fait connaître par des *Epîtres* en vers puis par une traduction versifiée des *Géorgiques* de Virgile en 1770, qui lui vaut d'être élu en 1774 à l'Académie française. Arrêté puis relâché au début de la Révolution, il écrit pour la fête de l'Être suprême un *Dithyrambe sur l'immortalité de l'âme* puis, dépouillé de ses pensions et bénéfices, émigre en Allemagne et en Angleterre, où il compose des *Fables* et traduit le *Paradis perdu* de Milton. Revenu presque aveugle en

1802, il publie encore un certain nombre de poésies. Sa renommée, éclatante de son vivant, a été rapidement éclipsée par la montée du romantisme.

DÉLITS ET PEINES, voir **CODE CRIMINEL**.

DELMAS (Jean-François Bertrand) (Né à Toulouse, le 3 janvier 1751, mort à Paris, après le 6 octobre 1798). Lieutenant à la veille de la Révolution, major général de la garde nationale de Toulouse en 1791, Delmas est élu par la Haute-Garonne à la Législative et à la Convention. Il semble avoir participé à l'insurrection du 10 août et à sa préparation. Il vote la mort lors du procès du roi, entre au Comité de salut public dès sa création, le 5 avril 1793 et y reste jusqu'au 10 juillet, s'occupant des questions militaires. C'est Robespierre qui l'a sans doute fait éliminer, car il ne cachait pas son antipathie pour cet ancien militaire aux allures de soudard et à la franchise affirmée. Robespierre le traite dans ses notes de « ci-devant noble », ce qui est faux, d'« intrigant taré », de Girondin caché. Il est vrai que Delmas est un des rares députés à avoir pris la défense de Danton, le 1er avril 1794, ce qui ne pouvait que déplaire à « l'Incorruptible ». Le 8 thermidor, avec son habituelle franchise, Delmas se range ouvertement parmi les adversaires de Robespierre, et, le 9, il est adjoint à Barras comme commandant de la force armée. Revenu au Comité de salut public en septembre 1794, il y siège jusqu'en janvier. Durant la Convention thermidorienne, Delmas se signale par l'originalité de son comportement, dénonçant le modérantisme et prenant la défense des sociétés populaires, mais refusant leur dictature et marchant contre le faubourg Saint-Antoine insurgé, le 1er prairial (20 mai 1795). Peu après, c'est encore lui qui prend en main aux côtés de Barras la répression de l'insurrection royaliste de vendémiaire. Élu au Conseil des Anciens par la Haute-Garonne, il devient fou en 1797 et doit être placé, le 6 octobre 1798, dans une maison de santé où l'on perd sa trace.

DÉMAGOGUES. Ce terme à tonalité injurieuse fut donné sous la Révolution par les partisans de la monarchie aux républicains.

DÉMEUNIER (Jean Nicolas) (Né à Nozeroy, Jura, le 15 mars 1751, mort à Paris, le 7 février 1814). Avocat, vivant surtout de traductions de l'anglais, collaborateur de *L'Encyclopédie méthodique*, secrétaire de Monsieur, comte de Provence, censeur royal, Démeunier a une situation relativement enviable dans la France d'Ancien Régime. Animé par un révolutionnarisme militant, il se fait élire aux états généraux par le tiers état de Paris. Membre du comité de Constitution et un des organisateurs des institutions municipales parisiennes, il manifeste bien vite sa crainte des mesures démagogiques, demande la limitation des émissions d'assignats et la suspension temporaire du roi après Varennes. Élu, à la fin de la session, administrateur de Paris, il démissionne dès l'arrivée de Pétion à l'Hôtel de Ville, puis émigre. De retour en 1796, vainement candidat à un poste de Directeur, lié aux milieux royalistes qui lui préfèrent Barthélemy, Démeunier approuve le coup d'État de Brumaire, entre au Tribunat puis au Sénat, est fait comte de l'Empire en 1808.

DÉMOCRATIE. Le gouvernement par le peuple est dit démocratie. Le 20 avril 1794, la Convention proclama que « s'appuyant sur les vertus du peuple français, elle ferait triompher la République démocratique et punirait sans pitié tous ses ennemis ».

DÉNONCIATEURS. Grande consommatrice de dénonciations, la Révolution décida toutefois de les vérifier pour les représentants du peuple. Le décret du 8 brumaire an II (29 octobre 1793) décida que la dénonciation d'un député de la Convention devrait être envoyée aux Comités de salut public et de sûreté générale avant que l'Assemblée en soit saisie. Une commission de 21 membres faisait un rapport sur les faits dénoncés et entendait le prévenu. Quand le rapport était favorable à la mise en accusation, la Convention décidait s'il y avait lieu ou non d'arrêter l'accusé. Le rapport et les pièces relatives à la mise en accusation étaient imprimés et distribués au moins trois jours avant la discussion à l'Assemblée. Le prévenu pouvait faire imprimer et distribuer sa défense. Il devait être présent à la discussion. La Convention se prononçait à l'appel nominal sur la mise en accusation et désignait le tribunal chargé d'instruire l'affaire. Les dénonciateurs recevaient une prime si leur dénonciation était prise en compte.

DENRÉES. Nom donné aux marchandises destinées à la consommation et non à la revente.

DENRÉES COLONIALES. Les produits venant des colonies ont été taxés par la Constituante en 1791 à 3 % pour les sucres, le café et le cacao, 1,5 % pour l'indigo.

DÉPARTEMENTS. Afin d'unifier les multiples circonscriptions administratives du royaume, héritages des siècles passés, la Constituante confie à son comité de constitution l'étude d'un nouveau découpage. Reprenant les idées des physiocrates, ce comité souhaite créer des départements dont le chef-lieu puisse être atteint en une journée. Malgré une tendance assez forte à la destruction et au refus des unités provinciales anciennes, le comité décide de ne pas bouleverser totalement le cadre dans lequel les populations sont habituées à vivre depuis des siècles. Ainsi respecte-t-on les limites de la Bretagne à l'intérieur desquelles on dessine cinq départements. On fait de même pour le Dauphiné et la Franche-Comté découpés en trois départements, etc. En revanche, on abolit tout souvenir des anciennes provinces en donnant aux départements des noms inspirés de la géographie, principalement des noms de rivières et de montagnes. Quelques-uns auraient voulu réduire les départements à des numéros. De longues discussions sont nécessaires pour fixer les chefs-lieux en raison des rivalités entre villes, et certains ne seront définitivement établis que sous le Consulat, l'alternance entre diverses cités ayant été pratiquée en cas de contestation durant les premières années. Le département est administré par un conseil de 36 membres. Dans l'intervalle des sessions, un directoire départemental de huit membres assure le pouvoir exécutif. Le département sert de cadre aux assemblées électorales qui choisissent les députés. Le gouvernement révolutionnaire, soucieux de limiter l'indépendance des pouvoirs locaux, nomme des agents nationaux dans les districts et les communes, qui disparaissent à la fin de la Terreur. Formée de 83 départements en 1790, la France en compte, selon la Constitution de l'an III, 89 plus 11 départements coloniaux. Ont été créés : le Vaucluse à partir d'Avignon et du comtat Venaissin enlevés au pape, le Mont-Blanc et les Alpes-Maritimes enlevés au roi de Sardaigne, le Mont-Terrible avec la région de Porrentruy prise à l'évêché de Bâle, le Rhône-et-Loire a été

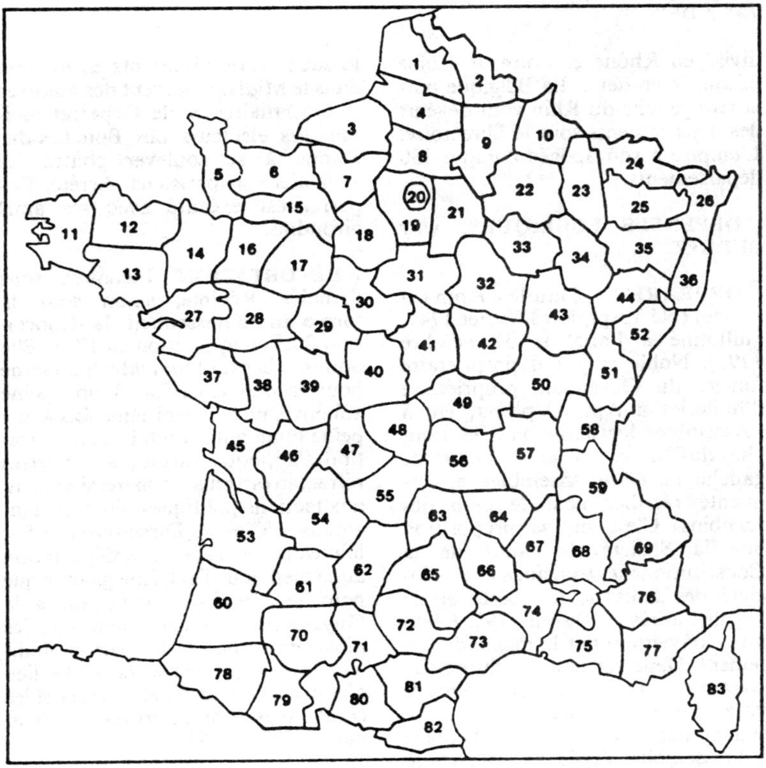

1. Pas-de-Calais
2. Nord
3. Seine-Inférieure
4. Somme
5. Manche
6. Calvados
7. Eure
8. Oise
9. Aisne
10. Ardennes
11. Finistère
12. Côtes-du-Nord
13. Morbihan
14. Ille-et-Vilaine
15. Orne
16. Mayenne
17. Sarthe
18. Eure-et-Loir
19. Seine-et-Oise
20. Paris
21. Seine-et-Marne
22. Marne
23. Meuse
24. Moselle
25. Meurthe
26. Bas-Rhin
27. Loire-Inférieure
28. Maine-et-Loire
29. Indre-et-Loire
30. Loir-et-Cher
31. Loiret
32. Yonne
33. Aube
34. Haute-Marne
35. Vosges
36. Haut-Rhin
37. Vendée
38. Deux-Sèvres
39. Vienne
40. Indre
41. Cher
42. Nièvre
43. Côte-d'Or
44. Haute-Saône
45. Charente-Maritime
46. Charente
47. Haute-Vienne
48. Creuse
49. Allier
50. Saône-et-Loire
51. Jura
52. Doubs
53. Gironde
54. Dordogne
55. Corrèze
56. Puy-de-Dôme
57. Rhône-et-Loire
58. Ain
59. Isère
60. Landes
61. Lot-et-Garonne
62. Lot
63. Cantal
64. Haute-Loire
65. Aveyron
66. Lozère
67. Ardèche
68. Drôme
69. Hautes-Alpes
70. Gers
71. Haute-Garonne
72. Tarn
73. Hérault
74. Gard
75. Bouches-du-Rhône
76. Basses-Alpes
77. Var
78. Basses-Pyrénées
79. Hautes-Pyrénées
80. Ariège
81. Aude
82. Pyrénées-Orientales
83. Corse

LES DÉPARTEMENTS DE 1790

divisé en Rhône et Loire, la Corse découpée en deux. La Belgique puis la rive gauche du Rhin vont devenir des départements sous le Directoire. L'empire à son apogée compte 130 départements.

DÉPENSES PUBLIQUES, voir **BUDGET**.

DEPERRET (Claude Romain Lauze) (Né à Apt, le 28 février 1747, guillotiné à Paris, le 31 octobre 1793). Noble et grand propriétaire foncier du Gévaudan, propriétaire d'huileries à Apt, Deperret, élu à l'Assemblée législative par les Bouches-du-Rhône, siège à l'extrême gauche de cette Assemblée et fréquente régulièrement le club des Jacobins. C'est sur sa proposition que la Société des amis de la Constitution se transforme en Société des amis de la liberté et de l'égalité après le 10 août 1792. Réélu à la Convention par le même département, Deperret, sous l'influence de Barbaroux, rejoint les Girondins. Il vote contre la mort du roi et se signale par son côté excité, siégeant à l'Assemblée l'épée au côté et, le 11 avril 1793, alors que Marat est à la tribune, se précipitant sur un Montagnard qu'il accuse de l'avoir menacé d'un pistolet. Sommé de s'expliquer, il s'exclame : « Depuis l'ouverture de la Convention, je lutte contre une horde de scélérats qui travaillent à perdre la chose publique. » Considéré comme un maniaque bruyant mais inoffensif, il échappe à la proscription qui frappe ses amis girondins, le 2 juin 1793. En juillet suivant, Barbaroux, réfugié à Caen, remet une lettre d'introduction à Charlotte Corday pour son ami Deperret, et ses filles dessinent pour cette provinciale l'itinéraire à suivre jusqu'au domicile de Marat. Pourtant, une fois de plus, Deperret échappe à la prison. Enfin, en août, la mesure est comble lorsque les représentants en mission dans le Midi découvrent des missives « incendiaires » de Deperret incitant ses électeurs des Bouches-du-Rhône à se soulever contre les « factieux » parisiens. Arrêté, Deperret est exécuté avec ses amis girondins.

DÉPORTATION. Inconnue sous l'Ancien Régime, sinon sous la forme du bannissement, la déportation fait son apparition en 1791. Elle doit toucher tout individu condamné pour la deuxième fois à une peine afflictive, pour la troisième fois à une peine infamante. En fait, la déportation s'applique surtout aux prêtres réfractaires puis, progressivement, aux factions politiques réputées dangereuses. C'est le Directoire qui fait le plus large usage de la déportation aussi bien pour l'extrême gauche que pour les royalistes, envoyant à la Guyane les opposants politiques les plus remuants. On l'a parfois nommée la « guillotine sèche ». Le lieu d'embarquement est Rochefort et les condamnés sont enfermés en attendant à l'île de Ré.

DÉPOUILLES DES ÉGLISES. En 1793, la Convention fit fondre les objets du culte. Châsses, couronnes, vases sacrés en or remplirent plusieurs chariots qui furent envoyés à la Monnaie.

DESAIX (Louis Charles Antoine des Aix, chevalier de Veygoux, dit) (Né au château d'Ayat, près de Riom, Puy-de-Dôme, le 17 août 1768, tué à Marengo, le 14 juin 1800). Sous-lieutenant en 1789, Desaix refuse d'émigrer comme l'a fait son frère aîné. Aide de camp de de Broglie en 1792, emprisonné quelques semaines comme suspect, il se fait remarquer dans plusieurs combats sur le Rhin et a une ascension prodigieuse, devenant général de division le 20 octobre 1793, à vingt-cinq ans. Il est alors dénoncé par les Jacobins de Riom comme « ayant dix-sept parents émigrés » et comme ne possédant pas dix mille livres, « ce qui pouvait faire craindre qu'il ne fût séduit par l'or de Pitt et de Cobourg ». Suspendu, il retrouve son commandement sur l'intervention de Pichegru. Il défend l'Alsace puis prend Kehl en 1796, a sa part des victoires de Rastadt et d'Ettlingen. Il est emmené par Bonaparte en Égypte et conduit ses troupes jusqu'en haute Égypte. Organisant aussi le pays conquis, il se voit attribuer le surnom de « sultan juste » et reste en Égypte après le départ de Bonaparte. Après avoir signé la convention d'El-Arisch, le 24 janvier 1800, qui règle les conditions d'évacuation de l'Égypte, il revient en France et transforme la bataille mal engagée de Marengo en victoire, mais est mortellement frappé lors de la charge finale. Bonaparte disait de lui : « Le talent de Desaix est de tous les instants ; il ne vivait, ne respirait que l'ambition noble et la véritable gloire : c'était un caractère tout à fait antique. »

DÉSARMEMENT. La Convention ordonna en mars 1793 le désarmement : « des ci-devant nobles autres que ceux employés dans les armées de la République, ou comme fonctionnaires publics, civils ou militaires » ainsi que « des prêtres autres que les évêques, curés, vicaires ou autres servant dans les armées, ainsi que celui des domestiques, agents desdits ci-devant nobles et prêtres ». Un décret du 22 pluviôse an II (10 février 1794) ordonna le désarmement des rebelles en Vendée et dans les départements touchés par la révolte fédéraliste.

DESAULT (Pierre Joseph) (Né à Vouhenans, Haute-Saône, le 6 février 1744, mort à Paris, le 1er juin 1795). Membre du Collège de chirurgie, puis de l'Académie de chirurgie en 1776, Desault a développé les leçons d'anatomie à partir de cadavres et non plus de planches murales ou de pièces de cire. Chirurgien en chef de l'Hôtel-Dieu à partir de 1788, il s'est dévoué aux malades et aux blessés durant la Révolution. Membre du comité de santé militaire, il fut cependant arrêté comme suspect, le 28 mai 1793, et ne fut libéré que grâce à une pétition signée par une cinquantaine de médecins et à l'intervention de Fourcroy. Devenu, en mai 1795, professeur de clinique chirurgicale lors de l'organisation de l'École de santé, il mourut subitement alors qu'il donnait des soins au dauphin et le bruit courut qu'il avait été empoisonné pour n'avoir pas accepté certains desseins criminels du gouvernement qui aurait souhaité faire mourir le fils de Louis XVI. L'autopsie pratiquée par son élève Bichet montra qu'il n'y avait pas trace de poison dans ses organes.

DÉSERTEURS. Après avoir favorisé l'insubordination et les désertions, obtenu du roi en 1789 une ordonnance d'amnistie des soldats déserteurs, la Révolution, une fois au pouvoir, sévit avec la dernière énergie contre ce qu'elle avait encouragé précédemment. Danton fit décréter dans la séance du 15 août 1793 que « pendant le danger de la patrie, tout volontaire qui quitterait son poste serait puni de mort ». En revanche, les déserteurs des armées ennemies qui se présenteraient aux autorités françaises toucheraient une pension de 100 livres et 50 livres de récompense et seraient incorporés dans les armées de la République sur un théâtre d'opérations différent de celui de leur pays d'origine. Il y eut tant de désertions que le Directoire dut accorder une amnistie à tous les condamnés pour désertion. Il y eut trois lois d'amnistie successives, la dernière en 1799, proposée par Jourdan.

DESFIEUX (François) (Né à Bordeaux en 1755, guillotiné à Paris, le 24 mars 1794). Marchand de vins à Bordeaux, Desfieux se trouve à Paris au début de juillet 1789 et figure parmi les « vainqueurs » de la Bastille. De retour à Bordeaux, il y fonde le club du Café national. Revenu à Paris pour la fête de la Fédération, il s'y installe et passe le plus clair de son temps dans les tribunes de l'Assemblée, au club des Jacobins ou à celui des Cordeliers. Particulièrement actif aux Jacobins, il prépare l'arrivée à Paris des mutins du régiment suisse de Châteauvieux. On le voit au Champ-de-Mars, le 17 juillet 1791, lors de la fusillade. Le 27 juillet suivant, il propose aux Jacobins d'utiliser les fédérés girondins et marseillais pour renverser militairement le gouvernement, ce qui sera fait, un an plus tard, le 10 août 1792. Ami de Collot d'Herbois, il attaque vivement les Girondins, dénonce un peu n'importe qui, est chargé par les Jacobins de missions dans le Sud-Ouest, en Belgique, en Suisse, qui tournent toutes à sa déconfiture. S'ingéniant à semer la discorde, lié à des individus peu recommandables ou suspects, peut-être impliqué dans le complot du baron de Batz, Desfieux est très mal vu par Robespierre qui finit par demander son exclusion des Jacobins. Dès lors, son destin est scellé. Arrêté le 17 novembre 1793, il comparaît avec Hébert, Cloots et d'autres prétendus « agents de l'étranger », est condamné à mort et exécuté.

DES ISLES (André Joseph Marc Guillier) (Né à Saint-Malo, le 11 mars 1767, mort à Nancy, le 17 octobre 1790). Lieutenant en 1790 au régiment du Roi – infanterie en garnison à Nancy, Des Isles prêcha le calme lors de la révolte des trois régiments de la ville, le sien, Mestre-de-camp cavalerie et le régiment suisse de Châteauvieux. Les troupes fidèles à leurs officiers se présentant le 31 août 1790, à la porte Sainte-Catherine, Des Isles empêcha les Suisses de tirer sur elles au canon en se postant devant les pièces. Les Suisses lui tirèrent alors dessus à coup de fusil et il mourut au bout de quelques semaines. Louix XVI lui fit porter la croix de Saint-Louis, l'Assemblée décida de commander un tableau représentant cet acte d'héroïsme, partout eurent lieu des fêtes funéraires en son honneur et pour célébrer le respect de la discipline. On le présenta comme un « nouveau d'Assas ». Un an plus tard, l'opinion publique avait complètement changé, Des Isles passait pour un réactionnaire et les Suisses mutinés étaient portés en triomphe.

DESMOULINS (Anne Lucile Laridon-Duplessis, madame Camille) (Née à Paris en 1770 ou 1771, guillotinée à Paris, le 13 avril 1794). « Adorable petite blonde », Lucile a une sœur, Adèle, que Robespierre aurait bien voulu épouser. Quant à elle, c'est de Camille Desmoulins qu'elle s'amourache et elle l'épouse, malgré la défiance de son père. A son mariage assistent Brissot, Pétion, Robespierre. Vengeance d'un amoureux éconduit ? « L'Incorruptible » l'envoie à la guillotine sur la même charrette que la veuve d'Hébert, pour avoir été l'épouse de Camille.

DESMOULINS (Camille) (Né à Guise, Aisne, le 2 mars 1760, guillotiné à Paris, le 5 avril 1794). Avocat à Paris en 1785, bègue et sans clientèle, mais de tempérament très sociable, Desmoulins passe davantage de temps dans les cafés qu'au tribunal. Le 12 juillet 1789, au Palais-Royal, sa langue se délie : monté sur une table, il raconte à la foule que le renvoi de Necker est le prélude au massacre des patriotes. Le 14, il est parmi les « vainqueurs » de la Bastille. Ses brochures, *La France libre* et *Discours de la lanterne aux Parisiens*, témoignent d'un talent littéraire très supérieur à celui des autres libellistes de l'époque. Le 28 novembre 1789, il lance *Les Révolutions de France et de Brabant*, journal qui connaît un grand succès et lui apporte enfin une certaine aisance financière après des années de misère. Desmoulins devient bien vite le pamphlétaire le plus redouté de la cour. Membre du club des Cordeliers, il devient l'ami de Fabre d'Églantine, de Legendre et de Danton. Il semblerait avoir joué un rôle dans la journée insurrectionnelle du 10 août 1792. Après la victoire de la Commune, il est nommé par Danton secrétaire général du ministère de la Justice. Député de Paris à la Convention, il siège à la Montagne. Journaliste, il a été lu par toute la France, député, plus personne ne l'écoute. On ne le prend pas au sérieux. « Un enfant gâté », dit de lui Robespierre. « Il avait beaucoup d'esprit et trop d'imagination pour avoir du bon sens », estime Barère. Il vote la mort du roi et s'attaque à Brissot et aux Girondins. Il est effaré de la conséquence de ses actes et assiste consterné au procès des chefs de la Gironde. Desmoulins décide alors de revenir au métier qui lui a réussi et lance *Le Vieux Cordelier*. Il n'en sort que sept numéros. Attaquant d'abord, avec la bénédiction de Robespierre, les hébertistes et les « exagérés à moustache », il se classe très vite parmi les « indulgents », prônant la paix et la concorde, parlant d'un comité de Clémence. Il écrit, par exemple : « Non, la liberté descendue du ciel, ce n'est point une nymphe de l'Opéra, ce n'est point un bonnet rouge, une chemise sale ou des haillons. La liberté, c'est le bonheur, c'est la raison... Ouvrez les prisons à ces deux cent mille citoyens que vous appelez suspects... Vous voulez exterminer tous vos ennemis par la guillotine ? Mais y eut-il jamais plus grande folie ? » Il est arrêté sur un rapport établi d'après les notes de Robespierre par l'inévitable Saint-Just. Desmoulins note : « J'ai mis Saint-Just dans un numéro rieur et il me met dans un rapport guillotineur, où il n'y a pas un mot de vrai à mon égard. » Il est condamné et exécuté avec Danton. Type de journaliste moderne, doué d'un réel talent d'écriture, Desmoulins a trop tard compris que la Révolution n'était pas une comédie.

DESTOUCHES (Jacques) (Né à Granville, le 9 février 1780, mort à Caen, le 18 mai 1858). Issu d'une famille de gentilshommes armateurs de Granville, le jeune Destouches succède à son père, à la mort de ce dernier comme courrier royaliste entre Granville et Jersey. Trahi par un marin, il est arrêté dans la nuit du 3 au 4 juillet 1798. Transféré à Avranches, ce jeune homme de dix-neuf ans est condamné à mort. Un audacieux coup de main des chouans le délivre, le 9 février 1799. Basé à Jersey, Destouches reprend ses activités de courrier, accuse Frotté, sème le trouble dans les rangs royalistes et donne des signes de dérangement mental. En 1808, le gouvernement anglais décide de s'en débarrasser en l'expédiant au Canada. Sur le bateau, sa folie s'aggrave et on le ramène en Angleterre où on le place dans une maison de santé jusqu'en 1823. Apparemment guéri, Destouches revient en France mais rechute et est interné en 1826 à l'asile du Bon-Sauveur à Caen où il meurt. C'est là que Barbey d'Aurevilly le vit en 1856. Son roman en fit un personnage de légende bien éloigné de la triste réalité.

DESTUTT DE TRACY (Antoine Louis Claude, comte) (Né à Paris, le 20 juillet 1754, mort à Paris, le 10 mars 1836). Colonel du régiment de Penthièvre, Destutt de Tracy est élu aux états généraux par la noblesse du Bourbonnais. Un des premiers de son ordre à se réunir au tiers état, un des plus enthousiastes lors de la nuit du 4 août 1789, il se consacre aux sciences avec son ami Cabanis à la dissolution de la Constituante. Nommé maréchal de camp à l'armée de La Fayette en 1792, il retourne à la vie civile après le 10 août, son chef étant parti en émigration. Il est arrêté comme suspect, le 2 novembre 1793 et, durant ses onze mois de prison, s'initie à la philosophie de Locke et de Condillac, mettant au point sa propre doctrine. Il entre sous le Directoire à l'Institut, écrit des *Mémoires sur la faculté de penser* et *Quels sont les moyens de fonder la morale chez un peuple.* Il refuse un commandement dans l'armée d'Orient et est nommé membre du Conseil d'instruction publique en 1799. Il publie en 1801 des *Observations sur le système actuel d'instruction publique.* Nommé sénateur, il est le chef des « idéologues » méprisés par Bonaparte, qui le fait quand même comte de l'Empire. Ses publications sont nombreuses : *Éléments d'idéologie, La Grammaire, La Logique, Traité de la volonté et de ses effets, Traité d'économie politique.* Son œuvre a eu une influence réelle sur les philosophes et économistes du XIXᵉ siècle, notamment Thomas Brown, Stuart Mill, Spencer, Taine et Ribot.

DÉTENUS, voir **PRISONNIERS.**

DETTE PUBLIQUE. La Constituante plaça la dette provenant du gouvernement royal « sous la garantie de l'honneur et de la loyauté de la nation ». Les arrérages commencèrent à en être payés en 1790. Pour rétablir les finances, Cambon fit remplacer, le 24 août 1793, toutes les créances de l'État, quelque fût leur origine, par des rentes inscrites sur un « grand livre de la dette publique ». Cette opération, qui s'accompagnait d'une réduction d'intérêts, permit d'annuler de nombreux titres qui ne purent être présentés, notamment par les émigrés. Les porteurs d'assignats furent aussi invités à les convertir en rentes. La rédaction du grand livre fut close le 14 messidor an II (2 juillet 1794). Le Directoire acheva de dépouiller les rentiers par la loi du 9 vendémiaire an VI (30 septembre 1797) qui ordonna le remboursement des deux tiers des rentes inscrites au grand livre en bons au porteur, mandats territoriaux sans valeur, tandis que le tiers restant, dit « consolidé », était inscrit sur un second grand livre. C'est ce qu'on a nommé la banqueroute des deux tiers.

DEUILS PUBLICS. La Révolution institua l'usage des deuils publics pour les personnages qu'elle voulait honorer. Le premier eut lieu lorsqu'on apprit la mort de Benjamin Franklin. Mirabeau fit décréter un deuil de trois jours, les 14, 15 et 16 juin 1790. Lui-même eut aussi droit à un deuil national, en avril 1791. Les deuils publics se célébraient au Champ-de-Mars, où était élevé un mausolée pour le défunt et à la gloire de qui étaient chantés ou récités des hymnes.

DEUX CHAMBRES (débat des), voir **BICAMÉRISME.**

DEUX JUIN (journée du), voir **JUIN** (Journée du 2).

DEUX TIERS (décrets des), voir **DÉCRETS DES DEUX TIERS.**

DICTATURE. Durant la Révolution, seul Marat osa se faire l'apologiste d'une dictature, qu'il se sentait prêt à assumer pour sauver la République. Robespierre fut un dictateur mais se défendit toujours de l'être. Bonaparte fut le troisième et il fut accueilli aux Cinq-Cents, le 19 brumaire, aux cris de : « A bas le Cromwell ! A bas le dictateur ! »

DIETRICH (Philippe Frédéric, baron de) (Né à Strasbourg, le 14 novembre 1748, guillotiné à Paris, le 29 décembre 1793). Banquier et sidérurgiste, ami des encyclopédistes, membre de l'Académie des sciences, maire de Strasbourg en 1790, de Dietrich est lié à La Fayette et la courbe de leurs deux carrières est identique. On lui reproche de soutenir les prêtres réfractaires et surtout d'avoir protesté contre les journées insurrectionnelles du 20 juin et du 10 août 1792. C'est à son domicile, au cours d'un dîner en l'honneur des officiers de la garnison de Strasbourg, que Rouget de l'Isle chante le *Chant de l'armée du Rhin*, future *Marseillaise*. Sommé de comparaître à la barre de l'Assemblée à la suite de sa protestation contre le 10 août, de Dietrich se réfugie d'abord à Bâle puis se constitue prisonnier. Les Jacobins l'envoient devant le tribunal de Besançon qui l'acquitte, le 7 mars 1793. On l'expédie alors à Paris, car Robespierre le considère comme un « homme dangereux », « un des plus grands conspirateurs de la République ». Faisant pression sur le tribunal, il déclare devant les Jacobins : « La justice nationale exige qu'il soit puni, et l'intérêt du peuple demande qu'il le soit promptement. » En conséquence, le Tribunal révolutionnaire condamne de Dietrich à mort.

DILAPIDATEURS. C'est ainsi qu'on nommait sous la Révolution ceux qui s'appropriaient les fonds publics, les détournaient ou les gaspillaient. Ils étaient extrêmement nombreux et prospères comme à toutes les époques de désordres et de troubles.

DILLON (Arthur, comte de) (Né à Braywick, Angleterre, le 3 septembre 1750, guillotiné à Paris, le 14 avril 1794). Colonel du régiment portant son nom en 1772, Dillon participe à la guerre d'Amérique, aux Antilles et sur le continent, prenant notamment les îles de Tabago et de Saint-Eustache. Gouverneur de Tabago en 1786, il est élu aux états généraux par la noblesse de la Martinique. Siégeant parmi les nobles libéraux, il s'y occupe surtout des questions coloniales. Nommé général après la séparation de l'Assemblée, proche de La Fayette, il est à Valmy, puis commande l'armée des Ardennes. Ayant fait prêter serment au roi déchu par ses troupes après le 10 août 1792, il est suspendu. Son ami, Camille Desmoulins le fait réintégrer. On le suspend à nouveau en septembre 1792 pour avoir correspondu avec le landgrave de Hesse, puis on le réintègre. Une troisième fois, le 1er juin 1793, il est suspendu, puis arrêté, le 13 juillet. Après neuf mois de prison, on l'accuse d'avoir comploté de délivrer et de faire proclamer roi Louis XVII et, pour faire bonne mesure, on y ajoute un projet de délivrance de Danton, tout cela ourdi de sa prison du Luxembourg pendant sa détention ! Il est guillotiné le même jour que Lucile Desmoulins et crie « Vive le roi ! » en montant sur l'échafaud. Son nom figure sur l'Arc de triomphe.

DIME. Impôt en nature, correspondant généralement à la dixième partie des récoltes, la dîme était perçue par le curé dans chaque paroisse sous l'Ancien Régime. Les dîmes rapportaient en 1789 environ 120 millions de livres et comprenaient aussi des dîmes personnelles perçues sur les salaires, des dîmes mixtes prélevées sur les élevages de volaille, des dîmes de charnage pour le bétail, des dîmes grosses pour les principales productions, des dîmes novales pour les terres nouvellement mises en culture. Le 8 août 1789, le marquis de La Coste demanda la suppression des dîmes. Il fut décidé qu'elles disparaîtraient au 1er janvier 1791, quand, en application de la Constitution civile du clergé, les curés seraient pris en charge et payés par l'État.

DIOCÈSES. La France d'Ancien Régime comptait 135 sièges épiscopaux et archiépiscopaux, dont les limites ne coïncidaient pas avec les frontières politiques du royaume. L'étendue des diocèses variait énormément, de quelques paroisses dans certains « évêchés crottés » du Midi à plusieurs centaines comme l'évêché de Chartres. La Constitution civile du clergé réduisit le nombre de diocèse à 83, un par département. Le Concordat de 1801 ramena le nombre total des diocèses à 60 pour un territoire qui s'étendait jusqu'au Rhin, à 52 si l'on prend seulement en compte l'actuel territoire de la France.

DIRECTEURS. Détenteurs du pouvoir exécutif sous le Directoire (1795-1799), les Directeurs sont au nombre de cinq, élus par le Conseil des Anciens sur une liste de dix noms par place vacante établie par le Conseil des Cinq-Cents. Les cinq premiers Directeurs, élus en octobre 1795 sont : Barras, Carnot, La Revellière-Lépeaux, Letourneur, Reubell. En 1796, Barthélemy remplace Letourneur, mais est éliminé avec Carnot par le coup d'État de fructidor. Ils sont remplacés par François de Neufchâteau et Merlin de Douai. En 1798, Treilhard remplace François de Neufchâteau. En 1799, Treilhard est remplacé par Gohier, La Revellière-Lépeaux et Merlin sont contraints à démissionner et remplacés par Moulin et Roger Ducos, Sieyès succède à Reubell. Le 18 brumaire, Roger Ducos et Sieyès favorisent le coup d'État de Bonaparte, Gohier et Moulin sont neutralisés, Barras se rallie au vainqueur. Trois consuls remplacent les Directeurs.

DIRECTOIRE. Régime de la France du 4 brumaire an IV (26 octobre 1795) au 19 brumaire an VIII (10 novembre 1799), le Directoire est le fruit de la Constitution de l'an III. Le pouvoir législatif est aux mains de deux Chambres, le Conseil des Cinq-Cents et le Conseil des Anciens, l'exécutif appartient à cinq Directeurs élus par ces chambres et renouvelables par tirage au sort à raison d'un chaque année. Constitué, grâce aux décrets des deux tiers, d'anciens conventionnels, le Directoire est un régime sans cesse menacé sur sa droite et sur sa gauche, impuissant à avoir une majorité durable aux Conseils en raison du renouvellement annuel par tiers de ces assemblées. En 1797, le coup d'État de fructidor permet d'éloigner la menace royaliste ; en 1798, l'annulation d'une partie des élections, appelée parfois coup d'État de floréal, permet d'éliminer les néo-jacobins revenus en force ; en 1799, les conseils prennent leur revanche avec le coup de force de prairial qui contraint à la démission trois des cinq Directeurs ; le 18 brumaire, à la fin de cette même année, met fin au Directoire par un dernier coup d'État. A l'intérieur, le Directoire apure les comptes par la banqueroute des deux tiers, fait la désastreuse expérience des mandats territoriaux et rétablit la monnaie métallique, plongeant le pays dans des phases successives d'inflation et de déflation aiguës. A l'extérieur, il doit supporter la guerre contre l'Autriche, interrompue quelque temps par la paix de Campoformio, des expéditions, ratée en Irlande, réussie en Égypte.

DIRECTOIRE (garde du). Formé d'anciens conventionnels qui avaient l'amère expérience d'une assemblée soumise aux pressions des émeutiers, le Directoire a soin de se doter d'une garde militaire pour se protéger des mouvements populaires. Cette garde est constituée de 240 gardes à pied et de 120 grenadiers à cheval. Elle se rallie à Bonaparte au 18 brumaire et est intégrée à la garde consulaire.

DIRECTOIRE DU DÉPARTEMENT. C'est le nom donné en 1790 au pouvoir exécutif du conseil général du département, constitué de huit membres nommés en son sein par les trente-six membres du conseil général et qui siègent en permanence. Les directoires de département sont remplacés en 1800 par les préfets.

DISTRICT. Le district est une subdivision du département créée en même temps que lui en 1790. Chaque département compte en moyenne de six à dix districts gérés par un conseil de district de douze membres et un directoire de quatre membres. Unité essentielle de la politique de terreur dans les départements, devenus très impopulaires, les districts sont supprimés en 1795 par la Constitution de l'an III. La Constitution de l'an VIII crée des unités nettement plus grandes que les districts, les arrondissements, au nombre de trois à cinq par département en moyenne.

DIVORCE. C'est la Révolution qui introduit le divorce dans la législation française. Le 30 août 1792, la Législative « déclare que le mariage est dissoluble par le divorce ». Le 20 septembre 1792, l'état-civil devient laïque et le divorce est autorisé. On distingue alors trois sortes de causes de divorce. La première sorte englobe la démence, la condamnation à des peines afflictives ou infamantes, les crimes, sévices ou injures graves, le dérèglement notoire des mœurs, l'abandon de domicile, l'absence pendant au moins cinq ans sans donner de nouvelles, l'émigration. La deuxième sorte est le divorce par consentement mutuel. La troisième sorte est l'incompatibilité d'humeur. Le décret du 8 nivôse an II (28 décembre 1793) raccourcit le délai nécessaire au remariage. Ceux des 4-9 floréal an II (17-23 avril 1794) légalisent les divorces prononcés avant la loi du 28 septembre 1792 mais admettent comme cause de divorce une simple séparation de fait de six mois entre les époux. Il y eut une réaction devant la multiplication des divorces qui se traduisit, à la suite d'une campagne menée par certains journaux comme *Le Censeur* ou *L'Accusateur public*, par quelques mesures restrictives comme la prolongation à six mois (au lieu de huit jours) du délai nécessaire entre le dernier acte de non-conciliation et la prononciation du divorce.

DIX AOÛT (journée du), voir **AOÛT** (journée du 10).

DIX-HUIT BRUMAIRE, DIX-HUIT FRUCTIDOR, voir **BRUMAIRE, FRUCTIDOR.**

DOBSEN ou **DOBSENT** (Claude Emmanuel) (Né à Noyon, le 23 décembre 1743, mort après 1811). Avocat au bailliage de Châtillon-sur-Marne, partisan des idées nouvelles, Dobsen n'est élu que suppléant aux états généraux et ne siège pas. Administrateur de la Marne en 1790, juge au tribunal d'Épernay en 1791, il est désigné pour faire partie de l'un des six tribunaux criminels provisoires de Paris et préside le 6e dans le quartier Notre-Dame. Au lendemain du 10 août 1792, il est nommé directeur du jury d'accusation du tribunal criminel extraordinaire, dit du 17 août, pour rechercher les « conspirateurs » du 10 août. N'ayant pas été choisi pour le Tribunal révolutionnaire établi le 10 mars 1793, il revient dans le 6e arrondissement comme commissaire national près le tribunal civil. Ami de Robespierre, il semble bien avoir été son exécutant docile et zélé pour fomenter les troubles populaires de février et de mars 1793. Il est certainement l'organisateur de l'insurrection du 31 mai qui aboutit à l'élimination des Girondins : c'est lui qui organise et préside, le 29 mai, le comité d'action de neuf membres qui contraint la Commune hésitante à passer sous son pouvoir. C'est encore lui qui nomme Hanriot chef de la force armée. Le 3 août 1793, Dobsen obtient le salaire des services rendus à « l'Incorruptible » et entre au Tribunal révolutionnaire comme juge. Il déçoit beaucoup son maître en se montrant surtout attentif à sauver la vie de ses amis, parents et relations et en ne témoignant pas d'une « férocité révolutionnaire » suffisante. Aussi, jugé trop « mou », est-il évincé du Tribunal révolutionnaire en mai 1794 et reprend-il son emploi de commissaire dans le 6e. Fidèle à Robespierre, il lui amène les militants de sa section, le 9 thermidor. On ne lui en tient pas rigueur. Au contraire, son éviction du Tribunal révolutionnaire joue en sa faveur et les Thermidoriens le remettent à la présidence de ce tribunal. Mais on ne se refait pas, et Dobsen recommence à protéger parents et amis et, pis encore, à faire preuve de mansuétude envers les autres accusés. Aussi l'élimine-t-on, dès le 18 décembre 1794, de « l'antichambre de la mort ». Décidé à agir maintenant pour son compte, Dobsen tente de rééditer le coup de force du 31 mai, mais n'aboutit qu'à l'émeute du 12 germinal (1er avril 1795). Arrêté, il est amnistié lorsque la Convention se sépare. Ayant perdu sa place dans le 6e arrondissement, il figure parmi les mécontents, assiste aux réunions du Panthéon, fait partie des fondateurs du club du Manège, conspire avec Babeuf, mais arrive à échapper à une condamnation lors du procès. Désormais assagi, il obtient, grâce à Jean Bon Saint-André, un poste de procureur général près la cour d'appel de Trèves, sous le Consulat. Il est mis à la retraite en 1811 et on perd sa trace.

DOLÉANCES, voir **CAHIERS DE DOLÉANCES**.

DOMAINES NATIONAUX. L'administration des Domaines nationaux est établie, le 16 mai 1791, par la Constituante qui lui confie la régie des droits d'enregistrement, timbre et hypothèques, et celle des domaines nationaux, corporels et incorporels. Cette administration est dirigée par douze administrateurs résidant à Paris et tenus de se réunir en assemblées pour régler les problèmes de régie. Une direction des Domaines nationaux est établie dans chaque département, sous la supervision de l'administration centrale. Le 7 avril 1794, la Convention supprime la Caisse de l'administration des Domaines nationaux et la remplace par celle de la trésorerie générale.

DOMESTIQUES. Très méfiante à l'égard des domestiques, la Révolution à ses débuts ne leur reconnaît aucun droit civique. Les domestiques n'ont jusqu'en 1793 ni le statut de citoyen ni le droit de vote. Ils sont écartés de la garde nationale. Lors de l'insurrection de 1793 en Vendée les domestiques sont en effet du côté de la contre-révolution. Au service des privilégiés, les domestiques ne pouvaient qu'être suspects. Mais on trouve aussi certains d'entre eux parmi les sans-culottes parisiens : 5 % du personnel des comités révolutionnaires. Les livrées sont interdites. Le valet est chassé du jeu de cartes. Après un bref moment d'égalité, les domestiques sont à nouveau exclus par la Constitution de l'an III qui affirme que « l'exercice des droits de citoyen est suspendu par l'état de domestique à gage, attaché au service de la personne ou du ménage ».

DOMICILE. La loi du 22 octobre 1789 impose pour condition d'éligibilité, outre des clauses de cens, d'être « domicilié, au moins depuis un an, dans l'arrondissement de l'assemblée primaire ». Cette clause se perpétue jusqu'à nos jours.

DON GRATUIT. Sous l'Ancien Régime, le clergé n'était pas imposable. C'est en 1561 pour la première fois que le roi obtint de l'Assemblée du clergé une contribution volontaire pour venir en aide au trésor public. Au départ, cette contribution avait un caractère exceptionnel lié à la guerre et à des besoins extraordinaires de la royauté, mais elle prit bien vite un caractère annuel. Elle atteignait en moyenne 3 millions et demi de livres par an et représentait de 3 % à 5 % des revenus annuels du clergé, qui insistait beaucoup sur son nom de « don gratuit » pour souligner le caractère volontaire de cette contribution. Le clergé s'opposa jusqu'au bout à la taxation uniforme des terres, revendiquant son privilège d'exemption et s'opposant à tous les impôts proposés au XVIIIe siècle, dixième, cinquantième et vingtième, ne contribuant pas peu par son attitude à aggraver la crise financière et à provoquer la Révolution française dont il fut la grande victime.

DONS PATRIOTIQUES. Ce sont les femmes d'artistes qui firent le premier don patriotique en venant, le 7 septembre 1789, déposer sur le bureau de l'Assemblée une cassette contenant leurs bijoux. L'exemple fut suivi et les députés offrirent les boucles d'argent de leurs chaussures. Quand la guerre eut commencé, ces offrandes furent destinées aux armées. Le 23 mars 1793, la Convention décréta que ce seraient désormais les municipalités qui recevraient ces dons, en tiendraient un registre et transféreraient les dépôts aux chefs-lieux de districts.

DOPPET (François Amédée) (Né à Chambéry, le 16 mars 1753, mort le 26 avril 1799 à Grenoble). Après des débuts dans l'armée, Doppet va étudier la médecine à Turin. Reçu docteur, il s'occupe de magnétisme et écrit des romans. Séduit par les idées révolutionnaires qui agitent la France voisine, il quitte la Savoie et s'engage dans la garde nationale de Grenoble. Il suit Aubert-Dubayet à qui il sert de secrétaire et arrive à Paris. Il s'inscrit au club des Jacobins et fonde le club des patriotes étrangers, futur club des Allobroges, crée la légion des Allobroges. Il est à la prise des Tuileries, le 10 août 1792. Revenu à Grenoble, il entre avec les troupes françaises dans sa Savoie natale en septembre. Désigné comme un des quatre députés de ce pays, il est envoyé à Paris demander l'annexion à la France. La récompense ne tarde pas : général de brigade à l'armée des Alpes en août 1793, général de division en septembre, il commande en chef l'armée qui assiège Lyon en révolte.

On l'envoie ensuite diriger le siège de Toulon, mais il tombe malade au bout de cinq jours. Une fois guéri, il part commander une division à l'armée des Pyrénées-Orientales, mais tombe malade à nouveau. Ses protecteurs jacobins ayant perdu le pouvoir après le 9 thermidor, il est destitué. Il occupe ses loisirs à écrire ses *Mémoires*. Élu par le Mont-Blanc au Conseil des Cinq-Cents, il voit son élection annulée avec bien d'autres comme « entachées de manœuvres anarchistes ». Il se retire près de Grenoble et y meurt. Napoléon, qui avait connu Doppet au siège de Toulon, déclara : « Il avait plus d'esprit que Carteaux, mais était tout aussi ignorant dans tout ce qui tenait à l'art de la guerre. » Et il ajouta : « Il était méchant et ennemi déclaré de tout ce qui avait du talent. »

DOSSONVILLE (Jean-Baptiste) (Né à Auneau, Eure-et-Loir, le 1er janvier 1753, mort aux Batignolles, à Paris, le 10 janvier 1833). Limonadier à Paris, nommé officier de paix en novembre 1791, chargé de traquer les fabricants de faux assignats, Dossonville a aussi dans ses attributions la surveillance des abords des Tuileries. Présent le 20 juin 1792, il voit le roi contraint par les émeutiers de boire à la santé de la nation, la scène « la plus ignoble que l'on puisse voir », dira-t-il, et offre ses services à Louis XVI qui l'envoie, le 8 juillet, en mission secrète en Angleterre. Arrêté après le 10 août et accusé de faire partie de l'équipe d'espions royalistes recrutée par Collenot d'Angremont, il est acquitté et libéré, le 28 août, échappant de justesse aux massacres. Agent du Comité de sûreté générale, il continue sa chasse aux faux-monnayeurs. A la chute de Robespierre, Tallien le fait emprisonner et il n'est libéré qu'avec l'amnistie générale décrétée par la Convention à sa séparation. Le ministre de l'Intérieur Cochon de Lapparent le nomme inspecteur général adjoint en avril 1796 et lui confie l'arrestation de Babeuf. Le coup d'État du 18 fructidor le frappe de proscription avec son ministre. Il se retrouve à la Guyane et s'en évade avec Barthélemy, Ramel, Pichegru. Arrivé à Londres en septembre 1798, il vit d'espionnage pour le compte de l'Angleterre avant de rentrer en France après la signature du traité de Lunéville en 1801, qui le sort de la prison d'Olmütz où il croupissait. Ayant proposé ses services au Premier consul, il est chargé d'une contre-police secrète, Bonaparte n'ayant qu'une confiance très limitée en son ministre Fouché. Réintégré dans la police officielle à la chute de ce dernier, Dossonville est arrêté en 1804, compromis dans la conspiration Moreau par son compagnon d'évasion, Pichegru. Assigné à résidence surveillée à Melun jusqu'à la fin de l'Empire, il finit sa carrière agitée comme commissaire de police de la monarchie dans l'île Saint-Louis.

DOUANES. La France de l'Ancien Régime était partagée en trois systèmes de douanes : les provinces dites des « cinq grosses fermes » qui appliquaient le tarif de 1664, correspondant à la partie la plus anciennement intégrée au domaine royal, les provinces « réputées étrangères » qui avaient gardé leur propre système, les provinces dites « étranger effectif » correspondant à l'Alsace et à la Lorraine qui avaient conservé leur indépendance commerciale par rapport au royaume de France. En 1790, la Constituante supprima toutes les douanes intérieures, séparant ces trois zones, et unifia les tarifs aux frontières. Le tarif mis en vigueur en avril 1791 exonérait de droits les produits de première nécessité et taxait davantage les produits de luxe. Avec la guerre, les tarifs douaniers firent partie de la stratégie politique et économique de l'État. Bonaparte en fit un usage devenu célèbre avec le « blocus continental ».

DOUBLEMENT DU TIERS. Dans les assemblées provinciales créées sous le règne de Louis XVI, il avait été admis que les représentants du tiers état seraient en nombre égal à celui des délégués de la noblesse et du clergé réunis, c'est-à-dire le double de la représentation de chacun des deux autres ordres. Aussi le roi accepta-t-il, dans son ordonnance du 27 décembre 1788, le doublement de la représentation du tiers état aux états généraux, confirmé le 24 janvier suivant dans le règlement royal destiné à ces états.

DOUZE (commission des), voir **COMMISSION DES DOUZE.**

DOUZE GERMINAL (émeute du), voir **GERMINAL** (émeute du 12).

DRAGONS. Cette troupe de cavalerie fut créée par le maréchal de Brissac en 1554. En 1789, il y avait dix-huit régiments de dragons. Ils n'étaient plus que dix en 1791. L'uniforme était vert, comme celui des hussards, mais le casque différent. Sous le Consulat, le nombre des régiments de dragons était remonté à vingt-six.

DRAPEAUX. Très variés, les drapeaux d'Ancien Régime portaient toujours une croix blanche et les armes de France. Le drapeau tricolore fut imposé à la Marine par le décret du 21 octobre 1790 et, le lendemain, la Constituante ordonna d'attacher aux drapeaux blancs des régiments de l'armée de terre une cravate tricolore. En avril 1792, les drapeaux des anciens régiments furent brûlés. C'est seulement après la proclamation de la République qu'apparut le drapeau actuel aux trois bandes verticales bleu, blanc, rouge. On ajouta seulement le numéro de chaque demi-brigade, la devise « Discipline et obéissance à la loi », et les noms des victoires auxquelles les unités avaient pris part.

DREUX-BRÉZÉ (Henri Évrard, marquis de) (Né à Paris, le 6 mars 1766, mort à Paris, le 27 janvier 1829). Grand maître des cérémonies en succession de son père dès 1781, Dreux-Brézé est un tout jeune homme lorsqu'il a la tâche d'organiser les états généraux. Il est surtout connu pour son rôle les 19 et 23 juin 1789. Il fait fermer, sur ordre du roi, la salle des Menus-Plaisirs où se réunissent les députés, le 19 juin à midi, et en prévient, trop tard, Bailly, leur président, par lettre. Les députés s'assemblent devant la salle fermée et finissent par s'installer dans la salle du Jeu de paume, y prêtant le célèbre serment. Le 23 juin, à la fin de la séance royale, le tiers état n'évacue pas la salle et Dreux-Brézé lui demande de se retirer. Mirabeau répond : « Nous sommes ici par le vœu de la nation ; la force matérielle pourrait seule nous faire désemparer », et non pas « Nous sommes ici par la volonté du peuple, nous n'en sortirons que par la force des baïonnettes. » Dreux-Brézé se retire, en disant : « Un homme est toujours moins fort que cinq cents. » Le processus révolutionnaire est enclenché, il ne s'arrêtera que dix ans plus tard « par la force des baïonnettes ». Quant à Dreux-Brézé, il défend la famille royale le 10 août 1792 puis vit retiré aux Andelys. A l'arrivée de Louis XVIII à Calais, il reprend, auprès de lui, en 1814, ses fonctions de grand maître des cérémonies. Fait pair de France, il se charge de rassembler les dépouilles mortuaires des souverains exécutés durant la Terreur et préside l'inauguration de la chapelle expiatoire.

DROIT D'AÎNESSE, voir **AÎNESSE** (droit d').

DROIT DES GENS. C'est l'abbé Grégoire qui le premier proposa en 1793 à la Convention de codifier les lois relatives aux droits et devoirs réciproques des nations, le droit des gens. Merlin de Douai fit écarter sa proposition en faisant valoir « que c'était une proposition qu'il fallait adresser non à la Convention du peuple français, mais au Congrès général de tous les peuples de l'Europe ».

DROITS DE L'HOMME (Déclaration des). Préambule de la Constitution, adoptée le 26 août 1789, la Déclaration des droits de l'homme et du citoyen comporte un préambule et 17 articles. Elle supprime certains traits du passé. Ainsi l'article 2 dit-il : « Nul corps, nul individu ne peut exercer d'autorité qui n'en (de la nation) émane expressément », ce qui vise toute la société d'Ancien Régime, comme les articles 1 et 6 : « Les distinctions sociales ne peuvent être fondées que sur l'utilité commune... Tous les citoyens étant égaux à ses yeux (les yeux de la loi), sont également admissibles à toutes dignités, places et emplois publics selon leurs capacités et sans autre distinction que celle de leurs vertus et de leurs talents. » Mais la Déclaration contient aussi des points positifs : droits inaliénables que sont la liberté individuelle, la liberté de pensée et d'opinions, la liberté d'expression, la propriété, la sûreté, la résistance à l'oppression. La souveraineté de la nation est aussi définie dans son expression, la loi. La déclaration pose aussi le principe de la séparation des pouvoirs exécutif, législatif et judiciaire. Il existe deux autres Déclarations, celle de la Constitution mort-née de l'an I (1793) et celle de la Constitution de l'an III (1795) qui, en réaction contre la Terreur et la dictature montagnarde, affirme que « nul individu, nulle réunion partielle de citoyens ne peut s'attribuer la souveraineté ». Elle s'accompagne d'une Déclaration des devoirs qui souligne l'importance de la cellule familiale.

DÉCLARATION DES DROITS DE L'HOMME ET DU CITOYEN DU 26 AOÛT 1789

(placée ensuite en tête de la Constitution de 1791)

Les représentants du peuple français, constitués en Assemblée nationale, considérant que l'ignorance, l'oubli ou le mépris des droits de l'homme sont les seules causes des malheurs publics et de la corruption des gouvernements, ont résolu d'exposer, dans une déclaration solennelle, les droits naturels, inaliénables et sacrés de l'homme, afin que cette déclaration, constamment présente à tous les membres du corps social, leur rappelle sans cesse leurs droits et leurs devoirs ; afin que les actes du pouvoir législatif et ceux du pouvoir exécutif, pouvant être à chaque instant comparés avec le but de toute institution politique, en soient plus respectés ; afin que les réclamations des citoyens, fondées désormais sur des principes simples et incontestables, tournent toujours au maintien de la Constitution et au bonheur de tous. – En conséquence, l'Assemblée nationale reconnaît et déclare, en présence et sous les auspices de l'Être suprême, les droits suivants de l'homme et du citoyen.

Article premier. – Les hommes naissent et demeurent libres et égaux en droits. Les distinctions sociales ne peuvent être fondées que sur l'utilité commune.

Art. 2. – Le but de toute association politique est la conservation des droits naturels et imprescriptibles de l'homme. Ces droits sont la liberté, la propriété, la sûreté, et la résistance à l'oppression.

Art. 3. – Le principe de toute souveraineté réside essentiellement dans la nation. Nul corps, nul individu ne peut exercer d'autorité qui n'en émane expressément.

Art. 4. – La liberté consiste à pouvoir faire tout ce qui ne nuit pas à autrui : ainsi, l'exercice des droits naturels de chaque homme n'a de bornes que celles qui assurent aux autres membres de la société la jouissance de ces mêmes droits. Ces bornes ne peuvent être déterminées que par la loi.

Art. 5. – La loi n'a le droit de défendre que les actions nuisibles à la société. Tout ce qui n'est pas défendu par la loi ne peut être empêché, et nul ne peut être contraint à faire ce qu'elle n'ordonne pas.

Art. 6. – La loi est l'expression de la volonté générale. Tous les citoyens ont droit de concourir personnellement, ou par leurs représentants, à sa formation. Elle doit être la même pour tous, soit qu'elle protège, soit qu'elle punisse. Tous les citoyens étant égaux à ses yeux, sont également admissibles à toutes dignités, places et emplois publics, selon leur capacité, et sans autre distinction que celle de leurs vertus et de leurs talents.

Art. 7. – Nul homme ne peut être accusé, arrêté ni détenu que dans les cas déterminés par la loi, et selon les formes qu'elle a prescrites. Ceux qui sollicitent, expédient, exécutent ou font exécuter des ordres arbitraires, doivent être punis ; mais tout citoyen appelé ou saisi en vertu de la loi, doit obéir à l'instant : il se rend coupable par la résistance.

Art. 8. – La loi ne doit établir que des peines strictement et évidemment nécessaires, et nul ne peut être puni qu'en vertu d'une loi établie et promulguée antérieurement au délit, et légalement appliquée.

Art. 9. – Tout homme étant présumé innocent jusqu'à ce qu'il ait été déclaré coupable, s'il est jugé indispensable de l'arrêter, toute rigueur qui ne serait pas nécessaire pour s'assurer de sa personne, doit être sévèrement réprimée par la loi.

Art. 10. – Nul ne doit être inquiété pour ses opinions, même religieuses, pourvu que leur manifestation ne trouble pas l'ordre public établi par la loi.

Art. 11. – La libre communication des pensées et des opinions est un des droits les plus précieux de l'homme ; tout citoyen peut donc parler, écrire, imprimer librement, sauf à répondre de l'abus de cette liberté dans les cas déterminés par la loi.

Art. 12. – La garantie des droits de l'homme et du citoyen nécessite une force publique ; cette force est donc instituée pour l'avantage de tous, et non pour l'utilité particulière de ceux auxquels elle est confiée.

Art. 13. – Pour l'entretien de la force publique, et pour les dépenses d'administration, une contribution commune est indispensable : elle doit être également répartie entre tous les citoyens, en raison de leurs facultés.

Art. 14. – Tous les citoyens ont le droit de constater, par eux-mêmes ou par leurs représentants, la nécessité de la contribution publique, de la consentir librement, d'en suivre l'emploi, et d'en déterminer la quotité, l'assiette, le recouvrement et la durée.

Art. 15. – La société a le droit de demander compte à tout agent public de son administration.

Art. 16. – Toute société dans laquelle la garantie des droits n'est pas assurée, ni la séparation des pouvoirs déterminée, n'a point de constitution.

Art. 17. – La propriété étant un droit inviolable et sacré, nul ne peut en être privé, si ce n'est lorsque la nécessité publique, légalement constatée, l'exige évidemment, et sous la condition d'une juste et préalable indemnité.

DROITS DOMANIAUX. C'est le nom donné sous l'Ancien Régime aux droits de contrôle des actes et des exploits, insinuation et centième denier des immeubles. La Constituante les abolit le 1er janvier 1791.

DROITS FÉODAUX. C'est dans l'effusion de la nuit du 4 août 1789 que la Constituante décrète : « L'Assemblée nationale détruit entièrement le régime féodal. » Tous les droits féodaux sont, en effet, abolis sans indemnité : mainmorte, taxes et corvées personnelles, droits de justice, de chasse, de pêche,... La dîme est aussi supprimée au 1er janvier 1791. Mais les droits seigneuriaux, redevances foncières reposant sur d'anciens contrats de cens ou de rentes doivent être rachetés. Le comité des droits féodaux de la Constituante est chargé de veiller à l'application du décret, de présenter des rapports sur l'avancement des réformes et de proposer des textes d'application. Le 15 mars 1790, une liste d'une soixantaine de droits abolis ou maintenus est publiée, suivie d'une seconde, forte d'une quarantaine de titres, le 13 avril 1791. Après le 10 août 1792, la Législative déclara abolis tous les droits pour lesquels ne pouvaient être apportée de preuve écrite. Le décret du 13 juillet 1793 de la Convention supprime définitivement et sans indemnité ce qui pouvait subsister de droits féodaux et ordonne le « brûlement de tous les titres ».

DROITS FISCAUX. On appelait ainsi sous l'Ancien Régime les droits d'aides, d'aubaine, de capitation, de corvée, de dîme, de domaine d'Occident, de ferme ou de régie générale, de franc-fief, de gabelle, de joyeux avènement, de mainmorte, de maîtrise, de marc d'or, de régale, de sols pour livre, de taille et de traite.

DROUET (Jean-Baptiste) (Né à Sainte-Menehould, le 8 janvier 1763, mort à Mâcon, le 10 avril 1824). Maître de poste à Sainte-Menehould, Drouet devient brusquement célèbre le 21 juin 1791 lorsqu'il identifie le roi, part à sa poursuite et le fait arrêter à Varennes. Il vient à Paris raconter toute l'histoire à l'Assemblée, au club des Jacobins, à l'Hôtel de Ville. On lui vote une gratification de 30 000 livres. Sa gloire toute fraîche ne lui procure qu'un strapontin de suppléant à la Législative mais son activité de Jacobin le fait élire à la Convention l'année suivante. Parmi les Montagnards les plus exaltés, il s'exclame : « C'est le moment de verser le sang des coupables. Qu'avons-nous besoin de notre réputation en Europe ?... De tous côtés ne vous appelle-t-on pas des scélérats, des brigands, des assassins ? Eh bien, puisque notre vertu, notre modération, nos idées philosophiques ne nous ont servi de rien, soyons brigands pour le bonheur du peuple ! » Envoyé à l'armée du Nord en septembre 1793, capturé par les Autrichiens, il fait partie des révolutionnaires échangés contre madame Royale en novembre 1795. Admis aux Cinq-Cents où on lui a réservé un siège, Drouet n'y retrouve pas l'esprit jacobin qu'il avait connu en 1793 et complote avec Babeuf. Arrêté, il s'évade, sans doute avec la bénédiction des autorités, se rend aux Canaries et revient en France après avoir appris son acquittement. Commissaire du Directoire dans la Marne, puis sous-préfet de Sainte-Menehould, Drouet est exilé comme régicide mais revient sous un faux nom et finit ses jours à Mâcon.

DU BARRAN (Joseph Nicolas Barbeau) (Né à Castelnau-d'Auzan, Gers, le 3 juillet 1761, mort à Assens, en Suisse, le 16 mai 1816). Avocat, procureur général-syndic du Gers en 1790, Du Barran refuse le siège qu'on lui offre à la Législative, mais accepte l'année suivante de représenter le Gers à la Convention. Il vote la mort du roi, intervient peu, mais, entré au Comité de sûreté générale en septembre 1793, s'y révèle un redoutable travailleur et un traqueur de suspects hors pair. Policier dans l'âme, il refuse de partir en mission à plusieurs reprises pour ne pas abandonner, ne fût-ce que quelques jours, ce travail qui l'absorbe. Après la chute de Robespierre, il proteste contre l'élargissement des suspects, regrette le « bon temps » où l'on pouvait arrêter n'importe qui, n'importe quand, n'importe comment. Décrété d'arrestation après l'insurrection jacobine de prairial, en mai 1795, il revient dans le Gers après l'amnistie et y vit obscurément. Régicide, il doit s'exiler au retour des Bourbons.

DU BARRY (Jeanne Bécu, comtesse) (Née à Vaucouleurs, Meuse, le 19 août 1743, guillotinée à Paris, le 8 décembre 1793). Maîtresse de Louis XV en 1768 puis retirée à sa mort dans son château de Louveciennes, maîtresse de Cossé-Brissac, la comtesse Du Barry a sans doute servi d'agent de liaison aux royalistes en 1791 et 1792. Sous prétexte que ses bijoux, volés dans son château de Louveciennes, avaient été retrouvés à Londres et leurs voleurs arrêtés, elle faisait de fréquents voyages dans la capitale anglaise pour suivre le cours de l'instruction et du procès. Après un dernier voyage en mars 1793, elle est dénoncée comme antipatriote et arrêtée le 26 juin. Sur pétition des habitants de Louveciennes, on la relâche le 13 août. Mais, dénoncée à nouveau, elle est arrêtée, accusée d'avoir fait passer de l'argent et de la correspondance aux émigrés et guillotinée.

DUBOIS (François Louis) 1758-1828. Avocat à Colmar avant la Révolution, il est élu à la Convention par le département du Haut-Rhin. Il siégea parmi les modérés. Lors du procès de Louis XVI, il affirma contre Saint-Just : « Je ne suis pas juge. Ce caractère n'appartient à aucun de nous... Je vois dans Louis et sa famille un moyen de repousser les maux de la guerre. Vous vous l'ôtez en prononçant un arrêt de mort. Je vote pour la réclusion jusqu'à la paix. » Il remplit des missions aux armées du Nord et de Sambre-et-Meuse. Élu au Conseil des Cinq-Cents, il fut envoyé le 17 messidor an VI dans les îles Ioniennes comme commissaire pour les organiser en départements. Bonaparte en fit un commissaire général de police à Lyon. Il est souvent confondu avec Louis Nicolas Dubois préfet de police à Paris.

DUBOIS-CRANCÉ (Edmond Louis Alexis) (Né à Charleville, le 24 octobre 1746, mort à Rethel, le 29 juin 1814). Ancien mousquetaire de la garde du roi, Dubois-Crancé est élu député aux états généraux par le tiers état de Vitry-le-François dont il a, en grande partie, rédigé le cahier de doléances. Son rôle est important au comité militaire où il travaille à la réorganisation de l'armée, mais aussi au comité des Finances, au comité de la liquidation de la Dette. Pendant la durée de la Législative, il est aide de camp de Wimpfen et du prince de Hesse. Élu par les Ardennes à la Convention, membre du comité militaire, il est surtout actif comme représentant en mission. On lui reproche sa modération lors de son action en Savoie auprès du général de Montesquiou et à Lyon. Il n'hésite pourtant pas à voter la mort du roi et à approuver les proclamations sanguinaires de Marat. Très suspect à partir de janvier 1794, Couthon ne lui ayant pas pardonné son attitude à Lyon et travaillant à le perdre auprès de Robespierre, il est éliminé du club des Jacobins, le 11 juillet, et revient à Paris le 7 thermidor (25 juillet), pour apprendre que Robespierre et Couthon demandent son arrestation. Lorsque, devant les Comités de salut public et de sûreté générale réunis le 9 thermidor, Couthon requiert son arrestation, les membres présents lèvent la séance sans statuer sur son sort. Cela vaut à Dubois-Crancé d'être bien vu des Thermidoriens, mais il les indispose assez vite en restant trop Jacobin à leur gré. Aussi n'obtient-il pas d'être élu Directeur. Député de la Mayenne aux Cinq-Cents, inspecteur général à l'armée du Rhin après que son élection par les Landes au Conseil des Anciens eut été cassée, il remplace Bernadotte au ministère de la Guerre, le 15 septembre 1799, ne fait rien pour empêcher le 18 Brumaire, est remplacé par Berthier au lendemain du coup d'État de Brumaire et vit désormais dans la retraite.

DU CHAMBON (Aubin Bigorie) (Né à Lubersac, Corrèze, le 13 août 1757, assassiné à Lubersac, le 20 novembre 1793). Trésorier au bureau des finances de Limoges, un des créateurs du club des Amis de la Constitution à Lubersac, Du Chambon est juge de paix dans son pays natal et officier de la garde nationale. Querelleur, violent, il provoque une scission dans la garde nationale et un affrontement entre les deux factions. Élu à la Convention par la Corrèze, il fait partie du groupe girondin, vote pour l'appel au peuple puis pour la mort lors du procès du roi, s'abstient sur le sursis. Un des plus ardents dans le conflit entre la Gironde et la Montagne, il attaque violemment Pache et Marat qu'il traite de maltôtier (on dirait aujourd'hui percepteur), menaçant de bastonner Robespierre qui l'a appelé « factieux ». Proscrit le 2 juin 1793, il vit caché à Lubersac et se livre à la foule pour qu'on n'incendie pas la ferme de son hôte. Il est aussitôt massacré.

DU CHATELET (Louis Marie Florent, duc) (Né à Semur, le 20 novembre 1727, guillotiné à Paris, le 13 décembre 1793). Maréchal de camp en 1761, le duc Du Châtelet entre dans la carrière diplomatique grâce à Choiseul. Il est notamment ambassadeur à Londres. Placé en 1788 à la tête du régiment des gardes-françaises, il se rend impopulaire en renforçant la discipline et, impuissant le 14 juillet 1789, remet sa démission le 16. Élu par la noblesse du bailliage de Bar-le-Duc aux états généraux, il n'accepte que quelques réformes mineures, s'oppose à la mise à la disposition de la nation des biens du clergé, à l'amoindrissement des prérogatives royales, demande qu'on négocie avec le pape au sujet d'Avignon. Retiré en province à la dissolution de l'Assemblée, il est arrêté comme suspect, traduit devant le Tribunal révolutionnaire et exécuté.

DUCIS (Jean-François) (Né à Versailles, le 22 août 1733, mort à Versailles, le 30 mars 1817). Secrétaire du maréchal de Belle-Isle puis du comte de Provence, Ducis gravite autour de la cour. Il se rend célèbre en tentant d'adapter au théâtre français l'œuvre de Shakespeare : *Hamlet* (1769), *Roméo et Juliette* (1772), *Le Roi Lear* (1783), *Macbeth* (1784), *Othello* (1792). Lui-même compose deux tragédies, *Œdipe chez Admète* (1778) et *Abufar, ou la Famille arabe* (1795). Successeur de Voltaire à l'Académie française, Ducis se montre un partisan des idées nouvelles et dédie *Othello,* pièce « sans-culotte », à Hérault de Séchelles. Il s'avère, en revanche, hostile à l'Empire et refuse la Légion d'honneur et un siège de sénateur qui l'auraient tiré de sa pauvreté.

DUCOS (Jean-François) (Né à Bordeaux, le 10 mars 1765, guillotiné à Paris, le 31 octobre 1793). Fils d'un négociant bordelais, lié avec les encyclopédistes, ami de l'abbé Raynal, Ducos est un fervent propagateur des idées nouvelles avec Vergniaud, Gensonné, Boyer-Fonfrède, son beau-frère. Élu par la Gironde à la Législative et à la Convention, il est un des plus actifs du groupe mais ne manifeste pas d'hostilité ouverte à la Montagne et entretient même d'assez bons rapports avec Marat. Lors du procès du roi, il conteste à la Convention le droit de s'ériger en tribunal et regrette les conditions « extraordinaires et tyranniques » dans lesquelles se déroule le procès, mais vote la mort comme la Montagne. Marat le fait rayer de la liste des proscrits du 2 juin 1793. Demeuré à l'Assemblée où il fait de son mieux pour tenter de sauver ses collègues, il est dénoncé le 8 août comme « calomniateur » par la veuve de Marat, mais n'est pas arrêté. Enfin, le 3 octobre, c'est Amar qui demande son arrestation et celle de Boyer-Fonfrède pendant la séance de la Convention. Convaincu de son innocence et donc de sa libération prochaine, Ducos garde en prison la bonne humeur et la convivialité qui faisaient son charme et avaient peut-être attendri Marat, composant même une œuvre poétique, *Le voyage de Provins*. Jugé avec les autres Girondins, « l'enfant chéri de la Gironde » monte à l'échafaud en chantant.

DUCOS (Pierre Roger) (Né à Montfort, Landes, le 25 juillet 1747, mort à Ulm, le 17 mars 1816). Avocat à Dax, un des rédacteurs du cahier de doléances du tiers, Roger Ducos devient procureur de cette commune en 1790. Président du tribunal criminel des Landes en 1791, il est élu par ce département à la Convention. Il y vote la mort pour le roi et s'occupe surtout du Comité des secours publics, sa prudence lui dictant de se faire remarquer le moins possible. Il est absent les 31 mai et 2 juin 1793, ne prend pas part au 9 thermidor. Au Conseil des Anciens, il est « fructidorisé » en 1798 et sa réélection annulée. Ducos l'accepte de bonne grâce et revient dans les Landes reprendre ses fonctions de président du tribunal criminel. Barras, qui le compte parmi ses relations, peut-être même ses amis, va le chercher dans sa province pour le faire élire comme Directeur à la place de Merlin de Thionville, le 18 juin 1799. Cet homme de paille de Barras s'avère fine mouche et fait cause commune avec Sieyès. Complice du coup d'État du 18 brumaire, nommé troisième consul provisoire, il accepte ensuite volontiers un siège au Sénat et devient comte de l'Empire en 1808. Sa seule imprudence, le vote de la mort du roi, le condamne à l'exil. Il meurt d'un accident alors qu'il se rendait en Autriche.

DUELS. Le jour de son sacre, Louis XVI jura de faire respecter l'édit interdisant les duels. Cette interdiction fut largement respectée jusqu'à la Révolution. A cette époque, les tensions politiques provoquèrent de nombreux duels en 1790 et 1791. Les plus célèbres sont les duels entre Talma et Naudet, le 30 janvier 1790, entre Bouillé et La Tour d'Auvergne, le 8 mars suivant, entre le duc de Noailles et Barnave, le 15 mai, entre Cazalès et Lameth, le 25 mai, entre Bazaucourt et Saint-Elme, le 30 septembre, entre Castries et Lameth, le 12 novembre,...

DUFOURNY DE VILLIERS (Louis Pierre) (Né en 1739, peut-être à Paris, mort, sans doute à Paris, en 1796). Ingénieur en chef de la ville de Paris, auteur en 1789 d'un *Cahier du quatrième ordre, celui des pauvres journaliers, des infirmes, des indigens*, président du district des Mathurins et un des fondateurs de « Lycée » en 1790, Dufourny fut un membre très actif du club des Jacobins et de celui des Cordeliers. Entré après le 10 août 1792 au directoire du département de Paris dont il devient le président, il s'impose au Comité de salut public dont il ne fait aucunement partie, si bien que Robespierre lui dit : « Vous assistez trop régulièrement à nos délibérations ; il me semble que votre premier devoir serait de faire mettre en arrestation tous les aristocrates qui nous entourent. » Aux Cordeliers, il exaspère Hébert et Vincent qui obtiennent son exclusion. Ami de Fabre d'Églantine, il assiste au procès des dantonistes et fait des déclarations pour le moins hardies : « De quoi se mêle Saint-Just ? Il ne lui appartient de juger personne. » A Vadier, il déclare qu'il n'y a aucune preuve contre Danton. Robespierre, furieux, lui répond : « Il faut des preuves ? Cela veut dire que c'est sans preuves que la Convention envoie des hommes au Tribunal révolutionnaire ! » Dufourny ayant eu l'audace de l'interrompre, « l'Incorruptible » ne se contient plus : « Rappelle-toi que Chabot, que Ronsin furent impudents comme toi, et que l'impudence est le caractère hideux que l'on voit imprimé sur le front du crime. » Arrêté, Dufourny est sauvé de la guillotine par le 9 thermidor et libéré le 13. On le nomme membre de la commission épuratoire des robespierristes, puis il est arrêté de nouveau et accusé d'avoir trempé dans les massacres de Septembre. Libéré grâce à l'amnistie votée par la Convention lorsqu'elle se sépare, il serait mort peu après. Personnage original, d'une audace qui confine à l'inconscience, Dufourny mériterait une étude.

DUGAZON (Louise Rosalie Lefebvre, madame) (Née à Berlin, le 18 juin 1755, morte à Paris, le 22 septembre 1821). Après avoir débuté comme danseuse, la Dugazon est remarquée par Grétry qui lui fait apprendre le chant et lui donne un rôle à l'Opéra dans *Sylvain*, en 1774. Point belle mais gracieuse, dotée d'un filet de voix au timbre agréable, elle allie ses talents de comédienne et de chanteuse et a un grand succès, remplace Sophie Dufayel en 1779, crée *Aucassin et Nicolette*, *Le Droit du seigneur*, *Stratonice*, *Le Calife de Bagdad*. Fidèle royaliste, elle refuse de chanter les hymnes révolutionnaires et quitte la scène en 1792. Dans la misère, elle revient après le 9 thermidor et est engagée à l'Opéra-Comique en décembre 1794. Louis XVIII lui accorda une pension à son retour en France.

DUGOMMIER (Jacques Coquille, dit) (Né à Basse-Terre, Guadeloupe, le 1er août 1738, tué à la Montagne-Noire, le 20 novembre 1794). Entré dans l'armée à quinze ans, Dugommier se distingue durant la guerre d'indépendance américaine. Revenu à la vie civile à la Guadeloupe, il accueille avec enthousiasme la Révolution, est un des trois délégués de la Basse-Terre à l'assemblée générale coloniale, rédige un « Cahier d'un état de la Guadeloupe », se rend à la Martinique à la tête d'une petite expédition pour y rétablir l'ordre et tente en général de maintenir les deux îles dans la fidélité au nouveau régime politique. N'y parvenant pas, il regagne la France en juillet 1791, où il apprend à la fin de février 1793 qu'il a été élu à la Convention par la Martinique. Or, il a été, entre temps, nommé maréchal de camp et envoyé à l'armée du Var. Y ayant remporté plusieurs succès, il est promu général de division, le 3 novembre 1793, et chargé de réduire Toulon aux mains des Anglais. Après la capitulation de la ville, il est mis à la tête de l'armée des Pyrénées-Orientales, reconquiert peu à peu les places du Roussillon tombées aux mains des Espagnols et livre une bataille décisive à la Montagne-Noire au cours de laquelle il est tué ainsi que le général en chef ennemi, La Union. La Convention décrète que son nom serait inscrit sur une des colonnes du Panthéon. D'après le *Mémorial de Sainte-Hélène* de Las Cases, Bonaparte éblouit tellement Dugommier au siège de Toulon que ce dernier fit des rapports du plus grand enthousiasme sur son compte, ce qui favorisa son ascension. On trouve plusieurs fois mention dans les mémoires de Sainte-Hélène de l'intérêt que portait Napoléon aux enfants de Dugommier et de son désir de les coucher avec sa veuve sur son testament.

DUHEM (Pierre Joseph) (Né à Lille, le 8 juillet 1758, mort à Mayence, le 24 mars 1807). Médecin à Lille, révolutionnaire fervent, Duhem est élu juge de paix à Lille en 1790 et entre, l'année suivante, à la Législative puis est réélu par le Nord à la Convention. Esprit brouillon, orateur aux propos confus et excessifs, Duhem siège à l'extrême gauche de l'Assemblée, attaque violemment Narbonne, s'agite beaucoup dans Paris et joue un rôle actif dans la préparation des 20 juin et 10 août 1792. Envoyé en mission dans le Nord en octobre puis en avril 1793, il s'y signale aussi par son caractère violent, se querelle avec deux généraux protégés par Robespierre, Dufraisse et Lavalette, qu'il fait arrêter, soutenant, en revanche, La Marlière et Custine, suspects à la Montagne. Régicide, membre du Comité de sûreté générale du 21 janvier au 16 juin 1793, Duhem est vite attaqué par Robespierre qui ne lui pardonne pas son attitude dans le Nord. Dénoncé aux Jacobins, le 30 septembre, par Coupé, de l'Oise, un comparse de « l'Incorruptible », il parvient à se justifier. Mais, le 12 décembre, Robespierre en personne vient demander son exclusion du club, l'accusant de défendre les conspirateurs et les voleurs et de semer la division. Exclu, Duhem se tait et attend le 9 thermidor pour prendre sa revanche en participant à l'élimination de celui qui avait juré sa perte. Mais, il se heurte très vite aux Thermidoriens : ayant gardé ses opinions montagnardes, il défend Amar, Barère, Billaud-Varennes, dénonce Fréron et Tallien comme contre-révolutionnaires, participe à l'émeute du 12 germinal (1er avril 1795). Arrêté, il bénéficie de l'amnistie générale votée par la Convention. Sa carrière politique est désormais terminée et Duhem finit son existence comme médecin militaire.

DULAURE (Jacques Antoine) (Né à Clermont-Ferrand, le 3 décembre 1755, mort à Paris, le 18 août 1835). Historien, Dulaure publie en 1785 une *Nouvelle description des curiosités de Paris,* guide pour les étrangers mêlé d'attaques contre la monarchie. On lui doit aussi, entre autres, une *Description des principaux lieux de France* parue en 1788-1789 en 6 volumes et du même esprit. Aussi n'est-il pas étonnant de voir Dulaure se lancer dans la politique en 1789 et faire paraître successivement deux journaux : *Les Évangélistes du jour* et *Le Thermomètre du jour.* Il publie en même temps plusieurs ouvrages polémiques : *Histoire critique de la noblesse, Vie privée des ecclésiastiques, Crimes et forfaits de la noblesse et du clergé...* Sa plume lui permet d'être élu par le Puy-de-Dôme à la Convention. Au contact direct de la politique, la carrière de Dulaure se gâte rapidement. Siégeant d'abord au Marais, il vote pour l'appel au peuple, puis, basculant du côté du plus fort, pour la mort sans sursis lors du procès du roi, est prudemment absent le jour de la mise en accusation de Marat, mais a le malheur de soutenir trop ouvertement la politique des Girondins. Proscrit, il parvient à échapper à la justice révolutionnaire et retrouve sa place à la Convention après le 9 thermidor. On l'envoie dans le Puy-de-Dôme et en Corrèze destituer les autorités montagnardes et libérer les suspects. Élu au Conseil des Cinq-Cents, il manque, une deuxième et dernière fois, de flair politique, et s'écrie, le 18 brumaire : « A bas le dictateur ! » Cantonné désormais dans les travaux historiques, Dulaure écrit beaucoup et fonde l'Académie celtique, ancêtre de la Société nationale des antiquaires de France. On lui doit plusieurs ouvrages sur la Révolution en plus de ses *Mémoires* : *Causes secrètes des excès de la Révolution* (1815), *Esquisses historiques des principaux événements de la Révolution française* (1823-1825) et une imposante mais médiocre *Histoire physique, civile et morale de Paris* en 8 volumes.

DUMAS (Mathieu) (Né à Montpellier, le 23 novembre 1753, mort à Paris, le 16 octobre 1837). Entré à quinze ans dans le Génie, Dumas est aide de camp de Puységur puis de Rochambeau qu'il suit en Amérique, participe à l'expédition contre la Jamaïque en 1783, est chargé de mission dans le Levant en 1784-1785, entre au conseil de guerre en 1788. Favorable à la Révolution, aide de camp de La Fayette après le 14 juillet, Dumas est à la tête des gardes nationaux qui ramènent le roi de Varennes à Paris. Élu à la Législative par la Seine-et-Oise, il est un des membres les plus actifs du club des Feuillants. Il s'oppose à l'amnistie pour les auteurs des massacres d'Avignon, vote contre la déclaration de guerre à l'Autriche, s'élève contre l'insurrection du 20 juin 1792. Menacé de mort le 10 août, il vit un an caché en France avant de gagner la Suisse. Revenu après la chute de Robespierre, Dumas est nommé directeur du Dépôt des plans et élu par la Seine-et-Oise au Conseil des Anciens. Il y siège, fidèle à ses opinions, dans les rangs du parti clichyen, et est à nouveau victime de la proscription après le 18 fructidor. Réfugié à Hambourg, il revient en France après le 18 brumaire. Sa carrière sous le Consulat et l'Empire est brillante. Il est à Austerlitz, en Espagne, à Wagram, en Russie, est fait prisonnier à Leipzig. Ministre de la Guerre du roi Joseph à Naples puis à Madrid, comte de l'Empire, compromis avec l'empereur durant les Cent-Jours, il est rappelé grâce à Gouvion-Saint-Cyr en 1818 comme conseiller d'État et présente à l'Assemblée plusieurs projets de loi ayant trait aux questions militaires. Député libéral de Paris à partir de 1828, il est de ceux qui contribuent à l'avènement de Louis-Philippe.

DUMAS (René François) (Né à Jussey, Haute-Saône, en 1757, guillotiné à Paris, le 28 juillet 1794). Prêtre à ses débuts, Dumas abandonne en 1783 « une voie sans but », comme il dira plus tard, pour se faire avocat. Ses affaires semblent avoir été bien médiocres, car il offre, en septembre 1789, ses services à la duchesse de Brancas-Lauraguais, qu'il enverra cinq ans plus tard à la guillotine. Il se présente à elle comme « d'une taille ordinaire, d'une constitution médiocre, d'une figure peu avantageuse ». Ce portrait ne convient sans doute pas à la duchesse, et Dumas, désargenté, doit revenir à Lons-le-Saunier où il fonde en 1790 un club révolutionnaire dit « club de l'arrosoir ». Meneur du mouvement populaire dans la ville, il réussit à se faire élire maire de Lons-le-Saunier, le 20 mai 1791, après avoir contraint son prédécesseur au départ, ce qui entraîne la démission immédiate de trente-quatre officiers de la garde nationale locale. Mais c'est après le passage d'Augustin Robespierre que le talent de Dumas trouve enfin à s'exercer pleinement. Invité par ce dernier à Paris, Dumas fait la conquête de Maximilien qui note à son propos : « Homme énergique et probe, capable des fonctions les plus importantes », et le fait nommer, en septembre 1793, vice-président du Tribunal révolutionnaire, puis président à partir du 8 avril 1794. Les contemporains nomment souvent à cette époque le Tribunal révolutionnaire « tribunal Dumas ». Négligeant l'instruction et les procédures, ne se fiant qu'à son « flair » et aux instructions de Robespierre, Dumas sait admirablement terroriser son auditoire et réduire au silence ses victimes par la violence de ses propos. Il fait merveille lors du procès des hébertistes et remplace Hermann, jugé trop mou lors du procès des dantonistes. Après avoir déversé sa haine au cours de la journée au Tribunal, Dumas passe ses soirées à fanatiser les Jacobins, appelant à la délation et à une répression encore plus sanglante. Fidèle à Robespierre, Dumas tombe avec lui.

DUMAS (Thomas Alexandre Davy de La Pailleterie, dit Alexandre) (Né à Jérémie, Saint-Domingue, aujourd'hui en Haïti, le 25 mars 1762, mort à Villers-Cotterets, le 26 février 1806). Métis de Marie-Cessèle Dumas, femme de couleur, et du marquis Alexandre Davy de La Pailleterie, Alexandre Dumas se signale très vite par sa taille et sa force exceptionnelles. Engagé dans le régiment des Dragons de la reine, il est brigadier en 1792. Un fait d'armes lui vaut d'être promu lieutenant en septembre 1792, puis lieutenant-colonel de la Légion franche des Américains du Midi. Son courage et son audace stupéfient ses contemporains : avec 14 hommes, il attaque et met en déroute 40 Hollandais. Ce nouvel exploit lui vaut le grade de général de brigade, le 30 juillet 1793. Général de division, le 3 septembre suivant, il est d'abord envoyé à l'armée des Pyrénées-Occidentales puis à celle de l'Ouest. Le 22 décembre, il est nommé commandant en chef de l'armée des Alpes. Il y reste peu, ayant été mis à la tête de l'École de Mars à Paris puis affecté à diverses missions. A l'armée d'Italie, il se distingue à nouveau en arrêtant à lui seul sur le pont de Brixen un escadron de cavalerie autrichienne. Baptisé à cette occasion « Horatius Coclès », Dumas met en déroute une colonne ennemie devant Innsbruck, a son cheval tué sous lui. En Égypte, il commande la cavalerie, s'empare de Menzaleh et, quoique malade, prend la tête de ses hommes et écrase l'insurrection du Caire. Capturé lors de son retour en France, libéré après deux ans de séjour en la citadelle de Tarente, Dumas n'accepte pas le nouveau régime et clame ses sentiments républicains, ce qui lui vaut d'être mis à la retraite en 1802.

DUMONT (André) (Né à Oisemont, Somme, le 23 mai 1764, mort à Abbeville, le 21 octobre 1838). Avocat en 1788, Dumont profite de la Révolution pour se faire élire maire d'Oisemont en 1790 et administrateur du district d'Amiens en 1791. Élu par la Somme à la Convention, Dumont se singularise à la tribune par la force de son organe vocal, la violence outrancière de ses propos, la vulgarité de son vocabulaire. Si ses vociférations enchantent le public grossier des tribunes, ses collègues détestent et redoutent rapidement cet énergumène qui passe son temps à menacer et à dénoncer les députés. En mission dans la Somme en juillet 1793, il dévaste églises et monastères, traite le clergé comme du bétail, et s'en glorifie dans ses rapports : « J'ai fait arrêter plus de deux cents personnes, dont soixante-quatre prêtres : j'ai fait lier deux à deux ces cinq douzaines d'animaux de bêtes noires ; elles ont été exposées à la risée publique, sous la garde des comédiens, et ensuite incarcérées. » Rappelé par un Comité de salut public inquiet de ses outrances « révolutionnaires », Dumont applaudit à la chute de Robespierre, fait arrêter Hermann, David et son collègue de mission, Lebon. Entré au Comité de salut public en décembre 1794, il fait appréhender après l'émeute de germinal ses anciens amis montagnards. Président de la Convention lors de l'insurrection de prairial, il fait évacuer les tribunes envahies à coups de fouet, arrêter Prieur de la Marne après l'assassinat de Féraud et interdire l'accès de l'Assemblée aux « tricoteuses » venues y semer le désordre. Élu par la Seine-et-Oise au Conseil des Cinq-Cents, il est, quand il le quitte au renouvellement de 1797, couvert de boue par tous ceux qui ont eu à pâtir de ses outrances, accusé, notamment par les Chénier, d'avoir cinquante-neuf victimes à son tableau de chasse. Après le 18 brumaire, Dumont sert le nouveau régime comme sous-préfet à Abbeville, grâce à la protection de Murat. A la seconde Restauration, il doit s'exiler en Belgique pour ne revenir qu'après l'avènement de Louis-Philippe.

DUMOURIEZ (Charles François Du Périer, dit) (Né à Cambrai, le 26 janvier 1739, mort à Turville Park, Buckinghamshire, Angleterre, le 14 mars 1823). Volontaire à dix-huit ans, Dumouriez est réformé en 1763 avec le grade de capitaine et la croix de Saint-Louis. Il offre alors ses services à la République de Gênes puis à ses sujets corses en révolte. N'ayant été agréé ni par les uns ni par les autres, il obtient, grâce à la protection de la famille Du Barry, une mission auprès des cours de Madrid et de Lisbonne. En 1768, on l'envoie participer à l'occupation de la Corse qui vient d'être acquise. Revenu à des missions diplomatiques en Pologne et en Suède, il se retrouve à la Bastille, sans doute pour avoir détourné une partie des fonds destinés à ses missions d'agent secret. Libéré par Louis XVI à son avènement, il est nommé colonel et chargé des travaux du port de Cherbourg. Maréchal de camp en 1788, il se lance dans la Révolution avec la même passion qu'il met à dissiper son argent au jeu dans les tripots. Il n'y réussit pas mieux au début, échouant à se faire élire aux états généraux. Mais il parvient du moins à se lier avec La Fayette, Mirabeau, Gensonné, à se faire connaître au club des Jacobins. Promu lieutenant général en février 1792, il devient, le 15 mars suivant, ministre des Affaires étrangères à la place de de Lessart, un de ses anciens condisciples qui l'avait aidé à payer ses dettes de jeu, peut-être après avoir révélé à Brissot les manœuvres diplomatiques du ministre. Une fois en poste, Dumouriez fait la politique belliciste de Brissot et déclare la guerre à l'Autriche. Celle-ci engagée, Dumouriez prend le commandement en chef des armées du Nord et des Ardennes et remporte avec Kellermann la victoire de Valmy. On le soupçonne, sans en posséder la preuve, d'avoir traité secrètement avec Brunswick et obtenu le retrait des Prussiens. Commandant en chef de l'armée du Nord quelques jours plus tard, vainqueur à Jemmapes, le 6 novembre, Dumouriez occupe la Belgique et se présente en triomphateur, le 29 décembre 1792, à Paris. Assez mal reçu par les Jacobins, il est traité avec faste par les Girondins. De retour à l'armée du Nord, le 2 février 1793, il conquiert la

Hollande puis s'établit à Bruxelles d'où il marque son hostilité à la politique de la Convention. Sommé de comparaître à la barre de l'Assemblée, il refuse de se rendre à Paris. Défait à Neerwinden, le 18 mars, il conclut un accord avec le commandement autrichien prévoyant l'évacuation de la Belgique par les troupes de la République et une marche sur Paris avec l'appui des forces de l'Autriche. Il livre le ministre de la Guerre, Beurnonville, et quatre représentants en mission venus l'arrêter, aux Autrichiens, mais échoue devant Lille et Valenciennes et n'arrive pas à rallier ses troupes à sa cause. Dumouriez se livre alors, le 5 avril, aux Autrichiens. Chassé de partout, il erre à travers l'Europe, offre ses services au tsar mais essuie un refus et obtient finalement en 1800 une pension de l'Angleterre. Après avoir conseillé Wellington durant la guerre d'Espagne, il se voit refuser par les Bourbons l'autorisation de revenir en France et meurt oublié en Angleterre. Son nom ne figure pas moins sur l'Arc de triomphe de l'Étoile.

DUNKERQUE (nom révolutionnaire : Dunes-Libres).

DUPERRET, voir **DEPERRET**.

DUPHOT (Mathurin Léonard) (Né à Lyon, le 21 septembre 1769, massacré à Rome, le 27 décembre 1797). Engagé comme soldat en 1785, sergent en mars 1792, Duphot prend part à la conquête de la Savoie et de Nice. En 1793, le 1er bataillon des volontaires du Cantal l'élit adjudant-major. Envoyé dans les Pyrénées-Orientales, il est nommé adjudant général chef de bataillon, le 21 mars 1794, se distingue devant Figueras, tue un général espagnol à la prise de la redoute de Notre-Dame de Roure. Recommandé par Augereau, son général, il est cependant suspect aux Thermidoriens à cause de son indépendance d'esprit, de ses écarts de langage et de ses opinions fermement jacobines. Mis sur la touche, il obtient en février 1796 son affectation à l'armée d'Italie sous les ordres de son ancien chef, Augereau. Son courage le fait remarquer à Bevilacqua, à Legnano, à la Piave, au Tagliamento. Bonaparte lui obtient le grade de général de brigade en mars 1797 et l'envoie à Gênes organiser l'armée de la jeune République ligurienne. Il y réprime une insurrection antifrançaise. Chargé d'accompagner Joseph Bonaparte dans son ambassade à Rome, il est massacré par la foule lors d'une émeute. Fiancé avec Désirée Clary, il était très estimé de Bonaparte qui disait de lui à Sainte-Hélène qu'il était « un général de la plus belle espérance ».

DUPLAY (Maurice) (Né à Saint-Didier-la-Séauve, Haute-Loire, en 1736, mort à Paris, en 1820). Entrepreneur en menuiserie, propriétaire de trois maisons de rapport à Paris, jouissant de 15 000 livres de rente, Duplay n'a jamais été l'ouvrier, le « prolétaire » présenté par certains historiens marxistes peu scrupuleux. Membre du club des Jacobins dès sa création, il offre à Robespierre, qu'il admire, de venir loger chez lui. Ce dernier y consent et s'installe rue Saint-Honoré, le 1er octobre 1791. Les Girondins l'ont accusé à tort de s'être introduit, tel Tartuffe, chez un citoyen respectable pour y vivre à ses crochets, convoiter sa femme et trousser ses filles. Maximilien acquitte un loyer annuel de 1 000 livres. Mais il est indéniable qu'il est choyé, « couvé » par la famille Duplay qui trie ses fréquentations et tente de l'accaparer. Charlotte Robespierre, venue rendre visite à son frère, se plaint d'avoir été traitée en étrangère et contraint son frère à déménager pour vivre avec elle. Au bout d'un mois, exaspéré de la compagnie de cette vieille fille revêche, Robespierre revient chez les Duplay. Commissaire de la section des piques, nommé par son locataire juré au Tribunal révolutionnaire, Duplay se garde d'y trop paraître, prétendant être dans la gêne et avoir été contraint de reprendre son activité de menuisier. Il suggère la prudence à Robespierre à la veille du 9 thermidor, mais ce dernier lui répond : « La masse de la Convention est pure, je n'ai rien à craindre. » Arrêté le 10, Duplay est acquitté et remis en liberté. Il disparaît alors de la scène politique, si tant est qu'il y ait jamais paru.

DUPONT DE NEMOURS (Pierre Samuel) (Né à Paris, le 14 décembre 1739, mort à Eleutherian Mills, Delaware, aux États-Unis, le 7 août 1817). De souche calviniste, ayant étudié l'économie politique auprès de Quesnay, Dupont publie la *Physiocratie*, exposé de la doctrine de l'école de Quesnay, présentant l'agriculture comme le cœur de l'économie. Protégé de Turgot et de Vergennes, Dupont joue un rôle important dans la négociation du traité de commerce de 1786 avec l'Angleterre. Nommé secrétaire de l'assemblée des notables de 1787, il ne peut faire aboutir le projet de Calonne. Envoyé aux états généraux par le tiers état de Nemours, considéré comme une des « lumières » de cette assemblée, Dupont, qui se fait alors appeler de Nemours pour se différencier d'un Dupont originaire de la Bigorre, s'indigne très vite du tour que prend la Révolution. Il proteste contre l'assassinat de Bertier et de Foulon, demande, le 10 août 1789, une réelle répression des mouvements séditieux, est consterné par les journées d'octobre. Promoteur de l'aliénation des biens du clergé au profit de la nation, ce calviniste fait adopter la Constitution civile du clergé et demande la suppression des ordres monastiques. A la fin de son mandat, il défend les idées modérées et monarchistes dans un journal qu'il a acheté, les *Nouvelles politiques nationales et étrangères*. Le 10 août 1792, le garde national Dupont de Nemours, accompagné de son fils, se rend aux Tuileries pour défendre le roi contre les émeutiers. Ayant accompagné Louis XVI jusqu'à l'Assemblée, ce dernier le reconnaît et lui dit : « Ah ! monsieur Dupont, on vous trouve toujours là où on a besoin de vous ! » Dupont doit se cacher après cet acte de courage et de loyauté. Arrêté, le 13 juillet 1794, il est sauvé par la mort de Robespierre. Élu par le Loiret au Conseil des Anciens, menacé de déportation après le coup d'État du 18 fructidor et libéré grâce à Mme de Staël, Dupont s'embarque peu après pour les États-Unis et organise une double société commerciale ayant son siège à New York et à Paris. Revenu en France en 1802, secrétaire puis vice-président de la Chambre de commerce de Paris, Dupont est gêné par le blocus continental dans la réalisation de ses idées. Secrétaire général du gouvernement provisoire constitué en 1814 à l'abdication de Napoléon, Dupont repart pour les États-Unis avant les Cent-Jours et y meurt. Son œuvre économique est d'une grande importance et sa pensée est des plus originales et des plus fécondes.

DUPORT (Adrien) (Né à Paris, le 24 février 1759, mort à Gais, dans le canton suisse d'Appenzell, le 6 juillet 1798). Fils de parlementaire parisien, brillant avocat, franc-maçon influent, Duport est un des jeunes talents de la Révolution qu'il appelle de tous ses vœux. La noblesse de Paris l'élit aux états généraux. Duport constitue avec Barnave et Alexandre de Lameth un « triumvirat » qui ambitionne de diriger le nouveau cours des choses. Il commence par rogner les pouvoirs du roi, faisant rejeter le bicamérisme et accorder un véto seulement suspensif. La dénonciation par Duport du banquet des gardes du corps provoque les journées d'octobre 1789. Son influence est certaine sur la mise en place d'un nouveau système judiciaire. Fondateurs du club des Feuillants, les triumvirs y disputent l'hégémonie à La Fayette. La mort de Mirabeau seule les rapproche, mais trop tard. Ils s'efforcent en vain de rendre au roi une partie des pouvoirs dont ils l'ont dépouillé, essaient de trouver une explication à la fuite du souverain, et Duport suggère au roi ses réponses. Exclus de la Législative par la loi interdisant la réélection des constituants, Duport et ses amis croient pouvoir agir en faisant choisir par le roi des ministres feuillants comme de Lessart et Narbonne. Duport, hostile à la guerre voulue par Brissot et La Fayette, voit la ruine de son parti avec l'ouverture des hostilités en mars 1792. Il suggère alors à la cour un coup d'État militaire sous la conduite de La Fayette, mais n'est pas écouté. Ayant fui Paris au lendemain du 10 août, Duport est arrêté en route mais libéré sur intervention de Danton et peut se rendre en Angleterre, puis en Suisse. Revenu en France après le 9 thermidor, il est contraint de s'exiler à nouveau après le 18 fructidor et meurt de tuberculose en Suisse, seul et oublié. Ce fut, selon l'heureuse formule de G. Walter, « un grand espoir rapidement usé ».

DUPORT-DUTERTRE (Marguerite Louis François) (Né à Paris, le 6 mai 1754, guillotiné à Paris, le 29 novembre 1793). Avocat parisien, un des « vainqueurs » de la Bastille, Duport-Dutertre est élu membre de la municipalité, devient lieutenant du maire au bureau de police puis substitut du procureur général-syndic avant d'être nommé, sur recommandation de La Fayette, ministre de la Justice, le 21 novembre 1790. Bien accueilli par tout le monde, Duport-Dutertre est pourtant vite pris en tenailles : entre la violence populaire et le refus de l'autorité royale de signer certains décrets contre les émigrés, il y a peu de place pour une voie médiane. Attaqué de partout, accusé de protéger les « conspirateurs » et de ne pas appliquer avec suffisamment de rigueur les décisions de l'Assemblée, Duport-Dutertre tient près d'un an et demi avant de démissionner, le 22 mars 1792. Après le 10 août, Robespierre, Chabot, Merlin de Thionville obtiennent sa mise en accusation. Arrêté et transféré à Orléans pour être jugé par la Haute Cour, ramené avec cinquante et un autres prisonniers par Fournier l'Américain sur Paris, il échappe miraculeusement au massacre par la foule à Versailles. Accusé « d'avoir entravé la liberté de la presse » et « d'avoir conspiré contre la sûreté de l'État », Duport-Dutertre est condamné à mort par le Tribunal révolutionnaire et exécuté le même jour que Barnave.

DUPORTAIL (Antoine Jean-Louis Le Bègue de Presle) (1743-1802). Né à Pithiviers, le 14 mai 1743, élève à l'École du génie de Mézières, Duportail suit La Fayette en Amérique, en revient brigadier des armées du roi et est nommé maréchal de camp en 1788. Chargé de l'instruction des troupes napolitaines, il est de retour en France au début de la Révolution. La protection de La Fayette lui vaut d'être nommé ministre de la Guerre, le 10 octobre 1790. Il est attaqué de tous côtés. Les royalistes lui font grief de tolérer l'indiscipline dans l'armée, d'avoir laissé les clubs et sociétés patriotiques s'installer dans les casernes, d'avoir produit des circulaires contre l'émigration. Les révolutionnaires lui reprochent d'avoir laissé les frontières sans garnisons et sans défenses suffisantes. Il est violemment attaqué en novembre 1791 par Couthon et Delacroix et doit donner sa démission le 3 décembre suivant. Envoyé avec un commandement en Lorraine, il est pris à partie après le 10 août 1792 par l'abbé Fauchet qui obtient sa mise en accusation. Duportail parvient à se cacher à Paris et à émigrer en 1794 vers les États-Unis. Il y devient le chef du génie de la Continental Army. Mathieu Dumas demande en vain en juin 1797 sa radiation de la liste des émigrés. Ce n'est qu'après le 18 brumaire qu'il est autorisé à revenir en France. Il meurt sur le bateau qui le ramène.

DUPRAT (Jean) (Né à Avignon, le 22 décembre 1760, guillotiné à Paris, le 31 octobre 1793). Commerçant et banquier avignonnais, Jean Duprat, dit Duprat cadet pour le distinguer de son frère, fait partie des partisans de la réunion d'Avignon à la France. Membre de la nouvelle municipalité concédée par le pape, il est un des trois délégués envoyés à Paris « offrir » sa ville à la France. Lors des hostilités entre la ville et le reste du Comtat fidèle à la papauté, il est un des chefs de la milice urbaine et participe à la prise de Carpentras. Revenu en juin 1791 à Paris pour solliciter l'intégration à la nation française, Duprat cadet obtient gain de cause le 14 septembre 1791. Absent lors des massacres de la Glacière à Avignon, les 16 et 17 octobre, mais accusé de les avoir fomentés en sous-main, il parvient à se justifier et à se faire élire maire en juin 1792. Élu député à la Législative, il n'y siège pas, mais entre comme représentant des Bouches-du-Rhône à la Convention. Lié avec Barbaroux, il fait partie du groupe des Girondins. Lors du procès du roi, il vote pour l'appel au peuple puis pour la mort sans sursis. Le 13 avril 1793, il vote pour la mise en accusation de Marat. Dénoncé par son frère aîné au club des Jacobins comme modéré, le 28 avril, il l'accuse de l'avoir ruiné et la séance se transforme en un minable déballage de linge sale familial. Échappé à la proscription, le 2 juin 1793, il a le courage de prendre la défense des vaincus. Arrêté le 30 juillet, il est jugé et guillotiné avec ses amis Brissot, Gensonné et Minvielle, l'amant de sa femme.

DUPRAT (Jean Étienne Benoît) (Né à Avignon, le 21 mars 1752, tué à Wagram, le 6 juillet 1809). Négociant en soierie, Duprat, dit l'aîné pour le distinguer de son frère cadet, fait partie de la bourgeoisie avignonnaise favorable à l'union à la France. Lors de l'assemblée illégale de Bédarrides, il se fait mettre à la tête de la garde nationale d'Avignon et adjoint ses hommes aux bandes de Jourdan Coupe-Tête pour imposer le régime français aux campagnes hostiles. Tous les opposants sont enfermés à la Glacière et massacrés les 16 et 17 octobre 1791. Duprat l'aîné est accusé de les avoir encouragés, mais, protégé par les Montagnards, est amnistié et retourne en triomphateur à Avignon. Élu procureur général, il dénonce au club des Jacobins son jeune frère qu'il accuse de modérantisme, contribuant ainsi à son arrestation et à son exécution en compagnie des Girondins. Recherché pour ses crimes après le 9 thermidor, Duprat l'aîné s'enrôle dans l'armée d'Italie et fait les principales campagnes pour mourir général de brigade sur le champ de bataille de Wagram.

DUQUESNOY (Ernest Dominique François Joseph) (Né à Bouvigny-Boyeffles, Pas-de-Calais, le

7 mai 1749, mort à Paris, le 17 juin 1795). Ancien soldat, petit paysan acquis aux idées révolutionnaires, Duquesnoy est élu par le Pas-de-Calais à l'Assemblée législative, puis à la Convention. Siégeant à l'extrême gauche, il est le premier à réclamer une loi contre les suspects. Délégué le 2 septembre 1792 pour visiter les prisons, il ne peut ou ne veut rien faire pour empêcher les massacres. Il vote la mort lors du procès du roi et contraint, à coups de poing, son collègue Bollet à voter comme lui. Le 15 mars 1793, il demande l'expulsion de tous les étrangers. En mission à l'armée du Nord, il est absent de Paris lors de l'élimination des Girondins. Très dur envers les officiers généraux dont il fait destituer plusieurs, il est, à son retour des armées, en novembre 1793, accusé par Hébert d'avoir gêné les opérations de Jourdan, mais se justifie avec le soutien de Robespierre. Envoyé ensuite à l'armée de la Moselle, Duquesnoy s'y montre aussi impitoyable. Malade et absent de Paris, le 9 thermidor, il persiste dans ses convictions montagnardes après la chute de Robespierre, se bornant à prétendre n'avoir jamais été l'ami de ce dernier. Il fait exclure Tallien du club des Jacobins et roue Guffroy de coups devant Carnot. Lors de l'insurrection du 1er prairial an III (20 mai 1795), il est choisi avec Bourbotte, Duroy et Prieur de la Marne comme membre du Comité de sûreté générale rénové décidé par les insurgés. Arrêté et condamné à mort, il se poignarde dans sa prison.

DURAND DE MAILLANE (Pierre Toussaint) (Né à Saint-Remy de Provence, le 1er novembre 1729, mort à Saint-Remy, le 14 août 1814). Avocat à Aix et spécialiste de droit ecclésiastique, Durand est élu aux états généraux par le tiers état de la sénéchaussée d'Arles. Membre du comité ecclésiastique, il prend une part très importante à la rédaction de la Constitution civile du clergé, défendant les prérogatives du pouvoir laïc contre le pouvoir religieux dans son *Histoire apologétique du comité ecclésiastique de l'Assemblée nationale* parue en 1791. Élu à nouveau à la Convention par les Bouches-du-Rhône, il y siège dans la Plaine, vote l'appel au peuple lors du procès du roi, intervient peu, désapprouvant intérieurement les excès de la Terreur. Considéré avec Boissy d'Anglas comme un des hommes les plus influents de cette Plaine, sollicité par Tallien et Bourdon de l'Oise de faire basculer les indécis en leur faveur, mais aussi par Robespierre qui déclare dans son discours du 8 thermidor, être prêt à « tendre la main » et à « serrer contre son cœur » tout homme de bien « en quelque lieu qu'il soit assis », Durand fait à Tallien et à Bourdon la déclaration suivante : « Nous vous seconderons si vous êtes les plus forts ; non, si vous êtes les plus faibles. » Après la victoire des Thermidoriens, il devient un des hommes les plus influents de la Convention. Cet homme, âgé par rapport à ses collègues – il a 65 ans –, favorise une « réaction » hostile aux terroristes vaincus. Il obtient la dissolution du club des Jacobins, fait radier de nombreux émigrés et favorise leur retour. Il aurait, lors d'une mission dans les Bouches-du-Rhône et le Var, favorisé les massacres de républicains par les bandes royalistes des compagnies de Jéhu et du Soleil. Élu au Conseil des Anciens, convaincu d'intelligence avec des émissaires de Louis XVIII, il est arrêté quelque temps après le coup d'État du 18 fructidor mais obtient son acquittement. Retiré comme juge à Tarascon puis à Aix, il a laissé une *Histoire de la Convention nationale* parue en 1825.

DURANTHON (Antoine) (1736-1793). Natif de Mussidan (Dordogne), Duranthon est avocat à Bordeaux en 1789. Il se fait élire en 1791 procureur général-syndic de la Gironde. Ami de Guadet et de Gensonné, il est poussé par eux et obtient le portefeuille de la Justice dans le ministère Roland, le 13 avril 1792. Mme Roland l'a dépeint comme « lourd et borné », sans doute parce qu'il ne lui faisait pas la cour. Comme ministre, il s'efforce d'éviter les conflits avec le roi, poursuit *L'Ami du peuple* de Marat pour ses appels au meurtre. Après le départ de Clavière, le 20 juin 1792, il assure quelque temps l'intérim du ministère des Contributions, mais doit quitter le gouvernement le 3 juillet, ayant été accusé de complaisances envers les prêtres réfractaires. Revenu en Gironde, il est arrêté comme contre-révolutionnaire sur ordre de Lacombe et monte à l'échafaud à Bordeaux, le 20 décembre 1793.

DUROY (Jean-Michel) (Né à Bernay, le 22 décembre 1753, guillotiné à Paris, le 17 juin 1795). Fils d'un maréchal-ferrant, Duroy réussit à faire des études de droit après avoir renoncé à la prêtrise. Avocat à Bernay, il est un révolutionnaire fervent. Député suppléant de l'Eure à la Législative, il entre à la Convention, siège près de la Montagne mais garde son indépendance. Après avoir voté la mort du roi, il est envoyé dans l'Eure et le Calvados accélérer la levée des 300 000 hommes. Revenu à Paris après la chute des Girondins, il est renvoyé en Normandie lutter contre le mouvement fédéraliste. S'étant efforcé de pacifier les esprits et d'agir avec modération, il est accusé de mollesse par son collègue Lindet et rappelé à Paris. Il se rapproche temporairement de Danton dont il approuve les appels à la clémence mais s'incline devant la volonté de Robespierre lorsque ce dernier s'en prend aux dantonistes. Duroy est envoyé dans la Haute-Marne et la Haute-Saône puis à l'armée du Rhin et reste neutre le 9 thermidor. Quoiqu'il n'en ait jamais fait partie, il s'élève contre la fermeture du club des Jacobins et fait scandale en rappelant le passé terroriste de bien des Thermidoriens, les accusant de s'être « blanchis du sang de Robespierre ». Lors de l'émeute du 1er prairial (20 mai 1795), il se laisse entraîner à faire partie de la commission chargée par les insurgés de se substituer au Comité de salut public. Arrêté avec Bourbotte, Duquesnoy, Romme, il partage leur sort et, ayant raté son suicide, est porté tout ensanglanté à la guillotine.

DUSAULX (Jean Joseph) (Né à Chartres, le 28 décembre 1728, mort à Paris, le 16 mars 1799). Homme de lettres, auteur d'une traduction des *Satires* de Juvénal en 1770, membre de l'Académie des inscriptions et belles-lettres en 1776, Dusaulx devient en 1783 secrétaire du duc d'Orléans. Ce sexagénaire se lance avec fougue dans la Révolution sur les talons de son maître. Élu le 13 juillet 1789 à l'Hôtel de Ville, il est chargé d'établir la liste des « vainqueurs de la Bastille » et publie en 1790 un récit de ce « glorieux » fait d'armes sous le titre *De l'insurrection parisienne et de la prise de la Bastille.* Membre du club des Jacobins, député suppléant de Paris à la Législative, il y siège à partir de juin 1792. Son prestige de 1789 est déjà aussi usé que celui de son maître et il passe pour « une vieille baderne ». Il prêche en vain le calme, la concorde mais ne peut empêcher les massacres de Septembre à la prison de l'Abbaye où on l'a envoyé. Réélu à la Convention, il est du parti girondin, vote pour l'appel au peuple, la détention et le bannissement à la paix lors du procès du roi, demande la mise en accusation de Marat et se déclare solidaire des Girondins, le 2 juin 1793. Porté sur la liste des proscrits, il en est rayé sur l'intervention de Marat qui le considère comme un « vieillard radoteur et incapable d'être chef de parti ». On l'arrête cependant, le 3 octobre, et on l'envoie croupir en prison. A la mort de Robespierre, il reprend sa place à la Convention et demande en vain qu'on édifie un monument expiatoire aux victimes de la Terreur. Député du Rhône au Conseil des Anciens, non réélu en 1798, il finit son existence comme bibliothécaire à l'Arsenal.

DUVAL (Charles François Marie) (Né à Rennes, le 22 février 1750, mort à Huy, en Belgique, le 22 août 1829). Conseiller du roi, assesseur en la maréchaussée de Rennes, mêlé à la lutte du parlement contre le pouvoir royal, Duval est favorable aux idées révolutionnaires. Élu à la Législative par l'Ille-et-Vilaine, puis à la Convention, il siège à la Montagne, vote la mort pour le roi et s'occupe surtout de la publication de son *Journal des hommes libres.* Se tenant en dehors des factions tout en exprimant ses opinions dans son *Journal,* il passe à travers toutes les convulsions de la Terreur et entre au Conseil des Cinq-Cents comme député du Nord. Bonaparte lui fait donner une place de chef de bureau dans l'administration des contributions indirectes. Régicide, il doit s'exiler au retour des Bourbons.

DUVAL (Georges Louis Jacques Labiche, dit) (Né à Valognes en 1772 ou en 1777, mort à Paris, le 21 mai 1853). D'abord destiné à l'état ecclésiastique, Duval devient clerc de notaire puis est employé au ministère de l'Intérieur où il finit comme sous-chef de bureau. Mais ce qui le fait connaître, ce sont les quelque soixante-dix pièces de théâtre à succès qu'il écrit et fait jouer au théâtre des Troubadours et surtout au Vaudeville. La première date de 1799 et s'intitule *Clément Marot.* Cet auteur fécond a surtout publié sous l'Empire et la Restauration. On lui doit aussi des *Souvenirs de la Terreur* et des *Souvenirs thermidoriens.*

DUVERNE DE PRESLE (Thomas Laurent Madeleine) (1763-1844). Né le 21 juin 1763, peut-être à Giverdy (Nièvre), Duverne de Presle est élève à l'École militaire de La Flèche en 1777 puis sert dans la marine, se bat en Amérique et y acquiert des sympathies pour les idées révolutionnaires. Lieutenant de vaisseau de première classe en 1790, il est victime avec sa famille des persécutions contre les nobles du Nivernais et doit émigrer en 1791 vers la Suisse et l'Allemagne. En désaccord avec l'état d'esprit des autres émigrés, il revient en France, repart vers l'Angleterre, revient à la promulgation de la loi contre les émigrés du 26 octobre 1792, ce qui ne l'empêche pas d'être expulsé de Paris, le 11 novembre 1792. C'est alors qu'il semble s'être mis au service de la lutte contre-révolutionnaire. Il aurait servi d'intermédiaire dès 1794 entre le comte de Provence, Charette, les Vendéens et les chouans de Bretagne. Après l'échec de Quiberon en juillet 1795, il écrit à Louis XVIII pour lui suggérer de cesser de faire massacrer ses partisans dans des insurrections et d'agir davantage sur les plans politique et électoral. A la fin de 1795, il prend contact avec l'abbé Brotier et La Villeheurnois et organise tout un réseau royaliste. Il rencontre Louis XVIII à Zurich en avril 1796, le comte d'Artois à Londres en octobre et les met au courant des progrès de la cause royaliste. En effet, les élections aux conseils du

Directoire amènent en 1796 bon nombre d'élus favorables à une restauration de la monarchie. Mais les conjurés sont trahis par un agent double et arrêtés, le 30 janvier 1797. Condamné à mort, Du Verne de Presle voit sa peine commuée en dix ans de fer. Alors que les autres conspirateurs sont envoyés à la Guyane, Du Verne de Presle bénéficie d'une étrange mansuétude qui a fait dire à certains qu'il avait livré tout ce qu'il savait sur les réseaux royalistes. On l'embarque en effet, le 21 mars 1798, avec un passeport suisse, sur un navire américain qui le conduit vraisemblablement aux États-Unis. Il venait d'en revenir et de reprendre contact avec le comte d'Artois à Londres, lorsque la police de Bonaparte l'arrête à Paris, le 6 octobre 1803. Il proteste de son dévouement au régime et obtient sa libération. On n'entendit plus parler de lui désormais. A son retour en France, Louis XVIII lui fit verser une retraite de capitaine de frégate. Il mourut le 13 décembre 1844 à Maubranches (Cher).

E

EAUX. L'alimentation en eau de Paris s'est longtemps faite uniquement à partir de la Seine et des sources d'Arcueil. Des progrès décisifs sont faits dans la seconde moitié du XVIIIe siècle grâce à l'utilisation de pompes à vapeur installées en 1778 par les frères Perrier à Chaillot et au Gros-Caillou. En 1785, Brullé propose de capter et d'amener sur Paris les eaux de la Beuvronne, petite rivière coulant au nord-est de Paris et se jetant dans la Marne près du village d'Anet. La loi du 3 janvier 1791 autorise l'exécution de ce projet qui ne se réalise pas à cause des troubles. En 1797, Solage et Bossu proposent à leur tour le captage des eaux de l'Ourcq qui sera accepté sous le Consulat. Il y eut au début de la Révolution un scandale lié aux pompes à feu des frères Perrier. Organisées en société par actions, elles furent placées par la monarchie, qui possédait la majorité du capital, sous l'autorité d'administrateurs. Ces derniers commirent de tels abus que les frères Perrier les expulsèrent par la force avec l'aide de leur personnel. La corruption des administrateurs fut établie par les tribunaux qui mirent en cause notamment Beaumarchais et Loménie de Brienne.

EAUX ET FORÊTS. L'administration des Eaux et Forêts était chargée sous l'Ancien Régime de la surveillance des bois, de la chasse et de la pêche. Elle avait ses propres juridictions, grueries, maîtrises et table de marbre. Les revenus des Eaux et Forêts appartenaient au roi. Quand le domaine royal devient partie des biens nationaux, les officiers des Eaux et Forêts gardèrent leurs fonctions. L'Assemblée légiféra abondamment sur les Eaux et Forêts et laissa à la Marine la priorité pour le choix des bois de construction destinés à ses navires.

ÉCHAFAUD. L'échafaud est une plate-forme à laquelle on accède par plusieurs marches. C'est sur cette plate-forme qu'est dressée la guillotine. Il fut monté pour la première fois en 1792 dans la cour du Carrousel. Ensuite on lui préféra l'ex-place Louis XV devenue place de la Révolution, aujourd'hui place de la Concorde. La Convention l'en enleva par le décret du 23 messidor an III (12 juillet 1795). Les jours d'exécution, le bas peuple entourait en foule l'échafaud et hurlait sa joie de voir le sang couler. Les plus célèbres spectatrices étaient les « tricoteuses » conduites par Aspasie.

ÉCHECS. Très en faveur en France à la fin du XVIIIᵉ siècle, le jeu des échecs était dominé alors par un compositeur de musique nommé Philidor, chef de l'École française de ce jeu, qui gagna, le 4 mars 1790, une partie jouée simultanément et les yeux fermés contre trois autres joueurs. Les pièces du jeu ayant des noms à relent monarchique, le chimiste Guyton de Morveau proposa à la fin de 1793 un jeu républicain. Avec lui, le jeu d'échecs devenait le « jeu des camps » ou de la « petite guerre ». Le roi était remplacé par le porte-drapeau ou drapeau. Lorsqu'il était attaqué, on criait « au drapeau ! », lorsqu'il était mat, on disait « victoire ! », lorsqu'il était bloqué, pat, on disait « blocus ! » L'ex-reine se nommait adjudant, les tours étaient des canons. Roquer, c'était mettre un canon près du drapeau et on appelait cela « batterie au drapeau ! » Les fous étaient la cavalerie légère, les dragons, les chevaliers devenaient des cavaliers, les pions constituaient l'infanterie ou les fantassins. Cette originale transformation n'eut aucun succès, ce fut même un échec retentissant pour l'ingénieux chimiste républicain. Sous le Directoire, les royalistes jouaient ouvertement avec les anciennes dénominations dans les cafés situés entre le Palais-Royal et les boulevards. Un cercle royaliste s'intitula même club des Échecs.

ÉCHECS (club des), voir **CLUB DES ÉCHECS**.

ÉCLAIRAGE. C'est seulement en 1667 que l'on s'occupa de donner un éclairage public à Paris, avec des lanternes où se trouvaient des bougies. Il y avait 5 772 lanternes dès 1729. Les réverbères à huile, apparus en 1776, furent un important progrès. Les commissaires du Châtelet eurent en 1785 une lanterne de forme spéciale devant leur domicile pour permettre de reconnaître leur demeure la nuit. Le nombre des réverbères s'accrut progressivement de la Révolution à la Restauration. Il y en avait 4 645 en 1817. Les boutiques avaient de petits réverbères intérieurs et extérieurs. Le théâtre de l'Odéon fut le premier à s'éclairer avec des quinquets.

ÉCOLE CENTRALE DES TRAVAUX PUBLICS. Cette école fut créée par le décret du 22 ventôse an II (12 mars 1794) en même temps que la commission des Travaux publics. Un décret du 28 septembre 1794 la réorganisa et elle prit le nom d'École polytechnique, le 1ᵉʳ septembre 1795.

ÉCOLE DE CHIRURGIE ET DE MÉDECINE. Établie au Moyen Age près de la rue de la Bucherie, cette école fut transférée en 1768 dans la rue des Cordeliers qui prit le nom de rue de l'École-de-Médecine après la construction, en 1774, des bâtiments de cette école sur les terrains de l'ancien collège de Bourgogne. Louis XVI posa la première pierre de ce monument conçu par Gondouin. La première thèse y fut soutenue en 1776. Les étudiants en médecine affirmèrent devant la Constituante leurs sentiments patriotiques dès les premières menaces de guerre.

ÉCOLE DE DROIT. Installée rue Saint-Jean-de-Beauvais, cette école fut transférée en 1771 au 8 de la place Sainte-Geneviève, aujourd'hui du Panthéon, dans un bâtiment construit par Soufflot. En 1789, l'École de droit disparut en même temps que l'Université. Deux écoles de droit se fondèrent durant la Révolution : l'Académie de législation, rue de Vendôme, l'Université de jurisprudence, rue de la Harpe, dans les locaux de l'ex-collège d'Harcourt. Les écoles de droit furent réorganisées par le décret du 22 ventôse an XII (12 mars 1804).

ÉCOLE DE MARS. Fondée par le décret de la Convention du 13 prairial an II (1er juin 1794), l'École de Mars devait recevoir six enfants par district, âgés de seize à dix-sept ans et demi, « pour y recevoir une éducation révolutionnaire, toutes les connaissances et les mœurs d'un soldat républicain ». Les enfants devaient provenir pour moitié de sans-culottes campagnards et pour moitié de sans-culottes urbains. Installée dans la plaine des Sablons, en face du bois de Boulogne, l'École de Mars exerçait ses élèves au maniement des armes. Selon les termes du décret de fondation, « ils étaient formés à la fraternité, à la discipline, à la frugalité, aux bonnes mœurs, à l'amour de la patrie et à la haine des rois ». Cette école disparut à peine fondée. Malgré son nom, elle n'avait rien d'une école militaire et représenterait plutôt un ancêtre des Komsomols ou de la Hitlerjugend.

ÉCOLE DES JEUNES DE LANGUE. Cette école fut créée par les jésuites pour l'enseignement des langues du Levant, ce qu'on nomme aujourd'hui le Proche-Orient. Après cinq ou six années d'études, les élèves étaient envoyés se perfectionner chez les capucins de Constantinople. Elle fut annexée ensuite au collège Louis-le-Grand où quelques élèves suivaient des cours destinés à en faire des drogmans ou employés de Consulat et dépendit alors du ministère des Affaires étrangères. La Révolution créa enfin, le 30 mars 1795, l'École des langues orientales vivantes.

ÉCOLE DES LANGUES ORIENTALES VIVANTES, voir **ÉCOLE DES JEUNES DE LANGUE**.

ÉCOLE DES MINES. Créée le 19 mars 1783 à l'hôtel des Monnaies, l'École des Mines était destinée à former des ingénieurs pour le corps des mines. Elle fut supprimée en 1793 et réorganisée sur rapport de Fourcroy par le décret du 30 vendémiaire an IV (22 octobre 1795).

ÉCOLE MILITAIRE. Fondée en 1750 par Louis XV pour l'instruction de cinq cents jeunes gentilshommes orphelins, l'École militaire fut terminée et inaugurée en 1762. Elle fut supprimée deux fois pour des raisons d'économie budgétaires, la deuxième fois en 1787, les élèves étant répartis entre les douze collèges militaires de province. En 1793, la Convention ordonna la vente des biens de toutes les écoles militaires. Les bâtiments de l'École militaire servirent alors de quartier de cavalerie et de dépôt de farine. Bonaparte recréa au début du Consulat une école militaire installée à Fontainebleau puis à Saint-Cyr. Quant à l'École de Mars, ce n'était pas à proprement parler une école militaire.

ÉCOLE NATIONALE. Créée à Issy en 1779, cette école accueillait vingt-quatre orphelins pauvres, les instruisait et les faisait travailler. Transférée dès 1781 dans le Berry, elle avait déjà disparu en 1789.

ÉCOLE NATIONALE DES PONTS ET CHAUSSÉES. Il y avait quatre écoles des ponts et chaussées à la veille de la Révolution, à Paris, à Toulouse, à Montpellier et en Bretagne. Le 31 décembre 1790 fut créée une école unique établie à Paris, constituée de soixante élèves partagés en trois classes. Ils étaient recrutés sur concours et touchaient 500 livres par an en première classe,

400 et 300, dans les deuxième et troisième classes. Les élèves remplaçaient les ingénieurs décédés ou partis à la retraite au fur et à mesure des besoins. Ils étaient dispensés du service militaire et réquisitionnés au service de la nation. En 1796, l'École fut installée rue de Grenelle.

ÉCOLE NORMALE. C'est le décret de la Convention du 9 brumaire an III (30 octobre 1794) qui fonde l'École normale. Il lui assigne pour tâche de former des professeurs et enseigner les techniques pédagogiques. Elle est installée dans l'amphithéâtre du Jardin des Plantes. Les cours sont prodigués par les meilleurs savants et hommes de lettres de l'époque. L'École normale fut fermée après une brève existence et recréée beaucoup plus tard.

ÉCOLE POLYTECHNIQUE. Créée par décret de la Convention du 14 fructidor an III (1er septembre 1795), l'École polytechnique fut installée dans les bâtiments du collège de Navarre, dans la rue de la Montagne-Sainte-Geneviève. Elle fut fondée « sur les principes généraux des sciences également indispensables aux ingénieurs civils et aux ingénieurs militaires ». Parmi ses premiers professeurs se trouvaient Lagrange, Prony, Monge, Berthollet, Fourcroy, Chaptal, Vauquelin, Guyton de Morveau... Il y avait quatre cents élèves par promotion et les études duraient trois ans. Les élèves étaient externes et recevaient une pension de 1 200 livres par an. Bonaparte institua l'internat obligatoire.

ÉCOLE ROYALE DE DANSE. En 1661, Louis XIV, passionné de danse, créa l'Académie royale de danse. Elle dépendit au XVIIIe siècle de l'Académie royale de musique et disparut pour laisser place en 1784 à l'École royale de danse, créée à l'instigation du baron de Breteuil. Elle fut ouverte, le 1er avril 1784, au 2 de la rue Bergère. Comme toutes les institutions de l'Ancien Régime, elle fut condamnée par la Révolution et disparut en 1792.

ÉCOLES CENTRALES. Ces écoles furent instituées par la Convention, le 25 février 1795, pour remplacer les collèges supprimés, à raison d'une école pour 300 000 habitants. Chaque école centrale devait compter treize professeurs. Il y eut cinq écoles centrales à Paris. François de Neufchâteau contribua largement au développement de ces écoles qui furent remplacées par des lycées sous le Consulat.

ÉCOLES DE CHARITÉ. Ces écoles existaient à Paris pour les jeunes ouvriers et ouvrières sans travail. Privées de moyens pendant la Révolution, elles disparurent toutes sauf celle des jeunes ouvrières de la paroisse Saint-Paul.

ÉCOLES DE PHARMACIE. Connues sous l'Ancien Régime sous le nom de Collèges des apothicaires, ces écoles formaient les pharmaciens. Elles furent supprimées par la Révolution en même temps que les écoles de chirurgie et de médecine.

ÉCOLES DE SANTÉ. Pour remplacer les écoles de chirurgie et de médecine supprimées, la Convention créa en 1794 trois écoles de santé à Paris, Strasbourg et Montpellier. Il y avait onze professeurs à Paris, huit à Montpellier et six à Strasbourg, autant de professeurs adjoints, tous nommés par le comité d'instruction publique de la Convention. Ces écoles furent ouvertes au début de 1795. Chacune avait un directeur et un conservateur, celle de Paris avait en plus un bibliothécaire.

ÉCOLES MILITAIRES. Il y avait douze écoles militaires à la veille de la Révolution, toutes situées en province : Auxerre, Beaumont, Brienne, Dôle, Effiat, Pont-à-Mousson, Pontlevoy, Rebais, Sorèze, Tournon, Tyron, Vendôme. Les élèves en sortaient cadets gentilshommes et passaient alors par l'École militaire de Paris. Tous ces établissements militaires furent supprimés par la Convention, le 9 septembre 1793.

ÉCOLES PRIMAIRES. Il y avait en 1789 un grand nombre d'écoles où l'on apprenait à lire, à écrire et à compter. Ces écoles élémentaires ou primaires existaient dans de nombreux villages sous la direction et l'enseignement du curé et leur niveau variait suivant les qualités de l'instituteur ou du curé. Les ordres à vocation enseignante entretenaient aussi dans les villes des établissements gratuits, notamment les frères de la doctrine chrétienne, les sœurs de la charité, les Ursulines. La Convention décréta l'établissement d'un réseau d'écoles primaires en décembre 1792 et donna aux enseignants le nom d'instituteurs. Toute une série de décrets précisa l'organisation de ces écoles, qui furent mentionnées dans la Constitution de l'an III, qui reconnaissait par ailleurs la liberté d'enseignement. Elles furent définitivement organisées par les lois du 5 brumaire an IV (27 octobre 1795). L'enseignement était limité à la lecture, l'écriture, le calcul, à quelques éléments de morale. Chaque école devait être divisée en deux sections pour séparer les enfants selon leur sexe. Un décret du 5 février 1798 plaça ces écoles sous la surveillance des administrations municipales et inscrivit leurs dépenses au budget de la commune. La loi du 1er mai 1802 les plaça sous le contrôle des sous-préfets. Les instituteurs furent choisis par le maire et le conseil municipal qui fixaient la rétribution et devaient les loger.

ÉCOLES SPÉCIALES. A la veille de se séparer, le 3 brumaire an IV (25 octobre 1795), la Convention vota la loi d'organisation de l'instruction publique et décida l'instauration d'écoles « spécialement » destinées à l'étude, 1. de l'astronomie ; 2. de la géométrie et de la mécanique ; 3. de l'histoire naturelle ; 4. de la médecine ; 5. de l'art vétérinaire ; 6. de l'économie rurale ; 7. des antiquités ; 8. des sciences politiques ; 9. de la peinture, de la sculpture et de l'architecture ; 10. de la musique. Elle décréta aussi la création d'écoles pour les sourds, les muets, les aveugles.

ÉCOLES VÉTÉRINAIRES. Il existait trois écoles vétérinaires en France en 1789 : à Alfort, Lyon et Toulouse. La Convention en créa une nouvelle à Versailles en avril 1795, ayant vingt élèves pour le service de la cavalerie, six professeurs et un directeur.

ÉCONOMIE POLITIQUE. Vulgarisée par les philosophes, les encyclopédistes et les physiocrates, l'économie politique fit l'objet de nombreux ouvrages sous la Révolution, en contradiction avec le dirigisme des Montagnards. Ses principes essentiels furent énoncés par Merlin de Douai dans le rapport présenté au nom du Comité de salut public, le 28 germinal an III (18 avril 1795).

ÉCRITS. Ce terme générique englobait à la veille et pendant la Révolution les brochures, libelles, pamphlets et même les articles parus dans les journaux. Cette marée d'imprimés connut son apogée entre 1788 et 1791.

EDGEWORTH DE FIRMONT (Henri Essex) (Né à Edgeworthstown, Irlande, en 1745, mort à Mitau, en Courlande, le 22 mai 1807). Fils d'un pasteur anglican converti au catholicisme, Edgeworth de Firmont étudie chez les jésuites de Toulouse et, ordonné prêtre, entre aux Missions étrangères. Devenu en 1791 le chapelain de madame Élisabeth, il sert d'intermédiaire entre la cour et les agents royalistes en émigration. Sa position fait des *Mémoires* qu'il a écrits une des sources les plus solides sur l'histoire de la famille royale en 1791 et 1792. Obligé de se cacher après le 10 août, il reparaît en septembre et entretient une correspondance secrète avec les prisonniers du Temple. Les 20 et 21 janvier 1793, il assiste Louis XVI dans ses derniers moments. Après la mort de Madame Élisabeth, il quitte la France et sert d'agent de liaison entre Pitt et Louis XVIII, avant de venir vivre auprès de ce dernier.

ÉDUCATION NATIONALE, voir **INSTRUCTION PUBLIQUE**.

EFFETS DE COMMERCE. Peu avant de se séparer, en octobre 1795, la Convention décréta que « toutes négociations en blanc des lettres de change, billets à ordre, ou autres effets de commerce étaient défendues : les effets ainsi négociés étaient confisqués, la moitié de leur valeur appartenait au dénonciateur, l'autre était versée dans la caisse du Trésor public. Tout agent de change qui se prêtait à ces négociations était destitué et condamné à une amende égale à l'effet négocié ». Le Conseil des Cinq-Cents réglementa en 1798 la présentation des effets de commerce négociables à long terme et souscrits pendant la dépréciation du papier-monnaie.

EFFETS NATIONAUX. C'est ainsi que les Cinq-Cents nommèrent en 1797 les sommes, marchandises, meubles, effets appartenant à l'État en sommant leurs détenteurs, gardiens et dépositaires de les déclarer sous quinze jours.

EFFETS PUBLICS. Sont nommés effets publics les rentes sur l'État, les bons du Trésor, les titres d'obligation ou d'emprunt émis par l'État ou par des compagnies ayant son autorisation. Ces effets sont négociables à la Bourse. Poulain-Grandpré fit en 1798 un rapport au Conseil des Cinq-Cents sur l'emploi des effets publics pour l'acquisition des domaines nationaux.

ÉGALITÉ, voir **ORLÉANS**.

ÉGALITÉ. Deuxième terme de la devise de la République, le mot égalité signifie que la loi est la même pour tous, que les distinctions de naissance ou de condition sont abolies et que chacun est tenu à mesure de ses moyens de contribuer aux dépenses de l'État par ses impôts.

ÉGAUX (conspiration des), voir **BABEUF**.

ÉGLISES. Il y avait en 1789 environ 35 000 paroisses en France et autant d'églises, sans compter les succursales et les chapelles. La Constitution civile du clergé réduisit le nombre des églises à une seule paroisse pour toutes les villes de moins de 6 000 habitants, les autres devenant propriétés nationales et étant mises en vente. En 1793, la Convention ordonna la saisie de tout le plomb, le fer et le cuivre pouvant se trouver dans les églises pour fabriquer des balles et des canons. Peu après, tous les objets en or et en argent durent être portés pour être fondus à la Monnaie. Fermées pour la plupart durant la Terreur, les églises furent rouvertes sous le Directoire qui, ayant proclamé la séparation de l'Église et de l'État et la liberté de culte, les livra indistinctement à toutes les religions et sectes. Le culte catholique ne fut officiellement restauré qu'avec le Concordat de 1801.

ÉGORGEURS. C'est le nom que les républicains donnèrent aux membres des compagnies de Jéhu et du Soleil qui sévirent contre eux en 1795.

ÉGYPTE (campagne d'). Mis à la tête de l'armée d'Angleterre après la paix victorieuse de Campoformio, Bonaparte éprouve une antipathie réelle pour les froides eaux de la Manche et des rivages anglais et irlandais. Talleyrand lui suggère une aventure aussi risquée qu'un hypothétique débarquement en Angleterre, mais qui excite bien davantage l'imagination enflammée du général corse : une expédition en Égypte pour couper aux Anglais la route des Indes. Par un remarquable concours de circonstances, la flotte, partie de Toulon le 19 mai 1798, échappe à la marine britannique, prend Malte au passage et débarque le corps expéditionnaire français dans le delta du Nil, le 1er juillet. Maîtres du pays sous la lointaine souveraineté du sultan ottoman, les Mamelucks sont écrasés, le 21 juillet, au pied des Pyramides. Prisonnier de sa conquête après la destruction de la flotte française à Aboukir, les 1er et 2 août suivants, Bonaparte organise le pays comme s'il devait y rester. Le sultan, appuyé par les Anglais, ayant envoyé une armée pour le combattre, Bonaparte prend les devants, traverse le Sinaï et envahit la Syrie. Les Turcs une fois écrasés au Mont-Thabor, le 16 avril 1799, les Français échouent à prendre Saint-Jean-d'Acre et retournent en Égypte. Une nouvelle armée turque débarquée par les Anglais à Aboukir est écrasée le 15 juillet 1799. Conscient que son avenir en Égypte est des plus limités, au courant des intrigues autour du pouvoir déliquescent des Directeurs, soucieux de chausser les bottes de dictateur offertes à Joubert qui vient de se faire tuer, Bonaparte s'embarque presque clandestinement le 22 août 1799, après une année de séjour égyptien. Le corps expéditionnaire, commandé par Kléber puis Menou, finit par capituler, le 27 septembre 1801, et revient en France sur les navires de Sa Majesté avec les savants et les trésors de l'Égypte antique.

ELBÉE (Maurice Joseph Louis Gigost d') (Né à Dresde en 1752, fusillé à Noirmoutier, le 3 janvier 1794). Officier de cavalerie en retraite, d'Elbée voit sa noblesse contestée et ne peut s'inscrire sur les listes électorales de cet ordre en 1789. Électeur de sa paroisse de Beaupréau à l'assemblée du tiers état, il manifeste au début des opinions plutôt favorables à la Révolution. Mais la promulgation de la Constitution civile du clergé entraîne la révolte de cet esprit très dévot. Au début de l'insurrection vendéenne, les paysans le mettent, presque contre son gré, à leur tête. Avec Cathelineau et Stofflet, il remporte des succès initiaux. Derrière le généralissime Cathelineau, c'est en fait d'Elbée qui dirige les opérations militaires, et c'est lui qui lui succède à la mort de ce dernier dans Nantes. Parmi ses victoires, il faut citer celles de la Chapelle-du-Genêt, le 22 avril 1793, et de Thouars, le 5 mai. Brave mais d'un caractère difficile, il se heurte aux autres chefs royalistes et ne peut s'en faire obéir complètement. Après un succès à Chantonay, le 5 septembre, il unit ses forces à celles de Charette, Bonchamp et Lescure et bat les Mayençais de Kléber, mais, le 17 octobre, la bataille de Cholet marque l'écrasement de l'armée catholique et royale. Frappé de quatorze blessures, d'Elbée se retire à Beaupréau puis à Noirmoutier. Lors de la prise de l'île par Turreau, il est fusillé dans le fauteuil où on l'avait porté au Tribunal révolutionnaire.

ÉLECTIONS. Les élections aux états généraux se font suivant « les formes de 1614 ». Le règlement royal de 1614 en précise les modalités. Tous les membres de la noblesse et du clergé ont le droit de vote et élisent leurs députés au chef-lieu du bailliage. Pour le tiers état, beaucoup plus nombreux, les élections se font à deux ou trois degrés, mais presque tout le monde a le droit de vote ; sont seulement exclus ceux qui ont moins de 25 ans ou ne paient aucun impôt. La loi électorale adoptée par la Constituante, le 4 décembre 1789, divise les citoyens en deux catégories. Les citoyens actifs paient une contribution d'au moins trois journées de travail, les citoyens passifs, exclus du vote, n'en paient aucune. Pour être éligible aux fonctions de député, il faut être un contribuable aisé et payer au moins un marc d'argent (224 grammes) d'impôt, équivalant à peu près à 51 journées de travail. Les élections à la Législative se font avec un taux considérable d'abstentions, de 60 % à 75 % suivant les régions. Les députés sont inexpérimentés, les Constituants s'étant exclus de toute réélection. Des clivages politiques apparaissent : ainsi les Feuillants modérés sont-ils majoritaires dans 11 départements du Centre et du Sud. Les villes élisent plutôt des membres des clubs : 5 députés sur 24 à Paris, 2 sur 15 à Lyon. Les élections à la Convention se font au suffrage universel, mais à deux degrés : les assemblées primaires désignent des délégués le 26 août 1792, qui choisissent, le 2 septembre, les députés. Les modalités de vote sont très variables. Certains départements pratiquent le vote à bulletin secret, mais la Commune de Paris impose un vote public exprimé nominalement et à haute voix, un moyen de faire peur aux modérés qui réussit, puisque tous les élus de Paris sont favorables au parti jacobin soutenu par les autorités municipales. Les abstentions sont extrêmement nombreuses et la Convention ne représente en rien le pays puisque 700 000 électeurs seulement sur 7 500 000 ont voté. Sous le Directoire, les conventionnels commencent par décider de se perpétuer au pouvoir grâce aux décrets des deux tiers qui exigent que 500 des 750 futurs élus des Conseils soient issus de la Convention. Les élections sont désastreuses pour les révolutionnaires : 18 départements seulement votent pour des députés favorables à la République. Sont électeurs tous les hommes imposables âgés de plus de 21 ans. Ils choisissent des électeurs fortunés dont la contribution fiscale doit atteindre selon les départements de 100 à 200 journées de travail, en fonction de la population du département et pour qu'il y ait environ 30 000 électeurs en France. En 1798, le Directoire invalide toutes les élections qui lui sont contraires par le biais d'assemblées électorales dissidentes et annule ainsi les mandats de 106 députés sur 250. Les élections de 1799 voient la déroute des candidats officiels, 121 sur 187 sont battus. Cette fois, ce sont trois Directeurs qui sont contraints de vider la place. Bonaparte donne à la Constitution de l'an VIII un aspect démocratique, puisque tous les citoyens sont électeurs. Ces quelque 8 millions d'électeurs puisent parmi eux 800 000 personnes qui constituent des « listes de confiance » communales. Il n'y a plus que 80 000 noms sur les listes de confiance départementales et 8 000 sur la liste de confiance nationale. C'est sur cette dernière liste que le Sénat choisit législateurs et tribuns. Ainsi tout le monde a-t-il le droit de vote, mais ce droit de vote ne sert quasiment plus à rien.

ÉLISABETH DE FRANCE (Philippine Marie Hélène, dite Madame Élisabeth) (Née à Versailles, le 3 mai 1764, guillotinée à Paris, le 10 mai 1794). Sœur cadette de Louis XVI, Madame Élisabeth vit jusqu'à la Révolution une existence discrète et retirée. Sa piété la pousse à s'élever contre la saisie des biens ecclésiastiques et la Constitution civile du clergé. Marie-Antoinette, qui ne l'aimait guère, lui a reproché d'avoir favorisé les projets de ses frères en émigration plutôt que les intérêts du roi. La découverte, après le 10 août 1792, de sa correspondance avec le comte d'Artois a motivé son jugement et sa condamnation après une longue détention au Temple en compagnie de Madame Royale, sœur aînée du dauphin.

EMBAUCHAGE. C'est ainsi qu'on nommait en 1792 l'action des agents contre-révolutionnaires qui incitaient les soldats à la désertion. Le 25 juillet 1792, un décret institua la peine de mort pour ce délit.

EMBLÈMES, voir **ALLÉGORIES**.

ÉMEUTES. Les émeutes ont été fréquentes durant la Révolution. Dès 1789, la menace de disette, les provocations de tous bords, les faux bruits déclenchaient des mouvements populaires, se soldant tantôt par l'incendie d'un château, tantôt par le meurtre d'un boulanger. Ces émeutes obligèrent la Constituante à voter la loi martiale et à en confier l'application aux autorités municipales. Elle fut appliquée au Champ-de-Mars, le 17 juillet 1791. Le 14 février 1792, un magasin de sucre fut pillé au faubourg Saint-Marcel et la foule en vint aux mains avec les forces de l'ordre. Il y eut plusieurs morts. On pourrait ainsi citer plusieurs milliers d'émeutes, souvent sanglantes, entre 1789 et 1799, à travers toute la France. Certaines dégénérèrent en insurrections et finirent par faire tomber le régime.

ÉMIGRATION. Ce mot n'apparaît, sous la forme « émigrans », que dans *Le Moniteur* du 2 décembre 1789, et sous celle d'« émigrés » que dans le numéro du 25 mai 1790. Il n'est pas attesté auparavant. Il sert à désigner les personnes ayant quitté la France à la suite des événements révolutionnaires ayant débuté le 14 juillet 1789. La première vague d'émigration commence en effet en juillet-août 1789 et inclut le comte d'Artois, frère du roi, ses cousins, les princes de Condé et de Conti. Les premières réformes de la Constituante font partir une partie des officiers de l'armée et de la justice refusant la réforme des tribunaux et l'anarchie dans les régiments, sans oublier l'exode massif des officiers de marine chassés par leurs équipages et une bonne partie des évêques et des curés refusant la Constitution civile du clergé. La fuite du roi en juin 1791 déclenche une vague d'émigration spécifique, formée d'hommes, de militaires, de nobles, qui se rendent à l'étranger pour y constituer une armée avec laquelle ils comptent délivrer le roi. A l'automne 1791 s'affirme ainsi le caractère politique de l'émigration qui jouit du soutien des souverains étrangers. C'est alors que les députés votent les premières mesures contre les émigrés. Le 31 octobre 1791, l'émigration est définie comme un crime assimilé à la conspiration, passible de la peine de mort et de la confiscation des biens. Les émigrés ont jusqu'au 1er janvier pour revenir en France. La déclaration de guerre, le 20 avril 1792, aggrave la situation, faisant de l'émigration un « crime de lèse-nation ». Le décret du 19 mars 1793 limite au minimum les procédures judiciaires pour les émigrés capturés. Des commissions militaires se bornent à établir la matérialité de leur émigration et à prononcer la sentence de mort. Le décret du 17 septembre 1793 range les parents d'émigrés dans la catégorie des suspects. A partir des décrets des 23 et 24 avril 1793, les prêtres réfractaires sont assimilés à des émigrés, de même que les prêtres assermentés dénoncés par six citoyens. Les listes nationales établies permettent d'établir le nombre des émigrés à 145 000 en 1800, dont 20 % ont émigré avant le 1er janvier 1793. C'est donc la Terreur qui a provoqué la majeure partie de l'émigration. Le clergé représente 25 % des émigrés, les paysans 20 %, les travailleurs des villes, ouvriers, artisans, commerçants, 15 %, les bourgeois 17 %, les nobles seulement 17 %. On estime à la Convention en décembre 1794 que « les cruautés commises par Saint-Just et Lebas dans les départements des Haut et Bas-Rhin, ont fait émigrer pour les éviter plus de 10 000 citoyens, tous laboureurs et gens de métier... de même qu'un grand nombre de citoyens ont fui pour se soustraire aux mandats d'arrêt, donnés contre eux dans les départements méridionaux ». Les émigrés n'ont opéré militairement que lors de la campagne de l'automne de 1792 et au débarquement à Quiberon, en juin 1795, où 748 d'entre eux furent fusillés, aussitôt pris, en application de la loi. Souvent dans des situations financières difficiles, les émigrés sont parfois revenus clandestinement dès la mort de Robespierre, mais la plus grande partie attend le retour à la paix civile apportée par Bonaparte.

ÉMIGRÉS, voir **ÉMIGRATION**.

ÉMIGRÉS (liste des). C'est ainsi qu'on nomme les registres sur lesquels la Convention fit inscrire les noms des émigrés classés par communes de résidence avant émigration. Après Valmy fut saisi sur un officier de l'armée des princes fait prisonnier par les républicains un livre d'ordre portant les noms des principaux officiers de l'armée de Condé. La Convention fit relever les noms de cette liste, les fit imprimer et afficher dans toutes les communes. C'est là l'origine de la liste des émigrés. En novembre 1792, on y ajouta tous les émigrés bannis et *Le Moniteur universel* publia la liste de ceux qui étaient originaires de Paris. Après la chute de Robespierre, en février 1795, la Convention interdit aux représentants en mission d'ajouter des noms à la liste des émigrés, réservant ce droit au comité de législation. Le 25 avril suivant, elle décida que serait imprimé l'état par départements des radiations faites par ledit comité et que ce dernier seul aurait le droit de radiation. Il y eut jusqu'à 32 000 personnes sur cette liste. Y figurer signifiait un arrêt de mort en cas d'arrestation, la justice se bornant à livrer le prisonnier au bourreau une fois son identité constatée.

EMMERY (Jean) (Né à Metz, le 26 avril 1742, mort à Grozyeulx, près d'Augny, Moselle, le 15 juillet 1823). Avocat à Metz, soucieux de se mettre en valeur, Emmery réunit dans cette ville, le 15 janvier 1789, une assemblée qu'il baptise « patriotique » et qui est surtout conçue comme une machine de guerre contre l'assemblée légale des trois ordres. Élu grâce à cette manœuvre aux états généraux, Emmery s'y spécialise dans les questions militaires. Ensuite juge puis président au Tribunal de cassation, il est arrêté sous la Terreur à cause de la modération de ses opinions et échappe à la guillotine grâce à la chute de Robespierre. Député de la Seine au Conseil des Cinq-Cents, il fait une brillante carrière sous Napoléon, entre au Conseil d'État, est un des principaux rapporteurs du Code civil, est fait sénateur et comte de l'Empire. Louis XVIII l'élève à la pairie héréditaire.

EMPLOIS MILITAIRES. La suppression de la noblesse et de la vénalité des offices rend les emplois militaires accessibles à tous les citoyens. En 1795, la Convention décrète que les représentants en mission auprès des armées et les généraux n'auront plus désormais le droit de nommer à des emplois militaires en dehors de quelques cas prévus.

EMPLOYÉS. La réorganisation des administrations sous la Constituante entraîne de nombreux licenciements. Un décret de juillet 1791 énumère les catégories d'employés ayant droit à des pensions : ceux des fermes et régies générales, des recettes générales des finances, de la recette générale du clergé, des postes, de la police de Paris, des administrations des pays d'état, des octrois, de l'administration des vingtièmes, des commis d'intendances... En 1792, les employés appelés aux armées touchaient le tiers de leur traitement, le reste étant affecté au paiement de ceux qui les remplaçaient. En 1795, un tiers des emplois de l'administration fut supprimé avec paiement d'une indemnité de licenciement de trois mois. Le Directoire fut amené à prendre des sanctions contre bien des employés « inutiles et souvent dangereux qui ne font qu'embarrasser le service par leur nombre et leur oisiveté ». En 1797, le Conseil des Cinq-Cents fixa le maximum des traitements à 6 000 francs.

EMPRUNTS. Les caisses de l'État étant vides, Necker lança un emprunt de 30 millions de livres au début d'août 1789. La méfiance générale devant l'agitation révolutionnaire empêcha qu'il fut couvert. Un second emprunt de 80 millions, lancé le 27 août, échoua pareillement. Désormais, la Révolution n'eut plus recours qu'à des prélèvements obligatoires pudiquement nommés « emprunts forcés ».

EMPRUNTS FORCÉS. Le premier emprunt forcé fut décidé sur la proposition de Cambon et s'élevait à un milliard de livres. Ne touchant que les « riches », il pouvait servir à acheter des biens nationaux. Souscrit tardivement, il représentait jusqu'à 50 % des revenus pour les plus aisés. D'autres emprunts forcés furent lancés et rentrèrent aussi difficilement. A la fin de 1795, le Directoire décida un emprunt forcé qui devait rapporter 600 millions. Il n'en rentra pas 20. En juin 1799, Jourdan fit adopter un nouveau projet d'emprunt forcé de 100 millions. Le coup d'État du 18 brumaire le rendit inutile.

ENCYCLOPÉDIE. « Enchaînement des connaissances humaines », l'*Encyclopédie* fut publiée de 1751 à 1776 et comprit 28 volumes in-folio de texte et 15 volumes de planches. Parmi ses collaborateurs, outre d'Alembert et Diderot, Buffon, Condillac, Helvetius, Laharpe, Mably, Marmontel, Turgot... qui avaient coutume de se réunir dans le salon de Mme Geoffrin. Malgré un semblant de persécution et la condamnation au feu de l'ouvrage par le Parlement, l'ouvrage eut une très grande diffusion grâce à la complicité du directeur de la librairie, Malesherbes. Les idées contenues dans l'*Encyclopédie* ont joué un rôle majeur pour la victoire de la Révolution. Il y eut aussi une *Encyclopédie méthodique* de 201 volumes in-quarto, publiée dans le même esprit et sur les mêmes bases par Panckoucke et Agasse, qui parut de 1781 à 1832.

ENFANTS NATURELS, voir **BÂTARDS**.

ENFANTS ROUGES (section des). D'abord section du Marais, la section des Enfants rouges correspondait approximativement aux rues de la Corderie, de Bretagne, Sainte-Croix-de-la-Bretonnerie, Sainte-Avoye, du Temple et à la rue Vieille-du-Temple. Elle devint ensuite le quartier du Mont-de-Piété et fit partie du VIIe arrondissement.

ENFANTS TROUVÉS. Les enfants trouvés devaient être élevés par les seigneurs haut-justiciers sur le territoire desquels ils avaient été trouvés. Cette règle de l'Ancien Régime fut abolie par la Constituante en septembre 1790 qui mit cette charge au compte de l'État. D'abord recueillis dans des établissements spéciaux, les enfants abandonnés nouvellement nés purent être sous le Directoire confiés à tous les hospices civils de l'État.

ENRAGÉS. C'est ainsi qu'on a nommé un groupe d'extrémistes qui réclamaient à partir de l'été 1793 toute une série de mesures sociales et économiques en faveur des plus misérables : taxation des denrées, réquisitions des grains, taxes sur les riches, condamnation à mort des spéculateurs et accapareurs. Leurs meneurs étaient Chalier, Varlet et surtout l'ex-prêtre Jacques Roux qui disait : « La liberté n'est qu'un vain fantôme quand une classe d'hommes peut affamer l'autre impunément ; l'égalité n'est qu'un vain fantôme quand le riche exerce le droit de vie et de mort sur ses semblables. » Le 25 juin 1793, Jacques Roux vint accuser les députés de la Convention de voter des textes faits « par les riches et pour les riches ». Inquiété par l'agitation qu'entretenaient les Enragés à Paris, Robespierre obtint leur arrestation dès septembre 1793. Hébert en profita pour reprendre à son compte une partie de leurs revendications.

ENREGISTREMENT. A l'origine des droits d'enregistrement se trouvent d'anciens droits seigneuriaux, tels que les lods et ventes, les droits royaux de contrôle de centième denier et d'insinuation. Tous ces droits furent supprimés par la Constituante en décembre 1790. Deux régies furent alors constituées, la régie d'enregistrement et du timbre, la régie des douanes. C'est la loi du 22 frimaire an VII (12 décembre 1798) qui fixa les bases du système d'impôt de l'enregistrement dont on confia l'administration à la conservation des hypothèques.

ENRÔLEMENT. Depuis le règne de Louis XIV, l'armée de terre se recrutait à partir de l'enrôlement de volontaires et de soldats étrangers. Les enrôlements spontanés étant insuffisants, les sergents recruteurs employaient parfois des moyens dérobés ou la force. A la Révolution, on procéda à la dissolution des régiments étrangers et on crut suffisant l'appel au volontariat patriotique. Le pays étant encore en paix, on trouva aisément 100 000 hommes en août 1791. Mais lorsque la France fut en guerre, il fallut procéder à la levée en masse et à la réquisition, ce qui provoqua des troubles graves dans des régions entières et des désertions massives sans compter les innombrables réfractaires. La conscription, c'est-à-dire le service militaire obligatoire pour les jeunes hommes de vingt ans, ne fut instituée qu'en septembre 1798 avec la loi Jourdan.

ENSEIGNEMENT, voir **INSTRUCTION PUBLIQUE**.

ENTRECASTEAUX (Joseph Antoine Bruni d') (Né à Aix-en-Provence, le 8 novembre 1737, mort en mer, près de Java, le 20 juillet 1793). Marin sous Suffren et La Galissonnière, le chevalier d'Entrecasteaux est capitaine de vaisseau lors de la guerre d'Amérique, puis directeur adjoint des ports et arsenaux en 1784 et commandant de la station des Indes. Il croise dans l'océan Pacifique de 1786 à 1789. A son retour en France, on lui confie la direction d'une expédition à la recherche de La Pérouse dont on est sans nouvelles depuis trois ans. Promu contre-amiral, Entrecasteaux part de Brest, le 29 septembre 1791, avec les flûtes *La Recherche* et *L'Espérance.* Son périple l'amène vers l'Australie, la Nouvelle-Calédonie, les Nouvelles-Hébrides, les Tonga. Il passe devant Vanikoro où a péri La Pérouse, mais n'y aborde pas. Dernier grand voyageur de la France du XVIIIe siècle, successeur de Bougainville et de La Pérouse, le chevalier d'Entrecasteaux meurt du scorbut et/ou de la dysenterie au large de Java.

ÉPICES. C'est ainsi qu'on nommait sous l'Ancien Régime les honoraires reçus par les juges. Le vainqueur du procès les versait au greffier en échange des pièces écrites, puis se les faisait rembourser par le perdant. A l'origine, le versement se faisait sous forme de sucre, de dragées, de confiture, d'où le nom d'épices qui survécut lorsque ces présents furent remplacés par de l'argent.

ÉPRÉMESNIL (Jean-Jacques Du Val d') (Né à Pondichéry, le 5 décembre 1745, guillotiné à Paris, le 23 avril 1794). Un des chefs de l'opposition parlementaire au pouvoir royal, exilé par Maupeou en 1771, d'Éprémesnil intervient dans l'affaire Lally-Tolendal et surtout prend parti pour le cardinal de Rohan dans l'affaire du Collier de la reine. En 1787, il s'oppose avec la plus grande énergie aux édits créant l'impôt du timbre et la subvention territoriale et est exilé avec le parlement à Troyes. Sacré « magistrat patriote » par l'opinion publique, il prône une monarchie constitutionnelle et demande la réunion des états généraux. Élu par la noblesse de la prévôté et vicomté de Paris, les chefs du tiers état ayant refusé de lui faire une place, d'Éprémesnil se heurte aussitôt aux révolutionnaires avec autant de violence qu'il avait attaqué le pouvoir royal, se joignant tardivement au tiers état, manifestant une absence complète du sens du compromis. Les parlements, premières victimes de la Révolution, trouvent en lui un défenseur inefficace. Après avoir refusé le serment à la Constitution, le 4 février 1790, il jure à son tour. Il propose de défendre les privilèges de la Compagnie des Indes, soutient que la religion est le fondement de l'État, présente en septembre 1790 un plan de restauration des finances qui est un retour pur et simple à l'Ancien Régime. Discrédité par ses interventions désordonnées et son retournement d'opinion, d'Éprémesnil envisage d'émigrer aux États-Unis mais l'affaire échoue et les premiers émigrants doivent revenir en France. Reconnu et arrêté par des Jacobins après le 10 août 1792, interné à l'Abbaye, il en sort, grâce à l'intervention de Manuel, peu avant les massacres. Retiré en Normandie, il est arrêté, conduit à Paris et condamné à mort par le Tribunal révolutionnaire. Précurseur inconscient de la Révolution, d'Éprémesnil a contribué lui-même à la ruine des institutions qu'il défendait en sapant le pouvoir royal pour essayer d'asseoir celui des parlements.

ÉRARD (Sébastien) (1752-1831). Venu de Strasbourg à Paris pour y travailler chez un fabricant de clavecins, il y invente un clavecin mécanique puis met au point son fameux piano. Le succès l'incite à ouvrir une fabrique à son compte. Mais la Révolution le prive de clientèle. Il passe en Angleterre où il établit une nouvelle fabrique. Rentré en France en 1796, il va produire les premiers pianos à queue.

ÈRE RÉPUBLICAINE, voir **CALENDRIER RÉPUBLICAIN**.

ERRANCIS (cimetière des). Ce cimetière parisien se trouvait près du mur des Fermiers généraux à l'extrémité du faubourg de la Petite-Pologne, à l'angle des rues des Errancis, du Rocher et de Valois-de-Monceau. Ce cimetière accueillit les corps suppliciés de Charlotte Corday, d'Adam Lux, de Philippe Égalité, de Mme Élisabeth, de Danton, de Robespierre, de Saint-Just, tous inhumés dans la fosse commune.

ESCLAVAGE. La Société des amis des Noirs fondée par Brissot en 1788 ne put obtenir de la Constituante l'abolition de l'esclavage et fut combattue par les défenseurs des colons de Saint-Domingue, qui se réunissaient à l'hôtel de Massiac. C'est la Convention, qui, le 16 pluviôse an II (4 février 1794), abolit l'esclavage en ces termes : « La Convention déclare l'esclavage des nègres aboli dans toutes les colonies ; en conséquence, elle décrète que tous les hommes, sans distinction de couleur, domiciliés dans les colonies, sont citoyens français et jouiront de tous les droits assurés par la Constitution. » L'arrière-pensée politique était évidente, et Danton – traitant de la question des colonies perdues, pour beaucoup d'entre elles, depuis longtemps –, exprimait l'opinion générale lorsqu'il lançait, ce jour-là : « Nous travaillons pour les générations futures, lançons la liberté dans les colonies ; c'est aujourd'hui que l'Anglais est mort ! » Bonaparte rétablit l'esclavage par la loi du 20 floréal an X (10 mai 1802).

ESPAGNAC (Marc René Marie d'Amarzit de Sahuguet, abbé d') (Né à Brive, le 26 septembre 1752, guillotiné à Paris, le 5 avril 1794). Disciple de Voltaire, l'abbé d'Espagnac publie plusieurs ouvrages où il met à mal la monarchie et le clergé. Choisi pourtant pour prêcher le jeudi saint devant le roi en 1780, il inclut dans son homélie de telles provocations que Necker, qui s'était fait communiquer à l'avance son texte, bien que protestant, lui ordonne de se déclarer malade pour n'avoir pas à prononcer ces énormités. Désormais mal vu à la cour, d'Espagnac se fait accueillir par les Orléans au Palais-Royal et se lance avec son ami Calonne dans la spéculation, notamment sur les actions de la Compagnie des Indes, se faisant traiter d'agioteur et d'accapareur par Mirabeau. Ayant rédigé dans un sens révolutionnaire une partie du cahier de doléances du bailliage de Montfort-l'Amaury, d'Espagnac est bien déçu de n'être pas élu aux états généraux. Mêlé aux agitateurs à la solde du duc d'Orléans, il joue un petit rôle lors de la prise de la Bastille. Inscrit au club des Jacobins dès sa création, il y parle contre la religion et pour l'aliénation des biens du clergé. Profitant de la guerre, il crée la compagnie Masson de fournitures militaires, s'occupe surtout de roulage et se lie avec Dumouriez : faisant acheter chevaux et matériel par l'armée, il loue ensuite à cette dernière ce qui lui appartient. Dénoncé en novembre 1792 à la Convention pour ce petit manège, arrêté, il parvient à se justifier en février 1793. Il est peu après accusé de complicité avec Dumouriez passé aux Autrichiens et doit se cacher.

Une commission accuse d'Espagnac d'avoir détourné environ vingt-cinq millions de livres. Finalement arrêté et incarcéré à l'Abbaye, d'Espagnac multiplie en vain les mémoires justificatifs. On le traduit devant le Tribunal révolutionnaire avec Danton, Fabre d'Églantine, Chabot, Desmoulins. L'accusateur public dit de lui : « D'Espagnac, ne pouvant plus tromper comme membre du clergé, n'en fut pas moins tenté de figurer dans la Révolution et d'y faire fructifier ses revenus. »

ESPAGNE. Depuis le début du XVIIIe siècle, les Bourbons régnaient des deux côtés des Pyrénées et une alliance militaire, le Pacte de famille, unissait les deux royaumes contre la puissance navale britannique. Aussi les rois d'Espagne virent-ils avec grand déplaisir l'effondrement et la mort de leur cousin de France. Toutefois, l'Espagne n'entra en guerre qu'après que l'irréparable eut été commis, après l'exécution de Louis XVI, le 21 janvier 1793. La guerre se fit aux deux extrémités des Pyrénées avec des fortunes diverses. Les armées de la République ayant finalement envahi la Catalogne, l'Espagne signa la paix à Bâle, le 22 juillet 1795, abandonnant sa moitié de Saint-Domingue à la France. L'année suivante, le traité de San Ildefonso nouait une alliance défensive et offensive des deux pays contre l'Angleterre. Ce fut un désastre pour l'Espagne que couronna l'intervention de Napoléon dans la péninsule.

ESPIONS. Comme toutes les époques révolutionnaires, la Révolution française connut une psychose de l'espionnage. La Convention déclara passible de mort l'espionnage dans les places-fortes et aux armées. En avril 1794, en pleine Terreur, on arrêta des centaines de personnes rien qu'à Paris, toutes soupçonnées d'être des espions à la solde de Pitt, que l'on exécuta à la sauvette, sans se donner la peine de vérifier s'il s'agissait de véritables espions et sans essayer de remonter d'éventuelles filières. Le code pénal de l'an V assimila l'espionnage à l'embauchage et décida qu'il relevait des conseils de guerre. Napoléon le rendit justiciable de commissions militaires spéciales.

ESTAING (Charles Henri d') (Né à Ravel-Salmérange, Puy-de-Dôme, le 24 novembre 1729, guillotiné à Paris, le 28 avril 1794). Sur les champs de bataille de Raucoux et de Lawfeld en 1746 et 1747, envoyé en Inde avec Lally-Tolendal en 1757-1758, le comte d'Estaing demande à servir sur mer en 1759 et devient vice-amiral en 1777. Son action durant la guerre d'indépendance américaine est à la mesure de la médiocrité de la flotte française mais il évite un désastre naval possible et s'empare de la Grenade. Revenu avec la popularité d'un vainqueur, d'Estaing est nommé gouverneur de Touraine, participe à l'assemblée des notables de 1787 où il soutient la politique de Calonne, puis à celle de 1788. Nommé commandant de la garde nationale de Versailles après la prise de la Bastille, il ne fait rien lors des journées d'octobre 1789 et accompagne le roi, qu'il vient littéralement de « livrer », à Paris. Peut-être conscient après coup de sa faute, il démissionne de ses fonctions. Avide de popularité, il parade à la fête de la Fédération en « uniforme national », désapprouve la fuite à Varennes, prête volontairement le serment civique, brigue en vain le ministère de la Marine et obtient seulement le titre d'amiral en janvier 1792. Convoqué comme témoin au procès de Marie-Antoinette, il déclare avoir eu à se plaindre de la reine mais n'ose point trop la charger. Arrêté en mars 1794, inculpé de complicité dans une prétendue « conspiration du 6 octobre », il est condamné et exécuté. Esprit brillant, ambitieux, intrigant, mais superficiel et léger, d'Estaing est le type du « faux grand homme ». Malgré l'homonymie, et des traits de caractère que certains se complaisaient à mettre en parallèle, il n'a rien à voir avec un président de la Ve République, étant mort sans descendance et dernier de son nom.

ESTOURMEL (Louis Marie d') (Né à Suzanne, Somme, le 10 mai 1744, mort à Paris, le 13 décembre 1823). Entré à seize ans dans les mousquetaires, le marquis d'Estourmel est maréchal de camp en 1784. Élu de la noblesse du Cambrésis aux états généraux, il adhère à la suppression des privilèges dans la nuit du 4 août, puis défend les droits acquis par le Cambrésis lors de sa réunion au royaume, demande que la religion catholique soit proclamée religion d'État, proteste contre la suppression des ordres religieux, vote pour que le droit de guerre et de paix demeure une prérogative royale. Mis d'office à la retraite en juin 1793 et emprisonné comme suspect, il est accusé par Custine d'avoir mal interprété ses ordres et d'avoir abandonné Kaiserslautern et Deux-Ponts. Sauvé par la mort de Robespierre, il est couvert d'honneurs par Napoléon, entre au Corps législatif, est fait lieutenant général et chevalier de l'Empire.

ÉTABLISSEMENTS PUBLICS. C'est ainsi qu'on nomma au début de la Révolution les maisons et les biens des corps et communautés supprimés, ordres religieux ou civils, corporations... Leur mise en vente fut décidée et commença dès 1791. D'autres furent affectés à des administrations. Afin d'éviter les vols et les dilapidations, le Directoire exigea que soit dressé l'état, l'inventaire de tous les établissements publics occupés par des administrations.

ÉTALON, voir **SYSTÈME MÉTRIQUE**.

ÉTAPES. La tâche du service public des étapes était d'assurer la subsistance des troupes durant leurs déplacements. Il était dirigé par quatre administrateurs généraux et fut constamment redéfini au début de la Révolution jusqu'à l'arrêté du 18 fructidor an III (5 septembre 1795) qui lui donna une structure plus stable.

ÉTAT CIVIL. Depuis le XVIe siècle, l'Église catholique enregistre baptêmes, mariages et décès. Par-delà le fait religieux s'instaure une réalité civile de la dévolution des biens dans les familles. Dès le début de cet enregistrement se pose le problème des protestants dont la foi n'est pas reconnue par la monarchie française. Ainsi les unions de calvinistes, consacrées clandestinement par des pasteurs, n'ont-elles pas de valeur légale et les enfants qui en sont issus sont considérés comme bâtards et écartés de la succession de leurs parents qui échoie aux autres membres de la famille, du côté paternel aussi bien que maternel. Les conversions forcées divisent les familles et entraînent d'inextricables querelles d'héritage entre membres catholiques et membres huguenots. Vers 1750, une campagne se développe en France pour faire reconnaître l'existence civile des protestants. Turgot, jeune étudiant, en est alors un des animateurs. Plus tard, Malesherbes, Rulhière, Rabaut-Saint-Étienne reprennent cette revendication et obtiennent de Louis XVI, le 19 novembre 1787, l'édit sur l'état civil des non-catholiques, improprement nommé « édit de tolérance », car il ne reconnaît ni la liberté de conscience ni celle de culte. Les curés sont invités à inscrire sur leurs registres les naissances, mariages et décès des protestants, juifs et athées. Le Parlement renâcle à enregistrer l'édit royal et l'assemblée du clergé fait des remontrances solennelles au roi, lui demandant de retirer son édit. La Constituante n'évoque pas la question. La coupure entre le clergé constitutionnel et le clergé réfractaire contraint la Législative à agir. Le 20 septembre 1792, pour soustraire la tenue des registres aux aléas des luttes religieuses de la prêtraille, elle décrète que la tenue des registres de naissances, mariages et décès sera confiée aux officiers municipaux. Quant au mariage, sa substance est transformée par la disjonction radicale du sacrement et du contrat civil ainsi que par l'institution du divorce. La Convention, sur rapport de Cambacérès, reconnaît l'existence légale des enfants illégitimes, désormais curieusement dits « naturels », et leur permet d'intervenir dans la succession des parents pour moitié de la part des enfants légitimes, afin de « favoriser l'institution du mariage ». Toutes ces dispositions entreront dans le code civil en 1804.

ÉTAT-MAJOR. L'état-major de l'armée de terre était constitué en 1789 de 11 maréchaux de France, 203 lieutenants généraux des armées, 769 maréchaux de camp, 121 brigadiers d'infanterie, 53 brigadiers de cavalerie, 21 brigadiers de dragons, soit 1 195 officiers généraux. L'état-major de la marine comprenait l'amiral, le duc de Penthièvre, 4 vice-amiraux (le comte d'Estaing, le prince de Montbazon, le marquis de Saint-Aignan, le bailli de Suffren), 17 lieutenants généraux de mer, 41 chefs d'escadre, 12 gouverneurs généraux des colonies, 1 secrétaire général de la marine, 4 intendants, 1 commissaire départi à Paris, 7 commissaires généraux des ports et arsenaux, 10 intendants et commissaires généraux des colonies, 3 autres commissaires généraux, 1 médecin et chirurgien général de la marine, 1 apothicaire général, 1 aumônier, 104 personnes au total.

ÉTATS (pays d'). C'est ainsi qu'on nommait sous l'Ancien Régime les parties du royaume qui avaient conservé le droit de consentir l'impôt au cours d'assemblées périodiques et qui participaient à l'administration de leur territoire. La plupart des provinces avaient eu des états mais l'usage de les réunir s'était perdu malgré les protestations de leurs parlements. Les pays d'états qui avaient conservé des assemblées régulières à la veille de 1789 étaient la Flandre, le Cambrésis, l'Artois, la Bretagne, la Bourgogne, le Dauphiné, la Provence, le Languedoc, de petits pays comme le comté de Foix, le Nébouzan, les Quatre-Vallées, la Bigorre, le Béarn, la Soule, la basse Navarre, le Marsan. Les pays d'états disparurent avec l'abolition des privilèges dans la nuit du 4 août 1789.

ÉTATS GÉNÉRAUX. Assemblée représentative des trois ordres composant la société française, les états généraux n'ont pas été réunis depuis 1614. Le 2 août 1788, Louis XVI fixe leur convocation au 1er mai 1789, afin de leur demander de consentir à un effort fiscal du pays pour sortir le Trésor public de la situation de quasi-banqueroute où il se trouve. Le 27 décembre, le roi accepte la demande de doublement du nombre des députés du tiers état présentée par cet ordre mais ne se prononce pas sur le mode de délibération, en commun ou par ordre, et sur le vote, par ordre ou par tête. Le règlement du 24 janvier 1789 précise les modalités d'élection des députés, des cahiers de doléances sont, conformément à la tradition, rédigés par les différentes assemblées électorales et les élections se déroulent en mars et avril 1789. Tous les nobles et tous les ecclésiastiques sont électeurs et, pour le tiers état, sont considérés comme électeurs tous les hommes âgés de vingt-cinq ans au moins et inscrits sur les rôles d'impositions. Il y a deux et parfois trois degrés dans l'élection, les bailliages et les sénéchaussées faisant office de circonscriptions électorales. On dénombre comme députés : 291 pour le clergé, dont 206 curés, 285 pour la noblesse, 578 pour le tiers état. La séance inaugurale a lieu en grande pompe, le 5 mai 1789, dans l'hôtel des Menus-Plaisirs à Versailles. A la déception générale, le roi n'évoque dans son discours que les difficultés financières, passant sous silence les réformes politiques et sociales espérées. Puis les états généraux s'enlisent un mois durant dans une querelle de procédure. Les députés du tiers état refusent de siéger séparément et proposent aux deux autres ordres de se joindre à eux pour la vérification des mandats, espérant ainsi créer un précédent et obtenir une délibération commune et un vote par tête. La manœuvre est déjouée : le clergé refuse la vérification en commun et le vote par tête par 133 voix contre 114, la noblesse par 140 contre 47. Les dirigeants du tiers état font pression sur le clergé, moins uni que la noblesse, où dominent les curés, très proches socialement du tiers état. Finalement, le 12 juin, les représentants du tiers état décident de procéder seuls à la vérification des pouvoirs des élus des trois ordres. Le 13 juin, 3 députés du clergé les rejoignent, 6 le lendemain, 10 le 16 juin. Le 17 juin, l'assemblée des représentants du tiers, grossie des transfuges du clergé, décide d'élire son bureau et de se proclamer Assemblée nationale. Le 19 juin, l'ordre du clergé capitule et décide par 149 voix contre 137 de se joindre au tiers état. Le roi fait alors annoncer une séance royale pour le 23 juin et fermer la salle des Menus-Plaisirs où se réunissent les élus du tiers. Trouvant la porte fermée, ceux-ci se réunissent le 20 juin dans la salle du Jeu de paume et y prêtent serment de ne pas se séparer avant d'avoir donné une Constitution à la nation. Le 23 juin, le roi annonce un programme de réformes dont l'égalité devant l'impôt, la création d'états provinciaux, une réforme de la justice, mais exige le maintien de la délibération et du vote par ordre, terminant sur un ton menaçant : « Si vous m'abandonnez dans une si belle entreprise, seul, je ferai le bien de mes peuples. » La séance royale terminée, le tiers état refuse de quitter la salle, Mirabeau lance sa fameuse réplique et propose à l'Assemblée de se proclamer inviolable. Le clergé s'étant joint au tiers, le roi capitule et ordonne à la noblesse, le 27 juin, de se joindre aux deux autres ordres. Le 7 juillet, l'Assemblée, sous la présidence de l'archevêque de Vienne, Lefranc de Pompignan, se donne le nom d'Assemblée nationale constituante, s'attribuant ainsi un droit qui la rend supérieure au roi, celui de faire une Constitution, donc de déterminer les pouvoirs du roi. Un comité de Constitution est élu par les députés et présente son premier rapport dès le 9 juillet.

ÉTATS-UNIS D'AMÉRIQUE. D'abord enthousiastes de voir leur révolution s'étendre au continent européen, les Américains ne tardèrent pas à prendre leurs distances avec la France, lorsqu'ils apprirent les massacres, les jugements et exécutions sommaires, les mesures d'un dirigisme outrancier de la Terreur. En 1793, la Convention ayant osé demander aux États-Unis l'application de l'alliance conclue en 1778 pour combattre l'Angleterre, le Congrès américain répondit que ce traité avait été conclu avec Louis XVI que la Convention venait d'expédier à l'échafaud ! Les États-Unis se rapprochèrent même de l'Angleterre à cette époque et conclurent avec elle le traité Jay en novembre 1794. Le représentant des États-Unis en France, Gouverneur Morris, ne cacha pas son hostilité au régime terroriste, de même que son successeur Genet, qui dut être rappelé. Bonaparte essaya d'améliorer les relations avec les États-Unis et leur vendit la Louisiane en 1803 pour éviter que les Anglais s'en emparassent.

ÉTRANGER (conspiration de l'). C'est Danton qui inventa, le 26 novembre 1793, la conspiration de l'étranger, accusant l'or de Pitt, l'or anglais de « provoquer les trahisons, les accaparements, les disettes, les pillages, les émeutes, les insurrections, les incendies, les assassinats, tous les excès et tous les désordres », une façon comme une autre pour les révolutionnaires de rejeter sur un bouc émissaire étranger la responsabilité de leurs erreurs politiques et de leurs conséquences tragiques.

ÉTRANGERS. La Révolution se déclara d'abord favorable aux étrangers, accordant la citoyenneté française à ceux qui résidaient en France depuis au moins cinq ans et qui avaient prêté le serment civique. A partir de la déclaration de guerre, en 1792, l'ambiance se tendit. Les étrangers habitant Paris furent tenus de déclarer leur présence à leur section de domicile. On expulsa systématiquement les étrangers des armées, des clubs et sociétés populaires, on mit leurs biens sous séquestre. Seuls ceux qui possédaient un certificat de civisme furent autorisés à résider à Paris à partir de 1794. Encore ce décret fut-il rapporté par le Directoire, le 30 novembre 1796, qui supprima toutes les permissions de résidence.

ÊTRE SUPRÊME (culte de l'). Ce culte déiste et patriotique fut inauguré à Paris, le 8 juin 1794. Issu de l'esprit des philosophes du siècle des lumières, l'Être suprême était une divinité impersonnelle qui aurait créé l'univers. Mentionné au détour des textes au début de la Révolution, cet Être suprême prit une importance croissante au fur et à mesure de l'accroissement de la tension entre la Révolution et le catholicisme. Dès 1793 se développa le culte de la Raison. Transformée en temple de la Raison, la cathédrale Notre-Dame fut le siège du culte de la Raison à partir du 10 novembre 1793. Mais Robespierre, hostile à la déchristianisation extrême, lui opposa le culte de l'Être suprême, allié à la célébration du patriotisme, du civisme et à la fête du repos du décadi. Le 7 mai 1794, il présenta un rapport au nom du Comité de salut public en faveur de ce nouveau culte qui devait offrir aux Français une religion d'État destinée à consolider la Révolution et à représenter une substitution au catholicisme. C'est David qui fut le grand organisateur du culte de l'Être suprême. Robespierre marchait en tête de la procession, suivi par les membres de la Convention, et tous se réunirent sur une montagne artificielle érigée au Champ-de-Mars, chantant des hymnes, prêtant des serments de haine éternelle à la tyrannie des rois, avec en final le cri de « Vive la République ». De nombreux conventionnels ne cachèrent pas leur hostilité à cette pitrerie et certains allèrent jusqu'à traiter Robespierre de tyran. Cinquante jours plus tard, il tombait et son culte de l'Être suprême avec lui.

EUROPE. A la veille de la Révolution, les 25 millions de Français représentent plus du quart de la population de l'Europe occidentale, 15 % de celle de l'Europe géographique étendue jusqu'à l'Oural. Le français est la langue de toutes les cours, de Saint-Pétersbourg à Madrid et à Lisbonne, celle des traités, celle des philosophes et des savants. Sur le continent, la puissance militaire française est à l'image de la culture, dominante. L'Espagne en net déclin, axée sur ses possessions américaines et liée à la France par le pacte de famille, est un allié. L'Italie et l'Allemagne sont éclatées en multiples États dépourvus de toute puissance. L'Autriche, tête de l'Empire, menace la France par ses possessions des Pays-Bas (correspondant à l'actuelle Belgique), mais le centre de cet État est Vienne, porte de la plaine hongroise, sur la voie fluviale danubienne qui l'oriente vers le Balkan, l'Europe du sud-est et l'Empire ottoman en déclin. Cette Autriche est menacée au nord par une nouvelle puissance, la Prusse qui s'est assuré au cours du XVIIIe siècle la domination de la plaine d'Allemagne du nord et qui s'étend, symétriquement à Berlin, sur la plaine polonaise. La Russie, bien lointaine, est occupée à dépecer la Pologne et à s'assurer le contrôle, aux dépens des Ottomans, de la rive nord de la mer Noire. La Grande-Bretagne ne nourrit pas d'ambitions territoriales sur le continent mais veille jalousement à empêcher l'émergence d'une puissance dominante. Il est symptomatique qu'elle n'intervienne pas en 1792, lors de la déclaration de guerre à l'Autriche, qu'elle n'intervienne pas à la mort du roi, mais qu'elle déclenche les hostilités quand le gouvernement révolutionnaire s'assure le contrôle de la Belgique et d'Anvers, quand la France menace de rompre à son avantage l'équilibre européen. Les sept coalitions nouées entre 1792 et 1813 ont l'Angleterre comme élément moteur.

ÉVÊCHÉS, voir **DIOCÈSES**.

ÉVRARD (Simone) (Née à Tournus, le 6 février 1764, morte à Paris, le 24 février 1824). Ouvrière dans la lingerie puis dans une fabrique d'aiguilles de montres, Simone Évrard vit chez sa sœur, Catherine, dont le mari, Jean-Antoine Corne, est typographe à *L'Ami du peuple*, journal de Marat. Lorsque ce dernier, recherché par la police, se réfugie chez Corne en 1790, Simone Évrard devient sa maîtresse, sa collaboratrice, son infirmière et sa servante. Le 1er juillet 1792, Marat lui signe une promesse de mariage qu'il n'honorera jamais. Le 7 août 1793, elle se présente à la Convention pour protester contre les faussaires qui font paraître *L'Ami du peuple* après la mort de son amant. Installée chez sa belle-sœur, Alexandrine Marat, elle fait établir un faux acte de mariage entre elle et Marat, daté du 10 août 1792. Les deux femmes sont inquiétées brièvement durant la Convention thermidorienne et après l'attentat de la rue Saint-Nicaise en 1800.

EXÉCUTEUR DES JUGEMENTS CRIMINELS. C'est le nom pris par le bourreau en 1792, lorsqu'on commença à utiliser la guillotine. Il y en eut un par département. Celui de Paris appartenait à la célèbre famille des Sanson, où l'on était bourreau de père en fils. Chaque exécuteur avait droit à deux aides dans les départements, quatre aides à Paris.

EXÉCUTIONS. Au nom de l'égalité et pour supprimer des différences jugées par elle inadmissibles, l'Assemblée nationale décréta : « Tout condamné à mort aura la tête tranchée. » La guillotine devint ainsi l'unique mode d'élimination des condamnés à mort. Les premières exécutions eurent lieu sur la place du Carrousel, puis la place de la Révolution, ex-place Louis XV, s'imposa. La populace adorait ce spectacle, hurlait des injures sur le passage des condamnés, encerclait la charrette jusqu'au pied de l'échafaud, envahissait la plate-forme après l'exécution des condamnés, trempant qui un mouchoir, qui sa pique ou son sabre, qui sa main dans le sang qui dégoulinait sur le plancher. C'était un spectacle hautement patriotique mais quelque peu répugnant. Voici ce que l'un des commissaires chargés de surveiller l'exécution de Louis XVI, le 21 janvier 1793, a écrit dans son compte rendu : « Il est arrivé à 10 heures 10 minutes ; il a été trois minutes à descendre de la voiture. Il a voulu parler au peuple. Santerre s'y est opposé ; sa tête est tombée : les citoyens ont trempé leurs piques et leurs mouchoirs dans son sang. »

EXPILLY (Louis Alexandre) (Né à Brest, le 24 février 1742, guillotiné à Brest, le 22 mai 1794). Curé de Saint-Martin de Morlaix, personnage obscur, Expilly émerge lorsqu'il est élu par le clergé de l'évêché de Saint-Pol-de-Léon aux états généraux. Entré au comité ecclésiastique élargi pour briser la résistance des évêques, il est un des principaux rédacteurs de la Constitution civile du clergé et son défenseur au club des Jacobins. En novembre 1790, il est élu évêque de Quimper. Premier évêque constitutionnel, il est sacré par Talleyrand à l'Oratoire de Paris et se heurte à ses administrés en destituant les prêtres réfractaires. Compromis avec l'administration girondine du Finistère, favorable au mouvement fédéraliste à partir de juin 1793, il est arrêté le mois suivant, emprisonné près de dix mois et guillotiné à Brest.

EXPORTATIONS. La Révolution mit de nombreuses entraves au commerce d'exportation. On commença par interdire l'exportation des fourrages, puis, en novembre 1790, la Constituante réglementa la réexportation des graines, farines et légumes venant de l'étranger et transitant par la France. En 1791 fut interdite l'exportation des sabres, épées, couteaux de chasse et autres armes blanches. La défense d'exporter fut étendue ensuite aux cotons, laines et chanvres. Le 14 mai 1792, l'exportation des bestiaux fut prohibée, celle des bois soumise à des droits fixes. En octobre 1793, la Convention ordonna le déchargement de tous les navires se trouvant dans des ports et qui s'apprêtaient à les quitter. Sous le Directoire, l'exportation fut plus facile mais encore soumise à des droits élevés.

EXPOSITIONS. C'est en 1737 qu'eut lieu la première exposition de peinture à Paris. D'abord annuelle, elle devint biennale à partir de 1745. La Révolution innova en créant en septembre 1798 la première « Exposition publique des produits de l'industrie française », conçue par le ministre de l'Intérieur, François de Neufchâteau, au Champ-de-Mars. Cette exposition se renouvela en 1801 et 1802, puis sous l'Empire.

EXTRADITION. La première convention d'extradition fut signée en 1765 entre la France et l'Espagne. La loi d'extradition fut appliquée assez rarement, mais en 1791, trois employés indélicats de la Banque de Vienne furent livrés au gouvernement autrichien ; avec la guerre et la rupture des relations diplomatiques, les extraditions disparurent bien évidemment.

F

FABRE (Jean-Claude), dit de l'Aude (Né à Carcassonne, le 8 décembre 1755, mort à Paris, le 6 juillet 1832). Député aux états de Languedoc, avocat au parlement de Toulouse, Fabre est commissaire du roi en 1790 pour l'organisation du département de l'Aude et en devient procureur général-syndic, puis commissaire près le tribunal criminel de Carcassonne en avril 1792. Il est proscrit durant la Terreur à cause de la modération de ses opinions. Député de l'Aude au Conseil des Cinq-Cents, il y est un travailleur acharné, spécialiste des questions financières et fiscales. On lui doit l'impôt sur les billets de spectacle, connu sous le nom de « droit des pauvres ». Fabre de l'Aude est un des artisans du coup d'État de Brumaire. Membre du Tribunat jusqu'à sa suppression, puis du Sénat, comte de l'Empire, il se rallie à Louis XVIII en 1814, puis à Napoléon durant les Cent-Jours. Il obtient cependant la pairie héréditaire en 1820.

FABRE D'ÉGLANTINE (Philippe François Nazaire Fabre, dit) (Né à Carcassonne, le 21 juillet 1750, guillotiné à Paris, le 6 avril 1794). Démangé par la poésie, Fabre obtient un lis d'argent pour un *Sonnet à la Vierge* présenté aux Jeux floraux et préfère s'attribuer la première récompense à ce concours, l'églantine d'or qu'il accole à son nom. Comme Collot d'Herbois, Fabre s'engage dans une troupe de comédiens ambulants et parcourt la France et les régions voisines. Joli garçon, paresseux, instable, d'une vanité incommensurable, Fabre d'Églantine erre de ville en ville et de conquête féminine en conquête féminine. Il fait jouer sa première pièce, une opérette, à Maestricht, en 1780. Il en reste *Il pleut, bergère.* Sa tragédie, *Vespa*, est sifflée à Lyon. Établi à Paris à partir de 1787, il commet plusieurs pièces : *Les Gens de lettres, ou le Poète provincial à Paris, Augusta*, qui est un remaniement de *Vespa, Le Présomptueux, ou l'Heureux imaginaire.* Sa fatuité, son besoin d'intriguer sans cesse l'ayant fait haïr de ses collègues, ils montent une cabale contre lui et ses pièces, par ailleurs bien médiocres, sont sifflées. Sauvé de la prison pour dettes par une lettre de Louis XVI, ce raté est passé à la postérité grâce à la Révolution. D'abord indifférent à l'agitation autour de lui, Fabre y voit à la fin de 1789 l'occasion de se faire un nom. Habitant le secteur des Cordeliers, membre du club local, il se lie avec Danton et Marat, fait aussi partie du club des Jacobins mais continue à se consacrer surtout au théâtre. Il écrit *Le Philinte de Molière,* pièce d'esprit révolutionnaire, *Le Convalescent de qualité, ou l'Aristocrate,* éloge du roi, deux opérettes : *L'Apothicaire* et *Isabelle de Salisbury.* Sa farce, *L'Intrigue épistolaire,* a un grand succès. Sa dernière œuvre, *Le Sot orgueilleux,* représentée quelques jours avant le 10 août 1792, tourne en dérision les révolutionnaires au pouvoir et déplaît aux nouveaux maîtres de la France. Mais cela ne suffit pas à faire vivre un Fabre aux mains percées, qui dépense l'argent beaucoup plus vite qu'il le gagne. Au début de 1791, il offre à la cour, par l'intermédiaire du ministre de la Marine, Du Bouchage, de créer au club des Jacobins une tendance favorable à la monarchie, moyennant trois millions. On ne prend pas au sérieux ce personnage dépourvu de toute influence. Le 11 août 1792 voit enfin le terme de ses problèmes financiers : devenu ministre de la Justice, Danton l'engage comme secrétaire avec Camille Desmoulins. Puisant dans les fonds secrets, Fabre ne néglige pas non plus d'autres affaires véreuses : Robespierre l'accusera d'avoir vendu, avec un bénéfice net de 40 000 livres, des souliers destinés à l'armée qui s'en allèrent en morceaux au bout de douze heures d'usage. Publiant un journal par affiches, *Compte rendu au peuple souverain,* où il « dépassait Marat en fureur », Fabre est un des principaux responsables des massacres de Septembre par ses appels au meurtre. Élu par Paris à la Convention, il y intervient peu, préférant les intrigues dans l'ombre, votant au gré de ses intérêts. Entré au comité de la guerre, il s'adonne avec délectation à la prévarication, aux dépens de l'État. Affairiste, il est en liaison avec l'abbé d'Espagnac, le baron de Batz, spécule sur les actions de la Compagnie des Indes. Il agit surtout par des campagnes de presse dans *La Gazette de France* qu'il dirige. Entré au Comité de sûreté générale, il monte une fructueuse opération de liquidation des sociétés commerciales et bancaires en relation avec l'étranger, les accusant d'être des agences d'espionnage. Il est probablement l'auteur du faux décret de suppression de la Compagnie des Indes. Ses votes à la Convention sont incohérents : d'abord en faveur de Brissot et de la faction des « indulgents », puis en faveur de Robespierre contre les hébertistes, les « exagérés », contre les « pourris », enfin, ses anciennes relations d'affaires, lorsque le pot aux roses est découvert. C'est par lui que Robespierre peut frapper son protecteur Danton. Maximilien le présente comme le mauvais génie de Danton. Fabre a, selon « l'Incorruptible », « l'art de donner aux autres ses propres idées et ses propres sentiments à leur insu ». Exclu des Jacobins, convaincu de faux en écriture et de concussion, Fabre d'Églantine est arrêté, se défend au procès en accusant les autres, est condamné et guillotiné avec les dantonistes. Robespierre a bien défini ce personnage infatué et intrigant : « Des principes et point de vertu ; des talents et point d'âme ; habile dans l'art de peindre les hom mes, beaucoup plus habile à les tromper. » On doit à Fabre d'Églantine l'ineffable calendrier révolutionnaire.

FABRE D'OLIVET (Antoine) (Né le 8 décembre 1767 à Ganges, Hérault, mort à Paris, le 25 mars 1825). Protestant cévenol venu commercer à Paris, Fabre d'Olivet s'y adonne surtout aux lettres et à la musique. Il débute par des pièces mêlées de chansons : *Le Génie de* *la nation* (1789), *Le Quatorze de juillet* (1790), *Le Miroir de la vérité* (1791). Il écrit ensuite un opéra révolutionnaire : *Toulon soumis* (1794), un drame philosophique, *Le Sage de l'Indostan* (1796). A partir de 1800, son œuvre part dans tous les sens et reflète de plus en plus son penchant pour l'ésotérisme et les sciences occultes.

FACTIONS. C'est ainsi que les hommes politiques au pouvoir appelaient sous la Révolution les vaincus qu'ils avaient supplantés et éliminés : les Girondins étaient une faction pour les dantonistes vainqueurs ; les dantonistes étaient une faction pour les robespierriste vainqueurs, etc.

FACULTÉS. L'Université se divisait à la veille de la Révolution en quatre facultés : faculté des arts, facultés de théologie, de droit, de médecine. Elles furent toutes supprimées en 1793 pour n'être rétablies qu'avec le Consulat.

FAILLITE. Pendant la Révolution, les faillis étaient exclus des charges publiques, y compris leurs enfants dans certains cas.

FAIPOULT (Guillaume Charles) (Né à Paris, le 4 décembre 1752, mort à Paris, le 12 octobre 1817). Ancien élève de l'École du génie à Mézières, démissionnaire avec le grade de capitaine en 1780, Faipoult est ingénieur et architecte à Paris quand débute la Révolution. Entré dans la garde nationale, il se voit confier l'organisation de son artillerie à Paris. Membre du comité militaire de la capitale, il est admis au club des Jacobins en 1791. Roland le nomme en mars 1792 secrétaire général du ministère de l'Intérieur et Faypoult y reste après la démission du ministre. Il s'absente prudemment de Paris à la proscription des Girondins et reparaît après le 9 thermidor. Nommé directeur de la 2e division du ministère de l'Intérieur, auteur d'un *Essai sur les finances* (1794), il est remarqué par le Comité de salut public et nommé ministre des Finances, le 2 octobre 1795. Renvoyé le 13 février après s'être borné à une nouvelle émission d'assignats et à la perception de l'emprunt d'un milliard sur les riches, Faypoult est expédié à Gênes comme ambassadeur, chargé en fait de préparer l'invasion de l'Italie par les armées de la Révolution. On lui confie ensuite le ravitaillement des forces de Bonaparte. Puis, son habileté à manier les Italiens et à susciter l'agitation révolutionnaire en faveur de la France ayant été reconnue, il reçoit mission d'organiser la nouvelle République romaine. Il reste quelques mois à Rome avant de se rendre en juin 1798 à Milan pour mettre un peu d'ordre dans les finances de la République cisalpine et se heurte à Brune qui pille allègrement le pays. Il obtient le rappel de ce dernier et devient président de la commission civile de la république Cisalpine en novembre 1798. Le 9 décembre, c'est à la tête de la même commission pour la République romaine qu'il se retrouve. Faypoult y trouve un autre général prévaricateur, Championnet, qui le fait expulser, mais finit par obtenir, là aussi, son rappel. Sous Bonaparte, il est préfet puis ministre des Finances du roi Joseph en Espagne.

FARINES, voir **GRAINS ET FARINES**.

FAUBOURGS. Il y avait toute une série de faubourgs autour de Paris, mais deux seulement prirent une part importante à l'agitation révolutionnaire, les faubourgs Saint-Antoine et Saint-Marcel. Le faubourg Saint-Antoine eut l'honneur de la première « étincelle » de violence révolutionnaire : après le pillage des établissements Réveillon, la foule attaqua la Bastille. C'est toujours ce faubourg qui fournit les gros bataillons d'émeutiers qui terrorisèrent la Convention et firent tomber la Gironde, les 31 mai et 2 juin 1793.

FAUBOURG-SAINT-ANTOINE (nom révolutionnaire : Faubourg-de-Gloire).

FAUCHE-BOREL (Louis Fauche, dit) (Né à Neuchâtel, en Suisse, le 12 avril 1762, mort à Neuchâtel, le 4 septembre 1829). Imprimeur du roi de Prusse – Neuchâtel était alors prussien –, Fauche-Borel est franc-maçon et calviniste et a priori favorable à la Révolution. L'afflux des émigrés français change radicalement ses opinions et il se met au service de la contre-révolution. En 1795, Montgaillard le charge de prendre contact avec Pichegru et le prince de Condé. Fauche-Borel réussit sa mission, est arrêté mais arrive à se faire libérer et à regagner la Suisse. Il relance Pichegru à Arbois en juin 1796, à Paris en août. Le 18 fructidor met un terme au complot. Fauche-Borel a aussi tenté à Paris d'entrer en contact avec Barras et de le rallier à la cause des Bourbons. Il reprend contact à Londres avec Pichegru évadé de Guyane, travaille pour l'agence royaliste d'Augsbourg, dite de Souabe, recommence avec La Maisonfort à essayer d'amener Barras du côté royaliste, va voir Louis XVIII à Mitau. Le 18 brumaire met fin aux activités désordonnées de Fauche-Borel. Il recommence cependant en 1801, tentant de réconcilier Moreau et Pichegru et de les amener à servir le roi. Arrêté sur dénonciation à Paris, en juillet 1802, Fauche-Borel s'évade, le 1er janvier 1804, mais est repris le 9. On le relâche en février 1806 après lui avoir fait promettre de travailler pour le gouvernement français. Il rédige des rapports insignifiants tout en imprimant secrètement et en envoyant à Paris les proclamations de Louis XVIII. Fouché donne l'ordre de l'arrêter, mais il se réfugie à Londres et y travaille dans les bureaux de La Chapelle, chargé d'affaires de Louis XVIII. Victime d'une machination montée par Fouché (on lui fait croire qu'un comité royaliste regroupe de hauts personnages à Paris), Fauche-Borel se heurte à Puisaye qui ne croit pas qu'un tel comité existe. Il est expulsé sur Jersey et y reste jusqu'à la Restauration. On découvre alors qu'il a été manipulé par la police impériale. Un procès montre sa naïveté et il obtient enfin une indemnité pour les services rendus. Neurasthénique, Fauche-Borel finit par se suicider par défenestration.

FAUCHET (Claude) (Né à Dornes, Nièvre, le 22 septembre 1744, guillotiné à Paris, le 31 octobre 1793). Prêtre à Saint-Roch, remarquable orateur, nommé prédicateur du roi en 1783, Fauchet est obligé de renoncer à ce titre en 1788 à cause de ses excès de langage contre la cour et le régime. Il se jette avec fougue dans la Révolution naissante, rédige le cahier de doléances de la paroisse de Saint-Roch, fait paraître *De la religion nationale,* livre où il se montre partisan d'un catholicisme d'État, préconisant l'élection des évêques par les laïcs. Choisi pour faire partie de la municipalité parisienne insurrectionnelle, le 13 juillet, il est à la Bastille le lendemain, prononce le 5 août l'oraison funèbre des émeutiers tués à cette occasion, intitulée *Discours sur la liberté française.* Couronné de lauriers à sa descente de chaire, l'abbé Fauchet, grisé par sa popularité, est pris d'une ambition démesurée. Il est élu membre de la Commune de Paris, président de son comité de police, aumônier général de la garde nationale.

Il fonde, en janvier 1790, *Le Bulletin de la bouche de fer* et crée le Cercle social ou Société des amis de la vérité, organisme à prétention philosophique se réclamant de Rousseau, hostile à Voltaire, d'esprit « démocrate-chrétien », en quelque sorte. Soucieux de parvenir, Fauchet brigue en vain les sièges épiscopaux de Nevers et de Paris mais finit par obtenir celui de Caen, le 1er avril 1791, et fait le tour des sociétés populaires du Calvados. Son premier mandement, le 20 juillet, prêchant la « loi agraire », fait un tel scandale qu'il provoque une émeute à Falaise et est interdit d'affichage à Bayeux. Il est sur le point d'être arrêté lorsqu'il parvient à se faire élire par le Calvados à la Législative. A Paris, son premier soin est de se précipiter au club des Jacobins et d'en obtenir la présidence, puis de dénoncer à l'Assemblée le ministre de Lessart qui lui a manifesté son hostilité lors de ses démêlés avec ses administrés du Calvados. Ayant eu la maladresse de prendre la défense de Narbonne, il encourt les foudres de Robespierre qui le fait dénoncer par l'ex-capucin Chabot et exclure du club des Jacobins en septembre 1792. Fauchet tente en vain de se justifier : la violence de son caractère lui rend insupportable la contradiction et les interruptions, le laissant muet de fureur. Réélu à la Convention par le Calvados, Fauchet s'y range dans le camp des Girondins et fonde en janvier 1793 *Le Journal des amis*. Il s'oppose à la condamnation à mort du roi, attaque la Montagne et se voit reprocher par elle son opposition au mariage des prêtres et au divorce. Très violent à la tribune, Fauchet dénonce l'athéisme de nombreux Montagnards, demande la mise en accusation de Marat, stigmatise la toute-puissance de la Commune de Paris. Pache l'inscrit sur la liste des députés à éliminer de la Convention mais il échappe cependant à la proscription qui frappe les Girondins les 31 mai et 2 juin. Le 18 juillet 1793, Chabot le dénonce comme inspirateur du meurtre de Marat. Terrassé par la fureur, Fauchet est incapable d'ouvrir la bouche pour lui répondre. Arrêté, il est jugé comme complice de Charlotte Corday et des fédéralistes normands et guillotiné.

FAVRAS (Thomas de Mahy, marquis de) (Né à Orléans, le 26 mars 1744, pendu à Paris, le 19 février 1790). « Il devint marquis, dit de lui dans ses *Mémoires* le général Thiébault, comme Rivarol était comte, comme tant d'autres qui portaient des titres et des noms qu'ils n'avaient pas ». Protégé du comte de Provence, un temps membre de sa garde suisse, démangé par l'ambition, Favras propose en avril 1789 des plans de rénovation des finances du royaume, un sujet qui le touche de près, car il est dans le dénuement. Puis il croit avoir trouvé une autre façon de faire fortune et offre, au lendemain du 14 juillet 1789, de pourvoir à la sécurité de la famille royale en réunissant à Versailles un millier d'anciens gardes du corps et d'officiers réformés. Il propose aussi d'enlever de force le roi et de le conduire à Metz, tandis que l'armée écraserait les sujets révoltés de Paris. Trop bavard, Favras voit ses projets dévoilés à La Fayette qui le fait surveiller de près. Après les journées d'octobre et la venue de la famille royale à Paris, Favras prend langue avec Monsieur. Il est mêlé à une affaire de prêt de deux millions que le comte de Provence sollicite et que Favras croit destiné à financer l'évasion du roi. Surveillé depuis longtemps, Favras est arrêté lorsque l'affaire est mûre et l'on fait circuler à Paris un libelle annonçant que Favras avait comploté pour faire évader le roi, assassiner La Fayette et Bailly, bloquer et affamer Paris.

Montée vraisemblablement par La Fayette, la provocation n'aboutit pas, le comte de Provence s'étant justifié. Il ne reste plus qu'à bâcler le procès de Favras et à le condamner à mort pour satisfaire la populace parisienne.

FÉDÉRALISME. C'est le terme dont on stigmatisa les Girondins qui, excédés de voir Paris dicter à coup d'émeutes sa volonté à la représentation nationale, soutenaient que la capitale n'était que la 83e partie de la nation et n'avait droit, ainsi que le déclara Lassource à la tribune de la Convention, qu'à « un 83e d'influence », comme les autres départements. Il ne semble pas que les Girondins aient eu vraiment de doctrine fédéraliste. La révolte de la province après leur éviction fut aussi qualifiée, bien à tort, de fédéraliste. Il s'agissait d'un soulèvement de larges parties du pays – Bretagne, Normandie, Sud-Ouest aquitain, Franche-Comté, couloir rhodanien et Provence – contre le régime et non d'une volonté de faire sécession.

FÉDÉRATION (fête de la). Pour canaliser les fédérations qui se multipliaient à travers tout le pays, la Constituante, sur la proposition de Bailly, maire de Paris, décida d'instituer dans la capitale une fête de la Fédération nationale, le 14 juillet 1790, au Champ-de-Mars. Les Fédérés envoyés par les gardes nationales de toutes les localités, au nombre d'environ 14 000, assistèrent à une longue cérémonie, le roi assis sur le trône, La Fayette caracolant sur un cheval blanc, Talleyrand célébrant la messe en plein air. Louis XVI jura de respecter la Constitution et fut acclamé par la foule. Il avait là une occasion inespérée de rétablir sa popularité et ne sut pas l'exploiter. Comme le déclara plus tard Barnave à Madame Élisabeth : « Si le roi avait su profiter de la Fédération, nous étions perdus. » Il n'y eut pas de fête de la Fédération en juillet 1791 à cause de la fuite du roi, toute fraîche dans les mémoires, mais le Champ-de-Mars fut quand même le théâtre d'un événement important, la fusillade du 17 juillet. En 1792, la fête de la Fédération fut le prétexte à la montée sur Paris de 20 000 « fédérés », représentants des gardes nationaux de province, qui restèrent après la fête et jouèrent un rôle important dans l'insurrection du 10 août.

FÉDÉRATIONS. A la disparition des structures de l'Ancien Régime se mit en place un nouveau pouvoir municipal et bourgeois qui éprouva le besoin d'affirmer son appartenance à une communauté sous la forme de fédérations, sortes de réunions de fraternisation entre les différentes municipalités, puis aux échelons supérieurs. La première fédération eut lieu à Étoile, près de Valence, le 29 novembre 1789. En janvier 1790, 150 délégués de 80 villes, représentant 150 000 gardes nationaux, se réunirent à Pontivy. Les fédérations se multiplièrent : à Dôle en février, à Lyon, le 30 mai, à Strasbourg, le 13 juin, où des représentants d'Alsace, de Lorraine et de Franche-Comté plantèrent un drapeau tricolore sur le pont de Kehl, portant l'inscription : « Ici commence le pays de la Liberté. » Ce mouvement visait, selon les termes de Mirabeau, à transformer « une masse amorphe de peuples désunis » en une nation consciente d'elle-même et de sa souveraineté.

FÉDÉRÉS. C'est ainsi qu'on appela les 20 000 gardes nationaux ou « fédérés » venus de tous les départements pour célébrer, le 14 juillet 1792, la seconde fête de la

Fédération. Elle se déroula dans une ambiance houleuse, la foule demandant le rappel du maire révoqué de Paris au cri de « Petion ou la mort ! » Les fédérés jouèrent un rôle important dans l'insurrection du 10 août suivant.

FEMMES. La situation des femmes n'est pas sous l'Ancien Régime aussi « seconde », inférieure à la condition masculine qu'on l'a trop souvent fait croire. Ainsi, lors des élections aux états généraux, au printemps de 1789, les femmes nobles votent si « elles tiennent fief » et celles du tiers état font de même si elles exercent une maîtrise dans des métiers féminins ou même masculins, dans ce cas, généralement, comme « veuves de maîtres ». Des libelles en faveur des femmes sont publiés durant cette campagne électorale : *Pétition des femmes du tiers état au roi, Cahier des doléances et réclamations des femmes.* Les dames de la halle forment un groupe homogène et influent qui, le premier, fait célébrer un *Te Deum* après la nuit du 4 août. Dans les journées des 5 et 6 octobre 1789, ce sont les femmes qui jouent le premier rôle. Cela sera reconnu lors de la fête du 10 août 1793, où sera élevé un arc de triomphe en l'honneur des « héroïnes » de ces deux journées. Le 20 juin 1791, après la fuite du roi, ce sont encore elles qui manifestent et déclarent alors : « Ce sont les femmes qui ont ramené le roi à Paris et ce sont les hommes qui l'ont laissé échapper. » Très déçues par la législation votée par la Constituante, elles protestent. Olympe de Gouges rédige une *Déclaration des droits de la femme et de la citoyenne.* Théroigne de Méricourt fonde en janvier 1790 un club mixte, le club des Amis de la loi, Etta Palm crée la Société patriotique de la bienfaisance et des amies de la vérité. Des sociétés entièrement féminines et encore plus actives qu'à Paris apparaissent en province : la Société des amies de la Constitution à Bordeaux et à Dijon en est un exemple. Après le 10 août 1792, les femmes espèrent en vain obtenir le droit de voter et de porter les armes. La Législative se borne à leur reconnaître l'égalité civile dans le mariage et dans le divorce. C'est sur le terrain de la vie quotidienne que l'action des femmes est la plus manifeste. Elles interviennent sur les marchés, dénoncent la hausse des prix, les spéculateurs, les accapareurs. Ce sont des femmes qui assassinent Simonneau, maire d'Étampes, parce qu'il refuse de taxer les grains, le 3 mars 1792. En mai 1793, se constitue à Paris la Société des républicaines révolutionnaires, dont l'activité est ouvertement violente. Elles envahissent les tribunes des assemblées et des clubs, du Tribunal révolutionnaire, fouettent Théroigne de Méricourt aux Tuileries, demandent et obtiennent l'arrestation d'Olympe de Gouges accusée de modérantisme, veulent imposer le port du bonnet rouge aux femmes. Leur agitation exaspère les hommes, même les plus révolutionnaires. Le 15 septembre 1793, le club des Jacobins ouvre une enquête sur la société des « femmes prétendues révolutionnaires » qui lui est affiliée. A la fin du mois, une bataille mémorable oppose les dames de la halle, réfractaires au port obligatoire du bonnet rouge, aux harpies républicaines révolutionnaires. Les dames de la halle, victorieuses sur le terrain, vont ensuite dénoncer leurs adversaires à la Convention en revendiquant la liberté du costume. La Convention à peu près unanime ordonne la fermeture des clubs de femmes. Même les plus révolutionnaires, tel Romme, dénoncent une « exaltation qui serait funeste aux affaires publiques... un esprit peu capable de conception haute et de méditation sérieuse ». La dernière apparition des femmes se situe lors des journées de prairial, entre le 20 et le 23 mai 1795. La Convention, considérant qu'elles abusent des égards qu'on a pour la faiblesse de leur sexe », ordonne qu'elles rentrent à leur domicile et décrète que « celles qui seront trouvées attroupées... seront dispersées par la force armée... et mises en état d'arrestation ». Un décret complémentaire exclut les femmes des tribunes de l'Assemblée. La presse les traite de « harpies, tricoteuses, lécheuses de guillotine », rappelant l'attitude hystérique de certains groupes féminins au pied de l'échafaud. Mais il n'y a pas eu que les femmes révolutionnaires à l'agitation stérile. Bien des femmes ont joué un rôle discret mais décisif en cachant les prêtres réfractaires, en combattant les armées de la Terreur en Vendée et dans l'Ouest, en nourrissant les armées catholiques et royales ou les fédéralistes, en servant d'agents de liaison et de soutien moral aux résistants. Faut-il rappeler que Charlotte Corday était fédéraliste ? Sans le soutien actif des femmes, le catholicisme eût été menacé d'anéantissement.

FEMMES PUBLIQUES, voir **PROSTITUTION**.

FÉODAUX (droits), voir **DROITS FÉODAUX**.

FER. La France produisait, à la veille de la Révolution, environ pour 31,5 millions de livres de minerai de fer. Il y avait 243 hauts fourneaux, 315 feux d'affinage, produisant plus de 650 000 quintaux métriques de fonte brute et 8 000 de fonte moulée, au total à peu près 500 000 quintaux métriques de fer et 30 000 d'acier. L'industrie du fer connut un grand développement grâce aux guerres de la Révolution.

FÉRAUD (Jean Bertrand) (Né à Arreau, Hautes-Pyrénées, le 3 août 1759, massacré à Paris, le 20 mai 1795). Juriste, membre de la garde nationale d'Arreau à sa création, Féraud est élu par les Hautes-Pyrénées à la Convention. Il y réclame la peine de mort pour les commerçants en grains accapareurs, vote pour la mort du roi, mais attaque Marat, l'accusant de prêcher l'incendie, le meurtre, le pillage et l'anarchie. Envoyé en mai 1793 à l'armée des Pyrénées occidentales, il échappe ainsi à la proscription qui frappe ses amis girondins. Attaqué à son retour pour son vote contre Marat et ses liens avec la Gironde, il se justifie en évoquant son action aux armées. Le 9 thermidor, il se joint aux adversaires de Robespierre et envahit avec Barras et des troupes sûres l'Hôtel de Ville où s'était réfugié le quarteron de terroristes. On le voit ensuite s'occuper de la réorganisation des Comités de salut public et de sûreté générale, puis à l'armée du Nord où il témoigne du même courage, de la même témérité que sur les Pyrénées. Son collègue Merlin de Thionville dit de lui que c'était « le collègue le plus fou que l'on puisse rêver ». Chargé de l'approvisionnement de Paris au début de mai 1795, il témoigne de sa « folie » en s'opposant à la foule qui envahit la Convention lors de l'émeute du 1er prairial et est massacré. Boissy d'Anglas, président de la Convention, s'illustre ce jour-là en saluant la tête de Féraud qu'on lui présente au bout d'une pique.

FERDINAND IV (Né à Naples, le 12 janvier 1751, mort à Naples, le 4 janvier 1825). Roi de Naples en 1759 lorsque son père devient roi d'Espagne sous le nom de Charles III, Ferdinand IV épouse en 1768 Marie-Caroline d'Autriche qui exerce la réalité du pouvoir. Sous l'influence du favori, sir John Acton, devenu Premier ministre en 1785, le royaume de Naples passe dans la sphère d'influence anglaise. Entré en guerre contre la France révolutionnaire en 1798, Ferdinand IV est rapidement vaincu et doit se réfugier à Palerme. Revenu après l'expulsion des Français, en 1799, il est chassé en 1805 pour avoir pris les armes contre Napoléon. De nouveau réfugié en Sicile et protégé par la flotte anglaise d'une intervention française, il revient à Naples en 1815, fait fusiller Murat et prend en 1816 le titre de roi des Deux-Siciles. Obligé par l'insurrection du général Pepe d'accepter en 1820 une constitution libérale, il obtient le soutien de la Sainte-Alliance au congrès de Laibach et rétablit l'absolutisme en 1821.

FERMIERS GÉNÉRAUX. C'est ainsi qu'on nommait à la fin de l'Ancien Régime les gens qui prenaient à bail, à ferme, affermaient l'exploitation de certains impôts comme les gabelles, les traites, les aides, les octrois, les tailles... Ils versaient une redevance fixée par l'État et s'assuraient la levée de ces impôts, payant eux-mêmes leur personnel de percepteurs et de gabelous et gardant l'excédent de recettes comme bénéfice, ce qui leur assurait de belles fortunes. Haïs, comme tous les percepteurs, ils furent supprimés par la Constituante en 1790, cette dernière confiant à l'administration publique la tâche de lever les impôts. On se souvint d'eux au moment de la Terreur et les trente et un fermiers généraux qui n'avaient pas cru nécessaire d'émigrer furent guillotinés le même jour, le 8 mai 1794. Parmi eux figurait le grand chimiste Lavoisier.

FERRAND (Jean Henri Becays) (Né à Lacaussade, Lot-et-Garonne, le 10 septembre 1736, mort à Clichy, Hauts-de-Seine, le 28 novembre 1805). Militaire de carrière, major de la place de Valenciennes à partir de 1773, Ferrand devient le colonel de la garde nationale de cette ville en 1791 et le commandant temporaire de la place, le 8 août 1792. Nommé maréchal de camp par Dumouriez, le 20 août, il prend Saint-Amand, commande l'aile gauche à Jemappes, est confirmé général de brigade en mars 1793, puis général de division en mai. Il dirige la défense de Valenciennes du 23 mai au 28 juillet 1793. Fait prisonnier à la capitulation, il est libéré sous condition de ne pas servir contre les coalisés durant un an. Incarcéré à son retour en France, il n'est libéré qu'après le 9 thermidor. Admis à la retraite en 1800, il termine son existence comme préfet de la Meuse-Inférieure.

FERRIÈRES DE MARSAY (Charles Élie, marquis de) (Né à Poitiers, le 27 janvier 1741, mort à Marsay, Vienne, le 30 juillet 1804). Chevau-léger de la Maison du roi, Ferrières de Marsay, disciple de Rousseau, écrit d'abondance : *Le Théisme, ou Introduction générale à l'étude de la religion* (1785), *La Femme dans l'ordre social et dans l'ordre de la nature* (1786), *La Femme et les vœux* (1787, réédité en 1791 sous le titre *Saint-Flour et Justine*). Ses idées réformatrices lui valent d'être choisi par la noblesse de la sénéchaussée de Saumur pour la représenter aux états généraux. Il n'intervient pas à l'Assemblée mais fait imprimer plusieurs opinions contre la suppression de la noblesse, contre l'arrestation de la famille royale à Varennes. Revenu dans la Vienne en 1792, il est secrétaire de la mairie de Marsay, membre de la Société populaire locale et montre son patriotisme révolutionnaire en brûlant ses archives. Retourné à Paris après la Terreur, il y fait paraître ses *Mémoires pour servir à l'histoire de l'Assemblée constituante* (1798) et *De* *l'état des lettres dans le Poitou* (1799). Sa *Correspondance*, très intéressante, a été publiée en 1932.

FERSEN (Axel, comte de) (Né à Stockholm, le 4 septembre 1755, massacré à Stockholm, le 20 juin 1810). Officier suédois venu servir en France, Fersen se distingue en Amérique sous les ordres de Rochambeau. Introduit à la cour, il tombe éperdument amoureux de la reine qui n'est pas insensible à son charme. Ayant préparé la fuite de la famille royale, il conduit lui-même jusqu'à Bondy la berline qui va être arrêtée à Varennes. Durant la captivité au Temple, il déploie tous les efforts pour essayer de sauver le roi et la reine, puis rentre en Suède. Remplissant de hautes fonctions à la cour, il est accusé, sans preuves, d'avoir empoisonné le prince héritier, Christian Auguste, et massacré par la foule le jour des funérailles de ce dernier.

FÊTES RÉVOLUTIONNAIRES. Soucieuse de bien tenir les masses populaires en leur donnant, sinon leur pain quotidien, du moins les jeux du cirque, la Révolution institua toute une série de fêtes destinées à masquer et faire oublier les fêtes chrétiennes supprimées. La première grande fête révolutionnaire fut celle de la Fédération, le 14 juillet 1790. En 1794, Robespierre fit décréter fêtes nationales la commémoration du 14 juillet 1789, du 10 août 1792, du 21 janvier 1793 (exécution du roi), du 31 mai 1793 (chute de ses adversaires girondins). On décida aussi pour chaque décadi, dans le cadre du culte de l'Être suprême, des fêtes à la nation, au genre humain, au peuple français, aux bienfaiteurs de l'humanité, aux martyrs de la liberté... à la vérité, à la justice, à la pudeur... à la frugalité... Des fêtes furent décidées pour les trois grands martyrs de la Révolution : Le Peletier de Saint-Fargeau, Chalier, Marat. Avant de se séparer, la Convention institua sept fêtes : de la fondation de la République (1er vendémiaire), de la jeunesse (10 germinal), des époux (10 floréal), de la reconnaissance (10 prairial), de l'agriculture (10 messidor), de la liberté (9 et 10 thermidor), des vieillards (10 fructidor). Bonaparte ne garda au début du Consulat que la commémoration du 14 juillet devenue « fête de la Concorde ».

FEUILLANTS (club des). Créé le 15 juillet 1791 à la suite d'une scission du club des Jacobins provoquée par la pétition demandant la déchéance du roi, officiellement intitulé Société des amis de la Constitution séante aux Feuillants, le club des Feuillants est formé de Jacobins modérés et dominé par les partisans de La Fayette et du triumvirat Barnave, Duport, Lameth. Ils sont installés au couvent des Feuillants de la rue Saint-Honoré. Les querelles entre triumvirs et La Fayette, les menaces du public extrémiste des tribunes qui interrompt sans cesse les réunions du club amènent rapidement la décadence de ce club qui disparut de lui-même après le 10 août 1792.

FEUILLES, voir **JOURNAUX**.

FIACRES. L'exploitation des fiacres parisiens était confiée depuis 1779 à une compagnie privée contre une redevance de 5 millions de livres, à laquelle s'ajoutaient 15 000 livres versées chaque année à l'hôpital général. La course dans Paris coûtait 30 sous. La compagnie possédait six cent trente voitures en 1784 et les voitures privées devaient payer 6 sous par jour à la compagnie détentrice du monopole. Le prix était fixé à l'heure : 30 sous la première heure et 25 sous les suivantes pendant le jour, 40 sous la première heure et 36 les suivantes durant la nuit. Le 16 avril 1792, le conseil municipal de Paris rendit obligatoire l'inscription des propriétaires de voitures de place auprès des sections, et des numéros furent placés à l'intérieur et à l'extérieur de chaque véhicule. Le 17 octobre 1793, à la suite de plaintes de citoyens contre les hausses de tarifs de certains cochers et contre leur refus de prendre tout client, la Commune prit l'arrêté suivant : « Tout cocher de fiacre qui refusera de marcher quand il sera requis sera mis en état d'arrestation et puni de six mois de détention. »

FICHTE (Johann Gottlieb) (Né à Rammenau, Saxe, le 19 mai 1762, mort à Berlin, le 28 janvier 1814). Philosophe, disciple de Kant et de Spinoza, Fichte a développé un idéalisme critique qui a connu un grand succès au XIXe siècle. Enthousiasmé par la Révolution, il essaie en vain d'exalter les idées nouvelles chez ses étudiants d'Iéna et doit quitter l'université en 1795 pour échapper à leur vindicte. Bouleversé par la défaite de la Prusse en 1806, il compose des *Discours à la nation allemande* qui constituent le bréviaire du nationalisme allemand contre Napoléon.

FIDÉLITÉ (section de la). D'abord nommée section de l'Hôtel-de-Ville ou de la Maison commune, cette section correspondait à la place de l'Hôtel-de-Ville, à la place Baudoyer, aux quais des Ormes et de Grève, aux rues de la Tixanderie, Saint-Antoine, de Fourcy, des Nonandières. Elle devint le quartier de l'Hôtel-de-Ville.

FIEFS. Survivance de la féodalité médiévale, les fiefs représentaient théoriquement le mode de propriété du sol à la veille de la Révolution. Chacun tenait en principe sa terre ou ses droits d'un seigneur et lui devait foi et hommage. En 1790, toutes les distinctions découlant du système féodal furent abolies. En 1793, la Convention décréta que tous les fiefs seraient réversibles à la République.

FIÉVÉE (Joseph) (Né à Paris, le 10 avril 1767, mort à Paris, le 9 mai 1839). Imprimeur de la *Chronique de Paris* de Millin et Noël, Fiévée fait partie du club des Feuillants et se pique de littérature. On lui doit un opéra, *Les Rigueurs du cloître* (1790) et un roman, *La Dot de Suzette* (1798), qui a un grand succès. Suspect à la chute des Girondins, Fiévée prétend avoir été emprisonné quelques jours. Il est, en tout cas, fort heureux de l'élimination de Robespierre et de la fin de la Terreur. Ses tendances contre-révolutionnaires lui valent en tant que clichyen un exil volontaire en province après le coup d'État du 18 fructidor, exil qu'il met à profit pour écrire *La Dot de Suzette*. Rallié à Bonaparte après brumaire, il justifie le coup d'État dans *Du dix-huit brumaire opposé au système de la Terreur* (1802), devient un des conseillers secrets de l'Empereur et maître des requêtes au Conseil d'État en 1810, puis préfet de la Nièvre. Il est sous la Restauration, avec Chateaubriand, un des doctrinaires du parti ultra. Il s'est défini lui-même ainsi : « Avec des principes et des mœurs très monarchiques, j'ai le caractère assez républicain et je tiens à l'indépendance. J'aime l'influence qu'on acquiert par la persuasion ; j'estime peu celle qu'on obtient par un pouvoir délégué. »

FILATURES, voir **INDUSTRIE**.

FINANCES. La Révolution commença avec la réunion des états généraux convoqués pour tenter de régler les problèmes financiers. Elle ne fit qu'aggraver encore ces difficultés et les médecins révolutionnaires firent plus de ravages que la maladie financière. La suppression des impôts indirects, la rentrée très difficile en période troublée des impôts directs obligèrent le gouvernement à vivre d'expédients. Faute de confiance, les emprunts lancés par Necker en août 1789 échouèrent lamentablement. En octobre, on créa une contribution patriotique, décrétée naïvement facultative, qu'il fallut rendre obligatoire... Cette contribution était très forte : les citoyens possédant plus de 400 livres de revenus devaient en verser le quart. L'établissement des rôles d'imposition fut long et, entre-temps, l'État tenta de résoudre ses problèmes de trésorerie en liquidant les biens nationaux et en fabriquant des assignats. La Constituante mit sur pied un système d'impôts directs reposant sur trois contributions : contribution foncière frappant les revenus de la terre, contribution mobilière frappant les revenus industriels et les rentes, patente pour les commerçants. Quant aux impôts indirects abolis, on en rétablit quelques-uns : droits de timbre, d'enregistrement, de douane. Une nouvelle administration des finances dut être mise sur pied pour faire entrer l'argent dans les caisses de l'État. Il y eut des receveurs dans chaque district, un payeur général par département. La Trésorerie nationale fut confiée à six commissaires chargés d'examiner les demandes de chaque ministère. Cambon tenta en vain de rétablir la confiance avec le Grand livre de la dette publique, on multiplia les dons patriotiques, réquisitions de guerre, emprunts forcés, les ventes des biens nationaux, le déficit n'en était pas moins de 200 millions par mois en l'an II (septembre 1793-septembre 1794). Après la chute de Robespierre, l'effondrement total de l'assignat aggrava encore la situation. Avec le Directoire, une complication nouvelle apparut : la constitution de l'an III n'avait donné aucun pouvoir financier aux Directeurs, les tâches de surveillance et de répartition des recettes et des dépenses ayant été confiées à cinq commissaires de la comptabilité nationale nettement plus à droite que le Directoire. De 1795 à 1799, la situation fut chaotique. On eut d'abord recours aux mêmes expédients, emprunts forcés, remplacement des assignats par des mandats territoriaux tout de suite dévalués, banqueroute des deux tiers... Le système des contributions fut réorganisé en 1797. Il y eut dans chaque canton un « jury d'équité » et des commissaires chargés de rédiger les rôles d'impôts, dans chaque département une agence des contributions directes. La patente fut divisée en sept classes selon les professions, un nouvel impôt, dit des « portes et fenêtres », fut inventé, des droits indirects furent discrètement réintroduits. A la veille du coup d'État de Bonaparte, les caisses étaient toujours vides. L'arrivée au pouvoir du général fut très bien accueillie par les milieux financiers. Peu après était créée la Banque de France et une monnaie stable, le franc germinal, allait s'imposer pour plus d'un siècle.

FINANCES (Conseil royal des). C'était l'un des cinq conseils du roi. Il se réunissait une fois par mois depuis sa création en 1661, s'occupait des impôts, des emprunts, des dépenses. Le dernier conseil, en 1789, était composé du roi, du garde des Sceaux, de Necker, de Lamoignon, d'Ormesson, Monthyon, Montmorin, Saint-Priest...

FINANCES (ministère des). Ce ministère fut créé par la Convention, le 30 septembre 1795, avec les attributions suivantes « assiette, répartition, recouvrement des contributions directes, perception des contributions indirectes, nomination des receveurs, fabrication des monnaies, départ du métal des cloches, assignats, administration des domaines nationaux et des forêts nationales, postes aux lettres, postes aux chevaux, messageries, douanes, poudres et salpêtres et tous les établissements, baux, régies ou entreprises rendant une somme quelconque au trésor public ». On compta parmi les ministres des Finances, Gaudin, qui refusa trois fois mais accepta cette charge sous Bonaparte, Ramel, Robert Lindet.

FLESSELLES (Jacques de) (Né en 1721 à Paris, assassiné à Paris, le 14 juillet 1789). Intendant à Moulins, puis à Rennes et à Lyon, Flesselles est appelé à succéder à Le Peletier comme prévôt des marchands de Paris, le 21 avril 1789. Le 27 mai, les électeurs des trois ordres de la ville demandent à siéger à l'Hôtel de Ville et à participer à la gestion de la cité, ce que Flesselles refuse comme illégal, soutenu par le ministère Necker. Le 25 juin, cette prétention est renouvelée et, sous la pression publique, Flesselles admet douze de ces électeurs à se joindre à la municipalité en place. La première session de cette « assemblée générale » se tient le 13 juillet et Flesselles en est élu président. Sous la pression de la foule, il doit accepter la création d'une garde civique et annonce que 12 000 fusils vont arriver de Charleville pour équiper cette troupe. Le 14, commence l'attaque de la Bastille et le comité insurrectionnel installé au Palais-Royal envoie un délégué demander des armes à l'Hôtel de Ville. N'en ayant pas trouvé, il accuse Flesselles de connivence avec la cour. Invité à venir se justifier devant le comité insurrectionnel, Flesselles sort et est aussitôt abattu d'un coup de pistolet. On le décapite et sa tête, placée au bout d'une pique, est promenée dans les rues. Ainsi débute, par un haut fait, la Révolution française.

FLEURIOT-LESCOT (Jean-Baptiste Édouard) (Né à Bruxelles, en 1761, guillotiné à Paris, le 28 juillet 1794). Compromis dans la révolution brabançonne, Fleuriot-Lescot se réfugie à Paris. Vaguement étudiant en architecture et en sculpture, il participe à la vie des clubs et des sections mais n'émerge qu'après avoir été présenté à Robespierre qui le fait élire substitut de l'accusateur public Fouquier-Tinville au Tribunal révolutionnaire, le 13 mars 1793. Après avoir nourri la guillotine une bonne année, il est jugé suffisamment zélé pour se voir accorder la place de Pache à la mairie de Paris, le 10 mai 1794. Le 9 thermidor, il joue avec Payan et Hanriot un rôle essentiel dans la tentative de coup d'État pour sauver Robespierre déchu. Arrêté, il est exécuté le même jour que son maître. De 1789 à 1794, Paris a connu cinq maires. Le premier, Bailly, était un grand savant, le dernier un obscur agitateur étranger réfugié en France. Toute l'histoire de la Révolution est inscrite dans cette évolution.

FLEURUS (bataille de). Général en chef de l'armée de Sambre-et-Meuse, Jourdan réussit, après six tentatives infructueuses, à passer la Sambre près de Charleroi et s'empara de cette ville au bout d'une semaine de siège. Cobourg, à la tête de 70 000 Austro-Hollandais, attaqua, le 26 juin 1794, les 80 000 hommes de Jourdan, rangés en demi-cercle sur les hauteurs de Fleurus. La bataille fut acharnée et longtemps indécise, coûtant environ 5 000 vies de chaque côté. Finalement Cobourg céda et se replia, abandonnant la Belgique aux armées de la Révolution. C'est au cours de cette bataille que fut utilisé pour la première fois comme observatoire militaire un ballon captif qui renseigna Jourdan sur les mouvements des troupes ennemies.

FLORÉAL (loi du 22). Après le coup d'État de fructidor, l'arrestation, la condamnation et la déportation de 177 députés, dont 65 sont envoyés en Guyane, le Directoire s'est débarrassé sur sa droite des royalistes et de leurs sympathisants. Mais le renouvellement du printemps 1798, au lieu du tiers prévu de 250 élus, porte à 437 le nombre des sièges à pourvoir, en raison de ces éliminations. Le corps électoral, effrayé par la menace royaliste, a basculé à gauche et va probablement choisir une forte majorité de néo-Jacobins hostiles aux Directeurs. Conscients du péril, les Directeurs commencent par avancer d'un mois le renouvellement du Directeur sortant et par remplacer François de Neufchâteau par un modéré, Treilhard. Puis, ils font voter la vérification des pouvoirs des futurs élus par les membres des Conseils non soumis à renouvellement. Enfin, partout où l'opposition de gauche est majoritaire, on suscite la formation d'assemblées électorales modérées dissidentes. La loi du 22 floréal an VI (11 mai 1798) élimine 106 députés indésirables au profit d'élus d'assemblées minoritaires. C'est un coup d'État légal qui « floréalise » les représentants indésirables de l'extrême gauche sans effusion de sang ni coup de force militaire.

FLORIAN (Jean-Pierre Claris de) (Né au château de Florian, près de Sauve, Gard, le 6 mars 1755, mort à Sceaux, le 19 septembre 1794). Parent et protégé de Voltaire, page du duc de Penthièvre, Florian fait jouer sa première comédie en 1779. En même temps qu'une dizaine de pièces de théâtre, il publie plusieurs romans dont *Galatée* et *Estelle* qui remportent un grand succès, des recueils de contes et, enfin, les *Fables* qui lui ont permis de passer à la postérité. Séduit par les idées nouvelles, Florian fait partie de la milice bourgeoise de Sceaux. Suspect en tant qu'aristocrate, il compose un *Hymne à l'amitié* qu'il présente au Comité de salut public comme gage de son républicanisme. Le meneur des sans-culottes de Sceaux, l'ex-abbé Rousseville, jaloux, intervient auprès de Robespierre, faisant valoir qu'il serait inadmissible qu'un ex-aristocrate devienne le chansonnier de la Révolution. Robespierre inscrit alors en marge du rapport de Rousseville : « Arrêter Florian et le traduire dans une maison d'arrêt à Paris. » Arrêté le 17 juin 1794, Florian échappe à la guillotine et est libéré aussitôt après le 9 thermidor mais ne peut se remettre de sa détention et meurt peu après, n'ayant pas atteint la quarantaine.

FOIRES. Les foires étaient des rencontres commerciales d'une grande importance économique au XVIIIe siècle. Certaines attiraient des foules considérables, notamment celle de Beaucaire sur le Rhône et celle de Guibray, faubourg de Falaise, en Normandie, qui avaient un renom international. A Paris se tenaient trois foires principales : la foire Saint-Germain, en février, sur le marché du même nom, disparue en 1786 ; la foire Saint-Laurent, durant trois mois, de juillet à septembre, entre les rues des faubourgs Saint-Denis et Saint-Martin, près de la rue Saint-Laurent, abandonnée en 1789 ; la foire Saint-Ovide, place Vendôme puis place Louis-XV, supprimée en 1778.

FOLLEVILLE (Gabriel Pierre-François Jean Louis Guillot ou

Guyot de) (Né à Saint-Servan-sur-Mer, Ille-et-Vilaine, le 30 octobre 1760, guillotiné à Angers, le 5 janvier 1794). Docteur en théologie et en droit civil et canon, avocat à ses débuts, Folleville se fait nommer curé constitutionnel de Dol en février 1790 et fonde dans cette ville une Société des amis de la Constitution. Il prête serment en avril 1791 et se rétracte six mois plus tard, ce qui le rend indésirable des deux côtés. « Monté » à Paris, il s'inscrit au club des Jacobins, sollicite un emploi à Cayenne où son père est ordonnateur de la Marine, mais y renonce lorsque son père est rappelé. Craignant d'être arrêté comme prêtre réfractaire, il se rend chez des parents à Poitiers où il réussit simultanément à devenir un membre assidu de la Société des amis de la liberté et de l'égalité et à se faire passer auprès des catholiques royalistes et des Filles de la sagesse qui gèrent l'hôpital pour l'évêque *in partibus* d'Agra (ville de l'Inde qui n'a jamais eu d'évêque même *in partibus* !) investi par le pape du vicariat apostolique dans l'ouest de la France. Enrôlé dans l'armée républicaine, il est fait prisonnier par les Vendéens à la prise de Thouars, reconnu par un ami de collège, Villeneuve de Cazeau, chef des Vendéens, à qui il raconte qu'il est évêque et a été enrôlé de force. Présenté par l'abbé Brin à de Lescure, il devient l'évêque de l'armée catholique et royale qu'il bénit d'abondance au grand dépit de l'abbé Bernier, qui écrit pour le dénoncer comme imposteur au Saint-Siège. Un bref du 31 juillet 1793 de Pie VI condamne l'usurpateur, mais les chefs de l'armée le passent sous silence pour ne pas affecter davantage des troupes déjà accablées de revers. Pris après la déroute du Mans, ayant essayé vainement de se faire passer pour le secrétaire de Lescure, il est envoyé à l'échafaud.

FONCTION PUBLIQUE. Peuplée surtout de nobles à la veille de la Révolution, la fonction publique fut, en vertu de l'abolition des privilèges, accessible à tout le monde dès la fin de 1789. Les affrontements idéologiques entraînèrent de très violents remous dans sa compositon. Une grande partie des fonctionnaires d'Ancien Régime émigra, quant aux nouveaux, ils furent choisis non pour leur compétence mais pour leur allégeance aux factions en place. Sous la Terreur, Robespierre avait peuplé l'administration parisienne de ses créatures. Après le 9 thermidor, ce furent les adversaires de « l'Incorruptible » qui prirent leur place. La Convention avait décrété en 1793 que les fonctionnaires publics seraient tenus de rendre compte de leur fortune avant et après l'exercice de leurs fonctions.

FONTAINES. Il y avait 63 fontaines à Paris à la veille de la Révolution. La pompe de Notre-Dame en alimentait 29, celle de la Samaritaine 3. Les pompes à vapeur de Chaillot et du Gros-Caillou fournissaient l'eau à une quinzaine d'autres. Les sources de Belleville et du Pré-Saint-Gervais, l'aqueduc d'Arcueil approvisionnaient le reste.

FORCE (prison de la), voir **PRISONS**.

FORCE PUBLIQUE. C'est ainsi qu'on nomme l'ensemble des agents de l'autorité publique chargés de maintenir l'ordre et de faire exécuter les lois. La Constituante décida en 1791 que la garantie des droits de l'homme et du citoyen nécessitait une force publique, que toute personne surprise en flagrant délit ou poursuivie par la clameur publique serait saisie et conduite devant l'officier de police, et que tous les citoyens étaient tenus à venir en aide à la force publique dès que les mots « force à la loi ! » auraient été prononcés, sans autre réquisition. Au cas où la force publique s'avérait insuffisante, le procureur de la commune ou le conseil municipal pouvaient requérir l'intervention de l'armée. La Convention régla le mode de réquisition de la force publique, le 30 mai 1793. Cette organisation fut inscrite dans la constitution de l'an III.

FORÊTS. Impossible de chiffrer la superficie de la forêt en France en 1789. La peur de manquer de bois semble « une fièvre récurrente au XVIIIe siècle » (Corvol). Les cahiers de doléances dénoncent en 1789 l'industrie sidérurgique, ce qui est excessif. Le code forestier de 1669 avait été un moyen d'exorciser cette peur. L'administration de l'Ancien Régime emportée par la tourmente, sans attendre la vente des biens nationaux, on assista à une mise en coupe réglée des forêts : besoins de chauffage ou de construction ; les bestiaux également dégradent les bois, anéantissent le taillis. C'est un cri d'alarme que lance un conventionnel : « Les conseils généraux doivent être convaincus de cette vérité que les bois des communes sont une partie essentielle de la fortune de l'État, non seulement sous ce rapport que la prospérité publique se compose de toutes les prospérités privées, mais parce que dans un moment où la France a toute la puissance de l'Europe à combattre, le service de terre et de mer exige que les matières premières (comprenons le bois pour le navire ou l'industrie sidérurgique) soient religieusement conservées. »

FORTS DE LA HALLE. Portefaix chargés de transporter les marchandises sur le carreau des halles parisiennes, les forts de la halle étaient au nombre de cent en 1789, ayant chacun des aides ou surnuméraires. Ils furent très favorables à la Révolution et offrirent 600 livres à la Législative au moment de la déclaration de guerre.

FORTUNES. L'enrichissement rapide de beaucoup de députés de la Convention, le caractère ostentatoire de certaines fortunes ayant provoqué le scandale obligèrent la Convention à voter le décret du 28 fructidor an II (14 septembre 1794) qui ordonnait « à chacun des députés, dans le délai d'un mois, de faire imprimer le compte de sa fortune et de ses moyens d'existence, de ses bénéfices ou de ses pertes, depuis le 14 juillet 1789 ». Les fonctionnaires furent soumis à la même règle.

FOUCHÉ (Joseph) (Né au Pellerin, Loire-Atlantique, le 21 mai 1759, mort à Trieste, le 26 décembre 1820). Oratorien, professeur de mathématiques et de physique, Fouché fait la connaissance de Robespierre en 1788, alors qu'il enseigne au collège d'Arras. Revenu à Nantes à la fin de 1790 comme principal du collège, il y est membre de la Société des amis de la Constitution. Élu député de la Loire-Inférieure à la Convention, il se marie et part pour Paris. Orateur d'une rare nullité – on se demande ce qu'il avait pu valoir comme enseignant ! – il ne monte presque jamais à la tribune. Après avoir voté la mort pour le roi, il est envoyé en mission dans la Loire-Inférieure et la Mayenne pour veiller au recrutement des 300 000 conscrits décrété par la Convention et assiste impuissant à l'embrasement de tout l'Ouest en révolte contre la République. Revenu à Paris en juin 1793, il fait paraître ses *Réflexions sur l'éducation publique* où cet ex-oratorien déclare notamment : « Seule l'instruction publique organisée sur la base du monopole, inspirée de l'esprit révolutionnaire et nettement philosophe, peut contrebalancer l'odieuse influence de la religion. » Renvoyé en mission, il appelle à la mobilisation révolutionnaire à Troyes, à Dijon, dans la Nièvre où il lève une taxe révolutionnaire sur les riches et procède à une déchristianisation systématique, faisant disparaître tous les signes extérieurs du culte et rendant obligatoire dans le délai d'un mois le mariage des prêtres. A Lyon, en novembre 1793, en compagnie de Collot d'Herbois, Fouché laisse d'abord s'accomplir les massacres aux Brotteaux, puis, sur les instances des représentants en mission La Porte et Méaulle, fait cesser les mitraillages, dissout la Société populaire et mate les terroristes locaux adeptes de Chalier. Ces derniers s'en plaignent à Robespierre qui annule les décisions de Fouché et le rappelle à Paris. De retour le 6 avril 1794, Fouché présente son rapport à la Convention qui le refuse et le renvoie au Comité de salut public. Ayant essayé de le lire au club des Jacobins, il est interrompu par Robespierre qui le déclare incomplet et ajoute que les amis de Chalier avaient à se plaindre des « intrigants », sans citer nommément Fouché. Le 11 juillet 1794, Robespierre revient sur les griefs des terroristes lyonnais contre Fouché et ajoute : « Je commence par déclarer que l'individu Fouché ne m'intéresse nullement... Quand je l'ai dénoncé ici, c'était moins à cause de ses crimes passés que parce qu'il se cachait pour en commettre d'autres et parce que je le regarde comme chef de la conspiration que nous avons à déjouer. » Et de faire exclure Fouché du club des Jacobins. « L'Incorruptible » exagère le rôle de Fouché et Tallien a précisé le rôle de ce dernier dans la conspiration contre Robespierre : « Chaque jour, Fouché venait nous rendre compte de ce qui se passait au Comité de salut public, et, la veille du 9 thermidor, il nous dit : La division est complète, demain il faut frapper. » Mécontent de n'avoir pas eu de récompense pour ses services, Fouché s'en prend bien vite aux Thermidoriens par personnes interposées. Il utilise d'abord Babeuf, qui, soudoyé, accepte de devenir, son « aboyeur », favorise l'insurrection du 12 germinal (2 avril 1795) et se retrouve en prison jusqu'à l'amnistie votée par la Convention au moment de sa séparation. Passé aux ordres de Barras, il s'acquitte de tâches de basse police sous le Directoire, faisant l'apprentissage de son futur métier. Il trempe dans le coup d'État du 18 fructidor, obtient une ambassade à Milan mais est vite destitué pour « l'indécence de sa conduite ». Le 20 juillet 1799, Barras le fait nommer ministre de la Police générale. Fouché le trahit bien vite au profit de Bonaparte qu'il laisse accomplir son coup d'État. Tandis que Bonaparte disperse les Conseils à Saint-Cloud, Fouché neutralise les Directeurs à Paris. Sa carrière sous son nouveau maître est brillante : ministre de la Police jusqu'en 1802, date de suppression de ce ministère, sénateur, puis à nouveau ministre de la Police au rétablissement de ce ministère jusqu'en 1810, comte de l'Empire, duc d'Otrante. Toujours disposé à changer de maître, Fouché se précipite à Paris en avril 1814 et fait attribuer la lieutenance générale du royaume au comte d'Artois. Le 21 mars 1815, de retour de l'île d'Elbe, Napoléon l'appelle à nouveau au ministère de la Police. Maître de la situation après Waterloo, il soutient les Bourbons contre Napoléon II et devient ministre de la Police de Louis XVIII. Mais le régicide doit bientôt faire ses valises et partir pour l'exil. Fouché, qui avait écrit de Nevers : « On est honteux ici d'être riche », mourut en laissant une fortune de quinze millions. L'homme qui avait fait inscrire à l'entrée des cimetières. « La mort est un sommeil éternel », est enterré dans la cathédrale de Trieste.

FOULLON OU FOULON (Joseph François) (Né à Saumur, le 25 juin 1715, assassiné à Paris, le 22 juillet 1789). Intendant général de la Guerre puis de la Marine sous Choiseul, intendant des Finances sous Terray, Foulon est un administrateur habile mais peu aimé en raison de sa dureté. Conseiller d'État en 1784, très écouté de la cour à laquelle il présente des plans de redressement financier, il est très hostile aux idées nouvelles et à l'entourage du duc d'Orléans. Le 12 juillet, le roi le nomme contrôleur des finances en remplacement de Necker. On a fait croire aux Parisiens que c'était à Foullon qu'était confiée l'intendance de l'armée rassemblée autour de Paris pour en finir avec l'Assemblée. Aussi juge-t-il bon de se mettre à l'abri et quitte-t-il Paris, le 21 juillet 1789, pour se rendre à Viry-Châtillon chez l'ancien ministre de Sartine. Il est arrêté dans le parc de ce dernier par des paysans et des domestiques et conduit pieds nus à Paris. Comme il fait chaud, que ce vieillard de près de soixante-quinze ans a soif et transpire, on lui donne à boire du vinaigre poivré et on lui essuie le visage avec des orties. Conduit à l'Hôtel de Ville au matin du 22, il voit défiler Bailly et La Fayette qui haranguent la foule mais n'osent demander sa libération. On le pend à un réverbère, place de Grève, et, la corde ayant cassé, on le décapite et on promène sa tête dans la ville.

FOUQUIER-TINVILLE (Antoine Quentin Fouquier, dit) (1746-1795). Né en 1746 à Hérouel (Aisne), Fouquier-Tinville mène une existence obscure et difficile, après avoir vendu sa charge de procureur au Châtelet. Ses difficultés financières cessent enfin le jour où son cousin, Camille Desmoulins, promu par Danton au secrétariat général du ministère de la Justice, le nomme directeur du jury d'accusation du tribunal créé le 17 août 1792 pour juger les royalistes arrêtés le 10. Sa première victime est le poète Cazotte. Ce tribunal ayant disparu, Fouquier-Tinville se retrouve sans emploi. Il obtient en février 1793 le poste de substitut de l'accusateur public près le tribunal criminel de Paris. Mais c'est le mois suivant que son talent trouve enfin à s'exercer pleinement, quand le tribunal criminel extraordinaire, plus communément nommé Tribunal révolutionnaire, est créé. Fouquier-Tinville est désigné pour être un des trois substituts de l'accusateur public, le 13 mars 1793. Faure ayant refusé l'honneur d'être l'accusateur public, Fouquier-Tinville accepte bien volontiers de le remplacer. Durant seize mois, il va se déshumaniser progressivement, devenant le pourvoyeur de la guillotine d'avril 1793 à juillet 1794. Fonctionnaire modèle, présent dès huit heures du matin, il reçoit le bourreau, fixe le nombre de charrettes de condamnés de la journée. Le soir, il quitte le Tribunal pour rendre compte au Comité de salut public, se voit régulièrement reprocher l'insuffisant rendement de la guillotine. Fouquier-Tinville règle leur compte à Marie-Antoinette, aux Girondins, à Barnave, aux hébertistes, à Danton et à ses amis. En mai 1794, de plus en plus mécontent des « lenteurs » de la justice révolutionnaire, Robespierre envisage de supprimer les défenseurs officiels, l'audition des témoins, de réduire le nombre des jurés. Légaliste, Fouquier-Tinville exprime son désaccord au Comité de salut public qui l'éconduit en faisant valoir que telle est la volonté de « l'Incorruptible ». Fouquier-Tinville terrorisé va pleurnicher auprès de ses amis du Comité de sûreté générale et Vadier lui répond : « Un peu de patience. Cela ne durera pas longtemps. » Effectivement, le 10 thermidor, fidèle à son rôle d'accusateur public, Fouquier-Tinville expédie ses anciens maîtres à la guillotine. Convaincu qu'il est un fidèle serviteur de la loi et qu'il n'a rien à se reprocher, il est stupéfait quand les conventionnels et la clameur publique réclament sa tête et celle des autres membres du Tribunal révolutionnaire. Après huit mois de prison, il est jugé avec ses acolytes. On lui fait l'honneur d'un vrai procès, qui dure trente-neuf jours pendant lesquels il se défend habilement, prétendant n'avoir fait qu'exécuter la loi. Il est finalement guillotiné avec quinze autres membres du Tribunal révolutionnaire, le 7 mai 1795.

FOURCROY (Antoine François de) (Né à Paris, le 15 juin 1755, mort à Paris, le 16 décembre 1809). Fils d'un pharmacien, Fourcroy étudie la médecine sous la tutelle de Vicq d'Azyr, devient docteur en médecine en 1780, mais s'oriente vers la chimie et enseigne cette discipline au Jardin des Plantes à partir de 1784. Son élève Thénard l'a décrit comme « un phraseur pour femmes et gens oisifs » et a qualifié ses travaux de « superficiels et hâtifs ». Il est certain que les connaissances de Fourcroy étaient plutôt superficielles, mais il a su vulgariser « en termes pompeux » les découvertes des autres, publiant surtout en collaboration avec ses élèves Vauquelin et Thénard. Il travaille avec Lavoisier à l'établissement d'une nouvelle nomenclature chimique en 1782 et entre à l'Académie des sciences en 1784. La Révolution voit en lui un adepte enthousiaste. Élu à la Convention par Paris comme suppléant, il y remplace Marat assassiné. Membre du club des Jacobins, il se distingue par la démagogie de son vocabulaire sans-culotte, risée des autres savants du temps. Trop opportuniste pour se compromettre, Fourcroy fait cependant acte d'humanité en intervenant pour obtenir la libération de collègues comme Darcet, Desault, Dizé ou Chaptal, mais est largement responsable de la mort de Lavoisier par la hargne avec laquelle il exige l'épuration de l'Académie des sciences, fatale à ce dernier. Le rôle de Fourcroy est surtout important pour la défense nationale, car il dirige la commission des poudres et salpêtres. Avec Guyton-Morveau, il fait aussi des expériences avec des ballons captifs observateurs. Il rapporte les projets créant l'École polytechnique et les trois écoles de santé de Paris, Montpellier et Strasbourg ainsi que les écoles de services publics et les deux écoles de droit de Paris et Toulouse. Il entre à l'Institut dès sa création, en décembre 1795. Bonaparte le nomme au Conseil d'État et c'est à Fourcroy que revient l'essentiel du projet créant l'Université et le système d'enseignement, sauf l'enseignement primaire, qu'il considère comme chimérique.

FOURIER (Jean-Baptiste Joseph) (Né à Auxerre, le 21 mars 1768, mort à Paris, le 16 mai 1830). Élève puis professeur à l'École militaire d'Auxerre, membre du comité de surveillance d'Auxerre au début de la Révolution, Fourier entre à l'École normale dès sa création, devient professeur d'analyse à l'École polytechnique en 1795, y fait la connaissance de Monge et participe avec lui à l'expédition d'Égypte. Préfet de l'Isère et baron d'Empire, il a laissé une œuvre mathématique importante mais aussi des travaux d'égyptologie. Il est entré à l'Académie des sciences en 1817 et à l'Académie française en 1827.

FOURNIER L'AMÉRICAIN (Claude Fournier, dit Fournier-l'Héritier et) (Né à Auzon, Haute-Loire, le 21 décembre 1745, mort à Paris, le 27 juillet 1825). Parti à quinze ans à Saint-Domingue, Fournier y travaille comme surveillant d'esclaves, puis achète, avec la fortune de la femme qu'il vient d'épouser, un domaine et une distillerie de rhum. En conflit avec ses voisins, ce personnage violent et coléreux est expulsé de la colonie après avoir vraisemblablement mis lui-même le feu à son exploitation, en 1784. La Révolution trouve en cet individu vaniteux, brutal, haineux, « à la face livide et sinistre » (Aulard), un auxiliaire précieux. Dès le début de 1789, c'est un agitateur patenté au Palais-Royal et un personnage du club des Cordeliers. Il est parmi les « vainqueurs de la Bastille ». C'est encore lui qui mène le cortège des femmes vers Versailles en octobre 1789. On le trouve encore dans la fusillade du Champ-de-Mars, le 17 juillet 1791. C'est Fournier l'Américain qui endoctrine les volontaires marseillais à leur arrivée à Paris, qui dirige les insurgés les 20 juin et 10 août 1792. Il organise le massacre des prisonniers transférés d'Orléans à Paris, les dépouille de tous les objets de valeur qu'ils possèdent et les abandonne aux égorgeurs à Versailles. Même Marat se méfie de cet agitateur et l'accuse, le 12 mars 1793, d'avoir préparé une insurrection aux Cordeliers et organisé un attentat contre Pétion. En octobre 1793, on l'emprisonne quelques jours pour violences et voies de fait et on l'évince du club des Cordeliers. Il tente de s'y introduire de force et est de nouveau arrêté d'avril à septembre 1794. Libéré grâce à l'amnistie décrétée par la Convention, cet exécuteur des basses œuvres de la Révolution va vivre du fruit de ses rapines dans sa propriété de Verneuil (Yvelines). Recherché après l'attentat de la rue Saint-Nicaise, arrêté seulement en 1803, envoyé à Cayenne de 1804 à 1809, il est de nouveau emprisonné en 1811, puis, au retour des Bourbons, prétend avoir toujours été royaliste et finit par obtenir sa libération. Fournier est certainement un des individus les plus répugnants de la Révolution.

FOURNISSEURS. Les fournitures de toutes espèces à l'administration étaient soumises à adjudication sous la Révolution. L'adjudication était publique et annoncée par affichage au moins six semaines à l'avance. Avec la guerre, la pénurie, l'inflation, les fournisseurs cherchèrent souvent à faire des profits illicites en jouant sur la quantité et la qualité. Ceux qui furent reconnus coupables subirent la peine de mort. Parmi les fournitures aux armées, celle des chaussures donna lieu à des fraudes grossières et la Convention fut obligée de requérir de chaque cordonnier la livraison de deux paires de chaussures par décade. Sous le Directoire, à la demande de Jourdan, une commission fut nommée pour enquêter sur les dilapidations des fournisseurs aux armées. Un ordre du ministère de la Guerre du 7 floréal an VII (27 avril 1799) prescrivit la saisie d'une livraison de souliers aux semelles de bois, de feutre, ou de carton.

FOUS. Le traitement de la folie était très rude à la fin de l'Ancien Régime. Les fous furieux étaient enchaînés et les aliénés moins dangereux étroitement enfermés et soumis à des traitements comportant de graves sévices corporels. Pinel essaya durant la Révolution d'atténuer un peu la rigueur du sort des fous enfermés, mais les grands progrès ne devaient guère venir avant le milieu et même la fin du XIXe siècle. Les aliénés incurables étaient enfermés, pour Paris et ses environs, à Charenton, à Bicêtre, à la Salpêtrière et aux Petites-Maisons.

FOX (Charles James) (Né à Londres, le 24 janvier 1749, mort à Chiswick, le 13 septembre 1809). Ami de Burke, un des principaux chefs du parti whig, Fox provoque, par ses attaques de la politique de lord North à l'égard des colonies américaines, la chute du gouvernement en 1782. Il obtient le portefeuille des Affaires étrangères et signe la paix en 1783. Un des rares hommes politiques anglais à être favorable à la Révolution française, il se brouille avec Burke et la plupart de ses amis et disparaît pratiquement de la vie politique de 1797 à 1801. Il se réjouit de la paix d'Amiens, devient secrétaire d'État aux Affaires étrangères à la mort de Pitt, en 1806, et recherche la paix avec Napoléon. On lui doit aussi la préparation de la loi abolissant la traite des Noirs.

FRAGONARD (Jean Honoré) (Né à Grasse, le 5 avril 1732, mort à Paris, le 22 août 1806). Élève de Boucher, prix de Rome en 1752, Fragonard entre à l'École royale des élèves protégés que dirige Carle Vanloo. A côté de sujets religieux de commande, il peint de préférence des scènes de genre. A Rome, sous la direction de Natoire, il se lie avec Hubert Robert. De retour à Paris en 1761, il se taille un grand succès dans la peinture libertine. A la Révolution, il est protégé par son ami David des ennuis que sa peinture trop peu morale aurait pu lui occasionner. Jusqu'au 9 thermidor, il figure dans toutes les commissions de peinture et de sculpture, mais il semble qu'il ait cessé de peindre dès 1792. Son étoile pâlit ensuite très vite, ce qu'il peignait ne convenant plus à la France puritaine et bourgeoise issue de la Révolution.

FRANC. L'unité monétaire sous l'Ancien Régime était la livre, parfois appelée « franc », divisée en sous et en deniers, 12 deniers faisant un sou, 20 sous correspondant à une livre. L'écu d'argent valait 6 livres, le louis d'or 24 livres. C'est avec la monnaie que s'institua d'abord le système métrique. Par le décret du 17 frimaire an II (7 décembre 1793), la Convention divisait la livre en décimes et centimes. Le 18 germinal an III (7 avril 1795), il fut décrété que la livre se nommerait désormais « franc ». Le poids des pièces fut défini le 15 août suivant, la pièce de 1 franc en argent devant peser 5 grammes. Le Directoire imposa le mot « franc » par la loi du 17 floréal an VIII (7 mai 1799). Les anciennes et les nouvelles pièces coexistant et les équivalences posant des problèmes, Bonaparte définit rigoureusement la frappe de la nouvelle monnaie qui devait remplacer toutes les anciennes par la loi du 7 germinal an XI (28 mars 1803). La pièce de 1 franc était de 5 grammes en argent à 90%. Était décidée la frappe de pièces d'argent de 5, 2, 1 francs, de 0,50 et 0,25 franc, de pièces d'or de 20 et de 40 francs, titrant aussi 9/10e d'or, sur la base d'un gramme d'or valant 15,5 grammes d'argent. La France était pourvue d'une monnaie, le franc dit « germinal », du nom de la date de la loi, qui allait demeurer inchangée jusqu'au lendemain de la guerre de 1914-1918.

FRANC-MAÇONNERIE. Dès la fin du XVIIIe siècle, la littérature contre-révolutionnaire a mis en évidence le rôle de la franc-maçonnerie dans la chute de l'Ancien Régime en exagérant peut-être le caractère de complot de cette subversion. En effet, la franc-maçonnerie britannique n'a nullement tenté de renverser la monarchie constitutionnelle anglaise. En France, les ambitions du grand-maître, Philippe, duc d'Orléans, futur Philippe Égalité, peuvent expliquer le rôle révolutionnaire de la franc-maçonnerie entre 1789 et 1791. Après, sous la Terreur notamment, la franc-maçonnerie, implantée dans la noblesse et la bourgeoisie la plus riche, subira aussi les outrages de la guillotine et devra se mettre en sommeil. Il y avait en 1789 près d'un millier de loges à travers tout le pays, divisées en deux obédiences, Grande Loge et Grand Orient. L'idéologie égalitaire de la franc-maçonnerie contribua largement à la désagrégation de la discipline dans l'armée, où les loges étaient particulièrement nombreuses. Les théories de religion naturelle empruntées aux philosophes du siècle des lumières contribuèrent aussi à la politique anticléricale de la Révolution. La franc-maçonnerie se reconstitua à la fin du Directoire et les deux obédiences fusionnèrent en juillet 1799.

FRANÇOIS II (Né à Florence, le 12 février 1768, mort à Vienne, le 2 mars 1835). Fils de Léopold II, François II devient empereur allemand en 1792 et, neveu de Marie-Antoinette, s'engage aussitôt dans la guerre contre la Révolution française. Les défaites successives de ses armées le contraignent à la paix de Campoformio en 1797 qui lui fait perdre les Pays-Bas (Belgique) et la Lombardie. Le traité de Lunéville en 1801 consacre la perte de toutes ses possessions sur la rive gauche du Rhin. Après Austerlitz, il doit renoncer à la couronne impériale et accepter la Confédération du Rhin. Il prend alors le titre d'empereur d'Autriche qu'il porte depuis 1804 et le nom de François Ier. La défaite de Wagram en 1809 entraîne le mariage de sa fille Marie-Louise avec Napoléon. Rallié à la grande coalition en 1813, il récupère la plus grande partie des territoires perdus au congrès de Vienne de 1814, mais renonce à la restauration du Saint Empire romain germanique et devient président de la Confédération germanique.

FRANÇOIS DE NEUFCHÂTEAU (Nicolas Louis) (Né à Saffais, Meurthe-et-Moselle, le 17 avril 1750, mort à Paris, le 10 janvier 1828). Enfant prodige, élève des jésuites de Neufchâteau, Nicolas-Louis François publie en 1765 son premier recueil de *Poésies diverses*, puis des *Pièces fugitives* en 1766. Reçu à l'académie de Dijon, puis à celles de Lyon, Marseille, Nancy, pris sous la protection du bailli d'Alsace, Henri d'Hénin, cet adolescent de seize ans est autorisé à accoler le nom de la ville de Neufchâteau au sien. Collaborateur de l'*Almanach des Muses*, traducteur en vers du *Roland furieux* de l'Arioste, François de Neufchâteau réside à Saint-Domingue de 1783 à 1786 comme procureur général près le Conseil supérieur du Cap-Français et, moins chanceux que Camoëns, perd le manuscrit de sa traduction de l'Arioste lors d'un naufrage pendant la traversée du retour. Rédacteur du cahier de doléances du bailliage de Toul, député suppléant aux états généraux, administrateur du département des Vosges en 1790, il est élu par ce département à l'Assemblée législative. Secrétaire de l'Assemblée puis membre du Comité de législation, il se signale par son hostilité aux prêtres réfractaires et à l'Église catholique en général qu'il souhaite subordonner à l'État laïque. Élu à la Convention, il refuse, pour des raisons de santé, affirme-t-il, d'y siéger et refuse aussi le ministère de la Justice qu'on lui offre. Cela ne lui évite pas les ennuis, car sa pièce de théâtre, empruntée au roman de

Richardson, *Paméla, ou la Vertu récompensée*, jouée le 1er août 1793 au théâtre de la Nation, est interdite dès sa neuvième représentation à cause de ces deux vers jugés subversifs : « Ah ! les persécuteurs sont les seuls condamnables. Et les plus tolérants sont les seuls raisonnables. » Jeté en prison le 3 septembre 1793 pour ces malheureux et mauvais vers, François de Neufchâteau n'en sort qu'après l'élimination de Robespierre, onze mois plus tard, le 4 août 1794. A sa libération, on le nomme membre du Tribunal de cassation, commissaire du Directoire près l'administration centrale des Vosges. Auteur d'un médiocre poème, *Les Vosges* (1795), il est nommé correspondant puis membre de la classe des lettres de l'Institut en 1796. Brusquement appelé au ministère de l'Intérieur, le 16 juillet 1797, il y reste deux mois, jusqu'au 14 septembre et est choisi avec Merlin de Douai comme Directeur pour remplacer Barthélemy et Carnot destitués et proscrits après le coup d'État du 18 fructidor. Il joue un rôle assez effacé dans le Directoire et le quitte après tirage au sort en mai 1798. Envoyé comme ministre plénipotentiaire à Vienne, il se voit bientôt offrir le ministère des Relations extérieures mais le refuse, acceptant en revanche d'être une seconde fois ministre de l'Intérieur. En un an, du 17 juin 1798 au 23 juin 1799, il accomplit une tâche remarquable dans tous les domaines, jette les bases des archives et des bibliothèques départementales, du Dépôt général des cartes, de l'exposition des produits de l'industrie, du musée du Louvre, institue les concours dans les lycées et collèges, organise la réception des objets d'art envoyés d'Italie par Bonaparte. Rallié à ce dernier après Brumaire, il est fait sénateur et comte de l'Empire et publie de nombreux travaux concernant aussi bien l'agronomie que la poésie et l'histoire, ou même l'édition des œuvres de Pascal et des notes sur le *Gil Blas* de Lesage.

FRATERNITÉ. Troisième élément de la devise de la République, la Fraternité est ainsi définie dans la déclaration des droits et devoirs du citoyen figurant en tête de la Constitution de l'an III (1795) : « Ne faites pas à autrui ce que vous ne voudriez pas qu'on vous fît ; faites constamment aux autres le bien que vous voudriez en recevoir. »

FRÉDÉRIC-GUILLAUME II (Né à Berlin, le 25 septembre 1744, mort à Berlin, le 16 novembre 1797). Neveu et successeur du grand Frédéric II en 1786, Frédéric-Guillaume II est un personnage faible, sous la coupe de ses maîtresses successives. Il s'engage un des premiers contre la Révolution française et signe avec Léopold II d'Autriche la déclaration de Pillnitz en août 1791. Son armée, commandée par Brunswick, envahit la Champagne et se retire après la canonnade de Valmy. Son attention est ensuite absorbée par les partages de la Pologne de 1793 et 1795 qui étendent ses possessions jusqu'à Varsovie. Aussi se désintéresse-t-il de la France révolutionnaire et lui concède-t-il à la paix de Bâle, en 1795, la rive gauche du Rhin.

FRÉRON (Stanislas Louis Marie) (Né à Paris, le 17 août 1754, mort aux Cayes, en Haïti, le 15 juillet 1802). Fils du Fréron que ridiculisa Voltaire, neveu de l'abbé Royou, un des plus vigoureux pamphlétaires royalistes de la Révolution, Stanislas, sans doute au contact de son condisciple de Louis-le-Grand, Camille Desmoulins, bascule dans l'autre camp. Vivant des profits de *L'Année littéraire*, menant joyeuse vie, partageant la couche de la femme de son bon ami Camille,

Fréron finance *L'Orateur du peuple*, un journal d'une rare violence auquel collabore Marat. Les injures contre le couple royal contenues dans cette feuille dépassent en grossièreté celles d'Hébert dans *Le Père Duchesne*. Objet de poursuite après Varennes pour avoir demandé que le roi fût guillotiné et la reine traînée dans les rues de Paris attachée à la queue d'un cheval, Fréron fait partie des agitateurs au Champ-de-Mars, le 17 juillet 1791, et participe, sans prendre toutefois de risques, au 10 août 1792. Ayant suffisamment de titres de gloire pour représenter le peuple souverain, il est élu par Paris à la Convention. Après avoir voté la mort lors du procès du roi, il se rend avec Barras en Provence et s'y fait la réputation d'un des plus féroces « missionnaires de la Terreur ». Après la prise de Toulon, il se glorifie de faire fusiller deux cents Toulonnais par jour et de disposer de douze mille maçons pour raser la ville. A Marseille, il accomplit de semblables exploits. Robespierre et même Hébert sont horrifiés par ses excès, et, le 8 novembre 1793, Hébert dénonce Fréron aux Jacobins en ces termes : « Le pouvoir l'a enivré, il en a abusé. Il n'est plus qu'un aristocrate et un muscadin. » De retour à Paris en janvier 1794, il est accusé d'avoir, avec Barras, détourné 800 000 livres. Aussi Fréron se joint-il à Tallien et aux autres adversaires de Robespierre et est-il un des héros du 9 thermidor. Son journal devient alors l'organe de la réaction royaliste. Il se met à la tête de voyous se baptisant « jeunesse dorée de Fréron », parcourant Paris armés de bâtons et rossant tous les passants ayant un air « jacobin ». Non réélu aux Conseils, il est envoyé comme commissaire du Directoire mettre fin aux massacres de républicains dans le Midi, vit dans un luxe ostentatoire à Marseille et se fait rappeler à Paris où on lui reproche les massacres de Toulon et de Marseille. Isnard notamment l'accable dans un libelle, écrivant de Fréron : « Il sue le crime, il est couvert de la lèpre du crime. Il se faisait un jeu du crime, du parjure, du scandale ; tout lui était bon, pourvu que ce ne fût pas la vertu. » Et le Girondin Rouyer écrit de l'homme qui se déclarait l'élève de Marat : « Les leçons du père ne nous plongeaient que dans la fange littéraire, celles du fils conduisent des pauvres diables à l'échafaud. Famille heureusement née pour les belles-lettres et la politique ! » L'élection de Fréron en Guyane en 1796 est annulée. Ayant dissipé sa fortune, il obtient un poste à la régie de l'octroi parisien, puis, après le 18 brumaire, se rappelle à la mémoire de Pauline Bonaparte avec qui il a une liaison. D'abord nommé dans l'administration des hôpitaux, il est révoqué en décembre 1800. Lassée de lui, Pauline le fait expédier comme sous-préfet à Saint-Domingue où il meurt de la fièvre jaune.

FREY (Siegmund Gottlob Dobroujka-Schoenfeld, dit Junius) (Né à Brno, en Tchécoslovaquie, en 1759, guillotiné à Paris, le 6 avril 1794). Juifs moraves, Junius, Emmanuel (né en 1767) et Léopoldine (née vers 1775), enfants d'un financier, apparaissent à Strasbourg en été 1791 et se présentent comme des réfugiés politiques obligés de fuir le despotisme autrichien. Adoptant le nom de Frey (« libre » en allemand), ils prennent parti dans les querelles strasbourgeoises, embrassant la cause des Jacobins les plus exaltés. Venus à Paris avec la chaude recommandation de ces derniers, ils y sont très bien accueillis. Junius prend symboliquement part au 10 août 1792, se fait donner un certificat de présence et sollicite sa naturalisation française dès le 26 août, pour être venu « dans des temps orageux, partager les souffrances des vrais patriotes ». N'y étant pas parvenu, il dépense largement pour s'attirer une clientèle qui comprend notamment Chabot et Fabre d'Églantine. Dénoncé à plusieurs reprises avec son frère et sa sœur comme « espions de la première catégorie à la solde de la Prusse et de l'Autriche », il n'est vraiment suspect qu'après la chute des Girondins. Robespierre se décide à mettre un terme aux prodigalités suspectes et aux intrigues de la famille Frey après le mariage de l'ex-capucin Chabot, qu'il soupçonnait déjà, avec Léopoldine, mariage comportant une dot de 200 000 livres. Il dénonce la « faction autrichienne ». Chabot se défend en dénonçant à son tour les « combines » de Fabre d'Églantine dans l'affaire de la Compagnie des Indes et Fabre à son tour « donne » Chabot comme membre d'un complot contre-révolutionnaire. Tout ce monde de « copains et de coquins » se retrouve sous les verrous. Sans qu'on ait pu établir la moindre preuve contre eux, les frères Frey sont guillotinés avec Chabot, Fabre d'Églantine, l'abbé d'Espagnac, après avoir été mêlés au procès de Danton afin de salir ce dernier.

FROCHOT (Nicolas Thérèse Benoît) (Né à Dijon, le 20 mars 1761, mort à Etuf près d'Arc-en-Barrois, Haute-Marne, le 29 juillet 1828). Avocat au parlement de Dijon, Frochot participe à la rédaction des cahiers du tiers état de Bourgogne et est élu aux états généraux par le bailliage de la Montagne. Lié à l'Assemblée avec Mirabeau dont il sera l'exécuteur testamentaire, il est l'auteur du titre VII de la Constitution, publié sous le titre *De la souveraineté nationale dont l'exercice n'est pas constamment délégué.* Nommé, à la dissolution de l'Assemblée, administrateur de la Côte d'Or, il se montre tolérant et devient suspect sous la Terreur. Arrêté le 3 mars 1794, il est sauvé par la mort de Robespierre et libéré le 10 octobre. Haut juré de la Côte-d'Or en 1798, puis maître des Eaux et Forêts à Châtillon-sur-Seine, il entre en 1800 au Corps législatif comme député de la Côte-d'Or, puis est nommé préfet de la Seine, conseiller d'État, comte de l'Empire. Premier préfet de la Seine et de Paris, il est révoqué le 23 décembre 1812 à la suite de la conspiration de Malet.

FROIDURE (Nicolas André Marie) (1765-1794). Administrateur au département de police de la municipalité parisienne, Froidure fut une première fois traduit devant le Tribunal révolutionnaire et acquitté. Réintégré dans ses fonctions, dénoncé une seconde fois, accusé d'avoir participé à une imaginaire « conspiration de l'étranger », il fut condamné à mort et conduit à la guillotine, le 29 prairial an II (17 juin 1794), vêtu de la chemise rouge des parricides.

FRONTIÈRES. Les frontières d'Ancien Régime n'avaient pas le caractère linéaire de coupure qu'elles ont aujourd'hui. Le régime féodal laissait subsister des fiefs jouissant d'une indépendance variable, tels les duchés de Nevers et de Rethel, le comté de Sault, la terre de Mandeure et surtout la principauté de Salm, le comté de Saarwerden, la république de Mulhouse, le comtat Venaissin constituaient de véritables enclaves dans le royaume. Nulle part la frontière n'était définie de façon précise. Ainsi, par exemple, durant tout le XVIIIe siècle, des arrangements furent conclus entre le ministère des Affaires étrangères et le duc de Deux-Ponts pour simplifier l'interpénétration des droits de la France et de ce duc à la frontière nord de la Lorraine et de la basse

FRONTIÈRES NORD ET NORD-EST

Alsace. L'abolition des droits féodaux ne régla pas les questions de souveraineté. Seule la force de ses armées permit à la République de faire triompher ses ambitions. Les révolutionnaires, s'appuyant uniquement sur la force des baïonnettes, tiennent des discours justificatifs totalement incohérents et prenant pour base unique leurs intérêts expansionnistes. On invoque pêle-mêle le droit naturel, le droit des peuples à disposer d'eux-mêmes, les limites physiques, la défense de l'intégrité nationale. Merlin de Douai, refusant les traités passés entre « despotes », déclare, le 28 octobre 1790 : « Le peuple alsacien est uni au peuple français parce qu'il l'a voulu ; sa volonté seule a consommé ou légitimé l'union. » L'abbé Grégoire invoque l'attitude d'une poignée de révolutionnaires savoyards pour justifier l'incorporation de la Savoie à la France au nom de la liberté des Savoyards à choisir leur patrie. Mais, bien peu assuré de la valeur de cet argument, il fait aussi appel à la nature : « Vainement a-t-on voulu au Piémont lier la Savoie. Sans cesse les Alpes repoussent celle-ci dans les domaines de la France et l'ordre de la Nature serait contrarié si leur gouvernement n'était pas identique. » Faisant preuve d'un mépris total du droit et de la logique, les révolutionnaires prétendent d'une part que « la liberté n'a pas de frontières », que les frontières doivent être établies en suivant le vœu des populations, d'autre part que les frontières de la République « sont marquées par la Nature. Nous les atteindrons toutes, proclame Danton, des quatre coins de l'horizon, du côté du Rhin, du côté de l'Océan, du côté des Pyrénées, du côté des Alpes ». La Révolution et l'Empire vont faire flotter le drapeau tricolore sur Le Caire et Moscou, porter les limites de la France jusque sur la Baltique et sur l'Adriatique, mais, en 1815, la France va retrouver à peu près ses limites de 1789. Elle sera agrandie du comtat Venaissin, de Mulhouse et Montbéliard, mais aura perdu Philippeville, Marienbourg et d'autres territoires d'une superficie comparable au Comtat de part et d'autre de la Meuse au nord de Sedan, la Sarre et toute l'Alsace située au nord de la Lauter, un bilan globalement négatif.

FROTTÉ (Marie Pierre Louis de) (Né à Alençon, le 5 août 1766, fusillé à Verneuil, le 19 février 1800). Jeune officier, Frotté émigre en 1791 et rejoint l'armée de Condé, puis sert en Italie et s'installe à Londres en 1794. En janvier 1795, Puisaye le charge de soulever la Normandie et le nomme lieutenant-colonel. Il arrive en France au moment où l'Ouest signe la paix avec Hoche et assiste aux négociations, proposant au général républicain d'être le Monk français et de rétablir la monarchie. En juin 1795, il déclenche l'insurrection en Normandie à la tête de 400 hommes seulement. Dépendant de Puisaye pour ses approvisionnements en armes et en munitions, il fait déborder son action sur le Maine en liaison avec Scépeaux et Rochecot. Il participe à de nombreux combats : le Teilleul, la Vente-Henriet, Torchamps, l'expédition du Bessin, la surprise manquée de Mayenne, le 19 février 1796, l'échec de Tinchebray, le 31 mars. La soumission des autres chefs insurgés le contraint à repartir pour l'Angleterre. Après avoir mis au point un nouveau projet d'insurrection avec Pitt et le comte d'Artois, il revient en Normandie en avril 1797, s'introduit clandestinement dans Paris mais doit fuir après le coup d'État du 18 fructidor et retourner en Angleterre. Rallié à Puisaye, il refuse de se placer sous les ordres de Pichegru et prépare une nouvelle insurrection en Normandie. Après avoir assisté en août 1799 au conseil d'Édimbourg qui réorganise la résistance royaliste, il débarque en France, le 23 septembre, se bat à Couterne et manque la prise de Vire. N'ayant pas reçu les secours promis, il engage des négociations et participe aux conférences de Pouancé. Après la soumission de Cadoudal, il dirige une dernière opération militaire aux Forges de Cossé et envoie, le 8 février 1800, sa soumission au général Hédouville. Ce dernier ayant été relevé de ses fonctions, c'est Guidal qui est chargé de recevoir la soumission de Frotté. Muni d'un sauf-conduit, Frotté se présente à Guidal, est arrêté, condamné à mort et fusillé.

FRUCTIDOR (coup d'État du 18). Les élections d'avril 1797 amenèrent un grand nombre de députés de droite dans les conseils du Directoire, qui élirent Barthélemy à la place de Letourneur lors du renouvellement annuel d'un des cinq Directeurs. Le conflit entre la majorité parlementaire de droite et les trois Directeurs, nommés « triumvirs » par la presse hostile, Barras, La Revellière-Lépeaux, Reubell, s'aigrit au sujet des titulaires des ministères, les députés ayant demandé le départ de ministres estimés trop jacobins et la majorité directoriale ayant riposté en renvoyant deux ministres qu'elle jugeait trop modérés. On se trouva alors devant une situation bloquée non prévue par la Constitution de l'an III : les conseils ne pouvaient plus faire exécuter leurs décisions législatives et le Directoire ne pouvait faire voter par les législateurs les dispositions nécessaires au fonctionnement de l'exécutif. Résolu à débloquer la situation par un coup de force militaire, Barras appela Hoche à Paris sous prétexte de lui donner le ministère de la Guerre. Mais le ministre démis, Petiet, avisa les conseils, le 16 juillet 1797, que les troupes de Hoche venaient de franchir les limites constitutionnelles à l'intérieur desquelles les armées de la République n'avaient pas le droit de s'aventurer (soit soixante kilomètres autour du lieu de séance des conseils). Hostiles à un coup de force aussi patent, La Revellière-Lépeaux et Reubell désapprouvèrent l'initiative de Barras, et Hoche dut repartir vers son commandement de Sambre-et-Meuse. Résolus à agir avec plus de discrétion, les « triumvirs » commencèrent à infiltrer lentement des troupes sûres à l'intérieur du « rayon constitutionnel » de soixante kilomètres et firent appel à Bonaparte. Ce dernier, en échange de la ratification par le Directoire du traité de Campoformio qu'il avait négocié avec l'Autriche, leur envoya « un sabre », Augereau, un Jacobin bon teint, qui fut nommé à la tête de l'armée de Paris. Le 18 fructidor an V (4 septembre 1797), Paris se réveilla quadrillé par la troupe. Les élections d'avril précédent furent, sous la menace des armes, annulées dans 49 départements et 177 députés furent invalidés, ce qui permit aux « triumvirs » de retrouver une majorité docile dans les Conseils. Les Directeurs Barthélemy et Carnot, qui, quoique républicain, n'avait pas accepté un coup d'État contre les royalistes, furent déchus de leurs fonctions et remplacés par François de Neufchâteau et Merlin de Douai. Soixante-cinq personnes furent envoyées en déportation en Guyane, dont Barthélemy et Pichegru.

FUITE DU ROI. Dès la fin de janvier 1791 courut à Paris la rumeur d'une évasion prochaine de la famille royale. Aussi, lorsque, le 18 avril, le roi voulut se rendre à Saint-Cloud, la foule ameutée empêcha son départ, le soupçonnant de vouloir s'enfuir vers Bruxelles. En fait, le roi souhaitait recevoir à Saint-Cloud, à l'occasion des fêtes pascales, les sacrements de la main d'un prêtre réfractaire. Se sentant prisonnier des Parisiens, c'est alors seulement qu'il décida de tenter une évasion. Aidée par Fersen, la famille royale quitta Paris à bord d'une berline lourdement chargée dans la nuit du 20 juin 1791. Elle se dirigea vers Montmédy mais perdit du temps par rapport à l'horaire prévu. Inquiétée par les mouvements de troupe qui se produisaient sur l'itinéraire que devait emprunter le roi, la population fut vite en état d'alerte. Quoique déguisé, le roi fut reconnu à l'étape de Sainte-Menehould par le maître de poste Drouet qui prit les devants et fit arrêter les fugitifs à Varennes, le 21 juin. Prévenue, l'Assemblée envoya Barnave, Latour-Maubourg et Petion chercher les captifs. Le retour se fit au milieu de foules hostiles. L'Assemblée choisit de croire à un enlèvement du roi manigancé par Bouillé et les émigrés. Mais déjà s'élevaient les premières voix demandant la déchéance d'un souverain qui avait fui. La fusillade du Champ-de-Mars, le 17 juillet suivant, ne fut qu'un signe du malaise et de l'hostilité montante contre la monarchie. L'échec de Varennes faisait le lit de la République.

FUSILLADE DU CHAMP-DE-MARS , voir **CHAMP-DE-MARS**.

FUSILS. Les fusils remplacèrent arquebuses et mousquets sous le règne de Louis XIV. A la veille de la Révolution, le fusil, avec sa baïonnette adaptable au canon, était l'arme principale de l'infanterie en Europe. Un fusil était composé du bois ou fût, du canon, de la baguette, de la batterie, de la détente, de la crosse. On déchirait la cartouche et on la glissait par le haut du canon, puis on la bourrait avec la baguette. En pressant sur la détente, le chien, armé d'une pierre à feu, mettait le feu à la poudre et faisait partir le coup. Au début de la guerre, l'armée avait seulement 320 000 fusils dans les arsenaux. Quoique des inventeurs comme Gaillau et Dégardin aient proposé à la Convention des améliorations du fusil, cette arme ne fut pas perfectionnée avant le début de l'Empire.

G

GABELLE. C'est en 1383 que le roi impose la gabelle, monopole de la vente du sel par l'administration qui oblige les contribuables à en acheter annuellement une quantité fixée pour chaque paroisse et nommée « sel du devoir ». A la fois impôt indirect et vente forcée, la gabelle varie d'une région à l'autre et on en distingue au moins six régimes différents. Les pays francs sont complètement exempts de toute taxe, ce sont en général des régions maritimes où la fraude aurait été aisée. Les pays rédimés ont racheté les droits qu'ils avaient à payer par un versement forfaitaire et définitif. Les pays de salins, produisant du sel, n'ont qu'une gabelle insignifiante. Les pays de quart-bouillon correspondent à la basse Normandie : le sel y est obtenu par chauffage et évaporation après ébullition de l'eau de mer, les sauniers versent le quart de leur production aux greniers du roi. Les pays de petite gabelle sont ceux où la consommation est libre. Les pays de grande gabelle, les plus pénalisés, sont ceux où les habitants sont contraints d'acheter le « sel du devoir », environ 9 livres par an et par personne, correspondant au Bassin parisien, au Val-de-Loire, au Berry et à la Bourgogne. Ce système compliqué donne lieu à de multiples abus et à des fraudes, notamment la contrebande. Les heurts entre faux-sauniers et gabelous, souvent mortels, sont constants aux confins de la Bretagne, du Maine et de l'Anjou. A la fin de l'Ancien Régime, la gabelle est unanimement détestée et Calonne écrit en 1787 que c'est un impôt « si disproportionné dans sa répartition qu'il fait payer dans une province vingt fois plus que dans l'autre ; si rigoureux dans sa perception que son nom seul inspire de l'effroi ; un impôt qui, frappant une denrée de première nécessité, pèse sur le pauvre autant que sur le riche..., un impôt enfin dont les frais vont au cinquième de son produit (les fermiers percevaient environ 38 millions dont 7 au plus revenaient à l'État) et qui, par l'attrait violent qu'il présente à la contrebande, fait condamner tous les ans à la chaîne ou à la prison plus de cinq cents chefs de famille et occasionne plus de quatre mille saisies par années ». La gabelle fut abolie en 1790.

GAGISTES. C'est ainsi qu'on nomma, après l'emprisonnement du roi au Temple, les personnes attachées à son service, gens à gages ou pensionnés ayant des fonctions de domestiques. La Législative décida de leur accorder des secours et des pensions provisoires jusqu'à ce que le sort du souverain ait été fixé par la Convention. On exigea d'eux, préalablement à tout paiement de secours, qu'ils habitent la France depuis au moins le 14 juillet 1789, qu'ils payent leur contribution patriotique et qu'ils fassent partie de la garde nationale.

GAÎTÉ (théâtre de la), voir **THÉÂTRES**.

GALÉRIENS. Sous l'Ancien Régime, les condamnés au bagne étaient nommés galériens parce qu'à l'origine ils étaient envoyés ramer sur les galères du roi. La Convention, ayant destiné ce couvre-chef aux « patriotes », leur interdit le port du bonnet rouge.

GARAT (Dominique Joseph) (Né à Bayonne, le 8 septembre 1749, mort à Ustaritz, Pyrénées-Atlantiques, le 9 décembre 1833). Avocat mais surtout intéressé par la littérature, Garat quitte son Sud-Ouest natal pour s'établir à Paris en 1773 ou 1774. Logé chez Mme Suard, il se lie avec les plus grands noms de la philosophie de cette fin de siècle : Diderot, Helvétius, d'Alembert, Condorcet, Grimm, Fréron. Collaborateur du *Mercure de France* et de l'*Encyclopédie méthodique*, auteur d'éloges académiques, il professe comme suppléant de Marmontel à l'Athénée. Il se fait élire par le tiers état de son Labourd aux états généraux en même temps que son frère Dominique, paraît rarement à la tribune et se caractérise par son extrême prudence. Collaborateur du *Journal de Paris*, il y fait paraître les comptes rendus des séances de l'Assemblée. Nommé, à la séparation de la Constituante, à l'ambassade de Chauvelin en Angleterre, il est rappelé par Brissot pour succéder à Danton au ministère de la Justice, le 9 octobre 1792. Dans une situation embarrassante, soucieux de ne mécontenter personne, Garat finit par absoudre les auteurs des massacres de Septembre, jugés par lui excusables parce que « nécessaires ». Il se met ainsi à dos les Girondins. Lors du procès du roi, il se montre tout aussi embarrassé, témoignant des égards à Louis XVI, mais lui notifiant sans émotion son arrêt de mort et assistant sans broncher à son exécution. Passé au ministère de l'Intérieur peu après, totalement dépassé par les événements, brouillé avec Chaumette et la Commune de Paris, incapable de prévoir et de contrôler les mouvements populaires, soucieux de maintenir la balance égale entre la Gironde et la Montagne, également détesté et méprisé par les deux factions, il laisse, les 31 mai et 2 juin, arrêter vingt-deux députés girondins. Traité d'« eunuque politique » et de « Jacobin malgré lui » par les Montagnards triomphants, protégé cependant par Danton au Comité de salut public, Garat juge plus prudent, après l'éviction de ce dernier du Comité, de démissionner de son ministère, le 19 août 1793. Accusé par les Jacobins d'avoir voulu affamer Paris, d'avoir dilapidé les fonds publics, d'avoir fait établir un fichier des « patriotes », il est arrêté le 27 septembre, mais échappe à une inculpation et, se faisant tout petit, passe à travers les pires heures de la Terreur. Après le 9 thermidor, il est recasé comme professeur d'idéologie ou de philosophie à l'École normale, devient membre de la section des sciences morales de l'Institut. Quelques mois ambassadeur à Naples au début de 1798, il revient en mai à Paris, où il a été élu par la Seine-et-Oise au Conseil des Anciens. Garat salue avec empressement le coup d'État du 18 brumaire et prononce, le 14 décembre 1799, un discours justifiant l'action de Bonaparte. Récompensé par un siège au Sénat, il sera fait comte de l'Empire et membre de l'Académie française par un Napoléon qui ne cache pas son mépris pour cet « enfileur de mots ». Garat pratique de son côté une opposition lâche et sournoise à l'empereur en qui il croit voir, étrange aveuglement, « un philosophe qui, par hasard, s'est cru obligé de gagner quelques batailles ». Empressé auprès de Louis XVIII, Garat en est récompensé par son exclusion de l'Institut et repart finir son existence dans son pays natal.

GARDE CONSTITUTIONNELLE DU ROI. Le décret du 3 septembre 1791 de la Constituante accorda au roi une garde constitutionnelle de 1 200 fantassins et de 600 cavaliers. Formée d'hommes dévoués au roi, la garde constitutionnelle fut dissoute par la Législative, le 29 mai 1792, le laissant sans défense, le 10 août suivant.

GARDE DÉPARTEMENTALE. C'est le Girondin Buzot qui présenta, le 8 octobre 1792, le projet d'une garde départementale. Il proposait l'envoi par chaque département de 4 fantassins et 2 cavaliers par député à la Convention, ce qui aurait fait 4 470 soldats pour 745 députés. Cette garde départementale était destinée à protéger l'Assemblée contre les émeutes et les coups de force organisés par la Commune de Paris. Les Montagnards, soucieux de ne pas perdre un moyen de pression sur la Convention où ils étaient minoritaires, firent traîner indéfiniment le projet. Plusieurs départements, inquiets des violences parisiennes, envoyèrent, de leur propre initiative, des « forces départementales » qui, faute d'une structure commune et d'un texte législatif leur donnant un rôle légal, ne purent rien faire lorsque, grâce aux émeutes des 31 mai et 2 juin 1793, les Girondins furent proscrits de la Convention.

GARDE DU CORPS LÉGISLATIF. La Constitution de l'an III, tenant compte de l'insécurité dans laquelle avait vécu la Convention, affecta à la défense des conseils du Directoire une garde du Corps législatif, dont l'élément le plus connu était constitué par un corps de 1 200 grenadiers. Cette garde destinée à protéger les élus de la nation se rallia à Augereau lors du coup d'État du 18 fructidor et à Bonaparte au 18 brumaire.

GARDE DU DIRECTOIRE. La Constitution de l'an III, qui avait octroyé une garde du Corps législatif aux Conseils des Anciens et des Cinq-Cents, octroya au pouvoir exécutif, au Directoire, une garde de 360 hommes, 240 fantassins et 120 cavaliers. Cette garde se rallia à Bonaparte, le 18 brumaire.

GARDE INVALIDE. C'est ainsi qu'on appelait la garde de vétérans invalides chargée du service auprès du roi à Versailles. Cette garde entra en conflit à la fin de juillet 1789 avec la garde nationale de Versailles pour la garde du château. Le roi souhaitait que la garde de grilles fût assurée par les invalides et celle des cours intérieures par la milice bourgeoise. La garde nationale souhaitait se mettre en valeur et parader aux grilles. Finalement, on décida l'alternance des deux corps aux différents postes.

GARDE-MEUBLE. C'est dans le garde-meuble qu'étaient conservés tous les objets précieux appartenant à la Couronne, notamment les bijoux. Installé en 1772 sur la place Louis-XV, le garde-meuble fut pris d'assaut par la foule, le 13 juillet

1789, qui s'empara des armes d'apparat en métal précieux et de deux petits canons en argent offerts en 1684 à Louis XIV par le roi de Siam. Un décret du 26 mai 1791 de la Constituante ordonna l'inventaire du garde-meuble. On constata alors de nombreuses disparitions de pierres précieuses. Dans la nuit du 16 au 17 septembre 1792, un vol très important fut commis et de très belles pierres comme le diamant « le Régent » disparurent. Sous l'Empire, le garde-meuble devint le ministère de la Marine.

GARDE MUNICIPALE DE PARIS. Formée de troupes de ligne, la garde municipale de Paris était forte en 1789 de 950 fantassins et 528 cavaliers. Il y avait, en outre, 3 compagnies de gardes de l'Hôtel de Ville et une compagnie du Guet de Paris, attachée au Châtelet et chargée du service des prisons. La garde municipale fut remplacée en 1792 par la gendarmerie.

GARDE NATIONALE. Le 13 juillet 1789, devant les désordres et les pillages qui se multipliaient dans Paris, les électeurs de la ville se réunirent à l'Hôtel de Ville et décidèrent la constitution d'une milice bourgeoise pour rétablir l'ordre. Le 15 juillet 1789, La Fayette fut élu commandant en chef de cette milice qu'il nomma garde nationale. Chaque ville de province voulut alors avoir sa garde nationale. La loi du 14 octobre 1791 astreignit tous les citoyens actifs et leurs enfants âgés d'au moins dix-huit ans à faire partie de la garde nationale, dont les officiers étaient élus. La garde nationale parisienne joua un rôle essentiel pour assurer la dictature de la capitale sur la représentation nationale obligée d'obéir à la force des baïonnettes « patriotiques ». Après la chute de Robespierre, elle tomba sous le contrôle des royalistes et tenta de renverser le Directoire au 13 vendémiaire. Vaincue par Bonaparte, elle fut désarmée et son influence réduite à néant.

GARDES CHAMPÊTRES. Nommés sous l'Ancien Régime messiers ou bangards, les gardes champêtres furent créés en 1795. Ils étaient nommés par l'administration des districts sur proposition des conseils généraux des communes.

GARDES DU CORPS. Institués à la fin du Moyen Age, les gardes du corps formaient en 1789 quatre compagnies dont l'une, souvenir du passé, se nommait compagnie écossaise, quoique constituée de Français. L'effectif total était de 1 124 hommes. Rendus suspects par l'affaire du banquet du 1er octobre 1789, les gardes du corps furent supprimés, le 25 juin 1791, au lendemain du retour de Varennes. Ils furent rétablis par Louis XVIII et disparurent définitivement en 1830.

GARDES FORESTIERS. Des agents de l'administration des bois et forêts prirent ce nom en 1791, lorsque la Constituante réorganisa ces services de l'État. Leur uniforme fut établi comme suit : surtout bleu roi, portant un médaillon de drap rouge avec l'inscription en jaune, « Conservation des forêts nationales ». Leur salaire maximal fut fixé à 500 livres en 1794. Le Directoire en fit des agents assermentés.

GARDES-FRANÇAISES. Corps d'élite créé pour protéger Charles IX en 1563, les gardes-françaises formaient un régiment de 3 600 hommes, cantonné à Paris en 1789. Habilement infiltrés par des agitateurs, gagnés aux idées révolutionnaires, les gardes-françaises se battirent, le 6 juillet 1789, avec les régiments allemands restés fidèles au roi et, le 14 juillet, cinq des six compagnies rejoignirent la foule et participèrent à l'attaque de la Bastille. Les gardes-françaises entrèrent massivement dans la garde nationale parisienne et leur régiment fut dissous, le 1er septembre 1789. Leur défection fut le premier craquement et le début de la décomposition de l'armée de l'Ancien Régime.

GARDES SUISSES. Créés par Charles IX en 1573, les gardes suisses furent organisés en régiment par Louis XIII en 1616. Dans la maison militaire du roi, les suisses venaient après les gardes-françaises et, à l'inverse d'eux, portaient l'uniforme rouge rehaussé de bleu. Ils avaient aussi une solde double. Ils défendirent héroïquement le roi et les Tuileries, le 10 août 1792, et furent massacrés presque tous par la foule après avoir, sur l'ordre du roi, déposés les armes.

GARDIEN(Jean-François Marie), (Né à Château-Renault le 9 janvier 1755, guillotiné à Paris le 31 octobre 1793). Avocat, puis procureur-syndic de sa ville natale, il est élu par le département d'Indre-et-Loire à la Convention. Il fit un rapport sur l'armoire de fer et conclut à la culpabilité du roi. Il ne vota pourtant pas la mort. Membre de la commission des Douze, il fut arrêté avec les Girondins et exécuté. Il chantait d'une très belle voix en montant à l'échafaud et encore sous le couperet.

GARNIER (Antoine Marie Charles), dit Garnier de l'Aube (Né à Troyes, le 7 septembre 1742, mort à Blaincourt, Aube, le 9 septembre 1805). Avocat à Troyes quand débute la Révolution, Garnier se fait élire procureur-syndic de cette ville en 1790 puis député de l'Aube à la Convention. Membre du groupe dantoniste à la Montagne, ami et compatriote de Danton, il vote la mort lors du procès du roi, traitant Louis XVI de « conspirateur ». Il est fréquemment en mission, d'abord dans l'Aube et l'Yonne pour surveiller la levée des 300 000 hommes, puis dans l'Ain, la Côte-d'Or, le Doubs et le Jura pour y réprimer l'insurrection fédéraliste, mission qui échoue largement, enfin à Tonnerre où s'affrontent deux sociétés populaires. Revenu à la Convention à la fin de 1793, il laisse arrêter et condamner Danton sans oser prendre la parole. Le 9 thermidor, alors que Robespierre doit s'interrompre, pris par une quinte de toux, il lui lance : « C'est le sang de Danton qui t'étouffe. » A quoi Robespierre rétorque : « C'est donc Danton que vous prétendez venger, lâches ! Pourquoi ne l'avez-vous pas défendu ? » Entré au Comité de sûreté générale, il demande en vain l'arrestation de tous les membres des anciens comités lors de l'insurrection du 12 germinal, car, déclare-t-il, « lorsqu'on veut écraser la tyrannie, on ne doit pas procéder en forme ». Nommé ensuite administrateur des salines de l'Est, puis commissaire du gouvernement dans son département de l'Aube, il intrigue en vain avec Fréron pour se faire élire au Conseil des Cinq-Cents par la Guyane et revient à la vie privée.

GARNIER (Jacques), dit Garnier de Saintes (Né à Saintes, le 30 mars 1755, noyé dans l'Ohio en 1817 ou 1818). Avocat à Saintes en 1784, Garnier se distingue dès le début de la Révolution en créant et présidant un comité chargé de rechercher les stocks de blé et de les vendre à l'encan. Maire de Saintes en 1790, procureur général-syndic de la Charente-Inférieure, il est élu par ce département à la Convention. Membre du club des Jacobins, siégeant à la Montagne, Garnier se montre très violent, demandant le bannissement à perpétuité des émigrés des deux sexes et leur exécution s'ils reviennent en France, réclamant aux Jacobins la création d'une « faction de salut public », souhaitant que Louis XVI ne soit pas traité en accusé mais en ennemi, qu'il soit « sacrifié à la sûreté et à la justice ». Haineux, incohérent, bavard, il se voit interdire la tribune pendant vingt-quatre heures durant le procès du roi. Après avoir voté pour la mort, il entre au Comité de sûreté générale, le 25 mars 1793. Ses collègues excédés s'en débarrassent en l'envoyant en mission à l'armée des côtes de La Rochelle à la fin d'avril. Il ne participe donc pas à l'élimination des Girondins. On le trouve ensuite à l'armée des côtes de Brest, dans la Manche, dans l'Orne. De passage à Paris, le 7 août 1793, il propose de déclarer Pitt « ennemi du genre humain ». Chargé d'organiser le gouvernement révolutionnaire dans le Loir-et-Cher et la Sarthe en mars et avril 1794, il se heurte constamment à ses collègues, de même que lors de son passage à Bordeaux. Ayant appris la chute de Robespierre, il s'empresse de dénoncer son collègue Jullien comme « suppôt de Robespierre » mais ne renie pas ses opinions montagnardes et, toujours aussi incohérent, s'en prend violemment aux insurgés de germinal et de prairial. Représentant de la Mayenne au Conseil des Cinq-Cents, il approuve le coup d'État du 18 fructidor. A sa sortie du Conseil, il préside le tribunal criminel de la Charente-Inférieure. Bonaparte le fait chevalier. Exilé comme régicide, établi aux États-Unis, il se noie accidentellement.

GARNISONS. A la fin de l'Ancien Régime, les garnisons se trouvaient essentiellement dans les places fortes. Elles furent vite contaminées par l'esprit révolutionnaire et la révolte de la garnison de Nancy en 1790 provoqua une grande émotion.

GARRAN DE COULON (Jean Philippe) (Né à Saint-Maixent, le 10 avril 1749, mort à Paris, le 19 novembre 1816). Secrétaire d'Henrion de Pansey et avocat à Paris, Garran de Coulon prend part à l'agitation précédant la réunion des états généraux et est élu député suppléant du tiers état de Paris. Membre du comité insurrectionnel, c'est lui qui livre Flesselles à la populace qui l'assassine. Membre de la première puis de la seconde Commune de Paris, il en dirige le comité de recherches, c'est-à-dire la police, et présente l'insurrection du 14 juillet comme une conspiration de la cour. C'est encore lui qui dénonce Favras en décembre 1789. Élu en 1791 au Tribunal de cassation des Deux-Sèvres, il n'y séjourne guère, ayant été élu à la Législative par Paris. Il y intervient en faveur des hommes de couleur, conteste au président le droit d'imposer silence au public des tribunes, demande l'élection des juges, mais dénonce aussi la mise en accusation des émigrés comme contraire à la Déclaration des droits de l'homme, exige l'amnistie pour les suisses de Châteauvieux condamnés aux galères. Accusateur public près la Haute Cour d'Orléans, il laisse Fournier l'Américain enlever les prisonniers qui devaient être transférés à Semur et les ramener sur Paris pour les livrer aux massacreurs à Versailles. Élu par le Loiret à la Convention, Garran se montre beaucoup plus modéré, ne vote pas la mort du roi, demande un vote à la majorité des deux tiers, et se fait oublier au comité de législation durant la Terreur. Sous la Convention thermidorienne, il fait accuser Ruhl mais défend Drouet, ne cache pas sa joie de l'échec des émeutes parisiennes. Au Conseil des Cinq-Cents comme représentant de la Loire-Inférieure, il défend Bonaparte accusé par Dumolard à propos de l'occupation de Gênes et de Venise, adhère au coup d'État de brumaire, entre au Sénat, est fait comte de l'Empire.

GASPARIN (Thomas Augustin de) (Né à Orange, le 27 février 1754, mort à Orange, le 7 novembre 1793). Capitaine au début de la Révolution, Gasparin fait, dans une brochure, l'apologie des suisses du régiment de Châteauvieux révoltés à Nancy en 1790. Élu à la Législative par les Bouches-du-Rhône, il y siège à la commission militaire et fait assimiler les officiers élus par les unités de volontaires aux officiers de l'armée régulière, mesure qui s'explique bien par la déconvenue d'un homme qui a mis dix-sept ans pour passer de sous-lieutenant à capitaine. Réélu à la Convention, après avoir voté la mort du roi, Gasparin est envoyé à l'armée du Nord après la défection de Dumouriez. Élu en juin 1793 au Comité de salut public, il en démissionne pour raison de santé, le 27 juillet, et est envoyé à l'armée d'Italie. Il assiste à la chute de Marseille et impose pour le siège de Toulon le plan de Bonaparte, faisant connaître cet officier inconnu, et meurt de pneumonie. L'Empereur ne l'a pas oublié, léguant dans son testament 100 000 francs à ses descendants. Il a notamment écrit : « Gasparin nous a mis, par sa protection, à l'abri de la persécution et de l'ignorance des états-majors qui commandaient l'armée avant l'arrivée de mon ami Dugommier. » La Convention décida le transfert du cœur de Gasparin au Panthéon, mais la mesure ne fut pas exécutée.

GAVOTTE. Cette danse imitée du menuet et arrangée par Vestris d'après les figures de danse des Gavots, habitants de la région de Gap, était très connue et très pratiquée à la cour et à la ville. Elle fit fureur notamment en 1790.

GAY-VERNON (Léonard Honoré Gay de Vernon, dit) (Né à Saint-Léonard, Haute-Vienne, le 6 décembre 1748, mort à Moissannes, Haute-Vienne, le 22 octobre 1822). Curé de Compreignac, près de Limoges, favorable aux idées révolutionnaires, Gay-Vernon est élu évêque constitutionnel de la Haute-Vienne en mars 1791, puis député de ce département à la Législative et à la Convention. Il vote la mort du roi et la proscription des Girondins, renonce avec Gobel solennellement à la prêtrise, le 7 novembre 1793. Resté fidèle à la Montagne après le 9 thermidor, il se voit reprocher son athéisme par Rivaud, un collègue qu'il a dénoncé comme Girondin, et accusé d'avoir contribué à l'arrestation de Philippe-Égalité après avoir bénéficié de ses largesses. Député de la Haute-Vienne au Conseil des Cinq-Cents, il approuve les proscriptions après le 18 fructidor, propose d'exclure les nobles de toute fonction publique. Réélu en 1798, il voit son élection cassée et est nommé en compensation consul à Tripoli. N'ayant pu rejoindre son poste, il est affecté comme secrétaire général du consulat de France à Rome en remplacement de Bassal. Mais Rivaud, qui se trouve alors en Italie lui aussi, comme ministre plénipotentiaire près la République cisalpine, le dénonce pour ses manœuvres contre Faypoult. Il est destitué et proscrit. En 1799, Gay-Vernon obtient son pardon et la régie de l'octroi de Poitiers, puis devient commissaire du Directoire dans la Somme. Il donne sa démission au coup d'État de brumaire et fonde un établissement d'enseignement à Paris. Il est exilé comme régicide en 1816, mais autorisé à rentrer en 1819. Retiré sur sa terre de Vernon, il refuse les sacrements du curé de Moissannes à ses derniers moments, lui disant : « Dieu y pourvoira. »

GAZETTE (La). Fondée en 1631 par Théophraste Renaudot, *La Gazette* était hebdomadaire et comportait quatre pages. Le plus ancien journal français, *La Gazette* était consacrée aux nouvelles de l'étranger et de la cour et traitait surtout d'affaires politiques et diplomatiques. En 1762, elle prit le titre de *Gazette de France*, avec pour sous-titre *Organe officiel du Gouvernement royal*. Panckoucke la prit à bail en 1787 et l'ajouta au *Mercure* qu'il possédait déjà et au *Moniteur* qu'il fonda peu après. *La Gazette* resta obstinément muette sur la Révolution naissante, n'évoquant même pas la prise de la Bastille, se bornant à énumérer les actes du gouvernement. Pour satisfaire la clientèle, Panckoucke fit paraître un supplément, *Le Gazettin*, qui donnait le compte rendu des débats de la Constituante. En 1791, *La Gazette* fut reprise par le ministère des Affaires étrangères, qui en était propriétaire. Fallet en assuma la direction et elle devint l'organe du parti girondin, Chamfort remplaçant ensuite Fallet. Quotidienne à partir du 1er mai 1792, elle prit le titre de *Gazette nationale*, le 16 août 1792, de *Gazette nationale de France* après la mort du roi. Son ton resta toujours très neutre et très prudent.

GENDARMERIE. La maréchaussée royale est remplacée en décembre 1790 par la gendarmerie nationale. Cette troupe chargée du maintien de l'ordre sur le territoire national est d'abord divisée en 28 divisions puis en légions à partir de 1792. Il y a 1 560 brigades de 5 hommes dans toute la France. Les gendarmes doivent être issus des troupes de ligne, avoir vingt-cinq ans au moins, savoir lire et écrire. Les gendarmes sont assermentés. Les attributions de la gendarmerie départementale sont déterminées par la loi du 28 germinal an VI (17 avril 1798). Il existe aussi un petit groupe de 33 gendarmes nationaux à cheval attachés aux armées en 1792 pour prêter main-forte à l'exécution des jugements des tribunaux militaires. Il y a également une gendarmerie des tribunaux, forte de deux compagnies de 360 hommes chacune, ayant pour fonction le service des tribunaux, la garde des prisons, le transfert des prisonniers. Ce sont ces gendarmes qui arrêtèrent Robespierre et ses partisans à l'Hôtel de Ville, le soir du 9 thermidor. Leur corps fut dissous en 1795.

GÉNÉRAL. C'est en 1793 que la dénomination de général apparaît avec des généraux de brigade et de division. Quant au général en chef, ou commandant d'armée, il n'a qu'une mission temporaire confiée par le gouvernement. Très soupçonneuse, surtout durant la Terreur, la direction révolutionnaire envoya à la guillotine de nombreux généraux suspects de « modérantisme » ou ayant subi des revers. D'autres généraux parvinrent très jeunes à la célébrité, tels Hoche, Marceau et Bonaparte.

GÊNES, voir **LIGURIENNE** (République).

GENÈVE. Reconnue par le duc de Savoie en 1530, l'indépendance de Genève est remise en cause à la Révolution. Les luttes entre factions débutent en 1790. Avec l'appui des troupes françaises, les partisans de la Révolution prennent le pouvoir en décembre 1792, mais ne peuvent asseoir durablement leur pouvoir. Le Directoire doit se résoudre à faire occuper Genève par ses troupes, le 15 avril 1798. Un plébiscite est organisé sous surveillance militaire et, le 17 mai, la République est proclamée unie à la France. Elle forme le département du Léman avec des morceaux pris à la Savoie.

GÉNIE MILITAIRE. Uni initialement à l'artillerie, comme les mineurs et les sapeurs, le génie militaire s'en différencie progressivement. On crée au début de la Révolution des inspecteurs généraux particuliers pour le génie, on réintègre en 1793 les mineurs dans le génie. En 1794, le Comité de salut public fixe les conditions d'admission dans le génie et la Convention porte de 300 à 400 le nombre des officiers ingénieurs. Le corps du génie est enfin organisé, sur rapport d'Aubry, en mars 1795. Il est composé de 337 officiers : 7 inspecteurs généraux des fortifications ayant rang de général de division pour trois d'entre eux et de général de brigade pour les autres, 30 directeurs chefs de brigade, 60 sous-directeurs chefs de bataillon, 160 ingénieurs-capitaines, 80 ingénieurs-lieutenants. 9 régiments de sapeurs sont attachés au génie. L'école du génie de Mézières est transférée au début de 1794 à Metz.

GENLIS (Caroline Stéphanie Félicité Du Crest, comtesse de) (Née à Champcéry, près d'Autun, le 25 janvier 1746, morte à Paris, le 31 décembre 1830). Nièce par son mariage de Mme de Montesson, maîtresse du duc d'Orléans, le père de Philippe-Égalité, alors duc de Chartres, Mme de Genlis devient en 1772 dame d'honneur de la duchesse de Chartres. Elle a vraisemblablement été la maîtresse de Philippe-Égalité. Dès 1779, elle commence à écrire. Son œuvre littéraire est extrêmement, on serait tenté de dire excessivement, abondante : romans et ouvrages de pédagogie, copieux *Mémoires* à la fin de son existence. Le 14 juillet 1789, elle se réjouit avec le clan des Orléans de l'affaiblissement de la branche aînée sur le trône. On prétend que c'est sur le conseil de Mme de Genlis que le duc d'Orléans refuse de prendre le pouvoir après l'arrestation du roi à Varennes. La duchesse, qui la hait, l'oblige à la suivre en Angleterre en octobre 1791. A la chute des Girondins, Mme de Genlis comprend que ses espoirs de voir les Orléans sur le trône sont détruits. Elle écrit que « la bonne cause est à peu près perdue », ajoutant : « Je n'ai jamais trouvé que l'on ait été trop loin ; mais j'ai toujours trouvé qu'on a été trop vite. » Mêlée à la défection de Dumouriez, elle apprend la mort de son époux, le 31 octobre 1793, et de Philippe-Égalité, cinq jours plus tard, sur l'échafaud. Haïe par les émigrés, elle essaie de se justifier en 1796, dans un *Précis* de sa conduite, de sa complicité avec Dumouriez et de sa participation au complot orléaniste. Revenue en France en 1800, elle obtient de Bonaparte le logement du bibliothécaire de l'Arsenal et de Napoléon une pension de 6 000 livres, ce qui fait dire qu'elle est à la solde de l'Empereur. Les Bourbons lui font grise mine, mais elle a la joie de voir, avant de mourir, un Orléans monter sur le trône. Pédagogue remarquable, inventeur de l'éducation moderne, forte personnalité, Mme de Genlis a mérité ce jugement de Stendhal : « Cette femme d'infiniment d'esprit n'en a pas assez dans ses livres, qui sont glacés par l'hypocrisie des salons. »

GENS DE LETTRES. Une tentative pour réunir les gens de lettres au sein d'une association fut faite en 1790 par Knapen fils. Une souscription de 4 louis fut ouverte. La Société des gens de lettres et des artistes, rue Saint-André-des-Arts à Paris, se promettait de publier un journal « pour faire connaître promptement les bons ouvrages, dans tous les genres, et l'état de la littérature et des arts en France ». Mais les cent souscriptions nécessaires à la fondation n'ayant pas été réunies, la Société des gens de lettres ne vit pas le jour.

GENSONNÉ (Armand) (Né à Bordeaux, le 10 août 1758, guillotiné à Paris, le 31 octobre 1793). Avocat, fondateur en 1783, avec Saige et Vergniaud, du musée de Bordeaux, société de pensée annonçant les clubs révolutionnaires, Gensonné refuse la désignation de secrétaire de la ville de Bordeaux par le roi, mais accepte d'être élu membre de la municipalité et de devenir procureur de la commune en 1790. Élu par la Gironde à la Législative, il incarne avec Guadet et Vergniaud le groupe des Girondins. Réélu à la Convention, il vote pour l'appel au peuple puis pour la mort sans sursis dans le procès du roi. Gensonné est un des plus modérés parmi les Girondins et on lui reprochera, au moment de son procès, un mémoire adressé au roi à la veille du 10 août et ses relations avec Dumouriez. Arrêté le 2 juin 1793, ayant la possibilité de s'enfuir grâce à des complicités, il s'y refuse : « Je ne me fais aucune illusion sur le sort qui m'attend, mais je le subirai sans m'avilir. Mes commettants m'ont envoyé ici : je dois mourir au poste qu'ils m'ont assigné. » Gensonné, dans un groupe girondin qui comptait surtout des hommes de talent, s'est montré aussi un homme de caractère.

GENTZ (Frédéric von) (Né à Breslau, le 2 mai 1764, mort à Vienne le 9 juin 1832). Élève de Kant, Gentz traduit en allemand les *Réflexions sur la Révolution française* de Burke. C'est, avec ce dernier, un des adversaires les plus redoutables de l'idéologie révolutionnaire. D'abord au service de la Prusse, puis à celui de l'Autriche en 1802, il est le fondateur de l'*Historisches Journal* en 1799. C'est à lui qu'on doit la rédaction du manifeste de la Prusse contre Napoléon en 1806 et de ceux de l'Autriche en 1809 et 1813. Secrétaire du Congrès de Vienne en 1814-1815, il rédige les accords de paix et figure parmi les créateurs de la Sainte-Alliance.

GEOFFROY-SAINT-HILAIRE (Étienne) (Né à Étampes, le 15 avril 1772, mort à Paris, le 19 juin 1844). Après avoir suivi les cours de chimie de Fourcroy, ceux de minéralogie de Haüy et de Daubenton, sur recommandation de ce dernier, Geoffroy-Saint-Hilaire est nommé sous-garde au Cabinet d'histoire naturelle et, en 1793, professeur de zoologie au Muséum d'histoire naturelle. Il crée, en mai 1794, la ménagerie du Muséum, au plus fort de la Terreur, et l'enrichit d'animaux qu'il rapporte d'Égypte, où il a suivi Bonaparte. De 1807 à 1810, il effectue sur l'ordre de l'Empereur une mission scientifique en Espagne et au Portugal. Titulaire de la chaire de zoologie à l'Université, membre de l'Académie des sciences, de l'Institut d'Égypte, de l'Académie de médecine, chevalier de l'Empire, Geoffroy-Saint-Hilaire a laissé une œuvre considérable et fait de grandes découvertes en anatomie comparée. C'est aussi un pionnier en embryologie, tératologie, paléontologie et dans le domaine de l'évolutionnisme où il s'est opposé à Cuvier.

GÉOGRAPHIE. Les troubles politiques et la guerre entravèrent les progrès de la géographie descriptive et des récits de découvertes ou de voyages sous la Révolution. On se borna à traduire les relations des voyageurs étrangers. Le seul géographe d'une certaine renommée fut à cette époque Mentelle. En revanche, la cartographie militaire fit de gros progrès grâce aux guerres de conquête qui permirent aux cartographes militaires français de lever les cartes de la Belgique, des Pays-Bas, de la Rhénanie, de l'Italie. Il y eut aussi une très abondante production d'atlas départementaux pour faire connaître aux Français le nouveau découpage administratif de leur pays. La Convention créa en 1795 une école des géographes visant à former vingt puis cinquante ingénieurs topographes.

GEORGE III (Né à Londres, le 4 juin 1738, mort à Windsor, le 29 janvier 1820). Esprit lent, triste, borné et dévot, George III succède à son grand-père, George II, en 1760. Premier monarque de la dynastie hanovrienne vraiment anglais, il souhaite rétablir la monarchie absolue et renvoie William Pitt en 1761, le remplaçant par son favori, Bute, puis par lord North en 1770. La défaite en Amérique et l'indépendance des États-Unis obligent George III à faire appel au fils du premier Pitt, lui aussi prénommé William. Les accès de folie du roi en 1788-1789 favorisent l'exercice réel du pouvoir par le Premier ministre et George III perd toute influence sur la vie politique anglaise au profit de ce dernier. En 1811, une régence est même créée en faveur de son fils, le futur George IV.

GÉRARD (François Pascal Simon) (Né à Rome, le 4 mai 1770, mort à Paris, le 11 janvier 1837). Fils de l'intendant du cardinal de Bernis, venu à Paris à l'âge de douze ans, Gérard est admis à la « Pension du roi », établissement destiné aux jeunes artistes, et suit les cours du sculpteur Pajou, du peintre d'histoire Brenet, puis entre dans l'atelier de David dont il devient un protégé. Il échappe grâce à lui à la conscription, étant nommé juré au Tribunal révolutionnaire, tâche que Gérard n'accomplit qu'avec réticence, se faisant souvent porter malade. Collaborateur de David pour son tableau *Le Peletier*, il vit d'illustrations d'ouvrages classiques de chez Didot avant d'obtenir du miniaturiste Isabey deux commandes décisives : *Isabey et sa fille* et *Bélisaire* peints en 1795. Son œuvre de peintre d'histoire est importante et représentative de tous les régimes : *La Bataille d'Austerlitz* (terminée en 1810), *L'Entrée de Henri IV à Paris* (1817), *Le Duc d'Orléans acceptant la lieutenance générale* (1830). Son œuvre de portraitiste a mieux supporté l'épreuve des modes et du temps : *Joséphine à la Malmaison, Laetitia Bonaparte, Madame Récamier, Napoléon en costume impérial, Le Prince de Talleyrand, Louis XVIII, Charles X.*

GERLE (Christophe Antoine) (Né à Riom, le 25 octobre 1736, mort à Paris, le 17 novembre 1801). Visiteur de son ordre et prieur de la chartreuse de Pont-Sainte-Marie, près de Pontgibaud, dom Gerle est élu député suppléant du clergé du bailliage de Riom aux états généraux et y siège après la démission du titulaire, en décembre 1789. Sa présence sur le *Serment du Jeu de paume* de David est une fantaisie de l'artiste. Très favorable aux idées nouvelles, il demande la sécularisation des religieux qui souhaitent quitter leur couvent. Membre du club des Jacobins, ami de Robespierre, il refuse en 1791 l'évêché de Meaux. Compromis par ses relations avec une mystique qui faisait des prophéties sur la Révolution, Suzanne Labrousse, puis surtout, en 1793-1794, avec Catherine Théot, qui se faisait appeler « la Mère de Dieu », dénoncé avec elle et ses disciples comme complice d'un complot contre-révolutionnaire, il est arrêté le 17 mai 1794. Libéré par l'amnistie votée par la Convention à sa séparation, il végète sous le Directoire dans un obscur bureau du ministère de l'Intérieur.

GERMINAL (émeute du 12). Au printemps de 1795, les Thermidoriens, désormais majoritaires à la Convention, sentent percer la menace populaire liée aux difficultés de ravitaillement. Le 1er germinal (21 mars), Sieyès fait voter une loi destinée à protéger l'Assemblée contre ceux « qui se porteraient contre elle d'un mouvement concerté et pousseraient des cris séditieux ». Le 12 germinal (1er avril 1795), une foule issue des quartiers populaires de l'est parisien, principalement du faubourg Saint-Antoine, envahit la Convention aux cris de : « Du pain et la Constitution de 1793. » Des représentants des sections prennent la parole à la tribune, demandent des mesures en faveur des indigents et la libération de « plusieurs milliers de pères de famille patriotes incarcérés depuis le 9 thermidor ». Mais, privée d'une véritable direction, l'émeute tourne court et la foule finit par se retirer. La Convention, qui a eu très peur, vote aussitôt des décrets d'arrestation contre les Montagnards encore en liberté et contre l'ancien personnel terroriste de la Commune de Paris. Sont ainsi arrêtés, Choudieu, Chasles, Léonard Bourdon, Duhem, Amar, Cambon, Hentz, Lecointre, Maignet, Crassous, Levasseur de la Sarthe. Sont expédiés à la Guyane, Barère, Billaud-Varenne, Collot d'Herbois, Vadier. Le général Pichegru est placé à la tête des troupes de la région militaire de Paris, sous le contrôle des députés Barras et Merlin de Douai.

GILLETTE (combat de). Dans la nuit du 18 au 19 octobre 1793, les habitants de Saint-Paul-du-Var attaquèrent les troupes piémontaises qui, prises au dépourvu, évacuèrent leurs positions, abandonnant quatre canons et des munitions. Le souvenir du combat de Gillette et de celui de Conségudes, livré la veille, vécut longtemps dans la tradition locale.

GINGUENÉ (Pierre Louis) (Né à Rennes, le 25 avril 1748, mort à Paris, le 16 novembre 1816). Homme de lettres établi à Paris en 1772, Ginguené collabore à plusieurs journaux littéraires et politiques dont *La Famille villageoise*. Ses opinions modérées lui valent d'être emprisonné durant la Terreur. Libéré après le 9 thermidor, il est nommé directeur de la commission de l'Instruction publique par les Thermidoriens. Membre de l'Institut à sa fondation, il est envoyé quelques mois comme ministre plénipotentiaire à Turin. Bonaparte le nomme au Tribunat, mais son opposition au régime dans ses articles de la *Décade philosophique*, l'en fait éliminer dès 1802. Il disparaît alors de la scène politique et se consacre à la littérature.

GIRODET (Girodet de Roucy-Trioson, dit Anne-Louis) (Né à Montargis, le 29 janvier 1767, mort à Paris, le 8 décembre 1824). Élève de David, Girodet obtient le second prix de Rome en 1788 pour la *Mort de Tatius* et le premier, l'année suivante, pour *Joseph reconnu par ses frères*. Résidant en Italie pendant cinq ans, ce qui lui évite les affres de la Terreur, il y exécute le *Sommeil d'Endymion* et *Hippocrate refusant les présents des Perses*. A son retour en France, il peint une *Danaé*, des tableaux pour le roi d'Espagne, *Les Saisons*, un portrait de l'actrice Mlle Lange, qui le refuse, et qui se retrouve baptisé à nouveau *Danaé*, les portraits du docteur Larrey, de Mme Cabanis, de plusieurs membres de la famille Bonaparte. Le Premier consul lui commande en 1801 pour la Malmaison *Les Ombres des héros français* *reçues par Ossian dans le palais d'Odin.* On lui doit encore, sous l'Empire, *Scène du déluge, Funérailles d'Atala* et un portrait de Chateaubriand, *Napoléon recevant les clefs de Vienne, Révolte au Caire.* Membre de l'Institut en 1815, Girodet peint encore quelques tableaux sous la Restauration, notamment *Pygmalion et Galatée*, auquel le public préfère *Le Radeau de la Méduse.* Contemporain de Guérin et de Gros, Girodet constitue la transition entre le classicisme antiquisant et la sensibilité romantique et son apport n'est pas négligeable pour la génération des Ingres et des Delacroix.

GIRONDINS. Nommés aussi Brissotins, les Girondins apparaissent comme groupe politique sous la Législative, autour des élus du département de la Gironde : Ducos, Gensonné, Grangeneuve, Guadet, Vergniaud, auxquels se rallient Barbaroux de Marseille, Isnard, Brissot, Buzot, Louvet, Pétion... Avocats et journalistes en majorité, ils se retrouvent dans les salons de Julie Talma, de Mme de Condorcet, et surtout chez leur égérie, Mme Roland. D'abord alliés de Robespierre contre la monarchie, ils s'en séparent lorsqu'ils favorisent une politique belliciste redoutée par « l'Incorruptible ». C'est un ministère dit « girondin » qui déclare la guerre en avril 1792, avec Roland à l'Intérieur et Dumouriez aux Affaires étrangères. Inquiets des premiers échecs militaires, les Girondins essaient de détourner la colère populaire vers la monarchie. Ce sont les journées du 20 juin et du 10 août. Mais les massacres de Septembre 1792 et la montée du pouvoir de la Commune de Paris inquiètent les Girondins, tous provinciaux et hostiles à la dictature parisienne. La Montagne en profite pour les accuser de « fédéralisme » et mettre la main sur le pouvoir parisien. A la convention, le groupe girondin est le plus puissant et compte plus de 150 députés sur 745. Siégeant à gauche à la Législative, les Girondins se retrouvent à droite à la Convention. Ils quittent le club des Jacobins, tentent en vain d'éviter la mort au roi en demandant l'appel au peuple, s'élèvent contre l'institution d'un Tribunal révolutionnaire. La défaite de Neerwinden, le 18 mars 1793, et la défection de Dumouriez, qui leur était lié, rendent précaire la situation des Girondins. Ils font alors nommer une commission de douze députés pour enquêter sur les agissements de la Commune qu'ils soupçonnent, à juste titre, de préparer un coup de force contre la Convention. Constituée le 18 mai, la commission des douze fait arrêter Hébert, substitut du procureur. Les sections, contrôlées en majorité par la Montagne, organisent deux journées insurrectionnelles, les 31 mai et 2 juin 1793. A la deuxième, la Convention terrorisée cède et livre vingt-deux de ses députés, les chefs de la Gironde. Ceux qui sont arrêtés sont guillotinés le 31 octobre 1793. Parmi ceux qui peuvent quitter Paris en cachette, beaucoup sont tués, d'autres se suicident. La province, très largement favorable aux Girondins, ne parvient pas à s'organiser contre la dictature parisienne et montagnarde, est qualifiée de « rebelle » et de « fédéraliste », vaincue militairement et soumise à la Terreur soufflant de la capitale. Quelques survivants de la Gironde retrouvent les bancs de la Convention après la mort de Robespierre, tels Louvet, Isnard ou Lanujuinais.

GOBEL (Jean-Baptiste Joseph) (Né à Thann, Haut-Rhin, le 1er septembre 1727, guillotiné à Paris, le 13 avril 1794). « D'une piété solide et d'une application sérieuse à l'étude », le jeune jésuite Gobel ira loin. Vicaire général de l'évêché de

Bâle en 1757, évêque de Lydda *in partibus* en 1772 et suffragant de l'évêque de Bâle pour la partie française du diocèse, amateur de tableaux et de beaux livres, un penchant ruineux pour le luxe cause quelques ennuis financiers à notre évêque. Grâce à de substantielles missions diplomatiques pour démêler les juridictions des diocèses de Besançon et de Bâle, il rétablit quelque peu ses finances. Élu aux états généraux par le clergé du bailliage de Belfort et Huningue, il défend l'autonomie du pouvoir spirituel et la liberté des opinions religieuses « pourvu que leur manifestation ne trouble pas l'ordre public ». Gobel est le premier évêque député à prêter serment à la Constitution civile du clergé. Cela lui vaut d'être élu évêque de Paris, le 13 mars 1791 : il obtient 500 voix, Sieyès en a 26, Grégoire 14 et Fauchet 2. Les évêques d'Orléans et de Sens, Loménie de Brienne et Jarente, refusent de participer à son installation canonique et Talleyrand est désigné par le Tribunal pour y procéder. Soucieux de plaire à ses maîtres jacobins, Gobel multiplie durant les trois années de son épiscopat les gestes d'obédience. Il est membre actif du club des Jacobins, administrateur de Paris, manifeste sa bienveillance à l'égard du mariage des prêtres. Visant plus haut, Gobel se mêle de diplomatie et pousse le gouvernement à occuper l'évêché de Bâle. Envoyé en décembre 1792 à Porrentruy comme commissaire civil, il abuse de ses pouvoirs et est rappelé dès janvier, accusé « d'ostentation, de cupidité et de tyrannie » par les sociétés populaires de la région annexée. Désormais « brûlé », Gobel abdique ses fonctions épiscopales, le 7 novembre 1793, mais cela ne le sauve pas de la guillotine. Lié aux débordements anticléricaux de Hébert, Chaumette et Cloots, il est accusé de conspiration contre la République et d'athéisme, condamné et exécuté avec les hébertistes.

GOBELINS (manufacture des). Elle était située au 270 de la rue Mouffetard et avait été fondée au milieu du XVe siècle par Jean Gobelin pour fabriquer des tapisseries. Louis XIV en fit l'acquisition en 1667 et Colbert la transforma en manufacture royale. Ses premiers directeurs furent les peintres Lebrun et Mignard qui dessinèrent les cartons de nombreuses tapisseries. Adjointe aux domaines nationaux, elle prit après le 10 août 1792 le nom de Manufacture nationale des Gobelins. En mai 1794, la Convention décréta que tous les tableaux qui auraient obtenu des récompenses nationales seraient exécutés en tapisseries, sous la direction de David, comme, par exemple, les portraits de Le Peletier de Saint-Fargeau et de Marat. Mais la manufacture dut fermer par manque de main-d'œuvre et ne fut rouverte que sous le Consulat. La Convention paya une partie du blé commandé à la Russie en 1793 avec le stock de tapisseries que possédait la manufacture.

GODOY (Manuel de) (Né à Badajoz, le 12 mai 1767, mort à Paris, le 7 octobre 1851). Duc d'Alcudia et prince de la Paix, Godoy a sa carrière faite quand il devient l'amant de la reine Marie-Louise et le Premier ministre de Charles IV, à l'âge de vingt-cinq ans, en novembre 1792. Engageant l'Espagne dans la guerre contre la République après l'exécution de Louis XVI, il devient « prince de la Paix » à la signature du traité de Bâle en 1795, puis signe le désastreux traité de San Ildefonso qui fait de l'Espagne l'alliée de la France et l'entraîne dans une guerre qu'elle est incapable de soutenir, on le verra bien à Trafalgar. Son conflit avec le prince héritier amène l'intervention française, l'abdication de

Charles IV en faveur de Napoléon, fait de la péninsule ibérique un champ de bataille, détache à terme les colonies d'Amérique de leur métropole, entraîne l'Espagne vers la ruine et l'obscurantisme religieux. Réfugié à Paris en 1819, Godoy vit encore longtemps pour se rendre compte des effets d'une politique funeste.

GOETHE (Johann Wolfgang von) (Né à Francfort-sur-le-Main, le 28 août 1749, mort à Weimar, le 22 mars 1832). Précurseur du romantisme, chef de l'école littéraire du « Sturm und Drang », rendu célèbre par *Les Souffrances du jeune Werther*, Goethe est le plus grand écrivain allemand. Il serait trop long, ne fût-ce que d'énumérer ses principales œuvres. Pour ce qui est de la Révolution, Goethe se trouvait à l'état-major de Brunswick lorsque l'armée de ce dernier envahit la France en septembre 1792. Il a fait le récit de cette promenade militaire terminée à Valmy dans *La Campagne de France*. Goethe n'a jamais caché sa profonde antipathie pour la Révolution française. Il a notamment écrit : « La France, dans ces journées troubles, empêche la marche paisible du progrès. »

GOHIER (Louis Jérôme) (Né à Semblançay, Indre-et-Loire, le 27 février 1746, mort à Eaubonne, Val-d'Oise, le 29 mai 1830). Avocat à Rennes, défenseur des états de Bretagne contre le ministère de Brienne en 1788, membre de la cour supérieure de Bretagne à la suppression des parlements, Gohier est élu par l'Ille-et-Vilaine à la Législative. Il appartient au Comité de législation et intervient fréquemment, notamment pour protester contre le serment des prêtres qui assimile les ecclésiastiques à des fonctionnaires publics, pour demander la sanction du roi pour les décrets créant la Haute Cour et exiger le séquestre des biens des émigrés. Le 15 août 1792, il réclame la déchéance du roi. Nommé secrétaire général du ministère de la Justice en octobre 1792, il remplace Garat à la tête de ce ministère, le 20 mars 1793, et y reste jusqu'au 20 avril 1794, faisant preuve d'un grand zèle révolutionnaire, traquant les Girondins et ordonnant la destruction des registres de titres de noblesse de la chancellerie. Président des tribunaux civil puis criminel du département de la Seine, il entre au Tribunal de cassation sous le Directoire et remplace, le 18 juin 1799, Treilhard comme Directeur. Il préside le Directoire au moment du coup d'État de Bonaparte et refuse de démissionner. Consigné au Luxembourg et libéré le 20 brumaire, il est estimé par le Premier consul qui ne lui tient pas rigueur de son opposition, déclarant dans ses *Mémoires* que Gohier était « un avocat de réputation, d'un patriotisme exalté, jurisconsulte distingué, homme intègre et franc ». Nommé consul général de France à Amsterdam, Gohier y reste jusqu'à l'union de ce pays à l'Empire en 1810 et refuse, en raison de son âge, le même poste à Washington.

GOMAIRE (Jean René), (né en 1749). Ancien vicaire général de Quimper, il fut député du Finistère à la Convention. Il n'y vota pas la mort de Louis XVI et fut membre de la commission des Douze. Incarcéré jusqu'au 9 thermidor, il retrouva sa place à la Convention puis fut élu aux Cinq-Cents. Retiré en 1798.

GORSAS (Antoine Joseph) (Né à Limoges, le 24 mars 1752, guillotiné à Paris, le 7 octobre 1793). Commis de la ferme générale des domaines à Versailles, Gorsas ouvre en 1779 dans cette ville une maison d'éducation mi-militaire mi-civile. Il doit fermer son établissement et se retrouve interné à Bicêtre en 1788, soit qu'il ait inculqué des idées jugées subversives par les autorités, soit, ainsi que l'ont laissé entendre ses ennemis, qu'il ait « corrompu les mœurs » de ses élèves. Le 5 juillet 1789, il fonde le *Courrier de Versailles à Paris*, devenu le *Courrier de Paris* puis le *Courrier des 83 départements*, qui paraît jusqu'au 2 juin 1793 et connaît une grande diffusion. Très hostile à la cour, il est le premier à distinguer le député Robespierre et à mettre en valeur ses déclarations. Son compte rendu indigné du repas des gardes du corps est à l'origine des journées d'octobre 1789 et de la venue, contraints et forcés, du roi et de sa famille à Paris. Il participe aux préparatifs et aux journées des 20 juin et 10 août 1792. Après avoir écrit dans son journal en juin, « Il vaut mieux encore un roi soliveau qu'une grue républicaine », il proclame en septembre 1792 : « Plus de roi, mort aux tyrans ! Liberté, Égalité ! que ce cri salutaire et sacré retentisse dans toutes les âmes. » Les massacres de Septembre sont qualifiés par lui de « journées nécessaires ». Élu à la Convention par la Seine-et-Oise, il y est proche des Girondins. Lors du procès du roi, il vote pour l'appel au peuple, la détention, le bannissement successivement. Dès avril 1792, Robespierre, sans préciser pourquoi, a dénoncé Gorsas au club des Jacobins. Aussi, les rapports se tendent-ils entre Gorsas et la Montagne et, pour avoir dénoncé les appels au crime de Marat, son imprimerie est saccagée par des émeutiers, le 9 mars 1793. Décrété d'arrestation avec les autres Girondins, le 2 juin suivant, il se réfugie en Normandie puis en Bretagne. Revenu clandestinement à Paris voir sa maîtresse, il est reconnu, arrêté, traduit devant le Tribunal révolutionnaire et guillotiné le même jour. Il eut l'honneur d'être le premier conventionnel à monter à l'échafaud.

GOSSEC (François Joseph Gossé, dit) (Né à Vergnies, Hainaut belge, alors français, le 17 janvier 1734, mort à Paris, le 16 février 1829). Fils de paysans, ayant appris la musique avec son curé, puis à la maîtrise de la cathédrale d'Anvers, Gossec arrive à Paris en 1751. Accueilli par Rameau, il compose ses premières pièces dès 1752, devient le directeur de la musique du fermier général Le Riche de La Pouplinière puis du prince de Condé. En 1775, il est maître de la musique de l'Opéra, sous-directeur en 1780, puis directeur de l'École royale de chant en 1784. En 1789, Gossec et Sarette fondent le corps de musique de la garde nationale qui deviendra le Conservatoire national de musique. Sous la Révolution, Gossec est le compositeur officiel des fêtes patriotiques. Il crée notamment un *Te Deum* pour la fête de la Fédération du 14 juillet 1790, un chœur pour la transfert au Panthéon des cendres de Voltaire en 1791, le Chant du 14 juillet, des hymnes à la Liberté, à l'Égalité, à la Nature, à l'Humanité, à l'Être suprême, à la Patrie, à la Victoire, à la Vertu, etc. Il est l'auteur de la version définitive de *La Marseillaise*. « Tyrtée de la Révolution », il entre en 1795 avec Cherubini, Lesueur et Méhul comme inspecteur au Conservatoire national de musique qui vient d'être créé, et en devient le président. Extrêmement prolifique, Gossec est tombé dans l'oubli dès l'époque romantique.

· **GOSSUIN** (Eugène Constant Joseph César) (Né à Avesnes, le 12 mars 1758, mort à Paris, le 9 avril 1827). Maire de sa ville natale en 1781, membre de la commission départementale du Nord en 1790,

Gossuin est élu à la Législative puis à la Convention par le Nord. Absent lors du procès du roi, il passe le plus clair de son temps en mission à l'armée du Nord et présente plusieurs rapports sur la défection de Dumouriez. Élu aux Cinq-Cents par le Nord, il est un partisan actif du 18 brumaire. Au Corps législatif sous le Consulat, il est ensuite administrateur des Eaux et Forêts. Il figure comme député du Nord à la Chambre des Cent-Jours. Ses *Aperçus historiques* dans la *Bibliothèque historique* lui valent en 1820 une condamnation à un an de prison.

GOUGES (Marie Olympe de) (Née à Montauban, le 7 mai 1748, guillotinée à Paris, le 3 novembre 1793). Fille naturelle d'Anne Olympe Mouisset et de Jean-Jacques Le Franc de Pompignan, mariée en 1765 à Louis Aubry, Olympe de Gouges fuit son mari et Montauban et s'établit à Paris en 1770, se disant veuve. Grâce à ses amants, notamment Molé, elle présente en 1785 à la Comédie-Française un drame intitulé *Zamore et Mirza, ou l'Heureux naufrage*, créé en décembre 1789 sous le titre *L'Esclavage des Noirs*. Un autre drame, *Lucinde et Cardenio*, est refusé. En conflit avec la Comédie-Française à qui elle reproche de ne pas vouloir jouer ses pièces, elle fait imprimer ses textes : *Le Mariage inattendu de Chérubin*, *L'Homme généreux*, *Molière chez Ninon*, *Le Philosophe corrigé*. Sous la Révolution, elle fait jouer, sans aucun succès, *Mirabeau aux Champs-Élysées* (1791), *Le Couvent, ou les Vœux forcés* (1792), *Les Vivandières, ou l'Entrée de Dumouriez à Bruxelles* (1792). Ce prurit littéraire inoffensif se double sous la Révolution d'une nouvelle vocation politique, beaucoup plus dangereuse. Souhaitant l'émancipation des femmes, pleine d'admiration pour Mirabeau, Olympe de Gouges ne peut que constater la dégradation de la condition féminine liée à la Révolution. Elle se propose comme défenseur de Louis XVI au moment du procès, adresse un message à Robespierre, lui proposant de se baigner avec lui dans la Seine : « Nous attacherons, écrit-elle, des boulets de seize ou de vingt-quatre à nos pieds, et nous nous précipiterons ensemble dans les flots. » Et elle ajoute : « Je suis utile à mon pays, tu le sais ; mais ton trépas le délivrera du moins du plus grand fléau, et, peut-être ne l'aurai-je jamais mieux servi. » Robespierre n'apprécie guère cette façon de « laver les taches » dont il s'était couvert « après le 10 août » et expédie Olympe de Gouges à l'échafaud. Elle monte ses marches en criant : « Enfants de la patrie, vous vengerez ma mort ! »

GOUJON (Jean-Marie Claude Alexandre) (Né à Bourg-en-Bresse, le 13 avril 1766, mort à Paris, le 17 juin 1795). Ex-marin, clerc de procureur à Paris en 1789, Goujon se fait connaître par l'éloge funèbre de Mirabeau qu'il prononce devant la population de Versailles. Administrateur de Seine-et-Oise en 1791 et procureur général-syndic provisoire, il est élu par ce département sixième suppléant à la Convention et n'entre à cette assemblée qu'après la mort d'Hérault de Séchelles, le 15 avril 1794, travaillant entre-temps avec Robert Lindet à la commission des subsistances. Envoyé aux armées du Rhin et de Moselle, il revient après le 9 thermidor et s'en prend aux Thermidoriens, s'opposant notamment au retour des Girondins survivants sur les bancs de la Convention. Lorsque les émeutiers envahissent l'assemblée, le 1er prairial (20 mai 1795), il se range de leur côté, demandant la création d'une commission extraordinaire pour examiner leurs propositions. Arrêté avec Bourbotte, Romme, Duquesnoy et quelques autres « crêtois », il se poignarde après avoir entendu le verdict de condamnation à mort.

GOUPIL DE PRÉFELNE (Guillaume François Charles) (Né à Alençon, le 29 juillet 1727, mort à Paris, le 18 février 1801). Lieutenant général de police à Alençon, Goupil est élu par le tiers état du bailliage d'Alençon aux états généraux. Il y prend des positions contradictoires, votant en faveur du veto absolu du roi, de la religion catholique comme religion nationale, de la Constitution civile du clergé, de la suppression des titres honorifiques, du licenciement des gardes du corps, de l'institution du jury, etc. Président du tribunal du district d'Alençon à la séparation de la Constituante, il est arrêté comme suspect, en mai 1794, et libéré après le 9 thermidor. Élu au Conseil des Anciens par l'Orne, il est arrêté comme royaliste après le coup d'État du 18 fructidor mais relâché très vite. Il entre, le 9 avril 1800, au Tribunal de cassation.

GOUPILLEAU DE FONTENAY (Jean-François Marie Goupilleau, dit) (Né à Apremont-sur-Vie, Vendée, le 25 juillet 1753, mort à Montaigu, Vendée, le 11 octobre 1823). Ancien hussard établi notaire à Montaigu, Goupilleau rédige le cahier de doléances du tiers état de Montaigu et est élu par la sénéchaussée de Poitou aux états généraux. Malade au moment de la séance du Jeu de paume, porté dans un fauteuil, il figure au premier plan du tableau de David. En faveur des réformes, contre le cens électoral, hostile aux prêtres, aux nobles et aux émigrés, il est, à la séparation de la Constituante, nommé greffier du tribunal criminel de la Vendée à Fontenay, d'où son surnom. Élu à la Convention, siégeant à la Montagne, il est le plus souvent en mission. De Nice, il envoie son vote en faveur de la mort du roi. On le voit dans le Loir-et-Cher, l'Indre-et-Loire, en Vendée, à l'armée des côtes de la Rochelle, dans l'Allier, le Puy-de-Dôme, la Corrèze, le Cantal, la Creuse, faisant partout preuve de modération. Particulièrement hostile à Robespierre, il entre, immédiatement après sa chute, au Comité de sûreté générale et fait libérer un grand nombre de prisonniers tout en demandant le maintien du gouvernement révolutionnaire. Il joue un rôle à l'armée des Pyrénes orientales dans la négociation de la paix avec l'Espagne. Le 5 octobre 1795 (13 vendémiaire an IV), il est adjoint à Barras pour le commandement des troupes chargées de réprimer l'émeute. Entré au Conseil des Anciens mais non réélu en 1797, il devient administrateur du mont-de-piété. Régicide et exilé en 1816, il obtient l'autorisation de revenir en 1819.

GOUPILLEAU DE MONTAIGU (Philippe Charles Aimé Goupilleau, dit) (Né à Montaigu, Vendée, le 19 novembre 1749, mort à Montaigu, le 1er juillet 1823). Cousin de Goupilleau de Fontenay, Goupilleau de Montaigu est notaire, lui aussi à Montaigu, quand débute la Révolution. Procureur-syndic du district de Montaigu, il est élu par la Vendée à la Législative et s'y montre hostile aux prêtres, aux nobles et aux émigrés. Réélu à la Convention, membre du Comité de sûreté générale dès le 17 octobre 1792, il vote pour la mort lors du procès du roi. C'est lui qui prend possession au nom du Comité de salut public de la principauté de Salm, dans les Vosges. En mission dans le duché voisin de Deux-Ponts, puis à l'armée des côtes de La Rochelle et en Vendée, il se montre beaucoup plus dur que son cousin et soutient Ronsin dans ses atrocités. Rallié aux Thermidoriens après la chute de

Robespierre, il se brouille avec eux et est dénoncé comme terroriste. Élu par la Vendée au Conseil des Cinq-Cents, il proclame sa haine des nobles et des prêtres ; « J'ai contre eux une haine qui me suivra jusqu'au tombeau. » Lors du coup d'État du 18 brumaire, il crie au député Arena : « Frappe le tyran ! » Exclu des Cinq-Cents, quelque temps assigné à résidence à l'île de Ré, il est exilé comme régicide en 1816 mais autorisé à revenir dès 1819.

GOUVERNEMENT. A la fin de l'Ancien Régime, le pouvoir exécutif était aux mains du roi qu'assistait le Conseil du roi, divisé en 5 sections dont l'une, le conseil d'État du roi, réunissait les ministres d'État. La Constitution de 1791 sépara le législatif et l'exécutif et établit la responsabilité ministérielle. Le roi exerçait le pouvoir exécutif par l'intermédiaire des ministres qu'il choisissait, l'Assemblée possédait le pouvoir législatif. Après le 10 août 1792, le gouvernement fut confié à un conseil exécutif provisoire de six ministres. Le 1er floréal an II (20 avril 1794), les ministres furent remplacés par des commissions exécutives, organes collégiaux placés sous les ordres du Comité de salut public. Sous le Directoire, l'exécutif fut confié à un Directoire de cinq membres élus par les conseils, ayant à nouveau des ministres sous leurs ordres. Avec le Consulat, le pouvoir exécutif fut remis à trois consuls dont le Premier détenait la réalité du pouvoir.

GOUVION-SAINT-CYR (Laurent) (Né à Toul, le 13 mai 1764, mort à Hyères, le 17 mars 1830). Après avoir tâté du dessin, de la peinture et du théâtre, Gouvion-Saint-Cyr trouve sa voie dans les armes. Il est pris à l'état-major de la garde nationale de Paris en 1789, grâce à son parent, le maréchal de camp Jean-Baptiste Gouvion, qui en est major général. Volontaire, le 1er septembre 1792, au 1er bataillon de chasseurs républicains, Gouvion ajoute à son nom, pour se distinguer des autres Gouvion, le surnom de Saint-Cyr pris du côté maternel. Il est capitaine à l'armée du Rhin dès le 1er novembre, adjoint de l'adjudant général Gay de Vernon en février 1793, puis chef de bataillon et chef d'état-major du général Ferey en septembre suivant, est nommé provisoirement général de brigade puis de division par le représentant en mission Hentz, confirmé dans ce dernier grade par le Comité de salut public, le 2 septembre 1794. Toujours sur le Rhin, il est au siège de Mayence sous Pichegru et Kléber, fait retraite et subit une défaite sur la Pfrimm en novembre, mais prend Deux-Ponts, le 5 décembre. Commandant l'aile gauche de l'armée de Rhin-et-Moselle, puis le centre, on le voit à Rastadt et à Ettlingen. Il prend Stuttgart, le 18 juillet 1796, défend Kehl à la fin de l'année, commande l'aile gauche de l'armée du Rhin peu après, est désigné par Hoche mourant pour lui succéder à la tête de l'armée de Rhin-et-Moselle, envahit l'évêché de Bâle à la fin de l'année 1797. Gouvion remplace ensuite Masséna à l'armée de Rome du 26 mars au 25 juillet 1798, est ensuite suspendu pour abus de pouvoir avant de se retrouver à l'armée de Mayence jusqu'en mars 1799. Renvoyé à l'armée d'Italie, il gouverne Gênes, puis revient à l'armée du Rhin comme adjoint de Moreau, ne s'entend pas avec lui et se fait nommer conseiller d'État par Bonaparte. Gouvion-Saint-Cyr, n'ayant pas manifesté d'enthousiasme à la proclamation de l'Empire, ne figure pas sur la liste des maréchaux de 1804. On le trouve dans des postes secondaires en Italie, au camp de Boulogne, à l'armée de Catalogne en 1808. Il ne retrouve un poste éminent qu'avec la campagne de Russie. Il remporte la victoire de Polotsk, le 18 juillet 1812 et est grièvement blessé. Fait enfin maréchal d'Empire, il est un des principaux participants de la bataille de Dresde en 1813. Fait prisonnier à la capitulation de la ville, il se rallie à Louis XVIII, qui le fait ministre de la Guerre à la seconde Restauration. Il le sera à trois reprises et fera voter la loi du 12 mars 1818 qui servira de base à l'organisation militaire française jusqu'en 1872. Napoléon lui a fait un reproche qui passerait aisément pour un compliment : « Il était aimé de ceux qui servaient sous lui parce qu'il se battait rarement et ménageait son monde. »

GOYRE-LAPLANCHE, voir **LAPLANCHE**.

GRADES. Les grades dans l'armée s'achetaient sous l'Ancien Régime et une ordonnance de 1781 les réserva à la noblesse, mais introduisit une clause d'ancienneté minimale : pour être colonel, il fallait avoir servi au moins sept ans dans l'armée, dont deux comme sous-lieutenant, enseigne ou cornette, et cinq comme capitaine. En 1790, l'admissibilité aux grades devint égale pour tous. Les grades étaient alors les suivants : pour les sous-officiers, caporal, sergent, maréchal des logis, fourrier, sergent-major, maréchal des logis chef, adjudant ; pour les officiers, sous-lieutenant, lieutenant, capitaine, colonel, adjudant général, maréchal de camp, lieutenant général, maréchal de France. Le grade de chef de bataillon fut créé plus tard, les maréchaux de camp disparurent en 1793, les colonels furent remplacés par des chefs de brigade, les lieutenants généraux devinrent des généraux de brigade ou de division. La dignité de maréchal fut supprimée. Napoléon la rétablit en 1804.

GRAIN ET FARINE. L'approvisionnement des villes de France en grain et en farine fut un des grands soucis du gouvernement dès le début de la Révolution. Paris consommait en 1789 chaque jour 1 700 sacs de grain et 620 000 sacs de farine par an. C'est prétendument pour demander du pain qu'eurent lieu les journées des 5 et 6 octobre 1789. En 1790, Bailly, maire de Paris, rendit plusieurs ordonnances pour réprimer l'attaque des convois de farine et faciliter leur entrée dans la capitale. Un dépôt établi à l'École militaire contenait alors 32 000 sacs de 325 livres. Néanmoins, l'approvisionnement était difficile. Les paysans répugnaient à vendre, car on les payait en assignats, monnaie-papier qui se dévaluait sans cesse, et préféraient stocker ou cultiver moins. Beaucoup accaparaient les grains, faisant monter les prix pour ne vendre qu'au prix fort. Aussi le gouvernement révolutionnaire fit-il voter des mesures prévoyant la peine de mort pour les accapareurs et établir des greniers d'abondance dans chaque district. Une force armée fut créée pour protéger les convois de grain. Du blé fut aussi acheté à la Russie et aux États-Unis. La crainte de la disette provoqua en 1795 l'émeute du 12 germinal, puis celle du 1er prairial. La pénurie, encore sensible au début du Directoire, s'estompa rapidement une fois la crise monétaire réglée par un retour à la monnaie métallique, les paysans recommençant à cultiver et à vendre leur production contre un numéraire qui n'était plus de la « monnaie de singe ».

GRAND LIVRE DE LA DETTE PUBLIQUE, voir **DETTE PUBLIQUE**.

GRANDE PEUR, voir **PEUR** (Grande).

GRANET (François Omer) (Né à Marseille, le 16 novembre 1758, mort à Marseille, le 10 septembre 1821). Riche tonnelier marseillais, Granet est emprisonné comme un des fauteurs des troubles de juillet 1789 à Marseille et libéré sur intervention de Mirabeau. Administrateur des Bouches-du-Rhône en 1790, il est élu par ce département à la Législative et à la Convention. Il participe avec les « Marseillais » au 10 août 1792 et se distingue à l'Assemblée par le débraillé de sa tenue, siégeant en bonnet rouge, en veste dite carmagnole, un gourdin à portée de la main. Il vote la mort lors du procès du roi et joue un rôle très secondaire dans les débats. Élu, le 6 septembre 1793, au Comité de salut public, il en démissionne le lendemain. Son influence et son action sont à la mesure de ce personnage tout en gueule, sans caractère et sans influence. Il critique les excès de Jourdan Coupe-Tête, les exactions de Barras et de Fréron, est arrêté quelque temps pour avoir fomenté de l'agitation dans le Midi mais libéré à la séparation de la Convention. Revenu à Marseille et à des opinions très modérées, il exerce des fonctions municipales dans cette ville sous le Consulat et l'Empire. Membre de la Chambre des Cent-Jours, il est exilé comme régicide en 1816, mais est autorisé à rentrer dès 1818.

GRANGENEUVE (Jean Antoine Lafargue de) (Né à Bordeaux le 4 décembre 1751, guillotiné à Bordeaux, le 21 décembre 1793). Avocat bordelais, substitut du procureur de cette commune en 1789, Grangeneuve est élu par la Gironde à la Législative et à la Convention. Membre du comité de surveillance à sa création, le 25 novembre 1791, il demande l'abolition des titres de « sire » et de « majesté ». Très violent sous la Législative, attaquant les émigrés et les frères du roi pour avoir fui « devant la justice du peuple », dénonciateur des ministres de la Marine, Bertrand de Molleville, et de la Guerre, Narbonne, en revanche favorable à l'amnistie pour les atrocités de Jourdan Coupe-Tête. Selon Louis Blanc et son *Histoire de la Révolution*, il aurait conçu avec Chabot l'idée de s'entre-tuer non loin des Tuileries et de faire porter à la cour la responsabilité de ces suicides maquillés en meurtres contre-révolutionnaires, mais Chabot n'aurait pas eu le courage de passer aux actes. Aussitôt élu à la Convention, Grangeneuve en devient un des membres les plus modérés, votant contre la mort du roi. Il est proscrit avec les autres Girondins, le 2 juin 1793, se réfugie à Bordeaux, est découvert et exécuté.

GRÉGOIRE (Henri Baptiste) (Né à Vého, Meurthe-et-Moselle, le 4 décembre 1750, mort à Paris, le 28 mai 1831). Élève des jésuites à Nancy, fermé à l'esprit philosophique, à Rousseau autant qu'à Voltaire, Grégoire est simple curé à Emberménil. Il prône la tolérance dans son *Essai sur la régénération physique, morale et politique des juifs*, couronné en 1788 par la Société royale de Metz. Sous son impulsion, les curés lorrains se syndiquent dès la fin de 1787 et l'élisent aux états généraux, un an et demi plus tard. Grâce à son intervention, le bas clergé se rallie au tiers état. Fréquentant le club breton, il se lie dès mai 1789 à Barnave, Pétion et Robespierre. Défenseur des droits des minorités, il intervient en faveur des juifs d'Alsace et publie un *Mémoire en faveur des gens de couleur*, devenant en janvier 1790 le président de la Société des amis des Noirs. Hostile à la suppression des dîmes et des ordres monastiques, il n'en participe pas moins à l'élaboration de la Constitution civile du clergé et, le premier, prête le serment, le 27 décembre 1790. Il est élu en février suivant évêque constitutionnel du Loir-et-Cher et de la Sarthe et opte pour Blois. Élu à la Convention, il est en Savoie pour organiser le département du Mont-Blanc au moment du vote final du procès du roi, et envoie une lettre approuvant la condamnation, ajoutant que sa religion lui interdit de répandre le sang, ce qui n'empêche qu'on l'accusera de régicide. Collaborateur assidu du comité de l'instruction publique, il est à l'origine du Conservatoire des arts et métiers, du Bureau des longitudes, de l'Institut de France auquel il appartient jusqu'en 1816. Il est l'auteur de trois rapports sur les destructions imputables au « vandalisme » révolutionnaire. Malgré les pressions des Jacobins, il refuse de renoncer à la prêtrise. Il réclame et obtient que soit proclamée, en février 1795, la liberté des cultes. Membre du Conseil des Cinq-Cents, élu par la Seine, il le quitte en 1798 et est nommé bibliothécaire de l'Arsenal. Se consacrant à ses activités religieuses, il fonde une revue hebdomadaire, les *Annales de la Religion*, réunit à Paris un concile national, en août 1797, pour réorganiser l'Église constitutionnelle. Membre du Corps législatif sous le Consulat, il s'oppose de tout son poids à l'élaboration du Concordat voulu par Bonaparte. Il réunit en 1801 un nouveau concile national qu'il est invité à dissoudre par le Premier consul. Entré au Sénat en décembre 1801, Grégoire est exclu du nouveau clergé après la signature du Concordat. Il vote systématiquement contre le régime, contre le Consulat à vie, contre l'Empire, contre le rétablissement d'une noblesse héréditaire, mais accepte de Napoléon le titre de comte en 1808. Exclu de l'Institut en 1816, Grégoire est élu député de l'Isère en 1819, grâce à une alliance des républicains et des ultra-royalistes, mais son élection est invalidée. Ses obsèques sont l'occasion d'une manifestation républicaine. Chrétien sincère, moraliste rigide, Grégoire, dira Michelet, « s'était fait deux divinités : le Christ et la démocratie, qui, dans son esprit, se confondaient en une seule, puisqu'elles étaient censées incarner, à ses yeux, l'une et l'autre, le même idéal d'égalité et de fraternité ». On l'a présenté, à tort, comme un Jacobin fervent. N'a-t-il pas écrit, dans ses *Mémoires*, à propos de la Convention, qu'« elle contenait deux ou trois cents individus qu'il fallait n'appeler que des scélérats... Les impiétés, les injustices, les assassinats dérisoirement juridiques, commis sous son règne, sont la source de tous nos maux ».

GRENADIERS. Lançant à la main des grenades sur les troupes ennemies, les grenadiers furent créés en 1667. Chaque compagnie se vit affecter quatre à six grenadiers. Puis la grenade fut remplacée par le mousquet, le mousquet par le fusil, mais le nom de grenadiers subsista. A partir de 1791, chaque bataillon possédait une compagnie de grenadiers dite compagnie d'élite. En 1792, les grenadiers d'Oudinot se distinguèrent. Dans l'infanterie légère, les grenadiers étaient dits carabiniers. Il y eut une éphémère compagnie de grenadiers à cheval au début de la Révolution. C'est à partir du Consulat que les grenadiers connurent leur heure de plus grande gloire. Il y eut des régiments de grenadiers connus sous le nom de grenadiers de la garde impériale.

GRENOBLE (nom révolutionnaire : Grelibre).

GRENVILLE (William Windham, baron) (Né à Dropmore, Buckinghamshire, le 25 octobre 1759, mort à Dropmore, le 12 janvier 1834).

Membre du conseil privé à la fin de 1783, *speaker* de la Chambre des communes en janvier 1789, Grenville devient en juin secrétaire d'État à l'Intérieur. Secrétaire d'État pour les Affaires étrangères en juin 1791, il recherche d'abord un terrain d'entente avec la France révolutionnaire avant de s'engager à fond dans la guerre, considérant désormais « la République française comme une menace permanente pour tous les États de l'Europe ». D'accord avec Pitt, il fait adopter l'Acte d'union de l'Irlande et de la Grande-Bretagne et demande l'émancipation des catholiques irlandais et une série de réformes permettant l'intégration effective de l'Irlande. Le roi s'y étant opposé, il démissionne avec Pitt en février 1801. En 1806-1807, Grenville constitue un ministère de coalition, dit de « tous les talents » qui tombe à nouveau sur la question des catholiques après avoir fait adopter l'abolition de la traite des esclaves. Désormais, Grenville n'est plus qu'un des chefs du party *tory*.

GRÉTRY (André Ernest Modeste) (Né à Liège, le 8 février 1741, mort à Montmorency, le 24 septembre 1813). Fils de violoniste, Grétry étudie la musique à Liège, vit à Rome de 1761 à 1765 et arrive à Paris en 1767. Il triomphe dès 1768 avec l'opéra-comique *Le Huron*. Travaillant avec des librettistes de talent comme Marmontel ou Sedaine, il compose plusieurs dizaines d'opéras-comiques dont les plus célèbres sont *Zémire et Azor* et *Richard Cœur de Lion*. S'essayant aussi à l'opéra, il a un grand succès avec *Colinette à la cour* et *La Caravane du Caire*. La Révolution amène la disgrâce de ce musicien jugé trop léger, malgré un *Guillaume Tell* (1791) et des hymnes révolutionnaires concédés à la mode du temps. Sous le Directoire, il obtient quelque succès avec *Lisbeth* et *Anacréon chez Polycrate*. Mort à l'ermitage de Jean-Jacques Rousseau à Montmorency, Grétry, suivant les préceptes de ce dernier, a accordé une place prépondérante à la mélodie, recherchant avec des moyens simples une vérité expressive et une sensibilité typique de la seconde moitié du XVIIIe siècle.

GREUZE (Jean-Baptiste) (Né à Tournus, le 21 août 1725, mort à Paris, le 21 mars 1805). Après des études de peinture à Lyon auprès de Charles Grandon, Greuze arrive à Paris en 1750. Protégé de Pigalle, il suit les cours de Natoire à l'Académie, puis ceux de Louis de Silvestre. Nommé membre agréé de l'Académie en 1755, il expose cette année *L'Aveugle trompé, Père de famille qui lit la Bible à ses enfants, Enfant qui s'est endormi sur son livre, Portrait de M. de Silvestre.* En Italie de 1755 à 1757, Greuze est un peintre à la mode dès son retour. Il peint de nombreux portraits de commande, des scènes de genre qui remportent un énorme succès : *L'Accordée de village, La Piété filiale, La Cruche cassée, Le Fils ingrat*... Reçu peintre de genre alors qu'il souhaite bien curieusement le titre de peintre d'histoire, Greuze, vexé, quitte l'Académie de peinture. Arrêté sous la Terreur, peut-être parce qu'il n'a aucune opinion politique précise, il adhère à la toute-puissante Commune générale des Arts que régentent Restout et David afin qu'on le laisse en paix. Il meurt dans l'oubli, la peinture héroïque ayant détrôné une œuvre caractérisée par le sentimentalisme et le moralisme édifiant.

GRÈVE (place de). Plage, grève où abordaient les bateaux à l'origine, la place de Grève, située face à l'Hôtel de Ville, était un lieu de rassemblement pour les Parisiens, pour les fêtes et réjouissances publiques, mais aussi pour les exécutions capitales. La dernière eut lieu en 1784 : on y roua vifs deux gendarmes évadés de la prison de l'Abbaye. A partir de 1789, la place de Grève commença à être appelée la place de l'Hôtel-de-Ville.

GROS (Antoine Jean) (Né à Paris, le 16 mars 1771, mort à Meudon, le 25 juin 1835). Élève préféré de David à l'âge de quatorze ans, Gros peint à vingt *La baigneuse* et *Les Bergers d'Arcadie*. Envoyé en Italie en 1794, il fait la connaissance de Joséphine de Beauharnais à Gênes en 1796. Elle l'emmène à Milan et le présente à Bonaparte. Cette rencontre infléchit le destin de Gros. Il devient le peintre de l'épopée napoléonienne. *La Bataille d'Arcole* idéalise le général victorieux qui voit bien l'usage qu'il peut faire de l'art pour sa propagande. *Bonaparte visitant les pestiférés de Jaffa, La Bataille d'Aboukir, Napoléon sur le champ de bataille d'Eylau*, autant de fresques à la gloire de l'Empire et de son fondateur. A la Restauration, David banni confie à Gros son atelier et ses élèves. Très apprécié des Bourbons, Gros peint les portraits de Louis XVIII, de la duchesse d'Angoulême, de Charles X. Membre de l'Académie des beaux-arts, professeur à l'École des beaux-arts, baron en 1825, il est de plus en plus critiqué par la génération romantique montante. Très affecté par cette mise en cause de son art, en dépit du triomphe de ses élèves Géricault et Delacroix, Gros se suicide en se jetant dans la Seine.

GUADET (Marguerite Elie) (Né à Saint-Émilion, Gironde, le 20 juillet 1758, guillotiné à Bordeaux, le 17 juin 1794). Avocat à Bordeaux, administrateur de la Gironde en 1790, Guadet est élu par ce département à la Législative et à la Convention. Avec Gensonné et Vergniaud, il est à l'origine du groupe des Girondins. Orateur éblouissant, passionné, généreux, il est de ceux qui s'en prennent avec le plus de vigueur et d'efficacité à Robespierre. Ce voltairien ridiculise les invocations de la Providence chères à « L'Incorruptible » : « J'ai entendu souvent, dans cette adresse, répéter le mot de Providence, je crois même qu'il y est dit que la Providence nous a sauvés malgré nous. J'avoue que, ne voyant aucun sens à cette idée, je n'aurais jamais pensé qu'un homme qui a travaillé avec tant de courage pendant trois ans pour tirer le peuple de l'esclavage du despotisme pût concourir à le remettre ensuite dans l'esclavage de la superstition. » Aussi n'est-il pas étonnant de voir Guadet sur la liste des proscrits, le 2 juin 1793. Caché dans le Calvados puis dans sa ville natale de Saint-Émilion, Guadet est exécuté en même temps que son père, sa tante et son frère.

GUÉRIN (Pierre Narcisse) (Né à Paris, le 11 mars 1774, mort à Rome, le 16 juillet 1833). Élève de Brenet et de Regnault, Guérin obtient de quitter l'armée sous la Terreur pour se consacrer à la peinture. Il est premier grand prix de Rome en 1797 avec la *Mort de Caton d'Utique*. Son *Marcus Sextus*, exposé en 1800, le rend célèbre. Il peint ensuite *Phèdre et Hippolyte, Bergers au tombeau d'Amyntas, Napoléon pardonnant aux révoltés du Caire, Aurore et Céphale, Andromaque et Pyrrhus*. Louis XVIII le nomme académicien, puis, après un premier refus, directeur de l'Académie de France à Rome, en 1822, le fait baron en 1829. Apprécié pour sa technique et ses coloris à l'égal de David en son temps, Guérin eut dans son atelier Géricault, Ary et Henri Scheffer, Delacroix.

GUERRE. Lorsque la France déclare la guerre, le 20 avril 1792, au

« roi de Bohême et de Hongrie », elle s'engage dans un conflit de vingt ans qui ne se terminera qu'à Waterloo, le 18 juin 1815. Voulue par les Girondins et par la cour avec des espoirs diamétralement opposés, la déclaration de guerre a pour prétexte le refus de l'empereur François II de reconnaître les annexions opérées par la France aux dépens des princes de l'Empire possessionnés en Alsace et en Lorraine. La guerre commence mal avec une armée en pleine décomposition. La canonnade de Valmy et la reculade de Brunswick sauvent la République. La Belgique (Pays-Bas autrichiens) est occupée grâce à la victoire de Jemmapes (6 novembre 1792), Nice et la Savoie sont prises aux Piémontais sur les Alpes. Les abus des autorités révolutionnaires, les pillages commis par les soldats mal nourris, révoltent les populations occupées tandis que les désertions se multiplient dans les armées de la Révolution. La défaite de Neerwinden (18 mars 1793), la défection de Dumouriez font perdre la Belgique. A l'intérieur, insurrection vendéenne, révoltes chouannes et « fédéralistes » font trembler un pouvoir que sauve un gouvernement révolutionnaire particulièrement sanglant et impitoyable. A la fin de 1793, la Vendée militaire est défaite, Marseille, Toulon, Lyon sont soumises à la Terreur, les Piémontais sont refoulés de l'autre côté des Alpes. L'année 1794 voit la reconquête de la Belgique après Fleurus (26 juin), l'occupation de la rive gauche du Rhin, l'entrée des troupes françaises en Catalogne, en Navarre, en Italie. 1795 est l'année de la paix victorieuse avec tous les belligérants sauf l'Autriche et l'Angleterre. La campagne de 1796 est destinée à éliminer l'adversaire autrichien. Cinq armées doivent attaquer l'Allemagne du Sud et marcher sur Vienne tandis que des opérations de diversion sont prévues vers l'Angleterre ou l'Irlande et en Italie. L'opération échoue en Allemagne et c'est Bonaparte qui triomphe dans la plaine du Pô. L'opération est répétée en 1797, et c'est à nouveau Bonaparte qui emporte la décision et impose sa paix aux Autrichiens à Campoformio. Pour mater le dernier adversaire, l'Angleterre, le Directoire, après avoir renoncé à un débarquement chez l'ennemi, envoie Bonaparte en Égypte pour couper la route des Indes, ce qui déclenche une deuxième coalition à la fin de 1798. En 1799, le Directoire décide de prendre l'offensive en Allemagne et en Italie. Ses armées sont partout battues. Seul Masséna, vainqueur à Zurich, arrête les adversaires coalisés. La décision viendra avec Bonaparte, de retour d'Égypte et maître du pouvoir au 18 brumaire, en 1800.

GUERRE (conseils de), voir **COURS MARTIALES**.

GUERRE (déclaration de). Sous l'Ancien Régime, le roi seul possédait le droit de déclarer la guerre. Ce droit fut contesté pour la première fois, le 14 mai 1790, alors que Louis XVI avait ordonné l'armement d'une escadre pour venir en aide, dans le cadre du pacte de Famille, à l'Espagne au bord du conflit avec l'Angleterre. Mirabeau défendit farouchement la prérogative du roi contre ceux qui, Barnave en tête, soutenaient que le droit de déclarer la guerre relevait de la représentation nationale. Finalement, le 22 mai 1790, la Constituante décréta que la guerre ne pouvait être décidée que par l'Assemblée, sur la proposition du roi. La constitution de l'an III décida que la guerre devait être votée par les deux Conseils sur la proposition du Directoire. La charte rendit, sous la Restauration, le droit de déclaration de guerre au roi.

GUERRE (ministère de la). Les attributions du ministère de la Guerre furent fixées par la loi du 11 avril 1791. Il avait, comme aujourd'hui le ministère des Armées, à connaître de tout ce qui a rapport aux troupes et à la défense extérieure du territoire. De nombreuses réformes intérieures furent apportées dans le fonctionnement de ce ministère durant la Révolution. La principale consista à adjoindre, le 2 février 1793, six adjoints au ministre de la Guerre. Les principaux ministres furent : La Tour du Pin (1789), Duportail (1790), Narbonne (1791), de Grave, Servan, Dumouriez, Lajard, d'Abancourt, Pache en 1792, Beurnonville, capturé par les Autrichiens, et Bouchotte en 1793, Carnot, directeur du comité de la guerre, Aubert-Dubayet, nommé par le Directoire à la fin de 1795, Pétier (1796), Schérer (1797), Milet-Mureau (1799), Bernadotte et Dubois-Crancé, toujours en 1799.

GUFFROY (Armand Benoît Joseph) (Né à Arras, le 10 novembre 1742, mort à Paris, le 9 février 1801). Avocat à Arras en 1789, Guffroy est élu, l'année suivante, juge de paix et procureur-syndic du district de cette ville. Devenu l'ami des frères Robespierre et de Joseph Le Bon, il est élu avec eux par le Pas-de-Calais à la Convention, Au moment du procès du roi, il fait paraître une brochure intitulée *Discours sur ce que la nation doit faire du ci-devant roi* où il expose que « le bonheur du peuple » tient au supplice du monarque. Envoyé en mission dans l'Aude et la Haute-Garonne en mars 1793, il donne enfin toute sa mesure après la mort de Marat en juillet 1793, fondant un journal nommé *Le Rougyff* (anagramme de son nom), *ou Le Franc en vedette*, imitant le style ordurier du *Père Duchesne*. Nommé membre du Comité de sûreté générale, le 14 septembre 1793, il provoque la suspicion par l'excès de ses convictions révolutionnaires. Le 28 février 1794, Chasles dénonce son journal au club des Jacobins comme « infecté du poison le plus aristocratique » et obtient l'exclusion de Guffroy du Comité de sûreté générale. Adversaire désormais des Montagnards au pouvoir, Guffroy vote contre Robespierre le 9 thermidor et obtient de faire partie de la commission chargée de l'inventaire des papiers de « l'Incorruptible », ce qui lui a sans doute permis de faire disparaître toute trace de ses relations pourtant étroites avec son collègue du Pas-de-Calais, et de faire porter toutes les accusations sur Le Bon, qu'il dénonce d'ailleurs au Comité de sûreté générale où il a été réélu. Établi imprimeur sous le Directoire, il se fait théophilanthrope et fait paraître *L'Ami des théophilanthropes*. En juin 1797, il est dénoncé au Conseil des Cinq-Cents pour avoir fait exécuter un de ses créanciers en 1795 et emprisonner son fils, alors que tous deux étaient innocents. Sollicitant sans cesse un emploi, Guffroy finit par obtenir une place de sous-chef de bureau au ministère de la Justice.

GUIBERT (François Apolline de) (Né à Romans, le 12 novembre 1744, mort à Paris, le 6 mai 1790). Vivant dès sa tendre enfance dans les camps militaires, témoin de la guerre de Sept Ans, Guibert médite sur l'organisation de l'armée prussienne et projette une réforme totale du système de la tactique et de la stratégie. Son *Essai général de tactique* paru en 1770 a un énorme retentissement dans toute l'Europe, non seulement parce qu'il bouleverse toutes les idées des militaires sur l'ordre mince et sur bien d'autres points, mais encore parce qu'il critique la monarchie absolue et expose des concepts de monarchie constitutionnelle qui seront repris en 1789. Ami de Julie de Lespinasse, dans les salons de laquelle il fréquente les plus grands noms du moment, il doit, sur les conseils de son protecteur, le duc de Broglie, aller voyager à l'étranger pour échapper au scandale que suscite son livre. Il est reçu avec des égards par Frédéric II et Joseph II. Au début du règne de Louis XVI, le comte de Saint-Germain l'emploie au ministère de la Guerre pour réformer les institutions militaires, notamment les règlements des manœuvres. Disgracié avec le ministre, il entre à l'Académie française en 1786. Brienne le charge, l'année suivante, d'organiser le conseil d'administration de la guerre dont il devient le principal rapporteur. Ses réformes dans l'armée lui valent de solides inimitiés. Maréchal de camp, inspecteur divisionnaire de la province d'Artois, candidat à la députation aux états généraux devant la noblesse du bailliage de Bourges, il est exclu de la salle des séances pour ses réformes de 1788. Il meurt deux ans plus tard après avoir publié un dernier ouvrage, un *Traité de la force publique considérée dans tous ses rapports.*

GUILLOT DE FOLLEVILLE, voir **FOLLEVILLE.**

GUILLOTIN (Joseph Ignace) (Né à Saintes, le 28 mai 1738, mort à Paris, le 26 mars 1814). Médecin du comte de Provence, membre de la commission royale d'enquête sur le magnétisme animal qui démasque l'imposture de Mesmer, Guillotin fait paraître en 1788 la *Pétition des six corps* où il demande notamment que les députés du tiers état aux états généraux soient au moins aussi nombreux que ceux réunis de la noblesse et du clergé et que le vote se fasse par tête et non par ordre. Déféré au Parlement de Paris pour cette publication, il est acquitté sur le fond et acquiert une énorme popularité grâce à ce procès. Nommé secrétaire de l'assemblée des électeurs du tiers état de Paris, il est un des principaux rédacteurs du cahier de doléances de la ville et la déclaration des droits qui ouvre ce cahier sera reprise pour l'essentiel par l'Assemblée en décembre 1789. Élu de Paris, le docteur Guillotin propose, lorsque les députés trouvent la salle des séances fermée, le 19 juin, que la réunion se tienne au Jeu de paume et négocie avec le locataire des lieux. En octobre 1789, c'est encore lui qui propose la salle du Manège aux Tuileries comme lieu de réunion et qui supervise les travaux d'aménagement. Il dépose au début de 1791 un projet d'organisation de la profession médicale dont les grands traits seront repris en 1803. Le 10 octobre 1789, il a déposé un projet de réforme du droit pénal dont le premier article est adopté et stipule un mode d'exécution unique quel que soit « le rang et l'état » du coupable. Pour remplacer l'épée, la potence et la roue, il propose une machine mise au point par le mécanicien allemand Schmitt et le docteur Louis, secrétaire perpétuel de l'Académie de chirurgie. D'abord nommée Louison, cette machine finira par s'appeler la guillotine et Guillotin échappera de peu à son couperet sous la Terreur, sauvé par le 9 thermidor. Il ne s'occupera plus désormais que de médecine, s'attachant à propager la pratique de la vaccination.

GUILLOTINE. Sous l'Ancien Régime, les condamnés à mort subissaient des châtiments différents selon leur crime et leur condition. On brûlait, écartelait, rouait pour les délits jugés les plus graves, ou on se contentait de pendre les roturiers et de décapiter les nobles. Député de Paris, le docteur Guillotin fit adopter par la Constituante le principe d'une exécution égalitaire, unique pour tous : « Les délits du même genre seront punis par le même genre de peine, quels que soient le rang et l'état du coupable. » Le brave docteur Guillotin demande la conception « d'une mécanique dont le jeu trancherait la tête aux criminels en un clin d'œil », ce qui éviterait des souffrances inutiles. Le 5 juin 1791, Le Peletier de Saint-Fargeau fait voter que « tout condamné à mort aura la tête tranchée ». En avril suivant, on confie au chirurgien Louis l'étude d'un appareil permettant d'obtenir le résultat prévu par la loi. Avec l'aide du fabricant de harpes allemand, T. Schmitt, Antoine Louis met au point une machine composée de « deux montants à glissière, éloignés d'un pied de distance », d'un « tranchoir de bonne trempe », avec un poids pour lester la lame et accentuer la force du coup, d'un « billot de bois échancré à la partie supérieure pour loger à l'aise la tête du patient... couché sur le ventre ». D'abord nommée la « Louison », cette machine est employée pour la première fois sur la place de Grève, pour un voleur nommé Pelletier, le 25 avril 1792. Nommée guillotine en souvenir du bon docteur Guillotin et malgré les mérites d'inventeur de Louis, cette machine est ensuite placée à partir du 21 août sur la place du Carrousel et sert à exécuter ceux qui ont osé défendre le roi, le 10 août. Elle y reste jusqu'au 10 mai 1793. On ne fait exception que le 21 janvier 1793, pour l'exécution du roi, qui a lieu sur la place de la Concorde. Puis, du 10 mai 1793 au 8 juin 1794, la guillotine est placée sur la place de la Concorde devenue place de la Révolution. Chaque département est pourvu d'une guillotine, certains révolutionnaires en auraient souhaité dix fois plus, une par district. Des guillotines suivent les armées, les sans-culottes célèbrent les charmes de ce nouveau coupe-gorge :

Remplis ton sac divin de
[têtes de tyrans...
Sainte Guillotine, protectrice
[des patriotes
Priez pour nous
Sainte Guillotine, effroi des
[aristocrates,
Protégez-nous,

chante-t-on dans les rues. Au paroxysme de la Terreur, du 10 juin au 28 juillet 1794, la guillotine, installée maintenant près de la barrière du Trône, décolle 1 351 têtes en sept semaines, presque 200 par semaine, 30 par jour. Après la chute de Robespierre, la guillotine revient place de Grève et sert beaucoup plus modérément. En dix mois de Terreur révolutionnaire, on a calculé que 16 594 têtes étaient tombées, ce qui place le règne de Robespierre dans un très bon rang dans le livre des records du meurtre politique.

GUSTAVE III (Né à Stockholm, le 24 janvier 1746, mort à Stockholm, le 29 mars 1792). S'inspirant des principes du despotisme éclairé, Gustave III, monté sur le trône en 1771, impose en août 1772 une Constitution à la Suède qui rend au roi tous ses pouvoirs et en dépouille la noblesse et la diète qui, depuis la mort de Charles XII, régentaient le pays. Réformateur audacieux, il abolit la vénalité des charges, la torture, instaure la liberté de la presse et tolère tous les cultes dans son pays. En 1789, il force la diète à accepter l'Acte d'union et de sûreté qui donne au roi l'initiative des lois, le droit de guerre et de paix, et accorde l'égalité juridique à tous les Suédois. En conflit avec le Danemark et la Russie, il contraint les Russes à signer la paix de Varela en 1790. Grand ami du comte de Provence, il met sur pied un projet de coalition européenne contre la France révolutionnaire, mais est victime du complot de la noblesse mené par le comte de Horn. Blessé grièvement au cours d'un bal masqué, dans la nuit du 15 au 16 mars 1792, il meurt deux semaines plus tard.

GUYOT DE FOLLEVILLE, voir **FOLLEVILLE**.

GUYTON-MORVEAU (Louis Bernard Guyton, dit) (Né à Dijon, le 4 janvier 1737, mort à Paris, le 2 janvier 1816). Avocat puis avocat général au parlement de Dijon, Guyton-Morveau résigne ses fonctions en 1782 et se consacre à la chimie, collaborant à *L'Encyclopédie méthodique* et s'intéressant aux applications industrielles de cette science. Conseiller technique aux charbonnages du Mont-Cenis (Le Creusot), il monte une nitrière ou fabrique d'azotate de potassium et une unité de production de carbonate de soude à partir du sel marin au Croisic. Il fonde aussi la société des mines et verreries de Saint-Bérain-sur-Dheune. Procureur général-syndic de la Côte-d'Or en 1790, il est élu par ce département à la Législative et à la Convention. Siégeant à droite, il vote pourtant la mort du roi. Membre du Comité de salut public, le 6 avril 1793, il le quitte le 10 juillet pour se consacrer à la manufacture d'armes de Paris et à l'organisation d'un corps d'aérostiers, ce qui l'amène à l'armée du Nord. Il assiste à plusieurs batailles et monte lui-même dans un ballon, le jour de la bataille de Fleurus. Ainsi échappe-t-il à une possible proscription durant les moments les plus forts de la Terreur. Durant la Convention thermidorienne, Guyton-Morveau est parmi les créateurs de l'École des travaux publics, future École polytechnique, de l'École de Mars et siège au Comité de salut public rénové où il ne s'occupe que de questions scientifiques. Membre de l'Institut et professeur de minéralogie à Polytechnique, il siège aussi jusqu'en 1797 au Conseil des Cinq-Cents comme élu de l'Ille-et-Vilaine. Directeur de Polytechnique en 1797, administrateur de la Monnaie en 1799, baron de l'Empire en 1811, Guyton-Morveau est mis à la retraite à la Restauration. Il fut, en son temps, considéré comme le plus grand chimiste de France.

GUZMAN (Andres Maria de) (Né à Grenade en 1752, guillotiné à Paris, le 5 avril 1794). D'une illustre famille de la noblesse espagnole, Guzman fait ses études à l'École militaire de Sorèze et obtient la nationalité française en 1781. Il sert quelque temps dans les armées de la Révolution, mais préfère revenir à Paris au début de 1793. Menant grand train – on a dit qu'il était propriétaire d'une maison de jeu au Palais-Royal – il s'abouche avec Hébert, Marat et devient un des agitateurs les plus actifs de la Commune de Paris. Un des plus acharnés contre les Girondins, il est baptisé « don Tocsinos » pour avoir fait sonner le tocsin, le 31 mai 1793, afin d'ameuter la foule. Aventurier, pêcheur en eau trouble, soupçonné par Mathiez d'avoir été un agent de l'étranger, protégé du marquis de Girardin tout en étant le Saint-Just de Marat, Guzman est arrêté et condamné « comme conspirateur, ayant d'abord été complice de d'Orléans et Dumouriez ; puis ayant voulu massacrer les patriotes des Comités de salut public, de sûreté générale et des Jacobins ». En fait, Robespierre voulait se débarrasser d'un redoutable démagogue et d'un agitateur remarquable dont il ne contrôlait pas les activités.

H

HABILLEMENT. L'habillement des troupes était confié à une régie dont les dilapidations et les détournements devinrent phénoménaux au début de la Révolution. En 1793, en désespoir de cause, la Convention ordonna l'arrestation de tous les gardes-magasins et autres agents de l'administration de l'habillement des troupes, sur tout le territoire national, et, parallèlement, l'inventaire de tout ce qui se trouvait dans les magasins. Il fut décidé que toute pièce d'habillement devrait porter une estampille et que l'administration devrait fournir tous les quinze jours à la Convention le chiffre de production des ateliers de confection. Non seulement les détournements continuèrent, mais il s'y ajouta des malfaçons en nombre croissant, certains fournisseurs utilisant du papier d'emballage en guise de doublure.

HABITS BLEUS. C'est ainsi qu'on nomma au début de la Révolution les gardes nationaux vêtus de l'uniforme bleu de roi. Lorsque cette couleur aura été imposée à l'armée tout entière, les « bleus » signifieront les soldats de la République pour les vendéens et les chouans qui se diront « blancs », de la couleur traditionnelle de la royauté.

HALLES. Ventre de Paris établi depuis le règne de Philippe Auguste dans le quartier homonyme, les Halles ont été jusqu'à leur transfert à Rungis, dans les années soixante, un des endroits les plus animés et les plus nauséabonds de Paris. Les Halles proprement dites étaient des galeries ouvertes au public, au rez-de-chaussée des maisons, au début de la Révolution. Il y avait des halles pour les nourritures et d'autres pour le commerce de diverses marchandises. On peut citer les halles au blé, aux poissons, aux veaux, aux vins, aux cuirs et aux draps.

HAMILTON (Emma Lyon, lady) (Née à Great Neston, Cheshire, en Angleterre, en 1761, morte à Calais, le 15 janvier 1815). Fille d'un forgeron et d'une cuisinière, femme de chambre, modèle, Emma Lyon s'impose par sa beauté et son intelligence, devient la maîtresse de sir William Hamilton, ambassadeur anglais à Naples, et son épouse en 1791. Amie intime de la reine de Naples, Marie-Caroline, elle attire ce royaume dans l'alliance anglaise.

Devenue la maîtresse de Nelson en 1798, elle utilise les services de la flotte anglaise dans la répression des mouvements révolutionnaires à Naples. Dans la détresse après la mort de son mari et de son amant, emprisonnée pour dettes, Emma Hamilton parvient à s'enfuir et à se réfugier en France en 1814, où elle meurt peu après.

HANRIOT (François) (Né à Nanterre, le 3 décembre 1759, guillotiné à Paris, le 28 juillet 1794). Hanriot est un des rares révolutionnaires qui soit un authentique fils du peuple et non un avocat de la bonne bourgeoisie. Petit commis à l'octroi de Paris, il voit la foule incendier la barrière où il travaille, le 12 juillet 1789, et se joint aux émeutiers. Il est arrêté avec bien d'autres incendiaires et retrouve la liberté grâce à la campagne de presse orchestrée par Marat qui présente leur geste comme un acte révolutionnaire. Auréolé d'une gloire toute neuve, Hanriot prend une grande influence dans son quartier du Jardin des Plantes, la section des sans-culottes, est élu secrétaire-greffier de la section et commandant du bataillon local. Il joue un rôle éminent lors de l'insurrection du 10 août 1792 et durant les massacres de Septembre suivant. Fidèle exécutant des volontés de Robespierre, il est nommé en mai 1793 commandant provisoire de la garde nationale de Paris et contribue de façon décisive à la chute des Girondins, demandant à la tribune de la Convention, le 2 juin 1793, qu'on lui livre « les traîtres ». Marat le proclame alors « Sauveur de la patrie ». Lié avec les hébertistes, Hanriot est épargné par Robespierre lors de l'élimination de cette faction. Le 9 thermidor, il se démène pour sauver son maître, mais apparemment de façon inefficace, ainsi que le lui reproche Coffinhal, qui l'aurait défenestré après l'avoir traité d'incapable et d'ivrogne. On le retrouve blessé dans une arrière-cour de l'Hôtel de Ville et on l'envoie à la guillotine avec Robespierre.

HANSE. Association de marchands allemands, puis ligue commerciale et politique des villes d'Allemagne et d'Europe du Nord, la Hanse commence à décliner dès le XVe siècle avec la montée en puissance de la Suède et de la Russie, puis la concurrence des Hollandais et des Anglais. La dernière Diète de la Hanse se réunit en 1669. Au moment de la Révolution, trois villes se réclament encore de la Hanse, Lübeck, Hambourg et Brême, et entretiennent une délégation à Paris. La guerre entraîne une dégradation des relations entre la France révolutionnaire et ces trois villes sans qu'elles entrent toutefois dans la coalition contre la République.

HARDENBERG (Charles Auguste, prince de) (Né à Essenrode, Hanovre, le 31 mai 1750, mort à Gênes, le 26 novembre 1822). D'abord au service de l'Électeur de Hanovre puis du duc de Brunswick, Hardenberg entre dans l'administration prussienne en 1790. Administrateur des margraviats d'Ansbach et de Bayreuth, il négocie la paix de Bâle de 1795 avec la France à la mort du comte de Goltz. Un des principaux inspirateurs de la politique étrangère de la Prusse, Hardenberg voit dans la neutralité face à la France le meilleur moyen d'étendre les territoires prussiens en Allemagne. Le parti belliciste considère cette politique comme une attitude de lâcheté et accuse même Hardenberg d'être vendu à Napoléon. Ministre des Affaires étrangères de 1804 à 1807, chancelier d'État de 1810 à sa mort, Hardenberg mène un subtil double jeu, feignant la soumission à Napoléon tout en préparant le réarmement de la Prusse et le soulèvement de 1813. A l'intérieur, il impose de profondes réformes : égalité devant l'impôt, abolition du servage et des corvées, accès des paysans à la propriété, suppression des corporations et liberté de l'industrie, émancipation des juifs. Désireux d'instaurer un régime constitutionnel, il en est empêché par la noblesse prussienne. Au congrès de Vienne, il obtient la création d'une vaste Prusse rhénane mais ne peut empêcher l'Autriche d'exercer son hégémonie sur la Confédération germanique.

HARDY (Antoine François) (Né à Caen en 1748, mort à Paris, le 25 novembre 1823). Protestant et médecin à Rouen quand débute la Révolution, un des fondateurs du club des Amis de la Constitution dans cette ville, Hardy est élu par la Seine-Inférieure à la Convention. Proche des Girondins, il vote pour l'appel au peuple, la détention, le bannissement et le sursis lors du procès du roi. Il signe la protestation contre l'arrestation des Girondins, est décrété d'arrestation le 3 octobre 1793, se cache et ne reparaît qu'après la mort de Robespierre, demandant à la tribune de la Convention les têtes de Barère, de Billaud-Varenne, de Collot d'Herbois et surtout de Lindet. Il dénonce ensuite les royalistes de Rouen et déclare : « J'ai en horreur les hommes de sang qui ont servi la tyrannie décemvirale ; je hais encore plus les royalistes agissants. » Membre du Comité de sûreté générale, il est réélu par la Seine-Inférieure au Conseil des Cinq-Cents. Il y demande et obtient que chaque député prête individuellement serment de haine à la royauté, dénonce sans relâche monarchistes et prêtres réfractaires, est un des plus actifs lors du coup d'État du 18 fructidor avec Bailleul, autre élu de la Seine-Inférieure. On lui doit aussi, avec ce même Bailleul, la préparation de la loi de floréal an VI (avril 1798) qui annule la plupart des élections d'anciens Montagnards et Jacobins au profit des partisans du Directoire, aussi les journalistes le baptisent-ils « le tendre père du 22 floréal ». Lindet ayant été choisi comme ministre des Finances, Hardy se fait tout petit et approuve le coup d'État de brumaire. Membre du Corps législatif jusqu'en 1803, il obtient ensuite une place de directeur des droits réunis dans l'Ardèche.

HARMAND (Jean-Baptiste, dit Harmand de la Meuse) (Né à Pouilly, Meuse, le 10 novembre 1751, mort à Paris, le 26 février 1816). Avocat à Bar-le-Duc au début de la Révolution, Harmand est élu à la Convention par la Meuse. Il siège à la Plaine, ne vote pas la mort du roi, évite de se compromettre dans l'affrontement entre Gironde et Montagne. Il est en mission en octobre 1793 en Poitou, Angoumois et Saintonge pour une levée extraordinaire de chevaux pour l'armée. Après le 9 thermidor, il entre au Comité de sûreté générale et se charge de la police de Paris, traquant les fidèles de Robespierre et faisant fermer les clubs, établissant l'inventaire des papiers saisis au club des Jacobins. La Meuse le réélit au Conseil des Anciens, puis au Conseil des Cinq-Cents. Il est parmi les partisans du 18 brumaire. Nommé préfet par Bonaparte, inventeur de complots imaginaires contre le Premier consul, il perd son emploi, se fait policier amateur, est emprisonné puis assigné jusqu'à la fin de l'Empire à résidence surveillée à Pouilly.

HASSENFRATZ (Jean Henri) (Né à Paris, le 20 décembre 1755, mort à Paris, le 26 février 1827). Autodidacte, Hassenfratz se passionne pour la chimie et parvient à se faire admettre dans le laboratoire de Lavoisier. A la Révolution, il s'engage à fond dans l'agitation et devient membre de la Commune insurrectionnelle, le 10 août 1792. Ministre de la Guerre, Pache le nomme directeur de l'administration du matériel de la guerre. Le 31 mai 1793, c'est Hassenfratz qui demande la tête des Girondins. Il échappe aux poursuites après le 9 thermidor, soulève le faubourg Saint-Marceau le 1er prairial an III (20 mai 1795), obtient sa libération grâce à la loi d'amnistie votée par la Convention à sa séparation. Assagi, Hassenfratz se consacre désormais à son enseignement de physique et de chimie à l'École des mines et à l'École polytechnique.

HAUTE COUR. A la suppression du tribunal de « lèse-nation » siégeant au Châtelet, fut créée une Haute Cour de justice chargée de juger les crimes commis par les ministres et agents supérieurs du pouvoir exécutif ainsi que les attentats contre la sûreté de l'État. Son siège fut fixé à Orléans. Elle fut composée de 24 hauts jurés ayant 6 adjoints, de 2 procureurs généraux et de 4 grands juges, plus, à l'origine, 2 commissaires du roi pour requérir l'application et l'exécution de la loi. La Haute Cour siégea pour la première fois pour juger les personnes ayant favorisé la fuite du roi. Le roi ayant accepté la Constitution, une amnistie générale les absout. Elle siégea ensuite pour juger un complot tendant à livrer la citadelle de Strasbourg à l'ennemi et ne prononça qu'une seule condamnation à mort. Ses prisonniers devaient être transférés à Paris après le 10 août 1792, mais 44 sur 52 furent massacrés à Versailles, le 9 septembre. Supprimée en octobre, la Haute Cour fut remplacée par le Tribunal révolutionnaire. La seconde Haute Cour fut créée par la Constitution de l'an III pour juger les mêmes crimes que la première et fut composée comme la précédente de hauts jurés, de juges et de deux accusateurs publics. Elle eut à connaître de la conjuration des Égaux montée par Babeuf parce que le député Drouet s'y trouvait mêlé. Le procès se tint à Vendôme, dura trois mois et se termina par un verdict de clémence, Babeuf et Darthé étant seuls envoyés à la guillotine.

HAÜY (Valentin) (Né à Saint-Just, Oise, le 13 novembre 1745, mort à Paris le 18 mars 1822). Étudiant à Paris, il devient professeur de calligraphie, puis obtient un emploi de commis aux Affaires étrangères. Mais il se consacre très vite à sa passion, l'éducation des jeunes aveugles. Bailly et La Rochefoucauld-Liancourt ainsi que la société philanthropique dont ils font partie, s'intéressent à ses travaux et lui confient douze aveugles dont il s'occupe au 18 de la rue Notre-Dame-des-Victoires à partir de 1784. Il fait une démonstration en 1786 à Versailles de ses méthodes et des caractères en relief qu'il a inventés pour enseigner la lecture aux jeunes aveugles. Louis XVI décide de prendre son établissement sous la protection royale, ce qui constitue l'origine de l'Institution des jeunes aveugles. Auteur cette même année 1786 d'un *Essai sur l'éducation des aveugles*, Haüy est privé de moyens durant la Révolution. En 1791, ses aveugles sont réunis aux sourds-muets dans le couvent des Célestins, puis ils sont annexés aux Quinze-Vingts. Ces changements constants, l'incapacité d'Haüy de gérer convenablement son institution ont des conséquences désastreuses pour les jeunes aveugles. Mis à la retraite sous le Consulat, Haüy ouvre un établissement privé, rue Saint-Avoye, sous le nom de Muséum des Aveugles, qui périclite rapidement. On lui confie cependant la création d'institutions du même type à Berlin et à Saint-Pétersbourg.

HAXO (Nicolas) (Né à Étival, Vosges, le 7 juin 1749, mort aux Clouzeaux, Vendée, le 20 mars 1794). Engagé comme simple soldat à dix-neuf ans, Haxo retourne à la vie civile après neuf années de services. Il acquiert une charge de conseiller au bailliage de Saint-Dié et se retrouve major général des gardes nationaux des Vosges en 1790. Lieutenant-colonel du 3e bataillon de volontaires des Vosges en 1791, Haxo se distingue au siège de Mayence. Après la capitulation de la garnison, il est envoyé à l'armée des côtes de La Rochelle, est nommé général de brigade en août 1793, puis, passé à l'armée de l'Ouest, commande la réserve de l'armée de Mayence en octobre et reprend Noirmoutier, le 3 janvier 1794. Installé à Machecoul pour combattre Charette, il le bat près de la forêt des Gats, le 8 mars, et le poursuit à travers la Vendée. Emporté par son ardeur, Haxo tombe dans une embuscade, est blessé et, sommé de se rendre, se tue d'un coup de pistolet. La Convention décréta que le nom d'Haxo serait inscrit au Panthéon sur une colonne de marbre.

HÉBERT (Jacques René) (Né à Alençon, le 15 novembre 1757, guillotiné à Paris, le 24 mars 1794). G. Walter a bien mis en évidence les deux personnages qu'il y avait en Hébert : d'une part un homme politique de médiocre envergure, membre de la Commune et orateur des clubs des Jacobins et des Cordeliers, d'autre part un journaliste d'une rare vulgarité qui a su « être lu de pauvres bougres... » Sur sa vulgarité, Hébert s'est lui-même expliqué, déclarant qu'« il faut jurer avec ceux qui jurent » et ajoutant : « Tous ceux qui aiment la franchise et la probité ne s'effarouchent pas des "bougres" et des "foutres" dont je larde, par-ci et par-là, mes joies et mes colères. » « Homère de l'ordure », selon l'historien de la langue française Ferdinand Brunot, Hébert est avant tout le rédacteur du *Père Duchesne*. Pour le reste, on le voit signer la pétition du club des Cordeliers au Champ-de-Mars, le 17 juillet 1791 ; la section Bonne-Nouvelle l'envoie la représenter à la Commune insurrectionnelle du 10 août 1792. Il est élu substitut du procureur de la Commune, Chaumette, et se montre un des adversaires les plus violents des Girondins. Ces derniers obtiennent son arrestation, le 24 mai 1793, mais les menaces de la municipalité et des sections obligent la Convention à ordonner sa libération, le 27. Le 31, la riposte vient et les Girondins sont proscrits. Un parti se constitue autour d'Hébert avec Chaumette, Cloots, Momoro, Ronsin, Rossignol, Vincent notamment. Reprenant à son compte une partie du programme social des Enragés, Hébert pousse le peuple à envahir la Convention, le 4 septembre 1793, pour réclamer du pain. Sous son impulsion sont votées les lois des suspects, le 17 septembre, et du maximum, le 29 septembre. La politique de déchristianisation est encouragée par lui et il favorise l'institution du culte de la Raison. Il s'en prend sur sa gauche à ses concurrents « enragés », sur sa droite aux dantonistes « indulgents », servant ainsi la politique de Robespierre. Lorsque, au début de mars 1794, il lance un appel à l'insurrection, dénonce aux Cordeliers le « modérantisme » de « l'Incorruptible », ce dernier décide de se débarrasser de lui. Dans la nuit du 13 au 14 mars, sur un rapport de Saint-Just, la Convention décide l'arrestation d'Hébert et de ses partisans. Ils sont jugés une semaine plus tard et guillotinés. Avec la disparition d'Hébert, Robespierre n'a plus d'adversaires sur sa gauche, mais les foules parisiennes n'ont plus de meneur et Hanriot et Coffinhal n'auront pas l'influence nécessaire pour les mobiliser et sauver « l'Incorruptible » le 9 thermidor. En faisant périr Hébert, Robespierre se condamne.

HÉBERTISTES. C'est le nom sous lequel on désigna les partisans d'Hébert. Ce dernier reprit, à la chute des Enragés, l'essentiel de leurs revendications, jugées extrémistes par Robespierre. Aussi ce dernier fit-il dénoncer la « faction hébertiste » par Saint-Just, le 24 ventôse an III (15 mars 1794), les chargeant de complot contre la Convention et les accusant de conspiration au profit de puissances étrangères et ennemies. Le Comité de salut public fit arrêter le lendemain les principaux meneurs : Hébert, bien sûr, substitut du procureur de la Commune, Ronsin, commandant de l'armée révolutionnaire parisienne, Vincent, employé au ministère de la Guerre, Momoro, administrateur du département, Ducroquet, commissaire de section, de Kock, banquier hollandais, Leclerc, Pereira, Anacharsis Cloots, Desfieux, Dubuisson, Proly... Le 17 mars, Billaud-Varenne vint au club des Jacobins charger de tous les péchés les hébertistes, qualifiés d'anarchistes, et personne n'osa protester. Le procès commença le 21 mars et fut expédié. Tous condamnés à mort, sauf le médecin Laboureau, les hébertistes, au nombre de dix-huit, montèrent sur l'échafaud, le 24 mars 1794.

HÉDOUVILLE (Gabriel Marie Théodore Joseph d') (Né à Laon, le 27 juillet 1755, mort à Brétigny, Essonne, le 30 mars 1825). Ancien élève du collège royal de La Flèche, lieutenant en 1788, adjudant général et lieutenant-colonel en 1792, d'Hédouville est à Valmy, le 20 septembre. Nommé général de brigade et chef d'état-major à l'armée de la Moselle en mars suivant, il se distingue à Kaiserslautern, puis est suspendu, incarcéré comme noble et donc suspect, libéré après le 9 thermidor, mis à la retraite en septembre 1794, enfin réintégré avec le grade de général de brigade et envoyé à l'armée des côtes de Cherbourg puis à Brest. Général de division en novembre 1795, chef d'état-major de Hoche en janvier 1796 à l'armée des côtes de l'Océan, il mène sous les ordres de celui-ci une politique de pacification et d'apaisement dans l'Ouest insurgé. Après un bref séjour à Saint-Domingue en 1798, où il se heurte à Toussaint-Louverture, d'Hédouville est employé à l'armée d'Angleterre. En janvier 1800, il se retrouve dans l'Ouest et négocie de nouveau la paix avec les royalistes. De 1801 à 1804, ministre plénipotentiaire en Russie, sénateur et comte de l'Empire, resté monarchiste de cœur, d'Hédouville se rallie avec enthousiasme à Louis XVIII en 1814.

HELVÉTIE (armée d'). Elle entre en action en mars 1798 sous les ordres de Brune et envahit la Suisse. Masséna la commande ensuite jusqu'à sa réunion à l'armée du Danube en avril 1799.

HELVÉTIQUE (République). Hostile à la Révolution, mais fidèle à sa politique de neutralité, la Confédération helvétique se maintient hors de la guerre et accepte en 1797 que Bonaparte enlève la Valteline aux Grisons pour la rattacher à la République cisalpine qu'il vient de créer. Mais le Directoire, soucieux de s'assurer le contrôle des passages alpins, cherche un motif pour intervenir. Il soutient un Club helvétique créé à Paris par un certain La Harpe qui entretient l'agitation dans le canton de Vaud, tandis que le Bâlois Ochs remplit un rôle identique dans sa ville. Le 27 janvier 1798, Lausanne proclame son indépendance, les troupes françaises franchissent la frontière, occupent le pays de Vaud, marchent sur Berne qui tombe le 5 mars. Une République helvétique « une et indivisible » est proclamée avec un directoire exécutif de cinq membres, tous collaborateurs bon teint et fidèles exécutants de la politique parisienne. Aussi, malgré le caractère un et indivisible de leur République, la laissent-ils amputer de Mulhouse, de Bâle, des vallées du Jura, de Bienne et de Genève. De violentes oppositions entre fédéralistes, partisans de l'autonomie cantonale, et unitaires provoquent une guerre civile qui fait accueillir avec joie les troupes russes et autrichiennes en 1799. Le conflit n'est réglé qu'en 1803 par l'Acte de médiation imposé par Bonaparte qui en profite pour annexer le Valais.

HENRY-LARIVIÈRE (Pierre François Joachim) (Né à Falaise, le 6 décembre 1761, mort à Paris, le 3 novembre 1838). Juriste, élu à la Législative par le Calvados, Henry-Larivière s'y montre hostile aux prêtres réfractaires et aux émigrés, appuyant même la motion d'Aubert-Dubayet et de Chabot sur le serment de haine à la royauté. Réélu à la Convention, il se montre beaucoup plus modéré, votant pour l'appel au peuple, pour la détention, pour le sursis dans le procès du roi. Décrété d'arrestation avec les Girondins, le 2 juin 1793, il se réfugie à Caen. Reparu après l'élimination de Robespierre, réintégré à la Convention malgré les protestations de Lecointre qui l'accuse de royalisme, Henry-Larivière dénonce Carnot et Lindet et demande « l'arrestation de tous les membres des anciens Comités de gouvernement ». Il joue un rôle dans la conclusion de l'échange avec l'Autriche de la fille de Louis XVI contre plusieurs conventionnels et le ministre de la Guerre livrés en 1793 par Dumouriez. Élu au Conseil des Cinq-Cents par plusieurs départements dont le Calvados qu'il choisit, Henry-Larivière est plusieurs fois mentionné dans les rapports de police au début du Directoire comme un des meneurs de la jeunesse dorée. Président du Conseil après la victoire royaliste aux élections de 1797, un des meneurs du club de Clichy, il est proscrit après le coup d'État du 18 fructidor. Réfugié en Suisse, puis en Angleterre, il offre ses services au comte d'Artois, ne revient en France qu'à la Restauration et obtient le poste d'avocat général à la Cour de cassation.

HÉRAULT DE SÉCHELLES (Marie Jean) (Né à Paris, le 20 octobre 1759, guillotiné à Paris, le 5 avril 1794). Riche, beau et intelligent, Hérault de Séchelles est nommé avocat au Châtelet de Paris, à peine âgé de dix-huit ans. Ce brillant esprit, typique de la jeunesse aristocratique du temps, est adepte des idées nouvelles et sape lui-même les bases d'un ordre auquel il doit sa prospérité. En 1779, dans son *Éloge de Suger*, il présente la féodalité comme « une suite de jours de calamité et de douleur », puis, dans son *Codicille politique et pratique d'un jeune habitant d'Épone*, se livre à l'apologie du cynisme, de l'arrivisme et de l'égotisme. Proche parent de la duchesse de Polignac, Hérault est présenté à la reine et, malgré son esprit frondeur et grâce à son irrésistible séduction sur la gent féminine, obtient, avec dispense d'âge, la charge d'avocat général en 1785. Cela ne l'empêche pas de raconter dans les salons qu'il était parmi les « vainqueurs de la Bastille » et que deux hommes sont tombés à ses côtés lors de l'assaut. Le roi ne lui en tient guère rigueur, puisqu'il le nomme commissaire près le Tribunal de cassation en mai 1791. Élu par les Parisiens à la Législative, par la Seine-et-Oise, à la Convention, cet aristocratique révolutionnaire est successivement Feuillant, Girondin, Montagnard. Le 11 juillet 1792, il prononce un discours célèbre, demandant la proclamation de la « patrie en danger ». Plusieurs fois président de la Convention, il est envoyé en mission pour organiser la Savoie annexée et n'assiste pas au procès du roi. De retour en mai 1793, entré au Comité de salut public, il est chargé de la rédaction d'un projet de constitution et se met à dos Saint-Just par la désinvolture avec laquelle il travaille. Hérault remplace Danton à la direction des Affaires étrangères, le 10 juillet 1793, et négocie avec l'Autriche une éventuelle libération de Marie-Antoinette. Président de la Convention, il est le héros de la fête du 10 août 1793, ce qui lui vaut la jalousie de Robespierre qui déteste cet homme à femmes léger et séduisant. Accusé par Saint-Just de trahir et de livrer à l'Autriche les délibérations du Comité diplomatique, Hérault tente, un peu tard, de se faire donner un brevet de bon terroriste en demandant lui-même la mise en accusation de la reine et en encourageant Carrier dans ses atrocités dans l'Ouest. Trop populaire encore pour être expédié à la guillotine, Hérault est envoyé en mission diplomatique à la frontière suisse, en novembre, le temps de se faire oublier des Parisiens et des Parisiennes. A son retour, le 29 décembre 1793, son sort est déjà scellé par Robespierre. Accusé, en outre, d'avoir trempé dans la conspiration du baron de Batz, sommé de se justifier de ses contacts avec l'Autriche, Hérault de Séchelles se défend mollement, comprenant enfin qu'il n'est plus de son temps, que la société brillante et raffinée dans laquelle il s'épanouissait a été remplacée par une jungle sanguinaire, où les têtes poudrées sont destinées au panier de son de la guillotine. Il est mêlé à Danton, Camille Desmoulins, Fabre d'Églantine, Chabot, Bazire dans un simulacre de procès et exécuté, victime de son charme qui lui avait valu la haine de Robespierre et de Saint-Just.

HERMAN (Martial Joseph Armand) (Né à Saint-Pol-sur-Ternoise, Pas-de-Calais, le 29 août 1759, guillotiné à Paris, le 7 mai 1795). Substitut de l'avocat général au conseil provincial d'Artois, ami de Robespierre, Herman devient président du tribunal criminel du Pas-de-Calais à la Révolution. C'est Robespierre qui le fait venir à Paris pour remplacer Montané au poste de président du Tribunal révolutionnaire. Il préside tous les grands procès politiques d'octobre 1793 au début d'avril 1794. Jugé trop « mou », notamment lors du procès de Danton, il est évincé et remplacé par Dumas. Recasé comme commissaire des administrations civiles, il est finalement arrêté comme terroriste et condamné à mort pour « avoir, à l'aide de machinations et de complots, favorisé les projets liberticides des ennemis du peuple et de la République, notamment en faisant périr, sous la forme déguisée d'un jugement, une foule innombrable de Français de tout âge et de tout sexe, en imaginant, à cet effet, des projets de conspiration dans les différentes prisons de Paris, en dressant ou faisant dresser dans ces maisons des listes de proscription ».

HÉRON (Louis Julien Simon) (Né à Saint-Lunaire, Ille-et-Vilaine, le 16 mars 1746, mort à Versailles, le 16 février 1796). Entré dans la marine comme enseigne en 1764,

Héron la quitte en 1783 et semble atteint à partir de 1785 de la manie de la persécution : sa femme le trompe, des banquiers l'ont ruiné, raconte-t-il, la justice est contre lui, il se bat souvent avec ses voisins. La Révolution arrive à point pour cet esprit dérangé. Il se lie avec Marat et le cache quand ce dernier est recherché par la police. Au 10 août 1792, il est au premier rang des combattants et reçoit, dit-il, cinq blessures. Il court ensuite à Versailles égorger de Lessart qu'on ramène d'Orléans : ce ministre de la Marine n'a pas donné suite aux demandes d'indemnités qu'il avait déposées. Attaché au Comité de sûreté générale, Héron constitue une petite troupe de « porteurs d'ordres », plus justement dénommés « pourvoyeurs de la guillotine », dénonciateurs patentés. C'est le moyen rêvé pour Héron de se débarrasser de tous ses « persécuteurs », c'est-à-dire ses voisins. Il tente en vain d'obtenir de Sénar que le nom de sa femme figure dans une conspiration « aristocratique » afin d'en être débarrassé. Dénoncé à plusieurs reprises pour ses excès et ses actes de vengeance personnelle, toujours défendu par Couthon et Robespierre, Héron est arrêté après le 9 thermidor, libéré grâce à ses protecteurs du Comité de sûreté générale, arrêté à nouveau et expédié devant le tribunal d'Eure-et-Loir qui recueille plus de trois cents dépositions contre lui. La lenteur de la procédure le sauve et l'amnistie, votée par la Convention à sa séparation, lui rend la liberté. Héron se retire à Versailles et y meurt un an plus tard.

HOCHE (Louis Lazare) (Né à Versailles, le 24 juin 1768, mort à Wetzlar, le 19 septembre 1797). Palefrenier aux écuries du roi puis simple soldat dans l'armée, Hoche devient sergent dans la garde nationale parisienne au début de septembre 1789 et participe à la marche des 5 et 6 octobre sur Versailles. Lieutenant en mai 1792, capitaine en septembre, il prend part à la défense de Thionville et aux sièges de Namur et de Maestricht. Général de division en octobre 1793, il est mis à la tête de l'armée de Moselle, puis des armées réunies du Rhin et de la Moselle, se fait battre à Kaiserslautern, à la fin d'octobre, mais bat les Autrichiens à Woerth, le 23 décembre, débloque Landau et dégage l'Alsace. Dénoncé par Pichegru que soutient Saint-Just, Hoche est arrêté, le 1er avril 1794, et ne sort de prison que le 4 août suivant, après l'élimination de Robespierre. On lui confie alors le soin de calmer l'insurrection dans l'Ouest. Hoche sait apaiser les tensions religieuses en pratiquant une politique de tolérance à l'égard des prêtres réfractaires et réduire l'insurrection militaire. Les accords de La Jaunaie avec Charette, le 15 février 1795, marquent la fin de la guerre. L'écrasement des émigrés débarqués à Quiberon, le 21 juillet 1795, détruit les derniers espoirs royalistes. En janvier 1796, Stofflet et Charette sont faits prisonniers, Scépeaux se soumet. Chargé d'opérer un débarquement en Irlande, Hoche échoue en décembre 1796, la flotte ayant été dispersée par la tempête. En février 1797, il prend la tête de l'armée de Sambre-et-Meuse, franchit le Rhin, bat les Autrichiens à Neuwied en avril, mais ne peut pousser son avance à cause de la signature de préliminaires de paix à Leoben. Ayant refusé pour raison d'âge le ministère de la Guerre en juillet, il meurt de tuberculose à son quartier général. Un des généraux les plus remarquables de la Révolution, Hoche était, selon Napoléon, le seul qui eût pu lui tenir tête : « Hoche brûlait de ne pouvoir patienter. Je crois que, comme Moreau, il serait venu se briser contre le palais. »

HOLLANDE, voir **BATAVE** (République).

HOMMES DE LOI. C'est le nom qui fut donné aux juristes qui intervenaient en faveur des plaideurs aux tribunaux durant la Révolution, une fois les avocats et avoués supprimés.

HONDSCHOOTE (bataille d'). Ayant chassé les Français de Belgique, les alliés se divisèrent en deux, les Autrichiens marchant vers le Sud tandis que l'armée anglo-hanovrienne du duc d'York allait assiéger Dunkerque. A la tête de l'armée du Nord, Houchard vint au secours de Dunkerque. Il divisa son armée en six colonnes convergeant sur la ville sur un front de 35 kilomètres. Les 45 000 hommes de Houchard affrontèrent les 35 000 Anglo-Hanovriens dans une bataille très confuse qui dura du 6 au 8 septembre 1793. Le duc d'York décida finalement de lever le siège et de se replier. Pour ne lui avoir pas coupé la retraite, Houchard fut jugé et guillotiné.

HÔPITAL GÉNÉRAL. Il fut fondé en 1656 par Louis XIV et rassemblait à la veille de la Révolution dix établissements : Scipion, la Pitié, les trois maisons des Enfants trouvés, Bicêtre, la Salpêtrière, le Saint-Esprit, Sainte-Pélagie, le mont-de piété, ce dernier ajouté pour accroître les revenus de l'ensemble. Environ 12 000 pauvres étaient assistés par l'Hôpital général. Les revenus, près de 5 millions de livres, étaient gérés par 12 personnes sous l'autorité de l'archevêque de Paris. Aux octrois de Paris, il était perçu 5 sous pour 100 bottes de foin entrant dans la ville, qui étaient destinés à l'Hôpital général.

HÔPITAUX ET HOSPICES. Lorsque la Constituante décida la vente des biens du clergé, elle en exclut les biens des hôpitaux et hospices. Le Comité pour l'extinction de la mendicité de la Constituante recensa, en 1791, 2 185 hôpitaux et hospices dans tout le royaume. Ils étaient alors dans une détresse très grande, privés de la majeure partie de leurs anciens revenus, octrois, droits d'entrée et autres recettes abolis depuis 1789. Le 8 juillet 1791, la Constituante leur accorda 3 millions pris sur la caisse de l'extraordinaire pour qu'ils puissent continuer à fonctionner. Mais la Convention, très anticléricale, décida d'en finir avec ces établissements religieux et déclara leurs possessions bien nationaux en juillet 1794. Le 14 novembre 1796, le Conseil des Anciens décida que les hospices civils de la République prendraient en charge les nouveau-nés abandonnés. Dépourvus de recettes fixes en dehors d'un impôt sur les billets de théâtre, hospices et hôpitaux restèrent dans une situation lamentable jusqu'au Consulat. Il y avait à Paris 48 hôpitaux et hospices en 1789, dont les plus importants étaient l'Hôtel-Dieu, la Charité, Cochin, Necker, Saint-Gervais, les Quinze-Vingts, Saint-Louis, Beaujon, Sainte-Périne. Ils abritaient 35 000 personnes dont 15 000 enfants trouvés. La mortalité était importante et frappait le quart des malades. Les revenus de ces hôpitaux atteignaient 40 millions en 1789, mais ils décrurent ensuite tragiquement. En juillet 1793, la Convention ordonna le transfert en province d'une partie des malades. Le décret du 16 septembre 1794 confia la surveillance des hôpitaux et hospices parisiens à 16 membres de la Convention. Le 17 janvier 1795 furent créés deux nouveaux hospices, l'hôpital du Roule et l'hôpital Antoine, futur Saint-Antoine, pour remplacer trois établissements supprimés. En février 1801, tous les établissements parisiens furent regroupés dans une Administration générale des hôpitaux et hospices civils, établie sur le parvis de Notre-Dame, face à l'Hôtel-Dieu.

HORS LA LOI. Les assemblées révolutionnaires ou leurs représentants en mission usèrent et abusèrent de la mise hors la loi de ceux qui manifestaient leur hostilité au régime. Il suffit, sous la Terreur, d'arborer une cocarde blanche pour devenir hors la loi. Dumouriez, les Girondins, des milliers d'inconnus furent ainsi mis hors la loi. Cette procédure économisait tout jugement. Toute personne hors la loi qui avait été arrêtée était soumise à un simple interrogatoire d'identité et exécutée. Les biens des condamnés étaient confisqués au profit de l'État. Robespierre connut à son tour les désagréments de la mise hors la loi et, peu après son exécution, en décembre 1794, tous les décrets de mise hors la loi furent rapportés. Après l'insurrection du 1er prairial, il y eut encore quelques mises hors la loi pour les meneurs, mais le Directoire limita la mise hors la loi à ceux « qui attenteraient à la liberté du Corps législatif, ou de quelqu'un de ses membres ».

HOSPICES, voir **HÔPITAUX ET HOSPICES.**

HÔTEL DE VILLE. Commencé sous François Ier, l'Hôtel de Ville de Paris ne fut achevé qu'en 1628. Le bâtiment fut agrandi à la fin du Directoire d'annexes construites à l'emplacement des églises Saint-Jean et du Saint-Esprit. L'Hôtel de Ville fut le théâtre des grands événements de la Révolution. C'est là que, les 13 et 14 juillet 1789, le Comité des électeurs s'installa pour organiser l'émeute et la prise de la Bastille. C'est là que le maire Bailly reçut le roi trois jours plus tard. Louis XVI y reparaissait le 6 octobre suivant, ramené de Versailles par la foule. Le 17 juillet 1791, Bailly y faisait proclamer la loi martiale et arborer le drapeau rouge qui en était le signe. Durant les années 1792-1794, l'Hôtel de Ville fut le siège d'une intense agitation. C'est là qu'aboutissaient manifestants et pétitionnaires. Les séances de la Commune se tenaient dans un brouhaha ahurissant, au milieu du tumulte et des menaces. Les sections de Paris envoyaient quotidiennement des demandes ou des pétitions, des délégations d'hommes en armes. L'agitation culmina le 9 thermidor quand Robespierre crut pouvoir y trouver un refuge sûr, mais les foules, si elles l'avaient jamais suivi, ne le suivaient plus. Il fut saisi dans la salle des séances de la Commune et envoyé à l'échafaud. Après sa mort, une vie normale reprit à l'Hôtel de Ville. Il fut incendié par les Communards en mai 1871.

HOUCHARD (Jean Nicolas) (Né à Forbach, Moselle, le 24 janvier 1738, guillotiné à Paris, le 15 novembre 1793). Entré dans l'armée en 1755, Houchard n'est que capitaine après trente-cinq ans de carrière lorsque débute la Révolution. Ses origines plébéiennes favorisent une rapide ascension à l'armée du Rhin où il sert en 1792. Général de division en mars 1793 et nommé par Custine au commandement de l'armée de la Moselle, il remplace ce dernier à l'armée du Rhin en mai. Le 1er août, on lui confie l'armée du Nord. Il remporte la victoire d'Hondschoote, les 6-8 septembre, prend Menin, puis décide une retraite qui se transforme en déroute, le 13 septembre. Destitué et arrêté à son camp, le 23 septembre, il est traduit devant le Tribunal révolutionnaire et condamné à mort. Son nom figure sur l'Arc de triomphe.

HOUDON (Jean-Antoine) (Né à Versailles, le 20 mars 1741, mort à Paris, le 16 juillet 1828). Sculpteur, élève de Pigalle, Houdon obtient le prix de Rome à dix-neuf ans. Envoyé dans cette ville, il y édifie une statue colossale de *saint Bruno.* Après six ans de séjour en Italie, il en revient en 1771 avec une statue de *Morphée.* La même année, il expose un *Écorché* qui fait sensation par son caractère de vérité anatomique. Mais c'est surtout pour ses bustes que Houdon est passé à la postérité. « C'est mon amour de la gloire et non le désir du lucre qui m'a fait exécuter la plupart des bustes dont on m'a loué », a-t-il écrit. On lui doit notamment les effigies du comte de Provence, du prince de Conti, de Diderot, de Mirabeau, de Jean-Jacques Rousseau, de La Fayette, de Buffon, de Turgot, de Gluck... Ayant exécuté le buste de Necker, il est emmené par ce dernier à Philadelphie où il sculpte Washington. A Saint-Pétersbourg, il statufie Catherine II. Son buste de Molière et son Voltaire assis passent pour le sommet de son art. Sous la Révolution, Houdon subit la rancune de David qui fait refuser le buste de Mirabeau offert au club des Jacobins et ouvrir un concours auquel, blessé dans son amour-propre, Houdon refuse de participer. De même refuse-t-il de prendre part au concours pour la statue de Rousseau. Vivant retiré, Houdon est cependant incarcéré comme suspect sous la Terreur. Sous l'Empire, il exécute des statues de Napoléon, de Joséphine, de Ney.

HUE (François, baron) (Né à Fontainebleau, le 18 novembre 1757, mort à Paris, le 17 janvier 1819). Huissier de la chambre du roi en 1789, Hue est nommé en 1791 premier valet de chambre du dauphin. Il accompagne la famille royale lors de sa détention au Temple et est incarcéré après la mort de Louis XVI. Libéré après le 9 thermidor, Hue quitte la France en 1795, accompagne la fille de Louis XVI à Vienne et devient commissaire général de la Maison de Louis XVIII. Ses mémoires, parus en anglais en 1806, en français en 1814, sous le titre de *Dernières Années du règne et de la vie de Louis XVI*, sont un témoignage du plus grand intérêt sur le 10 août et la fin de la monarchie.

HUILES. Le royaume de France produisait en 1789 des huiles d'olive, de noix, de lin, de colza, mais en quantité insuffisante et on devait en importer chaque année pour dix à douze millions. Les droits de fabrication avaient été supprimés par Louis XVI pour encourager la production, mais la Constituante les rétablit, le 22 mars 1790. Pour la consommation, des droits étaient aussi perçus, le plus souvent sous forme d'abonnements annuels, et la Constituante reconduisit cette coutume. Couppé, de l'Oise, fit le 11 juillet 1794 un rapport sur les moyens de développer la culture des oléagineux en France, préconisant le développement de la culture des oliviers dans le Midi méditerranéen, la fabrication d'huiles à partir de faines, de pépins de raisins, de graines de pavot. Les huiles furent soumises à la réquisition par la Convention peu après son rapport.

HUISSIERS. Les huissiers près les tribunaux étaient chargés de faire les exploits et les significations et de faire exécuter les jugements et les arrêts des tribunaux civils ainsi que les mandements de justice. Le 13 septembre 1791, l'huissier Damien osa pénétrer dans l'enceinte de l'assemblée électorale de Paris pour arrêter Danton. Les électeurs l'en empêchèrent et protestèrent auprès de la Constituante qui donna raison à l'huissier. Damien finit cependant guillotiné, trois ans plus tard, pour « conspiration contre la liberté et la sûreté du peuple ». Il existait aussi des huissiers près les tribunaux criminels qui portaient aux accusés, dans les prisons, les citations à comparaître devant le Tribunal révolutionnaire. Ils faisaient également l'appel des condamnés à mort avant la montée dans les charrettes. Il y avait, à la veille de la Révolution, cent vingt huissiers priseurs à Paris, chargés de la prisée et de la vente aux enchères publiques des biens meubles. Ils furent supprimés en 1790 et leur tâche put être exécutée par les notaires, greffiers, huissiers et autres sergents. Les commissaires-priseurs furent créés en février 1801.

HULIN (Pierre Augustin) (Né à Paris, le 6 septembre 1758, mort à Paris, le 9 janvier 1841). Enrôlé à treize ans comme soldat, dans le régiment des gardes suisses en 1773, congédié en 1787, Hulin est directeur d'une buanderie près d'Épinay-sur-Seine en 1789. Le 14 juillet, il se met à la tête des gardes-françaises et de la foule rassemblés sur la place de Grève et marche sur la Bastille. Ayant mis deux canons en batterie en face des portes de la forteresse, il obtient la capitulation de la place. Élu commandant de la garde nationale, Hulin prend aussi part aux journées des 5 et 6 octobre. On le trouve encore parmi les attaquants des Tuileries, le 10 août 1792. Envoyé à l'armée du Nord, il est blessé à Neerwinden, nommé commandant de la place de Landrecies en avril 1793. Suspendu le 4 août, enfermé à l'Abbaye le 7 septembre 1793, Hulin est libéré à la chute de Robespierre et réintégré dans l'armée. A l'armée d'Italie, il fait la connaissance de Bonaparte et lie son destin au sien. Il devient général de brigade en 1803 et préside la commission militaire qui condamne à mort le duc d'Enghien. Général de division en 1807, il commande de 1807 à 1814 la 1re division militaire et la place de Paris, est fait comte de l'Empire en 1808. Louis XVIII, ne lui pardonnant pas l'exécution du duc d'Enghein, le fait mettre à la retraite.

HUMBERT (Jean Joseph Amable) (Né à Saint-Nabord, Vosges, le 22 août 1767, mort à La Nouvelle-Orléans, le 3 janvier 1823). Sergent de la garde nationale de Lyon à sa création, en juillet 1789, Humbert s'engage au 13e bataillon de volontaires des Vosges, le 1er avril 1792. Il est capitaine, le 11 août 1792, lieutenant-colonel, quatre jours plus tard, général de brigade, le 9 avril 1794, et fait campagne dans l'Ouest en insurrection contre la République jusqu'en 1795, avant d'être affecté en 1796 à l'armée de Rhin-et-Moselle. Mais son principal titre de gloire, si l'on peut dire, est sa participation à l'expédition d'Irlande. Débarqué à Killala, le 22 août 1798, il remporte quelques succès avant d'être obligé de se rendre. Échangé à la fin de 1798, il est affecté à l'armée du Danube puis à celle d'Helvétie. Il est envoyé à la fin de 1801 à Saint-Domingue. Accusé de rapines et de prévarications, de « relations avec des chefs de brigands », etc., il est destitué en janvier 1803. Ce personnage peu recommandable est autorisé en 1812 à passer au service des États-Unis où il finit son existence.

HUSSARDS. A l'origine composé exclusivement de Hongrois, ce corps de cavalerie fut créé sous Louis XIV. Il y avait, en 1789, six régiments de hussards. Le nombre fut porté pendant les guerres de la Révolution jusqu'à quatorze. Les hussards servaient d'éclaireurs, d'avant-garde, de force de harcèlement. Ils portaient un sabre, une carabine et une paire de pistolets. Les troupes des six anciens régiments (Bercheny, Esterhazy, Lauzun, Saxe, Colonel-général, Chamborand) suivirent Dumouriez lorsqu'il se rendit aux

Autrichiens. Le 7 septembre 1792, Landrieux constitua un corps de hussards braconniers. Il y eut aussi des hussards de la liberté, avec les hussards qui n'avaient pas suivi Dumouriez constituant le noyau des nouveaux régiments. Les hussards se distinguaient par leurs nattes, la queue et les cadenettes.

HYMNES NATIONAUX, voir **AIRS NATIONAUX**.

HYPOTHÈQUES. Créés par un édit de juin 1771, les offices de conservation des hypothèques furent réglementés par la loi du 4 février 1791, complétée par les lois du 9 messidor an III (28 juin 1795), du 21 nivôse an IV (10 janvier 1796), du 27 vendémiaire an V (18 octobre 1796). Le statut définitif des hypothèques est défini par les lois du 11 brumaire (1er novembre 1798) et du 21 ventôse an VII (12 mars 1799). Il y eut aussi une Caisse hypothécaire par actions, fondée en 1795 et établie cul-de-sac de l'Oratoire-Saint-Honoré.

I

ÎLE DE FRANCE. Aujourd'hui île Maurice, l'île de France fut découverte en 1505 par le Portugais Pero Mascarenhas et occupée en 1598 par les Hollandais qui la nommèrent Maurice, en l'honneur de Maurice de Nassau. Ils l'abandonnèrent en 1710 et les Français s'y établirent en 1715, lui donnant le nom d'île de France. Principale base navale de la France dans l'océan Indien, ayant La Bourdonnais pour gouverneur de 1735 à 1746, l'île de France n'eut que de lointains rapports avec la métropole durant la Révolution. Ses députés à la Constituante périrent dans le naufrage de l'*Amphitrite*. Elle servit surtout de base navale dans la lutte contre les Anglais qui finirent par s'en emparer en 1810 et la gardèrent après les traités de Paris.

ÎLE DE RÉ (nom révolutionnaire : Île-Républicaine).

ÎLE D'OLÉRON (nom révolutionnaire : Île-de-la-Liberté).

ÎLE D'YEU (nom révolutionnaire Île-de-la-Réunion).

ILLUMINATIONS. Les grandes fêtes avec de somptueuses illuminations disparurent avec la royauté. Les deux dernières eurent lieu les 14 juillet 1790 et 1791 aux Champs-Élysées. Voici la description des dernières par Prudhomme : « Le château des Tuileries était tout de feu, et la grande allée du jardin offrait un immense salon de verdure superbement éclairé ; un cordon de lumières régnait sur la terrasse du bord de l'eau depuis le pont de Louis-XVI, et le muséum du Louvre, pareillement décoré, prolongeait ce beau spectacle jusqu'à la belle colonnade allumée dans le même style. Les Champs-Élysées offraient cette même décoration en guirlandes de feu qui fut trouvée si agréable l'année dernière ; tout était lumière depuis la place de Louis-XV jusqu'aux deux pavillons de l'ancienne barrière de Chaillot. »

IMPARTIAUX (club des). Formé par des partisans de la monarchie qui se réunissaient aux Grands-Augustins, le club des Impartiaux s'installa ensuite au 8, rue de la Michodière. Sous la présidence de Malouet, il fit une propagande très hostile aux Jacobins. Il disparut avec la Constituante. Les membres modérés de cette assemblée furent appelés Impartiaux, même s'ils ne faisaient pas partie du club.

IMPÔT TERRITORIAL. Nommé aussi subvention territoriale ou impôt foncier, l'impôt territorial fut créé par de Brienne, le 2 mai 1787, mais le Parlement refusa de l'enregistrer, le 30 juillet. Le roi tint un lit de justice, le 6 août, à Versailles, pour contraindre le Parlement, puis, devant ses protestations, l'exila à Troyes. La convocation des états généraux fut la conséquence de l'impossibilité de la mise en vigueur de cet impôt.

IMPÔTS. Charges payées au gouvernement pour assurer l'entretien de l'Administration royale, les impôts prirent le nom de contributions publiques à partir de 1789. Dans sa séance du 15 septembre 1789, la Constituante décréta que « dans les rôles de toutes les impositions de 1790, les ci-devant privilégiés seraient cotisés avec les autres contribuables dans la même proportion et la même forme, à raison de toutes leurs propriétés, exploitations et autres facultés, afin qu'il n'y ait plus à l'avenir qu'un seul et même rôle d'imposition pour tous les contribuables, sans aucune distinction ni pour les personnes ni pour les biens ».

IMPRIMERIE. Organisée en Chambre syndicale des imprimeurs et des libraires, l'imprimerie était soumise à un contrôle étroit et cent soixante-huit censeurs surveillaient tout ce qui s'imprimait en 1789. Aucun ouvrage ne pouvait être imprimé sans autorisation royale. La Révolution, en abolissant maîtrises et corporations, supprima l'organisation des imprimeurs et n'importe qui put s'établir imprimeur et imprimer ce que bon lui semblait sans aucun contrôle. En 1793, les imprimeurs furent requis de mettre leurs presses à la disposition de l'État. L'abondance de la production imprimée fit faire des progrès techniques à l'imprimerie sous la Révolution, grâce notamment à la stéréotypie entrée en usage sous le Directoire et utilisée surtout par Didot. L'imprimerie resta libre jusqu'au 5 février 1810. A cette date, toute une législation fut mise en place, le brevet d'imprimeur fut rétabli et le nombre des imprimeurs pouvant exercer à Paris fut limité à soixante-huit.

IMPRIMERIE NATIONALE. En 1784, la monarchie disposait de trois imprimeries : l'imprimerie de Versailles, utilisée par les différents ministères, disparut cette année même ; l'imprimerie du Cabinet du roi s'occupait d'impressions de qualité ou en caractères non latins ; l'Imprimerie royale, fondée par François Ier et installée en l'hôtel de Toulouse, près de la place des Victoires. En 1789, Annisson-Duperron dirigeait l'Imprimerie royale. La Constituante ordonna en août 1790 l'inventaire de tout ce que possédait cette imprimerie. Intitulée, après le 10 août 1792, Imprimerie des administrations nationales, cet établissement devint, le 1er mars 1794, l'Imprimerie nationale. Elle fut composée d'un directeur aux appointements de 8 000 livres par an, d'un prote à 3 500 livres, de trois sous-protes à 3 000 livres, d'un correcteur à 3 000 livres, d'un lecteur chargé de tenir la copie du correcteur à 1 500 livres, d'un contrôleur chargé de la comptabilité à 4 000, d'un sous-contrôleur à 2 400 livres... L'Imprimerie nationale eut pour tâche l'impression des lois, règlements et autres textes dont la Convention fut particulièrement prodigue. Elle était sous la surveillance du Comité des décrets, procès-verbaux et archives de cette assemblée.

INCENDIES. Après l'incendie de l'Opéra en 1781, qui causa la mort de vingt et une personnes, la réglementation concernant les incendies fut révisée. Le corps des pompiers fut réorganisé au début de la Révolution. Paris connut peu de sinistres durant cette époque, à part la catastrophe de l'explosion de la poudrière de Grenelle. En province, les incendies furent très nombreux : les paysans incendièrent de très nombreux châteaux pour détruire les titres de noblesse de leurs anciens seigneurs, ils « illuminèrent avec les parchemins féodaux une grande partie du royaume ». En septembre 1791, deux communes de la Haute-Marne, Bourbonne et Séré, furent totalement détruites par des incendies et l'Assemblée vota un secours provisoire de 25 000 livres alors que les dégâts étaient estimés à 700 000 livres. En Vendée, des dizaines de villages furent volontairement incendiés par les troupes de la République. La flotte capturée par les Anglais à Toulon fut aussi en partie réduite en cendres par eux.

INCOMPATIBILITÉ. La loi définit comme incompatibilité la réunion chez un même individu de plusieurs qualités ou fonctions. Ainsi, le 23 novembre 1789, Lanjuinais fit voter par la Constituante que les parents alliés (frères, oncles, neveux, cousins germains, beau-père et gendre, beaux-frères) ne pourraient être en même temps membres d'assemblées de municipalités, de districts ou de départements. Plus généralement, Ango fit voter, le 2 décembre suivant, l'incompatibilité des fonctions municipales et de judicature. Un peu plus tard furent déclarées incompatibles les fonctions municipales et celles de perception des impôts. Il fut interdit aux officiers du ministère public d'être membres d'assemblées administratives. Le 8 mai 1790, l'Assemblée décréta que les membres de la Constituante et de l'Assemblée qui lui succéderait ne pourraient être nommés officiers du ministère public avant quatre années, deux pour la législature suivante. Ecclésiastiques, maires, officiers municipaux, procureurs de la commune furent déclarés en incompatibilité avec des charges de judicature. En 1791, l'Assemblée décida que nul ne pourrait être juge de paix et en même temps officier municipal, membre d'un directoire, greffier, avoué, huissier, juge de district, juge de commerce ou percepteur. La liste des incompatibilités décrétée sous la Révolution est longue.

INCROYABLES. C'est ainsi qu'on nommait, pendant la Convention thermidorienne et le Directoire, les jeunes gens aisés qui s'habillaient de manière excentrique, portant les cheveux longs jusque sur les épaules, en « oreilles de chien », comme on disait alors, avec au col une énorme cravate. Ils se vêtaient habituellement d'une redingote très courte, se coiffaient d'un chapeau rond à large bord, avaient des culottes de velours noir ou vert, des bas de soie ou de coton chinés, des souliers évasés à bout pointu. Leur toilette de gala était un habit à taille carrée et à grands revers, un énorme chapeau claque posé de travers. Les salons les plus fréquentés par les Incroyables furent ceux de Barras et de Mme Tallien. On les vit aussi beaucoup dans les bals qui fleurirent sous le Directoire. Les Incroyables parlaient un langage très affecté et évitaient de prononcer les « r ». Le peuple les nomma « muscadins ».

INCURABLES (hospice des). Fondé en 1637 par le cardinal de La Rochefoucauld pour les infirmes des deux sexes atteints de maladies incurables, situé au 54 de la rue de Sèvres, l'hospice des Incurables avait

336 000 livres de revenus en 1789. Il comptait 446 lits. A chaque malade 500 livres étaient affectées, le reste étant dépensé pour les frais d'administration et de service des 74 employés. En 1790, hommes et femmes furent séparés et les hommes envoyés à l'ancien couvent des Récollets, au 166 de la rue du Faubourg-Saint-Martin.

INDEMNITÉ LÉGISLATIVE. Dès le 12 août 1789, l'Assemblée constituante, en dépit du gouffre budgétaire, décida de payer ses députés à raison de 18 livres par jour et de verser à la fin de la législature le prix de leur voyage de retour aux élus. Montlosier raconte avec humour qu'élu de Clermont il demanda des frais de transport correspondant à un trajet Paris-Coblence et les obtint. Les appointements que se votèrent ainsi les Constituants firent l'objet de la raillerie et on les chansonna ainsi :

Tel député, jadis si mince,
Qui n'avait pas, dans sa
[province,
Même six blancs,
Depuis qu'il renverse la France,
Plus de vingt fois par jour,
[dépense
Ses dix-huit francs.

Les députés à la Législative eurent aussi droit à leurs 18 livres quotidiennes. Quant aux conventionnels, à partir du 13 janvier 1795, c'est 36 francs qu'ils s'octroyèrent. Moins cupides, les membres des conseils du Directoire se contentèrent de 28 francs. Sous le Consulat, le traitement fut encore réduit et ramené à 10 000 francs par an.

INDÉPENDANCE (guerre d'), voir **AMÉRIQUE** (guerre d').

INDES (compagnie des), voir **COMPAGNIE DES INDES**.

INDICATEUR DES MARIAGES. C'est en 1790 qu'on eut pour la première fois l'idée d'ouvrir un bureau pour enregistrer l'âge, l'état et la fortune des personnes désireuses de se marier. Tous les mardis et vendredis paraissait une feuille in-quarto de quatre pages contenant ces informations, envoyée à des abonnés payant 15 livres par an pour Paris et 21 pour la province. Le bureau était installé au 225 de la rue Saint-Martin, en face de la rue des Vieilles-Étuves.

INDIGENTS. Le *Dictionnaire de l'Académie*, dans son édition de 1786, définit l'indigence comme « une grande pauvreté, le défaut des choses nécessaires ». Sous l'Ancien Régime, « les pauvres sont sous la protection du prince et de la justice », ils « doivent être regardés comme les membres de Jésus-Christ... L'aumône pour leur subsistance est un précepte formel ». Les élus de la Constituante et de la Législative s'intéressent fort peu aux indigents et se bornent à lancer une enquête pour essayer d'en connaître le nombre. Sous la Convention, on estime à 20 % le nombre des indigents, ouvriers agricoles, compagnons artisans, domestiques, voire artisans ou boutiquiers, que l'exode des classes les plus riches et l'effondrement de l'économie ont ruinés. La Convention tente de supprimer l'indigence en donnant des biens nationaux aux indigents, en vertu des lois successivement votées les 9 janvier, 4 mars, 3 juin, 14 août et 13 septembre 1793, lois dont le nombre et le caractère répétitif démontrent l'aspect purement symbolique. Il était prévu de donner un arpent, soit environ le tiers d'un hectare, à chaque chef de famille indigente, moyennant le paiement d'un loyer de 5 % de la valeur du bien et un amortissement sur dix ans. En fait, seuls 1 552 arpents furent distribués à 1 552 indigents de Seine-et-Oise. L'État décrète aussi la distribution de bons de 500 livres pour permettre aux pauvres d'acheter des biens nationaux. Là encore, l'accumulation des textes juridiques (lois des 8, 13, 23 ventôse an II : 26 février, 3 mars, 13 mars 1794) témoigne d'une bonne volonté qui se heurte à des réalités hostiles. Un Grand Livre de la bienfaisance nationale enregistre les pensions devant être versées aux indigents : 160 livres par an pour un agriculteur invalide, 120 livres pour un artisan infirme, alors que les députés viennent de se voter des indemnités journalières de 36 livres. On prévoit aussi des secours journaliers de 25 sous par mendiant marié, plus 5 sous par enfant à charge. Le Directoire organise des bureaux de bienfaisance pour secourir les pauvres à domicile. Dans l'ensemble, la condition des mendiants et des plus pauvres s'est nettement dégradée avec la Révolution, l'assistance privée, surtout ecclésiastique, ayant été beaucoup plus efficace sous l'Ancien Régime.

INDIVISIBILITÉ. Le 25 septembre 1792, la République est proclamée « une et indivisible » par la Convention. Ce principe est rappelé à plusieurs reprises, notamment le 16 décembre 1792, et sert à stigmatiser les Girondins, accusés de « fédéralisme », alors qu'ils se bornent à mettre en question les pressions de la Commune de Paris sur la représentation nationale et demandent que la capitale n'ait pas davantage que le 1/83 d'influence auquel elle a droit puisqu'elle ne constitue qu'un département parmi quatre-vingt-trois.

INDULGENTS. Le 8 janvier 1794, Robespierre dénonce au club des Jacobins les « ultra-révolutionnaires » et les « citra-révolutionnaires », les partisans d'Hébert et ceux de Danton. Depuis son retour à la Convention, en novembre 1793, Danton souhaite une politique de clémence et de retour à une vie normale, l'abrogation de la loi des suspects et même la création d'un comité de clémence. Cette politique est soutenue dans le *Vieux Cordelier* de Camille Desmoulins. Bourdon de l'Oise, Merlin de Thionville, Philippeaux participent à cette campagne. Robespierre utilise les Indulgents pour abattre les hébertistes, le 13 mars 1794, puis se retourne contre les dantonistes, le 29 mars, les impliquant dans les louches affaires financières de Fabre d'Églantine, les accusant comme les hébertistes, d'être des agents de l'étranger. Exécutés le 24 mars, les hébertistes sont remplacés sur l'échafaud par les Indulgents, le 5 avril suivant. Le tour de Robespierre viendra à la fin de juillet.

INDUSTRIE. La Constituante annule toute la réglementation industrielle de l'Ancien Régime, supprime privilèges et corporations, interdit le droit d'association. Elle crée, en revanche, le système des « brevets » pour protéger les inventeurs. Durant la Convention, toute l'activité industrielle est orientée vers la production de guerre. Les matières premières sont réquisitionnées, on nationalise les carrières, les mines, les hauts fourneaux, les manufactures d'armes. Tout est sacrifié à la fabrication d'armes, de munitions, de poudre. L'effort de guerre se relâche quelque peu sous le Directoire au profit des activités civiles. François de Neufchâteau organise en 1798 la première exposition publique des produits de l'industrie française. A la veille du coup d'État de Bonaparte, la situation de l'industrie est pratiquement identique à celle de 1789, mais la guerre et la crise économique ont aggravé la situation des ouvriers et des artisans. Il reviendra à l'Empire de restaurer l'industrie dans la mesure où la guerre et le blocus continental le permettront.

INFANTERIE. Sous les règnes de Louis XV et de Louis XVI, les effectifs de l'infanterie en temps de paix oscillent entre 90 et 100 régiments. Le 21 juillet 1791, les 101 régiments d'Ancien Régime perdent leurs noms pour devenir des numéros. Peu après, les troupes de ligne voient arriver les premiers bataillons de volontaires. En 1793, les effectifs ont atteint 588 bataillons formant 196 régiments ou demi-brigades, plus de 450 000 hommes. Les légions, corps et compagnies franches comptent 33 000 hommes. Il y a aussi 14 bataillons d'infanterie légère, au total 500 000 soldats. A la fin de l'année, l'infanterie en comptera plus de 670 000.

INGÉNIEURS. Il existait plusieurs sortes d'ingénieurs à la fin du XVIIIe siècle. Les ingénieurs civils remontaient au règne de Louis XIV et sortaient d'écoles du génie. Les ingénieurs militaires, au nombre de 400 environ, furent réduits à 300 par la Constituante, puis leur effectif revint à 400 en 1795. Les ingénieurs géographes militaires furent créés par l'ordonnance royale du 28 février 1777. Ils furent supprimés par la Constituante, le 16 août 1791. Les ingénieurs de la marine, créés en 1765, eurent leurs grades et leurs attributions fixés en 1796. C'est en 1783 que fut créée l'École des mines. Supprimée en 1793, elle naquit à nouveau en 1796. Pour les Ponts et Chaussées existaient à la fin de l'Ancien Régime quatre écoles. Une école unique fut établie à Paris, le 31 décembre 1790, forte de 60 élèves.

INNOCENTS (cimetière des). Pendant plus d'un millénaire, le cimetière des Innocents servit de sépulture à une vingtaine de paroisses de Paris. Ses entrées principales donnaient sur les rues aux Fers et de la Ferronnerie et sur la place aux Chats, dans le quartier des Halles. Une tour octogonale, la tour des Bois, en occupait le centre. L'église des Innocents se trouvait rue Saint-Denis. A partir de 1780, sur la demande des habitants qui se plaignaient des odeurs pestilentielles émanant du cimetière, on commença à transporter les ossements dans les carrières de Montrouge. L'église fut abattue en 1786 et sur le site fut édifié le marché dit des Innocents.

INSIGNES. Après l'abolition des costumes différenciant les députés des trois ordres aux états généraux, les élus ne furent plus identifiables que par une carte ronde portant d'un côté la devise « la nation, la loi, le roi » entre des branches de chêne et d'olivier, de l'autre côté un numéro d'ordre, le nom du député et celui du département représenté. La Législative décida, le 10 juillet 1792, le port par les députés, lorsqu'ils exerceraient une fonction officielle, d'un ruban aux trois couleurs en trois bandes ondées, le tout en sautoir, avec au bas les tables de la loi, se présentant comme un livre en métal doré, ouvert et portant au recto le mot « Constitution », au verso les mots « droits de l'homme ». La Convention revint au système de cartes. Les Cinq-Cents et les Anciens portèrent des médailles de formes variables suivant les législatures. Le Consulat eut aussi recours aux médailles. Les maires et les conseillers municipaux eurent leurs insignes réglementés par la loi du 11 mars 1790, qui leur prescrivait le port dans l'exercice de leurs fonctions d'une écharpe de trois couleurs (bleu, blanc et rouge) en baudrier, attachée d'un nœud et ornée d'une frange de couleur or pour le maire, blanche pour les officiers municipaux et violette pour le procureur de la commune. La Législative fixa en 1792 les insignes des administrateurs départementaux et de districts, des procureurs généraux-syndics, qui portaient un ruban tricolore en sautoir et une médaille avec l'inscription « respect à la loi », en métal doré pour les administrateurs départementaux et les procureurs généraux-syndics, en métal argenté pour les représentants des districts. Le 15 septembre 1792, le port de ces insignes par des personnes n'y ayant pas droit fut réprimé par deux années de prison et par la peine de mort si le coupable s'en était servi pour exercer des actes d'autorité.

INSPECTEURS MILITAIRES. Remontant au XIVe siècle, l'inspection de l'armée, confiée à des officiers supérieurs, a pour mission de recueillir les états de revue, de s'assurer des effectifs, de la tenue, de l'instruction des soldats, de la régularité des admissions et des renvois. Les inspecteurs militaires eurent fort à faire au début de la Révolution avec les désertions massives et les levées non moins massives de conscrits décrétées par la République. Bonaparte créa au début du Consulat des inspecteurs aux revues qui se virent confier une partie des attributions des commissaires des guerres, notamment les questions de personnel et d'effectifs.

INSTITUT NATIONAL. Les académies d'Ancien Régime ayant été supprimées, la Convention créa, sur la proposition de Daunou, l'Institut national des sciences et des arts, le 25 octobre 1795. Il fut divisé en 3 classes, sciences physiques et mathématiques, littérature et beaux-arts, sciences morales et politiques, et compta 144 membres. Il y avait aussi 144 correspondants en France et 16 à l'étranger. Bonaparte réorganisa l'Institut par la loi du 3 janvier 1803 qui créait 4 classes et supprimait celle des sciences morales et politiques.

INSTITUT PHILANTHROPIQUE. L'Institut philanthropique fut conçu en août 1796 par deux membres de l'Agence royaliste à Paris, l'abbé Brotier et Despomelles. Structuré sur le modèle franc-maçon, cet Institut était destiné à soutenir les candidats modérés aux élections, tout en ayant comme but secret la restauration monarchique. Après l'arrestation de Brotier en février 1797, Despomelles et d'André reprirent l'Institut et lui donnèrent un nouvel essor en province à la veille des élections d'avril 1797. Le coup d'État du 18 fructidor frappa l'Institut et ses cinquante-huit branches départementales. Seules subsistèrent des éléments dans le Midi, avec l'abbé de La Marre à Lyon, et dans le Sud-Ouest, avec Dupont-Constant à Bordeaux.

INSTITUTEURS. Lors de la création des écoles primaires, par le décret du 12 décembre 1792, la Convention décida que les personnes qui auraient la charge d'y enseigner seraient nommées « instituteurs ». Ces écoles ne commencèrent à être organisées qu'en octobre 1793. Pour recruter instituteurs et institutrices, la Convention ordonna la formation dans chaque district d'une commission de cinq membres choisis parmi les citoyens les plus sûrs au point de vue mœurs et opinions politiques. C'est devant cette commission que comparaissaient les candidats instituteurs qui subissaient un examen. Il était interdit de recruter d'anciens nobles et ecclésiastiques. Le traitement des instituteurs fut fixé à 1 200 livres par an au minimum. La loi de 1795 décida que les instituteurs seraient payés par les parents. C'est alors que furent créées les écoles normales pour former les instituteurs. L'enseignement primaire resta très négligé durant la Révolution et l'Empire.

INSTITUTIONS RÉPUBLICAINES. En 1794, la Convention décida d'établir la liste des institutions républicaines existant déjà ou qu'il serait souhaitable de créer. Une commission fut nommée, le 22 avril, comprenant Cambacérès, Couthon et Merlin de Douai, mais rien ne fut jamais publié ni même ébauché.

INSTRUCTION CRIMINELLE. L'édit de Louis XVI du 6 janvier 1789 prévoyait une commission pour simplifier la procédure criminelle. La Constituante décida, le 9 octobre suivant, la réforme provisoire de l'instruction criminelle. Les municipalités devaient désigner des assesseurs aux juges pour assister aux procès criminels. L'accusé avait droit à un conseil et devait être interrogé sous vingt-quatre heures. La procédure était publique et la torture abolie. Les condamnations à mort devaient être prononcées par une majorité des quatre cinquièmes et les autres condamnations par au moins deux tiers des juges. La Constitution de l'an III précisa les formes de l'instruction criminelle et les garanties accordées à l'accusé. La rédaction du code pénal commença en 1808.

INSTRUCTION PUBLIQUE. Les hommes du XVIIIe siècle ne différenciaient pas éducation, enseignement et instruction, définissant ces mots par « soin qu'on prend de l'instruction des enfants ». Le mot éducation est chargé d'une valeur plutôt péjorative et on lui préfère l'instruction. La Déclaration des droits de l'homme de 1793, dans son article 22, énonce que « l'instruction est le besoin de tous. La société doit favoriser de tout son pouvoir les progrès de la raison publique et mettre l'instruction à la portée de tous les citoyens ». Les députés de la Constituante n'accordent pratiquement pas d'intérêt à l'instruction publique et en confient le soin à leur comité de Constitution qui ne présente qu'un rapport dû à Talleyrand, le 20 septembre 1791. Il est vrai que le problème ne se pose guère encore : il existe un véritable réseau d'enseignement issu de l'Ancien Régime, 22 universités, plusieurs centaines de collèges tenus par des ordres religieux, des milliers de petites écoles, souvent tenues par les curés, enseignant les éléments de l'écriture, de la lecture et du calcul. Mais la transformation des biens du clergé en biens nationaux et le décret du 18 août 1792 mettent à bas cet édifice. Ce décret de la Législative décide « qu'aucune partie de l'enseignement public ne sera confiée à aucune des maison des ci-devant congrégations d'hommes et de filles ». Aussi le comité d'instruction publique de la Convention se trouve-t-il confronté à une tâche énorme et urgente. Le 22 frimaire an II (19 décembre 1793), la Convention déclare l'instruction obligatoire et gratuite pour tous les enfants de six à huit ans. Les municipalités doivent payer les instituteurs. Un an plus tard, 32 seulement des 557 écoles de districts obligatoires ont été créées. Le 27 brumaire an III (17 novembre 1794), sur rapport de Lakanal, on renonce à l'obligation scolaire, le 3 brumaire an IV (25 octobre 1795), la gratuité est supprimée et les parents doivent payer les instituteurs. La Convention obtient de meilleurs résultats au niveau supérieur. Les collèges religieux sont remplacés par des écoles centrales, à raison d'une par département, qui compte trois niveaux d'études : de douze à quatorze ans, les élèves apprennent le dessin, les sciences naturelles, des langues vivantes et mortes ; de quatorze à seize ans, ils suivent des cours de mathématiques, de physique, de chimie, de logique ; de seize à dix-huit ans, ils étudient les belles-lettres, l'histoire, la législation. A la place des universités et des grands établissements, la Convention crée un système de grandes écoles à vocation professionnelle : École centrale des travaux publics, future École polytechnique, Conservatoire national des arts et métiers, École normale de Paris chargée de la formation des instituteurs, trois écoles de santé à Montpellier, Paris et Strasbourg. La Bibliothèque nationale, le Musée archéologique des monuments français, le Louvre, le Conservatoire de musique, le Muséum sont chargés d'un enseignement spécialisé de haut niveau. Le Collège royal survit comme Collège de France. Les sept académies de la monarchie sont remplacées par les trois classes de l'Institut national. Sous le Directoire, le gouvernement autorise l'ouverture d'établissements privés mais refuse de les financer. Tout l'enseignement des filles est rejeté par les révolutionnaires et abandonné à l'enseignement privé.

INSTRUCTION SOCIALE (Journal de l'), voir **JOURNAL DE L'INSTRUCTION SOCIALE**.

INSURRECTIONS. La légalité fut très souvent violée par des insurrections populaires entre 1789 et 1799. Cela commença avec la journée des Tuiles à Vizille, et la prise de la Bastille. Suivirent les journées des 5 et 6 octobre 1789, les révoltes militaires de Nancy et de Metz, les insurrections des 20 juin et 10 août 1792, les massacres de Septembre, les 31 mai et 2 juin 1793 pour renverser les Girondins, les insurrections manquées du 9 thermidor, du 12 germinal, du 1er prairial, du 13 vendémiaire. En province, l'insurrection de la Vendée rayonna sur tout l'Ouest. Les grandes villes, comme Bordeaux, Toulon, Marseille, Lyon, se révoltèrent aussi contre la dictature montagnarde. De 1789 à 1793, des minorités actives manipulant des foules sanguinaires imposèrent leur volonté à toute une nation. Cet exemple de prise de pouvoir révolutionnaire sert depuis de modèle à tous les agitateurs politiques.

INTÉRIEUR (armée de l'). Cette armée fut créée le 23 messidor an III (12 juillet 1795) avec les forces de la 17e division militaire ou de Paris agrandies des départements de la Somme, de la Seine-Inférieure et de l'Eure. Le général Menou, commandant de la 17e division, en fut le premier chef. Cette armée était chargée de veiller à l'approvisionnement de la capitale et d'assurer le maintien de l'ordre dans la région, singulièrement à Paris. Le 5 thermidor an III (24 juillet 1795), la Convention ordonna la réunion de cette armée dans un camp hors Paris. Barras en fut un temps commandant en chef avec Bonaparte sous ses ordres. Elle servit à la répression de l'insurrection royaliste de vendémiaire, de la révolte du camp de Grenelle, soutint le Directoire, le 18 fructidor.

INTÉRIEUR (ministère de l'). Organisé le 10 avril 1791, le ministère de l'Intérieur eut dans ses attributions l'administration générale du royaume, les assemblées politiques et administratives, les établissements publics relatifs aux pauvres et aux indigents, les ponts, chemins, routes, canaux et autres monuments ou constructions publics, l'agriculture, le commerce et les manufactures. Il y avait cinq directions générales remplacées ensuite par trois grands services. Le traitement du ministre fut fixé à 100 000 livres puis réduit de moitié en 1792. Les premiers commis touchaient 8 000 livres par an. Les ministres de l'Intérieur furent Saint-Priest (1789-1790), Montmorin (1790-1791), Lessart (1791), Cahier-Gerville (1791-1792), Roland, Mourgues, Terrier-Monciel, Champion de Villeneuve (1792), Garat (1793), Paré (1793-1794), la commission exécutive remplaçant les ministres du 20 avril 1794 au 5 novembre 1795, Benezech (1795-1797), François de Neufchâteau (1797), Letourneur (1797-1798), à nouveau François de Neufchâteau (1798-1799), Quinette (1799-1800).

INVALIDES. A la fin de l'Ancien Régime, l'hospice des Invalides était destiné aux vieux soldats ayant vingt ans de service, aux soldats n'ayant que douze ans de service mais en mauvaise santé, aux blessés de guerre. Ceux qui ne souhaitaient pas être hébergés aux Invalides touchaient trois sous par jour de la Caisse des invalides. Au total, environ 20 000 invalides étaient ainsi secourus, dont 4 à 5 000 dans l'hôtel même. Ceux qui avaient encore suffisamment de santé pour accomplir un service formaient des compagnies de vétérans, dont six étaient en garnison à Paris (à l'hôtel des Invalides, à l'Arsenal, à la Bastille, aux Tuileries, au Louvre et à l'École militaire). Il y en avait également à Vincennes et à Versailles. En 1791, les invalides durent prêter serment à la Constituante. Leurs conditions d'admission furent fixées le 29 février 1792 ainsi que l'organisation nouvelle de l'hôtel des Invalides. Le nombre des invalides pour 1793 fut fixé à 4 000. Le nombre des invalides infirmes pour blessures de guerre s'accrut tellement avec les guerres de la Révolution et de l'Empire qu'il fallut créer des succursales à Versailles, Avignon et Louvain. Il y avait 15 000 invalides sous le Consulat.

INVALIDES DE LA MARINE (Caisse des), voir **CAISSE DES INVALIDES DE LA MARINE.**

INVENTIONS. Les inventions à usage industriel, dont le nombre croissait chaque année à la fin du règne de Louis XVI, pâtirent des troubles de la Révolution. Il y eut cependant, outre les procès dans l'art de fabriquer les produits nécessaires à la guerre, quelques inventions : nouvelle méthode de fabrication des bas par Bazin, machine à enfoncer des pilotis sous l'eau par Loréal, fabrication de végétaux artificiels, invention d'un moulin à air comprimé par Orelly, machine à battre et à cribler le grain par Person, machine de Barneville pour la filature du coton et des mousselines...

INVIOLABILITÉ DES DÉPUTÉS. C'est le 23 juin 1789 que les députés des états généraux proclamèrent leur inviolabilité, sur la motion de Mirabeau : « La personne des députés est inviolable. »

INVIOLABILITÉ DU ROI. Inscrite dans la Constitution de 1791, l'inviolabilité du roi fut remise en question à son retour de Varennes. Robespierre intervint de façon prudente au club des Jacobins, Danton attaqua vivement le principe au club des Cordeliers. Finalement, la Constituante adopta les propositions de Salles, député de Nancy :
« 1. Un roi qui se mettra à la tête d'une armée pour en diriger les forces contre la nation sera censé avoir abdiqué ; 2. un roi qui se rétractera après avoir prêté son serment à la Constitution sera censé avoir abdiqué ; 3. un roi qui aura abdiqué deviendra l'égal des simples citoyens et sera accusable comme

eux pour tous les actes subséquents à son abdication. »
Après le 10 août 1792, la Législative décréta le roi non inviolable et le suspendit de ses fonctions. La question préalable de l'inviolabilité du roi fut repoussée lors du procès de Louis XVI et la Convention décida qu'il serait jugé.

IRLANDE. La conquête de l'Irlande, commencée dès 1170 par les Anglais, fut achevée par les Tudors à la fin du XVe siècle. La possession des terres par les conquérants anglo-normands et l'antagonisme religieux à la suite de l'introduction de la Réforme en Angleterre rendirent la présence anglaise odieuse aux Irlandais catholiques qui se révoltèrent à plusieurs reprises. Avec la défaite britannique en Amérique du Nord, le cabinet de Londres envisagea des réformes en Irlande pour y réduire les tensions et acheminer l'île vers l'autonomie. Mais l'agitation révolutionnaire provoquée par l'exemple français, la fondation des Irlandais-Unis par Wolfe Tone en 1791 arrêtèrent le gouvernement anglais sur la voie des réformes. L'expédition de Hoche en décembre 1796, comptant 15 000 hommes sur 45 navires, échoua lamentablement en raison de la tempête et de l'impréparation des équipages. La flotte se dispersa, l'amiral Morard de Galle fut incapable de la retrouver et de la regrouper. Une seconde expédition d'Irlande eut lieu à la fin de l'été 1798. Un millier d'hommes commandés par le général Humbert furent débarqués dans la baie de Killala et obligés de se rendre face aux 20 000 Anglais de lord Cornwallis. Une armée de renfort sous les ordres du général Hadry fut interceptée et capturée par l'amiral Warren. Les coups d'épingle des Français furent la cause du malheur des Irlandais : annulant toutes les réformes et tout développement vers l'autonomie, Pitt fit voter en 1800 l'Acte d'union de l'Irlande à l'Angleterre.

ISABEY (Jean-Baptiste) (Né à Nancy, le 11 avril 1767, mort à Paris, le 18 avril 1855). Élève de Girardet, de Claudot, de Dumont et de David, Isabey est chargé de faire les portraits des constituants au début de la Révolution et devient ainsi célèbre comme portraitiste et miniaturiste. Sa gloire est au sommet sous l'Empire avec son portrait de *Bonaparte dans les jardins de la Malmaison*. Peintre et dessinateur du Cabinet de l'empereur, maître de dessin de Marie-Louise, il continue à diriger sous la Restauration les ateliers de peinture de la manufacture de Sèvres et devient sous Louis-Philippe conservateur adjoint des musées royaux.

ISNARD (Maximin) (Né à Grasse, le 19 février 1755, mort à Grasse, le 12 mars 1825). Négociant parfumeur à Grasse au début de la Révolution, Isnard est un adepte exalté des idées nouvelles. Élu par le Var à la Législative, il est l'un des plus violents de cette assemblée, requérant sans cesse des mesures répressives contre les émigrés et les prêtres réfractaires, déclarant que ces derniers sont « des pestiférés qu'il faut renvoyer dans les lazarets de Rome et d'Italie ». En décembre 1791, il appuie la mise en accusation des frères du roi. Réélu à la Convention, Isnard vote la mort pour le roi et se signale par ses excès de langage, cette fois dans le camp girondin, annonçant notamment « que si l'on portait atteinte à la représentation nationale », il en appellerait à la France entière et que Paris serait anéanti, ajoutant que « bientôt, on chercherait sur les rives de la Seine la place où cette ville aurait existé ». Ces propos précipitent la chute des Girondins, mais, le 31 mai 1793,

Isnard échappe à la proscription qui frappe ses amis en annonçant qu'il se suspend lui-même de ses fonctions « par amour de la patrie » et qu'il se met « sous la sauvegarde du peuple ». Le 28 septembre 1793, le rencontrant dans la rue, le juré Renaudin du Tribunal révolutionnaire tente, de sa propre autorité, de l'arrêter. Isnard s'échappe et se tient caché jusqu'au 9 thermidor. Réintégré à la Convention en février 1795, il est envoyé en mission dans les Bouches-du-Rhône et les Basses-Alpes et y fait la chasse aux terroristes jacobins, laissant massacrer ceux qui étaient détenus au fort Saint-Jean de Marseille. Réélu par le Var au Conseil des Cinq-Cents jusqu'en 1797, Isnard fait ensuite partie de l'administration de son département et sombre dans le mysticisme. Napoléon le fait baron d'Empire en 1813. Le comte de Fortia de Piles raconte que, chaque année, le 21 janvier, Isnard allait prier sur la place de la Concorde à l'endroit où Louis XVI avait été exécuté. Ce remords ostentatoire évita à ce régicide d'être proscrit à la Restauration.

ITALIE. A la veille de la Révolution, l'Italie est morcelée en de nombreux petits États et subit l'hégémonie autrichienne. A côté des républiques en déclin de Gênes et de Venise, la maison de Savoie représente une puissance montante : à cheval sur les Alpes, elle possède la Savoie, le Piémont, le Montferrat et la Sardaigne. Les Habsbourg d'Autriche dominent le Milanais et la Toscane. Le centre de la péninsule est coupé en écharpe par l'État pontifical. Tout le Sud et la Sicile appartiennent aux Bourbons d'Espagne, qui règnent aussi sur les petites principautés de Parme, Plaisance et Guastalla. Après avoir occupé dès la fin de 1792 la Savoie et le comté de Nice, les armées révolutionnaires déferlent avec Bonaparte sur la plaine du Pô en 1796. Le général victorieux remodèle le nord de l'Italie, fabrique les satellites, on disait alors « républiques-sœurs », des républiques Cispadane, Cisalpine, Ligurienne, avant que les armées de la République pénètrent plus avant en 1798 et 1799 et créent les républiques Romaine et Parthénopéenne. En 1802, le Premier consul proclamera la République italienne, plus tard Napoléon sera le souverain du royaume d'Italie.

ITALIE (armée d'). Constituée en 1793 sous les ordres de Biron, l'armée d'Italie fut ensuite dirigée par Kellermann, Brunet, Cartaux, Dugommier, Kellermann, Schérer. Son théâtre d'opérations se cantonna sur le littoral et l'arrière-pays des Alpes-Maritimes jusqu'à ce que Bonaparte en prenne la tête et triomphe en Italie durant deux campagnes mémorables.

ITALIE (campagnes d'). Imposé par Barras à la tête de l'armée d'Italie au début de 1796, Bonaparte n'est chargé que d'une opération de diversion tandis que le gros des armées de la République doit triompher en Allemagne de l'adversaire autrichien. A la surprise générale, c'est l'armée d'Italie qui va emporter la décision. Avec moins de 40 000 hommes, Bonaparte bat les Autrichiens à Montenotte et à Dego, les 12 et 13 avril, les Sardes à Millesimo et à Mondovi, les 13 et 21 avril. La Sardaigne signe la paix peu après. Bonaparte marche alors sur les Autrichiens, les repousse à Lodi, le 10 mai, et entre dans Milan. Toutes les autres puissances d'Italie traitent avec le vainqueur. Bonaparte assiège l'armée autrichienne dans Mantoue. Une première armée autrichienne de secours, conduite par Wurmser, est battue à Castiglione et enfermée à son tour dans Mantoue. Une se-

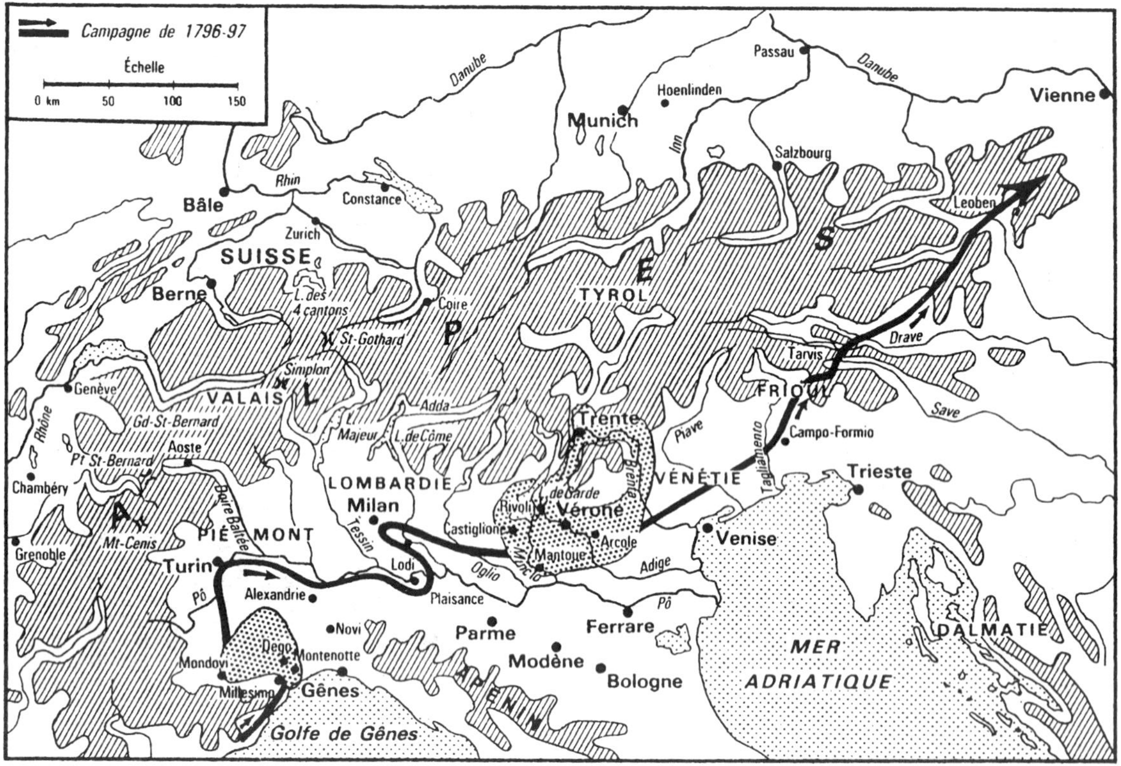

PREMIÈRE CAMPAGNE D'ITALIE DE BONAPARTE
(d'après Malet-Isaac, Hachette)

conde armée, commandée par Alvinczy, est défaite à Arcole, le 17 novembre. Revenu avec des troupes fraîches, Alvinczy est à nouveau battu, le 14 janvier 1797, à Rivoli. Le 2 février, Mantoue capitule. Maître de l'Italie du Nord, Bonaparte s'enfonce dans les Alpes. Il est parvenu à cent kilomètres de Vienne lorsque les Autrichiens se résignent à faire la paix. Le génie stratégique de Bonaparte s'est dévoilé dans cette campagne. Une seconde campagne a lieu en Italie au début du Consulat, au printemps de 1800, qui se termine par la victoire de Marengo, le 14 juin.

IVERNOIS (François d'), (Né en 1757, mort en 1842). Il est l'un des plus grands économistes de la période, qui sut analyser en profondeur les crises qui secouèrent la France entre 1789 et 1815. Hostile à la Révolution, ce Genevois aurait dû fuir sa ville natale pour Londres quand il fut condamné à mort par le Tribunal révolutionnaire de Genève. Il resta en Angleterre jusqu'en 1814, prédisant l'échec de la Révolution pour avoir porté atteinte au droit de propriété. Il fut plus heureux dans son analyse des effets pervers du blocus continental sous l'Empire.

J

JACOBINS (club des). Le plus célèbre des clubs de la Révolution a son origine dans le club breton fondé à Versailles, au café Amaury, par un groupe de députés aux états généraux élus de la Bretagne auquel se joignirent des représentants des autres provinces. Quand l'Assemblée nationale constituante se fut transférée à Paris, à la suite du roi, en octobre 1789, le club s'établit dans le couvent des Jacobins (dominicains) de la rue Saint-Honoré, qui donna son nom populaire à la Société des amis de la Constitution, véritable appellation du club breton une fois dans la capitale. Formé au départ de 200 députés environ, le club des Jacobins s'ouvrit rapidement à tous. On y discutait des questions qui allaient être à l'ordre du jour de la Constituante, préparant ainsi la ligne de conduite des députés du club. Très vite se créèrent des succursales en province : il y en avait 152 en juillet 1790. Le club parisien comptait alors 1 200 membres ; des hommes aussi divers que les ducs d'Aiguillon et de Noailles, La Fayette, Duport, Barnave et Robespierre. Après la fuite du roi, quelques-uns des membres du club affirmèrent des opinions républicaines, tels Billaud-Varenne et Brissot. Après la fusillade du Champ-de-Mars du 17 juillet 1791, les éléments les plus modérés firent sécession et fondèrent le club des Feuillants. Les Jacobins furent alors dominés par les partisans de Brissot, de Pétion et de Robespierre. En septembre 1791, malgré la scission, le club était en plein essor et comptait plus de 1 000 sociétés provinciales affiliées. Il devint alors un groupe de pression très important, ses séances s'ouvrirent au public, on y proposa les décrets, reçut les pétitions, critiqua les ministres. Entre octobre 1791 et août 1792, Robespierre y prit la parole une centaine de fois, mais il ne fut pas toujours suivi par la majorité brissotine. Le club des Jacobins eut un rôle déterminant dans la préparation des journées insurrectionnelles des 20 juin et 10 août 1792. Après les massacres de Septembre et les élections à la Convention, les Girondins quittèrent à leur tour les Jacobins, laissant les Montagnards y régner en maîtres et en faire une arme redoutable contre eux. Les 31 mai et 2 juin 1793, les insurrections combinées par les Jacobins et la Commune de Paris aboutirent à la mise hors la loi des

Girondins qui étaient pourtant soutenus par une majorité de députés à la Convention. De ce mois de juin 1793 jusqu'à l'éviction de Robespierre, moins de quatorze mois plus tard, le club des Jacobins fut maître de l'appareil étatique. C'est par l'intermédiaire du club et des filiales provinciales que la Terreur s'appesantit sur toute la nation. Sous la pression des éléments les plus populaires, les sans-culottes, des mesures extrémistes furent prises, des mascarades antireligieuses organisées, aliénant les sympathies des masses rurales et des modérés. Les purges secouèrent le club. Robespierre fit guillotiner Hébert et ses partisans sur sa gauche, Danton et les Indulgents sur sa droite, les Jacobins passèrent leur temps à exclure les éléments indésirables à « l'Incorruptible ». Lorsqu'il tomba, le club fut rendu responsable des excès de la Terreur. La Convention interdit toute affiliation entre clubs puis décida l'interdiction pure et simple et la fermeture du club des Jacobins, le 12 novembre 1794. L'esprit sans-culotte survécut et fut à l'origine des insurrections de germinal et de prairial. Des clubs d'esprit jacobin se recréèrent sous le Directoire à Angers, Bordeaux, Toulouse, Montpellier, Marseille, Toulon, Metz. A Paris, en juillet 1799, s'ouvrit un succédané de club des Jacobins dans la salle du Manège puis à l'église Saint-Thomas-d'Aquin. Mais Fouché en personne le ferma dès le 13 août suivant.

JAGOT (Grégoire Marie) (Né à Nantua, le 21 mai 1750, mort à Toul, le 22 janvier 1838). Juge de paix à Nantua en 1789, Jagot est élu par l'Ain à la Législative et à la Convention. Envoyé en Savoie pour organiser le département du Mont-Blanc, il écrit avec ses collègues une lettre où il déclare voter en faveur de la mort du roi. Entré au Comité de sûreté générale, le 13 octobre 1793, il y travaille en général avec Amar. Resté neutre, le 9 thermidor, il est dénoncé quatre jours plus tard par Merlino comme hébertiste et robespierriste et exclu du Comité. Arrêté quelque temps, amnistié à la séparation de la Convention, il est nommé administrateur de son département de l'Ain et se retire de la vie publique à l'arrivée au pouvoir de Bonaparte.

JALÈS (camp de). Petit pays au sud du Vivarais, aux confins de l'Ardèche, du Gard et de la Lozère, Jalès fut choisi comme point de ralliement par les nobles et les gardes nationaux hostiles à la Révolution et au protestantisme, parvenu au pouvoir dans la région grâce à l'adhésion massive des réformés à la cause révolutionnaire. Bastide, seigneur de Malbos, fut le premier chef de ce parti catholique et contre-révolutionnaire. Il y eut des affrontements politico-religieux particulièrement sanglants dans le Gard, notamment à Nîmes en juin 1790, puis à Uzès au début de 1791. Les catholiques vaincus se replièrent sur le camp de Jalès. En février 1791, ils élurent pour chef Chastenier de Burac, Bastide arrêté étant mort en prison. Les 3e et 4e camps de Jalès furent organisés par un prêtre de Chambonas, près de Jalès, Allier, ancien collaborateur de Bastide, aidé par un notaire de Nasbinals, ex-constituant, Charrier. Allier était en contact avec les princes exilés à Coblence et attendait une intervention militaire espagnole. En juillet 1792, il disposait de 2 000 hommes sous les ordres du comte François Louis de Saillans. Mais ils furent défaits sans peine par l'armée régulière, et le château de Jalès fut incendié par les vainqueurs. Après l'exécution d' Allier, le 5 septembre 1793, ses frères Charles et Dominique continuèrent à organiser des camps à Jalès, dans les ruines. Les chefs militaires furent Pialety en 1794, le baron de Saint-Christol en 1795, le comte de Lamothe et le marquis de Surville en 1796. Il n'y eut plus de camp à Jalès après cette date jusqu'en 1813. Cette année et les deux années suivantes, Jalès servit à nouveau de point de ralliement aux partisans de la royauté.

JARDIN DES PLANTES. Créé en 1635 sur une superficie de six hectares, le Jardin du roi fut d'abord seulement un jardin botanique. Il s'accrut progressivement de toutes les branches des sciences naturelles, grâce notamment à Tournefort, Vaillant et Jussieu. C'est Buffon qui développa vraiment cet établissement lorsqu'il en fut nommé intendant en 1739. De 1792 à 1814, le Jardin du roi devint le Jardin des Plantes et s'agrandit de terrains nouveaux. Il fut embelli grâce à Lakanal et on y installa en 1793 le Muséum d'histoire naturelle. On y amena aussi la ménagerie, auparavant installée à Versailles. Les derniers intendants du Jardin du roi furent le marquis de La Billarderie et Bernardin de Saint-Pierre.

JARDINS BOTANIQUES. Plusieurs jardins botaniques étaient établis dans les principales villes du royaume à la veille de la Révolution, approvisionnés généralement en graines par le Jardin du roi. La Convention préconisa en 1793 la protection et l'entretien de ces jardins et la création de nouveaux, votant à cet effet un crédit de 150 000 livres. Le jardin botanique de Montpellier fut saccagé à l'époque révolutionnaire.

JARDINS PUBLICS. Paris comptait en 1789 un certain nombre de jardins publics dépendant des palais royaux : Tuileries, Palais-Royal, Luxembourg. Ces trois jardins furent transformés en propriétés nationales. Les principaux autres espaces verts de la capitale à cette époque étaient : le parc Monceau, le jardin de Marbeuf, les jardins de Beaujon aux Champs-Élysées, fréquemment utilisés pour les fêtes révolutionnaires, le jardin Boutin, futur Tivoli, les jardins de l'Arsenal et du Temple, le Jardin des Plantes.

JARENTE DE SÉNAC D'ORGEVAL (Louis) (Né en 1746, mort en 1810). Évêque d'Orléans en 1788, il fut l'un des quatre évêques d'Ancien Régime ralliés à l'Église constitutionnelle. Mais il se déroba quand il fallut donner l'investiture aux nouveaux évêques élus. En 1793, il envoya sa démission et se maria. Pour subsister, il dut obtenir une place de bibliothécaire à l'Arsenal.

JAUCOURT (Arnail François, marquis de) (Né à Paris, le 14 novembre 1757, mort à Presles, Seine-et-Marne, le 5 février 1852). De souche protestante, protégé de Condé, engagé dans l'armée à l'âge de quinze ans, Jaucourt est colonel du régiment de Condé-dragons quand commence la Révolution. Favorable aux idées nouvelles, membre du club des Feuillants, président de l'administration départementale de Seine-et-Marne, il est élu par ce département à la Législative. Membre du comité militaire, il est hostile à la déclaration de guerre et aux excès de la Révolution. Il démissionne de ses fonctions de député, le 30 juillet 1792, est arrêté sur ordre de la Commune de Paris. Mme de Staël lui sauve la vie en arrachant sa libération à Manuel à la veille des massacres de septembre 1792. Jaucourt quitte alors la France en compagnie de Talleyrand, revient après la mort du roi, mais doit se réfugier en Suisse pour échapper aux poursuites. Revenu en France après le 18 brumaire, membre du Tribunat puis du Sénat, officier de la maison de Joseph Bonaparte qu'il suit à Naples, il est fait comte de l'Empire. A la chute de l'Empire, Jaucourt fait partie du gouvernement provisoire. Louis XVIII le nomme ministre et lieutenant général. Quelques mois ministre de la Marine à la Seconde Restauration, il entre au Conseil privé. Défenseur actif des intérêts protestants, il se rallie à Louis-Philippe et à Louis-Napoléon Bonaparte après le coup d'État du 2 décembre 1851.

JAUNAYE (convention de la), voir **LA JAUNAYE** (convention de).

JAVOGUES (Claude) (Né à Bellegarde, Loire, le 19 août 1759, fusillé à Paris, le 10 octobre 1796). Clerc de procureur à Montbrison, affichant des prétentions nobiliaires injustifiées, rejeté par la bonne société locale, Javogues se jette dans la Révolution pour assouvir son dépit et son ambition. Membre du directoire du district de Montbrison, il est élu par le Rhône-et-Loire à la Convention. Emphatique et agressif, il vote la mort pour le roi en déclarant : « Pour préserver les âmes pusillanimes de l'amour de la tyrannie, je vote pour la mort dans les vingt-quatre heures. » Envoyé en juillet 1793 combattre l'insurrection fédéraliste dans la Saône-et-Loire, il fait créer des comités de surveillance dans chaque district et prend part au siège de Lyon. En septembre 1793, il annonce aux habitants de Montbrison, qui avaient soutenu les Lyonnais, que « le sang coulerait comme l'eau dans les rues » et que la ville s'appellerait Montbrisé. Dans l'Ain où il sévit ensuite, il proclame que « l'édifice de la prospérité publique ne pouvait se consolider que par la destruction et sur le cadavre du dernier des honnêtes gens ». Inquiet des excès de cet énergumène qui l'a, par ailleurs, traité de contre-révolutionnaire et d'ennemi du peuple, Couthon obtient que la Convention le rappelle sous huit jours. Javogues apeuré rétracte ses accusations. Ce n'est qu'après la chute de Robespierre qu'il est inquiété pour ses activités passées et incarcéré jusqu'à l'amnistie générale. Javogues prend part à la conspiration du camp de Grenelle en septembre 1797. Cette fois, c'en est trop et l'on condamne et fusille cet exalté qui avait osé dire qu'on ne pouvait considérer comme patriotes que ceux qui étaient capables de boire un verre de sang.

JAY (Jean) (Né à Sainte-Foy-la-Grande, Gironde, le 30 décembre 1743, mort à La Nougarède, commune de Fleix, Dordogne, le 9 septembre 1807). Pasteur calviniste, administrateur de la Gironde en 1791, Jean Jay est élu par ce département à la Législative, puis à la Convention. Il siège à la Montagne et se montre très hostile aux autres élus du département, de tendance girondine. Il vote la mort lors du procès du roi, siège un mois au Comité de sûreté générale et intervient surtout au Comité d'instruction publique, soutenant l'autorité paternelle contre celle de l'État. Prudemment silencieux sous la Convention thermidorienne, Jay n'est pas réélu aux conseils par la Gironde et termine son existence comme pasteur.

JEANBON SAINT-ANDRÉ (André Jeanbon, dit) (Né à Montauban, le 25 février 1749, mort à Mayence, le 10 décembre 1813). Ex-élève des jésuites, à deux doigts de se faire jésuite lui-même, Jeanbon est retiré du collège par son père calviniste et destiné à la marine marchande. Hélas, tourmenté par le prurit religieux, il finit par devenir pasteur en 1773. Amené à démissionner en 1782 après un conflit avec le consistoire de Castres, il reprend son ministère en 1788 à Montauban. Membre de la Société des amis de la Constitution de cette ville, il échoue aux élections à la Législative mais entre au conseil municipal. Le Lot l'élit à la Convention. Siégeant d'abord avec ses amis girondins, Jeanbon les quitte bientôt pour rallier la Montagne et attaque, le 12 octobre 1792, le projet de garde départementale pour la Convention présenté par les Girondins inquiets des pressions de la Commune de Paris. Il vote pour la mort lors du procès du roi, car, dit-il, « un roi, par cela seul qu'il est roi, est coupable envers l'humanité, car la royauté même est un crime ». Après s'être prononcé contre les poursuites visant les massacreurs de septembre, car « une grande révolution ne peut s'opérer que par des événements de toute nature », il est un des promoteurs du Tribunal révolutionnaire. Il est envoyé dans le Lot et en Dordogne pour accélérer la levée des 300 000 hommes et, à son retour, assiste à l'agonie de la Gironde. Le 10 juillet 1793, il entre au Comité de salut public et y devient le spécialiste de la marine. Chargé, en tant que président de la Convention, de prononcer l'éloge funèbre de Marat, il s'exécute avec une sécheresse qui témoigne clairement de son peu de sympathie pour la victime de Charlotte Corday. La plupart du temps en mission, Jeanbon se tient à l'écart des affrontements entre factions. Il est à Brest, à Toulon, s'efforce de remettre de l'ordre dans une marine en totale décomposition. Absent de Paris au moment de la crise du 9 thermidor, mis en cause par ses adversaires et ses victimes à Brest, il est incarcéré quelques mois jusqu'à l'amnistie votée par la Convention à sa séparation. Nommé consul à Alger puis à Smyrne au moment où l'Empire ottoman rompt ses relations diplomatiques avec la République, Jeanbon croupit dans les prisons turques de 1798 à 1800. Bonaparte en fait un préfet et un baron de l'Empire qui se distingue par son honnêteté, son efficacité et un franc-parler typique du personnage durant toute son existence.

JEMMAPES (bataille de). Après Valmy, Dumouriez parvient à convaincre le gouvernement d'adopter son plan d'attaque des Pays-Bas autrichiens, la Belgique actuelle. Rassemblant ses forces autour de Valenciennes à la fin d'octobre 1792, il franchit la frontière et marche sur Mons au début de novembre. Le duc Albert de Saxe-Teschen ayant dispersé ses troupes le long de la frontière, Dumouriez n'a, en face de lui, devant Mons, que 14 000 Autrichiens, le 6 novembre au matin. Les fortifications de la ville sont dans un état déplorable et le duc de Saxe-Teschen leur préfère une ligne de hauteurs passant par le village de Jemmapes. Établis autour de six redoutes, les Autrichiens attendent l'assaut des Français. Dumouriez dispose de 40 000 hommes. Après un duel d'artillerie peu efficace, Dumouriez attaque de front mais ne peut enfoncer les lignes ennemies. Sur sa droite, le général d'Harville, à la tête de 10 000 hommes, des volontaires n'ayant jamais vu le feu, n'ose pas attaquer les Autrichiens sur leur flanc et reste inactif. C'est finalement le général Ferrand de La Caussade qui, avec ses six bataillons, bouscule et désorganise l'ennemi qu'il enfonce sur l'extrême gauche. Les Autrichiens se replient et les Français épuisés ne les poursuivent pas. Cette victoire, qui est loin d'être un chef-d'œuvre de stratégie ou de tactique, eut alors un immense impact et permit l'occupation de la Belgique, les Autrichiens ayant préféré l'évacuer pour se refaire et revenir plus tard en force.

JEU. Le jeu était de tradition ancienne à la cour de Versailles et il existait des banquiers, nommés Chalabre et Poinçot, chargés de diriger les tables de jeu à la veille de la Révolution. Pour éviter les tricheries, ils firent établir un ruban bordant la table de jeu et en deçà duquel les mises n'étaient pas valables. Depuis qu'en 1775 le lieutenant de police Sartines les avait autorisées, il y avait douze maisons de jeu à Paris. Afin de « moraliser » cette activité, on l'avait « fiscalisée », en affectant les bénéfices aux œuvres de bienfaisance. Le jeu à la mode à la fin du règne de Louis XVI était le « biribi ». Quelques grands seigneurs redoraient leur blason en exploitant des maisons de jeu sous des prête-noms. Au Palais-Royal, malgré l'interdiction qui en avait été faite en 1785, on jouait couramment dans les clubs et salons. Le jeu rapportait entre 80 000 et 100 000 livres par an au Trésor public. Très « pères la Vertu », les révolutionnaires manifestèrent une vive hostilité aux jeux de hasard. Le maire de Paris, Bailly, déclarait en 1790 qu'il ne saurait autoriser des maisons de jeu dans sa ville. Pourtant, on en comptait près de 3 000 l'année suivante et toutes les classes de la société flambaient à qui mieux mieux, chacun à la mesure de ses moyens. Marat dénonçait les députés jouant au biribi et au « trente et quarante » dans son *Ami du peuple*, tous des ennemis à lui, bien entendu : Bailly en tête, puis Mirabeau, l'abbé Maury, Malouet, La Fayette, Le Chapelier, qu'on avait surnommé « Chapelier-Biribi », et Talleyrand. Ce dernier, qu'on avait accusé d'avoir ainsi gagné 600 000 livres, publia une justification où il limitait ses gains à 30 000 livres. Bien d'autres jouaient encore, que Marat n'avait pas stigmatisés parce qu'ils étaient dans le même camp que lui : Danton, Fabre d'Églantine, Hérault de Séchelles notamment. Le 19 février 1793, fidèle à sa politique de mouchardage et de dénonciations publiques, la Commune de Paris prit un arrêté ordonnant l'impression et l'affichage public des noms de tous les joueurs interpellés par la police depuis le 10 août 1792. Les maisons de jeu furent théoriquement interdites à la fin de l'année 1793, mais la reconduction de l'interdiction en 1799 prouve qu'elles continuèrent à exister dans la clandestinité.

JEU DE PAUME (serment du), voir **SERMENTS CIVIQUES.**

JEUNESSE DORÉE. C'est ainsi qu'on nomma les jeunes gens qui se signalèrent en 1795 par leurs actions contre les Jacobins déchus. Ce phénomène d'hostilité à la Révolution existait dès 1789 sous forme de milices, parfois réunies dans des camps comme celui de Jalès, et était très net à Marseille et à Lyon notamment. La jeunesse dorée parisienne se différenciait toutefois de celle du Sud-Est : tandis que les Méridionaux se rattachaient aux mouvements antérieurs et pratiquaient l'assassinat politique, les 2 000 à 3 000 individus constituant le milieu de la capitale se bornaient à des bastonnades de leurs ennemis ex-Jacobins. Leur point de ralliement était le café de Chartres au Palais-Royal, leur signe extérieur un costume quelque peu extravagant qui leur valait l'appellation de muscadins ou d'incroyables. La jeunesse dorée servit de groupe de pression extra-parlementaire, à l'imitation des sans-culottes en 1793. A la fin de 1794, ces jeunes gens furent fort utiles pour briser ce qui subsistait du mouvement terroriste : ils attaquèrent le club des Jacobins, brisèrent les bustes de Marat, manifestèrent dans les théâtres, firent du tapage dans les tribunes de la Convention, contribuant ainsi à la mise en accusation des ex-terroristes Barère,

Billaud-Varenne, Collot d'Herbois, Vadier. Les émeutiers de germinal et de prairial faisaient figurer parmi leurs revendications l'interdiction des activités de cette jeunesse dorée. Les muscadins jouèrent d'ailleurs un rôle non négligeable dans la dispersion des émeutiers durant ces journées et les Thermidoriens se louèrent de leurs services. Fréron et Tallien s'en servirent à des fins politiques, mais la plupart des membres du Comité de sûreté générale s'en défiaient, craignant à juste titre que la jeunesse dorée ne devienne un instrument aux mains des royalistes. L'échec de la tentative de coup d'État royaliste de vendémiaire sonna le glas de cette jeunesse dorée en tant que force politique, mais la mode et le langage affectés durèrent jusqu'à la fin du Directoire.

JORDAN (Camille) (Né à Lyon, le 13 janvier 1771, mort à Paris, le 19 mai 1821). Monarchiste et catholique fervent, fils d'un commerçant lyonnais, Jordan est un adversaire de la Révolution dès son début. Un des chefs de la révolte de Lyon en mai 1793, il se réfugie en Suisse en octobre, après la chute de la ville. Élu au Conseil des Cinq-Cents par sa ville natale, il fait abroger les lois contre les prêtres réfractaires et doit à nouveau passer en Suisse après le coup d'État du 18 fructidor. Revenu après le 18 brumaire, Jordan ne cache pas son hostilité au Consulat puis à l'Empire, mais s'abstient de toute activité politique. Élu député de l'Ain en 1816, il fait partie de l'opposition constitutionnelle.

JOSEPH II (Né à Vienne, le 13 mars 1741, mort à Vienne, le 20 février 1790). Frère de Marie-Antoinette, Joseph II est proclamé empereur en 1765, à la mort de son père, François Ier, mais sa mère, Marie-Thérèse, exerce l'essentiel du pouvoir. A sa mort, en 1780, Joseph II, imbu de l'esprit des Lumières, devient l'exemple même du despote éclairé et réforme profondément ses possessions. Une structure administrative uniforme remplace les divisions féodales, l'allemand devient la langue unique de cette administration, le servage est aboli, les barrières douanières intérieures sont supprimées, un impôt foncier unique est mis à l'étude et l'émancipation des serfs est envisagée malgré l'opposition des magnats de Hongrie. Dans le domaine religieux, tout est fait pour amoindrir les pouvoirs de la papauté, des centaines de couvents sont supprimés et la liberté religieuse est accordée. Cette variante autrichienne du gallicanisme a été nommée « joséphisme ». En politique étrangère, les succès de Joseph II sont limités. Sa mère a obtenu, lors du premier partage de la Pologne, en 1772, la Galicie, puis la Bucovine en 1775. Joseph II rêve d'annexer la Bavière et propose à l'Électeur de lui donner les Pays-Bas (Belgique actuelle) en échange, de placer ses frères à la tête des autres électorats, mais Frédéric II constitue contre lui une Ligue des princes et l'oblige en 1785 à renoncer à ses projets d'expansion vers l'Ouest. Allié alors à la Russie contre l'Empire ottoman, il envisage en 1788 une expansion vers l'Est, mais la guerre tourne à sa déconfiture. Sa politique anticléricale et la suppression des anciens privilèges provoquent l'insurrection du Brabant à la fin de 1789. A sa mort, Joseph II laisse un État rénové mais en plein désarroi à son frère Léopold II.

JOUBERT (Barthélemy Catherine) (Né à Pont-de-Vaux, Ain, le 14 avril 1769, tué à Novi, le 15 août 1799). En 1789, alors que les avocats se font élire par centaines pour représenter le tiers état aux états généraux, Joubert abandonne le droit pour s'engager comme sergent dans la garde nationale. Quand la guerre commence, il est lieutenant. Toute sa carrière se déroule à l'armée d'Italie. Général de brigade le jour de Noël 1795, il est à Montenotte, à Millesimo, à Mondovi, à Lodi, à Castiglione. Général de division, un an plus tard, il s'illustre à Rivoli, poursuit les Autrichiens jusque dans le Tyrol. Après un bref séjour aux armées de Batavie et de Mayence, il devient commandant en chef de l'armée d'Italie en octobre 1798. Pressenti par Sieyès pour faire un coup d'État, Joubert se fait tuer à la tête de ses troupes en affrontant les Russes de Souvarov à Novi. Bonaparte chaussera ses bottes.

JOURDAN (Jean-Baptiste) (Né à Limoges, le 29 avril 1762, mort à Paris, le 23 novembre 1833). Soldat en 1778, Jourdan fait la guerre d'Indépendance américaine avant d'être réformé et de s'établir mercier à Limoges en 1784. Capitaine dans la garde nationale de Limoges à la fin de juillet 1789, lieutenant-colonel du 2e bataillon de volontaires de la Haute-Vienne, il est envoyé à l'armée du Nord, se bat à Jemmapes et à Neerwinden, est fait général de brigade, le 27 mai 1793, général de division, le 30 juillet suivant. Blessé à Hondschoote, le 8 septembre 1793, il est nommé commandant en chef de l'armée des Ardennes, quelques jours plus tard, puis commandant en chef de l'armée du Nord, le 22 septembre, débloque Maubeuge, bat Cobourg à Wattignies, les 15 et 16 octobre 1793. Destitué, le 6 janvier 1794, pour avoir prôné une politique défensive, il est rappelé en février à la tête de l'armée de la Moselle, prend Charleroi et triomphe à Fleurus, le 26 juin 1794, entre à Bruxelles et à Liège, prend Cologne, le 20 octobre, puis Coblence et Düsseldorf. En 1796, il passe le Rhin, prend Francfort et entre en Bavière, mais doit faire retraite en septembre. Élu par la Haute-Vienne au Conseil des Cinq-Cents, il fait voter la loi sur la conscription et démissionne en octobre 1798 pour prendre la tête de l'armée de Mayence, qui va devenir l'armée du Danube, et de celle d'Helvétie. Vaincu à Stokach, il démissionne pour raison de santé, dix jours plus tard, le 3 avril 1799. Réélu, le 13 avril, au Conseil des Cinq-Cents par la Haute-Vienne, il s'oppose en vain au coup d'État du 18 brumaire et, menacé de déportation, se rallie au nouveau régime. Bonaparte le fait maréchal mais l'utilise peu sur les champs de bataille, essentiellement en Espagne. Louis XVIII le fait comte et pair de France et le charge de présider le conseil de guerre devant lequel comparaît Ney. A Sainte-Hélène, Napoléon déclara à son propos : « En voilà un que j'ai fort maltraité assurément. »

JOURDAN (Mathieu Jouve, dit) (Né à Saint-Just, Haute-Loire, en 1749, guillotiné à Paris, le 27 mai 1794). Boucher, maréchal-ferrant, soldat, Jourdan est cabaretier à Paris quand débute la Révolution. Il figure parmi les émeutiers, le 14 juillet 1789, et prend part aux journées d'octobre suivant. On lui a attribué l'assassinat du gouverneur de la Bastille, de Launay, dont il avait été le palefrenier. On l'a aussi rendu responsable des atrocités commises à Versailles dans la nuit du 5 au 6 octobre 1789. Chef des volontaires du Vaucluse favorables à l'annexion du comtat Venaissin à la France, il se signale par sa cruauté, incendiant châteaux et récoltes des partisans de la papauté, et méritant le surnom de Jourdan Coupe-Tête après les massacres de la Glacière, à Avignon, les 16 et 17 octobre 1791. Il échappe à la justice grâce à l'amnistie de mars 1792. En 1793, les conventionnels lui confient le commandement de la gendarmerie du Vaucluse et des Bouches-du-Rhône, ce qui lui donne, une nouvelle fois, l'occasion d'exercer ses talents de tueur. Jourdan Coupe-Tête passe les bornes le jour où il fait arrêter un représentant en mission. Le Comité de salut public ordonne sa mise en accusation. Son jugement est expédié rapidement et il monte sur l'échafaud deux mois avant Robespierre.

JOURNAL DE L'INSTRUCTION SOCIALE. Ce journal fut créé le 1er juin 1793 par Condorcet, Sieyès et Duhamel, instituteur des sourds-muets, pour diffuser leur doctrine sociale. La chute des Girondins entraîna sa rapide disparition, dès le sixième numéro, le 6 juillet 1793. Il était imprimé dans la rue du Petit-Musc, près de l'Arsenal, par l'imprimerie des sourds-muets.

JOURNAL DE PARIS. Premier quotidien créé en France, en 1777, *Le Journal de Paris*, parfois aussi connu sous le nom de *Poste de Paris* ou de *Poste du soir*, fut fondé par Cadet, Corancez et Dussieux. Comme la plupart des périodiques de cette époque, il était essentiellement consacré à la littérature, aux spectacles et à ce que nous nommerions aujourd'hui les ragots, et qui, dans le prospectus du journal, s'appelait « Nouvelles de la maladie des personnes dont la santé intéresse le public ». Ce journal très lu, quoique ne parlant pratiquement pas de politique, on serait tenté d'ajouter parce que ne parlant pas de politique, était considéré comme une des publications les plus dangereuses, les plus pernicieuses de la contre-révolution par les Montagnards qui s'empressèrent de saccager ses locaux le 10 août 1792 afin de l'obliger à cesser sa parution. Il reparut cependant dès le 1er décembre suivant et fut publié jusqu'en 1811.

JOURNAL DE PERLET, voir **PERLET**.

JOURNAL DES CLUBS. Fondé par Charon, Leroux et Révol, le *Journal des clubs, ou sociétés patriotiques, dédié aux amis de la Constitution, membres des différents clubs français*, parut du 20 septembre 1790 au 11 septembre 1791. Ses quarante-sept numéros contiennent surtout les comptes rendus des débats au club des Jacobins.

JOURNAL DES DÉBATS ET DÉCRETS. Ce journal donnait le compte rendu des discussions et le contenu des textes votés. Il fut créé par l'imprimeur de l'Assemblée constituante, Baudoin, le 29 août 1789. Les frères Bertin l'achetèrent en 1799. Il s'intitula *Journal de l'Empire* de 1805 à 1814, *Journal des débats politiques et littéraires* de 1814 à 1864.

JOURNAL DES DÉFENSEURS DE LA PATRIE. C'est le 28 germinal an IV (16 avril 1796) que paraît le premier numéro de ce journal. Il est consacré aux nouvelles de la guerre et aux questions militaires et navales, s'étendant à partir de 1802 aux actes du gouvernement et aux délibérations des assemblees. En 1802, il ajoute à son titre *et des acquéreurs des domaines nationaux*. Il devient, en 1805, le *Bulletin de l'Europe*. Sa rédaction est alors confiée aux journalistes de *La Quotidienne*.

JOURNAL DES SAVANTS. Cette publication existe depuis plus de trois siècles. Elle fut fondée le 5 janvier 1665 par un conseiller au Parlement de Paris, Denis de Sallo. Elle parut tous les lundis jusqu'en 1724, puis devint mensuelle. C'est une publication réservée au monde savant, comme son nom l'indique dès l'origine. Peu favorable aux progrès de l'esprit, l'époque révolutionnaire amena la seule interruption de cette revue, de la fin de 1792 à 1816. *Le Journal des Savants* parut cependant du 4 janvier au 18 juin 1797.

JOURNALISTES. Il y avait très peu de journaux à la veille de la Révolution. Leur nombre s'accrut de façon phénoménale après la convocation des états généraux : deux cent cinquante titres créés entre le 5 mai 1789 et la fin de l'année, trois cent cinquante nouveaux titres en 1790 ! Tout le monde s'improvisa journaliste. Les plus célèbres furent Mirabeau, rédacteur du *Courrier de Provence*, Suleau des *Actes des Apôtres*, Linguet des *Annales politiques*. Marat et son *Ami du peuple*, Gorsas et son *Courrier des départements*, Brissot du *Patriote français*. l'abbé Fauchet et la *Bouche de fer*, Desmoulins du *Vieux Cordelier*, Momoro du *Journal du club des Cordeliers*, Robespierre collaborateur du *Défenseur de la Constitution*, Condorcet rédacteur à la *Chronique du mois*, Fabre d'Églantine aux *Révolutions de Paris*, Hébert et son *Père Duchesne*. Tous sauf Mirabeau sont décédés de mort violente, en général sur l'échafaud, ce qui montre bien le côté factice de la liberté de la presse durant la Révolution, pas seulement sous la Terreur, puisque, au lendemain du coup d'État du 18 fructidor, une centaine de journalistes furent arrêtés et déportés à l'île d'Oléron.

JOURNAUX. Soumis à une censure préalable, avant leur parution, les journaux ne pouvaient être imprimés sans autorisation sous l'Ancien Régime. Cette autorisation royale fut supprimée par la Constituante qui décréta une liberté totale de la presse, se bornant à instituer une taxe uniforme de 8 deniers par feuille imprimée par les quotidiens, de 12 deniers pour les autres périodiques. En 1789, les journaux se mirent à pulluler : du 5 mai à la fin de l'année, il n'y eut pas moins de 250 créations ! Il y en eut 350 en 1790. Le mouvement se ralentit très nettement ensuite et le nombre des journaux commença même à décliner sérieusement. Afin de ne pas enfreindre ouvertement la liberté d'expression incluse dans la Déclaration des droits de l'homme, les Montagnards firent détruire par une fureur populaire habilement dirigée tous les journaux qui leur étaient hostiles, entre le 10 août et le 9 thermidor. La liberté de la presse redevint effective après la mort de Robespierre, et le nombre des journaux s'accrut considérablement jusqu'au 18 fructidor qui donna à nouveau un sérieux coup à la liberté d'expression. On estime qu'il parut entre 1789 et 1800 plus de 1 350 journaux dont on trouve la liste dans le *Catalogue* publié en 1943 par Gérard Walter.

JOURNÉE DE TRAVAIL (prix de la). La Constitution ayant fixé à trois journées de travail l'impôt minimal que devait payer un contribuable pour être citoyen actif, c'est-à-dire électeur, Barnave protesta, le 15 janvier 1790, parce qu'on avait laissé à la discrétion des municipalités l'évaluation de la journée de travail. La Constituante fixa alors à 20 sous le prix forfaitaire d'une journée de travail. Mais la loi du 28 mai 1791 abrogea cette disposition et remit l'appréciation au directoire de département sur proposition de chaque district. Selon Arthur Young, le salaire moyen d'un ouvrier en 1789 était de 26 sous, de 15 sous pour une ouvrière, de 9 pour une fileuse. La Rochefoucauld déclarait à la Constituante qu'un ouvrier gagnait de 30 à 40 sous par jour à Paris, la moitié ailleurs. Les journaliers dans les campagnes touchaient autour de 15 à 20 sous également.

JOURNÉES. Ce terme est utilisé pendant l'époque révolutionnaire pour désigner des manifestations populaires, rassemblant des foules en armes, organisées en vue d'un résultat politique précis. Le mot a peut-être été utilisé par contamination d'un des sens donnés dans le *Dictionnaire de l'Académie* de 1786 : « Se dit d'un jour de bataille. » Alors que les émeutes, les séditions, les révoltes ont un caractère spontané, les journées sont solidement organisées. Elles se distinguent aussi des coups d'État. Le coup d'État a pour but la prise ou la conservation du pouvoir, tandis que la journée vise essentiellement à exercer une pression sur le pouvoir politique, à faire fléchir le roi ou les assemblées. Les grandes journées révolutionnaires sont le 14 juillet 1789, les 5 et 6 octobre 1789, le 17 juillet 1791, les 20 juin et 10 août 1792, les 31 mai et 2 juin 1793, les 4 et 5 septembre 1793, le 12 germinal an III (1er avril 1795), le 1er prairial an III (20 mai 1795), le 13 vendémiaire an IV (5 octobre 1795).

JUGEMENTS. L'exécution des jugements dans leur forme traditionnelle fut suspendue par la Constituante dès novembre 1789. Elle maintint la faculté d'appel en matière civile et décida que les jugements rendus en dernier ressort pouvaient être déférés au Tribunal de cassation. Leur révision en matière criminelle fut décrétée en mai 1793. En 1794, la Convention arrêta que toute violation ou omission des formes prescrites en matière civile depuis 1789 rendrait possible un pourvoi en cassation. En 1795, les jugements rendus pour faits révolutionnaires furent susceptibles de révision. En 1796, il fut décidé que les appels des sentences des anciens tribunaux de police correctionnelle seraient portés devant les tribunaux criminels départementaux. Les commissaires du Directoire se virent confier la poursuite de leur exécution et les Cinq-Cents fixèrent des délais d'appel pour les jugements rendus par défaut. En février 1797, les jugements des tribunaux révolutionnaires furent tous susceptibles de pourvoi en cassation. En 1798, les jugements rendus en dernier ressort ne purent être attaqués qu'en cassation. Les Cinq-Cents ouvrirent aux indigents la possibilité d'appeler des jugements par la voie de la requête civile.

JUGES. Lors de la réorganisation de l'ordre judiciaire, la Constituante prit diverses mesures concernant la situation des juges. Les juges de première instance furent sédentaires et amovibles. Le 5 juillet 1790, la justice fut décrétée gratuite et les juges devinrent en conséquence des fonctionnaires rétribués par l'État. L'établissement des juges d'appel fut décidé le 23 juillet 1790 et leur installation se fit le 18 janvier suivant. Tous les citoyens furent déclarés admissibles aux fonctions de juges. Les magistrats ne pouvaient être dépossédés de leur poste qu'en cas de forfaiture. Il fut interdit aux juges de s'immiscer dans le domaine du pouvoir législatif. Les juges étaient soumis à élection durant la Révolution.

JUIFS. A la veille de la Révolution, il existait deux communautés juives très différentes en France. Moins de 5 000 séfarades étaient installés depuis le début du XVIe siècle, venus d'Espagne, à Bayonne et à Bordeaux. Depuis 1776, reconnue par des lettres patentes de Louis XVI, cette communauté était bien intégrée dans la grande bourgeoisie bordelaise et les Gradis en étaient l'élément le plus puissant. Bien plus nombreux, les ashkénazes de langue yiddish, au nombre de 30 000 environ, étaient concentrés dans l'est du royaume, en Alsace et en Lorraine. La question de la citoyenneté des juifs fut souvent débattue au XVIIIe siècle. Pour les élections aux états généraux, les juifs de l'Est ne figurèrent pas sur les listes électorales, mais ceux du Sud-Ouest furent considérés comme des électeurs à part entière. Les discussions sur leur statut furent fréquentes et passionnées à la Constituante qui leur consacra trois jours entiers, du 21 au 24 décembre 1789. Une majorité en leur faveur ne put se dégager et le décret du 28 janvier 1790 limitait la citoyenneté française aux juifs d'origine hispano-portugaise du Sud-Ouest et d'Avignon, les ashkénazes de l'Est étant exclus en raison de leur absence d'assimilation à la nation française. S'opposèrent à la communauté juive des éléments majoritaires mais hétéroclites, allant des catholiques les plus traditionnels aux Jacobins les plus ardents, tels Reubell et la plupart des élus montagnards d'Alsace et de Lorraine. Ce n'est que le 27 septembre 1791 que fut adopté le décret d'émancipation des juifs de France. Durant la Terreur, la communauté juive eut beaucoup à souffrir des persécutions des Jacobins locaux et des représentants en mission. Aussi accueillit-elle avec soulagement la chute de Robespierre. La Convention thermidorienne et le Directoire furent, en revanche, une période d'épanouissement de la communauté juive.

JUIGNÉ (Antoine Éléonor Léon Leclerc, comte de) (Né à Paris, le 2 novembre 1728, mort à Paris, le 19 mars 1811). Archevêque de Paris, Mgr de Juigné est élu par le clergé de son diocèse aux états généraux. Il s'oppose d'emblée à la réunion des trois ordres, et sa proposition obtient 135 suffrages contre 139 d'ecclésiastiques favorables à la vérification des pouvoirs des élus des trois ordres en réunion commune. Très impopulaire à cause de son attitude à cette occasion, Juigné voit son carrosse lapidé par la foule, le 24 juin 1789. Intimidé, il accepte de rejoindre le tiers état et propose même la célébration d'un *Te Deum* d'actions de grâces après le 4 août. Il renonce aux dîmes ecclésiastiques et offre l'argenterie des églises du diocèse, le 20 septembre. Le 14 avril 1790, il prête serment à la Constitution civile du clergé, puis se ravise, obtient du roi l'autorisation de quitter la France, s'établit à Chambéry et y publie un mandement contre Gobel, élu à sa place au siège métropolitain de Paris. Il erre ensuite à travers la Suisse et l'Allemagne, fuyant devant les armées de la Révolution. Lors de la conclusion du Concordat, il remet sa démission au pape et revient en France. L'Empereur le nomme, en 1808, chanoine du chapitre impérial de Saint-Denis et comte de l'Empire.

JUILLET (14), voir **BASTILLE** (prise de la).

JUIN (journée du 2). Elle est l'aboutissement de celle du 31 mai 1793. Le 31 mai, la Convention a partiellement cédé en supprimant la commission des douze mais n'a pas livré les vingt-deux députés, les chefs de la Gironde, que la Commune réclamait. Dans la nuit du 1er au 2 juin, les dirigeants de la Commune font arrêter par les sectionnaires en armes plusieurs chefs brissotins, dont Clavière et Mme Roland, et encercler la Convention par la garde nationale qui met ses canons en batterie face à l'Assemblée. Le 2 juin 1793, la Convention terrorisée cède et décrète la mise en arrestation de vingt-deux députés girondins. La dictature de Paris et des Montagnards commence. Elle va durer un peu plus d'un an et être l'époque la plus sombre et la plus sanglante de la Révolution, celle de la Terreur.

JUIN (journée du 20). Les défaites militaires aux frontières provoquent un durcissement de la Législative. Le 29 mai, elle décide que tout prêtre réfractaire, dénoncé par au moins vingt citoyens actifs, pourra être déporté hors du royaume. Pour affaiblir la position du roi, elle vote le même jour la dissolution de la garde constitutionnelle. Le 8 juin est décidée la formation près de Soissons d'un camp de gardes nationaux fédérés afin de protéger Paris. Le roi signe le décret de dissolution de sa garde mais refuse de signer les deux autres. Le veto royal amène la démission du gouvernement girondin. Un nouveau ministère de tendance feuillant est constitué. Depuis la fin mai, le club des Jacobins est sur le pied de guerre et lance une campagne dans tout le pays sur trois mots d'ordre : suffrage universel, suppression de la liste civile, abolition du veto royal. Le prétexte à la journée insurrectionnelle est la commémoration du serment du Jeu de paume, le 20 juin 1792, date également de la fuite du roi. Avec l'accord tacite du maire, Pétion, le peuple des faubourgs, emmené par Santerre, Legendre, Chabot, Fournier, porte des pétitions à l'Assemblée, au Manège, puis envahit les Tuileries voisines. La garde nationale préposée à la défense se rallie partiellement aux émeutiers. Le roi est encerclé par la foule, acculé dans une embrasure de fenêtre, contraint de coiffer le bonnet rouge des sans-culottes et de boire un verre de vin rouge à la santé de la nation, tandis que la populace hurle : « Point de veto ! Point de prêtres ! Rappelez les ministres ! » Mais Louis XVI ne cède pas à la menace et ne signe pas les décrets litigieux. La manifestation du 20 juin provoque un mouvement d'indignation à travers tout le pays. A Paris, la Législative restreint le droit de pétition et tente de reprendre en main la garde nationale noyautée par les sections et les Jacobins. Trente-trois départements protestent et proposent d'envoyer leurs propres gardes nationaux pour protéger le roi et mettre à la raison les « factieux » de Paris. Le 28 juin, ayant quitté son armée, La Fayette demande à son tour des poursuites contre les « factieux » et la dissolution des clubs fauteurs de troubles. Aucune mesure réelle n'ayant été prise, il ne restera plus aux Jacobins qu'à récidiver avec succès, le 10 août.

JULIEN (Jean, dit Julien de Toulouse) (Né à Saint-Laurent-d'Aigouze, Gard, en 1750, mort à Embrun, le 17 décembre 1828). Pasteur protestant à Toulouse en 1789, Julien est élu au directoire départemental de la Haute-Garonne puis à la Convention. Il y siège sur les bancs de la Montagne, vote pour la mort du roi. Venu à Orléans avec Prieur de la Marne et Bourbotte enquêter sur le prétendu attentat dont se disait victime Léonard Bourdon, il se laisse berner par ce dernier et envoie à la mort des innocents. Il sévit ensuite dans l'Ouest, mais se distingue surtout par une malhonnêteté exceptionnelle, spéculant dans l'affaire de la Compagnie des Indes, trafiquant avec l'abbé d'Espagnac. Décrété d'arrestation en novembre 1793, il s'évade et ne reparaît à la Convention qu'après la mort de Robespierre. Ses collègues votent l'arrêt des poursuites contre lui mais refusent de le réadmettre à l'Assemblée. Lié sous le Directoire avec les théophilanthropes, il demande en vain Notre-Dame pour leur culte. Ayant eu l'imprudence de manifester son hostilité au 18 brumaire, il échappe à la déportation grâce à la protection de Fouché et s'installe à Turin où il exerce la profession d'avocat, avant de venir s'établir en 1814 à Embrun.

JULLIEN (Marc Antoine, dit Jullien de la Drôme) (Né à Bourg-de-Péage, le 18 avril 1744, mort à Pisançon, Drôme, le 27 septembre 1821). Ayant des prétentions littéraires, Marc Antoine Jullien « monte » à Paris et y devient précepteur dans la famille de Damville. Il salue avec enthousiasme la Révolution et entretient une active correspondance avec ses compatriotes de Bourg-de-Péage, les « éclairant » à sa manière sur les événements parisiens. Il parvient ainsi à se faire élire député suppléant de la Drôme à l'Assemblée législative et, président de l'assemblée électorale du département l'année suivante, transforme l'essai en entrant à la Convention. Montagnard robespierriste, il joue un rôle assez effacé à l'Assemblée, vote la mort pour le roi, refuse prudemment d'aller en mission à Nantes et à Bordeaux. Dénoncé par Tallien après le 9 thermidor comme étant une « créature » de Robespierre, il est jugé trop insignifiant pour relever de poursuites. Vivant désormais de ses travaux littéraires, Jullien de la Drôme est sauvé de la proscription frappant les régicides à la Restauration par son refus de signer l'acte additionnel durant les Cent-Jours et son exil se borne à quelques mois de résidence surveillée à Barcelonnette.

JURY. L'institution du jury apparaît avec la loi du 16-29 septembre 1791. Limité aux affaires criminelles, le jury est divisé en deux éléments bien distincts, le jury d'accusation et le jury de jugement. Les jurés sont choisis parmi les citoyens actifs qui se sont fait inscrire dans chaque district comme volontaires pour cette tâche. Le jury d'accusation détermine si l'accusation doit être maintenue ou abandonnée, le jury de jugement décide s'il y a lieu de punir et quelle doit être la sentence. Les jurés votent à bulletin secret. Il y a dans chaque département autant de jurys que de tribunaux. Le directeur du jury est choisi parmi les juges du tribunal. Le jury d'accusation comprend un directeur, un commissaire du pouvoir exécutif et un greffier en sus des jurés. Le jury de jugement compte douze jurés qui peuvent en partie être rejetés par la défense.

JUSTICE. Tout l'édifice judiciaire de l'Ancien Régime est détruit par la Constituante. Pour la juridiction civile est créé un juge de paix par canton, élu pour deux ans par l'assemblée primaire et choisi parmi les citoyens actifs. C'est essentiellement un conciliateur et, en cas d'échec, il faut s'adresser à un tribunal de paix ou à un tribunal de famille, composé de cinq juges élus pour six ans par l'assemblée électorale du district et assisté d'un ministère public. Ces juges doivent être âgés d'au moins trente ans et avoir exercé des fonctions de juge ou d'homme de loi depuis plus de cinq ans. Le roi nomme les magistrats chargés du ministère public. Les tribunaux de district servent réciproquement de tribunaux d'appel de l'un à l'autre. A la base de la juridiction criminelle se trouve un tribunal de police municipale, formé d'officiers municipaux, qui juge des petits délits. Dans chaque canton existe un tribunal de police correctionnelle, constitué d'un juge de paix et de deux prud'hommes statuant sur des délits un peu plus importants. Au sommet se trouve le tribunal criminel du département, composé de quatre magistrats pris dans les tribunaux de district et d'un jury. Un accusateur public dirige les poursuites et le commissaire du roi requiert l'application de la peine. L'accusé est assisté d'un avocat. Une majorité de dix voix est nécesaire pour la condamnation. Le jugement est sans appel et ne peut être cassé que pour vice de forme par le Tribunal de cassation. Il existe enfin une Haute Cour pour juger les ministres et les agents supérieurs du pouvoir exécutif. Un code pénal est élaboré en 1791 pour réglementer l'application des peines. Après le 10 août 1792, tout cet édifice destiné à protéger les accusés est bien maltraité par les Montagnards soucieux avant tout de la liquidation physique de leurs adversaires politiques. Juges et jurés sont évincés lorsqu'ils ne sont pas des sans-culottes bon teint et remplacés par des exécutants dociles des volontés du pouvoir révolutionnaire. Des milliers de suspects sont arrêtés et souvent massacrés sans même un interrogatoire ou un semblant de jugement. Un tribunal extraordinaire pratique du 17 août au 29 novembre 1792 une parodie de justice que reprend et aggrave encore le Tribunal révolutionnaire qui lui succède. Les tribunaux départementaux reçoivent l'ordre de la Convention et des Comités de salut public et de sûreté générale de « juger révolutionnairement ». Dans les départements insurgés fonctionnent des commissions révolutionnaires et des commissions militaires qui ne connaissent qu'une seule sentence, la mort. La loi des suspects et les décrets de ventôse accroissent démesurément le nombre des suspects et des emprisonnés et enlèvent toute possibilité de défense pour les accusés. Tout cet édifice de la Terreur est démantelé progressivement après la chute de Robespierre. Le Directoire reprend le système de la Constituante en le simplifiant, supprimant les tribunaux de famille, réduisant les tribunaux civils à un par département. Après le 18 fructidor, les juges cessent d'être élus pour être nommés par le gouvernement. Au criminel, les petits délits relèvent du juge de paix, les plus graves, de tribunaux correctionnels, au nombre de trois à cinq par département, avec procédure d'appel devant le tribunal criminel du département, lequel juge les crimes avec l'assistance des deux jurys d'accusation et de jugement. Le Tribunal de cassation est maintenu. Il existe encore des tribunaux d'exception, mais qui fonctionnent peu : les commissions militaires et la Cour suprême.

K

KANT (Emmanuel) (Né à Königsberg, le 22 avril 1724, mort à Königsberg, le 12 février 1804). Professeur à l'université de sa ville natale, l'illustre philosophe Kant est surtout connu pour sa *Critique de la raison pure*, parue en 1781. A la base de la pensée philosophique allemande, l'œuvre de Kant n'a pas à être étudiée ici. La Révolution française a suscité la sympathie abstraite de ce philosophe qui y a vu un effort pour fonder sur la raison l'organisation des sociétés humaines, tout en désespérant de voir ce mouvement aboutir à un résultat positif.

KAUNITZ (Wenzel Anton, comte puis prince de) (Né à Vienne, le 2 février 1711, mort à Vienne, le 27 juin 1794). Négociateur de la paix d'Aix-la-Chapelle en 1748, artisan du renversement d'alliances, l'année suivante, Kaunitz prépare l'entente franco-autrichienne durant son ambassade à Paris, de 1750 à 1753. Appelé alors à la chancellerie à Vienne, il dirige le pays pendant près de quarante ans, jusqu'en 1792, met sur pied en 1756 la coalition de l'Autriche, la France, la Pologne, la Suède et la Russie contre Frédéric II de Prusse qui entraîne la guerre de Sept Ans. La paix de Hubertsburg consacre la perte de la Silésie par l'Autriche en 1763. En compensation, Kaunitz obtient la Galicie, lors du premier partage de la Pologne en 1772, puis la Bucovine voisine en 1775. La guerre de la succession de Bavière ne rapporte que l'Innviertel en 1779. La tentative d'annexion de la Bavière en échange des Pays-Bas autrichiens (Belgique) en 1785 n'aboutit pas. En politique intérieure, Kaunitz se fait le fidèle exécutant de la volonté de Joseph II, rénovant le pays dans le sens du despotisme éclairé et pratiquant une politique anticléricale de mainmise de l'État sur l'Église catholique, variante autrichienne du gallicanisme, baptisée « joséphisme ». Octogénaire, Kaunitz est renvoyé peu après l'avènement de François II.

KELLERMANN (François Étienne Christophe) (Né à Strasbourg, le 28 mai 1735, mort à Paris, le 13 septembre 1820). Engagé à dix-sept ans au régiment de Lowendahl comme cadet, Kellermann fait la guerre de Sept Ans et la termine avec le grade de capitaine. Il sert ensuite en Pologne, est fait colonel en 1784, maréchal de camp en 1788, général en mars 1792. Sous les ordres de Dumouriez, Kellermann est le véritable vainqueur de Valmy. Ce militaire presque sexagénaire est accusé par Custine d'être à l'origine de sa défaite par son refus d'attaquer Trèves en octobre 1792 et, relevé de son commandement le 5 novembre suivant, est envoyé à l'armée des Alpes remplacer de Montesquiou. En août 1793, il est chargé du siège de Lyon insurgé contre la Révolution. Il est destitué dès le 10 septembre et considéré comme suspect en raison de sa modération. Arrêté et emprisonné à l'Abbaye en octobre, il n'est réintégré dans l'armée qu'en janvier 1795, à la tête de l'armée des Alpes jusqu'à sa suppression en septembre 1797. Cantonné dans des fonctions d'inspection sous le Directoire, Kellermann se voit confier la direction de troupes de réserve sous le Consulat et l'Empire. Napoléon le fait maréchal, sénateur, duc de Valmy, mais n'a qu'une piètre estime pour ses talents militaires : « Kellermann était un brave soldat, il avait beaucoup de qualités, mais il était tout à fait privé des moyens nécessaires pour la direction d'une armée en chef », dira-t-il à Sainte-Hélène.

KERSAINT (Armand Guy Simon de Coetnempren, comte de) (Né à Paris, le 20 juillet 1742, guillotiné à Paris, le 4 décembre 1793). Officier de marine, Kersaint prend sa retraite en 1788. Président de l'assemblée des électeurs de Paris en 1789, il présente à la Constituante un projet de réforme de la marine et publie un libelle, *le Bon Sens*, qui a un grand succès. Mécontent de n'avoir pas été entendu par le roi et l'Assemblée, il se lance dans l'opposition politique, se fait élire administrateur du département de Paris en janvier 1791, entre au club des Jacobins, mais le quitte pour les Feuillants après la fusillade du Champ-de-Mars. Lié aux Girondins, il est élu par la capitale à la Législative comme suppléant et siège à partir d'avril 1792. Il y traite surtout des questions navales, mais se signale aussi en demandant la mise en accusation de Noailles, ambassadeur à Vienne, en proposant d'enlever au roi sa garde suisse, en reprochant à La Fayette son attitude le 20 juin 1792, en requérant le 23 juillet la déchéance de Louis XVI pour cause de trahison et en se prononçant pour un régime républicain. Mais, par ailleurs, il écrit au roi pour lui proposer ses services à condition d'être nommé ministre de la Marine. Élu à la Convention par la Seine-et-Oise, Kersaint est promu vice-amiral, le 1er janvier 1793. Il vote « pour la réclusion jusqu'à la paix » lors du procès du roi et envoie sa démission après la condamnation à mort, attaquant avec une grande violence ses collègues régicides. Sommé de s'expliquer à la barre de la Convention, il refuse de se rétracter. Son sort est désormais scellé. Il est destitué le 5 juillet 1793, traqué et arrêté le 2 octobre à Ville-d'Avray. Le Tribunal révolutionnaire l'envoie à l'échafaud dix mois après le roi.

KERVÉLÉGAN (Augustin Bernard François Legoazre de) (Né à Quimper, le 17 septembre 1748, mort à Toulgoët, près de Quimper, le 24 février 1825). Avocat à Quimper, Kervélégan publie en 1788 des *Réflexions d'un philosophe breton sur les affaires présentes*, violemment hostiles à la noblesse et au clergé, qui lui valent d'être élu aux états généraux par le tiers état de la sénéchaussée de Quimper. Il s'y occupe surtout de l'aliénation des biens nationaux. Président du tribunal de Quimper durant la Législative, il est élu par le Finistère à la Convention, où il siège parmi les Girondins. Il s'en prend à Marat, vote pour la détention lors du procès du roi, fait partie de la commission des douze « chargée de l'examen des arrêtés de la municipalité de Paris et de la recherche des complots contre l'ordre et la liberté publique » et figure sur la liste des députés arrêtés le 2 juin 1793. Il échappe à ses gardiens, le 29 juin, se réfugie à Caen puis dans son Finistère natal. Mis hors la loi, il échappe aux poursuites jusqu'à la chute de Robespierre et ne reparaît à la Convention qu'en mars 1795. Membre du Comité de sûreté générale, il se signale par son courage lors de l'émeute du 1er prairial an III (20 mai 1795) et est blessé en défendant la Convention à la tête de neuf cents Bretons. Élu par plusieurs départements au Conseil des Anciens, Kervélégan opte pour le Finistère. Il entre ensuite au Conseil des Cinq-Cents en mai 1799, ne montre nulle hostilité à Bonaparte, le 18 brumaire, et fait partie du Corps législatif comme représentant de son département d'origine. Il y siège jusqu'à la chute de l'Empire.

KILMAINE (Charles Édouard, Jennings de) (Né à Dublin le 19 octobre 1751, mort à Paris, le 11 décembre 1799). Prenant du service en 1764, il combattit au Sénégal et en Amérique. Rallié à la Révolution, il sert à Jemmapes et devient général en 1793. Il s'illustre à l'armée d'Italie. En 1798, il est nommé commandant en chef de l'armée d'Angleterre et prépare l'expédition d'Irlande. Mais la maladie l'emporte.

KLÉBER (Jean-Baptiste) (Né à Strasbourg, le 9 mars 1753, assassiné au Caire, le 14 juin 1800). Après avoir débuté comme architecte en 1775, Kléber suit l'école militaire de Munich et sert dans l'armée autrichienne jusqu'en 1785. Revenu en Alsace, il est nommé inspecteur des bâtiments publics dans cette province. Grenadier dans la garde nationale de Belfort en juillet 1789, adjudant-major au 4e bataillon de volontaires du Haut-Rhin en janvier 1792, il en est lieutenant-colonel en second dès mai. A l'armée de Custine, il se distingue au siège de Mayence. Après la capitulation, il est envoyé en Vendée avec ses troupes, en septembre 1793, avec le grade de général de brigade. Battu et grièvement blessé par les Vendéens à Torfou, le 19 septembre, il écrase ces derniers à Cholet, le 17 octobre, est nommé général de division sur le champ de bataille par les représentants en mission, puis triomphe au Mans, les 12 et 13 décembre, à Savenay, les 22 et 23 décembre 1793. Kléber sert ensuite à l'armée des Ardennes, puis à celle du Nord, est vainqueur à Charleroi, le 16 juin 1794, à Fleurus, le 26 juin. A la tête de l'armée de Sambre-et-Meuse, il bombarde Düsseldorf, fait capituler Maestricht, investit Mayence. Sa mésentente avec Jourdan l'amène à démissionner à la fin de 1796. A l'armée d'Angleterre en janvier 1798, il suit Bonaparte en Égypte. Blessé grièvement à la prise d'Alexandrie, le 2 juillet 1798, Kléber réprime ensuite l'insurrection de Damanhour, prend part à l'expédition en Syrie, est à El-Arich, à Gaza, à la bataille du Mont-Thabor, le 16 avril 1799, au siège de Saint-Jean-d'Acre. Commandant en chef de l'armée d'Orient au départ de Bonaparte, Kléber signe une convention d'évacuation, le 24 janvier 1800, mais le gouvernement anglais refuse de la ratifier. Après avoir écrasé les Turcs à Héliopolis, il reprend Le Caire en révolte. Il est poignardé par un jeune Syrien. « Kléber était le talent de la nature », a dit de lui Napoléon à Sainte-Hélène.

KLOPSTOCK (Frédéric Gottlieb) (Né à Quedlinburg, le 2 juillet 1724, mort à Hambourg, le 14 mars 1803). Immortalisé par son poème *La Messiade,* dont la parution s'étale entre 1748 et 1772, Klopstock est un des rénovateurs de la langue et de la poésie allemandes. Toute son œuvre est consacrée à un lyrisme profondément religieux. Il a écrit en 1788 une ode intitulée *Les États généraux* et salué la Révolution naissante avec enthousiasme.

KOSCIUSZKO (Thadée André Bonaventure) (Né à Mereczowszczyzna, Lituanie, le 4 février 1746, mort à Soleure, en Suisse, le 15 octobre 1817). Officier polonais ayant fait une partie de ses études en France, Kosciuszko participe à la guerre d'Indépendance américaine, contribue à la fondation de l'Académie militaire de West Point et est fait citoyen d'honneur des États-Unis. Rentré en Pologne en 1784, il se bat contre les Russes lors du deuxième partage de la Pologne et vient à Paris solliciter l'aide de la France révolutionnaire. En mars 1794, les insurgés polonais le nomment commandant en chef de leurs forces. Il bat d'abord les Russes à Raclawice, le 4 avril 1794, puis doit se replier sur Varsovie qu'il défend avec succès, le 6 septembre, avant d'être écrasé à Maciejowice, le 10 octobre 1794. Fait prisonnier, il est libéré par Paul Ier en 1796. Après s'être rendu en Angleterre et aux États-Unis, il s'établit à Paris en 1798, mais refuse tout soutien à Napoléon lors de la création du grand-duché de Varsovie. Il intervient en vain au congrès de Vienne pour demander le rétablissement de la Pologne en 1815.

L

LA BOURDONNAIE (François Régis, comte de) (Né à Angers, le 19 mars 1767, mort au château de Mésangeau, près de Beaupréau, Maine-et-Loire, le 28 août 1839). Officier au régiment d'Austrasie à la fin de l'Ancien Régime, La Bourdonnaie est élu officier municipal d'Angers en 1790. Très hostile à la Révolution, il émigre et se rend à l'armée des princes à Coblence, sert dans l'armée de Condé. A la désorganisation de ce corps, La Bourdonnaie revient en France et combat aux côtés des chouans et des Vendéens, fait partie des négociateurs au moment de la pacification de la Vendée. Profitant de l'amnistie, il revient sur ses terres, est élu au conseil général de Maine-et-Loire, devient maire d'Angers. Après la campagne de Russie, il recommence à conspirer en faveur de la monarchie. Député à la Chambre introuvable, c'est un des chefs du parti ultra-royaliste. Il est un éphémère ministre de l'Intérieur dans le gouvernement Polignac.

LACÉPÈDE (Bernard Germain Étienne de La Ville de) (Né à Agen, le 26 décembre 1756, mort à Épinay-sur-Seine, le 6 octobre 1825). Élève de Buffon, ami de Daubenton, d'Alembert et Gluck, garde au Cabinet d'histoire naturelle du roi, Lacépède se consacre avec autant de bonheur aux sciences naturelles, à la physique et même à la musique. Vivement intéressé par la Révolution débutante, il devient président de la section du Jardin des Plantes et commandant de la garde nationale de cette section ainsi qu'administrateur du département. Élu par Paris à la Législative, il est vite suspect à cause de la modération de ses opinions et se retire à la campagne après la dissolution de l'Assemblée. Il revient à Paris après le 9 thermidor, obtient la chaire d'histoire naturelle des poissons et des reptiles au Muséum et entre à l'Institut. Chaud partisan du coup d'État de brumaire, il est fait sénateur par Bonaparte, comte de l'Empire et ministre d'État par Napoléon. On lui doit notamment une *Histoire naturelle des poissons* et une *Histoire naturelle des cétacés.*

LACLOS (Pierre Ambroise François Choderlos de) (Né à Amiens, le 18 octobre 1741, mort à Tarente, le 5 septembre 1803). Élève à l'école d'artillerie de La Fère en 1759,

Laclos fait une carrière sans histoire dans l'armée et acquiert une soudaine célébrité en 1782 avec ses *Liaisons dangereuses.* Devenu à la fin de 1788 le secrétaire des commandements du duc d'Orléans, il exerce une profonde influence sur ce dernier et dirige sa campagne, inspirant la rédaction de nombreux cahiers de doléances, animant, a-t-on prétendu, une société secrète de grands seigneurs se réunissant à Montrouge. Un des premiers inscrits au club des Jacobins, Laclos fait paraître, avec des fonds fournis par le duc d'Orléans, le *Journal des Amis de la Constitution.* Il doit partir avec lui pour Londres quelques mois, en raison du rôle joué par la faction d'Orléans dans les journées des 5 et 6 octobre 1789. Revenu en juillet 1790, Laclos écrit la justification du duc, intitulée *Exposé de la conduite de M. le duc d'Orléans.* C'est encore sous la dictée de Laclos qu'est rédigée par Brissot la pétition dite du Champ-de-Mars : profitant de la fuite du roi, il espère placer son maître sur le trône. La fusillade du 17 juillet 1791 ternit la réputation de Laclos et provoque une scission au sein des Jacobins. Laclos parvient cependant à se faire élire par sa section comme représentant à la Commune insurrectionnelle du 10 août 1792, mais il est aussitôt éliminé. Danton le nomme commissaire du pouvoir exécutif et Servan, ministre de la Guerre, l'envoie auprès de Luckner pour le surveiller. Laclos en profite pour se faire attribuer le grade de général. Nommé ensuite chef d'état-major à l'armée des Pyrénées puis gouverneur des établissements français en Inde, il est arrêté avec d'autres orléanistes, le 31 mars 1793. Seul de l'entourage des Orléans, Laclos échappe à la guillotine et son emprisonnement, sous forme d'assignation à résidence dans sa propre maison, est d'une étrange clémence. On a insinué que Laclos était protégé par Robespierre. La chute de ce dernier ne met pas un terme immédiat à sa captivité et Laclos ne retrouve la liberté que le 3 décembre 1794, autre fait curieux qui pourrait effectivement s'expliquer par des liens avec « l'Incorruptible ». A peine libéré, ses relations lui permettent d'obtenir le poste rémunérateur de secrétaire général des hypothèques. Peut-être, mais il n'en existe aucune preuve écrite, Laclos a-t-il collaboré à la préparation du coup d'État du 18 brumaire. Toujours est-il qu'il accueille avec enthousiasme l'arrivée au pouvoir de Bonaparte et réclame sa réintégration dans l'artillerie avec le grade de général. Le ministère s'y oppose, faisant valoir qu'il n'est que capitaine dans cette arme. Le 16 janvier 1800, sur ordre formel du Premier consul, Laclos obtient gain de cause. On lui confie la réserve de l'artillerie à l'armée du Rhin puis à l'armée d'Italie, enfin à l'armée de Naples où il meurt de la dysenterie. Acteur caché de la Révolution, Laclos est un bon exemple des relations souterraines unissant les milieux orléanistes et révolutionnaires jusque sous le Consulat. Les ahurissantes complaisances dont il a constamment bénéficié, même aux périodes les plus tragiques, permettent d'échafauder les hypothèses les plus folles.

LACOMBE (Claire, dite Rose) (Née à Pamiers en 1765, morte après 1798). Actrice de province, jouant à Lyon en 1790-1791 puis à Marseille et à Toulon, Rose Lacombe « monte » à Paris au printemps de 1792. Le 25 juillet, elle porte à l'Assemblée une pétition qui attaque La Fayette et se déclare prête à s'enrôler dans l'armée pour défendre la patrie. Au 10 août, elle utilise ses talents de comédienne pour exciter la foule et l'emmener à l'assaut des Tuileries, ce qui lui vaut une couronne civique. Elle intervient encore au club des Jacobins, le 3 avril 1793, dirige une Société des citoyennes républicaines révolutionnaires, fondée par Anne Pauline Léon et l'oriente contre les Jacobins et en faveur de Jacques Roux et des Enragés. Le 26 août 1793, elle envahit la Convention avec ses « consœurs », puis elle les envoie se battre contre les marchandes des Halles jugées par elle trop modérées. Excédé, le Comité de salut public ferme les locaux de cette société féminine, le 30 octobre 1793. Protégée par les hébertistes, Lacombe n'est arrêtée que le 31 mars 1794. Elle croupit en prison jusqu'en août 1795. Elle reprend ensuite son métier, joue à Nantes en 1796, à Paris en 1797-1798, puis disparaît de la scène et on ne sait trop ce qu'elle devient.

LACOMBE-SAINT-MICHEL (Jean-Pierre) (Né à Saint-Michel-de-Vax, Tarn, le 5 mars 1751, mort à Saint-Michel-de-Vax, le 27 janvier 1812). Élève artilleur en 1765, Lacombe-Saint-Michel est capitaine en 1789. Membre du directoire du département du Tarn, il est élu à la Législative par ce département et celui du Nord, opte pour le premier. Membre du comité militaire de l'Assemblée, il est réélu à la Convention. Envoyé en Savoie pour faire exécuter le décret de destitution du général de Montesquiou, il vote à son retour la mort pour le roi. On l'envoie ensuite en Corse, où il débarque le 6 avril 1793 et parvient à vaincre Paoli à Farinole. Blessé dans la bataille, il est fait général de brigade, le 17 novembre 1793, deux jours après sa victoire. Il est en mission à l'armée du Nord au moment de la chute de Robespierre et écrit, le 13 thermidor, au Comité de salut public : « C'est en attaquant l'infâme coalition que j'irai chercher les complices de Robespierre. » A son retour, en février 1795, il entre au Comité de salut public. Le Tarn l'élit au Conseil des Anciens, de même que le Nord et l'Orne. Il soutient le Directoire et le coup d'État du 18 fructidor. Général de division à sa sortie du Conseil, en 1798, Lacombe-Saint-Michel est envoyé comme ambassadeur à Naples mais tient des propos si peu diplomatiques et si républicains au souverain du pays qu'il est prié de quitter le royaume. Son vaisseau est capturé par un pirate de Tunis, mais le bey le fait libérer. Revenu en France en janvier 1799, il commande l'artillerie à l'armée du Rhin. De 1800 à 1805, Bonaparte lui confie l'artillerie de l'armée d'Italie. Il est ensuite en Allemagne puis en Catalogne et termine sa carrière pour raison de santé, après dix-sept campagnes, en 1810.

LACOSTE (Élie) (Né à Montignac, Dordogne, le 18 septembre 1745, mort à Montignac, le 26 novembre 1806). Médecin à Montignac, favorable aux idées révolutionnaires, meurtrier d'un aristocrate périgourdin dans un duel, Lacoste devient administrateur de la Dordogne en 1790 puis député à la Législative, l'année suivante. Réélu à la Convention, il vote pour la mort lors du procès du roi et remplit des missions dans le Lot et la Dordogne pour la levée des 300 000 hommes, puis dans le Nord et le Pas-de-Calais, à l'armée du Nord. Au Comité de sûreté générale à partir d'octobre 1793, il refuse de se charger de l'approvisionnement de Paris, se déclarant incompétent. Le 9 thermidor, il attaque Robespierre, demande l'arrestation de Couthon et de Saint-Just, fait mettre hors la loi les membres de la Commune. Ayant pris la défense des membres des anciens comités, il est arrêté et reste en prison jusqu'à l'amnistie d'octobre 1795. Sa carrière politique est terminée et il revient à l'exercice de la médecine à Montignac.

LA COSTE-MESSELIÈRE (Benjamin Léonard Louis Frottier, marquis de) (Né à Paris, le 10 août 1760, mort à Moulins, le 3 juillet 1806). Colonel de cavalerie en 1789, La Coste-Messelière est élu aux états généraux par la noblesse du bailliage de Charolles. Il siège à gauche, vote pour l'aliénation des biens du clergé, la suppression de la dîme et des ordres monastiques. Établi dans le Poitou où il a acheté des biens nationaux après la séparation de la Constituante, il est porté comme émigré dans son département d'origine, la Saône-et-Loire, arrêté quelque temps puis acquitté. Rallié à Bonaparte, il meurt dans l'exercice des fonctions de préfet de l'Allier.

LACRETELLE (Pierre Louis de, dit Lacretelle aîné) (Né à Metz, le 9 octobre 1751, mort à Paris, le 5 septembre 1824). Avocat à Metz, collaborateur du *Grand Répertoire de jurisprudence* et du *Mercure de France*, lié avec d'Alembert, Buffon, Condorcet, Laharpe, Turgot, Lacretelle est totalement acquis aux idées révolutionnaires. Membre de la première Commune parisienne élue en 1789, suppléant du tiers état de cette ville aux états généraux, il n'y siège pas. Réélu suppléant à la Législative, il a plus de chance et remplace Godard décédé en novembre 1791. Ce fondateur du club des Feuillants, très modéré d'opinions, vote contre la mise en accusation de La Fayette et doit se cacher jusqu'à la mort de Robespierre. Il est juré à la Haute Cour sous le Directoire, se rallie à Bonaparte au 18 brumaire et entre au Corps législatif comme député de la Seine. Membre de l'Institut, il s'occupe surtout de littérature sous l'Empire et la Restauration.

LACROIX, voir **DELACROIX** (Jean-François).

LADMIRAL (Henri) (Né vers 1735 à Anzelot, Puy-de-Dôme, guillotiné à Paris, le 29 juillet 1794). Cet ex-domestique, devenu en 1788 garçon de bureau à la Loterie, perd son emploi en novembre 1793, à la suppression de cette institution, et vit d'expédients. Il conçoit l'idée de se venger de sa déchéance en tuant Robespierre, puis se rabat sur Collot d'Herbois et le manque. La justice révolutionnaire veut faire de lui le bras armé d'une immense conspiration royaliste, malgré ses dénégations : « Est-ce que vous avez le diable au corps d'accuser tout ce monde-là d'être mes complices, s'écrie-t-il au tribunal, je ne les ai jamais vus ! » On l'exécute cependant en compagnie de cinquante-deux prétendus complices. Guillotiné le dernier, Ladmiral s'exclame avant de mourir : « Que de braves gens morts à cause de moi ! »

LA FARE (Anne Louis Henri de) (Né à Luçon, Vendée, le 8 septembre 1752, mort à Paris en décembre 1829). Parent et protégé du cardinal de Bernis, évêque de Nancy, La Fare est élu par le clergé de son diocèse aux états généraux. Il y défend farouchement les droits du clergé et condamne les principes de la Révolution. Il émigre avant la fin de la session après avoir fondé le club des Impartiaux et devient le plus actif agent des Bourbons en Europe. Louis XVIII en fait son chargé d'affaires à la cour de Vienne. Revenu en France en 1814, il devient aumônier de la duchesse d'Angoulême, pair de France, archevêque de Sens et cardinal en 1823.

LA FAYETTE (Marie Joseph Paul Yves Roch Gilbert Motier, marquis de) (Né au château de Chavaniac, Haute-Loire, le 6 septembre 1757, mort à Paris, le 20 mai 1834). Mousquetaire noir en 1771, réformé en 1776 avec le grade de capitaine, La Fayette est dès cette époque en relation avec Benjamin Franklin et les représentants des insurgés d'Amérique. Arrivé aux États-Unis en juin 1777 et nommé général par le Congrès, il participe à la guerre jusqu'à la fin de 1778 puis revient en France agiter l'opinion en faveur de ses amis et décide le roi à envoyer un corps expéditionnaire. Louis XVI le fait maréchal de camp après la capitulation de Yorktown. De retour en France en 1785, La Fayette, tout imprégné d'idées nouvelles et démangé par une ambition démesurée, se lie avec Necker, devient membre de l'Assemblée des notables pour mieux saboter les projets de réformes de Calonne, adhère au mouvement de protestation de la noblesse bretonne contre les édits de Lamoignon et de Brienne, bref, fait tout ce qu'il peut pour empêcher une rénovation mesurée de la monarchie. A nouveau membre de la seconde Assemblée des notables de la fin de 1788, il y parle en faveur du doublement du tiers état. La noblesse de la sénéchaussée de Riom l'ayant élu aux états généraux, il propose à son ordre de se réunir avec le tiers état, appuie, le 8 juillet 1789, la motion de Mirabeau demandant l'éloignement des troupes se trouvant à proximité de Paris et de Versailles, présente le 11 un projet de déclaration européenne des droits de l'homme, fait voter la responsabilité des ministres, est élu triomphalement vice-président de l'Assemblée, le 13 juillet. Le 15, il se rend à l'Hôtel de Ville pour féliciter les Parisiens de leur action de la veille et se fait élire colonel général de la milice bourgeoise, transformée par l'Assemblée, sur sa demande, en garde nationale. Le 17 juillet, il reçoit le roi à l'Hôtel de Ville et lui fait arborer la cocarde tricolore qu'il vient d'inventer : « Je vous apporte, déclare-t-il, une cocarde qui fera le tour du monde. » La popularité de La Fayette est immense au début de la Révolution et lui-même consacre beaucoup de sa fortune à l'entretenir, payant des équipes chargées de l'acclamer à son passage, organisant des services de propagande et de renseignements, « les mouchards de La Fayette », selon l'expression de Marat qui a percé à jour ce personnage qui rêvait peut-être d'être le Washington de la France. Le massacre de Foullon et de Bertier, le 22 juillet, l'affole quelque peu. Il donne sa démission puis la reprend. Le 5 octobre, après avoir tenté d'empêcher la marche sur Versailles, il la suit avec plusieurs bataillons pour en limiter les débordements. Mirabeau, ayant bien vu son incapacité à maîtriser l'émeute, le surnomme par dérision « Gilles César ». La Fayette se prend pourtant pour le véritable maître du pays, pour le « maire du palais » d'une dynastie finissante. Il donne des conseils au roi, se fait nommer par lui commandant des troupes dans un rayon de quinze lieues autour de Paris, fonde le club des Feuillants avec Bailly, organise la fête de la Fédération du 14 juillet 1790. Mais, tandis que la cour continue à le haïr, une partie croissante de l'opinion révolutionnaire commence à douter de la réalité de ses sentiments « patriotes ». Marat lance une violente campagne de presse contre le « héros des deux mondes » devenu « l'infâme Motier ». Sa défense de Bouillé lors des troubles de Nancy, à la fin d'août 1790, lui vaut de nouveaux ennemis. Après Varennes, la proclamation de la loi martiale et la fusillade du Champ-de-Mars, le 17 juillet 1791, lui aliènent les sympathies et il doit démissionner de son commandement de la garde nationale au début d'octobre. Relégué aux armées, il vient une dernière fois à Paris protester auprès de la Législative contre l'émeute du 20 juin 1792 et proposer ses services au roi. La reine, qui provoque le refus de Louis XVI, déclare : « Je vois bien que M. de La Fayette veut nous sauver, mais qui nous sauvera de M. de La Fayette ? » D'ailleurs, La Fayette n'a plus, à cette date, personne qui le soutienne ou le suive, même pas les troupes sous ses ordres. Il ne lui reste plus qu'à se livrer aux Autrichiens après le 10 août pour échapper à la prison. Le calcul est bon, car les prisons autrichiennes sont plus clémentes que les parisiennes et c'est la tête basse, mais toujours sur les épaules, que La Fayette sollicite son retour en France après le 18 brumaire. Spectateur prudemment passif de la gloire impériale, il attend d'apprendre la nouvelle de Waterloo pour s'en prendre à Napoléon. Affilié à la Charbonnerie sous la Restauration, député de la Sarthe de 1818 à 1824, de Seine-et-Marne en 1827, il retrouve les honneurs du balcon de l'Hôtel de Ville, le 31 juillet 1830, quarante et un an plus tard, pour célébrer, enfin, la chute d'une dynastie qu'il a, de son mieux, contribué à détruire. Député de la majorité louis-philipparde, il se brouille bien vite avec des gens qui ne savent pas reconnaître son talent et finit dans l'opposition. Napoléon à Sainte-Hélène disait à Las Cases à propos des hommes du début de la Révolution : « Bailly avait été bien loin d'être méchant, mais c'était un niais politique. La Fayette en avait été un autre. Sa bonhomie politique devait le rendre constamment dupe des hommes et des choses. » Et il ajoutait, à propos du coup de poignard du 21 juin 1815 : « J'aurais dû faire pendre Fouché, Lanjuinais et La Fayette. » Ce jugement n'a rien d'excessif. Niais et nain politique, La Fayette est un des principaux responsables de la destruction de la monarchie française.

LAFFON DE LADÉBAT (André Daniel) (Né à Bordeaux, le 30 novembre 1746, mort à Paris, le 14 octobre 1829). Commerçant bordelais, membre du directoire départemental, Laffon de Ladébat est élu par la Gironde à la Législative, où il préside le comité des finances. Le 20 juin 1792, il se rend aux Tuileries pour défendre le roi. Le 10 août, alors qu'il préside l'Assemblée, on l'oblige à céder la place à Guadet quand le roi et sa famille viennent se placer sous la protection de la Législative. Directeur de la Caisse d'escompte jusqu'à sa liquidation, il est arrêté sous la Terreur mais échappe à la guillotine. Élu au Conseil des Anciens par la Gironde, il s'occupe surtout de questions de finances. Président de l'Assemblée, le 18 fructidor, « il fut arraché du fauteuil, raconte Barante, et on ferma les portes en y plaçant un scellé ». Condamné à la déportation comme royaliste, il est envoyé en Guyane et ne revient en France qu'en 1799. Ce protestant très pieux finit sa vie en s'occupant d'œuvres charitables.

LAFOND. Ancien garde du corps, de Lafond est membre du conseil militaire de la section Le Peletier et un des principaux chefs militaires de l'insurrection des 12 et 13 vendémiaire an IV (4 et 5 octobre 1795). Après l'échec du coup d'État, il tente de s'enfuir, mais est arrêté le 8 octobre sur la route de Versailles, après avoir vainement tenté de se suicider d'un coup de pistolet. Il est jugé et condamné à mort le 12 octobre, exécuté le 13. Il a été le seul condamné à mort pour cette insurrection.

LAGARDE (Joseph Jean) (Né à Narbonne, le 11 mai 1755, mort à

Paris, le 9 juillet 1839). Avocat au parlement de Flandre au début de la Révolution, Lagarde devient en 1790 le secrétaire général du département du Nord. Il est incarcéré quelque temps en raison de ses relations avec Dumouriez lorsque ce dernier se livre aux Autrichiens. Sa compétence d'administrateur et son amitié avec Merlin de Douai lui valent de devenir le secrétaire général du Directoire. Bonaparte le maintient à ses fonctions après le coup d'État de Brumaire puis en fait un préfet de Seine-et-Marne et un comte de l'Empire.

LAGRANGE (Joseph Louis) (Né à Turin, le 25 janvier 1736, mort à Paris, le 10 avril 1813). Professeur de mathématiques à l'âge de dix-neuf ans à l'école d'artillerie de Turin, fondateur de l'Académie des sciences de cette ville, membre de l'Académie des sciences de Paris en 1764, Lagrange part pour Berlin en 1766 et y dirige pendant vingt ans l'Académie des sciences physico-mathématiques. Installé à Paris en 1787, il se tient à l'écart de l'agitation politique. Ménagé par les révolutionnaires, il est nommé administrateur de la Monnaie et préside la commission chargée d'établir le système métrique, enseigne dans les écoles normales en 1794, à l'École polytechnique, à l'École centrale des travaux publics, appartient à l'Institut à sa réorganisation, puis au Bureau des longitudes. Bonaparte le fait entrer au Sénat et lui accorde le titre de comte de l'Empire. Il est inhumé au Panthéon. Ses travaux de mathématiques sont nombreux et importants. On peut citer parmi les principaux : *Mécanique analytique* (1788), *Essai d'arithmétique politique* (1796), *Théorie des fonctions analytiques* (1797), *De la résolution des équations numériques de tous les degrés* (1798), *Leçons sur le calcul des fonctions* (1804).

LAHARPE (Amédée François) (Né à Rolle, Suisse, en 1754, mort à Codogno, le 10 mai 1796). Servant en Hollande puis dans sa patrie, il se réfugia en France après l'insurrection du pays de Vaud. Employé au siège de Toulon, il devint général, servit à l'expédition d'Oneille. Il fut de la campagne d'Italie en 1796, s'illustrant à Montenotte et à Millesimo, où il fut tué.

LA HARPE (Jean-François de) (Né à Paris, le 20 novembre 1739, mort à Paris, le 11 février 1803). Passionné de littérature, La Harpe acquiert une certaine renommée avec sa tragédie *Warwick* en 1763. Il vit deux ans à Ferney auprès de Voltaire et se présente avec une telle ferveur comme son disciple que Fréron le baptise le « bébé » de la littérature, La Harpe appelant Voltaire son « papa ». Journaliste au *Mercure* à partir de 1768, La Harpe y devient un critique littéraire influent et redouté, tout en écrivant des tragédies et des vers. A la veille de la Révolution, il ouvre un cours de littérature, édité en seize volumes et qui est son œuvre maîtresse. Favorable à la Révolution, grand dispensateur de louanges aux gens en place, il n'en est pas moins incarcéré en avril 1794. Libéré après la mort de Robespierre, il se jette dans le camp royaliste, puis modère ses propos après l'échec de l'insurrection de vendémiaire. Il est proscrit après le 18 fructidor et doit se cacher près de Corbeil. Revenu à Paris après le 18 brumaire, il a le temps de faire l'éloge d'un nouveau talent littéraire, celui de Chateaubriand, avant de mourir.

LA HAYE (traité de). Signé le 16 mai 1795 par les Républiques française et des Provinces-Unies, actuels Pays-Bas, le traité de La Haye consacre la vassalisation des Pays-Bas et leur passage dans l'orbite de la Révolution. Le sud des Pays-Bas, à qui est promise une indemnité de 100 millions de florins, est cédé à la France. Une alliance militaire et diplomatique défensive et offensive lie les deux pays.

LAIGNELOT (Joseph François) (Né à Versailles, le 12 juin 1752, mort à Paris, le 23 juillet 1829). Auteur dramatique médiocre dont les tragédies *Agis et Cléomène* et *Rienzi* n'ont guère de succès, Laignelot cherche une compensation dans la politique et se fait élire par Paris à la Convention. Il y siège parmi les Montagnards, vote la mort pour le roi. Envoyé avec Lequinio visiter et réorganiser la marine à Rochefort et à La Rochelle, il ne fait qu'y accroître un peu plus la pagaille en procédant à des arrestations à tort et à travers. Lorsqu'il arrive à Brest, Jeanbon Saint-André quitte la ville pour ne pas cautionner ses impérities. Le premier soin de Laignelot est d'y établir un Tribunal révolutionnaire et de donner du travail à la guillotine. La présence de Jeanbon à Brest étant indispensable et ce dernier refusant d'y revenir tant que Laignelot y sévirait, le Comité de salut public se résout à rappeler le bouillant exterminateur pour l'expédier dans l'Ille-et-Vilaine et la Mayenne exercer ses talents sur les chouans. Ardent thermidorien à la chute de Robespierre, Laignelot entre au Comité de sûreté générale, fait fermer le club des Jacobins, car, écrit-il, « les Jacobins sont une faction, et tout ce qui est faction est punissable ». Accusé d'avoir fait tuer tous les honnêtes gens de Brest, il finit par se retrouver en prison et n'est sauvé que par l'amnistie générale votée par la Convention lors de sa séparation. Impliqué dans la conspiration de Babeuf, il réussit à obtenir son acquittement. Recasé comme préposé en chef de l'octroi de Versailles, il refuse ce poste indigne de lui et publie en 1805 une nouvelle version de son *Rienzi* qui est saisie parce que « pleine d'allusions aux circonstances présentes et d'intentions odieuses ». On l'exile même à Vigny, près de Pontoise, en 1813. Il continue ses travaux littéraires sous la Restauration et laisse deux autres tragédies tout aussi médiocres et restées inédites : *Caton* et *Jean Sforce*.

LAJARD (Pierre Auguste) (Né à Montpellier le 20 avril 1757, mort à Paris le 12 juin 1837). Capitaine en 1789, La Fayette le fait nommer premier aide-major général de la garde nationale parisienne, poste qu'il occupe jusqu'en 1792. A la déclaration de guerre, il est envoyé à l'armée du Nord, mais très vite rappelé et nommé ministre de la Guerre, le 16 juin 1792. Suivant la fortune de La Fayette qui l'a fait nommer, il perd son portefeuille le 6 août suivant. Il figure parmi les défenseurs des Tuileries, le 10 août 1792, puis émigre en Angleterre. Revenu après le 18 brumaire, il fait partie du Corps législatif en 1808. Louis XVIII le nomme maréchal de camp.

LA JAUNAYE (convention de). Conclue entre Charette et la Convention, le 28 pluviôse an III (17 février 1795), la convention de La Jaunaye accordait l'amnistie aux Vendéens qui mettaient bas les armes et les autorisait à pratiquer le culte de leur convenance, c'est-à-dire qu'elle admettait les prêtres réfractaires.

LAKANAL (Joseph) (Né à Serres, Ariège, le 14 juillet 1762, mort à Paris, le 17 février 1845). Membre de la Congrégation des frères de la doctrine chrétienne, Lakanal est vicaire épiscopal de l'évêque constitutionnel de l'Ariège lorsque ce département l'élit à la Convention. Il y vote pour la mort du roi et est envoyé hâter la conscription dans la Seine-et-Marne et l'Oise. Mais l'essentiel de son activité se situe dans le cadre du comité de l'instruction publique. Il subit d'abord un échec en présentant un projet d'organisation de l'Éducation nationale mis au point par Sieyès et Daunou, auquel Robespierre et ses amis préfèrent celui de Le Peletier. Il a plus de succès en faisant adopter les décrets protégeant la propriété littéraire et artistique, créant le télégraphe, réorganisant l'Observatoire. C'est à lui qu'on doit la plupart des mesures d'ordre culturel décrétées par la Convention : création des grandes écoles (École centrale, École normale, École des langues orientales). Il passe aussi dix mois en mission dans le Lot, le Lot-et-Garonne, la Gironde et la Dordogne, organisant la levée de chevaux pour l'armée et développant la manufacture d'armes de Bergerac. Réélu par trois départements au Conseil des Cinq-Cents jusqu'en 1797, il entre à la même époque à l'Institut, puis est envoyé organiser les quatre départements de la rive gauche du Rhin annexés à la République. Rappelé peu après par Bonaparte, il obtient des postes mineurs dans l'enseignement sous l'Empire et doit s'exiler aux États-Unis durant la Restauration. Revenu en 1837, il rédige une autobiographie où il exagère fortement son action pendant la Révolution, bâtissant ainsi le socle d'une statue qu'il n'a pas méritée, gommant soigneusement les excès de ses actes et de ses propos, oubliant les lettres envoyées au directeur de l'Observatoire, Cassini, écrites dans un style « à peu près semblable à celui qu'emploie l'empereur du Maroc lorsqu'il écrit au dernier de ses vassaux ». L'arrogance et la vanité n'étaient pas les derniers des défauts de Lakanal.

LALANDE (Joseph Jérôme Le Français de) (Né à Bourg-en-Bresse, le 11 juillet 1732, mort à Paris, le 4 avril 1807). Passionné d'astronomie, Lalande dirige la *Connaissance des temps* à partir de 1760, se rend célèbre par la carte qu'il construit lors des passages de Vénus de 1761 et de 1769, et enseigne de 1762 à sa mort au Collège de France. C'est sous sa direction que sont formés tous les astronomes français de la fin du siècle. Sous la Révolution, il continue imperturbablement ses travaux mais cesse de faire paraître ses observations dans *Le Moniteur* après 1790. Il se présente à la barre de la Convention, le 25 novembre 1792, pour rendre compte, au nom de l'Académie des sciences, des travaux de refonte des poids et mesures. Il se considère quelque peu comme « le père du calendrier républicain » et demande que le quintidi soit chômé, le peuple trouvant que « les décadis, ou jours de repos, sont trop éloignés les uns des autres ».

LALLY-TOLLENDAL (Trophime Gérard, marquis de) (Né à Paris, le 5 mars 1751, mort à Paris, le 10 mars 1830). Fils du gouverneur des Indes françaises décapité en 1766, entré dans l'armée en 1773, démissionnaire avec le grade de capitaine en 1785, Lally-Tollendal est élu aux états généraux par la noblesse de Paris. Il commence par appuyer la politique de Necker, fait partie du comité de Constitution, se prononce en faveur d'une monarchie disposant du droit de veto et contrôlée par deux chambres, fait voter par la Constituante le titre de « restaurateur de la liberté française » pour Louis XVI. Il donne sa démission après les journées des 5 et 6 octobre 1789 et s'exile en Suisse, puis revient défendre la cause royale, est arrêté après le 10 août. Libéré quelques jours avant les massacres de Septembre, il se réfugie à Londres et vit de secours du gouvernement anglais : son grand-père était un officier irlandais. Revenu après le 18 brumaire, Lally-Tollendal s'établit à Bordeaux et reste à l'écart de la politique jusqu'à la fin de l'Empire. Louis XVIII le fait pair de France et membre du Conseil privé tandis que l'Académie française l'admet dans son sein.

LA LUZERNE (César Guillaume, duc de) (Né à Paris, le 7 juillet 1738, mort à Paris, le 21 juillet 1821). Évêque de Langres à partir de 1770, La Luzerne prononce l'oraison funèbre de Louis XV. Il fait partie de l'assemblée des notables puis est élu aux états généraux par le clergé du bailliage de Langres. Il se prononce en faveur de deux chambres, proteste contre la Déclaration des droits de l'homme, donne sa démission de député après les journées des 5 et 6 octobre 1789, refuse de prêter serment à la Constitution civile du clergé et émigre à Venise en 1791. Revenu en France avec les Bourbons, il est nommé pair de France, retrouve son évêché et reçoit en prime le chapeau de cardinal en 1817.

LA MABILAIS (paix de). Signé au château de La Mabilais, en Bretagne, par les délégués des insurgés et les représentants de la Convention en mission, Guezno et Guermeur, le 3 floréal an III (23 avril 1795), cet accord mettait provisoirement fin à la chouannerie bretonne et se traduisait par l'entrée dans Rennes des députés républicains et des chefs pour une fois côte à côte.

LA MARCK (Auguste Marie Raymond, prince d'Arenberg, comte de) (Né à Bruxelles, le 30 août 1753, mort à Bruxelles, le 20 septembre 1833). Grand seigneur et grand propriétaire terrien en Flandre française et dans les Pays-Bas autrichiens, La Marck se rallie à la révolution brabançonne avant d'être élu aux états généraux par la noblesse du bailliage du Quesnoy. Ami intime de Mirabeau, lié avec Talleyrand, il sert d'intermédiaire avec la cour et devient l'exécuteur testamentaire de Mirabeau. La Marck émigre à la fin de la session de la Constituante et se met au service de l'Autriche en 1793. Il revient aux Pays-Bas en 1815 avec le grade de lieutenant général.

LAMARCK (Jean-Baptiste Pierre Antoine de Monet, chevalier de) (Né à Bazentin, Somme, le 1er août 1744, mort à Paris, le 19 décembre 1829). Enrôlé comme soldat en 1761, Lamarck parvient au grade de capitaine avant de devoir quitter l'armée pour raison de santé et de se consacrer à sa passion, les sciences naturelles. Disciple de Jussieu, il fait paraître en 1778 une *Flore française* qui lui vaut d'être élu à l'Académie des sciences l'année suivante. Collaborateur de l'*Encyclopédie méthodique* de 1783 à 1808, il devient conservateur des collections botaniques du roi en 1788. A la création du Muséum d'histoire naturelle, en juin 1793, il en devient un des plus jeunes professeurs à la chaire de zoologie des invertébrés et entre à l'Institut en 1796. On lui doit des *Recherches sur les causes des principaux faits physiques* (1794), une *Réfutation de la théorie pneumatique et de la nouvelle doctrine des chimistes modernes* (1796), des *Mémoires de physique et d'histoire naturelle* (1797), un *Système des animaux sans vertèbres* (1801) qui deviendra en sept volumes l'*Histoire naturelle des animaux sans vertèbres* (1815-1822) et maintes autres publications. Lamarck a développé une théorie originale de l'évolution des espèces en opposition à celle de Cuvier.

LAMARQUE (François) (Né à Ménestérol près de Montpont, Dordogne, le 2 novembre 1753, mort à Montpont, le 13 mai 1839). Avocat au Parlement de Paris, Lamarque est élu en 1790 juge au tribunal criminel de Périgueux, puis député de la Dordogne à la Législative et à la Convention. Dès le 9 août 1792, il propose la déchéance du roi, dont il vote la mort lors du procès. Livré avec ses collègues aux Autrichiens par Dumouriez, il est enfermé au Spielberg et échangé en 1795 contre la fille de Louis XVI. Élu par la Dordogne au Conseil des Cinq-Cents, il soutient les Directeurs le 18 fructidor, demande des mesures sévères contre les royalistes, les émigrés, les prêtres réfractaires. Sa réélection de 1798 est annulée. En compensation, on le nomme ambassadeur en Suède, mais le gouvernement de Stockholm refuse d'accepter un régicide. A nouveau élu en Dordogne en 1799, Lamarque est d'abord hostile au coup d'État de Bonaparte puis se rallie et obtient la préfecture du Tarn avant d'entrer à la Cour de cassation et d'être fait chevalier de l'Empire. La Restauration contraint ce régicide à l'exil. Il est autorisé à rentrer en France en 1819.

LAMBALLE (Marie-Thérèse de Savoie-Carignan, princesse de) (Née à Turin, le 8 septembre 1749, assassinée à Paris, le 3 septembre 1792). Veuve du duc de Penthièvre à dix-huit ans, un an à peine après son mariage, la princesse de Lamballe devient en 1774 la surintendante de la Maison de la jeune reine et la confidente de Marie-Antoinette. Lors de la fuite de la famille royale, elle quitte les Tuileries en même temps qu'elle mais se dirige vers Boulogne et l'Angleterre. Revenue servir la reine, elle suit ses maîtres à l'Assemblée, le 10 août 1792, puis au Temple, est transférée le 19 à l'Hôtel de Ville puis échoue à la prison de la Force où elle est victime des massacres du 3 septembre. Sa tête, mise au bout d'une pique, est portée jusqu'au Temple afin que Marie-Antoinette puisse la voir de la fenêtre de sa prison.

LAMBESC (Charles Eugène de Lorraine, prince de) (Né à Versailles, le 28 septembre 1751, mort à Vienne, le 11 novembre 1825). Grand écuyer de France en succession de son père en 1761, colonel propriétaire du régiment dit Royal-Allemand, parent de la reine Marie-Antoinette, le prince de Lambesc, promu maréchal de camp en 1788, reçoit l'ordre de disperser la foule rassemblée à Paris, le 12 juillet 1789, notamment sur la place Louis XV. Ayant fait charger ses troupes, il est mis en accusation et déféré au Châtelet qui l'acquitte pour n'avoir fait que son devoir. Très tôt émigré, il se joint à l'armée des princes puis sert sous l'uniforme autrichien et devient feld-maréchal en 1796. Louis XVIII le fait pair sous le nom de duc d'Elbeuf. Lambesc accepte mais ne siège pas et finit son existence à Vienne, en Autriche.

LAMBRECHTS (Charles Joseph Mathieu) (Né à Saint-Trond, Belgique, le 20 novembre 1753, mort à Paris, le 3 août 1823). Docteur en droit et recteur de l'université de Louvain en 1786, chargé d'étudier l'enseignement du droit en Allemagne, Lambrechts reste fidèle à son souverain, Joseph II, lors de la révolte du Brabant, mais se rallie aux autorités françaises lorsqu'elles occupent son pays. Officier municipal de Bruxelles, puis président de l'administration du département de la Dyle, il est remarqué pour sa compétence et appelé par les Directeurs à la tête du ministère de la Justice, où il reste près de deux ans, du 24 septembre 1797 au 30 juillet 1799. Membre du Sénat conservateur, comte de l'Empire, Lambrechts est néanmoins un opposant à Napoléon. Sous la Restauration, il est député du Bas-Rhin et siège dans l'opposition libérale.

LAMETH (Alexandre Théodore Victor de) (Né à Paris, le 28 octobre 1760, mort à Paris, le 18 mars 1829). De sa participation à la guerre d'Indépendance américaine, Alexandre de Lameth rapporte des idées de liberté qui l'amènent à mettre en cause les institutions monarchiques. Colonel de cavalerie, il est élu par la noblesse du bailliage de Péronne aux états généraux, se rallie au tiers état, se signale par son ardeur dans la nuit du 4 août, s'oppose au veto absolu du roi, soutient que le droit de paix et de guerre n'appartient qu'à la nation, exige la liberté totale de la presse, dénonce les agissements de Mirabeau et ses liens avec la cour. Voyant s'effondrer après Varennes une monarchie dont il avait été un des plus éminents fossoyeurs, il se rapproche alors, mais bien tardivement, du roi et doit se livrer avec La Fayette aux Autrichiens après le 10 août. Libéré après trois ans de détention, déclaré indésirable par Pitt, replié de Londres sur Hambourg, il revient en France après le coup d'État de Bonaparte, sert ce dernier dans l'administration préfectorale, est fait baron de l'Empire. Louis XVIII lui fait grise mine et Lameth finit sa carrière comme député de l'opposition libérale.

LAMETH (Charles Malo François de) (Né à Paris, le 5 octobre 1757, mort à Paris, le 28 décembre 1832). Gagné par les idées nouvelles à la suite de sa participation à la guerre d'Indépendance américaine, en compagnie de ses deux autres frères, Charles de Lameth est élu par la noblesse d'Artois aux états généraux. Il se rapproche bien vite du tiers état, soutient les principes de liberté de la presse et de la religion. Moins intelligent que son frère cadet Alexandre, il se révèle plus entreprenant, plus combatif, fait partie du club des Feuillants. Promu maréchal de camp en février 1792, il désapprouve l'insurrection du 10 août et demande à être mis en congé. Arrêté à Rouen sur ordre du ministre Clavière, libéré après un mois de prison, il s'établit avec sa famille à Hambourg et y fonde avec le duc d'Aiguillon et ses frères une maison de commerce. Revenu en France après la prise de pouvoir par Bonaparte, il sert comme général de brigade durant le Consulat et l'Empire. Rallié à Louis XVIII, il est promu lieutenant général en août 1814. En 1829, il remplace son frère cadet décédé comme député de Seine-et-Oise, fait partie des deux cent vingt et un hostiles au ministère Polignac et se rallie à Louis-Philippe.

LAMETH (Théodore de) (Né à Paris, le 24 juin 1756, mort au château de Busigny, Val-d'Oise, le 19 octobre 1854). L'aîné des frères Lameth a suivi la même voie qu'eux : la guerre d'Indépendance américaine, l'éblouissement des idées nouvelles, le rêve d'une société mieux faite, la destruction de l'ordre ancien, la découverte d'un monde nouveau beaucoup moins favorable que le précédent, la grande désillusion. Officier de marine puis colonel au régiment de cavalerie Royal-Étranger, Théodore de Lameth entre plus tard que ses frères en politique. Élu du Jura à la Législative, il s'oppose de toutes ses forces aux adversaires de la monarchie, est un des sept députés qui votent contre la fatale déclaration de guerre en mars 1792. Il proteste contre les massacres de Septembre, est relevé de son commandement de général le 1er février 1793 et, ayant appris qu'on allait l'arrêter, se réfugie en Suisse. Revenu en France après le

18 brumaire, il reste à l'écart de la vie politique, mis à part son élection par la Somme à la Chambre des Cent-Jours. Plus pondéré que ses frères cadets, Théodore de Lameth a compris plus vite qu'eux que, en ruinant la monarchie, la noblesse se condamnait elle-même.

LA MOTTE (Jeanne de Luz, de Saint-Rémy, de Valois, comtesse de) (Née à Fontette, Aube, le 22 juillet 1756, morte à Londres, le 23 août 1791). Aventurière introduite dans l'intimité de la reine Marie-Antoinette, la comtesse de La Motte fit acheter par le cardinal de Rohan un collier de diamants d'une valeur d'un million six cent mille livres, destiné à lui attirer les bonnes grâces de la reine. Remis à un prétendu émissaire de la reine qui n'était qu'un amant de la comtesse, le collier fut revendu à Londres. Le cardinal n'ayant pu payer le montant total du joyau, les bijoutiers s'adressèrent à Marie-Antoinette et l'affaire fut un scandale qui ne contribua pas peu à ternir l'image de la monarchie et surtout de Marie-Antoinette. Le procès fit du cardinal de Rohan une victime et la reine fut dénoncée pour son goût du luxe. Le jugement du 31 mai 1786 relaxa le cardinal et condamna la comtesse de La Motte à la prison à vie. Elle s'évada de la Salpêtrière et revint à Paris à la fin de 1789 pour tenter de faire chanter la reine et demander la révision de son procès. On réussit à l'acheter et à la faire repartir pour Londres.

LAMOURETTE (Antoine Adrien) (Né à Frévent, Pas-de-Calais, le 31 mai 1742, guillotiné à Paris, le 11 janvier 1794). Lazariste, grand vicaire d'Arras, ami de Mirabeau et favorable aux idées nouvelles, Lamourette est élu en février 1791 évêque constitutionnel du Rhône-et-Loire, c'est-à-dire de Lyon, puis député à la Législative du même département. Très modéré, il ne se signale que lors de la séance du 7 juillet 1792, demandant que les luttes de factions au sein de l'Assemblée s'effacent et s'exclamant : « Jurons de n'avoir qu'un seul esprit, qu'un seul sentiment ; jurons de nous confondre en une seule et même masse d'hommes libres. Le moment où l'étranger verra que ce que nous voulons, nous le voulons tous, sera le moment où la liberté triomphera et où la France sera sauvée. » Transportés par cette sublime déclaration, les députés de droite et de gauche tombent dans les bras les uns des autres dans des effusions typiques de cette époque à la fois sanglante et pleine de sensiblerie. Nommée « baiser Lamourette », cette séance ne devait avoir aucune suite concrète, les affrontements reprenant bien vite une fois ce moment d'émotion passé. Revenu à Lyon à la séparation de la Législative et jugé trop modéré, Lamourette est arrêté, envoyé à Paris, au Tribunal révolutionnaire et à l'échafaud.

LANDRIEUX (Jean) (Né à Lavaur, Tarn, le 13 février 1756, mort à Paris, le 13 avril 1830). Inspecteur des relais de Monsieur, frère du roi, en 1780, Landrieux, gendre du maire de Dormans où la famille royale passe la nuit, le 23 juin 1791, au retour de Varennes, propose en vain au roi de le faire évader de l'auberge où il est gardé. Sans emploi, il obtient l'autorisation de l'Assemblée de créer un corps franc de hussards à cheval baptisé « hussards-braconniers » et s'en nomme capitaine. D'abord affecté à l'armée du Nord comme commandant de la place de Hesdin, il sauve les représentants Chabot et Dumont menacés de mort par la foule à Amiens. Dénoncé par Murat, qui se fait alors appeler Marat, il se retrouve en prison, mais est libéré grâce à Dumont en avril 1794. Laissé sans emploi, il aide à réprimer les émeutes de mai 1795 à Paris et obtient sa réintégration avec le grade de chef de brigade. A l'armée d'Italie, il est nommé par Bonaparte à la tête d'un bureau secret chargé de surveiller les autres généraux et de s'informer de l'évolution de la politique du Directoire à Paris. Il utilise aussi les partisans de la Révolution dans les républiques de Venise et de Gênes et provoque le soulèvement des villes de Terre-Ferme contre le doge en mars 1797, contre le gouvernement de Gênes en mai. Landrieux s'érige en proconsul des provinces vénitiennes révoltées et s'oppose à Bonaparte qui souhaite les livrer à l'Autriche. Disgracié et envoyé en congé de maladie à Lavaur, il est accusé par Bonaparte d'intelligence avec l'ennemi et n'obtient jamais la reconnaissance de son grade d'adjudant-général. Il est mis à la retraite comme chef de brigade à la fin de 1799, victime de l'hostilité du Premier consul et de la vieille rancune de Murat-Marat. Il passe le quart de siècle qui lui reste à vivre à écrire de bien curieux *Mémoires*.

LANEUVILLE (Jean-Louis) (Né en 1748, mort en 1826). Élève de David, surtout portraitiste, Laneuville a exposé aux Salons de 1791 à 1817. On lui doit des portraits des conventionnels Barère, Joseph Delaunay, Fabre d'Églantine, Robert, du général Sérurier, du ministre de l'Intérieur Paré, de l'épouse du conventionnel Camus.

LANGE (François Joseph, dit l'Ange) (Né à Strasbourg ou à Kehl en 1743, exécuté à Lyon, le 15 novembre 1793). Peintre à Paris puis à Lyon, Lange se passionne pour la navigation aérienne et publie en 1785 un mémoire sur la manière de diriger et d'utiliser les aéronefs, préconisant la constitution d'une « armée céleste » formée de ballons. De 1789 à 1791, il rédige une *Constitution invulnérable de félicité publique* non dépourvue d'analogie avec la pensée fouriériste. En 1792, il est officier municipal et président du club de la Fédération à Lyon et présente un projet de coopératives fournissant farine et pain à toute la nation. Lorsque la ville se révolte contre le pouvoir parisien, par hostilité à la Terreur et à la violence qu'incarnent les sans-culottes, l'Ange se rallie à une rébellion dominée par les royalistes. Il est exécuté après la victoire des troupes de la Convention.

LANGERON (Andrault, comte de) (Né à Paris, le 13 janvier 1763, mort à Saint-Pétersbourg, le 4 juillet 1831). Après avoir fait la guerre d'Amérique, Langeron est colonel à la fin de l'Ancien Régime. Il émigre dès 1789 et offre ses services à l'Autriche, en vain. La Russie l'engage en 1790. Il fait preuve de ses talents militaires à la prise d'Ismaïl, en décembre 1790, est avec les princes à la campagne de Champagne en 1792, puis dans l'armée autrichienne aux Pays-Bas. Il est promu général major en 1797, lieutenant général en 1799 au service de la Russie. Aux côtés de Koutousov, il commande une division à Austerlitz, est rendu responsable de la défaite et envoyé se battre contre les Turcs en Moldavie et en Valachie. Il prend Silistrie en 1810, est du côté russe à la Bérésina, à Bautzen, à Leipzig. Le 30 mars 1814, il s'empare de la batterie de Montmartre.

LANJUINAIS (Jean Denis) (Né à Rennes, le 12 mars 1753, mort à Paris, le 13 janvier 1827). Avocat et professeur de droit ecclésiastique à l'université de Rennes, Lanjuinais prend violemment à partie la noblesse et ses privilèges en 1788 dans deux brochures : *Réflexions patrioti-*

ques et *Préservatif contre l'Avis à mes compatriotes.* Rédacteur des cahiers de doléances du tiers état de la sénéchaussée de Rennes, il est élu aux états généraux. Il y occupe une place éminente et figure parmi les fondateurs du Club breton. Son action est capitale au sein du comité ecclésiastique, où il prend une part prépondérante à l'élaboration de la Constitution civile du clergé et à la suppression des ordres monastiques. C'est lui qui propose d'enlever la tenue de l'état civil au clergé pour la confier aux autorités municipales. Officier municipal de Rennes durant la Législative, il est élu à la Convention par l'Ille-et-Vilaine et, toujours aussi combatif, s'attaque maintenant à la gauche de l'Assemblée. Il fait de son mieux pour empêcher le procès de Louis XVI, déclarant : « Nous ne pouvons être à la fois dans la même affaire et législateurs, et accusateurs et juges. » Il vote toutes les mesures excluant la peine de mort, vote pour la mise en accusation de Marat, dénonce les menées factieuses de la Commune de Paris et les pressions des émeutiers sur la Convention. Lanjuinais doit fuir Paris après la chute des Girondins après les avoir défendus jusqu'au bout. Caché à Rennes durant dix-huit mois, il reparaît à la Convention après la chute de Robespierre, et figure parmi les rédacteurs de la Constitution de l'an III. Il préside la Convention lors de l'émeute de prairial. Élu au Conseil des Anciens par soixante-treize départements, très populaire dans toutes les provinces mais détesté à Paris, considéré souvent comme royaliste, il sort du Conseil en mai 1797. Professeur de législation à l'École centrale de Rennes, il proteste contre le coup d'État du 18 fructidor. Bonaparte le fait entrer au Sénat où il se distingue comme opposant, refusant les proscriptions après l'attentat de la rue Saint-Nicaise, votant contre le Consulat à vie et l'Empire. En 1808, il entre à l'Institut et devient comte de l'Empire. Ayant voté la déchéance de l'Empire, il entre à la Chambre des pairs, où il s'avère toujours être un opposant, refusant de voter la mort lors du procès de Ney, attaquant vivement les ultras.

LANTERNE. Pratiquant le lynchage, les foules révolutionnaires affectionnaient, lorsqu'elles s'étaient emparées d'un individu qui avait le malheur de leur déplaire, à le pendre aux réverbères ou lanternes de l'éclairage public. On menait la victime au supplice aux cris de : « A la lanterne ! A la lanterne ! » La lanterne qui accueillait le plus de pendus était celle de l'Hôtel de Ville. Menacé d'y être pendu à son tour, l'abbé Maury y échappa en lançant à la populace : « Eh bien, quand j'y serai, y verrez-vous plus clair ? »

LANTHENAS (François Xavier) (Né au Puy, le 19 avril 1754, mort à Paris, le 2 janvier 1799). Protégé de Roland, grâce à qui il peut faire ses études de médecine, Lanthenas exerce à Paris quand débute la Révolution. Lorsque, après le 10 août 1792, Roland est nommé ministre de l'Intérieur, il place Lanthenas comme premier commis à l'administration de l'Instruction publique, où, de l'aveu même de Mme Roland, pourtant son amie, il fait preuve d'une incompétence notoire. Élu par le Rhône-et-Loire et la Haute-Loire à la Convention, Lanthenas vote d'une façon incohérente lors du procès du roi, déclarant qu'il est pour le sursis au moment du vote sur la peine à infliger à Louis XVI, puis votant contre le sursis. Traducteur des discours de Tom Paine qui était incapable de s'exprimer en français, Lanthenas vote contre la mise en accusation de Marat tout en déclarant : « Je pense qu'il y aurait lieu à commettre des médecins pour examiner si Marat, comme beaucoup d'autres parmi nous que je nommerais s'il y avait lieu, n'est pas réellement atteint, comme je l'en soupçonne depuis longtemps, de folie et de frénésie. » Son nom figure sur la liste des proscrits girondins, le 31 mai 1793, mais Marat l'en fait rayer en faisant valoir que « le docteur Lanthenas est un pauvre d'esprit qui ne mérite pas qu'on s'occupe de lui ». Cette spirituelle revanche sauve la tête de Lanthenas, alors que tous ses amis sont traqués ou exécutés. Il est élu par l'Ille-et-Vilaine au Conseil des Cinq-Cents puis reprend son métier de médecin en 1798.

LAPLACE (Pierre Simon) (Né à Beaumont-sur-Auge, Calvados, le 23 mars 1749, mort à Paris, le 5 mars 1827). Professeur de mathématiques à l'École militaire, membre de l'Académie des sciences, Laplace devient professeur d'analyse à l'École normale en 1794, membre puis président du Bureau des longitudes. Républicain après le 10 août, il est bonapartiste après le 18 brumaire. Le Premier consul, sur la foi de son intelligence mathématique, croit Laplace capable de faire un ministre de l'Intérieur, mais déchante aussitôt et le démet au bout de quelques semaines : « Géomètre du premier rang, Laplace ne tarda pas à se montrer administrateur plus que médiocre ; dès son premier travail, nous reconnûmes que nous nous étions trompés. Laplace ne saisissait aucune question sous son véritable point de vue ; il cherchait des subtilités partout, n'avait que des idées problématiques, et portait enfin l'esprit des infiniment petits dans l'administration », ainsi s'exprime Napoléon dans le *Mémorial de Sainte-Hélène*. Relégué au Sénat, comte de l'Empire, toujours aussi servile, Laplace se retrouve dans la peau d'un marquis par la grâce de Louis XVIII. Son œuvre mathématique est beaucoup plus ferme que son caractère et que son action politique. Ses œuvres majeures sont l'*Exposition du système du monde* (1796), le *Traité de mécanique céleste* (1799-1825) et la *Théorie analytique des probabilités* (1812).

LAPLANCHE (Jacques Léonard Goyre de) (Né à Nevers, le 18 mai 1755, mort à Salbris, Loir-et-Cher, le 3 novembre 1817). Moine bénédictin à Nevers au début de la Révolution, Laplanche devient vicaire général de l'évêque constitutionnel de la Nièvre et député de ce département à la Convention. Un des plus excités parmi les Montagnards, il motive ainsi son vote lors du procès du roi : « Je vote pour la mort, et, par mesure de sûreté générale, je la vote pour le plus bref délai. » En mission dans le Loiret et la Nièvre, il se distingue par son anticléricalisme et son radicalisme, multipliant les arrestations et promettant de « patriotiser et de républicaniser le Loiret, qui est semi-aristocrate et semi-fédéraliste ». Accusé d'actes d'arbitraire, il est absous par le Comité de salut public, le 20 octobre 1793, et chargé d'une nouvelle mission dans l'Eure et le Calvados, où il se rend après s'être marié avec la fille de son collègue du Loiret. Son action y est aussi violente et, rendant compte de sa mission, le 13 février 1794, il s'exclame : « Partout, j'ai fait disparaître les prêtres comme autant de vers rongeurs et fléaux de la société. » Dénoncé à nouveau pour ses abus de pouvoir, il est, cette fois, arrêté, mais bénéficie de l'amnistie générale votée par la Convention à sa séparation. Il obtient un emploi d'avoué au tribunal civil de Romorantin et s'y fait oublier, échappant même à l'exil au retour des Bourbons. Ex-bénédictin, Laplanche est un bon exemple de phobie antireligieuse sous la Révolution.

LAPORTE (Arnaud de) (Né en 1737 à Versailles, guillotiné à Paris, le 23 août 1793). Intendant de la marine, Laporte émigre en Espagne dès le début de la Révolution. Louis XVI le rappelle pour en faire son intendant de la liste civile, avec le titre de secrétaire d'État et de ministre de la Maison du roi, le 3 janvier 1791. C'est lui qui apporte à la Constituante, au lendemain de la fuite de la famille royale, la lettre du roi par laquelle il justifie sa conduite et défend aux ministres de contresigner les décrets de l'Assemblée. Grand distributeur des fonds secrets, Laporte est arrêté après le 10 août 1792 et se voit reprocher d'avoir fait brûler deux charrettes pleines de papiers, qu'il prétend en vain être des libelles hostiles à la reine. Traduit devant le tribunal criminel du 17 août, il est condamné et exécuté le 23.

LAPORTE (François Sébastien Christophe Delaporte, connu sous le nom de) (Né à Belfort, le 15 septembre 1760, mort à Belfort, le 25 mars 1823). Avoué à Belfort, Delaporte est élu par le Haut-Rhin à la Législative et à la Convention. Il supprime vers la fin de 1792 la première syllabe de son nom et ne signe plus que Laporte. Après une mission dans la Meurthe, la Moselle et le Bas-Rhin, il assiste au procès du roi et vote pour la mort. On le trouve en avril 1793 à l'armée des Ardennes où il ne peut s'entendre avec ses trois autres collègues. Envoyé avec Reverchon réprimer l'insurrection fédéraliste de Lyon, il est chargé de lever une troupe dans la Saône-et-Loire et de faire le siège de la ville. Laissant Collot d'Herbois et Fouché assumer la direction de la répression après la capitulation, il se borne à transmettre à la Convention les jugements du Tribunal révolutionnaire local. On l'envoie ensuite à l'armée des Alpes à Nice. A la chute de Robespierre, il est chargé de répercuter le changement politique à Lyon, fait désarmer les Jacobins et arrêter les chefs terroristes avec qui il avait collaboré moins d'un an auparavant. Revenu à la Convention, il critique ceux qui « traitent d'aristocrate tout ce qui n'est pas terroriste » et entre au Comité de sûreté générale puis au Comité de salut public. Il est un des plus vifs partisans du décret relatif à la liberté des cultes afin d'apaiser les querelles religieuses. Il figure parmi les députés chargés de la direction des forces armées lors de la répression des insurrections de prairial et de vendémiaire. Élu au Conseil des Cinq-Cents par le Haut-Rhin, il démissionne dès 1796 pour se faire fournisseur aux armées. Compromis dans une affaire de détournement de fonds à l'armée d'Italie, il parvient à se faire acquitter. Sous l'Empire, il est avocat à Lure. A la Restauration, il échappe à l'exil.

LAPPARENT (Charles, Cochon de) (Né à Champdeniers, Deux-Sèvres, le 24 janvier 1750, mort à Poitiers, le 17 juillet 1825). Conseiller au présidial de Fontenay-le-Comte, Cochon est député suppléant de la sénéchaussée de Poitiers aux états généraux et devient titulaire en novembre 1789. Membre du club des Jacobins, il est réélu à la Convention par les Deux-Sèvres, fait partie de la Commission dite des vingt et un chargée d'établir l'acte d'accusation du roi. Ayant voté la mort, il est envoyé à l'armée du Nord et échappe à l'arrestation par Dumouriez des représentants en mission. Il figure ensuite dans le comité de la guerre et évite de se prononcer à la Convention entre les différentes factions. On l'envoie en mission en 1795 en Belgique et en Hollande puis à l'armée de l'Ouest. Élu par la Vendée au Conseil des Anciens, il devient ministre de la Police le 3 avril 1796 et poursuit sa politique de balance entre les partis, frappant tantôt les Montagnards tantôt les royalistes. Il semble être à l'origine de l'affaire du camp de Grenelle, infiltre et démantèle la conspiration de Babeuf et celle des royalistes Brottier et de La Villeheurnois. Il paraît s'être ensuite rapproché des royalistes, ce qui explique sans doute qu'on l'ait remplacé le 13 juillet 1797 et proscrit après le 18 fructidor. Libéré de sa prison de l'île d'Oléron après le coup d'État de Bonaparte, il entre dans l'administration préfectorale, devient sénateur et comte de l'Empire, est exilé comme régicide en 1816 mais obtient l'autorisation de rentrer en 1819.

LA REVELLIÈRE-LÉPEAUX (Louis Marie de) (Né à Montaigu, Vendée, le 25 août 1753, mort à Paris, le 27 mars 1824). Ayant eu pour précepteur un prêtre hypocrite et violent qui, l'ayant roué de coups, le rendit bossu, La Revellière-Lépeaux conçut une haine viscérale pour le catholicisme. Vivant de ses revenus sur ses terres d'Anjou, il fut élu aux états généraux par le tiers état de la sénéchaussée d'Angers. Le lieutenant général d'Angers écrivit à son sujet à Barentin : « M. Revellière, âgé d'environ trente-trois ans, d'une santé extrêmement faible, mais rempli d'esprit ; le plus parfait honnête homme, mais un peu faible dans ses idées et préoccupé du grand système d'égalité entre tous les hommes. » Il créa un scandale dans la grande bourgeoisie angevine en demandant à ses commettants de se prononcer pour la déchéance du roi après la fuite à Varennes. Membre de l'administration du Maine-et-Loire et juré à la Haute Cour d'Orléans durant la Législative, il fut élu par son département à la Convention, après avoir affirmé ses opinions républicaines au lendemain du 10 août. Proche des Girondins, il leur conseilla en vain de voter pour la mort lors du procès du roi. Favorable à une république fédérative, très attaché aux libertés individuelles, il se prononça contre le Tribunal révolutionnaire, vota pour la mise en accusation de Marat. Après le 2 juin 1793 et l'élimination des Girondins, il continua à faire entendre sa voix, réclamant l'appel nominal après chaque délibération, puis quitta finalement la Convention en proclamant qu'il n'y reparaîtrait que lorsqu'on aurait la liberté de s'y faire entendre. Caché chez des amis, il revint à Paris après la chute de Robespierre, mais ne fut réadmis à l'Assemblée que le 8 mars 1795. Membre du Comité de salut public, il raconta dans ses *Mémoires* que « la principale préoccupation de ses membres était de se munir d'un bon pot-au-feu, d'excellent pain et d'excellent vin, de langues de veau, un grand turbot, une forte pièce de pâtisserie, etc., et tout cela quand la disette régnait à Paris et dans tout le pays », mais il ajoutait qu'il ne fallait pas les condamner pour cela, « car à la férocité du Comité de salut public terroriste et à son gouvernement révolutionnaire avait dû succéder un relâchement absolu dans celui qui le remplaça ». Élu député par trente et un départements, il fut choisi comme premier président du Conseil des Anciens. Fermement républicain, aussi éloigné des terroristes que des monarchistes, il fut triomphalement élu Directeur et pratiqua une politique d'élimination des extrêmes, fomentant le coup d'État du 18 fructidor pour éliminer les royalistes sans effusion de sang, puis faisant voter la loi du 22 floréal an VI (11 mai 1798) pour annuler les élections d'opposants jacobins. En même temps, pour tenter de détruire l'Église catholique, il favorisa l'émergence d'un nouveau culte, la théophilanthropie. Obligé de démissionner le 30 prairial an VII (19 juin

1799) par une coalition de mécontents auxquels s'était joint Barras, il vit le triomphe de Bonaparte cinq mois plus tard, refusa de se rallier et fut considéré comme démissionnaire de l'Institut pour n'avoir pas prêté serment à l'empereur. Ayant vécu à l'écart sous l'Empire, il ne fut pas visé par la loi de 1816 qui frappait les régicides. Napoléon, qui ne l'aimait guère, déclarait à Las Cases que La Revellière-Lépeaux « était patriote chaud et sincère, honnête homme, citoyen probe et instruit ; il entra pauvre au Directoire, et en sortit pauvre ».

LARIVIÈRE, voir **HENRI-LARIVIÈRE**.

LA ROCHEFOUCAULD (Dominique de) (Né à Saint-Ilpize, Haute-Loire, le 26 septembre 1712, mort à Münster, en Allemagne, le 23 septembre 1800). Évêque d'Albi en 1747, archevêque de Rouen en 1759, cardinal en 1778, Dominique de La Rochefoucauld est élu aux états généraux par le clergé du bailliage de Rouen. Président de la Chambre du clergé, il refuse la réunion au tiers état et ne s'y résigne que sur l'ordre exprès du roi tout en déposant sur le bureau de l'Assemblée une protestation énumérant les droits de son ordre. Défenseur convaincu des privilèges du clergé, il mène, malgré son grand âge, une opposition acharnée à la Constituante, signe la protestation du 12 septembre 1791 et ne part pour l'exil qu'après le 10 août 1792.

LA ROCHEFOUCAULD-LIANCOURT (François Alexandre Frédéric, duc de) (Né à La Roche-Guyon, Val-d'Oise, le 11 janvier 1747, mort à Paris, le 27 mars 1827). Grand maître de la garde-robe du roi, La Rochefoucauld-Liancourt crée sur sa terre de Liancourt une ferme modèle en 1780 et fonde une école d'arts et métiers qui est à l'origine de l'école de Châlons. Élu aux états généraux par la noblesse du bailliage de Clermont-en-Beauvaisis, il s'efforce de concilier les idées nouvelles et la monarchie. A Louis XVI lui demandant, le 12 juillet 1789 : « Mais c'est donc une révolte ? », le duc fait la réponse célèbre : « Non, sire ; c'est une révolution. » Membre actif du club des Feuillants, il défend et conseille fidèlement le roi et la cour, mettant à la disposition de la monarchie sa considérable fortune. Après le 10 août 1792, il prend le titre de duc de La Rochefoucauld porté par son cousin qui vient d'être assassiné et émigre en Angleterre puis aux États-Unis. Revenu en France après la prise du pouvoir par Bonaparte, il vit à Liancourt, se consacrant à des œuvres charitables, à sa ferme modèle et à son école d'arts et métiers. Il est fait pair par Louis XVIII, s'abstient lors du procès de Ney et entre à l'Académie des sciences.

LA ROCHEJAQUELEIN (Henri du Vergier, comte de) (Né au château de la Durbellière, près de Châtillon-sur-Sèvre, Deux-Sèvres, le 30 août 1772, tué près de Nouaillé, Vienne, le 29 janvier 1794). Alors que son père émigre, Henri de La Rochejaquelein s'engage dans la garde constitutionnelle du roi et regagne ses terres après le 10 août 1792. Avec son cousin Lescure, il rejoint l'insurrection vendéenne. D'un courage à la limite de la témérité, il se distingue à la bataille de Fontenay, le 24 mai 1793, défait les troupes républicaines et entre à Saumur, le 9 juin, bat Westermann et Rossignol à Châtillon. Après la défaite de Cholet, en octobre, il est désigné comme généralissime de l'armée catholique et royale, remporte plusieurs combats mais subit une défaite décisive au Mans, le 12 décembre. Les débris de son armée sont anéantis à Savenay, le

23 décembre. A la tête d'une petite bande, il finit par être tué dans une escarmouche. Personnage devenu légendaire en Vendée et dans les milieux royalistes, il a fait preuve d'un très grand courage et d'une cruauté comparable à celle de ses adversaires républicains.

LA ROUËRIE (Charles Armand Tuffin, marquis de) (Né au château de La Rouërie, près de Rennes, en 1756, mort au château de La Guyomarais, près de Lamballe, le 30 janvier 1793). Garde du corps, La Rouërie est contraint à la démission après un duel avec Bourbon-Busset à cause d'une actrice. Il part avec Rochambeau combattre en Amérique. A son retour en France, il est envoyé en 1788 comme député de la Bretagne auprès du roi pour réclamer le maintien des privilèges de sa province. Il est même quelque temps embastillé pour son attitude turbulente. Cela ne l'empêche pas de conspirer pour sauver le roi des révolutionnaires. Il s'entend avec les frères du roi réfugiés à Coblence et échafaude un projet de soulèvement de tout l'Ouest en décembre 1791. Le comité de surveillance de la Législative évente le complot. La Rouërie échappe à toutes les recherches et meurt de maladie quelques jours après l'exécution du roi. Les chouans se serviront de ses plans pour développer leur insurrection.

LARREY (Dominique Jean) (Né à Beaudéan, Hautes-Pyrénées, le 6 juillet 1766, mort à Lyon, le 25 juillet 1842). Chirurgien de marine lorsque débute la Révolution, Larrey est affecté à l'armée du Rhin quand commence la guerre, en mars 1792, et y invente les « ambulances volantes ». Il est ensuite chirurgien en chef de l'expédition de Corse, professeur à l'école de médecine militaire au Val-de-Grâce en 1796. Il est remarqué par Bonaparte durant l'expédition d'Égypte, devient son ami et son compagnon dans toutes ses campagnes, est fait baron et chirurgien en chef de la Grande Armée. Louis XVIII le nomme chirurgien en chef de la garde royale et des hôpitaux des Invalides et du Gros-Caillou. Larrey, membre de l'Institut en 1829, est le fondateur de la chirurgie moderne. Sur son lit de mort, Napoléon a légué 100 000 francs à Larrey en le déclarant le « plus vertueux des hommes ».

LASOURCE (Marc David Alba, dit) (Né à Anglès, Tarn, le 22 janvier 1763, guillotiné à Paris, le 31 octobre 1793). Pasteur calviniste obligé de se cacher sous un nom d'emprunt qu'il garde après la reconnaissance de la liberté de culte, Lasource est élu par le Tarn à la Législative et à la Convention. Orateur incisif, il s'en prend aux émigrés, aux prêtres réfractaires, renie La Fayette qu'il a longtemps suivi, déclarant à la tribune, le 21 juillet 1792 : « Je viens briser l'idole que j'ai longtemps encensée. Je me ferai d'éternels reproches d'avoir été le partisan et l'admirateur du plus perfide des hommes. » A la Convention, il penche vers les Girondins et s'en prend aux interrupteurs qui peuplent les tribunes : « Je ne m'abaisse pas plus devant une section du peuple que devant la cour d'un roi. Je ne courbe pas mon front en vil courtisan devant la faction du souverain qui m'entoure : mon souverain, c'est la nation tout entière ! » Il est envoyé en mission à Nice, revient pour voter la mort du roi, fait partie du Comité de sûreté générale de janvier à avril 1793, attaque Danton, le 1er avril, puis Marat et Robespierre : « Au-dessus des clameurs et des injures, au-dessus des craintes et des terreurs, je déclare qu'à mes yeux Marat est un homme très dangereux pour la liberté, un homme qui tend à la détruire par le désordre et à ramener le despotisme par l'anarchie. » Il accuse Robespierre d'avoir rédigé la liste des vingt-deux députés girondins proposés à la proscription : « Si l'on fait expulser aujourd'hui vingt-deux membres par une intrigue, rien n'empêchera qu'une nouvelle intrigue n'en expulse demain cent et que l'existence de la Convention ne se trouve à la merci des manœuvres des intrigants. » Figurant lui-même sur cette liste, il est arrêté et jugé avec les autres Girondins. Condamné à mort, il s'écrie prophétiquement : « Je meurs le jour où le peuple a perdu la raison ; vous mourrez le jour où il l'aura recouvrée. »

LATOUCHE-TRÉVILLE (Louis René Madeleine Levassor, comte de) (Né à Rochefort-sur-Mer, le 3 juin 1745, mort en rade de Toulon, le 19 août 1804). Garde de la marine en 1758, Latouche-Tréville fait une longue carrière sur mer et se distingue durant la guerre d'Amérique avant d'être nommé directeur du port de Rochefort en 1783, puis directeur adjoint des ports et arsenaux de 1784 à 1787, chancelier du duc d'Orléans à partir de novembre 1787. Il est élu par la noblesse du bailliage de Montargis aux états généraux, se rallie au tiers état parmi les premiers de son ordre. Revenu dans la marine à la fin de la session, nommé contre-amiral, le 1er janvier 1793, il est à la prise de Nice, à l'expédition contre la Sardaigne, mais Laignelot et Lequinio le déclarent suspect et le font arrêter à Brest et transférer à la Force, à Paris, où il croupit jusqu'à la mort de Robespierre. Réintégré en 1795, il commande une division navale à Brest. Il fait partie de l'expédition de Saint-Domingue et est nommé à son retour commandant en chef de la flotte de la Méditerranée. Napoléon venait de lui confier la tâche de conduire la flotte aux Antilles lorsqu'il mourut. La manœuvre échoit à Villeneuve et se termine à Trafalgar.

LA TOUR D'AUVERGNE (Théophile Malo Corret de) (Né à Carhaix, le 23 novembre 1743, tué à Oberhausen, le 28 juin 1800). Descendant d'un bâtard de la maison de La Tour d'Auvergne, capitaine à la fin de l'Ancien Régime, La Tour d'Auvergne refuse d'émigrer et commande les compagnies de grenadiers qui forment l'avant-garde de l'armée des Pyrénées orientales en 1793 et s'immortalisent, si l'on peut dire, sous le nom de « colonnes infernales ». Revenu à la vie civile à la paix de Bâle, en 1795, il repart à la guerre comme simple volontaire en 1799, pour éviter la conscription au fils d'un ami. Le Premier consul le fait premier grenadier de la République, deux mois avant qu'il soit tué au combat. Ses restes ont été transférés en 1889 au Panthéon tandis que le cœur repose aux Invalides.

LA TOUR-DU-PIN (nom révolutionnaire : Val-du-Pin).

LATOUR-MAUBOURG (Marie Charles César de Fay, comte de) (Né à Grenoble, le 11 février 1756, mort à Paris, le 28 mai 1831). Commandant du régiment du Soissonnais en 1789, Latour-Maubourg est élu député aux états généraux par la noblesse du Velay. Un des premiers à se rallier au tiers état, lié avec La Fayette, il est membre de la commission chargée de ramener le roi de Varennes à Paris, en compagnie de Barnave et de Pétion. Il rejoint son unité à la dissolution de la Constituante et s'enfuit avec La Fayette après le 10 août 1792. Interné par les Autrichiens, libéré à la paix de Campoformio, en 1797, il ne revient en France qu'après le 18 brumaire. Bonaparte le fait sénateur, Louis XVIII pair de France.

LAUNAY (Bernard René Jourdan, marquis de) (Né à Paris, le 9 avril 1740, assassiné à Paris, le 14 juillet 1789). Né et mort à la Bastille, serait-on tenté de dire. Launay y naît, en effet, car son père en est le gouverneur. Il lui succède dans cette charge à partir de 1776. Il tente de résister à l'insurrection avec une poignée de soldats invalides puis livre la forteresse pour limiter le carnage. La foule le tue et met sa tête au bout d'une pique, acte d'un goût douteux mais qui va se généraliser durant les années suivantes et devenir une forme de « civilité » révolutionnaire pour les victimes de marque.

LAVICOMTERIE (Louis Thomas Hébert de) (Né à Torigni-sur-Vire, Manche, le 15 décembre 1746, mort à Paris, le 24 janvier 1809). Homme de lettres médiocre mais fécond, Lavicomterie a un grand succès politique en écrivant dès 1790 dans *Du peuple et des rois :* « Je suis républicain, je l'étais avant de naître. » Puis, il découvre un filon littéraire avec ses *Crimes des rois de France depuis Clovis jusqu'à Louis XVI,* paru en 1791, ses *Crimes des papes,* publié en 1792, que continuent des *Crimes des empereurs d'Allemagne,* des *Crimes des empereurs turcs.* Cette littérature du ruisseau lui permet d'entrer à la Convention comme élu de Paris. Il est membre du Comité de sûreté générale et avoue de lui-même avoir eu une telle crainte de Robespierre qu'il signait tous les arrêtés de proscription que ce dernier, Saint-Just ou Couthon lui présentaient. Le 9 thermidor, il quitte prudemment la salle des séances de la Convention pour n'avoir pas à se prononcer. Il est exclu du Comité de sûreté générale quatre jours plus tard, accusé d'avoir participé à l'insurrection du 1er prairial, mais amnistié à la séparation de la Convention. Ce personnage au-dessous du médiocre subsiste ensuite grâce à un emploi subalterne dans l'administration du timbre.

LA VILLEHEURNOIS (Charles Honoré Berthelot de) (Né à Toulon vers 1750, mort à Sinnamari, en Guyane, le 10 juillet 1799). Ancien maître des requêtes du défunt roi, La Villeheurnois est un des chefs de la conjuration dite du camp de Grenelle, avec l'abbé Brotier et Duverne de Presle. Croyant pouvoir compter sur les généraux Malo et Ramel, qui avaient réprimé la conspiration des Égaux, ils envisagent de soulever les troupes sous leurs ordres, cantonnées au camp de Grenelle, de les mener contre les Directeurs et de rétablir la royauté. En fait, les deux généraux avertissent le Directoire des tractations et tous les conjurés sont arrêtés avant d'avoir pu entreprendre une quelconque action. Condamné à un an seulement de prison, La Villeheurnois est déporté après le coup d'État du 18 fructidor et meurt en Guyane.

LAVOISIER (Antoine Laurent) (Né à Paris, le 26 août 1743, guillotiné à Paris, le 8 mai 1794). Peut-être le plus grand chimiste du XVIIIe siècle, auteur de la découverte de l'oxygène et de centaines d'articles et de mémoires, fondateur de la chimie moderne à partir du principe : « Rien ne se perd, rien ne se crée », Lavoisier était aussi un ag-onome de talent et un adepte des idées philosophiques. Aussi salua-t-il avec enthousiasme les débuts de la Révolution. Il avait seulement oublié que, de par ses fonctions de fermier général, il faisait partie d'une des catégories d'hommes les plus représentatives et les plus haïes de l'Ancien Régime. Il eut beau réclamer l'abolition des corvées, la liberté du commerce, la création de caisses d'assurances pour les pauvres et les gens âgés, dès la veille de la Révolution, être élu député suppléant aux états généraux, on ne lui pardonna pas d'avoir demandé et obtenu la construction d'un mur autour de Paris, le mur dit des Fermiers généraux, afin de limiter la fraude aux octrois de la ville. (« Le mur murant Paris rend Paris murmurant ».)

LE BAS (Philippe François Joseph) (Né à Frévent, Pas-de-Calais, le 4 novembre 1764, mort à Paris, le 28 juillet 1794). Homme froid, calme, d'opinions modérées, Le Bas fut perdu par sa modestie et son admiration béate pour son compatriote Robespierre. Presque girondin d'opinion à son arrivée à la Convention comme élu du Pas-de-Calais, il s'indigna des pressions exercées sur les députés par la Commune de Paris et la foule des tribunes et proposa de faire garder l'Assemblée par les fédérés des départements. Tout le personnage tient dans cette lettre écrite à son frère : « Trop de grands talents se font distinguer à la Convention pour que j'émette une opinion que d'autres développeront mieux que moi. L'essentiel est de bien faire, de bien écouter pour bien opiner et de ne parler que quand on a à dire une vérité qui, sans vous, échapperait aux autres. Ce n'est pas de notre gloriole personnelle qu'il s'agit aujourd'hui, mais du salut de la République. Voilà mes principes, et j'y tiens d'autant plus fortement qu'ils sont ceux de beaucoup de députés à la supériorité desquels je me plais à rendre hommage. » On n'entendit donc pratiquement pas Le Bas à la tribune de la Convention. Il passa presque tout son temps en mission avec Saint-Just, dans le Bas-Rhin puis à l'armée du Nord, ordonnant l'arrestation de tous les nobles, indistinctement, dans le Nord, le Pas-de-Calais, la Somme, l'Aisne. Jusqu'au bout, avec un dévouement de chien fidèle, il partagea le sort de son maître Robespierre, et se brûla la cervelle, le 9 thermidor.

LEBLANC (Nicolas) (Né en 1742, mort en 1806). Avant de s'intéresser à la chimie, encouragé par le duc d'Orléans dont il était devenu le chirurgien, il avait d'abord fait des études de médecine. Il découvrit le procédé de fabrication de la soude artificielle à partir de sel de mer. Il créa en 1790 sa première fabrique de soude à Saint-Denis. Mais faute des capitaux du duc d'Orléans, il se trouva ruiné sous la Révolution. Administrateur du département de la Seine, régisseur des poudres et salpêtres, il n'en continua pas moins ses recherches. Mais, découragé, il se donnait la mort en 1806.

LE BON (Guislain François Joseph) (Né à Arras, le 25 septembre 1765, guillotiné à Amiens, le 16 octobre 1795). Oratorien, curé constitutionnel de Neuville-Vitasse, dans le Pas-de-Calais, en 1791, Le Bon renonce à la prêtrise après le 10 août, est nommé maire d'Arras, élu député suppléant à la Convention et membre du directoire départemental. Le 1er juillet 1793, il remplace Magniez démissionnaire. Peu intéressé par les travaux de l'Assemblée, il se fait envoyer en mission dans la Somme et le Pas-de-Calais. Son zèle révolutionnaire relève de la pathologie médicale. Il remplit les prisons, nourrit la guillotine avec un plaisir non dissimulé. Le Tribunal révolutionnaire qu'il a établi à Arras est à ses ordres, et pour cause : ne compte-t-il pas parmi ses juges et jurés, son beau-frère et trois oncles de sa femme ! Choudieu, représentant en mission à l'armée du Nord, écrit : « J'ai vu des membres de ce tribunal ; ils ont plutôt l'air de bourreaux que de juges ; ils se promènent dans les rues avec une chemise décolletée et un sabre traînant toujours à terre. Enfin, ils montent au tribunal en annonçant que l'affaire de tel ou tel "va être expédiée et que bientôt on les verra passer pour aller à l'échafaud". J'ai été moi-même le témoin auriculaire de ces propos, qui ne conviennent pas à des juges, parce que leur impartialité seule peut inspirer confiance... On a écrit plusieurs fois et contre Le Bon et contre le tribunal ; mais Le Bon était protégé par Robespierre, et tout ce qu'on a pu dire n'a servi à rien. » Grâce à cette protection, à la suppression des tribunaux révolutionnaires départementaux, seul celui d'Arras est maintenu. Finalement rappelé à Paris, Le Bon y arrive le 10 thermidor. Il est arrêté le 15 et se pose en victime de « l'infâme Robespierre ». La ruse est trop grossière et on l'envoie, juste retour des choses, se faire juger et guillotiner à Amiens.

LEBON (Philippe) (Né à Brachay, Haute-Marne, en 1767, assassiné à Paris, le 2 décembre 1804). Chimiste, Lebon invente en 1797 l'éclairage au gaz et en fait communication à l'Institut en 1799. Il prend en 1800 un brevet d'invention pour des « thermolampes » assurant à la fois le chauffage et l'éclairage. Un premier essai est tenté au Havre, tandis qu'en Angleterre le procédé est tout de suite adopté. Appelé à Paris pour participer aux fêtes du couronnement de l'empereur, il est assassiné par des rôdeurs, dans une rue mal éclairée, serait-on tenté d'ajouter, la nuit même suivant le sacre.

LEBRUN (Charles François) (Né à Saint-Sauveur-Lendelin, Manche, le 19 mars 1739, mort à Saint-Mesmes, Seine-et-Oise, le 16 juin 1824). Avocat, puis censeur royal et précepteur du fils du garde des Sceaux Maupeou, inspecteur général des domaines de la Couronne, Lebrun est élu aux états généraux par le tiers état du bailliage de Dourdan. Président du directoire départemental de Seine-et-Oise à la dissolution de la Constituante, il démissionne après le 10 août 1792, devient suspect, est incarcéré à Versailles et ne retrouve la liberté qu'après la chute de Robespierre. Élu député de Seine-et-Oise au Conseil des Anciens, il reste neutre le 18 brumaire. Sur le conseil de Cambacérès, Bonaparte choisit Lebrun, personnage d'Ancien Régime mais prêt à s'accommoder du nouveau, comme troisième consul. Louis XVIII l'ayant fait contacter pour lui demander de collaborer au rétablissement de la monarchie, Lebrun répond : « C'est pour aider à sauver la patrie que j'ai accepté la place que j'occupe ; mais il faut vous le dire, et je vous crois le courage de l'entendre, ce n'est pas en lui donnant un roi qu'on peut la sauver aujourd'hui. » Couvert de titres et d'honneurs par Napoléon, fait archi-trésorier, duc de Plaisance, Lebrun garde une certaine indépendance d'esprit vis-à-vis de l'Empereur qui expliquait ainsi son choix à Las Cases : « L'Empereur disait que, au demeurant, il avait choisi en Cambacérès et Lebrun, deux hommes de mérite, deux personnages distingués ; tous deux sages, modérés, capables, mais d'une nuance tout à fait opposée. L'un, avocat des abus, des préjugés, des anciennes institutions, du retour des honneurs, des distinctions, etc. ; l'autre, froid, sévère, insensible, combattant tous ces objets, y cédant sans illusion, et tombant naturellement dans l'idéologie. » Lebrun avait, en effet, déconseillé à Napoléon la création d'une nouvelle noblesse.

LEBRUN-TONDU (Pierre Marie Henri Tondu, dit) (Né à Noyon, le

27 août 1754, guillotiné à Paris, le 27 décembre 1793). D'abord dans les ordres sous le nom d'abbé Tondu, puis employé à l'Observatoire, soldat, typographe aux Pays-Bas et journaliste compromis dans la révolte liégeoise de 1787, Lebrun se replie sur Paris où, grâce à la protection de Brissot et de Dumouriez, il entre au ministère des Affaires étrangères, parvenant à se faire nommer ministre après le 10 août 1792. Mme Roland a écrit de lui « qu'il passait pour un esprit sage, parce qu'il n'avait d'élans d'aucune espèce, et pour un habile homme, parce qu'il était un assez bon commis ; mais qu'il n'avait ni activité, ni esprit, ni caractère ». Ses relations avec les Girondins le condamnent en même temps qu'eux. Arrêté le 22 juin 1793, il s'évade mais est repris, jugé et envoyé à l'échafaud.

LE CARPENTIER (Jean-Baptiste) (Né à Helleville, Manche, le 1er juin 1759, mort au Mont-Saint-Michel, le 27 janvier 1829). Petit receveur en 1789, Le Carpentier se met au service des idées révolutionnaires, organise à Valognes une société populaire, devient chef de la garde nationale locale et se faire élire à la Convention par la Manche. Siégeant à la Montagne, hostile aux Girondins, il vote la mort lors du procès du roi, est envoyé en mission pour accélérer la conscription dans la Manche et l'Orne. Il dirige la défense de Granville contre l'armée vendéenne, met en état de défense Cherbourg et Saint-Lô, organise la chasse aux suspects à Saint-Malo, annonçant à la Convention que dans cette ville, « au moyen de purgatifs révolutionnaires, l'aristocratie, le fédéralisme et la superstition ont été replongés dans le néant ». Rappelé après la chute de Robespierre, il se voit reprocher ses excès à Saint-Malo et répond en évoquant sa défense de Granville. Arrêté, il est libéré grâce à l'amnistie générale votée par la Convention à sa séparation et revient à Valognes où il ouvre un cabinet de consultations juridiques. Exilé en 1816, il se réfugie à Guernesey mais en est expulsé par les autorités anglaises et revient clandestinement dans la Manche, où il n'est arrêté qu'après trois années de recherches, en novembre 1819. Condamné à la détention perpétuelle, il meurt dans sa prison du Mont-Saint-Michel.

LE CHAPELIER (Isaac René Guy) (Né à Rennes, le 12 juin 1754, guillotiné à Paris, le 22 avril 1794). Avocat à Rennes, Le Chapelier est élu aux états généraux par le tiers état de la sénéchaussée de Rennes. Il est le fondateur du Club breton, préside la séance du 4 août et présente au roi les décrets votés cette nuit-là, vote pour l'institution du jury, l'abolition de la noblesse, l'adoption du drapeau tricolore. Son nom est passé à la postérité à cause de la loi du 14 juin 1791, dite loi Le Chapelier, qui interdit toute association ou coalition entre citoyens de même profession. Après Varennes, Le Chapelier, sentant que la Révolution dévie vers l'extrémisme, quitte le club des Jacobins qu'il a fondé pour celui des Feuillants. Revenu à Rennes à l'issue de son mandat, devenu très suspect pour son « modérantisme », soupçonné d'être un agent de l'Angleterre, il finit sur l'échafaud.

LECLERC (Jean Théophile Victoire) (Né en 1771 à La Cotte, près de Montbrison, date et lieu de décès inconnus). Fils d'un ingénieur des Ponts et Chaussées, Leclerc s'enrôle dans la garde nationale de Clermont-Ferrand en 1789, part pour la Martinique, trouve l'île en pleine insurrection et s'y joint. Arrêté en mars 1791, il est expulsé vers la métropole et enrôlé dans le 1er bataillon du Morbihan à son arrivée. Les grenadiers de la Forêt le choisissent comme porte-parole et, à vingt ans, Leclerc se fait remarquer, en mars 1792, à la Législative par son talent d'orateur, sauvant l'honneur et la tête de ses compagnons. Il en profite pour attaquer, dans une autre adresse à l'Assemblée, le roi et la reine, leur rappelant le destin de Charles Ier d'Angleterre. Envoyé à Lyon en février 1793, il y milite dans les rangs les plus extrémistes, se fait à nouveau envoyer à Paris comme député extraordinaire auprès des Jacobins. Robespierre le remet à sa place et lui reproche ses discours véhéments, véritables appels au crime qui discréditent la Révolution. A la chute des Girondins, Leclerc s'en attribue le mérite et demande une répression encore plus sanglante, est expulsé des Jacobins et détenu quelques jours. Il se rabat alors sur le club des Cordeliers, se pose en successeur de Marat assassiné et nomme la feuille qu'il publie *L'Ami du peuple par Leclerc*, préconisant le maximum des prix, une purge radicale de l'armée, la formation d'une armée révolutionnaire composée uniquement de partisans de la Terreur, l'envoi à la guillotine de tous les suspects. Les Jacobins s'en débarrassent en le soumettant à la conscription. Envoyé à La Fère, il continue à faire paraître son journal, attaquant de plus en plus vivement la Convention. Excédé, le club des Jacobins met son arrestation à l'ordre du jour. Ayant enfin compris la menace, Leclerc arrête la publication de sa feuille. Il est arrêté en avril 1794 avec les Enragés mais échappe à la guillotine. Relâché après cinq mois de prison, il disparaît et on ignore tout de sa vie après cette date.

LECLERC (Victor Emmanuel) (Né à Pontoise, le 17 mars 1772, mort au Cap-Français, en Haïti, le 2 novembre 1802). Volontaire au 2e bataillon de Seine-et-Oise en octobre 1791, élu lieutenant par ses pairs, Leclerc se bat à l'armée du Rhin puis à celle d'Italie. Au siège de Toulon, il se lie avec Bonaparte et épouse sa sœur, Pauline. Général de brigade en 1794, il est à Castiglione, à Rivoli, porte à Paris les drapeaux pris à l'ennemi. A l'armée de Rome en 1798, chef d'état-major de l'armée d'Angleterre à la fin de la même année, général de division en août 1799, Leclerc est opportunément appelé à Paris à la fin d'octobre 1799 et aide son beau-frère à faire le coup d'État du 18 brumaire. A l'armée du Rhin en 1800, il est mis à la tête de l'expédition de Saint-Domingue et débarque au Cap-Français (Cap-Haïtien), le 6 février 1802. Après avoir obtenu la soumission de Toussaint-Louverture et pacifié la majeure partie de l'île, il est emporté par la fièvre jaune.

LECOINTE-PUYRAVEAU (Michel Mathieu) (Né à Saint-Maixent, Deux-Sèvres, le 13 décembre 1764, mort à Ixelles, en Belgique, le 15 janvier 1827). Avocat à Saint-Maixent, puis administrateur des Deux-Sèvres, Lecointe-Puyraveau est élu par ce département à la Législative et à la Convention. Un rapport de police le présente en 1791 comme ayant « de l'effervescence, du verbiage, du pédantisme, peu de solidité, le cœur mauvais ». De fait, il acquiert vite à la Législative la réputation d'un extrémiste et d'un bavard impénitent. Il fait voter la déportation des prêtres réfractaires, s'oppose à l'interdiction des pétitions présentées par des citoyens en armes, dénonce le ministre Duportail et La Fayette. A la Convention, il change complètement d'attitude, se rapproche des Girondins, accuse Marat d'être un des responsables des massacres de Septembre : « Je vous dénonce un homme qui ne cesse de tapisser les murs de ses productions incendiaires, faisant annoncer par ses crieurs à gages qu'un grand complot de la faction brissotine venait d'être découvert. » Il vote pour l'appel au peuple lors du procès du roi, déclare Marat en « état de démence » mais n'ose voter sa mise en accusation. En mission en Vendée et dans les Deux-Sèvres, il échappe à la proscription qui frappe les Girondins, le 2 juin 1793. A son retour à Paris, il se fait oublier au comité des secours et ne relève la tête qu'après l'élimination de Robespierre, s'en prenant aux Jacobins et aux royalistes indistinctement. Élu par les Deux-Sèvres au Conseil des Cinq-Cents, il suit fidèlement la politique des Directeurs et soutient La Revellière-Lépeaux et Merlin en août 1799. Rallié à Bonaparte après le 18 brumaire, entré au Tribunat, il en est éliminé dès 1802. En exil après 1815, il meurt à Ixelles, aux portes de Bruxelles.

LECOINTRE (Laurent) (Né à Versailles, le 1er février 1742, mort à Guignes, Seine-et-Marne, le 4 août 1805). Lecointre est un des rares députés de l'époque révolutionnaire qui ne soit pas juriste de formation. C'est un simple marchand de toiles de Versailles. Il se fait élire lieutenant-colonel de la garde nationale locale et dénonce au comité militaire de la Constituante l'attitude des officiers qui ont arboré la cocarde noire et foulé aux pieds la cocarde tricolore lors d'un banquet. Les 5 et 6 octobre 1789, c'est lui qui commande la garde nationale chargée de contrôler la foule parisienne qui a envahi Versailles. Élu président de l'administration de Seine-et-Oise en juin 1791, il entre peu après à la Législative et est réélu à la Convention. La grande occupation de Lecointre est la dénonciation. Il dénonce l'ancienne administration municipale de Versailles, les ministres Duportail et Narbonne, Beaumarchais... Le 15 décembre 1792, il demande que le dauphin et sa sœur soient séparés de leurs parents. Il vote, bien sûr, la mort pour le roi, puis est envoyé en mission dans la Manche et à Rouen. Lors de la cérémonie en l'honneur de l'Être suprême, il traite Robespierre de tyran. Aussi n'est-il pas étonnant de le trouver, le 9 thermidor, parmi les vainqueurs, et, les mois suivants, parmi les plus acharnés dénonciateurs des terroristes vaincus. Changeant encore une fois d'opinion, Lecointre se compromet dans l'émeute de germinal, se retrouve en prison, mais bénéficie de l'amnistie générale votée par la Convention. On le voit ensuite s'agiter autour de Babeuf puis nier toute relation avec lui. Seul habitant de Versailles à avoir voté contre la Constitution de l'an VIII établissant le Consulat, puis contre le Consulat à vie, il est exilé dans sa propriété de Guignes où il finit ses jours.

LECOUTEULX DE CANTELEU (Jean Barthélemy) (Né à Canteleu, Seine-Maritime, le 4 mars 1746, mort à Farceaux, Eure, le 18 septembre 1818). Banquier et échevin de Rouen, Lecouteulx est élu aux états généraux par le tiers état du bailliage de Rouen. Il s'y occupe uniquement de questions financières et soutient les projets de Necker. Installé à Paris à l'expiration de son mandat, il traverse sans encombre la Terreur et est élu député de la Seine au Conseil des Anciens où il prend la défense de ses collègues proscrits après le 18 fructidor. Président de l'administration départementale de la Seine en 1799, il se rallie à Bonaparte au 18 brumaire, devient sénateur et régent de la Banque de France, est fait comte de l'Empire en 1808. Lecouteulx de Canteleu a beaucoup travaillé avec ses cousins, également banquiers, Lecouteulx du Molay et Lecouteulx de La Noraye. Ce dernier fut représentant de la Commune pour le district de Saint-Leu-Saint-Gilles en juillet 1789, membre du conseil de ville et lieutenant du maire au département de l'administration des domaines.

LEDOUX (Claude Nicolas) (Né à Dormans, Marne, en 1736, mort à Paris, le 20 novembre 1806). Élève de Blondel, Ledoux travaille aux cathédrales de Sens et d'Auxerre, construit les hôtels de Mlle Guimard et de Mme du Barry à Paris, le pavillon offert à cette dernière par le roi à Louveciennes. A l'Académie d'architecture à partir de 1773, Ledoux se voit confier la construction de l'enceinte dite des fermiers généraux, dont subsistent les bâtiments de la place du Trône, du boulevard de La Villette et de la place Denfert-Rochereau. Il édifie aussi de nombreux hôtels particuliers : ceux de Thélusson, du président Hocquart, d'Uzès, la maison de Condorcet. On lui doit, en province, le théâtre de Besançon et, son chef-d'œuvre, les salines d'Arc-et-Senans. Architecte visionnaire, Ledoux fut beaucoup critiqué de son vivant, notamment pour les cubes massifs des barrières.

LEFEBVRE (François Joseph) (Né à Rouffach, Haut-Rhin, le 25 octobre 1755, mort à Paris, le 14 septembre 1820). Engagé comme soldat aux gardes-françaises en 1773, Lefebvre est sergent en 1789 et sauve plusieurs de ses officiers agressés par la foule, le 12 juillet 1789. Il est blessé en protégeant la famille royale aux Tuileries après sa tentative de départ pour Saint-Cloud. Capitaine au 1er janvier 1792 à l'armée du Centre puis à celle du Rhin, il est général de brigade à l'armée de la Moselle en décembre 1793, général de division en janvier suivant et commande l'avant-garde de l'armée de la Moselle en mars 1794. Il est à la prise d'Arlon et de Dinant, au siège de Charleroi, à la bataille de Fleurus, le 26 juin. A l'armée de Sambre-et-Meuse à la fin de décembre 1794, sous les ordres de Kléber, il franchit le Rhin et arrive jusqu'à la Sieg avant de devoir se replier. A Siegberg et à Altenkirchen, le 4 juin 1796, battu à Wetzlar, le 15, mais vainqueur à Wildendorf et à Friedberg, les 4 et 10 juillet, il est encore au passage du Rhin à Neuwied, le 18 avril 1797, remplace Hoche mort à l'armée de Sambre-et-Meuse avant d'être affecté sous Kléber à l'armée d'Angleterre, en septembre. Il reparaît sur le Rhin en 1798, est le candidat des Cinq-Cents au Directoire, mais on lui préfère Treihlard. En guise de consolation, on le nomme commandant de la 17e division militaire à Paris, ce qui permet à Lefebvre de prendre une part essentielle au coup d'État du 18 brumaire. Bonaparte reconnaissant le couvre d'honneurs, le fait maréchal, duc de Danzig, l'utilise dans toutes ses campagnes, tout en étant sceptique sur ses talents de chef d'armée. Ne déclare-t-il pas à Gourgaud à Sainte-Hélène : « Lefebvre est cause de la victoire de Fleurus ; c'est un bien brave homme qui ne s'occupe pas des grands mouvements qui s'opèrent à sa droite et à sa gauche ; il ne songe qu'à bien se battre. » La maréchale Lefebvre est la fameuse Mme Sans-Gêne.

LEFRANC DE POMPIGNAN (Jean Georges) (Né à Montauban le 22 février 1715, mort à Paris le 29 décembre 1790). Frère du poète, il joua un rôle important dans toutes les affaires religieuses du règne de Louis XV et fut nommé à l'archevêché de Vienne. Élu aux états généraux, il présida l'Assemblée constituante puis devint ministre sans portefeuille. Il s'opposa vainement à la Constitution civile du clergé.

LEGENDRE (Adrien Marie) (Né à Paris, le 18 septembre 1752, mort à Paris, le 9 janvier 1833). Professeur à l'école militaire de Paris de 1775 à 1780, membre de l'Académie des sciences en 1783, Legendre n'a aucune activité politique apparente durant la Révolution. Il fait partie en 1791 de la commission chargée d'établir le système métrique, mais la quitte l'année suivante. On le retrouve cependant en 1794 à la tête de la Commission exécutive de l'instruction publique chargée des poids et mesures et il est membre en 1795-1796 de l'Agence temporaire des poids et mesures qui supervise la mise en place du système métrique. Il entre à l'Institut en décembre 1795 et fait partie de la Commission internationale des poids et mesures. Auteur d'*Éléments de géométrie* (1794) et de *Nouvelles Méthodes pour la détermination des orbites des comètes* (1805), il enseigne à l'École polytechnique de 1799 à 1815 et entre en 1813 au Bureau des longitudes.

LEGENDRE (Louis) (Né à Versailles, le 22 mai 1752, mort à Paris, le 13 décembre 1797). Fils de boucher, matelot pendant dix ans avant de s'établir boucher à son tour, rue des Boucheries-Saint-Germain, à Paris, Legendre est un homme sans instruction, mais un orateur-né, à la voix puissante et à l'élocution facile. La Révolution lui donne l'occasion d'exploiter son organe vocal. Le 14 juillet 1789, il entraîne la foule à l'attaque de la Bastille. Membre du district du Théâtre-Français, il fait la connaissance de Danton qui l'appelle « son lieutenant » et fonde avec lui le club des Cordeliers. Orateur des Cordeliers comme des Jacobins à partir de la fin de 1791, le 10 août 1792, il est à l'attaque des Tuileries. Paris l'élit à la Convention. Il vote la mort du roi puis part en mission à Lyon et tente en vain de tenir la balance égale entre les factions qui s'y affrontent. A son retour, il est dénoncé comme « modéré » aux Jacobins. D'abord porté à la conciliation entre Montagnards et Girondins, il finit par être exaspéré par ces derniers et lance, le 2 juin 1793, à Lanjuinais qui occupe la tribune de la Convention : « Descends, ou je t'assomme ! » A quoi Lanjuinais rétorque : « Décrète d'abord que je suis un bœuf ! » Mais il est aussi exclu du club des Cordeliers pour avoir critiqué les projets terroristes d'Hébert. Envoyé avec Louchet et Delacroix à Rouen, il sévit avec modération contre les « royalistes » et les « fédéralistes » et se fait traiter de contre-révolutionnaire dans le journal d'Hébert. Ayant pris la défense de Danton, dont il vient d'apprendre l'arrestation, il est attaqué par Robespierre au club des Jacobins et se rétracte lâchement, protestant qu'il n'avait pas eu l'intention de défendre un coupable. Jusqu'au 9 thermidor, l'orateur ardent reste muet et se terre. Le 9 thermidor, la crainte l'étouffe encore et, après s'être fait inscrire sur la liste de ceux qui désirent prendre la parole, il dit à Thuriot : « Raye-moi, je verrai comment cela tournera. » Une fois assuré de la défaite de Robespierre, il reprend ses harangues et s'attaque avec la plus grande violence aux terroristes, dénonce les membres des anciens comités, se met à la tête de la force armée pour réprimer les insurrections de germinal et de prairial, puis s'inquiète de la force montante des royalistes. Réélu par onze départements, il entre au Conseil des Anciens, mais il n'est plus qu'un homme ruiné physiquement et moralement par les épreuves de la Terreur. Baudot, qui le rencontra peu avant sa mort, écrit :

« C'était un spectacle à fendre le cœur de voir ce bœuf, si furieux à la Convention, verser des larmes de repentir en présence de la tombe prête à s'ouvrir. »

LÉGIONS. En avril 1792, sur la proposition de son comité militaire, la Législative décida la création de six petits corps d'armée auxquels elle donna le nom de « légions ». Elles devaient être formées chacune de deux bataillons d'infanterie légère, d'un régiment de chasseurs à cheval, d'une compagnie de canonniers et d'ouvriers, avec quatre pièces d'artillerie. Il y eut aussi la légion des Allobroges, composée de Savoyards, Valaisans et Piémontais auxquels on incorpora, pour compléter les effectifs, des Dauphinois et des habitants de l'Ain. La légion des Américains fut créée pour aller combattre à Saint-Domingue mais ne partit jamais. La légion des Ardennes fut autorisée par Dumouriez. La légion d'Aspe, composée de citoyens aisés de Toulouse et commandée par le colonel d'Aspe, ancien président à mortier de ce parlement, fut dissoute en raison de ses sympathies contre-révolutionnaires. La légion batave regroupa quelques Hollandais favorables à la Révolution et une grande majorité de Français pour compléter les effectifs. Elle fut dissoute le 8 novembre 1793. La légion des Belges et des Liégeois fut constituée de la même façon. Il y eut encore une légion franche étrangère, la seule vraiment constituée d'étrangers, une légion des Francs ou armée noire, vêtue d'une carmagnole et d'un pantalon noirs, formée de Bretons, une légion germanique, constituée de déserteurs des armées austro-prussiennes, une légion polonaise, une légion du Nord...

LÉGISLATION, voir **CODE, JUSTICE**.

LÉGISLATION (comité de), voir **COMITÉ DE LÉGISLATION**.

LÉGISLATIVE (Assemblée), voir **ASSEMBLÉE LÉGISLATIVE**.

LÉGISLATURE. C'est le nom donné à la durée légale d'une assemblée législative, et, par extension, à cette assemblée elle-même. La Constituante fixa la durée des législatures à deux ans. La Législative siégea du 1er octobre 1791 au 20 septembre 1792, la Convention du 21 septembre 1792 au 26 octobre 1795 (4 brumaire an IV). Les conseils du Directoire, renouvelables par tiers chaque année, durèrent du 27 octobre 1795 (5 brumaire an IV) au 10 novembre 1799 (18 brumaire an VIII) et peuvent être divisés en quatre sessions séparées par des élections partielles.

LEJEUNE (Sylvain Phalier) (Né à Issoudun, le 19 août 1758, mort à Saint-Josse-ten-Noode, en Belgique, le 7 février 1827). Avocat à Issoudun, membre du directoire de ce district, Lejeune est élu par l'Indre à la Convention. Il y siège à la Montagne, fait partie de la Commission dite des vingt-quatre chargée d'inventorier les documents du comité de surveillance de la Commune de Paris, vote la mort du roi et part pour l'Indre et la Vienne pour surveiller la levée des 300 000 hommes pour la guerre. Au club des Jacobins comme à la Convention, il est partisan des mesures les plus énergiques contre les suspects, les nobles, les prêtres réfractaires, les fournisseurs aux armées indélicats. On le charge de mission dans l'Oise et l'Aisne, dans le Doubs et le Jura. De retour à Paris après le 9 thermidor, il reste fidèle aux Jacobins et attaque les Thermidoriens. Dénoncé par les autorités du Doubs et emprisonné, il retrouve la liberté grâce à l'amnistie votée par la Convention à sa séparation. Avocat à Château-Thierry sous le Directoire, il est quelque temps inquiété pour son opposition au Premier consul. Il doit s'exiler comme régicide en 1816.

LE MAÎTRE (Pierre Jacques) (Né en 1742, exécuté le 10 novembre 1795). Brillant avocat rouennais, janséniste et émule de La Chalotais contre les réformes de Maupeou, il épousa la fille d'un riche négociant de Rouen et accéda à la charge de secrétaire du conseil des finances. Rallié à la contre-révolution, il fut un agent actif du comte d'Antraigues. Après l'échec du 13 vendémiaire, il eut le tort de se montrer. Arrêté, traduit devant un conseil militaire, il fut exécuté le 10 novembre 1795.

LEMONTEY (Pierre Édouard) (Né à Lyon, le 14 janvier 1762, mort à Paris, le 26 juin 1826). Avocat à Lyon à la fin de l'Ancien Régime, Lemontey devient procureur de la commune de Lyon avant d'être élu à la Législative par le Rhône-et-Loire. Constitutionnel modéré, il vote contre les décrets frappant les émigrés, fait partie du comité diplomatique. Revenu à Lyon après le 10 août 1792, il est favorable à l'insurrection et participe à la défense de la ville contre les armées de la République. A la capitulation, il se réfugie en Suisse. Revenu après la chute de Robespierre, il se consacre désormais à ses travaux littéraires et devient censeur sous l'Empire et la Restauration, entrant à l'Académie française en 1819.

LENOIR (Marie Alexandre) (Né à Paris, le 26 décembre 1761, mort à Paris, le 11 juin 1839). A la Révolution, Lenoir propose et fait adopter, grâce à Bailly, la réunion de tous les objets d'art provenant des biens nationaux, c'est-à-dire issus des maisons religieuses, dans un dépôt unique pour éviter leur dispersion et leur destruction. La Constituante le nomme conservateur de ces monuments et l'établit dans le couvent des Petits-Augustins. En 1793, Lenoir assiste à l'exhumation des corps des rois de France à Saint-Denis et doit lutter contre le vandalisme révolutionnaire. En 1795, il ouvre au public le musée des Monuments français dont il sera l'administrateur pendant une trentaine d'années. En 1816, il eut la tâche de remettre à leur place les dépouilles royales exhumées en 1793 et devint administrateur des tombeaux de Saint-Denis.

LENOIR-LAROCHE (Jean-Jacques) (Né à Grenoble, le 29 avril 1749, mort à Paris le 17 février 1825). Débutant sa carrière d'avocat à Grenoble, Lenoir-Laroche s'établit à partir de 1783 à Paris mais garde des contacts étroits avec son Dauphiné, prenant une part active aux événements de Vizille en 1788. Ami de Ginguené, Laharpe et Marmontel, auteur d'une brochure en faveur du vote par tête, il est élu aux états généraux par la prévôté et la vicomté de Paris. Discret à l'Assemblée, Lenoir-Laroche intervient en faveur du bicamérisme. Rédacteur du *Journal de Perlet*, collaborateur du *Mercure de France* et du *Moniteur*, il publie une nouvelle brochure au moment du procès du roi pour soutenir que la Convention n'a pas le droit de juger Louis XVI. Garat l'ayant envoyé en mission à Grenoble, il échappe aux poursuites intentées contre lui par la Montagne. Rallié à la République en 1795, il combat les propositions royalistes de rétablissement des Bourbons, ce qui lui vaut de quitter sa chaire de législation à l'École centrale du Panthéon pour le ministère de la Police, le 28 messidor an V (16 juillet 1797), mais son indécision lui fait perdre ce portefeuille après dix jours seulement, le 26 juillet. Élu député de la Seine au Conseil des Anciens en mars 1798, Lenoir-Laroche est parmi les partisans du coup d'État de Bonaparte, ce qui lui vaut de faire partie de la commission intermédiaire au lendemain du 18 brumaire et d'entrer parmi les premiers au Sénat. Fidèle partisan de la politique gouvernementale, il est fait comte de l'Empire en 1808, puis pair de France sous Louis XVIII.

LEOBEN (préliminaires de paix de). Après deux campagnes victorieuses dans la plaine du Pô au printemps 1796, puis en novembre, Bonaparte s'enfonce au cœur des Alpes, après la capitulation de Mantoue, en février 1797. Les Autrichiens sont incapables de lui résister. Parvenu à Leoben, le 7 avril, à une centaine de kilomètres de Vienne, il reçoit les offres de négociations de l'empereur. Les deux délégations se rencontrent, le 13 avril, au quartier général des Français, au château d'Eggenwald, près de Leoben. Les préliminaires sont signés le 18 avril 1797 (29 germinal an V) par Bonaparte pour la France, le général Merveldt et le marquis Del Gallo pour l'Autriche. La paix définitive sera signée à Campoformio, le 17 octobre 1797.

LÉOPOLD II (Né à Vienne, le 5 mai 1747, mort à Vienne, le 1er mars 1792). Deuxième fils de François Ier et de Marie-Thérèse, frère de Marie-Antoinette, Léopold II succède en février 1790 à son frère Joseph II, après avoir régné vingt-cinq ans, de 1765 à 1790, sur la Toscane en despote éclairé. Il doit réprimer la révolte des Pays-Bas autrichiens (Belgique) tout en terminant la guerre avec l'Empire ottoman par la paix de Sistova en août 1791. Signataire de la déclaration de Pillnitz avec la Prusse, le 25 juillet 1791, il meurt peu avant que la France lui déclare la guerre.

LE PELETIER DE SAINT-FARGEAU (Ferdinand Louis Félix) (Né à Paris, le 1er octobre 1767, mort à Paris, le 3 janvier 1837). Frère cadet de Louis-Michel, Ferdinand-Louis-Félix Le Peletier fait carrière dans l'armée et sert quelque temps comme aide de camp du prince de Lambesc. Fervent adepte, comme son frère, des idées révolutionnaires, il fait partie du club des Jacobins et prononce un grand discours au Panthéon, devant le cercueil de son aîné, se terminant par ces mots : « Je vote, comme mon frère, la mort des tyrans. » Resté indéfectiblement fidèle aux idées montagnardes, il est impliqué dans la conspiration de Babeuf, mais acquitté. Adversaire résolu de Bonaparte, il est arrêté après l'attentat de la rue Saint-Nicaise, interné à l'île de Ré puis assigné à résidence en Suisse. Assagi et autorisé à revenir en France en 1805, il se tient à l'écart jusqu'à la chute de l'Empire. Le retour des Bourbons l'oblige à repartir pour l'exil jusqu'en 1830.

LE PELETIER DE SAINT-FARGEAU (Louis Michel) (Né à Paris, le 29 mai 1760, assassiné à Paris, le 20 janvier 1793). Conseiller au Parlement de Paris par dispense d'âge dès 1779, président à mortier à la veille de la Révolution, Le Peletier de Saint-Fargeau est élu aux états généraux par la noblesse de la ville de Paris. S'empressant de renier ses origines, il devient un des avocats les plus ardents de la plèbe : lorsque, le 17 juin 1790, la Constituante vote la suppression des titres de noblesse, il fait décider qu'aucun citoyen ne pourrait porter d'autre nom que celui de sa famille. Et du jour au lendemain, l'ex-marquis ne signe plus que Michel Le Peletier. Élu par l'Yonne à la Convention, il vote la mort du roi et élabore un plan d'organisation de l'instruction publique. La veille de l'exécution du roi, un garde du corps nommé Pâris assassine Le Peletier dans un restaurant du Palais-Royal, les royalistes ne pouvant pardonner à un aristocrate de haut rang d'avoir voté la mort de Louis XVI. Ses obsèques sont l'occasion d'un véritable culte et sa dépouille est déposée au Panthéon, tandis que David fait le tableau de sa mort. Le plan d'éducation de Le Peletier est voté par la Convention, le 13 août suivant, mais ne reçoit aucun commencement d'exécution. La Révolution a enfin son martyr à opposer aux innombrables victimes qu'elle guillotine, fusille, noie, etc.

LEQUINIO (Marie Joseph) (Né à Sarzeau, Morbihan, le 15 mars 1755, mort à Sarzeau, le 19 novembre 1814). Avocat et important propriétaire terrien, maire de la presqu'île de Rhuys en 1789, juge au tribunal de Vannes en 1790, Lequinio est élu l'année suivante à la Législative par le Morbihan. Il demande la mise sous séquestre des biens des émigrés, la suppression du titre de « majesté » attribué au roi, l'autorisation de se marier pour les prêtres, édite une feuille d'information pour les paysans, *Le Journal des laboureurs*. Réélu à la Convention, il dépose un projet de canal entre la Vilaine et la Rance, vote pour la mort du roi et part en mission à l'armée du Nord. Envoyé en août 1793 dans l'Oise et l'Aisne avec Lejeune, il ordonne l'arrestation de tous les nobles entre dix-sept et soixante ans pour les hommes, dix-sept et cinquante ans pour les femmes. On l'envoie ensuite avec Laignelot réorganiser les ports de La Rochelle et de Rochefort. Les deux hommes achèvent la désorganisation d'une marine en décomposition, arrêtant les officiers à tort et à travers, notamment Latouche-Tréville. En outre, Lequinio se consacre avec zèle à la déchristianisation de la Charente-Inférieure, ce qui lui vaut des réprimandes du Comité de salut public averti de ses excès par Lejeune. De passage à Vannes, Lequinio contraint la population à assister à ses prêches athées, ce qui lui cause quelques problèmes avec Robespierre à son retour à Paris. Après le 9 thermidor, Lequinio tente de s'assurer le contrôle du club des Jacobins, puis, ayant échoué, propose d'interdire aux députés la fréquentation des sociétés populaires. Dénoncé par les habitants de Rochefort pour ses exactions et ses rapines, il se cache jusqu'à l'amnistie votée par la Convention. Son élection au Conseil des Cinq-Cents dans le département du Nord en 1798 est annulée et il vit de son salaire d'inspecteur forestier à Valenciennes. Arrêté quelques jours après l'attentat de la rue Saint-Nicaise, il est expédié par Bonaparte comme vice-consul à Newport, aux États-Unis, et ne revient qu'en 1806 pour s'occuper exclusivement d'agriculture.

LESCURE (Louis Marie, marquis de) (Né à Versailles, le 13 octobre 1766, mort à La Pellerine, Mayenne, le 3 novembre 1793). Émigré après Varennes, Lescure revient défendre le roi, est aux Tuileries, le 10 août 1792. Emprisonné à Bressuire comme suspect, il est délivré par son parent et ami La Rochejaquelein. Chef des Vendéens, il bat les troupes régulières de la République à Thouars, Fontenay, Saumur dont il s'empare, mais échoue devant Nantes. Chassé de son quartier général de Bussière par Westermann, il le bat à Tiffauges. Blessé mortellement au combat de La Tremblaye, porté agonisant par ses hommes après le désastre de Cholet, il meurt durant la retraite.

LÈSE-MAJESTÉ (crime de). Tout attentat commis contre le roi, sa famille ou le royaume était qualifié de crime de lèse-majesté. La peine encourue était d'être tenaillé vif avec des tenailles rougies au feu puis d'être écartelé par quatre chevaux. Ainsi périrent Ravaillac en 1610 et Damiens en 1757. Le crime de lèse-majesté fut aboli en 1791.

LÈSE-NATION (crime de). Le crime de lèse-nation remplace à la Révolution le crime de lèse-majesté et s'applique aux entreprises qualifiées d'hostiles à la nation. Le 30 novembre 1789 étaient accusés de crime de lèse-nation : le prince de Lambesc, le baron de Besenval, le marquis d'Autichamp, le maréchal de Broglie, le garde des Sceaux Barentin, le ministre de la Guerre Puységur, soupçonnés d'avoir voulu faire mitrailler le peuple « paisiblement » occupé à prendre la Bastille, Augeard, auteur d'un projet d'enlèvement du roi pour le mettre à l'abri de la Révolution à Metz, le marquis de Favras qui voulait lever une armée pour enlever le roi de Paris et le conduire sous la protection de cette armée à Péronne, l'abbé Douglas et Régner qui avaient recruté des gens pour escorter le roi dans sa fuite, le chevalier de Reutlge qui aurait tenté d'empêcher les boulangers de faire leur pain (!), un certain Deschamps, accusé de manœuvres pour empêcher les fermiers de battre et de vendre leur grain (!), les auteurs et complices de la tentative de régicide du 6 octobre à Versailles. Seul le marquis de Favras paya de sa vie la paranoïa des révolutionnaires.

LESSART (Jean-Marie Antoine Claude de Valdec de) (Né en 1742, en Guyenne, peut-être à Bordeaux, assassiné à Versailles, le 9 septembre 1792). Maître des requêtes en 1767, un des trois commissaires nommés en octobre 1788 pour discuter et examiner tout ce qui a trait à l'administration des monnaies, de Lessart est un des intimes de Necker. Le roi en fait un des commissaires chargés de concilier les trois ordres aux états généraux. Il est appelé, le 4 décembre 1790, au Contrôle général des finances, puis passe, le 25 janvier 1791, au ministère de l'Intérieur tout en conservant le portefeuille des finances. Aux Finances, Clavière et les Girondins s'en prennent à sa gestion, à l'Intérieur, Desmoulins, Fréron, Marat lui reprochent ses sympathies pour le clergé réfractaire. Durant l'affaire de Varennes, il se révèle un exécutant docile des ordres de l'Assemblée. « Bon à tout et propre à rien » (F. Masson), de Lessart se voit ensuite confier l'intérim du ministère de la Marine en septembre 1791 et les Affaires étrangères en octobre. Impopulaire, incapable, dénoncé par beaucoup, il s'efforce en vain d'arrêter la marche à la guerre voulue par Brissot. Mis en accusation sous la pression des Girondins, le 10 mars 1792, il est transféré à la Haute Cour à Orléans. Après le 10 août, le jugement des prisonniers par le Tribunal révolutionnaire de Paris est décidé. Fournier l'Américain, chargé de les conduire jusqu'à la capitale, laisse massacrer à Versailles 44 des 52 personnes confiées à sa garde, dont Cossé-Brissac et de Lessart. De ce dernier, on a pu écrire qu'il était « incapable en diplomatie, ne sachant rien de la politique, aussi fat que Necker, mais plus bête ; au reste, on n'en peut douter, plein des meilleures intentions et convaincu de l'excellence de la Constitution » (F. Masson).

LESUEUR (Jean-François) (Né à Drucat-Plessiel, Somme, le 15 février 1760, mort à Paris, le 6 octobre 1837). Ayant appris les premiers éléments de la musique à la cathédrale d'Amiens, Lesueur devient maître de musique à Sées en 1778, puis à Dijon, au Mans, à Tours. En 1784, il obtient la maîtrise de l'église des Innocents à Paris, puis celle de Notre-Dame en 1786. Il y joue ses œuvres, notamment un *Regina caeli* et un *Gloria in excelsis* qui suscitent des polémiques. Lesueur s'explique dans son *Exposé d'une musique imitative* paru en 1787. Retiré à la campagne de 1788 à 1792, il reparaît à Paris en 1793 et remporte un grand succès avec son opéra *La Caverne*, que suivent *Castor et Pollux, Paul et Virginie* (1794). Nommé, en 1795, inspecteur des études au Conservatoire nouvellement créé, il se heurte à ses collègues. Choisi comme maître de chapelle par le Premier consul en 1804, il fait jouer cette même année *Les Bardes*, qui a un grand succès et fait de lui un musicien officiel. Louis XVIII le nomme surintendant de la musique. C'est sur sa musique qu'a lieu le sacre de Charles X à Reims.

LETHIÈRE (Guillaume Guillon, dit) (Né à Sainte-Anne, Guadeloupe, le 16 janvier 1760, mort à Paris, le 22 avril 1832). Élève de Descamps à Rouen puis de Doyen, peintre du roi, à Paris, Lethière enlève le grand prix de Rome en 1786 et part pour l'Italie. Il est de retour à Paris en 1792 et se spécialise dans la peinture à l'étude de l'antique. On lui doit des tableaux comme *Junius Brutus faisant exécuter ses fils, Énée et Didon surpris par un orage, Vénus sur les ondes*, mais aussi des sujets historiques un peu plus récents, tels *La Mort de César, La Messe dans les catacombes, Saint Louis visitant et touchant un pestiféré, Fondation du Collège royal de France par François Ier*, voire presque d'actualité : *Le Traité de Leoben* peint en 1806. Lethière joue sur le mouvement, mais il exagère parfois ses effets ; quant à ses couleurs, elles sont bien ternes.

LE TOURNEUR (Louis François Honoré) (Né à Granville, le 15 mars 1751, mort à Laeken, en Belgique, le 4 octobre 1817). Capitaine du génie à la fin de l'Ancien Régime, Le Tourneur est élu par la Manche à la Législative et s'y occupe surtout de la marine. Réélu à la Convention, il fait partie du comité de la guerre, vote pour l'appel au peuple puis pour la mort sans sursis lors du procès du roi. Il est en mission à Toulon puis à Perpignan de février à juin 1793, tentant de mettre ces places en état de défense. De retour à Paris, il fait un rapport sur l'organisation du génie. Ami de Carnot, il est hostile à Robespierre, le 9 thermidor. Revenu à Toulon au début de 1795, il assiste à la bataille navale de Noli, puis est délégué au camp sous Paris en juin avant d'entrer au Comité de salut public en août. Il combat contre les royalistes lors de l'insurrection de vendémiaire. Réélu par la Manche et huit autres départements, il siège au Conseil des Anciens. Carnot le fait désigner comme Directeur, le 27 octobre 1795. Il opine toujours au Directoire comme son collègue du génie et s'y occupe de la Marine. Éliminé par tirage au sort, le 20 mai 1797, il devient général de brigade en juin 1798. On lui confie les négociations à Lille avec les Anglais, mais, après le 18 fructidor, il est mis en non-activité en raison de ses liens avec Carnot. Bonaparte en fait un préfet de la Loire-Inférieure de 1800 à 1804, puis un conseiller à la Cour des comptes. Il est exilé comme régicide en 1816.

LEVASSEUR (René) (Né à Sainte-Croix, partie de la commune du Mans aujourd'hui, le 27 mai 1747, mort au Mans, le 17 septembre 1834). Chirurgien-accoucheur au Mans sous l'Ancien Régime, très marqué par ses opinions révolutionnaires et déshérité pour cela par un de ses oncles, Levasseur fait partie de la municipalité du Mans en 1790 et de l'administration du district en 1791. Élu par la Sarthe à la Convention, il vote la mort lors du procès du roi, soutient la création du Tribunal révolutionnaire et se montre un des ennemis les plus féroces des Girondins, notamment les 31 mai et 2 juin, soutenant ce jour que la loi exigeait que tous les gens suspects soient mis en état d'arrestation et que les Girondins étaient éminemment suspects en raison de leur hostilité à l'égard du peuple de Paris. En mission à l'armée du Nord, il assiste à la victoire d'Hondschoote et voit son cheval tué sous lui. Chargé de rétablir l'ordre à Beauvais et dans l'Oise, en octobre 1793, il est jugé trop modéré dans la répression et on lui adjoint André Dumont. Quoique dévoué à Robespierre, Levasseur semble avoir été estimé trop mou et insuffisamment révolutionnaire par ce dernier, qui lui fait substituer Clémence pour réprimer les troubles dans le district de Gonesse, en Seine-et-Oise, au mois de novembre suivant. Un des « tombeurs » des dantonistes, Levasseur est envoyé en avril 1794 rétablir l'ordre dans les Ardennes. De retour à Paris après l'élimination de Robespierre, il s'en prend aux « successeurs du tyran », est impliqué dans l'insurrection de germinal et emprisonné jusqu'à l'amnistie votée par la Convention à sa séparation. Rendu à sa profession de chirurgien, Levasseur est contraint à l'exil en 1816, en tant que régicide, et revient mourir au Mans après l'avènement de Louis-Philippe.

LEVÉE EN MASSE. Le 23 août 1793 est décrétée par la Convention la levée en masse. Dans l'esprit exalté et naïf des sans-culottes qui exigeaient cette mesure, il s'agissait d'un soulèvement de tous les hommes et même des femmes en état de porter les armes pour refouler l'envahisseur étranger. Les députés montagnards transformèrent ce fantasme en une réquisition de tous les hommes célibataires ou veufs sans enfant âgés de dix-huit à vingt-cinq ans. Les hommes mariés devaient « forger des armes », les femmes fabriquer des tentes et donner des soins dans les hôpitaux, les enfants faire de la charpie, les vieillards enseigner la haine des tyrans. En tout 300 000 hommes furent enrôlés, mais beaucoup d'autres se firent faire des certificats de complaisance par les médecins ou rejoignirent les adversaires de la Révolution dans les régions insurgées.

LE VENGEUR, voir **VENGEUR** (Le).

LHUILLIER (Louis Marie Lullier ou) (1746-1794). Nommé représentant de la commune pour le district de Saint-Jacques-l'Hôpital, il se fait connaître par plusieurs libelles. Il fait partie de la Commune insurrectionnelle du 10 août qu'il présidera. Devenu procureur général-syndic du Directoire « régénéré », il se révèle un administrateur efficace, mais il est compromis dans le mouvement hébertiste et les intrigues du baron de Batz. Arrêté, il se suicide dans sa prison.

LIANCOURT (école de). Située dans l'Oise, dans la commune du même nom, l'école de Liancourt était destinée aux enfants de militaires dont les pères étaient à la guerre. En 1795, on joignit à cette école celles des orphelins de la patrie, de Saint-Martin et de Popincourt et le nombre des élèves passa de 400 à 600. Il y avait un directeur aux appointements de 6 000 livres, un sous-directeur en touchant 5 000, quatre professeurs de grammaire française, de géographie, de mathématiques et de dessin payés

4 000 livres chacun, un officier de santé et une compagnie de vétérans pour encadrer les enfants, réduite à 25 hommes en 1795. Les enfants touchaient 15 sous par jour.

LIBELLES, voir **PAMPHLETS**.

LIBERTÉ. Premier mot de la devise républicaine, la liberté fut d'abord conçue de façon libérale. La Déclaration des droits de l'homme de 1795 la définissait ainsi : « La liberté consiste à pouvoir faire ce qui ne nuit pas aux droits d'autrui. » « Vivre libre ou mourir » fut une grande devise républicaine. Sous le règne de Robespierre, la liberté fut réservée à ceux qui étaient au pouvoir : « Pas de liberté pour les ennemis de la liberté » fut la devise de la Terreur.

LIBRAIRES. Sous l'Ancien Régime, les libraires étaient regroupés dans le quartier de l'Université. Ils avaient le droit d'éditer après avoir obtenu l'autorisation du lieutenant général de police, l'approbation des censeurs royaux et les lettres du grand sceau. Ils étaient tenus d'apposer leur nom et leur adresse sur les exemplaires qu'ils éditaient et d'en déposer cinq exemplaires : deux pour la Bibliothèque du roi, un pour le cabinet du Louvre, un pour le garde des Sceaux, un pour le censeur chargé de lire l'ouvrage. Les libraires avaient le monopole de la vente des livres et des bibliothèques par voie d'enchères, ou par catalogues, ou dans leurs boutiques. Les librairies ne pouvaient être vendues ou transmises sans la permission du lieutenant général de police. La Révolution établit la liberté totale du commerce de la librairie, le soumettant seulement à l'obligation de payer une patente.

LIEUTENANT. Apparu au XVe siècle, ce grade était attribué à celui qui tenait lieu de capitaine en l'absence de ce dernier. Ce grade, peu fréquent au début, se généralisa progressivement et il y avait un lieutenant par compagnie à l'époque de la Révolution. Les garçons-majors en fonction dans l'artillerie des places fortes, supprimés à la fin de 1790, furent rétablis en 1792 avec le titre de lieutenant en second.

LIEUTENANT-COLONEL. Créé en 1582 par le duc d'Épernon, alors colonel général de l'infanterie, ce grade fut à l'origine attribué au capitaine qui commandait la première compagnie du régiment, dite « colonelle ». Après la suppression du grade de colonel général, la deuxième compagnie, dite « mestre de camp », remplaça la première qui prit alors le deuxième rang, et en 1779 on accorda aux capitaines des « colonelles » des prérogatives plus étendues les rapprochant des colonels et faisant d'eux les deuxièmes officiers supérieurs du régiment. Avant le 17 mars 1788, les lieutenants-colonels devenaient maréchaux de camp sans passer par le grade de colonel, mais à cette date on fixa à vingt ans la durée de service dans le grade de lieutenant-colonel avant de devenir maréchal de camp. En 1791, chaque bataillon avait à sa tête un lieutenant-colonel. Ce grade fut supprimé en 1793 et remplacé par celui de chef de bataillon.

LIEUTENANT GÉNÉRAL. Ce grade fut créé en 1638 pour les officiers généraux commandant une division de l'armée sous les ordres du général en chef. Le lieutenant général venait en deuxième dans la hiérarchie militaire, après le maréchal de France. Il y avait deux cent quarante lieutenants généraux au début de la Révolution. La République changea le titre en général de division. Le nom de lieutenant général reparut de 1815 à 1848 avant d'être définitivement remplacé par général de division.

LIGNE (Charles Joseph, prince de) (Né à Bruxelles, le 23 mai 1735, mort à Vienne, le 13 décembre 1814). Au service de l'Autriche durant la guerre de Sept Ans, lieutenant général en 1771, le prince de Ligne fait à nouveau la guerre contre les Turcs en 1788-1789 et contribue à la prise de Belgrade. Quoiqu'il ait refusé de se joindre aux insurgés brabançons, il est écarté par François II mais obtient cependant le grade de feld-maréchal en 1808. Mais l'essentiel de la vie du prince de Ligne ne réside pas dans sa carrière militaire et diplomatique. « Autrichien en France, Français en Autriche, l'un ou l'autre en Russie », ainsi qu'il se définissait lui-même, il a été l'esprit le plus fin et le plus cultivé de l'aristocratie européenne du XVIIIe siècle, le type même du cosmopolitisme culturel, en relation avec toutes les cours européennes et avec tout ce qui comptait dans la littérature de son temps, le symbole d'une culture détruite irrémédiablement par la Révolution française et les nationalismes ombrageux des XIXe et XXe siècles. Ce grand seigneur écrivain a laissé quarante volumes d'œuvres les plus diverses, poésies, romans, pièces de théâtre, critique littéraire, histoire politique, militaire, voire horticulture. Un esprit aussi éclairé ne pouvait qu'être hostile aux débordements de violence et de grossièreté de la Révolution et il offrit le refuge de sa minuscule principauté aux émigrés français avant d'être obligé par l'arrivée des armées de Dumouriez à se réfugier à Vienne.

LIGURIENNE (république). Sous la contrainte des baïonnettes de Bonaparte, la République de Gênes dut changer sa Constitution en mai-juin 1797 pour adopter le modèle français : deux Conseils dits des Anciens et des Soixante, et un exécutif de cinq Directeurs dirigèrent la nouvelle république Ligurienne. Un traité d'alliance défensive et offensive acheva de faire de cette « république-sœur » un pâle satellite de la France. En 1802, toujours à l'imitation de la France, la république Ligurienne remplaça ses Directeurs par un doge. En 1805, la République fut annexée à l'Empire français et divisée en trois départements, des Apennins, de Montenotte et de Gênes.

LINDET (Jean-Baptiste Robert) (Né à Bernay, le 2 mai 1746, mort à Paris, le 16 février 1825). Avocat à Bernay, un des rédacteurs du cahier de doléances de cette ville, Robert Lindet en devient le maire en 1790. Il est élu par l'Eure à la Législative puis à la Convention. D'abord dans le camp des Girondins, il les quitte pour la Montagne dès son entrée à la Convention. Rapporteur de la commission chargée de présenter les « crimes » de Louis XVI, il vote pour la mort lors du procès du roi. Il est aussi le rapporteur du projet de décret instituant le Tribunal révolutionnaire et attaqué pour cela par les Girondins. Il entre, le 7 avril 1793, au Comité de salut public, où il s'occupe des finances, des subsistances et de la correspondance. Envoyé à Lyon au début de juin, il se pose en conciliateur, ce qui lui vaut d'être mal vu de tous et d'être obligé de revenir à Paris dès le 20 de ce mois. Envoyé avec Bonnet et Du Roy réprimer la révolte fédéraliste dans l'Eure et le Calvados, il se heurte à ses collègues et Bonnet demande son rappel, écrivant : « Lindet est un homme un peu difficile. Il a le genre nerveux très sensible et ne souffre pas volontiers les représentations. » Finalement, Robert Lindet reste en place et ses collègues sont rappelés. De retour à Paris à la fin d'octobre 1793, Robert Lindet se consacre entièrement au Comité de salut public, abattant un travail considérable, sauvant un certain nombre de prévenus de la guillotine en faisant ajourner les procès des « fédéralistes ». Seul avec Rühl, il refuse de signer l'arrêté de mise en accusation de Danton, répliquant à Saint-Just : « Je suis ici pour secourir les citoyens et non pour tuer les patriotes. » Il fait, en vain, prévenir Danton par Panis. Aussi reste-t-il indifférent à la chute de Robespierre et de sa clique pour lesquels il n'a jamais éprouvé de sympathie. Sorti du Comité de salut public, le 6 octobre 1794, il est arrêté puis amnistié à la séparation de la Convention. Le Directoire lui propose un rôle d'agent secret à Bâle qu'il refuse. Impliqué dans la conspiration de Babeuf, il est acquitté. Son élection aux Cinq-Cents par l'Eure et la Seine, en 1798, est cassée. Enfin, après l'élimination de La Revellière-Lépeaux et de Merlin, il est appelé au ministère des Finances le 23 juillet 1799, mais le quitte après le 18 brumaire pour reprendre son métier d'avocat. N'ayant pas signé l'acte additionnel en 1815, il échappe à l'exil.

LINDET (Robert Thomas) (Né à Bernay, le 13 novembre 1743, mort à Bernay, le 10 août 1823). Frère aîné de Jean-Baptiste Robert, Thomas Lindet est curé de la paroisse de Sainte-Croix à Bernay en 1789. Il est élu par le clergé du bailliage d'Évreux aux états généraux et figure parmi les prêtres les plus favorables à la Révolution. Adhérent à la Constitution civile du clergé, il est élu en 1791 évêque constitutionnel de l'Eure. Élu à la Convention par l'Eure, il se marie, vote la mort du roi et travaille surtout au comité de l'instruction publique. Plus à gauche que son frère, il profite de la proscription des Girondins pour régler ses comptes avec Buzot qui avait fait préférer Évreux à Bernay comme chef-lieu du département de l'Eure. Il est réélu par ce département au Conseil des Anciens en 1796, puis en 1798, mais cette dernière élection est cassée. Thomas Lindet se retire alors à Bernay où il exerce la profession d'avocat jusqu'à sa mort. N'ayant pas signé l'acte additionnel durant les Cent-Jours, il échappe à la proscription frappant les régicides.

LINGUET (Simon Nicolas Henri) (Né à Reims, le 14 juillet 1736, guillotiné à Paris, le 27 juin 1794). Avocat rayé du barreau après dix années d'exercice en raison de son attitude déloyale et de son arrogance à l'égard de ses confrères, Linguet se fait journaliste et édite une feuille hebdomadaire, le *Journal politique et littéraire*, qui attaque à peu près tout le monde. Aussi perd-il son privilège et est-il obligé de cesser de publier. Incarcéré à la Bastille de 1780 à 1782, il flatte Joseph II et obtient une gratification de lui pour bientôt le trahir et soutenir la révolte brabançonne. Célèbre pour ses *Mémoires sur la Bastille*, il défend en 1791 devant les constituants l'assemblée coloniale de Saint-Domingue « contre la tyrannie des Blancs », accuse ensuite devant la Législative le ministre Bertrand de Molleville. Sous la Terreur, il est arrêté et jugé pour des articles élogieux publiés dans son journal sous l'Ancien Régime afin d'obtenir des subsides de souverains étrangers. Ces flatteries vieilles de vingt ans lui valent une condamnation à mort.

LINOIS (Charles Alexandre Léon Durand, comte de) (Né à Brest, le 27 janvier 1761, mort à Versailles, le 2 décembre 1848). Engagé dans la marine en 1776, Linois fait la guerre en Amérique et sert surtout aux Antilles. Il est, en 1789, lieutenant de port à Brest. De 1791 à 1794, il fait campagne dans les mers de l'Inde. A son retour, Villaret-Joyeuse lui confie l'avant-garde d'un convoi de farine en provenance des États-Unis. Son navire est pris par les Anglais. Libéré par échange en janvier 1795, il perd l'œil gauche et est à nouveau fait prisonnier au combat naval de Groix en juin 1795. Échangé et de retour en France à la fin d'août, il est chef de division navale en mars 1796 et participe à la malheureuse expédition d'Irlande. Chef d'état-major des forces navales de Brest en février 1799, il est nommé provisoirement contre-amiral par le ministre Bruix et voit son grade confirmé par le Premier consul en 1800. Il livre plusieurs combats en Méditerranée, fait partie de l'expédition de Saint-Domingue. Nommé en 1803 commandant des forces navales à l'est du cap de Bonne-Espérance, il part de Brest en mars et fait la guerre aux Anglais jusque dans la mer de Chine. Il est vaincu et fait prisonnier en mars 1806. Fait comte de l'Empire durant sa captivité, il revient en France en 1814.

LIQUIDATION. Le 16 décembre 1790, la Constituante vota la création d'une direction générale de liquidation sous les ordres d'un commissaire nommé par le roi. Elle fut chargée d'établir les dettes de l'État, d'évaluer le coût des remboursements d'offices et de pensions, de liquidation des dîmes, droits féodaux et fonciers. Le 18 juillet 1793, la Convention décréta la liquidation totale des dettes de l'État et lui en confia le paiement, qui s'effectua lentement et en assignats dévalués.

LISTE CIVILE. Sous l'Ancien Régime, les dépenses de l'État et celles propres au souverain étaient payées par les revenus de l'impôt et des domaines de la Couronne. La Constituante distingua sous le nom de liste civile les sommes affectées aux besoins personnels du roi. Elle fut fixée à 25 millions de livres auxquels s'ajoutèrent les 4 millions du douaire de la reine.

LISTE DES ÉMIGRÉS, voir **ÉMIGRÉS** (liste des).

LITTÉRATURE. La Révolution fut une ère catastrophique pour la littérature. L'échafaud fut le destin de bon nombre d'écrivains, tels Cazotte ou André Chénier, Florian mourut des suites de sa détention. Les salons disparurent sous la Terreur, les auteurs de talent émigrèrent, comme Chateaubriand, Joseph de Maistre, Laharpe, Mallet du Pan, ou se terrèrent comme Marmontel. En revanche, la littérature journalistique et politique connut un essor démesuré. Si les journalistes royalistes comme Rivarol furent bien vite réduits au silence et à l'émigration, les talents des Camille Desmoulins trouvèrent à s'exercer non sans péril, car la plupart des journalistes partisans de la Révolution finirent sous le couperet de la guillotine. L'art oratoire connut aussi une floraison inconnue jusque-là avec des hommes comme Barnave, Mirabeau, l'abbé Maury, Vergniaud, Danton, Robespierre... Mais, dans l'ensemble, au strict point de vue de la littérature, les années 1789-1800 sont un désert où n'apparaît que le nom de Restif de La Bretonne.

LIVRE ROUGE. Au lendemain du 10 août 1792, après l'incarcération du roi au Temple, les révolutionnaires vainqueurs firent grand bruit autour du Livre rouge trouvé aux Tuileries, et la Convention en ordonna l'impression, le considérant comme un document compromettant pour la royauté. Ce livre relié en maroquin rouge n'était autre que le registre des dépenses secrètes de la royauté sous les règnes de Louis XV et de Louis XVI. Il n'avait rien de bien secret puisqu'il avait été communiqué à Necker et au comité des pensions de la Constituante, le 15 mars 1790. Les commissaires en distribuèrent alors les dépenses en dix chapitres : frères du roi, 28 millions de livres environ ; dons et gratifications, 6 millions ; pensions et traitements, 2 millions ; aumônes, 254 000 livres ; indemnités, avances et prêts, 15 millions ; acquisitions, charges, près de 21 millions ; affaires de finances, moins de 6 millions ; affaires étrangères et postes, près de 136 millions, le chapitre de loin le plus important des dépenses ; dépenses diverses, moins de 2 millions ; dépenses personnelles du roi et de la reine, 11,5 millions. Le total atteignait un peu moins de 228 millions de livres.

LIVRES. En septembre 1791, soucieuse de l'accroissement des fonds de la Bibliothèque nationale, l'Assemblée décida de mettre une somme de 100 000 livres à la disposition du ministère de l'Intérieur pour acquérir des livres rares et précieux lors de ventes de bibliothèques particulières. Mais l'essentiel des enrichissements de l'époque révolutionnaire ne vint pas d'achats mais de spoliations, l'État ayant confisqué les bibliothèques des abbayes devenues bien nationaux, puis celles des émigrés.

LODI (bataille de). Pour déborder l'armée autrichienne, commandée par Beaulieu, qui protégeait la Lombardie, Napoléon passa le Pô à Plaisance et marcha sur Lodi d'où il comptait s'ouvrir la route de Milan. Le village et le pont de Lodi étaient défendus par le général Sebottendorf qui disposait de 8 500 hommes et de 14 canons. Il évacua Lodi, le 10 mai 1796, devant la nette supériorité numérique des Français, mais se retrancha de l'autre côté du pont enjambant l'Adda. Masséna et Berthier tentèrent de traverser le pont à la tête d'un millier de volontaires mais furent repoussés par le feu meurtrier des Autrichiens. Un second assaut fut tenté par Masséna assisté du général Cervoni qui réussit à s'emparer du pont. Cette victoire ouvrit à Bonaparte la route de Milan et lui donna le contrôle de la Lombardie. Son courage durant cette bataille le rendit très populaire auprès de ses troupes.

LOGOGRAPHE. « Journal national rédigé par Le Hodey, d'après le travail des membres de la Société logographique », le *Logographe* fut créé le 27 avril 1791 par l'imprimeur Baudouin, déjà propriétaire du *Journal des débats*. Il vécut à peine un an et demi et disparut le 17 août 1792, supprimé sur ordre de la Législative parce que favorable à la cour.

LOI MARTIALE. Devant le nombre croissant d'émeutes et d'actes de violence perpétrés depuis le 14 juillet 1789, excédée en dernier lieu par le meurtre d'un boulanger parisien par une foule hystérique, la Constituante décida l'institution de la loi martiale en cas de rassemblements séditieux et d'émeutes. Votée le 20 octobre, signée le jour même par le roi, cette loi fut promulguée dès le lendemain. La loi martiale était proclamée par les municipalités qui pouvaient requérir la maréchaussée, la garde nationale et l'armée pour rétablir l'ordre. L'application la plus fameuse eut lieu le 17 juillet 1791 au Champ-de-Mars. Les officiers étaient tenus d'arborer un drapeau rouge et de faire à trois reprises les sommations avant d'ordonner aux forces de l'ordre d'ouvrir le feu.

LOMÉNIE DE BRIENNE (Étienne Charles de) (Né à Paris, le 9 octobre

1727, mort à Sens, le 16 février 1794). Évêque de Condom en 1761, archevêque de Toulouse en 1763, membre de l'Académie française en 1770, contrôleur général des Finances de mai 1787 à août 1788, Loménie de Brienne porte une lourde responsabilité dans l'échec de l'assemblée des notables et des réformes voulues par Calonne. Ayant eu la sottise de vouloir associer les parlements à une politique de réformes fiscales, il n'y réussit pas mieux que Calonne avec ses « notables » et doit affronter une fronde parlementaire qui amène la convocation des états généraux. Au moins son passage au ministère n'est-il pas tout à fait négatif pour lui, puisque Loménie de Brienne se fait nommer archevêque de Sens en janvier 1788. Ce personnage falot, imprégné des idées des philosophes, est fait cardinal en décembre 1788, prête serment à la Constitution civile du clergé, devient évêque constitutionnel de l'Yonne, mais n'échappe pas pour autant à la vindicte révolutionnaire, est arrêté et meurt d'apoplexie.

LOTERIE. C'est en 1539 que la loterie fut autorisée pour la première fois en France. Le Pont-Royal fut construit grâce aux bénéfices d'une loterie inventée par l'Italien Tonti. Des églises comme Saint-Louis, Saint-Roch, Saint-Nicolas furent construites grâce à des loteries, de même que la coupole du Panthéon ou l'École militaire. En 1776, Louis XVI supprima toutes les loteries, sauf celle des Enfants trouvés de la Pitié, au profit de la seule loterie royale, source de profits considérables pour l'État. Cette loterie royale était dirigée en 1789 par un intendant assisté de douze administrateurs. Le tirage était fait en présence du lieutenant général de police et les gains touchés par les joueurs atteignaient 150 000 livres par an. Le tiers état de Paris demanda, dans son cahier de doléances, la suppression des loteries « comme contraires aux bonnes mœurs et funestes à toutes les classes de la société ». Elles furent supprimées par le décret de la Convention du 15 novembre 1793. Mais le Directoire, toujours à court d'argent, recréa l'ancienne loterie royale à son profit sous le nom de Loterie de France, le 30 septembre 1797, et l'établit au 2 de la rue Neuve-des-Petits-Champs.

LOUCHET (Louis) (Né à Longpré-les-Corps-Saints, Somme, le 21 janvier 1755, disparu en décembre 1813). Professeur au collège de Rodez, Louchet publie en 1788 une brochure intitulée *Le Tiers État au roi,* où il exprime les revendications du tiers état. Devenu le chef du parti révolutionnaire dans l'Aveyron, administrateur de ce département, il est élu à la Convention. Après avoir voté la mort du roi, il passe son temps en mission, dans la Seine-Inférieure, l'Eure-et-Loir. Partisan de Danton, il interrompt la discussion, le 9 thermidor, et s'écrie : « Il faut en finir ; le décret d'arrestation contre Robespierre ! » Les députés le suivent et votent aussitôt le texte. N'ayant rien compris à ce qui se passait vraiment, Louchet continue ensuite à faire l'apologie de la Terreur. Il n'est pas réélu aux conseils du Directoire et devient receveur général de la Somme jusqu'à la fin mystérieuse de son existence ; il disparaît de son domicile, vraisemblablement assassiné, au soir d'une réception qu'il venait de donner.

LOUIS XVI (Né à Versailles, le 23 août 1754, guillotiné à Paris, le 21 janvier 1793). Petit-fils de Louis XV, marié en 1770 à Marie-Antoinette d'Autriche, Louis XVI monte sur le trône en 1774. Dévot, faible, indécis mais plein de bonne volonté, il est incapable de se libérer de l'emprise de l'entourage de la reine. Décidé à faire les réformes qui s'imposent, il appelle Turgot (1774-1776) et Necker (1776-1781) mais n'a pas le courage ou la volonté de les soutenir jusqu'au bout dans leur lutte contre les parlements. Seules quelques réformes sont adoptées : liberté du commerce des grains, suppression des corporations et de la corvée royale, abolition de la torture préalable, expérience d'assemblées provinciales. Mais l'essentiel, la réforme fiscale, ne peut aboutir. Or, la guerre d'Amérique a creusé le gouffre financier. La suppression des privilèges fiscaux et l'égalité devant l'impôt visées par Calonne échouent devant l'assemblée des notables de 1787. Loménie de Brienne commet l'erreur de solliciter la même chose des parlements qui entament une fronde contre le pouvoir, entraînant l'obligation de réunir les états généraux pour demander au pays un effort fiscal. Louis XVI laisse passer ses chances de prendre la tête du mouvement réformiste en ne soutenant pas la revendication du doublement de la représentation du tiers état et en voulant imposer la délibération par ordres. Ayant finalement cédé, le 27 juin 1789, il ne sait pas se résoudre à une épreuve de force, fait réunir des troupes autour de Paris, renvoie Necker, mais ne fait rien contre l'insurrection parisienne, le 14 juillet, rappelle Necker, arbore la cocarde tricolore à l'Hôtel de Ville. Sa popularité regagnée est à nouveau flétrie par son refus de ratifier la Déclaration des droits de l'homme et l'abolition du régime féodal votée dans la nuit du 4 août. Les journées des 5 et 6 octobre sanctionnent son attitude. Ramené à Paris, le roi est désormais à la merci des mouvements de foule. En apparence seulement résigné à n'être plus qu'un roi constitutionnel, Louis XVI se prête à la fête de la Fédération qui restaure le prestige de la monarchie en communion avec la nation. Mais la Constitution civile du clergé heurte profondément ses sentiments religieux et, plutôt que de jouer son rôle de monarque constitutionnel, comme le lui conseille Mirabeau, Louis XVI préfère tabler sur un coup de force militaire. Ainsi s'explique la fuite de la famille royale dans la nuit du 20 au 21 juin 1791. Cette équipée porte un coup fatal au prestige royal. Le subterfuge de l'Assemblée voulant croire à l'enlèvement du roi ne trompe personne et désormais la suspicion plane sur les Tuileries. La déclaration de guerre en mars 1792, les relations secrètes de la cour avec l'ennemi autrichien ne peuvent que précipiter une issue tragique. Le 10 août, le procès, la condamnation, le supplice final ne sont que des engrenages d'un processus mis en route depuis plus d'un an. La mort, on ne peut plus digne et courageuse, de Louis XVI provoque une immense émotion dans les cours européennes et suscite la formation de la première coalition contre la jeune République.

LOUIS XVII (Né à Versailles, le 27 mars 1785, mort à Paris, le 8 juin 1795). Louis-Charles de Normandie devient dauphin à la mort de son frère aîné, le 4 juin 1789. Déjà chétif et maladif, il arrive à la prison du Temple, le 12 août 1792, à l'âge de sept ans. Il va passer trois ans dans cette forteresse rébarbative et bien peu ensoleillée. Durant ce séjour, la tuberculose osseuse, qu'il couvait peut-être déjà, va l'emporter. On a prétendu à tort qu'il avait été victime de mauvais traitements de la part du cordonnier Simon qui assura quelque temps sa garde. Ce dernier se borna à l'élever comme un enfant du peuple et à lui apprendre des chansons révolutionnaires et grivoises pour amuser les geôliers. Lors du procès de la reine, Chaumette et Hébert sollicitèrent de l'enfant des accusations obscènes contre sa mère. On a évoqué l'hypothèse d'une substitution et de nombreux faux dauphins sont apparus au XIXe siècle, dont les plus célèbres sont Hervagault, Bruneau, Richemont et Naundorff, mais l'évasion du dauphin relève de la légende et de la supercherie.

LOUIS XVIII, voir **PROVENCE**.

LOUIS (Joseph Dominique) (Né à Toul, le 13 novembre 1755, mort à Bry-sur-Marne, Val-de-Marne, le 26 août 1837). L'abbé Louis, protégé de Talleyrand, fait partie de l'assemblée provinciale de l'Orléanais et contribue à la rédaction de ses cahiers de doléances. Le 14 juillet 1790, il est un des prêtres qui aident Talleyrand à célébrer le messe au Champ-de-Mars. Le ministre Montmorin le charge de plusieurs missions diplomatiques. Nommé ambassadeur au Danemark, il émigre après le 10 août sans avoir rejoint son poste. Réfugié en Angleterre, il revient en France après le 18 brumaire et réorganise la comptabilité du ministère de la Guerre. Ses capacités financières lui valent plusieurs missions importantes et d'être nommé maître des requêtes au Conseil d'État, administrateur du Trésor public, baron de l'Empire. Louis XVIII en fait un ministre des Finances.

LOUIS (Louis Victor) (Né à Paris, le 10 mai 1731, mort à Paris, le 2 juillet 1802). Entré à quinze ans à l'École royale d'architecture, pensionnaire de l'École de Rome, Victor Louis restaure à son retour la chapelle du couvent de Notre-Dame-de-Bon-Secours et construit la chapelle des Ames-du-Purgatoire de l'église Sainte-Marguerite. Architecte du roi de Pologne, il restaure son palais à Varsovie. De retour en France, il travaille à la cathédrale de Chartres, restaure l'hôtel du maréchal de Richelieu, construit la première salle du Vauxhall, reconstruit le théâtre de Bordeaux, son chef-d'œuvre, terminé en 1780. Le duc d'Orléans lui confie ensuite les bâtiments à construire autour du jardin du Palais-Royal, dont la salle actuelle de la Comédie-Française. L'exécution d'un grand plan de rénovation de Bordeaux est arrêtée par la Révolution.

LOUISIANE. Toute la région du golfe du Mexique, du Yucatan à la Floride, fut découverte par les Espagnols, mais ces derniers bornèrent leur occupation aux régions aurifères et argentifères, négligeant l'immense bassin du Mississippi-Missouri. Ce furent les Français qui, partis des Grands Lacs, descendirent ces deux cours d'eau et s'établirent dans le delta du Mississippi, à Biloxi, en 1699. En hommage à Louis XIV, cette immense région aux limites indéfinies fut nommée Louisiane. La Compagnie des Indes occidentales dirigée par Law spécula sur la mise en valeur de la Louisiane, et La Nouvelle-Orléans fut fondée en 1718. La défaite de la France entraîna la cession des territoires à l'est du Mississippi à l'Angleterre par le traité de Paris (1763). Auparavant, par le traité de Fontainebleau du 3 novembre 1762, la France avait cédé tous les pays situés à l'ouest de ce fleuve à son alliée, l'Espagne. Par le traité de San Ildefonso, signé le 1er octobre 1800, l'Espagne rétrocéda sa part de la Louisiane à la France. Mais, le jugeant indéfendable contre les appétits britanniques, Bonaparte la vendit aux États-Unis, le 30 avril 1803, contre 80 millions de francs.

LOUIS-PHILIPPE Ier, voir **CHARTRES**.

LOUSTALLOT (Élisée) (Né à Saint-Jean-d'Angély, le 12 août 1762, mort à Paris, le 19 septembre

1790). Avocat à Paris, Loustallot est le principal rédacteur des *Révolutions de Paris*, journal qui a une immense diffusion pour l'époque et dont certains numéros sont tirés à 200 000 exemplaires. Auteur des articles de fond, Loustallot est un défenseur de la liberté de la presse, aussi bien de *L'Ami du roi* que de *L'Ami du peuple* de Marat. Il meurt à l'âge de vingt-neuf ans et les clubs des Cordeliers et des Jacobins votent un deuil de trois jours en son honneur.

LOUVET (Jean-Baptiste) (Né à Paris, le 12 juin 1760, mort à Paris, le 25 août 1797). Commis de librairie, Louvet s'acquiert la célébrité avec un roman licencieux, *Les Amours du chevalier de Faublas*. Fervent adepte des idées révolutionnaires, il écrit un *Paris justifié* à la suite des événements d'octobre 1789 et en réponse aux critiques de Mounier contre les Parisiens. Membre du club des Jacobins, tout en continuant à écrire des romans et des comédies, il s'essaie à la politique. Orateur attitré de la section des Lombards, il porte à l'Assemblée, le 25 décembre 1791, une pétition demandant la mise en accusation des princes et des émigrés. Le 1er mars suivant, il lance un journal financé par Roland, *La Sentinelle*. Élu à la Convention par le Loiret, il y attaque constamment Robespierre et fait paraître des libelles contre lui. Il vote pour l'appel au peuple lors du procès du roi et pour la mort avec sursis. Décrété d'accusation avec ses amis girondins, le 2 juin 1793, il s'enfuit dans l'Ouest, puis à Bordeaux et en Suisse. Revenu à Paris en octobre 1794, réadmis à la Convention en mars 1795, il entre au Comité de salut public, prêche la clémence et s'attaque à la jeunesse dorée. Élu par huit départements au Conseil des Cinq-Cents, ayant repris la publication de *La Sentinelle*, il meurt à trente-sept ans d'épuisement. Le *Journal des hommes libres* salue ainsi son décès : « Louvet est mort : il a succombé sous un travail excessif. Il fut un des premiers à dénoncer le caractère royal de la réaction. »

LOUVRE (palais du). Château des rois de France depuis le règne de Philippe Auguste, à l'aube du XVIIIe siècle, le Louvre connut d'incessants aménagements jusqu'à ce que les souverains lui préfèrent les châteaux de la Loire puis Versailles. Au début de la Révolution, les écuries du roi occupaient les galeries du rez-de-chaussée. Le Louvre abritait les séances des académies, du Grand Conseil, l'Imprimerie royale, la monnaie des médailles, de nombreux ateliers d'artistes. Les travaux de rénovation entrepris sous le règne de Louis XVI furent interrompus par les troubles de la Révolution et le Louvre resta quasiment à l'abandon jusqu'à ce que Bonaparte fasse reprendre la restauration en 1803.

LOYERS. La Constituante décida en mars 1791 que les locataires d'ateliers, chantiers et magasins seraient tenus d'en déclarer la valeur locative. Le Conseil des Cinq-Cents ordonna en mars 1796 le paiement des loyers en mandats territoriaux dont personne ne voulait afin d'imposer le cours forcé de cette monnaie.

LUBERSAC (Jean-Baptiste Joseph de) (Né à Limoges, le 15 avril 1740, mort à Paris, le 30 août 1822). Évêque de Tréguier en 1775, de Chartres en 1780, Lubersac est élu aux états généraux par le clergé du bailliage de Chartres. D'abord favorable aux idées nouvelles et à l'abolition des privilèges, il refuse la Constitution civile du clergé, se démet et émigre. Revenu en France après le Concordat, il est nommé chanoine de Saint-Denis en 1806 et fait baron de l'Empire en 1808.

LUCE DE LANCIVAL (Jean Charles Julien) (Né à Saint-Gobain en 1764, mort en 1810). Écrivain et brillant élève du collège Louis-le-Grand, il entra dans l'enseignement et se signala par la publication de poésies de circonstance comme « La Paix » en 1783. Entré dans les ordres, il fut rendu à la vie civile par la Révolution. Il fit jouer plusieurs tragédies dont un *Mucius Scaevola* en 1794. Revenu dans l'enseignement, il fut chargé du cours de poésie latine à la Sorbonne. En 1809 son *Hector* plut à l'empereur qui y vit « une pièce de quartier général ; après l'avoir entendue, on allait mieux à l'ennemi ». Luce de Lancival y gagna une pension et la Légion d'honneur. Il composa un poème en vers latins sur le mariage de Napoléon et de Marie-Louise qui fut sa dernière œuvre.

LUCKNER (Nicolas, baron de) (Né à Camb, en Bavière, le 12 janvier 1722, guillotiné à Paris, le 4 janvier 1794). Au service successivement de sa Bavière natale, de l'Autriche, des Provinces-Unies, de Hanovre, Luckner passe au service du roi de France en 1763 comme lieutenant général, est fait baron en 1778, comte en 1784. Après Varennes, ce presque septuagénaire envoie son serment de fidélité à l'Assemblée. Il est fait maréchal de France à la fin de 1791 et mis à la tête de l'armée du Rhin puis de celle du Nord. Ses liens avec La Fayette, qu'il accompagne à Paris en juillet 1792, lui valent la suspicion après le 10 août. On le relègue à l'armée de réserve à Châlons, le 1er septembre, puis on le prive de tout commandement. Il est sorti de sa retraite et accusé de trahison, livré au Tribunal révolutionnaire et envoyé à l'échafaud, deux ans après que le ministre de la Guerre, Narbonne, eut déclaré : « Luckner a le cœur plus français que l'accent. »

LUCQUES (république de). Ce petit État italien se vit imposer une contribution de guerre par Bonaparte en juin 1796 et devint un protectorat de la France. Son territoire fut occupé à nouveau par les Français à la fin de janvier 1799, et le général Sérurier imposa une Constitution calquée sur le Directoire. Lucques fut érigée avec Piombino en grand-duché en 1805 et donnée par Bonaparte à sa sœur Élisa.

LUX (Adam) (Né à Obernburg, près de Mayence, en 1766, guillotiné à Paris, le 25 novembre 1793). Philosophe, docteur de l'université de Mayence, membre de la Confédération rhéno-germanique, Adam Lux vient en France demander la réunion de son pays à la France. Il demande et obtient la nationalité française. Ne connaissant rien à la vie politique française, il a la candeur de se ranger du côté des Girondins au moment où ils sont proscrits et d'oser prendre la défense de Charlotte Corday. Cela suffit pour l'envoyer à l'échafaud.

LUXE. En janvier 1790, l'abbé Maury proposa l'établissement d'un impôt sur le luxe, mais ne fut pas suivi par la Constituante. Le 7 thermidor an III (26 juillet 1795), la Convention décréta une taxe sur les objets de luxe : chevaux, carrosses, cabriolets, litières et autres voitures. La taxe sur les chevaux et mulets de luxe fut fixée à 20 livres pour le premier, 40 pour le deuxième, 80 pour le troisième, etc. Furent exemptées les bêtes appartenant aux marchands de chevaux et celles ayant moins de trois ans. La taxe pour les voitures fut identique : 20 livres pour la première, 40 pour la seconde, mais 120 pour la troisième. Les loueurs de voitures et entrepreneurs de messageries eurent à payer seulement 5 livres par cheval et 10 livres par roue de voiture. Furent également imposés les domestiques mâles, les cheminées, les poêles.

LUXEMBOURG. Devenu possession des Habsbourg au traité d'Utrecht (1713), le duché de Luxembourg fut occupé par les armées de la Révolution en 1795 et l'Autriche y renonça par le traité de Campoformio en 1797. Annexé à la France, il devint le département des Forêts. Au congrès de Vienne, en 1815, il fut érigé en grand-duché et offert en possession personnelle au roi des Pays-Bas, Guillaume Ier, en compensation de la perte de ses territoires de Nassau.

LYCÉE DE PARIS. Fondé par Pilâtre de Rozier en 1781 sous le nom de Musée, établi au Palais-Royal, menacé de disparition en 1785, à la mort de son créateur, relevé par Montmorin et Montesquiou-Fézensac et nommé lycée de Paris, cet établissement s'installa alors rue de Valois. On y donnait des cours professés par Fourcroy, Chaptal, Monge, Cuvier pour les sciences, Marmontel et Garat pour l'histoire, Ginguené, Laharpe et Lemercier pour la littérature. Le lycée de Paris devint durant la Révolution le lycée républicain puis l'Athénée républicain et l'Athénée de Paris.

LYCÉE DES ARTS. C'est le colonel du génie Desaudrais qui créa cet établissement en 1792 pour l'encouragement des sciences et des techniques. Installée à l'origine dans le cirque du jardin du Palais-Royal, cette association donnait des cours gratuits et comptait parmi ses professeurs Lavoisier, Lalande, Condorcet, Parmentier, Berthollet, Daubenton pour les sciences, Sedaine, Lesueur, Sicard, Dalayrac pour les arts et les lettres.

LYON (nom révolutionnaire : Commune-Affranchie).

LYON. Ruinée par la Révolution qui avait entraîné l'effondrement des industries de luxe, notamment de la soie, et interrompu les relations commerciales avec l'étranger à la suite de la déclaration de guerre, la ville de Lyon était, de plus, soumise à la dictature d'éléments encore plus extrémistes que les sans-culottes parisiens. En mai 1793, tous éléments confondus, des royalistes aux républicains modérés et aux Girondins, les Lyonnais s'insurgèrent contre la municipalité et guillotinèrent Chalier, son chef. Dirigée d'abord par des Girondins comme Biroteau ou Chasset, la résistance passa à la fin de juillet sous le contrôle de royalistes avérés comme Précy. Le siège par les troupes de la Convention commandées par Kellermann dura du 14 août au 9 octobre. Pendant près de soixante jours, les Lyonnais résistèrent à un contre dix. Ils subirent une répression particulièrement terrible. La Convention décréta que la ville serait détruite et qu'on ne laisserait debout que les maisons des pauvres gens, qu'on l'appellerait désormais Commune-Affranchie. Couthon, jugé insuffisamment sévère, fut remplacé par Collot d'Herbois et Fouché. La guillotine ne permettant pas de tuer les prisonniers assez vite, on mitrailla au canon dans la plaine des Brotteaux des centaines de personnes, mais on n'osa pas aller jusqu'au bout et la ville ne fut pas détruite. On s'explique qu'elle ait été le siège d'une Terreur blanche très active en 1795, les bourreaux sans-culottes des bas quartiers de la ville étant à leur tour mis à mort sommairement.

M

MABILAIS (paix de la), voir **LA MABILAIS** (paix de).

MACDONALD (Étienne Jacques Joseph Alexandre) (Né à Sedan, le 17 novembre 1765, mort au château de Courcelles-le-Roi dans la commune de Beaulieu-sur-Loire, Loiret, le 25 septembre 1840). A la légion irlandaise en 1784, Macdonald est lieutenant en octobre 1791, aide de camp de Beurnonville en juin 1792, capitaine et aide de camp de Dumouriez en août. Il se distingue à Jemmapes, le 6 novembre, devient lieutenant-colonel, le 12. Général de brigade à l'armée du Nord, le 26 août 1793, il se bat à Tourcoing, le lendemain, prend Werwicq et Menin, devient général de division en novembre 1794, poursuit de Valenciennes au-delà de l'Ems les troupes anglaises du duc d'York, fait prisonnière la flotte hollandaise prise dans les glaces. A l'armée d'Italie, à partir de 1798, il remplace Championnet à la tête de l'armée de Naples en février 1799. Il est commandant de la place de Versailles au moment du 18 brumaire et soutient le coup d'État. Mais son amitié avec Moreau lui vaut la suspicion de Bonaparte jusqu'en 1809. Il est fait maréchal après Wagram, puis duc de Tarente. On le trouve ensuite en Catalogne, en Russie, à Leipzig. Louis XVIII le fait ministre d'État et membre du Conseil privé.

MACHECOUL. Cette ville de la Loire-Inférieure fut marquée par une tuerie. Les Vendéens s'emparèrent de cette cité favorable aux républicains et y massacrèrent, le 20 juin 1793, près de six cents personnes. Les troupes de Charette n'évacuèrent Machecoul que le 2 janvier 1794.

MACK VON LEIBERICH (Charles, baron de) (Né à Nennslingen, Franconie, le 24 août 1752, mort à Sankt Pölten, Autriche, le 22 octobre 1828). Ce général au service de l'Autriche se vit confier la tâche d'élaborer la plupart des plans de campagne des puissances coalisées contre la Révolution française. Mis à la tête des armées de Naples, il fut capturé par Championnet en 1798 et envoyé à Paris, d'où il parvint à s'évader en 1800. En octobre 1805, il se laissa enfermer dans Ulm et dut capituler à nouveau. Libéré par Napoléon, il fut jugé en

Autriche, condamné à mort, gracié et enfermé deux ans dans une forteresse.

MACKINTOSH (Sir James) (Né à Aldourie, Écosse, le 24 octobre 1765, mort à Langham Place, Angleterre, le 30 mai 1832). Médecin et historien, Mackintosh fait scandale en Angleterre en 1791 avec sa *Vindiciae Gallicae*, traduite en français sous le titre d'*Apologie de la Révolution française.* Mais la Terreur le ramène aux vues hostiles de Burke qu'il avait réfutées. Après des études de droit, Mackintosh devient un avocat célèbre et fait des conférences sur la loi naturelle et la loi civile. En Inde de 1804 à 1811, il fait ensuite une carrière politique aux Communes.

MADELONNETTES (prison des), voir **PRISONS**.

MAGISTRATS, voir **JUGES**, **JUSTICE**.

MAI (journée du 31). Le conflit entre la Gironde et la Montagne devient très grave à partir d'avril 1793. Les Montagnards contrôlent le club des Jacobins et ses nombreuses filiales de province. Ce club fait circuler en avril une pétition demandant l'épuration de la Convention, l'élimination des députés qui ont tenté de « sauver le tyran » en ne votant pas en faveur de la mort de Louis XVI. La Convention réagit en votant, après un discours de Guadet, la mise en arrestation du président des Jacobins, Marat, par 226 voix contre 93 et 47 abstentions. Le faible nombre de votants s'explique par le grand nombre de représentants en mission en province et aux armées. Le 15 avril, les sections de Paris réclament des poursuites contre 22 députés, les chefs du parti girondin. Les Girondins, qui contrôlent l'essentiel de la province, notamment les municipalités de Lyon, Marseille, Nantes, Bordeaux, Caen, etc., ripostent en accusant la Commune de Paris de faire pression sur la représentation nationale et obtiennent la constitution d'une commission d'enquête de l'Assemblée, dite commission des douze, qui déclenche des poursuites contre Hébert, un des chefs du club des Cordeliers, et Varlet, un des meneurs des Enragés, qui sont arrêtés. La Commune proteste le 25 mai contre ces arrestations. Isnard répond par un discours retentissant mais maladroit où il déclare notamment : « Si, par une insurrection, on portait atteinte à la représentation nationale... au nom de la France entière, je vous le déclare : Paris serait anéanti... » Le 28 mai, ne sachant que faire, redoutant un coup de force des sections, les députés suppriment la commission des douze puis la rétablissent aussitôt par 279 voix contre 238. Les sections parisiennes ripostent en créant un comité de liaison le 29 mai. Le 31 mai, elles envahissent la Convention et déposent sur le bureau de l'Assemblée une pétition demandant la mise en accusation des 22 députés brissotins et des membres de la commission des douze, la levée et l'organisation d'une armée révolutionnaire pour assurer de force le ravitaillement de la capitale et faire appliquer les lois révolutionnaires, l'établissement d'un maximum pour les prix des denrées alimentaires, la levée d'un impôt sur les riches et des aides pour les pauvres. La Convention terrorisée supprime la commission des douze et vote une indemnité aux sectionnaires pour les apaiser, mais ne va pas plus loin. Dans la nuit du 1er au 2 juin, la Commune arrête Mme Roland, Clavière et plusieurs autres chefs de la Gironde et fait encercler la Convention par la garde nationale. La Convention capitule le 2 juin sous la menace des canons et livre à la Commune les 22 Girondins. Le 2 juin 1793 marque l'élimination par la force du parti au pouvoir, disposant d'une majorité à la Convention. C'est un coup d'État des Montagnards et de la Commune de Paris au détriment de la représentation nationale et du reste de la France.

MAIGNET (Étienne Christophe) (Né à Ambert, Puy-de-Dôme, le 9 juillet 1758, mort à Ambert, le 22 octobre 1834). Avocat à Ambert à la veille de la Révolution, Maignet est membre de l'administration du Puy-de-Dôme en 1790, puis député de ce département à la Législative et à la Convention. Il vote la mort lors du procès du roi et passe l'essentiel de son temps en mission à l'armée de la Moselle puis à celle des Alpes. Avec Couthon dans Lyon vaincu, il répugne à mettre à exécution l'ordre de destruction de la ville envoyé par la Convention et confirmé par une lettre pressante de Robespierre. Ayant demandé son rappel, Maignet est envoyé mettre en place un personnel jacobin dans le Vaucluse et les Bouches-du-Rhône. A Marseille, il s'oppose aux excès de Fréron, s'efforce de préserver cette cité de la destruction et de la famine. A Avignon, il fait arrêter Jourdan Coupe-Tête, mais commet des abus à Bédoin qu'il fait incendier. On lui reproche cela après le 9 thermidor et Maignet juge préférable de se cacher jusqu'à l'amnistie générale que vote la Convention à sa séparation. Il reprend ensuite son métier d'avocat à Ambert. Condamné à l'exil sous la Restauration, il vit caché près d'Ambert jusqu'en 1830.

MAILHE (Jean) (Né à Guizerix, Hautes-Pyrénées, le 2 juin 1750, mort à Paris, le 1er juin 1834). Avocat à Toulouse à la fin de l'Ancien Régime, Mailhe devient procureur général-syndic de la Haute-Garonne en 1790 avant d'être élu à la Législative et à la Convention. Au comité diplomatique de la première de ces assemblées, au comité de législation de la seconde, il est chargé de présenter le rapport de mise en accusation du roi. Appelé par le tirage au sort à voter le premier, il se déclare en faveur de la peine de mort mais demande qu'elle soit assortie du sursis. Vingt-six députés le suivent et certains ne se privent pas pour laisser entendre que Mailhe et plusieurs autres ont reçu de l'argent pour ne pas voter la mort. Après la proscription des Girondins, Mailhe se cantonne au comité de législation et ne paraît plus à la Convention. Robespierre ayant déclaré au Comité de salut public : « Mailhe est le plus immoral des hommes », Cambacérès avertit ce dernier qui se fait désormais à peu près invisible. Il reparaît après le 9 thermidor et se montre très hostile aux Jacobins, les chassant de l'administration lors de sa mission dans l'Yonne et la Côte-d'Or. Les Hautes-Pyrénées le réélisent au Conseil des Cinq-Cents. Lié avec les Clichyens, rédacteur du *Journal général de France*, feuille de tendance royaliste, puis à *L'Orateur constitutionnel*, il est proscrit après le coup d'État du 18 fructidor. Amnistié en janvier 1800, il s'établit avocat à Paris. Il doit s'exiler comme régicide en 1816 et s'installer à Bruxelles jusqu'en 1830.

MAILLARD (Stanislas Marie) (Né à Gournay-en-Bray, Seine-Maritime, le 11 décembre 1763, mort à Paris, le 15 avril 1794). Clerc d'huissier, Maillard se distingue à la prise de la Bastille et surtout les 5 et 6 octobre, suggérant aux femmes qui avaient envahi l'Hôtel de Ville de marcher sur Versailles, puis prenant la tête du cortège, s'improvisant leur porte-parole auprès de l'Assemblée.

Capitaine de la garde nationale en 1790, il prend part à la journée du 10 août, institue un simulacre de tribunal aux portes de la prison de l'Abbaye au début de septembre 1792, se voit qualifier par la postérité de « grand juge de l'Abbaye », de « chef des massacreurs », et disparaît de la scène politique « comme enterré dans le sang », ainsi que l'écrit Michelet. Il meurt, en fait, de phtisie. Ce n'est pas le monstre satanique qu'on s'est plu à dépeindre mais un raté, un ivrogne aux moyens d'existence aléatoires, souvent arrêté pour de menues escroqueries ou des querelles chez les marchands de vin, habitant à deux pas de l'Hôtel de Ville et toujours disponible pour une manifestation révolutionnaire, un « mauvais sujet » comme on disait alors. Les circonstances en ont fait une marionnette historique disparue après avoir effectué ses « trois petits tours » sanglants.

MAINVIELLE (Jacques Pierre Agricol Minvielle ou) (Né à Avignon, le 6 septembre 1764, guillotiné à Paris, le 31 octobre 1793). Négociant en soieries à Avignon, Mainvielle est un des plus actifs partisans de la réunion du comtat Venaissin à la France. Compromis dans les massacres de La Glacière, il échappe au jugement grâce à l'amnistie du 11 mars 1792. Élu par les Bouches-du-Rhône député suppléant à la Convention, il y siège à partir d'avril 1793, mais, lié avec Barbaroux et les Girondins, est décrété d'arrestation, le 30 juillet suivant. Ses dénégations devant le Tribunal révolutionnaire ne l'empêchent pas d'être expédié à l'échafaud avec ceux dont il reniait l'amitié.

MAIRES. Avec la création des communes, la France eut 36 000 maires. Paris eut son premier maire après le massacre par la populace, le 14 juillet 1789, du prévôt des marchands, Flesselles, l'astronome Bailly, élu le 16 juillet 1789. Il fut remplacé par Pétion en novembre 1791. Chambord lui succéda en octobre 1792. Puis vinrent Pache, de février 1793 à mai 1794, Fleuriot-Lescot de mai à juillet 1794. La Convention décida, par le décret du 19 vendémiaire an IV (11 octobre 1795), qu'il y aurait 12 municipalités et autant de maires dans la capitale, ce qui diminua considérablement l'importance de cette fonction.

MAISON DE SECOURS. Sous ce nom, c'est une sorte de banque qui se constitua au début de la Révolution. Elle émettait au profit des gens dans le besoin des billets de secours, dits aussi billets de parchemin. En avril 1792, la Maison de secours reçut 3 000 000 de livres de la Législative pour payer le droit de timbre frappant ses billets et elle fut alors placée sous la surveillance de la Commune de Paris qui entreprit progressivement la liquidation de ses billets. En octobre 1792, la municipalité parisienne demanda 100 000 livres à la Convention pour achever la liquidation, mais n'en obtint que 30 000. A la fin de l'année, le remboursement était cependant terminé. La Maison de secours avait émis pour plus de 10 000 000 de billets.

MAISON DU ROI. La Maison du roi était constituée par les officiers attachés à son service personnel. Elle se divisait en 22 départements. Il y avait la cuisine ou bouche du roi, avec panetier, échanson, cuisinier, la chapelle du roi, la musique du roi, la garde-robe et la chambre du roi avec le grand chambellan, un service des cérémonies pour les réceptions et l'introduction des ambassadeurs, le garde-meuble, les menus-plaisirs, la grande et la petite écurie, la vénerie, la fauconnerie, la louveterie, la cassette du roi. Il y avait, en outre, une maison militaire du roi. Elle se composait en 1789 des 4 compagnies gardes du corps (1 124 hommes), des cent-suisses qui étaient 120, de deux régiments de gardes-françaises (5 078 hommes), d'un régiment de gardes suisses (2 324 hommes), de la compagnie de la maréchaussée, des voyages et des chasses du roi (84 hommes), soit un total de 8 730 officiers et soldats. Par mesure d'économie, plusieurs corps avaient été dissous entre 1778 et 1788 : gardes de la porte ordinaire, gardes de la marche, gardes de la prévôté de l'Hôtel du roi, gendarmes de la garde, chevau-légers de la garde, mousquetaires du roi et grenadiers à cheval. Les princes et princesses du sang avaient aussi leurs propres maisons.

MAISTRE (Joseph, comte de) (Né à Chambéry, le 1er avril 1753, mort à Turin, le 26 février 1821). Magistrat savoyard imprégné de Voltaire, influencé par la franc-maçonnerie et l'illuminisme, Maistre subit une rude déconvenue lorsque les troupes de la Révolution envahissent la Savoie. Réfugié à Lausanne, il publie en 1796 ses *Considérations sur la Révolution française,* où il dépeint la Révolution comme une catastrophe voulue par la Providence. Envoyé extraordinaire du roi de Sardaigne en Russie, il séjourne à Saint-Pétersbourg de 1802 à 1817 et y rédige l'essentiel de son œuvre : *Essai sur le principe générateur des Constitutions politiques, Les Soirées de Saint-Pétersbourg, ou Entretiens sur le gouvernement temporel de la Providence,* où il développe la pensée contre-révolutionnaire qui connaît son apogée dans *Du pape* (1819), apologie de la théocratie pontificale sur les plans aussi bien temporel que spirituel. De Maistre est, avec Bonald, le maître à penser de la réaction dite traditionaliste contre la Révolution. Il décrit la société comme une réalité organique et peut, à ce titre, être considéré comme un des pères de la sociologie, et oppose à l'a priori rationaliste du siècle des lumières le sens commun, l'expérience et les lois non écrites.

MAÎTRISES. La maîtrise était un privilège accordé sous l'Ancien Régime et permettant l'exercice d'un artisanat ou d'un commerce. Il fallait avoir été successivement apprenti puis compagnon pour accéder à la maîtrise, les enfants de maîtres étant cependant dispensés de cette obligation. Pour devenir maître, le compagnon devait avoir réalisé un « chef-d'œuvre », c'est-à-dire un objet correspondant à son métier. La maîtrise fut abolie par Turgot qui s'engagea à payer les dettes des corporations et en fut incapable. Aussi les maîtrises furent-elles rétablies pour ne disparaître qu'avec la Révolution, lorsque fut proclamée la liberté du travail.

MALESHERBES (Guillaume Chrétien de Lamoignon de) (Né à Paris, le 6 décembre 1721, guillotiné à Paris, le 22 avril 1794). Premier président de la Cour des aides et directeur de la Librairie en 1750, Malesherbes protège les philosophes et laisse diffuser l'*Encyclopédie.* Il fait partie du gouvernement de Turgot en 1775 comme secrétaire d'État à la Maison du roi, ce qui comporte la police, et se retire avec Turgot en 1776. De nouveau appelé en 1787-1788, il n'est pas davantage écouté lorsqu'il propose des réformes. Le 13 décembre 1792, il s'offre à défendre le roi avec Tronchet et de Sèze. On se souvient de lui en pleine Terreur, on va le chercher dans sa retraite et on envoie à l'échafaud un vieillard de soixante-treize ans, avec, pour faire bonne mesure, sa fille et ses petits-enfants.

MALLARMÉ (François René Auguste) (Né à Nancy, le 25 février 1755, mort à Malines, Belgique, le 9 décembre 1831). Avocat à la fin de l'Ancien Régime, Mallarmé devient procureur général-syndic du district de Pont-à-Mousson en 1790, député de la Meurthe à la Législative et à la Convention. Il vote pour la mort au procès du roi, préside l'Assemblée le 31 mai et le 2 juin 1793, et laisse la foule des émeutiers terroriser la représentation nationale. Grégoire lui reproche sa lâcheté dans ces circonstances et le traite dans ses Mémoires de « brigand de mon pays ». Travaillant surtout avec Cambon au comité des finances, Mallarmé est également envoyé en mission dans la Meurthe, les Vosges et la Haute-Saône, puis, après la chute de Robespierre, dans la Haute-Garonne, le Gers et le Tarn. Poursuivi comme terroriste à son retour à Paris, il est libéré par l'amnistie générale votée par la Convention à sa séparation. Il est ensuite commissaire du Directoire dans le département de la Dyle, puis inspecteur des contributions dans ce même département. En 1805, il est affecté à Lunéville puis à Nancy. Frappé comme régicide, il s'exile en Belgique et y meurt.

MALLET DU PAN (Jacques) (Né à Céligny, dans le canton de Genève, en 1749, mort à Richmond, en Angleterre, le 10 mai 1800). Collaborateur de Linguet avant de passer au *Mercure de France,* Mallet du Pan considère avec prudence la Révolution naissante et ses sympathies vont plutôt à des gens comme Malouet ou Mounier. A partir de la fin de 1789, avec la défaite du parti anglophile, favorable à une monarchie à l'anglaise, il devient très critique et donne de sévères analyses des débats à l'Assemblée. Louis XVI lui confie une mission importante en avril 1792, lui demandant de se rendre auprès des émigrés à Coblence, de contacter le roi de Prusse et l'empereur afin qu'ils adoptent des positions modérées. La publication du manifeste de Brunswick, le 25 juillet 1792, ruine ses démarches. Revenu en Suisse, Mallet du Pan continue à utiliser sa plume contre la Révolution de manière conciliante tout en remplissant diverses missions de diplomatie secrète. De 1798 à 1800, il vit en Angleterre où il fait paraître *Le Mercure britannique* sur le modèle du *Mercure de France,* discernant un des premiers l'étoile montante de Bonaparte et interprétant remarquablement ce qu'allait être le régime imposé par lui.

MALOUET (Pierre Victor) (Né à Riom, Puy-de-Dôme, le 11 février 1740, mort à Paris, le 7 septembre 1814). Intendant de la marine à Toulon en 1789, Malouet est élu aux états généraux par le tiers état de la sénéchaussée de Riom. Un des chefs du parti monarchien, il siège au comité de la marine et est plusieurs fois appelé en consultation par le roi. Il émigre en Angleterre après le 10 août 1792 et ne revient qu'après le 18 brumaire. Bonaparte le réintègre dans l'administration de la marine, le fait conseiller d'État et baron de l'Empire.

MALTE. Cette île au cœur de la Méditerranée appartenait à l'ordre hospitalier des chevaliers de Saint-Jean-de-Jérusalem, autrement dit chevaliers de Malte, lorsque Bonaparte s'empara de l'île, le 6 juin 1798, avant de repartir pour l'Égypte. Malte demeura deux ans sous le contrôle d'une garnison française. Les Anglais finirent par s'en emparer en septembre 1800. Malgré leur promesse de la rendre à la paix d'Amiens, ils s'y maintinrent pendant plus d'un siècle et demi.

MANDAT (Antoine Jean Gailliot, marquis de) (Né à Paris, le 7 mai 1731, assassiné à Paris, le 10 août 1792). Capitaine aux gardes-françaises en 1789, Mandat devient, après le 14 juillet 1789, vice-président du comité militaire de la ville de Paris. Après la démission de La Fayette, le commandement de la garde nationale parisienne est assuré par roulement tous les quinze jours par un chef de bataillon. C'est Mandat qui se trouve à la tête de cette garde le 9 août et qui met les Tuileries en état de défense. Les dirigeants de l'insurrection le font convoquer, le 10, à cinq heures du matin, à l'Hôtel de Ville, le destituent et le laissent massacrer par la foule.

MANDAT D'AMENER. La réorganisation de la police et de la justice par la Constituante amena la création, à la fin de 1790, du mandat d'amener, droit accordé à tout officier de police de donner un ordre, de rédiger un mandat, pour faire comparaître devant lui un prévenu de crime ou de délit. Le mandat d'amener devait porter la signature et le sceau de l'officier de police et mentionner clairement le nom et l'identité du prévenu. Le mandat était exécutoire dans tout le royaume et copie devait en être remise à l'intéressé, qui était conduit d'abord à la municipalité du lieu où il se trouvait.

MANDAT D'ARRÊT. Créé par la même loi de 1790 que le mandat d'amener, le mandat d'arrêt devait mentionner l'adresse et le nom du prévenu, de même que la raison de son arrestation. Il était interdit d'arrêter un citoyen à son domicile sans un mandat de police ou une ordonnance de justice. Durant la Terreur, le droit d'émettre des mandats d'arrêt fut généreusement accordé à toutes les autorités révolutionnaires, même les plus douteuses au point de vue juridique, comme les comités de surveillance. Immédiatement après la chute de Robespierre, la Convention défendit à ses Comités de salut public et de sûreté générale de déléguer le droit de lancer des mandats d'arrêt, afin de faire cesser les abus antérieurs.

MANDAT IMPÉRATIF. Le mandat impératif est l'ordre donné par l'électeur à son député d'exprimer une opinion précise, de voter pour ou contre, sur des sujets évoqués à l'Assemblée. La question du mandat impératif se posa avec acuité pour les députés aux états généraux. Certains estimèrent alors que les députés étaient tenus d'obéir aux réclamations formulées dans les cahiers de doléances rédigés par leurs électeurs. Dans un règlement du 27 juin 1789, le roi dénia tout caractère impératif au mandat des députés. Le 8 juillet suivant, la Constituante proclama qu'il ne saurait y avoir de mandat impératif pour les membres de cette assemblée.

MANDATS TERRITORIAUX. Afin de remplacer les assignats totalement dévalués, le Directoire créa, le 23 décembre 1795, les mandats territoriaux. Les assignats devaient être échangés à raison de 30 pour un mandat territorial. 800 000 mandats territoriaux auraient ainsi dû être émis pour assurer la disparition des assignats. En fait, le Directoire tricha d'emblée et émit trois fois plus de mandats territoriaux qu'il n'était nécessaire. Théoriquement gagés sur la richesse du pays, les mandats n'eurent pas plus de succès que les assignats. Dès le premier jour de l'émission, 100 livres en mandat ne valaient plus que 18 livres en monnaie métallique. La chute fut extrêmement rapide et vertigineuse. Moins d'un an après sa création, en septembre 1796, le mandat avait perdu 95 % de sa valeur initiale. Le 21 mai 1797, le Directoire renonça à cette expérience désastreuse de papier-monnaie pour revenir à la monnaie métallique d'or, d'argent et de billon, telle qu'elle était en usage à la veille de la Révolution. On échangea alors 100 livres de mandats territoriaux contre 20 sous de monnaie métallique.

MANÈGE (salle du). Située à l'emplacement actuel de l'angle des rues de Rivoli et de Castiglione, la salle du Manège était mitoyenne de la terrasse des Feuillants, à proximité immédiate des Tuileries. C'est là que siégèrent la Constituante à partir de 1791, la Législative, la Convention jusqu'en mai 1793, les Cinq-Cents de 1795 à 1798. La salle du Manège fut détruite en 1802.

MANIFESTE DE BRUNSWICK, voir **BRUNSWICK** (manifeste de).

MANUEL (Louis Pierre) (Né sans doute à Montargis en 1751, guillotiné à Paris, le 14 novembre 1793). Précepteur puis commis de librairie, auteur de libelles qui lui auraient valu trois mois de séjour à la Bastille, Manuel se fait connaître après la prise de cette forteresse par un recueil bâclé d'anecdotes intitulé *La Bastille dévoilée*. Il se fait aussi élire membre de la nouvelle municipalité et administrateur de police. Le 2 décembre 1791, il devient procureur de la Commune. Sa conduite, le 20 juin 1792, lui vaut d'être suspendu de ses fonctions, le 7 juillet suivant, en même temps que Pétion. Soutenu par Robespierre et les Jacobins, il est rétabli dans ses fonctions, le 23 juillet, et participe activement à l'insurrection du 10 août. Ainsi garde-t-il son poste de procureur dans la nouvelle Commune. Son rôle durant les massacres de Septembre est controversé, certains lui reprochant d'avoir laissé faire, d'autres le louant d'avoir sauvé quelques personnes. Après son élection par Paris à la Convention, sa popularité décline rapidement. Il ose condamner devant les Jacobins, le 5 novembre, les massacres de Septembre, il se déclare contre la peine de mort lors du procès du roi et démissionne après le vote, déclarant que « l'homme de bien n'a plus qu'à s'envelopper dans son manteau ». Retiré à Montargis, il est l'objet d'une tentative d'assassinat par les « patriotes » locaux en mars 1793. Ses anciens amis parisiens, n'ayant pas oublié ce qu'ils considèrent comme une trahison, le font arrêter et envoyer à Paris devant le Tribunal révolutionnaire qui le condamne à mort. Michelet a sévèrement traité Manuel, l'appelant « un pauvre pédant, homme de lettres ridicule ».

MANUFACTURES, voir **INDUSTRIE**.

MARAIS (le), voir **PLAINE** (la).

MARAT (Jean-Paul) (Né à Boudry, Suisse, le 24 mai 1743, assassiné à Paris, le 13 juillet 1793). Né dans la principauté de Neuchâtel et donc sujet prussien, docteur en médecine après des études en Hollande, en Angleterre et en Écosse, auteur d'un *Traité sur les principes de l'Homme* où il traite Malebranche et Condillac « d'hommes orgueilleusement ignorants, d'esprits bornés, fermés à l'évidence pour ne rien voir audessus de leurs capacités », Marat est profondément blessé de l'absence de succès de son livre et d'être ridiculisé par une critique sévère qu'en fait Voltaire. Établi à Paris en 1776, médecin des gardes du corps du comte d'Artois jusqu'en 1786, il consacre ses loisirs à des expériences de physique. « Inaccessible aux plaisirs de la table et aux agréments de la vie, il consacrait tous ses moyens à ses expériences de physique », écrit Brissot, qui ajoute : « Jour et nuit occupé à les répéter, il se serait contenté de pain et d'eau pour avoir le plaisir d'humilier une fois l'Académie des sciences ; c'était le *nec plus ultra* de ses ambitions. » Car Marat est un aigri, ne supportant pas la moindre objection et convaincu qu'il est un génie méconnu. N'écrit-il pas : « Vers l'époque de la Révolution, excédé des persécutions que j'éprouvais depuis si longtemps de la part de l'Académie des sciences, j'embrassai avec ardeur l'occasion qui se présentait de repousser mes oppresseurs et de me mettre à ma place », à leur place, aurait-il aussi bien pu écrire. Dès septembre 1789 commence à paraître son journal, *L'Ami du peuple.* Il est seul à le rédiger, ayant répondu à Fréron et à Camille Desmoulins qui lui proposaient leur collaboration : « L'aigle marche toujours seul, le dindon fait troupe. » Ses incitations au meurtre lui valent quelques semaines de prison et quelques séjours à Londres pour éviter les poursuites, dès octobre-novembre 1789. En décembre 1790, rappelant ses appels au crime de l'année précédente, il écrit : « Il y a une année que cinq ou six cents têtes abattues vous auraient rendus libres et heureux. Aujourd'hui, il en faudrait abattre dix mille. Sous quelques mois peut-être en abattrez-vous cent mille, et vous ferez à merveille : car il n'y aura point de paix pour vous, si vous n'avez exterminé, jusqu'au dernier rejeton, les implacables ennemis de la patrie. » Après la fusillade du Champ-de-Mars, sentant monter la violence qu'il appelle de ses vœux, il se déchaîne encore plus et propose d'élever huit cents potences pour pendre huit cents députés de la Constituante. En décembre 1791, il doit à nouveau se réfugier à Londres et ne peut recommencer à faire paraître *L'Ami du peuple* en avril suivant que grâce à la protection du club des Cordeliers. Malgré sa popularité, il n'est pas membre de la Commune insurrectionnelle du 10 août, mais Paris l'élit peu après à la Convention. C'est à cause de sa campagne de presse qu'ont lieu les massacres de Septembre dans les prisons de Paris. Le Montagnard Levasseur, Jacobin, robespierriste et révolutionnaire indubitable, raconte ainsi dans ses *Mémoires* l'impression faite sur les députés par Marat : « Ce fanatique énergumène nous inspirait à nous-mêmes une sorte de répugnance et de stupeur. Lorsqu'on me le montra pour la première fois, s'agitant avec violence au sommet de la Montagne, je le considérai avec cette curiosité inquiète qu'on éprouve en contemplant certains insectes hideux. Ses vêtements en désordre, sa figure livide, ses yeux hagards avaient je ne sais quoi de rebutant et d'épouvantable qui contristait l'âme. Tous les collègues avec lesquels je me liai d'amitié le jugèrent comme moi. » Attaqué par les Girondins, Marat rend coup pour coup et joue un rôle important dans leur chute. Il n'est pas pour autant favorable à Robespierre et l'interrompt un jour, lui lançant de son banc : « Tout cela n'est que du charlatanisme. » Plus populaire que Robespierre dans le petit peuple parisien, Marat, qui en juillet 1791 a fait l'apologie de la dictature et s'est présenté comme un recours éventuel, recherche avec fureur le pouvoir et la renommée. Il le reconnaît lui-même : « J'ai deux passions dominantes qui, dès mon enfance, maîtrisent toutes les puissances de mon être : l'amour de la justice et l'amour de la gloire. » Son assassinat par Charlotte Corday débarrasse Robespierre d'un dangereux rival et l'on dit que, moins d'un an plus tard, lorsqu'il apprit sa condamnation à mort et celle de Danton, Camille Desmoulins se serait écrié : « Si Marat était de ce monde, nous n'en serions pas là. » Transférée solennellement au Panthéon, la dépouille de Marat en sera expulsée moins d'un an plus tard. Ajoutons pour la petite histoire un portrait physique. Nul n'ignore la laideur caractéristique de Marat, ses yeux gris-jaune de tigre, « le dessus des lèvres qu'on dirait gonflé de poison » (c'est le socialiste Louis Blanc qui écrit), son « air de malpropreté » (Fabre d'Églantine) et l'eczéma généralisé dont il était couvert. Gaston-Martin, en conclusion de son étude biographique sur Marat, a écrit : « Marat, le sanguinaire, le pourvoyeur de la guillotine, dont la prose corrosive réclame sans cesse de nouvelles proscriptions, présente sans doute un des plus beaux cas de cette frénésie humanitaire qu'engendrent toutes les grandes crises sociales. »

MARC D'ARGENT. La Constituante décida en octobre 1789 que, pour être éligible à la Législative, il faudrait posséder un bien foncier et payer un impôt direct s'élevant au minimum à la valeur d'un marc (244 grammes) d'argent, soit 51 jours de salaire ou autant de livres en monnaie. Environ 50 000 Français entraient dans cette catégorie. A la suite des polémiques que souleva ce « mur d'argent », la Constituante abolit la clause du marc d'argent, le 27 août 1791.

MARCEAU (François Séverin Marceau-Desgraviers, dit) (Né à Chartres, le 1er mars 1769, tué à Altenkirchen, le 21 septembre 1796). Soldat au régiment d'Angoulême-infanterie en 1785, Marceau entre dans la garde nationale, le 14 juillet 1789. Il est capitaine de cette garde à Chartres dès octobre, s'engage au 1er bataillon de volontaires d'Eure-et-Loir en novembre 1791 et se retrouve lieutenant-colonel à la déclaration de guerre, en mars 1792. Au siège de Verdun, c'est lui qui porte la capitulation de la ville au roi de Prusse. A sa demande, il est admis comme lieutenant dans la légion germanique et envoyé en Vendée où il se bat en 1793, figurant dans tous les combats importants, notamment à Saumur, à Savenay, à Cholet, et devient général de division en novembre de cette année. A l'armée des Ardennes en 1794, puis à celle de Sambre-et-Meuse, il prend Coblence et fait le blocus de Mayence et de Ehrenbreitstein. Il bat les Autrichiens à Neuwied en octobre 1795. En 1796, couvrant la retraite, il arrête l'ennemi à Altenkirchen mais est mortellement blessé, et meurt à l'âge de vingt-sept ans.

MARÉCHAL (Pierre Sylvain) (Né le 15 août 1750 à Paris, mort à Montrouge, le 18 janvier 1803). Sous-bibliothécaire au collège Mazarin, auteur de poésies légères signées le Berger Sylvain, renvoyé pour avoir parodié la Bible, Maréchal tâte de la prison pour son irrévérence religieuse dans l'*Almanach des honnêtes gens* de 1788. A peine libéré, il se plonge dans l'agitation révolutionnaire, reprend, cette fois impunément, ses publications antireligieuses, avec notamment *Dieu et les prêtres,* se lie avec Chaumette et Prudhomme, collabore aux *Révolutions de Paris* où il remplace Loustallot décédé, invente un calendrier révolutionnaire adopté par la Commune de Paris avant que la Convention n'impose celui de Fabre d'Églantine, fait paraître un manifeste socialiste intitulé *Dame Nature à l'Assemblée nationale.* Il compose aussi, pour plaire à Robespierre, un *Hymne à l'Être suprême.* Tout se gâte pour lui lorsqu'il se laisse entraîner dans la conspiration de Babeuf et rédige le *Manifeste des*

Égaux, mais il se défend avec assez d'habileté au procès pour obtenir son acquittement. Il publie encore avant de mourir un *Dictionnaire des athées*.

MARÉCHAL DE CAMP. Grade apparu au XVe siècle, le maréchal de camp avait pour mission de répartir les logements des troupes et de leur désigner leur place sur le champ de bataille. En 1610, la charge de maréchal général des camps et armées du roi devint un office de la Couronne. Il y avait 768 maréchaux de camp en 1789. On en créa 12 nouveaux en 1792. L'emploi et le titre de maréchal de camp disparurent en 1793.

MARÉCHAL DE FRANCE. Chef de la cavalerie du roi à l'origine, maréchal de France fut d'abord un titre porté par un seul homme, puis le nombre en augmenta progressivement. On compta jusqu'à vingt maréchaux de France en fonction simultanément sous Louis XIV. Il y en avait onze en 1789 : Contades (nommé en 1758), Broglie (1759), Noailles (1775), Mouchy et Duras (1783), Mailly, Beauvau, Castries, Laval, Ségur, Choiseul-Stainville. La Constituante ramena le nombre des maréchaux à six, avec un traitement de 30 000 livres. En 1792, les maréchaux furent supprimés et remplacés par des généraux en chef. Napoléon rétablit le grade de maréchal en 1804.

MARET (Bernard Hugues, plus tard duc de Bassano) (1763-1839). Fils de médecin, avocat au parlement de Bourgogne, il vint à Paris en 1788 et, fasciné par les événements, suivit fidèlement les débats de la Constituante dont il eut l'idée de publier un résumé objectif sous le nom de *Bulletin de l'Assemblée* qui fut incorporé dans *Le Moniteur*. D'abord jacobin, il fut l'un des fondateurs du club des Feuillants. Grâce à la protection de Lebrun, ministre des Relations extérieures, il remplit une mission à Londres. Un moment destitué, il fut nommé ambassadeur à Naples en juillet 1793. Comme il se rendait à son poste en traversant le Piémont, en même temps que Sémonville appelé à Constantinople, il fut enlevé par les Autrichiens et seulement libéré, après une dure captivité, en échange de Mme Royale, fille de Louis XVI. Il fit partie des négociateurs de Lille avec l'Angleterre, puis fut tenu à l'écart jusqu'au retour d'Égypte de Bonaparte. Secrétaire d'État sous le Consulat puis l'Empire, ministre des Affaires étrangères entre 1811 et 1813, il fut fait duc de Bassano par Napoléon. Talleyrand disait de lui : « Il n'y a qu'une personne plus bête que M. Maret, c'est le duc de Bassano. »

MARIAGE. Sous l'Ancien Régime, le mariage était précédé de formalités longues et complexes : fiançailles souvent faites par écrit, publication de plusieurs bans en vertu de l'ordonnance de 1639. Il y avait de nombreux empêchements au mariage : familiaux, sociaux, religieux. C'est le curé du domicile des époux qui recevait leur consentement. Le mariage devait avoir lieu publiquement devant au moins quatre témoins. Il était indissoluble et seule la séparation de corps pouvait être prononcée. Le 21 août 1793, la Convention définit ainsi le mariage : « Le mariage est une convention, par laquelle l'homme et la femme s'engagent, sous l'autorité de la loi, à vivre ensemble, à nourrir et élever les enfants qui peuvent naître de leur union. » L'âge minimal pour le mariage fut fixé à quinze ans révolus pour les hommes et treize ans révolus pour les femmes. Les enfants majeurs avaient besoin d'une simple réquisition pour obtenir l'accord de leurs parents et pouvaient se marier trois jours plus tard. Les mineurs devaient avoir l'accord du conseil de famille qui ne pouvait empêcher l'union qu'en cas d'inconduite notoire de la mariée ou de sa non-réhabilitation après un jugement portant peine d'infamie. Le mariage devait être publié aux domiciles des deux contractants. Il était interdit de contracter une seconde union avant dissolution de la première par décès ou divorce. Le Code civil fixera l'âge minimal requis à dix-huit ans pour les hommes et quinze ans pour les femmes. Le mariage des prêtres fut une question très discutée au début de la Révolution. L'abbé de Cournand déclara notamment : « Sous le ciel, il n'est pas de plus bel ornement que les femmes et il faut aller au-devant d'elles. » Malgré l'opposition du pape, un grand nombre de prêtres et d'évêques constitutionnels se marièrent. Tout en n'autorisant pas formellement le mariage des prêtres, l'Assemblée les protégea des foudres de Rome en décrétant que « toute destitution d'un ministre du culte catholique, qui avait pour cause son mariage, demeurait annulée, et le prêtre ayant été l'objet de cette mesure était autorisé à reprendre ses fonctions ». Après la signature du Concordat, Pie VII dut autoriser Talleyrand à se marier et délier de leurs vœux ecclésiastiques plus de 15 000 prêtres mariés durant la Révolution.

MARIAGE RÉPUBLICAIN. Carrier, grand massacreur d'ennemis de la République à Nantes, avait coutume de pratiquer des « mariages républicains » : cela consistait à lier ensemble, face à face, un homme et une femme, et à les jeter (afin qu'ils s'y noient) dans la Loire.

MARIE-ANTOINETTE (Née à Vienne, le 2 novembre 1755, guillotinée à Paris, le 16 octobre 1793). Fille de François Ier et de l'impératrice Marie-Thérèse, Marie-Antoinette épouse en 1770 le futur Louis XVI. Reine à dix-neuf ans, mariée à un homme obèse et timide, incapable d'avoir des rapports normaux avec elle jusqu'à ce qu'on l'ait opéré d'un phimosis, Marie-Antoinette s'entoure d'une coterie d'intrigants et de parasites, accorde sa protection à des personnages indignes de confiance, se répand en prodigalités, se comporte de telle façon que des ragots finissent par courir partout sur sa fidélité. Les libellistes s'en donnent à cœur joie et l'affaire du Collier achève de compromettre sa réputation. Détestée par le peuple qui prend pour argent comptant toutes les anecdotes scandaleuses qu'on fait courir sur elle, elle est partiellement responsable du discrédit qu'encourt Louis XVI, accusé de n'être qu'une marionnette entre ses mains. Elle pousse le roi à la résistance au début de la Révolution, se voit affublée des surnoms de « l'Autrichienne », « Madame Veto », « Madame Déficit », ruine auprès de son mari l'influence que peuvent exercer La Fayette ou Mirabeau, est en relation constante avec la cour de Vienne, poussant à la fuite du roi et à l'intervention militaire étrangère. C'est par ailleurs une femme énergique, digne et courageuse, qui fait preuve dans l'adversité d'une étonnante grandeur face aux calomnies et ignominies dont on l'abreuve.

MARIE-CAROLINE (Née à Vienne, le 13 août 1752, morte à Vienne, le 8 septembre 1814). Sœur aînée de Marie-Antoinette, Marie-Caroline épouse en 1768 Ferdinand IV et devient reine de Naples. Dominant son époux par sa forte personnalité, c'est elle qui exerce la réalité du pouvoir. Le sort de sa sœur en fait une farouche adversaire de la Révolution. Soutenue par son favori, l'Anglais Acton et l'ambassadeur britannique Hamilton, elle engage les hostilités contre les armées de la République en 1798. Après la victoire française, elle doit se réfugier en Sicile. Bonaparte l'oblige à se séparer d'Acton en 1804, puis occupe la partie continentale du royaume, la contraignant à se réfugier de nouveau en Sicile sous la protection de la flotte anglaise.

MARINE. Relevée sous Louis XVI, la marine française alignait au début de 1791 82 vaisseaux dont 9 étaient en construction. Elle comptait aussi 67 frégates, 19 corvettes, 29 bricks et avisos, 7 chaloupes canonnières, 17 flûtes, 16 gabares. Le tout représentait quelque 14 000 bouches à feu. L'émigration frappa très durement cette arme qui se trouva privée de la plupart de ses officiers. Dès 1789, l'indiscipline provoqua des rébellions des équipages à Brest, Rochefort, Toulon. Lorsque l'Angleterre entra en guerre avec une nette supériorité numérique (115 vaisseaux de ligne), il apparut tout de suite que la flotte française était incapable de lui tenir tête. Jeanbon Saint-André s'efforça de redresser la situation, mais une marine est plus difficile à restaurer qu'une armée de terre, et la France subit défaite sur défaite. Certes, Villaret de Joyeuse parvint à assurer le passage d'un convoi de blé américain, mais perdit dans la bataille 7 vaisseaux dont le *Vengeur*. L'expédition d'Irlande fut une catastrophe, les équipages étant incapables de manœuvrer correctement et les officiers incapables de maintenir la flotte groupée. La traversée de la Méditerranée par la petite escadre de Bonaparte relève du miracle et le désastre d'Aboukir reflète davantage l'état réel de la flotte. Trafalgar marque la disparition du pavillon français sur les océans. La destruction de la marine française est l'œuvre de la Révolution.

MARINO (Jean-Baptiste) (Né à Sceaux en 1767, guillotiné à Paris, le 19 juin 1794). Peintre en porcelaine, orateur des clubs révolutionnaires, membre de la Commune insurrectionnelle du 10 août 1792, très actif cette journée, Marino est ensuite nommé administrateur de police. Il préside la commission extraordinaire qui juge à Lyon les fédéralistes vaincus. Utilisant sa position pour obtenir les faveurs des belles suspectes, il est renvoyé par Collot d'Herbois et lui voue dès lors une haine farouche. Chargé à Paris de la police des prisons et de la surveillance de la moralité publique, il utilise largement sa situation pour obtenir des avantages tant en argent qu'en nature. Il est destitué sur dénonciation de Pons de Verdun, impliqué dans une tentative pour faire évader Marie-Antoinette, déclaré complice de Ladmiral lorsque ce dernier tente de tuer Collot d'Herbois et condamné à la peine des parricides pour attentat sur un des membres de la représentation nationale. Il monte donc à l'échafaud en chemise rouge.

MARMONTEL (Jean-François) (Né à Bort, Corrèze, le 11 juillet 1723, mort à Saint-Aubin-sur-Gaillon, Eure, le 31 décembre 1799). Écrivain, poète, auteur dramatique, Marmontel entre à l'Académie française en 1763, après la parution de la *Poétique française*. Devenu en 1767 historiographe de France, il publie en 1775 une *Lettre sur le sacre de Louis XVI*. Intéressé par le mouvement révolutionnaire, il est battu par Sieyès aux élections aux états généraux. Sous la Terreur, il vit caché dans l'Eure où il écrit ses *Contes moraux*. Ce département l'élit au Conseil des Anciens d'où sa réputation de modéré et de royaliste déguisé le fait exclure après le coup d'État du 18 fructidor. Il meurt après avoir terminé ses *Mémoires d'un père pour servir à l'instruction de ses enfants.*

MARSEILLAISE (La). Appelée primitivement « Chant de guerre pour l'armée du Rhin », *La Marseillaise* fut composée dans la nuit du 25 au 26 avril 1792 par un aristocrate, capitaine issu du corps des ingénieurs militaires, Rouget de Lisle, qui la chanta pour la première fois au domicile de Dietrich, maire de Strasbourg, le lendemain. Très rapidement adopté par les garnisons et les foules, ce chant arriva à Paris sur les lèvres des volontaires marseillais et retentit aux Tuileries, le 10 août 1792, ce qui lui valut son nom actuel. *La Marseillaise* fut décrétée chant national le 26 messidor an III (14 juillet 1795).

MARSEILLE (nom révolutionnaire : Ville-sans-Nom).

MARSEILLE. Troisième ville de France en 1789, avec un peu plus de 100 000 habitants, Marseille est un des plus importants foyers de la Révolution à ses débuts. C'est de cette cité qu'est originaire le grand orateur des Girondins, Barbaroux. Mais les éléments jacobins pro-montagnards, maîtres de la ville par la Terreur en janvier 1793, indisposent la population par des impôts forcés, des réquisitions, des visites domiciliaires, l'incarcération des suspects. Sur leur conseil, les représentants en mission Bayle et Boisset font arrêter le maire au début d'avril. Cette arrestation déclenche la riposte des éléments modérés des Girondins aux royalistes. Les sections de la ville ordonnent le départ des deux représentants en mission, le 28 avril, arrêtent les principaux dirigeants du club des Jacobins local entre le 14 et le 20 mai, le ferment le 3 juin. L'annonce du coup de force du 2 juin contre les Girondins à Paris est le signal de la rupture ouverte. Le général Carteaux ayant défait les troupes de la ville, la municipalité prend contact avec l'amiral anglais Hood. Marseille tombe aux mains de Carteaux, le 25 août 1793, avant que les Anglais aient pu venir à son aide. Les représentants en mission Barras et Fréron instaurent la Terreur dans la ville, font détruire plusieurs immeubles témoins du passé prestigieux de la cité, la rebaptisent Ville-sans-Nom. L'excessive répression entraîne des protestations même des Montagnards locaux, et les représentants en mission sont rappelés le 23 janvier 1794. Le Tribunal révolutionnaire local juge 975 personnes mais n'en condamne que 289 à mort. Aussi Fréron le fait-il remplacer par une commission militaire qui prononce 123 condamnations à mort pour 218 accusés. Beaucoup de ces accusés sont exécutés sur des critères purement économiques, exécutés pour cause de richesse. Les principaux marchands, commerçants, armateurs de Marseille sont ainsi condamnés. Après Thermidor, se développe naturellement dans la ville un fort sentiment d'hostilité à la République et les royalistes y font régner impunément une petite Terreur blanche aux dépens des juges révolutionnaires et des ex-Jacobins vaincus.

MASCARADES. Dès la fin de 1790, il fut interdit de porter, vendre ou louer des masques ou « habits de masques ». Cette mesure de police était ainsi justifiée par le révolutionnaire Prudhomme : « La sûreté publique exige pour le moment toutes ces précautions qui doivent peu nous affliger. Un peuple libre doit avoir d'autres plaisirs qu'un peuple d'esclaves. C'était pour nous étourdir sur notre misère réelle et sur notre honteuse servitude que l'ancienne police payait tous les ans au carnaval cette foule de mouchards qui couraient les rues en mascarades, dont on ne manquait pas de faire le détail au roi pour lui prouver que le peuple était riche et content. » Un chef-d'œuvre de sophisme révolutionnaire.

MASCULINITÉ (principe de). Ce principe attribuait aux enfants mâles l'héritage de leurs parents, à l'exclusion des filles. Il fut aboli pour les successions *ab intestat*, sans testament, en même temps que le droit d'aînesse, le 25 février 1790. Les biens furent partagés également entre tous les enfants, sans distinction d'âge et de sexe, à moins que les parents n'en aient disposé autrement dans leur contrat de mariage ou par donation ou testament.

MASSACRES. La Révolution se fit une spécialité des massacres impunis. Cela commença avec l'émeute au faubourg Saint-Antoine, les assassinats de plusieurs personnes, le pillage et l'incendie de la manufacture de papiers peints de Reveillon, le 27 avril 1789. Cela continua au 14 juillet suivant avec la prise de la Bastille, le massacre du gouverneur de Launay, de Flesselles, prévôt des marchands, de Bertier de Sauvigny, intendant de Paris. Ces massacres étant restés impunis et les partisans de la Révolution les ayant justifiés et même glorifiés, il n'y avait pas de raison qu'ils s'arrêtent. Les 5 et 6 octobre 1789, des gardes du corps furent massacrés. Dans les campagnes, durant l'été et l'automne 1789, les paysans incendièrent les châteaux, en tuèrent parfois les propriétaires. En 1790, la révolte militaire de Nancy entraîna des meurtres. A Nîmes, Carpentras, Avignon, Montauban, des massacres eurent aussi lieu. Mais le paroxysme fut atteint avec les massacres des prisonniers dans les prisons de Paris en septembre 1792 et le génocide de la Vendée.

MASSACRES DE SEPTEMBRE, voir **SEPTEMBRE** (massacres de).

MASSÉNA (André) (Né à Nice, le 6 mai 1758, mort à Paris, le 4 avril 1817). « L'Enfant chéri de la Victoire » commence dans l'existence comme mousse sur un navire marchand en 1771 avant de s'enrôler au Royal-Italiens en 1775. Il arrive au grade d'adjudant en 1789 et est alors congédié après quinze années de services. Volontaire du Var en 1791, il est élu lieutenant-colonel de son bataillon et sert à l'armée d'Italie de 1792 à 1798. Général de brigade en août 1793, il est du siège de Toulon, de l'expédition en Sardaigne. Général de division un an plus tard, il triomphe à Dego, franchit le pont de Lodi, entre le premier à Milan, est à Castiglione, Arcole, Rivoli, à La Favorite où Bonaparte le salue comme l'Enfant chéri de la Victoire. Son courage n'a d'égal que sa cupidité, et ses pillages sont colossaux. Vainqueur des Russes à Zurich en septembre 1799, il est fait maréchal en 1804, duc de Rivoli, prince d'Essling et se couvre de gloire dans toutes les campagnes de l'Empire jusqu'à son échec devant les Anglais au Portugal en 1811. Il reste dès lors sur la touche, se rallie à Louis XVIII et reçoit des lettres de naturalisation.

MASSIAC (club). Ce club fut fondé dès 1788 par les riches propriétaires de plantations à Saint-Domingue vivant à Paris. Ils se réunissaient au domicile de l'un d'entre eux, le marquis de Massiac et opposaient leur propagande en faveur de l'esclavage à celle de la Société des amis des Noirs. La Convention fit fermer l'hôtel de Massiac et ordonna l'arrestation de ses membres.

MATERNITÉ (hospice de la). Il était formé de l'hospice de l'accouchement et de l'hospice de l'allaitement qui constituaient deux maisons distinctes. Il y avait, rue d'Enfer, les élèves de l'École d'accouchement, rue de la Bourbe, dans l'abbaye de Port-Royal, les femmes sur le point d'accoucher et les nouveau-nés, auxquels on ajouta les enfants trouvés. A la Révolution, Port-Royal devint Port-Libre et fut transformé en prison.

MAURY (Jean Siffrein) (Né à Valréas, Vaucluse, le 26 juin 1746, mort à Rome, le 11 mai 1817). Écrivain et prédicateur de qualité, l'abbé Maury fait une brillante carrière à la cour, obtient une abbaye en commende, source de fructueux revenus, et un fauteuil à l'Académie française en 1785. Tenté par la politique à la convocation des états généraux, il se fait élire par le clergé du bailliage de Péronne. Défenseur acharné des prérogatives royales, orateur redoutable, il fait preuve d'un grand courage intellectuel et physique, risquant plusieurs fois d'être assassiné par des patriotes expéditifs, devant parfois faire le coup de poing quand on voulait l'expulser de force de la tribune. Son ironie mordante, sa façon de ridiculiser ses adversaires et de faire rire d'eux, lui attirent des haines inexpiables. Aussi doit-il émigrer à la dissolution de la Constituante pour préserver sa vie. Le pape le fait évêque de Montefiascone puis cardinal, le comte de Provence le charge de le représenter à Rome. Rallié à l'Empereur après le sacre, il est anobli et entre à l'Institut, prend le parti de Napoléon contre Pie VII, se voit confier l'administration du diocèse de Paris sans en avoir l'investiture canonique, bref, se comporte en plat serviteur du pouvoir civil. Rejeté par Louis XVIII, il court demander son pardon au pape, croupit six mois à la prison du château Saint-Ange, puis est séquestré chez les lazaristes. Triste fin pour un arriviste effréné.

MAXIMUM (lois du). C'est sous la pression des sans-culottes que les députés montagnards, reniant avec répugnance leur idéal de libéralisme commercial, imposèrent les lois dites du maximum. La première, votée le 4 mai 1793, fixait un prix de vente maximal du blé et de la farine, établi et révisable par chaque administration départementale, qui pouvait recourir à des réquisitions si les marchés n'étaient pas suffisamment approvisionnés. La seconde loi du maximum, votée le 29 septembre 1793, était beaucoup plus large et imposait un maximum non seulement pour un grand nombre de denrées de première nécessité mais aussi sur les salaires, qui ne pouvaient être supérieurs de plus de moitié à ceux pratiqués en 1790. L'application du premier maximum avait été très partielle et imparfaite, celle du second provoqua des troubles, des phénomènes de panique et d'achats massifs par les consommateurs. L'inflation galopante liée à la dévaluation de l'assignat obligea les conventionnels à mettre en place une commission des subsistances chargée d'établir les tarifs dès octobre 1793. Elle se scinda en deux en février 1794 : commission de l'agriculture et des arts, d'une part, commission du commerce et de l'approvisionnement, de l'autre. Mal acceptées, mal appliquées faute d'une administration efficace, les lois du maximum ne firent qu'accroître le chaos monétaire et économique de la Terreur. Elles furent abolies le 4 nivôse an III (24 décembre 1794).

MAYENCE (armée de). Formée à la fin de 1792 sous les ordres de Custine, l'armée de Mayence fut assiégée et obligée de rendre cette ville au roi de Prusse, le 24 juillet 1793. Elle fut libre de revenir en France sous condition de ne pas servir aux frontières. La Convention l'envoya se battre en Vendée. Une nouvelle armée de Mayence tenta en vain de prendre la ville en avril 1795. Une troisième armée de Mayence fut constituée en mars 1798 sous les ordres de Hatry puis de Joubert.

MAYENCE (république de). Une partie des intellectuels de Mayence adhéra avec enthousiasme aux idées révolutionnaires, notamment Cotta, Dorsch, Boehmer, Hofmann et Forster. Ils profitèrent de l'occupation militaire française pour tenter de créer une république de Mayence. En février 1793 fut élue une Convention générale germanique du Rhin, très peu représentative de la population qui s'était massivement abstenue, les pays rhénans, très catholiques, assimilant la Révolution à une subversion protestante. Les défaites militaires françaises, la perte de Francfort au début de décembre 1792, la menace d'un siège de Mayence par les Austro-Prussiens n'étaient pas non plus sans conséquences sur la fraîcheur des opinions révolutionnaires des Rhénans. La Convention s'ouvrit le 17 mars 1793, présidée par Hofmann. Elle proclama sa séparation du Saint Empire romain germanique, l'abolition des privilèges du clergé et de la noblesse mais fut incapable de s'assurer une base suffisante pour instituer la république de Mayence. Sur la motion de Forster, président du club des Jacobins de Mayence, manipulé par les autorités militaires françaises, la Convention demanda sa réunion à la République française. Le siège et la capitulation de Mayence en juillet suivant devaient anéantir ce premier *Anschluss* de la Révolution.

MÉDAILLES. Le 21 août 1789, la Constituante décréta « qu'en l'honneur des grandes et importantes délibérations qui avaient été prises pour le bonheur de la France, une médaille serait frappée », portant à l'avers le buste du roi et l'inscription « Louis XVI proclamé restaurateur de la liberté », au revers la salle de l'Assemblée avec les mentions « Abandon de tous les privilèges » et « Assemblée nationale, 4 août 1789 ». Furent frappées mille deux cents médailles dont une en or destinée au roi. La fête de la Fédération du 14 juillet 1790 fut aussi commémorée sous forme de médaille. Le 9 août 1793, le député Guillemardet fit voter une médaille commémorant le 10 août 1792. Il y eut encore bien d'autres médailles décernées notamment aux armées victorieuses.

MÉDECINE. La Révolution acheva de détruire la médecine traditionnelle ridiculisée par Molière et déjà fortement remise en cause par la Société royale de médecine fondée en 1776. Les trois piliers de la médecine d'Ancien Régime, les facultés, les corporations et les hôpitaux furent supprimés entre 1789 et 1794. Mais rien ne les remplaça, sinon les projets du comité de mendicité, dirigé par le duc de La Rochefoucauld-Liancourt, qui n'eurent aucun commencement de réalisation. Au contraire, le désordre révolutionnaire laissa le champ libre aux charlatans et guérisseurs de tout acabit, libres désormais de pratiquer sans risques leurs activités. Si l'on porta théoriquement un soin plus grand au traitement des épidémies, il n'en fut rien en pratique, la plupart des médecins étant réquisitionnés pour suivre et soigner les armées. Ce n'est qu'après Thermidor que la médecine sortit un peu de l'abandon où elle était. Trois écoles de médecine furent créées à Paris, Montpellier et Strasbourg. Mais ce n'est qu'avec la loi du 11 mars 1803 que la médecine fut à nouveau réglementée et put se développer, sous l'influence notamment de Laennec.

MÉHÉE DE LA TOUCHE (Jean-Claude Hippolyte) (Né à Meaux en 1760, mort à Paris en 1826). Agent de la police secrète sous l'Ancien Régime, il remplit des missions en Russie et en Pologne. Revenu en France en 1792, il fut mêlé aux massacres de Septembre. Aprés le 9 thermidor, il mena campagne contre les Jacobins à travers plusieurs pamphlets dont *La Queue de Robespierre*. Devenu agent double, il se trouva englobé dans la conspiration de l'an XII.

MÉHUL (Étienne Henri) (Né à Givet, Ardennes, le 22 juin 1763, mort à Paris, le 18 octobre 1817). Très doué pour la musique, instruit à l'abbaye de Laval-Dieu par Hauser, Méhul arrive à Paris en 1778. Gluck le prend sous sa protection. Il fait représenter, en 1790, *Euphrosine et Coradin*, drame dont il a demandé les paroles à Hoffmann, qui a un grand succès. Il monte ensuite *Cora*, *Stratonice*, *Horatius Coclès*. Son *Chant du départ* est dans toutes les bouches. On lui doit aussi nombre d'hymnes patriotiques : *Hymne à la raison*, *Hymne à Bara et Viala*, *Chant des victoires*, *Hymne du 9 thermidor*, *Hymne du retour*, au gré des fluctuations politiques. Nommé inspecteur du Conservatoire de musique à sa formation, en 1795, Méhul écrit une foule d'opéras, dirige de grands orchestres militaires sous l'Empire et devient le musicien officiel du régime.

MEILLAN (Arnaud Jean) (Né à Bayonne, le 6 décembre 1748, mort à Bayonne, le 26 juin 1809). Propriétaire des eaux et boues minérales de Dax et d'un magasin à Bayonne, Meillan est élu administrateur du département des Basses-Pyrénées puis député à la Convention. Dans le camp girondin, il se prononce pour l'appel au peuple, pour la réclusion et le bannissement, pour le sursis, vote pour la mise en accusation de Marat. Quoiqu'il n'ait pas figuré sur la liste des proscrits du 2 juin 1793, il quitte Paris pour se mettre à la disposition du mouvement « fédéraliste » et lutter contre les « proscripteurs », ainsi qu'il nomme les Montagnards. On le voit à Caen, à Nantes, à Bordeaux où il se démène de son mieux. Après la défaite, il se cache dans les Pyrénées. Il siège à nouveau à la Convention en 1795, est envoyé à l'armée des Pyrénées-Occidentales et fait des rapports sur les négociations de paix. Les Landes et les Basses-Pyrénées l'élisent au Conseil des Anciens où il siège jusqu'en 1799. Puis il n'a plus d'activités publiques.

MÉMOIRES SUR LA RÉVOLUTION FRANÇAISE. Il existe environ mille quatre cents textes de mémoires et de souvenirs de contemporains de la Révolution française qui ont été imprimés, pour moitié au moins, dans des revues. Les principaux témoins et acteurs de cette époque n'ont généralement pas suffisamment vécu pour rédiger leurs souvenirs. On n'aura donc jamais les mémoires de Mirabeau, de Danton, d'Hébert, de Marat, de Robespierre ou de Saint-Just. Seuls Barbaroux et Mme Roland ont eu le temps de rédiger hâtivement quelques pages avant de mourir. Les principaux mémoires émanent de survivants, d'hommes politiques de la Plaine, et ont été publiés sous la Restauration dans un but de rachat et de justification auprès de la monarchie, ou sont restés inédits jusqu'à la grande vague de publications qui a entouré la commémoration du centenaire de 1789. Les témoignages de personnages mineurs, voire tout à fait obscurs, sont parfois plus intéressants que les récits fabriqués de gens tels que Fouché, Barras ou Barère.

MÉMORIAL (Le). Intitulé en sous-titre *ou Recueil historique, politique et littéraire, feuille de tous les jours,* ce journal était l'œuvre de Laharpe, Fontanes et Vauxcelles. Il parut du 1er prairial au 18 fructidor an V (20 mai-4 septembre 1797) et prit ensuite le titre de *Tablettes historiques* puis de *Tablettes républicaines.* Outre des articles et des chroniques politiques, il contenait surtout des critiques littéraires et artistiques.

MÉNAGE (hospice du). Situé au 29, rue de la Chaise, l'hospice du Ménage remplaça en 1801 les Petites Maisons. Il accueillait les couples et les veufs ou veuves âgés de plus de soixante ans.

MÉNAGERIE NATIONALE. Le procureur de la Commune de Paris prit, le 15 brumaire an II (5 novembre 1793), un arrêté ordonnant la saisie de tous les animaux exhibés par les forains. Ils furent conduits au Jardin des Plantes où Geoffroy Saint-Hilaire s'occupa de leur entretien. Il y avait parmi les premiers hôtes de la Ménagerie nationale deux ours blancs, un léopard, un chat-tigre, des singes, des agoutis, un vautour, des aigles. La Ménagerie nationale fut officiellement créée en 1794.

MENDIANTS. La mendicité était vigoureusement réprimée sous l'Ancien Régime : l'ordonnance de 1764 prévoyait que les mendiants de 16 à 70 ans seraient condamnés à trois ans de galères ou seraient enfermés à vie dans un hôpital s'ils étaient malades ou infirmes. Les quelques dépôts de mendicité établis à travers le royaume à la veille de la Révolution pouvaient à peine héberger 7 000 mendiants alors qu'en période de disette il pouvait y avoir jusqu'à 1 million de vagabonds sur les routes de France. En 1791, on recensait officiellement à Paris seulement plus de 118 000 indigents. La Révolution, absorbée par les guerres et la répression des insurrections, n'eut guère le temps de se soucier de l'amélioration du sort des miséreux.

MENDICITÉ (dépôts de). A la veille de la Révolution, il y avait 33 dépôts de mendicité en France, pouvant à peine héberger 7 000 vagabonds. En 1790, devant l'afflux de mendiants étrangers sur la capitale, la Constituante décida leur reconduction aux frontières et l'incarcération de ceux qui s'y soustrairaient dans les dépôts de mendicité où ils ne seraient nourris que de pain et de soupe. L'entretien des dépôts de mendicité coûtait environ 1 250 000 livres, dont les trois quarts étaient payés par l'État et le reste par les départements. En 1791, l'État pris la totalité des frais à sa charge. En 1798, le Directoire confia l'entretien et la nourriture des gens détenus dans les dépôts de mendicité à des entreprises privées ayant soumissionné pour cela.

MENOU (Jacques François de Boussay, baron de) (Né à Boussay, Indre-et-Loire, le 3 septembre 1750, mort à la Villa Corneso près de Mestre, en Italie, le 13 août 1810). Colonel en 1788, Menou est élu par la noblesse du bailliage de Touraine aux états généraux et s'y occupe surtout des questions militaires, votant en général avec les modérés. Maréchal de camp en mai 1792, il commande la division militaire de Paris après le 10 août, mais est laissé sans emploi du 8 septembre suivant à mars 1793. On l'envoie alors en Vendée où il subit plusieurs défaites. Il se fait retirer du service à cause de ses blessures, le 1er octobre 1793, échappe grâce à la protection de Barère, au Tribunal révolutionnaire et à son annexe – l'échafaud. Menou reprend de l'activité en mars 1795 à l'armée d'Italie, puis est nommé commandant de la division militaire de Paris et écrase l'insurrection du faubourg Saint-Antoine, le 22 mai 1795, il est arrêté pour avoir négocié avec les insurgés de vendémiaire mais est acquitté par le conseil de guerre en octobre 1795. De nouveau sans emploi, il accompagne Bonaparte en Égypte, devient général en chef de l'armée d'Orient à la mort de Kléber, se convertit à l'islam et capitule en 1801. A son retour en France, il entre au Tribunat et est fait comte de l'Empire en 1808.

MENUET. Danse d'origine poitevine, le menuet était très à la mode au XVIIIe siècle aussi bien à la cour que dans les salons parisiens. Dansé à deux, c'était par lui qu'on ouvrait généralement le bal. Sa mesure était à trois temps et l'on faisait les révérences à la fin de la dernière figure. Grétry était très apprécié pour les menuets qu'il avait composés.

MERCIER (Louis Sébastien) (Né à Paris, le 6 juin 1740, mort à Paris, le 25 avril 1814). L'auteur du *Tableau de Paris* lance en association avec Carra les *Annales patriotiques* au début de la Révolution et se fait élire par la Seine-et-Oise à la Convention. Se rangeant parmi les modérés, il vote pour la mort avec sursis au procès du roi, signe la protestation contre la journée du 31 mai 1793 et est arrêté en octobre 1793. Ayant échappé à la mort, il reparaît à la Convention après la disparition de Robespierre. Le département du Nord l'élit au Conseil des Cinq-Cents. Membre de l'Institut, il enseigne à l'École centrale et se tient à l'écart de la politique à partir de 1798.

MERCURE DE FRANCE. Fondé en 1672 par Donneau de Vizé sous le nom de *Mercure galant*, devenu en 1724 *Le Mercure de France*, ce journal a vécu près de trois siècles, jusqu'en août 1965. Il s'appela *Le Mercure français* durant la Révolution, fut alors édité par Panckoucke et compta parmi ses collaborateurs Cabanis, Alex, Barbier, Mongez, Lenoir-Laroche.

MERCY-ARGENTEAU (Florimond Claude, comte de) (Né à Liège, le 26 avril 1727, mort à Londres, le 25 août 1794). Ambassadeur d'Autriche à Paris de 1766 à 1790, Mercy-Argenteau fut un des conseillers les plus écoutés de la reine Marie-Antoinette. En 1788, il servit d'intermédiaire entre la cour et Necker, en 1790, il négocia le rapprochement entre Louis XVI et Mirabeau avec l'aide du comte Auguste de La Marck, député à la Constituante. Il mit aussi la reine et le roi en garde contre le triumvirat, Barnave, Duport et Lameth. Gouverneur des Pays-Bas autrichiens (Belgique) à partir de 1790, il fut un des principaux artisans de la coalition contre la France révolutionnaire. Il mourut peu après sa nomination et son arrivée à l'ambassade de Londres.

MERDA (Charles André) (Né à Paris, le 10 janvier 1770, tué à la bataille de la Moskova, le 8 septembre 1812). Entré dans la garde nationale de Paris en septembre 1789, Merda est gendarme en 1794. Il fait partie de la troupe qui investit l'Hôtel de Ville dans la nuit du 9 au 10 thermidor. C'est lui qui brise la mâchoire de Robespierre d'un coup de pistolet. Ce fait d'armes lui vaut un avancement rapide. Il est fait baron de l'Empire et colonel par Napoléon.

MÉRIDIEN DE PARIS. En juin 1792, alors que la guerre venait de débuter, fut décidée la mesure de l'arc du méridien de Paris entre Dunkerque et Barcelone. Elle fut confiée à Delambre et Méchain qui commencèrent à partir de Dunkerque. Leurs travaux furent constamment interrompus, les Jacobins locaux croyant que ces savants montaient dans les clochers pour faire des signaux aux ennemis de la Révolution. Les travaux ne dépassèrent pas Pithiviers et furent arrêtés en décembre 1793. Ils reprirent en juin 1795 et furent terminés en novembre 1798.

MERLIN (Antoine Christophe, dit Merlin de Thionville) (Né à Thionville, le 13 septembre 1762, mort à Paris, le 14 septembre 1833). Avocat à Metz à la fin de l'Ancien Régime, Merlin est élu officier municipal et commandant de la garde nationale de Thionville avant de devenir député de la Moselle à la Législative. Membre du club des Jacobins, il siège à l'extrême gauche et forme avec Basire et Chabot une sorte de triumvirat très agité, propose la mise en accusation des frères du roi, vote le séquestre des biens des émigrés, propose la déportation en Amérique des prêtres insermentés, dénonce le comité autrichien. A la tête des émeutiers, le 10 août 1792, il soutient la proposition de création d'un corps de tyrannicides présentée par Debry, propose de prendre en otages les femmes et les enfants des émigrés. La Moselle et la Somme l'ayant envoyé à la Convention, Merlin demande dès le 1er octobre 1792 l'exécution de Louis XVI. De Mayence assiégée, il écrit vouloir la mort pour le roi au moment du vote. Envoyé avec la garnison mayençaise en Vendée, il s'enrichit sans vergogne sur le dos de ses victimes et s'achète un magnifique domaine. Au 9 thermidor, il se retrouve parmi les adversaires de Robespierre et dénonce Barère. Adjoint à Pichegru au moment de l'insurrection du 12 germinal, il demande l'arrestation des anciens membres des comités, déploie un luxe ostentatoire et s'exhibe à la tête de la jeunesse dorée en compagnie de Fréron. Isolé et sans influence au Conseil des Cinq-Cents où la Moselle l'a renvoyé, il rentre dans la vie privée en 1798 et vit des revenus des propriétés qu'il a acquises. Exclu de la liste des régicides exilés au retour des Bourbons, puisqu'il était absent de Paris au moment du vote, Merlin croit cependant nécessaire de demander par lettre à Louis XVIII le pardon de ses « erreurs de jeunesse ».

MERLIN (Philippe Antoine, dit Merlin de Douai) (Né à Arleux, Nord, le 30 octobre 1754, mort à Paris, le 25 décembre 1838). Avocat à Douai, Merlin est élu aux états généraux par le tiers état du bailliage de Douai. Très actif dans les comités, il contribue à la suppression des droits féodaux, travaille à la loi d'aliénation des biens nationaux et à celle qui frappe les émigrés. Président du tribunal criminel du Nord durant la Législative, il est élu par ce département à la Convention. Il vote la mort lors du procès du roi, puis est envoyé en mission en Belgique et dans les départements du Nord, du Pas-de-Calais et de la Somme. Il est en Bretagne au moment de la chute des Girondins et met Nantes en état de défense contre les Vendéens. A son retour à Paris, Merlin accomplit une œuvre considérable au comité de législation : extension du Tribunal révolutionnaire, loi du 17 septembre 1793, dite « loi des suspects », qui lui vaut le sobriquet de « Merlin Suspect ». Resté neutre, le 9 thermidor, il est appelé par les Thermidoriens au Comité de salut public. C'est lui qui fait adopter le code des délits et des peines. Élu par le Maine-et-Loire et l'Oise au Conseil des Anciens, il le quitte aussitôt pour le ministère de la Justice. C'est un des principaux artisans du coup d'État du 18 fructidor et il remplace Barthélemy proscrit comme Directeur jusqu'à ce qu'il soit contraint de démissionner avec La Revellière-Lépeaux, le 18 juin 1799. Reconnaissant ses compétences de juriste, Bonaparte le nomme procureur général de la Cour de cassation, conseiller d'État et comte de l'Empire. Exilé aux Pays-Bas au retour des Bourbons, il s'établit à Bruxelles et ne revient en France qu'après la chute de Charles X.

MERVEILLEUSES. C'est ainsi qu'on nommait les jeunes femmes qui se signalaient par leur mise excentrique sous le Directoire. Leur mode, inspirée par le néoclassicisme et le snobisme anglophile, est largement représentée dans *Le Magasin des modes* : tunique blanche de mousseline, sans manches, pas de bas, des sandales et des bagues aux orteils, telle qu'on voit Mme Récamier sur le portrait peint par David. La taille est haute, soulignée par une ceinture bleue ou noire servant à accrocher un éventail. Les plus extravagantes et les plus riches, Mme Hamelin, Mme Tallien, furent les modèles des merveilleuses. Elles portaient de grands « chapeaux à l'anglaise », surmontés de fleurs, de rubans et de plumes.

MESSAGERIES. Entreprises privées se chargeant du transport des voyageurs et des marchandises, les messageries furent réunies par Turgot sous la tutelle de l'État, puis constituées en ferme sous le contrôle d'un intendant des finances. Les bureaux des six fermiers généraux des messageries étaient installés rue Notre-Dame-des-Victoires. Le prix d'une place était de 16 sous par lieue de poste dans les diligences, de 10 sous dans les cabriolets et les carrosses, le 6 sous dans les paniers et fourgons. Chaque voyageur avait droit à 10 livres de bagages et payait pour les excédents en fonction de la distance parcourue : 6 deniers par livre jusqu'à 10 lieues, 3 deniers pour 5 lieues au-delà. Les bureaux de départ des messageries vers la province se trouvaient au quai d'Orsay, rues de Vendôme, d'Enfer, Saint-Dominique, Saint-Jacques, du Plat-d'Étain, au carré Saint-Martin. Le 29 août 1790 furent réunis, sous l'autorité du commissaire des postes nommé par le roi, les services qui restaient distincts des postes aux lettres, des postes aux chevaux et des messageries. Le 31 août suivant, la Constituante supprima les impôts dits de droit de permis, perçus jusque-là par les fermiers généraux. En octobre 1794, la Convention autorisa la concurrence d'entrepreneurs de voitures particulières, mais le monopole ne fut totalement aboli qu'en 1798.

MÈTRE, voir **SYSTÈME MÉTRIQUE**.

METTERNICH-WINNEBURG (François Georges, comte, puis prince de) (Né à Coblence, le 9 mars 1746, mort à Vienne, le 11 août 1818). Représentant à Vienne de l'Électeur de Trèves, puis ministre plénipotentiaire dans les Pays-Bas autrichiens de 1791 à 1794, Metternich est le principal négociateur de l'Autriche au congrès de Rastadt. Il est fait prince de l'Empire en 1803. Clément-Lothaire-Venceslas (1773-1859), son fils, entre dans la carrière diplomatique en 1797, comme représentant des princes de Westphalie au congrès de Rastadt et s'illustre surtout comme le plus grand diplomate de la première moitié du XIXe siècle.

MEUSNIER DE LA PLACE (Jean-Baptiste Marie Charles) (Né à Tours, le 19 juin 1754, mort à Mayence, le 13 juin 1793). Élève de l'École du génie de Mézières, Meusnier se distingue par ses travaux scientifiques et entre à l'Académie des sciences en 1784. Lieutenant-colonel en 1789, il est employé à la fabrication des premiers assignats puis envoyé à l'armée du Midi sous Montesquiou, revient au camp sous Paris en septembre 1792 et fait partie des bureaux du ministère de la Guerre avant d'être affecté à l'armée du Rhin en février 1793. Défenseur de Mayence, il est tué peu après avoir été nommé général de division. Son nom figure sur l'Arc de triomphe.

MEYNIER (Claude) (Né à Paris, le 25 novembre 1768, mort à Paris, le 6 septembre 1832). Élève de Vincent, prix de Rome en 1789 en même temps que Girodet, Meynier voit sa carrière retardée par la Terreur. Il commence à se faire un nom à partir de 1795 et entre à l'Institut en 1815. On lui doit la décoration de quatre plafonds au Louvre et des tableaux à caractère historique, variant au gré des régimes politiques : *Entrée de Napoléon à Berlin, Le maréchal Ney remet aux soldats du 76ᵉ régiment de ligne les drapeaux retrouvés à l'arsenal d'Innsbruck, Portrait du cardinal Fesch,* sous l'Empire, *Saint Louis recevant le viatique,* sous la Restauration, et bien des peintures à l'antique.

MIDI (armée du). Constituée par décret de la Législative du 13 mars 1792, l'armée du Midi fut formée d'éléments des gardes nationales d'Arles, Marseille, Beaucaire et Montpellier pour maintenir l'ordre dans ces villes et surtout à Arles. Organisée sous le commandement du général de Montesquiou-Fézensac, elle fut disséminée en petites unités de Lyon à Marseille et eut des éléments dans les départements du Rhône, de l'Isère, du Gard, des Bouches-du-Rhône et du Var. Le général Canclaux en prit le commandement en août 1795.

MILHAUD (Édouard Jean-Baptiste) (Né à Arpajon, Cantal, le 10 juillet 1766, mort à Aurillac, le 8 janvier 1833). Élève du génie en 1788, Milhaud devient chef de la légion de la garde nationale d'Aurillac en 1791 avant d'être élu en 1792 à la Convention par le Cantal. Siégeant à la Montagne, assidu au club des Jacobins, il vote la mort au procès du roi, prend la défense de Marat accusé par les Girondins, soutient le projet de République universelle d'Anacharsis Cloots. Il est en mission aux armées des Ardennes et du Rhin et s'y montre impitoyable, épurant les états-majors des aristocrates, taxant les riches. A la fin de 1793, il part pour l'armée des Pyrénées orientales et y rétablit l'ordre avec l'aide du général Dugommier et de son collègue Soubrany, fait injustement envoyer au Tribunal révolutionnaire le général d'Aoust qui est guillotiné, change de prénom et adopte celui de « Cumin » trouvé dans le calendrier révolutionnaire. De retour à Paris après la mort de Robespierre, il prend la défense de Carrier et, seul des députés de la Convention, vote contre sa mise en accusation. Milhaud réintègre l'armée à la séparation de la Convention et se signale à l'armée d'Italie. Il devient général de brigade en 1800, comte de l'Empire, fait les principales campagnes. Frappé d'exil avec les autres régicides en 1816, il obtient de ne pas partir. Jacobin, bonapartiste, fidèle serviteur des Bourbons, rallié à Louis-Philippe, Milhaud est digne de figurer dans un *Dictionnaire des girouettes,* comme bien d'autres de ses contemporains.

MILICES BOURGEOISES. Ces troupes auxiliaires de la monarchie formèrent en 1726 des régiments permanents tenus à un service de six années et recrutés par tirage au sort. L'ordonnance de 1765 fixa l'effectif de ces milices à 105 bataillons de

700 hommes qui prirent en 1778 le nom de gardes provinciales. Chaque bataillon comptait 8 compagnies dont une de grenadiers royaux et une autre de grenadiers provinciaux. Le tirage au sort se faisait tous les ans devant l'intendant et les subdélégués. Tous les célibataires de 18 à 40 ans y étaient soumis et, s'ils n'étaient pas assez nombreux, les hommes mariés sans enfant. Le tirage s'effectuait en mettant dans une urne des billets noirs et blancs. Ceux qui tiraient un billet blanc étaient exemptés. Il y avait aussi de nombreuses exemptions de droit. L'effectif des milices provinciales ne dépassait pas 60 000 hommes en 1789. Elles portaient un uniforme blanc avec revers blancs, parements bleus, une bordure d'argent au chapeau. La solde d'un fusilier était de 5 sous 8 deniers par jour, celle d'un capitaine de 3 livres 5 sous. A côté de ces forces organisées militairement existait dans chaque ville une milice bourgeoise qui assistait la maréchaussée dans la police urbaine.

MILITAIRES, voir **ARMÉE**.

MILLESIMO (bataille de). C'est dans cette petite ville de Ligurie, au nord-ouest de Savone, que Bonaparte remporta une de ses premières victoires sur les Autrichiens, les 13 et 14 avril 1796.

MINES. De mars à juillet 1791, la Constituante discuta le statut juridique des mines et maintint les dispositions d'Ancien Régime qui accordaient à l'État la propriété du sous-sol. L'administration des mines dépendait du ministère de l'Intérieur. Une agence des mines fut créée en juillet 1794 et placée sous l'autorité de la Commission des armes et des poudres. Depuis 1783 existait une École des mines. Elle fut supprimée en 1793 et reconstituée en octobre 1795 sur rapport de Fourcroy.

MINISTRES. Apparus progressivement dans l'entourage du roi et du chancelier, les ministres ne furent à l'origine, au XIIIe siècle, que des agents d'exécution, les rédacteurs des lettres du souverain. En 1547, leur nombre fut fixé à quatre et ils reçurent le titre de secrétaires des commandements et des finances puis de secrétaires d'État, mais n'eurent pas d'attributions fixes jusque vers la fin du XVIe siècle. C'est sous le règne de Louis XIV que se fixèrent définitivement les fonctions des quatre secrétaires d'État aux Affaires étrangères, à la Guerre, à la Maison du roi et aux Finances. Alors que l'Angleterre du XVIIIe siècle vivait déjà sous le régime de la responsabilité ministérielle, un Premier ministre exerçant le pouvoir effectif au côté du roi, le roi de France choisissait et renvoyait ses ministres à son gré. La Constitution de 1791 fixa le nombre des ministres à six : Justice, Intérieur, Contributions et Revenus publics, Guerre, Marine, Affaires étrangères. Elle laissa au roi le droit de les nommer et de les révoquer. La Convention supprima les ministres en avril 1794 et les remplaça par douze commissions exécutives étroitement contrôlées par le Comité de salut public. La Constitution de l'an III (1795) rétablit les ministres dont le nombre s'accrut jusqu'à onze sous l'Empire, avec l'apparition de ministres du Trésor public, de l'Administration, de la Guerre, des Cultes, de la Police générale, du Commerce.

TABLEAU DES MINISTRES

Ministres en fonction au moment de la convocation des états généraux (5 mai 1789 – 12 juillet 1789) :

Barentin, *Chancelier, garde des Sceaux ;* J. Necker, *directeur général des Finances ;* comte de Puysegur, lieutenant général, *Guerre ;* comte de La Luzerne, lieutenant général, *Marine ;*

comte de Montmorin, *Affaires étrangères*; Laurent de Villedeuil, *Maison du roi*.

Ministère du 12 juillet 1789 ou ministère des Cent Heures (12-16 juillet 1789) :

Baron de Breteuil, *chef et président du Conseil royal des Finances*; maréchal duc de Broglie, *Guerre*; Barentin, *garde des Sceaux*; duc de La Vauguyon, *Affaires étrangères*.

Ministres du 16 juillet 1789 au 15 mars 1792 :

Garde des Sceaux puis *Justice* : Barentin ; Champion de Cicé, archevèque de Bordeaux, 4 août 1789 ; Duport Dutertre, 21 novembre 1790, *Maison du roi* puis *Intérieur* : comte de Saint-Priest, 19 juillet 1789 ; comte de Montmorin (par intérim), 24 décembre 1790 ; de Lessart, 25 janvier 1791 ; Cahier de Gerville, 27 novembre 1791.
Finances : J. Necker, *ministre des Finances*, jusqu'au 4 septembre 1790 ; Lambert, *contrôleur général des Finances*, jusqu'au 30 novembre 1790 ; de Lessart, *ministre des Finances*, 30 novembre 1790 ; *Contributions et revenus publics* ; Tarbé, 28 mai 1791.
Affaires étrangères : comte de Montmorin ; de Lessart, 20 novembre 1791.
Guerre : comte de La Tour du Pin, lieutenant général, 4 août 1789 ; Duportail, maréchal de camp, 16 novembre 1790 ; comte Louis de Narbonne, maréchal de camp, 7 décembre 1791 ; marquis de Grave, maréchal de camp, 11 mars 1792.
Marine : comte de La Luzerne, lieutenant général ; Claret de Fleurieu, 26 octobre 1790 ; Thevenard, chef d'escadre, 17 mai 1791 ; de Lessart (par intérim), 17 septembre 1791 ; Bertrand de Moleville, 2 octobre 1791.

Ministres du 15 mars au 18 juin 1792 *(De la formation du ministère girondin à la chute de Dumouriez)* :

Affaires étrangères : Dumouriez, lieutenant général, 15 mars 1792 ; de Naillac, 13 juin.
Justice : Roland (par intérim), 24 mars ; Duranthon, 14 avril.
Intérieur : Roland, 24 mars ; Mourgue, 13 juin.
Contributions et revenus publics : Clavière, 24 mars ; Duranthon (par intérim), 13 juin.
Guerre : marquis de Grave, maréchal de camp, (depuis le 11 mars) ; Servan, maréchal de camp, 9 mai ; Dumouriez, lieutenant général, 13 juin.
Marine : Lacoste, 16 mars.

Ministres du 18 juin 1792 jusqu'à la chute de la royauté (10 août 1792) :

Justice : Duranthon ; Hector de Joly, 4 juillet 1792.
Intérieur : Terrier de Monciel, 18 juin ; Hector de Joly (par intérim), 17 juillet ; Champion de Villeneuve, 20 juillet.
Contributions et revenus publics : Beaulieu, 18 juin ; Leroux de la Ville, 29 juillet.
Affaires étrangères : marquis de Chambonas, maréchal de camp, 18 juin ; du Bouchage, maréchal de camp (par intérim), 23 juillet ; Bigot de Sainte-Croix, 1er août.
Guerre : de Lajard, adjudant général, 18 juin ; Franqueville d'Abancourt, adjudant général, 23 juillet.
Marine : Lacoste ; du Bouchage, maréchal de camp, 20 juillet.

Conseil exécutif provisoire (nommé le 10 août 1792 par l'Assemblée législative, maintenu par la Convention nationale) :

Danton, *Justice* ; Roland, *Intérieur* ; Clavière, *Contributions et revenus publics* ; Servan, maréchal de camp, *Guerre* ; Monge, *Marine et Colonies* ; Le Brun, *Affaires étrangères*.

Changements survenus jusqu'à la suppression des ministères (1er avril 1794-12 germinal an II) :

Guerre : Le Brun (par intérim), 5 octobre 1792 ; Pache, 19 octobre 1792 ; général de Beurnonville, 4 février 1793 ; colonel Bouchotte, 4 avril 1793.
Justice : Garat, 9 octobre 1792 ; Gohier, 20 mars 1793.
Intérieur : Garat, 23 janvier 1793 (par

intérim) ; 14 mars 1793 ; Paré, 20 août 1793.
Affaires étrangères : Deforgues, 21 juin 1793.
Contributions et revenus publics : Destournelles, 13 juin 1793.
Marines et Colonies : Dalbarade, capitaine de vaisseau, 10 avril 1793.

Sur rapport de Carnot, le 12 germinal an II, la Convention remplace les ministères par douze commissions.

Ministres nommés les 12 et 13 brumaires an IV (3 et 4 novembre 1795) :

Merlin (de Douai), *Justice ;* Benezech, *Intérieur ;* Gaudin, *Finances ;* général Aubert-Dubayet, *Guerre ;* vice-amiral Truguet, *Marine et Colonies ;* Charles Delacroix, *Relations extérieures.*

Changements survenus jusqu'à la fin du Directoire :

An IV - 1795. *Finances :* Faipoult, 17 brumaire-8 novembre.
1796. *Finances :* Camus, 15 nivôse-5 janvier ; Ramel de Nogaret, 25 pluviôse-14 février.
Police générale de la République : Camus, 12 nivôse-2 janvier, puis Merlin (de Douai), 15 nivôse-5 janvier ; Cochon, 14 germinal-3 avril.
Justice : Génissieu, 15 nivôse-5 janvier ; Merlin (de Douai), 14 germinal-3 avril.
Guerre : Petiet, 19 pluviôse-8 février.

An V - 1797. *Police générale :* Lenoir-Laroche, 28 messidor-16 juillet ; Sotin de la Coindière, 8 thermidor-26 juillet.
Intérieur : François (de Neufchâteau), 28 messidor-16 juillet ; Letourneux, 28 fructidor-14 septembre.
Relations extérieures : de Talleyrand-Périgord, 28 messidor-16 juillet.
Guerre : général Hoche, 28 messidor-16 juillet ; général Scherer, 5 thermidor-23 juillet.
Marine et Colonies : contre-amiral Pléville-le-Peley, 28 messidor-16 juillet.

An VI - 1797. *Justice :* Lambrechts, 3 vendémiaire-24 septembre.
1798. *Police générale :* Dondeau, 25 pluviôse-13 février ; Lecarlier, 27 floréal-16 mai.
Intérieur : François (de Neufchâteau), 29 prairial-17 juin.
Marine et Colonies : contre-amiral Bruix, 8 floréal-27 avril.

An VII - 1798. *Police générale :* Jean-Pierre Duval, II brumaire-1er novembre.
1799. *Police générale :* Bourguignon-Dumolard, 4 messidor-22 juin ; Fouché, 2 thermidor-20 juillet.
Intérieur : Quinette de Rochemont, 4 messidor-22 juin.
Justice : Cambacérès, 2 thermidor-20 juillet.
Finances : Robert Lindet, 5 thermidor-23 juillet.
Relations extérieures : Reinhard, 2 thermidor-20 juillet.
Guerre : Général Milet de Mureau, 3 ventôse-21 février ; général Bernadotte, 14 messidor-2 juillet ; général Dubois-Crancé, 28 fructidor-14 septembre.
Marine et Colonies : Bourdon de Vatry, 15 messidor-3 juillet.

MINVIELLE, voir **MAINVIELLE**.

MIRABEAU (André Boniface Louis Riquetti, vicomte de, dit Mirabeau-Tonneau) (Né à Paris, le 30 novembre 1754, mort à Fribourg-en-Brisgau, Allemagne, le 15 septembre 1795). Frère cadet d'Honoré Gabriel, presque aussi débauché que lui, Mirabeau-Tonneau porte ce sobriquet à cause de son embonpoint et de son ivrognerie. Écrivain spirituel, auteur d'innombrables bons mots, collaborateur des *Actes des Apôtres,* il se montre un fervent défenseur de la monarchie à l'Assemblée constituante où l'ont envoyé siéger les nobles de la sénéchaussée de Limoges. Constatant l'impuissance de son parti, il se décide à émigrer après avoir démissionné de ses fonctions de député en juin 1790. Il s'établit de l'autre côté du Rhin, en pays de Bade et meurt d'apoplexie.

MIRABEAU (Honoré Gabriel Riquetti, comte de) (Né au Bignon, Loiret, le 9 mars 1749, mort à Paris le 2 avril 1791). Jusqu'à la Révolution, Mirabeau se distingue surtout par sa vie scandaleuse, ses débauches, ses duels qui lui valent plusieurs séjours en prison. Il écrit aussi un *Essai sur le despotisme*, un livre sur *Les Lettres de cachet et les prisons d'État* qu'il connaît bien. Il se jette avec fougue dans la Révolution naissante, ne parvient pas à se faire élire aux états généraux par la noblesse des sénéchaussées d'Aix et de Marseille, mais réussit auprès des électeurs du tiers état des mêmes circonscriptions. Servi par son instinct politique et un talent oratoire exceptionnel, par un physique étonnant quoique rebutant, il s'impose. N'écrit-il pas lui-même dans ses *Mémoires :* « Quand je secoue ma terrible hure, il n'y a personne qui ose m'interrompre. » Sa réplique à Dreux-Brézé dans la salle du Jeu de paume circule dans toute la France. Promoteur au début de toutes les grandes réformes, abolition des droits féodaux, confiscation des biens de l'Église, création des assignats, Mirabeau est le porte-parole de la Constituante, il incarne la Révolution de 1789. Mais il comprend très vite la nécessité d'éviter des réformes trop hâtives qui compromettraient l'équilibre du pays et mettraient en péril son unité et même son existence : « Quand on se mêle de diriger une révolution, écrit-il, la difficulté n'est pas de la faire aller, mais de la retenir. » Son premier échec date d'octobre 1789, lorsque l'Assemblée repousse son projet de faire choisir les ministres parmi les membres de la Constituante, ses adversaires voulant l'empêcher d'accéder au pouvoir. Soucieux de renforcer la monarchie constitutionnelle par un exécutif fort, il soutient le veto suspensif et le droit exclusif du souverain à faire la guerre et la paix en mai 1790. C'est alors que ses adversaires crient à la trahison et lui reprochent de toucher de l'argent de la cour, ce que Mirabeau ne nie nullement. On a trop écrit que Mirabeau était « vendu ». C'est faux. Il a, moyennant finances, envoyé des notes au roi, lui donnant des conseils dont Louis XVI n'a pratiquement jamais tenu compte. Conseiller non écouté, certes, traître soudoyé, Mirabeau ne l'a sûrement pas été. Subissant la méfiance de la cour et d'une grande partie de la Constituante, Mirabeau a perdu l'essentiel de son influence et de sa popularité lorsqu'il meurt, épuisé par le travail et la débauche. Son corps, déposé au Panthéon, en est retiré en novembre 1793, après la découverte de l'armoire de fer contenant notamment sa correspondance avec le roi.

MIRANDA (Francisco) (Né à Caracas, le 9 juin 1756, mort à Cadix, le 14 juillet 1816). Général dans l'armée espagnole, Miranda participe à la guerre d'Indépendance américaine et décide de lutter pour l'indépendance des colonies espagnoles d'Amérique. Réfugié en Europe, il fait le tour des capitales pour solliciter de l'aide. A Paris en 1791, ami de Brissot et de Pétion, il est quelque temps général de brigade à l'armée de Dumouriez en 1792. Arrêté plusieurs fois parce que lié à ce dernier et aux Girondins, il risque la déportation après le 18 fructidor et doit se réfugier en Angleterre. Retourné au Venezuela, il participe aux soulèvements de 1806 et 1810, mais est finalement battu en 1812. Bolivar le fait arrêter et le livre aux Espagnols qui le gardent en prison jusqu'à sa mort.

MIROIR (Le). Ce journal contre-révolutionnaire rédigé par Beaulieu commença à paraître le 11 floréal an IV (29 avril 1796) et fut suspendu lors du coup d'État du 18 fructidor an V (4 septembre 1797). Il reparut brièvement le 13 messidor an VII (2 juillet 1799) et n'eut que 47 numéros dans cette seconde série.

MODÉRANTISME. C'est l'accusation que les Montagnards lancèrent aux Girondins puis aux dantonistes, qui périrent sur l'échafaud en octobre 1793 et avril 1794. Carrier, le sinistre auteur des noyades de Nantes, stigmatisait ainsi les modérés, visant Danton et Camille Desmoulins qui prêchait la clémence dans *Le Vieux Cordelier* : « Les monstres ! ils voudraient briser les échafauds ; mais, citoyens, ne l'oublions jamais, ceux-là ne veulent point de guillotine qui sentent qu'ils sont dignes de la guillotine ! »

MODES. Les costumes féminins et masculins furent bouleversés par la Révolution. Les femmes abandonnèrent progressivement les paniers, renoncèrent aux chaussures à talons hauts pour des souliers plats, cessèrent de mettre du rouge. Sous la Terreur, la tenue vestimentaire est puritaine : le buste s'allonge, les manches étroites de la robe descendent jusqu'aux poignets qu'elles enserrent. Un fichu entoure le cou. La soie disparaît au profit de tissus plus simples, crépons, linons, toiles de Jouy. Sous le Directoire se produit un retour en force de la fantaisie, voire de l'extravagance, avec les merveilleuses. Chez les hommes, dès 1791, la redingote détrône l'habit, la perruque se démode et les sans-culottes portent les cheveux longs et flottants. Il y a là aussi un retour en force des tenues originales sous le Directoire avec les incroyables ou muscadins.

MOLLEVAUT (Étienne) (Né à Jouy-sous-les-Côtes dans la Meuse le 20 juillet 1744, mort à Nancy le 10 janvier 1816). Avocat au parlement de Nancy, puis maire de cette ville, il est élu à la Convention où il refuse de voter la mort du roi. Président du comité des Douze, il est entraîné dans la chute de la Gironde. Il se cache. Élu au Conseil des Cinq-Cents, rallié à Brumaire, il finit comme proviseur du lycée de Nancy.

MOMORO (Antoine François) (Né à Besançon, en 1756, guillotiné à Paris, le 4 mars 1794). Établi libraire-imprimeur à Paris, Momoro adhère avec passion à la Révolution, s'intitule « premier imprimeur de la liberté » et obtient la lucrative concession des travaux typographiques de la Commune de Paris. Un des membres les plus influents du club des Cordeliers, il est parmi les meneurs du Champ-de-Mars, le 17 juillet 1791, lors de la signature de la pétition demandant la déchéance du roi. Cela lui vaut une brève arrestation et l'auréole du martyr. Aussi le retrouve-t-on dans l'insurrection du 10 août. Il fait partie de la nouvelle administration du département de Paris et se voit confier l'organisation des fêtes révolutionnaires. C'est lui qui a inventé dès 1791 la devise « Liberté, Égalité, Fraternité » et qui a obtenu du maire Pache qu'elle soit inscrite sur les façades des édifices publics. Après avoir contribué à la chute des Girondins, il est à son tour victime de Robespierre qui lui reproche d'être un partisan de la « loi agraire », c'est-à-dire de l'égalité des fortunes, un précurseur du communisme, et surtout d'avoir organisé le culte de la Raison en utilisant sa ravissante épouse pour figurer la déesse.

MONARCHIE. La Constitution de 1791 consacre une monarchie constitutionnelle. Elle stipule que le gouvernement français est un gouvernement monarchique, que la personne du roi est inviolable et sacrée, que la couronne est héréditaire de mâle en mâle, que le roi est dépositaire du pouvoir exécutif et nomme les ministres, qu'il dispose d'un droit de veto suspensif sur les actes du pouvoir législatif.

MONARCHIENS. C'est ainsi qu'on nommait un groupe de députés de la Constituante, partisans d'une monarchie parlementaire sur le modèle anglais avec deux chambres pour représenter le pouvoir législatif. Ces idées sont contenues dans le texte de Mounier, *Nouvelles Observations sur les états généraux,* et reprises par des députés dont les plus éminents sont Clermont-Tonnerre, Lally-Tollendal et Malouet. Après le refus du bicamérisme par les constituants en septembre 1790, le parti monarchien se désagrégea et fut remplacé par l'éphémère Société des amis de la Constitution monarchique dirigée par Clermont-Tonnerre.

MONCEY (Bon Adrien Jannot de) (Né à Moncey, Doubs, le 31 juillet 1754, mort à Paris, le 20 avril 1842). Engagé comme simple soldat en 1769, Moncey, fils d'un avocat de Besançon, est capitaine en 1791. Il sert à l'armée des Pyrénées occidentales de 1793 à 1795 et y gagne le grade de général de division, remportant de nombreux combats, devenant général en chef de cette armée en 1794 et terminant la guerre par la prise de Bilbao en juillet 1795. Suspect de royalisme, il est laissé sans commandement important et même réformé après le coup d'État du 18 fructidor. On le réintègre dans l'armée en septembre 1799 et c'est sous Bonaparte qu'il va enfin donner sa mesure. Il est en Helvétie en 1800, à l'armée d'Italie en 1801, devient maréchal en 1804, duc de Conegliano en 1808 et se bat en Espagne. A la Restauration, il a l'audace de refuser de présider le conseil de guerre chargé de juger Ney, ce qui lui vaut trois mois de prison. Rétabli dans son grade, il conquiert la Catalogne en 1823.

MONDOVI (bataille de). Victoire de Bonaparte sur les Piémontais commandés par Colli, le 3 floréal an IV (21 avril 1796).

MONGE (Gaspard) (Né à Beaune, le 10 mai 1746, mort à Paris, le 28 juillet 1818). Professeur de mathématiques à l'École du génie de Mézières en 1772, membre de l'Académie des sciences en 1780, Monge est engagé bien malgré lui dans la vie politique lorsqu'on le désigne, le 12 août 1792, comme ministre de la Marine. Il reste à ce poste jusqu'au 13 avril 1793 et entreprend la réorganisation des arsenaux et de la flotte. A sa sortie du ministère, il loue une maison et enseigne à des élèves destinés au génie civil, à l'armée et à la marine, constituant ainsi le noyau de ce qui va devenir l'École centrale des travaux publics, puis l'École polytechnique. Professeur à l'École normale en 1794 et 1795, il fait la connaissance de Bonaparte en 1796, lorsqu'on l'envoie réceptionner les œuvres d'art saisies par ce dernier en Italie. En témoignage d'estime, le jeune général lui confie ainsi qu'à Berthollet l'honneur de porter au Directoire la ratification du traité de Campoformio. Avec Daunou et Florent, il est ensuite envoyé à Rome pour mettre en place la nouvelle République et choisir les œuvres d'art à envoyer en France. Élu par les Bouches-du-Rhône au Conseil des Anciens, par la Côte-d'Or au Conseil des Cinq-Cents, en avril 1798, Monge n'a pratiquement pas le temps de siéger, car il suit Bonaparte en Égypte. Avec Berthollet, il a la charge de toute la partie scientifique et archéologique de cette expédition, présidant l'Institut d'Égypte, faisant lever des cartes du pays et étudier les monuments historiques. Le 22 août 1799, Bonaparte l'embarque avec lui sur le *Muiron* pour la France. Sénateur, comte de Péluse, en souvenir de ses travaux dans l'isthme de Suez, Monge est exclu de la direction de l'École polytechnique par Louis XVIII pour s'être rallié à Napoléon durant les Cent-Jours. Son œuvre mathématique est importante. On lui doit notamment une *Géométrie descriptive* (1799), un *Précis des leçons sur le calorique et l'électricité* (1805), une *Application de l'algèbre à la géométrie* (1809), et de très nombreux articles.

MONITEUR UNIVERSEL (Le). Ce journal créé par Panckoucke au moment de la réunion des états généraux, le 5 mai 1789, devenu quotidien à partir du 24 novembre, se transforme en journal officiel de la République, le 28 décembre 1799, tout en demeurant la propriété des Panckoucke. Il devient *Le Journal officiel*, qui commença à paraître le 1er janvier 1869. *Le Moniteur* continua à paraître jusqu'au 30 juin 1901. Ses principaux collaborateurs durant la Révolution furent Berquin, Ginguené, Jourdan, Lenoir-Laroche, Marcilly, Maret, Mejean, Peuchet, Thuan-Granville. La partie littéraire en fut durant plusieurs années confiée à La Harpe. Malgré un prix de souscription élevé, 72 livres par an à Paris, 84 en province, des numéros vendus 6 sous, *Le Moniteur* eut une grande diffusion et compta 8 500 abonnés en 1792. Il se plia prudemment à tous les infléchissements de la politique durant les années révolutionnaires, Panckoucke n'ayant en vue que la prospérité financière de sa publication.

MONNAIE, voir **FRANC**.

MONSIGNY (Pierre Alexandre) (Né à Fauquembergues, Pas-de-Calais, le 17 octobre 1729, mort à Paris, le 4 janvier 1817). Passionné de musique, Monsigny est employé à la comptabilité du clergé à Paris puis comme maître d'hôtel du duc d'Orléans, le père de Philippe Égalité. Il débute avec les *Aveux indiscrets*, parus anonymement en 1759, qui ont un grand succès à la foire Saint-Laurent. *Le Maître en droit* et *Le Cadi dupé* ont aussi du succès. Associé à Sedaine, il fait alors jouer *On ne s'avise jamais de tout*, en 1761, et obtient un véritable triomphe. Les succès ne se comptent plus ensuite : *Le Roi et le fermier* (1762), *Rose et Colas* (1764), *Aline, reine de Golconde* (1766)... En 1777, Monsigny arrête brusquement d'écrire, sa vue étant devenue très mauvaise. La Révolution lui fait perdre la pension qu'il recevait du roi et son emploi de maître d'hôtel du duc d'Orléans. Il en est réduit à accepter en 1798 une pension offerte par les artistes de la Salle Favart. En 1800, on lui donne une place d'inspecteur de l'enseignement au Conservatoire. Il remplace Grétry à l'Institut en 1813.

MONTAGNARDS. Ce nom fut donné à l'origine par dérision par des journalistes aux députés extrémistes de la Législative qui siégeaient à gauche sur les bancs les plus élevés de cette assemblée. Beaucoup plus nombreux à la Convention, environ cent vingt députés, les Montagnards ne formèrent jamais un groupe politique homogène. D'origine très diverse, ils n'étaient pas socialement très différents des Girondins, appartenaient eux aussi à la moyenne bourgeoisie, n'avaient aucun programme économique et social, mais bénéficiaient du soutien des sections parisiennes. Leurs principaux meneurs étaient d'ailleurs trois élus de Paris : Danton, Marat et Robespierre, assistés d'hommes comme Desmoulins, David, Fabre d'Églantine, Le Bas, Saint-Just, Couthon, Collot d'Herbois, Fouché... Ils vinrent à bout des Girondins grâce à l'intervention insurrectionnelle de la Commune de Paris, puis organisèrent un gouvernement révolutionnaire extrêmement centralisé et mirent en place la Terreur pour assurer leur pouvoir. Robespierre élimina successivement les Enragés et les partisans d'Hébert sur sa gauche qui réclamaient des réformes sociales auxquelles il était hostile, puis Danton et ses partisans, les Indulgents qui souhaitaient que la République victorieuse à l'intérieur et aux frontières fasse preuve de clémence et mette un terme à la Terreur. Il fut lui-même évincé par d'anciens terroristes comme Barras, Fouché ou Tallien qui, appuyés par la Plaine, mirent un terme à sa dictature. Les derniers Montagnards, dits crêtois, furent éliminés après l'échec des insurrections de germinal et de prairial au printemps de 1795.

MONTAGNE, voir **MONTAGNARDS.**

MONTANÉ (Jacques Bernard Marie) (Né à Toulouse, le 5 janvier 1751, mort après 1805). Avocat à Toulouse, dès 1771, lieutenant civil et criminel du présidial de Toulouse de 1773 à 1790, juge de paix de 1790 à 1792, Montané est élu troisième juge du Tribunal révolutionnaire, le 13 mars 1793, et en devient le président après le refus des deux premiers. Accusé de modérantisme par Fouquier-Tinville, il quitte la présidence, le 23 août, pour être remplacé par Herman, et se retrouve même en prison. Il est acquitté après la chute de Robespierre, le 13 septembre 1794, et devient juge au tribunal du deuxième arrondissement de Paris. On perd sa trace après 1805.

MONTANSIER (Marguerite Brunet, dite) (Née à Bayonne, le 19 décembre 1730, morte à Paris, le 13 juillet 1820). Après avoir vécu de ses charmes et des faveurs de personnages fortunés, la Montansier obtient en 1777 la régie des théâtres de Versailles, Fontainebleau, Saint-Cloud, Marly, Compiègne, etc., avec la charge d'organiser les spectacles à la suite de la cour. Dans sa troupe figurent Mlles Joly, Lillié, Mars. Comprenant après les journées d'octobre 1789 que les fastes de Versailles sont révolus, elle loue une salle au Palais-Royal – et la fait aménager par l'architecte Louis –, l'actuelle salle de la Comédie-Française, dans un endroit à la mode et à proximité des Tuileries où séjourne désormais la cour. Baptisée la « Ribaude du Palais-Royal », cette sexagénaire sait ménager les divers courants politiques. Sa prospérité s'accroissant, elle fait bâtir, toujours par Louis, un nouveau théâtre à l'emplacement actuel du square Louvois, face à la Bibliothèque nationale, ouvert le 15 août 1793, et nommé Théâtre national. Elle est dénoncée par des envieux sous des prétextes extrêmement divers : elle aurait construit son théâtre avec l'argent de Pitt, serait un agent de l'Angleterre, aurait été liée au traître Dumouriez, aurait projeté d'incendier la Bibliothèque nationale ! Le Théâtre national est fermé et elle est emprisonnée, le 14 novembre 1793. Libérée au bout de dix mois de détention, après la mort de Robespierre, elle reprend l'exploitation de ses deux salles de théâtre. Elle meurt nonagénaire, jouissant de l'estime du monde des comédiens après avoir dominé durant près d'un demi-siècle la vie théâtrale de la capitale.

MONTARGIS (nom révolutionnaire : Mont-Coulounies).

MONTAUT (Louis Marie Bon de, dit Maribon de Montaut) (Né à Montaut, Gers, le 22 octobre 1754, mort à Montaut, le 27 mai 1842). Officier à la retraite en 1789, Montaut adopte des positions révolutionnaires alors que tous les autres membres de sa famille restent fidèles à la monarchie. Il devient en 1790 administrateur du district de Condom et lieutenant-colonel de la garde nationale avant d'entrer à la Législative et à la Convention comme député du Gers. Il se fait le défenseur des massacreurs d'Avignon, prend souvent la parole au club des Jacobins, siège à la Convention à côté de Marat. Membre du Comité de sûreté générale d'octobre 1792 à avril 1793, il vote la mort pour le roi, est à l'armée du Rhin et à celle de la Moselle au moment de la chute des Girondins. De retour à Paris à l'automne 1793, il dénonce au club des Jacobins Chabot, Danton et plusieurs autres, comme modérés. Son zèle épurateur semble suspect et on lui demande de s'expliquer sur ses origines. Obligé d'avouer que ses deux frères ont émigré, il échappe à l'exclusion du club des Jacobins, mais Robespierre ne cache pas son mépris pour cet énergumène. Les Thermidoriens sont moins cléments et l'envoient en prison jusqu'à l'amnistie générale. Il se fait alors oublier.

MONTBÉLIARD (nom révolutionnaire : Mont-Réuni).

MONT-DE-MARSAN (nom révolutionnaire : Mont-Marat).

MONT-DE-PIÉTÉ. Créée en 1777 sur le modèle italien, cette institution s'installa rue des Blancs-Manteaux où son hôtel fut terminé en 1786. Les gens dans le besoin y gageaient les objets leur appartenant et venaient les récupérer lorsqu'ils en avaient de nouveau les moyens. Dès la première année, 40 000 montres furent déposées en gage. Les prêts les plus faibles s'élevaient à 3 livres et leur total avoisinait 15 millions. L'argent utilisé par le mont-de-piété provenait d'emprunts faits à des particuliers au taux de 4 % ou 5 %. Les bénéfices étaient versés aux hôpitaux. Le mont-de-piété, dirigé par une administration de 6 membres présidée par le lieutenant général de police, était ouvert tous les jours sauf les dimanches et fêtes. Avec la Révolution, les intérêts des prêts augmentèrent en raison de l'inflation et Chabot demanda même la suppression de cette institution. En janvier 1794, la Convention ordonna la restitution sans remboursement, pour tous les emprunts inférieurs à 20 livres, des linges, vêtements, ustensiles de ménage mis en dépôt. L'établissement de boutiques de prêt sur gages fut autorisé et les usuriers s'en donnèrent à cœur joie, profitant de la misère accrue découlant des troubles révolutionnaires. C'est Napoléon qui remit de l'ordre dans tout cela, avec le décret du 16 pluviôse an XII (5 février 1804) qui rétablit le monopole du mont-de-piété et le réorganisa.

MONTENOTTE (bataille de). C'est dans ce village des Apennins ligures que Bonaparte écrasa les Autrichiens commandés par Beaulieu, le 12 avril 1796.

MONTESQUIOU-FEZENSAC (Anne Pierre, marquis de) (Né à Paris, le 17 octobre 1739, mort à Paris, le 30 décembre 1798). Maréchal de camp en 1780, membre de l'Académie française en 1784, Montesquiou-Fezensac est élu par la noblesse de Paris aux états généraux. Un des premiers de son ordre, il se rallie au tiers état. A la dissolution de l'assemblée, il est nommé lieutenant général, puis administrateur du département de Paris. Général en chef de l'armée du Midi en avril 1792, il ramène le calme en Avignon, occupe la Savoie en septembre. Commandant en chef de l'armée des Alpes en octobre, il est destitué le mois suivant pour avoir traité sans autorisation avec la République de Genève. Il se réfugie alors en Suisse et ne revient en France qu'en juillet 1795.

MONTGAILLARD (Jean Gabriel Maurice Rocques, dit le comte de) (Né à Montgaillard-Lauragais,

Haute-Garonne, le 16 novembre 1761, mort à Chaillot, le 8 février 1841). Ancien élève de l'École militaire de Sorèze, Montgaillard démissionne après quelques années de campagne aux Antilles. Établi négociant à Paris en 1789, il sert d'agent secret pour des missions diplomatiques. Après le 10 août 1792, il joue double jeu, renseignant Robespierre tout en continuant de servir les royalistes, touchant de l'argent des deux côtés, circulant sans encombre à Londres et à Paris, même au paroxysme de la Terreur. On le trouve en train de négocier l'évacuation des Pays-Bas par les Autrichiens à Ypres, chargé de négocier au nom de Monsieur l'échange de la fille de Louis XVI à Vienne, en relation avec le prince de Condé, en contact avec Pichegru en août 1795. Il se détache doucement du camp royaliste pour passer au service de Bonaparte. Il est cependant un des premiers à se rallier à Louis XVIII en 1814, le persuade qu'il lui a toujours été fidèle et continue à servir la monarchie jusqu'en 1830. Il est probable que ses rapports ont précipité le coup d'État du 18 fructidor.

MONTJOIE (Christophe Félix Louis Ventre de la Touloubre, dit Galart de) (Né à Aix-en-Provence, le 18 mai 1746, mort à Paris, le 4 avril 1816). Avocat à Aix, auteur de quelques travaux de littérature, Montjoie arrive à Paris en 1790 pour travailler avec Royou et Geoffroy à *L'Année littéraire.* Tous trois fondent ensuite *L'Ami du roi.* Royou et Montjoie s'étant brouillés, ils font paraître chacun un journal au titre identique. *L'Ami du roi,* de Montjoie, cesse de paraître après le 10 août 1792 et son auteur doit se réfugier en Suisse. Il reparaît après le 9 thermidor, mais doit s'enfuir à nouveau après le coup d'État du 18 fructidor. Après le 18 brumaire, Montjoie revient en France et cesse de s'occuper de politique. En 1816, Louis XVIII le fait nommer conservateur à la bibliothèque Mazarine.

MONTLOSIER (François Dominique de Reynaud, comte de) (Né à Clermont-Ferrand, le 16 avril 1755, mort à Clermont-Ferrand, le 9 décembre 1838). Élu député suppléant de la noblesse du bailliage de Clermont-Ferrand aux états généraux, Montlosier y siège à partir de septembre 1789. Il défend la monarchie avec obstination et talent avant d'émigrer à la fin de la session. A l'armée des princes en 1792, il se rend ensuite à Londres, y fonde un journal et se rallie à Bonaparte après le 18 brumaire. Il est affecté au ministère des Affaires étrangères, puis chargé de faire des rapports sur l'état de l'opinion publique.

MONTMARTRE (nom révolutionnaire : Mont-Marat).

MONTMORENCY (nom révolutionnaire : Mont-Émile).

MONTMORENCY-LAVAL (Mathieu Jean Félicité, duc de) (Né à Paris, le 10 juillet 1766, mort à Paris, le 24 mars 1826). Colonel et grand bailli de Montfort-l'Amaury, Montmorency-Laval est élu aux états généraux par la noblesse de son bailliage. Cet ancien combattant d'Amérique, imprégné d'idées de liberté, s'empresse de se joindre au tiers état, propose l'abolition de la noblesse. Aide de camp de Luckner à la séparation de l'Assemblée, il émigre en Suisse après le 10 août 1792 et devient l'amant de Mme de Staël. Il revient en France en 1795 pour tomber amoureux de Mme Récamier. Il est nommé ministre des Affaires étrangères et président du Conseil au début de la seconde Restauration.

MONTMORIN-SAINT-HÉREM (Armand Marc, comte de) (Né à Paris, le 13 octobre 1745, massacré à Paris, le 2 septembre 1792). Ambassadeur de France auprès de l'archevêque de Trèves, puis en Espagne de 1777 à 1783, Montmorin est appelé au ministère des Affaires étrangères, le 14 février 1787. Il soutient Necker dans sa proposition de doublement du tiers et quitte le ministère avec Necker, le 12 juillet 1789, revient avec lui, le 17. Après le retrait définitif de Necker, il devient le ministre le plus influent du gouvernement et s'allie à Mirabeau pour disposer d'un soutien à la Constituante. Tous deux s'efforcent de préserver la monarchie constitutionnelle, mais la fuite à Varennes ruine ces efforts. Il finit par quitter le ministère, le 20 novembre 1791. Il constitue alors avec Malouet et Bertrand de Molleville une sorte de conseil privé auprès du roi, mais ce dernier ne tient aucun compte de leurs avis, tandis que l'Assemblée leur reproche leurs contacts avec la cour. En juillet 1792, Brissot et Gensonné accusent Montmorin d'être le chef d'un prétendu comité autrichien. Après la prise des Tuileries, Montmorin se cache. Il est cependant arrêté, le 21 août, et figure parmi les victimes de la prison de l'Abbaye au début des massacres de Septembre.

MONT-SAINT-MICHEL (noms révolutionnaires : Mont-Michel, Mont-Libre).

MONT THABOR (bataille du). L'armée d'Égypte avait franchi le Sinaï et assiégeait Saint-Jean-d'Acre lorsqu'une armée turque vint au secours de la place forte. Bonaparte se porta au-devant d'elle et, au pied du mont Thabor, à une douzaine de kilomètres de Nazareth, écrasa les Turcs, le 16 avril 1799.

MONUMENTS PUBLICS. La Révolution fit de grands dommages aux monuments publics dans toute la France. A Paris, la plupart des couvents et bon nombre d'églises furent détruits, ceux qui furent conservés furent transformés en ateliers ou en dépôts. Plusieurs hôtels particuliers de familles ayant émigré furent détruits ou vendus. Le vandalisme révolutionnaire accumula des ruines irréparables dans tout le pays.

MORANDE (Charles Thévenot de) (Né à Arnay-le-Duc, Côte-d'Or, en 1748, mort à Arnay-le-Duc vers 1803). Aventurier, faisant profession de vivre de scandales, auteur du *Philosophe cynique* (1771), des *Mélanges confus sur des matières fort claires* (1771), Morande publie une invraisemblable quantité de libelles et de recueils d'anecdotes scandaleuses, dont *Le Gazetier cuirassé* (1772), qui dévoile les dessous de la cour de Louis XV. Sa menace de faire paraître des *Mémoires secrets d'une femme publique* oblige la du Barry à lui verser, par l'entremise de Beaumarchais, la coquette somme de 20 000 livres, plus 4 000 livres de rente viagère. C'est en vain que Morande tente de faire chanter Voltaire et le duc de Lauragais. Il est même bastonné par les valets de ce dernier et doit signer au duc un reçu des coups de bâton reçus. Collaborateur du *Courrier de l'Europe* de 1776 à 1792, il fonde *L'Argus patriote* à Paris, qui paraît de juin 1791 au 31 mai 1792, feuille de ragots méprisée par tous les partis mais qui s'en prend surtout à Brissot et à ses amis. Emprisonné après le 10 août, Morande échappe aux massacres de Septembre et se retire à Arnay-le-Duc pour y finir tranquillement ses jours.

MORARD DE GALLES (Justin Bonaventure) (Né à Goncelin, Isère, le 30 mars 1741, mort à Guéret, le 23 juillet 1809). D'abord dans la gendarmerie d'ordonnance, Morard de Galles entre dans la marine en 1757 et monte peu à peu les échelons de la hiérarchie, servant aux Indes sous Suffren et en Amérique. Alors que la plupart des officiers de marine émigrent, il reste à son poste, ce qui lui vaut une rapide promotion : contre-amiral en 1792, vice-amiral en 1793, il est cependant arrêté, parce que noble, sous la Terreur. Sa seule action navale d'envergure est la direction de la première des divisions chargée d'un débarquement en Irlande, en décembre 1796. Mais il est séparé du reste de la flotte par le brouillard et arrive à Bantry après le départ des autres navires. Il ne débarque pas les troupes de Hoche et revient à Brest, ce qui lui vaut d'être disgracié. Bonaparte le fait sénateur et comte de l'Empire.

MOREAU DE SAINT-MÉRY (Médéric Louis Élie) (Né à Fort-Royal, Martinique, le 13 janvier 1750, mort à Paris, le 28 janvier 1819). Avocat au Cap-Français et membre du Conseil supérieur de Saint-Domingue, député de la Martinique à la Constituante, Moreau de Saint-Méry ne cache pas son hostilité à la Révolution. Proscrit sous la Terreur, il quitte la France pour les États-Unis. Il revient en France après le 18 brumaire et sa parente, Joséphine de Beauharnais, le fait nommer historiographe de la marine, conseiller d'État, administrateur général de Parme, Plaisance et Guastalla. Il tombe en disgrâce en 1806.

MOREAU (Jean Victor) (Né à Morlaix, le 11 août 1763, mort à Lahn, Bohême, le 2 septembre 1813). Empêché de s'enrôler dans l'armée par son père, Moreau se distingue en menant les étudiants de Rennes contre les nobles bretons au moment de la réunion des électeurs à Rennes. Il rejoint peu après la garde nationale nouvellement formée. Lieutenant-colonel d'un bataillon de volontaires en septembre 1791, il est affecté à l'armée du Nord et prend part à la bataille de Neerwinden, ce qui lui vaut le grade de général de brigade. Sous les ordres de Pichegru, il se bat à Menin, Tourcoing, Nieuport. Les Autrichiens chassés des Pays-Bas, Moreau conquiert la Hollande en 1795, devient général en chef de l'armée du Nord et de celle de Rhin-et-Moselle en 1796. Après une offensive réussie, il est obligé de repasser le Rhin en octobre 1796. Moreau est alors tenté par la politique. Il n'a jamais été un fervent républicain et la mort de son père sur l'échafaud durant la Terreur n'a pas amélioré ses sentiments. S'étant emparé au cours des opérations de documents établissant les relations de Pichegru avec les émigrés, il ne les transmet aux Directeurs qu'après le coup d'État du 18 fructidor et devient suspect à ces derniers. On ne lui redonne un commandement qu'en septembre 1798, en Italie puis en Allemagne. Il prête main forte à Bonaparte le 18 brumaire. Ce dernier lui confie l'armée du Rhin et Moreau triomphe à Hohenlinden en 1800. Sa popularité porte ombrage au Premier consul, par ailleurs tenu au courant des tractations de Moreau avec Pichegru et les royalistes. Arrêté et condamné à deux ans de prison, il accepte de s'exiler aux États-Unis en 1804. Il en revient en 1813 et sert de conseiller à Alexandre Ier et aux coalisés. Il est blessé mortellement à la bataille de Dresde et meurt cinq jours plus tard.

MORRIS (Gouverneur) (Né à Morrisania, État de New York, le 31 janvier 1752, mort à Morrisania, le 6 novembre 1816). Descendant de huguenots français par sa mère, Morris est nommé ambassadeur des États-Unis en France à la fin de 1791. Ses efforts pour améliorer les relations entre les deux pays sont couronnés de peu de succès et Morris ne cache pas ses sympathies pour les royalistes persécutés et pour le roi qui lui confie des fonds à transmettre à ses frères. En février 1793, les autorités françaises demandent son rappel, mais il n'est remplacé qu'en 1794 par Monroe. Resté en Europe jusqu'en 1799, Morris sert en 1796-1797 comme agent secret du ministre anglais des Affaires étrangères, lord Grenville. Il est sénateur de New York, de 1800 à 1802, puis retourne à la vie privée.

MORTEMART (Victurnien Jean-Baptiste Marie de Rochechouart, duc de) (Né à Éverly, Seine-et-Marne, le 8 février 1752, mort à Paris, le 14 juillet 1812). Colonel du régiment de Lorraine-infanterie, maréchal de camp en 1788, Mortemart est élu par la noblesse du bailliage de Sens aux états généraux. Adversaire des réformes, il démissionne dès avril 1790. Émigré en 1791, il fait campagne dans l'armée de Condé en 1792, puis lève un corps pour le compte de l'Angleterre, sert au Portugal de 1796 à 1802. Revenu en France après la paix d'Amiens, il offre ses services à Bonaparte.

MORTIER (Adolphe Édouard Casimir Joseph) (Né au Cateau, le 13 février 1768, tué à Paris, le 28 juillet 1835). Mortier sert dans la garde nationale de Dunkerque à partir de 1789. Il est élu capitaine du 1er bataillon de volontaires du Nord en 1791 et fait toutes les campagnes de l'armée du Nord, est à Jemmapes, Neerwinden, Hondschoote, Fleurus, participe au siège de Maestricht, de 1792 à 1795. A l'armée du Rhin, ensuite, il se signale au passage du Rhin à Neuwied, à Altenkirchen, à Friedberg, refuse le grade de général de brigade à la paix de Campoformio. Mortier est le chef d'état-major de Lefebvre à l'armée de Mayence en 1798, devient général de brigade au début de 1799, est fait général de division par Masséna après la bataille de Zurich, en septembre suivant. Il fait toutes les campagnes de l'Empire, devient maréchal en 1804 et duc de Trévise. Il est tué par la machine infernale de Fieschi en passant en revue avec Louis-Philippe la garde nationale.

MOSELLE (armée de la). Constituée en mai 1793, l'armée de la Moselle, commandée successivement par Houchard, Ferrier, Moreau, Hoche, se battit surtout dans le Palatinat. A la fin de juin 1794, elle fut réunie aux armées des Ardennes et du Nord pour former l'armée de Sambre-et-Meuse, sous les ordres de Jourdan.

MOULIN (Jean-François) (Né à Caen, le 14 mars 1752, mort à Pierrefitte, Seine-Saint-Denis, le 12 mars 1810). Entré dans l'armée en 1768, Moulin est employé comme géographe, travaille aux Ponts et Chaussées et se trouve à l'intendance de Paris au début de la Révolution. Il entre dans la garde nationale en juillet 1789, est adjudant général de la garde nationale de Paris, du 10 août 1792 au 22 février 1793, puis sert comme chef de bataillon en Vendée, est fait général de brigade sur le champ de bataille en septembre 1793. Ayant de sa propre autorité relâché des prisonniers après la bataille du Mans, il est emprisonné à Nantes par Carrier, mais est libéré à la suite de nombreuses protestations. On le trouve en 1795 à l'armée des Alpes, en 1796 à celle du Rhin, il commande ensuite la région militaire de Paris et l'armée d'Angleterre. Il est élu à la place de La Révellière-Lépeaux comme Directeur, le 20 juin 1799, s'oppose aux intrigues de Sieyès et est neutralisé au 18 brumaire sous la surveillance de Moreau. Il sert ensuite Bonaparte et devient baron de l'Empire peu avant sa mort.

MOUNIER (Jean-Joseph) (Né à Grenoble, le 12 novembre 1758, mort à Paris, le 26 janvier 1806). Avocat au parlement de Grenoble, secrétaire des états du Dauphiné, Mounier est élu par le tiers état de cette province aux états généraux. Ses *Nouvelles Observations sur les états généraux de France*, publiées un peu avant leur réunion, lui valent un très grand prestige à l'Assemblée. On lui doit les trois premiers articles de la Déclaration des droits de l'homme. Mounier est favorable à une monarchie constitutionnelle et à une constitution écrite, mais souhaite un veto absolu pour le roi et un bicamérisme avec une Chambre haute de pairs. Brocardé par la foule parisienne sous le nom de « Monsieur Veto », il suggère au roi d'utiliser la force contre la foule venue assiéger le château de Versailles. Dégoûté par la lâcheté du souverain et par la montée d'un pouvoir plébéien fondé sur des mouvements de foules manipulées, Mounier donne sa démission de député, le 8 octobre 1789, et se réfugie en Savoie en mai 1790. Il vit en exil en Suisse, Angleterre, Italie et Allemagne jusqu'en 1801. Revenu en France, il est nommé préfet d'Ille-et-Vilaine. Ce modéré hostile aux privilèges souhaitait une aristocratie fondée sur le talent et abhorrait l'égalitarisme plébéien, assimilant la démocratie à une tyrannie de la multitude et de l'incompétence.

MULOT (François Valentin) (Né à Paris, le 29 octobre 1749, mort à Paris, le 9 juin 1804). Chanoine régulier de Saint-Victor, Mulot se jette tête baissée dans la Révolution et fait partie de la Commune provisoire de Paris en 1789. Il intervient très fréquemment, devient vice-président du conseil général. On l'envoie comme conciliateur en Avignon mais il n'est qu'un témoin impuissant des affrontements et du massacre des partisans de la papauté. Élu par la capitale à la Législative, il n'y joue qu'un rôle insignifiant. Devenu modéré et suspect, il est incarcéré sous la Terreur. Libéré après la chute de Robespierre, il obtient des emplois mineurs : membre de la commission des monuments, secrétaire général de la préfecture de la Seine sous le Consulat.

MUNICIPALITÉS. Le 12 novembre 1789, la Constituante décida la formation de municipalités dans chaque ville, bourg et communauté rurale. Succédant généralement aux paroisses dans les campagnes, aux administrations consulaires et aux échevinages dans les villes, les municipalités furent élues par les citoyens actifs. A leur tête était un maire aussi élu. Le nombre des conseillers municipaux, maire compris, était de 3 pour une municipalité comptant moins de 500 habitants, de 6 entre 500 et 3 000, de 7 de 3 000 à 10 000, de 12 entre 10 000 et 25 000, de 14 entre 25 000 et 50 000, de 21 au-dessus de 100 000 habitants. Le bureau du conseil municipal était élu chaque année par les conseillers. Le mandat était de deux ans avec renouvellement par moitié tous les ans. Le maire était élu pour deux ans et n'était rééligible qu'après un délai de deux ans. La municipalité de Paris avait été organisée par un décret de la Constituante du 27 juin 1790. Elle était constituée d'un maire, de 16 administrateurs, de 32 membres du conseil, de 96 notables, d'un procureur de la commune assisté de deux substituts. Il y avait en outre un conseil général de la commune composé du maire, des 96 notables et des 32 membres du conseil. Paris était divisé en 48 sections. La municipalité parisienne fut réorganisée après le 10 août 1792 et fut supprimée après le 9 thermidor. La loi du 3 ventôse an III (21 février 1795) divisa Paris en 12 arrondissements dirigés par autant de maires.

MUNICIPALITÉS CANTONALES. Les municipalités cantonales, siégeant au chef-lieu du canton, étaient composées des agents municipaux de chaque commune.

MURAT (Joachim) (Né à Labastide-Fortunière, aujourd'hui Labastide-Murat, le 25 mars 1767, fusillé au Pizzo, royaume de Naples, le 13 octobre 1815). Renvoyé du séminaire, Murat s'engage dans la cavalerie à vingt ans, entre dans la garde constitutionnelle du roi, puis la quitte en raison de son hostilité pour la monarchie. Maréchal des logis, le 15 mai 1792, il est déjà lieutenant, le 31 octobre. Après l'assassinat de Marat, il envisage de changer son nom et de prendre celui de son idole, ce qui lui vaut d'être dénoncé et de perdre son grade après le 9 thermidor. Le 13 vendémiaire, Bonaparte lui demande d'apporter de l'artillerie en renfort et, après son succès, le fait nommer chef de brigade. Murat le suit comme aide de camp en Italie, ayant trouvé une nouvelle idole à adorer. Pendant toute la campagne d'Italie, il se distingue par la bravoure et la fougue de ses charges de cavalerie. Commandant de la cavalerie de l'armée d'Orient, il se couvre de gloire en Égypte, sabrant les Mamelouks. De retour avec Bonaparte, nommé général de division, il joue un rôle considérable, le 18 brumaire, faisant expulser virilement les députés hostiles au coup d'État. Nommé chef de la garde consulaire, époux de Caroline, sœur du Premier consul, maréchal, roi de Naples, Murat suit un destin parallèle à celui de l'Empereur. Après la bataille de Leipzig, il traite avec les alliés pour tenter de conserver son trône. Sa trahison ne lui sert à rien. Il est pris et fusillé par les partisans de Ferdinand IV.

MUSCADINS, voir **INCROYABLES**.

MUSÉES. Les premiers musées de peinture et de sculpture apparaissent en France au XVIIe siècle. Le premier musée de Paris est dû à l'initiative d'Angiviller qui y fit venir une galerie de peinture installée auparavant à Versailles et eut l'idée d'installer des œuvres d'art dans la galerie du Louvre. Mais, en 1785, ces richesses furent renvoyées dans les réserves de la surintendance des bâtiments du roi. La Révolution décréta, le 27 juillet 1793, la création d'un Musée national installé à nouveau dans la grande galerie du Louvre. Ce musée s'accrut considérablement grâce aux pillages et spoliations des armées révolutionnaires. On envisagea l'ouverture d'un autre musée au Luxembourg. Afin de sauvegarder quelques vestiges de l'Ancien Régime, Alexandre Lenoir obtint la création d'un musée des Monuments français où furent recueillis les débris des biens nationaux, églises, monastères, châteaux détruits ou endommagés. Ce musée ouvrit le 1er septembre 1795 dans le couvent des Petits-Augustins, au 16 de la rue du même nom.

MUSIQUE. On a parfois résumé la Révolution comme un grand drame lyrique, paroles de Marie Joseph Chénier, musique de Gossec, décors de David. Il est certain que les révolutionnaires ont eu un sens aigu de la propagande et qu'ils ont utilisé la musique et les arts pour endoctriner les populations. La fête de la Fédération du 14 juillet 1790 fut l'occasion de célébrer un *Te Deum* composé par Gossec, précédé le 13 juillet par un oratorio de Désaugiers, *La Prise de la Bastille*, *hiérodrame tiré des Livres saints.* Gossec fut mis de nouveau à contribution, le 20 septembre 1790, lors d'une cérémonie funèbre en l'honneur des officiers tués lors de la mutinerie de Nancy. On joua au Champ-de-Mars sa *Marche lugubre.* Elle servit à nouveau pour les funérailles de Mirabeau, lors du transfert des restes de Voltaire au Panthéon et lors des obsèques de Hoche. De 1790 à 1802, 2 337 pièces de musique ayant trait à la Révolution furent écrites : 167 hymnes, 2 090 chansons, 80 morceaux de musique militaire. On doit 35 pièces à Gossec, 18 à Lesueur, 14 à Méhul, 11 à Cambini, autant à Catel, 10 à Cherubini, 6 à Steibelt, 4 à Martini, 3 à Pleyel, autant à Rouget de Lisle, dont *La Marseillaise,* 3 à Grétry. Comme principales œuvres, on peut citer le *Chœur à la liberté* et la *Ronde nationale* de 1792, musique de Gossec, paroles de Chénier, le *Chant du 14 juillet* et l'*Hymne à la liberté* par les mêmes, le *Chant de guerre de l'armée du Rhin,* nom véritable de *La Marseillaise,* paroles et musique de Rouget de Lisle, le *Chant du départ* de Méhul et Chénier, l'*Hymne à la victoire,* musique de Cherubini, texte par de Flins des Oliviers, le *Chant martial* de Gossec. L'opéra, lié à la cour et à l'Ancien Régime, fut détrôné par l'opéra-comique. Les principaux compositeurs furent Lesueur, Méhul et Cherubini.

MUTINERIES, voir **NANCY** (mutinerie de).

N

NANCY (mutinerie de). Ce fut le plus grave des désordres militaires qui aboutirent à la désagrégation de l'armée d'Ancien Régime. Les trois régiments de Nancy – du Roi, Mestre-de-camp-général, suisses de Châteauvieux – travaillés par des émissaires du duc d'Orléans dès le début de la Révolution, créèrent des comités de soldats, insultèrent les officiers, adhérèrent au club des Jacobins et fraternisèrent avec la garde nationale locale. La Fayette envoya le général de Malseigne pour rétablir la discipline. Fait prisonnier par les soldats le 24 août 1790, Malseigne réussit à s'enfuir le 28 jusqu'à Lunéville mais ne put rallier la garnison de cette ville pour réprimer la révolte de Nancy. La Constituante envoya alors le marquis de Bouillé à la tête de 4 500 hommes. Le 31 août, ses troupes se heurtèrent principalement à la résistance des suisses et ne purent s'emparer de la ville qu'à la faveur de la nuit. La répression fut efficace et rapide, suppression de la garde nationale locale, fermeture du club des Jacobins de Nancy, transfert des trois régiments dans trois autres lieux de garnison, jugement des meneurs, principalement des suisses. Il y eut un soldat de roué, il y en eut 42 de pendus, 41 de condamnés aux galères. Si l'ordre fut rétabli dans l'armée, le divorce s'accentua entre soldats et officiers nobles. La fuite du roi, l'émigration amenèrent un retournement de politique et la Législative gracia les mutins et organisa même une fête en leur honneur, le 15 avril 1792.

NANTES (noyades de). Après la défaite de l'insurrection vendéenne à l'automne de 1793, la répression fut particulièrement atroce dans tout l'Ouest. A Nantes, le représentant en mission Carrier se signala par sa folie meurtrière imaginative. Dans les prisons de la ville étaient entassés 6 000 suspects et prisonniers qu'on ne prenait même pas la peine de nourrir. De crainte d'une évasion massive et comme il eût été bien long de juger tout ce monde et de le guillotiner, on commença par fusiller par paquets les suspects, puis on choisit l'expédient moins bruyant et plus économique des noyades dans la Loire. Les prisonniers étaient entassés sur des gabares qu'on menait au milieu du fleuve et dans lesquelles on pratiquait des brèches suffisantes pour qu'elles coulent rapidement. Il ne semble pas que Carrier ait eu l'idée lui-même, mais qu'elle soit venue d'un groupe d'excités nantais qui se baptisaient eux-mêmes les Marat, mais il fut enchanté de l'efficacité du procédé. De novembre 1793 à février 1794, date du rappel de Carrier, on estime à plus de 3 500 le nombre des personnes ainsi assassinées. La plupart des 3 000 emprisonnés survivants furent libérés quelques mois plus tard, à la chute de Robespierre.

NAPLES (armée de). C'est ainsi qu'on nomma l'armée qui occupa Naples après le rappel de Championnet, en mars 1799. Elle disparut en mai 1799 après son évacuation du sud de l'Italie et sa fusion dans l'armée d'Italie.

NAPLES (royaume de). Lorsque débute la Révolution, Naples, tout le sud de l'Italie et la Sicile sont gouvernés par le roi Bourbon Ferdinand IV. Sa femme, Marie-Caroline, sœur de Marie-Antoinette, règne par l'intermédiaire de son favori, le ministre Acton, agent de l'Angleterre. Dès la mort de Louis XVI, Naples adhère à la première coalition et ouvre ses ports aux Anglais. Les victoires de Bonaparte incitent cependant Ferdinand IV à conclure un armistice puis la paix en octobre 1796. Inquiet de l'expansionnisme de la Révolution et de la constitution de la République romaine, il conclut un traité d'alliance avec l'Autriche en mai 1798 et fait marcher ses armées sur Rome, en décembre 1798. Championnet, non content de les repousser, s'empare de Naples en janvier 1799 et y fonde la république Parthénopéenne, tandis que les souverains se réfugient en Sicile. La menace austro-russe ayant contraint le Directoire à faire évacuer l'Italie du Sud, une répression sanglante contre les collaborateurs des Français s'exerce en juin-juillet 1799. La victoire de Bonaparte à Marengo amène l'armistice de Foligno en février 1801 puis la signature de la paix à Florence.

NARBONNE-LARA (Louis Marie Jacques, comte de) (Né à Parme, le 23 août 1755, mort à Torgau, Saxe, le 17 novembre 1813). Élève de l'École d'artillerie de Strasbourg en 1771, Narbonne est maître de camp à la veille de la Révolution. Grand ami de Mme de Staël, partisan des idées nouvelles, il devient commandant de la garde nationale de Besançon en mai 1790. C'est lui qui conduit et met en sécurité à Rome, Mesdames les tantes du roi. Grâce à ses relations, il est imposé comme ministre de la Guerre du 6 décembre 1791 au 10 mars 1792. Épouvanté par la tournure prise par les événements, il émigre après le 10 août et se réfugie en Angleterre avec Mme de Staël. Revenu en France après le 18 brumaire, réformé avec le grade de général de division en 1801, il reprend du service en 1809, devient ministre plénipotentiaire en Bavière et comte de l'Empire en 1810, ambassadeur à Vienne au début de 1813. A cause de sa ressemblance physique étonnante avec Louis XV, on l'a dit fils naturel de ce dernier.

NATION. Durant le XVIIIe siècle, ce mot garde son sens primitif latin et désigne les habitants d'un pays. Durant la campagne électorale pour les états généraux au début de 1789, un nouveau sens se dégage, celui de l'ensemble politique formé par les citoyens d'un pays. Ainsi les états généraux se proclament-ils « Assemblée nationale des représentants du peuple français ». L'article 3 de la Déclaration des droits de l'homme déclare : « Le principe de toute souveraineté réside essentiellement dans la nation. » Ensemble des citoyens, la nation exprime sa souveraineté par la loi que fait exécuter le roi. D'où la devise trinitaire du début de la Révolution : « La Nation, la Loi, le Roi. » La nation a pour emblème la cocarde tricolore. Au début du XIXᵉ siècle apparaîtra logiquement le concept de nationalisme qui sera le fait historique dominant de ce siècle.

NATURALISATION. Accordée au début de la Révolution fort généreusement à tous les illuminés qui affluaient à Paris en se réclamant d'elle, la naturalisation devint de plus en plus difficile à obtenir sous la Terreur, Robespierre voyant dans tous ces étrangers des agents de Pitt et de la coalition. Il en envoya d'ailleurs bon nombre à l'échafaud, pourtant révolutionnaires bon teint comme Adam Lux ou Anacharsis Cloots. C'est la Constitution de l'an VIII qui réglemente la naturalisation. Elle est fixée à dix années consécutives de séjour en France après l'âge de vingt et un ans accomplis.

NAVIGATION INTÉRIEURE, voir **CANAUX**.

NECKER (Jacques) (Né à Genève, le 30 septembre 1732, mort à Coppet, Suisse, le 9 avril 1804). Banquier genevois établi à Paris et associé à Thelusson, Necker est directeur général des Finances de 1777 à 1781. Il s'efforce de remettre de l'ordre dans le gouffre budgétaire, mais est renvoyé pour avoir, dans son *Compte rendu,* critiqué les dépenses excessives et les gaspillages de la cour. Le 25 août 1788, le roi lui confie à nouveau les mêmes fonctions afin de ramener la confiance et d'éviter la banqueroute menaçante. Necker impose au roi la convocation des états généraux. Admirateur du système anglais, il escompte un redressement de la collaboration harmonieuse du roi et des élus de la nation. Les débuts sont loin d'être harmonieux et le roi congédie Necker, le 11 juillet 1789, ce qui provoque l'insurrection parisienne. Rappelé le 29 juillet, Necker reste à la tête du gouvernement jusqu'au 8 septembre 1790. Mais, alors que ses ennemis étaient à la cour avant le 11 juillet, ils sont à l'Assemblée après le 14 juillet. Ses emprunts échouent, car les grandes fortunes n'ont plus confiance en lui ou ont émigré, les députés sont peu sensibles aux questions financières et surtout soucieux de réformes politiques et sociales. Libéral mais non vraiment démocrate, soucieux d'équilibres budgétaires, hostile à l'émission d'assignats dont il prévoit le caractère catastrophique, Necker donne sa démission en septembre 1790 et retourne en Suisse au milieu d'une indifférence générale qui confine à l'hostilité. Robespierre lui avait écrit une lettre dithyrambique en février 1789, il le traite de « ministre impudent » en décembre 1792. Honni aussi bien par les royalistes que par les révolutionnaires, Necker a été totalement dépassé par les événements qu'il avait très largement provoqués. Sa fille (1766-1817) devint Mme de Staël.

NEERWINDEN (bataille de). Au début de mars 1793, une armée autrichienne conduite par Cobourg envahit la Belgique perdue par l'empereur après Jemmapes. A Neerwinden, assisté du général Mack et de l'archiduc Charles, il défit, le 18 mars 1793, les troupes pourtant bien supérieures en nombre de Dumouriez. Les troupes enthousiastes mais inexpérimentées de la Révolution se débandèrent devant des soldats professionnels bien conduits et Dumouriez dut se résoudre à évacuer toute la Belgique.

NÈGRES (traite des). Le trafic des esclaves sur la côte d'Afrique en vue de la vente dans les plantations d'Amérique fut combattu dès

1788 par la Société des amis des Noirs, mais sans aucun succès. La traite fut interdite par l'Angleterre, le 2 mars 1807, par Napoléon, le 29 mars 1815.

NELSON (Horatio, vicomte) (Né à Burnham Thorpe, Norfolk, en Angleterre, le 29 septembre 1758, tué en mer près du cap Trafalgar, le 21 octobre 1805). Capitaine en 1779, Nelson sert en 1793 dans l'escadre de l'amiral Hood en Méditerranée, prend Bastia et Calvi en 1794, perdant l'œil droit au siège de la deuxième de ces villes. A la bataille du cap Saint-Vincent, son adresse manœuvrière contre la flotte espagnole lui vaut le grade de contre-amiral. Il perd le bras droit lors d'une attaque manquée de Santa Cruz de Tenerife en 1797. Ayant laissé échapper la flotte française qui transportait l'expédition d'Égypte, il la retrouve en rade d'Aboukir et parvient à la détruire, les 1er et 2 août 1798. A Naples aux mains des révolutionnaires, il rétablit l'ordre et, peut-être sur le conseil de sa maîtresse, lady Hamilton, fait pendre l'amiral napolitain Caracciolo en juin 1799. Vice-amiral en 1801, il est envoyé dans la Baltique, bombarde Copenhague et détruit la flotte de guerre danoise, le 2 avril 1801. Mis à la tête de l'escadre de la Méditerranée, il laisse Villeneuve s'échapper de Toulon en janvier 1805, le poursuit jusqu'aux Antilles mais ne peut l'amener à livrer bataille. Il prend sa revanche lorsque les flottes espagnole et française sortent de Cadix en les obligeant à livrer combat à Trafalgar. Les forces navales conjuguées de l'Espagne et de la France sont détruites pour de nombreuses années, mais Nelson perd la vie dans la bataille. Héros national, Nelson est enterré dans la cathédrale Saint-Paul de Londres.

NEUFCHÂTEAU (nom révolutionnaire : Mouzon-Meuse).

NEUF THERMIDOR, voir **THERMIDOR** (journée du 9).

NEY (Michel) (Né à Sarrelouis, Sarre, le 10 janvier 1769, fusillé à Paris, le 7 décembre 1815). Le « Brave des braves » est né dans une ville alors française, perdue en 1815 après les traités de Paris. Volontaire à dix-huit ans dans un régiment de hussards, il n'est que maréchal des logis lorsque débute, en 1792, la guerre. Sous-lieutenant dès octobre de cette année, élu capitaine en avril 1794, il se bat aux armées du Nord et de Sambre-et-Meuse. Général de brigade après cent combats de cavalerie, le 1er août 1796, général de division une semaine plus tard, Ney fait toutes les batailles sur le Rhin et en Allemagne du Sud, en Suisse en 1799. Son rôle est décisif à la bataille de Hohenlinden, le 3 décembre 1800. Mais c'est surtout sous l'Empire que l'ascension de Ney est fulgurante : maréchal en 1804, duc d'Elchingen en 1808, prince de la Moskova après la campagne de Russie, il est de toutes les campagnes, de toutes les grandes victoires, à Iéna, à Eylau où ses charges décident de la victoire, à Friedland où son intervention est à nouveau décisive, à Smolensk, à la Moskova, à la Berezina, à Lützen, à Bautzen, à Dresde, à Leipzig, à Brienne, Champaubert, Montmirail... Après avoir longuement servi l'Empereur, il intervient à Fontainebleau pour décider Napoléon à abdiquer, se rallie à Louis XVIII, lui promet de ramener « l'ogre de Corse » revenu de l'île d'Elbe dans « une cage de fer » et tombe dans ses bras. Après des charges désespérées à Waterloo, « ce héros sans cervelle » est livré à un conseil de guerre et fusillé.

NICE. Capitale du comté homonyme, possession de la maison de Savoie à la veille de la Révolution, Nice compte alors entre 20 000 et

30 000 habitants parlant un dialecte nissart proche de l'italien. De 1789 à 1792, c'est un refuge où affluent les émigrés, nobles de Provence et du comtat Venaissin et quelque 400 prêtres réfractaires. Le 29 septembre 1792, après la rupture des relations diplomatiques entre la France et le Piémont-Sardaigne, l'armée du Var, commandée par d'Anselme, prend sans combat une ville partiellement évacuée par 10 000 de ses habitants. Les révolutionnaires créent un gouvernement municipal provisoire et une société populaire pour encadrer la population, le tout sous le contrôle du représentant en mission Barras. Après un plébiscite de pure forme, le comté de Nice est annexé à la République française en vertu des décrets des 31 janvier et 4 février 1793. Grossi d'une partie du Var, il constitue le département des Alpes-Maritimes. Deux représentants en mission, Grégoire et Jagot, organisent révolutionnairement le département entre le 1er et le 9 mars, mais la Terreur y est relativement modérée. On se borne à emprisonner quelque 400 personnes et à en guillotiner 8. Après le 9 thermidor, les prêtres recommencent à exercer publiquement le culte et les opinions conservatrices de la population sont prises en compte. Les représentants en mission Beffroy de Beauvoir et Chiappe font arrêter alors les 56 terroristes sur lesquels reposait l'infrastructure jacobine du département. En mai 1796, à la signature de la paix, la Sardaigne reconnaît l'annexion par la France. Au premier traité de Paris, en 1814, Nice retourne à la maison de Savoie. Le comté ne deviendra définitivement français que par le traité de Turin du 24 mars 1860, confirmé par un plébiscite, réalisé cette fois dans des conditions démocratiques, qui donnera 25 743 oui contre 160 non.

NOAILLES (Louis Marie d'Ayen, vicomte de) (Né à Paris, le 17 avril 1756, mort à La Havane, le 7 janvier 1804). Après avoir pris part à la guerre d'Indépendance américaine en compagnie de son beau-frère La Fayette, Noailles est élu aux états généraux par la noblesse du bailliage de Nemours. D'abord conservateur, affligé par la prise de la Bastille, il est emporté par la vague d'euphorie révolutionnaire, se distingue par son enthousiasme, la nuit du 4 août, étant un des premiers à proposer l'abolition des privilèges et droits féodaux. A la séparation de la Constituante, Noailles réintègre l'armée. Affecté à l'armée du Nord, jugeant intolérable l'indiscipline des troupes, il démissionne, le 27 mai 1792, et part pour l'Angleterre puis pour les États-Unis. Il se met au service de Rochambeau à Saint-Domingue, en 1802, refuse de se rendre aux Anglais, cingle vers La Havane, livre combat à un navire anglais et s'en empare à l'abordage, entre en vainqueur à La Havane et y meurt des suites des blessures reçues au combat.

NOBLESSE. La noblesse était un ordre tout aussi hétérogène que le tiers état en 1789. Il existait une haute noblesse vivant surtout à la cour, très riche ou affectant de l'être, menant un somptueux train de vie en partie payé par les pensions royales, une noblesse provinciale aisée ou même pauvre, une noblesse de robe plus ou moins intégrée à l'ancienne noblesse dite aussi noblesse d'épée, en fonction de son ancienneté et de ses ressources, toute une frange de gens du tiers état à la limite de la noblesse et susceptible de s'y intégrer par son mode de vie et ses revenus. Très imprégnée par les idées philosophiques, enthousiasmée par la guerre d'Indépendance américaine, une partie de la noblesse se rallia avec enthousiasme à la

Révolution. Des hommes comme d'Aiguillon, La Fayette, Noailles, d'Estaing acceptèrent volontiers la suppression de leur ordre et de ses privilèges dans la nuit du 4 août 1789, puis la suppression des titres de noblesse en 1790. Mais la radicalisation du mouvement révolutionnaire les contraignit à l'exil quand ils ne furent pas guillotinés. Dans l'intolérance qui caractérise la Terreur, le club des Jacobins exclut de son sein tous les anciens nobles, on disait alors « ci-devant nobles ». Un décret du début de 1794 ordonna l'expulsion des familles nobles de Paris, des places fortes et des ports. Napoléon créa une noblesse impériale.

NOGENT-LE-ROTROU (nom révolutionnaire : Nogent-le-Républicain).

NOIRS, voir **AMIS DES NOIRS** (Société des) et **NÈGRES** (traite des).

NOMS RÉVOLUTIONNAIRES. La Révolution changea systématiquement les noms des communes commençant par « Saint » ou « Sainte » par souci de déchristianisation et débaptisa certaines villes qu'elle souhaitait châtier : Toulon devint Port-la-Montagne, Marseille Ville-sans-Nom, Lyon Commune affranchie... Il y eut environ 1 200 changements de noms de lieux dont très peu survécurent à la Révolution. La déchristianisation toucha aussi les prénoms, et les appellations antiques furent alors très à la mode. Il y eut des milliers d'enfants qui se trouvèrent affublés de prénoms comme Brutus, Gracchus, Anacharsis... ou même Marat, Le Peletier...

NORD (armée du). C'est cette armée qui supporta l'essentiel de la guerre en 1792 et 1793. Elle fut commandée par Rochambeau, puis Luckner, La Fayette, Dumouriez après le 10 août 1792. A la suite de la défection de ce dernier, elle eut pour chefs Dampierre, Custine, Dietmann, Houchard, Jourdan, Pichegru. En juillet 1794, la Convention décréta que, réunie aux armées des Ardennes et de la Moselle, l'armée du Nord serait désormais nommée armée de Sambre-et-Meuse. Moreau succéda à Pichegru en mars 1795. A partir de novembre 1796, l'armée du Nord fut intégrée à l'armée d'Allemagne.

NOTAIRES. Appelés aussi tabellions et garde-notes, les notaires s'intitulaient « conseillers du roi » à Paris. Après avoir hésité la Constituante reconnut leur utilité et transforma les notaires royaux en notaires publics, indépendants de tout tribunal mais exerçant leurs fonctions sous la surveillance des autorités judiciaires. Le notariat fut définitivement organisé sous le Consulat par la loi du 25 ventôse an XI (17 mars 1803) et les notaires furent reconnus comme fonctionnaires publics.

NOTRE-DAME DE PARIS. La cathédrale Notre-Dame fut le théâtre d'un *Te Deum*, le 5 août 1789, pour célébrer l'abolition des droits féodaux. Le 20 mars 1790, les officiers de la garde nationale y prêtèrent serment de « rester fidèles à la nation, à la loi et au roi ». En 1793, la Commune de Paris décida la démolition de la cathédrale. L'église subit alors de très graves dégradations : les statues des rois furent détruites et bien des sculptures furent martelées ou abattues. Le 10 novembre 1793 y fut célébrée la fête de la déesse Raison en présence de toute la Convention. Notre-Dame fut transformée alors en temple de la Raison. Elle abrita un concile national en juin-juillet 1801 et fut rendue au culte.

NOVI (bataille de). Le 15 août 1799, Joubert affronta l'armée austro-russe qui avait envahi l'Italie à Novi, au sud-est du Piémont. Il fut tué dans la bataille et Moreau dut donner l'ordre de la retraite. L'Italie était perdue pour les Français.

NOYADES, voir **NANTES** (noyades de).

NUIT DU 4 AOÛT, voir **AOÛT** (nuit du 4).

NUMÉRAIRE, voir **FRANC**.

O

OBERKAMPF (Christophe Philippe) (1738-1815). Son père, un teinturier, avait perfectionné l'industrie de l'impression sur étoffes grâce à des rouleaux gravés. Oberkampf vint s'établir à Jouy où il ouvrit un établissement qui reprenait les perfectionnements techniques paternels. Il ouvrit également des ateliers de tissage et de filature à Essonnes. Il fut protégé par Louis XVI et la manufacture de Jouy devint « royale » en 1783 tandis que son fondateur était anobli. La Révolution lui porta un coup très dur et il ne redressa la situation que sous le Consulat, atteignant en 1805 un million et demi de bénéfices. Il mourut de désespoir au moment de l'invasion des alliés en 1815.

OBSERVATEUR (L'). Fondé le 1er août 1789 par Feydel, ce journal satirique hostile aux aristocrates disparut dès le 12 octobre 1790.

OBSERVATOIRE DE PARIS. Construit entre 1664 et 1670, l'Observatoire fut ouvert aux études astronomiques en 1684. Cassini en devint directeur en 1771. Le bâtiment fut agrandi en 1789 et, en 1790, trois élèves payés chacun 1 000 livres par an en constituèrent le personnel. A cette époque, les dépenses totales de cet établissement atteignaient 8 700 livres. Il fut réorganisé par le décret du 31 août 1793, présenté par Lakanal au nom du comité d'instruction publique, et devint l'« Observatoire de la République ». En avril 1796, le cours d'astronomie pratique fut transféré dans l'ancien collège des Quatre-Nations.

OCTOBRE (journées des 5 et 6). L'inquiétude est grande et la tension politique monte à la fin d'août 1789. Le roi refuse de sanctionner la Déclaration des droits de l'homme et les textes abolissant la féodalité. Le bruit court que les aristocrates envisagent un coup de force. Ce sont, en fait, les hommes politiques favorables à la Révolution qui sont décidés à recourir à la force pour imposer leur volonté au roi. La crise économique favorise leur action. Malgré de bonnes récoltes, le prix du pain augmente fortement en septembre. Les agents du duc d'Orléans, la municipalité parisienne élue le 18 septembre encouragent le mécontentement populaire. Le 5 octobre éclate sur les marchés parisiens une émeute menée par des femmes.

On fait courir la rumeur que lors du banquet des gardes du corps du 1er octobre la cocarde tricolore a été foulée aux pieds et l'émeute prend alors une coloration politique. Les mots d'ordre de la foule deviennent : « Sanction des décrets ! Le roi à Paris ! » On marche sur Versailles qui est atteint à la nuit. La Fayette n'assure pas une défense efficace du château et ce dernier est envahi le 6 au matin, des gardes sont massacrés et les portes des appartements royaux forcées. Le roi cède et accepte de venir s'installer à Paris et d'y appeler l'Assemblée. Installée dans un carrosse, la famille royale est escortée par la foule jusqu'aux Tuileries où le roi est désormais prisonnier du « peuple de Paris ».

OCTROIS. Taxes locales perçues par les administrations municipales, les octrois frappaient les boissons, le bétail, le bois, le fourrage, les produits alimentaires. Ils constituaient souvent la principale ressource des municipalités. L'octroi de Paris était assez important pour être perçu par les fermiers généraux. Il rapportait 46 millions en 1789 contre 41 pour la capitation. Les octrois étaient extrêmement impopulaires et avaient un caractère souvent vexatoire, entraînant des fouilles à l'entrée des villes. La Constituante abolit ces taxes malgré les réticences des municipalités. On les rétablit progressivement, d'abord en autorisant à la fin de 1798 les municipalités dans l'impossibilité financière d'entretenir leurs hospices à les recréer sous le nom d'octrois municipaux ou de bienfaisance. Progressivement toutes les villes eurent recours à cette manne fiscale qui ne disparut officiellement qu'en 1948.

OFFICES. On appelait offices sous l'Ancien Régime les charges dans les services publics conférées par le roi au moyen de « lettres de provision d'office ». Les officiers, c'est-à-dire les détenteurs d'offices, se trouvaient titulaires de façon permanente et leurs prérogatives étaient fixées par des ordonnances. On peut citer comme officiers les prévôts et baillis, les présidents et conseillers des parlements, les officiers des services financiers et de l'armée. La vente d'offices, la « vénalité » des offices était une source de revenus fructueuse pour l'État mais grevait aussi durablement les finances par le paiement des officiers leur vie durant. Le remboursement des offices et leur abolition furent décidés par la Constituante.

OFFICIERS. On appelait officiers sous l'Ancien Régime les titulaires d'offices. Ils disparurent à la Révolution. Le terme d'officiers fut dès lors employé pour des catégories bien précises. Il y avait des officiers civils et municipaux, maire, adjoint et procureur-syndic de la commune, des officiers de justice, juges de paix, greffiers, juges de district, des officiers ministériels ou avoués près des tribunaux, des officiers de police chargés du maintien de l'ordre public. Mais le gros des effectifs d'officiers se trouvait dans l'armée et dans la marine.

OPÉRA. Les principaux compositeurs d'opéras de l'époque révolutionnaire furent Cherubini, Méhul et Lesueur. Avec *Lodoïska* (1792), Cherubini connaît un grand succès, qui se renouvelle avec *Éliza* (1794) et *Médée* (1797). Les plus grands succès de Méhul, *Joseph* (1807), et de Lesueur, *Ossian* (1804), se situent sous l'Empire.

ORDONNATEURS. On nommait commissaires ordonnateurs les fonctionnaires de l'armée et de la marine chargés de régler les dépenses. Il y avait des ordonnateurs dans tous les ports et dans tous les corps d'armée.

On en installa en 1793 aux colonies, à Saint-Domingue, à la Martinique, à l'île de France.

ORDRES. Ce terme désigne au XVIIIe siècle la division juridique de la société en trois groupes : le clergé, la noblesse et le tiers état. Les ordres sont caractérisés par des lois et des règlements fixés par le roi et nommés privilèges. La société française est alors hiérarchisée et structurée en ordres, mais aussi en corps et communautés. A la fin de l'Ancien Régime, le clergé et la noblesse représentent à peine plus de 1 % de la population française, c'est pourquoi Sieyès écrit dans *Qu'est-ce que le tiers état ?* que le tiers état n'est rien mais « aspire à devenir tout », car il représente presque toute la nation. La Constitution de 1791 abolit formellement les ordres : « Il n'y a plus ni noblesse ni distinction héréditaire... ni vénalité, ni hérédité d'aucun office public... il n'y a plus aucun privilège... il n'y a plus ni jurandes, ni corporations de professions, arts et métiers... la loi ne reconnaît pas les ordres religieux. »

ORDRES RELIGIEUX, voir **CONGRÉGATIONS**.

ORIENT (armée d'). C'est le nom donné à l'armée que Bonaparte emmena avec lui en Égypte.

ORLÉANS (Louis Philippe Joseph, duc d', dit Philippe Égalité) (Né à Saint-Cloud, le 13 avril 1747, guillotiné à Paris, le 6 novembre 1793). Descendant en ligne directe de Monsieur, frère de Louis XIV, Louis Philippe Joseph, d'abord duc de Montpensier puis de Chartres, devient duc d'Orléans à la mort de son père, en 1785. C'est un des hommes les plus riches de France, mais aussi un des plus dépensiers, contraint d'accueillir des boutiques autour du Palais-Royal, sa propriété, afin de payer ses dettes. D'une anglophilie qui confine à l'anglomanie, grand maître de la franc-maçonnerie française, joueur, amateur de courses de chevaux et de femmes de la haute société jusqu'aux bas-fonds de la prostitution, ce jouisseur se pique de politique et adhère avec légèreté aux idées nouvelles. Président des première et seconde assemblées de notables, il s'oppose aux réformes. Lorsque la décision de convoquer les états généraux est prise, il oriente la rédaction des cahiers de doléances en faisant diffuser très largement ses *Instructions pour les personnes chargées de ma procuration aux assemblées des bailliages relatives aux états généraux*, probablement rédigées par Choderlos de Laclos, un de ses agents les plus actifs. Élu par la noblesse de plusieurs bailliages, il se réunit au tiers parmi les premiers, refuse son élection à la présidence, le 3 juillet 1789, coquetterie démagogique, alors que le 11 juillet la foule parisienne promène triomphalement par les rues son buste et celui de Necker, ses agents distribuant des médailles à son effigie portant l'inscription « père du peuple ». On le soupçonne fortement d'avoir fomenté la prise de la Bastille et d'avoir préparé la marche sur Versailles des 5 et 6 octobre. Au moment de son procès, il niera avoir aspiré à supplanter Louis XVI sur le trône, faisant valoir qu'il y avait cinq personnes avant lui dans l'ordre de la succession, un argument bien faible quand on connaît l'ambition du duc et quand on sait l'importance de l'agitation qu'il entretenait grâce aux agents soudoyés par lui. De tempérament irrésolu, voire un peu timide, Orléans est en fait largement sous la coupe d'un entourage qui vise vraisemblablement la couronne pour lui, notamment Sillery, Choderlos de Laclos et Mme de Genlis. Invité par la cour à passer quelque temps dans sa chère Angleterre après les événements de la première semaine d'octobre, il revient à Paris en juillet 1790. Se présentant aux Tuileries, il est hué par les courtisans et rompt définitivement avec le roi. Siégeant à l'extrême gauche de la Constituante, il espère être nommé régent, peut-être roi, après l'échec de la fuite du roi, à Varennes. Il se montre alors beaucoup, fait débaptiser le Palais-Royal en Palais-d'Orléans, se fait admettre comme un simple citoyen au club des Jacobins, incite les républicains à lancer la pétition du Champ-de-Mars. Ses relations avec Danton ne sont pas dépourvues d'ambiguïté, mais il repousse les avances de Marat qui lui demande de subventionner son journal. Le 14 septembre 1792, il sollicite de la Commune de Paris qu'elle veuille bien lui attribuer un nom, puisque, depuis l'abolition des titres de noblesse, il ne peut plus porter le sien. La Commune le baptise Philippe Égalité et, par la même occasion, dénomme le Palais-Royal « Jardin de la Révolution ». Il est élu par les Parisiens à la Convention, malgré l'opposition de Robespierre et grâce au soutien de Danton et à la neutralité plutôt bienveillante de Marat. Philippe Égalité vote sans hésiter la mort du roi son cousin, geste qui lui attire la réprobation de tous, même de Robespierre, qui aurait déclaré : « Égalité était peut-être le seul membre qui pût se récuser. » Ce dernier geste de démagogie meurtrière est inutile. Devenu suspect après le passage aux Autrichiens de son fils, le duc de Chartres, en compagnie de Dumouriez, Égalité est arrêté le 6 avril 1793. D'abord enfermé à Marseille, il est ramené sur Paris quand la Terreur bat son plein, jugé et envoyé à l'échafaud, moins de trois cents jours après son royal cousin.

ORPHELINS (hospice des). Cet hospice succéda à l'hôpital des Enfants-Trouvés. Il fut établi au 124-126 de la rue du Faubourg-Saint-Antoine et reçut en 1809 les orphelins de la Pitié.

OSSELIN (Charles Nicolas) (Né à Paris, le 22 novembre 1752, guillotiné à Paris, le 26 juin 1794). Osselin se voit refuser une charge de notaire par la compagnie des notaires et perd son procès contre elle. Cela contribue largement à l'aigrir et à le faire entrer en politique. Il est officier municipal à Paris en 1790, s'occupe des domaines et des finances de la ville. Membre de la Commune insurrectionnelle du 10 août 1792, il est élu par Paris à la Convention. Il fonde, le 1er novembre 1792, le *Journal des lois*, fait partie à l'Assemblée du comité des finances, vote pour la mort au procès du roi. Entré le 25 mars 1793 au Comité de sûreté générale, il y fait adopter le décret autorisant les juges à abréger les débats du Tribunal révolutionnaire à partir du moment où ils s'estiment suffisamment instruits, présente plusieurs projets de décrets contre les émigrés. Dénoncé pour avoir profité de sa situation au Comité de sûreté générale pour faire libérer plusieurs personnes, exclu du club des Jacobins, il est arrêté pour avoir caché chez lui une émigrée dont il était tombé amoureux. Condamné à la déportation, le 4 décembre 1793, enfermé à Bicêtre et impliqué dans la conspiration des prisons, condamné à mort, il monte à l'échafaud après une tentative infructueuse de suicide.

OSSONVILLE, voir **DOSSONVILLE**.

OTAGES (loi des). Votée peu après la journée du 30 prairial, le 24 messidor an VII (12 juillet 1799), la loi des otages autorisait, en cas de troubles graves, l'administration centrale départementale à choisir des otages parmi les aristocrates et les parents d'émigrés et à en déporter quatre pour chaque « patriote » assassiné. Cette loi, que le Conseil des Cinq-Cents, s'apprêtait à modifier, fut abolie au lendemain du coup d'État du 18 brumaire.

OUDINOT (Nicolas Charles) (Né à Bar-le-Duc, le 25 avril 1767, mort à Paris, le 13 septembre 1847). Volontaire en 1784, Oudinot s'engage ensuite dans la garde nationale de la Meuse et dans le 3e bataillon de volontaires de la Meuse qui l'éiit colonel en second. Aux armées du Rhin et de la Moselle, il se distingue par son mépris du danger. On le surnommera « l'homme aux trente-deux blessures ». Général de brigade en juin 1794, il fait toutes les campagnes sur le Rhin de 1792 à 1799. Il est général de division à l'armée d'Helvétie en avril 1799. Les « grenadiers d'Oudinot » acquièrent sous l'Empire la réputation d'un corps d'élite et décident des batailles d'Essling et de Wagram. Maréchal en 1809 et duc de Reggio en 1810, Oudinot fait la campagne de Russie. Il perd son commandement après avoir été vaincu par Bernadotte à Gross-Beeren, le 23 août 1813, puis se bat héroïquement durant la campagne de France. Resté neutre durant les Cent-Jours, il est fait pair de France par Louis XVIII. C'est lui qui est à la tête des maréchaux lors du retour en France des cendres de Napoléon en 1840.

OUEST (armée de l'). C'est ainsi qu'on nomme communément l'armée chargée de combattre l'insurrection vendéenne. Son premier nom fut « armée des Sables-d'Olonne » et elle commença à opérer dès avril 1793. Elle eut d'abord Berruyer pour général en chef, puis Léchelle avec sous ses ordres Ronsin et Rossignol. En novembre 1793, l'armée de l'Ouest fut unie à celle des côtes de Brest et mise sous les ordres de Rossignol. En été 1794, Dumas en devint commandant en chef avant d'être placé à la tête de l'armée des côtes de Brest tandis que Canclaux prenait le commandement de l'armée de l'Ouest qui avait retrouvé son autonomie. Hoche lui succéda après la victoire de Quiberon.

OUVRARD (Gabriel Julien) (Né près de Clisson, Loire-Atlantique, le 11 octobre 1770, mort à Londres en octobre 1846). Négociant en denrées coloniales à la fin de l'Ancien Régime, Ouvrard obtient en 1797 le titre de munitionnaire général et le service des subsistances de la marine. Il accumule une fortune considérable en très peu de temps grâce à des malversations sur les livraisons à l'administration qu'il sait faire oublier en étant le banquier du Directoire puis du Consulat. Bonaparte se méfie de lui et fait en sorte qu'il soit obligé de déposer son bilan en 1807, mais Ouvrard réussit à satisfaire ses créanciers par un concordat. Lié avec Fouché, accusé d'avoir des relations avec l'Angleterre, il est arrêté en 1810 et libéré en septembre 1813 seulement. Il continue sa carrière mouvementée sous la Restauration et la monarchie de Juillet.

OUVRIERS. La loi Le Chapelier, établissant la liberté du travail, interdit au nom de cette liberté les « coalitions », c'est-à-dire les réunions des membres de toutes professions en vue de défendre des intérêts communs. Pour les ouvriers, cela signifiait l'interdiction de se réunir en associations, en syndicats. Des peines de 500 livres d'amende à trois mois de prison étaient prévues pour les patrons ou les ouvriers qui enfreindraient cette interdiction. La Révolution protégea un certain nombre de professions dans l'intérêt des industries de guerre et des approvisionnements. Il fut, par exemple, interdit aux ouvriers de la boulangerie, du fer et du bois de s'engager dans l'armée, à la fin de 1792. En octobre 1792, on demanda aux ouvriers des manufactures d'armes enrôlés dans l'armée depuis 1789 de retourner à leurs premières activités. Le 21 août 1793 furent mis en état de réquisition les ouvriers du fer, maçons, couvreurs, charpentiers, charrons et fondeurs de Paris. « Classe dangereuse », les ouvriers jouèrent un rôle non négligeable dans les journées insurrectionnelles, notamment ceux des faubourgs Saint-Antoine et Saint-Marcel, mais la direction du mouvement politique sans-culotte appartenait plutôt à la catégorie supérieure des artisans.

P

PACHE (Jean Nicolas) (Né à Verdun, le 5 mai 1746, mort à Thin-le-Moutier, Ardennes, le 18 novembre 1823). Fils du concierge de l'hôtel de Castries, Pache devient le précepteur des enfants du maréchal et entre grâce à lui au ministère de la Marine où il occupe le poste important de premier secrétaire. Necker le nomme contrôleur de la Maison du roi. Mais ces fonctions ne conviennent pas au tempérament de Pache qui finit par démissionner et se retirer en Suisse, pays natal de son père. Il en revient au début de la Révolution, se lie avec Roland, et ce dernier le fait entrer à sa suite au ministère de l'Intérieur où ses énormes capacités de travail font l'admiration de tous. Il rend ensuite les mêmes services sous Servan au ministère de la Guerre, avant de devenir son successeur du 18 octobre 1792 au 2 février 1793. Devenu ministre, il abandonne ses amis girondins pour la Montagne, aussi ces derniers l'évincent-ils assez vite. Les Montagnards le font alors élire maire de Paris. C'est sous son mandat qu'il fait inscrire sur les monuments publics la devise inventée par Momoro, « Liberté, Égalité, Fraternité. » Très lié avec Chaumette et Hébert, il joue un rôle éminent lors des journées des 31 mai et 2 juin 1793 qui aboutissent à l'élimination de ses anciens amis girondins. En reconnaissance des services rendus, Robespierre lui épargne la guillotine destinée à ses nouveaux amis hébertistes, se bornant à le faire remplacer par Fleuriot-Lescot à la mairie. Retiré de la vie politique, il est incarcéré après l'insurrection de prairial et, libéré dans le cadre de l'amnistie générale, il se retire dans les Ardennes où il finit sa vie.

PACTE SOCIAL, voir **CONTRAT SOCIAL.**

PAGANEL (Pierre) (1745-1826). Prêtre à la veille de la Révolution, il fut député du Lot-et-Garonne à la Législative. Il y attaqua les réfractaires. Réélu à la Convention, il vota pour la mort de Louis XVI mais se prononça en faveur du sursis. Il remplit plusieures missions, notamment à Albi. Il ne joua plus de rôle politique après 1795. En 1806, il publia un *Essai historique et critique de la Révolution* qui fut saisi et détruit.

PAIN. Le pain était encore l'élément de base de la nourriture des Français à la veille de la Révolution. Un pain de 4 livres valait alors 12 sous et demi à Paris, alors que le salaire moyen d'un ouvrier était de 20 sous. Pour en abaisser le prix, on fit du pain mélangé de riz et Parmentier suggéra de faire du pain à partir de la pomme de terre. En automne 1790, le pain connut une hausse sensible de prix. C'est pour éviter les troubles sociaux et maintenir un prix du pain qui fût accessible à tous que la Convention établit la loi du maximum sous la Terreur. On fabriqua alors le « pain de l'égalité », les boulangers n'ayant le droit de faire qu'une seule sorte de pain. Des cartes de pain furent délivrées en décembre 1793. Au cœur de la crise inflationniste liée à la dépréciation des assignats, la Convention décréta, en mars 1795, « que chaque citoyen vivant du travail de ses mains recevrait une livre et demie de pain par jour et que les autres individus, de quelque âge et de quelque sexe qu'ils fussent, en recevraient une livre ». Le pain valait alors jusqu'à 40 et 50 sous la livre.

PAINE (Thomas) (Né à Thetford, Norfolk, en Angleterre, le 29 janvier 1737, mort à New York, le 8 juin 1809). Ce quaker à la vie aventureuse fut marin, fabricant de corsets et eut maintes autres activités avant de se rendre célèbre en 1776 avec sa brochure *Common Sense*, où il préconisait l'indépendance des colonies anglaises d'Amérique. Durant la guerre d'Amérique, il soutint les colons insurgés par une série de pamphlets réunis sous le titre de *The American Crisis*. Revenu en Angleterre en 1786, il s'enthousiasma pour la Révolution française, répondit au réquisitoire de Burke par *The Rights of Man* et fut obligé de se réfugier en France pour échapper aux poursuites de la justice anglaise. Reçu triomphalement à Paris, accaparé par les Girondins, il fonda avec Condorcet un journal éphémère, *Le Républicain*. Proclamé citoyen français sur intervention de Guadet, il fut élu à la Convention par quatre départements et opta pour le Pas-de-Calais, le plus proche de son pays d'origine. Ne parlant pratiquement pas le français, il n'intervint pas, sauf au moment du vote lors du procès du roi pour se prononcer contre la condamnation à mort et proposer pour Louis XVI un asile en Amérique du Nord. Haï des Montagnards, il fut exclu de la Convention et jeté en prison durant la Terreur. Libéré après la mort de Robespierre, rappelé à la Convention, il mena une vie effacée sous le Directoire et, écœuré par la vie politique française, retourna en Amérique en 1802.

PAIX (traités de). Les principaux traités de paix signés sous la Révolution sont les suivants : traité de Bâle avec la Prusse en avril 1795 ; traité de La Haye avec les Provinces-Unies en mai 1795 ; traité de Bâle avec l'Espagne en juillet 1795 ; armistice de Cherasco avec le Piémont-Sardaigne en mai 1796 ; paix de Campoformio avec l'Autriche en octobre 1797.

PALAIS-BOURBON. Abritant aujourd'hui la Chambre des députés, construit en 1722 pour le duc de Bourbon, le Palais-Bourbon abrita comme première assemblée parlementaire le Conseil des Cinq-Cents.

PALAIS DE L'ÉLYSÉE. L'actuelle résidence du président de la République, construite en 1718, servit de résidence à la marquise de Pompadour et au banquier Beaujon à la fin de l'Ancien Régime. La Révolution y installa une imprimerie.

PALAIS-ROYAL. Apanage du duc d'Orléans, frère de Louis XIV, le Palais-Royal était à la fin du

XVIIIe siècle un haut lieu de la vie parisienne, notamment nocturne. Philippe d'Orléans, futur Philippe Égalité, très endetté, fit couper une partie des arbres du jardin et élever des constructions qu'il loua à des boutiquiers, ouvrant des rues auxquelles il donna le nom de ses fils : Chartres, Montpensier, Beaujolais. Abritant des théâtres, des cafés, des maisons de jeux, le Palais-Royal restait ouvert jour et nuit à une foule des plus diverses. Il fut un des principaux centres de l'agitation révolutionnaire. C'est là que Camille Desmoulins harangua la foule, le 12 juillet 1789. C'est de là que partit la députation des élus de la Constituante protestant contre le veto royal, le 5 octobre 1789. C'est là que fut assassiné, à la veille de l'exécution de Louis XVI, Le Peletier de Saint-Fargeau. Après l'exécution de Philippe Égalité, le Palais-Royal devint propriété de l'État. Sous le Directoire, il fut un lieu d'affrontement entre jeunesse dorée et sans-culottes. En décembre 1798, un incendie détruisit le grand cirque qui occupait le milieu du jardin. En 1800, le Palais-Royal fut affecté au Tribunat.

PALLOY (Pierre François) (Né à Paris, le 13 janvier 1755, mort à Sceaux, le 19 janvier 1835). Se disant un des « vainqueurs de la Bastille », cet entrepreneur de travaux publics s'en fait attribuer la démolition et bâtit une jolie fortune en utilisant ses pierres comme souvenirs sous forme de bustes des héros du jour et de forteresses en miniature. Se faisant appeler le Patriote Palloy, il s'insinue partout où l'on peut prendre de l'argent et finit par être accusé de concussion en 1794. Acquitté, il se retire à Sceaux mais continue à se ridiculiser jusqu'à la fin de son existence par ses envois de projets et de mémoires ridicules et par des hommages en vers et en prose, allant jusqu'à proposer sa fille en mariage à « un honnête et vertueux guerrier qui ait constamment combattu pour sa patrie à l'extérieur, depuis la Révolution ».

PAMPHLETS. Écrits satiriques sur un thème religieux, politique ou moral, en général imprimés sous forme de petites brochures faciles à transporter et à dissimuler, les pamphlets apparurent avec la Réforme, au XVIe siècle, en Allemagne puis en France. Ils fleurirent en France durant la Fronde avec les innombrables mazarinades puis durant tout le XVIIIe siècle, traitant aussi bien des controverses musicales que philosophiques. A la veille de la Révolution *Qu'est-ce que le tiers état ?* de Sieyès remporta un énorme succès. Il y eut, à l'imitation des brochures infâmes qui circulaient déjà à la cour depuis le début du règne de Louis XVI, toute une série de pamphlets visant la reine, dont le plus obscène est *L'Autrichienne en goguette, ou L'Orgie royale.* Au début de la Révolution, ses adversaires diffusèrent des pamphlets tels que *Avis aux troupes, Les Jacobins démasqués.* Les partisans de la Révolution ne furent pas en reste avec *C'en est fait de nous* de Marat qui réclamait, au moment de la fête de la Fédération, en juillet 1790, l'arrestation du roi, de la reine, de La Fayette et des ministres. Certains journaux comme *Les Actes des Apôtres* ou *Le Père Duchesne* ne furent que des pamphlets périodiques. Après la chute de Robespierre parut un pamphlet dénonçant sa dictature, *La Queue de Robespierre.* La mode des pamphlets fut bien obligée de cesser avec la remise en ordre autoritaire du Consulat.

PANCKOUCKE (Charles Joseph) (Né à Lille, le 26 novembre 1736, mort à Paris, le 19 décembre 1798). Libraire établi à Paris en 1764,

Panckoucke achète *Le Mercure de France* et en confie la direction à son beau-frère Suard, qui en porte le tirage à quinze mille exemplaires, chiffre considérable à l'époque. En tant qu'éditeur, Panckoucke publie tous les grands écrivains du temps, notamment Voltaire. A l'aube de la Révolution, il est le premier et le plus riche éditeur de France. La création, le 24 novembre 1789, du *Moniteur*, accroît encore sa fortune.

PANIS (Étienne Jean) (Né à Paris, le 7 février 1757, mort à Marly-le-Roy, Yvelines, le 22 août 1832). Avocat parisien, Panis parvient à se faire élire officier municipal en février 1792. Il est un des chefs de l'émeute du 20 juin et de l'insurrection du 10 août, membre du comité de surveillance de la Commune et n'est pas totalement innocent des massacres de Septembre dans les prisons parisiennes, en raison de sa passivité consentante. Accusé d'avoir dilapidé l'argent de la municipalité, d'avoir pratiqué ou toléré des bris de scellés, de fausses déclarations et autres manœuvres frauduleuses, Panis échappe aux poursuites grâce à son élection à la Convention. Il siège de septembre 1793 à janvier 1794 au Comité de sûreté générale, vote la mort au procès du roi. C'est Panis qui prévient Danton de l'arrestation qui le menace. Le 8 thermidor, il accuse Robespierre de se comporter en dictateur aux Jacobins, en faisant exclure qui bon lui semble. Après la chute de ce dernier, Panis prend la défense de son beau-frère Santerre et de Laignelot. Il est lui-même accusé d'être un des responsables des massacres de Septembre et incarcéré mais bénéficie de l'amnistie générale à la séparation de la Convention. Panis disparaît de la scène politique et semble avoir eu une situation financière précaire. Son ex-collègue Fouché lui fait verser, sous l'Empire, une pension sur le budget de la police secrète. Touché par la loi d'expulsion des régicides, il reste à Paris et demeure introuvable pour la police jusqu'à ce qu'on l'autorise à rester en France, à la fin de 1818.

PANTHÉON. L'église de l'ancienne abbaye de Sainte-Geneviève menaçant ruine, on décida en 1754 la construction d'une nouvelle église sous le même vocable de la sainte patronne de Paris et on en confia la réalisation à Soufflot. Les fondations furent ouvertes en 1757 et on posa la première pierre en 1764, mais la construction ne fut pas achevée avant 1799. La Constituante décida de l'affecter à la sépulture des grands hommes. Le Panthéon reçut successivement les dépouilles de Mirabeau, de Voltaire, du commandant Beaurepaire en 1791, de Le Peletier de Saint-Fargeau, de Marat, de Jean-Jacques Rousseau. On en retira en 1794 les restes de Mirabeau, en 1795 ceux de Marat. En février 1795, la Convention décréta sagement que les honneurs du Panthéon ne pourraient être décernés à un citoyen que dix ans après sa mort. En 1801, Bonaparte rendit le monument au culte catholique tout en lui maintenant sa destination de panthéon des gloires nationales.

PANTHÉON (club du). Fondé au début du Directoire par un ancien maratiste, un imprimeur nommé Lebois, ce club fut d'abord appelé « Réunion des amis de la République ». Il s'installa dans l'ancien couvent des Génovéfains, à l'emplacement de l'actuel lycée Henri IV, près du Panthéon. D'abord plutôt modéré, il évolua vers l'extrémisme sous l'influence de Babeuf, protesta contre l'arrestation de ce dernier et attaqua violemment le gouvernement qui riposta en le déclarant « illégal et contraire à la tranquillité publique » et en le fermant, le 9 ventôse an IV (28 février 1796).

PAOLI (Pascal) (Né à Morosaglia, Corse, le 5 avril 1725, mort près de Londres, le 5 février 1807). Après s'être fait proclamer chef d'une Corse en lutte contre Gênes en 1755, Paoli lutte contre la France en 1769. Vaincu, il va vivre en Angleterre. Revenu en Corse à la Révolution, président du directoire départemental en 1790, nommé par la Législative commandant de la 23e division militaire à Bastia, il conspire à nouveau pour l'indépendance de l'île. La Convention le décrète d'arrestation, le 2 avril 1793. Il chasse alors les Français de l'île avec l'aide de troupes anglaises, proclame l'union de la Corse à l'Angleterre, aspirant pour lui-même au titre de vice-roi. Dénoncé pour ses ambitions par Pozzo di Borgo, il est appelé en Angleterre par George III qui l'empêche de revenir dans son île natale. Il se réjouit avant de mourir de l'avènement de Napoléon, à qui il avait dit, alors que ce dernier n'était qu'un jeune lieutenant d'artillerie : « Vous serez un homme de Plutarque. »

PAPES. Le seul pape qui ait eu à traiter avec la Révolution fut Pie VI, qui régna de 1775 à 1799. Il fut brûlé en effigie au Palais-Royal pour avoir refusé de ratifier la Constitution civile du clergé et l'avoir même condamnée dans le bref *Aliquantum*. Pie VI refusa également d'admettre la perte du comtat Venaissin, mais finit par reconnaître la République après les premières victoires de Bonaparte en Italie, par la bulle *Pastoralis sollicitudo*, en juillet 1796. Cela n'empêcha pas l'invasion des États pontificaux. Au traité de Tolentino, en février 1797, Pie VI dut céder la partie septentrionale de ses États. Après une émeute et l'assassinat à Rome du général Duphot au début de 1798, les Français conduits par Berthier entrèrent dans Rome, proclamèrent la République romaine et firent prisonnier le pape qui fut transféré à Florence, puis à Parme, Turin, Briançon, enfin à Valence où il mourut.

PAPIER. En 1792, Cambon sauva les archives de la Cour des comptes en faisant valoir que la destruction par le feu de ses deux cent cinquante mille registres, deux millions de papiers et de factures, sans compter les documents sur parchemin, coûterait plus de cent mille livres de bois. En conséquence, la Convention décida de ne pas les brûler, mais fit vendre aux enchères tout ce qui pouvait servir à fabriquer des cartouches et des gargousses d'artillerie. Dès juillet 1791, le papier blanc fut réservé pour l'affichage des autorités publiques et interdit aux particuliers. En octobre 1793, il fut interdit aux papetiers d'employer des marques ou des formes portant la fleur de lis ou d'autres attributs de la royauté, tels que couronne ou sceptre. Ils furent priés de remplacer celles qui existaient par la devise « Liberté, Égalité, République française une et indivisible ». En 1794, la confection du calendrier républicain dans les ateliers où l'on fabriquait les assignats provoqua des troubles, les ouvriers papetiers ayant demandé une augmentation de salaire pour ce surcroît de travail. Leur grève fut cassée par une réquisition générale pour le service des manufactures de la République. Vers la même époque, il fut fait obligation à tous les fabricants de papier de faire figurer leur nom et celui de leur manufacture sur les formes servant à la fabrication du papier. La guerre obligea à une activité intense de recyclage des vieux papiers. En avril 1794, la Convention choisit un filigrane pour le papier destiné à l'impression des lois : un sceau représentant un homme nu, un Hercule appuyé sur sa massue et tenant de l'autre main les figures de la Liberté et de l'Égalité « foulant aux pieds les débris du despotisme et de la superstition », avec en fond les initiales R.F., pour République française. Le graveur Dupré se vit confier l'exécution de ce filigrane.

PAPIER-MONNAIE, voir **ASSIGNATS, MANDATS TERRITORIAUX**.

PARÉ (Jules François) (Né à Rieux, Marne, le 11 août 1755, mort à Rieux, le 29 juillet 1819). Condisciple de Danton au collège de Troyes, premier clerc de son étude à Paris, Paré obtient, grâce à l'appui de son employeur, un poste de commissaire départemental, puis devient secrétaire du conseil exécutif provisoire quand Danton est appelé au ministère de la Justice. Le 20 août 1793, il se voit confier le ministère de l'Intérieur en remplacement de Garat. Dénoncé comme un « nouveau Roland » par Vincent et par Hébert, comme « dantoniste » par Couthon, il démissionne, le 5 avril 1794, et échappe à la guillotine qui attend son protecteur. Il vit désormais à l'écart après avoir occupé sous le Directoire des fonctions de commissaire du gouvernement dans la Seine et d'administrateur des hôpitaux militaires.

PARIS. Si la France entière souhaite des réformes au début de 1789, très vite Paris va s'arroger le droit exclusif de représenter tout le pays. La prise de la Bastille trahit la faiblesse et l'indécision du roi. Les journées des 5 et 6 octobre 1789 permettent de le mettre sous la surveillance de la capitale. Le 21 mai 1790, l'administration de Paris est soumise au droit commun, malgré la volonté de la droite de soumettre la capitale à un régime d'exception. Un maire est placé à la tête de la municipalité et élu pour deux ans par l'ensemble des districts ; ce maire est assisté de représentants de la Commune élus à raison de quatre par district ; est prévu un procureur de la Commune. Désormais, jusqu'à la chute de Robespierre, des « journées » marquent successivement tous les coups de force imposés par le groupe politique soutenu par la municipalité et les sections parisiennes. La représentation nationale est systématiquement terrorisée par la petite minorité agissante des clubs et des sections, contrainte de livrer à Robespierre et au bourreau les élus de la nation déplaisant au pouvoir parisien, Girondins, Enragés, hébertistes, dantonistes. Cette infernale spirale autodestructrice de la Révolution s'achève avec la mort de son initiateur, le 9 thermidor, abandonné par des sans-culottes qui lui reprochent d'avoir livré à la guillotine des « patriotes » tels qu'Hébert ou Danton. La loi du 19 vendémiaire an IV supprime, par réaction, le maire unique et divise le territoire de la capitale en douze municipalités dirigées de façon collégiale. Ces municipalités sont subordonnées à l'administration du département. La Commune de Paris disparaît. Enfin, Bonaparte tire les conséquences de la volonté hégémonique de la capitale et de sa collusion avec le pouvoir central jusqu'en 1794. La loi du 28 pluviôse an VIII (17 février 1800) soumet Paris à un régime spécial, sans maire ni conseil municipal, sous la tutelle d'un préfet de police et d'un préfet de la Seine directement aux ordres du gouvernement. Ce n'est plus Paris qui fait le gouvernement, mais le gouvernement qui contrôle Paris.

PÂRIS (Philippe Nicolas Marie de) (Né à Paris, le 12 novembre 1763, mort à Forges-les-Eaux, le 31 janvier 1793). Membre de la garde constitutionnelle du roi, fervent royaliste, Pâris décide de tuer un des députés qui viennent de voter la mort du roi. N'ayant pu approcher le duc d'Orléans, il poignarde Le Peletier de Saint-Fargeau dans un restaurant du Palais-Royal, le 20 janvier 1793. Reconnu alors qu'il essaie de passer en Angleterre, il se fait sauter la cervelle.

PARISIEN (Le). Ayant pour sous-titre « Journal général du commerce, des manufactures, des arts et de l'agriculture », ce journal parut du 1er ventôse an V (19 février 1797) au 3 pluviôse an VIII (23 janvier 1800), peu après avoir absorbé *La Chronique de Paris*.

PARLEMENTS. Sous l'Ancien Régime, les parlements étaient des cours souveraines de justice, jugeant en dernier ressort et enregistrant les lois, édits et ordonnances du roi. A côté du Parlement de Paris, le plus important par l'étendue de sa juridiction, de son ressort, existait une douzaine d'autres parlements. Ayant son origine dans la *Curia Regis*, la cour du roi, organe normal de la justice royale, le Parlement est définitivement organisé en 1278 et comporte quatre chambres : la Grand-Chambre ou Chambre des plaids saisie directement des affaires intéressant la Couronne, crimes de lèse-majesté, procès des grands officiers du roi, des membres du Parlement, des pairs... ; la Chambre des enquêtes qui prépare les affaires nécessitant une instruction préalable, qui juge en appel la plupart des causes et prépare le travail de la Grand-Chambre, c'est elle qui fait l'essentiel du travail parlementaire ; la Chambre des requêtes qui examine les requêtes présentées par les parties, par les plaignants, qui juge aussi en première instance les procès des gens attachés au service personnel du roi ; la Tournelle criminelle qui juge en appel les crimes de sang. Il y avait 164 parlementaires au Parlement de Paris en 1789, jouissant d'une situation sociale enviée et de revenus appréciables. Les parlementaires ont été tentés très tôt de s'immiscer dans les affaires de l'État en utilisant l'obligation où était le roi de leur soumettre pour enregistrement ses lois, édits et ordonnances. En outre, dès le XIVe siècle, le Parlement de Paris prit l'habitude d'adresser des « remontrances », c'est-à-dire des observations critiques sur la manière dont le roi administrait le royaume. Les parlements profitèrent de toutes les époques de troubles pour tenter d'affermir leur pouvoir aux dépens de la royauté, notamment durant les guerres de Religion et pendant la Fronde. Louis XIV mata sévèrement les parlements et les réduisit au silence pendant plus de quarante ans. Ils prirent leur revanche dès le lendemain de sa mort, en cassant son testament et en donnant la régence au duc d'Orléans. Ce dernier leur rendit leur droit de remontrances. Durant tout le XVIIIe siècle les parlements pratiquèrent une opposition constante au pouvoir royal. Le Parlement de Paris fut plusieurs fois exilé sous le règne de Louis XV et, en 1771, Maupeou démembra le ressort entre six conseils supérieurs, supprima la vénalité des offices et les épices, rendant la justice gratuite et frappant mortellement les parlementaires dans leurs intérêts financiers. Louis XVI eut la sottise de rétablir le Parlement de Paris, croyant ainsi s'attirer ses bonnes grâces. L'obstination des parlementaires à défendre des privilèges abusifs leur fit préférer la voie révolutionnaire. Louis XVI y perdit la tête, les parlementaires leur position sociale. Empêché par leur opposition de réformer la fiscalité et de l'étendre à la noblesse et au clergé, le roi dut convoquer les états généraux. On sait ce qui s'ensuivit. Quant aux parlements, ils furent mis en congé par l'Assemblée constituante le 3 novembre 1789 et définitivement supprimés le 24 mars 1790 sans que personne ait pris leur défense.

PARNY (Évariste Désiré de Forges, chevalier, puis vicomte de) (Né à l'île Bourbon, aujourd'hui la Réunion, le 6 février 1753, mort à Paris, le 5 décembre 1814). Ce créole fortuné se consacre à la poésie légère, compose des *Poésies érotiques, Les Tableaux, La Journée champêtre, Les Fleurs.* Ruiné par la Révolution, Parny doit solliciter sous le Directoire un emploi au ministère de l'Intérieur, puis à la direction des droits réunis sous l'Empire. Il a un grand succès en 1799 avec *La Guerre des dieux,* transformée ensuite en *Christianide.* Il entre à l'Académie française en 1803.

PAROISSES. Primitivement unité religieuse, les paroisses devinrent rapidement, notamment dans les campagnes, la collectivité de base, se chargeant de la gestion des intérêts du village, de la répartition des impôts, de la levée des troupes demandées par le roi. Il y avait environ 40 000 paroisses en 1789. Elles servirent d'infrastructures au système communal qui les remplaça. Dans les villes où existaient généralement plusieurs paroisses, il n'y eut qu'une seule commune ou administration municipale et la Constitution civile du clergé décida qu'il n'y aurait plus qu'une paroisse pour 6 000 habitants. Le décret du 27 avril 1791 réduisit environ de moitié le nombre des paroisses urbaines. En novembre 1793, les administrations départementales reçurent l'autorisation de supprimer les paroisses à leur gré. C'est le Concordat de 1801 qui rétablit et détermina le nouveau réseau paroissial de la France.

PARTHÉNOPÉENNE (république). Après la destruction de la flotte française à Aboukir, le roi de Naples, Ferdinand IV, se joint à la deuxième coalition et envoie, avec l'appui des Anglais, son armée attaquer Rome occupée par les Français. Le général Championnet évacue la ville le 27 novembre 1798, attend des renforts puis réoccupe Rome le 13 décembre et attaque à son tour. Le roi et sa famille quittent Naples sur des bateaux anglais, le 23 décembre, et se réfugient en Sicile. Les éléments les plus misérables de la population de la capitale en profitent pour se soulever et mettre la ville à sac. Incapable de combattre à la fois ces pillards, ces *lazzaroni,* et les Français, le chef de l'armée napolitaine, le général Mack, demande un armistice le 11 janvier 1799. Poussant ses avantages, Championnet occupe Naples et y proclame, le 23 janvier 1799, la république Parthénopéenne. (Parthénope était le nom de Naples dans l'Antiquité grecque.) Le Directoire, irrité de l'initiative de Championnet, le rappelle à Paris et le remplace par Macdonald. Si les *lazzaroni* acceptent la présence française, les campagnes du sud de l'Italie, enflammées par leurs prêtres, s'insurgent contre les envahisseurs sans Dieu. Dirigés par le cardinal Ruffo, les paysans marchent sur Naples que Macdonald évacue le 5 mai 1799. Les quelques troupes laissées dans les forts capitulent le 19 juin suivant. Les Bourbons se réinstallent à Naples. La république Parthénopéenne n'a pas vécu 6 mois.

PARTIS. Il n'existe pas de partis politiques au sens moderne du terme à l'époque révolutionnaire, il n'y a que des regroupements occasionnels et instables. Le premier partage politique net apparaît lors du vote à la Constituante sur le veto royal, le 11 septembre 1789. Les partisans du veto absolu se rangent à la droite du président de l'Assemblée, ses adversaires à gauche. Au début on oppose les noirs, ou aristocrates, hostiles au changement, aux patriotes. Mais très tôt, ces « patriotes » se divisent. Dès la fin de 1789, un homme comme Mounier, suivi par ceux qu'on va nommer monarchiens, souhaite un pouvoir exécutif fort et un législatif avec deux chambres, à l'anglaise. Il rejoint bientôt les aristocrates. Au centre de l'Assemblée figure une majorité de gens satisfaits de l'œuvre qu'elle est en train d'accomplir, qu'on nomme d'une façon floue des constitutionnels, des amis de la Constitution monarchique. A gauche figurent les députés qui ont pris l'habitude de se réunir au club des Jacobins et qui vont être dits Jacobins. Ils vont être l'objet d'une scission dès 1790, les plus modérés d'entre eux, conduits par La Fayette, formant le parti des Feuillants. A la Législative s'opposent une droite menée par deux tendances, celle de La Fayette et celle des triumvirs Barnave, Duport, Lameth, et une gauche jacobine dirigée par Brissot, Condorcet, Gensonné, Guadet, Vergniaud. A la Convention, cette gauche brissotine ou girondine constitue la droite de l'Assemblée qui s'oppose aux pressions des clubs, de la municipalité et des sections de Paris. Elle a rompu avec les Jacobins depuis août 1792. Ce club a soutenu et fait élire les députés de la gauche, dits Montagnards, parce qu'ils siègent sur les gradins du haut de l'Assemblée. Au centre siège une majorité de députés aux opinions indécises, la Plaine ou le Marais, républicains modérés. On a voulu chiffrer les effectifs de chaque camp, mais il est difficile de les cerner et, pour éliminer les Girondins et les Montagnards, il suffira d'arrêter une vingtaine de députés de chaque camp, les « meneurs », pour que la « faction » cesse pratiquement d'exister. L'émiettement de la vie politique est encore plus accentué sous le Directoire.

PASSEPORTS. Sous l'Ancien Régime, les passeports étaient délivrés pour des marchandises ou pour des personnalités. La Constituante les supprima « comme attentatoires à la liberté individuelle ». A l'inverse de cette politique libérale, il fut décidé, le 25 juin 1792, que des passeports seraient exigés pour toutes les régions situées à moins de dix lieues des frontières. Sous la Terreur, toute personne se déplaçant, même à l'intérieur du territoire, fut tenue de posséder un passeport. La loi de vendémiaire an IV (1795) rendit obligatoire le passeport pour tous les gens voyageant « hors des limites de leur canton ». Cette loi tomba en désuétude avec le retour de la sécurité sous le Consulat.

PASTORET (Claude Emmanuel Joseph Pierre de) (Né à Marseille, le 24 décembre 1755, mort à Paris, le 28 septembre 1840). Issu d'une des plus illustres familles de la noblesse de robe provençale, Pastoret est conseiller à la Cour des aides de Paris à la fin de l'Ancien Régime. Favorable au départ à la Révolution naissante, il préside trois fois des assemblées électorales parisiennes et devient procureur général-syndic du département en 1791, puis député à la Législative dont il est le premier président. Très vite devenu un des chefs du parti monarchiste, il doit se réfugier en Provence puis en Savoie après le 10 août 1792. Revenu après l'élimination de Robespierre, il est élu par le Var au Conseil des Cinq-Cents. Membre du groupe clichyen, il doit à nouveau se cacher après le 18 fructidor et s'enfuir en Suisse et en Italie. Revenu après le 18 brumaire, il retrouve sa place à l'Institut, obtient une chaire de droit au Collège de France puis à l'université, est fait comte de l'Empire par Napoléon, marquis par Louis XVIII et entre à l'Académie française en 1820. Le rôle de Pastoret et de sa femme a été essentiel dans l'organisation de l'assistance et de la charité en France dans le premier tiers du XIXe siècle.

PATENTE, voir **FINANCES**.

PATRIE. Plus ancienne que la notion de nation, la patrie évoque pour les hommes du XVIIIe siècle l'amour du pays, tel qu'il est idéalisé par les historiens de Rome. Le mot patrie a une valeur affective liée à l'idée de liberté et de bonheur, et c'est ainsi qu'il est perçu lors de la guerre d'Indépendance américaine. Relégué au second plan par le terme abstrait de nation au début de la Révolution, le mot de patrie reparaît avec la déclaration de guerre, en avril 1792, quand la terre natale est menacée et lorsqu'il devient nécessaire de motiver les Français pour les envoyer à la mort sur les champs de bataille. *La Marseillaise* exalte « l'amour sacré de la patrie », l'assimile à la mère de tous les citoyens. Le 11 juillet 1792, c'est la patrie et non la nation qui est déclarée « en danger ». Dans chaque commune doivent s'élever des autels de la patrie portant l'inscription : « Le citoyen est né, vit et meurt pour la Patrie. »

PATRIE EN DANGER. Le 11 juillet 1792, la Législative proclame la patrie en danger devant la montée des périls extérieurs mais aussi internes. Le décret est lu dans les rues par les officiers municipaux tandis que sur des estrades sont reçus les enrôlements des volontaires. Le décret annonce que toutes les assemblées de départements, de districts et de communes doivent se constituer en comités de surveillance permanents et que la garde nationale doit se mettre sous les armes. Il y eut quinze mille engagements volontaires rien qu'à Paris.

PATRIOTE FRANÇAIS (Le). Ce journal, fondé par Brissot, parut du 10 avril 1789 au 2 juin 1793. Le prospectus annonçait : « Nous nous proposons de publier un journal politique, national, libre, indépendant de la censure et de toute espèce d'influence. » Recherché par la police pour l'audace de ses propos, Brissot ne put faire paraître qu'un numéro avant l'ouverture des états généraux. Brissot en fit la tribune des idées révolutionnaires, rendant compte de façon vivante des débats de l'Assemblée, s'assurant le concours de Clavière, Condorcet, Grégoire, Pétion et de bien d'autres députés. Selon l'historien de la presse Eugène Hatin, « *Le Patriote français* peut être considéré, en quelque sorte, comme le journal modèle de cette époque. C'est, de tous, celui qui contient le plus de détails historiques, et les détails les plus propres à éclairer le lecteur. C'est là, aussi, qu'il faut chercher toute l'histoire du parti girondin ».

PATRIOTES. C'est le nom que revendiquèrent à la veille de la convocation des états généraux les partisans des idées nouvelles qui demandaient notamment le doublement de la représentation du tiers état, la délibération en commun des trois ordres et le vote par tête et non par ordre. Ce « parti patriote » ou « parti national » était mené par le groupe dit le « club des Trente » dont les meneurs étaient Mirabeau, La Fayette, d'Aiguillon, Condorcet, Sieyès, et qui se réunissaient à Paris chez Duport. Ensuite le mot « patriote » désigne tout partisan de la Révolution par opposition aux aristocrates. Le mot « patriote » est toujours préféré à celui de « révolutionnaire » et ne connaît qu'une courte éclipse, durant la Terreur, où on lui préfère le terme « sansculotte ».

PATRIOTISME, voir **PATRIE**.

PAUL Ier (Né à Saint-Pétersbourg, le 1er octobre 1754, assassiné à Saint-Pétersbourg, dans la nuit du 23 au 24 mars 1801). Second fils de Pierre III et de Catherine, Paul devient tsar de Russie en 1796. Il prend aussitôt le contre-pied de la politique de sa mère, chasse ses conseillers, s'attaque à la noblesse et souhaite ériger son régime en autocratie totale. Totalement incohérent, il se pose d'abord en champion de la légitimité et se met à la tête de la deuxième coalition contre la France, prend à son service l'armée du prince de Condé, accueille le comte de Provence à Mitau. Après la défaite de Zurich, il se fâche avec l'Autriche et l'Angleterre, devient un admirateur fervent de Bonaparte, forme la ligue des Neutres contre l'hégémonie maritime anglaise, envoie des troupes vers l'Inde britannique. Exaspérée par les persécutions et les incohérences d'un prince qui n'avait « de constant que l'inconstance », selon le mot de Joseph de Maistre, la noblesse russe le fait étrangler dans son lit.

PAYAN (Claude François de) (Né à Saint-Paul-Trois-Châteaux, Drôme, le 4 mai 1766, guillotiné à Paris, le 28 juillet 1794). Issu d'une vieille famille de la noblesse du Dauphiné, Payan quitte l'artillerie en 1790 pour venir pérorer dans les clubs parisiens. Il plaît à Robespierre par son air martial et résolu et devient grâce à lui chef du bureau de correspondance du Comité de salut public, est mis à la tête d'un journal subventionné par le Comité, *L'Anti-fédéraliste*, est nommé juré au Tribunal révolutionnaire. Après la mort de Chaumette, il le remplace comme agent national près la Commune de Paris et devient ainsi le principal collaborateur du maire Fleuriot-Lescot. Le 9 thermidor, c'est Payan qui déploie le plus d'énergie pour sauver sa peau et celle de son maître, Robespierre. Il fait de son mieux pour entraîner les sections parisiennes dans l'insurrection. Mais celles-ci ne lui pardonnent pas d'être un provincial, de s'être trop souvent montré arrogant, cassant, d'avoir sans cesse reproché aux autres un enthousiasme révolutionnaire insuffisant. Aussi échoue-t-il et monte-t-il courageusement à l'échafaud, le 10 thermidor.

PAYS CONQUIS, voir au nom des différents pays conquis : Belgique, Nice, Savoie...

PÉAGE. Ce droit perçu pour le compte du roi ou de seigneurs concernait le passage des véhicules, denrées, bestiaux et autres marchandises passant à certains endroits obligés, notamment les ponts et les bacs. Il fut supprimé le 9 mars 1790. La monarchie avait déjà entrepris l'élimination progressive des droits de péage. Une commission siégea de 1724 à 1769 et fit disparaître 3 634 des 5 588 péages. Il était prévu de les supprimer moyennant indemnité, mais le roi ne disposait pas des 80 millions nécessaires à leur rachat.

PÊCHE. Une ordonnance de la marine déclara en 1781 la pêche libre en haute mer et sur les côtes, tout en fixant les types de filet utilisables pour chaque type de pêche et les saisons et heures durant lesquelles elle était interdite. Il y avait en 1786, pour la pêche au hareng, 928 bâtiments, 391 pour la pêche à la morue à Terre-Neuve, 62 pour celle des côtes de l'Islande et de la mer du Nord, 4 navires baleiniers. Les principaux ports de pêche étaient Bayonne, Saint-Malo, Granville, Saint-Valéry, Fécamp, Dieppe. Les marins étaient plus de 10 000 à la veille de la Révolution, dont 1 400 à Fécamp pêchaient le hareng, près de 5 000 dans le Finistère pêchaient la sardine. En 1790, la pêche prit de l'extension en Irlande pour le hareng, en 1791, l'Assemblée accorda des primes pour la pêche de la morue. En mai 1792, la Législative reconduisit la prime de 50 livres pour la pêche à la baleine et au cachalot. Les activités de pêche furent très compromises par la guerre avec l'Angleterre.

PEINE DE MORT, voir **EXÉCUTIONS**.

PEINTURE, voir **BEAUX-ARTS**.

PÉLAGIE (maison d'arrêt de Sainte), voir **PRISONS**.

PELET (Jean) (1759-1842). Né à Saint-Jean-du-Gard, le 23 février 1759, avocat au parlement de Provence, Pelet, comme la plupart de ses coreligionnaires protestants, adhère avec enthousiasme au mouvement révolutionnaire. Président du directoire de la Lozère en 1791, il est élu l'année suivante par ce département à la Convention. Il y siège parmi les modérés, est absent au moment du vote lors du procès du roi et prend une part active à l'élimination de Robespierre, le 9 thermidor. Envoyé à l'armée des Pyrénées orientales, il participe aux négociations qui aboutissent à la paix avec l'Espagne. Très populaire, il est élu par soixante et onze départements au Conseil des Cinq-Cents et opte pour la Lozère. Il y siège jusqu'en mai 1797, puis retourne à la vie privée. Bonaparte l'appelle dès qu'il a pris le pouvoir et le nomme préfet, lui confiant la tâche difficile de rétablir le calme dans le Vaucluse. Ayant parfaitement réussi, Pelet est appelé en 1802 au Conseil d'État et chargé de la surveillance de Fouché et de la police. Il est fait comte de l'Empire en 1808. Il est ministre par intérim de la Police du 23 juin au 9 juillet 1815. Louis XVIII le fait pair de France en 1819. Favorable aux idées libérales, Pelet se rallie à Louis-Philippe en 1830. Il est mort à Paris, le 26 janvier 1842.

PELTIER (Jean Gabriel) (Né à Nantes en 1765, mort à Paris, le 31 mars 1825). Étudiant à Paris en 1789, Peltier se lance dans la politique par deux pamphlets retentissants contre l'Assemblée constituante et le duc d'Orléans, fonde en novembre 1789 *Les Actes des Apôtres*, tribune des meilleurs libellistes et journalistes royalistes. Il doit fuir après le 10 août, la foule ayant massacré un de ses collaborateurs, Suleau. Réfugié en Angleterre, il y publie une série d'attaques contre la République, réunies sous le titre de *Tableau de Paris depuis l'année 1794 jusqu'en 1802*, y fait paraître un journal d'émigrés, *L'Ambigu*, qui attaque très violemment Bonaparte. Il ne revient en France que vers 1820 après avoir critiqué vivement le ministère Decazes.

PENSIONS. On appelait pensions, sous l'Ancien Régime, les rémunérations des services rendus au gouvernement royal. Elles coûtaient 32 millions sur 475 millions de recettes vers 1789. L'Assemblée constituante supprima les pensions par la loi du 22 août 1790 et fixa pour l'octroi d'une pension des conditions précises : trente ans de services et cinquante ans d'âge au moins, sauf en cas de blessures ou d'infirmités, absence de ressources personnelles. Le cumul des pensions fut interdit et elles ne furent pas réversibles, les veuves pouvant cependant demander une pension alimentaire. Les 10 millions affectés aux pensions civiles s'étant avérés très insuffisants, le Directoire se vit obligé d'entretenir ce fonds par des prélèvements sur les traitements des fonctionnaires en activité.

PÈRE DUCHESNE (Le). C'est un personnage déjà célèbre à la veille de la Révolution, le Père Duchesne, « marchand de fourneaux », qui a inspiré ce titre à deux journaux de la Révolution. Le premier fut celui de Lemaire et s'intitulait *Lettres bougrement patriotiques du véritable Père Duchesne.* Il était de tendance royaliste et se continua par la *Trompette du Père Duchesne,* puis *L'Ami des soldats.* Plus célèbre, créé aussi en 1790, en novembre, *Le Père Duchesne* d'Hébert se singularisa par l'extrême grossièreté de son ton et disparut en même temps que lui au printemps de 1794.

PÈRE GÉRARD (Almanach du). Conscients que leur mouvement était un phénomène essentiellement parisien, les Jacobins décident, le 19 septembre 1791, de promouvoir une publication destinée à expliquer la Révolution aux paysans, à leur faire comprendre les principes de la Constitution qui vient d'être votée. Quarante-deux projets sont présentés, examinés par une commission de cinq membres (Clavière, Condorcet, Grégoire, Lanthenas, Polverelle). Le 23 octobre, le choix se porte sur le texte de Collot d'Herbois, secrétaire des Jacobins, un des membres les plus influents du club, ami de Robespierre. Son *Almanach du Père Gérard* a pour héros un imaginaire député à la Constituante, nommé le Bonhomme Gérard, qui rentre dans sa Bretagne natale à l'automne de 1791 et raconte aux paysans ce qui s'est fait à Paris et ce que contient la nouvelle Constitution. Le roi est critiqué pour ne pas suivre fidèlement les volontés de la nation, les Feuillants, sans être nommés, se voient reprocher d'être en faveur du cens d'un marc d'argent pour être éligible à la députation et de soutenir le maintien de l'esclavage aux colonies. Critiqué comme trop royaliste dans les *Révolutions de France et de Brabant,* l'*Almanach du Père Gérard* eut un grand succès et ne connut pas moins de sept tirages en un an.

PÉRIGNON (Dominique Catherine) (Né à Grenade, Haute-Garonne, le 31 mai 1754, mort à Paris, le 25 décembre 1818). Sous-lieutenant en 1780, lieutenant-colonel de la garde nationale de Montech, en Haute-Garonne, en juillet 1789, Pérignon est élu par ce département à la Législative. Il y siège à droite et fait partie du comité militaire. Il démissionne en mai 1792 pour reprendre du service comme lieutenant-colonel à l'armée des Pyrénées orientales. C'est là qu'il se bat, de 1792 à 1795, devenant général de division dès décembre 1793, remplaçant Dugommier à sa mort, vainqueur à la Junquera, à la Montagne-Noire, à Figueras et Rosas. Son département natal l'ayant élu au Conseil des Cinq-Cents, il revient à Paris, est envoyé comme ambassadeur à Madrid jusqu'à la fin de 1797, et négocie le traité de San Ildefonso. On le retrouve en 1799 à l'armée d'Italie. Mis à la retraite en 1801, sénateur, maréchal de France honoraire en 1804, comte de l'Empire, il est fait pair de France et marquis par Louis XVIII.

PERLET (Charles Frédéric) (Né à Genève, le 26 janvier 1759, mort à Genève, le 29 novembre 1828). Horloger genevois, établi imprimeur à Paris à la veille de la Révolution, Perlet est propriétaire d'un journal qui change fréquemment de titre et qu'on finira par nommer le *Journal* *de Perlet.* De tendance royaliste, il échappe aux poursuites sous la Terreur pour se faire stupidement déporter en Guyane après le 18 fructidor. Gracié, il revient à Paris au début du Consulat et vit d'un petit commerce de librairie. Son compatriote Veyrat, qu'il avait connu à Genève, devenu inspecteur général de la police, lui permet d'arrondir ses fins de mois en servant de mouchard. C'est par l'intermédiaire de Perlet qu'un autre royaliste suisse, Fauche-Borel est entraîné dans une provocation habilement montée pour lui faire croire qu'existe à Paris une puissante organisation favorable aux royalistes. Perlet était le beau-frère de Fiévée.

PERRÉGAUX (Jean Frédéric) (Né à Neuchâtel, Suisse, le 4 septembre 1744, mort à Viry-Châtillon, Essonne, le 17 février 1808). Banquier établi à Paris, Perrégaux est accusé de spéculation sur le blé et d'accaparement sous la Terreur. Il transmet également des fonds aux émigrés de Londres et doit se réfugier en Suisse durant la Terreur. Sous Bonaparte, il est parmi les fondateurs de la Banque de France, devient sénateur et comte de l'Empire.

PETIET (Claude Louis) (1749-1806). Entré dans les gendarmes du roi, il devient subdélégué de l'intendance de Bretagne de 1774 à 1789. On le retrouve en 1790 procureur-syndic de l'Ille-et-Vilaine puis commissaire ordonnateur en chef de l'armée des côtes de Brest. Il défend Nantes contre l'insurrection vendéenne, est élu au Conseil des Cinq-Cents et se voit appelé le 8 février 1796 au ministère de la Guerre où il restera jusqu'au 4 juillet 1797. Suspect de royalisme il est écarté avant le 18 fructidor, mais il est élu par le département de la Seine au Conseil des Cinq-Cents le 25 germinal an VII. Rallié à Bonaparte, il sera conseiller d'État puis intendant de l'armée du camp de Boulogne. Très réputé pour ses qualités d'administrateur, il mourut à la tâche et son corps fut déposé au Panthéon.

PÉTION (Jérôme) (Né à Chartres, le 2 janvier 1756, mort à Saint-Magne, Gironde, le 18 juin 1794). Avocat à Chartres, Pétion est élu par le bailliage de Chartres aux états généraux. Bel homme, à l'éloquence aisée, à la voix de stentor, sachant faire pleurer son auditoire, le cas échéant, il s'acquiert une grande notoriété à la Constituante où il siège à l'extrême gauche avec Buzot, Dubois-Crancé, Prieur de la Marne, Robespierre, etc. Il devient le compagnon de Robespierre, « celui de tous les hommes que j'ai aimé et estimé le plus depuis l'Assemblée nationale constituante », dira « l'Incorruptible » en avril 1792. C'est un monarchiste constitutionnel et, après Varennes, il fait partie de la délégation chargée de ramener le roi et sa famille à Paris. A la séparation de la Constituante, le peuple ovationne au club des Jacobins, Pétion et Robespierre, « l'inflexible et l'incorruptible ». Élu président du tribunal criminel de Paris, Pétion devient maire de la capitale, le 15 juin 1791, par 6 708 voix sur 10 632 votants. Cette promotion tourne la tête de cet homme au naturel candide et vaniteux qui se croit devenu le premier homme politique du pays. Les Girondins savent exploiter les travers de son caractère et l'amener dans leur camp à force de flatteries. Le 20 juin 1792, Pétion tente vainement d'empêcher l'invasion des Tuileries par la foule des émeutiers. Le directoire du département demande alors sa suspension et celle du procureur de la Commune, Manuel. Le roi confirme la suspension, le 12 juillet. Le 14 juillet, au Champ-de-Mars, Pétion est ovationné par la foule en présence du roi. Le 3 août, il présente à la Législative une adresse demandant la déchéance du roi, et l'accueil très froid fait par l'assemblée à cette adresse précipite la décision de faire un coup de force. Le 9 août au soir, soucieux de respecter les formes, il se fait consigner par la Commune insurrectionnelle afin de lui laisser le champ libre. Le stratagème est grossier et le fait que la Commune le maintienne dans ses fonctions de maire témoigne assez de sa collusion avec les insurgés. Il laisse faire les massacres de Septembre, refusant d'intervenir dans un sens ou dans l'autre. Pétion est élu à la Convention par l'Eure-et-Loir. Il en est le premier président et préside à la même époque, à la fin de septembre 1792, le club des Jacobins. A l'apogée de sa popularité, il perd très vite pied sous les coups de Robespierre. Ayant eu la maladresse de prendre la défense de Buzot, qui dénonce la pression permanente de la Commune de Paris sur l'Assemblée, il est accusé d'être du côté des Girondins. Son vote contre la mort du roi, ses attaques contre les appels au meurtre de Marat l'affaiblissent encore. Comprenant bien d'où viennent les attaques contre lui, il s'écrie, le 12 avril 1793 : « Il faudra que Robespierre soit enfin marqué du fer chaud destiné aux calomniateurs. Que signifient ces dénonciations perpétuelles contre des hommes qui ont toujours respiré pour la liberté ? » Proscrit après le 2 juin, Pétion s'enfuit avec Guadet, se réfugie à Caen puis en Bretagne et finalement à Bordeaux. Il se suicide pour ne pas être pris.

PETITES-MAISONS. C'est ainsi qu'on nommait un hôpital qui abritait des fous des deux sexes. Il se trouvait rue de Sèvres et devait son nom aux chambres basses ou loges dans lesquelles étaient enfermés les malades. Cet hôpital fut transféré rue de la Chaise et devint l'hospice des Ménages.

PÉTITIONS. Le droit de pétition est le droit des simples citoyens de faire connaître leurs opinions et leurs souhaits aux corps représentatifs dépositaires des pouvoirs constitués. Tout citoyen pouvait rédiger une pétition et tenter de la faire signer par d'autres. Au début de la Révolution, ce droit donna naissance à d'innombrables abus. A tout instant, les débats de l'Assemblée étaient interrompus par l'irruption de citoyens, parfois en armes, venant déposer des pétitions sur les sujets les plus divers. La pétition du Champ-de-Mars du 17 juillet 1791 déclencha une fusillade et un massacre. Un comité des pétitions était chargé de les recevoir. Une des plus ahurissantes fut celle que déposa le 25 décembre 1796 devant le Conseil des Cinq-Cents un citoyen désireux d'épouser sa belle-mère.

PEUCHET (Jacques) (1758-1830). Avocat, il fut un fécond publiciste, travaillant au *Dictionnaire de commerce* puis à l'*Encyclopédie méthodique* ainsi qu'à divers mémoires contre la Compagnie des Indes à la veille de la Révolution. Électeur aux états généraux, il entra dans l'administration de la capitale au département de la police. Il était hostile à une trop grande autonomie donnée aux districts de Paris et défendit des idées de plus en plus modérées dans la *Gazette de France* et dans le *Mercure*. Il fut emprisonné après le 10 août, puis libéré. Devenu directeur au ministère de la Police, il fut destitué après le 18 fructidor. Après Brumaire, il était appelé au conseil du commerce, puis fut archiviste de l'administration des droits réunis et finalement de la Préfecture de police. C'est dans cette sinécure qu'il a composé son œuvre la plus fameuse (avec la *Description topographique et statistique de la France,* 1810-1811) : *Mémoires tirés des archives de la police* (1837-1838).

PEUPLE FRANÇAIS. Cette expression fut créée par Mirabeau qui proposa d'appeler les députés aux états généraux les « représentants du peuple français ».

PEUR (Grande). Ce mouvement de panique dura du 20 juillet au 6 août 1789 et s'étendit à toutes les régions françaises. Le bruit se répandit dans les campagnes que des bandes de brigands à la solde des aristocrates allaient dévaster les récoltes. Les paysans s'armèrent et allèrent piller et incendier les châteaux du voisinage. Les historiens divergent sur l'explication de ce mouvement. Certains y voient une action concertée des partisans de la Révolution, des « patriotes » soucieux de bouleverser le pays et de se rallier la paysannerie en la compromettant par des actes hostiles aux privilégiés. D'autres pensent que le mouvement paysan fut spontané et eut pour cause les difficultés économiques et la crainte que les seigneurs refusent les réformes contenues dans les cahiers de doléances. La Grande Peur s'apaisa à l'annonce de l'abolition des droits féodaux dans la nuit du 4 août.

PHARMACIE. Alors qu'elle abolissait les privilèges et les corporations, la Constituante déclara en avril 1791 qu'il convenait de maintenir les lois, statuts et règlements relatifs à l'exercice et à l'enseignement de la pharmacie. Le 1er août 1793, la Convention mit à la réquisition du ministère de la Guerre tous les pharmaciens de dix-huit à quarante ans. L'École de pharmacie où l'on formait les futurs pharmaciens était située au 13 de la rue de l'Arbalète.

PHELIPPEAUX (Antoine Le Picard de) (Né en 1768 à Angles, Vendée, mort à Saint-Jean-d'Acre à la fin de mai 1799). Élève de l'école militaire de Pontlevoy, puis de celle de Paris, condisciple de Bonaparte pour qui il n'éprouve aucune sympathie, Phelippeaux précède toujours son rival aux examens de l'École. Capitaine en 1789, il émigre en 1791 et prend part à la campagne de 1792 dans l'armée des princes. Il est ensuite à l'armée de Condé. Rentré en France en 1795, il tente de soulever le Berri, prend Sancerre, puis est battu et fait prisonnier. Il parvient à s'évader, rejoint Condé mais refuse de le suivre en Russie. Passé en Angleterre, il revient à Paris et fait évader du Temple l'amiral Sidney Smith. Il l'accompagne en Méditerranée et fait de Saint-Jean-d'Acre une ville imprenable. Il meurt quelques jours après la levée du siège par Bonaparte. A Sainte-Hélène, Napoléon prétendit qu'il avait été le grain de sable dans son destin : « Phelippeaux m'a arrêté devant Saint-Jean-d'Acre. Sans lui j'étais maître de cette clef de l'Orient, je marchais sur Constantinople et je réédifiais le trône d'Orient. »

PHILIPPEAUX (Pierre Nicolas) (Né à Ferrières, Seine-Maritime, le 5 mars 1756, guillotiné à Paris, le 5 avril 1794). Avocat au Mans, juge au tribunal de district de cette ville, fondateur du journal, *Le Défenseur de la liberté,* Philippeaux est élu à la Convention par la Sarthe. Rallié à Danton, il vote la mort avec sursis au procès du roi. Envoyé en juin 1793 dans les départements insurgés de l'Ouest, il se distingue par les fanfaronnades qui truffent ses lettres, imagine avec Canclaux un plan de campagne contre les Vendéens consistant en l'organisation de multiples petites colonnes combattant l'ennemi simultanément sur plusieurs points. Il rejette les résultats désastreux de cette stratégie sur l'incapacité des généraux, s'en prend à Choudieu, qui ose mettre en cause le principe même de la campagne. Au début de janvier 1794, Choudieu dépose un rapport accablant se terminant ainsi : « Pour moi, qui ai promis en termes clairs de prouver que Philippeaux était un fou ou un imposteur, je crois avoir rempli suffisamment cette tâche pénible et j'abandonne maintenant à la Convention nationale le soin d'examiner si elle le décrétera d'accusation comme un imposteur contre-révolutionnaire ou si elle lui fera préparer un logement aux Petites-Maisons. » Attaqué par Collot d'Herbois et Carrier, accusé de lâcheté, de vantardise et d'incompétence, Philippeaux est achevé par un rapport de Saint-Just concluant à tort qu'il est un traître. Il est envoyé au Tribunal révolutionnaire et de là à l'échafaud.

PHILOSOPHES. Le XVIIIe siècle, siècle des lumières et du despotisme absolu, fut aussi celui des philosophes. Les plus grands par leur renom à travers l'Europe étaient Montesquieu, Voltaire et Rousseau. Mais il ne faudrait pas oublier Diderot, Helvétius, Holbach, Condillac, Condorcet, Mably et la foule des encyclopédistes. C'est de leurs idées que se réclamèrent les révolutionnaires, mais la plupart des philosophes étaient déjà morts lorsque débuta la Révolution. Ceux qui vivaient encore finirent pour la plupart sous le couperet de la guillotine. Ayant rêvé un monde d'harmonie, de bonheur et de paix, les philosophes virent leurs idées servir à verser le sang et à répandre la ruine et la terreur à travers la France et l'Europe.

PICHEGRU (Jean Charles) (Né aux Planches-près-Arbois, Jura, le 16 février 1761, mort à Paris, le 5 avril 1804). Simple soldat en 1780, sergent-major en 1789, Pichegru s'engage dans la Révolution, fréquente le club des Jacobins de Besançon et en devient le président. Lors du passage du 3e bataillon du Gard à Besançon, il s'en fait élire lieutenant-colonel et part à sa tête vers le Rhin. Il est général de division, commandant dans le Haut-Rhin, dès août 1793, devient peu après commandant en chef de toute l'armée du Rhin. Passé à l'armée du Nord au début de 1794, il conquiert la Hollande et s'empare de la flotte hollandaise bloquée dans les glaces au Texel. De passage à Paris au moment où éclate l'insurrection du 12 germinal (1er avril 1795), il prend la tête des troupes de la Convention et réprime les troubles avec énergie. De retour à l'armée du Rhin, il entre en pourparlers avec les royalistes par l'intermédiaire de Fauche-Borel. Le Directoire, l'ayant appris, exige sa démission. Pichegru se fait alors élire par le Jura au Conseil des Cinq-Cents, se fait porter à la présidence de l'Assemblée par la majorité royaliste, mais est proscrit après le coup d'État du 18 fructidor et déporté en Guyane. Il s'en évade en 1798, rejoint Londres. Il prend part à la conspiration de Cadoudal contre Bonaparte, vient secrètement à Paris, est dénoncé et arrêté. Emprisonné au Temple, il y est retrouvé étranglé, assassinat ou suicide ?

PICPUS (cimetière de). L'ancien couvent des chanoinesses de Picpus servit de refuge à un certain nombre de prisonniers fortunés qui obtinrent d'y être hébergés durant la Terreur. Dans le cimetière voisin étaient enterrées les victimes de la Révolution guillotinées à proximité, sur la place du Trône-Renversé (place de la Nation actuelle) où était installé l'échafaud. Y furent notamment inhumés le général de Beauharnais, les poètes Roucher et André Chénier. C'est là qu'on inhuma en 1834 La Fayette.

PIE VI (Jean-Ange Braschi, pape sous le nom de) (Né à Cesena, le 27 décembre 1717, mort à Valence, Drôme, le 29 août 1799). Cardinal en 1773, pape en 1775, Pie VI sème la confusion en France en tardant à condamner la Constitution civile du clergé, laissant le roi la signer en août 1790 avant de porter une condamnation officielle, le 10 mars 1791, avec le bref *Aliquantum*. Lésé par l'annexion d'Avignon et du comtat Venaissin, il finit par reconnaître la République par la bulle *Pastoralis sollicitudo*, le 5 juillet 1796, mais ses ennuis n'en sont pas terminés pour autant. Les États pontificaux sont envahis par les troupes de Bonaparte et, au traité de Tolentino, le 19 février 1797, Pie VI doit renoncer à la majeure partie de ses territoires, notamment aux légations de Romagne, à Bologne et à Ferrare. Après l'assassinat à Rome du général Duphot, Berthier entre à Rome, s'empare du pape, le 20 février 1798, et proclame la République romaine. Pie VI est transféré successivement à Florence, Parme, Turin, Briançon et Valence où il meurt.

PIÉMONT-SARDAIGNE. La maison de Savoie régnait depuis 1418 sur le Piémont. Elle obtint en 1720 la Sardaigne. Victor-Amédée III, roi de Sardaigne, fut très vite hostile à la Révolution et accueillit à Turin les princes émigrés. La Savoie et Nice furent envahies et occupées par les armées de la Révolution à la fin de 1792, puis annexées à la France. Après la défaite de Montenotte en avril 1796, le roi de Sardaigne signa l'armistice de Cherasco qui reconnaissait la perte de Nice et de la Savoie. Charles-Emmanuel IV, monté sur le trône en 1796, perdit toutes ses possessions continentales et dut se réfugier en Sardaigne. Le Piémont fut découpé en six départements et annexé à la France en 1802.

PIIS (Antoine Auguste de) (Né à Paris, le 17 septembre 1755, mort en 1832). D'une vieille famille originaire de Catalogne, Piis délaisse rapidement le collège Louis-le-Grand pour le madrigal et le vaudeville. Il débute à vingt et un ans, en 1776, avec une parodie de l'*Alceste* de Gluck qui rencontre un grand succès à la Comédie italienne. Suivent *Cassandre occuliste* en 1780, *Le sabot perdu* en 1781, etc. Il devient secrétaire du comte d'Artois en 1784 et, fort de cet appui, fonde avec Barré le théâtre du Vaudeville. Il entreprend aussi une œuvre ambitieuse : *L'Harmonie imitative de la langue française*, où il s'attache à montrer que cette langue est susceptible d'imiter les sons de tous les instruments et la voix de presque tous les animaux. Se gardant de suivre le comte d'Artois en émigration, il poursuit son activité sous la Révolution, multipliant poèmes antireligieux ou patriotiques. Il disparaît de Paris au plus fort de la Terreur et reparaît en 1798 pour fonder le Portique républicain où, condition singulière, on ne peut être admis si l'on est membre de l'Institut ! Il crée aussi avec Desaugiers le Caveau moderne. Barras qui l'apprécie en fait un commissaire du pouvoir exécutif près l'administration municipale du Ier arrondissement. Après Brumaire, Piis entame une carrière de policier au Bureau central puis à la Préfecture de police, sans renoncer à rimer. C'est ainsi que prenant l'œil, emblème de la police qui figurait sur la carte des agents de la sûreté, il s'efforce de séduire une belle rétive à la fonction policière :

Parce qu'un œil est notre emblème
De surveillance et de rigueur,
Nous faut-il comme Polyphème
A Galathée être en horreur ?
Ah ! sans compter cet œil austère
Dont le méchant craint le pouvoir
J'en ai deux qui ne peuvent taire
Le plaisir qu'ils ont à vous voir.

PILLNITZ (déclaration de). Datée du 27 août 1791 et rédigée à Pillnitz, village de Saxe, cette déclaration était signée du roi de Prusse et de l'empereur. Inquiets à la suite de la fuite manquée du roi de France, ces souverains affirmaient leur désir de « mettre le roi de France en état d'affermir les bases d'un gouvernement monarchique » et se disaient « résolus d'agir promptement, d'un mutuel accord, avec les forces nécessaires pour obtenir le but proposé et commun ». Cette déclaration à la fois menaçante et vague ne pouvait que rendre encore plus inconfortable la situation de Louis XVI.

PIQUE. Cette arme blanche commença à être en usage en France à la fin du XVIe siècle et le resta dans l'armée jusqu'à la fin du XVIIe. Elle reparut à la Révolution comme arme du peuple. Durant les journées du 14 juillet, des 5 et 6 octobre 1789, la foule était surtout armée de piques. C'est au bout de piques qu'on arborait les têtes décapitées des victimes de la populace : de Launay, Flesselles, Foulon, Bertier de Sauvigny... En juillet 1792, Carnot proposa de livrer au peuple toutes les piques gardées dans les arsenaux et d'en faire fabriquer trois cent mille nouvelles. A la fin de 1793, le ministre de la Guerre crut bon d'équiper plusieurs bataillons de piques : ils furent décimés par les troupes adverses équipées de fusils ! La section de la place Vendôme s'intitula section des Piques.

PITIÉ (hôpital de la). Situé entre les rues du Battoir et du Jardin des Plantes, l'hôpital de la Pitié fut fondé en 1612 pour enfermer les mendiants parisiens qui devaient être entretenus tout en étant contraints de travailler. Ce projet ne fut pas réalisé et la Pitié reçut des enfants, des femmes âgées et des prostituées, ces dernières enfermées dans une partie de l'hôpital nommée le refuge jusqu'à la création de Sainte-Pélagie en 1665. A la veille de la Révolution, la Pitié était réservé aux enfants abandonnés ou mendiants des deux sexes. On les employait à la fabrication de draps pour l'habillement des hôpitaux et des troupes. En 1790, il y avait 1 396 enfants à la Pitié, qui reçurent le nom d'élèves de la patrie et d'orphelins du faubourg Saint-Victor.

PITOU (Louis Ange) (Né à Valainville, Eure-et-Loir, le 2 avril 1767, mort à Paris, le 8 mai 1846). Séminariste contre son gré, Ange Pitou profite de la Révolution pour conquérir sa liberté et se faire journaliste au *Journal général de la cour et de la ville.* Il se signale par des brochures en faveur du marquis de Favras et, le 10 juin 1790, la reine le fait venir aux Tuileries, le félicite de sa fidélité à la cause du roi, lui offre son portrait en miniature et de l'argent. Conquis, le jeune homme va se consacrer corps et âme à la défense de la monarchie, multipliant les libelles, conjurant en vain le roi de ne pas assister à la fête de la Fédération, le traitant ensuite dans son pamphlet, *Le Quatorze Juillet,* de « monarque faible et indigne de l'auguste épouse qui le reçoit dans son lit ». Entré au *Courrier extraordinaire,* de Rivarol, puis au *Journal des mécontents,* Pitou doit se cacher après le 10 août 1792, puis lance en septembre *La Révolution de 1792,* futur *Journal historique et politique,*

Le Journal français et *Le Courrier universel,* nouvelles publications royalistes aux fortunes diverses. A ses activités de journaliste, Pitou joint celles d'un agent royaliste en relation avec les Vendéens et les chouans. Arrêté en octobre 1793, il réussit à se faire acquitter par le Tribunal révolutionnaire. A la chute de Robespierre, Pitou s'en prend aux terroristes vaincus dans son *Tableau de Paris en vaudeville* dont il fait paraître dix numéros. Principal rédacteur de *L'Ami du peuple,* journal fondé par Marat, il déconsidère les Jacobins en outrant leurs positions dans ce journal censé représenter leurs opinions. En 1795, il se fait chanteur des rues et diffuse des rengaines royalistes, échappe à la répression après vendémiaire mais est arrêté au 18 fructidor et envoyé en Guyane. Libéré après le 18 brumaire, Pitou renonce à toute activité politique.

PITT (William) (Né à Hayes, Kent, le 28 mai 1759, mort à Putney, Londres, le 23 janvier 1806). Dit le Second Pitt, formé par son père à qui il succède dans les fonctions de Premier ministre cinq ans après sa mort, en 1783, Pitt triomphe de Fox aux élections de 1784 et gouverne l'Angleterre jusqu'en 1801. Se consacrant aux questions financières et économiques, il donne une grande expansion aux exportations de son pays, signe un traité de commerce avec la France en 1786. D'abord indifférent à la Révolution française, voire plutôt réjoui de voir ce pays voisin et concurrent sombrer dans le désordre et la discorde civile, il ne réagit qu'après le 10 août 1792 et surtout après l'occupation par les armées de la Révolution d'Anvers et des bouches de l'Escaut. Dès le début de 1793, il est décidé à l'affrontement et la scission des whigs en 1794 lui laisse toute liberté d'action. « L'or de Pitt » finance largement toutes les armées continentales de la coalition, ce qui entraîne une forte croissance de la dette publique. Le soulèvement d'une partie de l'Irlande catholique est réduit sans trop de difficultés et le parlement local vote en 1800 l'acte d'Union unissant l'Irlande et la Grande-Bretagne. Plus grave est le soulèvement d'une partie des équipages de la flotte, mal payés et mal nourris, en 1797. Proclamé « ennemi du genre humain » par le gouvernement révolutionnaire, Pitt démissionne en 1801 parce que le roi George III refuse de lui accorder l'émancipation des catholiques irlandais, condition indispensable de leur intégration. Son remplaçant, Addington, signe la paix d'Amiens en 1801. Rappelé en 1804 lorsque recommence la guerre, Pitt noue la troisième coalition contre Napoléon avec l'Autriche et la Russie en 1805, mais meurt peu après Austerlitz que ne saurait effacer Trafalgar, laissant la France maîtresse de l'Europe occidentale et l'Angleterre isolée mais totalement souveraine sur les océans.

PLACES FORTES. En novembre 1790, les commandants des armées du Nord et de l'Est reçurent l'ordre de mettre les places fortes des frontières en état de défense. Un crédit de quatre millions fut voté pour les travaux nécessaires. Le 7 mai 1792, la Législative dressa la liste des places devant être mises en état de défense. *Première division :* Saint-Omer, Aire, Saint-Venant, Béthune, Gravelines, Dunkerque, Bergues, Lille, Douai, Bouchain, Valenciennes, Condé, Le Quesnoy, Bavai, Maubeuge, Landrecies, Avesnes. *Deuxième division :* Philippeville, Marienbourg, Rocroi, Charlemont, Mézières, Sedan, Bouillon, Carignan. *Troisième division :* Montmédy, Stenay, Verdun, Longwy, Metz, Thionville, Rodemack, Sierck, Sarrelouis, Bitche.

Quatrième division : Marsal, Phaasbourg. *Cinquième division :* Landau, Wissembourg, Lauterbourg, Sélestat, Haguenau, La Petite-Pierre, Strasbourg, Port-Louis, Bruzenheim, Neuf-Brisach, Huningue, Landskron, Belfort. *Sixième division :* Blamont, Besançon, Fort-L'Écluse, Pierrechâtel. *Septième division :* Fort-Barraux, Grenoble, Briançon, Queyras, Mont-Dauphin, Embrun, Saint-Vincent, Seyne, Colmars, Entrevaux. *Huitième division :* Antibes, Toulon, les divers postes sur les côtes et les îles du Var. Le 25 juillet 1792, la Législative vota la peine de mort pour tout commandant de place qui se rendrait avant qu'une brèche ait été pratiquée dans les remparts ou un premier assaut donné. La même peine était prévue pour toute personne qui parlerait de se rendre. Le 6 août suivant, tous les commandants de places fortes nommés par le roi furent remplacés. En juillet 1799, un arrêté du Directoire définit les cas où une place forte était autorisée à capituler.

PLAINE (la). La Plaine, le Marais, c'est ainsi que les Montagnards désignaient avec mépris les députés de la Convention qui refusaient de s'engager dans un parti, dans une faction lors des luttes politiques sanglantes qui décimèrent cette assemblée. Il y avait des Girondins, des Montagnards, des dantonistes, des hébertistes, des robespierristes, mais un bon tiers des conventionnels appartenait à la Plaine. La Revellière-Lépeaux définit, dans ses Mémoires, le député du Marais ou de la Plaine, comme un homme susceptible de changer d'opinion sous la menace pour se rallier à la faction la plus puissante ou la plus menaçante. Ce portrait est un peu trop sévère : il y eut dans la Plaine des députés qui suivirent la ligne politique de Robespierre parce qu'ils la jugeaient la mieux adaptée au péril menaçant la République, puis qui contribuèrent à sa chute parce qu'ils estimaient que les excès de la Terreur compromettaient les effets du redressement militaire et qu'une République victorieuse pouvait se montrer magnanime et pratiquer largement l'oubli et le pardon. Un bon tiers des sept cent quarante-neuf élus à la Convention appartenait à la Plaine, dont Barère, Cambon, Merlin de Douai, qu'on a pu aussi ranger parmi les Montagnards, Durand-Maillane, Boissy d'Anglas, Cambacérès, Mailhe, Sieyès.

PLÉBISCITE. Le plébiscite fut introduit en France par la Convention. Il s'inspirait des principes de Rousseau qui, n'ayant qu'une confiance très limitée dans le régime représentatif, préconisait de fréquentes consultations du peuple, car, écrivait-il dans *Le Contrat social,* « toute loi que le peuple en personne n'a pas ratifiée est nulle ; ce n'est point une loi ». Le plébiscite était donc considéré comme une forme de démocratie directe. La Constitution de l'an I, jamais appliquée, prévoyait que les lois votées par le Corps législatif pourraient être soumises à plébiscite au cas où, dans un délai de quarante jours, elles seraient contestées par plus d'un dixième des assemblées primaires départementales. En pratique, le plébiscite ne fut utilisé que pour donner une apparence de ratification populaire aux annexions opérées par la République : Belgique, rive gauche du Rhin, Bâle, Savoie, Nice.

PLET-BEAUPREY (Pierre François Nicolas) (Né à Sées, Orne, le 28 janvier 1760, mort à Sées, le 28 mai 1821). Membre du conseil général de l'Orne et commandant de la garde nationale, Plet-Beauprey est élu par ce département à la Convention, où il ne se fait pas remarquer. Il vote pour l'appel au peuple et pour la mort avec sursis lors du procès du roi. Envoyé en mission dans son département pour y enquêter sur les agissements de Philippe Égalité, il réduit les rumeurs aux intrigues d'un agent de ce dernier. Il fait partie de la commission chargée d'inventorier les papiers saisis chez Robespierre. Il siège au Conseil des Cinq-Cents jusqu'en 1798, puis est inspecteur de la poste aux chevaux en Italie et mène une existence sans histoire. Exilé par les Bourbons, il est autorisé à rentrer en France en 1818.

PLEYEL (Ignace) (1757-1831). Né à Rupperstahl, près de Vienne, il était le fils d'un maître d'école qui, remarquant ses dons musicaux, l'envoya à Vienne étudier le piano. En 1772, Pleyel fut l'élève de Haydn. Cinq ans plus tard, le comte Erdoely le prenait comme maître de chapelle et l'envoyait se perfectionner en Italie où il rencontra Cimarosa. En 1783, il se fixait à Strasbourg comme maître de chapelle. Il composa alors symphonies et quatuors. La Révolution le laissa sans emploi. Il fut même arrêté comme suspect et du composer, pour sauver sa tête, un opéra patriotique, *La Journée du 10 août*. Il émigra à Londres et ne revint en France qu'en 1796. En 1802, il abandonnait la composition pour l'édition musicale et ouvrait en 1807 sa fameuse fabrique de pianos.

POIDS ET MESURES, voir **SYSTÈME MÉTRIQUE**.

POLICE. L'organisation de la police en France fut très développée sous le règne de Louis XIV et le lieutenant général de police Nicolas de La Reynie fit disparaître la cour des Miracles, introduisit l'éclairage de nuit des rues et réglementa la prostitution. Son successeur, le marquis d'Argenson, institua la police politique. Cette police secrète fut encore développée par le lieutenant général Sartine. La police parisienne fut cependant totalement prise de court par les événements de la Révolution, notamment par le 14 juillet 1789. Le lieutenant de police Thiroux de Crosne fut un des premiers à émigrer. La Constituante confia la police aux municipalités. Des commissaires de police élus par la population furent mis à la tête des 48 sections parisiennes et des districts en province. La France connut un régime policier sans précédent durant la Convention, surtout sous la Terreur. Des comités révolutionnaires locaux dressaient des listes de suspects, rédigeaient et faisaient exécuter mandats d'amener et mandats d'arrêts. L'instance policière suprême était le Comité de sûreté générale. Mais le Comité de salut public, à l'instigation de Robespierre, créa son propre bureau central de police. Le Directoire institua en janvier 1796 un ministère de la Police générale qui eut des débuts difficiles et pas moins de dix titulaires en trois ans et demi avant que Fouché, qui le prit en main en juillet 1799, lui donne un développement spectaculaire. Ce ministère était établi quai Voltaire, dans l'hôtel de Juigné, à l'emplacement de l'actuelle École des beaux-arts.

POLOGNE. Au moment où éclate en France la Révolution, la Pologne tente un ultime redressement, car elle est menacée de mort. En 1772, ses trois puissants voisins, Prusse, Autriche et Russie, se sont partagé 211 000 de ses 733 000 km², 4 500 000 de ses 11 500 000 d'habitants. Le roi Stanislas II Poniatowski, soutenu par des nobles réformateurs, a entrepris la rénovation de l'État et obtenu l'adoption de la Constitution du 3 mai 1791 qui abolit le *liberum veto* qui paralysait le fonctionnement des institutions, accorde l'autonomie aux villes et accorde aux bourgeois des droits identiques à ceux des nobles. Un groupe de nobles mécontents fait alors appel à la Russie. Russes et Prussiens envahissent la Pologne et défont la petite armée polonaise commandée par Joseph Poniatowski et Kosciuszko. Un deuxième partage de la Pologne a lieu en septembre 1793, d'où est exclue l'Autriche empêtrée dans sa guerre contre la Révolution française. Catherine II annexe les parties orientales, Minsk, l'Ukraine, la Podolie ; le roi de Prusse prend la Grande Pologne avec Danzig, Kalisz, Posen, Thorn. La Pologne perd cette fois plus de 300 000 km² et environ 3 000 000 d'habitants. Les Polonais se soulèvent en mars 1794 sous le commandement de Kosciuszko, Kollataj et Potocki et chassent les Russes de Varsovie et de Vilna. Mais, l'Autriche et la Prusse s'étant jointes à la Russie, l'insurrection est écrasée. Le 24 octobre 1795, le troisième partage scelle la disparition de la Pologne. La Prusse obtient la Mazovie et Varsovie, la Russie pousse ses frontières jusqu'au Niémen et au Boug, annexant Courlande, Samogitie, Lituanie, Russie Noire, Polésie, Volhynie, l'Autriche s'empare de la Galicie occidentale avec Cracovie, Lublin, Sandomierz. Stanislas II doit abdiquer et meurt trois ans plus tard à Saint-Pétersbourg. La Russie est la grande bénéficiaire des partages, puisqu'elle s'est emparée de plus de 45 % de la Pologne. La Pologne connaît une pâle renaissance de 1807 à 1812 sous forme du grand-duché de Varsovie. Elle reparaît comme État de 1919 à 1939.

POMME DE TERRE. Ce tubercule fut connu des Européens après la découverte de l'Amérique où il était cultivé. Son usage s'en répandit assez lentement et d'abord sur les terres pauvres et froides d'Europe du Nord, en Irlande, en Angleterre, en Allemagne. C'est là que les soldats français apprirent à en consommer. En 1762, dans ses *Éléments d'agriculture*, Duhamel Du Monceau en recommande la culture. Celle-ci se répand d'abord dans l'Est, en Lorraine et en Alsace. Le mémoire de Parmentier, couronné en 1771 par l'académie de Besançon mais publié en 1781 seulement, commence à faire connaître plus largement la pomme de terre. Parmentier lui-même plante les premières pommes de terre de la région parisienne dans la plaine des Sablons à Neuilly, en 1787. La Révolution continue l'effort de promotion, en décrétant notamment, le 13 janvier 1794, que « les autorités constituées seront tenues d'employer tous les moyens en leur pouvoir dans les communes où la culture de la pomme de terre n'est pas encore établie pour engager tous les cultivateurs à planter chacun selon leur faculté une portion de leur terrain en pomme de terre ».

POMPIERS. C'est à Paris que fut organisé en 1670 le premier corps de pompiers, formé de maçons, de charpentiers et de couvreurs. Le lieutenant de police d'Argenson dota en 1699 la ville de 30 pompes servies par 60 hommes. A la veille de la Révolution, il y avait 263 gardes ou pompiers, disposant de 56 pompes et de 42 tonneaux. Le 5 novembre 1792, les pompiers cessèrent d'être payés par l'État. Ce n'est que le 28 février 1795 (9 ventôse an III) que la Convention décida la création d'un corps de pompiers. Les pompiers de Paris constituèrent un corps de 376 hommes divisé en trois compagnies sous les ordres d'un commandant en chef et sous la surveillance du Comité de sûreté générale. Le recrutement se fit, comme précédemment, chez les maçons, charpentiers, couvreurs, plombiers. La solde fut fixée à 4 000 livres pour le commandant,

2 400 pour les lieutenants, 1 200 pour les sergents, 1 000 livres pour les pompiers.

PONIATOWSKI (Stanislas Auguste), roi de Pologne sous le nom de Stanislas II (Né à Wolczyn, le 17 janvier 1732, mort à Saint-Pétersbourg, le 12 février 1798). Dernier roi de Pologne de 1764 à 1795, Poniatowski fut l'amant de la future Catherine II de Russie qui le fit choisir comme roi. Il essaya de réorganiser l'État polonais, fit suspendre le *liberum veto*, mais fut empêché de réaliser des réformes par la Russie et la Prusse désireuses d'éviter une véritable restauration de la Pologne. Il dut subir un premier partage de son royaume en 1772. De 1788 à 1792, il réunit une Grande Diète qui supprima le *liberum veto*, déclara la monarchie héréditaire et fit entrer la bourgeoisie dans la représentation nationale. Les nobles mécontents sollicitèrent l'intervention de la Russie. La Pologne fut partagée une seconde fois entre Russie et Prusse en 1793 et ses restes répartis en 1795 entre les deux premières puissances et l'Autriche. Assigné à résidence surveillée, Poniatowski finit son existence en Russie.

PONTÉCOULANT (Louis Gustave Le Doulcet de) (Né à Caen, le 7 novembre 1764, mort à Paris, le 3 avril 1853). Licencié en 1791 avec le grade de lieutenant-colonel, Pontécoulant est élu à la Convention par le Calvados. Il est d'abord en mission à l'armée du Nord puis, au comité de la guerre, ne vote pas la mort au procès du roi, mais vote en revanche la mise en accusation de Marat. Après la chute des Girondins, il est accusé d'être de connivence avec ce parti, est décrété d'accusation, le 3 octobre 1793, et passe en Suisse. Revenu à la Convention en mars 1795, il entre au Comité de salut public, y défend Lindet et Prieur de la Marne. Le Calvados le réélit au Conseil des Cinq-Cents, où il se situe à droite, sans appartenir toutefois au club de Clichy, ce qui n'empêche pas qu'il soit proscrit après le coup d'État du 18 fructidor. Il revient à Paris à la prise de pouvoir par Bonaparte, devient préfet de la Dyle, sénateur, comte de l'Empire.

PONTS ET CHAUSSÉES. Cette administration fut créée en 1722 et formait en 1789 une direction générale sous la direction du ministère des Finances. Elle était composée du premier ingénieur Perronet, assisté d'un premier ingénieur adjoint, de cinq inspecteurs généraux, de quatre inspecteurs des turcies et levées, de deux inspecteurs du pavé de Paris, de trente-cinq ingénieurs du roi. L'administration des Ponts et Chaussées fut réorganisée par les lois du 19 janvier et 18 août 1791 et passa au ministère de l'Intérieur. Son administration centrale fut formée de huit inspecteurs généraux assistant le premier ingénieur. Mais c'est le décret du 25 août 1804 qui donna sa forme définitive à ce corps.

PONTS ET CHAUSSÉES (École nationale des), voir **ÉCOLE NATIONALE DES PONTS ET CHAUSSÉES**.

POPULATION. L'histoire démographique de la France commence depuis quelques années à être mieux connue. On constate dès 1680 des comportements malthusiens dans certaines parties du pays, très localisées, puis un fléchissement sensible et général de la natalité vers 1780, enfin une fracture entre 1790 et 1810, époque où l'on passe d'un malthusianisme ascétique et religieux à un malthusianisme hédoniste. Il y a 25 millions d'habitants en France en 1755, 29 millions de Français en 1800, mais ce progrès apparent masque un réel déclin : la France de 1755 avait une population représentant 28 % de celle de l'Europe de l'Ouest, 18 % de l'Europe géographique étendue jusqu'à l'Oural ; la France de 1800 n'en représente plus que 26 % et 16 %. Le taux moyen de natalité tombe de 400 pour 100 000 en 1755 à 322 à l'aube du XIXe siècle. La France de la Révolution a encore une population jeune, mais déjà en voie d'affaiblissement et de vieillissement.

PORTS. Les ports de la France étaient en 1789 sous les ordres d'un officier siégeant à Paris et dit « commissaire départi », qui avait sous ses ordres les commissaires généraux des ports et arsenaux établis à Dunkerque, Le Havre, Brest, Lorient, Rochefort et Toulon. Le domaine maritime connut une expansion notable avec la confiscation des biens de l'Église et des émigrés. Des décrets pris en août et décembre 1791 créèrent des capitaines et lieutenants de port chargés de leur surveillance. Les maîtres des quais âgés de plus de trente ans purent devenir capitaines et lieutenants de port. Le 14 février 1793 furent créés 3 ordonnateurs des ports à Saint-Domingue, à la Martinique et à l'île de France.

PORTUGAL. La reine Marie étant atteinte de folie, son fils, Jean de Bragance, exerçait la régence du Portugal depuis 1790. Il adhéra à la première coalition contre la France en 1793, signant un traité à Madrid, le 15 juillet, avec son beau-père, le roi d'Espagne, un autre à Londres, le 26 septembre, par lequel il ouvrait ses ports à la marine de guerre anglaise, mais n'intervint pas directement dans la guerre.

POSTES. L'administration des Postes fut créée par Louis XI avec l'édit de 1464. Elle s'améliora quelque peu sous le ministère de Richelieu, mais se développa surtout au XVIIIe siècle. A la veille de la Révolution, les postes, exploitées par les fermiers généraux, rapportaient environ douze millions à l'État. Une loi des 10 et 14 août 1790 déclara les correspondances inviolables et obligea les administrateurs et employés des postes à prêter serment. L'administration des Postes ne fut renouvelée qu'à la fin de 1792. Le 25 juillet 1795 (6 thermidor an III) la Convention transforma l'organisation et créa une administration des Postes réunissant la poste aux lettres, la poste aux chevaux et les messageries. L'administration des Postes était située dans la rue Plâtrière à Paris.

POUDRES ET SALPÊTRES. Dès que la menace de guerre devint sérieuse, l'Assemblée se préoccupa de la production des poudres et des salpêtres et la réglementa en septembre 1791, organisant la régie, les emplois, les avancements, le traitement et la discipline. En septembre 1793, Carnot fit mettre en réquisition toutes les matières premières nécessaires à la fabrication de la poudre. En mars 1794, les commissions de salpêtriers formées par le conseil exécutif furent supprimées et on confia à la Commission des armes et poudres le soin de délivrer les autorisations. En juillet 1794, fusionnèrent l'ancienne Agence des poudres et salpêtres, ci-devant régie des poudres, et l'Agence dite révolutionnaire des poudres et salpêtres. Une nouvelle législation de l'exploitation, la fabrication, l'emploi et la vente des poudres et salpêtres fut votée par le Conseil des Anciens le 30 août 1797. L'exploitation continua en régie avec l'autorisation du gouvernement et sous son contrôle.

POUVOIR EXÉCUTIF, voir **CONSTITUTION**.

POUVOIR JUDICIAIRE, voir **JUSTICE**.

POUVOIR LÉGISLATIF, voir **CONSTITUTION**.

POYET (Bernard) (Né à Dijon, le 3 mai 1742, mort à Paris, le 6 décembre 1824). Architecte, élève de de Wailly, Poyet fut successivement architecte du duc d'Orléans, de la ville de Paris, de l'archevêché, de l'Université, du Corps législatif, du ministère de l'Intérieur, membre du conseil des bâtiments civils et de l'Académie des beaux-arts. On lui doit le transfert de la fontaine des Innocents et l'adjonction d'une quatrième face, le frontispice dodécastyle d'ordre corinthien du Corps législatif et les décorations intérieures. Chargé de la démolition de la Bastille, il présenta bien des projets, parfois saugrenus, qui ne furent pas réalisés : église Saint-Sauveur, cirque national, colonne colossale devant abriter un muséum en spirale intérieure... Il passa sans encombre à travers tous les régimes.

POZZO DI BORGO (Charles André, comte) (Né à Alata, Corse, le 8 mars 1764, mort à Paris, le 15 février 1842). En opposition avec les clans Paoli et Bonaparte, Pozzo di Borgo remercie au nom de ses compatriotes corses la Constituante d'avoir intégré l'île à la France. Il est élu par la Corse à la Législative et se montre un fervent défenseur de la monarchie. Sa correspondance avec le roi, trouvée dans l'armoire de fer par son compatriote Arena, le fait déclarer suspect. Réfugié en Corse, il s'allie avec Paoli et se met au service de l'Angleterre, devient président d'un Conseil d'État et secrétaire d'État. Mais l'hostilité des bourgeoisies urbaines favorables à la France l'oblige à s'enfuir avec les Anglais en 1796. Il se consacre dès lors à la diplomatie, vouant une haine inexpiable aux Bonaparte. Au service de la Russie de 1803 à 1807, puis en Autriche et en Angleterre, il est chargé par les Anglais de ramener Alexandre Ier dans l'alliance contre l'Empereur et y réussit brillamment. C'est encore lui qui rallie Bernadotte à la coalition, ébranle Murat. Arrivé à Paris en 1814 avec les troupes d'invasion, il est commissaire près le gouvernement provisoire, puis ambassadeur de Russie à Paris.

PRADT (Dominique Georges de Fourt de) (Né à Allanche, Cantal, le 23 avril 1759, mort à Paris, le 18 mars 1837). Vicaire général du diocèse de Rouen, de Pradt est élu par le clergé de ce diocèse aux états généraux, s'y montre farouchement hostile à toute réforme et émigre en 1791. Revenu en France sous le Consulat, il devient, grâce à son parent Duroc, aumônier de l'Empereur, évêque de Poitiers puis archevêque de Malines, mais ne peut obtenir l'investiture du pape. Son échec auprès du gouvernement polonais en 1812 lui vaut une disgrâce qui le transforme en ennemi du régime, à la chute duquel il travaille désormais. Le retour des Bourbons ne vaut aucune faveur spéciale à cet intrigant opportuniste.

PRAIRIAL (coup d'État du 30). Les élections d'avril 1799 voient une victoire des néo-Jacobins hostiles au Directoire. Ils décident de prendre de vitesse les Directeurs et d'éliminer trois des leurs qui leur sont hostiles. Ils commencent par annuler l'élection de Treilhard jugée illégale et le remplacent par Gohier. Minoritaires après l'élection de Gohier et la défection de Barras rallié in extremis aux Jacobins, menacés d'arrestation, La Revellière-Lépeaux et Merlin de Douai se résignent à démissionner, le 30 prairial, et sont remplacés par Roger Ducos et le général Moulin. Appelée abusivement coup d'État, la journée du 30 prairial an VII (18 juin 1799) est en réalité une victoire légale du législatif sur l'exécutif.

PRAIRIAL (journée du 1er). La crise des subsistances et l'inflation galopante sont particulièrement graves durant tout le printemps de 1795. Des émeutes ont lieu un peu partout. A Amiens et à Rouen, la foule hurle : « Du pain et un roi ! » A Paris, c'est au cri de : « Du pain et la Constitution de 1793 » que l'on manifeste. La Convention, flairant un prochain coup de force des Jacobins, prépare sa défense, renforçant les pouvoirs de ses Comités de salut public et de sûreté générale et rétablissant les corps de grenadiers, cavaliers et chasseurs de la garde nationale, dont l'équipement coûteux, payé par les gardes, garantit la richesse et les opinions modérées. Le 20 mai 1795 (1er prairial an III), une foule en armes tire sur la police, force ses barrages et envahit la Convention. Le député Féraud est massacré et sa tête plantée sur une pique présentée au président de l'Assemblée. Sous la contrainte des insurgés, les députés sont obligés de voter une série de mesures, notamment la libération des prisonniers arrêtés depuis le 9 thermidor, le rétablissement des visites domiciliaires chez les accapareurs présumés, la permanence des sections et le renouvellement des Comités. A minuit, la foule s'éclaircit et une bataille oppose, dans l'enceinte de la Convention, les sectionnaires de l'est parisien aux gardes nationaux de l'ouest qui l'emportent aisément. Les députés reprennent les débats et décrètent d'arrestation ceux des leurs qui ont pris position en faveur de l'insurrection. Trois jours plus tard, le 4 prairial, la Convention décrète que les « séditieux du faubourg Saint-Antoine devront remettre leurs armes sous peine d'être traités en rebelles et d'être privés de subsistances ». Démoralisés, les sans-culottes se laissent désarmer par la garde nationale des sections modérées. C'en est fini des Jacobins et de leurs coups de force contre la représentation nationale.

PRAIRIAL (loi du 22). Proposée par Couthon et soutenue par Robespierre, la loi du 22 prairial an II (10 juin 1794) est restée tristement célèbre dans les annales de la justice. Elle supprimait l'interrogatoire de l'accusé avant l'audience au Tribunal, laissait l'audition des témoins à la discrétion du Tribunal, refusait à l'accusé l'aide d'un défenseur, limitait la sentence du juge à l'acquittement ou à la mort. Cette loi ouvrit la porte à tous les abus et inaugura l'ère de la Grande Terreur qui dura un mois et demi, jusqu'à la chute de Robespierre, le 9 thermidor.

LOI DU 22 PRAIRIAL

(10 juin 1794)

La Convention nationale, après avoir entendu le rapport du Comité de salut public, décrète :

I. – Il y aura au Tribunal révolutionnaire un président et trois vice-présidents, un accusateur public, cinq substituts de l'accusateur public, et douze juges.

II. – Les jurés seront au nombre de cinquante.

III. – Ces diverses fonctions seront exercées par les citoyens dont les noms suivent :

VICE-PRÉSIDENTS : Coffinhal, Scellier, Naulin.

ACCUSATEUR PUBLIC : Fouquier.

SUBSTITUTS : Grebauval, Royer, Liendon, Givois, agent national du district de Cusset.

JUGES : Deliège, Foucault, Verteuil, Maire, Bravet, Barbier (de Lorient), Harny, Garnier-Launay, Paillet, professeur de rhétorique à Châlons, Laporte, membre de la commission militaire à Tours, Félix, idem, Loyer, section Marat.

JURÉS : Renaudin, Benoitrais, Fauvetti, Lumière, Feneaux, Gauthier, Meyère, Châtelet, Petit-Tressin, Trinchard, Topino-Lebrun, Pijot, Girard, Presselin, Didier, Vilatte, Dix-Août, Laporte, Ganney, Brochet, Aubry, Gemont, Prieur, Duplay, Devèze, Desboisseaux, Nicolas, Gravier, Billon, tous jurés actuels :

Subleyras ;

Laveyron l'aîné, cultivateur à Créteil ;

Fillon, fabricant à Commune-Affranchie (Lyon) ;

Potherel, de Châlon-sur-Saône ;

Masson, cordonnier à Commune-Affranchie ;

Marhel, artiste ;

Laurent, membre du comité révolutionnaire de la section des Piques-Villers, rue Caumartin ;

Moulin, section de la République ;

Depréau, artiste, rue du Sentier ;

Émery, marchand-chapelier, département de Rhône-et-Loire ;

Lafontaine, de la section du Muséum ;

Blachet, payeur général à l'armée des Pyrénées orientales ;

Debeaux, greffier du tribunal du district de Valence ;

Gouillard, administrateur du district de Béthune ;

Dereys, section de la Montagne ;

Duquenel, du comité révolutionnaire de Lorient ;

Hannoyer, idem ;

Butins, section de la République ;

Pecht, faubourg Honoré, n° 69 ;

Muguin, du comité de surveillance de Mirecourt.

Le Tribunal révolutionnaire se divisera par sections, composées de douze membres, savoir : trois juges et neuf jurés, lesquels jurés ne pourront juger en moindre nombre que celui de sept.

IV. – Le Tribunal révolutionnaire est institué pour punir les ennemis du peuple.

V. – Les ennemis du peuple sont ceux qui cherchent à anéantir la liberté publique, soit par la force, soit par la ruse.

VI. – Sont réputés ennemis du peuple ceux qui auront provoqué le rétablissement de la royauté, ou cherché à avilir ou à dissoudre la Convention nationale et le gouvernement révolutionnaire et républicain dont elle est le centre ;

Ceux qui auront trahi la République dans le commandement des places et des armées, ou dans toute autre fonction militaire, entretenu des intelligences avec les ennemis de la République, travaillé à faire manquer les approvisionnements ou le service des armées ;

Ceux qui auront cherché à empêcher les approvisionnements de Paris, ou à causer la disette dans la République ;

Ceux qui auront secondé les projets des ennemis de la France, soit en favorisant la retraite et l'impunité des conspirateurs et de l'aristocratie, soit en persécutant et calomniant le patriotisme, soit en corrompant les mandataires du peuple, soit en abusant des principes de la Révolution, des lois ou des mesures du gouvernement par des applications fausses et perfides ;

Ceux qui auront trompé le peuple ou les représentants du peuple, pour les induire à des démarches contraires aux intérêts de la liberté ;

Ceux qui auront cherché à inspirer le découragement pour favoriser les entreprises des tyrans ligués contre la République ;

Ceux qui auront répandu de fausses nouvelles pour diviser ou pour troubler le peuple ;

Ceux qui auront cherché à égarer l'opinion et à empêcher l'instruction du peuple, à dépraver les mœurs et à corrompre la conscience publique, et altérer l'énergie et la pureté des principes révolutionnaires et républicains, ou à en arrêter les progrès, soit par des écrits contre-révolutionnaires ou insidieux, soit par toute autre machination ;

Les fournisseurs de mauvaise foi qui compromettent le salut de la République, et les dilapidateurs de la fortune publique, autres que ceux compris dans les dispositions de la loi du 7 frimaire ;

Ceux qui, étant chargés de fonctions publiques, en abusent pour servir les ennemis de la Révolution, pour vexer les patriotes, pour opprimer le peuple ;

Enfin tous ceux qui sont désignés dans les lois précédentes relatives à la punition des conspirateurs et contre-révolutionnaires, et qui, par quelques moyens que ce soit et de quelques dehors qu'ils se couvrent, auront attenté à la liberté, à l'unité, à la sûreté de la République, ou travaillé à en empêcher l'affermissement.

VII. – La peine portée contre tous les délits dont la connaissance appartient au Tribunal révolutionnaire est la mort.

VIII. – La preuve nécessaire pour condamner les ennemis du peuple est toute espèce de document, soit matérielle, soit morale, soit verbale, soit écrite, qui peut naturellement obtenir l'assentiment de tout esprit juste et raisonnable. La règle des jugements est la conscience des jurés éclairés par l'amour de la patrie ; leur but, le triomphe de la République et la ruine de ses ennemis ; la procédure, les moyens simples que le bon sens indique pour parvenir à la connaissance de la vérité dans les formes que la loi détermine.

Elle se borne aux points suivants :

IX. – Tout citoyen a le droit de saisir

et de traduire devant les magistrats les conspirateurs et les contre-révolutionnaires. Il est tenu de les dénoncer dès qu'il les connaît.

X. – Nul ne pourra traduire personne au Tribunal révolutionnaire, si ce n'est la Convention nationale, le Comité de salut public, le Comité de sûreté générale, les représentants du peuple commissaires de la Convention, et l'accusateur public du Tribunal révolutionnaire.

XI. – Les autorités constituées en général ne pourront exercer ce droit sans avoir prévenu le Comité de salut public et le Comité de sûreté générale, et obtenu leur autorisation.

XII. – L'accusé sera interrogé à l'audience et en public ; la formalité de l'interrogatoire secret qui précède est supprimée comme superflue ; elle ne pourra avoir lieu que dans les circonstances particulières où elle serait jugée utile à la connaissance de la vérité.

XIII. – S'il existait des preuves soit matérielles, soit morales, indépendamment de la preuve testimoniale, il ne sera point entendu de témoins, à moins que cette formalité ne paraisse nécessaire, soit pour découvrir des complices, soit pour d'autres considérations majeures d'intérêt public.

XIV. – Dans le cas où il y aurait lieu à cette preuve, l'accusateur public fera appeler les témoins qui peuvent éclairer la justice, sans distinction de témoins à charge et à décharge.

XV. – Toutes les dépositions seront faites en public, et aucune déposition écrite ne sera reçue, à moins que les témoins ne soient dans l'impossibilité de se transporter au Tribunal, et dans ce cas il sera nécessaire d'une autorisation expresse des Comités de salut public et de sûreté générale.

XVI. – La loi donne pour défenseurs aux patriotes calomniés des jurés patriotes ; elle n'en accorde point aux conspirateurs.

XVII. – Les débats finis, les jurés formeront leurs déclarations, et les juges prononceront la peine de la manière déterminée par les lois.

Le président posera la question avec clarté, précision et simplicité. Si elle était présentée d'une manière équivoque ou inexacte, le jury pourrait demander qu'elle fût posée d'une autre manière.

XVIII. – L'accusateur public ne pourra, de sa propre autorité, renvoyer un prévenu adressé au Tribunal, ou qu'il y aurait fait traduire lui-même ; dans le cas où il n'y aurait pas matière à une accusation devant le Tribunal, il en fera un rapport écrit et motivé à la chambre du conseil, qui prononcera. Mais aucun prévenu ne pourra être mis hors de jugement avant que la décision de la chambre n'ait été communiquée aux Comités de salut public et de sûreté générale, qui l'examineront.

XIX. – Il sera fait un registre double des personnes traduites au Tribunal révolutionnaire, l'un par l'accusateur public, et l'autre au Tribunal, sur lequel seront inscrits tous les prévenus, à mesure qu'ils seront traduits.

XX. – La Convention déroge à toutes celles des lois précédentes qui ne concorderaient point avec le présent décret, et n'entend pas que les lois concernant l'organisation des tribunaux ordinaires s'appliquent aux crimes de contre-révolution et à l'action du Tribunal révolutionnaire.

XXI. – Le rapport du comité sera joint au présent décret comme instruction.

XXII. – L'insertion du décret au Bulletin vaudra promulgation.

PRÉCY (Louis François Perrein, comte de) (Né au château de Précy, près de Semur, Côte-d'Or, le 15 janvier 1742, mort à Marcigny-sur-Loire, Saône-et-Loire, le 25 août 1820). Lieutenant-colonel en 1788, Précy tente vainement de concilier la discipline et le dévouement à la monarchie avec les sentiments patriotiques. Nommé un des commandants de la garde constitutionnelle du roi, jusqu'à son licenciement en mai 1792, c'est comme simple citoyen et fidèle sujet du roi que Précy défend les Tuileries, le 10 août 1792. Ayant eu le courage de ne pas émigrer, il vit retiré sur ses terres lorsque les Lyonnais révoltés lui demandent de se mettre à leur tête. Avec dix mille volontaires en armes, il tient tête soixante-trois jours à une armée dix fois plus nombreuse, en août et septembre 1793. Le 9 octobre, il tente de percer les lignes adverses pour gagner la Suisse. Il y parvient avec une poignée d'hommes. Il vit dès lors en exil, effectuant des missions secrètes en France pour Louis XVIII. A son retour en France, ce dernier le fait lieutenant général et commandant de la garde nationale de Lyon.

PREMIER PRAIRIAL (journée du), voir **PRAIRIAL** (journée du 1er).

PRESCRIPTION. Après l'abolition des droits féodaux dans la nuit du 4 août 1789, Merlin de Douai fit voter, le 24 février 1790, une loi interprétative soumettant à la prescription le principal des redevances et autres droits rachetables. Le 1er juillet suivant, sur rapport de Camus, la même Assemblée vota la suspension de prescription contre la nation à raison des biens corporels ou incorporels dépendant des biens nationaux, du 2 novembre 1789 au 2 novembre 1794.

PRÉSIDENT. Sous la Révolution la présidence des clubs ou des Assemblées constituante, législative ou Convention durait peu de temps afin de ne pas donner trop de pouvoir au président. Le 30 juin 1789, la Constituante fixa dans son règlement que son président aurait pouvoir de police sur l'Assemblée, notamment celui de déterminer l'ordre dans lequel les orateurs devaient prendre la parole. La Législative limita à quinze jours la durée de la présidence et interdit plus d'une réélection consécutive.

PRESSE. Née au XVIIe siècle, la presse est encore peu importante à la veille de la Révolution et contrôlée étroitement par l'État monarchique : tout journal doit être autorisé par les censeurs royaux, recevoir un privilège, risque d'être interdit à la vente et ses rédacteurs envoyés en prison. Le coût d'un journal de quatre pages de format in-8o est élevé : *Le Journal de Paris*, quotidien, se vend 2 sous par numéro et coûte 30 livres par abonnement à Paris, 33 avec les frais de port en province. Il porte sur sa première page des renseignements astronomiques et météorologiques et un article de fond sur les sciences ou les lettres qui s'achève sur la page suivante. Le reste du journal est occupé par les nouvelles de la ville : mutations dans le personnel administratif, spectacles à voir, Bourse et cours des changes, résultat de la loterie et paiement des rentes de l'Hôtel de Ville. Il existe deux hebdomadaires de nouvelles de la cour, *La Gazette de France* fondée en 1631 et *Le Mercure de France* créé en 1672, un quotidien, *Le Journal général de la France* datant du début 1783, des hebdomadaires ou mensuels spécialisés dans les sciences, la religion, les modes féminines, l'agriculture..., des « nouvelles à la main » entièrement manuscrites, une presse provinciale souvent intitulée *Affiches* ou *Annonces*. Le 5 juillet 1788, le roi invite « tous les savants et personnes instruites du royaume... à adresser tous les renseignements et mémoires... sur la forme des états généraux », ce qui déclenche une avalanche de libelles dont le plus célèbre est *Qu'est-ce que le tiers état ?* de Sieyès. Peu après apparaissent les premiers journaux politiques traitant du même thème : *La Sentinelle du peuple*, de Volney, *Le Patriote français*, de Brissot, *Les États généraux*, de Mirabeau... Ainsi se créent cinq cents titres entre 1789 et 1792. Une liberté totale de la presse est instituée par les articles 10 et 11 de la Déclaration des droits de l'homme : « Nul ne peut être inquiété pour ses opinions, même religieuses [...] la libre communication des pensées et des opinions est un des droits les plus précieux de l'homme : tout citoyen peut donc parler, écrire, imprimer librement, sauf à répondre de l'abus de cette liberté dans les cas déterminés par la loi ». Cette liberté totale de la presse est cependant tournée par les « patriotes » dont les partisans parisiens saccagent les bureaux et détruisent les presses des journaux qui leur déplaisent. Après le 10 août 1792, la presse royaliste est totalement réduite au silence, un de ses journalistes, Suleau, massacré par la foule, un autre, Rozoy, jugé par le tribunal extraordinaire du 17 août, condamné à mort et exécuté pour ses opinions. La Commune de Paris nomme des commissaires pour arrêter les journalistes, saisir les presses des journaux de droite qui sont données aux journaux de gauche. Tout changement politique s'accompagne de la disparition de la presse de la « faction » vaincue, brissotine ou girondine après le 2 juin 1793, hébertiste avec *Le Père Duchesne*, dantoniste ou « indulgente » avec *Le Vieux Cordelier* de Camille Desmoulins en mars et avril 1794. La loi des suspects de septembre 1793 restreint singulièrement la liberté de la presse en prévoyant l'arrestation de ceux qui, par « leurs écrits se sont montrés partisans de la tyrannie, du fédéralisme et ennemis de la liberté », crimes d'opinion passibles de la peine de mort. La Constitution de l'an III rétablit la liberté intégrale de la presse « sauf dans le cas prévu par la loi ». La loi du 16 avril 1795 (27 germinal an IV) mentionne « les crimes contre la sûreté de la République, la provocation à la dissolution de la représentation nationale et du Directoire, la provocation au meurtre de leurs membres, la provocation au rétablissement de la royauté, à celui des Constitutions de 1791 et 1793, la provocation à l'invasion des propriétés publiques ou au partage des propriétés particulières et à la loi agraire ». Chaque coup d'État fait disparaître la presse du clan vaincu, un droit de timbre fait augmenter considérablement le prix des journaux. Lorsque Bonaparte arrive au pouvoir, la presse est quasiment mise à la raison, il n'a plus qu'à terminer le travail avec la loi du 27 ventôse an VIII (17 février 1800).

PRÊTRES. La Constitution civile du clergé votée par la Constituante contraint les prêtres à prêter serment à la nation, à la loi et au roi. Le pape interdit au clergé catholique de prêter ce serment tandis que l'Assemblée prévoit des sanctions contre ceux qui refuseraient de jurer. Très vite le clergé catholique se trouve donc partagé entre prêtres assermentés ou jureurs et prêtres insermentés ou réfractaires. La République décrète le bannissement des réfractaires et prévoit, par la loi du 28 avril 1793, les modalités de leur déportation. Il se crée un antagonisme très fort entre les deux clergés, une hostilité qu'avive encore l'opposition politique. Ayant séparé l'Église et l'État, le Directoire ne se soucie plus des opinions des prêtres et annule toutes les lois frappant les prêtres réfractaires, le 24 août 1797.

PRÉVÔT DES MARCHANDS. Premier magistrat municipal de Paris, le prévôt des marchands était élu tous les trois ans et assisté de 7 échevins. Le dernier prévôt des marchands fut Jacques de Flesselles, intendant de Lyon, nommé en fait par le roi. Il fut massacré par la foule, le 14 juillet 1789. Le lendemain, Bailly devenait le premier maire de Paris.

PRIESTLEY (Joseph) (Né à Bristall Fieldhead, dans le Yorkshire, le 13 mars 1733, mort à Northumberland, Pennsylvanie, le 6 février 1804). Pasteur presbytérien, mais aussi philologue, pédagogue, philosophe et surtout chimiste, membre de la Royal Society en 1766, auteur de *History of Electricity* peu après, Priestley mène de front d'interminables polémiques théologiques et de fructueuses recherches chimiques. Il se déclare un partisan résolu de la Révolution française, réunit le 14 juin 1791 ses amis dans sa maison de Birmingham pour un banquet commémoratif de la prise de la Bastille. La foule envahit sa maison, moleste les invités et met le feu à sa bibliothèque et à son église. En butte à d'incessantes vexations, Priestley finit par émigrer aux États-Unis en 1794. Chimiste à ses moments perdus, pour se délasser de ses discussions théologiques, Priestley a laissé sept ou huit volumes de science, qui vivront éternellement, et cent gros in-folio de théologie.

PRIEUR (Pierre Louis, dit Prieur de la Marne) (Né à Sommesous, Marne, le 1er août 1756, mort à Bruxelles, le 30 mai 1827). Avocat à Châlons-sur-Marne, Prieur est élu par le tiers état du bailliage aux états généraux et y siège à l'extrême gauche. Substitut du procureur général-syndic de la Marne après la session, il est élu par ce département à la Convention, vote la mort au procès du roi et passe le plus clair de son temps en mission tout en étant membre du Comité de salut public. Il est à Orléans pour enquêter sur la prétendue tentative d'assassinat de Léonard Bourdon, puis à l'armée des côtes de Cherbourg, aux armées du Nord, des Ardennes, de la Moselle, à Brest, à l'armée de Rennes ; à la victoire décisive du Mans, en décembre 1793 ; chargé de l'organisation du gouvernement révolutionnaire dans le Morbihan et la Loire-Inférieure ; il remplace Carrier à Nantes. Reparti pour Brest en mai 1794, à l'appel de Jeanbon Saint-André, Prieur est absent de Paris au moment du 9 thermidor. Les vainqueurs le rappellent au Comité de salut public et il y reste jusqu'en février 1795, tout en demeurant fidèle à ses idées montagnardes. Lors des émeutes de germinal et de prairial, il exhorte la foule au calme. Choisi, le 1er prairial, avec Bourbotte, Duquesnoy et Duroy pour constituer un Comité de sûreté générale, il est décrété d'arrestation le lendemain. Quoique défendu par Pontécoulant et Dumont, il est incarcéré et ne retrouve la liberté qu'à l'amnistie générale. Il vit désormais à l'écart de la vie politique et doit s'exiler comme régicide en 1816.

PRIEUR-DUVERNOIS (Claude Antoine, dit Prieur de la Côte-d'Or) (Né à Auxonne, Côte-d'Or, le 22 décembre 1763, mort à Dijon, le 11 août 1832). Élève à l'École du génie de Mézières, capitaine en 1791, Prieur est élu par la Côte-d'Or à la Législative puis à la Convention. Il vote pour la mort au procès du roi, est en mission sur les côtes de la Manche, fait prisonnier par les partisans des Girondins proscrits, libéré le 29 juillet. Le 14 août 1793, il entre au Comité de salut public et y devient l'auxiliaire de Carnot dans l'organisation de la Défense nationale, créant à Meudon un centre d'expérimentation des armements. Il quitte le Comité de salut public quinze mois plus tard, le 6 octobre 1794, et prend la défense de ses collègues mis en accusation, se déclarant solidaire avec eux : « Je n'ai point été relégué dans mon bureau ; j'ai concouru, avec mes collègues que l'on accuse, à toutes les mesures qui ont été prises. » Lui-même n'est pas inquiété. Il est réélu au Conseil des Cinq-Cents par la Côte-d'Or et y siège jusqu'en 1798, s'occupant de la navigation intérieure, des ports, des poids et mesures. N'ayant obtenu au début du Consulat que le grade de chef de brigade, il se retire de l'administration militaire et vit des revenus de la manufacture de papiers peints qu'il a fondée. N'ayant pas signé l'acte additionnel aux constitutions de l'Empire, il n'est pas contraint à l'exil en 1816.

PRIMAT (Claude François Marie) (1747-1816). D'un milieu très modeste, il fut élevé par les Oratoriens. En 1791, il prêta le serment constitutionnel et fut élu évêque du Nord. En 1793, il remit ses lettres de prêtrise à la Convention et se retira à Douai. En 1795, il reprit l'état ecclésiastique et devint l'un des chefs de file de l'Église constitutionnelle. Il fut élu à Lyon en 1798 et joua un grand rôle au concile de l'Église constitutionnelle de Lyon. Rallié au Concordat, il fut envoyé à Toulouse, sénateur en 1806 et pair pendant les Cent-Jours.

PRINCES POSSESSIONNÉS. Au moment de l'abolition des droits féodaux, les princes allemands possessionnés, ayant des biens et possessions en Alsace, protestèrent contre la perte de leurs droits et en appelèrent à l'empereur et à la Diète du Saint Empire. L'Assemblée constituante adopta la thèse de Merlin de Douai selon laquelle l'Alsace était française, non pas en vertu des traités de Westphalie, mais par la volonté de ses habitants. On proposa cependant de payer des indemnités aux princes allemands. Ce conflit envenima les relations déjà tendues avec l'Autriche et fut un des prétextes de la guerre.

PRINCIPES DE 1789. Appelés « immortels principes de 89 », ces principes figurent dans la Déclaration des droits de l'homme et du citoyen adoptée le 26 août 1789.

PRISONS. Il y a une différence profonde entre les conceptions d'Ancien Régime et celle de la Révolution quant au rôle de la prison. L'emprisonnement est considéré avant 1789 comme une mesure de sûreté publique, pour mettre hors de nuire un individu. C'est un acte plutôt rare, les punitions se pratiquant sous forme d'amendes, de châtiments corporels ou de travaux forcés. Les constituants considèrent, au contraire, la prison comme une forme de punition. Le Peletier de Saint-Fargeau estime que la prison permet de réhabiliter le détenu avec à terme sa réintégration dans la société, comme un second « baptême civique ». En 1791, on distingue, dans cet esprit, des prisons pour prévenus non encore jugés (maisons d'arrêt) et des prisons pour condamnés (maisons de force, de correction, bagnes). En pratique, la multiplication des arrestations ne permettra pas cette distinction. La dizaine de prisons parisiennes de 1789 se trouve portée à une cinquantaine quatre ans plus tard. La plus ancienne est la Conciergerie, dans l'île du Palais, baptisée « antichambre de la guillotine », car c'est là qu'on mène les détenus avant leur jugement par le Tribunal révolutionnaire installé tout près de là. Bailly, Marie-Antoinette, Mme Roland, la du Barry, Hébert, Danton, Robespierre ont été ses hôtes. Il passe à la Conciergerie durant la Terreur 2 278 condamnés à mort. Autre prison ancienne, le Grand Châtelet est réservé aux criminels de droit commun. La prison de la Force se divise en Grande-Force pour les hommes, rue du Roi-de-Sicile, et Petite-Force pour les femmes, rue Pavée. Un incendie l'endommage gravement en janvier 1792. C'est là qu'est massacrée en septembre suivant la princesse de Lamballe. Ancien hôpital pour lépreux, Saint-Lazare est ouvert comme prison en janvier 1793 et jouit d'un confort relatif dont profitent le poète André Chénier et le peintre Hubert Robert, la vieille abbesse de Montmartre, Mme de Montmorency-

Laval, sourde et aveugle, néanmoins condamnée à mort pour avoir « sourdement et aveuglément » comploté contre la République. Sur la rive gauche de la Seine se trouve l'Abbaye, ancienne prison de l'abbaye de Saint-Germain-des-Prés, prison militaire à la fin de l'Ancien Régime. Elle sert pour les défenseurs suisses et gardes du corps du roi au 10 août 1792. C'est une des prisons où les massacres de Septembre furent particulièrement importants et abominables. Non loin de là, le couvent des Carmes de la rue de Vaugirard sert de prison à partir de 1792. On y détient surtout des prêtres réfractaires, eux aussi massacrés en septembre 1792. Il faut aussi mentionner les hôpitaux de la Salpêtrière et de Bicêtre, transformés en prisons, les couvents des Madelonnettes et de Sainte-Pélagie, Port-Libre ex-abbaye de Port-Royal, le Luxembourg. Les conditions de vie des prisonniers variaient énormément d'un lieu de détention à l'autre. Il y eut des épidémies dans les plus mal tenues des prisons. On estime à cinq cent mille le nombre des personnes incarcérées durant la Terreur, c'est-à-dire en un an.

PRIVILÈGES. Les privilèges étaient la loi courante dans la France d'Ancien Régime. On a trop insisté sur les privilèges insignes dont bénéficiaient la noblesse et le clergé, exemptés d'impôts, disposant de juridictions spéciales, oubliant que les nobles n'avaient pas le droit d'exercer certaines professions et qu'ils étaient généralement condamnés plus sévèrement par les tribunaux, car ils auraient dû donner le bon exemple. Mais les privilèges s'étendaient à tous les corps de métiers, à toutes les communautés, aux provinces. La France de 1789 n'était qu'un maquis de privilèges avec vingt-cinq millions de privilégiés, mais certains étaient plus privilégiés.

PROCÉDURE, voir **JUSTICE**.

PROCÉDURE CRIMINELLE, voir **INSTRUCTION CRIMINELLE**.

PROCÈS, voir **JURY**, **JUSTICE**.

PROCLAMATIONS. C'est ainsi qu'on appelait la publication solennelle, par voie d'affiches, d'édits royaux, d'ordonnances, de règlements importants... La première proclamation de l'époque révolutionnaire fut celle de Bailly, maire de Paris, annonçant l'acte constitutionnel de 1791. Elle fut suivie par la proclamation de la patrie en danger, le 11 juillet 1792. Les messages du Directoire aux Conseils des Anciens et des Cinq-Cents furent aussi nommés proclamations.

PROCOPE (le café). Situé au 13 de la rue de l'Ancienne-Comédie, alors face à la Comédie-Française, le café Procope était fréquenté sous le règne de Louis XV par les hommes de lettres. On y célébra, le 15 juin 1790, une cérémonie funèbre en l'honneur de Benjamin Franklin. Le successeur de Procope, Zoppi, y tint un cabinet littéraire renommé durant le Consulat.

PROCUREUR DE LA COMMUNE. La loi municipale votée par la Constituante établit dans chaque commune un magistrat chargé de défendre les intérêts de la communauté, nommé procureur de la commune. Élu par les citoyens actifs, flanqué d'un substitut dans les villes de plus de dix mille habitants, il assistait aux réunions du conseil municipal sans y avoir droit de vote.

PROCUREURS. Sous l'Ancien Régime, les procureurs avaient pour tâche la défense des intérêts des plaideurs. Ils furent supprimés lors de la réorganisation de la justice, le 20 mars 1791. Les défenseurs prirent alors le nom d'avoués.

PROCUREURS DU ROI. Chargés de veiller à la bonne administration de la justice, à la poursuite des crimes et délits et à la défense des intérêts fiscaux du roi et de la Couronne, les procureurs du roi furent intégrés dans le ministère public lors de la réorganisation de la justice en 1790. Ils étaient nommés à vie par le roi et ne pouvaient être révoqués qu'en cas de forfaiture. Le décret du 11 août 1790 changea leur nom en commissaires du roi.

PROCUREURS GÉNÉRAUX. Chargé des intérêts du roi et de la Couronne, le procureur général était présent dans toutes les cours souveraines et d'exception. Il fut supprimé à la réorganisation de la justice en 1790 et ne reparut qu'avec la Constitution de l'an VIII et la création des cours d'appel.

PROCUREURS-SYNDICS. A la division de la France en départements, chacun d'eux eut un procureur-syndic représentant le pouvoir judiciaire. Il y eut un procureur général-syndic au niveau départemental, un procureur-syndic par district, et, au niveau de la commune, le maire exerça les fonctions de procureur-syndic. Élus en même temps que les administrations de leur niveau, les procureurs-syndics restaient quatre ans en fonction et ne pouvaient être réélus qu'après un délai de quatre ans. Ils assistaient aux assemblées générales des administrations départementales et de districts où ils n'avaient que voix consultative. Ils furent supprimés par la Constitution de l'an III qui les remplaça par des commissaires du pouvoir exécutif.

PROLY (Pierre Joseph Berthold) (Né à Bruxelles en 1752, guillotiné à Paris, le 24 mars 1794). Fils naturel de Kaunitz, Proly vient à Paris en 1783 et y vit si fastueusement qu'il est ruiné en 1789 et n'a plus d'autres ressources que la spéculation en Bourse. En 1791, il trouve cependant suffisamment d'argent pour fonder un journal, *Le Cosmopolite*. Affectant un patriotisme exalté, reçu dans les milieux de l'Assemblée et au club des Jacobins, il est envoyé par le ministre des Affaires étrangères, Lebrun, et par le club des Jacobins, en mission secrète auprès de Dumouriez devenu suspect. Dumouriez prétendra plus tard que Proly lui aurait proposé de « culbuter la Convention » et de prendre le pouvoir. Toujours est-il que Proly ne dénonce la trahison de Dumouriez qu'une fois ce dernier passé chez les Autrichiens. Proly participe activement aux journées des 31 mai et 2 juin 1793. Agissant le plus souvent par l'intermédiaire de Desfieux, il travaille les sections, crée de petites sociétés populaires locales qu'il contrôle ainsi que le comité central qui les regroupe. Conscient du danger, Robespierre tente de le faire arrêter, apprend ses relations avec des banquiers et des députés, soupçonne que ses ressources lui viennent de la cour de Vienne. Après quatre mois de traque, Proly est finalement arrêté, englobé dans le procès de Hébert et de Chaumette et envoyé à l'échafaud.

PROPAGANDE. La Révolution apporta le plus grand soin à sa propagande, manipulant les mots, les objets, les événements, les symboles avec un art consommé. Un exemple frappant dès la fin de 1788 est la façon dont les partisans des idées nouvelles s'attribuèrent l'étiquette de « patriotes » tandis qu'ils stigmatisaient leurs adversaires du terme d'« aristocrates ». La presse, la peinture contrôlée par David, la musique, le cérémonial, les emblèmes, la cocarde tricolore, par exemple, témoignent de la propagande, du « bourrage de crâne » organisé par les révolutionnaires. Le premier bureau de propagande organisé dans le monde l'est au lendemain du 10 août 1792 par le ministère Roland, c'est le Bureau de l'esprit public. Le Comité de salut public subventionne les journaux qui lui sont soumis, encourage la propagande par les arts et même la mode, sollicite la création d'œuvres littéraires et artistiques exaltant la Révolution. 442 000 livres de récompenses sont attribuées aux écrivains, peintres, sculpteurs qui ont présenté plus de quatre cents textes et projets au Comité à la veille du 9 thermidor.

PROSTITUTION. Le Palais-Royal était le haut lieu de la prostitution parisienne. Un journal publia le *Tarif des filles du Palais-Royal* en 1790. La Révolution, profondément puritaine, tenta de réprimer la prostitution parce qu'elle corrompait « les jeunes gens et, au lieu de les rendre vigoureux et dignes des anciens Spartiates, elle n'en faisait que des sybarites incapables de servir la liberté ». Bien des prostituées furent guillotinées pour avoir critiqué le gouvernement révolutionnaire et regretté la liberté régnant sous la monarchie. Mais la Révolution ne put venir à bout du plus vieux métier du monde. « Barboteuses », « raccrocheuses » ou « boucaneuses », elles ont, selon les rapports de police de l'époque, entre 14 et 24 ans dans la majorité des cas ; en avouent de 25 à 29 dans 20 % des cas ; 13 % ont de 30 à 34 ans et quelques-unes 40, 50 ans et plus. La « catin » du Palais-Égalité (ci-devant Royal) loue ses charmes pour une somme variant entre 3 sous et 3 livres en moyenne, même si l'une d'elles, arrêtée par la police reconnaît avoir pris 25 sous « pour savoir amuser deux clients à la fois ».

PROTESTANTS. Il y avait près d'un million de protestants en France à la veille de la Révolution. Malgré les protestations de l'Église catholique, le roi leur avait accordé le droit d'avoir leur état civil en 1787. Ils furent électeurs et éligibles aux élections aux états généraux et une quinzaine d'entre eux élus députés, dont Rabaut-Saint-Étienne. Un décret de 1790 décida la restitution des biens confisqués à la révocation de l'édit de Nantes. Les biens des communautés protestantes ne furent pas inclus dans les biens nationaux. Brimés par la monarchie, les protestants furent, dans l'ensemble, favorables à la Révolution tant qu'elle resta modérée. En général plus industrieux, plus instruits et plus riches que les catholiques, les protestants ne virent guère d'un bon œil les excès de la Terreur et se rallièrent massivement au Consulat qui ramenait l'ordre tout en leur conservant les droits récemment acquis.

PROTESTATIONS. Devant les protestations de plus en plus nombreuses élevées par les députés du clergé et de la noblesse réclamant d'abord contre la fusion des trois ordres, puis contre l'abolition des droits féodaux et mille autres mesures décidées par la majorité de l'Assemblée constituante, cette dernière vota le 23 septembre 1789 un décret aux termes duquel tous ceux qui signeraient une protestation ou acte quelconque déclarant que la Constitution décrétée par l'Assemblée et acceptée par le roi n'était pas obligatoire pour tous les Français ne pourraient être nommés à aucun emploi civil ou militaire et seraient déchus de tous ceux qu'ils pourraient exercer s'ils ne se rétractaient pas dans un délai d'un mois. Les événements du 31 mai 1793 donnèrent lieu aussi à la signature d'une protestation par soixante-quinze députés favorables à la Gironde. Sous la pression de la

Commune de Paris et des députés montagnards, la Convention vota leur arrestation.

PROVENCE (Louis-Stanislas Xavier, comte de) (Né à Versailles, le 17 novembre 1755, mort à Paris, le 16 septembre 1824). Héritier du trône jusqu'en 1781, Monsieur, frère du roi Louis XVI, avoue à son ami, le roi Gustave III de Suède, avoir été très affecté de voir le trône lui échapper après la naissance du dauphin. Il n'en laisse cependant rien paraître et mène une vie fastueuse au Luxembourg, paraissant indifférent à la vie politique. Il tente au début de s'attirer la popularité en semblant reconnaître les nouvelles forces apparues après la prise de la Bastille, mais est gravement compromis après l'affaire Favras. Toujours est-il qu'il n'émigre pas, à la différence d'Artois. Il ne se décide à partir pour l'étranger qu'en même temps que le roi. Il a davantage de chance et arrive sans encombre aux Pays-Bas autrichiens. Réfugié à Coblence, poussant les puissances étrangères à attaquer la France, il rend la position du roi de plus en plus intenable. Il s'intitule régent après l'exécution du roi, roi sous le nom de Louis XVIII après la mort du dauphin (Louis XVII) au Temple, en juin 1795. Il erre à travers l'Europe : Vérone, Blankenberg, Mitau, Memel, à nouveau Mitau, en Angleterre à partir de 1807. Il ourdit des intrigues qui toutes échouent : l'écrasement des Vendéens, l'échec de Quiberon, le 18 fructidor, sonnent le glas des espoirs de restauration. Bonaparte n'écoute pas davantage la proposition qu'il lui fait de devenir le Monk français en le rappelant sur le trône. Louis XVIII ne rentre en France qu'en 1814, dans les fourgons des armées étrangères. Il est obligé de fuir piteusement à Gand pendant les Cent-Jours. C'est un vieillard obèse et impotent qui règne sur la France jusqu'en 1824, d'abord tenté par une politique modérée dirigée par Decazes, puis, après l'assassinat du duc de Berri, de plus en plus débordé par les ultra-royalistes.

PROVINCES. Aucune circonscription administrative de l'Ancien Régime n'a porté le nom de « province ». Ce mot apparaît cependant dès la fin du XVe siècle pour désigner certaines parties du royaume et son emploi devient de plus en plus fréquent. Les ordonnances du roi entre 1778 et 1788 parlent d'assemblées provinciales et les lettres patentes du 4 mars 1790 ordonnent la division des provinces en départements. Il est très difficile d'établir une liste de ce que les gens de la fin du XVIIIe siècle considéraient comme des provinces. Doisy dresse une liste de 58 provinces en 1753. L'*Atlas* de 1763 de Ricci Zanoni en compte aussi 58, mais ce ne sont pas les mêmes. Les députés du comité de division de la Constituante dressent un tableau de 52 provinces. Les lettres patentes du roi du 4 mars 1790 en énumèrent 87. En comparant avec les divisions administratives existantes, on constate la coïncidence de 15 généralités et gouvernements correspondant à 14 provinces aux limites bien établies : Alsace, Auvergne, Béarn et Navarre, Bourgogne, Bretagne, Corse, Dauphiné, Franche-Comté, Languedoc, Lorraine, Lyonnais, Orléanais, Poitou, Provence. Parmi les gouvernements correspondant à plusieurs généralités, on peut distinguer les provinces de Normandie et de Guyenne-Gascogne. A l'inverse sont regroupés dans une seule généralité de Tours les gouvernements de Touraine, d'Anjou et du Maine, de Perpignan, les gouvernements de Foix et du Roussillon. Restent 12 gouvernements divergeant fortement des généralités et correspondant à ce qu'on pourrait aussi nommer les provinces de Flandre et Hainaut, Artois, Picardie, Champagne et Brie, Ile-de-France, Berri, Nivernais, Bourbonnais, la Marche, Limousin, Saintonge et Angoumois, Aunis. Telles sont approximativement les régions historiques, issues des grands fiefs, que l'on peut nommer provinces à la veille de la Révolution.

PROVINCES-UNIES, voir **BATAVE** (République).

PROVOCATIONS. Devant le nombre d'incidents graves, attroupements, émeutes, assassinats provoqués par la propagation de fausses nouvelles ou des provocations, l'Assemblée vota le 18 juillet 1791 une loi punissant de deux ans de prison à la peine de mort selon la gravité des faits ceux qui avaient poussé au meurtre, à l'incendie, au pillage, à la désobéissance à la loi.

PRUDHOMME (Louis Marie) (Né à Lyon en 1752, mort à Paris, le 20 avril 1830). Papetier-bouquiniste à Paris à partir de 1787, Prudhomme met sur le marché d'innombrables « pamphlets patriotiques », près de mille cinq cents à ce qu'il prétend, entre 1787 et juillet 1789. Il lance, le 12 juillet 1789, *Les Révolutions de Paris*, feuille hebdomadaire qui connaît un immense succès. Après la chute de la royauté, Prudhomme opte pour une politique plutôt modérée et conciliatrice entre les différentes factions, qui le fait dénoncer par certains comme brissotin. Il est arrêté quelques jours après l'élimination des Girondins et juge bon d'interrompre la parution de sa feuille. A la chute de Robespierre, il reprend ses publications, faisant paraître une prétendue *Histoire impartiale des révolutions de France*, un *Dictionnaire universel* et maintes autres œuvres historico-encyclopédiques, s'affirmant bonapartiste de 1800 à 1814 et fervent royaliste à partir de 1815.

PRUD'HOMMES. Ce mot avait plusieurs significations sous l'Ancien Régime. Il pouvait désigner les officiers municipaux, les notables assistant les échevins, les gardes experts et inspecteurs des différentes corporations de métiers. Ce n'est qu'avec la loi du 18 mars 1806 qu'apparaît le sens moderne, avec les conseils de prud'hommes créés pour concilier à l'amiable les conflits entre patrons et ouvriers.

PRUD'HON (Pierre) (Né à Cluny, Saône-et-Loire, le 4 avril 1758, mort à Paris, le 16 février 1823). Envoyé étudier la peinture à Paris en 1780, Prud'hon se retrouve à l'Académie de France à Rome de 1784 à 1789. De retour à Paris, éclipsé par David et son école, il vit d'obscurs travaux, peignant des allégories et des vignettes. Son premier succès arrive en 1798 avec *La Sagesse et la Vertu descendant sur la terre*. Sous l'Empire, protégé par Frochot, il est un artiste respecté et apprécié, peint *Diane implorant Jupiter, Vénus et Adonis, L'Enlèvement de Psyché, Le Zéphyr se balançant, La Justice et la Vengeance divine poursuivant le Crime*. Il entre à l'Institut en 1816. Sa dernière œuvre est *Le Christ mourant*.

PRUSSE. Gouvernée en 1789 par Frédéric-Guillaume II, la Prusse, malgré la déclaration de Pillnitz, n'a aucune intention d'intervenir pour restaurer l'autorité de Louis XVI, et la crise qui déchire la France réjouirait plutôt ses gouvernants. Aussi l'armée prussienne de Brunswick n'intervient-elle que mollement et se retire après la canonnade de Valmy. Les intérêts de la Prusse sont ailleurs, en Pologne, où elle s'attribue d'immenses territoires lors des partages de 1793 et 1795. Lassés d'entretenir des troupes sur le Rhin, les Prussiens signent d'ailleurs la paix à Bâle en 1795 et restent neutres dans les guerres qui déchirent l'Europe jusqu'en 1806.

PUISAYE (Joseph Geneviève, comte de) (1755-1827). Né à Mortagne, le 6 mars 1755, dans la famille des grands baillis du Perche, Puisaye renonce vite à l'état ecclésiastique pour la carrière des armes. Retraité en 1787 avec le grade de lieutenant-colonel, il se fait élire par la noblesse du Perche aux états généraux. Il s'y fait peu remarquer, vote contre les réformes, proteste contre l'abolition de la noblesse. Maréchal de camp en 1791, après la dissolution de l'Assemblée, il est le chef d'état-major de Wimpfen en 1793 et commande l'avant-garde de l'armée fédéraliste. Battu, le 13 juillet 1793, près de Pacy-sur-Eure, il se replie sur la Bretagne et y structure la chouannerie. Il crée un conseil militaire, émet du papier-monnaie, reçoit les pleins pouvoirs du comte d'Artois et des subsides de l'Angleterre. Venu à Londres en septembre 1794, c'est lui qui fait décider l'expédition de Quiberon. Chef de l'armée des émigrés, il est discrédité et accusé de lâcheté à cause de l'empressement avec lequel il se réfugie sur le navire amiral anglais, abandonnant ses troupes à la mort. Commandant en chef de l'armée catholique et royale en Bretagne, il a de gros problèmes avec les agents de Louis XVIII, notamment d'Avaray. Revenu en Angleterre, Puisaye obtient alors pour lui et les officiers de son état-major la concession de terres au Canada. Il revient à Londres en 1801, est très mal reçu par les royalistes français et se décide à demander la nationalité anglaise. Vivant d'une pension du gouvernement britannique, il écrit ses *Mémoires* et meurt à Hammersmith, le 13 octobre 1827.

PUISSANCE PATERNELLE. Le 30 août 1792, sur proposition du député Ducastel, la Législative vota que les enfants majeurs de vingt et un ans seraient affranchis de la puissance paternelle.

PUISSANCES ÉTRANGÈRES. Ce terme servit sous la Révolution à désigner les pays engagés dans la guerre contre la France républicaine. Ce furent, durant la première coalition, la plupart des États européens à l'exception de la Turquie, de la Suisse, de la Suède et du Danemark, pour la deuxième coalition, l'Angleterre, le Saint-Empire, l'Autriche, la Russie, Naples, le Portugal, la Turquie.

PUYSÉGUR (Louis Pierre de Chastenet, comte de) (1727-1807). Né à Rabastens (Tarn), le 30 décembre 1727, Puységur fait carrière dans l'armée. Lieutenant général en 1781, il devient ministre de la Guerre dans le ministère Necker, du 30 novembre 1788 au 12 juillet 1789. Remplacé par le maréchal de Broglie, il reçoit les marques d'estime de l'Assemblée. Resté fidèle à son roi, il commande une petite troupe de gentilshommes et défend les Tuileries contre l'insurrection, le 10 août 1792. Il émigre ensuite, revient après la prise de pouvoir par Bonaparte et meurt dans sa ville natale de Rabastens en octobre 1807.

PYRAMIDES (bataille des). Livrée au pied des pyramides, aux portes du Caire, la bataille des Pyramides, le 21 juillet 1798, permit à Bonaparte d'écraser l'armée de Mamelouks, de s'emparer de la capitale de l'Égypte et d'asseoir son autorité sur tout le pays à l'exception de la Haute-Égypte. C'est à cette occasion qu'il aurait lancé à ses troupes : « Soldats, du haut de ces pyramides, quarante siècles vous contemplent. »

PYRÉNÉES OCCIDENTALES (armée des). Formée en 1793, quand la guerre contre l'Espagne commença, elle se battit en Pays basque et en Navarre, sous les ordres des généraux d'Elbecq, Dumas et Moncey, jusqu'à la paix en 1795.

PYRÉNÉES ORIENTALES (armée des). Créée au début de 1793, quand débute la guerre avec l'Espagne, l'armée des Pyrénée orientales opère dans le département homonyme et en Catalogne jusqu'à la paix de 1795. Ses généraux en chefs sont successivement Deflers, Barbentane, Thureau, Doppet, Dugommier, Scherer et Moncey.

Q

QUAKERS. Cette secte protestante fondée en 1668 sous le nom de Society of Friends envoya une délégation à la barre de la Constituante, le 10 février 1791.

QUATORZE JUILLET, voir **BASTILLE** (prise de la).

QUATRE AOÛT (nuit du), voir **AOÛT** (nuit du 4).

QUATREMÈRE DE QUINCY (Antoine Chrysostome) (1755-1849). Né à Paris, le 21 octobre 1755, Quatremère de Quincy se passionne très tôt pour la sculpture et l'architecture. De 1776 à 1785, il parcourt l'Italie, visite les monuments, lie connaissance avec les artistes. En 1788, c'est vers l'Angleterre qu'il porte ses pas. Ami de David, Percier, Fontaine, Clérisseau et du statuaire Julien, il rédige le *Dictionnaire d'architecture* (1788) de l'*Encyclopédie méthodique* de Panckoucke. Élu par Paris à la Législative, il défend une ligne modérée, fait voter une fête en souvenir de Simonneau, maire d'Étampes, massacré par des émeutiers, défend les ministres mis en accusation, s'élève, le 10 juillet 1792 contre les pressions des sections parisiennes sur l'Assemblée. Cela lui vaut d'être jeté en prison durant la Terreur. Président de la section de la Fontaine de Grenelle en 1795, un des artisans de l'insurrection royaliste du 13 vendémiaire an IV (5 octobre 1795), Quatremère est condamné à mort par contumace par le tribunal militaire. Reparu six mois après, il obtient son acquittement et se fait élire député de la Seine au Conseil des Cinq-Cents en mai 1797. Ardent royaliste, il est proscrit après le coup d'État du 18 fructidor, échappe une fois de plus à la police et émerge à nouveau sous le Consulat. Secrétaire du conseil général de la Seine, il entre à l'Institut en 1804, est fait censeur royal par Louis XVIII, intendant des arts et monuments publics, membre du conseil de l'instruction publique, secrétaire perpétuel de l'Académie des beaux-arts. En dehors d'un court passage en 1820-1821 à la Chambre des députés, son existence est consacrée à l'étude des arts à laquelle il a consacré de nombreux ouvrages. Il est mort à Paris, le 28 décembre 1849.

QU'EST-CE QUE LE TIERS ÉTAT ? Publié en janvier 1789, ce pamphlet de Sieyès eut un énorme succès.

D'une ironie mordante, il montrait que le tiers état représentait numériquement et économiquement l'essentiel de la population du royaume, définissait la politique à suivre pour obtenir le vote par tête et non par ordre. Les théories démocratiques et égalitaires exprimées dans ce texte ont servi au XIXe siècle aussi bien aux théoriciens du libéralisme qu'à ceux du marxisme, quoiqu'un historien marxiste ait récemment reconnu que Sieyès était davantage un apologiste de l'individualisme capitaliste qu'un partisan d'un État socialiste égalitaire.

QUEUE DE ROBESPIERRE. Ce fut d'abord un pamphlet féroce contre Robespierre paru en septembre 1794 et dû à Bassignac, puis cette expression « queue de Robespierre » servit à désigner par dérision les Jacobins partisans de Robespierre ayant persisté dans leur culte à « l'Incorruptible » après la mort de ce dernier.

QUIBERON. C'est dans la presqu'île de Quiberon, dans le Morbihan qu'une petite armée d'émigrés commandés par Puisaye, Hervilly et Sombreuil fut débarquée par des navires britanniques, le 27 juin 1795. Les 3 000 hommes n'eurent pas le temps de faire leur jonction avec les chouans des environs et se trouvèrent isolés grâce à une habile et rapide manœuvre de Hoche dans la presqu'île dont il ferma l'extrémité avec ses 10 000 soldats. Forcés de capituler le 22 juillet, les émigrés obtinrent l'assurance qu'ils auraient la vie sauve. Malgré la promesse faite par Hoche, le Comité de salut public en fit fusiller 748.

QUIMPER (nom révolutionnaire : Montagne-sur-Odet).

QUINETTE (Nicolas Marie) (1762-1821). Né à Paris, le 16 septembre 1762, notaire à Soissons à la fin de l'Ancien Régime, Quinette adhère avec empressement aux idées révolutionnaires, est élu administrateur puis député à la Législative du département de l'Aisne. Siégeant à gauche, il est favorable à la déclaration de guerre et au séquestre des biens des émigrés, demande la mise en accusation du duc de Brissac, commandant de la garde constitutionnelle du roi. Il se fait nommer à la commission chargée de surveiller les ministres après le 10 août 1792, est envoyé à l'armée de La Fayette pour la rallier à la Révolution. Réélu à la Convention, Quinette poursuit sa brillante carrière en votant la mort lors du procès du roi, en entrant dès sa création au Comité de salut public. Malheureusement pour cet ambitieux, Dumouriez, auprès de qui il a été envoyé avec le ministre de la Guerre et trois autres représentants en mission, le livre aux Autrichiens, le 1er avril 1793. Échangé à Bâle à la fin de 1795 contre la fille de Louis XVI, il est élu par le Nord au Conseil des Cinq-Cents et y siège un an, jusqu'en mai 1797. Non réélu, il devient ministre de l'Intérieur après la défaite des Directeurs en juin 1799, mais se révèle un incapable étroitement inféodé aux néo-Jacobins. Préfet de la Somme sous le Consulat, puis conseiller d'État et directeur général au ministère des Finances, cet ex-Jacobin finit par devenir baron de Rochemont en 1810. Il est un des cinq membres du gouvernement provisoire mis en place par Fouché à la seconde abdication de Napoléon. Atteint par la proscription qui frappe les régicides, Quinette se réfugie d'abord dans l'entourage de Joseph Bonaparte à New York, puis à Bruxelles, où il meurt, le 14 juin 1821.

QUINZE-VINGTS (hôpital des). Fondé par Saint Louis et destiné aux aveugles, cet hôpital fut transféré en

1780 dans l'ancien hôtel des Mousquetaires noirs, rue de Charenton, où il se trouve encore aujourd'hui. En 1795, la Convention accorda 40 sous par jour à chaque ménage d'aveugles y habitant, les veufs ou veuves touchant 15 sous, les enfants au-dessous de douze ans 5 sous.

QUOTIDIENNE (La). Fondé en 1792, ce journal royaliste portait en sous-titre : « Nouvelle gazette universelle. » Plusieurs fois interdit, il changea souvent de titre pour survivre, devint *Le Tableau de Paris* en 1795, *La Feuille du jour* en 1796. Ses principaux collaborateurs furent Coutouli et Ripert, ses fondateurs, Fontanes, Laharpe, Michaud. *La Quotidienne* devint l'organe des ultra-royalistes sous la Restauration et disparut en 1847.

R

RABAUT-POMMIER (Jacques-Antoine Rabaut dit) (Né à Nîmes, le 24 octobre 1744, mort à Paris, le 16 mars 1820). Frère de Jean-Paul Rabaut, il était lui aussi pasteur. Officier municipal à Montpellier, il fut élu par le Gard à la Convention. Il vota pour le bannissement de Louis XVI et, comme son frère, pour la mise en accusation de Marat. Il fut décrété d'accusation, après la chute de la Gironde, le 3 octobre 1793 et arrêté en décembre. Il échappa de peu à la guillotine et reprit, après le 9 thermidor, sa place à la Convention. Il siégea ensuite au Conseil des Anciens jusqu'en mai 1798. Il approuva le coup d'État de Brumaire et fut l'un des trois pasteurs de l'Église réformée à Paris.

RABAUT SAINT-ETIENNE (Jean-Paul Rabaut dit) (Né à Nîmes, le 14 novembre 1743, guillotiné à Paris, le 5 décembre 1793). Son père était un pasteur du Désert et lui donna une forte éducation. En 1779, il fit imprimer en Hollande son *Vieux Cévénol,* récit des misères des protestants qui le rendit célèbre. C'est à son action que les réformés durent l'édit de tolérance de novembre 1787 qui leur rendait l'état civil. Il fut élu par la Sénéchaussée de Nîmes aux états généraux. Son rôle y fut important, notamment sur les problèmes religieux : « Ce n'est pas la tolérance que je réclame, c'est la liberté ! » Il se montra hostile à la fondation d'une République possible seulement dans un petit État. Il se prononça pourtant pour le veto suspensif et la chambre unique. Mais il durcit ses idées après la fuite de Louis XVI. En 1791, il publia un *Précis de l'histoire de la Révolution.* Il fut envoyé par l'Aude à la Convention. Il siégea avec les Girondins dont il soutint l'action dans la *Chronique de Paris.* Il ne vota pas la mort pour le roi mais se prononça contre Marat. Le 20 mai, il fut de la commission des douze chargée d'enquêter contre la représentation nationale. Il défendit l'action de cette commission le 31 mai. Décrété d'arrestation le 2 juin 1793, il se cacha mais, mis hors la loi, il fut découvert et guillotiné le 5 décembre 1793.

RAFFRON DE TROUILLET (Nicolas) (Né à Paris, le 20 février 1723, mort à Paris, le 2 août 1801). Avocat puis diplomate, il est élu à soixante-neuf ans député de Paris à la Convention (10e sur 24). Il vote la mort de Louis XVI avec la Montagne (« il faut se hâter de purger le sol de la patrie de ce monstre odieux ») mais prend ensuite ses distances. Devenu thermidorien, il demande la mise en accusation de Carrier et de Lebon. Député du Nord aux Cinq-Cents, il préside la première séance de cette assemblée comme doyen d'âge. Il se retire en 1797.

RAISON (culte de la). Dans une intention de déchristianisation, un certain nombre de révolutionnaires favorisèrent le culte de la Raison. La Commune de Paris décida d'affecter l'ex-cathédrale Notre-Dame à ce nouveau culte. Une première fête eut lieu le 10 août 1793 sur la place de la Bastille où fut érigée une statue colossale de la déesse Raison. Hérault de Séchelles, président de la Convention, fut le héros de cette journée et adressa ses hommages à la nouvelle divinité. Le 20 brumaire an II (10 novembre 1793), une seconde fête eut lieu à Notre-Dame. On construisit dans le chœur une montagne en bois peint sur laquelle se dressait le temple de la Raison éclairé par le flambeau de la Liberté. Les membres de la Commune, escortés d'un chœur de jeunes filles, s'installèrent au pied de la montagne. La déesse Raison, une actrice, Mlle Aubry, sortit du temple et vint recevoir les hommages de l'assistance tandis que les chœurs entonnaient l'*Hymne à la Liberté*, dont les paroles étaient de Marie Joseph Chénier, la musique de Gossec. Cette campagne de déchristianisation déplut d'autant plus à Robespierre, qui croyait en l'Être suprême, qu'elle émanait de ses adversaires politiques hébertistes et dantonistes.

RAMEL DE NOGARET (Dominique Vincent) (Né à Montolieu, Aude, le 3 novembre 1769, mort à Bruxelles, le 31 mars 1829). Avocat du roi au siège présidial de Carcassonne, il est élu député aux états généraux. Il y brille peu à la tribune mais travaille activement dans les comités. Il se montra hostile à la division de la France en départements qui, à ses yeux, devait perturber la rentrée des impôts et désorganiser l'administration. Après la session, il fut élu président du tribunal de Carcassonne. L'Aude l'envoya à la Convention. Il y vota la mort de Louis XVI et intervint dans de nombreux débats (assignats, emprunt forcé...). Il fut du Comité de salut public et remplit une mission en Hollande. Réélu au Conseil des Cinq-Cents, il fut appelé le 25 pluviôse an IV au ministère des Finances. Il s'efforça d'introduire plus de rigueur dans la rentrée des impôts, imaginant le cadastre. Il s'efforça d'assurer la transition des assignats au numéraire. Violemment attaqué il fut remplacé par Lindet le 2 thermidor an VII. Il sombra dans l'obscurité. Frappé par la loi contre les régicides, il dut s'exiler en Belgique.

RAMOND DE CARBONNIÈRES (Louis François Élisabeth) (Né à Strasbourg, le 4 janvier 1755, mort en 1827). Fils d'un trésorier des Guerres, tout à la fois docteur en droit et docteur en médecine, il voyage en Allemagne et en Angleterre, se lie au cardinal de Rohan et retrouve à Londres la trace des diamants (de l'affaire du Collier). Partisan d'une monarchie constitutionnelle, il est élu à la Législative. Il y fait figure de modéré, condamnant la nationalisation des biens des émigrés qui n'ont pas servi contre la France, s'opposant au licenciement de la garde du roi et réprouvant le 20 juin. Forcé de quitter Paris après le 10 août, il fait un voyage géologique dans les Pyrénées. Professeur à l'école centrale des Hautes-Pyrénées sous le Directoire, il est élu au Corps législatif après Brumaire. Il entrait à l'Institut en l'an X. On lui doit de nombreux mémoires scientifiques.

RASTADT (congrès de). Après la signature du traité de Campoformio consacrant la cession à la France de la rive gauche du Rhin, il était nécessaire de réunir les représentants de ce pays et ceux des princes allemands pour discuter du transfert de souveraineté et des compensations à accorder aux princes allemands évincés. Le congrès se tint du 9 décembre 1797 au 23 avril 1799, sans aucun résultat. Pendant ces négociations se noua la deuxième coalition. Les plénipotentiaires français quittaient cette petite ville du pays de Bade pour revenir en Alsace lorsqu'ils furent attaqués par une petite troupe des hussards autrichiens, le 28 avril 1799, et deux d'entre eux, Bonnier et Robersjot, furent tués.

RAYON CONSTITUTIONNEL. La Constitution de l'an III définit les limites que les troupes ne pouvaient franchir sans autorisation du Corps législatif, c'est-à-dire des Conseils des Anciens et des Cinq-Cents. Elles étaient fixées à 6 myriamètres, 60 kilomètres à partir de l'enceinte de la commune où était établi le Conseil des Cinq-Cents. Pour le coup d'État du 18 fructidor, les Cinq-Cents autorisèrent les troupes à franchir cette limite. Bonaparte se passa d'autorisation pour franchir ce « Rubicon » directorial.

RÉACTION THERMIDORIENNE. Cette appellation est totalement aberrante et a été forgée par les historiens favorables à la Terreur. A la chute de Robespierre, il n'y a eu aucune « réaction ». Le pouvoir est resté aux mains de régicides, de républicains, d'ex-terroristes qui se sont bornés à mettre un terme aux exécutions massives de la Grande Terreur. La guillotine a continué à fonctionner, mais au ralenti, les têtes des partisans de Robespierre sont tombées, mais celles des prêtres réfractaires et des partisans de la royauté ont aussi continué à tomber. La ligne politique des Thermidoriens correspond à ce que souhaitait Danton, une République ferme mais pratiquant la répression avec modération. La présence d'une jeunesse dorée, bruyante, mais sans pouvoir politique ne saurait faire passer les Thermidoriens pour des réactionnaires souhaitant la restauration de la monarchie.

RÉAL (Pierre François) (1757-1834). Fils d'un garde-chasse de Chatou, il était procureur au Châtelet à la veille de la Révolution. Dès 1789, il occupe des fonctions à l'Hôtel de Ville, se spécialisant dans les problèmes d'approvisionnement. Il prend la parole au club des Jacobins où il s'oppose notamment à Robespierre le 2 avril 1792 sur la déclaration de guerre. Dans la commune hébertiste il occupe le poste de premier substitut de Chaumette, procureur-syndic. Il est incarcéré au Luxembourg lors de la chute des factions. Dévoué par la suite à Barras qu'il conseille lors du 13 vendémiaire (il a laissé sur cette insurrection un excellent témoignage : *Essai sur les journées des 13 et 14 vendémiaire*), il est chargé de trier les papiers du général autrichien Klinglin saisis par Moreau et qui donnaient la preuve de la trahison de Pichegru. Nommé commissaire du Directoire auprès de l'administration du département de Paris, il empêcha la capitale de réagir lors du coup d'État de Brumaire. Fait conseiller d'État par Bonaparte, dirigeant l'un des arrondissements de la police générale sous Fouché, il fut préfet de police des Cent-Jours.

REBECQUI (François Trophime) (1760-1794). Administrateur des Bouches-du-Rhône en 1790, puis chargé de l'organisation du district d'Avignon après son annexion, il est cité à la barre de la Législative pour son excitation révolutionnaire, traduit devant la Haute Cour d'Orléans et acquitté. Le département des Bouches-du-Rhône l'envoie siéger à la Convention. Il se lie avec les Girondins et vote la mort lors du procès de Louis XVI. Il donne par la suite sa démission de député mais n'en est pas moins proscrit le 2 juin 1793. Réfugié à Marseille, il tente de soulever le Midi contre la Convention. Mais désespéré de voir le mouvement prendre une tournure monarchiste, il se donne la mort le 6 mai 1794.

REBELLES. C'est ainsi que les Montagnards victorieux nommèrent les Girondins qui avaient échappé à l'arrestation et s'efforçaient d'organiser la résistance « fédéraliste » de la province contre la dictature parisienne. Les vaincus qui n'acceptent pas leur défaite sont toujours des rebelles.

RÉCAMIER (Jacques Rose) (1751-1830). Né à Lyon le 10 mars 1751, Récamier débute comme associé de son père dans leur maison qui fabriquait des chapeaux mais pratiquait aussi la banque. Il voyage à plusieurs reprises en Espagne pour les affaires de sa maison et, après la mort de son père, continue le commerce familial. En 1793, il s'établit à Paris et épouse, le 24 avril, Jeanne Françoise Julie Adélaïde Bernard dont la beauté va éblouir le Paris du Directoire. Administrateur de la Caisse des comptes courants, Récamier participe aux fournitures du gouvernement et à toutes les grandes opérations de la fin de la Révolution. Après Brumaire, il est l'un des premiers régents de la Banque de France. Il fera une faillite retentissante en 1805, remontera la pente pour connaître une deuxième faillite en 1819.

RECEVEURS. L'administration des domaines était gérée à la fin de l'Ancien Régime par plusieurs sortes d'agents. Ceux qui percevaient la taille et la capitation étaient appelés receveurs généraux. Il y avait en outre dans chaque pays d'état un receveur particulier qui recevait le produit des impôts perçus par les collecteurs ou fermiers. On comptait, en 1789, 35 receveurs généraux des domaines, 40 receveurs généraux des finances. Dans 141 villes, il y avait des receveurs particuliers des fermes. A partir de septembre 1798, les préposés aux recettes établies dans les chefs-lieux de départements furent remplacés par des receveurs généraux, aux appointements de 6 000 francs par an, plus une remise d'un tiers de centime par franc de recette.

RÉCONCILIATION (fête de la). Le conventionnel Gamon proposa le 22 thermidor an III (10 août 1795) une fête nationale pour donner à la France « l'exemple utile d'une réconciliation générale », mais son idée ne fut pas retenue.

RECRUTEMENT. Le recrutement de l'armée sous l'Ancien Régime se faisait essentiellement par volontariat, même si les méthodes des sergents recruteurs n'étaient pas toujours d'une honnêteté parfaite. La Révolution crut pouvoir continuer sur ce principe, mais bien vite l'enthousiasme révolutionnaire ne suffit plus à alimenter des armées révolutionnaires grandes dévoreuses de vies humaines, la supériorité numérique, l'abondance de « chair à canon » remplaçant l'expérience. Le 24 février 1793, la Convention décida la levée de 300 000 hommes en laissant à chaque département le soin de choisir le procédé qui lui permettrait de fournir son contingent. C'était, en fait, le rétablissement de la « conscription » à laquelle l'Ancien Régime avait recouru lorsqu'il manquait de troupes, mais on la baptisa révolutionnairement « réquisition permanente ». La Vendée se souleva massivement, refusant d'envoyer ses fils se faire tuer pour une République athée haïe. Le 23 août 1793, ce fut la « levée en masse » qui frappa tous les célibataires et hommes mariés sans enfant, âgés de 18 à 25 ans. Mais la conscription ne fut officiellement établie que par la loi Jourdan du 19 fructidor an VI (5 septembre 1798) qui astreignit au service militaire tous les Français de 20 à 25 ans.

RECTEURS. C'est ainsi qu'on nommait sous l'Ancien Régime le chef de l'Université, toujours choisi au sein de la faculté des Arts. Le dernier recteur de l'ancienne université à Paris fut Dumouchel qui devint évêque constitutionnel. Les universités furent recréées par Napoléon.

REDEVANCES, voir **DROITS FÉODAUX**.

RÉÉLECTION DES DEUX TIERS, voir **DÉCRETS DES DEUX TIERS**.

RÉGENT DU ROYAUME. La Constitution de 1791 avait prévu le cas d'une régence si le roi avait moins de dix-huit ans. La régence était alors attribuée au parent du roi le plus proche, suivant l'ordre d'hérédité au trône, qui devait être français et avoir au moins vingt-cinq ans. Les femmes étaient exclues de la régence. Le régent exerçait jusqu'à la majorité du roi toutes les prérogatives de la royauté après avoir prêté serment à la nation, devant le Corps législatif, d'employer tous les pouvoirs dont il disposait à maintenir la Constitution et à faire exécuter les lois. La régence ne donnait aucun droit sur la personne du roi mineur dont la garde était confiée à la reine ou à défaut, si elle était morte ou remariée, au Corps législatif. En cas de démence du roi, dûment constatée et déclarée par le Corps législatif, il y avait lieu d'établir une régence.

RÉGICIDES. C'est ainsi qu'on appela les députés de la Convention qui votèrent la mort de Louis XVI lors du procès du roi en janvier 1793. Ils furent condamnés à l'exil par une loi de 1816 et ne purent revenir en France qu'après l'avènement de Louis-Philippe.

RÉGIE GÉNÉRALE. On appelait régies certaines administrations chargées du recouvrement d'impôts directs ou indirects pour le compte du roi. Un décret de février 1794 interdit tous les mots apparentés à celui de roi, sauf régicide. Des mots comme régie, régir, régisseur, furent bannis par des républicains ignorants, car ils ont pour racine le latin *regere* qui veut dire gouverner.

RÉGIME (Ancien), voir **ANCIEN RÉGIME**.

RÉGIMENTS. Les premiers régiments furent formés sous le règne de Henri II. Les 6 premiers régiments, dits « vieux » régiments, furent ceux de Picardie, de Champagne, de Navarre, de Piémont, des gardes-françaises et des gardes suisses. Il y avait 264 régiments d'infanterie à la fin du règne de Louis XIV, mais plus que 93 à l'avènement de Louis XVI. Les régiments étaient souvent licenciés à la fin d'une campagne ou d'une guerre... Ils étaient commandés par un colonel. En 1791, tous les noms des régiments furent supprimés et remplacés par des numéros. En

1793, les régiments furent remplacés par des demi-brigades. Ils furent rétablis en 1803.

REGNAULT (Jean-Baptiste) (1754-1829). Il fut d'abord mousse pendant cinq ans, ce Parisien dont la vocation de peintre aurait pourtant été précoce. De retour à Paris, il fréquente l'atelier du peintre Bardin qu'il accompagne en Italie. Il séjourne à Rome où ses premiers travaux sont admirés. Il entre à l'Académie en 1782 et multiplie par la suite les sujets antiques : *Oreste et Iphigénie en Tauride* (1787), *Socrate arrachant Alcibiade des bras de la Volupté* (1791), mais il se passionne pour la Révolution et peint pour le salon de 1795 *La Liberté ou la mort :* au centre, le Génie de la France aux ailes tricolores survole le globe terrestre exprimant l'universalité des idées de 1793. A sa gauche la Mort, à sa droite la République avec les symboles de la liberté, de l'égalité et de la fraternité. Sous l'Empire, Regnault exécuta de grosses machines comme la *Marche triomphale de Napoléon Ier vers le temple de l'immortalité* avec la même froideur héritée de l'antique.

REINHARD ou **REINHART** (Charles Frédéric) (1761-1837). Après d'excellentes études à l'université de Tubingen, ce jeune Allemand, né à Schorndorf en Wurtemberg, vint s'établir à Bordeaux en 1787 comme précepteur des enfants d'un négociant calviniste. Il s'y lia avec les futurs députés girondins, les suivit à Paris et Dumouriez en fit un premier secrétaire à la légation de Londres. Il obtint en 1793 le poste de premier secrétaire d'ambassade à Naples puis fut nommé chef de division au département des Relations extérieures. Ministre à Hambourg puis en Toscane, il remplaça Talleyrand, le 20 juillet 1799, comme ministre des Relations extérieures et lui restitua, sans la moindre réticence, son portefeuille après Brumaire. Il continua une brillante carrière diplomatique sous l'Empire et la Restauration et devint pair de France en 1832. Il mourut à Paris le 25 décembre 1837.

RELATIONS EXTÉRIEURES. (ministère des). C'est le nom adopté pour le ministère des Affaires étrangères durant le Directoire, le Consulat et l'Empire. Il a été repris par le gouvernement Maurois en 1981.

RELIGIEUX (ordres), voir **CONGRÉGATIONS.**

RELIGION D'ÉTAT. Le 12 avril 1790, Dom Gerle, élu du clergé aux états généraux, propose que la religion catholique soit proclamée « religion d'État ». Le 13, la majorité de la Constituante s'y oppose, faisant valoir que la Déclaration des droits de l'homme affirme la liberté de conscience.

REMIREMONT (nom révolutionnaire : Libremont).

RENAULT (Aimée Cécile) (1774-1794). Fille d'un papetier du quartier de la Cité, elle fut accusée d'avoir voulu attenter à la vie de Robespierre. Elle fut trouvée porteuse d'un petit couteau alors qu'elle aurait essayé d'approcher l'Incorruptible. Condamnée à mort, elle fut conduite à l'échafaud revêtue de la chemise rouge des parricides, comme Charlotte Corday, le 29 prairial an II.

RENTES. Les rentes sont des sommes allouées en permanence – rentes perpétuelles – à l'emprunteur moyennant le paiement annuel d'une somme fixe ou d'un intérêt, en général de l'ordre de 5 %. Depuis le XVIe siècle, le roi a pris l'habitude, pour faire entrer de l'argent frais, d'établir des rentes sur l'Hôtel de Ville de Paris, rentes perpétuelles. Ce système pèse très lourdement sur les finances royales. Aussi tente-t-on au début du XVIIe siècle de rembourser une partie de ces rentes. A partir de Louis XIV apparaissent des rentes viagères. Ce système connaît un grand succès durant la guerre de Sept Ans : pour payer l'effort militaire, l'État consent des rentes viagères à des taux de 10 % ou même 12 %. Le versement des intérêts des rentes finit par représenter une très lourde charge dans les finances de la monarchie, 50 % des dépenses de l'État en 1789. C'est pour les rembourser que les biens du clergé sont transformés en bien nationaux et mis en vente et les assignats émis. En 1793, Cambon inscrit sur un livre unique, le grand livre de la Dette publique, les rentes de la royauté et celles de la Révolution. En 1798, la banqueroute des deux tiers, dite consolidation, permet de rembourser au tiers les rentes de l'État.

REPAS. Sous le règne de Louis XIV, on dînait à 14 heures. Le spectacle débutait à 17 heures et se terminait à 21 heures. On soupait après le spectacle. Dans l'administration, les employés travaillaient au bureau de 9 heures à midi, dînaient, puis reprenaient le travail de 15 heures à 21 heures. Ce rythme fut changé sous le règne de Louis XVI et remplacé par une unique séance de travail de 9 heures à 16 heures. Ce changement amena un bouleversement profond des repas : on se mit à dîner à 16, 17 et même 18 heures, les spectacles débutèrent à 19 heures et finirent à 23 heures ou à minuit par le souper. Ainsi le déjeuner prit-il la place du dîner et le dîner se fit à l'heure occupée précédemment par le souper.

REPAS CIVIQUES. Le premier repas civique eut lieu le 14 juillet 1790 à l'occasion de la fête de la Fédération. C'était une sorte de banquet politique où l'on buvait au salut de la patrie, les tables étant mises dans la rue, devant les maisons. Cette mode disparut durant les jours sombres de la Terreur et connut une renaissance en juillet 1796 à Paris. Mais Barère critiqua et fit interdire ces agapes sectionnaires, qui se terminaient dans des soûlographies homériques, sous prétexte que des contre-révolutionnaires s'y seraient immiscés pour troubler des esprits faibles déjà enivrés par les vapeurs de l'alcool.

REPAS DES GARDES DU CORPS. Le 1er octobre 1789, les officiers des gardes du corps offrirent un dîner aux officiers du régiment de Flandre, à Versailles, dans la salle du théâtre. Trois cents couverts avaient été dressés autour d'une table en fer à cheval. Le roi, la reine et leurs enfants y firent une brève apparition. Après leur départ, les officiers piétinèrent la cocarde tricolore et arborèrent la cocarde blanche du roi. Cet incident servit de prétexte aux journées des 5 et 6 octobre après que Pétion en eut fait état à la barre de la Constituante.

REPRÉSAILLES. Le 1er août 1792, la Législative vota le décret suivant : « Tout noble étranger, tout officier, tout général, quel que soit sa dignité ou son titre, qui sera pris les armes à la main contre la nation française, sera traité de la même manière que l'auront été les citoyens français, les officiers ou soldats des bataillons volontaires, les officiers ou soldats des troupes de ligne pris les armes à la main. »

REPRÉSENTANTS EN MISSION. Dès le 2 novembre 1791, la Législative avait envoyé en mission certains de ses députés dans les départements et auprès des armées. Mais c'est la Convention qui, dès sa réunion, met en place le système des représentants en mission afin de veiller au maintien de l'ordre et à l'application des lois. Le 9 mars 1793, deux représentants par groupe de deux départements, soit quarante et une paires de représentants en mission, sont envoyés surveiller l'application de la levée en masse qui vient d'être décidée. Le 9 avril suivant, groupés cette fois par trois, trente-six représentants se rendent auprès des douze chefs d'armées de la République pour s'assurer de leur patriotisme. Après l'élimination des Girondins, le recours aux représentants en mission est systématique pour asseoir le pouvoir montagnard et parisien sur une province plus que réticente, pour épurer les administrations, imposer les autorités révolutionnaires, mettre en place la Terreur. Ils ont le droit de déférer directement les suspects au Tribunal révolutionnaire. Certains représentants se signalent par leur zèle antireligieux, en général des défroqués, tel Fouché qui fait inscrire à l'entrée des cimetières, dans la Nièvre, la devise : « La mort est un sommeil éternel. » D'autres se montrent plus sanguinaires, tels Laignelot et Lequinio dans l'Ouest, qui ordonnent l'exécution de cinq mille prisonniers vendéens, tel Carrier qui fait noyer des milliers de suspects dans la Loire, « fleuve révolutionnaire ». D'autres, tel Saint-Just, s'occupent à faire peur aux généraux et à leur apprendre comment ils doivent faire la guerre. Beaucoup, ces « fripons » que dénonce Robespierre, profitent de leur toute-puissance pour se remplir les poches. Après le 9 thermidor, la Convention reprend en main les représentants en mission, rappelle les plus exaltés et les plus corrompus, limite la durée des missions à trois mois. Ils servent désormais à épurer les administrations montagnardes que leurs prédécesseurs avaient mises en place. Les représentants en mission avaient un uniforme à la fois sévère et théâtral : uniforme bleu à rabats rouges, épaulettes d'or, écharpe tricolore, chapeau à plumes d'autruche tricolores et à rubans tout aussi tricolores.

RÉPUBLICAIN (Le). Ayant pour sous-titre « Journal des hommes libres de tous les pays », rédigé par le conventionnel Charles Duval et plusieurs autres journalistes, ce journal fut fondé le 2 novembre 1792 et parut jusqu'au 27 fructidor an VIII (14 septembre 1800). Il changea souvent de titre, s'appela successivement *Le Journal des hommes libres, Le Persévérant, Le Journal des Francs, La Tribune nationale, La Lumière...*

RÉPUBLICAINES RÉVOLUTIONNAIRES (Société des), voir **FEMMES**.

RÉPUBLIQUE, voir au nom de la République : **BATAVE**...

RÉPUBLIQUE (Ire). Elle dura du 21 septembre 1792 au 18 mai 1804. Dès son entrée en fonction, la Convention, sur la proposition de Collot d'Herbois, proclama l'abolition de la royauté. Le lendemain, Billaud-Varenne fit voter que les décrets seraient désormais datés de l'an I de la République. Le surlendemain, la République fut proclamée « une et indivisible ». On divise la Ire République en trois époques, selon ses Constitutions : Convention, Directoire, Consulat. Son acte de décès est la Constitution de l'an XII, contenue dans le sénatus-consulte du 18 mai 1804, dont l'article premier stipule : « Le gouvernement de la République est confié à un empereur qui prend le titre d'Empereur des Français. »

RÉPUBLIQUES SŒURS. C'est le nom donné aux satellites de la France révolutionnaire, états vassaux formant glacis autour d'elle : Républiques Batave, Cisalpine, Cispadane, Cisrhénane, Helvétique, Ligurienne, Parthénopéenne, Romaine.

RÉQUISITIONS. Une réquisition est un ordre adressé à des particuliers de mettre à la disposition de l'État des biens nécessaires à l'intérêt public : nourriture, bétail, chevaux, moyens de transport. Les réquisitions furent très nombreuses et fréquentes durant la Révolution. On eut aussi recours à la réquisition des individus, en général des corps de métiers indispensables au bon fonctionnement des industries de guerre. La Convention décréta que tous les hommes, célibataires ou sans enfant, entre dix-huit et vingt-cinq ans, seraient en état de « réquisition permanente », c'est-à-dire enrôlés dans l'armée.

RÉSOLUTIONS. Nom donné sous le Directoire aux décrets votés par le Conseil des Cinq-Cents.

RESPECT DU A LA LOI. A la fin de février 1791, la Constituante jugea bon de voter un décret sur le respect dû à la loi par les citoyens et rendit passible de sanctions variables toute désobéissance. Les officiers ministériels chargés de l'exécution des jugements devaient présenter une baguette blanche au citoyen concerné. Aussitôt après l'apparition de ce symbole de la puissance publique, toute résistance était assimilée à une rébellion. Les fonctionnaires publics et les officiers ministériels menacés ou attaqués dans l'exercice de leurs fonctions pouvaient faire appel à la force publique et même à tout citoyen en disant à haute et intelligible voix : « Force à la loi ! »

RESPONSABILITÉ. La Constitution de 1791 rendit les agents de l'État responsables de leurs actes. La Constitution de 1793 renchérit en ajoutant : « La garantie sociale ne peut exister si les limites des fonctions publiques ne sont pas clairement déterminées par la loi, et si la responsabilité de tous les fonctionnaires n'est pas assurée. » La Constitution de l'an VIII abolit la responsabilité des fonctionnaires : « Les agents du gouvernement autres que les ministres ne peuvent être poursuivis, pour des faits relatifs à leurs fonctions, qu'en vertu d'une décision du Conseil d'État. »

RESTIF DE LA BRETONNE (Nicolas Anne Edme Rétif dit) (1734-1806). Huitième enfant d'un laboureur aisé de l'Yonne, il est destiné à la prêtrise mais paraît vite coureur de robes pour pouvoir porter celle d'un curé. En 1751, il est envoyé en apprentissage chez un imprimeur à Auxerre et y séduit l'épouse de son patron. Ouvrier typographe, il monte à Paris où il va mener une vie de débauché. En 1767, c'est sa première œuvre importante, *La Famille vertueuse.* Suivront notamment *Le Paysan perverti* (1776), *La Vie de mon père* (1779), *Les Contemporaines* (1780), qui assurent sa célébrité, *La Paysanne pervertie* (1784), *Les Parisiennes* (1787) et *Ingénue Saxancourt* (1789). Il se plaisait à se promener dans les ruelles du vieux Paris et de l'île Saint-Louis, la nuit, couvrant ponts et murs d'inscriptions. Ruiné par l'avènement de l'assignat, manquant d'être arrêté sous la Terreur, il vit de sa plume plutôt mal que bien. Témoin des événements révolutionnaires, il fait paraître *Le Palais-Royal* (1790) et *Les Nuits de Paris* (1788-1793). En 1794, il décide d'écrire son autobiographie : *Monsieur Nicolas,* huit volumes échelonnés entre 1794 et 1797. En 1795, la Convention lui accorde un secours de deux mille francs. Il est employé au ministère de la Police mais ses infirmités l'obligent à prendre sa retraite. Il meurt peu après, dans la misère. Très décrié (on le surnomma « le Voltaire des femmes de chambre » ou « le Rousseau du ruisseau »), il a été redécouvert par la suite non seulement comme un témoin (peu sûr) de la Révolution, mais comme l'un des grands écrivains du XVIIIe siècle, proche, en naïf, de Sade dont il réfuta la *Justine* dans une *Anti-Justine* encore plus osée.

RETOUR DE VARENNES, voir **FUITE DU ROI**.

RETRAITE (maison de). En 1783 fut ouvert au Petit-Montrouge, non loin de la barrière d'Enfer, sur la route d'Orléans, un établissement destiné à des militaires et des ecclésiastiques pauvres et malades, nommé Maison royale de santé. Cette première maison de retraite devint sous la Révolution l'Hospice national et servit d'hôpital aux habitants de Bourg-la-Reine et des environs. En 1796, elle fut destinée aux indigents des deux sexes.

REUBELL (Jean-François Rewbell ou) (Né à Colmar, le 8 octobre 1747, mort à Colmar, le 23 novembre 1807). Avocat au conseil souverain d'Alsace à la veille de la Révolution, il est élu député du tiers aux états généraux. Il siège à l'aile gauche, dénonçant les complots royalistes et les intrigues des émigrés mais combattant l'émancipation des Juifs en janvier 1790. Condamnant la fuite du roi, il se prononça pour la réélection des membres de la Constituante à la Législative. Procureur-syndic du département du Haut-Rhin après la clôture des travaux de la Constituante, il est élu à la Convention en 1792. Absent lors du procès de Louis XVI, il adhéra par lettre à sa condamnation. Chargé de la défense de Mayence, il dut capituler et suit les Mayençais en Vendée. Rentré à Paris, il garda le silence jusqu'à la chute de Robespierre. Membre du Comité de salut public après Thermidor, il fut l'un des cinq premiers Directeurs prévus par la Constitution de 1795. Il s'y spécialisa dans les relations extérieures, défendant une politique active sur le Rhin contre Bonaparte qui entendait engager la France en Italie. Il se prononça avec Barras et La Revellière lors du coup d'État de fructidor. Désigné par le sort pour quitter le Directoire le 25 floréal an VII, élu au Conseil des Anciens, il fut aussitôt contesté en raison des exactions de son beau-frère Rapinat en Suisse et de ses propres agissements (fortune placée dans des banques allemandes, pillage du mobilier national à son profit). Le coup d'État de Brumaire mit fin à sa carrière politique. Il mourut ruiné par les dilapidations de son fils.

RÉUNION (île de la), nom donné à l'île Bourbon en 1793.

RÉUNION DES TROIS ORDRES, voir **ÉTATS GÉNÉRAUX**.

RÉVEIL DU PEUPLE (Le). Ce chant contre-révolutionnaire est dû à Gaveau pour la musique, Souriguières de Saint-Marc pour les paroles.

REVEILLON (affaire). L'énervement des esprits était grand à Paris à la veille de la réunion des états généraux. L'affaire Reveillon est symptomatique du rôle joué par des provocateurs, peut-être à la solde du duc d'Orléans. Fabricant de papiers peints au faubourg Saint-Antoine, rue de Montreuil, Reveillon était un homme généralement estimé, payant mieux ses ouvriers que ses concurrents. Le 23 avril 1789 courut le bruit qu'il aurait déclaré souhaiter revenir au bon vieux temps où on payait les ouvriers 15 sous par jour au lieu de 20. La rumeur se répandit à travers le faubourg, mais rien ne se produisit avant le lundi 27. Ce jour-là, vers trois heures de l'après-midi, une foule de 300 personnes s'ameuta près de la Bastille, brûla Reveillon en effigie, grossit jusqu'à 3 000 individus, se rendit à l'Hôtel de Ville, y fut priée de se disperser et marcha sur la manufacture. La trouvant gardée par la troupe, elle se rabattit sur la manufacture d'Henriot, accusé d'avoir tenu des propos semblables à ceux de Reveillon, et la mit à sac. Le lendemain, l'agitation reprit de plus belle, des individus allant recruter dans les ateliers pour la manifestation qui prit une importance encore plus grande que la veille. La foule attaqua la manufacture de Reveillon, la troupe tira. Il y eut officiellement 25 mort et 22 blessés, probablement plus. Parmi les 46 personnes arrêtées ne figurait aucun ouvrier de Reveillon, non plus que dans les morts. On attribue généralement l'origine de cette émeute à la hausse du prix du pain, mais il est curieux que, prise dans l'émeute, la duchesse d'Orléans ait été acclamée par les insurgés, alors que d'autres seigneurs de passage étaient maltraités et dévalisés.

RÉVISION DE LA CONSTITUTION. Le titre VII de la Constitution de 1791 prévoit le droit de réviser la Constitution « lorsque trois législatures consécutives auront émis un vœu uniforme pour le changement de quelque article constitutionnel ». Une quatrième législature devait revoir la Constitution. Ce titre de la Constitution n'a jamais été appliqué, la Constitution étant devenue caduque peu après, à la suite de la suspension du roi, le 10 août 1792.

RÉVOLUTIONNAIRE. Cet adjectif fut supprimé des noms des établissements publics par un décret de 1795.

RÉVOLUTIONS DE FRANCE ET DE BRABANT. Rédigé et édité par Camille Desmoulins, ce journal parut du 28 novembre 1789 à juillet 1791. Hebdomadaire, imprimé par Garnery, il faisait quarante-huit pages et se vendait par abonnements à 6 livres et 15 sous par trimestre. Il eut un grand succès en raison du style satirique remarquable de Desmoulins. Brouillé avec Garnery, Desmoulins fit ensuite appel à Laffrey puis à Caillard. Il arrêta la publication après la fusillade du Champ-de-Mars, craignant d'être inculpé.

RÉVOLUTIONS DE PARIS. Ce quotidien publié par Louis Marie Prudhomme commença à paraître le 12 juillet 1789 et eut une très grande diffusion, même si les deux cent mille lecteurs que lui attribue Camille Desmoulins semblent très exagérés. Malgré ses opinions extrémistes, cette publication attirait aussi un public d'opinions modérées par la finesse de ses analyses politiques. Ses principaux journalistes furent Loustalot, Pierre Sylvain Maréchal, Chaumette, Fabre d'Églantine, Sonthonax. Prudhomme arrêta de lui-même sa publication, le 28 février 1794. Cet extrémiste de 1789 était, en effet, devenu suspect de modérantisme pendant la Terreur, et il préféra se taire et se faire oublier pour sauver sa tête.

RICHARD-LENOIR (François Richard dit) (1765-1839). Né à Épinay-sur-Odon (Calvados), fils d'un simple fermier normand, il se serait d'abord placé comme commis chez un marchand de tissus rouennais avant de venir à Paris en 1786. D'abord garçon limonadier, il se lance dans le petit commerce des étoffes. Sa véritable fortune date de son association avec le fils d'un ancien drapier parisien, Jean Lenoir-Dufresne qui mourra en 1806. Achetant des biens nationaux et jouant sur la dévaluation des assignats, spéculant aussi sur les produits anglais prohibés, les deux compères font de fructueux bénéfices qu'ils investissent dans la filature et le tissage du coton. Ils s'installent à Paris à la faveur des locaux rendus disponibles par la suppression des ordres religieux et la nationalisation des biens du clergé. Mais ils s'implanteront aussi dans l'Orne et le Calvados. Ils vont bientôt dessiner un véritable empire industriel protégé de la concurrence anglaise par la guerre.

RICHER-SERIZY (1759-1803). Né à Paris où il est d'abord clerc de notaire, il se lie avec Desmoulins. Arrêté le 14 frimaire an II (4 décembre 1793), il est libéré le 6 vendémiaire an III (27 septembre 1794) et commence la rédaction de son journal *L'Accusateur public*. Il joue un rôle important à la section Le Peletier et coordonne l'action des sections contre-révolutionnaires le 12 vendémiaire au sein d'un comité central qui prépare la Restauration de Louis XVIII. L'échec du 13 vendémiaire ne lui est pas imputable. Vaincu, il est poursuivi mais acquitté par le jury de la Seine. Il est à nouveau proscrit après le 18 fructidor. Il gagne la Suisse, mais affichant des idées royalistes il est appréhendé, dirigé sur Rochefort mais parvient à s'évader avant d'être embarqué pour Cayenne. Il se réfugie à Bordeaux, passe en Espagne puis rejoint Londres où il meurt en novembre 1803.

RICORD (Jean-François) (1760-1818). Avocat et maire de Grasse, il est élu député du Var à la Convention. Il siège à la Montagne et vote la mort du roi. Il remplit plusieurs missions dans le Midi, notamment à Toulon. Trop lié aux terroristes, il fut inquiété sous la réaction thermidorienne, mais libéré à la faveur de l'amnistie qui accompagna la séparation de la Convention. Accusé de complicité avec Babeuf, il fut acquitté par la Haute Cour de Vendôme. A nouveau arrêté en 1801 et en 1806, il fut banni comme régicide en 1816, et mourut à Paris, le 21 février 1818.

RIOUFFE (Honoré Jean) (1764-1813). Avocat et polygraphe à la veille de la Révolution, il se lia en 1792 avec les Girondins qu'il suivit à Caen puis à Bordeaux et fut incarcéré sous la Terreur. A sa sortie, après le 9 thermidor, il publia une relation de sa captivité, *Mémoires d'un détenu* qui eut un grand retentissement. Il vécut des libéralités de Mme de Staël avant de se rallier à Bonaparte. Il fut récompensé par une désignation au Tribunat puis par diverses préfectures. Il mourut du typhus le 30 novembre 1813.

RIS-ORANGIS (nom révolutionnaire : Brutus).

RIVAROL (Antoine) (Né à Bagnols-sur-Cèze, le 26 juin 1753, mort en 1801). Ce grand journaliste royaliste était d'origine modeste. Son grand-père était génois d'origine et s'appelait Rivaroli ; son père était aubergiste à Bagnols-sur-Cèze dans le Gard. Il fit ses études à Avignon et porta le petit collet. En 1776 il se rend à Paris, s'anoblit en devenant chevalier de Parcieux puis comte de Rivarol. Il fréquente les salons où son esprit fait merveille, est présenté à Voltaire, collabore au *Mercure*. En 1784 son *Discours sur l'universalité de la langue française* est couronné par l'académie de Berlin et lui vaut une grande célébrité. Frédéric II en fait un membre associé de l'Académie. Rivarol polémique avec Beaumarchais puis avec Mme de Genlis. Il s'engage dès 1789 dans la défense de la monarchie. Il est le principal rédacteur du *Journal politique national* et collabore aux *Actes des Apôtres.* Ses mots font mouche. De Mirabeau par exemple, il dit : « Il est capable de tout même d'une bonne action. » Il définit Pastoret : « Une cervelle de renard dans une tête de veau. » En 1791, il conseille à Louis XVI de « perdre » le duc d'Orléans. En 1792, il est contraint d'émigrer. Il passe à Bruxelles, Amsterdam, La Haye, Londres, Hambourg, Berlin, publiant beaucoup : *Dialogue entre M. de Limon et un homme de goût ; De la vie politique, de la fuite et de la capture de M. de La Fayette,* en 1792 ; *Portrait du duc d'Orléans et de Mme de Genlis,* en 1793. En 1797, il réfute l'ouvrage de Mme de Staël, *De l'influence des passions.* Il meurt à Berlin le 4 avril 1801.

RIVOLI (bataille de). Après être entré dans Milan et avoir encerclé une armée autrichienne dans Mantoue, Bonaparte dut affronter une armée de secours descendant des Alpes, commandée par Alvinczy. Il la battit à Bassano et à Arcole, mais les Autrichiens amorcèrent un mouvement en tenailles, se divisant en deux pour l'encercler. Ignorant le plus faible de ces deux corps d'armée, Bonaparte se jeta sur le plus important et, avec l'aide déterminante de Masséna, le défit à Rivoli, le 14 janvier 1797. Cette défaite décisive devait amener peu après la capitulation de Mantoue, permettant à Bonaparte de marcher sur Vienne à travers les Alpes et d'imposer la paix à l'Autriche.

ROBERJOT (Claude) (Né à Mâcon, le 2 avril 1752, mort en 1799). Curé de Saint-Pierre de Mâcon, il prête serment à la Constitution civile du clergé, devient administrateur du district puis député suppléant de la Saône-et-Loire à la Convention. Ayant abandonné la prêtrise et s'étant marié, il est appelé à remplacer Carra le 16 novembre 1793. Il remplit diverses missions, étudiant en Hollande les activités économiques de ce pays. Il siège, sous la réaction thermidorienne, au Comité de sûreté générale. Il est appelé au Conseil des Cinq-Cents, qu'il quitte le 29 mai 1797 pour se consacrer à la diplomatie. Il est nommé ministre plénipotentiaire auprès des villes hanséatiques puis de la République batave. On l'envoie au congrès de Rastadt. Il y est encore lorsqu'il est élu à nouveau au Conseil des Cinq-Cents. C'est en quittant Rastadt avec de Bry et Bonnier qu'il est massacré par une troupe de hussards le 28 avril 1799.

ROBERT (Hubert) (1733-1808). Pensionnaire à l'Académie de Rome en 1759, protégé par le duc de Choiseul, il conquiert rapidement une grande réputation de peintre d'architectures : *Cour de palais romain, Grande Galerie éclairée du fond, Grand Escalier conduisant à un ancien portique...* Ses envois aux salons sont abondants et réguliers. Il exécute des œuvres pour la décoration de l'hôtel du duc de Nivernais ou pour le comte de Brionne. Aux ruines italiennes, il ajoute les monuments du midi de la France. Il obtint aussi un logement au Louvre et le titre de dessinateur des jardins du roi. Au moment de la Révolution, qu'il accueille sans enthousiasme, il est arrêté comme suspect et enfermé à Saint-Lazare puis à Sainte-Pélagie et n'est sauvé que par la chute de Robespierre. Il reste néanmoins par son dessin un témoin fidèle des scènes de prison qu'il a observées. Il fait partie de la commission du Muséum français et reçoit par la suite une pension de Bonaparte.

ROBERT (Pierre François Joseph) (1762-1826). Avocat à l'origine, tenant ensuite un commerce d'épicerie et de denrées coloniales, marié à Mlle de Keralio, fille d'un membre de l'Académie des inscriptions et belles lettres et elle-même auteur, il fonda avec son épouse *Le Mercure national* qui diffusa, l'un des premiers, des idées républicaines. Après la fuite du roi, il fut le rédacteur de l'une des pétitions du Champ-de-Mars et dut se cacher après la fusillade du 17 juillet 1791. Au moment des élections, il fit distribuer dans les sections de Paris sa brochure sur le *Républicanisme adapté à la France*. Élu à la Convention, comment n'aurait-il pas voté la mort de Louis XVI, ajoutant en demandant la tête du roi : « Que ce soit la dernière ! » Robert devait pourtant découvrir que la République ne présentait pas que des avantages. Comme il avait continué son commerce d'épicier, il vit sa maison envahie par des manifestants et des tonneaux de rhum furent saisis dans ses caves. Accusé d'être un accapareur, il eut du mal à se justifier et reçut le surnom de Robert-rhum. Après la séparation de la Convention, il poursuivit ses activités commerciales en s'intéressant aux fournitures aux armées. Sous-préfet de Rocroi aux Cent-Jours, il se fixa ensuite en Belgique où sa femme, la Keralio, mourut en 1821. Lui-même décédait cinq ans plus tard, le 13 janvier 1826.

ROBERT-LEFÈVRE (Robert Lefèvre dit) (1755-1830). Fils d'un marchand drapier de Bayeux, il préfère la peinture à l'emploi de clerc, il s'acquiert rapidement une réputation de peintre de la région normande. Monté à Paris en 1784, il travaille dans l'atelier de Regnault où il se lie avec Landon. Il expose six tableaux au salon de 1791 et une *Venus désarmant l'Amour* à celui de 1795, qui sera très remarquée. A la période suivante, il conquiert une réputation de peintre officiel en multipliant les représentations de Bonaparte (*Marengo*, en 1801) puis de Napoléon (*Portrait de Napoléon en costume de Premier consul*, 1804).

ROBESPIERRE (Augustin Bon Joseph dit Robespierre le Jeune) (1763-1794). Né à Arras le 21 janvier 1763, frère de Maximilien, il fut élevé comme lui au collège Louis-le-Grand, et choisit comme lui la profession d'avocat. D'abord procureur-syndic de sa ville natale d'Arras, puis administrateur du département, il fut élu, grâce à son frère, député de Paris à la Convention. Il s'aligna sur les positions de Maximilien, qu'il s'agisse du procès de Louis XVI ou des attaques de la Gironde. Il fut ensuite envoyé dans le Midi pour y réprimer l'agitation fédéraliste. C'est alors qu'il apprécia et soutint Bonaparte tant pour son zèle jacobin que pour ses conceptions stratégiques. Il ne prit en aucune façon part à la terrible répression qui suivit la prise de Toulon. De retour à la Convention, il y joua un rôle effacé. Le 9 thermidor, alors qu'il n'était pas accusé, il demanda à partager le sort de l'Incorruptible : « Je suis aussi coupable que lui ; je partage ses vertus, je veux partager son sort. Je demande aussi le décret d'accusation. » Libéré par la Commune insurgée et réfugié à l'Hôtel de ville, il préféra se jeter d'une fenêtre quand il vit que tout était perdu. C'est un moribond que l'on guillotina le 10 thermidor.

ROBESPIERRE (Charlotte) (1760-1834). Vieille fille, elle vint à Paris vivre avec ses deux frères Maximilien et Augustin, mais se brouilla avec eux et fut renvoyée à Arras à la demande de l'Incorruptible. Elle revint pourtant à Paris et, se croyant menacée, se cacha après le 9 thermidor. Arrêtée, elle déclara n'être pas au courant de « cette infernale conspiration » et que « si elle se fût doutée du complot infâme qui se tramait, elle l'eut dénoncé plutôt que de voir perdre son pays ». Libérée, elle vécut pauvrement et dans l'obscurité. On a publié sous son nom de curieux mais décevants mémoires.

ROBESPIERRE (Maximilien Marie Isidore de) (Né à Arras, le 6 mai 1758, mort à Paris le 10 thermidor 1794). La figure la plus mystérieuse de la Révolution. En fut-il l'âme, comme l'affirme dès 1820 Guillaume Lallement, suivi par Laurent de l'Ardèche en 1828, Laponneraye en 1832, Ernest Hamel en 1865 et enfin Albert Mathiez, fondateur à la Sorbonne de la Société des études robespierristes ? A Sainte-Hélène, Napoléon prétendait devant Las Cases qu'il avait vu des lettres de Robespierre à son frère où il dénonçait les excès de la Terreur et il faisait état de confidences de Cambacérès prétendant que le procès de Robespierre n'avait pas eu lieu car on avait étouffé sa voix au moment où il entendait mettre fin à la Terreur.

Pour d'autres au contraire qui lui opposent, tel Aulard, la figure de Danton, il ne fut qu'un monstre sanguinaire, imbu de lui-même, imprégné de Rousseau, bref un fanatique imbécile. Le cinéma ne l'a pas gâté, du *Napoléon* d'Abel Gance au *Danton* de Wajda. Les Thermidoriens donnèrent le signal de l'hallali contre Robespierre : que l'on relise les *Mémoires* de Barras.

Qui fut au juste Robespierre ? Fils d'un avocat au conseil d'Artois, ayant perdu sa mère et son père, parti en Amérique, il fut élevé par sa grand-mère et deux tantes. Après le collège d'Arras, il est envoyé à Paris, à Louis-le-Grand où il a pour condisciple Desmoulins et Fréron. Il aurait, comme meilleur élève de rhétorique, harangué Louis XVI lors de sa visite au collège. Il étudie le droit et occupe une charge d'avocat dans sa ville natale d'Arras. Il écrit alors beaucoup, participant aux concours organisés par les différentes académies et y développant les idées de Rousseau. Ses opinions avancées le font remarquer et lui valent d'être élu par le tiers état de l'Artois aux états généraux.

Mauvais orateur (« la chandelle d'Arras », dit-on de lui), il s'impose pourtant à la Constituante par sa force de persuasion (« il ira loin car il croit tout ce qu'il dit », aurait déclaré Mirabeau), il parle au moins trente fois dans les six derniers mois de 1789 ; en 1790, il prononce 80 discours environ, en 1791, plus de soixante, sans compter ses interventions au club des Jacobins dont il devient le principal animateur. Il se prononce en particulier contre la distinction entre citoyens actifs et citoyens passifs, notamment à propos du droit de pétition : « Je défendrai surtout les plus pauvres. Plus un homme est malheureux et faible, plus il a besoin du droit de pétition. Et c'est aux faibles, c'est aux malheureux que vous l'ôteriez ! » C'est aussi lui qui propose : « Les membres de l'assemblée actuelle ne pourront être réélus à la prochaine législature. »

Lors de l'évasion du roi il avait demandé qu'il fût interrogé dans les mêmes formes que les autres citoyens puis avait critiqué le dogme de l'inviolabilité du monarque.

Après la séparation de la Constituante, il avait été porté en triomphe, ainsi que Pétion, par les manifestants. Accusateur public auprès du Tribunal criminel de Paris jusqu'en avril 1792, il conservait une grande influence au club des Jacobins. A l'inverse des Girondins, il était hostile à la guerre, craignant « de faire de l'armée, une fois formée, un appui libérateur pour Louis XVI ». En août 1792, il devint membre de la commune insurrectionnelle mais garda une attitude un peu trop prudente lors des massacres de Septembre.

Le 5 septembre 1792 il était élu député de Paris à la Convention, le 1er sur 24 par 338 voix sur 525 votants. D'emblée il fut attaqué par les Girondins qui l'accusèrent d'aspirer à la dictature. Il fit alors bloc avec Danton et Marat pour repousser ces assauts et devint ainsi l'un des chefs de la Montagne. Il se prononça pour la mort, sans sursis ni appel, lors du procès de Louis XVI : « La clémence qui compose avec la tyrannie est barbare. » Adversaire acharné des Girondins, il fut leur principal accusateur, le 31 mai. A Vergniaud qui le pressait de conclure, il lançait : « Oui, je vais conclure, et contre vous ! Ma conclusion c'est le décret d'accusation contre les complices de Dumouriez, contre tous ceux qui ont été désignés par les pétitionnaires. » Débarrassé de la Gironde, entré au Comité de salut public, Robespierre dut encore compter avec Danton, son rival en popularité, et Hébert, qui avait pris la succession de Marat et pouvait s'appuyer, outre son journal, sur le club des Cordeliers et sur la Commune de Paris. Il frappa les hébertistes avec l'appui de Danton en mars 1794, puis se retourna contre Danton et les indulgents, à leur tour arrêtés et guillotinés. Quelle fut son attitude exacte au sein du Comité de salut public ? A-t-il hésité avant d'envoyer à l'échafaud son ami Desmoulins ? N'a-t-il cédé qu'aux instances de Billaud-Varennes ?

Reste qu'après la chute des factions, il se trouve membre du Comité de salut public, maître du club des Jacobins et de la Commune de Paris qu'il a fait épurer au profit de ses partisans. Il peut alors développer ses idées sur la religion en faisant décréter la reconnaissance par la Convention de l'Être suprême et de l'immortalité de l'âme. Par ailleurs il dégageait sa théorie du gouvernement révolutionnaire : un gouvernement fondé sur la Terreur mais dont le frein doit être la vertu.

La fête de l'Être suprême marqua son apogée. Une coalition se forma contre lui : elle regroupait les membres du Comité de salut public en désaccord avec lui (Billaud-Varenne, Collot d'Herbc.s, Carnot), ceux du Comité de sûreté générale, qu'avait irrités la formation au Comité de salut public d'un bureau de police, Cambon et le comité des Finances, et les envoyés en mission brusquement rappelés afin de « moraliser » la Terreur (Fouché, Barras, Tallien). Le 8 thermidor, Robespierre, que la maladie ou l'agacement avaient tenu éloigné du Comité de salut public, se décidait à attaquer, par un grand discours à la Convention, tous les corrompus qui, selon lui, discréditaient la Révolution. Mais si, dans un premier mouvement, la Convention vota l'impression du discours, elle revint sur son vote, après avoir entendu Vadier, l'inventeur de l'affaire Catherine Théot qui visait à ridiculiser l'Incorruptible, Cambon, Amar... Robespierre se consola en se faisant acclamer le soir au club des Jacobins. Pendant la nuit des conciliabules eurent lieu entre les deux comités et entre les Montagnards et la Plaine. Le 9 thermidor, Robespierre ne put parler à la Convention. Il fut décrété d'accusation ainsi que Saint-Just, Couthon Lebas et son frère. Rien n'était perdu pour lui : comment réagirait le Tribunal révolutionnaire ? Mais en faisant libérer par la force Robespierre et en l'entraînant à l'Hôtel de Ville, la municipalité parisienne précipitait l'Incorruptible dans l'illégalité. L'impéritie d'Hanriot ne permit guère d'organiser la défense et les forces fidèles à la Convention envahirent l'Hôtel de Ville. Robespierre eut la mâchoire fracassée par un coup de feu tiré par le gendarme

Merda, à moins qu'il n'ait essayé de se suicider. Une simple reconnaissance d'identité devant le Tribunal révolutionnaire suffit pour faire envoyer Robespierre et ses partisans à l'échafaud le 10 thermidor (28 juillet).

ROBIN (Louis Antonin Joseph) (1757-1802). Fils d'un maître de postes, lui-même marchand voiturier par eau à Nogent-sur-Seine, il est élu député de l'Aube à l'Assemblée législative. Réélu à la Convention, il y vote la mort du roi. Le 9 thermidor, c'est lui qui arrêta Hanriot et le remit au Comité de sûreté générale d'où il fut libéré par Coffinhal. Le 26 vendémiaire an III (17 octobre 1794) il fut chargé de surveiller l'approvisionnement par voie d'eau en bois et charbon de la capitale. Il ne réussit guère dans cette mission mais n'en fut pas moins désigné pour siéger au Conseil des Cinq-Cents par une assemblée de Cayenne. Il refusa et se retira à Nogent.

ROCHAMBEAU (Jean-Baptiste Donatien de Vimeur, marquis puis comte de) (Né à Vendôme, le 1er juillet 1725, mort à Thoré, le 10 mai 1807). Héros de la guerre d'Indépendance, il avait rejoint l'armée américaine le 1er juillet 1781 et contribua à la prise d'Yorktown. Il revint en France en 1783, participa aux travaux de l'assemblée des notables en 1787, reçut le commandement de l'armée du Nord le 14 décembre 1791 et fut fait maréchal de France le 28 décembre. Après la déroute de Quiévrain, il remit son commandement le 20 mai 1792 au maréchal Luckner. Arrêté comme suspect en 1793, il ne retrouva la liberté qu'à la chute de Robespierre. Napoléon en fit un grand officier de la Légion d'honneur.

ROCHECHOUART (nom révolutionnaire : Roche-sur-Graine).

ROCHEGUDE (Henri de) (Né à Albi, le 18 décembre 1741, mort en 1834). Entré dans la marine royale en 1757, il était capitaine de vaisseau en 1787 après avoir fait quatorze campagnes. Député suppléant de la noblesse de la sénéchaussée de Carcassonne aux états généraux, il siégea à la Constituante en remplacement de Dupac de Badens. Élu par le département du Tarn à la Convention, il vota pour l'appel au peuple, pour la détention pendant la guerre et le bannissement et pour le sursis lors du procès de Louis XVI. Il fut chargé à la fin de janvier 1793 de l'inspection des côtes et des ports et joua un rôle important au comité de la marine. Réélu au Conseil des Cinq-Cents, il y siégea jusqu'en mai 1798 et devint ensuite commissaire inspecteur des ports et arsenaux. Il prit sa retraite en 1801 et, retiré à Albi, sa ville natale, il y poursuivit des recherches sur les troubadours. A sa mort, le 16 mars 1834, il légua à Albi son hôtel et sa bibliothèque.

ROEDERER (Pierre Louis) (Né à Metz, le 15 février 1754, mort à Bois-Roussel, le 17 décembre 1835). Fils d'un avocat, il étudie à Metz puis à Strasbourg et achète en 1780 une charge de conseiller au parlement de Metz. Imbu des idées nouvelles, influencé par Rousseau, il anime l'académie de Metz. En 1789, il est élu député du tiers état aux états généraux par le bailliage de Metz. Il paraît souvent à la tribune pour aborder les questions financières ou économiques, réclamer la liberté de la presse et l'égalité des droits politiques. Après la session, il est élu, le 10 novembre 1791, procureur général-syndic de Paris. Bien que membre du club des Jacobins, il désapprouve l'occupation des Tuileries le 20 juin 1792. Le 10 août, il se rend aux Tuileries, incite le roi à se réfugier à l'Assemblée et s'efforce de protéger la famille royale. Son attitude a été jugée parfois ambiguë, mais la Commune de Paris blâma sa conduite et, à l'instigation de Marat, lança contre lui un mandat d'arrêt. Pourtant l'Assemblée ne permit pas sa mise en jugement. Roederer se contenta d'écrire dans *Le Journal de Paris*. Il dénia à la Convention le droit de juger Louis XVI mais se tint coi sous la Terreur. Appelé à l'Institut en juin 1796, il fondait *Le Journal d'économie publique, de morale et de politique*. Suspect de modérantisme, il échappa de peu à la proscription le 18 fructidor. Rallié à Bonaparte, il fut l'un des principaux agents du coup d'État de Brumaire, rédigeant une adresse aux Parisiens. Appelé au Sénat, il préféra le Conseil d'État et joua les éminences grises du régime. Écarté de toutes ses fonctions sous la seconde Restauration, il retrouva sa place à l'Institut et à la Chambre des pairs sous la monarchie de Juillet.

ROHAN-GUÉMENÉE (Louis René Édouard, prince de) (1734-1803). Coadjuteur de son oncle, l'évêque de Strasbourg, il reçut à la place de celui-ci Marie-Antoinette à son arrivée en France, en 1770. Il fut compromis dans l'affaire d'escroquerie du fameux collier que Louis XVI avait refusé à la reine et que le cardinal, devenu titulaire de son diocèse depuis 1779, crut habile de lui offrir pour gagner ses faveurs. Arrêté et enfermé à la Bastille, il fut acquitté par le Parlement. Il retourna dans son diocèse et fut élu député aux états généraux par le bailliage de Hagueneau et Wissembourg. Refusant la Constitution civile du clergé, il se retira dans la partie de son diocèse située sur la rive droite du Rhin.

ROI, voir **MONARCHIE**.

ROIS (fête des). Cette fête, au cours de laquelle était partagé un gâteau contenant une fève, se terminait par le couronnement de celui qui avait trouvé la fève. La royauté de la fève disparut durant la Révolution et ne revint à la mode qu'avec l'Empire.

ROLAND (Manon Jeanne Phlipon, Mme) (1754-1793). Épouse de Roland de la Platière, elle fut l'égérie du groupe girondin de juin 1791 à juin 1793. Elle a raconté dans ses *Mémoires*, publiés après sa mort, sa jeunesse, son enthousiasme pour les héros de l'Antiquité et pour les idées de Rousseau, ses humiliations, enfin, de roturière dans une société fondée sur le privilège. Ses lettres nous révèlent un caractère exalté et un esprit brouillon en politique. Elle perdit la Gironde par ses conseils qu'inspiraient souvent des antipathies absurdes. Elle joua de la séduction qu'elle exerçait sur certains Girondins dont Buzot. Du moins sut-elle mourir avec courage, le 18 brumaire an II, lorsqu'elle fut condamnée à mort par le Tribunal révolutionnaire. « Liberté, que de crimes on commet en ton nom », aurait-elle murmuré.

ROLAND DE LA PLATIÈRE (Jean-Marie) (Né à Villefranche, le 19 février 1734, mort en 1793). Destiné aux ordres, il préfère entrer dans l'administration des manufactures dont il devient inspecteur. Il s'occupe de recherches scientifiques, visite l'Allemagne et épouse, en 1780, Marie-Jeanne Phlipon, fille d'un graveur parisien et de vingt ans sa cadette. Roland poursuit ses voyages en Italie, en Suisse et en Angleterre. Il est finalement nommé inspecteur général des manufactures et se fixe à Villefranche. Venu à Paris, au début de la Révolution, exposer aux députés les problèmes de l'industrie lyonnaise, il se lie d'amitié au club des Jacobins avec Pétion, Buzot, Brissot et bien d'autres. De retour à Paris, il commence la rédaction d'un *Dictionnaire des* *manufactures*, il exerce une influence de plus en plus grande sur un groupe de députés de la Législative grâce au salon de sa femme. En mars 1792, il accepte du roi le portefeuille de l'Intérieur ; il le conservera jusqu'au 13 juin. Écarté du pouvoir par Louis XVI, il est l'un des inspirateurs de la journée du 20 juin. Les événements du 10 août le ramènent au ministère. Il ne fait rien pour empêcher les massacres de Septembre. Élu à la Convention par le département de la Somme et contraint de choisir entre son portefeuille et son mandat, il opte pour ce dernier. Violemment attaqué par la Montagne, il donne sa démission le 23 janvier 1793. Lors de la journée du 31 mai 1793, des sectionnaires viennent le saisir. Il leur échappe, se réfugie chez le naturaliste Bosc dans la vallée de Montmorency et, de là, gagne Rouen. Ayant appris l'exécution de sa femme, le 15 novembre 1793, il se perce le cœur avec sa canne à épée, le même jour.

ROMAINE (République). Prétextant l'assassinat en janvier 1798 du général Duphot à Rome, le Directoire fit occuper Rome et ce qui restait des États pontificaux depuis le traité de Tolentino par une armée commandée par Berthier. Le 15 février 1798 fut proclamée la République romaine. Avec une poignée de Jacobins locaux, Daunou et Monge organisèrent la nouvelle République sœur sur le modèle français tandis que le pape était emmené à Florence. Mais les impôts de guerre imposés pour entretenir les troupes françaises, leurs pillages indisposèrent rapidement les Romains qui accueillirent les Napolitains en libérateurs en novembre 1798. Championnet réoccupa la République romaine et poussa jusqu'à Naples, mais elle disparut à nouveau en septembre 1799 avec le départ définitif des Français.

ROMME (Gilbert) (1750-1795). Né à Riom, le 26 mars 1750, il était fils d'un procureur en la sénéchaussée d'Auvergne, et fit ses études chez les oratoriens puis à Paris. Il montra des dons exceptionnels pour les mathématiques. Précepteur du fils du comte Golovkine puis de celui du prince Stroganov, il suivit son élève en Russie où il séjourna cinq ans. Rentré à Riom en 1786, il s'établit à Paris et épousa les idées nouvelles. Il conduisait son jeune élève Stroganov aux séances de l'assemblée et des clubs. La famille de Stroganov et Catherine II finirent par s'inquiéter de cette étrange éducation et rappelèrent le jeune homme à Saint-Pétersbourg en priant Romme de rester à Paris. Romme revint à Riom et se fit élire à l'Assemblée législative par le département du Puy-de-Dôme. Il se fit remarquer en s'intéressant aux problèmes d'éducation. Réélu à la Convention, il vota la mort de Louis XVI. A l'exception d'une mission à Caen en pleine révolte fédéraliste, il se spécialisa dans les travaux du comité de l'Instruction publique. Il présenta en son nom un grand rapport sur *L'Instruction publique considérée dans son ensemble*, le 20 décembre 1792. Il encouragea les débuts du télégraphe aérien de Chappe et participa à l'élaboration du calendrier républicain. En complément à ce calendrier il rédigea un *Annuaire du cultivateur pour la troisième année de la République*. Il se montra favorable à la fête de la Raison chère aux hébertistes sans appartenir toutefois à leur faction. Peu favorable à Robespierre, il le vit tomber sans déplaisir mais s'alarma devant les progrès de la réaction thermidorienne. Lors de l'insurrection du 1er prairial, il tint des propos qui allaient dans le sens des insurgés. Décrété d'arrestation avec les autres Montagnards qui avaient pris le parti de l'insurrection, il comparut devant une commission militaire qui le condamna à mort. Plutôt que d'être guillotiné, il choisit de se poignarder le 16 juin 1795.

RONDELET (Jean-Baptiste) (1743-1829). Ce Lyonnais vint étudier l'architecture à Paris chez Blondel et chez Soufflot. Il participa à la construction de l'église Sainte-Geneviève dont les travaux furent interrompus par la mort de Soufflot en 1780. Il effectua alors un voyage de deux ans en Italie, de 1783 à 1785. De retour à Paris, il acheva Sainte-Geneviève. Son *Traité de l'art de bâtir* (1802) en fait l'un des meilleurs théoriciens et praticiens de l'architecture de la fin du XVIIIe siècle.

RONSIN (Charles Philippe) (1751-1794). Soldat au régiment d'Aunis-infanterie en 1768, il quitte l'armée pour la plume et compose trois tragédies. Capitaine dans la garde nationale en juillet 1789, il devient commissaire du pouvoir exécutif le 29 août 1792 puis commissaire des guerres. Ses liens avec la faction hébertiste en font un adjoint au ministre de la Guerre le 23 avril 1793. Passé général de brigade, il est employé à l'armée des côtes de La Rochelle le 4 juillet et bat à Doué La Rochejacquelein. Général de division en octobre, chef de l'armée révolutionnaire en Vendée, il apparaît comme le fer de lance des hébertistes et l'un des rares hommes de valeur de cette faction. Il est décrété d'arrestation par la Convention, avec Vincent et Maillard dit Tape Dur, dès le 17 décembre 1793, mais remis en liberté le 2 février 1794. Arrêté de nouveau avec Hébert, Momoro et les autres hébertistes le 14 mars, il est condamné à mort et exécuté en même temps que le fondateur du *Père Duchesne*, le 24 mars.

ROSSIGNOL (Jean Antoine) (1759-1802). Ouvrier en joaillerie à Paris, il est de toutes les journées révolutionnaires, du 14 juillet 1789 au 10 août 1792. En 1793, il est envoyé en Vendée à la tête d'un bataillon comme adjudant général. Il remporte quelques succès qui lui valent les acclamations de la Convention et même le titre de « fils aîné de la patrie ». Promu commandant en chef des armées républicaines en Vendée, il révèle alors ses limites de stratège. Il est suspendu de ses fonctions par les représentants Bourdon de l'Oise et Goupilleau le 22 août 1793 mais finalement réintégré. Il est plusieurs fois battu : Coron en septembre, Dol puis Antrain en novembre. Il est en définitive destitué par le Comité de salut public le 27 avril 1794. Décrété d'accusation après l'insurrection du 1er prairial, arrêté puis remis en liberté, compromis à nouveau dans le complot babouviste mais acquitté par la Haute Cour de Vendôme, à nouveau inquiété au début du Consulat à la suite de l'explosion de la machine infernale et déporté aux Seychelles (il mourut dans l'île d'Anjouan le 29 mars 1802), il n'aura cessé depuis sa nomination en Vendée de se voir accrocher une réputation de général « jacobin » qui lui vaudra de connaître prisons et exil.

ROTURIERS. C'est ainsi qu'on appelait sous l'Ancien Régime tous les hommes libres qui n'étaient pas nobles, paysans non serfs, bourgeois et artisans des villes.

ROUCHER (Jean Antoine) (1745-1794). Poète estimable connu pour les *Mois*. Passé dans le journalisme contre-révolutionnaire, il fut arrêté sous la Terreur, traduit devant le Tribunal révolutionnaire et exécuté en même temps que Chénier.

ROUGET DE LISLE (Claude Joseph) (1760-1836). Sous-lieutenant en 1789, capitaine du génie en 1791, ingénieur en chef de la place de

Huningue. Au mois d'avril 1792, il était en garnison à Strasbourg lorsque le maire, M. de Dietrich, l'invita à dîner. C'était le moment où la guerre venait d'être déclarée : il composa un hymne patriotique connu d'abord comme *Hymne des Marseillais* puis sous le titre de *La Marseillaise.* Mais il refusa d'adhérer à la déchéance de Louis XVI et fut suspendu. Sans situation, il tenta de s'engager comme volontaire. Incarcéré comme suspect, en raison de ses origines, sous la Terreur, il ne sortit de prison qu'à la chute de Robespierre et composa alors le *Chant du 9-Thermidor.* Il suivit Tallien à l'armée de l'Ouest et fut blessé à Quiberon. Passé chef de bataillon, il quitta l'armée en avril 1796 et vécut misérablement de divers travaux de plume (traductions, préfaces, Mémoires...). Il dut vendre sa propriété familiale. Heureusement Louis Philippe lui accorda une pension de 1 500 livres, ce qui le mit à l'aise. C'est dans l'un des nombreux hymnes qu'il composa que figure le refrain :

Mourir pour la patrie,
C'est le sort le plus beau,
Le plus digne d'envie.

ROUGIER DE LA BERGERIE (Jean-Baptiste) (1762-1836). Né à Bonneuil dans l'Indre, le 21 décembre 1762, il s'occupait d'agriculture et avait publié en 1788 des *Recherches sur les abus qui s'opposent aux progrès de l'agriculture,* lorsqu'il fut élu député de l'Yonne à l'Assemblée législative. Il y obtint la création d'un comité chargé de veiller aux intérêts agricoles de la France. Il se retira sous la Terreur, étudiant le développement du dessèchement des marais. Il fut préfet sous l'Empire. Il a laissé de nombreux ouvrages sur l'agriculture du temps.

ROUX (Jacques) (1752-1794). Prêtre à la veille de la Révolution, il fut professeur au séminaire d'Angoulême puis curé à Cozes (diocèse de Saintes) puis à Saint-Thomas-de-Conac. Frappé d'interdit pour avoir pris part au pillage de châteaux du Saintonge en avril 1790, il dut quitter cette province. Monté à Paris à la fin de 1790, il fut l'un des premiers à prêter serment à la Constitution civile du clergé et fut nommé vicaire à Saint-Nicolas-des-Champs. Il devint l'un des meneurs de la section des Gravilliers qui l'envoya siéger, après le 10 août, au conseil général de la nouvelle Commune de Paris. Il prit des positions de plus en plus violentes. Chargé d'accompagner Louis XVI à l'échafaud, il se comporta de façon ignoble. Son influence grandit avec la crise économique et la disette. Il réclamait la taxation et la réglementation. Le mouvement des Enragés finit par inquiéter non seulement la Convention mais la Commune hébertiste. Dans ses discours Roux ne dénonçait-il pas « l'aristocratie marchande plus terrible que l'aristocratie nobiliaire et sacerdotale » ? Et n'affirmait-il pas : « Les riches seuls ont profité depuis quatre ans des avantages de la Révolution » ? Marat lui-même attaqua Roux, de plus en plus isolé. Il fut arrêté le 22 août 1793 sur l'ordre de la Commune mais, libéré, s'efforça de reprendre en main sa section. Huit jours plus tard il retournait en prison. Il devait être jugé par le tribunal de police correctionnelle mais ce tribunal se déclara incompétent et l'envoya au Tribunal révolutionnaire, c'est-à-dire à la guillotine. Roux préféra se poignarder : il dut s'y prendre à deux fois. « Il fut l'un des premiers à comprendre que les principes de liberté absolue inscrits dans la législation nouvelle servaient l'intérêt d'une classe au détriment de la société. Contre les propriétaires, détenteurs ou accapareurs des subsistances, il dressa pour la première fois le peuple des sans-culottes qui ne possédaient que leurs bras. Au reste, il n'est pas un homme à théories et à systèmes. Il voit la misère, il dénonce les abus et il propose des remèdes empiriques que lui suggèrent les faits. » (Mathiez, *La Vie chère et le mouvement social sous la Terreur*, p. 364.)

ROVÈRE (Stanislas Joseph François Xavier) (1748-1798). Fils d'un aubergiste aisé de Bonnieux, il fit de solides études. Il se fit forger une généalogie de complaisance qui en faisait un marquis de Fontvielle et un seigneur de La Ramide. Il entra dans les mousquetaires du roi, épousa une riche héritière, Mlle de Claret, dont il dissipa la fortune, ce qui l'obligea à revendre son commandement. Il tenta vainement de se faire élire par la noblesse de Provence aux états généraux. Il fut plus heureux à la Législative où il siégea comme député du Vaucluse et réussit à se faire envoyer à la Convention par les Bouches-du-Rhône. Il vota la mort du roi, remplit plusieurs missions notamment dans le Midi où il en profita pour régler ses comptes. Ses excès indignèrent la Convention. Il fut de la coalition hétéroclite qui renversa Robespierre. Il fut aussi l'un des inspirateurs de la réaction thermidorienne, dépassant par ses outrances les députés les plus à droite. Le Vaucluse l'envoya au Conseil des Anciens, bien qu'il ait été compromis dans l'insurrection du 13 vendémiaire. Lié au parti clichyen, il fut déporté, après le coup d'État du 18 fructidor, en Guyane. Sa seconde femme, Mme d'Agout, épouse divorcée d'un émigré, partit le rejoindre à Cayenne mais, en arrivant, elle apprit que Rovère était mort le 11 septembre 1798.

ROYALISTES. Les royalistes étaient la quasi-totalité du peuple français en 1789. Ce n'est que progressivement que les idées républicaines se frayeront un chemin, grâce aux maladresses, aux tergiversations du roi, à la montée des périls extérieurs et des tensions politiques intérieures. Les adversaires de toute réforme émigrèrent avec le comte d'Artois au lendemain du 14 juillet 1789. Les royalistes partisans de pouvoirs étendus pour le roi, les monarchiens, se trouvèrent politiquement hors course dès 1790. Ceux qui avaient choisi d'affaiblir Louis XVI en espérant lui imposer leur tutelle, les « triumvirs » Barnave, Lameth, Duport d'un côté, La Fayette de l'autre, avaient perdu l'essentiel de leur influence dès 1791. Le processus révolutionnaire s'est traduit par une radicalisation croissante de 1789 à 1794. De 1795 à 1800, si les royalistes relèvent la tête, ils sont tout à fait incapables de menacer sérieusement l'État républicain.

ROYAUTÉ, voir **MONARCHIE**.

ROYER (Jean-Baptiste) (1733-1807). Fils de médecin, il entre dans les ordres et devient curé de Chavannes-sur-Suran. Suppléant à la Constituante, il remplace Bruet, curé d'Arbois, en 1790. Il accepte la Constitution civile du clergé et devient évêque de l'Ain. Il s'opposa, aux Jacobins, à Billaud-Varenne quand celui-ci proposa en 1791 de proclamer la République. Député de l'Ain à la Convention, il vota pour la détention et le bannissement jusqu'à la paix, lors du procès de Louis XVI. Il protesta contre la journée du 2 juin 1793 et fut décrété d'arrestation. Il ne reprit sa place à la Convention qu'après la chute de Robespierre. Élu par le clergé évêque de Paris et installé le 15 août 1798, il siège au Conseil des

Cinq-Cents jusqu'au 20 mai 1798. Compromis dans le discrédit de l'Église constitutionnelle, il ne fut pas repris dans les nominations d'évêques qui suivirent le Concordat. Lecoz en fit un chanoine de Besançon. Il envoya au pape la rétractation de ses serments révolutionnaires. Il mourut à Besançon le 11 avril 1807.

ROYER COLLARD (Pierre Paul) (Né à Sompuis (Marne), le 21 juin 1763, mort en 1845). Fils d'un riche agriculteur de la Marne, il fait de solides études et devient professeur de mathématiques. Il renonce à l'enseignement pour le barreau et s'établit avocat à Paris en 1787. Il entre au conseil de la Commune, désigné par la section de Saint-Louis-en-l'Ile. Il s'en retire après le 10 août. Jugé modéré, il se cache après le 31 mai et ne reparaît qu'une fois Robespierre tombé. La Marne l'envoie siéger au Conseil des Cinq-Cents. Avec Jordan et Quatremère de Quincy, il forme un groupe dont les sympathies royalistes deviennent de plus en plus manifestes. Il est « fructidorisé » mais ne renonce pas à travailler pour une restauration monarchiste. Il fait partie du « conseil royal ». Après Brumaire, il rédige plusieurs travaux philosophiques qui lui permettent de devenir, en 1811, professeur à la Sorbonne. Son grand rôle politique comme chef de file des doctrinaires se situe après 1815.

ROYOU (Thomas Marie) (1743-1792). Professeur de philosophie, beau-frère de Fréron, et associé avec lui à *L'Année littéraire*, il devint en 1789 l'un des ardents défenseurs de la monarchie. Avec Montjoye, il fonda en 1790 un journal, *L'Ami du roi*, qui devient la principale feuille du parti royaliste. Le journal fut supprimé le 4 mai 1792. Par la suite Royou fut décrété d'accusation. Il se cacha et mourut peu après. Son frère et collaborateur Jacques Corentin Royou (1749-1828) échappa à la Terreur et reprit la plume sous le Directoire mais fut condamné à la déportation après le coup d'État du 18 fructidor. Il ne revint en France que sous le Consulat.

RUAMPS (Pierre Charles) (1750-1808). Cultivateur en Charente inférieure, il fut élu membre du Directoire de son département puis député à la Législative. Réélu à la Convention, il siège à la Montagne. Il fut surtout chargé de diverses missions mais ne joua pas un grand rôle jusqu'à la loi de prairial à laquelle il s'opposa : « Si ce décret passe, je me brûle la cervelle. » Après avoir combattu Robespierre, il n'approuva pas la réaction thermidorienne. Arrêté, il ne fut libéré qu'avec l'amnistie de l'an IV. Il avait perdu un œil en prison et reprit son activité de cultivateur tel Cincinnatus.

RUES DE PARIS. Il y avait 900 rues et 24 000 maisons à Paris en 1771, dont un huitième appartenait au clergé et aux hôpitaux. En 1789, il y avait sans doute un bon millier de maisons en plus. Parmi les rues débaptisées durant la Révolution, on peut signaler : Petite-Rue-Chalier (ex-rue Neuve-de-Richelieu), place Chalier (ex-place de la Sorbonne), rue de la Montagne (ex-rue Neuve-Saint-Roch), rue Michel-Lepelletier (ex-rue Michel-le-Comte), rue de Lucrèce-Vengée (ex-rue Notre-Dame-des-Champs), rue de Marat (ex-rue de l'École-de-Médecine), rue Mont-Marat (ex-rue Montmartre), rue du Faubourg-Mont-Marat (ex-rue du Faubourg-Montmartre), rue du Champ-du-Repos (ex-rue des Martyrs), rue de l'Ami-du-Peuple (ex-rue de l'Observance).

RUHL (Philippe Jacques) (1737-1795). Fils d'un pasteur de Worms établi à Strasbourg, Ruhl avait étudié le droit et était devenu en 1769 archiviste du prince de Linange-Hartenbourg qui en fit son conseiller intime et lui versa une pension même lorsque Ruhl revint à Strasbourg et y professa des idées révolutionnaires. Membre du Directoire du département du Bas-Rhin en février 1791, Ruhl fut élu à la Législative où il siégea à gauche. Il prit position dans l'affaire des princes possessionnés d'Alsace et proposa que Schiller fût déclaré citoyen d'honneur. Envoyé à la Convention, il présida sa première séance comme doyen d'âge des députés présents. Il remplit diverses missions et dépouilla les papiers trouvés dans l'armoire de fer des Tuileries. Mais il fut absent, pour cause de maladie, lors du procès de Louis XVI. A Strasbourg où il avait été envoyé, il se brouilla avec l'autre représentant Couturier qu'il fit rappeler. Mais les Jacobins de Strasbourg prirent parti contre lui et le dénoncèrent comme modéré. Cela n'empêcha pas Ruhl d'entrer au Comité de sûreté générale. En mission à Reims, il y brisa la Sainte-Ampoule dont il envoya les débris à la Convention. A peine de retour à Paris, il repartit dans le Bas-Rhin. Au 9 thermidor, il se prononça contre Robespierre mais défendit les membres des comités attaqués par la réaction thermidorienne. Après l'insurrection de prairial, il fut décrété d'arrestation sur proposition de Garran-Coulon. Bourdon de l'Oise intervint pour faire remarquer qu'il s'agissait d'un « vieillard hydropique et septuagénaire » : il resta à son domicile sous la surveillance d'un inspecteur. Mais lorsqu'il fut décrété d'arrestation sur rapport de Sevestre, il préféra se poignarder le 30 mai 1795.

RULHIÈRE (Claude Carloman de) (1735-1791). Homme de lettres et diplomate, secrétaire du comte de Provence, il vivait d'une curieuse survivance, celle du gouvernement de la fontaine de la Samaritaine, qui lui rapportait d'importantes sommes. On conçoit qu'il se soit déclaré contre la Révolution qui supprima sa sinécure. Il mourut ruiné.

RUSSIE. Bien que très hostile à la Révolution, Catherine ne jugea pas nécessaire d'engager la lutte contre elle, pas plus que son fils et successeur, Paul Ier. Inquiété par l'expédition d'Égypte, il se rapprocha cependant de la Turquie et de l'Angleterre et fut la cheville ouvrière de la deuxième coalition. Mais les dissensions entre Autrichiens et Russes l'amenèrent à rappeler ses troupes après la défaite de Zurich en septembre 1799. Il se rapprocha alors de Bonaparte et envisagea un démembrement de la Turquie avec son appui, se retourna contre l'Angleterre et organisa la Ligue des neutres contre elle avant de périr assassiné. La grande affaire des tsars durant la dernière décennie du XVIIIe siècle fut le dépeçage de la Pologne, avec les partages, de 1793 et 1795, qui portèrent la frontière russe jusqu'au Niémen et au Boug, mais aussi l'élargissement de la façade sur la mer Noire au détriment des Turcs et la fondation d'Odessa.

S

SADE (Donatien Alphonse François, marquis de) (1740-1814). Parangon de la Terreur (il annonce dans *Les Cent Vingt Journées de Sodome* les horreurs d'un Carrier ou d'un Lebon) ou victime de la Révolution qui ne manqua pas de l'incarcérer comme aristocrate ? D'une grande famille de Provence, Sade, qui s'était destiné à l'armée avant d'être réformé, eut à souffrir de l'ordre moral de l'Ancien Régime. Sur dénonciation de prostituées auxquelles il avait donné des bonbons à la cantharide pour stimuler leurs ardeurs, il fut condamné à mort pour « crime d'empoisonnement et sodomie ». Il parvint à s'enfuir en 1772. Il devra se cacher, mais sera arrêté en février 1777. Il passera plus de six ans en prison au donjon de Vincennes. Le 29 février 1784, il est transféré à la Bastille où il compose plusieurs de ses œuvres dont *Les Cent Vingt Journées de Sodome*. Le 4 juillet 1789, pour avoir crié de sa fenêtre deux jours auparavant qu'on égorgeait les prisonniers de la Bastille, il est transféré à Charenton. Il est libéré le 2 avril 1790. Il essaie alors de vivre de sa plume, ses droits seigneuriaux de La Coste ayant été abolis. En septembre 1790 la Comédie-Française reçoit *Le Misanthrope par amour*. L'année suivante il publie *Justine ou les Malheurs de la vertu* et fait jouer au théâtre Molière *Le Comte d'Oxtiern*. Devenu suspect comme ci-devant, il tente pourtant de jouer un rôle à la section des Piques (la place Vendôme) qu'il présidera. Il sauve ainsi son beau-père et sa belle-mère, cause pourtant de ses malheurs sous l'Ancien Régime. Par ordre du département de police de la Commune de Paris, il est arrêté le 5 décembre 1793, pour « modérantisme ». Il est détenu aux Carmes puis à Saint-Lazare et remis en liberté le 15 octobre 1794. En 1795, il publie *La Philosophie dans le boudoir*, puis en 1797, *La Nouvelle Justine, suivie de l'Histoire de Juliette sa sœur*. En fait, Sade qui a dû vendre son château se trouve dans la misère. En écrivant *Zoloé et ses deux acolytes*, pamphlet contre Joséphine et Bonaparte (désigné sous le pseudonyme d'Orsec, le Corse), s'il est bien l'auteur de cette brochure, « le divin marquis » s'attire l'animosité du Premier consul. Le 6 mars 1801, il est arrêté comme auteur de *Justine*, l'ouvrage « le plus affreusement obscène qui ait paru en ce genre ». Il finira ses jours à Charenton, avec les fous.

SAINT-AMAND-MONTROND (nom révolutionnaire : Libreval).

SAINT-CLOUD (noms révolutionnaires : Pont-la-Montagne, La Montagne-Chérie).

SAINT-DENIS (nom révolutionnaire : Franciade).

SAINT-DENIS (abbaye de). Cette abbaye servait de sépulture aux rois de France depuis 638. Le 1er août 1793, la Convention décréta que les tombeaux des « ci-devant rois » seraient détruits. On défonça les cercueils, jeta les ossements dans une grande fosse. Les statues et les gisants furent sauvés grâce à l'intervention d'Alexandre Lenoir qui les fit transporter aux Petits-Augustins où il organisait le futur musée des Monuments français. La restauration des sépultures royales fut ordonnée en 1806 par Napoléon. Le saccage de la basilique de Saint-Denis est un des meilleurs exemples du vandalisme révolutionnaire.

SAINT-DOMINGUE. A la veille de la Révolution, la partie française de Saint-Domingue – correspondant au territoire de l'actuelle république d'Haïti – était beaucoup plus prospère que la moitié espagnole. Les Espagnols n'avaient guère plus de 40 000 habitants sous leur administration, alors que les Français en avaient 600 000 dont 500 000 esclaves noirs importés d'Afrique, travaillant sur 7 800 plantations de canne à sucre, de café et de coton. La décision de la Constituante d'accorder des droits politiques aux Noirs affranchis et aux mulâtres en mars 1790 encouragea les esclaves à se soulever en août 1791 sous le commandement de Toussaint Louverture. Furieux que la Convention ait proclamé l'abolition de l'esclavage, les colons blancs appelèrent Anglais et Espagnols à leur secours. Maîtres dès 1794 de la plus grande partie du territoire, les esclaves tinrent tête à l'armée anglaise venue de la Jamaïque. Toussaint Louverture entreprit même la conquête de la partie espagnole de l'île qui venait d'être cédée à la France par le traité de Bâle de 1795. Le Directoire nomma Toussaint Louverture général en chef des forces de Saint-Domingue et lui confia le soin de mener la guerre contre les Anglais. Mais en 1801, Toussaint Louverture prit ses distances avec la France, ce qui amena l'envoi par Bonaparte d'un corps expéditionnaire dirigé par son beau-frère Leclerc. Finalement, l'indépendance d'Haïti fut proclamée en 1804.

SAINT EMPIRE ROMAIN GERMANIQUE, voir **ALLEMAGNE**.

SAINT-ÉTIENNE (noms révolutionnaires : Libre-Ville, Armes-Ville, Commune-d'Armes).

SAINT-GERMAIN-EN-LAYE (nom révolutionnaire : Montagne-du-Bon-Air).

SAINT-HURUGUE (Victor Amédée de La Fage, marquis de) (1750-1810). Jeune officier, il renonce au métier des armes à la mort de son père dont il hérite une grosse fortune. Il épouse une comédienne, Mlle Mercier, mais apprenant le passé orageux de sa femme, il tente de s'en séparer. Mal lui en prit : il fut emprisonné pendant quatre ans et, à sa libération, se retrouva complètement ruiné. Il s'enfuit en Angleterre et ne revint qu'avec la Révolution. Établi au Palais-Royal, il se révéla, grâce à sa haute stature et à sa forte voix, un excellent meneur et fut surnommé « le généralissime des sans-culottes ». Lié à Danton, il fut arrêté peu après la chute du tribun et ne sortit de prison qu'après le 9 thermidor. Il devint alors un « réacteur » chassant et « rondinant » les Jacobins. Il avait changé de nom et se faisait appeler le citoyen Lafarge. Après le 18 brumaire il fut oublié et mourut dans la misère et l'obscurité.

SAINT-JUST (Louis) (1767-1794). Archange de la Terreur ou monstre sanguinaire ? Théoricien politique lucide ou auteur ridicule de projets qui en restaient à Sparte quand on entrait dans l'ère industrielle ? « Une lampe dans un tombeau », disait Barrès. Figure pleine de contradictions dont la mystique de la guillotine nous répugne mais dont la mort en pleine jeunesse émeut. Fils d'un cultivateur qui fut fait chevalier de Saint-Louis en raison des services rendus dans l'armée, Saint-Just naît le 25 août 1767 à Decize. Il fait ses études chez les oratoriens de Soissons et son droit à Reims. Sa jeunesse sera orageuse : il aurait dérobé des objets précieux à sa mère ; il écrit un poème érotique, *L'Organt,* plein de scènes de bestialité et de viols. Il séjourne à Paris au début de la Révolution, puis rejoint Blérancourt en Picardie où sa famille s'est établie en 1777. Il y prend des positions avancées : lieutenant-colonel de la garde nationale en 1789, il participe à la fête de la Fédération l'année suivante et aurait escorté la voiture du roi au retour de Varennes. Élu à la Législative, il doit renoncer faute d'avoir l'âge requis. Un an plus tard, le collège électoral de Soissons l'envoie à la Convention. Ses opinions tranchées font sensation dans une assemblée où la nuance n'est pourtant pas la règle. Avant le procès de Louis XVI, il s'exclame : « On ne peut point régner innocemment. Tout roi est un rebelle et un usurpateur. » Il joue un rôle important dans la lutte contre les Girondins, puis, après son entrée au Comité de salut public, contre Danton et les Indulgents. Il ne pardonnait pas les railleries de Desmoulins. Il fait l'apologie du gouvernement révolutionnaire : « Il est impossible que les lois révolutionnaires soient exécutées si le gouvernement lui-même n'est constitué révolutionnairement. » Il dénonce les pesanteurs bureaucratiques : « Les lois sont révolutionnaires ; ceux qui les exécutent ne le sont pas ».

Le théoricien fut médiocre. *Les Institutions républicaines* sont encombrées de considérations vertueuses où l'on prône un régime végétarien pour les enfants, où « celui qui ne croit pas à l'amitié ou qui n'a point d'ami doit être banni ». Les filles ne pourront paraître en public sans leurs parents « tant qu'elles seront adolescentes et vierges ». Il va de soi que « les époux qui n'ont point eu d'enfants pendant les sept premières années de leur union et qui n'en ont point adopté sont séparés par la loi ». On pourrait multiplier les citations de Saint-Just qui évoquent Monsieur Prudhomme plus qu'un homme des lumières.

En revanche Saint-Just fit preuve de plus de réalisme dans ses missions. Du 16 octobre 1793 au 4 janvier 1794, il est à l'armée du Rhin où il rétablit la discipline, nomme un nouveau commandant en chef et délivre Landau. A la fin du mois de janvier il est dans le Nord et revient à Paris le 9 février 1794. Il repartit à l'armée du Nord le 28 avril. Il fut rappelé par Robespierre. Était-il en désaccord avec Robespierre ? Il ne put lire le discours qu'il avait préparé lors de la séance du 9 thermidor et se laissa arrêter sans résistance. A l'Hôtel de Ville il paraît frappé d'atonie. Lassitude ? Dégoût devant les querelles internes de la Montagne ? Il emporte son secret sur l'échafaud le 10 thermidor. Il avait écrit dans une sorte de testament : « Je méprise la poussière qui me compose et qui vous parle ; on pourra la persécuter et faire mourir cette poussière ! Mais je défie qu'on m'arrache cette vie indépendante que je me suis donnée dans les siècles et dans les cieux. »

SAINT-LAZARE (prison de), voir **PRISONS**.

SAINT-LÔ (nom révolutionnaire : Rocher-de-la-Liberté).

SAINT-MALO (nom révolutionnaire : Port-Malo).

SAINT-MANDÉ (nom révolutionnaire : La Révolution).

SAINT-MARTIN (Louis Claude de) (1743-1803). Né à Amboise, de petite noblesse, Saint-Martin, officier stationné à Bordeaux, est admis en 1765 dans l'ordre des élus cohens fondé par le théosophe Martines de Pasqually. Il quitte l'armée en 1771 pour se consacrer à la philosophie et devient le secrétaire de Martines. Entre 1773 et 1774, il est à Lyon chez Willermoz, fondateur de la franc-maçonnerie rectifiée. C'est alors qu'il rédige *Des erreurs et de la vérité* qui lui vaudra ce surnom auquel il tenait de « philosophe inconnu ». A Strasbourg, il rencontre Salzmann qui lui révèle la philosophie de Böhme. En 1790, il publie son chef-d'œuvre, *L'Homme de désir* puis en 1792 *Le Nouvel Homme* et *Ecce Homo*. Il entreprend également une correspondance théosophique avec Krechberger. En 1795, c'est la célèbre controverse avec Garat. Pour Saint-Martin la Révolution est un châtiment envoyé par la Providence : il rejoint par là Joseph de Maistre. En 1802, il fait la synthèse de Böhme et de Martines dans *Le Ministère de l'homme-esprit*. Il meurt le 13 octobre 1803.

SAINT-MICHEL (Mont) (nom révolutionnaire : mont Libre).

SAINT-NAZAIRE (nom révolutionnaire : Marat).

SAINT-PRIEST (François Emmanuel Guignard, comte de) (1735-1821). Fils d'un conseiller d'État, intendant du Languedoc, il prit part aux campagnes d'Allemagne, d'Espagne et de Portugal avant d'être nommé ambassadeur à Lisbonne puis à Constantinople en 1768. Ambassadeur en Hollande de 1785 à 1787, il fut ministre sans portefeuille dans le cabinet Necker (décembre 1788-12 juillet 1789) et appelé en août 1789 comme secrétaire d'État de la maison du roi puis ministre de l'Intérieur. L'incendie de son château refroidit ses ardeurs réformatrices. Aux femmes qui réclamaient du pain à Versailles, le 5 octobre 1789, il répondit : « Vous n'en manquiez pas quand vous n'aviez qu'un roi ; allez en demander à nos douze cents souverains. » Attaqué par Mirabeau et la gauche de l'Assemblée, il remit sa démission en décembre 1790 et émigra. Il ne revint en France qu'en 1814. Pair de France il vota la mort pour Ney. Il a laissé d'intéressants Mémoires.

SAINT-SIMON (Claude Henri, comte de) (1760-1825). D'une illustre famille, il fut, avant de devenir l'un des penseurs les plus hardis du XIXe siècle, un agioteur et un spéculateur sur les biens nationaux. Il fut incarcéré sous la Terreur et ne sortit de prison qu'après le 9 thermidor. Il se remit à trafiquer jusqu'en 1797.

SAINT-TROPEZ (nom révolutionnaire : Héraclée).

SAINTE-AMARANTHE (Jeanne Françoise Louise Demier dite Mme de) (1752-1794). Elle se prétendait veuve d'un officier de cavalerie tué lors de la journée du 6 octobre

1789. L'existence de cet officier ne fut jamais établie. Ce qui est sûr, c'est que la dame tenait avec sa fille, ravissante jeune personne, un tripot au coin de la rue Vivienne et de la rue Neuve-des-Petits-Champs. Sa fille avait épousé un fils de Sartine et la maison accueillait de nombreux royalistes. Mère et fille furent compromises et exécutées dans la fournée des chemises rouges en juin 1794.

SAINTE-MAXIME (nom révolutionnaire : Cassius).

SAINTES (nom révolutionnaire : Xantes).

SALADIN (Jean-Baptiste Michel) (1752-1812). Avocat, il fut élu par le département de la Somme (il était né à Amiens) à l'Assemblée législative où il siégea à gauche, réclamant notamment la mise en accusation des frères du roi et dénonçant les ministres feuillants. Réélu à la Convention, il prit place sur les bancs de la Montagne. Il vota la mort de Louis XVI et remplit plusieurs missions dans les départements de la Somme et de la Seine inférieure. La lutte entre Girondins et Montagnards l'inquiétait. Après le 2 juin 1793, écœuré par les pressions populaires, il rejoignit le côté droit de la Convention et fut décrété d'arrestation le 21 août sur dénonciation de Chabot et Tallien pour avoir dit que la Montagne était composée « de scélérats et de septembriseurs ». Devenu « réacteur » après sa libération, il protesta contre le décret des deux tiers et se vit accusé de complicité avec les insurgés du 13 vendémiaire. Il s'enfuit mais il fut rattrapé. Bien que traité de « chouan » et de « traître », il ne fut pas emprisonné. A nouveau décrété d'arrestation après le 18 fructidor, il prit la fuite avec plus de succès cette fois. Il devait être amnistié après Brumaire et finir comme avocat au Tribunal de cassation.

SALAIRES. A la veille de la Révolution, le salaire moyen d'un manœuvre était de 30 à 40 sous à Paris, de 15 à 20 ailleurs, de 20 à 30 à Lyon. L'inflation liée à la dévaluation des assignats fit beaucoup de tort à la condition ouvrière qui se dégrada sensiblement jusqu'au rétablissement de la paix civile et de la monnaie avec le Consulat.

SALICETI (Christophe) (1757-1809). Député du tiers de la Corse aux états généraux, il fit rappeler Paoli, alors réfugié à Londres, et lui fit obtenir le commandement de la garde nationale de l'île. Après la séparation de la Constituante, il fut procureur général-syndic du département. Élu à la Convention, il y vota la mort du roi, mais fut par la suite absorbé par les affaires corses. Il avait attiré l'attention de la Convention sur les agissements de Paoli. Envoyé en mission avec Delcher et Lacombe Saint-Michel, il découvrit que l'île était aux mains de Paoli. Il partit rendre compte à l'Assemblée tandis que Lacombe Saint-Michel organisait la défense de Bastia. Ayant rejoint ensuite l'armée de Carteaux, il participa à la prise de Marseille puis au siège de Toulon où il joua un rôle modérateur. Il fut adjoint à l'expédition d'Oneille. Décrété d'accusation en mai 1795, il se cacha. Amnistié, il fut nommé par le Directoire commissaire près l'armée d'Italie avec mission de surveiller Bonaparte. Il invita les Lombards à se soulever et prit part aux négociations avec Rome. Élu en 1797 au Conseil des Cinq-Cents, il ne s'opposa pas au coup d'État de Brumaire. En janvier 1806, il suivit Joseph Bonaparte à Naples. Il y mourut, le 23 décembre 1809, au sortir d'un dîner chez le préfet de police Maghella qu'il détestait. On parla d'empoisonnement mais l'autopsie révéla qu'il avait succombé à un accès de coliques néphrétiques.

SALLES (Jean-Baptiste) (1759-1794). Médecin à Vézelise, il est élu député du tiers état aux états généraux par le bailliage de Nancy. A la Constituante, il défend des idées avancées, refusant le droit de veto pour le roi mais proclamant par la suite l'inviolabilité de la personne royale. Peu à peu il glisse vers le modérantisme. Il est l'un des fondateurs du club des Feuillants. Après la séparation de la Constituante, il devient membre du directoire du département de la Meurthe. Ce département l'envoie à la Convention. Il y siège à droite, votant, lors du procès de Louis XVI, pour la détention jusqu'à la paix, attaquant Marat et dénonçant les septembriseurs. Englobé dans la proscription des Girondins le 2 juin, il s'enfuit à Caen puis gagne Bordeaux et il se cache à Saint-Émilion avec Guadet chez le père de ce dernier. Dénoncés, les deux députés sont conduits à Bordeaux pour y être exécutés. Comme le couperet ne tombait pas et que le bourreau n'en voyait pas la cause, Salles, la tête dans la lunette, en donna la raison. Deux minutes plus tard sa tête tombait.

SALM (club de). C'est quelque peu abusivement qu'on a parfois appelé club de Salm les réunions informelles qui se tenaient sous le Directoire à l'hôtel de Salm et qu'animait Mme de Staël. Parmi les personnages qui gravitaient autour d'elle et tentaient de se tailler une place au soleil de la politique se trouvait Benjamin Constant.

SALONS DE PARIS. Sans avoir l'importance des clubs, les salons de Paris jouèrent un rôle dans la vie politique de la Révolution. En 1789, le salon de Mme Necker accueillait Condorcet, Parny, Sieyès, la jeune Mme de Staël. Il cessa ses activités dès 1790. Le salon de Mme de Beauharnais était aussi célèbre pour son ouverture aux idées nouvelles. Dorat-Cubières écrivait : « La Liberté et l'Égalité sont les dames d'atour de Mme de Beauharnais. » On peut citer encore, à l'aube de la Révolution, le salon de Mme de Genlis, égérie du duc d'Orléans, le salon littéraire de Mme Panckoucke, la femme du célèbre éditeur, le salon très aristocratique de Mme de Sabran, le salon de la jeune Julie Talma où Marat vint attaquer Dumouriez, où l'on voyait pêle-mêle Chénier, Ducis, Greuze, Vergniaud, Lavoisier, Lebrun, Legouvé, Roland. Le salon de Mme de Condorcet accueillait les étrangers célèbres : Tom Paine, Anacharsis Cloots, Cabanis, Mackintosh. Les rédacteurs royalistes des *Actes des Apôtres* se retrouvaient chez Mmes d'Angivilliers, de Tessé, de Chambonas. Tous ces salons se dispersèrent dès 1790 ou 1791. Le seul qui survécut au 10 août 1792 fut celui de Mme Roland. Encore disparut-il le 2 juin 1793. Après trois années de barbarie et de Terreur, le Directoire vit renaître quelques salons qui n'avaient pas la grâce et l'élégance des salons d'Ancien Régime. Mme de Staël réunissait chez elle Benjamin Constant, Barbé-Marbois, Boissy d'Anglas, Mme Récamier. Mme Tallien avait un salon des plus éclectiques, celui de Mme de Pastoret était plus relevé. Sous le Consulat et l'Empire, les salons eurent un peu plus de tenue mais furent cependant bien ternes.

SALPÊTRES, voir **POUDRES ET SALPÊTRES.**

SALPÊTRIÈRE (hôpital de la). Ce grand hôpital situé au 47 du boulevard de l'Hôpital hébergeait bien huit mille personnes à la veille de la Révolution au témoignage de Tenon. La Rochefoucauld-Liancourt et le conventionnel Camus ont décrit les malades vivant pêle-mêle, « couchant quatre et cinq dans un lit, se communiquant tous les maux que la fréquentation peut donner ». Grâce aux rapports de Camus, la population fut réduite de moitié, les condamnées et les prostituées en furent exclues, les enfants furent envoyés aux Orphelines, les ménages âgés aux Petites-Maisons, les indigentes à la Force.

SALUT PUBLIC (Comité de), voir **COMITÉ DE SALUT PUBLIC**.

SAMBRE-ET-MEUSE (armée de). Cette armée fut formée en 1793 de celles de la Moselle, du Nord et des Ardennes. Après la prise de Tournai et d'Ostende, la Convention décréta qu'elle avait bien mérité de la patrie. Elle eut droit à la même distinction à la prise de Bruxelles, puis à celle de Maestricht en 1795, à celle d'Aix-la-Chapelle. Elle participa à la conquête de la Hollande. En 1796, elle traversa le Rhin et affronta les Autrichiens sur la Lahn. Elle eut notamment pour chefs Jourdan, Moreau, Augereau. Réunie à l'armée de Rhin-et-Moselle, elle devint l'armée d'Allemagne.

SANCTION ROYALE. La sanction royale, la signature du roi est nécessaire pour tout texte voté par l'Assemblée ainsi que le stipule la Constitution de 1791 : « Le roi consent et fera exécuter. » Le roi est tenu « d'exprimer son consentement ou son refus sur chaque décret, dans les deux mois de la présentation ». La sanction royale a pour contrepartie le veto suspensif.

SANS-CULOTTES. Ce terme est surtout utilisé à partir de 1792 pour désigner les habitants de Paris partisans des Montagnards, plus particulièrement ceux des faubourgs Saint-Antoine et Saint-Marcel. Les sans-culottes peuplent les sections parisiennes et les comités révolutionnaires et sont les responsables du régime de la Terreur. Ce sont eux qui sont engagés dans les journées du 10 août 1792, du 31 mai, du 2 juin 1793. Socialement, les sans-culottes ne sont pas des pauvres, encore moins des indigents. Ce sont de petits artisans et, accessoirement, les compagnons travaillant sous leurs ordres. Ces petits possédants pensent que la diffusion de la propriété permettra l'instauration du bonheur, grâce à une répartition équitable des biens : « Un jour viendra... où le niveau de la loi réglera les fortunes... Il ne doit pas être permis à un citoyen de posséder plus qu'un arpent de terre », écrit Sylvain Maréchal. Habitants de la ville, les sans-culottes sont particulièrement sensibles aux difficultés d'approvisionnement, à la hausse des prix, à la dépréciation des assignats. Ils réclament la taxation des denrées alimentaires. La section du Jardin des Plantes qui vient de se nommer section Sans-Culotte demande : « Il faut fixer invariablement le prix des denrées de première nécessité, les salaires du travail, les profits de l'entreprise et les bénéfices du commerce ». Les sans-culottes pratiquent le tutoiement égalitaire, s'adressent les uns aux autres en s'appelant « citoyens », portent un costume caractéristique : pantalon et non culotte, chemise, veste courte dite carmagnole, se coiffent d'un bonnet rouge, portent en permanence sabre et pique. Ce sont eux qui forment les effectifs des armées révolutionnaires qui sillonnent la France, qui favorisent les mascarades antireligieuses, qui, déçus de l'élimination d'Hébert, restent indifférents à la chute de Robespierre, et qui, affaiblis, déconsidérés, découragés, tentent les journées de germinal et de prairial, dernière manifestation d'une puissance déjà battue en brèche par la jeunesse dorée.

SANS-CULOTTIDES. Nom donné aux 5 jours complémentaires du calendrier républicain terminant l'année. Ils étaient consacrés à des fêtes en l'honneur de la Vertu, du Génie, du Travail, de l'Opinion et des Récompenses.

SANSON (Charles Henri) (1739-1806). Il avait succédé à son père Jean-Baptiste comme bourreau en 1778. Il devait renoncer à ses fonctions le 30 août 1795. Henri Sanson lui succéda. Bien qu'il ait été la plus grande vedette de la Révolution, exécutant Louis XVI, Marie-Antoinette, les Girondins Danton, Robespierre et Fouquier-Tinville, il n'existe aucun portrait, aucune effigie de ce personnage. Ses mémoires sont apocryphes.

SANTERRE (Antoine Joseph) (1752-1809). Riche brasseur du faubourg Saint-Antoine, il se passionnait pour les courses de chevaux et se prétendait le meilleur cavalier de Paris après le duc d'Orléans. Portant bien, aimant l'uniforme, il fut enchanté de devenir commandant général de la garde nationale au 10 août 1792 en remplacement de Mandat assassiné. Sa popularité était alors considérable grâce à une action bienfaisante qui lui avait valu le surnom de « père du faubourg (Saint-Antoine) » :

Et comme chef unique,
ils ont élu Santerre,
C'est le roi des faubourgs,
c'est leur Agamemnon
Un de ceux dont le peuple
idolâtre le nom,

chante un poète de l'époque. Le 21 janvier 1793, en vertu de ses fonctions, il accompagna Louis XVI à l'échafaud. Il aurait ordonné le roulement de tambours qui couvrit la voix du roi quand celui-ci voulut parler à la foule. Santerre, grisé par l'uniforme, souhaitait connaître la gloire militaire et demanda un commandement en Vendée. Il y fut pitoyable, et, rappelé à Paris, le Comité de salut public le fit incarcérer jusqu'au 9 thermidor. Il sortit de prison ruiné et abandonné par sa femme. On lui procura de modestes missions, notamment l'achat de chevaux pour les armées. Des spéculations sur les biens nationaux lui permirent de se refaire, mais une opération désastreuse le ruina à nouveau et il en mourut de chagrin.

SAPINAUD (chevalier de) (1738-1793). Il fut l'un des premiers chefs de la Vendée et assura le commandement de la première armée catholique. Il battit le général républicain Marcé, donnant à ses troupes leurs premières victoires. Tombé aux mains des bleus, il fut mis à mort. Sa femme a laissé d'intéressants Mémoires.

SARDAIGNE, voir **PIÉMONT-SARDAIGNE**.

SARRETTE (Bernard) (1765-1858). Originaire de Bordeaux, il devint capitaine d'état-major de la garde nationale et eut l'idée de regrouper d'anciens musiciens des gardes-françaises pour constituer la musique de cette formation. En 1790, il fondait, avec ses compagnons, une école gratuite de musique. Cet établissement devint, par un décret de septembre 1795, le Conservatoire de musique. Sarrette en fut le commissaire du gouvernement puis le directeur en 1797. Napoléon en favorisa l'extension. Destitué par la Restauration, Sarrette mourut à Paris en 1858.

SAURINE (Jean-Baptiste Pierre) (1733-1813). Modeste curé, il prête serment à la Constitution civile du clergé et devient évêque constitutionnel des Landes en août 1791. Un an plus tard, il est envoyé par ce département à la Convention. Il s'y prononce pour la détention du roi et vote la mise en accusation de Marat. Il proteste contre les journées des 31 mai et 2 juin et se voit décrété d'arrestation. Il ne rentre à la Convention qu'en décembre 1794. Il siège jusqu'en mai 1797 au Conseil des Cinq-Cents. Resté prêtre et membre actif du clergé constitutionnel, il est appelé après le Concordat au siège de Strasbourg.

SAVANTS, voir **SCIENCES**.

SAVARY (Louis Jacques) (1755-1831). Administrateur du département de l'Eure, il fut élu à la Convention où il ne vota pas la mort de Louis XVI. Inquiété lors de la révolte fédéraliste de 1793, pour ses liens avec Buzot, il se cacha. Il siégea par la suite au Conseil des Cinq-Cents et se rallia à Bonaparte qui le fit entrer au corps législatif.

SAVOIE. Maîtresse de sa Savoie d'origine, du Piémont et de la Sardaigne, la maison de Savoie s'étend de chaque côté des Alpes. Sous Victor-Amédée III (1773-1796) se développe la puissance militaire piémontaise. Farouchement hostile à la Révolution française, il accueille de nombreux émigrés et prêtres réfractaires, ce qui lui vaut une déclaration de guerre de la République dès sa naissance, le 22 septembre 1792. Aussitôt envahie par de Montesquiou, la Savoie est déclarée annexée dès le 27 novembre. Les révolutionnaires suscitent une société des Allobroges censée représenter les populations occupées, et qui sollicite cette annexion. La Savoie sera française jusqu'en 1815 et le redeviendra après, cette fois, une authentique consultation populaire, en mars 1860.

SAXE-TESCHEN (Albert duc de) (1738-1822). Fils de l'Électeur de Saxe, roi de Pologne, Auguste II, il avait épousé en 1766 la sœur aînée de Marie-Antoinette, l'archiduchesse Marie-Christine. Il fut nommé conjointement avec elle gouverneur des Pays-Bas et eut, à ce titre, à réprimer les désordres puis à s'opposer à l'invasion française. Après la conquête, il se retira en Autriche.

SCHERER (Barthélemy Louis Joseph) (1747-1804). Né à Delle dans le Haut-Rhin le 18 décembre 1747, il est cadet dans les troupes autrichiennes en 1760, blessé à Torgau et admis à servir en France puis en Hollande. Véritable mercenaire, le revoilà en France en 1792 comme aide de camp de Beauharnais à l'armée du Rhin. Il est général de brigade le 19 septembre 1793, général de division le 28 janvier 1794. Il prend Valenciennes le 28 août 1794, Condé le 30. Commandant en chef de l'armée des Pyrénées orientales à la place de Pérignon le 3 mars 1795, il passe à l'armée d'Italie le 29 septembre. Vainqueur à Loano le 24 novembre, il démissionne. On le retrouve à l'armée de Rhin-et-Moselle en février 1797. Il est ministre de la Guerre à la place de Petiet du 25 juillet 1797 au 21 février 1799. A nouveau en Italie, il est vainqueur à Pastrengo le 26 mars mais vaincu à Magnano le 5 avril 1799. Après Brumaire, il n'est pas compris dans la réorganisation de l'état-major général.

SCHNEIDER (Jean-Georges, dit Euloge) (1756-1794). Prêtre allemand, prédicateur à la cour du duc de Wurtemberg, professeur à l'université de Bonn, il s'enthousiasma pour la Révolution et abandonna enseignement et situation pour gagner la France. Il fut nommé accusateur public près le tribunal criminel du Haut-Rhin. Charles Nodier a laissé de lui une saisissante peinture dans ses *Mémoires sur la Révolution et l'Empire.* Il établit en effet un régime de terreur fondé sur la cruauté et l'arbitraire. Envoyé en mission en Alsace, Saint-Just mit fin à ses excès. Schneider fut traduit devant le Tribunal révolutionnaire et guillotiné.

SCIENCES. La Révolution a eu des effets variables sur les sciences. Certes, il y eut des tendances anti-intellectualistes et les débats de la Convention en 1793 contiennent des attaques contre les savants qui sont dignes de la remarque apocryphe du juge condamnant Lavoisier à mort : « La République n'a pas besoin de savants. » La suppression des universités est partiellement compensée par la fondation de grandes écoles scientifiques. Les Académies royales sont supprimées, six académiciens envoyés à la guillotine et onze autres goûtent à la prison sous la Terreur, deux d'entre eux y meurent, quatorze sont exclus du travail scientifique. Ce démantèlement de la recherche scientifique de base est très partiellement compensé par la mobilisation d'une dizaine de savants au service de la Révolution et du Comité de salut public, Guyton de Morveau, Fourcroy, Chaptal et Berthollet étant les principaux. Leurs travaux sont surtout des applications de l'art de la guerre : fabrication d'armes, amélioration du tir des canons et de la qualité des métaux, extraction du salpêtre et fabrication de la poudre. Après la Terreur, une vie scientifique plus normale reprend avec la création de l'Institut. Sa première classe, celle des sciences physiques et mathématiques, compte soixante-cinq membres, dont quarante-cinq étaient déjà là sous l'Ancien Régime, heureuse continuité et preuve que les choix de la monarchie étaient bons. Les principaux savants de cette époque sont les mathématiciens et géomètres Laplace, Legendre, Monge, les chimistes Berthollet, Chaptal, Leblanc, Vauquelin, le physicien Coulomb, les naturalistes Cuvier, Geoffroy Saint-Hilaire, Lamarck. Chappe invente le télégraphe, Coutelle organise la première compagnie d'aérostiers militaires, Lebon invente l'éclairage au gaz, les savants de l'expédition d'Égypte fondent l'égyptologie. Malgré la tourmente révolutionnaire, le bilan scientifique de la dernière décennie du XVIIIe siècle est largement positif.

SCRUTINS. On a beaucoup voté sous la Révolution. Le scrutin se faisait généralement au moyen de papiers pliés sur lesquels on portait le nom de son choix et qu'on déposait dans une urne. Des scrutateurs devaient dépouiller publiquement le contenu des urnes et proclamer les résultats à haute voix. Au premier tour, la majorité absolue était requise, au second les deux candidats ayant obtenu le plus de suffrages restaient seuls en lice pour se départager au cours d'un troisième tour. En cas d'égalité, le plus âgé était déclaré élu. Ce procédé apparemment démocratique cache une réalité qui ne l'est guère. L'absence d'isoloirs entrave la liberté et le secret de choix. Surtout, les Jacobins, désireux d'emporter les élections quoique très minoritaires, mirent en place des procédés totalitaires. Ainsi, lors des élections à la Convention, la Commune de Paris décida-t-elle d'interdire le scrutin secret : les électeurs durent se succéder à la tribune et proclamer à haute voix leur choix en présence d'une foule ouvertement favorable aux Jacobins et qui huait quiconque ne votait pas dans le sens qu'elle souhaitait. On comprend, dans ces conditions, la victoire des Montagnards à Paris. Plus grave était la pratique des scrutins épuratoires apparue dès la scission des Jacobins après Varennes. D'abord limitée au club des Jacobins, elle se répandit très rapidement à tous les niveaux. Elle consistait à constituer un groupe d'hommes sûrs qui se proclamait garant de la pureté du corps électoral, cooptait d'autres membres et reconstituait la société ou le club en éliminant les éléments indésirables. Ainsi procéda Robespierre au club des Jacobins, s'adjoignant 5 comparses qui choisirent 54 autres de leurs partisans. Ce noyau de 60 personnes examina les dossiers des autres membres du club et décida de ceux qu'il convenait de réadmettre et de ceux qui devaient être éliminés. C'est par un procédé de ce genre que la Société populaire de Chambéry fut « purifiée », passant de 500 à 110 membres ! De tels procédés de scrutin épuratoire sur les listes électorales n'ont rien à voir avec la démocratie, sinon avec la « démocratie populaire » des pays totalitaires.

SÉANCES ROYALES. C'étaient des cérémonies solennelles où le roi paraissait en grande pompe pour ouvrir des assemblées de notables, des états généraux, tenir un lit de justice au Parlement. Les séances royales de la fin du règne de Louis **XVI** furent les suivantes : 22 février 1787 (assemblée des notables), 19-20 novembre 1787 (lit de justice au Parlement de Paris pour l'enregistrement d'un édit portant ouverture d'un emprunt de 440 millions), 5 mai 1789 (ouverture des états généraux), 23 juin 1789 (programme du roi pour les débats des états et annulation des décisions prises par le tiers état), 14 juillet 1791 (acceptation de l'acte constitutionnel), 14 septembre 1791 (renouvellement de cette acceptation), 30 septembre (adieux à la Constituante), 7 octobre 1791 (programme de la Législative), 14 décembre 1791 (annonce du péril de guerre), 20 avril 1792 (déclaration de guerre).

SECTE DE LA MÈRE DE DIEU, voir **THÉOT** (Catherine).

SECTIONNAIRES. Les sectionnaires étaient les membres des sections parisiennes. Il suffisait que cinquante d'entre eux demandent la réunion de l'assemblée générale de la section pour qu'elle soit convoquée.

SECTIONS. Divisé en 60 districts pour les élections aux états généraux, Paris fut redécoupé par un décret de la Constituante du 21 mai 1790 en 48 sections. Les citoyens de chaque section se réunissaient en assemblées. Ainsi la section des Postes se réunit cinquante fois entre le 4 décembre 1790 et le 25 juillet 1792, en moyenne tous les dix jours, mais après le 10 août, les réunions de sections devinrent quasi quotidiennes, les sections ayant obtenu le droit de « permanence », c'est-à-dire de se réunir de leur propre autorité, quand bon leur semblerait. Devant les abus, la Convention limita, à partir du 9 septembre 1793, les réunions à deux par décades, votant par la même occasion le paiement de 40 sous d'indemnité pour les citoyens les plus pauvres qui assisteraient à ces séances. Les sections ont joué un rôle dominant durant les journées révolutionnaires, préparant le 10 août, organisant la chute des Girondins. Beaucoup d'entre elles changèrent leurs noms pour des appellations plus révolutionnaires : sections du Bonnet rouge, de Brutus, de Mucius Scevola, des Sans-Culottes, des Piques... C'est dans les sections que furent mises au point les techniques de subversion modernes. Afin d'imposer une solution qui n'emportait pas

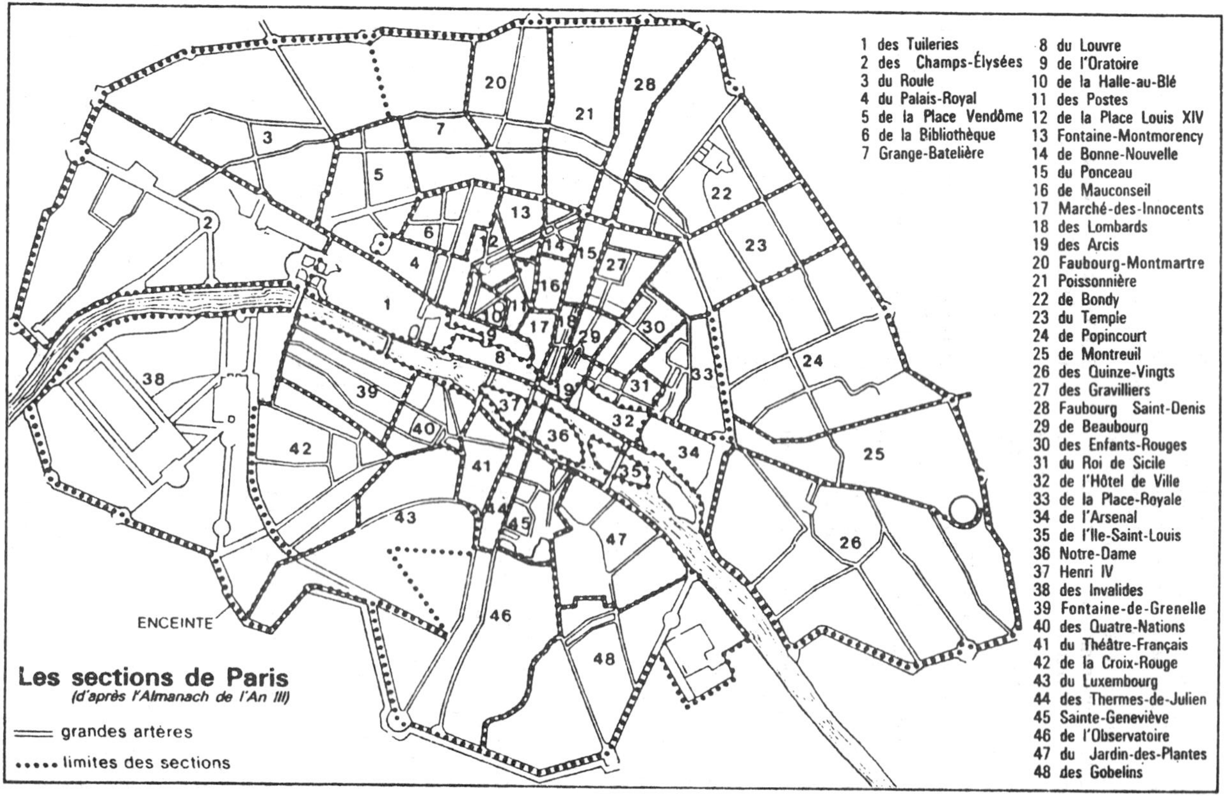

Les sections de Paris
(d'après l'Almanach de l'An III)

le vote de la majorité, on faisait durer les discussions jusque tard dans la nuit. Lorsque la plupart des assistants étaient partis se coucher, un petit groupe pouvait faire voter la motion de son choix. Une autre méthode consistait à réunir les hommes de plusieurs sections et à aller envahir la salle de séances d'une section d'opinions modérées pour y imposer des solutions extrémistes par la force physique, en expulsant au besoin les récalcitrants. Ces lieux d'agitation permanente furent supprimés le 10 octobre 1795. Les 48 sections disparurent avec leurs assemblées pour laisser la place à 12 arrondissements avec des conseils municipaux.

SÉCULARISATION. C'est ainsi qu'on nomme la transformation de quelque chose de clérical en quelque chose de séculier ou laïque. La transformation des biens du clergé en biens nationaux fut une sécularisation.

SEGUIN (Armand) (1765-1835). Chimiste, il découvre un procédé rapide de tannerie et devient fournisseur des armées de la République en 1795.

SÉGUR (Louis Philippe, comte de) (Né à Paris, le 10 septembre 1753, mort en 1830). Fils aîné du maréchal de Ségur, il prit part à la guerre d'Indépendance d'Amérique puis fut nommé ambassadeur en Russie où il fut apprécié de Catherine II qu'il accompagna en Crimée et chercha à attirer dans une alliance visant au démembrement de l'Empire ottoman. Ce fut un échec. Ségur revint en France en novembre 1789. En mars 1791, il était nommé à la place du cardinal de Bernis à Rome, mais le pape refusa de le recevoir. Nouvel affront lors de sa nomination à Berlin en janvier 1792. Repoussant prudemment le portefeuille des Affaires étrangères, que lui proposait Louis XVI, Ségur vécut dans la retraite pendant la Révolution. Il revint à la vie publique, après Brumaire, en entrant au Corps législatif puis au Sénat. Pair de France de la première Restauration, pair des Cent-Jours, réintégré à la Chambre des pairs en 1819, il se rallia à Louis-Philippe en 1830. De reniement en reniement et de lâcheté en lâcheté, il est probablement le personnage le plus méprisable de ce dictionnaire. Ayant beaucoup écrit, il publia lui-même ses *Œuvres complètes* en 1824.

SÉGUR (Joseph Alexandre Pierre, vicomte de) (1756-1805). Fils du maréchal de Ségur, ministre de la Guerre de Louis XVI, il était colonel en 1789, lorsqu'il fut élu aux états généraux par la noblesse de Paris. Après la session, il s'occupa de littérature, publiant drames et comédies. Inquiété en 1793, il échappa pourtant à l'échafaud.

SEL, voir **GABELLE**.

SÉMINAIRES. Il y avait cent quatre-vingt-huit séminaires en 1789 pour former les prêtres. Le décret du 12 juillet 1789 les réduisit à un par diocèse, soit un par département. Le décret du 18 août 1792 les supprima purement et simplement, car on les considéra alors comme des corporations religieuses. Ils furent rétablis par la loi du 26 messidor an IX (15 juillet 1801).

SÉMONVILLE (Charles Louis Huguet, marquis de) (1759-1839). Fils de Huguet de Montaran, commis du cabinet de Louis XV, il était conseiller au Parlement de Paris et réclama la convocation des états généraux. Mais il ne fut que député suppléant de Paris. Lié à Mirabeau, il prépara sa défection en faveur de la cour. Il remplit en 1790 une mission en Belgique. En 1792, il reçut l'ambassade de Constantinople. Mais le navire ayant mouillé en Corse, où il rencontra Bonaparte, il apprit qu'il était l'objet d'une dénonciation et rentra en hâte se justifier à Paris. Chargé d'une nouvelle mission, il fut enlevé par les Autrichiens sur le territoire des Grisons et emprisonné. Il fut échangé en 1795 contre Madame Royale. Barras, à son tour, le chargea de diverses missions. Rallié à Bonaparte, il fut ambassadeur à La Haye puis entra au Sénat. Il fut ensuite pair de France sous Louis XVIII et sous Louis-Philippe. Il aurait prêté dix-sept serments. Réputé pour sa souplesse et sa prudence, il avait été surnommé par Talleyrand « le vieux chat » et c'est de lui qu'on disait : « Quel intérêt Sémonville peut-il bien avoir aujourd'hui à être malade ? »

SÉNAC DE MEILHAN (Gabriel) (1736-1803). Fils d'un médecin de Louis XV, il reçut une éducation soignée. Introduit auprès de personnalités en vue comme Maupeou, d'Argenson ou Bernis, il entre à vingt-six ans dans la carrière administrative. Intendant de La Rochelle en 1766, d'Aix en 1773, de Valenciennes en 1775, puis intendant général de la guerre sous Saint-Germain, il émigre en 1790. On le retrouve à Londres, Aix-la-Chapelle, Rome, Saint-Pétersbourg (où Catherine II lui verse une pension) et enfin Brunswick. C'est là qu'il écrit *L'Émigré* qui sera publié en 1797. Il s'agit d'un roman par lettres qui constituait une chronique de l'émigration. Sénac de Meilhan mourut en exil.

SENAR (Gabriel Jérôme) (1760-1796). Avocat à Tours, il devient procureur de la commune de cette ville en 1791 mais son zèle révolutionnaire est mal supporté par les habitants, d'un naturel plus modéré. Il monte à Paris et entre dans les bureaux du Comité de sûreté générale en qualité de rédacteur. Remarqué par Vadier et Amar il se voit confier plusieurs missions. Après le 9 thermidor, il est arrêté comme terroriste puis libéré au bout d'un an. Il se retira à Tours. Alexis Dumesnil publia en 1824 ses *Révélations* sur le Comité de sûreté générale.

SÉNÉCHAUSSÉE. Synonyme de bailliage, nom donné aux circonscriptions judiciaires sous l'Ancien Régime en Languedoc, Provence et dans les anciennes possessions des Plantagenêts.

SENTINELLE (La). Financé par le ministre de l'Intérieur Roland et publié par Louvet, ce journal se présentait comme un journal-affiche destiné à être placardé. Organe de la propagande girondine, il commença à paraître après le 10 août 1792, à l'arrivée des Girondins au pouvoir, et disparut avec leur élimination, le 2 juin 1793. Il était imprimé en gros caractères et sur papier rose. Il recommença à paraître en juillet 1795 et fut repris à la mort de Louvet par Baudin des Ardennes, Daunou et plusieurs autres journalistes et hommes politiques.

SÉPARATION DE L'ÉGLISE ET DE L'ÉTAT. La première tentative de séparation de l'Église et de l'État est due à la Convention. Le décret du 3 ventôse an III (21 février 1795) affirmait la volonté de la République de ne reconnaître aucun culte et de ne payer aucun prêtre tout en garantissant la liberté d'exercice du culte.

SEPTEMBRE (massacres de). Après l'insurrection du 10 août 1792, des milliers d'arrestations de partisans supposés du roi ont lieu. Les prisons de Paris et de province sont combles. Mais l'armée prussienne envahit alors l'est du pays. Le 2 septembre, Verdun se rend sans combat. Pris de panique, se voyant perdus, les meneurs des foules parisiennes, les dirigeants de la Commune et Marat en tête, appellent à la justice populaire. Le 2 septembre, le tocsin commence à sonner. A ce signal, en proie à la peur et à la haine, plusieurs centaines d'égorgeurs envahissent les prisons et se mettent à massacrer les prisonniers de manière le plus souvent sadique et atroce. Ils opèrent simultanément, ou presque, dans toutes les grandes prisons. La princesse de Lamballe est décapitée, sa tête mise au bout d'une pique, portée jusqu'au Temple et exhibée à la fenêtre de la reine. La boucherie dure jusqu'au 7 septembre. Les autorités laissent faire ou même justifient les massacres, notamment Danton, ministre de la Justice, responsable des prisons. Pour certains historiens, les massacres auraient été commandités par le comité de surveillance de la Commune, dont les tueurs touchaient 6 francs par jour, avec le vin à discrétion, pour leur besogne. Il fit d'ailleurs envoyer, le 3 septembre, une lettre circulaire aux autorités des quatre-vingt-trois départements où il expliquait qu'il avait découvert un complot pour massacrer tous les « patriotes », que les conspirateurs étaient emprisonnés et qu'il les avait fait mettre à mort par le peuple pour effrayer ceux qui se trouvaient encore en liberté. Il encourageait les départements à agir de même. Des massacres eurent effectivement lieu après réception de cette lettre dans de nombreuses villes, à Meaux, Versailles, Reims, Lyon, Caen...

SERGENT (Antoine François) (Né à Chartres, le 9 octobre 1751, mort à Nice, le 24 juillet 1847). Fils d'un arquebusier et habile dessinateur, il vécut en donnant des leçons et en s'occupant de la gravure héraldique. Vers 1784, il commença l'exécution d'une galerie de *Personnages célèbres de l'histoire de France*. Électeur en 1789, président du district du Théâtre-Français, officier municipal en février 1792, il fut mêlé (bien qu'il s'en soit défendu) aux massacres de Septembre. Il fut élu à la Convention par la capitale. Il vota la mort du roi et défendit Marat, soutenant la politique préconisée par les Montagnards. Il veilla à l'effacement des attributs de la royauté sur les monuments et s'intéressa aux problèmes artistiques. Il se cacha un peu avant Thermidor et ne rentra qu'après la chute de Robespierre. Après la manifestation de prairial, il fut décrété d'arrestation et dut fuir en Suisse où le rejoignit sa femme, sœur de Marceau. Il ne revint en France qu'en 1797. Classé parmi les exclusifs, il fut arrêté en l'an IX, contraint à l'exil. Ce n'est qu'en 1824 qu'il put se fixer à Nice. En 1834, il reçut une pension de Louis-Philippe.

SERMENTS CIVIQUES. Le serment a eu une importance très grande durant toute l'époque révolutionnaire, ayant une valeur sacrée et apportant la garantie de la fidélité à la parole donnée. Le premier et le plus célèbre est le serment du Jeu de paume prêté le 20 juin 1789 par les députés aux états généraux : « Nous jurons de ne jamais nous séparer... et de nous réunir partout où les circonstances l'exigent, jusqu'à ce que la Constitution du royaume soit établie et affermie sur des fondements solides. » A la fin de la même année, lorsque les gardes nationales entreprennent de se fédérer, leurs membres prêtent aussi serment « sur l'autel de la patrie » de « combattre les ennemis de la Révolution ; de maintenir les droits de l'homme et du citoyen, de soutenir la nouvelle Constitution du royaume et de prendre, au premier signal du danger, pour cri de ralliement de nos phalanges : Vivre libre ou mourir ». Le 14 juillet 1790, à la fête de la Fédération, on jure « d'être fidèle à la Nation, à la Loi et au Roi » et de maintenir « la Constitution du royaume décrétée par l'Assemblée nationale », tandis que Louis XVI « jure à la Nation » de « maintenir et faire exécuter les lois ». La fuite du roi à Varennes est largement interprétée comme la rupture d'un serment. Le serment civique est intégré dans la Constitution de 1791, dans l'article 5 du titre II. Imposé aux ecclésiastiques, il entraîne le schisme entre prêtres jureurs et réfractaires. Le 3 septembre 1792, la Législative crée un nouveau serment de « défendre la liberté et l'égalité », qui doit être prêté par les ecclésiastiques et par tous les électeurs au moment de l'élection des députés à la Convention. Il est ensuite étendu à tous ceux qui touchent un traitement, une solde ou une pension de l'État. Le 24 septembre 1795, un nouveau serment est exigé des prêtres. Le 10 mars 1796, le Directoire invente un serment de « haine à la royauté », qu'on complète le 12 janvier 1797 en y ajoutant la haine « à l'anarchie ». Il est prêté par les députés des Conseils et demandé aux fonctionnaires et aux prêtres. Autant de serments en si peu de temps ont dû faire bien des parjures.

SÉRURIER (Jean Mathieu Philibert) (1742-1819). Il fit la campagne d'Allemagne comme enseigne, en 1760, celle de Portugal en 1762, la Corse en 1770. Chevalier de Saint-Louis en 1781, il demanda sa retraite en 1788. Mais la Révolution ranima ses forces. A l'armée du Var en 1792, il est inquiété pour royalisme, mais réintégré grâce à Barras. Général de brigade à l'armée d'Italie le 25 juin 1793, général de division en décembre 1794, il sert dans la fameuse campagne d'Italie de Bonaparte : Mondovi, Borghetto, Mantoue, La Favorite (contre Provera)... Il fut chargé par Bonaparte de porter au Directoire, le 3 juin 1797, vingt-deux drapeaux pris à l'ennemi. Gouverneur de Venise, il évacue la ville le 18 janvier 1798. Il fut moins brillant lors de la campagne italienne qui suivit la formation de la deuxième coalition : forcé de capituler à Verderio, il fut remis en liberté sur parole par Souvorov. Il tint un petit rôle dans le coup d'État de Brumaire et en fut récompensé par un fauteuil de sénateur, la dignité de maréchal d'Empire, puis la place de gouverneur des Invalides. C'est lui qui fit brûler dans la nuit du 30 au 31 mars 1814 près de mille cinq cents drapeaux pris à l'ennemi et qui étaient déposés aux Invalides.

SERVAGE. Dans l'incapacité de tester et de changer de domicile sans l'autorisation de leur seigneur, les serfs étaient dans une condition inférieure à celle des roturiers, hommes libres. En 1779, le roi avait aboli le servage sur les domaines de la Couronne et demandé aux nobles d'en faire de même. Le servage n'existait alors plus qu'à l'état résiduel en Nivernais, Bourbonnais et Franche-Comté. Il fut aboli dans la nuit du 4 août 1789, ce que confirma un décret plus explicite du 15 mars 1790.

SERVAN (Joseph) (1741-1808). Sous-gouverneur des pages de Louis XVI, il était en fait gagné aux idées nouvelles. Il écrivit pour l'*Encyclopédie* des articles sur l'art militaire et publia *Le Soldat citoyen*. Dès 1791, il était promu lieutenant-colonel dans le régiment de Vermandois-infanterie ; il fut ensuite colonel en 1792 puis maréchal de camp. Le 9 mai de cette année, il reçoit à la demande des Girondins (ses idées ont séduit les Roland) le portefeuille de la Guerre. Il exerce ses fonctions du 9 mai au 12 juin, date du renvoi des ministres girondins. Il retrouve son ministère après le 10 août mais l'abandonne le 30 septembre pour aller commander l'armée des Pyrénées. Destitué le 4 juillet 1793 comme ancien Girondin, il est incarcéré. On l'oublie et il ne sort de prison qu'à la chute de Robespierre en janvier 1795. On lui rend son grade de général et le Directoire l'emploie comme inspecteur général des troupes du Midi. Admis à la retraite en 1807, il meurt peu après.

SERVICE DES BÂTIMENTS DU ROI. C'est ce service qui avait la charge de diriger et encourager les arts. Il était administré par le directeur et ordonnateur des bâtiments, jardins, arts, académies et manufactures royales, assisté du premier architecte du roi, du premier peintre, de l'architecte ordinaire du roi, de trois intendants généraux, de l'inspecteur général, de quatre contrôleurs, de deux premiers commis, de l'historiographe, de l'aumônier. L'École de Rome et toutes les manufactures royales en dépendaient.

SEVESTRE (Joseph Marie François) (Né à Rennes, le 18 janvier 1753, mort en 1846). Commis au greffe des états de Bretagne en 1789 puis greffier du tribunal de Rennes, il est élu à la Convention. Montagnard avant le 9 thermidor, Thermidorien ensuite, il fut messager d'état au Conseil des Cinq-Cents et se rallia au coup d'État de Brumaire. Exilé comme régicide par la Restauration, il ne rentra en France qu'en 1830.

SÈZE (Romain de) (1748-1828). Avocat réputé, il défendit Besenval devant le Châtelet et le fit acquitter du crime de haute trahison. Sur la demande de Malesherbes, il fut chargé de la défense de Louis XVI. Il fit une plaidoirie très sentimentale et qui ne répondait peut-être pas aux circonstances. Dénoncé comme suspect, il fut arrêté sous la Terreur et échappa de peu à la guillotine. Libéré après la chute de Robespierre, il resta à l'écart jusqu'à la Restauration. Fait pair, il vota la mort du maréchal Ney et fut élu à l'Académie française en 1816. Il obtint de faire figurer dans ses armoiries le Temple entouré de fleurs de lys.

SIBLOT (Claude François Bruno) (1752-1801). Né à Lure le 6 octobre 1752, il exerce la médecine dans sa ville natale quand il est élu à l'Assemblée législative puis à la Convention. Envoyé en mission dans l'Eure et la Seine inférieure, il se montre partisan de la guillotine. Trop marqué, il fut écarté sous le Directoire. Il mourut à Lure le 20 octobre 1801.

SICILE, voir **NAPLES** (royaume de).

SIÈGE (état de). C'est l'état d'une place de guerre assiégée par un ennemi, où l'autorité est détenue par le chef militaire. Au point de vue politique, en cas de situation très grave, l'état de siège peut être proclamé. La loi du 10 fructidor an V (27 août 1797) conféra le droit de proclamer l'état de siège au Corps législatif, c'est-à-dire aux Conseils des Anciens et des Cinq-Cents, mais quelques jours plus tard, le 19 fructidor (5 septembre 1797), ce droit fut transféré au Directoire.

SIEYÈS (Emmanuel Joseph) (Né à Fréjus, le 3 mai 1748, mort à Paris, le 20 juin 1836). « La taupe de la Révolution », disait de lui Robespierre. Ce fils d'un directeur de la poste aux lettres avait dû embrasser, de par la volonté de ses parents, l'état ecclésiastique alors qu'il se destinait au métier des armes. Il fut refusé à l'ordination, lors de son séjour au séminaire de Saint-Sulpice, comme manquant de vocation. Il reçut la prêtrise au séminaire de Saint-Firmin en 1772. Il devint par la suite grand vicaire de l'évêque de Chartres. Bien vite gagné aux idées nouvelles, Sieyès publiait deux brochures : *Essai sur les privilèges* et *Qu'est-ce que le tiers état ?* Cette dernière brochure fit sensation et fit connaître Sieyès. C'est la raison pour laquelle il fut élu par le tiers de Paris aux états généraux. Son élection fut contestée mais l'Assemblée passa outre. Sieyès joua un grand rôle dans les séances du 17 et du 23 juin. Mais par la suite il fut éclipsé par de meilleurs orateurs. De plus il protesta contre la suppression des dîmes, ce qui ruina sa popularité. Lors du débat sur la Constitution, son projet, *Préliminaires de la Constitution*, où il distinguait les droits naturels et civils qu'il appelait droits passifs, et les droits politiques qu'il appelait droits actifs, fut accueilli par l'indifférence, le député moyen se perdant dans les subtilités de la pensée de l'abbé. Il demandait l'institution des deux Chambres, ce qui lui valut de féroces réfutations. Il en souffrit dans son orgueil et s'enferma dans le silence. « Le silence de M. Sieyès est une calamité publique », affirmait Mirabeau qui pensait exactement le contraire. Parallèlement Sieyès avait été désigné comme administrateur du département de Paris le 3 février 1791 et membre du directoire du département. Il remit sa démission en octobre 1791 et, après la séparation de la Constituante, se retira à la campagne. Élu député de la Sarthe à la Convention, il vota la mort de Louis XVI. A-t-il dit : « La mort sans phrases » ? Limitant son activité à des comités sans grande responsabilité, il s'efforça de survivre. Un mot le résume. Comme on lui demandait ce qu'il avait fait sous la Terreur, il aurait répondu : « J'ai vécu. » En pleine déchristianisation, il renonça à ses lettres de prêtrise. Pourtant Robespierre le surveillait : « Il ne cesse d'agir dans les souterrains de l'Assemblée ; il soulève les terres et disparaît, il crée les factions, les pousse les unes contre les autres et se tient à l'écart pour en profiter ensuite si les circonstances lui conviennent. Il est plus dangereux et plus coupable envers la liberté que tous ceux dont la loi a fait justice jusqu'à ce jour. » Jugement qui infirme les rapports des agents du comte d'Antraigues affirmant que Sieyès aurait été l'inspirateur du Comité de salut public, mais confirme que l'ex-abbé jouait un rôle en coulisse Il se tint dans l'expectative après le 9 thermidor et n'entra que tardivement au Comité de salut public. Il refusa de collaborer aux travaux d'élaboration de la Constitution de 1795 : « J'ai étudié profondément ces matières, mais vous ne m'entendriez pas ; je n'ai rien à vous communiquer. » Réélu dans la Sarthe au Conseil des Cinq-Cents, il refusa d'être Directeur. Il se maintint dans une fausse opposition, acceptant une mission diplomatique à Berlin en mai 1798. Un an plus tard, il entrait au Directoire en remplacement de Reubell. Il en devint le maître avec l'entrée de Roger Ducos, n'ayant pour rival que Barras. Il cherchait alors un sabre pour un coup d'État qui lui permettrait de donner à la France la Constitution dont il rêvait. Joubert tué à Novi, il se rallia à la solution de Bonaparte que préconisait Talleyrand. Ce fut Brumaire. Sieyès fit un marché de dupes. Consul provisoire, il ne put imposer ses idées constitutionnelles jugées incohérentes. Il ne fut pas consul définitif et dut se rabattre sur le Sénat. Il resta dans une bouderie permanente sous l'Empire. Exilé après 1815 comme régicide, il ne rentra en France qu'après 1830. Dans les dernières années de sa vie, retombé en enfance, il aurait dit à son valet de chambre : « Si M. de Robespierre vient, dites que je n'y suis pas. »

SILLERY (Charles Alexis Brulart, comte de Genlis, marquis de) (Né à Paris, le 20 janvier 1737, mort en 1793). Officier en retraite, il hérita de la maréchale d'Estrées une grande fortune, cependant que sa femme s'occupait de l'éducation des enfants du duc d'Orléans. Il fut élu aux états généraux par la noblesse du bailliage de Rennes et fut l'un des premiers membres de la noblesse à rallier le tiers état. Élu à la Convention, il se tint à l'écart des partis. Mais ses sympathies orléanistes étaient trop connues. La désertion de Dumouriez lui porta un coup fatal. Incarcéré au Luxembourg, il fut incorporé dans le procès des Girondins qui avaient pourtant été ses adversaires. Condamné à mort le 9 brumaire an II, il fut le lendemain le premier à monter sur l'échafaud. Avant de mourir il salua le public qui entourait la guillotine.

SIMON (Antoine) (1736-1794). Cordonnier, venu de Troyes à Paris, il appartint au conseil général de la Commune et reçut avec sa femme la garde de Louis XVII au Temple. Il fut probablement moins inhumain qu'on ne l'a dit. Ardent robespierriste, il fut arrêté avec ses deux collègues Laurent et Warmé à l'assemblée générale de la section qu'il essayait d'entraîner, le 9 thermidor. Transféré dans l'après-midi du 10 thermidor à la Conciergerie, il fut exécuté le même jour.

SIMOND (Philibert) (1755-1794). Vicaire en Savoie (il était né à Rumilly), après des études à Paris, il répand dans cette province, alors possession de la maison de Piémont-Sardaigne, les idées nouvelles. Considéré comme un redoutable agitateur, il doit s'enfuir à Genève puis à Strasbourg en 1790. Il y devient vicaire de l'évêque constitutionnel et membre du club des Jacobins. Il réclamait la destitution du maire Dietrich. Lassées par ses excès oratoires les autorités l'invitèrent à quitter Strasbourg mais il vint se plaindre aux Jacobins de Paris. Du coup le conseil général de la commune de Strasbourg fut suspendu. Simond y fit un retour triomphal et fut élu par le Bas-Rhin à la Convention. Après l'annexion de la Savoie, il fut envoyé avec Hérault de Séchelles et Jagot dans cette province pour y organiser le département du Mont-Blanc. Il remplit une nouvelle mission à l'armée des Alpes à la suite de l'invasion de sa province par les troupes piémontaises. Lié à Hérault de Séchelles, il fut compromis par cette liaison et arrêté. Englobé dans la conspiration des prisons, il fut condamné à mort et guillotiné en même temps que Chaumette, Gobel, la veuve d'Hébert et Lucie Desmoulins.

SIMONEAU (Jacques Guillaume) (?-1792). Maire d'Étampes, il refusa d'appliquer la taxation sur le marché de la ville. Dénoncé comme complice des accapareurs, il fut massacré par les habitants le 3 mars 1792. L'Assemblée législative lui rendit hommage en le présentant comme un martyr de la liberté économique.

SOCIÉTÉ DES AMIS DE LA CONSTITUTION, voir **FEUILLANTS** (club des) et **JACOBINS** (club des).

SOCIÉTÉ DES AMIS DE LA CONSTITUTION MONARCHIQUE. C'est le nom pris par les restes du club de 1789 et du club des Impartiaux regroupés. Ses meneurs furent Clermont-Tonnerre et Malouet. On l'a aussi nommé « Club monarchique » car son manifeste le posait en défenseur des droits de la monarchie. La section de l'Observatoire, sur le territoire de laquelle il était établi, demanda et obtint sa fermeture. Redoutant qu'il reprenne ses activités, les révolutionnaires saccagèrent l'hôtel de Clermont-Tonnerre pour empêcher les réunions à cet endroit. L'emblème de ce club était une balance en équilibre, portant sur un plateau le bonnet rouge et sur l'autre la couronne royale. Il avait comme correspondants provinciaux des clubs des « amis de la paix » et des « amis du roi ».

SOCIÉTÉ DES AMIS DES DROITS DE L'HOMME ET DU CITOYEN, voir **CORDELIERS** (club des).

SOCIÉTÉ DES AMIS DES NOIRS, voir **AMIS DES NOIRS** (Société des).

SOCIÉTÉS POPULAIRES. Ce terme désigne la multitude de clubs et de sociétés créés en province comme filiales des grands clubs parisiens, principalement du club des Jacobins. Elles eurent un essor considérable en 1792 et furent le support local de la politique montagnarde et terroriste mise en place à Paris. C'est à elles que s'adressaient les représentants en mission pour la dénonciation et l'arrestation des suspects, l'établissement d'impôts exceptionnels sur les riches, la surveillance et l'épuration des administrations. Sévèrement épurées après le 9 thermidor, les sociétés populaires disparurent sous le Directoire.

SOLDATS, voir **ARMÉE.**

SOMBREUIL (Charles François Virot, marquis de) (1769-1795). Gouverneur des Invalides depuis 1786, il ne put s'opposer au pillage de son établissement en juillet 1789. Suspect pour avoir pris part à la défense des Tuileries le 10 août, et détenu à l'Abbaye, il fut sauvé par sa fille qui aurait bu un verre de sang tendu par les septembriseurs. Épargné lors des massacres de Septembre, il fut à nouveau emprisonné à la fin de 1793 et guillotiné le 29 prairial an II. Arrêtée en même temps que lui, sa fille fut libérée après le 9 thermidor. Elle passa en Angleterre où elle épousa un émigré, le comte de Villelune, qui fut nommé sous la Restauration commandant des Invalides d'Avignon.

SOTIN DE LA COINDIÈRE (Pierre Jean Marie) (1764-1810). Fils du sieur de la Coindière, avocat au parlement de Bretagne, il était lui-même avocat à Nantes au début de la Révolution. Il échappa de peu aux rigueurs du comité révolutionnaire de Nantes, vint à Paris où sur la recommandation de Merlin de Douai il fut appelé le 8 thermidor an V au ministère de la Police. Dévoué à Barras, il fut l'un des auteurs du coup d'État du 18 fructidor. Il donna sa démission le 25 pluviôse et fut nommé consul à Gênes puis à New York.

SOUBRANY (Pierre Amable) (Né à Riom, le 17 septembre 1752, mort en 1795). Fils d'un président-trésorier général de France, seigneur de Verrières, il avait choisi la carrière des armes, devenant sous-lieutenant en 1780, mais il remit sa démission en 1789 à la suite de blessures... d'amour-propre. Maire de Riom, il fut élu avec son ami Romme à la Législative où il prit des positions avancées. Réélu à la Convention, il vota la mort du roi mais préféra la guerre aux débats parlementaires. Il s'illustra à l'armée des Pyrénées orientales et ne rentra qu'après la chute de Robespierre. Il s'opposa aux Thermidoriens. Lors de l'insurrection de prairial, des manifestants le proposèrent comme commandant de l'armée parisienne. Ainsi compromis comme Goujon, Romme et les députés qui avaient accueilli favorablement la manifestation, il fut décrété d'arrestation. Condamné avec les autres dont son ami Romme, il se frappa comme ses collègues d'un coup de couteau sans parvenir à se tuer. Il mourut pendant le trajet de la prison à l'échafaud et fut quand même guillotiné.

SOUILLAC (nom révolutionnaire : Trente-et-Un Mai).

SOULIERS. Le 20 novembre 1789, la Constituante vota le don des boucles d'argent des souliers de ses députés pour contribuer au paiement des dettes de la nation. La médiocrité des souliers livrés à l'armée fut très souvent évoquée. La Convention exigea des cordonniers la fabrication de deux paires de souliers pour l'armée chaque décade et engagea des poursuites contre les fournisseurs indélicats qui livraient des souliers aux semelles en carton.

SOULT (Jean de Dieu, dit Nicolas) (Né à Saint-Amans-la-Bastide, le 29 mars 1769, mort en 1851). Engagé comme soldat au régiment royal-infanterie en 1785, caporal en 1787, il est sous-lieutenant en 1792. Il sert à l'armée de Moselle où il se fait remarquer par les représentants du peuple : le voilà adjudant général chef de bataillon. Il s'illustre à Fleurus le 26 juin 1794 et devient général de brigade. C'est en Allemagne qu'il combat. Il est à Stockach le 25 mars 1799 et se voit promu général de division le 4 avril. A l'armée d'Helvétie, il participe à la bataille de Zurich. Mais c'est après Brumaire que commence vraiment une carrière militaire qui en fait un maréchal d'Empire en 1804, un ministre de la Guerre sous la première Restauration et un président du conseil des ministres sous Louis-Philippe.

SOURDS-MUETS. Le premier institut créé pour les sourds-muets fut établi par l'abbé de l'Épée en 1760, à Paris, au 14 de la rue des Moulins. Ayant pris l'institut sous sa protection, le roi l'établit en 1785 dans l'ancien couvent des Célestins. En 1794, la Convention le déplaça dans l'ancien séminaire Saint-Magloire. Elle accorda, en 1795, soixante places gratuites pour les indigents et transforma l'institut en établissement national... Les études duraient cinq ans, les élèves avaient des bourses de 500 francs et devaient apprendre un métier. Un autre établissement fut prévu aux Catherinettes, à Bordeaux.

SOUVERAINETÉ. La Constitution de 1791 définit ainsi la souveraineté : « La souveraineté est une et indivisible et appartient à la nation entière. » Elle dénie à toute administration, à toute partie du peuple, à toute région du pays le droit d'exercer un acte de souveraineté, mais reconnaît à chaque individu le droit de pétition.

SOUVOROV (Alexandre) (1729-1800). Général russe réputé, il s'illustra contre les Turcs. Il commanda l'armée de coalition qui envahit en 1799 l'Italie, remporta plusieurs victoires (dont celle de Novi le 15 août 1799) mais ses forces défaites en Suisse, à Zurich, il dut se retirer dans des conditions désastreuses et mourut peu après.

SPECTACLES. Les principales pièces de théâtre de l'époque révolutionnaire sont les suivantes :

Charles IX ou l'École des rois, de Marie-Joseph Chénier, qui provoqua de nombreux incidents en novembre 1789 ; *Le Réveil d'Épiménide,* de Carbonflins, joué le 1er janvier 1790, qui contenait une apologie de Louis XVI ; *Nicodème dans la lune ou la Révolution pacifique,* par Beffroy de Reigny, apologie de la monarchie parlementaire, joué le 7 novembre 1790 ; le 2 décembre suivant, l'apologie d'un jeune lieutenant tué par les mutins de Nancy, *Le Tombeau de Désilles,* auquel succède *Le Nouveau d'Assas ;* apologie contraire des gardes-françaises mutinés, le 4 janvier 1791, avec *La Liberté conquise ou le Despotisme renversé ;* une œuvre hostile aux couvents, le 28 mars suivant, *Les Victimes cloîtrées ; Le Ballet des sauvages, Le Club des bonnes gens, L'Ami des lois,* joué en janvier 1793 ; *La Papesse Jeanne,* pièce antireligieuse ; *Pamela,* de François de Neufchâteau, en août 1793, interdite parce que empreinte de « modérantisme » ; *L'Émigrante ou le Père Jacobin, Le Modéré,* deux œuvres de Dugazon ; *Le Jugement dernier des rois,* de Sylvain Maréchal en octobre 1793 ; en décembre, *Marat dans le souterrain des Cordeliers ou la Journée du 10 août,* par Mathelin ; *La Folie de George ou l'Ouverture du Parlement d'Angleterre,* par Lebrun-Tossa, au début de 1794. Après Thermidor, on joue *Le Bon Fermier* de Ségur et on reprend *L'Ami des lois* et *Le Club des bonnes gens,* on joue deux cents fois de suite *L'Intérieur des comités révolutionnaires ou les Aristides modernes,* par Ducancel ; *Le Tribunal révolutionnaire,* du même auteur, est interdit comme trop hostile à la Révolution, mais *Le Souper des Jacobins* est autorisé ; après le 13 vendémiaire est interdite la pièce de Martainville, *Les Assemblées primaires ;* le 18 fructidor est glorifié par Villeneuve dans *Les Véritables honnêtes gens ;* les agioteurs sont ridiculisés dans *Madame Angot ou la Poissarde parvenue,* par Maillot.

STAËL-HOLSTEIN (Anne Louise Germaine Necker, baronne de) (1766-1817). Fille du banquier genevois Necker, elle fut élevée à l'école des philosophes. Elle épousa en 1786 le baron de Staël, ambassadeur de Suède en France, ce qui lui permit d'assister dans une situation privilégiée aux principaux épisodes des débuts de la Révolution. Une Révolution qu'elle salua avec enthousiasme. N'avait-elle pas écrit dès 1788 une *Lettre sur les ouvrages et le caractère de Jean-Jacques Rousseau,* son compatriote ? Mais bientôt les excès de la Révolution l'inquiètent. Elle quitte Paris en septembre 1792 et y revient après la chute de Robespierre, ouvrant un salon rue du Bac. Elle devra à nouveau repartir à Coppet. En 1796 elle publie un ouvrage préromantique, *De l'influence des passions sur le bonheur des individus et des nations,* puis en 1800, *De la littérature considérée dans ses rapports avec les institutions sociales.* Poussant sur le devant de la scène politique Benjamin Constant, elle crut pouvoir jouer un grand rôle après Brumaire. Bonaparte ne l'entendait pas ainsi et l'exila en 1803. Dès lors elle mena la vie un peu errante d'une opposante à l'Empire, publiant *Corinne* en 1807 et surtout *De l'Allemagne* en 1810 qui lui valut les foudres impériales.

STANISLAS II, voir **PONIATOWSKI**.

STATUES. Les 10, 11 et 12 août 1792, toutes les statues des rois furent abattues à Paris et on effaça partout les emblèmes de la royauté. Les statues en bronze furent envoyées à la fonte pour faire des canons. Adam Lux fut envoyé à l'échafaud pour avoir osé demander qu'on élève à Charlotte Corday une statue avec l'inscription « plus grande que Brutus ». Plus courtisan, David souhaita l'érection d'une statue de quinze mètres de haut « au peuple souverain ». Une statue de la Liberté fut érigée, le 5 juin 1799, sur la place de la Révolution, sur le socle qui avait porté la statue de Louis XV. Elle était en plâtre et figurait la Liberté assise, appuyant sa main gauche sur un faisceau et tenant un globe dans sa main droite.

STOFFLET (Nicolas) (1751-1796). Garde-chasse du comte de Maulévrier, il fut l'un des premiers chefs de l'insurrection vendéenne. Elbée en fit le chef d'état-major de l'armée royaliste. Pris à la Poitevinière le 26 pluviôse an IV, il fut fusillé le lendemain à Angers.

SUARD (Jean-Baptiste Antoine) (1732-1817). Homme de lettres, admis auprès du comte de Provence et élu à l'Académie française en 1772, il se lança en 1789 dans le journalisme contre-révolutionnaire, adopta un silence prudent sous la Terreur, reprit la plume sous le Directoire, fut proscrit après le 18 fructidor et revint en France au lendemain de Brumaire. Il retrouva sa place à l'Institut.

SUBSISTANCES. Le prix des subsistances a une influence très forte dans les villes, où la moindre augmentation des produits de base entraîne des mouvements de mécontentement qui peuvent dégénérer en émeutes. Dès le 19 juin 1789, les députés aux états généraux décident la formation d'un comité des subsistances pour s'occuper « de la recherche des causes et des remèdes à la disette des grains qui afflige le peuple ». Pour faire face aux émeutes, la Constituante vote la loi martiale, le 21 octobre 1789, et en confie la proclamation, si nécessaire, aux municipalités. Malgré des récoltes satisfaisantes, les prix restent élevés en 1791 et des émeutes se produisent principalement contre les épiciers : les produits coloniaux, le sucre surtout, sont enlevés des boutiques et vendus au tiers du prix sur le marché. les consommateurs demandent le blocage des prix, le « maximum ». A Chartres, le 3 mars 1792, le maire Simonneau est massacré pour avoir refusé de l'établir. Une véritable politique de subsistances est entreprise après le 10 août 1792, sous la direction de la Commune de Paris qui réquisitionne le grain, les chevaux et les voitures pour le transport. Malgré une bonne récolte en 1792, les prix continuent à monter en raison de l'inflation liée à la dépréciation rapide des assignats. De nombreuses émeutes se produisent un peu partout. Après la chute des Girondins se met en place le système de la Terreur qui comprend un volet de Terreur « économique ». Le crime d'accaparement est défini le 27 juillet 1793 et passible de la peine de mort. Les commerçants sont tenus de déclarer leur stock aux autorités. Le 29 septembre, la Convention autorise les administrations de district à fixer un prix maximum pour vingt-quatre produits considérés de première nécessité. Ce prix maximum est fixé à partir du prix de 1790 augmenté d'un tiers. Les décrets des 2-4 octobre allongent la liste des produits soumis au maximum. D'autre part est établi un maximum des salaires. Les municipalités ont le droit de réquisitionner subsistances et main-d'œuvre. L'armée révolutionnaire de Paris sillonne la Beauce et la Brie pour confisquer les récoltes et les acheminer sur la capitale. A partir du 10 octobre 1793, le Comité de salut public coordonne la politique des subsistances dans toute la France. Le 3 ventôse an II

(21 février 1794), la Convention vote un décret étendant à toute la France le maximum des prix et des salaires. Cela n'empêche pas la crise des subsistances de continuer dans les villes où apparaît un marché parallèle, appelé plus tard « marché noir ». Les Thermidoriens desserrent ce carcan tatillon et inefficace, mais doivent subir en retour les émeutes de germinal et de prairial au printemps de 1795. A partir de 1796, les bonnes récoltes et le retour à une monnaie métallique de bon aloi font disparaître la crise des subsistances dont les prix baissent sensiblement, retrouvant le niveau de 1786-1787.

SUCCESSIONS. La Constituante supprime le système familial d'Ancien Régime et décide que tous les héritiers d'un degré égal auront le même droit de succession, abolissant ainsi le droit d'aînesse et accordant aux bâtards reconnus par leurs parents le droit à prendre leur part d'héritage. Les substitutions et majorats sont supprimés et les donations entre vifs limitées. Le droit de tester est réservé aux non-héritiers, limité et à des sommes minimes. Le but de la législation révolutionnaire est de morceler la propriété et de niveler autant que possible les fortunes.

SUCHET (Louis Gabriel) (1770-1826). D'un milieu aisé (son père était marchand-fabricant de soie à Lyon), ayant reçu une solide éducation, il s'engage (probablement parce que l'industrie de la soie périclite) après avoir quitté la ville aux mains des contre-révolutionnaires. Il est élu chef du 4e bataillon de l'Ardèche et sert au siège de Toulon. On le retrouve en Italie où il combat à Loano ; il est de la campagne d'Italie de Bonaparte : Dego, Lodi, Borghetto, Castiglione, Bassano, Arcole, Rivoli... Il est chef d'état-major de Brune en Suisse, en février et mars 1798. Désigné pour l'expédition d'Égypte, il ne part pas et devient chef d'état-major de l'armée d'Italie. Il épouse Honorine Anthoine dont le père était maire de Marseille et la mère née Clary était la belle-sœur de Joseph Bonaparte. Beau réseau de relations. Suchet est avec Joubert à Novi, mais c'est Napoléon qui fera sa carrière : Suchet sera maréchal en 1811, duc d'Albuféra en 1812.

SUCRE. Seul le sucre de canne est connu sous la Révolution et provient des Antilles françaises. Avec la guerre contre l'Angleterre, il devient un produit difficile à trouver, atteignant le prix de 6 francs la livre en 1793. Sa cherté suscite à plusieurs reprises des émeutes.

SUÈDE. Le roi Gustave III de Suède était très hostile à la Révolution et s'apprêtait à entrer en guerre lorsqu'il fut assassiné, le 29 mars 1792. Son fils, Gustave IV, choisit la neutralité et n'intervint pas dans les coalitions.

SUFFRAGE UNIVERSEL. C'est le droit de vote accordé à tous les citoyens d'un pays. La Constitution de 1791 n'introduit qu'un suffrage censitaire, les citoyens payant moins de trois journées de travail de contribution directe étant dits citoyens passifs et privés du droit de suffrage. La Constitution de 1793 institue le suffrage universel. Celle de 1795 établit deux degrés, celle de 1799 en établit trois.

SUICIDE. Un décret de 1793 décide la confiscation des biens de tout accusé en cas de suicide.

SUISSE, voir **HELVÉTIQUE** (République).

SUISSES (gardes), voir **GARDES SUISSES**.

SULEAU (François Louis) (1757-1792). Avocat, contraint après de mauvaises affaires de s'exiler en Amérique, il revient au moment de la Révolution, et met sa plume acérée au service des royalistes intransigeants. Pamphlétaire redouté, collaborateur des *Actes des Apôtres*, il se fit beaucoup d'ennemis. Au moment du 10 août, arrêté et reconnu par Théroigne de Méricourt qu'il avait criblée de ses traits, il fut massacré place Vendôme.

SUPPLÉANTS. Lors des élections aux états généraux, des députés suppléants furent élus pour remplacer les titulaires en cas de maladie ou de mort. Les suppléants participèrent au serment du Jeu de paume. Il y eut également des députés suppléants prévus à la Législative et à la Convention. Bien des suppléants siégèrent dans cette dernière assemblée, en raison de la mortalité élevée des titulaires dont beaucoup montèrent sur l'échafaud.

SÛRETÉ GÉNÉRALE (Comité de), voir **COMITÉ DE SÛRETÉ GÉNÉRALE**.

SURNOMS. Les surnoms ou sobriquets, le plus souvent satiriques, furent fréquents sous la Révolution. Le frère du marquis de Mirabeau était dit Mirabeau-Tonneau à cause de son embonpoint ou Riquetti-Cravate. Louis XVI, Louis le Raccourci. Marie-Antoinette fut surnommée l'Autrichienne et la Messaline autrichienne, Mme Veto, Mme Déficit. Camille Desmoulins était le Procureur général de la lanterne, le peintre David le Raphaël des sans-culottes. On appela les partisans de Jacques Roux des Enragés, les royalistes furent dits Noirs, les députés du centre baptisés Grenouilles ou Crapauds du marais.

SURVEILLANCE (comités de), voir **COMITÉS DE SURVEILLANCE**.

SUSPECTS. Après leur victoire, les partisans de la Révolution sont hantés par l'idée que leurs adversaires vont tenter de prendre leur revanche. Ainsi, un décret du 29 novembre 1791 déclare les prêtres réfractaires « réputés suspects de révolte contre la loi et de mauvaises intentions contre la patrie ». Cette hantise du complot éclate au grand jour après la journée du 10 août 1792 qui consacre le triomphe des sans-culottes parisiens sur la royauté. Les vainqueurs arrêtent à tort et à travers les aristocrates, les parents d'émigrés, les prêtres réfractaires puis les massacrent au début de septembre dans les prisons à l'annonce de l'approche de l'armée prussienne. Un comité de recherche devient comité de surveillance puis Comité de sûreté générale et entreprend systématiquement la chasse à tous ceux qui sont susceptibles d'avoir quelque raison d'être hostiles à la Révolution. Dès mars 1793 se mettent en place dans les communes des comités de surveillance qui doivent surveiller les suspects et délivrer aux « patriotes » des certificats de civisme. Ce même mois se met en place le Tribunal révolutionnaire pour juger les suspects dont on emplit les prisons. La loi du 17 septembre 1793 définit les suspects et ordonne leur arrestation. Sont réputés suspects les ci-devant nobles et leurs parents, les personnes qui se sont vu refuser des certificats de civisme et tous ceux qui « par leur conduite, leurs relations, leurs propos, leurs écrits se montrent partisans du fédéralisme et des ennemis de la liberté ». Après le 9 thermidor, la paranoïa révolutionnaire diminue et les juridictions d'exception tombent en désuétude. On estime que durant l'année qu'a duré la Terreur 500 000 suspects ont été arrêtés et peut-être 300 000 de plus placés en résidence surveillée à leur domicile.

SUVÉE (Joseph Benoît) (1743-1807). Né à Bruges, alors dans les Pays-Bas autrichiens, il y reçut sa première formation artistique avant de venir à Paris où il remporte le Grand Prix de 1771 devant David. Il arrive à Rome en 1772 et son séjour va le marquer : goût pour les ruines et l'archéologie. Il est directeur de l'Académie de France à Rome en 1792 mais la place est supprimée sur intervention de David. En 1794, Suvée est emprisonné, mais entre en 1796 au conseil d'administration du musée central des Arts. A la fin de 1801 il pourra enfin prendre son poste de directeur de l'Académie de Rome et fera transférer l'institution du palais Mancini à la villa Médicis.

SYMBOLES. La Révolution a remplacé les symboles de la royauté par les siens. On commence par associer la couleur blanche du roi au bleu et au rouge, couleurs de Paris, pour faire de la cocarde tricolore l'emblème national. Presque en même temps apparaît le bonnet rouge, le bonnet phrygien porté à Rome par les esclaves affranchis, symbole de liberté. Il s'impose après le 10 août 1792, puis tombe progressivement en désuétude après le 9 thermidor. L'arbre de la liberté apparaît en mai 1790. On le plante au début pour célébrer l'installation des municipalités nouvellement créées, on l'orne de rubans et de cocardes tricolores, on place assez souvent un bonnet rouge à son sommet. Lorsque la Révolution se radicalise apparaît le niveau, à l'époque figuré par un triangle du sommet duquel pend un fil à plomb. C'est le symbole de l'égalité chez les francs-maçons. Ensuite vient la montagne par analogie avec le nom du parti qui vient d'éliminer les Girondins. Des allégories de la Liberté, de l'Égalité, de la Fraternité sont élaborées ainsi que tout un monde de symboles qui influent sur l'habillement, le langage, la vie de tous les jours. Un monde nouveau avec une symbolique nouvelle est mis en place par la Révolution pour tenter d'occulter, d'effacer la symbolique royale et chrétienne.

SYRIE (campagne de), voir **ÉGYPTE** (campagne d').

SYSTÈME MÉTRIQUE. A l'aube de la Révolution, le système des mesures est complexe et surtout hétérogène, variant d'une région à l'autre. Ainsi, l'arpent de Paris vaut-il 34,19 ares et l'arpent commun 42,21 ares. Dans l'actuel département du Nord coexistent dix-huit sortes d'aunes variant entre 62 et 84 centimètres. Le développement du commerce au XVIIIe siècle fait sentir la nécessité de mesures identiques dans tout le royaume et un certain nombre de cahiers de doléances demandent une uniformisation des poids et mesures. Le 8 mai 1790, la Constituante confie l'étude d'un nouveau système de poids et mesures à une commission de l'Académie des sciences où l'on trouve Lagrange, Laplace, Monge pour la mécanique céleste, Borda pour la physique et les calculs de navigation, Lavoisier pour la chimie. Le 1er août 1793, la Convention adopte le mètre comme unité de longueur. Borda le définit comme la dix millionième partie du quart du méridien terrestre. Pour les multiples et sous-multiples est adopté le système décimal. Même pour le temps est choisi un système décimal dans le calendrier républicain. Le 7 avril 1795, la Convention adopte le système décimal comme système de base des nouvelles mesures et le rend obligatoire. En pratique, le système entre très lentement en usage et le système métrique décimal ne pourra être considéré comme généralement utilisé qu'après la loi du 4 juillet 1837. L'unité de longueur est le mètre, les unités de poids sont le gramme et le kilogramme, les unités de capacité sont le litre, sauf pour le bois pour lequel on emploie le stère. Les unités de surface sont l'are et l'hectare. Pour la monnaie, c'est le franc divisé en centimes.

T

TABAC. Introduit par Jean Nicot vers 1560, le tabac fut d'un tel rapport que l'État s'en réserva le monopole et en contrôla étroitement la production et la vente. La Ferme des tabacs fut concédée en 1697. Le prix en était de 4 millions en 1718 et de 32 millions en 1790. La Ferme fut supprimée par décret du 2-17 mars 1791 et désormais la culture, la fabrication et la vente du tabac furent libres. Pour récupérer quelque argent, l'État frappa le droit d'exploitation d'un impôt de 25 francs pour 100 livres, impôt qui fut réduit de moitié en 1792. Un prix fut fixé pour le tabac destiné aux troupes. De même, le décret du 5 septembre 1792 réduisit les droits d'entrée des tabacs en feuille de 25 livres à 12 livres le 100 pour les navires américains, de 18 livres à 10 pour les bateaux français. La loi du 22 brumaire an VII (12 novembre 1798) rétablit une taxe sur la fabrication du tabac, tandis que le droit d'exploitation était frappé d'un impôt de 60 francs par 100 livres de tabac. Le monopole du tabac au profit de l'État a été rétabli par le décret du 29 décembre 1810.

TAILLE. Cet impôt direct, établi de façon permanente en 1439, était l'impôt roturier type. Chaque année, le gouvernement fixait le montant de la taille en fonction de ses besoins et le divisait entre les généralités. Ces dernières les répartissaient entre les élections, les élections au niveau en dessous et ainsi de suite jusqu'à la communauté villageoise qui la répartissait entre ses membres. Dans la majeure partie du pays, la taille était personnelle, c'est-à-dire payée par tête, ailleurs, elle était réelle et assise sur les biens possédés, du moment que ces biens étaient d'origine roturière, ce qui obligeait bien des nobles et des communautés religieuses à la payer. Répartie inégalement, parfois injustement, très critiquée par les philosophes et les physiocrates, la taille rapportait 64 millions vers 1780. Cette année, Necker renonça à l'augmenter et il en fut ainsi jusqu'en 1789. La taille fut abolie par la loi du 17 mars 1791, quand fut mis en place le nouveau système fiscal.

TALLEYRAND-PÉRIGORD (Charles Maurice de) (1754-1838). Diable boiteux ou grand serviteur de la France ? Girouette politique ou homme d'État ? Talleyrand divise les historiens plus que ses contemporains qui dans leur majorité le méprisèrent. D'une très grande famille, né à Paris le 2 février 1754, il dut en raison d'une malformation (un pied bot) qu'il attribuait à un accident, choisir l'état ecclésiastique. Ordonné prêtre et bénéficiant de la protection de son oncle, l'archevêque de Reims, il devint agent général du clergé en 1780 et évêque d'Autun en 1788. Le clergé de son diocèse l'envoya siéger aux états généraux. Sa première trahison fut envers son ordre dont il proposa en octobre 1789 la nationalisation des biens. Il comprit très vite en revanche le danger d'émettre des assignats gagés sur les biens nationaux. S'il ne fut pas l'auteur de la Constitution civile du clergé, il en approuva le principe, acceptant de sacrer les nouveaux évêques. C'est lui qui célébra la messe de la fête de la Fédération au Champ-de-Mars le 14 juillet 1790. Se tournant vers l'abbé Louis, il lui aurait dit : « Surtout ne me faites pas rire. » Sacrilège qui s'accompagna de trombes de pluie traduisant peut-être la colère divine. Après la séparation de la Constituante et alors qu'il s'était démis de son évêché d'Autun le 20 janvier 1791, il accepta en janvier 1792 une mission à Londres pour essayer de gagner à la cause française le cabinet britannique. Contraint de quitter Londres après le 10 août, il rentra à Paris. L'air de la capitale ne lui parut pas très salubre. Comme il avait jadis approché Mirabeau, il fit de même avec Danton qui le chargea d'une nouvelle mission en Angleterre. Il y était depuis trois mois quand le 5 décembre fut lue à la Convention une lettre où il faisait ses offres de service à Louis XVI. Il fut aussitôt décrété d'accusation et inscrit sur la liste des émigrés. Il tenta vainement de se justifier tout en vivant agréablement à Londres. Mais, fin janvier, il reçut l'ordre de quitter la Grande-Bretagne. Il dira dans ses *Mémoires* qu'il fut la victime des intrigues des émigrés. Il choisit l'Amérique. Il écrivait à Mme de Staël : « C'est à trente-neuf ans que je commence une nouvelle vie, car c'est la vie que je veux. » Aux États-Unis il s'occupa d'affaires industrielles et financières. Sur les instances de Mme de Staël sa proscription fut levée. Il rentra à Paris en septembre 1796. Barras en fit, le 16 juillet 1797, un ministre des Relations extérieures en remplacement de Delacroix. Talleyrand défendit l'idée de l'expédition d'Égypte s'attirant l'amitié de Bonaparte qu'il protégea contre Reubell. Talleyrand suivit aussi les affaires de Suisse, les négociations avec les États-Unis qui provoquèrent un scandale (l'affaire XYZ) en raison de sa corruption. Très attaqué par les néo-Jacobins, méprisé par les autres, il dut donner sa démission le 20 juillet 1799. « Il faut faire une grande fortune », avait-il confié en prenant ses fonctions. C'était chose faite. Restait à l'assurer. Il accueillit avec enthousiasme le retour de Bonaparte, donnant une grande fête en son honneur. Il fut des intrigues de Brumaire et retrouva ainsi son portefeuille des Relations extérieures au moins jusqu'en 1807. Il devait trahir Napoléon qui l'avait comblé d'honneurs (prince de Bénévent en 1806, grand chambellan...) pour Louis XVIII qui en fit son ministre des Affaires étrangères et l'envoya le représenter au congrès de Vienne. Sous la seconde Restauration, la combinaison Talleyrand-Fouché fut balayée par la chambre ultra. Talleyrand assista non sans déplaisir à la chute des Bourbons en 1830, et accepta, malgré son âge, l'ambassade de Londres qui lui fut offerte par Louis-Philippe. La conclusion du traité franco-anglais de 1834 fut son dernier acte diplomatique. Il mourut, le

17 mai 1838, réconcilié avec l'Église par l'intermédiaire de Dupanloup. Ultime pirouette ?

TALLIEN (Jean Lambert) (1767-1820). Fils d'un maître d'hôtel du marquis de Bercy, né à Paris le 23 janvier 1767, il est clerc de notaire à la veille de la Révolution et participe avec la basoche à l'agitation de la rue. Il entre comme prote à l'imprimerie du *Moniteur* et organise une société fraternelle au faubourg Saint-Antoine. En 1791, il lance un journal qui copie celui de Marat : *L'Ami des citoyens*. Après l'échec de Varennes, il demande la déchéance de Louis XVI. Principal animateur de la section des Lombards, il est de la Commune du 10 août et porte une part de responsabilité dans les massacres de Septembre. Candidat à Paris pour un siège à la Convention, il fut écarté par Marat qui le présenta comme « un intrigant cupide qui cherche des places ». Tallien fut élu par la Seine-et-Oise. Il se rangea dans le camp de la Montagne après les attaques de la Gironde contre la Commune de Paris. En août 1793, il était envoyé en mission à Bordeaux pour y rétablir l'ordre. Il y commit de nombreux excès après la reprise de la ville, faisant débaptiser le département de la Gironde changé en Bec d'Ambès. Il fit guillotiner le maire Saige, mais fut dénoncé à l'Assemblée pour modérantisme. Héron au Comité de sûreté générale mit en cause ses « liaisons intimes » avec la Cabarrus, femme divorcée de l'ex-noble Fontenay. Lindet critiquait l'embargo mis dans le port sur les navires américains. Tallien fut rappelé en mars. Sa maîtresse l'avait suivi à Paris et fut arrêtée. Tallien en conçut une grande fureur et se rangea parmi les adversaires de Robespierre. Le 9 thermidor, il fut l'un des plus audacieux contre l'Incorruptible, n'hésitant pas à brandir un poignard à la tribune et annonçant qu'il plongerait ce poignard dans le cœur de Robespierre si on ne le décrétait pas d'accusation. Le 13 thermidor, il entrait au Comité de salut public et le 26 faisait remettre en liberté sa maîtresse qu'il épousa. Mais ce mariage contribua à le discréditer. Il échappa à une tentative d'assassinat puis fut mis en cause par Cambon comme principal responsable de la Terreur lors des attaques de Lecointre, le 14 vendémiaire an III contre les anciens membres des comités. Du coup Tallien exagéra dans la réaction, demandant la mort contre Billaud-Varenne et Collot d'Herbois, puis faisant fusiller les émigrés capturés à Quiberon par Hoche. Il siégea aux Cinq-Cents jusqu'au 22 floréal an VI où, réélu, son élection fut cassée. Il réussit à faire partie de l'expédition d'Égypte. Capturé à son retour par les Anglais il ne revint en France qu'en avril 1801. Sa femme avait demandé le divorce. Napoléon le nomma consul à Alicante. Mais la maladie l'obligea à rentrer. Napoléon lui conserva une pension, ce qui n'empêcha pas Tallien de déclarer qu'il avait été persécuté pendant l'Empire. Louis XVIII lui garda sa pension. Mais aux Cent-Jours, Tallien adhéra à l'acte additionnel. Atteint de lèpre éléphantiasique, il ne fut pas compris dans la proscription des régicides et mourut dans la misère et le mépris général le 16 novembre 1820.

TALLIEN (Jeanne Marie Ignace Thérésa Cabarrus, épouse) (1773-1835). Fille du financier François Cabarrus, d'origine française et directeur de la banque Saint-Charles, elle fut envoyée à Paris pour parfaire son éducation en 1785. Elle épousa en 1788 M. de Fontenay. Sa dot était de 500 000 livres. Elle s'enthousiasma pour les idées à la mode et participa à la fête de la Fédération.

En novembre 1792, en raison de l'inconduite vraie ou supposée de la trop belle Thérésa, le divorce était prononcé entre les deux époux. Elle partit pour Bordeaux où elle fut arrêtée en 1793 en vertu de la loi des suspects. Tallien, représentant en mission, séduit par sa beauté, la fit libérer et s'afficha avec elle. La liaison fit scandale. Tallien revint à Paris pour se justifier. Thérésa l'y rejoignit et fut à nouveau arrêtée sur ordre du Comité de salut public. Cette arrestation détermina Tallien à entrer dans la conjuration contre Robespierre et à s'illustrer le 9 thermidor à la Convention. Libérée, Thérésa devint, par la place qu'elle occupait grâce à Tallien dans la nouvelle société, Notre-Dame de Thermidor. Ses toilettes extravagantes firent sensation, ne cachant rien de sa beauté. Elle épousa Tallien, mais Barras, devenu l'homme fort du nouveau régime, en fit sa maîtresse, puis le financier Ouvrard lui succéda. Le coup d'État de Brumaire mit un terme à la carrière publique de Thérésa. Elle divorça de Tallien le 8 avril 1802, et se remaria avec le jeune comte de Caraman le 9 août 1805. Engraissée, elle se transforma en bonne mère de famille veillant sur ses onze enfants. Elle mourut au château de Chimay le 15 janvier 1835.

TALMA (François Joseph) (1763-1826). Il entre à la Comédie-Française en 1787 et devient sociétaire en 1789. Il s'impose dans *Charles IX* de Marie-Joseph Chénier, en novembre 1789. Talma traversa la Terreur sans être inquiété. Sous la réaction thermidorienne une cabale fut montée contre lui, mais ne réussit pas. Bonaparte se prit alors d'admiration pour lui. En effet Julie Talma, épouse de l'acteur depuis 1790, et célèbre pour sa fortune et son salon, avait vendu à Bonaparte son hôtel de la rue Chantereine.

TALMONT (Antoine Philippe de la Trémoïlle, prince de) (1766-1794). Jusqu'en 1792, il ne s'était distingué que par son caractère dissipé. Il entra dans une conjuration contre-révolutionnaire en Poitou, au début de 1792. Ce fut l'échec et l'émigration. Talmont devenu aide de camp du comte d'Artois fut envoyé en France au début de 1793 avec un nouveau plan d'insurrection dans l'Ouest. Arrêté à Château-Gontier, il parvint à s'évader. Il rejoignit Saumur dont les Vendéens venaient de s'emparer. Il prit place au conseil supérieur de l'armée, recommanda de se diriger vers Saint-Malo, après le passage de la Loire. Découragé par la défaite de Granville, il songea à s'embarquer clandestinement pour l'Angleterre, mais fut ramené par ses soldats. Sans illusions mais courageusement, il poursuivit le combat avec les restes de la grande armée catholique. Appréhendé par une patrouille, il fut conduit à Fougères et reconnu par une fille d'auberge. L'échafaud fut dressé devant son château et sa tête brandie sur une pique.

TALON (Antoine Omer) (1760-1811). Lieutenant civil au Châtelet, il fut chargé d'instruire le procès contre Favras. Député suppléant aux états généraux, il siège à l'Assemblée le 16 décembre en remplacement du comte de Montboissier. Principal agent de corruption de la cour auprès des révolutionnaires, ce zélé royaliste, décrété d'accusation après le 10 août, dut se cacher puis s'enfuir en Amérique. Il revint en France sous le Directoire et servit de liaison entre la contre-révolution de l'intérieur et la cour. Arrêté sur ordre de Bonaparte après Brumaire, il perdit la raison et fut libéré en 1807.

TALOT (Michel Louis). Chef de bataillon de la garde nationale d'Angers, il est député suppléant puis député, à la Convention. Élu aux Cinq-Cents, il soutient le coup d'État du 18 fructidor. Arrêté après Brumaire, il est déporté à l'île de Ré dont il organise la défense.

TARBÉ (Louis Hardouin) (1753-1806). Premier commis des Finances sous Necker et Calonne, il devint directeur des contributions sous de Lessart. Le roi en fit, le 18 mai 1791, un ministre des Contributions. C'est lui qui organisa la nouvelle administration des Finances. Très attaché au roi, proche des Feuillants, il quitta le ministère avec eux en mars 1792, pour laisser la place aux Girondins. Proscrit le 15 août 1792, il parvint à se cacher et refusa par la suite tout emploi.

TARGET (Guy Jean-Baptiste) (1733-1807). Avocat à la veille de la Révolution, il fut notamment le défenseur du cardinal de Rohan lors du procès du collier. Élu député aux états généraux par le tiers état de Paris, il joua un rôle important dans l'élaboration de la Constitution de 1791, surnommée par ses adversaires, *La Targette*. Il approuva la Constitution civile du clergé et fut l'un des organisateurs de la fête de la Fédération le 14 juillet 1790. Peu courageux, il refusa de défendre Louis XVI. Nommé juge au Tribunal de cassation en 1797, il y resta jusqu'à sa mort.

TAXES, voir **IMPÔTS**.

TÉLÉGRAPHE. Claude Chappe, après avoir tenté d'établir des communications à distance par l'intermédiaire du son puis de l'électricité, met au point un système de panneaux noirs et blancs et l'expérimente avec succès, les 2 et 3 mars 1791. Il présente son invention à la Législative, le 22 mars 1792, la nommant tachygraphe. Vite nommée télégraphe, cette invention est un système de signaux transmis par des mouvements d'aiguilles autour d'un axe. Le 26 juillet suivant, Lakanal dépose un rapport favorable. Romme dépose à son tour un rapport favorable à la Convention et propose la construction d'une ligne de Paris à Lille. La nouvelle de la reddition du Quesnoy, le 15 août 1794, est la première information transmise à Paris. Le 3 octobre suivant est décidé l'établissement de la ligne Paris-Landau. Hoche fait établir la ligne Paris-Brest. Le télégraphe est désormais entré dans la vie des hommes, avec un usage militaire au départ, mais les civils vont aussi en profiter.

TÉMOINS. La loi du 28 mars 1793 définit l'audition des témoins contre les prévenus d'émigration : « L'accusateur public fera citer des personnes dont le civisme sera certifié, au moins au nombre de deux, de la commune du domicile de l'accusé, ou, à défaut, des lieux circonvoisins, pour faire reconnaître si le prévenu est la même personne dont l'émigration est constatée par la liste des émigrés, ou par les arrêtés des corps administratifs. » Si les témoins reconnaissaient l'émigré, il était exécuté séance tenante, sans aucune forme de jugement. Un décret de 1794 porta la peine de mort contre un faux témoin dans une affaire capitale. Un autre décret de cette année interdit de faire comparaître devant le Tribunal révolutionnaire les personnes sur le rapport desquelles l'accusé avait été traduit devant la justice. La loi du 5 mars 1796 décréta que les parents ou alliés d'un accusé ne pourraient être entendus comme témoins contre les autres accusés. Le code pénal distingua le faux témoignage en matière criminelle du faux témoignage en matière civile.

TEMPLE (le). Monastère de l'ordre des Templiers à l'origine, ensuite occupé par les hospitaliers de

Saint-Jean-de-Jérusalem, le Temple occupait presque entièrement l'emplacement de l'actuel quartier du Temple. Supprimé en 1790 et déclaré bien national, il abrita dans la grande tour la famille royale à partir du 12 août 1792.

TERREUR. La Terreur correspond à un gouvernement de fait reposant sur la force et la coercition, et non à un pouvoir légal, de droit. On distingue deux époques de Terreur. La première s'étend du 10 août 1792, de la chute de la royauté, au 21 septembre, à la réunion de la Convention et à la proclamation de la République. Deux pouvoirs se partagent alors la direction du pays : un conseil exécutif de six membres, tous brissotins sauf le ministre de la Justice, Danton, et la Commune de Paris, victorieuse après l'insurrection, qui n'ose pas, malgré les injonctions de Robespierre, prendre le risque de violer une nouvelle fois la légalité en balayant la Législative. Dès le 10 août au soir, l'Assemblée envoie des représentants en mission auprès des armées, investis des droits les plus étendus, notamment celui de suspendre les généraux, mesure visant surtout La Fayette. Les pressions de la Commune obligent l'Assemblée à voter le 17 août la constitution d'un tribunal extraordinaire pour juger les « crimes du 10 août », c'est-à-dire les défenseurs de la légalité vaincue. Ce tribunal doit être composé de juges et de jurés élus par les sections parisiennes. De son côté, la Commune autorise les visites domiciliaires chez les suspects. 3 000 arrestations sont opérées en quelques jours. Les mauvaises nouvelles de la guerre, l'annonce de la chute sans combat de Verdun, le 2 septembre, poussent les révolutionnaires affolés à commettre les massacres de Septembre sous prétexte qu'un complot, organisé à partir des prisons (!), préparerait le massacre des « patriotes ». La situation se calme avec la réunion de la Convention et la victoire de Valmy. La seconde Terreur débute avec la chute des Girondins, le 2 juin 1793. Conscients d'être très minoritaires, d'avoir les sans-culottes parisiens pour seul vrai soutien, les Montagnards organisent un régime d'exception pour terroriser le pays tout entier et le dissuader de se rallier aux Girondins, qualifiés abusivement de « fédéralistes » et qui, réfugiés en province, tentent d'organiser la résistance. La Terreur est organisée par le Comité de salut public et « mise à l'ordre du jour » officiellement le 5 septembre 1793. Elle s'appuie sur la juridiction d'exception qu'est le Tribunal révolutionnaire et sur la « loi des suspects » votée le 27 septembre. Les sociétés populaires, émanations du club des Jacobins, reçoivent des pouvoirs de surveillance et de police. A la Terreur politique se superposent une Terreur économique et une Terreur religieuse. Tous les prêtres, jureurs ou insermentés, sont suspects, le calendrier républicain est imposé, le régime prend des aspects nettement antichrétiens. D'un autre côté, les riches sont pressurés à coup d'emprunts forcés décidés à leur gré par les représentants en mission, les prix et les salaires sont bloqués, les stocks de denrées alimentaires saisis. Le 5 février 1794, Robespierre écrit que « le ressort du gouvernement populaire en révolution est la vertu et la terreur : la vertu sans laquelle la terreur est funeste, la terreur sans laquelle la vertu est impuissante... Le gouvernement de la Révolution est le despotisme de la liberté contre la tyrannie ». Grâce à la Terreur, l'ennemi est repoussé aux frontières, les multiples révoltes départementales matées, la Vendée soumise à un génocide systématique avec les « colonnes infernales ». Quoique le danger s'éloigne, pris dans sa logique, sa « paranoïa » répressive, Robespierre ne pense qu'à accroître encore le poids du régime terroriste. Après avoir envoyé à l'échafaud ses adversaires sur la gauche, les hébertistes, et sur la droite, les dantonistes ou Indulgents, il fait encore élargir la notion bien vague de suspect par la loi du 22 prairial (10 juin 1794), simplifie à l'extrême la procédure du Tribunal révolutionnaire. Il y a 2 000 exécutions capitales à Paris pour le seul mois de juin, la guillotine fonctionne maintenant jusqu'à six heures par jour. Ayant menacé de mort ses collègues de la Convention corrompus ou « tièdes », Robespierre finit par être envoyé à son tour à l'échafaud, le 10 thermidor. Les vainqueurs démantèlent rapidement les mécanismes de la Terreur, devenue inutile puisque les dangers extérieurs et intérieurs sont écartés, ainsi que l'avait déjà fait remarquer Danton quelques mois auparavant. Terreur économique abandonnée, Terreur religieuse en sommeil, les Thermidoriens maintiennent quelques éléments de la Terreur judiciaire, notamment les lois contre les émigrés et les prêtres réfractaires. Il n'y a pas de réaction thermidorienne, comme on l'a trop souvent prétendu : les Thermidoriens continuent le combat républicain contre la contre-révolution, mais renoncent aux excès devenus inutiles de la répression. On estime à 16 594 le nombre des personnes exécutées sous la Terreur, à 500 000 le nombre des emprisonnés, auxquels il faut ajouter 300 000 assignés à résidence. On a calculé la répartition sociale des personnes exécutées : 2 % de prêtres, 28 % de paysans et plus de 31 % d'artisans et de compagnons, ce qui prouve à l'évidence le caractère populaire des soulèvements contre-révolutionnaires et leur aspect antibourgeois.

TERREUR BLANCHE. C'est un peu abusivement, par rapport à la Terreur rouge des Montagnards, qu'on a baptisé Terreur blanche les représailles contre les sans-culottes en 1795. Elles ont lieu principalement dans le Sud-Est. En mai-juin 1795, les adversaires de la Révolution attaquent les prisons de Lyon, Marseille, Avignon et y massacrent les responsables des administrations du temps de la Terreur qui y sont détenus. A Paris, la Terreur blanche se limite à des bastonnades des porteurs de carmagnoles, et de bonnets rouges par la « jeunesse dorée ». Le coup d'État du 18 fructidor met fin à cette Terreur. Une seconde Terreur blanche a lieu en été 1799 en Vendée, Normandie, dans le Maine et le Midi, mais elle est encore plus limitée que la première.

TERRIER DE MONCIEL (Antoine René marquis de) (1757-1831). Issu d'une famille de Franche-Comté dont la terre fut érigée en marquisat en 1740, Terrier de Monciel, après une carrière militaire, fut président du département du Jura, ministre plénipotentiaire près l'Électeur de Mayence et fut appelé à succéder à Roland comme ministre de l'Intérieur en juin 1792. Bon ministre, il chercha à prévenir la journée du 20 juin et dénonça « les misérables qui avaient voulu faire porter à la France un deuil éternel ». Il remit sa démission le 21 juillet, et, après le 10 août, dut se cacher et fuir à l'étranger. Il rentra en 1806 et tint un petit rôle dans les négociations qui précédèrent la première Restauration.

TERRITOIRE. A la veille de la Révolution, le territoire de la France est assez peu différent de celui d'aujourd'hui. Les frontières n'ont varié que sur quelques points. Les gains de la Révolution se limitent aux enclaves du comtat Venaissin et de Mulhouse et au comté de Montbéliard, les pertes du second traité de Paris correspondant à peu près à la même étendue de pays, avec Bouillon, Marienbourg, Philippeville cédés aux Pays-Bas (et actuellement à la Belgique), la Sarre avec Sarrelouis et Sarrebruck attribuée à la Prusse, tout l'extrême nord de l'Alsace au-delà de la Lauter avec Landau, rattaché au Palatinat bavarois, la majeure partie du pays de Gex rattachée au canton suisse de Genève. Après vingt ans de guerre, la France fait une opération « blanche », les pertes compensant les acquisitions. Quant à Nice et à la Savoie, annexés en 1793, perdus en 1815, le second Empire les récupère en 1860.

TERRORISTES. On appela terroristes les partisans et les agents de la Terreur, souvent les mêmes personnes. Après le 9 thermidor, ce terme prit une coloration nettement péjorative et les Thermidoriens s'en prirent au « parti terroriste » des « buveurs de sang ».

TESTAMENTS. Les révolutionnaires manifestèrent peu de sympathie pour la liberté de tester. Mirabeau s'opposa en vain au maintien des testaments et ne put obtenir leur suppression. Il estimait anormal qu'un homme pût disposer de ses biens après sa mort, attitude compréhensible de la part de ce fils prodigue débauché. Robespierre partageait son point de vue. La Convention le suivit, considéra comme non valables les clauses impératives ou prohibitives des testaments, supprima la faculté de tester, sauf pour des sommes très faibles et destinées à des personnes n'appartenant pas à la famille de l'auteur du testament.

THÉÂTRE. La Révolution fut une époque d'intense activité théâtrale. Des milliers de pièces furent jouées, de nombreuses salles s'ouvrirent. Dans le climat de passion politique et d'intolérance qui caractérise ces années, les auteurs et les acteurs sont obligés d'être de véritables girouettes pour pouvoir jouer et sauver leur tête. La première polémique s'ouvre avec le *Charles IX* de Marie-Joseph Chénier qui impute à la royauté le massacre de la Saint-Barthélemy. Après la prise de la Bastille, la pièce acquiert une acuité singulière, Saint-Barthélemy et 14 juillet étant confondus. La Comédie-Française est contrainte de mettre la pièce à son répertoire. Au début de 1791, le monopole des trois théâtres d'État, Opéra, Comédie-Française et Comédie-Italienne, est aboli et l'on assiste à la multiplication des salles et au déchaînement des passions. Flins des Oliviers se fait une spécialité de pièces anticléricales. La Comédie-Française, quoique restant entachée d'esprit conservateur, s'intitule Théâtre de la Nation et monte une pièce révolutionnaire de Billardon de Sauvigny, *Washington, ou la Liberté du Nouveau Monde*, qui est un four. A l'Opéra, *Adrien*, opéra de Méhul avec un livret de H. Hoffmann, provoque un scandale en 1792, parce qu'on y voit un empereur entrant en triomphe sur la scène, alors que l'empereur d'Autriche vient d'entrer en guerre contre la France. La pièce est retirée et Hoffmann sera sauvé de justesse de la guillotine durant la Terreur grâce à ses amis. Instruit par l'expérience, l'Opéra programme des pièces révolutionnaires : *Miltiade à Marathon*, *La Journée du 10 août*, *La Montagne*. A partir de 1793, la liberté d'expression n'est plus qu'un souvenir. Les sans-culottes déclenchent des bagarres et font interdire les pièces qui leur déplaisent : *L'Ami des lois* par Laya, *La Chaste Suzanne*, car ils croient reconnaître Marie-Antoinette dans l'héroïne, *Paméla* de François de Neufchâteau, parce que quelques vers font l'apologie de la tolérance et que l'héroïne est noble. Le Comité de salut public fait arrêter les acteurs qui jouaient cette dernière pièce et fermer le théâtre. deux cent cinquante pièces de cent quarante auteurs sont jouées durant la Terreur, en majorité des apologies du régime, divertissements patriotiques, impromptus républicains, sans-culottides, tableaux et vaudevilles patriotiques, entremêlés souvent de chants patriotiques repris par le public. A l'automne de 1793, le gouvernement inclut le théâtre dans un « vaste plan de regénération ». Le Théâtre de la Nation, qui avait été fermé, est rouvert sous le nom de Théâtre de l'Égalité et reçoit l'ordre de donner des représentations gratuites de pièces patriotiques plusieurs fois par mois. Les théâtres de province sont tenus de donner une représentation gratuite par décade. Sous la pression du pouvoir, les théâtres jouent des pièces telles que *Fabius* par Martin, *La Journée du Vatican,* satire antireligieuse de Chiavacchi, *L'Ami du peuple,* apologie de Marat par Saint-Armand, *Le Dernier Jugement des rois* par Pierre Sylvain Maréchal. Mais le public préfère des divertissements non politiques comme *Colombine mannequin* par Barré, Desfontaines et Radet. Après la chute de Robespierre, des pièces anti-jacobines sont applaudies : *Le Faux Député* par Dorvo, *Le Souper des Jacobins* par Charlemagne, *L'Intérieur des comités révolutionnaires* par Ducancel. A l'exception du *Charles IX* de M.-J. Chénier, la Révolution n'a produit aucune œuvre théâtrale de qualité vraiment littéraire. Mais, en rompant avec la tradition classique, en introduisant de nouveaux thèmes, en mettant en scène des gens du peuple, elle a préparé la voie au romantisme.

THÉOPHILANTHROPES. Après le culte de la Raison et celui de l'Être suprême, la théophilanthropie est un nouvel essai pour trouver une religion de substitution au christianisme. L'origine en est le *Manuel des théanthrophiles,* bientôt changé en « théophilanthropes », publié en septembre 1796 par un libraire franc-maçon, Chemin-Dupontès. Le culte commence en janvier 1797 dans l'ex-chapelle Sainte-Catherine, dans l'école pour aveugles que tient Valentin Haüy, un des premiers adeptes de la secte. Après le 18 fructidor, le Directoire encourage le mouvement et lui concède quatre églises à Paris, dont Saint-Roch et Saint-Sulpice, et Notre-Dame en avril 1798. A l'automne 1798, la nouvelle religion a quinze églises rien que dans la capitale, et des succursales à Dijon, Mâcon, Auxerre, Poitiers, Bordeaux. Parmi ses adeptes figurent Bernardin de Saint-Pierre, Daunou, Dupont de Nemours, Sébastien Mercier, J.-B. Regnault, M.-J. Chénier, Tom Paine. Le journal *La Décade* le soutient et des connexions sont établies avec le culte décadaire. Une telle expansion n'est possible que grâce à l'appui du directeur La Révellière-Lépeaux et du ministre de l'Intérieur Sotin de la Coindière. Le gouvernement subventionne le journal de la secte, *L'Ami des théophilanthropes.* Après le coup d'État du 22 floréal, en mai 1798, le gouvernement retire progressivement son appui à un mouvement qu'il juge trop proche des Jacobins. Seul La Révellière-Lépeaux continue à le soutenir. Il dispose encore de dix-huit églises en 1799. Bonaparte l'interdit le 4 octobre 1801. La religion des théophilanthropes emprunte largement son rituel austère aux calvinistes : lectures à haute voix de textes édifiants, hymnes chantées en chœur, sermons dont certains sont dus à Daunou, services funèbres, notamment pour Hoche... Les théophilanthropes croient en Dieu et à l'immortalité de l'âme, mais non au péché originel. L'importance qu'on leur a parfois attribuée semble très surfaite.

THÉOT (Catherine) (1716-1794). Domestique au couvent des Miramiones à Paris, elle se proclamait dès 1779 la Vierge ou l'Ève nouvelle et fut incarcérée à la Bastille. Enfermée ensuite à la Salpêtrière, elle fut relâchée en 1782. Installée rue de la Contrescarpe, elle y joua les prophétesses et délivrait ses prophéties contre rétributions modestes. La duchesse de Bourbon et d'autres ayant fréquenté son petit groupe, la police eut vent de l'affaire et Vadier exploita contre Robespierre certaines déclarations de celle qui se proclamait la mère de Dieu et dont on pouvait comprendre, en forçant un peu, que le fils et messie était Robespierre. Robespierre se défendit mal contre le ridicule de l'affaire. Catherine Théot fut jugée après le 9 thermidor et acquittée. « La *mère de Dieu* mourut en prison trente-trois jours après la montée de son *fils* à l'échafaud » (Walter).

THERMIDOR (journée du 9). La journée du 9 thermidor an II (27 juillet 1794) voit la chute de Robespierre et la fin de la Terreur. Elle est le résultat d'une conspiration ourdie par les ennemis en nombre sans cesse grandissant de Robespierre et par la « nausée de l'échafaud » qui atteint même les sans-culottes parisiens. La vanité de Robespierre ne connaît plus de mesure après la fête de l'Être suprême du 8 juin 1794. Il se prend littéralement pour le sauveur de la patrie, le conducteur suprême de la nation française. Mais les inimitiés se sont aussi accumulées, des conventionnels antireligieux, amis de Hébert et de Danton récemment guillotinés, l'ont ouvertement appelé « dictateur » et « tyran » au cours de son apothéose du 8 juin. Les immixtions de plus en plus grandes du Comité de salut public dans les affaires du Comité de sûreté générale ont dressé unanimement les membres de ce comité contre lui. Au sein même du Comité de salut public, Robespierre s'est attiré l'inimitié de Carnot, de Billaud-Varenne, de Collot d'Herbois. Les représentants en mission rappelés par Robespierre à cause de leur enrichissement trop rapide ou des excès commis, Barras, Fouché, Fréron, Tallien, tremblent pour leur vie et conspirent contre l'Incorruptible. Robespierre est conscient de la montée de l'hostilité autour de lui mais surestime sa puissance. Le 8 thermidor (26 juillet 1794), il prononce, à la tribune de la Convention, un de ses interminables discours dont il a l'habitude et menace les « traîtres », les « fripons », les « factions » des foudres révolutionnaires, mais sans désigner nommément ceux qu'il veut expédier à l'échafaud. Se sentant perdus, les conjurés rallient à eux les députés de la Plaine, faisant valoir que les menaces les concernent aussi, et la Convention refuse l'impression du discours. Pendant que l'Assemblée se laisse gagner par ses adversaires, Robespierre lit derechef son discours aux Jacobins qui l'acclament. Le lendemain, 9 thermidor (27 juillet 1794), lorsque Saint-Just veut lire le rapport qu'il a préparé la veille, il est interrompu par Billaud-Varenne et Tallien qui dénoncent le « tyran », le « nouveau Cromwell ». Durant près de cinq heures, Robespierre et les siens tentent en vain de se faire entendre, mais sont couverts d'injures, sans cesse interrompus, empêchés de prendre la parole par les présidents en exercice de la Convention, Collot d'Herbois puis Thuriot. L'Assemblée vote finalement leur arrestation ainsi que celle du président du Tribunal révolutionnaire, Dumas, et du commandant en chef de la garde nationale parisienne, Hanriot. La Commune de Paris se proclame alors en insurrection et délivre les prisonniers qui se réfugient à l'Hôtel de Ville. Tandis qu'Hanriot n'arrive à rallier qu'une petite partie des sectionnaires, que Robespierre tergiverse, persuadé que la Convention va changer d'avis et solliciter son pardon, les membres des sections modérées de Paris, menés par Barras, attaquent l'Hôtel de Ville. Dans la nuit du 9 au 10 thermidor, Robespierre est capturé la mâchoire fracassée (tentative de suicide ou coup de pistolet du gendarme Merda ?) avec le dernier carré de ses fidèles, son frère Augustin, Saint-Just, Couthon, Lebas. Ils sont guillotinés le lendemain, 10 thermidor (28 juillet), devant une foule en liesse qui les accable d'injures et de quolibets. C'est la fin de la dictature, la fin de la Terreur.

THÉROIGNE DE MÉRICOURT (Anne Josèphe Terwagne dite) (1762-1817). Fille d'un cultivateur aisé de Marcourt en Belgique, elle connut diverses aventures avant de devenir la maîtresse du marquis de Persan. Chanteuse à Gênes en 1788, elle vint à Paris en mai 1789. Joua-t-elle un rôle lors des journées du 14 juillet et du 5 octobre 1789 ? Elle se distingua en tout cas au 10 août, celle que Michelet appelle « la fameuse amazone liégeoise », en faisant massacrer le journaliste royaliste Suleau qui l'avait criblée de ses sarcasmes dans *Les Actes des Apôtres*. Mais Théroigne détestait également Robespierre et le critiqua publiquement. Elle en fut sévèrement punie en 1793. Michelet a raconté la scène : « Les Montagnards imaginèrent un moyen de lui ôter son prestige, de l'avilir par une des plus lâches violences qu'un homme puisse exercer sur une femme. Elle se promenait presque seule sur la terrasse des Feuillants ; ils formèrent un groupe autour d'elle, la saisirent, lui levèrent les jupes, et nue, sous les risées de la foule, la fouettèrent comme un enfant. Ses prières, ses cris, ses hurlements de désespoir ne firent qu'augmenter les rires de cette foule cynique et cruelle. Lâchée enfin, l'infortunée continua ses hurlements, tuée par cette injure barbare, dans sa dignité et dans son courage : elle avait perdu l'esprit. De 1793 jusqu'en 1817 elle resta folle furieuse, hurlant comme au premier jour. »

THIBAUDEAU (Antoine Claire) (1765-1854). Fils d'un avocat de Poitiers, avocat lui-même, il accompagne à Versailles en 1789 son père élu par le tiers état du Poitou aux états généraux. De retour à Poitiers il devient procureur de la commune de Poitiers. La Vienne l'envoie siéger à la Convention. Bien que prenant place au Marais il vote la mort du roi. La révolte fédéraliste de son département d'origine le rendit suspect : son père, son beau-père et trois oncles furent arrêtés. Faut-il croire Baudot et Barras, lorsqu'ils affirment que pour se « dédouaner » Thibaudeau venait à la Convention en bonnet rouge et carmagnole ? Ce qui est certain c'est qu'il se spécialisa prudemment dans les travaux du comité de l'instruction publique et contribua au rejet du plan d'éducation de Le Peletier de Saint-Fargeau. Après le 9 thermidor, il sortit de l'ombre. Il fut l'un des animateurs de la réaction thermidorienne, réclamant la déportation de Billaud-Varenne, Collot d'Herbois et Barère. Après avoir appartenu au Comité de sûreté générale, il participa activement aux travaux de rédaction de la Constitution de l'an III. Lors du soulèvement de vendémiaire, il prit en revanche vigoureusement parti contre les insurgés : « Je serai toujours la barre de fer contre laquelle viendront se briser les complots des factieux. » Appelé au Conseil des Cinq-Cents par plus de trente départements, il se rapprocha des royalistes. Du coup il fut compromis dans le coup d'État du 18 fructidor et dut se cacher. Boulay de la Meurthe intervint pour lui et il put reprendre son siège jusqu'en mai 1798. Il s'inscrivit alors au barreau de Paris. Rallié à Bonaparte, il devint préfet de la Gironde puis des Bouches-du-Rhône. Écarté sous la première Restauration, il fut appelé à la Chambre des pairs des Cent-Jours mais fut proscrit par la seconde Restauration. Exilé à Prague puis à Vienne et enfin à Bruxelles, il rentra en France après la révolution de 1830. Boudant la monarchie de Juillet, il rallia Napoléon III et fut appelé au Sénat. Lorsqu'il mourut, il était le dernier survivant des membres de la Convention.

THIBAULT (Anne Alexandre Marie) (1747-1813). Curé de Souppes, il est élu par le clergé du bailliage de Nemours aux états généraux. Favorable à la Constitution civile du clergé, il est élu évêque constitutionnel du Cantal en mars 1791 et ensuite désigné par ce département pour siéger à la Convention. Il ne vota pas la mort du roi, mêlant sa voix à celles des modérés. Dénoncé par Carrier, il ne fut pourtant pas inquiété. Après la chute de Robespierre, il se posa en « réacteur », critiquant les insurgés de germinal et prairial. Il estimait que le peuple n'avait pas à se prononcer sur les questions d'approvisionnement. « Il y a trois choses dont on ne devrait jamais parler en public, ce sont les finances, les subsistances et la religion. » Appelé au Conseil des Cinq-Cents, il y resta jusqu'en mai 1797 puis y rentra en mai 1799, comme député du Loir-et-Cher. Favorable au coup d'État de Brumaire, il était désigné comme tribun, mais son opposition l'en fit écarter en 1802.

THIRION (Didier) (1763-1815). Professeur chez les oratoriens puis précepteur particulier chez le comte de Tréveneuc, il s'établit ensuite avocat à Metz. En 1792, il préside l'assemblée électorale de la Moselle et se voit élire à la Convention. Il siège à la Montagne et vote la mort du roi. Il prend parti pour Marat quand les Girondins le dénoncent, réclame l'établissement du maximum et demande le 12 août 1793 la levée en masse. Envoyé en mission, il reprend en main la Sarthe puis la Mayenne ; à La Flèche, il fait brûler sur la place publique le cœur de Henri IV qui était déposé dans l'église ainsi que celui de Marie de Médicis. Mais rappelé par la Convention, il devient l'un des adversaires les plus déterminés de Robespierre. Le 8 thermidor, il est de ceux qui s'opposent au décret prévoyant l'impression du discours de Robespierre et son envoi aux départements. Il n'abandonne pas pour autant ses idées : il réclame la mise en application de la Constitution de 1793 jugée trop démocratique par la majorité de la Convention. Après l'insurrection de prairial, il est décrété d'arrestation. Il publie alors deux brochures pour se justifier. Commissaire du Directoire près l'administration centrale de la Moselle, il est révoqué après Brumaire et retourne à son métier d'enseignant. En 1809 il est nommé professeur à Douai. Certains dictionnaires parlent de son suicide en 1815 avec le retour des Bourbons. Selon Kuscinski, il serait décédé de mort naturelle le 28 décembre 1815 à Paris.

THOMAS (Jean-Jacques) (1748-1794). Élu à la Convention par Paris le 23e sur 24, il siège parmi les modérés. Il vote pour la détention lors du procès de Louis XVI. Il mourut au cours de la session, le 7 février 1794.

THOUIN (André) (1747-1824). Fils du jardinier en chef du Jardin des Plantes, il succéda à son père à l'âge de dix-sept ans et fut élu en 1786 à l'Académie des sciences. Favorable à la Révolution, il fut appelé au conseil général du département de Paris où il s'occupa des problèmes agricoles. A la fin de 1792 il abandonna ses fonctions publiques pour se consacrer au Jardin des Plantes qui fut réorganisé à partir de 1795.

THOURET (Jacques Guillaume) (1746-1794). Avocat au parlement de Normandie en 1773, il fit en 1787 un rapport très remarqué sur l'état de sa province et participa en 1788 à l'agitation qui précéda la réunion des états généraux. Rédacteur des cahiers de doléances, élu député du tiers de Rouen, il joua un grand rôle dans les débuts de la Révolution. Trois fois président de l'Assemblée, membre du comité de Constitution, il approuva la nationalisation des biens du clergé, fit décréter la suppression des ordres religieux, se prononça contre les deux Chambres. Il est surtout connu pour avoir fait adopter la division de la France en départements, non sans que des retouches aient été apportées à son projet. Il participa aussi à l'élaboration de la nouvelle organisation judiciaire, notamment en ce qui concernait l'institution du jury. Il demanda la rédaction d'un code civil uniforme. Après la clôture des travaux de la Constituante, il fut appelé au Tribunal de cassation. Devenu suspect sous la Terreur, il était arrêté en l'an II, condamné à mort et exécuté en même temps que d'Eprémesnil et Malesherbes.

THUGUT (Franz Maria, baron de) (1736-1818). L'un des principaux inspirateurs de la politique étrangère de l'Autriche, ce disciple de Kaunitz fut nommé directeur général des Affaires étrangères à la Hofburg en 1793 et ne quitta ses fonctions qu'en 1800.

THURIOT (Jacques Alexis) (1753-1829). Cet avocat du barreau de Paris, fils d'un maître charpentier apparaît sur la scène de l'histoire le 14 juillet comme négociateur entre l'émeute et le gouverneur de la Bastille, qui lui aurait promis de ne pas faire tirer le canon. Juge, Thuriot fut élu à l'Assemblée législative par la Marne, et prit des positions avancées contre les prêtres réfractaires et les émigrés. Il s'opposa en revanche à l'institution d'un Tribunal révolutionnaire. Le département de la Marne le désigna à nouveau pour siéger à la Convention. Il y vota la mort de Louis XVI : « Les nations étrangères attendent de nous un grand exemple, il faut que le tyran porte sa tête à l'échafaud. » Le 10 juillet, il entrait au Comité de salut public. Il le quitta le 20 septembre après s'être opposé à Robespierre qu'il attaqua à la Convention. La Montagne se déchaîna contre lui et il fut exclu du club des Jacobins. Il prit sa revanche le 9 thermidor lorsque, présidant les débats, il empêcha Robespierre de parler. Il revint ensuite au Comité de salut public et au club des Jacobins, mais attaqué par Lecointre puis Rovère, il fut décrété d'accusation après l'émeute de germinal. Traité de « reste impur de la caverne jacobite », il dut se cacher. Il fut élu en l'an VI par une assemblée scissionnaire de la Marne aux Cinq-Cents mais son élection fut annulée. Après le 18 Brumaire, il devint substitut du procureur général de la Cour de cassation. Régicide, il fut proscrit par la seconde Restauration et mourut dans l'exil.

TIERS CONSOLIDÉ. C'est le nom donné par le Directoire à la banqueroute des deux tiers. En septembre

1797, pour réduire la dette publique, dont les seuls intérêts atteignaient 258 millions, il fut décidé que les deux tiers de la dette seraient remboursés par des bons pouvant servir à l'acquisition de biens nationaux, c'est-à-dire en mandats territoriaux totalement dépréciés. Le troisième tiers fut inscrit sur le grand livre de la Dette publique et fut dit consolidé. Le public de cette époque ne s'y trompa pas et nomma cette consolidation de son vrai nom, banqueroute des deux tiers.

TIERS ÉTAT. C'est le nom porté sous l'Ancien Régime par l'ensemble de ceux qui n'étaient ni ecclésiastiques ni nobles, soit les roturiers laïques. Cela représentait la très grande majorité des Français, des bourgeois les plus riches aux paysans les plus pauvres, aux mendiants et aux indigents en passant par les artisans, compagnons et ouvriers. Seuls les serfs ne faisaient pas partie du tiers état.

TIMBRE. On nomme ainsi l'empreinte apposée au nom de l'État sur les papiers établis par l'administration ou utilisés pour établir des actes ayant valeur légale, tels les actes notariés ou les exploits d'huissiers. Cette marque, ce timbre permit de percevoir un impôt dit du timbre sur chaque feuille vendue. Colbert, qui avait institué le timbre en France, fut suivi par les révolutionnaires. Ils exemptèrent toutefois dès 1790 les actes administratifs du droit de timbre. En revanche, à partir de 1797, on y soumit les pétitions, mémoires, adresses, pages de journaux, à partir de 1799, les affiches, annonces, avis, etc. Cette année-là, il fut décidé d'inscrire un filigrane particulier dans la pâte même du papier timbré.

TITRES NOBILIAIRES, voir **NOBLESSE**.

TOMBEAUX DES ROIS A SAINT-DENIS, SAINT-DENIS (abbaye de).

TONTINE. Inventée par un banquier napolitain établi à Paris vers 1650, Lorenzo Tonti, la tontine est un emprunt en rente viagère où la part de ceux qui décèdent revient aux souscripteurs survivants. La première tontine royale fut établie en 1653. Très peu profitable pour l'État, la tontine fut supprimée en 1763 et convertie en rentes viagères. Le conventionnel Thibault fit adopter un projet de tontine pour résorber les assignats mais il ne fut pas exécuté. Il y eut une tontine privée dite tontine des sans-culottes ou « pacte social ». Chaque action était de 100 livres. L'argent collecté servait à acquérir des immeubles. Un intérêt annuel était versé, s'accroissant chaque fois en fonction des décès. Cette tontine devait être dissoute lorsqu'il n'y aurait plus que cinquante survivants. L'administration en était située au 17 de la place des Victoires. Il y eut aussi la tontine Lafarge, créée en 1759, supprimée en 1770, rouverte le 22 août 1791 et liquidée en 1809.

TOPINO-LEBRUN (François Jean-Baptiste) (1769-1801). Élève de David à Rome et à Paris, il fut juré au Tribunal révolutionnaire et peignit en 1796 son œuvre la plus fameuse, *La Mort de Caïus Gracchus*. Englobé dans la conspiration des poignards contre Bonaparte, il fut condamné à mort et guillotiné le 30 janvier 1801.

TORTURE. Elle faisait partie du système judiciaire de l'Ancien Régime. Il existait une torture – on disait « question » – préparatoire pour arracher des aveux à l'accusé, et une question préalable pour lui faire dire le nom de ses éventuels complices. La question préalable fut abolie en 1780, la question préparatoire en 1789.

TOULON (nom révolutionnaire : Port-la-Montagne).

TOULON. Ville d'un peu plus de 20 000 habitants, quartier général de la flotte française de la Méditerranée, Toulon subit les affrontements entre marins et officiers qui, sur le plan local, se traduisent par une opposition entre une municipalité jacobine et une garde nationale dominée par les partisans de la Révolution, d'une part ; des autorités de district et départementales favorables à la royauté de l'autre. Les Jacobins finissent par l'emporter en été 1792 : entre le 28 et le 30 juillet, et le 10 septembre, la populace égorge ou massacre dix-sept personnes, dont quatre administrateurs départementaux et le commandant Flotte d'Argenson. La dictature jacobine devient si pesante que moins d'un an plus tard, le 12 juillet 1793, huit sections de la ville s'insurgent. Le club des Jacobins est fermé, vingt-quatre de ses membres sont pendus, deux représentants en mission arrêtés. Menacés par deux armées de la Convention, les habitants livrent la ville à la flotte anglaise, les 27-28 août 1793. Le siège dure trois mois et permet à Bonaparte de s'illustrer. La Terreur est instaurée à la capitulation, le 19 décembre. Son nom changé en Port-la-Montagne, Toulon est livré à une répression aveugle et terrible. Huit cents personnes sont fusillées sans jugement entre le 20 et le 23 décembre. Une commission révolutionnaire condamne plus de trois cents autres à mort entre le 3 janvier et le 17 avril 1794. L'administration jacobine est démise par les représentants en mission envoyés par la Convention thermidorienne et de sanglantes représailles sont exercées contre les bourreaux de la veille : cinquante-deux Jacobins sont condamnés à mort par une cour militaire et exécutés.

TOULONGEON (Emmanuel François, vicomte de) (1748-1812). Officier de cavalerie, il fut élu aux états généraux par la noblesse du bailliage d'Aval. Libéral, il fit partie des premiers représentants de la noblesse qui se joignirent au tiers. Il joua un rôle au comité militaire et réclama pour les soldats le droit de voter dans les assemblées primaires. Il se retira ensuite dans son château s'occupant de musique et de littérature. Il écrivit, après le 18 brumaire, une *Histoire de France depuis la Révolution de 1789*, achevée en 1809.

TOURZEL (Louise Félicité de Croy d'Havré, marquise puis duchesse de) (1749-1832). Elle succéda à Mme de Polignac, émigrée, comme gouvernante des enfants de France. Elle fut de la fuite du roi en 1791 et faillit périr lors des massacres de Septembre.

TOUSSAINT-LOUVERTURE (François Dominique Toussaint dit) (1743-1803). Esclave né à l'habitation de Bréda dans l'île de Saint-Domingue, il devint cocher puis surveillant de plantations. Il prit part au soulèvement de septembre 1791, passa au service des Espagnols en qualité de maréchal de camp en 1793 puis au service de la Convention après l'abolition de l'esclavage. Chef de brigade en mai 1795, il s'empara du Cap en mars 1796. Général de division en 1796, il se rendit progressivement maître de l'île, chassant les Espagnols et publiant une Constitution qui en faisait un président à vie. Soucieux de briser son pouvoir, Bonaparte confia à Leclerc le soin de rétablir l'ordre. Battu, puis trahi par ses généraux, Toussaint fit sa soumission et se retira. Il préparait une nouvelle révolte quand il fut appréhendé lors d'une entrevue avec le général Brunet et déporté en France. Il mourut au fort de Joux le 7 avril 1803.

TRAITÉ, voir au lieu de signature du traité : **BÂLE, CAMPO-FORMIO**...

TRANSPORTS. Trois voies s'offrent au transport : la route, le fleuve ou les canaux. C'est la route qu'empruntent les voyageurs qui se déplacent à pied (errants, soldats...), les messageries ou les charrois divers (transports de marchandises). Après la disparition des intendants, les routes ont cessé d'être entretenues. Elles ont été défoncées dans le Nord et l'Est par les convois militaires. Le brigandage sous le Directoire les rend peu sûres. En 1784, la France comptait dix mille lieues de routes carrossables. Les subsides qui furent votés en 1793 servirent pour l'essentiel non à l'entretien des routes, mais à marteler les « insignes de la royauté » (fleurs de lys) se trouvant sur les bornes indicatives, pour les remplacer par des bonnets phrygiens. A la fin du XVIIIe siècle on mettait en diligence : trois jours pour se rendre à Rennes ; quatre, pour Limoges ; sept ou huit pour Toulouse ; trois pour Bruxelles, cinq pour Lyon et Strasbourg, huit pour Marseille... Faute d'entretien les canaux eux aussi sont en complète dégradation. Les rivières sont utilisées pour les transports lourds : le bois notamment par le flottage sur l'axe Morvan-Paris pour l'approvisionnement en bois de la capitale. Lors de l'hiver rigoureux de 1795, cette circulation sera paralysée.

TRAVAUX PUBLICS. Sous la Révolution, la direction des travaux publics dépend du ministère de l'Intérieur. Des ateliers de bienfaisance pour employer les chômeurs sur les grands chantiers ne donnent que des résultats insignifiants. Une commission des travaux publics est créée en 1794. Fourcroy est à l'origine de l'École centrale des travaux publics en 1794, future École polytechnique. Époque de guerre et de restrictions, la Révolution est une ère néfaste pour les travaux publics qui ne reprennent une importance réelle qu'avec le Consulat.

TREILHARD (Jean-Baptiste) (Né à Brive, le 3 janvier 1742, mort le 1er décembre 1810). Avocat au Parlement de Paris en 1761, il s'occupa de nombreuses affaires qui le rendirent célèbre et fut chargé de défendre les intérêts de la maison de Condé. Élu député du tiers de Paris aux états généraux, il prit une part active aux débats sur la nationalisation des biens d'Église et la Constitution civile du clergé. Lorsque la Constituante se sépara, il devint président du tribunal criminel du département de Paris. La Seine-et-Oise l'envoya siéger à la Convention. Lors du procès de Louis XVI, il se prononça pour la mort avec sursis. Il remplit une mission en Belgique, siégea au Comité de salut public du 6 avril au 12 juin 1793, fut envoyé à Bordeaux où Tallien le remplaça, puis resta dans une prudente inactivité jusqu'au 9 thermidor. Devenu l'un des partisans de la réaction thermidorienne, il siégea à nouveau au Comité de salut public, il se fit élire au Conseil des Cinq-Cents où il tint plusieurs discours hostiles à la royauté. Président l'Assemblée, il s'exclamait : « Je jure haine à la royauté ! » Il quitta le Conseil le 20 mai 1797 ; il fut appelé au Tribunal de cassation, puis nommé ministre plénipotentiaire à Naples et finalement au congrès de Rastadt où il ne resta heureusement pour lui que quelque temps. Le 15 mai 1798, il remplaça François de Neufchâteau comme membre du Directoire : il avait été choisi pour son énergie, mais Sieyès intrigua contre lui et son élection fut cassée treize mois plus tard comme irrégulière : il ne pouvait entrer au Directoire étant encore dans la première année qui suivait l'expiration de son mandat de député. Il fut également accusé de concussion. Rallié à Bonaparte, il entra au Conseil d'État où il présida la section de législation. Oubliant son serment de haine à la royauté, il présenta devant le Tribunat le sénatus-consulte relatif à la proclamation de l'Empire héréditaire. Il contribua à la rédaction du Code civil. Comblé d'honneurs, il mourut en 1810 et ses cendres furent déposées au Panthéon.

TREIZE VENDÉMIAIRE (journée du), voir **VENDÉMIAIRE** (journée du 13).

TRENTE ET UN MAI (journée du), voir **MAI** (journée du 31).

TRENTE PRAIRIAL (coup d'État du), voir **PRAIRIAL** (coup d'État du 30).

TRÉSOR PUBLIC. C'est ainsi qu'on nomme les revenus ou les fonds de l'État, mais aussi l'endroit où sont déposées les sommes provenant de l'impôt et des autres ressources de l'État. Longtemps le Trésor public fut nommé l'Épargne. Sous François Ier, le trésorier de l'Épargne était le trésorier du royaume. Henri II créa un deuxième trésorier de l'Épargne, Louis XIII un troisième. Ils furent remplacés sous Louis XIV par les gardes du Trésor. En 1790, le Trésor royal devint le Trésor public, administré par la Trésorerie nationale.

TRÉSORERIE NATIONALE. C'est l'administration des revenus et des fonds de l'État, du Trésor public. Le ministère des Contributions publiques et la Trésorerie nationale furent créés en 1791. La Trésorerie nationale était indépendante de ce ministère et administrée par six commissaires nommés par le roi et surveillés par le comité des finances de l'Assemblée. Un ordonnateur dressait tous les mois l'état des recettes. En cas de déficit, c'était la Caisse de l'extraordinaire qui le comblait. En 1793, la Caisse de l'extraordinaire fut réunie à la Trésorerie nationale. Le contrôle général fut remplacé par deux contrôleurs particuliers, les assemblées continuèrent à nommer les commissaires sur la liste des candidats qui leur était présentée. Sous le Directoire, c'est le Corps législatif (les Conseils des Anciens et des Cinq-Cents) qui surveilla directement la Trésorerie nationale, ce qui entraîna un conflit permanent avec le Directoire exécutif. Le Consulat rendit au ministre des Finances l'administration générale des fonds publics et confia la direction générale du Trésor à un conseiller d'État subordonné au ministre. En 1802 fut créé un ministère du Trésor public qui fut supprimé en 1814.

TRIBUNAL CIVIL. La Constituante créa un tribunal civil par district. Les juges en étaient élus. Sous le Consulat, il y eut un tribunal civil par arrondissement et ses juges furent choisis par le Premier consul sur les listes de notabilités. La juridiction d'appel fut aussi créée par le Consulat.

TRIBUNAL CRIMINEL DU 17 AOÛT. Imposé par la Commune de Paris à la Législative, destiné à juger ceux qui avaient osé défendre la légalité et la royauté le 10 août 1792, le Tribunal criminel du 17 août était une juridiction d'exception. Installé au Palais de justice, il fut choisi de curieuse façon. Devant une salle pleine de sectionnaires sans-culottes, les membres du jury se présentaient un par un et déclaraient : « Peuple, je suis untel, de telle section, demeurant telle rue, exerçant telle profession : avez-vous quelque reproche à me faire ? Jugez-moi avant que j'aie le droit de juger les autres. » Ainsi s'assura-t-on qu'ils étaient tous bon Montagnards. Les juges furent nommés dans la nuit du 17 au 18 août 1792 : Robespierre, Osselin, Mathieu, Pépin-Degrouhette, Laveaux, Daubigné, Dubail, Coffinhal. Les accusateurs publics furent Fouquier-Tinville, Lullier et Réal ; les greffiers, Bourdon, Brulé, Gardy, Mollard ; les membres du jury, Blandin, Bolleaux, Callière de l'Étang, Leroy, Lohier, Loiseau, Perdry ; titulaires, Andrieux, Boucher-René, Desvieux, Dumouchel, Jaillan, Jurie, Maire, Mulot d'Angers. Élu président, Robespierre refusa et démissionna, ne voulant pas, déclara-t-il, être le juge de ses adversaires, préférant que d'autres se salissent les mains à sa place. Soixante-deux personnes furent jugées par ce tribunal et vingt-cinq condamnées à mort. Ce tribunal extraordinaire fut remplacé en mars 1793 par le Tribunal révolutionnaire.

TRIBUNAL DE CASSATION. Instituée par la loi du 22 décembre 1790 et organisée le 19 avril 1791, cette cour suprême a pour tâche de veiller à l'uniformité de la jurisprudence. Il a le droit de réviser tous les jugements pour excès de pouvoir, violation, fausse application des lois. Il siège dans ce qui était la Grand'Chambre du Parlement de Paris. Au sommet de l'organisation judiciaire, il se compose de quatre-vingt-trois membres, un par département. Sous le Consulat, ses membres sont choisis par le Sénát dans la liste de notabilités nationales. Avec l'Empire, le Tribunal de cassation devient la Cour de cassation et ses magistrats sont nommés par l'Empereur.

TRIBUNAL RÉVOLUTIONNAIRE. Créé le 10 mars 1793, le Tribunal révolutionnaire est chargé de juger les attentats contre la liberté, l'égalité, l'unité, l'indivisibilité de la République, la sûreté intérieure et extérieure de l'État, en bref, tout et n'importe quoi. Il est installé au Palais de justice et composé de cinq juges et d'un accusateur public. Il y a douze jurés tirés au sort. Les jugements sont immédiatement exécutoires et sans appel ni recours en cassation. Sous la présidence relativement modérée de Montané jusqu'en septembre 1793, le Tribunal est ensuite dirigé par deux créatures de Robespierre, Herman puis Dumas qui accélèrent et bâclent les jugements. L'accusateur public est le redoutable Fouquier-Tinville, fonctionnaire consciencieux exécutant servilement la politique de Terreur. Les exécutions sont particulièrement nombreuses après la loi de prairial qui supprime tous les droits que pouvait encore avoir la défense. Les prévenus comparaissent et sont jugés par « fournées », même si les délits commis n'ont rien de commun. Il y a quelques tribunaux révolutionnaires en province, établis par des représentants en mission, mais, le 16 avril 1794, toutes ces juridictions sont supprimées au profit du seul Tribunal parisien. On a donné le nombre de 16 594 exécutions durant la Terreur. Pour le seul Tribunal révolutionnaire de Paris, 5 343 personnes seront traduites en justice dont 2 747 condamnées à mort et exécutées, représentant : pour 20 %, des membres de la ci-devant noblesse ; pour 9 %, des membres du clergé et pour 71 %, des membres du tiers état (dont 41 % d'artisans, 28 % d'agriculteurs). 80 % des personnes condamnées le seront sous l'accusation de « complots », « attitudes », « sentiments » ou « écrits »... contre-révolutionnaires, concept parfois flou en un temps où la simple détention d'un crucifix chez soi menait à la guillotine sous l'accusation de « fanatisme religieux ».

Après le 9 thermidor, le Tribunal révolutionnaire ne fonctionne plus qu'au ralenti. Il est supprimé le 31 mai 1795 après avoir envoyé Fouquier-Tinville à l'échafaud...

TRIBUNAUX, voir **JUSTICE**.

TRIBUNAUX MILITAIRES, voir **COURS MARTIALES**.

TRICOLORE. Le drapeau français est tricolore bleu, blanc, rouge. On a dit que le bleu représentait le clergé, le blanc la noblesse, le rouge le tiers état. Il semble plutôt que La Fayette ait eu l'idee d'insérer la couleur blanche de la royauté entre le bleu et le rouge, couleurs de Paris.

TRICOTEUSES. C'est ainsi qu'on appela les femmes d'origine populaire qui suivaient en tricotant les séances de la Convention et apostrophaient les députés depuis les tribunes. Elles se trouvaient aussi sur le chemin menant à l'échafaud et participaient aux « messes rouges », trempant leurs mouchoirs dans le sang des victimes. La plus célèbre des tricoteuses est Aspasie Carlemigelli qui foula aux pieds le cadavre du député Féraud, massacré le 20 mai 1795 (1er prairial).

TRIUMVIRS. C'est ainsi qu'on nomma Barnave, Duport et Alexandre Lameth. Dans la nuit du 8 au 9 thermidor, le député Élie Lacoste, Montagnard, membre du Comité de sûreté générale, reprit l'expression et traita Robespierre, Couthon et Saint-Just de « triumvirat de fripons ».

TRONCHET (François Denis) (1726-1806). Fils d'un procureur au Parlement, avocat en 1745, il acquiert une grande réputation. En mai 1789, il est élu député aux états généraux par le tiers état de Paris. Il participe au serment du Jeu de paume, applaudit aux premières réformes. Il est rapporteur du mode de rachat des droits féodaux et fait créer un Tribunal de cassation. Sur le plan constitutionnel, il se déclare partisan du droit de veto absolu et de la dualité des Chambres, ce qui le classe à droite. Après la fuite du roi, il s'oppose à Robespierre qui demandait une instruction judiciaire. Courageux, il accepta de défendre Louis XVI qui le fit figurer sur son testament. Devenu suspect, il se retira à Palaiseau. Après la chute de Robespierre, il revint aux affaires, fut élu par la Seine-et-Oise au Conseil des Anciens. Sorti en prairial an VII, il se rallia à Bonaparte qui le chargea de la rédaction du Code civil. Nommé au Tribunal de cassation puis au Sénat, il mourut en 1806 et son corps fut déposé au Panthéon.

TROUVÉ (Charles Joseph) (1768-1860). Fils d'un menuisier du Maine-et-Loire, il avait fait ses études à Paris et s'était placé comme clerc chez un notaire qui le fit entrer en 1791 au *Moniteur* en tant que rédacteur. Il en devint rédacteur en chef en 1794. Grâce à la protection de La Révellière-Lépeaux, il fut nommé secrétaire général du Directoire, mais il fut récusé en raison de son âge. Il obtint en compensation un poste de secrétaire de légation à Naples, puis il fut nommé ambassadeur près la république Cisalpine le 15 pluviôse an VI et près la cour de Wurtemberg le 4 vendémiaire an VII. Il se rallia ensuite à Bonaparte et fut tribun puis préfet.

TRUGUET (Laurent Jean-François) (1752-1839). Fils d'un chef d'escadre, né dans le port de Toulon, il embarquait sur l'*Hirondelle* dès 1766. Il servit dans la guerre d'Amérique sous d'Estaing, Grasse et Vaudreuil, s'illustrant à l'attaque de Savannah et devint chevalier de

Saint-Louis en 1780. De 1785 à 1786 il avait relevé l'hydrographie des Dardanelles en liaison avec l'ambassade de Choiseul-Gouffier. Rallié à la Révolution, il fut nommé contre-amiral le 1er juillet 1792. Il bombarda Nice, Oneille mais échoua devant Cagliari lors des opérations contre le Piémont-Sardaigne. Destitué le 14 janvier 1794, il fut emprisonné, mais réintégré dans son commandement à la chute de Robespierre. Ministre de la Marine du 4 novembre 1795 au 18 juillet 1797, il organisa l'expédition contre l'Irlande qui échoua. Il fut envoyé comme ambassadeur à Madrid le 20 octobre 1797. Rayé des cadres en juillet 1799 il se rallia au coup d'État de Brumaire, amiral le 6 mars 1804, il exerça des commandements à Brest et Rochefort et fut préfet maritime des côtes de Hollande en 1811. Pair de France en 1819.

TRULLARD (Narcisse) (1738-1805). Entré au service militaire en 1761, il est capitaine, après un séjour à l'école du génie de Mézières, et prend sa retraite en 1791. Élu par la Côte-d'Or à la Convention, il y vote la mort du roi refusant l'appel au peuple et le sursis. Il remplit plusieurs missions dans l'Ouest puis à la frontière du Nord. Après la levée du siège de Dunkerque par l'ennemi, il fit hommage à la Convention d'un boulet qui lui était passé par-dessus la tête.

TUILERIES (palais des). Quand le roi fut ramené de Versailles à Paris, dans la journée du 6 octobre 1789, il s'installa dans le palais des Tuileries inhabité depuis près d'un siècle, qu'il fallut remettre rapidement en état. La famille royale y résida jusqu'au 10 août 1792. Déjà envahi et endommagé le 20 juin 1792, le palais fut saccagé au 10 août. Il prit alors le nom de Palais national et la Convention s'installa à l'emplacement de l'ancienne salle des Machines à partir du 9 mai 1793, tandis que le Comité de salut public migrait au pavillon de Flore. On rebaptisa les pavillons central, de Flore et de Marsan du nom de pavillons de « l'Unité, de l'Égalité, de la Liberté ». Un bonnet phrygien fut mis sur le dôme du pavillon central. L'intérieur du palais fut orné de piques, de bonnets rouges, de faisceaux. Deux arbres de la liberté furent plantés dans la cour du Carrousel. Le Conseil des Anciens remplaça la Convention. Enfin, le Premier consul s'installa aux Tuileries.

TUILES (journée des). Le parlement de Grenoble ayant refusé l'enregistrement des édits royaux de mai 1788, Louis XVI ordonna de l'exiler. Mais les troupes chargées de l'exécution de cet ordre furent attaquées par la foule, le 7 juin 1788. Les Grenoblois montés sur les toits en jetèrent les tuiles sur l'armée. Le 14 juin suivant, les trois ordres du Dauphiné décidèrent la réunion des états provinciaux. Le 21, ils se réunirent à Vizille. Le processus révolutionnaire était enclenché.

TURQUIE. L'Empire ottoman est en pleine décadence, perdu de despotisme, d'indolence, d'inaction, de corruption, rongé à ses frontières par la Russie et l'Autriche, quand Selim III monte sur le trône de Constantinople en 1789. Il s'efforce de redresser la situation et de faire des réformes, conclut la paix de Iassi avec la Russie qui porte ses limites sur le Dniestr. Admirateur de la France, entouré de conseillers militaires français, il essaie de moderniser l'armée mais n'ose dissoudre les janissaires. L'expédition de Bonaparte en Égypte oblige la Turquie à envoyer des armées qui se font toutes battre. Finalement, les janissaires déposent Selim III en 1807 et l'assassinent.

TURREAU DE GARAMBOUVILLE (Louis Marie) (1756-1816). Surnuméraire aux gardes du corps du comte d'Artois, il passa dans la garde nationale, commandant en chef celle de Conches le 15 avril 1792. Général de brigade le 30 juillet 1793, il servit dans les Pyrénées orientales et échoua à l'attaque du camp du Boulou le 15 octobre. Commandant en chef de l'armée de l'Ouest le 4 novembre, il remplaça Marceau, s'empara de Noirmoutier le 3 janvier 1794 puis organisa en Vendée les colonnes infernales dont les excès ont fait parler de « génocide ». Il fut suspendu de ses fonctions le 17 mai 1794, arrêté le 28 septembre, mais finalement acquitté le 19 décembre. Il servit à Mayence, en Italie en 1800, fut envoyé à l'île d'Elbe puis comme ministre de France aux États-Unis en 1803. Il cessa ses fonctions en 1811. Il reprit du service en 1813. Admis à la retraite en septembre 1815.

TURREAU DE LINIÈRES. (Louis) (1761-1797). Administrateur du département de l'Yonne, il fut élu à la Convention où il se signala par sa violence oratoire. Il participa à la répression de la Vendée, ordonnant massacres et incendies. Il fut dénoncé par un autre conventionnel, Maignen, pour ses atrocités. Il convient de ne pas le confondre avec son cousin, le général, inventeur des colonnes infernales. Turreau mourut du chagrin que lui causait la conduite fort légère de sa femme.

TUTOIEMENT. Regardé jusqu'alors comme une marque de grossièreté, le tutoiement est mis à la mode par les révolutionnaires. Le 8 novembre 1793, la Convention décrète le tutoiement obligatoire dans les administrations. Dorvigny compose une comédie intitulée *La Parfaite Égalité, ou les Tu et les Toi.* On joue aussi au théâtre de la Cité-Variétés *Le Vous et le Toi* d'Aristide Valcour et *Le Moniteur universel* invite « les citoyens qui ont encore quelque répugnance à prononcer ce Toi, qui doit être le lien de la fraternité universelle, à aller au théâtre de la Cité, applaudir *Le Vous et le Toi.* Sans doute, comme le firent tous ceux qui assistèrent à la première représentation, ils sortiront en tutoyant leurs voisins ». La mode du tutoiement déclina rapidement après Thermidor.

TYRANNICIDE. Le mot tyran est utilisé durant la Révolution pour désigner tous ceux qui sont censés porter atteinte à la liberté. En 1789, les « patriotes » demandent le passage d'une monarchie despotique, tyrannique à une monarchie constitutionnelle. Le souverain qui oublie ses devoirs devient un tyran et sa mise à mort devient légitime. C'est la théorie du tyrannicide qui se met en place à la fin du XVIe siècle, durant les guerres de religion, et aboutit aux assassinats de Henri III et de Henri IV. Les chants et hymnes révolutionnaires, comme *La Marseillaise* ou *Veillons au salut de l'Empire,* invoquent la lutte contre le despotisme et la tyrannie. Les termes de despote et de tyran sont de plus en plus employés contre Louis XVI et deviennent la règle après le 10 août 1792. Robespierre déclare à son sujet en décembre 1792 : « On lui fait un procès comme à un citoyen accusé dont le crime est douteux, il fallait le juger comme un tyran condamné par l'insurrection du peuple. » Durant la Terreur, on fait la chasse aux symboles de la tyrannie, aux fleurs de lys, aux statues des rois, aux tombeaux des souverains qu'on profane à Saint-Denis. La notion de tyrannie s'étend à la féodalité et à la religion. On dénonce la tyrannie sacerdotale. Par un juste retour des choses, la notion de tyrannie est appliquée le 9 thermidor au gouvernement de la Terreur et à son incarnation, Robespierre. Lorsqu'il monte à la tribune, on lui crie : « A bas le tyran ! » A partir de cette date, la tyrannie est l'exercice de tout pouvoir non constitutionnel, qu'il s'agisse des tentatives de la gauche ou de la droite pour prendre le pouvoir par un coup de force, mais le mot a été trop galvaudé, il est usé et n'entraîne plus de réactions passionnelles. Bonaparte prend le pouvoir sans qu'il y ait de réaction contre cette nouvelle « tyrannie ».

U

ULTRAS. Ce terme désignait sous la Révolution les hommes, les partis, les opinions jugés excessifs, exagérés. A la fin de 1793, Danton s'en prit aux ultra-révolutionnaires.

UNIFORMES. La Révolution fit preuve d'un extraordinaire engouement pour l'uniforme, comme toutes les époques totalitaires. En 1790 fut fixé un uniforme unique pour toutes les gardes nationales du pays : habit bleu de roi, doublure blanche, parement et revers écarlates, passepoil blanc, collet blanc et passepoil écarlate, épaulettes or, manche ouverte à trois boutons, poche en dehors à trois pointes, veste et culotte blanches. Pour l'armée, on choisit en 1793 l'habit bleu et les longues guêtres. Les uniformes de la cavalerie restèrent à peu près identiques à ceux de l'Ancien Régime. On tenta de remplacer le shako par le casque de cuir bouilli, mais les soldats le refusèrent parce que trop inesthétique. Sous le Consulat et l'Empire, l'uniforme fut constamment embelli.

UNITÉ. L'article 1er de la Constitution de 1793 proclame l'unité et l'indivisibilité de la République. Cette même année, on célèbre, organisée par David, la fête de l'Unité et de l'Indivisibilité de la République.

UNIVERSITÉ. Remontant au XIIe siècle, l'université de Paris est divisée en quatre facultés : droit, médecine, arts et théologie. La Convention la supprime le 15 septembre 1793. Elle est recreéée par Napoléon en 1806.

USINE A FOUQUIER. Nom révolutionnaire du tribunal dont le tristement célèbre Fouquier-Tinville était l'accusateur public.

V

VADIER (Marc Guillaume Alexis) (1736-1828). Fils d'un receveur des décimes du clergé, il choisit la carrière des armes, est lieutenant en 1757, puis achète une charge de conseiller du roi au siège présidial de Pamiers en 1770. Il y est mal accueilli. Le tiers état du comté de Foix l'élit pourtant aux états généraux. Il parla peu à la Constituante sauf pour réclamer la déchéance de Louis XVI après Varennes. Après la dissolution de l'Assemblée, il devint président du tribunal de Mirepoix. Son inépuisable faconde lui valut d'être élu à la Convention. Il y vota la mort du roi. Le 14 septembre 1793, il entrait au Comité de sûreté générale et en profita pour assouvir ses rancunes : plusieurs notables de l'Ariège furent envoyés à la guillotine par ses soins. Il fut aussi l'un des artisans de la chute de Danton qu'il traitait de « turbot farci ». C'est encore lui qui empêcha le déroulement du procès normal du tribun en le faisant mettre hors des débats. Il inventa à cette occasion une conspiration des prisons. Responsable de la Terreur (il qualifiait la guillotine de « vasistas ») il se retourna contre Robespierre, suspect de vouloir mettre un terme à certains excès en rappelant les représentants en mission les plus compromis (Fouché, Barras). Pour perdre l'Incorruptible, il inventa l'affaire Catherine Théot dite « la mère de Dieu » et sut se concilier la majorité du Comité de sûreté générale (sauf Lebas et David) mécontente de la création d'un bureau de police au Comité de salut public. Son rôle fut important dans la chute de Robespierre. Après Danton, l'Incorruptible, on mesure par là la puissance de Vadier. Mais il dut quitter le Comité de sûreté générale le 1er septembre 1794. Poursuivi comme ancien terroriste avec Billaud-Varenne, Collot d'Herbois et Barère, condamné à la déportation, il se cacha. Compromis dans la conspiration de Babeuf, emprisonné, il ne retrouva la liberté qu'en l'an VII. Amnistié par les consuls, il vécut à Paris puis à Toulouse. Lors des Cent-Jours, il approuva l'acte additionnel. En 1816, il fut proscrit comme régicide et mourut à Bruxelles le 14 décembre 1828.

VAGABONDS. Les gens sans profession et sans domicile fixe sont dits vagabonds. La loi du 1er février-28 mars 1792 décrète que tout individu trouvé hors de son canton d'origine sans passeport et sans personne pouvant répondre de lui, peut être mis à la disposition de la justice comme vagabond.

VAINES (Jean de) (1733-1803). Fils d'un receveur des gabelles de Bellême, il est lui-même directeur des domaines à Limoges puis en Bretagne, et ensuite premier commis des Finances en 1774. Il collabore à l'*Encyclopédie,* fréquente Voltaire, Diderot, Condorcet. Pendant la Révolution il est, de 1791 à 1794, l'un des commissaires de la Trésorerie nationale. Suspect, il est arrêté et ne doit la vie sauve qu'au 9 thermidor. Sous le Directoire, il devient administrateur de la Caisse des comptes courants. Appelé au Conseil d'État par Bonaparte après Brumaire, il se donna la mort par amour, dit-on, pour la romancière Mme Cottin.

VAINQUEURS DE LA BASTILLE. Ceux qui prirent la Bastille le 14 juillet 1789 s'organisèrent aussitôt en association, avec des statuts et des règlements. Ils assistaient, comme des anciens combattants, aux fêtes civiques, portant sur leur poitrine une couronne murale en cuivre qui leur servait de décoration. Ils avaient aussi un insigne, avec pour devise *Ignorant ne datos ne quisquam serviat enses,* possédaient un cachet commun en cuivre représentant les tours de la Bastille. La Constituante leur donna un uniforme et un armement. Sur le canon du fusil et la lame du sabre était gravée la mention : « Donné par la Nation à..., vainqueur de la Bastille. » Ils figurèrent en bonne place à la fête de la Fédération, le 14 juillet 1790. Plus tard, ils furent quelque peu brocardés parce qu'ils rappelaient un peu trop souvent leur action d'éclat.

VAISSEAUX, voir **MARINE.**

VAISSELLE. En 1789, pour tenter de redresser les finances du royaume, Louis XVI envoya à la fonte à la Monnaie quelque 9 442 marcs de vaisselle d'or (1 marc vaut 244 grammes). La reine offrit 3 607 marcs de vaisselle d'argent.

VALAZÉ ou **DUFRICHE-VALAZÉ** (Charles Éléonor) (1751-1793). Il choisit la carrière des armes puis le barreau et publie en 1784 un *Traité des lois pénales.* Il accueille avec enthousiasme la Révolution et, après avoir exercé des mandats locaux, est élu député de l'Orne à la Convention. Il siégea avec les Girondins. Chargé de faire un rapport sur la culpabilité du roi, il vota la mort de Louis XVI mais aussi l'appel au peuple et le sursis. Valazé fut l'un des plus ardents adversaires de Marat et de la Commune. Arrêté le 2 juin avec ses amis politiques, il comparut le 30 octobre 1793 devant le Tribunal révolutionnaire. Condamné à mort, il s'enfonça un poignard dans le cœur. « Eh quoi ! tu trembles », lui dit Brissot en le voyant frissonner. « Non, je meurs ! », lui répondit Valazé qui expira. « Valazé avait la contenance d'un soldat au feu. Ses membres grêles, ses traits pâles et macérés, le feu sombre de ses yeux, révélaient un de ces hommes que la conviction dévore », dira de lui Lamartine.

VAL-DE-GRÂCE. Couvent de bénédictines, le Val-de-Grâce fut transformé en 1790 en magasin d'effets militaires, puis en hôpital, par le décret du 7 ventôse an II (25 février 1794). Depuis l'Empire, c'est le principal hôpital militaire français.

VALENCE (Jean-Baptiste Cyrus de Thimbrune, comte de) (1757-1822). Très lié à la faction orléaniste (il était gendre de Mme de Genlis et premier écuyer du duc d'Orléans, colonel du régiment de dragons-Chartres), il fut élu député suppléant aux états généraux par la noblesse de Paris. Il ne siégea pas. La déclaration de guerre en 1792 le vit à Valmy comme commandant de la réserve. Il suivit Dumouriez dans sa désertion et ne revint en France que sous le Consulat où il se rallia à Bonaparte avant d'être fait pair par Louis XVIII.

VALMY (bataille de). Sans avoir rencontré de véritable résistance, l'armée prussienne de Brunswick arrive en Argonne. Dumouriez quitte alors Sedan pour lui couper la route à Valmy. Son adjoint Kellermann dispose de 50 000 hommes face à un peu moins de 35 000 Prussiens. La bataille, le 20 septembre 1792, se ramène essentiellement à une longue canonnade, il y a peu de morts, environ 300 Prussiens et 200 Français. Peut-être l'enthousiasme des volontaires français criant « vive la nation ! » a-t-il dissuadé Brunswick d'engager vraiment la bataille. Toujours est-il que le 20 septembre au soir, les forces prussiennes font demi-tour et repartent vers l'Allemagne. Paris et la Révolution sont sauvés. Goethe, témoin de l'événement, en a ainsi résumé l'importance : « D'ici et d'aujourd'hui, date une époque nouvelle de l'histoire universelle. »

VANDALISME. C'est l'abbé Grégoire qui utilisa pour la première fois ce terme, le 14 fructidor an III (31 août 1794) à propos de la protection des inscriptions romaines de la Gaule. Il dit : « On ne peut inspirer aux citoyens trop d'horreur pour ce vandalisme qui ne connaît que la destruction. » Dans ses *Mémoires,* écrits bien plus tard, il écrivit avec sa candeur d'idéologue : « Je créai le mot pour tuer la chose. » On peut distinguer plusieurs variétés de vandalisme antimonarchique : effacement des signes de la royauté sur les monuments, les meubles, les tapisseries, les objets, destruction des statues royales, de la galerie des rois à Notre-Dame, violation des sépultures des rois à Saint-Denis, pillage du mobilier de Versailles, saccage des Tuileries, démembrement ou destruction des châteaux de Marly, Meudon, Bellevue, Louveciennes, Saint-Germain, Choisy-le-Roi. Le vandalisme antiféodal s'est traduit par des destructions massives de chartes et autres documents médiévaux, brûlés sans discernement, par des violations de sépultures, l'anéantissement de très nombreuses statues, de gisants, de portraits de familles de la noblesse, la disparition de châteaux innombrables. Le vandalisme anticatholique a commencé avec la fonte des cloches, des châsses, des différents objets du culte, a continué avec la vente et la démolition de centaines de monastères, le saccage des églises. Ce ne sont pas les paroles de l'abbé Grégoire en faveur des inscriptions de la Gaule romaine qui peuvent faire oublier la catastrophe culturelle qu'a été la Révolution.

VANDAMME (Dominique Joseph René) (1770-1830). Engagé par sa famille au 4ᵉ bataillon auxiliaire des colonies, il part pour la Martinique. Déserteur en 1790, il rentre en France, devient capitaine d'une compagnie franche, sert en Belgique et commande l'avant-garde à Hondschoote. Passé général de brigade le 27 septembre 1793, il fait toutes les campagnes du Nord (Courtrai, Nieuport). En juin 1795, il est chargé de conduire un renfort à l'armée de Sambre-et-Meuse, mais il est relevé de son commandement pour liberté de langage et exactions en pays conquis. Il est remis en activité en septembre, rejoint Gouvion-Saint-Cyr à l'armée de Rhin-et-

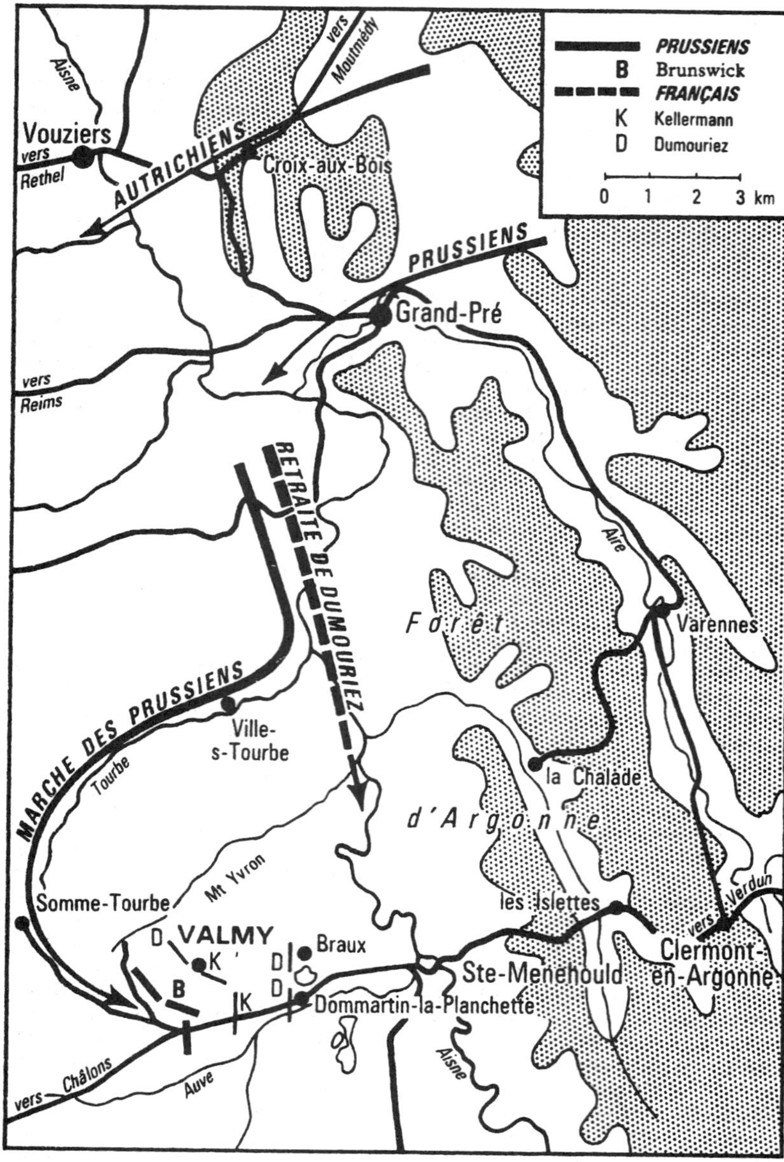

VALMY
(d'après Malet-Isaac, Hachette)

Moselle, puis à l'armée d'Angleterre. Il est fait général de division le 5 février 1799. A nouveau accusé d'exactions en Wurtemberg, il est traduit devant un conseil de discipline en avril 1799, mais ce conseil ne se réunit pas. Il repart pour l'armée de Batavie sous Brune et s'illustre à Bergen. Rallié au régime de Brumaire, on le retrouve à Austerlitz, à Eckmuhl, à Wagram. Il ne sera jamais fait maréchal par Napoléon en raison de ses multiples pillages.

VAN LOO (Jules-César Denis) (1743-1821). Élève de son père Carle, il est l'un des derniers représentants de la dynastie des Van Loo. A l'Académie de France à Rome dès 1767, puis reçu à l'Académie royale de peinture en 1784, il fait triompher ses *Orages* et ses *Clairs de lune*. En 1791, il émigre à Turin. Revient-il en 1795 ou plus tard ? On ne sait exactement. Au Salon de 1800, il expose un *Soleil couchant* puis en 1801 *Les Ruines d'une église gothique*, renouant ainsi le fil, provisoirement interrompu par la Révolution, de son œuvre.

VAR (armée du). Établie le long du Var, frontière entre la France et le Piémont, l'armée du Var était chargée de protéger la Provence. A la fin de 1792, son général en chef, Anselme, franchit le fleuve et s'empara de Nice pratiquement sans combat. L'armée du Var s'établit alors dans le comté de Nice qui fut annexé à la France.

VARENNES, voir **FUITE DU ROI**.

VARLET (Jean). Précédemment commis à la grande poste, il devint très populaire à Paris comme orateur des faubourgs. Il montait sur un petit pliant et haranguait les passants pendant des heures. Il contribua à propager les mots d'ordre des « enragés » et fut emprisonné dans la répression qui suivit.

VAUBLANC (Vincent Marie Viénot comte de) (1756-1845). Lieutenant-colonel devenu président de l'administration du département de Seine-et-Marne en 1790, il est élu à la Législative en 1791. Il y siège à droite. Caché sous la Terreur, il reparaît pendant la Convention thermidorienne qu'il combat, au sein de la section Poissonnière le 13 vendémiaire. Il continue à agir au sein de la contre-révolution jusqu'au 18 fructidor. Il doit fuir alors à l'étranger. Revenu sous le Consulat, il fut préfet de Napoléon. Il a laissé d'intéressants Mémoires.

VENDÉE. C'est dans ce département correspondant au Bas-Poitou qu'éclate l'insurrection contre le régime révolutionnaire à l'annonce de la levée de 300 000 hommes décidée par la Convention. Dans ce pays rural, où le réseau urbain est très faible, où la noblesse vit du revenu des terres qu'elle exploite et non de redevances et de droits féodaux, où la religion est profondément ancrée dans la population, la vente des biens nationaux n'a pas profité aux paysans, trop pauvres pour les acheter, mais à la bourgeoisie des petites cités. La seule région ayant une activité industrielle, celle de Cholet, est en crise et ses tisserands accusent les négociants et manufacturiers, des citadins, de profiter de leur misère. L'insurrection vendéenne, beaucoup plus qu'un mouvement politique pour la monarchie – les Vendéens n'ont pas bougé à l'annonce de l'exécution du roi –, est une révolte contre la bourgeoisie des villes, assimilée à juste titre à la classe dirigeante et bénéficiaire de la Révolution. Ce n'est qu'après, par opposition à la Révolution, que les Vendéens vont faire état de sentiments catholiques et royalistes. C'est le 3 mars 1793 que toute la Vendée s'embrase. La Révolution ne contrôle plus que les

Sables-d'Olonne, le seul port par où une aide anglaise aurait pu parvenir à l'insurrection. Les forces républicaines sont balayées, mais l'expansion de la révolte s'arrête après l'échec devant Nantes, le 29 juin 1793, la perte d'Angers et de Saumur. La République mène une puissante contre-offensive et livre une grande bataille à l'armée catholique et royale autour de Cholet, du 15 au 17 octobre 1793. Vaincus, la route de la retraite coupée, les Vendéens passent la Loire et marchent sur Granville, espérant s'emparer de ce port sur la Manche pour y recevoir des armes des Anglais. La ville étant en état de défense, ils font demi-tour, échouent devant Angers, livrent une terrible bataille au Mans, le 13 décembre, sont à nouveau vaincus et achèvent de se faire massacrer à Savenay, le 23 décembre 1793. Les grandes opérations militaires sont terminées. La guerre se fait par petits groupes, dans le bocage. La Vendée est dévastée par douze colonnes infernales, organisées sous les ordres de Turreau pour « exterminer sans réserve tous les individus de tout âge et de tout sexe convaincus d'avoir participé à la guerre ». Le génocide de la population vendéenne n'arrête pas la résistance des bandes de Stofflet ou de Charette. Ce n'est qu'après la chute de Robespierre que le gouvernement de la République parvient à rétablir la paix, en négociant et en accordant en 1795 aux insurgés l'amnistie, la restitution des biens saisis, la dispense du service militaire, le libre exercice du culte. L'expédition de Quiberon ranime provisoirement l'insurrection, mais la mort de Charette et de Stofflet au début de 1796, la politique prudente de Hoche, permettent de ramener le calme dès juillet 1796. Une dernière flambée a lieu en 1799-1800, mais le Premier consul ramène la paix civile par la conciliation.

VENDÉE. (nom révolutionnaire : Département vengé).

VENDÉMIAIRE (journée du 13). L'échec des insurrections de germinal et de prairial marque l'effondrement du mouvement sans-culotte et des derniers Jacobins. La politique anti-jacobine de la Convention, l'hostilité d'une majorité de Français à ceux qui ont symbolisé la Terreur donnent aux royalistes l'espoir de gagner les élections aux Conseils qui vont remplacer l'Assemblée. Désireux de perpétuer une majorité républicaine à la tête du pays, les conventionnels décident, le 20 août 1795, que les deux tiers des membres des nouveaux Conseils devraient être choisis parmi eux. Les espoirs des royalistes de prendre le pouvoir légalement, par une victoire aux élections, sont détruits par ce décret des deux tiers. S'appuyant sur trente des quarante-huit sections, notamment celles de Le Peletier et de la butte des Moulins, sur une partie de la garde nationale, commandée par le général Danican, les royalistes tentent un coup d'État militaire contre la Convention. Cette dernière, pressentant le danger, met Barras à la tête des quelques troupes dont elle dispose, commandées par le général Menou. Ce dernier ayant lâché pied dès les premiers affrontements, c'est Barras qui dirige la bataille avec l'aide d'un jeune général rappelé en activité à cette occasion, Bonaparte. Les troupes de Danican marchant sur les Tuileries, siège de la Convention et du Comité de salut public, se heurtent à celle de Bonaparte et de Barras sur le quai Voltaire et dans la rue Saint-Honoré. Les insurgés sont rapidement dispersés. La répression est bénigne, seul Lafont, chef des sectionnaires de Le Peletier, est capturé, condamné à mort et exécuté.

VÉNÉRIENS (hôpital des). Destiné au traitement des maladies sexuellement transmissibles, cet hôpital fut transféré à la Révolution dans le couvent des Capucins du faubourg Saint-Jacques.

VENGEUR (Le). Ce vaisseau de ligne faisait partie de l'escadre de trente navires sortis de Brest sous les ordres de l'amiral Villaret de Joyeuse pour aller à la rencontre de deux cents bâtiments américains apportant du blé en France et les escorter jusqu'au port. Le *Vengeur*, commandé par le capitaine Renaudin, affronta plusieurs vaisseaux anglais, le 1er juin 1794 (13 prairial an II), refusa de se rendre et coula pavillon haut. 260 hommes des 723 qui composaient l'équipage furent recueillis par les Anglais. La Convention décréta qu'une forme du *Vengeur* serait suspendue à la voûte du Panthéon et que les noms de ses marins seraient inscrits sur les colonnes de ce temple. C'est ainsi qu'on transforme les défaites en victoires dans l'imagination collective, un habile acte de propagande.

VENISE. C'est d'un fort mauvais œil que l'aristocratique République de Venise vit l'invasion de l'Italie par les hordes plébéiennes de la Révolution. Mais, devant les victoires de Bonaparte, elle préféra garder la neutralité. Toutefois les rapines et les violences exercées par les troupes françaises dans les campagnes et les villes de terre ferme qu'elles avaient occupées entraînèrent une insurrection générale dont l'épisode le plus connu est celui des Pâques véronaises, le 17 avril 1797, qui se traduisit par le massacre de nombreux soldats français à Vérone. Bonaparte prit prétexte de cet incident pour déclarer la guerre à la République de Venise, le 3 mai, et occuper la ville des Doges dix jours plus tard. Il y instaura un gouvernement à la dévotion du Directoire qu'il abandonna peu après, ayant livré à l'Autriche par le traité de Campoformio toute la Vénétie à l'est de l'Adige.

VENTÔSE (décrets de). Les décrets des 8 et 13 ventôse an II (26 février et 3 mars 1794), votés à l'instigation de Robespierre et sur rapport de Saint-Just, stipulaient que les biens sous séquestre de quelque 300 000 émigrés et suspects seraient distribués gratuitement aux indigents. Les municipalités devaient dresser la liste des bénéficiaires et les dossiers des suspects devaient être examinés par des commissions populaires. Cela représentait une colossale entreprise d'expropriation et de redistribution, mais elle n'eut guère qu'une ébauche de réalisation, les décrets ayant cessé d'être appliqués à la mort de Robespierre.

VERDUN (capitulation de). L'armée prussienne de Brunswick entama le siège de Verdun, le 29 août 1792. La place se rendit sans combat, le 2 septembre. Le chef de la garnison, Beaurepaire, fut trouvé mort, tué d'un coup de feu ou suicidé. Le plus jeune officier de la garnison, Marceau, porta la reddition au roi de Prusse. Les femmes et les filles des notabilités de la ville offrirent des fleurs et des dragées au roi de Prusse. Ces « vierges de Verdun » furent guillotinées après la reprise de la ville par les forces de la Révolution. La nouvelle de la chute de Verdun sema la panique à Paris et servit de prétexte aux massacres de Septembre.

VERGNIAUD (Pierre) (1753-1793). Né à Limoges le 31 mai 1753, il appartenait à un milieu aisé et reçut une éducation soignée. D'abord destiné à l'état ecclésiastique, il choisit finalement la profession d'avocat à Bordeaux où il avait fait ses études de droit. Très doué, il était, si l'on en croit les anecdotes du temps, fort indolent, aussi eut-il peu d'affaires. Ce sont les débuts de la Révolution qui le révélèrent : il plaida avec brio pour un garde national de Brive qui avait refusé de charger des paysans accusés d'avoir incendié le banc seigneurial de l'église d'Allassac en Corrèze. Élu administrateur du département de la Gironde, membre de la Société des amis de la Constitution, il se prononce pour une monarchie constitutionnelle. Envoyé à l'Assemblée législative, en même temps que Guadet, Gensonné et Ducos, il siège à gauche, prononce un grand discours contre l'émigration le 25 octobre 1791, puis contre les prêtres réfractaires le 30 octobre. Dès janvier 1792, il se prononce pour la guerre contre l'empereur, appuyant Brissot : « L'état où nous sommes est un véritable état de destruction qui peut nous conduire à l'opprobe et à la mort. Aux armes donc, aux armes ; citoyens, hommes libres, défendez votre liberté, assurez l'espoir de celle du genre humain, ou bien vous ne mériterez pas même sa pitié dans vos malheurs. » Le 10 mars 1792, il s'en prend au ministre des Affaires étrangères de Lessart ; il est donc de ceux qui ont voulu la guerre. Mais la guerre se révèle désastreuse. Le renvoi des ministres girondins l'indigne. Car on dit désormais « girondins » autant et plus que « brissotins » tant Vergniaud prend figure de chef de file. Curieusement lui qui n'a cessé d'attaquer la monarchie après le renvoi des ministres de son camp, change d'attitude en juillet. A deux reprises, il s'oppose à la discussion de pétitions demandant la déchéance de Louis XVI. Il se rapproche du roi auquel il fait transmettre des conseils. Pourtant, présidant l'Assemblée le 10 août 1792, il ne peut sauver le roi. Il doit accepter la suspension du pouvoir exécutif. Élu à la Convention par son fief bordelais, il se trouve désormais rejeté avec ses amis au côté droit de l'Assemblée. Néanmoins, lors du procès de Louis XVI, il vote pour la mort et contre le sursis, après avoir timidement suggéré un appel au peuple. On voit là, comme on l'a constaté avant le 10 août, combien la politique de la Gironde fut faite de contradictions qui la perdirent. Désormais il est emporté dans le conflit Gironde-Montagne. Il dénonce la pression de Paris qu'il accuse le 20 mai 1793 : « Citoyens, nous avons deux ennemis puissants à vaincre. Le despotisme du dehors qui presse et attaque la République sur tous ses points extérieurs, l'anarchie au-dedans qui travaille sans relâche à la dissolution de toutes ses parties intérieures. » Vain combat. La pression de la capitale sur la Convention ne se relâche pas. Si le 31 mai la Gironde parvient à reculer l'échéance, elle succombe le 2 juin. Vergniaud fut mis en accusation. Il aurait pu fuir, il s'y refusa. Emprisonné en juillet, il fut décrété d'accusation le 2 octobre et transféré à la Conciergerie. Il se défendit point par point lors de son procès, mais celui-ci était jugé d'avance. Refusant le poison, Vergniaud fut guillotiné le 31 octobre 1793, en même temps que plusieurs de ses amis.

VÉRIFICATION DES POUVOIRS. Après la réunion des états généraux, le 5 mai 1789, la vérification des pouvoirs de leurs députés fut la grande question à l'ordre du jour. Le clergé et la noblesse entendaient vérifier séparément la validité des pouvoirs de leurs élus, le tiers état voulait que cette vérification des pouvoirs se fasse en commun. Dès le début, plusieurs représentants de la noblesse et du clergé firent défection et se rallièrent au tiers état. Ce dernier s'arrogea la vérification des pouvoirs des trois ordres et, finalement, pour mettre fin à la confusion, le roi céda au tiers état et ordonna aux deux autres ordres de se joindre à lui, le 27 juin 1789. C'était la première capitulation, la première marche de l'échafaud.

VERNET (Antoine Charles Horace dit Carle) (1758-1836). Troisième fils de Joseph Vernet, il est choyé par la société des « lumières » et reçoit le prix de Rome en 1782. Dans la Ville éternelle, il se passionne pour la peinture de Salvator Rosa. De retour à Paris, il s'emballe pour les idées nouvelles, se fait nommer officier des grenadiers de la garde nationale : son bataillon refusa de tirer sur les manifestants lors du 10 août 1789. Il n'en fut pas moins éprouvé par la Terreur : sa sœur Émilie, femme de Chalgrin qui avait émigré, fut guillotinée. Sous le Directoire, il représenta avec succès incroyables et merveilleuses. Avec l'Empire, il se reconvertit dans la peinture militaire puis salua la Restauration en représentant au Salon de 1814 le duc de Berry à cheval.

VÉRONAISES (Pâques). Massacre des troupes d'occupation françaises par la population de Vérone, le jour de Pâques, le 17 avril 1797. Bonaparte en fit un *casus belli* et attaqua Venise quelques jours plus tard.

VÉRONE (manifeste de). Après la mort de Louis XVII au Temple, le 8 juin 1795, le comte de Provence prit le titre de Louis XVIII et publia, le 24 juin, à Vérone, où il résidait alors, un manifeste vague et menaçant à la fois contre la France révolutionnaire.

VERSAILLES (nom révolutionnaire : Berceau-de-la-Liberté).

VERSAILLES. Résidence des rois de France de 1664 à 1789, Versailles était une ville importante en 1789. C'est là que se réunirent les états généraux, puis la Constituante jusqu'au départ du roi et de l'Assemblée pour Paris en octobre 1789. La ville fut très affectée par l'émigration et subit un grave marasme durant toute la Révolution. Les meubles du château furent vendus à l'encan en 1794 et dispersés à travers l'Europe entière. Les jardins du Trianon furent distribués à des indigents pour être mis en culture. Le 9 septembre 1792, Fournier l'Américain se fit le complice du massacre par la populace versaillaise de quarante-quatre des cinquante-deux prisonniers de la Haute Cour d'Orléans qui devaient être transférés à Paris. Le château resta pratiquement à l'abandon jusqu'à l'inauguration du Musée historique en 1837.

VESTRIS (Marie Auguste) (1760-1842). Fameux danseur, successeur de Gaetano Vestris, il entrait à l'Opéra en 1776 et devenait premier danseur en 1779. Louis XVI et Marie-Antoinette l'applaudirent, puis le peuple l'adopta lorsqu'en costume de sans-culotte, il dansa un pas de deux sur l'air de *La Rosière républicaine*. Napoléon, à son tour, en fit son danseur favori. Il dansait encore sous Louis-Philippe.

VÉTÉRANS. Les vétérans étaient d'anciens soldats. Un bataillon de vétérans fut constitué en 1789 par Callière de l'Étang. Les vétérans de la marine avaient une caisse de retraite sous l'Ancien Régime qui fut maintenue par la Révolution. Une loi du 16 mai 1792 créa des unités de vétérans enrégimentés et mis en garnison dans les places fortes et dans les batteries côtières. Il fallait avoir vingt-quatre ans de services militaires pour en faire partie. Le vétéran de ces unités touchait une solde complète, portait un habit, une veste et une culotte bleus, aux boutons blancs portant l'inscription « Vétéran national ». Il y en avait 5 000 en 1792, 15 000 en 1795, 14 000 en 1799, 12 500 en 1800, 10 000 en 1814.

VETO. Ce mot latin signifie « je m'oppose » et était utilisé dans la Rome antique par les tribuns de la plèbe lorsqu'ils s'opposaient à une décision du Sénat ou des consuls. En août et septembre 1789, la Constituante débat longuement des pouvoirs à attribuer au roi. Les partisans d'un pouvoir exécutif fort estiment qu'il faut accorder au roi des attributions étendues et le droit de s'opposer de façon absolue aux décisions du pouvoir législatif. Ce sont les partisans du droit de veto absolu. Ils sont finalement vaincus par ceux qui souhaitent un droit de veto limité. Le 11 septembre 1789, l'Assemblée accorde un droit de veto seulement suspensif à Louis XVI, limité à deux législatures de deux années, soit à quatre ans. Ce dernier s'en sert aussitôt pour refuser de sanctionner la Déclaration des droits de l'homme et du citoyen. Les journées des 5 et 6 octobre viennent à bout de la résistance royale et mettent l'exécutif et le législatif à la merci des mouvements populaires en les installant au cœur de Paris, aux Tuileries. Tous les veto du roi suscitent le mécontentement, encore qu'il en use rarement, pour refuser les mesures contre les prêtres réfractaires et les émigrés. Lorsqu'il refuse de sanctionner la déportation des prêtres réfractaires et la formation d'un camp de volontaires des gardes nationales provinciales fédérées sous Paris, il doit subir les deux journées insurrectionnelles du 20 juin puis du 10 août 1792 qui aboutissent à la chute de la royauté.

VIALA (Joseph Agricol) (1780-1793). En juillet 1793, les royalistes insurgés étaient maîtres de la rive gauche de la Durance et marchaient sur Avignon. Les patriotes pour les empêcher, décidèrent de couper les câbles qui tenaient les pontons. Un jeune volontaire, Viala, de la petite garde nationale dite de l'Espérance de la patrie, se proposa. Il fut tué au cours de sa mission. La propagande républicaine s'empara de lui :

De Bara, de Viala le sort nous fait
[envie ;
Ils sont morts, mais ils ont vécu,

dit une des strophes du *Chant du départ.*

VIANDES. On consomma entre 1781 et 1786 à Paris en moyenne 70 millions de livres de viandes diverses, soit 115 livres par an et par personne, à peu près un kilogramme par semaine pour chaque personne. Une livre de viande coûtait 9 sous en 1790.

VICTOIRES (fête des). Une fête des Victoires fut célébrée à Paris à la suite de la prise de Toulon, le 19 décembre 1793. Le défilé était composé de quatorze chars symbolisant les quatorze armées de la Révolution, portant chacun douze soldats et quarante jeunes filles. Les membres de la Convention venaient ensuite, puis le char de la Victoire avec devant le faisceau national et derrière la statue de la Victoire. Le cortège partit des Tuileries pour les Invalides où se dressait le Temple de l'humanité, puis pour le Champ-de-Mars. Arrivées là, les jeunes filles descendirent et déposèrent des branches de lauriers entre les mains des soldats défenseurs de la patrie. L'on chanta alors un hymne sur la prise de Toulon et le *Chant des victoires,* musique de Méhul, paroles de Marie-Joseph Chénier.

VICTOR (Claude Victor Perrin dit) (1764-1841). Tambour au régiment d'artillerie de Grenoble en

1781, rengagé en octobre 1789, il passe dans la garde nationale de Valence puis rejoint le 3e bataillon des volontaires de la Drôme. Il s'illustre au siège de Toulon où il est grièvement blessé et les représentants du peuple le nomment général de brigade à titre provisoire le 20 décembre 1793. En janvier 1794, il est à l'armée des Pyrénées orientales : il participe à la prise du camp du Boulou, à celle de Collioure puis au siège de Roses. Il passe à l'armée d'Italie en août 1794, sous Scherer. Il participe à la fameuse campagne de Bonaparte (Dego, Rivoli, Mantoue) et devient général de division le 18 janvier 1797. Il sera également de la seconde campagne d'Italie en 1800, de la campagne de Prusse de 1806. Maréchal le 13 juillet 1807, il sera pair de Louis XVIII et ministre de la Guerre du 14 décembre 1821 au 19 octobre 1823.

VIEUX CORDELIER (Le). Ce journal rédigé par Camille Desmoulins paraissait deux fois par décade. Il eut sept numéros de décembre 1793 à janvier 1794. Il avait pour devise : « Vivre libre ou mourir. » L'imprimeur n'osa pas faire paraître le septième numéro. Remarquablement écrit, il prêchait la clémence et critiquait les partisans de la Terreur : « Qu'est-ce que la liberté ? écrivait Desmoulins. Ne serait-ce qu'un vain nom ? N'est-ce qu'une actrice de l'Opéra, la Candeille ou la Maillard promenées avec un bonnet rouge, ou bien cette statue de 46 pieds de haut que propose David ? Si par la liberté vous n'entendez pas, comme moi, les principes, mais seulement un morceau de pierre, il n'y eut jamais d'idolâtrie plus stupide et si coûteuse que la nôtre... Je pense bien différemment de ceux qui vous disent qu'il faut laisser la Terreur à l'ordre du jour. Je suis certain, au contraire, que la liberté serait consolidée et l'Europe vaincue, si vous aviez un comité de clémence. C'est ce comité qui finirait la Révolution. » Le parti des Indulgents, Danton, Desmoulins et tous leurs amis, finit sur l'échafaud en avril 1794.

VIGÉE-LEBRUN (Marie-Louise Élisabeth) (1755-1842). Fille de Vigée, professeur à l'académie de Saint-Luc, elle se forme dans l'atelier paternel. Elle admire Rubens, Raphaël et Greuze, si l'on en croit du moins ses intéressants souvenirs. A quinze ans, elle entame une carrière de portraitiste qui va la rendre célèbre. En 1779 elle fait son premier portrait de Marie-Antoinette : près de vingt autres suivront. Elle est de toutes les fêtes, organisant un souper grec qu'elle sert en costume d'Athénienne. Quand la Révolution éclate, elle se réfugie en Italie puis à Vienne de 1793 à 1794 et s'établit en définitive à Saint-Pétersbourg de 1795 à 1802. De retour en France, elle se brouille avec la cour consulaire et repart pour l'étranger (Angleterre, Suisse). Elle ne revient définitivement en France qu'à la Restauration mais pour découvrir que son art est totalement démodé.

VILATTE (Joachim) (1768-1795). Professeur à Limoges, il quitte l'enseignement en 1792, se rend à Paris, est présenté à Robespierre qui lui procure un emploi d'agent informateur auprès du Comité de salut public. Vilatte s'appelle désormais Sempronius Gracchus et se voit appeler au Tribunal révolutionnaire comme juré. Il s'y révéla comme l'un des plus féroces. Arrêté après le 9 thermidor, il s'efforce de prendre ses distances vis-à-vis de Robespierre. Il n'en est pas moins guillotiné avec Fouquier-Tinville.

VILLARET DE JOYEUSE (Louis Thomas comte de) (1750-1812). Engagé dans les gendarmes du roi, il dut les quitter à la suite d'un duel meurtrier et entra dans la marine en qualité de volontaire. Il s'illustra aux Indes sous Suffren. Commandant de la frégate la *Prudente* au moment où éclate la Révolution, il reçoit le commandement de l'armée navale de Brest en octobre 1793. Chargé d'aller à la rencontre d'un convoi de grains venant des États-Unis, il tint tête à l'escadre anglaise de l'amiral Howe dans les combats des 28 et 29 mai 1794. Il fut battu par l'amiral Bridport au combat naval de Groix le 23 juin 1795. Élu par le Morbihan au Conseil des Cinq-Cents, il siégea à droite et dut s'enfuir lors du coup d'État du 18 fructidor. Il fut réintégré dans l'armée en février 1800 et commanda la flotte de l'expédition de Saint-Domingue. Capitaine général de la Martinique en avril 1802, il ne put résister aux Anglais en 1809. Il fut traduit devant une commission d'enquête puis remis en activité.

VILLEFRANCHE-SUR-SAÔNE (noms révolutionnaires : Ville-Libre-sur-Saône, Commune-Franche).

VINCENT (François Nicolas) (1767-1794). Clerc de procureur à la veille de la Révolution, il devint l'un des principaux orateurs du club des Cordeliers et prit des positions avancées dès 1789. En 1792, il était nommé chef de bureau au ministère de la Guerre ; il en fut, en 1793, le secrétaire général et en fit un bastion de l'hébertisme. Il dressa ce mouvement, bien plus qu'Hébert, contre le Comité de salut public et appela à l'insurrection. Il s'appuyait sur le général Ronsin. Traduit en même temps qu'Hébert devant le Tribunal révolutionnaire, il fut guillotiné avec lui.

VINGT-DEUX FLORÉAL AN VI (loi du), voir **FLORÉAL** (loi du 22).

VINGT-DEUX PRAIRIAL (loi du), voir **PRAIRIAL** (loi du 22).

VINGT JUIN (journée du), voir **JUIN** (journée du 20).

VINGT-QUATRE (commission des), voir **COMMISSION DES VINGT-QUATRE**.

VINGTIÈME. Créé en 1749 par Machault d'Arnouville, cet impôt direct frappait tous les revenus, ceux des terres comme ceux des offices, et tout le monde, le clergé et la noblesse compris. Il était du vingtième des revenus imposés, c'est-à-dire de 5 %. Il fut parfois doublé et même triplé pendant la guerre de Sept Ans et la guerre d'Amérique. Il disparut avec toute la fiscalité d'Ancien Régime quand la Constituante eut voté le nouveau système d'impositions.

VIRIEU (François Henri, comte de) (1754-1793). Colonel du régiment de Limousin, il fut élu député aux états généraux par la noblesse du Dauphiné. Libéral, il fut des premiers nobles à rejoindre le tiers état puis se rapprocha, devant les excès de la Révolution, des partisans de la cour. En 1793, il joua un rôle important dans l'insurrection de Lyon où il se trouvait alors. A la fin du siège, il voulut s'enfuir mais fut tué par des paysans qui surveillaient la route qu'il avait prise.

VISITES DOMICILIAIRES. Interdites par la Constituante au nom de la liberté individuelle, les visites domiciliaires furent autorisées après le 10 août 1792. Il y eut alors entre 10 000 et 12 000 arrestations à Paris après la prise des Tuileries. Elles étaient faites par des commissaires de section assistés d'hommes en armes et avaient surtout pour but de trouver des armes et des suspects cachés. En 1793, les visites domiciliaires de nuit furent autorisées.

Dans la seule nuit du 28 mars 1793, 500 personnes furent arrêtées. Les propriétaires furent à la même époque tenus d'afficher les noms de leurs locataires. En 1796, le Directoire ordonna des visites domiciliaires contre les conspirateurs du camp de Grenelle.

VITROLLES (Eugène François, baron de) (1774-1854). Issu d'une vieille famille parlementaire de Provence, il s'enrôla dans l'armée de Condé où il servit jusqu'en 1794. Il séjourna en Allemagne puis en Angleterre et rentra secrètement en France en 1799. C'est en 1814 qu'il jouera un rôle important dans la Restauration de Louis XVIII.

VIZILLE (assemblée de). Le 21 juillet 1788 se réunissent au château de Vizille les représentants des trois ordres du Dauphiné qui décident de refuser le paiement des impôts tant que les états généraux n'auront pas été convoqués, demandent le doublement de la représentation du tiers état et le vote par tête et non par ordre aux états provinciaux.

VŒUX DE LA NATION, voir **CAHIERS DE DOLÉANCES**.

VOLNEY (Constantin François de Chassebœuf, comte de) (1757-1820). Son père, ne voulant pas qu'il porte le nom de Chassebœuf, lui donna celui, plus poétique, de Boisgirois auquel il substitua celui de Volney. Sa célébrité vint de son voyage en Orient ; il parcourut en effet l'Égypte et la Syrie et en rapporta un récit publié en deux volumes, en 1787 : *Voyage en Égypte et en Syrie.* Il donna ensuite des *Considérations sur la guerre des Turcs et de la Russie.* Il fonda *La Sentinelle,* favorable aux idées nouvelles. Aussi fut-il élu par le tiers d'Anjou aux états généraux. Il s'y occupa des questions constitutionnelles et des problèmes diplomatiques. Après la séparation de la Constituante, il écrivit ses *Ruines ou Méditations sur les révolutions des empires* et se retira en Corse d'où il fut chassé par les événements. A la fin de 1793, il publiait *La Loi naturelle ou Catéchisme du citoyen français.* Suspect comme proche des Girondins, il fut incarcéré et remis en liberté après la chute de Robespierre. Professeur d'histoire à l'École normale de Paris, membre de l'Institut, il rapporta d'un séjour aux États-Unis son *Tableau du climat et du sol des États-Unis d'Amérique* en 1799. Fait sénateur par Bonaparte et pair de France par Louis XVIII, il vaut surtout pour son texte sur les *Ruines* qui annonce les futures méditations d'un Valéry ou d'un Malraux.

VOLONTAIRES. Ce nom fut donné durant la Révolution à des unités de soldats qui, pour la plupart, n'étaient pas des volontaires mais des conscrits. Après la fuite de la famille royale à Varennes et la déclaration de Pillnitz, lorsque les menaces de guerre commencèrent à s'accumuler, la Constituante décida la formation de bataillons de « volontaires » avec des soldats tirés au sort parmi les gardes nationales. 169 bataillons furent prévus, mais on put tout juste en organiser 60. Troupes médiocres, indisciplinées, élisant leurs chefs, portant un uniforme distinct des troupes de ligne, ces volontaires constituaient un apport très insuffisant. Aussi, le 11 juillet 1792, quand elle déclara « la patrie en danger », la Législative ordonna-t-elle la levée de 50 000 nouveaux « volontaires » parmi les gardes nationales. Ces « volontaires de l'an I » contribuèrent aux victoires de Valmy et de Jemmapes. Comme la loi les y autorisait, la plupart de ces volontaires quittèrent l'armée et rentrèrent chez eux dès la fin de 1792. La Convention dut alors décréter la « levée en masse », c'est-à-dire la conscription ou le service militaire obligatoire. La fusion des « volontaires » et de l'armée de ligne se réalisa par l'amalgame à partir de 1794.

VOTE, voir **SCRUTINS**.

VOULLAND (Jean Henri) (1751-1801). Juge à Uzès puis avocat à Nîmes, il fut élu député du tiers état de la sénéchaussée de Nîmes. Il s'y spécialisa déjà dans les questions policières en entrant au comité des recherches. En octobre 1791, il devint juge au tribunal de Nîmes. Représentant du Gard, il vota avec la Montagne la mort de Louis XVI. Après une mission dans l'Hérault et le Gard, il était désigné pour faire partie du Comité de sûreté générale le 11 septembre 1793. Il en fut un membre actif. Il fit adopter par la Convention le décret du 20 octobre qui autorisait le Comité de sûreté générale à renvoyer directement les détenus devant le Tribunal révolutionnaire. Artisan de la chute de Danton avec Vadier, il prit ensuite position contre Robespierre et proposa, le 9 thermidor, Barras comme commandant de la force armée. Terroriste, il fut attaqué par la réaction thermidorienne et décrété d'arrestation. Libéré en brumaire an IV, il obtint un emploi dans les bureaux du Conseil des Cinq-Cents. Révoqué après le 18 Brumaire, il mourut dans un complet dénuement.

W-Y-Z

WATTIGNIES (bataille de). Le 23 septembre 1793, les Autrichiens, sous les ordres de Clairfayt et de Cobourg, commencent le siège de Maubeuge défendu par 20 000 hommes. Le 8 octobre, Jourdan et Carnot font leur jonction à Guise. Le 15, Jourdan attaque les Autrichiens de flanc. Au soir, après un conseil de guerre, Jourdan et Carnot décident d'affaiblir leur centre et leur gauche pour concentrer le gros des forces sur la droite. Le 16 octobre 1793, protégées par un épais brouillard, les troupes révolutionnaires désorganisent le dispositif autrichien. Le 17 octobre, Cobourg et Clairfayt se replient sur Mons. Wattignies marque le début du redressement militaire français après les échecs du printemps et de l'été 1793.

WESTERMANN (François Joseph) (1751-1794). Écuyer dans les écuries du comte d'Artois après avoir servi au régiment d'Esterhazy-hussards, il retourna en Alsace à la veille de la Révolution et prit part aux émeutes de Haguenau en 1788. Un moment arrêté puis libéré, il vint à Paris en mai 1792 et s'y lia à Danton. Il tint un rôle important dans la prise des Tuileries le 10 août 1792. Il était auprès de Dumouriez dans la campagne de septembre et dans les tractations avec le duc de Brunswick. Dans la campagne du Nord contre les Autrichiens, il fit preuve de courage mais, impliqué dans l'affaire Dumouriez, il fut décrété d'arrestation. S'étant justifié, il fut nommé général de brigade et envoyé à l'armée des côtes de la Rochelle. En lutte contre l'insurrection vendéenne, il prit Parthenay puis Châtillon en juin 1793. Mais il fut chassé de cette ville le 5 juillet. Suspendu par la Convention, il reprit son commandement. Défait par La Rochejaquelein à La Flèche le 8 décembre, il prit sa revanche au Mans le 12 décembre puis à Savenay le 23. Rappelé à Paris, il apparut comme l'espoir des Indulgents dans l'épreuve de force engagée avec le Comité de salut public. En fait il ne fit rien et ne pouvait rien. Traduit devant le Tribunal révolutionnaire en même temps que Danton et Desmoulins, il fut condamné à mort et guillotiné avec eux.

WIMPFFEN (Georges Félix, baron de) (1744-1814). Né à Minfeld dans le duché des Deux-Ponts, il servit en Allemagne puis en Corse. Colonel en 1774, chevalier de Saint-Louis en 1775, maréchal de camp le 9 mars 1788, il est élu député de la noblesse du bailliage de Caen aux états généraux. Quand la guerre éclate il est nommé commandant à Thionville. Il défendit la ville du 24 août au 18 octobre 1792. Passé à l'armée de la Moselle, il est ensuite à l'armée des côtes de Cherbourg ; il prend alors le commandement de l'armée levée par les Girondins en Normandie au mois de juin 1793. Il est battu à Vernon, décrété d'arrestation et se réfugie en Angleterre. Il sera inspecteur général des haras et baron d'Empire sous Napoléon.

WURMSER (Dagobert Sigismond, comte de) (1724-1797). D'origine alsacienne, il était entré au service de l'Autriche en 1745. En 1793, il participa au siège de Mayence et contribua à la reddition de la ville par les Français. Il fut moins heureux face à Pichegru en Alsace puis contre Bonaparte en Italie. Chargé de débloquer Mantoue, il fut battu à Castiglione le 5 août 1796 puis à Bassano le 8 septembre. A l'issue de cette défaite, il doit s'enfermer dans Mantoue. Il capitulera le 2 février 1797.

YORK (Frédéric duc d') (1763-1827). Deuxième fils du roi George III, il s'intéressait surtout aux lettres et à la philosophie. En 1793, il reçut le commandement des troupes anglaises en Belgique mais fut battu. Il dut rembarquer. Une nouvelle tentative à la tête d'une armée anglo-russe en Hollande, en 1799, ne fut pas plus heureuse. Il fut défait à Bergen par Brune. Il se consacra par la suite à des tâches administratives.

YOUNG (Arthur) (1741-1820). Agronome anglais, il visita la France à la veille de la Révolution et publia la relation de son voyage, qui constitue un témoignage de premier ordre.

YSABEAU (Claude Alexandre) (1754-1831). Oratorien, il fut, s'étant rallié à la Constitution civile du clergé, curé constitutionnel de Saint-Martin-de-Tours. Élu à la Convention par le département d'Indre-et-Loire, il y vota la mort du roi, sans appel ni sursis. Envoyé en mission dans les Pyrénées, il y activa le recrutement puis il dut faire face à l'insurrection de Bordeaux. Il reprit la ville le 17 octobre 1793 et présida avec Tallien la commission militaire qui jugea les fédéralistes. En novembre, il renonça à ses vœux. Rappelé le 14 mai 1794, il fut à nouveau envoyé à Bordeaux en août mais rappelé une seconde fois après une attaque de Lecointre. Cela ne l'empêcha d'entrer au Comité de sûreté générale. Hostile au mouvement de germinal, il s'opposa également au coup de force royaliste du 13 vendémiaire. Il siégea au Conseil des Anciens jusqu'en 1798 puis occupa un poste de substitut du commissaire de Directoire à l'administration des Postes. Proscrit comme régicide en 1816, il ne rentra en France qu'après la révolution de Juillet.

ZURICH (bataille de). Après avoir chassé les armées françaises d'Italie et d'Allemagne, les coalisés pensent envahir la France en passant par la Suisse. Se retrouvent à proximité de Zurich l'armée russe de 27 000 hommes de Korsakov et l'armée autrichienne de 22 000 hommes de Hötze, qui attendent les 30 000 Russes de Souvorov arrivant d'Italie. Une erreur de l'état-major autrichien lui fait déplacer le corps d'armée de l'archiduc Charles et exposer ainsi l'armée de Korsakov. Profitant de cette faute stratégique, Masséna attaque avec 80 000 soldats et repousse les Russes sous les murs de la ville, le 25 septembre. Pendant ce temps, Soult bouscule les Autrichiens et les sépare des Russes. Le 26 septembre, la bataille reprend et les Russes, taillés en pièces, doivent quitter Zurich, y laissant 5 000 prisonniers. Masséna se tourne alors contre l'armée de Souvorov qui vient de franchir le Saint-Gothard. La seconde bataille de Zurich, le 27 septembre, oblige Souvorov à se frayer un passage difficilement à travers cette région montagneuse et à se replier sur l'Allemagne. Brillante victoire tactique de Masséna, cette victoire a des conséquences importantes. Furieux de la défaite de ses troupes, en attribuant la responsabilité aux Autrichiens, le tsar Paul Ier se retire de la coalition.

CINQUIÈME PARTIE

HISTORIOGRAPHIE DE LA RÉVOLUTION FRANÇAISE

par Alfred Fierro

La Révolution française fait partie de la mythologie contemporaine qui lui a emprunté les idées de liberté, d'égalité, de progrès..., les principaux concepts du messianisme politique et social actuel. La gauche socialiste revendique comme son héritage la « tradition de la Révolution française ». Profondément ancrée dans la mentalité collective des Français, elle peut difficilement être étudiée sans parti pris.

I. LES GRANDS COURANTS DE L'HISTORIOGRAPHIE

Dès sa naissance, le mouvement révolutionnaire attire l'attention des historiens. Publié en anglais en octobre 1790 et aussitôt traduit en français, l'ouvrage de Burke, *Réflexions sur la Révolution de France*, déclenche la première polémique. Mettant en parallèle les révolutions anglaises du XVIIe siècle et les bouleversements en France, Burke discerne une différence de nature entre le sage empirisme de ses compatriotes qui ont maintenu en le remaniant et le modernisant l'héritage de la tradition nationale, et la volonté de faire table rase des constitutionnels. Les réponses de Paine et de Mackintosh n'empêchent pas le parti whig de se rallier aux idées de Burke et de mener une guerre sans merci contre le régime révolutionnaire.

En Allemagne, c'est un immense espoir que soulève à son début la Révolution française. Éblouis par un mouvement se réclamant de Voltaire et de Rousseau, Kant, Hegel, Goethe applaudissent « l'aurore splendide » (Hegel) ou « les premières clartés d'un nouveau soleil » (Goethe). Mais les violences et les excès transforment très vite cet enthousiasme en dégoût, Kant et Fichte restant seuls à défendre la Révolution qu'ils perçoivent essentiellement comme un « témoignage philosophique ». S'inspirant de la pensée de Burke, de nombreux écrivains allemands prennent la plume pour attaquer la Révolution, Brandes, Rehberg et surtout Gentz qui prônent le respect des traditions et une évolution contrôlée à la place de « l'anarchie française ». Ce courant de pensée hérité de l'esprit des lumières est renforcé par un mouvement romantique réactionnaire, c'est-à-dire tourné vers le passé. Ainsi Novalis, dans *L'Europe ou la chrétienté*, paru en 1809, refuse-t-il la Révolution au profit d'un Moyen Âge et d'un Saint Empire mythiques.

Les Français émigrés ont des conceptions passablement divergentes de l'histoire immédiate de leur patrie. Alors que Mallet du Pan critique la Révolution dans ses excès et reste fidèle à l'esprit des philosophes, condamnant les contre-révolutionnaires bornés, « ligue de sots et de fanatiques qui, s'ils le pouvaient, interdiraient à l'homme la faculté de voir et de penser », Joseph de Maistre, dans ses *Considérations sur la France* (1796), développe une explication « théologique » de la Révolution, « fléau de Dieu », et propose une monarchie régénérée par la théocratie, tandis que Barruel, dans les *Mémoires pour servir à l'histoire du jacobinisme*, parus entre 1797 et 1799, développe la thèse du complot maçonnique à l'échelle européenne et dont les Jacobins auraient été l'instrument en France.

La chute de Robespierre amène au pouvoir une bourgeoisie soucieuse d'autojustification qui utilise l'historiographie pour consolider son pouvoir et détourner les accusations les plus graves. Dantonistes et Girondins survivants, Thermidoriens du Marais s'en prennent à la Terreur, tyrannie démagogique et sanglante, et rivalisent avec les pamphlétaires monarchistes pour traîner Robespierre et ses acolytes dans la fange. Sous le Consulat et l'Empire, les débats sur la Révolution sont mal vus et seul le prudent *Précis d'histoire de la Révolution* de Lacretelle a quelque diffusion. Lorsque Beauchamp publie, en 1806, son *Histoire de la guerre de Vendée*, l'ouvrage fait scandale et le ministre de la Police le décrit comme « l'ouvrage le plus dangereux qu'ait encore enfanté l'esprit contre-révolutionnaire ».

C'est entre la Restauration et l'avènement du second Empire que se développe l'histoire mythique de la Révolution. La contre-révolution triomphante de 1815 insiste sur l'aspect inutile de 1789 et célèbre la Constitution « non écrite » de la monarchie. Les *Considérations sur la Révolution* de Mme de Staël sont attaquées par les *Observations* de Bonald qui exposent la doctrine contre-révolutionnaire conçue par Joseph de Maistre. La crainte d'une nouvelle explosion pousse les historiens à multiplier les mises en garde aux jeunes générations et au pouvoir, car, comme l'écrit Beaulieu à la fin de son *Histoire de la Révolution* (1820) : « La Révolution de France présente à l'imagination la forme d'un long serpent, de l'effroyable boa, par exemple, qui après avoir infecté de ses poisons le terrain qu'il a parcouru... paraît se reposer. Mais gardez-vous d'en approcher, ce prétendu sommeil est celui de la perfidie. S'il repose, c'est pour se gonfler d'un venin nouveau. »

Les historiens libéraux, embarrassés par l'épisode de la Terreur, Lacretelle, Norvins, Benjamin Constant, Mme de Staël, condamnent les excès de la Convention. Ce sont Thiers et Mignet qui, avec leur *Histoire de la Révolution française*, parue de 1823 à 1828 pour le premier, en 1824 pour le second, font pencher la balance en faveur du libéralisme. Distinguant le « peuple » de la « populace », ils revendiquent pour la bourgeoisie la responsabilité et le mérite de la Révolution, Convention incluse, fabriquant un mythe patriotique bourgeois.

Cette historiographie libérale est très rapidement débordée par une littérature plus radicale, avec notamment la publication des *Mémoires* du montagnard Levasseur, des *Mémoires* apocryphes de Robespierre (1830), de la *Conspiration de Babeuf* (1829) par Buonarroti. Tandis que, sous la monarchie de Juillet, Thiers et Mignet, promus au rang d'historiographes officiels, distinguent une bonne révolution, celle de 1789, et une mauvaise, celle de 1793, les auteurs dits « radicaux » et socialistes, Carrel, Marrast, Raspail, G. Cavaignac, Buchez, Laponneraye exaltent 1793 au détriment de 1789. Ainsi Buchez et Roux publient-ils quarante volumes d'une *Histoire parlementaire de la Révolution française* (1834-1838) d'un jacobinisme exacerbé, Laponneraye se fait-il l'éditeur des *Mémoires* de Charlotte Robespierre et des *Œuvres complètes* de son frère. Révolutionnaires républicains et socialistes vivent alors dans le culte du passé et conspirent au sein de sociétés dont les noms évoquent 1793 : société des Amis du peuple, société des Droits de l'homme, dont « la réunion avait l'air d'un vieil exemplaire relu, gras, usé, du *Moniteur de 1793* », ainsi que l'écrit un témoin, Heine. Les derniers témoins, la tradition orale dans les familles Blanqui, Carnot, Cavaignac... ravivent cette flamme du souvenir.

Passé à gauche en 1835, le romantisme se fait aussi l'apologiste de la Révolution et Victor Hugo, dans son discours de réception à l'Académie française (1841), évoque la Convention, « sujet de contemplation sombre, lugubre, effrayant, mais sublime ». L'historien anglais Carlyle célèbre à son tour la Révolution, en 1837, pour sa destruction d'un Ancien Régime corrompu mais condamne l'expérience française vouée à l'échec car seules les nations germaniques seraient capables de construire un régime nouveau selon lui, ce qui permet à la pensée burkienne de récupérer son œuvre.

En 1847 paraissent trois ouvrages importants : l'*Histoire de la Révolution* de Louis Blanc, l'*Histoire de la Révolution française* de Michelet et l'*Histoire des Girondins* de Lamartine. Les origines de la Révolution y sont noyées dans un syncrétisme d'un flou ahurissant : « La Révolution est issue des plus lointains soulèvements de l'esprit », ose écrire Louis Blanc, qui reprend à son compte, en la transformant en phénomène positif, la thèse du complot maçonnique de Barruel. La mystique du peuple, opposant la philosophie individualiste de la bourgeoisie voltairienne à la largesse et à la solidarité du peuple rousseauiste, ne va quand même pas jusqu'à prêcher la lutte des classes. « Il faut diriger les masses... qu'elles ne se laissent pas entraîner dans les routes de la subversion totale et du matérialisme », écrit Lamartine. La question de la violence est esquivée par le verbalisme romantique. Buchez justifie les massacres par la « souveraineté du but », une forme de raison collective. Laponneraye, Cabet réprouvent la violence mais approuvent « la justice du peuple ». Au comble de la logorrhée, Lamartine fait à la fois l'apologie de la vertu et celle de la force, exaltant Charlotte Corday, « ange de l'assassinat ». Enfin, la Révolution est présentée comme une forme nouvelle de messianisme, une force de délivrance du monde. Comme l'écrit fort bien Alice Gérard, « l'histoire romantique parvient à éluder la controverse : avide d'unanimisme, elle remplace les faits par leurs symboles, la critique par le pathétique, les problèmes par des solutions verbales ».

Seul Michelet manifeste une originalité certaine. Son œuvre, parue entre 1847 et 1853, s'élève contre le fatalisme sévissant chez Thiers et imputant la Terreur à un fatal enchaînement de circonstances, contre la vision socialiste anachronique de Buchez et de Louis Blanc, qui « ont voulu imposer à la Révolution de 89 le caractère socialiste des temps postérieurs », contre la théorie du salut public qu'il condamne fermement, contre le christianisme assimilé abusivement à la Révolution ; alors qu'il est, selon lui, l'antirévolution, le règne de la Grâce excluant le règne de la Justice, contre toute tendance « aristocratique » visant à créer des surhommes, donc contre le culte robespierriste. Pour Michelet, la vraie révolution est celle de la liberté, celle de 1789, « l'époque humaine et bienveillante » alors qu'en 1793 une secte a évincé la nation : « L'époque des violences, l'époque des actes sanguinaires, n'a pour acteurs qu'un nombre d'hommes minime, infiniment petit. » « Je n'aurais pas été Jacobin », conclut-il.

L'échec de l'éphémère République de 1848 est lié au lyrisme révolutionnaire qui masqua « la terrible originalité des faits », comme l'écrit Tocqueville. Quant à Proudhon, il évoque le « somnambulisme de la nation » à propos de cette époque. Et Cuvillier-Fleury, dans ses *Portraits politiques et révolutionnaires* (1851), confond dans une même opprobre les hommes de 1848 et les historiographes « hyperboliques » de 1793.

Aussi le second Empire est-il un temps de démystification dominé par le positivisme, liant rigoureusement la politique et l'histoire, le présent et le passé. La notion de continuité s'impose à nouveau au détriment de celle de révolution : « L'histoire ne fait pas de sauts, pas plus que la nature. » La vision romantique se démode très vite au profit d'une réflexion sur la sociologie et la psychologie collective. Edgar Quinet écrit : « La plupart des peuples sont tombés non par la force de leurs ennemis, mais pour s'être infatués d'idées fausses auxquelles les grands écrivains ont mis le sceau de l'immortalité. » L'historiographie contre-révolutionnaire connaît un essor remarquable. Le Play érige en préalable à sa réforme sociale catholique le refus des « faux dogmes de 89 ». La lutte antimaçonnique renaît dans *L'Église romaine en face de la Révolution* (1858) de Crétineau-Joly et *La Révolution* (1861) de Mgr de Ségur, tandis que *Le chevalier des Touches* (1864) de Barbey d'Aurevilly réhabilite la chouannerie en Basse-Normandie. A cette histoire contre-révolutionnaire traditionnelle se joint la version bonapartiste élaborée par Granier de Cassagnac dans l'*Histoire des causes de la Révolution française* (1850) : c'est Bonaparte qui réalise l'idéal du despotisme éclairé et construit la France moderne, la Révolution n'étant qu'une « sanglante et inutile stupidité ».

Chez les libéraux orléanistes, la chute de Louis-Philippe a provoqué un traumatisme remettant en cause leur foi dans le libéralisme. L'attitude de Renan à l'égard de la Révolution est globalement négative : « Un principe qui, dans l'espace de dix ans, épuise une nation, ne saurait être le véritable. » Rémusat et Laboulaye, imprégnés de la pensée empirique anglo-saxonne, se réfèrent à Burke qui avait annoncé dès 1789 la victoire de la démagogie et du despotisme. Le plus original est Tocqueville qui, dans *L'Ancien Régime et la Révolution* (1856) étudie « le drame encore sans dénouement qu'on nomme la Révolution française ». Il est le premier à cerner avec précision les concepts d'Ancien Régime et de prérévolution, à souligner les atavismes sociologiques. Il oppose liberté et égalité, insistant sur l'esprit démocratique, la recherche d'égalité qui nuit à la liberté.

Quant aux républicains, la défaite a semé le désarroi et la division dans leurs rangs. Dans *La Révolution française* (1865), dont F. Furet a montré l'importance, Quinet traite 1793 comme une contre-révolution au cœur de la Révolution, la doctrine de salut public n'étant pour lui qu'une forme de la raison d'État monarchique et de l'Inquisition catholique : « Par la Terreur, les hommes nouveaux devenaient subitement, à leur insu, des hommes anciens. » Il n'existe pour lui que deux voies : « Celle de l'égalité civile passe par Rome, la monarchie absolue, le catholicisme, les Jacobins et les deux empires napoléoniens. Celle de la liberté par Athènes, la Réforme, les Girondins, la République protestante à venir », ainsi que le note fort justement A. Gérard. S'affrontent sur cette thèse partisans des Jacobins et partisans des Girondins. Chez ces derniers, Guadet, Lanfrey, le jeune Jules Ferry et, bien sûr, Michelet. Dans le camp jacobin, Peyrat et Louis Blanc partisans de la Terreur, affaiblis par l'hostilité croissante des historiens contre Robespierre.

L'échec de la République en 1848 a, en effet, beaucoup nui à ce personnage et à la République sociale qu'on lui faisait incarner. Jules Claretie dans *Les derniers Montagnards* (1868), Michelet dans *Le Tyran* (1869) l'ont accablé. Les républicains modérés lui préfèrent Danton, les socialistes les plus avancés lui opposent Hébert. Ce sont surtout les positivistes qui contribuent à la réhabilitation de Danton qui a eu, selon eux, « l'instinct de la véritable situation sociale » en prônant la déchristianisation et la centralisation du pouvoir politique alors que Robespierre est à leurs yeux doublement rétrograde « par sa politique religieuse et son ambition monarchique ». Vulgarisé par Littré, largement utilisé par Aulard, ce point de vue a eu une influence déterminante sur les hommes politiques républicains qui ont fondé la troisième République. Chez les socialistes, Proudhon, hostile au culte de la personnalité, s'en prend violemment au personnage. Jules Vallès vomit son verbalisme et les « séminaristes rouges », les Jacobins. Quant à Blanqui, préfacier de l'ouvrage de Tridon, *Les hébertistes* (1864), il oppose à Robespierre, « l'idole inféconde et farouche », Hébert, « gloire éternelle de la plèbe ». Les blanquistes fabriquent dans l'hébertisme un symbole d'athéisme scientifique et de mystique insurrectionnelle dont on voit les conséquences lors de la Commune de 1871.

La guerre de 1870 et la Commune provoquent une réflexion et une remise en cause. Renan, dans *La réforme intellectuelle et morale* (1871), accuse le mythe révolutionnaire de fausser les institutions et l'esprit des Français : « La légende même s'est vue blessée à mort. Celle de l'Empire a été détruite par Napoléon III ; celle de 1792 a reçu le coup de grâce de Gambetta ; celle de la Terreur... a eu sa hideuse parodie dans la Commune. » Dans *La guerre civile en France* (1871), Karl Marx fait un bilan négatif d'une Commune de Paris en proie à ses fantasmes et en retard d'une révolution. Dans un article de la *Revue des Deux Mondes*, « Où en est la Révolution française ? » (1871), Montégut constate un divorce entre des masses victimes d'une « hallucination mystique » et des élites convaincues de « la banqueroute absolue des principes de 89 ».

Mais c'est de Taine, libéral et matérialiste, que vient la critique la plus virulente de la Révolution. Dans *Les origines de la France contemporaine* (1875), il commence par s'en prendre à « l'esprit classique », déductif et mathématique, négateur de la complexité de la vie, dont le type même est Robespierre, « le cuistre... le suprême avorton et le fruit sec de l'esprit classique ». Puis il réduit le phénomène révolutionnaire à l'entreprise d'une minorité perverse, les Jacobins. Enfin, il insiste sur le rôle de la multitude manipulée par des meneurs, sur la nature humaine mauvaise de l'homme, qui fait du peuple dans ses couches inférieures un monstre en puissance dont le gouvernement doit brider les instincts.

Le triomphe de la troisième République et l'approche de la célébration du centenaire de la Révolution font courir à l'historiographie le risque de devenir un rouage idéologique au service du régime. C'est la gauche radicale qui s'engage le plus fermement dans l'apologie de 1789, avec notamment la création d'une chaire d'histoire de la Révolution française à la Sorbonne, en 1885, pour Alphonse Aulard. Militant sincère, Aulard profite de la préparation de la commémoration de 1789 pour constituer une armée d'historiens chargés de réhabiliter la Révolution grâce aux subventions de l'État et de la ville de Paris et aux méthodes positivistes qualifiées alors de scientifiques. Les manuels scolaires et l'instruction laïque et obligatoire vont permettre d'inculquer le nouveau credo aux petits Français. « Michelet et A. Comte, mobilisés dans un voisinage inattendu, sont les cautions respectives de cette Révolution mi-romantique, mi-positiviste, patriotique et dantoniste », dit A. Gérard. Homme de la clémence, promoteur d'une République laïque et éclairée, défenseur de la patrie en danger, Danton est le héros nécessaire de cette mystique laïque de la Révolution voulue par le pouvoir et dont Aulard est le grand prêtre. Antithèse de Robespierre, Danton sert à exorciser le patron des socialistes du XIXe siècle et le bourreau met en valeur sa victime.

Moins importante parce que combattue par le gouvernement est la contre-commémoration de la Révolution entreprise par Ch. d'Héricault et la *Revue de la Révolution française*, l'évêque d'Angers, Mgr Freppel, et René Bazin. Il faut attendre le néo-royalisme de l'Action française pour que s'amorce une violente offensive contre l'histoire officielle à partir de 1905 surtout. « Contre l'historien idolâtre et hypnotisé, cette monarchie peut se définir une institution qui ne craque et ne tombe que tous les huit cents ans et que tous les trente-trois règnes », écrit Amouretti qui ajoute que 1789 est « la commune revanche de tous les schismes et de tous les ratés de l'histoire ». A Aulard qui passe deux années à réfuter Taine en Sorbonne (1905-1907), A. Cochin répond par *La crise de l'histoire révolutionnaire, Taine et M. Aulard* (1909), où il présente la Révolution comme le prototype du pouvoir collectiviste, la tyrannie impersonnelle des « sociétés de pensée manipulant et escroquant le vrai peuple... bête prise au filet ». Dans l'ensemble, les suffrages du grand public vont plutôt à une littérature contre-révolutionnaire avec des auteurs comme E. Biré, F. Funck-Brentano, G. Lenôtre, le docteur Cabanès, Gustave Le Bon et Louis Madelin.

Quant aux socialistes, depuis Louis Blanc, ils semblaient, notamment les guesdistes, n'accorder aucun intérêt à l'histoire de cette Révolution « bourgeoise ». Seul Malon unissait les idées de Louis Blanc à l'antirobespierrisme des communards. Quant à Kropotkine, dans *La grande Révolution* (1893), il s'intéressait surtout au mouvement paysan dans lequel il retrouvait des aspirations libertaires. Aussi l'*Histoire socialiste de la*

Révolution française commencée en 1898 par Jean Jaurès est-elle une grande nouveauté. Il écrit pour le « peuple, les paysans, les ouvriers » et met en valeur la prise du pouvoir politique par la classe parvenue à la domination économique, soulignant les responsabilités des Girondins en 1792 et réhabilitant Robespierre.

Mais c'est à Mathiez, élève d'Aulard, que revient le mérite de refaire de Robespierre la figure de proue de la Révolution. Reflet de personnalités antagonistes, le débat historique oppose Aulard à la tête de la Société d'histoire de la Révolution française, universitaire radical, au jeune socialisant Mathiez, fondateur de la Société des études robespierristes, pour qui Danton symbolise la pourriture parlementaire tandis que Robespierre incarne la vertu civique.

Seule la guerre et l'union sacrée mettent une sourdine à cette polémique au sein de l'historiographie républicaine. Le dirigisme étatique mis en place durant le conflit suggère la comparaison avec la France en guerre à partir de 1792 et Mathiez explique la politique du gouvernement révolutionnaire par les impératifs de ravitaillement et la pression de la rue. Prompt à se servir de l'actualité pour faire valoir ses thèses, Mathiez utilise aussi la déception issue de la paix pour faire paraître *Danton et la paix* (1919) où il accable le « chef indulgent de tous les défaitistes de l'époque », tandis qu'il exalte l'Incorruptible comparé avec Lénine, ce « Robespierre qui a réussi ».

Car la révolution russe de 1917 donne un nouvel aspect à l'histoire de la Révolution française. Si elle y perd son monopole, elle y gagne une actualité accrue. Les bolcheviks édifient une statue à Robespierre en 1918 et baptisent *Marat* un de leurs croiseurs. Mathiez soutient activement le nouveau régime soviétique, car, dit-il, « si la différence des époques explique la différence des théories et des solutions, le fond des choses reste identique ». Utilisant à rebours les théories de Mathiez sur la parenté des révolutions française et russe, Pierre Gaxotte, dans *La Révolution française* (1929), montre les ressorts d'une Révolution organisée par des minorités agissantes très structurées en vue de la subversion de l'ordre social. Issue du terrorisme intellectuel des sociétés de pensée, la Révolution aboutit selon lui à la dictature communiste des Montagnards. Seul Aulard, refusant toute parenté entre les deux révolutions par répugnance pour le système soviétique, se retrouve, par fidélité à la Révolution de ses ancêtres, dans la position de Burke en 1789.

La disparition d'Aulard (1928) et de Mathiez (1932) apaise l'antagonisme et les controverses entre les écoles dantoniste et robespierriste. Philippe Sagnac, successeur d'Aulard, libéral, et Georges Lefebvre, socialiste, héritier de Mathiez, perpétuent de façon feutrée la division. Mais la grande affaire est la recherche d'une histoire totale que préconise l'école des *Annales* dirigée par Marc Bloch et Lucien Febvre, la « Nouvelle Histoire » comme on la nomme un peu abusivement. Pour la Révolution, cela signifie l'intrusion de l'histoire économique et plus généralement de l'histoire quantitative. Mais, dissociée du journalisme politique, cantonnée dans les milieux universitaires, si l'histoire de la Révolution gagne parfois en sérieux, elle perd une grande partie de son audience dans le grand public.

Seule l'expérience du Front populaire ranime la mystique révolutionnaire : Georges Lefebvre nomme alors « front populaire » l'alliance des Montagnards et des sans-culottes. Le parti communiste crée un musée de la Révolution française à Montreuil, revendique *La Marseillaise* et le drapeau tricolore, tentant par ce biais de rallier à lui la petite bourgeoisie. Débordés par cette surenchère à gauche, les radicaux, par la voix de leur président, maire de Lyon, Édouard Herriot, maintiennent leur condamnation de Robespierre et de la Terreur, notamment dans *Lyon révolutionnaire* (1937).

C'est cependant dans un climat de désaffection qu'est célébré le cent cinquantenaire de la Révolution en 1939. A une époque où l'anticommunisme et l'antifascisme deviennent virulents, la Révolution française ne peut être bien considérée, ces totalitarismes s'inspirant du jacobinisme. En France, A. Tardieu déclare que « toute la Révolution a été mensonge aux principes. Et de même tout ce qui l'a suivie ». En Italie, l'antifasciste, Maranini déplore que les Européens se soient laissé tenter par la Révolution, préférant la fausse liberté française aux vraies libertés anglo-saxonnes. Daniel Halévy, sarcastique, dans son *Histoire d'une histoire, esquissée pour le troisième cinquantenaire de la Révolution française,* décrit une France, vouée au culte d'une légitimité de la Révolution, en proie à une « crampe cérébrale », que cinquante années de « conformisme scolaire et maçonnique » n'avaient fait qu'aggraver. Et il conclut : « Pensez le moins possible aux sottises que vous avez faites. Et surtout plus d'anniversaires ! »

Utilisée pour la propagande des démocraties durant la Seconde Guerre mondiale, l'image de la Révolution s'est diversifiée après 1945. La guerre froide, les schismes à l'intérieur du camp communiste, la décolonisation, l'émergence du tiers monde ont influé sur la vision qu'en avaient les historiens. Des écoles anglaise, américaine, allemande, italienne, russe, japonaise sont venues apporter leurs interprétations. En France, la conception marxiste-léniniste a longtemps occupé une position dominante grâce à Georges Lefebvre à qui a succédé Albert Soboul, décédé depuis peu. Elle a été contestée par une interprétation marxiste libertaire dont Daniel Guérin, dans *La lutte des classes sous la première République* (1946) fut un des représentants les plus brillants mais assez isolé jusqu'à ce que les idées issues des événements de mai 1968 lui donnent des disciples « gauchistes ». Les libéraux, principalement des historiens anglo-saxons, ont mis en cause les catégories sociales de l'historiographie marxiste, démystifié ses aspects utopiques et surtout, avec R.R. Palmer et Jacques Godechot pour la France, replacé la Révolution française dans un contexte européen, l'incorporant dans les mouvements libéraux plutôt qu'égalitaires et la mettant en relation avec la révolution américaine dans le cadre de ce qu'on a nommé Révolution occidentale. Enfin, Daniel Richet et François Furet, dans *La Révolution française* (1965) ont développé l'idée d'un « dérapage » accidentel d'une révolution des élites sur laquelle s'est greffée une révolution populaire violente et rétrograde.

II. LA FIN DE L'ANCIEN RÉGIME

Le concept d'Ancien Régime est apparu dès la Révolution, mais c'est Tocqueville qui l'a imposé, dans *L'Ancien Régime et la Révolution* (tome 2 des *Œuvres complètes*, 1952) et Taine l'a ensuite repris dans *L'Ancien Régime* (première partie des *Origines de la France contemporaine*, 1909). La question reste ouverte de savoir si la chute de l'Ancien Régime était inéluctable. Pour l'historien allemand Goehring (*Geschichte der grossen Revolution*, 1950), la Révolution française est une anomalie et se produisit en France et en France seulement parce que ce pays n'avait pas connu le despotisme éclairé et que l'aristocratie avait gardé la haute main sur l'appareil d'État. Richet pose aussi le problème dans la préface de Gershoy (*L'Europe des princes éclairés*, 1966) et R. Mousnier (*Le conseil du roi de Louis XII à la Révolution*, 1970) et F. Bluche (*L'origine sociale du personnel ministériel français au* XVIIIe *siècle*, dans le *Bulletin de la Société d'histoire moderne*, 1957, p. 9-13) confirment cette hypothèse, encore que F. Bluche (*Le despotisme éclairé*, 1968), fasse remarquer que les souverains du siècle des lumières prenaient davantage exemple sur Louis XIV que sur les idées des philosophes.

Certains historiens insèrent au contraire la Révolution française dans un ensemble de troubles ayant débuté avec la révolution américaine, notamment les émeutes en Angleterre en 1780 (G. Rudé, *The Gordon Riots*, dans *Transactions of the Royal Historical Society*, 1956, p. 93-114), aux Pays-Bas néerlandais (Peyster, *Les troubles de Hollande à la veille de la Révolution*, 1905), aux Pays-Bas autrichiens (S. Tassier, *Les démocrates belges de 1789*, dans les *Mémoires de l'Académie royale de Belgique*, 1930 ; P. Harsin, *La révolution liégeoise de 1789*, 1954) et en Suisse (E. Chapuisat, *La prise d'armes de 1782 à Genève*, 1932). Cela a amené des historiens à évoquer l'hypothèse d'un mouvement révolutionnaire couvrant les États-Unis et l'Europe de l'Ouest (L. Gottschalk, *Europe and the Modern World*, 1951-1954). L'idée d'une Révolution occidentale ou atlantique a été développée au congrès international des sciences historiques de Rome en 1957 par J. Godechot et R. R. Palmer (*Relazioni*, t. 5, p. 175-239, *Atti*, p. 565-579). L'idée a été reprise et développée par Palmer (*The Age of the Democratic Revolution*, t. 1,1959). Les adversaires de cette thèse (M. Reinhard, dans les *Annales*, 1959, p. 553-557 ; A. Cobban, dans *History*, 1960, p. 234-239 ; P. Renouvin, dans le *Bulletin de la société d'histoire moderne*, 1960, n° spécial) ont excipé des différences dans les structures sociales des pays concernés. P. Amann a réuni les principaux textes de cette polémique (*The Eighteenth Century Revolution, French or Western ?*, 1963) et J. Godechot a réfuté les critiques de ses adversaires (*Les Révolutions*, 1966) en faisant valoir que les révolutionnaires eux-mêmes étaient d'avis que la Révolution n'était pas un phénomène seulement français mais devait englober toute l'Europe, opinion partagée également par les partisans de la contre-révolution.

Sur les origines de la Révolution, le point a été fait par J.-P. Bertaud (*Les origines de la Révolution française*, 1971). La question la plus étudiée est celle de la féodalité. A. Cobban a fait justement remarquer (*The Myth of the French Revolution, an Inaugural Lecture*, 1955) que seuls subsistaient des redevances et des services d'un poids très supportable pour les paysans. Cependant G. Lefebvre (*Le mythe de la Révolution française*, dans les *Annales historiques de la Révolution française*, 1956, p. 337-345) et

A. Soboul (*La Révolution française et la féodalité*, dans les *Annales historiques de la Révolution française*, 1968, p. 289-298) ont contesté ce point de vue. M. Garaud, au cours du colloque de Toulouse de 1968 (*L'abolition de la féodalité dans le monde occidental*, paru en 1971), a montré que le poids de la féodalité était surtout psychologique et moral.

Il est en tout cas avéré que la paysannerie accédait de plus en plus à la propriété des terres qu'elle cultivait à la veille de la Révolution (J. Loutchisky, *La petite propriété en France avant la Révolution*, 1897, et divers travaux de G. Lefebvre). Quant à la bourgeoisie, A. Cobban (*The Myth of the French Revolution*, 1955) a laissé entendre qu'elle ne souhaitait pas vraiment la chute de l'Ancien Régime. E Eisenstein (*Who Intervened in 1788*, dans *American Historical Review*, 1965, p. 77-103) a rappelé que les chefs du mouvement révolutionnaire venaient de la noblesse libérale et de la bourgeoisie à talents, non des milieux d'affaires. Cette absence des « capitalistes » dérangeant les historiens marxistes, G. Lefebvre a invoqué des groupes de pression économiques à l'Assemblée nationale, dont le rôle est mal connu (Letaconnoux, *Les sources de l'histoire du comité des députés extraordinaires des manufactures et du commerce*, dans la *Revue d'histoire moderne et contemporaine*, 1912). R. Palmer (*Polémique américaine sur le rôle de la bourgeoisie dans la Révolution française*, dans les *Annales historiques de la Révolution française*, 1967, p. 367-380) a même vu dans la bourgeoisie française, tournée vers la possession d'offices et de terres, un frein au développement du capitalisme.

Aussi le problème s'est-il posé de la propagation des idées révolutionnaires. La question du rôle de la franc-maçonnerie, évoqué dès l'époque révolutionnaire, n'a pu être tranchée (B. Faÿ, *L'esprit révolutionnaire en France et aux États-Unis*, 1925, et *La franc-maçonnerie et la révolution intellectuelle du XVIIIe siècle*, 1935 ; A. Lebey, *La Fayette ou le militant franc-maçon*, 1937 ; Gaston-Martin, *La franc-maçonnerie et la préparation de la Révolution française*, 1926 ; A. Le Bihan, *Francs-maçons parisiens du Grand Orient de France (fin du XVIIIe siècle)*, 1966, et, *Loges et chapitres de la Grande Loge et du Grand Orient de France (seconde moitié du XVIIIe siècle)*, 1967). Il a été cependant établi que sans le soutien initial des nobles maçons, notamment les militaires, la Révolution aurait été impossible, car vite écrasée par l'armée. Le recrutement essentiellement aristocratique et bourgeois des loges maçonniques a conduit F. Furet et D. Richet (*La Révolution française*, 1965), puis D. Richet (*Autour des origines idéologiques lointaines de la Révolution française : élites et despotisme*, dans les *Annales*, 1969, p. 1-23) à penser qu'il y avait eu deux révolutions, la première initiée par les nobles libéraux et les bourgeois soucieux de réformes, la seconde déchaînée par des classes populaires beaucoup plus soucieuses d'égalitarisme et portées vers la violence aveugle. Cette distinction entre une révolution des élites et une révolution des masses qui fit « déraper » et échouer la première a suscité de violentes critiques des marxistes (C. Mazauric, *Sur la Révolution française*, 1970) qui n'acceptent pas la notion d'élite, « rassemblement de toutes les catégories supérieures de la société globale dont le ciment serait la culture et la richesse », (C. Mazauric, *o.c.*).

Les responsabilités du pouvoir monarchique dans l'ouverture de la crise révolutionnaire ont fait l'objet de nombreux travaux (E. Dard, *La chute de la royauté*, 1950 ; G. Lefebvre, *La Révolution aristocratique*, 1951 ; duc de Castries, *Le testament de la monarchie*, 1957-1959 ; J. Egret, *La prérévolution française, 1787-1788*, 1962). La crise financière qui a conduit à la convocation des états généraux a été étudiée récemment (J. F. Boscher, *French Finances, 1770-1795, from Business to Bureaucracy*, 1970 ; G. Chaussinand-Nogaret, *Gens de finances au* XVIIIe *siècle*, 1972). Quant à la personnalité du roi et de la reine, les biographies sont généralement médiocres et s'inspirent des mémorialistes ou des pamphlets révolutionnaires. Des tentatives de réhabilitation ont été faites ces dernières années (G. Hurpin, *Marie-Antoinette victime de la subversion*, 1972 ; P. Girault de Coursac, *L'éducation d'un roi, Louis XVI*, 1972, et *Enquête sur le procès du roi Louis XVI*, 1982 ; E. Lever, *Louis XVI*, 1985).

III. LA CHUTE DE LA MONARCHIE : LES ASSEMBLÉES CONSTITUANTE ET LÉGISLATIVE

La composition de l'Assemblée constituante a été bien étudiée (J. Murphy et P. Higonnet, *Les députés de la noblesse aux états généraux de 1789*, dans la *Revue d'histoire moderne et contemporaine*, 1973, p. 230-247 ; L. Dubreuil, *Le clergé de Bretagne aux états généraux*, dans *La Révolution française*, 1917) et ses principaux personnages ont fait l'objet de monographies (G. A. Brucker, *Jean-Sylvain Bailly, Revolutionary Mayor of Paris*, 1950 ; J.-J. Chevallier, *Barnave ou les deux faces de la Révolution*, 1936 ; G. Michon, *Adrien Duport*, 1924 ; A. Lebey, *La Fayette, militant franc-maçon*, 1937 ; L. Gottschalk, *La Fayette in the French Revolution through the October Days*, 1969 ; J. Egret, *Mounier et les monarchiens*, 1950 ; P. Bastid, *Sieyès et sa pensée*, dernière édition en 1970 ; G. Lacour-Gayet, *Talleyrand*, 1928 ; E. Lebègue, *Thouret*, 1911). Le personnage de Mirabeau a bénéficié de nombreuses études (L. et C. de Loménie, *Mirabeau*, 1878-1891, cinq volumes ; Dauphin-Meunier, *Autour de Mirabeau*, 1927 ; J.-J. Chevallier, *Mirabeau, un grand destin manqué*, 1947 ; duc de Castries, *Mirabeau*, 1960 ; *Les Mirabeau et leur temps* (Colloque d'Aix-en-Provence, 1968, G. Chaussinand-Nogaret ; *Mirabeau*, 1982 ; anthologies de ses discours par J. Hérissay, 1949, et F. Furet, 1973). On connaît bien également le fonctionnement de l'assemblée (G. Dodu, *Le parlementarisme et les parlementaires sous la Révolution*, 1911 ; D. Farge, *La procédure des délibérations dans les trois premières assemblées révolutionnaires*, 1929 ; R. K. Gooch, *Parliamentary Government in France. Revolutionary Origins, 1789-1791*, 1960).

Les clubs, dont le rôle a souvent été plus important que celui de l'assemblée, ont aussi fait l'objet d'études approfondies (A. Aulard, *La société des Jacobins*, 1889 ; A. Jouet, *Les clubs depuis 1789*, 1891 ; L. de Cardenal, *La province pendant la Révolution. Histoire des clubs jacobins*, 1929 ; C. Brinton, *Les Jacobins*, 1931 ; G. Walter, *Les Jacobins*, 1946 ; M. L. Kennedy, *The Jacobin Clubs in the French Revolution, the First Years*,

1982 ; A. Bougeart, *Les Cordeliers*, 1891 ; A. Challamel, *Les clubs contre-révolutionnaires*, 1895).

En revanche, des mises au point récentes ont été nécessaires pour expliquer l'absence de la police lors des émeutes parisiennes (J. Tulard, *La police de Paris sous la Révolution*, dans l'*Information historique*, 1962, p. 113-116 ; R. Cobb, *The Police and the People. French Popular Protest, 1789-1820*, 1970) et pour démythifier le 14 juillet, notamment celle de J. Mistler (*Le 14 juillet*, 1963) qui montre que l'émeute partit du Palais-Royal, demeure du duc d'Orléans, et évalue la foule des insurgés, bien moins importante que ne le prétendent la plupart des historiens (J. Godechot, *La prise de la Bastille*, 1965 ; G. Rudé, *The Crowd in the French Revolution*, 1959).

La Grande Peur a fait l'objet d'études régionales et d'une synthèse par G. Lefebvre (*La Grande Peur de 1789*, 1932, rééditée plusieurs fois). Mais la nuit du 4 août prête à controverse sur l'abolition des droits féodaux en raison de l'ambiguïté des décrets pris par l'assemblée (A. Aulard, *La Révolution et le régime féodal*, 1919 ; G. Lefebvre, *La Révolution française et les paysans*, dans les *Études sur la Révolution française*, 1963 ; P. Kessel, *La nuit du 4 août*, 1969).

Il n'a pas été possible d'établir si les journées des 5 et 6 octobre 1789 avaient eu une origine spontanée, comme le croyaient Louis Blanc et Michelet, ou si elles s'intégraient dans le complot orléaniste comme le pensait A. Mathiez (*Étude critique sur les journées des 5 et 6 octobre*, dans la *Revue historique*, 1898-1899, t. 67, p. 241-281, t. 68, p. 258-294, t. 69, p. 41-66). Les historiens postérieurs n'ont pu démêler la question (H. Leclercq, *Les journées d'octobre*, 1925 ; J. Mazé, *Les journées révolutionnaires d'octobre 1789*, 1939 ; G. Rudé, *The Crowd in the French Revolution*, 1959 ; P. Dominique, *Paris enlève le roi*, 1972).

Dès l'été 1789 se développent la contre-révolution et l'émigration. La pensée contre-révolutionnaire est depuis longtemps bien étudiée (F. Descotes, *La Révolution vue de l'étranger : Mallet du Pan à Berne et à Londres*, 1897 ; Matteucci, *J. Mallet du Pan*, 1957 ; J. de Pins, *La correspondance de Mallet du Pan avec la cour de Lisbonne*, dans les *Annales historiques de la Révolution française*, 1964, p. 469-477 ; sans oublier les éditions de sa correspondance par Sayous, 1851, et A. Michel, 1884 ; pour Joseph de Maistre : G. Cogordan, *Joseph de Maistre*, 1894 ; F. Bayle, *Les idées politiques de J. de Maistre*, 1945 ; C.-J. Gignoux, *Joseph de Maistre, prophète du passé, historien de l'avenir*, 1963 ; R. Triomphe, *Joseph de Maistre*, 1968 ; sur Bonald : Moulinié, *De Bonald*, 1915 ; sur Rivarol : A.-M. de Lescure, *Rivarol et la société française pendant la Révolution et l'Empire*, 1883 ; sur Montlosier : Brugerette, *Le comte de Montlosier et son temps*, 1920). Les débuts de l'activité contre-révolutionnaire sont bien cernés (A. Ricard, *L'abbé Maury*, 1887 ; M. Chapron, *Mirabeau-Tonneau*, 1956 ; L. Pingaud, *Le comte d'Antraigues*, 1894 ; J. Chaumié, *Le réseau d'Antraigues et la contre-révolution, 1791-1793*, 1965 ; J. Godechot, *Le comte d'Antraigues*, 1985). Sur la presse contre-révolutionnaire : J.-P. Bertaud, *Les amis du roi* (1984). Actes du colloque de Rennes dans Lebrun et Dupuy, *Les résistances à la Révolution*, 1987.

Si l'on connaît bien l'évolution de l'émigration qui débute dès juillet 1789 pour culminer en 1792, la discussion reste ouverte sur son importance numérique (D. Greer, *The Incidence of the Emigration during the French Revolution*, 1951 ; M. Weiner, *The French Exiles*, 1960 ; J. Vidalenc, *Les émigrés français*, 1963 ; duc de Castries, *Les émigrés*, 1962, et, *La vie quotidienne des émigrés*, 1966 ; G. de Diesbach, *Histoire de l'émigration*, 1984 ; pour l'émigration militaire : Pinasseau, *L'émigration militaire*, 1957 ; pour l'émigration ecclésiastique : R. Picheloup, *Les ecclésiastiques français émigrés ou déportés dans l'État pontifical de 1792 à 1800*, 1971 ; G. de Diesbach, *Histoire de l'émigration, 1789-1814*, 1975 ; pour les émigrés d'origine modeste, plus nombreux qu'on ne le croit généralement : G. Lefebvre et M. Bouloiseau, *L'émigration et les milieux populaires*, dans les *Annales historiques de la Révolution française*, 1959, p. 110-126). Si A. Gain (*La Restauration et les biens des émigrés*, 1929) les estime à 100 000 d'après les listes dressées pour le milliard des émigrés, la liste officielle en comptait 145 000 en 1800 et D. Greer les évalue à 150 000, membres en majorité du clergé et du tiers état.

La fédération a fait essentiellement l'objet de monographies locales (M. Sepet, *La chute de l'ancienne France. La fédération*, 1896 ; M. Lambert, *Les fédérations en Franche-Comté*, 1890 ; P.-H. Thore, *Fédérations et projets de fédération dans la région toulousaine*, dans les *Annales historiques de la Révolution française*, 1949, p. 346-368 ; Toujas, *La genèse de l'idée de fédération nationale*, dans les *Annales historiques de la Révolution française*, 1955, p. 213-216), de même que la garde nationale (Tournès, *La garde nationale de la Meurthe*, 1920 ; J. Jouhaud, *La garde nationale à Limoges*, 1940 ; P. Arches, *Aspects sociaux de quelques gardes nationales au début de la Révolution, 1789-1790*, p. 443-455 des *Actes du 81ᵉ congrès des Sociétés savantes*, 1956 ; R. Dupuy, *La garde nationale et les débuts de la Révolution en Ille-et-Vilaine (1789-1793)*, 1972 ; J. Godechot, *La garde nationale*, édition remaniée, 1983).

Les assignats et leurs conditions de création ont été étudiés aux plans régional et national (Morini-Comby, *Les assignats. Révolution et inflation*, 1926 ; S.E. Harris, *The Assignats*, 1930 ; C.-J. Gignoux, *La planche à assignats*, 1933 ; E. Labrousse, *La politique financière et économique de l'Assemblée constituante*, 1946 ; G. Hubrecht, *Les assignats dans le Haut-Rhin*, 1932 ; la dépréciation de l'assignat fait l'objet de P. Caron, *Tableaux de dépréciation du papier-monnaie*, 1909).

La vente des biens nationaux liée à l'émission des assignats a suscité de très nombreuses monographies départementales et quelques études d'ensemble (Vialay, *La vente des biens nationaux pendant la Révolution, étude législative, économique et sociale*, 1908 ; G. Lefebvre, *La vente des biens nationaux*, p. 307-337 des *Études sur la Révolution française*, 1963 ; voir aussi F. Braesch, *Finances et monnaies révolutionnaires*, 1937). La discussion reste ouverte sur le prix des biens vendus et sur leurs acheteurs, bourgeois à proximité des villes mais aussi paysans (J. Sentou, *La fortune immobilière des Toulousains et la Révolution française*, 1970). Sur la Constitution civile du clergé et le schisme qu'elle a provoqué, les discussions sont encore souvent empreintes d'esprit polémique (Sciout, *Histoire de la Constitution civile du clergé*, 1872-1881 ; Grangier, *La Constitution civile du clergé*, 1906 ;

A. Mathiez, *Rome et le clergé sous la Constituante*, 1907 ; P. Pisani, *Répertoire biographique de l'épiscopat constitutionnel*, 1911 ; E. Préclin, *Les jansénistes du* XVIIIe *siècle et la Constitution civile du clergé*, 1929 ; J. Leflon, *La crise révolutionnaire*, t. 20 de l'*Histoire de l'Église* de Fliche et Martin, 1951 ; A. Latreille, *L'Église catholique et la Révolution*, 1947, republié en 1970 ; Daniel-Rops, *L'Église des Révolutions*, 1960 ; J. de Viguerie, *Christianisme et Révolution*, 1986 ; T. Tackett, *La Révolution, l'Église, la France*, 1986 ; G. Pioro, *L'institution canonique et la consécration des premiers évêques constitutionnels*, dans les *Annales historiques de la Révolution française*, 1956, p. 346-380 ; B. Plongeron, *Les réguliers de Paris devant le serment constitutionnel. Sens et conséquences d'une option*, 1964 ; McManners, *The French Revolution and the Church*, 1969 ; B. Plongeron et Godel donnent une excellente bibliographie dans *Un quart de siècle d'histoire religieuse*, dans les *Annales historiques de la Révolution française*, 1972, p. 181-203, p. 352-389). L'importance de la Constitution civile du clergé pour l'histoire de la Révolution a été soulignée (B. Plongeron, *Conscience religieuse en Révolution*, 1969, et, *Théologie et politique au siècle des lumières*, 1973), mais il est encore difficile d'avoir une connaissance globale des clergés constitutionnel et réfractaire.

La Constitution de 1791 a été bien étudiée (P. Duclos, *La notion de constitution dans l'œuvre de l'Assemblée constituante*, 1932 ; P. Deslandres, *Histoire constitutionnelle de la France*, t. 1, 1932 ; J. Godechot, *Les institutions de la France sous la Révolution et l'Empire*, 1968 ; H. Grange, *Le débat sur le veto à l'Assemblée constituante*, dans *Dix-huitième siècle*, 1969, p. 107-121). La Déclaration des droits de l'homme et du citoyen, objet d'une polémique ancienne entre Jellinek (*Die Erklärung der Menschen-und Bürgerrechte*, 1896) et E. Boutmy (*La Déclaration des droits de l'homme et du citoyen et M. Jellinek*, dans les *Annales des sciences politiques*, 1902, p. 415-443) quant à son originalité, car elle reproduit parfois littéralement des articles de la déclaration américaine, a été étudiée par J. Imbert (*La France et les droits de l'homme*, n° 3481 des *Notes et études documentaires*, 1968 ; voir aussi M. Bouchary, *La Déclaration des droits de l'homme et du citoyen et la Constitution de 1791*, 1947).

L'œuvre administrative de la Constituante a été évoquée longuement par J. Godechot (*Institutions de la France sous la Révolution et l'Empire*, 1962, qui donne une importante bibliographie), de même que l'œuvre judiciaire (M. Rousselet, *Histoire de la magistrature* en 3 volumes ; A. Buot de l'Épine, *Le comité contentieux des départements, 9 août 1789-27 avril 1791*, 1972 ; P. Dawson, *Provincial Magistrates and Revolutionary Politics in France, 1789-1795*, 1972 ; P. Schultz, *La décentralisation administrative dans le nord de la France. 1790-1793*, 1982).

La fuite du roi et son arrestation à Varennes ont été traitées souvent dans un esprit partisan (A. Mathiez, *Le club des Cordeliers pendant la crise de Varennes et le massacre du Champ-de-Mars*, 1910 ; C. Aimond, *L'énigme de Varennes*, 1936 ; H. Leclercq, *La fuite du roi*, 1936 ; G. Lefebvre, *La fuite du roi*, 1950 ; M. Reinhard, *La fuite du roi*, 1958 ; A. de Bouillé, *Varennes et la dernière chance de Louis XVI*, 1969 ; A. Castelot, *Le rendez-vous de Varennes ou les occasions manquées*, 1971 ; P. et P. Girault de Coursac, *Sur la route de Varennes*, 1984).

Il y a accord parmi les historiens sur la volonté de guerre, et de la cour et du ministère girondin (A. Sorel, *L'Europe et la Révolution française*, en 8 volumes, 1885-1904 ; M. Dunan, *La Révolution française et l'Europe*, 1947-1949 ; A. Fugier, *La Révolution française et l'Empire napoléonien*, tome 3 de l'*Histoire des relations internationales* par P. Renouvin, 1954). Les origines de la guerre ont été bien étudiées (F. Masson, *Le département des Affaires étrangères pendant la Révolution, 1789-1804*, 1877 ; J. Flammermont, *Négociations secrètes de Louis XVI et du baron de Breteuil avec la cour de Berlin, décembre 1791-juillet 1792*, 1885 ; J. Basdevant, *La Révolution et le droit de la guerre continentale*, 1901 ; A. Goltz-Berstein, *La diplomatie de la Gironde : J.-P. Brissot*, 1912 ; Biro, *The German Policy of French Revolution*, 1957), de même que l'attitude des puissances étrangères (A. Geffroy, *Gustave III et la cour de France*, 1867 ; Claphamn, *The Causes of the War of 1792*, 1899 ; K. Heidrich, *Preussen im Kampfe gegen die französische Revolution*, 1908 ; A. Mousset, *Le comte de Fernan Nunez, ambassadeur d'Espagne à Paris*, 1923), mais on ignore toujours quelle fut l'attitude du peuple devant la guerre.

L'armée de la Révolution est bien connue (E. d'Hauterive, *L'armée sous la Révolution*, 1894 ; Chilly, *Le Premier ministre constitutionnel de la Guerre, La Tour du Pin*, 1909 ; Phipps, *The Armies of the First French Republic*, en 5 volumes, 1926-1939 ; G. Dard, *Le comte de Narbonne*, 1943 ; G. Lefebvre et J. Poperen, *Études sur le ministère de Narbonne*, dans les *Annales historiques de la Révolution française*, 1947, p. 1-93, 193-217, 292-323 ; A. Soboul, *L'armée nationale sous la Révolution, 1789-1794*, 1945 ; M. Reinhard, *L'armée et la Révolution*, 1957). La connaissance de l'attitude des officiers de l'armée royale a été améliorée récemment (Hartmann, *Les officiers de l'armée royale et la Révolution*, 1903 ; S.F. Scott, *The Response of the Royal Army to the French Revolution*, 1978).

Mais ce sont surtout les levées de volontaires qui ont retenu l'attention des historiens patriotes de la fin du XIXᵉ siècle (C. Rousset, *Les volontaires, 1791-1794*, 1892 ; C.-L Chassin et L. Rennet, *Les volontaires nationaux pendant la Révolution*, 1893 ; E. Desprez, *Les volontaires nationaux*, 1908 ; G. Dumont, *Les bataillons de volontaires nationaux*, 1914) qui ont publié de nombreuses monographies départementales. Mais la spontanéité du mouvement, certaine dans les régions frontalières, semble avoir été puissamment relayée par le chômage et la disette en bien des endroits (Deschuyter, *L'esprit public dans le Nord en 1791 et le mythe de l'élan populaire*, 1971 ; J.-P. Bertaud, *La Révolution armée. Les soldats citoyens et la République française*, 1979).

Le commandement (E. Charavay, *Les grades militaires pendant la Révolution*, 1894 ; G. Six, *Les généraux de la Révolution et de l'Empire*, 1947) et la mentalité (R. Legrand, *Aspects de la Révolution en Picardie : le recrutement et les désertions, 1791-1815*, 1957 ; M. Reinhard, *Nostalgie et service militaire pendant la Révolution*, dans les *Annales historiques de la Révolution française*, 1958, p. 1-23 ; J.-M. Lévy, *La vertu aux armées pendant la Révolution*, dans les *Cahiers d'histoire*, 1967, p. 359-375 ; J.-P. Bertaud, *Aperçus sur l'insoumission et la désertion à l'époque révolutionnaire*, dans le *Bulletin d'histoire économique et sociale de la Révolution française*, 1969) de l'armée sont à peu près cernés ainsi que la tactique (R.S. Quimby, *The Theory of Military Tactics in Eighteenth Century France*, 1957 ; Chalmin, *La guerre révolutionnaire sous la Législative et la Convention*, dans la *Revue historique de l'armée*, 1958, p. 39-52 ; J. Lynn, *Esquisse sur la tactique de l'infanterie des armées de la République*, dans les *Annales historiques de la Révolution française*, 1972, p. 537-566) et les questions d'intendance (C. Poisson, *Les fournisseurs aux armées sous la Révolution*, 1932 ; R. Werner, *L'approvisionnement en pain de la population du Bas-Rhin et de l'armée du Rhin, 1789-1797*, 1951).

En revanche, la bataille de Valmy mériterait mieux que des études rapides (J.-P. Bertaud, *Valmy, la démocratie en armes*, 1970). Cette canonnade sans véritable affrontement des deux armées n'est pas une victoire militaire réelle. Pourquoi les Prussiens ont-ils reculé ? Pour attendre l'arrivée des Autrichiens ? (A. Chuquet, *Les guerres de la Révolution*, tome 2, *Valmy*, 1934 ; Boisantais, *La bataille de Valmy n'a pas eu lieu*, 1967). M. Lauerma (*L'artillerie de campagne française pendant les guerres de la Révolution*, 1956) pense que Brunswick a été impressionné par la puissance de feu des canons Gribeauval. Pour R. Christophe (*Danton*, 1964), Danton aurait acheté Brunswick en lui offrant les bijoux de la couronne, dont certains ont été effectivement retrouvés dans la succession du duc. L'hypothèse d'un accord entre les francs-maçons Brunswick et Dumouriez a été aussi évoquée (E. Herbillon, *L'énigme de Valmy*, dans les *Documents maçonniques*, juin 1943). La présence du duc de Chartres et de membres de l'entourage orléaniste auprès de Dumouriez renforce cette hypothèse (E. Dard, *Le général Choderlos de Laclos*, 1920 ; Poisson, *Choderlos de Laclos*, 1985 ; M. Castillon du Perron, *Louis-Philippe et la Révolution*, 1963 ; B. Hyslop, *L'apanage de Philippe-Égalité, duc d'Orléans, 1785-1791*, 1968 ; G. de Broglie, *Le général de Valence*, 1972).

La journée du 10 août 1792 a été abondamment étudiée, encore faut-il noter qu'on a eu trop souvent tendance à confondre des émeutiers bien organisés avec le « peuple de Paris » (P. Sagnac, *La révolution du 10 août 1792*, 1909 ; F. Braesch, *La Commune du 10 août*, 1911 ; G. Gautherot, *La journée du 10 août 1792*, 1912 ; A. Mathiez, *Le 10 août*, 1932 ; M. Reinhard, *Le 10 août*, 1969).

La concurrence entre la Commune de Paris et le conseil exécutif provisoire a bien été mise en évidence (P. Caron, *Conseil exécutif provisoire et pouvoir ministériel*, dans les *Annales historiques de la Révolution française*, 1937, et, *Les missions du conseil exécutif provisoire et de la Commune de Paris dans l'Est et le Nord*, 1950-1953). Deux hommes dominent cette époque, Roland de la Platière (E. Bernardin, *Jean-Marie Roland et le ministère de l'Intérieur, 1792-1793*, 1964), et Danton sur qui existe une énorme bibliographie. Patriote indéniable pour beaucoup (P. Robinet, *Danton, homme d'État*, 1889 ; toute l'œuvre d'A. Aulard ; L. Madelin, *Danton*, 1914 ; H. Wendel, *Danton*, 1932, pour la traduction française ; L. Barthou, *Danton*, 1932 ; J. Hérissay, *Cet excellent Monsieur Danton*, 1960), il a été traîné dans la boue par A. Mathiez (*Danton et la paix*, 1919, et, *Autour de Danton*, 1926). Les accusations de corruption ont été corroborées par G. Pioro (*Sur la fortune de Danton*, dans les *Annales historiques de la Révolution française*, 1955, p. 324-343) et R. Christophe l'a accusé d'avoir organisé ou favorisé le vol des bijoux de la couronne

(*Danton*, 1964). Pour des portraits récents et équitables, lire G. Lefebvre (*Danton*, dans *Études sur la Révolution française*, 1963, p. 53-107) et surtout F. Bluche (*Danton*, 1984). Pour Desmoulins, J.-P. Bertaud, *Camille et Lucile Desmoulins* (1986).

Danton s'est vu imputer les massacres de Septembre 1792 par Taine et A. Mathiez (*Autour de Danton*, 1926), tandis qu'Aulard l'en innocentait (*Danton et les massacres de Septembre*, dans *Études et leçons*, 2e série, p. 39-106). D'une abondante littérature (J. Grente, *Les massacres de Septembre à Paris*, 1919 ; G. Gautherot, *Histoire politique des massacres de Septembre*, 1927 ; G. Walter, *Les massacres de Septembre*, 1932 ; P. Caron, *Les massacres de Septembre*, 1935) se dégage la synthèse de F. Bluche (*Septembre 1792. Logiques d'un massacre*, 1986).

IV. LA VICTOIRE DE LA RÉVOLUTION : LA CONVENTION ET LA TERREUR

On dispose pour la Convention de la liste de ses membres (J. Guiffrey, *Les conventionnels*, 1889), et d'une étude sur ses principaux clivages politiques (A. Patrick, *Political divisions in French national Convention, 1792-1793*, dans *Journal of Modern History*, 1969, p. 421-474). Les Girondins ont, depuis Lamartine, fait l'objet de très nombreux livres (J. Guadet, *Les Girondins*, 1861 ; E. Biré, *La légende des Girondins*, 1881 ; R.M. Brace, *Bordeaux and the Gironde, 1789-1794*, 1947 ; M. Lhéritier, *Liberté : les Girondins et la Révolution française*, 1947 ; M.J. Dydenham, *The Girondins*, 1961 ; B. Melchior-Bonnet, *Les Girondins*, 1969 ; *Actes du colloque Girondins et Montagnards*, 1975, publiés en 1980).

On possède de nombreuses biographies de leurs dirigeants (L. Gidney, *L'influence des États-Unis d'Amérique sur Brissot, Condorcet et Mme Roland*, 1930 ; E. Ellery, *Brissot*, 1905 ; Suzanne d'Huart, *Brissot*, 1986 ; J. Hérissay, *Un Girondin : François Buzot*, 1907 ; L. Cahen, *Condorcet et la Révolution française*, 1904 ; F. Alengry, *Condorcet, guide de la Révolution française*, 1904 ; H. Delsaux, *Condorcet journaliste, 1790-1794*, 1931 ; J.S. Schapiro, *Condorcet and the rise of liberalism in France*, 1934 ; J. Bouissounouse, *Condorcet*, 1962 ; A. Meynier, *La Révellière-Lépeaux*, 1905 ; J. Rivers, *Louvet, revolutionist and romance writer*, 1910 ; E. Bernardin, *Jean-Marie Roland et le ministère de l'Intérieur*, 1964 ; M. Gita, *De Jean-Jacques Rousseau à Mme Roland, essai sur la sensibilité préromantique et révolutionnaire*, 1964, et, *Madame Roland and the age of Revolution*, 1970) ; Combe de Patris, *Valady*, 1930 ; P. Nicolle, *Valazé*, 1933 ; Lintilhac, *Vergniaud, le drame des Girondins*, 1920 ; C. Bowers, *Pierre Vergniaud, voice of the French Revolution*, 1950).

La politique de Dumouriez a été bien analysée (Cruyplants, *Dumouriez dans les ci-devant Pays-Bas autrichiens*, 1912 ; A. Chuquet, *Dumouriez*, 1914 ; Pouget de Saint-André, *Le général Dumouriez*, 1914), ainsi que la diplomatie des Girondins (G. Grosjean, *La mission de Sémonville à Constantinople*, dans *La Révolution française*, 1887, p. 887-921 ; G. Pallain, *La mission de Talleyrand à Londres en 1792*, 1889 ; Geoffroy de Grandmaison, *L'ambassade française en Espagne pendant la Révolution*,

1892). Sur le procès et la mort du roi, les recherches n'ont guère avancé depuis longtemps (G. Bord, *La vérité sur la mort de Louis XVI*, 1885 ; P. de Vaissière, *La mort du roi*, 1910 ; A. Sevin, *Le défenseur du roi, R. de Sèze*, 1936 ; A. Soboul, *Le procès de Louis XVI*, 1966 ; A. Conte, *Sire, ils ont voté la mort*, 1967 ; P. et P. Girault de Coursac, *Enquête sur le procès du roi Louis XVI*, 1982).

En revanche, l'insurrection vendéenne a donné naissance à une abondante littérature polémique. Le point de vue favorable à la Révolution (L. Chassin, *Études documentaires sur la Révolution : la préparation de la guerre de Vendée, 1789-1793*, 1892, et, *La Vendée patriote, 1793-1800*, 1893-1895, et, *Les pacifications de l'Ouest, 1794-1800*, 1896-1899, en tout 11 volumes avec des tables publiées en 1900) est de plus en plus combattu par les défenseurs de la thèse d'un soulèvement populaire (E. Gabory, *La Révolution et la Vendée*, 1925-1928, *L'Angleterre et la Vendée, Les Bourbons et la Vendée*, 1947, un ensemble de 6 volumes ; C. Le Goffic, *La Chouannerie, Blancs contre Bleus*, 1930 ; L. Dubreuil, *Histoire des insurrections de l'Ouest*, 1929-1930 ; G. Walter, *La guerre de Vendée*, 1953 ; P. Roussel, *La croisade vendéenne*, 1960, et, *De Cadoudal à Frotté, la chouannerie de 1792 à 1800*, 1962 ; G. Bordonove, *La guerre de Vendée*, 1964, et, *La vie quotidienne en Vendée au temps de la Révolution*, 1974 ; M. Lidove, *Les Vendéens*, 1971 ; J.-F. Chiappe, *La Vendée en armes*, 3 volumes, 1980-1982 ; C. Petifrère, *Blancs et Bleus d'Anjou (1789-1793)*, 1979, et, *Vendéens d'Anjou*, 1981, *La Vendée et les Vendéens*, 1981 ; *Bleus d'Anjou*, 1985. Outre des biographies de chefs vendéens (G. Lenôtre, *Charette, le roi de Vendée*, 1924 ; J. Chauveau, *Charette et l'épopée vendéenne*, 1964 ; J.-F. Chiappe, *Cadoudal*), on a récemment étudié les aspects sociaux et économiques de cette guerre (P. Bois, *Paysans de l'Ouest. Des structures économiques et sociales aux options politiques depuis l'époque révolutionnaire dans la Sarthe*, 1960, nouvelle édition en 1984 ; M. Faucheux, *L'insurrection vendéenne de 1793, aspects économiques et sociaux*, 1964 ; C. Tilly, *La Vendée, Révolution et contre-révolution*, traduction française en 1970 ; C. Petitfrère, *Les grandes composantes sociales des armées vendéennes d'Anjou*, dans les *Annales historiques de la Révolution française*, 1973, p. 1-20) et montré la responsabilité limitée des nobles et des prêtres dans cette insurrection paysanne motivée certes par la religion et la fidélité à la monarchie, mais aussi par la lourdeur de la fiscalité révolutionnaire, le refus des assignats, les taxations et réquisitions, l'hostilité entre les villes du Val de Loire dont les bourgeois acquéraient massivement les biens nationaux mis en vente et la paysannerie rurale qui n'avait pas les moyens de surenchérir. Lire aussi Jean-Claude Martin, *La Vendée et la France*, 1987.

La chute et la proscription des Girondins sont bien connues (C. Perroud, *La proscription des Girondins*, 1917 ; G. Lenôtre, *La proscription des Girondins*, 1927 ; *Actes du colloque Girondins et Montagnards*, Paris, 1975, publiés en 1980) ; J. Balossier, *La commission extraordinaire des Douze*, 1986. Le soulèvement fédéraliste qui suivit a fait l'objet de diverses interprétations. A. Mathiez (*Annales historiques de la Révolution française*, 1929, p. 576-586) n'y a vu qu'une tentative de reconquête militaire du pouvoir par les Girondins. D'autres, beaucoup plus nombreux, y ont vu une réaction profonde de la province contre la centralisation parisienne et même des tendances autonomistes (H. Wallon, *La révolution du 31 mai et le fédéralisme en 1793*, 1886 ; L. Dubreuil, *L'idée régionaliste sous la Révolution*, 1919 ; H. Calvet, *Subsistances et fédéralisme*, dans les *Annales historiques de la Révolution française*, 1931, p. 229-238 ; R. Cobb, *Paris and its provinces, 1792-1802*, 1975). Les monographies régionales sont nombreuses et excellentes (E. Herriot, *Lyon n'est plus*, 1938-1940 ; Riffaterre, *Le mouvement antijacobin et antiparisien à Lyon et dans le Rhône-et-Loire*, 1912-1928 ; P. Cottin, *Toulon et les Anglais en 1793*, 1898 ; E. Coulet, *La situation économique de Toulon pendant la rébellion de 93*, dans les *Actes du congrès national des Sociétés savantes*, 1962, p. 269-298 ; G. Guibal, *Le mouvement fédéraliste en Provence en 1793*, 1903 ; P. Becamps, *La Révolution à Bordeaux, Lacombe président de la commission militaire*, 1953 ; P. Butel et A. Forrest, *Society and politics in revolutionary Bordeaux*, 1975 ; P. Nicolle, *Le mouvement fédéraliste dans l'Orne en 1793*, dans les *Annales historiques de la Révolution française*, 1936, p. 481-501 ; J. Grall, *L'insurrection girondine en Normandie*, dans les *Cahiers Léopold Delisle*, 1966 ; J.-C. Perrot, *Genèse d'une ville moderne, Caen au* XVIIIe *siècle*, 1975 ; D. Stone, *La révolte fédéraliste à Rennes*, dans les *Annales historiques de la Révolution française*, 1971, p. 367-387 ; Jean Defranceschi, *La Corse française (30 novembre 1789-15 juin 1794*, 1980).

Bien connue, l'histoire des opérations militaires en 1793 dispose d'une bibliographie assez vieille (L. Hennet, *État militaire de la France pour l'année 1793*, 1903 ; P. Caron, *La défense nationale*, 1912 ; A. Mathiez, *La victoire de l'an II*, 1916 ; M. Reinhard, *Le Grand Carnot*, 1952 ; A. Soboul, *Les soldats de l'an II*, 1959 ; N. Hampson, *La marine en l'an II (1793-1794)*, 1959 ; G. Bordonove, *Les marins de l'an II*, 1974).

La littérature sur Marat et son assassinat est généralement médiocre et très partiale (R. Gottschalk, *Marat, l'ami du peuple*, 1929 ; G. Walter, *Marat*, 1937 ; J. Castelnau, *Marat*, 1939 ; F. Funck-Brentano, *Marat ou le mensonge des mots*, 1941 ; C. Reber, *Un homme cherche la liberté : Marat*, 1950 ; J. Massin, *Marat*, 1960 ; M. Vovelle, *Marat. Textes choisis*, 1963 ; pour Charlotte Corday : B. Melchior-Bonnet, *Charlotte Corday*, 1972).

La Terreur a suscité une énorme littérature (Mortimer-Ternaux, *Histoire de la Terreur*, 1881 ; Drs Cabanès et Nass, *La névrose révolutionnaire*, 1931 ; G. Walter, *Histoire de la Terreur*, 1937 ; D. Greer, *The incidence of the Terror*, 1935). La crise économique et sociale a été surtout traitée par des historiens marxistes (P. Caron, *La commission des subsistances de l'an II*, 1924-1925 ; A. Mathiez, *La vie chère et le mouvement social sous la Terreur*, 1927 ; H. Calvet, *L'accaparement à Paris sous la Terreur*, 1933 ; F. Shepard, *Price control and the reign of Terror, France, 1793-1795*, 1953 ; G. Rudé et A. Soboul, *Le maximum des salaires parisiens et le 9 thermidor*, dans les *Annales historiques de la Révolution française*, 1954, p. 1-22 ; R.B. Rose, *The French Revolution and the Jacobin maximum*, dans *International Review of Social History*, 1959, p. 432-445 ; M. Reinhard, *Paris pendant la Révolution*, 2e partie, *Ravitaillement et Révolution*, 1964 ; R. Cobb, *Terreur et subsistances*, 1964).

Le Tribunal révolutionnaire a eu de nombreux historiens (E. Campardon, *Le Tribunal révolutionnaire de Paris*, 1862 ; H. Wallon, *Histoire du Tribunal révolutionnaire de Paris*, 6 volumes, 1880-1882 ; G. Lenôtre, *Le Tribunal révolutionnaire*, 1908 ; A. Dunoyer, *Fouquier-Tinville*, 1912 ; J. Castelnau, *Le Tribunal révolutionnaire*, 1950 ; Godfrey, *Revolutionary justice, a study of the organisation, personnel and procedure of the Paris Tribunal*, 1951 ; P. Labracherie, *Fouquier-Tinville, accusateur public*, 1961 ; G. Walter, *Actes du Tribunal révolutionnaire*, 1968). Les victimes ont fait l'objet d'études contradictoires et sont estimées entre 17 000 et 40 000, le nombre des suspects évolue entre 300 000 et 500 000 (Portallier, *Tableau général des victimes et martyrs de la Révolution en Lyonnais, Forez et Beaujolais*, 1911, avec un supplément par Salomon ; G. Gautherot, *Les petites victimes de la Terreur*, 1912, et, *Les suppliciés de la Terreur*, 1926 ; Darnoux, *La Loire leur servit de linceul*, 1972 ; Olivier Blanc, *La dernière lettre*, 1984). On a mis en valeur le rôle répressif des diverses armées révolutionnaires de province (A. Hadengue, *Les gardes rouges de l'an II*, 1930 ; Herlaut, *Le général Ronsin*, 1957 ; R. Cobb, *Les armées révolutionnaires, instrument de la Terreur dans les départements*, 1961-1963).

La coordination de la Terreur a été en grande partie l'œuvre des représentants en mission (H. Wallon, *Les représentants en mission et la justice révolutionnaire dans les départements en l'an II*, 5 volumes, 1889-1890 ; L. Madelin, *Fouché*, tome 1, 1900 ; Bliard, *Le conventionnel Prieur de la Marne en mission dans l'Ouest*, 1906 ; Gaffarel, *La mission de Maignet en l'an II*, 1912 ; Brachet, *La Terreur dans l'Ouest, le conventionnel Le Carpentier*, 1912 ; Gaston-Martin, *Carrier et sa mission à Nantes*, 1924 ; L. Jacob, *Joseph Lebon (1765-1795). La Terreur à la frontière Nord et Pas-de-Calais*, 1933 ; C. Lucas, *The structure of Terror : the example of Javogues and the Loire*, 1973). Les comités révolutionnaires ont constitué un puissant relais de même que les sociétés populaires (H. Calvet, *Un instrument de la Terreur à Paris : le Comité de salut public ou de surveillance du département de Paris, 8 juin 1793-21 messidor an II*, 1941 ; Chevalier, *Le comité de surveillance révolutionnaire de Romans*, 1890 ; A. Denis, *Le comité de surveillance révolutionnaire de Toul*, 1911 ; G. Grimaldi, *Le comité de surveillance d'Aix-en-Provence*, 1959 ; J.B. Sirich, *The Revolutionary Committees in the departments of France, 1793-1794*, 1943).

Les aspects religieux de la Terreur n'ont pas été complètement élucidés malgré l'abondance des travaux au début du siècle. S'agit-il d'anticléricalisme ou de déchristianisation ? (M. Reinhard, *Les prêtres abdicataires pendant la Révolution française*, dans les *Actes du congrès national des Sociétés savantes*, 1964 ; M. Vovelle, *Essai de cartographie de la déchristianisation sous la Révolution française*, dans les *Annales du Midi*, 1964, p. 529-542 ; B. Plongeron, *Conscience religieuse en Révolution*, 1969).

Mais le grand débat a trait aux contours sociologiques des partisans de la Terreur, les sans-culottes. Alors que les marxistes orthodoxes, sans les considérer vraiment comme une classe sociale, y voient plutôt des « ouvriers » (W. Markov, *Jakobiner und Sans-Culotten, Beiträge zur Geschichte der französischen Revolutionsregierung, 1793-1794*, 1956 ; W. Markov et A. Soboul, *Die Sansculotten von Paris*, 1957 ; A. Soboul, *Les sans-culottes parisiens en l'an II*, 1958, et, *Paysans, sans-culottes et Jacobins*, 1966), les « gauchistes » les perçoivent davantage comme des propriétaires victimes du gouvernement révolutionnaire (D. Guérin, *La lutte des classes sous la première République. Bourgeois et bras nus*, 1946, et, *La Révolution française et nous*, 1969). Lire aussi S. Bianchi (*La révolution culturelle de l'an II, élites et peuple, 1789-1799*, 1982). Excellent répertoire de Soboul et Raymonde Monnier, *Personnel sectionnaire parisien en l'an II*, 1985. Lire aussi R. Monnier, *Le faubourg Saint-Antoine (1789-1815)*, 1981 et M. Burstin, *Le faubourg Saint-Marcel à l'époque révolutionnaire*, 1983 ainsi que le numéro spécial des *Annales historiques de la Révolution française* (1986), sur les sociétés populaires.

L'étude du mouvement hébertiste se ramène à des biographies de ce dernier (par P. d'Estrée, 1908, G. Walter, 1946, L. Jacob, 1960, M. Grey, 1983) et de ses proches (Herlaut, *Bouchotte*, 1946, et, *Le général Ronsin*, 1957, et, *Autour d'Hébert*, 1958). La corruption d'Hébert et sa compromission dans la conjuration du baron de Batz, connue de Robespierre mais tenue secrète par lui, a été prouvée récemment par A. de Lestapis (*La conspiration de Batz*, 1969). Les Enragés ont été surtout étudiés par les communistes (M. Dommanget, *Jacques Roux, le curé rouge ; les Enragés contre la vie chère pendant la Révolution*, 1948 ; W. Markov, *Die Freiheiten des Priesters Roux*, 1967). Lire, pour sortir de cette hagiographie, R.B. Rose (*The Enrages, socialists of the French Revolution ?*, 1965) et une anthologie de leurs écrits (P. Kessel, *Les gauchistes de 89*, 1969).

Robespierre a fait l'objet d'une énorme production. Le premier de ses biographes est très louangeur (E. Hamel, *Histoire de Robespierre*, 1865), mais les ouvrages qui suivirent le peignaient sous des traits très noirs (J.-A. Paris, *La jeunesse de Robespierre et la convocation des états généraux en Artois*, 1870 ; H. Welschinger, *Le livret de Robespierre*, 1883 ; A. Aulard, *Les orateurs de la Révolution*, 1883-1885 ; G. Lenôtre, *Robespierre et la mère de Dieu*, 1926). A. Mathiez et la Société des études robespierristes qu'il fonda se sont voués au culte de leur saint laïc (*Robespierre terroriste*, 1921, *Autour de Robespierre*, 1925, *Études sur Robespierre*, 1958). Héritier de Mathiez, G. Lefebvre s'est montré un peu moins exalté (*Sur la pensée politique de Robespierre*, dans *Études sur la Révolution*, 1963). De très nombreuses biographies ont paru et continuent à paraître régulièrement (F. Sieburg, *Robespierre*, traduction française en 1936 ; Thompson, *Robespierre*, Oxford, 1936 ; G. Walter, *Robespierre*, 1936-1940 ; M. Bouloiseau, *Robespierre*, 1956 ; J. Massin, *Robespierre*, 1956 ; J. Ratinaud, *Robespierre*, 1960 ; P. Bessand-Massenet, *Robespierre*, 1961 ; M. Gallo, *Robespierre. Histoire d'une solitude*, 1968 ; J. Matrat, *Robespierre ou la tyrannie de la majorité*, 1971 ; enfin, dernièrement, N. Hampson, *Maximilien Robespierre*, 1982 ; J.-C. Frère, *La victoire ou la mort : histoire de Robespierre et de la Révolution*, 1983 ; J.-P. Domecq, *Robespierre, dernier temps*, 1984 ; les *Annales historiques de la Révolution française* lui ont consacré un numéro spécial en 1958 et un colloque Robespierre s'est tenu à Vienne en 1965, dont les *Actes* ont été publiés en 1967).

La plupart des membres du Comité de salut public ont eu aussi l'honneur de biographies (E. Hamel, *Saint-Just*, 1859 ; A. Ollivier, *Saint-Just ou la force des choses*, 1954 ; M. Dommanget, *Sur Saint-Just*, 1971 ; J.-P. Gross, *Saint-Just, sa politique, ses missions*, 1976 ; F. Kermina, *Saint-Just, la Révolution aux mains d'un jeune homme*, 1982 ; B. Vinot, *Saint-Just*, 1985 ;

Launay, *Barère de Vieuzac*, 1929 ; L. Gershoy, *Bertrand Barère*, 1962 ; J. Guilaine, *Billaud-Varenne*, 1969 ; M. Reinhard, *Le Grand Carnot*, tome 2, 1952 ; E. Dard, *Hérault de Séchelles, un épicurien sous la Terreur*, 1907 ; J.-J. Locherer, *Hérault de Séchelles*, 1984 ; Lévy-Schneider, *Jean Bon Saint-André*, 1901 ; A. Montier, *Robert Lindet*, 1899 ; Gaffarel, *Prieur de la Côte-d'Or*, 1900 ; G. Bouchard, *Un organisateur de la victoire, Prieur de la Côte-d'Or*, 1946).

Cependant, le fonctionnement du Comité de salut public est assez mal connu quoique ses actes aient été publiés (A. Mathiez, *Les divisions dans les comités à la veille de thermidor*, dans la *Revue historique*, 1915, p. 70-87, et, *Les séances des 4 et 5 thermidor aux deux Comités de salut public et de sûreté générale*, dans les *Annales historiques de la Révolution française*, 1927, p. 193-222 ; C. Richard, *Le Comité de salut public et les fabrications de guerre sous la Terreur*, 1922 ; A. Ording, *Le bureau de police du Comité de salut public*, 1930 ; J. Castelnau, *Le Comité de salut public*, 1941 ; R.R. Palmer, *Twelve who ruled the committee of Public Safety during the Terror*, 1941 ; G. Lefebvre, *Le gouvernement révolutionnaire*, 1952 ; M. Bouloiseau, *Le Comité de salut public*, 1968) ; Michel Eude, « Le comité de sûreté générale » dans *L'État et sa police*, 1979.

La corruption régnant à la Convention, y compris au sein de la Montagne, a été mise à jour par de nombreux travaux (A. Mathiez, *La corruption parlementaire*, 1917, et, *La conspiration de l'étranger*, 1918, et, *L'affaire de la Compagnie des Indes*, 1920 ; E. Lebègue, *Boursault-Malherbe, comédien, conventionnel, spéculateur*, 1935).

Deux excellents ouvrages décrivent le soutien de la Commune de Paris à Robespierre après l'élimination des hébertistes (M. Eude, *Études sur la Commune robespierriste*, 1937 ; P. Sainte-Claire Deville, *La Commune de l'an II*, 1946).

Les mesures sociales contenues dans les décrets de ventôse ont fait l'objet d'âpres discussions, A. Mathiez croyant à l'existence d'une politique sociale de Robespierre (*La Terreur, instrument de la politique sociale des robespierristes : les décrets de ventôse*, dans les *Annales historiques de la Révolution française*, 1928, p. 193-219), mais G. Lefebvre manifestait un réel scepticisme sur ces décrets qui ne connurent pratiquement pas d'application (*Questions agraires au temps de la Terreur*, 1954).

La chute de Robespierre a fait couler beaucoup d'encre (E. Hamel, *Thermidor*, 1893 ; A. Savine et Bournand, *Le 9 thermidor*, 1907 ; G. Lenôtre, *Le 9 et le 10 thermidor an II*, 1908 ; A. Godard, *Le procès du 9 thermidor*, 1912 ; L. Barthou, *Le 9 thermidor*, 1926 ; L. Saurel, *Le jour où finit la Terreur*, 1962 ; E. Berl, *Le 9 thermidor*, 1965 ; G. Walter, *Le 9 thermidor*, 1974).

V. LE RETOUR DU BALANCIER : CONVENTION THERMIDORIENNE ET DIRECTOIRE

La fin de la Convention a été traitée avec un fort préjugé défavorable par les robespierristes (A. Mathiez, *La réaction thermidorienne*, 1929 ; G. Lefebvre, *Les Thermidoriens*, 1937). Ont été plus objectifs, D. Woronoff

(*La République bourgeoise*, 1972) et, sous une forme très anecdotique, P. Bessand-Massenet (*La France après la Terreur*, 1946).

On trouve des notations sur les émeutes de germinal et de prairial dans R. Cobb et G. Rudé (*Les journées de germinal et de prairial an III*, dans la *Revue historique*, 1955, p. 250-281) et chez G. Tönnesson (*La défaite des sans-culottes : mouvement populaire et réaction bourgeoise en l'an III*, 1959). Les biographies sur les principaux personnages de la Convention finissante sont rares (R. Arnaud, *Le fils de Fréron, 1754-1802*, 1909 ; Lacape, *Notice sur Tallien*, 1959 ; H. Guillemin, *Benjamin Constant muscadin, 1795-1799*, 1958). Les derniers Montagnards sont mieux traités (Thenard et R. Guyot, *Le conventionnel Goujon*, 1908 ; *Gilbert Romme et son temps*, Actes du colloque Romme, 1966 ; A. Galante-Garrone, *Gilbert Romme*, traduction française en 1972) ; R. Bouscayrol, *Soubrany*, 1980. Le maintien de l'ordre est étudié par J. Tulard (*La légion de police de Paris sous la Convention thermidorienne et le Directoire*, dans les *Annales historiques de la Révolution française*, 1964, p. 38-64).

La mort de Louis XVII n'appartient pas seulement aux énigmes de l'histoire mais explique aussi certains aspects de la politique de la contre-révolution (J. Godechot, *La contre-révolution, doctrine et action, 1789-1804*, 1961), et l'arrivée sur le trône du comte de Provence, peu enclin à des concessions, semble avoir modifié la situation (J. Lucas-Dubreton, *Louis XVIII, le prince errant, le roi*, 1925 ; G. Walter, *Le comte de Provence*, 1950 ; duc de Castries, *Louis XVIII*, 1969).

Le renouveau royaliste n'a guère été étudié. On a surtout travaillé sur les conspirations (H. Mitchell, *The underground war against Revolutionary France. The missions of William Wickham*, 1965 ; Fryer, *Republic or Restoration in France, 1794-1797*, 1965). Il a été montré que la journée du 13 vendémiaire n'était pas l'aboutissement d'un complot royaliste mais une révolte spontanée de l'opinion contre la Convention discréditée (Zivy, *Le 13 vendémiaire an IV*, 1898 ; M. Dessal, *La révolte de Dreux et les origines du 13 vendémiaire*, dans le *Bulletin de la Société d'histoire moderne*, 1957, p. 5-9 ; H. Mitchell, *Vendemiaire, a reevaluation*, dans *Journal of Modern History*, 1958, p. 191-202). Les réactions des Jacobins sont mieux connues (G. Rudé, *Les sans-culottes parisiens et les journées de vendémiaire an IV*, dans les *Annales historiques de la Révolution française*, 1959, p. 332-346). La bourgeoisie contre-révolutionnaire est bien représentée par Fievée (J. Tulard, *Joseph Fievée*, 1985).

Le débarquement de Quiberon a fait l'objet de travaux récents qui en ont précisé certains aspects (J. Vidalenc, *L'affaire de Quiberon*, dans les *Actes* du congrès national des Sociétés savantes, 1963 ; G. Hutt, *Quiberon, l'attaque du 16 juillet 1795*, dans les *Annales historiques de la Révolution française*, 1973, p. 21-49 ; M. Hutt, *Chouannerie and Counter Revolution : Puisaye, the Princes and the British Government in the 1790's*, 1983). Le côté fragile et superficiel de la « pacification » républicaine dans l'Ouest est souligné (G. Saclier de la Bâtie, *Vendée sancerroise*, 1971 ; G. Hutt, *La prétendue pacification de l'an III. Considérations critiques sur la situation en Bretagne à la veille de Quiberon*, dans les *Annales historiques de la Révolution française*, 1966, p. 485-521). La Terreur blanche, dont les républicains ont exagéré l'importance, commence à être mieux connue

(Fréron, *Mémoire historique sur la réaction royale et sur les massacres du Midi*, 1842 ; P. Vaillandet, *Les débuts de la Terreur blanche en Vaucluse*, dans les *Annales historiques de la Révolution française*, 1928, p. 109-127 ; E. Courcelle, *La réaction thermidorienne dans le district de Melun*, dans les *Annales historiques de la Révolution française*, 1930, p. 113-128, 252-261, 329-350, 443-453 ; M. Schlumberger, *La réaction thermidorienne à Toulouse*, dans les *Annales historiques de la Révolution française*, 1971, p. 265-283 ; F. Gendron, *La jeunesse dorée sous thermidor*, 1983).

Le Directoire est davantage étudié que la Convention thermidorienne. Il existe toute une série d'histoires générales de cette époque (Sciout, *Le Directoire*, en 4 volumes, 1895-1897 ; L. Madelin, *La France du Directoire*, s.d. ; A. Mathiez, *Le premier Directoire*, 1934 ; G. Lefebvre, *Le Directoire*, 1946 ; M. Dunan, *Histoire intérieure du Directoire* (cours polycopié), 1953 ; M. Reinhard, *La France du Directoire* (cours polycopié), 1956 ; A. Soboul, *Le Directoire et le Consulat*, 1967 ; D. Woronoff, *La République bourgeoise*, 1972 ; M. Lyons, *France under the Directoire*, 1975 ; G. Lefebvre, *La France sous le Directoire, 1795-1799*, 1977, nouvelle édition en 1984 ; J. Godechot, *La vie quotidienne en France sous le Directoire*, 1977).

Les plus importants des directeurs bénéficient de biographies (H. d'Alméras, *Barras et son temps*, 1930 ; J. Vivent, *Barras, le roi de la République*, 1937 ; J. Savant, *Tel fut Barras*, 1954 ; J.-P. Garnier, *Barras, roi du Directoire*, 1970 ; M. Reinhard, *Le Grand Carnot*, tome 2, 1952 ; A. Meynier, *La Révellière-Lépeaux*, 1905 ; H. Joneau, *Le vendéen La Révellière-Lépeaux*, 1951 ; L. Gruffy, *La vie et l'œuvre juridique de Merlin de Douai*, 1934 ; J. Lhomer, *François de Neufchâteau*, 1913 ; P. Marot, *Recherches sur la vie de François de Neufchâteau*, 1966 ; J. Tulard, *François de Neufchâteau et la politique économique du Directoire*, dans le *Journal des Savants*, 1966, p. 234-242 ; R. Guyot, *Documents biographiques sur J.-F. Reubell*, 1911 ; B. Nabonne, *La diplomatie du Directoire et Bonaparte d'après les papiers inédits de Reubell*, 1951 ; G. Homan, *Reubell Director*, dans *French Historical Studies*, 1960, p. 416-435 ; P. Bastid, *Sieyès et son temps*, 1939, réédité en 1970 ; R. Marquant, *Les archives Sieyès aux Archives nationales*, 1970).

On dispose aussi de quelques biographies de ministres (P. Vialles, *L'archichancelier Cambacérès*, 1908 ; P. Boucher, *Cochon de Lapparent*, 1969 ; L. Madelin, *Fouché*, 1906, nombreuses rééditions, ouvrage toujours supérieur à ceux qui suivent : J. Savant, *Tel fut Fouché*, 1955 ; L. Kammacher, *Joseph Fouché*, 1963 ; H. Cole, *Fouché, the unprincipled patriot*, 1971 ; G. Lacour-Gayet, *Talleyrand*, en 4 volumes, 1928-1934, renouvelé pour le Directoire par Michel Poniatowski, *Talleyrand et le Directoire*, 1982) et de généraux (Hojer, *Bernadotte*, 1943, nouvelle édition en 1970 ; Girod de l'Ain, *Bernadotte chef de guerre et chef d'État*, 1968 ; A. Sorel, *Bonaparte et Hoche en 1797*, 1896 ; A. Chuquet, *Quatre généraux de la Révolution : Hoche*, 1911-1912 ; M. Fabre, *Hoche, l'enfant de la victoire*, 1947 ; *Visages de l'Ain* a consacré en 1969 un numéro spécial à Joubert ; R. Valentin, *Le maréchal Jourdan*, 1956 ; A. Augustin-Thierry, *Masséna, l'enfant gâté de la victoire*, 1947 ; R. Valentin, *Le maréchal Masséna*, 1960 ; J. Marshall-Cornwall, *Marshall Masséna*, 1965 ; L. Tuetey,

Un général de l'armée d'Italie, Sérurier, 1899 ; P. Savinel, *Moreau rival républicain de Bonaparte*, 1986 ; R. Bouscayrol, *Sur Desaix*, 1985).

Mais ces quelques monographies ne sont rien en comparaison de l'avalanche de publications, émanant le plus souvent du courant marxiste, qui traitent de Babeuf. Bien que Marx l'ait jugé, dans le *Manifeste*, « grossier et inculte », que R. Dautry (*Le pessimisme économique de Babeuf et l'histoire des utopies*, dans les *Annales historiques de la Révolution française*, 1961, p. 215-233) ait mis en évidence l'aspect utopique de ses idées et montré qu'il était un maniaque du complot, les historiens communistes souhaitent en faire un précurseur de leur idéologie (P. Bessand-Massenet, *Babeuf et le parti communiste en 1796*, 1926) ; C. Mazauric, *Babeuf et la conspiration pour l'Égalité*, 1962 ; *Babeuf et les problèmes du babouvisme*, actes du congrès de Stockholm publiés en 1963 ; M. Dommanget, *Sur Babeuf*, 1970 ; J. Bruhat, *Gracchus Babeuf et les Égaux ou le « premier parti communiste agissant »*, 1978 ; R.B. Rose, *Gracchus Babeuf. The first revolutionary communist*, 1978 ; R. Legrand, *Babeuf et ses compagnons de route*, 1982). Son principal acolyte, Buonarroti, a fait également l'objet d'une littérature hagiographique (P. Robiquet, *Buonarroti et la secte des Égaux*, 1910 ; S. Bernstein, *Filippo Buonarroti*, traduit en français en 1949 ; A. Saitta, *Filippo Buonarroti, contributo alla storia della sua vita et del suo pensiero*, 1950-1951, nouvelle édition en 1972 ; P. Onnis-Rosa, *Filippo Buonarroti e altri studi*, 1971 ; A. Ronco, *Filippo Buonarroti e la rivoluzione in Liguria*, 1982 ; son livre, *La conspiration pour l'Égalité, dite de Babeuf*, 1828, nouvelle édition par G. Lefebvre, 1957). Sylvain Maréchal a eu aussi son apologiste (M. Dommanget, *Sylvain Maréchal l'égalitaire*, 1950). L'intérêt porté à ce complot est exagéré : sans soutien populaire, il était condamné à un échec dérisoire (D. Thompson, *The Babeuf plot, the making of a republican legend*, 1947 ; R. Andrews, *Réflexions sur la conjuration des Égaux*, dans les *Annales*, 1974, p. 73-106).

La curiosité à l'égard du babouvisme a relégué au second plan un jacobinisme pourtant beaucoup plus important (Beyssi, *Le parti jacobin à Toulouse sous le Directoire*, dans les *Annales historiques de la Révolution française*, 1950, p. 28-54, 109-133 ; I. Woloch, *The revival of Jacobinism in Metz during the Directory*, dans *Journal of Modern History*, 1966, p. 13-37, et, *Jacobin legacy. The democratic movement under the Directory*, 1970).

Encore plus dangereux pour le régime était le mouvement royaliste qu'il fallut briser au prix du coup d'État de fructidor (V. Pierre, *Le 18 fructidor*, 1893 ; C. Ballot, *Le coup d'État du 18 fructidor an V. Rapports de police et documents divers*, 1906 ; A. Meynier, *Les coups d'État du Directoire*, tome 1, *Le 18 fructidor*, 1927 ; E. Delcambre, *Le coup d'État du 18 fructidor et ses répercussions dans la Haute-Loire*, 1942 ; M. Reinhard, *Les négociations de Lille et la crise du 18 fructidor*, dans la *Revue d'histoire moderne et contemporaine*, 1958, p. 39-56). Les complots royalistes ont été partiellement éclairés (L. Pingaud, *Le comte d'Antraigues*, 1894 ; P. Bessant-Massenet, *La vie de conspirateur, 1793-1797*, 1956 ; J. Godechot, *La contre-révolution*, 1961 ; Fryer, *Republic or Restoration in France, 1794-1797*, 1965 ; H. Mitchell, *The Underground War Against Revolutionary France. The Missions of William Wickham*, 1965 ; A. Doyon, *Un agent royaliste pendant la Révolution : Pierre-Jacques Lemaître*, 1969). L'impact de la propagande royaliste sur l'armée est connu grâce à J. Godechot (*La propagande royaliste aux armées sous le Directoire*, 1933, et, *La contre-révolution*, 1961). On n'est pas absolument certain de la « trahison » de Pichegru, malgré les « révélations » sous le Consulat de Montgaillard (E. Daudet, *La conjuration de Pichegru et les complots royalistes du Midi et de l'Est, 1901 ;* Caudrillier, *La trahison de Pichegru et les intrigues royalistes dans l'Est avant fructidor*, 1908). L'attitude de Moreau fut très équivoque (J. Godechot, *Moreau et les papiers Klinglin*, dans les *Annales historiques de la Révolution française*, 1932, p. 309-324).

La situation économique sous le Directoire a fait l'objet de quelques études (R. Schnerb, *La dépression économique sous le Directoire après la disparition du papier-monnaie*, dans les *Annales historiques de la Révolution française*, 1934, p. 27-49 ; Chabert, *Essai sur les mouvements des revenus et l'activité économique en France*, 1949 ; Dejoint, *La politique économique du Directoire*, 1951). Il y a quelques travaux, surtout des monographies, sur les milieux financiers (Arthur-Lévy, *Un grand profiteur de guerre, G.-J. Ouvrard*, 1929 ; J. Savant, *Tel fut Ouvrard*, 1954 ; M. Payard, *Le financier Ouvrard*, 1958 ; J. Lhomer, *Le banquier Perrégaux*, 1930 ; J. Stern, *Michel Jean Simons*, 1933). La question est beaucoup mieux connue depuis peu grâce aux travaux de L. Bergeron (*Profits et risques dans les affaires parisiennes à l'époque du Directoire et du Consulat*, dans les *Annales historiques de la Révolution française*, 1966, p. 359-389, et surtout, *Banquiers, négociants et manufacturiers parisiens du Directoire à l'Empire*, 1975) que complètent M. Bruguière, *Gestionnaires et profiteurs de la Révolution*, 1986 ; ainsi que les biographies de R. Szramkiewicz, *Régents et censeurs de la Banque de France nommés sous le Consulat et l'Empire*, 1974.

On connaît toujours assez mal l'état des armées à cette époque (J. Godechot, *Les insurrections militaires sous le Directoire*, dans les *Annales historiques de la Révolution française*, 1933, p. 129-152, 193-221, et, *Les commissaires aux armées sous le Directoire*, 1937). On ne possède que deux monographies locales de qualité sur la conscription instituée par la loi Jourdan-Delbrel et très mal acceptée par les populations (G. Vallée, *La conscription dans le département de la Charente, 1798-1807*, 1937 ; R. Darquenne, *La conscription dans le département de Jemmapes*, 1970).

Les opérations militaires ont, en revanche, fait couler beaucoup d'encre, singulièrement la campagne d'Italie (F. Bouvier, *Bonaparte en Italie*, 1899 ; G. Ferrero, *Bonaparte en Italie*, 1936 ; J. Godechot, *L'armée d'Italie*, dans les *Cahiers de la Révolution française*, 1936 ; M. Reinhard, *Avec Bonaparte en Italie*, 1946 ; Zaghi, *Bonaparte e il Direttorio dopo Campoformio*, 1956 ; J. Mistler, *Napoléon et l'Empire*, tome 1, 1968 ; J. Thiry, *Bonaparte en Italie*, 1974).

Les projets d'invasion de l'Angleterre ou de l'Irlande ont intéressé plusieurs historiens (A. Guillon, *La France et l'Irlande pendant la Révolution*, 1828 ; E. Desbrières, *Projets et tentatives de débarquement aux îles britanniques*, 1900 ; S. Jones, *An invasion that failed*, 1950 ; M. Elliot, *Partners in Revolution ; the United Irishmen and France*, 1982).

Pour la deuxième coalition, outre une bibliographie un peu ancienne

(G. Pallain, *Le ministère de Talleyrand sous le Directoire*, 1891 ; A. Sorel *L'Europe et la Révolution*, tome 5, 1903 ; L. Pingaud, *Jean de Bry*, 1909 et, *Le congrès de Rastadt*, en 3 volumes, 1912-1913 ; E. Hennequin, *Zurich Masséna et la Suisse*, 1911 ; R. Guyot, *Le Directoire et la paix de l'Europe*, 1911), il faut surtout s'appuyer sur J. Godechot (*La Grande nation*, 1956, nouvelle édition remaniée avec une très abondante bibliographie, 1983).

Abondamment étudiée, l'expédition d'Égypte est bien connue (C. de La Jonquière, *L'expédition d'Égypte*, en 5 volumes, 1900-1907 ; Benoist-Méchin, *Bonaparte en Égypte ou le rêve inassouvi*, 1966 ; J. Thiry, *Bonaparte en Égypte*, 1973).

La relance de la persécution religieuse après le coup d'État de fructidor a fait l'objet d'études déjà un peu anciennes (V. Pierre, *La déportation ecclésiastique sous le Directoire*, 1896 ; Seché, *Pie VI et le Directoire*, 1894 ; E. Sol, *Sous le régime de la séparation*, 1931 ; J. Boussoulade, *L'Église de Paris du 9 thermidor au Concordat*, 1950).

L'opposition royaliste après fructidor est mal étudiée (Lavigne, *Histoire de l'insurrection royaliste de l'an VII*, 1887 ; Caudrillier, *L'association royaliste de l'Institut philanthropique de Bordeaux et la conspiration anglaise en France pendant la deuxième coalition*, 1908 ; J. Lacouture, *Le mouvement royaliste dans le Sud-Ouest, 1797-1800*, 1932). On ne sait presque rien sur le mouvement monarchiste à Paris mais l'insurrection dans l'Ouest est bien connue (G. de Cadoudal, *Georges de Cadoudal et la chouannerie*, 1887 ; H. Lachouque et J. Arnna, *Cadoudal et les chouans*, 1950 ; La Varende, *Cadoudal*, souvent réédité ; P. Roussel, *De Cadoudal à Frotté*, 1962 ; J.-F. Chiappe, *Georges Cadoudal ou la liberté*, 1971 ; P. Serval, *Le maréchal de Bourmont*, 1965).

La remontée des Jacobins et leur victoire aux élections de l'an VI ont été étudiées par J. Suratteau (*Les élections de l'an VI et le coup d'État du 22 floréal*, 1971), mais mériteraient d'autres travaux (I. Woloch, *Jacobin legacy. The democratic movement under the Directory*, 1970). Leur force et la crainte qu'ils inspirent sont à l'origine du coup d'État du 18 brumaire.

L'événement lui-même est bien connu (A. Vandal, *L'avènement de Bonaparte*, 1902-1907 ; J. Bainville, *Le 18 brumaire*, 1925 ; A. Meynier, *Les coups d'État du Directoire*, tome 3, *Le 18 brumaire*, 1928 ; J. Thiry, *Le coup d'État du 18 brumaire*, 1947 ; A. Ollivier, *Le 18 brumaire*, 1959 ; P. Bessand-Massenet, *Le 18 brumaire*, 1965 ; Jean-Paul Bertaud, *Le 18 brumaire*, 1987).

Enfin, Bonaparte bénéficie d'une énorme bibliographie (F. Masson, *Napoléon inconnu*, 1895 ; A. Chuquet, *La jeunesse de Bonaparte*, en 3 volumes, 1897-1898 ; L. Madelin, *Histoire du Consulat et de l'Empire*, 16 volumes, 1937-1954, les deux premiers : *La jeunesse de Bonaparte*, et, *L'ascension de Bonaparte* ; L. Garros, *Itinéraire de Napoléon Bonaparte*, 1947 ; M. Mirtil, *Napoléon d'Ajaccio*, 1947 ; P. Bartel, *La jeunesse inédite de Napoléon*, 1954 ; J. Mistler, *Napoléon et l'Empire*, tome 1, 1958 ; *Actes du colloque d'Ajaccio*, 1969 ; *Problèmes d'histoire de la Corse de l'Ancien Régime à 1815*, publiés en 1971 ; F. Beaucour, *Un compagnon de Napoléon, Sari*, 1973 ; consulter aussi l'édition en 3 volumes par J. Tulard des *Œuvres littéraires et écrits militaires de Napoléon Bonaparte*, 1967-1969).

La vie quotidienne fut-elle profondément bouleversée ? Dans les villes sûrement, mais combien de villages furent épargnés par le bouleversement ? On lira J.-P. Bertaud, *La vie quotidienne au temps de la Révolution*, 1983.

La question demeure ouverte de savoir si la Révolution se termine avec le Directoire. Michelet considérait la chute de Robespierre comme la coupure la plus importante. Daniel Guérin date la fin de la Révolution du 4 décembre 1793, avec l'éviction des « bras nus ». Aulard et Soboul la prolongent jusqu'à la disparition formelle de la terminologie républicaine en 1804.

VI. LE BILAN DE LA RÉVOLUTION

Que peut-on porter au crédit de la Révolution ? On lui a attribué le mérite d'avoir créé une vie politique démocratique. Encore que cela ne soit pas évident – les opinions n'avaient rien de libre et de spontané sous la Terreur –, certains ouvrages ont montré la continuité de la vie politique et de la coutume électorale de l'Ancien Régime à la deuxième République (R. Rémond, *La vie politique en France*, tome 1, *1789-1848*, 1965).

C'est sous la Révolution que s'est développée la presse (A. Söderhjelm, *Le régime de la presse pendant la Révolution française*, 1900-1901 ; G. Le Poittevin, *La liberté de la presse depuis la Révolution, 1789-1815*, 1901 ; Mitton, *La presse française sous la Révolution et l'Empire*, 1945 ; A. Manevy, *La Révolution et la liberté de la presse*, 1964 ; *Histoire générale de la presse française*, contribution de J. Godechot au tome 1 de l'*Histoire générale de la presse française*, 1969). Des monographies utiles ont été publiées récemment (R. Gérard, *Un journal de province sous la Révolution : le journal de Marseille*, 1964 ; J. Kitchin, *Un journal philosophique : La décade, 1794-1807*, 1966 ; M. Martin, *Les origines de la presse militaire en France à la fin de l'Ancien Régime et sous la Révolution*, 1975 ; M.-A. Edelstein, *La feuille villageoise, communication et modernisation des régions rurales pendant la Révolution*, 1977 ; M. Vogne, *La presse périodique en Franche-Comté des origines à 1870*, en 5 volumes, 1977-1979).

L'art français de l'époque révolutionnaire ne correspond pas vraiment, c'est le moins qu'on puisse dire, à un des sommets de notre civilisation (F. Benoit, *L'art français sous la Révolution et l'Empire*, 1897 ; L. Hautecœur, *L'art sous la Révolution et l'Empire en France, 1789-1815*, 1953 ; Jullian, *L'art en France sous la Révolution et l'Empire*, (cours polycopié), 1956 ; catalogue de l'exposition *De David à Delacroix*, 1974). C'est Louis David qui régente les arts à cette époque (D. Dowd, *Pageant master of the Republic, Jacques-Louis David and the French Revolution*, 1948 ; L. Hautecœur, *Louis David*, 1954 ; D. et G. Wildenstein, *David*, 1973 ; R. Verbraeken, *David*, 1973). Pour la musique : Jean Mongrédien, *La musique en France, des lumières au romantisme* 1986 et, les recherches de J. Chailley sur *La Marseillaise*. Instrument de propagande, les fêtes révolutionnaires sont aussi organisées sous sa direction (J. Tiersot, *Les fêtes et les chants de la Révolution*, 1908 ; Gruber, *Les fêtes à Paris sous Louis XVI*, 1972, montre ce qu'elles étaient auparavant ; *Les fêtes de la Révolution*, colloque de Clermont-Ferrand en 1974, publié en 1977 ;

M. Ozouf, *La fête révolutionnaire, 1789-1799,* 1976 ; M. Vovelle, *Les métamorphoses de la fête en Provence,* 1976).

Soucieuse de contrôler les esprits, la Révolution a attaché une grande importance à l'enseignement (A. Gain, *L'école centrale de la Meurthe,* 1926 ; A. Troux, *L'école centrale du Doubs,* 1928 ; J. Dutheil, *L'école centrale de la Creuse,* 1933 ; A. Léon, *La Révolution française et l'éducation technique,* 1968 ; R.R. Palmer, *The School of the French Revolution. A Documentary History of the College Louis-le-Grand and its Director, Jean-François Champagne, 1762-1814,* 1975 ; M. Guy, *Du collège Delbène au lycée La Pérouse. Trois siècles d'histoire d'un établissement secondaire de province : le collège, l'école centrale, le lycée d'Albi (1623-1950),* 1979 ; numéro spécial de janvier-mars 1981 des *Annales historiques de la Révolution française* consacré à l'enseignement ; M. Ozouf, *L'école de la France : essais sur la Révolution, l'utopie et l'enseignement,* 1984). Ce sont les Thermidoriens qui ont créé les grands établissements qui subsistent aujourd'hui : École normale supérieure, École polytechnique, etc.

Mais c'est surtout dans le maniement des mots, dans la manipulation des idées que les révolutionnaires ont excellé. Ils ont non seulement pratiqué une politique de la langue (R. Balibar et D. Laporte, *Le français national politique et pratique de la langue nationale sous la Révolution,* 1974 ; M. de Certeau, D. Julia, J. Revel, *Une politique de la langue : la Révolution française et les patois,* 1975) mais encore créé des concepts au nom desquels l'on s'étripe maintenant depuis deux siècles à travers le monde entier (J.-R. Suratteau, *L'idée nationale de la Révolution à nos jours,* 1972 ; *Patriotisme et nationalisme en Europe à l'époque de la Révolution française et de Napoléon,* colloque tenu à Moscou en 1970 et publié en 1973 ; C. Nicolet, *L'idée républicaine en France. Essai d'histoire critique,* 1982). Nationalisme et patriotisme sont les enfants de la Révolution et leur expansion s'est faite aux dépens notamment de la religion (B. Plongeron, *Conscience religieuse en Révolution. Regards sur l'historiographie religieuse de la Révolution française,* 1969, et, *Théologie et politique au siècle des lumières,* 1973 ; M. Vovelle, *La déchristianisation en l'an II,* 1976, et, *Piété baroque et déchristianisation en Provence,* 1973 ; J.-C. Meyer, *La vie religieuse dans le département de la Haute-Garonne de 1789 à 1803,* 1983 ; J. Dumont, *La Révolution française ou les prodiges du sacrilège,* 1984 ; J. de Viguerie, *Christianisme et Révolution,* 1986 ; lire aussi les actes du colloque *Les juifs et la Révolution française,* publiés en 1981).

Car le bilan de la Révolution française est loin d'être positif. Sur le plan culturel, elle fut une époque de destructions systématiques, c'est d'ailleurs à cette époque qu'est forgé le terme « vandalisme » (G. Gautherot, *Le vandalisme jacobin. Destruction administrative d'archives, d'objets d'art, de monuments religieux à l'époque révolutionnaire,* 1914 ; L. Hautecœur, *Histoire de l'architecture classique en France,* tome 5, *Révolution et Empire,* 1955 ; L. Réau, *Les monuments détruits de l'art français,* tome 1, 1959). La littérature est des plus médiocres. Tandis que disparaissent des hommes comme Cazotte, Chamfort et Chénier (G. Walter, *André Chénier, son milieu et son temps,* 1947), que Sade, malgré ses protestations de républicanisme, est emprisonné (G. Lély, *Vie du marquis de Sade,* 1952-1957 ; *Le marquis de Sade*, actes du colloque d'Aix-en-Provence, publiés en 1968), comme Laclos, compromis dans les intrigues du duc d'Orléans (G. Poisson, *Choderlos de Laclos*, 1985) et que Sénac de Meilhan écrit dans l'exil son *Émigré* (P. Escoube, *Sénac de Meilhan*, 1984) ; le théâtre est d'une rare médiocrité (H. Welschinger, *Le théâtre de la Révolution*, 1897 ; J.-A. Rivoire, *Le patriotisme dans le théâtre sérieux de la Révolution*, 1950 ; M. Carlton, *Le théâtre de la Révolution française*, 1970 ; et, presque caricatural par ses anachronismes, D. Hamiche, *Le théâtre et la Révolution. La lutte des classes au théâtre en 1789 et 1793*, 1973). Les excès les plus sanglants coexistent avec une sensiblerie non moins exacerbée (P. Trahard, *La sensibilité révolutionnaire, 1789-1794*, 1936). Peut-on parler avec Serge Bianchi de *La révolution culturelle de l'an II* (1982) ?

L'économie sort ruinée de dix années de troubles et de guerres (P. Chaunu, *La civilisation de l'Europe classique*, 1965 ; F. Crouzet, *Blockade and Economic Change in Europe, 1792-1815*, dans *Journal of Economic History*, 1966, p. 567-588 ; F. Aftalion, *L'économie de la Révolution française*, 1987 ; R. Sédillot, *Le coût de la Révolution*, 1987). Le silence des historiens favorables à la Révolution sur ce sujet est lourd de signification : alors que la France est ravagée par la crise politique, l'Angleterre connaît des progrès techniques et économiques exceptionnels. (Lévy-Leboyer, *Les banques européennes et l'industrialisation internationale sur la première moitié du XIXe siècle*, 1964 ; T.-J. Markovitch, *L'industrie française de 1789 à 1964*, 1965-1966, et, *Les industries lainières de Colbert à la Révolution*, 1976 ; D. Woronoff, *L'industrie sidérurgique en France pendant la Révolution et l'Empire*, 1984). Même les progrès de l'agriculture sont ralentis, malgré ou plutôt à cause des importants transferts de propriété liés à la vente des biens nationaux (O. Festy, *L'agriculture pendant la Révolution française : les conditions de production et de récolte des céréales*, 1947, et, *L'utilisation des jachères*, 1950).

Certes, les paysans ont profité de la vente des biens nationaux, moins, semble-t-il, cependant, que la bourgeoisie des villes, mais le partage de communaux les a parfois gênés (G. Bourgin, *Le partage des communaux*, 1908), et le bilan de la Révolution dans les campagnes mériterait d'être nuancé (A. Soboul, *Problèmes paysans de la Révolution, 1789-1848*, 1976, nouvelle édition en 1983 ; F. Gauthier, *La voie paysanne dans la Révolution française, l'exemple picard*, 1977). Un très important prolétariat rural n'a tiré aucun bénéfice de dix années de troubles, bien au contraire (E. Soreau, *La Révolution française et le prolétariat rural*, dans les *Annales historiques de la Révolution française*, 1932, p. 28-36, 116-127, 325-335, et 1933, p. 25-48 ; R. Cobb, *The Police and the People, French popular protest, 1789-1820*, 1970).

Tout aussi désastreuse est la Révolution pour la condition ouvrière. Ayant perdu les avantages liés au compagnonnage, interdits d'association par la loi Le Chapelier (E. Levasseur, *Histoire des classes ouvrières en France depuis 1789*, tome 1, 1867 ; E. Soreau, *La loi Le Chapelier*, dans les *Annales historiques de la Révolution française*, 1931, p. 287-314), lésés par le maximum des salaires appliqué beaucoup plus strictement que le maximum des prix, saignés par la conscription beaucoup plus que la paysannerie qui s'y dérobait avec davantage d'aisance, privés du système d'assistance religieux disloqué avec la Constitution civile du clergé et la vente des biens du clergé (A. Tuetey, *L'assistance publique à Paris pendant la Révolution*, en 4 volumes, 1895-1897 ; L. Lallemand, *La Révolution et les pauvres*, 1898 ; J. Imbert, *Le droit hospitalier de la Révolution et de l'Empire*, 1954 ; Alan Forrest, *La Révolution française et les pauvres*, 1986, et les recherches de Guy Thuillier sur le Nivernais), les ouvriers ont été indéniablement les grands perdants de la Révolution. Le cas particulier des domestiques est évoqué par Claude Petitfrère, *L'œil du maître*, 1986.

Le bilan est également désastreux – mais là on s'y attendait – pour la noblesse. A la perte de prestige découlant de l'abolition de ses privilèges, à la perte financière liée à la suppression des droits seigneuriaux et aux confiscations des biens des émigrés et des suspects, s'est ajoutée une diminution numérique liée à l'émigration et aux exécutions (R. Forster, *The Survival of the Nobility during the French Revolution*, dans *Past and Present*, 1967, p. 71-86 ; C. Brelot, *La noblesse en Franche-Comté de 1789 à 1808*, 1972).

Même pour la bourgeoisie, pourtant principale bénéficiaire de la Révolution, le bilan est loin d'être sans ombres. Les possesseurs d'offices ont été ruinés par leur suppression sans dédommagement. Les rentiers ont été ruinés par la dépréciation des assignats. Aussi ne faut-il pas s'étonner de voir tant de bourgeois gravir les marches menant à l'échafaud. Apparaît en revanche une nouvelle bourgeoisie formée d'acquéreurs de biens nationaux, de fournisseurs aux armées, de fonctionnaires, de militaires, d'hommes de loi. Il n'existe sur elle aucun travail d'ensemble, mais un certain nombre de travaux régionaux (D. Ligou, *Montauban à la fin de l'Ancien Régime et aux débuts de la Révolution, 1789-1799*, 1958 ; P. Barral, *Les Perier dans l'Isère au XIXe siècle*, 1964 ; J. Kaplow, *Elbeuf during the Revolutionary Period*, 1964 ; A. Signor, *La Révolution à Pont-l'Abbé*, 1969 ; J. Sentou, *Fortunes et groupes sociaux à Toulouse sous la Révolution, 1780-1800*, 1969, et, *La fortune immobilière des Toulousains et la Révolution française*, 1970 ; J. Bayon-Tollet, *Le Puy-en-Velay et la Révolution française, 1789-1799*, 1982). Une remarquable synthèse de M. Bruguière, *Gestionnaires et profiteurs de la Révolution*, 1986, nous éclaire sur les opérations financières du temps. Lire aussi *Bourgeoisie de province et Révolution* (Actes du colloque de Vizille, 1984). Sur le divorce : D. Dessertine, *Divorcer à Lyon sous la Révolution et l'Empire*, 1981.

Aussi le bilan social de la Révolution suscite-t-il de fortes polémiques (J. Godechot dans *Histoire de la société française*, 1953 ; N. Hampson, *A Social History of the French Revolution*, 1963). A. Cobban (*The Social Interpretation of the French Revolution*, 1963 ; traduction française en 1984, *Le sens de la Révolution*, préface de Le Roy-Ladurie) a détruit certains a priori idéologiques et s'est attiré les foudres des marxistes (A. Soboul, *La civilisation de la Révolution française*, en 3 volumes, 1970-1983, et, *Comprendre la Révolution*, 1983). Il y a eu des jugements plus équilibrés (F. Furet, *Penser la Révolution*, 1978, nouvelle édition corrigée en 1983, et, *Marx et la Révolution française*, 1986 ; G. Lewis et C. Lucas, *Beyond the Terror. Essays in French Regional and Social History, 1794-1815*, 1983).

Il est en tout cas un domaine où les chiffres sont plus éloquents que tous les arguments, la démographie (M. Reinhard, *Contributions à l'histoire démographique de la Révolution*, 3 volumes parus entre 1962 et 1970). On peut estimer assez précisément les pertes dues aux guerres entre 1792 et 1815 à au moins 1 300 000 (A. Meynier, *Levées et pertes d'hommes en France et en Europe*, dans *La Révolution française*, 1930, p. 143-159). Paris a diminué de 650 000 habitants en 1789 à 580 000 en 1806. Plus grave que les exécutions et l'émigration – pourtant aussi importante que celle qui a suivi la révocation de l'Édit de Nantes –, plus grave qu'une guerre improvisée avec des soldats de fortune utilisés pour des charges en masse très meurtrières, a été le génocide perpétré dans l'Ouest, de la Normandie au Poitou, mais surtout en Vendée, cette guerre civile sans merci qui a provoqué ce qu'on peut nommer sans exagération une « saignée démographique ». « En vingt-cinq ans, la vague révolutionnaire a tué plus que trois siècles d'Ancien Régime. » (P. Chaunu, *La France*, 1982, p. 318 ; R. Secher, *Le génocide franco-français : la Vendée-Vengé*, 1986, et, sur un cas particulier, *La Chapelle-Basse-Mer village vendéen*, 1986 ; consulter aussi les ouvrages d'Elie Fournier, *La Terreur Bleue*, 1985, et surtout *Turreau et les colonnes infernales*, 1986).

VII. LA RÉVOLUTION ET LE MONDE

L'histoire des anciennes colonies de la France durant la Révolution s'en est fortement ressentie (J. Saintoyant, *La colonisation française pendant la Révolution*, 1930 ; G. Hardy, *Histoire de la colonisation française*, 1943 ; H. Blet, *Histoire de la colonisation française*, tome 2, 1951 ; C.-A. Julien, *La politique coloniale de la France sous la Révolution, le premier Empire et la Restauration*, 1955 ; G. Debien, *Études antillaises au XVIIIe siècle*, 1956 ; J. Martin, *L'Empire renaissant*, 1987). La question de l'abolition de l'esclavage a provoqué des troubles très graves et abouti à l'indépendance d'Haïti (G. Martin, *Histoire de l'esclavage dans les colonies françaises*, 1948).

L'occupation par les armées révolutionnaires d'une partie de l'Europe de l'Ouest a fait l'objet de très importants ouvrages (J. Godechot, *La Grande Nation*, 1956, nouvelle édition mise à jour en 1983 ; *Occupants-occupés, 1792-1815*, actes du colloque de Bruxelles de 1968 parus en 1969) pourvus de bibliographies développées, ce qui permet de ne citer ici que les ouvrages de base pour l'histoire de la Belgique (Lanzac de Laborie, *La domination française en Belgique*, 1895 ; P. Verhaegen, *La Belgique sous la domination française*, 1923 ; S. Tassier, *Histoire de la Belgique sous l'occupation française en 1792 et 1793*, 1934 ; P. Harsin, *La révolution liégeoise de 1789*, 1953 ; R. Devleeshouwer, *L'arrondissement du Brabant sous l'occupation française, 1794-1795*, 1964 ; R. Darquenne, *Histoire économique du département de Jemmapes*, 1965 ; R. Cobb, *Paris and its provinces, 1792-1802*, 1975), des Pays-Bas néerlandais (L. Legrand, *La Révolution en Hollande*, 1895 ; P. Geyl, *La République batave*, traduit en français en 1972 ; S. Schama, *Patriots and Liberators. Revolution in the Netherlands, 1780-1813*, 1977), de la rive gauche allemande du Rhin (P. Sagnac, *Le Rhin français pendant la Révolution et l'Empire*, 1918 ; A. Rambaud, *Les Français sur le Rhin*, 1919 ; A. Conrady, *Die Rheinlande in der Franzosenzeit*, 1922 ; J. Hansen, *Quellen zur Geschichte des Rheinlandes im Zeitalter der französischen Revolution*, en 4 volumes, 1938 ; C. Träger, *Die Mainzer Revolution, 1792-1793*, 1963 ; F. Dumont, *Die Mainzer Republik, 1792-1793*, 1982), de Suisse (E. Chapuisat, *La Suisse et la Révolution*, 1904, et, *Le commerce et l'industrie à Genève pendant la domination française*, 1908, ainsi que *La municipalité de Genève pendant la domination française*, 1910 ; M. Peter, *Genève et la Révolution. Les comités provisoires, 28 décembre 1792-13 avril 1794*, 1921, et, *Histoire de Genève*, 1951-1956 ; J. Suratteau, *Le département du Mont-Terrible (Porrentruy) sous le régime du Directoire*, 1965 ; A. Méautis, *Le Club helvétique de Paris (1790-1791) et la diffusion des idées révolutionnaires*, 1969 ; G. Andrey, *Les émigrés français dans le canton de Fribourg, 1789-1815*, 1972 ; J.-C. Biaudet, *Henri Monod et la révolution vaudoise de 1798*, 1973 ; A. Rufer, *La Suisse et la Révolution française*, 1973 ; A. Cabanis, *La presse politique vaudoise sous la République helvétique*, 1979 ; M. Michaud, *La contre-révolution dans le canton de Fribourg (1789-1815)*, 1979), d'Italie (P. Gaffarel, *Bonaparte et les Républiques italiennes*, 1895 ; A. Dufourcq, *Le régime jacobin en Italie, étude sur la République romaine*, 1900 ; B. Croce, *La rivoluzione napoletana*, 1911 ; A. Pingaud, *La domination française dans l'Italie du Nord, 1796-1805*, 1914 ; S. Canzio, *La prima repubblica Cisalpina e il sentimento nazionale italiano*, 1944 ; Giuntella, *La giacobina Repubblica romana, 1798-1799*, 1950 ; G. Vaccarino, *I patrioti « anarchistes » e l'idea dell' unita italiana*, 1955, et, *Torino attende Suwarov (aprile-maggio 1799)*, 1971 ; G. Turi, *« Viva Maria », la reazione alle riforme leopoldine (1790-1799)*, 1969 ; U. Caldora, *Fra patriotti e brigante*, 1974 ; actes du colloque de Rome en 1974 sur *L'Italie jacobine et napoléonienne*, parus en 1975 dans *Annuario dell'Istituto storico italiano per l'eta moderna e contemporanea*, tomes 23-24 ; G. Cingari, *Brigantaggio, proprietari e contadini nel Sud (1799-1900)*, 1976, et, *Giacobini e Sanfedisti in Calabria nel 1799*, 1978 ; I. Tognarini, *Giacobinismo, Rivoluzione, Risorgimento*, 1977 ; C. Capra, *L'eta rivoluzionaria e napoleonica in Italia, 1796-1815*, 1978 ; A.-M. Rao, *Sociologia e politica del Giacobinismo*, dans *Prospettive settenta*, 1979).

On trouvera une bibliographie de J. Meyer (dans *Historiens et géographes*, n° 301, 1984) sur l'Allemagne et la Révolution (G.P. Gooch, *Germany and the French Revolution*, 1920, réédition en 1966 ; N. Marceau, *L'Allemagne et la Révolution française*, 1929 ; J. Droz, *L'Allemagne et la Révolution française*, 1949 ; P. Boucher, *La Révolution de 1789 vue par les écrivains allemands ses contemporains*, 1954 ; M. Dunan, *L'Allemagne de la Révolution française et de l'Empire*, 1954 ; G.-L. Fink et A. Fink-Langlois, *L'Allemagne face au classicisme et à la Révolution*, 1972 ; *Deutschland und die französische Revolution*, actes du colloque de Bad Homburg en 1981, publiés en 1983).

La même bibliographie de J. Meyer (*Historiens et géographes*, n° 301, 1984) couvre aussi la Grande-Bretagne (A. Meikle, *Scotland and the French Revolution*, 1912 ; Birley, *The English Jacobins*, 1924 ; J. Deschamps, *Les îles britanniques et la Révolution française*, 1949 ; A. Cobban, *The Debate on the French Revolution, 1789-1800*, 1950 ; A. Goodwin, *The Friends of Liberty : the English Democratic Movement in the Age of the French Revolution*, 1979 ; M. Elliott, *Partners in Revolution : the United Irishmen and France*, 1982).

Une vision d'ensemble de l'Europe (politique, arts, démographie, économie) dans : Bérenger, Butel, Corvisier, Meyer, Pousson, Schnapper, Tulard, *L'Europe à la fin du XVIIIe siècle (vers 1780-1802)*, 1985.

On trouvera quelques indications sur le retentissement de la Révolution dans le reste du monde : en Espagne (J. Sarrailh, *L'Espagne éclairée dans la seconde moitié du XVIIIe siècle*, 1954), en Pologne (B. Lesnodorski, *Les Jacobins polonais*, traduit en français en 1965), en Russie (C. de Larivière, *Catherine II et la Révolution française*, 1895), en Autriche (E. Nangermann, *From Joseph II to the Jacobin Trials*, 1959 ; H. Reinalter, *Aufgeklärter Absolutismus und Revolution. Zur Geschichte des Jakobinertums und der frühdemokratischen Bestrebungen in der Habsburgermonarchie*, 1980), en Hongrie (C. Kecskemeti, *Les Jacobins hongrois*, dans les *Annales historiques de la Révolution française*, 1973, p. 219-244), en Suède (R. Petiet, *Gustave IV Adolphe et la Révolution française*, 1914), aux États-Unis (M. Minnigerode, *Jefferson Friend of France, the Career of E. Ch. Genet*, 1928 ; U. Bonnel, *La France, les États-Unis et la guerre de course*, 1961 ; L. Velluz, *Le pasteur Priestley*, 1969 ; J.-J. Fiechter, *Un diplomate américain sous la Terreur ; les années européennes du gouverneur Morris, 1789-1798*, 1983), voire au Canada (C. Galarneau, *La France devant l'opinion canadienne*, 1970), ou en Amérique espagnole (Perra-Perez, *Miranda et la Révolution française*, 1925 ; H. Barbagelata, *La Révolution française et l'Amérique latine*, 1938 ; J. Tulard, *L'Amérique espagnole en 1800 vue par un savant allemand, Humboldt*, 1965).

VIII. L'ORGANISATION DES ÉTUDES SUR LA RÉVOLUTION

C'est la célébration du centenaire de la Révolution qui a été à l'origine des premières institutions consacrées à l'histoire de cette époque. Dès 1881, des hommes politiques de gauche et des universitaires se sont associés dans cette intention, ont fondé une revue, *La Révolution française*, et obtenu du ministère de l'Instruction publique la constitution d'une « commission chargée de préparer la publication de documents relatifs à l'histoire de l'instruction publique pendant la période de 1789 à 1808 ». Cette commission, n'ayant rien fait, est rapidement dissoute. En 1886, le même ministère crée une « commission chargée de rechercher et de publier les documents historiques relatifs à la Révolution de 1789 » bientôt absorbée par le comité des travaux historiques et scientifiques dudit ministère. La même année, l'État et la ville de Paris fondent conjointement une chaire d'histoire de la Révolution à la Sorbonne, confiée à Alphonse Aulard, imités par Lyon en 1887, où est nommé Émile Bourgeois. La ville de Paris institue aussi en 1886 une « commission chargée de rechercher et de publier les documents inédits relatifs à l'histoire de Paris pendant la Révolution française », devenue en 1908 la « commission de recherches sur l'histoire de Paris pendant la Révolution française et l'époque contemporaine ». En 1903, le comité des travaux historiques et scientifiques a créé en son sein une « commission chargée de rechercher et de publier les documents d'archives relatifs à la vie économique de la Révolution », tandis que la section historique de l'état-major de l'Armée au ministère de la Guerre entreprenait entre 1900 et 1914 la publication d'une trentaine d'ouvrages consacrés à l'histoire militaire de l'époque révolutionnaire.

Les historiens apologistes de la Révolution se regroupent en 1888 pour fonder la Société de l'histoire de la Révolution française qui, sous l'égide d'Aulard, adopte *La Révolution française* comme organe. Les milieux hostiles à la Révolution, réunis autour de Charles d'Héricault et de Gustave Bord dans la *Revue de la Révolution* entre 1883 et 1889, s'érigent à leur tour en 1890 en Société d'histoire contemporaine. En 1907, un schisme au sein de la Société de l'histoire de la Révolution française conduit le robespierriste Albert Mathiez associé à Charles Velay à créer la Société des études robespierristes qui a pour revue les *Annales révolutionnaires*. Puis Charles Velay se brouille à son tour avec Mathiez et fonde la *Revue historique de la Révolution française*. Cette dernière fusionne en 1924 avec les *Annales révolutionnaires* pour constituer les *Annales historiques de la Révolution française*. Fondée en 1910 par Hector Fleischmann, la *Revue des curiosités révolutionnaires* disparaît dès 1914.

Le nombre excessif de publications, les querelles de personnes, le désintérêt croissant du public pour la Révolution, la guerre de 1914-1918 se conjuguent pour entraîner un déclin très marqué des études sur cette époque au lendemain des hostilités. Manque d'intérêt et de crédits expliquent l'interruption à peu près totale des publications savantes.

Des mouvements erratiques agitent des associations de plus en plus faibles. En 1932, Philippe Sagnac, titulaire de la chaire d'histoire de la Révolution à la Sorbonne, suscite la création du Centre d'études de la Révolution française et reprend la revue *La Révolution française* à la dissolution, en 1934, de la Société de l'histoire de la Révolution française. Le départ à la retraite de Sagnac en 1937 et son remplacement par Georges Lefebvre entraînent la disparition du Centre d'études de la Révolution française, remplacé par un Institut international d'histoire de la Révolution française. A la même époque, Sagnac ressuscite la Société de l'histoire de la Révolution française qui reprend le contrôle de sa revue. Des *Cahiers de la Révolution française* sont édités d'abord par le Centre d'études de la Révolution française, puis conjointement par l'Institut international d'histoire de la Révolution française et la Société de l'histoire de la Révolution française.

Subsistent aujourd'hui, l'Institut d'histoire de la Révolution, dirigé de 1967 à 1982 par Albert Soboul, et la Société des études robespierristes, présidée de 1932, date de la mort de Mathiez, à 1959 par Georges Lefebvre, actuellement contrôlée par un directoire formé de Jacques Godechot, Ernest Labrousse, Jean-René Suratteau et Michel Vovelle ; les deux institutions ayant un siège social commun à la Sorbonne.

Depuis le congrès international des sciences historiques de 1960 à Stockholm existe une commission internationale d'histoire de la Révolution française. Pour célébrer le bicentenaire de la Révolution, trois organismes ont été créés. Une commission chargée de préparer l'exposition de la Révolution dans le cadre de l'Exposition universelle de Paris en 1989 est en sommeil en raison de l'annulation de cette exposition. Un conseil scientifique doit superviser la création d'un musée permanent de la Révolution française au château de Vizille. Enfin, une commission du

Centre national de la recherche scientifique, dont Michel Vovelle est le secrétaire général, a pour tâche de sélectionner et coordonner colloques et publications à l'occasion de cette commémoration.

Les premières grandes publications sur l'époque révolutionnaire sont issues d'initiatives privées. Saint-Albin Berville et Jean-François Barrière ont fait paraître chez Baudouin, entre 1820 et 1828, les 60 volumes de la « Collection des mémoires relatifs à la Révolution française ». Barrière a repris chez Firmin-Didot une partie de ces mémoires et d'autres publiés ailleurs qu'il a regroupés dans une « Bibliothèque des mémoires relatifs à l'histoire de France pendant le XVIIIe siècle », dont 28 volumes s'échelonnent entre 1846 et 1866. Adolphe-Mathurin de Lescure y a ajouté 9 volumes entre 1875 et 1880. Les autres entreprises éditoriales ont échoué dès les premiers titres. Citons seulement celles qui ont produit plus de 5 ouvrages : la librairie Fasquelle avec « L'élite de la Révolution » (8 volumes entre 1908 et 1914), la librairie Armand Colin avec « Les Classiques de la Révolution française » (10 volumes entre 1931 et 1938).

La relève a été assurée par des institutions. Le comité des travaux historiques et scientifiques a patronné les « Documents de la période révolutionnaire » à l'intérieur de la « Collection de documents inédits sur l'histoire de France » et une série de « Notices, inventaires et documents ». La « commission chargée de rechercher et de publier les documents d'archives relatifs à la vie économique de la Révolution », dite « commission de l'histoire économique de la Révolution », dirige la « Collection de documents inédits sur l'histoire économique de la Révolution française » et des « Mémoires et documents » qui ont remplacé un *Bulletin* publié de 1906 à 1921.

La ville de Paris, par l'intermédiaire de sa commission des travaux historiques, a pris en charge deux collections, la « Collection de documents relatifs à l'histoire de Paris pendant la Révolution française et à l'époque contemporaine » (dite collection « saumon » ou in-8°, d'après la couleur de la couverture ou le format) et les « Publications relatives à la Révolution française et à l'histoire contemporaine de Paris » (collection « verte » ou in-4°).

La Société de l'histoire de la Révolution française d'Aulard, outre sa revue, *La Révolution française*, a publié une série de plus de 40 volumes sans titre de collection, puis, avec l'Institut international de la Révolution française, les « Cahiers de la Révolution française ».

La Société des études robespierristes de Mathiez s'est vouée à l'édition des textes de Robespierre et a fait paraître une « Bibliothèque d'histoire révolutionnaire » (21 volumes entre 1911 et 1926). Elle publie actuellement les actes des colloques de la Commission internationale d'histoire de la Révolution française.

La Société d'histoire contemporaine a édité 37 volumes de mémoires et de documents originaux sur la Révolution avant de se dissoudre en 1927 et de confier ses publications à la Société de l'histoire de France qui les continue.

IX. LES SOURCES

La consultation des énormes sources manuscrites de l'histoire de la Révolution française est difficile. Il existe quelques instruments de travail cernant ces sources en partie ou en totalité. On trouve de très précieuses indications dans le chapitre deux de l'ouvrage de P. Caron (*Manuel pratique pour l'étude de la Révolution française*, nouvelle édition mise à jour en 1947). Pour Paris existe l'œuvre monumentale mais inachevée d'A. Tuetey (*Répertoire général des sources manuscrites de l'histoire de Paris pendant la Révolution*, 1890-1914, 11 volumes).

Les séries ou sous-séries les plus importantes aux Archives nationales sont : AF II (Comité de salut public), AF III (actes du Directoire), B (élections), C (procès-verbaux des assemblées nationales). Voir sur ce dernier point A. Tuetey, *Les papiers des assemblées de la Révolution aux Archives nationales. Inventaire de la série C*, 1908, D (représentants en mission et comités des assemblées), F (administration générale de la France, surtout les sous-séries F^7, police générale, voir P. Caron, *Le fonds du Comité de sûreté générale*, 1954, et F^{11} à F^{20} qui couvrent les affaires économiques, l'instruction, l'imprimerie et la librairie, les cultes), Q (titres domaniaux, avec notamment la sous-série Q^2, vente des biens nationaux), T (séquestre des papiers des condamnés et des émigrés), W (tribunaux révolutionnaires). On trouve dans la subdivision AB XIX (dons et acquisitions) des documents provenant des archives personnelles de Jullien de Paris, de Roederer, les papiers « Crawford » et d'autres fonds d'archives de particuliers dans la série dite des Archives privées. La consultation des archives notariales au Minutier central est facilitée par la constitution d'un fichier de noms de personnes pour l'époque révolutionnaire.

Les archives des ministères des Affaires étrangères, de la Guerre, de la Marine et des Colonies fournissent des renseignements capitaux sur les négociations diplomatiques, les activités des contre-révolutionnaires (fonds Bourbon aux Affaires étrangères, inventorié en 1960 par R. de Grandsaignes d'Hauterive), les opérations militaires et navales. Les sources religieuses peuvent être abordées grâce à la précieuse *Introduction aux études d'histoire ecclésiastique locale* (1934-1940, 3 volumes) de V. Carrière.

Les archives départementales contiennent une série importante pour l'histoire révolutionnaire, la série L (administration de 1789 à l'an VIII) et une autre, la série Q (domaines) qui concerne surtout le séquestre des biens des émigrés et la vente des biens nationaux. La série G (clergé séculier) est aussi une source non négligeable. Pour la démographie et l'état-civil, consulter M. Fleury et L. Henry (*Nouveau manuel de dépouillement et d'exploitation de l'état-civil*, 1965, troisième édition en 1985).

Archives communales et hospitalières méritent aussi d'être exploitées. Les archives de Paris et de l'ex-département de la Seine, malgré les pertes dues aux incendies allumés par les communards en 1871, contiennent des épaves intéressantes dont les inventaires ont été dressés par M. Barroux, un état-civil reconstitué et un fonds des faillites important (M. Fleury, *L'intérêt du fonds des faillites aux archives de la Seine comme source des études sur la mobilité sociale au* XIXe *siècle*, dans le *Bulletin de la Société d'histoire moderne*, 1955). Il ne faut pas oublier le fonds de la préfecture de police de Paris, lui aussi victime des incendies de la Commune, où sont conservés les papiers des commissaires de police des sections parisiennes et plusieurs registres d'écrou (Hélène Tulard, *Note sur les archives de la Préfecture de police*, introduction à J. Bordas-Charon, *Inventaire de la série B*, 1962).

Dispersés et mal connus existent encore bien d'autres fonds d'archives utiles à l'historien de la Révolution : archives des greffes de tribunaux, des établissements pénitentiaires, des notaires, de l'Enregistrement, des hypothèques, des Ponts et Chaussées, des bureaux de la Marine, des arsenaux, des corps savants, des établissements d'enseignement, des archevêchés, évêchés, chapitres, séminaires, fabriques et presbytères, des congrégations, des églises protestantes et israélites, des familles et des particuliers. Les catalogues des marchands d'autographes constituent aussi une source non dépourvue d'intérêt.

Les bibliothèques publiques conservent des quantités non négligeables de manuscrits et de documents d'archives ayant trait à la Révolution. A la Bibliothèque nationale se trouvent notamment la correspondance de Bailly, les lettres et les papiers de M. et de Mme Roland, les papiers de Merlin de Thionville, de Desgenettes, de Buonarroti (voir P. Caron, *Manuel pratique pour l'étude de la Révolution française*, édition de 1947, p. 156-174). La Bibliothèque historique de la ville de Paris s'est enrichie par dons et acquisitions de nombreux documents révolutionnaires (H. de Surirey de Saint-Remy, *Les manuscrits de l'époque révolutionnaire à la Bibliothèque historique de la ville de Paris*, dans les *Annales historiques de la Révolution française*, 1962). Les papiers des sections parisiennes font partie de la bibliothèque Victor Cousin installée à la Sorbonne. Pour les bibliothèques de province existe l'inventaire d'A. Houtin (*Les manuscrits de l'histoire de la Révolution et de l'Empire dans les bibliothèques publiques des départements*, 1913), poursuivi de façon irrégulière dans le *Bulletin des bibliothèques de France.*

Il existe aussi à l'étranger une masse considérable de documents sur la Révolution française. Les pays occupés sont particulièrement riches : Belgique, Pays-Bas (H. Stein, *Le fonds des Affaires étrangères aux Archives royales de La Haye pour la période 1796 à 1816*, dans le *Bibliographe moderne*, 1900, p. 248-252), Luxembourg (H. Stein, *L'histoire de France dans les archives du grand-duché de Luxembourg*, dans le *Bibliographe moderne*, 1910, p. 275-279), Allemagne (C. Schmidt, *Les sources de l'histoire des territoires rhénans de 1792 à 1814*, 1921), Italie (E. Audard, *L'histoire religieuse de la Révolution française aux Archives vaticanes*, dans la *Revue d'histoire de l'Église de France*, 1913, p. 516-545), Suisse (C. Schmidt, *Le fonds « France » aux archives de Bâle*, dans le *Bibliographe moderne*, 1897, p. 369-371 ; G. Gautherot, *Archives de la Tour des prisons de Berne. État sommaire des archives de la République rauracienne et du département du Mont-Terrible*, dans le *Bibliographe moderne*, 1908, p. 97-159 ; H. Stein, *Iter helveticum. Notes d'un voyage d'archives en Suisse*, dans le *Bibliographe moderne*, 1909, p. 330-341).

Les archives des États espagnol, autrichien, russe contiennent aussi des documents importants mais, mises à part les Archives vaticanes, c'est la Grande-Bretagne qui possède les plus riches fonds sur la Révolution française. Les collections du British Museum et du Public Record Office recèlent des trésors, notamment sur la Vendée, la chouannerie, l'émigration, les activités contre-révolutionnaires : papiers Bouillon, Puisaye, Chatham, Windham, « Dropmore Papers »...

Le sources imprimées sont extrêmement abondantes et ne font l'objet d'aucun guide ou répertoire vraiment satisfaisant. On doit utiliser le *Catalogue de l'histoire de France* publié par la Bibliothèque nationale (séries La^{32} à La^{34}, Lb^{39} à Lb^{42}, Le^{27} à Le^{46} notamment) et ses suppléments sur fiches. Les documents et livres publiés pendant l'époque révolutionnaire ont été recensés dans l'ordre chronologique par A. Monglond (*La France révolutionnaire et impériale. Annales de bibliographie méthodique...*, 1930-1963, 9 volumes et index de 1789 à 1812) et dans l'ordre alphabétique des auteurs par A. Martin et G. Walter (*Bibliothèque nationale. Département des Imprimés. Catalogue de l'histoire de la Révolution française*, 1936-1955, 5 tomes en 6 volumes) dont un volume énumère les périodiques de l'époque révolutionnaire conservés à la Bibliothèque nationale.

Les almanachs royaux puis nationaux paraissant chaque année permettent d'avoir un tableau de l'administration. Les répertoires législatifs officiels sont au nombre de trois : *Collection générale des décrets rendus par l'Assemblée nationale* (puis *par l'Assemblée nationale législative*, et *par la Convention nationale*, puis *Collection générale des lois et actes du Corps législatif et du Directoire exécutif*, dite *Collection Baudouin* du nom du libraire qui l'édita, 77 volumes in-8° au total), *Collection générale des lois, proclamations, instructions et autres actes du pouvoir exécutif...* (dite *Collection du Louvre*, du lieu de son impression par l'Imprimerie royale puis nationale, 23 volumes in-4°), *Bulletin des lois* qui débute sous la Convention (550 numéros en 15 volumes de 1793 à 1799). Plus facile à manier est la *Collection complète des lois, décrets, ordonnances, règlements... de 1788 à 1824*, publiée par J.-B. Duvergier (1825-1828, 24 volumes). Les lois les plus importantes ont été publiées par L. Cahen et R. Guyot (*L'œuvre législative de la Révolution*, 1913). Les Constitutions, souvent éditées et commentées, sont aisément accessibles (L. Duguit, *Les Constitutions et les principales lois politiques de la France depuis 1789*, dernière édition en 1952 ; J. Godechot, *Les Constitutions de la France depuis 1789*, 1970).

Les débats des assemblées sont parus dans de grandes publications : *Recueil de documents relatifs à la convocation des états généraux de 1789*, par A. Brette (1894-1915, 4 volumes et un atlas, inachevé, continué par G. Lefebvre, A. Terroine et O. Ilovaisky, *Recueil de documents relatifs aux séances des états généraux*, 3 volumes parus entre 1953 et 1974), *Procès-verbal de l'Assemblée nationale, imprimé par son ordre* (75 volumes pour la Constituante, 16 pour la Législative), *Procès-verbal de la Convention nationale, imprimé par son ordre* (72 volumes), *Procès-verbal des séances du Conseil des Cinq-Cents* (50 volumes) et *Procès-verbal des séances du Conseil des Anciens* (49 volumes et 9 volumes de tables communes aux deux Conseils).

Il faut y ajouter des œuvres d'historiens et de juristes : outre celle de Brette citée ci-dessus, les *Archives parlementaires de 1787 à 1860* (première série, 1789-1799, 93 volumes parus menant jusqu'au lendemain de la chute de Robespierre, jusqu'au 28 juillet 1794), le *Recueil des actes du Comité de salut public...* entrepris par A. Aulard (1889-1951, 28 volumes et tables, avec 4 volumes de supplément prévus dont 3 sont parus), le *Recueil des actes du Directoire exécutif* par A. Debidour (1910-1917, 4 volumes, inachevé), sans oublier l'œuvre d'A. Cochin (*Les actes du gouvernement révolutionnaire, 23 août 1793-27 juillet 1794*, 1920-1936, 3 volumes). Il faut aussi mentionner parmi les sources imprimées les très nombreux cahiers de doléances et documents à caractère économique publiés par la Commission de l'histoire économique de la Révolution, dont les derniers concernent les bailliages de Gisors, des Andelys, du Forez et du Roussillon, ainsi que les articles et livres consacrés aux délibérations des administrations départementales et locales (P. Caron, *Manuel pratique pour l'étude de la Révolution française*, édition de 1947, p. 31-43, 213-217).

Pour Paris, outre les chapitres sur les sources dans M. Tourneux (*Bibliographie de l'histoire de Paris pendant la Révolution française*, 1890-1913, 5 volumes, réimpression en 1968), l'on peut consulter C.-L. Chassin (*Les élections et les cahiers de Paris en 1789*, 4 volumes, 1888-1889), S. Lacroix (*Actes de la Commune de Paris pendant la Révolution*, 1894-1914, 16 volumes), M. Tourneux (*Procès-verbaux de la Commune de Paris, 10 août 1792-1er juin 1793*, 1894), A. Aulard (*La Société des Jacobins. Recueil de documents pour l'histoire du club des Jacobins de Paris*, 1889-1897, 6 volumes ; et, *Paris pendant la réaction thermidorienne et sous le Directoire. Recueil de documents pour l'histoire de l'esprit public à Paris*, 1898-1902, 5 volumes), A. Tuetey (*L'assistance publique à Paris pendant la Révolution. Documents inédits*, 1895-1897, 4 volumes), P. Caron (*Paris pendant la Terreur. Rapports des agents secrets du ministre de l'Intérieur*, continuation par H. Calvet et M. Eude, 1910-1964, 6 volumes), P. Robiquet (*Le personnel municipal de Paris pendant la Révolution. Période constitutionnelle*, 1890), P. Robinet (*Le mouvement religieux à Paris pendant la Révolution, 1789-1800*, inachevé, 1896-1898, 2 volumes), E. Charavay (*Assemblée électorale de Paris... Procès-verbaux de l'élection...*, 1890-1905, 3 volumes). Pour une utilisation de ces sources on pourra consulter E. Ducoudray, *La bourgeoisie parisienne et la Révolution*, dans les *Annales historiques de la Révolution française*, janvier 1986.

Les mémoires des contemporains de la Révolution apportent une information irremplaçable encore que généralement partielle et partiale. Les souvenirs des témoins de la tourmente révolutionnaire sont aujourd'hui pour la plupart édités. On disposera sous peu d'une bibliographie les recensant (A. Fierro, *Bibliographie critique des Mémoires sur la Révolution écrits ou traduits en français*). En attendant, il convient d'énumérer les principaux mémorialistes. Pour les débuts de la Révolution, citons les souvenirs de députés aux états généraux et à l'Assemblée constituante : J.-S. Bailly, premier maire de Paris (1804, 1821-1822, réimpression en 1975), Barère de Vieuzac (1842-1844), Champagny (1846), Duquesnoy (1894), Ferrières de Marsay (1799, 1821 et 1822), Gauville (1864), Guilhermy (1886), Jallet (1871), Monnel (1829), Montlosier (1830), Pellerin (dans la *Revue de l'histoire de Versailles*, 1957-1958, p. 13-68), Vallet (dans la *Nouvelle revue rétrospective*, 1902), Varicourt (dans le *Bulletin de la Société Gorini*, 1911-1913).

La prise de la Bastille a été relatée par de nombreux témoins directs ou indirects : Angleterre (1851), Besenval (1805 et 1821), Boucheron (1789), Dusaulx (1790, 1821 et 1889), Fournier-L'Héritier dit Fournier l'Américain (1890), Rigby (1910 pour la traduction française), Pitra (1892).

La vie de la cour et de la famille royale sont largement connues grâce aux relations des Angiviller (1933), Autié dit Léonard (1838 et 1905), Pauline de Tourzel, comtesse de Béarn (1861 et 1868), Rose Bertin (1824), Madame Campan (meilleure édition par Funck-Brentano en 1928), Cléry (dernière édition en 1969), Miss Elliott (1861 et 1906), Fersen (1877-1878 et 1930), France d'Hézecques (1873 et 1895), Madame de Genlis (1825 et de nombreuses rééditions), la marquise Govion Broglio Solari (1826), l'abbé Lambert (1822 et 1894), du R.P. Lanfant (1834), du comte de Paroy (1895), du comte de Tilly (1828 et 1929), de la duchesse de Tourzel (1883 et 1969), de Weber (1804-1809, 1822, 1847).

La brève existence de l'Assemblée législative a été quelque peu négligée par les députés mémorialistes : Choudieu (1897) et Hua (1871) principalement. Mais il existe bien d'autres témoignages : Alexandre (dans les *Annales historiques de la Révolution française*, 1952, p. 113-251), Bailly déjà cité, Bertrand de Molleville (1797, 1816), Dampmartin (1877), Des Cars (1892 et 1912), Dumont (1832), La Fayette (1837-1838), Mallet du Pan (1851), Malouet (1868, 1874), Marmontel (1827, 1846, 1891), Maury (1891).

Le drame de Varennes a été relaté abondamment : duchesse d'Angoulême (1817 et très nombreuses rééditions), les deux Bouillé (1797 et 1859, 1906-1911), Carré de Malberg (dans *La Révolution française*, 61, 1911, p. 65-80), Choiseul-Stainville (1822), le comte de Damas (1823), Goguelat (1823 et 1877), Montgaillard (1803-1804 et 1895), Moustier (1815), Raigecourt (1823).

Le 10 août 1792 n'a pas manqué de chroniqueurs des deux camps : Cazotte (1839), Chaumette (1893 et 1908), Deville (dans *Miroir de l'histoire*, 1954, n° 55, p. 207-217), Frénilly (1908), Gibelin (dans Amiet, *Chevalier Victor von Gibelin*, 1865, p. 63-77), Glutz (aussi dans Amiet, p. 78-90), Hüe (1814, 1816, 1860, 1903), Joly ou Dejoly (1947), Lacretelle (1842), Théodore de Lameth (1913 et 1914), Ossonville (dans la *Revue de la Révolution. Série Documents inédits*, 3, 1884, p. 1-21), Paroy (1895), Roederer (1832, dernière édition en 1932), Saint-Pardoux (1892).

La Convention et la Terreur ont été racontées par les victimes girondines : Barbaroux (1822, dernière édition en 1936), Brissot (1830-1832, 1877, 1911), Buzot (1823, 1866), Louvet de Couvray (1821, 1823, 1848, 1862, 1889), Pétion (1866), Madame Roland (1795 et très nombreuses rééditions, les plus récentes en 1966 et 1967). Le point de vue des Montagnards est exposé par Barère de Vieuzac (1842-1844), Baudot (1893, réimpression en 1974), Billaud-Varenne (1910), Carnot (1824, 1861-1863, 1893, 1907), Choudieu (1897), Fouché (1824 et nombreuses éditions jusqu'en 1967), Grégoire (1821, 1837), Levasseur (1829-1831), Monnel (1829), Prieur de la Marne (1912), Thibaudeau (1824 et 1913).

Les prisons sous la Terreur ont fait l'objet de dizaines de relations de même que la répression contre les prêtres réfractaires et les suspects. On se limitera ici à l'énumération des principaux témoignages sur la Vendée et la chouannerie : Andigné (1900-1901), Argens (1824), Autichamp (dans

Availles, *Guerres de Vendée*, 1890), la marquise de Bonchamps (1823, réimpression en 1981), Brumauld de Beauregard (1842), Contades (1885), la marquise de Larochejaquelein (1817, dernière édition en 1984), Michelot Moulin (1893), Poirier de Beauvais (1893), Madame de Sapinaud (1823). Du côté républicain, on retiendra quelques récits : Choudieu (1897), Grouchy (1873-1874), Hugo (1823, édition très abrégée en 1934), Rossignol (1896), Turreau (1795, 1815, 1824).

La Convention thermidorienne et le Directoire ne manquent pas de témoins : Barbé-Marbois (1834), Barras (1895-1896), Barthélemy (1914), Carnot (1824, 1861-1863, 1893, 1907), la comtesse de Chastenay (1896), Daunou (1841 et 1847), Dumas (1839), Duval (1844), Fain (1828), Fréron (1796), Gohier (1824), Hennequin (1933), Lacretelle (1842), La Révellière-Lépeaux (1873 et 1895), La Rue (1821, et partiellement, 1895), Laffon de Ladébat (1912), Miot de Mélito (1858, 1873-1874), Mollien (1837, 1845, 1898), Pitou (1909), Pontécoulant (1861-1865), Ramel (1799), Réal (1835, et, abrégé, 1912), Roederer (1909 et 1942), Thibaudeau (1824).

L'émigration a inspiré des dizaines de volumes de souvenirs qui traitent surtout de la condition des expatriés et de leur séjour à l'étranger. La contre-révolution ne sera évoquée que par quelques-uns de ses chefs : Hyde de Neuville (1888 et 1892), Puisaye (1803-1808). La police est au centre des Mémoires d'Ossonville (dans la *Revue de la Révolution. Série Documents inédits*, 3, 1884, p. 1-21), de Peuchet (1838), de Réal (1835 et, avec préface de J. Tulard, 1987), de Sénart (1824).

Les questions diplomatiques sont principalement abordées dans les souvenirs de Barthélemy (1886-1910 et 1914), Bray (1911), Consalvi (1864-1866 et 1895), Fain (1828 et 1908), Holland (1851), Maret (1843), Miot de Mélito (1858 et 1873-1874), Montgaillard (1803-1804 et 1895), gouverneur Morris (1901, meilleure traduction française), la princesse Radziwill (1911), Talleyrand-Périgord (1891-1892, dernière édition en 1982).

Les opérations militaires ont été racontées par de nombreux soldats dont les plus célèbres sont Bricard (1891) et Fricasse (1882 et 1911). Goethe a décrit la campagne de Brunswick et la bataille de Valmy (*Campagne in Frankreich*, très nombreuses traductions françaises). Parmi les témoignages d'officiers, on retiendra Championnet (1904), Desaix (1907), Dumouriez (1794), Marmont (1857), Masséna (1848-1850, réimpression en 1966-1967), Thiébault (1893-1895, édition très abrégée en 1962). C'est l'expédition d'Égypte qui a suscité le plus de relations, une bonne soixantaine, dont les principales sont dues à Berthier (1827), Bouchard (1945), Colbert de Chabanais (1863-1875), Desgenettes (1835-1836 et 1893), Desvernois (1858, 1898, et abrégé, 1933), Doguereau (1904), François (1903-1904, 1905 en abrégé), Gerbaud (1910), Lacorre (1852), Larrey (1803), Laus de Boissy (1799), Malus (1892), Millet (1903), Miot (1804 et 1814), Moiret (1984), Niello Sargy (1825), Noé (1826), Norry (1899), Reynier (1827), Roustam Raza (1911), Thurman (1902), Vaxelaire (1900), Villiers du Terrage (1899), Walsh (traduction française en 1823).

Outre les Mémoires, les correspondances apportent des renseignements incomparables sur la vie pendant la Révolution. Mais la plupart restent inédites et se trouvent dispersées dans de multiples bibliothèques publiques et surtout privées. Il n'existe pratiquement pas d'instrument de travail permettant de les repérer en dehors d'A. Houtin (*Les manuscrits de l'histoire de la Révolution et de l'Empire dans les bibliothèques publiques des départements*, 1913).

X. LES INSTRUMENTS DE TRAVAIL

Il n'existe pas de bibliographie exhaustive recensant l'énorme production des historiens depuis près de deux siècles, il n'y a même pas de guide récent et il faut encore avoir recours à l'ouvrage de P. Caron (*Manuel pratique pour l'étude de la Révolution française*, 1912, nouvelle édition mise à jour en 1947). On peut le compléter par L. Villat (*La Révolution et l'Empire*, collection Clio, 1936), E. Schmitt (*Einführung in die Geschichte der französischen Revolution*, dernière édition en 1976) d'accès malaisé pour qui ignore l'allemand et par les mises à jour contenues dans J. Godechot (*Les Révolutions*, collection Nouvelle Clio, dernière édition en 1970), P. Gaxotte (*La Révolution française*, édition revue contenant l'indication des sources, de la bibliographie et de l'état de la recherche par J. Tulard, 1975, à qui ce travail doit beaucoup) et derechef J. Godechot (*L'histoire de la Révolution française*, p. 711-759 du nº 298, février-mars 1984, de *Historiens et géographes*, sans oublier ses chroniques de la *Revue historique*).

L'historiographie de la Révolution a fait l'objet de la partie initiale de ce texte. Il existe des instruments de synthèse récents qui traitent de ce sujet : G. Lefebvre (*La naissance de l'historiographie moderne*, 1971), A. Gérard (*La Révolution française, mythes et interprétations, 1789-1970*, 1970), J. Godechot (*Un jury pour la Révolution*, 1974), F. Furet (*Penser la Révolution*, 1978).

Aussi se bornera-t-on ici à énumérer les principales histoires générales de la Révolution de ces dernières années : A. Soboul (*La civilisation de la Révolution française*, 1970-1983, 3 volumes), M. Vovelle, M. Bouloiseau, D. Woronoff, auteurs chacun d'un volume de la *Nouvelle histoire de France contemporaine* (1972), la version communiste de l'*Histoire de France contemporaine* (1978-1979, 2 volumes), F. Furet et D. Richet (*La Révolution française*, 1965, 2 volumes, nouvelle édition en 1973), le volume sur la Révolution de l'*Histoire universelle* chez Bordas (1973, œuvre de F. Furet, L. Bergeron et R. Koselleck), J. Godechot (*La Grande Nation*, 1965, dernière édition en 1983) et la rapide synthèse de R. Rémond dans le premier volume de l'*Histoire de notre temps* (1974). Il ne faut pas négliger pour autant les deux premiers volumes de l'*Histoire de France contemporaine* de Lavisse (par Sagnac et Pariset) et l'agréable *Révolution française* de Louis Madelin (1938) ainsi que *Les Révolutions* de J. Tulard, 1985.

La bibliographie sur la période révolutionnaire, si l'on exclut les titres consacrés aux sources énumérées précédemment (A. Martin et G. Walter, A. Monglond, A. Tuetey), est assez restreinte : G. Walter (*Bibliothèque nationale. Département des Imprimés. Répertoire de l'histoire de la Révolution française. Travaux publiés de 1800 à 1940*, 1941-1951, 2 volumes), E. Lemière (*Bibliographie de la contre-révolution dans les provinces de l'Ouest*, 1904-1935, réimpression en 1976, continuation par

Y. Vachon, 1980), et pour Paris, M. Tourneux (*Bibliographie de l'histoire de Paris pendant la Révolution française*, 1890-1913, 5 volumes, réimpression en 1968), M. Barroux (*Le département de la Seine et la ville de Paris. Notions générales et bibliographiques pour en étudier l'histoire*, 1910), et les excellentes bibliographies que l'on trouve à la fin des volumes de la *Nouvelle histoire de Paris* (M. Reinhard, *La Révolution*, 1971, mais aussi J. Tulard, *Le Consulat et l'Empire*, 1970, nouvelle édition mise à jour en 1983).

Il faut donc se rabattre sur des bibliographies plus générales pour rechercher les références sur l'époque révolutionnaire : P. Caron (*Bibliographie des travaux publiés de 1866 à 1897 sur l'histoire de France depuis 1789*, 1912, réimpression en 1977) continué par le *Répertoire méthodique de l'histoire moderne et contemporaine* (1899-1914, 11 volumes), le *Répertoire bibliographique de l'histoire de France* (1923-1938, 6 volumes), enfin la *Bibliographie annuelle de l'histoire de France* rédigée par C. Albert-Samuel depuis 1955.

Pour l'histoire régionale et locale, on aura aussi recours aux bibliographies des monographies de la collection « Univers de la France et des pays francophones » publiée chez Privat depuis 1967 et qui compte une trentaine de volumes d'histoire des régions et une vingtaine de volumes d'histoire des villes. On trouvera aussi une liste de bibliographies régionales dans P. Caron (*Manuel pratique pour l'étude de la Révolution française*, édition de 1947, p. 228-229) et d'excellents éléments bibliographiques dans les mises au point de J. Tulard pour P. Gaxotte (*La Révolution française*, 1975). Il sera utile également de consulter les bibliographies courantes publiées dans diverses revues régionales dont on trouvera la liste dans L.-N. Malclès (*Manuel de bibliographie*, 4e édition revue et augmentée par A. Lhéritier, 1985, p. 240-241). Pour Paris, outre les ouvrages cités précédemment, une bibliographie est publiée annuellement (*Bibliographie analytique des publications d'histoire et d'archéologie concernant Paris et la région parisienne*) depuis 1963.

Il existe enfin une série d'instruments divers qui peuvent rendre des services. Les dictionnaires historiques sont vieillis ou trop superficiels, d'une fiabilité parfois nulle : E. Boursin et A. Challamel (*Dictionnaire de la Révolution française. Institutions, hommes et faits*, 1893), P. Robinet, A. Robert et J. Le Chaplain (*Dictionnaire historique et biographique de la Révolution et de l'Empire, 1789-1815*, 1899, 2 volumes), P. Melchior-Bonnet (*Dictionnaire de la Révolution et de l'Empire*, 1965) à l'exception de M. Peronnet, *Cinquante mots clefs de la Révolution française*, 1956, et de Scott et Rothans, *Historical Dictionary of the French Revolution 1789-1799* (Greenwood Press, 2 volumes 1985).

Aussi vaut-il mieux se rabattre pour les recherches biographiques sur des dictionnaires plus spécifiques. Outre le *Dictionnaire de biographie française* (parvenu à la lettre H et à son seizième volume, commencé en 1929), le *Dictionnaire des parlementaires français* (sous la direction de A. Robert, E. Bourloton, G. Cougny, 1895, 5 volumes, contenant de nombreuses inexactitudes), A. Kuscinski (*Les députés à l'Assemblée législative de 1791*, 1900 ; *Les députés au Corps législatif, Conseil des Cinq-Cents, Conseil des Anciens, de l'an IV à l'an VIII*, 1905 ; *Dictionnaire des conventionnels*, 1920), P. Pisani (*Répertoire biographique de l'épiscopat constitutionnel, 1791-1802*, 1907), G. Six (*Dictionnaire biographique des généraux et amiraux français de la Révolution et de l'Empire, 1792-1814*, 1934, 2 volumes, réimpression en 1971), et plus récemment, J. Maitron (*Dictionnaire biographique du mouvement ouvrier français, 1787-1866*, 1964-1966, 3 volumes), U. Todisco (*Le personnel de la Cour des comptes*, 1969), M. Fleury et B. Gille (*Dictionnaire biographique du conseil municipal de Paris et du conseil général de la Seine*, fascicule 1, 1972), R. Szramkiewicz (*Les régents de la Banque de France*, 1974), A. Soboul et R. Monnier (*Répertoire du personnel sectionnaire parisien en l'an II*, 1985).

Les problèmes de chronologie peuvent être aisément résolus grâce à la *Concordance des calendriers grégorien et républicain* publiée chez Clavreuil en 1963 et à J. Massin (*Almanach de la Révolution française*, 1963 ; et *Almanach du premier Empire*, 1965, commençant en fait à la chute de Robespierre).

Pour la géographie (lieux, monuments, musées), on pourra consulter Jean-Jacques Levêque et Victor Belot, *Guide de la Révolution française*, 1986.

XI. ICONOGRAPHIE

Les principales sources iconographiques de la Révolution française sont constituées par :

– Le cabinet des estampes de la Bibliothèque nationale (notamment les collections de l'Histoire de France, la collection Hennin – 2 500 pièces concernant la Révolution ; la collection de Vinck – 7 500 pièces ; la série portraits...).

– Le musée Carnavalet (très riche, avec notamment les dessins de Prieur).

– Le musée du Louvre (tableaux et surtout cabinet des dessins).

– Les Archives nationales.

– Les collections privées.

En effet, s'il y a peu d'œuvres de peintres importants sur les événements, David mis à part, la gravure à joué un grand rôle. Sur les premières années (1789-1791) on consultera *Les gravures historiques des principaux événements de la Révolution* de Janinet et pour la période ultérieure les *Tableaux de la Révolution française* gravés par Berthault d'après les dessins de Prieur et Châtelet. Un peintre comme Boilly fournit un précieux témoignage sur la vie quotidienne.

Parmi les albums postérieurs : Robiquet, *La Révolution française*, 1984 ; M. Vovelle, *Images et récit*, (1986, à côté de l'iconographie classique, les faïences, médailles, vignettes et objets divers).

XII. FILMOGRAPHIE

par Jean Tulard

Il est impossible de présenter ici un catalogue des films évoquant la Révolution. On ne trouvera que les plus importants dans le domaine de la fiction.

1904. *Le courrier de Lyon* (Guy-Blache).
1911. *Le courrier de Lyon* (Capellani). *Camille Desmoulins* (Calmettes).
1911. *La presa de la Bastiglia* (Rodolfo). *André Chénier* (Feuillade).
1913. *Un mariage sous la Terreur* (Blom).
1914. *Quatre-vingt-treize* (Capellani. Copie retrouvée et restaurée par la Cinémathèque française. D'après Victor Hugo).
1916. *Madame Tallien* (Guazzoni).
1917. *A tale two Cities* (Un drame d'amour sous la Révolution) (Lloyd).
1919. *Madame du Barry* (Lubitsch. Défavorable à la Révolution). *La naissance de La Marseillaise* (Desfontaines).
1920. *Blad of Satan Dagbog (Pages arrachées au livre de Satan)* (Dreyer ; un épisode sur la Révolution).
1921. *Danton* (Buchowestski).
1922. *Orphans in the Storm (Les deux orphelines)* (Griffith ; d'après Dennery. Aulard dans ses *Études et leçons* a consacré un long article récusant ce film comme hostile à la Révolution).
1923. *L'affaire du courrier de Lyon* (Poirier). *Scaramouche* (Ingram ; la prise de la Bastille et les débuts de la Révolution). *L'enfant-roi* (Kemm ; Louis XVII).
1925. *Madame Sans-Gêne* (Perret, d'après Sardou).
1926. *Napoléon* (Gance ; un film épique évoquant Robespierre, Danton et Marat au club des Cordeliers, la naissance de *La Marseillaise*, la lutte de la Gironde et de la Montagne, la Terreur, le début de la campagne d'Italie). *Le chouan* (Luitz-Morat). *Les Dieux ont soif* (Marodon).
1927. *Madame Récamier* (Ravel ; d'après la thèse d'E. Herriot).
1929. *Le collier de la Reine* (Ravel). *Cagliostro* (Oswald).
1930. *Du Barry (Woman of Passion) (Taylor). Captain of the Guard* (Robertson. Curieuse biographie de Rouget de l'Isle).
1931. *Danton* (Behrendt). *Madame Guillotine* (Fogwell).
1932. *Danton* (Roubaud).
1933. *Les deux orphelines* (Tourneur).
1934. *The Scarlet Pimpernel (Le mouron rouge)* (Young ; les aventures de ce joyeux contre-révolutionnaire connaîtront plusieurs suites). *A Tale of Two Cities* (Conway ; d'après Dickens). *Sous la Terreur* (Forzano).
1935. *La fille de madame Angot* (Derosne).
1937. *L'affaire du courrier de Lyon* (Lehmann et Autant-Lara). *La Marseillaise* (Renoir ; remarquable évocation du 10 août 1792 ; le Front populaire se réclame de la Révolution).
1938. *Marie-Antoinette* (Van Dyke ; Hollywood à son apogée ; hostile à la Révolution). *Remontons les Champs-Élysées* (Guitry ; portrait d'une tricoteuse).
1939. *Les trois tambours* (Canonge).
1941. *Le destin fabuleux de Désirée Clary* (Guitry ; le maître s'amuse et nous amuse). *Madame Sans-Gêne* (Richebé). *Souvarov* (Poudovkine).
1944. *Paméla ou l'énigme du Temple* (P. de Herain ; l'évasion de Louis XVII).
1945. *L'affaire du collier de la Reine* (L'Herbier).
1947. *Les chouans* (Calef ; d'après Balzac).

1949. *Reign of Terror (Le livre noir)* (A. Mann ; le 9 thermidor traité en thriller par un maître du genre).
1950. *Caroline chérie* (Pottier ; d'après Cécil Saint-Laurent).
1952. *Scaramouche* (Sidney).
1953. *Si Versailles m'était conté* (Guitry). *Il cavaliere di Maison Rouge (Le prince au masque rouge).* (Cottafavi ; libre adaptation de Dumas). *Les révoltés de Lomanach* (Pottier).
1954. *Désirée* (Koster ; le destin de Désirée Clary). *Madame du Barry* (Christian-Jaque) ; *Andrea Chenier* (Fracassi).
1955. *Napoléon* (Guitry ; défilé de vedettes). *Marie-Antoinette* (Delannoy).
1958. *Dangerous Exile* (Hurst ; l'affaire Louis XVII).
1960. *Le dialogue des carmélites* (Bruckberger et Agostini).
1961. *La Fayette* (Dreville). *Madame Sans-Gêne* (Christian-Jaque).
1964. *La tulipe noire* (Christian-Jaque ; d'après Dumas).
1967. *Marat-Sade* (Brook ; d'après la pièce de P. Weiss).
1968. *Caroline chérie* (La Patellière, d'après Cécil Saint-Laurent).
1970. *Start the Revolution Without Me (Commencez la Révolution sans nous)* (Yorkin ; amusante histoire de deux paires de jumeaux sous la Révolution).
1971. *Les mariés de l'an II* (Rappeneau ; trépidante comédie).
1979. *1789* (Mnouchkine ; prétentieuse fresque théâtrale).
1981. *History of the World.* Part I *(La folle histoire du monde*, I ; Mel Brooks).
1982. *La fuite à Varennes* (Scola ; Restif, Casanova et la fuite du roi).
1983. *Danton* (Wajda ; objet de vives discussions et pourtant remarquable sauf Depardieu qui n'est pas Danton).
1985. *Liberté, égalité, choucroute* (Yanne ; vision parodique de la Révolution).
1988. *Chouans* (Philippe de Broca ; film fantaisiste où l'auteur renvoie dos à dos Républicains et Chouans).
1989. *La Révolution française : les années lumière* (Robert Enrico), *Les années terribles* (Richard Heffron ; le film du bicentenaire).

On remarquera que la plus grande partie des romans inspirés par la Révolution (*Quatre-vingt-treize* de Victor Hugo, *Les chouans* de Balzac, *Le chevalier de Maison-Rouge* de Dumas, *Les Dieux ont soif* d'Anatole France...) ont fait l'objet d'adaptations cinématographiques.

La télévision a consacré de nombreuses émissions à la Révolution. On en retiendra *La Terreur et la vertu* (de Castelot-Decaux), *Valmy* (de Gance et Cherasse) et *1788* (de Faillevic et La Rochefoucauld).

XIII. DISCOGRAPHIE

La Marseillaise et le *Chant du départ* mis à part, la discographie semble particulièrement pauvre. Pas d'enregistrement des œuvres révolutionnaires de Dalayrac, Méhul, Gossec ou Lesueur. Se reporter pour la chanson à France Vernillat et Pierre Barbier, *L'histoire de France par les chansons,* X (Le chant du monde).

SIXIÈME PARTIE

SUPPLÉMENT A L'HISTORIOGRAPHIE DE LA RÉVOLUTION FRANÇAISE
(Parutions 1987-1997)

par Alfred Fierro

Depuis la parution de cet ouvrage a été célébré le bicentenaire de la Révolution, occasion d'une profusion exceptionnelle de travaux. Le nombre de références bibliographiques, très constant, oscillait depuis 1955 entre 250 et 300 livres et articles par an. On a dépassé 400 en 1987 et 1988, et les années 1989 à 1992 ont atteint dans la *Bibliographie annuelle de l'histoire de France* l'extraordinaire niveau de 1 000 à 1 500 contributions par an. Il s'est maintenu ensuite autour de 700 à 800 titres. Cette décennie représente ainsi une bibliographie de plus de 10 000 titres. La poignée de pages constituant ce supplément ne peut donc donner qu'un aperçu sommaire, extrêmement sélectif, de ce qui a été publié.

L'historiographie proprement dite a été ainsi réduite à quelques ouvrages alors que, par exemple, les multiples colloques ayant marqué la célébration du bicentenaire sont recensés dans un ouvrage de 600 pages : *Les colloques du bicentenaire. Répertoire des rencontres,* 1991. On trouve un aperçu de la problématique des études révolutionnaires dans *Recherches sur la Révolution, un bilan des travaux scientifiques du bicentenaire.* Lire aussi O. Bétourné et A. I. Hartig, *Penser l'histoire de la Révolution, deux siècles de passion française,* 1989 ; G. C. Comninel, *Rethinking the French Revolution, liberal history and historical materialism,* 1987 ; B. Didier, *Écrire la Révolution,* 1989 ; *Un lieu de mémoire romantique, la Révolution de 1789,* 1993 ; *Réfléchir la Révolution, histoire, historiographie, théorie,* 1993 ; *Révolution et République, l'exception française* (colloque de Paris-Sorbonne, 1992), 1994 ; *Rewriting the French Revolution,* 1991 ; *La storia della storiografia europea sulla Rivoluzione francese,* 1990 ; M. Vovelle, *Combats pour la Révolution française,* 1993.

I. INSTRUMENTS DE TRAVAIL

A. LES SOURCES

Quelques références de base extraites d'une production importante : *Des États généraux au 18 Brumaire, la Révolution française à travers les archives,*

1988 ; I. Guégan, *Inventaire des enquêtes administratives et statistiques, 1789-1795,* 1991 ; F. Hildesheimer, *Archives nationales. Guide des papiers privés d'époque révolutionnaire,* 1987 ; D. Varry, *Guide des sources de l'histoire de la Révolution française dans les bibliothèques françaises,* 1988 ; L. Delhommeau, *Les sources vaticanes relatives à l'histoire de la Révolution dans l'Ouest de la France,* 1989 ; X. du Boisrouvray, *Les sources anglaises relatives à l'histoire de la Révolution dans l'ouest de la France,* 1989 ; L. Miard, *Les sources espagnoles relatives à l'histoire de la Révolution dans l'ouest de la France,* 1989 ; *La Rivoluzione francese (1787-1799), repertorio delle fonti archivistiche... in Italia e nella citta del Vaticano,* 1991.

B. BIBLIOGRAPHIES

Une bibliographie rétrospective prend la suite de celle de G. Walter de 1940 à 1988 : A. Fierro et V. Klauber, *Bibliographie de la Révolution française, 1940-1988,* 1989, 2 volumes, 32 000 références. Les souvenirs et mémoires publiés avant 1989 sont recensés dans A. Fierro, *Bibliographie critique des Mémoires sur la Révolution écrits ou traduits en français,* 1989. Les thèses peuvent être repérées grâce à P. Miraval et R. Monnier, *Répertoire des travaux universitaires inédits sur la période révolutionnaire,* 1990. Pour la presse, consulter P. Rétat, *Les journaux de 1789, bibliographie critique,* 1988.

C. DICTIONNAIRES

Ils sont pratiques mais de qualité variable : R. Caratini, *Dictionnaire des personnages de la Révolution,* 1988 ; *Dictionnaire des usages sociopolitiques, 1770-1815,* 1985-1988, 3 volumes ; F. Furet et M. Ozouf, *Dictionnaire critique de la Révolution française,* 1988 ; B. Garnot, *Dictionnaire des membres du Comité de salut public,* 1990 ; J.-P. Guiboury, *Dictionnaire des régicides,* 1989 ; E.-H. Lemay, *Dictionnaire des constituants,* 1991, 2 volumes ; C. et A. Manceron, *La Révolution française, dictionnaire biographique,* 1989 ; M. Péronnet, *Les cinquante mots clefs de la Révolution française,* 1988 ; A. Soboul, J.-R. Suratteau, F. Gendron, *Dictionnaire historique de la Révolution française,* 1989 ; J. Solé, *La Révolution en questions,* 1988.

D. CHRONOLOGIES

Elles rendent des services durant cette époque à l'histoire compliquée, notamment à cause de l'emploi du calendrier républicain. Les meilleures sont Y. Fauchois, *Chronologie politique de la Révolution,* 1989 ; J. Godechot, *La Révolution française, chronologie commentée,* 1988 ; J. Massin, *Almanach de la Révolution française,* nouvelle édition, 1988, 2 volumes.

II. BIOGRAPHIES

Elles se comptent par centaines et sont souvent médiocres. Un choix sévère a été fait : Babeuf (A. Saitta, 1986 ; J.-M. Schiappa, 1991 ; P. Riviale,

1994 ; colloque d'Amiens, 1994) ; Barère (R. Launay, 1989 ; J.-P. Thomas, 1989) ; Carnot (R. Moreau, 1988 ; colloque de la Sorbonne, 1988, paru en 1990 ; D. Amson, 1992) ; Carrier (J. Dupâquier, 1994) ; Chaptal (colloque de Montpellier, 1986, paru en 1988 ; M. Péronnet, 1988) ; Cloots (R. Mortier, 1995) ; Collot d'Herbois (M. Biard, 1995) ; Condorcet (E. et R. Badinter, 1988 ; K. M. Baker, 1988 ; colloque de Paris, 1988, paru en 1989) ; Danton (D. Lacotte, 1987 ; N. Hampson, 1988) ; Olympe de Gouges (P. Noack, 1993) ; Grégoire (P. Fauchon, 1989 ; R. Figuier, 1989 ; G. Hourdin, 1989 ; B. Plongeron, 1989) ; Hassenfratz (E. Grison, 1996) ; Hérault de Séchelles (G. Bernier, 1995) ; Jeanbon Saint-André (M. Nicolas, 1988 ; D. Ligou, 1989) ; Louis XVI (E. Lever, 1985 ; J.-F. Chiappe, 1987-1989, 3 volumes) ; Marat (J.-C. Bonnet, 1986 ; J. Guilhaumou, 1989 ; G. Gaudenzi et R. Satolli, 1989 ; O. Coquard, 1993 ; édition de ses *Œuvres politiques* par J. de Cock et C. Goetz, 1989-1995, 10 volumes) ; Marie-Antoinette (C. Thomas, 1989 ; E. Lever, 1991) ; Merlin de Douai (H. Leuwers, 1996) ; Reubell (J.-R. Suratteau et A. Bischoff, 1995) ; Robespierre (H. Guillemin, 1987 ; B. Solet, 1988 ; M. Gallo, 1989 ; G. Labica, 1990 ; séminaire de Bagni di Lucca, 1987, paru en 1988 ; colloque d'Arras, 1994) ; Roederer (T. Lentz, 1989) ; Sade (M. Lever, 1991) ; Saint-Just (A. Ladret, 1989 ; Y. Michalon, 1989 ; N. Hampson, 1990 ; C. Cioti, 1991 ; J. Monar, 1993) ; Santerre (R. Monnier, 1989) ; Sieyès (J.-D. Bredin, 1988 ; T. Hafen, 1994 ; W. H. Sewell Jr, 1994) ; Tallien (M.-H. Bourquin, 1987) ; Théroigne de Méricourt (E. Roudinesco, 1988) ; Toussaint-Louverture (P. Pluchon, 1989) ; Vadier (G. Dussert, 1989).

III. HISTOIRE POLITIQUE

A. POLITIQUE ET IDÉOLOGIE

Les travaux sont nombreux et parfois polémiques. Ont été retenus : *Autour des mentalités et des pratiques politiques sous la Révolution* (Congrès national des sociétés savantes à Lyon en 1987) ; *The French Revolution and the creation of modern political culture,* 1987-1988, 2 volumes ; M. Gauchet, *La Révolution des pouvoirs : la souveraineté, le peuple et la représentation,* 1995 ; M. Genty, *L'apprentissage de la citoyenneté,* 1987 ; P. Gueniffey, *Le Nombre et la Raison : la Révolution française et les élections,* 1993 ; J. Guilhaumou, *La langue politique et la Révolution française,* 1989 ; *L'image de la Révolution française* (congrès à la Sorbonne, 1989, paru en 1990, 4 volumes) ; M. Ozouf, *L'homme régénéré, essais sur la Révolution française,* 1989 ; *La Révolution et la mort* (colloque de Toulouse, 1989, paru en 1991) ; M. Vovelle, *Les aventures de la Raison,* 1989 ; M. Vovelle, *La découverte de la politique : géopolitique de la Révolution française,* 1993 ; M. Vovelle, *La mentalité révolutionnaire,* 1988.

B. ASSEMBLÉE CONSTITUANTE

Des travaux novateurs : A. Castaldo, *Les méthodes de travail de la Constituante,* 1989 ; R. H. Griffiths, *Le centre perdu, Malouet et les Monarchiens dans la Révolution française,* 1988 ; T. Tackett, *Becoming a revolutionary : the deputies of the French National Assembly and the emergence of a revolutionary culture, 1789-1790,* 1993.

C. GIRONDE ET MONTAGNE

Des vues neuves, parfois apportées par des chercheurs des États-Unis : *La Gironde et les Girondins,* 1991 ; J. Grall, *Girondins et Montagnards, les dessous d'une insurrection (1793),* 1989 ; M. Slavin, *The making of an insurrection, Parisian sections and the Gironde,* 1986 ; W. D. Edmonds, *Jacobinism and the revolt of Lyon,* 1990 ; F. Feher, *The frozen Revolution, an essay on Jacobinism,* 1988 ; *Jakobinismus und Volksbewegung zur Zeit der französischen Revolution,* 1991 ; L. Jaume, *Le discours jacobin et la démocratie,* 1989 ; C. Peyrard, *Les Jacobins de l'Ouest,* 1996.

D. LA TERREUR

Cette époque fascine toujours les historiens qui apportent parfois des éclairages nouveaux : D. Arasse, *La guillotine et l'imaginaire de la Terreur,* 1988 ; C. Lucas, *La structure de la Terreur. L'exemple de Javogues et du département de la Loire,* 1990 ; R. R. Palmer, *Le gouvernement de la Terreur, l'armée du Comité de salut public,* 1989 ; *The Terror,* éd. par M. Baker, 1994.

E. THERMIDOR

La Convention thermidorienne et le Directoire demeurent la période négligée de l'histoire de la Révolution. Quelques ouvrages originaux cependant : B. Baczko, *Comment sortir de la Terreur : Thermidor et la Révolution,* 1989 ; F. Brunel, *1794, Thermidor, la chute de Robespierre,* 1989 ; *1795, pour une République sans Révolution* (colloque de Rennes, 1995, paru en 1996).

F. VENDÉE, CHOUANNERIE, CONTRE-RÉVOLUTION

Les éternelles querelles politiques reviennent sur ce sujet, mais soulignons quelques travaux intéressants : R. Dupuy, *De la Révolution à la chouannerie,* 1988 ; J.-C. Martin, *La Vendée de la mémoire,* 1988 ; J.-C. Martin, *La Vendée et la France,* 1987 ; *Les résistances à la Révolution* (colloque de Rennes, 1985, paru en 1987) ; R. Sécher, *Le génocide franco-français, la Vendée-Vengé,* 1988 ; D. M. G. Sutherland, *Les chouans,* 1990 ; D. M. G. Sutherland, *Révolution et Contre-Révolution en France, 1789-1815,* 1991 ; *La Vendée et son histoire* (colloque de La Roche-sur-Yon, 1993, paru en 1994).

IV. LE CORPS SOCIAL

A. DROIT

L'étude du droit à l'époque révolutionnaire se renouvelle remarquablement : J. Bouineau, *Les toges du pouvoir ou la Révolution du droit antique,* 1986 ; S. Caporal, *L'affirmation du principe d'égalité dans le droit public de la Révolution française,* 1995 ; F. Gauthier, *Triomphe et mort du droit naturel en Révolution,* 1992 ; J.-L. Halperin, *Le Tribunal de cassation et les pouvoirs sous la Révolution,* 1987 ; O. La Cour Grandmaison, *Les citoyennetés en Révolution,* 1992 ; *La Révolution et l'ordre juridique privé : rationalité ou scandale ?* (colloque d'Orléans, 1986, paru en 1988).

B. ADMINISTRATION

Sur la naissance de la bureaucratie : *L'administration de la France sous la Révolution* (colloque de Paris, 1989, paru en 1992) ; M. Verpeaux, *La naissance du pouvoir réglementaire,* 1991 ; *Région, nation, Europe : unité et diversité des processus sociaux et culturels de la Révolution française* (colloque de Besançon, 1987, paru en 1988).

Sur la refonte des circonscriptions : T. W. Margadant, *Urban rivalries in the French Revolution,* 1992 ; *La naissance et les premiers pas des départements* (colloque de Compiègne, 1990, paru en 1991) ; M. V. Ozouf-Marignier, *La formation des départements : la représentation du territoire français à la fin du XVIIIe siècle,* 1989 ; *Pouvoir local et Révolution : la frontière intérieure* (colloque de Rennes, 1993, paru en 1995) ; *Révolution et décentralisation* (colloque de Besançon, 1989, paru en 1992) ; *Ville et Révolution française* (colloque de Lyon, 1993, paru en 1994). Voir aussi l'indispensable série d'*Atlas de la Révolution française,* 7 volumes parus.

C. SOCIÉTÉ

Ouvrages généraux : *L'espace et le temps reconstruits. La Révolution française, une révolution des mentalités et des cultures ?* (colloque de Marseille, 1989, paru en 1990) ; D. Outram, *The body and the French Revolution : sex, class and political culture,* 1989 ; *La Révolution française et les processus de socialisation de l'homme moderne* (colloque de Rouen 1988, paru en 1989).

Sur le costume : *Modes et Révolutions, 1780-1804,* 1989 ; N. Pellegrin, *Les vêtements de la liberté, abécédaire des pratiques vestimentaires françaises de 1780 à 1800,* 1989.

Les classes sociales : B. Deloche et J.-M. Leniaud, *La culture des sans-culottes, le premier dossier du patrimoine, 1789-1798,* 1989 ; J.-M. Gourden, *Gens de métiers et sans-culottes : les artisans de la Révolution,* 1988 ; C. Nières, *Les bourgeois et le pouvoir,* 1988 ; A. Ado, *Paysans en Révolution : terre, pouvoir et jacquerie, 1789-1794,* 1996 ; J. Gallet, *Les paysans en guerre,* 1988 ; P. M. Jones, *The peasantry in the French Revolution,* 1988 ; *La Révolution française et le monde rural* (colloque de la Sorbonne, 1987, paru en 1989).

La réflexion sur la condition féminine a été très riche : S. Blanc, *Les femmes et la Révolution française : bibliographie,* 1989 ; *Les femmes et la Révolution française* (colloque de Toulouse, 1991, 3 volumes) ; G. Fraisse, *Muse de la Raison. La démocratie idéale et la différence des sexes,* 1989 ; D. Godineau, *Citoyennes tricoteuses, les femmes du peuple à Paris pendant la Révolution française,* 1988 ; E. et H. C. Harten, *Femmes, culture et Révolution,* 1989 ; J. B. Landes, *Women and the public sphere in the age of the French Revolution,* 1988 ; C. Marand-Fouquet, *La femme au temps de la Révolution,* 1989 ; A. Soprani, *La Révolution et les femmes,* 1988.

D. ÉCONOMIE

Une réflexion d'ensemble dans *État, finance et économie pendant la Révolution française* (colloque de Paris, 1989, paru en 1991) ; F. Hincker, *La Révolution française et l'économie. Décollage ou catastrophe ?* 1989 ; *Idées économiques sous la Révolution française,* 1989 ; *La pensée économique pendant la Révolution française* (colloque de Vizille, 1989). Sur un point précis : G. Béaur, *L'immobilier et la Révolution française,* 1994.

E. RELIGION

Sur la crise du catholicisme : B. Cousin, M. Cubbels et R. Moulins, *La pique et la croix, histoire religieuse de la Révolution française,* 1989 ; P. Pierrard, *L'Église et la Révolution,* 1988 ; J. Quéniart, *Le clergé déchiré. Fidèle ou rebelle ?* 1988 ; M. Vovelle, *1793, la Révolution contre l'Église,* 1988.

Sur l'accession des juifs à la citoyenneté : R. Badinter, *Libres et égaux : l'émancipation des juifs sous la Révolution française,* 1989 ; P. Girard, *La Révolution française et les juifs,* 1989 ; *Les juifs et la Révolution française,* 1989 ; A. Kaspi, *La Révolution française et l'émancipation des juifs de France,* 1989.

V. ARTS, LETTRES ET SCIENCES

A. ARTS ET LETTRES

Parmi les travaux originaux : *Aux armes et aux arts ! Les arts et la Révolution,* 1988 ; *La Carmagnole des muses : l'homme de lettres et l'artiste sous la Révolution,* 1988 ; *L'écrivain devant la Révolution* (colloque de Grenoble, 1987, paru en 1990) ; C. Mossé, *L'Antiquité dans la Révolution française,* 1989 ; E. Pommier, *L'art de la liberté, doctrines et débats de la Révolution française,* 1991 ; *La Révolution française et l'Antiquité* (colloque de Tours, 1988, paru en 1991) ; *La Révolution française et la philosophie* (colloque de Poitiers, 1989) ; *Révolution française et vandalisme révolutionnaire* (colloque de Clermont-Ferrand, 1988, paru en 1992) ; *Révolution française, peuple et littérature. Images du peuple révolutionnaire, théâtralité sans frontières* (congrès de Nantes-Angers, 1989, paru en 1991) ; *Théâtre et Révolution* (colloque de Besançon, 1988, paru en 1989).

B. SCIENCES

Travaux les plus remarquables : N. et J. Dhombres, *Naissance d'un pouvoir : sciences et savants en France (1793-1824),* 1989 ; N. Dhombres, *Les savants en Révolution,* 1989 ; *Les sciences à l'époque de la Révolution française,* 1988 ; *Scientifiques et sociétés pendant la Révolution et l'Empire* (Congrès national des sociétés savantes, 1989, paru en 1990).

VI. L'IMAGE ET LA RÉVOLUTION

A. LA CARICATURE

Ce sujet a été abondamment et heureusement traité : A. de Baecque, *La caricature révolutionnaire,* 1988 ; A. de Baecque, *La Révolution à travers la caricature,* 1989 ; C. Langlois, *La caricature contre-révolutionnaire,* 1988 ; J.-J. Pauvert, *Estampes érotiques révolutionnaires : la Révolution française et l'obscénité,* 1989 ; *Politique et polémique : la caricature française et la Révolution,* 1989.

B. LE CINÉMA

Trois ouvrages excellents font le point de la question : S. Dallet, *La Révolution française et le cinéma,* 1988 ; « Regards sur la Révolution », *Cahiers de la Cinémathèque,* n° 53, 1989 ; R. Viry-Babel, *La victoire en filmant ou la Révolution à l'écran,* 1989.

INDEX*

* Les noms suivis d'un astérisque font l'objet d'une notice dans la partie Dictionnaire.

A

B

C

D

E

F

G

H

I

J

K

L

N

O

P

Q

R

TABLE DES MATIÈRES

DEUXIÈME PARTIE

CHRONOLOGIE : LA RÉVOLUTION JOUR PAR JOUR

TROISIÈME PARTIE

LE MONDE A L'ÉPOQUE DE LA RÉVOLUTION

QUATRIÈME PARTIE

DICTIONNAIRE DE LA RÉVOLUTION

TABLE DES MATIÈRES

DEUXIÈME PARTIE

CHRONOLOGIE : LA RÉVOLUTION JOUR PAR JOUR

TROISIÈME PARTIE

LE MONDE A L'ÉPOQUE DE LA RÉVOLUTION

QUATRIÈME PARTIE

DICTIONNAIRE DE LA RÉVOLUTION

CINQUIÈME PARTIE

HISTORIOGRAPHIE DE LA RÉVOLUTION FRANÇAISE

SIXIÈME PARTIE

SUPPLÉMENT A L'HISTORIOGRAPHIE DE LA RÉVOLUTION FRANÇAISE (parutions 1987-1997)

TABLE DES CARTES

ACHEVÉ D'IMPRIMER
SUR BOOKOMATIC
PAR MAURY EUROLIVRES
45300 MANCHECOURT

Imprimé en France